Duden
Lexikon der Familiennamen

Duden

Lexikon
der Familiennamen

von Rosa und Volker Kohlheim

Dudenverlag
Mannheim · Leipzig · Wien · Zürich

Redaktionelle Leitung Anette Auberle
Herstellung Monika Schoch

Die Duden-Sprachberatung beantwortet Ihre Fragen
zu Rechtschreibung, Zeichensetzung, Grammatik u. Ä.
montags bis freitags zwischen 08:00 und 18:00 Uhr.
Aus Deutschland: 09001 870098 (1,86 EUR pro Minute aus dem Festnetz)
Aus Österreich: 0900 844144 (1,80 EUR pro Minute aus dem Festnetz)
Aus der Schweiz: 0900 383360 (3,13 CHF pro Minute aus dem Festnetz)
Die Tarife für Anrufe aus Mobilfunknetzen können davon abweichen.
Unter www.duden-suche.de können Sie mit einem Online-Abo auch
per Internet in ausgewählten Dudenwerken nachschlagen.
Den kostenlosen Newsletter der Duden-Sprachberatung können Sie
unter www.duden.de/newsletter abonnieren.

Bibliografische Informationen der Deutschen Nationalbibliothek
Die Deutsche Nationalbibliothek verzeichnet diese Publikation in der
Deutschen Nationalbibliografie; detaillierte bibliografische Daten
sind im Internet über http://dnb.ddb.de abrufbar.

Das Wort Duden ist für den Verlag
Bibliographisches Institut & F. A. Brockhaus AG als Marke geschützt.

Alle Rechte vorbehalten
Nachdruck, auch auszugsweise, verboten.
Das Werk einschließlich aller seiner Teile ist urheberrechtlich geschützt.
Jede Verwertung außerhalb der Grenzen des Urheberrechtsgesetzes
ist ohne Zustimmung des Verlages unzulässig und strafbar. Das gilt
insbesondere für Vervielfältigungen, Übersetzungen, Mikroverfilmungen
und die Speicherung und Verarbeitung in elektronischen Systemen.

© Bibliographisches Institut & F. A. Brockhaus AG, Mannheim 2008

Typografische Gestaltung Horst Bachmann
Umschlaggestaltung Bettina Bank
Umschlagabbildung akg-images
Satz Freiburger Graphische Betriebe, Freiburg i. Br.
Druck und Bindearbeit Graphische Betriebe Langenscheidt,
Berchtesgaden

Printed in Germany
ISBN 978-3-411-73111-4
www.duden.de

Vorwort

❖ Namen erzählen Geschichte! Das gilt insbesondere für die Familiennamen. Sie gewähren uns einen Einblick in die längst vergangene Zeit ihrer Entstehung im Mittelalter: Sie erzählen uns vom bunten Handwerksleben in den aufstrebenden Städten, von den Waren und Gerätschaften, die im Leben der mittelalterlichen Menschen wichtig waren, von der Abhängigkeit der bäuerlichen Bevölkerung, schließlich auch von der Art, wie Menschen von ihrer Umgebung gesehen und beurteilt wurden. Sie verraten uns auch die Rufnamen, die damals üblich waren.

❖ Die Anzahl der Familiennamen in Deutschland ist außerordentlich hoch. Gegenwärtig wird sie auf mehr als 500 000 geschätzt. Es war daher unumgänglich für dieses Werk, eine Auswahl zu treffen. Im Lexikonteil des Familiennamenbuchs werden ca. 20 000 Familiennamen erklärt. Das Fundament bildet eine auf der Basis der CD-ROM »D-Info '97« (Mannheim 1997; Stand der Daten 1996) errechnete Zusammenstellung der 10 000 häufigsten Familiennamen in Deutschland. Damit sind auch viele in Österreich und in der Schweiz geläufige Familiennamen erfasst worden. Jeder dieser 10 000 Familiennamen, gleich welcher sprachlichen Herkunft oder Zugehörigkeit er ist, wurde aufgenommen, von »Müller« mit 324 101 Einträgen auf der CD-ROM bis »Sälzer«, ein Name, der mit 463 Einträgen die zehntausendste Stelle einnimmt. Das Familiennamenbuch verzeichnet auch zahlreiche Varianten der aufgrund der Häufigkeitsliste aufgenommenen Namen und darüber hinaus noch viele sprachlich oder kulturgeschichtlich interessante Familiennamen, z. B. von bekannten Namensträgern. Hierunter fallen auch Familiennamen slawischer, französischer oder italienischer Herkunft, also Familiennamen, die teilweise schon lange bei uns eingebürgert sind, während die Familiennamen der neueren Zuwanderer, z. B. aus Spanien, Portugal und aus der Türkei, nur dann aufgenommen wurden, wenn sie unter die 10 000 häufigsten fielen. Sind sie weniger häufig, im Schriftbild aber identisch mit einem deutschen Familiennamen, der zu den 10 000 häufigsten gehört – was gar nicht so selten vorkommt –, so werden sie in den betreffenden Artikeln mitbehandelt.

❖ Neu in der zweiten Auflage ist ein Teil, in dem die Namen von ca. 700 international bekannten Persönlichkeiten aus Literatur, Kunst, Musik, Film, Geschichte, Politik, Sport und Wissenschaft erklärt werden. Zahlreiche farbige oder Schwarz-Weiß-Abbildungen bekannter Namensträger illustrieren den Text. Landkarten und Grafiken tragen dazu bei, die geografische Verteilung häufiger Familiennamen anschaulich zu machen. Aufschluss über die Bildungsweise der Familiennamen gibt das alphabetisch rückläufige Gesamtverzeichnis. Hier tritt u. a. eindrucksvoll vor Augen, wie hoch die Anzahl der Familiennamen auf *-mann* ist, welche Zusammensetzungen mit *-maier/-mayer/ -meier/-meyer*, *-müller* oder *-schmidt* es gibt und vieles mehr.

❖ Alle Familiennamen wurden gewissenhaft erklärt, und es wurde, soweit möglich, der Grund, die Motivation ihres Entstehens angegeben. Für die zweite Auflage konnten einige etymologische Angaben, zum Teil auf Anregung von Rezensenten und Lesern, ergänzt oder korrigiert werden. Sehr aufschlussreich für die sprachliche Erklärung war eine eigens für dieses Buch angefertigte Übersicht über die geografische Verbreitung von jedem der 10 000 häufigsten Namen auf der Grundlage der Postleitregionen. Nicht selten stellte sich dabei heraus, dass ein Familienname zwei ganz unterschiedliche Verbreitungsschwerpunkte haben kann und dementsprechend unterschiedlich interpretiert werden muss. Dass auch sonst oft mehrere Bedeutungen eines Namens angegeben werden mussten, hängt mit dem häufigen Gleichklang von unterschiedlichen Wörtern in unserer Sprache zusammen. In jedem Fall wurden die allgemeingültigsten Erklärungen gegeben. Dass es im Einzelfall immer wieder Sonderentwicklungen gegeben hat, weiß jeder, der sich mit der Geschichte unserer Familiennamen befasst. Hier sei nur an die oft willkürlichen Veränderungen von Namen durch mittelalterliche oder auch noch neuzeitliche Schreiber erinnert oder an den häufigen Namenswechsel polnischer Einwanderer ins Ruhrgebiet im 19. Jahrhundert, der von behutsamer Eindeutschung bis zu freier Namenserfindung ging.

❖ Wir möchten unseren Dank für die großzügige Unterstützung, die wir bei der Arbeit an der ersten Auflage erfahren haben, noch einmal zum Ausdruck bringen. Herrn Prof. Dr. Dr. h.c. Ernst Eichler, Leipzig, gilt unser besonderer Dank für die Durchsicht der Artikel über slawische Familiennamen sowie für die Klärung schwieriger Namen slawischer Herkunft. Für wertvolle Hinweise danken wir auch Herrn Dr. Dr. Volkmar Hellfritzsch, Stollberg, und Herrn Prof. Dr. Walter Wenzel, Leipzig. Bei Herrn Prof. Dr. Konrad Kunze, Freiburg i.Br., und bei Herrn Prof. Dr. Werner König, Augsburg, bedanken wir uns für die Erlaubnis, einige von ihnen entworfene und publizierte Karten als Grundlage für die hier vereinfachte Darstellung zu verwenden. Bei der Klärung der Namen von international bekannten Persönlichkeiten waren wir vielfach auf fachliche Hilfe angewiesen. Danken möchten wir Herrn Prof. Dr. Dr. h.c. Ernst Eichler, Leipzig, für seinen wertvollen Beitrag zur Abfassung der Artikel mit russischen, polnischen und tschechischen Namen, Frau Prof. Dr. Maria Giovanna Arcamone, Pisa, für ihre Hilfe bei der Klärung schwieriger italienischer Namen, Frau Dr. Eva Brylla, Uppsala, und Frau Dr. Sirkka Paikkala, Helsinki, für die Durchsicht unserer Artikel über schwedische bzw. finnische Namen, Herrn Prof. Dr. Günther S. Henrich, Hamburg, für die ausführlichen Anmerkungen zu den neugriechischen Namen, Frau Dr. Jutta Sperber, Bayreuth, für ihre Unterstützung bei der Klärung arabischer und hebräischer Namen, Frau Dipl. Soc. Anth. Kazuko Winter, Bayreuth, für die Auswahl und Deutung von japanischen Namen, Frau Dr. Doreen Gerritzen, Amsterdam, Frau Dr. Dietlind Krüger, Leipzig, und Herrn Silvio Brendler, Hamburg, für die freundliche Beantwortung mehrerer Namenanfragen. Schließlich gilt unser Dank auch Frau Dr. Annette Klosa, die die erste Auflage dieses Lexikons redaktionell betreut hat, und Frau Anette Auberle, die beide Auflagen hilfreich begleitet hat.

Bayreuth, im Januar 2008   Rosa und Volker Kohlheim

Inhalt

Einleitung 11

Die Entstehungsgeschichte unserer Familiennamen .. 11

Bildung und Bedeutung der Familiennamen 18
   Wie wurden die Beinamen vergeben? 18
   Was bedeuten unsere Familiennamen? 19
   Wie setzt sich der Familiennamenschatz
   zusammen? 21
      Familiennamen aus Rufnamen 21
      Familiennamen nach der Herkunft 25
      Familiennamen nach der Wohnstätte 27
      Familiennamen nach Beruf, Amt und Stand 29
      Familiennamen aus Übernamen 36
   Formenvielfalt und landschaftliche Prägung des
   Familiennamenschatzes 41
   Die 200 häufigsten deutschen Familiennamen und
   deren Herkunft 48
   Fremdsprachige Familiennamen 50

Zu den rechtlichen Bestimmungen der
Familiennamenführung 57

Hinweise für die Benutzer 59

Abkürzungsverzeichnis 61

Familiennamenlexikon A–Z 65

Verzeichnis der Fachausdrücke 689

In den Familiennamen aus Rufnamen enthaltene
Namenwörter 695

Literaturverzeichnis 701

Einleitung

Die Entstehungsgeschichte unserer Familiennamen

❖ Die Angehörigen der verschiedenen germanischen Stämme kannten noch keine Familiennamen. Bis ins 12. Jh. begegnen uns in den Quellen – von wenigen Ausnahmen abgesehen – nur einnamige Personen. Doch gab es schon damals Möglichkeiten, familiäre Bindungen zum Ausdruck zu bringen: z. B. die Nennung des Vaters, den Stabreim, die Variation der Rufnamenglieder. Ein gutes Beispiel hierfür bietet uns das »Hildebrandslied«. Der Vater, *Hildebrand*, stellt sich als *Hildebrand, Heribrandes Sohn*, vor, sein Sohn *Hadubrand* entsprechend als *Hildebrandes Sohn*. Ferner lässt sich an diesem Beispiel zeigen, dass Angehörige dreier Generationen aus derselben Familie Namen führen, die mit dem gleichen Anlaut *(H-)* beginnen: *Heribrand, Hildebrand, Hadubrand*. Schließlich enthalten die Namen von Großvater, Vater und Enkel das gemeinsame Namenwort *-brant*, während der erste Namenbestandteil jeweils unterschiedlich ist.

❖ Vereinzelt finden sich in der Überlieferung auch individuelle Beinamen, die auf ein besonderes Merkmal des Namensträgers anspielen: Der Westgotenkönig Alarich erhielt wegen seiner Kühnheit den Beinamen *Baltha* (›der Kühne‹), ein weiterer König der Westgoten wurde *Wamba* (›Bauch, Wampe‹) genannt. Von den Karolingern sind *Karl der Dicke* und *Karl der Kahle* bekannt. Wegen seines rötlich blonden Bartes wurde Friedrich I. von den Italienern *Barbarossa* genannt. Sein Gegenspieler Heinrich erhielt wegen seiner Tapferkeit den Beinamen *der Löwe*. Charakteristisch für diese frühen Beinamen war, dass sie an die Person des Namensträgers gebunden waren und mit seinem Tod erloschen.

❖ Im 12. Jh. setzt jedoch eine Umwandlung des Personennamensystems ein. Wir können in den Quellen verfolgen, wie zur Identifizierung einer Person sowie zur Kennzeichnung der Familienzugehörigkeit in zunehmendem Maße zwei Namenelemente (Rufname und Familienname) verwendet werden.

❖ Für die zweinamigen Belege aus den mittelalterlichen Quellen sollte man allerdings noch nicht von Familiennamen, sondern von Beinamen sprechen, denn sie spiegeln eine frühe Phase der Familiennamenentwicklung wider, in der wesentliche Merkmale heutiger Familiennamen wie Erblichkeit und Festigkeit noch nicht durchgehend nachweisbar sind.

❖ Die Entstehung der Familiennamen ist ein sehr komplexes Phänomen, das durch ein Zusammenwirken verschiedener Faktoren herbeigeführt wurde. Als anregendes Vorbild für das Aufkommen der Beinamen im deutschsprachigen Raum kann die Namengebung in den romanischen Ländern angesehen werden. Bereits zu Beginn des 9. Jh. begegnen uns Beinamen in Venedig, im 10. Jh. in Verona und Florenz sowie in Südfrankreich, seit dem 11. Jh. ist die Doppelnamigkeit auch in der romanischen Schweiz, in Katalonien und in Nordfrankreich anzutreffen.

❖ Es ist bezeichnend, dass in Deutschland die Beinamen gerade dort früh auftreten, wo es vielfältige Kontakte zu den romanischen Ländern gab, so z. B. in Köln und in Regensburg. Beide Städte spielten eine führende Rolle im damaligen Fernhandel und hatten dadurch auch direkten Kontakt mit den kulturellen Strömungen in der südlichen und westlichen Romania. Sowohl in Köln als auch in Regensburg lässt sich im 12. Jh. die Führung eines Beinamens relativ häufig nachweisen. Im Jahre 1150 führen 18 % der in den Kölner Schreinsurkunden genannten Personen einen Beinamen. In einer Regensburger Urkunde aus dem Jahre 1135 werden 44 Bürger genannt, von denen nur zwei den Rufnamen ohne differenzierenden Zusatz aufweisen. Zur näheren Personenkennzeichnung treten hier Verwandtschaftsangaben, Amts- und Berufsbezeichnungen, Herkunftsnamen, Wohnstättennamen und Übernamen auf. Bereits in der zweiten Hälfte des 12. Jh. finden sich in Regensburg Zeugnisse dafür, dass Vater und Sohn bzw. mehrere Brüder den gleichen Beinamen führen: Ein Sohn des *Hartwich in Porta* [am Tor] ist ca. 1185 als *Conrat in Porta* bezeugt, die Brüder des *Odalricus Chergel* [zu mhd. *karc* ›knauserig‹] sind als *Rotpehrt Kargil* und *Hartwich Kargil* belegt.

❖ Ein entscheidender Grund für das Auftreten von Beinamen waren kommunikative Bedürfnisse. Infolge der sprachlichen Entwicklung waren die Bestandteile der alten deutschen Rufnamen z. T. unverständlich geworden. Die einzelnen Rufnamenglieder wurden nicht mehr zu neuen Namen kombiniert. Dies führte allmählich zu einer Abnahme des Rufnamenbestandes, die auch durch die Einführung der Heiligennamen nicht mehr ausgeglichen werden konnte. Da immer mehr Personen den gleichen Rufnamen trugen, war eine unmissverständliche Identifizierung des Einzelnen durch den Rufnamen allein – vor allem in den immer größer und bedeutender werdenden Städten – nicht mehr gewährleistet. Diese Entwicklung tritt in einer Regensburger Urkunde (ca. 1170) deutlich zutage: Vier von den elf Zeugen heißen *Hœinricus*. Aufgrund ihrer Beinamen konnten *Hœinricus de Fovea* [von der Grube] und *Hœinricus de Pentlinge* [von Pentling, südwestlich von Regensburg] jederzeit leicht identifiziert werden, nicht jedoch die zwei einnamigen Zeugen, die gerade den damals in Regensburg häufigsten Rufnamen trugen. Dieser Beeinträchtigung der identifizierenden Funktion der Rufnamen konnte jedoch durch eine im bisherigen System vorhandene Möglichkeit der näheren Personenkennzeichnung begegnet werden: Die bis zum 12. Jh. vereinzelt vorkommenden, rein individuellen Beinamen entwickelten sich allmählich zum wichtigsten Bestandteil der Personennamen.

❖ Wirtschaftliche Interessen und juristische Gesichtspunkte spielen eine nicht zu unterschätzende Rolle bei der Verbreitung und Festigung der Beinamen. So ist zunächst eine deutliche Zunahme der Zweinamigkeit beim Adel zu beobachten, nachdem die Lehen unter der Regierung Konrads II. im Jahr 1037 erblich wurden. Für den Adel war es nach diesem Ereignis wichtig geworden, durch den erblichen Namenzusatz erbliche Besitzansprüche und Privilegien geltend machen zu können. Wenn aber die führenden Geschlechter in den Städten seit dem 12. Jh. auch einen Beinamen führen, so handelt es sich nicht einfach um eine Nachahmung der adligen Namengebung aus Prestigegründen oder Vornehmheitsstreben. Das städtische Patriziat, das oft über ein beträchtliches Kapital sowie über Lehen und Grundbesitz verfügte, war genauso wie der Adel an einer Sicherung des Familienbesitzes für die nachkommenden Generationen interessiert.

❖ Durch den Ausbau der Verwaltung und die Zunahme der Schriftlichkeit im 13. und 14. Jh. wurde die Familiennamenbildung entscheidend gefördert. Es ist einerseits naheliegend, dass ein Beiname, sobald er einmal von einer Stadtkanzlei oder einer anderen Institution aufgezeichnet wurde, einen dauerhafteren Charakter gewann. Andererseits war es durch die zunehmende Beteiligung der Bürgerschaft an der städtischen Regierung (z. B. an Ratsbeschlüssen), durch die Anlage von Einwohnerlisten, Zins- und Steuerregistern, durch die schriftliche Abfassung von Kaufverträgen und geschäftlichen Vereinbarungen, durch die Niederschrift von Heiratsverträgen und Testamenten auch für breitere Schichten der Bevölkerung (kleine Kaufleute, Handwerker, Landbewohner) notwendig geworden, einen Beinamen zu führen, um genau identifiziert werden zu können. Wenn Diener und Mägde in den spätmittelalterlichen Quellen meist noch einnamig sind, so hängt dies vor allem damit zusammen, dass sie keine Rolle im öffentlichen Leben spielten und im Allgemeinen nichts zu versteuern oder zu vererben hatten.

❖ Insgesamt verbreiten sich die Beinamen vom deutschen Westen und Süden aus nach Osten und Norden. Die Führung eines Beinamens setzt sich zunächst in den großen Städten, dann in den kleineren und schließlich auch in den ländlichen Gebieten durch. In Neuss beispielsweise sind Beinamen im 13. Jh. noch eine Seltenheit, im benachbarten Köln hingegen schon die Regel. Auch im Hinblick auf die gesellschaftliche Verbreitung der Zweinamigkeit werden deutliche Unterschiede sichtbar. Bei- bzw. Familiennamen sind zuerst beim Adel nachzuweisen, ihm folgen – mit einem gewissen zeitlichen Abstand – das städtische Patriziat, das Kleinbürgertum und die ländliche Bevölkerung. Während die Hildesheimer Ratsmitglieder bereits im 13. Jh. einen Beinamen führen, sind zu Beginn des 14. Jh. in der ländlichen Umgebung der Stadt noch 50 % der Einwohner einnamig, und um 1400 haben viele städtische Handwerker noch keinen Beinamen.

❖ Dass der Übergang von Beinamen zu Familiennamen nur langsam vor sich ging, tritt in den Regensburger Quellen deutlich zutage. Von 903 im Jahr 1370 urkundlich genannten Bürgern und Bürgerinnen (732/171) sind 4,2 % einnamig, 27,1 % werden durch persönliche Zusätze (Standesbezeichnungen, Verwandtschaftsangaben) und 68,7 % durch Beinamen gekennzeichnet. Die Führung eines festen Beinamens kann jedoch erst bei 25,4 % der Beinamenträger nachgewiesen bzw. mit großer Wahrscheinlichkeit angenommen werden.

❖ In spätmittelalterlichen Quellen (z. B. in Einwohner-, Zins- und Steuerregistern, in Testamenten und Heiratsverträgen) sind auch Frauen relativ häufig vertreten. Ihre Beinamen werden mithilfe von Ableitungsendungen gebildet. Die Endung *-(i)n/-inne* kommt im Süden und z. T. auch in Mitteldeutschland vor. Im Norden sowie in einigen Teilen Mitteldeutschlands werden weibliche Beinamen mit den Endungen *-se, -sche* und *-ske* gebildet. Unverheiratete Frauen führen in den Urkunden den väterlichen Beinamen: Im Regensburg des 14. Jh. sind z. B. *Cecylie deu Wollœrinne* und *junchfrawe Agnes die Weimptingern* als Töchter *hern Ulrichs dez alten Wollers* bzw. *hern Fridreich dez alten Weymptinger* überliefert. Bei der Heirat übernehmen Frauen in der Regel den Beinamen des Ehemannes: So ist die Regensburger Bürgerin *Elspet die Hornbechin, hern Fridreich dez Hornbechen hausfraw* [Ehefrau] im Jahr 1367 als Tochter von *Katrein Leutzzenriederinn* bezeugt. Anders als in den Mundarten sind weibliche Formen von Familiennamen in der Hochsprache nur bis ins beginnende 19. Jh. lebendig geblieben.

❖ Obwohl sich bis zum 15./16. Jh. die Zweinamigkeit weitgehend durchgesetzt hatte, galt noch lange Zeit der Rufname als der eigentliche Name. Aufschlussreich in dieser Hinsicht ist Albrecht Dürers Monogramm mit dem großen A, dem Anfangsbuchstaben seines Rufnamens, und dem kleinen D, dem Anfangsbuchstaben seines Familiennamens. In den Nürnberger Gerichtsbüchern vom Ende des 15. Jh. werden die Personen in der alphabetischen Reihenfolge der Rufnamen, nicht in der der Familiennamen aufgeführt. Eine solche Praxis bei der Anlage von Personenverzeichnissen lässt sich noch bis gegen Ende des 18. Jh. beobachten.

❖ Wenn es zur Zeit des Humanismus in gebildeten Kreisen beliebt wurde, deutsche Namen ins Lateinische oder Griechische zu übersetzen bzw. sie mit einer lateinischen Endung zu versehen, so ist dies ein weiteres Indiz für die damals noch bestehende Unfestigkeit der Familiennamen. Von dieser Modeerscheinung zeugen noch viele heutige Familiennamen. Aus dem Lateinischen stammen u. a. *Agricola* für Bauer/Ackermann, *Faber* für Schmidt/Schmitt, *Molitor* für Müller/Möller, *Piscator* für Fischer, *Textor* für Weber, *Vietor* für Faßbinder. Griechischer Herkunft ist z. B. *Neander* für Neumann/Naumann. *Jakobi, Martini* und *Wilhelmi* sind nichts anderes als die lateinischen Entsprechungen von *Jakobs, Mertens* und *Wilhelms*. Durch die lateinische Endung *-ius* erhielten zahlreiche Familiennamen einen »klassischen« Anstrich: Aus Dehl, einer Kurzform von Dietrich, wurde *Delius*, aus Heinz *Heinzius*, aus Mathes *Mathesius*.

❖ Umbenennungen waren zu Beginn der Neuzeit jederzeit möglich. Johannes Gutenberg, der Erfinder des Buchdrucks, hieß ursprünglich *Henne Gensfleisch*. Dem uns geläufigen Familiennamen *Gutenberg* liegt ein Mainzer Hausname zugrunde, der wiederum auf den Familiennamen seiner Mutter zurückgeht. Erst vom ausgehenden 17. Jh. an setzen sich die Behörden für die Beständigkeit der Familiennamen und für die Unterbindung des Namenwechsels ein. Entsprechende Verordnungen werden 1677 in Bayern, 1776 in Österreich, 1794 in Preußen erlassen. Feste Familiennamen werden in Friesland durch ein Dekret Napoleons im Jahr 1811 eingeführt.

❖ Bis an die Schwelle des 19. Jh. hatte ein großer Teil der jüdischen Bevölkerung noch keine Familiennamen. In den Quellen erscheinen neben einnamigen Personen auch solche, die durch einen Namenzusatz näher unterschieden werden. *Item so sol der Ysaak geben 32 1/2 lb*, heißt es in einer Regensburger Urkunde (a. 1355), die die Zahlungsverpflichtungen der dort ansässigen Juden betrifft. Als weitere Beispiele für Nennungen jüdischer Personen im spätmittelalterlichen Regensburg lassen sich *Hœschel Arons sun, Davitt jud, Moyses der jud von Eger, der Mændel von Lantzhut, Noach von Pilsen, Moeschel in maister Jacobs haus, Davit der chœuffel* [Händler], *Israhel augenartzt, Josepp schulmaister, Abraham fleischhawer* [Fleischer], *der Habniht, der lang Abraham, der taub Abraham* anführen.

❖ Nachdem die jüdische Bevölkerung gegen Ende des 18. bzw. zu Beginn des 19. Jh. die Rechte ihrer christlichen Mitbürger erhalten hatte, wurde von staatlicher Seite eine Anpassung an die landesübliche Namenführung verlangt. Entsprechende Verordnungen zur Annahme eines Familiennamens wurden z. B. 1787 in Österreich, 1812 in Preußen, 1813 in Bayern, 1828 in Württemberg, 1834 in Sachsen erlassen. Dadurch entstand für viele jüdische Bürger die Notwendigkeit, einen Familiennamen zu wählen. Im Wesentlichen wurden die jüdischen Familiennamen auf die gleiche Weise gebildet wie die üblichen Familiennamen ihrer christlichen Umgebung. Viele jüdische Familiennamen gehen auf Rufnamen zurück: *Abraham, David, Isaak, Mendelssohn (Mendel < Immanuel + -sohn)*. Der hebräische Rufname *Baruch* (›der Gesegnete‹) wurde gern ins Deutsche *(Selig, Seligmann)* oder ins Lateinische *(Benedikt)* übersetzt. Familiennamen wie *Moser, Arend(t)* wurden wegen des Anklangs an *Moses* bzw. *Aaron* gewählt. Familiennamen aus Ortsnamen (*Berliner, Mainzer, Oppenheim[er]*) sind besonders stark vertreten. Für ihre Wahl war allerdings nicht immer der Herkunftsort der jeweiligen Familie ausschlaggebend. Besonders in Frankfurt spielten die Häusernamen (z. B. *Rothschild*) eine wichtige Rolle. Familiennamen wie *Coh(e)n/Kohn* (›Priester‹) stammen aus dem religiösen Bereich. Eine besondere Gruppe stellen wohlklingende Familiennamen wie *Lilienfeld, Rosenbaum, Rubinstein, Sternberg* dar. Ähnliche Namen, die offensichtlich dem Zeitgeschmack entsprachen, werden auch häufig von Gestalten der damaligen Literatur getragen.

❖ In Deutschland kam mit der Einführung des Standesamtes im Jahr 1874 der jahrhundertelange Prozess der Ausbildung erblicher, fester Familiennamen zu seinem Abschluss: Die Schreibweise der Familiennamen wurde verbindlich festgelegt, jegliche Familiennamenänderung der behördlichen Genehmigung unterzogen. Seitdem sind Veränderungen des Familiennamenbestandes nur noch durch Aussterben von Familiennamen, Einbürgerungen und Änderungen von anstößigen Familiennamen möglich.

❖ Im Jahre 1900 sah das Bürgerliche Gesetzbuch vor, dass die Frau bei der Eheschließung den Familiennamen des Mannes anzunehmen hatte. Die im Laufe des 20. Jh. eingetretenen Veränderungen in der Gesellschaft und in ihren Wertvorstellungen (etwa der moderne Individualismus, die damit zusammenhängende Einstellung zur Tradition, auch innerhalb der Familie, die zunehmende Gleichberechigung der Frau) haben zu einer Anpassung der Namenführung an die gesellschaftlichen Bedürfnisse geführt. So erhielt i. J. 1953 die Frau das Recht, den Geburtsnamen nach dem Familiennamen ihres Mannes (mit Bindestrich) anzufügen. Wenn also Fräulein *Irmgard Müller* Herrn *Klaus Schwarz* heiratete, konnte sie sich nach der Eheschließung *Irmgard Schwarz* oder *Irmgard Schwarz-Müller* nennen. Ab 1965 war es in der DDR möglich, den Geburtsnamen des Mannes oder der Frau als Ehenamen zu führen. Demnach ergaben sich für das fiktive Ehepaar *Bernd Schulz* und *Ursula Richter* zwei Möglichkeiten der Namenführung: *Bernd Schulz* ∞ *Ursula Schulz* oder *Bernd Richter* ∞ *Ursula Richter*. 1976 trat eine ähnliche Regelung in Westdeutschland in Kraft. Dabei konnte der Ehepartner, der auf seinen Namen verzichtete, diesen dem Ehenamen als Begleitnamen (mit Bindestrich) voranstellen. Zu der seit dem 1. 4. 1994 gültigen Ehenamengesetzgebung s. unten.

Bildung und Bedeutung der Familiennamen

Wie wurden die Beinamen vergeben?

❖ Beinamen, die Vorläufer unserer Familiennamen, wurden vor allem dann vergeben, wenn es im gesellschaftlichen Umgang notwendig wurde, eine bestimmte Person genauer zu unterscheiden. Hierzu griff der Namengeber auf ein hervortretendes Merkmal der zu benennenden Person zurück: Abstammung, Herkunftsort, Wohnsitz, berufliche Tätigkeit, persönliche Eigenschaften. Die Verleihung eines Beinamens war ursprünglich motiviert, der Beiname charakterisierte und identifizierte zugleich. Bei unseren heutigen Familiennamen ist das charakterisierende Element verloren gegangen. So kann Fräulein *Klein* groß, Frau *Schwarz* blond und Herr *Müller* ein Fleischer oder ein Koch sein.

❖ Die sprachliche Grundlage unserer Familiennamen steht in Zusammenhang mit dem ausgewählten Merkmal. War z. B. die Abstammung der Beweggrund für die Beinamenverleihung, so stellt ein Rufname die sprachliche Grundlage des späteren Familiennamens dar. War das auffällige Merkmal die Herkunft, dann enthält der Familienname einen Ortsnamen. Waren der Beruf oder irgendwelche individuelle Eigenschaften für die Beinamenvergabe ausschlaggebend, so musste der Namengeber in diesem Fall auf den allgemeinen Wortschatz zurückgreifen. Um beispielsweise das Namengebungsmotiv ›Schmiedeberuf‹ sprachlich auszudrücken, standen dem Namengeber verschiedene Möglichkeiten zur Verfügung. Er konnte die Tätigkeit unmittelbar nennen *(Schmidt)* oder einen Übernamen prägen, der auf den Beruf anspielte: *Hammer* (als charakteristisches Werkzeug), *Stahl* (als Arbeitsmaterial), *Hufnagel* (als Erzeugnis), *Feuer, Funke* (als Begleiterscheinungen des Arbeitsvorgangs). Durch die Verwendung bestimmter Ableitungsendungen konnte das Namengebungsmotiv noch mit zusätzlichen Bedeutungsfärbungen versehen werden. Familiennamen wie *Schmittke* oder *Hämmerle* weisen nicht nur auf den Beruf des ersten Namensträgers hin, sie bringen außerdem die Einstellung des Namengebers zum Benannten, etwa seine kosende oder spöttische Absicht, zum Ausdruck.

Was bedeuten unsere Familiennamen?

❖ Viele Menschen sind an der Bedeutung ihres Familiennamens interessiert. Bei der Erklärung eines Familiennamens muss man zwei Stufen unterscheiden: die Namenetymologie und die Namendeutung.

❖ Die NAMENETYMOLOGIE, d. h. die Ermittlung der wörtlichen Bedeutung, bietet bei Familiennamen wie *Bischof, Kaiser, Schön, Lang, Fuchs, Koch, Müller, Schreiner* keine Schwierigkeiten. Mithilfe von Wörterbüchern können auch viele heute nicht mehr allgemein verständliche Familiennamen geklärt werden, etwa der Familienname *Grempler*, der sich von mhd. *grempen* ›Kleinhandel treiben, trödeln‹, mhd. *grempeler* ›Kleinhändler, Trödler‹ ableitet.

❖ Häufig stellt sich jedoch heraus, dass das zugrunde liegende Wort mehrdeutig ist. So bezeichnet *schërer* im Mittelhochdeutschen sowohl den Tuchscherer als auch den Barbier. Demnach haben die Vorfahren der heutigen Träger des Familiennamens *Scherer* entweder das Abschneiden der vorstehenden Haare im Rahmen der Tuchherstellung übernommen oder aber Haare und Bärte geschnitten, hin und wieder auch – wie in früheren Zeiten üblich – Zähne gezogen und Wunden versorgt. Ohne urkundlichen Nachweis kann man also im Einzelfall nicht wissen, welche berufliche Tätigkeit diesem Familiennamen zugrunde liegt.

❖ Oft ist es nicht einmal möglich, die Grundbedeutung eines Familiennamens festzulegen. Bei den Familiennamen *Gimbel, Gimpel, Gümpel* z. B. lässt sich nicht entscheiden, ob sie auf die Vogelbezeichnung (mhd. *gümpel*), die im übertragenen Sinn auch einen einfältigen Menschen bezeichnen kann, oder auf eine Koseform der alten deutschen Rufnamen Guntbald, Gumbert/Gumprecht zurückgehen.

❖ Die sprachliche Erklärung eines Familiennamens kann auch dadurch erschwert werden, dass einem im Lauf der Zeit »sinnlos« bzw. unverständlich gewordenen Namen ein neuer Sinn unterlegt wird. Als der alte deutsche Rufname *Frumolt* (ahd. *fruma* ›Nutzen, Vorteil, Segen‹ + ahd. *-walt* zu *waltan* ›herrschen‹) nicht mehr vergeben und natürlich auch nicht mehr verstanden wurde, bemühten sich die Namenbenutzer darum, ihn wieder verständlich zu machen, und zwar durch Anlehnung an ihnen geläufige

Wörter. So wurde eben aus dem unverständlichen *Frumolt* ein *Frommhold* oder gar ein *Frommholz*.

❖ Ausgehend von der wörtlichen Bedeutung versucht man bei der NAMENDEUTUNG, die vom Namengeber beabsichtigte Bedeutung eines Namens zu ermitteln. Da die Quellen in der Regel keine Auskunft über die Motivation der Namengebung enthalten, können die im Lexikonteil vorgelegten Familiennamendeutungen nur Deutungsmöglichkeiten bzw. Deutungsvorschläge darstellen.

❖ Wie kann z. B. der häufige, sprachlich durchsichtige Familienname *Fuchs* gedeutet werden? Welche Anlässe haben möglicherweise zur Vergabe dieses Übernamens geführt? Die Schlauheit oder die rötliche Haarfarbe des ersten Namensträgers, die Ausübung des Kürschnerberufs, das Tragen eines Fuchspelzes, eventuell die Teilnahme an einer Fuchsjagd? Wohnte er vielleicht in einem Haus, das »Zum Fuchs« hieß? Eine Festlegung auf eine bestimmte Deutung ist in diesem Fall nicht möglich. Man muss sich hier darauf beschränken, die verschiedenen Deutungsmöglichkeiten aufzuzeigen.

❖ Eine wissenschaftlich fundierte und gesicherte Namendeutung ist nur im Einzelfall unter Heranziehung urkundlicher Belege sowie unter Berücksichtigung kulturgeschichtlicher, geografischer und anderer Zusammenhänge möglich. Wenn ein Träger des Namens *Bischof* im Regensburg des 14. Jh. als Inhaber eines bischöflichen Lehens bezeugt ist, so liegt es auf der Hand, dass dieser Umstand für die Namengebung ausschlaggebend war. Dieses Beispiel bietet einen wichtigen Anhaltspunkt für die Erklärung des Familiennamens *Bischof*, doch ist diese Deutung nicht ohne Weiteres auf andere Belege übertragbar. Es ist keineswegs auszuschließen, dass *Bischof* auch anders motiviert sein kann. Ein solcher Übername könnte ursprünglich u. a. auch einen Menschen, der eine gehobene Stellung hatte oder sich anmaßte, bezeichnet haben.

❖ Belege wie *F. Semel* [Semmel], im spätmittelalterlichen Regensburg (im Jahr 1348) als Bäckergeselle überliefert, wie *Sigmund paternoster paternosterer* [Rosenkranz Rosenkranzmacher] (Breslau 1397), wie *Dietericus dict. Stahel, faber* [genannt Stahl, Schmied] (Straßburg 1301) zeigen, dass sowohl das hergestellte Produkt als auch das Arbeitsmaterial zur Bildung von Berufsübernamen herangezogen wurden. In Anlehnung an solche urkundlich gesicherten Deutungen kann man bei Familiennamen wie *Korb* und *Pelz* annehmen, dass sie eine Anspielung auf den Beruf des Korbflechters bzw. des Kürschners enthalten. Doch muss hierbei auch mit anderen Deutungsmöglichkeiten gerechnet werden: etwa ›Besitzer eines auffälligen Korbs‹, ›Träger einer besonderen Pelzkleidung‹. Tatsächlich geht aus einer Regensburger Urkunde (a. 1334) hervor, dass *Chunrat Pelz* nicht als Kürschner, sondern als Steinmetz tätig war.

❖ Viele Familiennamen können nur dann richtig gedeutet werden, wenn man weiß, aus welcher Landschaft sie ursprünglich stammen. Auf niederdeutschem Gebiet geht der Familienname *Krüger* auf den Beruf des Krug- oder Gastwirtes zurück. Die Vorfahren der oberdeutschen *Krüger* waren jedoch als Krughändler bzw. -hersteller tätig.

Wie setzt sich der Familiennamenschatz zusammen?

❖ Ausgehend von der Motivation und der etymologischen Herkunft lassen sich die deutschen Familiennamen in fünf Gruppen einteilen: Familiennamen aus Rufnamen, Familiennamen nach der Herkunft, Familiennamen nach der Wohnstätte, Familiennamen aus Berufs-, Amts- und Standesbezeichnungen, Familiennamen aus Übernamen.

Familiennamen aus Rufnamen

❖ Den Familiennamen aus Rufnamen liegt eine Beziehung des ersten Namensträgers zu einem anderen Menschen zugrunde. Bei den meisten Familiennamen aus dieser Gruppe handelt es sich um Vatersnamen (Patronymika). So konnte beispielsweise der Träger des häufigen Rufnamens *Heinrich* durch die Angabe *Friedrichs Sohn* genauer identifiziert werden. Gelegentlich sind jedoch auch andere verwandtschaftliche Beziehungen für die Entstehung von Familiennamen aus Rufnamen ausschlaggebend gewesen. Dies geht aus den Breslauer Belegen (um 1300) *Nickel des langen Diterich bruder* = *Nickel Langediterich* und *Hermannus gener* [Schwiegersohn] *Zacharie* = *Hermannus Zacharie* deutlich hervor. Vereinzelt finden sich unter den Familiennamen aus Rufnamen auch weibliche Rufnamen (*Eitner* < Agathe, *Tilgner* < Ottilie). Mutternamen (Metronymika) weisen nicht unbedingt auf die uneheliche Herkunft des ersten Trägers hin. Vielfach beruhen sie auf der höheren Stellung oder größeren Bekanntheit der Mutter in der jeweiligen Gemeinschaft.

❖ Vorstufen von Familiennamen aus Rufnamen, die aus einer genealogischen Angabe in Form einer Beifügung im Genitiv bestehen, sind in den deutschen Quellen früh und zahlreich überliefert: z. B. *Rihperht filius Irmperhti* [Sohn des Imperht], *Cundalperht filius Helmuuini* [Sohn des Helmwin] (Regensburg, 8. Jh.), *Eppo filius Epponis* [Sohn des Eppo] (Regensburg, 11. Jh.), *Odalric filius Cunterammi* [Sohn des Guntram] (Zürich 1149), *Rŏdolfus filius Mahtildis* [Sohn der Mathilde] (Konstanz 1176).

❖ Bei günstiger Quellenlage kann man die Entstehung eines solchen Bei- bzw. Familiennamens verfolgen: Der Sohn des Regensburger Bürgers *Gumperti monetarii* [Gumpert Münzer] ist im Jahr 1266 als *Chunradus Gumperti filius* [Sohn des Gumpert], im Jahr 1287 als *Chunradus Gumperti* [Gumperts] und im Jahr 1300 als *Chunrat Gumprecht* urkundlich bezeugt.

❖ Sicher haben nicht alle Familiennamen sämtliche Entwicklungsstufen durchlaufen müssen. Doch ist die erste Stufe dieses Entstehungsmusters heute noch bei norddeutschen Familiennamen auf *-son* (abgeschwächt *-sen*) sichtbar: etwa bei *Peterson* und *Petersen*. Die zweite Stufe (Unterdrückung des Wortes ›Sohn‹, aber Beibehaltung der Genitivendung) tritt bei den in West- und Norddeutschland verbreiteten Familiennamen auf *-s* (starker Genitiv) und *-en* (schwacher Genitiv) in Erscheinung: etwa bei *Peters* und *Otten*. Am häufigsten im gesamten deutschen Sprachgebiet vertreten sind endungslose Familiennamen wie *Albrecht, Dietrich, Friedrich, Heinrich, Konrad, Klaus, Peter, Philipp, Otto, Ulrich, Walther, Werner*. Patronymische Bildungen auf *-er* (z. B. *Dietler* < Dietl < Dietrich; *Friedricher* < Friedrich) sind für den oberdeutschen Raum charakteristisch, solche auf *-ing* (*Everding* < Evert < Eberhard) für das niederdeutsche Gebiet westlich der Elbe. Friesischer Herkunft sind u. a. patronymische Bildungen auf *-ena*. So ist z. B. der Familienname *Agena* als ›Sohn des Ag(g)e (< Agimar, Agimund)‹ aufzufassen. Familiennamen wie *Petermann, Dietel, Wilke* sind meist unmittelbar aus einer Koseform von *Peter, Dietrich, Wilhelm* entstanden, doch können sie gelegentlich als patronymische Formen im Sinne von ›Sohn des Peter/Dietrich/Wilhelm‹ aufgekommen sein.

❖ Die Familiennamen aus Rufnamen spiegeln den zur Zeit der Familiennamenentstehung (12.–15. Jh.) bestehenden Rufnamenschatz wider. Dementsprechend sind die Familiennamen aus deutschen Rufnamen sehr zahlreich vertreten, doch haben die sich seit dem 12. Jh. verbreitenden christlichen Rufnamen auch einen wichtigen Anteil am Familiennamenschatz erlangen können.

❖ Unter den Familiennamen aus deutschen Rufnamen finden sich zweigliedrige Namenformen wie *Albrecht* (ahd. *adal* ›edel, vornehm; Abstammung, [edles] Geschlecht‹ + ahd. *beraht* ›glänzend‹, etwa ›von glänzender Abstammung‹), *Friedrich* (ahd. *fridu* ›Schutz vor Waffengewalt, Friede‹ + ahd. *rīhhi* ›Herrschaft, Herrscher, Macht; reich, mächtig, hoch‹), Kurz- und Koseformen wie *Hein, Heinke, Heindel, Heinz, Heinzel, Heinzelmann* zu *Heinrich* und einstämmige Namen wie *Ernst* (ahd. *ernust* ›Ernst, Eifer; Kampf, Sorge‹).

❖ Die Familiennamen aus christlichen Rufnamen stammen aus verschiedenen Sprachen, vor allem aber aus dem Hebräischen, Griechischen und Lateinischen. Die sprachliche Vermittlung der christlichen Rufnamen erfolgte über das Kirchenlateinische. Sie wurden sehr schnell dem Laut- und Namensystem des Deutschen angepasst, sodass sie bald nicht mehr als Fremdnamen zu erkennen waren. Hierzu hat z. B. der Verlust der unbetonten Endungen beigetragen: *Paulus* wurde zu *Paul*, *Jacobus* zu *Jacob/Jakob*, *Johannes* zu *Johann*, *Petrus* zu *Peter*, *Georgius* zu *Georg*. Die Übertragung der im Deutschen üblichen Anfangsbetonung auf die entlehnten christlichen Rufnamen führte zu einem Schwund der unbetonten Silben: So entstanden *Bart(h)el* aus *Bartholomäus*, *Nickel* aus *Nicolaus*. Wurde die ursprüngliche Betonung beibehalten, dann entwickelten sich im Deutschen Namensformen wie *Asmus* aus *Erásmus*, *Frings* aus *Severínus*, *Görres* aus *Gregórius*, *Hans* aus *Johánnes*, *Kobes* aus *Jacóbus*, *Sander* aus *Alexánder*, *Thies* aus *Matthías*, *Tönnes* aus *Antónius*. Viele Familiennamen sind aus zusammengezogenen Formen christlicher Rufnamen hervorgegangen: etwa *Augst(in)* aus *Augustin(us)*, *Jahn* und *John* aus *Johannes*, *Nicklas* aus *Nikolaus*. Zu den verkürzten bzw. zusammengezogenen Formen wurden mithilfe der im Deutschen üblichen Endungen zahlreiche Ableitungen gebildet: *Hansel, Hensel, Hanselmann, Hansen* zu *Hans*, *Jansen* zu *Jan*, *Peterlein, Peterke, Petermann, Peters, Petersen, Peterson* zu *Peter*.

❖ Rufnamen können auch als zweiter Bestandteil von zusammengesetzten Familiennamen vorkommen. Der erste Bestandteil ist hierbei meist ein Eigenschaftswort, so in den Familiennamen *Althans*, *Großklaus*, *Gutheinz*, *Junghans*, *Kleinpeter* u. a. Seltener sind Zusammensetzungen mit einer Angabe der beruflichen Tätigkeit oder des Wohnsitzes: etwa *Schmidkunz* oder *Hofheinz*. Zusammengesetzte Familiennamen wie *Ottenjann* oder *Gretenkord* enthalten zwei Rufnamenformen und sind als ›Jann (Johannes), Sohn des Otto‹ bzw. als ›Kord, Sohn/Ehemann der [Frau] Grete (Margarete)‹ zu verstehen.

❖ Im Familiennamenschatz haben sich manche deutsche Rufnamen erhalten, die seit Jahrhunderten nicht mehr vergeben werden: etwa *Adelgoß* und *Adelhoch* (ahd. *adal* ›edel, vornehm; Abstammung, [edles] Geschlecht‹ + *gōz* zu german. **gauta* ›Gote‹ bzw. ahd. *hōh* ›hoch‹), *Fastert* (< Fasthart < ahd. *fasti* ›fest, sicher, unerschütterlich‹ + ahd. *harti*, *herti* ›hart, kräftig, stark‹), *Gerlach* (ahd. *gēr* ›Speer‹ + *lach* zu got. *laiks* ›[Kampf-]Spiel‹ oder zu asächs. *lāk* ›Grenzzeichen‹), *Ortgies* (ahd. *ort* ›Spitze einer Waffe‹ + ahd. *gīsal* ›Geisel; Bürge, Unterpfand‹), *Oesterheld* (aus dem weiblichen Rufnamen Osterhild: *ōstar* ›östlich, von Osten‹ + ahd. *hiltja* ›Kampf‹ u. a. Der große Umfang des heutigen Inventars der Familiennamen aus Rufnamen hängt vor allem mit der Vielzahl von Familiennamenformen zusammen, die aus einem Rufnamen entstehen können. Der Familienname *Arnold* zum Beispiel begegnet uns auch in den Schreibvarianten *Arnoldt* und *Arnolt*. Die Familiennamen *Ahrenhold* und *Arnhold(t)* gehen auf eine Umdeutung des zweiten Bestandteils von Arnold in Anlehnung an das Adjektiv »hold« zurück. Die Familiennamen *Ahrend(t)*, *Arend(t)*, *Ahrndt*, *Arnd(t)* (mit den patronymischen Formen *Ahrend[t]s*, *Ahrens*, *Arnds*) sind aus zusammengezogenen Formen von Arnold hervorgegangen. Kosebildungen liegen bei den Familiennamen *Arnemann*, *Ernemann*, *Arneke*, *Arni*, *Aerni*, *Erne*, *Erny*, *Ernle* vor. Aus einer Kurzform von Arnold, die den Auslaut des ersten Namenwortes und den zweiten Namenbestandteil enthält, sind *Nolde*, *Nolte*, *Nölte*, *Nöldeke*, *Nolting* entstanden. Mit diesen Beispielen sind keinesfalls alle heute als Familiennamen vorkommende Ableitungen von Arnold erfasst, doch vermitteln sie einen Eindruck von der außerordentlichen Vielfalt dieser Familiennamengruppe. Im Lexikonteil findet sich unter dem Haupteintrag eines Familiennamens aus Rufnamen eine Auswahl der dazu gehörigen Ableitungen (vgl. die Artikel ▶Albrecht, ▶Berthold, ▶Dietrich,

▸ Friedrich, ▸ Heinrich, ▸ Konrad; ▸ Andreas, ▸ Bartholomäus, ▸ Jakob, ▸ Johannes, ▸ Matthäus, ▸ Nikolaus u. a.).

Familiennamen nach der Herkunft

❖ Die Entstehung der Familiennamen fällt zeitlich mit der Entfaltung der Städte zusammen. Ihre Bevölkerung kam hauptsächlich aus Ortschaften der näheren Umgebung, doch hatten bedeutende mittelalterliche Städte wie Köln, Frankfurt, Nürnberg oder Regensburg einen großen Einzugsbereich. Die nähere Kennzeichnung neuer Mitbürger nach ihrem Herkunftsort bot sich damals geradezu an, und sie wurde auch sehr häufig bei der Verleihung eines Beinamens in Anspruch genommen. In einem Regensburger Einwohnerverzeichnis (aus dem Jahr 1370) begegnen uns beispielsweise mehrere Personen, deren Namen auf Städte und Dörfer in einem Umkreis von ca. 80 km hinweisen: *Seifrid und Jacob di Techpeter* (Dechbetten), *Hans Gænchofer* (Gengkofen), *Albr. Gebelchofer* (Gebelkofen), *Ott von Oetershausen* (Etterzhausen) waren aus benachbarten Dörfern in die Donaumetropole zugewandert, aus nördlicher bzw. nordwestlicher Richtung waren u. a. *der Grævenrewter* (Grafenreuth b. Weiden), *Chündel von Amberkch* (Amberg), *Steffan der Tündorffer* (Thundorf b. Neumarkt in der Oberpfalz) gekommen, aus dem Süden stammten u. a. *Cecylg Parchstetærn* (Parkstetten b. Straubing), *di Stainchircherynn* (Steinkirchen b. Mallersdorf), *Ulr. Chelhaimer* (Kelheim), *Ulr. Ingolsteter* (Ingolstadt). Doch gab es auch Zuwanderer aus entfernteren Städten wie Augsburg *(Agnes von Auzpurkch)*, Dinkelsbühl in Mittelfranken *(Ch. von Dynkchelspühel)* und sogar Gran in Ungarn *(der Graner)*. Gegen Ende des 14. Jh. führten 28,6 % der im Regensburger Urkundenbuch genannten Personen einen Beinamen nach ihrem meist nicht allzu weit gelegenen Herkunftsort. Trotz Bevölkerungsverschiebungen im Laufe der Jahrhunderte stimmt die gegenwärtige geografische Verteilung vieler Familiennamen aus Ortsnamen erstaunlicherweise mit den mittelalterlichen Wanderungsverhältnissen überein. So ist z. B. der Familienname *Oschatz* (nach der gleichnamigen Stadt östlich von Leipzig) heute noch viel stärker in Sachsen und Thüringen verbreitet als in anderen Gebieten Deutschlands.

❖ Zu den Familiennamen nach der Herkunft gehören Volks- und Stammesnamen wie *Bayer, Böhm, Frank, Fries(e), Hess(e), Preuß*,

Sachs, Schwab, Unger und Ableitungen von Länder- und Landschaftsnamen wie *Allgäuer, Oestreicher, Schweitzer, Voigtländer*. Die meisten Familiennamen dieser Gruppe gehen aber auf die Namen von Städten und Dörfern zurück. Gelegentlich kommen auch Wüstungen, d. h. Siedlungen, die bereits im Mittelalter oder in der frühen Neuzeit aufgegeben wurden, sowie manche Dörfer und Weiler, die inzwischen in größeren Orten aufgegangen sind, für die Herleitung von Familiennamen infrage.

❖ *Agnes von Auzpurkch* und *Ch. von Dynkchelspühel*, im Jahr 1370 als Regensburger Einwohner überliefert, waren keine Adligen. Beinamenbildungen mit *von* kamen im Mittelalter gleichermaßen beim Adel und beim Bürgertum vor. Beim Festwerden der Familiennamen traten in bürgerlichen Kreisen allmählich andere Bildungsformen (bloße Ortsnamen, Ableitungen auf *-er*) in den Vordergrund, während die adligen Namen die Präposition weiterhin behielten. Als Adelsprädikat begegnet die Präposition *von* erst seit dem 17. Jh. Bürgerliche Namen mit Präposition *(van, von)* sind heute nur noch im äußersten Nord- und Südwesten des deutschen Sprachgebiets gelegentlich anzutreffen. Bloße Ortsnamen als Familiennamen *(Hildesheim, Bielefeldt, Neuss, Oschatz)* sind in Norddeutschland sowie in West- und Ostmitteldeutschland verbreitet. Ableitungen von Ortsnamen auf *-er (Nürnberger, Wiener)* sind ursprünglich oberdeutsch, strahlten aber später nach Norden aus. Ableitungen auf *-mann (Münstermann)* treten vor allem im Nordwesten auf. Nordwestdeutsch ist auch die Endung *-sch (Kölsch)*.

❖ Familiennamen, die einen Orts-, Stammes- oder Volksnamen enthalten, geben nicht immer die tatsächliche Herkunft des ersten Namensträgers an. Oft verbergen sich dahinter andere Namengebungsmotive (etwa Handelsbeziehungen, eine Reise, eine Pilgerfahrt). Man kann also nicht ohne Weiteres annehmen, dass eine heutige Familie *Böhm* oder *Unger* ursprünglich aus Böhmen bzw. Ungarn stammt. Und der Ahnherr einer Familie namens *Römer* war vermutlich ein Rompilger und kein gebürtiger Römer. Bei Stammesnamen wie *Frank, Schwab* u. a., die auch als Rufnamen gebraucht wurden, kann es sich bei den entsprechenden Familiennamen um Patronymika (Vatersnamen) handeln.

Familiennamen nach der Wohnstätte

❖ Im Gegensatz zu Namen wie *Hildesheim, Kölsch, Münstermann, Nürnberger, Wiener, Schweitzer*, die in der Fremde vergeben wurden, sind die Familiennamen nach der Wohnstätte in der engeren Heimat entstanden. Zur Identifizierung einheimischer Personen waren die Lage des Wohnsitzes sowie bauliche und andere Besonderheiten des Hauses bzw. des Hofes besonders gut geeignet. Bei vielen Familiennamen, z. B. bei *Bühl* oder *Horn*, lässt sich allerdings nicht mehr ermitteln, ob sie auf einen gleichlautenden Flur- bzw. Ortsnamen zurückgehen oder aber zur Bezeichnung eines Menschen, der auf einem Hügel (mhd. *bühel*) bzw. auf einem Berg- oder Ufervorsprung wohnte, geprägt wurden.

❖ Landschaftliche Merkmale wurden häufig zur Bildung von Wohnstättennamen herangezogen. Hinweise auf ein flaches Siedlungsgelände, auf Bodenerhebungen und -vertiefungen können in Familiennamen wie *Eben(er), Ebner; Flach; Berg(er), Bergmann; Bühl(er); Hald(e), Halder* (mhd. *halde* ›Bergabhang‹); *Leitner* (mhd. *līte* ›Bergabhang‹); *Grub(er); Kuhle(mann)* (mnd. *kule* ›Grube, Vertiefung‹); *Klamm(er)* (mhd. *klam* ›Bergspalte, Schlucht‹); *Thaler, Thalmann* enthalten sein. Auf Wasserläufe, feuchten Boden, Sümpfe und Quellen beziehen sich Familiennamen wie *Ach(er)* (mhd. *ahe* ›Fluss‹); *Bach, Bachmann; Beckmann* (mnd. *beke* ›Bach‹); *Aue(r); Bruch* (mhd. *bruoch* ›Moorboden, Sumpf‹); *Brühl* (mhd. *brüel* ›bewässerte, buschige Wiese; Aue‹); *Pfuhl; Pohl, Puhl* (mnd. *pōl, pūl* ›Pfuhl; stehendes, unreines Wasser; Schlamm‹); *Spring* (mhd. *sprinc* ›Quelle‹). Familiennamen wie *Sand, Sandmann; Griess, Grieß, Gries(er)* (mhd. *grieʒ* ›Kiessand, sandiges Ufer‹); *Lettner* (mhd. *lette* ›Lehm‹) gehen auf die Bodenbeschaffenheit der Siedlungsstelle zurück. Unter den Familiennamen nach der Wohnstätte sind Bezeichnungen für Wald, Gras- und Ackerland, für Bäume und Büsche sehr häufig: *Busch* (mhd. *busch* ›Busch, Gesträuch, Gehölz, Wald‹); *Hardt* (mhd., mnd. *hart* ›Wald, Trift, Weidetrift‹); *Holz* (mhd. *holz* ›Wald, Gehölz‹); *Horst* (mnd. *horst* ›niedriges Gestrüpp, bes. die abgeholzte Stelle im Wald, Krüppelbusch‹); *Wald; Anger; Feld; Gras* (mhd., mnd. *gras* ›Gras, Grasland, Weide‹); *Wiese(mann), Wieser; Ahorn(er); Birk(er), Birkmann; Birnbaum; Buch, Buchner, Büchner; Eich(e), Eicher, Eichler; Erl(er); Ficht(e), Ficht(n)er, Fichtmann; Holder* (›Holunder‹); *Kirschbaum; Linde(mann), Lindner* u. a.

❖ Orts- und Gemarkungsgrenzen, die Einzäunung des Grundstücks, Verkehrswege, markante Bauwerke und Befestigungsanlagen, besondere Kennzeichen des Wohnhauses haben deutliche Spuren in den Familiennamen hinterlassen: *Grenz*; *Pfahl*; *Baintner, Paintner, Beintner, Peintner* (mhd. *biunte* ›eingehegtes Grundstück‹); *Ha(a)g* (mhd. *hac* ›Dorngesträuch, Gebüsch, Einfriedung‹); *Kamp* (mnd. *kamp* ›eingezäuntes Feld‹); *Bruckner, Brückner; Gasser, Gassmann; Platz(er); Strasser*, nd. *Strat(h)-mann; Steinweg; Vieweg; Backhaus; Amthor; Kirchhof(f); Mauer; Thurm; Neuhaus; Steinhaus; Koth(e), Kothmann* (mnd. *kote, kotte, kate* ›kleines niedriges Haus, Wohnhütte‹, mhd. *kot[e]* ›Hütte‹).

❖ Familiennamen wie *Althof, Langhof, Lehnhof, Neuhof, Waldhof* können aus gleichlautenden Hofnamen hervorgegangen sein. Aus dem Baseler Beleg *Nicolaus Vulpes* [Fuchs] *de domo* [aus dem Haus] *zem Fuchse* (a. 1289) ist zu ersehen, dass die Namen von städtischen Häusern auf ihre Bewohner übergehen konnten. In manchen Städten benannte man die Häuser nach den Hauszeichen mit bildlichen Darstellungen von Tieren *(Adler, Fuchs, Geier, Löwe)*, Pflanzen *(Blume, Rose)*, Gegenständen *(Krone, Spiegel)*, Himmelskörpern *(Stern, Sonne)* und anderen Motiven *(Mohr, Riese)*. In Köln treten Hausnamen bereits um die Mitte des 12. Jh. in Erscheinung, doch waren sie nicht überall üblich. Ihr Hauptverbreitungsgebiet ist der deutsche Westen und Südwesten, aber auch in Wien, Regensburg, Erfurt, Magdeburg, Lübeck und anderen Städten ist die Sitte der Häusernamengebung bezeugt. Eine Herleitung heutiger Familiennamen wie *Riese* oder *Spiegel* von einem Hausnamen kann nur in Erwägung gezogen werden, wenn die jeweilige Familie aus einer Gegend stammt, in der die Hausnamen zur Zeit der Familiennamenentstehung (12.–15. Jh.) verbreitet waren. Sonst muss man anderen Erklärungsmöglichkeiten den Vorzug geben. So kann der Familienname *Riese* einen Hinweis auf die große Gestalt des ersten Namensträgers oder auf seine Herkunft aus der sächsischen Stadt Riesa enthalten. Und bei *Spiegel* ist mit einem Berufsübernamen für den Spiegelmacher zu rechnen.

❖ Ursprünglich wurden die Beinamen nach der Wohnstätte mit verschiedenen Präpositionen und dem bestimmten Artikel gebildet: *C. an dem Wege* (Schwarzwald, a. 1279), *Berchtoldus dictus* [genannt] *zem Tore* (Basel, a. 1298), *Hermannus up den Berghe* (Coesfeld, a. 1352). Diese Bildungsweise hat sich noch bei Familiennamen wie *Amborn, Amende, Amthor, Ingendahl, Ingenfeld* (›in dem Tal‹, ›in dem Feld‹), *Verheyen* (›von der Heide‹), *Vomhof, Vonderau, Vonderlind, Zumbühl, Zumbusch, Zumste(e)g* erhalten. Beim Festwerden der Familiennamen schwanden dann Präposition und Artikel, sodass heute folgende Bildungsformen überwiegen: bloße Wohnstättennamen *(Bach, Berg, Wiese)*, Ableitungen auf -er *(Bacher, Berger, Wieser)*, Ableitungen auf -mann *(Bachmann, Brinkmann)*.

Familiennamen nach Beruf, Amt und Stand

❖ Die heute in Deutschland am häufigsten vorkommenden Familiennamen – *Müller, Schmidt, Schneider, Fischer, Meyer, Weber, Wagner, Becker, Schulz, Hoffmann, Schäfer, Koch, Bauer, Richter* – sind aus Berufs-, Amts- und Standesbezeichnungen hervorgegangen. Diese Namengruppe ist kulturgeschichtlich sehr interessant, spiegeln doch viele heutige Familiennamen die starke Entfaltung des Handwerks im Mittelalter, die Vielfalt der amtlichen Tätigkeiten sowie die damals herrschende Gesellschaftsordnung mit den damit verbundenen Rechts- und Besitzverhältnissen wider.

❖ Die Arbeitsteilung und Spezialisierung innerhalb der einzelnen Gewerbe war in den großen mittelalterlichen Städten ausgeprägter als in den kleinen. Um 1300 gab es in Wien ca. 100 verschiedene Berufe, im Jahr 1440 zählte Frankfurt 191 selbstständige Berufszweige. Sehr groß war z. B. die berufliche Differenzierung bei der Metallverarbeitung: Im mittelalterlichen Regensburg stammen 35 Beinamen aus diesem Bereich, in Nürnberg sind es sogar 59. Im Gegensatz dazu weisen die Beinameninventare der fränkischen Städte Crailsheim und Gunzenhausen im Jahr 1497 nur 5 bzw. 4 Metall verarbeitende Berufe auf.

❖ In den heutigen Familiennamen haben sich die Bezeichnungen für eine sehr große Anzahl von beruflichen Tätigkeiten erhalten, die schon lange nicht mehr existieren. Hierzu gehören u. a. heilkundige Berufe wie *Lasser* (›Aderlasser‹) und *Schröpfer* sowie die vielen Berufszweige, die sich der Herstellung mittelalterlicher Waffen und Rüstungen widmeten: *Armbruster, Helmer, Helmschmidt, Pfeilschmidt, Plattner* (›Hersteller des Plattenpanzers‹), *Schilder, Schildmacher, Schwertfeger, Schwertfirm* (< mhd. *swërtvürbe*), *Sallwerk* (< mhd. *sarwërke* ›Hersteller von Panzern, Rüstungen‹).

❖ Dass *Müller* der häufigste Familienname ist, darf nicht verwundern, denn die Mühle spielte früher eine sehr wichtige Rolle in der Versorgung der Bevölkerung. Neben Öl- und Getreidemühlen gab es noch Schneidemühlen für die Holzverarbeitung, Walkmühlen für die Tuchherstellung und Lohmühlen, die Eichenrinde (Lohe) für die Gerberei mahlten. Die Häufigkeit des Familiennamens *Schmidt* und seiner Varianten liegt daran, dass das Gewerbe auch in kleinen Orten auf dem Land betrieben wurde. Insgesamt sind Familiennamen, denen eine allgemein verbreitete Berufstätigkeit zugrunde liegt (etwa *Weber, Becker*) häufiger anzutreffen als solche, die auf einen speziellen Handwerkszweig zurückgehen (etwa *Leinweber, Flader, Kuchenbecker, Küchler*).

❖ Für das Aufkommen mancher Berufsnamen sind die wirtschaftsgeografischen Gegebenheiten ausschlaggebend gewesen. Familiennamen wie *Reber, Rebmann, Weingärtner, Weinzierl, Winzer* konnten nur in Gebieten entstehen, wo die klimatischen Bedingungen den Weinbau erlaubten, *Flößer, Flossmann* nur dort, wo ein geeigneter Wasserlauf vorhanden war.

❖ Da sich in Deutschland die Führung eines Bei- bzw. Familiennamens zu Beginn der Neuzeit bereits allgemein durchgesetzt hatte, haben die seit dem 15. Jh. entstandenen Gewerbe und Ämter nur einen geringen Anteil am Familiennamenschatz erlangen können. Immerhin sind Berufe wie *Buchbinder, Buchdrucker, Kutscher* unter den heutigen Familiennamen vertreten.

❖ An der Ausbildung des Familiennamenschatzes waren folgende Bereiche beteiligt:

1. Landwirtschaft

❖ Allgemeine Tätigkeit: *Bauer*, nd. *Buhr*, lat. *Agricola; Bäuerle, Beuerle, Bäuerlein; Bauermann; Neubauer, Neuber(t)*, nd. *Niebuhr*
❖ Gemüseanbau: *Gärtner, Kräuter* (›Gemüsegärtner, -händler‹)
❖ Obstanbau: *Baumgärtner, Obser, Obster* (›Obstgärtner, -händler‹)
❖ Weinbau: *Reber, Rebmann, Weingärtner, Weinzierl, Winzer*
❖ Viehzucht: *Hirt*, nd. *Herder; Geisser* (›Ziegenhirt‹); *Oechsner* (›Ochsenhirt‹); *Schäfer*, nd. *Schaper, Scheper, Schafhirt; Berschneider, Berstecher* (›Verschneider der Eber‹, mhd., mnd. *bēr*

›Eber‹), *Gelzer* (›Schweineschneider‹), *Leichter* (›Viehverschneider‹), *Nonnenmacher* (›Sauschneider‹)

2. Waldwirtschaft
❖ *Holzer, Hölzer, Holzhauer; Kiener* (›der Kienholz spänt und verkauft‹); *Kohler, Köhler; Pecher, Pechmann* (›Pechsammler, -brenner‹); *Beuter, Biener, Zeidler* (›Bienenzüchter‹)

3. Jagd
❖ *Jäger, Falkner, Hetzer* (›Hetzjäger‹), *Vogler*

4. Fischerei
❖ *Fischer, Vischer*, lat. *Piscator; Krebser* (›Krebsfänger‹)

5. Nahrungsgewerbe
❖ Bäckereigewerbe: *Bäck, Backer, Bäcker, Beck(er)*, lat. *Pistor; Flad(n)er, Hipp(l)er* (›Waffelbäcker‹), *Kuchenbecker, Kuchler, Küchler, Mutschler* (›Feinbäcker, Weißbrotbäcker‹), *Pfanzelter, Pfister* (›Klosterbäcker, Feinbäcker‹), *Semmler* (›Weißbrotbäcker‹), *Zelter*
❖ Fleischergewerbe: *Fleischer, Fleischner, Fleischhacker, Fleischhauer, Fleischmann; Knochenhauer; Metzger, Metzler, Metzner; Schlachter; Kuttler; Sulzer; Wurster*
❖ Brauereigewerbe: *Bierbrauer, Brauer, Bräuer, Breuer, Breyer, Bräu, Breu, Preu, Prey; de Gruyter* (zu mnd. *grüten* ›Bier brauen‹); *Malzer, Mälzer, Mel(t)zer*, nd. *Molter*
❖ Mehl- und Ölgewinnung: *Müller, Müllner, Miller*, nd. *Moeller, Möller*, lat. *Molitor; Oehler, Ohler, Öhler, Oelmüller, Oe(h)lschläger*
❖ Speisezubereitung und Bewirtung: *Koch; Gastgeb* (›der Nachtherberge gibt, Gastwirt, Wirt‹); *Bierschenk; Kretschmann, Kretschmar, Kretschmer* (›Schankwirt‹), nd. *Kruger, Krüger, Krueger, Kröger, Krugmann, Krogmann; Leigeb, Leikeb, Leikep, Leitgeb* (›Schankwirt‹, vgl. mhd. *līt* ›Obst-, Gewürzwein‹), *Schenck, Schenk(e); Weinschenk; Wirth*

6. Textilgewerbe
❖ Stoffherstellung: *Färber, Ferber; Lein(e)weber; Schwärzer* (›Schwarzfärber‹); *Seidensticker; Stricker; Tuchmacher, Tuchscherer; Walker; Weber*, lat. *Textor; Weiter* (›Blaufärber‹); *Wollenweber, Woller, Wollner, Wöllner, Wollschläger; Zwirner*

- Herstellung von Bindewerk: *Sailer, Seiler; Re(e)pschläger* (›Hersteller von großen, geteerten Schiffstauen‹)
- Herstellung von Kleidung: *Hutmacher; Näther* (›Näher, Schneider‹); *Schleiermacher; Schneider,* nd. *Schrader, Schröder, Schroeder, Schröer,* lat. *Sartor(ius)*

7. Lederherstellung und -verarbeitung

- Lederherstellung: *Gerber, Lederer; Loer, Loher; Rothgerber; Ircher* (›Weißgerber‹), *Weißgerber; Loscher, Löscher, Löschner* (›Hersteller eines besonders feinen Leders‹)
- Lederverarbeitung: *Riemer,* nd. *Remer, Riemenschneider; Beutler, Taschner; Sattler; Schu(h)macher,* nd. *Schomaker; Schu(h)mann; Schubert(h), Schuchard, Schuchar(d)t, Schuchert* (mhd. *schuochwürhte, schuochworhte, schūchwarte, schūchwërt* ›Schuhmacher‹); *Schuster; Lepper* (›Flickschuster‹), *Reuss, Reuß* (›Schuhflicker‹), *Lersmacher* (›Hersteller von weiten, hohen Stiefeln‹)

8. Pelzverarbeitung
- *Belzer, Pelzer; Kürschner*

9. Metall verarbeitende Handwerke

- Allgemeine Tätigkeit: *Schmid, Schmied, Schmidt, Schmitt,* nd. *de Smet,* lat. *Faber, Schmidl, Schmidtchen, Schmidtke, Schmidtmann, Schmiedel*
- Spezialisierung in der Metallverarbeitung: *Blecher, Blechschmidt; Eisenschmid(t), Eisenschmied; Goldschmidt; Kaltschmidt; Kupferschläger, Kupferschmied, Kupferschmid(t), Rothschmitt* (›Kupferschmied‹); *Stahlschmidt; Zinner*
- Drahtherstellung und -verarbeitung: *Drahtschmid(t), Nadler* (›Nadelmacher‹), *Sieber* (›Siebmacher‹)
- Waffenherstellung: *Klinger, Klingenschmidt, Messerer, Messerschmid(t), Messerschmitt; Pfeilschmidt; Schwer(d)tfeger, Schwertfirm* (mhd. *swërtvürbe*)
- Rüstungsherstellung: *Haub(n)er* (›Hersteller von Helmen, Sturm-, Pickelhauben‹), *Haubenreisser, Haubenreißer* (›Handwerker, der eiserne Hauben, Pickelhauben mit Ornamenten künstlerisch ausstattete‹); *Helmer, Helmschmid; Plattner, Blattner* (›Hersteller des Plattenpanzers‹); *Sallwerk* (< mhd. *sarwërke* ›Hersteller von Panzern, Rüstungen‹); *Sporer*
- Herstellung von Gegenständen und Werkzeug: *Bartenschlager*

(›Hersteller von Beilen und Streitäxten‹); *Beilschmidt* (›Hersteller von Beilen und Streitäxten‹); westmd. *Düppengiesser, Düppengießer* (›Hersteller von Töpfen‹); *Flaschner; Grapengeter, Gropengiesser, Gropengießer* (zu mnd. *grope* ›Topf‹); *Hackenschmid(t), Hackenschmied* (›Hersteller von Äxten und Werkzeug aus Eisen‹); *Kandler, Kann(en)gießer; Kessler, Keßler; Pfann(en)schmidt, Pfanner; Pfluger, Pflüger, Pflugmacher; Schlosser; Sensenschmidt*

10. Holzverarbeitung

❖ Herstellung von Fässern: *Böttcher*, nd. *Bädeker, Baedeker, Böde(c)ker, Bödiker, Böttker, Böttjer*; nd. *Bodenbender, Bodenbinder; Büttner, Bittner; Faßbänder, Faßbender, Faßbinder, Bender, Binder; Faßhauer; Küfer, Küfner; Küpper; Legler; Schäffler, Scheffler*

❖ Herstellung von Holzgefäßen, Geschirr, Werkzeug, Waffen: *Drechsel, Drechsler, Dressel, Dressler, Dreßler, Drex(e)l, Drexler; Schnitzer; Becherer; Bogner* (›Bogenmacher‹), *Kübler; Löffler; Moldenhauer* (›Verfertiger von länglichen, halbrunden, ausgehöhlten Holzgefäßen‹); *Schopenhauer* (›Hersteller von Schöpfkellen‹); *Schüssler, Schüßler*, nd. *Schöttler; Speerschneider* (›Hersteller von Speerschäften‹); *Spindler* (›Spindelmacher‹); *Wanner* (›Hersteller von Getreide-, Futterschwingen, Wasch- und Badewannen‹)

❖ Möbelherstellung: *Kistenmacher, Kister, Kistler, Kistner; Lademacher; Schreiner; Tischer, Tischler, Tischner*

❖ Wagenbau: *Asshauer, Aßhauer, Assheuer, Aßheuer, Ass(en)macher, Aßmacher, Esser* (zu mnd. *asse* ›Achse‹); *Felgenhauer, Felgenheier, Felgenheuer, Felg(n)er; Rademacher*, nd. *Rademaker, Radecker; Stellmacher; Wagner, Weg(e)ner, Weiner*

11. Tonverarbeitung

❖ westmd. *Auler, Eul(n)er, Ullner* (zu mhd. *üle* ›Topf‹); westmd. *Düppenbecker* (›Hersteller von Töpfen‹); obd. *Haf(f)ner, Häf(f)ner, Hef(f)ner; Töpfer, Töpfner, Dopfer, Döpfer*; nd. *Pottbacker, Pottbäcker, Pottbecker, Potter, Pötter, Pöttger*

12. Baugewerbe

❖ Stein- und Lehmbau: *Maurer; Steinmetz; Kleiber* (›der eine Lehmwand macht‹)

❖ Holzbau: *Zimmermann*, nd. *Timmermann*

❖ Dachdeckerei: *Decker; Schindler; Ziegler*, nd. *Tegeler*

❖ Verglasung von Fenstern; Malerei: *Glaser, Gläser, Glasmacher; Ma(h)ler*

13. Gesundheits- und Körperpflege

❖ Heilkundige Berufe: *Arzt; Dokter, Doktor; Lasser* (›Aderlasser‹); *Medick(e); Schröpfer; Sundmaker*

❖ Badewesen: *Ba(a)der; Badstübner, Stubner, Stübner,* nd. *Stover, Stöver; Balbier(er), Barb(i)er; Barbknecht* (›Barbiergehilfe‹); *Reiber* (›Badeknecht‹)

14. Handel und Verkehr

❖ Handel: *Aierer, Eierer, Eiermann* (›Eierverkäufer‹); *Brotmann* (›Brotverkäufer‹); *Eisenkraemer, Eisenkrämer, Eisenkremer, Eisenmann, Eisenmenger* (›Eisenhändler‹); *Fragner* (›Kleinhändler, Lebensmittelhändler‹), *Fütterer* (›Futterhändler‹); *Hocke, Höcker; Kauf(f)mann,* nd. *Koopmann; Kaufel, Käufel; Kaufer, Käufer; Korner, Körner, Kornmann* (›Getreidehändler‹); *Kramer, Krämer, Kremer; Manger, Menger* (›Händler‹); *Mantler, Mäntler* (›Kleiderhändler, Trödler‹); *Melber* (›Mehlhändler‹); *Rossdeutscher, Roßdeutscher, Rossteuscher* (›Pferdehändler‹); *Salzer, Sälzer, Salzmann* (›Salzhändler‹); *Schmerber* (›Speck-, Schmalzverkäufer‹); *Tandler, Tändler* (›Trödler‹)

❖ Verkehr: *Fehr* (›Schiffer, Fährmann‹); *Flösser, Flößer, Flossmann, Floßmann; Führer; Fuhrmann; Karner, Karrer* (›Karrenführer‹); *Kutscher; Saumer* (›Führer von Saumtieren oder Frachtwagen‹); *Schiffer; Wagenmann* (›Fuhrmann‹)

15. Spielleute und Fahrende

❖ *Drummer, Trummer* (›Trommler‹); *Fechter; Fiedler; Freihar(d)t* (›Landstreicher, Gaukler, Spielmann‹); *Gaukler; Geiger; Lautenschlager, Lautenschläger* (›Lautenspieler‹); *Pauker, Peucker, Peuker; Pfeif(f)er; Spielmann; Sprecher* (›Lied- und Spruchsprecher‹); *Springer* (›Springer, Tänzer, Gaukler‹); *Stecher* (›Schaufechter‹)

16. Sonstige Berufe

❖ *Abzieher* (›Schinder, Abdecker‹); *Korber, Körber* (›Korbmacher‹); *Schreiber; Würfler* (›Würfelhersteller‹); *Zauner* (›Zaunmacher, -flechter‹)

17. Weltliche und kirchliche Ämter

❖ Verwaltung und Rechtsprechung: *Amman, Ammon, Amtmann* (›Beamter, Verwalter, bes. Urteil sprechende Gerichtsperson, Vorsteher einer Gemeinde‹); *Burgermeister, Bürgermeister; Hofmeister* (›Hofmeister eines Klosters, Aufseher über einen Hof‹); *Holzgraf*, nd. *Holtgreve* (›Waldrichter, Vorsitzender in einem Wald- oder Forstgericht; später Waldwärter, -aufseher‹); *Kammerer, Kämmerer* (›Schatzmeister‹); *Kanzler; Kastner, Kästner* (›Verwalter des Kornkastens; Einnehmer und Aufseher über die Einkünfte an Fürstenhöfen, Klöstern‹); *Keller* (›Kellermeister, Verwalter der Einkünfte an Höfen, Klöstern‹); *Kellner* (›Kellermeister; herrschaftlicher Steuerbeamter, Verwalter‹); *Kirch(n)er, Küster, Mes(s)ner, Offermann, Opfermann, Oppermann; Probst; Reitmeister* (›Vorsteher des Rechenamtes, Stadtrechner‹); *Richter* (›Richter, Orts-, Gemeindevorsteher‹); *Schultheis(s), Schultheiß, Schulte, Schulz, Scholz; Vogt, Voi(g)t* (›beaufsichtigender Beamter, Richter‹); *Zehntner, Zehnder* (›Zehnteinnehmer‹); *Zoller, Zöller, Zollner, Zöllner*, nd. *Töll(n)er*

❖ Aufsicht über Gewerbe und Handel: *Eicher; Kieser* (›amtlich bestellter Prüfer von Getränken und Geld‹); *Kornmesser; Messer; Ohmer* (›Visierer, Getränkemesser, Gefäßeicher‹); *Prüfer; Schauer* (›amtlicher Prüfer‹); *Setzer* (›Schätzer von Steuerpflichten und Preisen‹); *Streicher* (›amtlicher Prüfer oder Messer‹); *Wagemann, Wager, Wäger, Weger, Woger* (›Wäger, Waagmeister an der Stadtwaage‹)

❖ Wachtdienste: *Eschay, Eschey* (›Flurhüter‹), *Flurschutz, Flurschütz* (›Flurwächter‹); *Thorwart(h); Thürmer, Thurner* (›Turmwächter‹), *Wachter, Wächter; Zirk(l)er* (›Wächter‹)

❖ Botendienste: *Bote, Both(e); Büttel* (›Gerichtsbote‹); *Frohn(e)* (›Gerichtsdiener, Büttel‹); *Laufer, Läufer, Lauffer* (›laufender Bote‹); *Renner* (›reitender Bote‹); *Scherg* (›Gerichtsdiener, -bote, Scherge‹); *Waibel* (›Gerichtsbote, -diener‹)

18. Stand, Rechts- und Besitzverhältnisse, Kriegswesen

❖ *Baumann* (›Pächter eines Bauerngutes, Bauer‹); *Burger, Bürger; Diener; Eigenmann* (›Dienstmann, Höriger‹); *Fahner* (›Fahnenträger, Fähnrich‹); *Fähnrich; Fenner* (›Fahnenträger, Fähnrich‹); *Frauendienst* (›Diener, Abgabepflichtiger eines Frauenklosters‹); *Halbmeister* (›Handwerker, der nicht die vollen Meisterrechte besaß‹), *Häusler* (›Mieter; Inhaber eines sehr kleinen Hofs‹); *Hofer, Höfer; Hof(f)mann; Huber, Hüber, Hübner* (›Inhaber einer Hube‹), *Kother, Köther* (›Inhaber einer Kote; Häusler‹); *Krieger; Lehner* (›Besitzer eines Lehn-, Bauerngutes‹); *Lehmann* (›Lehensmann; Inhaber eines bäuerlichen Lehngutes‹); *Maier, Mayer, Meier, Meyer; Meister; Reising* (›Reisiger, Kriegsknecht‹); *Ritter; Störer* (›der unbefugt ein Handwerk treibt; Handwerker, der in fremden Häusern gegen Kost und Tagelohn arbeitet‹); *Wappler* (›Kämpfer zu Fuß, Waffenträger, Schildknappe‹); *Wi(e)dmann, Widmer, Wimmer* (›Pächter eines zur Kirche gehörigen Hofes‹)

Familiennamen aus Übernamen

❖ Die Anlässe, die zur Vergabe eines Übernamens führten, sind außerordentlich vielfältig, und entsprechend hoch ist die Anzahl der Familiennamen, die zu dieser Gruppe gehören. Im Einzelfall kann man heute nicht mehr ermitteln, warum jemand vor mehreren Jahrhunderten *Schwarz, Lang, König* oder *Teufel* benannt wurde. Dennoch lassen sich die ganz allgemeinen Beweggründe, die solche Namenschöpfungen veranlassten, aufdecken. Der Vergabe von Übernamen liegen prinzipiell zwei Anlässe zugrunde: entweder ein konstantes/dauerhaftes Merkmal oder aber ein vorübergehendes/zufälliges Merkmal des Namensträgers.

❖ Als konstante/dauerhafte Merkmale erweisen sich solche Eigenschaften, die der Person des Benannten unmittelbar anhaften (etwa Aussehen, Krankheiten, Kleidung, Charakter, Verhaltensweisen), sowie besondere Kennzeichen, die aus seinem sozialen Umfeld herrühren (etwa familiäre Verhältnisse, Beruf, gesellschaftliche Stellung, Vermögensverhältnisse).

❖ Viele Übernamen gehen auf körperliche bzw. äußerliche Merkmale des ersten Namensträgers zurück. Auf die Körpergröße bzw. Körpergestalt beziehen sich Familiennamen wie *Lang* und *Kurz, Groß* und *Klein, Fett, Feist, Mager, Dürr* und *Schmal*. Eine wichtige Rolle spielen die Übernamen, die auf das Haar anspielen. Familiennamen wie *Weiß, Schwarz, Grau* weisen auf die Haarfarbe hin. *Kraus* und *Krull* meinen den Lockenkopf, *Straub* und *Strobel* einen Menschen mit struppigem Haar. Kahlköpfige wurden mit Übernamen wie *Glatz, Kahl* und *Siebenhaar* bedacht. Krankhafte Erscheinungen, Missbildungen und Spuren von Verletzungen fielen besonders auf und wurden daher oft zur Charakterisierung eines

Menschen herangezogen. Daran erinnern Übernamen wie *Scheel* und *Schiller* für den Schielenden, *Kropf, Ho(h)lbein* (O-Beine), *Hinkefuß, Dollfuß* (›Klumpfuß‹), *Stelzer* (mhd. *stelze* ›Stelzbein, Krücke, Schemel, auf dem sich ein Krüppel fortbewegt‹), *Schramm(e), Schrimpf* (›kleine Wunde‹). Auffällige Kleidung und Kopfbedeckung, besondere Schuhe und Schmuckstücke wurden schon immer von den Mitmenschen zur Kenntnis genommen, je nachdem bewundert oder auch belächelt. Familiennamen wie *Blaurock, Mau* (mhd., mnd. *mouwe* ›Ärmel, bes. weiter Ärmel‹), *Rothkegel* (›rote Kapuze‹), *Rothut, Ring, Finger* (›Fingerring‹) können darauf zurückgeführt werden.

❖ Sehr stark vertreten sind die Übernamen, die an geistige und charakterliche Eigenschaften, an die Verhaltensweisen, Gewohnheiten und Vorlieben des ersten Namensträgers anknüpfen. Besonders interessant sind solche Übernamen, die auf bestimmte moralische und charakterliche Fehler bzw. auf die ihnen entgegengesetzten Tugenden anspielen. Sie vermögen uns einen kleinen Einblick in die mittelalterliche Mentalität, in die damals herrschenden Wertvorstellungen und gesellschaftlichen Normen zu gewähren.

❖ Ein zorniger Charakter bzw. ein streitlustiges Verhalten wurden mit Übernamen wie *Hebenstreit* (›Fang [wieder] Streit an!‹), *Schell* (mhd. *schël* ›auffahrend, sich rasch entzündend‹), *Streit, Zanker/ Zänker, Zerrer* (mhd. *zerren* ›zerren, streiten, zanken‹), *Zorn* getadelt. Eine unfreundliche, unzugängliche Haltung wurde mit Übernamen wie *Bösewetter, Grimm, Holzapfel* (nach dem säuerlich-herben Geschmack dieser Wildapfelart), *Mühlich* (mhd. *müelich* ›schwer umgänglich‹), *Murr, Sauer* getadelt. Diesen Übernamen gegenüber stehen solche, die ein sanftes, freundliches, frohes Wesen positiv hervorheben: *Freud(e), Fröhlich, Milde, Süß, Wohlgemuth.*

❖ Im mittelalterlichen Alltagsleben war der Austausch von Neuigkeiten eine wichtige Zerstreuungsmöglichkeit. Dass dabei die Grenze zwischen harmloser Plauderei und übler Nachrede leicht überschritten werden konnte, liegt auf der Hand. Tatsächlich gibt es heute viele Familiennamen, die sich auf Redseligkeit, Verleumdung und neugieriges Verhalten beziehen: *Melde* (mhd. *mëlde* ›Verleumdung, Gerücht, allgemeines Gerede‹), *Schnabel* (bildlich für den Geschwätzigen), *Schnack* (mnd. *snacker*, mhd. *snacke*

›Schwätzer‹), *Schnapp(er)* (mhd. *snappen* ›plaudern, schwatzen‹, mhd. *snap* ›Geschwätz‹, mnd. *snappen* ›eilfertig reden‹, mnd. *snapper* ›Schwätzer‹), *Schmetzer* (mhd. *smetzer* ›Schwätzer, Verleumder‹), *Schnerr(er)* (mhd. *snerren* ›das Schwatzen‹), *Streun* (mhd. *striunen* ›auf neugierige oder verdächtige Weise nach etwas forschen‹).

❖ Eine ablehnende Haltung gegenüber Eitelkeit, Verschwendung und Prahlerei, gegenüber Hochmut und Stolz, Geiz und Habgier tritt in Familiennamen wie *Broger* (mhd. *brogen* ›großtun, prunken‹), *Geuder, Geut(h)er* (mhd. *giuder* ›Prahler, Verschwender‹), *Geith* (mhd. *gīt* ›Habgier, Geiz‹), *Geier/Geyer* (bildlich für einen habgierigen Menschen), *Hochmut(h), Pfau/Pfab, Prahl* (mnd. *prāl, pral* ›Prunk, Pracht; stolzes Gebaren‹), *Prang* (mnd. *prank* ›Gepränge, Prunk‹, mhd. *branc, pranc* ›das Prangen, Prunken, Prahlen‹), *Stolz/Stolte/Stölzle* zutage. Die Güte bzw. die Bosheit des ersten Namensträgers waren der Anlass für Familiennamen wie *Gut(h), Guthans, Gutheinz; Bose/Böse/Boes(e), Bösehans*, nd. *Quade/Quadt*. Ein feines, gesittetes Benehmen fand durch Übernamen wie *Hübsch* (mhd. *hübesch* ›hofgemäß, fein gebildet und gesittet, unterhaltend‹), *Höflich* und *Wohlgezogen* entsprechende Anerkennung. Ungeschlachte, grobe Menschen wurden gerne mit einem Stück Holz oder einer klumpigen Masse verglichen. Sie erhielten Übernamen wie *Keil, Keul(e), Kloß, Klotz, Klump(p), Knebel, Knoll(e), Knüttel, Kolb(e), Schroll* (mhd. *schrolle* ›Klumpen, Scholle‹).

❖ Unter den Übernamen treten zwei Gruppen von Eigenschaften besonders hervor: Rührigkeit und Munterkeit einerseits, Faulheit und Trägheit andererseits. Die häufige Anknüpfung an solche Eigenschaften bei der Verleihung von Übernamen im Spätmittelalter kann u. a. in Zusammenhang mit der erhöhten Wertschätzung von Arbeit und der entsprechenden Missbilligung des Müßiggangs sowie mit dem – vor allem in den Städten – zutage tretenden Streben nach sozialem Aufstieg gesehen werden. Auf ein munteres, lebendiges Verhalten lassen sich Familiennamen wie *Frisch(e), Frischmuth, Früh, Frühauf, Heuss/Heuß* (mhd. *hiuʒe* ›munter‹), *Keck, Rasch, Resch, Risch, Schnell, Wacker* zurückführen. Die entgegengesetzten Eigenschaften – Faulheit und Trägheit – treten bei *Faul, Faulstich, Feier, Feierabend, Feiertag, Feierer, Lass/Laß* (mnd. *las, lasch* ›müde, matt‹, mhd. *laʒ* ›matt, träge, saumselig‹), *Müssig, Späth, Stranz* (mhd. *stranzen* ›müßig umherlaufen‹) in Erscheinung. Dem Familiennamen *Kluge* stehen solche gegenüber, die ursprünglich einen dummen, einfältigen Menschen bezeichneten: *Dumm(er)*, *Doll* (mhd. *tol, dol* ›töricht, unsinnig‹), *Narr*, *Trapp* (mhd. *trappe* ›einfältiger Mensch‹), *Tropf.*

❖ Die Ess- bzw. Trinkgewohnheiten des ersten Namensträgers sind in vielen Familiennamen festgehalten worden: *Bierfreund, Bierhals, Bierschwall* (mhd. *swalch* ›Schlund‹, mnd. *swalch* ›Schlund; Schwelger‹), *Boness/Boneß* (›Bohnenesser‹), *Fraas/ Fraatz* (mhd. *vrāz̧*, mnd. *vrās, vrātz* ›Fresser, Vielfraß, Nimmersatt, Schlemmer‹), nd. *Freter* (›Fresser, Schwelger‹), *Schlamp(p)* (mhd. *slamp* ›Gelage‹), *Schlemmer, Schlindwein* (mhd. *slinden* ›schlucken, verschlingen‹), *Trunk* u. a. Schließlich hat auch die Lieblingsbeschäftigung des Benannten manche Übernamen gestiftet: etwa *Tan(t)z, Tanzer, Tänzer, Preisendanz* für den leidenschaftlichen Tänzer, *Kegler* nach einer Vorliebe für das Kegelspiel, *Doppler* für den Würfelspieler.

❖ Oft wurde die Verleihung eines Übernamens durch besondere Merkmale aus der Umgebung des Namensträgers veranlasst. Hierzu gehören solche Übernamen, die auf die familiären Verhältnisse des Benannten anspielen: *Vater, Sohn, Bruder, Schwager, Oheim, Ohm, Vetter, Neff(e), Tochtermann, Bräutigam.* Auf uneheliche Herkunft bzw. auf Findelkinder wurde durch Übernamen wie *Bankert* oder *Findling* hingewiesen. Übernamen wie *Neumann, Naumann, Niemann, Neukam(m), Neukomm* dienten zur Kennzeichnung von Zuwanderern. Übernamen wie *Reich, Hundertmark, Habenicht* oder *Sanftleben*, nd. *Sachtleben* (›angenehmes/bequemes Leben‹) wurden durch die Vermögensverhältnisse bzw. die Lebensumstände des Benannten motiviert. Vor allem lieferte die berufliche Tätigkeit viele Anhaltspunkte für die Charakterisierung eines Menschen: die hergestellten Gegenstände, die landwirtschaftlichen Erzeugnisse, die Handelswaren, die Arbeitsmaterialien, die typischen Werkzeuge u. a. Familiennamen wie *Kessel, Gerste, Pfeffer, Leder, Ahle* sind in vielen Fällen als Berufsübernamen für einen Kesselschmied, Bauern, Pfefferhändler, Gerber oder Schuster aufgekommen. Eine sichere Deutung in diesem Sinne ist jedoch nur möglich, wenn der Beruf des ersten Namensträgers überliefert ist. Viele heutige Familiennamen sind aus den zur Zeit der Familiennamenentstehung (12.–15. Jh.) geltenden Rechts- und Besitzverhältnissen hervorgegangen. Mit Übernamen wie *Abt, Graf, Schilling, Fünfschilling, Fünfstück, Frei-*

tag, Mai, Pfingsten konnte der Namengeber die Abhängigkeit eines Menschen von einem Abt oder Grafen, die Art und Höhe seiner Abgaben bzw. den Termin seiner Zins- und Arbeitsverpflichtungen zum Ausdruck bringen.

❖ Als vorübergehende/zufällige Merkmale einer Person sind u. a. einmalige Handlungen und Tätigkeiten (z. B. eine Pilgerfahrt, eine Spielrolle), besondere Begebenheiten (z. B. auffällige Kleidung, eine bemerkenswerte Äußerung bzw. ein außergewöhnliches Verhalten bei einer bestimmten Gelegenheit) anzusehen. Ähnliche Anlässe sind uns aus gegenwärtigen Spitznamen bekannt. Für weit zurückliegende Zeiten lassen sie sich jedoch nicht mehr eindeutig ermitteln. So ist für *Romer/Römer* eine Deutung im Sinne von ›Rompilger‹ naheliegend, doch lassen sich diese Familiennamen auch von dem in Deutschland mehrfach vorkommenden Ortsnamen Rom, von einem Hausnamen oder von einem Übernamen zu mnd. *romer* ›Rühmer, Prahler‹ ableiten. *König* konnte jemanden bezeichnet haben, der einmal Schützenkönig wurde oder die Rolle des Königs in einem Volksschauspiel übernommen hatte. Möglich ist aber auch, dass *König* ursprünglich den Bewirtschafter oder Bebauer eines Königsgutes meinte. Der Familienname *Teufel* kann durchaus in Zusammenhang mit einer Spielrolle entstanden sein, doch ist hierbei die Anspielung auf einen bösen Menschen keinesfalls auszuschließen.

❖ Zur Bildung von Übernamen stand dem Namengeber der gesamte Wortschatz zur Verfügung. Bestimmte Bereiche wurden jedoch bevorzugt herangezogen, da sie besonders gut geeignet waren, das gewählte Namengebungsmotiv unmittelbar, umschreibend oder bildlich zum Ausdruck zu bringen. Mit den entsprechenden Eigenschaftswörtern ließen sich körperliche, charakterliche und geistige Eigenschaften unmittelbar ausdrücken: *Groß, Klein, Schwarz, Weiß, Klug, Grimm, Sauer*. Mit Bezeichnungen für Körperteile *(Haupt, Kopf, Ohr, Bart, Hand, Fuß)* war es möglich, auf auffällige körperliche Merkmale zu verweisen. Tierbezeichnungen wurden bei der Übernamenbildung häufig verwendet, da sie sich besonders gut für bildliche Darstellungen bzw. für Umschreibungen eigneten. So konnte man mit *Fuchs* nicht nur den Schlauen bzw. Rothaarigen bildlich charakterisieren, sondern auch die Tätigkeit eines Kürschners, der Fuchspelze verarbeitete, umschreiben. Bezeichnungen für handwerkliche Produkte sowie für Erzeugnisse der Landwirtschaft boten viele Möglichkeiten für eine Anspielung auf den Beruf: *Kessel, Korb, Schuh, Topf* für den jeweiligen Hersteller, *Bohne, Dinkel, Gerste, Knoblauch, Kohl, Rogge, Rüb(e)* für den Bauern. Mit Verwandtschaftsbezeichnungen konnte man auf die besondere familiäre Situation des Namensträgers anspielen. Durch Bezeichnungen für Feste *(Pfingsten, Weihnacht)*, Wochentage und Monate *(Montag, Freitag, Mai)*, Münzen, Maße und Gewichte *(Pfennig, Pfund, Scheffel)*, weltliche und amtliche Würdenträger *(Graf, Herzog, Abt, Bischof)* ließen sich verschiedene Formen der Abhängigkeit des Namensträgers von einem Grundherrn mittelbar darstellen.

❖ Hinsichtlich der Bildungsweise stellen die Satznamen eine besondere Gruppe der Übernamen dar. Sie können durch den Beruf oder auch durch das Verhalten sowie bestimmte Gewohnheiten des Benannten motiviert sein. Auf einen Teilaspekt der Berufstätigkeit beziehen sich Satznamen wie *Quellmalz* für den Mälzer, *Schwinghammer* für den Schmied. *Hebenstreit* (›Fang [wieder] Streit an!‹) weist ursprünglich auf einen streitlustigen, *Blievernicht* (›[ich] bleibe [hier] nicht‹) auf einen unsteten Menschen hin. *Schlindwein* (mhd. *slinden* ›schlucken, verschlingen‹) und *Trinkaus* erinnern an die Trinkgewohnheiten des ersten Namensträgers. Bei den Satznamen handelt es sich z. T. um Befehlssätze, z. T. auch um verkürzte Sätze in der ersten Person Singular.

Formenvielfalt und landschaftliche Prägung des Familiennamenschatzes

❖ Man schätzt, dass gegenwärtig die Anzahl der Familiennamen deutscher Herkunft mehr als eine halbe Million beträgt. Wie kommt es zu einem so umfangreichen Familiennamenschatz? Die Formenvielfalt der deutschen Familiennamen hängt u. a. mit dem häufigen Vorkommen von SCHREIBVARIANTEN zusammen. Erst mit der Einführung des Standesamtes im Jahr 1874 kam es zu einer verbindlichen Schreibung der Familiennamen. Bis dahin konnte sich ein und dieselbe Person nach Belieben *Kramer* oder *Cramer*, *Kuntze* oder *Kunze*, *Jacobi* oder *Jakoby* schreiben. Verschiedene Möglichkeiten der schriftlichen Wiedergabe von Lauten und Lautverbindungen, die meist ältere, z. T. auch regionale Schreibgepflogenheiten widerspiegeln, sind in den Familiennamenschreibungen erhalten geblieben. Viele Schreibvarianten sind z. B. auf die bis heute noch nicht einheitlich geregelte Kennzeichnung der Vokallänge zurückzuführen: *Bader/Baader*, *Bär/Bähr*, *Steger/Steeger*. Die unterschiedliche schriftliche Wiedergabe des Umlauts führt zu Familiennamenvarianten wie *Krämer/Kraemer/Kremer*, *Möller/Moeller*, *Müller/Mueller*. Oft tritt für *-i-/-i* die Schreibung *-y-/-y* in Erscheinung: *Freitag/Freytag*, *Wilhelmi/Wilhelmy*. Die Schreibung *-ai-* bei *Maier*, *Sailer* geht auf eine alte oberdeutsche Schreibtradition zurück. In den oberdeutschen Kanzleien schrieb man *-ai-* für mhd. *-ei-* (also *maier* für mhd. *meier*, *sailer* für mhd. *seiler*), während die Schreibung *-ei-* für das diphthongierte mhd. $\bar{\imath}$ vorbehalten blieb *(schreiner* für mhd. *schrīnære)*. Für den Anlaut [k] finden sich die Schreibvarianten *K-* und *C-*: *Karl/Carl*, *Karsten/Carsten*, *Kaspar/Caspar*, *Klaus/Claus*, *Konrad/Conrad*, *Kramer/Cramer*. Im In- und Auslaut kann [k] als *k* oder *ck* geschrieben werden: *Burkhard/Burckhard*, *Deneke/Denecke* (< Degenhardt), *Fink/Finck*, *Wilke/Wilcke* (< Wilhelm). Auslautendes [t] erscheint in den Familiennamen als *-d*, *-dt* oder *-t*: *Arnold/Arnoldt/Arnolt*, *Brand/Brandt*, *Held/Heldt*, *Schmid/Schmidt/Schmitt*. Einer älteren Schreibnorm folgen Schreibungen mit *th* für *t*. So gibt es unter den heutigen Familiennamen *Thaler* neben *Taler*, *Thiele* neben *Tiele* (< Dietrich), *Thönnes* neben *Tönnes* (< Antonius). Weitere häufige Schreibvarianten sind *t* und *d*, *f* und *v*, *f* und *ph*, *tz* und *z*, *ss* und *ß*: *Tanz/Danz*, *Teufel/Deubel*, *Deifel*; *Focke/Vocke*, *Forster/Vorster*, *Fries/Vries*; *Rudolf/Rudolph*, *Stefan/Stephan*; *Bentz/Benz*; *Fassbinder/Faßbinder*, *Gross/Groß*, *Weiss/Weiß*. Für letztere Familiennamen begegnen auch die Schreibungen *Grohs*, *Weihs*. Schreibvarianten mit *-hs* sind dadurch entstanden, dass das handschriftliche Zeichen für *ß* von Standesbeamten oft fälschlich als *-hs* gelesen wurde.

❖ Die zahlreichen LAUTVARIANTEN, die in den deutschen Familiennamen zutage treten, hängen mit der sprachlichen Entwicklung zusammen. So gibt es zwischen dem Hochdeutschen und dem Niederdeutschen Unterschiede bei vielen Konsonanten: hd. **pf-**/ nd. **p-** (Pfaff/Pape; Pfeiffer/Pieper), hd. **-f-**/ nd. **-p-** (Kaufmann/Koopmann, Schäfer/Schaper, Scheper), hd. **z**/ nd. **t** (Holz/Holt, Ziegler/Tegler, Zimmermann/Timmermann, Zöllner/Töllner), hd. **ss**, **ß**/ nd. **t**, **tt** (Gross, Groß/Groot, Groth, Schlosser/Schlotter, Weiss/Witt), hd. **-ch-**/ nd. **-k** (Eichmann/Eickmann, Schumacher/Schomaker).

❖ Die langen mittelhochdeutschen Vokale ī und ū entwickelten sich zu den neuhochdeutschen Diphthongen **ei** und **au**, doch hat das Alemannische die langen Vokale bis heute bewahrt. Auch im Niederdeutschen sind mnd. ī und ū unverändert geblieben. Daher begegnen uns im heutigen Familiennamenschatz **Geiger** neben **Gyger**, **Schneider** neben **Schnieder**, **Schreiber** neben **Schriever**, **Bauer** neben **Buhr**, **Sauer** neben **Suhr**, **Sauter** (›Näher, Schuster‹) neben **Sut(t)er**. **Krüger**, **Küster** und **Müller** erscheinen im niederdeutschen Raum als **Kröger**, **Köster** und **Möller**. Der häufige Familienname **Neumann** spiegelt den Wandel von mhd. **iu** zu nhd. **eu** (mhd. niuwe > nhd. neu) wider. **Naumann** ist ein typisch mitteldeutscher Familienname, dem mhd., md. nûwe (> nhd. nau) zugrunde liegt. Der Familienname **Niemann** (< mnd. nie ›neu‹) ist im niederdeutschen Gebiet heimisch. Familiennamenformen mit Umlaut (**Brückner**, **Gärtner**, **Köhler**, **Krämer**) stehen solche gegenüber, die keinen Umlaut aufweisen (**Bruckner**, **Gartner**, **Kohler**, **Kramer**). Letztere sind für den oberdeutschen Raum charakteristisch.

❖ Durch Rundung (z. B. **e** > **ö**) und Entrundung (z. B. **eu** > **ei**, **ü** > **i**) sind zahlreiche Lautvarianten entstanden: **Werner** und **Wörner**, **Leuthold** und **Leithold**, **Müller** und **Miller**. Charakteristische Lautentwicklungen des Niederdeutschen sind u. a. der Wandel von **-er-** zu **-ar-** (**Berthold** > **Barthold**, **Werneke** > **Warneke**), von **-aw-** zu **-ag-** (**Pawel** < **Paul** > **Pagel**), der Schwund von **r** vor **st** (**Karsten** > **Kasten**) sowie von **d** zwischen Vokalen (**Dedeke** < **Dederich**/**Dietrich** > **Deecke**, **Gödecke** < **Gottfried** > **Göcke**). Anlautendes **P-** statt **B-** findet sich häufig in Bayern und Österreich: etwa **Pach** statt **Bach**, **Paintner**, **Peintner** statt **Baintner**, **Beintner** (zu mhd. *biunte* ›eingehegtes Grundstück‹). Auch der Ausfall von unbetontem **-e-** ist für den bairisch-österreichischen Sprachraum charakteristisch (**Pauer** > **Paur**, **Maier** > **Mair**, **Geschwind** > **Gschwind**, **Gesell** > **Gsell**, **Brandel** > **Prandl**, **Prechtel** > **Prechtl**).

❖ Unter dem Einfluss der hochdeutschen Schriftsprache sind im Laufe der Zeit viele niederdeutsche und andere mundartliche Lautungen aufgegeben worden. Die Anpassung an die Schriftsprache hat jedoch nicht alle Familiennamen gleichermaßen erfasst. So wurde z. B. der niederdeutsche Familienname *Witt* viel seltener zu *Weiß/Weiss* umgewandelt als *Swart* zu *Schwarz*. In der Schweiz kommen die undiphthongierten mundartlichen Formen *Gyger/Gi(e)ger* öfters vor als *Geiger*, hingegen begegnet die diphthongierte Form *Schneider* wesentlich häufiger als *Schnyder/ Schni(e)der*.

❖ Wortgeografische Unterschiede fallen besonders im Bereich der Berufsnamen und der Übernamen auf. Sie sind darauf zurückzuführen, dass die heutigen Familiennamen den zur Zeit ihrer Entstehung (12.–15. Jh.) an den jeweiligen Orten geltenden Wortschatz widerspiegeln. Wenn aber die Verbreitung bestimmter Familiennamen nicht immer mit den gegenwärtigen mundartlichen Verhältnissen übereinstimmt, so hängt dies mit dem Wandel des Wortschatzes in den einzelnen Dialekträumen nach dem Festwerden der Familiennamen zusammen.

❖ Mehrere Bezeichnungen für den Handwerker, der Gegenstände aus Ton herstellte, haben Eingang in den Familiennamenschatz gefunden. *Töpfer*, das heute schriftsprachlich geltende Wort, stammt ursprünglich aus dem ostmitteldeutschen Raum, *Hafner* aus dem Süden des deutschen Sprachgebiets. *Groper/Gröper* (zu mnd. *grope* ›Topf‹) sowie *Potter/Pötter/Pottbecker* sind in Norddeutschland heimisch. Westmitteldeutsch sind *Düpper/Düppenbecker* und *Auler* (zu mhd. *ûle* < lat. *olla* ›Topf‹).

❖ Auch bei den aus dem Böttchergewerbe stammenden Familiennamen ist eine landschaftliche Prägung nicht zu verkennen: *Bödecker* (zu mnd. *bode[ne]* ›offenes Fass, Bottich‹) ist niederdeutsch, dessen mitteldeutsche Entsprechung lautet *Böttcher*. Wie auch andere ostmitteldeutsche Ausdrücke drang *Böttcher* – vor allem durch Luthers Bibelübersetzung – in die neuhochdeutsche Schriftsprache ein. *Faßbender* mit der verkürzten Form *Bender* sowie *Küpper* sind am Niederrhein anzutreffen. Das Wort, dem lat. *cupa* ›Fass‹ zugrunde liegt, wurde im 14. Jh. aus dem Niederländischen entlehnt. Ebenfalls von lat. *cupa* (> ahd. *kuofa*) leiten sich die oberdeutschen Familiennamen *Küfer/Küfner* ab. Diese Handwerkerbezeichnung, die heute noch in den Mundarten des Südwestens üblich ist, war im Mittelalter im oberdeutschen Raum weiter verbreitet. Im 14. Jh. war sie beispielsweise in Nürnberg und Regensburg gebräuchlich. Oberdeutscher Herkunft sind ferner die Familiennamen *Binder* und *Schäffler* (zu mhd. *schaf* ›Schaff, Gefäß für Flüssigkeiten, Getreidemaß‹).

❖ Aus dem Bereich der Möbelherstellung stammen u. a. die häufigen Familiennamen *Tischer/Tischler* und *Schreiner*. Der Familienname *Schreiner*, ursprünglich eine im Süden und Westen vorkommende Berufsbezeichnung, ist heute allgemein verbreitet. Weniger häufig sind die Familiennamen *Tischer/Tischler*, deren Entstehungsgebiet vor allem der ostmitteldeutsche und niederdeutsche Raum ist.

❖ *Wagner*, ursprünglich eine oberdeutsche Form, ist heute allgemein verbreitet. Spezielle Bezeichnungen für den Wagenbauer haben u. a. die Familiennamen *Rademacher, Rademaker, Radecker* im Nordwesten, *Stellmacher* im Nordosten, *Ass(en)macher* (zu mnd. *asse* ›Achse‹) im Rheinland gestiftet.

❖ Heute noch ist *Fleischer* (aus *Fleischhauer* zusammengezogen) in seinem Ursprungsgebiet, dem ostmitteldeutschen und dem niederdeutschen Raum, am häufigsten anzutreffen. Die starke Konzentration der Familiennamen *Metzger* im Südwesten und *Metzler* an der Mosel spiegelt ebenfalls die historische Verbreitung der entsprechenden Handwerkerbezeichnungen wider. Die alte niederdeutsche Fleischerbezeichnung *Knochenhauer* tritt gelegentlich in Norddeutschland als Familienname in Erscheinung. *Fleischhacker* begegnet vorwiegend in Österreich.

❖ Geografisch differenziert sind auch die Familiennamen, die auf den Schneiderberuf zurückgehen. Im größten Teil Brandenburgs, in Schleswig-Holstein, in Niedersachsen nördlich von Hannover und im anschließenden Teil Westfalens überwiegt *Schröder*, die Variante *Schrader* begegnet vor allem im Raum Hannover, Braunschweig, Göttingen, Magdeburg, Celle. Diesen Familiennamen liegt mnd. *schröden, schräden* ›schneiden‹ zugrunde. Im übrigen deutschen Sprachgebiet ist *Schneider* vorherrschend. Stammt eine Familie *Schröder/Schröter* ursprünglich aus dem Süden, dann hat ihr Familienname einen anderen Ursprung. Er geht in diesem Fall auf mhd. *schröter*, die Bezeichnung für denjenigen, der Bier- und Weinfässer beförderte, zurück.

❖ Eine deutliche Grenze zeichnet sich auch bei der räumlichen Verteilung der Familiennamen *Fiedler* und *Geiger* einschließlich ihrer Varianten ab. Sie verläuft ungefähr in der Mitte Deutschlands. Südlich der Mainlinie hat *Geiger* die Oberhand, nördlich davon *Fiedler*.

❖ Auch aus dem Amt des Kirchendieners sind regional unterschiedliche Familiennamen hervorgegangen. Niederdeutscher

Herkunft ist *Köster*. Die mittelniederdeutsche Amtsbezeichnung *koster*, die auf lat. *costūrārius* beruht, bezeichnete ursprünglich den Aufseher der kirchlichen Kleiderkammer. Ebenfalls aus dem niederdeutschen Gebiet stammt *Oppermann*. Die Variante *Offermann* kommt im Rheinland vor. *Sigrist* (< mlat. *sacrista* ›Kirchendiener‹) ist am Oberrhein und in der Schweiz heimisch. *Mes(s)ner* und *Mes(s)mer* (< mlat. *mānsiōnārius* ›Hüter des Gotteshauses‹) sind oberdeutsch. *Küster* (< mlat. *custor* ›Wächter‹) war ursprünglich eine vorwiegend ostmitteldeutsche Bezeichnung für den Kirchendiener. Sie setzte sich erst nach der Reformation in der Schriftsprache durch. Im ostmitteldeutschen Raum kann *Kirch(n)er* aus dem Amt des Kirchendieners entstanden sein. Doch können sich die Familiennamen *Kircher/Kirchner* auch auf die Herkunft (›der aus Kirchen‹) oder auf die Lage des Wohnsitzes (›wohnhaft bei der Kirche‹) beziehen.

❖ Wortgeografische Unterschiede lassen sich auch bei den aus Übernamen hervorgegangenen Familiennamen beobachten. So entspricht beispielsweise dem norddeutschen Familiennamen *Fett* der süddeutsche Familienname *Feist*. Für *Link(e)* (›Linkshänder‹) findet sich in Bayern und Österreich *Dengg/Tenk*, in Norddeutschland *Lucht*. Im Bereich des Niederdeutschen tritt *Böse* als *Quade/Quadt* in Erscheinung.

❖ Dass REGIONALE UNTERSCHIEDE IN DER BILDUNGSWEISE zur Formenvielfalt der deutschen Familiennamen beigetragen haben, lässt sich anhand einiger ausgewählter Beispiele aufzeigen. Patronymische Bildungen auf *-ena (Denkena)* und auf *-ma (Meinema, Reemtsma)* sind friesischer Herkunft. Familiennamen auf *-sen* (abgeschwächt aus ›Sohn‹) sind für den Norden Deutschlands, insbesondere für Schleswig, charakteristisch: etwa die Familiennamen *Andresen, Christiansen, Detlefsen, Diedrichsen, Friedrichsen, Hansen, Hinrichsen, Jans(s)en, Michelsen, Mommsen, Nicolaisen, Paulsen, Petersen, Siemsen, Thomsen, Willemsen*. Im Westen (nördlich der Eifel und des Westerwaldes) und im Nordwesten sind patronymische Bildungen im Genitiv häufig anzutreffen. Familiennamen wie *Adams, Ahrens* (< *Arnold*), *Alberts, Derichs/Diedrichs, Friedrichs, Gerhards, Heinrichs, Jacobs, Lambertz, Michels, Peters, Richar(t)z, Simons, Wilhelms* enthalten die Endung *-s* des starken Genitivs. Familiennamen wie *Heinen* (< *Heinrich*), *Koeppen* (< *Jakob*), *Lübben* (< *Liutbald*), *Otten* weisen die Endung *-en* des schwachen Genitivs auf. Typisch für dieses Gebiet sind ferner patronymische Bildungen im Genitiv zu Berufsnamen *(Beckers, Kochs, Kremers, Küppers, Möllers/Müllers, Schiffers, Schmitz)* und zu Übernamen *(Bischofs, Königs, Schillings; Jungen, Kleinen, Langen)*. Patronymische Bildungen auf *-ing* wie *Nölting (< Arnold), Büsching (< Busch), Schmieding (< Schmied), Schmeling (< Schmal)* sind vor allem im norddeutschen Raum westlich der Elbe häufig anzutreffen. In Süddeutschland werden Abstammung bzw. Familienzugehörigkeit mit dem Suffix *-er* ausgedrückt: etwa *Seidler (< Seidel < Siegfried), Hensler (< Hensel < Johannes), Pfisterer (< Pfister), Brüderer (< Bruder)*. Patronymische Ableitungen auf *-er* waren auch in Schlesien üblich. Bemerkenswert ist das häufige Vorkommen von metronymischen Familiennamen in Schlesien: z. B. *Eitner (< Agathe), Tilgner (< Ottilie), Irmler, Irmscher (< Irmentrud)*.

❖ Kose- und Verkleinerungsformen werden mit landschaftlich unterschiedlichen Suffixen gebildet. Familiennamen mit *-k*-Suffix begegnen im Niederdeutschen, z. T. auch im nördlichen Teil des mitteldeutschen Dialektraums. Hier sind Familiennamen aus Rufnamen wie *Heinecke, Heinicke, Heinke (< Heinrich), Wil(c)ke, Wille(c)ke (< Wilhelm), Wernecke, Wernicke (< Werner)*, aus Berufsnamen wie *Schmidtke*, aus Übernamen wie *Kleinke, Wittke* (zu mnd. *wit* ›weiß‹) heimisch. Mitteldeutscher Herkunft sind Familiennamen auf *-gen (Söhngen)* und *-chen (Schmidtchen)*. Vorwiegend oberdeutsch, z. T. aber auch mitteldeutsch sind Ableitungen auf *-el (Dietel, Friedel, Hensel, Hertel, Schmiedel)*. Familiennamen auf *-l* sind für Bayern und Österreich charakteristisch: *Dietl, Härtl, Heindl, Merkl, Bachl, Schmidl*. Familiennamen auf *-le (Eberle, Merkle, Bächle, Bäuerle, Nägele, Pfefferle)* sind schwäbischen Ursprungs. Im äußersten Südwesten und in der Schweiz sind die Bildungen auf *-li(n)* beheimatet: *Kläusli, Merklin; Schmidli(n), Butterlin, Nägeli, Schneebeli* (zu mhd. *snē, -wes* ›Schnee‹).

❖ Herkunftsnamen und Wohnstättennamen auf *-mann (Münstermann, Dahlmann, Brinkmann)* sind vor allem im Norden und Nordwesten zahlreich vertreten, im südlichen Teil des deutschen Sprachgebiets sind Ableitungen auf *-er* von Orts- und Örtlichkeitsnamen vorherrschend *(Bühler, Moser, Tobler, Wieser)*. Zu Ortsnamen auf *-bach* hat sich in Bayern und Österreich eine ältere Einwohnerbezeichnung auf *-beck* erhalten. So bringen *Steinbeck* und die jüngere Bildung *Steinbacher* gleichermaßen die Herkunft des ersten Namensträgers aus dem Ort Steinbach zum Ausdruck.

Einleitung

Die 200 häufigsten Familiennamen in Deutschland und deren Herkunft nach Telefonanschlüssen 1996

Berufs-, Amts-, Standesnamen: ⚒ *Rufnamen:* •) *Übernamen:* ≡ *Wohnstättennamen:* ⌂
Herkunftsnamen: ▛

gesamt 20.636.958

Rang	Name	Anzahl	Anteil (%)	Herkunft	Rang	Name	Anzahl	Anteil (%)	Herkunft
1	Müller	324.101	1,5705	⚒	51	Friedrich	32.528	0,1576	•)
2	Schmidt	235.760	1,1424	⚒	52	Günther	32.441	0,1572	•)
3	Schneider	142.095	0,6885	⚒	53	Keller	32.425	0,1571	⚒ ⌂ ▛
4	Fischer	122.941	0,5957	⚒	54	Schubert	32.120	0,1556	⚒
5	Meyer	106.352	0,5153	⚒	55	Berger	31.767	0,1539	⌂ ▛
6	Weber	106.208	0,5146	⚒	56	Frank	31.626	0,1532	•) ≡ ▛
7	Wagner	97.201	0,4710	⚒	57	Roth	31.519	0,1527	≡ ⌂ ▛
8	Becker	93.445	0,4528	⚒	58	Beck	30.998	0,1502	⚒ ⌂ ▛
9	Schulz	93.344	0,4523	⚒	59	Winkler	30.784	0,1492	⚒ ⌂ ▛
10	Hoffmann	89.412	0,4333	⚒	60	Lorenz	29.067	0,1408	•)
11	Schäfer	75.634	0,3665	⚒	61	Baumann	28.630	0,1387	⚒
12	Koch	75.082	0,3638	⚒	62	Albrecht	27.472	0,1331	•)
13	Bauer	73.958	0,3584	⚒	63	Ludwig	27.085	0,1312	•)
14	Richter	72.540	0,3515	⚒	64	Franke	27.022	0,1309	•) ≡ ▛
15	Klein	67.924	0,3291	≡	65	Simon	26.879	0,1302	•)
16	Schröder	63.928	0,3098	⚒	66	Böhm	26.775	0,1297	≡ ▛
17	Wolf	63.337	0,3069	•) ≡ ⌂	67	Schuster	26.423	0,1280	⚒
18	Neumann	59.445	0,2881	≡	68	Schumacher	26.271	0,1273	⚒
19	Schwarz	55.086	0,2669	≡	69	Kraus	26.043	0,1262	≡
20	Zimmermann	53.507	0,2593	⚒	70	Winter	26.036	0,1262	•) ≡ ⌂
21	Krüger	53.365	0,2586	⚒	71	Otto	25.986	0,1259	•)
22	Braun	52.731	0,2555	•) ≡	72	Krämer	25.449	0,1233	⚒
23	Hofmann	51.129	0,2478	⚒	73	Stein	25.391	0,1230	⌂ ▛
24	Schmitz	50.776	0,2460	⚒	74	Vogt	25.328	0,1227	⚒
25	Hartmann	50.690	0,2456	•)	75	Martin	25.308	0,1226	•)
26	Lange	50.196	0,2432	≡	76	Jäger	24.862	0,1205	⚒
27	Schmitt	49.967	0,2421	⚒	77	Groß	24.170	0,1171	≡
28	Werner	48.792	0,2364	•)	78	Sommer	23.929	0,1160	⚒ ≡ ⌂
29	Krause	48.756	0,2363	≡	79	Brandt	23.273	0,1128	•) ⌂ ▛
30	Meier	46.581	0,2257	⚒	80	Haas	23.137	0,1121	≡ ⌂
31	Schmid	45.845	0,2221	⚒	81	Heinrich	23.030	0,1116	•)
32	Lehmann	45.233	0,2192	⚒	82	Seidel	22.801	0,1105	•)
33	Schulze	45.074	0,2184	⚒	83	Schreiber	22.756	0,1103	⚒
34	Maier	42.741	0,2071	⚒	84	Schulte	22.335	0,1082	⚒
35	Köhler	42.575	0,2063	⚒	85	Graf	22.239	0,1078	⚒ ≡
36	Herrmann	42.178	0,2044	•)	86	Dietrich	21.626	0,1048	•)
37	Walter	41.548	0,2013	•)	87	Ziegler	21.557	0,1045	⚒
38	König	41.408	0,2006	≡	88	Engel	21.457	0,1040	•) ≡ ⌂
39	Mayer	40.975	0,1986	⚒	89	Kühn	21.334	0,1034	•) ≡
40	Huber	39.419	0,1910	⚒ ▛	90	Kuhn	21.259	0,1030	•) ≡
41	Kaiser	39.284	0,1904	≡	91	Pohl	21.069	0,1021	•) ≡ ⌂ ▛
42	Fuchs	38.997	0,1890	≡ ⌂	92	Horn	20.751	0,1006	≡ ⌂ ▛
43	Peters	38.492	0,1865	•)	93	Thomas	20.729	0,1004	•)
44	Möller	37.455	0,1815	⚒	94	Busch	20.726	0,1004	⌂ ▛
45	Scholz	37.393	0,1812	⚒	95	Wolff	20.523	0,0994	•) ≡ ⌂
46	Lang	36.761	0,1781	≡	96	Sauer	20.313	0,0984	≡
47	Weiß	36.699	0,1778	≡	97	Bergmann	20.190	0,0978	⚒ ⌂
48	Jung	35.095	0,1701	≡	98	Pfeiffer	20.009	0,0970	⚒
49	Hahn	33.372	0,1617	•) ≡ ⌂ ▛	99	Voigt	19.959	0,0967	⚒
50	Vogel	32.679	0,1584	≡	100	Ernst	19.926	0,0966	•)

Einleitung

Rang	Name	Anzahl	Anteil (%)	Herkunft
101	Hansen	19.771	0,0958	◂⟩
102	Beyer	19.726	0,0956	☰ ┝
103	Jansen	19.703	0,0955	◂⟩
104	Hübner	19.616	0,0951	┝
105	Arnold	19.555	0,0948	◂⟩
106	Peter	19.251	0,0933	◂⟩
107	Lindner	19.173	0,0929	⌂ ┝
108	Kramer	19.036	0,0922	♂
109	Franz	18.810	0,0911	◂⟩
110	Götz	18.744	0,0908	◂⟩
111	Seifert	18.731	0,0908	◂⟩
112	Wenzel	18.560	0,0899	◂⟩
113	Paul	18.138	0,0879	◂⟩
114	Barth	18.084	0,0876	◂⟩ ☰ ┝
115	Nagel	18.038	0,0874	☰ ┝
116	Riedel	17.761	0,0861	◂⟩ ⌂
117	Kern	17.716	0,0858	☰
118	Hermann	17.566	0,0851	◂⟩
119	Petersen	17.494	0,0848	◂⟩ ⌂
120	Bock	17.483	0,0847	☰ ⌂
121	Wilhelm	17.434	0,0845	◂⟩
122	Kruse	17.117	0,0829	☰
123	Lenz	17.067	0,0827	◂⟩ ☰ ┝
124	Ott	17.004	0,0824	◂⟩
125	Ritter	16.994	0,0823	♂ ☰
126	Grimm	16.989	0,0823	☰ ┝ ◂⟩
127	Langer	16.966	0,0822	┝
128	Mohr	16.947	0,0821	☰ ⌂ ┝
129	Haase	16.805	0,0814	☰ ⌂
130	Förster	16.497	0,0799	♂
131	Berg	16.426	0,0796	⌂ ┝
132	Hoppe	16.348	0,0792	☰
133	Thiel	16.338	0,0792	◂⟩
134	Schumann	16.297	0,0790	♂
135	Jahn	16.237	0,0787	◂⟩
136	Kaufmann	16.227	0,0786	♂
137	Zimmer	16.105	0,0780	☰ ┝
138	Arndt	16.027	0,0777	◂⟩
139	Lutz	15.956	0,0773	◂⟩
140	Fiedler	15.855	0,0768	♂
141	Fritz	15.831	0,0767	◂⟩
142	Marx	15.773	0,0764	☰
143	Kraft	15.754	0,0763	☰ ◂⟩
144	Schütz	15.383	0,0745	♂
145	Sander	15.297	0,0741	◂⟩ ⌂ ┝
146	Böttcher	15.090	0,0731	♂
147	Thiele	15.027	0,0728	◂⟩
148	Eckert	14.989	0,0726	◂⟩
149	Schilling	14.987	0,0726	☰
150	Reuter	14.886	0,0721	♂ ⌂ ┝
151	Reinhardt	14.793	0,0717	◂⟩
152	Walther	14.736	0,0714	◂⟩
153	Michel	14.730	0,0714	◂⟩
154	Voß	14.699	0,0712	☰
155	Schindler	14.588	0,0707	♂
156	Frey	14.357	0,0696	♂ ☰
157	Schramm	14.299	0,0693	☰ ⌂
158	Hesse	14.264	0,0691	┝ ☰ ◂⟩
159	Beckmann	14.250	0,0691	⌂ ┝
160	Hein	14.201	0,0688	◂⟩
161	Nowak	14.197	0,0688	☰
162	Kunz	14.168	0,0687	◂⟩
163	Ebert	14.115	0,0684	◂⟩
164	Fröhlich	14.036	0,0680	☰
165	Behrens	13.987	0,0678	◂⟩ ☰
166	Bayer	13.870	0,0672	┝ ☰
167	Witt	13.724	0,0665	☰
168	Herzog	13.624	0,0660	☰
169	Gruber	13.612	0,0660	⌂ ┝ ♂
170	Schultz	13.603	0,0659	♂
171	Rudolph	13.558	0,0657	◂⟩
172	Kunze	13.407	0,0650	◂⟩
173	Büttner	13.357	0,0647	♂
174	Bender	13.330	0,0646	♂
175	Stephan	13.229	0,0641	◂⟩
176	Adam	13.141	0,0637	◂⟩
177	Stahl	13.102	0,0635	☰ ┝
178	Maurer	13.040	0,0632	♂
179	Gärtner	12.956	0,0628	♂
180	Geiger	12.894	0,0625	♂
181	Seitz	12.828	0,0622	◂⟩
182	Steiner	12.793	0,0620	⌂ ┝ ☰ ◂⟩
183	Breuer	12.785	0,0620	♂
184	Bachmann	12.768	0,0619	⌂ ┝
185	Brinkmann	12.618	0,0611	⌂ ┝
186	Dietz	12.586	0,0610	◂⟩
187	Kirchner	12.583	0,0610	♂ ┝
188	Scherer	12.514	0,0606	♂ ⌂ ┝
189	Schlüter	12.480	0,0605	♂
190	Gerlach	12.379	0,0600	◂⟩
191	Ulrich	12.366	0,0599	◂⟩
192	Kurz	12.287	0,0595	☰
193	Ullrich	12.285	0,0595	◂⟩
194	Fink	12.220	0,0592	☰
195	Heinz	12.007	0,0582	◂⟩
196	Blum	11.997	0,0581	☰ ⌂ ┝
197	Löffler	11.992	0,0581	♂
198	Moser	11.938	0,0578	⌂ ┝
199	Reichert	11.886	0,0576	◂⟩
200	Körner	11.861	0,0575	♂ ┝

Fremdsprachige Familiennamen

❖ Unter den heutigen Familiennamen fremdsprachiger Herkunft sind die slawischen Familiennamen am stärksten vertreten. Sie stammen aus verschiedenen slawischen Sprachen, haben zu unterschiedlichen Epochen Eingang in den Familiennamenschatz gefunden und sind daher in unterschiedlichem Maß eingedeutscht worden. Familiennamen sorbischer Herkunft sind in der Ober- und Niederlausitz heimisch, solche polabischer Herkunft in Mecklenburg-Vorpommern, drawehnopolabischer Herkunft im niedersächsischen Wendland. Eine weitere Schicht slawischer Familiennamen stammt aus den Gebieten der mittelalterlichen Ostsiedlung, etwa aus Pommern, Schlesien, Böhmen, Mähren. Eine spätere Schicht geht auf den starken Zustrom polnischer und tschechischer Bergarbeiter ins Ruhrgebiet und ins östliche Deutschland in der zweiten Hälfte des 19. Jh. zurück. Eingewanderte Arbeitnehmer und Aussiedler haben in den letzten Jahren weitere slawische (serbische, bosnische, kroatische bzw. polnische, russische) Familiennamen nach Deutschland gebracht. In Österreich, vor allem in Wien, gibt es viele tschechische Familiennamen, daneben kommen auch Familiennamen slowenischer Herkunft vor.

❖ Bei den slawischen Familiennamen begegnen uns die gleichen Familiennamengruppen wie bei den deutschen: Familiennamen aus Rufnamen, Familiennamen nach der Herkunft, Familiennamen nach der Wohnstätte, Familiennamen nach dem Beruf und Familiennamen aus Übernamen.

❖ Die alten slawischen Rufnamen sind – wie auch die altdeutschen Rufnamen – aus zwei Namengliedern zusammengesetzt. So liegt z. B. dem Ruf- und Familiennamen *Bogdan* urslaw. **bogъ* (›Gott‹) + *dan* (zu urslaw. **dati* ›geben‹) zugrunde. Insgesamt haben zweigliedrige Rufnamen nur einen geringen Anteil am slawischen Familiennamenschatz erlangen können, da ihre Häufigkeit zur Zeit der Familiennamenentstehung bereits stark zurückgegangen war. Kurz- und Koseformen blieben länger in Gebrauch, daher begegnen sie uns häufiger als Familiennamen. Die Vielfalt der Koseformen hängt mit der großen Anzahl der in den einzelnen slawischen Sprachen zur Verfügung stehenden Suffixe (*-ak*, *-ek*, *-ik*, *-aš*, *-iš*, *-oš*, *-uš*, *-ka*, *-an*, *-on*, *-un* u. a.) zusammen. Von dem ersten Glied des Rufnamens *Borislav* (urslaw. **borti* ›kämpfen‹ + urslaw. **slava*

›Ruhm, Ehre‹) leiten sich z. B. Familiennamen wie *Bohr, Bohrisch, Borack, Bore(c)k* ab. Das Namenglied *Bor-* konnte zu *Bo-* verkürzt werden und wiederum die Grundlage von Koseformen bilden. Da dieser Kürzungsvorgang auch bei *Boguslav* (urslaw. **bogъ* ›Gott‹ + urslaw. **slava* ›Ruhm, Ehre‹) oder *Boleslav* (urslaw. **bol'e* ›mehr‹ + urslaw. **slava* ›Ruhm, Ehre‹) erfolgen konnte, lassen sich Koseformen wie *Boch, Boschan* (< *Bošan*) nicht mehr eindeutig einem bestimmten Rufnamen zuweisen.

❖ Sehr zahlreich sind die aus slawischen Formen christlicher Rufnamen entstandenen Familiennamen. Aus unverkürzten Formen christlicher Rufnamen leiten sich Familiennamen wie poln., tschech. *Abramek*, poln., tschech. *Adamek*, poln. *Adamczyk, Adamski*, sorb. *Michalk*, serb., bosn., kroat. *Filipović, Jovanović, Pavlović* ab. Auf verkürzte Formen von *Johannes* gehen Familiennamen wie *Hanak, Hanisch, Hanusch, Janik, Janka, Janosch, Janusch* zurück. Den Familiennamen *Masch(ke)* und *Pasch(ke)* kann sowohl ein slawischer als auch ein christlicher Rufname zugrunde liegen. Für *Masch(ke)* kommt neben einer Ableitung von einem slawischen Rufnamen wie *Malomir* auch eine Ableitung von *Matthäus, Matthias, Markus, Martin* oder *Thomas* infrage. Bei *Pasch(ke)* kann es sich um Ableitungen von dem slawischen Rufnamen *Pakoslav* oder von dem christlichen Rufnamen *Paul* handeln. Aus slawischen Formen deutscher Rufnamen sind Familiennamen wie *Gerasch* (< *Gerhard*) oder *Heinisch* (< *Heinrich*) hervorgegangen.

❖ Unter den Familiennamen slawischen Ursprungs finden sich auch Herkunftsnamen. Mit dem Suffix *-ski* kann die Zugehörigkeit zu einem Ort bzw. zu einer Person zum Ausdruck gebracht werden. Sorbische Familiennamen auf *-ski* sind selten. Herkunftsnamen auf *-ský* (dt. > *-sky*) kommen im Tschechischen vor (z. B. *Dubsky* ›der aus Dub, Dubá, Duby‹). Im Polnischen diente das Suffix *-ski* ursprünglich zur Bildung von adligen Familiennamen nach der Herkunft bzw. nach dem Besitz. Wegen des ihm anhaftenden Prestiges wurde *-ski* später zunehmend zur Ableitung bürgerlicher Familiennamen verwendet und entwickelte sich zu einem typischen Bildungselement polnischer Familiennamen. Ein Familienname wie *Dombrowski* weist auf eine Herkunft aus den polnischen Orten Dąbrowa, Dąbrówka u. Ä. hin. Bei dem Familiennamen *Bogusławski* (dt. >*Boguslawski*) kann es sich sowohl um einen Herkunftsnamen zu polnischen Ortsnamen wie Bogusławice, Bogusławki als auch um eine patronymische Bildung (›Sohn des Bogusław‹) handeln.

❖ Familiennamen wie *Kopetz* (zu tschech. *kopec* ›Hügel‹), *Nagorka* (zu nsorb., poln. *na* ›auf, an‹ und nsorb., poln. *górka* ›Hügel, Anhöhe‹), *Nakonz* (zu osorb. *kónc*, nsorb. *kóńc* ›Ende‹: ›wohnhaft am Ende [des Dorfes]‹) sind durch ein Merkmal der Wohnstätte motiviert.

❖ Auf die berufliche Tätigkeit, das bekleidete Amt bzw. die gesellschaftliche Stellung weisen viele Familiennamen hin: z. B. *Bednarz* (poln. *bednarz* ›Böttcher‹), *Hajny* (tschech. *hajný* ›Waldheger‹), *Kalz* (sorb. *tkalc*, nsorb. mda. auch *kalc* ›[Lein-]Weber‹), *Kowal* (poln., nsorb. *kowal*, tschech. [mda.] *koval* ›Schmied‹), *Krawiec* (poln. *krawiec* ›Schneider‹), *Lehnick* (nsorb., osorb. *lenik* ›Lehensmann, Lehngutsbesitzer‹), *Pekar* (tschech. *pekař* ›Bäcker‹), *Schuppan* (nsorb. *župan* ›Vorstand der Bienenzüchter‹, altsorb., tschech. *župan* ›Gaugraf, Gauvorsteher‹), *Starosta* (osorb., poln., tschech. *starosta* ›Dorfältester, Gemeinde-, Dorfvorsteher‹), *Witschas* (osorb. [älter] *wićaz* ›Freibauer, Lehnbauer, Lehngutsbesitzer‹), *Wosnitza* (poln. *woźnica* ›Fuhrmann, Kutscher‹).

❖ Die Gruppe der Übernamen ist sehr zahlreich vertreten. Auf körperliche bzw. äußerliche Merkmale des ersten Namensträgers beziehen sich Familiennamen wie *Bialek* (zu poln. *biały* ›weiß‹), *Broda* (nsorb., osorb., poln. *broda* ›Bart‹), *Maly* (nsorb., osorb., poln. *mały*, tschech. *malý* ›klein‹), *Nossa(c)k* (sorb. *nosak*, tschech. *nosák* ›der Großnasige‹), *Nossek* (poln., tschech. *nosek* ›Näschen‹), *Tschernik*, *Tscherny* (zu osorb. [alt] *černy*, tschech. *černý* ›schwarz‹). Einen Hinweis auf die Wesensart bzw. Verhaltensweise enthalten Familiennamen wie *Hytry* (poln. *chytry*, tschech. *chytrý* ›schlau‹), *Mudra*, *Mudra(c)k* (zu nsorb., osorb. *mudry* ›weise‹), *Pokorny* (poln. *pokorny*, tschech. *pokorný* ›demütig, untertänig, bescheiden‹), *Tichy* (tschech. *tichý* ›still, ruhig, leise‹), *Wessely* (osorb. [älter] *wjesely*, tschech. *veselý* ›froh, lustig‹).

❖ Vielen Übernamen liegt eine Tier- oder Vogelbezeichnung zugrunde. Als Motivation für den bildlichen Vergleich kommen äußerliche und charakterliche Merkmale sowie gelegentlich eine Anspielung auf die berufliche Tätigkeit des Benannten infrage. Zu dieser Gruppe gehören Familiennamen wie *Baran* (nsorb., poln. *baran*, osorb. *boran* ›Widder, Schafbock‹), *Holub* (tschech.

holub ›Taube‹), *Kohout* (tschech. *kohout* ›Hahn‹), *Kotzur* (poln. *kocur*, nsorb. *kócur, kócor*, alttschech. *kocúr* ›Kater‹), *Sokoll* (poln. *sokół*, tschech. *sokol* ›Falke‹), *Sowa* (nsorb., osorb., poln. *sowa*, tschech. *sova* ›Eule‹), *Sroka* (nsorb., osorb., poln. *sroka* ›Elster‹), *Wrobel* (poln. *wróbel*, nsorb. *[w]robel*, osorb. *wrobl* ›Sperling‹).

❖ Eine wichtige Rolle spielt das Namengebungsmotiv ›Neuankömmling, neuer Dorfbewohner‹ bei der Bildung von Übernamen in den westslawischen Sprachen: *Nowa(c)k, Nowotnick, Nowotny, Nowy* u. a. Im Deutschen sind Familiennamen wie *Neumann, Naumann, Niemann, Neukamm, Neukomm* aus der gleichen Motivation hervorgegangen.

❖ Charakteristisch für das Tschechische sind Übernamen auf -il, -al, denen eine Partizipform zugrunde liegt. Sie beziehen sich auf eine auffällige oder gewohnheitsmäßige Handlung des ersten Namensträgers: *Dokoupil* (zu tschech. *dokoupit* ›dazukaufen‹: ›er hat dazugekauft‹), *Doležal*, dt. *Doleschal(l), Dolezal* (zu tschech. *doležat, doležet*, ›[zu lange] liegen‹: ›er hat [zu lange] gelegen‹), *Navrátil*, dt. *Navratil* (zu tschech. *navrátit* ›zurückgeben‹: ›er hat zurückgegeben‹ oder zu tschech. *navrátit se* ›zurückkehren‹: ›er ist zurückgekehrt‹), *Pospišil*, dt. *Pospischil* (zu tschech. *pospíšit* ›eilen‹: ›er ist geeilt‹).

❖ Litauische Familiennamen waren ursprünglich in Ostpreußen verbreitet. Hierbei handelt es sich meist um patronymische Bildungen mit den Suffixen *-atis, -at, -eit, -uhn*: *Adomatis* (zu Adam), *Endrikat* (zu Andreas), *Abromeit* (zu Abraham), *Steppuhn* (zu Stephan). Die Familiennamen *Kallweit/Kalweit* gehen auf die litauische Bezeichnung für den Schmied zurück, bei *Gerull* liegt ein Übername zu lit. *gēras* ›gut, gütig, guter Mensch‹ + Suffix *-ulis* vor.

❖ Aus historischen Gründen – Ungarn gehörte bis zum Ausgang des Ersten Weltkriegs zur habsburgischen Monarchie – sind ungarische Familiennamen im österreichischen Familiennamenschatz vertreten. Auch in Deutschland kommen Familiennamen ungarischer Herkunft vor: z. B. *Farkas* (›Wolf‹), *Gábor* (< Gabriel), *Kovács* (›Schmied‹), *Molnár* (›Müller‹), *Nagy* (›groß‹), *Sándor* (< Alexander), *Szabó* (›Schneider‹), *Varga* (›Hersteller von Stiefeln‹).

❖ Französische Familiennamen kommen im deutsch-französischen Kontaktraum vor. Außerhalb dieses Gebiets gehen französische Familiennamen größtenteils auf die ca. 30 000 Hugenottenfamilien zurück, die 1685 nach der Aufhebung des Edikts von Nantes, das ihnen die Ausübung des protestantischen Glaubens gestattet hatte, Frankreich verlassen mussten. In Deutschland fanden die Hugenotten vor allem in Brandenburg, Hessen, der Pfalz, Württemberg und Hamburg Aufnahme. Die im Gefolge der Französischen Revolution (1789) nach Deutschland gekommenen Emigranten haben im Vergleich zu den Hugenotten nur wenige Spuren im Familiennamenschatz hinterlassen. Unter den heute in Deutschland vorkommenden Familiennamen französischer Herkunft finden sich Familiennamen aus Rufnamen wie *Durand*, *Gauthier* (französische Form von Walther), *Guillaume* (französische Form von Wilhelm), *Jourdan*, *Louis*, *Thierry* (französische Form von Dietrich), Herkunftsnamen wie *Savigny* (nach einem französischen Ortsnamen), Wohnstättennamen wie *Dubois* (›vom Wald‹), *Dupont* (›von der Brücke‹), *Fontane* (›Quelle, Brunnen‹), Berufsnamen wie *Lefèvre* (›der Schmied‹), *Marchand* (›Kaufmann, Handelsmann‹), Übernamen wie *Gaillard* (›lustig, fröhlich, keck‹), *Leblanc* (›der Weiße‹), *Lebrun* (›der Braune‹).

❖ Das Vorkommen von Familiennamen italienischer, spanischer, portugiesischer, griechischer und türkischer Herkunft hängt vor allem mit dem Zuzug von Arbeitnehmern aus diesen Ländern in der zweiten Hälfte des 20. Jh. zusammen.

❖ Allgemein bekannte Namen wie *Brentano*, *Pestalozzi* zeigen, dass es bereits in der Vergangenheit gelegentlich Zuwanderer aus Italien gegeben hat. Noch nicht geklärt ist, ob die Endung *-i* bei italienischen Familiennamen auf die lateinische Genitivendung oder auf die italienische Pluralendung zurückgeht. Fest steht jedoch, dass Familiennamen auf *-i* in Mittelitalien einschließlich der Lombardei und der Toskana heimisch sind. Der häufigste italienische Familienname, *Rossi* (›rothaarig‹), vermag in Deutschland nur den zweiten Platz einzunehmen. *Ferrari* (›Schmied‹), Rang 3 in Italien, gehört hier nicht zu den 10 000 häufigsten Familiennamen. Dagegen finden wir unter den 10 000 in Deutschland häufigsten Familiennamen mehrere Namen, die charakteristisch für die süditalienische Namenlandschaft sind: *Russo* (Rang 1 in Deutschland, Rang 2 in Italien), *Esposito*, *Romano*, *Marino*, *Rizzo*, *Greco*, *Bruno* u. a.

❖ Typisch für die Iberische Halbinsel sind patronymische Familiennamen. Sie werden in Spanien mit der Endung -ez, in Portugal mit der Endung -es gebildet, die ›Sohn/Nachkomme des ...‹ bedeuten: z. B. *Rodríguez/Rodrigues, Fernández/Fernandes, González/Gonzales, Gómez/Gomes, López/Lopes*. Obwohl sich die Forschung seit dem 19. Jh. bemüht, die sprachliche Herkunft dieser patronymischen Endung zu ermitteln, steht eine endgültige Klärung noch aus.

❖ Auch der zurzeit häufigste griechische Familienname in Deutschland ist eine patronymische Bildung mit dem Suffix *-ópoulos*: *Papadopoulos* (›Sohn eines Priesters‹).

❖ Unter den fremdsprachigen Familiennamen in Deutschland stellen die türkischen die jüngste Gruppe dar. Bei ungefähr 2,1 Millionen Türkinnen und Türken, die in Deutschland leben (Stand von Anfang des Jahres 2000), finden sich ca. 80 türkische unter den 10 000 häufigsten Familiennamen in Deutschland. Die meisten der türkischen Familiennamen fallen dadurch auf, dass sie leicht verständlich, sprachlich durchsichtig sind. Das hängt mit ihrem geringen Alter zusammen: Erst im Jahr 1934 erließ die noch junge türkische Republik ein Gesetz, das jeden Türken verpflichtete, außer seinem Vornamen einen festen Familiennamen zu tragen. Zwar gab es, vor allem auf dem Lande, zahlreiche traditionelle Beinamen, wie sie auch bei uns zur Zeit der Entstehung der Familiennamen üblich waren, doch sind diese nur in geringerem Ausmaß in Familiennamen umgewandelt worden. Einige alte türkische Berufsnamen finden sich dennoch auch unter den 10 000 in Deutschland häufigsten Familiennamen: z. B. *Avcı* (›Jäger‹), *Balcı* (›Honigverkäufer‹), *Demirci* (›Schmied‹). Es fehlen aber in dieser Aufstellung die traditionellen patronymischen Namen auf *-oğlu* (›Sohn des ...‹). Der größte Teil der türkischen Familiennamen ist aus dem allgemeinen Wortschatz gebildet, und zwar mit Vorliebe von Wörtern, die ein mannhaftes Wesen und kriegerische Tugenden ausdrücken oder symbolisieren, wie *Ateş* (›Feuer; Eifer‹), *Çelik* (›Stahl‹), *Çetin* (›hart‹), *Coşkun* (›feurig, lebhaft‹), *Demir* (›Eisen‹), *Erol* (›sei ein Mann!‹), *Yiğit* (›mutig‹), *Korkmaz* und *Yılmaz*, beide mit der Bedeutung ›der sich nicht fürchtet‹. Das türkische Nationalbewusstsein zur Zeit der Gründung der Republik spiegelt sich auch in Familiennamen wie *Türk* (›Türke‹), *Öztürk* (›reiner Türke‹) oder in den Namen historischer oder mythologischer Helden wider: *Arslan* (Alp Arslan), *Cengiz* (Dschingis Khan),

Dede (Dede Korkut) und *Yıldırım* (Beiname von Sultan Bayazid I.). Aber auch poetische Namen wie *Ay* (›Mond‹), *Aydın* (›licht, hell‹), *Ceylan* (›Gazelle‹), *Çiçek* (›Blume‹), *Gül* (›Rose‹), *Güneş* (›Sonne‹) sind häufig.

❖ Je länger Familiennamen fremdsprachiger Herkunft im deutschen Sprachbereich eingebürgert sind, umso weitgehender ist auch die Anpassung an Laut- und Schriftbild der deutschen Sprache vorangeschritten. So sind slawische Familiennamen oft so weit eingedeutscht, dass nur der Sprachwissenschaftler ihre Herkunft erkennen kann. Sehr schnell werden meist Akzente und andere diakritische Zeichen, die die deutsche Rechtschreibung nicht kennt, fortgelassen, unbekannte Buchstaben wie das türkische ı werden in die ähnlichsten Zeichen, die in der deutschen Rechtschreibung vorkommen, in diesem Fall also in i, umgewandelt. Während jedoch viele slawische Namen so weit verändert wurden, dass sie sich bei Erhalt einer ungefähr der Ausgangssprache angenäherten Aussprache ganz der deutschen Rechtschreibung anpassen – z. B. *Tscherny* zu tschech. *černý* ›schwarz‹ –, ist dies bei französischen, italienischen, spanischen und ungarischen Familiennamen bisher nur in Ausnahmefällen, bei türkischen wohl noch gar nicht der Fall. Entsprechend unterschiedlich wurden die Familiennamen fremdsprachiger Herkunft auch in dieser Einleitung und im Lexikonteil wiedergegeben.

Zu den rechtlichen Bestimmungen der Familiennamenführung

Der bürgerliche Name

❖ Der bürgerliche Name einer natürlichen Person besteht in Deutschland, Österreich und der Schweiz prinzipiell aus zwei Teilen: Vorname(n) und Familienname (z. B. *Thomas Fischer/Thomas Alexander Fischer/Thomas Alexander Michael Fischer; Laura Hartmann/Laura Christine Hartmann/Laura Christine Melanie Hartmann*).

❖ Zwischennamen wie die „middle-names" in den USA *(John Fitzgerald Kennedy)* sind nach dem deutschen Namenrecht nicht zulässig. Mit Rücksicht auf eine alte landschaftliche Tradition sind ostfriesische Zwischennamen vom Typ *Onno Hinrichs Agena* zugelassen. Hierbei darf die Genitivform des väterlichen Vornamens *(Hinrichs)* zwischen dem Vornamen *(Onno)* und dem Familiennamen *(Agena)* eingeschoben werden. Rechtlich haben solche Zwischennamen den Status eines Beivornamens.

❖ Zusätze zu dem bürgerlichen Namen wie »jun.«, »sen.« oder römische Ziffern (etwa *Thomas Fischer jun., Thomas Fischer II*) sind grundsätzlich nicht erlaubt. Hingegen können akademische Grade (z. B. der Doktortitel) in die Personenstandsbücher, in den Reisepass bzw. Personalausweis eingetragen werden. Adelsprädikate *(Richard Freiherr von Weizsäcker, Marion Gräfin Dönhoff, Ernst von Siemens)* gelten in Deutschland als Bestandteil des Familiennamens. Künstlernamen (Pseudonyme) und Ordensnamen können bei Vorlage entsprechender Nachweise in die Ausweisdokumente aufgenommen werden.

❖ Der rechtliche Schutz des bürgerlichen Namens wird in Deutschland durch das Bürgerliche Gesetzbuch (§ 12 BGB), in Österreich durch das Allgemeine Bürgerliche Gesetzbuch (§ 43 ABGB) und in der Schweiz durch das Zivilgesetzbuch (Art. 29 ZGB) gewährt.

Zur Familiennamenführung in der Ehe

❖ Nach dem Ehenamengesetz von 1976 hatten die Ehepartner die Möglichkeit, den Geburtsnamen des Mannes oder der Frau als Ehenamen zu wählen. Trafen sie aber keine diesbezügliche Entscheidung, so wurde der Geburtsname des Mannes automatisch zum Ehenamen. Am 5.3.1991 befand das Bundesverfassungsgericht, dass letztere Bestimmung nicht mit dem Grundsatz der Gleichberechtigung vereinbar sei. Dies war der Anlass für eine neue Ehenamengesetzgebung, die am 1.4.1994 in Kraft trat.

❖ Die zurzeit in Deutschland geltenden Bestimmungen (§ 1355 BGB) sehen mehrere Möglichkeiten der Familiennamenführung in der Ehe vor. Die Eheschließenden dürfen ihren bisherigen Familiennamen, sei es der Geburtsname oder ein durch Heirat erworbener Familienname, beibehalten *(Thomas Müller ⚭ Laura Hartmann)*. Sie sind also nicht mehr verpflichtet, einen gemeinsamen Ehenamen zu führen. Die Ehepartner können den Familiennamen des Mannes oder der Frau als Ehenamen wählen *(Thomas Müller ⚭ Laura Müller* bzw. *Thomas Hartmann ⚭ Laura Hartmann)*. Der Ehepartner, der auf seinen bisherigen Namen verzichtet, kann diesen dem Ehenamen als Begleitnamen mit Bindestrich voranstellen *(Laura Hartmann-Müller, Thomas Müller-Hartmann)* bzw. nachstellen *(Laura Müller-Hartmann, Thomas Hartmann-Müller)*. Der Begleitname ist ein rein persönlicher Name, der nicht auf die Kinder übertragen werden darf. Eine Kombination aus den Geburtsnamen der Eheleute als gemeinsamer Ehename *(Thomas Müller Hartmann ⚭ Laura Müller Hartmann)* ist nicht zulässig.

❖ Auch in Österreich (§ 93 ABGB) und in der Schweiz (Art. 30, Art. 160 ZGB) gelten ähnliche Regelungen. In der Schweiz ist die Führung eines nicht amtlichen Allianznamens, der aus den Familiennamen beider Ehepartner besteht, verbreitet. So kann das fiktive Ehepaar *Felix Egli* und *Verena*, geborene *Hürlimann*, im gesellschaftlichen Umgang als *Felix* und *Verena Egli-Hürlimann* auftreten.

Der Familienname der Kinder

❖ Die ehelichen Kinder erhalten den Ehenamen der Eltern als Geburtsnamen (§ 1616 BGB). Führen die Eltern keinen gemeinsamen Ehenamen, so müssen sie entscheiden, ob das Kind den Familiennamen des Vaters oder der Mutter tragen soll (§ 1616 Abs. 2 BGB). Falls die Eltern sich nicht einigen können, überträgt das Vormundschaftsgericht einem Elternteil das Recht, den Geburtsnamen des Kindes zu bestimmen (§ 1616 Abs. 3 BGB). Den bei der Geburt erworbenen Familiennamen behalten die ehelichen Kinder auch dann bei, wenn nach Auflösung der Elternehe sich der Name eines Elternteils (z.B. durch Wiederheirat) ändert. Im Falle einer Adoption erhält das Kind in Deutschland, Österreich und der Schweiz den Ehenamen der Adoptiveltern (§ 1757 BGB, § 183 ABGB, Art. 267, 270 ZGB).

Änderungen des Familiennamens

❖ In den deutschsprachigen Ländern ist eine Familiennamenänderung nur in begründeten Ausnahmefällen gestattet. Dies trifft beispielsweise für lächerlich klingende oder anstößige Familiennamen zu, die zu einer erheblichen Belastung für ihre Träger führen können.

❖ Bei Verwitwung oder Scheidung ist es in Deutschland, Österreich und der Schweiz möglich, dass der Ehegatte, der bei der Eheschließung den Namen seines Partners angenommen hatte, diesen zugunsten eines zuvor getragenen Familiennamens ablegt (§ 1355 Abs. 5 BGB; § 63 ABGB; Art. 149 Abs. 2 ZGB).

Hinweise für die Benutzer

❖ In den Namenartikeln wird die sprachliche Herkunft der Familiennamen und – soweit zu erschließen – der Anlass ihrer Entstehung angegeben.

❖ Bei mehrdeutigen Familiennamen werden die infrage kommenden Erklärungen nummeriert, wobei die allgemeingültigste an erster Stelle steht.

❖ Bei Familiennamen aus deutschen Rufnamen werden die ihnen zugrunde liegenden Namenwörter in Klammern aufgeführt. Die Etymologie der einzelnen Namenwörter findet sich im Anschluss an den Lexikonteil (s.»In den Familiennamen aus Rufnamen enthaltene Namenwörter«).

❖ Bei Familiennamen aus Rufnamen fremder Herkunft wird die Etymologie in den jeweiligen Artikeln angegeben.

❖ Bei Familiennamen nach der Herkunft wurde so weit wie möglich angegeben, in welchem Bundesland bzw. Regierungsbezirk oder Staat sich infrage kommende Orte befinden. Gibt es mehrere gleichlautende Orte in einem Bundesland bzw. Staat, wird dies nicht eigens vermerkt.

❖ Die angeführten urkundlichen Belege sollen die Entstehung der betreffenden Familiennamen aus mittelalterlichen Beinamen verdeutlichen. Sie sind den im Literaturverzeichnis aufgeführten Werken entnommen. Die Belege aus Regensburg stammen aus dem Regensburger Urkundenbuch (Bd. I–II, München 1912/1956) sowie aus den Traditionen des Hochstifts Regensburg und des Klosters St. Emmeram (München 1942–43).

❖ Am Schluss eines Namenartikels werden gegebenenfalls bekannte Namensträger aufgeführt. Auf die Entstehung von Gattungswörtern aus Familiennamen wird ebenfalls hingewiesen.
Die Hauptartikel von Familiennamen aus Rufnamen führen die von dem jeweiligen Rufnamen abgeleiteten Familiennamen beispielhaft auf.

❖ Auch für einige aus Berufsbezeichnungen abgeleitete Familiennamen gibt es längere Artikel, die die unterschiedlichen Namen, die auf einer beruflichen Tätigkeit basieren, darstellen.

❖ Der Pfeil ▸ verweist auf an anderer Stelle behandelte Familiennamen: Baader ▸ Bader. In dem Artikel, in dem der betreffende Familienname mitbehandelt wird, wird die Schreibung, von der aus verwiesen wurde, außer in oben erwähnten Hauptartikeln, nicht wiederholt.

❖ Häufig vorkommende Endungen (z. B. *-er, -l, -s, -ski, -z*) erhalten eigene Stichwörter im Lexikonteil.

❖ Die verwendeten Fachausdrücke werden im Anschluss an den Lexikonteil erklärt (s. »Verzeichnis der Fachausdrücke«).

❖ Das Sternchen * vor einer Sprachform zeigt an, dass diese nicht belegt, sondern nur sprachwissenschaftlich erschlossen ist (z. B. german. *haidu-* ›Art und Weise, Gestalt‹).

Abkürzungsverzeichnis

a.	anno
a. d.	an der
afrz.	altfranzösisch
ahd.	althochdeutsch
alem.	alemannisch
altdän.	altdänisch
altengl.	altenglisch
altfries.	altfriesisch
altspan.	altspanisch
altwestnord.	altwestnordisch
anord.	altnordisch
apoln.	altpolnisch
arab.	arabisch
asächs.	altsächsisch
asorb.	altsorbisch
atschech.	alttschechisch
bair.	bairisch
bask.	baskisch
Bd.	Band
Bde.	Bände
bearb.	bearbeitet
bes.	besonders
bildl.	bildlich
breton.	bretonisch
bzw.	beziehungsweise
d. Ä.	der Ältere
dän.	dänisch
d. h.	das heißt
d. i.	das ist
Diss.	Dissertation
d. J.	der Jüngere
dt.	deutsch
eigtl.	eigentlich
engl.	englisch

evtl.	eventuell
ff.	folgende
finn.	finnisch
fnhd.	frühneuhochdeutsch
franz.	französisch
gäl.	gälisch
german.	germanisch
griech.	griechisch
got.	gotisch
hd.	hochdeutsch
hebr.	hebräisch
hl.	heilige
Hrsg./hrsg.	Herausgeber/herausgegeben
i. A.	im Allgemeinen
i. J.	im Jahre
italien.	italienisch
japan.	japanisch
Jh.	Jahrhundert
katal.	katalanisch
kelt.	keltisch
kroat.	kroatisch
lat.	lateinisch
lett.	lettisch
lit.	litauisch
masch.	maschinenschriftlich
md.	mitteldeutsch
mda.	mundartlich
mfrz.	mittelfranzösisch
mhd.	mittelhochdeutsch
mittelengl.	mittelenglisch
mlat.	mittellateinisch
mnd.	mittelniederdeutsch
mndl.	mittelniederländisch
nd.	niederdeutsch

ndrh.	niederrheinisch
ndl.	niederländisch
nhd.	neuhochdeutsch
niederdt.	niederdeutsch
nordfrz.	nordfranzösisch
nsorb.	niedersorbisch
obd.	oberdeutsch
o. J.	ohne Jahr
okzit.	okzitanisch
o. O.	ohne Ort
osorb.	obersorbisch
österr.	österreichisch
poln.	polnisch
port.	portugiesisch
rhein.	rheinisch
roman.	romanisch
russ.	russisch
s.	siehe
S.	Seite
schles.	schlesisch
schwäb.	schwäbisch
schwed.	schwedisch
schwzdt.	schweizerdeutsch
slaw.	slawisch
slowak.	slowakisch
slowen.	slowenisch
sorb.	sorbisch
span.	spanisch
spätmhd.	spätmittelhochdeutsch
St.	Sankt
tschech.	tschechisch
türk.	türkisch
u. a.	und andere; unter anderem
u. Ä.	und Ähnliche[s]

ung.	ungarisch
urslaw.	urslawisch
v. Chr.	vor Christus
vgl.	vergleiche
volkslat.	volkslateinisch
walis.	walisisch
westdt.	westdeutsch
z. B.	zum Beispiel
z. T.	zum Teil
<	entwickelt aus
>	entwickelt zu
*	erschlossene Form
†	gestorben
=	identisch mit; gleichbedeutend

a

-a: Familiennamen auf *-a* können ein slawisches Kosesuffix enthalten oder auf eine slawische Kasusendung zurückgehen. Familiennamen wie ▶ Klosa oder ▶ Kuba, die im deutsch-polnischen Kontaktgebiet oder im Sorbischen entstanden sind, können Koseformen von Nikolaus bzw. von Jakob zugrunde liegen.

-ä: deutsche Schreibung für die lateinische Genitivendung ▶ -ae.

Aa: Wohnstättenname zu mhd. *ahe* ›Fluss, Wasser‹ für jemanden, der an einem Gewässer wohnte. ❖ Die Entstehung dieses Familiennamens zeigt der Beleg aus Coesfeld/Westfalen a. 1435: *Ghese to der Aa*.

Aaken: Herkunftsname, der auf eine niederdeutsche Form des Namens der Stadt Aachen oder auf den Ortsnamen Aken a. d. Elbe (Sachsen-Anhalt) zurückgeht.

Aal: 1. Berufsübername für einen Aalfischer. 2. Im oberdeutschen Sprachgebiet kann es sich hierbei gelegentlich um einen Berufsübernamen für einen Schuster (▶ Ahl) handeln.

Aalderks: patronymische Bildung (starker Genitiv) zu Alderk, einer friesischen Form von Adelrich (▶ Allrich).

Aar: 1. Übername zu mhd. *ar* ›Adler‹ nach dem Charakter oder Aussehen des ersten Namensträgers. 2. Wohnstättenname nach dem Gewässernamen Aare, links zum Rhein in der Schweiz. Vgl. auch ▶ Ahr.

Aas: aus der Kurzform eines mit dem Namenwort *ans* gebildeten Rufnamens (z. B. ▶ Anselm) entstandener Familienname.

Abbe: aus einer niederdeutsch-friesischen Kurzform von ▶ Albrecht entstandener Familienname.

Abben: patronymische Bildung (schwacher Genitiv) zu ▶ Abbe.

Abbes: patronymische Bildung (starker Genitiv) zu ▶ Abbe.

Abbrecht: ▶ Abrecht.

Abbt: ▶ Abt.

Abbühl: Wohnstättenname zu mhd. *am bühel* ›am Hügel‹: ›wohnhaft am Fuß eines Hügels‹.

Abburg: Wohnstättenname: ›wohnhaft am Fuß einer Burg‹.

Abderhalden: vorwiegend in der Schweiz verbreiteter Wohnstättenname zu mhd. *halde* ›(Berg-)Abhang‹: ›wohnhaft an einer Halde‹.

Abeck, Abegg: Wohnstättennamen zu mhd. *ecke, egge* ›Schneide einer Waffe, Spitze, Ecke, Kante, Winkel‹, in Orts- und Flurnamen auch ›Bergvorsprung‹: ›der an einem Bergvorsprung wohnt‹. So ist z. B. in einer Urkunde des Klosters St. Blasien im Schwarzwald aus dem Jahre 1274 ein Ritter *Hugo de Offterdingen dictus* [genannt] *ab Egge* erwähnt.

Abel: aus einer heute nicht mehr vorkommenden Kurzform von ▶ Albrecht entstandener Familienname. Vom biblischen Namen Abel ist nur ausnahmsweise auszugehen, da er zur Zeit der Familiennamenentstehung (12. bis 15. Jh.) noch keine Rolle in der Namengebung spielte; er kam erst nach der Reformation in Gebrauch.

Abele: aus einer schwäbischen Koseform von Abel (▶ Albrecht) entstandener Familienname.

Abeling: patronymische Bildung auf *-ing* zu ▶ Abel.

Abelmann: aus einer Erweiterung von ▶ Abel mit dem Suffix *-mann* entstandener Familienname.

Abeln: 1. Patronymische Bildung (schwacher Genitiv) zu ▶ Abel. 2. Metronymische Bildung zu dem weiblichen Heiligennamen Apollonia oder zu der Kurzform Abele, die aus dem alten niederdeutschen Frauennamen Abel(e) (< *aval*) oder aus Adelberta *(adal + beraht)* bzw. Adelburga *(adal + burg)* abgeleitet ist.

Abels: patronymische Bildung (starker Genitiv) zu ▶ Abel.

Aben: ▶ Abben.

Abenberg: 1. Wohnstättenname: ›wohnhaft am Fuß eines Berges‹. 2. Herkunftsname zu dem Ortsnamen Abenberg (Bayern).

Abend: 1. Übername zu mhd. *ābent* ›Abend, Vorabend eines Festes‹ für einen arbeitsunlustigen Bauern oder Handwerker (vgl. ▸ Feierabend). 2. Wohnstättenname für den im Westen Wohnenden (vgl. ▸ Mittag). 3. Herkunftsname zu den Ortsnamen Abend (Sachsen), Abenden (Nordrhein-Westfalen), St. Abundi, St. Abundio (Schweiz). 4. Vereinzelt kann diesem Familiennamen auch eine Umdeutung des heute nicht mehr gebräuchlichen Rufnamens Abund nach dem heiligen Abundus zugrunde liegen.

Abendrot(h): 1. Wohnstättennamen zu mhd. *ābentrōt* ›Abendröte‹ für den im Westen Wohnenden. 2. Herkunftsnamen zu den Ortsnamen Abbenrode (Niedersachsen, Sachsen-Anhalt), Appenrod (Hessen), Appenrode (Niedersachsen, Thüringen). 3. Ganz vereinzelt kann es sich hierbei um Übernamen nach dem Riesen Awentrod aus der Dietrichsage handeln.

Aber: aus einer Kurzform von ▸ Albrecht entstandener Familienname.

Aberl: vor allem in Bayern vorkommender Familienname, der auf eine mit -*l*-Suffix gebildete Koseform von Aber (▸ Albrecht) zurückgeht.

Aberle: aus einer schwäbischen Koseform von ▸ Aber hervorgegangener Familienname.

Abert: aus einer alemannischen oder schlesischen Form von ▸ Albrecht entstandener Familienname.

Abesser, Abeßer: Berufsnamen für einen Obstgärtner oder -händler (zu mhd. *obeʒære*).

Abfalter(er): ▸ Affolter (1.).

Abich(t): aus ostdeutschen Formen von ▸ Albrecht entstandene Familiennamen.

Abing: patronymische Bildung auf -*ing* zu einer Kurzform von ▸ Albrecht.

Abraham: aus dem gleichlautenden Rufnamen entstandener Familienname. Als Name des alttestamentlichen Patriarchen fand Abraham Eingang in die jüdische sowie christliche Namengebung. ❖ Patronymische Bildungen zu Abraham sind **Abrams** und **Abramsen**. ❖ **Abromeit** ist ein ursprünglich in Ostpreußen verbreiteter patronymischer Familienname litauischen Ursprungs. ❖ Polnischer oder tschechischer Herkunft ist der Familienname **Abramek**. ❖ Auf eine verkürzte Form von Abraham gehen die patronymischen Bildungen **Brahms** und **Bramsen** zurück.

Abramek: aus einer mit dem Suffix -*ek* gebildeten polnischen oder tschechischen Ableitung von ▸ Abraham entstandener Familienname.

Abrams: patronymische Bildung (starker Genitiv) zu ▸ Abraham.

Abramsen: patronymische Bildung auf -*sen* zu ▸ Abraham.

Abrecht: aus einer alemannischen Form von ▸ Albrecht entstandener Familienname.

Abrell: Übername zu mhd. *aberëlle* ›April‹; möglicherweise handelt es sich hierbei um einen Bauernübernamen nach dem Termin einer Zinsabgabe oder Dienstverpflichtung.

Abromeit: ursprünglich in Ostpreußen verbreitete patronymische Bildung zu ▸ Abraham mit dem litauischen Suffix -*eit*.

Abs: patronymische Bildung (starker Genitiv) zu ▸ Abbe oder ▸ Abt. ❖ Bekannter Namensträger: Hermann Josef Abs, deutscher Bankfachmann (20. Jh.).

Absalon: aus dem gleichlautenden Rufnamen entstandener Familienname. Absalon, der Name des dritten Sohns von König David, war im Mittelalter vereinzelt als Rufname in Gebrauch. ❖ Aus Ableitungen von Absalon sind die Familiennamen **Apsel, Axel** und **Axelsen** hervorgegangen.

Abschlag: 1. Übername zu mhd. *abeslac* ›Abschlag, Erniedrigung der Forderung‹, aber auch ›dürres Holz‹; möglicherweise bezieht sich dieser Übername auf eine bäuerliche Abgabe an den Grundherrn. 2. Wohnstättenname: Der oberdeutsche Flurname »Abschlag« bezeichnet eine abschüssige Stelle.

Abshagen: Herkunftsname zu dem Ortsnamen Absthagen (ehem. Pommern/jetzt Polen).

Absmann: Berufsname zu mhd. *abt* ›Abt‹ für den Dienstmann eines Abtes.

Absmeier: ▸ Abtmaier.

Abstreiter: Herkunftsname zu dem Ortsnamen Abstreit in Bayern.

Abt: Übername zu mhd. *abt* ›Abt‹; der Familienname weist im Allgemeinen auf Beziehungen des ersten Namensträgers zu einem Abt (etwa auf ein Dienst- oder Abhängigkeitsverhältnis) hin. ❖ C. Abbt ist a. 1363 in Nürnberg bezeugt.

Abtmaier, Abtmayr, Abtmeier, Abtmeyer: Standesnamen für den Verwalter eines zu einer Abtei oder einem Kloster gehörigen Hofes (▶ Abt, ▶ Meyer).

Abzieher: oberdeutscher Berufsname für jemanden, der toten Tieren das Fell abzieht (Schinder, Abdecker). ❖ *Frid. [...] abzieher von Nunnportt* ist a. 1326 in Regensburg bezeugt.

Acar: türkischer Familienname zu türk. *acar* ›kühn, tapfer; stark, kräftig‹.

Ach: 1. Wohnstättenname zu mhd. *ahe* ›Fluss, Wasser‹: ›der an einem Bach oder Fluss wohnt‹. 2. Herkunftsname zu dem in Süddeutschland und Österreich vorkommenden Ortsnamen Ach.

-ach: bei Familiennamen slawischer Herkunft (vgl. ▶ Baudach [2.]) ist *-ach* das slawische Personennamensuffix *-ach* oder eine eindeutschende Schreibung der Suffixe *-ak* oder *-och*.

Achatz, Achaz: aus dem gleichlautenden Rufnamen entstandene Familiennamen. Achatz fand als Name des heiligen Märtyrers Achatius (2. Jh.), eines der vierzehn Nothelfer, Eingang in die deutsche Namengebung.

Ache: ▶ Ach (1.).

Achelis: ▶ Achilles.

Achenbach: Herkunftsname zu dem Ortsnamen Achenbach (Hessen, Nordrhein-Westfalen). ❖ Bekannte Namensträger: Andreas und Oswald Achenbach, deutsche Maler (19./20. Jh.).

Acher: Ableitung auf *-er* zu ▶ Ach.

Achermann: Nebenform von ▶ Ackermann.

Achhammer: bairisch-österreichischer Herkunftsname zu dem in Bayern und Österreich öfter vorkommenden Ortsnamen Aham.

Achilles: aus dem gleichlautenden Rufnamen entstandener Familienname. Achilles, der Name des griechischen Helden, der im Trojanischen Krieg Hektor im Zweikampf besiegte, ist in Deutschland bereits seit dem 12. Jh. gelegentlich anzutreffen. Eine mittelalterliche Bearbeitung des griechischen Sagenstoffes ist das um 1200 verfasste »Liet von Troye« von Herbort von Fritzlar. ❖ *Olrik Achils*, Bürger zu Osterwieck (Sachsen-Anhalt), ist a. 1454 bezeugt.

Achleitner: 1. Herkunftsname zu dem Ortsnamen Achleiten (Bayern, Österreich). 2. Wohnstättenname für jemanden, der an einem Hang (mhd. *līte*) an einem Bach oder Fluss (mhd. *ahe*) wohnte. ❖ Bekannter Namensträger: Friedrich Achleitner, österreichischer Schriftsteller (20./21. Jh.).

Achler: Ableitung auf *-ler* zu ▶ Ach.

Achmann: Ableitung auf *-mann* zu ▶ Ach.

Achmüller: Berufsname, nähere Bestimmung eines Müllers (▶ Müller) durch die Lage bzw. den Namen der Mühle (▶ Ach).

Achner: Ableitung auf *-ner* zu ▶ Ach.

Achnit: verschliffene Form des Übernamens Acht(s)nicht (▶ Achtnich).

Achnitz: verschliffene Form des Übernamens ▶ Achtsnichts.

Achrainer: Herkunftsname zu den Ortsnamen Achrain, (Ober-, Unter-)Ahrain (Bayern).

Achter, Ächter: 1. Amtsnamen für den Abschätzer, den Taxierer (zu mhd. *ahten* ›nachrechnen, schätzen‹; mnd. *achter* ›Abschätzer, Taxierer‹). 2. Übernamen für ein Mitglied eines Ausschusses von acht Männern, z. B. im Rat, der sogenannten »Acht«. 3. Gelegentlich kann es sich auch um jemanden, der die Acht, die gerichtliche Verfolgung vollzog, gehandelt haben. 4. Im oberdeutschen Bereich auch Standesnamen für einen Bauern, der einen Hof *zur ächte*, d. h. in einem Lehnsverhältnis, bewirtschaftete, das ihn unmittelbar an die Grundherrschaft band. 5. Im oberdeutschen Bereich ist auch ein Zusammenfall mit dem Berufsnamen ▶ Auchter möglich. 6. Herkunftsnamen zu dem Ortsnamen Acht (Rheinland-Pfalz). ❖ *Nicklas Aechter* ist a. 1382 in München bezeugt.

Achterberg: 1. Herkunftsname zu dem Ortsnamen Achterberg (Niedersachsen). 2. Niederdeutscher Wohnstättenname: ›wohnhaft hinter dem Berg‹ (zu mnd. *achter* ›hinter‹).

Achterkerke: niederdeutscher Wohnstättenname zu mnd. *achter* ›hinter‹ und mnd. *kerke* ›Kirche‹: ›wohnhaft hinter der Kirche‹. ❖ *Hanß Achterkercke* ist a. 1584 als Neubürger von Hildesheim überliefert.

Achtermann: vor allem am Niederrhein und in Westfalen vorkommender Wohnstättenname für den hinteren Siedler (mnd. *achter* ›hinter‹).

Achtermeier, Achtermeyer: niederdeutsche Standesnamen, nähere Bestimmung eines Meiers (▶ Meyer) durch die Lage des Hofes (mnd. *achter* ›hinter‹). ❖ *Heneke Achtermeyger* ist a. 1422 in Hildesheim überliefert.

Achternbusch: niederdeutscher Wohnstättenname zu mnd. *achter* ›hinter‹ und mnd. *busch* ›Busch, Gebüsch‹: ›wohnhaft hinter dem Gebüsch‹. ❖ Bekannter Namensträger: Herbert Achternbusch, deutscher Schriftsteller (20./21. Jh.).

Achtnich, Achtnig, Achtsnicht: Übernamen für einen unbekümmerten Menschen. Diesen Familiennamen liegt ein Satzname zugrunde: *ich ahte sīn niht* ›ich sorge mich nicht um ihn‹. ❖ Die Entstehung dieser Familiennamen lässt sich durch den Breslauer Beleg *Niclos ich achzinnicht* (a. 1393) aufzeigen. Ein weiterer, früher Beleg aus dem 14. Jh. ist *Heinrich der Achtseinniht* (Regensburg a. 1352).

Achtsnichts: Übername in Satzform für einen unbekümmerten Menschen zu mhd. *ich ahte es nihtes* ›ich achte es für nichts‹.

-ack: bei Familiennamen slawischer Herkunft (vgl. ▶Benack) handelt es sich bei der Endung *-ack* um die eindeutschende Schreibung des slawischen Personennamensuffixes ▶-ak.

Acke: niederdeutsch-friesischer Familienname, der auf eine durch Schwund des *-l-* entstandene Form von Alke, einer Koseform von Rufnamen, die mit »Al-« beginnen (z. B. ▶Alhard), zurückgeht.

Ackemann: Herkunftsname, Ableitung auf *-mann* von Aken, der niederdeutschen Form des Namens der Stadt Aachen (Nordrhein-Westfalen), oder von dem Ortsnamen Aken a. d. Elbe (Sachsen-Anhalt).

Acken: ▶Aaken.

Acker, Äcker: Wohnstättennamen oder Bauernübernamen zu mhd. *acker* ›Ackerfeld‹.

Ackerknecht: Berufsname für den ackernden Knecht.

Ackerl: mit *-l*-Suffix gebildete Ableitung von ▶Acker.

Äckerle: schwäbische Ableitung von ▶Acker.

Ackermann: Berufsname zu mhd. *ackerman* ›Ackerbauer‹ für einen Bauern, der im Gegensatz zu dem Vollbauern nicht seinen eigenen Boden bebaute. ❖ *dez akermans hus* wird a. 1350 in Esslingen erwähnt.

Ackers: patronymische Bildung (starker Genitiv) zu ▶Acker.

Ackesmann: Berufsname für jemanden, der mit der Axt (mhd. *ackes*) arbeitete (Holzarbeiter, Zimmermann).

Adam: aus dem gleichlautenden Rufnamen nach der biblischen Gestalt entstandener Familienname. Als Name des Vaters der Menschheit fand Adam Eingang in die jüdische sowie christliche Namengebung. ❖ Mehrere heutige Familiennamen deutscher, slawischer und litauischer Herkunft sind aus Adam hervorgegangen. ❖ Patronymische Bildungen sind z. B. die Genitivform **Adams**, die vor allem im Westen und Norden Deutschlands auftritt, der Familienname **Adami**, der auf den Genitiv der latinisierten Form Adamus zurückgeht, sowie die mit litauischen Suffixen gebildeten Familiennamen **Adomat(is), Adameit, Adomeit**, die ursprünglich in Ostpreußen verbreitet waren. ❖ Ableitungen slawischen Ursprungs sind u. a. **Adamec, Adamek, Adam(i)etz, Adamczyk, Adamski**. ❖ Aus verkürzten Formen von Adam sind **Ade** und die norddeutschen Familiennamen **Daam, Da(h)m, Dahmke, Daams, Dahms** hervorgegangen. ❖ Bekannter Namensträger: Theo Adam, deutscher Sänger und Regisseur (20./21. Jh.).

Adamczyk: auf eine polnische Ableitung von ▶Adam zurückgehender Familienname.

Adamec: aus einer tschechischen Ableitung von ▶Adam entstandener Familienname.

Adameit: ▶Adomeit.

Adamek: aus einer mit dem Suffix *-ek* gebildeten polnischen oder tschechischen Ableitung von ▶Adam entstandener Familienname.

Adametz: eindeutschende Schreibung von ▶Adamec.

Adami: patronymische Bildung (Genitiv der latinisierten Form Adamus) zu ▶Adam.

Adamietz: aus der eindeutschenden Schreibung von Adamiec, einer polnischen Ableitung von ▶Adam, entstandener Familienname.

Adams: patronymische Bildung (starker Genitiv) zu ▶Adam.

Adamski, Adamsky: auf eine polnische Ableitung von ▶Adam zurückgehende Familiennamen.

Adamy: ▶Adami.

Adde: aus einer niederdeutsch-friesischen Kurzform von Rufnamen, die mit dem Na-

menwort *adal* gebildet sind, entstandener Familienname.

Adden: patronymische Form (schwacher Genitiv) zu ▶Adde.

Addicks: ▶Adickes.

Ade: 1. ▶Adde. 2. Aus einer verkürzten Form von ▶Adam entstandener Familienname.

Adebahr: in Norddeutschland, früher auch in Ostpreußen verbreiteter Übername zu mnd. *adebar* ›Storch‹, der eine Anspielung auf das Aussehen bzw. auf die Gangart des Benannten enthält.

Adel: aus einer Kurzform von Namen, die mit »Adel-« gebildet sind (▶Adelbrecht, ▶Adelhard u. a.), entstandener Familienname.

Adelbert, Adelbrecht: aus dem gleichlautenden deutschen Rufnamen *(adal + beraht)* entstandene Familiennamen. Zur Zeit der Familiennamenentstehung (12.–15. Jh.) waren die jüngeren Formen ▶Albrecht und ▶Albert bereits vorherrschend.

Adelgoss, Adelgoß: aus dem heute nicht mehr vorkommenden Rufnamen Adelgoz *(adal + gōẓ)* entstandene Familiennamen, die vor allem im oberdeutschen Raum verbreitet sind.

Adelhard(t): aus dem gleichlautenden deutschen Rufnamen *(adal + harti)* entstandene Familiennamen. ❖ Jüngere Formen von Adelhard sind die Familiennamen **Alhard** und **Alard** sowie die niederdeutschen Formen **Allert, Ahlert** und z. T. **Ehlert**. ❖ Patronymische Bildungen sind Familiennamen wie **Allers, Ahlers, Allerding**.

Adelhelm: aus dem gleichlautenden deutschen Rufnamen *(adal + helm)* entstandener Familienname.

Adelhoch: aus dem gleichlautenden deutschen Rufnamen *(adal + hōh)* entstandener Familienname.

Adelmann: aus einer mit dem Suffix -*mann* gebildeten Koseform von ▶Adel entstandener Familienname.

Adelt: aus einer zusammengezogenen Form des alten deutschen Rufnamens Adelwalt *(adal + walt)* entstandener Familienname.

Adelung: aus dem zur Zeit der Familiennamenentstehung (12.–15. Jh.) noch verbreiteten Rufnamen *(adal + -ung-*Suffix*)* hervorgegangener Familienname. ❖ Bekannter Namensträger: Johann Christoph Adelung, Sprachforscher und Lexikograf (18./19. Jh.).

Aden: patronymische Bildung (schwacher Genitiv) zu ▶Ade.

Adenau(er): Herkunftsnamen zu dem Ortsnamen Adenau (Rheinland-Pfalz). ❖ Bekannter Namensträger: Konrad Adenauer, deutscher Politiker (19./20. Jh.).

Ader: 1. Berufsübername zu mhd. *āder* ›Ader; Sehne der Armbrust‹ für den Aderlasser (▶Lasser) oder den Armbrustmacher (▶Armbruster) oder -schützen. 2. Vereinzelt Herkunftsname zu dem Ortsnamen Ader (Oberösterreich).

Aderhold: aus einer Umdeutung des alten deutschen Rufnamens Adelwalt/Adelolt *(adal + walt)* in Anlehnung an das Adjektiv »hold« entstandener Familienname.

Adickes: patronymische Bildung (starker Genitiv) zu Adike, einer friesischen Koseform von Namen, die mit dem Namenwort *adal* gebildet sind.

Adler: 1. Der Adler war als Symbol des Evangelisten Johannes häufiges Hauszeichen, nach dem dann die Bewohner des Hauses benannt wurden. 2. Gelegentlich kann auch ein Übername den Charakter oder Aussehen des ersten Namensträgers vorliegen. ❖ Bekannter Namensträger: Alfred Adler, österreichischer Arzt und Tiefenpsychologe (19./20. Jh.).

Adlhoch: ▶Adelhoch.

Adloff: auf eine durch -*l*-Umsprung entstandene Variante von ▶Adolf zurückgehender Familienname.

Adlung: ▶Adelung.

Adolf, Adolph: aus einer jüngeren Form von Adalwolf *(adal + wolf)* entstandene Familiennamen. ❖ Hierzu gehört auch der niederdeutsche Familienname **Adloff**. ❖ Patronymische Bildungen sind **Adolphs** und die latinisierte Form **Adolphi**. ❖ Von Kurzformen des Rufnamens Adolf leiten sich die Familiennamen **Alf, Ahlf** und **Dolf** mit der Koseform **Dölfel** und den patronymischen Bildungen **Alfs** und **Ahlfs** ab.

Adolphi: patronymische Bildung (Genitiv der latinisierten Form Adolphus) zu ▶Adolf.

Adolphs: patronymische Bildung (starker Genitiv) zu ▶Adolf.

Adomat(is): ursprünglich in Ostpreußen verbreitete, mit der litauischen Endung *-at(is)* gebildete patronymische Formen zu ▶Adam.

Adomeit: ursprünglich in Ostpreußen verbreitete, mit der litauischen Endung *-eit* gebildete patronymische Form zu ▶Adam.

Adorf: Herkunftsname zu dem Ortsnamen Adorf (Sachsen, Niedersachsen, Hessen). ❖ Bekannter Namensträger: Mario Adorf, Bühnen- und Filmschauspieler (20./21. Jh.).

Adorno: Übername zu italien. *adorno* ›geschmückt, verziert‹. Der Name gelangte durch italienische Einwanderer nach Deutschland. ❖ Ein Mailänder Kaufmann namens *Petrus Adorno* siedelte sich z. B. i. J. 1680 in Neckarsulm an. ❖ Der Philosoph, Soziologe, Musiktheoretiker und Komponist (20. Jh.) Theodor (Wiesengrund) Adorno führte den Mädchennamen seiner Mutter, der Tochter eines französischen Offiziers korsischer, ursprünglich genuesischer Abstammung.

Adrian: aus dem gleichlautenden Rufnamen entstandener Familienname. Adrian fand im Mittelalter als Name des heiligen Märtyrers Adrian von Nikomedia (3./4. Jh.) und des heiligen Papstes Adrian III. (9. Jh.) Eingang in die deutsche Namengebung.

-ae: lateinische Genitivendung, die in Familiennamen auch als *-ä* bzw. *-e* erscheinen kann. Es handelt sich bei Familiennamen wie z. B. ▶Andreä, Andreae, Andree um patronymische Bildungen (›[Sohn] des Andreas‹).

Aebersold: 1. Herkunftsname nach dem Ortsnamen Äbersold (Schweiz). 2. Wohnstättenname nach einer Lache, worin sich das Wild wälzt (mhd. *sol*), ▶Ebersohl.

Aechter: ▶Achter.

Aeckerle: ▶Äckerle.

Aegerter: 1. Vorwiegend schwäbischer, elsässischer und schweizerischer Wohnstättenname zu mhd. *egerte* ›Brachland‹. Die Ägerte bezeichnete ein Stück Land, das, nachdem es gerodet und eine Zeit lang als Acker bebaut worden war, wieder in Wiese oder Wald verwandelt wurde. 2. ▶Egerder.

Aerne, Aerni: aus alemannischen Koseformen von ▶Arnold entstandene Familiennamen.

Affolter: 1. Wohnstättenname zu mhd. *apfalter, affalter* ›Apfelbaum‹: ›wohnhaft bei einem Apfelbaum‹. 2. Herkunftsname zu den Ortsnamen Affoldern (Hessen), Affoltern (Schweiz).

Agahd: ▶Agethen.

Agatz: ▶Achatz.

Agena: friesische patronymische Bildung (alter Genitiv des Plurals) zu ▶Agge.

Agethen: von dem Rufnamen Agathe, der als Name der heiligen Agathe von Sizilien, Märtyrerin (3. Jh.), Eingang in die deutsche Namengebung fand, abgeleiteter metronymischer Familienname. ❖ Zu Agathe gehören auch die Familiennamen **Agahd** und **Agt(h)e, Agthen**. ❖ Durch Zusammenziehung sind die Familiennamen **Eyth** und **Eitner** entstanden.

Agge: aus einer niederdeutsch-friesischen Kurzform von Namen, die mit »Agi-« gebildet sind (z. B. Agimar, Agimund), entstandener Familienname.

Aggen: patronymische Bildung (schwacher Genitiv) zu ▶Agge.

Agger: ▶Acker.

Aggesen: patronymische Bildung auf *-sen* zu ▶Agge.

Agnesen(s): aus dem im Mittelalter beliebten Frauennamen Agnes entstandene metronymische Familiennamen. ❖ Familiennamen wie **Nees(e)** und **Nehse** und deren Ableitungen **Neesen, Neske, Nesgen, Ne(e)ser** gehen auf eine durch Wegfall der ersten Silbe verkürzte Form von Agnes zurück.

Agricola: Berufsname zu lat. *agricola* ›Bauer‹; vor allem aus der Humanistenzeit stammende Übersetzung von deutschen Familiennamen wie ▶Ackermann, ▶Bauer u. Ä.

Agsten: aus einer zusammengezogenen Form von ▶Augustin entstandener Familienname.

Agt(h)e, Agthen: ▶Agethen.

Ahl: 1. Ist der Name im oberdeutschen Gebiet entstanden, handelt es sich um den Berufsübernamen für den Schuster (▶Ahle). 2. Im niederdeutschen Sprachgebiet kannte man andere Ausdrücke für das Werkzeug des Schusters, sodass Ahl hier als Variante von ▶Aal aufzufassen ist und den Aalfischer bezeichnet.

Ahland: auf eine durch Dehnung des kurzen *a* entstandene Form von ▶Aland zurückgehender Familienname.

Ahlborn: 1. Niederdeutscher Wohnstättenname zu mnd. *āl* ›Schmutz‹ + mnd. *borne* ›Brunnen‹, also ›jemand, der an einem verschmutzten Brunnen wohnt‹. 2. Herkunftsname zu einem gleichlautenden Ortsnamen.

Ahlbrand(t): auf eine jüngere Form von Adelbrand *(adal + brant)* zurückgehende Familiennamen.

Ahle: Berufsübername zu mhd. *āle* ›Ahle‹ für einen Schuster.

Ahlemann: 1. Herkunftsname auf -*mann*, ▸ Ahlen. 2. Stammesname für einen Alemannen.

Ahlen: Herkunftsname zu den Ortsnamen Ahlen (Niedersachsen, Nordrhein-Westfalen, Baden-Württemberg), Aalen (Baden-Württemberg).

Ahlenstiel: Berufsübername (mhd. *āle* ›Ahle‹ + mhd. *stil* ›Stiel‹) für einen Schuster.

Ahlers: patronymische Bildung (starker Genitiv) zu ▸ Ahlert.

Ahlert: aus einer niederdeutschen zusammengezogenen Form von ▸ Adelhard, z. T. auch von ▸ Ahlward(t), entstandener Familienname.

Ahlf: auf eine durch Dehnung des kurzen *a* entstandene Form von Alf, einer Kurzform von ▸ Adolf, zurückgehender Familienname.

Ahlfs: patronymische Bildung (starker Genitiv) zu ▸ Ahlf.

Ahlgrimm: aus dem heute nicht mehr vorkommenden Rufnamen Adalgrim *(adal + grīm)* entstandener Familienname.

Ahlhelm: ▸ Adelhelm.

Ahlke: 1. Metronymischer Familienname; niederdeutsche Koseform mit -*k*-Suffix von ▸ Alheit. 2. Aus einer niederdeutschen Koseform von männlichen Rufnamen, die mit dem Namenwort *adal* gebildet sind (z. B. ▸ Ahlwardt), entstandener Familienname.

Ahlrep: niederdeutscher Berufsübername zu mhd. *ālrēp* ›Aalreif‹ für einen Aalfischer.

Ahlrichs: patronymische Bildung (starker Genitiv) zu Ahlrich, einer jüngeren Form des deutschen Rufnamens Adelrich (▸ Allrich).

Ahlschwede: Herkunftsname zu dem Ortsnamen Alswede (Westfalen). ❖ *Godeke Alswede* ist a. 1514 in Hameln bezeugt.

Ahlstich: Berufsübername zu mhd. *āle* ›Ahle‹ und mhd. *stich* ›Stich‹ für einen Schuster.

Ahlvers: ▸ Alvers.

Ahlwardt, Ahlwarth: aus dem alten deutschen Rufnamen Adalwart *(adal + wart)* entstandene Familiennamen.

Ahmad, Ahmed: arabische Namen bzw. Familiennamen mit der Bedeutung ›der Preiswürdigste‹. Dies ist einer der Namen des Propheten Mohammed. Er ist daher in allen islamischen Ländern sehr häufig.

Ahmels: patronymische Bildung (starker Genitiv) zu Ahmel, einer niederdeutsch-friesischen Kurzform von Amalrich *(amal + rīhhi)*.

Ahn(e): 1. Übernamen zu mhd. *an(e), ene* ›Großvater‹. 2. Wohnstättennamen zu dem Gewässernamen Ahne, Nebenfluss der Fulda bzw. der Jade.

Ahnemann: Ableitung auf -*mann* zu ▸ Ahn(e) (2.).

Ahner: Ableitung auf -*er* zu ▸ Ahn(e) (2.).

Ahnert: aus einer zusammengezogenen Form des heute nicht mehr gebräuchlichen Rufnamens Aginhart *(agin- + harti)* entstandener Familienname.

Ahorn(er): 1. Wohnstättennamen: ›wohnhaft bei einem großen Ahorn‹. 2. Herkunftsnamen zu dem Ortsnamen Ahorn (Baden-Württemberg, Bayern, Schlesien, Schweiz).

Ahr: 1. Herkunftsname zu dem rheinländischen Ortsnamen Ahr. 2. Wohnstättenname zu dem Gewässernamen Ahr, linker Nebenfluss des Mittelrheins, oder zu ▸ Aar (2.). 3. In Oberdeutschland kann es sich hierbei um einen Übernamen zu mhd. *ar* ›Adler‹ handeln.

Ahrend: auf eine durch Dehnung des kurzen *a* entstandene Variante von Arend, einer niederdeutschen Kurzform von ▸ Arnold, zurückgehender Familienname.

Ahrends: patronymische Bildung (starker Genitiv) zu ▸ Ahrend.

Ahrendt: ▸ Ahrend.

Ahrend(t)s: ▸ Ahrends.

Ahrenhold: ▸ Arnhold.

Ahrenholz: ▸ Arnholz.

Ahrens: ▸ Ahrends.

Ahrndt: auf eine durch Dehnung des kurzen *a* entstandene Variante von Arndt, einer niederdeutschen Kurzform von ▸ Arnold, zurückgehender Familienname.

Ahsmus: auf eine durch Dehnung des kurzen *a* entstandene Form von ▸ Asmus(s) zurückgehender Familienname.

Aichbichler: Herkunftsname zu den oberdeutschen Ortsnamen Aichbich(e)l (Bayern, Österreich).

Aichele: ▸ Eichele.

Aicher: ▶ Eicher.

Aichhorn: 1. Übername zu mhd. *eich(h)orn* ›Eichhorn‹. 2. Gelegentlich Umdeutung eines Wohnstättennamens zu mhd. *eich* ›Eiche‹: ›wohnhaft bei den Eichen‹. ❖ Ein *Aichhorn* ist a. 1396 in München bezeugt.

Aichinger: Herkunftsname zu dem in Bayern und Österreich häufigen Ortsnamen Aiching; diesem Familiennamen kann auch ein Hofname zugrunde liegen. ❖ Bekannte Namensträgerin: Ilse Aichinger, deutsche Schriftstellerin (20./21. Jh.).

Aichler: ▶ Eichler.

Aichmann: ▶ Eichmann.

Aichner: ▶ Eichner.

Aierer: Berufsname zu mhd. *eierære* ›Eierverkäufer‹.

Aierle: 1. Berufsübername zu mhd. *ei* ›Ei‹ für den Eierverkäufer. 2. Übername nach der Lieblingsspeise.

Aigner: 1. Standesname zu mhd. *eigen* ›Eigentum, ererbtes Grundeigentum im Gegensatz zum Lehen‹. 2. Herkunftsname zu den in Bayern und Österreich häufigen Ortsnamen Aig(e)n, Aigner, Eigen. 3. Eine Ableitung von einem Hofnamen kommt gelegentlich infrage.

Ainöder, Ainödter: 1. Wohnstättennamen zu mhd. *einœte, einœde* ›Einöde, Wüste; allein stehender Bauernhof‹. 2. Herkunftsnamen zu den in Bayern und Österreich häufig vorkommenden Ortsnamen Einöd(e), Einöden.

Aisch: 1. Herkunftsname bzw. Wohnstättenname zu dem gleichlautenden Orts- und Gewässernamen in Franken. 2. Übername zu mhd. *eisch* ›hässlich, scheußlich‹.

Aischmann: mit dem Suffix -mann gebildete Ableitung von ▶ Aisch (1.).

Aisenbrey, Aisenpries: schwäbische Übernamen in Satzform zu mhd. *œsen* ›leer machen, ausschöpfen‹ und mhd. *brī* ›Brei‹, etwa ›schöpfe den Brei aus‹, die als Anspielung auf die Essgewohnheiten des ersten Namensträgers aufgefasst werden können.

Aissen: patronymische Bildung (schwacher Genitiv) zu Aisse, einer friesischen Kurzform von mit *agi-* beginnenden Namen.

-ak: slawisches Ableitungssuffix, das z. B. in den Familiennamen Budak (▶ Buda), Petrak (▶ Peter) enthalten ist.

Akın: türkischer Familienname zu türk. *akın* ›Ansturm, Streifzug‹: ›der an einem Streifzug teilnimmt‹.

Akkermann: ▶ Ackermann.

Aksoy: türkischer Familienname zu türk. *ak* ›weiß‹, auch ›rein, edel, wohlhabend‹ + türk. *soy* ›Sippe‹: ›edle, wohlhabende Sippe‹.

Aktaş: türkischer Familienname zu türkisch *ak* ›weiß‹ + türkisch *taş* ›Stein‹: ›weißer Stein‹.

Aland, Alander: Übernamen für einen Fischer zu mhd. *alant*, einer Karpfenart (Squalius cephalus), die am Oberrhein als ›Dickkopf‹ bezeichnet wird. Möglich ist auch das Vorliegen von Übernamen zu mhd. *alant* ›Helmenkraut‹ (vgl. auch mhd. *alantwīn* ›mit Alant gewürzter Wein‹).

Alard: 1. Aus einer jüngeren Form von ▶ Adelhard(t) entstandener Familienname. 2. Diesem Familiennamen kann auch ein französischer Hugenottenname zugrunde liegen, der auf eine französische Form von ▶ Adelhard(t) zurückgeht. ❖ Der Hugenotte *Samuel Allard* war zwischen 1686 und 1720 Pfarrer der reformierten Gemeinde in Emden.

Alban: aus dem gleichlautenden Heiligennamen entstandener Familienname. Namensvorbild war der heilige Märtyrer Alban von Mainz (4./5. Jh.).

Albani, Albany: patronymische Bildungen (lateinischer Genitiv) zu ▶ Alban.

Alber: 1. Aus einer jüngeren Form des alten deutschen Rufnamens Adelber (*adal* + *bero*) entstandener Familienname. 2. Wohnstättenname zu mhd. *alber* ›Pappelbaum‹.

Alberding: vor allem in Westfalen vorkommende patronymische Bildung auf -*ing* zu ▶ Albrecht.

Alberich: aus dem gleichlautenden deutschen Rufnamen (*alb* + *rīhhi*) entstandener Familienname.

Albers: niederdeutsche patronymische Bildung (starker Genitiv) zu Albert (▶ Albrecht). ❖ Bekannter Namensträger: Hans Albers, deutscher Filmschauspieler (19./20. Jh.).

Albert: aus einer jüngeren Form des deutschen Rufnamens Adalbert (*adal* + *beraht*) entstandener Familienname, ▶ Albrecht.

Alberter: patronymische Bildung auf -*er* zu Albert (▶ Albrecht).

Alberti: patronymische Bildung (Genitiv der latinisierten Form Albertus) zu ▶ Albrecht.

Alberts: patronymische Bildung (starker Genitiv) zu Albert (▶ Albrecht).

Albes: niederdeutsche patronymische Bildung (starker Genitiv) zu ▶ Alf.

Albien: ▶ Albin.

Albiez: Berufsname zu mhd. *altbüeʒer* ›Schuhflicker‹. Es handelte sich hierbei um einen Handwerker, der nicht nur alte Schuhe reparierte (vgl. mhd. *büeʒen* ›ausbessern‹), sondern auch welche ankaufte, um sie nach der Umarbeitung wieder zu verkaufen.

Albig: durch Verhärtung des *w* zu *b* aus dem alten deutschen Rufnamen Alwig *(adal + wīg)* entstandener Familienname. 2. Herkunftsname zu dem gleichlautenden Ortsnamen (Rheinland-Pfalz).

Albin: aus dem alten deutschen Rufnamen Albwin *(alb + wini)* entstandener Familienname.

Albinus: 1. Aus einer Latinisierung des deutschen Rufnamens ▶ Albin entstandener Familienname. 2. Übername zu lat. *albus* ›weiß‹, aus der Humanistenzeit stammende Übersetzung des Familiennamens ▶ Weiss, Weiß (1.). 3. Bevorzugte lateinische Übertragung des Berufsnamens ▶ Weisser, Weißer (3.) (die korrekte Übersetzung wäre Albarius).

Albohn: aus einer durch Verdumpfung des zweiten -a- entstandenen Form von ▶ Alban hervorgegangener Familienname.

Albold: aus einer jüngeren Form von Adelbold *(adal + bald)* entstandener Familienname.

Albrand(t): aus einer jüngeren Form von Adelbrand *(adal + brant)* entstandene Familiennamen.

Albrecht: aus einer jüngeren Form des deutschen Rufnamens Adalbrecht *(adal + beraht)* entstandener Familienname. ❖ Die sehr hohe Anzahl heutiger Familiennamen, die aus Kurz- und Koseformen bzw. regionalen Varianten von Adalbrecht hervorgegangen sind, zeugt für die große Verbreitung des Rufnamens zur Zeit der Familiennamenentstehung (12.–15. Jh.). ❖ Die beiden Namenbestandteile *(adal + beraht)* sind z. B. in folgenden Familiennamen enthalten: in **Adelbert, Albert** und **Albrecht,** in **Ab(b)recht, Apprecht, Appert, Aubrecht** und **Obrecht** im alemannischen Raum, in den ostmitteldeutschen Mundartformen **Olbrecht, Olbrich(t), Ulbrich(t), Ulbrecht, Ulbrig, Ulbert.** ❖ Patronymische Ableitungen sind u. a. niederdeutsch **Alber(t)s,** westfälisch **Alberding,** oberdeutsch **Alberter** und die latinisierte Form **Alberti.** ❖ Zu der niederdeutschen Kurzform **Abbe** gehören die patronymischen Bildungen **Abbes, Abben, Abing.** ❖ Weitere Ableitungen von Adalbrecht begegnen uns in den Familiennamen **Abel(e), Abeling, Abelmann, Abeln, Abels, Aber, Aberl(e), Oberle, Oberlin, Elbel, App(e), Äpple, Ap(p)el, Appelt, Op(p)el, Oppelt, Apetz, Apitsch, Apitz, Opitz, Auber, Auberle, Auberlin.** ❖ **Aubert** und die eingedeutschte Form **Obert** gehen auf eine französische Form von Adalbrecht zurück und sind oft hugenottischer Herkunft. ❖ Den Familiennamen **Ebel, Ebl, Ebeler, Ebeling, Ebelmann, Eble, Ebli** kann eine Kurzform von Adalbrecht oder Eberhard zugrunde liegen. ❖ Familiennamen wie z. B. **Brecht, Brechtel, Precht(l)** können aus Kurz- bzw. Koseformen von Adalbrecht entstanden sein, doch ist hierbei eine Ableitung von anderen häufigen Namen (Berchtold, Engelbrecht, Lambrecht, Ruprecht u. a.) ebenfalls möglich.

Albrink: durch Verschleifung entstandene, in Westfalen vorkommende Form von ▶ Alberding.

Albus: Übername zu lat. *albus* ›weiß‹, aus der Humanistenzeit stammende Übersetzung des Familiennamens ▶ Weiss, Weiß (1.).

Aldach, Aldag: aus dem niederdeutschen Rufnamen Aldedag *(adal + daga)* entstandene Familiennamen. ❖ *Jordanus Aldach* ist im Raum Oschersleben (Sachsen-Anhalt) a. 1345 bezeugt.

Alder: 1. Übername zu mhd. *althērre, altherre* ›alter Herr‹, auch in der Bedeutung ›Senior‹. 2. Adjektivischer Übername (stark flektiert) zu mhd. *alt* ›alt‹.

Aldermann: ▶ Altermann.

Aldinger: Herkunftsname zu dem Ortsnamen Aldingen (Baden-Württemberg).

Aleit, Aleiter, Aleith(e), Aleth: auf zusammengezogene Formen von Adelheid (▶ Alheit) zurückgehende Familiennamen.

Alewyn: aus dem alten deutschen Rufnamen Adelwin *(adal + wini)* entstandener Familienname.

Alex: aus einer verkürzten Form von ▶ Alexander oder des Heiligennamens Alexius (▶ Alexi) entstandener Familienname. ❖ *Simon Alex* ist a. 1631 in Magdeburg bezeugt.

Alexander: aus dem gleichlautenden Rufnamen griechischen Ursprungs (etwa ›der Männer Abwehrende, Schützer‹) entstandener Familienname. Alexander fand bereits im Mittelalter, auch gefördert durch die Beliebtheit der Alexandersage, Eingang in die deutsche Namengebung. ❖ Aus Alexander sind durch Kürzung im Anlaut die Familiennamen **Sander, Xander** und **Zander** mit den patronymischen Formen (starker Genitiv) **Sanders** und **Zanders** hervorgegangen. ❖ Den Familiennamen **Al(l)ex, Lex(er)** kann auch der Name des heiligen Alexius (▶ Alexi) zugrunde liegen.

Alexi, Alexy: aus einer verkürzten Form des Namens des heiligen Alexius (5. Jh.?) entstandene Familiennamen. ❖ Die Familiennamen **Lexius** und **Letzgus** sind aus einer verkürzten Form von Alexius entstanden. ❖ Bei **Lex** und **Lexer** kann es sich auch um Ableitungen von Alexander handeln.

Aleyt, Aleythe: aus einer zusammengezogenen Form von ▶ Alheit entstandene Familiennamen.

Alf: aus einer durch Zusammenziehung entstandenen Kurzform von ▶ Adolf gebildeter Familienname.

Alfs: patronymische Bildung (starker Genitiv) zu ▶ Alf.

Alger: aus einer jüngeren Form von Adelger *(adal + gēr)* entstandener Familienname.

Alhard: aus einer jüngeren Form von ▶ Adelhard entstandener Familienname.

Alheit: aus einer jüngeren Form des im Mittelalter sehr beliebten deutschen Rufnamens Adelheid *(adal + heit)* entstandener Familienname. Dieser Familienname geht in der Regel auf den Rufnamen der Mutter zurück. ❖ Aus weiteren Formen von Adelheid sind u. a. die Familiennamen **Aleth, Aleit(h), Aleithe, Aleiter, Aleyt, Aleythe** hervorgegangen. ❖ Auf Koseformen von Adelheid mit einem -*k*-Suffix geht ein Teil der niederdeutschen Familiennamen **Ahlke** und **Alke** zurück. ❖ Auf Bildungen mit einem Suffix slawischer Herkunft gehen **Alisch** und die schlesischen Familiennamen **Alischer, Alsch(n)er, Altscher** zurück. ❖ Dem Familiennamen **Vernaleken** liegt eine niederrheinische oder niederländische Zusammensetzung (›[Sohn] der Frau Aleke‹) zugrunde. ❖ *Ludeke Alheid*, Bürger zu Meitze (Niedersachsen), ist a. 1438 bezeugt.

Alhelm: aus einer jüngeren Form von ▶ Adelhelm entstandener Familienname.

Ali: 1. Vorwiegend arabischer Name bzw. Familienname oder türkischer Familienname, der mit dem arabischen Rufnamen Ali (arab. *'Alī* ›der Erhabene, Edle‹) identisch ist. 2. Gelegentlich kann der türkische Familienname auch direkt auf das aus dem Arabischen ins Türkische entlehnte Wort *ali* ›hoch‹ zurückgehen. Der Name ist in allen islamischen Ländern äußerst häufig. ❖ Ein bekannter Namensträger war Ali ibn-abi-Talib, der Schwiegersohn Mohammeds und vierter Kalif, erster Imam der Schiiten (7. Jh.).

Alibert: aus dem gleichlautenden französischen Rufnamen germanischen Ursprungs *(alja + beraht)* entstandener, meist hugenottischer Familienname. ❖ Eine Hugenottin *Gabrielle Aliberte* ist z. B. i. J. 1690 in Hameln belegt.

Alisch: aus einer mit dem slawischen Suffix -*iš* (dt. >-*isch*) gebildeten Koseform von Adelheid (▶ Alscher) oder aus einer slawischen Kurzform von ▶ Alexander entstandener Familienname.

Alischer: ▶ Alscher.

Alkan: türkischer Familienname zu türk. *al* ›rot‹ + türk. *kan* ›Blut‹.

Alke: ▶ Ahlke.

Alker: ▶ Alger.

-alla: eindeutschende Schreibung des slawischen Personennamensuffixes -*ala*, das z. B. in dem Familiennamen ▶ Thomalla enthalten ist.

Allard: ▶ Alard.

Allebrand: ▶ Albrand(t).

Allendorf: Herkunftsname zu dem häufigen Ortsnamen Allendorf (Niedersachsen, Nordrhein-Westfalen, Hessen, Rheinland-Pfalz, Thüringen, Ostpreußen).

Alleraun: ▶ Allraun.

Allerding: patronymische Bildung auf -*ing* zu einer Kurzform von ▶ Adelhard(t).

Allermann: Wohnstättenname auf -*mann* zu dem Gewässernamen Aller, Nebenfluss der Weser: ›der von der Aller‹.

Allers: patronymische Bildung (starker Genitiv) zu ▶ Allert.

Allert: aus einer zusammengezogenen niederdeutschen Form von ▶ Adelhard(t) oder ▶ Ahlwardt entstandener Familienname.

Allex: ▸ Alex.
Allgaier: ▸ Allgeier.
Allgäuer: Herkunftsname: ›der aus dem Allgäu‹.
Allgeier, Allgeyer: durch Entrundung entstandene oberdeutsche Formen von ▸ Allgäuer.
Allinger: Herkunftsname zu den Ortsnamen Alling (Bayern, Österreich) oder Allingen (Ostpreußen).
Allmann: 1. Stammesname *Alemanne*, Bezeichnung des Deutschen im deutsch-romanischen Grenzbereich. 2. Aus einer jüngeren Form von ▸ Adelmann entstandener Familienname.
Allmendinger: Herkunftsname nach dem Ortsnamen Allmendingen (Baden-Württemberg, Schweiz).
Allmer: aus einer jüngeren niederdeutschen Form von Adelmar *(adal + māri)* entstandener Familienname.
Allmers: patronymische Bildung (starker Genitiv) zu ▸ Allmer.
Allram: 1. Aus einer jüngeren Form des alten deutschen Rufnamens Adalram *(adal + hraban)* entstandener Familienname. 2. Herkunftsname zu den Ortsnamen Al(l)ram (Bayern, Österreich).
Allraun: Berufsübername zu mhd. *alrūne* ›Alraune‹ für den Alraunehändler. Alraune ist die deutsche Bezeichnung für den lateinischen Pflanzennamen *mandragora*. Da in Deutschland keine Mandragora-Arten wachsen, wurde die Alraune meist aus den Wurzeln einheimischer Pflanzen (u. a. aus der Zaunrübe) gewonnen. Der Mandragoraglaube stammt aus dem Orient und gelangte auf verschiedenen Wegen (von Südosten und Süden her) nach Mitteleuropa. Manche abergläubische Vorstellungen und Handlungen stehen in Zusammenhang mit der menschenähnlichen Gestalt der Mandragorawurzel. Die Mandragora galt seit dem Altertum als Heilpflanze (Betäubungsmittel) sowie als Zaubermittel für Reichtum, Glück und Liebe. Es wurde ein schwunghafter Handel damit getrieben. Die Alraunehändler waren neben anderen Krämern und Gauklern eine bekannte Erscheinung auf den mittelalterlichen Märkten. ❖ Ein früher Beleg für diesen Familiennamen stammt aus Regensburg: *Leupman der Alrawne* (a. 1347).

Allrich: aus dem alten deutschen Rufnamen Adelrich *(adal + rīhhi)* hervorgegangener Familienname.
Allward(t): ▸ Ahlwardt.
Alm: aus einer durch Zusammenziehung entstandenen niederdeutschen Kurzform von Alhelm (▸ Adelhelm) hervorgegangener Familienname.
Almer: 1. Aus einer jüngeren oberdeutschen Form von Adelmar *(adal + māri)* entstandener Familienname. 2. Wohnstättenname oder Berufsname: ›wohnhaft oder beschäftigt auf einer Alm (Bergweide)‹.
Alms: patronymische Bildung (starker Genitiv) zu ▸ Alm.
Alpers: ▸ Albers.
Alram: ▸ Allram.
Alscher, Aischner: vor allem in Schlesien entstandene, mit dem Suffix *-er* erweiterte metronymische Familiennamen, denen eine mit dem ursprünglich slawischen Suffix *-iš* bzw. *-uš* gebildete Koseform von ▸ Alheit zugrunde liegt. ❖ Aus Liegnitz ist a. 1383/84 *Alusch Anesorgynne = Aleyd*, Frau des *Petir Ansorge*, belegt.
Alsleben: Herkunftsname zu dem Ortsnamen Alsleben (Sachsen-Anhalt, Bayern).
Alster: 1. Übername nach der Vogelbezeichnung (ahd. *agalastra*, mhd. *elster* ›Elster‹). 2. Wohnstättenname zu dem Gewässernamen Alster (rechter Nebenfluss der unteren Elbe).
Alt-: in Verbindung mit einem Rufnamen kennzeichnet »Alt-« den älteren Träger des gleichen Namens, im Allgemeinen den Vater.
Alt: 1. Übername für den Älteren, im Gegensatz zu einem (gleichnamigen) jüngeren Mitglied einer Familie. 2. Gelegentlich auch Übername für einen alten, erfahrenen Menschen.
Altdorf(er): Herkunftsnamen zu den häufigen Ortsnamen Altdorf, Altorf. ❖ Bekannter Namensträger: Albrecht Altdorfer, Maler, Zeichner, Kupferstecher, Radierer und Baumeister (15./16. Jh.).
Altenberg(er), Altenburg(er): Herkunftsnamen zu den äußerst häufigen Ortsnamen Altenberg oder Altenburg.
Altendorf(er): Herkunftsnamen zu dem häufigen Ortsnamen Altendorf (Niedersachsen, Nordrhein-Westfalen, Hessen, Sachsen, Thü-

ringen, Bayern, Ostpreußen, ehem. Pommern/jetzt Polen, Österreich, Schweiz).

Alter: stark flektierte Form von ▶ Alt.

Altermann: Amtsname zu mittelniederdeutsch *alderman, olderman* ›Vorsteher einer Kaufmannsgilde oder einer geistlichen Bruderschaft‹.

Althans: aus ▶ Alt- und dem Rufnamen ▶ Hans entstandener Familienname.

Althaus(er): 1. Wohnstättennamen für jemanden, der in einem alten Haus wohnte. 2. Herkunftsnamen zu den häufigen Ortsnamen Althaus, Althausen.

Altheimer: Herkunftsname zu den häufigen Ortsnamen Altheim (Bayern, Baden-Württemberg, Hessen, Saarland, Österreich), Altenheim (Baden-Württemberg, Elsass).

Althof(f): 1. Herkunftsnamen zu dem Ortsnamen Althof (Mecklenburg-Vorpommern, Baden-Württemberg, ehem. Pommern/jetzt Polen, Schlesien, Ostpreußen). 2. Besonders in Westfalen können diese Familiennamen auch auf einen Hofnamen zurückgehen.

Altmaier, Altmay(e)r: Standesnamen für den früheren Besitzer eines Meierhofes (▶ Meyer).

Altmann: 1. Übername zu mhd. *altman* ›alter, erfahrener Mann‹. 2. Aus dem alten deutschen Rufnamen Altman *(alt + man)* entstandener Familienname.

Altmeier, Altmeyer: ▶ Altmaier.

Altnickel: aus ▶ Alt- und dem Rufnamen ▶ Nickel (Nikolaus) entstandener Familienname.

Altorfer: ▶ Altdorf(er).

Altreiter: Herkunftsname zu dem Ortsnamen Altenreit (Niederbayern) oder (mit Entrundung) zu dem in Oberfranken, der Oberpfalz und Österreich vorkommenden Ortsnamen Altenreuth.

Altrock, Altrogge: Berufsübernamen für den Bauern zu mittelniederdeutsch *rogge* ›Roggen‹.

Altscher: ▶ Alscher.

Altun: türkischer Familienname zu türk. *altın, altun* ›Gold‹.

Altvater: Übername zu mhd. *altvater* ›Großvater, Greis‹.

Álvarez: spanischer Familienname, mit dem Suffix *-ez* gebildete patronymische Form zu Álvaro, einem Rufnamen germanischen Ursprungs.

Alver: aus einer niederdeutschen Kurzform von Alverich (▶ Alberich) entstandener Familienname.

Alverdes: patronymische Bildung (starker Genitiv) zu einer niederdeutschen Form von Albert, ▶ Albrecht.

Alvermann: mit dem Suffix *-mann* gebildete Erweiterung von ▶ Alver.

Alvers: patronymische Bildung (starker Genitiv) zu ▶ Alver.

Alves: niederdeutsche patronymische Bildung (starker Genitiv) zu ▶ Alf.

Alwin: aus einer jüngeren Form von Adalwin *(adal + wini)* entstandener Familienname.

Alzheimer: Herkunftsname zu dem Ortsnamen Alzheim (Rheinland-Pfalz). ❖ Bekannter Namensträger: Alois Alzheimer, deutscher Psychiater und Pathologe, der Entdecker der Alzheimerkrankheit (19./20. Jh.).

Aman(n): ▶ Amman(n).

Ambach(er): 1. Wohnstättennamen: ›wohnhaft einem Bach‹. 2. Herkunftsnamen zu dem in Bayern öfter vorkommenden Ortsnamen Ambach.

Amberg(er): 1. Herkunftsnamen zu dem Ortsnamen Amberg (Bayern, Baden-Württemberg, Nordrhein-Westfalen). 2. Wohnstättennamen: ›der an einem Berg wohnt‹.

Amborn: niederdeutscher Wohnstättenname zu mnd. *borne* ›Brunnen‹: ›wohnhaft an einem Brunnen‹.

Ambos(s), Amboß: Berufsübernamen zu mhd. *anebōȝ* ›Amboss‹ für den Schmied.

Ambronn: ▶ Ambrunn.

Ambros(ius): aus dem gleichlautenden Rufnamen griechischer Herkunft (›zu den Unsterblichen gehörend, göttlich‹) entstandene Familiennamen. Ambros(ius) fand als Name des heiligen Kirchenlehrers Ambrosius (4. Jh.) Eingang in die deutsche Namengebung. ❖ Auf verkürzte Formen von Ambros(ius) gehen u. a. die Familiennamen **Brose** und **Broß** mit den Ableitungen **Brösel, Brosemann, Bröseke, Brosius, Brosenius** zurück. ❖ Ableitungen slawischer Herkunft sind z. B. **Brosch(ek), Brozek, Prosch(ke), Proske.** ❖ Broscheit ist eine mit dem litauischen Suffix *-eit* gebildete patronymische Bildung, die ursprünglich in Ostpreußen verbreitet war.

Ambrunn: oberdeutscher Wohnstättenname: ›wohnhaft an einem Brunnen‹.

Andergassen

Ambühl(er): Wohnstättennamen zu mhd. *bühel* ›Hügel‹: ›wohnhaft an einem Hügel‹.

Ameis: 1. Übername zu mhd. *āmeiẓe* ›Ameise‹ für einen emsigen Menschen. 2. In Österreich auch Herkunftsname zu dem gleichlautenden Ortsnamen.

Amelang: ▶ Amelung.

Amelung: aus dem gleichlautenden deutschen Rufnamen (*amal* + *-ung*-Suffix) entstandener Familienname. ❖ Ein Regensburger Bürger namens *Amlunch* ist a. 1338 bezeugt.

Amend(e), Ament: Wohnstättennamen zu mhd. *ende* ›Ende‹: ›der am Ende des Ortes wohnt‹. ❖ *Peter Am Endt* ist a. 1594 in Gießen bezeugt.

Amler: patronymische Bildung auf *-er* zu einer Kurzform von Amelrich (*amal* + *rîhhi*).

Amling, Amlung: ▶ Amelung.

Amman(n): 1. Amts- oder Berufsnamen zu mhd. *amman*, verkürzt aus *ambetman* ›Diener, Beamter, Verwalter, bes. urteilsprechende Gerichtsperson, Vorsteher einer Gemeinde, Verwalter eines Landguts‹, mnd. auch ›Handwerker‹. 2. Gelegentlich auch Übernamen, die auf Beziehungen (etwa ein Dienstverhältnis) des ersten Namensträgers zu einem Amtmann zurückgehen. ❖ *Chunradus Ammannus* ist a. 1251 in Regensburg bezeugt. ❖ Bekannter Namensträger: Jost Amman, deutscher Zeichner und Kupferstecher (16. Jh.).

Ammen: patronymische Bildung (schwacher Genitiv) zu Ammo, einer Koseform von Amelrich (*amal* + *rîhhi*).

Ammer: 1. Wohnstättenname zu den gleichlautenden Gewässernamen (linker Nebenfluss der Isar bzw. des Neckars). 2. Gelegentlich Herkunftsname zu dem Ortsnamen Ammern (Thüringen). 3. Übername nach einem finkenartigen Singvogel (mhd. *amer* ›Ammer, Ohreule‹). 4. Berufsübername zu mnd. *ammer* ›Eimer, Gefäß mit einem Henkel‹ für den Eimermacher.

Ammermann: 1. Herkunftsname: ›aus dem Ammerland, nordwestlich von Oldenburg (Niedersachsen), stammend‹. 2. Berufsname zu mnd. *ammer* ›Eimer, Gefäß mit einem Henkel‹ für den Eimermacher.

Ammon, Amon: oberdeutsche Formen von ▶ Amman(n). ❖ In Nürnberg ist *Hermann Ammon* a. 1268 bezeugt.

Amort: Wohnstättenname für jemanden, der am Ende eines Dorfes wohnte (zu mhd. *ort* ›Ende‹).

Ampach: ▶ Ambach(er).

Ampler: Berufsname zu mhd. *ampel* ›Lampe‹ für den Hersteller von Lampen und Gefäßen aus Zinn. ❖ Eine *ampellerin in domo* [im Hause] *Kristoffen giesser* ist a. 1398 in Esslingen erwähnt.

Amrain: Wohnstättenname zu mhd. *rein* ›begrenzende Bodenerhöhung, Rain‹: ›der am Rain wohnt‹.

Amrhein: 1. Wohnstättenname für jemanden, der am Rhein wohnte. ❖ Bereits i. J. 1142 ist ein Kölner Bürger *Ekkebertus iuxta Renum* [am Rhein] überliefert, *Arnolt am Rine* war i. J. 1366 Bürgermeister von Selz am Rhein (Elsass). 2. Umdeutung des Familiennamens ▶ Amrain in Anlehnung an den Flussnamen.

Amsel: Übername nach der Vogelbezeichnung.

Amsler: 1. Berufsname für den Amselfänger bzw. den Vogelsteller. 2. In der Schweiz kann es sich auch um einen Herkunftsnamen zu dem Weiler Amslen (Pfarrei Wald) handeln.

Amstein: Wohnstättenname für jemanden, der an einem auffälligen Stein bzw. Felsen wohnte.

Amthor: Wohnstättenname: ›der am Tor wohnt‹.

Amtmann: ▶ Amman(n).

-an: slawisches Ableitungssuffix zur Bildung von Personennamen, vgl. ▶ Buschan, ▶ Kuban.

Anacker: Übername zu mhd., mnd. *āne acker* ›ohne Feld‹ für einen besitzlosen Landarbeiter. ❖ *Claus Anacker* ist a. 1416 in Hildesheim bezeugt.

Ander: ▶ Andreas.

Anderegg: Wohnstättenname zu mhd. *ecke, egge* ›Spitze‹: ›wohnhaft am äußersten Punkt des Ortes‹, vgl. ▶ Amend(e).

Anderer: patronymische Bildung auf *-er* zu ▶ Andreas.

Andergassen: Wohnstättenname für jemanden, der an einer Gasse wohnte. Als Hofname bezeichnet der Name jemanden, dessen Hof an der mit Zäunen eingefassten Viehtriebbahn, der ›Gasse‹, lag.

Anderl: aus einer süddeutschen Koseform von ▶Andreas entstandener Familienname.

Andermatt: westoberdeutscher Wohnstättenname (Hofname) für jemanden, der an einer Bergwiese wohnte.

Anders(ch): ▶Andreas. ❖ Bekannter Namensträger: Alfred Andersch, deutscher Schriftsteller (20. Jh.).

Andersen: in Norddeutschland, besonders in Schleswig, verbreitete patronymische Bildung zu ▶Andreas. In Dänemark sind die mit -sen gebildeten Familiennamen die häufigsten. So ist auch der bekannteste Träger dieses Familiennamens der dänische Märchendichter Hans Christian Andersen (19. Jh.).

Andersick: Wohnstättenname zu mnd. *sīk* ›sumpfige Niederung, Tümpel‹: ›der an einer sumpfigen Gegend wohnt‹.

Anderso(h)n, Andersson: patronymische Bildungen auf *-so(h)n* zu ▶Andreas.

Anderweit: ursprünglich in Ostpreußen verbreitete patronymische Bildung zu ▶Andreas mit dem litauischen Suffix *-eit*.

Andrä, Andrae: patronymische Bildungen (lateinische Genitivform) zu ▶Andreas.

Andratschke: aus einer polnischen oder sorbischen Ableitung von ▶Andreas entstandener Familienname.

Andre: ▶Andreas.

Andreä: ▶Andreae.

Andreae: patronymische Bildung (lateinische Genitivform) zu ▶Andreas.

Andreas: aus dem gleichlautenden Rufnamen griechischer Herkunft (zu griech. *anḗr*, *andrós* ›Mann‹), der als Apostelname in der christlichen Welt schon früh große Verbreitung fand, entstandener Familienname. Aus dem Rufnamen Andreas leiten sich viele heutige Familiennamen deutscher, slawischer und litauischer Herkunft ab. ❖ Aus deutschen Varianten von Andreas sind Familiennamen wie **Ander, Anders(ch), Andre(s), Andress, Andreß** hervorgegangen. ❖ In Norddeutschland sind patronymische Bildungen wie **Anderso(h)n, Andersen, Andresen** verbreitet, während **Anderer** im süddeutschen Raum heimisch ist. Bei **Andr(e)ä, Andreae, Andree** handelt es sich auch um patronymische Familiennamen in latinisierter Form. ❖ Der Familienname **Anderl** geht auf eine süddeutsche Koseform zurück. ❖ Aus oberdeutschen umgelauteten Formen von Andreas stammen u. a. die Familiennamen **Ender(s), Endres, Endreß, Enderlein, Endermann.** ❖ Durch Wegfall der ersten Silbe sind Familiennamen wie **Drees, Dreesen, Dreis, Dresel, Driessen, Drewes, Drewing** entstanden. ❖ Die ursprünglich in Ostpreußen verbreiteten Familiennamen **Anderweit, Endruweit, Endruscheit, Endrikat, Endrulat** sind patronymische Ableitungen mit litauischen Suffixen. ❖ Auf slawische Ableitungen von Andreas gehen z. B. die Familiennamen **Andrich, Andrik, Antrag, Androsch(ek), Andratschke** zurück. Aus dem Sorbischen stammen u. a. **Handra(c)k, Hantrack, Handreck, Handreg, Handri(c)k.** Tschechischer Herkunft sind **Ondra, Wondra, Wondrak, Wundrack, Wondratschek.**

Andree: ▶Andreae. ❖ Bekannte Namensträgerin: Ingrid Andree, deutsche Filmschauspielerin (20./21. Jh.).

Andres: ▶Andreas. ❖ Bekannter Namensträger: Stefan Andres, deutscher Schriftsteller (20. Jh.).

Andresen: patronymische Bildung auf *-sen* zu ▶Andreas.

Andress, Andreß: ▶Andreas.

Andrich, Andrik: aus sorbischen Ableitungen von ▶Andreas entstandene Familiennamen.

Androsch: aus einer polnischen, tschechischen oder sorbischen Ableitung von ▶Andreas entstandener Familienname.

Androschek: aus einer polnischen oder tschechischen Ableitung von ▶Andreas hervorgegangener Familienname.

Andrzejewski: 1. Aus einer polnischen Ableitung von ▶Andreas hervorgegangener Familienname. 2. Herkunftsname zu dem polnischen Ortsnamen Andrzejewo.

Aner: ▶Ahner.

Angel: 1. Übername zu mhd. *angel* ›Stachel; Fischangel‹. 2. Wohnstättenname zu mhd. *angel, anger* ›Grasland, Ackerland‹.

Angele: schwäbische Ableitung von ▶Angel.

Angelmaier, Angelmayer, Angelmeier: ▶Angermai(e)r.

Angelmüller: ▶Angermüller.

Angenendt: niederrheinischer Wohnstättenname: ›der an dem Ende wohnt‹. Der Wandel von *nd* zu *ng* (Gutturalisierung) ist charakteristisch für das Gebiet zwischen Rhein und Maas (Aachen, Jülich, Niederrhein); vgl.

auch ▶Angenheister aus »An dem ...«, die Namen ▶Ingendahl, ▶Ingenfeld, ▶Ingenhaag, ▶Ingenhoff, ▶Ingenkamp, ▶Ingenohl, ▶Ingensand(t), ▶Ingenwerth aus »In dem ...« sowie ▶Ingerfurth aus »In der Furt«.

Angenheister: niederrheinischer Wohnstättenname: ›der an dem Buchengehölz wohnt‹ (zu mnd. *heister* ›junger Baum‹, besonders Eiche oder Buche), vgl. ▶Angenendt.

Anger: 1. Wohnstättenname zu mhd. *anger* ›Grasland, Ackerland‹. 2. Herkunftsname zu dem Ortsnamen Anger (Bayern, Österreich). ❖ Die Entstehung dieses Familiennamens zeigt der Beleg aus Regensburg a. 1369: *Hainreich an dem Anger*.

Angerer: Ableitung auf *-er* zu ▶Anger.

Angermai(e)r: Standesnamen, nähere Bestimmung eines Meiers (▶Meyer) durch die Lage bzw. den Namen des Hofes, ▶Anger. ❖ *Hanns Angermair* ist a. 1382 in München bezeugt.

Angermann: Ableitung auf *-mann* von ▶Anger oder zu dem niederländischen Ortsnamen Angeren (Gelderland). In Nordwestdeutschland geht diesem Namen oft ein Haus- oder Hofname voraus. ❖ In Lippe erscheint z. B. ein Mitglied einer Familie, die im 20. Jh. Angermann heißt, i. J. 1590 als *Hans uffm Anger*.

Angermay(e)r, Angermei(e)r, Angermeyer: ▶Angermai(e)r.

Angermüller: Berufsname, nähere Bestimmung eines Müllers (▶Müller) durch die Lage bzw. den Namen der Mühle (▶Anger).

Angler: Berufsname für einen Fischer. ❖ *Ott angler vischer* ist a. 1395 in München bezeugt.

Angst: 1. Übername für einen ängstlichen Menschen. 2. Wohnstättenname für jemanden, der an einer engen Stelle wohnte (zu mhd. *ange* ›Enge‹). ❖ Die Entstehung dieses Familiennamens geht z. B. aus dem Beleg *Berci an dir Angist* (Kleinbasel 1282) hervor.

Angstmann: 1. Aus einer Erweiterung von ▶Angst mit dem Suffix *-mann* entstandener Familienname. 2. Amtsname zu mnd. *angestman* ›Henker, Gerichtsdiener, Fronknecht‹.

Anhalt: Herkunftsname zu dem gleichlautenden Landschaftsnamen. Namengebend hierfür war die Burg Anhalt bei Harzgerode, die Albrecht der Bär um 1150 erbaut hatte. Der Name der Burg bedeutet etwa ›Stelle, wo man anhält, stehen bleibt‹.

Anhäuser, Anheuser: Herkunftsnamen zu dem Ortsnamen Anhausen (Rheinland-Pfalz, Baden-Württemberg, Bayern).

Anhut(h): Übernamen (›ohne Hut‹) nach einer Gewohnheit oder spöttische Bezeichnung für den Hutmacher.

Anibas: wie ▶Ambos(s) Berufsübername für den Schmied.

Anke: aus Anko, einer friesischen Koseform von Anno *(arn)*, entstandener Familienname.

Anker: 1. Berufsübername für den Ankerschmied. 2. Hausname nach einem Hauszeichen.

Ankermann: Berufsname auf *-mann* für den Schmied, der Anker herstellte.

Ankirchner: 1. Oberdeutscher Wohnstättenname für jemanden, der an der Kirche wohnte. 2. Als Hofname bezeichnet der Name denjenigen, dessen Hof an das Kirchgut grenzte.

Anlauf: Übername zu mhd. *anlouf* ›Anlauf, feindlicher Angriff‹ für einen streitlustigen Menschen.

Annacker: ▶Anacker.

Anrath: 1. Wohnstättenname (Hofname) für jemanden, dessen Hof in einer Rodung lag. 2. Herkunftsname zu dem Ortsnamen Anrath (Nordrhein-Westfalen).

Anschütz: vielleicht Wohnstättenname zu mnd. *anschot* ›angrenzendes Landstück‹ oder Umdeutung eines slawischen Ortsnamens auf *-itz*.

Ansel: aus einer Kurzform von ▶Anselm entstandener Familienname.

Anselm: aus dem gleichlautenden Rufnamen *(ans + helm)* entstandener Familienname. ❖ Hierzu gehört auch der Familienname **Anshelm**. ❖ Aus Kurz- bzw. Koseformen von Anselm sind die Familiennamen **Ansel** und **Anselman** sowie die alemannischen Familiennamen **Ens(el), Ens(s)lin** entstanden.

Anselmann: aus einer Koseform von ▶Anselm entstandener Familienname.

Anshelm: ▶Anselm.

Ansorg(e): Übernamen zu mhd. *āne* ›ohne‹ und mhd. *sorge* ›Sorge, Kummer, Furcht‹ für einen sorglosen, unbekümmerten Menschen. ❖ *Hinrik Ansorghe* ist a. 1415 in Hildesheim bezeugt.

Anstätt, Anstett: 1. Aus einer elsässischen und südwestdeutschen Form des Namens des heiligen Anastasius (St. Angstett) entstandene Familiennamen. So heißt es z. B. in Johann Fischarts Roman »Geschichtsklitterung« (16. Jh.): *Etlich rufften ... St. Angstet im Elsaß*. Der heilige Anastasius wurde als Patron gegen die Epilepsie angerufen. Zentrum der Verehrung und Ziel volkstümlicher Wallfahrten war Widersdorf (heute Vergaville) in Lothringen. 2. Herkunftsnamen zu dem Ortsnamen Anstedt (Niedersachsen).

Antes, Anthes: aus einer im Westen Deutschlands verbreiteten Form von ▸Anton entstandene Familiennamen. ❖ Bekannter Namensträger: Horst Antes, deutscher Maler und Grafiker (20./21. Jh.).

Anthon, Anthoni: ▸Anton.

Antl: 1. Aus einer oberdeutschen Koseform von ▸Anton entstandener Familienname. 2. Gelegentlich mag auch die bairische Verkleinerungsform zu bair. *antn* ›Antl‹, das Entlein, namenstiftend gewirkt haben.

Anton, Antoni: aus verkürzten Formen von Antonius entstandene Familiennamen. Anton fand in Deutschland vor allem durch die Verehrung des heiligen Antonius von Padua (12./13. Jh.) Verbreitung. Der heilige Antonius, Einsiedler in Ägypten, als Patriarch des Mönchtums verehrt (3./4. Jh.), war der Patron der Bauern. ❖ Aus dem Rufnamen Anton sind durch weitere Verkürzungen mehrere Familiennamen hervorgegangen, die vor allem im Rheinland verbreitet sind: z. B. **Ant(h)es, Don, Dohn, Döhn, Thon, Thön(e), Töns, T(h)önnes, Tönnies, Tönjes.** ❖ Patronymische Bildungen sind u. a. **Tönsen, Thönissen, Thönißen, Theunissen, Theunißen, Tönsing.** ❖ Slawischer Herkunft sind Familiennamen wie **Antonik, Antosch, Antusch.**

Antonik: aus einer mit dem Suffix *-ik* gebildeten polnischen, tschechischen oder sorbischen Ableitung von ▸Anton entstandener Familienname.

Antosch: aus einer polnischen, tschechischen oder sorbischen Ableitung von ▸Anton entstandener Familienname.

Antrag: aus einer Umdeutung von Andrak, einer sorbischen oder polnischen Ableitung von ▸Andreas, entstandener Familienname.

Antrecht: Übername zu mhd. *antreche* ›Enterich‹.

Antusch: aus einer mit dem Suffix *-uš* (dt. > *-usch*) gebildeten polnischen, sorbischen oder tschechischen Ableitung von ▸Anton entstandener Familienname.

Antvogel: Übername zu mhd. *antvogel* ›Ente‹.

Antz: aus Anzo, einer heute nicht mehr gebräuchlichen Koseform von ▸Arnold, entstandener Familienname.

Anwander: 1. Wohnstättenname zu mhd. *anwande, -want, -wende* ›Grenze, Grenzstreifen; die Stelle, wo der Pflug gewendet wird; Acker(beet)‹. 2. Herkunftsname zu dem Ortsnamen Anwanden (Allgäu, Mittelfranken).

Anz: ▸Antz.

Anzengruber: bairisch-österreichischer Wohnstätten- bzw. Hofname: ›einer, der in der Grube des Anzo wohnt‹ (▸Antz, ▸Gruber). ❖ Bekannter Namensträger: Ludwig Anzengruber, österreichischer Schriftsteller (19. Jh.).

Anzinger: Herkunftsname zu dem in Bayern öfter vorkommenden Ortsnamen Anzing.

Apel: aus einer im Mittelalter beliebten Koseform von ▸Albrecht entstandener Familienname. ❖ Bekannter Namensträger: Karl Otto Apel, deutscher Philosoph (20./21. Jh.).

Apelles: aus der Zeit des Humanismus stammender Familienname; Wiedergabe der deutschen Familiennamen ▸Apel, Appel mit dem Namen des griechischen Malers Apelles (4. Jh. v. Chr.).

Apelt: aus einer mit sekundärem *-t* erweiterten Form von ▸Apel entstandener Familienname.

Apetz: aus einer mit *-z*-Suffix gebildeten Koseform von ▸Albrecht entstandener Familienname.

Apfel: Berufsübername für den Obstverkäufer oder Übername nach der Vorliebe für die Frucht.

Apfelbaum: Wohnstättenname: ›wohnhaft bei einem Apfelbaum‹.

Apitsch, Apitz(sch): aus einer Koseform von ▸Albrecht, die vor allem in Schlesien, der Oberlausitz und Böhmen häufig war, entstandene Familiennamen. ❖ Bekannter Namensträger: Bruno Apitz, deutscher Schriftsteller (20. Jh.).

Apostel: Übername für den Darsteller eines Apostels in einem mittelalterlichen Schauspiel.

App(e): aus einer oberdeutschen Kurzform von ▶ Albrecht entstandene Familiennamen.

Appel: ▶ Apel.

Appelbaum, Appelbo(h)m: niederdeutsche Wohnstättennamen, ▶ Apfelbaum.

Appels: patronymische Form (starker Genitiv) zu Appel, ▶ Apel.

Appelt: ▶ Apelt.

Appen: Herkunftsname zu dem Ortsnamen Appen bei Pinneberg (Schleswig-Holstein).

Appenrodt, Appenroth: Herkunftsnamen zu den Ortsnamen Appenrode (Niedersachsen, Thüringen), Appenrod (Hessen), Abbenrode (Niedersachsen, Sachsen-Anhalt), Abberode (Sachsen-Anhalt).

Appenzeller: Herkunftsname zu dem Ortsnamen Appenzell (Thurgau/Schweiz).

Appert: vorwiegend alemannischer Familienname, der aus dem im Mittelalter beliebten Rufnamen ▶ Albrecht hervorgegangen ist.

Äpple: aus einer schwäbischen Koseform von ▶ Albrecht entstandener Familienname.

Appold: 1. Aus einer jüngeren Form von Adelbold *(adal + bald)* entstandener Familienname. 2. Gelegentlich kann auch ein Herkunftsname zu dem Ortsnamen Apolda (Thüringen) vorliegen.

Apprecht: aus einer Variante von ▶ Albrecht entstandener Familienname.

Appuhn: 1. Übername, Umdeutung von mhd. *kappūn* ›Kapaun‹. ❖ Diese Entwicklung geht aus zwei Hildesheimer Belegen hervor: Der im Jahr 1635 als *Hans Cappaune* überlieferte Bürger begegnet uns 20 Jahre später als *Hans Appuhn*. 2. In Ostpreußen beruht Appuhn auf einer Ableitung des deutschen Rufnamens Appe, einer Kurzform von ▶ Albrecht, mit dem litauischen patronymischen Suffix *-ūn(as)*.

Apsel: aus einer verkürzten Form von ▶ Absalon entstandener Familienname.

Arbeiter: Berufsname für einen Handwerker oder Tagelöhner. »Arbeiter« als Bezeichnung für denjenigen, der schwere körperliche Arbeit verrichtet, begegnet uns zuerst im 13. Jh. bei dem berühmten Franziskanerprediger Berthold von Regensburg: *Dū wolltest gerne ein herre sīn, unde muost den acker būwen. So wollte der gerne grāve sīn, der muoz ein schuochsūter sīn. Daz selbe spriche ich zuo allen arbeitern.* [Du wolltest gern ein Herr sein und musst den Acker bebauen. So wollte ein anderer gern ein Graf sein, muss aber ein Schuster sein. Das Gleiche sage ich zu allen Arbeitern.] ❖ *Wolfel airwaiter* ist a. 1348 in Regensburg bezeugt.

Arbogast: aus dem gleichlautenden Rufnamen *(arbeo + gast)* entstandener Familienname, der vor allem im Elsass und im deutschen Südwesten verbreitet ist. Für die Vergabe dieses Namens im Spätmittelalter war der heilige Arbogast, Bischof von Straßburg und Patron des Elsass (7. Jh.), ausschlaggebend.

Arbter: ▶ Arbeiter.

Arcularius: Berufsname zu lat. *arca* ›Kiste‹; aus der Zeit des Humanismus stammende Übersetzung von deutschen Familiennamen wie ▶ Kistner, ▶ Schreiner, ▶ Tischler u. a.

-ard: durch Verlust des *-h* entstandene Form des Rufnamengliedes und des daraus entstandenen Suffixes *-hard*, *-hart*: z. B. ▶ Alard < Adelhart *(adal + harti)*, ▶ Bossard < Bosse (< Burkhard) + *-hart*-Suffix.

Arend: 1. Aus einer niederdeutschen Kurzform von ▶ Arnold entstandener Familienname. 2. Wegen des Anklangs an Aaron begegnet Arend auch als jüdischer Familienname.

Arends: patronymische Bildung (starker Genitiv) zu ▶ Arend.

Arendt: ▶ Arend. ❖ Bekannte Namensträgerin: Hannah Arendt, amerikanische Gesellschafts- und Politikwissenschaftlerin deutscher Herkunft (20. Jh.).

Arens, Arenz: ▶ Arends.

Aretz: patronymische Bildung (starker Genitiv) zu einer Kurzform von ▶ Arnold.

Arf(f): aus einem niederdeutsch-friesischen einstämmigen Namen (german. **arbi-*, ndl. *erf* ›Erbe‹) entstandene Familiennamen.

Arfmann: aus einer mit dem Suffix *-mann* gebildeten Koseform von ▶ Arf(f) entstandener Familienname.

Arfs: patronymische Bildung (starker Genitiv) zu ▶ Arf(f).

Argast: aus einer verkürzten Form von ▶ Arbogast entstandener Familienname.

Argelander: aus der Zeit des Humanismus stammende Übersetzung des deutschen Familiennamens ▶ Lehmann, wobei dieser fälschlich als »Lehm-mann« aufgefasst wurde und mit griech. *argillos* ›Töpfererde‹

und griech. *anér, andrós* ›Mann‹ übersetzt wurde.

Arlt, Arlet, Arlitt, Arloth: in Schlesien und in der Oberlausitz entstandene Familiennamen, die auf eine Kurzform von ▸ Arnold zurückgehen.

Armborst: Übername zu mnd. *armborst,* ▸ Armbrust.

Armbrecht: aus einer Variante des alten deutschen Rufnamens Ermbrecht *(erm/irm + beraht)* entstandener Familienname.

Armbrust: Berufsübername für den Armbrustmacher oder -schützen. Diese Bezeichnung wurde im 12. Jh. zur Zeit der ersten Kreuzzüge aus dem Französischen (afrz. *arbalestre* < lat. *arcuballista* ›Bogenschleuder‹) entlehnt. Der Bogen der Armbrust war aus Ebenholz, Horn oder Stahl, die Sehne aus Rindersehnen, Därmen oder Seide. Der Schaft wurde aus Tannen- oder Buchenholz hergestellt und mit Schnitzereien und Metallbeschlägen verziert.

Armbruster: Berufsname zu mhd. *armbruster* ›Armbrustmacher‹, ▸ Armbrust. ❖ Ein *Armbruster* ist a. 1445 in Gießen bezeugt.

Armknecht: Standesname zu mhd. *armknēht* ›Leibeigener‹.

Armleder: 1. Berufsübername für einen Gerber oder Kürschner zu mhd. *armleder* ›Haarseite einer Haut, die obere Kruste beim Leder‹. 2. Im Südwesten Deutschlands verbreiteter Übername für einen Menschen, der im Kampf statt eiserner Armschienen Ärmel aus Leder trug. ❖ *Hans Armleder* ist a. 1400 in Nürnberg bezeugt.

Armster: durch Zusammenziehung entstandene Form von ▸ Armbruster.

Arnd: ▸ Arndt.

Arnds: patronymische Bildung (starker Genitiv) zu ▸ Arndt.

Arnd(t): aus einer niederdeutschen Kurzform von ▸ Arnold entstandene Familiennamen. ❖ Bekannter Namensträger: Ernst Moritz Arndt, deutscher Schriftsteller (18./19. Jh.).

Arneke: aus einer niederdeutschen Koseform von ▸ Arnold entstandene Familienname.

Arnemann: aus einer mit dem Suffix *-mann* gebildeten Koseform von ▸ Arnold entstandener Familienname.

Arner: 1. Berufsname zu mhd. *arner* ›Schnitter, Tagelöhner‹. 2. Herkunftsname zu dem Ortsnamen Arn bei Zürich.

Arnet(h): aus einer zusammengezogenen Form von ▸ Arnold entstandene Familiennamen.

Arnhold(t): aus einer in Anlehnung an das Adjektiv »hold« umgedeuteten Form von ▸ Arnold entstandene Familiennamen.

Arnholz: durch Umdeutung in Anlehnung an das Substantiv »Holz« entstandene patronymische Bildung zu ▸ Arnold.

Arni: aus einer alemannischen Koseform von ▸ Arnold entstandener Familienname.

Arnim: Herkunftsname zu dem Ortsnamen Arnim bei Stendal (Sachsen-Anhalt). ❖ Bekannte Namensträger: Achim von Arnim, Dichter (18./19. Jh.), und seine Schwester Bettina von Arnim, Dichterin (18./19. Jh.). Gelegentlich kann diesem Familiennamen die niederländische Stadt Arnheim zugrunde liegen.

Arning: patronymische Bildung auf *-ing* zu einer Kurzform von ▸ Arnold.

Arnold: aus dem gleichlautenden Rufnamen *(arn + walt)* entstandener Familienname. Zur Verbreitung des Namens im Mittelalter trug auch die Verehrung des heiligen Arnold, Lautenspieler am Hofe Karls des Großen, bei. Viele z. T. heute nicht mehr gebräuchliche Kurzformen und regionale Varianten von Arnold haben sich in den entsprechenden Familiennamen erhalten. ❖ Schreibvarianten von Arnold sind die Familiennamen **Arnoldt** und **Arnolt.** ❖ Durch Umdeutung des zweiten Namensbestandteils in Anlehnung an das Adjektiv »hold« sind die Familiennamen **Ahrenhold, Arnhold(t)** entstanden. Auch bei den patronymischen Bildungen **Ahrenholz** und **Arnholz** handelt es sich um Umdeutungen in Anlehnung an das Substantiv »Holz«. ❖ **Arnoldi** ist eine patronymische Bildung, die auf den Genitiv der latinisierten Form Arnoldus zurückgeht. ❖ Bei **Arnet(h)** liegt eine zusammengezogene Form von Arnold vor; auch **Arnoth** ist durch Zusammenziehung entstanden. ❖ **Ahrend(t), Arend(t), Ahrndt, Arnd(t)** sind als niederdeutsche Kurzformen von Arnold hervorgegangen. Hierzu gehören die patronymischen Bildungen **Ahrend(t)s, Ahrens, Arnds, Arns, Arntz, Arning.** ❖ Aus Koseformen von Arnold sind **Arnemann** und **Ernemann,** der niederdeutsche Familienname **Ar-**

neke und die patronymische Bildung **Ernken** sowie die alemannischen Familiennamen **Arni, Aerne, Aerni, Erne, Erni, Erny, Ernle** entstanden. ❖ Die Familiennamen **Arl(e)t, Arlitt, Arloth** sind in Schlesien und in der Oberlausitz heimisch. Sie gehen auf eine durch Umspringen des *l* entwickelte Kurzform von Arnold zurück. ❖ Den Familiennamen **Nolde, Nolte, Nölte, Nöldeke, Nolting** liegt ebenfalls eine Kurzform zugrunde, die aus dem Ausgang des ersten Namenwortes und dem zweiten Namenbestandteil gebildet wurde.

Arnoldi: patronymische Bildung (Genitiv der latinisierten Form Arnoldus) zu ▶ Arnold.

Arnoldt, Arnolt: ▶ Arnold.

Arnoth: durch Zusammenziehung entstandene Formen von ▶ Arnold.

Arns, Arntz: patronymische Bildungen (starker Genitiv) zu einer Kurzform von ▶ Arnold.

Arold(t): durch Zusammenziehung entstandene Formen von ▶ Arnold.

Arp(e): 1. Aus dem alten niederdeutsch-friesischen Rufnamen Erpo (asächs. *erp* ›rot, braun‹; der heilige Erp[h]o war 1085–1097 Bischof von Münster) nach Wandel des *e* zu *a* entstandene Familiennamen. 2. Gelegentlich können Herkunftsnamen zu dem Ort Arpe (jetzt zu Schmallenberg in Westfalen gehörig) vorliegen. ❖ Bekannter Namensträger: Hans Arp, deutscher Schriftsteller, Maler und Bildhauer (19./20. Jh.).

Arras: Übername zu mhd. *arraʒ* ›leichtes Wollengewebe, Rasch‹. Die mittelhochdeutsche Bezeichnung für den Stoff geht auf den Herstellungsort, die Stadt Arras in den Niederlanden (heute Nordfrankreich), zurück.

Arslan: türkischer Familienname zu türk. *arslan* ›Löwe‹. ❖ Bekannter Namensträger: Alp Arslan, Seldschukensultan (11. Jh.).

Artel(t): aus einer sudetendeutschen Form von ▶ Ertel, ▶ Örtel entstandene Familiennamen. ❖ 1414 ist in Mähren ein *Hans Artel* belegt.

Arter: 1. ▶ Artmann (2.). 2. Herkunftsname zu dem Ortsnamen Arth (Niederbayern, Schweiz).

Artmann: Berufsname zu mhd. *art(-lant)* ›Ackerland‹ + mhd. *man* ›Mann‹ für einen Bauern. 2. Wohnstättenname auf *-mann* zu der vor allem in Bayern und Österreich vorkommenden mundartlichen Form von mhd. *ort* ›Ende‹: ›wohnhaft am Ortsende‹. ❖ Be-

kannter Namensträger: H. C. Artmann, österreichischer Schriftsteller (20./21. Jh.).

Artner: ▶ Arter (2.), ▶ Artmann (2.).

Artz: patronymische Bildung (starker Genitiv) zu einer Kurzform von ▶ Arnold.

Arzt: Berufsname zu mhd. *arzet* ›Arzt‹. Zwar war seit dem 14. Jh. das Studium der Medizin an deutschen Universitäten möglich, doch muss man annehmen, dass die überwiegende Mehrzahl der in den mittelalterlichen Städten praktizierenden Ärzte keine wissenschaftliche Ausbildung erfahren hatte, sondern nur heilkundige Personen waren, die ihren Beruf bei einem Meister erlernt hatten. Sogar auf dem Land wurden Bauern, die gelegentlich Heilkuren durchführen konnten, Arzt genannt. Im Verlauf des Mittelalters vollzieht sich jedoch in den Städten eine Trennung zwischen gelehrten und ungelehrten Ärzten, sodass die Ersteren vor allem das Gebiet der inneren Medizin und der höheren Chirurgie pflegten, während einfachere Aufgaben wie Wundversorgung, Aderlassen, Schröpfen von den Badern übernommen wurden. ❖ Im niederdeutschen Sprachgebiet tritt der Familienname Arzt seltener auf; hierfür findet sich eher ▶ **Sundmaker.** Auch aus der lateinischen Bezeichnung für den studierten Arzt, *medicus*, und aus der seit dem 15. Jh. volkstümlichen Bezeichnung »Doktor« haben sich noch Familiennamen wie ▶ **Medick(e)** und ▶ **Dokter, Doktor** entwickelt. ❖ *maister H. der artzt* ist a. 1342 in Regensburg bezeugt.

Asal: 1. Alemannische, vor allem badische Form des Heiligennamens ▶ Oswald. 2. Türkischer Familienname zu türk. *asal* ›grundlegend‹.

Asam: aus einer bairisch-österreichischen Form von ▶ Erasmus entstandener Familienname. ❖ Bekannte Namensträger: Cosmas Damian Asam, Maler und Baumeister (17./18. Jh.); Egid Quirin Asam, Stuckator und Baumeister (17./18. Jh.).

Asang: 1. Wohnstättenname zu dem häufigen oberdeutschen Flurnamen (zu mhd. *āsanc* ›das Verbrennen, Versengung‹ für eine durch Brand gerodete Waldstelle. 2. Herkunftsname zu dem in Bayern öfter vorkommenden gleichlautenden Ortsnamen.

Asbach: Herkunftsname zu den Ortsnamen Asbach (Bayern, Baden-Württemberg, Rheinland-Pfalz, Hessen, Österreich) oder Aspach (Thüringen, Baden-Württemberg, Bayern).

Asbeck: 1. Herkunftsname zu dem Ortsnamen Asbeck (Westfalen). Dieser Familienname ist vor allem im Raum Hagen verbreitet. 2. Einwohnername auf *-beck* zu den Ortsnamen Asbach, Aspach (Bayern, Österreich). Dieser Familienname tritt schwerpunktmäßig im Raum Landshut und Passau auf.

Asberger: Herkunftsname zu den Ortsnamen Asberg (Bayern, Nordrhein-Westfalen) oder Asperg (Baden-Württemberg).

Asch(e): 1. Herkunftsnamen oder Wohnstättennamen zu dem häufigen Orts- und Flurnamen Asch (Bayern, Baden-Württemberg, Österreich, Egerland), dem ahd. *asc*, mhd. *asch, esch(e)* ›Esche‹ zugrunde liegt. 2. Aus einer Kurzform des alten deutschen Rufnamens Aschwin *(ask + wini)* entstandene Familiennamen.

Aschen: 1. Herkunftsname zu dem gleichlautenden häufigen Ortsnamen (Niedersachsen, Nordrhein-Westfalen, Baden-Württemberg, Ostpreußen). 2. Patronymische Bildung (schwacher Genitiv) zu ▶ Asch(e) (2.).

Aschenbach: Herkunftsname zu dem gleichlautenden Ortsnamen im Rheinland.

Aschenberner: Berufsname, niederdeutsche Form von ▶ Aschenbrenner.

Aschenbrenner: Berufsname zu mhd. *asche* ›Asche‹ und mhd. *brennen* ›brennen‹. Es handelt sich um ein altes Gewerbe, das durch das Verbrennen von Holz die von Seifensiedereien, Glashütten, Schmelzwerken u. a. benötigte Asche besorgte.

Ascher: 1. Herkunftsname oder Wohnstättenname zu den häufigen Orts- und Flurnamen Asch, Ascha(ch), Aschau. 2. Als jüdischer Familienname geht Ascher auf den hebräischen Rufnamen Asser (›Glücklicher‹) zurück.

Aschhoff: westfälischer Wohnstättenname für jemanden, der auf einem Hof, auf dessen Grund früher Eschen (mhd. *asch* ›Esche‹) standen, wohnte.

Aschmann: 1. Ableitung auf *-mann* zu ▶ Asch(e). 2. Berufsname zu mhd. *aschman* ›Küchenknecht‹.

Aschoff: ▶ Aschhoff.

Aselmann: Herkunftsname auf *-mann* zu dem Ortsnamen Asel (Niedersachsen, Hessen).

Asenbaum: 1. Berufsübername zu mhd. *asenboum* ›tragender Pfosten, Stützbalken‹ für einen Zimmermann. 2. Übername für einen großen, kräftigen Menschen.

Asimus: ▶ Asmus(s).

Aslan: türkischer Familienname zu türk. *arslan, aslan* ›Löwe‹.

Asmus(s), Asmuß: aus einer verkürzten Form von ▶ Erasmus entstandene Familiennamen.

Asmussen: patronymische Bildung auf *-sen* zu ▶ Asmus(s).

Asselmann, Aßelmann: Herkunftsnamen auf *-mann* zu den Ortsnamen Asseln (Westfalen) oder Assel bei Stade (Niedersachsen).

Assenmacher: besonders im Rheinland verbreiteter Berufsname zu mittelniederdeutsch *asse* ›Achse‹ für den Hersteller von Wagenachsen, vgl. ▶ Wagner, ▶ Rademacher, ▶ Stellmacher.

Asshauer, Aßhauer, Assheuer, Aßheuer: Berufsnamen zu mnd. *asse* ›Achse‹ und mnd. *houwer* ›Hauer‹ für den Hersteller von Wagenachsen, vgl. ▶ Assenmacher, ▶ Wagner, ▶ Rademacher, ▶ Stellmacher.

Assmacher, Aßmacher: ▶ Assenmacher.

Assmann, Aßmann: mit dem Suffix *-mann* gebildete Koseformen zu ▶ Erasmus.

Assmus, Aßmus, Aßmuß: ▶ Asmus(s).

Ast: 1. Berufsübername für den Holzfäller, Waldarbeiter. 2. Vereinzelt kann ein Herkunftsname zu dem Ortsnamen Ast (mehrfach in Bayern) vorliegen.

Aster, Astner: 1. Wohnstättennamen zu bairisch-österreichisch *Aste* ›Niederalpe, Weideplatz‹. 2. Mit *-er-* bzw. *-ner-*Suffix gebildete Herkunftsnamen zu ▶ Ast (2.).

Astor: 1. Durch religiös verfolgte Gruppen (italienische Waldenser, französische Hugenotten) nach Deutschland gelangter Familienname (italien. *astore*, afrz. *ostor*, okzit. *astor* ›Habicht‹). ❖ Der 1763 in Walldorf (südlich von Heidelberg) geborene amerikanische Unternehmer Johannes Jacob Astor entstammte einer aus Piemont eingewanderten Waldenserfamilie. Der Name des berühmten New Yorker Hotels »Walldorf Astoria« erinnert an den Herkunftsort des Millionärsgeschlechts. 2. Gelegentlich kann es sich auch um eine Übersetzung des deutschen Namens Habicht handeln. ❖ In einer Urkunde des Klosters Heisterbach vom Jahre 1211 (Kopie 15. Jh.) erscheint beispielsweise im Genitiv ein *Henrici Astorii.*

Astrup(p): Herkunftsnamen zu dem Ortsnamen Astrup (Niedersachsen).

-at: verkürzte Form des litauischen Suffixes ▶-atis.

Ateş: türkischer Familienname zu türk. *ateş* ›Feuer; Eifer‹.

-atis: eingedeutschte Form der litauischen patronymischen Endung *-aítis*, die oft zu *-at* verkürzt wird. Im ehemaligen Ostpreußen verbreitete Familiennamen wie ▶Adomat(is) sind als ›Sohn/Nachkomme des Adam‹ zu verstehen.

Attelmann: Herkunftsname auf *-mann* zu dem Ortsnamen Atteln (Nordrhein-Westfalen).

Attenberger: Herkunftsname zu dem in Bayern häufigen Ortsnamen Attenberg.

Attendorn: Herkunftsname zu dem Ortsnamen Attendorn (Nordrhein-Westfalen).

Attenhauser: Herkunftsname zu dem häufigen Ortsnamen Attenhausen (Bayern, Rheinland-Pfalz).

Attenhofer: Herkunftsname zu dem Ortsnamen Attenhofen (Baden-Württemberg, Bayern).

Atz(e): aus Azzo, einer alten oberdeutschen Koseform von Namen, die mit »Ad(el)-« gebildet sind, entstandene Familiennamen.

Atzel: 1. Aus einer Erweiterung von ▶Atz(e) mit *-l*-Suffix entstandener Familienname. 2. Übername zu mhd. *atzel* ›Elster‹.

Atzen: patronymische Bildung (schwacher Genitiv) zu ▶Atz(e).

Au, Aub: ▶Aue.

Auber: aus einer Kurzform von ▶Aubrecht gebildeter Familienname.

Auberle(n), Auberli(n): aus alemannischen Koseformen von ▶Auber entstandene Familiennamen.

Aubert: französischer Familienname, oft hugenottischer Herkunft. Der französische Name Aubert entspricht dem alten deutschen Ruf- und Familiennamen ▶Albrecht. ❖ Die Hugenottin *Isabeau Aubert* ist a. 1704 in Berlin bezeugt.

Aubin: französischer Familienname, oft hugenottischer Herkunft. Der französische Name Aubin entspricht dem alten deutschen Rufnamen Albwin (*alb + wini*).

Aubrecht: aus einer schwäbischen Form von ▶Albrecht entstandener Familienname.

Auch: Berufsübername zu mhd. *uhte, uohte* ›Nachtweide‹, vgl. ▶Auchter.

Auchter: Berufsname. Im oberdeutschen, vor allem im alemannischen Bereich bedeutete *auchten* das Vieh zur *Aucht*, zur Nacht- bzw. zur Frühweide (mhd. *uhte, uohte*) führen. Der Auchter war also der Frühweidehirt. Im bairisch-österreichischen Gebiet erweiterte sich die Bedeutung von *auchten, äuchten, eichten* zu ›das Vieh zu einer bestimmten Tageszeit weiden lassen‹.

Aude: aus einer mit dem Namenwort *ōt* ›Besitz, Reichtum‹ gebildeten niederdeutschen Kurzform entstandener Familienname.

Aue, Auer: 1. Wohnstättennamen zu mhd. *ouwe* ›Wasser, Strom, von Wasser umflossenes Land (Insel, Halbinsel), wasserreiches Wiesenland, Aue‹. 2. Herkunftsnamen zu den in Deutschland, Österreich und der Schweiz häufigen Ortsnamen Au(e). ❖ Bekannter Namensträger: Hartmann von Aue, mittelhochdeutscher Dichter (12./13. Jh.).

Auerbach(er): Herkunftsnamen zu dem häufigen Ortsnamen Auerbach (Bayern, Baden-Württemberg, Hessen, Sachsen, Österreich). ❖ Bekannter Namensträger: Berthold Auerbach, deutscher Schriftsteller (19. Jh.).

Auerswald: Herkunftsname zu dem Ortsnamen Auerswalde (Sachsen, Ostpreußen).

Aufdemkamp(e): niederdeutsche Wohnstättennamen zu mnd. *kamp* ›eingezäuntes Feld als Ackerland, Weide, Wiese‹.

Aufderbeck: Wohnstättennamen zu mittelniederdeutsch *beke* ›Bach‹: ›wohnhaft an/bei einem Bach‹.

Aufderheide: Wohnstättenname: ›wohnhaft auf der Heide‹.

Aufderhorst: niederdeutscher Wohnstättenname zu mnd. *horst* ›niedriges Gestrüpp, besonders die abgeholzte Stelle im Wald; Krüppelbusch; wüster, wilder Ort‹.

Aufdermauer: Wohnstättenname: ›der bei der Stadtmauer wohnt‹.

Aufenacker: Wohnstättenname: ›wohnhaft an, bei einem Acker‹.

Aufenanger: Wohnstättenname: ›wohnhaft im Grasland, Ackerland‹.

Auffahrt: Übername zu mhd. *ūvart* ›Himmelfahrt‹. Wie ▶Ostertag oder ▶Pfingsten weist dieser Übername am ehesten auf einen Zins- oder Abgabetermin hin.

Aufleger: Berufsname zu mhd. *ûfleger* ›Auflader von Waren‹.

Aufrecht, Aufricht: Übernamen zu mhd. *ûfrëht* ›gerade, aufwärtsgerichtet, aufrecht, emporstrebend, schlank; aufrichtig, ohne Falsch; unverfälscht‹. Diese Übernamen können auf eine besonders aufrechte Körperhaltung oder auf die Aufrichtigkeit des ersten Namensträgers anspielen.

Auge: 1. Übername, der auf eine Besonderheit des Auges anspielt. 2. Vereinzelt kann es sich hierbei um eine Variante von ▶ Aue (vgl. mhd. *ouwe, ouge*) handeln.

Augenstein: aus einer Umdeutung von ▶ Augustin oder ▶ Augstein hervorgegangener Familienname.

Augst: aus einer zusammengezogenen Form von ▶ Augustin gebildeter Familienname.

Augstein: 1. Aus einer zusammengezogenen Form von ▶ Augustin gebildeter Familienname. 2. Oberdeutscher (alemannischer) Berufsübername zu mhd. *agestein* ›Bernstein‹, aber auch ›Achat‹, für den Bernsteindrechsler oder jemanden, der Achat bearbeitete. ❖ Ein *henslin auxsteindräger* (›Augsteindreher‹) ist z. B. 1458 in Esslingen am Neckar bezeugt.

Augsten, Augstien, Augstin: aus zusammengezogenen Formen von ▶ Augustin entstandene Familiennamen.

August: aus einer verkürzten Form von ▶ Augustin entstandener Familienname. Der Rufname August (nach dem Ehrentitel Augustus des ersten römischen Kaisers) war zur Zeit der Familiennamenentstehung (12.–15. Jh.) noch nicht üblich. Er kam in Deutschland erst seit der Renaissance, vorwiegend in Adelskreisen, auf.

Augustat: ursprünglich in Ostpreußen verbreitete, mit dem litauischen Suffix *-at* gebildete patronymische Form zu ▶ Augustin.

Augustin: aus dem gleichlautenden Rufnamen entstandener Familienname. Augustin fand als Name des heiligen Kirchenlehrers Augustinus (4./5. Jh.) Eingang in die Namengebung. ❖ Die Familiennamen **August, Gust** und **Gustke** gehen auf verkürzte Formen von Augustin zurück. ❖ Bei vielen Ableitungen von Augustin handelt es sich um zusammengezogene Formen: **Augst, Augst(e)in, Augstien, Aust(en), Agsten.** ❖ Die am Niederrhein verbreiteten Familiennamen **Stinnes, Stings** sind durch Wegfall der beiden ersten Silben entstanden. ❖ Eine patronymische Bildung mit dem litauischen Suffix *-at* ist **Augustat**, ein ursprünglich in Ostpreußen vorkommender Familienname. ❖ Bekannter Namensträger: Ernst Augustin, deutscher Schriftsteller (20./21. Jh.).

Aul: 1. Berufsübername für den Töpfer zu mhd. *ûle* ›Topf‹, ▶ Auler. 2. In Norddeutschland kann diesem Familiennamen eine Kurzform von ▶ Aulrich zugrunde liegen.

Aulbach, Aulebach: Herkunftsnamen zu dem Ortsnamen Aulenbach (Rheinland, Ostpreußen).

Auler: Berufsname für den Töpfer (zu mhd. *ûle* ›Topf‹, einem Lehnwort aus gleichbedeutend lat. *olla*), der – wie auch die Varianten Eul(n)er, Ullner – im westlichen Mitteldeutschland (Luxemburg, Nassau, Wetterau und ihren Nachbargebieten) verbreitet ist. Die Bezeichnung für den Handwerker lautet im Norden ▶ Potter, Pötter, im östlichen Mitteldeutschland ▶ Töpfer, im Süden ▶ Haffner. Wichtig für die Entwicklung des Töpferhandwerks im frühen Mittelalter war der römische Einfluss. Die Germanen, die Kontakt mit den Römern hatten, übernahmen von diesen die Technik der Drehscheibe und des Brennofens, die es ihnen erlaubte, Tongegenstände von größerer Haltbarkeit herzustellen.

Aulerich: ▶ Aulrich.

Aulich, Aulig: Herkunftsnamen zu dem Ortsnamen Auligk (Sachsen).

Aulmann: 1. Berufsname auf *-mann* für den Töpfer, ▶ Auler. 2. Aus einer mit dem Suffix *-mann* gebildeten Koseform von ▶ Aul (2.) entstandener Familienname.

Aulrich: aus einer niederdeutschen Form von ▶ Ulrich entstandener Familienname.

Auls: patronymische Bildung (starker Genitiv) zu ▶ Aul (2.).

Aumaier, Aumayer, Aumayr, Aumeier: Standesnamen, nähere Bestimmung eines Meiers (▶ Meyer) nach der Lage bzw. dem Namen des Hofes (▶ Aue). ❖ *Ott Awmair* ist a. 1370 in Regensburg bezeugt.

Aumann: ▶ Aue.

Aumer: 1. Durch Zusammenziehung entstandene Form von ▶ Aumaier. 2. Vereinzelt kann es sich hierbei um einen Herkunftsnamen zu dem Ortsnamen Auma (Thüringen) handeln.

Aumiller: durch Entrundung entstandene Form von ▸Aumüller.

Aumüller: Berufsname, nähere Bestimmung eines Müllers (▸Müller) nach der Lage bzw. dem Namen der Mühle (▸Aue).

Aurich: Herkunftsname zu dem Ortsnamen Aurich (Niedersachsen, Baden-Württemberg).

Aust, Austen: aus zusammengezogenen Formen von ▸Augustin entstandene Familiennamen.

Austermann: diphthongierte Form von ▸Ostermann.

Austmann: aus einer mit dem Suffix -mann erweiterten Form von ▸Aust entstandener Familienname.

Autenrieth: Herkunftsname zu dem Ortsnamen Autenried (Bayern).

Auth: durch Ausfall des h aus mhd. uhte, uohte ›Nachtweide‹ entstandener Berufsübername (vgl. ▸Auchter).

Avcı: türkischer Berufsname zu türk. avcı ›Jäger‹.

Avemarg, Avemaria, Avemark: auf lat. Ave Maria zurückgehende Übernamen, wohl nach einer häufig gebrauchten Grußformel. Vgl. zur Namensform Avemarg das ehemalige Kloster Sankt Märgen im Schwarzwald, 1275 als zella Sancte Marie in Nigra silva belegt. ❖ Conrat Avemaria ist a. 1397 in Nürnberg bezeugt.

Avenarius: Berufsname zu lat. avena ›Hafer‹, Übersetzung von ▸Habermann aus der Humanistenzeit.

Averbeck: 1. Wohnstättenname zu mnd. aver, over ›jenseits‹ und mnd. beke ›Bach‹: ›wohnhaft jenseits des Baches‹. 2. Herkunftsname zu den Ortsnamen Averbeck, Overbeck (Westfalen).

Averdie(c)k: Wohnstättenname zu mnd. aver, over ›jenseits‹ und mnd. dīk ›Teich, Deich‹: ›der jenseits eines Teiches oder Deiches wohnt‹.

Averkamp: Wohnstättenname zu mnd. aver, over ›jenseits‹ und mnd. kamp ›eingezäuntes Feld (Ackerland, Weide, Wiese, Gehölz)‹ für jemanden, der jenseits des Feldes wohnte.

Ax: ▸Axt.

Axe(n)macher: ▸Ass(en)macher.

Axel: aus einer schwedischen bzw. dänischen Form von ▸Absalon entstandener Familienname.

Axelsen: patronymische Bildung auf -sen zu ▸Axel.

Axen, Axsen: patronymische Bildungen auf -sen zu ▸Acke.

Axmann: niederdeutscher Amtsname zu mnd. achtesman ›der zur Beratung herangezogen wird, Schöffe‹.

Axnicht, Axnick, Axnix: ▸Achtnich.

Axt: Berufsübername zu mhd. ax(t) ›Axt‹ für den Benutzer (Zimmermann) oder den Hersteller, den Axtschmied. ❖ Henn die Axt ist a. 1496 in Grünberg (Oberhessen) bezeugt.

Axtmann: Berufsname für jemanden, der mit der Axt arbeitete (Holzarbeiter, Zimmermann).

Ay: 1. Türkischer Familienname zu türk. ay ›Mond, Halbmond‹. 2. Herkunftsname zu dem gleichlautenden Ortsnamen (Bayern).

Aydın: türkischer Familienname zu türk. aydın ›licht, hell; glücklich, fröhlich‹.

Aye: aus einer zusammengezogenen friesischen Kurzform von Namen, die mit »Agi-« gebildet wurden (z. B. Agimar, Agimund), entstandener Familienname.

Ayecke: aus einer Erweiterung von ▸Aye mit dem Kosesuffix -k gebildeter Familienname.

Ayrer: ▸Aierer.

Baade: ▶Bade.
Baader: ▶Bader.
Baake: ▶Back(e) (1.).
Baar: ▶Bahr.
Baark: ▶Barck.
Baars: ▶Bars(ch).
Baas: 1. Im niederdeutschen Sprachgebiet Übername zu mndl. *baes*, ndl. *baas* ›Herr, Meister‹; vgl. auch das westfälische Dialektwort *baas* ›tüchtig, ausgezeichnet‹ oder das südhannoversche Wort *Baas* ›der Oberste, Angesehenste‹. 2. Vor allem im oberdeutschen Gebiet aus einer Kurzform von ▶Sebastian entstandener Familienname.
Baasch: ▶Baas.
Baatz: ▶Batz.
Bab(b)e: aus dem alten Lallnamen Babo entstandene Familiennamen.
Babel: 1. Auf eine oberdeutsche Ableitung des alten Lallnamens Babo zurückgehender Familienname. 2. Aus ▶Paulus über die slawische Form Pawel entstandener Familienname.
Babendererde: niederdeutscher Wohnstättenname für jemanden, der nicht zu ebener Erde wohnte (mittelniederdeutsch *baven*, *boven* ›oben, über‹).
Babic, Babi(c)k: Übernamen zu nsorb., osorb., poln. *baba*, tschech. *bába* ›alte Frau‹.
Babing: 1. Herkunftsname zu dem gleichlautenden Ortsnamen in Bayern. 2. Aus ▶Babic, Babi(c)k, einem Familiennamen slawischen Ursprungs, entstandener Familienname, wobei die Endung -*i(c)k* durch die deutsche Endung -*ing* ersetzt wurde.
Babl: bairisch-österreichische Schreibweise von ▶Babel.
Babst: ▶Pabst.
Bach: 1. Wohnstättenname für jemanden, der an einem Bach wohnte. 2. Herkunftsname zu dem häufigen Ortsnamen Bach. ❖ Die Entstehung dieses Familiennamens zeigt der Beleg aus Regensburg a. 1342: *Hærtel in dem Pach*. ❖ Bekannter Namensträger: Johann Sebastian Bach, deutscher Komponist (17./18. Jh.).

Bacharach: Herkunftsname zu dem Ortsnamen Bacharach am Rhein.
Bache: oberdeutscher Berufsübername zu mhd. *bache* ›Schinken, geräucherte Speckseite‹ für einen Fleischer.
Bachem: Herkunftsname zu dem Ortsnamen Bachem (Rheinland-Pfalz, Nordrhein-Westfalen, Saarland). ❖ Bekannte Namensträgerin: Bele Bachem, deutsche Künstlerin (20. Jh.).
Bacher(t): Ableitungen auf -*er(t)* zu ▶Bach.
Bachhuber: Standesname, nähere Bestimmung des Inhabers einer Hube, d. h. eines halben Hofes, durch die Lage des Besitzes (▶Bach, ▶Huber).
Bachl: in Bayern und Österreich verbreitete Ableitung von ▶Bach (1.) mit -*l*-Suffix.
Bächle: schwäbische Ableitung von ▶Bach (1.).
Bachler: Ableitung auf -*ler* zu ▶Bach (1.).
Bachmai(e)r: ▶Bachmay(e)r.
Bachmann: Ableitung von ▶Bach mit dem Suffix -*mann*. ❖ Bekannte Namensträgerin: Ingeborg Bachmann, deutsche Schriftstellerin (20. Jh.).
Bachmay(e)r, Bachmeier, Bachmeyer: Standesnamen, nähere Bestimmung eines Meiers (▶Meyer) durch die Lage des Hofes (▶Bach). ❖ *Liebhart der Pachmayer von Semchoven* ist a. 1344 in Regensburg bezeugt.
Bachmüller: Berufsname, nähere Bestimmung eines Müllers (▶Müller) durch die Lage der Mühle (▶Bach).
Bachner: Ableitung auf -*ner* zu ▶Bach.
Bachnik: 1. Auf eine sorbische oder polnische Koseform von ▶Bartholomäus oder ▶Balthasar zurückgehender Familienname. 2. Übername zu nsorb. *bachnuś* ›Auflodern des Feuers‹.
Bachofen, Bachofner: ▶Backofen. ❖ Bekannter Namensträger: Johann Jakob Bachofen, schweizerischer Rechtshistoriker und Altertumsforscher (19. Jh.).
Bachrach: ▶Bacharach.

Bachschmid(t): Berufsnamen, nähere Bestimmung eines Schmieds (▶ Schmidt) durch den Standort der Schmiede (▶ Bach).

Bächtold: aus einer alemannischen, vor allem schweizerischen Nebenform des Rufnamens ▶ Berthold entstandener Familienname.

Back(e): 1. Aus einer niederdeutsch-friesischen Kurzform von Namen, die mit »Bald-« *(bald)* beginnen, entstandene Familiennamen. 2. Berufsübernamen zu mnd. *bake* ›Speckseite, Schinken‹ für einen Fleischer. 3. Übernamen für einen Menschen mit einer auffälligen Backe.

Bäck: ▶ Beck(e).

Backen: patronymische Bildung (schwacher Genitiv) zu ▶ Back(e) (1.).

Backer, Bäcker: ▶ Becker.

Backes: auf eine niederdeutsche mundartliche Form von ▶ Backhaus zurückgehender Familienname.

Backhaus: Wohnstättenname für jemanden, der am Backhaus der Gemeinde wohnte oder dort beschäftigt war. ❖ Bekannter Namensträger: Wilhelm Backhaus, deutscher Pianist (19./20. Jh.).

Backmeister: aus einer Amtsbezeichnung entstandener Familienname für jemanden, der an einem Hof oder Kloster die Leitung des Backwesens innehatte.

Backofen: 1. Wohnstättenname für jemanden, der beim Gemeindebackofen wohnte (mhd. *bachoven* ›Backofen‹). 2. Berufsübername für einen Bäcker.

Bacmeister: ▶ Backmeister.

Bade: aus einer niederdeutschen Kurzform von Rufnamen, die das Namenwort »bode« *(bodo)* enthalten, entstandener Familienname.

Bädeker: ▶ Bödecker, ▶ Böttcher.

Baden: 1. Patronymische Bildung (schwacher Genitiv) zu ▶ Bade. 2. Herkunftsname zu dem Orts- oder Landschaftsnamen Baden (Baden-Württemberg, Niedersachsen, Österreich).

Bader, Bäder: Berufsnamen für jemanden, der eine Badestube betreibt. Zu den Aufgaben des Baders gehörten im Mittelalter neben der Betreuung der Badenden auch Bart- und Haareschneiden, Aderlassen, Schröpfen und Zahnausziehen. Die Häufigkeit dieser Familiennamen ist darauf zurückzuführen, dass im Mittelalter selbst die kleinsten Städte Badestuben hatten. In einer mittelalterlichen »Großstadt« wie Regensburg gab es in der ersten Hälfte des 14. Jh. mehr als zehn Badestuben, die über die ganze Stadt verteilt waren. Allerhand Unterhaltung und Spiel trugen auch zum regen Besuch der Badestuben bei. Bis zum Ausgang des Mittelalters stand das Gewerbe in höchster Blüte, bis die Verbreitung der Syphilis zu Beginn der Neuzeit einen erheblichen Rückgang zur Folge hatte. ❖ Bekannter Namensträger: Franz Xaver von Baader, deutscher Philosoph und Theologe (18./19. Jh.).

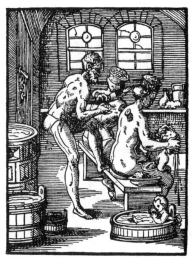

Bader: *In der mittelalterlichen Badestube: der Bader beim Schröpfen*

Badewitz: Herkunftsname nach dem gleichlautenden Ortsnamen (Sachsen-Anhalt, Schlesien).

Badstuber, Badstübner: Berufsnamen für den Besitzer einer Badestube, ▶ Bader.

Badura: Übername zu poln. *badura* ›Schafskopf; Faseler‹.

Baedeker: ▶ Bödecker, ▶ Böttcher. ❖ Bekannter Namensträger: Karl Baedeker, Begründer der sprichwörtlich gewordenen Reiseführer (19. Jh.).

Baer, Baehr: ▶ Bähr.
Bagenski, Bagensky: Herkunftsnamen zu polnischen Ortsnamen wie Bagno, Bagna.
Bäger: Übername zu mhd. *bāgen* ›laut schreien, streiten‹.
Baginski, Baginsky: ▶ Bagenski, Bagensky.
Bahde: ▶ Bade.
Bahl: aus der niederdeutschen Kurzform eines mit »Bald-« gebildeten Namens (z. B. ▶ Baldwin) entstandener Familienname.
Bahlke: auf eine Koseform von ▶ Bahl zurückgehender Familienname.
Bahlmann: aus einer mit -*mann*-Suffix gebildeten Koseform von ▶ Bahl entstandener Familienname.
Bahlow: ▶ Balow.
Bahls: patronymische Bildung (starker Genitiv) zu ▶ Bahl.
Bahlsen: Herkunftsname zu dem Ortsnamen Badelmissen, später Balsen, einer eingegangenen Siedlung zwischen Hemmendorf und Benstorf (Niedersachsen).
Bahmann: im Vogtland verbreitete Form von ▶ Bachmann.
Bähnisch: ▶ Behnisch.
Bahnsen: Herkunftsname zu dem gleichlautenden Ortsnamen in Niedersachsen.
Bahr: 1. Übername oder Hausname zu mnd. *bare* ›Bär‹. 2. Vereinzelt Übername zu mhd. *bar* ›Sohn, freier Mann‹. 3. Sorbischer Familienname zu osorb., nsorb. *bar* ›Bär‹, einem Lehnwort aus dem Deutschen. ❖ Bekannter Namensträger: Hermann Bahr, deutscher Schriftsteller (19./20. Jh.).
Bähr: 1. Übername für einen starken bzw. tapferen Menschen oder Hausname zu mhd. *bēr* ›Bär‹. 2. Aus der Kurzform eines mit »Ber-« gebildeten Rufnamens (z. B. ▶ Berwein) entstandener Familienname. 3. Möglicherweise auch ein Übername zu mhd. *bēr* ›Eber‹.
Bähre: ▶ Bähr.
Bähring: ▶ Behring.
Bährle: aus einer schwäbischen Ableitung von ▶ Bähr entstandener Familienname.
Bahrmann: ▶ Barmann.
Bahrs: ▶ Bars(ch).
Baier: ▶ Bayer.
Baierl: 1. Durch Entrundung entstandene bairisch-österreichische Form von *Bäuerl* (< *Bauer* + -*l*-Suffix, ▶ Bauer). 2. Bairisch-österreichische Ableitung von ▶ Bayer mit -*l*-Suffix.
Baierle: schwäbische Form von ▶ Baierl.
Baierlein: fränkische Form von ▶ Baierl.
Bail, Bailer: Amtsnamen zu mhd. *beigel, bei(e)l* ›das Visieren der Fässer‹, mhd. *beigle(r)* ›Visierer‹ (< afrz. *paielle* < mlat. *pagella* ›Messstab‹).
Baintner: bairisch-österreichischer Wohnstättenname zu mhd. *biunte* ›eingehegtes Grundstück‹.
Baisch: aus einer verkürzten Form von ▶ Sebastian entstandener Familienname.
Baitinger: Herkunftsname zu dem Ortsnamen (Langen-)Beutingen (Württemberg).
Bake: ▶ Back(e).
Bakker: niederdeutscher Berufsname für den Bäcker (▶ Beck[e][l.]).
Balbier(er): Berufsnamen für den Barbier (vgl. mnd. *balberer* ›Barbier‹ mit Dissimilation des ersten *r*).
Balcı: türkischer Berufsname zu türk. *balcı* ›Imker, Honigverkäufer‹.
Balcke: 1. Auf eine niederdeutsche Koseform eines mit »Bald-« gebildeten Namens (z. B. ▶ Baldwin) zurückgehender Familienname. 2. Berufsübername für einen Zimmermann, ▶ Balk(e). 3. Sorbische Ableitung von ▶ Balthasar.
Bald: ▶ Balde.
Baldas: aus einer oberdeutschen Form von ▶ Balthasar entstandener Familienname.
Baldauf: auf eine Umdeutung des alten deutschen Rufnamens Baldolf, Baldulf (*bald* + *wolf*) zurückgehender Familienname. Der unverständlich gewordene Name entwickelte sich bereits frühzeitig zu einem Übernamen in Anlehnung an mhd. *balde* ›schnell‹ und mhd. *ūf* ›auf‹ (etwa ›der schnell aufsteht, Frühaufsteher‹).
Balde: aus der Kurzform eines mit »Bald-« gebildeten Rufnamens (z. B. ▶ Baldwin) entstandener Familienname.
Balden: aus einer patronymischen Form (schwacher Genitiv) von ▶ Balde entstandener Familienname.
Baldes: ▶ Baldas.
Baldeweg: Übername zu mhd. *balde* ›schnell‹ und mhd. *enwëc* ›hinweg, fort‹ für einen rastlosen Menschen.
Baldewein: ▶ Baldwin.

Balding: patronymische Bildung auf -ing zu der Kurzform eines mit »Bald-« gebildeten Rufnamens (z. B. ▸Baldwin).

Baldinger: Herkunftsname zu den Ortsnamen Ober-/Unterbaldingen (Baden), Baldingen (Bayern, Aargau/Schweiz).

Baldrich: auf den gleichlautenden alten deutschen Rufnamen *(bald + rīhhi)* zurückgehender Familienname.

Balduf: ▸Baldauf.

Balduin: ▸Baldwin.

Baldung: patronymische Bildung auf -ung zu der Kurzform eines mit »Bald-« gebildeten Namens (z. B. ▸Baldwin). ❖ Bekannter Namensträger: Hans Baldung, deutscher Maler, Zeichner und Kupferstecher (15./16. Jh.).

Baldus: aus einer verkürzten Form von Balthasar entstandener Familienname, vgl. ▸Baltus.

Baldwin: aus dem gleichlautenden deutschen Rufnamen *(bald + wini)* entstandener Familienname. Aus diesem Rufnamen, der seit dem 9. Jahrhundert bei den flandrischen Grafen Traditionsname war, wurden vor allem im niederdeutschen Gebiet zahlreiche Familiennamen gebildet. ❖ Aus der Vollform des Namens entstanden Familiennamen wie **Baldewein** und z. T. **Bodenwein.** ❖ Zahlreicher sind die Familiennamen, die aus Kurz- und Koseformen von Baldwin entstanden sein können: Aus dem ersten Namensbestandteil ist der Familienname **Balde** mit der patronymischen Form **Balding** sowie die niederdeutschen Familiennamen **Bold(t)** und **Bolt(e)** mit der patronymischen Form **Bölting** gebildet. Aus dem weiter verkürzten ersten Namenbestandteil ist der niederdeutsche Familienname **Bahl** entstanden. Hierzu gehören die aus Koseformen abgeleiteten Familiennamen **Bahlke, Balcke** und **Bahlmann** und die patronymische Bildung **Bahls**. Die ebenfalls niederdeutsche Nebenform **Boldewin** führte zu **Boll, Böll, Bolle, Bohle** und den aus Kosebildungen abgeleiteten **Böhl(c)ke** und **Böhlmann**. Eine patronymische Bildung hierzu ist **Böhling**. Im obersächsischen Erzgebirge ist die Form **Bellmann** heimisch.

Balg: Übername zu mhd. *balc, balge* ›Balg, Haut‹, dessen Vergabe am ehesten durch den Beruf des ersten Namensträgers (etwa Kürschner, Gerber, Fleischer) motiviert wurde.

Balhorn: ▸Ballhorn.

Balinski, Balinsky: Herkunftsnamen zu dem polnischen Ortsnamen Balin.

Balk(e): 1. Berufsübernamen zu mhd. *balke* ›Balken‹ für einen Zimmermann. 2. Bei Herkunft aus der Lausitz ist auch an eine sorbische Koseform von ▸Balthasar zu denken.

Ball: 1. Aus einer durch Assimilation entstandenen Kurzform von Rufnamen, die mit »Bald-« gebildet sind (z. B. ▸Baldwin), hervorgegangener Familienname. 2. Übername zu mhd. *balle* ›Ball; Warenballen‹. Im ersten Fall könnte der Übername auf einen Ballspieler auf den mittelalterlichen Jahrmärkten, im zweiten Fall auf den Beruf des Ballenbinders oder des Fuhrmanns (vgl. mhd. *ballenvüerer*) hinweisen. ❖ Bekannter Namensträger: Hugo Ball, deutscher Schriftsteller (19./20. Jh.).

Ballas: auf eine durch Assimilation entstandene Form von ▸Baldas (Balthasar) zurückgehender Familienname.

Ballauf: ▸Baldauf.

Balle: ▸Ball.

Baller: 1. Aus dem alten deutschen Rufnamen Baldher *(bald + heri)* entstandener Familienname. 2. Berufsname zu mhd. *ball* ›Warenballen‹ für den Ballenbinder oder den Fuhrmann, der Warenballen beförderte (vgl. mhd. *ballenbinder* bzw. mhd. *ballenvüerer*).

Ballerstedt: Herkunftsname zu dem gleichlautenden Ortsnamen (Sachsen-Anhalt).

Balles: auf eine durch Assimilation entstandene Form von Baldes (▸Balthasar) zurückgehender Familienname.

Ballhorn: 1. Herkunftsname zu dem Ortsnamen Balhorn (Nordrhein-Westfalen, Hessen). 2. Wohnstättenname: Der Flurname ist Balehorne, Bal(l)horn seit dem Mittelalter mehrfach belegt (Niedersachsen, Sachsen-Anhalt). ❖ Bekannter Namensträger: Johann Bal(l)horn, Lübecker Buchdrucker (16./17. Jh.). Bei ihm erschien i. J. 1586 eine fehlerhafte Übertragung des alten lübischen Rechts vom Niederdeutschen ins Hochdeutsche, die so genannte *Editio Balhorniana*. Auf ihr beruhen die Ausdrücke »ballhornisieren« und »verballhornen« für »einen Text (in gut gemeinter Absicht) verstümmeln«.

Ballin: Herkunftsname zu dem gleichlautenden Ortsnamen (Mecklenburg-Vorpommern).

Balling, Ballinger: Herkunftsnamen zu dem Ortsnamen Ballingshausen (Unterfranken) oder assimilierte Form zu den Ortsnamen Ober-/Unterbaldingen (Baden), Baldingen (Bayern, Aargau/Schweiz).

Ballis: auf eine alemannische durch Assimilation entstandene Form von Baldes (▸ Balthasar) zurückgehender Familienname.

Ballmann: Erweiterung auf *-mann* zu ▸ Ball.

Ballschuh: aus der Umdeutung von Bal(l)schuh, einer litauischen Ableitung auf *-uhn* von ▸ Balthasar, entstandener Familienname.

Balluff: ▸ Baldauf.

Ballweg: ▸ Baldeweg.

Balm(er): 1. Herkunftsnamen zu dem Ortsnamen Balm (Baden-Württemberg, Schleswig-Holstein, Mecklenburg-Vorpommern; Bern, Solothurn, Zürich/Schweiz). 2. Wohnstättennamen zu mhd. *balme* ›Fels, Felsenhöhle‹. Die Staubbachbalm im Berner Oberland, eine hervorragende Felswand, über welche sich der Staubbach stürzt, wird in einem Reisebericht aus dem 19. Jh. folgendermaßen beschrieben: »Wir schritten in die Balm und hielten mit Entzücken hinter dem herabstürzenden Gewoge still. Es schien ein wallendes, kunstvoll geflochtenes Netz von Silberdraht herabzuhangen, durch welches wir jenseits der Thalkluft die Jungfrau, das Silberhorn und den hinteren Eiger in ruhiger Klarheit erblickten«. ❖ Ein früher Namensträger aus der Schweiz ist *Rudolfus dictus* [genannt] *ze der balme* (a. 1290). 3. ▸ Palm(e), ▸ Palmer.

Balow: Herkunftsname zu dem Ortsnamen Balow (Mecklenburg-Vorpommern).

Bals, Balser: aus verkürzten Formen von ▸ Balthasar entstandene Familiennamen.

Balster: 1. Auf eine ostfriesische Form von ▸ Balthasar zurückgehender Familienname. 2. Herkunftsname zu dem Ortsnamen Balster (ehem. Brandenburg/jetzt Polen).

Baltes: aus einer verkürzten Form von ▸ Balthasar entstandener Familienname.

Balthasar: aus dem gleichlautenden Rufnamen (›Gott [Baal] erhalte den König‹) entstandener Familienname. In Deutschland fand Balthasar im Mittelalter als Name eines der Heiligen Drei Könige Eingang in die Namengebung. Die Legende, der Reliquienkult (in Köln seit 1164) und die Dreikönigsspiele trugen zur Verbreitung der Rufnamen Melchior, Kaspar und Balthasar (vgl. ▸ Kaspar, ▸ Melchior) bei. ❖ Auf verkürzte Formen von Balthasar gehen u. a. die Familiennamen **Bals, Balser, Bal(t)z, Bal(t)zer, Baldas, Baldes, Baldus, Baltes, Baltus, Ballas, Balles, Ballis** zurück. ❖ Der Familienname **Balster** ist in Ostfriesland heimisch. ❖ Ursprünglich in Ostpreußen verbreitet waren patronymische Bildungen von Balthasar mit litauischen Suffixen: **Baltruschat, Baltruweit, Balzereit.** Der Familienname **Ballschuh** ist durch Umdeutung von Bal(l)schuh, einer litauischen Ableitung von Balthasar mit dem Suffix *-uhn*, entstanden. ❖ Bekannter Namensträger: Hans Urs von Balthasar, schweizerischer katholischer Theologe und Schriftsteller (20./21. Jh.).

Balthus: ▸ Baltus.

Baltner: Standesname oder Übername zu mhd. *palte* ›ein langer grober Wollrock, Pilgerkleid‹, mhd. *balteniere, paltenære* ›ein in grobem Wollrock einhergehender Wallfahrer, Bettler, Landstreicher‹.

Baltrusch: auf eine litauische Ableitung von ▸ Balthasar zurückgehender Familienname, der ursprünglich in Ostpreußen verbreitetet war.

Baltruschat, Baltruweit: mit litauischen Suffixen gebildete patronymische Formen zu ▸ Balthasar, die ursprünglich in Ostpreußen verbreitet waren.

Baltus: aus einer verkürzten Form von ▸ Balthasar, die aus Baltusor und Baltusar hervorgegangen ist, entstandener Familienname. ❖ Ein Bürger zu Füssen namens *Hans Baltusor* bzw. *Baltusar* ist i. J. 1502 bezeugt.

Baltz: 1. Aus einer verkürzten oberdeutschen Form von ▸ Balthasar entstandener Familienname. 2. Zum Teil kann diesem Familiennamen auch eine Koseform mit *-z-*Suffix zu einem mit »Bald-« gebildeten Rufnamen (z. B. ▸ Baldwin) zugrunde liegen.

Baltzer: aus einer früher als Rufname verbreiteten Form von ▸ Balthasar entstandener Familienname.

Balz: ▸ Baltz.

Balzer: ▸ Baltzer.

Balzereit: mit dem litauischen Suffix *-eit* gebildete patronymische Bildung zu ▸ Balthasar, die ursprünglich in Ostpreußen verbreitet war.

Bambach: Herkunftsname zu einem gleichlautenden Ortsnamen.

Bamberg(er): Herkunftsnamen zu dem Ortsnamen Bamberg (Oberfranken).

Bambey: Herkunftsname zu dem gleichlautenden Ortsnamen (Hessen).

Bamler: Übername für einen trägen Menschen (zu fnhd. *bambeln, bammeln* ›baumeln‹, woraus sich die erweiterte Bedeutung ›träge sein, nichts tun‹ ergibt).

Bamm(e): Herkunftsnamen zu dem Ortsnamen Bamme (Brandenburg). ❖ Bekannter Namensträger: Peter Bamm, deutscher Schriftsteller (19./20. Jh).

Bammer: bairisch-österreichische Form von ▸ Baumer.

Bammert: verschliffene Form von ▸ Bannwart(h).

Bammler: ▸ Bamler.

Band: Übername zu mhd., mnd. *bant* ›(Schmuck-)Band; Fassband‹ oder zu mhd. *bande* ›Streifen zum Binden der Reben‹, der sich auf die äußere Erscheinung oder auf den Beruf (vgl. ▸ Bandhauer) des ersten Namensträgers beziehen kann. ❖ Auf den Krefelder Musikalienhändler Heinrich Band (19. Jh.) geht die Bezeichnung »Bandoneon« für die Art Harmonika zurück.

Bandel: Ableitung von ▸ Band mit *-l*-Suffix.

Bandhauer: Berufsname für den Handwerker, der das Holz zu Tonnenbändern, Fassreifen haut, verfertigt (mnd. *banthouwer*).

Bandholt(z): Berufsübernamen zu mnd. *bantholt* ›Holz für Reifen‹ für den ▸ Bandhauer.

Bandixen: niederdeutsche Lautung von ▸ Bendixen.

Bandt: ▸ Band.

Bang(e): Übernamen zu mhd., mnd. *bange* ›Angst‹ für einen ängstlichen Menschen.

Bangemann: Ableitung von ▸ Bang(e) mit dem Suffix *-mann*.

Bangert: 1. Wohnstättenname zu mhd. *boumgarte*, mnd. *bōmgarde* ›Baumgarten‹. 2. Gelegentlich Übername zu mhd. *banchart*, mnd. *bankhart* ›uneheliches Kind‹, ▸ Bankert.
3. Vereinzelt Berufsname, verschliffene Form von ▸ Bannwart(h).

Bangratz: ▸ Pankratz.

Bank(e): Übernamen zu mhd. *banc* ›Bank; Tisch; Gerichtsbank; Verkaufstisch‹. 2. Herkunftsnamen zu den Ortsnamen Bank (Nordrhein-Westfalen), Banke bei Hitzacker (Niedersachsen), Bankau (Schlesien; bei Danzig).

Bankert: Übername zu mhd. *banchart*, mnd. *bankhart* ›uneheliches Kind‹. Eine Gestalt in einem Fastnachtsspiel aus dem 15. Jh. äußert sich folgendermaßen über seine Abstammung: *mein vater macht[e] mich auf einer penk* [Bank]. Es handelt sich bei dem mittelhochdeutschen und mittelniederdeutschen Wort um eine Zusammensetzung aus *Bank* und dem häufigen Namenbestandteil *-hart* (vgl. z. B. Eberhart, Gerhart), die etwa ›das auf der (Schlaf-)Bank (der Magd und nicht im Ehebett) gezeugte Kind‹ bedeutet.

Bankmann: Herkunftsname auf *-mann* zu ▸ Bank(e) (2.).

Bannack: aus einem Übernamen slawischen Ursprungs (nsorb., osorb., poln. *pan*, tschech. *pán* ›Herr‹) entstandener Familienname.

Banner: Übername zu mhd. *banier(e)*, mnd. *ban(n)er* ›Banner, Fahne als führendes Zeichen einer Schar‹.

Bannert: verschliffene Form von ▸ Bannwart(h).

Bannholzer: Wohnstättenname zu mhd. *banholz* ›Bannforst‹, d. h. ein Wald, in dem nur die dazu berechtigten Personen Holz schlagen durften.

Bannier: ▸ Banner.

Bannwart(h): Berufsnamen zu mhd. *banwart* ›Wald-, Flurschütz, Feldhüter‹.

Bänsch: ▸ Bensch.

Banse: Wohnstättenname zu mhd., mnd. *banse* ›weiter Scheunenraum seitlich der Tenne zur Aufbewahrung von Getreide und Stroh‹.

Bantel: 1. Aus einer verkürzten Form von ▸ Pantaleon entstandener Familienname. 2. Vereinzelt Herkunftsname zu den Ortsnamen Banteln bei Elze (Niedersachsen).

Bantele: aus einer alemannischen verkürzten Form von ▸ Pantaleon hervorgegangener Familienname.

Bantelmann: aus einer Ableitung von ▶ Bantel mit dem Suffix *-mann* entstandener Familienname.

Bantin: Herkunftsname zu dem gleichlautenden Ortsnamen (Mecklenburg-Vorpommern).

Bantle: ▶ Bantele.

Bantleon: aus einer verkürzten Form des Namens ▶ Pantaleon entstandener Familienname.

Bantli(n): aus alemannischen verkürzten Formen von ▶ Pantaleon entstandene Familiennamen.

Banz: Herkunftsname zu dem gleichlautenden Ortsnamen in Oberfranken.

Banzer: ▶ Pantzer, Panzer.

Banzhaff: heute vor allem württembergischer Übername, wahrscheinlich zu bairisch-schwäbisch *Banz, Panz(en)* ›Fass‹ und oberdeutsch *Hafen* ›Topf, Gefäß‹. Die beträchtliche Häufigkeit des Namens im Bereich Ulm macht die schwäbische Herkunft wahrscheinlich.

Baptist: aus dem gleichlautenden Rufnamen hervorgegangener Familienname. Baptist (zu griech. *baptistés* ›Täufer‹) fand als Beiname Johannes des Täufers Eingang in die Namengebung.

Bär: ▶ Bähr.

Baran, Baranek: aus einem Übernamen slawischen Ursprungs (nsorb., poln. *baran*, osorb. *boran* ›Widder, Schafbock‹) entstandene Familiennamen.

Baranowski, Baranowsky: Herkunftsnamen zu den polnischen Ortsnamen Baranów, Baranowo, Baranowice.

Barbe: Übername nach der Fischbezeichnung.

Barber: ▶ Barbier.

Barbier: 1. Berufsname, verkürzt aus mhd. *barbierer* für den Bartscherer. 2. Berufsübername zu mhd. *barbier(e)* ›Teil des Helms vor dem Gesicht, Bedeckung des Gesichts unter dem Helm, worin zwei Löcher für die Augen ausgeschnitten waren, Visier‹ für den Rüstungshersteller.

Barbknecht: Berufsname für den Barbiergehilfen.

Barby: Herkunftsname zu dem Ortsnamen Barby (Sachsen-Anhalt).

Barck: 1. Niederdeutscher Wohnstättenname (›wohnhaft unter Birken‹ bzw. ›wohnhaft am Berg‹) oder Herkunftsname, ▶ Bark(e), ▶ Barg(en). 2. Aus einer niederdeutschen Koseform mit *-k-*Suffix des Rufnamens Bardo entstandener Familienname.

Bardenheier, Bardenheuer: Berufsnamen für den Handwerker, der Beile und Streitäxte (mnd. *barde*, mhd. *barte*) zuhaut, schmiedet, vgl. ▶ Bartenschlager.

Bardenwerper: 1. Niederdeutscher Berufsname für den Hersteller von Beilen, Streitäxten (mnd. *barde*). Hierbei wird für das Grundwort *-werper* ›Werfer‹ eine Entstellung aus mnd. *werker* ›Bewirker, Schöpfer, Arbeiter‹ angenommen. 2. Seltener Übername, der auf das Werfen dieser Waffe bei Kampfhandlungen anspielt.

Bardohn, Barduhn: Übernamen für den Spieler einer Pfeife, die sehr tiefe Töne erzeugt (zu mhd. *purdūne, pardūne, pardaun*, mnd. *bardūn*, einem Lehnwort aus afrz. *bourdon*).

Bareiter: Herkunftsname zu dem Ortsnamen Bayreuth (Oberfranken) mit Entrundung der zweiten Silbe.

Baren(d)t: aus einer nordwestdeutschen (auch niederländischen) Form von ▶ Bernhard entstandene Familiennamen.

Bärenreiter: Herkunftsname zu den in Bayern häufigen Ortsnamen Bärnreut(h), Bernreut(h) mit Entrundung der zweiten Silbe.

Barentzen: patronymische Bildung auf *-sen* zu ▶ Baren(d)t.

Barenz: patronymische Bildung (starker Genitiv) zu ▶ Baren(d)t.

Bareuther: Herkunftsname zu dem Ortsnamen Bayreuth (Oberfranken).

Barfknecht: ▶ Barbknecht.

Barfoth: niederdeutsche Form von ▶ Barfuss.

Barfuss, Barfuß: 1. Übernamen, die am ehesten auf Beziehungen des ersten Namensträgers zu den Barfüßermönchen, den Franziskanern, hinweisen. Vereinzelt kann es sich hierbei auch um Übernamen für einen barfuß laufenden Menschen handeln. 2. Wohnstättennamen für jemanden, der in der Nähe einer Kirche oder eines Klosters der Barfüßermönche wohnte.

Barg(en): 1. Niederdeutsche Wohnstättennamen (›wohnhaft am Berg‹; mnd. *berch* ›Berg‹), die den niederdeutschen Übergang von *e* zu *a* aufweisen; vgl. auch ▶ Berg. 2. Wohnstättennamen zu mnd. *barch, barg*

›Scheune ohne Wände, Schutzdach auf Pfosten‹. 3. Herkunftsnamen zu den Ortsnamen Barg (Schleswig-Holstein), Barge (Niedersachsen, Nordrhein-Westfalen, Schlesien), Bargen (Schleswig-Holstein, Baden-Württemberg, Schlesien, Schweiz).

Bargheer: niederdeutscher Familienname, der auf das Amt des Bergherrn (vgl. mhd. *bĕrchĕrre*), d. h. des Ratsherrn, der für die Aufsicht und Verwaltung eines Bergwerksbetriebes zuständig war, zurückgeht.

Bargholt, Barghol(t)z: 1. Niederdeutsche Wohnstättennamen: ›wohnhaft am Birkengehölz‹ (vgl. ▸ Bark[e] [1.]). 2. Herkunftsnamen zu dem Ortsnamen Bargholz (Schleswig-Holstein).

Bargmann: ▸ Barg(en), ▸ Bergmann.

Bark(e): 1. Wohnstättennamen zu »Barke«, einer niederdeutschen Form für »Birke«. Ein Flurname *im Bark* (›im Birkengehölz‹) ist z. B. in Niedersachsen mehrmals bezeugt. 2. Herkunftsnamen zu den Ortsnamen Barg (Schleswig-Holstein), Bark (Schleswig-Holstein, Nordrhein-Westfalen), Barke (Niedersachsen).

Barkow: Herkunftsname zu dem gleichlautenden Ortsnamen (Mecklenburg-Vorpommern, ehem. Pommern/jetzt Polen).

Barkowski, Barkowsky: Herkunftsnamen zu polnischen Ortsnamen wie Barkowo, Barkowice u. a.

Barlach: Herkunftsname zu den Ortsnamen Barlage (Niedersachsen, Nordrhein-Westfalen), Barlohe (Schleswig-Holstein), Barkloge (Niedersachsen). ❖ Bekannter Namensträger: Ernst Barlach, deutscher Bildhauer, Grafiker und Dichter (19./20. Jh.).

Barm: ▸ Barme.

Barmann: Standesname zu mhd. *barman* ›halbfreie, zinspflichtige Person‹.

Bärmann: Erweiterung von ▸ Bähr mit dem Suffix *-mann*.

Barme: 1. Herkunftsname zu den Ortsnamen Barm (ehem. Pommern/jetzt Polen), Barme (Niedersachsen), Barmen (Nordrhein-Westfalen). 2. Niederdeutscher Wohnstättenname zu mnd. *barm* ›Deichrand, die sich am Deich häufende Erde‹: ›wohnhaft am Rande eines Deiches‹.

Barner: 1. Aus einer niederdeutschen Form von ▸ Berner (1.) entstandener Familienname. 2. Niederdeutscher Berufsname zu mnd. *bernen* ›brennen, schmelzen‹, ▸ Brenner. 3. Für Süddeutschland wird ein Berufsname zu mhd. *barn* ›Krippe, Raufen‹ für den Knecht, der dafür zuständig war, angesetzt.

Barnickel: dieser vor allem in Bamberg heimische Familienname dürfte am ehesten auf eine Zusammensetzung mit der vom Rufnamen ▸ Nikolaus abgeleiteten Kurzform Nickel zurückgehen. Die Häufigkeit dieses Namens führte schon bald dazu, dass Nickel, auch in Zusammensetzungen, als abschätziger Ausdruck verwendet wurde. So ist im Obersächsischen ein *Bosnickel* ein eigensinniges, unfolgsames Kind. Da mhd. *bar* ›nackt, bloß‹ bedeutet, könnte sich der Name auf einen armselig gekleideten Menschen bezogen haben. Der vergleichbare Name *Barjohan* ist im 16. Jh. in Bonn belegt.

Baron: 1. Übername zu mhd. *barūn* ›Baron, Großer des Reiches, geistlicher und weltlicher Herr‹. 2. Durch die Hugenotten nach Deutschland gelangter französischer Übername (afrz. *baron* ›Baron‹ < german. *baro* ›freier Mann‹). ❖ Die Hugenottin *Barbe Baron* ist i. J. 1685 in Emden überliefert. 3. Familienname slawischen Ursprungs, ▸ Baran.

Baronick: ▸ Baran.

Bars(ch): 1. Vor allem in Norddeutschland vorkommende Berufsübernamen nach der Fischbezeichnung für einen Fischer oder Fischhändler. 2. Die Familiennamen Bars(ch) können auch auf eine sorbische Ableitung von ▸ Bartholomäus zurückgehen.

Bart: 1. Zumeist handelt es sich hierbei um einen Übernamen für einen Menschen, der einen Bart trug. Da man seit dem 12. Jh. in der Regel glatt rasiert ging, fiel ein Bartträger zur Zeit der Entstehung der Familiennamen (12.–15. Jh.) auf. ❖ Aus dem Breslauer Beleg *Frenczil mit dem barte* (a. 1369) wird die Entstehung des Übernames deutlich. 2. In Norddeutschland kann diesem Familiennamen eine Kurzform von ▸ Barthold zugrunde liegen. 3. Es ist auch möglich, dass dieser Name auf eine verkürzte Form von ▸ Bartholomäus zurückgeht. 4. Nur vereinzelt kommt ein Herkunftsname zu dem Ortsnamen Barth (Mecklenburg-Vorpommern) für die Herleitung dieses Familiennamens infrage.

Bartczak: aus einer polnischen Ableitung von ▸ Bartholomäus entstandener Familienname.

Bartek: aus einer polnischen oder tschechischen Ableitung von ▸ Bartholomäus hervorgegangener Familienname.

Bartel: 1. Auf eine verkürzte Form von ▸ Bartholomäus zurückgehender Familienname. 2. Für den niederdeutschen Raum kommt auch eine Ableitung von ▸ Barthold infrage. So lautet der Vorname des i. J. 1659 überlieferten Braunschweiger Messerschmieds *Bartold Marheine* in anderen urkundlichen Einträgen *Bartheldt* und *Barthel*.

Bartelmeß: ▸ Bartholomäus.

Bartels: patronymische Bildung (starker Genitiv) zu ▸ Bartel.

Bartelt: ▸ Barthelt.

Barten: niederdeutsche patronymische Bildung (schwacher Genitiv) zu ▸ Bart (2.) oder (3.).

Bartenschlag: Berufsübername zu mhd. *bartenslac* ›Beilschlag‹ für jemanden, der Beile herstellte oder benutzte.

Bartenschlager: oberdeutscher Berufsname (zu mhd. *barte* ›Beil, Streitaxt‹ und mhd. *slahen* ›schlagen, verfertigen, schmieden‹) für den Hersteller von Beilen und Streitäxten.

Barth: ▸ Bart. ❖ Bekannte Namensträger: Karl Barth, schweizerischer Theologe (19./20. Jh.); Heinrich Barth, deutscher Afrikareisender (19. Jh.).

Barthel: ▸ Bartel.

Barthelmä, Barthelme(s): ▸ Bartholomäus.

Barthels: ▸ Bartels.

Barthelt: auf eine abgeschwächte Form von Barthold (▸ Bartel [2.]) zurückgehender Familienname.

Barthold: aus einer durch Übergang von -er- zu -ar- entstandenen niederdeutschen Form von ▸ Berthold hervorgegangener Familienname.

Bartholdi, Bartholdy: patronymische Bildungen im Genitiv zu einer latinisierten Form von ▸ Barthold.

Bartholmeß, Bartholmä, Bartholmae, Bartholmäi: ▸ Bartholomäus.

Bartholomäus: auf den gleichlautenden Rufnamen zurückgehender Familienname. Der Name des Apostels ist aramäischen Ursprungs (Bar Tolmai ›Sohn des Tolmai‹) und wurde als Bartholomaîos ins Griechische übernommen. Die latinisierte Form Bartholomäus fand im Mittelalter zusammen mit anderen Apostelnamen Eingang in die Namengebung. Der heilige Bartholomäus wurde vor allem als Patron der Fleischer, Gerber und Winzer verehrt. ❖ Aus dem Rufnamen Bartholomäus sind viele Familiennamen deutscher und slawischer Herkunft hervorgegangen. ❖ Bei Familiennamen wie **Bartelmeß, Bartholomä, Bartholmeß, Bartholome** handelt es sich um eingedeutschte Formen des Apostelnamens. ❖ **Bartholomäi, Bartholomei** sind patronymische Bildungen (lateinischer Genitiv) zu Bartholomäus. ❖ Lag die Betonung auf der ersten Silbe, so konnten verkürzte Formen wie **Bart, Bar(t)z** (mit -z-Suffix), **Bart(h)el,** bairisch-österreichisch **Bartl,** alemannisch **Bärtle** entstehen. Als patronymische Bildungen hierzu begegnen uns **Bart(h)els** im Norden und Nordwesten sowie **Bartler** im Süden des deutschen Sprachgebiets. ❖ Wurde aber Bartholomäus auf der vorletzten Silbe betont, dann führte dies zu verkürzten Formen wie **Mees, Meis, Mew(e)s, Mewis, Mebes, Mebus, Mebius, Möbes, Möbis, Möbus, Möbius.** ❖ Auf slawische Ableitungen von Bartholomäus gehen Familiennamen wie **Bartczak, Bartek, Bartlik, Bartisch, Barton, Bartosch(ek), Bartusch** u. a. zurück. ❖ Familiennamen wie **Bart(z)sch, Part(z)sch** können deutscher oder slawischer Herkunft sein.

Bartholome, Bartholomei, Bartholomeus: ▸ Bartholomäus.

Bartholz: aus der Umdeutung einer patronymischen Bildung (starker Genitiv) zu ▸ Barthold hervorgegangener Familienname.

Bartisch: aus einer slawischen Ableitung von ▸ Bartholomäus entstandener Familienname.

Bartke: 1. Aus einer niederdeutschen Koseform von ▸ Barthold entstandener Familienname. 2. Aus der eindeutschenden Schreibung von Bartko, einer sorbischen oder polnischen Ableitung von ▸ Bartholomäus, entstandener Familienname.

Bartkowiak: aus einer polnischen Ableitung von Bartek (▸ Bartholomäus) hervorgegangener Familienname.

Bartl: aus einer bairisch-österreichischen Form von ▸ Bartel (1.) hervorgegangener Familienname.

Bärtle: aus einer schwäbischen Koseform von ▶ Bartholomäus entstandener Familienname.

Bartler: patronymische Bildung auf *-er* zu einer verkürzten Form von ▶ Bartholomäus.

Bartlik: aus einer sorbischen oder polnischen Ableitung von ▶ Bartholomäus hervorgegangener Familienname.

Bartling: 1. Patronymische Bildung auf *-ling* zu ▶ Barthold. 2. Vereinzelt Herkunftsname zu dem Ortsnamen Bartlinge bei Minden (Nordrhein-Westfalen).

Bartmann: aus einer Ableitung von ▶ Bart mit dem Suffix *-mann* entstandener Familienname.

Bartnick, Bartnik, Bartnitzki: 1. Berufsnamen slawischer Herkunft zu poln. *bartnik* ›Zeidler, Imker‹. 2. Herkunftsnamen zu dem Ortsnamen Bartning/poln. Bartniki (Schlesien).

Barton: auf eine sorbische, tschechische oder polnische Ableitung von ▶ Bartholomäus zurückgehender Familienname.

Bartosch: auf eine sorbische, polnische oder tschechische Ableitung mit dem Suffix *-osch* von ▶ Bartholomäus zurückgehender Familienname.

Bartoschek: auf eine polnische oder tschechische Ableitung von ▶ Bartholomäus zurückgehender Familienname.

Bartram: auf eine durch Übergang von *-er-* zu *-ar-* entstandene niederdeutsche Form von ▶ Bertram zurückgehender Familienname.

Bartsch: aus einer ostmitteldeutschen bzw. ostniederdeutschen Koseform oder aus einer sorbischen Ableitung von ▶ Bartholomäus hervorgegangener Familienname.

Bartscher(er): auf die Berufstätigkeit des ersten Namensträgers hinweisende Familienname.

Bartusch: auf eine sorbische, polnische oder tschechische Ableitung mit dem Suffix *-usch* von ▶ Bartholomäus zurückgehender Familienname.

Bartz: 1. Auf eine mit *-z*-Suffix gebildete Koseform von ▶ Bartholomäus zurückgehender Familienname. 2. Herkunftsname zu dem Ortsnamen Barz (Mecklenburg-Vorpommern).

Bartzen: patronymische Form (schwacher Genitiv) zu ▶ Bartz (1.).

Bartzsch: ▶ Bartsch.

Baruth: Herkunftsname zu den Ortsnamen Baruth (Brandenburg, Sachsen), Baruthe (Schlesien).

Bärwald: Herkunftsname zu dem Ortsnamen Bärwalde (Sachsen, Brandenburg, ehem. Brandenburg/jetzt Polen, ehem. Pommern/jetzt Polen, Schlesien, Ostpreußen).

Barz: ▶ Bartz.

Barzel: auf eine Erweiterung mit *-l*-Suffix der Koseformen Bartz, Barz (▶ Bartholomäus) zurückgehender Familienname.

Bas: ▶ Baas.

Baş: türkischer Familienname zu türk. *baş* ›Kopf‹.

Bäsch(e): aus einer alemannischen verkürzten Form von ▶ Sebastian entstandene Familiennamen.

Bäsecke: aus einer niederdeutschen verkürzten Form von ▶ Basil(ius) hervorgegangener Familienname.

Basedow: Herkunftsname zu dem gleichlautenden Ortsnamen (Mecklenburg-Vorpommern, Brandenburg, Schleswig-Holstein). ❖ Bekannte Namensträger: Johann Bernhard Basedow, deutscher Pädagoge (18. Jh.); Karl Adolph von Basedow, deutscher Arzt (18./19. Jh.).

Baseler: 1. Herkunftsname zu dem Ortsnamen Basel (Schweiz, Westfalen). 2. Für das niederdeutsche Gebiet ist das Vorliegen eines Übernamens zu mnd. *baseln* ›unsinnig, kopflos handeln‹ möglich.

Basil: auf eine eingedeutschte Form von ▶ Basilius zurückgehender Familienname.

Basilius: aus dem gleichlautenden Rufnamen griechischen Ursprungs (›königlich‹) hervorgegangener Familienname. Vorbild für die Wahl dieses Rufnamens war der heilige Basilius, Kirchenlehrer und Erzbischof von Cäsarea (4. Jh.). ❖ Aus dem niederdeutschen Gebiet stammen die Kosebildungen **Baske, Bäsecke, Bese(c)ke.**

Baske: ▶ Bäsecke.

Basler: ▶ Baseler.

Basner: Übername zu mnd. *basen* ›unsinnig reden und handeln‹.

Basse: Herkunftsname zu den Ortsnamen Bass (Nordrhein-Westfalen), Basse (Niedersachsen, Mecklenburg-Vorpommern), Bassen (Niedersachsen).

Bassermann: oberdeutsche Schreibweise von ▶ Wassermann.

Baßler: 1. Das häufige Vorkommen des Namens Baßler im Raum Offenburg erweist ihn für Südwestdeutschland und die Schweiz als Herkunftsnamen zu dem Ortsnamen Basel. 2. Für Niederdeutschland ▶ Baseler (2.).

Bäßler: ▶ Baßler (1.).

Bassüner: Berufsname für den Posaunenbläser (mnd. *basuner*).

Bast: 1. Aus einer verkürzten Form von ▶ Sebastian entstandener Familienname. 2. Gelegentlich Herkunftsname zu dem gleichlautenden Ortsnamen (Schleswig-Holstein, ehem. Pommern/jetzt Polen).

Bastel: aus einer Ableitung von ▶ Bast (Sebastian) mit -*l*-Suffix entstandener Familienname.

Basten: auf eine verkürzte Form von ▶ Sebastian zurückgehender Familienname; möglich ist hierbei auch das Vorliegen einer patronymischen Bildung (schwacher Genitiv) zur verkürzten Form ▶ Bast.

Bastian: aus einer verkürzten Form von ▶ Sebastian entstandener Familienname.

Basting: mit -*ing*-Suffix gebildete patronymische Bildung zu ▶ Bast (Sebastian).

Bastion: ▶ Bastian.

Bastke: aus einer niederdeutschen Ableitung von ▶ Bast (Sebastian) hervorgegangener Familienname.

Bastl: vor allem in Bayern und Österreich verbreitete Form von ▶ Bastel.

Bath(e): aus einer niederdeutschen Kurzform von Rufnamen, die mit »Bat-« *(badu)* gebildet wurden, entstandene Familiennamen.

Bathge, Bathke: aus Koseformen von ▶ Bath(e) hervorgegangene Familiennamen.

Bäthge, Bäthke: Varianten von ▶ Bathge, Bathke oder von ▶ Bethge, Bethke.

Batt: aus einer alemannischen Form des lateinischen Namens Beatus (›glücklich‹) entstandener Familienname (vgl. auch den Ortsnamen St. Batten bei Bern). Nach der Legende war der heilige Beatus (7. Jh.) der erste Glaubensbote in der Schweiz.

Battermann: niederdeutscher, vor allem im Raum Hannover heimischer Familienname, der ursprünglich als Barter- oder Berterman erscheint (vgl. Stadthagen 1556 *Wilken Barterman;* Salbke 1523 *Hans Berterman*.). Zwei Deutungen sind hier möglich: 1. Berufsname zu mnd. *bartēren* ›hausieren‹. 2. Über Barteram aus dem Rufnamen ▶ Bertram entstandener Familienname.

Battmann: aus einer Ableitung von ▶ Batt mit dem Kosesuffix -*mann* hervorgegangener Familienname.

Bätz: ▶ Betz.

Batz: 1. Übername nach dem Batzen (mhd. *batze*), einer ursprünglich in Bern geprägten kleinen Münze mit dem Bild eines Bären wie in dem Wappen der Stadt. Diese Münze war seit dem 15. Jh. vor allem in Süddeutschland weit verbreitet. 2. Berufsübername zu nsorb. *batś, batśo* ›verschnittenes Schwein‹ für den Schweinekastrator. 3. Im deutsch-slawischen Kontaktgebiet von einer Kurzform von ▶ Bartholomäus abgeleiteter Familienname.

Bau: 1. Berufsübername zu mhd. *bū, bou* ›Feldbestellung‹ für den Bauern. 2. Wohnstättenname zu mhd. *bū, bou* ›Gebäude‹ für jemanden, der in einem auffälligen Gebäude wohnte. 3. Herkunftsname zu dem gleichlautenden Ortsnamen (Nordrhein-Westfalen).

Bauch: 1. Übername für einen dicken Menschen. 2. Gelegentlich kann diesem Familiennamen ein Übername zu mhd. *buch, būch* ›Schlegel, Keule‹ (vgl. mhd. *rinds-, kelber-, lemberbuch*) nach einer bäuerlichen Abgabe zugrunde liegen.

Baudach: 1. Herkunftsname zu dem gleichlautenden Ortsnamen (ehem. Brandenburg/jetzt Polen). 2. Aus einer Ableitung slawischer Rufnamen wie Budislav (urslaw. **buditi* ›wecken‹ + urslaw. **slava* ›Ruhm, Ehre‹) u. a. entstandener Familienname.

Bauder: Übername zu mhd. *būden* ›schlagen, klopfen‹.

Baudisch: auf eine Ableitung slawischer Rufnamen wie Budislav (vgl. ▶ Baudach [2.]) u. a. zurückgehender Familienname.

Baudissin: Herkunftsname zu dem Ortsnamen Bautzen, sorb. Budyšin, in der Oberlausitz. ❖ Bekannter Namensträger: Wolf Heinrich Graf von Baudissin, deutscher Schriftsteller und Übersetzer (18./19. Jh.).

Bauditz: ▶ Baudisch.

Bauer: auf den Stand bzw. die Erwerbstätigkeit des ersten Namensträgers hinweisender Familienname. Da auf dem Land nahezu alle

Dorfbewohner den gleichen Beruf ausübten, wird der Beiname Bauer zumeist in der Stadt dem vom Land Zugezogenen oder dem nebenberuflichen Bauern gegeben worden sein. ❖ Der Familienname Bauer nimmt die 13. Stelle in der gesamtdeutschen Häufigkeitsrangfolge ein. Er ist häufiger im Süden als im Norden; in Regensburg und Passau ist er der häufigste Name überhaupt. ❖ *Chunrat Paur* ist a. 1326 in Regensburg bezeugt.

Bauerfeind: ▶ Bauernfeind.

Bäuerle: schwäbische Ableitung von ▶ Bauer.

Bäuerlein: Ableitung von ▶ Bauer mit dem Suffix *-lein*.

Bauermann: ▶ Bauer.

Bauermeister: Amtsname zu mhd. *bûrmeister* ›Vorsteher einer Dorfgemeinde‹.

Bauernfeind: Übername, der auf eine feindliche Haltung gegenüber der bäuerlichen Bevölkerung hindeutet. ❖ Bei Bayreuth ist a. 1421/24 *fritz pawern veint* bezeugt.

Bauernschmidt: Berufsname für einen Schmied auf dem Lande. ❖ Vgl. den Beleg *Nikol. Burgherschmid* (Hof/Oberfranken 1521), der auf eine Tätigkeit in der Stadt hinweist.

Bauknecht: auf mhd. *bûknëht* ›Ackerknecht‹ zurückgehender Familienname.

Baum: 1. In der Regel handelt es sich um einen Wohnstättennamen für jemanden, der bei einem auffälligen Baum wohnte. 2. Im niederdeutschen Gebiet kann ein Wohnstättenname für jemanden, der beim Schlagbaum wohnte (mnd. *bôm* ›Baum, Schlagbaum‹), vorliegen. 3. Gelegentlich kann dem Familiennamen Baum ein Übername nach dem Beruf (▶ Baumgartner, ▶ Baumhackel) zugrunde liegen. ❖ Bekannte Namensträgerin: Vicky Baum, deutsche Schriftstellerin (19./20. Jh.).

Baumann: weit verbreiteter Familienname, der auf mhd. *bûman* ›Ackermann, Bauer, Pächter eines Bauerngutes‹ zurückgeht. ❖ *Fridr. der Pauman* ist a. 1338 in Regensburg bezeugt.

Baumanns: vor allem im Rheinland vorkommende patronymische Bildung (starker Genitiv) zu ▶ Baumann.

Baumbach: Herkunftsname zu dem häufigen Ortsnamen Baumbach.

Baumeister: Amtsname zu mhd. *bûmeister* ›Baumeister; Leiter der städtischen Bauten; Oberknecht in einem landwirtschaftlichen Betrieb; Beisitzer des Baudings, d. h. des Gerichtes über das Feldbauwesen und die Pacht der Hofgüter‹. ❖ Bekannter Namensträger: Willi Baumeister, deutscher Maler (19./20. Jh.).

Bäumel: Ableitung von ▶ Baum mit *-l*-Suffix.

Baumer, Bäumer: 1. Wohnstättennamen, Ableitungen auf *-er* von ▶ Baum (1.). 2. Herkunftsnamen, Ableitungen auf *-er* zu einem der vielen Ortsnamen mit dem Grundwort *-baum*. 3. Berufsnamen zu mhd. *boumen* ›mit Bäumen bepflanzen‹ für einen Obstgärtner, vgl. ▶ Bäumler (2.). 4. Amtsnamen zu mnd. *bomer* ›Baumwärter, der den Schlagbaum zu öffnen oder zu schließen hat‹, vgl. auch ▶ Böhmer.

Baumers, Bäumers: vor allem im Rheinland vorkommende patronymische Bildungen (starker Genitiv) zu ▶ Baumer.

Baumert, Bäumert: Erweiterungen von ▶ Baumer mit sekundärem *-t*.

Baumgar(d)t: ▶ Baumgarten.

Baumgärtel: oberdeutsche Ableitung von ▶ Baumgarten mit *-l*-Suffix.

Baumgarten, Baumgart: 1. Diese Familiennamen konnten ursprünglich jemanden bezeichnen, der am Obstbaumgarten wohnte, einen solchen besaß bzw. als Obstgärtner tätig war. 2. Möglich ist hierbei auch das Vorliegen eines Herkunftsnamens zu den von Norddeutschland bis Österreich äußerst häufigen gleichlautenden Ortsnamen. ❖ Die Entstehung dieses Familiennamens aus einer Wohnstättenbezeichnung zeigt der Beleg aus Regensburg a. 1341: *Læutwein in dem Paumgarten*.

Baumgartl: ▶ Baumgärtel.

Baumgartner, Baumgärtner: mit dem Suffix *-er* gebildete Ableitungen von ▶ Baumgarten.

Baumgertel: ▶ Baumgärtel.

Baumgratz: aus einer Umdeutung von ▶ Pankratz entstandener Familienname.

Baumhackel, Baumhäckel: 1. Übernamen zu mhd. *boumheckel*, mnd. *bômhekel* ›Specht‹. 2. Berufsnamen für den Baumhauer, Holzfäller (mhd. *heckel* ›Hacker, Hauer‹).

Baumhacker: Berufsname für den Baumhauer, Holzfäller, vgl. ▶ Baumhackel (2.), ▶ Baumhauer.

Baumhammer: Herkunftsname zu dem Ortsnamen Baumham (Bayern).

Baumhauer: Berufsname für den Baumhauer, Holzfäller oder für den Zimmermann, der Sattelbäume verfertigte (mnd. *bōmhower*).
Baumheckel: ▶ Baumhackel, Baumhäckel.
Baumheier, Baumheuer: ▶ Baumhauer.
Bäuml: vor allem in Bayern und Österreich verbreitete Ableitung von ▶ Baum mit *-l-*Suffix.
Bäumle: schwäbische Ableitung von ▶ Baum.
Bäumlein: Ableitung von ▶ Baum mit dem Suffix *-lein*.
Bäumler: 1. Ableitung auf *-ler* von ▶ Baum (1.). 2. Berufsname zu mhd. *boumen* ›mit Bäumen bepflanzen‹ für einen Obstgärtner. ❖ Bekannter Namensträger: Hanns Jürgen Bäumler, deutscher Eiskunstläufer (20./21. Jh.).
Bäumling(er): patronymische Ableitungen zu ▶ Baum (1.).
Baumö(h)l: aus einer Umdeutung von mhd. *boumhöuwel* ›Baumhauer, Holzfäller‹ (vgl. ▶ Baumhauer) entstandene Familiennamen.
Baums: patronymische Bildung (starker Genitiv) zu ▶ Baum.
Baumstark: Übername: ›stark, kräftig wie ein Baum‹.
Baur: vor allem in Bayern und Österreich vorkommende Variante von ▶ Bauer.
Bäurle: ▶ Bäuerle.
Baus: dieser um Mainz und Saarbrücken konzentrierte Übername gehört zu mhd. *būs* ›Fülle‹ oder zu mhd. *būsch* (▶ Bausch).
Bausback: Übername für einen Menschen mit dicken Backen (vgl. mhd. *buʒʒen* ›aufschwellen, hervorragen, hervortreten‹).
Bausch: Übername zu mhd. *būsch* ›Bausch, Wulst, Knüttel‹, auch ›Knüttelschlag‹. ❖ Bekannte Namensträgerin: Pina Bausch, deutsche Tänzerin und Choreografin (20./21. Jh.).
Bauschke: aus der eindeutschenden Schreibung slawischer Rufnamenformen wie Bušek, Buška u. Ä. (zu Budislav < urslaw. *buditi ›wecken‹ + urslaw. *slava ›Ruhm, Ehre‹) entstandener Familienname.
Bause: in Hamm, Göttingen, Erfurt häufig vertretene Variante von ▶ Baus.
Bausewein: Übername in Satzform für einen Zecher (zu fnhd. *bausen* ›prassen, schlemmen‹).
Bauser: Übername für einen Schlemmer (zu fnhd. *bausen* ›prassen, schlemmen‹).

Baustian: ▶ Bastian.
Bautz: 1. Oberdeutscher Übername zu mhd. *būʒ* ›Schlag, Stoß‹. 2. Gedehnte Form von ▶ Butz (1.) oder (2.).
Bax, Baxmann: ▶ Backes.
Bay: 1. In Schwaben, wo der Name am häufigsten vorkommt, Wohnstättenname zu dem schwäbischen Flurnamen *Bai* ›kleine Schlucht, Mulde‹, aber auch ›Riedgras‹. 2. Ableitung von einem mit dem Namenwort *boio* gebildeten Rufnamen. 3. Türkischer Familienname zu türk. *bay* ›Herr‹.
Bayer: 1. Herkunftsname: ›der aus Bayern‹. 2. Gelegentlich konnte der Name auch einem Kaufmann gegeben worden sein, der Handelsbeziehungen zu Bayern unterhielt und/oder häufig dorthin reiste.
Bayerl: Ableitung von ▶ Bayer mit *-l-*Suffix.
Bayerlein: 1. Ableitung von ▶ Bayer mit dem Suffix *-lein*. 2. Oberdeutsche, durch Entrundung entstandene Form von ▶ Bäuerlein.
Bayram: türkischer Familienname zu türk. *bayram* ›das Bayramfest am Ende des Fastenmonats Ramadan‹. Bayram wird auch als Vorname vergeben.
Bebber: Herkunftsname zu dem Ortsnamen Beber (Niedersachsen).
Bebel: aus Babilo, einer Ableitung des alten Lallnamens Babo, entstandener Familienname, vgl. auch ▶ Babel. ❖ Bekannter Namensträger: August Bebel, Mitbegründer und Führer der deutschen Sozialdemokratie (19./20. Jh.).
Beber(t): Übernamen nach einer mitteldeutschen Bezeichnung für den ▶ Biber.
Bech: Berufsübername zu mhd. *bëch*, *pëch* ›Pech‹ für den Pechsammler, den Pechbrenner, den Schuster oder den Böttcher, ▶ Pech.
Becher(er): Berufsnamen für den Pechsammler, -brenner (mhd. *bëcher[er]*) oder für den Drechsler, der Becher und Kannen aus Holz herstellte (mhd. *becherer*, mnd. *bekerer*, *bekermaker*). ❖ Chunr. Pechrer ist a. 1370 in Regensburg bezeugt. ❖ Bekannter Namensträger: Johannes R. Becher, deutscher Schriftsteller (19./20. Jh.).
Bechert: Erweiterung von Becher (▶ Becher[er]) mit sekundärem *-t*.
Bechler: vorwiegend badischer Familienname. 1. Wohnstättenname zu mhd. *bach* ›Bach‹

für jemanden, der an einem Bach wohnte.
2. Berufsname für den Pechbrenner.
Bechmann: 1. Berufsname für den Pechsammler, Pechbrenner, vgl. ▶Pech, ▶Pechmann. 2. Herkunftsname zu dem in Nordrhein-Westfalen öfter vorkommenden Ortsnamen Bech oder zu einem anderen niederdeutschen mit *Bech-* beginnenden Ortsnamen.
Bechstein: Übername zu mhd. *bĕchstein* ›Pechstein‹, *silex piceus*, ein pechschwarzer Kiesel. ❖ Bekannte Namensträger: Friedrich Wilhelm Carl Bechstein, deutscher Klavierfabrikant (19. Jh.); Ludwig Bechstein, deutscher Schriftsteller (19. Jh.).
Becht(e): aus einer früher in Hessen und in Südwestdeutschland verbreiteten Kurzform von ▶Berthold entstandene Familiennamen.
Bechtel, Bechtelmann: aus Koseformen von ▶Becht(e) entstandene Familiennamen.
Bechthold: ▶Bächtold.
Bechtle: aus einer schwäbischen Koseform von ▶Becht(e) hervorgegangener Familienname.
Bechtold: ▶Bächtold.
-beck: ältere Ableitung für Bewohner von Ortsnamen auf *-bach* (vgl. got. **-bakja* ›Bachanwohner‹), welche in Bayern, Franken und Österreich neben der neueren Ableitung auf *-er* (*-bacher*) verbreitet ist. Als Variante von *-beck* kommt auch die gerundete Form *-böck* vor. So sind Familiennamen wie ▶Dumbeck, ▶Dumböck als ›der aus Dumbach‹, ▶Steinbeck, ▶Steinböck als ›der aus Steinbach‹ aufzufassen. ❖ Die norddeutschen Familiennamen auf *-beck* sind keine Ableitungen, ihnen liegt mnd. *beke* ›Bach‹ als Grundwort von Orts- und Gewässernamen zugrunde. Z. B. tritt der Familienname ▶Asbeck schwerpunktmäßig im Raum Hagen einerseits, im Raum Landshut und Passau andererseits auf. Im ersten Fall leitet er sich von dem Ortsnamen Asbeck (Westfalen) ab, im zweiten Fall liegt ein Einwohnername zu dem Ortsnamen Asbach (Bayern) vor.
Beck(e): 1. Aus der alten oberdeutschen, bis ins mitteldeutsche Gebiet hineinreichenden Bezeichnung für den Bäcker (mhd. *becke*) entstandene Familiennamen. Bereits seit ältester Zeit wurde Brot aus gemahlenem Getreide (Gerste, Spelz, Dinkel, Roggen, Hafer und Weizen) gebacken. Es handelte sich dabei zunächst um eine Art Fladenbrot, das aus gebackenem Getreidebrei hergestellt wurde. Erst später ermöglichte die Verwendung von Hefe und Sauerteig die Zubereitung lockerer Brotsorten. Die Backkunst entwickelte sich zuerst in den Klöstern und herrschaftlichen Höfen. Sie wies später, vor allem in den großen mittelalterlichen Städten, eine große Spezialisierung auf. Hiervon zeugen noch Familiennamen wie ▶Flader, ▶Hipper, ▶Kuchler/Küchler, ▶Mutschler, ▶Semmler, ▶Zelt(n)er u. a. Den Bäcker, *der verkouft luft für bröt unde machet ez mit gerwen* [Hefe], *daz ez innen hol* [hohl] *wirt*, tadelt der berühmte Franziskaner Berthold von Regensburg (13. Jh.) in einer seiner Predigten. Aus dem Spätmittelalter sind Vorschriften erhalten, die die Qualität, das Gewicht und den Preis der Brote regeln. So wurde z. B. in Regensburg durch Probewägung auf einer Stadtwaage das Gewicht der üblichen Brote kontrolliert. Die Verordnung des Rates betonte hierbei ausdrücklich, dass das Gewicht gleich bleiben müsse, wie hoch das Brot auch aufgegangen sei. Neben den Bäckern, die ihre Erzeugnisse im eigenen Laden oder auf dem Markt verkauften, gab es auch solche (▶Hausbeck), die gegen Lohn den von den Kunden hergestellten Teig fertig buken. 2. Im niederdeutschen Raum liegt ein Wohnstättenname für jemanden, der an einem Bach (mnd. *beke*) wohnte, oder ein Herkunftsname zu den in Westfalen häufigen Ortsnamen Beck, Becke vor.
Beckenbauer: Berufsname für einen Bauern, der auch als Bäcker (mhd. *becke*) tätig war. ❖ Bekannter Namensträger: Franz Beckenbauer, deutscher Fußballspieler (20./21. Jh.).
Beckenhaub: Berufsübername zu mhd. *beckenhūbe* ›Pickelhaube‹ für den Hersteller (Helmschmied, Haubenschmied) oder Übername für den Träger.
Becker: ▶Beck(e). Diese jüngere Bezeichnung für den Bäcker wurde analog zu anderen Berufsbezeichnungen auf *-er* gebildet und breitete sich seit dem 12. Jh. im nieder- und mitteldeutschen Raum aus. Heutzutage nimmt der Familienname Becker (in dieser Schreibweise) die achte Stelle in der deutschen Familiennamen ein. Die Schreibung »Bäcker« ist erst im 16. Jh. in Anlehnung an das Verb *backen* entstanden, sie begegnet daher nur selten in Familiennamen. ❖ Bekannter

Namensträger: Boris Becker, deutscher Tennisspieler (20./21. Jh.).

Beckers: patronymische Bildung (starker Genitiv) zu ▸ Becker.

Beckert: mit sekundärem -t erweiterte Form von ▸ Becker.

Beckmann: Ableitung auf -*mann* zu ▸ Beck(e) (2.). Vgl. auch ▸ Bachmann. ❖ Bekannter Namensträger: Max Beckmann, deutscher Maler und Grafiker (19./20. Jh.).

Beder: umgelautete Form von ▸ Bader.

Bednar, Bednarek, Bednarsch, Bednarz, Bednorz: Berufsnamen slawischen Ursprungs zu tschech. *bednář*, poln. *bednarz* ›Böttcher‹.

Beeck, Beek(e): ▸ Beck(e) (2.).

Beer: ▸ Bähr.

Beerbaum, Beerbohm, Beerbom, Beerboom: 1. Niederdeutsche Wohnstättennamen für jemanden, der am Birnbaum wohnte (< mnd. *berenbom, berbom* ›Birnbaum‹). 2. Vereinzelt Herkunftsnamen zu dem Ortsnamen Beerbaum (Brandenburg).

Beerle, Beerli: aus alemannischen Koseformen von ▸ Bähr entstandene Familiennamen.

Beermann: ▸ Behrmann.

Beerwart: ▸ Berward.

Beese: 1. Übername zu mnd. *bese* ›Binse‹. 2. Herkunftsname zu den Ortsnamen Beese (Sachsen-Anhalt), Beesen (Nordrhein-Westfalen, Schleswig-Holstein).

Beethoven, van Beethoven: 1. Wohnstättennamen: ›vom Rübenhof‹. Das niederdeutsche Wort Beete wurde bereits vor dem 8. Jh. aus dem Lateinischen (lat. *bēta*) entlehnt und bezeichnete ursprünglich die Mangoldwurzel, später vor allem die rote Rübe. Bei Namen aus dem deutschen Nordwesten wie auch aus den Niederlanden bezeichnet die Präposition *van* keinen Adligen, sondern weist allein auf die Herkunft hin. 2. Herkunftsnamen zu dem gleichlautenden Ortsnamen in Flandern (Belgien). ❖ Die Vorfahren des Komponisten Ludwig van Beethoven (18./19. Jh.) waren aus Flandern nach Bonn eingewandert.

Beetz: 1. ▸ Betz. 2. Herkunftsname zu dem gleichlautenden Ortsnamen in Brandenburg.

Begemann: Herkunftsname auf -*mann* zu dem Orts- und Gewässernamen Bega (Lippe).

Beger: Übername zu mhd. *bāgen* ›laut schreien, streiten; prahlen‹.

Behag(h)el: ursprünglich vor allem im Nordwesten Deutschlands und in den Niederlanden verbreitete Übernamen zu mhd., mnd. *behagel*, mndl. *behaghel* ›wohlgefällig, angenehm, anmutig‹.

Behaim, Beham, Beheim: 1. Herkunftsnamen: ›der Böhme‹ (mhd. *Beheim*). 2. Übernamen für jemanden, der geschäftliche oder sonstige Beziehungen zu Böhmen hatte. ❖ *Oertel Pehaim von Reinhausen* ist a. 1339 in Regensburg bezeugt. ❖ Bekannter Namensträger: Martin Behaim, deutscher Reisender und Kosmograf (15./16. Jh.).

Behl: ▸ Behle(r).

Behlau: Herkunftsname zu den Ortsnamen Behlow (Brandenburg), Belau (Niedersachsen, Schleswig-Holstein), Below (Mecklenburg-Vorpommern).

Behle(r): 1. Herkunftsnamen zu den Ortsnamen Beel (Niedersachsen), Beelen (Westfalen), Behl bei Plön (Holstein), Behla (Baden-Württemberg), Behle (ehem. Brandenburg/ jetzt Polen), Bela (Böhmen). 2. Vereinzelt kann es sich hierbei um einen aus Bele, einer Lallform von Elisabeth, entstandenen Familiennamen handeln.

Behling: Herkunftsname zu den Ortsnamen Behling (Westfalen), Behlingen (Niedersachsen, Bayern), Belingen (Rheinland-Pfalz).

Behm(e), Behmer: ▸ Böhm, ▸ Böhmer (2.).

Behmisch: ▸ Böhmisch.

Behn: 1. aus der niederdeutschen Kurzform von ▸ Bernhard entstandener Familienname. 2. Übername zu mnd. *bēn* ›Bein‹.

Behncke, Behne(cke), Behnicke: aus Koseformen von ▸ Behn (1.) hervorgegangene Familiennamen.

Behning: patronymische Bildung auf -*ing* zu ▸ Behn (1.).

Behnisch: auf eine sorbische, polnische oder tschechische Ableitung von ▸ Benedikt zurückgehender Familienname.

Behnke: ▸ Behncke.

Behr: ▸ Bähr.

Behrbohm, Behrbom: ▸ Beerbaum.

Behre: ▸ Bähr.

Behrend: aus einer durch Dehnung des kurzen *e* entstandenen Variante von Berend, einer niederdeutschen Kurzform von ▸ Bernhard, hervorgegangener Familienname.

Behrends: patronymische Bildung (starker Genitiv) zu ▶ Behrend.

Behrendsen: patronymische Bildung auf *-sen* zu ▶ Behrend.

Behrendt: ▶ Behrend.

Behrens: patronymische Bildung (starker Genitiv) zu ▶ Behrend. ❖ Bekannte Namensträgerin: Hildegard Behrens, deutsche Sopranistin (20./21. Jh.).

Behrensen: 1. ▶ Behrendsen. 2. Vereinzelt Herkunftsname zu dem Ortsnamen Behrensen bei Hameln bzw. bei Nörten (Niedersachsen).

Behrenz: ▶ Behrens.

Behring: 1. Patronymische Bildung zu einem mit »Ber-« gebildeten Rufnamen (z. B. ▶ Berwein). 2. Herkunftsname zu den Ortsnamen Behringen (Niedersachsen, Thüringen) und Böhringen (Baden-Württemberg). ❖ Bekannter Namensträger: Emil Adolph von Behring, deutscher Serologe (19./20. Jh.).

Behringer: Herkunftsname auf *-er* zu ▶ Behring (2.).

Behrisch: auf eine Ableitung des slawischen Rufnamens Berisław (urslaw. *bьrati, berǫ* ›sammeln, lesen, nehmen‹ + urslaw. *slava* ›Ruhm, Ehre‹) zurückgehender Familienname.

Behrmann: 1. Berufsname zu mnd. *bērman* ›Biermann, Krüger, Wirt‹. 2. Aus einer mit dem Suffix *-mann* gebildeten Koseform von dem alten Rufnamen Bero entstandener Familienname.

Beich(e): Herkunftsnamen zu den Ortsnamen Beicha (Sachsen), Beichau (Schlesien), mit Entrundung auch zu dem Ortsnamen Beucha (Sachsen).

Beichmann: Herkunftsname, Ableitung auf *-mann* von ▶ Beich(e).

Beiel: ▶ Beihl, Beil(e).

Beielschmidt ▶ Beilschmidt.

Beielstein: ▶ Beilstein.

Beier: ▶ Bayer.

Beierlein: ▶ Bayerlein.

Beifuß: Übername nach der Pflanzenbezeichnung (mhd. *bībōz*). Dieses Wort wurde im 13. Jh. in Westfalen zu *bīfōt* ›Bei-Fuß‹ umgedeutet. Anlass für eine solche Umdeutung war wahrscheinlich der bereits seit der Antike verbreitete Glaube, dass ans Bein gebundener Beifuß vor Müdigkeit auf der Reise schütze.

Beihl, Beil(e): Berufsübernamen für den mit dem Beil (mhd. *bīhel*) Arbeitenden, insbesondere für den Zimmermann, oder für den Hersteller von Beilen, den Beil- bzw. Schwertschmied.

Beiler: 1. Amtsname, ▶ Bail, Bailer. 2. Berufsname zu alem. *Beieler* ›Bienenzüchter‹ (vgl. mhd. *bīe* ›Biene‹).

Beilschmidt: Berufsname für den Hersteller von Beilen und Streitäxten.

Beilstein: Herkunftsname zu den Ortsnamen Beilstein (Rheinland-Pfalz, Hessen, Nordrhein-Westfalen, Bayern, Baden-Württemberg) oder Bielstein, Bilstein (▶ Bielstein [1.]).

Bein: 1. Übername nach dem Körperteil (etwa in Sinne von Stelzbein, Hinkebein). 2. Im niederdeutschen Raum kann diesem Familiennamen die diphthongierte Form von ▶ Behn (Bernhard) zugrunde liegen.

Beine: ▶ Bein.

Beinhauer: Berufsname für den ▶ Fleischer, ▶ Fleischhauer, ▶ Knochenhauer (vgl. mnd. *bēn*, mhd. *bein* ›Knochen, Bein‹).

Beinhofer: Herkunftsname zu dem Ortsnamen Painhofen bei Landsberg (Bayern).

Beinhorn: Herkunftsname zu den gleichlautenden Ortsnamen in Niedersachsen. ❖ Bekannte Namensträgerin: Elly Beinhorn, deutsche Fliegerin (20./21. Jh.).

Beining: patronymische Bildung auf *-ing* zu ▶ Bein (2.).

Beinlich, Beinling: 1. Übernamen zu fnhd. *beinling* ›Hosenbein‹ für den Träger von besonders auffälligen ›Beinlingen‹. 2. Berufsübernamen für den Hersteller dieser Kleidungsstücke.

Beinroth: Herkunftsname zu den Ortsnamen Beienrode (Niedersachsen), Beinrode (Thüringen).

Beintner: ▶ Baintner.

Beisel: vor allem um Heidelberg und Pforzheim konzentrierter Name, der entweder auf den am Oberrhein noch im 14. Jh. belegten Rufnamen Biso zurückgeht oder Wohnstättenname bzw. Berufsübername zu mhd. *biese* ›Binse‹ + *-l*-Suffix ist.

Beiss, Beiß: Übernamen zu mhd. *beiz* ›Falkenjagd‹.

Beißenherz, Beißenhirtz: Übernamen in Satzform für den Jäger: ›Hetze den Hirsch‹ (zu mhd. *beiẓen* ›mit Hunden jagen‹, mhd. *hirẓ, hirtz* ›Hirsch‹).

Beisser, Beißer: 1. Übernamen zu mhd. *bīẓen* ›beißen, stechen‹ für einen bissigen Menschen. 2. Übernamen zu mhd. *beiẓer* ›der mit Falken jagt‹.

Beitel: durch Entrundung entstandene Form von ▶ Beutel.

Beitler: durch Entrundung entstandene Form von ▶ Beutler.

Beitz: Da der Name einerseits im Raum Mainz, andererseits um Neubrandenburg recht häufig ist, kommen zwei Deutungen infrage: 1. Übername zu mhd *beiẓ* ›Falkenjagd‹. 2. Herkunftsname zu den Ortsnamen Baitz (Brandenburg), Beitsch (Schlesien), Beitzsch (ehem. Brandenburg/jetzt Polen).

Bektaş: türkischer Familienname zu türk. *bek* ›hart‹ + türk. *taş* ›Stein‹: ›harter Stein‹ ❖ Bekannter Namensträger: Haci [Hadschi] Bektaş Veli (1247–1337), Begründer des verbreitetsten türkischen Derwischordens der Bektaschis.

Belcher: Herkunftsname zu dem Ortsnamen Belchen (Schwarzwald).

Belger: Herkunftsname zu den Ortsnamen Belg (Rheinland-Pfalz), Belgern (Sachsen), Belgen (ehem. Brandenburg/jetzt Polen).

Belitz: Herkunftsname zu den Ortsnamen Belitz (Mecklenburg-Vorpommern, Niedersachsen), Beelitz (Sachsen-Anhalt, Brandenburg, ehem. Brandenburg/jetzt Polen, ehem. Pommern/jetzt Polen), Böhlitz (Sachsen, Thüringen).

Belke: dieser Name ist schwerpunktmäßig im Raum Siegen und in der Lausitz vertreten. Es kommen daher zwei unterschiedliche Herleitungen infrage. 1. Bei den westdeutschen Familiennamen liegt ein Herkunftsname zu dem Ortsnamen Belecke (Nordrhein-Westfalen) vor. 2. Dem ostdeutschen Familiennamen liegt nsorb., osorb. *běly* ›weiß, hell, licht‹ zugrunde.

Bell: Herkunftsname zu den Ortsnamen Bell (Rheinland-Pfalz, Nordrhein-Westfalen), Belle, Stadtteil von Horn-Bad Meineberg (Nordrhein-Westfalen).

Bellach: Übername zu nsorb., osorb. *běly* ›weiß, hell, licht‹.

Beller: 1. Übername zu mhd. *bëllen* ›bellen, keifen, zanken‹ für einen streitlustigen Menschen. 2. Herkunftsname, Ableitung auf *-er* zu ▶ Bell.

Belling(er): Herkunftsnamen zu den Ortsnamen Belling (Mecklenburg-Vorpommern), Bellingen (Baden, Rheinland-Pfalz, Sachsen-Anhalt, Nordrhein-Westfalen).

Bellmann: 1. Obersächsischer, aus einer mit dem Suffix *-mann* gebildeten Koseform des Rufnamens ▶ Baldwin entstandener Familienname. 2. Durch *-mann* erweiterter Herkunftsname zu ▶ Bell. 3. Wohnstättenname zu mda. *Belle* ›Salweide, Weißpappel‹: ›jemand, der an den Salweiden wohnt‹.

Below: Herkunftsname zu dem gleichlautenden Ortsnamen in Mecklenburg.

Belser: Herkunftsname zu dem Ortsnamen Belsen (Baden-Württemberg, Niedersachsen).

Belter: Berufsname zu mnd. *belter* ›Lederarbeiter‹.

Beltz, Belz: 1. Berufsübernamen für den Kürschner oder Übernamen für den Träger von auffälliger Pelzkleidung (zu mhd. *belz* ›Pelz‹). 2. Gelegentlich kann diesen Familiennamen eine Koseform mit *-z*-Suffix von Rufnamen, die mit »Bald-« beginnen (▶ Baldwin), zugrunde liegen. 3. Vereinzelt Herkunftsnamen zu den Ortsnamen Beltz (Brandenburg), Alt- und Neu-Belz (ehem. Pommern/jetzt Polen).

Belzer: 1. Berufsname für den Kürschner (mhd. *belzer*). 2. Berufsübername für einen Bauern, Baumgärtner zu mhd. *belzer* ›Pfropfreis‹.

Bemmann: 1. Mit dem Suffix *-mann* gebildeter Herkunftsname: ›der Böhme‹. 2. Wohnstättenname zu niederdt. *benne* ›Torf-, Moorwiese‹.

Bena(c)k: aus einer sorbischen Ableitung von ▶ Benedikt entstandene Familiennamen.

Bencke: ▶ Behncke.

Benda: aus einer sorbischen oder tschechischen Koseform von ▶ Benedikt gebildeter Familienname. ❖ Bekannter Namensträger: Georg Anton Benda, böhmischer Komponist (18. Jh.).

Bendel: Übername zu mhd. *bendel* ›Band‹, mhd. *bendelīn* ›Bändchen‹ für den Hersteller, Verkäufer oder Träger von Schmuckbändchen.

Bender: vor allem im Westen und Nordwesten Deutschlands verbreiteter Berufsname für den Fassbinder, d. h. den Handwerker, der das Zusammenbinden der Fassdauben mit Eisenreifen besorgte, ▸ Böttcher. ❖ Bekannter Namensträger: Hans Bender, deutscher Schriftsteller (20./21. Jh.).

Bendhack(e): Berufsübernamen für den Böttcher zu mnd. *benthake* ›Bandhaken‹, einem Werkzeug, das dazu dient, die Reifen über die Gefäße zu ziehen.

Bendheuer: ▸ Bandhauer.

Bendick, Bendig, Bendik(e), Bendit(t), Bendix: aus verkürzten Formen von ▸ Benedikt entstandene Familiennamen.

Bendixen: patronymische Ableitung (schwacher Genitiv) zu ▸ Bendix.

Bendler: 1. Berufsname für den Hersteller oder Verkäufer von Schmuckbändchen. 2. Berufsname für den Bandmacher (mnd. *bendeler*), der Fassreifen herstellte.

Bendschneider: Berufsname für den Bandschneider (mnd. *bentsnider*), der das Gebinde zu den Tonnen herstellte.

Bene: auf eine verkürzte Form von ▸ Benedikt zurückgehender Familienname.

Benecke: aus einer niederdeutschen Koseform von ▸ Bernhard gebildeter Familienname.

Benedick(t), Benedict: ▸ Benedikt.

Benedikt: aus dem gleichlautenden Rufnamen lateinischen Ursprungs (›gesegnet‹) gebildeter Familienname. Die Verbreitung dieses Rufnamens geht auf den heiligen Benedikt von Nursia (5./6. Jh.), den Gründer des Benediktinerordens, zurück. ❖ Aus verkürzten Formen von lateinisch Benedictus sind die deutschen Familiennamen **Bendick, Bendig, Bendik(e), Bendit(t), Bendix, Benedick, Benedict, Benedickt, Benedix** hervorgegangen. ❖ Als patronymische Bildungen begegnen uns **Bendixen** im Norden und **Benedikter** im Süden des deutschen Sprachgebiets. ❖ Während der Familienname **Bene** eine Verkürzung des Auslauts aufweist, ist der Familienname **Dix** durch Wegfall des Anlauts entstanden. ❖ Slawischer Herkunft sind u. a. die Familiennamen **Bena(c)k, Benda, Benesch, Benisch**.

Benedikter: patronymische Bildung auf *-er* zu ▸ Benedikt.

Benedix: ▸ Benedikt.

Beneke: ▸ Benecke.

Benesch: aus einer sorbischen oder tschechischen Ableitung von ▸ Benedikt entstandener Familienname.

Bengel: 1. Übername zu mhd. *bengel* ›Prügel, Knüttel‹, bildlich für einen derben, ungehobelten Menschen. 2. Gelegentlich Herkunftsname zu dem Ortsnamen Bengel a. d. Mosel (Rheinland-Pfalz) oder Bengel im Allgäu (Bayern).

Bengler: 1. Übername zu mhd. *bengeln* ›prügeln‹ für einen Schläger. 2. Herkunftsname zu dem Ortsnamen Bengel a. d. Mosel oder im Allgäu.

Bengsch: nordostdeutsche Ableitung von ▸ Benedikt.

Benick(e): 1. ▸ Benecke. 2. Aus einer sorbischen Ableitung von ▸ Benedikt entstandene Familiennamen.

Benisch: auf eine sorbische, polnische oder tschechische Ableitung von ▸ Benedikt zurückgehender Familienname.

Benjamin: aus dem biblischen Namen Benjamin (hebr. ›Sohn von rechts‹, d. h. ›des Südens‹) hervorgegangener Familienname. ❖ Bekannter Namensträger: Walter Benjamin, Schriftsteller und Literaturkritiker (19./20. Jh.).

Benk: 1. Aus einer verkürzten Form von ▸ Benedikt hervorgegangener Familienname. 2. Herkunftsname zu dem Ortsnamen Benk (Oberfranken, Niederbayern).

Benke: ▸ Benecke.

Benker: 1. Ableitung auf *-er* von ▸ Benk. 2. Berufsname zu mhd. *banc* ›Bank, Tisch‹ für den Hersteller.

Benkert: Erweiterung von ▸ Benker mit sekundärem *-t*.

Benn: aus einer niederdeutschen Kurzform von ▸ Bernhard entstandener Familienname. ❖ Vgl. den Beleg bei Coesfeld a. 1504: *Bernt Hinricks weder borger geworden, anders genannt Benne*. ❖ Bekannter Namensträger: Gottfried Benn, deutscher Dichter (19./20. Jh.).

Benndorf: Herkunftsname zu dem Ortsnamen Benndorf (Sachsen, Sachsen-Anhalt).

Bennecke: aus einer Koseform von ▸ Benn gebildeter Familienname.

Bennemann: 1. Aus einer mit dem Suffix *-mann* gebildeten Koseform von ▸ Benn entstandener Familienname. 2. Wohnstättenname zu niederdt. *benne* ›Torf-, Moorwiese‹.

3. Vielleicht aus einer mundartlichen Form von mnd. *binnenman* ›Einheimischer, innerhalb der Mauer Wohnender‹ im Gegensatz zu *būtenman* ›Auswärtiger, Fremder‹ hervorgegangener Familienname.

Benner: oberdeutscher Berufsname zu mhd. *benne* ›Korbwagen auf zwei Rädern‹ für den Hersteller.

Bennert: 1. Mit sekundärem *-t* erweiterte Form von ▶ Benner. 2. Aus einer niederdeutschen zusammengezogenen Form von ▶ Bernhard entstandener Familienname. 3. Herkunftsname zu dem Ortsnamen Bennert (Nordrhein-Westfalen).

Bennewitz: Herkunftsname zu dem gleichlautenden Ortsnamen in Sachsen.

Benning: patronymische Bildung auf *-ing* zu ▶ Benn.

Benninger: Herkunftsname zu den Ortsnamen Benning (Oberbayern), Benningen (Württemberg, Schwaben).

Benninghaus: Herkunftsname zu dem Ortsnamen Benninghausen (Nordrhein-Westfalen).

Benoit: auf eine französische Form von ▶ Benedikt zurückgehender Familienname.

Bensch: aus einer sorbischen oder tschechischen Ableitung von ▶ Benedikt entstandener Familienname.

Bense: 1. Auf eine Weiterentwicklung des Rufnamens ▶ Benz zurückgehender Familienname. 2. Herkunftsname zu dem Ortsnamen Bensen (Niedersachsen, Ostpreußen); außerdem müssen die gleichlautende Wüstung südlich von Einbeck (Niedersachsen) und die Wüstung Benitz bei Neuhaldensleben in Betracht gezogen werden. 3. Wohnstättenname zu mhd. *binez* ›Binse‹ für jemanden, der an einem mit Binsen bewachsenen Grundstück wohnte. ❖ Bekannter Namensträger: Max Bense, deutscher Philosoph (20. Jh.).

Bensel: Berufsübername für den Maler, den Anstreicher (▶ Benseler).

Benseler: Berufsname, der den Maler, den Anstreicher bezeichnet (zu dem aus afrz. *pincel* entlehnten mhd. Wort *bënsel, pënsel* ›Pinsel‹).

Bent(e): 1. Aus einer niederdeutsch-friesischen Kurzform von ▶ Bernhard entstandene Familiennamen. 2. Herkunftsnamen zu dem Ortsnamen Bent (Niedersachsen, Nordrhein-Westfalen).

Bentele: aus einer alemannischen verkürzten Form von ▶ Pantaleon entstandener Familienname.

Benthack: ▶ Bendhack(e).

Benthi(e)n, Benti(e)n: Herkunftsnamen zu dem Ortsnamen Bentin (Mecklenburg-Vorpommern).

Bentlage: Herkunftsname zu dem Ortsnamen Bentlage (Nordrhein-Westfalen, Niedersachsen).

Bentlin: aus einer alemannischen verkürzten Form von ▶ Pantaleon entstandener Familienname.

Bentrup: Herkunftsname zu dem Ortsnamen Bentrup, Bentrop (Nordrhein-Westfalen).

Bentsch: aus einer alemannischen Koseform von ▶ Berthold entstandener Familienname.

Bentsen: patronymische Bildung auf *-sen* zu Bent(e) (▶ Bernhard).

Bentz: ▶ Benz.

Bentzen: ▶ Bentsen.

Bentzi(e)n: Herkunftsnamen zu den Ortsnamen Bentzin (Mecklenburg-Vorpommern), Benzin (Mecklenburg-Vorpommern, ehem. Pommern/jetzt Polen).

Benz: 1. Aus einer oberdeutschen, vor allem im alemannischen Raum verbreiteten Koseform von ▶ Berthold gebildeter Familienname. 2. Auf eine Koseform von ▶ Bernhard zurückgehender Familienname; eine Ableitung von ▶ Benedikt kommt nur selten infrage. 3. Bei nordostdeutscher Abstammung Herkunftsname zu dem Ortsnamen Benz (Schleswig-Holstein, Mecklenburg-Vorpommern, ehem. Pommern/jetzt Polen). ❖ Bekannter Namensträger: Carl Friedrich Benz, deutscher Ingenieur und Automobilpionier (19./20. Jh.).

Benzel: auf eine mit *-l*-Suffix gebildete Koseform von ▶ Benz zurückgehender Familienname.

Benzien: ▶ Bentzi(e)n.

Benziger, Benzing(er): Herkunftsnamen zu dem Ortsnamen Benzingen (Baden-Württemberg).

Benzin: ▶ Bentzi(e)n.

Benzler: patronymische Bildung auf *-er* zu ▶ Benzel.

Beran: Übername zu tschech. *beran* ›Widder, Schafbock‹ für einen starrsinnigen Menschen.

Beranek: Übername zu tschech. *beránek* ›Lamm‹ für einen friedfertigen Menschen.

Berard: auf eine niederdeutsche Form von ▶ Bernhard zurückgehender Familienname.

Berber: 1. Herkunftsname zu dem gleichlautenden Ortsnamen bei Kevelaer (Nordrhein-Westfalen). 2. Türkischer Berufsname zu türk. *berber* ›Barbier‹.

Berberich: 1. Wohnstättenname zu einem auf mhd. *ber* ›Beere‹ (seltener auf mhd. *bër* ›Bär‹) und mhd. *bërc* ›Berg‹ zurückgehenden Flurnamen. 2. Aus dem seltenen alten Rufnamen Beriber(h)t *(bero + beraht)* hervorgegangener Familienname.

Berbig: ▶ Berwig.

Bercht: aus einer Kurzform von Berchtold (▶ Berthold) entstandener Familienname.

Berchtold: aus einer oberdeutschen Form von ▶ Berthold entstandener Familienname.

Bereiter: 1. Berufsname zu mhd. *bereiter* ›Pferdeknecht‹, fnhd. auch ›berittener Ratsdiener‹. 2. Berufsname aus dem Bereich der mittelalterlichen Stoffherstellung. Im 14. Jh. gab es z. B. in Regensburg den Beruf des Tuchbereiters, d. i. des Handwerkers, der die »Bereitung« (Appretur) der Tuche besorgte.

Berend: aus einer niederdeutschen Kurzform von ▶ Bernhard entstandener Familienname.

Berendes, Berends: patronymische Bildungen (starker Genitiv) zu ▶ Berend.

Berendt: ▶ Berend.

Berens: ▶ Berendes, Berends.

Berg: 1. Wohnstättenname: ›wohnhaft am oder auf dem Berg‹. 2. Herkunftsname zu den häufigen Ortsnamen Berg, Berga, Berge, Bergen. ❖ Bekannter Namensträger: Alban Berg, österreichischer Komponist (19./20. Jh.).

Bergau: Herkunftsname zu dem Ortsnamen Bergau (Österreich, Ostpreußen).

Bergbauer: Berufsname, nähere Kennzeichnung eines Bauern (▶ Bauer) durch die Wohnstätte am oder auf dem Berg (▶ Berg).

Berge: ▶ Berg.

Bergemann: ▶ Bergmann.

Bergen: Herkunftsname zu dem häufigen Ortsnamen Bergen.

Berger: 1. Ableitung auf *-er* von ▶ Berg. 2. Teilweise geht der Name, vor allem in der Schreibung **Bergér,** auf den französischen Berufsnamen Berger (franz. *berger* ›Schäfer‹) zurück.

Berges: durch Verschleifung entstandene Form von Berghaus (▶ Berghaus[en]).

Bergfeld: Herkunftsname zu dem häufigen Ortsnamen Bergfeld.

Berghammer: Herkunftsname zu dem in Bayern äußerst häufigen Ortsnamen Bergham.

Berghaus(en), Berghäuser: Herkunftsnamen zu den häufigen Ortsnamen Berghaus, Berghausen. ❖ Bekannte Namensträgerin: Ruth Berghaus, deutsche Regisseurin und Theaterleiterin (20. Jh.).

Berghof(f), Berghofer: 1. Wohnstättennamen nach der Lage des Hofes am oder auf dem Berg. 2. Im niederdeutschen Gebiet kann diesen Familiennamen auch ein »Berkhof« (zu mnd. *berke* ›Birke‹) zugrunde liegen. 3. Herkunftsnamen zu den häufigen Ortsnamen Berghof, Berghofen. ❖ Bekannte Namensträgerin: Dagmar Berghoff, deutsche Fernsehmoderatorin (20./21. Jh.).

Bergholz: 1. Herkunftsname zu den Ortsnamen Bergholz (Schleswig-Holstein, Mecklenburg-Vorpommern, Brandenburg, Bayern, Elsass). 2. Wohnstättenname zu mnd. *berke* ›Birke‹ und der verhochdeutschten Form für mnd. *holt* ›Gehölz‹ für jemanden, der an einem Birkengehölz wohnte.

Bergk: ▶ Berg.

Bergler: 1. Wohnstättenname: ›wohnhaft an einem Bergl(ein)‹. 2. Herkunftsname zu den Ortsnamen Berg(e)l, Berglein, Berglern (Bayern), Bergle, Berglen (Baden-Württemberg).

Bergmann: 1. Ableitung von ▶ Berg (1.) mit dem Suffix *-mann* für jemanden, der an oder auf einem Berg wohnte. In Nordwestdeutschland sind diese Namen z. T. erst spät aus Haus- oder Hofnamen hervorgegangen. ❖ In Lippe erscheint z. B. ein Mitglied einer Familie, die im 20. Jh. den Namen »Bergmann« trägt, i. J. 1488 als *Tolle aver Berg.* 2. Berufsname für den Arbeiter in einem Bergwerk oder in einem Steinbruch.

Bergmei(e)r, Bergmey(e)r: Standesnamen, nähere Bestimmung eines Meiers (▶ Meyer) durch die Lage des Hofes (▶ Berg).

Bergmeister: Amtsname für den Vorgesetzten eines Bergwerkes oder eines Weinberges (mhd. *bërcmeister*).

Bergner: Herkunftsname zu dem häufigen Ortsnamen Bergen.

Bergold: aus einer Umdeutung von Pergtold, Berchtold (▶ Berthold) entstandener Familienname.

Bergs: patronymische Bildung (starker Genitiv) zu ▶ Berg.

Bergsträsser, Bergsträßer: Wohnstättennamen: ›wohnhaft an der Bergstraße‹.

Bergtold: auf eine Variante von Berchtold (▶ Berthold) zurückgehender Familienname.

Beringer: ▶ Behringer.

Berisha: nord- oder kosovoalbanischer Familienname.

Berk: ▶ Berke.

Berka: Herkunftsname zu dem gleichlautenden Ortsnamen (Thüringen, Hessen, Niedersachsen).

Berke: 1. Wohnstättenname zu mnd. *berke* ›Birke‹. 2. Herkunftsname zu den Ortsnamen Berka (Thüringen, Niedersachsen), Berkatal (Hessen) oder Rheinberg (Nordrhein-Westfalen), a. 1301 als Berke belegt.

Berkelmann: Herkunftsname auf -mann zu den Ortsnamen Berkel (Niedersachsen) sowie Groß- bzw. Klein-Berkel bei Hameln (Niedersachsen).

Berkemann: Wohnstättenname auf -mann zu mnd. *berke* ›Birke‹: ›wohnhaft unter Birken bzw. bei einer großen Birke‹.

Berkemeier: 1. Standesname, nähere Bestimmung eines Meiers (▶ Meyer) durch die Lage bzw. den Namen des Hofes (»Berkhof«, zu mnd. *berke* ›Birke‹). 2. Wohnstättenname: In den Quellen (z. B. in Ostfalen, aber auch in anderen Gegenden) sind die Endungen -*meier*/-*mann* häufig austauschbar, sodass »Berkemeier« auch für ▶ Berkemann eintreten kann.

Berkemer: Herkunftsname zu dem Ortsnamen Berkheim bei Esslingen und bei Biberach (Baden-Württemberg).

Berkemeyer: ▶ Berkemeier.

Berkenkamp: 1. Herkunftsname zu dem Ortsnamen Berkenkamp (Westfalen). 2. Wohnstättenname zu mnd. *berke* ›Birke‹ + mnd. *kamp* (u. a.) ›Gehölz‹ für jemanden, der an einem Birkengehölz wohnte.

Berkha(h)n: niederdeutsche Formen von ▶ Birkha(h)n.

Berkholz: 1. Herkunftsname zu den öfter vorkommenden Ortsnamen Berkholz, Birkholz (z. B. in Brandenburg). 2. Wohnstättenname zu mnd. *berke* ›Birke‹ und der verhochdeutschten Form für mnd. *holt* ›Gehölz‹.

Berlet(h), Berlett, Berlt(h): aus einer früher im ostmitteldeutschen Raum vorkommenden Kurzform von ▶ Berthold gebildete Familiennamen. Vgl. auch die Familiennamen ▶ Arlt, Arlet, Arlitt aus dem Namen Arnold.

Berlien, Berlihn: ▶ Berlin(er).

Berlin(er): 1. Herkunftsnamen; neben der deutschen Hauptstadt kommen noch andere gleichlautende Orte infrage (z. B. Berlin in Holstein). 2. Im alemannischen Raum ist eine Ableitung von dem Rufnamen Bérlin, einer Koseform von ▶ Bernhard, möglich. ❖ Dies geht aus mehreren Belegen hervor: *Berlin Ammerreych*, Schuster zu Heilbronn (a. 1504), urkundet i. J. 1514 als *Bernhard Amereich*, ein weiterer Heilbronner Bürger ist zu Beginn des 15. Jh. als *Hans Bernhard* (a. 1407) bzw. *Hans Berlin* (a. 1414) überliefert.

Berling: Herkunftsname zu dem Ortsnamen Berlingen (Rheinland-Pfalz, Limburg/Belgien) oder verkürzte Form zu Ortsnamen wie Berlinghof, Berlinghausen (Westfalen).

Berlit: ▶ Berlet(h).

Bernard: 1. Variante von ▶ Bernhard. 2. Gelegentlich liegt diesem Namen der französische Familienname Bernard, der ebenfalls auf den Rufnamen germanischer Herkunft zurückgeht, zugrunde.

Bernards: patronymische Bildung (starker Genitiv) zu Bernard (▶ Bernhard).

Bernat(h): 1. Aus einer zusammengezogenen Form von ▶ Bernhard entstandene Familiennamen. 2. Den Namen kann auch der französische Familienname Bernat, der ebenfalls auf den Rufnamen germanischer Herkunft zurückgeht, zugrunde liegen.

Bernatzki, Bernatzky: aus einer polnischen Ableitung von dem deutschen Rufnamen ▶ Bernhard entstandene Familiennamen.

Bernau(er): Herkunftsnamen zu dem häufigen Ortsnamen Bernau (Bayern, Baden-Württemberg, Brandenburg, Aargau/Schweiz, Böhmen). ❖ Bekannte Namensträgerin: Agnes Bernauer, heimliche Gemahlin Herzog Albrechts III. von Bayern (15. Jh.).

Bernd: ▶ Berndt.

Berndes: patronymische Bildung (starker Genitiv) zu ▶ Berndt.

Berndt: aus einer niederdeutschen Kurzform von ▶ Bernhard entstandener Familienname.

Berndts: patronymische Bildung (starker Genitiv) zu ▶ Berndt.

Berndtsen, Berndtzen: patronymische Bildungen auf *-sen* bzw. *-zen* zu ▶ Berndt.

Berne: aus einer alemannischen Koseform von ▶ Bernhard gebildeter Familienname.

Bernecke: aus einer niederdeutschen Koseform von ▶ Bernhard entstandener Familienname.

Bernecker, Bernegger: Herkunftsnamen zu den häufigen Ortsnamen Berneck, Bernegg (z. B. in Württemberg, in der Schweiz, in Böhmen, in Österreich; Bad Berneck in Oberfranken).

Berner: 1. Aus dem alten deutschen Rufnamen Berinher *(ber(a)nu + heri)* entstandener Familienname. 2. Berufsname zu mnd. *bernen* ›brennen, schmelzen‹, ▶ Brenner. 3. Herkunftsname zu mehreren Ortsnamen (z. B. Bern in der Schweiz, in Nordrhein-Westfalen, aber auch der Name eines abgegangenen Ortes bei Rottweil, Berna in Schlesien).

Bernert: 1. Aus einer durch Abschwächung von *-hart* zu *-ert* entstandener Form von ▶ Bernhard hervorgegangener Familienname. 2. Im schlesisch-ostmitteldeutschen Sprachbereich kann auch ein aus ▶ Berner durch Anfügung eines unorganischen *-t* entstandener Familienname vorliegen.

Bernet(h), Bernett: aus einer zusammengezogenen Form von ▶ Bernhard, vereinzelt auch von ▶ Bernold entstandene Familiennamen.

Bernetz: patronymische Bildung (starker Genitiv) zu ▶ Bernet(h), Bernett.

Bernhard: aus dem gleichlautenden Rufnamen *(ber[a]nu + harti)* entstandener Familienname. Zur Beliebtheit dieses Rufnamens im Mittelalter trug auch die Verehrung des heiligen Bernhard von Clairvaux (11./12. Jh.) bei. ❖ Als Varianten von Bernhard begegnen uns die Familiennamen **Bernhardt** und **Bernard** mit den patronymischen Bildungen im Genitiv **Bernhards** und **Bernards.** ❖ Aus der latinisierten Form Bernhardus sind die patronymischen Bildungen (lateinischer Genitiv) **Bernhardi** und **Bernhardy** hervorgegangen. ❖ Die Familiennamen **Bernath, Berneth, Bernett, Bernoth, Bernott** sind aus zusammengezogenen Formen von Bernhard entstanden. ❖ Die Familiennamen **Bernecke** und **Bernicke** gehen auf niederdeutsche Koseformen zurück. ❖ Den im Nordwesten vorkommenden Familiennamen **Barend, Baren(d)t** mit den patronymischen Formen **Barenz** und **Barentzen** liegt eine Kurzform von Bernhard zugrunde. ❖ Bei den niederdeutschen Familiennamen **Bernd(t), Berend(t), Behrend(t)** handelt es sich ebenfalls um Kurzformen von Bernhard. Hierzu gehören patronymische Bildungen im Genitiv wie **Berns, Berndts, Berend(e)s, Behren(d)s** und patronymische Ableitungen auf *-sen* wie **Bernsen, Berndtsen, Berntzen, Behren(d)sen.** ❖ Auch bei **Behn** und **Benn** liegen niederdeutsche Kurzformen von Bernhard vor. Aus deren Koseformen leiten sich Familiennamen wie **Behncke, Behnicke, Ben(e)cke, Bennecke** ab. Patronymische Bildungen auf *-ing* sind die Familiennamen **Behning** und **Benning.** ❖ Auf einer friesischen Kurzform von Bernhard beruhen die Familiennamen **Bent(e), Bentsen** und **Bentzen.** ❖ Alemannischer Herkunft sind die Familiennamen **Berne** und **Berni.** ❖ Die aus Koseformen mit *-z-*Suffix entstandenen Familiennamen **Bätz, Beetz** und **Betz** können sowohl zu Bernhard als auch zu ▶ Berthold gehören. ❖ Der Familienname **Bernatzky** ist aus einer polnischen Ableitung von Bernhard entstanden. ❖ Bekannter Namensträger: Thomas Bernhard, österreichischer Schriftsteller (20. Jh.).

Bernhardi: patronymische Bildung (Genitiv der latinisierten Form Bernhardus) zu ▶ Bernhard.

Bernhards: patronymische Bildung (starker Genitiv) zu ▶ Bernhard.

Bernhardt: ▶ Bernhard.

Bernhardy: ▶ Bernhardi.

Bernhardz: patronymische Bildung (starker Genitiv) zu ▶ Bernhard.

Bernhart: ▶ Bernhard.

Bernhold: durch Umdeutung von ▶ Bernold in Anlehnung an das Adjektiv »hold« entstandener Familienname.

Berni: aus einer alemannischen Koseform von ▶ Bernhard entstandener Familienname.

Bernicke: aus einer niederdeutschen Koseform von ▶ Bernhard hervorgegangener Familienname.

Berning: vor allem im Raum Münster (Westfalen) häufiger Familienname, der aus dem alten deutschen Rufnamen Berning *(ber[a]nu + -ing-*Suffix) hervorgegangen ist.

Berninger: oberdeutsche patronymische Bildung auf *-er* zu dem alten deutschen Rufnamen ▶ Berning.

Bernold: aus dem alten deutschen Rufnamen Bernwalt *(ber[a]nu + walt)* gebildeter Familienname.

Bernoth, Bernott: aus einer zusammengezogenen Form von ▶ Bernhard hervorgegangene Familiennamen.

Bernreit(h)er: Herkunftsnamen zu dem Ortsnamen Bernreit (Oberbayern, Österreich) oder zu den in Bayern häufigen Ortsnamen Bärnreut(h), Bernreut(h) mit Entrundung der zweiten Silbe.

Bernreut(h)er: Herkunftsnamen zu den in Bayern häufigen Ortsnamen Bärnreut(h), Bernreut(h).

Bernritter: Herkunftsname zu den in Bayern und Württemberg öfter vorkommenden Ortsnamen Bernried, Bernrieth.

Bernroider: Nebenform von ▶ Bernreut(h)er.

Berns: patronymische Bildung (starker Genitiv) zu ▶ Berndt.

Bernschneider: ▶ Berschneider.

Bernsdorf: ▶ Bernstorf(f).

Bernsen: patronymische Bildung auf *-sen* zu ▶ Berndt.

Bernstein: 1. Herkunftsname zu den in Bayern und Österreich häufigen Ortsnamen Bernstein, Pernstein. Darüber hinaus gibt es Bernstein im ehemaligen Brandenburg (jetzt Polen), in Baden-Württemberg und im Elsass und Bärenstein mehrfach in Südsachsen. 2. Berufsübername für den Handwerker, der Bernstein verarbeitete. Im Mittelniederdeutschen gibt es die Berufsbezeichnung *bernstēndreier* ›Bernsteindreher‹ für den Hersteller von Rosenkränzen.

Bernstorf(f): Herkunftsnamen zu den Ortsnamen Bernsdorf (Brandenburg, Sachsen, Thüringen, Hessen, ehem. Pommern/jetzt Polen, ehem. Brandenburg/jetzt Polen, Schlesien), Bernstorf(f) (Mecklenburg-Vorpommern, Bayern).

Bernt: ▶ Berndt.

Berntzen: patronymische Bildung auf *-sen* zu ▶ Berndt.

Bersch: ▶ Bertsch.

Berschneider: Berufsname für den Verschneider der Eber (zu mhd., mnd. *bēr* ›Eber, Zuchteber‹).

Berstecher: Berufsname für den Verschneider der Eber (mhd., mnd. *bēr* ›Eber, Zuchteber‹).

Bertel: ▶ Berthel.

Bertele: aus einer schwäbischen Koseform von ▶ Berth hervorgegangener Familienname.

Bertelmann: ▶ Berthelmann.

Bertels: patronymische Bildung (starker Genitiv) zu Bertel (▶ Berthel).

Bertelsmann: aus einer mit dem Suffix *-mann* erweiterten patronymischen Kurzform von ▶ Berthold entstandener Familienname.

Berth: aus der Kurzform eines mit »Bert(h)-« oder »-bert« gebildeten Rufnamens entstandener Familienname. Im Allgemeinen aber liegt diesem Familiennamen eine Kurzform von ▶ Berthold zugrunde.

Berthel: aus einer Koseform von ▶ Berth gebildeter Familienname.

Berthelmann: aus einer Erweiterung von ▶ Berthel mit dem Suffix *-mann* hervorgegangener Familienname.

Berthold: aus dem gleichlautenden, im Mittelalter besonders im süddeutschen Raum beliebten Rufnamen *(beraht + walt)* entstandener Familienname. ❖ Die große Anzahl heutiger Familiennamen, die auf regionale Varianten, Kurz- und Koseformen von Berthold zurückgehen, zeugt für die allgemeine Verbreitung des Rufnamens zur Zeit der Familiennamenentstehung. ❖ Aus der Vollform ist der niederdeutsche Familienname **Barthold** hervorgegangen. Hierzu gehört auch **Bartholdi**, eine patronymische Bildung im Genitiv zu der latinisierten Form Bartholdus. ❖ Im ober- und mitteldeutschen Raum begegnen uns die Varianten **Berchtold, Perchtold, Perthold, Bächtold** und **Bechtold**. ❖ Von der Kurzform **Becht(e)** leiten sich die Familiennamen **Bechtel, Bechtle, Bechtelmann** ab. ❖ Aus Koseformen von **Berth** sind **Bert(e)l, Berthel, Perthel, Bertele, Bertlin, Bert(h)elmann, Bertz** hervorgegangen. Die patronymische Bildung **Bertling** kommt in Westfalen vor. ❖ Aus Berchtold ist die Kurzform **Bercht** entstanden. ❖ Die Familiennamen **Berlt, Berlett** und **Berlit** sind im ostmitteldeutschen Raum heimisch. ❖ Aus alemannischen Koseformen sind die Familiennamen **Bersch, Bertsch(i), Bertschmann, Birtsch(i), Betsch(el)** und **Beß, Besse** entstanden. ❖ Der Familienname **Benz** geht i. A. auf eine alemannische, mit -z-Suffix gebildete Koseform von Berthold zurück, doch kann diesem Familiennamen auch eine Koseform von ▶ Bernhard zugrunde liegen. ❖ Dies gilt auch für **Betz**. Bei **Petz** tritt noch eine Konkurrenz mit dem Heiligennamen ▶ Peter hinzu. Die Familiennamen **Betzold** und **Petzold** sind aus Erweiterungen von Betz bzw. Petz mit dem Suffix -old (< walt) hervorgegangen. ❖ Die niederdeutschen Familiennamen **Bethge, Bethke, Bethmann** sind z. T. von Berthold, z. T. aber auch von ▶ Bertram abzuleiten. ❖ Schließlich gehen **Dold(e)** und **Told** auf eine mit dem Ausgang des ersten Nameswortes und dem zweiten Namenbestandteil gebildete Kurzform von Berthold zurück.

Bertl: ▶ Bertel.

Bertlin: aus einer alemannischen Koseform von ▶ Berthold entstandener Familienname.

Bertling: 1. Patronymische Bildung auf -ing zu einer Kurzform von ▶ Berthold. 2. Herkunftsname zu dem Ortsnamen Bertlingen (Westfalen).

Bertram: auf den gleichlautenden deutschen Rufnamen (beraht + hraban) zurückgehender Familienname. ❖ Eine niederdeutsche Variante von Bertram ist der Familienname **Bartram**. ❖ Für die Familiennamen **Bethge, Bethke** und **Bethmann** kommt auch eine Ableitung von ▶ Berthold infrage.

Bertsch, Bertschi: aus alemannischen Kurzformen von ▶ Berthold entstandene Familiennamen.

Bertschmann: aus einer Ableitung von ▶ Bertsch mit dem Suffix -mann hervorgegangener Familienname.

Bertuch: auf den alten deutschen Rufnamen Berthoch (beraht + hōh) zurückgehender Familienname. ❖ Bekannter Namensträger: Friedrich Justin Bertuch, deutscher Schriftsteller und Buchhändler (18./19. Jh.).

Bertz: 1. Aus einer Koseform von ▶ Berthold gebildete Familienname. 2. Vereinzelt Herkunftsname zu dem Ortsnamen Bertz nordwestlich von Neuß (Nordrhein-Westfalen).

Berwald, Berwalt: Herkunftsnamen zu den häufigen Ortsnamen Bärwalde (Sachsen, Brandenburg, ehem. Brandenburg/jetzt Polen, ehem. Pommern/jetzt Polen, Schlesien, bei Danzig, Ostpreußen), Beerwalde (Sachsen, Thüringen).

Berwanger: Herkunftsname zu dem Ortsnamen Berwangen (Baden-Württemberg).

Berward(t): aus dem gleichlautenden, heute nicht mehr gebräuchlichen deutschen Rufnamen (bero + wart) entstandene Familiennamen.

Berwein: aus dem alten deutschen Rufnamen Berwin (bero + wini) entstandener Familienname.

Berwig: aus dem gleichlautenden deutschen Rufnamen (bero + wīg) entstandener Familienname.

Berz: ▶ Bertz.

Besch: 1. Auf eine Variante von ▶ Bäsch(e) (Sebastian) zurückgehender Familienname. 2. Wohnstättenname, entrundete Form von Bösch (▶ Bosch).

Beschoren(er), Beschorn(er): Übernamen zu mhd. *beschorn* ›kahl geschoren‹. Diese Übernamen konnten ursprünglich einem geschorenen Menschen beigelegt werden, aber auch auf die auffällige Tonsur eines entlaufenen Mönchs anspielen. ❖ *Chunrat der Beschoren* ist a. 1329 in Regensburg bezeugt.

Besecke, Beseke: aus einer niederdeutschen verkürzten Form von ▶ Basilius entstandene Familiennamen.

Beseler: Berufsübername zu mnd. *beseler* ›langes, spitzes Messer; kurzes Schwert‹ für den Hersteller.

Besemer: Berufsname für den Besenbinder (mhd. *bëseme* ›Kehrbesen‹).

Besler: ▶ Beseler.

Besold: ▶ Betzold.

Bess, Beß: aus einer alemannischen Variante von ▶ Betz entstandene Familiennamen.

Besse: 1. ▶ Bess. 2. Vereinzelt Herkunftsname zu dem Ortsnamen Besse (Hessen).

Besser: ▶ Besserer.

Besserdich, Beßerdich: Übernamen in Satzform, die die Aufforderung ›Bessere dich!‹ enthalten.

Besserer: Amtsname zu mhd. *bezzern* ›bessern, büßen, eine Strafe bezahlen‹ für den Beamten, der die vom Gericht verhängten Geldbußen einzuziehen hatte.

Bessler, Beßler: ▶ Beseler.

Best(e): 1. Aus verkürzten Formen von ▸ Sebastian entstandene Familiennamen. 2. Vereinzelt Herkunftsnamen zu dem Ortsnamen Besten (Niedersachsen, Nordrhein-Westfalen).

Bestel: aus einer Ableitung von ▸ Best(e) (1.) mit -l-Suffix hervorgegangener Familienname.

Bestgen: besonders im Rheinland verbreiteter, aus einer mit dem Kosesuffix -gen gebildeten Ableitung von ▸ Best(e) entstandener Familienname.

Bestian: aus einer verkürzten Form von ▸ Sebastian entstandener Familienname.

Bestmann: Ableitung von ▸ Best(e) mit dem Suffix -mann.

Beth(ge), Bet(h)ke, Bethmann: 1. Aus niederdeutschen Koseformen von ▸ Berthold oder ▸ Bertram entstandene Familiennamen. 2. Vereinzelt ist das Vorliegen eines metronymischen Familiennamens zu dem weiblichen Rufnamen Beteke, einer Koseform von Elisabeth, möglich.

Betsch, Betschel: aus alemannischen Koseformen von ▸ Berthold gebildete Familiennamen.

Bettermann: 1. Berufsname auf -mann für einen Hersteller von Rosenkränzen; vgl. *Päterleinmacher = Paternosterer* ›Rosenkranzmacher‹. 2. Denkbar wäre aber auch ein von der Kurzform *Betto* (von einem mit *beraht* gebildeten Namen) abgeleiteter Hofname.

Bettführ: entstellte Form von ▸ Bötefü(h)r.

Bettin: Herkunftsname zu einem gleichlautenden Ortsnamen.

Betting(er): Herkunftsnamen zu dem häufigen Ortsnamen Bettingen (Nordrhein-Westfalen, Rheinland-Pfalz, Saarland, Baden-Württemberg).

Bettziech(e): 1. Berufsübernamen zu mhd. *bettzieche* für den Weber, der ›Bettziechen‹, d. i. Bettüberzüge, herstellte. 2. Wohnstättennamen zu den häufigen Flurnamen Bettzieche, Bettzüge, Bettzüg (< mhd. *bettzieche*) für ein lang gestrecktes, annähernd rechteckiges Flurstück.

Bettziecher: Berufsname für den Hersteller von Bettüberzügen (▸ Bettziech[e]).

Bettziege, Bettziehe: ▸ Bettziech(e).

Bettzieher: ▸ Bettziecher.

Bettzüge: durch eine Umdeutung von ▸ Bettziech(e) entstandener Familienname.

Betz: aus einer mit -z-Suffix gebildeten Koseform von ▸ Berthold oder ▸ Bernhard entstandener Familienname.

Betzler: patronymische Bildung auf -er zu ▸ Betz.

Betzold: vor allem in Franken und im mitteldeutschen Raum vorkommende Erweiterung von ▸ Betz mit dem Suffix -old.

Beuche: Herkunftsname zu dem Ortsnamen Beucha (Sachsen).

Beuerle: ▸ Bäuerle.

Beuermann: 1. Umgelautete Form von ▸ Bauermann. 2. Herkunftsname auf -mann zu einem der zahlreichen mit Beuer- beginnenden niederdeutschen Ortsnamen.

Beumers: ▸ Baumers.

Beurer: Herkunftsname zu den Ortsnamen Beuren (Rheinland-Pfalz, Baden-Württemberg, Bayern, Thüringen), Beuron (Baden-Württemberg).

Beuschel: Ableitung von ▸ Bausch mit -l-Suffix.

Beust: durch Diphthongierung entstandener Herkunftsname zu dem Ortsnamen Büste (Sachsen-Anhalt).

Beuteführ: entstellte Form von ▸ Bötefü(h)r.

Beutel: Berufsübername zu mhd. *biutel* ›Beutel, Tasche‹ für den Hersteller.

Beuter: Berufsname zu mhd. *biute*, mnd. *bute* ›Bienenkorb‹ für den Imker.

Beuth: Berufsübername zu mhd. *biute*, mnd. *bute* ›Bienenkorb‹ für den Imker.

Beuthner: 1. Herkunftsname zu den Ortsnamen Beuthen (Schlesien), Beutha (Sachsen). 2. ▸ Beuter.

Beutler: Berufsname für den Handwerker, der Beutel und Taschen aus Leder herstellte. Hierbei handelte es sich z. T. um steife Taschen, die am Gürtel zu befestigen waren, z. T. auch um weiche Beutel, die aus Lederstreifen oder Lederstücken angefertigt wurden. Beutel und Taschen wurden oft mit Metallteilen verziert. ❖ *Ulr. der pœutler der lechner* ist a. 1339 in Regensburg bezeugt.

Beutnagel: Berufsübername für einen Böttcher nach einem Gegenstand seines Handwerks (mhd. *botenagel* ›Fassnagel‹).

Beutner: ▸ Beuthner.

Beuys: Übername zu rheinisch *Bäus* ›kurze Jacke, Alltagsjacke‹, auch als Schimpfwort verwendet (< mnd. *wambois* ›Wams‹, mndl.

Beutler: *Der mittelalterliche Beutler bei Herstellung und Verkauf seiner Ware*

wambeis, wambais, wamboeys, wambeus, entlehnt aus afrz. *wambais* ›gesteppter Rock unter dem Panzer‹. ❖ Bekannter Namensträger: Joseph Beuys, deutscher Künstler (20. Jh.).

Bever: 1. Übername nach der niederdeutschen Bezeichnung (mnd. *bever*) für den ▶ Biber. 2. Herkunftsname zu den Ortsnamen Bever (Schleswig-Holstein), Bevern (Schleswig-Holstein, Niedersachsen). 3. Wohnstättenname zu dem Gewässernamen Bever, Nebenfluss der Ems oder der Oste (bei Stade).

Bevermann: Erweiterung auf *-mann* von ▶ Bever (2.) oder (3.).

Bey(e): auf eine entrundete Form von ▶ Boy(e) zurückgehende Familiennamen.

Beyer: ▶ Bayer.

Beyerle: schwäbische Ableitung von ▶ Bayer oder entrundete Form von ▶ Beuerle.

Beyerlein: ▶ Bayerlein.

Beyl(e): ▶ Beihl.

Beyler: ▶ Beiler.

Beyrer: Herkunftsname zu Ortsnamen wie Baiern, Bayern, Beuern, Beuren, die mit dem Stammesnamen der Bayern nichts zu tun haben, sondern vom Dativ Plural des althochdeutschen Wortes *būr* ›Wohngebäude‹ abgeleitet sind.

Bezold: ▶ Betzold.

Bialas, Bialek, Bialke, Biallas: Übernamen zu poln. *biały* ›weiß‹. ❖ Bekannter Namensträger: Günter Bialas, deutscher Komponist (20. Jh.).

Biber: 1. Übername nach der Tierbezeichnung. Seit alters war der Biber eine begehrte Jagdbeute. Der Biberschwanz galt als ein besonderer Leckerbissen. Doch abgesehen von dem Fleisch auch das Bibergeil, eine stark riechende Flüssigkeit, die man aus seinen Hoden gewann. Angeblich biss er sich diese auf der Flucht ab. Das Bibergeil fand in der mittelalterlichen Heilkunst häufig Verwendung. Schließlich war sein Fell für die Herstellung von Pelzwerk sehr geschätzt. 2. Vereinzelt Herkunftsname zu den Ortsnamen Biber (Bayern, Österreich) oder Bieber (Hessen) oder Hausname. ❖ Bekannter Namensträger: Heinrich Ignaz Franz Biber, österreichischer Komponist (17./18. Jh.).

Biberger: Herkunftsname zu den Ortsnamen Biberg (Bayern), Biburg (Bayern, Österreich), Vilsbiburg (Niederbayern).

Biberle: aus einer schwäbischen Ableitung von ▶ Biber entstandener Familienname.

Bichel, Bicheler: 1. Oberdeutsche Wohnstättennamen zu mhd. *bühel* ›Hügel‹: ›wohnhaft an einem Hügel‹. 2. Herkunftsnamen zu den in Süddeutschland und Österreich häufigen Ortsnamen Bichel, Bichl, Büch(e)l, Pichl.

Bichelhuber: oberdeutscher Standesname für den Bauern, dessen Grundbesitz von einer Hube (▶ Huber) auf einem Hügel (▶ Bichel) lag.

Bichelmayer, Bichelmeir: oberdeutsche Standesnamen, nähere Bestimmung eines Meiers (▶ Meyer) durch die Lage des Hofes auf einem Hügel (▶ Bichel).

Bichler: ▶ Bichel, Bicheler.

Bick: 1. Übername zu mhd., mnd. *bicke* ›Spitzhacke‹ für den Hersteller oder den Benutzer. 2. Vereinzelt kann diesen Familiennamen auch ein Hausname zugrunde liegen. ❖ So ist z. B. *Herbordus dictus zume Bycke*, Bürger zu Mainz, i. J. 1315 bezeugt. 3. Aus einer entrundeten Form von Bücki, einer

Koseform von ▸ Burkhard, gebildeter Familienname.

Bickel: 1. Übername zu mhd. *bickel* ›Spitzhacke, Pickel‹, mnd. *bickel* ›Knöchel; auch Würfel‹. Damit konnte man jemanden bezeichnen, der Spitzhacken herstellte oder sie im Rahmen seiner beruflichen Tätigkeit benutzte, ferner den Würfelmacher oder auch den Würfelspieler. 2. Aus einer Erweiterung von ▸ Bick (3.) entstandener Familienname.

Bicker: Berufsübername, z. B. für einen Bergmann, zu mnd. *bicke* ›Spitzhacke‹, mnd. *bicken* ›mit einer Spitze klopfen, mit der Bicke behauen‹, mhd. *bicken, picken* ›stechen, picken‹.

Bidermann: ▸ Biedermann. ❖ Bekannter Namensträger: Jakob Bidermann, deutscher Dramatiker (16./17. Jh.).

Biebach: 1. Vielleicht Herkunftsname zu den Ortsnamen Biedebach bei Bad Hersfeld (Hessen) oder Biedenbach südöstlich von Landshut (Bayern), der durch Zusammenziehung und Verlust des schwach betonten inlautenden *-de(n)-* entstanden sein könnte. 2. Gelegentlich Übername zu nsorb. *bibus, bibuš* ›Wurstsuppe‹, poln. *biba* ›Saufgelage‹.

Bieber: ▸ Biber.

Biebl: Übername; bairische, entrundete Verkleinerungsform von mhd. *buobe*, bair. *Bueb* ›Bube; Trossbube, Diener; Knecht; Spitzbube‹.

Biechel(e), Biechler: 1. Durch Entrundung entstandene Herkunftsnamen zu dem häufigen Ortsnamen Büchel (Nordrhein-Westfalen, Rheinland-Pfalz, Baden-Württemberg, Bayern, Thüringen). 2. Durch Entrundung entstandene Wohnstättennamen zu mhd. *buoche* ›Buche‹: ›wohnhaft bei einer (kleinen) Buche‹. 3. Durch Verhärtung des *h* entstandene Varianten von ▸ Biehl(e), Biehler.

Biedenkopf, Biedenkopp: Herkunftsnamen zu dem Ortsnamen Biedenkopf (Hessen).

Bieder: Übername zu mhd. *biderbe, bider*, mnd. *beder(ve)* ›tüchtig, brav, bieder, rechtschaffen, angesehen‹.

Biedermann: Übername zu mhd. *biderman* ›unbescholtener Mann, Ehrenmann‹. ❖ *hans biderman* ist a. 1392 in Esslingen bezeugt.

Bieg: 1. Wohnstättenname zu mhd. *biege* ›Beugung‹: ›wohnhaft an einer Beugung der Straße oder des Flusses‹. 2. Herkunftsname zu Ortsnamen wie Bieg (Mittelfranken), Biegen (Brandenburg), Niederbiegen (Baden-Württemberg).

Biegel: Wohnstättenname zu mhd. *biegel* ›Winkel, Ecke‹.

Bieger: 1. Übername für einen zänkischen Menschen (mhd. *bieger* ›Zänker, Streiter‹). 2. Ableitung auf *-er* zu ▸ Bieg.

Biegger: Übername zu mhd. *biegger* ›Gleisner, Heuchler‹.

Biehl(e), Biehler: 1. Wohnstättennamen, entrundete Formen von ▸ Bühl(er) (zu mhd. *bühel* ›Hügel‹): ›wohnhaft auf oder an einem Hügel‹. 2. Herkunftsnamen zu Ortsnamen wie Biehl (Baden-Württemberg, Bayern), Biehla (Sachsen), Biel (Saarland, Schweiz), Bielen (Thüringen), Biela, Bielau (Schlesien). 3. Im niederdeutschen Raum kann diesen Familiennamen im Übername oder ein Hausname mnd. *bīl* ›Beil‹ zugrunde liegen.

Bieker: vor allem in Siegen und Hagen verbreiteter Name; wohl Nebenform von ▸ Bicker oder ▸ Biegger.

Biel, Biela, Biele: 1. Übernamen slawischer Herkunft zu osorb., nsorb. *běły* ›weiß, licht, hell‹. 2. Herkunftsnamen zu verschiedenen Ortsnamen (▸ Biehl[e], Biehler [2.]).

Bielefeld(t): 1. Herkunftsnamen nach der gleichlautenden Stadt in Westfalen. 2. Wohnstättennamen zu dem in Westfalen mehrfach vorkommenden Flurnamen Bielefeld (zu mnd. *bīl* ›Beil‹ nach der Form des Flurstücks oder zu dem untergegangenen Wort **bīl* ›steiler Fels, Bergkegel‹ + mnd. *velt* ›Feld‹).

Bielenberg: Herkunftsname zu dem gleichlautenden Ortsnamen in Schleswig-Holstein.

Bieler: 1. Oberdeutscher Wohnstättenname, der durch Entrundung aus mhd. *bühel* ›Hügel‹ entstanden ist: ›jemand, der auf einem Hügel wohnt‹. 2. Herkunftsname zu verschiedenen Ortsnamen (▸ Biehl[e], Biehler [2.]). 3. Aus einer jüngeren Form des deutschen Rufnamens Bilhard (*billi* + *harti*) entstandener Familienname. ❖ Bekannter Namensträger: Manfred Bieler, deutscher Schriftsteller (20./21. Jh.).

Bielert: Erweiterung von ▸ Bieler mit sekundärem *-t*.

Bielfeld(t): ▸ Bielefeld(t).

Bieling: aus dem alten deutschen Rufnamen Billing (*billi* + *ing*-Suffix) gebildeter Familienname.

Bielmeier: durch Entrundung entstandene Form von ▶ Bühlmaier.

Bielstein: 1. Herkunftsname zu den Ortsnamen Bielstein (Nordrhein-Westfalen), Bilstein (Nordrhein-Westfalen, Belgien, Elsass). 2. Wohnstättenname zu dem mehrfach vorkommenden Berg- und Flurnamen Bielstein, Bilstein.

Biemann: 1. ▶ Bienemann (2.). 2. Durch Zusammenziehung entstandene Form von ▶ Bienemann (1.).

Bien: 1. Berufsübername zu mhd. *bin*, *bīn* ›Biene‹ für den Imker, Zeidler. 2. Aus einer tschechischen oder polnischen Kurzform von ▶ Benedikt oder ▶ Benjamin entstandener Familienname.

Bieneck, Bienek: vor allem in Oberschlesien verbreitete, aus einer polnischen Ableitung von ▶ Benedikt oder ▶ Benjamin entstandene Familiennamen. ❖ Bekannter Namensträger: Horst Bienek, deutscher Schriftsteller (20. Jh.).

Bienemann: 1. Herkunftsname auf *-mann* zu den Ortsnamen Biene (Niedersachsen), Bienen (Nordrhein-Westfalen). 2. Berufsname auf *-mann* zu mhd. *bin*, *bīn*, *bīe* für den Bienenzüchter.

Bienengräber: Berufsname für jemanden, der den Honig der wilden Bienen aus hohlen Bäumen herausholt, »gräbt«.

Biener: Berufsname für den Bienenzüchter.

Bienert: mit sekundärem *-t* erweiterte Form von ▶ Biener.

Bienick(e), Bieniek: ▶ Bieneck.

Bienwald: Herkunftsname zu dem Ortsnamen Binenwalde (Brandenburg).

Bier: 1. Berufsübername für den Bierbrauer, -händler oder -wirt. 2. Übername für jemanden, der gerne Bier trank. Das Bier spielte neben dem Wein eine wichtige Rolle in der mittelalterlichen Ernährung und verdrängte allmählich den Met, eine Art Honigwein. Im frühen Mittelalter erfolgte das Bierbrauen im eigenen Haushalt, auf den Königs- und Herrenhöfen sowie in den Klöstern. Erst später entstand in den Städten das selbstständige Gewerbe des Bierbrauers, der i. A. auch den Bierausschank und -verkauf besorgte. 3. Vereinzelt Herkunftsname zu dem Ortsnamen Biere (Sachsen-Anhalt).

Bieräugel: Berufsname zu mhd. *bierouge* ›Bürger, der das Recht hat, Bier zu brauen und zu schenken‹. Die Bezeichnung geht zurück auf mhd. *ougen* ›vor Augen bringen, zeigen‹: Durch Heraushängen eines Fassreifens oder eines grünen Buschs zeigte der »Bierauge« an, dass bei ihm Bier ausgeschenkt wurde. ❖ *Eckart Bierouge genant* ist a. 1331 in Gießen bezeugt.

Bierbaum: 1. Wohnstättenname zu mhd. *birboum*, mnd. *bērbom* ›Birnbaum‹: ›wohnhaft bei einem auffälligen Birnbaum‹. 2. Hausname. ❖ Dies geht z. B. aus dem Wormser Beleg *Gotzo zu dem Birnbaume* (a. 1317) hervor. 3. Herkunftsname zu dem Ortsnamen Bierbaum (Nordrhein-Westfalen, Österreich). ❖ Bekannter Namensträger: Otto Julius Bierbaum, deutscher Schriftsteller (19./20. Jh.).

Bierbrauer: aus dem gleichlautenden Beruf entstandener Familienname (vgl. ▶ Bier).

Bierdimpfel, Bierdümpfel, Bierdümpfl: Übernamen für den Bierwirt oder den Biertrinker

Bierbrauer: *Der mittelalterliche Bierbrauer beim Abfüllen des Bieres*

(zu mhd. *tümpfel* ›tiefe Stelle im Wasser; Pfütze, Lache‹).

Bierei, Biereichel, Biereige(l): durch Entrundung entstandene Formen von ▸ Bieräugel.

Bierenbrodt: niederdeutscher Übername für den Liebhaber einer Speise (mnd. *bērenbrōdt*), die aus Brotscheiben, die in Birnen oder Beerenmus gekocht wurden, bestand.

Bierer: Berufsname für den Birnenverkäufer, Obsthändler (zu mhd. *bir[e]* ›Birne‹).

Bierey(e): ▸ Bierei.

Bierfreund: Übername für jemanden, der gerne Bier trinkt.

Bierhahn: Übername für den Bierwirt oder den Biertrinker nach dem Drehzapfen am Bierfass.

Bierhake: Berufsname für einen Kleinhändler mit Bier (mnd. *hake* ›Höker, Kleinhändler‹), vgl. auch ▸ Bier.

Bierhals: Übername für einen Biertrinker.

Biermann: Berufsname auf -mann für den Bierhändler, Bierwirt, vgl. auch ▸ Bier. ❖ *Heintz Pierman* ist a. 1397 in Nürnberg bezeugt. ❖ Bekannter Namensträger: Wolf Biermann, deutscher Schriftsteller und Liedermacher (20./21. Jh.).

Biersack: Übername für einen Menschen mit einem Bierbauch (zu mhd. *sack* ›Sack‹, aber auch ›Bauch‹).

Bierschenk: Berufsname für den Gastwirt, der hauptsächlich Bier ausschenkte; vgl. auch ▸ Bier.

Bierschröder: Berufsname für den Bierverlader (mhd. *schrōter* ›der Wein- und Bierfässer auf- und abladet, sie in den Keller und aus demselben bringt‹); vgl. auch ▸ Bier.

Bierschwal(e), Bierschwall: Übernamen für einen Biersäufer (mhd. *swalch* ›Schlund‹, mnd. *swalch* ›Schlund; Schwelger‹).

Biertempfel, Biertimpel, Biertümpel, Biertümpfel: ▸ Bierdimpfel.

Bierwagen: Berufsübername für den Kleinhändler mit Bier, der mit seinem Wagen herumfuhr.

Bierwert(h), Bierwirt(h): Berufsnamen für den Wirt (mnd. *wert* ›Gastwirt‹), der hauptsächlich Bier ausschenkte.

Biesantz: ▸ Bisanz.

Biese: 1. Wohnstättenname zu mnd. *bēse* ›Binse‹. 2. Wohnstättenname zu dem Gewässernamen Biese in der Altmark. 3. Herkunftsname zu dem Ortsnamen Biesen (Brandenburg, Sachsen, Nordrhein-Westfalen, Bayern).

Biester: Übername zu mnd. *bīster* ›verwildert, verwirrt, verkommen; unzüchtig; elend, schlecht‹.

Biewald: durch Schwund des *-n-* vor dem Konsonanten *w* aus ▸ Bienwald entstandener Familienname.

Bigalke: Familienname polnischer Herkunft, dem ein Übername zu poln. *biegać* ›(herum)laufen‹ zugrunde liegt.

Bigge: Herkunftsname zu dem Ortsnamen Bigge (Nordrhein-Westfalen).

Biggel: ▸ Bickel (2.).

Biggen: Herkunftsname zu dem Ortsnamen Biggen (Nordrhein-Westfalen).

Bihler: 1. Oberdeutsche, vor allem schwäbische Form von ▸ Bühler. 2. Herkunftsname zu den in Süddeutschland häufigen Ortsnamen Bichel, Büchel, Bühl.

Bild: Hausname, i. A. nach der Bemalung des Hauses mit einem Heiligen- oder Muttergottesbild. ❖ Ein früher Beleg aus Worms (a. 1307) ist *Joh. dictus de picta domo*, der i. J. 1312 als *zu deme gemalten hūse* überliefert ist.

Bilger: Übername zu mhd. *bilgerīm* ›Pilger‹. Das Wort, das aus mlat. *pelegrinus* (< lat. *peregrinus* ›fremd‹) entlehnt wurde, bezeichnete ursprünglich die nach Rom wallfahrenden Ausländer.

Bilk: 1. Herkunftsname zu dem Ortsnamen Bilk (Nordrhein-Westfalen). 2. Übername zu mnd. *bilk* ›billig, passend, gerecht‹.

Bill: 1. Berufsübername für einen Müller nach einem Gegenstand seiner Tätigkeit (zu mhd. *bil* ›Steinhaue‹, mhd. *billen* ›behauen, [den Mühlstein] schärfen‹). 2. Übername für einen Menschen mit einem umfangreichen Gesäß (zu mnd. *bille* ›Hinterbacke‹). 3. Aus dem alten Rufnamen Billo *(billi)* entstandener Familienname. 4. Vereinzelt kann dem Familiennamen auch der Ortsname Billwaerder bei Hamburg, a. 1456 als Bille belegt, oder der Gewässername Bille, rechter Nebenfluss der Elbe, der oberhalb Hamburg mündet, zugrunde liegen.

Billeb: Herkunftsname zu dem Ortsnamen Billeben (Thüringen).

Biller: 1. Im bairisch-österreichischen Raum Wohnstättenname zu mhd. *bühel* ›Hügel‹

(▶ Bieler [1.]). 2. Übername zu mhd. *büllen* ›heulen, bellen‹. 3. Berufsübername zu mhd. *billen* ›behauen, (den Mühlstein) schärfen‹.

Billerbeck: Herkunftsname zu dem häufigen Ortsnamen Billerbeck (Niedersachsen, Nordrhein-Westfalen, ehem. Pommern/jetzt Polen).

Billig: 1. Übername zu mhd. *billich* ›billig, gemäß, geziemend‹. 2. Herkunftsname zu dem gleichlautenden Ortsnamen in Nordrhein-Westfalen oder zu Wasserbillig in Luxemburg. 3. Auf eine Variante von ▶ Billing zurückgehender Familienname.

Billing: aus dem alten gleichlautenden Rufnamen (*billi* + *-ing*-Suffix) entstandener Familienname.

Bilstein: ▶ Bielstein.

Bilz: Übername zu mhd. *bülz, bülez* ›Pilz‹.

Binckebanck: ▶ Pink, Pinkepank.

Bindauf: Übername in Satzform, der in Verbindung mit der beruflichen Tätigkeit des ersten Namensträgers entstanden sein dürfte. Ihm kann mnd. *upbinden* ›losbinden; zusammenpacken, die Arbeit einstellen‹, mhd. *ūfbinden* ›aufbinden, losbinden, auspacken, die Warenballen auspacken‹ oder fnhd. *aufbinden* ›[die Ware] zuoberst binden, damit betrügen, sie jemandem aufschwindeln‹ zugrunde liegen.

Bindemann: Herkunftsname, Ableitung auf *-mann* zu dem Ortsnamen Binde (Sachsen-Anhalt).

Binder: 1. Vorwiegend im Südosten des deutschen Sprachgebiets verbreiteter Berufsname für den Fassbinder, d. h. den Handwerker, der das Zusammenbinden der Fassdauben besorgte, ▶ Böttcher. 2. In Norddeutschland eher Herkunftsname zu den Ortsnamen Binder (Niedersachsen), Binde (Sachsen-Anhalt).

Bindernagel: ▶ Bindnagel.

Binding: Übername zu mnd. *bindinge* ›Band‹. ❖ Bekannter Namensträger: Rudolf Georg Binding, deutscher Schriftsteller (19./20. Jh.).

Bindnagel: Berufsübername für einen Bauern nach dem Bindnagel, einem zum Garbenbinden dienenden Pflock, oder für einen Fassbinder.

Bindseil: Berufsübername für den Seiler zu mnd. *bintsel* ›Seil, um Taue zusammenzubinden; Strick, Halfter‹, mhd. *bintseil* ›Halfter‹.

Binge: 1. Herkunftsname zu dem Ortsnamen Bingen (Rheinland-Pfalz, Baden-Württemberg). 2. Wohnstättenname zu mhd. *binge* ›Vertiefung, Graben‹.

Bingel: Ableitung zu ▶ Binge (2.) mit *-l*-Suffix. ❖ Bekannter Namensträger: Horst Bingel, deutscher Schriftsteller (20./21. Jh.).

Bingemann: Ableitung auf *-mann* zu ▶ Binge.

Bingen: ▶ Binge (1.).

Binger: Ableitung auf *-er* zu ▶ Binge.

Binkebank: ▶ Pink, Pinkepank.

Binner: 1. Niederdeutsche Nebenform von ▶ Binder (2.). 2. Bei oberdeutscher Herkunft vermutlich Nebenform von ▶ Benner.

Binswanger: Herkunftsname zu den häufigen Ortsnamen Binswangen (Bayern, Baden-Württemberg), Binzwangen (Mittelfranken, Baden-Württemberg). ❖ Bekannter Namensträger: Ludwig Binswanger, schweizerischer Psychiater (19./20. Jh.).

Binter: ▶ Binder (1.).

Binz: 1. Alemannische Nebenform von ▶ Benz. 2. Wohnstättenname zu mhd. *binez* ›Binse‹ für jemanden, der an einem mit Binsen bestandenen Flurstück wohnte.

Birch: 1. Wohnstättenname zu mhd. *birche* ›Birke‹: ›wohnhaft unter Birken oder bei einer auffälligen Birke‹. 2. Herkunftsname zu den Ortsnamen Birch (Aargau/Schweiz), Birchen, abgegangen bei Löffingen (Baden-Württemberg), Birchen (Niederbayern, Schweiz) u. a.

Bircher, Birchner: Wohnstättennamen oder Herkunftsnamen; Ableitungen auf *-(n)er* zu ▶ Birch. ❖ Bekannter Namensträger: Maximilian Oskar Bircher-Benner, schweizerischer Arzt, Erfinder des Birchermüeslis (19./20. Jh.).

Birck: ▶ Birk.

Birg(e)l: aus einer entrundeten Form von Bürgel (▶ Burkhard) entstandene Familiennamen.

Birgig: ▶ Birkigt.

Birk: 1. Wohnstättenname für jemanden, der unter Birken bzw. bei einer auffälligen Birke wohnte. 2. Herkunftsname zu Ortsnamen wie Birk, Birka, Birken. 3. Aus einer entrundeten Form von Bürk (▶ Burkhard) hervorgegangener Familienname.

Birke: ▶ Birk (1.), (2.).

Birkel: aus einer entrundeten Form von Bürkel (▶ Burkhard) entstandener Familienname.

Birkelbach: Herkunftsname zu dem gleichlautenden Ortsnamen (Baden-Württemberg, Nordrhein-Westfalen).

Birkenfeld: Herkunftsname zu dem häufigen Ortsnamen Birkenfeld.

Birkenhof(er): 1. Herkunftsnamen zu dem häufigen Ortsnamen Birkenhof. 2. Wohnstättennamen für jemanden, der auf einem so genannten Hof wohnte.

Birkenholz: Wohnstättenname: ›wohnhaft am Birkengehölz‹ (mhd. *holz* ›Gehölz, Wald‹).

Birkenmeier: Standesname, nähere Bestimmung eines Meiers (▶ Meyer) durch die Lage des Hofes (▶ Birk [1.]).

Birkenstock: Wohnstättenname für jemanden, der an einer Stelle siedelte, die zuvor mit Birken bestanden war (vgl. mhd. *stoc* ›Baumstumpf‹).

Birker: Ableitung auf *-er* von ▶ Birk (1.) oder (2.).

Birkha(h)n: Übernamen nach der Vogelbezeichnung für einen Jäger.

Birkholz: 1. ▶ Birkenholz. 2. Herkunftsname zu dem gleichlautenden Ortsnamen (Brandenburg, Sachsen-Anhalt).

Birkigt: 1. Wohnstättenname für jemanden, der am Birkengehölz wohnte. 2. Herkunftsname zu den Ortsnamen Birkig (Bayern), Birkigt (Sachsen, Sachsen-Anhalt, Thüringen).

Birkle, Birkl(e)in: aus entrundeten Koseformen von ▶ Burkhard entstandene Familiennamen.

Birkmann: Wohnstättenname auf *-mann*: ›wohnhaft unter Birken oder bei einer auffälligen Birke‹.

Birkner: Ableitung auf *-ner* von ▶ Birk (1.) oder (2.).

Birnbaum: 1. Wohnstättenname: ›wohnhaft bei einem auffälligen Birnbaum‹. 2. Herkunftsname zu dem häufigen Ortsnamen Birnbaum. 3. Hausname: ein Haus *zum Birboume* ist i. J. 1336 in Würzburg belegt; ein solcher Hausname kommt auch in anderen mittelalterlichen Städten (z. B. in Köln, Frankfurt a. M., Worms und Straßburg) vor.

Birner: 1. Berufsname für den Edelmetallschmelzer, Münzer und Prüfer von Erzeugnissen aus Gold oder Silber (md. *birnen* ›brennen, schmelzen‹). ❖ Bereits im 12. Jh. ist ein Kölner Bürger namens *Heinrich Birne-*

Bischof: *Ein Lehns- oder Dienstverhältnis zu einem mittelalterlichen Bischof trug zur Entstehung dieses Familiennamens bei.*

re überliefert. 2. Berufsübername zu mhd. *bir(e)* ›Birne‹ für den Obstgärtner, -verkäufer. 3. Vereinzelt kann diesem Familiennamen ein Herkunftsname zu den Ortsnamen Birnau (am Bodensee), Pirna (Sachsen) zugrunde liegen.

Birnstiel: Übername, dessen Vergabe möglicherweise damit zusammenhängt, dass der Birnstiel als Inbegriff der Geringwertigkeit galt.

Biro, Bíró: Amtsnamen zu ung. *bíró* ›Richter‹.

Birr: am ehesten Übername zu mhd. *bir* ›Birne‹.

Birsner: Berufsname für einen Jäger (zu mhd. *birsen, pirsen* ›pirschen, mit Spürhunden jagen‹).

Birtsch(i): aus Varianten von ▶ Bertsch entstandene Familiennamen.

Bisanz: Herkunftsname zu der früheren deutschen Namensform der französischen Stadt Besançon.

Bischof(f): 1. Übernamen, die ursprünglich jemanden bezeichneten, der Inhaber eines bischöflichen Lehens war oder im Dienste eines Bischofs stand. Gelegentlich können diese Namen auch eine Anspielung auf das angeberische Verhalten des ersten Namensträgers enthalten. Nur sehr selten dürften diese Familiennamen auf eine Spielrolle in einem geistlichen Spiel zurückzuführen sein. 2. Ganz vereinzelt Herkunftsnamen zu dem Ortsnamen Bischof (Schleswig-Holstein, Niedersachsen, Bayern, ehem. Pommern/jetzt Polen).

Bischofs: patronymische Bildung (starker Genitiv) zu ▶ Bischof(f) (1.).

Biskop: 1. Aus einer niederdeutschen Form von ▶ Bischof(f) entstandener Familienname. ❖ So ist a. 1339 in Göttingen *Syffridus Biscop* belegt. 2. Familienname slawischer Herkunft zu osorb. *biskop* ›Bischof‹.

Biskup: Übername zu nsorb., tschech., poln. *biskup* ›Bischof‹, vgl. ▶ Bischof(f).

Biskupek: vor allem aus Oberschlesien stammender Übername, der auf eine polnische oder evtl. tschechische Ableitung von ▶ Biskup zurückgeht.

Biskupski, Biskupsky: 1. Herkunftsnamen zum polnischen Ortsnamen Biskupice. 2. Ableitungen vom polnischen Übernamen ▶ Biskup.

Bismarck, Bismark: Herkunftsnamen zu dem mehrfach vorkommenden Ortsnamen Bismark (Sachsen-Anhalt, Mecklenburg-Vorpommern, ehem. Pommern/jetzt Polen). Bismarck ist verkürzt aus *Biscopesmarck*, d. h. die Grenzmark eines Bistums. Die altmärkische Adelsfamilie von Bismarck, der der Reichskanzler Otto von Bismarck (19. Jh.) entstammte, führt ihren Namen vermutlich nach dem Ort Bismark bei Stendal, der am Rande des Bistums Havelberg lag. Bismarck ist aber auch der Name zahlreicher bürgerlicher Familien.

Bispinck, Bisping: Herkunftsnamen zu den Ortsnamen Bispingen (Niedersachsen), Bisping (Nordrhein-Westfalen).

Bissinger: Herkunftsname zu dem Ortsnamen Bissingen (Bayern, Baden-Württemberg).

Bitsch: aus einer entrundeten Form des Namens Bütsch (▶ Burkhard) entstandener Familienname.

Bittel: entrundete Form von ▶ Böttcher.

Bittel: entrundete Form von ▶ Büttel.

Bitter: 1. Übername für einen unfrohen, verbitterten Menschen. 2. Standesname oder Übername zu mhd. *bit(t)er* ›der Bittende, Bettler‹. 3. Nur vereinzelt Herkunftsname zu dem Ortsnamen Bitter bei Hitzacker (Niedersachsen).

Bitterauf: ▶ Bitterolf.

Bitterich: ▶ Bittrich.

Bitterle: schwäbische Ableitung von ▶ Bitter.

Bitterlich: ▶ Bitter (1.).

Bittermann: Ableitung auf *-mann* zu ▶ Bitter.

Bitterolf: auf den Namen der Titelgestalt des zur Dietrich-Sage gehörenden mittelhochdeutschen Epos *Bitterolf und Dietleib* (13. Jh.) zurückgehender Familienname.

Bitterroff: ▶ Bitterolf.

Bitterwolf: in Anlehnung an »bitter« und »Wolf« entstellte Form von ▶ Bitterolf.

Bittmann: am ehesten mit *-mann* gebildeter Übername, vielleicht zu mhd. *bit* ›Gebet‹ oder mhd. *bitten* ›bitten‹, auch ›vor Gericht laden‹.

Bittner: entrundete Form von ▶ Büttner.

Bittorf: ▶ Bitterolf.

Bittrich: durch Entrundung entstandene Form von ▶ Büttrich.

Bittroff, Bittrolf(f), Bittruf(f): ▶ Bitterolf.

Bitz(er): 1. Wohnstättennamen zu mhd. *biziune* ›eingezäuntes Grundstück‹, mhd. *bitze*, nhd. mda. *Bitze* ›Baumgarten‹. 2. Herkunftsnamen zu dem Ortsnamen Bitz (Bayern, Baden-Württemberg).

Bitzi(us): in der Schweiz vorkommende Familiennamen, die auf eine verkürzte Form des Namens des heiligen Sulpicius (7. Jh.) zurückgehen. ❖ Der schweizerische Schriftsteller Jeremias Gotthelf (18./19. Jh.) hieß eigentlich Albert Bitzius.

Bitzle: auf eine entrundete alemannische Koseform von Butz (▶ Burkhard) zurückgehender Familienname.

Blaas(e): ▶ Blasius.

Blab: 1. Übername zu mhd. *blā, -wes*, fnhd. *blab* ›blau‹. 2. Ableitung von tschech. *blabolati* ›schwatzen, faseln‹.

Blach(er): 1. Wohnstätten- oder Übernamen (vor allem in Bezug auf das Gesicht) zu mhd. *blach* ›flach‹. 2. Berufsübernamen zu mhd. *blahe* ›Bla(c)he, grobe Leinwand, Plane‹.

Black: englischer Familienname, Übername zu engl. *black* ›schwarz‹.

Blaffert: ▶ Blappert.

Blaha: 1. Übername zu tschech. *blaho* ›Glück‹. 2. Tschech. Ableitung von den Rufnamen Blahoslav oder ▶ Blasius. 3. Südwestdeutsche Variante von ▶ Blach(er).

Blaich, Blaicher: ▶Bleich, ▶Bleicher.

Blaickner, Blaikner: ▶Plai(c)kner.

Blanck(e), Blank(e): Übernamen zu mhd. *blanc* ›weiß, glänzend, schön‹ nach der Haut- oder Haarfarbe bzw. nach der schönen Gestalt des ersten Namensträgers.

Blankenberg, Blankenburg: Herkunftsnamen zu den Ortsnamen Blankenberg (Brandenburg, Mecklenburg-Vorpommern, Thüringen, Nordrhein-Westfalen, Ostpreußen), Blankenburg (Nordrhein-Westfalen, Niedersachsen, Sachsen-Anhalt, Thüringen, Brandenburg, ehem. Brandenburg/jetzt Polen, Bayern, Schweiz).

Blankert, Blankhart: Erweiterungen von ▶Blanck(e) mit den Suffixen *-ert* bzw. *-hart*.

Blappert: Übername zu mhd. *blaphart*, mnd. *blaffert* ›Weißpfennig‹, einer um 1330 in Umlauf gesetzten Kleinmünze aus Silber, die hauptsächlich in der Schweiz, Schwaben und am Rhein verbreitet war.

Blas: 1. Aus einer verkürzten Form von ▶Blasius entstandener Familienname. 2. Spanischer Familienname, der ebenfalls auf den lateinischen Namen ▶Blasius zurückgeht.

Blaschek, Blaschke: 1. Auf eindeutschende Schreibungen tschechischer (Blažek, Blažka) oder polnischer (Błażek, Błażko) Ableitungen von ▶Blasius zurückgehende Familiennamen. 2. Gelegentlich kann der Name auch von einer Kurzform eines mit dem slawischen Namenwort **bolg-* ›gut, selig‹ gebildeten Namens abgeleitet sein.

Blasczik, Blasczyk: aus polnischen Ableitungen von ▶Blasius entstandene Familiennamen.

Blase: auf eine verkürzte Form von ▶Blasius zurückgehender Familienname.

Bläsel: aus einer mit *-l*-Suffix gebildeten Koseform von ▶Blasius entstandener Familienname.

Blaser, Bläser: 1. Berufsnamen für jemanden, der ein Blasinstrument spielte. 2. Übernamen zu mhd. *blāsen* ›blasen, schnauben‹.

Bläsi: aus einer alemannischen Koseform von ▶Blasius entstandener Familienname.

Bläsi(n)g: patronymische Bildungen auf *-i(n)g* zu einer verkürzten Form von ▶Blasius.

Blasius: aus dem gleichlautenden Rufnamen, der im Spätmittelalter durch den heiligen Blasius (3./4. Jh.), einen der vierzehn Nothelfer, volkstümlich wurde, gebildeter Familienname. ❖ Viele Familiennamen deutscher und slawischer Herkunft gehen auf diesen zur Zeit der Familiennamenentstehung (12.–15. Jh.) beliebten Rufnamen zurück. ❖ Aus verkürzten Formen von Blasius sind Familiennamen wie **Bla(a)s, Blaß, Bläss, Bläß, Plass, Plaß** hervorgegangen. ❖ Aus Koseformen sind u. a. die oberdeutschen Familiennamen **Bläsel** und **Blesel**, die alemannischen Familiennamen **Bläßle** und **Bläsi**, der niederdeutsche Familienname **Bläske** und der rheinische Familienname **Blesgen** entstanden. ❖ Patronymische Formen sind **Blässing, Blessing, Bläsi(n)g.** ❖ Auf slawische Ableitungen von Blasius gehen Familiennamen wie **Blaschek, Blaschke, Blasczyk** zurück.

Bläske: auf eine niederdeutsche Koseform von ▶Blasius zurückgehender Familienname.

Blass, Blaß: 1. ▶Blas. 2. Übernamen zu mhd. *blas* ›kahl‹, übertragen auch ›schwach, gering, nichtig‹; die heutige Wortbedeutung ›blass, bleich‹ hat sich erst nach der Zeit der Familiennamenentstehung herausgebildet.

Bläss, Bläß: aus einer verkürzten Form von ▶Blasius gebildeter Familienname.

Blässing: patronymische Bildung auf *-ing* zu einer verkürzten Form von ▶Blasius.

Bläßle: aus einer schwäbischen Koseform von ▶Blasius gebildeter Familienname.

Blatt: vor allem im westmitteldeutschen Gebiet zwischen Koblenz, Trier und Saarbrücken häufiger Berufsübername zu mhd. *blate* ›metallener Brustharnisch, Plattenpanzer‹ für den Hersteller, den ▶Blattner.

Blattner: Berufsname für den Hersteller des Plattenpanzers (mhd. *blatner*), vgl. ▶Plattner.

Blatz(er): ▶Platz(er).

Blau: Übername, der auf die Farbe der Kleidung zurückgehen kann. Für das niederdeutsche Gebiet kommen noch andere Deutungen hinzu, denn mnd. *blā(we), blauwe* bedeutet nicht nur ›blau‹, sondern auch ›dunkel, finster; falsch, unecht, minderwertig, betrügerisch‹.

Blauärmel, Blauermel: auf eine Besonderheit der Kleidung anspielende oberdeutsche Übernamen.

Blaufuss, Blaufuß: Übernamen für einen Jäger nach der Vogelbezeichnung. Der Blaufuß war ein sehr geschätzter Jagdfalke.

Blesgen B

Blattner: *In der mittelalterlichen Werkstatt des Blattners wurden Rüstungsteile hergestellt.*

Blauhut: Übername nach der Kleidung. Besonders die Bauern trugen im Mittelalter sonntags einen blau gefärbten Hut.

Blaurock: auf eine Besonderheit der Kleidung anspielender Übername.

Blauth: dieser vor allem im Raum Saarbrücken–Kaiserslautern häufige Name, den es auch im angrenzenden Frankreich gibt, leitet sich wohl von dem alten Rufnamen Biliwald *(billi + walt)* ab.

Blazejewski: Herkunftsname zu polnischen Ortsnamen wie Błażejewo, Błażejewice u. a.

Blech: Berufsübername zu mhd. *blěch* ›Metallblättchen‹, ▶ Blecher.

Blecher, Blechschmidt: Berufsnamen für den Metallhandwerker, der mit Blech arbeitete, wobei neben dem Schmied, der Blechplatten, vor allem für Rüstungen, herstellte, auch an den Handwerker, der mit Goldblech arbeitete, zu denken ist.

Bleck: 1. Wohnstättenname zu mnd. *blěk* ›freier Platz (zwischen den Häusern), Fläche Landes, Grundstück, freie Stelle‹. 2. ▶ Blee(c)k (1.).

Blecker: 1. Im niederdeutschen Raum handelt es sich um einen Berufsnamen für den ▶ Bleicher (zu mnd. *blěken* ›bleichen‹). 2. Im oberdeutschen Gebiet liegt ein Übername zu mhd. *blecken* ›zeigen, sehen lassen‹ vor, vgl. auch mhd. *mit pleckenden zenen* ›mit bleckenden Zähnen‹.

Bleckmann: 1. Ableitung auf *-mann* zu ▶ Bleck. 2. Herkunftsname auf *-mann* zu einem mit »Bleck-« beginnenden Ortsnamen.

Blee(c)k, Bleeke: 1. Übernamen zu mnd. *blěk* ›bleich, weiß, farblos‹. 2. ▶ Bleck (1.).

Blei: 1. Berufsübername zu mhd. *blī* ›Blei‹ für den Bleigießer oder für den Glaser, der die in Blei gefassten Butzenscheiben für anspruchsvolle Bürgerhäuser herstellte. 2. Berufsübername nach der Fischbezeichnung (mhd. *bleie*, mnd. *blei(er)*) für einen Fischer.

Bleibaum, Bleibohm: ▶ Blöhbaum.

Bleibinhaus: Übername in Satzform (›[ich] bleibe im Hause‹) für einen häuslichen Menschen.

Bleich: 1. Übername für einen blassen Menschen. 2. Wohnstättenname zu mhd. *bleiche* ›Bleichplatz‹, d. i. die Stelle, wo die Leinwand gebleicht wurde.

Bleicher: 1. Berufsname für jemanden, der das Aufhellen der Leinenstoffe durch Wassergüsse und Sonneneinwirkung auf dem Bleichplatz besorgte. 2. Wohnstättenname, Ableitung auf *-er* zu ▶ Bleich (2.).

Bleidner: oberdeutscher Berufsname, ▶ Bliedtner.

Bleidorn: ▶ Blöhdorn.

Bleier: 1. Berufsname für einen Handwerker, der mit Blei arbeitete (z. B. Bleigießer). 2. Berufsübername zu mhd. *bliuwen* ›schlagen‹, mhd. *bliuwe* ›Stampfmühle‹ für einen Handwerker (z. B. Wollschläger) oder den Inhaber einer Stampfmühle. 3. Niederdeutscher Berufsübername für einen Fischer (mnd. *bleier* ›Blei‹, ein Karpfenfisch).

Bleil(e): ▶ Bleu(e)l.

Bleiler: ▶ Bleuler.

Bleimeister: oberdeutscher Berufsname, ▶ Bliemeister.

Blenck, Blenk: ▶ Blanck(e).

Blenker: rheinischer Wohnstättenname für jemanden, der an einer »Plenke«, einer kahlen Stelle im Wald, siedelte.

Blenkle: Ableitung von ▶ Blanck(e).

Blesel: ▶ Bläsel.

Blesgen: aus einer rheinischen Koseform des Rufnamens ▶ Blasius entstandener Familienname.

121

Blessing: ▶ Blässing.

Bletz: Übername zu mhd. *blez* ›Lappen, Flicken, Fetzen‹, mnd. *pletz* ›Lappen‹.

Bletzer: Berufsname für den Flickschneider (zu mhd. *bletzen* ›Flicken aufsetzen‹).

Bleu(e)l: Übernamen zu mhd. *bliuwel* ›Bläuel, Holz zum Klopfen; Stampfmühle‹ entweder für den Inhaber einer Stampfmühle oder auch durch bildlichen Vergleich für einen groben Menschen.

Bleuler: Berufsname für den Inhaber einer Stampfmühle, ▶ Bleu(e)l.

Bley: ▶ Blei.

Bleyer: ▶ Bleier.

Bleyl(e): ▶ Bleu(e)l.

Blick: 1. Übername zu mhd. *blic* ›Glanz, Schein, Blitz, Blick der Augen‹, mnd. *blick* ›Glanz, Schein, Blitz‹. 2. Niederdeutscher Wohnstättenname, ▶ Bleck (1.). 3. Niederdeutscher Berufsname für den Blechschmied (mnd. *blick* ›Blech‹).

Blicker: 1. Übername zu mhd. *blicken* ›blicken, glänzen‹, mnd. *blicken* ›Glanz von sich ausstrahlen, sichtbar werden, sich zeigen‹. 2. Aus dem alten deutschen Rufnamen Bligger (*blīd* + *gēr*) hervorgegangener Familienname.

Bliedtner: 1. Berufsname für jemanden, der eine Kriegsmaschine zum Schleudern von Steinen bediente (zu mhd., mnd. *blīde*). 2. Im ostmitteldeutschen Bereich auch durch Entrundung entstandener Übername zu mhd. *bluote* ›Blüte‹.

Bliedung: 1. Herkunftsname zu den Ortsnamen Bliedungen bei Bleicherode (Thüringen), Blidungen (Wüstung am Südostharz bei Roßla/Sachsen-Anhalt). 2. Vereinzelt ist eine Ableitung von einem alten deutschen Rufnamen (*blīd* + -*ung*-Suffix) möglich.

Bliefernich(t): ▶ Blievernich(t).

Bliemeister: aus mnd. *blīdenmester*, mhd. *blīdenmeister* durch Zusammenziehung und Verlust der unbetonten Silbe *-den-* entstandener Berufsname für den Geschützmeister, der für die »Blieden«, Kriegsmaschinen zum Schleudern von Steinen (vgl. ▶ Bliedtner), und deren Mannschaft zuständig war.

Bliemel: aus einer entrundeten Form von ▶ Blümel entstandener Familienname.

Blievernich(t): Übernamen in Satzform (›[ich] bleibe hier nicht‹) für einen unsteten Menschen. ❖ Ein früher Namensträger, *Coneke Blyfhyrnicht*, ist i. J. 1378 in Braunschweig bezeugt.

Blind, Blinde(rmann), Blinder: Übernamen, die auf die Blindheit des ersten Namensträgers anspielen.

Blindow: Herkunftsname zu dem Ortsnamen Blindow (Brandenburg).

Blindt: ▶ Blind.

Blinn(e): durch Verschleifung entstandene niederdeutsche Formen von ▶ Blind.

Blöbaum: ▶ Blöhbaum.

Bloch: 1. Übername: oberdeutsche oder ältere niederdeutsche Form von ▶ Block. 2. Aus der polnischen Bezeichnung für die im Spätmittelalter aus Westeuropa nach Polen eingewanderten Juden, poln. *włoch* ›Welscher, Fremdstämmiger‹, entstandener Familienname. 3. Aus der polnischen Kurzform Błoch zu dem Rufnamen Błogosław (< poln. *błogi* ›glücklich, behaglich‹) gebildeter Familienname. ❖ Bekannter Namensträger: Ernst Bloch, deutscher Philosoph (19./20. Jh.).

Blöcher: ▶ Blöcker.

Bloching(er): Herkunftsnamen zu dem Ortsnamen Blochingen, Stadtteil von Mengen (Baden-Württemberg).

Blöchl(e): oberdeutsche Ableitungen von ▶ Bloch (1.).

Block: Übername zu mhd. *bloc(h)*, mnd. *block* ›(Holz-)Block‹. Die Bedeutungen dieses mhd./mnd. Wortes sind sehr vielfältig: a) ein körperlich oder geistig grober Mensch, b) der Block oder Klotz, mit welchem man die Füße der Gefangenen umschloss. Der Name kann dann denjenigen, dem dies geschah, oder den Gerichtsdiener bezeichnen, c) Bezeichnung für ein grabenumzogenes Ackerstück, d) eine Art Falle.

Blöcker: Berufsname zu mhd. *blocken* ›in den Block legen‹ für den Gefängniswärter.

Blöckl: Ableitung von ▶ Block mit -*l*-Suffix.

Blöd, Blöde, Blödel: Übernamen zu mhd. *blœde* ›gebrechlich, schwach, zaghaft‹.

Blödorn: ▶ Blöhdorn.

Bloem: niederdeutsche Schreibung von ▶ Blume.

Blöhbaum: Wohnstättenname: ›wohnhaft bei einem blühenden Baum‹ (mnd. *bloen, bloien* ›blühen‹).

Blöhdorn: Wohnstättenname: ›wohnhaft an einem blühenden Dorngebüsch‹ (mnd. *bloen, bloien* ›blühen‹).

Blohm, Blom: im niederdeutschen Raum verbreitete Familiennamen zu mnd. *blōme* ›Blume‹, vgl. ▶ Blume.

Blomberg: Herkunftsname zu den Ortsnamen Blomberg (Niedersachsen, Nordrhein-Westfalen), Blumberg (Brandenburg, Baden-Württemberg, Bayern). ❖ Bekannte Namensträgerin: die Nürnberger Bürgerin Barbara Blomberg (eigtl. Plumberger), Geliebte von Kaiser Karl V. und Mutter von Don Juan de Austria (16. Jh.).

Blome: ▶ Blohm.

Blömer: Ableitung auf *-er* zu Blo(h)m (▶ Blume).

Blöming: patronymische Bildung auf *-ing* zu Blo(h)m (▶ Blume).

Blömke: Ableitung von Blo(h)m (▶ Blume) mit *-k*-Suffix.

Bloß, Blot(h): Übernamen zu mhd. *bloz* ›nackt, unverhüllt, entblößt‹, mnd. *blōt* ›nackt; arm, mittellos‹, die als Anspielung auf die Kleidung bzw. auf die Armut des ersten Namensträgers aufgefasst werden können.

Blücher: Herkunftsname zu dem gleichlautenden Ortsnamen (Mecklenburg-Vorpommern, bei Neustadt an der Dosse/Brandenburg). ❖ Bekannter Namensträger: Gebhart Leberecht Blücher, Fürst Blücher von Wahlstatt, preußischer Generalfeldmarschall (18./19. Jh.).

Bludau: Herkunftsname zu dem gleichlautenden Ortsnamen in Ostpreußen.

Bluhm(e), Blühm, Blum, Blüm: ▶ Blume.

Blumberg: ▶ Blomberg.

Blume: So einfach die sprachliche Herleitung dieses Familiennamens von mhd. *bluome* ›Blume, Blüte‹ ist, so vielfältig sind die Anlässe, die zur Vergabe dieses Namens geführt haben können: 1. Übername für jemanden, der eine auffällige Verzierung in Form von Blumen/einer Blume an seiner Kleidung trug. 2. Da mhd. *bluome* aber auch im bildlichen Sinne ›das Schönste, das Beste seiner Art‹ meint, könnte hier auch diese Bedeutung, vielleicht ironisch gemeint, vorliegen. 3. Hausname: Als Hauszeichen war die Blume außerordentlich beliebt. So ist z. B. schon i. J. 1197 in Köln ein Haus *que flos dicitur* [das Blume genannt wird] bezeugt. Nach derartigen Hausnamen wurden gerne die Einwohner benannt. 4. Berufsübername für den Blumengärtner. 5. Berufsübername: Als ›Blume‹ wurde auch eine Art Gewürz, vielleicht die Muskatnuss, bezeichnet, sodass auch der Gewürzhändler gemeint sein könnte. 6. Herkunftsname zu dem Ortsnamen Blume (Niedersachsen, Nordrhein-Westfalen).

Blümel: Ableitung von ▶ Blume mit *-l*-Suffix.

Blumenberg: Herkunftsname zu dem Ortsnamen Blumenberg (Nordrhein-Westfalen, Sachsen-Anhalt, Bayern), z. T. auch zu dem Ortsnamen Blumberg (▶ Blomberg). ❖ Bekannter Namensträger: Hans Blumenberg, deutscher Philosoph (20. Jh.).

Blumenstein: 1. Wohnstättenname zu dem häufigen Flurnamen Blumenstein. 2. Herkunftsname zu dem Ortsnamen Blumenstein (Ostpreußen, Schweiz).

Blument(h)al: Herkunftsnamen zu dem häufigen Ortsnamen Blument(h)al.

Blumentritt: 1. Übername nach einer besonderen (einmaligen) Begebenheit (vgl. mhd. *trit* ›Tritt, Schritt; Tanz‹). 2. Wohnstättenname: ›wohnhaft am Blumenweg‹ (mhd. *trit* ›Stufen, Weg‹).

Blumer, Blümer: Ableitungen auf *-er* zu ▶ Blume.

Blüming, Blümink: patronymische Bildungen auf *-ing* zu ▶ Blume.

Blüml: ▶ Blümel.

Blümle: schwäbische Ableitung von ▶ Blume.

Blümner: Herkunftsname zu dem häufigen Ortsnamen Blumenau (Niedersachsen, Nordrhein-Westfalen, Sachsen, Thüringen, Baden-Württemberg, Bayern, Schlesien, Ostpreußen).

Blun(c)k: Herkunftsnamen zu dem Ortsnamen Blunk (Schleswig-Holstein).

Blun(t)schli: schweizerische Übernamen mit der Bedeutung ›plumper Mensch‹ (zu mhd. *blunsen* ›aufblähen, aufblasen‹).

Blüthner: 1. Berufsname, durch Rundung entstandene niederdeutsche Form von ▶ Bliedtner (1.). 2. Vereinzelt Übername zu mhd. *bluote* ›Blüte‹. 3. Herkunftsname zu dem Ortsnamen Blüthen (Brandenburg).

Boas: aus dem gleichlautenden biblischen Namen (hebr. ›in Ihm ist Stärke‹) hervorgegangener Familienname. ❖ Bekannter Namensträger: Franz Boas, amerikanischer Ethnologe deutscher Herkunft (19./20. Jh.).

Bobach, Bobak: 1. Übernamen zu nsorb., osorb., tschech. *bob*, poln. *bób* ›Bohne‹, osorb. *bobak*, *bubak* ›Popanz, Gespenst‹ oder poln. *bobak* ›Murmeltier‹. 2. Bei dem Familiennamen Bobach kann es sich auch um eine »Verhochdeutschung« von Ortsnamen wie Bobeck (Thüringen, Schleswig-Holstein) handeln.

Bobbe: 1. Aus dem alten Lallnamen Boppo entstandener Familienname. 2. Herkunftsname zu dem Ortsnamen Bobbe (Sachsen-Anhalt).

Bober: Übername zu nsorb., osorb., tschech. *bobr*, poln. *bóbr* ›Biber‹, vgl. ▸ Biber.

Bobka: Übername zu nsorb., osorb., tschech. *bob*, poln. *bób* ›Bohne‹.

Bobrowski: Herkunftsname zu den polnischen Ortsnamen Bobrowa, Bobrowo. ❖ Bekannter Namensträger: Johannes Bobrowski, deutscher Schriftsteller (20. Jh.).

Bobsi(e)n, Bobzi(e)n: Herkunftsnamen zu dem Ortsnamen Bobzin (Mecklenburg-Vorpommern).

Boch(e): 1. Übernamen zu mhd. *boch* ›Prahlerei, Trotz‹. 2. Niederdeutsche Übernamen oder Wohnstättennamen zu mnd. *bôch* ›Ring; Bug, Keule, Schulter; Bezeichnung eines Ackerstückes‹. 3. Alemannische Formen von ▸ Bock. 4. Aus einer Kurzform von slawischen Rufnamen auf »Bo-«, z. B. ▸ Bogda(h)n, Bolesław (▸ Bolai), Borislav (▸ Bohr [1.]), entstandene Familiennamen.

Bocher, Böcher: Übernamen zu mhd. *bochen* ›pochen, trotzen‹ für einen trotzigen Menschen.

Bochmann: 1. Herkunftsname auf *-mann* zu dem Ortsnamen Bochen (Nordrhein-Westfalen) oder zu einem anderen mit Boch- beginnenden Ortsnamen. 2. Durch Verdumpfung des *a* zu *o* entstandene Variante von ▸ Bachmann.

-böck: ▸ -beck.

Bock: 1. Der Bock war ein beliebtes Hauszeichen, nach dem dann die Bewohner benannt werden konnten. ❖ So lautet ein Braunschweiger Beleg aus dem Jahre 1338 *in Henninges hus mit dem bokke uppe dere Godelingestrate*. 2. Übername nach einem bildlichen Vergleich mit dem Tier.

Böck: 1. Oberdeutsche, vor allem schwäbische hyperkorrekte Schreibung von ▸ Beck(e) (1.). 2. Herkunftsname zu dem Ortsnamen Böck.

Böcke: 1. ▸ Böck (1). 2. Gelegentlich Herkunftsname zu dem Ortsnamen Boecke (Brandenburg, Niedersachsen). 3. Möglich ist hierbei auch ein Wohnstättenname zu mnd. *bôke* ›Buche‹ (›wohnhaft an einer großen Buche bzw. am Buchenwald‹) oder zu mnd. *beke* ›Bach‹ (›wohnhaft an einem Bach‹).

Bockel, Böckel: 1. Ableitungen von ▸ Bock mit -*l*-Suffix. 2. Gelegentlich Herkunftsnamen zu den Ortsnamen Bockel (Niedersachsen), Westfalen), Bokel (Niedersachsen; Schleswig-Holstein; Nordrhein-Westfalen) oder Böckel (Nordrhein-Westfalen).

Bockelmann, Böckelmann: Ableitungen auf -*mann* von ▸ Bockel, Böckel (2.).

Böcker: durch Zusammenziehung entstandene Form von ▸ Bödecker.

Bockhol(d)t: Herkunftsnamen zu den Ortsnamen Bockholt (Schleswig-Holstein, Niedersachsen, Nordrhein-Westfalen), Bockholte (Niedersachsen), Bokholt (Schleswig-Holstein).

Bockhorn: Herkunftsname zu dem häufigen Ortsnamen Bockhorn (Schleswig-Holstein, Bremen, Niedersachsen, Bayern). Die Redensart *jemanden ins Bockshorn jagen* ist erst im 16. Jh. aufgekommen, sie kann daher noch keinen Einfluss auf die Entstehung des Familiennamens Bockhorn gehabt haben.

Böckle: aus einer schwäbischen Ableitung von ▸ Bock entstandener Familienname.

Bockler, Böckler: aus mnd. *bokeler* ›Schild mit einem halbrunden erhabenen Metallbeschlag in der Mitte‹ entstandene Familiennamen, die ursprünglich den mit einem solchen Schild bewaffneten Krieger bezeichneten.

Böcklin: aus einer alemannischen Ableitung von ▸ Bock hervorgegangener Familienname. ❖ Bekannter Namensträger: Arnold Böcklin, schweizerischer Maler (19./20. Jh.).

Bockmann, Böckmann: 1. Ableitungen auf -*mann* von ▸ Böcke (3.). 2. Herkunftsnamen, Ableitungen auf -*mann* von ▸ Böcke (2.) oder zu einem anderen mit Bo(c)k- beginnenden Ortsnamen.

Bocksch: 1. Übername zu mhd. *böckisch* ›nach Art eines Bockes, unziemlich‹, fnhd. *böckisch*

›eigensinnig‹. 2. Aus einer Ableitung von slawischen Rufnamen mit »Bog-« als erstem Bestandteil (z. B. ▶ Bogda[h]n) entstandener Familienname.

Bodden: 1. ▶ Boden. 2. Wohnstättenname zu mnd. *boden, bodden* ›Boden, Grund, Ebene, Tal; flaches Gewässer‹.

Böddiker: ▶ Bödecker.

Bode: 1. Aus einer niederdeutschen oder mitteldeutschen Kurzform von Rufnamen, die das Namenwort »-bode« *(bodo)* enthalten, entstandener Familienname. 2. Amtsname zu mnd. *bode* ›Bote, Gerichtsbote, Dienstbote‹. 3. Wohnstättenname zu mnd. *bode, bude* ›kleines, von Handwerkern und einfachen Leuten bewohntes Haus; Verkaufs- und Arbeitsbude‹. 4. Herkunftsname zu dem Ortsnamen Bode (Niedersachsen) oder Wohnstättenname zu dem Gewässernamen Bode im Harz.

Bödecker, Bödeker: niederdeutsche Berufsnamen für den Böttcher (mnd. *bodeker, bodiker*).

Bodelschwing(h): Herkunftsnamen zu dem Ortsnamen Bodelschwingh bei Dortmund. ❖ Bekannter Namensträger: Friedrich von Bodelschwingh, evangelischer Theologe (19./20. Jh.).

Boden: 1. Patronymische Bildung (schwacher Genitiv) zu ▶ Bode (1.). 2. Herkunftsname zu den Ortsnamen Bode (Niedersachsen), Boden (Rheinland-Pfalz, Sachsen, Baden-Württemberg, Bayern, Österreich). 3. Wohnstättenname: ›wohnhaft am [Tal-]Boden‹.

Bodenbender, Bodenbinder: Berufsnamen zu mhd., mnd. *boden* ›Fass‹ für den Fassbinder, ▶ Böttcher.

Bodendie(c)k: Herkunftsnamen zu dem Ortsnamen Bodenteich südöstlich von Uelzen (Niedersachsen), a. 1290 belegt als *Bodendike*.

Bodenschatz: Berufsübername für den Weinhändler/Weinschenken nach einer Abgabe für Wein (vgl. mhd. *von iedem boden* [Fass] *wīn drī phenn*.; mhd. *schatz* ›Auflage, Steuer‹; fnhd. *bodengelt* ›städtische Weinsteuer‹).

Bodensie(c)k: Wohnstättennamen nach einem westfälischen Flurnamen (zu mnd. *sīk* ›sumpfige Niederung, Tümpel‹).

Bodenstab: Berufsübername für den Böttcher nach dem »Bodenstab«, einem starken Krummstab, womit der Boden aus den Fässern gedrückt wurde.

Bodenstein: Herkunftsname zu dem Ortsnamen Bodenstein (Niedersachsen, Thüringen, Bayern).

Bodenwein: 1. Berufsübername für den Weinbauern nach einer Abgabe für Wein (mhd. *bodemwīn*), vgl. ▶ Bodenschatz. 2. Entstellung des alten Rufnamens Boldewin, ▶ Baldwin.

Bödi(c)ker: ▶ Bödecker.

Bodmer: 1. Im Südwesten Deutschlands und in der Schweiz Herkunftsname zu den Ortsnamen Bodem bei Zürich, Bodman am Bodensee (a. 839 *Bodoma*); gelegentlich auch Wohnstättenname zu mhd. *bodem* ›Boden‹ für eine Talsohle oder einen flachen Grund in einem besiedelten Gebiet oder am Hang. ❖ Bekannter Namensträger: Johann Jakob Bodmer, schweizerischer Historiker und Schriftsteller (17./18.Jh). 2. In Norddeutschland kann es sich hierbei um einen Berufsnamen für den ▶ Böttcher (zu mnd. *bodemen* ›mit einem Boden versehen, Boden einsetzen‹, mnd. *bodenmekere* ›Böttcher, Bottichmacher‹) handeln.

Bodner: 1. Herkunftsname auf *-er*, ▶ Boden (2.). 2. Wohnstättenname zu mnd. *bodener* ›Bewohner eines kleinen Hauses‹, vgl. ▶ Bode (1.). 3. Wohnstättenname, Ableitung auf *-er* von ▶ Boden (3.).

Boeck: 1. Bei nord-/nordostdeutscher Herkunft Wohnstättenname zu mnd. *bōke* ›Buche‹. Gelegentlich auch Herkunftsname zu den Ortsnamen Böck (ehem. Pommern/jetzt Polen), Boek (Mecklenburg). Brandenburg/jetzt Polen), Boecke (Brandenburg, Niedersachsen), Böcken (Niedersachsen). 2. Bei oberdeutscher Herkunft ▶ Böck.

Boecker: 1. Zusammengezogene Form von ▶ Bödecker. 2. Ableitung auf *-er* von ▶ Boeck und ▶ Böck (2.).

Boehm: ▶ Böhm. ❖ Nach dem deutschen Flötisten und Flötenbauer Theobald Boehm (18./19. Jh.) ist die Boehmflöte benannt.

Boehringer: ▶ Böhringer.

Boekhoff: vor allem im Oldenburgischen häufiger Wohnstätten- bzw. Hofname zu mnd. *bōke* ›Buche‹.

Boer: 1. Westniederdeutsche Schreibung für ▶ Buhr. 2. Aus dem Rufnamen Boder/Botthar *(boto + heri)* entstandener Familienname.

Böer: ▶ Boer (2.).

Boes(e): ▶ Bose, Böse.

Boetius: 1. In Ostfriesland und Holstein vorkommender Familienname aus der Zeit des Humanismus, Latinisierung des einheimischen Rufnamens Boie (▶Boy[e] [1.]) in Anlehnung an den Namen des römischen Philosophen Boethius (5./6. Jh.). 2. Dass dieser Latinisierung auch andere deutsche Familiennamen zugrunde liegen können, zeigt der Name des lutherischen Theologen Boetius (16. Jh.), der eigentlich Böte (▶Bote) hieß.

Boettcher: ▶Böttcher.

Bog: 1. Aus einer sorbischen oder polnischen Kurzform von Rufnamen mit »Bog-« als erstem Bestandteil (z. B. ▶Bogda[h]n) entstandener Familienname. 2. Im oberdeutschen Bereich Wohnstättenname zu ▶Boge (2.).

Bogasch: 1. Aus einer Ableitung von Bog (▶Bogda[h]n) hervorgegangener Familienname. 2. Übername zu asorb. *bogač, poln. *bogacz* ›Reicher‹.

Bogda(h)n: aus dem slawischen Rufnamen Bogdan (urslaw. *bogъ* ›Gott‹ + *dan*, zu urslaw. *dati* ›geben‹) entstandene Familiennamen.

Boge, Böge: niederdeutsche Familiennamen: 1. Aus dem friesischen und niederdeutschen Rufnamen Boio (zu asächs. *boio* ›Bewohner‹) entstandene Familiennamen. 2. Wohnstättennamen zu dem mhd., mnd. Flurnamen *boge*, der ein gekrümmtes Flurstück bezeichnet.

Bogel, Bögel: 1. In Norddeutschland Übernamen nach einem Gegenstand der Arbeit zu mnd. *bogel* ›Bügel, Ring, Armbrustbügel, Steigbügel, Tonnenreif‹. 2. Im oberdeutschen Bereich können diese Familiennamen auf eine Ableitung mit -*l*-Suffix zu mhd. *boge* ›Bogen‹ zurückgehen und als Berufsübernamen für den Bogenmacher bzw. für den Bogenschützen (▶Boger, ▶Bogler, ▶Bogner) aufgekommen sein. 3. Möglich ist hierbei auch das Vorliegen von Wohnstättennamen für jemanden, der an einer Biegung der Straße bzw. des Flusses wohnte.

Boger, Böger: Berufsnamen zu mhd. *bogære* ›Bogenschütze‹.

Bogisch: aus einer Ableitung von ▶Bog (1.) entstandene Familiennamen.

Bogler, Bögler: jüngere Formen von ▶Bogner, Bögner.

Bogner, Bögner: 1. Berufsnamen zu mhd. *bogenære* ›Bogenmacher, Bogenschütze‹. 2. Gelegentlich Herkunftsnamen zu dem Ortsnamen Bogen (Niederbayern, Ostpreußen). 3. Wohnstättennamen: ›wohnhaft an einem »Bogen«, an einer Biegung der Straße bzw. des Flusses‹. ❖ *Alb. der Pogener* ist a. 1326 in Regensburg bezeugt.

Bogusch: aus einer sorbischen oder polnischen Ableitung von ▶Bog (1.) hervorgegangener Familienname.

Boguslawski, Boguslawsky: 1. Aus einer mit dem Suffix -*ski* gebildeten Ableitung des polnischen Rufnamens Bogusław (urslaw. *bogъ* ›Gott‹ + urslaw. *slava* ›Ruhm, Ehre‹) hervorgegangene Familiennamen. 2. Herkunftsnamen zu polnischen Ortsnamen wie Bogusławice, Bogusławki.

Bohl, Böhl: ▶Bohle.

Böhlcke: Ableitung von ▶Bohle (1.) und (2.) mit -*k*-Suffix.

Bohle, Böhle: 1. Aus einer niederdeutschen Kurzform von ▶Baldwin gebildete Familiennamen. 2. Übernamen zu mnd. *bôle* ›Bruder, Verwandter; Amts- oder Gildebruder; auch Geliebte(r)‹. 3. Wohnstättennamen zu mnd. *bol(l)e* ›Bohle, dickes Brett, Balken‹. ❖ Ein Braunschweiger Beleg (ca. 1390) lautet *Matthäus von den bolen*. Als Straßenname begegnet uns *Bohlweg* heute noch in Braunschweig und Hildesheim. 4. Herkunftsnamen zu den Ortsnamen Bohl (Nordrhein-Westfalen), Bohle (Schleswig-Holstein, Nordrhein-Westfalen).

Bohlen: 1. Patronymische Bildung (schwacher Genitiv) zu ▶Bohle (1.) oder (2.). 2. Herkunftsname zu dem gleichlautenden Ortsnamen (Niedersachsen, Nordrhein-Westfalen).

Bohlender: Herkunftsname zu den Ortsnamen Bolanden (Rheinland-Pfalz, Baden-Württemberg), Bohland (Baden-Württemberg), Bolande (Schleswig-Holstein).

Böhler: 1. ▶Bühler. 2. Übername zu mnd. *bôler* ›Buhler, Liebhaber‹. 3. Herkunftsname zu den Ortsnamen Böhl (Nordrhein-Westfalen, Rheinland-Pfalz), Böhla (Sachsen).

Bohley: ▶Bolai.

Böhling: mit -*ing*-Suffix gebildete patronymische Bildung zu ▶Bohle (1.).

Böhlke: ▶Böhlcke.

Bohlmann, Böhlmann: aus Erweiterungen von ▶Bohle (1.) oder (3.) mit dem Suffix -*mann* entstandene Familiennamen.

Bohm: niederdeutsche Form des Familiennamens ▸Baum. ❖ Bekannter Namensträger: Hark Bohm, deutscher Regisseur und Schauspieler (20./21. Jh.).

Böhm: 1. Herkunftsname zu dem Landschaftsnamen Böhmen: ›der Böhme‹. 2. Übername für jemanden, der in irgendwelchen Beziehungen zu Böhmen (z. B. Handel) stand. ❖ Bekannte Namensträger: Karl Böhm, österreichischer Dirigent (19./20. Jh.); Karlheinz Böhm, deutscher Film- und Bühnenschauspieler (20./21. Jh.).

Bohmann: ▸Bahmann.

Böhme: 1. ▸Böhm. 2. In Nordniedersachsen kann dieser Familienname auch ein Herkunftsname zu dem Ortsnamen Böhme oder ein Wohnstättenname zu dem gleichlautenden Gewässernamen, einem rechten Nebenfluss der Aller, sein. ❖ Bekannter Namensträger: Jakob Böhme, deutscher Mystiker und Philosoph (16./17. Jh.).

Böhmer: 1. In Norddeutschland liegt diesem Familiennamen ein Amtsname zu mnd. *bōmer* ›Baumwärter, der den Schlagbaum zu öffnen oder zu schließen hat‹, zugrunde. 2. In Süddeutschland handelt es sich hierbei um eine Ableitung auf *-er* zu ▸Böhm.

Böhmig, Böhmisch: ▸Böhm.

Böhmke: 1. Ableitung von ▸Böhm mit *-k*-Suffix. 2. Ableitung von mnd. *bōm* mit *-k*-Suffix (›Bäumchen‹), ▸Baum.

Bohn(e): 1. Übernamen nach der Pflanzenbezeichnung, die auch schon im Mittelalter als Inbegriff der Nichtigkeit und Bedeutungslosigkeit galt. Damals handelte es sich um die große Bohne (›Saubohne‹), die Gartenbohne (›grüne Bohne‹) ist erst später aus Amerika eingeführt worden. Der Übername Bohne kann sich auf den Bohnenzüchter beziehen oder im übertragenen Sinne als Spottname vergeben worden sein. 2. Aus einer verkürzten Form von ▸Alban oder ▸Urban entstandene Familiennamen. 3. ▸Böhne.

Böhne: Wohnstättenname zu mnd. *böne, bone* ›Bühne, bretterne Erhöhung; Dachboden; Stockwerk‹.

Bohnemann: Erweiterung von ▸Bohn(e) mit dem Suffix *-mann*.

Bohnen: patronymische Bildung (schwacher Genitiv) zu Bohn(e), einer verkürzten Form von ▸Alban oder ▸Urban.

Bohnenkamp: 1. Niederdeutscher Wohnstättenname: ›der am Bohnenfeld (mnd. *bone* ›Bohne‹ + mnd. *kamp* ›eingezäuntes Feld‹) wohnt‹. 2. Herkunftsname zu dem Ortsnamen Bohnenkamp (Nordrhein-Westfalen, Brandenburg).

Bohnensack: Berufsübername für den Bohnenzüchter oder Bohnenhändler.

Bohnenstengel: Übername für einen hochgewachsenen Menschen (vgl. ▸Bohn[e][1.]).

Bohner(t), Böhner: 1. Berufsübernamen für den Bohnenbauer (vgl. ▸Bohn[e][1.]). 2. Im niederdeutschen Bereich kann Böhner auch zu mnd. *bönen* ›mit Brettern belegen‹, auch ›bohnern‹ gehören und daher vielleicht den Zimmermann meinen.

Bohnes: ▸Bones.

Bohnet: niederdeutscher Übername für jemanden, der gerne Bohnen aß (zu mittelniederdeutsch *eten* ›essen‹), vgl. auch ▸Bohnes, ▸Bones.

Böhning: patronymische Bildung auf *-ing* zu ▸Bohn(e) (2.).

Böhnisch: ▸Benesch.

Bohnke, Böhnke: Ableitungen von ▸Bohn(e) (1.) oder (2.) mit *-k*-Suffix.

Böhnlein: Ableitung von ▸Bohn(e) (1.) mit dem Suffix *-lein*.

Bohnsack: 1. ▸Bohnensack. 2. Herkunftsname zu dem Ortsnamen Bohnsack bei Danzig.

Bohr: 1. Aus der Kurzform eines slawischen Rufnamens wie Borislav (urslaw. *borti* ›kämpfen‹ + urslaw. *slava* ›Ruhm, Ehre‹) entstandener Familienname. 2. Herkunftsname zu den Ortsnamen Bohra (Thüringen, Schlesien), Bohrau (Brandenburg, Schlesien), Borau bei Weißenfels (Sachsen-Anhalt). 3. Niederdeutscher Übername nach einem Gegenstand der beruflichen Tätigkeit (zu mnd. *bor* ›Bohrer‹). 4. Übername zu mhd. *bōr* ›Trotz, Empörung‹.

Bohrer: Ableitung auf *-er* von ▸Bohr (2.).

Böhringer: Herkunftsname zu dem häufigen Ortsnamen Böhringen (Baden-Württemberg).

Bohrisch: aus einer Ableitung von Borislav (▸Bohr [1.]) oder anderen slawischen Rufnamen, die mit »Bor-« (urslaw. *borti* ›kämpfen‹) beginnen, hervorgegangener Familienname.

Bohrmann: ▸Bornmann.

Boie: ▶Boy(e). ❖ Bekannter Namensträger: Heinrich Christian Boie, deutscher Dichter (18./19. Jh.).

Boigner: 1. Bairisch-österreichischer Wohnstättenname zu mhd. *biuge* ›Biegung‹: ›wohnhaft an einer [Fluss-]Biegung‹. 2. Herkunftsname zu den Ortsnamen Poign (Bayern), Poigen (Österreich).

Böing: westniederdeutsche, mit dem Suffix *-ing* gebildete Ableitung von dem alten friesischen und niederdeutschen Rufnamen Boio (wohl zu asächs. *boio* ›Bewohner‹).

Boje: ▶Boy(e) (1.).

Bojunga: friesische patronymische Bildung zu ▶Boy(e) (1.).

Böke: Wohnstättenname zu mnd. *bōke* ›Buche‹.

Bokelmann: mit dem Suffix *-mann* gebildeter Herkunftsname zu den Ortsnamen Bockel (Niedersachsen) oder Bokel (Nordrhein-Westfalen, Niedersachsen, Schleswig-Holstein).

Böker: 1. Durch Zusammenziehung und Verlust des unbetonten *-de-* entstandene Form von ▶Bödecker, Bödeker. 2. Übername zu mnd. *böker, boker* ›Schläger, Klopfhammer, Stampfer‹, mnd. *boken* ›klopfen, schlagen; pochen, prahlen‹.

Bolai, Bolay: 1. Aus dem Heiligennamen Pelagius (zu griech. *pelágios* ›zum Meer gehörig‹) gebildete Familiennamen. Der heilige Pelagius soll im 3. Jh. in Istrien enthauptet worden sein. Da seine Gebeine in Konstanz ruhen, wurde er dort und im gesamten alemannischen Raum besonders verehrt. 2. In Ostdeutschland können die Namen auch aus einer Kurzform des polnischen oder sorbischen Namens Bolesław (urslaw. *bol'e* ›mehr‹ + urslaw. *slava* ›Ruhm, Ehre‹) gebildet sein. ❖ *der bolaygin hus* ist a. 1355 in Esslingen erwähnt.

Bold: 1. Aus einer niederdeutschen Kurzform des Rufnamens ▶Baldwin entstandener Familienname. 2. Übername zu mnd. *bolt* ›rasch, kühn, trotzig‹ oder zu mnd. *bolte* ›Bolz, Pfeil; Fessel, Fußeisen‹.

Boldewin: niederdeutsche Form von ▶Baldwin.

Boldt: ▶Bold.

Bolduan: aus einer verschliffenen Form von ▶Baldwin entstandener Familienname.

Bölke: ▶Böhlcke.

Boll: 1. Wohnstättenname zu einem alemannischen, aber auch niederdeutschen Flurnamen *Boll(e)* mit der Bedeutung ›runder Hügel, runder Erdbuckel‹ (vgl. mhd. *bolle* ›kugelförmiges Gefäß‹, mnd. *bolle* ›alles, was von runder oder kugelähnlicher Gestalt ist‹). 2. In übertragener Bedeutung auch Übername für einen kleinen, rundlichen Menschen. 3. Herkunftsname zu dem häufigen Ortsnamen Boll (Baden-Württemberg). 4. Aus einer niederdeutschen Kurzform des Rufnamens ▶Baldwin entstandener Familienname.

Böll: 1. ▶Boll. 2. Möglich ist hierbei auch ein Wohnstättenname zu mda. *Bölle* ›weiße Pappel‹. ❖ Bekannter Namensträger: Heinrich Böll, deutscher Schriftsteller (20. Jh.).

Bollack, Bollag: ▶Pola(c)k.

Bolland: Herkunftsname zu dem gleichlautenden Ortsnamen in Mecklenburg oder zu den Ortsnamen Bolanden (Rheinland-Pfalz, Baden-Württemberg), Bohland (Baden-Württemberg), Bolande (Schleswig-Holstein).

Bolle: ▶Boll (1.), (2.), (4.).

Boller: 1. Ableitung auf *-er* zu ▶Boll (1.) und (3.). 2. Übername zu mhd. *bollern* ›poltern‹.

Bollig, Bölling: 1. Mit *-ing*-Suffix zu der niederdeutschen Kurzform Boll (▶Baldwin) gebildete Familiennamen. 2. Herkunftsnamen zu dem Ortsnamen Bölling (Westfalen).

Bollinger: Herkunftsname zu den Ortsnamen Bollingen (Baden-Württemberg, Schweiz), Bohlingen (Baden-Württemberg).

Bollmann: Ableitung auf *-mann* zu ▶Boll.

Bolster: 1. ▶Polster. 2. Herkunftsname zu dem Ortsnamen Bolstern (Baden-Württemberg).

Bolt(e): ▶Bold.

Bolten: patronymische Bildung (schwacher Genitiv) zu Bolt (▶Bold).

Bölter: Berufsname zu mnd. *bolter, boltendreier* ›Bolzendrechsler‹.

Bölting: patronymische Bildung auf *-ing* zu einer Kurzform von ▶Baldwin.

Boltz(e), Bolz(e): 1. Übernamen zu mhd. *bolz(e)* ›Bolzen [für die Armbrust]‹ für den Bolzendreher. 2. Aus einer mittel- oder niederdeutschen Koseform mit *-s-/-z-*Suffix von ▶Baldwin entstandene Familiennamen. ❖ *Lubbertus Boltse* ist a. 1400 in Coesfeld bezeugt.

Bomba: Übername zu nsorb. *bombaś* ›schaukeln, schwingen, baumeln‹, *bombaś se* ›sich

herumtreiben, bummeln‹, osorb. *bombać so* ›schlendern, müßig gehen‹. Eine Ableitung von tschech. und poln. *bomba* ›Bombe‹ ist fraglich. Im Deutschen ist das Substantiv »Bombe«, eine Entlehnung aus dem Französischen, erst seit dem 17. Jh. belegt.

Bommer: Herkunftsname zu den Ortsnamen Bommen (Bayern), Bommern (Nordrhein-Westfalen).

Bonefas(s), Bonefaß: ▸ Bonifazi(us).

Bones(s), Boneß: 1. Übernamen für jemanden, der gern Bohnen (vgl. ▸ Bohn[e]) aß. ❖ Ein *Wernherus Bonezza* ist bereits für das 12. Jh. in Zürich bezeugt. 2. Herkunftsnamen zum Ortsnamen Bonese (Altmark).

Bongard(t): im Rheinland verbreitete Formen von ▸ Baumgarten.

Bongarts, Bongartz: patronymische Bildungen (starker Genitiv) zu Bongard(t) (▸ Baumgarten).

Bongers: verschliffene Form von ▸ Bongarts.

Bongra(t)z: oberdeutsche Formen von ▸ Pankratz.

Bonhoeffer: Herkunftsname zu den Ortsnamen Bonhof (Nordrhein-Westfalen, Bayern), Bonnhof (Bayern). ❖ Bekannter Namensträger: Dietrich Bonhoeffer, deutscher evangelischer Theologe (20. Jh.).

Bonifaz(ius): aus dem lateinischen Rufnamen Bonifatius (›der gutes Geschick Verheißende‹) hervorgegangene Familiennamen. Zur Verbreitung des Namens trug vor allem die Verehrung des heiligen Bonifatius, das Apostels der Deutschen (7./8. Jh.), bei. ❖ Als Varianten von Bonifatius begegnen uns die Familiennamen **Bonefas(s), Bonefaß.** ❖ Bei den Familiennamen **Faatz** und **Facius** kann es sich um verkürzte Formen von Bonifatius oder ▸ Servatius handeln.

Bönig: ▸ Böhning.

Bonin: Herkunftsname zu dem gleichlautenden Ortsnamen (ehem. Pommern/jetzt Polen, ehem. Brandenburg/jetzt Polen).

Böning: ▸ Böhning.

Bönisch: ▸ Benesch.

Bonitz: Herkunftsname zu dem Ortsnamen Bonitz (Sachsen-Anhalt).

Bonk: 1. Herkunftsname zu dem Ortsnamen Bonk (ehem. Westpreußen/jetzt Polen). 2. Zusammengezogene Form von ▸ Bohnke. 3. Übername zu poln. *bąk* ›Rohrdommel; Viehbremse‹, wobei der polnische Nasalvokal *-ą-* durch *-on-* wiedergegeben ist.

Bonn(er): Herkunftsnamen zu dem Ortsnamen Bonn am Rhein.

Bonnermann: Ableitung von ▸ Bonn(er) mit dem Suffix *-mann.*

Bonnet: hugenottischer Name zu dem französischen Heiligennamen Bonnet (< lat. *Bonitus* < *bonus* ›der Gute‹). Der heilige Bonnet war Bischof von Clermont (7. Jh.).

Bonsack: ▸ Bohnensack, ▸ Bohnsack.

Bönsch: 1. Rheinischer Herkunftsname: ›jemand aus Bonn‹. 2. Im deutsch-slawischen Kontaktbereich verschliffene Form von ▸ Böhnisch.

Boom: vor allem im Rheinland vorkommende Variante von ▸ Baum.

Boos: Herkunftsname zu dem häufigen Ortsnamen Boos (Sachsen-Anhalt, Rheinland-Pfalz, Baden-Württemberg, Bayern).

Bopp: aus dem alten Lallnamen Boppo entstandener Familienname.

Boppel: aus einer Koseform des Namens ▸ Bopp mit *-l*-Suffix hervorgegangener Familienname.

Bopper: patronymische Bildung auf *-er* zu ▸ Bopp.

Böpple: aus einer schwäbischen Koseform von ▸ Bopp entstandener Familienname.

Borack: 1. Aus einer sorbischen, polnischen oder tschechischen Ableitung von Borislav (▸ Bohr [1.]) oder anderen slawischen Rufnamen hervorgegangene Familiennamen. 2. Herkunftsname zu den Ortsnamen Borack (Sachsen), Boragk (Brandenburg).

Borchard(t): aus einer niederdeutschen Form von ▸ Burkhard entstandene Familiennamen. ❖ Bekannter Namensträger: Rudolf Borchardt, deutscher Schriftsteller (19./20. Jh.).

Borcherding: patronymische Bildung auf *-ing* zu Borchert, einer niederdeutschen Form von ▸ Burkhard.

Borchers: patronymische Bildung (starker Genitiv) zu ▸ Borchert.

Borchert: aus einer niederdeutschen Form von ▸ Burkhard hervorgegangener Familienname. ❖ Bekannter Namensträger: Wolfgang Borchert, deutscher Schriftsteller (20. Jh.).

Borchling: verschliffene Form von ▸ Borcherding.

Borchmann: Amts- bzw. Standesname zu mnd. *borchman* ›Burgmann, der im Dienste eines Burgherrn ist; Inhaber eines Burglehens‹.

Borck: ▶ Bork.

Borckert: aus einer niederdeutschen Form von ▶ Burkhard entstandener Familienname.

Boreck, Borek: 1. Aus einer polnischen oder tschechischen Ableitung von Borislav (▶ Bohr [1.]) oder anderen slawischen Rufnamen entstandene Familiennamen. 2. Herkunftsnamen zu dem Ortsnamen Borek (Schlesien).

Borg: Herkunftsname zu dem gleichlautenden Ortsnamen (Saarland, Niedersachsen, Mecklenburg-Vorpommern).

Borgard(t): ▶ Borghar(d)t.

Borger, Börger: auf mnd. *borgere* ›Burgmann, Bürger einer Stadt, Bürge‹ zurückgehende Familiennamen; vgl. ▶ Burger, Bürger.

Borgert: ▶ Borghar(d)t.

Borges: 1. Auf eine verkürzte Form von ▶ Liborius zurückgehender Familienname. 2. Spanischer Herkunftsname nach dem gleichlautenden Ortsnamen in Katalonien (zu arab. *bordsch* ›Turm‹).

Borggraefe, Borggräfe, Borggreve, Borggrewe: niederdeutsche Amtsnamen, ▶ Burggraf.

Borghar(d)t: aus einer niederdeutschen Form von ▶ Burkhard entstandene Familiennamen.

Borgmann: ▶ Borchmann.

Borgwar(d)t, Borgwarth: aus einer niederdeutschen Form des alten deutschen Rufnamens Burgwart (*burg* + *wart*) entstandene Familiennamen.

Borjes, Börjes: aus einer verkürzten Form von ▶ Liborius entstandene Familiennamen.

Bork: 1. Aus einer sorbischen Ableitung von Borislav (▶ Bohr [1.]) oder anderen slawischen Rufnamen gebildeter Familienname. 2. Aus einer niederdeutschen Kurzform von ▶ Burkhard entstandener Familienname. 3. Herkunftsname zu den Ortsnamen Bork (Nordrhein-Westfalen, ehem. Brandenburg/jetzt Polen), Borek (Schlesien). 4. Niederdeutscher Berufsübername zu mnd. *borke* ›Borke, Baumrinde zur Lohe‹ für einen Lohgerber.

Borkenhagen: Herkunftsname zu dem Ortsnamen Borkenhagen (Mecklenburg-Vorpommern, ehem. Pommern/jetzt Polen).

Borkowski: Herkunftsname zu den polnischen Ortsnamen Borków, Borkowice oder Borki bzw. zu den lausitzischen Ortsnamen Burg, nsorb. Borkowy bei Cottbus, osorb. Bórka bei Hoyerswerda.

Borm: Wohnstättenname zu niederdt. mda. *borm* ›Brunnen‹: ›wohnhaft bei einem Brunnen‹.

Bormann: ▶ Bornmann.

Born: 1. Wohnstättenname zu mhd., mnd. *born* ›Brunnen‹: ›wohnhaft an einem Brunnen‹. 2. Herkunftsname zu Ortsnamen wie Born (Schleswig-Holstein, Mecklenburg-Vorpommern, Niedersachsen, Nordrhein-Westfalen, Hessen, Sachsen-Anhalt, ehem. Pommern/jetzt Polen), Borna (Sachsen), Borne (Niedersachsen, Sachsen-Anhalt, Brandenburg, Schlesien). ❖ Bekannter Namensträger: Max Born, deutscher Physiker (19./20. Jh.).

Börnchen: 1. Herkunftsname zu den häufigen Ortsnamen Börnchen (Sachsen, Schlesien), Börnichen (Sachsen, Brandenburg). 2. Wohnstättenname: ›wohnhaft an einem kleinen Brunnen‹.

Bornemann: ▶ Bornmann.

Borner, Börner: 1. Ableitungen auf -er zu ▶ Born. 2. Berufsname zu mnd. *bornen* ›zum Brunnen führen, das Vieh tränken‹. 3. Berufsnamen zu mhd. *bornen, burnen*, fnhd. *börnen* ›brennen‹, ▶ Brenner.

Borngräber: Berufsname für den Brunnengräber.

Bornhöft: Herkunftsname zu dem Ortsnamen Bornhöved (Schleswig-Holstein).

Bornhold, Bornhol(d)t: Herkunftsnamen zu den Ortsnamen Bornholt (Schleswig-Holstein) oder Bornholte (Nordrhein-Westfalen).

Bornkessel: Berufsübername nach dem Arbeitsgerät, dem »Brennkessel«, z. B. für einen Brauer.

Bornmann: Ableitung auf -*mann* zu ▶ Born.

Bornschein: Wohnstättenname zu mhd. *born* ›Brunnen, Quelle‹ + mhd. *schīn* ›sichtbar‹ für jemanden, der an einer Stelle wohnte, wo die Quelle aus der Erde tritt, ›sichtbar wird‹.

Borowski: Herkunftsname zu den polnischen Ortsnamen Borów, Borowa, Borowo oder Borowice.

Borries, Börries: aus verkürzten Formen von ▶ Liborius entstandene Familiennamen.

Borrmann: ▶ Bornmann.

Borsch, Börsch, Borsche: 1. Aus einer sorbischen Ableitung von Borislav (▶Bohr [1.]) oder anderen slawischen Rufnamen hervorgegangene Familiennamen. 2. Herkunftsnamen zu den Ortsnamen Borsch (Thüringen), Börsch (Elsass), Oberbörsch, Unterbörsch (Nordrhein-Westfalen).

Borsig: Übername zu poln. *burczeć* ›brummen, knurren, schelten‹ für einen übellaunigen Menschen. ❖ Die Familie des Berliner Industriellen Johann Friedrich August Borsig (19. Jh.) stammt aus Schlesien und nannte sich dort ›Burzig‹.

Borst, Börst: 1. Übernamen nach dem Aussehen (borstige Haare) oder dem Charakter (widerborstig) des ersten Namensträgers. 2. Berufsübernamen für den Bürstenbinder (zu mhd. *borst[e]* ›Borste‹, mnd. *borste* ›Borste, Bürste‹).

Borstel: Herkunftsname zu dem gleichlautenden Ortsnamen (Schleswig-Holstein, Niedersachsen, Sachsen-Anhalt).

Borstelmann: Ableitung auf *-mann* zu ▶Borstel.

Borte: 1. Übername zu mhd. *borte* ›Band, aus Seide und Goldfäden gewirkte Borte‹ für den Hersteller oder nach einer Besonderheit der Kleidung. 2. Wohnstättenname zu mhd. *borte* ›Rand, Einfassung, Ufer‹.

Borth: 1. Herkunftsname zu dem Ortsnamen Borth (Nordrhein-Westfalen). 2. Wohnstättenname zu mhd. *borte* ›Rand, Einfassung, Ufer‹.

Bös: ▶Bose, Böse.

Bosbach: Herkunftsname zu dem gleichlautenden Ortsnamen (Nordrhein-Westfalen).

Bosch: Wohnstättenname zu mhd. *bosch(e)* ›Busch, Gesträuch, Wald, Gehölz‹. ❖ Bekannter Namensträger: Carl Bosch, deutscher Chemiker und Industrieller (19./20. Jh.).

Bösch: 1. ▶Bosch. 2. Aus einer gerundeten Form von Besch (▶Sebastian) hervorgegangener Familienname. Der Name kommt besonders im alemannischen Gebiet vor.

Boschan: 1. Aus einer Ableitung von slawischen Rufnamen auf »Bo-«, z. B. ▶Bogda(h)n, Bolesław (▶Bolai), Borislav (▶Bohr [1.]) u. Ä. entstandener Familienname. 2. Übername zu nsorb. *bošan* ›Storch‹.

Bösche: ▶Bosch.

Böschen: auf einen gleichlautenden Orts- oder Flurnamen zurückgehender Familienname.

Boschmann: Ableitung auf *-mann* zu ▶Bosch.

Bose, Böse: Übernamen zu mhd. *bœse, bōse* ›böse, schlecht; gering, wertlos; schlimm, übel, gemein‹, mnd. *bose, bōs* ›böse, grimmig, schlecht‹.

Bösehans: Zusammensetzung aus dem Adjektiv ▶Bose, Böse und dem Rufnamen ▶Hans.

Bösel: 1. Herkunftsname zu dem gleichlautenden Ortsnamen (Niedersachsen). 2. Ableitung von ▶Bose, Böse mit *-l*-Suffix.

Bösewetter: Übername, der im übertragenen Sinne einen mürrischen, schlecht gelaunten Menschen bezeichnen kann.

Boshard(t): ▶Bosshard.

Bosl, Bösl: Ableitungen von ▶Bose, Böse mit *-l*-Suffix.

Boss, Boß: 1. ▶Bosse. 2. In Bayern Standesname zu bair. *Boss, Poß* < mhd. *bōz* ›der jüngste Knecht‹. ❖ Diesen Beinamen trägt a. 1390 in München *Lüdl pozz*.

Böß: Variante von ▶Bose, Böse oder von Boss, Boß (▶Bosse).

Bossard: ▶Bosshard.

Bosse: aus einer früher im niederdeutschen und alemannischen Raum beliebten Koseform von ▶Burkhard entstandener Familienname.

Bosselmann: verschliffene Form von ▶Borstelmann.

Bosser: ▶Bossler.

Bossert: aus einer jüngeren Form von ▶Bosshard entstandener Familienname.

Bosshard, Bosshar(d)t, Boßhard, Boßhar(d)t: diese vor allem im alemannischen Gebiet heimischen Familiennamen sind aus einer mit dem als Suffix verwendeten Namenwort *-hart* erweiterten Kurzform von ▶Burkhard entstanden (vgl. ▶Bosse).

Bossler, Boßler: 1. Übernamen für jemanden, der dem Kegelspiel zugeneigt war (zu mhd. *bōzen* ›Kegel spielen‹); möglich ist hierbei auch das Vorliegen von Berufsübernamen (z. B. für einen Metallarbeiter) zu mhd. *bōzen, bōzeln* ›schlagen, klopfen‹. 2. Berufsnamen für jemanden, der unbedeutende Hilfstätigkeiten verrichtete (vgl. mhd. *bōzelarbeit* ›in Kleinigkeiten bestehende Arbeit, Arbeit für wenige Tage‹, fnhd. *posselarbeit* ›geringe Nebenarbeit‹).

Bossmann: aus einer mit *-mann*-Suffix erweiterten Form von Bosse (▶Burkhard) entstandener Familienname.

Bost: vor allem im Saarland vorkommender, aus einer verkürzten Form von ▶ Sebastian hervorgegangener Familienname.

Bostelmann: durch Ausfall des -r- vor -s- entstandene Form von ▶ Borstelmann.

Bote: 1. Berufsname zu mhd. *bote* ›Bote‹, z. B. der Stadtbote. 2. Aus dem alten Rufnamen Botho *(bodo)* entstandener Familienname.

Bötefü(h)r: niederdeutsche Berufsübernamen (Satznamen) zu mnd. *boten, buten* ›Feuer machen‹ + (verdeutlichendes) mnd. *vūr, vuir* ›Feuer‹: ›Mach das Feuer an!‹ für einen Ofenheizer.

Both, Bothe, Bott: ▶ Bote.

Böttcher: niederdeutscher und mitteldeutscher Berufsname für den Hersteller von Fässern und Tonnen aus Holz. Die ursprünglich niederdeutsche Berufsbezeichnung ▶ Bödecker (zu mnd. *bode* ›Fass‹) breitete sich später nach Südosten aus. Dass Böttcher heute die allgemeine Bezeichnung für das Handwerk in der Schriftsprache geworden ist, ist u. a. auf Luthers Einfluss zurückzuführen. ❖ Fässer und Tonnen wurden aus einzelnen Holzdauben zusammengesetzt und mit Eisenreifen zusammengehalten. Das Gewerbe war nicht nur zahlreich in den großen mittelalterlichen Städten, sondern auch auf dem Land vertreten. Fässer waren im Bereich der Weinwirtschaft und der Bierbrauerei unentbehrlich, große Holzgefäße wurden ferner zum Gerben und zum Baden, zur Lagerung und zum Transport von Nahrungsmitteln benötigt. Neben den Großböttchern gab es auch den Berufszweig der Kleinböttcher, die kleinere Daubengefäße für den Haushalt herstellten. ❖ Das Böttchergewerbe mit den regional unterschiedlichen Handwerkerbezeichnungen hat einen großen Anteil an der Bildung von Familiennamen gehabt. So sind z. B. die Familiennamen **Bädeker, Baedeker, Böde(c)ker, Bödiker, Böttger, Böttjer** ursprünglich im Norden Deutschlands heimisch, **Böttcher** im nord- und ostmitteldeutschen Raum, **Büttner** in Franken, Böhmen, Schlesien, Sachsen, Thüringen, Hessen, **Küpper** im Nordwesten, **Faßbender** im Rheinland. Vom Südwesten nach Südosten stoßen wir dann auf die Herkunftsgebiete von **Kiefer, Küf(n)er, Schäffler, Binder, Binter**.

Bottermann: niederdeutscher Berufsname für den Butterhändler (mnd. *botter* ›Butter‹).

Böttger, Bötticher, Böttiger: ▶ Böttcher.

Böttinger: Herkunftsname zu dem Ortsnamen Böttingen (Baden-Württemberg).

Böttjer, Böttker: ▶ Böttcher.

Böttner: ▶ Büttner.

Botz, Bötz: aus einer Koseform von ▶ Burkhard entstandene Familiennamen.

Bouché, Boucher: französische, teilweise durch hugenottische Flüchtlinge nach Deutschland gekommene Familiennamen (< franz. *boucher* ›Metzger‹).

Bove: niederdeutscher Übername zu mnd. *bove* ›gewalttätiger Bube, Frevler, Spitzbube, Räuber‹.

Bovenker(c)k: niederdeutsche Wohnstättennamen zu mnd. *boven* ›oben, oberhalb, über‹ + mnd. *kerke* ›Kirche‹ für jemanden, der oberhalb der Kirche wohnte.

Bovenschen: niederdeutscher Wohnstättenname zu mnd. *boven* ›oben, über‹: ›die oben Wohnenden‹.

Bovensiepen: niederdeutscher Wohnstättenname zu mnd. *boven* ›oben, oberhalb‹ + mnd. *sīp, sipe* ›kleines Flüsschen, Bächlein‹, auch ›feuchtes Land, Niederung‹.

Bowe: ▶ Bove.

Boy(e): 1. Aus dem alten friesischen und niederdeutschen Rufnamen Boio (wohl zu asächs. *boio* ›Bewohner‹) entstandene Familiennamen. 2. Übernamen zu *mnd. boie* ›Fessel‹.

Boysen: patronymische Bildung auf -*sen* zu ▶ Boy(e) (1.).

Bozkurt: türkischer Familienname zu türk. *boz* ›grau‹ + *kurt* ›Wolf‹: ›grauer Wolf‹.

Braack, Braak: ▶ Brack(e) (2.).

Braasch: ▶ Brasch(e).

Braatz: Herkunftsname zu dem Ortsnamen Braatsch in Pommern.

Braband, Brabander, Brabandt, Brabender: Herkunftsnamen für jemanden aus der Landschaft Brabant (heute aufgeteilt in Nord-Brabant im Süden der Niederlande und Süd-Brabant in Belgien). Im Mittelalter spielte Brabant eine führende Rolle in der Tuchproduktion. So können sich diese Familiennamen auch als Übernamen auf einen Kaufmann bezogen haben, der mit brabantischen Stoffen Handel trieb.

Brach: 1. Wohnstättenname zu mhd. *brāche* ›brachliegendes Land‹. 2. Herkunftsname zu den Ortsnamen Braach (Hessen), Brach (Baden-Württemberg, Unterfranken).
Brachat: Übername zu mhd. *brāchat* ›Brachmonat [Juni]‹, der wahrscheinlich eine Anspielung auf den Zeitpunkt einer Abgabe enthält.
Brache: ▶ Brach.
Bracher: Ableitung auf *-er* zu ▶ Brach.
Brachmann: Ableitung auf *-mann* zu ▶ Brach.
Bracht: 1. Aus einer früher im Rheinland und Westfalen vorkommenden Kurzform von Rufnamen, die das Namenwort *beraht* enthalten (z. B. ▶ Gerbracht), entstandener Familienname. 2. Herkunftsname zu dem gleichlautenden Ortsnamen (Nordrhein-Westfalen, Hessen). 3. Wohnstättenname zu dem Flurnamen *Bracht*, der ein mit Gestrüpp und Dickicht bewachsenes Gelände bezeichnet.
Brack(e): 1. Niederdeutsche Wohnstättennamen zu mnd. *brake*, das ›Zweig, Reisig, Busch- und Strauchwerk‹, ›Brachacker‹ und ›Bruch, Deichbruch‹ bedeuten kann. 2. Herkunftsnamen zu den mehrfach in Norddeutschland vorkommenden Ortsnamen Braack, Brake. 3. Übernamen zu mhd., mnd. *bracke* ›Spürhund‹.
Brackmann: Ableitung auf *-mann* zu ▶ Brack(e) (1.) und (2.).
Brade: Übername zu mnd. *brāde* ›Braten‹ für den Koch oder nach dem Lieblingsgericht.
Brader: niederdeutscher Berufsname für den Garkoch, zu mnd. *brāden* ›braten‹.
Brägler: Übername zu mhd. *brēgeln* ›murren, schwatzen‹.
Brähler: ▶ Brehl, Brehler.
Brahm: 1. Wohnstättenname zu mnd. *brām* ›[Besen-]Ginster; Brombeere‹ oder zu mhd. *brāme* ›Dorngesträuch‹. 2. Aus einer verkürzten Form von ▶ Abraham entstandener Familienname.
Brahms: 1. Patronymische Bildung (starker Genitiv) zu einer verkürzten Form von ▶ Abraham. 2. Genitivischer, ursprünglich patronymischer Name zu ▶ Brahm (1.): ›Sohn dessen, der am Ginster- oder Brombeerstrauch wohnt‹. 3. Aus mnd. *bramhus* ›Haus am Brombeer- oder Ginsterstrauch‹ zusammengezogener Wohnstättenname. ❖ So ist a. 1320 *Johannes Bramhus* in Coesfeld bezeugt. ❖ Bekannter Namensträger: Johannes Brahms, deutscher Komponist (19. Jh.).
Braig: 1. Schwäbischer Übername zu schwäbisch *brāugen* ›zornig weinen, heulen‹. 2. Wohnstättenname zu dem schwäbischen Flurnamen *Braike*.
Brake: ▶ Brack(e) (1.) und (2.).
Brämer: ▶ Bremer.
Brammer: Herkunftsname oder Wohnstättenname zu dem in Norddeutschland mehrfach vorkommenden Orts- und Flurnamen Brammer (vgl. ▶ Brahm [1.]).
Bramsen: patronymische Bildung auf *-sen* zu einer verkürzten Form von ▶ Abraham.
Brand: 1. Aus einer Kurzform von Rufnamen auf »-brand« (z. B. ▶ Hildebrand[t]) entstandener Familienname. 2. Herkunftsname oder Wohnstättenname zu dem häufigen Orts- und Flurnamen Brand, der i. A. auf eine durch Brand gerodete Stelle hinweist.
Brandau(er): Herkunftsnamen zu dem häufigen Ortsnamen Brandau (Hessen, Bayern, Österreich, Ostpreußen). ❖ Bekannter Namensträger: Klaus Maria Brandauer, österreichischer Schauspieler (20./21. Jh.).
Brandeis: 1. Herkunftsnamen zu dem Ortsnamen Brandeis (Böhmen). 2. Berufsübername zu mhd. *brant* ›Brand‹ und mhd. *īsen* für jemanden, ›der das Eisen brennt‹, also den Schmied.
Brandel, Brändel: aus Koseformen von ▶ Brand (1.) hervorgegangene Familiennamen.
Brandenburg(er): Herkunftsnamen zu den Ortsnamen Brandenburg (Brandenburg, Ostpreußen, Baden-Württemberg, Thüringen, Elsass), Neubrandenburg (Mecklenburg-Vorpommern), Brannenburg (Bayern) oder für jemanden aus der Mark Brandenburg.
Brandes: patronymische Form (starker Genitiv) zu ▶ Brand (1.).
Brandhof(f): 1. Herkunftsnamen zu dem in Süddeutschland mehrfach vorkommenden Ortsnamen Brandhof. 2. Diese Familiennamen können sich auch auf einen Hofnamen, einen Hof »auf dem Brande«, eine durch Brand gerodete Stelle, zurückgehen.
Brandhorst: Herkunftsname zu dem Ortsnamen Brandhorst (Sachsen-Anhalt, Nordrhein-Westfalen).

Brandis: 1. ▶Brandes. 2. Herkunftsname zu den gleichlautenden Ortsnamen (Sachsen, Brandenburg, Schweiz).

Brandl: ▶Brandel.

Brändle, Brändli(n): aus alemannischen Koseformen von ▶Brand (1.) entstandene Familiennamen.

Brandmeier: Standesname, nähere Bestimmung eines Meiers (▶Meyer) durch die Lage des Hofes an einer durch Brand gerodeten Stelle (▶Brand [2.]).

Brandner: 1. Ableitung auf *-ner* von ▶Brand (2.). 2. Herkunftsname zu dem Ortsnamen Branden (Baden-Württemberg). ❖ Bekannter Namensträger: Uwe Brandner, deutscher Schriftsteller und Filmregisseur (20./21. Jh.).

Brands: patronymische Bildung (starker Genitiv) zu ▶Brand (1.).

Brandstetter: 1. Bairisch-österreichischer Wohnstättenname für jemanden, der auf einer ›Brandstatt‹, einem abgebrannten, aber wieder aufgebauten Anwesen wohnte. 2. Herkunftsname zu den in Bayern und Österreich öfter vorkommenden Ortsnamen Brandstatt, Brandstätt. ❖ Bekannter Namensträger: Alois Brandstetter, österreichischer Schriftsteller (20./21. Jh.).

Brandt: ▶Brand. ❖ Bekannter Namensträger: Willy Brandt, deutscher Politiker (20. Jh.).

Brandtner: ▶Brandner.

Branig: aus einer Ableitung des sorbischen oder polnischen Rufnamens Bronisław bzw. des tschechischen Rufnamens Branislav (urslaw. **borniti* ›[be]kämpfen, wehren‹ + urslaw. **slava* ›Ruhm, Ehre‹) entstandener Familienname.

Brant: ▶Brand. ❖ Bekannter Namensträger: Sebastian Brant, deutscher Dichter und Jurist (15./16. Jh.).

Brantz, Branz: 1. Aus einer mit *-z*-Suffix gebildeten Koseform von ▶Brand (1.) entstandene Familiennamen. 2. In Norddeutschland kann es sich hierbei um patronymische Formen (starker Genitiv) zu ▶Brand (1.) handeln.

Bras: 1.▶Brass. 2. Portugiesischer Familienname, der aus der portugiesischen Form des Heiligennamens ▶Blasius abgeleitet wurde.

Brasch(e): 1. Übernamen zu mnd. *bräsch* ›Krach, Gebrüll, Lärm‹. 2. Herkunftsnamen zu den Ortsnamen Braasche (Niedersachsen), Braschen (ehem. Brandenburg/jetzt Polen). 3. In Ostdeutschland können die Familiennamen auch auf Ableitungen von Bratomil (urslaw. **bratъ* ›Bruder‹ + urslaw. **milъ* ›lieb, teuer‹) u. Ä. oder auf einen Übernamen zu slaw. *brat* ›Bruder‹ zurückgehen. ❖ Bekannter Namensträger: Thomas Brasch, deutscher Schriftsteller (20./21. Jh.).

Brase: 1. Herkunftsname zu dem Ortsnamen Brase (Niedersachsen). 2. ▶Brass.

Bräse(c)ke, Bräsi(c)ke, Bräsig(k), Bräsigke, Bräske: 1. Aus niederdeutschen Koseformen zu einer verkürzten Form von ▶Ambrosius hervorgegangene Familiennamen. 2. Möglich ist auch das Vorliegen von Übernamen zu niederdt. *bräsig* ›frisch, rot aussehend; behäbig, dick‹.

Brass, Braß, Bräss, Bräß: 1. Übernamen zu mnd. *bras* ›Lärm, Gepränge, Prasserei‹ für einen lauten, Prunk liebenden Menschen oder zu mhd. *bras* ›Schmaus, Mahl‹ für einen Schwelger. 2. Aus einer verkürzten Form von ▶Ambrosius entstandene Familiennamen.

Brassler, Braßler: Übernamen zu mhd. *brasseln* ›prasseln‹, vgl. ▶Brast(er).

Brast(er): Übernamen zu mhd. *brast* ›Geprassel‹, *brasten* ›prasseln‹ für einen hochmütigen, Prunk liebenden Menschen.

Bratfisch, Brathäri(n)g, Bratheri(n)g: Übernamen für den Koch oder nach der Lieblingsspeise.

Bratig, Bratsch, Brat(t)ke: 1. Aus Ableitungen von slawischen Rufnamen wie Bratomil u. Ä. (vgl. ▶Brasch[e] [3.]) hervorgegangene Familiennamen. 2. Übernamen zu slaw. *brat* ›Bruder‹.

Bräu: Berufsname für den Bierbrauer (mhd. *briuwe*), vgl. ▶Bier.

Brauch(er): Übernamen zu mhd. *brüchen* ›genießen‹.

Brauchle: schwäbische Ableitung von Brauch (▶Brauch[er]).

Brauckmann: diphthongierte Form von ▶Brockmann.

Brauer, Bräuer: Berufsnamen für den Bierbrauer (mhd. *briuwer*, md., mnd. *brüwer*), vgl. ▶Bier.

Brauers: vor allem im Rheinland vorkommende patronymische Bildung (starker Genitiv) zu ▶Brauer.

Braumann: Berufsname auf *-mann* für den Bierbrauer, vgl. ▶ Bier.

Braun(e): 1. Übernamen zu mhd. *brūn* ›braun, dunkelfarbig‹ nach der Haar-, Haut- oder Augenfarbe bzw. nach der Kleidung. 2. Aus einer diphthongierten Form des Rufnamens Brun(o) *(brūn)* entstandene Familiennamen. ❖ Aus undiphthongierten Formen sind u. a. die Familiennamen **Brun(e)**, **Bruhn** (mit den patronymischen Bildungen **Bruhns** und **Bruns**), **Bruncke** und die latinisierte Form **Bruno** hervorgegangen. ❖ Bekannte Namensträger: Karl Ferdinand Braun, deutscher Physiker, Erfinder der braunschen Röhre (19./20. Jh.); Volker Braun, deutscher Schriftsteller (20./21. Jh.).

Brauneis(en): Berufsübernamen für einen Schmied, der in der älteren Form *Braunseisen* (zu mhd. *brūns īsen* ›glänzendes, funkelndes Eisen‹) lautete.

Brauner: 1. Stark flektierte Form oder patronymische Bildung auf *-er* zu ▶ Braun(e) (1.). 2. Patronymische Form auf *-er* zu ▶ Braun(e) (2.). 3. Herkunftsname auf *-er* zu dem häufigen Ortsnamen Braunau (Sachsen, Hessen, Bayern, Schlesien, Österreich, Böhmen) beziehungsweise Brauna (Sachsen). 4. Vereinzelt kann dieser Familienname auf den alten Rufnamen Brunher *(brūn + heri)* zurückgehen.

Braunert: 1. Mit sekundärem *-t* erweiterte Form von ▶ Brauner. 2. Vereinzelt kann dieser Familienname auf den alten Rufnamen Brunhart *(brūn + harti)* zurückgehen.

Braunger: aus dem alten Rufnamen Brunger *(brūn + gēr)* hervorgegangener Familienname.

Braunhold, Braunholz: auf Umdeutungen des alten Rufnamens Brunolt *(brūn + walt)* zurückgehende Familiennamen.

Bräuni(n)g: aus dem alten Rufnamen Bruning, Brüning *(brūn + -ing-*Suffix) entstandene Familiennamen.

Bräuninger: patronymische Bildung auf *-er* zu ▶ Bräuni(n)g.

Brauns: patronymische Bildung (starker Genitiv) zu ▶ Braun(e) (2.).

Braunschweig: Herkunftsname zu dem gleichlautenden Ortsnamen in Niedersachsen.

Braus(er): Übernamen zu mhd. *brūs* ›Brausen, Lärm‹ für einen lauten, heftigen Menschen.

Brausewetter: Übername für einen leicht aufbrausenden Menschen.

Bräutigam: zur Unterscheidung von anderen Familienmitgliedern konnte auch eine Verwandtschaftsbezeichnung dienen und zum Familiennamen werden.

Bray: durch adelige Revolutionsflüchtlinge am Ende des 18. Jh. aus Frankreich nach Deutschland gelangter Familienname, der auf den Namen des Stammsitzes der Familie in Frankreich zurückgeht.

Brech: 1. Übername zu mhd. *brĕch(e)* ›Glanz‹ oder Berufsübername zu mhd. *brĕche* ›Flachsbreche‹. 2. Herkunftsname zu dem Ortsnamen Brech (Baden-Württemberg).

Brechenmacher: Berufsname für den Holzhandwerker, der Hanf- und Flachsbrechen herstellte.

Brecht: aus einer Kurzform von ▶ Albrecht oder anderen mit dem Namenwort *beraht* gebildeten Namen (Berchtold, Engelbrecht, Lambrecht, Rupprecht u. a.) entstandener Familienname. ❖ Bekannter Namensträger: Bertolt Brecht, deutscher Schriftsteller und Regisseur (19./20. Jh.).

Brechtel: aus einer Koseform von ▶ Brecht entstandener Familienname.

Brede: 1. Wohnstättenname zu mnd. *brede, breide* ›breites Ackerstück‹, auch ›weite Fläche, Ebene‹. 2. Herkunftsname zu dem Ortsnamen Brede (Nordrhein-Westfalen).

Bredemann: Ableitung auf *-mann* zu ▶ Brede.

Bredemayer, Bredemeier, Bredemeyer: Standesnamen, nähere Kennzeichnung eines Meiers (▶ Meyer) durch die Lage des Hofes (▶ Brede).

Bredow: Herkunftsname zu dem Ortsnamen Bredow (Brandenburg, ehem. Pommern/ jetzt Polen).

Brehl, Brehler: vor allem auf den Raum Fulda konzentrierte Wohnstättennamen, die auf mhd. *brüel* ›bewässerte Wiese‹ zurückgehen.

Brehm(e): 1. Übernamen zu mhd *brem(e)* ›Bremse, Stechfliege‹ für einen unruhigen Menschen. 2. Wohnstättennamen zu mhd., mnd. *breme* ›Dornenstrauch‹. 3. Herkunftsnamen zu den Ortsnamen Brehm (Sachsen-Anhalt), Brehme (Thüringen). ❖ Bekannter Namensträger: Alfred Brehm, deutscher Zoologe (19. Jh.).

Brehmer: ▶ Bremer.

Breidenbach: Herkunftsname zu dem häufigen Ortsnamen Breidenbach (Nordrhein-Westfalen, Hessen), vgl. auch ▶ Breitenbach.

Breier: entrundete Form von ▶ Brauer, Bräuer.

Breit: 1. Übername zu mhd. *breit* ›weit ausgedehnt, breit‹; bildlich ›weit verbreitet, groß, berühmt‹. 2. Wohnstättenname zu mhd. *breite* ›Breite, breiter Teil, Acker‹ für den Bewohner oder Besitzer einer »Breite«. 3. Herkunftsname zu den Ortsnamen Breidt (Nordrhein-Westfalen) und Breit (Rheinland-Pfalz).

Breitbach: Herkunftsname zu dem gleichlautenden Ortsnamen (Bayern).

Breitenbach: Herkunftsname zu dem in Deutschland und Österreich häufigen gleichlautenden Ortsnamen.

Breitenstein: Herkunftsname zu dem gleichlautenden Ortsnamen (Schleswig-Holstein, Mecklenburg-Vorpommern, Niedersachsen, Sachsen-Anhalt, Bayern, Baden-Württemberg, Rheinland-Pfalz, ehem. Brandenburg/jetzt Polen, Ostpreußen).

Breiter: Ableitung auf *-er* zu ▶ Breit (2.) und (3.).

Breitfeld: 1. Herkunftsname zu dem gleichlautenden Ortsnamen (Bayern). 2. Wohnstättenname für jemanden, der an einem breiten, ausgedehnten Feld wohnte.

Breithaupt: ▶ Breitkopf.

Breitinger: Herkunftsname zu dem Ortsnamen Breitingen (Sachsen, Baden-Württemberg). ❖ Bekannter Namensträger: Johann Jakob Breitinger, schweizerischer Gelehrter und Schriftsteller (18. Jh.).

Breitkopf: Übername nach einem körperlichen Merkmal. ❖ Bekannte Namensträger: Bernhard Christoph und Johann Gottlieb Immanuel Breitkopf, Musikverleger (17./18. Jh.).

Breitling: vor allem im Raum Stuttgart und Pforzheim verbreiteter Übername; Erweiterung auf *-ling* zu ▶ Breit (1.).

Breitner: 1. Ableitung auf *-ner* zu ▶ Breit (2.). 2. Herkunftsname zu den Ortsnamen Breiten (Saarland, Baden-Württemberg, Bayern), Breitenau (Brandenburg, Sachsen, Rheinland-Pfalz, Baden-Württemberg, Bayern, Schweiz). ❖ Bekannter Namensträger: Paul Breitner, deutscher Fußballspieler (20./21. Jh.).

Breitsprach(e), Breitsprecher: vor allem in Mecklenburg-Vorpommern vorkommende Übernamen, die den umständlich und ›breiten‹ Dialekt Sprechenden bezeichnen.

Breitwieser: Herkunftsname zu dem Ortsnamen Breitwies (Bayern, Baden-Württemberg).

Brem: ▶ Brehm(e).

Bremen: Herkunftsname zu dem gleichlautenden Ortsnamen (Hafenstadt an der Weser, auch in Nordrhein-Westfalen, Thüringen, Baden-Württemberg).

Bremer: Herkunftsname zu den Ortsnamen Brem (Bayern), ▶ Bremen oder Brehme (▶ Brehm[e] [3.]).

Brendel: ▶ Brandel, Brändel.

Brendle: ▶ Brändle.

Brendler: vor allem in der Lausitz vorkommende Bildung auf *-ler* zu ▶ Brand.

Brenk: 1. Berufsübername zu alem. *Brenk* ›flaches, offenes Holzgefäß‹ für den Hersteller oder Benutzer. 2. Herkunftsname zu dem gleichlautenden Ortsnamen (Rheinland-Pfalz). 3. Aus Brendeke, einer niederdeutschen Koseform von ▶ Brand (1.), durch Zusammenziehung und Verlust des inlautenden *-de-* entstandener Familienname.

Brennecke: aus einer niederdeutschen Koseform von ▶ Brand (1.) entstandener Familienname.

Brenneis, Brenneise(n): Berufsübernamen für jemanden, ›der das Eisen brennt‹, also für den Schmied.

Brenner: 1. Berufsname (zu mhd. *brennen* ›brennen, anzünden; destillieren; schmelzen‹) für den Aschenbrenner, Pechbrenner, Kohlenbrenner, Ziegelbrenner, Branntweinbrenner, Silberschmelzer, Metallschmelzer, auch für jemanden, der mit Feuer rodet. 2. Nur vereinzelt Übername für einen Brandstifter. ❖ *Chunr. Prenner* ist a. 1326 in Regensburg bezeugt.

Brentano: Herkunftsname zu dem oberitalienischen Ort Brenta. ❖ Der Vater des Dichters Clemens Brentano (18./19. Jh.) stammte aus der oberitalienischen Stadt Tremezzo; die Familie ist bereits seit dem Jahr 1282 in Como als *de Brenta* ›aus Brenta‹ nachweisbar.

Bresch: 1. Herkunftsname zu dem Ortsnamen Bresch (Brandenburg). 2. Übername zu mnd. *brēsch, brāsch* ›Krach, Gebrüll, Lärm, lärmendes Gepränge‹.

Bresgen: aus einer mit dem Suffix *-gen* gebildeten Koseform von ▶Ambros(ius) entstandener Familienname. ❖ Bekannter Namensträger: Cesar Bresgen, österreichischer Komponist (20. Jh.).

Bressel: Herkunftsname, dem die alte mundartliche Form *Bressl* des Namens der Stadt Breslau zugrunde liegt.

Bresser: niederdeutscher Berufsname zu mnd. *bresse* ›Spange, Brosche, Nadel‹ für den Hersteller oder Händler.

Bressler, Breßler: Ableitung auf *-er* von ▶Bressel.

Bretthauer, Brettmacher, Bret(t)schneider: Berufsnamen für einen Tischler oder Sägemüller.

Bretz(el): Berufsübernamen zu mhd. *prēze(l)*, *brēzel* ›Brezel‹ für den Bäcker.

Breu: ▶Bräu. ❖ Bekannte Namensträger: Jörg Breu d. Ä. (15./16. Jh.) und Jörg Breu d. J. (16. Jh.), deutsche Maler und Zeichner.

Breuel: 1. Wohnstättenname zu mnd. *brūl*, *broil* ›feuchte Niederung, Buschwerk in einer sumpfigen Gegend‹. 2. Vereinzelt kann diesem Familiennamen eine Berufsbezeichnung für den Bierbrauer (mhd. *briuwel*) zugrunde liegen.

Breuer: ▶Brauer.

Breuers: ▶Brauers.

Breul: ▶Breuel.

Breuni(n)g: ▶Bräuni(n)g.

Breuninger: ▶Bräuninger.

Brey: 1. Entrundete Form von ▶Bräu. 2. Mundartliche Form von ▶Brede (1.). 3. Herkunftsname zu dem Ortsnamen Brey (Rheinland-Pfalz).

Breyer: entrundete Form von ▶Brauer.

Briegel: entrundete Form von ▶Brügel.

Brieger: Herkunftsname zu dem Ortsnamen Brieg (Schlesien, Wallis/Schweiz).

Briehl, Briel(l): entrundete Formen von ▶Brühl.

Briese: Herkunftsname zu den Ortsnamen Briese (ehem. Brandenburg/jetzt Polen, Schlesien), Briesen (Brandenburg, ehem. Pommern/jetzt Polen, Schlesien).

Briest: Herkunftsname zu dem gleichlautenden Ortsnamen (Mecklenburg-Vorpommern, Brandenburg, Sachsen-Anhalt).

Brietzke: 1. Aus einer sorbischen Ableitung des deutschen Rufnamens Fritz entstandener Familienname. 2. Herkunftsname zu dem Ortsnamen Brietzke (Sachsen-Anhalt).

Brill: 1. Wohnstättenname zu mnd. *brül*, *bröil* ›feuchte Niederung, Buschwerk in sumpfiger Gegend‹. 2. Herkunftsname zu dem Ortsnamen Brill (Niedersachsen, Nordrhein-Westfalen). 3. Berufsübername für den Brillenhersteller oder -händler.

Brinckmann: ▶Brinkmann.

Bringezu: Übername in Satzform (zu mhd. *zuobringen* ›herbeibringen; zustandebringen; zutrinken‹), der sich ursprünglich auf einen Dienstboten, einen Handwerksgesellen oder einen Trinker beziehen konnte.

Bringmann: ▶Brinkmann.

Brings: durch Wechsel von *Fr-* zu *Br-* entstandene Variante von Frings (▶Severin).

Brink(er): 1. Wohnstättennamen zu dem in Norddeutschland sehr häufigen Flurnamen Brink (zu mnd. *brink* ›Hügel, Abhang; auch Rand, Rain, Grasanger, Weide‹). 2. Herkunftsnamen zu dem in Norddeutschland häufigen Ortsnamen Brink.

Brinkhoff: Wohnstättenname nach einem »Hof am Brink«, ▶Brink(er) (1.).

Brinkmann: Ableitung auf *-mann* zu Brink (▶Brink[er]).

Brinkmeier, Brinkmeyer: Standesnamen; nähere Kennzeichnung eines Meiers (▶Meyer) durch die Lage des Hofes (▶Brink[er] [1.]).

Brinks: patronymische Bildung (starker Genitiv) zu Brink (▶Brink[er]).

Britsch: alemannischer Übername zu alemannisch *Brütsch* ›verzogener Mund‹ für einen verdrossenen, mürrischen Menschen.

Britting: patronymische Bildung auf *-ing* zu einem mit dem alten Namenwort *brīd* gebildeten Rufnamen. ❖ Bekannter Namensträger: Georg Britting, deutscher Schriftsteller (19./20. Jh.).

Britz: Herkunftsname zu dem gleichlautenden Ortsnamen (Brandenburg).

Brix: zu dem Heiligennamen Brictius (< kelt. *brig* ›hoch, erhaben‹) gebildeter Familienname. Der Kult des heiligen Brictius († 444), als Bischof von Tours Nachfolger des heiligen Martin, war besonders im Erzbistum Magdeburg verbreitet.

Broch: 1. ▶Brock(e). 2. Wohnstättenname zu mhd. *brāche* ›Brachland‹. ❖ Bekannter Namenstäger: Hermann Broch, österreichischer Schriftsteller (19./20. Jh.).

Brock(e): 1. Wohnstättennamen zu mnd. *brōk* ›Bruch, eine tief liegende, von Wasser durchbrochene, mit Gehölz bestandene Ebene‹. 2. Herkunftsnamen zu den mehrfach in Nordwestdeutschland vorkommenden Ortsnamen Broch, Brock.

Bröcker: Ableitung auf *-er* zu ▶ Brock(e).

Brockes: 1. Verschliffene Form von ▶ Brockhaus. ❖ *Elizabeth ton Brochus* ist a. 1352 in Coesfeld bezeugt. 2. Patronymische Bildung (starker Genitiv) zu ▶ Brock(e). ❖ Bekannter Namensträger: Barthold Hinrich Brockes, deutscher Dichter (17./18. Jh.).

Brockhaus: Herkunftsname zu dem mehrfach in Nordwestdeutschland vorkommenden Ortsnamen Brockhausen oder Wohnstättenname nach einer Niederlassung im Bruch (▶ Brock[e] [1.]). ❖ Bekannter Namensträger: Friedrich Arnold Brockhaus, deutscher Verleger (18./19. Jh.), Begründer des gleichnamigen Verlags und der Brockhaus-Enzyklopädie. Die Familie des Verlegers ist seit dem 13./14. Jh. als *Brockhusen*, *Brochhusen* in Westfalen nachweisbar.

Brockhoff: Herkunftsname zu den in Nordwestdeutschland vorkommenden Ortsnamen Brockhof, Brockhöfe oder Wohnstättenname nach einem Hof im Bruch (▶ Brock[e] [1.]).

Brockmann: Ableitung auf *-mann* zu ▶ Brock(e).

Brockmeier, Brockmeyer: Standesnamen, nähere Bestimmung eines Meiers (▶ Meyer) durch die Lage des Hofes (▶ Brock[e] [1.]).

Brockmöller, Brockmüller: Berufsnamen, nähere Bestimmung eines Müllers (▶ Möller, ▶ Müller) durch die Lage der Mühle (▶ Brock[e] [1.]).

Brocks: patronymische Bildung (starker Genitiv) zu ▶ Brock(e) (1.).

Brod: ▶ Brode (1.).

Broda: ▶ Brode (2.) und (3.).

Brodbeck: Berufsname zu mhd. *brōtbecke* ›Brotbäcker‹, ▶ Beck(e) (1.).

Brode: 1. Übername zu mhd. *brōde* ›gebrechlich, schwach‹. 2. Herkunftsname zu den Ortsnamen Broda (Mecklenburg-Vorpommern), Brodau (Schleswig-Holstein, Sachsen-Anhalt). 3. Übername zu nsorb., osorb., poln. *broda* ›Bart‹.

Broder: 1. Aus dem gleichlautenden friesischen Rufnamen entstandener Familienname. 2. Übername zu mnd. *broder* ›Bruder‹.

Brodersen: patronymische Bildung auf *-sen* zu ▶ Broder (1.).

Brodowski: Herkunftsname zu polnischen Ortsnamen wie Brodów, Brodowo, Brodowice.

Brögeler: Wohnstättenname auf *-er* zu Brögel, einer Variante von ▶ Brühl.

Broger: Übername zu mhd. *brogen* ›großtun, prunken‹.

Bröhl: ▶ Brühl.

Broich: aus dem in Nordwestdeutschland häufig vorkommenden Orts- und Flurnamen Broich entstandener Familienname (vgl. ▶ Brock[e] [1.]).

Broil: ▶ Breuel.

Bröker: ▶ Bröcker.

Broll: 1. Übername für einen beleibten Menschen, vgl. schwäbisch *Brolle* ›dicker Mensch‹, bair. *brollad* ›wohlbeleibt, fett‹. 2. Im deutsch-slawischen Kontaktgebiet kann ein aus einer Kurzform von slawischen Rufnamen wie Bronislav (▶ Branig) u. Ä. gebildeter Familienname vorliegen.

Brombach: Herkunftsname zu dem Ortsnamen Brombach (Hessen, Baden-Württemberg, Bayern).

Brommer: 1. Herkunftsname zu den Ortsnamen Brohm (Mecklenburg-Vorpommern), Brome (Niedersachsen). 2. Übername zu mhd. *brummen* ›brummen‹ für einen knurrigen Menschen.

Bronner, Brönner: Herkunftsnamen zu dem Ortsnamen Bronnen (Baden-Württemberg, Bayern).

Brosch(e): aus einer slawischen Ableitung von ▶ Ambros(ius) oder Bronisław (▶ Branig) entstandene Familiennamen.

Broscheit: mit dem litauischen Suffix *-eit* gebildete patronymische Bildung zu ▶ Ambros(ius), die ursprünglich in Ostpreußen verbreitet war.

Broschek: ▶ Brozek.

Brose: aus einer verkürzten Form von ▶ Ambros(ius) entstandener Familienname.

Bröse(c)ke: aus einer niederdeutschen Koseform von Brose (▶ Ambros[ius]) entstandene Familienname.

Brösel: aus einer oberdeutschen Koseform von ▶ Brose entstandener Familienname.

Brosemann: aus einer mit dem Suffix *-mann* gebildeten Koseform von ▸ Brose entstandener Familienname.

Brosenius: aus einer latinisierten Form von ▸ Brose entstandener Familienname.

Brosig: 1. Patronymische Bildung auf *-ig* zu einer verkürzten Form von ▸ Ambros(ius). 2. Aus einer sorbischen Ableitung von ▸ Ambros(ius) entstandener Familienname.

Brosius: aus einer verkürzten Form von ▸ Ambros(ius) entstandener Familienname.

Bross, Broß: aus einer verkürzten Form von ▸ Ambros(ius) entstandene Familiennamen.

Brost: verschliffene Form von ▸ Probst.

Broszeit: ▸ Broscheit.

Brotkorb: Berufsübername für den Bäcker oder den Brotverkäufer.

Brotmann: Berufsname auf *-mann* für den Brotverkäufer.

Brown: englischer Familienname, Übername zu engl. *brown* ›braun‹ nach der Haar- oder Hautfarbe.

Brox: aus Schlesien und Böhmen stammender, auf eine verkürzte Form des Namens des heiligen Prokopius zurückgehender Familienname (▸ Prokop[h]).

Brozek: aus einer polnischen (Brożek) oder tschechischen (Brožek) Ableitung von ▸ Ambros(ius) entstandener Familienname.

Bruch: 1. Wohnstättenname zu mhd. *bruoch* ›Moorboden, Sumpf‹. 2. Herkunftsname zu dem häufigen Ortsnamen Bruch. ❖ Bekannter Namensträger: Max Bruch, deutscher Komponist und Dirigent (19./20. Jh.).

Brücher: Ableitung auf *-er* zu ▸ Bruch.

Bruchmann: Ableitung auf *-mann* zu ▸ Bruch.

Bruck, Brück: 1. Wohnstättennamen: ›wohnhaft an einer Brücke‹. 2. Herkunftsnamen zu dem in Bayern und Österreich häufig vorkommenden Ortsnamen Bruck, zu den Ortsnamen Brucken, Brück(en), Brügge(n). 3. Vereinzelt Übernamen zu nsorb., osorb. *bruk* ›Käfer‹.

Bruckbeck: 1. Berufsname für einen an der Brücke wohnenden Bäcker. 2. Herkunftsname auf *-beck* zu dem Ortsnamen Bruckbach (Bayern).

Brucke, Brücke: ▸ Bruck, Brück.

Brucker, Brücker: 1. Ableitungen auf *-er* zu ▸ Bruck (1.) und (2.). 2. Amtsnamen zu mhd. *brucker* ›Einnehmer des Brückenzolls‹.

Bruckert, Brückert: 1. Aus Bruckhardt (▸ Burkhard) hervorgegangene Familiennamen. 2. Erweiterungen von ▸ Brucker mit sekundärem *-t*.

Bruckes: ▸ Brockes.

Bruckhardt: auf eine durch Umsprung des *-r-* entstandene Form von ▸ Burkhard zurückgehender Familienname.

Brückl: Ableitung von ▸ Bruck (1.) mit *-l-*Suffix.

Bruckmann, Brückmann: 1. Ableitungen auf *-mann* zu ▸ Bruck (1.) und (2.). 2. In Norddeutschland ist Bruckmann gelegentlich eine Schreibvariante von ▸ Brockmann.

Bruckner, Brückner: 1. ▸ Brucker. 2. Vereinzelt Berufsnamen: In Schlesien galt diese Bezeichnung dem Straßenpflasterer, in Mähren dem Handwerker, der für die Instandhaltung der Brücken zuständig war. ❖ Bekannte Namensträger: Anton Bruckner, österreichischer Komponist (19. Jh.); Christine Brückner, deutsche Schriftstellerin (20. Jh.).

Brucks: ▸ Brockes.

Bruder: zur Unterscheidung von anderen Familienmitgliedern konnte auch eine Verwandtschaftsbezeichnung dienen und zum Familiennamen werden.

Brüderer: patronymische Ableitung auf *-er* zu ▸ Bruder.

Brügel: ▸ Brühl.

Brugge, Brügge: 1. ▸ Bruck (1.). 2. Herkunftsnamen zu dem Ortsnamen Brügge (Schleswig-Holstein, Nordrhein-Westfalen, Brandenburg, ehem. Brandenburg/jetzt Polen, ehem. Pommern/jetzt Polen, Belgien).

Bruggemann, Brüggemann: 1. ▸ Bruckmann. 2. Niederdeutsche Berufsnamen zu mnd. *bruggeman* ›Steinsetzer, Pflasterer‹. 3. Ableitungen auf *-mann* zu ▸ Brugge, Brügge.

Brüggen: Herkunftsname zu dem Ortsnamen Brüggen (Nordrhein-Westfalen, Niedersachsen).

Brugger: 1. ▸ Brucker. 2. Berufsname zu mnd. *brugger* ›Pflasterer‹ (vgl. mnd. *bruggen* ›mit Steinen oder Bohlen eine Straße pflastern‹).

Brügmann: ▸ Bruggemann.

Brühl(er): 1. Wohnstättennamen zu mhd. *brüel* ›bewässerte, buschige Wiese; Aue‹, einem aus mlat. *bro(g)ilus* entlehnten Wort. 2. Herkunftsnamen zu dem Ortsnamen Brühl (Baden-Württemberg, Nordrhein-Westfalen). ❖ Bekannte Namensträgerin: Heidi Brühl,

deutsche Schlagersängerin und Filmschauspielerin (20. Jh.).
Bruhn: ▶Brun(e).
Bruhns: patronymische Form (starker Genitiv) zu Bruhn (▶Brun[e]).
Brumm(e), Brummer, Brümmer: 1. Übernamen zu mnd. *brummer* ›Knurrer, Schreier‹. 2. Wohnstättennamen zu mnd. *brum(me)* ›Dornstrauch, Ginster‹.
Brun: 1. Aus dem alten deutschen Rufnamen Brun(o) *(brūn)* entstandener Familienname. 2. Übername zu mnd. *brūn* ›glänzend, funkelnd, braun‹.
Bruncke: 1. Aus einer niederdeutschen Koseform von ▶Brun entstandener Familienname. 2. Herkunftsname zu den Ortsnamen Brunkau (Sachsen-Anhalt), Brunken (Rheinland-Pfalz, ehem. Brandenburg/jetzt Polen).
Brune: ▶Brun.
Brüne: Herkunftsname zu den Ortsnamen Brünen (Nordrhein-Westfalen), Brüne (Niedersachsen).
Brünger: aus dem alten Rufnamen Brunger *(brūn + gēr)* entstandener Familienname.
Brüni(n)g: aus dem alten Rufnamen Brüning *(brūn + -ing-*Suffix) entstandene Familiennamen.
Brünjes: niederdeutsche (ostfälische) oder friesische patronymische Bildung (starker Genitiv) zu ▶Brüni(n)g.
Brunk(e): ▶Bruncke.
Brunken: 1. Herkunftsname zu dem Ortsnamen Brunken (Rheinland-Pfalz, ehem. Brandenburg/jetzt Polen). 2. Patronymische Bildung (schwacher Genitiv) zu ▶Bruncke (1.).
Brunkhorst: Herkunftsname zu den Ortsnamen Brunkhorst bei Aschendorf (Westfalen) oder Bronckhorst in Gelderland (Niederlande).
Brunn: 1. Wohnstättenname zu mhd. *brunne* ›Quelle, Quellwasser; Brunnen‹: ›wohnhaft an einem Brunnen‹. 2. Herkunftsname zu dem häufigen Ortsnamen Brunn (Mecklenburg-Vorpommern, Brandenburg, Sachsen, Bayern, Österreich).
Brunner, Brünner: 1. Ableitungen auf *-er* zu Brunn (1.). 2. Herkunftsnamen zu den häufigen Ortsnamen Brunn(e), Brunnen, Brünn. 3. Nur selten Berufsnamen für den Brunnengräber oder für den Hersteller von Brustharnischen (zu mhd. *brünne* ›Brustharnisch‹).
Brunnert: 1. Aus dem alten deutschen Rufnamen Brunhart *(brūn + harti)* hervorgegangener Familienname. 2. Erweiterung von ▶Brunner mit sekundärem *-t*.
Bruno: 1. Auf eine Latinisierung des alten deutschen Rufnamens Brun *(brūn)* zurückgehender Familienname. 2. Italienischer Familienname, der auf einen Übernamen zu italien. *bruno* ›braun, dunkel‹ oder auf den Rufnamen germanischer Herkunft Bruno zurückgeht.
Bruns: ▶Bruhns.
Brunsch: aus einer Ableitung von Bronislaw (▶Branig) entstandener Familienname.
Brunswick, Brunswie(c)k, Brunswi(e)g, Brunswik: Herkunftsnamen zu dem Ortsnamen Braunschweig (Niedersachsen).
Bruse: auf eine verkürzte Form von ▶Ambros(ius) zurückgehender Familienname.
Brüser: Übername zu mnd. *brūsen* ›brausen, sausen; auch lärmend eilen, fortstürmen‹.
Brust: 1. Übername nach einem körperlichen Merkmal oder nach der Kleidung (mhd. *brust* ›Brust; Bekleidung der Brust‹). 2. Berufsübername zu mnd. *borst, brust* ›Bekleidung der Brust‹, auch ›Brustharnisch‹ für den Platten- oder Panzerschmied.
Brustellin, Brüstle: 1. Alemannische Ableitungen von ▶Brust (1.). 2. Berufsübernamen zu mhd. *brüstelīn, brüstel* ›Brustpanzer‹ für den Platten- oder Panzerschmied.
Brutscher: alemannischer Übername zu alemannisch *Brütsch, Brutsche* ›verzogener Mund‹ für einen verdrossenen, mürrischen Menschen (▶Britsch).
Brütting: durch Rundung des *-i-* entstandene Form von ▶Britting.
Brux: 1. Herkunftsname zu dem gleichlautenden Ortsnamen (Schleswig-Holstein). 2. Nebenform von Bruck(e)s (▶Brockes).
Bruyn, de Bruyn: niederländische oder niederrheinische Form von ▶Braun, im zweiten Fall mit dem bestimmten Artikel *de*. ❖ Die Vorfahren des Schriftstellers Günter de Bruyn (20./21. Jh.) stammen vom Niederrhein.
Brzezinsky: Herkunftsname zu den polnischen Ortsnamen Brzezina oder Brzeziny.
Brzoska: Wohnstättenname oder Übername zu poln. *brzoza* ›Birke‹.

Bscherer: oberdeutscher Berufsname zu mhd. *beschërn* ›die Haare schneiden, kahl scheren‹ für den Barbier.

Bschorner, Bschorr: ▶ Beschoren(er).

Bub(e): Übernamen zu mhd. *buobe* ›Bube; Trossbube, Diener, Knecht; Schelm, Spitzbube‹, in Bayern auch Bezeichnung für den jüngsten Knecht. ❖ *Heinricus dictus* [genannt] *Bube de* [aus] *Nördelingen* ist a. 1315 in Nürnberg bezeugt.

Bubeck: bairischer Herkunftsname auf *-beck* zu dem in Bayern mehrfach vorkommenden Ortsnamen Bubach.

Bubenik: Berufsname zu tschech. *bubeník*, osorb. *bubnik* ›Trommler‹.

Bublitz: Herkunftsname zu dem gleichlautenden Ortsnamen (ehem. Pommern/jetzt Polen).

Bubner: 1. Berufsname zu nsorb., osorb. *bubnaŕ* ›Trommler‹. 2. Bei (süd)westdeutscher Herkunft patronymische Ableitung auf *-ner* zu ▶ Bub(e).

Bubni(c)k: ▶ Bubenik.

Buch: 1. Wohnstättenname zu mhd. *buoche* ›Buche‹, mhd. *buoch* ›Buchenwald‹: ›wohnhaft an einer auffälligen Buche oder am Buchenwald‹. 2. Herkunftsname zu dem in Deutschland, Österreich und der Schweiz häufigen Ortsnamen Buch. ❖ Bekannter Namensträger: Hans Christoph Buch, deutscher Schriftsteller (20./21. Jh.).

Büch: vorwiegend im Saarland häufige Bildung zu ▶ Buch (1.). Diese umgelautete Form entstand analog zu umgelauteten Kosebildungen von Rufnamen; vgl. ▶ Rütt < Ruodi.

Buchbender: ▶ Buchbinder. ❖ Als früher Beleg lässt sich *Andr. Buchbender* aus Marburg (a. 1561) anführen.

Buchberger: Herkunftsname zu dem in Süddeutschland und Österreich häufigen Ortsnamen Buchberg.

Buchbinder, Buchdrucker: Berufsnamen, die erst nach der Erfindung des Buchdrucks um 1440 entstehen konnten. ❖ Als früher Beleg lässt sich ein Bürger zu Reutlingen namens *Hans Buochtrucker* (a. 1493) anführen. ❖ Bekannter Namensträger: Rudolf Buchbinder, österreichischer Pianist (20./21. Jh.).

Buchecker, Buchegger: 1. Herkunftsnamen zu den Ortsnamen Bucheck (Oberfranken, Ober- und Niederbayern), Buchegg (Solothurn/Schweiz). 2. Wohnstättennamen zu mhd. *buoch* ›Buchenbestand, Wald‹ und mhd. *ecke, egge* ›Ecke, Kante, Winkel‹ für jemanden, der auf einem mit Buchen bewachsenem Geländevorsprung oder auch an der Ecke eines Buchenwaldes wohnte.

Büchel(e): 1. Schreibvarianten von ▶ Bühl oder Ableitungen von ▶ Buch mit den Suffixen *-l* oder *-le*. 2. Herkunftsnamen zu dem häufig vorkommenden Ortsnamen Büchel.

Bucher, Bücher: Ableitungen auf *-er* zu ▶ Buch.

Bücherl: Ableitung von Bücher mit *-l-*Suffix, ▶ Buch.

Buchert: 1. Erweiterung von ▶ Bucher mit sekundärem *-t*. 2. Aus dem Rufnamen ▶ Burkhart gebildeter Familienname.

Buchfel(l)ner: 1. Herkunftsnamen zu dem Ortsnamen Buchfeld (Bayern). 2. Berufsnamen für den Hersteller von Pergament (zu mhd. *buochvël* ›Pergament‹). ❖ In den Regensburger Quellen ist i. J. 1295 eine Frau namens *Perhta Puchvellerinna* überliefert.

Buchheim: Herkunftsname zu dem Ortsnamen Buchheim (Nordrhein-Westfalen, Baden-Württemberg, Bayern, Thüringen, Sachsen, Österreich). ❖ Bekannter Namensträger: Lothar-Günther Buchheim, deutscher Schriftsteller, Verleger und Kunstsammler (20./21. Jh.).

Buchheister: Übername oder Wohnstättenname zu mhd., mnd. *heister* ›junger Buchenstamm‹, hier durch *Buch-* noch verdeutlicht.

Buchheit: Wohnstättenname zu mhd. *buoche* ›Buche‹ + mhd. *heide* ›wild bewachsenes Land, Heide‹: ›Buchenheide‹.

Buchholz: Herkunftsname zu dem in Deutschland und der Schweiz häufig vorkommenden gleichlautenden Ortsnamen. ❖ Bekannter Namensträger: Horst Buchholz, deutscher Filmschauspieler (20./21. Jh.).

Buchhorn: 1. Herkunftsname zu dem mehrmals in Baden-Württemberg vorkommenden Ortsnamen Buchhorn, u. a. der alten Bezeichnung von Friedrichshafen am Bodensee. 2. Bei norddeutscher Herkunft kann es sich auch um die verhochdeutschte Form des niederdeutschen Ortsnamens Bockhorn handeln.

Buchinger: Herkunftsname zu dem Ortsnamen Buching (Bayern).

Buchka: ▶ Buchta.

Buchler, Büchler: 1. Herkunftsnamen zu dem Ortsnamen Buchle (Baden-Württemberg) oder zu dem häufigen Ortsnamen Büchel. 2. Möglich sind auch Schreibvarianten von ▶ Bühler.

Buchmaier: Standesname, nähere Bestimmung eines Meiers (▶ Meyer) durch die Lage des Hofes (▶ Buch [1.]).

Buchmann, Büchmann: Ableitungen auf -mann zu ▶ Buch (1.) oder (2.). ❖ August M. Georg Büchmann (19. Jh.) war der Herausgeber der bis heute fortgeführten Zitatensammlung »Geflügelte Worte«.

Buchmay(e)r, Buchmeier: ▶ Buchmaier.

Buchmüller: Berufsname, nähere Bestimmung eines Müllers (▶ Müller) durch die Lage der Mühle (▶ Buch [1.]).

Buchner, Büchner: 1. Ableitungen auf -ner zu ▶ Buch (1.). 2. Herkunftsnamen zu den häufigen Ortsnamen Buch, Buchen(au), Büchen. ❖ Bekannter Namensträger: Georg Büchner, deutscher Schriftsteller (19. Jh.).

Buchs(baum): Wohnstättennamen nach dem gleichlautenden Busch.

Büchsel: Berufsübername zu mhd. *bühselīn* ›kleine Büchse‹ für einen Drechsler.

Büchsenmeister: ▶ Büchsenschuss.

Büchsenschmidt: Berufsname für den Hersteller von Geschützen (mhd. *bühse* ›Feuerrohr‹).

Büchsenschuss, Büchsenschuß, Büchsenschütz, Büchsenspanner: Berufsnamen bzw. Berufsübernamen für jemanden, der das Geschütz (mhd. *bühse* ›Feuerrohr‹) bediente.

Büchsenstein: Berufsübername für den Hersteller von Geschützkugeln (mhd. *bühsenstein*).

Buchstab: Übername für den Schulmeister. ❖ Zu Beginn des 16. Jh. war *Joh. Buchstab* Schulmeister zu Zopfingen und Freiburg i. Ü.

Buchta: 1. Übername zu tschech. *buchta* ›Buchtel, eine Mehlspeise‹, umgangssprachlich auch ›Tölpel, Faulpelz‹. 2. Herkunftsname zu dem Ortsnamen Buchbach bei Selb/Oberfranken. Diese Familiennamenform ist aus der mundartlichen Aussprache durch Dissimilation (*Buchba* > *Buchka* > *Buchta*) entstanden.

Buchwald: Herkunftsname zu den Ortsnamen Buchwald (Hessen, Baden-Württemberg, Bayern, Sachsen), Buchwalde (Sachsen).

Buck: 1. Aus einer Kurzform von ▶ Burkhard gebildeter Familienname. 2. Übername zu mnd. *buck* ›Bock‹ oder zu mnd. *būk* ›Bauch‹. 3. Wohnstättenname zu nsorb., osorb., poln., tschech. *buk* ›Rotbuche‹.

Buckel: Übername zu mhd. *buckel* ›halbrund erhabener Metallbeschlag in der Mitte des Schildes‹; seit frühneuhochdeutscher Zeit bezeichnet dieses Wort auch verschiedene Erhebungen wie ›Hügel‹ und ›krummer Rücken‹.

Bücker: Herkunftsname zu dem Ortsnamen Bücken (Niedersachsen, Schleswig-Holstein).

Bücking: 1. Übername zu mnd. *bückinc* ›Bückling, geräucherter Hering‹ für den Fischhändler oder nach der Lieblingsspeise. 2. Patronymische Bildung auf -ing zu ▶ Buck (1.).

Buckler: hochdeutsche Entsprechung von ▶ Bockler.

Bucksch: ▶ Bocksch.

Buda: aus einer Ableitung von slawischen Rufnamen wie poln., sorb. Budisław (urslaw. *buditi* ›wecken‹ + urslaw. *slava* ›Ruhm, Ehre‹) u. a. entstandener Familienname.

Budach, Buda(c)k: aus Suffixableitungen von slawischen Rufnamen wie poln., sorb. Budisław (urslaw. *buditi* ›wecken‹ + urslaw. *slava* ›Ruhm, Ehre‹) u. a. entstandene Familiennamen.

Budde: Berufsübername zu mnd. *budde* ›offenes Fass, Bottich‹ für den Hersteller oder Benutzer.

Buddenbrock: Herkunftsname zu dem Ortsnamen Buddenbrock (ehem. Pommern/jetzt Polen). ❖ Thomas Mann wollte seinen Roman ›Buddenbrooks‹ zunächst ›Buttenbrocks‹ nennen, doch erschien ihm der Name ›Buddenbrook‹ weniger hart klingend und typischer für das Niederdeutsche.

Buddendie(c)k: Wohnstättenname zu mnd. *buten dīk* für jemanden, der ›außerhalb des Deichs‹ wohnte.

Buddensie(c)k, Buddensieg: Wohnstättennamen zu mnd. *buten sīk* für jemanden, der ›außerhalb des Sieks‹, einer sumpfigen Niederung, wohnte.

Budel: Berufsübername zu mnd. *budel* ›Beutel‹ für den Hersteller.

Büdenbender: ▶ Bodenbender.

Buder: 1. Der besonders im Raum Cottbus häufige Wohnstättenname gehört zu nsorb., osorb. *budař* ›Bewohner einer Bude, Häusler‹. 2. Wohnstättenname zu mhd. *buode* ›Hütte, Bude‹ für den Bewohner.

Budich, Budig: aus Ableitungen von slawischen Rufnamen wie poln., sorb. Budisław, tschech. Budislav (▶ Buda) u. Ä. entstandene Familiennamen.

Budweiser: Herkunftsname zu dem südböhmischen Ortsnamen Budweis/České Budějovice.

Buff: 1. Übername zu mhd. *buf*, mnd. *buff* ›Stoß, Puff‹ für einen plumpen oder einen rücksichtslosen Menschen. 2. Nebenform von Boff, Böff, einer Kurzform des alten Rufnamens Bodefrit *(bodo + fridu)*. ❖ Da der Familienname der Charlotte Buff, Vorbild der Lotte in Goethes »Werther« (18./19. Jh.), zunächst ›Poff‹ geschrieben wurde, dürfte er sich eher von den Rufnamen herleiten.

Buffler, Bufler: Übernamen zu mhd. *buffen* ›schlagen, stoßen‹, vgl. ▶ Buff.

Bugda(h)n: ▶ Bogda(h)n.

Buhl: 1. Übername zu mhd. *buole* ›naher Verwandter; Geliebter, Liebhaber‹. 2. Wohnstättenname zu mnd. *bül* ›Hügel‹.

Bühl: 1. Wohnstättenname zu mhd. *bühel* ›Hügel‹: ›wohnhaft auf oder an einem Hügel‹. 2. Herkunftsname zu den vor allem in Süddeutschland, Österreich und der Schweiz häufigen Orts- und Hofnamen Bühl, Bühel.

Buhlan: Übername zu nsorb. *bulaś* ›rollen‹, *bulało, bulawa* ›[Holz-]Kugel‹, poln. *buła* ›Klumpen‹.

Buhle: ▶ Buhl.

Bühler: Ableitung auf *-er* zu ▶ Bühl. ❖ Bekannte Namensträger: Charlotte Bühler, deutsche Psychologin (19./20. Jh.); Karl Bühler, deutscher Psychologe (19./20. Jh.).

Bühlmaier: Standesname, nähere Bestimmung eines Meiers (▶ Meyer) durch die Lage des Hofes (▶ Bühl [1.]). ❖ Eine Vorstufe dieses Familiennamens stellt der Regensburger Beleg *Perhtolt Mair am Pühel* (a. 1338) dar.

Buhlmann: Ableitung auf *-mann* zu ▶ Buhl (2.).

Bühlmeier, Bühlmey(e)r: ▶ Bühlmaier.

Buhmann, Bühmann: niederdeutsche Entsprechungen des hochdeutschen Familiennamens ▶ Baumann.

Bühnemann: Herkunftsname auf *-mann* zu dem häufigen Ortsnamen Bühne (Niedersachsen, Sachsen-Anhalt, Nordrhein-Westfalen).

Bühner: Herkunftsname auf *-er* zu dem häufigen Ortsnamen Bühne (Niedersachsen, Sachsen-Anhalt, Nordrhein-Westfalen).

Buhr: niederdeutsche Entsprechung des hochdeutschen Familiennamens ▶ Bauer.

Bühren: Herkunftsname zu den zwischen Friesland und der Schweiz überall verbreiteten Ortsnamen Bühren, Büren.

Bührer: Herkunftsname auf *-er* zu ▶ Bühren.

Bührig, Bühring: Erweiterungen auf *-i(n)g* von mnd. *būr* ›Bauer, Bürger, Nachbar, Einwohner‹.

Bührmann: Herkunftsname auf *-mann* zu ▶ Bühren.

Buhrme(i)ster: ▶ Burme(i)ster.

Buhrs: patronymische Bildung (starker Genitiv) zu ▶ Buhr.

Buja(c)k: Übernamen zu poln. *bujak* ›Stier‹, apoln. *bujać* ›übermütig, frech sein‹.

Büker: Berufsname zu mnd. *buken* ›Wäsche oder Flachs mit Lauge aus Buchenholzasche bleichen‹.

Bukowski: Herkunftsname zu polnischen Ortsnamen wie Buków, Bukowa, Bukowo, Bukowice.

Bulang: ▶ Buhlan.

Büld(t): Wohnstättennamen zu mnd. *bulte, bülte* ›Haufen, Hügel‹.

Bulei, Buley: ▶ Buhlan.

Bull: Übername zu mnd. *bulle* ›Stier, Zuchtstier‹ für einen Bauern oder Viehhändler.

Bulla(n): ▶ Buhlan.

Buller, Büller: Übernamen zu mhd. *bullen, büllen* ›heulen, bellen, brüllen‹ für einen lauten Menschen.

Bulling(er): Herkunftsnamen zu Ortsnamen wie Bullingen (Schweiz), Pulling (Bayern), Bülling (Nordrhein-Westfalen).

Bülow: Herkunftsname zu dem mehrfach in Mecklenburg vorkommenden Ortsnamen Bülow. ❖ Bekannte Namensträger: Hans Guido von Bülow, deutscher Dirigent und Pianist (19. Jh.); der deutsche Cartoonist und Schriftsteller Loriot (20./21. Jh.) heißt eigentlich Bernhard Victor von Bülow.

Bulthaup: Wohnstättenname zu mnd. *bulte* ›Haufen, kleiner Erdhügel‹ + mnd. *hōp, hope* ›Haufen‹.

Bulthaupt: Wohnstättenname zu mnd. *bulte* ›Haufen, kleiner Erdhügel‹ + umgedeutetes mnd. *hōp, hope* ›Haufen‹ in Anlehnung an das Wort »Haupt«.

Bultmann, Bültmann: 1. Wohnstättennamen auf *-mann* zu mnd. *bulte* ›Haufen, kleiner Erdhügel‹. 2. Herkunftsnamen auf *-mann* zu den in Niedersachsen und Westfalen mehrfach vorkommenden Ortsnamen Bülte(n). ❖ Bekannter Namensträger: Rudolf Karl Bultmann, evangelischer Theologe (19./20. Jh.).

Bulut: türkischer Familienname zu türk. *bulut* ›Wolke‹.

Bumann: ▶ Buhmann.

Bund: 1. Übername zu mhd. *bunt, bunde* ›schwarz-weiß geckt oder gestreift‹ nach einem Merkmal der Kleidung. 2. Niederdeutscher Standesname zu mnd. *bunde* ›freier Bauer‹. 3. ▶ Bünde.

Bünde: 1. Wohnstättenname zu mhd. *biunte, biunde* ›besonderem Anbau vorbehaltenes und eingehegtes Grundstück‹. 2. Herkunftsname zu dem Ortsnamen Bünde (Nordrhein-Westfalen).

Bundschuh: Übername nach dem Schnürschuh, einem charakteristischen Merkmal der bäuerlichen Kleidung im Mittelalter. Der »Bundschuh« wurde im 16. Jh. zum Symbol der Bauern und daher im Bauernaufstand als Feldzeichen benutzt.

Bunge: Berufsübername zu mhd., mnd. *bunge* ›Pauke, Trommel‹ für den Trommler.

Bunger, Bünger: Berufsnamen zu mnd. *bunger* ›Pauken-, Trommelschläger‹.

Bungert: 1. Im Westen Variante von ▶ Baumgarten, Baumgart(h). 2. In Ostdeutschland Erweiterung von ▶ Bunger mit sekundärem *-t*.

Büning: ▶ Bünning.

Bunk(e): 1. Aus niederdeutschen Koseformen von dem alten Rufnamen Buno (▶ Bunsen) entstandene Familiennamen. 2. Übernamen zu mnd. *bunk* ›Knochen, Hüft- und Beinknochen großer Tiere‹ oder niederdt. mda. (Harz) *Bunke* ›großer, aber grober Kerl‹.

Bünning: patronymische Bildung auf *-ing* zu dem alten Rufnamen Buno (▶ Bunsen).

Bunse: aus einer Koseform von dem alten Rufnamen Buno (▶ Bunsen) entstandener Familienname.

Bunsen: patronymische Bildung auf *-sen* zu dem alten Rufnamen Buno, wohl einer aus Bruno *(brūn)* gebildeten Lallform. ❖ Nach dem deutschen Chemiker Robert Wilhelm Bunsen (19. Jh.) ist der Bunsenbrenner benannt.

Bunte: 1. Vermutlich aus lat. *punctus* ›Stich‹ entstand in den mittelalterlichen Klöstern der Begriff *bunt* für eine schwarze Stickerei auf weißem Grund. Die Bedeutung erweiterte sich dann zu ›schwarz-weiß‹ und wurde auf das schwarz-weiße Pelzwerk übertragen. Bunte kann also Berufsübername für den Pelzhändler oder Kürschner sein. 2. *bunte* ist aber auch die mnd. Bezeichnung für ›Eigengut‹, einen abgegrenzten Grundbesitz, und kann somit auch niederdeutscher Wohnstättenname sein, vgl. den Beleg: *eyn holth genant de Loeden, belegen boven der Bunthe* (Salzdetfurth a. 1508).

Buntrock: Übername nach einer Besonderheit der Kleidung (vgl. mhd. *bunt* ›schwarz-weiß geckt oder gestreift‹, mhd. *bunt* ›eine Art Pelzwerk‹).

Bunzel, Bünzel: 1. Herkunftsnamen, mundartliche Formen für Bunzlau (Schlesien). 2. Übernamen zu mhd. *bünzel* ›Tönnchen, Krug‹, mhd. *punze* ›geeichtes, gestempeltes Fass‹, bildlich für einen dicken Menschen.

Burbach: Herkunftsname zu dem gleichlautenden Ortsnamen (Nordrhein-Westfalen, Rheinland-Pfalz, Baden-Württemberg, Saarland).

Burchard: ▶ Burkhard.

Burchardi: patronymische Bildung (Genitiv der latinisierten Form Burchardus) zu ▶ Burkhard.

Burchardt, Burchert: ▶ Burkhard.

Burck: ▶ Burk.

Burckhard(t): ▶ Burkhard. ❖ Bekannte Namensträger: Jacob Burckhardt, schweizerischer Kultur- und Kunsthistoriker (19. Jh.); Carl Jakob Burckhardt, schweizerischer Historiker, Essayist und Diplomat (19./20. Jh.).

Burczik, Burczyk: Übernamen zu poln. *burczeć* ›brummen, knurren, schelten‹ für einen übellaunigen Menschen.

Burda(ch): Übernamen zu sorb. *burda* ›streitsüchtiger Mensch, Raufbold‹, zu osorb. *burdać* ›ankleiden, sich fertig machen‹ oder zu poln. *burda* ›Bürde‹.

Burfeind(t): niederdeutsche Entsprechungen des hochdeutschen Familiennamens ▸ Bauerfeind.

Burg: 1. Herkunftsname zu dem häufigen Ortsnamen Burg. 2. Aus einer Kurzform von ▸ Burkhard gebildeter Familienname.

Burgard: ▸ Burkhard.

Burgdorf: Herkunftsname zu dem besonders in Niedersachsen, aber auch in der Schweiz vorkommenden Ortsnamen Burgdorf.

Bürgel: 1. Übername zu mhd. *bürgel* ›Bürge‹. 2. Herkunftsname zu den Ortsnamen Bürgel (Hessen, Thüringen), Bürgeln (Hessen, Baden-Württemberg).

Burgemeister: ▸ Burgermeister.

Burger, Bürger: diesen Familiennamen liegt i. A. die Bezeichnung für den vollberechtigten Stadtbewohner zugrunde; nur gelegentlich kommen andere Deutungen (›Bewohner einer Burg‹ bzw. ›aus einem Ort namens Burg stammend‹) infrage. In ganz seltenen Fällen ist mit einer Entwicklung Burghart > Burgert > Burger zu rechnen. ❖ Bekannter Namensträger: Gottfried August Bürger, deutscher Dichter (18. Jh.).

Burgermeister, Bürgermeister: Amtsnamen zu mhd. *burge(r)meister* ›Vorsteher einer Stadt- oder Dorfgemeinde‹.

Burgert: Erweiterung von ▸ Burger mit sekundärem *-t*.

Burggraf: Amtsname zu mhd. *burcgrâve* ›Burggraf, Stadtrichter‹.

Burghard(t), Burghart: ▸ Burkhard.

Burgmann: Amtsname zu mhd. *burcman* ›Beamter, dem die Obhut einer Burg anvertraut war; Lehnsinhaber einer Burg; Stadtrichter; Beisitzer beim Stadtgericht‹.

Burhenne: Zusammensetzung aus mnd. *bûr* ›Bauer‹ und dem Rufnamen ▸ Henne (Johannes).

Buri: 1. Aus einer alemannischen Koseform von ▸ Burkhard entstandener Familienname. 2. ▸ Bury (1.).

Burk, Bürk: aus Kurzformen von ▸ Burkhard entstandene Familiennamen.

Burkard(t), Burkart: ▸ Burkhard.

Burke, Burkel: aus Ableitungen von ▸ Burk hervorgegangene Familiennamen.

Burkert: ▸ Burkhard.

Burkhard, Burkhar(d)t: aus dem gleichlautenden Rufnamen *(burg + harti)* entstandene Familiennamen. Burkhard war im Mittelalter ein allgemein verbreiteter Rufname, der vor allem im alemannischen Raum sehr beliebt war. ❖ Viele heutige Familiennamen sind aus diesem Rufnamen hervorgegangen. Hochdeutsche Varianten der Vollform begegnen uns z. B. in den Familiennamen **Burchardt, Burckhard(t), Burghard(t), Purkhart, Burkardt, Burchert, Burkert, Bruckhardt, Bruckert, Brückert.** ❖ Die Familiennamen **Borchard(t), Borgard(t), Borghardt, Borchert** sind aus niederdeutschen Varianten von Burkhard entstanden. Hierzu gehören die patronymischen Formen **Borchers** und **Borcherding.** ❖ Der Familienname **Burchardi** ist eine patronymische Bildung, die auf den Genitiv der latinisierten Form Burchardus zurückgeht. ❖ Aus Kurz- und Koseformen von Burkhard leiten sich u. a. die Familiennamen **Buck, Puck, Buri, Bury, Bork, Burk(e), Bürki, Bürkle, Bürklin, Botz, Bötz, Butz, Butsch, Bosse, Busse, Buß, Buske, Bußmann** ab. ❖ Eine patronymische Bildung zu Busse ist der vor allem in Westfalen und Ostfalen vorkommende Familienname **Büssing.** Bei den Familiennamen **Bussenius** und **Bussius** handelt es sich um aus der Humanistenzeit stammende Latinisierungen von Busse. Aus Ableitungen von Bosse und Busse mit dem Suffix *-hart* sind die alemannischen Familiennamen **Bos(s)har(d)t, Boßhar(d)t, Bossard, Bossert, Bußhard(t), Bussert** gebildet.

Bürki, Bürkle, Bürklin: aus alemannischen Koseformen von ▸ Burkhard gebildete Familiennamen.

Burmann: niederdeutsche oder alemannische Entsprechung des hochdeutschen Familiennamens ▸ Bauermann.

Burme(i)ster: Amtsname zu mnd. *bûrmester*, gleichbedeutend wie mnd. *borge(r)meister* ›Bürgermeister, Schulze‹. ❖ Bekannte Namensträgerin: Brigitte Burmeister, deutsche Schriftstellerin (20./21. Jh.).

Burow: Herkunftsname zu dem Ortsnamen Burow (Brandenburg, Mecklenburg-Vorpommern, ehem. Pommern/jetzt Polen).

Burr(er): Übername zu mhd. *burren* ›sausen, brausen‹.

Bursch(e): Übernamen zu mhd. *burse* ›gemeinschaftliches Kost- und Wohnheim für Studenten‹. Der Familienname entstand wohl aus der abgekürzten Form von fnhd. *bursgesell* ›Kommilitone, der der gleichen Burse angehört‹, auch ›Kriegskamerad‹.

Burst: Übername zu mhd. *burst* ›Borste‹ für einen Menschen mit borstigen Haaren.

Burtzik, Burtzyk: ▸ Burczik.

Bury: 1. Übername zu poln., nsorb., osorb. *bury* ›(grau)braun‹. 2. ▸ Buri (1.).

Burzig, Burzik, Burzyk: ▸ Burczik.

Busch, Büsch: 1. Wohnstättennamen zu mhd. *busch* ›Busch, Gesträuch, Büschel, Gehölz, Wald‹. 2. Herkunftsnamen zu den häufig vorkommenden Ortsnamen Busch bzw. Büsch. ❖ Bekannter Namensträger: Wilhelm Busch, deutscher Maler, Zeichner und Dichter (19./20. Jh.).

Buschan: 1. Auf eine mit dem slawischen Suffix *-an* gebildete Ableitung von Budislav u. Ä. (▸ Buda) zurückgehender Familienname. 2. ▸ Boschan.

Busche: ▸ Busch.

Buschek: auf eine mit dem slawischen Suffix *-ek* gebildete Ableitung von Budislav u. Ä. (▸ Buda) zurückgehender Familienname.

Büschel: 1. Ableitung von ▸ Busch mit *-l*-Suffix. 2. Herkunftsname zu dem Ortsnamen Büschel (Niedersachsen).

Buscher, Büscher: Ableitungen auf *-er* von ▸ Busch.

Büsching: Ableitung auf *-ing* zu ▸ Busch.

Buschmann: Ableitung auf *-mann* von ▸ Busch.

Buschner: 1. Ableitung auf *-ner* von ▸ Busch. 2. Herkunftsname zu dem Ortsnamen Buschen (Schlesien).

Buse: Berufsübername zu mnd. *būse* ›kleines Schiff zum Heringsfang‹.

Busemann: Berufsname für den Besitzer oder Fahrer eines kleinen Schiffs zum Heringsfang (▸ Buse).

Büsing: 1. Herkunftsname zu dem Ortsnamen Büsingen (Baden-Württemberg). 2. ▸ Büssing.

Buske: aus einer niederdeutschen Koseform von ▸ Burkhard hervorgegangener Familienname.

Buss(e), Buß: aus einer mit *-z*-Suffix gebildeten Koseform von ▸ Burkhard entstandene Familiennamen.

Bussenius: aus einer Latinisierung von ▸ Buss(e) hervorgegangener Familienname.

Bussert, Bußhard(t): ▸ Bossert.

Büssing: patronymische Bildung auf *-ing* zu ▸ Buss(e).

Bussius: aus einer Latinisierung von ▸ Buss(e) entstandener Familienname.

Bußjäger: Berufsname zu mhd. *birsen* ›pirschen, jagen‹. Der Name ist entstellt aus älterem *Burßjäger, Burstjäger* und bezeichnete denjenigen, der das Recht zur freien Jagd hatte.

Bußler: ▸ Bossler.

Bussmann, Bußmann: aus einer mit dem Suffix *-mann* erweiterten Form von ▸ Buss(e) abgeleiteten Familiennamen.

Butenandt: niederdeutscher Wohnstättenname für jemanden, der »außen an« wohnte (mnd. *buten* ›außen, außerhalb‹). ❖ Bekannter Namensträger: Adolf Friedrich Johann Butenandt, deutscher Biochemiker (20.Jh.).

Butendeich, Butendieck: Wohnstättennamen zu mnd. *buten* ›außerhalb, außen‹ und mnd. *dīk* ›Deich, Teich‹.

Butenschön: niederdeutscher Übername (zu mnd. *buten* ›außerhalb, außen‹ und mnd. *schöne* ›schön‹) für einen Menschen, dessen charakterliche oder geistige Eigenschaften im Gegensatz zu seiner äußeren Erscheinung standen. ❖ Ein früher Beleg aus Hamburg ist *Hermannus Butenscone* (a. 1252/54).

Büter: 1. Berufsname zu mnd. *bute* ›(Honig-)Beute, Honigkorb‹ für den Imker. 2. Amtsname zu mnd. *buter* ›Beutemacher; Beamter für das Einziehen von Strafen‹.

Buth: ▸ Butt.

Butkereit: ▸ Buttgereit, Buttkereit.

Bütow: Herkunftsname zu dem gleichlautenden Ortsnamen (Mecklenburg-Vorpommern, ehem. Pommern/jetzt Polen).

Butsch: aus einer alemannischen Koseform von ▸ Burkhard hervorgegangener Familienname.

Butscher: vor allem im Raum Friedrichshafen am Bodensee anzutreffender Familienname. 1. Ableitung auf *-er* zu ▸ Butsch. 2. Übername zu alem. *butschen* ›(mit dem Kopf) stoßen, mit dumpfem Ton anprallen; schlagen, prügeln‹ bzw. zu schwäb. *Butsch* ›kleiner Bund Garben oder Stroh; Haarschopf bei Männern‹.

Butt: 1. Übername zu mnd. *but* ›Butt, Scholle‹ für einen Fischer/Fischhändler oder nach einem bildlichen Vergleich mit dem Fisch.

2. Übername zu niederdt. mda. *but* ›dumm, plump, grob‹. 3. Berufsübername zu mnd. *butte* ›Bütte, hölzernes (bauchiges) Gefäß‹ für den Hersteller/Benutzer oder Übername für einen dicken Menschen. 4. Vereinzelt Übername zu poln. *but* ›Stiefel‹.

Büttcher: ▶ Böttcher.

Büttel: 1. Amtsname zu mhd. *bütel* ›Gerichtsbote, Büttel‹. 2. Herkunftsname zu dem vor allem in Schleswig-Holstein häufigen gleichlautenden Ortsnamen.

Butter: Berufsübername für den Hersteller oder Verkäufer.

Butterbrod(t), Butterbrot: Übernamen nach der Lieblingsspeise.

Butterlin: alemannische Ableitung von ▶ Butter.

Buttermann: Berufsname auf *-mann* für den Butterverkäufer.

Butterweck, Butterweg, Butterweg(g)e: Berufsübernamen für den Feinbäcker oder Übernamen nach der Lieblingsspeise (zu mhd., mnd. *wecke, wegge* ›keilförmiges Gebäck/Weizenbrot‹).

Büttgen: mit dem Suffix *-gen* gebildeter Berufsname zu mhd. *butte, bütte* ›Bütte, Wanne, Fässchen‹ für den Hersteller oder Benutzer oder Übername nach einem bildlichen Vergleich.

Buttgereit, Buttkereit: Berufsnamen, patronymische Bildungen auf *-eit* zu lit. *butkere* ›Böttcher‹.

Buttlar, Buttler, Büttler: 1. Berufsnamen zu mhd. *butiglære, putigler* ›Mundschenk‹. 2. Herkunftsnamen zu den Ortsnamen Buttlar (Thüringen).

Büttner: Berufsname für den ▶ Böttcher (zu mhd. *büt[t]e* ›Bütte, gerundetes Holzgefäß, Weinfass‹).

Büttrich: Übername zu mhd. *buterich, büterich* ›Weinschlauch, Gefäß für Flüssigkeiten, Fässchen, Krug‹. Aus der bauchigen Form des Gefäßes entwickelte sich die spöttische Bezeichnung für einen wohlbeleibten Menschen. So heißt es z. B. in einem schweizerischen Text aus dem Jahre 1530: *Stach im sīn schwert in den püttrich unz an das krüz* [bis ans Kreuzbein]. Möglich ist hierbei auch das Vorliegen eines Berufsübernamens für den Hersteller oder Benutzer eines solchen Gefäßes.

Butz: 1. Aus einer mit *-z*-Suffix gebildeten Koseform von ▶ Burkhard entstandener Familienname. 2. Übername zu mhd. *butze* ›Poltergeist, Schreckgestalt‹, fnhd. *buz* ›Larve, Popanz‹. 3. Vereinzelt Herkunftsname zu dem Ortsnamen Butze (Schleswig-Holstein, ehem. Pommern/jetzt Polen). 4. In Norddeutschland kann es sich gelegentlich um einen Wohnstättennamen zu niederdt. mda. *butz(e)* ›kleiner Raum, Seitengemach, Schlafverschlag in der Wand, Raum unter der Treppe‹ handeln.

Bützer: gerundete Form von ▶ Bitz(er).

Butzke: aus einer Ableitung von ▶ Butz mit *-k*-Suffix entstandener Familienname.

Butzki: 1. Herkunftsname zu polnischen Ortsnamen wie Buda, Budy. 2. Aus einer Ableitung von Budisław (▶ Buda) entstandener Familienname.

Butzmann: Erweiterung von ▶ Butz mit dem Suffix *-mann*.

Bux(baum): ▶ Buchs(baum).

Caemmerer: ▶ Kammerer, Kämmerer.
Caesar: ▶ Cäsar.
Cahn: 1. ▶ Cohn (1.). 2. ▶ Kahn (3.).
Çakır: türkischer Familienname zu türk. *çakır* ›graublau, bläulich‹.
Çakmak: türkischer Familienname zu türk. *çakmak* ›Feuerstein‹.
Caldewei, Caldewey: ▶ Kaldewei, Kaldewey.
Çalışkan: türkischer Übername zu türk. *çalışkan* ›fleißig, arbeitsam, emsig‹.
Callsen: 1. Patronymische Bildung auf *-sen* zu einer Koseform von ▶ Karl. 2. Herkunftsname zu dem Ortsnamen Kalsen (Schleswig-Holstein, Ostpreußen).
Cämmerer: ▶ Kammerer, Kämmerer.
Campe: ▶ Kampe. ❖ Bekannter Namensträger: Joachim Heinrich Campe, Pädagoge, Sprachforscher und Verleger (18./19. Jh.).
Campen: ▶ Kampen.
Camphausen: Herkunftsname zu den Ortsnamen Kamphaus (Niedersachsen), Kamphausen (Nordrhein-Westfalen).
Can: türkischer Familienname zu türk. *can* ›Seele, Leben‹.
Candidus: Übername zu lat. *candidus* ›blendend, weiß‹; aus der Zeit des Humanismus stammende Übersetzung der deutschen Familiennamen ▶ Weiss, Weiß und ▶ Blanck(e). Der Vorname Candidus kam erst seit dem 17. Jh. als Klostername auf und kommt daher als Grundlage für den Familiennamen nicht mehr infrage.
Canetti: italienischer Übername: ›Hündchen‹. ❖ Die Vorfahren des Schriftstellers Elias Canetti (20. Jh.) mussten als sephardische Juden aus Spanien flüchten. Ihr spanischer Name Cañete (nach einem Ortsnamen) wurde in Italien zu Canetti.
Canis: 1. Aus der Zeit des Humanismus stammende Übersetzung des deutschen Familiennamens ▶ Hund mit dem gleichbedeutenden lateinischen Wort. 2. Möglich ist hierbei auch das Vorliegen eines Herkunftsnamens zu den Ortsnamen Canitz, Kanitz (Sachsen, Schlesien, Ostpreußen).
Canter, Canther, Cantor: Berufsnamen zu lat. *cantor* ›Sangmeister, Vorsänger‹. ❖ Vgl. den Hildesheimer Beleg a. 1372 *Johanne dicto Canter clerico*.
Cappel: 1. Wohnstättenname zu mhd. *kappel*, mnd. *kapel* ›Kapelle‹: ›wohnhaft bei einer Kapelle‹. 2. Herkunftsname zu den häufigen Ortsnamen Cappel, Kappel, Cappeln, Kappeln.
Cappus: Berufsübername oder Übername zu mnd. *kabūskōl*, mhd. *kabez* ›(Weißer) Kohl‹, in übertragenem Sinne auch ›Kopf‹ für den Kohlbauern oder für jemanden mit einem auffälligen Kopf.
Carius: aus einer verkürzten Form des Heiligennamens Macarius (▶ Karius) hervorgegangener Familienname.
Carl(e): ▶ Karl.
Carls: patronymische Bildung (starker Genitiv) zu Carl (▶ Karl).
Carlsen: patronymische Bildung auf *-sen* zu Carl (▶ Karl).
Carlson: patronymische Bildung auf *-son* zu Carl (▶ Karl).
Carnap: Herkunftsname zu dem Ortsnamen Karnap (Nordrhein-Westfalen). ❖ Bekannter Namensträger: Rudolf Carnap, amerikanischer Philosoph deutscher Herkunft (19./20. Jh.).
Caroli: patronymische Bildung im Genitiv zu Carolus, der latinisierten Form von ▶ Karl.
Carsten: aus einer niederdeutschen Form von ▶ Christian entstandener Familienname.
Carstens: patronymische Bildung (starker Genitiv) zu ▶ Carsten. ❖ Bekannter Namensträger: Karl Carstens, deutscher Jurist und Politiker (20. Jh.).
Carstensen: patronymische Bildung auf *-sen* zu ▶ Carsten.
Carus: 1. Herkunftsname zu den Ortsnamen Karras (ehem. Brandenburg/jetzt Polen), Karrasch (Ostpreußen). 2. Berufsübername zu mnd. *karusse, karuske* (< poln., tschech.

karas) ›Karausche, eine Karpfenart‹ für den Fischer oder Fischhändler. ❖ Bekannter Namensträger: Carl Gustav Carus, deutscher Arzt, Philosoph und Maler (18./19. Jh.).

Cäsar: 1. Aus der Zeit des Humanismus stammende Latinisierung von dt. ▸ Kaiser. 2. Auf den im Mittelalter gelegentlich vergebenen Heiligennamen Caesarius zurückgehender Familienname. Der hl. Caesarius von Terracina, nach der Legende Märtyrer unter Trajan, wurde in Köln, wo ihm eine Kirche geweiht war (heute St. Georg), verehrt.

Cascorbi: aus der Zeit des Humanismus stammende Latinisierung von dt. Käsekorb, einem Berufsübernamen für den Käsehändler oder -hersteller.

Caspar: ▸ Kaspar.

Caspari, Caspary: patronymische Bildungen im Genitiv zur latinisierten Form Casparius (▸ Kaspar).

Casper: ▸ Kaspar.

Caspers: patronymische Bildung (starker Genitiv) zu Casper (▸ Kaspar).

Caspersen: patronymische Bildung auf -sen zu Casper (▸ Kaspar).

Cassel: Herkunftsname zu Ortsnamen wie Kassel (Hessen), Cassel in der Eifel, Ober- und Nieder-Cassel bei Düsseldorf, Kasseln (Ostpreußen).

Casselmann: Ableitung auf -mann zu ▸ Cassel.

Cassens: patronymische Bildung zu einer niederdeutschen Form von ▸ Christian.

Castell: Herkunftsname zu den Ortsnamen Castell (Unterfranken), Kastell (Baden-Württemberg).

Caster, Castor: 1. Übernamen zu lat. *castor* ›Biber‹; aus der Zeit des Humanismus stammende Übersetzung des deutschen Familiennamens ▸ Biber. 2. Aus den Namen des heiligen Castor von Karden (4. Jh.), des Patrons der Stiftskirche von Koblenz, gebildete Familiennamen.

Castrop: Herkunftsname zu dem Ortsnamen Castrop (Nordrhein-Westfalen).

Cebulla: Übername zu poln. *cebula* ›Zwiebel‹.

Çelik: türkischer Familienname zu türk. *çelik* ›Stahl‹.

Cengiz: türkischer Familienname nach dem alttürkischen Namen Cengiz/Cingiz. ❖ Bekannter Namensträger: Dschingis Khan, Begründer des mongolischen Weltreichs (12./13. Jh.).

Cermak: Übername zu tschech. *čermák* ›Rotkehlchen‹.

Cerny: ▸ Czerny.

Çetin: türkischer Familienname zu türk. *çetin* ›hart‹.

Çetinkaya: türkischer Familienname zu türk. *çetin* ›hart‹ + türk. *kaya* ›Fels‹: ›harter Fels‹.

Ceylan: türkischer Familienname zu türk. *ceylan* ›Gazelle‹.

Chamisso: leicht eingedeutschte Form des französischen Adelsnamens *Chamizzot/Chamisot*. ❖ Die Familie des Dichters Adelbert von Chamisso (18./19. Jh.) flüchtete vor der Französischen Revolution nach Deutschland. Der Dichter wurde noch auf Schloss Boncourt in der Champagne geboren, wo die Familie Chamizzot oder Chamissot, ursprünglich ein lothringisches Geschlecht, seit Jahrhunderten ihren Stammsitz hatte.

Chelius: aus der Zeit des Humanismus stammender Familienname, dem entweder griech. *chelós* ›Kiste, Kasten‹ oder griech. *chélys* ›Leier‹ zugrunde liegt. Damit konnte man deutsche Familiennamen wie ▸ Kistner, ▸ Schreiner bzw. ▸ Geiger übersetzen.

Chemnitz(er): Herkunftsnamen zu dem Ortsnamen Chemnitz (Sachsen, Mecklenburg-Vorpommern).

-chen: aus der Kombination der Suffixe *-k* und *-īn* (> *-kīn* > *-chīn* > *-chen*) entstandene, ursprünglich ostmitteldeutsche Endung zur Ableitung von Gattungs- und Personennamen. Bei der Bildung von Familiennamen dient das Suffix *-chen* zum Ausdruck zusätzlicher Bedeutungsnuancen wie Verkleinerung, Zuneigung und Wohlwollen, Geringschätzung und Spott sowie dem Ausdruck von Generationsunterschieden. Demnach lässt ein Familienname wie ▸ Schmidtchen mehrere Deutungen zu: a) Die Person, die ursprünglich diesen Namen vergab, drückte mit der Endung *-chen* ihre Zuneigung, ihre freundliche Haltung gegenüber dem Benannten aus. b) Je nach den Umständen konnte der Namengeber mit diesem Suffix seine herablassende, spöttische, kritische Einstellung zum Namensträger zum Ausdruck bringen und den Sinn ›schlechter Schmied, wenig angesehener Schmied‹ beabsichtigen. c) Die verkleinernde Bedeutung dieses Suffixes konnte ferner für die Bezeichnung der kleinen Gestalt eines Schmiedes genutzt werden. d) Gelegentlich konnte die Endung *-chen* die Aufgabe haben, auf das jugendliche Alter eines Schmieds (im Vergleich zu einem älteren Namensträger) anzuspielen. Bei heutigen Familiennamen auf *-chen* lässt sich nicht mehr ermitteln, welche der oben dargestellten Deutungsmöglichkeiten ursprünglich ausschlaggebend war.

Cherubim, Cherubin: auf den Engelnamen zurückgehende Familiennamen.

Chmeli(c)k: Berufsübernamen zu osorb. *chmjel*, tschech. *chmel*, poln. *chmiel* ›Hopfen‹ für jemanden, der Hopfen anbaute oder damit handelte.

Chmielewski: Herkunftsname zu polnischen Ortsnamen wie Chmielewo, Chmielewice u. Ä.

Chojnacki: Herkunftsname zum polnischen Ortsnamen Chojnata.

Chrisanth: ▶ Chrysant.

Christ: aus einer verkürzten Form des Rufnamens ▶ Christian entstandener Familienname. ❖ Bekannte Namensträgerinnen: Lena Christ, deutsche Schriftstellerin (19./20. Jh.); Liesel Christ, deutsche Volksschauspielerin (20. Jh.).

Christal(l): oberdeutsche Nebenformen von ▶ Christel, wobei die Umdeutung zu »Kristall« das Schriftbild beeinflusst hat.

Christaller, Christeller: oberdeutsche patronymische Bildungen auf *-er* zu ▶ Christal(l), ▶ Christel. ❖ Bekannter Namensträger: Walter Christaller, deutscher Geograf und Volkswirtschaftler (19./20. Jh.).

Christan: ▶ Christian.

Christanz: patronymische Bildung (starker Genitiv) zu ▶ Christan.

Christel: aus einer oberdeutschen Koseform von ▶ Christ hervorgegangener Familienname.

Christen: 1. Aus einer Variante von ▶ Christian entstandener Familienname. 2. Patronymische Bildung (schwacher Genitiv) zu ▶ Christ.

Christensen: patronymische Bildung auf *-sen* zu ▶ Christen (1.).

Christian: aus dem gleichlautenden Rufnamen (›zu Christus gehörend, Anhänger Christi, Christ‹), der bereits im Mittelalter Eingang in die deutsche Namengebung fand, hervorgegangener Familienname. ❖ Aus diesem bis in die heutige Zeit beliebten Rufnamen sind vor allem in Norddeutschland viele Familiennamenformen entstanden: so z. B. die patronymischen Familiennamen **Christians, Christanz** und **Christiansen**; **Kristan** und **Kristen, Carsten** und **Karsten** mit den patronymischen Bildungen **Carstens, Karstens, Carstensen, Karstensen**; **Kersten, Kesten** und **Kirsten**. ❖ Zu der lateinischen Form **Christianus** gehört die patronymische Bildung im Genitiv **Christiani**. ❖ Auf verkürzte Formen von Christian gehen u. a. der Familienname **Christ** und die niederdeutschen Familiennamen **Krist, Karst, Kerst, Kirst** mit den Ableitungen **Christ(e)l, Christmann, Christner, Kersting** zurück. ❖ Sorbischer Herkunft sind die Familiennamen **Zieschang, Zieschank**.

Christiani: patronymische Bildung (lateinischer Genitiv) zu ▶ Christianus.

Christians: patronymische Bildung (starker Genitiv) zu ▶ Christian.

Christiansen: patronymische Bildung auf *-sen* zu ▶ Christian. ❖ Bekannte Namensträgerin: Sabine Christiansen, deutsche Fernsehmoderatorin und Journalistin (20./21. Jh.).

Christianus: aus der lateinischen Form von ▶ Christian gebildeter Familienname.

Christl: ▶ Christel.

Christmann: aus einer Erweiterung von ▶ Christ mit dem Suffix *-mann* entstandener Familienname.

Christner: auf eine patronymische Bildung zu ▶ Christ zurückgehender Familienname.

Christof(f), Christoffel, Christoffer: ▶ Christoph.

Christoph: auf den gleichlautenden Rufnamen griechischen Ursprungs (›Christus tragend‹) zurückgehender Familienname. Christoph fand im Mittelalter als Name des heiligen Christophorus (3. Jh.), der als einer der vierzehn Nothelfer verehrt wurde, Verbreitung. ❖ Unter den heutigen Familiennamen begegnen uns mehrere Varianten dieses Rufnamens: z. B. **Christof(f), Christoffel** und **Christophel** sowie **Christoffer** und **Christopher** mit den patronymischen Bildungen **Christophers** und **Christophersen**. ❖ Christo-

phori ist eine patronymische Bildung im Genitiv zu der latinisierten Form Christophorus. ❖ Den Familiennamen **Stoffel, Stöffel, Stoffer, Toffel** liegen im Anlaut verkürzte Formen von Christoff zugrunde. ❖ Hierzu gehören auch die patronymischen Bildungen **Stoffels** und **Stoffers**.
Christophel, Christopher: ▶ Christoph.
Christophers: patronymische Bildung (starker Genitiv) zu Christopher (▶ Christoph).
Christophersen: patronymische Bildung auf -sen zu Christopher (▶ Christoph).
Christophori: patronymische Bildung im Genitiv zu der latinisierten Form Christophorus (▶ Christoph).
Chrysant: auf den Namen des heiligen Chrysanthus (< griech. ›Goldblume‹), eines Märtyrers des 3. Jh., zurückgehender Familienname. Mittelpunkt der Verehrung dieses Heiligen war die Abtei Münstereifel. Daher ist dieser Familienname im Westen Deutschlands heimisch.
Çiçek: türkischer Familienname zu türk. *çiçek* ›Blüte, Blume‹.
Cichon: 1. Übername zu poln. *cichy* ›still‹. 2. Berufsübername zu poln. *cichon* ›eine aus grobem Stoff hergestellte Oberkleidung, ein grobes Tuch‹ für den Hersteller oder Übername für den Träger.
Ciesielski: 1. Berufsname zu poln. *cieśla* ›Zimmermann‹. 2. Herkunftsname zu dem polnischen Ortsnamen Cieśle.
Ciesla, Cieslak, Cieslik: Berufsnamen, Ableitungen von poln. *cieśla*, osorb. *ćěsla* ›Zimmermann‹.
Ciliax: ▶ Cyliax.
Çınar: türkischer Familienname zu türk. *çınar* ›Platane‹.
Claas(s), Claaß: aus einer verkürzten Form von ▶ Nikolaus entstandene Familiennamen.
Claassen, Claaßen: patronymische Bildungen (schwacher Genitiv oder Ableitung auf -sen) zu Claas(s) (▶ Nikolaus).
Clages: aus einer niederdeutschen verkürzten Form von ▶ Nikolaus, die sich aus Clawes mit Übergang des intervokalischen *w > g* entwickelt hat, hervorgegangener Familienname.
Clas: ▶ Claas(s).
Clasen: ▶ Claassen.
Clasing: patronymische Bildung auf -ing zu Clas (▶ Nikolaus).

Classen, Claßen: ▶ Claassen.
Claudi(us): auf einen römischen Geschlechternamen, wohl aus einem Vornamen unbekannter Herkunft entstanden, zurückgehende Familiennamen. Eine Ableitung von lat. *claudus* ›hinkend, lahm‹ wird von der neueren Forschung abgelehnt. Als Rufname kam Claudius in Deutschland als Name des römischen Kaisers Claudius (Tiberius Claudius Nero) in der Zeit des Humanismus auf, zu einem Zeitpunkt also, als der Prozess der Familiennamenbildung weitgehend abgeschlossen war. Daher konnte der Rufname Claudius nur noch selten die Grundlage eines Familiennamens sein. Vielfach handelt es sich bei diesen Familiennamen um eine wegen der Lautähnlichkeit von den Humanisten vorgenommene Wiedergabe des deutschen Familiennamens ▶ Claus, der uns in latinisierter Form auch als ▶ Clausius begegnet. ❖ Bekannter Namensträger: Matthias Claudius, deutscher Dichter (18./19. Jh.).
Claus: aus einer verkürzten Form von ▶ Nikolaus entstandener Familienname.
Clausen: ▶ Claussen.
Clausing: patronymische Bildung auf -ing zu Claus (▶ Nikolaus).
Clausius: aus der Zeit des Humanismus stammende Latinisierung von Claus (▶ Nikolaus). ❖ Bekannter Namensträger: Rudolf Julius Emanuel Clausius, deutscher Physiker (19. Jh.).
Clauss, Clauß: ▶ Claus.
Claussen, Claußen: patronymische Bildungen (schwacher Genitiv oder Ableitung auf -sen) zu Claus (▶ Nikolaus).
Clemens, Clement, Clemenz: aus dem Rufnamen lateinischen Ursprungs (›mild, gnädig‹) hervorgegangene Familiennamen. Clemens fand im Mittelalter vor allem als Name des heiligen Clemens, der nach altkirchlicher Überlieferung im 1. Jh. Bischof von Rom (Papst) war, Eingang in die Namengebung. ❖ Viele heutige Familiennamen gehen auf den Rufnamen Clemens zurück. Neben den Schreibvarianten **Klemens, Klement, Klemenz** gibt es viele Familiennamen, die auf zusammengezogene Formen zurückgehen: **Klems, Klemz, Klem(m)t, Klemke, Klemps, Klambt, Klämbt.** ❖ Im deutsch-slawischen Kontaktbereich kommen mehrere Familien-

Cleve:

namen vor, die von der slawischen Form Kliment abgeleitet oder beeinflusst sind: **Kliem(t), Kliemchen, Klieme(c)k, Kliemke, Klima, Klim(e)sch, Klimt, Klich, Kliche, Klisch.**

Cleve: Herkunftsname zu den Ortsnamen Kleve, Cleve (Nordrhein-Westfalen, Schleswig-Holstein).

Clever: 1. Ableitung auf *-er* zu ▸ Cleve. 2. Niederdeutscher Berufsübername zu mnd. *klēber* ›Klee‹ für einen Bauern oder zu mnd. *klēber* ›Harz‹ für den Harzsammler.

Clodius: auf den gleichlautenden Rufnamen lateinischen Ursprungs, eine Nebenform von ▸ Claudius, zurückgehender Familienname.

Çoban: 1. Türkischer Berufsname zu türk. *çoban* ›Schäfer, Hirte‹. 2. Türkischer Familienname nach dem Namen des Petschenegen-Stammes der Çoban, der sich nach der Farbe seiner Pferde nannte.

Coenen: patronymische Bildung (schwacher Genitiv) zu einer niederdeutschen Kurzform von ▸ Konrad.

Cohen: ▸ Cohn (1.).

Cohn: 1. Hebr. *haKohen* bezeichnete einen Angehörigen des israelitischen Stammes der Kohenïten; als solcher hatte und hat er, wie auch die Leviten, eine priesterliche Funktion im Tempel inne. Cohen und Levi wurden schon im Mittelalter als Beinamen getragen und wurden daher in der Neuzeit häufig zum Familiennamen gewählt. Hebr. *(ha) Kohen* wurde auch als **Kohn, Cahn** oder **Kahn** transkribiert. 2. Cohn kann auch auf eine Kurzform von ▸ Konrad zurückgehen.

Cohrs: ▸ Kohrs.

Colak: Übername zu nsorb. *coło*, poln. *czoło* ›Stirn‹ + Suffix *-ak*.

Çolak: türkischer Übername zu türk. *çolak* ›der Lahme‹.

Coldewey: ▸ Koldewei, Koldewey(h).

Colditz: Herkunftsname zu dem gleichlautenden Ortsnamen in Sachsen.

Collet: 1. Aus einer französischen Koseform des Rufnamens Nicolas (▸ Nikolaus) gebildeter Familienname. 2. Berufsübername oder Übername zu franz. *collet*, das ein den Hals bedeckendes Kleidungsstück bezeichnete.

Conrad: ▸ Konrad.

Conradi: patronymische Bildung im Genitiv zu Conradus, einer latinisierten Form von ▸ Konrad.

Conrads: patronymische Bildung (starker Genitiv) zu Conrad (▸ Konrad).

Conradt: ▸ Konrad.

Conrady: ▸ Conradi.

Constantin, Constein: ▸ Konstantin.

Contzen: patronymische Bildung (schwacher Genitiv) zu einer mit *-z*-Suffix gebildeten Koseform von ▸ Konrad.

Conzelmann: aus einer Koseform von ▸ Konrad entstandener Familienname.

Cord: auf eine durch Zusammenziehung entstandene niederdeutsche Form von ▸ Konrad zurückgehender Familienname.

Cordes: patronymische Form (starker Genitiv) zu ▸ Cord.

Cordsen: patronymische Bildung auf *-sen* zu ▸ Cord.

Cords, Cordts: ▸ Cordes.

Corneel, Corne(h)l: aus einer verkürzten Form von ▸ Cornelius entstandene Familiennamen.

Cornelis: vor allem im niederdeutschen Bereich vorkommende verkürzte Form von ▸ Cornelius.

Cornelissen, Cornelißen: patronymische Bildungen auf *-sen* zu ▸ Cornelis.

Cornelius: aus dem gleichlautenden Rufnamen lateinischen Ursprungs entstandener Familienname. Zur Verbreitung des Namens hat die Verehrung des heiligen Papstes Cornelius (3. Jh.) beigetragen. Kultzentrum dieses Heiligen in Deutschland ist der Wallfahrtsort Cornelimünster bei Aachen. Die von diesem Heiligennamen abgeleiteten Familiennamen sind vor allem im Rheinland und dem deutschen Nordwesten verbreitet. ❖ Auf verkürzte Formen von Cornelius gehen u.a. die Familiennamen **Corneel, Corne(h)l, Cornelis, Cornels, Cornil, Cornils** sowie die norddeutschen patronymischen Formen **Cornelissen, Cornelsen** zurück. ❖ Durch Wegfall der anlautenden Silbe sind weitere Ableitungen von Cornelius entstanden, aus denen die Familiennamen **Neels, Nehl(s), Nelgès, Nelius, Nell(es), Nilges, Nilius, Nill(es)** hervorgegangen sind. Hierzu gehören patronymische Bildungen wie **Nellen, Nelissen, Nelißen, Nellessen, Nelleßen**. ❖ Bekannter Namensträger: Carl August Peter Cornelius, deutscher Komponist, Musikschriftsteller und Dichter (19. Jh.).

Cornels: auf eine verkürzte Form von ▸ Cornelius zurückgehender Familienname.

Cornelsen: patronymische Bildung auf *-sen* zu Cornel (▸ Cornelius).

Cornil, Cornils: auf verkürzte Formen von ▸ Cornelius zurückgehende Familiennamen.

Corvin(us): 1. Aus der Zeit des Humanismus stammende Übersetzung (zu lat. *corvus* ›Rabe‹) der deutschen Familiennamen ▸ Ra(a)be. 2. Herkunftsnamen zu dem Ortsnamen Korvin (Niedersachsen).

Coşkun: türkischer Familienname zu türk. *coşkun* ›feurig, lebhaft, begeistert‹.

Costa: Wohnstättenname zu span. *costa* ›Küste‹ bzw. zu italien., katal., port. *costa* ›Küste; Abhang‹.

Courth: vorwiegend im Rheinland anzutreffende Schreibweise von ▸ Kurt (1.).

Courths: patronymische Bildung (starker Genitiv) zu ▸ Courth. ❖ Bekannte Namensträgerin: Hedwig Courths-Mahler, deutsche Schriftstellerin (19./20. Jh.).

Cox: 1. Westniederdeutscher patronymischer Berufsname (starker Genitiv) zu mnd. *kok* ›Koch, Garkoch‹. 2. Englischer patronymischer Übername im Genitiv zu mittelenglisch *cock* ›Junge‹ (eigentlich ›Hahn‹), auch als Name verwandt, oder englischer Berufsname zu mittelenglisch *cōk* ›Koch‹, Genitiv *cōkes*.

Cramer: ▸ Kramer.

Cranach: Herkunftsname, alte Schreibung des Ortsnamens Kronach (Oberfranken). ❖ Bekannte Namensträger: Lucas Cranach der Ältere, deutscher Maler (15./16. Jh.); Lucas Cranach der Jüngere, deutscher Maler (16. Jh.).

Cremer: ▸ Kramer.

Cremers: patronymische Bildung (starker Genitiv) zu Cremer (▸ Kramer).

Creutz: ▸ Kreutz.

Crone: ▸ Krone.

Cullmann: ▸ Kullmann.

Curt(h): ▸ Kurt (1.).

Curtius: aus der Zeit des Humanismus stammende Latinisierung der deutschen Familiennamen ▸ Kurz, ▸ Curt(h), ▸ Kurt. ❖ Bekannter Namensträger: Ernst Robert Curtius, deutscher Romanist (19./20. Jh.).

Cybul(l)a: Übernamen zu poln. *cebula*, älter auch *cybula*, nsorb. *cybula*, tschech. *cibule* ›Zwiebel‹.

Cygan: Übername zu nsorb., osorb., poln. *cygan* ›Zigeuner‹.

Cyliax: aus einer durch Dissimilation entstandenen Form des griechischen Rufnamens Cyriacus (›zu dem Herrn [Gott] gehörend‹) hervorgegangener Familienname. Die Verbreitung des Rufnamens geht auf den heiligen Cyriacus, einen der vierzehn Nothelfer, zurück. ❖ Auf diesen Rufnamen gehen u. a. die Familiennamen **Ciliax**, **Zilliax** sowie die aus verkürzten Formen entstandenen Familiennamen **Zill(es)**, **Zillies**, **Zillessen**, **Zilleßen**, **Zillke(n)** zurück.

Cyprian(us): aus dem gleichlautenden Heiligennamen lateinischen Ursprungs (›der von der Insel Zypern Stammende‹) zu griech. *Kýpros* ›Zypern‹) gebildete Familiennamen.

Czaja: Übername zu poln. *czaić się* ›herumschleichen, lauern‹.

Czapka: Übername zu poln. *czapka* ›Mütze‹.

Czarnecki, Czarnetzki: 1. Herkunftsnamen zu polnischen Ortsnamen wie Czarne, Czarniewice u. Ä. 2. Übernamen zu poln. *czarny* ›schwarz‹.

Czech: 1. Herkunftsname zu poln. *Czech* ›Tscheche‹. 2. Übername für jemanden, der Beziehungen (z. B. Handel) zu Tschechen hatte. 3. Aus der Kurzform von slawischen Rufnamen wie Česlav (urslaw. *čьstь ›Ehre‹ + urslaw. *slava ›Ruhm, Ehre‹) hervorgegangener Familienname.

Czekalla: Übername zu poln. *czekać* ›warten‹ + Suffix *-ala* (dt. > *-alla*).

Czerma(c)k: ▸ Cermak.

Czerny: Übername zu tschech. *černý* ›schwarz‹. ❖ Bekannter Namensträger: Carl Czerny, österreichischer Klavierpädagoge und Komponist (18./19. Jh.).

Czerwinski: Herkunftsname zu polnischen Ortsnamen wie Czerwin, Czerwino, Czerwińsk u. Ä.

Daam: ▶ Dahm.
Daamen ▶ Dahmen.
Daams ▶ Dahms.
Dabel, Däbel: 1. Übernamen zu mnd. *dabel, dobel* ›Würfel‹ für den Würfelhersteller oder -spieler. 2. Herkunftsnamen zu dem Ortsnamen Dabel (Mecklenburg-Vorpommern).
Dabelstein: Übername zu mnd. *dabelstēn, dobelstēn* ›Würfel‹ für den Würfelhersteller oder -spieler.
Dabergott, Dabergotz: Herkunftsnamen zu dem Ortsnamen Dabergotz (Brandenburg).
Däbritz: Herkunftsname zu dem gleichlautenden Ortsnamen (Sachsen).
Dabrowski: Herkunftsname zu den polnischen Ortsnamen Dąbrowa, Dąbrowice u. Ä.
Dach: 1. Wohnstättenname für jemanden, der auf einem Lehmboden siedelt (zu mhd. *dahe* ›Lehm‹). 2. Berufsübername für Handwerker, der mit Lehm arbeitet, oder für einen Dachdecker. ❖ Bekannter Namensträger: Simon Dach, deutscher Dichter (17. Jh.).
Dacher: Ableitung auf *-er* zu ▶ Dach (1.).
Dachs: Übername nach der Tierbezeichnung, wohl für einen Jäger.
Dächsel: 1. Ableitung von ▶ Dachs mit *-l-*Suffix. 2. ▶ Dex(e)l (1.). ❖ *Ulrich Daechssel* ist a. 1383 in München bezeugt.
Dachser: 1. Bairisch-österreichischer Herkunftsname zu Ortsnamen wie Dachsen, Dachsach, Daxa, Daxen, Taxa (alle in Oberbayern), Taxach (Salzburg) u. a. 2. Bairisch-österreichischer Wohnstättenname (Hofname) zu einem Hof ›an den *dachsen*‹, ›an den Eiben‹ (< alpenromanisch **daksia/dasia* ›Taxus, Eibe‹).
Daebritz: ▶ Däbritz.
Daehmel: ▶ Dehmel.
Daf(f)erner: 1. Berufsnamen zu mhd. *tavёrner* ›Schenkwirt‹. 2. Herkunftsnamen zu dem Ortsnamen Däfern (Baden-Württemberg).
Daffner: Herkunftsname zu dem Ortsnamen Deffingen, früher Tafingen (Bayern). ❖ Die Belege *Hans Taffener zu Immenstaad* (a. 1522) = *H. Daffinger* (a. 1524) zeigen die Entstehung dieses Familiennamens.
Dahinden, Dahint(en): Wohnstättennamen nach der Lage des Hauses bzw. des Hofes. ❖ Ein Bürger zu Rheinfelden namens *Peter da hinden* ist i. J. 1376 überliefert.
Dahl: 1. Wohnstättenname zu mnd. *dāl* ›Tal‹ für jemanden, der im Tal wohnte. 2. Herkunftsname zu den in Nordwestdeutschland häufigen Ortsnamen Dahl, Dahle. 3. Im deutsch-slawischen Kontaktgebiet kann auch eine Kurzform zu slawischen Rufnamen wie Dalimir, Dalibor (urslaw. **dalje* ›weiter‹ + urslaw. *mirъ* ›Friede‹ bzw. urslaw. **borti* ›kämpfen‹) vorliegen. ❖ Die ›Dahlie‹, die im Spätsommer und Herbst blüht, wurde nach dem schwedischen Botaniker Andreas Dahl (18. Jh.) benannt.
Dahlem: Herkunftsname zu dem gleichlautenden Ortsnamen (Nordrhein-Westfalen, Rheinland-Pfalz, Niedersachsen, Stadtteil von Berlin).
Dahlhaus: Herkunftsname zu dem gleichlautenden Ortsnamen (Niedersachsen, Nordrhein-Westfalen, Brandenburg). ❖ Bekannter Namensträger: Carl Dahlhaus, deutscher Musikwissenschaftler (20. Jh.).
Dahlke: aus einer Ableitung von slawischen Rufnamen wie Dalimir, Dalibor (▶ Dahl [3.]) hervorgegangener Familienname.
Dahlmann: Ableitung auf *-mann* zu ▶ Dahl (1.) und (2.). ❖ Bekannter Namensträger: Friedrich Christoph Dahlmann, deutscher Historiker und Politiker (18./19. Jh.).
Dahm: aus einer verkürzten Form von ▶ Adam entstandener Familienname.
Dahme: Herkunftsname zu den Ortsnamen Dahme (Schleswig-Holstein, Brandenburg, Schlesien), Dahmen (▶ Dahmen).
Dähmel: ▶ Dehmel.
Dahmen: 1. Herkunftsname zu den Ortsnamen Dahmen (Mecklenburg-Vorpommern), Damen (ehem. Pommern/jetzt Polen). 2. Pa-

tronymische Bildung (schwacher Genitiv) zu ▶ Dahm.

Dahmke: aus einer niederdeutschen Koseform von ▶ Adam entstandener Familienname.

Dahmlos: Herkunftsname zu dem Ortsnamen Damlos (Schleswig-Holstein).

Dahms: patronymische Bildung (starker Genitiv) zu ▶ Dahm.

Dahn: Herkunftsname zu dem gleichlautenden Ortsnamen (Rheinland-Pfalz). ❖ Bekannter Namensträger: Felix Dahn, deutscher Historiker und Schriftsteller (19./ 20. Jh.).

Dähn(e): 1. Herkunftsnamen: ›der Däne‹. 2. Variante von ▶ Dehn(e).

Dähnert, Dähnhard(t): ▶ Degenhard.

Dahnke: 1. Auf eine Koseform von Rufnamen, die mit dem Namenwort *thank* gebildet sind (z. B. ▶ Dankert), zurückgehender Familienname. 2. Aus einer Koseform von ▶ Daniel entstandener Familienname. 3. Im deutschslawischen Kontaktbereich ist die Ableitung von einem slawischen Rufnamen (z. B. ▶ Bogda[h]n) möglich.

Dahrendorf(f): Herkunftsnamen zu dem Ortsnamen Dahrendorf (Sachsen-Anhalt). ❖ Bekannter Namensträger: Ralf Dahrendorf, deutscher Soziologe und Politiker (20./ 21. Jh.).

Daiber: durch Entrundung entstandener Berufsname für einen blasenden Musikanten (aus mhd. *töuber*) oder Berufsübername für den Taubenzüchter (aus mhd. *tiuber* ›Taube‹).

Daimler: Übername von mhd. *diumen, diumeln* ›foltern, quälen, die Daumenschraube anlegen‹, fnhd. *deumlen* ›mit Daumenschrauben foltern, gefügig machen‹ für einen Folterknecht. Möglich ist aber auch eine Herleitung dieses Übernamens von obd. mda. *täumeln* ›übervorteilen, betrügen‹. ❖ Die Vorfahren des Ingenieurs und Erfinders Gottlieb Wilhelm Daimler (19. Jh.) sind seit 1540 als Teimbler, Teumler in Lobenstein (Thüringen) nachzuweisen.

Dalberg: Herkunftsname zu dem gleichlautenden Ortsnamen (Rheinland-Pfalz, Mecklenburg-Vorpommern). ❖ Bekannter Namensträger: Karl Theodor, Reichsfreiherr von Dalberg, Kurfürst (18./19. Jh.).

Dallig: aus einer Kurzform slawischer Rufnamen wie Dalimir, Dalibor (▶ Dahl [3.]) entstandener Familienname.

Dallmai(e)r: Standesnamen; nähere Bestimmung eines Meiers (▶ Meyer) durch die Lage des Hofes im Tal. ❖ *Chort Dallmeir* ist a. 1615 in Hildesheim bezeugt.

Dallmann: 1. Herkunftsname zu dem Ortsnamen Dalle bei Celle (Niedersachsen) oder zu einem anderen mit Dal(l)- beginnenden Orts- oder Hofnamen. 2. Wohnstättenname für jemanden, der im Tal wohnt.

Dallmei(e)r, Dallmey(e)r: ▶ Dallmai(e)r.

Dam, Däm: 1. Aus einer verkürzten Form von ▶ Damian oder ▶ Adam entstandene Familiennamen. 2. ▶ Damm.

Damaschke, Damaske: Ableitungen von dem slawischen Rufnamen Domaslav (urslaw. *doma* ›zu Hause‹ + urslaw. *slava* ›Ruhm, Ehre‹) oder von dem sorbischen Rufnamen Domašk bzw. dem polnischen Rufnamen Domaszk (▶ Dominik). ❖ Bekannter Namensträger: Adolf Damaschke, Sozialpolitiker und Nationalökonom (19./20. Jh.).

Dambach(er): Herkunftsnamen zu den Ortsnamen Dambach (Nordrhein-Westfalen, Rheinland-Pfalz, Baden-Württemberg, Bayern, Österreich, Elsass), Dammbach (Bayern).

Damerau: Herkunftsname zu den Ortsnamen Damerau (ehem. Brandenburg/jetzt Polen, bei Danzig, Ostpreußen), Damerow (▶ Damerow).

Damerow: Herkunftsname zu dem Ortsnamen Damerow (Mecklenburg-Vorpommern, Sachsen-Anhalt, Brandenburg, ehem. Pommern/jetzt Polen).

Dames: ▶ Dahms.

Damian: aus dem gleichlautenden Heiligennamen hervorgegangener Familienname. Der heilige Damian und sein Zwillingsbruder Kosmas, Patrone der Ärzte und der Apotheker, waren nach der Legende zwei Ärzte, die im 4. Jh. den Martertod erlitten. ❖ Von Damian leiten sich die Familiennamen **Demian, Domian** und **Domja(h)n**, die patronymische Bildung im Genitiv **Damiani** sowie die aus verkürzten Formen entstandenen Familiennamen **Dam, Däm** ab.

Damiani: patronymische Bildung im Genitiv zu der latinisierten Form Damianus (▶ Damian).

Damm: 1. Herkunftsname zu den häufigen Ortsnamen Damm (Schleswig-Holstein, Mecklenburg-Vorpommern, Brandenburg,

Nordrhein-Westfalen, Hessen, Bayern, ehem. Pommern/jetzt Polen), Damme (Niedersachsen, Brandenburg, Belgien). 2. Wohnstättenname für jemanden, der an einem Damm oder an einem gepflasterten Weg wohnte (vgl. mnd. *dam* ›Damm, Straßenpflaster‹). 3. Aus dem alten Rufnamen Dammo *(thank)* entstandener Familienname. ❖ *Bertram van dem Damme* ist a. 1307 in Braunschweig bezeugt. ❖ Bekannte Namensträgerin: Sigrid Damm, deutsche Schriftstellerin (20./21. Jh.).

Dammann: Ableitung auf *-mann* zu ▸ Damm (1.) und (2.) oder zu einem mit Damm- beginnenden Orts- oder Hofnamen. ❖ *Henning Damman* ist a. 1411 in Hildesheim überliefert.

Damme: ▸ Damm.

Dammer: 1. Aus dem deutschen Rufnamen Dankmar *(thank + māri)* entstandener Familienname. 2. Herkunftsname zu dem Ortsnamen Dammer (Schlesien). 3. Ableitung auf *-er* zu ▸ Damm (1) oder (2.).

Dammers: patronymische Bildung (starker Genitiv) zu ▸ Dammer (1.).

Dammert: 1. Durch sekundäres *-t* erweiterte Form von ▸ Dammer. 2. Aus dem alten deutschen Rufnamen Dankbert *(thank + beraht)* hervorgegangener Familienname.

Dammer(t)z: patronymische Bildungen (starker Genitiv) zu ▸ Dammert (2.).

Dams: ▸ Dahms.

Danckert: ▸ Dankert.

Danckwar(d)t, Danckwarth, Danckwerth: ▸ Dankward(t).

Dandler: ▸ Tandler.

Danehl, Dangel: ▸ Daniel.

Dangeleit: in Ostpreußen entstandener Familienname, patronymische Ableitung von ▸ Daniel mit dem litauischen Suffix *-eit*.

Dänhardt: ▸ Degenhard.

Daniel: aus dem gleichlautenden Rufnamen hebräischen Ursprungs (›Gott richtet‹ oder ›Gott ist mächtig‹) entstandener Familienname. Daniel fand als Name des alttestamentlichen Propheten Eingang in die jüdische sowie christliche Namengebung. ❖ Auf Varianten dieses Rufnamens gehen die Familiennamen **Dan(n)ehl, Dan(i)gel, Dengel, Danneil, Dannöhl** zurück. ❖ Die patronymischen Familiennamen **Daniels** und **Danielsen** sind im Norden Deutschlands heimisch, **Dangeleit** war ursprünglich in Ostpreußen verbreitet. ❖ Bei dem Familiennamen **Danielis** handelt es sich um eine patronymische Form, die mit der lateinischen Genitivendung *-is* gebildet ist. ❖ Die Familiennamen **Dahnke** und **Dehn(e)** sind z.T. aus verkürzten Formen von Daniel entstanden. ❖ Polnischer Herkunft sind die Familiennamen **Danielowski** und **Danielzig.**

Danielis: mit der lateinischen Genitivendung *-is* gebildete patronymische Bildung zu ▸ Daniel.

Danielowski, Danielowsky: 1. polnische Ableitung von ▸ Daniel. 2. Herkunftsnamen zu polnischen Ortsnamen wie Danielowice, Danielów u. Ä.

Daniels: patronymische Bildung (starker Genitiv) zu ▸ Daniel.

Danielsen: patronymische Ableitung auf *-sen* zu ▸ Daniel.

Danielzig, Danielzik: aus einer polnischen Ableitung von ▸ Daniel hervorgegangene Familiennamen.

Danigel: ▸ Daniel.

Däniken, Däniker: Herkunftsnamen zu dem schweizerischen Dorf Dänikon bei Zürich. ❖ Bereits a. 1130 ist ein *Egilolf de Täninchoven*, dem späteren Dänikon, bezeugt. ❖ Bekannter Namensträger: Erich Anton Paul von Däniken, schweizerischer Schriftsteller (20./21. Jh.).

Danisch: aus einer sorbischen oder tschechischen Ableitung von ▸ Daniel bzw. von ▸ Bogda(h)n u. a. hervorgegangener Familienname.

Dank(e): aus der Kurzform eines mit dem Namenwort *thank* gebildeten Rufnamens (z. B. ▸ Dankward[t]) entstandene Familiennamen.

Danker: aus dem alten deutschen Rufnamen Dankher *(thank + heri)* entstandener Familienname.

Dankers: patronymische Bildung (starker Genitiv) zu ▸ Danker.

Dankert: aus dem alten deutschen Rufnamen Dankhart *(thank + harti)* entstandener Familienname.

Dankl: aus einer Koseform zu ▸ Dank(e) mit *-l*-Suffix entstandener Familienname.

Danklef(f), Dankle(h)f: aus dem alten niederdeutschen Rufnamen Danklef *(thank + leva)* entstandene Familiennamen.

Dankmer: aus dem alten deutschen Rufnamen Dankmar *(thank + māri)* entstandener Familienname.

Dankward(t), Dankwart(h), Dankwerth, Dankwort(h): aus dem alten deutschen Rufnamen Dankwart *(thank + wart)* entstandene Familiennamen. ❖ Hierzu gehören auch die Schreibvarianten **Danckwar(d)t, Danckwarth, Danckwerth.**

Dann(e): 1. Wohnstättennamen zu mnd. *dan* ›Wald‹, mhd. *tan* ›Wald, Tannenwald‹, mnd. *danne*, mhd. *tanne* ›Tanne‹: ›wohnhaft an/bei einem Wald oder unter Tannen‹. 2. Herkunftsnamen zu Ortsnamen wie Danna (Brandenburg), Danne (Wüstung, jetzt Teil von Immekath/Sachsen-Anhalt), Tann (Hessen, Bayern), Thann (in Bayern und Österreich überaus häufig), Tanna (Thüringen), Tanne (Sachsen-Anhalt, Schweiz), Tannen (Baden-Württemberg, Bayern, Schweiz), Thannen (Bayern).

Danneberg: ▶ Dannenberg.

Dannecker, Dannegger: 1. Wohnstättennamen zu mhd. *tan* ›Wald, Tannenwald‹, mhd. *tanne* ›Tanne‹ + mhd. *ecke, egge* ›Spitze, Ecke, Kante, Winkel‹, auch ›Bergvorsprung‹ für jemanden, der an einem mit Tannen bewachsenen Bergvorsprung, an einem solchen Winkel wohnt. 2. Herkunftsnamen zu dem Ortsnamen Tanneck (Nordrhein-Westfalen, Baden-Württemberg).

Dannehl, Danneil: ▶ Daniel.

Dannemann: Ableitung auf *-mann* zu ▶ Dann(e).

Dannenberg: Herkunftsname zu dem in Norddeutschland häufigen Ortsnamen Dannenberg (Brandenburg, Niedersachsen, Nordrhein-Westfalen, ehem. Pommern/jetzt Polen, Ostpreußen), Tannenberg (Bayern, Sachsen, Ostpreußen), Tanneberg (Brandenburg, Sachsen).

Danner: Ableitung auf *-er* von ▶ Dann(e).

Dannhauer: Berufsname für einen Holzarbeiter im [Tannen-]Wald (vgl. ▶ Dann[e] [1.]).

Dannhauser, Dannhäuser, Dannhäußer: Herkunftsname zu Ortsnamen wie Tannhausen (Baden-Württemberg), Than(n)hausen (Bayern), Dannhausen (Niedersachsen, Bayern).

Dannheiser, Dannheisser: durch Entrundung entstandene oberdeutsche Formen von Dannhäußer (▶ Dannhauser).

Dannheuser: ▶ Dannhauser.

Dannöhl: durch Umdeutung entstandene Form von ▶ Daniel.

Dantz: 1. Im gesamten deutschen Sprachgebiet verbreiteter Übername zu mnd. *dans* ›Tanz‹, mhd. *tanz* ›Tanz, Gesang, Spiel zu dem Tanz‹ nach der Lieblingsbeschäftigung, auch für den Reigenführer bei Volkstänzen oder für den Spielmann. 2. Ein Haus »Zu dem Tanz« gab es im Mittelalter in Straßburg, Basel, Freiburg i. Br. und in anderen Städten.

Dantzer: Übername zu mhd. *tanzer, tenzer* ›Tänzer‹, ▶ Dantz.

Danz: ▶ Dantz.

Danzer, Dänzer: ▶ Dantzer.

Danzfuss, Danzfuß: Übernamen für den leidenschaftlichen Tänzer, ▶ Dantz (1.).

Danzglock(e): Übernamen für jemanden, der die Glocke betätigte, der den Beginn bzw. das Ende des Tanzes ankündigte, vielleicht auch für einen unermüdlichen Tänzer.

Danzig(er): Herkunftsnamen zu dem Ortsnamen Danzig.

Danzl, Dänzl: Ableitungen von ▶ Dantz mit *-l-*Suffix.

Dänzler: Übername zu mhd. *tenzeler* ›Tänzer‹.

Danzmann: Ableitung auf *-mann* zu ▶ Dantz (1.). ❖ *Claus Danseman* ist a. 1383/1403 in Magdeburg bezeugt.

Dapper: Übername zu mnd. *dapper* ›schwer, gewichtig; furchtlos, ausdauernd, tapfer‹.

Darboven: niederdeutscher Wohnstättenname: ›wohnhaft da oben‹ (zu mnd. *boven* ›oben‹). ❖ *Heyne Darboven*, Bürger zu Handorf (Niedersachsen), ist i. J. 1450/51 überliefert. ❖ Bekannte Namensträgerin: Hanne Darboven, deutsche Künstlerin (20./21. Jh.).

Dargel: 1. Von dem slawischen (polabischen) Rufnamen Dargol, poln. Drogol (< urslaw. *darg* ›lieb, teuer‹) abgeleiteter Familienname. 2. Herkunftsname zu den Ortsnamen Dargelin, Dargelütz (Mecklenburg-Vorpommern).

Daries, Darius, Darjes: von verkürzten Formen des griechischen Heiligennamens Isidor (›Geschenk der Göttin Isis‹) abgeleitete Familiennamen. Im Spätmittelalter wurde sowohl in Hamburg als auch in Utrecht der heilige Isidor, Märtyrer von Chios († 251), verehrt. Von dort ausgehend wurde der Name in der Form *(Isi)dorius, (Isi)dories* auch am Niederrhein bekannt. ❖ Weitere Formen dieses Namens sind **Dörrie, Dorries, Dörries.**

Darnedde: niederdeutscher Wohnstättenname: ›wohnhaft da unten‹ (zu mnd. *nedden* ›unten, niederwärts‹). ❖ *Hermen Darnedden* ist a. 1396 in Braunschweig überliefert.

Darnieder: hochdeutsche Entsprechung des niederdeutschen Familiennamens ▶ Darnedde.

Darr: oberdeutscher Übername zu mhd. *derren* ›dörren, austrocknen‹ für einen dürren, ›vertrockneten‹ Menschen.

Därr: ▶ Derr.

Dartsch: ▶ Tartsch.

Dasbach: Herkunftsname zu dem gleichlautenden Ortsnamen (Rheinland-Pfalz, Hessen).

Dasch(e): ▶ Tasch(e).

Daschke: auf eine sorbische, polnische oder tschechische Ableitung von Rufnamen, die mit »Da-« beginnen, z. B. Dalibor, Dalimir (▶ Dahl [3.]), ▶ Daniel, zurückgehender Familienname.

Daschner: ▶ Taschner.

Daser: bairisch-österreichischer Wohnstättenname (Hofname) für jemanden, der an den Eiben (alpenromanisch **daksia/dasia* ›Taxus, Eibe‹) wohnte.

Dassel: Herkunftsname zu dem gleichlautenden häufigen Ortsnamen in Niedersachsen. ❖ Nach Dassel bei Einbeck nannte sich Rainald von Dassel, Kanzler Friedrich Barbarossas (12. Jh.).

Dasser, Daßer: ▶ Daser.

Dassler, Daßler: 1. Ableitung auf *-er* zu ▶ Dassel. 2. Übername zu mhd. *taselen* ›schäkern‹.

Dathe: auf den alten niederdeutschen Lallnamen Dado, Dodo zurückgehender Familienname.

Dau: aus dem altfriesischen Ruf- und Übernamen Douwo, Dou (zu asächs. *dūba* ›Taube‹) entstandener Familienname.

Daub: Übername zu mhd. *toup, toub* ›taub; stumpfsinnig, unsinnig, närrisch‹.

Dauber: Berufsübername zu mnd. *dūver* ›Täuberich‹ für den Taubenzüchter.

Däuber: Berufsname für einen blasenden Musikanten (mhd. *tōuber*) oder Berufsübername für den Taubenzüchter (zu mhd. *tiuber* ›Taube‹).

Däubler: Berufsname zu mhd. *tūbelære* für den Taubenhändler. ❖ Bekannter Namensträger: Theodor Däubler, deutscher Schriftsteller (19./20. Jh.).

Daucher: Übername oder Berufsübername zu mhd. *diuhen* ›drücken, niederdrücken‹. Mhd. *den wīn diuhen* bedeutet ›keltern‹, sodass der Name sich auf einen Weinbauern beziehen könnte. ❖ Bekannte Namensträger: Adolf und Hans Daucher, deutsche Bildhauer (15./16. Jh.).

Dauenhauer: Berufsname für den Hersteller von Fassdauben (zu mhd. *dūge* ›Fassdaube‹).

Dauer: 1. Berufsname zu mnd. *touwer* ›Bereiter, bes. Gerber‹. 2. Herkunftsname zu dem gleichlautenden Ortsnamen (Brandenburg).

Daum: Übername zu mhd. *dūme* ›Daumen‹ nach einer Besonderheit des Daumens oder für einen kleinen Menschen. ❖ *Chunrad der Daume* ist a. 1290 in Regensburg bezeugt.

Daumann: 1. Erweiterung auf *-mann* zu ▶ Daum. 2. Herkunftsname zu den Ortsnamen Daum (Westfalen), Daume bei Bochum.

Daume: ▶ Daum.

Däumel: aus einer Ableitung von ▶ Daum mit *-l*-Suffix hervorgegangener Familienname.

Däumler: ▶ Daimler.

Däumling: Übername zu mhd. *dūme* ›Daumen‹ + *-ling*-Suffix für einen kleinen Menschen oder für jemanden mit einem auffallenden Daumen.

Daun(er): Herkunftsnamen zu dem Ortsnamen Daun (Rheinland-Pfalz).

Daus: Übername zu mhd., mnd. *dūs* (< nordfrz. *daus*, entspricht franz. *deux*) ›zwei Augen im Würfelspiel, der höchste Wert im Kartenspiel‹ für den leidenschaftlichen Spieler.

Dausend: Übername zu mnd. *dusent*, mhd. *tūsent* ›tausend‹.

Daut(h): aus dem alten Lallnamen Dudo hervorgegangene Familiennamen.

David: aus dem gleichlautenden Rufnamen hebräischen Ursprungs (wahrscheinlich ›Liebling‹) entstandener Familienname. Als Name des alttestamentlichen Königs und Ahnherrn Jesu fand David in Deutschland Eingang in die jüdische wie christliche Namengebung. ❖ Als patronymische Bildungen zu David begegnen uns die niederdeutschen Familiennamen **Davids, Davis, David-**

sen, Davidson, die latinisierte Form **Davidis** sowie der ostpreußische Familienname litauischer Herkunft **Davideit.** ❖ *Ulrich der David* ist i. J. 1290 in Regensburg überliefert. ❖ Bekannter Namensträger: Johann Nepomuk David, österreichischer Komponist (19./20. Jh.).

Davideit: ursprünglich in Ostpreußen vorkommende patronymische Bildung zu ▸ David mit dem litauischen Suffix *-eit*.

Davidis: patronymische Bildung im Genitiv zu ▸ David, die mit der lateinischen Genitivendung *-is* gebildet ist.

Davids: patronymische Bildung (starker Genitiv) zu ▸ David.

Davidsen: patronymische Bildung auf *-sen* zu ▸ David.

Davidson: patronymische Bildung auf *-son* zu ▸ David.

Davis: 1. Patronymische Bildung (starker Genitiv) zu ▸ David. 2. Englischer Familienname; patronymische Bildung zum englischen Rufnamen David.

D'Avis: ▸ Davis (1.).

Dax: ▸ Dachs.

Daxbacher: bairisch-österreichischer Wohnstättenname (Hofname) für jemanden, der an einem Bach, der mit Eiben (alpenromanisch **daksia/dasia* ›Taxus, Eibe‹) bestanden ist, wohnte.

Daxer: ▸ Dachser.

Debald: ▸ Diebald.

Debbert: aus dem alten Rufnamen Dietbert, niederdt. Detbert (*thiad + beraht*), entstandener Familienname.

Debelt: ▸ Diebald.

Debes: lautlich auf eine durch Wegfall der ersten Silbe entstandene Form von ▸ Matthäus zurückgehender Familienname; in den Quellen tritt jedoch häufig eine Vermischung der Rufnamen Matthäus und ▸ Matthias zutage.

Debold: ▸ Diebald.

Debus: lautlich auf eine durch Wegfall der ersten Silbe entstandene Form von ▸ Matthäus zurückgehender Familienname; in den Quellen tritt jedoch häufig eine Vermischung der Rufnamenformen Matthäus und ▸ Matthias zutage.

Dechan(d)t: Amtsnamen zu mhd. *tēchan, dēchant* (< lat. *dēcanus* ›Vorsteher von zehn Leuten‹) für den Vorgesetzten in verschiedenen kirchlichen oder weltlichen Ämtern (z. B. Zunftmeister, Jahrmarktsaufseher).

Dechert: mit sekundärem *-t* erweiterter Berufsübername zu mhd. *děcher, těcher* ›Zählmaß für zehn Stück, bes. für Häute, Felle, Leder‹ für den Gerber oder den Fellhändler.

Deck(e): 1. In Südwestdeutschland und in der Schweiz können diese Familiennamen auf eine alte Berufsbezeichnung für den ▸ Decker (vgl. ▸ Beck[e] [1.] für Bäcker) zurückgehen. 2. Berufsübernamen für den Hersteller von Decken (vgl. ▸ Deckwerth).

Decker: Berufsname für den Dachdecker. Zum Decken der Häuser benutzte man im Mittelalter zunächst Stroh, Rohr oder Schindeln, später auch Schiefer und Dachziegeln, bei Mauertürmen und Kirchen wurde auch Metall (Blei, Kupfer) verwendet. ❖ *Dürnchart der deckchær* ist i. J. 1345 in Regensburg bezeugt.

Deckers: patronymische Bildung (starker Genitiv) zu ▸ Decker.

Deckert: Erweiterung von ▸ Decker mit sekundärem *-t*.

Deckler: Berufsname für den Hersteller von Decken und Betttüchern (vgl. mhd. *deckelachen* ›Betttuch, Bettdecke‹).

Deckmann: Berufsname auf *-mann* für den Hersteller von Decken, vgl. ▸ Deckler, ▸ Deckwart(h).

Deckner: Berufsname für den Dachdecker (▸ Decker) oder für den Hersteller von Decken (vgl. ▸ Deck[e] [2.]).

Deckwart(h), Deckwert(h), Deckwirth: ostmitteldeutsche Berufsnamen für den Hersteller von Decken (zu mhd. *würhte, worhte*, md. *worte* ›Verfertiger‹, vgl. auch ▸ Schubert, ▸ Schubart(h), ▸ Schuhardt < mhd. *schuochwürhte, schuochworhte* ›Schuhmacher‹).

Dede: 1. Aus der Kurzform von niederdeutschen Rufnamen, die mit »Ded-«/»Det-« (*thiad*) beginnen (z. B. ▸ Dederich), hervorgegangener Familienname. 2. Türkischer Familienname zu türk. *dede* ›Großvater, Ahn‹. ❖ Als Namensvorbild dieses auch als Vornamen vergebenen türkischen Namens dient oft der Held eines oghusischen Epos, Dede Korkut.

Dedeke: aus einer mit *-k*-Suffix gebildeten Koseform von ▸ Dede (1.) entstandener Familienname.

Dedeken: patronymische Bildung (schwacher Genitiv) zu ▶ Dedeke oder Ableitung auf *-ken* von ▶ Dede (1.).

Dedekind: aus einer Umdeutung der patronymischen Form Dedeking (▶ Dedeke) in Anlehnung an »Kind« entstandener Familienname.

Dederer: Übername zu mhd. *todern* ›undeutlich reden, stottern‹.

Dederich: auf eine niederdeutsche Form von ▶ Dietrich zurückgehender Familienname.

Dederichs: patronymische Bildung (starker Genitiv) zu ▶ Dederich.

Dedering: patronymische Bildung auf *-ing* zu dem niederdeutschen Rufnamen Dether *(thiad + heri)*.

Deding: patronymische Bildung auf *-ing* zu ▶ Dede (1.).

Dedlow: Herkunftsname zu dem Ortsnamen Dedelow (Brandenburg).

Deecke: auf eine durch Verlust des inlautenden *-de-* entstandene Form von ▶ Dedeke zurückgehender Familienname.

Deede: ▶ Dede (1.).

Deeg: Berufsübername zu mnd. *dêch* ›Teig‹ für einen Bäcker. 2. Übername zu mnd. *dege* ›gedeihlich, gut, tüchtig‹.

Deeken: patronymische Bildung (schwacher Genitiv) zu ▶ Deecke.

Dees: lautlich auf eine durch Wegfall der ersten Silbe entstandene Form von ▶ Matthäus zurückgehender Familienname, in den Quellen tritt jedoch häufig eine Vermischung der Rufnamen Matthäus und ▶ Matthias zutage.

Deessen: patronymische Bildung zu ▶ Dees.

Deffner: oberdeutscher Berufsname, der über *tæfener* aus mhd. *tavërnære* ›Schankwirt‹ (zu lat. *taberna* ›Schenke‹) entstanden ist. Da mhd. *tavërnære* auch den ›Schenkenbesucher‹ meint, kann auch ein Übername mit dieser Bedeutung vorliegen.

Defregger: 1. Herkunftsname zu dem Ortsnamen Defereggen im Pustertal (Tirol). 2. Österreichischer Hofname. ❖ Bekannter Namensträger: Franz Defregger, österreichischer Maler (19./20. Jh.), der nach dem Defreggerhof bei Dölsach im Pustertal heißt.

Degel: Berufsübername zu mnd. *degel* ›Tiegel‹ für den Hersteller.

Degen: 1. Aus einer Kurzform von ▶ Degenhard entstandener Familienname. 2. Übername zu mhd. *dëgen* ›Knabe; Krieger, Held‹ oder zu mhd. *degen* ›Dolch‹.

Degener: auf eine verschliffene Form von ▶ Degenhard oder auf den alten Rufnamen Degenher *(degan + heri)* zurückgehender Familienname.

Degenhard, Degenhar(d)t: aus dem gleichlautenden deutschen Rufnamen *(degan + harti)* entstandene Familiennamen. ❖ Varianten von Degenhard begegnen uns in den Familiennamen **Dähnhard(t), Dänhardt, Dehnhar(d)t, Dähnert, Dehnert, Deg(e)ner, Deinhardt, Deinert, Denhard(t).** ❖ Aus Kurz- bzw. Koseformen sind u. a. die Familiennamen **Degen, Deindl, Deinlein,** z. T. auch **Den(t)z, Denzel, Denzle(in), Dehn(e)** mit den patronymischen Formen **Dehning, Dening, De(h)necke** und **Denicke** hervorgegangen. ❖ Bekannter Namensträger: Franz Josef Degenhardt, deutscher Liedermacher und Schriftsteller (20./21. Jh.).

Degenkolb: Übername (Satzname) zu mhd. *decken* ›bedecken‹ und mhd. *kolbe* ›kurz geschnittenes Haar, Haarschopf‹: ›Bedecke den Haarschopf!‹. ❖ Vgl. den Beleg aus Dresden a. 1417 *Degkenkouwe*. Später wurde der Name nicht mehr in seinem ursprünglichen Sinn verstanden und als ›Degengriff‹ gedeutet.

Degering: patronymische Bildung auf *-ing* zu einer verschliffenen Form von ▶ Degenhard.

Degler: niederdeutscher Berufsname für den Töpfer, der Tiegel herstellte (mnd. *degel* ›Tiegel‹).

Degner: ▶ Degener.

deGruyter: Berufsname zu mnd. *grüten* ›Bier brauen‹ für einen Bierbrauer mit dem bestimmten Artikel: ›der Brauer‹.

Dehde: ▶ Dede (1.).

Dehl(e): aus einer niederdeutschen Koseform von ▶ Dietrich entstandene Familiennamen.

Dehler: entrundete Form von ▶ Döhler.

Dehlert: Erweiterung von ▶ Dehler mit einem sekundären *-t*.

Dehling: patronymische Bildung auf *-ing* zu ▶ Dehl(e).

Dehlsen: patronymische Bildung auf *-sen* zu ▶ Dehl(e).

Dehm: ▶ Diem.

Dehmel: 1. Durch das Kosesuffix *-el* erweiterte Form von ▶ Dehm. 2. Durch Entrundung aus Döhmel, einer Koseform von ▶ Thomas, entstandener Familienname. 3. Gelegentlich Übername zu mhd. *demmen* ›schwelgen, schlemmen‹. ❖ Bekannter Namensträger: Richard Dehmel, deutscher Schriftsteller (19./20. Jh.).

Dehn(e): 1. Aus einer Kurzform von ▶ Degenhard oder aus einer verkürzten Form von ▶ Daniel gebildete Familiennamen. 2. Niederdeutsche Wohnstättennamen zu mnd. *denne* ›Vertiefung‹: ›wohnhaft in einer Bodenvertiefung, in einem kleinen Tal‹.

Dehnecke, Dehneke: aus einer Koseform von ▶ Dehn(e) (1.) entstandene Familiennamen.

Dehner: aus einer zusammengezogenen Form des alten deutschen Rufnamens Degenher *(degan + heri)* hervorgegangener Familienname.

Dehnert, Dehnhar(d)t: aus einer zusammengezogenen Form von ▶ Degenhard entstandene Familiennamen.

Dehning: patronymische Form auf *-ing* zu Dehn(e), einer Kurzform von ▶ Degenhard.

Dehnkamp: Wohnstättenname zu mnd. *denne* ›Vertiefung‹ und mnd. *kamp* ›eingezäuntes Feld als Ackerland, Weide, Wiese‹ für jemanden, der an einem in einer Vertiefung gelegenen Feld wohnte.

Deibel, Deibl: durch Entrundung entstandene Formen von ▶ Teufel.

Deibler: durch Entrundung entstandene Form von ▶ Däubler.

Deibner: durch Entrundung entstandene Form von ▶ Deubner.

Deich: hochdeutsche Form von ▶ Dieck.

Deichler: durch Entrundung entstandene Form von ▶ Deuchler.

Deichmann: hochdeutsche Form von ▶ Dieckmann.

Deichsel: Berufsübername zu mhd. *dīhsel* ›Deichsel‹ für den Deichselmacher, Wagner oder Fuhrmann.

Deichsler: Berufsname für den Deichselmacher, ▶ Deichsel.

Deicke: aus einer niederdeutsch-friesischen Koseform von Namen, die mit »Det-« beginnen (vgl. ▶ Dedeke, ▶ Deecke), entstandener Familienname.

Deifel: durch Entrundung entstandene Form von ▶ Teufel.

Deike: ▶ Deicke.

Deimel: 1. Bei niederdeutscher Herkunft Nebenform von ▶ Dehmel (1.). 2. Bei oberdeutscher Herkunft kann der Name auf die entrundete Form von ▶ Däumel oder auf eine Koseform von ▶ Dietmar zurückgehen.

Deimer: 1. Herkunftsname zu dem Ortsnamen Deimern bei Soltau (Niedersachsen). 2. ▶ Dietmar.

Deimler: ▶ Daimler.

Deimling: oberdeutsche entrundete Form von ▶ Däumling.

Deindl: aus einer Koseform von Deinhard (▶ Degenhard) entstandener Familienname.

Deinert, Deinhard, Deinhar(d)t: aus zusammengezogenen Formen von ▶ Degenhard entstandene Familiennamen.

Deininger: Herkunftsname zu den Ortsnamen Deining, Deiningen (Bayern).

Deinl, Deinlein: ▶ Deindl.

Deis: lautlich auf eine verkürzte Form von ▶ Matthias, die durch Wegfall der ersten Silbe entstanden ist, zurückgehender Familienname. In den Quellen tritt jedoch häufig eine Vermischung der Rufnamenformen ▶ Matthäus und Matthias zutage.

Deising: 1. Herkunftsname zu den Ortsnamen Deising (Bayern), Teising (Bayern, Oberösterreich). 2. Patronymische Bildung auf *-ing* zu ▶ Deis.

Deisinger: Herkunftsname auf *-er* (▶ Deising [1.]).

Deiß: ▶ Deis.

Deissler, Deißler: ▶ Deichsler.

Deißmann: auf eine Erweiterung von Deiß (▶ Deis) mit dem Suffix *-mann* zurückgehender Familienname.

Deister: Herkunftsname oder Wohnstättenname zu dem gleichnamigen Höhenzug zwischen Leine und Weser. ❖ Vgl. die Belege aus Hannover *Tile van dem Deystere* (a. 1434) = *Tile Deystere* (a. 1444).

Deistler: Berufsname zu mnd. *dīstel* ›Deichsel‹, ▶ Deichsler.

Deistung: Herkunftsname zu dem Ortsnamen Teistungen bei Worbis (Thüringen).

Deiter: aus den niederdeutschen Rufnamenformen Dethart *(thiad + harti)* oder Dether *(thiad + heri)* hervorgegangener Familienname.

Deiters: patronymische Bildung (starker Genitiv) zu ▶ Deiter.

Deixler: ▶ Deichsler.

Delang: 1. Übername für einen großen Menschen (< *de lange*, d. i. ›der Lange‹ mit Erhalt des mittelniederdeutschen oder niederländischen Artikels). 2. Für die Lausitz kommt eine Ableitung von osorb. *delan* ›in der Niederung wohnender Sorbe, Niederlausitzer Sorbe‹ oder von den Ortsnamen Dehlen, Döhlen (Sachsen) infrage.

Delbrück: Herkunftsname zu den Ortsnamen Delbrück (Nordrhein-Westfalen, Sachsen-Anhalt), Dellbrück (Schleswig-Holstein, Nordrhein-Westfalen).

Delf(f): 1. Aus einer niederdeutschen durch Zusammenziehung entstandenen Kurzform von ▶ Dethleff hervorgegangene Familiennamen. 2. Herkunftsnamen zu dem Ortsnamen Delf (Nordrhein-Westfalen). 3. Wohnstättennamen zu mnd. *delf* ›Graben‹, niederdt. mda. auch ›feuchtes Gelände‹.

Delfs: patronymische Form (starker Genitiv) zu ▶ Delf(f) (1.).

Delitz, Delitzsch: Herkunftsnamen zu den Ortsnamen Delitz, Dehlitz (Sachsen-Anhalt), Delitzsch (Sachsen).

Delius: aus der Zeit des Humanismus stammende Latinisierung von Dehl, einer niederdeutschen Koseform von ▶ Dietrich. ❖ *Christian Delius* ist a. 1697 in Halberstadt bezeugt. ❖ Bekannter Namensträger: F. C. Delius, deutscher Schriftsteller (20./21. Jh.).

Dell: 1. Wohnstättenname zu mhd. *telle* ›Schlucht‹, niederdt. mda. *delle* ›Vertiefung, Senkung des Bodens, Niederung‹. 2. Herkunftsname zu dem Ortsnamen Delle (Nordrhein-Westfalen). ❖ *Peter von der delle* ist a. 1441 in Magdeburg bezeugt.

Deller: Ableitung auf *-er* zu ▶ Dell.

Delling: Herkunftsname zu den Ortsnamen Delling (Oberbayern, Nordrhein-Westfalen), Dellingen (Rheinland-Pfalz).

Dellmann: Ableitung auf *-mann* zu ▶ Dell oder zu einem anderen mit »Del(l)-« beginnenden Orts- oder Hofnamen.

Delp: Übername zu mhd. *talpe* ›Pfote, Tatze‹ für einen täppischen Menschen. ❖ Bekannter Namensträger: Alfred Delp, katholischer Theologe (20. Jh.).

Demand(t): Berufsübernamen für den Diamantenschleifer oder -händler (zu mnd. *dēmant*, mhd. *dīemant* ›Diamant‹).

Demann: ▶ Themann.

Demel: ▶ Dehmel.

Demes: ▶ Demus.

Demeter: aus dem Heiligennamen Demetrius (›der Fruchtbarkeitsgöttin Demeter zugehörig‹) entstandener Familienname. Von den zahlreichen Heiligen dieses Namens kommt vor allem der heilige Märtyrer Demetrius (3./4. Jh.) als Namenspatron infrage. ❖ Auf eine verkürzte Form von Demeter geht der Familienname **Dimt** mit der patronymischen Form **Dimter** zurück.

Demetz: Herkunftsname zu dem Ortsnamen Demitz (Sachsen).

Demian: ▶ Damian.

Demir: türkischer Familienname zu türk. *demir* ›Eisen‹.

Demirci: türkischer Berufsname zu türk. *demirci* ›Schmied‹.

Demirel: türkischer Familienname zu türk. *demir* ›Eisen‹ + türk. *el* ›Hand‹: ›Eisenhand‹.

Demitter: ▶ Demeter.

Demitz: ▶ Demetz.

Demke: aus einer mit *-k*-Suffix gebildeten Koseform von ▶ Thomas entstandener Familienname.

Deml: ▶ Dehmel.

Demmel: 1. ▶ Dehmel (1.), (2.). 2. Übername zu bair. *Demmel* ›Schlemmer, Prasser‹ (vgl. ▶ Demmer).

Demmer: Übername zu mhd. *demmen* ›schwelgen, schlemmen‹, mnd. *demmer* ›Schlemmer, Schwelger‹. ❖ *Jost Demmer* ist a. 1585/86 in Göttingen belegt.

Demmler: 1. ▶ Demmer. 2. Übername zu niederdt. mda. *demeler* ›Possenmacher‹.

Dempewolf(f), Dempewulf: Übernamen im Satzform: ›[ich] ersticke den Wolf‹ (zu mnd. *dempen* ›ersticken‹), vielleicht für einen Jäger oder einen Draufgänger. ❖ *Andreas Dempewulf*, Bürger von Northeim (Niedersachsen), ist i. J. 1634 bezeugt.

Dempf: Übername zu fnhd. *dempfen* ›schlemmen, schwelgen‹. ❖ Bekannter Namensträger: Alois Dempf, deutscher Philosoph (19./20. Jh.).

Dempfel: in Bayern und Österreich verbreitete Ableitung von ▶ Dempf mit *-l*-Suffix.

Dempfle: schwäbische Ableitung von ▸ Dempf mit dem Suffix -le.

Dempfwolf, Dempwolf(f): ▸ Dempewolf(f).

Demski: 1. Auf eine polnische Ableitung von ▸ Damian zurückgehender Familienname. 2. Herkunftsname zu polnischen Ortsnamen wie Dąbie, Dębno u. Ä. ❖ Bekannte Namensträgerin: Eva Demski, deutsche Schriftstellerin (20./21. Jh.).

Demus: aus einer verkürzten Form von Nikodemus, einem Rufnamen griechischen Ursprungs (etwa ›Volkssieger‹), hervorgegangener Familienname. Nach der Bibel war Nikodemus ein Schriftgelehrter. Er trat für Jesus ein und beteiligte sich an seiner Bestattung. ❖ Bekannter Namensträger: Jörg Demus, österreichischer Pianist (20./21. Jh.).

Demut(h): 1. Übernamen zu mhd. *diemüete, diemuot,* mnd. *dēmōt* ›Demut, Milde, Bescheidenheit‹. 2. Auf den im Mittelalter beliebten Frauennamen Demuth/Diemut zurückgehende metronymische Familiennamen. Ursprünglich handelte es sich hierbei um den alten deutschen Rufnamen Dietmut *(thiot + muot).* Im Spätmittelalter wurde dieser Name oft als »Demut« und somit im christlichen Sinne verstanden.

Dencke: 1. Aus einer mit -k-Suffix gebildeten Koseform von Rufnamen, die mit dem Namenwort *thank* gebildet sind (z. B. ▸ Dankward[t]), entstandener Familienname. 2. Herkunftsname zu dem Ortsnamen Denkte (Niedersachsen).

Dencker, Denckert: ▸ Denker, ▸ Denkert.

Dendler: Berufsname zu mhd. *tendeler* ›Trödler‹.

Denecke, Deneke: aus einer niederdeutschen Koseform von ▸ Degenhard entstandene Familiennamen.

Dengel: ▸ Daniel.

Denger: Herkunftsname zu den Ortsnamen Tengen, Hohentengen (Baden-Württemberg).

Dengg: ▸ Tenk.

Dengler: Berufsname für den Handwerker, der die Sensen schärft (zu mhd. *tengelen* ›dengeln, klopfen, hämmern‹, mda. *dengeln* ›die Sense durch Klopfen schärfen‹).

Denhard(t): aus einer zusammengezogenen Form von ▸ Degenhard hervorgegangene Familiennamen.

Denicke: ▸ Denecke.

Dening: ▸ Dehning.

Denis: auf den Heiligennamen Dionysius zurückgehender Familienname. Zur Verbreitung des Rufnamens Dionys zur Zeit der Entstehung der Familiennamen (12.–15. Jh.) trug vor allem die Verehrung des heiligen Dionysius (3. Jh.), des ersten Bischofs von Paris und einer der vierzehn Nothelfer, bei. ❖ Auf verkürzte Formen von Dionys gehen die Familiennamen **Dinnies, Dinjes, Dinges, Dinnes, Dins(e), Donis** zurück. ❖ Von der letzten Silbe abgeleitet sind die Familiennamen **Neis, Nies(e), Nies(e)l, Nieß, Nißle,** teilweise, soweit nicht zu »Nuss« gehörig, **Nüssel, Nüßle, Nüßlein.** ❖ Patronymische Bildungen zu **Nies/Nieß** sind die Familiennamen **Niesen, Niessen, Nießen, Nissen.**

Deniz: türkischer Familienname zu türk. *deniz* ›Meer‹.

Denk: ▸ Tenk.

Denke: ▸ Dencke.

Denkena: friesische patronymische Bildung auf -ena zu einer Kurzform von Rufnamen, die mit dem Namenwort *thank* gebildet sind.

Denker, Denkert: ▸ Danker, ▸ Dankert.

Denner: ▸ Danner.

Denning: Herkunftsname zu den Ortsnamen Denning (Bayern), Danningen (Baden-Württemberg).

Dentz: 1. Aus einer mit -z-Suffix gebildeten Koseform von ▸ Degenhard entstandener Familienname. 2. ▸ Dantz. 3. Für den Nordosten Deutschlands ist eine Ableitung von dem Ortsnamen Tenze (Mecklenburg-Vorpommern) vereinzelt möglich.

Denys: ▸ Denis.

Denz: ▸ Dentz.

Denzel: 1. Aus einer Erweiterung von ▸ Dentz (1.), (2.) mit -l-Suffix hervorgegangener Familienname. 2. ▸ Danzl.

Denzer: ▸ Dantzer.

Denzinger: Herkunftsname zu dem Ortsnamen Denzingen (Bayern).

Denzle, Denzlein: Erweiterungen von ▸ Dentz (1.), (2.) mit den Suffixen -le bzw. -lein.

Denzler: ▸ Dänzler.

Depenheuer: niederrheinischer Berufsname für den Hersteller von Gefäßen aus Holz (zu mnd. *doppe, duppe* ›kleines Gefäß, Topf‹).

Depke: aus einer Ableitung von ▸ Deppe mit -k-Suffix entstandener Familienname.

Depmer: aus einer durch Übergang von *t* zu *p* entstandenen Form des niederdeutschen Rufnamens Detmar *(thiad + māri)* hervorgegangener Familienname. ❖ *Deppmer Denewete* ist a. 1423 in Hannover bezeugt.

Depner: ▸ Deppner.

Deppe: aus einer Kurzform von Detbert *(thiad + beraht)* oder Detmar *(thiad + māri)* entstandener Familienname.

Deppen: patronymische Form (schwacher Genitiv) zu ▸ Deppe.

Depping: patronymische Form auf *-ing* zu ▸ Deppe.

Deppisch: Übername für einen täppischen, tollpatschigen Menschen (mhd. *tæpisch*).

Deppner: Berufsname, entrundete Form von ▸ Döppner.

Depser: Herkunftsname zu dem Ortsnamen Deps (Oberfranken).

Derbe: 1. Übername zu mhd. *derp, -bes* ›ungesäuert, hart, tüchtig, fest‹ nach dem Charakter/Verhalten des ersten Namensträgers oder Berufsübername für einen Bäcker, der Backwaren ohne Gärungsmittel herstellte (vgl. mhd. *derpkuoche* ›ungesäuerter Kuchen‹). 2. Herkunftsname zu dem Ortsnamen Derben bei Genthin (Sachsen-Anhalt).

Derboven: ▸ Darboven.

Derck: ▸ Derk.

Dereser: Herkunftsname zu dem Ortsnamen Theres a. Main bei Schweinfurt (Unterfranken).

Derf(f)linger: Herkunftsnamen zu Ortsnamen wie Derfling (Oberösterreich), Dörfling (Bayern), Dörflingen (Schweiz). ❖ Bekannter Namensträger: Georg Freiherr von Derfflinger, brandenburgischer Generalfeldmarschall (17. Jh.).

Derichs: patronymische Bildung (starker Genitiv) zu Derich, einer niederdeutschen Form von ▸ Dietrich.

Derichsen: patronymische Bildung auf *-sen* zu Derich (▸ Derichs).

Dericks: ▸ Derricks.

Derk: aus einer niederdeutschen Kurzform von ▸ Dietrich hervorgegangener Familienname.

Derks: patronymische Bildung (starker Genitiv) zu ▸ Derk.

Derksen: patronymische Bildung auf *-sen* zu ▸ Derk.

Dern: Herkunftsname zu Ortsnamen wie Dehrn (Hessen), Derne (Nordrhein-Westfalen).

Derneden, Dernedde: ▸ Darnedde.

Derr: 1. Übername zu mhd. *derren* ›dörren, austrocknen‹ für einen dürren Menschen. 2. ▸ Derrer.

Derrer: 1. Berufsname zu mhd. *darren, derren* ›(den Flachs auf der Darre) trocknen, rösten‹. 2. Berufsname zu mhd. *derre* ›Tagelohn ohne Kost und Trunk‹ (< lat. *diarium* ›Tagesration für den Soldaten‹?) für einen Tagelöhner.

Derrick: aus einer niederdeutschen Kurzform von ▸ Dietrich hervorgegangener Familienname.

Derricks: patronymische Bildung (starker Genitiv) zu ▸ Derrick.

Dersch: Übername; entrundete Form von mhd. *tœrisch, tœrsch* ›töricht‹.

Derschau: Herkunftsname zu dem gleichlautenden Ortsnamen (ehem. Brandenburg/jetzt Polen, Schlesien, Ostpreußen).

Desch: ▸ Tasch(e).

Deschner: ▸ Taschner.

deSmet: Berufsname zu mnd. *smet, smit* ›Schmied‹ (▸ Schmidt) mit dem bestimmten Artikel: ›der Schmied‹.

Dessau(er): Herkunftsnamen zu dem Ortsnamen Dessau (Sachsen-Anhalt). ❖ Bekannter Namensträger: Paul Dessau, deutscher Komponist und Dirigent (19./20. Jh.).

Deter: aus dem niederdeutschen Rufnamen Dether *(thiad + heri)* entstandener Familienname.

Deterding: patronymische Bildung auf *-ing* zu ▸ Detert.

Detering: patronymische Bildung auf *-ing* zu ▸ Deter.

Determann: 1. Aus einer Erweiterung von ▸ Deter mit dem Suffix *-mann* entstandener Familienname. 2. Herkunftsname zu dem Ortsnamen Detern (Ostfriesland) oder zu einem anderen mit »Deter-« beginnenden Orts- oder Hofnamen.

Deters: patronymische Bildung (starker Genitiv) zu ▸ Deter.

Detert, Dethar(d)t: aus dem niederdeutschen Rufnamen Dethard *(thiad + harti)* entstandene Familiennamen.

Dether: ▸ Deter.

Dethering: ▸ Detering.

Dethleff: aus dem niederdeutschen Rufnamen Detlev *(thiad + leva)* hervorgegangener Familienname, vgl. ▸ Dethloff.

Dethleffsen: patronymische Bildung auf *-sen* zu ▸ Dethleff.

Dethlefs: patronymische Bildung (starker Genitiv) zu ▸ Dethleff.

Dethlefsen: patronymische Bildung auf *-sen* zu ▸ Dethleff.

Dethloff: ursprünglich aus dem niederdeutschen Rufnamen Detwolf *(thiad + wolf)* entstandener Familienname. In den Quellen (z. B. in Ostfalen) tritt jedoch eine Vermischung mit ▸ Dethleff zutage: *Hanns Dedeleves* (Seehausen/Bremen a. 1510) = *Hans Dedeloff* (a. 1519).

Dethmann: aus einer mit dem Suffix *-mann* gebildeten Koseform von niederdeutschen Rufnamen, die mit »Det-« *(thiad)* beginnen, entstandener Familienname.

Dethmers: patronymische Bildung (starker Genitiv) zu dem niederdeutschen Rufnamen Detmar *(thiad + māri)*, vgl. ▸ Dietmar.

Detje: aus einer friesischen Koseform von Rufnamen, die mit »Det-« *(thiad)* beginnen, entstandener Familienname. Im Allgemeinen kommt aber für Detje eine Ableitung von ▸ Dietrich infrage.

Detjen(s): patronymische Bildungen im Genitiv zu ▸ Detje.

Detlef, Detlefs, Detlefsen: ▸ Dethleff, ▸ Dethlefs, ▸ Dethlefsen.

Detsch: entrundete Form von ▸ Dötsch.

Dettling(er): Herkunftsnamen zu dem Ortsnamen Dettlingen (Baden-Württemberg).

Dettmann: ▸ Dethmann.

Dettmar, Dettmer: aus dem niederdeutschen Rufnamen Detmar *(thiad + māri)* entstandene Familiennamen, vgl. ▸ Dietmar.

Dettmering: patronymische Bildung auf *-ing* zu Dettmer (▸ Dettmar).

Dettmers: patronymische Bildung (starker Genitiv) zu Dettmer (▸ Dettmar).

Deubel: Übername oder Hausname zu mnd. *duvel*, mhd. *tiuvel* ›Teufel‹ (vgl. ▸ Teufel).

Deubler: ▸ Däubler.

Deubner: 1. Berufsname für den Taubenzüchter, -händler (zu mhd. *tūbelære*). 2. Herkunftsname zu dem Ortsnamen Deuben (Sachsen-Anhalt, Sachsen).

Deubzer: Herkunftsname zu dem Ortsnamen Deps, früher *Deuptzg*, in Oberfranken.

Deuchler: Berufsname zu mhd. *tiuchel* ›Röhre, besonders Röhre für Wasserleitungen‹ für den Hersteller.

Deus: lautlich auf eine durch Wegfall der ersten Silbe entstandene Form von ▸ Matthäus zurückgehender Familienname; in den Quellen tritt jedoch häufig eine Vermischung der Rufnamenformen Matthäus und ▸ Matthias zutage.

Deusch, Deuschel, Deuschle: vor allem in Südwesten Deutschlands verbreitete Übernamen, die auf mhd. *tiuschen* ›sein Gespött mit jemandem treiben, betrügen‹, mhd. *tūschen* ›tauschen‹ zurückgehen und einen Schelm, einen Betrüger oder auch einen Händler bezeichnen konnten.

Deusing: patronymische Form auf *-ing* zu ▸ Deus.

Deussen, Deußen: patronymische Bildungen (schwacher Genitiv) zu ▸ Deus.

Deußing: ▸ Deusing.

Deute: 1. Herkunftsname zu dem Ortsnamen Deute (Hessen). 2. ▸ Deuten.

Deuten: Herkunftsname zu den Ortsnamen Deuten (Nordrhein-Westfalen), Deuthen (Ostpreußen).

Deuter: 1. Herkunftsname (▸ Deute, ▸ Deuten). 2. Aus einer Nebenform von ▸ Deter bzw. ▸ Dieter gebildeter Familienname.

Deuthloff: ▸ Dethloff.

Deutmann: Ableitung auf *-mann* von ▸ Deute, ▸ Deuten.

Deutsch, Deutscher: Übernamen zu mhd. *tiutsch, diut(i)sch* ›deutsch‹, die im sprachlich gemischten Grenzgebiet oder in nicht deutscher, vor allem slawischer Umgebung entstanden sind.

Deutschmann: Erweiterung auf *-mann* zu ▸ Deutsch.

Deutz: Herkunftsname zu dem Ortsnamen Deutz, seit 1888 Stadtteil von Köln.

Deventer: 1. Herkunftsname zu dem Ortsnamen Deventer (Niederlande). 2. Übername in Verbindung mit der Strömung geistlicher Mystik, die im 15. Jh. von Zwolle und Deventer ausging und auch in Norddeutschland Verbreitung fand.

Devrien(d)t: Übernamen niederländischer Herkunft: ndl. *de vrient* ›der Freund‹. ❖ Bekannter Namensträger: Eduard Devrient, deutscher Theaterleiter (19. Jh.).

Dewald: auf eine niederdeutsche Form von ▶ Diebald zurückgehender Familienname.

Deward, Dewar(d)t, Dewart(h), Dewert(h): auf den alten niederdeutschen Rufnamen Detward *(thiad + wart)* zurückgehende Familiennamen.

Dewes: lautlich auf eine durch Wegfall der ersten Silbe entstandene Form von ▶ Matthäus zurückgehender Familienname. In den Quellen tritt jedoch häufig eine Vermischung der Rufnamenformen Matthäus und ▶ Matthias zutage.

Dewitz: Herkunftsname zu dem gleichlautenden Ortsnamen (Mecklenburg-Vorpommern, Sachsen-Anhalt).

Dex(e)l: 1. Bairisch-österreichische Wohnstättennamen (Hofnamen), verkürzt und mit -*l*-Suffix versehen aus ▶ Dachser (2.). 2. ▶ Dächsel (1.).

Dey(e): auf einen niederrheinisch-westfälischen Flurnamen (zu mnd. *dē, dech* ›Oberschenkel‹ nach der Form des Grundstücks) zurückgehende Familiennamen.

Deymann: Erweiterung von ▶ Dey(e) mit dem Suffix -*mann*.

Dibbelt: ▶ Diebald.

Dibbern: 1. Auf eine niederdeutsch-friesische Form des alten deutschen Rufnamens Dietbern *(thiot + ber[a]nu)* zurückgehender Familienname. 2. Gelegentlich kommt auch eine Ableitung von dem Ortsnamen Dibbersen (Niedersachsen) infrage.

Dibbert: ▶ Debbert.

Dibelius: aus der Zeit des Humanismus stammende Latinisierung des Familiennamens Diebel (▶ Diebald). ❖ Bekannter Namensträger: Friedrich Karl Otto Dibelius, evangelischer Theologe (19./20. Jh.).

Dichte: Übername zu mhd. *dichte* ›dicht, stark, tüchtig, heftig‹.

Dichter: 1. Übername zu mhd. *diehter* ›Enkel‹. 2. In seltenen Fällen Übername zu mhd. *tihtære, tihter* ›Verfasser von Schriftstücken, Dichter‹. Die Bezeichnung ›Dichter‹ wird erst seit dem 18. Jh. als Verdeutschung des lat. Fremdworts ›Poet‹ allgemein üblich.

Dichtl: Ableitung von ▶ Dichte mit -*l*-Suffix.

Dick(e): 1. Übernamen zu mhd., mnd. *dicke* ›dicht, dick‹ für einen dicken Menschen. 2. Wohnstättennamen zu mhd. *dicke* ›Dickicht‹. 3. Niederdeutsche Wohnstättennamen zu mnd. *dīk* ›Teich, Deich‹, vgl. ▶ Dieck. 4. Aus einer niederdeutschen Koseform von ▶ Dietrich entstandene Familiennamen.

Dickel: Ableitung von ▶ Dick(e) (1.) und (2.) mit -*l*-Suffix.

Dicker(t): Ableitungen auf -*er(t)* zu Dick(e) (1.) und (2.).

Dickhaut: Übername für jemanden, der eine »dicke Haut« hat, vereinzelt Berufsübername für den Gerber (vgl. mhd. *hūt, hout* ›Haut, Fell‹).

Dickhof(f): 1. Herkunftsnamen zu dem Ortsnamen Dickhof (Westfalen, Niederrhein, ehem. Brandenburg/jetzt Polen). 2. Wohnstättennamen nach dem gleichlautenden Hofnamen.

Dickhut(h): ▶ Dickhaut.

Dickkopf: ▶ Dickopf.

Dickmann: ▶ Dieckmann.

Dickopf, Dickopp: Übernamen nach der äußeren Erscheinung des ersten Namensträgers; die übertragene Bedeutung (›eigensinniger Mensch‹) hat sich erst im 17. Jh. entwickelt, sodass sie für die Familiennamenbildung noch nicht infrage kommen kann.

Dicks: 1. Patronymische Bildung (starker Genitiv) zu ▶ Dick(e) (4.). 2. ▶ Dix.

Didden(s): friesische patronymische Bildungen zu Didde, einer Kurzform von ▶ Diederich.

Didericks: patronymische Bildung (starker Genitiv) zu ▶ Dietrich.

Diebald: aus der zur Zeit der Familiennamenentstehung (12.–15. Jh.) allgemein verbreiteten Rufnamen Dietbald *(thiot + bald)* hervorgegangener Familienname. ❖ Varianten von Dietbald begegnen uns in den Familiennamen **Debald, Dewald, Debelt, Debold, Diebold, Diepold, Diepelt, Dibbelt, Dippold, Tiepoldt**. ❖ Die patronymische Bildung **Diepolder** ist im Süden des deutschen Sprachgebiets heimisch. ❖ Aus Kurzformen von Dietbald sind oberdeutsche Familiennamen wie **Dippel** und **Diebel** entstanden. ❖ Niederrheinisch ist die auf einer Koseform von Dietbald beruhende Form **Diepgen**. ❖ Bei dem Familiennamen **Dibelius** handelt es sich um eine latinisierte Form von Diebel, die aus der Zeit des Humanismus stammt.

Diebel: aus einer mit *-l-*Suffix gebildeten Koseform von ▶ Diebald entstandener Familienname.

Diebold: ▶ Diebald.

Dieck: 1. Wohnstättenname zu mnd. *dīk* ›Deich, Teich‹ für jemanden, der an einem Damm oder an einem Teich wohnte. 2. Herkunftsname zu Ortsnamen wie Dieck (ehem. Brandenburg/jetzt Polen, ehem. Pommern/jetzt Polen), Diek (Niedersachsen), Dyck (ehem. Brandenburg/jetzt Polen).

Dieckhoff: ▶ Dickhof(f).

Dieckmann: Ableitung auf *-mann* zu ▶ Dieck.

Diede: aus einer Kurzform von Diederich (▶ Dietrich) hervorgegangener Familienname.

Diederich: aus einer niederdeutschen Form von ▶ Dietrich entstandener Familienname.

Diederichs: patronymische Bildung (starker Genitiv) zu ▶ Diederich.

Diederichsen: patronymische Bildung auf *-sen* zu ▶ Diederich.

Diedrich, Diedrichs, Diedrichsen: ▶ Diederich, ▶ Diederichs, ▶ Diederichsen.

Diefenbach(er): Herkunftsnamen zu den Ortsnamen Diefenbach (Rheinland-Pfalz, Nordrhein-Westfalen, Baden-Württemberg, Elsass), Tiefenbach (Nordrhein-Westfalen, Rheinland-Pfalz, Hessen, Sachsen, Baden-Württemberg, Bayern).

Diegel: Berufsübername zu mhd. *tëgel, tigel* ›Tiegel, Schmelzpfanne‹ nach einem Gegenstand der Arbeit.

Diehl(e): auf den Rufnamen Thilo (*thiot* + -*l*-Suffix), bei dem es sich i. A. um eine Koseform von ▶ Dietrich handelt, zurückgehende Familiennamen.

Diehlmann: Ableitung von ▶ Diehl(e) mit dem Suffix *-mann*.

Diehm: ▶ Diem.

Diekmann: Ableitung auf *-mann* zu ▶ Dieck.

Diel(e): 1. ▶ Diehl(e). 2. Vereinzelt kommt eine Ableitung von dem Ortsnamen Diele (Ostfriesland) infrage.

Dielenschneider, Dieler: Berufsnamen für den Brettschneider (zu mnd. *dële* ›Diele, dickes Brett, Planke‹).

Dielmann: ▶ Diehlmann.

Diels: patronymische Bildung (starker Genitiv) zu Diel (▶ Diehl[e]).

Diem: auf Diemo, eine Koseform von ▶ Dietmar, zurückgehender Familienname.

Diemand, Diemant: ▶ Demand(t).

Dieme: ▶ Diem.

Diemer: ▶ Dietmar.

Diemler: patronymische Bildung auf *-ler* zu ▶ Diem.

Dienemann: 1. Aus einer mit dem Suffix *-mann* erweiterten Kurzform von Daniel oder Degenhardt (vgl. ▶ Dehn[e] [1.]) entstandener Familienname. 2. Wohnstättenname zu mnd. *denne* ›Vertiefung‹, ▶ Dehn(e) (2.). 3. Übername für jemanden, der dient oder abgabepflichtig ist (zu mhd. *dienen* ›dienen, Abgaben leisten‹).

Diener: aus der gleichlautenden mittelhochdeutschen Bezeichnung für einen Bediensteten von höherem oder niederem Rang, für einen fürstlichen oder städtischen Beamten hervorgegangener Familienname.

Dienert: durch sekundäres -*t* erweiterte Form von ▶ Diener.

Dieng(er): Herkunftsnamen, die auf ältere Formen heutiger Ortsnamen wie Ober- und Unterding (Oberbayern), Hohentengen, Thiengen (Baden-Württemberg) zurückgehen.

Dienst: 1. Übername zu mhd. *dien(e)st* ›Dienst(leistung), Abgabe, Zins‹ für einen Abgabepflichtigen. 2. Berufsname zu mhd. *dien(e)st* ›Diener‹, vgl. ▶ Diener.

Dienstbier: 1. Übername für jemanden, der eine bestimmte Menge Bier als Dienstleistung abzugeben hatte. 2. Berufsübername für den Dünnbierbrauer oder Spottname für den Schankwirt. ❖ Vgl. den Nürnberger Beleg von a. 1370 *Herman Dünspier*.

Dienstl: Ableitung von ▶ Dienst mit *-l-*Suffix.

Dienstmann: Standesname zu mhd. *dienstman* ›Ministeriale, eine Person, die im Dienste eines weltlichen oder kirchlichen Herren stand‹.

Diepelt: ▶ Diebald.

Diepgen: auf eine mit dem Suffix *-gen* gebildete Koseform von ▶ Diebald zurückgehender Familienname.

Diepold: ▶ Diebald.

Diepolder: 1. Patronymische Bildung auf *-er* zu Diepold (▶ Diebald) 2. Gelegentlich kommt eine Ableitung von dem Ortsnamen Diepolz (zweimal im Allgäu) infrage.

Dier: Übername zu mnd. *dēr*, mhd. *tier* ›Tier, wildes Tier‹.

Dierauf(f): aus dem alten deutschen Rufnamen ▸Thierolf vorwiegend in Franken entstandene Familiennamen.

Dierbach: Herkunftsname zu den häufig vorkommenden Ortsnamen Dierbach, T(h)ierbach.

Dierck(e): ▸Dierk(e).

Diercks: patronymische Bildung (starker Genitiv) zu ▸Dierck(e).

Dierich: ▸Dietrich.

Diering(er): 1. Auf eine entrundete Form von ▸Thüring zurückgehende Familiennamen. 2. Herkunftsnamen zu dem Ortsnamen Tieringen (Baden-Württemberg).

Dierk(e): aus einer niederdeutschen Kurzform von ▸Dietrich hervorgegangene Familiennamen.

Dierkes: patronymische Bildung (starker Genitiv) zu ▸Dierk(e).

Dierking: patronymische Bildung auf -ing zu ▸Dierk(e).

Dierks: ▸Dierkes.

Dierksen: patronymische Bildung auf -sen zu ▸Dierk(e).

Dierolf: ▸Thierolf.

Diers: patronymische Bildung (starker Genitiv) zu einer zusammengezogenen Form von ▸Dieter.

Dierschke: ▸Dirschke.

Dies: 1. Lautlich auf eine durch Wegfall der ersten Silbe verkürzte Form von ▸Matthias zurückgehender Familienname. In den Quellen tritt jedoch häufig eine Vermischung der Rufnamen ▸Matthäus und Matthias zutage. Dieser Familienname kann auch aus einer mit -z-Suffix gebildeten Koseform von Namen, die mit »Diet-« beginnen (i. A. ▸Dietrich), entstanden sein. 2. Vereinzelt kommt eine Ableitung von dem Ortsnamen Dies (Rheinland-Pfalz) infrage.

Diesch: ▸Dietsch(e).

Diesel: Erweiterung von ▸Dies (1.) mit -l-Suffix. ❖ Bekannter Namensträger: Rudolf Diesel, Maschinenbauingenieur (19./20. Jh.), Miterfinder des Dieselmotors.

Dieser: 1. Patronymische Bildung auf -er zu ▸Dies (1.). 2. Herkunftsname zu dem Ortsnamen Dies (Rheinland-Pfalz).

Dieses: patronymische Bildung (starker Genitiv) zu ▸Dies (1.).

Diesing: patronymische Form auf -ing zu ▸Dies (1.).

Diess, Dieß: 1. ▸Dies (1.). 2. Vereinzelt Herkunftsnamen zu dem Ortsnamen Dieß (Bayern).

Dießbacher: 1. Oberdeutscher Wohnstättenname (Hofname) für jemanden, der an einem ›Dießbach‹, einem ›rauschenden Bach‹ wohnt (< mhd. *diezen* ›schallen, rauschen‹). 2. Herkunftsname zu dem Ortsnamen Diesbach (Schweiz).

Dießl: ▸Diesel.

Dießner: Herkunftsname zu den Ortsnamen Dießen (Bayern, Baden-Württemberg), Dieß (Bayern) oder einem der zahlreichen mit »Diessen-«, »Dießen-« zusammengesetzten oberdeutschen Ortsnamen.

Diestel: 1. Herkunftsname zu Ortsnamen wie Distel, Diestel, Distlen, Diestlingen (z. B. Distel bei Calbe/Saale, jetzt wüst; Diestlingen bei Barby/Elbe, jetzt wüst; Distlen bei Recklinghausen/Westfalen; Diestelow bei Parchim/Mecklenburg) oder einem anderen der zahlreichen mit »Diestel-«, »Distel-« zusammengesetzten Ortsnamen. 2. Wohnstättenname zu einem mit Disteln bewachsenen Grundstück. 3. Öfter verkürzt aus ▸Diestelmeier, ▸Diestelkamp u. Ä.

Diestelkamp: 1. Herkunftsname zu dem gleichlautenden Ortsnamen (Schleswig-Holstein, Nordrhein-Westfalen). 2. Wohnstättenname zu dem in Niedersachsen mehrfach vorkommenden Flurnamen Distelkamp (›Distelfeld‹).

Diestelkötter: Wohnstättenname für jemanden, der in einer Kate (mnd. *kote, kotte* ›kleines, niedriges Haus‹) inmitten von Disteln oder neben einem Distelfeld wohnte.

Diestelmeier, Diestelmeyer: Standesnamen; nähere Bestimmung eines Meiers (▸Meyer) durch ein Charakteristikum des Hofes (▸Diestel [2.]). ❖ *Hannes Distelmeyer* ist i. J. 1363 in Göttingen bezeugt.

Diesterweg: Wohnstättenname für jemanden, der an einem finsteren Weg wohnt (zu mnd. *düster* ›düster, finster‹). ❖ Bekannter Namensträger: Friedrich Adolph Wilhelm Diesterweg, deutscher Pädagoge (18./19. Jh.).

Diestl: ▸Diestel.

Diestler: ▸Distler.

Dietel: aus einer mit -*l*-Suffix gebildeten Koseform von Rufnamen, die mit »Diet-« beginnen (i. A. ▸ Dietrich), entstandener Familienname.

Dieter: aus dem alten deutschen Rufnamen Diether *(thiot + heri)* oder aus einer Kurzform von ▸ Dietrich entstandener Familienname.

Dieterich: ▸ Dietrich.

Dieterici: patronymische Bildung im Genitiv zu Dietericus, der latinisierten Form von ▸ Dietrich.

Dieterle: auf eine schwäbische Koseform von ▸ Dieter zurückgehender Familienname.

Dieterling: mit dem Suffix -*ling* gebildete Erweiterung von ▸ Dieter.

Dietermann: auf eine Erweiterung von ▸ Dieter mit dem Suffix -*mann* zurückgehender Familienname.

Dietert: aus einer Erweiterung von ▸ Dieter mit sekundärem -*t* oder aus dem alten deutschen Rufnamen Diethard *(thiot + harti)* entstandener Familienname.

Dieth: aus einer Kurzform von Rufnamen, die mit »Diet-« beginnen (i. A. ▸ Dietrich), entstandener Familienname.

Diethelm: aus dem gleichlautenden deutschen Rufnamen *(thiot + helm)* hervorgegangener Familienname.

Diethmann: aus einer Erweiterung von ▸ Dieth mit dem Suffix -*mann* entstandener Familienname.

Diethold: aus einer Umdeutung des alten deutschen Rufnamens Dietwald/Dietold *(thiot + walt)* in Anlehnung an das Adjektiv »hold« entstandener Familienname.

Dietl: ▸ Dietel.

Dietle: aus einer schwäbischen Koseform von Rufnamen, die mit »Diet-« beginnen (i. A. ▸ Dietrich), entstandener Familienname.

Dietlein: aus einer mit dem Suffix -*lein* gebildeten Koseform von Rufnamen, die mit »Diet-« beginnen (i. A. ▸ Dietrich), entstandener Familienname.

Dietler: patronymische Bildung auf -*er* zu ▸ Dietel.

Dietmai(e)r: aus einer Umdeutung des deutschen Rufnamens Dietmar in Anlehnung an »Meier« hervorgegangene Familiennamen.

Dietmann: ▸ Diethmann.

Dietmar: aus dem gleichlautenden Rufnamen *(thiot + māri)* hervorgegangener Familienname. ❖ Varianten der Vollform begegnen uns in den Familiennamen **Diemer, Dithmar, Dithmer, Dittmar, Dittmer, Dippmar, Dippmer, Dethmar, Dettmar und Dettmer** mit den patronymischen Formen **Dittmers, Dettmers** und **Dettmering**. ❖ Aus Kurz- und Koseformen von Dietmar sind die Familiennamen **Diehm** und **Diem(e)** mit der patronymischen Form **Diemler** entstanden. ❖ Ebenfalls von Kurz- und Koseformen leiten sich die Familiennamen **Temme, Thiem(e), Thimm, Tim** ab.

Dietmei(e)r: ▸ Dietmai(e)r.

Dietrich: aus dem gleichlautenden deutschen Rufnamen *(thiot + rīhhi)* entstandener Familienname. Der Name spielte in der Namengebung im Mittelalter eine große Rolle. Er war allgemein bekannt durch die Sagengestalt Dietrich von Bern, in der der große Ostgotenkönig Theoderich (5./6. Jh.) fortlebte. (Theoderich, Theodericus ist die latinisierte Form von got. *þiuda-reiks* ›Herrscher des Volkes‹ und entspricht Dietrich). Von Dietrich und seinen Kurz- und Koseformen sind so viele Familiennamen hervorgegangen, dass im Folgenden nur einige Beispiele angeführt werden können. ❖ Als Varianten der Vollform begegnen uns u. a. die Familiennamen **Dieterich, Dittrich, Diederich, Dederich, Dierich.** ❖ Patronymische Bildungen wie **Diederichs, Dederichs** und **Derichs, Diederichsen** und **Derichsen** sind vor allem für den nordwestlichen und nördlichen Teil Deutschlands charakteristisch. ❖ **Dieterici** ist eine patronymische Bildung im Genitiv zu der latinisierten Form Dietericus. ❖ Bei den Familiennamen **Dieter** und **Det(h)er** handelt es sich z. T. um Kurzformen von Dietrich, z. T. gehören sie zu dem alten deutschen Rufnamen Diether. ❖ Von der Kurzform **Dieth** gehen viele Familiennamen aus: Ableitungen auf -*mann* wie **Diet(h)mann**, Ableitungen auf -*(e)l* wie **Diet(e)l** mit der patronymischen Form **Dietler**, Ableitungen mit -*z*-Suffix wie **Dietz, Tietz, Dietsch, Dietzsch** und deren Erweiterungen **Dietz(e)l, Die(t)zmann, Diezold, Dietschi.** ❖ Von niederdeutschen Kurz- und Koseformen leiten sich u. a. **Dede** und **Dedeke** (mit der patronymischen Form **Deding**), **The(e)de, Thiede, Thiedke, Tieck, Thiedemann, Thiemann**

und **Di(e)rk** (mit den patronymischen Formen **Dierking, D[i]erks** und **D[i]erksen**) ab. ❖ Aus alten Koseformen wie Dile, Tile und Tele sind Familiennamen wie **Dehl(e), Diehl(e), Dill, Thiel(e), Thielke, Thielsch, Thielmann, Till(e), Tillmann** und **Telemann** entstanden. ❖ Typisch niederdeutsch-friesisch sind Familiennamen wie **Detje, Detjen(s), Thade(n), Thode(n), Tietje** und **Tjarks**. ❖ Bekannte Namensträgerin: Marlene Dietrich, eigtl. Maria Magdalena von Losch, Filmschauspielerin und Sängerin (20. Jh.).

Dietsch(e): aus einer alemannischen oder ostmitteldeutschen Koseform von Rufnamen, die mit »Diet-« beginnen (i. A. ▸ Dietrich), entstandene Familiennamen.

Dietschi: aus einer alemannischen Koseform von Rufnamen, die mit »Diet-« beginnen (i. A. ▸ Dietrich), entstandener Familienname.

Dietz: 1. Aus einer mit -z-Suffix gebildeten Koseform von Rufnamen, die mit »Diet-« beginnen (i. A. ▸ Dietrich), entstandener Familienname. 2. Herkunftsname zu dem Ortsnamen Diez (Rheinland-Pfalz). ❖ Bekannter Namensträger: Ferdinand Dietz, deutscher Bildhauer (18. Jh.).

Dietze: ▸ Dietz (1).

Dietzel, Dietzl: aus einer Erweiterung von ▸ Dietz (1.) mit -l-Suffix entstandene Familiennamen.

Dietzler: patronymische Bildung auf -er zu ▸ Dietzel.

Dietzmann: aus einer Erweiterung von ▸ Dietz, ▸ Dietze mit dem Suffix -mann hervorgegangener Familienname.

Dietzsch: aus einer ostmitteldeutschen Form von Rufnamen, die mit »Diet-« beginnen (i. A. ▸ Dietrich), gebildeter Familienname.

Diewald: aus dem alten Rufnamen Dietwald (*thiot + walt*) gebildeter Familienname.

Diez: ▸ Dietz.

Diezmann: ▸ Dietzmann.

Diezold: aus einer Erweiterung von ▸ Dietz mit dem Suffix -old, das sich aus dem Namenwort *walt* entwickelt hat, entstandener Familienname.

Differt: Herkunftsname zu dem Ortsnamen Differten (Saarland).

Dilcher: 1. Metronymischer Familienname auf -er, ▸ Dilg(e). 2. Herkunftsname zu dem Ortsnamen Dillich (Hessen).

Dilchert: aus einer mit sekundärem -t erweiterten Form von ▸ Dilcher (1.) entstandener Familienname.

Dilg(e): auf verkürzte Formen des weiblichen Rufnamens ▸ Ottilie zurückgehende metronymische Familiennamen.

Dilger: metronymischer Familienname auf -er, ▸ Dilg(e).

Dill: 1. Aus einer mit -l-Suffix gebildeten Koseform von ▸ Dietrich entstandener Familienname. 2. Berufsübername zu mhd. *dille* ›Brett, Diele‹ für den Brett-, Dielenschneider. 3. Übername zu mhd. *tille, dille, tüll(e)* ›Dill‹. 4. Herkunftsname zu den Ortsnamen Dill (Rheinland-Pfalz), Dille (Niedersachsen, Nordrhein-Westfalen) oder Wohnstättenname zum Gewässernamen Dill, rechter Nebenfluss der Lahn.

Diller: 1. Berufsname zu mhd. *dille* ›Brett, Diele‹ für den Brett-, Dielenschneider. 2. Ableitung auf -er von Dill (4.).

Dillich: Herkunftsname zu dem gleichlautenden Ortsnamen in Hessen.

Dilling(er): Herkunftsnamen zu den Ortsnamen Dillingen (Bayern, Saarland, Hessen), Ober-/ Unter-Tüllingen (Baden-Württemberg).

Dillmann: Ableitung auf -mann zu ▸ Dill.

Dillner: Nebenform von Tillner, ▸ Tilch, Tilg(e).

Dillschneider: Berufsname für den Brett-, Dielenschneider, ▸ Diller (1.).

Dilthey: dieser westfälische Familienname ist noch nicht sicher gedeutet. Vielleicht handelt es sich um einen Wohnstättennamen zu dem schwachen Genitiv des Rufnamens ▸ Till und mnd. *tī, tig* ›öffentlicher Sammelplatz eines Dorfes‹. ❖ Vgl. die Belege *Dillendey* a. 1404 und *Tillentey* a. 1463. ❖ Bekannter Namensträger: Wilhelm Dilthey, deutscher Philosoph (19./20. Jh.).

Dimmler: oberdeutsche Form von ▸ Thümmler (1.).

Dimt: von einer oberdeutschen Form des Heiligennamens Demetrius (▸ Demeter) abgeleiteter Familienname.

Dimter: 1. Patronymische Form auf -er zu ▸ Dimt. 2. Berufsname für den Hersteller oder Händler von *dimīt, timīt*, einer mit doppeltem Faden gewebten Stoffart.

Dingeldein, Dingeldey: Berufsübernamen (Satznamen) für den Schwertfeger, den Waffenschmied: ›dengle den Degen!‹.

Dinger: 1. Berufsname zu mnd. *dinger* ›Richter‹. 2. Herkunftsname zu Ortsnamen wie Ober-, Unterding (Bayern), Dingen (Schleswig-Holstein, Niedersachsen, Nordrhein-Westfalen), Hohentengen (Baden-Württemberg), das 1247 als *Diengen* belegt ist.

Dinges: aus einer niederrheinisch-westfälischen Form des Heiligennamens Dionysius (▸ Denis) gebildeter Familienname.

Dingler: ▸ Dengler. ❖ Bekannter Namensträger: Hugo Dingler, deutscher Philosoph (19./20. Jh.).

Dinjes: aus einer niederrheinisch-westfälischen Form des Heiligennamens Dionysius (▸ Denis) gebildeter Familienname.

Dinkel: Berufsübername für den Bauern, der Dinkel, eine Getreideart (»Spelt«), anbaute. ❖ Der Göttinger Bürger *Christoph Dinckel* ist a. 1585/86 überliefert.

Dinkelacker: Wohnstättenname für jemanden, der an einem Acker mit Dinkel, einer Getreideart, wohnte.

Dinkelmaier: Standesname, nähere Bestimmung eines Meiers (▸ Meyer) durch die Getreideart Dinkel.

Dinkelmann: Berufsname auf *-mann*, ▸ Dinkler.

Dinkgräfe, Dinkgräve, Dinkgrefe: niederdeutsche Amtsnamen für den Vorsitzenden eines Gerichts (zu mnd. *dinkgreve* ›Gerichtsvorsitzender‹).

Dinklage: Herkunftsname zu dem Ortsnamen Dinklage bei Vechta (Niedersachsen).

Dinkler: oberdeutscher Berufsübername für den Bauern, der Dinkel anbaute.

Dinnes, Dinnies, Dins(e): aus verkürzten Formen des Heiligennamens Dionysius (▸ Denis) gebildete Familiennamen.

Dinser: 1. Übername zu mhd. *dinsen* ›gewaltsam ziehen, schleppen, tragen‹. 2. Gelegentlich kommt eine Ableitung von dem Ortsnamen Düns in Vorarlberg (Österreich) infrage.

Dinter, Dintner: Berufsnamen für den Hersteller von Tinte (zu mhd. *tin[c]te* ›Tinte‹). ❖ *Heinrich dintener de Babinberg* ist im 14. Jh. in Frankfurt a. M. bezeugt.

Dippel: aus einer Koseform von ▸ Diebald entstandener Familienname.

Dipper: entrundete Form von ▸ Düpper.

Dippert: ▸ Debbert.

Dippmann: auf eine durch Übergang von *t* zu *p* entstandene Form von ▸ Dittmann zurückgehender Familienname.

Dippmar, Dippmer: auf durch Übergang von *t* zu *p* entstandene Formen von ▸ Dietmar zurückgehende Familiennamen.

Dippold: ▸ Diebald.

Dirbach: ▸ Dierbach.

Dirk, Dirks, Dirksen: ▸ Dierk, ▸ Dierks, ▸ Dierksen.

Dirnberger: Herkunftsname zu dem Ortsnamen Dirnberg (Bayern).

Dirolf: ▸ Thierolf.

Dirr: durch Entrundung entstandene Form von ▸ Dürr.

Dirrigl: bairisch-österreichischer Übername (›Türriegel‹), der am ehesten auf einen Pförtner anspielen dürfte.

Dirschedl: in Bayern und Österreich vorkommender Übername (›Dürrschädel‹).

Dirscherl: bairischer Übername, der auf eine Ableitung von mhd. *türs(e)* ›Riese‹ zurückgeht.

Dirschke: aus einer sorbischen Ableitung von slawischen Rufnamen wie Diržislav (urslaw. *dьržati ›halten‹ + urslaw. *slava ›Ruhm, Ehre‹) hervorgegangener Familienname.

Disch: 1. Berufsübername zu mnd. *disch* ›Tisch‹ für den Tischler. 2. ▸ Diesch.

Discher: niederdeutsche Form von ▸ Tischer.

Diss, Diß: lautlich auf eine durch Wegfall der ersten Silbe verkürzte Form von ▸ Matthias zurückgehende Familiennamen. In den Quellen tritt jedoch häufig eine Vermischung der Rufnamen ▸ Matthäus und Matthias zutage.

Distelkamp: ▸ Diestelkamp.

Distelmeier: ▸ Diestelmeier.

Distler: 1. Ableitung auf *-er* von ▸ Diestel. 2. Berufsname zu mhd./mnd. *distel* für den Distelausstecher. 3. Da im Mittelniederdeutschen *distel* auch für mnd. *dissel* ›Deichsel‹, auch ›Queraxt‹, steht, kann es sich in Norddeutschland bei Distler auch um einen Berufsübernamen für den Wagenbauer, den Fuhrmann oder den Zimmermann handeln. ❖ Bekannter Namensträger: Hugo Distler, deutscher Komponist (20. Jh.).

Ditfurth: Herkunftsname zu den häufigen Ortsnamen Dietfurt (Bayern, Baden-Württemberg), Ditfurt (Sachsen-Anhalt). ❖ Bekannter Namensträger: Hoimar von Ditfurth, deutscher Mediziner und Wissenschaftspublizist (20. Jh.).

Dithmar, Dithmer: ▸ Dietmar.

Ditschke: aus einer im ostmitteldeutschen Gebiet entstandenen Koseform von ▸ Dietrich gebildeter Familienname.

Dittberner: niederdeutscher Familienname, der aus der verdeutlichenden Zusammensetzung zweier Rufnamen entstanden ist: Ditt (< *thiot*) + Berner *(ber[a]nu + heri)*.

Ditters: von dem alten Rufnamen Diether *(thiot + heri)* abgeleiteter patronymischer Familienname (starker Genitiv). ❖ Bekannter Namensträger: Karl Ditters von Dittersdorf, österreichischer Komponist (18. Jh.), dessen ursprünglicher Name Karl Ditters war.

Dittert: ▸ Dietert.

Dittmai(e)r: aus einer Umdeutung des deutschen Rufnamens Dittmar (▸ Dietmar) in Anlehnung an »Meier« hervorgegangene Familiennamen.

Dittmann: auf eine Variante von ▸ Diethmann zurückgehender Familienname. In schlesischen und ostmitteldeutschen Quellen tritt jedoch seit dem 15. Jh. eine Vermischung der Rufnamenformen »Dittmann« und »Dittmar« (▸ Dietmar) zutage. So hieß der Ortsname Dittmannsdorf (Schlesien) i. J. 1372 *Ditmarsdorf*.

Dittmar: ▸ Dietmar.

Dittmayer, Dittmeier: ▸ Dittmai(e)r.

Dittmer: ▸ Dietmar.

Dittmers: patronymische Bildung (starker Genitiv) zu Dittmer (▸ Dietmar).

Dittmeyer: ▸ Dittmai(e)r.

Dittrich: ▸ Dietrich.

Ditz(e), Ditzel: ▸ Dietz, ▸ Dietze, ▸ Dietzel.

Ditzen: patronymische Bildung (schwacher Genitiv) zu Ditz, einer Nebenform von ▸ Dietz. ❖ Bekannter Namensträger: Rudolf Ditzen war der eigentliche Name des unter seinem Künstlernamen bekannt gewordenen deutschen Schriftstellers Hans Fallada (19./20. Jh.).

Diwald: ▸ Diewald.

Dix: aus einer verkürzten Form von Benedix (▸ Benedikt) entstandener Familienname. ❖ Bekannter Namensträger: Otto Dix, deutscher Maler und Grafiker (19./20. Jh.).

Dlugosch: vor allem in Oberschlesien entstandener Familienname, der auf die mit dem slawischen Suffix *-osch* gebildete Koseform Długosz des Rufnamens Dlugomil (urslaw. *dъlgъ* ›lang‹ + urslaw. *milъ* ›lieb, teuer‹) zurückgeht.

Dobbe, Döbbe: Wohnstättennamen zu mnd. *dobbe* ›Niederung, Vertiefung; Sumpf‹: ›wohnhaft in/bei einer tiefen, sumpfigen Gegend‹.

Dobbek: aus einer Ableitung von slawischen Rufnamen wie Dobeslav (urslaw.*dobъ* ›tapfer, edel‹ + urslaw. *slava* ›Ruhm, Ehre‹) hervorgegangener Familienname.

Dobbermann: ▸ Dobermann.

Dobberstein: vielleicht Herkunftsname zu dem Ortsnamen Dobbelstein bei Rinteln (Niedersachsen).

Dobeck, Dobek: ▸ Dobbek.

Dobel, Döbel: 1. ▸ Dabel. 2. Herkunftsnamen zu den Ortsnamen Dobl (Bayern), Dobel (Baden-Württemberg), Döbel (ehem. Pommern/jetzt Polen). 3. ▸ Tobel.

Dobelstein: ▸ Dabelstein.

Dobeneck(er): Herkunftsnamen zu dem Ortsnamen Dobeneck, einem vogtländischen Herrensitz, heute Ortsteil von Taltitz bei Oelsnitz. ❖ *Bertholdus de Dobenecke* ist a. 1279 bezeugt. Der katholische Theologe Johannes Cochläus (15./16. Jh.) hieß eigentlich Johannes Dob(e)neck. Da er aus Wendelstein (Mittelfranken) stammte, wollte er mit dem latinisierten Namen (lat. *cochlea* ›Weinbergschnecke‹, auch ›Turm mit einer Wendeltreppe, Schneckenturm‹) den Namen seines Heimatortes wiedergeben, der als ursprünglicher Burgenname tatsächlich auf mhd. *wendelstein* ›Wendeltreppe‹ zurückgeht.

Dober, Döber: 1. Herkunftsnamen zu Ortsnamen wie Dobra (Brandenburg, Sachsen, Thüringen), Döbra (Sachsen, Oberfranken). 2. Wohnstättennamen zu dem im Vogtland häufig vorkommenden Flurnamen Dober. 3. Gelegentlich auch Übernamen für einen »tobenden« Menschen, ▸ Tober.

Döbereiner: Herkunftsname zu dem Ortsnamen Döberein (Oberpfalz).

Dobermann: 1. Erweiterung auf *-mann* zu ▸ Dober. 2. Herkunftsname zu einem mit

»Dob(b)er-« beginnenden Ortsnamen (z. B. Doberahn bei Rostock, Doberitz in Brandenburg und Pommern, Dobberkau bei Stendal, Doberschütz, mehrfach in Sachsen) unter Ersatz der letzten Silbe durch *-mann*. ❖ Bekannter Namensträger: Karl Friedrich Ludwig Dobermann (19. Jh.), der die nach ihm benannte Hunderasse züchtete.

Dobisch: aus einer mit dem Suffix *-iš* (dt. > *-isch*) gebildeten Ableitung von slawischen Rufnamen wie Dobeslav (▶ Dobbek) hervorgegangener Familienname.

Dobler, Döbler: Erweiterungen auf *-er* zu ▶ Dobel (2.) und (3.).

Döblin: Herkunftsname zu dem Ortsnamen Döbbelin bei Stendal (Sachsen-Anhalt). ❖ Ein *Herman van Dobelin* ist 1266/1325 als Bürger von Halle bezeugt. ❖ Bekannter Namensträger: Alfred Döblin, deutscher Schriftsteller (19./20. Jh.).

Dobmaier: ▶ Dobmay(e)r.

Dobmann: vorwiegend in der Oberpfalz anzutreffender Wohnstättenname zu mhd. *toup, toub* für jemanden, der auf einem trockenen, unfruchtbaren Gelände wohnte (▶ Dobmaier).

Dobmay(e)r, Dobmeier, Dobmeyer: vorwiegend (nordost-)bairische Berufsnamen; nähere Kennzeichnung eines Meiers (▶ Meyer) durch die Lage des Hofes, die Bodenbeschaffenheit (»Dob-« zu mhd. *toup, toub* ›taub; trocken, dürr; öde, wertlos‹; vgl. auch die Flurnamen *Taubried = Tobried*).

Dobner: vor allem in der Oberpfalz häufig vorkommender Wohnstättenname zu mhd. *toup, toub* für jemanden, der auf einem trockenen, unfruchtbaren Gelände wohnte (▶ Dobmaier).

Döbrich: 1. Herkunftsname zu den Ortsnamen Döbbrick (Brandenburg), Döbrichau (Sachsen-Anhalt, Thüringen), Dobbrikow (Brandenburg). 2. Möglich ist auch die Ableitung von einer Kurzform von slawischen Rufnamen wie Dobroslav (urslaw. **dobrъ* ›gut‹ + urslaw. **slava* ›Ruhm, Ehre‹).

Dobrosch: aus einer mit dem slawischen Suffix *-oš* (dt. > *-osch*) gebildeten Ableitung von Rufnamen wie Dobroslav (▶ Döbrich) hervorgegangener Familienname.

Dobrowski, Dobrowsky: 1. Herkunftsnamen zu dem tschechischen Ortsnamen Dobrovice oder polnischen Ortsnamen wie Dobrowo, Dobrowice. 2. Aus einer patronymischen Bildung auf *-ski/-sky* zu einer Kurzform von slawischen Rufnamen wie Dobroslav (▶ Döbrich [2.]) hervorgegangene Familiennamen.

Dobry: Übername slaw. Herkunft (zu nsorb., osorb., poln. *dobry*, tschech. *dobrý* ›gut‹).

Dochtermann: ▶ Tochtermann.

Dockenfuss, Dockenfuß: Übernamen nach einem Gebrechen des ersten Namensträgers (zu mhd. *tocke* ›Stützholz‹), vgl. ▶ Dollfuss, ▶ Holzfuß.

Döcker: auf eine gerundete Form von ▶ Decker zurückgehender Familienname. ❖ Diese Form ist z. B. in einer Ulmer Maurerordnung von 1479 überliefert: *kain murer noch kain döcker noch kain stainmetz*.

Dode: aus Dodo, einer alten Lallform von Rufnamen, die mit *liut-* oder *thiot-* gebildet sind (z. B. ▶ Ludolf, ▶ Dietrich), entstandener Familienname.

Doden: patronymische Bildung (schwacher Genitiv) zu ▶ Dode.

Doderer: Übername zu mhd. *todern* ›undeutlich reden, stottern‹. ❖ Bekannter Namensträger: Heimito von Doderer, österreichischer Schriftsteller (19./20. Jh.).

Doderlein, Döderlein: aus mit dem Suffix *-lein* gebildeten Ableitungen von ▶ Doderer hervorgegangene Familiennamen.

Doebbe: ▶ Dobbe, Döbbe.

Doebel: ▶ Dobel.

Doeber: ▶ Dober.

Doederer: ▶ Doderer.

Doege: Übername zu mnd. *doge, döge* ›Tauglichkeit, Brauchbarkeit‹.

Doe(h)ring: ▶ Döring.

Doğan: türkischer Familienname zu türk. *doğan* ›Falke‹.

Döge: ▶ Doege.

Dohle: 1. Wohnstättenname zu mnd. *dole* ›Graben‹: ›wohnhaft bei einem Graben‹. 2. Im deutsch-slawischen Kontaktgebiet kommt auch eine Ableitung von Flurnamen wie Dohl, Döhle(n) zu urslaw. **dolъ* ›Tal‹ infrage. 3. Übername zu mnd. *dol* ›toll, übermütig, vermessen‹.

Döhler: Herkunftsname zu den Ortsnamen Döhle (Niedersachsen), Döhlen (Niedersachsen, Sachsen, Thüringen), Döhlau (Oberfranken, Thüringen, Ostpreußen).

Döhlert: Erweiterung von ▸ Döhler mit sekundärem -t.

Döhlinger: Herkunftsname zu dem Ortsnamen Dehlingen (Baden-Württemberg).

Dohm: 1. Aus einer verkürzten Form von ▸ Thomas hervorgegangener Familienname. 2. Herkunftsname zu den häufigen Ortsnamen Dohm (Niedersachsen, Nordrhein-Westfalen, Rheinland-Pfalz), Dohma (Sachsen). 3. Niederdeutscher Wohnstättenname für jemanden, der in der Nähe des Doms wohnte (zu mnd. *dōm*). ❖ Vgl. die Magdeburger Belege *Hans vom Dhome* (a. 1584) = *Hans Dhom* (a. 1587). ❖ Bekannte Namensträgerin: Hedwig Dohm, deutsche Frauenrechtlerin und Schriftstellerin (19./20. Jh.).

Döhmel: aus einer Koseform von ▸ Thomas entstandener Familienname.

Dohmen: patronymische Bildung (schwacher Genitiv) zu ▸ Dohm (1.).

Dohms: 1. Aus Domes, einer verkürzten Form von ▸ Thomas, entstandener Familienname. ❖ Vgl. die aus Halle stammenden Belege *Hans Domes* (a. 1400) = *Hans Thomas* (a. 1415). 2. Möglich ist auch eine patronymische Bildung (starker Genitiv) zu ▸ Dohm (1.).

Dohn, Döhn: aus verkürzten Formen von ▸ Anton entstandene Familiennamen.

Döhnel: aus einer mit *-l*-Suffix gebildeten Koseform von ▸ Dohn hervorgegangener Familienname.

Dohnke: auf eine mit *-k*-Suffix gebildete Koseform von ▸ Dohn zurückgehender Familienname.

Dohr: 1. Niederdeutscher Wohnstättenname: ›wohnhaft am Stadttor‹ (zu mnd. *dor* ›Tor‹). 2. Herkunftsname zu dem gleichlautenden Ortsnamen (Nordrhein-Westfalen, Rheinland-Pfalz).

Dohren: Herkunftsname zu dem gleichlautenden Ortsnamen (Niedersachsen).

Döhrer: Herkunftsname zu den Ortsnamen Dohr (Nordrhein-Westfalen, Rheinland-Pfalz), Dohren (Niedersachsen), Döhren (Niedersachsen, Nordrhein-Westfalen, Sachsen-Anhalt).

Döhring: ▸ Döring.

Dohrmann, Döhrmann: 1. Ableitungen auf *-mann* zu ▸ Dohr (1.). 2. Herkunftsnamen auf *-mann* zu den Ortsnamen Dohr (Nordrhein-Westfalen), Dohren (Niedersachsen), Döhren (Niedersachsen, Nordrhein-Westfalen, Sachsen-Anhalt).

Dohrn: ▸ Dohren.

Dohse: ▸ Dose.

Dokoupil: Übername zu tschech. *dokoupit* ›dazukaufen‹: ›er hat dazugekauft‹. Derartige Namen, die sich auf ein längst vergessenes Erlebnis des ersten Namensträgers beziehen, sind im Tschechischen häufig und vor allem für Mähren typisch. ❖ Bekannter Namensträger: Georg Jiří Dokoupil, Maler (20./21. Jh.).

Dokter, Doktor: Berufsnamen für den studierten Arzt. Seit dem 15. Jh. ist ›Doktor‹ die volkstümliche Bezeichnung für den Arzt (vgl. ▸ Arzt).

Dolch: 1. Herkunftsname zu den Ortsnamen Dolchau (Sachsen-Anhalt), Dolgow (Niedersachsen). 2. Das Wort ›Dolch‹ erscheint in Deutschland als *dollich* erst seit dem 15. Jh., doch kann es als Übername (z. B. für einen Menschen, der einen auffälligen Dolch trug) oder als Berufsübername für einen Fechter noch zum Familiennamen geworden sein.

Dold(e): 1. Aus einer mit dem Ausgang des ersten Namenwortes und dem zweiten Namenbestandteil gebildeten Kurzform von ▸ Berthold entstandene Familiennamen. 2. Gelegentlich kommt eine Ableitung von einem Hausnamen infrage. Im Jahre 1350 ist ein Haus *zu der Dolden* in Würzburg belegt. Der Hausname geht auf das mittelhochdeutsche Appellativ *tolde* ›Baumwipfel, -krone‹ zurück und dürfte auf einen großen Baum beim Haus hinweisen.

Doleschal(l), Dolezal: Übernamen zu einer Partizipform von tschech. *doležat, doležet* ›(zu lange) liegen‹ für einen Faulenzer. Derartige Namen, die sich auf ein längst vergessenes Erlebnis des ersten Namensträgers beziehen, sind im Tschechischen häufig und vor allem für Mähren typisch.

Dolf: aus einer Kurzform von Rudolf oder ▸ Adolf entstandener Familienname.

Dölfel: aus einer Koseform von ▸ Dolf mit *-l*-Suffix entstandener Familienname.

Dolfen: patronymische Bildung (schwacher Genitiv) zu ▸ Dolf.

Dolfus: ▸ Dollfus.

Dolge, Dölger: Herkunftsnamen zu dem häufigen Ortsnamen Dolgen (Niedersachsen,

Brandenburg, ehem. Brandenburg/jetzt Polen, Mecklenburg-Vorpommern, ehem. Pommern/jetzt Polen).

Dölker: Übername zu mhd. *tolken* ›lallen‹.

Doll: 1. Übername zu mhd. *tol, dol* ›töricht, unsinnig‹ oder zu mnd. *dol* ›toll, übermütig, vermessen‹. 2. Gelegentlich kann dem Familiennamen eine verschliffene Form von ▸ Dold(e) zugrunde liegen. ❖ *Johannes Dold* (Möhringen/Stuttgart 1560) erscheint 1561 als *Johannes Doll*.

Döll: 1. ▸ Doll, ▸ Dolle. 2. Auf Döl, eine rheinische Kurzform von ▸ Adolf, zurückgehender Familienname.

Dolle, Dölle: 1. Herkunftsnamen zu Ortsnamen wie Dolle (Sachsen-Anhalt), Döllen (Brandenburg, Baden-Württemberg), Döllbach (Hessen). 2. ▸ Doll. 3. ▸ Döll (2.). 4. Wohnstättenname für jemanden, der an einer Dole, einem Abzugsgraben, Kanal (mhd. *tole* ›Abzugsgraben‹) wohnte. ❖ Vgl. den Beleg aus Villingen *Peter uf der Tölen* (a. 1380).

Dollfus, Dollfuss, Dollfuß: oberdeutsche Übernamen für jemanden, der einen Klumpfuß hatte. So liest man im Steinbacher Wallfahrtsbuch zum Jahr 1736 von der wunderbaren Heilung der Katharina Donner, die *einen Tollfuß so groß wie ein gemeiner Rührkübel* hatte.

Dollhase: Übername zu mnd. *dol* ›toll, vermessen, übermütig‹. Als »Hase« werden oft seltsame oder auffällige Menschen bezeichnet.

Dollheiser: bairische Form des Wohnstättennamens oder Herkunftsnamens Talhäuser (zu den häufigen Ortsnamen T[h]alhaus, T[h]alhausen).

Dollhopf(f): Übernamen zu bair. *Dollhopf, Tollhopf* ›eine Art Guglhupf, ein Napfkuchen‹ für den Bäcker oder nach einer Vorliebe für das Gebäck. ❖ Ein *Tolhopf* ist a. 1450 in Bayreuth bezeugt.

Dolling(er), Dölling(er): 1. Herkunftsnamen zu den Ortsnamen Dolling (Bayern), Dollingen (Österreich), Döllingen (Brandenburg).

Döllner: Herkunftsname zu Ortsnamen wie Döllen (Brandenburg, Baden-Württemberg), Döllbach (Hessen).

Dolmetsch: Berufsname zu mhd. *tolmetsche*, fnhd. *dolmetsch* ›Übersetzer‹. Das Wort ist im 13. Jh. aus dem Ungarischen *(tolmács)* oder einer slawischen Sprache ins Deutsche entlehnt worden; zugrunde liegt türkisch *til-maç*. ❖ Bereits 1350 ist ein *Abrecht* (sic!) *Tolmetzsche* in Leonberg bezeugt.

Domagal(l)a: auf einen Übernamen polnischen Ursprungs (zu poln. *domagać sie* ›fordern, verlangen‹) zurückgehende Familiennamen.

Domann: 1. Aus einer Variante von Thomann (▸ Thomas) hervorgegangener Familienname. 2. Dem Familiennamen Domann kann auch eine Ableitung von slawischen Rufnamen wie Domaslav (▸ Damaschke) u. Ä. zugrunde liegen.

Domanski, Domansky: 1. Auf eine polnische Ableitung von ▸ Domann (2.) zurückgehende Familiennamen. 2. Herkunftsnamen zu polnischen Ortsnamen wie Domaniewo, Domanice.

Dombrowski, Dombrowsky: Herkunftsnamen zu den polnischen Ortsnamen Dąbrowa, Dąbrówka, wobei der polnische Nasalvokal -ą- durch -om- wiedergegeben ist.

Domgall: ▸ Domagal(l)a.

Domian: ▸ Damian.

Domin: ▸ Dominik. ❖ Bekannte Namensträgerin: Hilde Domin, deutsche Schriftstellerin (20/21. Jh.).

Dominik: von dem Namen des heiligen Dominikus (lat. ›zu dem Herrn gehörend‹) abgeleiteter Familienname. Der heilige Dominikus (12./13. Jh.) war der Begründer des Dominikanerordens. ❖ Von Dominikus leiten sich ferner die Familiennamen **Domnick** und **Domin** und z. T. die aus slawischen Kurzformen gebildeten Familiennamen **Damaschke, Damaske** ab.

Domja(h)n: ▸ Damian.

Domke: 1. Aus einer mit -k-Suffix gebildeten Koseform von ▸ Thomas entstandener Familienname. 2. Aus einer Ableitung von slawischen Rufnamen wie Domaslav (▸ Damaschke) u. Ä. hervorgegangener Familienname.

Domnick: ▸ Dominik.

Domrese, Domrös(e): Herkunftsnamen zu Ortsnamen wie Dumröse (ehem. Pommern/jetzt Polen), Dammereez (Mecklenburg-Vorpommern).

Don: aus einer verkürzten Form von ▸ Anton entstandener Familienname.

Donabauer: Standesname; bairisch-österreichische Form von Tannenbauer: ›ein Bauer, der bei den Tannen wohnt‹.

Donat(h): aus dem gleichlautenden Rufnamen lateinischen Ursprungs (›der [Gott oder von Gott] Geschenkte‹) hervorgegangene Familiennamen. Die Verbreitung dieses Rufnamens geht auf den heiligen Märtyrer Donatus (4. Jh.) zurück.

Donaubauer: durch Umdeutung in Anlehnung an den Namen des Flusses entstandene Form von ▶ Donabauer.

Donges, Dönges: aus verkürzten Formen von Antonius (▶ Anton) entstandene Familiennamen.

Donhauser: oberdeutsche Form des Herkunftsnamens ▶ Thannhäuser.

Dönhoff: Wohnstättenname zu dem gleichlautenden Örtlichkeitsnamen in Westfalen (bei Bochum, bei Hagen). ❖ Die baltischen Grafen von Dönhoff entstammen ursprünglich einem westfälischen Adelsgeschlecht, das seit dem 14. Jh. in Livland ansässig ist. Bekannte Namensträgerin: Marion Gräfin Dönhoff, deutsche Publizistin (20./21. Jh.).

Donis: auf eine verkürzte Form des Heiligennamens Dionysius (▶ Denis) zurückgehender Familienname.

Dönitz: Herkunftsname zu den Ortsnamen Dönitz (Sachsen-Anhalt), Donitz, einer Wüstung bei Wettin (Sachsen-Anhalt).

Donndorf, Donndörfer: Herkunftsnamen zu den Ortsnamen Donndorf (Oberfranken, Thüringen), Dondorf (Nordrhein-Westfalen).

Donner(er): Übernamen zu mhd., mnd. doner ›Donner‹ für jemanden, der leicht in Zorn ausbricht. ❖ Bekannter Namensträger: Georg Raphael Donner, österreichischer Bildhauer (17./18. Jh.).

Donnerstag: Übername nach dem Wochentag, der wohl eine Anspielung auf bäuerliche Arbeitsverpflichtungen enthält.

Doods: westfälischer, aus einer patronymischen Genitivform zu Dode, einer Lallform zu einem mit liut beginnenden Namen (z. B. ▶ Ludolf), abgeleiteter Familienname. ❖ In Coesfeld ist a. 1377 Gheze, Albertes wif [Frau] des Dodes bezeugt.

Doose: ▶ Dose.

Dopfer, Döpf(n)er: 1. Berufsnamen für den Töpfer (vgl. ▶ Töpfer). 2. In Schwaben kann Dopfer ein Herkunftsname zum Ortsnamen Dapfen (Baden-Württemberg) sein.

Döpke: Übername zu mnd. dop ›Kelch, Topf‹, doppeken, döppeken ›kleiner Becher, Schale, Besatz- oder Zierknöpfe‹.

Doppler: 1. Übername zu mhd. topelære ›Würfelspieler‹, mhd. topelen, toppeln ›würfeln‹. 2. Oberdeutscher Wohnstättenname zu mhd. tobel ›Waldtal, Schlucht‹. ❖ Bekannter Namensträger: Christian Doppler, österreichischer Naturwissenschaftler, der den Doppler-Effekt, die Änderung der Länge von Licht- und Schallwellen, die beobachtet wird, wenn sich Quelle und Empfänger aufeinander zu- oder voneinander wegbewegen, entdeckte und wissenschaftlich beschrieb.

Döppner: Berufsname zu mnd. top, dop ›Topf‹, mhd. topf ›Topf‹ für den ▶ Töpfer.

Dörf(e)l: Herkunftsnamen zu den Ortsnamen Dörfel (Sachsen, Schlesien, Österreich), Dörfl (Bayern, Österreich).

Dorfer, Dörfer: 1. Herkunftsname zu dem häufigen Ortsnamen Dorf. 2. Übername zu mhd. dorpære, dorfære ›Dorfbewohner‹, auch ›bäurischer Mensch, Tölpel‹. Das ganze Mittelalter hindurch galt der dorpære im Gegensatz zu dem höfischen Menschen als tölpelhaft und lächerlich.

Dörfle: Herkunftsname zu dem gleichlautenden Ortsnamen (Baden-Württemberg).

Dörflein: Herkunftsname zu dem gleichlautenden Ortsnamen (Mittelfranken).

Dörfler: Ableitung auf -er zu ▶ Dörf(e)l.

Dörfling(er): Herkunftsnamen zu den Ortsnamen Dörfling (Bayern), Dörflingen (Schweiz).

Dorfner, Dörfner: 1. Herkunftsnamen zu den Ortsnamen Dorfen (Bayern, Baden-Württemberg, Österreich). 2. ▶ Dorfer.

Dörge: vorwiegend ostfälische Nebenform von ▶ Döring.

Dörges: patronymische Form (starker Genitiv) zu ▶ Dörge.

Döring: 1. Mittel- und niederdeutscher Herkunftsname: ›der aus Thüringen‹. 2. Vereinzelt kann diesem Familiennamen auch der alte Rufname Durinc ›Thüringer‹ zugrunde liegen.

Dormann: Wohnstättenname auf -mann: ›wohnhaft am Tor‹ (zu mnd. dor ›Tor‹).

Dorn: 1. Herkunftsname zu Ortsnamen wie Dorn (Nordrhein-Westfalen, Rheinland-Pfalz, Bayern), Dorna (Sachsen, Sachsen-Anhalt, Thüringen). 2. Wohnstättenname für

jemanden, der an einem Dornbusch oder an einer Dornenhecke lebte. 3. Übername für einen ›stacheligen‹ Menschen. ❖ *Hans Dorn* ist a. 1462/96 in Nürnberg belegt.

Dornach(er): Herkunftsnamen zu dem Ortsnamen Dornach (Bayern, Elsass, Schweiz).

Dornblut(h), Dornblüth: Wohnstättennamen: ›wohnhaft an einer blühenden Dornenhecke‹.

Dornbusch: 1. Herkunftsname zu dem Ortsnamen Dornbusch (Nordrhein-Westfalen, Niedersachsen, Hessen, Schlesien, Ostpreußen). 2. Wohnstättenname für jemanden, der neben einem Dornbusch wohnte.

Dorner, Dörner: Ableitungen auf *-er* zu ▶ Dorn (1.) und (2.).

Dornhöfer: Herkunftsname zu dem Ortsnamen Dornhof (Bayern, Hessen, ehem. Brandenburg/jetzt Polen).

Dornieden: ▶ Darnedde.

Dornier: französischer Berufsname zu franz. (mda.) *dorna* ›Krug‹ für den Hersteller oder Verkäufer. ❖ Bekannter Namensträger: Claude Dornier, Flugzeugbauer (19./20. Jh.).

Dornseif(f), Dornsei(f)fer: Herkunftsnamen zu dem Ortsnamen Dornseifen bei Siegen (Nordrhein-Westfalen).

Dorow: Herkunftsname zu dem Ortsnamen Dorow (Mecklenburg-Vorpommern, ehem. Pommern/jetzt Polen).

Dörr(e): mittel- und niederdeutsche Übernamen zu mhd. *dörre, dörr* ›welk, dürr, trocken‹ für einen dürren, ›vertrockneten‹ Menschen.

Dörrie, Dorries, Dörries: niederrheinische, aber auch ostfälische, von ▶ Döring oder der verkürzten Form des Heiligennamens Isidor (▶ Daries) abgeleitete Familiennamen. ❖ *Margreta Dorries* ist a. 1603 in Goslar bezeugt. ❖ Bekannte Namensträgerin: Doris Dörrie, deutsche Filmregisseurin und Schriftstellerin (20./21. Jh.).

Dörsam: dieser schwer zu deutende südwestdeutsche Familienname könnte auf mhd. *torse* (< mittellat. *thyrsus*) ›Kohlstrunk‹ + mhd. *säme, säm* ›Samenkorn‹ zurückgehen und wie der Familienname ▶ Rübsamm als Übername für einen Bauern entstanden sein.

Dorsch: 1. Berufsübername nach der Fischbezeichnung für den Fischer oder Fischhändler. 2. Im mittel- bis oberdeutschen Bereich auch Übername zu mhd. *türse, turse* ›Riese‹ oder zu mhd. *torse* ›Kohlstrunk‹ (▶ Dorß).

Dorß: Übername zu mhd. *torse* ›Krautstrunk‹ für einen Bauern oder für einen hageren Menschen. ❖ *Berhtolt Torse* ist a. 1285–1335 in Nürnberg belegt.

Dorst: 1. Herkunftsname zu den Ortsnamen Dorst (Sachsen-Anhalt), Dorste bei Osterode (Niedersachsen), Dorsten (Nordrhein-Westfalen). 2. Übername zu mhd. *turst,* mnd. *dorst* ›Kühnheit, Keckheit, Mut‹ für einen verwegenen Menschen. ❖ Bekannter Namensträger: Tankred Dorst, deutscher Schriftsteller (20./21. Jh.).

Dorsten: Herkunftsname zu dem gleichlautenden Ortsnamen (Nordrhein-Westfalen).

Dosch: Übername zu mhd. *doste* ›Strauß, Büschel‹.

Döscher: Berufsname, durch Ausfall des *-r-* vor *-sch-* entstandene Form von mnd. *dorscher, dörscher* ›Drescher‹.

Dosdall: ▶ Dostal.

Dose, Döse: 1. Herkunftsnamen zu den Ortsnamen Dose, Döse (Niedersachsen) oder einem mit »Dose-«/»Döse-« beginnenden norddeutschen Ortsnamen. 2. Wohnstättennamen zu dem in Norddeutschland verbreiteten Flurnamen Dose (›Moos, Moor‹) bzw. zu einem Flurnamen in Holstein, der einen inselartigen Landkomplex bezeichnet.

Dossmann, Doßmann: 1. Herkunftsnamen auf *-mann* zu den Ortsnamen Dosse (Sachsen-Anhalt), Dossow (Brandenburg). 2. Wohnstättennamen zu dem Gewässernamen Dosse, rechter Nebenfluss der Havel (Brandenburg).

Dost: 1. Berufsübername zu mhd. *doste, toste* ›wilder Thymian‹ – origanum vulgare – für den Kräutersammler. Das Kraut wurde als Heilkraut verwendet; seinen Namen erhielt es, weil es in *dosten,* d. h. in Büscheln blüht. 2. Übername zu mhd. *doste* ›Strauß, Büschel‹.

Dostal: Übername zu einer Partizipform von tschech. *dostat* ›erhalten, bekommen‹: ›er hat erhalten‹ oder zu tschech. *dostát* ›ausharren, verbleiben‹: ›er hat ausgeharrt‹ (vgl. ▶ Dokoupil).

Dostler, Dostmann: Berufsnamen zu mhd. *doste, toste* ›wilder Thymian‹ für den Kräutersammler (▶ Dost [1.]).

Dötsch: vorwiegend fränkischer Familienname, der durch Wandel von *ü* zu *ö* aus ▶ Dütsch entstanden ist.

Dotterweich: fränkischer Übername zu mhd. *doter, toter* ›Eidotter‹ und mhd. *weich* ›weich‹: ›weich wie Dotter‹. ❖ Bereits 1327 ist im »Ältesten Achtbüchlein« von Nürnberg ein *Toterweich* belegt.

Dotz, Dötz: aus mit *-z*-Suffix gebildeten Koseformen von Rufnamen, die mit *thiot* beginnen, entstandene Familiennamen.

Dotzauer: Herkunftsname auf *-er* zu dem Ortsnamen Totzau in Nordböhmen.

Dove: Übername zu mnd. *dôf* ›taub‹ für einen schwerhörigen oder tauben Menschen.

Draband, Draban(d)t: ▶ Trabant.

Drabe: niederdeutscher, aus einer Kurzform eines mit dem alten Namenwort *thrag* gebildeten Rufnamens (z. B. Tragebod) hervorgegangener Familienname. ❖ *Marcus Drabe* ist a. 1490 in Halberstadt bezeugt.

Draber: Übername zu mhd. *draben* ›in gleichmäßiger Beeilung gehen oder reiten, traben‹.

Drabert: Erweiterung von ▶ Draber mit sekundärem *-t*.

Drach(e): 1. Übernamen zu mhd. *trache* ›Drachen‹ für einen (vom Charakter oder Aussehen her) Furcht einflößenden Menschen. 2. Da der Drache auch häufiges Hauszeichen war, kann es sich auch um Hausnamen handeln. ❖ Vgl. den Beleg Basel a. 1284 *Henricus zem Dragen*. ❖ Bekannter Namensträger: Albert Drach, österreichischer Schriftsteller (20. Jh.).

Drachsel: ▶ Drechsel.

Drachsler, Drächsler: ▶ Drechsler.

Draeger: ▶ Dräger.

Draffehn: Herkunftsname für jemanden aus dem Drawehn, einer Landschaft im Hannoverschen Wendland oder Herkunftsname zu dem Ortsnamen Drawehn (ehem. Pommern/jetzt Polen).

Dragendorf(f): Herkunftsnamen, vielleicht zu Dragensdorf (Thüringen) oder Drahendorf (Brandenburg).

Dräger: 1. Berufsname zu mnd. *drager, dreger* ›Lastträger, Stadtdiener‹. 2. Berufsname zu mnd. *dreyer, dreger* ›Dreher, Drechsler‹ (▶ Drechsel). ❖ *Hermannus Dregher* ist a. 1360 in Lüneburg bezeugt.

Draheim: Herkunftsname zu den Ortsnamen Alt-Draheim (ehem. Brandenburg/jetzt Polen), Draheim (Ostpreußen).

Draht: Berufsübername für den Drahtzieher oder Drahtschmied (▶ Drahtschmid[t]).

Drahtmüller: Berufsname für den Inhaber einer Drahtmühle, ▶ Drahtschmid(t).

Drahtschmid(t): Berufsnamen für den Hersteller von Draht. Das Anfertigen von Draht erfolgte im Mittelalter teils durch Schmiedearbeit, teils mit der Ziehscheibe. Diese wurde zuerst mit der Hand, seit dem 14. Jh. mit Wasser in der Drahtmühle betrieben.

Draier: niederdeutscher, vor allem in Westfalen vorkommender Berufsname zu mnd. *dreyer, dreger* ›Dreher, Drechsler‹ (▶ Drechsel).

Drais(er): 1. Herkunftsnamen zu Ortsnamen wie Dreis (Rheinland-Pfalz), Treis (Hessen), Trais (Hessen, Baden-Württemberg), Traisa, Treysa (Hessen). 2. Aus einer durch Wegfall der ersten Silbe entstandenen Form von ▶ Andreas hervorgegangene Familiennamen. ❖ Karl Friedrich Christian Ludwig Drais von Sauerbronn gilt als Erfinder des Laufrades und der nach ihm benannten Eisenbahndraisine.

Drake: Übername zu mnd. *drake*, mhd. *trake, tracke* (< lat. *draco*) ›Drache‹ (▶ Drach[e]).

Dralle: Übername zu mnd. *dral* ›rund und fest gedreht‹ oder ›sich drehend, wirbelnd‹. Da das niederdeutsche Wort »drall« erst seit dem 15. Jh. bezeugt ist, ist es fraglich, ob die heutige Bedeutung ›stramm‹ bei der Entstehung des Familiennamens bereits eine Rolle spielte.

Dransfeld: Herkunftsname zu dem Ortsnamen Dransfeld (Niedersachsen).

Drath: ▶ Draht.

Drave: niederdeutscher Wohnstättenname: ›wohnhaft da oben‹ (mnd. *dar aven* ›dort oben‹).

Drawehn: ▶ Draffehn.

Drawert: ▶ Drabert. ❖ Bekannter Namensträger: Kurt Drawert, deutscher Schriftsteller (20./21. Jh.).

Draxel, Draxl(er): bairisch-österreichische Berufsnamen zu mhd. *dræhsel* ›Drechsler‹ (▶ Drechsel).

Drebber: Herkunftsname zu dem Ortsnamen Drebber (Niedersachsen).

Drebes: ▶ Drewes.

Drechsel: Berufsname zu mhd. *dræhsel* ›Drechsler‹. Außer den Holzdrechslern, die z. B. hölzerne Becher und anderen Hausrat herstellten, aber auch beim Hausbau mitwirkten, gab es im Mittelalter noch die Metalldrechsler, die zu den Rotschmieden gehörten und Messingwaren bearbeiteten, des Weiteren Bernstein-, Bein-(Knochen-), Horn- und Elfenbeindrechsler. ❖ *H. Drechsil* ist a. 1302 in Nürnberg bezeugt.

Drechsler: jüngere Form von ▶ Drechsel.

Dreer: ▶ Dreher.

Drees: 1. Aus einer durch Wegfall der ersten Silbe entstandenen Form von ▶ Andreas hervorgegangener Familienname. 2. Herkunftsname zu dem Ortsnamen Drees (Rheinland-Pfalz).

Dreesen: patronymische Bildung (schwacher Genitiv) zu ▶ Drees (1.).

Drefahl: Herkunftsname zu dem gleichlautenden Ortsnamen (Mecklenburg-Vorpommern).

Drege: entrundete Form von ▶ Dröge.

Dreger: 1. Berufsname; niederdeutsche Form (< mnd. *dreger*) von ▶ Dreher. 2. Berufsname zu mnd. *dreger, drager* ›Träger‹ für einen Lastenträger.

Dreher: Berufsname zu mhd. *dræjen* ›drehen, drechseln‹ für den Dreher, den Drechsler (▶ Drechsel).

Drehmann: 1. Amtsname, ▶ Dreimann (1.). 2. Herkunftsname zu dem Ortsnamen Drehe (Nordrhein-Westfalen).

Dreibro(d)t, Dreibroth: Übernamen nach einer Abgabepflicht des ersten Namensträgers.

Dreier: 1. Oberdeutscher Übername zu mhd. *drî* ›drei‹ für ein Mitglied eines Ratsausschusses von drei Männern. 2. Niederdeutscher Berufsname zu mnd. *dreyer, dreger* ›Dreher, Drechsler‹ (▶ Drechsel).

Dreifus(s), Dreifuß: 1. Herkunftsnamen zu den Ortsnamen Trier, latinisiert *Trevus* ›aus Trier‹, oder Troyes in der Champagne (Frankreich). Auch hebr. *TRVS* bezeichnet sowohl Trier (frz. *Trèves*) als auch Troyes. 2. Gelegentlich kann auch ein Übername zu dem dreibeinigen Kochgerät vorliegen.

Dreihäupl: Wohnstättenname nach einem Hauszeichen mit drei Köpfen oder zu einem gleichlautenden Flurnamen. ❖ Ein *Heinrich Drihauptel* ist z. B. a. 1342 als Regensburger Bürger bezeugt.

Dreiling: 1. Übername zu mhd. *drîlinc* ›der dritte Teil von etwas, ein Flüssigkeitsmaß, ein Gefäß, eine Münze im Werte von drei Pfennigen‹. 2. Herkunftsname zu dem Ortsnamen Dreilingen (Niedersachsen).

Dreimann: 1. Amtsname zu mnd. *drēman* ›Mitglied eines Dreimännerausschusses, der die Geschäfte der Sechsgilden führte‹. 2. Herkunftsname auf -*mann* zu den Ortsnamen Dreye bei Kirchweyhe (Niedersachsen) oder Dreyen bei Herford (Nordrhein-Westfalen).

Dreis: ▶ Drais(er).

Dreisbach: Herkunftsname zu dem gleichlautenden Ortsnamen (Nordrhein-Westfalen, Hessen, Rheinland-Pfalz, Saarland).

Dreiser: ▶ Drais(er).

Dreißig: 1. Übername für einen Bauern, der ein Gut von dreißig Tagwerken (Morgen) betrieb. 2. Aus »Dreißigmark« verkürzter Übername nach dem Besitz des ersten Namensträgers. 3. Herkunftsname zu den Ortsnamen Dreißig (Sachsen), Droyßig (Sachsen-Anhalt).

Dreißigacker: 1. Übername nach dem Grundbesitz des ersten Namensträgers. 2. Herkunftsname zu dem Ortsnamen Dreißigacker (Thüringen).

Dreißiger: ▶ Dreißig.

Dremel: Übername zu mhd. *drëmel* ›Balken, Riegel‹, fnhd. *tremel* ›ungeschlachter Kerl‹. ❖ *Herman Dremel* ist a. 1397 in Nürnberg überliefert.

Drenckmann, Drenkmann: 1. Herkunftsname zu dem Ortsnamen Drenke (Nordrhein-Westfalen), vielleicht auch zu Drenkow (Mecklenburg-Vorpommern). 2. Wohnstättennamen zu mnd. *drenke* ›Tränke‹ für jemanden, der an der Dorftränke wohnte.

Dresch(e): 1. Berufsnamen zu mhd. *drëschen* ›dreschen‹ für den Drescher. 2. Herkunftsnamen zu den Ortsnamen Drescha bei Altenburg (Thüringen), Dreschen (Oberfranken), Treskow bei Neuruppin (Brandenburg).

Dreschel: Berufsübername zu mhd. *drischel* ›Dreschflegel‹ für den Drescher.

Drescher: Berufsname zu mhd. *drëschen* ›dreschen‹ für denjenigen, der mit dem Dreschflegel das Getreide ausdrischt, den Drescher. ❖ *Herman Drescher* ist a. 1370 in Nürnberg bezeugt.

Dresel: 1. Aus einer Koseform von ▸ Andreas entstandener Familienname. 2. Herkunftsname zu dem Ortsnamen Dresel (Nordrhein-Westfalen).

Dresen: 1. Herkunftsname zu dem Ortsnamen Dresden (Sachsen). 2. Patronymische Bildung (schwacher Genitiv) zu einer verkürzten Form von ▸ Andreas.

Dressel: verschliffene Form von ▸ Drechsel.

Dreßen: patronymische Bildung (schwacher Genitiv) zu einer verkürzten Form von ▸ Andreas.

Dresser: ▸ Drescher.

Dressler, Dreßler: verschliffene Formen von ▸ Drechsler.

Drevermann, Drewermann: Herkunftsnamen auf *-mann* zu den Ortsnamen Drewer (Nordrhein-Westfalen), Drebber (Niedersachsen). ❖ *Herman Dreverman* ist a. 1493 in Hannover bezeugt.

Drewes: aus einer durch Wegfall der ersten Silbe entstandenen niederdeutschen Form von ▸ Andreas hervorgegangener Familienname. ❖ *Johann Drewes* ist a. 1403 in Halberstadt bezeugt.

Drewing: patronymische Bildung auf *-ing* zu ▸ Drewes.

Drewitz: Herkunftsname zu dem häufigen Ortsnamen Drewitz (Brandenburg, ehem. Brandenburg/jetzt Polen, Sachsen-Anhalt). ❖ Bekannte Namensträgerin: Ingeborg Drewitz, deutsche Schriftstellerin (20. Jh.).

Drews: ▸ Drewes.

Drex(e)l: ▸ Drechsel.

Drexler: ▸ Drechsler.

Dreyer: ▸ Dreier.

Dreyhaupt: ▸ Dreihäupl.

Drielich: Berufsübername zu mhd. *drilich, drilch* ›Drillich‹, ein mit drei Fäden gewebter Stoff, für den Hersteller oder Händler.

Driesch: 1. Wohnstättenname zu mnd. *dresch, drīsch* ›ruhender Acker, der als Viehtrift diente‹, für jemanden, der an einem solchen Grundstück wohnte. 2. Herkunftsname zu dem Ortsnamen Driesch (Nordrhein-Westfalen, Rheinland-Pfalz).

Drieschmann: Erweiterung auf *-mann* zu ▸ Driesch.

Driessen, Drießen: patronymische Bildungen (schwacher Genitiv) zu einer durch Wegfall der ersten Silbe entstandenen Form von ▸ Andreas.

Drillich, Drillig: Berufsübernamen für den Hersteller oder Händler des mit drei Fäden gewebten Stoffes (mhd. *drilich, drilch*).

Drinkut(h): niederdeutsche Übernamen (Satznamen) für einen Trinker: mnd. *drink ūt!* ›trink aus!‹ ❖ *Laurencze Trynkuz* ist a. 1427 in Halle bezeugt. Der Braunschweiger Bürger *Hans Drinckuth* ist i. J. 1522 überliefert.

Drobe(c)k: Übernamen zu tschech. *drobek* ›Brösel‹.

Drobny: Übername zu tschech. *drobný*, poln. *drobny* ›klein‹.

Drogan: aus einer Kurzform von slawischen Rufnamen wie Drogoslav (nsorb., poln. *drogi* ›lieb, teuer‹ + urslaw. **slava* ›Ruhm, Ehre‹) u. Ä. hervorgegangener Familienname.

Dröge: niederdeutscher Übername zu mnd. *droge* ›trocken‹, auch ›ausgetrocknet, dürr‹ für einen vertrockneten, dürren Menschen.

Drögemeier, Drögemeyer: Standesnamen, nähere Bestimmung eines Meiers (▸ Meier) nach seiner äußeren Erscheinung (›dürr‹) oder nach der Lage des Hofes an einer trockenen Stelle im Gelände (▸ Dröge).

Drögemöller, Drögemüller: Berufsnamen, nähere Bestimmung eines Müllers (▸ Müller) nach seiner äußeren Erscheinung (›dürr‹) oder nach der Lage der Mühle an einer trockenen Stelle im Gelände (▸ Dröge).

Drohmann: Herkunftsname auf *-mann* zu dem Ortsnamen Drohe (Niedersachsen).

Drohne: Herkunftsname zu dem Ortsnamen Drohne (Nordrhein-Westfalen).

Droll: ▸ Troll.

Drömer: niederdeutscher Übername für einen Träumer (zu mnd. *drōmen* ›träumen‹).

Drommer: Berufsname zu fnhd. *drummer* ›Trommler‹.

Dröscher: Berufsname zu mhd. *dreschen, dröschen* ›dreschen‹ für den Drescher.

Drose, Dröse: 1. Übernamen zu mnd. *drōs* ›Teufel; Tölpel‹ oder zu mnd. *drose* ›Drüse, Geschwulst, Pestbeule‹. 2. Herkunftsnamen zu den Ortsnamen Drosa (Sachsen-Anhalt),

Drosen (Thüringen). ❖ *Helmeke Drose* ist a. 1352 in Lüneburg bezeugt.

Drossel: Übername nach der Vogelbezeichnung für jemanden, der gerne singt.

Drössler, Drößler: gerundete Formen von ▶ Dressler.

Drost(e): niederdeutsche Amtsnamen zu mnd. *druczete, drossete, droste* ›Truchsess, Landvogt, Oberamtmann‹ (ursprünglich war der *truhtsæze* derjenige, ›der am Hof die Speisen aufsetzt‹). ❖ Bekannte Namensträgerin: Annette von Droste-Hülshoff, deutsche Dichterin (18./19. Jh.).

Droth: Berufsübername zu mhd. *drāt* für den Drahtschmied (▶ Drahtschmid[t]).

Drube: Übername zu mnd. *drove*, mhd. *trüebe* ›trübe, düster, farblos‹.

Druffel: Herkunftsname zu dem gleichlautenden Ortsnamen (Nordrhein-Westfalen). 2. Übername zu mnd. *drufele* ›[Wein-]Traube‹. ❖ *Cort Druffel* ist a. 1588 in Hildesheim belegt.

Drumm: 1. Übername zu frühneuhochdeutsch *trum(b)* ›Ende eines Balkens, Klotz‹, wohl für einen ungeschlachten Menschen. 2. Wohnstättenname zu mittelhochdeutsch *drum, trum* ›Endstück, Ende‹. 3. Berufsübername zu mittelhochdeutsch *trumme* ›Trommel‹ für einen Trommler.

Drummer: Berufsname zu mhd. *trumme* ›Trommel‹ für einen Trommler.

Drüssel: Übername zu mhd. *drüʒʒel* ›Schlund, Kehle, Rüssel, Schnauze‹.

Drüsslein: Ableitung mit dem Suffix *-lein* zu ▶ Drüssel.

Druve, Druwe: ▶ Drube.

Dryander: Humanistenname zu griech. *Dryás* ›eine Baumnymphe‹ + griech. *anér, andrós* ›Mann‹ als Übersetzung deutscher Familiennamen wie ▶ Eichmann.

Duback: Wohnstättenname zu osorb., nsorb., tschech. *dub* ›Eiche‹.

Dubbert: friesische Variante von Dibbert, ▶ Debbert.

Dube: 1. Übername zu mnd. *dūve* ›Taube‹. Die Taube galt als Sinnbild der Unschuld und der Makellosigkeit. 2. Berufsübername für den Taubenzüchter bzw. -händler. 3. Gelegentlich kommt eine Ableitung von einem Hausnamen infrage. ❖ Vgl. den Kölner Beleg *C. von der Duven* (a. 1399). 4. Im deutsch-slawischen Kontaktbereich kommt ein Wohnstättenname zu osorb., nsorb., tschech. *dub* ›Eiche‹ infrage.

Dübel: 1. Variante von ▶ Düwel. 2. Übername zu mhd. *tübel* ›Holzpflock‹ für einen groben Menschen.

Dubiel: Herkunftsname zu dem gleichlautenden Ortsnamen (Ostpreußen).

Dubitzki, Dubitzky: Herkunftsnamen zu dem polnischen Ortsnamen Dubica.

Dübner: Herkunftsname zu dem Ortsnamen Düben (Sachsen-Anhalt), Bad Düben (Sachsen).

Dubois: Wohnstättenname zu franz. *du bois* ›vom Gehölz, Wäldchen‹. ❖ Dubois ist auch als Hugenottenname bezeugt: *Daniel du Bois* (Celle a. 1691).

Dubski, Dubsky: Herkunftsnamen zu den lausitzischen Ortsnamen Duben/Dubin, Dauban/Dubo, Daubitz/Dubc oder zu den in Böhmen und Mähren mehrfach vorkommenden Ortsnamen Dub, Dubá, Duby u. Ä.

Dubslaff: auf den slawischen Rufnamen Dobeslav (urslaw. **dobъ* ›gut‹ + urslaw. **slava* ›Ruhm, Ehre‹) zurückgehender Familienname. Im östlichen Kolonisationsraum (z. B. in Pommern) war dieser slawische Rufname auch unter der deutschen Bevölkerung verbreitet.

Dück: wohl Übername zu mhd. *tuc, duc* ›Schlag, Stoß, Streich‹, auch ›Arglist, Tücke‹.

Dücker: ▶ Düker.

Ducks: niederdeutscher Übername zu mnd. *dukes* ›Teufel; Betrug, Verstellung‹.

Dud(d)a: Übernamen zu osorb., poln. *duda* ›Dudelsack, Bockpfeife‹.

Dude: 1. Aus Dudo, einer verbreiteten Lallform von Rufnamen, die mit den Namenwörtern *liut* oder *thiot* gebildet sind (z. B. ▶ Ludolf, ▶ Dietrich), entstandener Familienname. 2. Variante von ▶ Dud(d)a.

Dude(c)k: 1. Im deutsch-slawischen Kontaktbereich Übernamen zu poln., tschech. *dudek* ›Wiedehopf‹, auch ›Dummkopf, Einfaltspinsel, Narr‹. 2. Aus einer niederdeutschen Erweiterung von ▶ Dude (1.) mit *-k*-Suffix entstandene Familiennamen.

Duden: 1. Patronymische Bildung (schwacher Genitiv) zu ▶ Dude (1.). 2. Gelegentlich Herkunftsname zu dem ostpreußischen Ortsnamen Duden. ❖ Konrad Duden (19./20. Jh.), der i. J. 1880 sein »Vollständiges Orthographisches Wörterbuch der deutschen Sprache« vorlegte und damit den »Duden« begründete, entstammte einer niederrheinischen Familie, die erstmals a. 1476 in Wesel nachweisbar ist. Für die Herleitung seines Namens kommt somit nur die erste Deutungsmöglichkeit infrage.

Duf(f)ner: Herkunftsnamen zu den Ortsnamen Teufen (Baden-Württemberg), Tüffen (St. Gallen/Schweiz).

Duhm(e): Übernamen zu mnd. *düm(e)* ›Daumen‹ nach einer Auffälligkeit des Daumens oder nach der kleinen Gestalt des ersten Namensträgers.

Dühmke: Ableitung von ▶ Duhm(e) mit -k-Suffix.

Dühring: 1. Herkunftsname: ›der aus Thüringen‹. 2. Übername für jemanden, der Beziehungen (z. B. Handelsbeziehungen) zu Thüringen hatte. 2. Vereinzelt kann diesem Familiennamen auch der alte, den Stammesnamen enthaltende Rufname Durinc zugrunde liegen. Vgl. ▶ Thüring.

Dührko(h)p, Dührkoop, Dührkopp: ▶ Dürko(o)p.

Dujardin: Wohnstättenname zu franz. *du jardin* ›vom Garten‹.

Düker: 1. Berufsübername für den Kürschner, der den Balg der Tauchente (mnd. *duker*) verarbeitete. 2. Übername zu mnd. *düker* ›Teufel‹; vgl. ▶ Teufel.

Düll: 1. Gerundete Form von ▶ Dill (1.) und (3.). 2. Herkunftsname zu Ortsnamen wie Heppdiel, Berndiel, Breitendiel (Mittelfranken).

Duman: ▶ Thomas.

Dumbach(er): Herkunftsnamen zu Ortsnamen wie Dumbach (Baden, Österreich), Kirchenthumbach (Oberpfalz), Stegenthumbach (Oberpfalz).

Dumbeck, Dumböck: bairisch-österreichische Ableitungen auf -beck bzw. -böck von dem Ortsnamen Dumbach: ›der aus Dumbach, Dumbacher‹, ▶ Dumbach(er).

Dumke: auf eine schlesische, mit slawischem -k-Suffix gebildete Koseform von ▶ Thomas zurückgehender Familienname.

Dümling: Übername zu mnd. *dumelink* ›Däumling‹.

Dumm(er): Übernamen zu mhd. *tumb* ›töricht, einfältig‹, wobei dieses Wort im Mittelhochdeutschen nicht unbedingt den heutigen negativen Beigeschmack hat, sondern auch den jungen, unerfahrenen Menschen meinen kann.

Dümmler: ▶ T(h)ümmler (1.).

Dumont, duMont: französische Wohnstättennamen zu franz. *du mont* ›vom Berg‹. ❖ Dumont ist auch als Hugenottenname bezeugt: *Jaques Dumont* (Braunschweig 1728).

Dumproff: fränkischer Übername zu mhd. *tuomprobest* ›Domprobst‹. Der Familienname scheint in Isling (Oberfranken) durch Einfluss des dort ebenfalls vorhandenen Satznamens »Tumirauff« entstanden zu sein: Isling a. 1390 *Tumirauff*, Isling a. 1417 *Cunz Tumprobst*, Isling a. 1437 *Cunz Tumrauff*, Isling a. 1507 *Hans Thumbroff*.

Dunk: niederdeutscher Wohnstättenname zu mnd. *dunk* ›Erhebung im Sumpf‹ für jemanden, der auf solch einer Erhebung wohnte.

Dunkel: Übername zu mhd. *tunkel, dunkel* ›dunkel, trübe‹ für einen Menschen mit dunkler Haut- oder Haarfarbe. Auch auf die Stimmlage kann sich der Übername beziehen.

Dunker: Übername zu mhd. *dunker, dunkel* ›dunkel, blind‹; ▶ Dunkel. ❖ Vgl. die Belege aus Halle *Nickel Dunckel* (a. 1438) = *Nickel Duncker* (a. 1442).

Dunkhase: Übername für einen zaghaften oder sonst wie auffälligen Menschen, der auf einem ›Dunk‹ (▶ Dunk) wohnte. (Zu »-hase« ▶ Dollhase).

Dünn: Übername zu mhd. *dünne* für einen mageren Menschen.

Dünnbier, Dünnebier: Berufsübernamen für den Dünnbierbrauer oder Spottname für den Schankwirt.

Dünser: Herkunftsname zu dem Ortsnamen Düns (Österreich).

Dunst: Übername zu mhd. *dunst, tunst*, mnd. *dunst* ›Dunst, betrügerischer Schein‹.

Dupont: Französischer Wohnstättenname zu franz. *du pont* ›von der Brücke‹. ❖ Dupont ist auch als Hugenottenname bezeugt: *Louise Dupont*, Hameln 1704.

Duppen, Düppen: westmitteldeutsche Berufsübernamen zu mnd. *duppe* ›kleines Gefäß‹, mda. *düppen* ›Topf aus Ton oder Metall‹ für den Hersteller.

Düppenbecker: westmitteldeutscher Berufsname zu mda. *düppen* ›irdener Topf‹ für den Hersteller (▸ Töpfer).

Düppengiesser, Düppengießer: westmitteldeutsche Berufsnamen zu mda. *düppen* ›Topf aus Metall‹ für den Hersteller.

Düpper: westmitteldeutscher Berufsname zu mda. *düppen* ›irdener Topf‹ für den Hersteller (▸ Töpfer).

Dupré: Wohnstättenname zu franz. *du pré* ›von der Wiese‹. ❖ Dupré ist auch als Hugenottenname bezeugt: *Michielle du Pré* (Hameln a. 1692).

Dupuis: Wohnstättenname zu afranz. *du puis* ›vom Brunnen‹. ❖ Dupuis ist auch als Hugenottenname bezeugt: *Isabeau Dupuis* (Bückeburg a. 1713).

Duran: 1. Türkischer Familienname; Partizipialbildung zu dem Verb *durmak* ›bleiben‹: ›einer, der bleibt‹. Mit dem Verb ›bleiben‹ gebildete Namen (vgl. auch ▸ Durmuş und ▸ Dursun) sind auch Rufnamen; sie soll(t)en den Wunsch ausdrücken, das Kind solle am Leben bleiben. 2. Französischer Familienname, Nebenform von ▸ Durand. 3. Spanischer und katalanischer Familienname, der auf den mittelalterlichen Rufnamen Durandus zurückgeht. Die Herkunft dieses Namens ist umstritten: a) < lat. *durāre* ›ausharren, ausdauern‹: ›der Ausdauernde‹, b) < germ. **thur* ›wagen‹.

Durand: französischer Familienname, der auf den altfranzösischen Rufnamen Durant zurückgeht (▸ Duran [2.]). ❖ Durand ist auch als Hugenottenname bezeugt: *Jean Durand* (Bückeburg a. 1697).

Durchde(n)wald: Übernamen, die Fahrenden, Raubrittern, Landstreichern oder auch unsteten Menschen beigelegt werden konnten.

Düren: Herkunftsname zu dem Ortsnamen Düren (Nordrhein-Westfalen, Saarland).

Durer, Dürer: 1. Herkunftsnamen zu den Ortsnamen Düren (Nordrhein-Westfalen, Saarland), Thürheim (Bayern), a. 1003 als *Duria* belegt. 2. Wohnstättennamen zu mundartlichen Formen von »Tür« (›wohnhaft an einem Haus mit einer auffälligen Tür‹) oder »Turm« (›wohnhaft bei einem Turm‹). 3. Eine Herleitung von dem schweizerischen Gewässernamen Thur (im 9. Jh. als *Dura* überliefert) kommt nur ganz vereinzelt infrage. ❖ Der Vater des Nürnberger Malers Albrecht Dürer (15./16. Jh.) entstammte einer deutschen Einwandererfamilie, die sich in dem ungarischen Ort Ajtos bei Gyula niedergelassen hatte. Ungarisch *ajtó* heißt ›Tür‹, und auch Dürers redendes Wappen zeigt eine Tür.

During, Düring: ▸ Dühring.

Dürkheimer: Herkunftsname zu den Ortsnamen Bad Dürkheim (Rheinland-Pfalz), Türkheim (Bayern, Baden-Württemberg, Elsass).

Dürko(o)p, Dürkopp: niederdeutsche Übernamen zu mnd. *dūr* ›teuer‹ + *kōp* ›Kauf, Kaufpreis‹ für den Kaufmann mit überteuerten Preisen. ❖ *Ludolphus Durekop* ist a. 1355 in Goslar bezeugt.

Durmuş: türkischer Familienname: ›er ist geblieben‹ (▸ Duran [1.]).

Dürnbach(er): Herkunftsnamen zu den häufigen Ortsnamen Dürnbach (Bayern, Österreich), Dürrenbach (Baden-Württemberg, Thüringen).

Dürnbeck, Dürnböck: Herkunftsnamen, bairisch-österreichische Ableitungen auf *-beck* bzw. *-böck* von dem Ortsnamen Dürnbach: ›der aus dem Dürnbach‹, ▸ Dürnbach(er).

Dürnberg(er): ▸ Dürrenberg(er).

Dürner: 1. Herkunftsname zu Ortsnamen wie Dürn (Oberpfalz), Dürrn, Walldürn, Dürnau (Baden-Württemberg). 2. Gelegentlich auch Türner (▸ Thurner).

Dürr: Übername für einen hageren Menschen (zu mhd. *dürre* ›dürr, trocken, mager‹).

Dürrenberg(er): Herkunftsnamen zu den in Bayern und Österreich häufigen Ortsnamen Dür(r)nberg bzw. zu Dürrenberg (Sachsen, Thüringen, Schlesien), Bad Dürrenberg (Sachsen-Anhalt).

Dürrenmatt: schweizerischer Wohnstättenname zu mhd. *dürre* ›dürr, trocken, mager‹ und dem auf den alemannischen Bereich beschränkten Ausdruck mhd. *mate, matte* ›Wiese‹ für jemanden, der an einer trockenen Wiese wohnte. ❖ Bekannter Namensträger: Friedrich Dürrenmatt, schweizerischer Schriftsteller (20. Jh.).

Durst: 1. Übername zu mhd. *durst* ›Durst‹ für einen Trinker oder zu mhd. *turst* ›Kühnheit, Verwegenheit‹ für einen kühnen, verwegenen Menschen. 2. Wohnstättenname für jemanden, der an einer trockenen Stelle im Gelände wohnte. ❖ Ein Acker *auf dem Durst* ist a. 1534 in Tirol belegt.

Dursun: türkischer Familienname: ›er möge bleiben‹ (▶ Duran [1.]).

Duscha, Duschek, Duschke: 1. Aus einer Ableitung des tschechischen Rufnamens Duchoslav (tschech. *duch* ›Geist, Gemüt‹ + urslaw. **slava* ›Ruhm, Ehre‹) gebildete Familiennamen. 2. Übernamen zu tschech. *duch* ›Geist, Gemüt‹ bzw. nsorb., osorb. *duša*, poln. *dusza* ›Seele; kleiner Geist‹.

Duschl: 1. Bairisch-österreichischer Übername; Nomen Agentis zu bair. *tuschen* ›klopfen, poltern‹ für einen lauten Menschen. 2. Von einem der zahlreichen bairischen Hof- oder Ortsnamen, die mit »Duschl-« beginnen, abgeleiteter Wohnstättenname oder Herkunftsname (vgl. die bayerischen Ortsnamen Duschlberg, Duschlöd, Duschlwies). ❖ Eine *Tuschlin vragnerin* ist bereits a. 1372 in München belegt.

Dusek: ▶ Duscha.

Dusend: ▶ Dausend.

Düser: Übername zu mnd. *dusen, dosen, deusen* ›schlendern, gedankenlos sein, bummeln‹.

Düsing: 1. Niederdeutscher Übername zu mnd. *dusink* ›ein mit Schellen besetzter Gürtel für Männer und Frauen‹. Dieser Übername konnte jemandem beigelegt werden, der durch diese modische Zier auffiel. 2. Niederdeutsche patronymische Bildung auf *-ing* zu ▶ Daus.

Duske: ▶ Duscha, Duschek, Duschke.

Düster: Übername zu mnd. *düster* ›düster, finster‹ nach dem Charakter bzw. dem Gesichtsausdruck des ersten Namensträgers.

Düsterhöft: nicht sicher zu deutender Name: 1. Übername zu mnd. *düster* ›düster, finster‹ + mnd. *hovet, höft* ›Kopf, Haupt‹. 2. Entstellter Wohnstättenname zu mnd. *düster* ›düster, finster‹ + mnd. *hōp* ›Haufen‹.

Dütsch: vor allem im Bereich Bamberg vertretener Familienname, der auf eine mit *-s-* Suffix gebildete Koseform des Rufnamens ▶ Dietrich zurückgeht.

Dutschke: Herkunftsname oder Übername zu sorb. *Duć, Dućka, Dućko* ›der Deutsche‹.

Dutschmann: Herkunftsname oder Übername auf *-mann* zu sorb. *Duć, Dućka, Dućko* ›der Deutsche‹.

Duttge, Duttke: 1. Auf Ableitungen von ▶ Dude zurückgehende Familiennamen. 2. Dem Familiennamen Duttke kann gelegentlich ein Herkunftsname zu dem Ortsnamen Duttken in Ostpreußen zugrunde liegen.

Duttweiler: Herkunftsname zu den Ortsnamen Duttweiler (Rheinland-Pfalz), Tuttwil bei Wängi/Thurgau (Schweiz).

Dutz: 1. Aus einer mit *-z-*Suffix gebildeten Koseform von Dudo (▶ Dude) entstandener Familienname. 2. Übername zu obd. mda. *Dutz* ›Stoß‹.

Dutzschke: ▶ Dutschke.

Duval: Wohnstättenname zu franz. *du val* ›vom Tal‹. ❖ Duval ist auch als Hugenottenname bezeugt: *Marie Duval* (Hannover a. 1697).

Duve: ▶ Dube (1.), (2.), (3.).

Düvel: ▶ Düwel.

Duwe: ▶ Dube (1.), (2.), (3.).

Düwel: niederdeutscher Übername zu mnd. *duvel* ›Teufel‹ (vgl. ▶ Teufel).

Dux: 1. Aus der Zeit des Humanismus stammende Übersetzung des deutschen Familiennamens ▶ Herzog ins Lateinische. 2. Herkunftsname zu dem Ortsnamen Dux (Böhmen).

Dvoracek: auf eine Ableitung von ▶ Dvorak zurückgehender Familienname.

Dvorak, Dvořák: Berufsnamen zu tschech. *dvořák* ›Großbauer, Meier‹, vielleicht auch ›landwirtschaftlicher Arbeiter‹.

Dwenger: Übername zu mnd. *dwengen* ›drängen, bedrängen‹ für einen gewalttätigen Menschen.

Dworschak: ▶ Dvorak.

Dyck: ▶ Dieck.

-e: 1. Abgeschwächte Form des althochdeutschen Kosesuffixes *-o*, vgl. ▸ Dode (< Dodo). 2. Bei Familiennamen aus adjektivischen Übernamen ist *-e* die schwach deklinierte Nominativform; vgl. ▸ Lange (< der Lange).

Ebbe: aus einer niederdeutschen oder friesischen Kurzform von ▸ Eberhard, ▸ Ebbert oder ▸ Adelbrecht entstandener Familienname.

Ebbe(c)ke: aus einer mit *-k*-Suffix gebildeten Koseform von ▸ Ebbe hervorgegangene Familiennamen.

Ebben: patronymische Bildung (schwacher Genitiv) zu ▸ Ebbe.

Ebbers: patronymische Bildung (starker Genitiv) zu ▸ Ebbert.

Ebbert: auf eine durch Assimilation entstandene Form von Eckbert (▸ Eckebrecht) zurückgehender Familienname.

Ebbesen: patronymische Bildung auf *-sen* zu ▸ Ebbe.

Ebbing: patronymische Bildung auf *-ing* zu ▸ Ebbe.

Ebbinghaus: Herkunftsname zu dem im Nordrhein-Westfalen mehrfach vorkommenden Ortsnamen Ebbinghausen.

Ebbrecht: auf eine durch Assimilation entstandene Form von ▸ Eckebrecht zurückgehender Familienname. ❖ So ist i. J. 1649 der Hildesheimer Neubürger *Harmen Ebbrecht ein schneider* auch als *Herman Ecbrecht* überliefert.

Ebe: auf eine Kurzform von ▸ Eberhard zurückgehender Familienname.

Ebel: aus einer Kurzform von ▸ Eberhard oder ▸ Albrecht entstandener Familienname.

Ebeler: patronymische Bildung auf *-er* zu ▸ Ebel.

Ebeling: 1. Patronymische Bildung auf *-ing* zu ▸ Ebel. 2. Aus dem in Niedersachsen im 14./15. Jh. häufigen Rufnamen Ebeling (< Albert, ▸ Albrecht) entstandener Familienname.

Ebelmann: auf eine Erweiterung von ▸ Ebel mit dem Suffix *-mann* zurückgehender Familienname.

Ebelt: 1. Auf eine verschliffene Form von ▸ Ewald zurückgehender Familienname. 2. Erweiterung von ▸ Ebel mit einem sekundären *-t*.

Eben(er): 1. Wohnstättennamen für jemanden, der an einer ebenen Gegend oder im Talboden wohnte. 2. Herkunftsnamen zu Ortsnamen wie Eben (mehrfach in Bayern und Österreich), Ebenau (Hessen, Thüringen, ehem. Brandenburg/jetzt Polen, Schlesien). 3. Dem Familiennamen Ebener kann ein Amtsname zu mhd. *ebenære* ›Schlichter, Schiedsrichter‹ zugrunde liegen. ❖ Bekannte Namensträgerin: Marie Freifrau von Ebner-Eschenbach, österreichische Schriftstellerin (19./20. Jh.).

Ebenho(ch), Ebenhö(c)h: 1. Wohnstättennamen: ›wohnhaft in gleicher Höhe‹. 2. Gelegentlich Herkunftsnamen zu dem Ortsnamen Ebenhöh (Ostpreußen).

Ebenroth: 1. Übername nach dem Namen einer Sagengestalt. Im mittelhochdeutschen Ecke-Lied werben die Riesen Ecke, Fasold und Ebenrot um drei königliche Jungfrauen. 2. Gelegentlich Herkunftsname zu den Ortsnamen Ebenroth (Unterfranken), Ebenrode (Ostpreußen).

Ebent(h)euer, Ebentheur: Übernamen zu mhd. *âventiure* ›wunderbare Begebenheit, Wagnis‹ für einen wagemutigen Menschen.

Ebentheurer: Berufsname zu mhd. *âbenteurer* ›umherziehender Kaufmann‹, auch ›Juwelenhändler‹. Ursprünglich bezeichnete dieses Wort den auf gefahrvolle Unternehmungen ausziehenden Ritter.

Eber: 1. Aus einer Kurzform von Rufnamen, die mit »Eber-« beginnen (i. A. ▸ Eberhard), entstandener Familienname. 2. Übername nach der Tierbezeichnung für einen starken Menschen. 3. Vereinzelt kann dieser Familienname auch auf einen Hausnamen (»Zum Eber«) zurückgehen.

Eberding: 1. Patronymische Bildung auf *-ing* zu ▸ Eberhard. 2. Herkunftsname zu den

185

E

Ortsnamen Eberding (Bayern), Eberdingen (Baden-Württemberg).

Eberhard: aus dem gleichlautenden Rufnamen *(ebur + harti)* hervorgegangener Familienname. Zur Zeit der Familiennamenentstehung (12.–15. Jh.) war Eberhard ein allgemein verbreiteter Rufname. ❖ Der Familienname **Eberhardi** ist eine patronymische Bildung, die auf den Genitiv der latinisierten Form Eberhardus zurückgeht. ❖ Die Familiennamen **Ebert(h), Evert(h)** und **Ewert(h)**, die aus zusammengezogenen Formen von Eberhard entstanden sind, sind in Norddeutschland heimisch. ❖ Hierzu gehören patronymische Bildungen wie **Ebers, Eberts, Evertz, Evers** und **Eberding, Everding**. ❖ Aus dem süddeutschen Raum stammen die aus Kurz- und Koseformen gebildeten Familiennamen **Eber(l), Eberle, Eberlein, Eberlin, Ebermann**. ❖ Den Familiennamen **Ebel, Ebl, Ebeler, Ebeling, Ebelmann, Eble, Ebli** kann eine Kurzform von Eberhard oder ▶ Albrecht zugrunde liegen. ❖ Für die Familiennamen **Epp(e), Eppel, Epp(e)ler, Eppelmann, Epple, Epple(i)n** kommt meist eine Ableitung von Eberhard, nur selten von Albrecht infrage.

Eberhardi: patronymische Bildung (Genitiv der latinisierten Form Eberhardus) zu ▶ Eberhard.

Eberhardt, Eberhart: ▶ Eberhard.

Eberl: aus einer bairisch-österreichischen Koseform von ▶ Eberhard hervorgegangener Familienname.

Eberle: aus einer schwäbischen Koseform von ▶ Eberhard entstandener Familienname.

Eberlein: aus einer Koseform von ▶ Eberhard mit dem Suffix *-lein* entstandener Familienname.

Eberlin: auf eine alemannische Koseform von ▶ Eberhard zurückgehender Familienname.

Ebermann: aus einer mit dem Suffix *-mann* gebildeten Koseform von ▶ Eberhard entstandener Familienname.

Ebers: ▶ Eberts.

Ebersbach(er): Herkunftsnamen zu dem häufigen Ortsnamen Ebersbach (Baden-Württemberg, Bayern, Sachsen, Ostpreußen).

Ebersberg(er): Herkunftsnamen zu dem häufigen Ortsnamen Ebersberg (Hessen, Thüringen, Baden-Württemberg, Bayern, Österreich).

Ebersohl, Ebersold, Ebersoll: 1. Wohnstättennamen nach einer Lache, worin sich das Wild wälzt (mhd. *sol*). 2. Herkunftsnamen zu den Ortsnamen Ober-/Unterebersol im Kanton Luzern (Schweiz) oder zu Eberscholl (Schwaben).

Ebert(h): aus einer zusammengezogenen niederdeutschen Form von ▶ Eberhard entstandene Familiennamen. ❖ Bekannter Namensträger: Friedrich Ebert, deutscher Politiker (19./20. Jh.).

Eberts: patronymische Bildung (starker Genitiv) zu Ebert (▶ Ebert[h]).

Eberwein, Eberwien: aus dem alten deutschen Rufnamen Eberwin *(ebur + wini)* entstandene Familiennamen.

Ebhard, Ebhar(d)t: verkürzte Formen von ▶ Eberhard.

Ebi: auf eine Koseform von ▶ Eberhard zurückgehender Familienname.

Ebing(er): Herkunftsnamen zu den Ortsnamen Ebing (Bayern), Ebingen (Baden-Württemberg).

Ebl, Eble: aus oberdeutschen Koseformen von ▶ Eberhard oder ▶ Albrecht entstandene Familiennamen.

Ebler: patronymische Bildung auf *-er* zu ▶ Ebl, Eble.

Ebli: ▶ Ebl, Eble.

Ebner: ▶ Eben(er).

Ebnetter: Herkunftsname zu den Ortsnamen Ebnat(h), Ebnet(h) (Baden-Württemberg, Bayern), Ebnat, Ebnit (Schweiz).

Ebrecht: zusammengezogene Form des Namens ▶ Eckebrecht.

Ebstein: Herkunftsname zu dem häufigen Ortsnamen Eppstein (Hessen, Rheinland-Pfalz).

Eby: ▶ Ebi.

Echter: 1. ▶ Achter, Ächter. 2. Herkunftsname zu den Ortsnamen Echt (Bayern), Echte (Niedersachsen).

Echtermann: niederdeutscher Wohnstättenname für jemanden, der »hinten« wohnt (zu mnd. *echter* ›hinter‹).

Echtermeier, Echtermeyer: Standesnamen, nähere Bestimmung eines Meiers (▶ Meyer) durch die Lage des Hofes (mnd. *echter* ›hinter‹).

-eck: eindeutschende Schreibung des polnischen, tschechischen und slowakischen Suffixes ▶ -ek.

Eck: 1. Aus einer Kurzform von Rufnamen, die mit »Eck-« beginnen (i. A. ▶ Eckhard), entstandener Familienname. 2. Herkunftsname zu den häufigen Ortsnamen Eck (Baden-Württemberg, Bayern, Österreich), Egg (Baden-Württemberg, Bayern, Schweiz, Österreich). 3. Wohnstättenname zu mhd. *ecke, egge* ›Ecke, Kante, Winkel‹; ›wohnhaft an einer Ecke oder an einem Geländevorsprung‹, schweizerdeutsch ist eine Egg auch der ›dachähnliche Ausläufer eines Berges, eine Bergkante und die Halde darunter‹. ❖ Bekannter Namensträger: Johannes Eck, theologischer Hauptgegner Luthers und der Reformation (15./16. Jh.).

Eckardt, Eckart(h): ▶ Eckhard.

Ecke: ▶ Eck.

Eckebrecht: auf den Rufnamen Eckbert *(ekka + beraht)* zurückgehender Familienname. ❖ Als Varianten der Vollform begegnen uns die Familiennamen **Eb(b)recht, Ehebrecht** und **Eggebrecht, Ebbert** und **Egbert** mit den patronymischen Formen **Ebbers** und **Egbers**. ❖ Dem Familiennamen **Ebbe** kann eine Kurzform von Eckbert zugrunde liegen. ❖ Ableitungen von Ebbe sind **Ebbe(c)ke** sowie die patronymischen Bildungen **Ebben, Ebbesen, Ebbing**.

Eckel: 1. Aus einer Koseform von ▶ Eckhard entstandener Familienname. 2. Gelegentlich Herkunftsname zu dem Ortsnamen Eckel (Niedersachsen, Rheinland-Pfalz).

Eckeler: 1. patronymische Bildung auf *-er* zu ▶ Eckel (1.). 2. patronymische Ableitung auf *-er* zu ▶ Eckel (2.).

Eckelhar(d)t: aus einer Erweiterung von ▶ Eckel mit dem Suffix *-hart* entstandene Familiennamen.

Eckelmann: aus einer Erweiterung von ▶ Eckel mit dem Suffix *-mann* hervorgegangener Familienname.

Eckelt: aus einer Erweiterung von ▶ Eckel (1.) mit sekundärem *-t* entstandener Familienname.

Eckenberg(er): Herkunftsnamen zu den in Süddeutschland und Österreich mehrfach vorkommenden Ortsnamen Eckenberg, Eggenberg.

Eckener: 1. Herkunftsname zu dem in Süddeutschland mehrfach vorkommenden Ortsnamen Ecken (Baden-Württemberg, Bayern). 2. Ableitung auf *-ner* zu ▶ Eck (2.) und (3.).

Eckensberger: Herkunftsname zu den Ortsnamen Eckensperg, Eckensberg (Österreich), gelegentlich auch zu Eggenberg (Bayern, Baden-Württemberg, Österreich), Eckenberg (Süddeutschland, Österreich).

Ecker: 1. Aus einer Kurzform von ▶ Eckhard entstandener Familienname. 2. Ableitung auf *-er* von ▶ Eck (2.) und (3.).

Eckerl, Eckerle, Eckerlein: aus oberdeutschen Koseformen von ▶ Eckhard entstandene Familiennamen.

Eckermann: 1. Ableitung auf *-mann* zu dem Gewässernamen Ecker, rechter Nebenfluss der Ocker, im Harz. 2. Herkunftsname auf *-mann* zu dem Ortsnamen Eckerde (Niedersachsen). ❖ Bekannter Namensträger: Johann Peter Eckermann, deutscher Schriftsteller (18./19. Jh.).

Eckert: ▶ Eckhard.

Eckes: patronymische Bildung (starker Genitiv) zu ▶ Eck (1.).

Eckhard, Eckhardt, Eckhart(h): aus dem gleichlautenden Rufnamen *(ekka + harti)*, der zur Zeit der Familiennamenentstehung (12. bis 15. Jh.) allgemein verbreitet war, hervorgegangene Familiennamen. ❖ Als weitere Varianten der Vollform begegnen uns u. a. die Familiennamen **Eckardt, Eckart(h), Egghart, Eckert, Eggert**. ❖ Die patronymischen Bildungen **Eggers** und **Eggerding** sind aus Eggert hervorgegangen. ❖ Bei dem Familiennamen **Edzard** handelt es sich um eine friesische Form von Eckhard. ❖ Aus Kurz- bzw. Koseformen von Eckhard können viele heutige Familiennamen wie **Eck, Eckl, Eckle, Eckerle, Eckerl(ein), Eckelt, Eckelmann, Egg(e), Eggl(e), Eggli** entstanden sein. ❖ Eine patronymische Bildung (starker Genitiv) zu der Kurzform Eck ist der Familienname **Eckes**.

Eckhoff: 1. Herkunftsname zu dem häufigen Ortsnamen Eckhof. 2. Wohnstättenname nach einem Hofnamen (vgl. ▶ Eck [3.]).

Eckhold, Eckhol(d)t: 1. Wohnstättennamen zu mnd. *ēkholt* ›Eichenwald‹. 2. Herkunftsnamen zu den Ortsnamen Eckholt, Ekholt (Schleswig-Holstein). 3. Vereinzelt kann diesen Familiennamen der alte Rufname Eckwalt, Eckolt *(ekka + walt)* zugrunde liegen.

Eckinger: Herkunftsname zu den Ortsnamen Ecking, Egging (Bayern), Eggingen (Baden-Württemberg).

Eckl: aus einer mit *-l*-Suffix gebildeten Koseform von ▸ Eckhard hervorgegangener Familienname.

Eckle: aus einer schwäbischen Koseform von ▸ Eckhard entstandener Familienname.

Eckler: ▸ Eckeler.

Ecklo(f)f: aus einer verschliffenen Form des alten deutschen Rufnamens Eglolf *(agil + wolf)* hervorgegangene Familiennamen.

Eckly: aus einer alemannischen Koseform von ▸ Eckhard entstandener Familienname.

Eckmann: aus einer Ableitung von ▸ Eck mit dem Suffix *-mann* hervorgegangener Familienname.

Eckner: ▸ Eckener.

Eckoldt: ▸ Eckhold.

Ecks: 1. ▸ Eckes. 2. Berufsübername zu mnd. *ackes, exe* ›Axt‹ für den Hersteller oder Benutzer.

Eckstein: 1. Herkunftsname zu dem gleichlautenden Ortsnamen bei Düsseldorf. 2. Wohnstättenname: ›wohnhaft an einem vorspringenden Felsen‹. 3. Berufsübername zu mhd. *eckestein* ›Eckstein‹ für einen Steinmetzen oder Maurer.

Eckwert(h): aus dem alten deutschen Rufnamen Eckwart *(ekka + wart)* hervorgegangene Familiennamen.

Edden: ▸ Eden.

Ede: aus dem alten friesischen Rufnamen Edo, Eddo (vgl. altengl. *ēad* ›Erbgut, Besitz‹) entstandener Familienname.

Edel(e): 1. Übernamen zu mhd. *edel(e)* ›von gutem Geschlecht, adlig, edel; ausgezeichnet in seiner Art, herrlich‹. 2. Vereinzelt kann diesen Familiennamen eine Kurzform von ▸ Albrecht zugrunde liegen. 3. Für das niederdeutsche Gebiet kommt gelegentlich eine Ableitung von dem weiblichen Rufnamen Edele < Edelheid (▸ Alheit) infrage. ❖ So ist i. J. 1348 *Heinrich Vornedelen* [von der Frau Edele] in Wernigerode überliefert.

Edeling: 1. Übername zu mhd. *edelinc* ›Sohn eines Edelmannes‹, mnd. *edelink* ›Edelmann‹. 2. Patronymische Bildung auf *-ing* zu ▸ Edel(e) (2.) und (3.).

Edelmann: Übername zu mhd., mnd. *edelman* ›Edelmann‹.

Eden: 1. Patronymische Bildung (schwacher Genitiv) zu ▸ Ede. 2. Herkunftsname zu dem gleichlautenden Ortsnamen (Brandenburg, Bayern).

Eder: 1. Oberdeutscher (baierisch-österreichischer) Wohnstättenname zu mhd. *œde* ›unbebauter und unbewohnter Grund‹, womit sich der ursprünglich damit nicht verwandte Begriff bair. *Einöde* (mhd. *einœte,* ahd. *einōti* ›Einsamkeit‹) ›allein stehender Hof‹ gelegentlich überschneiden kann. 2. Im alemannischen und niederdeutschen Bereich Wohnstättenname zu mhd. *ēter* ›geflochtener Zaun, Umzäunung (um einen Hof oder eine Ortschaft)‹, mnd. *eder* ›geflochtener Zaun, das eingezäunte Feld‹. 3. Herkunftsname zu den häufigen Ortsnamen Ed, Edt, Öd, Oed, Eder (Bayern, Österreich), im Vogtland zu Dödra, a. 1328 belegt als *zue der Ode*.

Ederer: Ableitung auf *-er* von ▸ Eder.

Edinger: 1. Herkunftsname zu den Ortsnamen Edingen (Rheinland-Pfalz, Baden-Württemberg, Hessen), Edikon (Schweiz). 2. Mit dem doppelten Suffix *-ing* und *-er* gebildeter bairisch-österreichischer Wohnstättenname zu den häufigen Hofnamen Ed, Öd, Oed (▸ Eder [1.]).

Edler: ▸ Edel(e) (1.).

Edlich: Übername zu mhd. *edellich* ›edel, vorzüglich, herrlich‹.

Edsen: niederdeutsche patronymische Bildung auf *-sen* zu ▸ Ede.

Edzard: aus der friesischen Form von ▸ Eckhard entstandener Familienname.

Effenberg(er): 1. Wohnstättennamen zu rheinhessisch *Effe,* der Bezeichnung für den Baum, unter dem auf dem Dorfplatz Gericht gehalten wurde. 2. Herkunftsnamen zu Ortsnamen wie Effenberg, Effenburg.

Efferoth: Herkunftsname zu dem gleichlautenden Ortsnamen (Nordrhein-Westfalen).

Effertz: ▸ Evertz.

Effinger: Herkunftsname zu den Ortsnamen Effingen bei Zürich (Schweiz), Öfingen (Baden-Württemberg).

Effland: ▸ Iffland.

Effner: Berufsname, durch Entrundung entstandene Form von Öffner (▸ Offener).

Egart: ▸ Eckhard.

Egarter: ▸ Egerder.

Egbers: patronymische Bildung (starker Genitiv) zu ▸ Egbert.

Egbert: Nebenform von Eckbert (▸ Eckebrecht).

Ege: aus einer Kurzform von Rufnamen, die mit dem Namenwort *agi* gebildet sind, entstandener Familienname.

Egel: 1. Auf eine oberdeutsche Kurzform von ▸ Egloff, selten von ▸ Eckhard zurückgehender Familienname. 2. Niederdeutscher Übername zu mnd. *egel* ›Igel‹ nach dem Aussehen oder nach dem Verhalten (unnahbar, unfreundlich) des ersten Namensträgers.

Egele: ▸ Egle.

Egelhaaf: seit dem 18. Jh. nachweisbare Fehlschreibung von ▸ Egelhof.

Egelhof: 1. Herkunfts- bzw. Wohnstättenname zu den in Bayern häufigen Orts- und Hofnamen Egelhof(en), Eglhof(en). 2. Zum Teil liegt diesem Familiennamen eine Umdeutung des alten deutschen Rufnamens Egeloff (▸ Egloff) zugrunde.

Egelhofer, Egelhöfer: Ableitungen auf *-er* zu ▸ Egelhof.

Egeling: ▸ Eggeling.

Egelseer: Herkunftsname zu den in Bayern und Baden-Württemberg mehrfach vorkommenden Ortsnamen Egelsee, Eglsee.

Egen: aus einer Kurzform von ▸ Egenolf(f) hervorgegangener Familienname.

Egenolf(f): aus dem alten deutschen Rufnamen Eginolf *(agin + wolf)* entstandene Familiennamen. In den Quellen tritt jedoch häufig eine Vermischung mit ▸ Egloff zutage.

Eger: 1. Herkunftsname zu den Ortsnamen Eger (Nordwestböhmen), Egern (Bayern). 2. Eine Ableitung von dem Gewässernamen Eger (linker Nebenfluss der Elbe bzw. rechter Nebenfluss der Wörnitz in Südwestdeutschland) kommt nur vereinzelt infrage. 3. Gelegentlich kann diesem Familiennamen ein Berufsname für den eggenden Bauern (zu mhd. *egen* ›eggen‹) zugrunde liegen. ❖ So werden in Ulm (a. 1425) unter den landwirtschaftlichen Arbeitern *Greber, Eger* und *Ackergenger* genannt.

Egerder: 1. Oberdeutscher Wohnstättenname zu mhd. *egerde, egerte* ›Brachland‹. 2. Herkunftsname zu den Ortsnamen Ägerten (Schweiz), Egerten (Baden-Württemberg).

Egerer: 1. Ableitung auf *-er* zu ▸ Eger (1.), (2.). 2. Herkunftsname zu dem Ortsnamen Egerer (Bayern).

Egermann: Ableitung auf *-mann* zu ▸ Eger (1.), (2.).

Egert: vor allem im mitteldeutschen Bereich vorkommende Nebenform von ▸ Eggert.

Egerter: ▸ Egerder.

Eggarter ▸ Egerder.

Egg(e): ▸ Eck.

Eggebrecht: ▸ Eckebrecht.

Eggeling: aus einer in Norddeutschland bis ins 17. Jh. gebräuchlichen Koseform von ▸ Eckhard oder Eckbert (▸ Eckebrecht) entstandener Familienname.

Eggenschwiler: Herkunftsname zu dem Ortsnamen Eggenschweiler (Württemberg).

Egger: 1. Aus einer verkürzten Form von Eggert (▸ Eckhard) entstandener Familienname. 2. Ableitung auf *-er* zu Egg, ▸ Eck (2.) und (3.). 3. Berufsname für den eggenden Bauern (zu mhd. *egen* ›eggen‹; vgl. ▸ Eger [3.]).

Eggerding: patronymische Bildung auf *-ing* zu Eggert (▸ Eckhard).

Eggers: patronymische Bildung (starker Genitiv) zu ▸ Eger (1.).

Eggert: ▸ Eckhard.

Egghart: ▸ Eckhard.

Eggimann: alemannische, vor allem schweizerische Ableitung auf *-mann* zu ▸ Eck.

Egging, Eggingen, Egginger: ▸ Eckinger.

Eggl: 1. Auf eine bairisch-österreichische Kurzform von ▸ Egloff, selten von ▸ Eckhard zurückgehender Familienname. 2. Gelegentlich kann diesem Familiennamen auch ein Wohnstättenname (▸ Eck [3.]) zugrunde liegen.

Eggle, Eggli: 1. Auf alemannische Kurzformen von ▸ Egloff, selten von ▸ Eckhard zurückgehende Familiennamen. 2. Möglich ist auch die Herleitung von einem Wohnstätten- bzw. Hofnamen »am Eggli« (▸ Eck [3.]).

Eggmann: aus einer Ableitung von Egg (▸ Eck) mit dem Suffix *-mann* entstandener Familienname.

Egidi, Egidy: patronymische Bildungen (lateinischer Genitiv) zu dem Heiligennamen Ägidius. Der heilige Ägidius (7./8. Jh.), einer der vierzehn Nothelfer, war Abt des von ihm gegründeten Klosters St. Gilles in Südfrankreich. ❖ Viele Familiennamen, die auf Ägidius zurückgehen, zeugen für die Verbreitung des Rufnamens zur Zeit der Familiennamenentstehung (12.–15. Jh.). Als Beispiele lassen sich die Familiennamen **Gilg, Jilg** und **Gilch** mit den patronymischen Bildungen **Gilger** und **Gilcher**, ferner **Gill(e)** mit der Erweiterung **Gillmann, Gilles** und **Gillies** anführen. ❖ Durch weitere Verkürzung sind Familiennamen wie **Ilg(e), Ilgen, Illig, Il(l)gner** entstanden.

Egk: ▶ Eck. ❖ Bekannter Namensträger: Werner Egk, deutscher Komponist (20. Jh.).

Egle, Egli(n): ▶ Eggle.

Egloff: 1. Auf eine verschliffene Form von Egilolf (< Agilolf; *agil* + *wolf*) zurückgehender Familienname. ❖ Als Variante von Egloff begegnet uns der Familienname **Egolf**. ❖ Aus Kurz- und Koseformen sind u. a. die besonders in der Schweiz und in Südwestdeutschland verbreiteten Familiennamen **Eggl(e), Eggli, Egel, Egele, Egle, Egli(n), Egly** hervorgegangen. 2. Herkunftsname zu dem Ortsnamen Eglofs (Baden-Württemberg, Bayern).

Eglseer: ▶ Egelseer.

Egly: ▶ Eggle.

Egner: 1. Patronymische Bildung auf *-er* zu ▶ Egen. 2. Herkunftsname zu Ortsnamen wie Eggen (Baden-Württemberg, Bayern, Schweiz), Egenhofen (Bayern), Eggenberg (Baden-Württemberg, Bayern), Egern (Bayern), Ehingen (Baden-Württemberg; mda. *Egna*).

Egnolf(f): ▶ Egenolf(f).

Egolf: ▶ Egloff.

Ehalt: Berufsname zu mhd. *ēhalte* ›(in einem Vertragsverhältnis stehender) Dienstbote‹.

Eham: ▶ Eheim.

Ehart: ▶ Erhard(t).

Ehebald(t): durch Anlehnung an das Substantiv »Ehe« entstandene Form von ▶ Ewald.

Ehebrecht: ▶ Eckebrecht.

Ehehalt: ▶ Ehalt.

Eheim: Übername zu mhd. *œheim* ›Oheim, Mutterbruder; Schwestersohn, Neffe; Verwandter‹. Zur Unterscheidung von anderen Familienmitgliedern konnte auch die Bezeichnung des Verwandtschaftsverhältnisses dienen und zum Familiennamen werden.

Ehemann: ▶ Ehmann.

Ehinger: Herkunftsname zu dem häufigen Ortsnamen Ehingen (Baden-Württemberg, Bayern).

Ehl(e): aus einer Kurzform von ▶ Ehlert entstandene Familiennamen.

Ehlebracht: ▶ Eilbracht.

Ehlen: 1. Patronymische Bildung (schwacher Genitiv) zu ▶ Ehl(e). 2. Herkunftsname zu dem Ortsnamen Ehlen (Hessen, Niedersachsen).

Ehlend: ▶ Ellend.

Ehler: aus einer Variante von ▶ Ehlert entstandener Familienname.

Ehlers: patronymische Bildung (starker Genitiv) zu ▶ Ehler oder ▶ Ehlert.

Ehlert: aus den alten deutschen Rufnamen ▶ Adelhard(t) oder Agilhart, Eilhard *(agil + harti)* entstandener Familienname.

Ehling: patronymische Bildung auf *-ing* zu Ehl, einer Kurzform von ▶ Ehlert.

Ehm: 1. ▶ Eheim. 2. Auf eine Kurzform von ▶ Ehmer zurückgehender Familienname.

Ehmann: 1. Übername zu mhd. *ēman* ›Ehemann‹ (vgl. ▶ Eheim). 2. Übername zu mhd. *ē, ēwe* ›Recht, Gesetz‹ + mhd. *man* ›Mann‹ für einen durch Vertrag Gebundenen oder mit einem Monopol Ausgestatteten.

Ehmcke: aus einer niederdeutschen Koseform von ▶ Ehm (2.) entstandener Familienname.

Ehmer: aus einer niederdeutsch-friesischen Form des alten Rufnamens Agimar *(agi + māri)* hervorgegangener Familienname.

Ehmke: ▶ Ehmcke.

Ehms: patronymische Bildung (starker Genitiv) zu ▶ Ehm (2.).

Ehmsen: patronymische Bildung auf *-sen* zu ▶ Ehm (2.).

Ehne: aus einer Kurzform von ▶ Ehnert gebildeter Familienname.

Ehnert: aus einer niederdeutsch-friesischen Form des alten deutschen Rufnamens Aginhart, Eginhart *(agin + harti)* entstandener Familienname.

Ehni: oberdeutscher Übername zu mhd. *ane, ene* ›Großvater‹. Zur Unterscheidung von anderen Familienmitgliedern konnte auch die Bezeichnung des Verwandtschaftsverhältnisses dienen und zum Familiennamen werden.

Ehnts: patronymische Bildung (starker Genitiv) zu einer zusammengezogenen Form von ▶ Ehnert.

Ehrat(h): ▶ Erhard(t).

Ehrbar: Übername zu mhd. *erbære* ›der Ehre gemäß sich benehmend, edel‹, mnd. *ērbar* ›ehrwürdig, edel, vornehm‹.

Ehren: 1. Aus einer einstämmigen Kurzform von Rufnamen, die mit »Ehren-« *(arn)* beginnen (z. B. ▶ Ehrenbrecht, ▶ Ehrenfried[t]), gebildeter Familienname. 2. Herkunftsname zu dem Ortsnamen Ehren (Niedersachsen, Bayern).

Ehrenberg: Herkunftsname zu dem häufigen Ortsnamen Ehrenberg (Nordrhein-Westfalen, Rheinland-Pfalz, Hessen, Thüringen, Sachsen, Baden-Württemberg, Bayern).

Ehrenbrecht: aus einer Umdeutung des alten deutschen Rufnamens Ernbrecht *(arn + beraht)* hervorgegangener Familienname.

Ehrenfried(t): aus einer Umdeutung des alten deutschen Rufnamens Arnfried *(arn + fridu)* entstandene Familiennamen.

Ehrenpreis: Übername zu mhd. *ērenprīslich* ›was Ehre, Preis verdient‹.

Ehrenreich: 1. Aus dem alten deutschen Rufnamen Ermenrich *(erm-/irm- + rīhhi)* entstandener Familienname. 2. Übername zu mhd. *ērenrīche* ›reich an Ehren, Ruhm‹.

Ehrens: patronymische Bildung (starker Genitiv) zu ▶ Ehren (1.).

Ehrentraut: metronymischer Familienname, dem der weibliche Rufname Ermentraut *(erm-/irm- + trūt)* zugrunde liegt.

Ehret: ▶ Erhard(t).

Ehrhard(t), Ehrhart(t): ▶ Erhard(t).

Ehrich, Ehrig: ▶ Erich.

Ehring(er): Herkunftsnamen zu den häufigen Ortsnamen Ehring (Bayern), Ering (Bayern), Ehringen (Hessen, Bayern).

Ehrismann: schweizerischer und südwestdeutscher Familienname, der auf eine Erweiterung des alten deutschen Rufnamens Eri(n)zo *(ērin)* mit dem Suffix *-mann* zurückgeht.

Ehrke: aus einer niederdeutschen Koseform von Rufnamen, die mit dem Namenwort *ēra* gebildet sind, entstandener Familienname.

Ehrl(e): aus Koseformen von Rufnamen, die mit dem Namenwort *ēra* gebildet sind (z. B. ▶ Erhard[t]), hervorgegangene Familiennamen.

Ehrler: 1. Patronymische Bildung auf *-er* zu ▶ Ehrl(e). 2. Herkunftsname zu dem Ortsnamen Ehrl (Bayern).

Ehrlich: Übername zu mhd. *ērlich* ›mit Ansehen und Ehre versehen, ehrenwert, ansehnlich, vortrefflich‹.

Ehrmann: 1. Aus einer mit dem Suffix *-mann* gebildeten Koseform von Rufnamen, die das Namenwort *ēra* enthalten (z. B. ▶ Erhard[t]), hervorgegangener Familienname. 2. Möglich ist auch das Vorliegen eines Übernamens im Sinne von ›Ehrenmann‹.

Ehrsam: Übername zu mhd., mnd. *ērsam* ›ehrbar, ehrenvoll, ehrenwert‹.

Ehrt: auf eine zusammengezogene Form von ▶ Erhard(t) zurückgehender Familienname.

Ehrtmann: ▶ Erdmann.

Eib: 1. Herkunftsnamen zu häufigen Ortsnamen wie Eyb (Baden-Württemberg, Bayern), Eyba (Thüringen), Eibau (Sachsen), Eiben (Bayern). 2. Wohnstättenname zu mhd. *ībe, īwe* ›Eibe‹: ›wohnhaft am Eibengehölz‹.

Eibach: Herkunftsname zu den Ortsnamen Eibach (Nordrhein-Westfalen, Hessen, Bayern), Eybach (Baden-Württemberg), Eubach (Hessen).

Eiben: 1. Patronymische Bildung (schwacher Genitiv) zu einem mit dem Namenwort *īwa* gebildeten Rufnamen. 2. Herkunftsname zu den Ortsnamen Eiben, Euben (Bayern).

Eibenschuetz: 1. Berufsname für den Bogen- oder Armbrustschützen. Das Holz der Eibe (mhd. *īwe*) eignete sich besonders gut zur Herstellung von Bogen. 2. Herkunftsname zu dem Ortsnamen Eibenschitz (Mähren).

Eiber: Ableitung auf *-er* zu ▶ Eib.

Eibich(t): Wohnstättennamen für jemanden, der am Eibengehölz wohnte.

Eibisch: 1. Berufsübername für den Kräutersammler oder Apotheker zu mhd. *ībesch(e)* ›Eibisch‹. Diese Heilpflanze spielte eine wichtige Rolle in der mittelalterlichen Medizin. 2. Gelegentlich kann diesem Familiennamen auch ein Wohnstättenname zugrunde liegen: ›wohnhaft an einer Stelle, wo Eibisch wächst‹.

Eibl: Ableitung von ▶ Eib (2.) mit *-l-*Suffix.

Eibler: Ableitung auf *-ler* zu ▶ Eib.

Eibner: 1. Herkunftsname zu den Ortsnamen Eiben, Euben (Bayern). 2. Wohnstättenname oder Herkunftsname, Ableitung auf *-ner* zu ▶ Eib.

Eich: 1. Wohnstättenname zu mhd. *eich* ›Eiche‹: ›wohnhaft unter Eichen oder bei einer großen Eiche‹. 2. Herkunftsname zu den überaus häufigen Ortsnamen Eich, Eiche, Eichen. 3. Gelegentlich kann diesem Familiennamen auch ein Hausname zugrunde liegen. ❖ Bekannter Namensträger: Günter Eich, deutscher Schriftsteller (20. Jh.).

Eichbaum: Wohnstättenname: ›wohnhaft bei einer großen Eiche‹.

Eichberger: 1. Oberdeutscher Wohnstättenname zu einem Hof namens Eichberg/Aichberg (Tirol, Salzburg). 2. Herkunftsname zu den in Deutschland und Österreich häufigen Ortsnamen Eichberg, Aichberg.

Eichbichler: durch Entrundung entstandene Form von ▶ Eichbüchler.

Eichbüchler: 1. Herkunftsname zu den Ortsnamen Aichbühl (Baden-Württemberg), Eichbühl (Bayern, Baden-Württemberg), Aichbichl, Eichbichl (Bayern). 2. Wohnstättenname: ›wohnhaft an einem mit Eichen bestandenen Hügel‹ (zu mhd. *bühel* ›Hügel‹).

Eiche: ▶ Eich.

Eichel: 1. Aus einer Ableitung von ▶ Eich (1.) mit -*l*-Suffix oder aus einem gleichlautenden Flurnamen entstandener Familienname. 2. Herkunftsname zu dem Ortsnamen Eichel bei Wertheim (Baden-Württemberg). 3. Übername zu mnd. *ekel*, mhd. *eichel* ›Eichel‹, vielleicht für einen Bauern, der die Schweine mit Eicheln mästete.

Eichelbaum: ▶ Eichbaum.

Eichele: 1. Aus einer schwäbischen Ableitung von ▶ Eich (1.) entstandener Familienname. 2. Aus einem gleichlautenden Flurnamen entstandener Familienname.

Eichelkraut: Übername nach den Pflanzenbezeichnungen Centimorbia, Lysimachia nummularia, Ranunculus flammula, möglicherweise für einen Kräutersammler.

Eichelmann: Erweiterung von ▶ Eichel mit dem Suffix -*mann*.

Eichenauer: Herkunftsname zu dem Ortsnamen Eichenau (Hessen, Baden-Württemberg, Bayern, Schlesien, Ostpreußen).

Eichenberg(er): 1. Herkunftsnamen zu dem Ortsnamen Eichenberg (Baden-Württemberg, Rheinland-Pfalz, Bayern, Thüringen, Ostpreußen). 2. Wohnstättennamen: ›wohnhaft an einem mit Eichen bestandenen Berg‹.

Eichendorf(f): Herkunftsnamen zu dem Ortsnamen Eichendorf (Bayern, Nordrhein-Westfalen, Schlesien, Ostpreußen). ❖ Bekannter Namensträger: Joseph Freiherr von Eichendorff, deutscher Dichter (18./19. Jh.).

Eichenseer, Eichenseher: Herkunftsnamen zu dem Ortsnamen Eichensee (Oberpfalz, Schlesien, Ostpreußen).

Eicher: 1. Wohnstättenname oder Herkunftsname, Ableitung auf -*er* zu ▶ Eich. 2. Amtsname zu mhd. *īcher* ›Eicher, Visierer‹. Der Eicher war ein städtischer Beamter, der vor allem für das Ausmessen von Fässern und für die Kontrolle von Gewichten zuständig war.

Eichert: Erweiterung von ▶ Eicher mit sekundärem -*t*.

Eichholtz(er), Eichholz(er): 1. Herkunftsnamen zu dem häufigen Ortsnamen Eichholz (Schleswig-Holstein, Niedersachsen, Brandenburg, Sachsen-Anhalt, Nordrhein-Westfalen, Baden-Württemberg, Bayern, Schlesien, Ostpreußen). 2. Wohnstättennamen: ›wohnhaft am Eichenwald‹ (zu mhd. *holz* ›Wald‹).

Eichhorn: 1. Übername nach der Tierbezeichnung für einen beweglichen, emsigen Menschen oder für einen Kürschner, der den Pelz verarbeitete. 2. Ein Haus »Zum Eichhorn« ist in mehreren mittelalterlichen Städten bezeugt, so z. B. in Speyer (a. 1297), in Köln (a. 1401), in Freiburg (a. 1460). 3. Wohnstättenname: ›wohnhaft an einem mit Eichen bestandenen Landvorsprung‹ oder umgedeutet aus oberdeutsch *Eicharn*: ›bei den Eichen‹. 4. Herkunftsname zu dem gleichlautenden Ortsnamen (Brandenburg, Ostpreußen, Österreich).

Eichhorst: Herkunftsname zu dem gleichlautenden Ortsnamen (Brandenburg, ehem. Brandenburg/jetzt Polen, Mecklenburg-Vorpommern, Schleswig-Holstein, Schlesien, Ostpreußen).

Eichinger: 1. Herkunftsname zu den in Bayern und Österreich mehrfach vorkommenden Ortsnamen Eiching, Aiching. 2. Mit dem Doppelsuffix -*ing* + -*er* gebildeter Wohnstättenname oder Hofname zu ▶ Eich (1.), zu mhd. *eichach* ›Eichenwald‹ oder Herkunftsname zu ▶ Eich (2.).

Eichler: Ableitung auf -*ler* zu ▶ Eich.

Eichmann: Ableitung auf -*mann* zu ▶ Eich.

Eichner: 1. Ableitung auf -*ner* zu ▶ Eich. 2. ▶ Eicher (2.).

Eichstädt, Eichstätt, Eichstedt(er), Eichstetter: Herkunftsnamen zu den Ortsnamen

Eichstädt (Brandenburg), Eichstätt (Bayern), Eichstedt (Sachsen-Anhalt), Eichstetten (Baden-Württemberg), Eichstätten (Schlesien).

Eichter: Berufsname zu bair. *auchten, äuchten, eichten* ›das Vieh zu einer bestimmten Tageszeit weiden lassen‹ für einen Bauern (vgl. ▶ Auchter).

Eick: 1. Herkunftsname zu dem gleichlautenden Ortsnamen (Nordrhein-Westfalen). 2. Niederdeutscher Wohnstättenname: ›wohnhaft unter Eichen oder bei einer großen Eiche‹ (mnd. *eke* ›Eiche‹).

Eicke: 1. Auf eine friesische Koseform von ▶ Eilert zurückgehender Familienname. 2. ▶ Eick (2).

Eicker: Ableitung auf *-er* zu ▶ Eick.

Eickhof(f): 1. Herkunftsnamen zu den Ortsnamen Eickhof (Mecklenburg-Vorpommern), Eickhoff (Niedersachsen, Nordrhein-Westfalen). 2. Möglich ist auch die Herleitung von einem norddeutschen Hofnamen (›Eichenhof‹).

Eickmann: Ableitung auf *-mann* zu ▶ Eick.

Eidam, Eidem, Eiden: Übernamen zu mhd. *eidem, eiden* ›Schwiegersohn, Schwiegervater‹. Zur Unterscheidung von anderen Familienmitgliedern konnte auch die Bezeichnung des Verwandschaftsverhältnisses dienen und zum Familiennamen werden.

Eierer: Berufsname zu mhd. *eierære* ›Eierverkäufer‹.

Eieresser: Übername nach der Lieblingsspeise.

Eierkuchen: Berufsübername für den Koch oder Übername nach dem Lieblingsgericht.

Eiermann: Berufsname auf *-mann* für den Eierverkäufer.

Eierschmalz: bairisch-österreichischer Berufsübername für den Koch oder Übername nach einer Vorliebe für die Speise.

Eifert: aus einer zusammengezogenen Form des alten deutschen Rufnamens Agifrid/Egifrid *(agi + fridu)* entstandener Familienname.

Eiffler, Eifler: Herkunftsnamen auf *-er* zu dem Landschaftsnamen Eifel.

Eigel: auf den alten Rufnamen Agilo *(agi)* zurückgehender Familienname.

Eigen: 1. Standesname zu mhd. *eigen* ›hörig, leibeigen‹ oder zu mhd. *eigen* ›ererbtes Grundeigentum im Gegensatz zum Lehen‹. 2. Herkunftsname zu den Ortsnamen Aigen (Bayern, Österreich), Eigen (Nordrhein-Westfalen, Bayern, Österreich, Schweiz).

Eigenbrod(t): Übernamen zu mhd. *einbrœtec* ›der sein eigenes Brot, seinen eigenen Herd hat‹.

Eigenherr: Standesname für jemanden, der auf eigenem Grund und Boden lebte (mhd. *eigenhërre*).

Eigenmann: Standesname zu mhd. *eigenman* ›Dienstmann, Höriger‹.

Eigensinn: Übername für einen eigensinnigen Menschen.

Eigner: 1. Standesname zu mhd. *eigen* ›ererbtes Grundeigentum im Gegensatz zum Lehen‹ für jemanden, der auf eigenem Besitz lebte. 2. Herkunftsname auf *-er* zu den Ortsnamen Aigen (Bayern, Österreich), Eigen (Nordrhein-Westfalen, Bayern, Österreich, Schweiz).

Eilbracht, Eilbrecht: aus dem alten deutschen Rufnamen Agilbrecht *(agil + beraht)* hervorgegangene Familiennamen.

Eilenbecker, Eiler: (west)mittel- bis oberdeutsche, durch Entrundung entstandene Formen der Berufsbezeichnungen Äulenbäcker, Äuler (zu mhd. *üle* ›Topf‹) für den Töpfer (vgl. ▶ Töpfer). ❖ Schon um einen festen Familiennamen handelt es sich bei *Chunrad eyler schnider*, München a. 1394.

Eilers: patronymische Bildung (starker Genitiv) zu ▶ Eilert.

Eilert: aus dem alten deutschen Rufnamen Agilhart, Eilhard *(agil + harti)* hervorgegangener Familienname.

Eilger: ▶ Elger.

Eilke: aus einer niederdeutschen Koseform von ▶ Eilert entstandener Familienname.

Eilken: patronymische Bildung (schwacher Genitiv) zu ▶ Eilke.

Eilmann: aus einer mit dem Suffix *-mann* gebildeten Koseform von Eilhart (▶ Eilert) entstandener Familienname.

Eilrich: aus dem alten deutschen Rufnamen Agilrich *(agil + rīhhi)* entstandener Familienname.

Eilts: patronymische Bildung (starker Genitiv) zu einer zusammengezogenen Form von ▶ Eilert.

Eim(e): 1. Aus einer Kurzform von ▶ Eimer hervorgegangene Familiennamen. 2. Herkunftsnamen zu dem Ortsnamen Eime (Niedersachsen).

Eimecke: aus einer niederdeutschen Koseform von ▶ Eim(e) hervorgegangener Familienname.

Eimen: 1. Patronymische Bildung (schwacher Genitiv) zu ▶ Eim(e) (1.). 2. Herkunftsname zu dem gleichlautenden Ortsnamen in Niedersachsen.

Eimer: aus einer niederdeutsch-friesischen Form des alten deutschen Rufnamens Agimar *(agi + māri)* entstandener Familienname.

Eimers: patronymische Bildung (starker Genitiv) zu ▶ Eimer.

Eimke: 1. Aus einer Koseform von ▶ Eim(e) (1.) entstandener Familienname. 2. Herkunftsname zu dem gleichlautenden Ortsnamen bei Uelzen (Niedersachsen).

Einbrodt: ▶ Eigenbrod(t).

Eineder: entrundete Form von ▶ Einöder.

Einem: Herkunftsname zu den Ortsnamen Einem, Einum (Niedersachsen).

Einemann: Herkunftsname auf -mann zu den Ortsnamen Einen (Niedersachsen, Nordrhein-Westfalen) Einem, Einum (Niedersachsen).

Einen(c)kel: Übernamen zu mhd. *enenkel, eninkel* ›Enkel‹. Zur Unterscheidung von anderen Familienmitgliedern konnte auch die Bezeichnung des Verwandschaftsverhältnisses dienen und zum Familiennamen werden. ❖ *Rüger Eninchel* ist a. 1338 in Regensburg bezeugt.

Einert: auf eine verschliffene Form von ▶ Einhard zurückgehender Familienname.

Einetter: ▶ Eineder.

Einhard, Einhar(d)t: aus dem gleichlautenden Rufnamen *(ein + harti)* entstandene Familiennamen.

Einhorn: Hausname zu mhd. *eingehürne, einhürne* ›Einhorn‹. Das Einhorn war im Mittelalter ein beliebtes Hauszeichen. ❖ Im Jahre 1325 ist *Cunr. zem Einhorn* in Basel belegt.

Einig: Herkunftsname zu dem gleichlautenden Ortsnamen bei Mayen (Rheinland-Pfalz).

Eining: Herkunftsname zu dem gleichlautenden Ortsnamen (Bayern).

Einöder: 1. Herkunftsname zu den in Bayern und Österreich häufig vorkommenden Ortsnamen Einöd, Einöde, Einöden. 2. Bairisch-österreichischer Wohnstättenname (Hofname) zu bair. *Einöde* (< mhd. *einœte,* ahd. *einōti* ›Einsamkeit‹) ›Einödhof, allein stehender Hof‹.

Einolf: aus dem alten deutschen Rufnamen Eginolf *(agin + wolf)* hervorgegangener Familienname.

Einsiedel: 1. Herkunftsname zu den häufigen Ortsnamen Einsiedel (Bayern, Baden-Württemberg, Thüringen, Sachsen, Schlesien, Ostpreußen), Einsiedl (Bayern, Schlesien), Einsiedeln (Bayern, Schweiz). 2. Übername zu mhd. *einsidel* ›Einsiedler, Eremit‹ für einen Menschen, der zurückgezogen lebte bzw. die Einsamkeit liebte.

Einstein: Herkunftsname zu dem gleichlautenden Ortsnamen. Einstein war z. B. der alte Name von Mannelstein (Elsass). ❖ Bekannter Namensträger: Albert Einstein, deutscher Physiker (19./20. Jh.).

Einstmann: Herkunftsname auf -mann zu dem Ortsnamen Einste (Niedersachsen).

Eints: patronymische Bildung (starker Genitiv) zu Eint, einer friesischen Kurzform von ▶ Einhard.

Eip(p)er: 1. Herkunftsnamen zu dem Ortsnamen Ypern in Flandern. 2. Übernamen für einen Kaufmann, der Tuchhandel mit der flämischen Stadt betrieb.

Eip(p)ert: aus dem alten deutschen Rufnamen Agibrecht/Egibrecht *(agi + beraht)* entstandene Familiennamen.

Eirenschmalz: ▶ Eierschmalz.

Eiresser: ▶ Eieresser.

Eirich: auf den alten deutschen Rufnamen Agirich *(agi + rīhhi)* zurückgehender Familienname.

Eis: aus dem alten Rufnamen Iso *(īsan)* gebildeter Familienname.

Eisel(e): 1. Auf Koseformen von Rufnamen, die mit dem Namenwort *īsan* gebildet sind, zurückgehende Familiennamen. 2. Berufsübernamen zu mhd. *īsen* ›Eisen‹ für einen Schmied oder Eisenhändler bzw. Übernamen für einen eisernen, beständigen Menschen.

Eiselt: ▶ Eisold.

Eisemann: ▶ Eisenmann.

Eisen: 1. Auf eine Kurzform von Rufnamen, die mit dem Namenwort *īsan* gebildet sind,

Eisentraut E

zurückgehender Familienname. 2. Berufsübername zu mittelhochdeutsch *īsen* ›Eisen‹ für einen Schmied oder Eisenhändler bzw. Übername für einen eisernen, beständigen Menschen.

Eisenach(er): Herkunftsnamen zu dem Ortsnamen Eisenach (Thüringen, Rheinland-Pfalz).

Eisenbach: Herkunftsname zu dem gleichlautenden Ortsnamen (Hessen, Rheinland-Pfalz, Baden-Württemberg, Bayern).

Eisenbart(h): 1. Durch Umdeutung aus dem alten deutschen Rufnamen Isenbert *(īsan + beraht)* entstandene Familiennamen. 2. Niederdeutsche Übernamen zu mnd. *isernbart, isernbort* ›Goldammer, Eisvogel‹. ❖ *Bekannter Namensträger: Johannes Andreas Eisenbarth, deutscher Heilkundiger (17./18. Jh.).*

Eisenbein: Übername, der wohl als eine Anspielung auf die Rüstung zu verstehen ist.

Eisenbeis, Eisenbeiss, Eisenbeiß: Übernamen zu mhd. *īsenbīʒ* ›Eisenfresser, Gaukler‹, fnhd. *eisenbeißer* ›Prahlhans‹. ❖ *Herman Eisempeiss ist a. 1397 in Nürnberg bezeugt.*

Eisenberg(er): Herkunftsnamen zu dem Ortsnamen Eisenberg (Bayern, Rheinland-Pfalz, Thüringen, Schlesien, Ostpreußen, Österreich, Böhmen).

Eisenblätter: Berufsname für den Walzschmied, der das Eisen zwischen Walzen platt machte.

Eisenbold: 1. Aus dem alten deutschen Rufnamen Isanbald *(īsan + bald)* entstandener Familienname. 2. Herkunftsname zu dem Ortsnamen Eisenbolz (Bayern).

Eisenbrand(t): aus dem alten deutschen Rufnamen Isenbrand *(īsan + brant)* entstandene Familiennamen.

Eisenburg(er): Herkunftsnamen zu dem Ortsnamen Eisenburg (Bayern, Ungarn).

Eisenführ(er): Berufsnamen für den Eisenhändler (zu mhd. *vüerer* ›der Waren mit sich führt, befördert‹).

Eisengar(d)t, Eisengarten: metronymische Familiennamen, denen der weibliche Rufname Isengart *(īsan + gart)* zugrunde liegt.

Eisengraber, Eisengräber: Berufsnamen für den Münzstempelpräger (mhd. *īsengraber*).

Eisengrein: aus dem alten deutschen Rufnamen Isangrim *(īsan + grīm)* entstandener Familienname.

Eisenhard(t): 1. Aus dem alten deutschen Rufnamen Isenhard *(īsan + harti)* gebildete Familiennamen. 2. Übernamen zu mhd. *īsenhart* ›Eisenkraut‹ bzw. zu mhd. *īsenhert* ›hart wie Eisen‹.

Eisenhauer: Berufsname für einen Bergmann im Erzbergwerk. ❖ *Die Vorfahren des amerikanischen Präsidenten Dwight D. Eisenhower (19./20. Jh.) wanderten im 18. Jh. aus dem Odenwald nach Amerika aus.*

Eisenhof(er): Herkunftsnamen zu dem Ortsnamen Eisenhofen (Bayern).

Eisenhut(h): Übernamen zu mhd. *īsenhuot* ›Eisenhut, Kopfbedeckung aus Eisenblech, Helm‹ für den Hersteller oder den Träger. ❖ *der alt ysenhut ist a. 1385 in Esslingen überliefert.*

Eisenkolb, Eisenkölbl: Übernamen zu mhd. *īsenkolbe* ›Kolben aus Eisen‹ für den Hersteller oder den Benutzer der Waffe.

Eisenkopf: Übername für einen eigensinnigen, hartnäckigen Menschen.

Eisenkraemer, Eisenkrämer, Eisenkremer: Berufsnamen für den Eisenhändler.

Eisenlöffel: Übername zu mhd. *īsenleffel* ›Löffel aus Eisen‹ für den Hersteller oder den Benutzer.

Eisenloher, Eisenlohr: Wohnstättennamen für jemanden, der an einem Wald (mhd. *lōch*) wohnte, wo Eisensteine zum Schmelzen gefunden wurden.

Eisenmann: Berufsname auf -mann für den Eisenhändler. ❖ *Cunrat Eisenman ist a. 1273 in Nürnberg bezeugt.*

Eisenmenger: Berufsname zu mhd. *īsenmenger* ›Eisenhändler‹. ❖ *Wernherus Eisenmangær ist a. 1287 in Regensburg bezeugt.*

Eisenreich: aus dem alten deutschen Rufnamen Isanrich *(īsan + rīhhi)* hervorgegangener Familienname. ❖ *Bekannter Namensträger: Herbert Eisenreich, österreichischer Schriftsteller (20. Jh.).*

Eisenring: Berufsübername zu mhd. *īsenrinc* ›Eisen-, Panzerring‹ für den Panzerschmied.

Eisenschmid(t), Eisenschmied: Berufsnamen für den Schmied, der Eisen verarbeitete, im Gegensatz etwa zum Blech-, Kupfer-, Stahlschmied u. Ä.

Eisentraut: metronymischer Familienname, dem der weibliche Rufname Isentrut *(īsan + trūt)* zugrunde liegt.

Eisenwinder, Eisenwinter: Herkunftsnamen zu dem Ortsnamen Eisenwind (Oberfranken).

Eiser: 1. Aus dem alten deutschen Rufnamen Iser (*īsan*) entstandener Familienname. 2. Übername zu mhd. *īser(n)* ›(das verarbeitete) Eisen, eiserne Waffe, Rüstung‹.

Eisermann: 1. Übername zu mhd. *īserīn* ›aus Eisen‹ nach dem »eisernen« Charakter des ersten Namensträgers. 2. Berufsname, Variante von ▶ Eisenmann.

Eisert: durch Zusammenziehung entstandene Form von ▶ Eisenhard(t) (1.).

Eisfeld(t): Herkunftsnamen zu dem Ortsnamen Eisfeld (Thüringen, Schlesien).

Eisinger: Herkunftsname zu den Ortsnamen Eisingen (Baden-Württemberg, Bayern, Ostpreußen), Eisingerhof (Bayern).

Eisler: Berufsname für den Eisenwarenhändler. ❖ Bekannter Namensträger: Hanns Eisler, deutscher Komponist (19./20. Jh.).

Eismann: auf eine Erweiterung von ▶ Eis mit dem Suffix *-mann* zurückgehender Familienname.

Eisner: 1. Berufsname für den Eisenwarenhändler. 2. Herkunftsname zu dem Ortsnamen Isny (früher *Eyßne*).

Eisold: 1. Auf den alten deutschen Rufnamen Isenwalt/Iswalt (*īsan + walt*) zurückgehender Familienname. 2. Gelegentlich kann es sich um einen metronymischen Familiennamen handeln. Durch die Bearbeitung des Tristan-Stoffes durch Eilhard von Oberge (12. Jh.) und Gottfried von Straßburg (13. Jh.) wurde der Name Isolde bekannt und fand bald Eingang in die Namengebung.

Eissler, Eißler: ▶ Eisler.

Eißlich: Übername zu mhd. *egeslich, eislich* ›schrecklich, furchtbar, abscheulich‹.

Eissner, Eißner: ▶ Eisner.

Eisvogel: Übername nach der Vogelbezeichnung. Dabei kann es sich um ein Hauszeichen handeln, wie es z. B. für Würzburg belegt ist. ❖ *Heinricus Eisuogel* ist a. 1296 in Nürnberg bezeugt.

-eit: patronymische Endung, verkürzte Form des litauischen Suffixes *-aitis*. Ursprünglich in Ostpreußen verbreitete Familiennamen wie ▶ Adomeit, ▶ Schneidereit sind als ›Sohn/Nachkomme des Adam bzw. des Schneiders‹ zu verstehen.

Eitel: aus dem alten Rufnamen Eitel (mhd. *ītel* ›rein, unverfälscht‹) hervorgegangener Familienname. Da *ītel* auch ›bloß, nur‹ bedeutete, wurde es seit Ende des 14. Jh., als man begann, mehrere Rufnamen zu haben, auch als Namenszusatz verwendet, wenn jemand nur einen Namen trug, also »Eitelfritz« = ›nur Fritz‹. Für die Entstehung des Familiennamens ist jedoch von der Verwendung von Eitel als Einzelrufname auszugehen.

Eitner: 1. Aus Eite, einer Zusammenziehung von Agathe (▶ Agethen), gebildeter Familienname. 2. Berufsname zu mhd. *eiten* ›brennen, heizen, schmelzen‹.

Eitz: aus dem alten Rufnamen Egizo *(agi)* entstandener Familienname.

Eixmann: Herkunftsname auf *-mann* zu dem Ortsnamen Eixe bei Peine (Niedersachsen).

-ek: polnisches, tschechisches und slowakisches Suffix. So sind Familiennamen wie ▶ Adamek, ▶ Michalek oder ▶ Urbane(c)k ursprünglich in einer dieser Sprachen entstanden. Bei Familiennamen sorbischer Herkunft kann ein sekundäres Suffix *-ek* begegnen, das unter dem Einfluss des Deutschen durch Vokalabschwächung in unbetonten Silben aus den Suffixen *-ik* bzw. *-ak* entstanden ist.

-el: ▶ -l.

Elbe: Herkunftsname zu den Ortsnamen Dingelbe, Groß-Elbe (Niedersachsen), Elben (Sachsen-Anhalt, Nordrhein-Westfalen, Rheinland-Pfalz) oder zum Gewässernamen Elbe.

Elbel: aus einer Koseform von ▶ Albrecht entstandener Familienname.

Elben: Herkunftsname zu dem Ortsnamen Elben (Sachsen-Anhalt, Nordrhein-Westfalen, Rheinland-Pfalz).

Elberding: patronymische Bildung auf *-ing* zu ▶ Elbert.

Elberfeld: Herkunftsname zu dem Ortsnamen Elberfeld (Wuppertal).

Elbers: patronymische Bildung (starker Genitiv) zu ▶ Elbert.

Elbert: auf den alten deutschen Rufnamen Agilbert, Egilbert *(agil + beraht)* zurückgehender Familienname. ❖ Als Varianten der Vollform begegnen uns die Familiennamen **Elbrecht** und **Elbracht**. ❖ Patronymische Bildungen im Genitiv sind die Familiennamen **Elbers, Elbertz** und **Elbrechtz**. ❖ **Elbrechter** ist ein patronymischer Familienname auf *-er*, der im Süden des deutschen Sprachgebiets heimisch ist.

Elbertz: patronymische Bildung (starker Genitiv) zu ▶ Elbert.

Elbing(er): Herkunftsnamen zu den Ortsnamen Elbing (ehem. Westpreußen/jetzt Polen), Elbingen (Niedersachsen, Rheinland-Pfalz).

Elbl, Elble, Elblein: aus Koseformen von ▶ Albrecht entstandene Familiennamen.

Elbracht, Elbrecht: ▶ Elbert.

Elbrechter: patronymische Bildung auf *-er* zu Elbrecht (▶ Elbert).

Elbrechtz: patronymische Bildung (starker Genitiv) zu Elbrecht (▶ Elbert).

Eldagsen: Herkunftsname zu dem gleichlautenden Ortsnamen (Niedersachsen, Nordrhein-Westfalen).

Elend: ▶ Ellend.

Elers: ▶ Ehlers.

Elert: ▶ Ehlert.

Eley: ▶ Eloy.

Elfers: patronymische Bildung (starker Genitiv) zu ▶ Elfert.

Elfert: 1. Aus den alten deutschen Rufnamen Alfhard *(alb + harti)*, Alfwart *(alb + wart)* oder Alfher *(alb + heri* mit sekundärem *-t)* hervorgegangener Familienname. 2. Herkunftsname zu dem Ortsnamen Elvert bei Coesfeld. ❖ *Thidericus de Elverde* ist a. 1351 in Coesfeld bezeugt.

Elflein: besonders im Raum Bamberg-Würzburg verbreiteter, aus einer Koseform von ▶ Elfert (1.) entstandener Familienname.

Elger: aus den alten deutschen Rufnamen Adalger *(adal + gēr)* oder Agilger *(agil + gēr)* entstandener Familienname.

Elgering: patronymische Bildung auf *-ing* zu ▶ Elger.

Elhardt: aus dem alten deutschen Rufnamen Ellenhart *(ellan + harti)* entstandener Familienname.

Elias: aus dem gleichlautenden Rufnamen hebräischen Ursprungs (›[mein] Gott ist Jahwe‹) entstandener Familienname. Als Name des alttestamentlichen Propheten fand Elias Eingang in die jüdische und christliche Namengebung. ❖ Bekannter Namensträger: Norbert Elias, Soziologe und Kulturphilosoph (19./20. Jh.).

Elies: ▶ Elias.

Ell: 1. ▶ Elle. 2. Herkunftsname zu dem Ortsnamen Ell bei Aachen.

Ellbogen: ▶ Ellenbogen.

Elle: Übername zu mhd. *elne, elle* ›Elle‹, vielleicht für einen Schneider oder Tuchhändler.

Ellegast: aus dem Sagenkreis um Dietrich von Bern in die Familiennamengebung übernommener Name des listenreichen Zwerges Elegast. ❖ Eines *elgastes hus* (Haus) ist bereits a. 1321 in Esslingen belegt.

Ellenberg(er): Herkunftsnamen zu dem Ortsnamen Ellenberg (Schleswig-Holstein, Niedersachsen, Sachsen-Anhalt, Hessen, Rheinland-Pfalz, Bayern, Baden-Württemberg).

Ellenbogen: 1. Herkunftsname zu den Ortsnamen Ehlenbogen (Baden-Württemberg), Ellbogen, Ellenbogen (Bayern), Elbogen/Loket (Westböhmen). 2. Wohnstättenname für jemanden, der an einer Biegung des Weges oder eines Wasserlaufs wohnte.

Ellenbracht: aus dem alten deutschen Rufnamen Ellenbert *(ellan + beraht)* hervorgegangener Familienname.

Ellend: 1. Übername zu mhd. *ellende* ›in der Fremde lebend, verbannt; unglücklich, jammervoll‹. 2. Herkunftsname zu dem häufigen Ortsnamen Elend (Nordrhein-Westfalen, Sachsen-Anhalt, Sachsen, Bayern, Schlesien). 3. Wohnstättenname nach einem gleichlautenden Flurnamen. ❖ *der Ellend* ist a. 1370 in Regensburg bezeugt.

Ellengast: ▶ Ellegast.

Eller: 1. Wohnstättenname zu mnd. *ellern* ›Erle‹. 2. Herkunftsname zu den Ortsnamen Eller (Nordrhein-Westfalen, Rheinland-Pfalz), Ellern (Nordrhein-Westfalen, Rheinland-Pfalz, Ostpreußen).

Ellerbrock: 1. Herkunftsname zu Ortsnamen wie Ellerbrock (Niedersachsen), Ellerbrook (Schleswig-Holstein), Ellerbruch (Niedersachsen, Nordrhein-Westfalen). 2. Wohnstättenname für jemanden, der an einem mit Erlen (▶ Eller) bestandenen Bruch (▶ Brock[e]) siedelte.

Ellermann: Wohnstättenname oder Herkunftsname, Ableitung auf *-mann* zu ▶ Eller.

Ellers, Ellert: ▶ Ehlers, ▶ Ehlert.

Elling(er): Herkunftsnamen zu den häufigen Ortsnamen Ellingen (Brandenburg, Niedersachsen, Rheinland-Pfalz, Bayern), Elling (Österreich).

Ellinghaus: Herkunftsname zu dem Ortsnamen Ellinghausen (Niedersachsen, Nordrhein-Westfalen).

Ellissen: patronymische Bildung auf *-sen* zu dem Rufnamen ▶ Elias.

Ellmann: Herkunftsname auf *-mann* zu den Ortsnamen Ell bei Aachen, Ellen (Bremen, Nordrhein-Westfalen).

Ellrich: ▶ Eilrich.

Ellwanger: Herkunftsname zu dem Ortsnamen Ellwangen (Baden-Württemberg).

Ellward(t), Ellwart(h): aus dem alten deutschen Rufnamen Eilward *(agil + wart)* hervorgegangene Familiennamen.

Elm: 1. Herkunftsname zu den Ortsnamen Elm (Niedersachsen, Nordrhein-Westfalen, Hessen, Saarland, Schweiz), Elme (Baden-Württemberg). 2. Wohnstättenname zu mhd. *ëlm(e)* ›Ulme‹: ›wohnhaft bei einer auffälligen Ulme‹.

Elmenhorst: Herkunftsname zu dem häufigen Ortsnamen Elmenhorst (Schleswig-Holstein, Mecklenburg-Vorpommern, Nordrhein-Westfalen).

Elmer: 1. Aus einer niederdeutschen Form des Rufnamens Agilmar *(agil + māri)* entstandener Familienname. 2. Ableitung auf *-er* zu ▶ Elm.

Eloy: aus dem Heiligennamen Eligius entstandener Familienname. Der heilige Eligius (7. Jahrhundert) wurde vor allem im Rheinland und in Südwestdeutschland verehrt. Dieser Heilige ist der Patron der Gold- und Hufschmiede. ❖ Mehrere heutige Familiennamen gehen auf diesen Heiligennamen zurück: Neben **Eley** gehören auch die Familiennamen **Gley, Gloy, Kloy, Ley, Loy** hierzu.

Els: ▶ Else.

Elsässer, Elsäßer: Herkunftsnamen, Ableitungen auf *-er* zu dem Landschaftsnamen Elsass.

Elschner: ▶ Elsner, ▶ Oelschner.

Else: 1. Wohnstättenname zu mnd. *else* ›Erle‹: ›wohnhaft am Erlengebüsch‹. 2. Herkunftsname zu den Ortsnamen Elsa (Oberfranken, Sachsen), Elsdorf (Schleswig-Holstein, Niedersachsen, Nordrhein-Westfalen, Sachsen-Anhalt, Sachsen), Elsen (Nordrhein-Westfalen). 3. Gelegentlich ist eine Vermischung mit ▶ Eltz(e), ▶ Elz(e) möglich.

Elsemann: 1. Ableitung auf *-mann* zu ▶ Else. 2. Metronymischer Familienname zu Else, einer Kurzform von Elisabeth.

Elsen: 1. Herkunftsname zu dem gleichlautenden Ortsnamen (Nordrhein-Westfalen). 2. Metronymischer Familienname (schwacher Genitiv) zu Else, einer Kurzform von Elisabeth.

Elsenhans: metronymischer Familienname, der auf ›Hans, Sohn der Frau Else (< Elisabeth)‹ zurückgeht.

Elser: metronymischer Familienname auf *-er* zu Els(e), einer Kurzform von Elisabeth.

Elsheimer: Herkunftsname zu dem Ortsnamen Elsheim (Rheinland-Pfalz). ❖ Bekannter Namensträger: Adam Elsheimer, deutscher Maler und Radierer (16./17. Jh.).

Elsholz: 1. Herkunftsname zu dem Ortsnamen Elsholz (Brandenburg). 2. Niederdeutscher Wohnstättenname: ›wohnhaft am Erlengebüsch‹ (zu mnd. *else* ›Erle‹).

Elsler: ▶ Elser.

Elsner: 1. Herkunftsname zu dem Ortsnamen Elsen (Nordrhein-Westfalen). 2. Niederdeutscher Wohnstättenname zu mnd. *else* ›Erle‹. 3. Vermischung mit ▶ Oelschner, ▶ Ölsner, ▶ Elschner ist möglich. ❖ Bekannte Namensträgerin: Hannelore Elsner, deutsche Filmschauspielerin (20./21. Jh.).

Elster: 1. Herkunftsname zu den Ortsnamen Elster (Sachsen-Anhalt), Bad Elster, Elstra (Sachsen). 2. Gelegentlich Wohnstättenname nach den Gewässernamen Schwarze Elster, rechter Nebenfluss der Elbe, bzw. Weiße Elster, rechter Nebenfluss der Saale. 3. Übername nach der Vogelbezeichnung für einen diebischen Menschen.

Elstermann: Ableitung auf *-mann* zu ▶ Elster (1.) und (2.).

Elstner: Herkunftsname bzw. Wohnstättenname; ▶ Elster (1.) und (2.). ❖ Bekannter Namensträger: Frank Elstner, deutscher Fernsehmoderator (20./21. Jh.).

Elter: 1. Übername für den Älteren, den Senior. 2. Herkunftsname zu Ortsnamen wie Elte, Elten (Nordrhein-Westfalen), Eltern (Niedersachsen), Elters (Hessen).

Eltermann: 1. Ableitung auf *-mann* zu ▶ Elter. 2. Amtsname zu mnd. *olderman* ›Ältermann, Vorsteher (einer Körperschaft, einer Kirche, einer geistlichen Bruderschaft)‹.

Elting(er): Herkunftsnamen zu dem Ortsnamen Eltingen (Baden-Württemberg).

Eltz(e): Herkunftsnamen zu Ortsnamen wie Eltz (Rheinland-Pfalz), Elz (Niedersachsen, Hessen), Eltze, Elze (Niedersachsen).

Elvers: patronymische Bildung (starker Genitiv) zu Elver(t) (▶ Elfert).

Elvert: ▶ Elfert.

Elwert: aus dem alten deutschen Rufnamen Agilwart *(agil + wart)* hervorgegangener Familienname.

Elz(e): ▶ Eltz(e).

Elzner: ▶ Elsner.

Embert, Embrecht: auf den alten deutschen Rufnamen Aginbert *(agin + beraht)* zurückgehende Familiennamen.

Emde(n): Herkunftsnamen zu den Ortsnamen Emde (Nordrhein-Westfalen), Emden (Ostfriesland, Sachsen-Anhalt).

Emeis: ▶ Ameis.

Emich, Emig: auf verschliffene Formen von ▶ Emmerich zurückgehende Familiennamen.

Emmel: aus Emmelrich, einer umgelauteten Form von Amelrich *(amal + rīhhi)*, entstandener Familienname.

Emmelmann: aus einer mit dem Suffix *-mann* gebildeten Koseform von ▶ Emmel entstandener Familienname.

Emmer: 1. Für diesen vorwiegend bairischen Namen kommt eine Herleitung von bair. *Emmer* ›Eimer‹, auch ein altes Hohlmaß, infrage. Der Weinemmerer arbeitete z. B. in einer Weinniederlage. 2. Aus dem alten deutschen Rufnamen Agimar *(agi + māri)* entstandener Familienname.

Emmerich: 1. Aus dem gleichlautenden deutschen Rufnamen hervorgegangener Familienname. Die Herkunft des Rufnamens Emmerich ist nicht eindeutig geklärt. Infrage kommen eine umgelautete Nebenform von Amelrich *(amal + rīhhi)* sowie eine Variante von ▶ Heinrich oder von Ermenrich *(ermen/irmin + rīhhi)*. 2. Herkunftsname zu dem Ortsnamen Emmerich (Nordrhein-Westfalen).

Emmerling: Übername zu fnhd. (bair.-österr.) *emerling* ›Goldammer‹ für einen Menschen, der gerne singt.

Emmermann: Herkunftsname auf *-mann* zu dem Ortsnamen Emmern bei Hameln (Niedersachsen) oder Wohnstättenname zu dem Gewässernamen Emmer, Nebenfluss der Weser.

Emmert: diesem von Franken bis Südwestdeutschland häufig vorkommenden Familiennamen liegt der alte Rufname Emhart (wahrscheinlich *erm/irm + harti*) zugrunde.

Emmich: aus einer verschliffenen Form von ▶ Emmerich entstandener Familienname.

Emminger: Herkunftsname zu den Ortsnamen Emming (Bayern), Emmingen, Hochemmingen (Baden-Württemberg).

Emmrich, Emrich: ▶ Emmerich.

Ems(er): Herkunftsnamen zu dem häufigen Ortsnamen Ems (Nordrhein-Westfalen, Rheinland-Pfalz) oder Hohenems in Vorarlberg (Österreich).

-en: Endung des schwachen Genitivs. Bei Familiennamen auf *-en* handelt es sich um patronymische Bildungen, die vor allem im Nordwesten und Norden des deutschen Sprachgebiets heimisch sind. So ist ein Familienname wie ▶ Otten als ›Sohn des Otto‹ zu verstehen.

-ena: alte friesische Endung für den Genitiv des Plurals. Bei den friesischen Familiennamen auf *-ena* handelt es sich um patronymische Bildungen. So zeigt ein Familienname wie ▶ Agena die Zugehörigkeit zur Familie eines Ag(g)e an.

Enck(e): aus dem alten niederdeutsch-friesischen Rufnamen Eniko *(agin)* hervorgegangene Familiennamen.

End(e): Wohnstättennamen für jemanden, der am Ende eines Ortes wohnte. ❖ Bekannter Namensträger: Michael Ende, deutscher Schriftsteller (20. Jh.).

Endel: aus einer oberdeutschen umgelauteten Form von ▶ Andreas entstandener Familienname.

Endemann: Ableitung auf *-mann* zu ▶ End(e).

Ender: aus einer oberdeutschen umgelauteten Form von ▶ Andreas entstandener Familienname.

Enderle: aus einer schwäbischen Koseform von ▶ Ender gebildeter Familienname.

Enderlein: aus einer mit dem Suffix *-lein* gebildeten Ableitung von ▶ Ender entstandener Familienname.

Endermann: aus einer Koseform von ▶ Ender mit dem Suffix *-mann* entstandener Familienname.

Enders: aus einer oberdeutschen umgelauteten Form von ▶ Andreas hervorgegangener Familienname.

Endler: 1. Patronymische Form auf *-er* zu ▶ Endel. 2. Herkunftsname zu dem Ortsnamen Endlau (Bayern). ❖ Bekannter Namensträger: Adolf Endler, deutscher Schriftsteller (20./21. Jh.).

Endres, Endreß: aus einer oberdeutschen umgelauteten Form von ▶ Andreas hervorgegangene Familiennamen.

Endrikat: patronymische Bildung litauischer Herkunft zu ▶ Andreas, die ursprünglich in Ostpreußen verbreitet war.

Endrulat, Endruleit: patronymische Bildungen litauischer Herkunft zu ▶ Andreas, die ursprünglich in Ostpreußen verbreitet waren.

Endruscheit, Endruweit: patronymische Bildungen litauischer Herkunft zu ▶ Andreas, ursprünglich in Ostpreußen verbreitet.

Enenkel: ▶ Einen(c)kel.

-enga: friesische patronymische Endung. So ist ein Familienname wie ▶ Mennenga als ›Sohn/Nachkomme eines Menn(e) (= Meinhard)‹ zu verstehen.

Enge: 1. Wohnstättenname zu mhd. *enge* ›Enge, beengter Weg, schmales Tal, Schlucht‹ für jemanden, der an einer solchen Geländestelle siedelte. Gelegentlich tritt in den Quellen eine Vermischung mit ▶ End(e), ▶ Endemann auf. 2. Herkunftsname zu Ortsnamen wie Eng (Rheinland-Pfalz, Bayern), Enge (Schleswig-Holstein, Schlesien, Baden-Württemberg, Schweiz).

Engel: 1. Auf eine Kurzform von Rufnamen, die mit »Engel-« beginnen (z. B. ▶ Engelhard[t]), zurückgehender Familienname. Eine Ableitung von einem Frauennamen (z. B. Engelburg, Engelheid, Engel) dürfte nur ganz vereinzelt infrage kommen. 2. Ein Hausname »Zum Engel« ist im mittelalterlichen Deutschland mehrmals nachweisbar. ❖ So ist z. B. *Hans zum Engel* i. J. 1439 in Mainz überliefert. 3. Gelegentlich kann auch ein Übername zu mhd. *engel* ›Engel‹ für einen guten Menschen vorliegen.

Engelage: Herkunftsname zu dem gleichlautenden Ortsnamen (Nordrhein-Westfalen).

Engeland: auf den Ländernamen England zurückgehender Familienname. Im Allgemeinen handelt es sich hierbei um einen Übernamen, der auf Handelsbeziehungen oder auf einen Aufenthalt in England hinweist. ❖ Dies dürfte auch für den a. 1372 in München belegten *Engelland messer* zutreffen.

Engeländer: Ableitung auf *-er* zu ▶ Engeland.

Engelberg(er): Herkunftsnamen zu dem Ortsnamen Engelberg (Baden-Württemberg, Schweiz, Österreich).

Engelbert, Engelbrecht, Engelbreth: aus den gleichlautenden Rufnamen *(angil + beraht)* hervorgegangene Familiennamen.

Engele: aus einer schwäbischen Koseform von ▶ Engel (1.) entstandener Familienname.

Engelein: aus einer Koseform von ▶ Engel (1.) mit dem Suffix *-lein* entstandener Familienname.

Engelen: aus einer vor allem in Nordwestdeutschland verbreiteten patronymischen Bildung (schwacher Genitiv) zu ▶ Engel (1.) hervorgegangener Familienname.

Engeler: patronymische Bildung auf *-er* zu ▶ Engel (1.).

Engelfried: aus dem gleichlautenden Rufnamen *(angil + fridu)* gebildeter Familienname.

Engelhard(t), Engelhart: aus dem gleichlautenden Rufnamen *(angil + harti)* entstandene Familiennamen.

Engelhofer: Herkunftsname zu den Ortsnamen Engelhof(en) (Baden-Württemberg).

Engeli(n): aus alemannischen Koseformen von ▶ Engel (1.) entstandene Familiennamen.

Engelke: aus einer niederdeutschen Koseform von ▶ Engel (1.) entstandener Familienname.

Engelking: niederdeutsche patronymische Bildung auf *-ing* zu ▶ Engelke.

Engelmaier: aus einer Umdeutung des alten Rufnamens Engelmar *(angil + māri)* in Anlehnung an das Appellativ »Meier« hervorgegangener Familienname.

Engelmann: aus einer Erweiterung von ▶ Engel mit dem Suffix *-mann* gebildeter Familienname.

Engelmay(e)r, Engelmeier, Engelmeyer: ▶ Engelmaier.

Engeln: ▶ Engelen.

Engels: patronymische Bildung (starker Genitiv) zu ▶ Engel (1.). ❖ Bekannter Namensträger: Friedrich Engels, deutscher Philosoph und Politiker (19. Jh.).

Engelschalk, Engelschall: aus dem alten deutschen Rufnamen Engelschalk *(angil + scalc)* entstandene Familiennamen.

Engemann: Ableitung auf *-mann* zu ▶ Enge (1.).

Enger: 1. Ableitung auf *-er* zu ▶ Enge (1.). 2. Herkunftsname zu Ortsnamen wie Eng (Rheinland-Pfalz, Bayern), Enge (Schleswig-Holstein, Schlesien, Baden-Württemberg, Schweiz), Engar, Enger (Nordrhein-Westfalen), Engern (Niedersachsen, Ostpreußen). 3. Übername zu mhd. *enger* ›Frohne, Spanndienst‹ nach einer bäuerlichen Arbeitsverpflichtung. 4. Übername zu mhd. *anger, enger* ›Kornmade‹. 5. Übername zu mhd. *enger* ›Sommersprosse(n)‹ nach dem Aussehen des ersten Namensträgers.

Engermann: Ableitung auf *-mann* zu ▶ Enger (2.), (3.), (5.).

Engert: 1. Auf eine Erweiterung von ▶ Enger mit sekundärem *-t* zurückgehender Familienname. 2. Aus dem alten deutschen Rufnamen Ingohart *(ing + harti)* entstandener Familienname.

Engesser, Engeßer, Enggessler: Wohnstättennamen für jemanden, der in einer engen Gasse wohnte.

Engl: ▶ Engel.

England, Engländer: ▶ Engeland, ▶ Engeländer.

Engleder: Herkunftsname zu dem Ortsnamen Englöd (Bayern, Österreich).

Engler: 1. ▶ Engeler. 2. Verschliffene Form von ▶ Englert.

Englert: aus einer zusammengezogenen Form von ▶ Engelhard(t) entstandener Familienname.

Englisch: Übername zu mhd. *engelisch* ›engelhaft‹.

Englmann: ▶ Engelmann.

Engmann: ▶ Engemann.

Engster, Engstler: Wohnstättennamen für jemanden, der an einer besonders engen Stelle wohnte. ❖ Um 1300 ist *Berci an dir Angist* bei Basel bezeugt.

Enhuber: Herkunftsname zu dem Ortsnamen Enhub (Bayern).

Enk(e): 1. Berufsnamen zu mhd., mnd. *enke* ›Vieh-, Ackerknecht‹. 2. ▶ Enck(e).

Enkel: Übername nach der Verwandtschaftsbezeichnung (vgl. ▶ Einen[c]kel).

Enking: patronymische Bildung auf *-ing* zu Enk(e) (▶ Enck[e]).

Enneke: aus einer Koseform von Enno, einer friesischen Ableitung von ▶ Einhard, entstandener Familienname.

Enneking: patronymische Bildung auf *-ing* zu ▶ Enneke.

Ennen: 1. Patronymische Bildung (schwacher Genitiv) zu Enno, ▶ Enneke. 2. Herkunftsname zu dem gleichlautenden Ortsnamen in Niedersachsen oder zu Ennenbach bei Siegburg (Nordrhein-Westfalen).

Enning: patronymische Bildung auf *-ing* zu Enno, ▶ Enneke.

Enns: 1. Aus einer verkürzten Form von ▶ Anselm entstandener Familienname. 2. Herkunftsname zu dem Ortsnamen Enns bzw. dem Lande ob der Enns (Oberösterreich).

Enoch: aus dem Namen der alttestamentlichen Gestalt hervorgegangener Familienname. Nach der Bibel war Enoch der Siebente der Urväter und stand in unmittelbarer Verbindung mit Gott. Er soll im Alter von 365 Jahren, ohne zu sterben, in den Himmel entrückt worden sein. Der Name fand außer in die jüdische auch gelegentlich in die christliche Namengebung Aufnahme.

-ens: niederdeutsche patronymische Endung, die aus den beiden Genitivendungen ▶ *-en* und ▶ *-s* besteht. So ist ein Familienname wie ▶ Ottens als ›Sohn des Otto‹ zu verstehen.

Ens(el): aus verkürzten Formen von ▶ Anselm entstandene Familiennamen.

Ensfelder: Herkunftsname zu den Ortsnamen Ensfeld(en) (Bayern).

Enslin, Ensslin, Enßlin: aus einer alemannischen Koseform von ▶ Anselm entstandene Familiennamen.

Enste: Herkunftsname zu dem gleichlautenden Ortsnamen (Nordrhein-Westfalen).

Ente: Übername nach der Tierbezeichnung für den Geflügelhändler oder nach dem Lieblingsgericht.

Entenmann: Berufsname für den Entenverkäufer.

Entress, Entreß: ▶ Endres, Endreß.

Enz: auf eine verkürzte Form von ▶ Anselm zurückgehender Familienname.

Enzensberger: Herkunftsname zu dem Ortsnamen Enzensberg bei Füssen (Bayern). ❖

Bekannter Namensträger: Hans Magnus Enzensberger, deutscher Schriftsteller (20./21. Jh.).

Enzinger: Herkunftsname zu dem Ortsnamen Anzing (Bayern).

Enzmann: 1. Aus einer Erweiterung von ▸ Enz mit dem Suffix *-mann* gebildeter Familienname. 2. Gelegentlich Herkunftsname für jemanden aus der Stadt Enns bzw. dem Lande ob der Enns (Oberösterreich). ❖ *Hannus von Enz* ist a. 1381 in Liegnitz bezeugt.

Epp(e): auf eine Kurzform von ▸ Eberhard, vereinzelt auch von ▸ Albrecht zurückgehende Familiennamen.

Eppel: aus einer Koseform von ▸ Epp(e) entstandener Familienname.

Eppeler: patronymische Bildung auf *-er* zu ▸ Eppel.

Eppelmann: aus einer Erweiterung von ▸ Eppel mit dem Suffix *-mann* hervorgegangener Familienname.

Eppen: patronymische Bildung (schwacher Genitiv) zu ▸ Epp(e).

Epping: niederdeutsche patronymische Bildung auf *-ing* zu ▸ Epp(e) bzw. ▸ Ebbe. ❖ Vgl. die Belege aus Coesfeld a. 1516 *Aleke Ebbinck*, a. 1566 *Aleke Eppinck*.

Eppinger: Herkunftsname zu den Ortsnamen Epping (Bayern), Eppingen (Baden-Württemberg).

Epple, Epple(i)n: aus Koseformen von ▸ Epp(e) hervorgegangene Familiennamen.

Eppler: ▸ Eppeler.

Epply: aus einer alemannischen Koseform von ▸ Epp(e) entstandener Familienname.

Eppmann: aus einer Erweiterung von ▸ Epp(e) mit dem Suffix *-mann* entstandener Familienname.

Eppstein, Epstein: Herkunftsnamen zu dem Ortsnamen Eppstein (Hessen, Rheinland-Pfalz).

-er: 1. Das Suffix *-er* (aus lat. *-ārius*, mhd. *-ære*, *-er*) bezeichnet a) die Person, die einen Beruf ausübt (▸ Becker, ▸ Fleischer, ▸ Müller); b) die Person, die eine bestimmte Tätigkeit vollzieht, etwa der Übername ▸ Beller (< mhd. *bellen* ›bellen, zanken‹) einen Zänker. 2. Das aus germ. *warōn, *wazōn, wohl im Sinne von ›sein, bleiben, dazugehören‹, entstandene *-er*-Suffix bezeichnet a) die Herkunft bzw. die Zugehörigkeit zu einer Landschaft (▸ Schweitzer), zu einem Ort (▸ Wiener), zu einer Örtlichkeit (▸ Bacher, ▸ Berger) oder zu einem Gebäude (▸ Blumer ›aus einem Haus *zur Blume*‹). Herkunfts- und Wohnstättennamen auf *-er* sind weit verbreitet, sind aber für die südliche Hälfte des deutschen Sprachgebiets charakteristisch; b) dieses Suffix kann auch zur Bildung patronymischer bzw. metronymischer Familiennamen dienen und die Zugehörigkeit zu einem Vorfahren bzw. zum Familienverband zum Ausdruck bringen: ▸ Kunzer ›zur Familie eines *Kunze* gehörig‹, ▸ Neeser ›zur Familie einer *Neese* [Agnes] gehörig‹, ▸ Schmieder, ▸ Pfisterer ›zur Familie eines *Schmied* bzw. *Pfister* gehörig‹, ▸ Brüderer ›zur Familie eines *Brüder* gehörig‹, ▸ Kleiner ›zur Familie eines *Klein* gehörig‹. Patronymische Familiennamen auf *-er* sind vor allem südlich des Mains heimisch. 3. *-er* kann auch fest gewordene Nominativendung bei Familiennamen, die aus Adjektiven gebildet wurden, sein: ▸ Langer.

Erard: ▸ Erhard(t).

Erasmi: patronymische Bildung (lateinischer Genitiv) zu ▸ Erasmus.

Erasmus: aus dem gleichlautenden Rufnamen griechischen Ursprungs (›liebenswürdig, begehrenswert‹) entstandener Familienname. Erasmus fand im Mittelalter als Name des heiligen Erasmus (3./4. Jh.), der als einer der vierzehn Nothelfer verehrt wurde, Verbreitung. Er ist der Patron der Seeleute und der Drechsler. ❖ Viele Ableitungen von Erasmus leben in den heutigen Familiennamen fort, z. B. die patronymische Bildung (lateinischer Genitiv) **Erasmi**. ❖ Durch Wegfall des Anlauts sind Familiennamen wie **Rasem, Raßmann** und **Rasmus** mit der patronymischen Bildung **Rasmussen** entstanden. ❖ Durch weitere Verkürzungen von Erasmus kam es dann zu Familiennamen wie **Asmus, Asmuß, Aßmus, Aßmuß** (mit der patronymischen Bildung **Asmussen**), **Asimus** und **Asam**.

Erat(h): ▸ Erhard(t).

Erb: 1. Auf den alten deutschen Rufnamen Erbo *(arbeo)* zurückgehender Familienname. 2. Übername zu mhd. *erbe* ›Nachkomme, Erbe‹. 3. Gelegentlich Herkunftsname zu den Ortsnamen Erb (Bayern), Erbe (Nordrhein-Westfalen).

Erbach: Herkunftsname zu dem gleichlautenden Ortsnamen (Nordrhein-Westfalen, Hessen, Rheinland-Pfalz, Saarland, Baden-Württemberg).
Erbe: ▶ Erb.
Erben: 1. Patronymische Bildung (schwacher Genitiv) zu ▶ Erb (1.). 2. Vereinzelt Herkunftsname zu dem Ortsnamen Erben (Ostpreußen).
Erber: Übername zu mhd. *erbære* ›der Ehre gemäß sich benehmend, ehrbar‹.
Erbinger: Herkunftsname zu dem häufigen Ortsnamen Arbing (Bayern, Österreich).
Erbschloe, Erbslöh: Herkunftsnamen zu dem westfälischen Weiler Erbslöh.
Erbsmann: Berufsname auf *-mann* für den Erbsenbauer, -händler (zu mhd. *erweiz* ›Erbse‹).
Erck: ▶ Erk.
Ercken: patronymische Bildung (schwacher Genitiv) zu ▶ Erk.
Erckenbert, Erckenbrecht: aus dem gleichlautenden Rufnamen *(erchan + beraht)* entstandene Familiennamen.
Erckens: ▶ Erkens.
Erdem: türkischer Familienname zu türk. *erdem* ›Tugend‹.
Erding(er): Herkunftsnamen zu den Ortsnamen Erding (Bayern), Erdingen (Nordrhein-Westfalen).
Erdl: ▶ Ertl.
Erdmann: auf den niederdeutschen Rufnamen Ertman *(erda + man)* zurückgehender Familienname.
Erdoğan: türkischer Familienname zu türk. *erdoğan* ›männlicher Falke‹.
Erdtmann: ▶ Erdmann.
Erdwi(e)n: auf den niederdeutschen Rufnamen Ertwin *(erda + wini)* zurückgehende Familiennamen.
Eren: 1. Aus einer einstämmigen Kurzform von Rufnamen, die mit »Ehren-« *(arn)* beginnen (z. B. ▶ Ehrenbrecht, ▶ Ehrenfried[t]), gebildeter Familienname. 2. Türkischer Familienname zu türk. *eren* ›wohltätiger Mann‹.
Erens: patronymische Bildung (starker Genitiv) zu ▶ Eren (1.).
Erforth, Erfurt(h): Herkunftsnamen zu dem Ortsnamen Erfurt (Thüringen).
Ergang: Übername zu mhd. *irreganc* ›ruheloser, zielloser Gang‹ für einen ruhelosen, unsteten Menschen.

Ergmann: ▶ Erkmann.
Erhard(t): aus dem gleichlautenden Rufnamen *(ēra + harti)* hervorgegangene Familiennamen. Zur Verbreitung des Rufnamens im Spätmittelalter hat die Verehrung des heiligen Erhard (7./8. Jh.), der als Schutzheiliger gegen Pest und Viehseuchen angerufen wurde, beigetragen. ❖ Mehrere Varianten und Ableitungen dieses Rufnamens leben in den heutigen Familiennamen fort: **Ehart, Ehrhard(t), Ehrhart(t), Erhart, Ehrat(h), Erat(h), Ehret, Ehrt, Ehrl, Ehrle.** ❖ Bekannter Namensträger: Ludwig Erhard, deutscher Politiker (19./20. Jh.).
Erhart: ▶ Erhard(t).
Erich: aus dem gleichlautenden Rufnamen *(ēra + rīhhi)* entstandener Familienname.
Erichsen: patronymische Bildung auf *-sen* zu ▶ Erich.
Erk, Erke: aus Kurzformen von ▶ Erckenbert entstandene Familiennamen.
Erkelenz: Herkunftsname zu dem gleichlautenden Ortsnamen (Nordrhein-Westfalen).
Erken: patronymische Bildung (schwacher Genitiv) zu ▶ Erk, Erke.
Erkenbrecher: patronymische Bildung auf *-er* zu ▶ Erckenbert.
Erkens: patronymische Bildung auf *-ens* zu ▶ Erk.
Erkes: patronymische Bildung (starker Genitiv) zu ▶ Erk.
Erkmann: aus einer mit dem Suffix *-mann* gebildeten Koseform von ▶ Erk entstandener Familienname.
Erl: 1. Auf eine Kurzform von Rufnamen, die mit dem Namenwort *erl* gebildet sind (z. B. ▶ Erlebrand, ▶ Erlebrecht), zurückgehender Familienname. 2. Wohnstättenname zu mhd. *erle* ›Erle‹.
Erlach(er): 1. Wohnstättennamen zu mhd. *erlach* ›Erlengebüsch‹. 2. Herkunftsnamen zu dem in Bayern und Baden-Württemberg, Österreich und der Schweiz häufigen, auch im Elsass anzutreffenden Ortsnamen Erlach.
Erle: ▶ Erl.
Erlebrand: aus dem gleichlautenden deutschen Rufnamen *(erl + brant)* entstandener Familienname.
Erlebrecht: aus dem gleichlautenden deutschen Rufnamen *(erl + beraht)* entstandener Familienname.

Erlemann: auf eine Koseform mit -*mann*-Suffix zu einem mit dem Namenwort *erl* gebildeten Rufnamen (z. B. ▶ Erlebrecht) zurückgehender Familienname.

Erlenkamp: 1. Herkunftsname zu dem gleichlautenden Ortsnamen (Mecklenburg-Vorpommern). 2. Wohnstättenname für jemanden, der in oder neben einem Erlengehölz wohnte.

Erlenkötter: Wohnstättenname für jemanden, der in einer Kate (mnd. *kote, kotte* ›kleines, niedriges Haus‹) neben Erlen oder neben einem Erlengehölz wohnte.

Erlenwein: ▶ Erlewein.

Erler: Ableitung auf -*er* zu ▶ Erl. 2. Herkunftsname zu den Ortsnamen Erla (Sachsen, Österreich), Erlau (Bayern, Baden-Württemberg, Thüringen, Sachsen, ehem. Pommern/jetzt Polen, Ungarn) oder zu einem anderen der zahlreichen mit Erl- beginnenden Orts- und Hofnamen in Baden-Württemberg und Bayern.

Erlewein: auf den alten deutschen Rufnamen Erlwin *(erl + wini)* zurückgehender Familienname.

Erlin: aus einer alemannischen Koseform von ▶ Erl (1.) entstandener Familienname.

Erling(er): Herkunftsnamen zu den Ortsnamen Erling, Erlingen (Bayern).

Erlmaier: Standesname, nähere Bestimmung eines Meiers (▶ Meyer) durch die Lage des Hofes (zu mhd. *erle* ›Erle‹).

Erlmann: ▶ Erlemann.

Erm: auf eine Kurzform von Rufnamen, die mit dem Namenwort *erm/irm* gebildet sind, zurückgehender Familienname.

Ermann: ▶ Ehrmann.

Ermel: 1. Auf eine Koseform von ▶ Erm zurückgehender Familienname. 2. Übername zu mhd. *ermel* ›Ärmel‹ für einen Schneider oder nach einer Besonderheit der Kleidung.

Ermelrich: auf eine Nebenform des alten Rufnamens Ermenrich *(ermen/irmin + rīhhi)* zurückgehender Familienname.

Ermentraud(t), Ermentraut, Ermentrut: aus dem gleichlautenden weiblichen Rufnamen *(ermen/irmin + trūt)* entstandene metronymische Familiennamen.

Ermer: mit dem Suffix -*er* gebildeter patronymischer Familienname zu ▶ Erm.

Ermert: auf den alten Rufnamen Irminhart/Erminhart *(ermen/irmin + harti)* zurückgehender Familienname.

Ermisch: jetzt vor allem im Raum Halle, früher auch in Schlesien verbreiteter metronymischer Familienname, der auf eine mit dem Suffix -*isch* gebildete Koseform von ▶ Ermentraud(t) zurückgeht.

Ermler: metronymischer Familienname auf -*er* zu einer Kurzform des weiblichen Rufnamens ▶ Ermentraud(t).

Ermrich: auf eine verkürzte Form des alten Rufnamens Ermenrich *(ermen/irmin + rīhhi)* zurückgehender Familienname.

Ermscher: vor allem in Schlesien entstandener metronymischer Familienname, der auf eine mit dem Suffix -*isch* gebildete Kurzform von ▶ Ermentraud(t) zurückgeht. Diese Form wurde dann zusätzlich durch das die Familienzugehörigkeit ausdrückende Suffix -*er* erweitert.

Erne: auf eine Kurzform von ▶ Arnold zurückgehender Familienname.

Ernemann: aus einer mit dem Suffix -*mann* gebildeten Ableitung von ▶ Erne entstandener Familienname.

Ernesti: patronymische Bildung im Genitiv zur latinisierten Form Ernestus (▶ Ernst).

Erni: aus einer alemannischen Koseform von ▶ Arnold entstandener Familienname.

Ernken: 1. Aus einer Koseform von ▶ Arnold mit dem Suffix -*ken* entstandener Familienname. 2. Patronymische Form (schwacher Genitiv) zu Ernke, einer mit -*k*-Suffix gebildeten Koseform von ▶ Arnold.

Ernle: aus einer schwäbischen Koseform von ▶ Arnold entstandener Familienname.

Ernst: aus dem gleichlautenden deutschen Rufnamen (ahd. *ernust* ›Ernst, Eifer; Kampf, Sorge‹) entstandener Familienname. ❖ Bekannter Namensträger: Max Ernst, französischer Maler und Bildhauer deutscher Herkunft (19./20. Jh.).

Ernstberger: Herkunftsname zu Ortsnamen wie Ernstburg (ehem. Brandenburg/jetzt Polen, Ostpreußen).

Ernsting: patronymische Bildung auf -*ing* zu ▶ Ernst.

Erny: ▶ Erni.

Erol: türkischer Familienname zu türk. *erol* ›sei ein Mann!‹.

Erp: 1. ▶ Arp(e). 2. Herkunftsname zu dem gleichlautenden Ortsnamen (Nordrhein-Westfalen).

-ert: 1. Abgeschwächte Form des Rufnamenglieds *-hart*: z. B. ▶ Reichert < Reichart *(rīhhi + harti)*. 2. Abgeschwächte Form des aus dem Rufnamenbestandteil *-hart* (▶ *-hard*) hervorgegangenen Suffixes: ▶ Bossert (Bosse < Burkhard + *-hart*-Suffix), ▶ Bankert (< *bankhart* ›das auf der Bank [der Magd] und nicht im [Ehe-]Bett gezeugte Kind‹). 3. Erweiterung der Endung *-er* um einen sekundären *-t*: a) bei auf *-er* auslautenden Rufnamen: ▶ Hilgert < Hilger *(hiltja + gēr)*; b) bei Herkunfts- und Wohnstättennamen: z. B. ▶ Steinert (< Steiner, zu den häufigen Orts- und Flurnamen Stein[e], Steinau); c) bei Berufsnamen: z. B. ▶ Beckert (< Becker); d) bei Übernamen: ▶ Kleinert (< Kleiner). Familiennamen auf *-ert* sind charakteristisch für Schlesien und den ostmitteldeutschen Raum.

Ertel: ▶ Ertl.

Ertelt: Erweiterung von Ertel (▶ Ertl) mit sekundärem *-t*.

Ertl, Ertle, Ertlein: auf entrundete Formen von ▶ Örtel, ▶ Örtlein zurückgehende Familiennamen.

Erwi(e)n: aus dem gleichlautenden Rufnamen *(heri + wini* oder *ebur + wini)* entstandene Familiennamen.

Erxleben: Herkunftsname zu dem gleichlautenden Ortsnamen (Sachsen-Anhalt).

Erythropel: aus der Zeit des Humanismus stammende Gräzisierung des deutschen Familiennamens ▶ Rothut.

Erzingen, Erzinger: Herkunftsnamen zu dem Ortsnamen Erzingen (Baden-Württemberg).

Esch: 1. Wohnstättenname zu mhd. *esch(e)* ›Esche‹ oder zu mhd., mnd. *esch* ›Saatfeld‹. 2. Herkunftsname zu dem häufigen Ortsnamen Esch oder zu Esche (Niedersachsen).

Eschay: Amtsname zu mhd. *eschheie* ›Flurhüter‹. ❖ *Chunr. der Eschay* ist a. 1358 in Regensburg bezeugt.

Eschbach: Herkunftsname zu dem gleichlautenden Ortsnamen (Rheinland-Pfalz, Hessen, Baden-Württemberg).

Esche: ▶ Esch.

Eschemann: 1. Berufsname für den Bauern zu mhd. *eschman* ›Inhaber eines Saatfelds‹. 2. Ableitung auf *-mann* zu ▶ Esch.

Eschenbach: Herkunftsname zu den Ortsnamen Eschenbach (Bayern, Baden-Württemberg, Sachsen, Schweiz), Wolframs-Eschenbach (Mittelfranken), Windischeschenbach (Oberpfalz). ❖ Bekannter Namensträger: Wolfram von Eschenbach, mittelhochdeutscher Dichter (12./13. Jh.).

Eschenbrenner: ▶ Aschenbrenner.

Eschenlohr: 1. Wohnstättenname: ›wohnhaft am Eschengehölz‹ (zu mhd. *lō[ch]* ›Gebüsch, Wald, Gehölz‹). 2. Herkunftsname zu den häufigen Ortsnamen Eschenloh(e) (Bayern, Österreich).

Escher: 1. Ableitung auf *-er* zu ▶ Esch. 2. Berufsübername zu mhd. *escher* ›ausgelaugte Asche‹ für einen Seifensieder oder Lohgerber. 3. Herkunftsname zu dem Ortsnamen Escher (Niedersachsen).

Escherich, Escherig: aus dem alten deutschen Rufnamen Askrich *(ask + rīhhi)* entstandene Familiennamen.

Eschert: Erweiterung von ▶ Escher mit einem sekundären *-t*.

Eschey: ▶ Eschay.

Eschinger: Herkunftsname zu den Ortsnamen Donaueschingen, Riedöschingen, Wutöschingen, Öschingen (Baden-Württemberg), Eschingen (Ostpreußen).

Eschkötter: Wohnstättenname für jemanden, der in einer Kate (mnd. *kote, kotte* ›kleines, niedriges Haus‹) neben Eschen oder neben einem Eschengehölz wohnte.

Eschl, Eschle, Eschli: durch Entrundung entstandene Formen von ▶ Öschle, Öschli.

Eschlwöch: bairischer Herkunftsname zu dem Ortsnamen Eschelbach (Bayern). ❖ *Eschelwach peck* [Bäcker] ist a. 1396 in München bezeugt.

Eschmann: ▶ Eschemann.

Eschner: 1. Ableitung auf *-ner* zu ▶ Esch (1.). 2. Herkunftsname zu dem Ortsnamen Eschen (Niedersachsen, Nordrhein-Westfalen, Bayern).

Eschrich, Eschrig: ▶ Escherich.

Eschtruth: 1. Herkunftsname zu den Ortsnamen Eschenstruth (Hessen), Eschenstruet (Baden-Württemberg). 2. Wohnstättenname für jemanden, der in einem Eschengebüsch siedelte (zu mhd. *struot* ›Gebüsch, Buschwald, Dickicht‹).

Eschwege: Herkunftsname zu dem gleichlautenden Ortsnamen in Hessen.

Eschweiler: Herkunftsname zu dem gleichlautenden Ortsnamen (Nordrhein-Westfalen).

Eselgrimm: aus einer Umdeutung des alten deutschen Rufnamens Isengrimm *(īsan + grīm)* in Anlehnung an »Esel« hervorgegangener Familienname.

Esemann: aus einer Koseform auf *-mann* von einem mit dem altfriesischen Namenwort *ēs* (›Ase [Gott]‹) gebildeten Rufnamen entstandener Familienname.

Esenwein: Übername in Satzform (»trinke den Wein aus!«) zu mhd. *œsen, ōsen* ›leer machen, ausleeren‹ für jemanden, der gern Wein trank.

Eser: 1. Vor allem schwäbischer Familienname; entrundete Form von ▶ Öser. 2. Türkischer Familienname zu türk. *eser* ›Arbeit‹.

Esich: auf den alten friesischen Rufnamen Esico (zu altfries. *ēs* ›Ase [Gott]‹) zurückgehender Familienname.

Esmarch: Herkunftsname zu dem Ortsnamen Esmark (Schleswig-Holstein).

Espanner: 1. Oberdeutscher Wohnstättenname zu mhd. *espan* ›Weideplatz‹. 2. Herkunftsname zu den Ortsnamen Espam, Espannhausen (Oberbayern), Espen (Schweiz).

Espe: 1. Wohnstättenname zu mhd. *aspe* ›Espe‹. 2. Herkunftsname zu den Ortsnamen Espe (Schleswig-Holstein), Espa (Hessen).

Espen: Wohnstättenname zu mhd. *espan* ›Weideplatz‹.

Espenhahn, Espenhain: 1. Wohnstättenname für jemanden, der an einem Espenhain wohnte. 2. Herkunftsnamen zu dem Ortsnamen Espenhain (Sachsen).

Espenkott, Espenkotte, Espenkötter: Wohnstättennamen für jemanden, der in einer Kate (mnd. *kote, kotte* ›kleines, niedriges Haus‹) neben Espen oder neben einem Espengehölz wohnte.

Espey: Variante von ▶ Espig.

Espich, Espig: Wohnstättennamen: ›wohnhaft am Espengehölz‹.

Esposito: aus dem italienischen Rufnamen Espòsito (< lat. *expositus* ›ausgesetzt‹) entstandener, besonders süditalienischer Familienname. So nannte man früher gern Findelkinder, die vor einer Kirche oder einem Waisenhaus ausgesetzt worden waren.

Essegern: Übername nach einer Redensart des ersten Namensträgers: »ich esse gern, (das) äß ich gern«.

Esselmann: Herkunftsname auf *-mann* zu dem Ortsnamen Essel (Niedersachsen, Nordrhein-Westfalen).

Essen: Herkunftsname zu dem häufigen Ortsnamen Essen (a. d. Ruhr, Niedersachsen).

Esser, Eßer: 1. Berufsnamen zu mnd. *asse* ›Achse‹ für den Achsen-, Stellmacher bzw. Wagner. 2. Übernamen zu mhd. *ęzzer* ›Esser‹.

Essich, Eßich, Essig, Eßig: 1. Berufsübernamen zu mhd. *ęzzich* ›Essig‹ für den Hersteller oder Händler. Die Verwendung von Weinessig war zunächst auf die herrschaftliche Küche beschränkt, fand aber seit dem 13. Jh. Eingang in die bürgerliche Küche. 2. Gelegentlich auch Herkunftsnamen zu den Ortsnamen Eßig (Bayern), Essig (Nordrhein-Westfalen).

Essiger: 1. Berufsname zu mhd. *ęzzich* ›Essig‹ für den Essighersteller oder -händler. 2. Herkunftsname auf *-er* zu den Ortsnamen Eßig (Bayern), Essig (Nordrhein-Westfalen).

Essigkrug: Berufsübername für den Essighersteller oder -händler.

Essigmann: Berufsname auf *-mann* für den Essighersteller oder -händler.

Essing(er), Eßing(er): Herkunftsnamen zu den Ortsnamen Essing (Bayern), Essingen (Baden-Württemberg, Rheinland-Pfalz).

Esskuche(n), Eßkuche(n): Übernamen in Satzform (›[ich] esse Kuchen‹) für den Kuchenbäcker oder für jemanden, der gerne Kuchen aß.

Esslinger: Herkunftsname zu den häufigen Ortsnamen Eßlingen, Esslingen (Baden-Württemberg, Bayern, Rheinland-Pfalz, Schweiz).

Essmann, Eßmann: Ableitungen auf *-mann* zu ▶ Essen.

Esswein, Eßwein: durch Umdeutung in Anlehnung an das Verb »essen« (»[ich] ess«) aus dem alten deutschen Rufnamen Oswin *(ōs + wini)* hervorgegangene Familiennamen.

Ester: 1. Wohnstättenname zu mhd. *ester* ›Feld-, Weidegatter‹. 2. Herkunftsname zu dem Ortsnamen Ester (Bayern, Schleswig-Holstein, Nordrhein-Westfalen).

Esterer: 1. Ableitung auf *-er* zu ▶ Ester (1.). 2. Herkunftsname zu Ortsnamen wie Ester, Esterberg, Esterhofen (Bayern).

Estermann: 1. Ableitung auf *-mann* zu ▶ Ester. 2. Herkunftsname zu den Ortsnamen Estern (Nordrhein-Westfalen), Esterholz, Esterwegen (Niedersachsen).

Estner: ▶ Aster, Astner.

Estrich: Berufsübername zu mhd. *est(e)rich* ›Estrich, Fußboden; Steinplatten, Straßenpflaster‹ für den Bauhandwerker, der Fußböden anlegte oder für das Pflastern der Straßen zuständig war.

Etter: 1. Wohnstättenname zu mhd. *ëter* ›geflochtener Zaun, Umzäunung eines Hofes‹. 2. Übername zu alem. *Etter* ›Oheim, Vetter‹. Zur Unterscheidung von anderen Familienmitgliedern konnte auch die Bezeichnung des Verwandtschaftsverhältnisses dienen und zum Familiennamen werden.

Ettinger: Herkunftsname zu den Ortsnamen Etting (Bayern), Ettingen (Baden-Württemberg), Öttingen (Bayern).

Ettl(e): entrundete Formen von ▶ Öttl, ▶ Öttle.

Ettwein: entrundete Form von Öttwein (▶ Ottwein).

Etz: 1. ▶ Atz(e). 2. Wohnstättenname zu mhd. *etze* ›Weideplatz‹.

Etzel: 1. ▶ Atzel. 2. Durch *-el*-Suffix erweiterte Form von ▶ Etz (2.).

Etzold: im ostmitteldeutschen Gebiet (Sachsen, Thüringen) entstandene Abwandlung von ▶ Etzel durch das zum Suffix *-old* gewordene Namenwort *walt*. ❖ Die Entstehung der Namensform wird deutlich durch die Belegreihe aus Altenburg (Thüringen) a. 1486 *Jacoff Etzel*, a. 1489 *Jacoff Etzol*, a. 1492 *Jacoff Etzold*.

Eul: 1. Übername zu mhd. *iuwel, iule* ›Eule‹, öfter auch Hausname. 2. Herkunftsname zu Ortsnamen wie Euel, Euelen (Nordrhein-Westfalen), Eueln (Nordrhein-Westfalen, Rheinland-Pfalz), Eula (Thüringen, Sachsen), Eule (Brandenburg, Schlesien), Eulen (Nordrhein-Westfalen), Eulau (Sachsen-Anhalt, Schlesien).

Euler: 1. ▶ Eulner (1.). 2. Herkunftsname auf *-er* zu ▶ Eul (2.). ❖ Bekannter Namensträger: Leonhard Euler, schweizerischer Mathematiker (18. Jh.).

Eulitz: Herkunftsname zu dem Ortsnamen Eulitz bei Lommatzsch (Sachsen).

Eulner: 1. Westmitteldeutscher Berufsname für den ▶ Töpfer (zu mhd. *ūle* ›Topf‹), ▶ Aulner. 2. Herkunftsname auf *-(n)er* zu ▶ Eul (2.).

Euting(en), Eutinger: Herkunftsnamen zu dem Ortsnamen Eutingen (Baden-Württemberg).

Everding: patronymische Bildung auf *-ing* zu ▶ Evert(h). ❖ Bekannter Namensträger: August Everding, deutscher Regisseur (20. Jh.).

Evermann: 1. Aus einer niederdeutschen mit dem Suffix *-mann* gebildeten Koseform von ▶ Eberhard entstandener Familienname. 2. Herkunftsname auf *-mann* zu dem Ortsnamen Evern (Niedersachsen).

Evers: ▶ Evertz.

Evert(h): aus einer zusammengezogenen niederdeutschen Form von ▶ Eberhard entstandene Familiennamen.

Evertz: patronymische Bildung (starker Genitiv) zu ▶ Evert(h).

Ewald: aus dem gleichlautenden Rufnamen *(ēwa + walt)* entstandener Familienname.

Ewen: patronymische Bildung (schwacher Genitiv) zu einer Kurzform von Ewert(h) (▶ Evert[h]).

Ewers: ▶ Evers.

Ewert(h): ▶ Evert(h).

Ewig: Herkunftsname zu den Ortsnamen Ewig, Ewich (Nordrhein-Westfalen).

Ex: 1. ▶ Eckes. 2. Niederdeutscher Übername zu mnd. *exe* ›Axt‹ für den Hersteller oder Benutzer.

Exle: entrundete Form von ▶ Öchsle.

Exner: entrundete Form von ▶ Öchsner.

Exter: 1. Herkunftsname bzw. Wohnstättenname zu dem Ortsnamen bzw. Gewässernamen Exter in Westfalen. 2. Niederdeutscher Übername zu mnd. *exter* ›Elster‹ für einen diebischen Menschen. 3. Oberdeutscher Berufsname für den Axtmacher (zu mhd. *ackes*, später *axt* ›Axt‹).

Eyb: ▶ Eib.

Eybach: ▶ Eibach.

Eyber: ▶ Eiber.

Eyck: ▶ Eick.

Eyernschmalz: ▶ Eierschmalz.

Eylers: ▶ Eilers.

Eylert: ▶ Eilert.

Eylmann: ▶ Eilmann.

Eytel: ▶ Eitel.

Eyth: auf eine durch Zusammenziehung entstandene Form von Agathe (▶ Agethen) zurückgehender Familienname.

Faas: 1. Im deutschen Südwesten und in der Schweiz geht dieser Familienname auf eine verkürzte Form von Gervasius (▶ Gervasi) zurück. 2. Für den Niederrhein und den norddeutschen Raum kommt eine Ableitung von ▶ Servatius infrage.

Faasen: patronymische Bildung (schwacher Genitiv) zu ▶ Faas (2.).

Faatz: 1. Auf eine verkürzte Form von Bonifatius (▶ Bonifaz[ius]) zurückgehender Familienname. 2. Für den Niederrhein und den norddeutschen Raum kommt auch eine Ableitung von ▶ Servatius infrage.

Fabarius: aus der Zeit des Humanismus stammende Latinisierung (zu lat. *faba* ›Bohne‹) von deutschen Familiennamen wie ▶ Bones, Boneß, ▶ Bohnes, Bohneß.

Fabel: 1. Auf eine verkürzte Form von ▶ Fabian zurückgehender Familienname. 2. Übername zu mhd. *fabel* ›Märchen, (unwahre) Erzählung‹, mnd. *fabele* ›erdichtete Erzählung, bes. Tierfabel; Lüge, Märchen‹ für einen unglaubwürdigen Menschen.

Faber: aus der Zeit des Humanismus stammende Übersetzung der deutschen Familiennamen ▶ Schmidt, ▶ Schmitt ins Lateinische.

Fabian: aus dem gleichlautenden Rufnamen lateinischen Ursprungs, der auf einen römischen Beinamen zurückgeht, entstandener Familienname. Zur Verbreitung des Namens im Mittelalter trug die Verehrung des heiligen Fabianus bei, der als Papst i. J. 250 den Martertod erlitt. ❖ Von Fabian leiten sich u. a. die Familiennamen **Fabig(an), Fabisch, Fabianek,** z. T. auch **Fabel** ab.

Fabianek: aus einer polnischen oder tschechischen Ableitung von ▶ Fabian entstandener Familienname.

Fabig, Fabigan: ▶ Fabian.

Fabisch: auf eine ostmitteldeutsche oder slawische Ableitung von ▶ Fabian zurückgehender Familienname.

Fabri: aus der Zeit des Humanismus stammende Übersetzung des deutschen Familiennamens ▶ Schmitz durch die Genitivform von lat. *faber* ›Schmied‹.

Fabricius, Fabrizius: aus der Zeit des Humanismus stammende Erweiterungen des Familiennamens ▶ Faber.

Fabry: ▶ Fabri.

Fach(e): 1. Herkunftsnamen zu Ortsnamen wie Vacha (Thüringen), Vach bei Nürnberg, Fach (Baden-Württemberg), Facha (Bayern). 2. Wohnstättennamen zu mhd. *vach* ›Vorrichtung zum Aufstauen des Wassers und zum Fischfang mit einem Fanggeflecht, Fischwehr‹.

Facius: 1. Auf eine verkürzte Form von Bonifatius (▶ Bonifaz[ius]) zurückgehender Familienname. 2. Für den Niederrhein und den norddeutschen Raum kommt auch eine Ableitung von ▶ Servatius infrage.

Fack: Übername zu mhd. *vake* ›Schwein‹.

Fackelmann, Fackler: 1. Berufsnamen zu mhd. *vackel* ›Fackel‹ für den Hersteller. 2. Übernamen zu spätmhd. *vackelen* ›unruhig brennen wie eine Fackel‹, dann übertragen ›hin und her bewegen, ohne das Ziel anzugehen‹, bair. *herumfackeln* ›zaudern‹, schwäb. *Fack(e)ler* ›unruhiger Mensch‹.

Fademrecht: ▶ Fadenrecht.

Faden: Berufsübername zu mhd. *vadem, vaden* ›Faden‹ für einen Schneider.

Fadenrecht: Übername zu mhd. *vademrēht* ›Richtschnur‹, fnhd. *fademrecht* ›senkrecht, schnurgerade‹ wohl im übertragenen Sinne für jemanden, der nach seinen Prinzipien handelte.

Fader: ▶ Vader.

Fading(er): Herkunftsnamen zu dem Ortsnamen Fading (Oberbayern, Oberösterreich).

Fahl: Übername zu mhd. *val* ›bleich, entfärbt, fahl; verwelkt; gelb; blond‹, mnd. *val(e)* ›fahl, gelbgrau (bes. von Pferden); blond; bleich, blass‹ nach der Haut- oder der Haarfarbe des ersten Namensträgers.

Fahland: Übername zu mhd. *vālant* ›Teufel, Satan, auch teufelähnliches Wesen wie Drache, Riese, böser Mensch, Heide‹, mnd. *vālant, volant* ›Teufel, Satan‹.

Fahlbusch: Wohnstättenname zu mhd. *val*, mnd. *vale, vāl* ›fahl, falb‹ + mhd., mnd. *busch* ›Busch, Gehölz‹ für jemanden, der an einem entfärbten (abgestorbenen?) Busch oder Gehölz wohnte.

Fahle: 1. ▶ Fahl. 2. Herkunftsname zu den Ortsnamen Vaale (Schleswig-Holstein), Vahle (Niedersachsen).

Fahn: Herkunftsname zu Ortsnamen wie Fahn (Nordrhein-Westfalen), Fahne (Niedersachsen), Fahnen (Nordrhein-Westfalen).

Fähndrich: ▶ Fähnrich.

Fahnenschmidt: junger Berufsname (17. Jh.) für den Hufschmied bei einer Reitertruppe.

Fahner: 1. Standesname zu mnd. *vanere*, mhd. *vaner* ›Fahnenträger, Fähnrich‹. 2. Herkunftsname zu den Ortsnamen Groß-, Kleinfahner (Thüringen).

Fahnert: Erweiterung von ▶ Fahner mit sekundärem -*t*.

Fähnle: schwäbischer Übername zu mhd. *van(e)* ›Fahne, Banner‹ für einen Fahnenträger.

Fähnrich: Standesname zu mhd. *venre* ›Fahnenträger, Fähnrich‹.

Fahr: 1. Wohnstättenname zu mhd. *var* ›Platz, wo man überfährt oder landet, Ufer; Fähre‹. 2. Herkunftsname zu dem gleichlautenden Ortsnamen (Rheinland-Pfalz, Bayern, Aargau/Schweiz). 3. Übername zu mhd. *vāre* ›Nachstellung, Hinterlist, Falschheit, Betrug; Streben, Eifer; Furcht‹.

Fähr: ▶ Fehr (1.).

Fahrenbach: Herkunftsname zu dem gleichlautenden Ortsnamen (Hessen, Baden-Württemberg, Bayern).

Fahrenheit: Herkunftsname zu dem Ortsnamen Fahrenhaupt (Mecklenburg-Vorpommern). ❖ Nach dem deutschen Physiker Daniel Gabriel Fahrenheit (17./18. Jh.) ist die Skala benannt, nach der man bis heute in den USA die Temperatur misst.

Fahrenhol(t)z: 1. Herkunftsnamen zu den Ortsnamen Fahrenholz (Niedersachsen, Mecklenburg-Vorpommern, Brandenburg), Varenholz (Nordrhein-Westfalen). 2. Niederdeutsche Wohnstättennamen zu einem Flurnamen Fahrenholt (›Föhrenholz‹).

Fahrenhorst: Herkunftsname zu dem gleichlautenden Ortsnamen (Niedersachsen, Schleswig-Holstein).

Fahrer: Ableitung auf *-er* zu ▶ Fahr (1.) und (2.).

Fahrian, Fahrion: 1. Aus der Zeit des Humanismus stammende Wiedergaben des deutschen Familiennamens ▶ Hering mit lat. *fario* ›ein Fisch, vielleicht Lachsforelle‹. 2. Durch Dissimilation entstandene Formen von ▶ Fabian.

Fährle: schwäbischer Berufsübername zu mhd. *varch* ›Schwein, Ferkel‹ für einen Bauern.

Fährmann: Berufsname auf *-mann* zu mhd. *ver(e)* ›Fähre‹ für den Fährmann.

Fahrner: 1. Wohnstättenname zu mhd. *varn, varm* ›Farnkraut‹. 2. Herkunftsname zu einem mit »Farn-« bzw. »Fahrn-« beginnenden Ortsnamen, z. B. Farnbichl, Farnham, Farnpoint, Fa(h)rnbach (Bayern), Farnberg, Farnbuck (Baden-Württemberg), oder zu den Ortsnamen Fahrnau (Baden-Württemberg, Bayern), Neufahrn (Bayern).

Fahs: ▶ Faas.

Fähse: ▶ Fehse.

Fahsel: ▶ Fasel.

Faidt: ▶ Veit.

Faig: Übername zu mhd. *veige* ›verwünscht, unselig, verdammt; eingeschüchtert, furchtsam, feige‹.

Faigl(e): oberdeutsche Ableitungen von ▶ Faig.

Fais, Faiss(t), Faiß(t), Faist, Faistl(e): ▶ Feis.

Fait(h): 1. ▶ Veit. 2. Amtsnamen zu mhd. *voit* ›Rechtsbeistand, Verteidiger, beaufsichtigender Beamter, höherer weltlicher Richter, Gerichtsbeamter‹.

Falb(e): Übernamen zu mhd. *falb* ›bleich, entfärbt, fahl, verwelkt; gelb; blond‹.

Falch: oberdeutsche Form von ▶ Falk(e).

Falchner: oberdeutsche Form von ▶ Falkner.

Falck(e): ▶ Falk(e).

Falckner: ▶ Falkner.

Falentin: ▶ Valentin.

Falger: Berufsübername zu mhd. *valgen* ›umackern, umgraben‹ für einen Bauern.

Falk(e): 1. Aus dem alten deutschen Rufnamen Falko (*falco*) hervorgegangene Familiennamen. 2. Berufsübernamen zu mhd. *valke* ›Falke‹ für den Falkner oder Übernamen nach einem bildlichen Vergleich mit dem Jagdvogel.

Falkenau(er): Herkunftsnamen zu dem Ortsnamen Falkenau (Sachsen, ehem. Pommern/jetzt Polen, Schlesien, Ostpreußen).

Falkenberg: Herkunftsname zu dem sehr häufigen Ortsnamen Falkenberg.

Falkenhain(er): Herkunftsnamen zu dem Ortsnamen Falkenhain (Sachsen, Thüringen, Brandenburg, ehem. Brandenburg/jetzt Polen, Schlesien).

Falkenstein(er): Herkunftsnamen zu dem von Norddeutschland bis Österreich häufig vorkommenden Ortsnamen Falkenstein.

Falkent(h)al: Herkunftsnamen zu dem Ortsnamen Falkenthal (Brandenburg, ehem. Brandenburg/jetzt Polen).

Falkner: Berufsname zu mhd. *valkener* für jemanden, der Falken, Habichte und andere Vögel für die Jagd abrichtete. Die mittelalterlichen Falkner standen z. T. im Dienste adliger Herren, z. T. boten sie ihre abgerichteten Stoßvögel auf den städtischen Märkten an. ❖ *Vlr. Falkener* ist a. 1310 in Nürnberg bezeugt.

Fall: 1. Wohnstättenname zu mhd. *val* ›Fall‹ für jemanden, der am Wasserfall, am Windfall oder an einer abfallenden Geländestelle wohnte. 2. Herkunftsname zu dem Ortsnamen Fall (Bayern, Aargau/Schweiz). ❖ Bekannter Namensträger: Leo Fall, österreichischer Komponist (19./20. Jh.).

Faller: 1. Ableitung auf -er zu ▸ Fall. 2. Für Tirol kommt auch die Ableitung von einem Hofnamen infrage. ❖ I. J. 1547 ist *Melchior Faller* als Inhaber des *Fallhofes* überliefert. 3. Gelegentlich kann dieser Familienname auf eine verschliffene Form von Falter (▸ Falter[er]) zurückgehen.

Fallmerayer: österreichischer Wohnstättenbzw. Herkunftsname zu ladinisch *val marraria* ›Murental‹.

Falsch(e): Übernamen zu mhd. *valsch* ›treulos, unredlich, unehrenhaft‹.

Fälscher: Übername zu mhd. *valschære, velschære* ›Fälscher, Verleumder, Betrüger, Falschspieler, Falschmünzer‹.

Fälschle: schwäbische Ableitung von ▸ Falsch(e).

Falten: aus einer verkürzten Form von ▸ Valentin entstandener Familienname.

Falter(er): Wohnstättennamen zu mhd. *valletor, valtor, valter* ›von selbst zufallendes Zauntor‹ für jemanden, der in der Nähe eines solchen Tores wohnte oder eines auf seinem Grundstück hatte. ❖ *Heintz Velltor* ist a. 1370 in Nürnberg belegt.

Faltermai(e)r, Faltermay(e)r, Faltermei(e)r: Standesnamen, nähere Bestimmung eines Meiers (▸ Meyer) durch ein Merkmal des Hofes (mhd. *valter* ›von selbst zufallendes Zauntor‹).

Faltin: aus einer verkürzten Form von ▸ Valentin entstandener Familienname.

Fandrich: Standesname: ›Fähnrich‹. Die militärische Rangbezeichnung ist erst seit Anfang des 16. Jh. belegt und ersetzt das ältere *venre, venner* ›Fahnenträger‹. Sie wurde – vielleicht in Anlehnung an niederländisch *vaandrig* – nach dem Muster der Rufnamen auf *-rich* von mhd., mnd. *vane* ›Fahne‹ abgeleitet.

Fanger: 1. ▸ Fänger. 2. Wohnstättenname zu dem Flurnamen Fang ›eingehegtes Grundstück‹. 3. Herkunftsnamen zu den Ortsnamen Fang (Nordrhein-Westfalen, Bayern), Fange (Niedersachsen, Nordrhein-Westfalen), Fanger (ehem. Pommern/jetzt Polen).

Fänger: Berufsübername zu mnd. *vangen* ›fangen‹ für den Vogelfänger, Vogelsteller.

Fanselow: Herkunftsname zu dem Ortsnamen Vanselow (Mecklenburg-Vorpommern).

Fanz: Übername zu mhd. *vanz* ›Schalk, Betrug‹.

Färber: Berufsname zu mhd. *verwære, verber* ›Färber‹, auch ›Maler‹. Nachdem die verschiedenfarbigen Stoffe aus Flandern und Italien Eingang in den deutschen Markt gefunden hatten, entsprachen naturfarbige Grautücher oder mit Waid blau gefärbte Stoffe nicht mehr den verfeinerten Ansprüchen. So setzte im 13. Jh. ein bedeutender Zuzug flandrischer Färber über ganz Deutschland ein. Die Stoffe wurden im Allgemeinen in dunklen Farben gefärbt. Für die Schwarzfärberei verwendete man Eisen und gerbsäurehaltige Rinden, für die Rotfärberei Krapp, Rotholz, Scharlachbeeren und Karmesin. Grüne Farben wurden z. B. mit Wacholder und Johannisbeeren, gelbe Farben mit Färberdistel, Gelbholz, Safran u. a. erzeugt. ❖ *Hanse verber* ist a. 1332 in Nürnberg bezeugt.

Farkas: Übername zu ung. *farkas* ›Wolf‹.

Farken: niederdeutscher Übername zu mnd. *varken, verken* ›Ferkel‹ für einen Bauern, der Schweine züchtete.

Farner: ▶ Fahrner.

Farnleitner: Wohnstättenname für jemanden, der an einem mit Farn bewachsenen Hang (mhd. *līte*) wohnte.

Farr(e): Berufsübernamen zu mhd. *varre, pharre* ›Stier‹, mnd. *varre* ›Stier, Bulle, bes. junger Stier‹ für einen Bauern oder Übernamen nach einem bildlichen Vergleich.

Farrenkopf: 1. Übername: ›Stierkopf‹ (vgl. ▶ Farr[e]). 2. Wohnstättenname nach einem Hauszeichen mit einem Stierkopf.

Farsbotter, Farsbutter: Berufsübernamen zu mnd. *varsch* ›frisch‹ und mnd. *botter* ›Butter‹ für den Butterhersteller, -verkäufer.

Farsch: Übername zu mnd. *varsch* ›frisch‹ für einen munteren, beweglichen Menschen.

Fasan: Übername zu mhd. *fasān, fasant* ›Fasan‹, der auf das Lieblingsgericht des ersten Namensträgers anspielen kann. Dieses Wort wurde in mittelhochdeutscher Zeit aus afrz. *faisan* entlehnt. Die französische Bezeichnung geht auf lat. *(avis) Phāsiāna* < griech. *(órnis) Phasianós*, eigtl. ›Vogel aus der Gegend des Flusses *Phasis*‹, zurück.

Faschang: Oberdeutscher Übername zu mhd. *vaschanc, vaschang* ›Fasching, Fastnacht‹ für jemanden, der das Faschingstreiben besonders liebte. Anlass für die Vergabe dieses Übernamens kann auch ein Zinstermin gewesen sein. So war z. B. die Lieferung von Fastnachtshühnern (mhd. *vaschanchenne, vaschanchuon, vastnahthenne, vastnahthuon*) eine weitverbreitete Abgabe der bäuerlichen Bevölkerung an den Grundherrn.

Fasching: jüngere Form von ▶ Faschang.

Faschinger: patronymische Bildung auf *-er* zu ▶ Fasching.

Fasel: 1. Übername zu mhd. *vasel* ›der Fortpflanzung dienendes männliches Vieh, Zuchtstier, Zuchteber‹ für einen Bauern, der Viehzucht betreibt. 2. Gelegentlich kann diesem Familiennamen eine verkürzte Form von Gervasius (▶ Gervasi) zugrunde liegen.

Faselt: ▶ Fasold(t).

Fasenacht, Fasnacht: ▶ Fastnacht.

Fasold(t): auf die Gestalt des Riesen Fasolt aus der Dietrichsage (Eckenlied) zurückgehende Familiennamen. Eine Verwendung von Fasolt als Rufname ist in den mittelalterlichen Quellen nachzuweisen: a. 1257 *Fasolt civis de Judenburch* (Steiermark), a. 1367 *Vasold de El-*

velingerode (Wernigerode) u. a. Ob den heutigen Familiennamen der Rufname eines Vorfahren oder dessen Übername (›Riese‹, ›auffällig großer Mensch‹) zugrunde liegt, lässt sich nicht mehr ermitteln.

Fass, Faß: 1. Berufsübernamen für den Böttcher oder Übernamen nach der Gestalt des ersten Namensträgers. 2. Gelegentlich kann diesen Familiennamen eine verkürzte Form von ▶ Gervasi oder Servatius zugrunde liegen.

Faßbänder, Faßbaender, Fassbender, Faßbender, Fassbinder, Faßbinder: Berufsnamen zu mhd. *vaʒbinder, vaʒbender* ›Büttner‹, vgl. ▶ Böttcher. ❖ Bekannter Namensträger: Rainer Werner Faßbinder, deutscher Schriftsteller, Theater-, Film- und Fernsehregisseur (20. Jh.).

Fasser, Faßer, Fässer, Fäßer: Berufsnamen für den Hersteller von Fässern (vgl. ▶ Böttcher) oder Berufsnamen zu mhd. *vaʒʒen* ›fassen, ergreifen; zusammenpacken, aufladen, beladen‹ für den Ein- und Auslader von Waren (vgl. auch mhd. *vaʒʒer* ›der das Ein- und Ausladen der Salzschiffe zu besorgen hat‹).

Fasshauer, Faßhauer: Berufsnamen für den Hersteller von Fässern, vgl. ▶ Böttcher.

Fasske, Faßke: Übernamen zu osorb. *faska* ›[Bier]Fass‹, poln. *faska* ›Fässchen‹, vgl. ▶ Fass (1.).

Fässle, Fäßle: schwäbische Ableitungen von ▶ Fass (1.).

Fässler, Fäßler: Berufsnamen zu mhd. *veʒʒeler* ›Fassmacher‹, vgl. ▶ Böttcher.

Fäßlin: alemannische Ableitung von ▶ Fass (1.).

Fassmann, Faßmann: 1. Eher Berufsnamen auf *-mann* zu mhd. *vaʒʒen* ›fassen, ergreifen; zusammenpacken, aufladen, beladen‹ für den Ein- und Auslader von Waren als Berufsnamen für den Hersteller von Fässern (▶ Böttcher). 2. Gelegentlich Übernamen mit übertragener Bedeutung nach der Gestalt des ersten Namensträgers.

Fassmer, Faßmer: auf den alten deutschen Rufnamen Fastmar *(fast + māri)* zurückgehende Familiennamen.

Fassnacht, Faßnacht: ▶ Fastnacht.

Fassold, Faßold: ▶ Fasold(t).

Fast: 1. Übername zu mnd., mhd. *vast* ›fest, stark, beständig, zuverlässig‹. 2. Gelegent-

Fastabend

Fastabend: niederdeutscher Übername zu mnd. *vastavent* ›Fastnacht, der Tag vor Beginn der großen Fasten‹, vgl. ▸ Faschang.

Fastenrath: Herkunftsname zu dem gleichlautenden Ortsnamen am Niederrhein.

Fasterding: patronymische Bildung auf *-ing* zu ▸ Fastert.

Fastert: auf den alten niederdeutsch-friesischen Rufnamen Fasthart (*fast* + *harti*) zurückgehender Familienname.

Fastje: aus einer friesischen Koseform von ▸ Fast (2.) entstandener Familienname.

Fastnacht: Übername zu mhd. *vastnaht, vasnaht* ›Vorabend vor Beginn der Fastenzeit, Tag vor Aschermittwoch‹, vgl. ▸ Faschang.

Fath: 1. Aus einer mainfränkischen Nebenform von mhd. *vout* ▸ Vogt hervorgegangener Amtsname. 2. Wohnstättenname zu dem oberdeutschen Flurnamen *Fad* ›eine begraste Stelle‹ oder zu mhd. *vade* ›Zaun, Umzäunung‹.

Fäth: ▸ Fath.

Fatz(er): Übernamen zu mhd. *fatzen* ›foppen, necken, verspotten‹.

Faul: Übername zu mhd. *vūl* ›morsch, faul; gebrechlich, schwach, träge‹.

Faulbaum: Wohnstättenname oder Übername zu mnd. *vūlbōm* ›Faulbaum‹, Bezeichnung für verschiedene Pflanzen. Aus der faulig riechenden Baumrinde oder aus den stinkenden Blättern wurden Aufgüsse zubereitet und als Arzneimittel verwendet. Auch das mnd. Verb *vūlbōmen* ›in den Sumpf, ins Elend geraten‹ kann eine Rolle bei der Familiennamenentstehung gespielt haben.

Faulhaber: Übername zu mhd. *vūl* ›morsch, faul, verfault‹ und mhd. *haber(e)* ›Hafer‹, wohl für einen nachlässigen Bauern.

Faulstich: Übername zu mhd. *vūl* ›faul, träge‹ und mhd. *stich* ›Stich‹, der am ehesten für einen wenig arbeitsamen Schneider oder Schuster aufgekommen ist.

Faupel: ▸ Vaupel.

Fauser: Übername zu mhd. *phnūsen, phūsen* ›niesen; schnauben; sich aufblähen‹.

Faust: Übername zu mhd., mnd. *vūst* ›Faust‹, wohl für einen Faustkämpfer oder für jemanden, dessen Faust gefürchtet war. Nur ganz vereinzelt dürfte diesem Familiennamen lat. *faustus* ›günstig, beglückend, Glück bringend‹ zugrunde liegen. ❖ Bekannter Namensträger: Johannes (oder Georg) Faust, Arzt, Astrologe und Schwarzkünstler (15./16. Jh.), das Vorbild für den Dr. Faust in Chr. Marlows und J. W. Goethes Faustdramen.

Fäustel, Fäustl: 1. Ableitungen von ▸ Faust mit *-l*-Suffix. 2. Berufsübernamen zu *Fäustel* ›Hammer des Bergmanns oder des Steinmetzen‹.

Fäustle: schwäbische Ableitung von ▸ Faust.

Faustmann: Erweiterung von ▸ Faust mit dem Suffix *-mann*.

Faut(h): Amtsnamen zu mhd. *vout*, einer Nebenform von mhd. *voget* ▸ Vogt.

Fay: vor allem in Hessen verbreitete Schreibweise von ▸ Fey(e).

Fecher, Fechler, Fechner: ursprünglich in Schlesien verbreitete patronymische Bildungen auf *-er, -ler* bzw. *-ner* zu dem Rufnamen Fech/Vech, einer Kurzform von Więcław (▸ Wentzlaff).

Fecht: 1. Herkunftsname zu dem Ortsnamen Vechta (Niedersachsen), selten Wohnstättenname zu dem Gewässernamen Vechte. Die Vechte entspringt im Münsterland nordöstlich von Coesfeld und mündet nördlich von Zwolle in das Swarte Water (zum Ijsselmeer). 2. Im oberdeutschen Raum Berufsname zu mhd. *vëhten* ›fechten‹, ▸ Fechter.

Fechtel(er): Herkunftsnamen zu dem Ortsnamen Vechtel (Niedersachsen).

Fechter: Berufsname zu mhd. *vëhter* ›Fechter‹, für jemanden, der berufsmäßig Zweikämpfe ausfocht, z. B. auf Jahrmärkten.

Fechtler: ▸ Fechtel(er).

Feck(e): durch Zusammenziehung aus Feddeke, einer friesischen Koseform von Fredderke (▸ Friedrich), entstandene Familiennamen.

Fecken: patronymische Bildung (schwacher Genitiv) zu ▸ Feck(e).

Fedde: aus einer friesischen Kurzform von Fedderke (▸ Friedrich) entstandener Familienname.

Feddeler: niederdeutscher Berufsname zu mnd. *ved(d)elēre* ›Fiedler, Geiger‹. ❖ Ein früher Beleg ist *Gherhardus Vedelere*, Coesfeld 1354.

Fedder: 1. Niederdeutscher Übername zu mnd. *vedder(e), veder(e)* ›Vetter, Vaterbruder, Brudersohn, Vaterschwester, Brudertochter‹ oder zu mnd. *veder(e), vedder(e)* ›Feder, Schreibfeder‹. 2. Aus einer niederdeutschen Kurzform von Fedderke (▶ Friedrich) entstandener Familienname.

Fedderke: 1. Aus einer friesischen Form von ▶ Friedrich gebildeter Familienname. 2. Ableitung von ▶ Fedder (1.).

Fedderken: patronymische Bildung (schwacher Genitiv) zu ▶ Fedderke (1.).

Feddern: patronymische bzw. metronymische Bildung (schwacher Genitiv) zu ▶ Fedder. ❖ Die Entstehung des Namens wird deutlich in dem Beleg *Johan des Vedderen sonne* (Sohn), Coesfeld a. 1407.

Fedders: patronymische Bildung (starker Genitiv) zu ▶ Fedder.

Feddersen: patronymische Bildung auf *-sen* zu ▶ Fedder (2.).

Fedeler: ▶ Feddeler.

Feder: Berufsübername zu mhd. *vēder* ›Feder, Schreibfeder‹ für den Federhändler, für den Hersteller von Schreibfedern, für den Bauern, der Federvieh hielt, bzw. Übername nach einem auffälligen Federschmuck. ❖ Vgl. den Breslauer Beleg *Fedir in dem hute* (um 1350).

Federau(er): Herkunftsnamen zu den Ortsnamen Fedderau (Ostpreußen), Federow (Mecklenburg-Vorpommern).

Federer: Berufsname für den Federhändler.

Federl: oberdeutsche Ableitung von ▶ Feder.

Federle: schwäbische Ableitung von ▶ Feder.

Federlein: ▶ Federl.

Federmann: Berufsname auf *-mann* für den Federhändler.

Federspiel: Berufsübername zu mhd. *vēderspil* ›zur Vogelbeize abgerichteter Vogel, Falke, Sperber, Habicht‹ für den ▶ Falkner.

Federwisch: Übername zu mhd. *vēderwisch* ›Federwisch‹, auch als Teufelsname in einem Fastnachtsspiel.

Fedler: ▶ Feddeler.

Feege: ▶ Fege.

Feeken: ▶ Fecken.

Feer: ▶ Fehr.

Feese: ▶ Fehse.

Feeser: ▶ Fehser.

Feest: ▶ Feis.

Fege: Übername zu mnd. *vēge, veige* ›feige, verzagt, erschrocken‹.

Feger: Berufsname zu mhd. *vegen* ›fegen, reinigen, putzen, scheuern‹ für den ▶ Schwertfeger, gelegentlich auch für den Schornsteinfeger.

Fegerl: Ableitung von ▶ Feger mit *-l*-Suffix.

Fegers: vor allem im Rheinland vorkommende patronymische Bildung (starker Genitiv) zu ▶ Feger.

Fegert: Erweiterung von ▶ Feger mit sekundärem *-t*.

Fehlhaber: niederdeutscher Übername zu mnd. *vele* ›viel‹ und mnd. *haver(e)* ›Hafer‹ für einen Bauern.

Fehling: 1. Herkunftsname: ›der Ost- oder Westfale‹. 2. Herkunftsname zu den Ortsnamen Vehlingen (Nordrhein-Westfalen), Fellingshausen bei Gießen (Hessen). 3. Übername zu mnd. *vēlinge* ›Feilhalten, öffentlicher Verkauf, Handel‹ für einen Händler.

Fehmer(ling): Herkunftsnamen: ›von der Insel Fehmarn‹.

Fehn: dieser noch heute im Gebiet zwischen Würzburg, Bamberg und Hof gehäuft auftretende Familienname hat nichts mit dem norddeutschen Wort *Venn* zu tun, sondern leitet sich ab von mhd. *vende* ›Knabe, Junge; Fußkrieger; Bauer im Schachspiel‹. ❖ Ein früher Beleg ist *Hans Vend*, Rodach a. 1451.

Fehnemann: 1. Wohnstättenname auf *-mann* zu mnd. *vēn, ven* ›Sumpfland, Torfmoor‹, mnd. *venne* ›moorige, marschige Weide‹, mhd. *venne* ›Sumpf‹. 2. Herkunftsname auf *-mann* zu dem Ortsnamen Fehndorf (Niedersachsen).

Fehr: 1. Berufsname zu mhd. *ver(e), verje, ver(i)ge* ›Schiffer, Fährmann‹. 2. Auf den alten niederdeutsch-friesischen Rufnamen Fero *(far)* zurückgehender Familienname.

Fehrecke: aus einer Koseform von ▶ Fehr (2.) entstandener Familienname.

Fehren: patronymische Bildung (schwacher Genitiv) zu ▶ Fehr.

Fehrenbach(er): Herkunftsnamen zu den Ortsnamen Fehrenbach (Thüringen), Vöhrenbach bei Villingen, a. 1244 als *Verinbach* belegt (Baden-Württemberg).

Fehrensen: Ableitung auf *-sen* zu ▶ Fehren.

Fehrer: ▶ Fehr (1.).

Fehring: patronymische Bildung auf *-ing* zu ▶ Fehr (2.).

Fehrmann: ▶ Fährmann.

Fehrs: niederdeutsch-friesische patronymische Bildung (starker Genitiv) zu ▶ Fehr (2.). ❖ Bekannter Namensträger: Johann Hinrich Fehrs, niederdeutscher Schriftsteller (19./20. Jh.).

Fehse: 1. Berufsübername zu mhd. *vëse* ›Getreidehülse, Spreu, Dinkel, Spelt; bildlich auch Bezeichnung des Geringsten‹, für einen Bauern oder Getreidehändler. Es kann sich hierbei auch um einen mit abwertender, spöttischer Absicht vergebenen Übernamen handeln. 2. Im niederdeutschen Gebiet kann dieser Familienname auf eine Kurzform von ▶ Wachsmuth zurückgehen.

Fehser: Berufsübername zu mhd. *vëse* ›Dinkel, Spelt‹, für den Bauern, der dieses Getreide anbaute.

Feicht: Wohnstättenname, bairisch-österreichische Form von Fichte: ›wohnhaft am Fichtengehölz‹.

Feichtenbeiner: Wohnstättenname nach dem Gut Feuchtenpoint (Österreich).

Feichter: Ableitung auf *-er* von ▶ Feicht.

Feichtinger: Ableitung auf *-inger* von ▶ Feicht.

Feichtlbauer: Wohnstättenname für einen Bauern, der an einem Fichtenbestand wohnte (▶ Feicht).

Feichtmai(e)r, Feichtmay(e)r, Feichtmei(e)r, Feichtmey(e)r: Standesnamen, nähere Bestimmung eines Meiers (▶ Meyer) durch die Lage des Hofes an einem Fichtenbestand (▶ Feicht).

Feichtner: ▶ Feichter.

Feick: bei diesem im Raum Fulda–Darmstadt–Bamberg verbreiteten Familiennamen dürfte es sich um eine andere Schreibweise von ▶ Feig oder ▶ Feige (3.) handeln. ❖ Bekannter Namensträger: Eberhard Feick, deutscher Film- und Bühnenschauspieler (20. Jh.).

Feidt: ▶ Veit(h).

Feier: 1. Übername zu mhd. *vīre* ›Festtag, Feier; das Feiern, Ausruhen von der Arbeit‹, vielleicht für einen geruhsamen, wenig arbeitsamen Menschen. 2. Gelegentlich kann es sich um eine entrundete Form von ▶ Feuer handeln.

Feierabend: Übername zu mhd. *vīrābent* ›Feierabend, Vorabend eines Festes‹ für einen nicht allzu eifrigen Bauern oder Handwerker. ❖ Ein *vlrich vieraubent* ist a. 1410 in Esslingen belegt.

Feierfeil: entrundete Form von ▶ Feuerp(f)eil.

Feiertag: Übername zu mittelhochdeutsch *vīretac* ›Feiertag, Festtag‹, vgl. ▶ Feier, ▶ Feierabend.

Feifel: schwäbischer Übername zu mhd. *fīvel* ›Drüsenkrankheit der Pferde‹ für einen Bauern.

Feig: Übername zu mhd. *veige* ›verwünscht, unselig, verdammt; eingeschüchtert, furchtsam, feige‹.

Feige: 1. Vor allem im Westen und Norden Deutschlands verbreiteter Familienname, der auf eine verkürzte Form von Sophie (▶ Fey) zurückgeht. 2. ▶ Feig. 3. Übername zu mhd. *vīge* ›Feige‹ für den Feigenhändler oder -liebhaber.

Feigel, Feigl: 1. Ableitungen von ▶ Feig mit *-l-*Suffix. 2. Übernamen zu mhd. *vīgel* ›Veilchen‹.

Feil: 1. Vor allem in Schwaben und Nordostbayern verbreiteter Übername zu mhd. *vīol, vīal, vīel* ›Veilchen‹. 2. Berufsübername zu mhd. *vīle* ›Feile‹ für den Hersteller von Metallfeilen. 3. Niederdeutscher Übername zu mnd. *feil* ›fehlerhaft, schlecht, trügerisch, unzuverlässig‹ nach dem Verhalten oder zu mnd. *feil* ›Kopftuch; Mantel; grobes, schlechtes Gewand‹ nach der Kleidung des ersten Namensträgers.

Feiler, Feilhauer, Feilner: Berufsnamen für den Hersteller von Metallfeilen (zu mhd. *vīle* ›Feile‹).

Fein(e): Übernamen zu mhd. *fīn, vīn* ›fein, schön‹ nach dem Benehmen, dem Aussehen oder der Kleidung des ersten Namensträgers.

Feind: Übername zu mhd. *vīent* ›Feind‹, mnd. *vient* ›Feind, Gegner, Widersacher; feindselig, feindlich‹.

Feindel, Feindl: Ableitungen von ▶ Feind mit *-(e)l-*Suffix.

Feindt: ▶ Feind.

Feirer: 1. Übername zu mhd. *vīren* ›feiern, müßig sein‹. 2. Durch Entrundung entstandene Form von ▶ Feuerer.

Feis, Feiss, Feiß, Feist: ober- und mitteldeutsche Übernamen zu mhd. *veiz(e), veizt* ›beleibt, feist, fett‹. ❖ *Ulr. der Faist* ist a. 1340 in Regensburg bezeugt.

Feistel, Feistl: 1. Ableitungen von Feist mit -*l*-Suffix, ▶ Feis. 2. Entrundete Formen von ▶ Feustel.

Feistle: schwäbische Ableitung von Feist, ▶ Feis.

Feistritzer: Herkunftsname zu dem Ortsnamen Feistritz (Österreich).

Feit: ▶ Veit(h).

Feix: ▶ Veit(h) (1.).

Fekken: ▶ Fecken.

Felber: Der Name findet sich einerseits gehäuft im Raum Chemnitz, andererseits zwischen Ingolstadt und Augsburg. 1. Bei dem Chemnitzer Familiennamen handelt es sich um einen Wohnstättennamen zu mhd. *vëlwe(r)* ›Weide, Weidenbaum‹: ›wohnhaft in einer mit Weiden bestandenen Gegend‹. 2. Bei süddeutscher Herkunft kann außerdem auch ein Herkunftsname zu den Ortsnamen Felben (mehrfach in Oberbayern und Schwaben) oder Felbern (Oberbayern, Österreich) vorliegen.

Felbinger: Wohnstättenname, Ableitung auf -*inger* zu *vëlwe* ›Weide, Weidenbaum‹, ▶ Felber.

Felchner: ▶ Falkner.

Feld(e): 1. Wohnstättennamen zu mhd. *vëlt*, mnd. *velt* ›Feld, Fläche, Ebene, das Freie‹. 2. Herkunftsnamen zu den häufigen Ortsnamen Feld(e).

Felden: Herkunftsname zu den Ortsnamen Felden, Velden (Bayern, Österreich).

Felder: Ableitung auf -*er* zu ▶ Feld(e).

Felderer: patronymische Bildung auf -*er* zu ▶ Felder.

Feldhaus, Feldhausen, Feldhauser, Feldhäuser, Feldhäußer: Herkunftsnamen zu den häufigen Ortsnamen Feldhaus(en), Feldhäuser.

Feldheim: Herkunftsname zu den Ortsnamen Feldheim (Bayern, Brandenburg, Schlesien), Veltheim (Niedersachsen, Nordrhein-Westfalen, Sachsen-Anhalt).

Feldhoff: Herkunftsname bzw. Wohnstättenname zu dem häufigen gleichlautenden Orts- oder Hofnamen.

Feldkamp: 1. Herkunftsname zu dem Ortsnamen Feldkamp (Niedersachsen, Nordrhein-Westfalen). 2. Wohnstättenname zu mnd. *velt* ›(freies) Feld, Ebene‹ und mnd. *kamp* ›eingezäuntes Feld (Ackerland, Weide, Wiese)‹ für jemanden, der an einer eingezäunten Wiese in freiem Feld wohnte.

Feldle, Feldlin: oberdeutsche (alemannische) Ableitungen von ▶ Feld(e) (1.).

Feldmaier: ▶ Feldmayer.

Feldmann: 1. Wohnstättenname auf -*mann* zu ▶ Feld(e) (1.). 2. Herkunftsname auf -*mann* zu den häufigen Ortsnamen Feld(e) oder zu einem anderen mit »Feld-« beginnenden Ortsnamen. 2. Standesname zu mhd. *vëltman* ›Landmann‹.

Feldmayer, Feldmei(e)r: Standesnamen, nähere Bestimmung eines Meiers (▶ Meyer) durch die Lage des Hofes im freien Feld (▶ Feld[e] [1.]).

Feldmüller: Berufsname, nähere Bestimmung eines Müllers (▶ Müller) durch die Lage der Mühle im freien Feld (▶ Feld[e] [1.]).

Feldner: 1. Herkunftsname zu den häufigen Ortsnamen Felden, Velden (Bayern, Österreich). 2. Vereinzelt Standesname zu mhd. *vëldener* ›eine Art Höriger‹.

Feldt: ▶ Feld(e).

Feldweg: Wohnstättenname für jemanden, der an einem Feldweg siedelte.

Felgener: 1. ▶ Felgenhauer. 2. ▶ Felger (2.).

Felgenhauer, Felgenheier, Felgenheuer: Berufsnamen für den ▶ Wagner, die sich von der Herstellung der Felgen, der gebogenen Holzstücke, die den Radkranz bilden, ableiten.

Felgenträger: niederdeutscher, aus *Felgendreger* (< mnd. *dreger* ›Dreher‹) entstellter Berufsname für den Felgendrechsler.

Felgentreff, Felgentreu, Felgentrey: Herkunftsnamen zu dem Ortsnamen Felgentreu (a. 1285 *Velgendrewe*) westlich von Luckenwalde (Brandenburg).

Felger, Felgner: 1. ▶ Felgenhauer. 2. Vereinzelt oberdeutsche Übernamen zu mhd. *valgen, velgen* ›umackern, umgraben‹ für einen Bauern.

Felix: auf den gleichlautenden Rufnamen lateinischer Herkunft (›fruchtbar; glücklich; Glück bringend‹) zurückgehender Familienname. Felix fand im Mittelalter als Name mehrerer Heiliger Eingang in die Namengebung. In der Schweiz und im südwestdeutschen Raum verschaffte dem Namen der heilige Märtyrer Felix, der nach der Legende mit seiner Schwester Regula in Zürich hingerichtet wurde, eine gewisse Verbreitung.

Felk(e)l: durch Entrundung entstandene Formen von ▸ Völkel.

Felkner: umgelautete Form von ▸ Falkner.

Fell: 1. Berufsübername zu mhd. *vël* ›Haut, Fell‹ für den Fellhändler. 2. Herkunftsname zu den Ortsnamen Fell bei Trier (Rheinland-Pfalz), Fellen, Felln (Bayern).

Felleisen: Übername zu mhd. *velīs* ›Mantelsack, Felleisen‹ für den Hersteller oder den Träger.

Feller: 1. ▸ Felder. 2. Berufsname zu mhd. *vël* ›Haut, Fell‹ für den Fellhändler. 3. Herkunftsname, ▸ Fell (2.).

Fellmann: Berufsname zu mhd. *velleman* ›Schinder‹ oder Berufsname auf -*mann* zu mhd. *vël* ›Haut, Fell‹ für den Fellhändler.

Fellner: 1. ▸ Feldner (1.). 2. ▸ Feller (2.), (3.).

Fels: 1. Wohnstättenname zu mhd. *vels* ›Fels‹. 2. Herkunftsname zu den Ortsnamen Fels (Bayern, Österreich), Völs (Südtirol), Felsberg (Hessen, Saarland, Schweiz), Felsheim (Bayern).

Felsch: 1. ▸ Falsch. 2. Durch Entrundung aus ▸ Völsch entstandener Familienname.

Felser: Ableitung auf -*er* zu ▸ Fels.

Felske: 1. Durch Entrundung und Anfügung des niederdeutschen -*k*-Suffixes an die Rufnamenkurzform ▸ Voltz entstandener Familienname. 2. Im deutsch-slawischen Kontaktgebiet kann dem Familiennamen eine mit dem slawischen -*k*-Suffix erweiterte Kurzform eines mit dem Namenwort *velij* ›groß‹ gebildeten Rufnamens (z. B. Velislav, Velimir) zugrunde liegen.

Felsmann: Ableitung auf -*mann* zu ▸ Fels.

Felten: ▸ Velten.

Felter: ▸ Falter(er).

Fench: Berufsübername zu mhd. *venich, phenich* ›Hirse‹ für einen Bauern, der Hirse anbaute.

Fench(e)l: Berufsübernamen zu mhd. *vënichel, vënchel* ›Fenchel‹ für den Gewürzkrämer oder Apotheker. Fenchel war ein häufig verwendetes Arzneimittel, er wurde auch als Abwehrzauber gebraucht. ❖ *Marchart der Venichel* ist a. 1341 in Regensburg bezeugt.

Fenck: ▸ Fench.

Fend: Übername zu mhd. *vende* ›Knabe, junger, unerfahrener Mann; Fußsoldat‹. ❖ *Der Vende* erscheint bereits a. 1290 in Nürnberg.

Fendel: Ableitung von ▸ Fend mit -*l*-Suffix.

Fender(l): aus mhd. *vener* ›Fahnenträger, Fähnrich‹ durch Einschub des Gleitlauts -*d*- entstandene Familiennamen.

Fendius: aus einer Latinisierung von ▸ Fend hervorgegangener Familienname.

Fendt: ▸ Fend.

Fenger: ▸ Fänger.

Fengler: 1. Im deutsch-slawischen Kontaktgebiet Schlesiens entstandener Berufsname zu poln. *węgiel* ›Kohle‹ für den Köhler. 2. Wohnstättenname zu dem im deutsch-slawischen Kontaktgebiet öfter vorkommenden Flurnamen *Fangel* (z. B. in Mecklenburg, im Hannoverschen Wendland), der ebenfalls auf das slawische Wort für Kohle zurückgeht. 3. Herkunftsname zu dem Ortsnamen Wengeln (Schlesien).

Fenn: 1. Vor allem im Gebiet um Würzburg verbreiteter Familienname; Nebenform von ▸ Fehn. 2. Bei norddeutscher Herkunft ▸ Venn(e).

Fennekohl: niederdeutscher Übername zu mnd. *vennekol* ›Fenchel‹, vgl. ▸ Fench(e)l.

Fenner: Berufsname zu mhd. *vener* ›Fahnenträger, Fähnrich‹.

Fenners: patronymische Bildung (starker Genitiv) zu ▸ Fenner.

Fenske: aus der polnischen Form Więcek des Heiligennamens Wenzeslaus (▸ Wentzlaff) oder von ▸ Vincent hervorgegangener Familienname.

Fensterer, Fenstermacher: Berufsnamen für den Glaser, den Hersteller von Fenstern.

Fent(h): ▸ Fend.

Fentz, Fenz, Fenz(e)l: aus Ableitungen von dem slawischen Heiligennamen Wenzeslaus (▸ Wentzlaff) oder von ▸ Vincent gebildete Familiennamen.

Ferber: ▸ Färber.

Ferbitz: Herkunftsname zu dem gleichlautenden Ortsnamen in Brandenburg.

Ferchel: ▸ Ferkel.

Fercher: entrundete Form von Förcher (▸ Forcher[t]).

Ferchland(t): Herkunftsnamen zu den Ortsnamen Ferchland (Sachsen-Anhalt); Verchland (ehem. Pommern/jetzt Polen).

Ferck: ▸ Fehrecke.

Ferckel: ▸ Ferkel.

Ferdinand: aus dem gleichlautenden Rufnamen westgotischen Ursprungs (got. **frith*

›Schutz vor Waffengewalt, Friede‹ + got. *nanth* ›Kühnheit‹) entstandener Familienname. Ferdinand bietet ein Beispiel dafür, dass Familiennamen noch zu einem sehr späten Zeitpunkt gebildet werden konnten. Während dieser Rufname im mittelalterlichen Deutschland unbekannt war, begegnet er uns in Spanien oft als Königsname. Erst mit den Habsburgern, man denke an Kaiser Ferdinand I. (16. Jh.), wurde der Name bekannt und breitete sich in der Folge in Österreich und Deutschland aus. ❖ Aus dem Beleg *Anna Ferdinant* (Hannover 1689) geht hervor, dass der Rufname bald in die Familiennamenbildung einbezogen wurde. ❖ Aus einer Ableitung von Ferdinand ist der oberdeutsche Familienname **Ferdl** hervorgegangen.

Ferdl: aus einer oberdeutschen Koseform von ▸ Ferdinand entstandener Familienname.

Ferg(e): Berufsnamen zu mhd. *verge, verje* ›Schiffer, Fährmann‹.

Ferk: ▸ Fehrecke.

Ferkel: Übername zu mhd. *verhel, verkel* ›Ferkel‹ für einen Bauern.

Fernandes: mit dem patronymischen Suffix *-es* gebildeter portugiesischer Familienname, ▸ Fernández.

Fernández: spanischer Familienname, mit dem Suffix *-ez* gebildete patronymische Form zu dem Rufnamen Fernando (spanische Form von ▸ Ferdinand): ›Sohn des Fernando‹.

Ferner: 1. Wohnstättenname zu mhd. *vorhe* ›Föhre‹. 2. Herkunftsname zu den Ortsnamen Ferna (Thüringen), Verna (Hessen), Fern (Österreich).

Fernkorn: ▸ Firnkorn.

Ferrari: italienischer Berufsname (›Schmied‹). In Italien ist Ferrari der dritthäufigste Familienname.

Ferreira: portugiesischer oder galizischer (nordwestspanischer) Wohnstättenname für jemanden, der bei einer Schmiede wohnte.

Ferster: durch Entrundung entstandene Form von Förster (▸ Forster).

Ferstl: in Bayern und Österreich verbreitete, durch Entrundung entstandene Form von ▸ Förstel.

Fertig: Übername zu mhd. *vertec, vertic* ›beweglich; zur Fahrt bereit; geschickt, tüchtig, gewandt‹.

Fesefeldt: Berufsübername zu mhd. *vëse* ›Getreidehülse, Spreu, Dinkel, Spelt‹ und mhd. *vëld* ›Feld‹ für einen Bauern.

Feser: ▸ Fehser.

Fessler, Feßler: ▸ Fässler.

Fest: Übername zu mhd., mnd. *vest(e)* ›fest, hart, beständig, standhaft, unerweichlich‹.

Fester: aus einer verkürzten Form von ▸ Silvester entstandener Familienname.

Festerling: patronymische Bildung auf *-ling* zu ▸ Fester.

Festersen: patronymische Bildung auf *-sen* zu ▸ Fester.

Feth, Fett(e): Übernamen für einen dicken Menschen; vgl. ▸ Feis, Feiss, Feiß, Feist.

Fetter: ▸ Vetter.

Fettich: Übername zu mhd. *vëtich, vitich* ›Fittich, Flügel‹.

Fetting: niederdeutscher Berufsübername zu mnd. *vetinc, vetinge* ›leichter Wagen, Korbwagen, Reisewagen‹ für den Hersteller.

Fettweis, Fettweiss, Fettweiß: Herkunftsnamen zu dem Ortsnamen Vettweiß (Nordrhein-Westfalen).

Fetz: 1. Übername zu mhd. *vetze* ›Fetzen, Lumpen‹ für einen armen oder unordentlichen Menschen. 2. Aus einer verkürzten Form von Bonifatius (▸ Bonifaz[ius]) entstandener Familienname.

Fetzer: Berufsname zu mhd. *fatzen* ›foppen, necken, verspotten‹ für einen Possenreißer (vgl. mhd. *fatzman* ›Possenreißer, Hofnarr‹).

Feucht: Wohnstättenname, ostschwäbische und bairisch-österreichische Form von Fichte: ›wohnhaft am Fichtengehölz‹.

Feuchtenbeiner: ▸ Feichtenbeiner.

Feuchter: 1. Ableitung auf *-er* von ▸ Feucht. 2. Herkunftsname zu den Ortsnamen Feucht bei Nürnberg, Feuchter in Oberbayern.

Feuchtner: 1. Ableitung auf *-ner* von ▸ Feucht. 2. Herkunftsname zu dem Ortsnamen Feuchten (Bayern, Österreich).

Feuchtwang(er): Herkunftsnamen zu dem Ortsnamen Feuchtwangen (Bayern). ❖ Bekannter Namensträger: Lion Feuchtwanger, deutscher Schriftsteller (19./20. Jh.).

Feuer: Berufsübername für jemanden, der im Rahmen seiner Tätigkeit mit Feuer umging, etwa für einen Heizer oder Schmied, oder Übername für einen feurigen, leidenschaftlichen Menschen, vgl. ▸ Feurich, Feurig.

Feuerbach(er): Herkunftsnamen zu dem häufigen Ortsnamen Feuerbach (Baden-Württemberg, Bayern). ❖ Bekannte Namensträger: Anselm Feuerbach, deutscher Maler (19. Jh.); Ludwig Andreas Feuerbach, deutscher Philosoph (19. Jh.).

Feuerer: Berufsname zu mhd. *viurære* ›Anfeurer (z. B. in den Salinen, Schmieden), Ofenheizer‹. In Bayern war der Feurer der Holzknecht, der in der Blockhütte der Waldarbeiter das Feuer besorgen, aber auch Wasser holen und ähnliche Arbeiten verrichten musste. ❖ Aus München ist a. 1399 *fridrich fewrer tagwercher* belegt.

Feuerhaak, Feuerhack(e), Feuerhake: Übernamen zu mhd. *viurhâke* ›Feuerhaken zum Einreißen und Wegziehen brennender Balken bei Feuersbrünsten‹. Um die häufigen Brände in den mittelalterlichen Städten zu bekämpfen, wurden aus der Bürgerschaft geeignete Personen aufgestellt und mit bestimmten Aufgaben betraut. So sehen z. B. die Regensburger Ratsverordnungen (14. Jh.) u. a. vor, dass die *mezzær* [Messbeamte, Getreidemesser] *di fewer haken nemen* und sie *zu dem fewer tragen*.

Feuerle: schwäbische Ableitung von ▶ Feuer.

Feuerlein: Ableitung von ▶ Feuer mit dem Suffix *-lein*.

Feuerp(f)eil: Berufsübernamen zu mhd. *viurpfîl* für den Hersteller von Brandgeschossen oder für einen Söldner.

Feuersänger: 1. Wohnstättenname für jemanden, der an einer durch Feuer gerodeten Stelle siedelte (zu mhd. *sengen, singen* ›brennen‹). 2. Herkunftsname zu dem Ortsnamen Feuersang bei Salzburg.

Feuerschütz: Berufsübername für einen Söldner.

Feuersenger: ▶ Feuersänger.

Feuersinger: ▶ Feuersänger (1.).

Feuerstack(e), Feuerstak(e): Berufsübernamen für den ▶ Feuerer (zu mnd. *vurstake* ›Feuerschürstange‹).

Feuerstein: 1. Berufsübername für den Hersteller und Verkäufer von Feuersteinen. 2. Vereinzelt Herkunftsname zu den gleichlautenden Ortsnamen (Nordrhein-Westfalen). Im Bregenzerwald (Vorarlberg) ist der ›Feuerstein‹ eine Bergspitze.

Feuler: ostfränkische Form von ▶ Feiler.

Feulner: 1. Ostfränkische Form von Feilner, ▶ Feiler, Feilhauer, Feilner. 2. Herkunftsname zu dem Ortsnamen Feuln (Oberfranken).

Feurer: ▶ Feuerer.

Feurich, Feurig: Übernamen zu mhd. *viurec, viuric* ›feurig‹.

Feustel: Variante von ▶ Fäustel.

Fey(e): aus einer verkürzten Form des weiblichen Rufnamens Sophie (griech. *sophía* ›Weisheit‹) gebildete Familiennamen. Als Rufname geht Sophie auf den Namen einer römischen Märtyrerin des 2. Jh. zurück, die im Mittelalter besonders im Elsass verehrt wurde. ❖ Als weitere Ableitungen von Sophie begegnen uns unter den heutigen Familiennamen **Fay**, **Vey** und die Genitivform **Feyen**. ❖ Im norddeutschen Raum können Familiennamen wie **Feige**, **Fiege**, **Figge** auf eine Ahnfrau namens Sophie hinweisen.

Feyen: 1. Metronymischer Familienname (schwacher Genitiv) zu ▶ Fey(e). 2. Herkunftsname zu dem Ortsnamen Feyen bei Trier.

Feyer: ▶ Feier.

Feyerabend: ▶ Feierabend.

Feyler: ▶ Feiler.

Fiala, Fialka: Übernamen zu tschech. *fiala* ›Levkoje‹ bzw. *fialka* ›Veilchen‹.

Ficht(e): 1. Wohnstättennamen zu mhd. *viehte* ›Fichte‹: ›wohnhaft an einer mit Fichten bestandenen Stelle‹. 2. Herkunftsnamen zu Ortsnamen wie Ficht (Bayern), Fichte (Sachsen), Fichten (Sachsen, Oberschlesien), Vicht (Nordrhein-Westfalen), Viecht (Bayern). ❖ Bekannter Namensträger: Johann Gottlieb Fichte, deutscher Philosoph (18./19. Jh.).

Ficht(e)l: Ableitungen von ▶ Ficht(e) mit -l-Suffix.

Fichtelmann: Erweiterung von Fichtel mit dem Suffix *-mann*, ▶ Ficht(e).

Fichtenmaier, Fichtenmayer, Fichtenmeier, Fichtenmeyer: Standesnamen, nähere Bestimmung eines Meiers (▶ Meyer) durch die Lage des Hofes an einem Fichtenbestand.

Fichter: Ableitung auf *-er* von ▶ Ficht(e).

Fichtmann: Ableitung auf *-mann* von ▶ Ficht(e).

Fichtner: 1. Ableitung auf *-(n)er* zu ▶ Ficht(e). 2. Vereinzelt Berufsname zu mhd. *viehte* ›Trinkbecher aus Fichtenholz‹ für den Hersteller.

Fick: 1. Aus einer niederdeutschen Kurzform von ▸ Friedrich entstandener Familienname. 2. Im mittel- und oberdeutschen Raum ▸ Ficke (2.) oder ▸ Ficker (1.).

Ficke: 1. ▸ Fick. 2. Übername zu mittelniederdeutsch, mitteldeutsch *vicke* ›Tasche an Kleidern, Beutel‹ für den Hersteller oder den Träger.

Fickelscheer, Fickelscher, Fickelscherer, Ficken(t)scher: niederdeutsche und mitteldeutsche Berufsnamen zu mnd., md. *vicke* ›Tasche an Kleidern, Beutel‹ und mnd. *scheren* ›schneiden‹ für den Beutelschneider, Beutelmacher. ❖ Die Berufsbezeichnung ist noch deutlich bei *Jacob Fickescherer*, Sächsisches Vogtland a. 1584.

Fickenwirth: Berufsname zu mnd., md. *vicke* ›Tasche an Kleidern, Beutel‹ und mhd. *würhte* ›Verfertiger‹ für den Beutelmacher, vgl. ▸ Fickelscheer.

Ficker: 1. Übername zu mhd. *ficken* ›reiben, hin und her bewegen, hin und her fahren‹, vielleicht für jemanden, der andere gerne reizte, sich an ihnen rieb, oder auch für einen unruhigen Menschen. Aber auch mit der obszönen Bedeutung, der zwar in der älteren Literatur vor dem 16. Jh. erwartungsgemäß nicht belegt ist, die aber sicher früh vorhanden war, muss gelegentlich gerechnet werden. 2. ▸ Fickler.

Fickert: Erweiterung von ▸ Ficker (1.) mit sekundärem *-t*.

Fickewirth: ▸ Fickenwirth.

Fickler: 1. Berufsname zu mnd., md. *vicke* ›Tasche an Kleidern, Beutel‹ für den Beutelmacher, vgl. ▸ Fickelscheer, ▸ Fickenwirth. 2. Niederdeutscher Übername zu mnd. *vickeler* ›Flachs‹. 3. Übername zu nhd. *fickeln*, bair. *figkeln* ›die Geige spielen, fiedeln‹. 4. Nebenform von ▸ Ficker (1.).

Fidel, Fideli(us): auf einen Heiligennamen lateinischen Ursprungs (›treu, zuverlässig‹) zurückgehende Familiennamen.

Fidler: ▸ Fiedler.

Fieber(t): aus dem alten Rufnamen Friedbert *(fridu + beraht)* hervorgegangene Familiennamen. Bei Rufnamen, deren beide Bestandteile ein *r* enthalten, fällt das erste *r* zwecks Aussprache-Erleichterung (Dissimilation) oft aus.

Fiebig(er): 1. Wohnstättennamen zu mhd. *vihewëc* ›Viehweg‹, dem Weg, auf das das Vieh zur Weide getrieben wurde. Dieser Familienname konnte entstehen, da in fnhd. Urkunden oft *b* und *w* zwischen zwei Vokalen vertauscht wurden. Noch 1790 liest man in einer schlesischen Urkunde vom Vieh, das *auf die Viebige im Galgenfelde getrieben werden kann*. 2. Herkunftsnamen zu dem Ortsnamen Fiebig (Schlesien).

Fiedelmann: Berufsname auf *-mann* zu mhd. *videl(e)* ›Geige, Fiedel‹ für einen Fiedler, Geiger.

Fiederer: Berufsname zu mhd. *videren* ›mit Federn versehen, befiedern‹ für den Handwerker, der die Pfeile und Bolzen mit Federn versieht.

Fiedler: Berufsname zu mhd. *videlære* ›Fiedler, Geiger‹.

Fiedlers: patronymische Bildung (starker Genitiv) zu ▸ Fiedler.

Fieg(e)l: ▸ Fig(e)l.

Fiege: 1. Im niederdeutschen Sprachgebiet aus einer verkürzten Form des weiblichen Rufnamens Sophie (▸ Fey[e]) entstandener Familienname. ❖ Vgl. den Beleg im Genitiv *Druytgin Fygin* Bonn, vor 1463. 2. Im mittel- und oberdeutschen Bereich Übername zu der entrundeten Form von mhd. *vüege* ›angemessen, passend‹.

Fiegenschuh: durch Entrundung entstandene Form von ▸ Fügenschuh.

Fieger: entrundete Form von ▸ Füger.

Fiegner: entrundete Form von Fügner, ▸ Füger.

Fiehn(e): niederdeutsche Übernamen zu mnd. *fin* ›fein, schön‹.

Fielmann: aus einer mit *-mann* erweiterten Kurzform eines mit dem Namenwort *filu* gebildeten Rufnamens (z. B. Filibert oder Filimar) entstandener Familienname. Im Mittelalter bekannt war vor allem der Name des fränkischen Heiligen Philibert, des Abtes von Jumièges (7. Jh.).

Fiene: ▸ Fiehn(e).

Fiesel: 1. Niederdeutscher Übername zu mnd. *visel* ›Mörserkeule, Stößel, Mörser‹ nach einem Gegenstand der Arbeit. 2. Übername zu mhd. *visel* ›Faser, Fransen‹. 3. Übername zu mhd. *visel* ›Penis‹.

Fieseler: durch das Suffix *-er* erweiterter Berufsname zu ▸ Fiesel (2.). Vermutlich zog der ›Fi(e)seler‹ die Fäden aus alten Kleidungsstücken, damit sie wieder verwendet werden konnten, oder er besorgte das Lockern gewebter Stoffe. ❖ Bekannter Namensträger: Gerhard Fieseler, deutscher Kunstflieger und Flugzeugbauer (19./20. Jh.).

Fieth(e): niederdeutsche Formen von ▸ Veit(h) (1.).

Fiethen: patronymische Bildung (schwacher Genitiv) zu ▸ Fieth(e).

Fietz: 1. Patronymische Bildung (starker Genitiv) zu ▸ Fieth(e). 2. Auf eine ursprünglich vor allem in Schlesien verbreitete, verkürzte Form von ▸ Vincent zurückgehender Familienname. 3. Herkunftsname zu dem Ortsnamen Vietz (ehem. Brandenburg/jetzt Polen), Viez (Mecklenburg-Vorpommern).

Fietze: 1. ▸ Fietz (2.). 2. Herkunftsname zu Ortsnamen wie Vietz (ehem. Brandenburg/jetzt Polen), Vietze (Niedersachsen), Vietzen (Mecklenburg-Vorpommern, Sachsen-Anhalt), Viezen (Mecklenburg-Vorpommern).

Fieweger: ▸ Vieweg.

Fig(e)l: aus einer verkürzten Form des Heiligennamens Vigilius entstandene Familiennamen.

Figge: 1. ▸ Ficke (1.). 2. Gelegentlich kann es sich um einen metronymischen Familiennamen handeln, der auf eine niederdeutsche Form von Sophie (▸ Fey[e]) zurückgeht.

Filipović: serbische, bosnische oder kroatische patronymische Bildung zu ▸ Philipp.

Filler: Berufsname zu mhd. *viller* ›Schinder‹.

Filser: Herkunftsname zu dem mehrfach vorkommenden Ortsnamen Vils (Bayern).

Filter: niederdeutscher Berufsname zu mnd. *vilter* ›Filzer, Hutwalker, Hutmacher‹.

Filthut: Übername zu mnd. *vilthōt* ›Filzhut‹ für den Hersteller oder den Träger.

Filtz: ▸ Filz.

Filtzer: ▸ Filzer.

Filz: 1. Übername zu mhd. *vilz* ›Filz; grober oder geiziger Mensch‹. 2. Oberdeutscher Wohnstättenname zu mhd. *vilz* ›Moor, Moorgrund‹. 3. Herkunftsname zu den Ortsnamen Filz (Rheinland-Pfalz), Vilz (Mecklenburg-Vorpommern).

Filzer: 1. Berufsname zu mhd. *vilzer* ›Filz(hut)macher‹. 2. Ableitung auf *-er* zu ▸ Filz (2.) und (3.).

Finck(e): ▸ Fink. ❖ Bekannter Namensträger: Werner Finck, deutscher Kabarettist, Theater- und Filmschauspieler (20. Jh.).

Find: ▸ Feind.

Findeis(en): im Mittelalter allgemein verbreitete Berufsübernamen für Schmiedegesellen, denen entweder ein Satzname (»finde [das] Eisen«) oder die Bezeichnung eines Werkzeugs, das ›Fin(d)eisen‹, ein ›Hammer mit zugespitztem Eisen‹ (< mhd. *phinne, vinne* ›Nagel, Finne‹) zugrunde liegt. Da dieses Werkzeug auch von Gerbern benutzt wurde, können auch Berufsübernamen für dieses Handwerk vorliegen.

Findel: Übername zu mhd. *vindelīn* ›Findelkind‹.

Finder: Übername zu mhd. *vinden* ›finden, erfinden, dichten‹.

Finders: patronymische Bildung (starker Genitiv) zu ▸ Finder.

Findewirth: Übername in Satzform (»[ich] finde den Wirt«) für einen trinkfreudigen Menschen.

Findl: bairisch-österreichische Schreibweise von ▸ Findel.

Findling: Übername zu mhd. *vundelinc* ›Findelkind‹.

Findt: ▸ Feind.

Finger: Übername zu mhd. *vinger* ›Finger; Fingerring‹ für den Goldschmied oder den Träger eines auffälligen Rings; auch die Anspielung auf eine Besonderheit des Körperglieds ist hierbei möglich.

Fingerhut(h): Berufsübernamen für den Hersteller oder den Benutzer (Schneider).

Fingerl(e), Fingerlin: Übernamen zu mhd. *vingerlīn* ›Fingerring‹ für den Hersteller (Goldschmied) oder den Träger eines auffälligen Rings.

Fingerling: Übername zu mhd. *vingerlinc* ›Fingerring‹ für den Hersteller (Goldschmied) oder den Träger eines auffälligen Rings.

Fink: Berufsname zu mhd. *vinke* ›Finke‹ für den Vogelsteller oder Übername für einen unbeschwerten, sangesfrohen Menschen.

Finkbeiner: ▸ Finkenbein(er).

Finke: ▸ Fink.

Finkel: Ableitung von ▸ Fink mit *-l*-Suffix.

Finken: patronymische Bildung (schwacher Genitiv) zu ▸ Fink.

Finkenbein(er): Übernamen zu mhd. *vinke* ›Finke‹ und mhd. *bein* ›Bein‹ für einen dünnbeinigen Menschen.

Finkl: bairisch-österreichische Schreibweise von ▸ Finkel.

Finkler: Berufsübername zu mhd. *vinke* ›Finke‹ für den Vogelsteller, -fänger.

Finster: 1. Übername zu mhd. *vinster* ›finster, dunkel‹ nach der Wesensart des ersten Namensträgers. 2. Wohnstättenname für jemanden, der an einer finsteren Stelle (z. B. an einem Tannenwald) wohnte.

Finsterbusch: Wohnstättenname zu mhd. *vinster* ›finster, dunkel‹ und mhd. *busch* ›Busch, Gehölz, Wald‹: ›wohnhaft an einem dunklen Wald‹.

Finsterer: Ableitung auf *-er* zu den Familiennamen ▸ Finster (2.).

Finsterle, Finsterlin: alemannische Ableitungen von ▸ Finster.

Finsterwald(er): Herkunftsnamen zu den häufigen Ortsnamen Finsterwald (Österreich, Bayern), Finsterwalde (Brandenburg, Ostpreußen).

Finz, Finzel: aus verkürzten Formen von ▸ Vincent entstandene Familiennamen.

Fiolka: ▸ Fiala, Fialka.

Firmenich: Herkunftsname zu dem gleichlautenden Ortsnamen (Nordrhein-Westfalen).

Firn: Übername zu mhd. *vërne, virne* ›alt, erfahren, weise, klug‹.

Firneis(en): Berufsübernamen zu mhd. *vërne, virne* ›alt‹ und mhd. *īsen* ›Eisen‹ für einen Schmied oder zu mhd. *virnīs* ›Firnis, Lack‹ für den Hersteller oder auch für den Maler (vgl. mhd. *firnīsen* ›mit Firnis oder mit Farbe überziehen‹).

Firnhaber: Berufsübername zu mhd. *vërne, virne* ›alt‹ und mhd. *haber(e)* ›Hafer‹ für einen Bauern oder Getreidehändler.

Firnkas, Firnkäs, Firnkäß, Firnkees, Firnkes: Berufsübernamen zu mhd. *vërne, virne* ›alt‹ und mhd. *kæse* ›Käse‹ für den Bauern, der Käse herstellte, oder den Käsehändler.

Firnkorn: Berufsübername zu mhd. *vërne, virne* ›alt‹ (›altes Korn, altes Getreide‹) für einen Bauern oder Getreidehändler.

Fisch: Berufsübername für den Fischer bzw. Fischhändler oder Übername nach dem Lieblingsgericht.

Fischart: aus einer Erweiterung von ▸ Fischer mit sekundärem *-t* und Übergang der Endung *-ert* zu *-art* entstandener Familienname. ❖ Bekannter Namensträger: Johann Fischart, deutscher Satiriker und Publizist (16. Jh.). Sein Vater ist als *Fischer gen. Mentzer* überliefert.

Fischbach: 1. Herkunftsname zu dem häufigen Ortsnamen Fischbach (Hessen, Thüringen, Rheinland-Pfalz, Saarland, Baden-Württemberg, Bayern, Schlesien, Ostpreußen). 2. Wohnstättenname für jemanden, der an einem fischreichen Bach wohnte.

Fischbeck: Herkunftsname zu den Ortsnamen Fischbeck (Niedersachsen, Sachsen-Anhalt), Fischbek (Hamburg).

Fischel: Ableitung von ▸ Fisch mit *-l*-Suffix.

Fischer: die allgemeine Verbreitung dieses Familiennamens – Fischer ist in Deutschland der vierthäufigste Name – erklärt sich aus der großen Bedeutung des Fischfangs im Mittelalter. Fische spielten vor allem eine wichtige Rolle als Fastenspeise, aber auch außerhalb der Fastenzeit war Fisch ein beliebtes Essen. Um den großen Fischbedarf zu decken, wurden in Klöstern und in der Nähe der Städte Fischweiher angelegt. Erst im 14. Jh. wird das Fischen zu einem Gewerbe, dessen Ausübung in den Städten durch entsprechende Verordnungen des Rats geregelt wurde. Im Regensburg des 14. Jh. trug der Stadtrat Sorge dafür, dass Fisch nicht zu teuer verkauft wurde: *Ez schol ouch dehein frowe deheinen visch verchauffen, der tiwerr si dann ein pfennich.* (Es soll auch keine Frau einen Fisch verkaufen, der teurer ist als ein Pfennig.). ❖ Bekannte Namensträger: O. W. Fischer, österreichischer Schauspieler (20./21. Jh.); Dietrich Fischer-Dieskau, deutscher Sänger (20./21. Jh.).

Fischers: patronymische Bildung (starker Genitiv) zu ▸ Fischer.

Fischl: oberdeutsche Ableitung von ▸ Fisch mit *-l*-Suffix.

Fischle: schwäbische Ableitung von ▸ Fisch.

Fischlein: Ableitung von ▸ Fisch mit dem Suffix *-lein*.

Fischli(n): alemannische Ableitungen von ▸ Fisch mit dem Suffix *-li(n)*.

Fischmann: Berufsname auf *-mann* für den Fischer oder den Fischhändler.

Fisser: niederdeutsch-friesische Form von ▸ Fischer.

Fister: ▸ Pfister.

Fitschen: patronymische Bildung (schwacher Genitiv) zu einer niederdeutsch-friesischen Kurzform von ▶ Friedrich.

Fitz: aus den Heiligennamen Vitus (▶ Veit) oder ▶ Vincent abgeleiteter Familienname.

Fitzner: schlesische Variante von Pfitzner (▶ Pfützner).

Fix: ▶ Veit.

Flach: 1. Wohnstättenname für jemanden, der an einer flachen, ebenen Stelle siedelte. 2. Übername zu mhd. *vlach, flach* ›flach; gerade; nicht rau, glatt von der Stimme‹; bildlich ›schlicht, platt‹, bair. ›flau, träge‹. 3. Bei Herkunft aus dem deutsch-slawischen Kontaktgebiet kann auch poln. *włoch* ›Welscher, Fremdstämmiger‹ oder ein slawischer Rufname zugrunde liegen, vgl. ▶ Bloch (1.) und (2.).

Flachs: 1. Berufsübername zu mhd. *vlahs* ›Flachs‹ für den Flachsbauern oder -händler. 2. Übername nach der Bart- oder Haarfarbe.

Flachsbart(h): Übername nach der Bartfarbe.

Flachshaar: Übername nach der Haarfarbe.

Flachsmann: Berufsname auf *-mann* für den Flachsbauern oder -händler.

Flad(e): Berufsübername zu mhd. *vlade* ›breiter, dünner Kuchen, Fladen‹ für den Bäcker oder Übernamen nach einer Vorliebe für das Gebäck. Fladen waren im Mittelalter nicht nur ein beliebtes und weitverbreitetes süßes Gebäck, sondern wurden auch an Festtagen mit einer Füllung aus Fleisch, Fisch, Eiern und anderen Zutaten hergestellt.

Flader: 1. Berufsname zu mhd. *vlader* ›Kuchenbäcker‹, vgl. ▶ Flad(e). 2. Berufsübername zu mhd. *vlader* ›geädertes Holz, Maser (vom Ahorn, von der Eibe, Esche)‹ für einen Holzhandwerker oder zu mhd. *vlâder* ›eine Art Fischnetz‹ für einen Fischer.

Fladerer: patronymische Bildung auf *-er* zu ▶ Flader (1.).

Fladner: ▶ Flader (1.). ❖ *Hainreich fladenær* ist a. 1340 in Regensburg bezeugt.

Fladung: Herkunftsname zu dem Ortsnamen Fladungen (Unterfranken).

Flähmi(n)g: ▶ Flemi(n)g.

Flaig: aus einer alemannischen Nebenform des Wortes ›Fliege‹ (< mhd. *vliege*) gebildeter Übername für einen zudringlichen oder leichtfertigen Menschen.

Flämi(n)g: ▶ Flemi(n)g.

Flamm(e): Berufsübernamen zu mhd. *vlam(me)* ›Flamme‹ für einen Handwerker, der mit Feuer arbeitete (z. B. einen Schmied) oder Übernamen nach einem bildlichen Vergleich.

Flämmich, Flämmi(n)g: ▶ Flemi(n)g.

Flanse, Flan(t)z: Übernamen zu mhd. *vlans* ›Mund, Maul‹.

Flasch(e): Berufsübernamen für den Hersteller von Flaschen aus Holz oder Metall. Der Gebrauch von Glasflaschen wurde erst in nachmittelalterlicher Zeit üblich.

Flaschner: oberdeutscher Berufsname zu mhd. *vlaschener* für den Blechschmied, der Flaschen herstellte. ❖ *Berchtolt Flaschner* ist a. 1341 in Nürnberg bezeugt.

Flat(h)au, Flato(w): Herkunftsnamen zu dem Ortsnamen Flatow (Mecklenburg-Vorpommern, Brandenburg, ehem. Pommern/jetzt Polen).

Flebbe: Übername zu mnd. *flebbe* ›breit hängendes Maul, bes. verächtliche Bezeichnung für einen schwatzhaften Mund‹.

Flechsig: Übername nach der Haarfarbe, wohl zu mhd. *vlehsīn* ›von Flachs‹.

Flechsler, Flechsner: Berufsnamen zu mhd. *vlehser* ›Flachsverkäufer‹.

Flechter, Flechtner: Berufsnamen zu mnd. *vlechten*, mhd. *vlëhten* ›flechten, verflechten‹ für den Korbflechter oder den Zaunflechter.

Fleck: 1. Berufsübername zu mhd. *vlëc* ›Flicken, Lappen‹ für einen Flickschuster, -schneider. 2. Übername zu mhd. *vlëc* ›Fleck, entstellende Flecken, breite Wunde‹ nach dem Aussehen des ersten Namensträgers. 3. Wohnstättenname zu mhd. *vlëc* ›ein Stück Land, Landstrich, Platz, Stelle, Marktflecken‹ oder zu mnd. *fleke* ›flaches Flechtwerk aus Zweigen‹. 4. Herkunftsname zu dem gleichlautenden Ortsnamen Fleck (Westfalen, Bayern).

Fleckeisen: Berufsübername in Satzform (›schlage das Eisen‹) für einen Schmied (zu mhd. *vlëcken* ›schlagen‹, mnd. *vlecken* ›zerbrechen, spalten‹).

Fleckenstein: 1. Berufsübername in Satzform zu mhd. *vlëcken* ›schlagen‹, mnd. *vlecken* ›zerbrechen, spalten‹ und mhd. *stein* ›Stein‹ (»schlage« bzw. »spalte den Stein«) für einen Steinmetz. 2. Vereinzelt Herkunftsname zu dem abgegangenen Ortsnamen Fleckenstein in den Vogesen.

Flecker, Fleckner: Ableitungen auf *-(n)er* zu ▶ Fleck (3.) und (4.).
Fleder(er): ▶ Flader.
Fleege: niederdeutscher Übername zu mnd. *vlēge* ›Fliege‹, bildliche Bezeichnung für einen zudringlichen oder leichtfertigen Menschen, vgl. ▶ Fliege.
Fleer: 1. Wohnstättenname zu mnd. *vlēder* ›Flieder, Holunder‹. 2. Möglich ist auch ein Berufsübername für den Apotheker, da Holunderblüten, -blätter und -rinde als Heilmittel gebraucht wurden.
Flegel: Berufsübername zu mhd. *vlegel* ›Flegel, Dreschflegel‹ für den Drescher, Bauern. Die Germanen erlernten das Dreschen mit Flegeln durch Kontakt mit den Römern. Das Wort Flegel ist daher eine Entlehnung aus lat. *flagellum* ›Geißel, Flegel‹. Die Bedeutung ›Lümmel, grober Kerl‹ kommt für die Familiennamenbildung nicht mehr infrage, da sie erst im 16. Jh. belegt ist. Sie ist aus einem Schimpfwort für den Bauern nach seinem typischen Arbeitsgerät hervorgegangen.
Flehmig: ▶ Flemi(n)g.
Fleig: ▶ Flaig.
Fleige: ▶ Fleege.
Fleiner: Herkunftsname zu dem Ortsnamen Flein (Baden-Württemberg, Bayern).
Fleisch: Berufsübername für den Fleischer oder Übername nach einer Vorliebe für Fleischgerichte. Neben Rind- und Schweinefleisch wurde im Mittelalter auch Ziegenfleisch gegessen. Geflügel (Hühner, Hähne, Kapaune, Enten, Gänse, Tauben, Drosseln, Feldhühner) und Wild (Hasen, Hirsche, Wildschweine) gehörten ebenfalls zur mittelalterlichen Tafel. In den Städten stand der Fleischverkauf hinsichtlich Qualität und Preise unter obrigkeitlicher Kontrolle. So setzte z. B. der Regensburger Rat i. J. 1393 zwei Fleischermeister ein, die die Aufgabe hatten, nicht nur das Vieh vor und nach der Schlachtung, sondern auch das Fleisch auf den Verkaufsständen zu kontrollieren. Verstöße gegen die geltenden Bestimmungen wurden dem Rat angezeigt. Schlechtes Fleisch kam in die Donau, und nicht ganz einwandfreies Fleisch durfte, wie auch in anderen Städten, nur an gesonderter Stelle verkauft werden.
Fleischer: Berufsname zu mhd. *vleischer* ›Fleischer‹. ❖ Das Wort Fleischer, das seit dem 14. Jh. nachweisbar ist (vgl. den Beleg *Nic. Kolbnow fleyscher*, Liegnitz 1361), geht auf eine Verkürzung von Fleischhauer zurück. Diese Entwicklung wird aus den Altenburger Belegen *Kune Fleyschouwer* (a. 1436) = *Chune Fleischer* (a. 1441) deutlich. Die frühe Entfaltung des Fleischerhandwerks in den mittelalterlichen Städten ist vor allem darauf zurückzuführen, dass es für den einzelnen Verbraucher bei den damaligen Konservierungsmöglichkeiten (Salzen, Räuchern) sehr schwierig war, ein ganzes Schlachttier zu verwerten. Die heutige Verbreitung der Familiennamen aus dem Fleischerhandwerk spiegelt z. T. die mittelalterlichen Sprachverhältnisse, z. T. aber auch die seit dieser Zeit eingetretenen wortgeografischen Verschiebungen. Das besonders häufige Vorkommen des Familiennamens **Fleischer** im Osten und Norden Deutschlands stimmt mit der Verbreitung der Berufsbezeichnung vom Ostmitteldeutschen aus ins Niederdeutsche und in die Hochsprache überein. Ursprünglich bezeichnete **Schlachter**, das heute als mundartliche Bezeichnung für den Fleischer in Norddeutschland gilt, den Hausschlachter auf dem Lande. Zur Zeit der Familiennamenentstehung (12.–15. Jh.) war **Fleischhauer** eine weitverbreitete Bezeichnung für den Fleischer, deren Geltungsbereich sich vom Rhein bis Schlesien und von der Ostsee bis zur Donau erstreckte. Ihre Verdrängung aus dem Wortschatz durch andere Bezeichnungen (etwa Schlachter im Norden, Fleischer im Osten und Nordosten) hat dazu geführt, dass der Name Fleischhauer heute nur einen vergleichsweise kleinen Anteil an den Familiennamen aus dem Fleischergewerbe hat. Die starke Präsenz des Familiennamens **Fleischhack(er)** im Südosten des deutschen Sprachgebiets entspricht der Verbreitung der Berufsbezeichnung im Mittelalter. Dies gilt auch für den Familiennamen **Fleischmann**, dessen mittelalterliche Verbreitung vor allem Bayern, das Egerland und Franken umfasste. Der Familienname **Metzger** ist im Südwesten des deutschen Sprachgebiets heimisch. Die starke Ausdehnung des Wortes Metzger nach Norden und Osten ab dem 15. Jh. hat zur Verbreitung dieses Familiennamens beigetragen. Der Familienname **Metzler,** ursprüng-

lich vor allem an der Mosel, am Mittelrhein und in Hessen verbreitet, ist in diesen Gebieten heute noch häufig anzutreffen.

Fleischhack(er): ursprünglich im Südosten des deutschen Sprachgebiets verbreitete Berufsnamen für den ▶ Fleischer (mhd. *vleisch[h]acker*).

Fleischhauer: zur Zeit der Familiennamenentstehung (12.–15. Jh.) weitverbreiteter Berufsname für den ▶ Fleischer (mhd. *vleisch[h]ouwer*, mnd. *vlēsch[h]ouwer*). Gleichbedeutende Berufsnamen im nördlichen Teil Deutschlands sind ▶ Beinhauer und ▶ Knochenhauer. ❖ Im spätmittelalterlichen Regensburg war Fleischhauer die häufigste Bezeichnung für den Fleischer, doch waren damals auch ▶ Fleischhack(er) und ▶ Fleischmann in Gebrauch. Dies geht aus folgenden Belegen hervor: a. 1358 *Vochk der fleichhocher* [Fleischhacker] = a. 1360 *der Voch fleigschhawer* [Fleischhauer]; *Chunrat der Spekchel der flaischman* = *umb Spechel den flaischawer* [Fleischhauer].

Fleischle: schwäbische Ableitung von ▶ Fleisch.

Fleischmann: ursprünglich vor allem in Bayern, Franken und im Egerland verbreiteter Berufsname für den Fleischer (mhd. *vleischman*), ▶ Fleischer, ▶ Fleischhauer.

Fleischner: jüngere Form von ▶ Fleischer.

Fleiss, Fleiß: 1. Varianten von ▶ Fleisch. 2. Übernamen zu mhd. *vlīz(e)* ›eifrig, sorgfältig‹.

Fleisser, Fleißer: Varianten von ▶ Fleischer. ❖ Bekannte Namensträgerin: Marieluise Fleißer, deutsche Schriftstellerin (20. Jh.).

Fleissig, Fleißig: Übernamen zu mhd. *vlīzec* ›beflissen, eifrig, sorgfältig‹.

Fleissner, Fleißner: 1. Varianten von Fleischner, ▶ Fleischer. 2. Herkunftsnamen zu dem Ortsnamen Fleißen (heute Presná) nördlich von Eger.

Flemi(n)g, Flemmi(n)g: 1. Herkunftsnamen zu mhd. *Vlæminc* ›Flame‹. Dieser Familienname kann auf die von den Territorialherren im 11. und vor allem im 12. Jh. veranlassten Einwanderungen flämisch-niederländischer Kolonisten nach Norddeutschland zurückgehen. Ferner hat der Zuzug flandrischer Tuchmacher und Färber über das ganze Land seit dem 13. Jh. auch zur Familiennamenbildung beigetragen. 2. Übername für jemanden, der Beziehungen (z. B. Tuchhandel) mit Flandern hatte oder dort gewesen war. Gelegentlich kann eine weitere Bedeutung des mittelhochdeutschen Wortes, ›Mann von feiner Sitte und Bildung‹, für die Familiennamenentstehung eine Rolle gespielt haben. 3. Vereinzelt Herkunftsname zu den Ortsnamen Flemmingen (Rheinland-Pfalz, Thüringen, Sachsen-Anhalt), Fleming (Ostpreußen) oder zu dem Landschaftsnamen Fläming (Brandenburg).

Flender: Nicht sicher zu deutender, vor allem im Gebiet um Siegen verbreiteter Familienname. Als Erklärungsmöglichkeiten kommen infrage: 1. Herkunftsname bzw. Stammesname zu der Region Flandern. 2. Herkunftsname zum Ortsnamen Flandersbach/Stadt Wülfrath (Nordrhein-Westfalen). 3. Von einem alten Rufnamen mit dem seltenen Namenglied *fland-* (< Flandern, wie oben unter [1.]) abgeleiteter Familienname.

Flesch(e): 1. ▶ Flasch(e). 2. Niederdeutsche Übernamen zu mnd. *vlēsch* ›Fleisch‹, vgl. ▶ Fleisch.

Fleschner: ▶ Flaschner.

Flessner, Fleßner: niederdeutsche Berufsnamen zu mnd. *vlessen* ›Flachs bereiten‹ für den Flachsbauern oder den Flachshändler.

Fleth: 1. Niederdeutscher Wohnstättenname zu mnd. *vlēt* ›fließendes Gewässer, Strom, Fluss, Bach, Kanal; in den Städten natürlicher oder gegrabener Arm eines Flusses‹. 2. Herkunftsname zu den Ortsnamen Fleeth (Mecklenburg-Vorpommern), Fleth (Niedersachsen).

Flick: 1. Aus einer entrundeten Form von mhd. *vlücke* ›flügge‹ entstandener Übername für einen munteren, unternehmungslustigen Menschen, vgl. ▶ Flügge. 2. Berufsname zu mhd. *vlicken* ›Flicken ansetzen, ausbessern‹; ▶ Flicker.

Flicker: Berufsname zu mhd. *vlicken* ›Flicken ansetzen, ausbessern‹, fnhd. *flicker* ›Flickschuster, Flickschneider‹.

Fliedner: 1. Herkunftsname zu dem Ortsnamen Flieden (Hessen). 2. Berufsname zu fnhd. *fliedner* ›Wundarzt‹ (vgl. mhd. *vliedeme*, *vlieme*, *flieden* ›Aderlasseisen‹).

Fliege: Übername nach einem bildlichen Vergleich mit dem Insekt für einen lästigen oder unruhigen Menschen.

Flieger, Fliegner: durch Entrundung und Übergang von *pf* zu *f* entstandene Formen von Pflüger, Pflügner (▶ Pfluger).

Flieher: Übername zu mhd. *vlieher* ›der Fliehende, Flüchtling‹.

Flierl: durch Entrundung (< Flürl) entstandener Wohnstättenname zu mhd. *vluor* ›Flur, Feldflur, Saatfeld‹.

Fliess, Fließ: 1. Wohnstättennamen zu mhd. *vliez* ›Fluss, Strömung‹. 2. Herkunftsnamen zu dem gleichlautenden Ortsnamen am Niederrhein.

Flieth: 1. Herkunftsname zu den Ortsnamen Flieth (Nordrhein-Westfalen, Brandenburg), Fliethe bei Wuppertal-Vohwinkel. 2. ▶ Fleth.

Flin(d)t: Übernamen zu mnd. *vlinte* ›Kiesel, harter Stein, Fels‹, der eine Anspielung auf die Wesensart des ersten Namensträgers enthalten kann.

Flit(t)ner: ▶ Fliedner. ❖ Bekannter Namensträger: Wilhelm August Flitner, deutscher Erziehungswissenschaftler (19./20. Jh.).

Flock: Übername zu mhd., mnd. *vlocke* ›Flocke, Schneeflocke, Flaum, Flockwolle, flockiger Abgang der Wolle beim Tuchrauen, -scheren‹. Es kann sich also um eine Übernamen oder um einen Berufsübernamen für den ▶ Tuchscherer handeln.

Flögel: gerundete Form von ▶ Flegel.

Flohr: aus einer verkürzten Form von ▶ Florent, Floren(t)z entstandener Familienname.

Flohrs: patronymische Bildung (starker Genitiv) zu ▶ Flohr.

Flor: ▶ Flohr.

Flöre(c)ke: aus einer niederdeutschen Koseform von ▶ Florent, Floren(t)z hervorgegangene Familiennamen.

Florent, Floren(t)z: aus den gleichlautenden Rufnamen lateinischen Ursprungs (lat. Florentius zu *flōrēns* ›blühend, jugendlich blühend‹) hervorgegangene Familiennamen. Die mittelalterliche Verbreitung des Rufnamens Florentz in Norddeutschland geht vor allem auf den heiligen Florentius, Stadtpatron von Bonn (3./4. Jh.), zurück. Der heilige Florentius war Soldat der thebäischen Legion und erlitt mit dem heiligen Cassius den Märtyrertod am Niederrhein. ❖ Aus Ableitungen von Florentz sind u. a. die Familiennamen **Flo(h)r, Flohrs, Flöre(c)ke, Flöring** entstanden.

Flori: 1. Aus einer verkürzten Form von ▶ Florian hervorgegangener Familienname. 2. In Norddeutschland kann es sich bei diesem Familiennamen um eine verschliffene Form von Floring (< ▶ Florent) handeln.

Florian: aus dem gleichlautenden Rufnamen entstandener Familienname. Florian fand im Mittelalter als Name des heiligen Florian Eingang in die Namengebung. Der heilige Florian wurde zu Beginn des 4. Jh. wegen seines Glaubens in die Enns (Oberösterreich) gestürzt. Er ist der Patron von Oberösterreich und Schutzheiliger gegen Feuersgefahr.

Flöring: patronymische Bildung auf *-ing* zu einer verkürzten Form von ▶ Florent, Floren(t)z.

Flörl: aus einer oberdeutschen Koseform von ▶ Florian hervorgegangener Familienname.

Florschutz, Florschü(t)z: ▶ Flurschutz, Flurschütz.

Flory, Flöry: ▶ Flori.

Floss, Floß: 1. Wohnstättennamen zu mhd. *vlōz* ›Strömung, Strom, Fluss‹. 2. Berufsübernamen zu mhd. *vlōz* ›Floß‹ für einen Flößer. 3. Vereinzelt Herkunftsnamen zu dem Ortsnamen Floß (Oberpfalz).

Flössel, Flößel: Ableitungen mit *-l*-Suffix von ▶ Floss, Floß.

Flösser, Flößer: Berufsnamen zu mhd. *vlœzer, flötzer* ›Flößer‹. Der Wasserweg spielte im Mittelalter eine wesentlich größere Rolle als heute. Schwere Flöße brachten z. B. Kaufmannsgut von München über die Isar und die Donau bis nach Wien und Ungarn.

Flossmann, Floßmann: Berufsnamen zu mhd. *vlōzmann* ›Flößer‹. ❖ In München, wo die Flößerzunft im 14. Jh. 17 Meister zählte, ist a. 1368 *Gebhart Flozman* belegt.

Flößner: ▶ Flösser, Flößer.

Flöt(h)e: 1. Herkunftsnamen zu den Ortsnamen Groß- und Klein-Flöthe (Niedersachsen), Groß-Flöthe (Mecklenburg). 2. Wohnstättennamen zu mnd. *vlote, vlöte* ›Wasserlauf; Strom, Fluss, Bach‹.

Flöt(h)er: Berufsnamen zu mhd. *vlœter, vloiter* ›Flötenbläser‹.

Flot(h)o(w): Herkunftsnamen zu den Ortsnamen Groß- und Klein-Flotow (Mecklenburg-Vorpommern), Vlotho (Nordrhein-Westfalen). ❖ Bekannter Namensträger: Friedrich Freiherr von Flotow, deutscher Komponist (19. Jh.).

Flötner: ▶ Flöt(h)er.
Flötzer: ▶ Flösser, Flößer.
Fluck, Flück: Übernamen zu mhd. *vlücke* ›befiedert zum Ausflug aus dem Nest, flügge‹ für einen munteren, unternehmungslustigen Menschen, vgl. ▶ Flügge.
Flügel: 1. Übername zu mhd. *vlügel* ›Flügel‹, möglicherweise nach einer Besonderheit der Kleidung. So heißt es z. B. in einer Breslauer Quelle (a. 1374): *ouch sol nymand gevlogilte ermil an den rockin tragin* [es soll auch niemand geflügelte Ärmel an den Röcken tragen]. 2. Wohnstättenname nach der Form der Siedlungsstelle.
Flügge: 1. Niederdeutscher Übername zu mnd. *vlugge* ›flügge; in Bewegung (von Menschen, Feuer, Strom), behände, rasch, energisch‹. 2. Herkunftsname zu Ortsnamen wie Flügge, Flüggendorf (Schleswig-Holstein).
Flüh(e), Flüher: Wohnstättennamen zu mhd. *vluo* ›hervorstehende und jäh abfallende Felswand‹. ❖ Bekannter Namensträger: der heilige Nikolaus von der Flüe, schweizerischer Einsiedler und Mystiker, geboren 1417 auf dem Flüeli bei Sachseln (Kanton Obwalden, Schweiz).
Fluhr: Wohnstättenname zu mhd. *vluor* ›Flur, Feldflur, Saatfeld‹.
Fluhrer, Flurer: Amtsnamen zu mhd. *vluorer* ›Flurschütz (Flurhüter)‹.
Flurschutz, Flurschütz: Amtsnamen zu mhd. *vluorschütze* ›Flurschütz (Flurhüter)‹.
Fobbe: aus einer niederdeutsch-friesischen Kurzform von Volkbert (▶ Vollbrecht) entstandener Familienname.
Fock: aus einer durch Assimilation entstandenen niederdeutsch-friesischen Kurzform von Rufnamen, die mit dem Namenwort *folc* gebildet sind (z. B. ▶ Volkmar), hervorgegangener Familienname. ❖ Bekannter Namensträger: Gorch Fock, deutscher Schriftsteller (19./20. Jh.).
Focke: ▶ Fock. ❖ Bekannter Namensträger: Heinrich Focke, deutscher Flugzeugkonstrukteur (19./20. Jh.).
Focken: patronymische Bildung (schwacher Genitiv) zu ▶ Fock.
Foege: niederdeutscher Übername zu mnd. *vōge* ›passend, schicklich, geschickt, klug, listig; auch klein, geringfügig‹.
Foerster: ▶ Forster, Förster.

Fohl: Übername zu mhd. *vole* ›junges Pferd, Fohlen‹.
Föhr: 1. Wohnstättenname für jemanden, der bei oder in einem Föhrenwald siedelte (zu mhd. *vorhe* ›Föhre‹). 2. Für das niederdeutsche Gebiet kann ein Wohnstättenname zu mnd. *vōr* ›Furche, Vertiefung, Rinne, Graben, Grenze‹ oder zu mnd. *vorde* ›Furt‹ infrage kommen. Als Flurname ist Föhr mehrfach in Norddeutschland belegt. 3. Herkunftsname zur nordfriesischen Insel Föhr oder zu Ortsnamen wie Föhren nordwestlich von Trier (Rheinland-Pfalz), Föhrden (Schleswig-Holstein), Fohrde (Brandenburg), Voerde (Nordrhein-Westfalen), Vörden (Niedersachsen, Nordrhein-Westfalen).
Föhrenbach(er): Herkunftsnamen zu Ortsnamen wie Vöhrenbach bei Villingen, a. 1244 als *Verinbach* belegt, bzw. zu Föhrenbächle (Baden-Württemberg).
Föhringer: Herkunftsname zu den Ortsnamen Fehring (Bayern), Veringenstadt (Baden-Württemberg).
Foitzik: in Oberschlesien entstandene, eingedeutschte Form der polnischen Rufnamen Wojciech, Wojcik (urslaw. *vojinъ ›Krieger‹ + urslaw. * potěcha, utěcha ›Trost, Freude‹).
Fokken: ▶ Focken.
Folger: 1. Übername zu mhd., mnd. *volger* ›Begleiter, Nachfolger im Erbe, Nachkomme, Anhänger, Helfer, bes. Eideshelfer‹. 2. Schreibvariante von ▶ Volker.
Folgmann: ▶ Volkmann.
Folgnand(t): ▶ Volknandt.
Folgner: ▶ Folger.
Folk, Fölke: ▶ Volk.
Fölkel: ▶ Völkel.
Folkers, Folkerts: ▶ Volkers, ▶ Volkerts.
Folkmar, Folkmer: ▶ Volkmar, ▶ Volkmer.
Föll: 1. Durch Assimilation entstandene Form von Fölk (▶ Volk). 2. Durch Rundung entstandene Variante von ▶ Fell.
Follmann: auf eine durch Assimilation entstandene Form von ▶ Volkmann zurückgehender Familienname.
Fölsch: ▶ Völsch.
Foltin: aus einer verkürzten Form von ▶ Valentin hervorgegangener Familienname.
Folz: ▶ Voltz.
Fontaine, Fontane: französische Wohnstättennamen zu franz. *fontaine* ›Quelle, Brun-

nen‹, die als Hugenottennamen bezeugt sind: *Jean Louis Fontane*, Hameln 1739. ❖ Bekannter Namensträger: Theodor Fontane, deutscher Schriftsteller (19. Jh.).

Foppe: ▶ Fobbe.

Forberg(er): 1. Herkunftsnamen zu Ortsnamen wie Vorberg (Niedersachsen, Brandenburg, Bayern), Vorberge bei Blumenthal (Unterweser), Forberge (Sachsen). 2. Wohnstättennamen zu mhd. *vorwërc* ›vor der Stadt gelegenes Gehöft; äußeres Festungswerk‹.

Forbiger, Forbrich(t), Forbrig(er): schlesische und sächsische Varianten von ▶ Forberg(er) (2.).

Forch, Förch: 1. Wohnstättennamen zu mhd. *vorhe* ›Föhre‹: ›wohnhaft in einer mit Föhren bestandenen Gegend‹. 2. Herkunftsnamen zu dem Ortsnamen Förch (Baden-Württemberg).

Forcher(t): Ableitungen auf -*er(t)* zu ▶ Forch (1.).

Forchhammer, Forchheim(er): Herkunftsnamen zu dem Ortsnamen Forchheim (Sachsen, Baden-Württemberg, Bayern).

Forchner: Ableitung auf -*ner* zu ▶ Forch (1.).

Förderer: Übername zu mhd. *vürderer* ›Förderer, Unterstützer‹ oder zu mhd. *vorderer* ›Kläger‹.

Förg: durch Rundung entstandene Form von ▶ Ferg(e).

Forkel: vorwiegend zwischen Bamberg und Suhl verbreiteter Familienname; Herkunftsname zu dem Ortsnamen Forkel bei Stadtsteinach (Oberfranken).

Forner: 1. Zwischen Gera und Zwickau häufig vorkommender Wohnstättenname zu mhd. *vorn(e)* ›vorn‹ für jemanden, der »vorne« (am Anfang des Dorfes) wohnte. 2. ▶ Farner.

Forst, Först: 1. Wohnstättennamen zu mhd. *forst, vorst* ›Forst, Wald‹: ›wohnhaft in oder bei einem Wald‹. 2. Herkunftsnamen zu dem äußerst häufigen Ortsnamen Forst.

Förste: Herkunftsname zu den Ortsnamen Förste am Harz (Niedersachsen), Groß-, Klein-Förste (Niedersachsen).

Förstel: Ableitung mit -*l*-Suffix von ▶ Forst (1.).

Förstemann: Ableitung auf -*mann* von ▶ Forst, Först, ▶ Förste.

Forster, Förster: Amtsname zu mhd. *vorstære* ›Förster, Forstamtmann‹. ❖ *der Vorster* ist a. 1370 in Regensburg bezeugt.

Förstl: ▶ Förstel.

Forstmann: ▶ Forster.

Forstner, Förstner: 1. Jüngere Formen von ▶ Forster, Förster. 2. Herkunftsnamen zu den Ortsnamen Forsten (Nordrhein-Westfalen), Förstenau (ehem. Pommern/jetzt Polen).

Forth: 1. Wohnstättenname zu mhd. *vort, vurt*, mnd. *vorde* ›Furt, Flussübergang‹ oder mnd. *vorde* ›Einfahrt, Zufahrt zu einem Grundstück; auch Wasserlauf, Stromrinne‹. 2. Herkunftsname zu Ortsnamen wie Forth (Bayern, ehem. Pommern/jetzt Polen), Voerde (Nordrhein-Westfalen), Vörden (Niedersachsen, Nordrhein-Westfalen).

Förther: Ableitung auf -*er* von ▶ Forth.

Forthmann, Fortmann: Ableitungen auf -*mann* von ▶ Forth.

Förtsch: noch nicht sicher gedeuteter Name aus Franken. Als Deutungsmöglichkeiten bieten sich an: 1. Auf eine mit -*z*-Suffix erweiterte Kurzform eines mit dem alten Namenstamm *fart* gebildeten Rufnamens zurückgehender Familienname. Der Name *Ferting* ist in Fulda im 8. und 9. Jh. mehrmals bezeugt. 2. Übername zu mhd. *vorsche, vorsch* ›Nachforschung, Frage‹ für jemanden, der im gerichtlichen Auftrag Nachforschungen anstellte.

Foß: ▶ Voss, Voß.

Foth: 1. Niederdeutscher Übername zu mnd. *fōt* ›Fuß‹ für einen Menschen mit einem auffälligen Fuß. 2. Im Südwesten geht dieser Familienname auf eine verschliffene Form von ▶ Vogt zurück.

Fox: Zwischenstufe bei der Verhochdeutschung des niederdeutschen Familiennamens ▶ Voss, Voß, vgl. auch ▶ Fuchs.

Fraas, Fraats, Fraatz: Übernamen zu mhd. *vrāʒ*, mnd. *vrās, vrātz* ›Fresser, Vielfraß, Nimmersatt, Schlemmer‹.

Fräd(e)rich: ▶ Friedrich.

Fragner: Berufsname zu mhd. *phragener, vragener* ›Kleinhändler, Lebensmittelhändler‹. Aus einer Predigt Bertholds von Regensburg (13. Jh.), in der er den Fragnern verschiedene betrügerische Handlungen zur Last legt, erhält man einen Einblick in die Waren, mit denen die Fragner handelten: *ir pfragener und ir pfragenerinne, it tuot iuwerm amte selten rehte: ir velschent daz olei, ir velschent daz uns-*

lit; sō ir niht mēr zuo valscheit müget getuon, sō kēret ir dem apfel unde der birn daz füle hin under unde daz schoene her ūz [Ihr Fragner und Fragnerinnen, ihr handelt selten rechtmäßig in eurem Beruf: Ihr fälscht das Öl, ihr fälscht den Talg; wenn ihr nichts Betrügerisches weiter tun könnt, so kehrt ihr beim Apfel und der Birne das Faule nach unten und das Schöne hervor]. Aus einer Ratsverordnung (14. Jh.) geht hervor, dass die Regensburger Fragner auch Wild (Hasen, Rebhühner) verkauften. ❖ Ein früher Beleg aus Regensburg ist *Perhtoldus fragenare* (ca. 1180–83).

Frahm: niederdeutscher Übername zu mnd. *vrame, vrome* ›tüchtig, kräftig, tapfer; brav, redlich, rechtschaffen, fromm‹.

Frähmck, Frähm(c)ke: aus einer Ableitung von ▶ Frahm mit -k-Suffix gebildete Familiennamen.

Fraid(er): Übernamen zu mhd. *vreide* ›abtrünnig, flüchtig; mutig, kühn; übermütig, trotzig‹, mhd. *vreidære* ›Wortbrüchiger‹.

Fraiss, Fraiß: Übernamen zu mhd. *vreise* ›grausam, schrecklich‹.

Franck(e): ▶ Frank(e). ❖ Bekannte Namensträger: Sebastian Franck, deutscher Schriftsteller (15./16. Jh.); August Hermann Francke, evangelischer Theologe und Pädagoge (17./18. Jh.).

Frank(e): 1. Aus dem gleichlautenden deutschen Rufnamen (ahd. *Franko* ›der Franke‹) hervorgegangene Familiennamen. 2. Herkunftsnamen: ›der aus Franken‹. 3. Übernamen zu mhd. *franc* ›frei‹. ❖ Bekannte Namensträgerin: Anne Frank, Kind einer deutsch-jüdischen Familie, bekannt durch ihr im Amsterdamer Versteck geschriebenes Tagebuch (20. Jh.).

Fränkel: aus einer Koseform von ▶ Frank(e) mit -l-Suffix entstandener Familienname.

Franken: patronymische Bildung (schwacher Genitiv) zu ▶ Frank(e).

Frankenberg(er): Herkunftsnamen zu dem häufigen Ortsnamen Frankenberg (Bayern, Baden-Württemberg, Nordrhein-Westfalen, Hessen, Niedersachsen, Sachsen, Schlesien, ehem. Pommern/jetzt Polen, Österreich).

Frankenfeld: Herkunftsname zu den häufigen Ortsnamen Frankenfeld (Niedersachsen, Hessen, Bayern), Frankenfelde (Brandenburg, Schlesien).

Frankenstein: Herkunftsname zu dem gleichlautenden Ortsnamen (Sachsen, Hessen, Rheinland-Pfalz, Schlesien).

Frankl, Fränkl: in Bayern und Österreich verbreitete Formen von ▶ Fränkel.

Fränkle: aus einer schwäbischen Koseform von ▶ Frank(e) hervorgegangener Familienname.

Frannek: aus einer polnischen Ableitung von ▶ Franz(e) hervorgegangener Familienname.

Frans(s)en: patronymische Bildungen (auf -sen oder schwacher Genitiv) zu ▶ Franz(e).

Frantz, Fräntzel, Frantzen: ▶ Franz(e), ▶ Fränzel, ▶ Franzen.

Franz(e): aus dem Rufnamen Franz entstandene Familiennamen. Franz ist die deutsche Form von Franziskus, einer Latinisierung von italienisch Francesco (›Französlein‹). Die mittelalterliche Verbreitung dieses Rufnamens geht auf den heiligen Franz von Assisi (12./13. Jh.), den bedeutenden Prediger und Stifter des Franziskanerordens, zurück. ❖ Mehrere Ableitungen von Franz begegnen uns unter den heutigen Familiennamen. Aus Koseformen von Franz sind u. a. der Familienname **Franzmann** sowie die oberdeutschen Familiennamen **Frän(t)zel** und **Frenzel** entstanden. ❖ Der Familienname **Franzke** kann niederdeutschen oder slawischen Ursprungs sein. ❖ Die patronymischen Bildungen **Fran(t)zen** und **Frans(s)en** sind im Nordwesten und Norden des deutschen Sprachgebiets heimisch. ❖ Bei dem Familiennamen **Frannek** handelt es sich um eine polnische Ableitung von Franz.

Fränzel: aus einer Koseform von ▶ Franz(e) mit -l-Suffix entstandener Familienname.

Franzen: 1. Patronymische Bildung (schwacher Genitiv) zu ▶ Franz(e). 2. Gelegentlich Herkunftsname zu dem gleichlautenden Ortsnamen (ehem. Brandenburg/jetzt Polen).

Franzke: aus einer niederdeutschen oder sorbischen Ableitung von ▶ Franz(e) entstandener Familienname.

Franzmann: aus einer Erweiterung von ▶ Franz(e) mit dem Suffix -mann gebildeter Familienname. Die Bedeutung ›Franzose‹ kommt für diesen Familiennamen nicht infrage, da sie erst seit dem 17. Jh. nachzuweisen ist.

Frasch: schwäbischer Übername zu mhd. *vrast* ›Kühnheit, Mut‹. Der Name ist aufgrund der typisch schwäbischen Aussprache ›vrascht‹ und Ausfall des -t entstanden.

Frass, Fraß: ▶ Fraas.

Fratschner, Fratzscher: Berufsnamen zu mhd. *phretzner* ›Kleinhändler, Lebensmittelhändler‹, vgl. ▶ Fragner.

Frau: Übername zu mhd. *vrouwe, vrowe* ›Herrin; Geliebte; Frau von Stande; Nonne‹ für jemanden, der im Dienste einer vornehmen Frau oder eines Nonnenklosters stand.

Fraubese(n), Fraubös(e): ▶ Froboe(s)s, Froböse.

Frauendiener: ▶ Frauendienst.

Frauendienst: 1. Standesname für jemanden, der einem Frauenkloster Dienste leisten oder Abgaben entrichten musste (zu mhd. *vrouwe, vrowe* ›Herrin; Geliebte; Frau von Stande; Nonne‹ und mhd. *dien[e]st* ›Diener‹, mhd. *dienen* ›dienen, eine schuldige Zahlung oder Abgabe leisten‹). 2. Vereinzelt kann es sich um einen Übernamen zu mhd. *vrouwendienest* ›höfischer Frauendienst, Minnedienst‹ handeln. ❖ Im Spätmittelalter ist der Name Frauendienst u. a. in Braunau (Böhmen), Olmütz (Mähren), Regensburg, Eichstätt, Nürnberg, Ravensburg, Zabern (Elsass), Frankfurt, Halle, Hildesheim, Rostock zu belegen.

Frauendorf(er): Herkunftsnamen zu den häufigen Ortsnamen Frauendorf (Bayern, Sachsen, Brandenburg, ehem. Brandenburg/jetzt Polen, Mecklenburg-Vorpommern, ehem. Pommern/jetzt Polen, Ostpreußen, Schlesien, Österreich), Fraundorf (Bayern, Österreich).

Frauenhof(er): 1. Herkunftsnamen zu den häufigen Ortsnamen Frauenhof (Bayern, Baden-Württemberg, Schleswig-Holstein, ehem. Brandenburg/jetzt Polen, ehem. Pommern/jetzt Polen), Frauenhofen, Fraunhofen (Bayern, Österreich) oder zu den ebenfalls sehr häufigen Ortsnamen Fronhof (Bayern), Frohnhofen (Bayern, Rheinland-Pfalz, Baden-Württemberg). 2. Wohnstättennamen für jemanden, der auf einem Fronhof, einem Herrenhof wohnte.

Frauenholz(er): 1. Herkunftsnamen zu dem Ortsnamen Frauenholz (Bayern, Schleswig-Holstein). 2. Wohnstättennamen für jemanden, der an einem Wald, der einem Frauenkloster gehörte, lebte.

Frauenknecht: ▶ Frauendienst.

Frauenschläger: vorwiegend im Raum Nürnberg-Ansbach verbreiteter Berufsname für jemanden, der in einem Wald, der einem Nonnenkloster gehörte (vgl. ▶ Frauenholz[er] [2.]), Holz schlug.

Fraundorf(er): ▶ Frauendorf(er).

Fraunhof(er): ▶ Frauenhof(er). ❖ Bekannter Namensträger: Joseph von Fraunhofer, deutscher Physiker und Glastechniker (18./19. Jh.).

Fraunholz(er): ▶ Frauenholz(er).

Frech: Übername zu mhd. *vrēch* ›mutig, kühn, tapfer, keck, dreist, lebhaft‹, fnhd. *frech* ›tatkräftig, furchtlos, mutig‹.

Frede: aus einer niederdeutschen Kurzform von Frederich (▶ Friedrich) entstandener Familienname.

Fredeke: aus einer Koseform von ▶ Frede hervorgegangener Familienname.

Fredekind: aus Fredeking, einer patronymischen Bildung auf *-ing* (▶ Fredeke), umgedeuteter Familienname.

Frederich, Frederik, Fredrich: auf niederdeutsche Formen von ▶ Friedrich zurückgehende Familiennamen.

Freese, Frehse: niederdeutsche Formen von ▶ Fries(e) (1.) oder (2.).

Frei: 1. Standesname, der meist auf Freiheit von der Leibeigenschaft hindeutet (zu mhd. *vrī* ›frei, freigeboren, adelig‹). 2. Übername zu mhd. *vrī* ›unbekümmert, sorglos, froh, ausgelassen‹ nach der Wesensart des ersten Namensträgers. ❖ *Dyetel der Frey* ist a. 1339 in Regensburg bezeugt.

Freiberg(er): Herkunftsnamen zu dem häufigen Ortsnamen Freiberg (Bayern, Baden-Württemberg, Sachsen, Ostpreußen, Österreich).

Freibote, Freiboth(e), Freibott: Amtsnamen zu mhd. *vrībote* ›unverletzlicher Gerichtsbote‹.

Freidan(c)k: Übername zu mhd. *vrī* ›frei‹ und mhd. *danc* ›Denken, Gedanke, Dank‹, wohl für einen frei denkenden Menschen. ❖ Bekannter Namensträger: Freidank, mittelhochdeutscher Dichter (13. Jh.).

Freidhof(f): Wohnstättennamen zu mnd., mhd. *vrīthof* ›eingefriedeter Raum um eine Kirche, Kirchhof, Friedhof‹: ›wohnhaft in der Nähe des Kirchhofs bzw. des Friedhofs‹.

Freier: 1. Auf eine flektierte Form von ▶ Frei zurückgehender Familienname. 2. Übername zu mhd. *vrīer*, mnd. *vrīer, vriger* ›Freier, Freiwerber, Brautwerber, auch Bräutigam‹.

Freigang: Übername zu mhd. *vrī* ›frei‹, auch ›unbekümmert, sorglos‹ und mhd. *ganc* ›Gang, Gangart‹ nach der charakteristischen Gangart des ersten Namensträgers.

Freihammer: Herkunftsname auf *-er* zu dem Ortsnamen Freiham (Bayern), Freiheim (Österreich).

Freihar(d)t: Berufsnamen zu mhd. *vrīhart* ›Landstreicher, der sich für Sold anwerben lässt; Gaukler, Spielmann‹.

Freiheit: 1. ▶ Freihar(d)t. 2. Amtsname zu mhd. *vrīheit* ›Gerichtsdiener‹. 3. Wohnstättenname zu mhd. *vrīheit* ›Asyl, bevorrechtete Örtlichkeit‹. 4. Herkunftsname zu dem häufigen Ortsnamen Freiheit (Schleswig-Holstein, Niedersachsen, Nordrhein-Westfalen, Hessen, ehem. Pommern/jetzt Polen, Schlesien).

Freihof(f): 1. Wohnstättennamen für den Bewohner oder Besitzer eines abgabefreien Hofes. 2. Herkunftsnamen zu dem Ortsnamen Freihof (Baden-Württemberg, ehem. Pommern/jetzt Polen, Ostpreußen, Schlesien).

Freilich: Übername zu mhd. *vrīlich* ›frei, schrankenlos, unbefangen; freigebig‹.

Freiling: Standesname zu mhd. *vrīlinc* ›Freigelassener‹.

Freimann: 1. Standesname zu mhd. *vrīman* ›freier Mann, nicht leibeigener Knecht‹, nur ganz vereinzelt dürfte die Bedeutung ›Scharfrichter‹ für die Familiennamenbildung infrage kommen. 2. Herkunftsname zu dem Ortsnamen Freimann (Bayern).

Freimark: Wohnstättenname zu mhd. *vrī* ›frei‹ und mhd. *marc* ›abgegrenzter Landesteil, Bezirk, Gebiet‹ für jemanden, der an einer von Abgaben oder Dienstleistungen befreiten Stelle siedelte.

Freimut(h): Übernamen zu mhd. *vrīmüetic* ›freimütig, standhaft‹.

Freischmidt: Berufsname für einen Schmied, der nicht der Zunft angehörte.

Freise: 1. Niederdeutsche Form von ▶ Fries(e) (1.), (2.). 2. Übername zu mhd. *vreise* ›grausam, schrecklich‹.

Freiser: Übername zu mhd. *vreiser* ›Wüterich, Tyrann‹.

Freising(er): Herkunftsnamen zu dem Ortsnamen Freising (Bayern).

Freisler, Freisner: ▶ Freiser.

Freitag: Übername nach dem Wochentag, dessen Vergabe wohl im Zusammenhang mit einem Dienstleistungstermin steht. Freitag ist noch vor Sonntag und Montag der häufigste Familienname nach einem Wochentag. ❖ Ein *Freytag* ist a. 1369 in München bezeugt.

Freiwald: Herkunftsname zu den Ortsnamen Freiwald (Nordrhein-Westfalen), Freiwalde (Brandenburg, Schlesien, Ostpreußen, ehem. Westpreußen/jetzt Polen).

Fremd(er): Übernamen für jemanden, der von auswärts zugezogen ist. (zu mhd. *vremd* ›fremd, auffallend, befremdlich, seltsam‹).

Frener: in Südwestdeutschland und in der Schweiz vorkommender metronymischer Familienname, der auf den weiblichen Rufnamen Frene < Verena zurückgeht. Zur Verbreitung des Rufnamens hat vor allem die Verehrung der heiligen Verena von Zurzach (3./4. Jh.) beigetragen.

Frenkel: ▶ Fränkel.

Frenken: patronymische Bildung (schwacher Genitiv) zu ▶ Frank(e) (1.).

Frenssen: ▶ Frentzen.

Frentz: 1. Auf eine Verkürzung von Lafren(t)z, einer niederdeutschen Form von ▶ Lorentz, zurückgehender Familienname. 2. Gelegentlich Herkunftsname zu dem Ortsnamen Frenz (Nordrhein-Westfalen, Sachsen-Anhalt).

Frentzen: patronymische Bildung (schwacher Genitiv oder *-sen*-Suffix) zu ▶ Frentz. ❖ Bekannter Namensträger: Heinz Harald Frentzen, deutscher Autorennfahrer (20./21. Jh.).

Frenz: ▶ Frentz.

Frenzel: aus einer Koseform von ▶ Franz(e) entstandener Familienname.

Frenzen: ▶ Frentzen.

Frerichs: patronymische Bildung (starker Genitiv) zu einer niederdeutschen Form von ▶ Friedrich.

Frerk: auf eine niederdeutsch-friesische, durch Zusammenziehung entstandene Kurzform von ▶ Friedrich zurückgehender Familienname.

Frese: niederdeutsche Form von ▶ Fries(e) (1.), (2.).

Fresen: patronymische Bildung (schwacher Genitiv) zu ▶ Frese.

Fresenius: aus der Zeit des Humanismus stammende Latinisierung von ▶ Frese oder ▶ Fresen.

Fressle, Freßle: schwäbische Ableitungen von Fraß (▶ Fraas).

Freter: niederdeutscher Übername zu mnd. *vreter* ›Fresser, Schwelger‹.

Fretschner: ▶ Fratschner.

Freud(e): Übernamen zu mhd. *vröude* ›Frohsinn, Freude‹ für einen froh gesinnten Menschen. ❖ Bekannter Namensträger: Sigmund Freud, österreichischer Psychiater, Begründer der Psychoanalyse (19./20. Jh.).

Freudenberg(er): Herkunftsnamen zu dem häufigen Ortsnamen Freudenberg (Baden-Württemberg, Bayern, Rheinland-Pfalz, Hessen, Nordrhein-Westfalen, Schleswig-Holstein, Brandenburg, ehem. Brandenburg/jetzt Polen, Mecklenburg-Vorpommern, Ostpreußen, Schweiz, Österreich).

Freudenreich: Übername zu mhd. *vröudenrîche* ›reich an Freuden, sehr erfreuend‹.

Freudenstein: Herkunftsname zu dem gleichlautenden Ortsnamen (Baden-Württemberg).

Freund: Übername zu mhd. *vriunt* ›Freund, Geliebter, Verwandter‹.

Freund(e)l: Ableitungen von ▶ Freund mit -*l*-Suffix.

Freundlich: Übername zu mhd. *vriuntlich* ›freundschaftlich, lieblich, angenehm‹.

Frey: ▶ Frei.

Freyer: ▶ Freier.

Freytag: ▶ Freitag. ❖ Bekannter Namensträger: Gustav Freytag, deutscher Kulturhistoriker und Schriftsteller (19. Jh.).

Frick: auf eine vorwiegend oberdeutsche Koseform von ▶ Friedrich zurückgehender Familienname.

Fricke: auf eine vorwiegend niederdeutsche Koseform von ▶ Friedrich zurückgehender Familienname.

Fricker: 1. Patronymische Bildung auf -*er* zu ▶ Frick. 2. Herkunftsname zu den Ortsnamen Frick (Aargau), Frick-Tal (Baden).

Friderici: patronymische Bildung im Genitiv zur latinisierten Form Fridericus (▶ Friedrich).

Frie: ▶ Frei.

Friebe: aus einer Kurzform des alten deutschen Rufnamens Friedbert (*fridu* + *beraht*) entstandener Familienname.

Friebel: aus einer Koseform von ▶ Friebe hervorgegangener Familienname.

Fried(e): aus einer Kurzform von ▶ Friedrich entstandene Familiennamen. ❖ Bekannter Namensträger: Erich Fried, deutscher Schriftsteller (20. Jh.).

Friedel: aus einer mit -*l*-Suffix gebildeten Koseform von Fried(e) (▶ Friedrich) hervorgegangener Familienname.

Friedemann: aus einer mit dem Suffix -*mann* gebildeten Koseform von Fried(e) (▶ Friedrich) entstandener Familienname.

Friederich: ▶ Friedrich.

Friederichs: ▶ Friedrichs. ❖ Bekannter Namensträger: Hanns Joachim Friedrichs, deutscher Fernsehmoderator und Journalist (20. Jh.).

Friederichsen: patronymische Bildung auf -*sen* zu ▶ Friederich.

Friedhof(f): ▶ Freidhof.

Friedl: in Bayern und Österreich häufig vorkommende Variante von ▶ Friedel.

Friedland, Friedländer: Herkunftsnamen zu dem häufigen Ortsnamen Friedland (Böhmen, Brandenburg, Mecklenburg-Vorpommern, Niedersachsen, Schlesien, Ostpreußen).

Friedlein: auf eine Koseform von ▶ Friedrich mit dem Suffix -*lein* zurückgehender Familienname.

Friedmann: ▶ Friedemann.

Friedreich: aus einer oberdeutschen Form von ▶ Friedrich entstandener Familienname.

Friedrich: aus dem gleichlautenden deutschen Rufnamen (*fridu* + *rîhhi*) entstandener Familienname. ❖ Die große Anzahl heutiger Familiennamen, die sich von Friedrich ableiten, erklärt sich aus der Beliebtheit dieses alten deutschen Kaiser- und Königsnamens im Mittelalter. Vor allem Kaiser Friedrich I. Barbarossa (12. Jh.) trug zur Verbreitung und Beliebtheit des Rufnamens zur Zeit der Familiennamenentstehung (12.–15. Jh.) bei, sodass allein die Familiennamen **Friedrich** und **Friedreich** zusammen unter den 50 häufigsten Familiennamen anzutreffen sind. ❖ Als Variante von Friedrich begegnen uns u. a. die Familiennamen **Fräd(e)rich, Frederich, Frederik, Fredrich** im Norden, **Friedreich** im Süden des deutschen Sprachgebiets. ❖ Patronymische Bildungen im Genitiv zu

Friedrich sind die latinisierte Form **Friderici** sowie die im Westen und Norden Deutschlands verbreiteten Familiennamen **Friederichs, Friedrichs, Frerichs**. ❖ Die patronymische Form **Friederichsen** ist typisch für Norddeutschland, insbesondere für Schleswig. ❖ Die patronymische Bildung **Friedricher** ist im südlichen Teil des deutschen Sprachraums heimisch. ❖ Familiennamen wie **Feck, Fecke, Fecken, Fekken, Fedde, Fedderke, Fedders, Feddersen** sind aus niederdeutschen oder friesischen Ableitungen von Friedrich hervorgegangen. ❖ Niederdeutscher Herkunft sind auch die aus Kurz- und Koseformen von Friedrich entstandenen Familiennamen **Frede, Fredeke, Fredekind, Frerk, Fick(e)** und meistens **Fricke**, eher oberdeutsch ist hingegen der Familienname **Frick**. ❖ Von den aus Koseformen von Friedrich entstandenen Familiennamen kommt **Fritz** am häufigsten vor. ❖ Ableitungen von Fritz sind Familiennamen wie **Fritzel, Fritzen, Fritzke**. ❖ Die Familiennamen **Frisch** und **Fritsche** können sowohl im alemannischen als auch im ostmitteldeutschen Gebiet auftreten. Die Schreibvarianten **Fritzsch(e)** sind typisch für das Ostmitteldeutsche, der Familienname **Fritschi** für die Schweiz. ❖ Weitere Ableitungen von Friedrich sind die Familiennamen **Fried(e), Fried(e)l, Friedlein, Fried(e)mann**. ❖ Bekannte Namensträger: Caspar David Friedrich, deutscher Maler und Zeichner (18./19. Jh.); Götz Friedrich, deutscher Opernregisseur (20./21. Jh.).

Friedricher: patronymische Bildung auf *-er* zu ▶ Friedrich.

Friedrichs: patronymische Bildung (starker Genitiv) zu ▶ Friedrich.

Friedrichsen: patronymische Bildung auf *-sen* zu ▶ Friedrich.

Friehling, Frieling: 1. Herkunftsnamen zu den Ortsnamen Frieling (Westfalen), Frielingen (Niedersachsen, Hessen). 2. Standesnamen zu mhd. *vrīlinc*, mnd. *vrilink* ›Freigelassener‹. 3. Durch Entrundung entstandene Formen von ▶ Frühling.

Frielingsdorf: Herkunftsname zu dem gleichlautenden Ortsnamen (Nordrhein-Westfalen).

Friemel: durch Entrundung entstandene Form von ▶ Frömel.

Fries(e): 1. Herkunftsnamen zu dem Stammesnamen der Friesen. 2. Aus dem Rufnamen Friso (zu dem Stammesnamen ahd. *Friesan* ›Friesen‹) hervorgegangene Familiennamen. 3. Oberdeutsche Berufsnamen zu mhd. *vriese* ›Damm- und Schlammarbeiter‹. ❖ Bekannter Namensträger: Fritz Rudolf Fries, deutscher Schriftsteller (20./21. Jh.).

Friese(c)ke: aus einer Ableitung von ▶ Fries(e) (1.) und (2.) entstandene Familiennamen.

Friesen: 1. Patronymische Bildung (schwacher Genitiv) zu ▶ Fries(e) (1.) und (2.). 2. Herkunftsname zu dem Ortsnamen Friesen (Bayern, Sachsen).

Friesener: Ableitung auf *-er* zu ▶ Friesen (2.).

Friess, Frieß: ▶ Fries(e).

Frin(g)s: auf verkürzte Formen von ▶ Severin zurückgehende Familiennamen, die vor allem im Rheinland verbreitet sind.

Frisch(e): 1. Übernamen zu mnd., mhd. *vrisch* ›frisch, neu, jung, munter, rüstig, keck‹. 2. Aus einer alemannischen bzw. ostmitteldeutschen Koseform von ▶ Friedrich hervorgegangene Familiennamen. ❖ Bekannter Namensträger: Max Frisch, schweizerischer Schriftsteller (20. Jh.).

Frischmann: aus einer Erweiterung von Frisch (▶ Friedrich) mit dem Suffix *-mann* entstandener Familienname.

Frischmuth: Übername zu mhd. *vrisch* ›frisch, neu, jung, munter, rüstig, keck‹ und mhd. *muot* ›Gemüt, Mut‹ für einen Menschen mit beherztem Sinn, unverzagtem Mut. ❖ Bekannte Namensträgerin: Barbara Frischmuth, österreichische Schriftstellerin (20./21. Jh.).

Fritsch(e): aus einer ostmitteldeutschen bzw. alemannischen Koseform von ▶ Friedrich entstandene Familiennamen. ❖ Bekannter Namensträger: Willy Fritsch, deutscher Filmschauspieler (20. Jh.).

Fritschi: aus einer alemannischen Koseform von ▶ Friedrich entstandener Familienname.

Fritz(e): aus einer mit *-z*-Suffix gebildeten Koseform von ▶ Friedrich hervorgegangene Familiennamen. ❖ Bekannte Namensträgerin: Marianne Fritz, österreichische Schriftstellerin (20./21. Jh.).

Fritzel: aus einer Erweiterung von Fritz (▶ Friedrich) mit *-l*-Suffix gebildeter Familienname.

Fritzen: patronymische Bildung (schwacher Genitiv) zu Fritz (▶ Friedrich).

Fritzke: aus einer Erweiterung von Fritz (▶ Friedrich) mit -k-Suffix entstandener Familienname.

Fritzsch(e): im ostmitteldeutschen Raum verbreitete Varianten von ▶ Fritsch(e).

Fröbe: ▶ Fröbel (2.). ❖ Bekannter Namensträger: Gert Fröbe, deutscher Filmschauspieler (20. Jh.).

Fröbel: 1. Herkunftsname zu Ortsnamen wie Fröbel, Fröbeln, Frobelwitz (Schlesien), Fröba (Franken) 2. Aus dem alten deutschen Rufnamen Frodewin (▶ Frohwein) hervorgegangener Familienname. 3. Aus dem polnischen Übernamen Wróbel (< poln. *wróbel* ›Sperling‹) entstandener Familienname. ❖ Bekannter Namensträger: Friedrich Wilhelm August Fröbel, deutscher Pädagoge (18./19. Jh.).

Froboe(s)s, Froböse: Übernamen zu mnd. *vrō* ›früh‹ und mnd. *bōs(e)* ›schlecht, böse‹ für einen früh verdorbenen Menschen. ❖ Bekannte Namensträgerin: Cornelia Froboess, deutsche Schlagersängerin und Schauspielerin (20./21. Jh.).

Fröde: auf den alten niederdeutsch-friesischen Rufnamen Frodde, Frödde *(frōt)* zurückgehender Familienname.

Froelich: ▶ Fröhlich.

Froese: Herkunftsname zu den Ortsnamen Frohse, Frose (Sachsen-Anhalt) oder den Wüstungen Frosa (zweimal bei Magdeburg).

Frohberg: Herkunftsname zu dem Ortsnamen Frohburg (Sachsen). ❖ In den Altenburger Quellen treten seit dem 15. Jh. Belege auf -burg und -berg auf: *Nigkel Froberg* (a. 1442), *Peter Froburg* (a. 1457), *Bartel Frobergk* (a. 1531), *Peter Froburg* (a. 1531).

Frohl: aus Frohl, einer Kurzform eines mit »Frot-«/»Frut-« *(frōt)* gebildeten Rufnamens, entstandener Familienname.

Fröhler: 1. Standesname zu mhd. *vrouwe* ›Frau‹ für jemanden, der im Dienst eines Frauenklosters stand oder ihm zinste. 2. Aus einer Erweiterung auf -er des Namens ▶ Frohl entstandener Familienname.

Fröhlich: Übername zu mhd. *vrœlich* ›froh, fröhlich, heiter, erfreut‹. ❖ *C. Froleich* ist a. 1358 in Nürnberg bezeugt.

Fröhling: niederdeutsche Form von ▶ Frühling.

Frohn(e): 1. Amtsnamen zu mnd. *vrone,* mhd. *vrōn(e)* ›Gerichtsdiener, Büttel‹. 2. Übernamen für einen Bauern, der Frondienste leisten musste (zu mhd. *vrōn[e]* ›Herren-, Frondienst‹).

Frohner, Fröhner: 1. Standesnamen bzw. Amtsnamen zu mhd. *vrœner, vrōner* ›Fröner, Arbeiter im herrschaftlichen Dienst; Diener, Beamter, Pfänder‹. 2. Herkunftsnamen zu den Ortsnamen Fronau (Bayern), Frohnau (Sachsen, Berlin, Schlesien).

Frohnert, Fröhnert: Erweiterungen von ▶ Frohner, Fröhner mit sekundärem -t.

Frohriep: niederdeutscher Übername zu mnd. *vrō* ›früh‹ und mnd. *ripe* ›reif‹ für einen frühreifen Menschen.

Frohwein: aus einer Umdeutung des alten deutschen Rufnamens Frodewin *(frōt + wini)* entstandener Familienname.

Froitzheim: Herkunftsname zu dem gleichlautenden Ortsnamen (Nordrhein-Westfalen).

Frölich: ▶ Fröhlich.

Frömel: aus einer Koseform des alten deutschen Rufnamens Fromolt/Frumolt (▶ Frommeld, Frommelt) entstandener Familienname.

Fromm: 1. Übername zu mnd. *vrom(e),* mhd. *vrum, vrom* ›tüchtig, brav, ehrbar, rechtschaffen, angesehen‹. Zur Zeit der Familiennamenentstehung (12.–15. Jh.) spielte die heutige Bedeutung (›fromm, gottesfürchtig‹) nur eine untergeordnete Rolle. 2. Auf eine Kurzform von Rufnamen, die mit dem Namenwort *fruma* gebildet sind (vgl. ▶ Frommhold), zurückgehender Familienname. ❖ Bekannter Namensträger: Erich Fromm, deutscher Psychoanalytiker und Schriftsteller (20. Jh.).

Frommann: 1. Übername zu mnd. *vromman* ›Biedermann‹. 2. Aus einer Erweiterung von ▶ Fromm (2.) mit dem Suffix *-mann* entstandener Familienname.

Fromme: ▶ Fromm.

Frommeld, Frommelt: aus dem alten deutschen Rufnamen Fromolt/Frumolt *(fruma + walt)* hervorgegangene Familiennamen.

Frommen: patronymische Bildung (schwacher Genitiv) zu ▶ Fromm.

Frommer: 1. Stark flektierte Form oder patronymische Bildung auf -er zu ▶ Fromm (1.).

2. Übername zu mnd. *vromer* ›Held, ausgezeichneter Mann‹.

Frommhold, Frommholz: aus Umdeutungen des alten deutschen Rufnamens Fromolt/Frumolt *(fruma + walt)* in Anlehnung an die Adjektive »fromm« und »hold« bzw. das Substantiv »Holz« hervorgegangene Familiennamen.

Frömming: patronymische Bildung auf *-ing* zu ▸ Fromm.

Frosch: 1. Übername nach einem bildlichen Vergleich mit dem Tier (hervortretende Augen, Gangart). 2. Diesem Familiennamen kann auch ein Hausname zugrunde liegen. ❖ Dies geht z. B. aus dem Frankfurter Beleg (a. 1387) *Hans beder zum Frosch* hervor.

Fröschl: Ableitung von Frosch mit *-l*-Suffix.

Fröse: ▸ Froese.

Frost: Übername zu mnd., mhd. *vrost* ›Kälte, Frost; Fieberfrost‹; bildlich ›Kaltsinn‹, der am ehesten eine Anspielung auf die Wesensart (kalt, gleichgültig) des ersten Namensträgers enthalten dürfte.

Fruechtenicht, Früchtenich(t): durch Umsprung des *r* entstandene Übernamen (Satznamen) für einen furchtlosen Menschen (▸ Fürchtenicht). ❖ Ein *Vruchtenicht* ist z. B. in Barth (Mecklenburg-Vorpommern) a. 1500 belegt.

Früh, Frühauf: Übernamen für einen Frühaufsteher bzw. fleißigen Menschen. ❖ *Fridrich Früauf* ist a. 1370 in Nürnberg bezeugt. ❖ Bekannte Namensträger: die Maler Rueland Frueauf d. Ä. und d. J. (15./16. Jh.).

Frühling: Übername zu mhd. *vrüelinc* ›Frühling‹.

Fruth: Übername zu mhd. *vruot* ›verständig, weise, klug, tüchtig, wacker; fein, gesittet; froh, frisch, munter‹.

Frye: ▸ Frie.

Fuchs: 1. Übername nach der Tierbezeichnung. In erster Linie kommen die rote Haarfarbe oder die Schlauheit des ersten Namensträgers für den bildlichen Vergleich infrage, doch könnte die Teilnahme an einer Fuchsjagd oder der Besitz eines Fuchspelzes vereinzelt Anlass für die Verleihung dieses Übernames gewesen sein. 2. Gelegentlich auch Berufsübername für einen Jäger oder für den Kürschner, der Fuchspelze verarbeitete. 3. Hausname: Ein Haus »zum Fuchs« ist im Mittelalter für mehrere deutsche Städte überliefert (Köln, Basel, Würzburg, Freiburg). ❖ *Chunrad Fuchs* ist a. 1368 in München bezeugt. ❖ Nach dem deutschen Botaniker Leonhart Fuchs (16. Jh.), der das 1543 erschienene »New Kreüterbuch« verfasste, wurde später die Fuchsie benannt. Bekannter Namensträger: Ernst Fuchs, österreichischer Maler und Grafiker (20./21. Jh.).

Fuest: ▸ Fust.

Fuge, Füg(e): Übernamen zu mhd. *vuoc* ›passend‹, mhd. *vüege* ›angemessen, passend‹, mnd. *vuge, voge* ›passend, schicklich, geschickt, geeignet, klug, listig‹.

Fügeisen: Berufsübername für einen geschickten Schmied (zu mhd. *vüegen, vuogen* ›schaffen, passend zusammenfügen, gestalten‹).

Fügenschuh: Berufsübername in Satzform (›gestalte/füge den Schuh zusammen‹) für einen Schuster.

Füger: Übername zu mhd. *vüegen* ›passend zusammenfügen, verbinden, bewerkstelligen, schaffen, gestalten‹. ❖ Die Nürnberger Belege *Hans Füger goltsmyd* (a. 1392) und *Hanse Fuger (Sneider)* (a. 1388) legen die Annahme nahe, dass der Übername zur Kennzeichnung geschickter Handwerker aufgekommen war (vgl. ▸ Fügeisen, ▸ Fügenschuh).

Fugmann: Ableitung von ▸ Fuge mit dem Suffix *-mann*.

Fugner: ▸ Füger.

Fuhr: 1. Berufsübername oder Wohnstättenname zu mhd. *vuore* ›Fahrt, Weg, Fahrweg, Straße, Fuhre‹ für den ▸ Fuhrmann bzw. für jemanden, der an einem Fahrweg wohnte. 2. Übername zu mnd. *vūr* ›Feuer‹, vgl. ▸ Feuer.

Führer: Berufsname für den ▸ Fuhrmann (zu mhd. *vüeren* ›in Bewegung setzen, leiten, führen, bringen‹).

Fuhrmann: Berufsname für jemanden, der Waren beförderte (mhd. *vuorman*). Der mittelalterliche Fuhrmann übte eine wichtige und verantwortungsvolle Tätigkeit aus. Er hatte nicht nur für die Instandhaltung und Lenkung seines schweren Gefährts auf oft wochenlangen Reisen zu sorgen, sondern er war auch für die ihm anvertraute Ladung und deren einwandfreie Ablieferung verantwortlich. Diese Pflichten waren wegen der oft schlechten und unsicheren Straßen nicht leicht zu erfüllen.

Fuhs: vor allem im Rheinland verbreiteter Übername zu mhd. *vuhs* ›Fuchs‹ (▶ Fuchs) oder zu mhd. *vuoʒ* ›Fuß‹ (▶ Fuss, Fuß). ❖ Ein früher Beleg stammt aus Köln ca. 1207–1212: *Henricus Fus*.

Fuhse: Wohnstättenname zu dem Gewässernamen Fuhse, linker Nebenfluss der Aller (Niedersachsen).

Fuller: 1. Berufsname für den Tuchwalker, der auf die lat. Bezeichnung *fullo* für diesen Beruf zurückgeht. Der Walker bearbeitete die farbigen Tuche im Waschtrog mit Seifenlauge und schweren Hämmern. 2. Englischer Berufsname zu altenglisch *fullere* ›Tuchwalker‹.

Füller: 1. Übername zu mhd. *vüller* ›Schwelger‹. 2. ▶ Fuller (1.).

Füllgrabe(n): Übernamen (Satznamen) ›fülle den Graben‹. ❖ *Johannes Fullengraben* ist a. 1439 in Olmütz (Böhmen) bezeugt.

Funck: ▶ Funk(e).

Fündling: Übername zu mhd. *vundelinc* ›Findelkind‹.

Fünfschilling, Fünfstück: Übernamen nach einer Zins- oder Abgabeverpflichtung.

Funk(e): 1. Berufsübernamen zu mhd. *vunke* ›Funke‹ für den Schmied, der – im Gegensatz zum Kaltschmied – mit Feuer arbeitete. ❖ In Stralsund ist i. J. 1270 *Heinricus faber* [Schmied] *qui dicebatur Vunko* [den man Vunko nannte] überliefert, in Nürnberg begegnen uns i. J. 1363 der Hufschmied *C. funk vor spitalier tor*, ebenfalls im 14. Jh. *Eberh. der Funch der sporer* in Regensburg. 2. Übernamen zu mhd. *vunke* ›Funke‹ für einen kleinen, lebhaften Menschen, der ›wie ein Funke‹ hin- und herfährt.

Funken: patronymische Bildung (schwacher Genitiv) zu ▶ Funk(e).

Fürböter: niederdeutscher Berufsname oder Übername zu mnd. *vür, vuir* ›Feuer‹ + mnd. *boten, buten* ›Feuer machen‹. ❖ *Ludike Vurboter* ist z. B. a. 1441 in Coesfeld belegt.

Fürbringer: Übername zu mhd. *vürbringer* ›Zeuge‹ für jemanden, der vor Gericht Zeuge an, dort etwas ›vorgebracht‹ hat.

Furch: 1. Wohnstättenname zu mhd. *vurch* ›Furche, mit dem Pflug gezogene Vertiefung, gepflügtes Feld, einer Furche vergleichbare Vertiefung‹. 2. ▶ Forch (1.).

Fürchtenicht: Übername (Satzname: ›[ich] fürchte [mich] nicht‹) für einen furchtlosen Menschen.

Fürst: Übername zu mhd. *vürste* ›der alle anderen Überragende, der Vornehmste, Höchste; der mit seinem Verstand alle überragt‹. Gerade eine solche Charakterisierung konnte natürlich auch gerne ironisch gemeint sein und den Toren bezeichnen.

Fürstenau: Herkunftsname zu dem häufigen Ortsnamen Fürstenau (Brandenburg, ehem. Brandenburg/jetzt Polen, Hessen, Niedersachsen, Sachsen, Nordrhein-Westfalen, Schlesien, Ostpreußen, Schweiz).

Fürstenberg(er): Herkunftsnamen zu dem häufigen Ortsnamen Fürstenberg (Bayern, Baden-Württemberg, Hessen, Rheinland-Pfalz, Nordrhein-Westfalen, Niedersachsen, Brandenburg, ehem. Pommern/jetzt Polen, Mähren).

Furtwängler, Furtwengler: Herkunftsnamen zu den Ortsnamen Furtwängle oder Furtwangen, beide im Schwarzwald (Baden). ❖ Bekannter Namensträger: Wilhelm Furtwängler, deutscher Dirigent und Komponist (19./20. Jh.).

Fuss, Fuß: Übernamen für einen Menschen mit einem auffälligen Fuß (zu mhd. *vuoʒ* ›Fuß‹). ❖ *Seicz Fus* ist a. 1368 in München bezeugt.

Füssel, Füßel: Ableitungen von ▶ Fuss mit -l-Suffix.

Füssl, Füßl: bairisch-österreichische Schreibweisen von ▶ Füssel, Füßel.

Füßle, Füssli, Füßli, Füsslin, Füßlin: alemannische Ableitungen von ▶ Fuss. ❖ Bekannter Namensträger: Johann Heinrich Füssli, englischer Maler und Zeichner schweizerischer Herkunft (18./19. Jh.).

Fust: niederdeutsche Form von ▶ Faust.

Fütterer: Berufsname für den Futterhändler oder für den Knecht, der das Vieh, besonders die Pferde, füttert (mhd. *vüeterære*). ❖ *Ulr. Futerer* ist a. 1326 in Regensburg bezeugt. ❖ Ulrich Füetrer war ein spätmittelalterlicher Dichter und Maler (15. Jh.).

Fux: ▶ Fuchs.

g

Gabel: 1. Übername zu mhd. *gabel(e)* ›[Mist-, Heu-]Gabel, Krücke, Krückstock‹. Als Essgerät ist die Gabel im deutschsprachigen Raum erst seit dem 17. Jh. nachweisbar. 2. Herkunftsname zu dem gleichlautenden Ortsnamen (Schleswig, Thüringen, Schlesien, ehem. Pommern/jetzt Polen, Böhmen). 3. Wohnstättenname: ›wohnhaft an einem gabelförmigen Grundstück‹. 4. Übername zu mnd. *gabel* ›Abgabe, Steuer‹.

Gäbel: 1. ▶ Gabel. 2. Variante von ▶ Gebel.

Gabelsberger: Herkunftsname zu dem Ortsnamen Gabelsberg (Bayern). ❖ Bekannter Namensträger: Franz Xaver Gabelsberger, Begründer der deutschen Kurzschrift (18./19. Jh.).

Gaber: aus einer verkürzten Form von ▶ Gabriel entstandener Familienname.

Gablenz: Herkunftsname zu dem häufigen Ortsnamen Gablenz (Brandenburg, Sachsen, Schlesien).

Gabler, Gäbler: 1. Ableitungen auf *-er* zu Gabel (2.) und (3.). 2. Berufsnamen für den Gabelmacher (vgl. ▶ Gabel [1.]). ❖ *Fritz Gabler* ist a. 1357 in Nürnberg bezeugt.

Gabor: aus Gábor, der ungarischen Form von ▶ Gabriel, hervorgegangener Familienname.

Gabriel: aus dem gleichlautenden Rufnamen hebräischen Ursprungs (›Gott hat sich stark gezeigt‹ oder ›Mann Gottes‹) entstandener Familienname. Nach dem Evangelium war der Erzengel Gabriel der Verkünder der Geburt Johannes des Täufers und Jesu. Gabriel fand bereits im Mittelalter Eingang in die deutsche Namengebung.

Gach, Gäch: Übernamen zu mhd. *gāch* ›schnell, jäh, ungestüm‹.

Gade: 1. Aus einer niederdeutschen Variante von Gode, einer Kurzform von Rufnamen, die mit dem Namenwort *got* gebildet sind (i. A. ▶ Gottfried), entstandener Familienname. 2. Übername zu mnd. *gade* ›Taufpate; Ehegatte; Genosse‹ oder zu mnd. *gade* ›passend, bequem, gelegen‹.

Gäde: vorwiegend in Mecklenburg-Vorpommern anzutreffender Familienname, der aus einer niederdeutschen Variante von ▶ Göde hervorgegangen ist.

Gäde(c)ke: aus Erweiterungen von ▶ Gäde mit *-k*-Suffix entstandene Familiennamen.

Gademann: 1. Berufsname zu mhd. *gademman* ›Krämer‹. 2. Herkunftsname auf *-mann* zu einem mit »Gade-« beginnenden Ortsnamen, z. B. Gadebusch (Mecklenburg-Vorpommern), Gadegast (Sachsen-Anhalt), Gadeland (Schleswig-Holstein).

Gademer: Berufsname zu mhd. *gadem, gaden* ›Kammer‹, mnd. *gadem* ›Bude, Kramladen‹, fnhd. *gadem* ›Laden, Werkstatt‹ für einen Kleinhändler, Krämer.

Gädicke, Gädke: ▶ Gäde(c)ke.

Gadner: ▶ Gademer.

Gadow: Herkunftsname zu dem gleichlautenden Ortsnamen (Brandenburg, ehem. Posen/jetzt Polen).

Gaede: aus einer niederdeutschen Variante von ▶ Goede entstandener Familienname.

Gaedicke, Gaedke, Gaedtke: aus Erweiterungen von ▶ Gaede mit *-k*-Suffix hervorgegangene Familiennamen.

Gaertner: ▶ Gartner.

Gahr: 1. Bei den häufigen bairischen Beispielen handelt es sich um eine verkürzte Form von ▶ Gregor(ius) oder um einen Übernamen zu mhd. *gar* ›bereit, gerüstet‹. 2. Im niederdeutschen Bereich liegt dem Familiennamen eine niederdeutsche Variante von ▶ Gehr(e) (1.) zugrunde.

Gaida, Gaide: Übernamen zu poln. *gajda* ›Dudelsack‹.

Gail: ▶ Geil.

Gailer: ▶ Geiler.

Gaillard: französischer Übername zu afrz. *gaillard* ›lustig, fröhlich, keck‹. ❖ Gaillard ist auch als Hugenottenname bezeugt: *Jean Gaillard*, Celle 1717.

Gaiser: ▶ Geiser. ❖ Bekannter Namensträger: Gerd Gaiser, deutscher Schriftsteller (20. Jh.).

Gaiß: ▶ Geiss.
Gajda: ▶ Gaida.
Gajewski, Gajewsky: Herkunftsnamen zu den polnischen Ortsnamen Gajewo, Gaj.
Galikowski, Galikowsky: auf polnische Ableitungen von ▶ Gallus zurückgehende Familiennamen.
Galinski, Galinsky: 1. Auf polnische Ableitungen von ▶ Gallus zurückgehende Familiennamen. 2. Herkunftsnamen zu dem Ortsnamen Galiny Małe, heute Galinki (Polen).
Galka, Galke: 1. Übernamen zu poln. *gałka* ›kleine Kugel, Knopf, Knauf‹. 2. Aus einer sorbischen Ableitung von ▶ Gallus entstandene Familiennamen.
Gall: aus einer verkürzten Form von ▶ Gallus entstandener Familienname.
Galla, Gallas, Gallasch: aus sorbischen, polnischen oder tschechischen Ableitungen von ▶ Gallus hervorgegangene Familiennamen.
Galle: 1. Aus einer verkürzten Form von ▶ Gallus entstandener Familienname. 2. Übername zu mhd. *galle* ›Galle, Bitteres‹; bildlich ›Falschheit‹, auch Bezeichnung für einen bösen Menschen.
Galler: 1. Patronymische Bildung auf *-er* zu ▶ Gallus. 2. Herkunftsname: ›der aus St. Gallen (Schweiz, Österreich) bzw. aus Gall (Bayern, Kärnten), Galla, Gallau (Bayern)‹. 3. Übername für jemanden, der dem Kloster St. Gallen zinspflichtig war.
Gallo: 1. Übername zu span., italien. *gallo* ›Hahn‹. 2. Italienische Form von ▶ Gallus. In Italien gehört Gallo zu den häufigen Familiennamen.
Gallus: aus dem gleichlautenden Heiligennamen lateinischen Ursprungs (›der Gallier‹) entstandener Familienname. Der heilige Gallus, ein irischer Mönch, gründete im 7. Jh. eine Klause, aus der später das Kloster St. Gallen erwuchs. Von diesem Rufnamen leiten sich mehrere Familiennamen ab. ❖ Auf verkürzte Formen von Gallus gehen die deutschen Familiennamen **Gall** und **Galle** mit der patronymischen Form **Galler** zurück. ❖ Aus slawischen Ableitungen von Gallus sind u. a. die Familiennamen **Galla, Gallas, Gallasch, Galikowski, Galinski, Gasch, Gawale(c)k, Gawelle(c)k** und **Gawlik** hervorgegangen.
Galonska: Übername zu poln. *gałązka* ›Zweig‹.
Galster: Übername zu mhd. *galster* ›Gesang, bes. Zaubergesang, Zauber; Betrug‹.
Gampe, Gamper(l), Gampl: 1. Übernamen zu mhd. *gampen* ›hüpfen, springen‹, mhd. *gampel, gempel* ›Scherz, Possenspiel‹, mhd. *gampelman* ›Possenreißer‹. 2. Herkunftsnamen zu dem Ortsnamen Gamp (Schweiz). 3. Für Tirol kommt ein Wohnstättenname zu *Gamp* ›ebener Almboden‹ (< lat. *campus*) infrage.
Gand(er), Gandner: 1. Oberdeutsche, vor allem in Tirol vorkommende Wohnstättennamen zu mhd. *gant* ›steiniger Abhang, Steinhalde‹. 2. ▶ Ganter (2.).
Gangolf: aus dem gleichlautenden Rufnamen *(gang + wolf)* gebildeter Familienname. ❖ Der heilige Gangolf (8. Jh.) wurde besonders im Süden und Westen Deutschlands verehrt.
Gans: 1. Berufsübername für den Gänsezüchter oder -händler. 2. Übername nach der verbreiteten Abgabe einer Gans zum St. Martinstag (11. November). 3. Gelegentlich kann diesem Familiennamen auch ein Hausname zugrunde liegen. 4. Übername zu mnd. *gans* ›ganz, heil, gesund, unverletzt‹. ❖ *Henne Gans* ist a. 1479 in Limburg a. d. Lahn bezeugt.
Gansen: Herkunftsname zu dem gleichlautenden Ortsnamen in Ostpreußen.
Ganser: Berufsübername zu mhd. *ganser* ›Gänserich‹ für den Gänsezüchter oder -händler. ❖ *Albertus Ganser de* [aus] *Weizzenburch* ist a. 1286 in Nürnberg bezeugt.
Gänslein: Ableitung von ▶ Gans (1.), (2.) oder (3.) mit dem Suffix *-lein*.
Ganß: ▶ Gans.
Ganter: 1. Der Name ist besonders zahlreich am Oberrhein vertreten. Hier handelt es sich am ehesten um einen alten oberdeutschen Berufsnamen für den Küfer. 2. Oberdeutscher Berufsname zu mhd. *gant* ›Versteigerung‹ für den Gantmeister, den Versteigerer. 3. In Norddeutschland Berufsübername zu mnd. *gante*, niederdt. mda. *ganter* ›Gänserich‹ für den Gänsezüchter oder -händler. ❖ *Jakob Ganter* ist in einer Urkunde des 15. Jh. in Freiburg i. Br. bezeugt.
Gantner: 1. Die Verbreitung dieses Familiennamens deckt sich weitgehend mit der von ▶ Ganter, sodass bei oberrheinischer Herkunft die Deutungsmöglichkeit ▶ Ganter (1.) am ehesten infrage kommt. 2. Darüber hi-

naus ist der Name in Niederbayern häufig; vgl. hierfür ▶ Ganter (2.). 3. ▶ Gand(er) (1.). ❖ *Konrad der Gantener geschworener Stadtknecht* ist a. 1337 in Esslingen bezeugt.

Ganz: 1. Berufsübername zu mhd. *ganze* ›Gänserich‹ für den Gänsezüchter oder -händler. 2. Übername zu mhd. *ganz* ›ganz, vollständig, unverletzt, heil, gesund‹. 3. Herkunftsname zu den Ortsnamen Ganz (Brandenburg), Gahnz (ehem. Pommern/jetzt Polen). ❖ Bekannter Namensträger: Bruno Ganz, schweizerischer Schauspieler (20./21. Jh.).

Ganzer: 1. Berufsübername zu mhd. *ganzer* ›Gänserich‹ für den Gänsezüchter oder Gänsehändler. 2. Herkunftsname zu den Ortsnamen Ganz (Brandenburg), Gahnz (ehem. Pommern/jetzt Polen), Ganzer (Brandenburg).

Garbe: 1. Auf eine durch Wandel von *-er-* zu *-ar-* entstandene niederdeutsche Kurzform von ▶ Gerbert zurückgehender Familienname. 2. Übername zu mhd. *garbe*, mnd. *garve* ›Garbe‹ für einen Bauern. 3. Berufsname zu mhd. *garwe, gerwe* ›Gerber‹.

Garber, Gärber: ▶ Gerber.

Garbers: patronymische Bildung (starker Genitiv) zu ▶ Garbrecht.

Garbrecht: auf eine niederdeutsche, durch Wandel von *-er-* zu *-ar-* entstandene Form von ▶ Gerbert zurückgehender Familienname.

García: spanischer Familienname zu baskisch *gartze* ›jung‹ + bestimmter Artikel *-a*: ›der Junge‹.

Gardner: 1. Niederdeutsche Form von Gärtner (▶ Gartner). 2. Englischer Berufsname zu mittelenglisch *gardener* ›Gärtner‹.

Gareis(s), Gareiß: 1. Aus dem Heiligennamen ▶ Gregor(ius) abgeleitete Familiennamen. 2. ▶ Gareissen.

Gareissen, Gareißen: Berufsübernamen (›gares, fertig geschmiedetes Eisen‹) für einen Schmied (zu mhd. *gar* ›bereitgemacht‹ und mhd. *īsen* ›Eisen‹).

Garn: Berufsübername zu mhd. *garn* ›Garn, Faden, Netz‹ für den Garnzieher oder -händler, für den Netzstricker oder Netzfischer.

Garner: Berufsname zu mhd. *garn* ›Garn, Faden, Netz‹ für den Garnzieher oder -händler, für den Netzstricker oder Netzfischer.

Garske: 1. Übername zu nsorb. *gjarś* ›Schlund‹. 2. Vielleicht Wohnstättenname zu slaw. *gar* ›Brandstelle‹. 3. Eindeutschende Schreibung von ▶ Gorski.

Gartmann: 1. Berufsname auf *-mann* für den Gärtner (▶ Gartner). 2. Herkunftsname auf *-mann* zu den Ortsnamen Garte, Garthe (Niedersachsen).

Gartner, Gärtner: Berufsnamen für jemanden, der Obst und Gemüse anbaute und verkaufte (zu mhd. *gartenære, gartnære* ›Gärtner‹, auch ›Weingärtner‹, fnhd. *gertner* ›Ackerbürger, der ohne Vieh wirtschaftet‹). ❖ *Mærchel Gartenær* ist a. 1287 in Regensburg bezeugt.

Gartz, Garz: Herkunftsnamen zu den Ortsnamen Gaarz (Schleswig-Holstein, Brandenburg, Mecklenburg-Vorpommern), Gartz (Brandenburg, ehem. Pommern/jetzt Polen), Garz (Brandenburg, Mecklenburg-Vorpommern, Sachsen-Anhalt, ehem. Pommern/jetzt Polen), Garze (Niedersachsen).

Garvert: aus einer niederdeutschen Form von ▶ Gerbert entstandener Familienname.

Gasch: aus einer sorbischen oder polnischen Ableitung von ▶ Gallus hervorgegangener Familienname.

Gaschler: dieser besonders im Gebiet um Passau verbreitete Familienname stellt sich am ehesten zu ▶ Gassler.

Gasde: Berufsname zu poln. *gazda* ›Bauer, Grundbesitzer‹.

Gashi: nord- oder kosovoalbanischer Familienname.

Gaspar, Gasper: ▶ Kaspar.

Gass, Gaß, Gasse: 1. Wohnstättennamen zu mhd. *gazze*, mnd. *gasse* ›Gasse‹: ›wohnhaft an einer Gasse‹, auf dem Land auch ›an einem Weg zwischen zwei Zäunen‹, ›Hohlweg‹. 2. Herkunftsnamen zu den häufig vorkommenden Ortsnamen Gaß (Rheinland-Pfalz, Baden-Württemberg), Gasse (Baden-Württemberg, Bayern, Nordrhein-Westfalen, Sachsen).

Gassen: Herkunftsname zu dem häufigen Ortsnamen Gassen (Bayern, Baden-Württemberg, Hessen, Schlesien, Österreich).

Gasser, Gaßer: Ableitungen auf *-er* zu ▶ Gass.

Gassler, Gaßler, Gässler, Gäßler: Ableitungen auf *-ler* zu ▶ Gass.

Gassmann, Gaßmann: Ableitungen auf *-mann* zu ▶ Gass, ▶ Gassen.

Gassner, Gaßner, Gäßner: Ableitungen auf -(n)er zu ▶ Gass, ▶ Gassen.

Gast: Standesname zu mhd., mnd. *gast* ›Fremder; Gast‹. So hieß in der mittelalterlichen Stadt der Nichteingesessene, derjenige, der das Bürgerrecht nicht besaß. Man sprach z. B. in den Nürnberger Polizeiordnungen von *burger oder gast*. ❖ *Eberhardus dictus* [genannt] *Gast* ist a. 1268 in Nürnberg bezeugt.

Gasteiger: 1. Herkunftsname zu dem in Bayern und Österreich häufigen Ortsnamen Gasteig. 2. Wohnstättenname zu mhd. *gásteige, gesteige* ›steile Anhöhe‹.

Gastgeb: Berufsname zu mhd. *gastgëbe* ›der Nachtherberge gibt, Gastwirt, Wirt‹.

Gastl: 1. In Bayern und Österreich verbreiteter Familienname, der auf eine verkürzte Form des Heiligennamens Castulus (zu lat. *castus* ›keusch‹) zurückgeht. 2. Ableitung von ▶ Gast mit -l-Suffix.

Gatter: Wohnstättenname zu mhd. *gater, gatter*, mnd. *gadder(e)* ›Gatter, Gitter als Tor oder Zaun‹.

Gattermann: 1. Ableitung auf -*mann* von ▶ Gatter. 2. Übername zu mnd. *gad(d)eren* ›sammeln‹ bzw. *gad(d)erer* ›Sammler‹. 3. Herkunftsname auf -*mann* zum Ortsnamen Gatterstädt (Sachsen-Anhalt).

Gatz: 1. Wohnstättenname zu mnd. *gatze* ›Gasse‹. 2. Herkunftsname zu dem Ortsnamen Gatz (ehem. Pommern/jetzt Polen). 3. ▶ Gatzke. 4. Übername zu fnhd. *gaz(g)en* ›gackern, mit falscher Atemführung hilflos sprechen‹, fnhd. *gazer* ›Stotterer‹.

Gatzke: 1. Von einem Rufnamen polnischen Ursprungs (Gaczko, Gaczka) abgeleiteter Familienname. 2. Herkunftsname zu dem Ortsnamen Gatzken (Schlesien).

Gau: 1. Übername zu mnd. *gouwe, gauwe* ›rasch, schnell; der rasch und schnell begreift, klug‹. 2. Wohnstättenname für jemanden, der auf dem Land wohnte (zu mhd. *göu, gou* ›Gegend, Landschaft, Gau‹, mhd. *göuman* ›Landmann, Landbewohner‹).

Gauch, Gauck: Übernamen zu mhd. *gouch* ›Kuckuck‹, in übertragener Bedeutung ›Tor, Narr‹. ❖ *Heinrich Gaugg wagner* ist a. 1381 in München bezeugt.

Gauer: 1. Standesname zu fnhd. *gauer* ›Landmann‹. 2. Herkunftsname zu Ortsnamen wie Gauern (Thüringen), Gauers (Schlesien) u. a.

Gauger: Übername zu mhd. *gougern* ›umherschweifen‹. Wohl teilweise Berufsname für einen Fahrenden.

Gaukler: Berufsname zu mhd. *goukelære* ›Gaukler, Taschenspieler‹.

Gaul: 1. Übername zu mhd. *gūl* ›Gaul‹ für einen ungeschlachten Menschen. 2. Vereinzelt Herkunftsname zu den Ortsnamen Alt-, Neugaul (Brandenburg), Ober-, Niedergaul bei Wipperfürth (Nordrhein-Westfalen).

Gaumann: Standesname zu mhd. *göuman* ›Landmann, Landbewohner‹. ❖ *Hainrich Gäwman* ist a. 1394 in München bezeugt.

Gaumer: Amtsname zu mhd. *goumer* ›Aufseher, Hüter‹.

Gaus: 1. Niederdeutscher Übername zu mnd. *gōs* ›Gans‹ für den Gänsezüchter oder -händler. 2. Aus dem alten deutschen Rufnamen Gozzo *(gōz)* entstandener Familienname.

Gausmann: aus einer Erweiterung von ▶ Gaus (2.) mit dem Suffix -*mann* gebildeter Familienname.

Gauss, Gauß: ▶ Gaus. ❖ Bekannter Namensträger: Carl Friedrich Gauß, deutscher Mathematiker, Astronom und Physiker (18./19. Jh.).

Gaut(h)ier: französische Familiennamen, oft hugenottischer Herkunft. Die französischen Namen Gaut(h)ier entsprechen dem deutschen Ruf- und Familiennamen ▶ Walther. ❖ *Jean Gauthier* ist zwischen 1722 und 1737 in Hameln bezeugt.

Gawale(c)k, Gawalik, Gawelle(c)k, Gawlik: aus polnischen Ableitungen von ▶ Gallus entstandene Familiennamen.

Gawron: Übername zu poln. *gawron* ›Saatkrähe‹.

Gay: ▶ Gey.

Gayer: ▶ Geier.

Gebauer: Berufs- oder Standesname zu mhd. *gebūr(e)* ›Miteinwohner, Mitbürger, Nachbar, Dorfgenosse, Bauer‹.

Gebbe: aus einer niederdeutsch-friesischen Kurzform von ▶ Gebhard entstandener Familienname.

Gebbert: ▶ Geber(t).

Gebe(c)ke: aus einer nd. Koseform von ▶ Gebhard hervorgegangene Familiennamen.

Gebel: 1. Auf eine mit -*l*-Suffix gebildete Koseform von ▶ Gebhard zurückgehender Familienname. 2. Übername zu mhd. *gebel* ›Schädel, Kopf; Giebel‹.

Gebele: auf eine schwäbische Koseform von ▶ Gebhard zurückgehender Familienname.

Gebelein: aus einer mit dem Suffix *-lein* gebildeten Koseform von ▶ Gebhard entstandener Familienname.

Geber(t): aus zusammengezogenen Formen von ▶ Gebhard entstandene Familiennamen.

Gebhard, Gebhar(d)t: aus dem gleichlautenden deutschen Rufnamen *(geba + harti)* hervorgegangene Familiennamen. Zur Verbreitung des Rufnamens im Mittelalter trug auch die Verehrung des heiligen Gebhard, der im 10. Jh. Bischof von Konstanz war, bei. ❖ Aus zusammengezogenen Formen von Gebhard sind die Familiennamen **Gebbert, Geber(t), Gevaert, Gevert, Gewert(h),** z. T. auch **Geffert** und **Geppert** entstanden. ❖ Den Familiennamen **Gebbe, Gebe(c)ke, Gebel(e), Gebelein** liegen Kurz- und Koseformen von Gebhard zugrunde.

Gebler: ▶ Gabler.

Gebsattel: Herkunftsname zu dem gleichlautenden Ortsnamen in Mittelfranken.

Gebser: Herkunftsname zu dem Ortsnamen Gebesee (Thüringen).

Gebu(h)r: niederdeutsche Formen von ▶ Gebauer.

Geck: Übername zu mhd. *gëc, gëcke* ›alberner Mensch, Narr‹.

Geer: auf eine Kurzform von Rufnamen, die mit dem Namenwort *gēr* gebildet sind (i. A. ▶ Gerhard), zurückgehender Familienname.

Geercke: aus einer niederdeutschen Koseform von Rufnamen, die mit dem Namenwort *gēr* gebildet sind (i. A. ▶ Gerhard), entstandener Familienname.

Geercken: patronymische Bildung (schwacher Genitiv) zu ▶ Geercke.

Geers: patronymische Bildung (starker Genitiv) zu ▶ Geer.

Geffers: patronymische Bildung (starker Genitiv) zu ▶ Geffert.

Geffert: auf eine zusammengezogene Form von ▶ Gebhard oder ▶ Gottfried zurückgehender Familienname.

Gegg: ▶ Geck.

Gehl: 1. Übername zu mhd. *gël*, mnd. *gël* ›gelb‹ nach der Haarfarbe. 2. Herkunftsname zu dem Ortsnamen Geel (Schleswig-Holstein).

Gehle: 1. ▶ Gehl. 2. Metronymischer Familienname zu Gele, einer niederdeutschen Kurzform von Gertrud. ❖ In Stockhausen ist a. 1585 *Gele, Marten Poppen Witwe* bezeugt. 3. Wohnstättenname zu dem Flussnamen Gehle, einem Nebenfluss der Weser. ❖ *Jan van der Gehle knecht* ist a. 1333 in Goslar belegt.

Gehlen: 1. Metronymische Bildung (schwacher Genitiv) zu ▶ Gehle (2.). 2. Patronymische Bildung (schwacher Genitiv) zu ▶ Gehl (1.). ❖ Bekannter Namensträger: Arnold Gehlen, deutscher Philosoph und Soziologe (20. Jh.).

Gehler: 1. Stark flektierte Form oder patronymische Bildung auf -*er* zu ▶ Gehl (1.). 2. Ableitung auf -*er* zu Gehl (2.).

Gehlert: Erweiterung von ▶ Gehler mit sekundärem -*t*.

Gehlhaar: Übername zu mhd. *gël* ›gelb‹ und mhd. *hār* ›Haar‹ für einen blonden Menschen.

Gehling: patronymische Bildung auf -*ing* zu ▶ Gehl.

Gehm: Herkunftsname zu den Ortsnamen Gehmen (Sachsen-Anhalt), Gemen (Nordrhein-Westfalen).

Gehr(e): 1. Auf eine Kurzform von Rufnamen, die mit dem Namenwort *gēr* gebildet sind (i. A. ▶ Gerhard), zurückgehende Familiennamen. 2. Wohnstättennamen für jemanden, der an einem keilförmigen Grundstück siedelte (zu mnd. *gēre* ›ein in eine Spitze auslaufendes Ackerstück‹, mhd. *gēre* ›keilförmiges Stück‹). Möglich ist auch eine Ableitung von dem häufigen gleichbedeutenden Flurnamen Gere. 3. Herkunftsnamen zu dem häufigen Ortsnamen Gehren (Bayern, Baden-Württemberg, Nordrhein-Westfalen, Niedersachsen, Thüringen, Brandenburg, Mecklenburg-Vorpommern).

Gehret: aus einer zusammengezogenen Form von ▶ Gerhard oder ▶ Gerold(t) entstandener Familienname.

Gehrig: auf eine durch Wegfall des -*n*- entstandene Form von ▶ Gehring (1.) zurückgehender Familienname.

Gehring: Dieser Familienname ist vor allem in Westfalen und im Südwesten verbreitet. Es kommen für ihn zwei Ableitungen infrage: 1. Aus dem alten deutschen Rufnamen Gering (gēr + -ing-Suffix) entstandener Familienname. 2. Herkunftsname zu den Ortsnamen Gering (Rheinland-Pfalz), Gehring (Bayern).

Gehringer: Ableitung auf -er zu ▶ Gehring.

Gehrke: aus einer niederdeutschen Koseform von Rufnamen, die mit dem Namenwort gēr gebildet sind (i. A.▶ Gerhard), entstandener Familienname.

Gehrmann: ▶ Germann.

Gehrs: patronymische Bildung (starker Genitiv) zu ▶ Gehr(e) (1.).

Gehrt: auf eine durch Zusammenziehung entstandene Kurzform von ▶ Gerhard zurückgehender Familienname.

Geib: aus einer Kurzform von heute nicht mehr gebräuchlichen Rufnamen wie Gaibald (gawi + bald), Gaibert (gawi + beraht) oder aus einer pfälzischen Kurzform von ▶ Gebhard entstandener Familienname.

Geibel: aus einer mit -l-Suffix gebildeten Koseform von ▶ Geib hervorgegangener Familienname. ❖ Bekannter Namensträger: Emanuel Geibel, deutscher Schriftsteller (19. Jh.).

Geidel, Geider: Übernamen zu mhd. giudel, giuder ›Prahler, Verschwender‹.

Geier: 1. Übername zu mhd. gīr ›Geier‹ für einen habgierigen Menschen. ❖ Vgl. den Beleg Chunr. Geyr (Regensburg a. 1347). 2. Auf einen Hausnamen zurückgehender Familienname. In Köln ist ein Haus que dicitur Gyr [welches man Geier nennt] i. J. 1197 belegt. 3. Vereinzelt Herkunftsname zu dem Ortsnamen Geyer im Erzgebirge (Sachsen).

Geigenmüller: im Vogtland entstandener Familienname, der auf die Klammerform Geigen(bach)müller (zur Geigenmühle am Geigenbach bei Werda) zurückgeht.

Geiger: Berufsname zu mhd. gīgære, gīger ›Geiger‹. ❖ Ein früher Beleg stammt aus Regensburg: Perhtolt der Geiger (a. 1286). ❖ Der deutsche Physiker Johannes Wilhelm Geiger, genannt Hans Geiger (19./20. Jh.), erfand den Geigerzähler zur Messung von Alphastrahlen.

Geil: Übername zu mhd. geil ›mutwillig, fröhlich‹, mnd. geil ›kräftig, munter‹.

Geiger: *Der mittelalterliche Geiger spielte auch die Bassgeige.*

Geilenkirchen: Herkunftsname zu dem Ortsnamen Geilenkirchen (Nordrhein-Westfalen).

Geiler: 1. Übername zu mhd. geilære ›fröhlicher Gesell‹. 2. Übername zu mhd. gīlære ›Bettler, Landstreicher‹. 3. Übername zu mhd. gīlen ›übermütig sein, spotten‹.

Geiling: 1. Übername zu mnd. geilink ›Drossel‹. 2. Aus dem alten deutschen Rufnamen Geiling (geil + -ing-Suffix) hervorgegangener Familienname.

Geimann: durch Entrundung (über Gäumann) entstandene Form von ▶ Gaumann.

Geimer: durch Entrundung (über Gäumer) entstandene Form von ▶ Gaumer.

Geipel: vor allem im Raum Gera–Zwickau–Hof verbreitete Variante von ▶ Geibel.

Geis: 1. Aus Giso, einer Kurzform von Namen, die mit dem Namenwort gīsal gebildet sind (vgl. ▶ Geissler), entstandener Familienname. 2. Gelegentlich Schreibvariante von ▶ Geiss.

Geisel: aus einer Kurzform von Rufnamen, die mit dem Namenwort gīsal gebildet sind (vgl. ▶ Geissler), hervorgegangener Familienname.

Geiseler: ▶ Geissler.

Geisen: patronymische Bildung (schwacher Genitiv) zu ▶ Geis (1.).

Geiser: ▶ Geisser.

Geisler: ▶ Geissler.

Geiss, Geiß: Übernamen zu mhd. *geiʒ* ›Ziege‹ für den Ziegenhirt.

Geissendörfer, Geißendörfer: Herkunftsnamen zu den Ortsnamen Geisendorf (Brandenburg), Geißendorf (Thüringen), Ober- und Untergeißendorf (Thüringen). ❖ Ein Ritter *Erchenbertus de Gissendorf* ist bereits i. J. 1078 bezeugt. ❖ Bekannter Namensträger: Hans Werner Geissendörfer, deutscher Filmregisseur (20./21. Jh.).

Geisser, Geißer: Berufsnamen zu mhd. *geiʒer* ›Ziegenhirt‹.

Geissler, Geißler: 1. Aus dem alten deutschen Rufnamen Giselher *(gīsal + heri)* entstandene Familiennamen. 2. Berufsnamen für den Ziegenhirt (▶ Geisser). 3. Berufsnamen zu mhd. *geisel* ›Geißel, Peitsche‹ für den Hersteller oder den Fuhrmann. 4. Übernamen zu mhd. *gīsel(er)* ›Kriegsgefangener, Geisel‹. 5. Eher selten dürfte die Bezeichnung mhd. *geiselær* ›Geißler, Flagellant‹ infrage kommen.

Geist: 1. Übername zu mhd. *geist* ›Geist, überirdisches Wesen‹. 2. Aus einer Umdeutung von ▶ Geiss, Geiß entstandener Familienname. 3. Niederdeutscher Wohnstättenname zu mnd. *gēst, geist* ›Geest, das hohe, trockene Land im Gegensatz zu den Marschniederungen‹. 4. Wohnstättenname, verkürzt aus einem Haus-, Kapellen- oder Spitalnamen »Zum Heiligen Geist«. 5. Herkunftsname zu dem gleichlautenden Ortsnamen (Nordrhein-Westfalen).

Geister: Ableitung auf -er von ▶ Geist (3.), (4.) oder (5.).

Geith: Übername zu mhd. *gīt* ›Habgier, Geiz‹.

Geitner: 1. Bei den häufigen oberpfälzischen Beispielen dürfte es sich um einen Übernamen zu mhd. *gīt* ›Habgier, Geiz‹, bair. *Geit* ›Geiz‹ für einen geizigen Menschen oder um einen Berufsnamen zu bair. *Geit* ›Ente‹ handeln. 2. Die selteneren mitteldeutschen Belege sind Herkunftsnamen zu dem Ortsnamen Geithain (Sachsen), der a. 1361 als *Gytan*, a. 1477 als *Geytan* überliefert ist.

Geldmacher: 1. Berufsname für den Münzer, Münzschläger, ursprünglich ohne die Nebenbedeutung Falschmünzer. 2. Berufsname für den Schweineschneider (zu mnd. *gelte* ›unfruchtbare, verschnittene Sau‹).

Geldner: 1. Entrundete Form von Göldner (▶ Goldner). 2. Berufsname zu mhd. *gelte* ›Gefäß für Flüssigkeiten‹ für den Hersteller. 3. Berufsname für den Schweineschneider, vgl. ▶ Geldmacher (2.). 4. Übername zu mhd. *gëltære* ›Schuldner, Gläubiger‹.

Geller: 1. Dem nordwestdeutschen Familiennamen liegt ein Herkunftsname zu dem Ortsnamen Geldern (Nordrhein-Westfalen) oder zur niederländischen Landschaft Geldern zugrunde. 2. Im ober- und mitteldeutschen Raum liegt ein Übername zu mhd. *gëln, gëllen* ›laut tönen, schreien‹ vor. ❖ *Heinr. Geler* ist a. 1347 in Regensburg bezeugt.

Gellert: Erweiterung von ▶ Geller mit sekundärem -t. ❖ Bekannter Namensträger: Christian Fürchtegott Gellert, deutscher Schriftsteller (18. Jh.).

Gel(l)ner: assimilierte Formen von ▶ Geldner.

Gel(l)rich: aus dem alten deutschen Rufnamen Geldrich *(gelt + rīhhi)* hervorgegangene Familiennamen.

Gelzer: Berufsname zu mhd. *gelze, galze* ›unfruchtbare, verschnittene Sau‹ für den Schweineschneider.

Gemeiner: Standesname zu mhd. *gemein(d)er* ›Mitbesitzer, Mitschuldner, Mittelsperson; Genosse, Teilhaber‹, auch ›eine Art Dorfvorsteher‹.

Gemeinert, Gemeinhard(t): durch Anfügung eines sekundären -t aus ▶ Gemeiner entstandene Familiennamen, die später an die zahlreichen Rufnamen auf -hart angeglichen wurden.

Gemende: Übername zu mhd. *gemende* ›froh‹.

Gemmerich, Gemmrich(er), Gemmrig, Gemricher: Herkunftsnamen zu dem Ortsnamen Gemmerich (Nordrhein-Westfalen, Rheinland-Pfalz).

-gen: 1. Für den westmitteldeutschen Raum charakteristische Ableitungsendung, die auf eine Kombination der Suffixe -k und -īn (> -kīn > -gīn > -gen) zurückgeht. Bei der Bildung von Familiennamen dient das Suffix -gen zum Ausdruck zusätzlicher Bedeutungsnuancen: Verkleinerung, Zuneigung und Wohlwollen, Geringschätzung und Spott sowie dem Ausdruck von Generationsunterschieden. Demnach lassen Familiennamen wie ▸ Schmidgen, ▸ Schmittgen mehrere Deutungen zu: a) Die Person, die ursprünglich diesen Namen vergab, drückte mit der Endung *-gen* ihre Zuneigung, ihre freundliche Haltung gegenüber dem Benannten aus. b) Je nach den Umständen konnte der Namengeber mit diesem Suffix seine herablassende, spöttische, kritische Einstellung zum Namensträger zum Ausdruck bringen und den Sinn ›schlechter Schmied‹, wenig angesehener Schmied‹ beabsichtigen. c) Die verkleinernde Bedeutung dieses Suffixes konnte ferner für die Bezeichnung der kleinen Gestalt eines Schmiedes genutzt werden. d) Gelegentlich konnte die Endung *-gen* die Aufgabe haben, auf das jugendliche Alter des Benannten (im Vergleich zu einem älteren Namensträger) anzuspielen. 2. Im ostmitteldeutschen Bereich handelt es sich bei der Endung *-gen* häufig um eine hyperkorrekte Schreibung für das Suffix *-chen*, ▸ Höfgen.

Genç: türkischer Familienname zu türk. *genç* ›jung; junger Mann‹.

Gendrich: auf eine slawische Form von ▸ Heinrich zurückgehender Familienname.

Geng(e): 1. Übernamen zu mhd. *genge* ›gut zu Fuß, rüstig‹. 2. Auf eine Kurzform von Rufnamen, die mit dem Namenwort *ganc* gebildet sind (i. A. ▸ Wolfgang), zurückgehende Familiennamen.

Gennrich: ▸ Gendrich.

Gensch: 1. Aus Jensch (▸ Jentsch) durch Wandlung von J- zu G- entstandener Familienname. 2. Übername zu mda. obersächsisch *Gensch* ›Gänserich‹.

Genschore(c)k, Genschorrek: Berufsnamen zu poln. *gęsiorek* ›Gänsezüchter oder -händler‹.

Gensler: Berufsname zu mhd. *gans* ›Gans‹ für den Gänsezüchter oder -händler.

Gentner: ▸ Gantner.

Gentsch: ▸ Gensch.

Gentz: ▸ Genz.

Gentzsch: ▸ Gensch.

Genz: 1. Auf eine Ableitung von Gendrich, einer slawischen Form von ▸ Heinrich, zurückgehender Familienname. 2. Aus einer slawischen Ableitung von ▸ Johannes entstandener Familienname.

Georg: aus der latinisierten Form Georgius (zu griech. *geōrgós* ›Landmann, Bauer‹) entstandener Familienname. Vorbild für die Rufnamengebung war der heilige Georg, vermutlich ein aus Kappadozien stammender Krieger, der zu Beginn des 4. Jh. den Martertod erlitt. Um ihn bildeten sich schon früh zahlreiche Legenden, u. a. über seinen Kampf mit dem Drachen. Nach einer anderen Legende erschien er den Kreuzfahrern und führte sie zum Sturm auf Jerusalem an. Als Nothelfer und Patron der Ritter genoss der heilige Georg besondere Verehrung. Im Mittelalter war Georg ein allgemein verbreiteter Rufname, aus dem viele Familiennamen hervorgegangen sind. ❖ Als verkürzte Formen von Georg(ius) begegnen uns heute u. a. die Familiennamen **George(s)**, **Gorges**, **Görges**, **Jürges**, **Gerg**, **Girg**, **Görg**, **Jörg**, **Jörn**, **Jürn**, **Jörs**, **Jöres**, **Jöris**, **Jürs**, **Görgen**, **Jürgen**. ❖ Patronymische Bildungen im Genitiv sind z. B. die Familiennamen **Georgi**, **Georgy**, **Görgens**, **Jörgens**, **Jürgens**. ❖ Die patronymische Bildung **Jörger** ist im Süden des deutschen Sprachgebiets heimisch, während die patronymische Form **Jürgensen** in dem nördlichen Teil Deutschlands charakteristisch ist. ❖ Bei den Familiennamen **Jurgeit** und **Jurgschat** handelt es sich um patronymische Bildungen litauischer Herkunft, die ursprünglich in Ostpreußen verbreitet waren. ❖ Slawischer Herkunft sind u. a. die Familiennamen **Juraschek**, **Jurczyk**, **Jurisch**, **Jurić**.

George(s): ▸ Georg. ❖ Bekannte Namensträger: Stefan George, deutscher Dichter (19./20. Jh.); Heinrich George, deutscher Schauspieler (19./20. Jh.); Götz George, deutscher Schauspieler (20./21. Jh.).

Georgi, Georgy: patronymische Bildungen im Genitiv zu der latinisierten Form Georgius (▸ Georg).

Geppert: ▸ Geber(t), ▸ Göppert.

Gerard: 1. ▸ Gerhard. 2. Gerard kann auch ein Familienname französischer Herkunft (zu dem französischen Rufnamen Gérard, < *gēr* + *harti*) sein.

Gerards: patronymische Bildung (starker Genitiv) zu Gerard (1.) (▸ Gerhard).

Gerasch: auf eine polnische oder sorbische Ableitung von ▸ Gerhard zurückgehender Familienname.

Gerber: Berufsname zu mhd. *gerwer* ›Gerber‹.
❖ **Gerber** und **Lederer** sind allgemeine Berufsbezeichnungen für den Handwerker, der Leder aus rohen Tierhäuten bereitete. In den mittelalterlichen Städten lässt sich eine deutliche Spezialisierung innerhalb des Gerberhandwerks beobachten. Der **Loer, Loher** oder **Rothgerber,** der Eichenlohe als Gerbstoff verwendete, stellte aus den Häuten von Rindern, Kälbern und Pferden ein robustes Leder her, das von anderen Handwerkern zu Stiefeln, Riemen, Pferdegeschirren u. a. verarbeitet wurde. Der **Weißgerber** benutzte Alaun als Gerbstoff und gewann aus Schaf- und Ziegenhäuten feines, weißes Leder, das zur Herstellung von Handschuhen, Taschen und Beuteln diente. Der **Ircher** verarbeitete die Felle von Gämsen, Hirschen und Rehen zu einem sehr weichen, weißen Leder, während der **Lösch(n)er** eine besondere Ledersorte erzeugte, die hauptsächlich für Bucheinbände gebraucht wurde. ❖ *Fridericus Gerber de* [aus] *Altenbaur* ist a. 1319 in Nürnberg bezeugt.

Gerbert: aus dem gleichlautenden Rufnamen *(gēr + beraht)* entstandener Familienname. ❖ Aus niederdeutschen Formen von Gerbert sind u. a. die Familiennamen **Garbrecht** und Garbers sowie **Garvert** hervorgegangen. ❖ Der Familienname **Gerbracht** ist vor allem im Rheinland und in Westfalen heimisch.

Gerbig: ▶ Gerwig.

Gerbode, Gerbot(h), Gerbothe: aus dem alten deutschen Rufnamen Gerbodo *(gēr + bodo)* entstandene Familiennamen.

Gerbracht: aus einer früher im Rheinland und Westfalen vorkommenden Form von ▶ Gerbert hervorgegangener Familienname.

Gerbrand(t): aus dem gleichlautenden deutschen Rufnamen *(gēr + brant)* entstandene Familiennamen.

Gerdes: patronymische Bildung (starker Genitiv) zu ▶ Gert(h).

Gerding: patronymische Bildung auf *-ing* zu ▶ Gert(h).

Gere(c)ke: aus einer niederdeutschen Koseform von Rufnamen, die mit dem Namenwort *gēr* gebildet sind (i. A. ▶ Gerhard), entstandene Familiennamen.

Gerg: ▶ Georg.

Gerhard: aus dem gleichlautenden deutschen Rufnamen *(gēr + harti)* entstandener Familienname. Zur Zeit der Familiennamenentstehung (12.–15. Jh.) war Gerhard ein allgemein verbreiteter Rufname, dessen Vergabe z. T. durch adlige Vorbilder und Heiligenkult gefördert wurde. Für die deutsche Rufnamengebung ist vor allem der heilige Gerhard von Köln, Bischof von Toul (10. Jh.), von Bedeutung. Zur Beliebtheit von Gerhard trug auch die Sage vom guten Gerhard von Köln, die im 13. Jh. von Rudolf von Ems bearbeitet wurde, bei. ❖ Als Varianten von Gerhard begegnen uns die Familiennamen **Gerhardt, Gerhart, Gerard, Gierhard(t)** mit den patronymischen Formen **Gerhards** und **Gerards.** ❖ Bei **Gerhardi** und **Gerhardy** handelt es sich um patronymische Bildungen im Genitiv zur latinisierten Form Gerhardus. ❖ Sehr zahlreich sind die Familiennamen, die auf Kurz- und Koseformen von Gerhard zurückgehen können. Die Familiennamen **Gerrit, Gehret, Gehrt, Gert(h)** sind durch Zusammenziehung entstanden. Hierzu gehören u. a. die patronymischen Familiennamen **Gerrits, Gerritsen, Gerritzen, Gerdes, Gertz, Gerz, Gerding** und zum Teil auch **Görtz.** ❖ Aus Kurzformen von Gerhard sind **Geer, Gehr(e), Gahr** und zum Teil **Gier** mit den patronymischen Bildungen **Geers, Gehrs** hervorgegangen. ❖ Von niederdeutschen Koseformen mit *-k*-Suffix leiten sich z. B. die Familiennamen **Geercke, Gehrke, Gere(c)ke, Gericke, Gerke** mit den patronymischen Formen **Geercken, Gerken, Gerkens** ab. ❖ Der Familienname **Gerl** ist vor allem im Süden des deutschen Sprachgebiets heimisch. ❖ **Gerisch** kann aus einer ostmitteldeutschen oder aus einer slawischen Ableitung von Gerhard gebildet sein. ❖ Dem Familiennamen **Gerasch** liegt eine slawische Ableitung von Gerhard zugrunde.

Gerhardi: patronymische Bildung im Genitiv zur latinisierten Form Gerhardus (▶ Gerhard).

Gerhards: patronymische Bildung (starker Genitiv) zu ▶ Gerhard.

Gerhardt: ▶ Gerhard. ❖ Bekannter Namensträger: Paul Gerhardt, deutscher Dichter und lutherischer Theologe (17. Jh.).

Gerhardy: ▶ Gerhardi.

Gerhart: ▶ Gerhard.

Gerhäuser, Gerhäußer: 1. Herkunftsnamen zu dem Ortsnamen Gerhausen (Baden-

Württemberg). 2. Mit dem Suffix *-er* gebildeter metronymischer Familienname zu dem vor allem in Oberdeutschland im Spätmittelalter beliebten weiblichen Rufnamen Gerhaus (*gēr* + bisher nicht zufriedenstellend erklärtes *hūs* ›Haus‹).

Gerhold(t): durch Anlehnung an das Adjektiv »hold« entstandene Formen von ▶ Gerold(t).

Gericke: ▶ Gere(c)ke.

Gerigk: aus einer ostmitteldeutschen Form von ▶ Gehring entstandener Familienname.

Gerike: ▶ Gere(c)ke.

Gering: ▶ Gehring.

Gerisch: im östlichen Vogtland häufig vorkommender Familienname, bei dem es sich um eine ostmitteldeutsche oder slawische Ableitung von ▶ Gerhard handelt.

Gerke: ▶ Gere(c)ke.

Gerken(s): patronymische Bildungen im Genitiv zu ▶ Gere(c)ke.

Gerl: aus einer Koseform mit *-l*-Suffix von Rufnamen, die mit dem Namenwort *gēr* gebildet sind (i. A. ▶ Gerhard), entstandener Familienname.

Gerlach: aus dem heute nicht mehr gebräuchlichen Rufnamen Gerlach (*gēr* + *lach*) hervorgegangener Familienname.

Gerlich: auf eine Variante von ▶ Gerlach zurückgehender Familienname.

Gerling: 1. Patronymische Bildung auf *-ing* zu einem mit dem Namenwort *gēr* gebildeten Rufnamen. 2. In den Quellen tritt gelegentlich eine Vermischung mit ▶ Gerlich zutage. 3. Herkunftsname zu den Ortsnamen Gerling (Bayern), Gerlingen (Nordrhein-Westfalen, Baden-Württemberg).

Gerloff: aus dem alten deutschen Rufnamen Gerlef (*gēr* + *leva*), der in den Quellen mit dem Rufnamen Gerwolf > Gerlof (*gēr* + *wolf*) vermischt auftritt, entstandener Familienname.

Germann: 1. Aus dem gleichlautenden Rufnamen (*gēr* + *man*) entstandener Familienname. 2. Wohnstättenname für jemanden, der an einem Gehren (mhd. *gēre*), einem keilförmigen Flurstück, wohnt.

Germer: aus dem alten deutschen Rufnamen Germar (*gēr* + *māri*) entstandener Name.

Gernegrohs, Gernegroß: verbreitete Übernamen für jemanden, der gern als groß und angesehen gelten möchte, der gern über andere hinauswill.

Gerner: 1. ▶ Garner. 2. Herkunftsname zu dem Ortsnamen Gern (Bayern, Österreich, Schweiz). 3. Wohnstättenname zu einem Flurnamen *im Gern* (< mhd. *gēr[e]*), d. h. in einem keilförmigen Geländestück. Ein solcher Flurname ist i. J. 1394 bei Böllingen (Württemberg) überliefert. 4. Übername zu mnd. *gernēre* ›Begehrender, Bettler‹.

Gernot(h): aus dem gleichlautenden deutschen Rufnamen (*gēr* + *not*) entstandene Familiennamen.

Gernreich: nach dem Muster der alten deutschen Rufnamen gebildeter Übername für jemanden, der »gern reich« wäre und das in auffälliger Weise zu erkennen gibt. ❖ Ein *Gernreich* ist a. 1370 in Nürnberg bezeugt.

Gerold(t), Gerolt: aus dem gleichlautenden deutschen Rufnamen (*gēr* + *walt*) gebildete Familiennamen.

Gerrit: auf eine durch Zusammenziehung entstandene niederdeutsche Form von ▶ Gerhard zurückgehender Familienname.

Gerrits: patronymische Bildung (starker Genitiv) zu ▶ Gerrit.

Gerritsen, Gerritzen: patronymische Bildungen auf *-sen* zu ▶ Gerrit.

Gersch: 1. Übername zu mnd. *gers* ›große (römische) Petersilie‹. 2. Auf eine zusammengezogene Form des Heiligennamens ▶ Gregor(ius) zurückgehender Familienname. 3. ▶ Gerisch.

Gersdorf: Herkunftsname zu dem gleichlautenden Ortsnamen (Bayern, Hessen, Sachsen-Anhalt, Sachsen, Brandenburg, ehem. Brandenburg/jetzt Polen, Mecklenburg-Vorpommern, ehem. Pommern/jetzt Polen, Schlesien, Österreich).

Gerst: Berufsübername zu mhd. *gërste*, mnd. *gerste* ›Gerste‹ für einen Bauern oder Getreidehändler.

Gerstacker, Gerstäcker, Gerstaecker: Berufsübernamen für den Bauern, der Gerste anbaute oder dessen Hof neben einem Gerstenacker lag. ❖ *Fritz Gerstacker* ist a. 1400 in Nürnberg bezeugt. ❖ Bekannter Namensträger: Friedrich Gerstäcker, deutscher Schriftsteller (19. Jh.).

Gerste: ▶ Gerst.

Gerstenberg(er): Herkunftsnamen zu dem Ortsnamen Gerstenberg (Thüringen).

Gerstenkorn: 1. Berufsübername für einen Bauern 2. Da gërstenkorn auch eines der kleinsten Gewichte bezeichnete, kann es sich auch um einen Berufsübernamen für einen Kaufmann handeln. 3. Die heute bekannte Bedeutung ›Geschwulst am Augenlid‹ bildete sich erst seit dem 16. Jh. heraus, kommt also als Grundlage für den Familiennamen nur in Ausnahmefällen infrage.

Gerstenmaier, Gerstenmayer, Gerstenmeier, Gerstenmeyer: Standesnamen, nähere Kennzeichnung eines Meiers (▸ Meyer) durch das Haupterzeugnis des Hofes (▸ Gerst).

Gerster: Berufsübername zu fnhd. gersten ›Gerste säen‹ für den Gerstenbauer.

Gerstl, Gerstle: oberdeutsche Ableitungen von ▸ Gerst mit -l-Suffix bzw. mit dem Suffix -le.

Gerstmann: 1. Berufsname auf -mann für den Gerstenhändler. 2. Herkunftsname auf -mann zu dem Ortsnamen Gersten im Emsland (Niedersachsen).

Gerstner: ▸ Gerster.

Gert(h): aus einer durch Zusammenziehung entstandenen Kurzform von ▸ Gerhard hervorgegangene Familiennamen.

Gertz: patronymische Bildung (starker Genitiv) zu ▸ Gert(h).

Gerull: aus dem litauischen Übernamen Gerùlis (zu lit. gẽras ›gut, gütig, guter Mensch‹ + Suffix -ulis) entstandener Familienname.

Gervais: französischer Familienname, der auf den Heiligennamen Gervasius (▸ Gervasi) zurückgeht, oft hugenottischen Ursprungs. ❖ *François Gervais* ist zwischen 1692 und 1715 in Hameln überliefert.

Gervasi: 1. Auf eine verkürzte oder eine patronymische Form im lateinischen Genitiv des Heiligennamens Gervasius zurückgehender Familienname. Der Name des heiligen Märtyrers Gervasius, des Patrons von Breisach am Oberrhein, fand im Mittelalter vor allem Eingang in die Namengebung Südwestdeutschlands und der Schweiz. ❖ Für die Familiennamen **Faas, Vaas, Fahs, Fasel, Vasel** kommt z.T. eine Ableitung aus verkürzten Formen von Gervas(ius) infrage. ❖ Der Familienname **Gervais** ist französischen Ursprungs. 2. Italienischer Familienname gleicher Herkunft.

Gerwers: patronymische Bildung (starker Genitiv) zu mnd. gerwer ›Gerber, Lederarbeiter‹, vgl. ▸ Gerber.

Gerwig: aus dem gleichlautenden deutschen Rufnamen (gēr + wīg) entstandener Familienname.

Gerz: ▸ Gertz.

Gesche: metronymischer Familienname, der auf eine niederdeutsche Kurzform von Gertrud (gēr + trūt) zurückgeht.

Gescheidt: 1. Übername zu mhd. geschīde ›gescheit, schlau‹. 2. Wohnstättenname für jemanden, der an einer Stelle siedelte, wo sich ein Bach in zwei Arme, ein Höhenrücken in zwei Züge teilt (zu mhd. gescheiden ›sich trennen‹). 3. Herkunftsname zu den häufigen Ortsnamen Gescheid(t) (Baden-Württemberg), Gschaid (Bayern, Österreich). ❖ Bei dem Nürnberger Beleg von a. 1309 *dictus* [genannt] *Gescheide* handelt es sich wohl um einen Übernamen.

Geschke: 1. Metronymischer Familienname, der aus einer Koseform von ▸ Gesche mit -k-Suffix entstanden ist. 2. Auf eine slawische Ableitung von ▸ Johannes zurückgehender Familienname, vgl. auch ▸ Jeschke.

Geschwind: Übername zu mhd. geswinde ›schnell, ungestüm‹.

Gesell(e): Übernamen oder Standesnamen zu mhd. geselle ›Hausgenosse, Gefährte, Freund, Geliebter; Gehilfe bei einer Arbeit, Handwerksgeselle; Bursche, junger Mann‹.

Gesing: patronymische Bildung mit -ing zu einer Kurzform von Gertrud (gēr + trūt).

Geske: 1. Metronymischer Familienname, der auf eine niederdeutsche Koseform von Gertrud (gēr + trūt) zurückgeht. 2. Gelegentlich auch Herkunftsname zu dem Ortsnamen Geseke (Nordrhein-Westfalen). ❖ Vgl. den Hildesheimer Beleg *Hinrek van Gheseke* (a. 1386).

Gessler, Geßler: Ableitungen auf -ler zu ▸ Gass.

Gessner, Geßner: Ableitungen auf -(n)er zu ▸ Gass, ▸ Gassen. ❖ Bekannter Namensträger: Salomon Geßner, schweizerischer Dichter, Maler und Verleger (18. Jh.).

Gesswein, Geßwein: entrundete Formen von ▸ Gößwein.

Geuder, Geut(h)er: Übernamen zu mhd. giuder ›Prahler, Verschwender‹. ❖ *H[einrich] Geuder* ist a. 1302 in Nürnberg bezeugt.

Gevaert, Gevert: auf Gevehard, eine niederdeutsche Form von ▶ Gebhard, zurückgehende Familiennamen.

Gewand(t): Berufsübernamen zu mhd. *gewant* ›Kleidung, Stoff‹ für den »Gewandschneider«, den Tuchhändler.

Gewehr: 1. Übername zu mhd. *gewēr*, mnd. *gewere* ›Gewährsmann, Bürge‹ oder zu mnd. *gewēre* ›treu, gehorsam‹. 2. Herkunftsname zu dem Ortsnamen St. Goar (Rheinland-Pfalz), mda. *San-Gewär*, a. 1576 *St. Gewehr*.

Gewert(h): ▶ Gevaert.

Gey: 1. Im östlichen Teil Deutschlands meist Wohnstättenname zu nsorb., poln. *gaj* ›Hain, Wäldchen‹. 2. Im oberdeutschen Raum meist entrundete Form von ▶ Gau (2.).

Geyer: ▶ Geier.

Geymann: durch Entrundung entstandene Form von ▶ Gaumann.

Gfell(er), Gfellner, Gföll(er), Gföllner: bairisch-österreichische Wohnstättennamen zu mhd. *gevelle* ›Gegend, welche durch Baum- und Felsenstürze unwegsam ist, Abgrund, Schlucht‹.

Giebel: 1. Übername zu mhd. *gebel* ›Schädel, Kopf‹, mhd. *gibel* ›Giebel‹. 2. Wohnstättenname nach einem Hausnamen (vgl. mnd. *gevel* ›Giebel‹, Haus mit einem steinernen Giebel‹) oder nach der erhöhten Lage der Siedlungsstelle. 3. Auf eine Koseform von Rufnamen, die mit dem Namenwort *geba* gebildet sind (z. B. ▶ Gebhard), zurückgehender Familienname.

Giege, Giegel: Übernamen zu mhd. *giege(l)* ›Narr‹.

Gieger: undiphthongierte Form von ▶ Geiger.

Giegerich: bei dem vor allem im Gebiet um Aschaffenburg vorkommenden Familiennamen könnte es sich um eine mit dem Suffix *-(e)rich* (< *rīhhi*) erweiterte Form des Berufsnamens ▶ Gieger, ▶ Giger handeln. Mit dem Suffix *-(e)rich* wurden in Anlehnung an die häufigen Rufnamen auf *-rich* schon seit althochdeutscher Zeit Appellative, meist etwas herabsetzenden Charakters, gebildet; vgl. ▶ Sudrich, ▶ Wüt(h)erich.

Giehl: 1. ▶ Giel (1.), (2.) oder (3.). 2. Herkunftsname zu dem Ortsnamen Giehle (Niedersachsen).

Giehse: ▶ Giese. ❖ Bekannte Namensträgerin: Therese Giehse, deutsche Schauspielerin (19./20. Jh.).

Giel: 1. Übername zu mhd. *giel*, mnd. *gīl* ›Maul, Rachen, Schlund‹. 2. Auf eine Kurzform von Rufnamen, die mit dem Namenwort *gīsal* gebildet sind, z. B. Gieselher *(gīsal + heri)*, zurückgehender Familienname. 3. Auf eine niederrheinische Form von Ägidius (▶ Egidy) zurückgehender Familienname. 4. ▶ Giehl (2.).

Gier: 1. Übername zu mhd. *gir* ›begehrend, verlangend‹, mnd. *gir* ›gierig‹. 2. ▶ Geier. 3. Auf eine Kurzform von Rufnamen, die mit dem Namenwort *gēr* gebildet sind (i. A. ▶ Gerhard), zurückgehender Familienname. 4. Herkunftsname zu dem Ortsnamen Gier (Nordrhein-Westfalen).

Gierer: Übername zu mhd. *girære* ›der Habsüchtige‹.

Gierhard(t): ▶ Gerhard.

Gierhold: ▶ Gerhold(t).

Gierholz: patronymische Bildung (starker Genitiv) zu ▶ Gierhold.

Giering: ▶ Gehring.

Gierke: ▶ Girke.

Gierl: Ableitung von ▶ Gier (1.), (2.), (3.) mit *-l*-Suffix.

Giermann: ▶ Germann.

Giernot(h): ▶ Gernot(h).

Giersch: ursprünglich vor allem in Schlesien vorkommender metronymischer Familienname zu dem häufigen Rufnamen Gertrud *(gēr + trūt)*, dem eine mit dem slawischen Suffix *-uš* gebildete Koseform zugrunde liegt.

Gierse: im Raum Siegen–Hagen–Hamm häufiger, aus einer mit *-s*-Suffix erweiterten Kurzform von Rufnamen, die mit dem Namenwort *gēr* gebildet sind (i. A. ▶ Gerhard), entstandener Familienname.

Gierth: vor allem im Raum Dresden–Bautzen häufig vorkommender, auf eine zusammengezogene Form von Gierhard (▶ Gerhard) zurückgehender Familienname.

Gies: ▶ Giese.

Giesa: Übername zu poln. (älter) *giza, giża* ›unterer Teil des Schienbeins bei Tieren‹, mda. ›Teil vom Tierbein‹.

Giesbert, Giesbrecht: aus dem alten deutschen Rufnamen Gieselbert/Gieselbrecht *(gīsal + beraht)* hervorgegangener Familienname.

Giese: 1. Aus dem alten deutschen Rufnamen Giso *(gīsal)* hervorgegangener Familienname. 2. Wohnstättenname zu mhd. *gieze* ›fließendes Wasser, schmaler und tiefer Flussarm, Bach‹.

Giesecke, Gieseke: auf eine niederdeutsche Koseform von ▸ Giese zurückgehende Familiennamen.

Giesel: 1. Aus einer Kurzform von Rufnamen, die mit dem Namenwort *gīsal* gebildet sind (z. B. Gieselher, ▸ Gieseler) entstandener Familienname. 2. Vereinzelt Herkunftsname zu dem Ortsnamen Giesel (Hessen).

Gieseler: aus dem alten deutschen Rufnamen Gieselher *(gīsal + heri)* entstandener Familienname.

Gieselmann: aus einer Ableitung von ▸ Giesel mit dem Suffix *-mann* hervorgegangener Familienname.

Giesemann: 1. Aus einer Ableitung von ▸ Giese mit dem Suffix *-mann* entstandener Familienname. 2. Herkunftsname auf *-mann* zu dem Ortsnamen Giesen (▸ Giesen [2.]).

Giesen: 1. Patronymische Bildung (schwacher Genitiv) zu ▸ Giese. 2. Herkunftsname zu dem häufigen Ortsnamen Giesen (Baden-Württemberg, Niedersachsen, ehem. Brandenburg/jetzt Polen, ehem. Pommern/jetzt Polen, Ostpreußen).

Giesler, Gießler: ▸ Gieseler.

Giessmann, Gießmann: 1. ▸ Giesemann. ❖ Vgl. die Belege *Melchior Giesemann pastor zu NordDassel* [Nord-Assel] *und Burgdorff* (a. 1681) = *her Melcher Gießman pastor zu Norddaßel* (a. 1681). 2. Schlesische, durch Entrundung entstandene Form von Gößmann (▸ Gossmann).

Giesswein, Gießwein: durch Umdeutung in Anlehnung an das Verb »gießen« und das Substantiv »Wein« entstandene Formen des alten deutschen Rufnamens Gozwin, ▸ Gößwein.

Gietl: vor allem im Raum Amberg–Regensburg häufig vorkommender Familienname; durch Entrundung entstandene Form von ▸ Gütl.

Giger: undiphthongierte Form von ▸ Geiger.

Gilbert: 1. Auf den alten deutschen Rufnamen Gieselbert/Gieselbrecht *(gīsal + beraht)* zurückgehende Familiennamen. 2. Französischer Familienname, der dem deutschen Namen Gilbert entspricht, oft hugenottischen Ursprungs. ❖ Die Hugenottin *Marie Elisabet Gilbert* ist a. 1709 in Hameln bezeugt.

Gilbrecht, Gilbrich(t): ▸ Gilbert (1.).

Gilch: aus einer verkürzten Form von Ägidius (▸ Egidi) entstandener Familienname.

Gilcher: patronymische Bildung auf *-er* zu ▸ Gilch.

Gilg: aus einer verkürzten Form von Ägidius (▸ Egidi) hervorgegangener Familienname.

Gilger: patronymische Bildung auf *-er* zu ▸ Gilg.

Gill(e): 1. Aus verkürzten Formen von Ägidius (▸ Egidi) entstandene Familiennamen. 2. Vereinzelt Herkunftsnamen zu dem Ortsnamen Gill (Nordrhein-Westfalen).

Gilles: aus einer verkürzten Form von Ägidius (▸ Egidi) gebildeter Familienname.

Gillessen: patronymische Bildung (auf *-sen* oder schwacher Genitiv) zu ▸ Gilles.

Gillich: aus einer verkürzten Form von Ägidius (▸ Egidi) hervorgegangener Familienname.

Gillies: 1. Aus einer verkürzten Form von Ägidius (▸ Egidi) entstandener Familienname. 2. Englischer Familienname, der auf gälisch *Gille Iosa* ›Knecht Jesu‹ zurückgeht.

Gillmann: 1. Aus einer Erweiterung von Gill (▸ Gill[e]) mit dem Suffix *-mann* hervorgegangener Familienname. 2. Herkunftsname auf *-mann* zu dem Ortsnamen Gill (Nordrhein-Westfalen).

Gillner: ▸ Gel(l)ner.

Gimbel, Gimpel: Übernamen nach der Vogelbezeichnung Gimpel, auch Gold-, Blutfink, Dompfaff (mhd. *gümpel*), auch übertragen auf einen einfältigen Menschen. 2. Auf eine durch Entrundung entstandene Koseform von Gundbald *(gund + bald)* oder Gumbert *(gund + beraht)* zurückgehende Familiennamen.

Ginter: vorwiegend badische, durch Entrundung entstandene Form von Günter (▸ Günther).

Girg: ▸ Georg.

Girgel: aus einer mit *-l*-Suffix gebildeten Koseform von ▸ Girg entstandener Familienname.

Girke: unter Beeinflussung des slawischen Rufnamens Girek (< Georg) gebildete Koseform von ▸ Gerhard.

Glaab: vor allem im Raum Aschaffenburg verbreiteter, wohl auf mhd. *glau, glou* ›klug, umsichtig, sorgsam‹ zurückgehender Familienname.

Glade: 1. Übername zu mnd. *glat, glad, gladde* ›glatt, hübsch, gut aussehend‹. ❖ *Glade Heyne* ist in Halle a. 1410 bezeugt. 2. Aus einer verkürzten Form von ▶ Claudi(us) hervorgegangener Familienname.

Glahn: 1. Herkunftsname zu den Ortsnamen Glan-Münchweiler (Rheinland-Pfalz), Glane (Niedersachsen). 2. Übername zu mhd. *glan* ›träge‹.

Glantz, Glanz: Übernamen zu mhd. *glanz* ›hell, glänzend‹, mnd. *glans* ›glänzend, blendend, schön‹.

Glaris: auf eine verkürzte Form von Hilarius (▶ Glorius) zurückgehender Familienname.

Glarner: Herkunftsname zu dem Orts- und Landschaftsnamen Glarus (Schweiz).

Glas: 1. Berufsübername zu mhd. *glas* ›Glas, Trinkglas, Glasgefäß; Fensterscheibe, Spiegelglas‹ für den Glaser. 2. Aus einer verkürzten Form von ▶ Nikolaus entstandener Familienname. ❖ Bekannte Namensträgerin: Uschi Glas, deutsche Schauspielerin (20./21. Jh.).

Glasbrenner: Berufsname für den Handwerker, der in einer Glashütte arbeitet.

Glasel, Gläsel: Ableitungen von ▶ Glas mit -l-Suffix.

Glasemacher: ▶ Glasmacher.

Glasenapp: 1. Niederdeutscher Übername für den Benutzer eines im Mittelalter kostbaren gläsernen ›Napfes‹, eines gläsernen Trinkgefäßes. 2. Berufsübername für den Glasmacher.

Glaser, Gläser: Berufsnamen zu mhd. *glasære, glaser* ›Glaser‹. Zunächst verfertigte der Glaser schlichte Gebrauchsgegenstände wie Behälter, Näpfe, Schalen und einfache Becher, später gehörten auch Hängelampen in verschiedenen Formen und Spiegel zu seinen Erzeugnissen. Seit dem 14. Jh. verarbeitete der Glaser vor allem fertiges, aus Glashütten bezogenes Tafelglas zu Fenstern. Die Glasfenster bestanden aus einzelnen runden oder viereckigen Glasteilen, die in Blei gefasst waren. Sie setzten sich nur langsam in den Burgen und reichen Bürgerhäusern durch, wobei anfänglich nur der obere Teil der Fensteröffnung mit Butzenscheiben versehen wurde, während der untere Teil mit Holzläden verschlossen wurde. Neben dieser rein handwerklichen Tätigkeit führte der Glaser für Kirchen und gelegentlich auch für profane Gebäude Fenster in Mosaik oder in Glasmalerei aus. ❖ *Eberll der glaser* ist im 14. Jh. in Regensburg bezeugt.

Glasing: patronymische Bildung auf -ing zu ▶ Glas (2.).

Glasmacher: in Nordwestdeutschland verbreiteter Berufsname für den ▶ Glaser.

Glass, Glaß: ▶ Glas.

Gläßer: ▶ Glaser.

Gläßl: ▶ Glasel, Gläsel.

Glatt(e): Übernamen zu mhd. *glatt* ›glatt, glänzend‹, wohl Anspielung auf einen Menschen mit glattem Haar.

Glättli: alemannische Ableitung von ▶ Glatt(e).

Glatz(e): 1. Übernamen zu mhd. *gla(t)z* ›Kahlkopf, Glatze‹. 2. Herkunftsnamen zu dem Ortsnamen Glatz (Schlesien).

Glatzel, Glätzel: Ableitungen von ▶ Glatz(e) (1.) mit -l-Suffix.

Glatzer: Ableitung auf -er zu ▶ Glatz(e) (2.).

Glauber: 1. Fränkische Form von ▶ Klauber. 2. Übername; aus *glauwer*, der stark flektierten Form von mhd. *glau* ›klug, umsichtig, sorgsam‹, entstandener Familienname. ❖ Der deutsche Chemiker Johann Rudolph Glauber (17. Jh.) entdeckte das von ihm *Sal mirabilis* [Wundersalz] genannte Glaubersalz.

Glaubitz: Herkunftsname zu dem gleichlautenden Ortsnamen (Sachsen, Ostpreußen).

Glawe: 1. Aus einer Ableitung von Miglawš, einer sorbischen Form von ▶ Nikolaus, entstandener Familienname. 2. Übername zu nsorb., poln. *głowa* ›Kopf‹.

Glei: ▶ Gley.

Gleich: 1. Übername zu mhd. *gelīch* ›gleich, geradlinig, ebenmäßig, zum Ausgleich bereit‹. 2. Wohnstättenname zu Flurnamen wie *Auf der Gleiche* (Hessen). 3. Herkunftsname zu dem Ortsnamen Gleichen (Baden-Württemberg, Hessen, Thüringen, Niedersachsen).

Gleichmann: Ableitung auf -mann zu ▶ Gleich.

Gleim: 1. Übername zu mhd. *glīme, gleim* ›Glühwürmchen‹. 2. Vereinzelt Herkunftsname zu dem Ortsnamen Gleima (Thüringen) ❖ Bekannter Namensträger: Johann Wilhelm Ludwig Gleim, deutscher Dichter (18./19. Jh.).

Gleisner, Gleißner: Übernamen zu mhd. *gelīchsenære, glīsenære* ›Heuchler, Gleisner‹.

Gleixner: bairische Form von ▸ Gleisner.

Gley: aus einer verkürzten Form des Heiligennamens Eligius (▸ Eloy) entstandener Familienname.

Glienke: Herkunftsname zu den Ortsnamen Glienke (Mecklenburg-Vorpommern, ehem. Pommern/jetzt Polen), Glienecke (Brandenburg), Glienicke (Brandenburg, Sachsen-Anhalt).

Glier: durch Entrundung entstandene Form von ▸ Glüher.

Glinka: Wohnstättenname zu poln. *glinka* ›Lehm, lehmiger Ort‹.

Glock(e): 1. Ein Hausname »zur Glocke« ist mehrmals überliefert, so z. B. in Basel (a. 1284) *Adelheit dicta* [genannt] *zer Gloggen*, in Straßburg (a. 1340) *Hennekin zuo der Glocken*. 2. Berufsübernamen für den ▸ Glockner, Glöckner.

Glockemann: Amtsname auf *-mann* für den ▸ Glockner, Glöckner.

Glocker: ▸ Glockner.

Glöckler: Amtsname zu mhd. *glöckeler* ›Glöckner‹. ❖ *Götz Glögkler* ist a. 1397 in Nürnberg bezeugt.

Glockmann: ▸ Glockemann.

Glockner, Glöckner: Amtsnamen zu mhd. *glockenære, gloggenære* ›Glöckner‹.

Glode(c)k: Übernamen zu poln. *głód* ›Hunger‹.

Gloger: Herkunftsname zu dem Ortsnamen Glogau (Schlesien).

Glogger, Glöggler, Gloggner: ▸ Glockner, Glöckner.

Glogowski, Glogowsky: Herkunftsnamen zu einem polnischen Ortsnamen (Głogów u. a.) oder Wohnstättenname zu poln. *głóg* ›Weißdorn‹.

Glohr: ▸ Glorius.

Glomb: 1. Wohnstättenname zu poln. *głąb* ›Tiefe, Abgrund‹. 2. Übername zu poln. *głąb* ›Krautstrunk‹, übertragen in der Bedeutung ›Dummkopf‹.

Glorius: aus einer verkürzten Form von Hilarius (zu lat. *hilarus* ›heiter, fröhlich‹) entstandener Familienname. Zur Verbreitung des Rufnamens im Mittelalter trug die Verehrung des heiligen Hilarius, Bischof von Poitiers (4. Jh.), bei. ❖ Aus Ableitungen von Hilarius sind u. a. die Familiennamen **Glaris, Glohr, Klar(e)** und **Larius** hervorgegangen.

Glos: aus einer verkürzten Form von ▸ Nikolaus entstandener Familienname.

Glosa: auf eine slawische Ableitung von ▸ Nikolaus zurückgehender Familienname.

Glose: aus einer verkürzten Form von ▸ Nikolaus entstandener Familienname.

Glosemeier, Glosemeyer: Standesnamen; Zusammensetzungen von ▸ Meyer mit ▸ Glose.

Gloss, Gloß, Glosse: aus verkürzten Formen von ▸ Nikolaus entstandene Familiennamen.

Glossman, Gloßmann: aus Erweiterungen von ▸ Gloss mit *-mann* hervorgegangene Familiennamen.

Glowacki, Glowacky: 1. Übernamen zu poln. *głowacz* ›großer Kopf‹ für einen Menschen mit einem klugen oder großen Kopf. 2. Herkunftsnamen zu dem polnischen Ortsnamen Głowaczewice.

Gloy: aus einer verkürzten Form des Heiligennamens Eligius (▸ Eloy) gebildeter Familienname.

Gluck, Glück: Übernamen zu mhd. *g(e)lücke* ›Glück, Geschick, Zufall‹. ❖ Bekannter Namensträger: Christoph Willibald Gluck, deutscher Komponist (18. Jh.).

Glüher: Berufsübername zu mhd. *glüejen, glüen* ›glühen, zum Glühen bringen‹ für einen Schmied.

Gluns, Glun(t)z: Berufsübernamen für einen Schmied oder Übernamen zu mhd. *glunse* ›Funke‹.

Gluth: Berufsübername für einen Schmied oder Übername zu mhd. *gluot* ›Glut, glühende Kohlen‹.

Gmehlich, Gmehlin(g): Übernamen zu mhd. *gemechlich* ›bequem‹, mhd. *gemechlīche* ›mit Bedacht, langsam‹.

Gmeiner: 1. ▸ Gemeiner. 2. Herkunftsname zu den in Bayern häufigen Ortsnamen Gmein und Gmain.

Gmelin(g): ▸ Gmehlich.

Gnauck: vor allem im Gebiet Bautzen–Dresden häufiger Familienname, für den sich zwei Ableitungen anbieten: 1. Sorabisierter (ins Sorbische eingegliederter) Übername zu mhd. *genuoc*, mnd. *genōch* ›genug, hinreichend‹. 2. Übername zu sorb. *gnêv* ›der Zornige‹.

Göb(e): aus einer Kurzform von alten deutschen Rufnamen wie Godebert *(got + beraht)*, Godebald *(got + bald)* entstandene Familiennamen.

Göbbels: vor allem am Niederrhein häufig vorkommender Familienname; patronymische Bildung (starker Genitiv) zu ▶ Göbel.

Göbbert: aus dem alten deutschen Rufnamen Godebert *(got + beraht)* entstandener Familienname.

Göbel: aus einer mit *-l*-Suffix gebildeten Koseform von ▶ Göb(e) hervorgegangener Familienname.

Gobert, Gobrecht: ▶ Göbbert.

Göcke: aus ▶ Gödecke durch Zusammenziehung und Verlust des inlautenden *-de-* entstandener Familienname.

Gockel: Übername zu mhd. *gockeln, goukeln,* mnd. *gōkelen* ›Gaukelei und Taschenspielerei treiben‹. Gockel als Bezeichnung für den Hahn war zur Zeit der Familienamenentstehung (12.–15. Jh.) noch nicht im Gebrauch.

Godau: Herkunftsname zu den Ortsnamen Godau (Schleswig-Holstein), Godow (Mecklenburg-Vorpommern).

Gödde: ▶ Göde (1.).

Gödden: patronymische Bildung (schwacher Genitiv) zu ▶ Gödde.

Goddert, Göddert: ▶ Godehard(t).

Göde: 1. Aus einer niederdeutschen Kurzform von Namen, die mit dem Namenwort *got* gebildet sind (i. A. ▶ Gottfried), entstandener Familienname. 2. Vereinzelt Herkunftsname zu dem Ortsnamen Göda (Sachsen).

Gödecke, Gödeke: aus einer Koseform von ▶ Göde (1.) gebildete Familiennamen.

Godehard(t): aus der niederdeutschen Form von ▶ Gotthar(d)t entstandene Familiennamen.

Goebel: ▶ Göbel.

Goede: ▶ Göde.

Goedecke: ▶ Gödecke.

Goeke: ▶ Göcke.

Goerke: ▶ Görke.

Goertz: ▶ Görtz.

Goethe: 1. Aus der Kurzform eines mit dem Namenwort *got* gebildeten Rufnamens (i. A. ▶ Gottfried) entstandener Familienname. 2. In Oberdeutschland auch Übername zu mhd. *göte, götte, gote, gotte* »Pate«. ❖ Für den Namen des Dichters Johann Wolfgang von Goethe (18./19. Jh.) kommt nur die erste Erklärung infrage, da dessen Vorfahren väterlicherseits aus dem nördlichen Thüringen stammen, wo man statt *göte* »Pate« sagte.

Goetz(e): aus einer Koseform mit *-z*-Suffix von Rufnamen, die mit dem Namenwort *got* gebildet sind (i. A. ▶ Gottfried), hervorgegangene Familiennamen.

Gogel, Gogl: 1. Übername zu mhd. *gogel* ›ausgelassen, lustig, üppig‹. 2. Vereinzelt eingedeutschte Formen von ▶ Gogoll. ❖ *Der Gogel* ist a. 1339 in Regensburg bezeugt.

Gogler: Übername für jemanden, der sich ausgelassen gebärdet (zu mhd. *gogelen* ›sich ausgelassen gebärden‹).

Gogolek, Gogolin: auf Ableitungen von ▶ Gogoll zurückgehende Familiennamen.

Gogoll: Übername zu poln. *gogoł* ›eine Wildentenart‹.

Gohl, Göhl: 1. Übernamen zu mhd. *gogel, gōl* ›ausgelassen, lustig, üppig‹. 2. Übernamen zu nsorb., poln. *goły* ›nackt, kahl‹. 3. Wohnstättennamen zu mnd. *gole* ›Sumpf, feuchte Niederung, mit Weiden oder schlechtem Holz bewachsen‹. 4. Herkunftsname zu dem Ortsnamen Göhl (Schleswig-Holstein).

Göhler: 1. Übername zu mhd. *goln* ›laut singen, johlen‹ für einen ausgelassenen Menschen. 2. Herkunftsname zu den Ortsnamen Göhl (Schleswig-Holstein), Göhlen (Niedersachsen, Mecklenburg-Vorpommern, Brandenburg).

Gohlke, Göhlke: 1. Ableitungen mit slawischem *-k*-Suffix zu ▶ Gohl, Göhl (2.). 2. Herkunftsnamen zu dem Ortsnamen Golk (Sachsen).

Göhner: am ehesten Übername zu mhd. *genen,* einer Nebenform von mhd. *gunnen, günnen* ›gönnen, erlauben‹, bzw. gedehnte Form von ▶ Gönner.

Gohr: 1. Herkunftsname zu Ortsnamen wie Gohr (Nordrhein-Westfalen), Gohre, Gohrau (Sachsen-Anhalt), Gohren (Baden-Württemberg, ehem. Pommern/jetzt Polen) u. a. 2. Wohnstättenname zu Flurnamen slawischer Herkunft wie Gohr, Gohre (z. B. in Ostfalen). 3. Aus einer verkürzten Form von ▶ Gregor(ius) entstandener Familienname.

Göhring: einerseits im Gebiet zwischen Erfurt, Gera und Bamberg, anderseits um Tübingen besonders häufig vorkommender Familienname. 1. Bei Herkunft aus Baden-Württemberg wird es sich meist um eine durch

Rundung entstandene Form von ▶Gehring handeln. 2. Bei oberfränkisch-thüringischer Herkunft kann auch ein Herkunftsname zu den Ortsnamen Göring (Oberfranken), Göringen (Thüringen) vorliegen.

Göke: aus Gödeke (▶Gödecke, Gödeke) durch Zusammenziehung und Verlust des inlautenden *-de-* entstandener Familienname.

Gold: 1. Berufsübername zu mhd. *golt* ›Gold, Goldschmuck‹ für den Goldschmied, vielleicht auch Übername für einen reichen Menschen. 2. Gelegentlich kann diesem Familiennamen ein Hausname zugrunde liegen. ❖ So ist z. B. im 14. Jh. *Wernherus Smit zem Golde* in Basel belegt.

Goldacker: Wohnstättenname oder Berufsübername für einen Bauern. Der »Goldacker« bezeichnete wohl ein besonders ertragreiches Feld.

Goldammer: besonders im ostmitteldeutschen Raum verbreiteter Übername nach der gleichlautenden Vogelbezeichnung (mhd. *goltamer*).

Goldau: Herkunftsname zu dem gleichlautenden Ortsnamen (Bayern, ehem. Westpreußen/jetzt Polen, Ostpreußen).

Goldbach: Herkunftsname zu dem gleichlautenden häufigen Ortsnamen (Niedersachsen, Hessen, Baden-Württemberg, Bayern, Saarland, Sachsen, Thüringen, Schlesien, Ostpreußen, Schweiz).

Goldbeck: Herkunftsname zu dem gleichlautenden Ortsnamen (Niedersachsen, Brandenburg, Mecklenburg-Vorpommern, ehem. Pommern/jetzt Polen, Sachsen-Anhalt).

Goldberg: Herkunftsname zu dem häufig vorkommenden gleichlautenden Ortsnamen (Niedersachsen, Mecklenburg-Vorpommern, Bayern, Schlesien, Ostpreußen). ❖ Nach dem Cembalisten und Komponisten Johann Gottlieb Goldberg (18. Jh.) sollen die Goldberg-Variationen von Johann Sebastian Bach benannt sein.

Goldener, Golder: ▶Goldner.

Goldha(h)n: 1. Der Goldhahn ist ein kleiner Singvogel, sodass es sich um einen Übernamen für einen sangesfrohen Menschen oder um einen Berufsübernamen für den Vogelhändler handelt. 2. Ein gleichlautender Hausname ist z. B. im mittelalterlichen Worms (a. 1295) belegt.

Goldhammer: 1. Übername für den Goldschmied. 2. Umdeutung von ▶Goldammer in Anlehnung an »Hammer«.

Goldmann: Berufsname auf *-mann* zu mhd. *golt* ›Gold‹ für den Goldschmied (▶Goldschmidt), den Vergolder, den Goldwäscher oder den Arbeiter im Goldbergwerk (▶Goldner).

Goldner, Göldner: Berufsnamen zu mhd. *golt* ›Gold‹, mhd. *vergulden, vergülden* ›vergolden, übergolden‹ für den Vergolder. Altäre, Heiligenschreine, Sakramentshäuschen, Reliquiare, Rahmen u. a. wurden häufig mit Goldplatten oder Blattgold vergoldet. In Schlesien war der Göldner auch der Bergwerksknappe oder der Goldwäscher.

Goldschmidt: Berufsname zu mhd. *goltsmit* ›Goldschmied‹. Das Gewerbe erforderte wegen des hohen Werts der Rohstoffe sowie der länger dauernden Verarbeitung der einzelnen Gegenstände eine gewisse Kapitalkraft. Das Goldschmiedehandwerk war in den mittelalterlichen Städten sehr angesehen. Seine Mitglieder standen häufig in verwandtschaftlichen Beziehungen zu den Patriziergeschlechtern und waren oft im Stadtrat vertreten. Zunächst stellten die Goldschmiede wertvolle Gegenstände für die Kirche (Monstranzen, Kruzifixe, Reliquiare, Abendmahlskelche, Weihwasserkessel, Taufkelche, Rauchfässer) sowie für königliche und adelige Höfe (Kronen, Zepter, Insignien, Embleme, Amts- und Ordensketten, Siegelringe, Diademe, Stirnreifen, Ohrgehänge, Armbänder, Ringe, Haarnadeln, Spangen, Gürtel u. a.) her. Im Spätmittelalter war auch das wohlhabende städtische Bürgertum ein wichtiger Abnehmer von Schmuck und anderen Erzeugnissen der Goldschmiedekunst.

Goldstein: 1. Übername zu mhd. *goltstein* ›Edelstein, der wie Gold aussieht, Topas; Probierstein der Alchimisten‹. ❖ Bereits i. J. 1180 ist der Kölner Bürger *Heinricus Goltstein* überliefert. 2. Herkunftsname zu dem gleichlautenden Ortsnamen (Hessen, Bayern).

Goldt: ▶Gold.

Golinski: Herkunftsname zu polnischen Ortsnamen wie Gola, Golin, Golina.

Goll: 1. Übername zu alem. *Goll* ›Gimpel, Dompfaff, Blutfink‹, übertragen ›einfältiger Mensch‹. 2. Aus Gollo, einer zusammengezogenen Form von Godilo (Kurzform eines mit dem Namenwort *got* gebildeten Rufnamens, i. A. ▸ Gottfried), entstandener Familienname. ❖ Bekannter Namensträger: Yvan Goll, französisch-deutscher Schriftsteller (19./20. Jh.).

Golla(n), Gollasch: Übernamen zu nsorb., poln. *goły* ›nackt, kahl‹.

Goller: 1. Übername zu mhd. *goller, gollier, koller* ›Halsbekleidung, Koller (an männlicher und weiblicher Kleidung)‹, fnhd. *goller* ›Wams‹ für den Hersteller oder Träger. ❖ In München wird a. 1393 ein gewisser *Gollerer,* also ein Hersteller von *gollern,* genannt, der a. 1395 als *Goller* und a. 1396 wieder als *Gollirer* erscheint. 2. Herkunftsname zu dem Ortsnamen Gollern (Niedersachsen). 3. Durch Assimilation entstandene Form von Golder (▸ Goldner). 4. Für Tirol kommt eine Ableitung von roman. *colle* ›Hügel‹ infrage.

Göller: 1. Variante von ▸ Goller (1.). 2. Durch Rundung entstandene Form von ▸ Geller (2.).

Golling: Herkunftsname zu den Ortsnamen Golling (Niederbayern), Gollingen (Ostpreußen).

Göllner: in Schlesien entstandene Form von ▸ Goldner, Göldner.

Gollnick: Amtsname zu nsorb. *gólnik* ›Heidewächter, Waldaufseher, Förster‹.

Gollub: Übername zu nsorb. *gołub* ›Taube‹.

Gollwitzer: Herkunftsname zu den Ortsnamen Gollwitz (Brandenburg, Mecklenburg-Vorpommern). ❖ Bekannter Namensträger: Helmut Gollwitzer, evangelischer Theologe (20. Jh.).

Golombek: Übername zu poln. *gołąb,* Genitiv *gołębia* ›Taube‹ für den Taubenzüchter oder -händler.

Goltz, Goltzsch(e), Golz, Gölz, Golze: 1. Herkunftsnamen zu Ortsnamen wie Golz (ehem. Pommern/jetzt Polen), Golzen (Sachsen-Anhalt), Goltzen (ehem. Brandenburg/jetzt Polen), Goltzscha, Göltzscha (Sachsen). 2. Übernamen zu mhd. *golze, kolze* ›Hose, Fuß- und Beinbekleidung‹ für den Hersteller oder Träger. 3. Übernamen zu nsorb. *gólc* ›Knabe, Bursche, Knecht‹.

Gölzer: gerundete Form von ▸ Gelzer.

Gombert: ▸ Gumbert.

Gomes: mit dem patronymischen Suffix *-es* gebildeter portugiesischer Familienname, ▸ Gómez.

Gómez: spanischer Familienname, mit dem Suffix *-ez* gebildete patronymische Form zu dem im Mittelalter auf der Iberischen Halbinsel verbreiteten Rufnamen Gome (< gotisch *guma* ›Mann‹): ›Sohn des Gome‹.

Gommert: ▸ Gummert.

Gomolka: Übername zu poln. *gomoła* ›Ballen, Klumpen‹, nsorb. *gomola* ›Hirsekolben‹.

Gönner: Übername zu mhd. *günner* ›Gönner, Freund, Anhänger‹.

Gönnewig, Gönnewicht: aus dem alten Rufnamen Gundwig *(gund + wīg)* hervorgegangene Familiennamen.

Gonschorek: ▸ Genschore(c)k.

Gonsior: Berufsübername zu poln. *gąsior* ›Gänserich‹ für den Gänsezüchter oder -händler.

Gontard: französischer Familienname, der auf die französische Form des germanischen Rufnamens Gunthard *(gund + harti)* zurückgeht, oft hugenottischen Ursprungs. ❖ Bekannte Namensträger: Karl von Gontard, deutscher Baumeister (18. Jh.); Susette Gontard, Freundin des Dichters Hölderlin (18./19. Jh.).

Gonzales: mit dem patronymischen Suffix *-es* gebildeter portugiesischer Familienname, ▸ González.

González: spanischer Familienname, mit dem Suffix *-ez* gebildete patronymische Form zu dem im Mittelalter auf der Iberischen Halbinsel verbreiteten Rufnamen Gonzalo (< Gundisalvus, der auf das germanische Namenwort *gund* und einen noch nicht gedeuteten zweiten Bestandteil *salvus* zurückgeht): ›Sohn des Gonzalo‹.

Goos: 1. Übername zu mhd. *gōs* ›Gans‹ für den Gänsezüchter oder -händler. 2. Herkunftsname zu dem Ortsnamen Goos auf Rügen.

Göpel: 1. Aus einer Koseform mit -l-Suffix von alten deutschen Rufnamen wie Godebert *(got + beraht),* Godebald *(got + bald)* entstandener Familienname. 2. Vereinzelt Berufsübername zu fnhd. *gepel* ›Göpel‹, ursprünglich ein senkrechtes Hebezeug über einer Grube zur Schachtförderung, später ein landwirtschaftliches Triebwerk, das von einem im Kreise gehenden Pferd angetrieben wurde. Diese Bezeichnung ist erst im 16. Jh. bezeugt.

Göpf: aus einer verkürzten Form von Göpfert (▶ Göpfahrt) entstandener Familienname.

Göpfahrt, Göpfardt, Göpfarth, Göpferd(t), Göpfert: auf eine durch Assimilation und -r-Umsprung entstandene Form von ▶ Gottfried zurückgehende Familiennamen.

Göppel: ▶ Göpel.

Göppert: ▶ Göpfahrt.

Gora: 1. Wohnstättenname zu poln. *góra* ›Berg‹. 2. Herkunftsname zu dem polnischen Ortsnamen Góra.

Gordian: aus dem Heiligennamen Gordianus, dem ein römischer Geschlechtername zugrunde liegt, entstandener Familienname. Der heilige Gordianus, ein Märtyrer des 4. Jh., wurde vor allem in Kempten verehrt.

Goretzki, Goretzky: 1. Herkunftsnamen zu den polnischen Ortsnamen Górka, Górki. 2. Wohnstättennamen zu poln. *górka* ›kleiner Berg‹.

Görg, Görgen: ▶ Georg.

Görgens: patronymische Bildung (starker Genitiv) zu Görgen (▶ Georg).

Gorges, Görges: auf verkürzte Formen von Georg(ius) (▶ Georg) zurückgehende Familiennamen.

Göricke, Görike: ▶ Görke (1.).

Göring: Einerseits im Gebiet um Erfurt und Gera, andererseits im Raum Münster–Oberhausen häufig vorkommender Familienname: 1. Bei Herkunft aus Thüringen ▶ Göhring (1.) und (2.). 2. Bei westfälischer Herkunft ▶ Göhring (1.).

Göris: 1. Im Rheinland aus einer verkürzten Form von ▶ Georg oder ▶ Gregor(ius) hervorgegangener Familienname. 2. Bei ostdeutscher Herkunft ▶ Görisch (2.).

Görisch: 1. Herkunftsname zu dem Ortsnamen Gohrisch (Sachsen). 2. Aus einer Ableitung von slawischen Rufnamen wie Gorislav (urslaw. *goréti* ›brennen‹ + urslaw. *slava* ›Ruhm, Ehre‹) u. Ä. entstandener Familienname.

Göritz: 1. Herkunftsname zu dem häufigen Ortsnamen Göritz (Brandenburg, ehem. Brandenburg/jetzt Polen, Sachsen-Anhalt, Sachsen, Thüringen, Bayern, ehem. Pommern/jetzt Polen). 2. Auf eine patronymische Bildung (starker Genitiv) zu einer Kurzform von ▶ Gerhard zurückgehender Familienname.

Gorka: 1. Wohnstättenname zu poln. *górka* ›kleiner Berg‹. 2. Herkunftsname zu den polnischen Ortsnamen Górka, Górki.

Görke: 1. Auf eine gerundete Form von Gerke (▶ Gere[c]ke) zurückgehender Familienname. 2. Herkunftsname zu dem Ortsnamen Görke (Mecklenburg-Vorpommern, ehem. Pommern/jetzt Polen).

Görlach: durch Rundung entstandene Form von ▶ Gerlach.

Görlich: durch Rundung entstandene Form von ▶ Gerlich.

Görlitz: Herkunftsname zu dem gleichlautenden Ortsnamen (Sachsen, Schlesien, Ostpreußen).

Görner: Herkunftsname zu den Ortsnamen Görna (Sachsen), Görne (Brandenburg), durch Rundung auch zu dem häufigen oberdeutschen Ortsnamen Gern (Bayern, Württemberg, Österreich, Schweiz).

Gornig: Berufsname zu poln. *górnik* ›Bergmann, Bergarbeiter‹.

Gorny: 1. Wohnstättenname zu poln. *górny*, nsorb. *gorny* ›oben, höher gelegen‹. 2. Herkunftsname zu dem polnischen Ortsnamen Górny.

Görres, Görries: aus verkürzten Formen von ▶ Gregor(ius) hervorgegangene Familiennamen. ❖ Bekannter Namensträger: Johann Joseph von Görres, deutscher Publizist und Gelehrter (18./19. Jh.).

Görrissen: patronymische Bildung auf *-sen* oder schwacher Genitiv zu einer verkürzten Form von ▶ Gregor(ius).

Görs: aus einer verkürzten Form von ▶ Gregor(ius) entstandener Familienname.

Görsch: Herkunftsname zu Ortsnamen wie Großgörschen (Sachsen-Anhalt), Görschen (Sachsen-Anhalt, Ostpreußen).

Gorski: 1. Herkunftsname zu polnischen Ortsnamen wie Góra, Górsk. 2. Wohnstättenname zu poln. *góra* ›Berg‹, *górski* ›Berg-, Gebirg-‹.

Görtz: 1. Im Rheinland auf eine patronymische Bildung (starker Genitiv) zu einer Kurzform von ▶ Gerhard zurückgehender Familienname. 2. Herkunftsname zu den Ortsnamen Görtz (Holstein), Gortz (Brandenburg), in Süddeutschland und Österreich zu Görz/Gorizia in Friaul (Italien).

Gosch, Gösch: 1. Aus einer Kurzform von Rufnamen, die mit den Namenwörtern *got* oder *gōʒ* gebildet sind (z. B. ▸Gottfried, ▸Gottschalk, ▸Gößwein), hervorgegangene Familiennamen. 2. Übernamen zu bair.-österr. *Gosche(n)* ›Mund‹ oder schweiz. *Gösch* ›Tölpel, Narr‹.

Göschel: aus einer mit *-l*-Suffix gebildeten Erweiterung von ▸Gosch entstandener Familienname.

Göschen: patronymische Bildung (schwacher Genitiv) zu ▸Gosch (1.).

Gosse, Goße, Gösse: aus einer Kurzform von Rufnamen, die mit dem Namenwort *gōʒ*, selten *got* gebildet sind (▸Gößwein, ▸Gottfried), entstandene Familiennamen.

Gössel, Gößel: aus einer Erweiterung von ▸Gosse mit *-l*-Suffix gebildete Familiennamen.

Gossen, Goßen: patronymische Bildungen (schwacher Genitiv) zu ▸Gosse.

Gössl, Gößl: ▸Gössel.

Gossmann, Goßmann, Gössmann, Gößmann: auf eine Erweiterung von ▸Gosse mit dem Suffix *-mann* zurückgehende Familiennamen.

Gößwein: aus dem alten deutschen Rufnamen Gozwin *(gōʒ + wini)* entstandener Familienname. ❖ Hierzu gehören die Varianten **Gesswein, Geßwein** und **Giesswein, Gießwein.** ❖ Bei den Familiennamen **Gosse, Gösse, Göss(e)l, Göß(e)l, Gossmann, Goßmann, Gössmann, Gößmann** handelt es sich meist um Kurz- bzw. Koseformen von Gößwein.

Goth(e): 1. Übernamen zu mhd. *göt(t)e, got(t)e* ›Patenkind, Pate, Patin‹, mnd. *gode* ›Taufpate‹. 2. Übernamen zu mhd. *gōt* ›gut‹. 3. Aus einer Kurzform von Rufnamen, die mit dem Namenwort *got* gebildet sind (i. A. ▸Gottfried), hervorgegangene Familiennamen. 4. Herkunftsnamen zu Ortsnamen wie Gotha (Thüringen, Sachsen), Gothen (Mecklenburg-Vorpommern), Goten (ehem. Pommern/jetzt Polen). 5. Niederdeutscher Wohnstättenname zu mnd. *gote* ›Gosse, Rinne, Abflusskanal‹.

Göthe: ▸Goethe.

Götsch: aus einer Koseform von Rufnamen, die mit dem Namenwort *got* gebildet sind (i. A. ▸Gottfried), entstandener Familienname.

Götschi: aus einer alemannischen Erweiterung von ▸Götsch hervorgegangener Familienname.

Götte: 1. Übername zu mhd. *göt(t)e, got(t)e* ›Patenkind, Pate, Patin‹. 2. Aus einer Kurzform von Rufnamen, die mit dem Namenwort *got* gebildet sind (i. A. ▸Gottfried), hervorgegangener Familienname.

Göttel: aus einer Koseform von Rufnamen, die mit dem Namenwort *got* gebildet sind (i. A. ▸Gottfried), entstandener Familienname.

Göttert: auf eine durch Zusammenziehung entstandene Form von ▸Gotthar(d)t zurückgehender Familienname.

Gottfried: aus dem gleichlautenden deutschen Rufnamen *(got + fridu)* gebildeter Familienname. Zur Zeit der Familiennamenentstehung (12.–15. Jh.) war Gottfried ein allgemein verbreiteter Rufname. ❖ Durch Assimilation und *-r*-Umsprung sind u. a. die Familiennamen **Göpfahrt, Göpfardt, Göpfarth, Göpferd(t), Göpfert** mit der verkürzten Form **Göpf** sowie **Göppert** und der niederdeutsche patronymische Familienname **Goverts** entstanden. ❖ Von Kurz- und Koseformen von Gottfried (z. T. aber auch von Gotthar[d]t und Gottschalk) leiten sich die niederdeutschen Familiennamen **Gade, Gäde, Gaede, Gäde(c)ke, Gaed(t)ke, Gädicke, Gaedicke, Göde, Gödec(k)e, Goedecke, Göcke, Goeke** ab. ❖ Auf eine mit *-z*-Suffix gebildete Koseform gehen die Familiennamen **Götz(e), Goetz(e)** mit den Erweiterungen **Götzl** und **Götzmann** zurück. ❖ Aus weiteren Kurz- und Koseformen sind u. a. Familiennamen wie **Goethe, Gottmann, Göttmann, Gö(t)sch, Götschi, Göttel** (mit der patronymischen Bildung **Göttler**) hervorgegangen.

Gotthar(d)t: aus dem gleichlautenden deutschen Rufnamen *(got + harti)* hervorgegangene Familiennamen.

Götting: 1. Herkunftsname zu den Ortsnamen Göttingen (Niedersachsen, Hessen, Westfalen, Württemberg), Götting (Bayern). 2. Aus einer patronymischen Bildung mit *-ing* zu einer Kurzform von Rufnamen, die mit dem Namenwort *got* gebildet sind (i. A. ▸Gottfried), hervorgegangener Familienname.

Göttler: patronymische Bildung auf *-er* zu ▸Göttel.

Göttlicher: Übername zu mhd. *gotelich, göt(e)lich* ›göttlich, gottselig, gottesfürchtig, fromm‹.

Gottlieb: aus dem alten deutschen Rufnamen Goteleib *(got + leiba)* entstandener Familienname. Die nach diesem alten Rufnamen im 17./18. Jh. neu gebildete Namensform, wobei man in pietistischem Geist die Namensbestandteile in Anlehnung an die nhd. Wörter »Gott« und »lieb« verstand, kommt als Grundlage des Familiennamens nicht mehr infrage.

Gottmann, Göttmann: aus einer mit dem Suffix *-mann* gebildeten Koseform von Rufnamen, die das Namenwort *got* enthalten (i. A. ▶ Gottfried), entstandene Familiennamen.

Göttsch(e): ▶ Götsch.

Gottschalch, Gottschalck, Gottschald(t), Gottschalg: ▶ Gottschalk.

Gottschalk, Gottschall, Gottschalt: aus dem alten deutschen Rufnamen Gottschalk *(got* ›Gott‹ + *scalc* ›Knecht, Diener‹) entstandene Familiennamen. ❖ Bekannter Namensträger: Thomas Gottschalk, deutscher Funk- und Fernsehmoderator (20./21. Jh.).

Gottschlich, Gottschling: auf schlesische Formen von ▶ Gottschalk zurückgehende Familiennamen.

Gottstein: bei diesem um Freiburg i. Br. häufig vorkommenden Familiennamen könnte es sich um einen Wohnstättennamen zu einem gleichlautenden Flurnamen handeln.

Gottwald: aus dem alten deutschen Rufnamen Gotbald *(got + bald)* entstandener Familienname.

Götz(e): aus einer Koseform mit *-z*-Suffix von Rufnamen, die mit dem Namenwort *got* gebildet sind (i. A. ▶ Gottfried), hervorgegangene Familiennamen.

Götzen: patronymische Bildung (schwacher Genitiv) zu ▶ Götz(e).

Götzfried: auf eine unter dem Einfluss der Koseform Götz entstandene Variante von ▶ Gottfried zurückgehender Familienname.

Götzinger: Herkunftsname zu den Ortsnamen Götzing (Bayern, Österreich), Gotzing (Bayern), Götzingen (Baden-Württemberg).

Götzl: aus einer Erweiterung von ▶ Götz(e) mit *-l*-Suffix entstandener Familienname.

Götzmann: aus einer Erweiterung von ▶ Götz(e) mit dem Suffix *-mann* entstandener Familienname.

Goverts: auf eine niederdeutsche patronymische Bildung (starker Genitiv) zu Govert, einer durch Assimilation und *-r*-Umsprung entstandenen Form von Godefrid (▶ Gottfried), zurückgehender Familienname.

Goy: 1. Herkunftsname zu dem gleichlautenden Ortsnamen (Schlesien). Im Westen Herkunftsname zu der niederländischen Landschaft Gooi (Gooiland). 2. Wohnstättenname oder Herkunftsname zu mhd. *göu, gou, geu,* mnd. *gō* ›Gegend, Landschaft, Gau‹, auch ›Land im Gegensatz zur Stadt‹.

Graab: 1. ▶ Graf(e). 2. ▶ Grab, ▶ Grabe.

Graaf: ▶ Graf(e).

Graap: 1. ▶ Graf(e). 2. ▶ Grab, ▶ Grabe.

Grab: 1. ▶ Grabe. 2. Wohnstättenname zu nsorb., poln. *grab* ›Weißbuche, Hagebuche, Hainbuche‹.

Grabbe: ▶ Krabbe. ❖ Bekannter Namensträger: Christian Dietrich Grabbe, deutscher Schriftsteller (19. Jh.).

Grabe: 1. Wohnstättenname zu mhd. *grabe,* mnd. *gräve* ›Graben (Stadtgraben, Kanal, Abflussgraben, Grenzgraben)‹. 2. Herkunftsname zu dem häufigen Ortsnamen Graben (▶ Graber [3.]) oder zu dem Ortsnamen Großgrabe (Sachsen). 3. Berufsübername zu mhd. *grabe* ›Spaten‹ für den Hersteller oder denjenigen, der damit arbeitet, den Bauern oder Gärtner.

Graber, Gräber: 1. Berufsnamen zu mhd. *grabære, greber* ›Graveur; Gräber, Totengräber‹. 2. Wohnstättennamen für jemanden, der an einem Graben, z. B. dem Stadtgraben (mhd. *grabe*), wohnte. 3. Herkunftsnamen zu den häufigen Ortsnamen Graben (Bayern, Baden-Württemberg, Rheinland-Pfalz, Hessen, Nordrhein-Westfalen, Brandenburg, ehem. Pommern/jetzt Polen, Schlesien, Österreich, Schweiz) oder zu Großgrabe (Sachsen). ❖ *Albertus Graber de [aus] Eistet* ist a. 1302 in Nürnberg bezeugt.

Grabert: 1. Erweiterung von ▶ Graber mit einem sekundären *-t*. 2. Aus einem Rufnamen zu ahd. *grā* ›grau‹ + *-hart* (> *-ert*) entstandener Familienname.

Grabner, Gräbner: ▶ Graber, Gräber. ❖ *Perchtold Grabner* ist a. 1383 in München bezeugt.

Grabow: Herkunftsname zu den häufigen Ortsnamen Grabow (Mecklenburg-Vorpommern, ehem. Pommern/jetzt Polen, Brandenburg, ehem. Brandenburg/jetzt Polen, Sachsen-Anhalt, Niedersachsen, Schlesien), Grabo (Sachsen-Anhalt) oder zu polnischen Ortsnamen wie Grabów, Grabowa, Grabowo.

Grabowski, Grabowsky: Herkunftsnamen zu polnischen Ortsnamen wie Grabowsk, Grabów, Grabowa, Grabowo.

Grabs: Wohnstättenname zu poln. *grab* ›Weißbuche‹ + Suffix *-c*, *-s*, *-š*.

Grad: 1. Wohnstättenname zu mhd. *grāt* ›Stufe; Bergrücken‹. 2. Übername zu mhd. *gerat, gerade* ›rasch, gewandt, tüchtig‹.

Gradl: 1. Aus einer bairisch-österreichischen Koseform mit *-l*-Suffix zu dem Heiligennamen ▶ Pankratz entstandener Familienname. 2. Ableitung von ▶ Grad mit *-l*-Suffix. 3. Oberdeutscher Berufsübername zu bair. *Grädel* ›ein Gewebe, Tischleinwand‹ für einen Weber.

Gradwo(h)l: ▶ Grotewahl, Grotewohl.

Graeber: ▶ Graber.

Graef(e): ▶ Graf(e).

Graf(e), Gräf(e), Graff(e), Gräff(e): 1. Übernamen zu mhd. *grāve*, mnd. *grāve, grēve*, md. *grābe, grēbe* ›Graf‹ nach einem Dienst- bzw. Abhängigkeitsverhältnis oder auch nach der Überheblichkeit des ersten Namensträgers. 2. Amtsnamen für den Dorfschulzen oder den Vorsteher verschiedener Ämter (vgl. ▶ Holzgraf). ❖ *Johan der Graf* ist a. 1317 in Regensburg bezeugt. ❖ Bekannte Namensträger: Urs Graf, schweizerischer Zeichner und Kupferstecher (15./16. Jh.); Oskar Maria Graf, deutscher Schriftsteller (19./20. Jh.); Steffi Graf, deutsche Tennisspielerin (20./21. Jh.); Anton Graff, schweizerischer Maler (18./19. Jh.).

Grahl: 1. Übername zu mnd. *gral* ›zornig, böse‹, mnd. *grāl* ›Lärm, Schall, Pracht, lärmende Fröhlichkeit, Festlichkeit im Freien, Spiel mit Tanz und Turnier‹ oder mhd. *grāl* ›der heilige Gral‹; bildlich ›das Teuerste, Liebste‹. 2. Herkunftsname zu dem Ortsnamen Graal (Mecklenburg-Vorpommern).

Grahn: 1. Herkunftsname zu den Ortsnamen Grana (Sachsen-Anhalt), Gran (Ungarn) oder zum Gewässernamen Grane, rechter Nebenfluss der Innerste (Niedersachsen). 2. Übername zu mhd. *gran, grān* ›Scharlachfarbe‹.

Graichen: Übername zu mhd. *grâ* ›grau‹ + *-chen*-Suffix für einen Grauhaarigen.

Graman(n): ▶ Graumann.

Graml: oberdeutscher Übername mit *-l*-Suffix zu mhd. *gram* ›zornig, unmutig‹.

Gramlich: Übername zu mhd. *gramelich, gremlich* ›zornig, unmutig‹.

Gramm: 1. Übername zu mhd. *gram* ›zornig, unmutig‹. 2. Herkunftsname zu den Ortsnamen Gram (Nordschleswig/Dänemark), Grammdorf (Schleswig-Holstein), Grammen (Ostpreußen). 3. Berufsübername zu mnd. *gram* ›Grummet, Nachmahd‹ für einen Bauern.

Grams: 1. Herkunftsname zu poln. *grąbiec* ›grober Mensch‹. 2. Auf eine verkürzte und verschliffene Form von ▶ Hieronymus zurückgehender Familienname.

Gramsch: Herkunftsname zu polnischen Ortsnamen wie Grąbosz u. Ä.

Grande: 1. Herkunftsname zu dem gleichlautenden Ortsnamen (Holstein). 2. Niederdeutscher Übername zu mnd. *grande* ›groß‹ (< lat. *grandis* ›groß‹) für einen groß gewachsenen Menschen. ❖ *Johan de Grande, Aleves sonne* [Sohn] *des Granden* ist a. 1449 in Coesfeld belegt. 3. Italienischer oder spanischer Übername zu italien./span. *grande* ›groß‹. ❖ In Lahr/Schwarzwald ist der italienische Name Grande bereits a. 1720 für einen Musikanten bezeugt.

Grandt: 1. Wohnstättenname zu mnd. *grant, grand* ›Kies, Sand‹. 2. Herkunftsname zu den Ortsnamen Grand (Bayern), Grande (Holstein).

Graner: 1. Übername zu mhd. *gran(n)en* ›weinen, flennen‹. 2. Herkunftsname zu den Ortsnamen Grana (Sachsen-Anhalt), Gran (Ungarn). ❖ Ungarische Herkunft wird z. B. für das im 14. Jh. in Regensburg bezeugte Patriziergeschlecht der *Graner* angenommen.

Grans(e): Übernamen zu mhd. *grans* ›Schnabel, Maul‹, mnd. *gransen* ›den Mund verziehen, murren, knurren, mit den Zähnen knirschen‹. ❖ *Karolus Granns* ist a. 1240 in Regensburg bezeugt.

Granzow: Herkunftsname zu dem Ortsnamen Granzow (Mecklenburg-Vorpommern, Brandenburg, ehem. Pommern/jetzt Polen).

Grapengeter: Berufsname zu mnd. *grope, grape* ›Topf‹ und mnd. *geter* ›Gießer‹ für den Hersteller von Töpfen aus Metall.

Graper, Gräper, Grapner: ▶ Groper, Gröper.

Gras: 1. Wohnstättenname zu mhd., mnd. *gras* ›Gras, Grasland, Weide‹. 2. Herkunftsname zu den Ortsnamen Gras, Grass (Bayern).

Graser, Gräser: Berufsnamen zu mhd. *grasen* ›Gras schneiden‹ für den Mäher. Dabei kann es sich um einen in der Landwirtschaft tätigen Knecht oder Tagelöhner, aber auch um jemanden, der für die der Stadt gehörigen Wiesen zuständig war, gehandelt haben. So gab es in Breslau eine Gräsergasse: 1403 *under den grezern*. ❖ In München ist a. 1395 *perchtold graser* bezeugt.

Grashei, Grashey: Amtsnamen zu mhd. *gras* ›Gras, Grasland, Weide‹ + mhd. *heie* ›Hüter, Pfleger‹ für einen Aufseher über (städtische) Wiesen.

Grass, Graß: 1. ▶ Gras. 2. Übernamen zu mhd. *graʒ*, *grāʒ* ›wütend, zornig‹. ❖ Bekannter Namensträger: Günter Grass, deutscher Schriftsteller (20./21. Jh.).

Grasse: Übername zu mhd. *graʒ* ›wütend, zornig‹.

Grasser: 1. ▶ Graser. 2. Übername zu mhd. *grāʒen* ›schreien, sich übermütig gebärden‹. ❖ Bekannter Namensträger: Erasmus Grasser, deutscher Bildhauer (15./16. Jh.).

Grassi: italienischer Übername zu italien. *grasso* ›fett‹ für einen dicken Menschen. ❖ Bekannter Namensträger: Anton Grassi, österreichischer Bildhauer und Porzellanmodelleur (18./19. Jh.).

Graßhoff: 1. Wohnstättenname zu mhd. *grashof* ›Rasenplatz, Garten‹, mnd. *grashof* ›Baumpflanzung, Lustgarten‹. 2. Herkunftsname zu den Ortsnamen Grashoff (Westfalen), Grashof (Hessen, Bayern).

Graßl: Ableitung von ▶ Grass mit -*l*-Suffix.

Graßmann: Berufsname auf -*mann*, ▶ Graser.

Grathwo(h)l: ▶ Grotewahl, Grotewohl.

Gratz, Grätz: 1. Herkunftsnamen zu den Ortsnamen Graz (Österreich), Königgrätz/Hradec Králové in Böhmen. 2. Aus einer verkürzten Form von ▶ Pankratz entstandene Familiennamen. 3. Übernamen oder Berufsnamen zu poln. *gracz*, nsorb. *grac* ›Spieler, Spielmann‹.

Grau: 1. Übername zu mhd. *grā, -wes* ›grau‹ für einen grauhaarigen Menschen. 2. Herkunftsname zu dem Ortsnamen Graue (Niedersachsen).

Grauel: 1. ▶ Graul. 2. Herkunftsname zu dem Ortsnamen Grauel (Schleswig-Holstein).

Grauer: stark flektierte Form von ▶ Grau.

Grauf: diphthongierte (schwäbische, fränkische) Form von ▶ Graf(e).

Graul: Übername zu mhd. *griuwel* ›Schrecken, Grauen, Gräuel‹, mnd. *grūwel* ›Grauen, Furcht‹ für einen Furcht einflößenden Menschen. ❖ In München ist a. 1371 *Werndel Grauls swager* erwähnt.

Graumann: Ableitung von ▶ Grau mit dem Suffix -*mann*.

Graupe: Berufsübername für den ▶ Graupner.

Graupmann: Berufsname auf -*mann* für den ▶ Graupner.

Graupner: 1. Berufsname zu dem aus dem Slawischen entlehnten Wort Graupe (vgl. osorb. *krupa* ›Getreidegraupe‹) für den Verkäufer von Grütze oder Hülsenfrüchten. 2. Herkunftsname zu den Ortsnamen Graupen/Krupka (Böhmen), Graupa (Sachsen).

Grave: 1. ▶ Graf(e) und ▶ Grabe. 2. Herkunftsname zu dem Ortsnamen Grave (Niedersachsen).

Graw(e): ▶ Grabe und ▶ Graf(e).

Greb(e): mitteldeutsche, vor allem hessische Formen von ▶ Graf(e).

Greber: ▶ Graber.

Grebner: ▶ Grabner.

Greco: italienischer Familienname zu ital. *greco* ›der Grieche‹.

Green: 1. Herkunftsname zu den Ortsnamen Green (Rheinland-Pfalz), Greene (Niedersachsen). 2. Wohnstättenname zu mhd. *grēn* ›Korn, Sandkorn‹: ›wohnhaft an einer sandigen Stelle‹. 3. Englischer Wohnstättenname zu altengl. *grēne* ›grün‹ nach der Wohnung nahe am *village green*, der Dorfwiese.

Greger: aus einer verkürzten Form von ▶ Gregor(ius) entstandener Familienname. ❖ Bekannter Namensträger: Max Greger, deutscher Orchesterleiter und Saxofonist (20./21. Jh.).

Gregor(ius): aus den gleichlautenden Rufnamenformen hervorgegangene Familiennamen. Gregorius geht auf einen spätrömischen Beinamen griechischer Herkunft (griech. *grēgoréō* ›wachen, wachsam sein‹) zurück. Zur Verbreitung des Rufnamens im Mittelalter trug die Verehrung mehrerer Heiliger bei. ❖ Auf verkürzte Formen von

Gregorius gehen u.a. die Familiennamen **Greger, Grieger, Gröger, Groeger, Grüger, Gareis(s), Gareiß, Jahreis(s), Jareis, Görres, Göris, Görries, Görs, Guhr** zurück. ❖ Bei den Familiennamen **Grigoleit** und **Grigat** handelt es sich um patronymische Bildungen mit den litauischen Suffixen -*eit* und -*at*, die ursprünglich in Ostpreußen verbreitet waren.

Greif(f): 1. Übernamen zu mhd. *grīf* ›Greif, ein fabelhafter Vogel‹. 2. Diesen Familiennamen kann auch ein Hausname zugrunde liegen. So ist z. B. in Köln ein *domus que dicitur Grif* [ein Haus, das man Greif nennt] i. J. 1252 überliefert. 3. Vereinzelt Herkunftsnamen zu dem Ortsnamen Greif (Schlesien).

Greil: durch Entrundung entstandene Form von ▸ Greu(e)l.

Greim, Greim(e)l: aus einer Kurz- bzw. Koseform des alten deutschen Rufnamens Greimolt *(grīm + walt)* entstandene Familiennamen.

Grein: 1. Übername zu mhd. *grīn* ›lautes Geschrei‹. 2. Auf eine verkürzte Form des Heiligennamens ▸ Quirin zurückgehender Familienname.

Greiner: Übername zu mhd. *grīnen* ›den Mund verziehen (lachend, knurrend, weinend)‹, mhd. *grīner* ›Weiner, Heuler‹.

Greinert: Erweiterung von ▸ Greiner mit sekundärem -*t*.

Greis: Übername zu mhd. *grīs* ›grau, greis‹, mhd. *grīse* ›der Greis‹ für einen alten Menschen. ❖ *Ulel Greis der chürsner* ist a. 1347 in Regensburg bezeugt.

Greiser: 1. ▸ Greis. 2. Durch Entrundung entstandene Variante von ▸ Greußer. 3. Vereinzelt Herkunftsname zu den Ortsnamen Greis (Baden-Württemberg), Greisau (Schlesien).

Greissler, Greißler: ▸ Greiser (2.).

Greit(h)er: durch Entrundung entstandene Formen von ▸ Greut(h)er.

Grell(e): 1. Übernamen zu mhd. *grël* ›rau, grell, zornig‹. 2. Berufsübernamen zu mhd. *grelle* ›das Krallende, Stechende; Gabel (als Waffe)‹, mnd. *grelle* ›Stange, Speer‹ für den Hersteller oder Benutzer.

Greller: Übername zu mhd. *grëllen* ›laut, vor Zorn schreien‹ für einen zornigen Menschen.

Grellert: Erweiterung von ▸ Greller mit sekundärem -*t*.

Gremlich: ▸ Gramlich.

Grempler: Berufsname zu mhd. *grempen* ›Kleinhandel treiben, trödeln‹, mhd. *grempeler* ›Kleinhändler, Trödler‹.

Grenz: 1. Wohnstättenname zu mhd. *greniz(e)* ›Grenze‹: ›wohnhaft an einer Grenze‹. 2. Herkunftsname zu dem gleichlautenden Ortsnamen (Brandenburg).

Gress, Greß, Gresse, Greße: 1. Übernamen zu mnd. *grese* ›Schauder, Grausen‹. 2. Herkunftsname zu den Ortsnamen Gresse (Mecklenburg), Gressau (Bayern).

Gretenkord, Gretenkort: aus den Rufnamen Grete, einer verkürzten Form von Margarete (▸ Grether), und Kord/Kort (▸ Konrad) zusammengesetzte Familiennamen, die als ›Kord/Kort, Sohn/Ehemann der [Frau] Grete‹ aufzufassen sind.

Grether: 1. Metronymische Bildung auf -*er* zu Grethe, einer verkürzten Form von Margarete (< lat. *margarīta* ›Perle‹ < griech. *margarítēs* ›Perle‹). Im Mittelalter war Margarete ein sehr beliebter Rufname. Namensvorbild war die heilige Margarete von Antiochia (3./4. Jh.). Nach der Legende soll sie den Teufel in Gestalt eines Drachen im Kampf mit dem Kreuzeszeichen besiegt haben. Sie ist die Schutzheilige der Bauern, der Gebärenden und Wöchnerinnen und gehört zu den vierzehn Nothelfern. ❖ Aus der verkürzten Form Grite sind die in Schlesien entstandenen Familiennamen **Grittner** und **Grüttner** hervorgegangen. 2. Herkunftsname zu den Ortsnamen Grete (Niedersachsen), Grethen (Sachsen, Rheinland-Pfalz).

Greu(e)l: 1. ▸ Graul. 2. Herkunftsnamen zu dem Ortsnamen Greuel (Nordrhein-Westfalen).

Greulich: 1. Übername zu mhd. *griuwelich, griulich* ›schrecken-, grauenerregend‹ für einen Furcht einflößenden Menschen. 2. Gelegentlich Herkunftsname zu den Ortsnamen Greulich (Schlesien), Grulich (Böhmen).

Greupner: ▸ Graupner.

Greußer: Berufsname zu mhd. *griuʒe* ›Grütze‹, mhd. *griuʒeler* ›Hersteller und Verkäufer von Grütze‹.

Greut(h): 1. Oberdeutsche Wohnstättennamen zu dem häufigen gleichlautenden Flurnamen (zu mhd. *geriute* ›Stück Land, das durch Rodung urbar gemacht worden ist‹). 2. Herkunftsnamen zu den Ortsnamen Greut (Baden-Württemberg, Bayern), Greuth, Kreut(h) (Bayern, Österreich).

Greut(h)er: Ableitungen auf *-er* zu ▶ Greut(h).

Greve: niederdeutsche Form von ▶ Graf(e). ❖ *Herman Greve* ist a. 1456 in Coesfeld bezeugt.

Greven: 1. Patronymische Bildung (schwacher Genitiv) zu ▶ Greve. 2. Herkunftsname zu dem Ortsnamen Greven (Westfalen, Niedersachsen, Mecklenburg).

Grewe: niederdeutsche Form von ▶ Graf(e).

Grieb(e): 1. Übernamen zu mhd. *griebe* ›Griebe, ausgebratener Speckwürfel‹. 2. ▶ Griep.

Griebel: 1. Ableitung von ▶ Grieb(e) mit *-l-*Suffix. 2. Durch Entrundung entstandene Form von ▶ Grübel. 3. Herkunftsname zu dem Ortsnamen Griebel (Holstein).

Grieben: Herkunftsname zu dem gleichlautenden Ortsnamen (Mecklenburg-Vorpommern, Brandenburg, Sachsen-Anhalt, Ostpreußen).

Grieger: auf eine schlesische Form von ▶ Gregor(ius) zurückgehender Familienname.

Grien: 1. Entrundete, oberdeutsche Form von Grün (▶ Grun). 2. Wohnstättenname zu mhd. *grien* ›Kiesboden, sandiges Ufer‹. ❖ Bekannter Namensträger: Hans Baldung, genannt Grien, deutscher Maler, Zeichner und Kupferstecher (15./16. Jh.).

Griep: niederdeutscher Übername oder Hausname zu mnd. *grīp* ›Greif‹, vgl. ▶ Greif(f).

Griepenkerl: niederdeutscher Übername in Satzform: »Griep den Kerl!« (›Greif den Kerl!‹).

Gries: 1. Wohnstättenname zu mhd. *griez* ›Sandkorn, Sand, Kiessand, sandiges Ufer‹, mnd. *grīs* ›grober Sand, Kiessand‹. 2. Herkunftsname zu dem häufigen Ortsnamen Gries (Bayern, Rheinland-Pfalz, Österreich). 3. Übername zu mnd. *grīs(e)* ›weißgrau; Greis‹.

Griesbach: Herkunftsname zu dem mehrfach vorkommenden Ortsnamen Griesbach (Bayern, Baden-Württemberg, Österreich).

Griesbeck: bairischer Herkunftsname auf *-beck* zu dem Ortsnamen ▶ Griesbach.

Griese: 1. ▶ Gries (3.). 2. Herkunftsname zu dem gleichlautenden Ortsnamen (ehem. Brandenburg/jetzt Polen).

Grieser: Ableitung auf *-er* zu ▶ Gries (1.) und (2.), gelegentlich zu ▶ Griese (2.).

Grieshaber: südwestdeutscher Übername für einen Bauern nach der Bauernkost namens »Grießhaber«, die aus in der Pfanne gebackenem Grieß mit Schmalz und Eiern bestand. ❖ Bekannter Namensträger: HAP Grieshaber, deutscher Grafiker (20. Jh.).

Griesheim: Herkunftsname zu dem gleichlautenden Ortsnamen (Hessen, Thüringen, Baden-Württemberg, Elsass).

Griesing(er): Herkunftsname zu dem Ortsnamen Griesingen (Württemberg).

Griesmai(e)r, Griesmay(e)r, Griesmei(e)r, Griesmeyer: Standesnamen, nähere Kennzeichnung eines Meiers (▶ Meyer) durch die Lage des Hofes (▶ Gries [1.]).

Griess, Grieß: ▶ Gries (1.).

Grießer: ▶ Grieser.

Griesshaber, Grießhaber: ▶ Grieshaber.

Grießmaier, Grießmay(e)r, Grießmeier: ▶ Griesmai(e)r.

Grigat: ursprünglich in Ostpreußen verbreitete patronymische Bildung zu ▶ Gregor(ius) mit dem litauischen Suffix *-at*.

Grigo: aus einer ostpolnischen, unter russisch/ukrainischem Einfluss entstandenen Form von ▶ Gregor(ius) gebildeter Familienname.

Grigoleit: ursprünglich in Ostpreußen verbreitete patronymische Bildung zu ▶ Gregor(ius) mit dem litauischen Suffix *-eit*.

Grill(e): 1. Übernamen nach der Tierbezeichnung (mhd. *grille*), entsprechend der Rolle der Grille in der Tierfabel wohl für einen leichtsinnigen, lustigen Menschen. 2. Herkunftsnamen zu den Ortsnamen Grill (Bayern, Schleswig-Holstein); nur bei den Formen mit *-e*: Grille (Nordrhein-Westfalen). ❖ *Ulr. der Grill* ist a. 1340 in Regensburg bezeugt.

Grillparzer: Herkunftsname zu dem Ortsnamen Grillparz (Oberösterreich). ❖ Bekannter Namensträger: Franz Grillparzer, österreichischer Dichter (18./19. Jh.).

Grimm(e): 1. Übernamen zu mhd. *grim(me)* ›grimmig, unfreundlich, schrecklich, wild‹. 2. Herkunftsnamen zu den Ortsnamen Grimm (Bayern), Grimma (Sachsen), Grimme (Sachsen-Anhalt, Brandenburg), Grimmen (Mecklenburg-Vorpommern, Ostpreußen). 3. Auf die Kurzform eines mit dem Namenwort *grīm* gebildeten Rufnamens zurückgehende Familiennamen. ❖ *Ulrich Grimm* ist a. 1369 in München bezeugt. ❖ Bekannte Namensträger: Jakob und Wilhelm Grimm, deutsche Sprachwissenschaftler sowie Märchen- und Sagensammler und -herausgeber (18./19. Jh.).

Grimmer: 1. Stark flektierte Form von ▶Grimm(e) (1.). 2. Ableitung auf *-(e)r* zu ▶Grimm(e) (2.), (3.).

Grimming(er): Herkunftsnamen zu dem Ortsnamen Grimming (Bayern).

Gringmuth: Übername zu mhd. *geringe* ›klein, gering‹ und mhd. *muot* ›Geist, Gemüt; Entschlossenheit, Mut‹ für einen kleinmütigen Menschen.

Grittner: ▶Grüttner.

Grob(e): 1. Übernamen zu mhd. *grop, grob* ›groß, dick, stark; unfein, ungebildet‹ für einen groben, derben Menschen. 2. In Norddeutschland kann es sich bei dem Familiennamen Grobe um einen Wohnstättennamen zu mnd. *grōve* ›Grube‹ handeln.

Gröben: 1. Herkunftsnamen zu den Ortsnamen Gröben (Bayern, Thüringen, Brandenburg, Sachsen-Anhalt, Österreich, Ostpreußen), Gröbern (Bayern, Baden-Württemberg, Sachsen-Anhalt, Sachsen). 2. Stark flektierte Form von ▶Grob(e) (1.). 3. Variante von ▶Graber, Gräber.

Gröbner: 1. ▶Gröber. 2. Gerundete Form von Grebner, ▶Grabner.

Groch(e): Berufsübernamen zu nsorb., poln. *groch* ›Erbse‹ für einen Bauern oder Übernamen nach dem Lieblingsgericht.

Gröger, Groeger: auf eine durch Rundung entstandene Form von ▶Gregor(ius) zurückgehende Familiennamen.

Groh: 1. Durch Verdumpfung des *-ā-* zu *-ō-* entstandener Übername zu mhd. *grā, -wes*, mnd. *grā(we)* ›grau‹ für einen grauhaarigen Menschen. 2. Durch Abstoßung der Endsilbe entstandener Wohnstättenname zu mnd. *grōve* ›Grube‹ oder mnd. *grōde* ›Grasland‹.

Grohmann: Ableitung von ▶Groh mit dem Suffix *-mann*.

Grohne: 1. Herkunftsnamen zu den häufigen Ortsnamen ▶Gronau oder zu Grone (Niedersachsen), Grohn (Bremen). 2. Übername zu mnd. *grōne* ›grün, unreif, frisch; begierig, lüstern‹.

Grohner: 1. Ableitung auf *-(e)r* zu ▶Grohne (1.). 2. Stark flektierte Form von ▶Grohne (2.).

Grohs: Schreibvariante von Groß (▶Gross), die auf dem Missverständnis *ß = hs* beruht.

Groll: 1. Übername zu mhd. *grolle* ›Groll‹ für einen zornigen Menschen. 2. Herkunftsname zu dem Ortsnamen Groll (Westfalen). ❖ Um einen Übernamen handelt es sich bei dem Beleg aus München a. 1397 *Chunrad Groll*.

Grolms, Grolmus(s): auf verkürzte und verschliffene Formen von ▶Hieronymus zurückgehende Familiennamen.

Gronau: Herkunftsname zu dem häufigen Ortsnamen Gronau (Schleswig-Holstein, Niedersachsen, Nordrhein-Westfalen, Hessen, Rheinland-Pfalz, Baden-Württemberg, Bayern, Ostpreußen).

Gröne: ▶Grun, Grün.

Groneberg: Herkunftsname zu dem Ortsnamen Gronenberg (Holstein).

Grönemeier, Grönemeyer: Standesnamen, nähere Bestimmung eines Meiers (▶Meyer) durch die Lage des Hofes an grün bewachsener Stelle (zu mnd. *grone* ›das Grüne‹). ❖ Bekannter Namensträger: Herbert Grönemeyer, deutscher Rock- und Popsänger (20./21. Jh.).

Grönewald, Gronewold, Grönewold: Herkunftsnamen zu den Ortsnamen Grönwohld (Schleswig-Holstein), Gronwalde (Ostpreußen) sowie zu den häufigen Ortsnamen ▶Grunewald, Grünewald.

Gröning: 1. Herkunftsname zu den häufigen Ortsnamen Gröningen (Sachsen-Anhalt, Württemberg), Gröning (Bayern). 2. Übername zu mhd. *gronink, grōninc* ›Goldammer‹, auch ›Grünschnabel‹.

Gronwald: ▶Grönewald.

Groos: ▶Gross.

Groot: niederdeutscher Übername zu mnd. *grōt* ›groß, gewaltig‹.

Grope: niederdeutscher Berufsübername zu mnd. *grope* ›Topf aus Ton oder Metall‹ für den Hersteller.

Gropengiesser, Gropengießer: niederdeutsche Berufsnamen zu mnd. *grope* ›Topf‹ und verhochdeutschtes mnd. *geter* ›Gießer‹ für den Hersteller von Töpfen aus Metall.

Groper, Gröper: aus der alten, früher in ganz Nord- und Mitteldeutschland üblichen Bezeichnung für den Töpfer (mnd. *groper*) hervorgegangene Familiennamen, ▶Töpfer.

Gropius: in der Zeit des Humanismus gebildete Latinisierung von ▶Groper. ❖ Bekannter Namensträger: Walter Gropius, deutscher Architekt und Industriedesigner (19./20. Jh.).

Gropp(e): Übernamen zu mhd. *groppe* ›ein Fisch (Kaulkopf)‹. Es handelt sich um einen kleinen Bachfisch mit einem großen Kopf und einem breiten Maul, sodass der Übername am ehesten eine Anspielung auf das Aussehen des ersten Namensträgers enthält, er kann aber auch einen Fischer meinen.

Gropper, Gröpper, Gröppner: 1. ▶Groper. 2. Oberdeutsche Berufsübernamen für einen Fischer (▶Gropp[e]).

Gros: ▶Gross.

Grosch(e): Übernamen zu mhd. *gros, grosse* ›Groschen‹.

Gröschel: Ableitung von ▶Grosch(e) mit *-l*-Suffix.

Groschoff, Groschopf, Groschopp, Groschup, Groschupf, Groschupp: Übernamen zu mhd. *grā* ›grau‹ und mhd. *schopf* ›Kopfhaar‹ für einen grauhaarigen Menschen.

Gross, Groß: Übernamen zu mhd. *grōz* ›groß, dick; angesehen, vornehm‹. Hier oder in den vielen Zusammensetzungen mit Rufnamen kann »Groß-« auch auf Reichtum und Ansehen des ersten Namensträgers zielen. ❖ So tragen die Mitglieder des Nürnberger Patriziergeschlechts *Groß* öfters den Beinamen *der Reiche*, z. B. in einer Urkunde von a. 1298: *Heinrich des Grozzen Heinriches sun burger von Nurnberg = der Reiche Heinrich*. ❖ Bekannter Namensträger: George Grosz, deutscher Maler und Grafiker (19./20. Jh.).

Grosse, Große: 1. Flektierte Formen von ▶Gross. 2. ▶Grosch(e).

Großel, Größel: ober- bzw. mitteldeutsche Ableitungen von ▶Gross mit *-l*-Suffix.

Grosser, Großer: 1. Stark flektierte Formen von ▶Gross. 2. Herkunftsnamen zu dem Ortsnamen Groß (Bayern).

Grosshans, Großhans: aus dem Adjektiv »groß« (▶Gross) und dem Rufnamen ▶Hans gebildete Familiennamen. Bei Zusammensetzungen mit Rufnamen kann »groß« auch die Bedeutung »älter« haben, also hier ›der ältere Hans‹ gegenüber einem jüngeren Hans (▶Kleinhans).

Großhaupt: Übername für einen Menschen mit einem auffällig großen Kopf.

Großheinrich, Großhenning, Großhen(n)rich: Zusammensetzungen von ▶Gross mit den Rufnamen ▶Heinrich, ▶Henning und ▶Hen(n)rich.

Großjan(n): Zusammensetzungen von ▶Gross mit dem Rufnamen Jan (▶Jahn).

Großjohann: Zusammensetzung von ▶Gross mit dem Rufnamen ▶Johann.

Großklaus: Zusammensetzung von ▶Gross mit dem Rufnamen ▶Klaus.

Grossklos, Großkloß: Zusammensetzungen von ▶Gross mit der Rufnamenform ▶Klos.

Großkop(f): Übernamen für einen Menschen mit einem auffällig großen Kopf, in übertragenem Sinn auch für einen Prahlhans, Angeber.

Großkunz(e): Zusammensetzungen von ▶Gross mit den Rufnamenformen Kunz und Kunze (▶Kunz).

Grosskurt(h), Großkurt(h): Zusammensetzungen von ▶Gross mit dem Rufnamen ▶Kurt.

Grossl, Großl, Grössl, Größl: oberdeutsche Ableitungen von ▶Gross mit *-l*-Suffix.

Grössle, Größle: schwäbische Ableitungen von ▶Gross.

Grossmann, Großmann: Ableitungen auf *-mann* von ▶Gross für einen großen, dicken oder auch reichen Menschen, vielleicht aber auch für einen Großtuer.

Großnick(el): Zusammensetzungen von ▶Gross mit den Rufnamen ▶Nick und ▶Nickel.

Grossniklaus, Großniklaus: Zusammensetzungen von ▶Gross mit dem Rufnamen Niklaus (▶Niklas, Niklaus).

Grosspeter, Großpeter: Zusammensetzungen von ▶Gross mit dem Rufnamen ▶Peter.

Großpiet(z)sch: Zusammensetzungen von ▶Gross mit den Rufnamenformen Pietzsch und Pietsch (▶Pietsch).

Grote: ▶Groot.

Grotefend(t): niederdeutsche Übernamen, die aus mnd. *grōt* ›groß‹ und mnd. *vent* ›Junge, Knecht, Gehilfe‹ zusammengesetzt sind.

Groterjahn: niederdeutscher Übername, der aus mnd. *grōt* ›groß‹ und dem Rufnamen Jahn (▶ Johannes) zusammengesetzt ist.

Grotewahl, Grotewohl: 1. Übernamen in Satzform (›es gerate wohl‹), die wahrscheinlich als Gesellennamen bei der Gesellentaufe entstanden sind. 2. Niederdeutsche Wohnstättennamen zu mnd. *grōt* ›groß‹ und mnd. *wal* ›Erddamm, Erdwall‹. 3. Übernamen zu fnhd. *geratwol* ›missratener Sohn‹.

Groth: ▶ Groot.

Grothaus: 1. Wohnstättenname: ›wohnhaft in einem großen Haus/Hof‹. 2. Herkunftsname zu dem Ortsnamen Groothusen (Ostfriesland).

Grothe: ▶ Groot.

Grotheer: Übername zu mnd. *grōt* ›groß‹ und mnd. *here* ›Herr‹ für einen Großtuer, Angeber oder zu mnd. *gröthere* ›Großvater‹.

Grothkop(p): niederdeutsche Formen von ▶ Großkop(f).

Grotja(h)n: ▶ Groterjahn.

Grotrian: aus ▶ Groterjahn durch *r*-Umsprung entstandener niederdeutscher Familienname. ❖ Bekannter Namensträger: Friedrich Grotrian, deutscher Klavierfabrikant (19. Jh.).

Grötsch, Grötzsch: Herkunftsnamen zu dem Ortsnamen Grötsch (Brandenburg, Schlesien), Grötzsch (ehem. Brandenburg/jetzt Polen), Groitzsch (Sachsen), Groitzschen (Sachsen-Anhalt).

Grotz: Da der Name einerseits in Schwaben, andererseits im Raum Passau häufig vorkommt, ergeben sich zwei unterschiedliche Deutungsmöglichkeiten: 1. Für das schwäbische Gebiet Übername zu schwäb. *Grotz* ›kleiner Kerl‹. 2. Bei bayerischer Herkunft dürfte es sich um eine dialektale Schreibung von ▶ Gratz (1.) oder (2.) handeln, vielleicht auch um einen Wohnstättennamen zu bair. *Grotzen* ›Waldgegend‹.

Grötzinger, Grözinger: Herkunftsnamen zu dem Ortsnamen Grötzingen (Baden-Württemberg).

Grötzner: ▶ Grützner.

Grub: 1. Wohnstättenname zu mhd. *gruobe* ›Grube, Steinbruch‹, vor allem für jemanden, der in einer Bodensenkung, einer Schlucht wohnte. 2. Herkunftsname zu dem äußerst häufigen Ortsnamen Grub (Bayern, Baden-Württemberg, Österreich).

Grube: 1. ▶ Grub (1.). 2. Herkunftsname zu dem gleichlautenden Ortsnamen (Holstein, Mecklenburg-Vorpommern, Brandenburg, Sachsen, Nordrhein-Westfalen).

Grübel: 1. Ableitung von ▶ Grub mit *-l*-Suffix. 2. Übername zu mhd. *grübel, der helle grübel* ›Teufel‹. 3. Berufsname, schwäbische Bezeichnung für den Totengräber.

Gruber, Grüber: 1. Ableitungen auf *-er* zu ▶ Grub. 2. In Weinbaugebieten Berufsname für jemanden, der die Gruben für die Rebschösslinge aushebt (zu mhd. *gruoben*).

Grubert: Erweiterung von ▶ Gruber mit sekundärem *-t*.

Grübner: Ableitung auf *-ner* von ▶ Grub.

Grüger: auf eine durch Rundung entstandene Form von Grieger (▶ Gregor[ius]) zurückgehender Familienname.

Gruhl: 1. Übername zu mhd. *grüwel* ›Grauen, Furcht‹ für einen Furcht einflößenden Menschen. 2. Herkunftsname zu dem Ortsnamen Gruhl (Schleswig-Holstein).

Gruhn: 1. ▶ Grun. 2. ▶ Grunau.

Grun, Grün: 1. Übernamen zu mhd. *grüene* ›grün‹ als Farbbezeichnung und im übertragenen Sinne, sodass sich der Name auf die Kleidung, den Charakter (›frisch, heiter‹) oder das Alter (›unerfahren‹) des ersten Namensträgers beziehen kann. 2. Herkunftsnamen zu den häufigen Ortsnamen Grün (Bayern, Baden-Württemberg, Sachsen), Grüna (Brandenburg, Sachsen, Thüringen), Grüne (Westfalen) sowie den unter ▶ Grunau aufgeführten Orten. 3. Wohnstättennamen zu mhd. *grüene* ›grünes Feld, grüner Wald‹, auch ›Rodung, Lichtung‹. ❖ Bekannter Namensträger: Max von der Grün, deutscher Schriftsteller (20./21. Jh.).

Grunau, Grünau: Herkunftsnamen zu den häufigen Ortsnamen Grunau (Oberfranken, Sachsen, Sachsen-Anhalt), Grünau (Bayern, Sachsen, Thüringen, Nordrhein-Westfalen, Mecklenburg-Vorpommern, ehem. Pommern/jetzt Polen, Ostpreußen, Österreich).

Grünberg: Herkunftsname zu dem häufigen Ortsnamen Grünberg (Schleswig-Holstein, Mecklenburg-Vorpommern, ehem. Pommern/jetzt Polen, Brandenburg, Thüringen, Sachsen, Hessen, Baden-Württemberg, Bayern, Schlesien, Ostpreußen, Österreich, Böhmen).

Grund: 1. Wohnstättenname zu mhd., mnd. *grunt* ›Niederung, Talgrund‹ für jemanden, der im Tal wohnte. 2. Herkunftsname zu dem häufigen Ortsnamen Grund (Bayern, Baden-Württemberg, Niedersachsen, Nordrhein-Westfalen, Schleswig-Holstein, Schlesien, Österreich).

Gründel: 1. Der mhd. als *grundel(inc)*, mnd. als *grundelink* ›Gründling‹ bezeichnete Fisch galt als minderwertig, sodass es sich einerseits um einen Berufsübernamen für einen Fischer, andererseits um einen Übernamen in abschätziger Bedeutung handeln kann. 2. Ableitung von ▶ Grund (1.) mit *-l*-Suffix.

Gründer: Ableitung auf *-er* von ▶ Grund.

Grundler, Gründler: Ableitung auf *-(l)er* von ▶ Grund oder ▶ Gründel (2.).

Grundmann: Ableitung auf *-mann* von ▶ Grund.

Grundner: 1. Ableitung auf *-ner* von ▶ Grund. 2. Herkunftsname zu dem Ortsnamen Grunden (Ostpreußen).

Grundt: ▶ Grund.

Grüne: ▶ Grun, Grün.

Gruneberg, Grüneberg: Herkunftsnamen zu dem Ortsnamen Grüneberg (Rheinland-Pfalz, Brandenburg, ehem. Brandenburg/jetzt Polen, Ostpreußen) bzw. zu den unter ▶ Grünberg aufgeführten Ortsnamen.

Grunenberg, Grünenberg: Herkunftsnamen zu den Ortsnamen Grünenberg (Nordrhein-Westfalen, Rheinland-Pfalz, Baden-Württemberg), Grunenberg (Ostpreußen).

Gruner, Grüner: 1. Herkunftsnamen zu den häufigen Ortsnamen Grün, Grüna, Grüne, vgl. ▶ Grun, Grün (2.). 2. Wohnstättennamen zu mhd. *grüene* ›grünes Feld, grüner Wald‹, auch ›Rodung, Lichtung‹. 3. Der Familienname Gruner kann auch auf eine verkürzte und verschliffene Form von ▶ Hieronymus zurückgehen. In seinem »Onomasticon Ecclesiae. Die Tauffnamen der Christen, deudsch vnd Christlich ausgelegt« (Mainz 1541) wendet sich Georg Witzel gegen die Verstümmelung christlicher Rufnamen im alltäglichen Gebrauch: »Es ist furwar nicht fein, das eben wir Deudschen Christen also vnfleißig vnd faul sind, vnsere eigen Tauffnamen auszusprechen. Haben vns darzu gewehnet, das wir offt schoene Namen kaum halb aussprechen vnd machen so lame ding daraus, das spoettlich laut. Sollen wir *Johan* sagen, so sprechen wir *Hen* oder *Hensel*. Sollen die Sachsen *Andres* sagen, so sprechen sie *Drebes* vnd für *Matthes Debes*, [...] für *Hieronymus* machen etliche *Gruner*, für *Christoph Stoffel*, für *Jacob Jekel* [...]«. ❖ Bekannter Namensträger: Richard Gruner, deutscher Verleger (20./21. Jh.).

Grunert, Grünert: Erweiterungen von ▶ Gruner, Grüner mit unorganischem *-t*.

Grunewald, Grünewald: Herkunftsnamen zu den häufigen Ortsnamen Grunewald (Brandenburg, ehem. Brandenburg/jetzt Polen, Schleswig-Holstein, Nordrhein-Westfalen, Schlesien), Grünewald (Brandenburg, ehem. Brandenburg/jetzt Polen, Niedersachsen, Nordrhein-Westfalen, Rheinland-Pfalz), Grünewalde (Sachsen-Anhalt, ehem. Pommern/jetzt Polen). ❖ Bekannter Namensträger: Matthias Grünewald, Maler (15./16. Jh.).

Grünhagen: Herkunftsname zu dem gleichlautenden Ortsnamen (Niedersachsen, ehem. Pommern/jetzt Polen, ehem. Westpreußen/jetzt Polen, Ostpreußen).

Grüni(n)g: Herkunftsnamen zu dem häufigen Ortsnamen Grüningen (Thüringen, Hessen, Baden-Württemberg, Schlesien, Schweiz).

Grüninger: Ableitung auf *-er* zu ▶ Grüni(n)g.

Grünke: Ableitung von ▶ Grohne (2.) bzw. von ▶ Grun, Grün (1.) mit *-k*-Suffix.

Grunow: Herkunftsname zu dem gleichlautenden Ortsnamen (Brandenburg, ehem. Brandenburg/jetzt Polen).

Grunwald, Grünwald: Herkunftsnamen zu den häufigen Ortsnamen Grünwald (Bayern, Baden-Württemberg, Schlesien), Grünwalde (Ostpreußen, ehem. Pommern/jetzt Polen) sowie zu den unter ▶ Grunewald, Grünewald aufgeführten Ortsnamen.

Grupe: Wohnstättenname zu md. *grupe* ›Grube‹, mnd. *gruppe* ›Rinne, Abzugsgraben‹.

Grupp: 1. Vor allem schwäbische Variante von ▶ Gropp(e). 2. Gelegentlich auch Variante von ▶ Grupe.

Gruschka: Übername zu nsorb. *gruša*, poln. *gruszka* ›Birne‹.

Gruß: Übername zu mhd. *grūz* ›Getreidekorn, Sandkorn‹.

Grüßel: Ableitung von ▶ Gruß mit *-l*-Suffix

Gruter, Grüter: Berufsnamen zu mnd. *grüten* ›Bier brauen‹ für den Bierbrauer, der anstelle des Hopfens Porst, d.h. wilden Rosmarin (mnd. *grūt*), verwendete. ❖ *Maes de* [der] *Gruter* ist a. 1401 in Coesfeld bezeugt.

Grüttner: 1. Niederdeutsche Form von ▶Grützner. 2. Vor allem in Schlesien entstandener metronymischer Familienname zu der von dem Rufnamen Margarete abgeleiteten Kurzform Grite (= Grete), vgl. ▶Grether. Die schlesische Form entstand durch Rundung des -i- zu -ü-. Daneben kommt auch die ältere Form Grittner vor.

Grützmacher: Berufsname zu mhd. *grütze* ›Grütze, grob Gemahlenes‹ für den Grützmüller und den Hersteller von Grütze.

Grützner: Berufsname für den Grützmüller und den Hersteller oder Verkäufer von dessen Produkten.

Gruyter: ▶deGruyter.

Grygo: ▶Grigo.

Grzimek: aus dem altpolnischen Rufnamen Pielgrzym (< mittellat. *peregrīnus* ›Pilger‹) mit dem Suffix *-ek* gebildeter Familienname. ❖ Bekannter Namensträger: Bernhard Grzimek, deutscher Zoologe (20. Jh.).

Gsanger, Gsänger: oberdeutsche Wohnstättennamen zu mhd. *sengen* ›sengen, brennen‹ für jemanden, der an einer durch Brand gerodeten Stelle wohnte.

Gschaid, Gscheid: oberdeutsche Formen von ▶Gescheidt.

Gscheidle: schwäbische Ableitung von Gscheid (▶Gschaid).

Gschlacht: oberdeutscher Übername zu mhd. *geslaht* ›von guter Art, wohlgeartet, edel‹.

Gschnait, Gschneidner: 1. Oberdeutsche Wohnstättennamen zu mhd. *sneite* ›durch den Wald gehauener Weg‹. Die Namen kommen auch als Hofnamen in Bayern und Österreich vor. 2. Herkunftsnamen zu den Ortsnamen Gschnaid, Gschnaidt (Bayern), Gschneid (Baden).

Gschrei, Gschrey: oberdeutsche Übernamen zu mhd. *geschrei* ›Geschrei‹ für einen lauten Menschen.

Gschwandtner: oberdeutscher Wohnstättenname für jemanden, der auf einer »Schwende« (▶Gschwendt) wohnte. ❖ Im Salzburgischen ist B. a. 1550 *Hans Gschwandtner zu Gschwandt in Taxenbach* bezeugt.

Gschwendt: 1. Oberdeutscher Wohnstättenname zu mhd. *swenden* ›ausreuten, bes. das Unterholz eines Waldes‹. Beim »Schwenden« wurden die Bäume und das Gesträuch durch Anhauen oder Abschälen der Rinde zum Absterben gebracht und danach weggeräumt oder verbrannt. Das so gewonnene Stück Weide- oder Ackerland hieß mhd. *swende*. Dieses Wort kommt auch als Flur- und Hofname vor. 2. Herkunftsname zu den Ortsnamen Geschwend (Baden, Bayern), Geschwand (Bayern, Österreich), Gschwend (Bayern, Baden-Württemberg, Österreich), Gschwendt (Bayern, Österreich), Gschwent (Österreich).

Gschwendtner: Ableitung auf *-ner* zu ▶Gschwendt.

Gschwind: oberdeutsche Form von ▶Geschwind.

Gschwindl: Ableitung von ▶Gschwind mit -l-Suffix.

Gsell(er): oberdeutsche Formen von ▶Gesell(e).

Gsöll: durch Rundung entstandene Form von Gsell, ▶Gesell(e).

Gsottschneider: oberdeutscher Berufsname für jemanden, der das *Gesott*, den zum Absieden, Abbrühen bestimmten Abfall von ausgedroschenem Getreide, der als Viehfutter verwendet wurde, klein hackte.

Gspahn, Gspan(n): oberdeutsche Übernamen zu mhd. *gespan* ›Gefährte, Genosse‹.

Gstader: 1. Oberdeutscher Wohnstättenname zu mhd. *stade* ›Gestade, Ufer eines Bachs oder Sees‹. 2. Herkunftsname zu den häufigen Ortsnamen Gstadt, Gstatt (Bayern, Österreich), Wüstung Gstadt bei Überlingen/Bodensee.

Gstettner, Gstöttner: 1. Oberdeutsche Wohnstättennamen zu bair. *Gstetten* ›Gestade, Ufer‹, auch ›am Abhang gelegenes Grundstück‹. 2. Herkunftsnamen zu den Ortsnamen Gstetten (Bayern), Gstötten (Österreich).

Gubisch: mit dem Suffix *-iš* gebildeter Übername zu nsorb. *guba* ›Lippe, Mund, Maul‹.

Gubitz: 1. Übername zu mhd. *gübitz*, einer Nebenform von mhd. *gībitze* ›Kiebitz‹. Sprichwörtlich war der Zickzackflug dieses Vogels, daher könnte die Gangart des ersten Namensträgers Anlass für Namengebung gewesen sein. 2. Bei Herkunft aus dem deutsch-slawischen Kontaktgebiet kann eine slawische Kurzform zu ▶Jakob vorliegen.

Gud(d)at: ursprünglich in Ostpreußen vorkommende patronymische Bildungen mit dem litauischen Suffix -at zu dem baltischen Stamm *gud* ›Wald, Heide‹.

Gude: 1. Übername zu mnd. *gōt, gūt* ›gut‹, vgl. mnd. *gudeman* ›unbescholtener Bürger, Edelmann, Grundherr‹. 2. Aus einer Kurzform eines mit dem Namenwort *got* gebildeten niederdeutschen Rufnamens, z. B. *Godefrit*, entstandener Familienname.

Guder: 1. Stark flektierte Form von ▶Gude. 2. Vor allem im ostmitteldeutschen Raum verbreitete Form von ▶Geuder.

Guderian, Guderjahn, Guderjan(n), Gudrian: aus dem Adjektiv »gut« (vgl. ▶Gude) und dem Rufnamen ▶Jahn (Johannes) zusammengesetzte Familiennamen.

Guericke: ▶Gere(c)ke. ❖ Bekannter Namensträger: Otto von Guericke, deutscher Ingenieur und Physiker (17. Jh.).

Gugel: Berufsübername zu mhd. *gugel* ›Kapuze am Rock oder Mantel‹ für den Hersteller oder Übername für den Träger.

Guggemo(o)s: Herkunftsnamen zu den Ortsnamen Guggemoos, Guggemoosen (Bayern).

Guggenberg(er): Herkunftsnamen zu dem in Bayern äußerst häufigen Ortsnamen Guggenberg.

Guggenbichler: 1. Bairisch-österreichische Form von ▶Guggenbühl(er) (1.). 2. Herkunftsname zu dem Ortsnamen Guggenbichl (Bayern).

Guggenbühl(er): 1. Vor allem in Baden-Württemberg und der Schweiz verbreitete Wohnstättennamen für jemanden, der auf einer Anhöhe (mhd. *bühel* ›Hügel‹) wohnte, von der man weit schauen (mhd. *gücken, gucken* ›neugierig gucken‹) konnte. 2. Herkunftsnamen zu den Ortsnamen Ober- und Unterguggenbühl (Baden-Württemberg).

Guggenheim: Herkunftsname zu dem gleichlautenden Ortsnamen (Schweiz, Elsass).

Guggenmoser: ▶Guggemo(o)s.

Gugger: Übername zu mhd. *gucken* ›wie der Kuckuck schreien‹.

Guhl: 1. Übername zu mnd. *gūl* ›Gaul‹, mhd. *gūl* ›Eber, männliches Tier, Ungeheuer, Gaul‹. 2. Gelegentlich Herkunftsname zu Ortsnamen wie Guhlau (Schlesien), Guhlen (Brandenburg, ehem. Brandenburg/jetzt Polen).

Guhr: 1. Auf eine verkürzte Form von ▶Gregor(ius) zurückgehender Familienname. 2. Gelegentlich Herkunftsname zu Ortsnamen wie Guhren (ehem. Brandenburg/jetzt Polen), Schlesien, Ostpreußen), Guhrau (Schlesien), Guhrow (Brandenburg).

Guillaume: französischer Familienname, der dem deutschen Ruf- und Familiennamen ▶Wilhelm entspricht.

Gül: türkischer Familienname zu türk. *gül* ›Rose‹.

Güldner: Berufsname für den Vergolder, vgl. ▶Goldner, Göldner.

Güler: türkischer Familienname zu türk. *güler* ›lächelnd, heiter‹.

Gumbert: aus dem gleichlautenden deutschen Rufnamen *(gund + beraht)* entstandener Familienname.

Gumbold(t): aus dem alten deutschen Rufnamen Gundbald *(gund + bald)* entstandene Familienname.

Gumbrecht, Gumbricht: aus Varianten des Rufnamens ▶Gumbert entstandene Familiennamen.

Gummert: aus einer zusammengezogenen Form von ▶Gumbert hervorgegangener Familienname.

Gump: 1. Aus einer Kurzform des alten Rufnamens Gumprecht (▶Gumbert) gebildeter Familienname. 2. Im westoberdeutschen Bereich auch Wohnstättenname zu mhd. *gumpe* ›Wasserwirbel‹, später westoberdeutsch ›Brunnen, Wasserloch‹ für jemanden, der an einer solchen Örtlichkeit wohnte.

Gümpel: ▶Gimbel, Gimpel.

Gumper: 1. Übername zu mhd. *gumpen* ›hüpfen, springen‹. 2. Alemannischer Berufsname zu westobd. *Gumpen* ›Brunnen‹ für den Brunnenbauer. 3. Westoberdeutscher Wohnstättenname (Ableitung auf *-er*) zu westobd. *Gumpen* ›Brunnen, Wasserloch‹.

Gumpert: ▶Gumbert.

Gumpertz: auf eine patronymische Bildung (starker Genitiv) zu ▶Gumbert zurückgehender Familienname.

Gumpp: ▶Gump. ❖ Die Gumpp waren im 17./18. Jh. eine bedeutende Tiroler Baumeisterfamilie.

Gumpper: ▶Gumper.

Gumprecht, Gumpricht: ▶Gumbert.

Gundel, Gündel: aus Koseformen mit -*l*-Suffix von Rufnamen, die das Namenwort *gund* enthalten, hervorgegangene Familiennamen.

Gundelach, Gundelag: ▶ Gundlach.

Gundermann: ▶ Guntermann.

Gundlach: aus dem heute nicht mehr gebräuchlichen gleichlautenden deutschen Rufnamen *(gund + lach)* entstandener Familienname.

Gündüz: türkischer Familienname zu türk. *gündüz* ›Tag‹.

Güneş: türkischer Familienname zu türk. *güneş* ›Sonne‹.

Güngör: türkischer Familienname zu türk. *gün* ›Tag, Sonne‹ und türk. *gör* ›sieh!‹: ›Sieh den Tag!, Sieh die Sonne!‹.

Gunia: Berufsübername zu poln. *gunia* ›ein grober Stoff, ein Mantel daraus‹ für den Hersteller oder Übername für den Träger.

Gunkel: Berufsübername zu fnhd. *gunkel* ›Spinnrocken‹, vgl. ▶ Kunkel.

Günster: 1. Übername zu mhd. *gunst* ›Gunst, Gewogenheit, Wohlwollen‹, mhd. *günstic* ›wohlwollend‹, mhd. *gunster* ›der wohlwollend ist‹. 2. Vereinzelt patronymische Bildung auf -*er* zu Gunst, einer verkürzten Form von ▶ Konstantin.

Günter: ▶ Günther.

Guntermann: aus einer Erweiterung von ▶ Günther mit dem Suffix -*mann* oder aus einer entstellten Form von Guntram *(gund + hraban)* hervorgegangener Familienname.

Günther: aus dem gleichlautenden deutschen Rufnamen *(gund + heri)* entstandener Familienname.

Günthner, Güntner: 1. Nebenformen von ▶ Günther. 2. Herkunftsnamen zu den Ortsnamen Gunten (ehem. Brandenburg/jetzt Polen), Gunthen (Ostpreußen).

Güntzel, Günzel: aus einer mit -*z*- und -*l*-Suffix gebildeten Koseform von Rufnamen, die das Namenwort *gund* enthalten (z. B. ▶ Günther), entstandene Familiennamen.

Gurdan: oberdeutsche, vor allem oberpfälzische Form von ▶ Gordian.

Gurr(e): Übernamen zu mhd. *gurre* ›schlechte Stute, schlechtes Pferd‹. ❖ *der Gurr* ist a. 1362 in Regensburg bezeugt.

Gürtler: *Der mittelalterliche Gürtelmacher in seiner Werkstatt*

Gürtler, Gürtner: Berufsnamen für den Gürtelmacher. Die Gürtel wurden aus Lederriemen hergestellt und häufig mit Metallbeschlägen und Schnallen verziert. Geldbeutel und Wehrgehenk wurden in der Regel am Gürtel befestigt. Aus spätmittelalterlichen Testamenten geht hervor, dass silberne Gürtel zum Besitz wohlhabender Bürger und Bürgerinnen gehörten. ❖ *Seydel gürttler* ist a. 1339 in Regensburg bezeugt.

Guse: Übername zu poln. *guz* ›Verdickung, etwas Dickes‹.

Gust: 1. Aus einer verkürzten Form von ▶ Augustin entstandener Familienname. 2. Niederdeutscher Wohnstättenname oder Übername zu mnd. *güst* ›unfruchtbar (vom Boden oder von Tieren)‹.

Guster, Güster: ▶ Kuster, Küster.

Gustke: auf eine Koseform von ▶ Gust (1.) zurückgehender Familienname.

Gut: Übername zu mhd. *guot* ›tüchtig, brav, gut, von gutem Stande, vornehm; freundlich; nützlich‹, mhd. *güete* ›Güte, Gutheit‹.

Gutberlet(t): aus dem Adjektiv »gut« und dem Rufnamen ▶ Berlet(h) (< Berthold) gebildete Familiennamen.

Gutbier: Berufsübername für den Bierbrauer.

Gutbrod(t): Berufsübernamen für den Bäcker.

Gutekunst: Übername zu mhd. *guot* ›gut‹ und mhd. *kunst* ›Kenntnis, Geschicklichkeit, Kunst‹ für einen geschickten Menschen.

Gutenberg: Herkunftsname zu den Ortsnamen Gutenberg (Rheinland-Pfalz, Baden-Württemberg, Bayern, Sachsen-Anhalt, Österreich), Guttenberg (Bayern). ❖ Johannes Gutenberg, der Erfinder des Buchdrucks (15. Jh.), hieß ursprünglich *Henne Gensfleisch*. Der Name Gutenberg leitet sich von einem Mainzer Hausnamen ab, der wiederum auf den Familiennamen seiner Mutter zurückgeht.

Gutenkauf: Berufsübername für einen Krämer oder Kaufmann, der »guten Kauf« gab, d. h. seine Waren billig abgab.

Gutenkunst: flektierte Form von ▶ Gutekunst; entstanden aus Formen wie »jemand mit der guten Kunst«.

Gutenmorgen: Übername nach der Grußformel für einen freundlichen Menschen, der sie oft und gern anbrachte (»Echoname«).

Gutenrath: Übername für einen Menschen, der gern gute Ratschläge erteilte.

Gutenschwager: Verwandtschaftsname: ›Schwager der Guta‹ (< mhd. *guot* ›gut‹).

Gutensohn: metronymischer Familienname: ›Sohn der Guta‹ (< mhd. *guot* ›gut‹).

Gutermann, Gütermann: Übernamen zu mhd. *guoter man* ›unbescholtener Mann, Ehrenmann‹.

Gutermuth: Übername zu mhd. *guot* ›gut‹ und mhd. *muot* ›Gemüt, Gemütszustand, Gesinnung‹ für einen stets zuversichtlich gestimmten Menschen.

Gutfleisch: Berufsübername für einen Metzger.

Gutfreund: Übername nach der Anrede »Gut Freund!«, vielleicht, weil der erste Namensträger diesen Gruß besonders gern gebrauchte (»Echoname«).

Gutgesell: Übername nach dem Charakter des ersten Namensträgers.

Guth, Güth: ▶ Gut.

Guthans: aus dem Adjektiv »gut« und dem Rufnamen ▶ Hans zusammengesetzter Familienname.

Gutheinz: aus dem Adjektiv »gut« und dem Rufnamen Heinz (▶ Heintz) zusammengesetzter Familienname.

Guthmann: ▶ Gutmann.

Gutjahr: Übername zu mhd. *guot* ›gut‹ und mhd. *jār* ›Jahr‹, fnhd. *gut jar* ›Neujahrsgeschenk‹, fnhd. *ein gut jar haben* ›es sich wohl ergehen lassen‹.

Gutkaes, Gutkaeß, Gutkas, Gutkäs: Berufsübernamen für den Käsehersteller oder -händler.

Gutkind: Übername zu mhd. *guot* ›gut‹ und mhd. *kint* ›Kind, Knabe, Jüngling, junger Mensch‹.

Gutknecht: aus dem Adjektiv »gut« und dem Standesnamen ▶ Knecht zusammengesetzter Familienname.

Gütl, Gütle: 1. Übernamen zu mhd. *güetelīn* ›kleines Landgut‹ für den Inhaber. 2. Oberdeutsche Ableitungen von ▶ Gut.

Gutleben: Übername für jemanden, der es sich gern gut gehen ließ.

Gutmann: Übername zu mhd. *guotman* ›unbescholtener Mann, Ehrenmann‹.

Gutowski: Herkunftsname zu polnischen Ortsnamen wie Gutów, Gutowo.

Gutsch(e): aus einer ostmitteldeutschen Kurzform von Rufnamen, die mit dem Namenwort *got* gebildet sind (z. B. ▶ Gottfried, ▶ Gottschalk), entstandene Familiennamen.

Gutschmidt, Gutschmied: aus mhd. *guot* ›gut‹ und *smit* ›Schmied‹ zusammengesetzte Familiennamen.

Gutt: ▶ Gut.

Guttenberg(er): ▶ Gutenberg.

Guttentag: 1. Übername nach der Grußformel für einen freundlichen Menschen, der sie oft und gern anbrachte (»Echoname«). 2. Herkunftsname zu dem gleichlautenden Ortsnamen (Schlesien).

Güttler: 1. Standesname für den Inhaber eines kleinen Landguts, vgl. ▶ Gütl (1.). 2. Gelegentlich metronymischer Familienname, Ableitung auf *-(l)er* von den Frauennamen Guta, Gutel (< mhd. *guot*). ❖ Bekannter Namensträger: Ludwig Güttler, deutscher Trompeter (20./21. Jh.).

Guttmann: ▶ Gutmann.

Gutzeit: Übername zu mhd. *guot* ›gut‹ und mhd. *zīt* ›Zeit‹, vermutlich für einen fröhlichen, lebenslustigen Menschen.

Gutzmann: aus einer Erweiterung von Gutz, einer Nebenform von ▶ Götz(e), mit dem Suffix *-mann* entstandener Familienname.

Güven: türkischer Familienname zu türk. *güven* ›Vertrauen, Verlass‹.

Gygas, Gygax: Übernamen zu griech. *gígas* ›Gigant‹. Aus der Zeit des Humanismus stammende Übersetzungen des deutschen Familiennamens ▶ Riese.

Gyger: undiphthongierte Form von ▶ Geiger.

Gyr: ▶ Gier.

Haack(e): 1. Übernamen zu mhd., mnd. *hāke* ›Haken‹, wohl für einen widerspenstigen oder auch für einen krummen Menschen. 2. Niederdeutsche Berufsnamen zu mnd. *hāke* ›Höker, Kleinhändler‹. 3. Aus den alten deutschen Rufnamen Hako, Hake *(hag)* entstandene Familiennamen. 4. Herkunftsnamen zu dem Ortsnamen Haack (Ostpreußen).

Haaf: 1. Oberdeutscher Berufsübername für den Töpfer zu einer Nebenform von ▶ Hafen. 2. Niederdeutscher Wohnstättenname zu mnd. *haf* ›Meer, Wattenmeer, Haff‹ oder zu mnd. *have* ›Hafen‹.

Haag: 1. Herkunftsname zu den Ortsnamen Haag (Nordrhein-Westfalen, Rheinland-Pfalz, Baden-Württemberg, Bayern, Schlesien, Österreich), Hag (Baden-Württemberg, Bayern), Großenhag, Fernhag (Bayern). 2. Wohnstättenname zu mhd. *hac* ›Dorngesträuch, Gebüsch, Einfriedung‹, mhd. *hagen* ›Dornbusch, eingefriedeter Ort‹, mnd. *hage(n)* ›Hecke, lebender Zaun‹; danach ›eingehegtes Grundstück‹.

Haak(e): ▶ Haack(e).

Haan: 1. ▶ Hahn. 2. Herkunftsname zu dem Ortsnamen Haan (Nordrhein-Westfalen).

Haar: 1. Übernamen zu mhd., mnd. *hār* ›Haar‹ für jemanden mit auffälligen Haaren. 2. Herkunftsname zu dem gleichlautenden Ortsnamen (Niedersachsen, Nordrhein-Westfalen, Bayern). 3. Niederdeutscher Wohnstättenname zu mnd. *hār, hōr* ›Kot, Schmutz, Schlamm‹ oder zu mnd. *hare* ›Anhöhe, feste, trockene Stelle im Moor‹.

Haarmann: Erweiterung von ▶ Haar mit dem Suffix *-mann*.

Haas(e): ▶ Hase.

Habeck: 1. Berufsübername zu mnd. *havek*, mhd. *habech* ›Habicht‹ für den Falkner. 2. Bairischer Herkunftsname auf *-beck* zu dem Ortsnamen Habach (Bayern).

Habel: 1. Herkunftsname zu den Ortsnamen Habel (Hessen, Schleswig-Holstein), Habbel (Nordrhein-Westfalen). 2. Aus einer sorbischen Form des biblischen Namens Abel entstandener Familienname. 3. Auf Havel, die tschechische Form des Heiligennamens ▶ Gallus, zurückgehender Familienname.

Habenich(t): Übernamen in Satzform (»[ich] habe nicht[s]«) für einen armen Menschen.

Haber: 1. Berufsübername zu mhd. *haber*, mnd. *haver* ›Hafer‹ für den Haferbauern oder -händler. 2. Wohnstättenname für jemanden, der an einem Haferfeld wohnte. Im Mittelalter spielte Hafer (z. B. als Haferbrei, Haferbrot) eine wichtige Rolle in der Ernährung. ❖ *fridrich in dem haber* ist a. 1383 in München belegt.

Haberecht: Übername in Satzform (»[ich] habe Recht«) für einen rechthaberischen Menschen.

Haberer, Häberer: Berufsnamen für den Haferbauern oder -händler, vgl. ▶ Haber.

Haberkamp: 1. Herkunftsname zu dem Ortsnamen Haberkamp (Niedersachsen, Westfalen). 2. Wohnstättenname zu mnd. *haver* ›Hafer‹ und mnd. *kamp* ›eingezäuntes Feld‹.

Haberkorn: Berufsübername zu mhd. *haberkorn* ›Haferkorn‹ für den Haferbauern oder -händler.

Haberl: Ableitung von ▶ Haber mit *-l*-Suffix.

Haberland: 1. Herkunftsname zu dem gleichlautenden Ortsnamen (Baden-Württemberg, Bayern). 2. Wohnstättenname zu mnd. *haverlant* ›Haferland, d. i. ein für den Haferanbau bestimmter Acker‹.

Häberle: schwäbische Ableitung von ▶ Haber.

Häberlein: oberdeutsche Ableitung mit dem Suffix *-lein* von ▶ Haber.

Häberli: alemannische Ableitung von ▶ Haber.

Habermann: Berufsname auf *-mann* zu mhd. *haber*, mnd. *haver* ›Hafer‹ für den Haferbauern oder -händler.

Habermas, Habermaß: Bauernübernamen nach einer Abgabeverpflichtung (zu mhd. *haber* ›Hafer‹ und mhd. *māẓ* ›eine bestimmte Quantität‹). ❖ Bekannter Namensträger:

Jürgen Habermas, deutscher Philosoph und Soziologe (20./21. Jh.).

Habermehl: Berufsübername zu mhd. *habermel* ›Hafermehl‹ für den Haferbauern oder -händler bzw. für den Bäcker, der Haferbrot (mhd. *haberbrōt*) herstellte.

Haberstroh: Berufsübername zu mhd. *haberstrō* ›Haferstroh‹ für den Haferbauern.

Habert: aus dem alten deutschen Rufnamen Hadubert *(hadu + beraht)* entstandener Familienname.

Haberzet(h), Haberzett(e), Haberzett(e)l: Bauernübernamen (›Haferstreuer‹) zu mhd. *haber* ›Hafer‹ und mhd. *zet(t)en* ›streuen‹.

Habich, Häbich, Habicht, Habig: Berufsübernamen zu mhd. *habech, habich,* mnd. *havek, havik* ›Habicht‹ für den Falkner.

Hablützel: Übername in Satzform (›[ich] habe wenig‹) für einen armen Menschen (zu mhd. *lützel* ›wenig‹).

Hach(e): 1. Übernamen zu mhd. *hache* ›Bursche, Kerl‹. 2. Wohnstättennamen zu mnd. *hach,* mhd. *hac* ›Hecke, Einfriedung‹.

Hachenberg: Herkunftsname zu dem Ortsnamen Hachenberg (Nordrhein-Westfalen) oder Hachenburg (Rheinland-Pfalz), a. 1367 belegt als *Hachenwerkch.*

Hachmann: Ableitung auf *-mann* von ▸ Hach(e) (2.).

Hachmeister: vor allem im Raum Hannover und Herford verbreiteter Amtsname für den Aufseher der Dorfflur, auch für den Vorsteher bzw. Richter neu gegründeter Dörfer (Hagendörfer). Vgl. mhd. *hage-, hachtūn* ›Hagen-, Gehegezaun‹, mnd. *hagengelt* ›Geld, Zehnte für die Benutzung des Waldes, der Eichelmast‹.

Hack: ▸ Haack(e).

Hackbart(h): aus dem alten deutschen Rufnamen Hagbert *(hag + beraht)* hervorgegangene Familiennamen.

Hacke: ▸ Haack(e).

Hackel, Häckel: Berufsnamen zu mhd. *heckel* ›Hacker, Hauer‹, vgl. ▸ Hacker.

Hackenberg(er): Herkunftsnamen zu dem gleichlautenden Ortsnamen (Bayern, Nordrhein-Westfalen).

Hackenschmid(t), Hackenschmied: Berufsnamen für den Schmied, der Äxte und eiserne Hackwerkzeuge herstellte (zu mhd. *hacke* ›Axt, Hacke‹).

Hacker, Häcker: Berufsnamen zu mhd. *hacken* ›hacken, hauen‹, mhd., mnd. *hecker* ›Hacker, Holzhacker, Weinhacker, Weinbauer‹, im bairisch-österreichischen Raum auch ›Fleischhacker, Metzger‹.

Hackert: Erweiterung von ▸ Hacker mit sekundärem *-t.*

Hackl: bairisch-österreichische Schreibweise von ▸ Hackel. ✦ Bekannter Namensträger: Erich Hackl, österreichischer Schriftsteller (20./21. Jh.).

Hackmann: 1. Ableitung auf *-mann* zu ▸ Haack(e) (2.), (3.) oder (4.). 2. Berufsname auf *-mann* zu mhd. *hacken* ›hacken, hauen‹, vgl. ▸ Hacker.

Hackner: 1. ▸ Hacker. 2. Ableitung auf *-er* zu dem häufigen Flurnamen Haken, der eine Anspielung auf die Beschaffenheit des Geländes enthält.

Hackstein: vorwiegend auf den Raum Oberhausen–Duisburg konzentrierter Herkunftsname zu einem nicht zu identifizierenden Ortsnamen, vielleicht zu Hagenstein (Südholland, Niederlande).

Häde(c)ke: aus einer Koseform mit *-k*-Suffix von Rufnamen, die mit den Namenwörtern *hadu* oder *heidan* gebildet sind (z. B. ▸ Hädrich, ▸ Heidenreich), entstandene Familiennamen.

Hader: Übername zu mhd. *hader* ›Streit, Zank‹ für den Streitsüchtigen oder zu mhd. *hader* ›Lumpen, Lappen‹ als Anspielung auf die ärmliche Kleidung des ersten Namensträgers.

Hädi(c)ke: ▸ Häde(c)ke.

Hädrich: aus den alten deutschen Rufnamen Hadurich *(hadu + rīhhi)* oder Heidenreich *(heidan + rīhhi)* hervorgegangener Familienname.

Haeckel: ▸ Hackel, Häckel.

Haese: auf eine niederdeutsche Koseform von ▸ Hedwig zurückgehender metronymischer Familienname.

Häfele: schwäbischer Berufsübername (zu mhd. *haven* ›Topf‹) für den Töpfer.

Hafemann: ▸ Havemann.

Hafen: Berufsübername zu mittelhochdeutsch *haven* ›Topf‹ für den Hersteller, vgl. ▸ Haffner.

Haferkamp: 1. Wohnstättenname zu mnd. *haver(e)* ›Hafer‹ und mnd. *kamp* ›einge-

Hafner: *Der mittelalterliche Hafner (Töpfer) beim Verfertigen seiner Ware auf der Drehscheibe*

zäuntes Feld‹: ›wohnhaft bei einem Haferfeld‹, auch häufiger Flurname. 2. Herkunftsname zu dem Ortsnamen Haberkamp (Westfalen).

Haferkorn: ▶ Haberkorn.

Haferland: ▶ Haberland.

Haffner, Häffner, Hafner, Häfner: oberdeutsche Berufsnamen zu mhd. *haven* ›Topf‹ für den Töpfer, vgl. ▶ Töpfer.

Hag(e): ▶ Haag.

Hagedorn: 1. Wohnstättenname zu mhd., mnd. *hagedorn* ›Weißdorn, Hagedorn‹. 2. Herkunftsname zu dem gleichlautenden Ortsnamen (Niedersachsen, Westfalen, Schleswig-Holstein). ❖ Bekannter Namensträger: Friedrich von Hagedorn, deutscher Schriftsteller (18. Jh.).

Hagel: 1. Übername zu mhd. *hagel* ›Hagel, Hagelschlag‹; bildlich ›Unglück, Verderben‹. 2. Herkunftsname zu dem gleichlautenden Ortsnamen (Niedersachsen). 3. Auf eine mit *-l*-Suffix gebildete Koseform von ▶ Hagen (3.) zurückgehender Familienname.

Hägele: auf eine schwäbische Koseform von ▶ Hagen (3.) zurückgehender Familienname.

Hagelstein: Übername zu mhd. *hagelstein* ›Hagelkorn‹, in übertragenem Sinn für einen jähzornigen Menschen. Bei dem Volksprediger Berthold von Regensburg (13. Jh.) begegnet Hagelstein als Beiname des Teufels.

Hagemann: 1. Ableitung auf *-mann* von ▶ Hagen (1.) oder (2.) bzw. von ▶ Haag (1.) oder (2.). 2. Auf eine mit dem Suffix *-mann* gebildete Koseform von ▶ Hagen (3.) zurückgehender Familienname.

Hagemeier: Standesname, nähere Bestimmung eines Meiers (▶ Meyer) durch ein Merkmal des Bauernhofes (▶ Hagen [1.] und [4.]).

Hagemeister: ▶ Hachmeister.

Hagen: 1. Wohnstättenname zu mhd. *hagen* ›Dornbusch, Dorn; der eingefriedete, umhegte Ort‹, mnd. *hage(n)* ›Hecke, lebender Zaun; eingehegtes Grundstück in Stadt und Land‹. 2. Herkunftsname zu dem Ortsnamen Hagen (Schleswig-Holstein, Mecklenburg-Vorpommern, ehem. Pommern/jetzt Polen, ehem. Brandenburg/jetzt Polen, Niedersachsen, Nordrhein-Westfalen, Sachsen-Anhalt, Baden-Württemberg, Bayern, Österreich); auch heutige Ortsnamen wie Haag, Hahn, Hain(a) können auf mittelalterliches *Hagen* zurückgehen. 3. Aus dem alten deutschen Rufnamen Hageno (*hag, hagan*) entstandener Familienname. 4. Oberdeutscher Berufsübername zu mhd. *hagen* ›Stier, Zuchtstier‹ für den Stierhalter, -züchter, auch Übername nach einem bildlichen Vergleich. ❖ Bekannte Namensträgerin: Nina Hagen, deutsche Rocksängerin (20./21. Jh.).

Hagenau(er): Herkunftsnamen zu dem häufigen Ortsnamen Hagenau (Bayern, Österreich, Elsass, Sachsen-Anhalt, Schlesien, Ostpreußen).

Hagenbeck: Herkunftsname zu dem gleichlautenden Ortsnamen (Niedersachsen, Nordrhein-Westfalen). ❖ Bekannter Namensträger: Karl Hagenbeck, deutscher Tierhändler (19./20. Jh.).

Hagenow: Herkunftsname zu dem gleichlautenden Ortsnamen (Mecklenburg-Vorpommern, ehem. Pommern/jetzt Polen).

Hager, Häger: 1. Ableitungen auf *-er* von ▶ Hagen (1.) oder (2.) bzw. von ▶ Haag (1.) oder (2.). 2. Niederdeutsche Übernamen für einen hageren, mageren Menschen. 3. Herkunftsnamen zu den Ortsnamen Hager (Ostfriesland, Bayern), Häger (Westfalen).

Hagg(e): 1. Auf einen mit dem Namenwort *hag* gebildeten Rufnamen (z. B. Hako, Hake) zurückgehende Familiennamen. 2. Alemannische Varianten von ▸ Haack(e) (1.).

Hägi: alemannischer Wohnstättenname zu mhd. *hac* ›Dorngesträuch, Gebüsch; Einfriedung, Hag, umfriedeter Ort‹.

Hagl: ▸ Hagel.

Hagmann: ▸ Hagemann.

Hagmayer, Hagmeier: ▸ Hagemeier.

Hagmeister: ▸ Hagemeister.

Hagn: ▸ Hagen.

Hagner: Ableitung auf *-er* von ▸ Hagen (1.) oder (2.) bzw. von ▸ Hagenau.

Hahmann: aus einer zuammengezogenen Form von ▸ Hahnemann entstandener Familienname.

Hahn: 1. Übername zu mhd. *han(e)* ›Hahn‹ für einen stolzen, streitlustigen Menschen. 2. Auf eine verkürzte Form von ▸ Johannes zurückgehender Familienname. 3. Gelegentlich kann diesem Familiennamen ein Hausname zugrunde liegen. ❖ Vgl. den Freiburger Beleg *Clewy zem Hane* (a. 1437). 4. Herkunftsname zu den häufigen Ortsnamen Hahn, Hagen, Hain. ❖ Bekannte Namensträger: Otto Hahn, deutscher Chemiker (19./20. Jh.); Ulla Hahn, deutsche Schriftstellerin (20./21. Jh.).

Hahne: ▸ Hahn (1.), (2.), (3.).

Hahnel, Hähnel: Ableitungen mit *-l-*Suffix von ▸ Hahn (1.) oder (2.).

Hahnemann: auf eine Erweiterung von Hahne (▸ Johannes) mit dem Suffix *-mann* zurückgehender Familienname.

Hahner, Hähner: Herkunftsnamen zu den Ortsnamen Hahn (Nordrhein-Westfalen, Niedersachsen, Rheinland-Pfalz, Saarland, Hessen), Hähn (Nordrhein-Westfalen).

Haid: ▸ Heid(e).

Haider: ▸ Heider.

Hail: ▸ Heil.

Hailer: ▸ Heiler.

Haimerl: auf eine Koseform von ▸ Heimeran zurückgehender Familienname.

Hain: 1. Herkunftsname zu Ortsnamen wie Hain (Nordrhein-Westfalen, Rheinland-Pfalz, Sachsen, Thüringen, Bayern, Schlesien), Haina (Hessen, Thüringen), Hainau (Rheinland-Pfalz, Schlesien, Ostpreußen), Großenhain (Sachsen, Niedersachsen). 2. Wohnstättenname zu mhd. *hagen, hain* ›Dornbusch, Dorn; der eingefriedete, umhegte Ort‹.

Haindl: vor allem in Bayern und Österreich verbreiteter Familienname, der auf eine Koseform mit *-l-*Suffix von ▸ Heinrich zurückgeht.

Hainke: ▸ Heinke (2.).

Hainz: ▸ Heintz.

Haist: am ehesten zu einem Rufnamen *Heibist (zu ahd. *heib* + *-st-*Suffix: ›sehr streitlustig‹).

Haitzer: ▸ Heitzer.

Hajek: 1. Wohnstättenname, Ableitung von tschech. *háj* ›Hain‹ mit dem Suffix *-ek*: ›wohnhaft in/bei einem kleinen Hain‹. 2. Herkunftsname zu dem häufigen tschechischen Ortsnamen Hájek.

Hajny: Berufsname zu tschech. *hajný* ›Waldheger‹.

Hake: ▸ Haack(e).

Halbach: Herkunftsname zu den Ortsnamen Halbach (Nordrhein-Westfalen), Hallbach (Sachsen).

Halbbauer: Standesname zu mhd. *halp* ›halb‹ und mhd. *bûre* ›Bauer‹ für einen Bauern, der nur ein halbes Gut bewirtschaftete oder der als Zins die Hälfte des Naturalertrags zu geben hatte.

Halbe: 1. Herkunftsname zu den Ortsnamen Halbe (Niedersachsen, Brandenburg). 2. Wohnstättenname zu mhd. *halbe* ›Seite, Richtung‹, mnd. *halve* ›Seite‹. ❖ Bekannter Namensträger: Max Halbe, deutscher Schriftsteller (19./20. Jh.).

Halbig: ▸ Helbig.

Halbmai(e)r: Standesnamen für einen Meier (▸ Meyer), der einen halben Hof bewirtschaftete.

Halbmann: Standesname für einen Pächter, der das Land gegen Abgabe von der Hälfte des Ertrags bebaute.

Halbmay(e)r, Halbmei(e)r: ▸ Halbmai(e)r.

Halbmeister: Standesname für einen Handwerker, der nicht die vollen Meisterrechte besaß, z. B., weil er als Geselle geheiratet hatte oder unehelich geboren war.

Halbritter: Übername für einen verarmten Ritter, für den unehelichen Sohn eines Ritters oder für jemanden, der sich anmaßte, wie ein Ritter aufzutreten.

Hald(e): Wohnstättennamen zu mhd. *halde* ›Bergabhang‹: ›wohnhaft an einem Bergabhang‹.

Halder: Ableitung auf *-er* zu ▶ Hald(e).

Halfmann: ▶ Halbmann.

Halfmeier, Halfmeyer: ▶ Halbmai(e)r.

Halka, Halke: auf sorbische Ableitungen von ▶ Alexander zurückgehende Familiennamen.

Hall: Herkunftsname zu den Ortsnamen Hall (Österreich), (Bad) Reichenhall (Bayern), Schwäbisch Hall (Württemberg), Halle (Sachsen-Anhalt, Niedersachsen, Nordrhein-Westfalen).

Hallbauer: ▶ Halbbauer.

Halle: 1. Herkunftsname zu dem Ortsnamen Halle (Sachsen-Anhalt, Niedersachsen, Nordrhein-Westfalen). 2. Wohnstättenname zu mhd. *halle* ›Halle, Kaufhalle; Platz für die Aufbereitung und Aufbewahrung des Salzes‹. 3. ▶ Hald(e).

Haller: 1. Ableitung auf *-er* von ▶ Hall, ▶ Halle. 2. Übername zu mhd. *haller*, *heller* ›Heller‹. Diese Münze wurde nach der Reichsstadt Schwäbisch Hall benannt, wo sie seit 1208 geprägt wurde. 3. Herkunftsname zu dem Ortsnamen Haller (Württemberg). ❖ Bekannter Namensträger: Albrecht von Haller, schweizerischer Arzt, Naturforscher und Dichter (18. Jh.).

Hallmaier: ▶ Halbmai(e)r.

Hallmann: 1. Ableitung auf *-mann* von ▶ Hall, ▶ Halle. 2. ▶ Halbmann.

Hallmeier, Hallmeyer: ▶ Halbmai(e)r.

Halm: 1. Übername zu mhd. *halm* ›Halm, Gras-, Getreidehalm; Schreibrohr‹. Die Überreichung eines Getreidehalms hatte auch eine rechtssymbolische Bedeutung bei der feierlichen Übergabe eines Land- oder Hausbesitzes. 2. Auf eine Kurzform von Willehalm (▶ Wilhelm) zurückgehender Familienname.

Halter: 1. Berufsname zu mhd. *haltære* ›Hirte‹. 2. ▶ Halder.

Hamacher: Berufsname zu mnd. *hamaker* ›Sattler, der *hame*, d.i. Halsgeschirr, Kummet, für die Zugtiere herstellte‹.

Hamann: 1. Auf eine zusammengezogene Form von ▶ Hahnemann (Johannes) zurückgehender Familienname. 2. Niederdeutscher Wohnstättenname auf *-mann* zu mnd. *ham* ›eingefriedetes Stück Land‹. 3. Aus einer zusammengezogenen Form von ▶ Havemann hervorgegangener Familienname. 4. Herkunftsname auf *-mann* zu dem Ortsnamen Hamm (Niedersachsen, Nordrhein-Westfalen, Rheinland-Pfalz, Luxemburg). ❖ Bekannter Namensträger: Johann Georg Hamann, deutscher Philosoph und Schriftsteller (18. Jh.).

Hambach(er): Herkunftsnamen zu dem Ortsnamen Hambach (Hessen, Nordrhein-Westfalen, Rheinland-Pfalz, Bayern, Elsass).

Hamberg(er): Herkunftsnamen zu den Ortsnamen Hamberg (Niedersachsen, Baden-Württemberg, Bayern, Österreich), Hamberge (Schleswig-Holstein, Mecklenburg-Vorpommern), Hambergen (Niedersachsen).

Hamböck: bairischer Herkunftsname auf *-böck* zu dem in Bayern vorkommenden Ortsnamen Hambach.

Hamburg(er): Herkunftsnamen zu der Hansestadt Hamburg a. d. unteren Elbe.

Hamel: 1. Herkunftsname zu den Ortsnamen Hameln a. d. Weser (Niedersachsen), Hohenhameln (Niedersachsen). 2. ▶ Hammel. 3. Wohnstättenname zu mhd. *hamel* ›schroff abgebrochene Anhöhe, Klippe, Berg‹.

Hamelmann: Ableitung auf *-mann* zu ▶ Hamel (1.), (3.).

Hamer: 1. ▶ Hammer. 2. Herkunftsname zu den Ortsnamen Hamer (Schleswig-Holstein), Hamern (Nordrhein-Westfalen). 3. Vereinzelt kann dieser Familienname auf eine zusammengezogene Form des alten deutschen Rufnamens Hadumar *(hadu + māri)* zurückgehen.

Hamm: 1. Herkunftsname zu dem gleichlautenden Ortsnamen (Niedersachsen, Nordrhein-Westfalen, Rheinland-Pfalz, Luxemburg). 2. Wohnstättenname zu mnd. *ham* ›eingefriedetes Stück Land‹. 3. Aus einer verkürzten Form des alten deutschen Rufnamens Hadumar *(hadu + māri)* hervorgegangener Familienname. 4. Aus einer Kurzform eines mit dem Namenwort *ham* gebildeten Rufnamens hervorgegangener Familienname.

Hammann: ▶ Hamann.

Hammel: Übername zu mhd., mnd. *hamel* ›Hammel, verschnittener Schafbock‹.

Hammer: 1. Berufsübername nach dem benutzten Werkzeug (mhd., mnd. *hamer*), im Allgemeinen für den Schmied. ❖ *Hensel Hemerl faber* [Schmied] ist i. J. 1425 in Iglau belegt. 2. Herkunftsname zu dem Ortsnamen Hammer (Schleswig-Holstein, Mecklenburg-Vorpommern, Brandenburg, ehem. Brandenburg/jetzt Polen, ehem. Pommern/jetzt Polen, Hessen, Rheinland-Pfalz, Baden-Württemberg, Bayern, Schlesien). 3. Wohnstättenname zu mhd. *hamer* ›Hammerwerk, Hammermühle‹. 4. ▸ Hamer (3.). 5. Ableitung auf *-er* zu ▸ Hamm (1.), (2.).

Hammerl: Ableitung von ▸ Hammer (1.) mit *-l*-Suffix.

Hämmerle: schwäbische Ableitung von ▸ Hammer (1.).

Hämmerling: 1. Ableitung von ▸ Hammer (1.) mit dem Suffix *-ling*. 2. Übername zu fnhd. *hemerling* ›Goldammer‹ oder zu älterem mhd. *hemmerling* ›Kobold, Lärm- und Poltergeist; böser Geist, Teufel‹.

Hammermeister: Berufsname zu mhd. *hamermeister* ›Besitzer eines Hammerwerkes‹.

Hammermüller: 1. Berufsname für den Besitzer einer Hammermühle, eines Hammerwerks. 2. Herkunftsname zu dem häufigen Ortsnamen Hammermühle.

Hammerschlag: Berufsübername zu mhd. *hamerslac* ›Schlag mit dem Hammer‹, auch ›Abfall von dem durch den Hammer bearbeiteten Metall‹ für einen Schmied. ❖ *Hans Hamerslag* ist a. 1392 in Nürnberg bezeugt.

Hammerschmidt: Berufsname zu mhd. *hamersmit* ›Schmied in einem Hammerwerk‹.

Hammerstein: Herkunftsname zu dem gleichlautenden Ortsnamen (Nordrhein-Westfalen, Rheinland-Pfalz, Baden-Württemberg, ehem. Brandenburg/jetzt Polen).

Hammerstiel: Berufsübername zu mhd. *hamer* ›Hammer‹ und mhd. *stil* ›Stiel‹ für den Verfertiger von (hölzernen) Hämmern und Stielen.

Hammes: 1. Wohnstättenname, verschliffen aus mnd. *hame* ›Zaun, Eckzaun, Fischzaun‹ und mnd. *hūs* ›Haus‹. 2. Patronymischer Familienname (starker Genitiv) zu ▸ Hamm (3.).

Hammon: fränkische Form von ▸ Hamann (1.).

Hamp(e): aus einer Kurzform des alten deutschen Rufnamens Hamprecht *(hagan + beraht)* entstandene Familiennamen.

Hampel, Hampl: aus einer Koseform mit *-l*-Suffix von ▸ Hamp(e) hervorgegangene Familiennamen.

Hampp: ▸ Hamp(e).

Hana(c)k: 1. Auf eine mit dem Suffix *-ak* gebildete sorbische oder polnische Ableitung von ▸ Johannes zurückgehende Familiennamen. 2. Herkunftsnamen zu tschech. *hanák* ›Bewohner der Haná‹, einer Landschaft in Mähren.

Hanauer: Herkunftsname zu dem Ortsnamen Hanau (Hessen, Ostpreußen).

Hand: Übername zu mhd. *hant* ›Hand‹ nach einer Besonderheit der Hand. ❖ Aus Belegen wie *Liebhard mit der hand* (Augsburg 1383) wird deutlich, wie dieser Familienname entstanden ist.

Handel, Händel: 1. Aus einer Ableitung von ▸ Hand mit *-l*-Suffix entstandene Familiennamen. 2. Aus einer Variante von ▸ Hanel, Hänel mit dem Gleitlaut *-d-* zwischen *n* und *el* hervorgegangene Familiennamen. 3. Im Südosten des deutschen Sprachgebiets können diese Familiennamen auf eine Variante von ▸ Heindel zurückgehen. 4. Übernamen zu mhd. *handel* ›Handel, Handlungsweise, Vorgang, Begebenheit; gerichtliche Verhandlung; Streitsache; Handelsobjekt, Ware‹, mnd. *handel* ›was man unter Händen hat, betreibt; Verhandlung; Unruhe, Händel‹. ❖ Bekannter Namensträger: Georg Friedrich Händel, deutscher Komponist (17./18. Jh.).

Handke: aus der eingedeutschten Form einer slawischen Ableitung von ▸ Johannes (z. B. Hanek, Hanka) hervorgegangener Familienname. ❖ Bekannter Namensträger: Peter Handke, österreichischer Schriftsteller (20./21. Jh.).

Händl, Händle, Händlein: oberdeutsche Ableitungen von ▸ Handel.

Händler: 1. Patronymische Bildung auf *-er* zu ▸ Handel (2.) und (3.). 2. Berufsname zu mhd. *hendeler* ›Händler‹.

Handra(c)k: auf eine mit dem Suffix *-ak* gebildete sorbische Ableitung von ▸ Andreas zurückgehende Familiennamen.

Handreck, Handreg, Handrek: auf eine mit dem Suffix *-ek* gebildete sorbische Ableitung von ▸ Andreas zurückgehende Familiennamen.

Handri(c)k: auf eine mit dem Suffix -*ik* gebildete sorbische Ableitung von ▶ Andreas zurückgehende Familiennamen.

Handschuh: Berufsübername für den Handschuhmacher oder Übername für den Träger auffälliger Handschuhe. Handschuhe wurden aus Leder, Stoff oder Pelz und als Teil der Rüstung aus Metall hergestellt.

Handt: ▶ Hand.

Hanel, Hänel: auf eine verkürzte Form von ▶ Johannes zurückgehende Familiennamen.

Hanemann: ▶ Hahnemann.

Hanf(t): Berufsübernamen zu mhd. *han(e)f* ›Hanf‹ für den Hanfbauern oder -händler.

Hanika: aus einer tschechischen Ableitung von ▶ Johannes entstandener Familienname.

Hanisch, Hänisch: auf eine slawische Ableitung von ▶ Johannes mit dem Suffix -*iš* (dt. > -*isch*) zurückgehende Familiennamen.

Hank(e): 1. Auf eine niederdeutsche oder slawische Ableitung von ▶ Johannes zurückgehende Familiennamen. 2. Für den alemannischen Raum kommt eine Ableitung von Hanki, einer Koseform von ▶ Heinrich, infrage.

Hankel: aus einer Erweiterung von ▶ Hank(e) mit -*l*-Suffix hervorgegangener Familienname.

Hann: aus einer verkürzten Form von ▶ Johannes entstandener Familienname.

Hannappel: Übername zu mhd. *hagenaphel* ›Hagebutte‹.

Hanne: aus einer verkürzten Form von ▶ Johannes hervorgegangener Familienname.

Hannemann: auf eine Erweiterung von ▶ Hanne mit dem Suffix -*mann* zurückgehender Familienname.

Hannen: patronymische Bildung (schwacher Genitiv) zu ▶ Hanne.

Hannes: aus einer verkürzten Form von ▶ Johannes entstandener Familienname.

Hannig: 1. Aus einer verschliffenen Form von ▶ Hanning hervorgegangener Familienname. 2. Auf die eindeutschende Schreibung von Hanik, einer slawischen Ableitung von ▶ Johannes, zurückgehender Familienname.

Hanning: 1. Patronymische Bildung auf -*ing* zu einer verkürzten Form von ▶ Johannes. 2. Herkunftsname zu dem gleichlautenden Ortsnamen (Bayern).

Hans: aus einer verkürzten Form von ▶ Johannes entstandener Familienname. Hans war im Mittelalter die häufigste Form von Johannes.

Hansch: auf die eindeutschende Schreibung einer sorbischen oder tschechischen Ableitung von ▶ Johannes zurückgehender Familienname.

Hänsch: 1. ▶ Hansch. 2. Auf die eindeutschende Schreibung einer slawischen Ableitung von ▶ Heinrich zurückgehender Familienname.

Hanschke: aus einer mit dem Suffix -*šk* gebildeten sorbischen Ableitung von ▶ Johannes entstandener Familienname.

Hansel, Hänsel: auf eine Erweiterung von ▶ Hans mit -*l*-Suffix zurückgehende Familiennamen.

Hanselmann: aus einer Erweiterung von ▶ Hansel mit dem Suffix -*mann* gebildeter Familienname.

Hansen: patronymische Bildung (schwacher Genitiv) zu ▶ Hans.

Hanser: patronymische Bildung auf -*er* zu ▶ Hans.

Hanses: vor allem im Raum Siegen verbreitete patronymische Bildung (starker Genitiv) zu ▶ Hans.

Hansl: oberdeutsche Schreibweise von ▶ Hansel.

Hanslmaier, Hanslmayer, Hanslmeier: Standesnamen, aus dem Rufnamen ▶ Hansl und Meier (▶ Meyer) zusammengewachsene Familiennamen.

Hansmann: auf eine Erweiterung von ▶ Hans mit dem Suffix -*mann* zurückgehender Familienname.

Hanss, Hanß: ▶ Hans.

Hanssen: patronymische Bildung auf -*sen* oder schwacher Genitiv zu ▶ Hans.

Hanstein: Herkunftsname zu dem gleichlautenden Ortsnamen (Eichsfeld).

Hantel: ▶ Handel.

Hantke: ▶ Handke.

Hantrack: ▶ Handra(c)k.

Hanus(ch): auf eindeutschende Schreibungen einer Ableitung von ▶ Johannes mit dem slawischen Suffix -*uš* (dt. > -*us* bzw. -*usch*) zurückgehende Familiennamen.

Hapke: aus einer mit -*k*-Suffix gebildeten Koseform von ▶ Happ(e) (1.) entstandener Familienname.

Happ(e): 1. Aus einer Kurzform der alten deutschen Rufnamen Hadebert *(hadu + beraht)* oder Hagbert *(hag + beraht)* entstandene Familiennamen. 2. Berufsübernamen zu mhd. *happe, hepe* ›Messer von sichelartiger Gestalt für Gärtner und Winzer‹.

Happel: aus einer mit *-l*-Suffix gebildeten Koseform von ▸ Happ(e) (1.) entstandener Familienname.

Harbeck: Herkunftsname zu den Ortsnamen Harbeck(e) (Nordrhein-Westfalen).

-hard: das sehr häufig in Rufnamen vorkommende Namenwort *-hard* (Gerhard, Reinhard) wurde bereits früh zur Erweiterung von Kurzformen (▸ Bosshar(d)t < Bosse) sowie zur Bildung von Appellativen, meist herabsetzenden Charakters, verwendet. So bildet der mittelhochdeutsche Dichter Hugo von Trimberg (13./14. Jh.) Wörter wie z. B. *kratzhart* ›Geizhals‹, *lugenhart* ›der gerne lügt‹, *trügenhart* ›der gerne betrügt‹ u. a. Die Endung *-hard/-hart* erscheint in abgeschwächter Form als ▸ -ard und ▸ -ert.

Hardekop(f): ▸ Hartkop(f). ❖ Bekannter Namensträger: Ferdinand Hardekopf, deutscher Schriftsteller (19./20. Jh.).

Hardenack: Übername zu mhd. *hardenacket* ›hartnäckig, trotzig‹. ❖ *Engelbert Hardenacke* ist z. B. a. 1453 in Coesfeld bezeugt.

Hardenberg: Herkunftsname zu dem gleichlautenden Ortsnamen (Niedersachsen, Nordrhein-Westfalen, Overijssel/Niederlande). ❖ Bekannte Namensträger: Karl August Fürst Hardenberg, preußischer Staatsmann (18./19. Jh.); der romantische Dichter Novalis (18./19. Jh.) hieß eigentlich Georg Philipp Friedrich Freiherr von Hardenberg.

Harder: 1. In Norddeutschland geht dieser Familienname auf den deutschen Rufnamen Harther *(harti + heri)* zurück, vgl. auch ▸ Harke (2.). 2. Ableitung auf *-er* von ▸ Hardt (1.) und (2.).

Harders: patronymische Bildung (starker Genitiv) zu ▸ Harder (1.).

Hardewig: auf eine niederdeutsche Form von ▸ Hartwich zurückgehender Familienname.

Hardt: 1. Wohnstättenname zu mhd., mnd. *hart* ›Wald, Trift, Weidetrift‹. 2. Herkunftsname zu Ortsnamen wie Haard (Bayern, Österreich), Haardt (Nordrhein-Westfalen, Rheinland-Pfalz, Bayern), Haarth (Niedersachsen, Bayern), Hard (Baden-Württemberg), Hardt (Nordrhein-Westfalen, Rheinland-Pfalz, Baden-Württemberg, Bayern, Schweiz), Hart (Baden-Württemberg, Bayern, Österreich), Harth (Nordrhein-Westfalen, Thüringen). 3. Aus einer Kurzform von Rufnamen, die mit dem Namenwort *harti* gebildet sind (z. B. ▸ Hartmann, ▸ Hartwich), entstandener Familienname. 4. Übername zu mhd. *hert, hart* ›hart, grob, rau, ausdauernd, hartnäckig‹, mnd. *hart, harde* ›hart, fest, kräftig; lästig, beschwerlich, knauserig‹. 5. Übername zu mnd. *harte, herte* ›Hirsch‹ und auch ›Herz‹.

Hardtke: aus einer mit *-k*-Suffix gebildeten Koseform von Rufnamen, die mit dem Namenwort *harti* gebildet sind (z. B. ▸ Hartmann, ▸ Hartwich), entstandener Familienname.

Harig: 1. Abgeschwächte Form von Haring (▸ Hering [1.] und [3.]). 2. Übername zu mnd. *hârich* ›haarig, behaart‹. ❖ Bekannter Namensträger: Ludwig Harig, deutscher Schriftsteller (20./21. Jh.).

Haring: 1. ▸ Hering (1.) oder (3.). 2. Herkunftsname zu den Ortsnamen Ostharingen (Niedersachsen), Haring (Bayern).

Häring: 1. ▸ Hering (1.) oder (3.). 2. Herkunftsname zu den Ortsnamen Häring (Bayern, Tirol), Häringen (Bayern, Baden-Württemberg).

Harke: 1. Niederdeutscher Berufsübername zu mnd. *harke, herke* ›Hacke, Rechen‹ für den Hersteller oder den Benutzer. 2. Auf den niederdeutschen Rufnamen Herke *(heri + -k*-Suffix) mit Übergang von *-er-* zu *-ar-* zurückgehender Familienname.

Harken: patronymische Bildung (schwacher Genitiv) zu ▸ Harke (2.).

Harksen: patronymische Bildung auf *-sen* zu ▸ Harke (2.).

Harlass, Harlaß: Übernamen zu mhd. *harliʒ*, Nebenform von mhd. *hornuʒ* ›Hornisse‹, für einen unruhigen, aufdringlichen Menschen.

Härle: schwäbische Ableitung von ▸ Haar (1.).

Harm: 1. Auf eine durch Übergang von *-er-* zu *-ar-* entstandene niederdeutsch-friesische Kurzform des Rufnamens ▸ Hermann zurückgehender Familienname. 2. Berufsübername zu mhd., mnd. *harm* ›Hermelin‹ für den Kürschner oder Übername für den Träger eines solchen Pelzes.

Harms: patronymische Bildung (starker Genitiv) zu ▶ Harm (1.).

Harmsen: patronymische Bildung auf -sen zu ▶ Harm.

Harmuth: ▶ Hartmut(h).

Harnack: ▶ Hardenack. ❖ Bekannter Namensträger: Adolf von Harnack, evangelischer Theologe (19./20. Jh.).

Harnasch, Harnisch: Berufsübernamen zu mhd. *harnasch, harnisch* ›Harnisch‹ für den Hersteller oder Übernamen für den Träger.

Harp(p)recht: aus dem alten deutschen Rufnamen Hartbert *(harti + beraht)* entstandene Familiennamen. ❖ Bekannter Namensträger: Klaus Harpprecht, deutscher Schriftsteller und Filmproduzent (20./21. Jh.).

Harr(e): 1. Auf eine niederdeutsche Kurzform von Rufnamen, die das Namenwort *heri* enthalten, zurückgehende Familiennamen. 2. Herkunftsnamen zu den Ortsnamen Harre (Niedersachsen), Harra (Thüringen).

Harras: 1. Herkunftsname zu dem gleichlautenden Ortsnamen (Baden-Württemberg, Bayern, Thüringen, Österreich). 2. ▶ Arras.

Harrer: 1. Übername zu mhd. *harren* ›harren, warten, sich aufhalten‹. In dieser Bedeutung kann »Harrer« auch als oberdeutscher Berufsname für den Bediensteten bei der Schifffahrt, der das Beladen und die Abfahrt der Schiffe überwachte, verstanden werden (vgl. bair. *Salcz verharren* ›Salz verladen‹). 2. Ableitung auf -er zu ▶ Harr(e) (2.). 3. Berufsname zu mhd. *har* ›Flachs‹ für den Flachsbauern oder -händler. ❖ Bekannter Namensträger: Heinrich Harrer, österreichischer Naturforscher und Reiseschriftsteller (20./21. Jh.).

Harsch: Übername zu mhd. *harsch* ›Haufen, Schar, Kriegshaufen‹.

-hart: ▶ -hard.

Hart: ▶ Hardt.

Hartel, Härtel: aus einer Koseform mit -*l*-Suffix von Rufnamen, die mit dem Namenwort *harti* gebildet sind (z. B. ▶ Hartmann, ▶ Hartwich), hervorgegangene Familiennamen.

Hartenstein: Herkunftsname zu dem gleichlautenden Ortsnamen (Sachsen, Bayern, Österreich, Ostpreußen).

Harter, Härter: Ableitungen auf -er zu ▶ Hardt (1.) und (2.).

Harth: ▶ Hardt.

Hartig: auf eine abgeschwächte Form von ▶ Harting (1.) oder auf eine verschliffene Form von ▶ Hartwich zurückgehender Familienname.

Harting: 1. Patronymische Bildung auf -*ing* zu einem mit dem Namenwort *harti* gebildeten Rufnamen (z. B. ▶ Hartmann, ▶ Hartwich). 2. Herkunftsname zu den Ortsnamen Harting (Bayern), Hartingen (Niedersachsen).

Hartinger: Ableitung auf -er zu ▶ Harting (2.).

Hartje: auf eine niederdeutsch-friesische Koseform von Rufnamen, die mit dem Namenwort *harti* gebildet sind (z. B. ▶ Hartmann, ▶ Hartwich), zurückgehender Familienname.

Hartkop(f): Übernamen zu mhd. *hert, hart* ›hart, grob, rau; ausdauernd, hartnäckig‹ und mhd. *kopf* ›Kopf‹ für einen hartnäckigen, unnachgiebigen Menschen.

Hartl, Härtl: ▶ Hartel.

Hartleb: aus dem gleichlautenden niederdeutschen Rufnamen *(harti + leva)* entstandener Familienname.

Hartlieb, Hartlief: aus dem gleichlautenden deutschen Rufnamen *(harti + liob)* hervorgegangene Familiennamen.

Hartling, Härtling: aus einer mit -*l*- und -*ing*-Suffix erweiterten patronymischen Form eines mit »Hart-« *(harti)* beginnenden Rufnamens, z. B. ▶ Hartmann oder ▶ Hartmut(h), entstandene Familiennamen. ❖ Bekannter Namensträger: Peter Härtling, deutscher Schriftsteller (20./21. Jh.).

Hartmann: aus dem gleichlautenden deutschen Rufnamen *(harti + man)* entstandener Familienname. Der Familienname, der als Rufname im Mittelalter besonders in Süddeutschland beliebt war, nimmt gegenwärtig die 25. Position in der Häufigkeitsrangfolge ein und kommt überall häufig vor, am konzentriertesten sogar in Göttingen und Hannover, wo er an 8. bzw. 9. Stelle steht. ❖ Bekannter Namensträger: Nicolai Hartmann, deutscher Philosoph (19./20. Jh.).

Hartmut(h): aus dem gleichlautenden deutschen Rufnamen *(harti + muot)* entstandene Familiennamen.

Hartung: aus dem gleichlautenden deutschen Rufnamen *(harti + -ung*-Suffix) gebildeter Familienname. ❖ Bekannter Namensträger: Hans Heinrich Ernst Hartung, französischer

Maler und Grafiker deutscher Herkunft (20. Jh.).

Hartwich, Hartwig: aus dem gleichlautenden deutschen Rufnamen *(harti + wīg)* entstandene Familiennamen. ❖ Hierzu gehören auch die Familiennamen **Hardewig** und **Hertwig**.

Hartz: ▸ Harz.

Harward(t), Harwart(h): auf eine niederdeutsche Form des deutschen Rufnamens Herward *(heri + wart)* zurückgehende Familiennamen.

Harz: 1. Herkunftsname nach dem gleichlautenden Gebirge (Niedersachsen, Thüringen, Sachsen-Anhalt). 2. Berufsübername für den Harzsammler. 3. Vereinzelt aus einer Koseform mit -z-Suffix von Rufnamen, die das Namenwort *harti* enthalten (z. B. ▸ Hartwich, ▸ Gerhard), entstandener Familienname.

Harzer: 1. Ableitung auf *-er* von ▸ Harz (1.). 2. Berufsname zu mhd. *harz* ›Harz‹ für den Harzsammler.

Harzmann: 1. Herkunftsname auf *-mann* nach dem Gebirge (Niedersachsen, Thüringen, Sachsen-Anhalt). 2. ▸ Harzer (2.).

Hasan: ▸ Hassan.

Haschke: auf die eindeutschende Schreibung einer slawischen Ableitung eines mit »Ha-« beginnenden Rufnamens, zumeist einer Kurzform von ▸ Johannes, zurückgehender Familienname.

Hase: 1. Übername zu mhd., mnd. *hase* ›Hase, Feigling‹. 2. Gelegentlich kommt eine Ableitung von einem Hausnamen »Zum Hasen« infrage. Ein derartiger Hausname ist z. B. aus Köln, Basel und Trier bezeugt.

Häse: ▸ Haese.

Haselbarth, Häselbarth: Übernamen zu mhd. *hasel* ›Hasel‹ und mhd. *bart* ›Bart‹ für einen Menschen mit haselnussbraunem Bart.

Haselhuhn: Übername nach der Tierbezeichnung, der wohl auf die braune Haarfarbe des ersten Namensträgers anspielt.

Haseloff: Herkunftsname zu dem gleichlautenden Ortsnamen (Brandenburg); z. T. auch entstellt aus den Ortsnamen Haselhof(f) (Bayern, Württemberg, Westfalen, Ostpreußen).

Hasenbein: Berufsübername für einen Jäger oder Übername für einen schnellfüßigen bzw. für einen zaghaften, furchtsamen Menschen.

Hasenclever: Herkunftsname zu dem Ortsnamen Hasenclev/Stadt Remscheid (Westfalen). ❖ Bekannter Namensträger: Walter Hasenclever, deutscher Dichter (19./20. Jh.).

Hasenfuß: Übername für einen schnellfüßigen bzw. für einen zaghaften, furchtsamen Menschen, gelegentlich auch Berufsübername für einen Jäger.

Hasenjäger: Berufsname für den Jäger.

Hasenkamp: 1. Wohnstättenname zu mnd. *hase* ›Hase‹ und mnd. *kamp* ›eingezäuntes Feld, als Acker, Weide, Wiese dienend‹. 2. Herkunftsname zu dem gleichlautenden Ortsnamen (Westfalen).

Hasenohr, Hasenöhrl: Übernamen für einen hellhörigen, wachsamen Menschen.

Haslbeck: bairischer Herkunftsname auf *-beck* zu dem in Bayern und Österreich mehrfach vorkommenden Ortsnamen Haselbach.

Hasler: 1. Herkunftsname zu den Ortsnamen Hasel (Baden), Haselau (Schleswig-Holstein, Ostpreußen), Haslau (Niedersachsen, Bayern, Österreich), Hasla (Thüringen), Hasle (Schweiz, Österreich) u. a. 2. Wohnstättenname für jemanden, der an einer Stelle mit Haselnusssträuchern siedelte.

Häsler: Herkunftsname zu den Ortsnamen Häsler (Thüringen), Häsle (Württemberg).

Haslinger: Herkunftsname zu den Ortsnamen Hasling (Bayern, Österreich), Haslingen (Ostpreußen), Haslach (Niederösterreich, a. 1591 als *Hasling* belegt), Langenhaslach (Bayern). ❖ Bekannter Namensträger: Josef Haslinger, österreichischer Schriftsteller (20./21. Jh.).

Hass, Haß: Übernamen zu mhd. *haʒ* ›feindselige Gesinnung, Hass‹. ❖ Bekannter Namensträger: Hans Hass, österreichischer Zoologe und Meeresforscher (20./21. Jh.).

Hassan: vorwiegend arabischer Name oder Familienname (< arab. *hasan* ›gut, schön‹). ❖ Als Name des Kalifen Al-Hasan ibn Ali, des Enkels des Propheten (7. Jh.), ist der Name in allen islamischen Ländern sehr beliebt.

Hasse: niederdeutscher, aus dem alten Rufnamen Hasso abgeleiteter Familienname. Hasso geht entweder auf den Stammesnamen der Hessen zurück oder ist eine Kurzform von Rufnamen, die mit *hart*, gelegentlich auch mit *hadu* gebildet sind (z. B. ▸ Hartmann, ▸ Habert). ❖ Bekannter Namensträger: Johann Adolf Hasse, deutscher Komponist (17./18. Jh.).

Hassel: 1. Herkunftsname zu dem Ortsnamen Hassel (Niedersachsen, Sachsen-Anhalt, Saarland, Luxemburg). 2. Wohnstättenname zu mhd. *hasel*, mnd. *has(s)el* ›Hasel, Haselstrauch‹.

Hasselbach: Herkunftsname zu dem gleichlautenden Ortsnamen (Baden, Bayern, Hessen, Rheinland-Pfalz).

Hasselberg(er): Herkunftsnamen zu dem gleichlautenden Ortsnamen (Niedersachsen, Schleswig-Holstein, ehem. Brandenburg/jetzt Polen, Hessen, Bayern).

Hasselmann: Ableitung auf *-mann* von ▶ Hassel.

Hassenpflug: Übername in Satzform (»[ich] hasse den Pflug«) als Schelte für einen faulen Bauern.

Hassler, Haßler, Häßler: 1. Ableitungen auf *-er* von ▶ Hassel. 2. ▶ Hasler, ▶ Häsler. ❖ Bekannter Namensträger: Hans Leo Haßler, deutscher Komponist (16./17. Jh.).

Hau: 1. Wohnstättenname zu mhd. *hou* ›Holzhieb, Hiebabteilung eines Waldes‹, mnd. *houw* ›Hau, Hieb‹. Es handelt sich hierbei um einen Ausdruck aus der alten Waldwirtschaft: Der Gemeindewald wurde in Haue (Holzschläge) eingeteilt. 2. Herkunftsname zu dem gleichlautenden Ortsnamen (Nordrhein-Westfalen, Rheinland-Pfalz, Schlesien).

Haub: 1. Nebenform von ▶ Hau. 2. ▶ Haube. 3. Vereinzelt Übername zu mhd. *hūwe* ›Nachteule, Uhu‹.

Haube: Berufsübername zu mhd. *hūbe, hoube* ›Haube, Mütze; Bischofsmütze; Helm, Pickel-, Sturmhaube; die von den Rittern unter dem Helm zur Milderung des Druckes getragene Polsterhaube‹ für den Hersteller (▶ Hauber) oder Übername für den Träger.

Häubel: Ableitung von ▶ Haube mit *-l*-Suffix.

Haubenreisser, Haubenreißer: Berufsnamen für den Handwerker, der eiserne Hauben, Pickelhauben mit Ornamenten künstlerisch ausstattete (zu mhd. *rīʒen* ›einritzen‹).

Haubensack: Berufsübername zu mhd. *hūbensac* ›Sack für Pickelhauben‹ für den Zeugmeister, der für die Ausrüstung von Kriegern und Söldnern zuständig war.

Hauber, Haubner: Berufsnamen zu mhd. *hūbe, hoube* ›Haube, Mütze; Bischofsmütze; Helm, Pickel-, Sturmhaube; die von den Rittern unter dem Helm zur Milderung des Druckes getragene Polsterhaube‹ für den Hersteller. Erst seit dem 14. Jh., als der Hut immer mehr zur typischen männlichen Kopfbedeckung wird, bezeichnet »Haube« im größten Teil des deutschen Sprachgebiets vowiegend eine Frauenkopfbedeckung.

Haubold: aus dem alten deutschen Rufnamen Hugbald *(hugu + bald)* hervorgegangener Familienname.

Haubrich: auf eine besonders im Raum Trier–Koblenz–Siegen verbreitete Variante von ▶ Hubert zurückgehender Familienname.

Haubrichs: patronymische Bildung (starker Genitiv) zu ▶ Haubrich.

Haubricht: Variante von ▶ Hubert.

Hauch, Hauck(e): auf diphthongierte Formen von ▶ Hugo zurückgehende Familiennamen.

Hauenschild(t): ▶ Hauschild(t).

Hauenstein: 1. Berufsübername in Satzform (»[ich] haue den Stein«) für den Steinhauer. 2. Herkunftsname zu dem gleichlautenden Ortsnamen (Rheinland-Pfalz, Baden-Württemberg, Bayern) oder zu dem Schweizer Gebirge.

Hauer: Berufsname zu mhd. *houwer* ›Hauer, Holzfäller, Erzhauer im Bergwerk, Rebhauer‹ oder zu mhd. *höuwer, houwer* ›Mäher‹.

Hauf(e), Hauff(e): Übernamen oder Wohnstättennamen zu mhd. *hūfe, houfe* ›Haufe, zusammengeschichtete Menge von Gegenständen, Haufen Holzes; geschlossene Schar, Haufen Menschen (bes. Krieger)‹. ❖ Bekannter Namensträger: Wilhelm Hauff, deutscher Schriftsteller (19. Jh.).

Haug(g), Hauk(e): auf diphthongierte Formen von ▶ Hugo zurückgehende Familiennamen.

Haumann: 1. Berufsname auf *-mann* zu mhd. *houwen* ›hauen‹, vgl. ▶ Hauer. 2. Herkunftsname auf *-mann* zu den Ortsnamen Hau (▶ Hau [2.]), Haue (Niedersachsen, Westfalen).

Haun: 1. Auf eine Kurzform von Haunold (▶ Hunold) zurückgehender Familienname. 2. Herkunftsname zu den Ortsnamen Ober-/Unterhaun (Hessen), Haun (Bayern).

Haunold: ▶ Hunold.

Häup(e)l: verschliffene Formen von Häuptel (▶ Häuptle).

Haupt: 1. Übername zu mhd. *houb(e)t, houpt* ›Kopf, Haupt‹ nach einem auffälligen Körpermerkmal des ersten Namensträgers. 2. Wohnstättenname nach einem Hausnamen. ❖ Vgl. den Beleg *Henman zem houbte*, Bürger zu Rheinfelden, aus dem Jahre 1365. 3. Wohnstättenname zu mhd. *houb(e)t* ›oberste Stelle, Spitze, Anfang‹ für den Siedler auf einer Anhöhe oder am Anfang einer Ortschaft.

Häuptle, Häuptli: alemannische Erweiterungen von ▶ Haupt.

Hauptmann: Amtsname zu mhd. *houbetman* ›der oberste Mann, Hauptperson einer Vereinigung, eines rechtlichen Verhältnisses; Anführer im Krieg‹. Im mittelalterlichen Schlesien war der Hauptmann der Vertreter des Landesherrn und stammte meist aus dem Adel oder der Ritterschaft. ❖ Bekannter Namensträger: Gerhart Hauptmann, deutscher Dichter (19./20. Jh.).

Hausbeck: Berufsname für den Bäcker (mittelhochdeutsch *becke*), der gegen Lohn den von den Kunden für den Hausgebrauch hergestellten Teig fertig buk.

Hauschild(t): Übernamen in Satzform (»[ich] [zer]haue [den] Schild«) zu mhd. *houwen* ›(zer)hauen‹ und mhd. *schilt* ›Schild‹ für einen Haudegen, einen streitsüchtigen Menschen. ❖ Ein früher Beleg für diesen Übernamen stammt aus Hamburg: *Tidericus Howescilt* (a. 1255).

Hausdorf(f), Hausdorfer, Hausdörf(f)er: Herkunftsnamen zu dem Ortsnamen Hausdorf (Sachsen, Schlesien, Österreich).

Hausen: Herkunftsname zu den gleichlautenden Ortsnamen (Nordrhein-Westfalen, Rheinland-Pfalz, Hessen, Thüringen, Baden-Württemberg, Bayern, Schweiz).

Hauser, Häuser: 1. Ableitungen auf -*er* zu den häufigen Ortsnamen Haus, Hausen. 2. Standesnamen zu mhd. *hūs* ›Haus, Wohnung, Haushaltung‹ für den Verwalter eines Hauswesens, einen Haushälter oder Hausbesitzer. 3. Aus der bairisch-österreichischen Namensform ▶ Waldhauser (▶ Balthasar) gekürzter Familienname. ❖ Bekannter Namensträger: Kaspar Hauser, Findelkind unbekannter Herkunft (19. Jh.).

Häusgen: mit dem Suffix -*gen* gebildeter Wohnstättenname.

Haushofer: 1. Herkunftsname zu dem Ortsnamen Haushof (Bayern). 2. Bairisch-österreichischer Hofname ›Haushof‹. ❖ Bekannte Namensträgerin: Marlen Haushofer, österreichische Schriftstellerin (20. Jh.).

Hausler, Häusler: Standesnamen zu mhd. *hiuseler* ›Person, die zur Miete wohnt; Haushälter; Inhaber eines sehr kleinen Hofs‹.

Hausmann: Standesname oder Amtsname zu mhd. *hūsman* ›Hausherr, Hausbewohner, Mietsmann; Burgwart, der auf dem Wartturm wohnte‹, mnd. *hūsman* ›Hausmann; Bauer; Verwalter einer Burg, Turmwächter‹. ❖ Bekannter Namensträger: Manfred Hausmann, deutscher Schriftsteller (19./20. Jh.).

Hausner, Häusner: 1. Ableitungen auf -*er* von ▶ Hausen. 2. ▶ Hausler, Häusler. ❖ Bekannter Namensträger: Rudolf Hausner, österreichischer Maler und Grafiker (20./21. Jh.).

Häußer: ▶ Hauser, Häuser.

Häussler, Häußler: ▶ Hausler, Häusler.

Haussmann, Haußmann: ▶ Hausmann.

Haustein: ▶ Hauenstein.

Hauswald(t): Herkunftsnamen zu den Ortsnamen Hauswald (Bayern), Hauswalde (Sachsen).

Haut(h): 1. Niederdeutsche Berufsübernamen zu mnd. *hōt* für den Hersteller oder Übernamen für den Träger eines auffälligen Huts, vgl. ▶ Huth (1.). 2. Ober- und mitteldeutsche Berufsübernamen zu mhd. *hūt*, *hout* ›Haut, Fell‹ für den Gerber bzw. für den Häute- bzw. Fellhändler.

Hautmann: Erweiterung auf -*mann* von ▶ Haut(h).

Havemann: niederdeutsche Form von ▶ Hofmann.

Haverkamp: ▶ Haberkamp.

Haydn: ▶ Heiden. ❖ Bekannter Namensträger: Joseph Haydn, österreichischer Komponist (18./19. Jh.).

Hayn: 1. ▶ Hain. 2. Herkunftsname zu den Ortsnamen Hayn (Sachsen-Anhalt, Thüringen), Alt- und Neu-Hayn (Schlesien).

Haynk: ▶ Heinke.

Hebbel: aus der weiblichen niederdeutschen Kurzform Heb(b)ele, die zu mehreren Vollformen gehören kann, oder aus einer männlichen Kurzform von Rufnamen, die mit dem Namenwort *hadu* gebildet sind (z. B. Hadubald, Hadubert), hervorgegangener Familienname. ❖ Bekannter Namensträger: Friedrich Hebbel, deutscher Dichter (19. Jh.).

Hebel: 1. Berufsübername zu mhd. *hebe(l)* ›Hefe‹, fnhd. *hebel* ›Hefeteig‹ für den Bäcker. 2. ▶ Hebbel. ❖ Bekannter Namensträger: Johann Peter Hebel, deutscher Dichter (18./19. Jh.).

Hebenstreit: Übername (Satzname) zu mhd. *heben* ›heben, anfangen, stiften‹ und mhd. *strīt* ›Streit‹ (»fang [wieder] Streit an!«) für den Streitlustigen. ❖ In Regensburg ist *der Hefdenstrit* nach 1334 bezeugt.

Heber: 1. Berufsname zu mhd. *heben* ›heben‹ für den Lastenträger. 2. Übername zu mhd. *heber* ›Taufpate‹. 3. Vereinzelt Herkunftsname zu dem Ortsnamen Heber (Niedersachsen).

Heberer: ▶ Haberer.

Heberle: schwäbische Ableitung von ▶ Haber.

Hebestreit: ▶ Hebenstreit.

Hebsacker: 1. Herkunftsname zu dem Ortsnamen Hebsack (Baden-Württemberg). 2. Wohnstättenname zu den in Baden-Württemberg häufigen Flurnamen *Hebsach, Hebsack, Hebsacker*, der auf den Satznamen »fang (wieder) einen Rechtsstreit an« (zu mhd. *heben* ›heben, anfangen‹ und mhd. *sache, sach* ›Streit, Streitsache, Rechtshandel‹) zurückgeht (vgl. ▶ Hebenstreit).

Hechler: 1. Berufsname zu mhd. *hachel, hechel* ›Hechel‹ für jemanden, der Flachs oder Hanf mit der Hechel bearbeitete. 2. Herkunftsname zu den Ortsnamen Hechel (Thüringen), Hecheln (Baden-Württemberg, Schlesien).

Hecht, Hechtfisch: Berufsübernamen zu mhd. *hech(e)t* ›Hecht‹ für den Fischer oder Fischhändler.

Hechtfischer: Berufsname für den Fischer.

Heck: 1. Wohnstättenname zu mhd. *heck(e), hegge*, mnd. *heck* ›Hecke‹: ›wohnhaft an/bei einer Hecke‹. 2. Herkunftsname zu den Ortsnamen Heck (Bayern, Rheinland-Pfalz, Österreich), Höck (Bayern, Österreich). ❖ Bekannter Namensträger: Dieter Thomas Heck, deutscher Fernsehmoderator (20./21. Jh.).

Hecke: 1. ▶ Heck (1.). 2. Herkunftsname zu dem Ortsnamen Hecke (Nordrhein-Westfalen).

Heckel: ▶ Hackel, Häckel. ❖ Bekannter Namensträger: Erich Heckel, deutscher Maler und Grafiker (19./20. Jh.).

Hecker: 1. ▶ Hacker, Häcker. 2. Erweiterung auf -*er* zu ▶ Heck. 3. Herkunftsname zu den Ortsnamen Hecke (Nordrhein-Westfalen), Hecken (Rheinland-Pfalz, Nordrhein-Westfalen, Bayern) oder zu einer der häufigen Heckenmühlen, bzw. zu einem Heckenhof (zu mhd. *heck[e], hegge*, mnd. *heck* ›Hecke‹) usw.

Heckert: Erweiterung von ▶ Hecker mit sekundärem -*t*.

Heckl: ▶ Hackel, Häckel.

Heckmann: Ableitung auf -*mann* von ▶ Heck oder ▶ Hecke.

Hedderich: 1. Übername zu mhd. *hederich*, mnd. *hederik* ›Hederich‹. 2. Aus einer umgelauteten Form des alten deutschen Rufnamens Hadurich *(hadu + rīhhi)* oder aus Heidenreich entstandener Familienname.

Hedemann: 1. ▶ Heidemann. 2. Herkunftsname auf -*mann* zu den Ortsnamen Heede (Niedersachsen, Holstein), Hedem (Westfalen).

Hed(e)rich: vorwiegend hessische und südsächsische Varianten von ▶ Hedderich.

Hedwig: 1. Auf den alten deutschen Rufnamen Hadwig *(hadu + wīg)* zurückgehender metronymischer Familienname. Zur Verbreitung des Namens Hedwig im Mittelalter trug die Verehrung der heiligen Hedwig (12./13. Jh.), der Patronin von Schlesien, bei. 2. Wie die Belege aus Esslingen (Württemberg) *Henßlin Hedwig*, a. 1438 und 1439 = *henslin Herdwig*, a. 1451 und 1452 zeigen, kann dem Familiennamen auch eine entstellte Form des alten Rufnamens Hertwig (▶ Hartwich *[harti + wīg]*) zugrunde liegen.

Heeg: 1. Herkunftsname zu dem gleichlautenden Ortsnamen (Nordrhein-Westfalen, Rheinland-Pfalz, Hessen). 2. Wohnstättenname zu mhd. *hege* ›Zaun, Hecke‹, mnd. *hege* ›Hecke; Gehölz, kleiner Wald; Gehege; umzäunte Wohnung‹.

Heeger: vor allem im Raum Münster-Osnabrück häufig anzutreffende Schreibweise von ▶ Heger.

Heep: vorwiegend rheinhessische Schreibweise von ▶ Hepp.

Heer: 1. Aus einer Kurzform von Rufnamen, die mit dem Namenwort *heri* gebildet sind (z. B. ▶ Hermann), entstandener Familienname. 2. Übername zu mda. (Siegerland) *heer* ›fein, zart‹. 3. Berufsname zu mda. (Magdeburg, Anhalt) *hoder* > *höder* > *höer* > *heer*

›Hüter, Hirt‹. 4. Gelegentlich Variante von ▶ Herr(e). 5. Herkunftsname zu den Ortsnamen Groß-, Klein-Heere (Niedersachsen). ❖ Bekannter Namensträger: Friedrich Heer, österreichischer Publizist und Schriftsteller (20. Jh.).

Heeren: Herkunftsname zu den Ortsnamen Heeren (Nordrhein-Westfalen, Sachsen-Anhalt), Groß-, Klein-Heere (Niedersachsen).

Heering: ▶ Hering.

Heerklotz: ▶ Herklotz.

Heermann: ▶ Hermann.

Hees: ▶ Heese.

Heesch: Übername zu mnd. *hēsch, heisch* ›heiser‹.

Heese: 1. Wohnstättenname zu einem in Norddeutschland häufigen Flurnamen mit der Bedeutung ›Buschwald‹. 2. Herkunftsname zu den Ortsnamen Heese (Niedersachsen), Hees (Nordrhein-Westfalen).

Heesen: 1. Herkunftsname zu dem gleichlautenden Ortsnamen (Niedersachsen). 2. ▶ Heese. 3. Auf Hese, eine niederdeutsche Koseform des alten weiblichen Rufnamens Herburg *(heri + burg)*, zurückgehender metronymischer Familienname (schwacher Genitiv).

Hefele: schwäbischer Berufsübername (zu mhd. *haven* ›Topf‹) für den Töpfer.

Heffner, Hefner: im Gebiet zwischen Mainz, Heilbronn und Würzburg häufige Schreibweisen von ▶ Haffner.

Hefter: 1. ▶ Heftler. 2. Herkunftsname zu dem Ortsnamen Heft (Bayern).

Heftler: Berufsname zu mhd. *heftel* ›Spange‹ für den Spangenmacher.

Hegel: 1. Wohnstättenname zu mhd. *hegel*, Verkleinerungsform von mhd. *hac* ›Dornbusch, Gebüsch; Einfriedung, Hag‹ oder von mhd. *hege* ›Zaun, Hecke‹. 2. Auf eine Koseform von ▶ Hagen (3.) zurückgehender Familienname. 3. Für Nürnberg kann eine Ableitung von mhd. *hegel, hegelīn* ›Spruchsprecher, Gelegenheitsdichter‹ infrage kommen. In den Nürnberger Polizeiordnungen (13.–15. Jh.) ist von den *pfeiffern, hegeln und pusaunern, die zu dem tantz hofieren* [musizieren], die Rede. ❖ Bekannter Namensträger: Georg Wilhelm Friedrich Hegel, deutscher Philosoph (18./19. Jh.).

Hegele: schwäbische Ableitung von Hegel (1.) oder (2.).

Hegemann: 1. Wohnstättenname auf *-mann* zu mhd. *hege* ›Zaun, Hecke‹. 2. Herkunftsname auf *-mann* zu Ortsnamen wie Heeg (Nordrhein-Westfalen, Rheinland-Pfalz, Hessen), Hege (Westfalen).

Hegenbart(h): Berufsübernamen in Satzform (»hege den Bart!«) für einen Barbier. ❖ Bekannter Namensträger: Josef Hegenbarth, deutscher Maler und Grafiker (19./20. Jh.).

Hegener: ▶ Hegner.

Heger: 1. Amtsname bzw. Standesname zu mhd. *heger* ›Hüter, Aufseher eines Geheges; kleiner Lehnsmann‹. 2. Standesname zu mnd. *heger* ›Meier, Siedler‹. 3. Wohnstättenname zu mhd., mnd. *hege* ›Zaun, Hecke‹. 4. Übername zu mnd. *heger* ›Häher‹. 5. Herkunftsname zu den Ortsnamen Heeg (Nordrhein-Westfalen, Rheinland-Pfalz, Hessen), Hege (Westfalen, Bayern), Hegi (Schweiz).

Hegewald(t): 1. Wohnstättenamen zu mhd. **hegewalt = hegeholz* ›gehegter Wald‹. 2. Berufsübernamen in Satzform (›hege/pflege den Wald‹) für den Waldaufseher, Förster. 3. Herkunftsname zu dem Ortsnamen Hegewald (Schlesien, Ostpreußen). ❖ Bekannter Namensträger: Wolfgang Hegewald, deutscher Schriftsteller (20./21. Jh.).

Hegi: Herkunftsname zu dem Ortsnamen Hegi (Schweiz).

Hegmann: ▶ Hegemann.

Hegner: 1. Herkunftsname zu Ortsnamen wie Hege (Westfalen, Bayern), Hegi (Schweiz), Hegne (Baden), Hegnau (Schweiz), Hagenau (Elsass), Hegenau (Baden-Württemberg) u. a. 2. Variante von ▶ Heger (1.) oder (3.). 3. Niederdeutscher Berufsname zu mnd. *hege* ›Hecke, Umzäunung aus stachligem Gebüsch‹, *hegenen* ›umzäunen‹ für den Hecken-, Wall-, Knickarbeiter, Zaunbinder. Diese Tätigkeit spielte im späten Mittelalter bis weit in die Neuzeit hinein eine wichtige Rolle, da die Wallanlagen der Städte oft mit allerlei Dorngestrüpp bepflanzt waren. Sie wurden zu Verteidigungszwecken sorgfältig gepflegt. 4. Alemannischer Berufsname zu alem. *Hegene* ›Vorrichtung zum Fischen‹ für einen Fischer.

Hehl: 1. Übername zu mhd. *hæle* ›verhohlen, verborgen; schlüpfrig, glatt‹. 2. Übername zu mnd. *hēl* ›heil, gesund, genesen‹.

Hehn: 1. Auf eine Koseform von ▶ Heinrich oder ▶ Johannes zurückgehender Familienname. 2. Herkunftsname zu dem Ortsnamen Hehn (Nordrhein-Westfalen). ❖ Bekannter Namensträger: Sascha Hehn, deutscher Filmschauspieler (20./21. Jh.).

Heib: am ehesten aus einer zweistämmigen Kurzform eines mit den Namenwörtern *heim* oder *hagan* gebildeten Rufnamens, dessen zweiter Bestandteil mit *-b* begann, entstandener Familienname.

Heibel: durch Entrundung entstandene Form von ▶ Häubel.

Heid(e): 1. Wohnstättennamen zu mhd. *heide* ›ebenes, unbebautes, wild bewachsenes Land, Heide‹. 2. Herkunftsnamen zu Ortsnamen wie Heid(e), Haid(a), Heyda.

Heidecker, Heidegger: 1. Wohnstättennamen zu mhd. *heide* ›ebenes, unbebautes, wild bewachsenes Land‹ und mhd. *ecke, egge* ›Ecke, Kante, Winkel‹ für jemanden, der am Rande einer Heide wohnte. Schweizerdeutsch ist eine Egg auch der ›dachähnliche Ausläufer eines Berges, eine Bergkante und die Halde darunter‹. 2. Herkunftsnamen zu den Ortsnamen Heideck (Bayern, Ostpreußen), Heidegg (Schweiz), Heideggerhof (Baden). ❖ Bekannter Namensträger: Martin Heidegger, deutscher Philosoph (19./20. Jh.).

Heidel: 1. Aus einer Koseform von ▶ Heidenreich hervorgegangener Familienname. 2. Wohnstättenname zu mhd. *heidelīn* ›kleine Heide‹. 3. Berufsübername zu fnhd. *heidel* ›Buchweizen‹ für einen Bauern oder Getreidehändler.

Heidelberg(er): Herkunftsnamen zu dem Ortsnamen Heidelberg (Baden-Württemberg, Hessen, Sachsen, Brandenburg, Schlesien).

Heidemann: 1. Ableitung von ▶ Heid(e) mit dem Suffix *-mann*. 2. Aus einer mit dem Kosesuffix *-mann* gebildeten Koseform von ▶ Heidenreich entstandener Familienname.

Heiden: 1. Übername zu mhd., mnd. *heiden* ›Heide‹, mhd. *heiden* ›heidnisch‹, vielleicht für jemanden, der an einem Kreuzzug ins »Heidenland«, das Heilige Land, teilgenommen hatte. 2. Herkunftsname zu dem gleichlautenden Ortsnamen (Nordrhein-Westfalen). 3. Gelegentlich aus einer Kurzform von ▶ Heidenreich entstandener Familienname.

Heidenreich: aus dem gleichlautenden deutschen Rufnamen *(heidan + rīhhi)* entstandener Familienname. ❖ Varianten von Heidenreich sind heutige Familiennamen wie **Heiderich, Heidrich** und zum Teil **Hedrich**. ❖ Als Kurz- bzw. Koseformen von Heidenreich begegnen uns u. a. die Familiennamen **Heiden, Heid(e)mann** und **Heise**. ❖ Bekannte Namensträger: Gert Heidenreich, deutscher Schriftsteller (20./21. Jh.); Elke Heidenreich, deutsche Schriftstellerin (20./21. Jh.).

Heider: Ableitung auf *-er* von ▶ Heid(e).

Heiderich: auf eine durch Zusammenziehung entstandene Form von ▶ Heidenreich zurückgehender Familienname.

Heidinger: 1. Oberdeutscher Wohnstättenname für jemanden, der an oder in einer Heide, einem meist, aber nicht immer unbebauten ebenen Stück Land, wohnte. 2. Herkunftsname zu den Ortsnamen Heiding, Haiding (Österreich), Heidingsfeld (Bayern), Hedingen (Schweiz), a. 1275 belegt als *Heidingen*.

Heidkamp: 1. Wohnstättenname zu mnd. *heide* ›unbebautes, wild bewachsenes Land‹ und mnd. *kamp* ›eingezäuntes Feld (Acker, Weide, Wiese, Gehölz)‹. 2. Herkunftsname zu dem gleichlautenden Ortsnamen (Niedersachsen, Schleswig-Holstein, Nordrhein-Westfalen).

Heidl: ▶ Heidel.

Heidler: 1. Ableitung auf *-ler* zu ▶ Heid(e). 2. Patronymische Bildung auf *-er* zu ▶ Heidel (1.).

Heidmann: 1. Ableitung auf *-mann* von ▶ Heid(e). 2. Aus einer mit dem Suffix *-mann* gebildeten Koseform von ▶ Heidenreich entstandener Familienname.

Heidorn: 1. Durch Zusammenziehung entstandene Form von ▶ Hagedorn (1.). 2. Herkunftsname zu den Ortsnamen Großenheidorn, Klein Heidorn (Niedersachsen).

Heidrich: ▶ Heiderich.

Heidt: ▶ Heid(e).

Heidtmann: ▶ Heidmann.

Heiduschka: Übername zu nsorb. *hejduška* ›wildes, falsches Heidekorn‹.

Heier: 1. Entrundete Form von ▶ Heuer. 2. Amtsname zu mhd. *heien* ›schützen, pflegen‹, mhd. *heie* ›Hüter, Pfleger‹. 3. Übername zu mhd. *heier* ›Ramme‹, wohl als Schelte für einen Grobian.

Heiermann: ▶ Heuermann.

Heigl: aus einer entrundeten Form von Heugel (▶ Hugo) entstandener Familienname.

Heil: 1. Aus dem alten deutschen Rufnamen Heilo *(heil)* oder aus einer im Mittelalter im Raum Frankfurt–Mainz–Worms beliebten Koseform von ▶ Heinrich entstandener Familienname. 2. Übername zu mhd. *heil* ›gesund, heil‹, mhd. *heil* ›Gesundheit, Glück‹.

Heiland: 1. Übername zu mhd. *heilant* ›Heiland, Erlöser, Retter‹, vielleicht in spöttischer Absicht. 2. Vereinzelt aus dem alten deutschen Rufnamen Heilant *(heil + lant)* hervorgegangener Familienname. 3. Wohnstättenname zu dem niederdeutschen Flurnamen Heiland *(hei-, haulant)* ›gerodetes Land‹.

Heile: ▶ Heil.

Heilemann: aus einer Erweiterung von ▶ Heil (1.) mit dem Suffix -mann entstandener Familienname.

Heiler: Berufsname zu mhd. *heilen* ›verschneiden‹ für den Gelzer, den Viehkastrator.

Heilig: Übername zu mhd. *heilec, heilic* ›heilig, fromm‹ in charakterisierender oder auch spöttischer Absicht. ❖ Vgl. den Nürnberger Beleg a. 1370–83 *der Heilig S. schuster*.

Heiliger: stark flektierte Form von ▶ Heilig.

Heilmai(e)r: ▶ Heilmay(e)r.

Heilmann: ▶ Heilemann.

Heilmay(e)r, Heilmei(e)r, Heilmeyer: Standesnamen für den Meier (▶ Meyer), der im Gegensatz zum ▶ Halbmai(e)r einen ganzen Hof bewirtschaftet (vgl. mnd. *hēl, heil* ›ganz, vollständig‹).

Heilmuth: auf den gleichlautenden deutschen Rufnamen *(heil + muot)* zurückgehender Familienname.

Heim: aus dem alten deutschen Rufnamen Heimo *(heim)* entstandener Familienname.

Heimann: aus einer Koseform von Hein (▶ Heinrich) mit dem Suffix -mann entstandener Familienname.

Heimbach: Herkunftsname zu dem gleichlautenden Ortsnamen (Baden-Württemberg, Bayern, Hessen, Rheinland-Pfalz, Nordrhein-Westfalen).

Heimer: 1. Patronymische Bildung auf -er zu ▶ Heim. 2. Aus einer Kurzform von Rufnamen wie Heimbert *(heim + beraht)* u. a. entstandener Familienname.

Heimeran: aus dem gleichlautenden Rufnamen hervorgegangener Familienname. Heimeran ist die deutsche Form der latinisierten Namensform Emmeramus. So hieß ein wohl aus Poitiers stammender westfränkischer heiliger Wanderbischof und Märtyrer, Bischof von Regensburg und Patron des Klosters St. Emmeram (7./8. Jh.). Sein eigentlicher Name wird Ermenhram *(ermana + hraban)* gelautet haben. Unverständlich geworden, wurde er zu Heimeran *(heim + hraban)* umgedeutet.

Heimerl: aus einer Koseform von ▶ Heimeran entstandener Familienname.

Heimes: patronymische Bildung (starker Genitiv) zu ▶ Heim.

Heimlich: Übername zu mhd. *heim(e)lich* ›einheimisch; vertraut‹, *heimelich* ›Beschützer‹.

Hein: auf eine Kurzform von ▶ Heinrich zurückgehender Familienname. ❖ Bekannter Namensträger: Christoph Hein, deutscher Schriftsteller (20./21. Jh.).

Heindel, Heindl: auf eine mit -l-Suffix gebildete Koseform von ▶ Heinrich zurückgehende Familiennamen.

Heine: ▶ Hein. ❖ Bekannter Namensträger: Heinrich Heine, deutscher Dichter und Publizist (18./19. Jh.).

Heine(c)ke: auf eine mit -k-Suffix gebildete Koseform von ▶ Heinrich zurückgehende Familiennamen.

Heinemann: auf eine mit dem Suffix -mann gebildete Koseform von ▶ Heinrich zurückgehender Familienname. ❖ Bekannter Namensträger: Gustav Heinemann, deutscher Politiker (19./20. Jh.).

Heinen: patronymische Bildung (schwacher Genitiv) zu Hein (▶ Heinrich).

Heiner: aus einer Kurzform von ▶ Heinrich entstandener Familienname.

Heinick: 1. Variante von Heinig (▶ Heining). 2. Eindeutschende Schreibung von *Hajnik, einer slawischen Koseform von ▶ Heinrich. 3. Berufsname zu osorb. *hajnik*, tschech. *hajník* ›Jäger, Förster‹.

Heinicke: ▶ Heine(c)ke.

Heinig: ▶ Heining (1.).

Heinike: ▶ Heine(c)ke.

Heining: 1. Patronymische Bildung auf -ing zu Hein (▶ Heinrich). 2. Herkunftsname zu dem Ortsnamen Heining (Bayern).

Heininger: Herkunftsname zu den Ortsnamen Heiningen (Niedersachsen, Baden-Württemberg), Heining (Bayern).

Heinisch: aus einer sorbischen Koseform von ▶ Heinrich mit dem Suffix -*iš* (dt. > -*isch*) entstandener Familienname.

Heinitz: 1. Herkunftsname zu den Ortsnamen Heynitz (Sachsen), Heinitz (Saarland). 2. Aus einer sorbischen Ableitung von ▶ Heinrich hervorgegangener Familienname.

Heinke: 1. Aus einer mit -*k*-Suffix gebildeten Koseform von Hein (▶ Heinrich) hervorgegangener Familienname. 2. Aus *Hajnk, Hajnka oder Hajnko, sorbischen Ableitungen des deutschen Rufnamens Heinrich, entstandener Familienname. 3. Berufsname zu osorb. *hajnik*, tschech. *hajník* ›Jäger, Förster‹.

Heinkel: aus einer Erweiterung mit -*l*-Suffix von ▶ Heinke (1.) hervorgegangener Familienname. ❖ Bekannter Namensträger: Ernst Heinrich Heinkel, deutscher Flugzeugbauer (19./20. Jh.).

Heinkelmann: aus einer Erweiterung von ▶ Heinkel mit dem Suffix -*mann* entstandener Familienname.

Heinl: aus einer mit -*l*-Suffix gebildeten Koseform von Hein (▶ Heinrich) hervorgegangener Familienname.

Heinle: aus einer schwäbischen Koseform von ▶ Heinrich entstandener Familienname.

Heinlein: auf eine mit dem Suffix -*lein* gebildete Koseform von ▶ Heinrich zurückgehender Familienname.

Heinold: aus dem gleichlautenden deutschen Rufnamen (*heim* + *walt*) hervorgegangener Familienname.

Heinrich: aus dem gleichlautenden deutschen Rufnamen (*heim* + *rīhhi*) entstandener Familienname. Heinrich, Konrad und Johannes waren die beliebtesten männlichen Rufnamen im mittelalterlichen Deutschland. Den Rufnamen Heinrich trugen zahlreiche Herzöge, Könige und Kaiser. Die Verbreitung des Namens wurde auch durch die Verehrung Kaiser Heinrichs II. (10./11. Jh.), des Heiligen, gefördert. An der Formel Hinz und Kunz (Kurzformen von Heinrich und Konrad = ›jedermann‹) lässt sich die einstige Volkstümlichkeit des Rufnamens Heinrich noch erkennen. Die Anzahl der heutigen Familiennamen, die auf Heinrich zurückgehen, ist so groß, dass im Folgenden nur einige Beispiele angeführt werden können. ❖ Als Varianten der Vollform begegnen uns u. a. die Familiennamen **Hen(n)rich, Hendrich, Hentrich, Hinrich**. ❖ Patronymische Familiennamen sind z. B. **Heinrichs, Henrichs, Hendrichs, Hendri(c)ks, Hinrichs** (starker Genitiv) sowie Bildungen auf -*sen* wie **Heinrichsen, Henrichsen, Hinrichsen**. ❖ Dem patronymischen Familiennamen **Hinderks** liegt eine friesische Form von Heinrich zugrunde. Bei **Heinrici** und **Henrici** handelt es sich um patronymische Bildungen im Genitiv zu den latinisierten Formen Heinricus bzw. Henricus. ❖ Von Kurz- bzw. Koseformen von Heinrich leiten sich Familiennamen wie **Hein(e), Heyn(e), Heiner, Heyner, Heine(c)ke, Heinke, Heinkel, Heinkelmann, Heind(e)l, Heinl, Heinle, Heinlein, Heinemann, Heintz(e), Heinz(e), Heinz(e)l, Heinzelmann, Heinzmann, Heitz, Heitzmann** u. a. ab. ❖ Bei den Familiennamen **Heinsius, Heinzius** handelt es sich um Latinisierungen von Hein(t)z. ❖ Ableitungen von der Form Henrich sind u. a. die Familiennamen **Henk(e), Hen(c)kel, Henkelmann, Hentze, Henz(e)**. ❖ Aus der Rufnamenform Hinrich sind z. B. die Familiennamen **Hinck, Hinke, Hinkel(mann), Hintz(e), Hinz(e), Hinzmann** hervorgegangen. ❖ Sorbischer Herkunft ist der Familienname **Heinisch**.

Heinrichs: patronymische Bildung (starker Genitiv) zu ▶ Heinrich.

Heinrichsen: patronymische Bildung auf -*sen* zu ▶ Heinrich.

Heinrici: patronymische Bildung (Genitiv der latinisierten Form Heinricus) zu ▶ Heinrich.

Heins, Heinse: aus Kurzformen von ▶ Heinrich entstandene Familiennamen. ❖ Bekannter Namensträger: Johann Jakob Wilhelm Heinse, deutscher Schriftsteller (18./19. Jh.).

Heinsius: ▶ Heinzius.

Heinsohn: patronymische Bildung auf -*sohn* zu Hein (▶ Heinrich).

Heintz, Heintze, Heinz(e): aus einer mit -*z*-Suffix gebildeten Koseform von ▶ Heinrich entstandene Familiennamen. ❖ Bekannter Namensträger: Joseph Heintz d. Ä., schweizerischer Maler (16./17. Jh.).

Heinzel: aus einer Erweiterung von ▸ Heintz mit -*l*-Suffix hervorgegangener Familienname.

Heinzelmann: aus einer Erweiterung von ▸ Heintz mit den Suffixen -*l* und -*mann* entstandener Familienname. Die beliebten Koseformen Heinzel und Heinzelmann sind seit dem 16. Jh. in der Form »Heinzelmännchen« als Bezeichnung für gute, fleißige Hausgeister bekannt.

Heinzen: patronymische Bildung (schwacher Genitiv) zu ▸ Heintz.

Heinzius: aus einer Latinisierung von ▸ Heintz hervorgegangener Familienname.

Heinzl: ▸ Heinzel.

Heinzmann: aus einer Erweiterung von ▸ Heintz mit dem Suffix -*mann* entstandener Familienname.

Heise: aus einer Kurzform mit -*s*-Suffix von ▸ Heinrich, ▸ Heidenreich oder von Matheis (▸ Matthias) entstandener Familienname.

Heisel: 1. Aus einer verkürzten Form von Matheis (▸ Matthias) entstandener Familienname. In den Quellen tritt jedoch häufig eine Vermischung der Rufnamenformen ▸ Matthäus und ▸ Matthias zutage. 2. Durch Entrundung entstandene Form von ▸ Heusel.

Heisenberg: Herkunftsname zu dem Ortsnamen Heisenberg, Stadtteil von Aalen (Württemberg). ❖ Bekannter Namensträger: Werner Heisenberg, deutscher Physiker (20. Jh.).

Heiser: entrundete Form von Heuser (▸ Hauser).

Heisig: dieser ursprünglich in Schlesien heimische Name ist nicht mit letzter Sicherheit geklärt. Infrage kommt: 1. Aus einer patronymischen Ableitung auf -*ing* zu dem Rufnamen ▸ Heise abgeleiteter Familienname. 2. Herkunftsname zu einem Ortsnamen auf -*ing* (vgl. ▸ Heising). ❖ Bekannter Namensträger: Bernhard Heisig, deutscher Maler und Grafiker (20./21. Jh.).

Heising: der Familienname findet sich vor allem im Raum Bielefeld konzentriert. Infrage kommen daher folgende Deutungsmöglichkeiten: 1. Aus einer Kurzform mit -*s*-Suffix von ▸ Heinrich oder ▸ Heidenreich durch -*ing* erweiterter patronymischer Familienname. 2. Herkunftsname zu dem Ortsnamen Heisingen (Niedersachsen, Nordrhein-Westfalen). ❖ Ein früher Beleg für den noch als Beinamen gebrauchten Namen stammt aus Coesfeld a. 1418: *Bernt Hermeldynck, geheten Heissynck.*

Heisler: 1. Der Name ist recht häufig um Lübeck anzutreffen; hier kann es sich um einen Herkunftsnamen zum Ortsnamen Heisel (Holstein) handeln. 2. In Süddeutschland entrundete Form von ▸ Hausler, Häusler.

Heiss, Heiß: 1. Aus einer verkürzten Form von Matheis (▸ Matthias) entstandene Familiennamen. In den Quellen tritt jedoch häufig eine Vermischung der Rufnamenformen ▸ Matthäus und ▸ Matthias auf. 2. Übernamen zu mhd. *heiz* ›heiß, hitzig, heftig, erbittert, erzürnt‹.

Heissenbüttel, Heißenbüttel: Herkunftsnamen zu dem Ortsnamen Heissenbüttel (Niedersachsen). ❖ Bekannter Namensträger: Helmut Heißenbüttel, deutscher Schriftsteller (20. Jh.).

Heister: 1. Herkunftsname zu dem gleichlautenden Ortsnamen (Nordrhein-Westfalen, Rheinland-Pfalz). 2. Wohnstättenname zu mnd. *hester, heister* ›junger Baum, insbes. von Buchen und Eichen‹, mhd. *heister* ›junger Buchenstamm‹.

Heisterkamp: Wohnstättenname zu mnd. *hester, heister* ›junger Baum, insbes. von Buchen und Eichen‹ und mnd. *kamp* ›eingezäuntes Feld; Acker, Weide, Wiese, Gehölz‹.

Heistermann: Erweiterung auf -*mann* zu ▸ Heister.

Heitkamp: ▸ Heidkamp.

Heitmann: ▸ Heidemann.

Heitz: auf eine Variante von ▸ Heintz (Heinrich) zurückgehender Familienname.

Heitzer: 1. Berufsname zu mhd. *heizer* ›Heizer‹. 2. Gelegentlich patronymische Bildung auf -*er* zu ▸ Heitz.

Heitzmann, Heizmann: auf eine Erweiterung von ▸ Heitz mit dem Suffix -*mann* zurückgehende Familiennamen.

Helbig: ▸ Hellwig.

Helbing: Variante von Helbig (▸ Hellwig). ❖ Vgl. die Belege *Franz Helbing = F. Helwig* (Freiberg/Sachsen a. 1454).

Helbling: 1. Übername zu mhd. *helbelinc, helblinc* ›Münze vom Wert eines halben Pfennigs‹, in übertragenem Sinne auch für einen »halben«, schwächlichen Menschen gebraucht. 2. Gelegentlich auch Herkunftsname zu dem Ortsnamen Helblingen, heute Häblingen (Schweiz). 3. Übername oder Wohnstättenname zu dem oberdeutschen Flächenmaß *Hälbling, Helmling*. ❖ *Ulr. Helblinch* ist a. 1339 in Regensburg bezeugt.

Held: Übername zu mhd., mnd. *helt* ›Held‹ für einen mutigen, heldenhaften Menschen; gelegentlich kann dieser Übername auch eine ironische Färbung haben. ❖ *Chunrat der Helt* ist a. 1369 in Regensburg bezeugt. ❖ Bekannter Namensträger: Martin Held, deutscher Bühnen- und Filmschauspieler (20. Jh.).

Heldmann: Ableitung von ▸ Held mit dem Suffix *-mann*.

Heldt: ▸ Held.

Helf: 1. Übername zu mhd. *hëlfe* ›Helfer‹. 2. Aus einer Kurzform von ▸ Helfrich entstandener Familienname. 3. Herkunftsname zu dem Ortsnamen Helfe (Westfalen).

Helfer: Übername zu mhd. *hëlfære* ›Helfer, Gehilfe‹.

Helfrich: aus dem gleichlautenden deutschen Rufnamen *(helf + rīhhi)* entstandener Familienname.

Helfritz, Helfritzsch: ▸ Hellfritsch.

Helgert: vor allem im südlichen Vogtland und in der Oberpfalz anzutreffender Familienname; Nebenform von ▸ Hilgert.

Hell: 1. Wohnstättenname zu den häufigen Flurnamen Hell, Helle (zu mhd. *helle* ›Hölle‹, mnd. *helle* ›abschüssige Stelle‹), die ein tief gelegenes Gelände bezeichnen. 2. Herkunftsname zu dem Ortsnamen Helle (Schleswig-Holstein, Mecklenburg-Vorpommern, Brandenburg, Niedersachsen, Nordrhein-Westfalen).

Hellberg: Herkunftsname zu den häufigen Ortsnamen Hellberg (Niedersachsen, Nordrhein-Westfalen, Thüringen, Bayern), Helleberg (Niedersachsen).

Helle: ▸ Hell.

Heller: 1. ▸ Haller (2.). 2. Herkunftsname zu dem Ortsnamen Heller (Nordrhein-Westfalen, ehem. Brandenburg/jetzt Polen, Schlesien). 3. Ableitung auf *-er* von ▸ Hell. ❖ Bekannter Namensträger: André Heller, österreichischer Chansonsänger, Schriftsteller und Filmschauspieler (20./21. Jh.).

Hellfritsch, Hellfritz, Hellfritzsch: im Vogtland entstandene Familiennamen, die aus dem Flurnamen ▸ Hell (1.) und dem Rufnamen Fritz/Frit(z)sch (▸ Friedrich) zusammengewachsen sind.

Hellig: 1. Übername zu mhd. *hellec, hellic* ›ermüdet, erschöpft, abgemattet‹. 2. Verschliffene Form von ▸ Helling.

Helling: 1. Übername zu mhd. *hellinc, helbelinc* ›halber Pfennig‹. 2. Herkunftsname zu den Ortsnamen Helling (Bayern), Hellingen (Thüringen, Bayern). 3. Niederdeutscher Wohnstättenname zu mnd. *hellink, hellinge* ›Schiffswerft‹.

Hellinger: 1. Ableitung auf *-er* von Helling (2.) oder (3.). 2. Berufsname zu mhd. *hellinger* ›Salzarbeiter‹.

Hellmann: Ableitung auf *-mann* von ▸ Hell.

Hellmich, Helmig: aus dem alten deutschen Rufnamen Helmwig (*helm + wīg*) hervorgegangene Familiennamen.

Hellmund: am häufigsten ist dieser Familienname im Bereich Erfurt anzutreffen. Er geht zurück auf den alten deutschen Rufnamen Helmund *(helm + munt)*.

Hellmuth: da der Rufname Helmut vor dem 19. Jh. kaum gebräuchlich war, muss der Familienname aus ▸ Helmold oder auch ▸ Heilmuth entstanden sein.

Hellriegel, Hellrigl: entrundete Formen von ▸ Höllrieg(e)l.

Hellstern: dieser Wohnstättenname ist vor allem im Südwesten Deutschlands verbreitet. Er geht auf mhd. *hël* ›glänzend, licht‹ und mhd. *stërn(e)* ›Stern‹ zurück. Ein Hausname »zum hellen Stern« ist im Jahr 1460 in Freiburg im Breisgau überliefert. Ebenfalls im 15. Jh. (a. 1427) ist in Württemberg der Flurname *by dem hellstern* bezeugt.

Hellweg: 1. Wohnstättenname zu mhd. *hel(l)wëc*, mnd. *hel(le)wech* ›die große allgemeine Heerstraße‹. 2. Herkunftsname zu dem gleichlautenden Landstrich zwischen Haarstrang und Lippe, von Dortmund bis Paderborn, benannt nach der alten, sich von der Ruhrmündung (Duisburg) über Essen, Dortmund, Soest zur Weser ziehenden Fernstraße, die im Mittelalter die wichtigste Verbindung zwischen Flandern und Ostdeutschland war, oder zu dem in Westfalen mehrfach vorkommenden Ortsnamen Hellweg.

Hellwig: aus den deutschen Rufnamen Helmwig *(helm + wīg)* oder Heilwig *(heil + wīg)* entstandener Familienname.

Helm: 1. Auf eine Kurzform von Rufnamen, die mit dem Namenwort helm gebildet sind (z. B. ▶ Helmbrecht), zurückgehender Familienname. 2. Berufsübername zu mhd. *hëlm* ›Helm‹ für den Helmschmied oder Übername für den Träger eines auffälligen Helms.

Helmbrecht: aus dem gleichlautenden deutschen Rufnamen *(helm + beraht)* entstandener Familienname.

Helme(c)ke: aus einer mit -k-Suffix gebildeten Koseform von ▶ Helm (1.) entstandene Familiennamen.

Helmer: 1. Berufsname zu mhd. *hëlmer* ›Helmschmied‹. Wegen der reichen Ausgestaltung des Helmes rechnete der Helmschmied zu den Kunsthandwerkern. Seine soziale Stellung in den mittelalterlichen Städten war – wie auch die des Goldschmieds – sehr angesehen. Angehörige dieses Gewerbes standen oft in verwandtschaftlichen Beziehungen zu den vornehmsten städtischen Geschlechtern. 2. Auf eine verschliffene Form von ▶ Helmert zurückgehender Familienname.

Helmers: 1. Patronymische Bildung (starker Genitiv) zu ▶ Helmer. 2. Herkunftsname zu den Ortsnamen Helmers (Thüringen), Helmersen (Niedersachsen).

Helmert: aus den alten deutschen Rufnamen Helmhart *(helm + harti)*, Helmwart *(helm + wart)* oder Helmbrecht *(helm + beraht)* hervorgegangener Familienname.

Helmes: patronymische Bildung (starker Genitiv) zu ▶ Helm (1.).

Helmhol(t)z: auf eine Umdeutung des alten deutschen Rufnamens Helmold *(helm + walt)* in Anlehnung an »Holz« zurückgehende Familiennamen. ❖ Bekannter Namensträger: Hermann von Helmholtz, deutscher Naturforscher (19. Jh.).

Helmich, Helmig: ▶ Hellmich, Hellmig.

Helmke: ▶ Helme(c)ke.

Helmold: auf den gleichlautenden deutschen Rufnamen *(helm + walt)* zurückgehender Familienname.

Helmreich, Helmrich: aus dem gleichlautenden deutschen Rufnamen *(helm + rīhhi)* entstandene Familiennamen.

Helms: patronymische Bildung (starker Genitiv) zu ▶ Helm (1.).

Helmschmidt: Berufsname für den Verfertiger von Metallhelmen, vgl. ▶ Helmer (1.). ❖ *Gotfridus Helmsmit* ist a. 1321 in Regensburg bezeugt.

Helten: Herkunftsname zu dem Ortsnamen Helten (Nordrhein-Westfalen).

Helwig: ▶ Hellwig.

Hemberger: Herkunftsname zu den Ortsnamen Hemberg/Gemeinde Bad Endorf (Bayern), Hembergen (Nordrhein-Westfalen).

Hemmann: 1. Ableitung auf -mann von ▶ Hemme (2.). 2. Aus einer mit dem Suffix -mann gebildeten Koseform von ▶ Johannes, ▶ Heinrich oder ▶ Hemme (1.) entstandener Familienname.

Hemme: 1. Aus dem alten deutschen Rufnamen Hemmo *(ham)* hervorgegangener Familienname. 2. Herkunftsname zu den Ortsnamen Hemm (Niedersachsen), Hemme (Schleswig-Holstein), Hemmen (Oberhessen).

Hemmer: Herkunftsname zu den Ortsnamen Hemmer/Stadt Drensteinfurt (Nordrhein-Westfalen), Hemmern (Nordrhein-Westfalen, Baden-Württemberg).

Hemmerich: 1. Herkunftsname zu dem Ortsnamen Hemmerich/Stadt Bornheim (Nordrhein-Westfalen). 2. Amtsname, der auf eine mundartliche (fränkische) Form von mhd. *heimbürge, heimberge, heimbirge* ›Gemeindevorsteher‹ zurückgeht.

Hemmerling: ▶ Hämmerling.

Hemmersbach: vor allem im Raum Köln–Bonn häufiger Herkunftsname zu einem Ortsnamen wie Hemmersbach, Heimerzbach/bei Heimerzheim (Nordrhein-Westfalen).

Hempel: aus einer mit -l-Suffix gebildeten Koseform von ▶ Hamp(e) entstandener Familienname. 2. ▶ Hempelmann (2.).

Hempelmann: 1. Aus einer Erweiterung von Hempel (▶ Hamp[e]) mit dem Suffix -mann hervorgegangener Familienname. 2. Übername zu fnhd. *hempel* ›Narr‹ + -mann-Suffix.

Henckel(l): ▶ Henkel.

Hendel: ▶ Handel, Händel.

Hendrich: vor allem ostmitteldeutsche Form von ▶ Heinrich.

Hendrichs, Hendri(c)ks: patronymische Bildungen (starker Genitiv) zu ▶ Hendrich. ❖

Bekannter Namensträger: Jan Hendriks, deutscher Schauspieler (20./21. Jh.).

Hengst: 1. Übername zu mhd. *heng(e)st* ›Wallach, Pferd; ein Teil der Rüstung, Bewaffnung‹, mnd. *hingest, hengest* ›Pferd, männliches Pferd, Streitross‹ für einen ungestümen, mutigen, starken Menschen oder Berufsübername für den Pferdezüchter. 2. Wohnstättenname nach dem Flurnamen Hengst, der auf einem bildlichen Vergleich eines steilen Geländestückes mit dem sich aufbäumenden Hengst beruht. 3. Nur vereinzelt kommt eine Ableitung von einem Hausnamen infrage.

Hengstler: Berufsname für jemanden, der Pferde züchtet oder für den Pferdestall zuständig ist.

Henk(e): auf eine mit -*k*-Suffix gebildete Koseform von ▸ Heinrich zurückgehende Familiennamen.

Henkel(l): aus einer Erweiterung von ▸ Henk(e) mit -*l*-Suffix entstandene Familiennamen.

Henkelmann: aus einer Erweiterung von ▸ Henkel(l) mit dem Suffix -*mann* hervorgegangener Familienname. Die gleichlautende umgangssprachliche Bezeichnung für das Gefäß für den Transport warmer Speisen ist nicht von dem Familiennamen abgeleitet, sondern nach dem Muster der Namen auf -*mann* zu dem Wort Henkel gebildet (vgl. die Bildungen Blaumann und Flachmann).

Henkels: patronymische Bildung (starker Genitiv) zu ▸ Henkel(l).

Henker: 1. Amtsname zu mhd. *henker* ›Henker‹. 2. Vereinzelt patronymische Bildung auf -*er* zu ▸ Henk(e).

Henkes: patronymische Bildung (starker Genitiv) zu ▸ Henk(e).

Henle(in): aus Koseformen von ▸ Johannes, gelegentlich auch von ▸ Heinrich hervorgegangene Familiennamen. ❖ Bekannter Namensträger: Peter Henlein, Nürnberger Mechaniker (15./16. Jh.).

Henn(e): auf eine verkürzte Form von ▸ Johannes, gelegentlich auch von ▸ Heinrich zurückgehende Familiennamen.

Henneberg(er): Herkunftsnamen zu dem häufigen Ortsnamen Henneberg (Thüringen, Sachsen, Bayern, Ostpreußen, Oberschlesien).

Hennecke, Henneke: auf eine mit -*k*-Suffix gebildete Koseform von ▸ Henn(e) zurückgehende Familiennamen.

Hennemann: aus einer Erweiterung von ▸ Henn(e) mit dem Suffix -*mann* entstandener Familienname.

Hennen: patronymische Bildung (schwacher Genitiv) zu ▸ Henn(e).

Hennes: auf eine verkürzte Form von ▸ Johannes zurückgehender Familienname.

Hennessen: patronymische Bildung auf -*sen* zu ▸ Hennes.

Hennicke: ▸ Hennecke.

Hennies: niederdeutsche (ostfälische) oder friesische patronymische Bildung (starker Genitiv) zu ▸ Henning.

Hennig: abgeschwächte Form von ▸ Henning.

Henning: aus einer Ableitung mit -*ing*-Suffix von ▸ Heinrich oder ▸ Johannes entstandener Familienname.

Henninger: Herkunftsname zu Ortsnamen wie Henning/Gemeinde Ruhrstorf a. d. Rott bzw. Gemeinde Schnaitsee (Bayern), Henningen (Nordrhein-Westfalen, Sachsen-Anhalt).

Hennings: patronymische Bildung (starker Genitiv) zu ▸ Henning.

Henningsen: patronymische Bildung auf -*sen* zu ▸ Henning.

Hen(n)rich: ▸ Heinrich.

Henrichs: patronymische Bildung (starker Genitiv) zu Henrich (▸ Heinrich).

Henrichsen: patronymische Bildung auf -*sen* zu ▸ Heinrich.

Henrici: patronymische Bildung (Genitiv der latinisierten Form Henricus) zu ▸ Heinrich.

Hens, Hensch: auf eine verkürzte Form von ▸ Johannes, gelegentlich auch von ▸ Heinrich zurückgehende Familiennamen.

Henschel: ▸ Hentschel.

Henschke: ▸ Hentschke. ❖ Alfred Henschke war der eigentliche Name des deutschen Schriftstellers Klabund (19./20. Jh.).

Hense: auf eine verkürzte Form von ▸ Johannes, gelegentlich auch von ▸ Heinrich zurückgehender Familienname.

Hensel: auf eine mit -*l*-Suffix gebildete Koseform von ▸ Hans (Johannes) zurückgehender Familienname.

Henseleit: patronymische Bildung zu ▸ Hensel mit dem litauischen Suffix -*eit*.

Henseler: patronymische Bildung auf *-er* zu ▶ Hensel.

Henselmann: auf eine Erweiterung von ▶ Hensel mit dem Suffix *-mann* zurückgehender Familienname.

Hensen: patronymische Bildung (schwacher Genitiv) zu ▶ Hense.

Hensler: ▶ Henseler.

Hentrich: ▶ Hendrich.

Hentschel: früher in Schlesien verbreiteter, auf eine mit *-l*-Suffix gebildete Koseform von Hensch (▶ Hans, Hansch) zurückgehender Familienname.

Hentschke: auf eine mit *-k*-Suffix gebildete Koseform von Hensch (▶ Hans, Hansch) zurückgehender Familienname.

Hentze, Henz(e): auf Koseformen von ▶ Heinrich mit *-z*-Suffix zurückgehende Familiennamen. ❖ Bekannter Namensträger: Hans Werner Henze, deutscher Komponist, Dirigent und Regisseur (20./21. Jh.).

Henzler: ▶ Henseler.

Hepp: 1. Berufsübername zu mhd., mnd. *hep(p)e* ›Messer von sichelartiger Gestalt für Gärtner und Winzer‹. 2. Aus einer Kurzform von Rufnamen auf »Her-« *(heri)*, deren zweites Namenwort mit *b* anlautet (z. B. ▶ Herbert u. a.), hervorgegangener Familienname.

Heppner: durch Entrundung entstandene Form von ▶ Höppner.

Herb: Übername zu mhd. *hare, here, harb, herb* ›herb, bitter‹ nach dem Charakter des ersten Namensträgers.

Herbart(h): auf eine Umdeutung von ▶ Herbert in Anlehnung an »Bart« zurückgehende Familiennamen. ❖ Bekannter Namensträger: Johann Friedrich Herbart, deutscher Philosoph und Pädagoge (18./19. Jh.).

Herber: ▶ Herbert.

Herberg: 1. Berufsübername zu mhd. *herbërge* ›Übernachtungsort, -haus für Fremde‹ für den Herbergswirt. 2. Herkunftsname zu den Ortsnamen Herberg (Nordrhein-Westfalen), Herberge (Nordrhein-Westfalen, Hessen), Herbergen (Niedersachsen, Sachsen).

Herberger: 1. Berufsname für den Herbergswirt (zu mhd. *herbërgære* ›der Herberge gibt‹). 2. Ableitung auf *-er* von ▶ Herberg (2.). ❖ Bekannter Namensträger: Sepp Herberger, deutscher Fußballspieler und Bundestrainer (19./20. Jh.).

Herberich: 1. In Schlesien entstandene mundartliche Form von ▶ Herberg. 2. Auf eine fränkische Form von ▶ Herbert zurückgehender Familienname.

Herbers: patronymische Bildung (starker Genitiv) zu ▶ Herbert.

Herbert: aus dem gleichlautenden deutschen Rufnamen *(heri + beraht)* entstandener Familienname. ❖ Hierzu gehören auch die abgeschwächte Form **Herber** sowie die patronymischen Familiennamen **Herbers** und **Herbertz**. ❖ Bei den Familiennamen **Herbart** und **Herbarth** liegt eine Umdeutung von Herbert in Anlehnung an »Bart« vor.

Herbertz: patronymische Bildung (starker Genitiv) zu ▶ Herbert.

Herbig: ▶ Herwig.

Herbold(t), Herbolt: aus dem gleichlautenden deutschen Rufnamen *(heri + bald)* entstandene Familiennamen.

Herbrich: ▶ Herberich.

Herbst: Bauernübername zu mhd. *herbest, herbst* ›Herbst, Ernte, Weinernte‹ nach einem Zinstermin. ❖ C. Herbst ist a. 1370 in München bezeugt.

Herda: Herkunftsname zu dem gleichlautenden Ortsnamen (Thüringen).

Herde: Berufsname zu mnd. *herde* ›Hirt‹.

Herdegen: aus dem gleichlautenden deutschen Rufnamen *(heri + degan)* entstandener Familienname. ❖ *Herman Herdegen* ist a. 1363 in Nürnberg überliefert.

Herden: 1. Auf eine durch Zusammenziehung entstandene Form von ▶ Herdegen zurückgehende Familienname. 2. Patronymische Bildung (schwacher Genitiv) zu ▶ Herde. 3. Gelegentlich Herkunftsname zum Ortsnamen Herda (Thüringen). ❖ Vgl. den Beleg *Hans (von) Herden* (Thüringen 1603).

Herder: 1. Berufsname zu mnd. *herder*, mhd. *hërtære* ›Hirte‹. 2. Aus dem zur Zeit der Familiennamenentstehung (12.–15. Jh.) in Norddeutschland verbreiteten Rufnamen Herder *(harti + heri)* entstandener Familienname. 3. Herkunftsname zu den Ortsnamen Herda (Thüringen), Herdere (Wüstung bei Hannover), Herdern (Baden-Württemberg, Thurgau/Schweiz). 4. Vereinzelt Berufsname zu mnd. *herder* ›Hartmacher, Härter‹. ❖ Bekannter Namensträger: Johann Gottfried

Herder, deutscher Schriftsteller, Philosoph und Theologe (18./19. Jh.).

Herdt: 1. Übername zu mhd. *herte* ›hart, grob, rau, ausdauernd, hartnäckig‹, mnd. *hart, hert* ›hart, fest, kräftig; lästig, beschwerlich, knauserig‹. 2. Aus einer Kurzform von Rufnamen, die mit dem Namenwort *harti* gebildet sind (z. B. ▸ Hertwig), hervorgegangener Familienname. 3. Wohnstättenname zu mhd. *hērt* ›Herd, Haus, Wohnung‹, mnd. *hert* ›Herd, Feuerstelle; Vogelherd‹.

Hereth: vor allem in Franken verbreiteter Familienname, der auf eine durch Zusammenziehung entstandene Form von ▸ Herold (1.) zurückgeht; vgl. auch ▸ Arneth.

Herfarth, Herfort, Herfurth: 1. Übernamen zu mhd. *hervart* ›Heerfahrt, Kriegszug‹ für jemanden, der daran teilgenommen hatte. 2. Herkunftsnamen zu den Ortsnamen Herford (Westfalen), Herfurth/Pfatter (Bayern).

Herger: aus dem gleichlautenden deutschen Rufnamen *(heri + gēr)* entstandener Familienname.

Hergert: Erweiterung von ▸ Herger mit sekundärem *-t*.

Hergesell: Übername zu mhd. *hergeselle* ›Kriegsgefährte, ritterlicher Gefährte, Gefährte überhaupt‹, fnhd. *hergesell* ›Kamerad‹.

Herget: Vor allem im Raum Gießen–Fulda–Würzburg anzutreffender Familienname: 1. Aus dem alten Frauennamen Hergart *(heri + gart)* abgeleiteter metronymischer Familienname. 2. Herkunftsname zu Ortsnamen wie Hergetsfeld (Hessen).

Herglotz: ▸ Herklotz.

Herhold(t), Herholt: auf eine durch Anlehnung an das Adjektiv »hold« entstandene Form von ▸ Herold (1.) zurückgehende Familiennamen.

Herholz: patronymische Bildung (starker Genitiv) zu ▸ Herhold(t).

Hering: 1. Berufsübername zu mhd. *herinc*, mnd. *herink, harink* ›Hering‹ für den Heringsverkäufer oder Übername nach der Lieblingsspeise. 2. Herkunftsname zu den Ortsnamen Hering (Hessen), Heering (Ostpreußen), Heringen (Hessen, Thüringen), Häring (Bayern, Tirol), Häringen (Bayern, Baden-Württemberg). 3. Nur ganz vereinzelt kommt eine Ableitung von dem alten deutschen Rufnamen Hering *(heri + -ing-*Suffix) infrage. ❖ *Hærtel Herinch* ist a. 1352 in Regensburg bezeugt.

Heringer: 1. Berufsname zu mhd. *heringer* ›Heringsverkäufer‹. In der mittelalterlichen Ernährung spielten gesalzene und getrocknete See- und Süßwasserfische eine wichtige Rolle. Der Heringsfang und -handel entwickelte sich an der Nord- und Ostsee seit dem 11. Jh. mehr und mehr. Im Binnenland entstand allmählich eine große Nachfrage nach eingesalzenen Heringen. Der Kleinverkauf wurde vom Heringer übernommen. ❖ Vgl. den Regensburger Beleg (a. 1346) *umb Ulr. den Hæringer den fragner* [Lebensmittelhändler]. 2. Ableitung auf *-er* von ▸ Hering (2.).

Herkenrath: Herkunftsname zu dem gleichlautenden Ortsnamen (Nordrhein-Westfalen).

Herklotz, Herkloz: vorwiegend im südlichen Sachsen anzutreffende Familiennamen, wohl Übernamen zu mhd. *hēr* ›hoch, vornehm, stolz‹ und mhd. *klotz* ›Klumpen‹, etwa ›stolzer Kerl‹. Da im Osterzgebirge *hehr* vereinzelt auch die Bedeutung ›fröhlich, lustig‹ hat, könnte man auch an die Bedeutung ›fröhlicher Kerl‹ denken.

Herkom(m)er: 1. Übernamen für jemanden, der von auswärts zugezogen ist, vgl. ▸ Neukomm, ▸ Neumann. 2. Gelegentlich Herkunftsnamen zu dem Ortsnamen Herkheim (Bayern, Baden-Württemberg).

Herl: aus einer mit *-l*-Suffix gebildeten Koseform von ▸ Hermann entstandener Familienname.

Herling: 1. Übername zu fnhd. *herling* ›unreife Traube‹, übertragen für einen unreifen Menschen. 2. Herkunftsname zu den Ortsnamen Herlingen (Saarland), Herrlingen (Baden-Württemberg).

Herm: aus einer Kurzform von ▸ Hermann hervorgegangener Familienname.

Hermann: aus dem gleichlautenden deutschen Rufnamen *(heri + man)* entstandener Familienname. Hermann war im Mittelalter ein beliebter Rufname, aus dem zahlreiche Familiennamen hervorgegangen sind. ❖ Als Varianten der Vollform begegnen u. a. die Familiennamen **Heermann, Herrmann, Hiermann, Hörmann**. ❖ Bei den Familiennamen **Herman(n)s** und **Hermanni** handelt es sich um patronymische Bildungen im Genitiv. ❖ Von der Kurzform **Herm** leiten sich die patronymischen Familiennamen **Hermes** und **Hermsen** ab. ❖ Niederdeutscher Herkunft ist der Familienname **Harm**. Hierzu gehören die patronymischen Bildungen **Harms** und **Harmsen**. ❖ Aus Koseformen von Hermann sind ferner die Familiennamen **Herl** und **Hörl, Hetz** und **Hetzel** hervorgegangen.

Hermanni: patronymische Bildung (Genitiv der latinisierten Form Hermannus) zu ▸ Hermann.

Herman(n)s: patronymische Bildungen (starker Genitiv) zu ▸ Hermann.

Hermes, Herms: patronymische Bildungen (starker Genitiv) zu ▸ Herm.

Hermsdorf: Herkunftsname zu dem gleichlautenden Ortsnamen (Brandenburg, ehem. Brandenburg/jetzt Polen, Sachsen, Sachsen-Anhalt, Thüringen, Bayern, Schlesien, Ostpreußen).

Hermsen: patronymische Bildung auf -sen zu ▸ Herm.

Herold: 1. Aus dem alten deutschen Rufnamen Herolt *(heri + walt)* entstandener Familienname. ❖ Bei den von Nordbayern über Franken bis Südhessen verbreiteten Familiennamen **Hereth, Hieret(h), Höret(h)** handelt es sich um zusammengezogene Formen von Herold. ❖ Die Familiennamen **Herhold** und **Herholz** sind durch Umdeutung von Herolt/Herolts in Anlehnung an »hold« bzw. »Holz« entstanden. 2. Nur gelegentlich Amtsname zu mhd. *heralt, herolt*, mnd. *her(h)olt* ›Herold, Aufseher bei Turnieren und Festen, feierlicher Bote und Verkünder‹. 3. Herkunftsname zu dem gleichlautenden Ortsnamen (Hessen, Sachsen).

Herpich: Variante von Herbig (▸ Herwig).

Herr(e): Übernamen zu mhd. *hērre* ›Herr, Grund- und Lehnsherr, Geistlicher‹ entweder ironisch gemeint oder nach einem Dienst- bzw. Abhängigkeitsverhältnis. ❖ Ein Bauer namens *Peter Herre* ist i. J. 1329 am Oberrhein belegt.

Herrig: 1. Herkunftsname zu den Ortsnamen Herrig (Nordrhein-Westfalen), Herringen (Westfalen). 2. Vereinzelt Wohnstättenname zu fnhd. *herrig* ›Herberge‹.

Herrmann: ▸ Hermann. ❖ Bekannter Namensträger: Max Herrmann-Neiße, deutscher Schriftsteller (19./20. Jh.).

Hersch: 1. Abgeschwächte Form von ▸ Hirsch. 2. Im deutsch-tschechischen Kontaktgebiet auch eingedeutschte Form der tschechischen Koseform Hereš (< ▸ Hermann).

Herschel: abgeschwächte Form von ▸ Hirschel.

Hertel: aus einer Koseform mit -l-Suffix von Rufnamen, die mit dem Namenwort *harti* gebildet sind (z. B. ▸ Hartmann, ▸ Hartwich), hervorgegangener Familienname.

Herter: 1. ▸ Herder (1.). 2. Herkunftsname zu den Ortsnamen Herte (Nordrhein-Westfalen), Herten (Nordrhein-Westfalen, Baden-Württemberg, Schweiz).

Herth: ▸ Herdt.

Herting: 1. ▸ Harting (1.). 2. Herkunftsname zu dem Ortsnamen Hertingen (Bayern, Baden).

Hertle: aus einer schwäbischen Koseform von Rufnamen, die mit dem Namenwort *harti* gebildet sind (z. B. ▸ Hartmann, ▸ Hartwich), entstandener Familienname.

Hertlein: aus einer mit dem Suffix -*lein* gebildeten Koseform von Rufnamen, die das Namenwort *harti* enthalten (z. B. ▸ Hartmann, ▸ Hartwich), entstandener Familienname.

Hertling: patronymische Bildung auf -*ing* zu ▸ Hertel.

Hertrich: aus dem heute nicht mehr gebräuchlichen Rufnamen Hertrich *(harti + rīhhi)* entstandener Familienname.

Hertweck: 1. Berufsübername zu mhd. *hert* ›hart‹ und mhd. *wecke* ›keilförmiges Gebäck‹ für den Bäcker. 2. Entstellte Form von Hertwig (▸ Hartwich, Hartwig).

Hertwig: ▸ Hartwich, Hartwig.

Hertz: ▸ Herz. ❖ Nach dem deutschen Physiker Heinrich Rudolf Hertz (19. Jh.) ist die Maßeinheit der Frequenz elektromagnetischer Wellen benannt.

Herweg(h): 1. Durch Umdeutung aus ▸ Herwig hervorgegangene Familiennamen. 2. Wohnstättennamen zu mhd. *herwēc* ›Heerstraße‹. 3. Herkunftsnamen zu dem Ortsnamen Herweg (Nordrhein-Westfalen, Bayern). ❖ Bekannter Namensträger: Georg Herwegh, deutscher Schriftsteller (19. Jh.).

Herwig: aus dem gleichlautenden deutschen Rufnamen *(heri + wīg)* entstandener Familienname. ❖ Bei den Familiennamen **Herbig** und **Herpich** handelt es sich um Varianten von Herwig.

Herz: 1. Übername zu mhd. *hërz(e)* ›Herz‹ für einen Menschen mit (einem guten, frommen) Herz. 2. Nur ganz selten dürfte eine Ableitung von dem alten deutschen Rufnamen Herzo (*harti* + *-z*-Suffix) infrage kommen, da dieser Name zur Zeit der Familiennamenentstehung (12.–15. Jh.) kaum noch eine Rolle spielte. 3. Vereinzelt Berufsname zu osorb. *herc* ›Spieler, Musikant‹.

Herzberg(er): Herkunftsnamen zu dem häufigen Ortsnamen Herzberg (Hessen, Niedersachsen, Brandenburg, ehem. Brandenburg/jetzt Polen, Mecklenburg-Vorpommern, ehem. Pommern/jetzt Polen, bei Danzig).

Herzer: ▶ Harzer.

Herzig: durch Schwächung der zweiten Silbe entstandene Variante von ▶ Herzog.

Herzog: Übername nach einem Dienst- oder Abhängigkeitsverhältnis zu einem Herzog, möglich ist auch eine Anspielung auf das stolze, angeberische Verhalten des ersten Namensträgers. ❖ *Aelbel Hertzog* ist a. 1340 in Regensburg bezeugt. ❖ Bekannte Namensträger: Roman Herzog, deutscher Jurist und Politiker (20./21. Jh.), Werner Herzog, deutscher Filmregisseur und -produzent (20./21. Jh.).

Hess(e), Heß(e): 1. Herkunftsnamen zu dem Stammesnamen der Hessen oder Übernamen für jemanden, der irgendwelche Beziehungen (Reise, Handel) zu Hessen hatte. 2. Aus dem alten deutschen Rufnamen Hesso, dem ebenfalls der Stammesname zugrunde liegt, hervorgegangene Familiennamen. 3. Vereinzelt Herkunftsnamen zu dem Ortsnamen Hessen (Niedersachsen, Sachsen-Anhalt, Bayern). ❖ Bekannter Namensträger: Hermann Hesse, deutscher Schriftsteller (19./20. Jh.).

Hessel: 1. Aus einer Koseform mit *-l*-Suffix von ▶ Hess(e) (2.) oder von ▶ Hermann hervorgegangener Familienname. 2. Herkunftsname zu den Ortsnamen Hessel (Niedersachsen), Hesseln (Nordrhein-Westfalen, Rheinland-Pfalz).

Hesselbach: Herkunftsname zu dem gleichlautenden Ortsnamen (Nordrhein-Westfalen, Hessen, Baden-Württemberg, Bayern).

Hesselmann: Ableitung auf *-mann* von ▶ Hessel.

Hessler, Heßler: 1. Herkunftsnamen zu Ortsnamen wie Hessel (Niedersachsen), Heßlar (Hessen, Bayern), Hesseler/Stadt Beckum (Nordrhein-Westfalen), Heßler (Nordrhein-Westfalen) u. a. 2. Wohnstättennamen zu mhd. *hasel* ›Hasel‹: ›wohnhaft bei Haselnusssträuchern‹.

Hessling, Heßling: Herkunftsnamen zu dem Ortsnamen Heßlingen (Niedersachsen).

Hetmann: ▶ Hettmann.

Hetterich: ▶ Hedderich.

Hettich: südwestdeutscher, von dem alten Rufnamen Hattich, einer Kurzform zu Rufnamen, die mit dem Namenwort *harti* gebildet sind (vor allem ▶ Hartwich, ▶ Hartmut[h]), abgeleiteter Familienname.

Hettinger: Herkunftsname zu dem Ortsnamen Hettingen (Baden-Württemberg), Hettingen, jetzt Hettange-Grande (Lothringen).

Hettler: südwestdeutscher Berufsname zu alem. *Hattel* ›Ziege‹ für den Ziegenhalter, -hirt.

Hettmann: 1. Amtsname zu mda. (schlesisch) *Hettmann* ›Hauptmann‹. 2. Vereinzelt Amtsname zu sorb. *hejtman*, poln., osorb. älter *hetman* ›Hauptmann, Anführer, Verwalter‹.

Hettwer: ungedeuteter Name (ober-)schlesischer Herkunft. »Hett-« steht in schlesischen Familiennamen oft für ›Haupt-‹ (vgl. ▶ Hettmann).

Hetz: auf eine mit *-z*-Suffix gebildete Koseform von ▶ Hermann zurückgehender Familienname.

Hetzel: aus einer Erweiterung von ▶ Hetz mit *-l*-Suffix hervorgegangener Familienname. ❖ Schon aus dem 11. Jh. stammt der Beleg *Herimannus qui et Hezilo* [Hermann, der auch Hezilo (genannt wird)].

Hetzer: Berufsname zu mhd. *hetzer* ›Hetzjäger‹. ❖ *Heinr. der Hetzzer* ist a. 1350 in Regensburg bezeugt.

Heu: Berufsübername zu mhd. *höu(we)* ›Heu‹ für den Heubauern, Heumäher, Heuhändler.

Heubach: Herkunftsname zu dem gleichlautenden Ortsnamen (Thüringen, Hessen, Baden-Württemberg, Bayern).

Heubeck: bairischer Herkunftsname auf *-beck* zu dem Ortsnamen ▶ Heubach.

Heuberg(er): Herkunftsnamen zu dem Ortsnamen Heuberg (Bayern, Baden-Württemberg, Rheinland-Pfalz, Österreich).

Heublein: von ▸Haube mit dem Suffix *-lein* abgeleiteter Familienname.

Heubler: ▸Hauber.

Heuer: bei dem häufigen norddeutschen, vor allem niedersächsischen Vorkommen kann 1. eine Variante von ▸Hoyer und 2. ein Berufsname zu mnd. *huren* ›heuern, mieten‹ für den Pächter vorliegen. 3. Im mitteldeutschen Bereich umgelautete Form von ▸Hauer.

Heuermann: im Bereich Oldenburg–Bremen–Bremerhaven häufig vorkommender Familienname; Erweiterung auf *-mann* zu ▸Heuer (1.) und (2.).

Heugel: aus einer mit *-l-*Suffix gebildeten Koseform von ▸Hugo entstandener Familienname.

Heumann: 1. Berufsname auf *-mann* zu mhd. *hōu(we)* für den Heuhändler. 2. Gerundete Form von ▸Heimann (< Heinrich).

Heun: vor allem in Hessen, Thüringen und Unterfranken verbreiteter Familienname, dem eine gerundete Form von ▸Hein (Heinrich) oder ein Übername zu mhd. *hiune* ›Riese‹ zugrunde liegen kann.

Heupel: 1. Auf eine Verkleinerungsform von ▸Haupt (1.) (vgl. mhd. *heupt* ›Haupt‹) zurückgehender Übername. 2. Gelegentlich kann diesem Familiennamen eine Koseform von Rufnamen wie Heuprecht < Heimprecht *(heim + beraht)* oder Hugbald *(hugu + bald)* zugrunde liegen.

Heurich: im Gebiet zwischen Fulda und Suhl häufig vorkommender Familienname, der wahrscheinlich auf den sonst nicht belegten Rufnamen *Hugirich (hugu + rīhhi)* zurückgeht.

Heuschkel: im Bereich Gera anzutreffender Familienname, der wahrscheinlich auf eine Koseform von Rufnamen, die mit dem Namenwort *hūs* gebildet sind, zurückgeht.

Heusel: Wohnstättenname zu mhd. *hiuselīn, heusel,* Verkleinerungsform von mhd. *hūs* ›Haus‹: ›wohnhaft in einem kleinen Haus‹.

Heuser: umgelautete Form von ▸Hauser.

Heusgen: vor allem im deutschen Westen verbreiteter, mit dem Suffix *-gen* gebildeter Wohnstättenname für jemanden, der in einem kleinen Haus wohnte.

Heusinger: dieser Herkunftsname zu einem Ortsnamen Heusing, Häusing ist vor allem im Bereich Würzburg–Bamberg–Suhl verbreitet.

Heusler: ▸Hausler, Häusler.

Heuss, Heuß: 1. Übernamen zu mhd. *hiuẓe* ›munter, frech‹. 2. Durch Rundung entstandene Formen von ▸Heiss (1.). ❖ Bekannter Namensträger: Theodor Heuss, deutscher Schriftsteller und Politiker (19./20. Jh.).

Hey: Amtsname zu mhd. *heie* ›Hüter, Pfleger‹.

Heyde: ▸Heid(e).

Heyden: ▸Heiden.

Heyder: ▸Heider.

Heydt: ▸Heid(e).

Heyen: patronymische Bildung (schwacher Genitiv) zu Heio, einer friesischen Ableitung von ▸Hagen (3.).

Heyer: 1. ▸Heier. 2. Entrundete Form von ▸Hoyer.

Heyl: ▸Heil.

Heym: ▸Heim. ❖ Bekannte Namensträger: Georg Heym, deutscher Schriftsteller (19./20. Jh.); Stefan Heym, deutscher Schriftsteller (20./21. Jh.).

Heymann: ▸Heimann.

Heyn(e): ▸Hein.

Heyner: ▸Heiner.

Heyse: ▸Heise. ❖ Bekannte Namensträger: Paul Heyse, deutscher Schriftsteller (19./20. Jh.).

Hezel: ▸Hetzel.

Hick: 1. Aus dem alten deutschen Rufnamen Hiko *(hiltja)* entstandener Familienname. 2. Auf eine entrundete Form von Hück (▸Hugo) zurückgehender Familienname.

Hickmann: aus einer Erweiterung von ▸Hick mit dem Suffix *-mann* entstandener Familienname.

Hieber: durch Entrundung entstandene Form von ▸Huber, Hüber.

Hiebl: durch Entrundung entstandene Form von ▸Hübl.

Hieke: ▸Hick.

Hielscher: im deutsch-slawischen Kontaktgebiet entstandener, mit dem Suffix *-er* erweiterter Familienname, der von einer mit dem slawischen Suffix *-iš* bzw. *-uš* gebildeten Rufnamenform, z. B. Heluš, Heliš (▸Elias), abgeleitet wurde. ❖ Bekannte Namensträgerin: Margot Hielscher, deutsche Filmschauspielerin (20./21. Jh.).

Hiemer: verschliffene Form von ▸Hubmaier.

Hieret(h): vor allem in Franken und Bayern verbreitete Familiennamen, die auf eine durch Zusammenziehung entstandene Form von ▶ Herold (1.) zurückgehen; vgl. auch ▶ Arnet(h).

Hierl: auf eine bairische Koseform von Hiermann (▶ Hermann) zurückgehender Familienname.

Hierlmayer, Hierlmeier: Standesnamen, aus dem Rufnamen ▶ Hierl und Meier (▶ Meyer) zusammengewachsene Familiennamen.

Hiermann: oberdeutsche Form von ▶ Hermann.

Hiermeier: 1. Standesname, aus dem Rufnamen Hier (Kurzform von ▶ Hermann) und Meier (▶ Meyer) zusammengewachsener Familienname. 2. Assimilierte Form von Hierlmeier (▶ Hierlmayer).

Hiermer: aus einer verschliffenen Form von ▶ Hiermeier hervorgegangener Familienname.

Hieronymus: aus dem gleichlautenden Rufnamen griechischen Ursprungs (zu griech. *hierós* ›heilig, geheiligt, den Göttern geweiht‹ und griech. *ónoma* ›Name, Ruf‹) entstandener Familienname. Hieronymus kam im Mittelalter als Name des heiligen Hieronymus (4./5. Jh.) auf. Der heilige Hieronymus ist der Schöpfer der lateinischen Bibelübersetzung »Vulgata«. ❖ Aus verkürzten und verschliffenen Formen von Hieronymus sind u. a. die Familiennamen **Jeromin, Horlamus, Grolms, Grolmus(s), Ohnemus, O(h)nimus**, z. T. auch **Grams, Gruner** und **Mues** entstanden.

Hies, Hies(e)l, Hieß, Hiessel: lautlich aus verkürzten Formen von Matthias hervorgegangene Familiennamen. In den Quellen tritt jedoch häufig eine Vermischung der Rufnamenformen ▶ Matthäus und ▶ Matthias zutage.

Hilbert: aus dem alten deutschen Rufnamen Hiltbert *(hiltja + beraht)* entstandener Familienname. ❖ Bekannter Namensträger: David Hilbert, deutscher Mathematiker (19./20. Jh.).

Hilbig: Variante von Helbig (▶ Hellwig). ❖ Bekannter Namensträger: Wolfgang Hilbig, deutscher Schriftsteller (20./21. Jh.).

Hild: aus einer Kurzform von Rufnamen, die mit dem Namenwort *hiltja* gebildet sind (z. B. ▶ Hildebrand[t]), entstandener Familienname.

Hildebrand(t), Hildenbrand: aus dem gleichlautenden deutschen Rufnamen *(hiltja + brant)* hervorgegangene Familiennamen. ❖ Bekannte Namensträger: Johann Lucas von Hildebrandt, österreichischer Baumeister (17./18. Jh.); Dieter Hildebrandt, deutscher Kabarettist und Schauspieler (20./21. Jh.).

Hildesheim(er): Herkunftsnamen zu dem Ortsnamen Hildesheim (Niedersachsen, ehem. Brandenburg/jetzt Polen). ❖ Bekannter Namensträger: Wolfgang Hildesheimer, deutscher Schriftsteller (20. Jh.).

Hildmann: aus einer Erweiterung von ▶ Hild mit dem Suffix *-mann* hervorgegangener Familienname.

Hildt: ▶ Hild.

Hilgenberg: Wohnstättenname nach einem weitverbreiteten Flurnamen zu mnd. *hillich* ›die Heiligen‹ und mnd. *berch* ›Berg‹. Hilgenberg ist z. B. der Name eines Hügels bei Biere südlich von Magdeburg. Der Familienname Hilgenberg ist vor allem im nördlichen Teil Hessens und in Nordrhein-Westfalen verbreitet. ❖ Im Jahre 1510 ist *Johan Hilligenberch* in Coesfeld überliefert.

Hilger: aus dem alten deutschen Rufnamen Hiltger *(hiltja + gēr)* gebildeter Familienname.

Hilgers: patronymische Bildung (starker Genitiv) zu ▶ Hilger.

Hilgert: 1. Aus einer mit sekundärem *-t* erweiterten Form von ▶ Hilger entstandener Familienname. 2. Metronymischer, aus dem im Mittelalter beliebten Frauennamen Hild(e)gard *(hiltja + gart)* entstandener Familienname.

Hilke: aus einer Koseform mit *-k-*Suffix von männlichen oder weiblichen Rufnamen, die mit dem Namenwort *hiltja* gebildet sind (z. B. ▶ Hildebrand[t]; Hildegard, Hildegund), entstandener Familienname.

Hilker: ▶ Hilger.

Hill(e): 1. Aus einer durch Assimilation entstandenen Variante von ▶ Hild hervorgegangene Familiennamen, vgl. auch ▶ Hillebrand(t), ▶ Hillebrecht. Gelegentlich kann diesen Familiennamen auch eine Kurzform von einem weiblichen Rufnamen (z. B. Hildegund > Hillegund) zugrunde liegen. 2. Im mittleren und südlichen Teil des deutschen Sprachgebiets kann es sich hierbei um Wohnstättennamen handeln, denen mhd. *hülwe, hüll* ›Pfütze, Pfuhl, Sumpfflache‹ zugrunde liegt. 3. Niederdeutsche Übernamen zu mnd. *hilde, hille* ›eifrig, rasch, geschäftig‹. 4. Niederdeutsche Berufsübernamen zu mnd. *hilde, hille* ›Futterraufe; Boden über den Viehställen, der oft als Schlafstätte des Gesindes diente‹. 5. Herkunftsnamen zu dem Ortsnamen Hille (Westfalen).

Hillebrand(t): durch Assimilation aus ▸ Hildebrand(t) entstandene Familiennamen.

Hillebrecht: durch Assimilation aus dem alten deutschen Rufnamen Hildebrecht *(hiltja + beraht)* entstandene Familienname.

Hillen: patronymische Bildung (schwacher Genitiv) zu ▸ Hill(e) (1.).

Hillenbrand: ▸ Hillebrand(t).

Hiller: 1. Patronymische oder metronymische Bildung auf *-er* zu ▸ Hill(e) (1.). 2. Entrundete Form von ▸ Hüller. ❖ Bekannter Namensträger: Johann Adam Hiller, deutscher Komponist (18./19. Jh.).

Hillers: patronymische Bildung (starker Genitiv) zu ▸ Hillert.

Hillert: auf den Rufnamen Hillard *(hiltja + harti)* zurückgehender Familienname.

Hillesheim: 1. ▸ Hildesheim(er). 2. Herkunftsname zu dem Ortsnamen Hillesheim (Rheinland-Pfalz).

Hillig: Übername zu mnd. *hillich* ›heilig‹, wohl für einen frommen Menschen.

Hillmann: aus einer Erweiterung von ▸ Hill(e) (1.), (3.) oder (5.) mit dem Suffix *-mann* entstandener Familienname.

Hillmer, Hilmer: aus dem alten deutschen Rufnamen Hildemar *(hiltja + māri)* hervorgegangene Familiennamen.

Hilpert: ▸ Hilbert.

Hils: entrundete Form von ▸ Hüls(e).

Hilscher: ▸ Hielscher.

Hilse: entrundete Form von ▸ Hüls(e).

Hilt: ▸ Hild.

Hiltel, Hiltl: auf eine mit *-l*-Suffix gebildete Koseform von Hilt (▸ Hild) zurückgehende Familiennamen.

Hilz: auf eine mit *-z*-Suffix gebildete Koseform von Rufnamen, die das Namenwort *hiltja* enthalten (z. B. ▸ Hildebrand[t]), zurückgehender Familienname.

Himmel: 1. Herkunftsname zu dem gleichlautenden Ortsnamen (Niedersachsen, Holstein, Westfalen). 2. Wohnstättenname zu dem häufigen Örtlichkeitsnamen Himmel, der als Anspielung auf die hohe Lage eines Flurstücks aufzufassen ist.

Himmelmann: Ableitung auf *-mann* von ▸ Himmel.

Himmelreich: 1. Aus einem Flur-, Haus-, Hof- oder Straßennamen hervorgegangener Familienname. Als Haus- und Straßenname ist Himmelreich in Goslar (15. Jh.) belegt: *by deme huse benomet dat Heymelrike* [bei dem das Himmelreich benannten Haus] und *in des Himmelrikes straten*. 2. Herkunftsnamen zu den gleichlautenden Ortsnamen (Niedersachsen, Baden-Württemberg, Bayern).

Himmelsbach: auf das Gebiet zwischen Offenburg und Konstanz konzentrierter Wohnstättenname zu dem seit dem 14. Jh. bezeugten gleichlautenden Flurnamen.

Himml: oberdeutsche Form von ▸ Himmel.

Himmler: vor allem im Raum Amberg (Oberpfalz) häufig anzutreffende Ableitung auf *-er* von ▸ Himmel.

Himstedt: Herkunftsname zu den Ortsnamen Groß- und Klein-Himstedt (Niedersachsen).

Hinck: ▸ Hinke.

Hinderer: Wohnstättenname zu mhd., mnd. *hinder* ›hinter, hinten‹: ›wohnhaft hinten im Dorf/Tal‹.

Hinderks: patronymische Bildung (starker Genitiv) zu Hinderk, einer friesischen Form von ▸ Heinrich.

Hinderling: 1. Wohnstättenname für jemanden, der hinten im Dorf/Tal wohnte (zu mhd. *hinder* ›hinter, hinten‹). 2. Übername für einen benachteiligten oder mit einem Nachteil behafteten Menschen.

Hingst: 1. ▸ Hengst. 2. Herkunftsname zu dem Ortsnamen Hingste (Niedersachsen).

Hinke: aus einer Koseform mit *-k*-Suffix von Hinrich (▸ Heinrich) entstandener Familienname.

Hinkefuß: Übername für einen hinkenden Menschen.

Hinkel: aus einer Erweiterung von ▸ Hinke mit *-l*-Suffix hervorgegangener Familienname.

Hinkelmann: aus einer Erweiterung von ▸ Hinkel mit dem Suffix *-mann* gebildeter Familienname.

Hinrich: auf eine niederdeutsche Form von ▶ Heinrich zurückgehender Familienname.

Hinrichs: patronymische Bildung (starker Genitiv) zu ▶ Hinrich.

Hinrichsen: patronymische Bildung auf -sen zu ▶ Hinrich.

Hinsch: vor allem im Raum Hamburg verbreiteter, aus Hinse, einer Koseform mit -s-Suffix von Hinrich (▶ Heinrich), entstandener Familienname.

Hintz(e): auf eine mit -z-Suffix gebildete Koseform von ▶ Heinrich zurückgehende Familiennamen.

Hintzen: patronymische Bildung (schwacher Genitiv) zu ▶ Hintz(e).

Hinz(e): ▶ Hintz(e).

Hinzmann: auf eine Erweiterung von ▶ Hintz(e) mit dem Suffix -mann zurückgehender Familienname.

Hinzpeter: aus den Rufnamen Hinz (▶ Hintz[e]) und ▶ Peter zusammengesetzter Familienname, der als ›Peter, Sohn des Hinz‹ aufzufassen ist.

Hipp(e): 1. Berufsübernamen zu mhd. *hipe* ›Hippe, Waffel, zusammengerollter, oblatenförmiger Kuchen‹ für den Bäcker oder Übernamen nach einer Vorliebe für diesen Kuchen. 2. Berufsübernamen zu fnhd. *hippe* ›Sichelmesser‹ für den Gärtner.

Hippel: aus einer Erweiterung von ▶ Hipp(e) mit -l-Suffix hervorgegangener Familienname.

Hipper, Hippler: 1. Berufsnamen zu mhd. *hipe* ›Hippe, Waffel, zusammengerollter, oblatenförmiger Kuchen‹ für den Feinbäcker, der solches Gebäck herstellte. 2. Berufsnamen zu fnhd. *hippe* ›Sichelmesser‹ für den Hersteller.

Hirche: vor allem in der Lausitz anzutreffender Familienname, der wahrscheinlich auf eine slawische Form des Heiligennamens ▶ Georg oder auf eine tschechische bzw. sorbische Koseform zu ▶ Hermann zurückgeht.

Hirmer: 1. ▶ Hiermer. 2. Herkunftsname zu dem Ortsnamen Hürm (Österreich).

Hirn: besonders in Amberg und in Suhl anzutreffender Familienname, entweder anerkennend oder auch scherzhaft gemeinter Übername zu mhd. *hirne, hirn* ›Hirn, Verstand‹.

Hirner: 1. Schwäbisch-bairischer Übername zu bair. *hirnen* ›nachdenken, sich besinnen‹ für einen nachdenklichen Menschen. 2. Herkunftsname zu den Ortsnamen Hirn (Allgäu), Hürnheim (Schwaben).

Hirsch: 1. Berufsübername zu mhd. *hirz* ›Hirsch‹ für einen Jäger oder Übername. Der Hirsch galt als neugieriges, aber auch mit geheimem Wissen ausgestattetes Tier. 2. Aus einem Hausnamen entstandener Familienname. ❖ Ein Bürger zu Worms namens *Jacobus dictus* [genannt] *zum Hirze* ist i. J. 1304 überliefert. 3. Als jüdischer Familienname geht Hirsch(l) auf den Jakobssegen zurück, dessen Tiervergleiche seit dem Mittelalter gern als Ruf- und später als Familiennamen gewählt wurden; vgl. Gen. 49, 21: *Naphtali ist ein schneller Hirsch* ...

Hirschberg(er): Herkunftsnamen zu dem Ortsnamen Hirschberg (Nordrhein-Westfalen, Rheinland-Pfalz, Hessen, Sachsen, Thüringen, Baden-Württemberg, Bayern, Schlesien, Ostpreußen, Österreich).

Hirschel: mit -l-Suffix gebildete Verkleinerung zu ▶ Hirsch.

Hirschfeld: Herkunftsname zu den Ortsnamen Hirschfeld (Brandenburg, Sachsen, Thüringen, Rheinland-Pfalz, Bayern, Ostpreußen), Hirschfelde (Brandenburg, ehem. Brandenburg/jetzt Polen, Sachsen, ehem. Pommern/jetzt Polen, Schlesien), teilweise zu Bad Hersfeld (Hessen), früher fälschlich verstanden als ›Hirschfeld‹.

Hirschmann: Ableitung auf -mann von ▶ Hirsch.

Hirse: Berufsübername zu mhd. *hirse* ›Hirse‹ für den Hirsebauern oder -händler.

Hirt(e): Berufsnamen zu mhd. *hirt(e)* ›Hirt‹. Es handelt sich hierbei nicht ausschließlich um einen ländlichen Beruf, da in den mittelalterlichen Städten ein ansehnlicher Viehbestand gehalten wurde. So sind z. B. für Frankfurt am Main (a. 1440) fünf Schäfer, ein Hirte, zwei Kuhhirten und ein Sauhirte überliefert. ❖ *Chunr. Hirt* ist a. 1338 in Regensburg bezeugt.

Hirter: Berufsname zu mhd. *hirter* ›Hirt, Kuhhirt‹, vgl. ▶ Hirt(e).

Hirth: ▶ Hirt(e).

Hirtreiter: Herkunftsname zu dem Ortsnamen Hirtreut/Perlesreut (Bayern).

Hirtz: ▶ Hirsch.

Hir(t)zel: ▶ Hirschel.

Hiß: ▶ Hies.

Hitz: aus einer Koseform mit *z*-Suffix von einem Rufnamen, der mit dem Namenwort *hiltja* gebildet ist (z. B. ▶ Hildebrand[t]), entstandener Familienname.

Hitzel: aus einer Erweiterung von ▶ Hitz mit *-l*-Suffix entstandener Familienname.

Hitzler: patronymische Bildung auf *-er* zu ▶ Hitzel.

Hlawa: Übername zu osorb. *hłowa* ›Kopf, Oberhaupt, Erster‹, tschech. *hlava* ›Kopf‹.

Hobel, Höbel: 1. Wohnstättennamen zu mnd. *hovel* ›Hügel, Höcker‹ für jemanden, der an einem Hügel wohnte. 2. Berufsübernamen zu mnd. *hovel* ›Hobel‹ für einen Tischler.

Hoberg(er): 1. Herkunftsnamen zu den Ortsnamen Hoberge (Westfalen), Hochberg (Baden-Württemberg, Bayern, ehem. Brandenburg/jetzt Polen), Hohberg (Bayern, Baden-Württemberg, Hessen). 2. Wohnstättennamen zu mhd. *hō(ch)* ›hoch‹ und mhd. *bërc* ›Berg‹: ›wohnhaft an/bei einem hohen Berg‹.

Hobrack: 1. Übername zu nsorb. *hobrak* ›Riese‹, osorb. *hobrak* ›Gernegroß‹. 2. Berufsname zu osorb. (älter) *hobrak* ›Viehpächter‹.

Hoch: 1. Übername zu mhd. *hōch* ›hoch, groß, stark, laut, vornehm, stolz‹ nach der Körpergröße oder dem Verhalten des ersten Namensträgers. 2. Wohnstättenname für jemanden, der an einem hoch gelegenen Ort siedelte. 3. Übername zu tschech. *hoch* ›Junge‹. 4. Vereinzelt aus einer Ableitung von dem tschechischen Rufnamen Hořeslav (urslaw. **gorěti* ›brennen‹ + urslaw. **slava* ›Ruhm, Ehre‹) u. Ä. hervorgegangener Familienname.

Höch: Wohnstättenname zu mhd. *hœhe, hōhe* ›Höhe, Anhöhe‹: ›wohnhaft an einer hoch gelegenen Stelle‹. ❖ Bekannte Namensträgerin: Hannah Höch, deutsche Malerin und Grafikerin (19./20. Jh.).

Höcherl: in Bayern verbreitete Ableitung von ▶ Höch.

Hochhut(h): Übernamen oder Berufsübernamen für den Träger bzw. Hersteller besonders hoher Hüte. ❖ Bekannter Namensträger: Rolf Hochhuth, deutscher Schriftsteller (20./21. Jh.).

Hochkeppel, Hochkeppler: Wohnstättennamen für jemanden, der bei einer hoch gelegenen Kapelle wohnte.

Hochmut(h): Übernamen zu mhd. *hōchmuot* ›Hochmut, Übermut‹ bzw. zu mhd. *hōchgemuot* ›edel, großgesinnt, hochgesinnt; hochgestimmt, freudig; stolz, hochmütig‹. ❖ *herrman hochmut* ist a. 1421/24 bei Bayreuth bezeugt.

Höchst: 1. Wohnstättenname zu mhd. *hœhest*, Steigerung von *hōch* ›hoch‹: ›wohnhaft an der höchsten Stelle des Ortes‹. 2. Herkunftsname zu dem gleichlautenden Ortsnamen (Hessen, Schweiz).

Hochstein(er): Herkunftsnamen zu dem gleichlautenden Ortsnamen (Bayern, Rheinland-Pfalz).

Hock, Höck, Hocke, Höcker: Berufsnamen zu md. *hocke, hocker* für einen Höker, Kleinhändler.

Hodapp: auf das Gebiet zwischen Offenburg und Freiburg i. Br. konzentrierter Übername zu mhd. *hōch* ›hoch, vornehm, stolz‹ und mhd. *tappe* ›ungeschickter Mensch‹ für jemanden, der gern vornehm tat.

Hodl(er), Hödl(er): oberdeutsche Berufsnamen für einen Kleinhändler (zu bair. *hödeln*, schweizerisch *hodeln* ›Kleinhandel treiben‹, bairisch-alemannisch *Hödel, Hodl* ›Händler‹). ❖ Bekannter Namensträger: Ferdinand Hodler, schweizerischer Maler (19./20. Jh.).

Hodžić: bosnischer Familienname; Ableitung mit dem patronymischen Suffix *-ić* zu türk. *hoca* ›Lehrer, Geistlicher‹.

Hoeft: ▶ Höft.

Hof: 1. Wohnstättenname zu mhd., mnd. *hof* ›Hof, umschlossener Raum beim Hause, Bauernhof‹. 2. Herkunftsname zu dem häufigen Ortsnamen Hof.

Hofacker: 1. Wohnstättenname nach dem häufigen gleichlautenden Flurnamen. 2. Herkunftsname zu dem Ortsnamen Hofacker (Rheinland-Pfalz, Bayern).

Hofbauer: Standesname zu mhd. *hovebūr* ›Pächter eines Hofgutes‹ für den Bauern, der von einem grundherrlichen Hofe abhängig war bzw. einen Hof besaß.

Hofer, Höfer: 1. Standesnamen zu mhd. *hovære* ›Inhaber eines Hofes‹, mnd. *hover* ›Hüfner, Hübner, der eine Hufe Landes besitzt‹. 2. Ableitungen auf *-er* zu ▶ Hof (1.) oder (2.). 3. Vereinzelt Übernamen zu mhd. *hover* ›Höcker, Buckel‹, mnd. *hover* ›Höcker‹ für einen Buckligen. ❖ Bekannte Namensträger: Andreas Hofer, Tiroler Freiheitskämpfer (18./19. Jh.), Karl Hofer, deutscher Maler (19./20. Jh.).

Höfgen: 1. Wohnstättenname: ›wohnhaft in einem Höfchen‹. 2. Herkunftsname zu dem gleichlautenden Ortsnamen (Sachsen, Brandenburg, Nordrhein-Westfalen).

Hoff: ▶ Hof.

Hoffer, Höffer: Schreibvarianten von ▶ Hofer, Höfer. ❖ Bekannter Namensträger: Klaus Hoffer, österreichischer Schriftsteller (20./21. Jh.).

Hoffmann: ▶ Hofmann. ❖ Bekannte Namensträger: E. T. A. Hoffmann, deutscher Schriftsteller, Komponist und Zeichner (18./19. Jh.); August Heinrich Hoffmann von Fallersleben, deutscher Schriftsteller (18./19. Jh.).

Hoffmayer, Hoffmeier: ▶ Hofmay(e)r.

Hoffmeister: ▶ Hofmeister.

Hoffmeyer: ▶ Hofmay(e)r.

Hofheinz: Zusammensetzung aus ▶ Hof und dem Rufnamen ▶ Heintz: ›der zu einem Hof gehörige Heinz‹.

Höfle: 1. Schwäbischer Wohnstättenname zu mhd. *hovelīn* ›kleiner Hof‹. 2. Herkunftsname zu dem Ortsnamen Höfle (Baden-Württemberg, Bayern).

Höfler: 1. Standesname zu mhd. *hovelīn* ›kleiner Hof‹ für den Besitzer eines kleinen Hofes. 2. Herkunftsname zu Ortsnamen wie Höfl (Bayern), Höfle (Baden-Württemberg, Bayern). 3. Vereinzelt Berufsübername zu mhd. *hoveln, hobeln*, mnd. *hovelen* ›hobeln‹ für einen Tischler.

Höflich: 1. Übername zu mhd. *hovelich* ›dem Hofe angemessen, fein gebildet, höfisch‹, mnd. *hovelik* ›fein, höflich‹. 2. Niederdeutscher Übername zu mnd. *hovelik* ›höckerig, bucklig‹.

Höfling: 1. Herkunftsname zu dem gleichlautenden Ortsnamen (Bayern, Österreich). 2. Standesname für jemanden, der einen Hof besitzt oder von einem Hof abhängig ist, kaum Übername zu mhd. *hovelinc* ›Höfling‹.

Höflinger: Erweiterung auf *-er* zu ▶ Höfling (1.).

Hofmai(e)r: ▶ Hofmay(e)r.

Hofmann: Standesname zu mhd. *hoveman*, mnd. *hove(s)man, hofman* ›der zu einem Hofe gehörige Bauer, der einem Hofe zu Diensten verpflichtet ist; der ein Gehöft bewohnende Bauer‹, auch ›Diener am Hofe eines Fürsten‹, fnhd. *hofman* ›Bauer, der mit einem grundherrlichen Hof belehnt ist; Wirtschafter auf einem Gutshof‹. ❖ Bekannte Namensträger: Christian Hofmann von Hofmannswaldau, deutscher Dichter (17. Jh.); Peter Hofmann, deutscher Sänger (20./21. Jh.).

Hofmay(e)r, Hofmei(e)r: aus ▶ Hof und ▶ Meier zusammengesetzte Familiennamen, die den Verwalter eines grundherrlichen Hofes bezeichneten.

Hofmeister: Amtsname zu mhd. *hovemeister* ›Aufseher über die Hofdienerschaft, über den Haushalt eines Fürsten, Hofmeister eines Klosters, Aufseher über einen Hof, Oberknecht‹.

Hofmey(e)r: ▶ Hofmay(e)r.

Hofner, Höfner: 1. Standesnamen zu mhd. *hövener* ›Besitzer eines Hofes‹, mnd. *hovener* ›Hüfner, Bauer, der eine Hufe Landes besitzt‹. 2. Herkunftsnamen zu den Ortsnamen Hofen (Nordrhein-Westfalen, Rheinland-Pfalz, Hessen, Baden-Württemberg, Bayern, Österreich), Höfen (Niedersachsen, Nordrhein-Westfalen, Rheinland-Pfalz, Hessen, Baden-Württemberg, Bayern).

Hofrichter: Amtsname zu mhd. *hoverihter*, mnd. *hoverichter* ›Richter an einem Hofgericht (des Kaisers, des Landesherrn)‹.

Höfs: patronymische Bildung (starker Genitiv) zu ▶ Höft (2.).

Hofstätter, Hofstetter: 1. Herkunftsnamen zu den Ortsnamen Hofstätt (Bayern), Hofstätten (Rheinland-Pfalz, Österreich), Hofstett(en) (Baden-Württemberg, Bayern, Österreich, Schweiz). 2. Standesnamen für den Inhaber einer Hofstatt (zu mhd. *hovestat, hofstat* ›Grund und Boden, worauf ein Hof mit den dazugehörigen Gebäuden steht‹). In Österreich kann Hofstetter auch einen Kleinbauern (Viertelbauern, Achtelbauern) bezeichnen.

Höft: 1. Herkunftsname zu dem gleichlautenden Ortsnamen in Westfalen. 2. Niederdeutscher Übername zu mnd. *hovet, hōft* ›Haupt, Kopf‹ nach einem körperlichen Merkmal. 3. Niederdeutscher Wohnstättenname zu mnd. *hovet, hōft* ›Spitze, Ecke eines Deiches, Dammes‹.

Hog(h)e: vorwiegend in Westfalen, aber auch im übrigen Norddeutschland vorkommende Übernamen zu mnd. *hō, hoge* ›hoch‹ nach der

Holbein H

Körpergröße oder auch für einen hochstehenden, vornehmen Menschen. ❖ Die Entstehung dieses Familiennamens zeigt der Beleg aus Coesfeld a. 1451 *Hinrick de Hoghe*.

Höger: 1. In Süddeutschland handelt es sich hierbei um eine durch Rundung entstandene Form von ▸ Heger. 2. Herkunftsname zu den Ortsnamen Hög(e) (Bayern). 3. In Norddeutschland liegt diesem Familiennamen eine Variante von ▸ Hoyer zugrunde.

Högner: 1. Durch Rundung entstandene Form von ▸ Hegner. 2. Herkunftsname zu den Ortsnamen Högen(au) (Bayern).

Hogrefe: niederdeutscher Amtsname zu mnd. *hogreve, gogreve* ›Gaugraf‹, d. i. der richterliche Beamte im Gau, oder zu mnd. *ho[ve]greve* ›Hofaufseher oder -vorsteher‹.

Hoh: vor allem zwischen Bamberg und Würzburg anzutreffende Variante von ▸ Hoch.

Höh: ▸ Höch.

Hoheisel: Herkunftsname zu dem Ortsnamen Hochhäusl (Bayern, Österreich).

Hohenberg(er): Herkunftsnamen zu den Ortsnamen Hohenberg (Schleswig-Holstein, Baden-Württemberg, Bayern, Österreich), Hohenberge (Niedersachsen, Ostpreußen), Hohenbergen (Thüringen) oder zu dem häufigen Ortsnamen Hohenburg.

Hohensee: Herkunftsname zu dem gleichlautenden Ortsnamen (Mecklenburg-Vorpommern, Ostpreußen).

Hohenstein(er): Herkunftsnamen zu dem Ortsnamen Hohenstein (Schleswig-Holstein, Mecklenburg-Vorpommern, ehem. Pommern/jetzt Polen, Brandenburg, ehem. Brandenburg/jetzt Polen, Niedersachsen, Nordrhein-Westfalen, Hessen, Sachsen, Baden-Württemberg, Bayern, Österreich, Ostpreußen).

Hohl, Höhl: 1. Wohnstättennamen zu mhd. *hol* ›Höhle, Loch, Vertiefung‹, mnd. *hol* ›Höhle, Loch; Enge, Engpass, Zufluchtsort‹. 2. Herkunftsnamen zu den Ortsnamen Hohl (Nordrhein-Westfalen), Hohle (Westfalen, Sachsen).

Hohlbein: ▸ Holbein. ❖ Bekannter Namensträger: Wolfgang Hohlbein, deutscher Schriftsteller (20./21. Jh.).

Höhle: ▸ Hohl.

Hohler, Höhler: Ableitungen auf *-er* von ▸ Hohl. ❖ Bekannter Namensträger: Franz Hohler, schweizerischer Kabarettist und Schriftsteller (20./21. Jh.).

Hohlfeld: 1. Wohnstättenname für jemanden, der an einem in einer Senke gelegenen Feld siedelte (zu mhd. *hol* ›Höhle, Loch, Vertiefung‹). 2. Herkunftsname zu dem Ortsnamen Hollfeld (Oberfranken).

Hohlweck, Hohlweg: 1. Berufsübernamen zu mhd. *hol* ›ausgehöhlt, hohl‹ und mhd. *wecke* ›keilförmiges Gebäck‹ für einen Bäcker. 2. Wohnstättennamen für jemanden, der an einem »Hohlweg«, einem eingeschnittenen Weg, wohnte. 3. ▸ Hollweck (1.).

Hohm: nicht eindeutig zu klärender Familienname aus dem Gebiet um Aschaffenburg; vielleicht (mit vorgesetztem *h*) Übername zu mhd. *ome, om* ›Spreu; etwas Unbedeutendes‹.

Hohmann, Höhmann: 1. Wohnstättennamen zu mhd. *hôhe, hæhe* ›Höhe, Anhöhe‹ + *-mann* für jemanden, der an einer höher gelegenen Stelle wohnte. 2. Übernamen zu mhd. *hôch* ›hoch; stark, laut, vornehm, stolz‹. 3. Durch Zusammenziehung entstandene niederdeutsche Variante von ▸ Hofmann.

Hohmut: ▸ Hochmut(h).

Hohn: 1. Berufsübername zu mnd. *hôn* ›Huhn‹ für den Hühnerzüchter oder -händler. 2. Herkunftsname zu dem Ortsnamen Hohn (Schleswig-Holstein, Nordrhein-Westfalen, Rheinland-Pfalz, Bayern).

Höhn(e): 1. Übernamen zu mhd. *hœne* ›verachtet, in Schmach lebend; hochfahrend, übermütig, zornig, böse; stolz; gefährlich‹. 2. Herkunftsnamen zu den Ortsnamen Höhn (Rheinland-Pfalz, Bayern), Hohne (Niedersachsen, Westfalen).

Hohner, Höhner: ▸ Höner.

Höing: Herkunftsname zu den Ortsnamen Höing (Nordrhein-Westfalen), Höingen (Nordrhein-Westfalen, Hessen), Hönningen (Rheinland-Pfalz), a. 1152 als *Hoinge* belegt.

Holan: 1. Wohnstättenname zu osorb. *holan* ›Heidebewohner‹. 2. Übername zu tschech. *holý*, osorb. *hoły* ›nackt, kahl‹.

Holbein: Übername zu mhd. *hol* ›ausgehöhlt, hohl‹ und mhd. *bein* ›Bein‹ für einen Menschen, dessen Beine einen Hohlraum bilden, der also Krumm- oder O-Beine hatte. ❖ Bekannte Namensträger: Hans Holbein d. Ä. und Hans Holbein d. J., deutsche Maler und Zeichner (15./16. Jh.).

Holder: Wohnstättenname zu mhd. *holder*, verkürzt aus *holunder* ›Holunder‹; vor allem in Württemberg ist Holder ein häufiger Flurname.

Hölderlin: alemannische Ableitung von ▸ Holder. In Württemberg ist der Flurname *im Hölderlin* häufig belegt. ❖ Der Dichter Friedrich Hölderlin (18./19. Jh.) stammt aus Württemberg. Sein Wappen zeigt einen Holunderstängel.

Holl: 1. Wohnstättenname zu mhd. *hol* ›Höhle, Loch, Vertiefung‹, mnd. *hol* ›Höhle, Loch; Enge, Engpass, Zufluchtsort‹. 2. Herkunftsname zu den Ortsnamen Holl (Nordrhein-Westfalen, Baden-Württemberg), Holle (Niedersachsen, Nordrhein-Westfalen). ❖ Bekannter Namensträger: Elias Holl, deutscher Baumeister (16./17. Jh.).

Höll: 1. Gerundete Form von ▸ Hell (1.). 2. Herkunftsname zu dem Ortsnamen Höll (Bayern, Baden-Württemberg).

Holland: Herkunftsname zum niederländischen Landschaftsnamen oder zu den Ortsnamen Holland (Nordrhein-Westfalen), Preußisch Holland (Ostpreußen), Hollande (Niedersachsen).

Holländer: Ableitung auf *-er* von ▸ Holland.

Holle: ▸ Holl.

Hollein, Höllein: Übernamen, die aus einer Koseform von ▸ Hoh (›Höhlein‹) durch Angleichung an ▸ Holl (1.) bzw. ▸ Höll entstanden sind. ❖ Bekannter Namensträger: Hans Hollein, österreichischer Architekt und Designer (20./21. Jh.).

Hollenbach(er): Herkunftsnamen zu dem Ortsnamen Hollenbach (Thüringen, Bayern, Baden-Württemberg, Österreich).

Holler: 1. Ableitung auf *-er* von ▸ Holl. 2. Wohnstättenname zu mhd. *holer*, verkürzt aus *holunter* ›Holunder‹. 3. Herkunftsname zu den Ortsnamen Holl (Baden-Württemberg, Nordrhein-Westfalen), Holle (Niedersachsen, Nordrhein-Westfalen), Hollen (Niedersachsen, Nordrhein-Westfalen, Bayern), Holler (Rheinland-Pfalz, Bayern, Luxemburg).

Höller: Ableitung auf *-er* von ▸ Höll.

Höllerich, Höllering: die a. 1542 im sächsischen Vogtland belegte Form *Niel Holdering* zeigt die Entstehung dieser Wohnstättennamen: Ein ›Holdering‹ ist derjenige, der am Holderbusch, am Holunderbusch wohnte.

Hollinger: Herkunftsname zu den Ortsnamen Holling (Bayern, Lothringen), Hollingen (Nordrhein-Westfalen).

Hollmann: Ableitung auf *-mann* von ▸ Holl.

Höllrich: ▸ Höllerich, Höllering.

Höllrieg(e)l, Höllrigl: Übernamen zu mhd. *hellerigel* ›Höllenriegel‹ als Bezeichnung für den Teufel (vgl. ▸ Teufel).

Hollstein: ▸ Holstein.

Hollweck, Hollweg: 1. Herkunftsnamen zu den Ortsnamen Hollweg (Nordrhein-Westfalen), Hollwege (Niedersachsen). 2. ▸ Hohlweck (1.) oder (2.).

Holm: 1. Herkunftsname zu dem gleichlautenden Ortsnamen (Niedersachsen, Schleswig-Holstein, ehem. Brandenburg/jetzt Polen, Mecklenburg-Vorpommern, ehem. Pommern/jetzt Polen, bei Danzig). 2. Wohnstättenname zu mnd. *holm* ›Insel im Fluss‹.

Hölscher: niederdeutscher Berufsname zu mnd. *holske, holtsche, holsche* < *holtscho* ›Holzschuh‹ für den Holzschuhmacher, vgl. ▸ Holzschuher. ❖ Aus Coesfeld ist a. 1362 *Konegundis, uxor* [Frau] *Bernardus des Holschers* bezeugt.

Holschke: Übername, eindeutschende Schreibung einer Ableitung von osorb. *hoły* ›nackt, kahl‹ (z. B. Holišk u. Ä.).

Holst(e): Herkunftsnamen zum Stammesnamen *Holtsate > Holste* ›Bewohner Holsteins‹, ursprünglich ›Waldbewohner‹. Aus dem Plural *Holsten* entwickelte sich infolge falscher Verhochdeutschung der Landschaftsname Holstein.

Holstein: Herkunftsname nach dem Landschaftsnamen Holstein in Norddeutschland; vgl. ▸ Holst(e).

Holsten: 1. ▸ Holstein. 2. Herkunftsname zu dem Ortsnamen Holsten (Niedersachsen).

Holt: 1. Niederdeutscher Wohnstättenname zu mnd. *holt* ›Holz, Gehölz‹: ›wohnhaft in oder an einem Gehölz‹. 2. Herkunftsname zu dem Ortsnamen Holt (Niedersachsen, Schleswig-Holstein, Nordrhein-Westfalen).

Holtermann: Herkunftsname auf *-mann* zu dem Ortsnamen Holter (Nordrhein-Westfalen).

Holtgrefe, Holtgreife, Holtgreve, Holtgrewe: niederdeutsche Amtsnamen zu mnd. *holtgre-*

ve ›Holzgraf, Waldrichter, Vorsitzender in einem Wald- oder Forstgericht‹, später wohl nur ›Waldwärter, -aufseher‹.

Holthaus: 1. Teilweise verhochdeutschter niederdeutscher Wohnstättenname für jemanden, der in einem Holzhaus wohnte (zu mnd. *holt* ›Holz‹). 2. Herkunftsname zu dem gleichlautenden Ortsnamen in Niedersachsen.

Holthausen, Holthusen: Herkunftsnamen zu den Ortsnamen Holthausen (Niedersachsen, Nordrhein-Westfalen), Holthusen (Mecklenburg-Vorpommern, Niedersachsen). ❖ Bekannter Namensträger: Hans Egon Holthusen, deutscher Schriftsteller (20. Jh.).

Holtkamp: Herkunftsname zu dem gleichlautenden Ortsnamen (Nordrhein-Westfalen).

Holtmann: 1. Ableitung auf -mann zu ▶ Holt. 2. Niederdeutsche Form von ▶ Holzmann (1.).

Holtsch: niederdeutscher Berufsübername zu mnd. *holske, holtsche, holsche* < *holtscho* ›Holzschuh‹ für den Holzschuhmacher oder Übername für den Träger auffälliger Holzschuhe, vgl. ▶ Holzschuher.

Holtz: ▶ Holz.

Holtzbrink: ▶ Holzbrink.

Holtzmann: ▶ Holzmann.

Holub: Berufsübername zu tschech. *holub* ›Taube‹ für den Taubenzüchter oder -händler.

Holuba: Ableitung von ▶ Holub mit der Endung *-a*.

Holubek: Übername zu tschech. *holubek* ›kleine Taube, Täubchen, Liebchen‹.

Holz, Hölz: 1. Wohnstättennamen zu mhd. *holz* ›Wald, Gehölz; Holz‹: ›wohnhaft in einem Wald, Gehölz‹. 2. Herkunftsnamen zu dem Ortsnamen Holz (Nordrhein-Westfalen, Baden-Württemberg, Bayern). ❖ Bekannter Namensträger: Arno Holz, deutscher Schriftsteller (19./20. Jh.).

Holzapfel, Holzappel: Übernamen zu mhd. *holzapfel* ›Holzapfel‹, einem im Wald wachsenden Apfel mit einem herben, säuerlichen Geschmack, für einen missmutigen Menschen. ❖ *Chunrat Holzapfel* ist a. 1375 in Regensburg bezeugt.

Holzbrink: teilweise verhochdeutschter Wohnstättenname zu mnd. *holt*, mhd. *holz* ›Wald, Gehölz‹ und dem in Norddeutschland sehr häufigen Flurnamen Brink (zu mnd. *brink* ›Hügel, Abhang‹).

Holze: 1. ▶ Holz. 2. Herkunftsname zu dem Ortsnamen Holzen (Niedersachsen, Nordrhein-Westfalen, Baden-Württemberg, Bayern).

Hölzel: Ableitung von ▶ Holz (1.) mit -l-Suffix.

Holzer, Hölzer: 1. Berufsnamen zu mhd. *holzer* ›Holzhauer‹. 2. Ableitungen auf -er von ▶ Holz. 3. Gelegentlich wurde auch der ▶ Holzschuher als »Holzer« bezeichnet. ❖ In Friedberg (Hessen) ist *Cuncze Holtzer von Oppirshoffin* (a. 1404) auch als *Conze Hulczschuwer von Oppirshoven* (a. 1408) belegt.

Holzfuss, Holzfuß: Übernamen nach einem Gebrechen des ersten Namensträgers.

Holzgraf: Amtsname zu mhd. *holzgräve*, mnd. *holtgreve* ›Holzgraf, Waldrichter, Vorsitzender in einem Wald- oder Forstgericht‹, später wohl nur ›Waldwärter, -aufseher‹.

Holzgrebe: teilweise verhochdeutschte Form von ▶ Holtgrefe.

Holzhauer: Berufsname zu mhd. *holzhouwer* ›Holzhauer‹.

Holzhausen: Herkunftsname zu dem sehr häufigen Ortsnamen Holzhausen (Niedersachsen, Nordrhein-Westfalen, Hessen, Bayern, Baden-Württemberg, Sachsen-Anhalt, Thüringen, Rheinland-Pfalz, Schweiz).

Holzhauser, Holzhäuser: 1. Wohnstättennamen für jemanden, der in einem Holzhaus wohnte. 2. Herkunftsnamen zu den Ortsnamen Holzhaus (Bayern), Holzhausen (Niedersachsen, Nordrhein-Westfalen, Hessen, Bayern, Baden-Württemberg, Sachsen-Anhalt, Thüringen, Rheinland-Pfalz, Schweiz), Holzhäuser (Bayern).

Holzinger: Herkunftsname zu den Ortsnamen Holzing (Bayern, Österreich), Holzingen (Bayern).

Hölzl: ▶ Hölzel.

Hölzle: schwäbische Ableitung von ▶ Holz (1.).

Holzmann: 1. Berufsname zu mhd. *holzman* ›Holzarbeiter, Holzhauer‹, gelegentlich auch ›Holzhändler‹. 2. Ableitung von ▶ Holz mit dem Suffix *-mann*.

Holzmüller: 1. Herkunftsname zu den Ortsnamen Holzmühl (Bayern), Holzmühle (Niedersachsen, Sachsen, Rheinland-Pfalz, Saarland, Baden-Württemberg, Bayern, Schlesien). 2. Berufsname für den Inhaber der

Holzmühle (aus Holz gebaut oder am Holz/Wald gelegen).

Holzner: 1. ▶ Holzer. 2. Herkunftsname zu dem Ortsnamen Holzen (Niedersachsen, Nordrhein-Westfalen, Baden-Württemberg, Bayern).

Holzschuh: Berufsübername zu mhd. *holzschuoch* ›Holzschuh‹ für den Hersteller oder Übername für den Träger auffälliger Holzschuhe, vgl. ▶ Holzschuher.

Holzschuher: Berufsname für den Hersteller von Holzschuhen (mhd. *holzschuoher*). Die allgemein bekannten, einfachen Holzschuhe, die besonders in Nord- und Westdeutschland getragen wurden, wurden in der Regel im Hauswerk hergestellt. Der Holzschuher fertigte vor allem einen hölzernen Überschuh an, der dazu diente, sich bei den schlechten Straßenverhältnissen vor Schmutz zu schützen. Diese Überschuhe kamen schnell in Mode und wurden sogar bei Hofe getragen. Sie hatten eine starke Holzsohle und wurden durch Riemen am Fuß befestigt. ❖ Bekannter Namensträger: Hieronymus Holzschuher, Nürnberger Ratsherr (15./16. Jh.). Die Holzschuher waren seit dem 13. Jh. Nürnberger Patrizier.

Holzward(t), Holzwart(h): Amtsnamen zu mhd. *holzwarte* ›Waldhüter‹.

Homann: ▶ Hohmann.

Hombach(er): Herkunftsnamen zu dem Ortsnamen Hombach (Nordrhein-Westfalen, Rheinland-Pfalz).

Homberg(er): Herkunftsnamen zu dem Ortsnamen Homberg (Nordrhein-Westfalen, Rheinland-Pfalz, Hessen, Baden-Württemberg, Bayern, Schweiz), vgl. auch ▶ Homburg(er).

Homburg(er): Herkunftsnamen zu dem Ortsnamen Homburg (Nordrhein-Westfalen, Hessen, Bayern, Baden-Württemberg, Saarland, Lothringen, Elsass, Schweiz; wüst bei Eimbeck in Niedersachsen) oder zu dem häufigen Ortsnamen Hohenburg; vgl. auch ▶ Homberg(er).

Homeier, Homeyer: 1. Verschliffene Formen von ▶ Hofmay(e)r, Hofmei(e)r. 2. Nähere Charakterisierung eines Meiers (▶ Meyer) nach dem hoch gelegenen Hof (zu mhd. *hō[ch]* ›hoch‹).

Hommel: niederdeutsche Form von ▶ Hummel.

Homuth: ▶ Hochmut(h).

Höne(c)ke, Höni(c)ke: 1. Aus einer niederdeutschen Koseform von Rufnamen, die mit dem Namenwort *hun* gebildet sind (z. B. ▶ Hunold), entstandene Familiennamen. 2. Übernamen zu mnd. *hōn* + -*k*-Suffix ›Hühnchen‹.

Honecker, Honegger: 1. Wohnstättennamen zu mhd. *hōch, hō* ›hoch‹ und mhd. *ecke, egge* ›Ecke, Kante, Winkel‹, schweizerdeutsch ist eine Egg auch der ›dachähnliche Ausläufer eines Bergs, eine Bergkante und die Halde darunter‹: ›wohnhaft an einer hohen Ecke oder an einem Geländevorsprung‹. Diesen Familiennamen kann auch ein Hofname zugrunde liegen. 2. Herkunftsnamen zu den Ortsnamen Hoheneck (Mittelfranken, Sachsen, Oberbayern, Württemberg, Österreich), Hohenegg (Bayern, Baden-Württemberg, Schweiz). ❖ Bekannter Namensträger: Erich Honecker, deutscher Politiker (20. Jh.).

Höner: 1. Übername zu mnd. *honen* ›höhnen, in Wort und Tat kränken, zu Unehre bringen, schädigen‹, mhd. *hōnen, hœnen* ›in Zorn geraten, schreien‹, mhd. *hœnen* ›Unehre, Schande bringen, schmähen, entehren, herabwürdigen‹. 2. Herkunftsname zu den Ortsnamen Höhn (Rheinland-Pfalz, Bayern), Hohne (Niedersachsen, Westfalen). 3. Gelegentlich aus ▶ Hofner, Höfner zusammengezogene Form.

Honig: Berufsübername zu mhd. *honec, honic, hōnic* ›Honig‹ für einen Imker oder Honigverkäufer.

Hönig: 1. ▶ Honig. 2. Herkunftsname zu Ortsnamen wie Hönig (Baden-Württemberg), Höningen (Nordrhein-Westfalen, Rheinland-Pfalz), Hönningen (Rheinland-Pfalz).

Honold: ▶ Hunold.

Hoop: 1. Herkunftsname zu den Ortsnamen Hoop, Hoope(n) (Niedersachsen). 2. Wohnstättenname zu mhd. *hōp, hope, hupe* ›Haufe‹, auch ›Stück des Waldes, das die Siedler zur Urbarmachung übernahmen‹.

Hoops: patronymische Bildung (starker Genitiv) zu ▶ Hoop.

Hoos: ▶ Hose.

Höper: 1. Ableitung auf -*er* zu ▶ Hoop. 2. Berufsübername zu mnd. *hopen* ›häufen‹ für einen Wagenlader, Lastenträger.

Hopf: Berufsübername zu mhd. *hopfe* ›Hopfen‹ für den Hopfenbauern oder -händler. Der Anbau und Verkauf von Hopfen war wichtig für die Bierbrauerei.

Höpfl: Ableitung von ▸ Hopf mit *-l-*Suffix.

Hopfner, Höpfner: Berufsnamen für den Hopfenbauern oder -händler, vgl. ▸ Hopf.

Höpner: ▸ Höppner.

Hopp(e): Berufsübernamen zu mnd. *hoppe* ›Hopfen‹ für den Hopfenbauern oder -händler, vgl. ▸ Hopf. ❖ Bekannte Namensträgerin: Marianne Hoppe, deutsche Schauspielerin (20./21. Jh.).

Hoppen: patronymische Bildung (schwacher Genitiv) zu ▸ Hopp(e).

Hoppmann: Ableitung auf *-mann* zu ▸ Hopp(e).

Höppner: Berufsname zu mnd. *hoppenere* ›Höpfner, Hopfenbauer oder -händler‹.

Horacek: aus einer tschechischen Erweiterung von ▸ Horak (2.), (3.) oder (4.) hervorgegangener Familienname.

Horak: 1. Berufsname zu osorb. *horak* ›Bergmann‹. 2. Auf eine mit dem Suffix *-ak* gebildete obersorbische bzw. tschechische Ableitung der Rufnamens Horisław/Hořeslav (▸ Hoch [4.]) zurückgehender Familienname. 3. Tschechischer Herkunftsname zu dem Ortsnamen Hora. 4. Wohnstättenname zu tschech. *horák* ›Gebirgsbewohner‹.

Horatschek: eindeutschende Schreibung von ▸ Horacek.

Horbach: Herkunftsname zu dem gleichlautenden Ortsnamen (Nordrhein-Westfalen, Rheinland-Pfalz, Hessen, Baden-Württemberg, Bayern).

Hörbi(n)ger: bairisch-österreichische Formen von ▸ Herberger. ❖ Bekannte Namensträger: Paul Hörbiger, Attila Hörbiger, österreichische Schauspieler (19./20. Jh.); Christiane Hörbiger, österreichisch-schweizerische Schauspielerin (20./21. Jh.).

Horch(er): Übernamen zu mhd. *horchen* ›hören, horchen‹ für jemanden, der gerne horchte.

Hordt: ▸ Hort.

Höret(h): vor allem in der Oberpfalz, Franken und Südhessen verbreitete Familiennamen, die auf eine durch Zusammenziehung entstandene Form von ▸ Herold (1.) zurückgehen.

Hörger: vor allem in Bayern verbreitete, gerundete Form von ▸ Herger.

Hörig: 1. Übername zu mhd. *hœrec* ›folgsam; hörig, leibeigen‹, mnd. *horich* ›gehorsam, zugehörig‹. 2. Herkunftsname zu dem Ortsnamen Hörich (Bayern). 3. Gelegentlich abgeschwächte Form von ▸ Höring.

Höring: 1. Durch Rundung entstandene Variante von ▸ Hering. 2. Herkunftsname zu den Ortsnamen Höring (Niedersachsen, Bayern), Höringen (Rheinland-Pfalz). 3. Gelegentlich Übername zu mnd. *horink* ›uneheliches Kind‹.

Hörl: vor allem in Bayern und Baden-Württemberg verbreitete gerundete Form von Herl (▸ Hermann).

Horlacher: Herkunftsname zu den Ortsnamen Horlach (Bayern), Horlachen (Bayern, Baden-Württemberg).

Horlamus: aus einer verkürzten und verschliffenen Form von ▸ Hieronymus hervorgegangener Familienname.

Hormann: 1. Durch Assimilation entstandene Form von ▸ Hornemann. 2. Wohnstättenname zu mnd. *hor* ›Kot, Schmutz, Schlamm‹ für jemanden, der an/bei einer schlammigen, sumpfigen Stelle siedelte.

Hörmann: vor allem in Bayern verbreitete, gerundete Form von ▸ Hermann.

Horn: 1. Wohnstättenname zu mhd. *horn* ›Horn, hervorragende Spitze‹: ›wohnhaft an einem Berg-/Ufervorsprung‹. Als Flurname ist Horn sehr verbreitet. 2. Berufsübername für den Hornverarbeiter oder den Hornbläser. 3. Herkunftsname zu dem gleichlautenden Ortsnamen (Niedersachsen, Nordrhein-Westfalen, Rheinland-Pfalz, Baden-Württemberg, Bayern, Ostpreußen, Österreich, Schweiz). 4. Gelegentlich kommt auch eine Herleitung von einem Hausnamen infrage. Ein Haus *que cornu dicitur* [welches Horn genannt wird] ist i. J. 1197 in Köln überliefert.

Hornaff: vor allem in Thüringen verbreiteter Berufsübername für den Bäcker, der ›Hornaffen‹ herstellte. Dieses Gebäck in Form eines Halbmonds oder auch eines doppelten Horns war im Mittelalter sehr beliebt. So erlässt z. B. der Regensburger Perchtolt Leyrendorfer a. 1369 in seinem Testament *eine ewige Spend von Hornoffen*.

Hornauer: Herkunftsname zu dem Ortsnamen Hornau (Hessen, Bayern).

Hornberg(er): Herkunftsnamen zu dem Ortsnamen Hornberg (Baden-Württemberg, Österreich).

Hornemann: Ableitung auf *-mann* zu ▶ Horn (1.), (3.).

Horner, Hörner: 1. Ableitungen auf *-er* von Horn (1.), (3.) oder (4.). 2. Berufsnamen für den Hornverarbeiter oder den Hornbläser.

Hornig, Hörnig: 1. Wohnstättennamen oder Übernamen zu mnd. *hornich* ›winklig, eckig‹. 2. Berufsnamen zu osorb. *hórnik*, tschech. *horník* ›Bergarbeiter‹. 3. Abgeschwächte Form von ▶ Horning.

Horning, Hörning: 1. Patronymische Bildungen auf *-ing* zu ▶ Horn (1.). 2. Niederdeutsche Wohnstättennamen zu mnd. *hornink* ›Horn, Ecke, Winkel‹. 3. Niederdeutsche Übernamen zu mnd. *hornink* ›uneheliches Kind‹. 4. Abgeschliffene Formen von ▶ Hornung. 5. Herkunftsnamen zu den Ortsnamen Hörningen (Thüringen), Herrlingen (Baden-Württemberg), a. 1324 als *Hoerningen* belegt.

Hörnschemeyer: aus dem Bereich Osnabrück stammender Familienname, dem wahrscheinlich eine nähere Charakterisierung eines Meiers (▶ Meyer) nach der auffälligen Gewohnheit, besondere Schnabelschuhe (▶ Hornschuh) zu tragen, zugrunde liegt.

Hornschuh: Übername, der an die mittelalterliche Mode des Schnabelschuhs erinnert.

Hornstein(er): Herkunftsnamen zu dem Ortsnamen Hornstein (Baden-Württemberg, Bayern).

Hornung: Übername zu mhd. *hornunc* ›Februar‹, wahrscheinlich nach einem Zinstermin.

Horowitz: Herkunftsname zu dem Ortsnamen Hořovice in Böhmen.

Hörr: in dem Gebiet um Darmstadt und Heidelberg häufiger Familienname, der auf eine gerundete Form von ▶ Herr(e) zurückgehen könnte.

Horsch: 1. Auf eine mundartliche Form von ▶ Horst bzw. ▶ Hurst zurückgehender Familienname. Ein *hof zu dem horsche* ist i. J. 1351 in der Nähe von Gerabronn (Baden-Württemberg) überliefert. ❖ *Bentz Horsch*, Zinsmann zu Stuttgart, ist a. 1350 bezeugt. 2. Herkunftsname zu dem Ortsnamen Horscha (Schlesien).

Horst: Wohnstättenname zu mnd. *horst* ›niedriges Gestrüpp, bes. die abgeholzte Stelle im Wald, wo junge Schösslinge nachwachsen; Krüppelbusch; wüster, wilder Ort‹. 2. Herkunftsname zu dem gleichlautenden Ortsnamen (Schleswig-Holstein, Mecklenburg-Vorpommern, ehem. Pommern/jetzt Polen, Brandenburg, Niedersachsen, Nordrhein-Westfalen, Schlesien, Ostpreußen).

Horster, Hörster: mit *-er* abgeleitete Wohnstätten- oder Herkunftsnamen zu ▶ Horst.

Horstmann: Ableitung von ▶ Horst mit dem Suffix *-mann*.

Hort: 1. Übername zu mhd. *hort* ›Schatz, Hort‹, wohl für einen reichen oder geizigen Menschen. 2. Wohnstättenname zu mnd. *hort* ›Flechtwerk von Reisern‹. 3. Gelegentlich durch Verdumpfung des *-a-* zu *-o-* entstandene oberdeutsche Variante von ▶ Hardt. 4. Herkunftsname zu dem Ortsnamen Hordt (Nordrhein-Westfalen).

Horter, Hörter: 1. Übername zu mhd. *hortære* ›Schatzsammler‹ für einen reichen, geldgierigen oder geizigen Menschen. 2. Herkunftsnamen zu Ortsnamen wie Hordt (Nordrhein-Westfalen), Hort (Bayern).

Horvat(h), Horváth: Familiennamen ungarischen Ursprungs, ungarische Bezeichnung für Kroate. ❖ Bekannter Namensträger: Ödön von Horváth, österreichischer Schriftsteller (20. Jh.).

Horwitz: ▶ Horowitz.

Hösch: Übername zu mhd. *hoschen* ›spotten‹, zu mhd. *hëschen* ›schluchzen‹ oder zu westdt. mda. *hösch* > *hovesch* ›höfisch, fein gebildet‹, später ›still, langsam, vorsichtig‹.

Hose: Berufsübername zu mhd., mnd. *hose* ›Bekleidung der Beine, Strumpf‹ für den Hersteller. Im Mittelalter waren die Hosen eine Art Strümpfe, die an der leinenen kurzen Hose (mhd. *bruoch* ›Bruch‹) befestigt waren. Sie wurden aus Leder, Wolle oder Leinen hergestellt. Erst im 15. Jh., vor allem aber seit dem 16. Jh., begegnet »Hose« in der heutigen Bedeutung, nachdem Hosen und Bruch zu einem einzigen Kleidungsstück vereinigt wurden.

Hösel, Hösl: 1. Ableitungen von ▶ Hose mit *-l*-Suffix. 2. Vereinzelt Herkunftsnamen zu dem Ortsnamen Hösel (Nordrhein-Westfalen).

Hoss: 1. Schreibvariante von ▶ Hose. 2. Übername zu mhd. *hossen* ›schnell laufen‹ oder zu mda. (schwäbisch) *hossen* ›wiegen, schaukeln‹.

Höß: durch Rundung entstandene Form von ▶ Hess(e).

Hoßfeld: vor allem im Raum Fulda-Suhl vorkommender Herkunftsname zu dem Ortsnamen Hosenfeld (Hessen).

Hoth: niederdeutscher, vorwiegend in Mecklenburg-Vorpommern anzutreffender Berufsübername zu mnd. *hot* ›Hut‹ für den Hutmacher bzw. Übername für den Träger eines auffälligen Huts.

Hotz(e): Übernamen zu mhd. *hotzen* ›schnell laufen, schaukeln‹ nach der Gangart des ersten Namensträgers.

Hötzel: Ableitung von ▶ Hotz(e) mit *-l*-Suffix.

Houben: vor allem im Raum Aachen anzutreffende patronymische Bildung (schwacher Genitiv) zu einer Kurzform der Rufnamen ▶ Hubrich bzw. ▶ Hubert. ❖ Die Entstehung dieses Familiennamens zeigt der Beleg aus dem belgischen Tongeren a. 1443 *Hubrecht Jan Houben soen*.

Hove: 1. Wohnstättenname zu mnd. *hove* ›Hufe (10–30 Morgen), Hof‹. 2. Herkunftsname zu dem gleichlautenden Ortsnamen (Niedersachsen, Nordrhein-Westfalen).

Hövel: 1. Wohnstättenname zu mnd. *hovel* ›Hügel, Höcker‹: ›wohnhaft an/auf einem Hügel‹. 2. Herkunftsname zu den Ortsnamen Hövel (Nordrhein-Westfalen), Hovel (Niedersachsen).

Hövelmann: Ableitung von ▶ Hövel mit dem Suffix *-mann*.

Hoven: 1. Westniederdeutscher, aus »Van den Hoven« verkürzter Wohnstättenname zu einem »Ten Hoven« o. Ä. benannten Gehöft. 2. Herkunftsname zu dem Ortsnamen Hoven (Nordrhein-Westfalen).

Howe: 1. Vorwiegend in Schleswig-Holstein anzutreffende Variante von ▶ Hove (1.). 2. Herkunftsname zu dem gleichlautenden Ortsnamen in Westfalen.

Hoyer: 1. Aus dem gleichlautenden niederdeutschen Rufnamen *(hugu + gēr)* entstandener Familienname. 2. Herkunftsname zu dem Ortsnamen Hoya (Niedersachsen).

Hrach: Berufsübername zu tschech. *hrách* ›Erbse‹ für einen Bauern, der Erbsen anbaute, oder Übername nach der Lieblingsspeise.

Hromada: Übername zu osorb., tschech. *hromada* ›Haufen, Menge, Masse‹.

Hruschka, Hruska: Übernamen oder Wohnstättennamen, eindeutschende Schreibungen von tschech. *hruška* ›Birne, Birnbaum‹.

Hub: ▶ Hube.

Hubale(c)k: Übernamen, Ableitungen von osorb., tschech. *huba* ›Maul, Mund‹.

Hubatsch: Übername, eindeutschende Schreibung von osorb. *hubač*, tschech. *hubáč* ›Großmaul‹.

Hube: Übername zu mhd. *huobe*, md. *hūbe* ›Stück Land von einem gewissen Ausmaß (30–60 Morgen), Hufe‹.

Hübel: Wohnstättenname zu mhd. *hübel* ›Hügel‹.

Hübener: ▶ Huber, Hüber.

Hübenthal: Herkunftsname zu dem gleichlautenden Ortsnamen (Niedersachsen, Hessen).

Huber, Hüber: 1. Standesnamen für den Bauern, der eine Hube innehatte (zu mhd. *huober, huob[e]ner* ›Inhaber einer Hube, Erblehenbauer‹, vgl. ▶ Hube). Je nach Gegend konnte der Huber einen halben oder auch einen ganzen Hof bewirtschaften. 2. Gelegentlich Herkunftsnamen zu einem der zahlreichen Ortsnamen Hub (Bayern, Österreich). Der Name ist typisch süddeutsch: Während »Huber« deutschlandweit den 40. Platz in der Ranghäufigkeit einnimmt, liegt er in den Bereichen Rosenheim, Landshut und Ingolstadt an erster, in München, Garmisch-Partenkirchen und Offenburg an zweiter Stelle. ❖ Bekannte Namensträger: Wolf Huber, deutscher Maler, Zeichner und Baumeister (15./16. Jh.); Anke Huber, deutsche Tennisspielerin (20./21. Jh.).

Hubert, Hübert: aus dem alten deutschen Rufnamen Hugbert *(hugu + beraht)* entstandene Familiennamen. Zur Verbreitung des Namens hat die Verehrung des heiligen Hubert (7./8. Jh.), des Bischofs von Lüttich und Apostels der Ardennen, beigetragen. Bekannt ist der heilige Hubert vor allem als Patron der Jäger. ❖ Hierzu gehören neben der latinisierten Form **Hubertus** auch die Familiennamen **Haubrich, Hubrich** und **Hubrig**. ❖ Von der Nebenform **Huppert** leiten sich die patronymische Bildung **Huppertz** sowie die Kurzformen **Hupp** und **Hüppe** ab.

Hubertus: auf die latinisierte Form von ▶ Hubert zurückgehender Familienname.

Hübl: oberdeutsche Schreibweise von ▶ Hübel.

Hübler: Ableitung auf -er zu ▶ Hübel.

Hubmaier, Hubmayer, Hubmeier: Standesnamen, nähere Bestimmung eines Meiers (▶ Meyer) durch ein Merkmal des Hofes (mhd. *huobgut* ›Zinsgut‹; vgl. auch ▶ Hube, ▶ Huber).

Hubner, Hübner: 1. ▶ Huber, Hüber. 2. Herkunftsnamen zu dem Ortsnamen Huben (Bayern, Österreich, Schweiz).

Hubrich, Hubrig: 1. Auf eine Variante von ▶ Hubert zurückgehende Familiennamen. 2. Herkunftsnamen zu dem Ortsnamen Hohberg (mda. *Hubrik*) bei Goldberg (Schlesien) bzw. Hohburg (Sachsen). Der Familienname Hubrich ist vor allem im Raum Bautzen vertreten.

Hübsch: Übername zu mhd. *hübesch, hövesch* ›hofgemäß, fein gebildet und gesittet, unterhaltend‹. ❖ *Fridr. Hœbsch* ist a. 1370 in Regensburg bezeugt.

Hübscher: 1. Stark flektierte Form oder patronymische Bildung auf -er zu ▶ Hübsch. 2. Übername zu mhd. *hübeschære* ›Hofmacher, galanter Mann‹.

Hübschmann: Erweiterung von ▶ Hübsch mit dem Suffix -mann.

Hubschmid(t): Berufsnamen zu mhd. *huobsmit* ›Hufschmied‹, ▶ Hufschmidt. ❖ Bekannter Namensträger: Paul Hubschmid, schweizerischer Schauspieler (20./21. Jh.).

Huch: ▶ Hugo. ❖ Bekannte Namensträgerin: Ricarda Huch, deutsche Schriftstellerin (19./20. Jh.).

Huchel: auf eine Erweiterung mit -l-Suffix der Rufnamenform ▶ Huch zurückgehender Familienname. ❖ Bekannter Namensträger: Peter Huchel, deutscher Dichter (20. Jh.).

Huck, Hück: 1. ▶ Hugo. 2. Herkunftsnamen zu dem Ortsnamen Huck (Nordrhein-Westfalen). 3. Wohnstättennamen zu mda. (Westfalen) *Huck* ›Winkel, Ecke‹.

Hucke: Berufsname zu mhd. *hucke* ›Höker, Kleinhändler‹.

Hudtwal(c)ker: Berufsnamen für denjenigen, der in der Walkmühle den Filz für Hüte walkte, dann aber auch für den Hersteller von (Filz-)Hüten (vgl. ▶ Hutmacher).

Hueber: bairische Schreibweise von ▶ Huber, Hüber.

Huelsenbeck: niederdeutscher Wohnstättenname zu mnd. *huls* ›Stechpalme, Walddistel‹ und mnd. *beke* ›Bach‹ für jemanden, der an einem mit Walddisteln bewachsenen Bach wohnte. ❖ Bekannter Namensträger: Richard Huelsenbeck, deutscher Schriftsteller (19./20. Jh.).

Huesmann: westfälische Schreibweise von ▶ Hausmann.

Huf: 1. Übername zu mhd., mnd. *huf* ›Hüfte‹ oder zu mnd. *huf, huw* ›Eule‹. 2. Berufsübername zu mhd. *huof* ›Huf‹ für den Hufschmied (▶ Hufschmidt). 3. Herkunftsname zu dem Ortsnamen Huf (Nordrhein-Westfalen, Rheinland-Pfalz).

Hufeisen: Berufsübername für den Hufschmied (▶ Hufschmidt) nach einem Gegenstand der Arbeit. ❖ *Ch. Huefeisen* ist a. 1350 in Regensburg bezeugt.

Huff: ▶ Huf.

Hufnagel, Hufnagl: Berufsübernamen für den Hufschmied (▶ Hufschmidt) nach einem Gegenstand der Arbeit.

Hüfner: Standesname zu fnhd. (md.) *hüf(n)ner* ›Erblehnbauer‹, vgl. ▶ Huber.

Hufschmidt: Berufsname zu mhd. *huofsmit* ›Hufschmied‹. Neben dem Hufbeschlag übernahm der Hufschmied auch die Behandlung kranker oder verletzter Pferde. ❖ Ein Beleg aus München a. 1392 lautet *fridl Hufsmid*.

Hug: ▶ Hugo.

Hügel: 1. Aus einer Koseform von ▶ Hug mit -l-Suffix entstandener Familienname. 2. Herkunftsname zu dem Ortsnamen Hügel (Westfalen, Bayern). Das Vorliegen eines Wohnstättennamens zu mhd. *Hügel* kommt i. A. nicht infrage, da das ursprünglich mitteldeutsche Wort erst im 16. Jh. durch Luthers Bibelübersetzung allgemein bekannt wurde.

Hugo: aus dem gleichlautenden deutschen Rufnamen *(hugu)* entstandener Familienname. Zur Zeit der Familiennamenentstehung (12.–15. Jh.) war Hugo ein weitverbreiteter Rufname. ❖ Unter den heutigen Familiennamen beggnen uns zahlreiche Varianten dieses Rufnamens: z. B. **Hauch, Hauck(e), Haug(g), Hauk(e), Huch, Huck, Hück, Hug, Huchel, Hügel.**

Huhn: 1. Berufsübername zu mhd. *huon* ›Huhn‹ für den Hühnerhalter, -verkäufer.

2. Gelegentlich kann diesem Familiennamen ein Hausname zugrunde liegen. 3. Möglich ist ferner das Vorliegen einer Kurzform von Rufnamen, die mit dem Namenwort *hun* gebildet sind (z. B. ▶ Hunold).

Hühn(e): 1. Übernamen zu mhd. *Hiune, hiune* ›Hunne, Ungar; Riese‹. 2. Auf eine Kurzform von Rufnamen, die mit dem Namenwort *hun* gebildet sind (▶ Hunold), zurückgehende Familiennamen.

Huismann: vor allem am Niederrhein verbreitete Form von ▶ Hausmann.

Huke: ▶ Hucke.

Hüller: 1. Berufsname zu mhd. *hülle* ›Mantel‹, mnd. *hulle* ›Kopfbedeckung, Kopftuch, Mütze‹ für den Hersteller. 2. Wohnstättenname zu mhd. *hülwe, hüll* ›Pfütze, Pfuhl, Sumpfläche‹ für jemanden, der neben einer solchen Stelle wohnte. 3. Herkunftsname zu dem Ortsnamen Hüll (Bayern, Niedersachsen).

Hüls(e): 1. Wohnstättennamen zu mhd., mnd. *huls* ›Stechpalme, Walddistel‹ für jemanden, der an einem mit Stechpalmen bewachsenen Ort wohnte. 2. Herkunftsnamen zu dem Ortsnamen Hüls (Schleswig-Holstein, Nordrhein-Westfalen).

Hülsen: 1. Wohnstättenname zu einer Örtlichkeit »Im Hülsen« (vgl. ▶ Hüls[e] [1.]). 2. Herkunftsname zu dem Ortsnamen Hülsen (Schleswig-Holstein, Brandenburg, Niedersachsen, Nordrhein-Westfalen).

Hülsenbeck: ▶ Huelsenbeck.

Hülshof(f): Herkunftsnamen zu den Ortsnamen Hülshof (Nordrhein-Westfalen, Hessen), Hülshoff (Niedersachsen, Nordrhein-Westfalen). ❖ Bekannte Namensträgerin: Annette Freiin von Droste-Hülshoff, deutsche Dichterin (18./19. Jh.).

Hülsmann: Ableitung auf -*mann* zu ▶ Hüls(e), ▶ Hülsen.

Hülsmeier, Hülsmeyer: Standesnamen; nähere Bestimmung eines Meiers (▶ Meyer) durch ein Charakteristikum des Hofes (▶ Hüls[e] [1.]).

Humbert: aus dem alten deutschen Rufnamen Hunber(h)t *(hun + beraht)* entstandener Familienname. ❖ Hierzu gehören die Variante **Humpert** sowie die patronymischen Bildungen **Humperdinck** und **Humperding**.

Humbold(t): 1. Aus den gleichlautenden deutschen Rufnamen *(hun + bald)* entstandene Familiennamen. 2. Vereinzelt Übernamen zu mhd. *humpolt* ›ein Getreidemaß‹ oder zu mnd. *humbolt* ›eine Art schlechten Flachses‹. ❖ Bekannte Namensträger: Alexander von Humboldt, deutscher Naturforscher und Geograf (18./19. Jh.); Wilhelm von Humboldt, deutscher Gelehrter und Sprachphilosoph (18./19. Jh.).

Hummel: Übername nach der Tierbezeichnung für einen unruhigen, aufgeregten oder zudringlichen Menschen. ❖ Bekannter Namensträger: Johann Nepomuk Hummel, österreichischer Komponist (18./19. Jh.).

Hümmer: 1. Verschliffene Form von ▶ Hubmaier. 2. Herkunftsname zu den Ortsnamen Hümme, Hümmer (Hessen).

Hummitzsch: 1. Aus einer Koseform mit -z-Suffix von Rufnamen, die mit dem Namenwort *hun* gebildet sind (z. B. ▶ Humbold[t]), hervorgegangener Familienname. 2. Wohnstättenname zu osorb. *huno, humno* ›freier Platz zwischen der Scheune, Scheunentenne‹.

Humperdinck, Humperding: patronymische Bildungen auf -*ing* zu ▶ Humbert. ❖ Im Jahr 1366 ist *Gertrudis Humpertinc* in Coesfeld bezeugt. ❖ Bekannter Namensträger: Engelbert Humperdinck, deutscher Komponist (19./20. Jh.).

Humpert: ▶ Humbert.

Hund: Übername zu mhd., mnd. *hunt* ›Hund, Jagdhund‹, als Scheltwort ›Bösewicht‹.

Hundertmark: Übername für einen reichen Menschen oder für jemanden, der so tut, als ob er reich wäre. Mhd. *marke, marc, march* bezeichnet eine Gewichtsmünze oder ein halbes Pfund Silber oder Gold). ❖ Ein früher Beleg ist *Henrici Hundirdmarc* (Köln ca. 1189–1200).

Hundt: ▶ Hund. ❖ Bekannter Namensträger: Wiguläus von Hundt, deutscher Historiker und Jurist (16. Jh.).

Hüne(c)ke, Hüni(c)ke: aus Koseformen mit -k-Suffix von ▶ Hühn(e) (2.) entstandene Familiennamen.

Hunger: 1. Übername zu mhd. *hunger* ›Hunger‹ für einen Hungerleider. 2. Herkunftsname oder Übername zum Stammesnamen Ungar für jemanden, der aus Ungarn stammte oder irgendwelche Beziehungen (Aufenthalt, Handel) dorthin hatte. 3. Wohnstättenname zu dem Flurnamen Hunger für ein unfruchtbares Landstück.

Hunke: aus einer Koseform mit -*k*-Suffix von Rufnamen, die mit dem Namenwort *hun* gebildet sind (z. B. ▶ Hunold), entstandener Familienname.

Hunold: aus dem gleichlautenden deutschen Rufnamen *(hun + walt)* entstandener Familienname. ❖ Hierzu gehören auch u. a. die diphthongierte Form **Haunold** und die Kurzform **Haun**.

Hupe: 1. ▶ Hupp. 2. ▶ Hoop (2.).

Hupfeld: vorwiegend im Bereich zwischen Kassel und Göttingen häufig vorkommender Familienname, der wahrscheinlich ein Wohnstättenname zu einem Flurnamen (mnd. *hupe* ›Haufen‹ und mnd. *velt* ›freies, offenes Feld‹) ist.

Hupfer, Hüpfer: Übernamen zu mhd. *hupfen, hüpfen* ›hüpfen‹. ❖ *Rudel Hupfer* ist a. 1340 in Regensburg bezeugt.

Hupp, Hüppe: aus einer Kurzform von Huppert (▶ Hubert) entstandene Familiennamen.

Huppert: ▶ Hubert.

Huppertz: patronymische Bildung (starker Genitiv) zu Huppert (▶ Hubert).

Hürlimann: schweizerischer Wohnstättenname zu dem Hofnamen Hörnli, früher Hürnli in der Gemeinde Hinwil (Zürich). ❖ Bekannter Namensträger: Thomas Hürlimann, schweizerischer Schriftsteller (20./21. Jh.).

Hurst: 1. Wohnstättenname zu mhd. *hurst* ›Gesträuch, Hecke, Dickicht‹. 2. Herkunftsname zu dem gleichlautenden Ortsnamen (Nordrhein-Westfalen); vgl. auch ▶ Horst (2.).

Hurtig: Übername zu mhd. *hurtec* ›schnell, hurtig‹.

Hüsch: vorwiegend im Gebiet zwischen Köln und Siegen vorkommender Familienname; es dürfte sich um eine Kurzform zu dem Rufnamen ▶ Hugo handeln.

Huschke: 1. Berufsübername zu poln. mda. (schles.) *huska*, tschech. *husa* ›Gans‹ für den Gänsezüchter oder -händler. 2. Aus einer Ableitung von Hurban, einer niedersorbischen Form von ▶ Urban, hervorgegangener Familienname. 3. Übername zu nsorb. *huško* ›Öhrchen‹ (zu nsorb. *hucho* ›Ohr‹).

Huse: 1. Wohnstättenname zu mnd. *hūs* ›Haus, des. Rathaus, festes Haus, Schloss‹. Vgl. auch Karte auf S. 312. 2. Herkunftsname zu dem Ortsnamen Husen (Niedersachsen, Nordrhein-Westfalen).

Husemann: niederdeutsche Form von ▶ Hausmann.

Huser, Hüser: 1. Standesnamen oder Übernamen zu mnd. *huser* ›Hauser, Beherberger, Beschützer‹. 2. Ableitungen auf -*er* von ▶ Huse.

Hüsgen: vor allem am Niederrhein verbreitete Ableitung von Huse (1.) mit dem Suffix -*gen*.

Hüsing: 1. Standesname zu mnd. *hūsink* ›Hausmann, Bauer‹. 2. Wohnstättenname zu mnd. *husinge* ›Behausung, Haus‹. 3. Herkunftsname zu Ortsnamen wie Hüsingen (Baden-Württemberg), Hüssingen (Bayern) u. a.

Hüsken: Ableitung von ▶ Huse (1.) mit -*ken*-Suffix.

Husmann: nd. Form von ▶ Hausmann.

Huss, Huß: 1. Übernamen zu mhd. *hussen* ›sich schnell bewegen, rennen‹ nach der Gangart des ersten Namensträgers. 2. Berufsübernamen zu osorb., tschech. *hus* ›Gans‹ für den Gänsezüchter oder -händler.

Hussel: 1. Nomen Agentis zu mhd. *hussen* (▶ Husser). 2. Auf eine mit -*l*-Suffix gebildete Koseform des alten Rufnamens Huzo (< *hugu* + -*z*-Suffix) zurückgehender Familienname.

Husser: Übername zu mhd. *hussen* ›sich schnell bewegen, rennen‹ nach der Gangart des ersten Namensträgers.

Husserl: mit -*l*-Suffix gebildete Ableitung zu ▶ Husser oder durch Verschriftlichung des oberdeutschen Gleitlauts -*r*- or *l* entstandene Variante von ▶ Hussel (2.). ❖ Bekannter Namensträger: Edmund Husserl, deutscher Philosoph (19./20. Jh.).

Hußmann: ▶ Husmann.

Hustedt: Herkunftsname zu dem häufigen Ortsnamen Hustedt (Niedersachsen).

Huster: 1. Übername zu mhd. *huosten* ›husten‹ für jemanden, der auffallend viel hustete. 2. Vereinzelt Herkunftsnamen zu den Ortsnamen Hustert (Niedersachsen), Husten (Nordrhein-Westfalen). 3. Berufsübername zu mhd. *hūsten* ›Getreide und Heu in Haufen setzen‹ für einen Bauern.

Hut: ▶ Huth.

Huter: Berufsname zu mhd. *huotære* ›Hutmacher‹, vgl. ▶ Hutmacher. Eine sichere Trennung von ▶ Hüter ist nicht immer möglich.

Hüter: Amtsname zu mhd. *hüetære* ›Wächter, Aufseher‹. Eine sichere Trennung von ▶ Huter ist nicht immer möglich.

Hutmacher: *Der mittelalterliche Hutmacher in seiner Werkstatt.*

Huth: 1. Berufsübername zu mhd. *huot* ›Hut, Mütze, Helm‹ für den Hersteller (vgl. ▸ Hutmacher, ▸ Helmer) oder Übername für den Träger einer auffälligen Kopfbedeckung. 2. Berufsübername zu mhd. *huot(e)* ›Aufsicht, Bewachung, Behütung‹ für einen Wächter.

Hüther: ▸ Hüter.

Hutmacher: Berufsname zu mhd. *huotmacher* ›Hutmacher‹. Seit dem 11. Jh. ist die Herstellung von Hüten aus Filz, die mit Pelzwerk und Leder besetzt waren, bekannt. Die Verfeinerung der Kleidermoden seit dem 13. Jh. ließ ein selbstständiges Gewerbe in den Städten entstehen.

Hutschenreut(h)er: Herkunftsnamen zu dem Ortsnamen Hutschenreuth (Oberfranken).

Hütt(e): 1. Auf die Wohn- oder Arbeitsstätte des ersten Namensträgers zurückgehende Familiennamen (zu mhd. *hütte* ›Hütte, Zelt; Verkaufsladen; bergmännisches Gebäude zum Schmelzen der Erze‹). 2. Herkunftsnamen zu Ortsnamen wie Hütt (Bayern), Hütte (Nordrhein-Westfalen, Hessen, Rheinland-Pfalz, Bayern, Schlesien, ehem. Brandenburg/jetzt Polen, ehem. Pommern/jetzt Polen, Ostpreußen).

Hüttel: Ableitung von ▸ Hütt(e) mit *-l*-Suffix.

Hüttemann: Ableitung von ▸ Hütt(e) mit dem Suffix *-mann*.

Hütten: Herkunftsname zu dem Ortsnamen Hütten (Schleswig-Holstein, Mecklenburg-Vorpommern, Niedersachsen, Rheinland-Pfalz, Thüringen, Baden-Württemberg, Bayern).

Hüttenrauch: Berufsübername zu mhd. *hütterouch* ›Hüttenrauch, Arsenik‹ für den Metallhandwerker, der aus dem Hüttenrauch, dem Niederschlag der Schmelzöfen, das in der Alchimie und Heilkunde viel gebrauchte Arsenik gewann.

Hutter: ▸ Huter.

Hütter: 1. Ableitung auf *-er* von ▸ Hütt(e). 2. Zum Teil kann es sich um eine Variante von ▸ Hüter oder ▸ Huter handeln.

Hutterer: 1. Patronymische Bildung auf *-er* zu Hutter (▸ Huter). 2. Herkunftsname zu dem gleichlautenden Ortsnamen (Bayern).

Hüttig: Herkunftsname zu dem Ortsnamen Hüttig (Saarland), z. T. auch zu den Ortsnamen Hütting(en) (▸ Hüttinger).

Hüttinger: Herkunftsname zu dem Ortsnamen Hütting (Bayern, Österreich), Hüttingen (Rheinland-Pfalz).

Hüttl: bairisch-österreichische Schreibweise von ▸ Hüttel.

Hüttmann: Ableitung von ▸ Hütt(e) mit dem Suffix *-mann*.

Hüttner: 1. Ableitung auf *-ner* von ▸ Hütt(e). 2. Ableitung auf *-er* von ▸ Hütten. 3. Berufsname zu fnhd. *hüttener* ›Budenhändler‹.

Hutwalker, Hutwelker: ▸ Hudtwal(c)ker.

Hutzel: Übername zu mhd. *hutzel* ›getrocknete Birne‹, wohl als Anspielung auf das Aussehen des ersten Namensträgers entstanden.

Hutzler: Berufsname zu mhd. *hutzel* ›getrocknete Birne‹ für jemanden, der die Dörrobst verarbeitete.

Huwer: ▸ Huber.

Hytrek: Übername, Ableitung von ▸ Hytry mit dem Suffix *-ek* oder zu poln. *chytrek* ›Schlaukopf‹.

Hytry: Übername zu poln. *chytry*, tschech. *chytrý* ›schlau‹.

-i, auch -y: 1. Im alemannischen Raum verbreitete Ableitungsendungen (vgl. ▶ Erni, ▶ Erny, ▶ Krüsi). 2. Lateinische Genitivendung; bei Familiennamen wie ▶ Arnoldi, ▶ Jacobi, ▶ Jacoby handelt es sich um patronymische Bildungen (›[Sohn] des Arnold bzw. des Jacob‹). 3. Verschliffene Form von ▶ -ing (vgl. ▶ Tilly), die vor allem in Ost- und Westfalen auftritt.

Ibach: Herkunftsname zu den Ortsnamen Ibach (Nordrhein-Westfalen, Baden-Württemberg), Eibach (Bayern, Baden-Württemberg, Hessen).

Ibe: aus dem alten deutschen Rufnamen Ibo (zu ahd. *īwa* ›Eibe; Bogen aus Eibenholz‹) oder aus dem Heiligennamen Ivo hervorgegangener Familienname. Der Name des bretonischen Heiligen Ivo (13./14. Jh.) ist keltischen Ursprungs. Er ist aber mit dem deutschen Namen urverwandt und hat die gleiche Bedeutung.

Ib(e)l: durch Entrundung entstandene Formen von ▶ Uebel.

Ibrahim: vorwiegend arabischer Name oder türkischer Familienname. ❖ Als Ibrahim ist der alttestamentliche Patriarch ▶ Abraham im Koran erwähnt.

-ick: eindeutschende Schreibung der slawischen Ableitungsendung ▶ -ik (vgl. ▶ Bartnick, ▶ Jarick).

Icke: 1. Auf den gleichlautenden deutschen Rufnamen *(ekka)* zurückgehender Familienname. 2. Berufsübername zu mnd. *ike* ›spitzes Instrument, Lanze, Pike; Instrument, mit dem Gefäße geeicht werden, das Zeichen selbst‹ für den Hersteller von Lanzen oder den Gefäßeicher.

Icken: patronymische Bildung (schwacher Genitiv) zu ▶ Icke (1.).

Ickes: patronymische Bildung (starker Genitiv) zu ▶ Icke (1.).

Icking: patronymische Bildung auf *-ing* zu ▶ Icke (1.). ❖ Aus Coesfeld ist a. 1581 *Mette Mollenheck, Johan Ickincks fraw* bezeugt.

Ide: aus einer Kurzform von Rufnamen, die mit »Id-«, »Ith-« (vielleicht zu anord. *idh* ›Werk, Tätigkeit‹) gebildet wurden, hervorgegangener Familienname. Männliche Kurzformen dieses Stammes kamen selten vor, hingegen waren Ida, Itha im Mittelalter geläufige weibliche Rufnamen, sodass es sich bei Ide sowohl um einen patronymischen als auch um einen metronymischen Familiennamen handeln kann.

Iden: patronymische oder metronymische Bildung (schwacher Genitiv) zu ▶ Ide.

Iff: Wohnstättenname oder Berufsübername zu mhd. *īwe, ībe*, mnd. *iwe* ›Eibe‹. Das Holz der Eibe wurde vor allem für die Herstellung von Bogen und Armbrüsten verwendet.

Iffland, Iffländer, Ifland, Ifländer: durch Dissimilation entstandene Herkunftsnamen zum geografischen Namen Livland, heute Teil Lettlands und Estlands. ❖ Bekannter Namensträger: August Wilhelm Iffland, deutscher Schauspieler, Dramatiker und Theaterleiter (18./19. Jh.).

-ig: 1. Durch Wegfall des *-n-* entstandene Form von ▶ -ing (vgl. ▶ Hartig < Harting). 2. Eindeutschende Schreibung der slawischen Ableitungsendung ▶ -ik (vgl. ▶ Gornig).

Igel: 1. Übername nach der Tierbezeichnung, Anspielung auf das stachelige Aussehen oder die borstige Verhaltensweise des ersten Namensträgers. 2. Herkunftsname zu dem Ortsnamen Igel (Rheinland-Pfalz).

Iglauer: Herkunftsname zu dem Ortsnamen Iglau/Jihlava (Südmähren).

Ihbe: ▶ Ibe.

Ihde: ▶ Ide.

Ihl(e): 1. Wohnstättennamen zu dem Gewässernamen Ihle. Die Ihle fließt nordöstlich von Magdeburg in die Elbe. 2. Niederdeutsche Übernamen zu mnd. *ile* ›Blutegel‹. 3. In Süddeutschland kann es sich um entrundete Formen von Ühle (▶ Ulrich) handeln.

Ihlemann: Ableitung auf *-mann* von ▶ Ihl(e) (1.).

Ihm(e): 1. Herkunftsnamen zu dem Ortsnamen Ihme bei Hannover. 2. Wohnstättennamen zu dem Gewässernamen Ihme. Die Ihme mündet oberhalb von Hannover in die Leine. 3. Aus dem deutschen Rufnamen Immo *(erm-/irm)* entstandene Familiennamen.

Ihrig: 1. Aus dem alten deutschen Rufnamen Iring, der vor allem aus dem Nibelungenlied bekannt ist, hervorgegangener Familienname. 2. Herkunftsname zu Ortsnamen wie Ihrige (Nordrhein-Westfalen), Ihringen (Baden-Württemberg), Iring (Bayern).

-ik: polnisches, sorbisches und tschechisches Suffix zur Ableitung von Personen- und Gattungsnamen (vgl. ▶ Antonik, ▶ Bubenik).

Ilg(e): aus verkürzten Formen von Ägidius (▶ Egidi), z. T. auch von ▶ Ottilie entstandene Familiennamen.

Ilgen: patronymische Bildung (schwacher Genitiv) zu ▶ Ilg(e).

Ilgenfritz: aus den Rufnamen ▶ Ilg(e) und ▶ Fritz zusammengesetzter Familienname, der als ›Fritz, Sohn des Ägidius‹ bzw. als ›Fritz, Sohn/Ehemann der [Frau] Ottilie‹ zu verstehen ist.

Ilgner: 1. Patronymische Bildung auf *-ner* zu ▶ Ilg(e). 2. Herkunftsname auf *-er* zu dem Ortsnamen St. Ilgen (Baden-Württemberg, Österreich).

Ilić: aus einer serbischen, bosnischen oder kroatischen patronymischen Ableitung von ▶ Elias entstandener Familienname.

Illes: aus einer verkürzten Form von Ägidius (▶ Egidi) entstandener Familienname.

Illgen: ▶ Ilgen.

Illgner: ▶ Ilgner.

Illies, Illig: aus verkürzten Formen von Ägidius (▶ Egidi) entstandene Familiennamen.

Illing(er): Herkunftsname zu dem Ortsnamen Illingen (Nordrhein-Westfalen, Baden-Württemberg, Saarland, Schweiz).

Illner: ▶ Ilgner.

Ilse: 1. Herkunftsname zu dem Ortsnamen Ilse (Westfalen). 2. Wohnstättenname zu dem Gewässernamen Ilse, einem kleinen Fluss im Harz. 3. Metronymischer Familienname, der auf eine verkürzte Form von Elisabeth zurückgeht.

Ilsemann: Ableitung von ▶ Ilse mit dem Suffix *-mann*.

Imhof(f): Wohnstättennamen: ›wohnhaft in einem Bauernhof‹.

Imme: 1. Aus einer Kurzform von Rufnamen, die mit »Irm-« *(erm/irm)* beginnen, entstandener Familienname. 2. Berufsübername zu mhd. *imbe, imme* ›Bienenschwarm, Bienenstand‹, mnd. *imme* ›Biene; Bienenstock‹ für den Imker.

Immel: auf eine Ableitung von ▶ Imme (1.) mit *-l*-Suffix zurückgehender Familienname.

Immendorf: Herkunftsname zu dem gleichlautenden Ortsnamen (Nordrhein-Westfalen, Rheinland-Pfalz, Bayern). ❖ Bekannter Namensträger: Jörg Immendorf, deutscher Maler (20./21. Jh.).

Immermann: Herkunftsname auf *-mann* zu dem Ortsnamen Immer (Niedersachsen). ❖ Bekannter Namensträger: Karl Leberecht Immermann, deutscher Schriftsteller (18./19. Jh.).

-ing: mit der Ableitungsendung *-ing* wird die Zugehörigkeit des Namensträgers zu einem Ahnherrn bzw. zu einer Örtlichkeit ausgedrückt. So ist ein Familienname wie ▶ Nolting im Allgemeinen als patronymische Bildung (›Sohn/Nachkomme eines Nolte [= Arnold]‹) zu verstehen. Es ist hierbei jedoch zu berücksichtigen, dass manche Formen auf *-ing* (z. B. ▶ Henning) auch als Rufnamen verwendet wurden und dann unverändert zu Familiennamen werden konnten. Ein Familienname wie ▶ Büsching weist meist auf die Abkunft (›Sohn/Nachkomme eines Mannes namens Busch‹) hin, kann aber auch die Herkunft (›der aus dem Busch/Wald‹) bezeichnen.

-inga: friesische patronymische Endung. So ist ein Familienname wie ▶ Menninga als ›Sohn/Nachkomme eines Menn(e) (= Meinhard)‹ zu verstehen.

Ingendahl: niederrheinischer Wohnstättenname für jemanden, der in dem Tal wohnt (zu mnd. *dāl* ›Tal‹). Der Wandel von »In dem ...« zu »Ingen-« *(nd* wird zu *ng* = Gutturalisierung) ist charakteristisch für das Gebiet zwischen Rhein und Maas (Aachen, Jülich, Niederrhein); vgl. auch ▶ Angenendt, ▶ Angenheister aus »An dem ...«.

Ingenfeld: niederrheinischer Wohnstättenname zu mnd. *velt* ›(freies, offenes) Feld, Ebene‹; vgl. ▶ Ingendahl.

Ingenhaag: niederrheinischer Wohnstättenname zu mnd. *hage(n)* ›Hecke, lebender Zaun‹, danach ›eingehegtes Grundstück‹, vgl. ▶ Ingendahl.

Ingenhoff: niederrheinischer Wohnstättenname für jemanden, der in dem Hof wohnte; vgl. ▶ Ingendahl.

Ingenkamp: niederrheinischer Wohnstättenname zu mnd. *kamp* ›eingezäuntes Feld; Ackerland, Weide, Wiese, Gehölz‹, vgl. ▶ Ingendahl.

Ingenohl: niederrheinischer Wohnstättenname für jemanden, der in einem wasserumoder -durchflossenen Wiesengelände (westniederdeutsch *Ohl*) wohnte, vgl. ▶ Ingendahl.

Ingensand(t): niederrheinische Wohnstättennamen für jemanden, der in (auf) dem Sand siedelte; vgl. ▶ Ingendahl.

Ingenwerth: niederrheinischer Wohnstättenname zu mnd. *wert* ›eingedeichtes Land, Insel‹ für jemanden, der in (auf) einem Wert wohnte; vgl. ▶ Ingendahl.

Ingerfurth: niederrheinischer Wohnstättenname für jemanden, der in (bei) der Furt siedelte (»Inger ...« < »in der«, vgl. ▶ Ingendahl).

Ingram: aus dem gleichlautenden deutschen Rufnamen *(ing + hraban)* entstandener Familienname.

Ingwersen: patronymische Bildung auf *-sen* zu ▶ Ingwert(h).

Ingwert(h): auf den alten deutschen Rufnamen Ingward *(ing + wart)* zurückgehende Familienname.

Ircher: Berufsname zu mhd. *ircher* ›Weißgerber‹. Der Ircher verwendete Alaun als Gerbstoff und verarbeitete die Felle von Gämsen, Hirschen und Rehen zu einem sehr weichen, weißen Leder, vgl. auch ▶ Gerber.

Irion: vorwiegend im Bereich Pforzheim–Offenburg–Konstanz anzutreffender, auf den Heiligennamen Gereon/Gerion (wohl zu griech. *gérōn* ›Greis‹) zurückgehender Familienname. Nach der Legende war der heilige Gereon ein Offizier der Thebäischen Legion, der mit mehreren Gefährten in der zweiten Hälfte des 4. Jh. bei Köln den Martertod erlitt.

Irle: 1. ▶ Erl. 2. Herkunftsname zu den Ortsnamen Irl (Bayern), Irlen (Nordrhein-Westfalen).

Irmer: aus dem alten deutschen Rufnamen Irminher *(erm[en]/irm[in] + heri)* hervorgegangener Familienname.

Irmisch: metronymischer Familienname, der auf eine mit dem Suffix *-isch* gebildete Koseform des weiblichen Rufnamens Irmentrud (▶ Irmler) zurückgeht.

Irmler: metronymischer Familienname auf *-er* zu einer Kurzform des weiblichen Rufnamens Irmeltrud/Irmentrud *(erm[en]/irm[in] + trūt)*.

Irmscher, Irmschler: metronymische Familiennamen; Ableitungen auf *-er* bzw. auf *-ler* von ▶ Irmisch.

Irgang, Irrgang: Übernamen zu mhd. *irreganc* ›irrer, ruheloser, zielloser Gang‹ für einen ruhelosen Menschen oder einen Fahrenden.

-is: 1. Lateinische Genitivendung; bei dem Familiennamen ▶ Davidis handelt es sich um eine patronymische Bildung (›[Sohn] des David‹). 2. Eindeutschende Schreibung des slawischen Suffixes *-iš* (vgl. ▶ Kubis).

Isaak: aus dem gleichlautenden Rufnamen hebräischer Herkunft (›Er [Gott] lächelt zu‹) entstandener Familienname. Nach der Bibel war Isaak der Sohn Abrahams und Saras und einer der Erzväter Israels. Historisch dürfte Isaak ein Kleinviehnomade im Süden Palästinas gewesen sein. Erst nachträglich ist Isaak genealogisch mit Abraham, Esau und Jakob in Verbindung gebracht worden. Bei Isaak handelt es sich nur z. T. um einen jüdischen Familiennamen. Wie die Namen anderer alttestamentlichen Gestalten wurde auch Isaak seit dem frühen Mittelalter gelegentlich als christlicher Rufname vergeben. ❖ Ein früher Beleg (a. 1170) ist *Cunr. Ysac*, Bürger zu Köln.

Isbert: aus dem gleichlautenden deutschen Rufnamen *(īsan + beraht)* entstandener Familienname.

-isch: 1. Diese Ableitungsendung drückt die Herkunft des Namensträgers bzw. seine Zugehörigkeit zu einem Ort aus (vgl. ▶ Klefisch ›der aus Kleve‹). 2. Eindeutschende Schreibung des slawischen Suffixes *-iš* (vgl. ▶ Baudisch, ▶ Gubisch). 3. Unter dem Einfluss des slawischen Suffixes *-iš* entstandene ostmitteldeutsche Ableitungsendung (vgl. ▶ Gerisch, ▶ Kunisch).

Isele: ▶ Eisel(e).

Isenberg, Isenburg: Herkunftsnamen zu Ortsnamen wie Isenberg, Eisenberg, Isenburg, Eisenburg.

Isensee: Herkunftsname zu dem gleichlautenden Ortsnamen (Niedersachsen).

Iser: 1. ▸ Eiser. 2. Wohnstättenname zu dem Gewässernamen Iser, rechter Nebenfluss der Elbe in Böhmen.

Isermann: ▸ Eisermann.

Işık: türkischer Familienname zu türk. ışık ›Licht‹.

Ising: 1. Patronymische Bildung auf -ing zu dem deutschen Rufnamen Iso *(īsan)*. 2. Herkunftsname zu dem Ortsnamen Ising am Chiemsee (Bayern).

Israel: aus dem hebräischen Rufnamen Israel (›Gott streitet‹, ›Gott herrscht‹ oder ›Gott [ist] aufrecht‹) entstandener Familienname.
❖ Israel war im Mittelalter sowohl jüdischer wie christlicher Name, vgl. a. 1134 *Israhel*, Ministeriale des Kölner Erzbischofs.

Ittner: metronymische Bildung auf *-er* zu dem weiblichen Rufnamen Itha (▸ Ide).

Iwan: aus einer slawischen (z. B. russischen, polnischen) Form von ▸ Johannes entstandener Familienname.

Iwanowski, Iwanowsky: 1. Herkunftsnamen zu polnischen Ortsnamen wie Iwanów, Iwanowo, Iwanowice, Iwanowce. 2. Aus einer polnischen Ableitung von ▸ Iwan hervorgegangene Familiennamen.

J

Jablonski: 1. Herkunftsname zu polnischen Ortsnamen wie Jabłonka, Jabłonica. 2. Wohnstättenname zu poln. *jabłoń* ›Apfelbaum‹.

Jabs: am häufigsten kommt dieser Name, eine patronymische Bildung (starker Genitiv) zu ▸ Jakob, im Bereich Schwerin vor.

Jach: aus dem deutsch-slawischen Kontaktbereich (Schlesien, Lausitz, Böhmen) stammender Familienname, der auf eine slawische Form von ▸ Johannes zurückgeht.

Jachmann: aus einer Erweiterung von ▸ Jach mit dem deutschen Suffix -*mann* entstandener Familienname.

Jack, Jäck: aus verkürzten Formen von ▸ Jakob entstandene Familiennamen.

Jäckel: aus einer Koseform von ▸ Jakob mit -*l*-Suffix entstandener Familienname.

Jackisch: aus einer Ableitung von ▸ Jakob mit dem slawischen Suffix -*iš* (dt. > -*isch*) entstandener Familienname.

Jackl: ▸ Jäckel.

Jäckle: aus einer schwäbischen Koseform von ▸ Jakob entstandener Familienname.

Jäcklin: aus einer alemannischen Koseform von ▸ Jakob entstandener Familienname.

Jacob: ▸ Jakob.

Jacobeit: ursprünglich in Ostpreußen verbreitete patronymische Bildung zu ▸ Jakob mit dem litauischen Suffix -*eit*.

Jacobi: ▸ Jakobi. ❖ Bekannter Namensträger: Friedrich Heinrich Jacobi, deutscher Schriftsteller und Philosoph (18./19. Jh.).

Jacobs: ▸ Jakobs.

Jacobsen: patronymische Bildung auf -*sen* zu ▸ Jakob.

Jacobus: ▸ Jakobus.

Jacoby: ▸ Jakobi.

Jaeckel: ▸ Jäckel.

Jaeger: Berufsname zu mhd. *jeger(e)* ›Jäger‹. Hierbei kann es sich oft um einen Jäger im Dienste adeliger Herren gehandelt haben. ❖ Obwohl der Beruf des Jägers in den spätmittelalterlichen Städten selten war, ist dieser Name schon früh belegt: 1329 *Heinrich Jeger* in Nürnberg.

Jaeggi: aus einer alemannischen Koseform von ▸ Jakob hervorgegangener Familienname. ❖ Bekannter Namensträger: Urs Jaeggi, schweizerischer Schriftsteller (20./21. Jh.).

Jaekel: ▸ Jäckel.

Jaene(c)ke, Jaenicke: 1. Aus einer Koseform von Jan (▸ Johannes) mit -*k*-Suffix entstandene Familiennamen. 2. Eindeutschende Formen von ▸ Janik.

Jaensch: auf eine sorbische Ableitung von ▸ Johannes zurückgehender Familienname.

Jaeschke: auf eine sorbische Ableitung von ▸ Johannes oder Jaroslav (urslaw. **jarъ* ›kühn, stark, zornig, streng‹ + urslaw. **slava* ›Ruhm, Ehre‹) zurückgehender Familienname.

Jaffé, Jaffe: Übernamen zu hebräisch *japheh* »schön, angenehm«.

Jager, Jäger: ▸ Jaeger.

Jaeger: *Im Mittelalter bildeten die Jäger einen eigenen Berufsstand.*

Jäggi: aus einer alemannischen Koseform von ▸ Jakob entstandener Familienname.

Jäggle: aus einer schwäbischen Koseform von ▸ Jakob hervorgegangener Familienname.

Jagoda, Jagode: Übernamen zu nsorb., poln. *jagoda* ›Beere‹.

Jagusch: auf eine Ableitung von ▸ Jakob mit dem slawischen Suffix -*uš* (dt. > -*usch*) zurückgehender Familienname.

Jahn, Jähn: 1. Aus einer durch Zusammenziehung entstandenen niederdeutschen Form von ▸ Johannes hervorgegangene Familiennamen. 2. Im deutsch-slawischen Kontaktbereich kann Jahn auf Jan, eine tschechische oder polnische Form von ▸ Johannes, zurückgehen. ❖ Bekannter Namensträger: Friedrich Ludwig Jahn, der »Turnvater Jahn« (18./19. Jh.).

Jahne, Jähne: 1. ▸ Jahn, Jähn (1.). 2. Bei Jahne kann es sich auch um einen Herkunftsnamen zu den Ortsnamen Jahna (Sachsen), Groß-, Klein-Jahnen (Ostpreußen) handeln.

Jahnel: aus einer Erweiterung von ▸ Jahn mit -*l*-Suffix gebildeter Familienname.

Jähnich, Jähnig: aus ostmitteldeutschen Koseformen von ▸ Johannes entstandene Familiennamen.

Jahnke: 1. Aus einer Koseform von ▸ Jahn (1.) mit -*k*-Suffix hervorgegangener Familienname. 2. Aus der eindeutschenden Schreibung einer slawischen Ableitung von ▸ Jahn (2.) entstandener Familienname.

Jahnn: ▸ Jahn. ❖ Bekannter Namensträger: Hans Henny Jahnn, deutscher Schriftsteller (19./20. Jh.).

Jahns: patronymische Bildung (starker Genitiv) zu ▸ Jahn.

Jahr: 1. Aus einer Kurzform von slawischen Rufnamen wie Jaroslav (urslaw. **jarъ* ›kühn, stark, zornig, streng‹ + urslaw. **slava* ›Ruhm, Ehre‹) u. Ä. hervorgegangener Familienname. 2. Übername zu mhd., mnd. *jār* ›Jahr‹. Im rechtlichen Sinne bedeutete mhd. *ze sīnen jāren kommen* ›mündig werden‹, mnd. *jār unde dach* bezeichnete die Frist von einem Jahr, sechs Wochen und drei Tagen, die ein Höriger unangefochten von seinem Grundherrn in der Stadt verbringen musste, bis er die persönliche Freiheit erlangen konnte.

Jahreis(s), Jahreiß: Varianten von ▸ Gareis(s).

Jäkel: ▸ Jäckel.

Jakob: aus dem gleichlautenden Rufnamen hebräischen Ursprungs (›Er [Gott] möge schützen‹) entstandener Familienname. Für die Verbreitung von Jakob im Mittelalter war nicht der alttestamentliche Patriarch ausschlaggebend, sondern der Apostel Jacobus der Ältere. Dessen Grab in Santiago de Compostela (Nordwestspanien) war nach Rom und Jerusalem das wichtigste Wallfahrtsziel im mittelalterlichen Europa. Die große Anzahl heutiger Familiennamen deutscher und slawischer Herkunft, die auf Jakob zurückgehen, zeugt für die große Verbreitung des Rufnamens zur Zeit der Familiennamenentstehung (12.–15. Jh.). ❖ Patronymische Bildungen zu Jakob sind die Genitivformen **Jacobs** und **Jakobs**, die vor allem im Westen und Norden des deutschen Sprachgebiets auftreten. Die patronymische Ableitung **Jakober** ist im süddeutschen Raum heimisch, **Jacobsen** und **Jakobson** sind typisch für den Norden Deutschlands (insbesondere für Schleswig). ❖ **Jacobeit**, eine patronymische Form mit dem litauischen Suffix -*eit*, war ursprünglich in Ostpreußen verbreitet. ❖ Latinisierte Formen sind **Jacobus** und **Jakobus** mit den patronymischen Bildungen im Genitiv **Jacobi, Jakobi, Jacoby, Jakoby**. ❖ Slawischer Herkunft sind die Familiennamen **Jakobasch, Jakobitz, Jakube(c)k, Jakubi(c)k**. ❖ Aus der verkürzten Form **Jack** sind zahlreiche Familiennamen hervorgegangen: oberdeutsche Kosebildungen auf -*(e)l* wie **Jackl, Jäckel, Jeckel**, mit Verdumpfung des *a* zu *o* **Jockel** und **Jöck(e)l**, alemannische Koseformen auf -*le*, -*lin* und -*i* wie **Jäckle, Jäggle, Jäcklin, Jäggi**. Hierzu gehören auch die slawischen Ableitungen **Jackisch, Jockisch, Jokisch, Jockusch**. ❖ Durch Wegfall der ersten Silbe sind mehrere verkürzte Formen von Jakob entstanden: **Kobe(s), Köbe, Kopp(e), Köpp(e)**. Hierzu gehören die Koseformen **Köp(c)ke, Köbke, Köppke, Köpp(e)l** und die patronymischen Bildungen **Köppen** und **Koppen**. ❖ Ebenfalls aus der zweiten Silbe von Jakob sind zahlreiche Ableitungen slawischer Herkunft entstanden: **Kauba, Kaubi(tz)sch, Kopisch, Kopsch, Kuba, Kube, Kubach, Kuballa, Kuban, Kubanek, Kubath, Kuben(t)z, Kubiak, Kubick(e), Kubig, Kubik, Kubis, Kubisch, Kubitschek**.

Jakobasch: aus einer sorbischen oder polnischen Ableitung mit dem Suffix -*aš* (dt. > -*asch*) von ▸ Jakob entstandener Familienname.

Jakober: patronymische Bildung auf -*er* zu ▸ Jakob.

Jakobi: patronymische Bildung (Genitiv der latinisierten Form Jakobus) zu ▸ Jakob.

Jakobitz: aus der eindeutschenden Schreibung einer sorbischen oder polnischen patronymischen Ableitung mit dem Suffix -*ic* von ▸ Jakob entstandener Familienname.

Jakobs: patronymische Bildung (starker Genitiv) zu ▸ Jakob.

Jakobson: patronymische Bildung auf -*son* zu ▸ Jakob.

Jakobus: aus der latinisierten Form von ▸ Jakob entstandener Familienname.

Jakoby: ▸ Jakobi.

Jaksch: aus der eindeutschenden Schreibung einer sorbischen, polnischen oder tschechischen Ableitung mit dem Suffix -*š* von ▸ Jakob entstandener Familienname.

Jakube(c)k: aus einer polnischen oder tschechischen Ableitung mit dem Suffix -*ek* von ▸ Jakob entstandene Familiennamen.

Jakubi(c)k: aus einer sorbischen, polnischen oder tschechischen Ableitung mit dem Suffix -*ik* von ▸ Jakob entstandene Familiennamen.

Jakubowski: 1. Herkunftsname zu polnischen Ortsnamen wie Jakubów, Jakubowo, Jakubowice. 2. Aus einer polnischen Ableitung von ▸ Jakob entstandener Familienname.

Jakusch: auf mit dem Suffix -*uš* (dt. > -*usch*) gebildete sorbische oder polnische Ableitung von ▸ Jakob zurückgehender Familienname.

Jan: 1. Aus einer zusammengezogenen Form von ▸ Johannes entstandener Familienname. 2. Auf eine tschechische, sorbische oder polnische Form von ▸ Johannes zurückgehender Familienname.

Janda: aus einer tschechischen Ableitung von ▸ Johannes entstandener Familienname.

Jandel: ▸ Jandl.

Jander: aus einer polnischen Ableitung von ▸ Andreas entstandener Familienname.

Jandl: 1. Auf eine vor allem im Süden des deutschen Sprachgebiets vorkommende Kosebildung zu Jan, einer zusammengezogenen Form von ▸ Johannes, zurückgehender Familienname. 2. Gelegentlich kann dieser Name auch von mhd. *jān* »Streifen eines Ackers, Wiesenstück« abgeleitet sein. ❖ Bekannter Namensträger: Ernst Jandl, österreichischer Schriftsteller (20./21. Jh.).

Jandt: aus einer niederdeutschen Ableitung von ▸ Johannes entstandener Familienname, möglicherweise Rückbildung von einer Koseform wie *Jentgen* (Gladbach, Westfalen, a. 1464).

Jäne(c)ke, Jäni(c)ke: ▸ Jaene(c)ke, Jaenicke.

Janik: aus einer polnischen, sorbischen oder tschechischen Ableitung mit dem Suffix -*ik* von Jan (▸ Johannes) hervorgegangener Familienname.

Janisch, Jänisch: aus einer Ableitung von Jan (▸ Johannes) mit dem slawischen Suffix -*iš* (dt. > -*isch*) entstandene Familiennamen.

Jank: aus einer sorbischen Ableitung von Jan (▸ Johannes) entstandener Familienname.

Janka: aus einer obersorbischen, polnischen oder tschechischen Ableitung von ▸ Johannes hervorgegangener Familienname. ❖ Bekannter Namensträger: Walter Janka, deutscher Verlagsleiter und Dramaturg (20. Jh.).

Janke: 1. Aus einer niederdeutschen Koseform von Jan (▸ Johannes) hervorgegangener Familienname. 2. Auf eine eindeutschende Schreibung von ▸ Janka zurückgehender Familienname.

Janker: 1. Im Süden des deutschen Sprachgebiets Berufsübername zu bair. *Janker* ›Jacke, Joppe, Kamisol‹ für den Hersteller oder Übernamen für den Träger. 2. In Norddeutschland Übername zu mnd. *janken* ›schmerzlich winseln‹.

Janković: serbische, bosnische oder kroatische patronymische Bildung zu einer Ableitung von ▸ Johannes.

Jankowiak: auf eine polnische Ableitung von ▸ Johannes zurückgehender Familienname.

Jankowski: 1. Herkunftsname zu polnischen Ortsnamen wie Jankowice, Jankowo. 2. Aus einer polnischen Ableitung von ▸ Johannes hervorgegangener Familienname.

Jankuhn: ostpreußische, mit dem litauischen patronymischen Suffix -*uhn* gebildete Ableitung von ▸ Johannes.

Jann: ▸ Jan (1.).

Janning: patronymische Bildung auf -*ing* zu ▸ Jan (1.).

Jannowitz: ▶ Janowitz.

Janosch: 1. Eindeutschende Schreibung einer mit dem slawischen Suffix -oš gebildeten Ableitung von Jan (▶ Johannes). 2. Eindeutschende Schreibung des ungarischen Namens János (▶ Johannes).

Janotta: aus einer polnischen Ableitung von Jan (▶ Johannes) entstandener Familienname.

Janowitz: Herkunftsname zu den Ortsnamen Jannowitz (Brandenburg, Sachsen, Schlesien), Janovice (Böhmen), Janowice (Polen). ❖ Bekannte Namensträgerin: Gundula Janowitz, deutsche Sängerin (20./21. Jh.).

Janowski: Herkunftsname zu polnischen Ortsnamen wie Janów, Janowo, Janowice.

Jans: 1. Aus einer zusammengezogenen Form von ▶ Johannes (Johannes > Johans > Jans) entstandener Familienname. 2. Patronymische Bildung (starker Genitiv) zu Jan, einer niederdeutschen Form von ▶ Johannes.

Jänsch: ▶ Janisch, Jänisch.

Jansen: 1. Patronymische Bildung auf -sen zu Jan, einer niederdeutschen Form von ▶ Johannes. 2. Patronymische Bildung (schwacher Genitiv) zu ▶ Jans (1.).

Janson: patronymische Bildung auf -son zu Jan, einer niederdeutschen Form von ▶ Johannes.

Janssen, Janßen: ▶ Jansen. ❖ Bekannter Namensträger: Horst Janssen, deutscher Zeichner und Grafiker (20. Jh.).

Jantz: Schreibvariante von ▶ Jans.

Jantzen: Schreibvariante von ▶ Jansen.

Janus: 1. Aus der Latinisierung von Jan, einer niederdeutschen Form von ▶ Johannes, entstandener Familienname. 2. Eindeutschende Schreibung von Januš, einer slawischen Ableitung von ▶ Johannes.

Janusch: ▶ Janus (2.).

Jany: aus einer verschliffenen Form von ▶ Janning hervorgegangener Familienname.

Janz: ▶ Jans.

Janzen: Schreibvariante von ▶ Jansen.

Jarchow: Herkunftsname zu dem gleichlautenden Ortsnamen (Mecklenburg-Vorpommern, ehem. Pommern/jetzt Polen).

Jareis: Variante von ▶ Gareis(s).

Jarick: aus einer mit dem Suffix -ik gebildeten Ableitung von slawischen Rufnamen wie Jaroslav (vgl. ▶ Jahr [1.]) u. Ä. entstandener Familienname.

Jarisch: aus einer mit dem Suffix -iš (dt. > -isch) gebildeten Ableitung von slawischen Rufnamen wie Jaroslav (vgl. ▶ Jahr [1.]) u. Ä. hervorgegangener Familienname.

Jaros(ch), Jaross, Jaroß: aus einer mit dem Suffix -oš (dt. > -osch, -os[š]) gebildeten Ableitung von slawischen Rufnamen wie Jaroslav (vgl. ▶ Jahr [1.]) u. Ä. entstandene Familiennamen.

Jaschinski: ▶ Jasinski.

Jaschke, Jäschke: aus der eindeutschenden Schreibung slawischer Ableitungen von ▶ Johannes, ▶ Jakob oder Jaroslav (vgl. ▶ Jahr [1.]) hervorgegangene Familiennamen.

Jasinski: Herkunftsname zu polnischen Ortsnamen wie Jasień, Jasionka, Jasionna, Jasieniec, Jasieniow.

Jasper: aus einer niederdeutsch-friesischen Variante von ▶ Kaspar entstandener Familienname.

Jaspers: patronymische Bildung (starker Genitiv) zu Jasper (▶ Kaspar). ❖ Bekannter Namensträger: Karl Jaspers, deutscher Philosoph und Psychiater (19./20. Jh.).

Jaspersen: patronymische Bildung auf -sen zu Jasper (▶ Kaspar).

Jaster: aus einer verschliffenen niederdeutschen Form von Rufnamen wie Gastheri (gast + heri), Gastrad (gast + rāt) hervorgegangener Familienname.

Jatzek: aus einer polnischen Ableitung von Hyacinthus, dem Namen eines römischen Märtyrers (3. Jh.) und eines polnischen Heiligen (12./13. Jh.), oder von ▶ Jakob hervorgegangener Familienname.

Jatzke: 1. Auf eine eindeutschende Schreibung von ▶ Jatzek zurückgehender Familienname. 2. Herkunftsname zu dem Ortsnamen Jatzke (Mecklenburg-Vorpommern).

Jauch: Berufsübername zu mhd. jūch, jiuch ›Joch Landes, eigentlich so viel, wie ein Joch Rinder an einem Tag umzuackern vermag‹. ❖ Bekannter Namensträger: Günther Jauch, deutscher Fernsehmoderator (20./21. Jh.).

Jauernig: Herkunftsname zu den Ortsnamen Jauernick (Sachsen), Jauernig (Schlesien).

Jaus(s), Jauß: oberdeutsche diphthongierte Formen von ▶ Joos(s) (Jodokus).

Jautz: durch Verhärtung des Auslauts entstandene Form von ▶ Jaus(s).

Jaworski: 1. Herkunftsname zu polnischen Ortsnamen wie Jawor, Jaworze, Jawory, Jaworowo. 2. Wohnstättenname zu poln. *jawor* ›Ahorn‹.

-je: bei der Endung *-je* (vgl. ▸ Ottje) handelt es sich um eine niederdeutsch-friesische Variante des Suffixes *-ke* (▸ -k).

Jean: auf die französische Form von ▸ Johannes zurückgehender Familienname.

Jeck: ▸ Jack, Jäck.

Jeckel, Jeckl: ▸ Jäckel.

Jehle: in Baden-Württemberg häufiger Familienname, der aus Ühle, einer alemannischen Koseform von ▸ Ulrich, entstanden ist.

Jehn: auf eine zusammengezogene Form von ▸ Johannes zurückgehender Familienname.

Jekel: ▸ Jäckel.

Jelen: Übername zu poln. *jeleń*, tschech., slowen. *jelen* ›Hirsch‹.

Jelinek: aus einer Ableitung von ▸ Jelen mit dem Suffix *-ek* (›kleiner Hirsch‹) entstandener Familienname. ❖ Bekannte Namensträgerin: Elfriede Jelinek, österreichische Schriftstellerin (20./21. Jh.).

Jellen: ▸ Jelen.

Jellinek: ▸ Jelinek.

Jena: Herkunftsname nach dem gleichlautenden Ortsnamen in Thüringen.

Jenke: aus einer niederdeutschen oder slawischen Ableitung von ▸ Johannes hervorgegangener Familienname.

Jenne: aus einer vor allem in Baden verbreiteten Form von ▸ Johannes entstandener Familienname.

Jenner: 1. Übername zu mhd. *jen(n)er* ›Januar‹, der am ehesten auf eine Zins- oder Dienstverpflichtung anspielt. 2. Aus dem Heiligennamen Januarius hervorgegangener Familienname. Der heilige Januarius (3./4. Jh.), Märtyrer unter Diokletian, wurde im mittelalterlichen Deutschland verehrt und fand gelegentlich Eingang in die Namengebung. 3. Patronymische Bildung auf *-er* zu ▸ Jenne.

Jennerwein, Jennewein: aus dem Heiligennamen Ingenuin, wohl einer latinisierten Form des alten deutschen Rufnamens Ingwin *(ing + wini)*, entstandene bairisch-österreichische Familiennamen. Mittelpunkt der Verehrung des heiligen Ingenuin (6./7. Jh.) ist Brixen, wohin seine Gebeine zu Beginn des 10. Jh. übertragen wurden.

Jenning: patronymische Bildung auf *-ing* zu einer zusammengezogenen Form von ▸ Johannes.

Jenny: aus einer vor allem im Südwesten des deutschen Sprachgebiets verbreiteten Form von ▸ Johannes entstandener Familienname.

Jens: aus einer niederdeutsch-friesischen Form von ▸ Johannes hervorgegangener Familienname. ❖ Bekannter Namensträger: Walter Jens, deutscher Literaturwissenschaftler und Schriftsteller (20./21. Jh.).

Jensch: ▸ Jentsch.

Jensen: patronymische Bildung (schwacher Genitiv oder Ableitung auf *-sen*) zu Jens (▸ Johannes).

Jentsch, Jentzsch: aus einer ostmitteldeutschen oder slawischen Form von ▸ Johannes entstandene Familiennamen.

Jepsen: patronymische Bildung auf *-sen* zu dem alten deutschen Rufnamen Gebo *(geba)*.

Jeremias: auf den gleichlautenden Rufnamen hebräischen Ursprungs (hebr. *yimeyāhū* ›Jahwe erhöht‹) zurückgehender Familienname. Jeremias ist der zweite der vier großen Propheten des Alten Testaments. ❖ Aus Varianten von Jeremias sind die Familiennamen **Jeremi(e)s, Jermies** und **Jermis** hervorgegangen.

Jermies, Jermis: ▸ Jeremias.

Jericho(w): Herkunftsnamen zu dem Ortsnamen Jerichow (Sachsen-Anhalt).

Jermi(e)s: ▸ Jeremias.

Jeromin: 1. Auf eine verkürzte Form von ▸ Hieronymus zurückgehender Familienname. 2. Herkunftsname zu dem gleichlautenden Ortsnamen in Ostpreußen.

Jeschke: aus einer slawischen Ableitung von ▸ Johannes oder Jaroslav (▸ Jahr [1.]) entstandener Familienname.

Jescho(n)neck, Jeschon(n)ek: Wohnstättennamen zu poln. *jesion* ›Esche‹: ›wohnhaft bei einer kleinen Esche‹.

Jeske: ▸ Jeschke.

Jess, Jeß, Jesse: auf eine niederdeutsche, verkürzte Form von ▸ Kaspar (über Jasper, Jesper) oder auf eine verschliffene Form von ▸ Jens (Johannes) zurückgehende Familiennamen.

Jessen: 1. Patronymische Bildung auf *-sen* oder schwacher Genitiv zu ▸ Jess. 2. Herkunftsname zu dem Ortsnamen Jessen (Sachsen-An-

halt, Sachsen, ehem. Brandenburg/jetzt Polen, Ostpreußen).

Jet(t)er: Berufsnamen zu mhd. *jëten* ›jäten‹.

Jilg: auf eine verkürzte Form von Ägidius (▸ Egidi) zurückgehender Familienname.

Joachim: aus dem gleichlautenden Rufnamen hebräischen Ursprungs (›Jahwe möge aufrichten‹) entstandener Familienname. Nach den neutestamentlichen apokryphen Schriften war Joachim der Mann der heiligen Anna und der Vater Marias. ❖ Aus verkürzten Formen von Joachim sind u. a. die Familiennamen **Jocham, Jochem, Jochen** (mit der patronymischen Bildung **Jochens**), **Jochheim, Jochim, Jochum, Juchem** entstanden.

Joas: auf eine einerseits schwäbische, andererseits saarländische mundartliche Variante von Joos (▸ Jodocy) zurückgehender Familienname.

Job: aus dem gleichlautenden Rufnamen hebräischen Ursprungs (›Wo ist mein Vater [Gott]‹?) gebildeter Familienname. Job ist die in der lateinischen Bibelübersetzung, der Vulgata, verwendete Namensform. Luther wählte für seine Bibelübersetzung die Form Hiob. Nach der Bibel ist Hiob der von Gott geprüfte Mann, der aber an Gott festhält.

Jobst: aus dem gleichlautenden Rufnamen, der auf eine Mischform von ▸ Job und ▸ Jost zurückgeht, hervorgegangener Familienname.

Jocham: vor allem in Bayern verbreiteter Familienname, der auf eine verkürzte Form von ▸ Joachim zurückgeht.

Jochem, Jochen: auf verkürzte Formen von ▸ Joachim zurückgehende Familiennamen.

Jochens: patronymische Bildung (starker Genitiv) zu Jochen (▸ Joachim).

Jochheim: auf eine durch Anlehnung an Ortsnamen auf -heim entstandene Umdeutung von ▸ Joachim zurückgehender Familienname.

Jochim: auf eine verkürzte Form von ▸ Joachim zurückgehender Familienname.

Jochmann: auf eine durch Verdumpfung des -a- zu -o- entstandene Variante von ▸ Jachmann zurückgehender Familienname.

Jochum: aus einer verkürzten Form von ▸ Joachim entstandener Familienname. ❖ Bekannter Namensträger: Eugen Jochum, deutscher Dirigent (20. Jh.).

Jockel, Jöck(e)l: durch Verdumpfung des -a- zu -o- entstandene Koseformen von ▸ Jakob.

Jockisch: aus einer mit dem slawischen Suffix -iš (dt. > -isch) gebildeten Ableitung von ▸ Jakob entstandener Familienname.

Jockusch: aus einer mit dem slawischen Suffix -uš (dt. > -usch) gebildeten Ableitung von ▸ Jakob entstandener Familienname.

Jodeit: ursprünglich in Ostpreußen verbreitete Ableitung von Jodokus (▸ Jodocy) mit dem litauischen Suffix -eit.

Jöde(c)ke, Jödi(c)ke: auf mundartliche Nebenformen von ▸ Gödecke zurückgehende Familiennamen.

Jodocy: patronymische Bildung (lateinischer Genitiv) zu Jodokus, einem Heiligennamen keltischen (bretonischen) Ursprungs (zu kelt. *jud* ›Herr‹). Jodokus kam im Mittelalter als Name des heiligen Jodokus (7. Jh.) auf, der i. J. 665 bei Montreuil (südlich von Boulogne) eine Einsiedelei gründete, aus der sich später die Benediktinerabtei St.-Josse-sur-Mer, ein wichtiges Wallfahrtsziel im Spätmittelalter, entwickelte. ❖ Aus Jodokus leiten sich u. a. die Familiennamen **Joos(s), Jooß, Johst, Joost, Jost, Jöst** ab. ❖ Patronymische Bildungen sind die Familiennamen **Joosten, Josten** und **Joser**. ❖ Oberdeutscher Herkunft sind die Familiennamen **Joas, Jaus(s), Jauß, Jautz**. ❖ Der Familienname **Jobst** geht auf eine Mischform von Job und Jost zurück.

Joeres: ▸ Jöres.

Joeris: ▸ Jöris.

Johann: aus einer verkürzten Form von ▸ Johannes hervorgegangener Familienname.

Johannes: aus dem gleichlautenden Rufnamen hebräischer Herkunft (›Jahwe hat Gnade erwiesen‹) hervorgegangener Familienname. Der Name fand schon früh in der christlichen Welt große Verbreitung, hauptsächlich als Name Johannes' des Täufers, daneben auch als Name des Apostels und Evangelisten Johannes. Am Ende des Mittelalters war Johannes (einschließlich seiner Kurzformen Johann und Hans) der volkstümlichste und häufigste Taufname in Deutschland. Dementsprechend hoch ist die Anzahl der heutigen Familiennamen, die sich von Johannes ableiten. Im Folgenden können nur einige ausgewählte Beispiele angeführt werden. ❖ Dem Familiennamen **Johannis** liegt eine patronymische Bildung (lateinischer Genitiv) zugrunde. ❖ Bei dem Familiennamen **Johanns** kann es sich um eine verkürzte Form von Johannes oder um eine patronymische Bildung im Genitiv zu Johann handeln. ❖ Der Familienname **Johann** geht auf eine durch Wegfall des Auslauts entstandene Form von Johannes zurück. ❖ Hierzu gehören u. a. die in Norddeutschland verbreiteten patronymischen Bildungen **Johanning, Johannsen** und **Johannson**. ❖ Aus einer zusammengezogenen Form von Johannes mit Hervorhebung des Vokals der ersten Silbe ist der Familienname **John** hervorgegangen. ❖ Als patronymische Bildungen zu John begegnen uns z. B. die niederdeutschen Familiennamen **Johnen, Johns, Johnsen** und **Johnson**. ❖ Von Koseformen von John leiten sich u. a. die Familiennamen **Jöhnk** und **Johnke** ab. ❖ Dem ostpreußischen Familienname **Jonigkeit** liegt eine litauische patronymische Bildung zu Johannes zugrunde. ❖ Auf zusammengezogene Formen von Johannes mit Hervorhebung des Vokals der zweiten Silbe gehen Familiennamen wie **Jan(n), Jahn, Jähn, Jehn** zurück. ❖ Ableitungen von Jan(n) sind u. a. die norddeutschen Familiennamen **Jans, Jan(t)z, Janning, Jans(s)en, Janßen, Janzen, Janson** sowie die vor allem im Süden des deutschen Sprachgebiets vorkommenden Familiennamen **Jandel** und **Jandl**. ❖ Aus dem slawischen Rufnamen Jan sind z. B. die Familiennamen **Janda, Janik, Jank, Janka, Janković, Janosch, Janotta, Janusch** hervorgegangen. ❖ Bei dem ostpreußischen Familiennamen **Jankuhn** handelt es sich um eine patronymische Bildung mit dem litauischen Suffix *-uhn*. ❖ Dem Familiennamen **Janus** liegt entweder eine Latinisierung von Jan oder eine eingedeutschte Form des slawischen Familiennamens Januš zugrunde. ❖ Von der umgelauteten Form **Jehn** gehen u. a. die norddeutschen Familiennamen **Jenning, Jens** und **Jensen** sowie die im Südwesten häufig vorkommenden Familiennamen **Jenne** und **Jenny** aus. ❖ Die Familiennamen **Jensch, Jentsch, Jentzsch** können auf ostmitteldeutsche oder slawische Ableitungen von Johannes zurückgehen. ❖ Durch Verkürzung im Anlaut sind Familiennamen wie **Hannes, Hennes, Hans, Hanss, Hanß, Hens** entstanden. ❖ Patronymische Bildungen hierzu sind norddeutsche Familiennamen wie **Hansen, Hanssen, Hensen, Hennessen**. ❖ Weiterbildungen zu Hans bzw. Hens führten zu Familiennamen wie **Hansel, Hänsel, Hensel, Hanselmann, Henselmann, Henseler, Hensler**. ❖ Dem ostpreußischen Familiennamen **Henseleit** liegt eine patronymische Bildung mit dem litauischen Suffix *-eit* zugrunde. ❖ Aus einer Verkürzung von Johannes im An- und Auslaut sind Familiennamen wie **Hann(e)** und **Henn(e)**, z. T. auch **Hehn** hervorgegangen. ❖ Zu Hann(e) gehören Familiennamen wie **Hannen, Hanning, Hannemann, Hamann, Hanel, Hänel**, z. T. auch **Handel, Händel, Hahn, Hahnel, Hähnel, Hahnemann**. ❖ Als Weiterbildungen von Henn(e) begegnen uns u. a. die Familiennamen **Hennen, Henning, Henne(c)ke, Hennemann**. Für diese Familiennamen kommt z. T. aber auch eine Ableitung von ▸ Heinrich infrage. ❖ Slawischen Ursprungs sind u. a. Familiennamen wie **Hana(c)k, Handke, Hanika, Hanisch, Hansch, Hanschke, Hanus(ch)**. ❖ Bei **Schan, Schang, Tschann** handelt es sich um eingedeutschte Formen des französischen Ruf- und Familiennamens **Jean**.

Johanning: patronymische Bildung auf *-ing* zu Johann (▸ Johannes).

Johannis: patronymische Bildung (lateinischer Genitiv) zu ▸ Johannes.

Johanns: verkürzte Form von ▸ Johannes oder patronymische Bildung (starker Genitiv) zu ▸ Johann.

Johannsen: patronymische Bildung auf *-sen* zu Johann (▸ Johannes).

Johannson: patronymische Bildung auf *-son* zu Johann (▸ Johannes).

Johler: Übername zu mhd. *jōlen* ›laut singen, johlen‹.

John: auf eine durch Zusammenziehung entstandene niederdeutsche oder schlesische Form von ▸ Johannes zurückgehender Familienname.

Johne: 1. ▸ John. 2. Herkunftsname zu dem Ortsnamen Johne (Brandenburg).

Johnen: patronymische Bildung (schwacher Genitiv) zu ▸ John.

Jöhnk, Johnke: vor allem in Norddeutschland verbreitete Familiennamen, die aus einer

Johns: patronymische Bildung (starker Genitiv) zu ▶John.

Johnsen: patronymische Bildung auf *-sen* zu ▶John.

Johnson: 1. Patronymische Bildung auf *-son* zu der niederdeutschen Rufnamenform ▶John. 2. Gelegentlich handelt es sich hierbei um den englischen Familiennamen Johnson mit der gleichen Bildungsweise. ❖ Bekannter Namensträger: Uwe Johnson, deutscher Schriftsteller (20. Jh.).

Johst: ▶Jost.

Jokisch: aus einer mit dem Suffix *-iš* (dt. > *-isch*) gebildeten slawischen Ableitung von ▶Jakob hervorgegangener Familienname.

Jonas: aus dem gleichlautenden Rufnamen hebräischer Herkunft (›Taube‹) hervorgegangener Familienname. Nach der Bibel war Jonas ein Prophet. Er wurde vom Tode des Ertrinkens durch einen großen Fisch (Walfisch) gerettet, der ihn verschlang und dann ans Land spie. ❖ Bekannter Namensträger: Bruno Jonas, deutscher Kabarettist (20./21. Jh.).

Jones: 1. Auf eine Variante von ▶Jonas zurückgehender Familienname. 2. Englischer Familienname, der auf eine patronymische Bildung im Genitiv zu Ioan (▶Johannes) zurückgeht.

Jonigkeit: ostpreußischer Familienname, der auf eine litauische patronymische Bildung zu ▶Johannes zurückgeht.

Jöns: patronymische Bildung (starker Genitiv) zu ▶John.

Joos(s), Jooß: auf Ableitungen von Jodokus (▶Jodocy), die sich aus der altfranzösischen Namensform Josse entwickelt haben, zurückgehende Familiennamen.

Joost: aus einer Variante von ▶Jost (Jodokus) entstandener Familienname.

Joosten: patronymische Bildung (schwacher Genitiv) zu ▶Joost.

Jopp(e): Berufsübernamen zu mhd. *jop(p)e, juppe* ›Jacke, Stück der Rüstung‹ für den Hersteller oder Übernamen für den Träger.

Jordan: aus dem gleichlautenden Rufnamen entstandener Familienname. Der Rufname geht auf den Namen des Flusses in Palästina, in dem Jesus getauft wurde, zurück. Jordan fand nach den Kreuzzügen Eingang in die abendländische Namengebung. ❖ Bei den Familiennamen **Jorden** und **Jörden** handelt es sich um Varianten von Jordan. ❖ Als patronymische Formen begegnen uns die Familiennamen **Jordans**, **Jordens** und **Jördens**. ❖ Französischer Herkunft ist der Familienname **Jourdan**, der von den Hugenotten eingeführt wurde.

Jordans: patronymische Bildung (starker Genitiv) zu ▶Jordan.

Jorden, Jörden: aus Varianten von ▶Jordan hervorgegangene Familiennamen.

Jordens, Jördens: patronymische Bildungen (starker Genitiv) zu ▶Jorden, Jörden.

Jöres: auf eine früher im Rheinland und Norddeutschland verbreitete Form von ▶Georg oder ▶Gregor zurückgehender Familienname.

Jörg: aus einer vor allem oberdeutschen Form von ▶Georg entstandener Familienname.

Jörgens: patronymische Bildung (starker Genitiv) zu Jörgen, einer niederdeutschen Form von ▶Georg.

Jörger: patronymische Bildung auf *-er* zu ▶Jörg.

Jöris: auf eine früher im Rheinland vorkommende Form von ▶Georg oder ▶Gregor zurückgehender Familienname. ❖ In Mönchengladbach ist *Joeris* i. J. 1427 bezeugt.

Jörn: auf eine niederdeutsche Form von ▶Georg zurückgehender Familienname.

Jörs: ▶Jöres.

Joschko: aus einer slawischen Ableitung von Rufnamen, die mit »Jo-« beginnen (z. B. ▶Joachim, ▶Johannes, ▶Jordan, ▶Joseph), entstandener Familienname.

Joseph: aus dem gleichlautenden Rufnamen hebräischen Ursprungs (›Hinweggenommen hat Jahwe meine [Rahels] Schmach‹ oder ›Jahwe möge dazugeben‹) entstandener Familienname. Nach der Bibel war Joseph der 11. Sohn Jakobs. Im Mittelalter war sein Name vorwiegend, aber nicht ausschließlich jüdisch. Nach der Reformation wurde Joseph als Name des Nährvaters Jesu häufig von Katholiken gewählt. ❖ Patronymische Ableitungen von Joseph sind die Familiennamen **Josephi** und **Josephs**. ❖ Die Familiennamen **Josupeit** und **Josuweit** stammen aus Ostpreußen. Es handelt sich um patronymische Ableitungen von Joseph mit dem litauischen Suffix *-eit*.

Josephi: patronymische Bildung (lateinischer Genitiv) zu Josephus (▶ Joseph).

Josephs: patronymische Bildung (starker Genitiv) zu ▶ Joseph.

Joser: patronymische Bildung auf *-er* zu ▶ Joos(s).

Jost, Jöst: auf Ableitungen von Jodokus (▶ Jodocy), die sich aus der altfranzösischen Namensform Josse entwickelt haben, zurückgehende Familiennamen.

Josten: patronymische Bildung (schwacher Genitiv) zu ▶ Jost.

Josupeit, Josuweit: ursprünglich in Ostpreußen vorkommende patronymische Ableitungen zu ▶ Joseph mit dem litauischen Suffix *-eit*.

Joswig: vor allem im Raum Dortmund-Essen häufig anzutreffender Familienname; am ehesten Herkunftsname zu einem gleichlautenden Ortsnamen. Gelegentlich könnten auch die Ortsnamen Coswig (Sachsen-Anhalt, Sachsen), Koßwig (Brandenburg) infrage kommen.

Jourdan: hugenottischer Familienname, der auf eine französische Form von ▶ Jordan zurückgeht.

Jovanović: aus einer slowenischen, kroatischen, serbischen oder bosnischen patronymischen Ableitung von Jovan (▶ Johannes) entstandener Familienname.

Juchem: auf eine verkürzte Form von ▶ Joachim zurückgehender Familienname.

Jud(t): alte und weitverbreitete Übernamen zu mhd. *jude* ›Jude‹, die wohl auf Beziehungen des ersten Namensträgers zu Juden zurückzuführen sind. ❖ Frühe Belege sind *Sigebot gen. der Jude* (Bamberg 1178), *Emicho Judeus* [Jude], Richter zu Worms (a. 1198), *Frid. cognomento Judeus* [mit dem Beinamen Jude] (Mainz 1216).

Juhnke: aus der eindeutschenden Schreibung des slawischen Rufnamens Junek (zu urslaw. *junъ* ›jung‹) hervorgegangener Familienname. ❖ Bekannter Namensträger: Harald Juhnke, deutscher Film- und Bühnenschauspieler (20./21. Jh.).

Jülich: Herkunftsname zu dem gleichlautenden Ortsnamen (Nordrhein-Westfalen).

Julius: auf den gleichlautenden Rufnamen lateinischer Herkunft zurückgehender Familienname. Julius ist ein altrömischer Geschlechtername, der wahrscheinlich von Iovilius (›dem Jupiter geweiht‹) abgeleitet ist.

Jünemann: Herkunftsname auf *-mann* zu dem Ortsnamen Jühnde (mda. *Jühne*) in Niedersachsen.

Jung: Übername für den Jüngeren, im Gegensatz zu einem (gleichnamigen) älteren Mitglied einer Familie; gelegentlich auch Übername für einen jungen, unerfahrenen Menschen. ❖ Bekannte Namensträger: Carl Gustav Jung, schweizerischer Psychiater (19./20. Jh.); Johann Heinrich Jung-Stilling, deutscher Schriftsteller und Arzt (18./19. Jh.).

Jungandreas: aus dem Übernamen ▶ Jung und dem Rufnamen ▶ Andreas zusammengewachsener Familienname.

Jungbäck(er): ▶ Jungbeck(er).

Jungbauer: aus dem Übernamen ▶ Jung und dem Berufsnamen ▶ Bauer zusammengewachsener Familienname: ›der jüngere Bauer‹.

Jungbeck(er): aus dem Übernamen ▶ Jung und den Berufsnamen Beck, Becker (▶ Becke [1.]) zusammengewachsene Familiennamen: ›der jüngere Bäcker‹.

Jungblut(h): Übernamen zu mhd. *junc* ›jung‹ und mhd. *bluot* ›Blut; lebendes Wesen, Mensch‹ für einen jungen Menschen.

Jungcla(u)s: aus dem Übernamen ▶ Jung und den Rufnamen Claus/Clas (▶ Nikolaus) zusammengewachsene Familiennamen.

Junge: ▶ Jung.

Jungen: patronymische Bildung (schwacher Genitiv) zu ▶ Jung.

Junger, Jünger: 1. Stark flektierte Formen oder patronymische Bildungen auf *-er* zu ▶ Jung. 2. Übernamen zu mhd. *junger* ›Jünger, Schüler, Lehrling, Novize in einem Kloster‹. ❖ Bekannter Namensträger: Ernst Jünger, deutscher Schriftsteller (19./20. Jh.).

Jungermann: ▶ Jungmann.

Jungfer: Übernamen zu mhd. *juncfrouwe* ›junge Herrin, Edelfräulein‹ für jemanden, der im Dienst einer solchen Dame stand.

Jungfermann: Ableitung auf *-mann* von ▶ Jungfer.

Jungferr: ▶ Jungfer.

Junggeburt(h): in Anlehnung nhd. ›Geburt‹ entstellte Übernamen zu mhd./mnd. *junc/junk* ›jung‹ und mhd. *gebūwer* ›Bauer‹, mnd. *gebūr* ›Bauer; Nachbar‹ für einen jungen Bauern bzw. Nachbarn.

Jungfleisch: Berufsübername für einen Fleischer.

Junghan(n)s: aus dem Übernamen ▶ Jung und dem Rufnamen Han(n)s (▶ Johannes) zusammengewachsene Familiennamen.

Junghähnel, Junghändel, Junghänel, Junghenn: auf den Übernamen ▶ Jung und verschiedene verkürzte Formen von ▶ Johannes zurückgehende Familiennamen.

Junginger: Herkunftsname zu dem Ortsnamen Jungingen (Baden-Württemberg, ehem. Pommern/jetzt Polen, Ostpreußen).

Jungk: ▶ Jung. ❖ Bekannter Namensträger: Robert Jungk, österreichischer Wissenschaftspublizist und Zukunftsforscher (20. Jh.).

Jüngling: Übername zu mhd. *jungelinc* ›Jüngling, Knabe‹.

Jungmann: Übername zu mhd. *juncman* ›junger Mann‹.

Jungnickel: aus dem Übernamen ▶ Jung und dem Rufnamen Nickel (▶ Nikolaus) zusammengewachsener Familienname.

Jüngst: Übername für das jüngste Mitglied der Familie, der Zunft oder einer anderen Körperschaft.

Jungwirt(h): aus dem Übernamen ▶ Jung und dem Übernamen bzw. Berufsnamen ▶ Wirth zusammengewachsene Familiennamen: ›junger Ehemann‹ bzw. ›junger Inhaber eines Wirtshauses‹.

Junk: ▶ Jung.

Junker: Standesname oder Übername zu mhd. *junchērre* ›junger Herr, junger (noch nicht Ritter gewordener) Adliger, Junker, Edelknabe‹.

Junkers: patronymische Bildung (starker Genitiv) zu ▶ Junker.

Juppe: ▶ Jopp(e).

Juraschek: aus der eingedeutschten Form einer polnischen oder tschechischen Ableitung von ▶ Georg entstandener Familienname.

Jurczyk: aus einer polnischen Ableitung von ▶ Georg entstandener Familienname.

Jurgeit: ursprünglich in Ostpreußen verbreitete, mit dem litauischen Suffix -*eit* gebildete patronymische Bildung zu ▶ Georg.

Jürgen: auf eine niederdeutsche Form von ▶ Georg zurückgehender Familienname.

Jürgens: patronymische Bildung (starker Genitiv) zu ▶ Jürgen. ❖ Bekannte Namensträger: Curd Jürgens, deutscher Filmschauspieler (20. Jh.); Udo Jürgens (eigtl. Udo Jürgen Bockelmann), österreichischer Sänger und Komponist (20./21. Jh.).

Jürgensen: patronymische Bildung auf -sen zu ▶ Jürgen.

Jürges: aus einer niederdeutschen Form von ▶ Georg entstandener Familienname.

Jurgschat: aus einer ursprünglich in Ostpreußen verbreiteten, mit dem litauischen Suffix -*at* gebildeten patronymischen Bildung zu ▶ Georg hervorgegangener Familienname.

Jurić: auf eine serbische, bosnische oder kroatische patronymische Ableitung von ▶ Georg zurückgehender Familienname.

Jurisch: aus einer mit dem slawischen Suffix -*iš* (dt. > -*isch*) gebildeten Ableitung von ▶ Georg hervorgegangener Familienname.

Jurk: aus einer niederdeutschen oder sorbischen Ableitung von ▶ Georg entstandener Familienname.

Jürn: aus einer niederdeutschen Form von ▶ Georg hervorgegangener Familienname.

Jürs: aus einer niederdeutschen Form von ▶ Georg entstandener Familienname.

Just: 1. Aus einer verkürzten Form von ▶ Justus (1.) entstandener Familienname. 2. Aus einer von ▶ Justus (1.) beeinflussten Variante von ▶ Jost hervorgegangener Familienname.

Justen: patronymische Bildung (schwacher Genitiv) zu ▶ Just.

Justus: 1. Aus dem gleichlautenden Rufnamen lateinischen Ursprungs (›gerecht; rechtschaffen; redlich‹) hervorgegangener Familienname. 2. Aus der Zeit des Humanismus stammende lateinische Wiedergabe des deutschen Ruf- und Familiennamens ▶ Jost (< Jodokus). ❖ Luthers Lehrer, Dr. theol. Justus Trautvetter aus Eisenach, heißt oft Jodocus Isenacensis; Luthers Freund Justus Jonas (15./16. Jh.) ist auch als Jodokus Jonas überliefert.

Jüterbock, Jüterbog: Herkunftsnamen zu dem Ortsnamen Jüterbog (Brandenburg).

Jütte: aus dem Mittelalter häufigen weiblichen Rufnamen Jutta entstandener Familienname. Bei dieser Rufnamenform trat bereits frühzeitig eine Vermischung zwischen dem alten deutschen Rufnamen Judi(n)ta und dem aus der Bibel übernommenen Rufnamen Judith ein.

Jüttemann: aus dem Rufnamen Jutta (▶ Jütte) hervorgegangener Familienname: ›Ehemann (Sohn) einer Frau namens Jutta‹.

Jütten: metronymische Bildung (schwacher Genitiv) zu ▶ Jütte.

Jüttner: metronymische Bildung auf -*ner* zu ▶ Jütte.

Jutz: metronymischer Familienname, der auf eine mit -*z*-Suffix gebildete Koseform von Jutta (▶ Jütte) zurückgeht.

Jux: Herkunftsname zu dem gleichlautenden Ortsnamen (Baden-Württemberg).

-k: 1. Niederdeutsches Suffix zur Ableitung von Personen- und Gattungsnamen, das in den Schreibungen *-ke, -cke* auftritt. Bei der Bildung von Familiennamen dient das *-k*-Suffix zum Ausdruck zusätzlicher Bedeutungsnuancen: Verkleinerung, Zuneigung und Wohlwollen, Geringschätzung und Spott sowie dem Ausdruck von Generationsunterschieden. Demnach lässt ein Familienname wie ▶ Schmidtke mehrere Deutungen zu: a) Die Person, die ursprünglich diesen Namen vergab, drückte mit der Endung *-ke* ihre Zuneigung, ihre freundliche Haltung gegenüber dem Benannten aus. b) Je nach den Umständen konnte der Namengeber mit diesem Suffix seine herablassende, spöttische, kritische Einstellung zum Namensträger zum Ausdruck bringen und den Sinn ›schlechter Schmied, wenig angesehener Schmied‹ beabsichtigen. c) Die verkleinernde Bedeutung dieses Suffixes konnte ferner für die Bezeichnung der kleinen Gestalt eines Schmiedes genutzt werden. d) Gelegentlich konnte die Endung *-ke* die Aufgabe haben, auf das jugendliche Alter des Benannten (im Vergleich zu einem älteren Namensträger) anzuspielen. Bei heutigen Familiennamen auf *-cke, -ke* lässt sich nicht mehr ermitteln, welche der oben dargestellten Deutungsmöglichkeiten ursprünglich ausschlaggebend war. 2. Slawisches, vor allem sorbisches Suffix zur Ableitung von Personennamen, vgl. ▶ Michalk.

-ka: polnisches, sorbisches, tschechisches und ostslawisches Suffix zur Ableitung von Personen- und Gattungsnamen.

Kaatz: am ehesten Herkunftsname zu einem Ortsnamen wie Kaarz (Mecklenburg-Vorpommern) oder Kaditzsch, Stadt Grimma (Sachsen).

Kabel: 1. Berufsübername zu mhd., mnd. *kabel* ›Ankertau, Kabel‹ für einen Schiffer. 2. Herkunftsname zu dem Ortsnamen Kabel (Westfalen, ehem. Brandenburg/jetzt Polen, Schlesien). ❖ Bekannte Namensträgerin: Heidi Kabel, deutsche Volksschauspielerin (20./21. Jh.).

Kabelitz: Herkunftsname zu dem Ortsnamen Cabelitz (Sachsen-Anhalt).

Kabes, Kabis: ▶ Kabus(s).

Kabisch: 1. Auf eine ostmitteldeutsche Koseform von ▶ Jakob zurückgehender Familienname. 2. Herkunftsname zu dem Ortsnamen Käbschütz, Ortsteil von Lommatzsch (Sachsen).

Kabus(s), Kabuß: Berufsübernamen oder Übernamen zu mhd. *kabez, kabus, kappūs,* mnd. *kabūs-kōl* ›weißer Kopfkohl‹, übertragen auch ›Kopf‹ für den Kohlbauern bzw. für einen Menschen mit einem auffälligen Kopf.

Kachel: Berufsübername zu mhd. *kachel* ›irdenes Gefäß, Geschirr, Ofenkachel‹ für den Hersteller. Die Bedeutung ›Ofenkachel, Fliese‹ tritt erst im Verlauf des 13. Jh. mit dem Aufkommen des Kachelofens, der aus Napfkacheln oder reliefierten Bildkacheln mit Bleiglasur über der Feuerstatt aufgebaut wurde, in Erscheinung.

Kachler, Kächler: Berufsname zu mhd. *kacheler* ›Töpfer‹, später auch ›Kachelmacher, Ofenbauer‹, vgl. ▶ Kachel.

Kaczmarci(c)k, Kaczmarczy(c)k, Kaczmare(c)k: Berufsnamen polnischen Ursprungs, die auf eine Ableitung von poln. *karczmarz,* älter und mundartlich *kaczmarz* ›Gastwirt‹ zurückgehen.

Kade: Herkunftsname zu dem Ortsnamen Kade (Sachsen-Anhalt).

Kaden: Herkunftsname zu den Ortsnamen Kaden (Schleswig-Holstein, Brandenburg, Rheinland-Pfalz), Kaaden/Kadan (Westböhmen).

Käding: ▶ Kehding.

Kadow: Herkunftsname zu dem Ortsnamen Kadow (Mecklenburg-Vorpommern).

Käfer: Übername zu mhd. *këver(e)* ›Käfer‹, mnd. *kevel, kever* ›Käfer, Wurm, Raupe‹.

Kaffenberger: vor allem im Raum Darmstadt vertretener Herkunftsname zu einem gleichlautenden Ortsnamen oder zu Kaffenburg/ Stadt Kranichfeld (Thüringen).

Kafka: Übername zu nsorb., osorb., poln. *kawka*, tschech. *kavka* ›Dohle‹. ❖ Bekannter Namensträger: Franz Kafka, österreichischer Schriftsteller (19./20. Jh.).

Kage: 1. Übername zu schwäb.-bair. *Kag(e)* ›Krautstrunk‹, vielleicht für einen dürren Menschen. 2. Wohnstättenname zu bair. *Kager* ›fest gefügte Umzäunung‹. 3. Übername zu mnd. *koge, kage* ›ansteckende Krankheit‹.

Kager(er): 1. Wohnstättennamen zu bair. *Kager* ›fest gefügte Umzäunung‹. 2. Herkunftsnamen zu den in Bayern vorkommenden Ortsnamen Kager, Kagerer.

Kägi: alemannische Ableitung von ▶ Kage (1.).

Kahl: 1. Übername zu mhd. *kal* ›kahlköpfig‹. 2. Vereinzelt Herkunftsname zu dem Ortsnamen Kahl (Unterfranken, Ostpreußen), Kahla (Brandenburg, Thüringen).

Kahle: 1. ▶ Kahl (1.). 2. Herkunftsname zu dem Ortsnamen Kahla (Brandenburg, Thüringen).

Kähler: niederdeutsche Form von Köhler (▶ Kohler).

Kahler: 1. Stark flektierte Form oder patronymische Bildung auf -*er* zu ▶ Kahl (1.). 2. Ableitung auf -*er* von ▶ Kahl (2.). 3. ▶ Kohler, Köhler.

Kahlert: 1. Erweiterung von ▶ Kahler mit einem sekundären -*t*. 2. Übername zu mhd. *kalhart* ›Schwätzer‹.

Kahmann: niederdeutscher, vor allem im Gebiet Bielefeld, aber auch von Braunschweig bis Magdeburg vertretener Familienname. Folgende Deutungsmöglichkeiten bieten sich an: 1. Durch Verlust des nur schwach gesprochenen -*r*- entstandener Berufsname zu mnd. *kārman* ›Kärrner, Karrenfahrer, Karrenführer‹ oder Wohnstättenname zu mnd. *kar* ›Schüssel‹, übertragen ›Vertiefung im Gelände, Talmulde‹. 2. Möglich wäre auch der Ausfall von inlautendem unbetontem -*ge*- bei einer mit -*mann* gebildeten Erweiterung von mnd. *koge, kage* ›ansteckende Krankheit‹.

Kahn: 1. Berufsübername zu mhd. *kan*, mnd. *kan(e)* ›Kahn‹ für einen Schiffer. 2. Nebenform von ▶ Cohn (1.). 3. Auf eine Kurzform von Kahnert, einer verschliffenen Form von ▶ Konrad zurückgehender Familienname.

Kahnert: aus einer verschliffenen Form von ▶ Konrad entstandener Familienname.

Kahnt: vor allem in Sachsen verbreitete Nebenform von ▶ Kant.

Kahr: Wohnstättenname zu mhd., mnd. *kar* ›Schüssel‹, übertragen ›Vertiefung im Gelände, Talmulde‹.

Kahraman: türkischer Familienname zu türk. *kahraman* ›Held, Kämpfer‹.

Kahrs: patronymische Bildung (starker Genitiv) zu ▶ Kahr.

Kain: aus Kuon, einer Kurzform von ▶ Konrad, hervorgegangener bairisch-österreichischer Familienname. In der Mundart wurden *uo* und *ai* vor *n* als *oa* ausgesprochen. Die mda. Form *Koan* wurde von den Schreibern als solche erkannt und fälschlicherweise mit der Schreibung *Kain* »verbessert«.

Kaind(e)l: aus einer mit -*l*-Suffix gebildeten Koseform von ▶ Kain entstandene Familiennamen.

Kainz: aus einer mit -*z*-Suffix gebildeten Koseform von ▶ Kain hervorgegangener Familienname. ❖ Bekannter Namensträger: Josef Kainz, österreichischer Schauspieler (19./20. Jh.).

Kaiser: 1. Überall verbreiteter Übername zu mhd. *keiser* ›Kaiser‹, wohl als Anspielung auf das stolze, angeberische Verhalten des ersten Namensträgers. 2. Gelegentlich kann diesem Familiennamen ein Hausname zugrunde liegen. Ein Haus *zume Keiser* ist i. J. 1320 in Worms bezeugt. ❖ Bekannter Namensträger: Georg Kaiser, deutscher Schriftsteller (19./20. Jh.).

Kalb: Berufsübername zu mhd. *kalp* ›Kalb‹ für einen Fleischer bzw. im bildlichen Sinn Übername für einen dummen Menschen. ❖ *C. Kalb* ist a. 1392 in Nürnberg bezeugt. ❖ Bekannte Namensträgerin: Charlotte von Kalb, deutsche Schriftstellerin (18./19. Jh.).

Kalberlah: Herkunftsname zu den Ortsnamen Calberlah, Kalberlah (Niedersachsen).

Kalbfell, Kalbfleisch, Kalbfus(s), Kalbfuß, Kalbskopf: Berufsübernamen für einen Metzger. ❖ In München erscheint a. 1393 *Ott kalbfell*, in Nürnberg a. 1400 *Peter Kalpfleisch*.

Kaldewei, Kaldewey: Herkunftsnamen zu dem Ortsnamen Kaldewei/Stadt Lippstadt (Nordrhein-Westfalen).

Kalina: 1. Wohnstättenname zu nsorb., poln., tschech. *kalina* ›Schneeballstrauch, Maßholder‹. 2. Herkunftsname zu dem polnischen Ortsnamen Kalina.

Kalinowski, Kalinowsky: Herkunftsnamen zu den polnischen Ortsnamen Kalinów, Kalinowa, Kalinowo, Kalinowice, Kalinowiec.

Kalisch: 1. Herkunftsname zu dem Ortsnamen Kalisch/Kalisz (Polen). 2. Wohnstättenname zu nsorb. *kališ*, poln. *kalić*, tschech. *kalit* ›(das Wasser) trüben‹ für jemanden, der an einer sumpfigen Stelle siedelte.

Kalkbrenner: Berufsname zu mhd. *kalcbrenner* ›Kalkbrenner‹, für denjenigen, der den zur Herstellung von Mörtel benötigten Kalk brannte. ❖ Bei dem a. 1393 in München bezeugten *Ulrich kalichprenner carpentarius* [Zimmermann] handelt es sich offenbar schon um einen festen Familiennamen.

Kallenbach: Herkunftsname zu dem gleichlautenden Ortsnamen (Nordrhein-Westfalen).

Kallies: Herkunftsname zu dem gleichlautenden Ortsnamen (ehem. Brandenburg/jetzt Polen).

Kallmeyer: Standesname, nähere Bestimmung eines Meiers (▸ Meyer) 1. durch ein Charakteristikum des Hofes, hier durch das Vorhandensein einer Kalkgrube (zu mhd./mnd. *kalc* ›Kalk‹), 2. durch die Herkunft, falls ein Ortsname Kall (Nordrhein-Westfalen), Kalle, Kalme (Niedersachsen), Calle (Nordrhein-Westfalen, Niedersachsen) zugrunde liegt.

Kallweit: ostpreußischer Familienname, dem die litauische Bezeichnung für den Schmied zugrunde liegt.

Kallwey: Herkunftsname; aus ▸ Kaldewei entstandener Familienname.

Kalmbach: Herkunftsname zu einem gleichlautenden oder zu dem Ortsnamen Kallenbach (Nordrhein-Westfalen).

Kalt: Übername zu mhd. *kalt* ›kalt‹ für einen gleichgültigen, stumpfen Menschen.

Kaltenbach: Herkunftsname zu dem gleichlautenden Ortsnamen (Nordrhein-Westfalen, Hessen, Rheinland-Pfalz, Baden-Württemberg, Bayern, Ostpreußen).

Kalthoff: 1. Herkunftsname zu dem Ortsnamen Kalthof (Nordrhein-Westfalen), Kaltenhof (Schleswig-Holstein, Mecklenburg-Vorpommern, Brandenburg, ehem. Brandenburg/jetzt Polen, Niedersachsen, Nordrhein-Westfalen, Hessen, Baden-Württemberg, Bayern). 2. Aus einem Hofnamen abgeleiteter Familienname.

Kaltschmidt: Berufsname für den Metallhandwerker, der ohne Feuer arbeitete. Mithilfe von Treibhämmern, Meißel, Zange und Feilen stellten die Kaltschmiede verschiedene Gegenstände (Kesseln, Pfannen, Eimer, Schalen u. a.) vor allem aus Kupfer und Messing her. ❖ *Urban choltsmit* ist a. 1345 in Regensburg bezeugt.

Kaltwasser: Herkunftsname zu dem gleichlautenden Ortsnamen (Baden-Württemberg, Bayern, Sachsen, Schlesien).

Kalus: Wohnstättenname zu poln. *kał* ›Sumpf‹.

Kaluza: Wohnstättenname zu poln. *kałuża* ›Sumpf, Tal mit Regenwasser‹.

Kalweit: ▸ Kallweit.

Kalz: Berufsname zu sorb. *tkalc*, nsorb. mda. auch *kalc* ›(Lein-)Weber‹.

Kamenz: Herkunftsname zu dem gleichlautenden Ortsnamen (Sachsen, ehem. Pommern/jetzt Polen, Schlesien).

Kamin: 1. Herkunftsname zu den Ortsnamen Kamin (Mecklenburg-Vorpommern, Schlesien), Kammin, Camin (Mecklenburg-Vorpommern), Cammin (ehem. Pommern/jetzt Polen). 2. Wohnstättenname zu mhd. *kamīn* ›Schornstein‹ nach einem auffälligen Merkmal des Hauses. 3. Berufsübername zu mnd. *kamīn* ›Kümmel‹ für den Gewürzhändler.

Kaminski, Kaminsky: 1. Herkunftsnamen zu polnischen Ortsnamen wie Kamień, Kamiona, Kamieniec. 2. Wohnstättennamen zu poln. *kamień* ›Stein‹ für jemanden, der an einem auffälligen Stein wohnte.

Kamm: 1. Berufsübername zu mhd. *kamme* ›Haarkamm, Wollkamm, Weberkamm‹ für den Hersteller oder Übername für den Benutzer. 2. Wohnstättenname für jemanden, der an einem Gebirgskamm wohnte.

Kammann: durch Assimilation entstandene Form von ▸ Kampmann.

Kammel: 1. Berufsübername zu dem nach dem von ihm benutzten feinen Wollkamm. 2. Von einem Hausnamen (zu mhd. *kembel, kemmel, kamel* ›Kamel‹) abgeleiteter Familienname.

Kammer: 1. Berufsname auf *-er* zu mhd. *kamme* ›Haarkamm, Wollkamm, Weberkamm‹ für den Hersteller von Kämmen. 2. Wohnstättenname zu mhd. *kamer* ›Kammer, Schlafgemach, Vorratskammer, Schatzkammer, Gerichtsstube, öffentliche Kasse, Kämmerei‹. 3. Herkunftsname zu dem gleichlautenden Ortsnamen (Nordrhein-Westfalen, Niedersachsen, Brandenburg, Bayern). ❖ *Reymar Kammer* ist a. 1363 in Nürnberg bezeugt.

Kämmer: 1. Berufsname zu mhd. *kemmer* ›Wollkämmer‹. 2. Amtsname zu mnd. *kemmer* ›Kämmerer, der die Kammer, das Rechnungswesen eines Fürsten oder einer Bürgerschaft unter sich hat‹. 3. ▸ Kammer (1.).

Kammerer, Kämmerer: Amtsnamen zu mhd. *kamerære* ›Kämmerer, Schatzmeister, Vorsteher und Verwalter der Kammereinkünfte (einer Stadt, eines Klosters usw)‹.

Kämmerling: Amtsname zu mhd. *kemerlinc* ›Kammerdiener‹.

Kammermaier, Kammermayer, Kammermeier, Kammermeyer: Standesnamen für einen Meier (▸ Meyer), der auf einem Kammergut, d. i. auf einem Gut des Landesherrn, saß.

Kammler: Berufsname zu mhd. *kemben, kemmen* ›kämmen‹ für den Wollkämmer. Innerhalb der Wollenweberei gab es mehrere Arbeitsschritte, die z. T. von verschiedenen Handwerkern ausgeführt wurden. Die Schafwolle wurde zuerst gewaschen und getrocknet, um dann auf den Schlagtischen mit Schlagstöcken von den Wollschlägern bearbeitet zu werden. Der nächste Arbeitsvorgang war das Kämmen und Streichen der Wolle, den die Wollkämmer und -streicher so lange wiederholten, bis die Wolle zu Garn versponnen und auf Webspulen gewickelt werden konnte. ❖ Aus Regensburg ist a. 1325 *Liebh[art] der chamler* bezeugt.

Kamp: 1. Herkunftsname zu dem gleichlautenden Ortsnamen (Schleswig-Holstein, Mecklenburg-Vorpommern, ehem. Pommern/jetzt Polen, Niedersachsen, Nordrhein-Westfalen, Österreich). 2. Wohnstättenname zu mnd. *kamp* ›eingezäuntes Feld, Ackerland, Weide, Wiese, Gehölz‹.

Kampa: Herkunftsname zu dem häufigen polnischen Ortsnamen Kępa, wobei der polnische Nasalvokal -ę- durch -am- wiedergegeben ist.

Kampe: 1. Herkunftsname zu den in Norddeutschland mehrfach vorkommenden Ortsnamen Kampe, Campe. 2. Abgekürzter Wohnstättenname (▸ Kamp [2.]) im Dativ. ❖ Vgl. den Beleg aus Coesfeld a. 1389 *Evert thon [zum] Kampe.* 3. Berufsname zu mnd. *kampe, kempe* ›Kämpfer, besonders der Zweikämpfer im gerichtlichen Kampf, den man für Geld anwirbt‹.

Kampen: Herkunftsname zu dem gleichlautenden Ortsnamen (Schleswig-Holstein, Niedersachsen, Ostpreußen, Schlesien).

Kamper: Ableitung auf -er von ▸ Kamp oder ▸ Kampe.

Kämper: Berufsname zu mnd. *kemper* ›Kämpfer‹, vgl. ▸ Kampe (3.).

Kampf: 1. Auf eine »verhochdeutschte« Form von ▸ Kamp zurückgehender Familienname. 2. ▸ Kämpf.

Kämpf, Kämpfe: Berufsnamen zu mhd. *kempfe* ›der für sich oder als Stellvertreter eines anderen einen Zweikampf unternimmt, Kämpfer, Streiter‹, auch Berufskämpfer, -fechter auf den mittelalterlichen Jahrmärkten.

Kämpfer: Berufsname zu mhd. *kempfer* ›Kämpfer‹, vgl. ▸ Kämpf.

Kamphausen: Herkunftsname zu den Ortsnamen Kamphausen (Nordrhein-Westfalen), Camphausen (Saarland), Kamphusen (Niedersachsen).

Kampmann: Ableitung auf *-mann* von ▸ Kamp.

Kamps: 1. Patronymische Bildung (starker Genitiv) zu ▸ Kamp. 2. Herkunftsname zu den Ortsnamen Kamps (Sachsen-Anhalt), Kambs (Mecklenburg-Vorpommern), Kambz (ehem. Pommern/jetzt Polen).

Kandert: aus einer Nebenform von ▸ Konrad entstandener Familienname.

Kandler: 1. Berufsname zu mhd. *kandeler* ›Zinngießer, Kannengießer‹. Ungefähr seit der Mitte des 13. Jh., als die reichen Zinnlager im nördlichen Böhmen und in der Grafschaft Wolkenstein bergmännisch ausgebeutet wurden, gewann Zinn als erstes Metall für die Herstellung von Kannen, Krügen, Schüsseln und Tellern große Verbreitung. 2. Berufsname zu mhd. *kanel, kandel* ›Röhre, Rinne‹ für den Hersteller von Röhren, Dachrinnen, Dachtraufen. ❖ *G. Kandler* ist a. 1350 in Nürnberg bezeugt.

Kandziora: Übername zu poln. *kędzior* ›Locke‹, wobei der polnische Nasalvokal -ę- durch -an- wiedergegeben ist.

Kania: Übername zu sorb. *kanja*, poln. *kania* ›Milan, Gabelweihe‹, eine Raubvogelart.

Kanitz: Herkunftsname zu den Ortsnamen Canitz (Sachsen), Kanitz (Schlesien, Ostpreußen, Böhmen, Mähren).

Kann(e): 1. Berufsübernamen zu mhd. *kanne* ›Kanne‹ für den Hersteller, ▶ Kandler (1.). 2. Gelegentlich kommt für diese Familiennamen eine Ableitung von einem Haus- bzw. Wirtshausnamen infrage.

Kannenberg: Herkunftsname zu dem gleichlautenden Ortsnamen (Sachsen-Anhalt, ehem. Pommern/jetzt Polen).

Kannengießer, Kanngießer: Berufsnamen für den Hersteller von Kannen, die dieser aus Zinn goss; vgl. ▶ Kandler (1.).

Kansy: Übername zu poln. *kęsy* ›kurz, gestutzt‹, wobei der polnische Nasalvokal *-ę-* durch *-an-* wiedergegeben ist.

Kant: 1. Wohnstättenname zu mnd. *kant* ›Ecke, Winkel, Rand‹. 2. Herkunftsname zu den Ortsnamen Kanth (Schlesien) oder Kantweinen (s. u.). ❖ Zwar war der Philosoph Immanuel Kant (18./19. Jh.) selbst der Ansicht, seine Vorfahren väterlicherseits seien aus Schottland eingewandert, doch hat die neuere Forschung nachgewiesen, dass sein Urgroßvater Richard Cant aus dem Kurischen stammte und zwar vermutlich aus der Gruppensiedlung Kantweinen 5 km nordöstlich von Prökuls.

Kanter: Berufsname zu lat. *cantor* für den Leiter des Chorgesangs in Kirche und Schule, gelegentlich auch für den Gehilfen des Lehrers.

Kanthak: Berufsübername zu nd. *Kanthak(en)* ›kurzer eiserner Haken mit Handgriff, mit dem die Hafenarbeiter schwere Kisten (»Kanten«) wenden‹.

Kanther: ▶ Kanter.

Kanz: 1. Aus einer mit *-z-*Suffix gebildeten Koseform von ▶ Konrad entstandener Familienname (vgl. ▶ Kandert). 2. Aufgrund des in ober- und mitteldeutschen Dialekten vorkommenden Übergangs von *J-* zu *G-* und anschließender Verhärtung zu *K-* aus ▶ Johannes entstandener Familienname.

Kanzler: Amtsname zu mhd. *kanzeler* ›herrschaftlicher Schreiber, Vorgesetzter einer Schreibstube‹.

Kapf: ▶ Kapfer (1.) oder (2.).

Kapfer: vorwiegend in den Bereichen Augsburg–Ulm und Passau verbreiteter Familienname: 1. Wohnstättenname zu der aus dem Alemannischen stammenden Örtlichkeitsbezeichnung mhd. *kapf* ›runde Bergkuppe‹. 2. Herkunftsname zu dem süddeutschen Ortsnamen Kapf. 3. Bei dem Familiennamen Kapfer kann es sich auch um einen Übernamen zu mhd. *kapfære* ›der verwundert auf etwas schaut‹ handeln. ❖ *Jobs Kapfer* ist a. 1370 in Nürnberg bezeugt.

Kapfhammer: Herkunftsname zu dem in Bayern und Österreich häufigen Ortsnamen Kapfham.

Kapitza: Übername zu osorb. *kapica* ›Kopfbedeckung‹, poln. *kapica* ›Kapuze, Mönchskutte‹.

Kaplan: 1. Herkunftsname zu mhd. *kappellān* ›Kaplan‹. 2. Türkischer Familienname zu türk. *kaplan* ›Tiger‹.

Kapp(e): 1. Berufsübernamen zu mhd., mnd. *kappe* ›mantelartiges Kleid mit Kapuze für Männer und Frauen, das besonders auf Reisen getragen wurde; Mönchskutte; Narrenkappe‹ für den Hersteller oder Übernamen für den Träger. 2. Übernamen zu mhd. *kappe* ›Kapaun‹.

Kappel: 1. Wohnstättenname zu mhd. *kappel* ›Kapelle‹: ›wohnhaft bei einer Kapelle‹. 2. Herkunftsname zu den Ortsnamen Kappel (Hessen, Rheinland-Pfalz, Baden-Württemberg, Bayern, Österreich, Schweiz), Kappl (Bayern, Österreich), Cappel (Niedersachsen, Nordrhein-Westfalen, Hessen, Baden-Württemberg).

Kappes: ▶ Kabus.

Kappler: 1. Ableitung auf *-er* von ▶ Kappel. 2. Übername für den Träger einer ▶ Kapp(e) (mhd. *kappelære*).

Kappus: ▶ Kabus.

Kaps: 1. Aus einer verkürzten Form von ▶ Kaspar entstandener Familienname. 2. Verschliffene Form von Kappes (▶ Kabus). 3. Herkunftsname zu dem gleichlautenden Ortsnamen (Bayern).

Kara: türkischer Familienname zu türk. *kara* ›schwarz‹.

Karaca: türkischer Familienname zu türk. *karaca* ›dunkel, schwärzlich; Reh‹.

Karas, Karasch: 1. Übernamen zu nsorb., osorb., tschech. *karas*, poln. *karaś* ›Karausche‹, eine Karpfenart. 2. Herkunftsnamen zu den Ortsnamen Karras (Brandenburg, ehem. Brandenburg/jetzt Polen), Karrasch (ehem. Westpreußen, Ostpreußen).

Karataş: türkischer Familienname zu türk. *kara* ›schwarz‹ + türk *taş* ›Stein‹: ›schwarzer Stein‹.

Karau: Herkunftsname zu dem häufigen Ortsnamen Karow (Mecklenburg-Vorpommern, Sachsen-Anhalt, ehem. Pommern/jetzt Polen).

Karbach: Herkunftsname zu dem gleichlautenden Ortsnamen (Rheinland-Pfalz, Baden-Württemberg, Bayern, Österreich).

Karbe: 1. Übername zu mnd. *kerve, karf* ›Kerbe, Kerbholz‹. 2. Übername zu mhd. *karwe* ›Kümmel‹. 3. Herkunftsname zu dem gleichlautenden Ortsnamen (ehem. Brandenburg/jetzt Polen).

Karch: 1. Berufsübername zu mhd. *karrech, karch* ›Karren, Wagen‹ für den Fuhrmann. 2. Übername zu mnd. *karch* ›listig; sparsam, geizig‹.

Karcher, Kärcher: 1. Der vor allem zwischen Mannheim und Freiburg häufige Name Karcher und seine mehr schwäbische Variante Kärcher sind hier Berufsnamen zu mhd. *karrecher* ›Karrenfuhrmann‹. ❖ Ein Beleg aus Esslingen a. 1326 ist *Heinrich der Karicher*. 2. Im östlichen Nord- und Mitteldeutschland vereinzelt Herkunftsnamen zu den Ortsnamen Karcha (Sachsen), Karche (Brandenburg).

Karg(e): Übernamen zu mhd. *karc* ›klug, listig, schlau; knauserig, unfreigebig‹, fnhd. *karg* ›geizig‹; letztere Bedeutung dürfte für die Familiennamenbildung im Vordergrund gestanden haben.

Kärgel: 1. Ableitung von ▶ Karg(e) mit -*l*-Suffix. ❖ Sehr frühe Belege stammen aus Regensburg, wo im 12. Jh. drei Brüder als *Odalricus Chergel, Rotperht Kargil* und *Hartwic Kargil* überliefert sind. 2. Auf eine verkürzte Form des Heiligennamens Macarius (▶ Karius) zurückgehender Familienname.

Karger: 1. Stark flektierte Form oder patronymische Bildung auf -*er* zu ▶ Karg(e). 2. Herkunftsname zu dem Ortsnamen Karge (ehem. Brandenburg/jetzt Polen).

Karges: auf eine verkürzte Form des Heiligennamens Macarius (▶ Karius) zurückgehender Familienname.

Karius: aus einer verkürzten Form von Macarius, einem Namen griechischen Ursprungs (›der Selige‹), der von mehreren Heiligen getragen wurde, entstandener Familienname.

Karl: aus dem gleichlautenden deutschen Rufnamen, dessen Herkunft umstritten ist, entstandener Familienname. Durch den Sagenkreis um Karl den Großen war der Name im mittelalterlichen Deutschland bekannt, aber er gehörte nicht zu den häufigsten männlichen Rufnamen. ❖ Als Schreibvarianten bzw. Ableitungen von Karl begegnen uns u. a. die Familiennamen **Carl, Karle, Carle, Karls, Carls, Karlsen, Carlsen, Karlson, Carlson, Caroli, Karlin.**

Karle: ▶ Karl.

Karlin: auf eine alemannische Ableitung von ▶ Karl zurückgehender Familienname.

Karls: patronymische Bildung (starker Genitiv) zu ▶ Karl.

Karlsen: patronymische Bildung auf -*sen* zu ▶ Karl.

Karlson: patronymische Bildung auf -*son* zu ▶ Karl.

Karmann: 1. Berufsname zu mnd. *kārman*, fnhd. *kar(ren)man* ›Karrenführer‹. 2. Ableitung auf -*mann* von ▶ Kahr. ❖ *Rotgher Kaermann* ist a. 1386 in Coesfeld bezeugt.

Karner: 1. Berufsname zu mhd. *karn*, Nebenform von *karre* ›Karre‹ für den Kärrner, Karrenfahrer, Karrenführer. 2. In Österreich gelegentlich Herkunftsname: ›der aus Kärnten‹, mda. ›Karner‹.

Karow: Herkunftsname zu dem häufigen Ortsnamen Karow (Mecklenburg-Vorpommern, ehem. Pommern/jetzt Polen, Sachsen-Anhalt).

Karp: 1. Berufsübername zu mnd. *karpe* ›Karpfen‹ für den Fischhändler. 2. Aus einer verkürzten Form des Heiligennamens Polykarp (zu griech. *polýs* ›viel‹ und *karpós* ›Frucht‹) hervorgegangener Familienname.

Karpf: Berufsübername zu mhd. *karpfe* ›Karpfen‹ für den Fischhändler.

Karpinski, Karpinsky: Herkunftsnamen zu dem polnischen Ortsnamen Karpin.

Karras, Karrasch: ▶ Karas, Karasch.

Karrer: Berufsname zu mhd. *karrer* ›Karrenführer‹.

Karsch: Übername zu mhd., mnd. *karsch* ›munter, frisch‹. ❖ Bekannte Namensträgerin: Anna Luise Karsch, deutsche Dichterin (18. Jh.).

Karst: 1. Auf eine niederdeutsche Form von ▶ Christian zurückgehender Familienname. 2. Berufsübername zu mhd. *karst* ›zweizinkige Hacke‹ für einen Bauern.

Karstadt: Herkunftsname zu dem Ortsnamen Karstädt (Brandenburg, Mecklenburg-Vorpommern).

Karsten: auf eine niederdeutsche Form von ▶ Christian zurückgehender Familienname.

Karstens: patronymische Bildung (starker Genitiv) zu Karsten (▶ Christian).

Karstensen: patronymische Bildung auf *-sen* zu Karsten (▶ Christian).

Karthaus: 1. Herkunftsname zu Ortsnamen wie Karthaus, Karthause, Carthausen. 2. Wohnstättenname für jemanden, der in der Nähe eines Kartäuserklosters wohnte.

Käsbohrer: 1. Berufsübername zu mhd. *kæsebor* ›Käsekorb‹ für den Hersteller oder den Käsehändler. 2. In Bayern auch patronymische Bildung auf *-er* zu einer entstellten Form von ▶ Kaspar.

Kasch: 1. Auf die eindeutschende Schreibung einer slawischen Ableitung von Rufnamen wie ▶ Kasimir, ▶ Kaspar, ▶ Lukas zurückgehender Familienname. 2. Übername zu einer mundartlichen Form von mnd. *karsch* ›frisch, munter‹.

Käsemann: Berufsname auf *-mann* zu mhd. *kæse* ›Käse‹ für den Käsehersteller oder -händler.

Käser: Berufsname zu mhd. *kæse* ›Käse‹ für den Käsemacher. ❖ Bei dem a. 1368 in München bezeugten *Heinrich Kaeser pistor* [Bäcker] handelt es sich bereits um einen festen Familiennamen.

Kasimir: auf den gleichlautenden Rufnamen polnischen Ursprungs (poln. Kazimierz, zu urslaw. **kaziti* ›verderben, vernichten‹ + urslaw. **mirъ* ›Frieden‹) zurückgehender Familienname.

Kaspar: auf den gleichlautenden Rufnamen persischer Herkunft (altpersisch *kandschwar* ›Schatzmeister‹, zu altpersisch *gandsch* ›Schatz‹) zurückgehender Familienname. Kaspar fand als Name eines der Heiligen Drei Könige Eingang in die deutsche Namengebung. Die Legende, der Reliquienkult (in Köln seit 1164) und die Dreikönigsspiele trugen zur Verbreitung der Rufnamen Melchior, Kaspar und Balthasar (vgl. ▶ Balthasar, ▶ Melchior) bei. Da der Kaspar in den Dreikönigsspielen als Mohr auftrat und lustige Einlagen brachte, wurde er allmählich zur lustigen Figur (daher Kasper, Kasperletheater). ❖ Viele heutige Familiennamen sind aus Varianten von Kaspar entstanden, z. B. **Caspar, Kasper, Casper, Gaspar, Gasper, Jasper.** ❖ Als patronymische Bildungen zu Kaspar begegnen uns u. a. die Familiennamen **Kaspari, Caspari, Caspary, Kaspers, Caspers, Jaspers, Caspersen, Jaspersen.** ❖ Die Familiennamen **Jess, Jeß, Jesse** können auf eine niederdeutsche, verkürzte Form von Kaspar (über Jasper, Jesper) zurückgehen.

Kaspari: patronymische Bildung im Genitiv zu der latinisierten Form Kasparus (▶ Kaspar).

Kasper: ▶ Kaspar.

Kaspers: patronymische Bildung (starker Genitiv) zu Kasper (▶ Kaspar).

Kässbohrer, Käßbohrer: ▶ Käsbohrer.

Kassel: Herkunftsname zu den Ortsnamen Kassel (Hessen), Cassel (Rheinland-Pfalz), Ober-, Niederkassel (Düsseldorf).

Kassner: 1. Niederdeutsche Nebenform von ▶ Kastner. 2. Herkunftsname zu dem Ortsnamen Kassen (Mähren).

Kast: aus Karst (▶ Christian) mit niederdeutschem Schwund des *r* vor *s* entstandener Familienname.

Kasten: 1. Aus Karsten (▶ Christian) mit niederdeutschem Schwund des *r* vor *s* hervorgegangener Familienname. 2. Berufsübername oder Wohnstättenname zu mhd. *kaste* ›Kasten, Behälter; Kornhaus; Kastenamt, Verwaltung eines landesfürstlichen Speichers‹. 3. Herkunftsname zu dem Ortsnamen Kasten (Bayern, Österreich).

Kaster: Herkunftsname zu dem gleichlautenden Ortsnamen (Nordrhein-Westfalen).

Kastl: 1. Herkunftsname zu Ortsnamen wie Kastl, Castell (Bayern). 2. Aus einer Koseform von ▶ Arbogast oder auf eine verkürzten Form von Castulus (zu lat. *castus* ›keusch‹) hervorgegangener Familienname. Der römische Märtyrer Castulus (3./4. Jh.) wurde im Mittelalter in Süddeutschland und Österreich verehrt.

Kästle: 1. Schwäbischer Berufsübername zu mhd. *kestelīn* ›kleiner Kasten, Behälter‹ für den Tischler. 2. Auf eine schwäbische Koseform von ▶ Arbogast oder Castulus (▶ Kastl [2.]) zurückgehender Familienname.

Kastner, Kästner: Amtsnamen zu mhd. *kastner* ›Verwalter des Kornkastens‹, später ›Einnehmer und Aufseher über die Einkünfte an Fürstenhöfen, Klöstern usw., Rentmeister‹, mnd. *kastener* ›Kästner, Kassenführer‹. ❖ *Rudgerus Kastner* ist a. 1262 in Regensburg bezeugt. ❖ Bekannter Namensträger: Erich Kästner, deutscher Schriftsteller (19./20. Jh.).

Kat(h)er: Übernamen zu mhd., mnd. *kater* ›Kater‹.

Kath: vor allem in Brandenburg und Mecklenburg-Vorpommern häufiger Familienname, wahrscheinlich Wohnstättenname zu mnd. *kote, kate* ›kleines niedriges Wohnhaus‹ oder zu mhd. *quât* ›Kot, Dreck‹ nach der Umgebung der Wohnstätte.

Kathmann: Standesname zu mnd. *kote, kate* ›kleines, niedriges Haus‹ für den Kleinbauern, Häusler.

Kathrein(er): 1. Metronymische Bildungen zu dem Heiligennamen Katharina (Umdeutung des griechischen Frauennamens *Aikaterínē* zu griech. *katharós* ›rein‹). Die heilige Katharina von Alexandria (3./4. Jh.), die Schutzheilige der Philosophen, wurde im Mittelalter sehr verehrt. 2. Kathreiner kann auch Herkunftsname zu den Ortsnamen Sankt Katharinen (Rheinland-Pfalz), St. Kathrein (Österreich) oder zu einem der zahlreichen mit »Katharinen-« gebildeten Ortsnamen (z. B. Katharinenberg, Bayern) sein.

Kattner: Standesname zu mnd. *kotenere* ›Kötner, Kossäte, Häusler‹, vgl. ▶ Kathmann.

Katz: 1. Übername zu mhd. *katze* ›Katze; Belagerungswerkzeug: bewegliches Schutzdach für die Belagerer, Steinschleuderer‹. 2. Als jüdischer Familienname ist Katz durch Zusammenziehung aus hebr. *Kohen-zedek* ›Priester der Gerechtigkeit‹ hervorgegangen. 3. Wohnstättenname nach einem gleichlautenden Flurnamen. 4. Für Österreich kann auch eine Ableitung von ▶ Achatz infrage kommen.

Katzenberg(er): 1. Herkunftsnamen zu den Ortsnamen Katzenberg (Sachsen, Hessen, Österreich), Katzenberge (Ostpreußen). 2. Wohnstättennamen zu einem gleichlautenden Flurnamen.

Katzer: 1. ▶ Ketzer. 2. Ableitung auf *-er* von ▶ Katz (3.). 3. Übername zu osorb. *kačor*, nsorb. *kacor*, tschech. *kačer* ›Enterich‹. 4. Herkunftsname zu den Ortsnamen Unterkatz (Thüringen), Katzen (Ostpreußen).

Katzmann: Ableitung auf *-mann* von ▶ Katz (3.).

Kauba, Kaubi(tz)sch: aus slawischen Ableitungen von ▶ Jakob entstandene Familiennamen.

Kauer: Herkunftsname zu dem Ortsnamen Kauern (Sachsen-Anhalt, Thüringen, Schlesien).

Kauf(f): Berufsübernamen zu mhd. *kouf* ›Geschäft, Handel, Tausch; Erwerb, Gewinn; Kaufpreis‹ für einen Kaufmann, Händler.

Kaufel, Käufel: Berufsnamen zu mhd. *köufel* ›Händler, Mäkler‹. Die Angehörigen dieses Gewerbes handelten u. a. mit Lebensmitteln, Küchenwaren, Fett und Kerzen, sie betrieben gelegentlich auch Altwarenhandel und Kommissionsgeschäfte. ❖ Vgl. den Regensburger Beleg *umb Chunr. den cheuffel* (a. 1345).

Kaufer, Käufer: Berufsnamen zu mhd. *koufer* ›Käufer, Verkäufer‹.

Kauffmann: ▶ Kaufmann. ❖ Bekannte Namensträgerin: Angelica Kauffmann, deutsche Malerin und Radiererin (18./19. Jh.).

Kaufhold: Berufsübername für den Händler, Ableitung von ▶ Kauf mit dem Suffix *-olt* und späterer Umdeutung in Anlehnung an das Adjektiv »hold«.

Kaufmann: Berufsname zu mhd. *koufman* ›Kaufmann, Verkäufer, Käufer‹. Im Allgemeinen handelte es sich hierbei um den Fern- bzw. Großhändler. ❖ *Walther Chaufmann* ist a. 1342 in Regensburg bezeugt.

Kaul: 1. Wohnstättenname zu mhd. *küle* ›Grube‹, mnd. *kule* ›Grube, Vertiefung, Loch‹. 2. Übername zu mhd. *kugele*, zusammengezogen *küle* ›Kugel, auch verächtlich für Kopf‹. 3. Übername zu fnhd. *kaul* ›Keule‹ für einen groben Menschen. 4. Herkunftsname zu dem Ortsnamen Kaule (Nordrhein-Westfalen, Brandenburg).

Kaulbach: Herkunftsname zu dem gleichlautenden Ortsnamen (Rheinland-Pfalz). ❖ Bekannter Namensträger: Wilhelm von Kaulbach, deutscher Maler (19. Jh.).

Kaulfuß: Übername zu mhd. *kugele*, zusammengezogen *küle* ›Kugel‹ und mhd. *vuoʒ* ›Fuß‹ für einen Menschen mit einem Klumpfuß.

Kaune: aus Kone, einer niederdeutschen Kurzform von ▸ Konrad, durch Diphthongierung von *o* zu *au* entstandener Familienname.

Kaup: 1. Vor allem in Westfalen häufig vorkommender Familienname; Übername zu fnhd. *kaupe* ›Federschopf der Vögel‹, dann überhaupt ›Spitze‹. 2. Ein zweites Verbreitungszentrum dieses Familiennamens ist das Gebiet um Trier; hier dürfte es sich um einen Herkunftsnamen zu dem Ortsnamen Kaub a. Rhein handeln.

Kaupp: vorwiegend südwestdeutscher Familienname, ▸ Kaup (1.).

Kaus: am ehesten auf eine Kurzform von einem mit »Gos-« *(gōz)* gebildeten Rufnamen zurückgehender Familienname, wobei für das *K-* Anlautverhärtung anzunehmen ist.

Kausch: ▸ Kaus.

Kauth: Übername zu mhd. *kūte* ›Flachsbüschel‹ oder zu mhd. (alem.) *kūte* ›Tauberich‹. 2. Wohnstättenname zu mhd. *kūte* ›Grube, Loch‹, fnhd. (md.) *kaute* ›Lehmgrube‹.

Kautz: Übername zu mhd. *kūz(e)* ›Kauz‹, übertragen für einen Menschen mit seltsamen Gewohnheiten.

Kawka: ▸ Kafka.

Kay: 1. Aus dem gleichlautenden niederdeutsch-friesischen Rufnamen, dem wahrscheinlich eine kindersprachliche Verkürzung von ▸ Gerhard zugrunde liegt, hervorgegangener Familienname. 2. Herkunftsname zu Ortsnamen wie Kay (ehem. Brandenburg/jetzt Polen, Bayern), Kai (Bayern).

Kaya: türkischer Familienname zu türk. *kaya* ›Fels‹. Kaya ist auch türkischer Rufname.

Kayser: ▸ Kaiser.

Kazmierczak: aus einer mit dem Suffix *-ak* gebildeten polnischen Ableitung von ▸ Kasimir entstandener Familienname.

-ke: 1. Häufige Schreibung des niederdeutschen *-k*-Suffixes (▸ -k [1.]). 2. Eindeutschende Schreibung slawischer Suffixe wie ▸ -k (2.), ▸ -ka.

Keck: Übername zu mhd. *kēc, quēc* ›frisch, wohlgemut, munter; mutig‹, mnd. *keck* ›lebhaft, munter; kühn‹. ❖ *Nycla der Check* ist a. 1375 in Regensburg bezeugt.

Keding: ▸ Kehding.

Kees: Berufsübername zu mhd. *kǣse* ›Käse‹ für den Käsemacher oder -verkäufer.

Kegel: Übername zu mhd. *kegel* ›Kegel im Kegelspiel; Knüppel, Stock; uneheliches Kind‹, fnhd. *kegel* ›ungeschliffener Mensch‹. Dieser Übername kann demnach auf die Vorliebe für das Kegelspiel, auf das grobe Verhalten oder auf die uneheliche Herkunft des ersten Namensträgers anspielen. ❖ *Hanse Kegel* ist a. 1388 in Nürnberg bezeugt.

Kegler: Übername zu mhd. *kegeler* ›Kegelspieler‹ oder zu mnd. *kegeler, kogeler, kocheler* ›Gaukler‹.

Kehding: Herkunftsname zu dem Ortsnamen Kehdingen, Marschlandschaft an der Elbmündung.

Kehl: 1. Herkunftsname zu dem gleichlautenden Ortsnamen (Baden-Württemberg, Bayern, Niedersachsen). 2. Wohnstättenname nach einem Flurnamen zu mhd. *kël(e)* ›Kehle, Hals‹, mnd. *kele* ›Kehle‹, übertragen ›Geländeeinschnitt, Hohlweg, Schlucht‹.

Kehm: vorwiegend im Bereich Aschaffenburg–Fulda häufiger Familienname, am ehesten durch mundartliche Aussprache entstandene Nebenform von ▸ Keim.

Kehr(er): 1. Wohnstättennamen nach einem Flurnamen zu mhd. *kēr(e)*, mnd. *kere* ›Wendung‹ als Bezeichnung für eine Stelle, wo der Weg eine Biegung macht. 2. Herkunftsnamen zu dem Ortsnamen Kehr (Bayern).

Keidel: Übername zu mhd. *kīdel*, Nebenform von *kīl* ›Keil, Pflock‹, fnhd. *keidel* ›Keil, Grobian‹.

Keil: Übername zu mhd. *kīl* ›Keil, Pflock‹, fnhd. *keil* ›Keil, Grobian‹. ❖ Vgl. den Nürnberger Beleg *dictus* [genannt] *Keil* (a. 1303).

Keilbach: Herkunftsname zu dem Ortsnamen Kailbach (Hessen, Bayern).

Keilholz: Übername für einen groben Menschen, vgl. ▸ Keil.

Keim: 1. Übername zu mhd. *kīm(e)*, mnd. *kime* ›Keim‹ im Sinne von ›Spross, Sprössling‹. 2. Vereinzelt kann dieser Familienname auf den alten deutschen Rufnamen Kimo, Kime mit derselben etymologischen Bedeutung zurückgehen. ❖ *Wilhelm Keim* ist a. 1370 in Nürnberg bezeugt.

Keinath: 1. Auf eine vor allem im deutschen Südwesten verbreiteten Form von ▸ Konrad zurückgehender Familienname. 2. Wohnstättenname zu mhd. *kemenāte* ›ein mit einer Feuerstätte versehenes Gemach, bes. Schlafgemach; Wohnzimmer; Frauengemach; für sich stehendes Gebäude, Wohnhaus‹, schwäb. Aussprache *Keināt*.

Keine, Keiner: in Osthessen und Thüringen aus mundartlichen Ableitungen von ▸ Konrad entstandene Familiennamen.

Keiper: 1. Übername zu mittelhochdeutsch *kīben* ›scheltend zanken, keifen‹ für einen zänkischen Menschen. 2. Bei ostpreußischer Herkunft kann es sich um einen Berufsnamen handeln, dem das bis ins 17. Jahrhundert belegte, aus dem Altpreußischen stammende Wort *keiper* ›Fischmeister, Aufseher über die Fischereien‹ zugrunde liegt. 3. Herkunftsname zu dem Ortsnamen Keipern (Ostpreußen).

Keiser: ▸ Kaiser.

Keitel: ▸ Keidel.

Kelch: 1. Berufsübername zu mhd. *kelch* ›Kelch‹ für den Hersteller. 2. Übername zu mhd. *këlch* ›Unterkinn, Doppelkinn; Kropf‹.

Kell(e): 1. Berufsübernamen zu mhd., mnd. *kelle* ›Kelle, Schöpfkelle, Maurerkelle‹ für einen Koch bzw. einen Maurer. 2. Wohnstättennamen zu mhd. *kelle* ›Loch, Hütte, Tümpel in einem Fluss zum Fischfang‹. 3. Herkunftsnamen zu den Ortsnamen Kell (Rheinland-Pfalz), Kella (Thüringen, Sachsen), Kellen (Nordrhein-Westfalen), a. 1318 als *Kella* belegt.

Keller: 1. Amtsname zu mhd. *këller* ›Kellermeister, Verwalter der Weinberge, Verwalter der Einkünfte (an Höfen, Klöstern)‹. ❖ Die Entstehung dieses Familiennamens gegen die Belege aus Basel a. 1268 *Cuonradus dictus* [genannt] *dir Keller*, identisch mit *Conradus Cellerarius* [Kellermeister]. 2. Wohnstättenname zu mhd. *këller* ›Keller, Kaufladen‹ für jemanden, der in einem Haus mit einem Keller oder einem Kaufladen wohnte. 3. Herkunftsname zu den Ortsnamen Keller (Schleswig-Holstein, Brandenburg, Nordrhein-Westfalen). ❖ Bekannter Namensträger: Gottfried Keller, schweizerischer Schriftsteller (19. Jh.).

Kellerer: 1. Amtsname zu mhd. *këllerer* ›Kellermeister, Verwalter der Weinberge, Verwalter der Einkünfte‹. 2. Ableitung auf *-er* von Keller (2.) oder (3.).

Kellermann: 1. Amtsname wie ▸ Keller (1.). 2. Ableitung auf *-mann* von ▸ Keller (2.) oder (3.). ❖ *Hans Kellermann* ist a. 1370 in Nürnberg bezeugt.

Kellert: Erweiterung von ▸ Keller mit einem sekundären *-t*.

Kelling: Herkunftsname zu dem gleichlautenden Ortsnamen (ehem. Brandenburg/jetzt Polen) oder zu der Wüstung Cellinge bei Ballenstedt (Harz).

Kellmann: 1. Berufsname zu mnd. *kelleman* ›Maurer‹. 2. Ableitung auf *-mann* zu ▸ Kell(e) (2.) oder (3.).

Kellner: Amtsname zu mhd. *këlner* ›Kellner, Kellermeister; herrschaftlicher Steuerbeamter, Verwalter‹. ❖ Bereits um einen festen Familiennamen handelt es sich bei dem Beleg aus Regensburg a. 1342 *Ullr. Chellner der schuster*.

Kelm: 1. Vorwiegend in Norddeutschland vertretener Herkunftsname zu dem Ortsnamen Köllme (Sachsen-Anhalt). 2. Wohnstättenname zu einem Flurnamen slawischer Herkunft (vgl. poln. *chełm* ›Hügel‹).

Kemmer: 1. ▸ Kämmer. 2. Herkunftsname zu den Ortsnamen Kemme (Niedersachsen), Kemmen (Brandenburg).

Kemmerling: ▸ Kämmerling.

Kemmler: ▸ Kämmler.

Kemnade, Kemnat(h), Kemnat(h)er: 1. Herkunftsnamen zu Ortsnamen wie Kemnade (Niedersachsen), Kemnat (Baden-Württemberg, Bayern), Kemnaten (Baden-Württemberg), Kemnath (Bayern, ehem. Brandenburg/jetzt Polen), Kemnathen (Bayern, Österreich). 2. Wohnstättennamen zu mhd. *kemenāte*, mnd. *kemenade, kemnade*, ursprünglich ›heizbares Zimmer‹, dann ›für sich stehendes Gebäude, Wohnhaus‹. ❖ Als Wohnstättenname aufzufassen ist *Johan tor Kemenade* Coesfeld a. 1484, als Herkunftsname *fridl kemnater* München a. 1387.

Kemnitz(er): Herkunftsnamen zu den Ortsnamen Chemnitz (Sachsen, Mecklenburg-Vorpommern), Kemnitz (Mecklenburg-Vorpommern, Brandenburg, ehem. Brandenburg/jetzt Polen, Sachsen-Anhalt, Sachsen).

Kemp: ▸ Kempe.

Kempa: Herkunftsname zu dem gleichlautenden Ortsnamen (Schlesien).

Kempe: Berufsname zu mhd., mnd. *kempe* ›Kämpfer, auch der für einen gerichtlichen Zweikampf gemietete Berufskämpfer‹. ❖

Diese Bedeutung liegt dem Beleg von a. 1368 aus Friedberg (Hessen) *Heyntze Kempe* zugrunde. 2. ▸ Kempa.

Kempen: Herkunftsname zu dem Ortsnamen Kempen (Niedersachsen, Nordrhein-Westfalen, ehem. Pommern/jetzt Polen).

Kemper: 1. Niederdeutscher Berufsname zu mnd. *kemper* ›Kämpfer‹, ▸ Kempe. 2. Niederdeutscher Amtsname zu mnd. *kempen* ›eichen, mit dem Brandzeichen versehen (zur Beglaubigung des richtigen Maßes und Gewichtes)‹.

Kempf(f): Berufsnamen zu mhd. *kempfe* ›der für sich oder als Stellvertreter eines anderen einen Zweikampf unternimmt; Kämpfer, Streiter‹, auch ›Berufskämpfer, -fechter auf den mittelalterlichen Jahrmärkten‹. ❖ *Hans Kempf* ist a. 1357 in Würzburg bezeugt. ❖ Bekannter Namensträger: Wilhelm Kempff, deutscher Pianist (19./20. Jh.).

Kempinski, Kempinsky: Herkunftsnamen zu dem polnischen Ortsnamen Kępno, wobei der polnische Nasalvokal *-ę-* durch *-em-* wiedergegeben ist.

Kempke: Ableitung von ▸ Kempe (1.) mit *-k*-Suffix.

Kempken: Ableitung von ▸ Kempe (1.) mit dem Suffix *-ken*.

Kempkes: patronymische Bildung (starker Genitiv) zu ▸ Kempke.

Kempter: Herkunftsname zu dem Ortsnamen Kempten (Allgäu, Rheinland-Pfalz, Schweiz).

-ken: aus der Kombination der Suffixe *-k* und *-īn* (> *-kīn* > *-ken*) entstandene, niederdeutsche Endung zur Ableitung von Gattungs- und Personennamen, die der hochdeutschen Endung ▸ -chen entspricht.

Keppeler, Kep(p)ler: 1. Herkunftsnamen zu häufigen Ortsnamen wie Keppel(n) (Nordrhein-Westfalen), Kappel (Rheinland-Pfalz, Baden-Württemberg, Bayern, Schweiz), Cappel (Niedersachsen, Nordrhein-Westfalen, Hessen, Baden-Württemberg). 2. Berufsnamen zu mhd. *keppelīn, keppel*, Verkleinerungsform von *kappe* ›Käppchen‹ für den Hersteller. ❖ Bekannter Namensträger: Johannes Kepler, deutscher Astronom und Mathematiker (16./17. Jh.).

Kerber: durch Entrundung entstandene Form von Körber (▸ Korber).

Kerkhoff: niederdeutscher Wohnstättenname zu mnd. *kerkhof* ›Hof, der der Kirche gehört, Landgut der Geistlichkeit; Kirchhof‹. ❖ *Ailheit ton* [zum] *Kerckhove* ist a. 1548 in Coesfeld überliefert.

Kerkmann: niederdeutsche Form von ▸ Kirchmann.

Kerl: Übername zu mhd. *kerl, karl* ›Mann, Ehemann, Geliebter‹, auch mit verächtlicher Nebenbedeutung wie nhd. Kerl.

Kerler: schwäbischer Berufsname, Nebenform von ▸ Karrer.

Kern: Berufsübername zu mhd. *kërn* ›Kern (vom Getreide)‹, fnhd. *kern* ›Dinkel, Spelt‹ für einen Bauern. 2. Übername zu mhd. *kërn* in der bildlichen Bedeutung ›wesentlicher Gehalt, Hauptsache, das Beste‹ für einen tüchtigen Menschen. 3. Gelegentlich Berufsübername zu mhd. *kërn*, mnd. *kerne* ›Butterfass‹ für einen Bauern. ❖ *Peter Kern* ist a. 1370 in Nürnberg bezeugt.

Kerner: 1. Berufsname zu mhd. *kerner* ›Karrenführer‹. 2. Entrundete Form von Körner (▸ Korner). 3. Herkunftsname zu den Ortsnamen Kern (Schlesien), Moselkern (Rheinland-Pfalz). ❖ Bekannte Namensträger: Justinus Andreas Christian Kerner, deutscher Schriftsteller (18./19. Jh.); Johannes B. Kerner, deutscher Fernsehmoderator (20./21. Jh.).

Kerschbaum: 1. Herkunftsname zu dem in Bayern mehrmals vorkommenden Ortsnamen Kerschbaum. 2. Wohnstättenname für jemanden, der bei einem Kirschbaum (mhd. *kërs[e]boum*) wohnte.

Kerscher: 1. Bairischer Berufsübername zu bair. *Kersche* ›Kirsche‹ für einen Bauern, der viele Kirschbäume hatte. 2. Wohnstättenname für jemanden, der bei Kirschbäumen wohnte.

Kerst, Kerstan, Kersten: aus niederdeutschen Formen von ▸ Christian entstandene Familiennamen.

Kersting: patronymische Bildung auf *-ing* zu ▸ Kerst. ❖ Bekannter Namensträger: Georg Friedrich Kersting, deutscher Maler (18./19. Jh.).

Keseling: Übername zu mnd. *keselink* ›Kiesel, Feuerstein‹.

Keser: 1. Oberdeutscher Berufsname zu mhd. *kæse* ›Käse‹ für den Käsemacher. ❖ *Bernolt*

Keser ist a. 1316 in Nürnberg bezeugt. 2. Niederdeutscher Amtsname zu mnd. *keser* ›Wähler, bestellter Prüfer‹, vgl. ▸ Kieser.

Keskin: türkischer Familienname zu türk. *keskin* ›herb, ernsthaft‹.

Kessel: 1. Berufsübername zu mhd. *kezzel* ›Kessel‹ für den Kesselschmied, ▸ Kessler. 2. Wohnstättenname für jemanden, der in einer kesselförmigen Vertiefung siedelte. 3. Herkunftsname zu dem häufigen Ortsnamen Kessel (Bayern, Nordrhein-Westfalen, Schlesien, Ostpreußen). ❖ *C. Kessel* ist a. 1388 in Nürnberg bezeugt.

Kesselhut: Berufsübername zu mhd. *kezzelhuot* ›Pickelhaube in Kesselform‹ für den Hersteller oder Übername für den Träger. ❖ *Jacob Kesselhut* ist a. 1397 in Nürnberg bezeugt.

Kesselmann: Ableitung auf *-mann* von ▸ Kessel.

Kesselring: Berufsübername zu mhd. *kezzelrinc* ›Ring, woran der Kessel über dem Herd hängt‹, für den Kesselschmied. ❖ *Ull Kesselrinchk* ist a. 1371 in München bezeugt.

Kesselschläger: Berufsname für den Kesselschmied (▸ Kessler).

Kessler, Keßler: Berufsnamen zu mhd. *kezzelære* ›Kesselschmied‹. Es handelte sich hierbei um einen Handwerker, der Kupfer und Messing ohne Erhitzen oder Schmelzen, d.h. nur durch manuelle Bearbeitung (vgl. ▸ Kesselschläger), in die passende Form brachte. Zu seinen Erzeugnissen gehörten Kupferkessel, Bottiche und Pfannen. ❖ Bei dem Regensburger Beleg *Ch. Chessler der sneider* (a. 1326) handelt es sich bereits um einen Familiennamen. ❖ Bekannter Namensträger: Harry Graf Keßler, deutscher Schriftsteller und Diplomat (19./20. Jh.).

Kessmann, Keßmann: ▸ Käsemann.

Kesten: 1. ▸ Kerst, Kerstan, Kersten. 2. Herkunftsname zu dem Ortsnamen Kesten (Rheinland-Pfalz). ❖ Bekannter Namensträger: Hermann Kesten, deutscher Schriftsteller (20. Jh.).

Kesting: ▸ Kersting.

Kestler, Kestner: ▸ Kastner, Kästner.

Ketel: niederdeutsche Form von ▸ Kessel (1.), (2.).

Ketelböter: niederdeutscher Berufsname zu mnd. *ketelboter* ›Kesselflicker‹.

Ketelhake: niederdeutscher Berufsübername zu mnd. *ketelhake* ›Haken, woran der Kessel über dem Herd hängt‹ für den Hersteller. ❖ Ein früher Beleg ist *Aleke, Dyderikes dochter Kettelhaken* Coesfeld a. 1393.

Ketelhut: niederdeutsche Form von ▸ Kesselhut.

Ketelsen: dieser Familienname ist am häufigsten im Bereich Elmshorn, wo er die 75. Position in der Ranghäufigkeit einnimmt. Es handelt sich um eine patronymische Bildung auf *-sen* zu dem alten niederdeutsch-friesischen Rufnamen Ketil (altdänisch *kætil* ›Opferkessel‹ oder ›Helm‹).

Keteler: ▸ Kettler.

Ketterer: metronymische Bildung auf *-er* zu einer verkürzten Form von Katharina, einem Rufnamen griechischen Ursprungs (Umdeutung des griechischen Frauennamens Aikateríne zu griech. *katharós* ›rein‹). Katharina fand im Mittelalter in der christlichen Welt als Name der heiligen Katharina von Alexandria (3./4. Jh.) Verbreitung.

Kettler: 1. Niederdeutscher Berufsname zu mnd. *ketelere* ›Kesselmacher‹, vgl. ▸ Kessler. 2. Oberdeutscher Berufsname, ▸ Kettner.

Kettlitz: Herkunftsname zu den Ortsnamen Köttlitz (Brandenburg, Bayern), Kittlitz (Schleswig-Holstein, Sachsen, Brandenburg, Ostpreußen).

Kettner: Berufsname zu mhd. *keten(e), ketten* ›eiserne Kette, Fessel; Kette aus Gold oder Silber, um etwas daranzuhängen oder als Schmuck‹, fnhd. *kettener* ›Kettenschmied; Verfertiger von Schmuckketten‹.

Ketzer: Übername zu mhd. *ketzer*, md. auch *katzer* ›Ketzer; frevelhafter, verworfener Mensch‹.

Keuchel: Übername zu mhd. *kīchen* ›schwer atmen, keuchen‹, mhd. *kīche* ›Asthma‹ nach einer Erkrankung des ersten Namensträgers.

Keuerleber: Übername für jemanden, der angenehm lebte (zu mhd. *gehiure* ›sanft, lieblich, angenehm‹ und mhd. *leben* ›leben‹).

Keul(e): 1. Übernamen zu mhd. *kiule* ›Keule, Stock, Stange‹, übertragen für einen groben Menschen. 2. Herkunftsnamen zu dem Ortsnamen Keula (Thüringen, Sachsen).

Keun: ▸ Keune. ❖ Bekannte Namensträgerin: Irmgard Keun, deutsche Schriftstellerin (20. Jh.).

Keune: der Name ist am häufigsten in den Bereichen Braunschweig und Hagen. Es handelt sich um einen aus Koine, Koyne, niederdeutschen (mundartlichen) Kurzformen von ▶ Konrad, entstandenen Familiennamen.

Keuter: 1. Vorwiegend westfälischer Berufsname zu nd. *Keute, Kuyte* ›eine Art Bier‹ für einen Bierbrauer. 2. Wohnstättenname, diphthongiert aus mnd. *kute* ›Grube‹. 3. Im deutsch-niederländischen Grenzgebiet könnte auch ein Standesname zu mndl. *keuter* ›Kötner, Inhaber einer Kote, Häusler‹ vorliegen.

Khan: vorwiegend iranischer, pakistanischer oder indischer Familienname, der auf den gleichlautenden, ursprünglich mongolisch-türkischen Herrschertitel zurückgeht.

Kick: Übername zu mhd. *quëc, quick* ›frisch, wohlgemut, munter; mutig‹.

Kiechle: durch Entrundung entstandene Form von ▶ Küchle.

Kiefer: 1. Durch Entrundung entstandene, vor allem im Südwesten vorkommende Form von ▶ Küfer. 2. Übername zu mhd. *kifen* ›nagen, kauen‹, mhd. *kifen, kivelen* ›scheltend zanken, keifen‹. ❖ Bekannte Namensträger: Anselm Kiefer, deutscher Maler und Bildhauer (20./21. Jh.); Nicolas Kiefer, deutscher Tennisspieler (20./21. Jh.).

Kiefl: der Name kommt vor allem im Gebiet zwischen Regensburg und Passau vor. 1. Entrundete Form zu bair. *Kueffl* ›kleine Kufe (ein hölzernes Gefäß)‹ und somit Berufsübername für den Küfner (vgl. ▶ Böttcher). 2. Übername zu bair. *Kiefel* ›(Erbsen-)Schote‹.

Kiehl: ▶ Kiel.

Kiehn: vor allem im Raum Hamburg häufiger Familienname. 1. Verkürzte Form von ▶ Kiene. 2. Wohnstättenname zu mnd. *kīn* ›das harzhaltige Holz der Kiefer‹, ein Wort, das öfters als Teil von Flurnamen erscheint (z. B. die Kiehneberge nördlich von Magdeburg).

Kiehne: ▶ Kiene.

Kiel: 1. Herkunftsname zu dem Ortsnamen Kiel (Holstein, Niedersachsen). 2. Wohnstättenname zu mhd., mnd. *kīl* ›Keil‹: ›wohnhaft an einem keilförmigen Grundstück‹. 3. Übername zu mhd., mnd. *kīl* ›Keil‹, übertragen für einen Grobian. 4. Berufsübername zu mhd. *kil* ›Federkiel‹ für einen Schreiber. 5. Berufsübername zu mhd. *kil* ›Lauch, Lauchzwiebel‹ für einen Bauern. 6. Berufsübername zu mhd. *ki(e)l*, mnd. *kil* ›Schiffskiel, größeres Schiff‹ für einen Schiffer.

Kielmann: Ableitung auf *-mann* von ▶ Kiel (1.) oder (2.).

Kienast: 1. Berufsübername zu mhd. *kienast* ›Ast vom Kienbaum (Kiefer), Kienholz‹ für den ▶ Kiener. 2. Herkunfts- oder Wohnstättenname zu dem Berg- und Burgnamen Kynast im Riesengebirge (Schlesien).

Kienberg(er): Herkunftsnamen zu dem Ortsnamen Kienberg (Bayern, Brandenburg, Ostpreußen, Österreich, Schweiz).

Kiene: vorwiegend im Raum Hannover-Braunschweig-Göttingen häufiger Familienname, der auf die Künne, Kine, das sind Kurzformen zum weiblichen Rufnamen Kunigunde, gelegentlich auch zum Rufnamen Katharina, zurückgeht. ❖ Ein Beleg aus Braunschweig a. 1309 ist *Clavus van Levenstede ...Kine sin husfrowe*.

Kiener: Berufsname zu mhd. *kien* ›Kien, Kienspan, Kienfackel‹ für jemanden, der Kienholz spänt und verkauft (vgl. mhd. *kienlieht* ›brennender Kienspan, Fackel‹, mhd. *kienmarket* ›Markt für Kien‹). ❖ *Fritz Kyener* ist a. 1357 in Nürnberg bezeugt.

Kieninger: Herkunftsname zu den Ortsnamen Kiening, Kining (Bayern).

Kienitz: Herkunftsname zu dem gleichlautenden Ortsnamen (Brandenburg, ehem. Brandenburg/jetzt Polen).

Kienle: durch Entrundung entstandene Form von Kühnle (▶ Kuhnle).

Kien(t)z: durch Entrundung entstandene Formen von Künz (▶ Kunz).

Kien(t)zle: durch Entrundung entstandene Formen von ▶ Künzle.

Kien(t)zler: durch Entrundung entstandene Formen von ▶ Künzler.

Kiep: Übername zu mhd. *kīp* ›scheltendes, zänkisches Wesen; Trotz, Widersetzlichkeit‹. ❖ In Friedberg (Hessen) ist a. 1406 *Clas Kip von Dorheim* bezeugt.

Kiepe: niederdeutscher Übername zu nd. *Kiepe* ›Rückentragekorb‹.

Kiepenheuer: niederdeutscher Berufsname zu nd. *Kiepe* ›Rückentragekorb‹ und mnd., mhd. *houwen* ›hauen; bearbeiten‹ für den Hersteller von Kiepen (▶ Kiep[e]). ❖ Bekannter Namensträger: Gustav Kiepenheuer, deutscher Verleger (19./20. Jh.).

Kieper: niederdeutscher Berufsname auf *-er* für den Hersteller von Kiepen (▶ Kiep[e]).

Kiermeier: verschliffene Form von ▶Kirchmaier.

Kies: Wohnstättenname nach einem Flurnamen ›In (auf) dem Kies‹ (zu mhd. *kis* ›Kies‹).

Kiesel: Übername zu mhd. *kisel* ›Kieselstein, Hagelstein‹.

Kieselbach: 1. Herkunftsname zu dem gleichlautenden Ortsnamen (Thüringen, Sachsen). 2. Wohnstättenname für jemanden, der an einen Bach mit Kieseln wohnte.

Kieser: Amtsname zu mhd. *kieser* ›Prüfer, Schieds- und Kampfrichter, amtlich bestellter Prüfer von Getränken und Geld‹.

Kiesewetter: Übername in Satzform (›prüfe das Wetter‹) für den Wetterbeobachter (zu mhd. *kiesen* ›prüfen‹; vgl. auch fnhd. *kieseweter* ›Wetterspäher, -prophet‹).

Kieslich: Übername zu fnhd. *kislig* ›Kieselstein‹.

Kiesling: ▶Kießling.

Kiesow: Herkunftsname zu dem gleichlautenden Ortsnamen (Mecklenburg-Vorpommern).

Kießling: 1. Übername zu mhd. *kis(e)linc* ›Kiesel, Kieselstein‹. 2. Herkunftsname zu den Ortsnamen Kiesling (Bayern, Ostpreußen, Österreich), Kießling (Thüringen, Schlesien). ❖ Vgl. den Regensburger Beleg *dez Chisslingz sun* [Sohn] (a. 1348).

Kietz: 1. Herkunftsname zu dem gleichlautenden Ortsnamen (Brandenburg, ehem. Brandenburg/jetzt Polen). 2. Wohnstättenname zu der in Brandenburg und Mecklenburg vorkommenden Wohnstättenbezeichnung *Kietz* ›Fischersiedlung‹, dann ›armselige Ansiedlung‹, deren Etymologie umstritten ist.

Kietzmann: Ableitung auf *-mann* von ▶Kietz.

Kilb: vorwiegend im Raum Frankfurt-Wiesbaden häufiger, nicht sicher zu deutender Familienname; möglicherweise Übername zu *Külp, Kilp* ›Rohrkarpfen‹.

Kilcher: alemannische Form von ▶Kircher.

Kilchert: Erweiterung von ▶Kilcher mit einem sekundären *-t*.

Kilger: im Raum Passau–Regensburg häufiger Familienname, am ehesten patronymische Bildung auf *-er* zum Rufnamen ▶Kilian. Die Form *Kilge* hätte sich dann aus *Kilie wie mhd. *lilge* aus *lilie* entwickelt.

Kilian: auf den gleichlautenden Rufnamen (zu altirisch *killena* ›Kirchenmann‹) zurückgehender Familienname. Der heilige Kilian war ein irischer Missionar, der im 7. Jh. als Wanderbischof nach Würzburg kam.

Kılıç: türkischer Familienname zu türk. *kılıç* ›Schwert‹.

Killinger: Herkunftsname zu dem Ortsnamen Killingen (Baden-Württemberg).

Kim: 1. ▶Kimm. 2. Koreanischer Familienname (< chinesisch *kum* ›Gold‹). Kim, der Name eines alten Herrscherhauses, ist der häufigste koreanische Familienname.

Kimm: 1. Berufsübername für den Böttcher zu mhd. *Kimme* ›Kerbe, der Falz in der Fassdaube oder die Kerbe in den Seitenbrettern eines Fasses, in die der Boden eingefügt wird‹. 2. Wohnstättenname zu mnd. *kimme* ›der äußerste Rand, Horizont‹ für jemanden, der am äußersten Rand des Dorfes wohnte.

Kimmel: durch Entrundung entstandene Form von ▶Kümmel.

Kimmerle: durch Entrundung entstandene Form von ▶Kümmerle.

Kimmich, Kimmig: im deutschen Südwesten verbreitete Berufsübernamen zu mhd. *kümich*, Nebenform von *kumin* ›Kümmel‹, für den Gewürzkrämer.

Kimpel: vorwiegend im Gebiet zwischen Wiesbaden und Fulda anzutreffender Familienname. 1. Berufsübername zu einer entrundeten Verkleinerungsform von mhd. *kump, kumpf* ›hölzernes Gefäß, Getreidemaß‹ für einen Böttcher. 2. Möglich wäre auch eine im Anlaut verhärtete Form von ▶Gimbel, Gimpel.

Kind: Übername zu mhd., mnd. *kint* ›Kind, Knabe, Jüngling, junger Mensch‹, adjektivisch ›jung, kindisch, einfältig‹. ❖ Bekannter Namensträger: Johann Friedrich Kind, deutscher Schriftsteller (18./19. Jh.).

Kindel: Übername zu mhd. *kindelīn, kindel* ›Kindlein, Jüngling‹.

Kindermann: Berufsname für den Kindererzieher, den Schulmeister. ❖ Die Witwe des Reutlinger Schulmeisters Konrad Spechtshart († 1395) heißt abwechselnd *Bethe die Schulmeisterin* und *Bette Kindermennin*.

Kindl: bairisch-österreichische Schreibweise von ▶Kindel.

Kindler: 1. Berufsname zu fnhd. *kindeler* ›weltlicher Lehrer‹. 2. Übername zu mhd. *kindeln* ›ein Kind zeugen‹ für einen kinderreichen Vater.

Kindt: ▶ Kind.

King: 1. Durch Entrundung entstandene Form von Küng (▶ Kung). 2. Englischer Übername zu altengl. *cyning*, mittelenglisch *king* ›König‹ (vgl. ▶ König [1.]).

Kinkel: vorwiegend im Raum Wiesbaden–Gießen–Siegen verbreiteter Familienname; durch Entrundung entstandene Form von Künkel (▶ Kunkel).

Kinne: 1. Durch Entrundung entstandene Form von ▶ Künne. 2. Übername zu mhd., mnd. *kin(ne)* ›Kinn‹ nach einem körperlichen Merkmal des ersten Namensträgers.

Kinner: am ehesten metronymische Bildung zu Kinne (1.).

Kin(t)z: durch Entrundung entstandene Formen von Künz (▶ Kunz).

Kin(t)zel: durch Entrundung entstandene Formen von Künzel (▶ Kunzel).

Kipp: 1. Wohnstättenname zu mnd. *kip* ›Zipfel‹, mda. (rheinisch) *Kipp* ›Zipfel, spitzes Ende, Ecke einer Fläche; Gipfel, Hügel‹, mda. (ostmitteldeutsch) *Kipp* ›Anhöhe, Berg‹. 2. Herkunftsname zu den Ortsnamen Kipp bei Düsseldorf, Kippe (Westfalen).

Kipper: 1. Ableitung auf *-er* von ▶ Kipp. 2. Herkunftsname zu dem Ortsnamen Kipper bei Hagen (Westfalen). 3. Übername zu mhd. *kipper* ›nicht rittermäßiger Kämpfer‹.

Kipping: 1. Ableitung auf *-ing* zu Kipp (1.). 2. Herkunftsname zu dem Ortsnamen Kippingen (Nordrhein-Westfalen).

Kirch: Wohnstättenname zu mhd. *kirche* ›Kirche‹; ›wohnhaft bei einer Kirche‹.

Kirchberg(er): Herkunftsnamen zu dem Ortsnamen Kirchberg (Niedersachsen, Nordrhein-Westfalen, Rheinland-Pfalz, Hessen, Sachsen, Bayern, Baden-Württemberg, Schlesien, Österreich, Schweiz). 2. Wohnstättennamen nach einem gleichlautenden Flurnamen.

Kircher: 1. Amtsname zu mhd. *kirchenære, kircher* ›Küster, Mesner‹. 2. Wohnstättenname auf *-er* zu mhd. *kirche* ›Kirche‹: ›wohnhaft bei der Kirche‹. 3. ▶ Kirchner (2.).

Kirchgasser, Kirchgässer: oberdeutsche Wohnstättennamen zu mhd. *kirche* ›Kirche‹ und mhd. *gazze* ›Gasse‹ für jemanden, der an einer zur Kirche führenden Gasse wohnte.

Kirchhof(f): 1. Wohnstättennamen zu mhd. *kirchhof* ›Kirchhof‹ für jemanden, der am/beim Kirchhof wohnte. 2. Herkunftsnamen zu den Ortsnamen Kirchhof (Niedersachsen, Hessen, Bayern), Kirchhoff (Nordrhein-Westfalen). ❖ Bekannter Namensträger: Bodo Kirchhoff, deutscher Schriftsteller (20./21. Jh.).

Kirchmaier, Kirchmayer, Kirchmeier, Kirchmeyer: Amtsnamen zu mhd. *kirchmeier* ›Verwalter des Kirchenguts‹.

Kirchmann: Amtsname für jemanden, der im Dienste einer Kirche stand oder von einer Kirche abhängig war, z. T. gleichbedeutend mit ▶ Kirchmaier.

Kirchner: 1. ▶ Kircher. 2. Herkunftsname zu dem Ortsnamen Kirchen (Baden-Württemberg, Rheinland-Pfalz). ❖ Bekannter Namensträger: Ernst Ludwig Kirchner, deutscher Maler, Grafiker und Bildhauer (19./20. Jh.).

Kirmse: Übername zu mhd. *kirchmëse* ›Kirchweihfest, Jahrmarkt‹.

Kirn: Herkunftsname zu dem gleichlautenden Ortsnamen (Rheinland-Pfalz, Bayern).

Kirner: 1. Ableitung auf *-er* von ▶ Kirn. 2. Übername zu mhd. *kirnen* ›die Kerne herausholen‹. 3. Berufsübername zu mnd. *kernen, kirnen* ›Butter bereiten‹ für einen Bauern oder Butterhändler.

Kirsch: 1. Berufsübername zu mhd. *kërse, kirse, kirsche* ›Kirsche‹ für den Obstgärtner oder -verkäufer oder Übername nach der Lieblingsspeise. 2. Herkunftsname zu dem gleichlautenden Ortsnamen (Rheinland-Pfalz, Schlesien). ❖ Bekannte Namensträgerin: Sarah Kirsch, deutsche Schriftstellerin (20./21. Jh.).

Kirschbaum: 1. Wohnstättenname zu mhd. *kërseboum* ›Kirschbaum‹ für jemanden, der bei einem Kirchbaum wohnte. 2. Herkunftsname zu den Ortsnamen Kirschbaum (Nordrhein-Westfalen, Ostpreußen), Klein Kirschbaum (ehem. Brandenburg/jetzt Polen). 3. Gelegentlich kann diesem Familiennamen auch ein Hausname zugrunde liegen. So ist z. B. in Basel (a. 1297) ein *hūs, dem man spricht zem kiseboume* überliefert.

Kirschke: Ableitung von ▶ Kirsch mit *-k-*Suffix.

Kirschner: durch Entrundung entstandene Form von ▶ Kürschner.

Kirschstein: aus einer Umdeutung in Anlehnung an das Substantiv »Kirschstein« von niederdeutschen Rufnamenformen wie Kirsten, Kirstein (▶ Christian) hervorgegangener Familienname.

Kirst, Kirste, Kirstein, Kirsten: auf niederdeutsche Formen von ▶ Christian zurückgehende Familiennamen.

Kiss: vor allem im Gebiet zwischen Mannheim und Freiburg i. Br. anzutreffender Familienname, am ehesten Wohnstättenname zu mhd. *kis* ›Kies‹ für jemanden, der an einer kiesigen Stelle wohnte.

Kissel: vorwiegend westmitteldeutscher Übername zu mhd. *kissel, kisel* ›Kieselstein‹.

Kist: 1. Aus Kirst, einer niederdeutschen Form von ▶ Christian, durch Ausfall des *r* vor *s* entstandener Familienname. 2. Berufsübername zu mhd. *kiste* ›Kiste, Kasten, besonders zur Aufbewahrung der Kleidung‹ für den ▶ Kistler. 3. Herkunftsname zu dem Ortsnamen Kist (Unterfranken).

Kistenmacher: ▶ Kistler, Kistner.

Kister: 1. ▶ Kistler. 2. Durch Entrundung entstandene Form von Küster (▶ Kuster). 3. Ableitung auf *-er* zu ▶ Kist (3.).

Kisters: patronymische Bildung (starker Genitiv) zu ▶ Kister (1.).

Kistler, Kistner: Berufsnamen zu mhd. *kisteler, kistener* ›Kistenmacher, Schreiner‹. ❖ *Jacob Kistner* ist a. 1370 in Nürnberg bezeugt.

Kittel: Berufsübername zu mhd. *kit(t)el* ›Kittel, leichtes Oberhemd für Männer und Frauen‹ für den Kittelschneider oder Übername für den Träger. ❖ Vgl. den Regensburger Beleg *Ch. im Chitel* (a. 1344).

Kittelmann: Berufsname auf *-mann* für den Kittelschneider oder Übername für den Träger.

Kittler: Berufsname auf *-er* für den Kittelschneider oder Übername für den Träger.

Kittlitz: Herkunftsname zu dem gleichlautenden Ortsnamen (Schleswig-Holstein, Brandenburg, Sachsen, Ostpreußen).

Kittner: durch Entrundung entstandene Form von ▶ Küttner.

Kitzmann: ▶ Kietzmann.

Kiwitt: Übername zu mnd. *kiwit* ›Kiebitz‹.

Klaas: aus einer niederdeutschen verkürzten Form von ▶ Nikolaus entstandener Familienname.

Klabuhn, Klabund(e): patronymische Bildungen litauischen Ursprungs zu einer verkürzten Form von ▶ Nikolaus. ❖ Unter dem Pseudonym Klabund veröffentlichte der deutsche Schriftsteller Alfred Henschke (19./20. Jh.) seine Arbeiten.

Klaes: aus einer niederdeutschen verkürzten Form von ▶ Nikolaus entstandener Familienname.

Klages: aus Klawes, einer niederdeutschen verkürzten Form von ▶ Nikolaus, mit Übergang von *-w-* zu *-g-*, entstandener Familienname. ❖ Bekannter Namensträger: Ludwig Klages, deutscher Philosoph und Psychologe (19./20. Jh.).

Klaiber: ▶ Kleiber.

Klambt, Klämbt: aus einer schlesischen zusammengezogenen Form von ▶ Clemens entstandene Familiennamen.

Klamm: 1. Wohnstättenname zu mhd. *klam* ›Bergspalte, Schlucht‹. 2. Herkunftsname zu dem Ortsnamen Klamm (Bayern, Österreich). 3. Übername zu mhd. *klam* ›eng, dicht; gediegen; rein, heiter‹, mnd. *klam* ›eng, fest zusammenhaltend; beengt; mutlos, verzagt‹.

Klammer: 1. Ableitung auf *-er* von ▶ Klamm (1.) oder (2.). 2. Auf den in Norddeutschland vorkommenden Rufnamen lateinischen Ursprungs Clamer/Clamor (›Ruf, Schrei‹) zurückgehender Familienname.

Klamt: ▶ Klambt.

Klann: am häufigsten ist dieser Familienname im Bereich Schwerin; es handelt sich wohl um einen Wohnstättennamen zu poln. *klon* ›Ahorn‹.

Klapp: vor allem im Raum Kassel häufiger Übername, wohl zu mhd. *klapf* ›Knall, Krach‹, auch ›verleumderisches Geschwätz‹ bzw. zu mnd. *klap*, ein den Schall nachahmender Ausruf.

Klapper: Übername zu mnd. *klapper* ›Schwätzer‹, mhd. *klappern* ›schwatzen, klatschen‹, mhd. *klapperer* ›Schwätzer, Verleumder‹.

Klappert: Erweiterung von ▶ Klapper mit einem sekundären *-t*.

Klapproth: Herkunftsname zu der Wüstung Klapperode im Vorharz (Niedersachsen). Der Ort barg einen Hof des Klosters Pöhlde; er wurde i. J. 1516 völlig aufgeteilt auf die umliegenden Marken.

Klar(e): 1. Übernamen zu mhd., mnd. *klār* ›klar, hell, strahlend, schön, lauter, rein, herrlich‹. 2. Aus einer verkürzten Form des Heiligennamens Hilarius (▶ Glorius) hervorgegangene Familiennamen. 3. Metronymische Familiennamen, denen der weibliche Rufname Klara zugrunde liegt. Klara fand im Mittelalter als Heiligennamen Verbreitung und zwar als Name der heiligen Klara von Assisi (12./13. Jh.), der Gründerin des Klarissenordens.

Klas: aus einer verkürzten Form von ▶ Nikolaus entstandener Familienname.

Klasen: patronymische Bildung (auf -sen oder schwacher Genitiv) zu einer verkürzten Form von ▶ Nikolaus.

Klasing: patronymische Bildung auf -ing zu ▶ Klas.

Klass, Klaß: ▶ Klas.

Klassen, Klaßen: ▶ Klasen.

Klatt(e): Übernamen zu mnd. *klatte* ›Fetzen, Lumpen‹ für einen armen oder verwahrlosten Menschen.

Klaua: auf eine sorbische Ableitung von ▶ Nikolaus zurückgehender Familienname.

Klauber: Berufsübername zu mhd. *klūben, klouben* ›klauben, etwas auflesen‹ für jemanden, der diese Tätigkeit bei verschiedenen Berufen (z.B. im Bergbau, in der Landwirtschaft) ausübte.

Klauck: 1. Übername zu mnd. *klōk*, niederdt. *klauk* ›behände; klug, listig, gewandt‹. 2. Aus einer sorbischen Ableitung von ▶ Nikolaus entstandener Familienname.

Klauer: 1. Rheinhessischer Wohnstättenname zu den Flurnamen *Klauer* (< mhd. *kliuwe* ›Knäuel, Kugel, Ball‹ + -er-Suffix), der in mit knolligen, kugeligen Bäumen, vor allem Weiden bewachsenes feuchtes Gelände bezeichnet. 2. Niederdeutscher Berufsname zu mnd. *kluver* ›der jemanden in *kluven*, d.h. Hand- und Fußschellen, legt, Büttel, Gerichtsdiener‹, dann auch allgemein ›Diener, Junge‹. 3. Herkunftsname zu dem Ortsnamen Klau bei Aachen.

Kläui: vor allem in der Schweiz vorkommender Familienname, der auf eine alemannische verkürzte Form von ▶ Nikolaus zurückgeht.

Klauka: ▶ Klauck (2.).

Klauke: ▶ Klauck.

Klaus: auf eine verkürzte Form von ▶ Nikolaus zurückgehender Familienname.

Klause: 1. Wohnstättenname zu mhd. *klūse* ›Klause, Einsiedelei; Felsspalte, Kluft, Engpass‹. 2. Herkunftsname zu den Ortsnamen Klause (Nordrhein-Westfalen, Bayern), Klaus (Nordrhein-Westfalen, Baden-Württemberg, Bayern), Klausa (Thüringen).

Klausen: 1. Patronymische Bildung (schwacher Genitiv oder Ableitung auf -sen) zu ▶ Klaus. 2. Gelegentlich Herkunftsname zu dem Ortsnamen Klausen (Rheinland-Pfalz, Bayern, Österreich, Ostpreußen).

Klauser: 1. Ableitung auf -er von ▶ Klause. 2. Patronymische Bildung auf -er zu ▶ Klaus.

Kläusli: vor allem in der Schweiz vorkommender Familienname, der aus einer Erweiterung von ▶ Klaus mit dem Suffix -li entstanden ist.

Klausmann: aus einer Erweiterung von ▶ Klaus mit dem Suffix -mann entstandener Familienname.

Klausner: 1. Übername zu mhd. *klūsenære, klōsenære* ›Klausner, Einsiedler‹, wohl als Anspielung auf die zurückgezogene Lebensweise des ersten Namensträgers. 2. Ableitung auf -ner von ▶ Klause oder Ableitung auf -er von ▶ Klausen (2.).

Klauss, Klauß: ▶ Klaus.

Klawe(s): durch Dehnung entstandene Formen von ▶ Klaus.

Klawitter: 1. Aus einer litauischen patronymischen Bildung zu Klawa (▶ Nikolaus) entstandener Familienname. 2. Wohnstättenname zu lit. *kliõwas*, lett. *kl'ava* ›Ahorn‹.

Kleber: 1. ▶ Kleiber. 2. Übername zu mhd. *klëber* ›klebrig, klebend‹. 3. Herkunftsname zu Ortsnamen wie Kleba (Sachsen, Hessen), Klebe (Mecklenburg-Vorpommern).

Klee: 1. Übername oder Wohnstättenname zu mhd. *klē* ›Klee, mit Kleeblumen bestandener Rasen‹. ❖ *Herman Klee* ist a. 1400 in Nürnberg bezeugt. 2. Aus Klewe, einer verkürzten Form von ▶ Nikolaus, hervorgegangener Familienname. 3. Niederdeutscher Wohnstättenname zu mnd. *klēf, klē* ›Kliff, Klippe, Fels, felsige Höhle‹. ❖ Bekannter Namensträger: Paul Klee, schweizerisch-deutscher Maler und Grafiker (19./20. Jh.).

Kleeberg(er): Herkunftsnamen zu den Ortsnamen Kleeberg (Bayern, ehem. Brandenburg/jetzt Polen, Ostpreußen), Kleeburg (Elsass), a. 1212 als *Cleberc* belegt. ❖ Bekannter Namensträger: Michael Kleeberg, deutscher Schriftsteller (20./21. Jh.).

Kleefisch: ▶ Klefisch.

Kleemann: 1. Erweiterung von ▶ Klee mit dem Suffix -*mann*. 2. Aus Cleman, einer Variante von ▶ Clemens, hervorgegangener Familienname.

Kleen: 1. Niederdeutscher Übername zu mnd. *klēn(e)* ›dünn, fein, zierlich, gering, unbedeutend, klein‹. 2. Außerhalb des niederdeutschen Gebiets Herkunftsname zu dem Ortsnamen (Ober-, Nieder-)Kleen (Hessen).

Klees: aus einer verkürzten Form von ▶ Nikolaus entstandener Familienname.

Kleffmann: 1. Ableitung auf -*mann* zu ▶ Klee (3.). 2. Herkunftsname zu Ortsnamen wie Kleff, Kleve am Niederrhein (Nordrhein-Westfalen).

Klefisch: aus dem Adjektiv klevisch entstandener Herkunftsname zu dem Ortsnamen Kleve am Niederrhein (Nordrhein-Westfalen).

Klei: 1. ▶ Kleie. 2. Aus einer verkürzten Form von ▶ Nikolaus entstandener Familienname.

Kleiber: Berufsname zu mhd. *kleiber* ›der eine Lehmwand macht, mit Lehm verstreicht‹ für einen Bauhandwerker. ❖ *Heinrich klaiber* ist um 1307 in Esslingen bezeugt. ❖ Bekannter Namensträger: Erich Kleiber, argentinischer Dirigent österreichischer Herkunft (19./20. Jh.).

Kleie: 1. Wohnstättenname zu mnd. *klei* ›die schwere, fette Erde der Marschen‹. 2. Herkunftsname zu Ortsnamen wie Kley (Westfalen; auch Stadtteil von Dortmund) u. a.

Kleimann: 1. Ableitung auf -*mann* von ▶ Kleie. 2. Aus Kleinemann (▶ Kleinmann) durch Wegfall der unbetonten Silbe -*ne*- hervorgegangener Familienname.

Klein: Übername zu mhd. *klein(e)* ›schmächtig, zart, mager; niedlich, zierlich, klein‹; in Zusammensetzungen (z. B. ▶ Kleinhans) kommt meist die Bedeutung ›jung, jünger‹ infrage. ❖ Bekannter Namensträger: Christian Felix Klein, deutscher Mathematiker (19./20. Jh.).

Kleindienst: 1. Übername für einen zinspflichtigen Bauern nach einer Abgabe in Form von Lebensmitteln. So leistet in Bayern (a. 1325) Heinrich der Forster von Haid einen *chlainen dienst, der wol viertzik pfen. wert ist oder mer* und liefert *ze ostern 100 aier, 8 chaes, 6 huner, 4 gens* an den Grundherrn ab. 2. Standesname zu mhd. *dienst* ›Diener‹ für einen Jungknecht, Unterknecht, vgl. ▶ Kleinknecht. ❖ *Herman Kleyndienst* ist um 1300 in Nürnberg bezeugt.

Kleine: ▶ Klein.

Kleinecke, Kleinicke: niederdeutsche Ableitungen von ▶ Klein mit -*k*-Suffix.

Kleinen: 1. Patronymische Bildung (schwacher Genitiv) zu ▶ Klein. 2. Gelegentlich Herkunftsname zu dem Ortsnamen Bad Kleinen (Mecklenburg-Vorpommern).

Kleiner: stark flektierte Form oder patronymische Bildung auf -*er* zu ▶ Klein.

Kleinert: durch Erweiterung der Endung -*er* von ▶ Kleiner mit einem sekundären -*t* entstandener Familienname.

Kleinfeld(er), Kleinfeldt: Herkunftsnamen zu Ortsnamen wie Kleinfeld (Mecklenburg), Kleinfelden (Bayern). 2. Wohnstättennamen für jemanden, der an/bei einem kleinen Feld wohnte.

Kleinhans: aus dem Übernamen ▶ Klein und dem Rufnamen ▶ Hans zusammengewachsener Familienname.

Kleinhenz: aus dem Übernamen ▶ Klein und dem Rufnamen Henz (▶ Heinrich) zusammengewachsener Familienname.

Kleinke: ▶ Kleinecke.

Kleinknecht: Standesname für den zweiten Knecht (Unterknecht) auf dem Hofe.

Kleinmann: Übername für einen kleinen, schmächtigen Menschen.

Kleinpeter: aus dem Übernamen ▶ Klein und dem Rufnamen ▶ Peter zusammengewachsener Familienname.

Kleinschmidt: Berufsname zu mhd. *kleinsmit* ›Schlosser‹.

Kleinwächter: Amtsname für den Unterwächter (vgl. ▶ Kleinknecht) bzw. für den jüngeren Wächter.

Kleis: aus einer verkürzten Form von ▶ Nikolaus entstandener Familienname.

Kleiser: patronymische Bildung auf -*er* zu ▶ Kleis.

Kleist: Herkunftsname nach dem gleichlautenden Ortsnamen (ehem. Pommern/jetzt Polen). ❖ Bekannter Namensträger: Heinrich von Kleist, deutscher Schriftsteller (18./19. Jh.).

Klemann: ▶ Kleemann.

Klemens, Klement, Klemenz: ▶ Clemens.

Klemke: aus einer mit -*k*-Suffix gebildeten Koseform von ▶ Clemens entstandener Familienname.

Klemm(e): 1. Übernamen zu mhd. *klem* ›eng, knapp, mangelnd‹ für jemanden, der ein karges Leben führte. 2. Aus einer verkürzten Form von ▶ Clemens entstandene Familiennamen. 3. Wohnstättennamen zu mhd. *klembe, klemme* ›Klemmung, Einengung‹. ❖ Bekannter Namensträger: Wilhelm Klemm, deutscher Schriftsteller (19./20. Jh.).

Klemmer: Übername zu mhd. *klemmen* ›mit den Klauen packen; ein-, zusammenzwängen; necken‹.

Klemmt, Klemp(s), Klems, Klemt, Klemz: aus zusammengezogenen Formen von ▶ Clemens entstandene Familiennamen.

Klenk: oberdeutscher, vor allem schwäbischer Übername zu mhd. *klengen, klenken* ›klingen machen, tönen, (Lob, ein Gerücht) verbreiten‹ für einen lauten, redseligen Menschen.

Klenke: niederdeutscher Familienname, wohl Amtsname zu mnd. *klen-kok* ›Unterkoch‹ für den Inhaber dieses Hofamts. ❖ Die Entstehung dieses Familiennamens zeigt die Gleichung *Heinecke Clencke* a. 1438 = *Heyneke Clengcoks* ... a. 1455 (Hämelschenburg, Niedersachsen).

Klenner: 1. Berufsname zu mhd. *klēnen* ›schmieren, kleben, verstreichen‹ für einen Bauhandwerker, vgl. ▶ Kleiber. 2. Herkunftsname zu dem Ortsnamen Clennen (Sachsen).

Klett: vorwiegend in Baden-Württemberg heimischer, aber auch im Raum Bamberg–Suhl–Erfurt recht häufiger Übername zu mhd. *klette* ›Klette‹, übertragen für einen aufdringlichen oder auch zähen, zielstrebigen Menschen. ❖ *Bertholdus dictus* [genannt] *Klette* ist a. 1312 in Freiburg i. Br. bezeugt.

Klette: 1. ▶ Klett. 2. Im ostmitteldeutschen Raum Wohnstättenname zu ostmd. *Klete* ›armseliges Haus‹. 3. Herkunftsname zu dem gleichlautenden Ortsnamen (ehem. Brandenburg/jetzt Polen).

Klever: ▶ Clever.

Kley: ▶ Klei.

Klich(e): auf eine Ableitung des slawischen Rufnamens Kliment (▶ Clemens) zurückgehende Familienname.

Klie: Berufsübername zu mnd. *klie*, mhd. *klīe* ›Kleie‹ für den Müller.

Kliem: im deutsch-slawischen Kontaktbereich aus der slawischen Rufnamenform Kliment (▶ Clemens) durch Wegfall der zweiten Silbe entstandener Familienname.

Kliemann: im deutsch-slawischen Kontaktbereich in Anlehnung an die Familiennamen auf -mann aus dem slawischen Rufnamen Kliment (▶ Clemens) entstandener Familienname.

Kliemchen: im deutsch-slawischen Kontaktbereich entstandene Erweiterung von ▶ Kliem mit dem Suffix *-chen*.

Klieme(c)k: aus eindeutschenden Schreibungen von ▶ Klimek entstandene Familiennamen.

Kliemke: ▶ Klimke.

Kliemt: ▶ Klimt.

Klier: mittel- und oberdeutsche, durch Verhärtung und Entrundung entstandene Form von ▶ Glüher.

Klima: auf eine tschechische oder polnische Ableitung von Kliment (▶ Clemens) zurückgehender Familienname.

Klimek: auf eine mit dem Suffix *-ek* gebildete polnische oder tschechische Ableitung von Kliment (▶ Clemens) zurückgehender Familienname.

Klimesch: eindeutschende Schreibung von Klimeš, einer tschechischen Ableitung von ▶ Clemens.

Klimke: eindeutschende Schreibung einer slawischen Ableitung von Kliment (▶ Clemens).

Klimkeit: ursprünglich in Ostpreußen vorkommende patronymische Bildung litauischen Ursprungs zu ▶ Clemens.

Klimm: 1. Wohnstättenname zu mhd. *klimme* ›Höhe‹. 2. Aus einer slawischen Ableitung von ▶ Clemens entstandene Familienname.

Klimmek: ▶ Klimek.

Klimpel: wohl Berufsübername für den Klempner zu mhd. *klimpfen* ›fest zusammenziehen, drücken‹ oder zu *klempern* ›Blech hämmern‹, worauf nhd. Klempner zurückgeht.

Klimsch: ▶ Klimesch.

Klimt: im deutsch-slawischen Kontaktbereich durch Zusammenziehung aus dem slawischen Rufnamen Kliment (▶ Clemens) entstandener Familienname. ❖ Bekannter Namensträger: Gustav Klimt, österreichischer Maler (19./20. Jh.).

Klindworth: Wohnstättenname zu mnd. *klint* ›Fels, Klippe, steiles Ufer, Abhang‹ und mnd. *wort* ›Boden, Grund; Hofstätte, Grundstück‹ für jemanden, dessen Haus an/bei einem steilen Ufer oder Abhang lag.

Kling: ▶ Klinge.

Klingbeil: Berufsübername in Satzform (< Klingsbeil: »Lasse das Beil klingen/schallen/tönen!«) zu mhd. *klingen* ›klingen, tönen, erschallen‹ und mhd. *bīhel, bīl* ›Beil‹ für einen Zimmermann.

Klingberg: Herkunftsname zu dem Ortsnamen Klingberg, Ortsteil von Scharbeutz (Schleswig-Holstein), vgl. auch ▶ Klingenberg.

Klinge: 1. Wohnstättenname zu mhd. *klinge* ›Gebirgsbach, Talschlucht‹. 2. Herkunftsname zu Ortsnamen wie Kling (Bayern, Oberösterreich), Klinga (Sachsen), Klinge (Brandenburg, ehem. Brandenburg/jetzt Polen, Niedersachsen, Sachsen), Klingen (Hessen, Rheinland-Pfalz, Baden-Württemberg, Bayern, Ostpreußen, Schweiz). 3. Berufsübername zu mhd. *klinge* ›Klinge des Schwertes, Schwert, Messerklinge‹ für den Hersteller.

Klingebiel: niederdeutsche Form von ▶ Klingbeil.

Klingel: Ableitung von ▶ Klinge (1.) oder (3.) mit *-l*-Suffix.

Klingelhöfer: Herkunftsname zu dem Ortsnamen Klingenhof (Württemberg, Mittelfranken).

Klingenberg: Herkunftsname zu dem gleichlautenden Ortsnamen (Franken, Sachsen, Württemberg, Ostpreußen, Böhmen).

Klingenschmidt: Berufsname zu mhd. *klingensmit* ›Degenschmied, Schwertfeger‹, fnhd. *klingensmid* ›Messer-, Degenschmied‹. ❖ *Wernel chlingsmit* ist a. 1347 in Regensburg bezeugt.

Klinger: 1. Ableitung auf *-er* zu Klinge (1.) oder (2.). 2. Berufsname für den Klingen-, Messer-, Waffenschmied (vgl. ▶ Klinge [3.]). ❖ Letztere Deutung wird bestätigt durch die Belege aus München *Fridrich Klingensmid* a. 1368 = *fridrich klinger* a. 1396. ❖ Bekannter Namensträger: Max Klinger, deutscher Maler, Radierer und Bildhauer (19./20. Jh.).

Klinghammer: Berufsübername für einen Schmied (zu mnd. *klinkhamer* ›eine Art Schmiedehammer‹), vgl. ▶ Klingbeil.

Klinghard(t): Berufsübernamen zu mhd. *klinken*, Nebenform von *klingen* ›klingen, tönen, erschallen‹ + *-hard*-Suffix ›der Klang, d.h. lauten Schall bewirkt‹ für einen Schmied oder Übername für jemanden, der ›klingendes Geld‹ besitzt, also für einen reichen Menschen. Seit dem 14. Jh. kommt auch eine Ableitung von mnd. *klinkart, klinkert* ›burgundische Goldmünze‹ infrage. Im »Renner« (ca. 1290–1300) des Hugo von Trimberg wird ein Mann von Vermögen *Klinghart* genannt. ❖ Frühe Belege sind *Jacobi dicti* [genannt] *Clinckhart* (Köln 1269), *Gozelin gen. Clinkarthe* (Esslingen 1282), *Jacobi dicti Clinkart* (Köln 1292).

Klingler: 1. Übername zu mhd. *klingelen* ›Lärm machen, schwätzen‹ für einen lauten oder redseligen Menschen. 2. Amtsname zu fnhd. *klingeler* ›Almosensammler‹. 3. ▶ Klinger.

Klingner: 1. Herkunftsname zu dem häufigen Ortsnamen Klingen (Hessen, Rheinland-Pfalz, Bayern, Baden-Württemberg, Ostpreußen, Schweiz), Klingnau (Aargau/Schweiz). 2. ▶ Klinger.

Klingsohr: Übername in Satzform (»kling ins Ohr!«) für einen Spielmann, wobei auch der Zauberer Klingsor aus der Wartburgsage als Namensvorbild gewirkt haben kann. ❖ *wilhelmus clingesor* ist a. 1342 in Lübeck, eine *Klingsorin* a. 1408 in Bamberg bezeugt.

Klingspo(h)r, Klingsporn: Übernamen zu mhd. *klingen* ›klingen, tönen‹ und *spor*, Plural *sporn* ›Spore, Sporen‹ für einen Ritter.

Klink: 1. Herkunftsname zu dem Ortsnamen Klink (Mecklenburg-Vorpommern, Rheinland-Pfalz, Schlesien). 2. In der Lausitz auch Wohnstättenname zu nsorb. *klink* ›kleiner Keil‹, osorb. *klin* ›Keil, Eckstück, Keilstück‹ für jemanden, der auf einem keilförmigen Grundstück bzw. an einem Eckgrundstück wohnte. 3. Übername zu nsorb. *klink* ›kleiner Keil‹, osorb. *klin* ›Keil‹ für einen kleinen, groben Kerl.

Klinke: 1. Herkunftsname zu den Ortsnamen Klink (Mecklenburg-Vorpommern, Rheinland-Pfalz, Schlesien), Klinke (Sachsen-Anhalt), Klinken (Mecklenburg-Vorpommern, Ostpreußen). 2. Nieder- und mitteldeutscher Wohnstättenname zu mnd., md. *klinke* ›Klinke, einfallender Türriegel; Schlagbaum‹. 3. ▶ Klink (2.), (3.).

Klinkenberg: Herkunftsname zu dem gleichlautenden Ortsnamen (Schleswig-Holstein, Westfalen).

Klinker: 1. Herkunftsname zu dem Ortsnamen Klinker (Schleswig-Holstein). 2. Ableitung auf *-er* zu ▶ Klink (1.) oder ▶ Klinke (1.), (2.).

Klinkert: ▶ Klinghard(t).
Klinkhammer: ▶ Klinghammer.
Klinkhard(t): ▶ Klinghard(t).
Klinner: ▶ Klenner.
Klippel: durch Entrundung entstandene Form von ▶ Klüppel.
Klisch: aus einer slawischen Ableitung von Kliment (▶ Clemens) entstandener Familienname.
Klix: 1. Herkunftsname zu dem gleichlautenden Ortsnamen (Sachsen, Schlesien). 2. Aus einer verkürzten Form von Calixtus, einem Namen griechischen Ursprungs (›der Schönste‹), entstandener Familienname. Vorbild für die Namengebung war der heilige Papst und Märtyrer Calixtus (2./3. Jh.).
Klocke: 1. Aus dem in mehreren mittelalterlichen Städten nachweisbaren Hausnamen »Zur Glocke« hervorgegangener Familienname. ❖ So sind z. B. *Conrad van der Clocken* i. J. 1330 in Köln, *Cleyn Henselijn zu der Klocken* i. J. 1420 in Straßburg belegt. 2. Übername zu mnd. *klōk* ›behände, klug, listig, gewandt‹.
Klocker, Klöcker: 1. ▶ Klockner, Klöckner. 2. Im oberdeutschen Bereich Berufsübernamen oder Übernamen zu mhd. *klocken* ›klopfen‹ für den Bergmann oder auch für einen lauten Menschen. ❖ *Fridericus dictus* [genannt] *Clocher* (a. 1282) war Ratsherr zu Konstanz, *Sifridus Klokner* (a. 1246) stammte aus Bayern.
Klockner, Klöckner: niederdeutsche Amtsnamen für den Glöckner (mnd. *klockener*). ❖ *Johannes Klockenere* ist a. 1354 in Coesfeld bezeugt.
Kloiber: bairisch-österreichischer Berufsname zu mhd. *klieben* ›spalten, klieben‹ für einen Handwerker, der Holz (z. B. zu Schindeln) kliebt, spaltet.
Kloos: aus einer verkürzten Form von ▶ Nikolaus entstandener Familienname.
Klopfer, Klöpfer: Berufsübernamen zu mhd. *klopfen* ›klopfen, pochen, schlagen‹, mit dem verschiedene Handwerker (Wollschläger, Hanfklopfer, Kaltschmied, Bergwerksarbeiter u. a.) gemeint sein konnten.
Klopp: 1. Herkunftsname zu dem gleichlautenden Ortsnamen (Rheinland-Pfalz). 2. Berufsübername zu mnd. *kloppen* ›klopfen, schlagen‹ für einen Handwerker, der diese Tätigkeit ausübte.

Klöppel: einerseits im Raum Koblenz, andererseits um Erfurt häufig vorkommender Familienname; Berufsübername zu fnhd. *klöppel* ›Dreschflegel‹ bzw. md. *klöppel, klüppel* ›Werkzeug zum Klopfen‹, auch ›Glockenschwengel‹.
Kloppenburg: Herkunftsname zu dem Ortsnamen Cloppenburg (Niedersachsen).
Klopper, Klöpper: Berufsübernamen zu mnd. *kloppen* ›klopfen, prügeln, einschlagen‹ für einen Woll- oder Hanfklopfer, Kaltschmied, Bergwerksarbeiter.
Klopsch: vor allem im Bereich Frankfurt/Oder vorkommender Übername zu poln. *chłopczyk* ›Knäblein‹ oder *chłopiec* ›Knabe‹.
Klopstock: Berufsübername zu niederdt., md. *Klopstock* ›tragbarer Amboss auf einem Stock, der in die Erde gesteckt wird, zum Dengeln (Schärfen) der Sense‹ für einen Bauern oder der Berufsübername in Satzform zu mnd. *kloppen* ›klopfen‹ und mnd. *stok* ›Baumstumpf‹ für einen Holzfäller. ❖ Bekannter Namensträger: Friedrich Gottlieb Klopstock, deutscher Dichter (18./19. Jh.). Zu dessen Namen bemerkte Goethe: »Im Anfang wunderte man sich, wie ein so vortrefflicher Mann so wunderlich heißen könne, doch gewöhnte man sich bald daran und dachte nicht mehr an die Bedeutung der Silben«.
Klos: 1. Auf eine verkürzte Form von ▶ Nikolaus zurückgehender Familienname. 2. ▶ Kloss.
Klosa: 1. Ursprünglich in Oberschlesien vorkommender, auf eine slawische Ableitung von ▶ Nikolaus mit der Endung *-a* entstandener Familienname. 2. ▶ Kloss (3.).
Klose: aus einer im Mittelalter vor allem in Schlesien und in der Lausitz verbreiteten Ableitung von ▶ Nikolaus entstandener Familienname.
Kloss, Kloß: 1. Übernamen zu mhd. *kloȥ* ›Klumpe, Knolle; klumpige Masse, Knäuel; plumpes Holzstück, Klotz; Keil, Knebel‹, übertragen für einen groben Menschen. 3. Übernamen zu nsorb., poln. *kłos*, osorb. *kłós* ›Ähre‹.
Kloster: 1. Herkunftsname zu dem häufigen gleichlautenden Ortsnamen (Schleswig-Holstein, Niedersachsen, Nordrhein-Westfalen, Rheinland-Pfalz, Baden-Württemberg, Thüringen). 2. Wohnstättenname: ›wohn-

haft bei einem Kloster‹. 3. Übername für jemanden, der einem Kloster zinspflichtig war.

Klostermann: 1. Standesname zu mhd. *klōsterman* ›Untertan, Höriger eines Klosters‹. 2. Ableitung auf *-mann* von ▶ Kloster.

Kloth: 1. Niederdeutscher Übername zu mnd. *klōt* ›Kloß, Klumpen‹, der sich auf das Aussehen des ersten Namensträgers oder auch auf dessen Lieblingsgericht, z. B. die in Pommern beliebten *Klüten un Backbeern*, beziehen kann. 2. Möglicherweise niederdeutscher Wohnstättenname, wobei *klōt* einen Erdhaufen bezeichnen könnte (vgl. ▶ Tekloth).

Klotz: Übername zu mhd. *kloz* ›Klumpe, klumpige Masse‹, übertragen für einen groben, rohen Menschen.

Klötzer: 1. Berufsname zu mnd. *glotze, klotze* ›grober Schuh, Überschuh, Pantoffel, Galosche‹ für den Hersteller. 2. Herkunftsname zu Ortsnamen wie Klötze (Sachsen-Anhalt), Klötzen (Ostpreußen, ehem. Pommern/jetzt Polen) u. a.

Kloy: aus einer verkürzten Form des Heiligennamens Eligius (▶ Eloy) entstandener Familienname.

Klüber: am häufigsten im Bereich Fulda vorkommender Berufsname zu mhd. *klieben, kliuben* ›spalten‹ für den Holzspalter. ❖ In Friedberg (Hessen) erscheint ein *Claus Cluber* a. 1382.

Kluck: Übername zu mhd. *kluc* ›Bissen, abgespaltenes Stück‹ oder zu mnd. *klucke* ›Kluckhenne, brütende Henne‹.

Klug(e): Übernamen zu mhd. *kluoc* ›fein, zierlich, zart, hübsch; tapfer; geistig, gewandt, klug, weise; schlau, listig‹. ❖ Bekannter Namensträger: Alexander Kluge, deutscher Schriftsteller und Filmregisseur (20./21. Jh.).

Kluger: stark flektierte Form oder patronymische Bildung auf *-er* zu ▶ Klug(e).

Klugmann: Ableitung auf *-mann* von ▶ Klug(e).

Klump(p): 1. Übernamen zu niederdt., md. (mda.) *klump* ›Kloß‹, übertragen für einen groben, vierschrötigen Menschen. 2. Wohnstättennamen zu niederdt., md. (mda.) *klump* ›Erdscholle, Haufen‹ für jemanden, der neben einem Erdhügel wohnte. 3. Niederdeutsche Berufsübernamen zu mnd. *klumpe* ›Holzschuh‹ für den Hersteller. 4. Herkunftsnamen zu den Ortsnamen Klump (Niedersachsen), Klumpen (Schleswig-Holstein).

Klunder, Klünder: Übernamen zu mnd. *klunden* ›poltern, Lärm machen‹ für einen lauten Menschen.

Klüppel: Übername zu mnd. *kluppel* ›Knüppel‹, übertragen für einen groben Menschen.

Klus: 1. Wohnstättenname zu mnd. *kluse* ›Klause, Einsiedelei; Engpass‹. 2. Herkunftsname zu den Ortsnamen Klus(e) (Niedersachsen, Nordrhein-Westfalen), Kluß (Mecklenburg-Vorpommern, ehem. Pommern/jetzt Polen).

Klusmann, Klußmann: Ableitungen auf *-mann* von ▶ Klus.

Klute, Kluth: 1. Übernamen zu mnd. *klūt* ›was sich zusammenballt, Erdscholle, Klumpen‹, übertragen für einen groben Menschen. 2. Wohnstättennamen zu mnd. *klūt* ›Erdscholle, Klumpen‹ der für jemanden, der neben einem Erdhügel wohnte.

Klütsch: Übername zu nsorb. *kluc*, osorb. *kluč*, tschech. *klíč* ›Schlüssel‹.

Klüver: niederdeutscher Amtsname zu mnd. *kluver* ›der jemand in Fesseln (mnd. *kluven*) legt, Büttel, Gerichtsdiener‹.

Kluwe: Übername zu mnd. *kluwen* ›Knäuel‹ nach der rundlichen Gestalt des ersten Namensträgers.

Knaa(c)k, Knaake: niederdeutsche Übernamen zu mnd. *knoke, knake* ›Knochen‹ für einen knochigen, dürren Menschen.

Knab(e): Übernamen zu mhd. *knabe* ›Knabe, Jüngling, Junggeselle, junger Mann in dienender Stellung, Diener, Page, Knappe‹; von ▶ Knapp(e) nicht immer exakt zu trennen.

Knackstedt: aus ▶ Knacksterdt zu einem scheinbaren Herkunftsnamen entstellter Familienname.

Knackstedt: wahrscheinlich entstellter niederdeutscher Übername zu mnd. *quak-stert, quekstert* ›Vogel mit dem beweglichen Schwanz, Bachstelze‹.

Knake: ▶ Knaa(c)k, Knaake.

Knape: niederdeutscher Standesname oder Übername zu mnd. *knape* ›junger Mann, bes. in dienender Stellung; Knecht, Handwerksgeselle; Knappe, der noch kein Ritter ist‹.

Knapp(e): 1. Standesnamen oder Übernamen zu mhd. *knappe* ›Knabe, Jüngling, Junggeselle, bes. derjenige, der noch nicht Ritter ist;

Dorfbursche; junger Mann in dienender Stellung, Knecht, Geselle, bes. bei Tuchmachern, Wollwebern, Müllern und Bergleuten‹; von ▶ Knab(e) nicht immer exakt zu trennen. 2. Herkunftsnamen zu dem Ortsnamen Knapp (Niedersachsen, Nordrhein-Westfalen, Bayern).

Knauber: vor allem im Saarland und in der Pfalz verbreitete Variante von ▶ Knauer (1.).

Knauer: 1. Übername zu mhd. *knūre* ›Knoten, Knorre‹; bildlich ›grober Kerl‹. 2. Herkunftsname zu dem Ortsnamen Knau (Thüringen). ❖ *H. Knawr* ist a. 1388 in Nürnberg bezeugt.

Knauf(f): Übernamen zu mhd. *knouf* ›Knoten, Flachsbolle, Knauf am Schwert‹, übertragen für einen derben bzw. kleinen, rundlichen Menschen. ❖ *F. Knauwff* ist a. 1392 in Nürnberg bezeugt.

Knaup: der Familienname ist häufig in Westfalen, aber auch im Bereich zwischen Würzburg und Darmstadt. Er geht auf mhd. *knūpe*, eine mundartliche Form von *knouf* (▶ Knauf[f]) zurück. ❖ *H. dictus* [genannt] *Knuppe* ist in Frankfurt /M. a. 1317 bezeugt.

Knaur: ▶ Knauer.

Knaus: 1. Übername zu mhd. *knūʒ* ›keck, vermessen, waghalsig, hochfahrend‹. 2. Gelegentlich Herkunftsname zu dem gleichlautenden Ortsnamen (Bayern).

Knaut(h): Übernamen zur alten Nebenform *knaut* von mhd. *knode, knote* ›natürlicher Knoten (am menschlichen Körper, an Pflanzen), künstlicher Knoten (an einem Faden, einer Schnur), Schlinge‹ für einen kleinen, groben, plumpen Menschen.

Knebel: Übername zu mhd. *knebel* ›Knebel; grober Geselle, Bengel‹. ❖ Im Jahre 1372 ist *der Knebl* in Regensburg überliefert.

Knecht: Standesname zu mhd. *knëht* ›Knabe, Jüngling, Junggeselle; Knappe, der bei einem Ritter dienend die Ritterschaft lernt; Lehrling, Geselle‹.

Knechtel: Standesname zu mhd. *knëhtelīn* ›Knäblein; kleiner, geringer Diener, Knecht‹.

Kneer: schwäbischer Übername zu schwäbisch (älter) *genärig, gnärig* ›um Nahrung bemüht‹, dann ›sparsam‹.

Knef: niederdeutsche Nebenform zu ▶ Knief. ❖ Bekannte Namensträgerin: Hildegard Knef, deutsche Schauspielerin und Chansonsängerin (20./21. Jh.).

Kneifel: durch Entrundung aus mhd. *knöufel*, Verkleinerungsform von mhd. *knouf* ›Knoten, Flachsbolle, Knauf am Schwert‹, entstandener Übername für einen derben bzw. für einen kleinen, rundlichen Menschen.

Kneip(p): Berufsübernamen zu mhd. *knīp* ›Messer (bes. Schustermesser)‹ für den Hersteller oder Benutzer. ❖ Bekannter Namensträger: Pfarrer Sebastian Kneipp, deutscher Naturheilkundiger (19. Jh.), der die nach ihm benannte Behandlungsmethode begründete. Von seinem Namen leitet sich auch das Verb *kneippen* ›eine Kur nach Kneipp machen‹ ab.

Kneisel, Kneißl: durch Entrundung entstandene Formen von ▶ Kneusel. ❖ Diesen Beinamen trug auch Stephan der Kneißl, Pfalzgraf bei Rhein und Herzog in Bayern (14. Jh.).

Knepper: westfälische Nebenform zu Knipper, das ist jemand, der mit dem *knip*, dem Schustermesser, arbeitete (▶ Knipp).

Knerr: durch Entrundung entstandene Form von Knörr (▶ Knorr).

Knetsch: Übername zu nsorb. *knĕz*, osorb. *knjez* ›Herr, Gutsherr, Geistlicher, Pfarrer‹.

Kneusel, Kneussel: Ableitungen von ▶ Knaus mit *-l*-Suffix. ❖ *Jacob Kneussel* ist a. 1370 in Nürnberg bezeugt.

Knie: 1. Übername zu mhd. *knie* ›Knie‹ nach einem körperlichen Merkmal. 2. Wohnstättenname für jemanden, der am Wegeknie oder an einer Flusskrümmung wohnte.

Knief: 1. Berufsübername zu mhd. *knīp* ›Messer, mnd. *knīf*, mnl. *knijf* ›Messer, bes. Schustermesser‹ für den Hersteller oder Benutzer. 2. Wohnstättenname nach einer Siedlungsstelle, die die gebogene Form des Schustermessers aufwies.

Knieling: Berufsübername zu mhd. *kniewelinc* ›Knieharnisch‹ für den Hersteller.

Kniep: 1. ▶ Knief. 2. Herkunftsname nach dem Ortsnamen Kniep (Mecklenburg), Kniepe (Niedersachsen).

Knieper: Berufsübername zu mnd. *knipen* ›kneifen‹, mnd. *knipe* ›Kneifzange‹ für einen Handwerker, der damit arbeitete (Schuster, Gürtler, Riemer u. a.).

Knieri(e)m: Berufsübernamen für einen Schuster nach einem Gegenstand seiner Arbeit, dem Knieriemen. ❖ Ein *Knierim* ist a. 1607 in Gießen bezeugt.

Knies: zwischen Kaiserslautern und Suhl häufig anzutreffender Übername zu mhd. *knüsen, knüssen* ›stoßen, schlagen‹ bzw. mhd. *knus* ›Stoß‹.

Knigge: Wohnstättenname zu mnd. *knick* ›lebender Zaun, Hecke‹. ❖ Die Bezeichnung *Knigge* ›Buch mit Verhaltensregeln‹ geht auf das Buch »Über den Umgang mit Menschen« (1788) von Adolph Franz Friedrich Freiherr von Knigge (18. Jh.) zurück.

Knipp: Berufsübername zu mnd. *knīp* ›Schustermesser, gebogenes Messer‹ für einen Schuster.

Knipping: 1. Niederdeutsche patronymische Ableitung auf *-ing* zu ▸ Knipp. 2. Übername zu mnd. *knipping* ›Notmünze‹, auch ›vom Fell oder Tuch abgeschorene minderwertige Wolle‹. ❖ In Coesfeld ist a. 1485 *Alhart Knyppyink* bezeugt.

Knispel: Herkunftsname zu dem Ortsnamen Knispel (Schlesien).

Knittel: durch Entrundung entstandene Form von ▸ Knüttel. ❖ Bekannter Namensträger: John Knittel, schweizerischer Schriftsteller (19./20. Jh.).

Knitter: durch Entrundung entstandene Form von ▸ Knütter.

Knobel: Übername zu mnd. *knovel* ›Knöchel‹, fnhd. (obd.) *knöbel* ›Knöchel, Knorren, Würfel, Grobian‹.

Knoblauch, Knoblich, Knobloch: 1. Berufsübernamen zu mhd. *knobelouch*, Nebenformen *knobleich, knobloch* ›Knoblauch‹ für den Anbauer bzw. den Händler mit Knoblauch, den Koch oder den Arzt. In der mittelalterlichen Küche war Knoblauch ein häufig verwendetes Würzmittel, in der Heilkunde wurde er gegen Steinleiden eingesetzt. 2. Übernamen für den Liebhaber des Knoblauchs. 3. Herkunftsnamen zu den Ortsnamen Knoblauch (Sachsen-Anhalt, Brandenburg), Knobloch (Ostpreußen). ❖ Ein früher Beleg stammt aus Köln: *Clovelochi* (a. 1170–82). *Chunrad der Chnoblauch* ist a. 1290 in Regensburg bezeugt.

Knoch(e): Übernamen zu mhd. *knoche* ›Knochen, Astknorren, Fruchtbolle‹ für einen knochigen Menschen oder übertragen für einen groben Menschen.

Knöchel: Übername zu mhd. *knochel, knöchel* ›Knöchel‹; ▸ Knoch(e).

Knochenhauer: niederdeutscher Berufsname für den ▸ Fleischer, ▸ Fleischhauer. In den Bremer Quellen des 15. Jh. ist *slahter* [Schlachter] neben *knokenhauer* überliefert. Letztere Berufsbezeichnung, die später durch Schlachter verdrängt wurde, hat sich jedoch als Familienname bis heute halten können.

Knodel, Knödel: Übernamen zu mhd. *knödel*, Verkleinerungsform von *knode, knote* ›kleiner Knoten; Kloß als Speise‹ für einen groben Menschen (▸ Knoth[e]) oder nach der Lieblingsspeise. ❖ *Der Chnœdel* ist a. 1364 in Regensburg bezeugt.

Knödler: Berufsname zu mhd. *knödel* ›Kloß‹ für den Hersteller von Mehl- oder Fleischklößen.

Knöfel: Ableitung von ▸ Knopf mit *-l-*Suffix.

Knoke: niederdeutscher Übername zu mnd. *knoke, knake* ›Knochen‹ für einen knochigen, dürren Menschen.

Knoll(e), Knöll: 1. Übernamen zu mhd. *knolle* ›Erdscholle, Klumpen‹, übertragen für einen groben, plumpen Menschen. 2. Wohnstättennamen nach einem Flurnamen, dem die Bezeichnung für eine Bodenerhebung zugrunde liegt. 3. Herkunftsnamen zu dem Ortsnamen Knolle (Westfalen). ❖ Im Jahre 1398 ist *wernher knolle* in Esslingen bezeugt.

Knöller: Ableitung auf *-er* zu ▸ Knoll(e) (2.) oder (3.).

Knoop, Knop: 1. Niederdeutsche Übernamen zu mnd. *knōp* ›Knoten; Knopf, Knauf; Knoten oder Knopf des Flachses, Knebelbart‹, vgl. ▸ Knopf. 2. Herkunftsnamen zu Ortsnamen wie Knoop bei Kiel, Knopp (Rheinland-Pfalz).

Knopf: 1. Übername zu mhd. *knopf, knoph* ›Knopf, Knorre an Gewächsen, Kugel, Knauf am Schwert, Knoten, Schlinge‹, fnhd. *knopf* ›grober Kerl‹ für einen derben bzw. einen kleinen, rundlichen Menschen. 2. Berufsübername für den Knopfmacher. ❖ Vgl. den Beleg *irmel mit dem knopfe* (Esslingen a. 1398).

Knöpfle: schwäbische Ableitung von ▸ Knopf.

Knöpfli: alemannische, vor allem in der Schweiz vorkommende Ableitung von ▸ Knopf.

Knopka: ▸ Knoppik.

Knopp: ▸ Knoop.

Knoppik: Berufsname zu poln. mda. *knap, knop, knóp* ›Weber, Tuchmacher‹.

Knops: patronymische Bildung (starker Genitiv) zu Knop (▶ Knoop).

Knorr, Knörr: Übernamen zu mhd. *knorre* ›Knorre an Bäumen; hervorstehender Knochen, Hüftknochen; kurzer dicker Mensch‹. ❖ *H. Knorr* ist a. 1392 in Nürnberg bezeugt.

Knorz: Übername zu mhd. *knorz*, Weiterbildung zu mhd. *knorre*, ▶ Knorr.

Knörzer: Übername zu mhd. *knorzen* ›balgen‹.

Knospe: Übername zu mhd. *knospe* ›Knorre‹, übertragen für einen kurzen, dicken Menschen.

Knoth(e), Knott: Übernamen zu mhd. *knode, knote* ›natürlicher Knoten am menschlichen Körper oder an Pflanzen, künstlicher Knoten an einem Faden, einer Schnur, Schlinge‹, übertragen für einen kleinen, groben, plumpen Menschen.

Knötzsch: ▶ Knetsch.

Knudsen: in den Bereichen Kiel, Elmshorn und Oldenburg häufig vorkommende patronymische Bildung auf *-sen* zu dem aus dem Altdänischen entlehnten Rufnamen Knut.

Knüpfer: Berufsübername zu mhd. *knüpfen* ›knüpfen, stricken‹ für einen Stricker, Netzknüpfer u. a.

Knüppel: Übername zu mnd. *knuppel*, mhd. *knüppel* ›Knüppel, Knüttel‹, übertragen für einen groben Menschen.

Knust: Übername zu mnd. *knūst* ›Knorren, Knollen, bes. die knorrigen Ecken der Brotrinde‹, übertragen für einen harten, eckigen, groben Menschen.

Knuth: von Brandenburg bis Hamburg häufiger Übername zu mnd. *knutte* ›Knoten‹, übertragen für einen plumpen, groben Menschen. Der nordische Rufname Knut wurde in Deutschland erst seit dem 16./17. Jh. aus Dänemark entlehnt. In den spätmittelalterlichen Urkunden von Hamburg, Lübeck oder Barth, Städte, in deren Bereich der Familienname heutzutage häufig ist, erscheint »Knuth« noch nicht (vgl. aber die spätere Bildung ▶ Knudsen). ❖ Bekannter Namensträger: Gustav Knuth, deutscher Schauspieler (20. Jh.).

Knüttel: Berufsübername oder Übername zu mhd. *knüttel* ›Knüttel als Waffe‹, auch Bezeichnung für den ›Steinmetzschlegel‹, übertragen für einen groben Menschen. ❖ *Hans Knüttel* ist a. 1392 in Nürnberg bezeugt.

Knütter: Berufsname zu mnd. *knutten* ›knüpfen, stricken‹ für einen Stricker, Netzknüpfer u. a.

Knutzen: in den Bereichen Kiel, Elmshorn und Oldenburg häufige Nebenform von ▶ Knudsen.

Kob(b)e, Köbe: auf eine durch Wegfall der ersten Silbe entstandene Form von ▶ Jakob zurückgehende Familiennamen.

Kobel: 1. Auf eine mit *-l*-Suffix gebildete Koseform von ▶ Jakob zurückgehender Familienname. 2. Wohnstättenname zu mhd. *kobel* ›enges, schlechtes Haus‹. 3. Wohnstättenname zu mhd. *kobel* ›Felsenschlucht‹. 4. Übername zu mhd. *kobel* ›Stute‹. 5. Herkunftsname zu dem Ortsnamen Kobel (Bayern).

Kober, Köber: 1. Berufsübernamen zu mhd. *kober* ›Korb, Tasche‹, schwäb. auch ›Fischreuse‹ für einen Korbmacher oder einen Fischer. 2. Übernamen zu mhd. *kober* ›eifrig, kampflustig‹. 3. Gelegentlich kann es sich bei Kober um eine Eindeutschung von osorb. *kowaŕ* ›Schmied‹ handeln.

Köberle: schwäbische Ableitung von ▶ Kober (1.) oder (2.).

Kobes: auf eine verkürzte Form von Jakobus (▶ Jakob) zurückgehender Familienname.

Kobialka: Übername zu poln. *kobiałka* ›(kleiner) Tragkorb, aus Bast oder Weiden geflochten‹.

Kobiel(l)a: Übernamen zu poln. mda. *kobiela* ›[Weiden]Korb‹, auch ›Tasche eines Bettlers‹ u. Ä.

Kobilke: Übername zu poln., nsorb. *kobyła*, tschech. *kobyla* ›Stute‹ bzw. zu poln. *kobyłka*, tschech. *kobylka* ›junge Stute‹.

Köbke: aus einer niederdeutschen Koseform von ▶ Jakob entstandener Familienname.

Kobler, Köbler: 1. Standesnamen zu mhd. *kobeler, kobler* ›Häusler, Kleinbauer‹. 2. Ableitungen auf *-er* von ▶ Kobel (3.) oder (5.).

Koblitz: Herkunftsname zu den Ortsnamen Köblitz (Oberlausitz, Bayern), Köbbelitz (Altmark), Kobelitz, Wüstung bei Bergen a. d. Dumme (Niedersachsen).

Kobs: ▶ Kobes.

Kobus: aus einer verkürzten Form von Jakobus (▶ Jakob) entstandener Familienname.

Kobylinski: 1. Herkunftsname zu den polnischen Ortsnamen Kobylin, Kobylany, Kobylniki. 2. Übername, Ableitung von poln. *kobyła* ›Stute‹.

Koç: türkischer Familienname zu türk. *koç* ›Widder‹.

Koçak: türkischer Familienname zu türk. *koçak* ›beherzt, mutig, großzügig‹.

Koch: Berufsname zu mhd. *koch* ›Koch‹. Bei der Berufsbezeichnung »Koch« und dem Verb »kochen« handelt es sich um Entlehnungen aus dem Lateinischen (lat. *coquus*, volkslat. *cocus*, lat. *coquere*). Das Tätigkeitswort »kochen«, das nach und nach das einheimische »sieden« verdrängte, galt zunächst der feineren Klosterküche, die viele Gewürze verwendete. Anfangs bezeichnete dieser Name den in Klöstern, Herrenhöfen und wohlhabenden Haushalten tätigen Koch, später den auf öffentlichen Plätzen und Jahrmärkten nachweisbaren Garkoch. ❖ Ein früher Träger dieses Namens ist *Heinreich koch,* der i. J. 1225 zur Dienerschaft eines Regensburger Klosters gehörte. Ein weiterer Beleg (14. Jh.) aus Regensburg bezieht sich auf *H. den choch an dem Marhtt.* ❖ Bekannter Namensträger: Robert Koch, deutscher Bakteriologe (19./20. Jh.).

Kochan: Übername zu altniedersorbisch **kochaś*, poln. *kochać*, tschech. (älter) *kochat* ›lieben‹.

Köch(e)l: 1. Oberdeutsche Berufsnamen, die den jungen ▶ Koch bezeichneten. 2. Herkunftsnamen zu dem Ortsnamen Kochel (Oberbayern). 3. Wohnstättennamen zu mhd. *köche* ›Erdaufwurf, Erdhaufen‹. ❖ Ludwig Alois Friedrich Ritter von Köchel (19. Jh.) veröffentlichte i. J. 1862 sein »Chronologisch-thematisches Verzeichnis sämtlicher Tonwerke Wolfgang Amadeus Mozarts«, das »Köchelverzeichnis«.

Kocher: 1. Berufsname zu mhd. *kochen* ›kochen‹ für den Koch oder patronymische Bildung auf *-er* zu ▶ Koch. 2. Berufsübername zu mhd. *kocher* ›Gefäß, Behälter, Pfeilköcher‹ für den Hersteller oder Benutzer. 3. Wohnstättenname zu dem Gewässernamen Kocher, rechter Nebenfluss des Neckars.

Köcher: 1. Wohnstättenname zu mhd. *köche* ›Erdhaufen‹. 2. ▶ Kocher (1.) oder (2.).

Köchling: westfälischer Familienname; wahrscheinlich Bildung auf *-ing* zu mnd. *kochelen* ›gaukeln, zaubern‹ und somit Berufsname für einen Fahrenden.

Kochs: patronymische Bildung (starker Genitiv) zu ▶ Koch.

Kock: niederdeutscher Berufsname zu mnd. *kok* ›Koch‹, vgl. ▶ Koch.

Köck: 1. In Bayern verbreiteter Übername, dem eine gerundete, hyperkorrekte Form von ▶ Keck zugrunde liegt. 2. Für den deutschen Westen und Norden kommt eine Variante von ▶ Kock infrage.

Kocks: patronymische Bildung (starker Genitiv) zu ▶ Kock.

Koder, Köder: 1. Berufsübernamen zu mhd. *querder > kerder, korder, körder > keder, koder, köder* ›Lockspeise, Köder; Flicklappen aus Leder‹ für einen Fischer bzw. für einen Flickschuster. 2. Niederdeutsche Übernamen zu mnd. *koder* ›das hängende Fleisch unter dem Kinn, Unterkinn; Wampe, Wamme‹.

Koehler: ▶ Kohler, Köhler.

Koenen: ▶ Kohnen, Köhnen.

Koenig: ▶ König.

Koch: *Der mittelalterliche Koch in seiner Wirkungsstätte*

Koepke: ▶ Köppke.
Koeppen: patronymische Bildung (schwacher Genitiv) zu ▶ Kopp, ▶ Köpp. ❖ Bekannter Namensträger: Wolfgang Koeppen, deutscher Schriftsteller (20. Jh.).
Kofahl: 1. Eingedeutschte Form von ▶ Kowal. 2. Herkunftsname zu dem Ortsnamen Kovahl, Ortsteil von Nahrendorf bzw. von Neu Darchau (Niedersachsen).
Kofler: 1. Wohnstättenname zu mhd. *kofel* ›Bergspitze, Berg‹. 2. Gelegentlich auch Wohnstättenname zu mhd. *kobel* ›enges, schlechtes Haus‹. 3. Niederdeutscher Berufsübername zu mnd. *kovel* ›Kapuze, Kopfbedeckung‹ für den Hersteller oder Übername für den Träger.
Kögel, Kögl: 1. Durch Rundung entstandene Formen von ▶ Kegel. 2. Herkunftsnamen zu dem Ortsnamen Kögl (Bayern).
Kogel: 1. Berufsübername zu mnd. *kogel* ›Kapuze, die man den ganzen Kopf ziehen kann; Kopfbedeckung (am Mantel oder auch für sich allein)‹, mhd. *gugele*, Nebenform *kogel* ›Kapuze am Rock oder Mantel‹ für den Hersteller oder Übername für den Träger. 2. Herkunftsname zu Ortsnamen wie Kogel (Mecklenburg-Vorpommern, Schleswig-Holstein, Österreich), Kogl (Bayern). 3. In den Alpen kann es sich um einen Wohnstättenname zu *Kogel* ›Bergkuppe‹ handeln.
Kogler: 1. Berufsname für den Hersteller von Kapuzen, Kopfbedeckungen oder Übername für den Träger (▶ Kogel [1.]). 2. Ableitung auf *-er* von ▶ Kogel (2.) oder (3.). 3. Niederdeutscher Berufsübername zu mnd. *kogeler* ›blaue Leinwand‹ für den Hersteller.
Kögler: 1. Durch Rundung entstandene Form von ▶ Kegler. 2. Ableitung auf *-er* von ▶ Kögel (2.).
Koglin: wohl aus einem polnischen Ortsnamen wie Kowalina entstandener Familienname. Ein Wandel von *w* zu *g* tritt gelegentlich im Niederdeutschen auf.
Kohfahl: ▶ Kofahl.
Kohl: Berufsübername zu mhd. *kōl, kœl, kœle* (< lat. *caulis* ›Stängel, Stängelkohl‹) ›Kohlkopf, Kohl‹ für den Kohlbauern oder Übername nach seiner Vorliebe für Kohlgerichte. In der mittelalterlichen Ernährung spielte Kohl eine sehr wichtige Rolle. ❖ Bekannter Namensträger: Helmut Kohl, deutscher Politiker (20./21. Jh.).
Köhl: ▶ Kohl.
Kohlberg(er): Herkunftsnamen zu dem Ortsnamen Kohlberg (Bayern, Baden-Württemberg, Nordrhein-Westfalen, Schlesien), vgl. auch ▶ Kolberg.
Köhle: ▶ Kohl.
Kohler, Köhler: Berufsnamen zu mhd. *koler* ›Köhler, Kohlenbrenner‹. Der Köhler stellte Holzkohle durch Verschwelen von Waldbeständen im Kohlenmeiler her. Im Mittelalter war Steinkohle noch nicht in Gebrauch. ❖ Ein früher Beleg aus Nürnberg ist *C. dictus* [genannt] *Colaer* a. 1246.
Kohlhaas(e), Kohlhase: Übernamen zu mnd. *kōlhase* ›Heuschrecke‹, übertragen für einen lebhaften, beweglichen, unruhigen Menschen, vielleicht aber auch, wörtlich genommen, Berufsübername für einen (Kohl-)Gärtner. ❖ *Timmo kolhase* erscheint a. 1321 in Lübeck. ❖ Der bekannteste Träger dieses Namens ist sicher Hans Kohlhase (16. Jh.), der Heinrich von Kleist für seine Novelle »Michael Kohlhaas« (1810) als Vorbild diente.
Kohlhaus: 1. Herkunftsname zu den Ortsnamen Kohlhaus (Hessen, Baden-Württemberg, Bayern), Kohlhausen (Hessen). 2. Aus einer verkürzten Form von ▶ Nikolaus hervorgegangener Familienname.
Kohlheim: Herkunftsname zu dem Ortsnamen Kohlheim/Uhlištĕ bei Klattau/Klatovy in Westböhmen.
Kohlhepp: vor allem in dem Bereich Würzburg–Fulda verbreiteter Familienname; wohl wie ▶ Kohlhaas(e) Übername zu einer Bezeichnung für die Heuschrecke (zu mhd. *kōl* ›Kohl‹ und mhd. *hüpfen, hüppen* ›hüpfen‹) für einen lebhaften, unruhigen Menschen oder für den (Kohl-)Gärtner.
Kohlhof(er), Kohlhoff: 1. Herkunftsnamen zu den Ortsnamen Kohlhof (Baden-Württemberg, Rheinland-Pfalz, Saarland, Bayern, Ostpreußen). 2. Aus einem Hofnamen hervorgegangene Familiennamen.
Kohlmaier: Standesname, nähere Kennzeichnung eines Meiers (▶ Meyer) durch das Haupterzeugnis des Hofes (▶ Kohl).
Kohlmann: 1. Berufsübername für den Kohlenbrenner (▶ Kohler, Köhler). 2. Berufsübername für den Kohlbauern (▶ Kohl). 3. Im

oberdeutschen Bereich kommt auch eine Ableitung von dem Heiligennamen Koloman (▶ Kollmann, Köllmann [2.]) infrage.

Kohlmayer, Kohlmeier, Kohlmeyer: ▶ Kohlmaier.

Kohls: patronymische Bildung (starker Genitiv) zu ▶ Kohl.

Kohlschmidt: Berufsname; nähere Kennzeichnung eines Schmieds (▶ Schmidt) durch die von ihm gebrauchte Kohle (mhd. *kol*).

Kohn: 1. ▶ Cohn. 2. Auf eine Kurzform von ▶ Konrad zurückgehender Familienname.

Köhn: 1. Aus einer Kurzform von ▶ Konrad entstandener Familienname. 2. Herkunftsname zu dem Ortsnamen Köhn (Schleswig-Holstein).

Köhne: 1. ▶ Köhn (1.). 2. Herkunftsname zu dem gleichlautenden Ortsnamen (ehem. Pommern/jetzt Polen).

Kohnen, Köhnen: patronymische Bildungen (schwacher Genitiv) zu ▶ Kohn (2.) bzw. ▶ Köhn (1.).

Kohnert: auf eine verschliffene Form von ▶ Konrad zurückgehender Familienname.

Kohnke, Köhnke: aus niederdeutschen Koseformen von ▶ Kohn (2.) bzw. Köhn (1.) hervorgegangene Familiennamen.

Kohnle: auf eine schwäbische Koseform von ▶ Konrad zurückgehender Familienname.

Köhnlein: aus einer mit dem Suffix *-lein* gebildeten Koseform von ▶ Konrad hervorgegangener Familienname.

Kohout: Übername zu tschech. *kohout* ›Hahn‹.

Kohrs: patronymische Bildung (starker Genitiv) zu ▶ Kohrt.

Kohrt: auf eine durch Zusammenziehung entstandene Form von ▶ Konrad zurückgehender Familienname.

Kokoschka: Übername zu nsorb., osorb., tschech. mda. *kokoška*, poln. *kokoszka* ›Junghenne, Hühnchen‹. ❖ Bekannter Namensträger: Oskar Kokoschka, österreichischer Maler, Grafiker und Dichter (19./20. Jh.).

Kokot(t): Übernamen zu nsorb., osorb., poln., tschech. (älter) *kokot* ›Hahn‹.

Kolar: Berufsname zu nsorb. *kółaŕ*, osorb. *kołaŕ*, tschech. *kolář*, slowen. *kolar* ›Wagner, Radmacher‹.

Kolb(e): 1. Verbreitete Übernamen zu mhd. *kolbe* »Kolbe, Keule als Waffe« für einen rauen, derben Menschen. Der »Kolben« war auch der Stab in der Hand des Narren und konnte diesen selbst bezeichnen. *Ulein Kolb* war der Name eines Narren in einem Fastnachtsspiel. 2. Gelegentlich können diese Familiennamen auch zu fnhd. *kolbe* »kurz geschnittenes Haar, Haarschopf« gehören. ❖ Bekannte Namensträger: Annette Kolb, deutsche Schriftstellerin (19./20. Jh.); Georg Kolbe, deutscher Bildhauer (19./20. Jh.).

Kolbeck: bairischer Herkunftsname auf *-beck* zu den in Bayern öfters vorkommenden Ortsnamen Kolbach, Kollbach.

Kölbel: Ableitung von ▶ Kolb(e) mit *-l*-Suffix.

Kolberg: Herkunftsname zu den Ortsnamen Kolberg (ehem. Pommern/jetzt Polen, Brandenburg, Nordrhein-Westfalen, Bayern), Colberg (= Bad Colberg-Heldburg/Thüringen).

Kölbl: ▶ Kölbel.

Koldewei, Koldewey(h): Herkunftsnamen zu den Ortsnamen Coldewei, Coldewey (Niedersachsen). ❖ *Johanna Koldeweyen* ist a. 1537 in Coesfeld bezeugt.

Koll(e), Köll(e): 1. Herkunftsnamen zu Ortsnamen wie Köln a. Rhein, Cölln (Sachsen, Rheinland-Pfalz), Kölln (Mecklenburg-Vorpommern, Schleswig-Holstein, Saarland), Neukölln (Berlin). 2. Übernamen zu mnd. *kol(le)* ›Kopf, der oberste Teil von Pflanzen, der weiße Fleck an der Stirn der Pferde‹.

Koller: 1. Bairisch-österreichische Form von ▶ Kohler. 2. Gelegentlich Übername oder Berufsübername zu mhd. *koler*, *kollier*, *gollier* ›Halsschutz als Teil der Rüstung‹, dann ›Wams, westenartige Oberbekleidung‹ für den Träger oder Hersteller. ❖ Bekannte Namensträgerin: Dagmar Koller, österreichische Sängerin und Tänzerin (20./21. Jh.).

Köller: ▶ Kohler, Köhler.

Kolling, Kölling: Herkunftsnamen zu den Ortsnamen Kolling, Kölling (Bayern), Köllig (Rheinland-Pfalz), z. T. auch Köln.

Kollmann, Köllmann: 1. Im niederdeutschen Bereich Erweiterungen auf *-mann* von ▶ Koll(e), Köll(e). 2. Im oberdeutschen Bereich liegt ein von dem Heiligennamen Koloman (< Columbanus, latinisierte Form des irischen Klosternamens Colum) abgeleiteter Familienname vor. Der heilige Koloman (10./11. Jh.), Märtyrer in Stockerau, war bis 1663 der Landespatron Österreichs.

Kollmer: Herkunftsname zu den Ortsnamen Colmar (Elsass, Niedersachsen), Kollmar (Schleswig-Holstein).

Kölln(er): 1. Herkunftsnamen zu den Ortsnamen Köln a. Rhein, Cölln (Sachsen, Rheinland-Pfalz), Kölln (Mecklenburg-Vorpommern, Schleswig-Holstein, Saarland), Neukölln (Berlin). 2. Gelegentlich Übername für jemanden, der Handels- oder andere Beziehungen zu der bedeutenden Stadt Köln a. Rhein hatte. ❖ Ob der a. 1290 in Nürnberg bezeugte *Chvnrat Cholner* aus Köln a. Rhein stammte oder geschäftliche Beziehungen zu dieser Stadt hatte, lässt sich heute nicht mehr feststellen.

Kölmel: vorwiegend auf den Bereich Karlsruhe konzentrierter, wohl aus einer zu dem Heiligennamen Koloman (▶ Kollmann [2.]) gebildeten Koseform hervorgegangener Familienname.

Kolodziej: Berufsname zu osorb., poln. *kołodziej* ›Wagner, Stellmacher‹.

Kolping: rheinischer Familienname, der auf die französische (wallonische) Koseform zu Nicolas (▶ Nikolaus), *Colpin* (zusammengezogen aus *Colepin*), zurückgeht. ❖ Bekannter Namensträger: Adolf Kolping, katholischer Theologe, Begründer des Kolpingwerks (19. Jh.).

Kölsch: 1. Herkunftsname mit der Bedeutung ›der aus Köln‹. 2. Berufsübername zu mhd. *kölsch, kölsche* ›(kölnischer) Stoff aus einer weißblau oder weißrot gewürfelten Leinwand‹ für jemanden, der damit Handel trieb.

Kolter: Berufsübername zu mhd. *kolter* ›Pflugmesser‹ oder zu mhd. *kulter, kolter* ›gefütterte Steppdecke über dem Bett, um darauf oder darunter zu liegen‹ für den Hersteller.

Koltermann: Berufsname auf *-mann* für den Hersteller von Pflugmessern bzw. von Steppdecken, vgl. ▶ Kolter.

Kölzer: In dem Bereich zwischen Koblenz und Siegen relativ häufiger Familienname: 1. »Kölzen« kommt als Hofname bei Koblenz vor. 2. Berufsname auf *-er* zu mhd. *kolzen* ›eine Fuß- und Beinbekleidung‹ für den Hersteller.

Komarek: Übername zu poln. *komar*, tschech. *komár(ek)* ›Mücke‹.

Komm: 1. Berufsübername zu fnhd. *komp* ›Färbefass‹ für einen Färber oder allgemein zu mnd., mhd. *komp(e)* ›Napf, Schüssel‹ für den Hersteller. 2. Herkunftsname zu den Ortsnamen Komp (Nordrhein-Westfalen), Kommen (Rheinland-Pfalz, Ostpreußen).

Köne: auf eine niederdeutsche Kurzform von ▶ Konrad zurückgehender Familienname.

Köne(c)ke: ▶ Könnecke.

Könemann: aus einer Erweiterung von ▶ Köne mit dem Suffix *-mann* hervorgegangener Familienname.

Könen: patronymische Bildung (schwacher Genitiv) zu ▶ Köne.

Könicke: ▶ Könnecke.

Konieczny: Wohnstättenname zu poln. *konieczny* ›am Ende wohnend‹.

Konietzko: Wohnstättenname zu poln. *koniec* ›Ende‹ für jemanden, der am Ende des Dorfes wohnte.

Konietzny: deutsche Schreibung für ▶ Konieczny.

König: 1. Übername zu mhd. *künnic, künec* ›König‹ für jemanden, der in irgendeiner Weise in seiner Umgebung hervorragte (z. B. als Schützenkönig) oder einmal in einem Volksschauspiel die Rolle des Königs übernommen hatte. Dieser Familienname kann sich aber auch auf ein Dienst- bzw. Abhängigkeitsverhältnis (z. B. auf den Bewirtschafter oder Bebauer eines Königsgutes) beziehen. ❖ Ein früher Beleg ist *Cuenzi der Kuneg*, Bauer aus Eimeldingen (Baden) a. 1296. 2. Gelegentlich Herkunftsname zu dem Ortsnamen Bad König (Hessen). ❖ Bekannte Namensträgerin: Barbara König, deutsche Schriftstellerin (20./21. Jh.).

Königer: patronymische Bildung auf *-er* zu ▶ König.

Königs: patronymische Bildung (starker Genitiv) zu ▶ König.

Königsmann: Ableitung von ▶ König mit dem Suffix *-mann*: ›Dienstmann eines Königs, Bewirtschafter, Bebauer eines Königsgutes‹.

Könike: ▶ Könnecke.

Koning: 1. Übername zu mnd. *konink* ›König‹; vgl. ▶ König. 2. Patronymische Ableitung auf *-ing* zu einer niederdeutschen Kurzform von ▶ Konrad (vgl. ▶ Köne). ❖ In Coesfeld ist a. 1320 *Bernard Koninc* bezeugt.

Könnecke: auf eine niederdeutsche Koseform von ▶ Konrad zurückgehender Familienname.

Konnert(h): auf eine verschliffene Form von ▶ Konrad zurückgehende Familiennamen.

Konnertz: patronymische Bildung (starker Genitiv) zu ▶ Konnert(h).

Konnopka, Konnopke, Konopka, Konopke: 1. Übernamen zu nsorb. *kónop*, osorb. *konop*, poln. *konopie*, tschech. *konopě* ›Hanf‹. 2. Übernamen zu nsorb. *kónopka*, poln., tschech. *konopka* ›Hänfling‹ (ein Singvogel).

Konrad: aus dem gleichlautenden deutschen Rufnamen *(kuoni + rāt)* entstandener Familienname. Konrad war im Mittelalter einer der beliebtesten deutschen Rufnamen. Die einstige Volkstümlichkeit des Namens lässt sich noch an der Formel *Hinz und Kunz* (Kurzformen von Heinrich und Konrad) = ›jedermann‹ erkennen. Von der großen Anzahl heutiger Familiennamen, die auf Konrad zurückgehen, kann im Folgenden nur eine kleine Auswahl aufgeführt werden. ❖ Als Varianten von Konrad begegnen uns z. B. die Familiennamen **Conrad(t), Konradt, Konrath, Kunrath**. ❖ Patronymische Bildungen im Genitiv sind die Familiennamen **Conrads** und **Konrads**, die vor allem im deutschen Westen und Nordwesten vorkommen. ❖ Bei **Conradi** und **Konradi** handelt es sich um patronymische Bildungen zu den latinisierten Formen Conradus/Konradus. ❖ Den Familiennamen **Kahnert, Kohnert, Konnert(h), Kuhnert, Kühnert, Kunert** liegen verschliffene Formen von Konrad zugrunde. ❖ Aus zusammengezogenen Formen von Konrad sind niederdeutsche Familiennamen wie **Kuhrt, Kurt(h), Cord, Kohrt, Kordt** mit den patronymischen Bildungen **Cord(t)s, Cordes, Kordes, Kohrs, Cohrs, Courths, Cordsen** entstanden. ❖ Ausgehend von Kurz- und Koseformen von Konrad lassen sich verschiedene Familiennamenreihen aufstellen: z. B. **Kuhn, Kühn, Kuhne, Kühne, Kühn(e)l, Kuhnen, Kühnen, Kuhner, Kühner, Kuhnke, Kühnle, Kühnlein, Kühn(h)old.** ❖ Entrundete Formen hierzu sind u. a. die Familiennamen **Kiehn, Kiehne, Kienle.** ❖ Auch die Familiennamen **Köhn, Köhne, Köne, Kohnen, Köhnen, Koenen, Könen, Kohnke, Köhnke, Kohnle, Köhnlein, Kön(n)ecke, Könemann** und zum Teil auch **Kohn** und **Cohn** leiten sich von Kurz- bzw. Koseformen von Konrad ab. ❖ Aus Koseformen mit -z-Suffix sind u. a. die Familiennamen **Kuntz(e), Kunz, Künz, Kunze, Kunzer, Küntzel, Kunzel, Künz(e)l, Künzle, Künzli, Künzler, Kunzmann, Kunzelmann** hervorgegangen. ❖ Hierzu gehören auch entrundete Formen wie **Kin(t)z** und **Kin(t)zel, Kien(t)z, Kien(t)zle** und **Kien(t)zler.** ❖ Auch bei **Kontz(e), Konz, Contzen, Konzmann, Konzelmann, Conzelmann** liegen Koseformen von Konrad mit -z-Suffix vor. ❖ Bei den Familiennamen **Kain, Kaind(e)l, Kainz** handelt es sich um bairisch-österreichische Ableitungen von Konrad. ❖ Die Familiennamen **Kunath** und **Kunisch** gehen auf ostmitteldeutsche oder slawische Ableitungen von Konrad zurück.

Konradi: patronymische Bildung im Genitiv zu Konradus, einer latinisierten Form von ▶ Konrad.

Konrads: patronymische Bildung (starker Genitiv) zu ▶ Konrad.

Konradt, Konrath: ▶ Konrad.

Konstantin: aus dem gleichlautenden Rufnamen lateinischen Ursprungs (›standhaft‹) entstandener Familienname. Konstantin fand im Mittelalter als Name Kaiser Konstantins des Großen (3./4. Jh.) Verbreitung. Unter Konstantin wurde das Christentum im Römischen Reich öffentlich anerkannt und sehr gefördert. ❖ Zu Konstantin gehören die Familiennamen **Constantin, Constein, Kunst(e)in,** z. T. auch **Kunst** und **Kunstmann**. ❖ Die Familiennamen **Kost, Köst, Köst(e)l, Köstle, Köstlin, Kostmann** gehen auf verkürzte Formen von Konstantin zurück.

Kontz(e), Konz: auf Koseformen von ▶ Konrad mit -z-Suffix zurückgehende Familiennamen.

Konza(c)k: Wohnstättennamen zu nsorb. *kónc*, osorb. *kónc*, poln. *koniec* ›Ende‹: ›wohnhaft am Ende eines Ortes‹.

Konzelmann: aus einer Erweiterung von ▶ Kontz(e) mit den Suffixen *-l* und *-mann* hervorgegangener Familienname.

Konzmann: auf eine Erweiterung von Konz (▶ Kontz[e]) mit dem Suffix *-mann* zurückgehender Familienname.

Koob: auf eine verkürzte Form von ▶ Jakob zurückgehender Familienname.

Koop: 1. Niederdeutscher Übername zu mnd. *kōp* ›Kauf, Geschäft, Kaufpreis‹ für einen Kaufmann, Händler. 2. ▶ Kopp (1.) oder (2.).

Koopmann: Berufsname zu mnd. *kōpman* ›Kaufmann, bes. Großhändler‹.

Koops: patronymische Bildung (starker Genitiv) zu ▶ Koop.

Kopatz: 1. Übername zu nsorb. *kopaś*, osorb., poln. *kopać*, tschech. *kopat* ›hacken, graben‹. 2. Berufsname zu poln. *kopacz* ›Hauer (Bergmann), Totengräber‹, tschech. *kopač* ›Hauer, Gräber‹. 3. Herkunftsname zu dem Ortsnamen Kopac/Koppatz (Brandenburg). 4. Wohnstättenname zu dem obersorbischen Flurnamen *Kopač* ›Hügel, Anhöhe‹.

Köpcke: ▶ Köppke.

Köperni(c)k: Herkunftsnamen zu dem Ortsnamen Köppernig (Schlesien). ❖ Hierzu gehört der latinisierte Name des bekannten Astronomen und Mathematikers Nikolaus Kopernikus (15./16. Jh.).

Kopetz: Wohnstättenname zu tschech. *kopec* ›Hügel‹.

Kopf, Köpf: 1. Übernamen zu mhd. *kopf* ›Kopf‹ für einen Menschen mit einem auffälligen Kopf. 2. Berufsübernamen zu mhd. *kopf* ›Becher, Trinkgefäß‹ für den Drechsler (mhd. *kopfdræjer*), der diese Gegenstände herstellte. ❖ Bekannter Namensträger: Gerhard Köpf, deutscher Schriftsteller (20./21. Jh.).

Kopietz: Wohnstättenname zu poln. *kopiec* ›Hügel‹.

Kopisch: 1. Wohnstättenname oder Übername zu urslaw. **kopa* ›Haufen‹ + Suffix *-iš* (dt. > *-isch*). 2. Auf eine slawische, mit dem Suffix *-iš* (dt. > *-isch*) gebildete Ableitung von ▶ Jakob zurückgehender Familienname. ❖ Bekannter Namensträger: August Kopisch, deutscher Maler und Schriftsteller (18./19. Jh.).

Kopka: Übername zu poln., tschech. *kopka* ›Häuflein, kleiner Haufen‹.

Köpke: ▶ Köppke.

Koplin: Herkunftsname zu den Ortsnamen Kopplin (ehem. Pommern/jetzt Polen), Kopalina (Schlesien, Ostpreußen), Kopaline (Schlesien), Koppalin (ehem. Pommern/jetzt Polen).

Kopp: 1. Auf eine durch Wegfall der ersten Silbe verkürzte Form von ▶ Jakob zurückgehender Familienname. 2. Niederdeutscher Übername zu mnd. *kop* ›Kopf, Schröpfkopf‹ oder zu mnd. *kop(pe)* ›Becher, Trinkgefäß‹. 3. Selten Übername zu mhd. *koppe* ›Rabe‹ oder zu mhd. *koppe* ›Kapaun‹. 4. Herkunftsname zu dem Ortsnamen Kopp (Rheinland-Pfalz, Bayern).

Köpp: ▶ Kopp (1.).

Koppatsch, Koppatz: ▶ Kopatz.

Koppe: ▶ Kopp (1.), (2.) oder (3.).

Köppe: ▶ Köpp.

Koppel: 1. Auf eine mit *-l-*Suffix gebildete Koseform von ▶ Kopp (1.) zurückgehender Familienname. 2. Wohnstättenname zu mnd. *koppel* ›umzäunte Viehweide‹. 3. Herkunftsname zu dem Ortsnamen Koppel (Niedersachsen, Nordrhein-Westfalen).

Köppel: ▶ Koppel (1.).

Koppen, Köppen: ▶ Koeppen.

Koppenhöfer: Standesname für den Inhaber eines Hofes, auf welchem die Abgabe von Kapaunen (mhd. *koppe*) an den Grundherrn lastete.

Kopper: 1. Niederdeutscher Berufsübername zu mnd. *kopper* ›Kupfer‹ für den Kupferschmied oder -händler. 2. Niederdeutscher Berufsname zu mnd. *kopper* ›der die Schröpfköpfe setzt, Aderlasser‹.

Koppers: patronymische Bildung (starker Genitiv) zu ▶ Kopper. ❖ *Arnt Koppers* ist a. 1545 in Coesfeld bezeugt.

Kopperschläger: teilweise verhochdeutschte Form der niederdeutschen Berufsbezeichnung *koppersleger* für den Kupferschmied (vgl. ▶ Kupferschläger). ❖ Die niederdeutsche Form begegnet noch a. 1404 in Coesfeld bei *Lyse, Evert Koperslegers wyf* [Frau].

Kopperschmidt: teilweise verhochdeutschte Form der niederdeutschen Berufsbezeichnung *koppersmit* für den ▶ Kupferschmied.

Köppke: aus einer mit *-k-*Suffix gebildeten niederdeutschen Koseform von ▶ Kopp (1.) entstandener Familienname.

Köppl: ▶ Koppel (1.).

Kopplin: ▶ Koplin.

Kopsch: 1. ▶ Kopisch. 2. Übername zu nsorb. *kopś* ›Ruß, verkohlter Docht‹.

Korb: 1. Berufsübername zu mhd. *korp* ›Korb‹ für den Korbflechter oder Übername für den Träger eines auffälligen Korbs. 2. Herkunftsname zu dem Ortsnamen Korb (Baden-Württemberg, Rheinland-Pfalz, Bayern).

Korber, Körber: 1. Berufsnamen zu mhd. *korber* ›Korbmacher‹. 2. Ableitungen auf *-er* von ▶ Korb (2.). ❖ Um einen festen Familiennamen handelt es sich schon bei *Heintz Körber, schuster,* Nürnberg a. 1370.

Kordes: patronymische Bildung (starker Genitiv) zu ▶ Kordt.

Kordt: auf eine niederdeutsche, durch Zusammenziehung entstandene Form von ▶ Konrad zurückgehender Familienname.

Korduan: Berufsübername zu mhd. *corduwān, kurdewān*, einer Entlehnung aus franz. *cordouan* ›Korduan, feines Leder aus Ziegenfellen, das nach der spanischen Stadt Córdoba benannt wurde; Korduanschuh‹ für den Schuhmacher (mhd. *kurdewanær*, mnd. *kordewanere*), der solche wertvollen Schuhe herstellte. ❖ Vgl. auch den Beleg *Johannes Cordewenre* (Köln ca. 1170–90).

Korell: 1. Aus einer verkürzten Form von ▶ Cornelius entstandener Familienname. 2. Herkunftsname zu den Ortsnamen Korellen, Korehlen (Ostpreußen).

Korf: niederdeutscher Berufsübername zu mnd. *korf* ›Korb‹ für den Korbflechter oder Übername für den Träger eines auffälligen Korbs.

Körfer: vor allem im Westen Deutschlands verbreitete Form von ▶ Korber, Körber.

Korff: ▶ Korf.

Korinth: 1. Berufsübername zu der seit dem 15. Jh. nachweisbaren Neubildung *Korinthe* (< franz. *raisin de Corinthe* ›Rosine von Korinth in Griechenland‹) für den Händler. 2. Niederdeutscher Berufsübername zu mnd. *ko-rint* ›(Kuhrind), Kuh‹ für einen Bauern.

Korkmaz: türkischer Familienname: verneinte Partizipform zu türk. *korkmak* ›sich fürchten‹: ›der sich nicht fürchtet‹.

Kormann: 1. ▶ Kornmann. 2. Amtsname auf *-mann* zu mhd. *kōre* ›Geldstrafe für die Verletzung einer gesetzlichen Bestimmung; festgesetzte Gebühr‹ für den Gebührenerheber. 3. Herkunftsname auf *-mann* zu dem Ortsnamen Kohr (Nordrhein-Westfalen).

Korn: Berufsübername zu mhd., mnd. *korn* ›Korn, bes. von Getreide; Getreidepflanze; Kornfeld‹ für einen Bauern, Getreidehändler, Kornhausverwalter.

Kornemann: ▶ Kornmann.

Korner, Körner: 1. Berufsnamen zu mhd. *korner, körner*, mnd. *korner* ›Getreidehändler, Kornhausverwalter‹. 2. Herkunftsname zu dem Ortsnamen Körner (Thüringen). ❖ Bekannter Namensträger: Karl Theodor Körner, deutscher Schriftsteller (18./19. Jh.).

Kornmann: Berufsname oder Amtsname auf *-mann* zu mhd., mnd. *korn* ›Korn, bes. von Getreide‹ für den Getreidehändler bzw. für den Verwalter, Vorgesetzten des Kornhauses.

Kornmesser: Amtsname zu mhd. *kornmĕẓẓer* ›vereidigter Kornmesser‹, d. i. ein Marktbeamter, der die Anwendung der richtigen Hohlmaße beim Verkauf von Getreide beaufsichtigte. ❖ In München ist a. 1383 *Hans Kornmesser* bezeugt.

Korntheu(e)r: Berufsnamen zu mhd. *korn* ›Korn, Getreide‹ und mhd. *tiuren* ›preisen; im Wert anschlagen, schätzen‹ für einen Kornschätzer oder auch Getreidezwischenhändler. ❖ *Götz Corntevr* ist a. 1315 in Nürnberg bezeugt.

Korsch: Berufsübername zu *kürsen*, Nebenformen *korse, korschen* ›Pelzrock‹ für den Kürschner oder Übername für den Träger.

Kort(e): 1. Niederdeutsche Übernamen zu mnd. *kort* ›kurz, klein‹ nach der Gestalt des ersten Namensträgers. 2. Aus einer niederdeutschen, durch Zusammenziehung entstandenen Form von ▶ Konrad hervorgegangene Familiennamen.

Korten: 1. Patronymische Bildung (schwacher Genitiv) zu ▶ Kort(e). 2. Herkunftsname zu dem Ortsnamen Korten (Nordrhein-Westfalen).

Korth: ▶ Kort(e).

Korthals: niederdeutscher Übername für einen Menschen mit einem kurzen Hals (mnd. *kort* ›kurz‹).

Körting: patronymische Bildung auf *-ing* zu ▶ Kort(e).

Kortmann: 1. Ableitung auf *-mann* von ▶ Kort(e). 2. Herkunftsname auf *-mann* zu dem Ortsnamen Korten (Westfalen).

Kortum, Kortüm: niederdeutsche Übernamen zu mnd. *kortumme* ›kurzum‹ für einen flinken, kurzentschlossenen Menschen oder nach einer Redensart des ersten Namensträgers.

Kosch: Berufsübername zu poln. *kosz*, osorb., tschech. *koš*, nsorb. *kóš* ›Korb‹ für den Korbflechter oder Übername für den Träger eines auffälligen Korbs.

Koschan: 1. Berufsübername zu nsorb. *kóš*, tschech. *koš* ›Korb‹ (vgl. ▶ Kosch). 2. Berufsübername zu nsorb. *kóža*, osorb., apoln.

koža, tschech. *kůže* ›Haut, Fell, Leder‹ für einen Gerber.

Kosche: ▸ Kosch, ▸ Koschan.

Koschel: auf eine mit *-l-*Suffix gebildete Ableitung von ▸ Kosch oder ▸ Kosche zurückgehender Familienname.

Koschinski: Herkunftsname zu polnischen Ortsnamen wie Kosiny, Kośnino, Kosina, Koszyna.

Koschmieder: Herkunftsname nach einem Ortsnamen bei Lublinitz (Schlesien), bei Schildberg (ehem. Posen/jetzt Polen).

Köse: 1. Übername zu mhd. *kōse, kœse* ›Rede, Gespräch, Geschwätz‹ für einen redseligen Menschen. 2. Herkunftsname zu dem Ortsnamen Bad Kösen (Sachsen-Anhalt).

Kosel: 1. Herkunftsname zu den Ortsnamen Kosel (Schleswig-Holstein, Sachsen, Schlesien), Cosel (Sachsen, Schlesien). 2. Übername zu apoln. und mda. *kozieł*, tschech. *kozel*, osorb. *kozoł*, nsorb. *kózoł* ›Ziegenbock‹. 3. Übername zu schwäb. *Kosel* ›Zuchtschwein‹.

Koser: Übername zu mhd. *kōsen* ›plaudern‹.

Koslik: Übername zu nsorb., osorb. *kózlik*, tschech. *kozlík* ›Ziegenböcklein‹.

Kösling: durch Rundung entstandene Form von ▸ Keseling.

Koslowski: Herkunftsname zu polnischen Ortsnamen wie Kozłów, Kozłowo, Kozłowska.

Kosmahl: 1. Übername zu tschech., poln. *kosmal* ›zottiger Mensch‹. 2. Übername zu apoln. *kosmal* ›Abgabe für Mahldienste in Gestalt einer Schüssel Mehl‹.

Kosmann: aus einer Umdeutung von Kosmas, einem Rufnamen griechischen Ursprungs (›geschmückt, wohl geordnet, bedacht‹) hervorgegangener Familienname. Kosmas fand als Heiligenname Eingang in die deutsche Namengebung. Der heilige Kosmas und sein Zwillingsbruder Damian waren nach der Legende zwei Ärzte, die im 4. Jh. den Martertod erlitten.

Kosmehl: ▸ Kosmahl.

Koss, Koß: Übernamen zu nsorb., osorb. *kós*, poln., tschech. *kos* ›Amsel‹. Hierbei kann es sich um einen charakterisierenden Übernamen handeln, bei dem mit dem Vogel verbundene Vorstellungen auf den ersten Namensträger übertragen wurden, möglich ist aber auch die Übertragung eines Hausnamens auf den Bewohner.

Kossa(c)k: 1. Ableitungen von ▸ Koss mit dem Suffix *-ak*. 2. Berufsübernamen zu nsorb. *kósa*, osorb., poln., tschech. *kosa* ›Sense‹ für den Hersteller oder den Benutzer. 3. ▸ Kossatz.

Kossatz: Standesname oder Berufsname zu nsorb. *kósac* ›Kossät, Inhaber eines kleinen Gehöfts, Kleinbauer, Gärtner‹.

Kössler, Kößler: durch Rundung entstandene Formen von ▸ Kessler, Keßler.

Kossmann, Koßmann: 1. ▸ Kosmann. 2. Herkunftsnamen auf *-mann* zu Ortsnamen wie Kossa, Cossen, Kossen (Sachsen).

Kost, Köst: 1. Auf zusammengezogene Formen von ▸ Konstantin zurückgehende Familiennamen. 2. Herkunftsnamen zu den Ortsnamen Kost (Schleswig-Holstein, Nordrhein-Westfalen).

Köstel: auf eine mit *-l-*Suffix gebildete Koseform von ▸ Kost (1.) zurückgehender Familienname.

Koster, Köster: 1. Niederdeutsche Amtsnamen zu mnd. *koster* (< lat. *costūrārius*) ›Aufseher der kirchlichen Kleiderkammer‹, dann ›Kirchendiener, Küster‹. 2. Niederdeutsche Standesnamen zu mnd. *koster < kossater* ›Kössäte, Kotsasse, Köt(n)er‹, d. i. Inhaber eines kleinen Gehöfts.

Kösters: patronymische Bildung (starker Genitiv) zu Köster (▸ Koster).

Kostka: Übername zu sorb. *kóstka*, poln., tschech. *kostka* ›Würfel‹.

Köstl: 1. ▸ Köstel. 2. Herkunftsname zu dem Ortsnamen Köstl (Bayern).

Köstle: auf eine schwäbische Ableitung von ▸ Kost (1.) zurückgehender Familienname.

Köstler: patronymische Bildung auf *-er* zu ▸ Köstel.

Köstlin: auf eine alemannische Ableitung von ▸ Kost (1.) zurückgehender Familienname. ❖ *henslin köstlin* ist a. 1460 in Esslingen bezeugt.

Kostmann: auf eine Erweiterung von ▸ Kost (1.) mit dem Suffix *-mann* zurückgehender Familienname.

Köstner: 1. In Franken verbreiteter Herkunftsname zu dem Ortsnamen Köstenberg, Ortsteil von Presseck (Oberfranken). 2. Variante von ▸ Koster, Köster.

Kostrzewa: Übername zu poln. *kostrzewa* ›Schwingelgras, Schafgras‹.

Kosuch: Übername zu poln. *kożuch*, osorb. *kožuch*, nsorb. *kóuch* ›Pelz‹, nsorb. und poln. auch ›Schafspelz‹.

Koth(e), Köth(e): 1. Wohnstättennamen zu mnd. *kote, kotte, kate* ›kleines niedriges Haus, Wohnhütte sowohl mit als auch ohne Grundstück‹, mhd. *kot(e)* ›Hütte‹. 2. Übernamen zu nsorb. *kót*, poln., tschech. *kot* ›Kater‹. ❖ Bekannte Namensträgerin: Erika Köth, deutsche Sängerin (20. Jh.).

Kother, Köther: Standesnamen zu mnd. *koter(er)*, mhd. *koter* ›Kötner, Inhaber einer Kote, Häusler‹.

Kothmai(e)r: oberdeutsche Standesnamen; nähere Bestimmungen eines Meiers (▸ Meyer) durch die Art des Bodens zu mhd. *quāt, kāt* ›Kot, Schmutz‹, bair. auch ›schwerer Ackerboden, Mergel‹.

Kothmann: Wohnstättenname auf *-mann* zu ▸ Koth(e) (1.).

Kothmay(e)r, Kothmei(e)r, Kothmeyer: ▸ Kothmai(e)r.

Kott(e): ▸ Koth(e).

Kotten: 1. Im Dativ fest gewordener Wohnstättenname zu mnd. *kote, kotte, kate* ›kleines niedriges Haus‹ (▸ Koth[e]). ❖ Die Entstehung dieses Familiennamens zeigt der Beleg aus Coesfeld a. 1540 *Trina ton* [zum] *Kotten*. 2. Herkunftsname zu dem häufigen Ortsnamen Kotten (Nordrhein-Westfalen, Sachsen, Ostpreußen).

Kötter: ▸ Kother, Köther.

Kötting: Herkunftsname zu dem Ortsnamen Köttingen (Nordrhein-Westfalen, Rheinland-Pfalz).

Kottke: 1. Ableitung von ▸ Koth(e) (1.) mit *-k-*Suffix. 2. Übername, Ableitung von nsorb. *kót*, poln., tschech. *kot* ›Kater‹.

Kottmann: Wohnstättenname auf *-mann* zu ▸ Koth(e) (1.).

Kotulla: Übername zu nsorb. *kót*, poln., tschech. *kot* ›Kater‹.

Kotz: 1. Berufsübername zu mhd. *kotze* ›grobes, zottiges Wollzeug; Decke oder Kleid aus diesem Stoff‹ für den Hersteller oder Übername für den Träger. 2. Herkunftsname zu Ortsnamen wie Kotzen (Brandenburg, Schlesien). 3. Aus Chozzo, einer alten Koseform von ▸ Konrad, hervorgegangener Familienname.

Kotzebue: Herkunftsname zu dem Ortsnamen Kossebau (Sachsen-Anhalt). ❖ Bekannter Namensträger: August von Kotzebue, deutscher Dramatiker (18./19. Jh.).

Kotzur: Übername zu poln. *kocur*, nsorb. *kócur, kócor*, alttschech. *kocúr* ›Kater‹.

Kovac: Berufsname zu alttschech. *kováč*, serb., bosn., kroat. *kovač* ›Schmied‹.

Kovačević: patronymische Bildung zu serb., bosn., kroat. *kovač* ›Schmied‹.

Kovacs: Berufsname zu ung. *kovács* ›Schmied‹.

Kovar: Berufsname, eindeutschende Schreibung von tschech. *kovář* ›Schmied‹.

Kowal: 1. Berufsname zu poln., nsorb., *kowal*, tschech. (mda.) *koval* ›Schmied‹. 2. Herkunftsname zu Ortsnamen wie Kowall (Mecklenburg-Vorpommern, ehem. Pommern/jetzt Polen), Kowale (Polen), Kowahlen (Ostpreußen).

Kowalczyk: Berufsname zu poln. *kowalczyk* ›Schmiedegeselle‹.

Kowalewski: Herkunftsname zu polnischen Ortsnamen wie Kowale, Kowalewo, Kowalewice.

Kowalke: auf eine Ableitung von ▸ Kowal zurückgehender Familienname.

Kowalski: 1. Aus einer Ableitung von ▸ Kowal mit dem polnischen Suffix *-ski* hervorgegangener Familienname. 2. Herkunftsname zu den polnischen Ortsnamen Kowale, Kowala, Kowalskie.

Kowar: Berufsname zu osorb. *kowar* ›Schmied‹.

Kowollik: auf eine Ableitung von ▸ Kowal mit dem Suffix *-ik* zurückgehender Familienname.

Kox: vor allem im Raum Duisburg–Mönchengladbach häufig vorkommende Variante von ▸ Kochs.

Koziol: Übername zu poln. *kozioł* ›Ziegenbock‹.

Kozlowski: 1. Herkunftsname zu den polnischen Ortsnamen Kozłów, Kozłowo. 2. Übername zu poln. *kozioł* ›Ziegenbock‹.

Kraatz: 1. ▸ Kratz (1.). 2. Herkunftsname zu dem Ortsnamen Kraatz (Sachsen-Anhalt, Brandenburg).

Krabbe: Berufsübername zu mnd. *krabbe* ›Krabbe, Meerkrebs (Garnele, Granat)‹ für einen Fischer.

Kracht: 1. Übername zu mnd. *kracht* ›Kraft‹ für einen starken Menschen. 2. Aus dem gleichbedeutenden niederdeutschen Rufnamen Crachto hervorgegangener Familienname.

Krack(e): 1. Wohnstättennamen zu mnd. *krack* ›Unterholz‹. 2. Übernamen zu niederdt., md. *Kracke* ›altes, schlechtes Pferd‹.

Kraemer: ▶ Kramer, Krämer.

Krafczyk: ▶ Krawczyk.

Krafft, Kraft: 1. Übernamen zu mhd. *kraft* ›Kraft, Gewalt, Fülle, Heeresmacht‹ für einen starken Menschen. 2. Aus dem gleichbedeutenden Rufnamen Kraft(o) entstandene Familiennamen. ❖ Bekannter Namensträger: Adam Krafft, deutscher Bildhauer (15./16. Jh.).

Krah(e): Übernamen zu mhd. *krā* ›Krähe‹, auch ›Kranich, Star‹, übertragen für einen lauten, streitsüchtigen Menschen.

Krahl: Übername zu nsorb., osorb. *kral*, tschech. *král* ›König‹. ❖ Bekannte Namensträgerin: Hilde Krahl, österreichisch-deutsche Schauspielerin (20./21. Jh.).

Krahmer: ▶ Kramer.

Krahn: 1. Übername zu mnd. *krān, krōn* ›Kranich‹, übertragen für einen hochbeinigen, mageren oder stolzen Menschen. 2. Berufsübername zu mnd. *krān, krōn* ›Kran (Hebewerkzeug für Lasten)‹ für jemanden, der mit einem Kran umging. 3. Gelegentlich kommt eine Ableitung von einem Hausnamen infrage. So ist z. B. ein Hausname *zome Cranen* i. J. 1397 in Köln belegt.

Krahwinkel, Krähwinkel: Herkunftsnamen zu den Ortsnamen Krahwinkel, Krähwinkel Krewinkel (Nordrhein-Westfalen), Krawinkel (Sachsen-Anhalt), Crawinkel (Thüringen). ❖ Bekannte Namensträgerin: Hilde Krahwinkel, deutsche Tennisspielerin (20. Jh.).

Krail: durch Entrundung entstandene Form von ▶ Kreu(e)l.

Krain: 1. Herkunftsname zu dem historischen Herzogtum Krain (jetzt Slowenien) oder zu dem gleichlautenden Ortsnamen (Schlesien). 2. ▶ Krein.

Krainer: 1. Ableitung auf *-er* von ▶ Krain. 2. ▶ Kreiner.

Krajewski: Herkunftsname zu den polnischen Ortsnamen Krajewo, Krajewice.

Krakau: Herkunftsname zu Ortsnamen wie Krakau (Sachsen-Anhalt, u. a. Vorort von Magdeburg; Thüringen, bei Danzig, Ostpreußen), Krakow (Mecklenburg-Vorpommern), Kraków (Polen).

Kral(l): 1. Übername zu mhd. *kral* ›gekrallte Wunde‹ bzw. mhd. *kralle* ›Kralle‹. 2. Im bairisch-österreichischen Gebiet auch Berufsübernamen für den Bauern zu bair. *Kräuel* ›Werkzeug zum Scharren, Gabel mit gekrümmten Haken‹. 3. Übernamen zu nsorb., osorb. *kral*, tschech. *král*, poln. *król* ›König‹.

Kramer, Krämer: Berufsnamen zu mhd. *krāmære, kræmer, krōmer*, md. *krēmer*, mnd. *kramer, kremer, kromer* ›Kleinhändler, Krämer‹. ❖ Ein Beleg aus Regensburg ist *der Alb. chramer an dem ek* a.1312. ❖ Bekannter Namensträger: Rudolf Krämer-Badoni, deutscher Schriftsteller (20. Jh.).

Kramm(e): 1. Herkunftsnamen zu dem Ortsnamen Cramme (Niedersachsen). 2. Übernamen zu mhd. *kram(me)* ›Krampf‹.

Krammer: 1. Schreibvariante von ▶ Kramer. 2. Übername zu mhd. *krammen* ›mit den Klauen packen oder verwunden‹.

Kramp(e): 1. Herkunftsnamen zu Ortsnamen wie Crampe (ehem. Brandenburg/jetzt Polen), Krampe (ehem. Pommern/jetzt Polen, Schlesien). 2. Übernamen zu mhd. *krampe* ›Krampe, Haken‹ oder zu mhd. *krampe* ›Spitzhaue‹.

Krampitz: 1. Herkunftsname zu dem gleichlautenden Ortsnamen (Schlesien, bei Danzig). 2. Übername zu poln. *krępy* ›untersetzt, stämmig‹.

Kranawetter: ▶ Kranewitter

Kranawetvog(e)l: oberdeutsche Übernamen bzw. Berufsübernamen zu mhd. *kranewit-vogel* ›Krammetsvogel, Wacholderdrossel‹, die von Wacholder, mhd. *kranewite*, lebt, nach dem Lieblingsgericht oder für den Vogelsteller. ❖ In Nürnberg ist a. 1370 *Herman Kranwatvogel* bezeugt.

Kranewit: 1. Oberdeutscher Wohnstättenname zu mhd. *kranewite* ›Wacholder‹ für jemanden, der neben einem solchen Strauch wohnte. 2. Herkunftsname zu dem Ortsnamen Kranawitt (Bayern).

Kranewitter: Ableitung auf *-er* zu ▶ Kranewit.

Kranich, Krannich: Übernamen zu mhd. *kran(e)ch* ›Kranich‹, übertragen für einen langbeinigen, schlanken oder stolzen Menschen. ❖ *Fritz Kranich* ist a. 1397 in Nürnberg bezeugt.

Kranz: 1. Herkunftsname zu Ortsnamen wie Cranz, Kranz (Hamburg, ehem. Brandenburg/jetzt Polen, Schlesien, Ostpreußen).

2. Hausname nach dem ausgesteckten Ausschankzeichen, einem grünen Kranz. ❖ *Hans Krantz* ist a. 1370 in Nürnberg bezeugt.

Kranzmaier, Kranzmay(e)r: bairisch-österreichische Wohnstättennamen (Hofnamen), die auf den Bewohner eines »Kranzhofes« zurückgehen.

Krapf, Krapp(e): Berufsübernamen zu mhd. *krapfe* ›eine Art Backwerk, Krapfen‹, fnhd. *krappe* ›hakenförmiges Gebäck, Pfannkuchen‹ für den Bäcker oder Übernamen für den Krapfenliebhaber. Im Mittelalter war der Krapfen ein mit verschiedenen Zutaten gefülltes Festtagsgebäck, das in Öl oder Fett gesotten wurde. 2. Übernamen zu mhd. *krapfe, krape* ›Haken, Klammer‹, fnhd. *krappe* ›Haken, Kralle‹, in übertragenem Sinn für einen unverträglichen, zänkischen Menschen. 3. Herkunftsnamen zu dem Ortsnamen Krappe (Sachsen).

Kraska: Übername zu osorb., tschech. *kraska* ›Schönheit‹, zu osorb. *kraska* ›Wiesenschaumkraut‹ oder zu poln. *kraska* ›Mandelkrähe‹.

Kratz: 1. Auf eine verkürzte Form von ▶ Pankratz zurückgehender Familienname. 2. Übername zu mhd. *kratz*, mhd. *kraz* ›Kratzwunde, Schramme‹.

Kratzel: Ableitung von ▶ Kratz mit *-l-*Suffix.

Kratzer: 1. Berufsname zu mhd. *kratzen* ›kratzen‹ für den Wollkratzer. 2. Patronymische Bildung auf *-er* zu ▶ Kratz (1.). 3. Vereinzelt Herkunftsnamen zu den Ortsnamen Kratzen (Niederbayern), Kratzau (Nordböhmen). ❖ Ein früher Beleg aus Regensburg für den Berufsnamen ist *herre Ludwich der Chratzær* a. 1286.

Kratzsch: Herkunftsname zu dem Ortsnamen Kratschütz (Thüringen).

Krau(e)l: niederdeutsche Entsprechungen von ▶ Kreu(e)l.

Kraus(e): 1. Übernamen zu mhd. *krūs* ›kraus, gelockt‹ für einen Menschen mit lockigem, krausem Haar. 2. Gelegentlich Berufsübernamen zu mhd. *krūse* ›Krug, irdenes Trinkgefäß‹, mnd. *krūs* ›Kanne, Krug‹, fnhd. *krause* ›geschweiftes Glas, Trinkgefäß‹ für den Hersteller. ❖ *Chunrat Crause von Windesheim* ist a. 1323 in Nürnberg bezeugt. ❖ Bekannter Namensträger: Karl Kraus, Schriftsteller (19./20. Jh.).

Kraushaar: Übername zu mhd. *krūs* ›kraus, gelockt‹ und mhd. *hār* ›Haar‹ für einen Menschen mit lockigem, krausem Haar.

Krauskopf: Übername zu mhd. *krūs* ›kraus, gelockt‹ und mhd. *kopf* ›Kopf‹ für einen Menschen mit lockigem, krausem Haar. ❖ *Hanns Krausskopf* ist a. 1576 in Gießen bezeugt.

Krauss(e), Krauß(e): ▶ Kraus(e). ❖ Bekannter Namensträger: Werner Krauß, deutscher Schaupieler (19./20. Jh.).

Kraut: Berufsübername zu mhd. *krūt* ›kleinere Blätterpflanze, Kraut, Gemüse, bes. Kohl, auch das daraus bereitete Gericht‹ für einen Bauern oder Koch bzw. Übername nach dem Lieblingsgericht.

Krauter, Kräuter: Berufsnamen zu mhd. *krūter* ›Gemüsebauer, -händler, Kräutersammler‹. ❖ *Seidel der chrautær* ist a. 1319 in Regensburg bezeugt.

Krauth: ▶ Kraut.

Krautwurst: Berufsübername für den Fleischer, Wurstmacher, der seine Ware mit Gewürzen (mnd. *krūt, krude* ›Gewürz, Spezerei‹) verfeinert, oder Übername nach der Lieblingsspeise.

Krautz: 1. Berufsname zu nsorb., osorb. *krawc* ›Schneider‹. 2. Herkunftsname zu dem Ortsnamen Krautze (Niedersachsen).

Krawczyk: Berufsname zu poln. *krawczyk* ›Schneidergeselle‹.

Krawiec: Berufsname zu poln. *krawiec* ›Schneider‹.

Krawinkel: ▶ Krahwinkel.

Krayl: durch Entrundung entstandene Form von ▶ Kreu(e)l.

Krebber: 1. Berufsname zu mhd. *krëbe* ›Korb‹ für den Korbflechter. 2. Da mhd. *krëbe* auch ›geflochtener Zaun‹ oder ›Flechtwerk zur Wasserstauung‹ bedeuten kann, kann es sich auch um einen Wohnstättennamen handeln.

Krebs: 1. Übername zu mhd. *krëbez* ›Krebs‹ nach der rötlichen Haut- oder Haarfarbe des ersten Namensträgers. 2. Berufsübername für den Krebsfänger (mhd. *krëbezer*). 3. Berufsübername zu mhd. *krëbez* ›Brustharnisch in Plattenform‹ für den Hersteller oder Übername für den Träger. 4. Ein Hausname »zum Krebs« ist in mehreren mittelalterlichen Städten (z. B. in Mainz, Köln, Frankfurt a. M., Trier, Basel) nachgewiesen. ❖ Im Jahre 1371 ist *Erhard zuo dem Krebis* in Straßburg überliefert. 5. Herkunftsname zu den Ortsnamen Krebs (Sachsen, Bayern), Krebes (Sachsen). ❖ Bekannter Namensträger: Diether Krebs, deutscher Schauspieler und Kabarettist (20./21. Jh.).

Krebser: Berufsname zu mhd. *krëbeʒ* ›Krebsfänger‹.

Krech: vor allem im Bereich Erfurt-Suhl verbreiteter Herkunftsname zu dem Ortsnamen Graicha (Thüringen). Der Familienname reflektiert die alte Schreibung des Ortsnamens mit K-; der Wandel von *ai > e* beruht auf dialektaler Aussprache.

Kreft: niederdeutsche Form von ▸ Krebs (mnd. *krevet, kreft*).

Kreher: Übername zu mhd. *krœjen, krœn* ›krähen‹.

Krehl: ▸ Kreu(e)l (1.).

Krehwinkel: ▸ Krahwinkel, Krähwinkel.

Kreibich, Kreibig: 1. Herkunftsnamen zu dem Ortsnamen Kreibig (Schlesien). 2. In Österreich Wohnstättennamen zu slowen. *hríb* ›Hügel‹.

Kreil: durch Entrundung entstandene Form von ▸ Kreu(e)l.

Krein: 1. Auf eine verkürzte Form des Heiligennamens ▸ Quirin zurückgehender Familienname. 2. Herkunftsname zu den Ortsnamen Krein (Bayern), Kreina (Sachsen), Kreien (Mecklenburg-Vorpommern). 3. ▸ Krain.

Kreiner: Ableitung auf *-er* von ▸ Krein.

Kreins: auf eine verkürzte Form des Heiligennamens Quirinus (▸ Quirin) zurückgehender Familienname.

Kreis: Wohnstättenname zu mnd. *kreis* ›Umkreis, Grenze‹, mhd. *kreiʒ* ›Umkreis, Gebiet, Bezirk‹.

Kreischer: 1. Herkunftsname zu den Ortsnamen Kreischa (Sachsen), Kreischau (Sachsen-Anhalt, Sachsen, Schlesien). 2. Übername zu spätmhd. *krīschen*, mhd. *krīʒen* ›scharf schreien, kreischen, stöhnen‹.

Kreisel, Kreißl: 1. Übernamen; entrundete und verkürzte Formen zu mhd. *kriuseleht* ›kraus‹ für einen Menschen mit lockigem, krausem Haar. 2. Durch Entrundung entstandene Berufsübernamen zu mhd. *kriuselīn* ›Krüglein‹ für den Hersteller.

Kreitz: 1. Herkunftsname zu dem Ortsnamen Kreitz bei Neuß a. Rhein. 2. Durch Entrundung entstandene Form von ▸ Kreutz.

Krejci: Berufsname zu tschech. *krejčí* ›Schneider‹.

Krell(er): Berufsübernamen für einen Bauern zu mhd. *krellen* ›kratzen, mit dem Kräuel (▸ Kreu[e]l) jäten‹.

Kremer: ▸ Kramer, Krämer.

Kremers: patronymische Bildung (starker Genitiv) zu Kremer (▸ Kramer, Krämer).

Kremp: Herkunftsname zu Ortsnamen wie Krempe (Schleswig-Holstein), Krempa (Schlesien).

Kremser: Herkunftsname zu dem Ortsnamen Krems (Schleswig-Holstein, Bayern, Österreich). ❖ Die alte Bezeichnung »Kremser« für eine Mietdroschke geht auf den Berliner Fuhrunternehmer Simon Kremser zurück, der a. 1825 die Erlaubnis zu einem Mietwagenbetrieb erhielt.

Krengel: ▸ Kringel.

Krenn: 1. Berufsübername zu mhd. *krēn(e)* ›Kren, Meerrettich‹, einem Lehnwort slawischen Ursprungs (vgl. osorb. *krěn*, tschech. *křen*), für einen Bauern, einen Gemüsehändler bzw. einen Gewürzkrämer. 2. Übername für einen Liebhaber des Gewürzes oder für eine bissige Person nach einem bildlichen Vergleich mit der Pflanze. Kren oder Meerrettich war ursprünglich am Schwarzen Meer heimisch. In Deutschland wurde die Pflanze um das Jahr 1000 bekannt. Die gestoßene oder geriebene Wurzel wurde als Gewürz verwendet. Kren war außerdem ein geschätztes Heilmittel gegen Fieber und andere Krankheiten.

Krenz: 1. Herkunftsname zu den Ortsnamen Kreinitz, Krensitz (Sachsen). 2. Wohnstättenname zu mhd. *greniz, grenize* ›Grenze‹, einem Lehnwort aus dem Slawischen.

Krenzer: Ableitung auf *-er* zu ▸ Krenz.

Kress, Kreß: 1. ▸ Kresse. 2. Übernamen zu fnhd. *kreß* ›Krause‹.

Kresse: 1. Übername oder Wohnstättenname zu mhd. *krësse* ›Kresse‹. 2. Berufsübername zu mhd. *kresse* ›Gründling‹ für einen Fischer oder Fischhändler.

Kreth: Übername zu poln. *kret* ›Maulwurf‹.

Kretschmann: Berufsname zu fnhd. *kretschman* ›Schankwirt‹, ▸ Kretschmar.

Kretschmar, Kretschmer: Berufsnamen zu mhd. *kretschmar* ›Schankwirt‹, einem im ostmitteldeutschen Raum seit dem 14. Jh. nachweisbaren Lehnwort slawischen Ursprungs (vgl. osorb. *korčmar*, tschech. *krčmař*, poln. *karczmarz*). ❖ Bekannter Namensträger: Ernst Kretschmer, deutscher Psychiater (19./20. Jh.).

Kretz: 1. Auf eine verkürzte Form von ▶ Pankratz zurückgehender Familienname. 2. Berufsübername zu mhd. *kretze* ›Tragkorb‹ für den Hersteller oder Benutzer.

Kretzer: 1. Amtsname zu mhd. *kretzer* ›Einnehmer der Gerichtsbußen‹ oder zu fnhd. *krezer* ›Schöffe, der im Gericht über Raufhändel sitzt‹. 2. Berufsname zu mhd. *kretze* ›Tragkorb‹ für den Hersteller. 3. Patronymische Bildung auf *-er* zu ▶ Kretz (1.). 4. Herkunftsname zu Ortsnamen wie Kretzer bei Peckelsheim (Westfalen), Kretz (Rheinland-Pfalz), Krätze (Niedersachsen). ❖ Bekannter Namensträger: Max Kretzer, deutscher Schriftsteller (19./20. Jh.).

Kretzschmar: ▶ Kretschmar.

Kreuder: Berufsname zu mnd. *kruder, krudenere* ›Gewürz-, Spezereihändler, Apotheker‹. ❖ Bekannter Namensträger: Ernst Kreuder, deutscher Schriftsteller (20. Jh.).

Kreu(e)l: 1. Berufsübername zu mhd. *kröuwel, krewel, kröul, kreul*, mnd. *krouwel, krauwel* ›Gabel mit hakenförmigen Spitzen‹ für den Hersteller oder den Benutzer, übertragen auch Übernamen für einen spitzigen, schroffen Menschen. ❖ Frühe Belege aus Köln sind *Hermannum Crowel* (ca. 1159–69), *Gerardum Crowil* (ca. 1187–1200). 2. Gelegentlich kann es sich um verhärtete Formen von Greu(e)l (▶ Graul) handeln.

Kreuter: 1. ▶ Krauter, Kräuter. 2. Herkunftsname zu dem vor allem in Bayern häufigen Ortsnamen Kreuth.

Kreutz: 1. Wohnstättenname zu mhd. *kriuze* ›Kreuz‹ für jemanden, der an einem Kreuz (als Wegweiser, Grenzzeichen u. a.) wohnte. Auch der Wohnsitz in der Nähe einer Kirche, eines Spitals oder Stifts zum Heiligen Kreuz kann der Ursprung dieses Familiennamens sein. Ferner kann Kreutz auf einen Haus- oder Hofnamen zurückgehen. 2. Herkunftsname zu den Ortsnamen Kreuz (Schleswig-Holstein), ehem. Brandenburg/jetzt Polen, Nordrhein-Westfalen, Baden-Württemberg, Bayern, Österreich), Kreutz (Schlesien).

Kreutzer: 1. Ableitung auf *-er* von ▶ Kreutz. 2. Nur selten kommt ein Übername zu mhd. *kriuzer* ›Kreuzfahrer, Kreuzritter‹, auch ›kleine, ursprünglich mit einem Kreuz versehene Münze, Kreuzer‹ infrage. ❖ Bekannter Namensträger: Conradin Kreutzer, deutscher Komponist (18./19. Jh.).

Kreutzmann: Ableitung auf *-mann* von ▶ Kreutz.

Kreuz: ▶ Kreutz.

Kreuzer: ▶ Kreutzer.

Krewinkel: ▶ Krahwinkel, Krähwinkel.

Krey(e): Übernamen zu mnd. *kreie, kreige*, mhd. *krā, kreie* ›Krähe‹, übertragen für einen lauten, streitsüchtigen Menschen.

Krick: durch Entrundung entstandene Form von Krück (▶ Kruck, Krück[e] [1.], [2.], oder [3.]).

Kriebel: Übername zu mhd. *kribeln* ›kribbeln, kitzeln‹.

Krieg: Übername zu mhd. *kriec* ›Anstrengung, Streben nach etwas, Streit‹ bzw. mhd. *kriege* ›störrisch, streitbar‹ für einen streitlustigen Menschen. ❖ *Dietz Krieg* ist a. 1370 in Nürnberg bezeugt.

Kriegel: 1. Im mittel- und oberdeutschen Bereich entrundete Form von ▶ Krügel. 2. Übername zu mhd. *kriege, kriegel* ›störrisch, streitbar‹. ❖ Bekannter Namensträger: Volker Kriegel, deutscher Jazzgitarrist und -komponist (20./21. Jh.).

Krieger: Übername zu mhd. *kriegen* ›kämpfen, mit Worten streiten‹, mhd. *krieger* ›Streiter, Kämpfer‹. ❖ Bekannter Namensträger: Johann Philipp Krieger, deutscher Komponist (17./18. Jh.).

Krien: Herkunftsname zu dem gleichlautenden Ortsnamen (Mecklenburg-Vorpommern, ehem. Pommern/jetzt Polen).

Krienke: Herkunftsname zu dem gleichlautenden Ortsnamen (Mecklenburg-Vorpommern).

Kriese: 1. Bei südwestdeutscher Herkunft Berufsübername zu alemannisch *kries, kriese* ›Kirsche‹ für den Obstbauern oder -verkäufer. 2. Bei nord- bzw. nordostdeutscher Abstammung Herkunftsname zu Ortsnamen wie Krieseby (Schleswig-Holstein), Kriesow (Mecklenburg-Vorpommern).

Krimmel: durch Entrundung entstandene Form von ▶ Krümmel.

Kring: 1. Wohnstättenname zu mhd. *krinc*, mnd. *krink* ›Kreis, Ring, Bezirk‹. 2. Berufsübername zu *Kring*, einer Nebenform von ▶ Kringel (2.). 3. Auf eine verkürzte Form von ▶ Quirin zurückgehender Familienname.

Kringel: 1. Wohnstättenname zu mnd., mhd. *kringel*, md. *krengel* ›Kreis, Ring‹. 2. Berufsübername zu mnd., mhd. *kringel*, md. *krengel* ›rundes Gebäck, Brezel‹ für einen Bäcker.

Krings: 1. Herkunftsname zu dem Ortsnamen Krings bei Geilenkirchen (Nordrhein-Westfalen). 2. Auf eine verkürzte Form von Quirinus (▶ Quirin) zurückgehender Familienname.

Krippner: Am häufigsten ist dieser Familienname im Bereich Hof (Oberfranken) vertreten. 1. Berufsname auf *-ner* zu mhd. *krippe* ›Futterkrippe‹ für den Hersteller. 2. Wohnstättenname zu mhd. *krippe* ›in das Wasser eingeschlagenes Pfahlwerk‹ für jemanden, der in dessen Nähe wohnte. 3. Herkunftsname zu dem Ortsnamen Krippen (Sachsen). ❖ Ein *Nickl Krippener* ist a. 1460 im Sächsischen Vogtland bezeugt.

Krisch: auf eine deutsche oder slawische Ableitung von ▶ Christian zurückgehender Familienname.

Krischer: ▶ Kreischer (2.).

Krischke: aus einer deutschen oder slawischen Ableitung von ▶ Christian entstandener Familienname.

Krist: ▶ Christ.

Kristal(l): ▶ Christal(l).

Kristan: ▶ Christian.

Kristeller: ▶ Christaller, Christeller.

Kristen: ▶ Christen.

Kröber: 1. Herkunftsname zu den Ortsnamen Kröbern (Thüringen), Cröbern (Sachsen). 2. ▶ Gröber (1.).

Krog: 1. Berufsübername zu mnd. *krôch, krûch* ›Wirtshaus, Gaststätte, Schenke‹ für einen Gastwirt oder Übername für einen Zecher (vgl. mnd. *krôch holden* ›das Wirtshaus besuchen‹, mnd. *krogen* ›zechen‹). 2. Wohnstättenname zu mnd. *krôch* ›mit einem Zaun, Wall oder Graben eingehegtes Weide- bzw. Saatland‹. 3. Herkunftsname zu dem Ortsnamen Kroge (Niedersachsen, Schleswig-Holstein).

Kröger: niederdeutscher Berufsname zu mnd. *kroger, kruger* ›Wirt, Gast-, Schenkwirt‹. ❖ Bereits um einen festen Familiennamen handelt es sich bei *peter krogher aurifaber* [Goldschmied], Barth (Mecklenburg-Vorpommern) a. 1415.

Krogmann: 1. Berufsname auf *-mann* zu mnd. *krôch, krûch* ›Wirtshaus, Schenke‹ für den Gastwirt. 2. Ableitung auf *-mann* zu ▶ Krog (2.) oder (3.).

Kroh: 1. ▶ Groh. 2. Übername zu mhd. *krā* ›Krähe‹ mit Verdumpfung des *-a-* zu *-o-*, übertragen für einen lauten, streitsüchtigen Menschen.

Krohn(e): 1. ▶ Kron (1.). 2. ▶ Krone.

Kröhnert: Erweiterung von ▶ Kroner, Kröner mit sekundärem *-t*.

Kroiß: auf mhd. *kroiss*, eine Nebenform von mhd. *krëbeʒ* ›Krebs‹ (▶ Krebs), zurückgehender Familienname.

Kroker: aus einer schlesischen Dialektform für *Krakauer* entstandener Herkunftsname zu dem Ortsnamen Krakau/Kraków (Polen). Wie bei allen zu den Namen wichtiger Handelsstädte gebildeten Familiennamen kann *Krakauer/Kroker* auch denjenigen bezeichnen, der mit Krakau Geschäftsbeziehungen hatte. ❖ In Liegnitz stehen a. 1451 nebeneinander *Michil Krokawer* und *Croker*.

Krol(l): 1. Übername zu mhd. *krol* ›lockig‹, mhd. *krolle* ›Haarlocke‹. 2. ▶ Kral(l) (1.) oder (3.). ❖ Ein *Chunrad kroll* ist a. 1399 in München bezeugt.

Kröll: ▶ Kreu(e)l.

Krolow: Herkunftsname zu dem gleichlautenden Ortsnamen (ehem. Pommern, jetzt Polen). ❖ Bekannter Namensträger: Karl Krolow, deutscher Dichter (20. Jh.).

Kromer, Krömer: ▶ Kramer. ❖ In Regensburg ist a. 1355 *Walthier der chromer* bezeugt.

Kron: 1. Übername zu mhd. *krōn* ›Kranich‹, mhd. *krone*, Nebenform von *krane, kranech* ›Kranich‹, übertragen für einen hochbeinigen, mageren oder stolzen Menschen. 2. ▶ Krone.

Kronau(er): Herkunftsnamen zu dem Ortsnamen Kronau (Baden-Württemberg, Bayern, Ostpreußen). ❖ Bekannte Namensträgerin: Brigitte Kronauer, dt. Schriftstellerin (20./21. Jh.).

Kronawitt: ▶ Kranewit.

Kronawitter: ▶ Kranewitter.

Kronberg(er): Herkunftsnamen zu dem Ortsnamen Kronberg (Hessen, Bayern).

Krone: 1. Hausname zu mhd. *krōn(e)*, mnd. *krone* ›Kranz, Krone‹. Ein Haus »zur Krone« ist in mehreren mittelalterlichen Städten (z. B. in Worms, Speyer, Basel, Straßburg) überliefert. 2. Ehrender Übername zu mhd. *krōn(e)* ›das Höchste, Vollendetste seiner Art‹. 3. Übername zu mhd. *krōn(e)*, mnd. *krone* ›Schopf; geschorene Glatze‹. 4. ▶ Kron (1.).

Kronenberg(er): 1. Herkunftsnamen zu Ortsnamen wie Kronberg (Bayern, Hessen), Kronburg (Schwaben), Kronenberg (ehem. Brandenburg/jetzt Polen), Kronenburg (Schleswig-Holstein, Niedersachsen, Nordrhein-Westfalen, Elsass). 2. Wohnstättennamen nach einem gleichlautenden Flurnamen.

Kroner, Kröner: 1. Herkunftsnamen zu den Ortsnamen Kronau (Baden-Württemberg, Bayern, Ostpreußen), Krone (Baden-Württemberg, Nordrhein-Westfalen), Krönau (Bayern), Deutsch-Krone (ehem. Westpreußen/jetzt Polen). 2. Ableitungen auf *-er* von Krone (1.).

Krönert: Erweiterung von Kröner (▶ Kroner) mit einem sekundären *-t*.

Kröning: Vor allem im Bereich Neubrandenburg anzutreffender Familienname. 1. Mit dem Suffix *-ing* gebildeter Herkunftsname zu dem Ortsnamen Krohn (Mecklenburg-Vorpommern). 2. Patronymische Ableitung auf *-ing* zu ▶ Kron (1.). 3. Übername zu mnd. *kroninge* ›Murren, Widerspruch‹ für einen mürrischen, rechthaberischen Menschen.

Kropf: Übername zu mhd. *kropf* ›Kropf‹ für einen mit einem Kropf behafteten Menschen, im Mittelhochdeutschen auch als Schimpfwort verwendet. ❖ Ein früher Beleg ist *Walther Chropf* (Regensburg a. 1187).

Kropp: 1. Niederdeutsche Form von ▶ Kropf. 2. Herkunftsnamen zu dem Ortsnamen Kropp (Schleswig-Holstein, Niedersachsen).

Kroth: Übername zu mhd. *krot(e)* ›Kröte, Frosch‹ nach dem Aussehen oder für einen boshaften, widerstrebenden Menschen.

Krotke, Krotki, Krotky: Übernamen zu nsorb. *krotki*, osorb., poln. *krótki* ›kurz‹.

Kruck, Krück(e): 1. Übernamen zu mhd. *krücke, krucke*, mnd. *krucke, krocke* ›Krücke, Krückstock‹ nach einem Gebrechen des ersten Namensträgers. 2. Berufsübernamen zu mhd. *krücke, krucke* ›Ofenkrücke‹, mnd. *krucke, krocke* ›gekrümmtes Stück, Werkzeug zum Zusammenscharren, zum Umwenden‹ für den Benutzer. 3. Wohnstättennamen zu den Flurnamen Kruck, Krück, die auf die krumme Form des Geländes hinweisen. 4. Herkunftsnamen zu Ortsnamen wie Kruck (Schleswig-Holstein), Krück (Schleswig-Holstein, ehem. Pommern/jetzt Polen), Krücken (Schleswig-Holstein, Ostpreußen), Krucken (Ostpreußen). 5. Bei dem Familiennamen Kruck kann es sich auch um einen Berufsübernamen zu mnd. *kruke* ›Krug‹ für den Krugmacher handeln.

Krueger: ▶ Kruger, Krüger.

Krug: 1. Im südlichen Teil des deutschen Sprachgebiets handelt es sich um einen Berufsübernamen zu mhd. *kruoc* ›Krug‹ für den Töpfer oder den Geschirrhändler. ❖ *H. Krug* (Nürnberg 1363) war Hafner (Töpfer) von Beruf. 2. In Norddeutschland liegt diesem Familiennamen meist ein Berufsübername für den Schankwirt zugrunde (vgl. ▶ Krog [1.]). 3. Vereinzelt Herkunftsname zu dem gleichlautenden Ortsnamen (ehem. Pommern/jetzt Polen, Schlesien, ehem. Brandenburg/jetzt Polen, Österreich). ❖ Bekannter Namensträger: Manfred Krug, deutscher Schauspieler (20./21. Jh.).

Krügel: Ableitung von ▶ Krug (1.) mit *-l*-Suffix. ❖ *Krügel der sneyder* ist a. 1381 in Nürnberg bezeugt.

Kruger, Krüger: 1. Oberdeutsche Berufsnamen zu mhd. *kruoc* ›Krug‹ für den Töpfer oder Geschirrhändler. 2. Niederdeutsche Berufsnamen zu mnd. *kroger, kruger* ›Wirt, Gast-, Schenkwirt‹. ❖ Bekannter Namensträger: Hardy Krüger, deutscher Schauspieler (20./21. Jh.).

Krugmann: ▶ Krogmann.

Krull, Krüll: Übernamen zu mnd. *krul* ›Haarschopf, gekräuseltes Haar‹.

Krumbholz: ▶ Krumpholz.

Krumm(e): 1. Übernamen zu mhd. *krump, krumm* ›krumm, gekrümmt, verdreht, schief‹ nach einer körperlichen Fehlbildung des ersten Namensträgers. ❖ Vgl. den Beleg *Krumm ulrich* (Esslingen a. 1460). 2. Wohnstättennamen zu mhd. *krumbe, krümbe* ›Krümmung‹ für jemanden, der an einer Weg- oder Flusskrümmung wohnte.

Krümmel: 1. Ableitung von ▶ Krumm(e) mit -l-Suffix. 2. Herkunftsname zu dem Ortsnamen Krümmel (Hessen, Schleswig-Holstein, Mecklenburg-Vorpommern).

Krumpholz: Berufsübername für den Wagner, der sein Meisterstück »in Krumbholz«, in krummem Holz, machen musste. ❖ In Freiburg i. Br. ist a. 1389 *Anne Krumphoeltzin* bezeugt.

Krupp: 1. Berufsübername zu mnd. *krūp* ›Vieh, bes. Rindvieh‹ für einen Bauern oder Viehhändler. 2. Übername zu mnd. *krupen* ›kriechen‹. ❖ Bekannter Namensträger: Friedrich Krupp, Industrieller und Firmengründer (18./19. Jh.).

Kruppa, Kruppe: Übernamen zu poln., nsorb. (älter), osorb. *krupa*, alttschechisch *krúpa* ›Graupe, Hagel‹.

Krusch, Kruscha, Krusche: 1. Wohnstättennamen oder Übernamen zu poln. mda. *krusza*, nsorb. *kšuša*, osorb. *krušwa* ›Birne, Birnbaum‹. 2. Übernamen zu urslaw. **krušiti* ›brechen‹.

Kruse: 1. Berufsübername zu mhd. *krūse*, mnd. *krus* ›Krug, Kanne‹ für den Töpfer. 2. Übername zu mhd., mnd. *krūs* ›kraus; gelockt‹ bzw. mhd. *krūse* ›krauses Haar‹. ❖ Bekannte Namensträgerin: Käthe Kruse, deutsche Kunsthandwerkerin (19./20. Jh.), die die »Käthe-Kruse-Puppe« gestaltete.

Krüsi: mit der alemannischen Endung -*i* gebildeter Übername zu mhd. *krūs* ›kraus, gelockt‹.

Kruska: 1. Übername zu nsorb. *kružka* ›kleiner Krug‹. 2. Wohnstättenname oder Übername zu apoln. und mda. *kruszka* ›Birne, Birnbaum‹.

Kuba: aus einer slawischen Ableitung von ▶ Jakob mit der Endung -*a* entstandener Familienname.

Kubach: 1. Auf die eindeutschende Schreibung einer slawischen, mit dem Suffix -*ak* gebildeten Ableitung von ▶ Jakob zurückgehender Familienname. 2. Herkunftsname zu dem Ortsnamen Kubach (Hessen, Baden-Württemberg).

Kuballa: aus einer slawischen Ableitung von ▶ Jakob entstandener Familienname.

Kuban: aus einer slawischen, mit dem Suffix -*an* gebildeten Ableitung von ▶ Jakob hervorgegangener Familienname.

Kubanek: aus einer polnischen oder tschechischen Ableitung von ▶ Jakob entstandener Familienname.

Kubasch: aus der eindeutschenden Schreibung von Kubaš, einer sorbischen Ableitung von ▶ Jakob, entstandener Familienname.

Kubath: aus einer slawischen Ableitung von ▶ Jakob entstandener Familienname.

Kube: eindeutschende Schreibung von ▶ Kuba.

Kübel: Berufsübername zu mhd. *kübel* ›Kübel‹ für den Handwerker, der Kübel, kleine Holzfässer und Wannen herstellte.

Kuben(t)z: aus eindeutschenden Schreibungen von Kubeńc, einer sorbischen Ableitung von ▶ Jakob, hervorgegangene Familiennamen.

Kubiak: aus einer slawischen, mit dem Suffix -*ak* gebildeten Ableitung von ▶ Jakob entstandener Familienname.

Kubick(e), Kubig: eindeutschende Schreibungen von ▶ Kubik.

Kubik: aus einer polnischen, sorbischen oder tschechischen Ableitung von ▶ Jakob entstandener Familienname.

Kubis, Kubisch: auf slawische, mit dem Suffix -*iš* gebildete Ableitungen von ▶ Jakob zurückgehende Familiennamen.

Kubitschek: aus einer slawischen Ableitung von ▶ Jakob entstandener Familienname. ❖ Bekannte Namensträgerin: Ruth-Maria Kubitschek, deutsche Schauspielerin (20./21. Jh.).

Kubitz(a): auf eindeutschende Schreibungen sorbischer, polnischer oder tschechischer Ableitungen von ▶ Jakob zurückgehende Familiennamen.

Kübler: Berufsname zu mhd. *kübel* ›Kübel‹, fnhd. *kübler* ›Böttcher‹, vgl. ▶ Kübel. ❖ *H. kvbeler* ist a. 1299 in Zürich bezeugt.

Kuch: 1. Berufsübername zu mhd. *kuoche* ›Kuchen‹ für den ▶ Kuchenbäcker oder Übername für den Kuchenliebhaber. 2. Berufsübername zu mhd. *küche(n), kuche(n)* ›Küche‹ für den Koch. ❖ Im Jahr 1417 ist *chunrat kuch* in Esslingen bezeugt.

Kuchar: Berufsname zu osorb. *kuchar*, nsorb. *kuchař*, tschech. *kuchař* ›Koch‹.

Kucharski: 1. Herkunftsname zu dem polnischen Ortsnamen Kuchary. 2. Berufsname zu poln. *kucharz* ›Koch‹.

Kuche: ▶ Kuch.

Kuchenbäcker, Kuchenbecker: Berufsnamen zu mhd. *kuoche* ›Kuchen‹ und mhd. *becker* ›Bäcker‹ für den Feinbäcker, der auf das Backen von Fladen, Pfefferkuchen, Lebzelten, Oblaten u. a. spezialisiert war. ❖ *Henne von Ortenberg, genannt Kuchenbecker* ist a. 1476 in Gießen bezeugt.

Küchle: schwäbischer Berufsübername für den ▸ Kuchenbäcker oder Übername für den Kuchenliebhaber.

Kuchler, Küchler: Berufsnamen für den ▸ Kuchenbäcker (fnhd. *kuch[e]ler*). ❖ Ein früher Beleg ist *Chunrat der chucheler* (Salzburg 1287).

Küchli(n): alemannische Berufsübernamen für den ▸ Kuchenbäcker oder Übernamen für den Kuchenliebhaber.

Kuchta: 1. Berufsname zu apoln., alttschechisch *kuchta* ›Koch‹. 2. Übername zu osorb. (mda.) *kóchta* ›Granne, Stachel, Spitze (an der Ähre)‹.

Kuck, Kück: Nordwestdeutsche, vor allem zwischen Aachen und Bremen vorkommende Familiennamen: 1. Herkunftsnamen zu einem gleichlautenden Ortsnamen, z. B. im ehem. Kreis Eupen (Belgien). ❖ Ein Beleg für den Herkunftsnamen ist *Hans van Kuk*, Hildesheim a. 1404. 2. Wohnstättennamen zu friesisch *kūch*, mnd. *koch*, niederdt. *Koog* ›eingedeichtes Land‹ (vgl. Cuxhaven < a. 1700 *Koogshaven*). 3. Verkürzt aus mnd. *kuken* ›Küchlein, junges Huhn‹ als Übernamen für den unerfahrenen Menschen.

Kuckuck: Übername zu mhd. *kukuk* ›Kuckuck‹, übertragen für einen überheblichen oder närrischen Menschen.

Küçük: türkischer Übername zu türk. *küçük* ›klein‹.

Küfer, Küffer, Küffner, Kufner, Küfner: oberdeutsche Berufsnamen zu mhd. *küefer, kuofener* für den ▸ Böttcher nach dem von ihm hergestellten Produkt, der Kufe, einem großen Bottich, besonders für Wein oder Salz. Bei dieser Bezeichnung für das Fass handelt es sich um eine Entlehnung aus dem gleichbedeutenden lateinischen Wort *cūpa*. ❖ *Chvnradus dictus* [genannt] *Küffer* ist a. 1286 in Nürnberg bezeugt.

Kugel: 1. Berufsübername zu mhd. *gugel, kugel* ›Kapuze am Rock oder Mantel‹ für den Hersteller oder Übername für den Träger. 2. Übername zu mhd. *kugel(e)* ›Kugel‹ für einen dicken, rundlichen Menschen. 3. Übername zu mhd. *kugel(e)* ›Spielkugel‹ nach einer Vorliebe des ersten Namensträgers für das Kugelspiel.

Kugelmann: 1. Berufsname oder Übername auf *-mann* zu mhd. *gugel, kugel* ›Kapuze am Rock oder Mantel‹ für den Hersteller bzw. den Träger. 2. Ableitung von ▸ Kugel (2.) mit dem Suffix *-mann*.

Kugler, Kügler: 1. Berufsnamen oder Übernamen auf *-er* zu mhd. *gugel, kugel* ›Kapuze am Rock oder Mantel‹ für den Hersteller bzw. den Träger. 2. Übernamen auf *-er* zu mhd. *kugel(e)* ›Spielkugel‹ für den Kugelspieler (vgl. mhd. *kugelspiler*). 3. Gelegentlich kann den Familiennamen auch ein Hausname zugrunde liegen; vgl. die alten Nürnberger Wirtshausnamen *Zur blauen Kugel* und *Zur goldenen Kugel*. ❖ *Vlrich der Kugler* ist a. 1349 in Nürnberg bezeugt.

Kuhfahl: ▸ Kofahl.

Kuhl: ▸ Kuhle.

Kühl: ▸ Kühle.

Kuhla: 1. Auf eine verkürzte Form des slawischen Rufnamens Mikula (▸ Nikolaus) zurückgehender Familienname. 2. Übername zu nsorb., osorb., poln. *kula* ›Kugel‹, poln. auch ›Flachsbleuel; Krückstock‹. 2. Herkunftsname zu dem Ortsnamen Kuhla (Niedersachsen).

Kuhle: 1. Wohnstättenname zu mnd. *kule* ›Grube, Vertiefung, Loch‹, md. *küle* ›Loch‹. 2. Herkunftsname zu dem gleichlautenden Ortsnamen (Mecklenburg-Vorpommern, Schleswig-Holstein, Nordrhein-Westfalen).

Kühle: 1. Übername zu mhd. *küele* ›kühl, kalt‹ nach der Wesensart des ersten Namensträgers. 2. Herkunftsname zu den Ortsnamen Kühle (Westfalen), Kühlen (Ostpreußen).

Kuhlemann: 1. Ableitung auf *-mann* von ▸ Kuhle. 2. Im oberdeutschen Bereich von dem Heiligennamen Koloman (▸ Kollmann [2.]) abgeleiteter Familienname.

Kuhlen: Herkunftsname zu dem gleichlautenden Ortsnamen (Mecklenburg-Vorpommern, Schleswig-Holstein, Niedersachsen, Nordrhein-Westfalen).

Kühler: 1. Stark flektierte Form oder patronymische Bildung auf *-er* zu ▸ Kühle (1.). 2. Ableitung auf *-er* von ▸ Kühle (2.).

Kühling: 1. Herkunftsname zu dem Ortsnamen Kühlingen, Ortsteil von Ganderkesee (Niedersachsen). 2. Ableitung von ▸ Kühle (1.) mit *-ing*-Suffix.

Kuhlmann: 1. ▸ Kuhlemann. 2. Gelegentlich Variante von ▸ Kullmann.

Kuhn, Kühn: 1. Auf Kurzformen von ▸ Konrad zurückgehende Familiennamen. 2. Übernamen zu mhd. *küen(e)* ›kühn‹. ❖ Bekannter Namensträger: Dieter Kühn, deutscher Schriftsteller (20./21. Jh.).

Kühnast: ▸ Kienast.

Kuhnau: Herkunftsname zu den Ortsnamen Kuhnau (Schlesien), Kuhnow (ehem. Pommern/jetzt Polen), Kunau (Schlesien), Kunow (Brandenburg, ehem. Brandenburg/jetzt Polen, ehem. Pommern/jetzt Polen). ❖ Bekannter Namensträger: Johann Kuhnau, deutscher Komponist (17./18. Jh.).

Kuhne, Kühne: ▸ Kuhn, Kühn.

Kühnel: aus einer Koseform von ▸ Kuhn mit *-l*-Suffix hervorgegangener Familienname.

Kühnemund: aus dem alten deutschen Rufnamen Kunimunt (*kuoni + munt*) hervorgegangener Familienname.

Kuhnen, Kühnen: 1. Patronymische Bildungen (schwacher Genitiv) zu ▸ Kuhn, Kühn. 2. Gelegentlich Herkunftsnamen zu dem Ortsnamen Kuhnen, Ortsteil von Waltenhofen (Bayern).

Kuhner, Kühner: 1. Patronymische Bildungen auf *-er* zu ▸ Kuhn, Kühn (1.). 2. Stark flektierte Formen patronymischer Bildungen auf *-er* zu ▸ Kuhn, Kühn (2.). 3. Gelegentlich Herkunftsnamen zu den Ortsnamen Kühnau bei Dessau (Sachsen-Anhalt), Kuhna, Kunern (Schlesien), vgl. auch ▸ Kuhnau.

Kuhnert, Kühnert: auf eine im mitteldeutschen (vor allem schlesischen) Raum entstandene, verschliffene Form von ▸ Konrad zurückgehende Familiennamen.

Kühnhold: aus einer Umdeutung von ▸ Kühnold in Anlehnung an das Adjektiv »hold« hervorgegangener Familienname.

Kühnholz: patronymische Bildung (starker Genitiv) zu ▸ Kühnold, umgedeutet in Anlehnung an das Wort »Holz«.

Kuhnke: aus einer Koseform von ▸ Kuhn mit *-k*-Suffix entstandener Familienname.

Kühnl: ▸ Kühnel.

Kuhnle, Kühnle: auf schwäbische Ableitungen von ▸ Kuhn, Kühn zurückgehende Familiennamen.

Kühnlein: aus einer Koseform von ▸ Kuhn mit dem Suffix *-lein* hervorgegangener Familienname.

Kühnold: auf eine Erweiterung von Kühn (▸ Kuhn) mit dem Suffix *-old* zurückgehender Familienname.

Kuhnow: ▸ Kuhnau.

Kuhnt: auf eine aus dem deutsch-slawischen Kontaktgebiet stammende, durch Zusammenziehung gebildete Form von ▸ Kunath (Konrad) zurückgehender Familienname.

Kuhr, Kühr: 1. Berufsnamen zu mnd. *kur(e)* ›Späher, Wächter auf dem Turm, Turmbläser, Spielmann‹. 2. Herkunftsnamen zu Ortsnamen wie Kuhr (Nordrhein-Westfalen), Kühren (Schleswig-Holstein, Sachsen, Sachsen-Anhalt), Kuhren (Ostpreußen). 3. Übernamen zu nsorb., osorb. *kur* ›Hahn‹.

Kuhrt: ▸ Kurt.

Kukla: Übername zu poln. *kukła* ›Puppe, Marionette‹, tschech. *kukla* ›Puppe (von Insekten)‹, auch ›Haube, Kapuze, Schleier‹.

Kulig, Kulik: 1. Übernamen zu poln. *kulik* ›Brachvogel‹, tschech. *kulík* ›Regenpfeifer‹. 2. Übernamen zu poln. *kulić się* ›sich zusammenrollen‹ bzw. *kuleć* ›hinken‹. 3. Aus einer niedersorbischen Ableitung von ▸ Nikolaus entstandene Familiennamen.

Kulka, Kulke: Übernamen, mit dem Suffix *-ka* gebildete Ableitungen von nsorb., osorb., poln. *kula* ›Kugel‹.

Kull: 1. Übername zu mnd. *kulle* ›Kapuze‹. 2. Herkunftsname zu dem Ortsnamen Kulle bei Solingen (Nordrhein-Westfalen). 3. Auf eine Kurzform von ▸ Konrad zurückgehender Familienname. 4. Gelegentlich Schreibvariante von ▸ Kuhle.

Kulla: ▸ Kuhla (1.).

Kullmann: 1. Ableitung auf *-mann* von ▸ Kull. 2. Im oberdeutschen Bereich vom Heiligennamen Koloman (▸ Kollmann [2.]) abgeleiteter Familienname. ❖ Als Heiligenname ist auch der A. 1349 in Nürnberg bezeugte *Kulman der stainmeizzel* zu interpretieren.

Küllmer: Herkunftsname zu den Ortsnamen Kulm (ehem. Westpreußen, ehem. Brandenburg/jetzt Polen, Thüringen, Österreich, Schweiz, Böhmen), Culm (Oberfranken).

Kulzer, Külzer: Herkunftsnamen zu den Ortsnamen Kulz (Bayern), Külz (Rheinland-Pfalz).

Kumm: 1. Berufsübername oder Wohnstättenname zu mhd. *komp, kump, kumpf* ›ein Gefäß‹, mnd. *kum* ›ein rundes Gefäß, Behälter, Zisterne‹, *kumme* ›rundes, tiefes Gefäß, Schale, größeres Wasserbehältnis‹, mnd. *kump* ›größeres Gefäß, gewöhnlich aus Holz, bes. in der Mühle, um das Wasser zu sammeln‹, mnd. *kumhūs* ›Haus, wo die Kumpen (runde Tröge) zum Walken des Tuches stehen‹. ❖ Vgl. den Beleg *Jutte ton Kumme* (Coesfeld 1390). 2. Übername für einen rundlichen, dicken Menschen nach einem bildlichen Vergleich mit dem Gefäß. 3. ▶ Kümmel (1.).

Kümmel: 1. Berufsübername zu mhd. *kumin, kümel, kumme* ›Kümmel‹ für den Gewürzhändler oder Übername für einen Liebhaber des Gewürzes. 2. Vereinzelt Herkunftsname zu dem gleichlautenden Ortsnamen (Nordrhein-Westfalen, Franken).

Kummer: 1. Übername zu mhd. *kumber, kummer* ›Schutt, Unrat‹; bildlich ›Belastung, Bedrängnis, Mühsal, Kummer‹. 2. Herkunftsname zu den Ortsnamen Kummer (Mecklenburg-Vorpommern, Thüringen, Bayern). ❖ Ein früher Beleg ist *Ulr. Chumber,* Augsburg a. 1288.

Kümmerle: schwäbische Ableitung von ▶ Kummer (1.).

Kummerow: Herkunftsname zu dem gleichlautenden Ortsnamen (Mecklenburg-Vorpommern, Brandenburg, ehem. Pommern/jetzt Polen).

Kümpel: der Familienname ist einerseits im Rheinland (Bonn), dann aber auch im Bereich Fulda–Suhl relativ häufig. 1. Bei rheinländischer Herkunft Wohnstättenname zu rheinländ. *Kümpel* ›Vertiefung mit angesammeltem Wasser, Tümpel‹ für jemanden, der neben einer solchen Stelle wohnte. 2. Im hessischen und thüringischen Bereich auf eine Anlautverhärtung aufweisende Koseform von Gundbald *(gund + bald)* oder Gumbert *(gund + beraht)* zurückgehender Familienname. ❖ Im dem dem Hauptverbreitungsgebiet nahe gelegenen Bamberg ist *Gumpo* (der Name ohne *-l*-Suffix*)* auch als *Cumpo* bezeugt (beide Belege a. 1065-1075).

Kumpf: Übername zu mhd. *kumpf* ›ein Gefäß, ein Getreidemaß, Gefäß für den Wetzstein‹ für den Hersteller oder den Benutzer.

Kuna: 1. Übername zu nsorb., osorb., poln., tschech. *kuna* ›Marder‹. 2. Aus einer slawischen Ableitung von ▶ Konrad entstandener Familienname.

Kunath: auf eine ostmitteldeutsche oder slawische Form von ▶ Konrad zurückgehender Familienname.

Kunau: ▶ Kuhnau.

Kunde: Übername zu mhd. *kunde* ›der bekannt ist, Einheimischer‹.

Kundt: ▶ Kuhnt.

Kunert: ▶ Kuhnert. ❖ Bekannter Namensträger: Günter Kunert, deutscher Schriftsteller (20./21. Jh.).

Kung, Küng: Übernamen zu mhd. *künic, künec, künc* ›König‹.

Kunisch: auf eine ostmitteldeutsche, unter dem Einfluss des slawischen Suffixes *-iš* entstandene, oder slawische Ableitung von ▶ Konrad zurückgehender Familienname.

Kunkel, Künkel: 1. Berufsübernamen zu mhd. *kunkel* ›Kunkel, Spindel‹ für den Hersteller oder Übernamen für einen großen, hageren Menschen nach einem bildlichen Vergleich. 2. Berufsübernamen zu mnd. *kunkel* ›kleines Schiff‹. 3. Aus einer Koseform von ▶ Konrad hervorgegangene Familiennamen. ❖ Ein Schmied namens *Kunkelo* ist i. J. 1327 in Lich (Hessen) überliefert. 4. Gelegentlich Wohnstättennamen zu niederdt. mda. (Ostfalen) *Kunkel* ›durch Hochwasser entstandenes Wasserloch‹.

Künne: metronymischer Familienname, der auf eine Kurzform des weiblichen Rufnamens Kunigunde *(kunni + gund)* zurückgeht. Der Name wurde im Mittelalter überaus häufig vergeben. Zu seiner Beliebtheit trug auch die Verehrung der heiligen Kaiserin Kunigunde bei, der Gemahlin Heinrichs II. (10./11. Jh.), die i. J. 1200 heiliggesprochen wurde.

Künneke: mit niederdeutschem *-k*-Suffix gebildeter metronymischer Familienname zu ▶ Künne. ❖ Bekannter Namensträger: Eduard Künneke, deutscher Komponist (19./20. Jh.).

Künnen: metronymische Bildung (schwacher Genitiv) zu ▶ Künne.

Kunow: ▸ Kuhnau.
Kunrath: ▸ Konrad.
Kunst: 1. Übername zu mhd., mnd. *kunst* ›Wissen, Kenntnis, Weisheit, Geschicklichkeit, Können‹. 2. Aus einer zusammengezogenen Form von ▸ Konstantin entstandener Familienname. 3. Herkunftsname zum gleichlautenden Ortsnamen in Westfalen.
Kunstein, Kunstin: auf zusammengezogene Formen von ▸ Konstantin zurückgehende Familiennamen.
Künstler: Übername zu mhd. *kunster, kunstener* ›der Einsicht, Verständnis, Geschicklichkeit besitzt, Facharbeiter‹ mit Angleichung an das nhd. Wort (die heutige Bedeutung ›jemand, der sich künstlerisch betätigt‹ erhält die Berufsbezeichnung erst im 18. Jh.).
Kunstmann: 1. Auf eine Ableitung von ▸ Kunst mit dem Suffix *-mann* zurückgehender Familienname. 2. Aus dem Bereich des Bergbaus stammender Berufsname für den Bergmann, der die »Kunst«, die Fördermaschine, betätigt.
Kunth: ▸ Kuhnt.
Kuntz(e): ▸ Kunz.
Küntzel: ▸ Kunzel, Künzel.
Kunz, Künz, Kunz(e): auf eine mit -z-Suffix gebildete Koseform von ▸ Konrad zurückgehende Familiennamen. Kunz steht in Deutschland an 162. Stelle in der Ranghäufigkeit, Kunze, die vor allem im ostmitteldeutschen Bereich anzutreffende Form, an 172. Stelle. ❖ Bekannter Namensträger: Reiner Kunze, deutscher Schriftsteller (20./21. Jh.).
Kunzel, Künzel: aus einer Erweiterung von ▸ Kunz mit -*l*-Suffix entstandene Familiennamen.
Kunzelmann: aus einer Erweiterung von ▸ Kunzel mit dem Suffix *-mann* hervorgegangener Familienname.
Kunzer: patronymische Ableitung auf *-er* zu ▸ Kunz.
Künzl: ▸ Kunzel.
Künzle: aus einer schwäbischen Ableitung von ▸ Kunz entstandener Familienname.
Künzler: 1. Patronymische Bildung auf *-er* zu ▸ Kunzel. 2. Übername zu mhd. *künzen* ›schmeicheln‹.
Künzli: auf eine alemannische Ableitung von ▸ Kunz zurückgehender Familienname.

Kunzmann: aus einer Erweiterung von ▸ Kunz mit dem Suffix *-mann* hervorgegangener Familienname.
Kuper, Küper: Berufsnamen zu mnd. *kuper* ›Küfer, Fassbinder‹, ▸ Böttcher. ❖ *Bernt Kuper* ist a. 1521 in Coesfeld bezeugt.
Kupfer: Berufsübername zu mhd. *kupfer* ›Kupfer‹ für den ▸ Kupferschmied oder -händler. ❖ Bekannter Namensträger: Harry Kupfer, deutscher Opernregisseur (20./21. Jh.).
Kupferschläger: Berufsname zu mhd. *kupfer* ›Kupfer‹ und mhd. *slaher* ›Schläger‹ für den ▸ Kupferschmied.
Kupferschmied, Kupferschmid(t): Berufsnamen; die Kupferschmiede zählten zu den Kaltschmieden (▸ Kaltschmidt), die vorwiegend Geräte und Gefäße für den Haushalt, gelegentlich aber auch kunstvollere Gegenstände wie Weihwasserkessel oder Taufbecken für die Kirchen herstellten. ❖ *Ditel Kupfersmid* ist a. 1368 in München bezeugt.
Kupka: 1. Wohnstättenname oder Übername zu nsorb., poln., tschech. *kupka* ›Häufchen, Hügelchen‹, osorb. ›Knäuel, Klumpen‹. 2. Auf eine slawische Ableitung von ▸ Jakob zurückgehender Familienname.
Kupke: 1. ▸ Kupka. 2. Niederdeutscher Berufsübername, Ableitung mit -*k*-Suffix von mnd. *kupe* ›Kufe, großes offenes Fass‹ für den Hersteller oder Benutzer.
Kupper: 1. ▸ Kuper, Küper. 2. Nur teilweise verhochdeutschte Form von ▸ Kopper (1.). 3. In der Schweiz liegt diesem Familiennamen ein Übername zugrunde, der auf eine schweizerdeutsche Bezeichnung für den Schmoller zurückgeht.
Küpper: im Westen Deutschlands verbreiteter Berufsname, der auf eine mundartliche (niederrheinische) Form von ▸ Kuper, Küper zurückgeht.
Küppers: patronymische Bildung (starker Genitiv) zu ▸ Küpper.
Kupsch: 1. Auf die eindeutschende Schreibung einer slawischen Ableitung von ▸ Jakob zurückgehender Familienname. 2. Berufsname zu sorb. *kupc* ›Kaufmann‹.
Kürbis(s), Kürbiß: Übernamen zu mhd. *kürbiʒ* ›Kürbis‹ für jemanden mit einem auffällig großen Kopf oder Berufsübernamen für den

Gärtner. ❖ *Hainrich kürwiz carnifex* [Fleischer] ist a. 1396 in München bezeugt.

Kurek: Übername zu poln. *kurek* ›junger Hahn‹.

Kurowski: Herkunftsname zu den polnischen Ortsnamen Kurowo, Kurów, Kurowice.

Kursawe: Übername zu poln. *kurzawa* ›Staubwirbel, Staubwolke‹.

Kürschner: Berufsname zu mhd. *kürsenære* ›Kürschner‹, einem Lehnwort slawischen Ursprungs. In den mittelalterlichen Städten gehörte der Kürschner neben dem Goldschmied zu den angesehensten und wohlhabendsten Handwerkern. Der Kürschner widmete sich vor allem der Aufbereitung und Verarbeitung wertvoller Felle wie Zobel, Hermelin, Biber, Marder, Luchs. Die Herstellung einfacherer Pelzkleidung (etwa aus Wolfs- und Schafsfellen) wurde von dem ▶ Pelzer übernommen. ❖ *Ortliep der kvrsener* ist a. 1276 in Nürnberg bezeugt.

Kurt: 1. Aus einer durch Zusammenziehung entstandenen Form von ▶ Konrad hervorgegangener Familienname. 2. Türkischer Familienname zu türk. *kurt* ›Wolf‹.

Kürten: 1. Patronymische Bildung (schwacher Genitiv) zu ▶ Kurt (1.). 2. Herkunftsname zu dem Ortsnamen Kürten (Nordrhein-Westfalen). ❖ Bekannter Namensträger: Dieter Kürten, deutscher Fernsehmoderator und Journalist (20./21. Jh.).

Kurth: ▶ Kurt (1.).

Kurtz, Kurz: Übernamen zu mhd. *kurz* ›kurz‹ für einen kleinen Menschen. ❖ In München ist a. 1387 *Ulrich Kurcz, goltsmid* bezeugt.

Kurzbein: Übername für einen Hinkenden. ❖ Der Name ist früh in Nürnberg belegt: a. 1308 *Kurzpayn*.

Kurze: ▶ Kurtz.

Kurzhals: Übername für einen Menschen mit einem kurzen Hals.

Kürzinger: im Bereich Amberg–Regensburg–Ingolstadt häufig vorkommender Herkunftsname, vielleicht zu dem Ortsnamen Kürzling (bei Freising).

Kurzmann: Ableitung auf *-mann* von Kurz (▶ Kurtz).

Kurzrock: Übername für jemanden mit auffällig kurzem Rock. ❖ Ein früher Beleg aus Nürnberg ist *Cuvnrat Kvrzrok* a. 1286.

Kus: 1. Niederdeutscher Übername zu mnd. *kuse* ›Keule, Backenzahn‹. 2. Berufsübername zu mhd. *kuose* ›weibliches Kalb oder Schaf‹ für einen Bauern.

Kuş: türkischer Familienname zu türk. *kuş* ›Vogel‹.

Kusch(e): 1. Übernamen zu mnd. *küsch* ›keusch‹. 2. Auf eine slawische Ableitung von Jakub (▶ Jakob) oder Kunat (▶ Konrad) zurückgehende Familiennamen. 3. Übernamen zu apoln. *kusz* ›Becher‹.

Kuschel: Übername zu nsorb. *kužel*, tschech. *kužel* ›Spinnrocken, Kegel‹.

Kuse: ▶ Kus (1.) oder (2.).

Kusel, Küsel: 1. Übernamen zu mnd. *kusel* ›Kreisel‹, übertragen für einen lebhaften, beweglichen Menschen. 2. Berufsübernamen zu mhd. *kusel* ›Pinsel der Tüncher‹ für einen Anstreicher. 3. Herkunftsnamen zu den Ortsnamen Kusel (Rheinland-Pfalz), Küsel (Sachsen-Anhalt).

Kuske: 1. Ableitung mit *-k*-Suffix von ▶ Kus (1.). 2. Übername zu osorb., nsorb. *kus*, Verkleinerungsform *kusk* ›Bissen, Stück, Brocken‹, poln. *kuśka* ›Penis‹, poln. *kuś* ›Bursche, Junge‹ oder poln. *kusy* ›klein‹.

Küspert: durch Verhärtung und Rundung entstandene Form von ▶ Giesbert.

Kuss, Kuß: 1. Auf eine oberdeutsche und westmitteldeutsche Nebenform von Kunz (▶ Konrad) zurückgehende Familiennamen. 2. Übernamen zu mhd., mnd. *kus* ›Kuss‹.

Kusserow: Herkunftsname zu den Ortsnamen Kusserow (ehem. Pommern/jetzt Polen), Küsserow (Mecklenburg-Vorpommern).

Kussmaul, Kußmaul: schwäbisch-alemannische Übernamen für jemanden mit einem wie zum Küssen gespitzten Mund.

Küssner, Küßner: 1. Berufsnamen zu mhd. *küssen*, mnd. *kussen* ›Kissen‹ für den Kissenmacher. 2. Herkunftsnamen zu dem Ortsnamen Kussen (Ostpreußen).

Kuster, Küster: Amtsnamen zu mhd. *kuster* (< mlat. *custor* ›Wächter‹) ›Küster‹. Ursprünglich bezeichnete das Wort den Geistlichen eines Klosters oder Stiftes, der die Aufsicht über den Kirchenschatz und die kirchlichen Geräte hatte, später den Kirchendiener. Diese vorwiegend mitteldeutsche Bezeichnung hat sich seit der Reformation als Wort der Schriftsprache durchgesetzt. ❖

Mehrere heutige Familiennamen gehen auf das Amt des Kirchendieners zurück. Der Familienname **Sigrist** ist am Oberrhein und in der Schweiz heimisch. Oberdeutscher Herkunft sind **Messner** und **Messmer**. Im Norden begegnen uns **Oppermann**. Im deutschen Westen ist **Offermann** verbreitet, im Osten **Kirch(n)er**. Den Familiennamen **Kircher/Kirchner** kann auch ein Herkunftsname oder Wohnstättenname zugrunde liegen.

Kusterer: patronymische Bildung auf *-er* zu ▶ Kuster.

Küsters: patronymische Bildung (starker Genitiv) zu Küster (▶ Kuster).

Küstner: durch Rundung entstandene Form von Kistner (▶ Kistler).

Kutsch: ▶ Kutschka.

Kutsche: 1. Berufsübername für den Kutscher. Das Wort Kutsche wurde im 16. Jh. aus dem Ungarischen entlehnt. Dass die ungarische Bezeichnung *kotsi* von dem Dorf Kocs bei Raab, wo angeblich Kutschen hergestellt wurden, abzuleiten sei, ist sachlich nicht nachweisbar. 2. ▶ Kutschka.

Kutscher: 1. Berufsname für den Kutschenfahrer, vgl. ▶ Kutsche. 2. ▶ Kutschera.

Kutschera: Übername zu tschech. *kučera* ›Haarlocke, Lockenhaar‹.

Kutschka, Kutschke: 1. Vielleicht Wohnstättennamen zu poln. *kucza*, Verkleinerungsform *kuczka* ›Zelt, Laubhütte, Krambude‹, slowak. *kuča* ›Hütte, Bude‹. 2. Übernamen zu tschech. mda. *kuča* ›Haarschopf‹.

Kutter: vor allem im Bereich Kempten häufiger Berufsübername zu mittelhochdeutsch (alemannisch) *kute*, *kūte* ›Tauber‹ für den Taubenhalter.

Kuttler: Berufsname zu mhd. *kuteler* ›der die Kutteln (Kaldaunen) herrichtet und verkauft‹.

Küttner: Übername zu mhd. *kuttener* ›Kuttenträger, Mönch‹ oder Berufsübername für den Hersteller dieses Kleidungsstückes.

Kutz: 1. Aus einer Koseform von ▶ Konrad hervorgegangener Familienname. 2. Berufsübername zu mnd. *kutze* ›Kutsche‹ für den Hersteller oder auch den Fahrer. 3. Übername zu poln. *kuc* ›Pony‹. 4. Wohnstättenname zu poln. mda. *kuc* ›Rasen, Erdscholle‹. 5. Vereinzelt Übername zu mhd. *kūz* ›Kauz‹.

Kutzer: Am häufigsten im Bereich Hof (Oberfranken) anzutreffender Familienname. 1. Übername zu mhd. *kützer* ›Geizhals‹ oder zu mhd. *kutzen* ›lachen‹. 2. Übername oder Berufsname zu mhd. *kütze* ›Kleid, Oberkleid‹ für jemanden, der durch solch ein Kleidungsstück auffiel oder für den Hersteller. ❖ *Baltzar Kutzer* ist a. 1502 im sächsischen Vogtland bezeugt.

Kutzmann: Erweiterung von ▶ Kutz (1.) mit dem Suffix *-mann*.

Kutzner: Herkunftsname zu den Ortsnamen Kutzen (Ostpreußen), Kuditz (Wüstung bei Bernburg, Sachsen-Anhalt), Kutze (Wüstung bei Gardelegen, Sachsen-Anhalt).

Kuypers: patronymische Bildung (starker Genitiv) zu Kuyper, einer niederrheinischen Form von ▶ Kuper, Küper.

Kvapil: Übername zu tschech. *kvapil*, einer Partizipform von tschech. *kvapit* ›eilen, hasten‹: ›er ist geeilt‹. Derartige Namen, die sich auf ein längst vergessenes Erlebnis des ersten Namensträgers beziehen, sind im Tschechischen häufig und vor allem in Mähren bekannt.

Kwiatkowski: 1. Herkunftsname zu den polnischen Ortsnamen Kwiatkowo, Kwiatkowice, Kwiatki. 2. Übername zu poln. *kwiat* ›Blume‹, Verkleinerungsform *kwiatek* ›Blümchen‹.

Kynast: ▶ Kienast.

-l: Familiennamen auf *-(e)l* sind vor allem für den oberdeutschen Raum charakteristisch, kommen aber auch im mitteldeutschen Gebiet vor. Die Herkunft der Endung *-(e)l* bei Familiennamen ist nicht einheitlich. 1. Bei der Bildung von Familiennamen dient das *-(e)l*-Suffix (< ahd. *-[i]lo, -[i]la*) zum Ausdruck zusätzlicher Bedeutungsnuancen: Verkleinerung, Zuneigung und Wohlwollen, Geringschätzung und Spott sowie dem Ausdruck von Generationsunterschieden. Demnach lässt ein Familienname wie ▸ Schmidl mehrere Deutungen zu: a) Die Person, die ursprünglich diesen Namen vergab, drückte mit der Endung *-l* ihre Zuneigung, ihre freundliche Haltung gegenüber dem Benannten aus. b) Je nach den Umständen konnte der Namengeber mit diesem Suffix seine herablassende, spöttische, kritische Einstellung zum Namensträger zum Ausdruck bringen und den Sinn ›schlechter Schmied, wenig angesehener Schmied‹ beabsichtigen. c) Die verkleinernde Bedeutung dieses Suffixes konnte ferner für die Bezeichnung der kleinen Gestalt des Schmieds genutzt werden. d) Gelegentlich konnte die Endung *-l* die Aufgabe haben, auf das jugendliche Alter des Benannten (im Vergleich zu einem älteren Namensträger) anzuspielen. 2. Bei bairisch-österreichischen Namen wie ▸ Bachl, ▸ Zöpfl kann die Endung *-l* (wie auch ▸ *-er* [2.]) die Herkunft von einem Hof oder einer Örtlichkeit bezeichnen. 3. Familiennamen wie ▸ Schlegel, ▸ Bleu(e)l liegen Werkzeugbezeichnungen auf *-el* (< ahd. *-il*) zugrunde, die als solche unverändert in den Familiennamenschatz übernommen wurden. 4. Bei Familiennamen wie ▸ Kaufel, Käufel, ▸ Zankel, Zänkel handelt es sich um Nomina Agentis, um Ableitungen von Verben mit dem Suffix *-(e)l* (< ahd. *-il*) zur Bezeichnung einer Person, die eine Handlung ausführt. So bezeichnen Kaufel, Käufel (< mhd. *koufen* ›Handel treiben, kaufen‹) einen Händler, Zänkel (< mhd. *zanken* ›streiten‹) einen streitlustigen Menschen. Nomina Agentis auf *-(e)l* werden im Spätmittelalter nur noch selten gebildet.

Laabs: Herkunftsname zu den Ortsnamen Labes, Labus (ehem. Pommern/jetzt Polen).

Laakmann: 1. Herkunftsname auf *-mann* zu den Ortsnamen Laak, Laake (Niedersachsen, Nordrhein-Westfalen). 2. Wohnstättenname auf *-mann* zu mnd. *lake* ›Lache, Sumpf, sumpfige Wiese‹.

Laas: auf eine verkürzte Form von ▸ Nikolaus zurückgehender Familienname.

Laaser: ▸ Lazar.

Labahn: 1. Aus dem hebräischen Rufnamen Laban (›weiß‹) hervorgegangener Familienname. 2. Auf den in Norddeutschland und in großen Teilen Mitteldeutschlands verbreiteten Übernamen »langer Laban« zurückgehender Familienname. 3. Herkunftsname zu den Ortsnamen Laband (Schlesien), Labant bei Eger (Westböhmen).

Laber: Herkunftsname zu den Ortsnamen Laab (Bayern, Österreich), Laaber, Laber (Bayern).

Laberenz: ▸ Lorentz.

Labitzke: mit dem Suffix *-k* gebildeter Übername zu poln. *łabędź* ›Schwan‹.

Labs: ▸ Laabs.

Lach: 1. Wohnstättenname zu mhd. *lāche, lāchene* ›Grenzzeichen‹ oder mhd. *lache* ›Lache, Pfütze, Tümpel‹: ›wohnhaft an der Grenze‹ bzw. ›wohnhaft an einer Lache‹. 2. Herkunftsname zu Ortsnamen wie Laach (Nordrhein-Westfalen, Rheinland-Pfalz), Lach (Bayern), Lache (Hessen, Rheinland-Pfalz, Schlesien). 3. Gelegentlich kann dieser Familienname auf einen Hofnamen zurückgehen. Als Hofname begegnet Lach z. B. in Niederösterreich.

Lacher: Ableitung auf *-er* von ▸ Lach.

Lachmai(e)r: Standesnamen, nähere Kennzeichnung eines Meiers (▸ Meyer) durch die

Lambert L

Lage des Hofes (▶ Lach [1.]). ❖ *Werndel lachmair* ist a. 1396 in München bezeugt.

Lachmann: Ableitung auf *-mann* von ▶ Lach. ❖ Bekannter Namensträger: Karl Lachmann, deutscher Germanist (18./19. Jh.).

Lachmeier, Lachmeyer: ▶ Lachmai(e)r.

Lachner: 1. Ableitung auf *-(n)er* von ▶ Lach. 2. Herkunftsname zu dem Ortsnamen Lachen (Bayern, Baden-Württemberg, Rheinland-Pfalz, Österreich, Schweiz). 3. Übername zu mhd. *lachenære* ›Besprecher, Zauberer‹. ❖ Bekannter Namensträger: Franz Lachner, deutscher Komponist (19. Jh.).

Lack: 1. Wohnstättenname zu mnd., mhd. *lake* ›Lache, Sumpf, sumpfige Wiese‹. 2. Niederdeutscher Übername zu mnd. *lak* ›Fehler, Mangel, Gebrechen; Makel, Tadel‹.

Lackmann: Ableitung auf *-mann* von ▶ Lack.

Lackner: 1. Herkunftsname zu den Ortsnamen Lacken (Bayern, Österreich). 2. Wohnstättenname zu mhd. *lake*, bair. *Lacken* ›stehendes Wasser, Pfütze, Sumpf‹.

Lade: 1. Berufsübername zu mhd. *lade* ›Lade, Behälter, Kasten‹, mnd. *lade* ›Kiste, Schrein, besonders die Lade der Ämter und Bruderschaften zur Aufbewahrung von Dokumenten‹ für den Hersteller (▶ Lademacher) oder den Benutzer. 2. Übername zu mnd. *lade* ›Zweig, Spross, Nachkomme‹. 3. Vereinzelt Herkunftsname zu dem Ortsnamen Lahde (Nordrhein-Westfalen).

Lademacher: Berufsname für den Handwerker, der verschiedene Behälter (Laden, Kisten, Schreine, Truhen) aus Holz herstellte.

Lademann: Berufsname auf *-mann* zu mhd. *lade* ›Lade, Behälter, Kasten‹, mnd. *lade* ›Kiste, Schrein, bes. die Lade der Ämter und Bruderschaften zur Aufbewahrung von Dokumenten‹ für den Hersteller (▶ Lademacher).

Lader: 1. Berufsname zu mhd. *laden* ›aufladen, beladen‹ für jemanden, der Güter auf- oder ablädt. 2. Berufsname zu mhd. *lade* ›Lade, Behälter, Kasten‹ für den Schreiner. ❖ *her Haertweich der Lader* ist a. 1343 in Regensburg bezeugt.

Ladewig, Ladwig: auf niederdeutsche Formen von ▶ Ludwig zurückgehende Familiennamen.

Lafontaine: französischer Herkunfts- oder Wohnstättenname zu dem Ortsnamen und Flurnamen *La Fontaine* (›die Quelle, der Brunnen‹). ❖ Lafontaine ist auch als Hugenottenname bezeugt: *Jacques la Fontaine* (Celle a. 1687).

Lafren(t)z: ▶ Lorentz.

Lagei: ▶ Laqua(i).

Lagemann: Herkunftsname auf *-mann* zu den Ortsnamen Lage (Niedersachsen, Nordrhein-Westfalen), Laage (Mecklenburg-Vorpommern).

Lahm: 1. Übername zu mhd., mnd. *lam* ›gliederschwach, lahm‹ nach einem Gebrechen des ersten Namensträgers. 2. Eine Ableitung von dem in Oberfranken mehrmals vorkommenden Ortsnamen Lahm kommt nur vereinzelt infrage.

Lahmann: 1. Wohnstättenname auf *-mann* zu mnd. *lo, loge, lage* ›Gehölz, Busch; Waldwiese, Waldaue, niedriger Grasanger‹. 2. Herkunftsname auf *-mann* zu den Ortsnamen Lahe (Niedersachsen), Lage (Niedersachsen, Nordrhein-Westfalen), Laage (Mecklenburg-Vorpommern).

Lahme: ▶ Lahm (1.).

Lahmer: 1. Stark flektierte Form oder patronymische Bildung auf *-er* zu ▶ Lahm (1.). 2. Ableitung auf *-er* zu ▶ Lahm (2.).

Lahn: 1. Herkunftsname zu dem gleichlautenden Ortsnamen (Niedersachsen, Bayern). 2. Wohnstättenname zum Gewässernamen Lahn, rechter Nebenfluss des Mittelrheins. 3. Wohnstättenname zu niederdeutsch mda. (Schleswig-Holstein) *Lahne* ›Erddamm zum Schutz der Watten‹. 4. Wohnstättenname zu bairisch-österreichisch mda. *Lahn* ›Lawine‹: ›wohnhaft in einer Gegend mit häufigem Lawinenabgang‹.

Lahr: Herkunftsname zu den Ortsnamen Lahr (Nordrhein-Westfalen, Niedersachsen, Hessen, Rheinland-Pfalz, Baden-Württemberg, Bayern), Laar (Nordrhein-Westfalen, Niedersachsen, Hessen), Laer (Nordrhein-Westfalen, Niedersachsen).

Laible: schwäbischer Berufsübername für den Bäcker (zu mhd. *leip* ›das geformte und ganze Brot, Brotlaib‹).

Laier: ▶ Layer.

Lais: ▶ Leis(e).

Lakwa: ▶ Laqua(i).

Lambert: aus einer Variante von ▶ Lambrecht entstandener Familienname.

Lamberti, Lamberty: patronymische Bildungen im Genitiv zu Lambertus, einer latinisierten Form von ▶ Lambrecht.

Lambertz: patronymische Bildung (starker Genitiv) zu Lampert (▶ Lambrecht).

Lambrecht: aus dem gleichlautenden deutschen Rufnamen *(lant + beraht)* gebildeter Familienname. Zur Verbreitung des Namens hat die Verehrung des heiligen Lambert beigetragen. Der heilige Lambert, Bischof von Maastricht, wurde um 700 bei Lüttich ermordet. Er wurde nicht nur in den Niederlanden, sondern auch in weiten Teilen Deutschlands, besonders in Westfalen, verehrt. ❖ Als Varianten der Vollform begegnen uns u. a. die Familiennamen **Lamprecht, Lambert, Lampert, Lammert, Lembert, Lempert, Limpert.** ❖ Bei den Familiennamen **Lambertz, Lammers, Lempertz, Lamberti, Lamberty** handelt es sich um patronymische Bildungen im Genitiv. ❖ Aus Kurz- und Koseformen von Lambrecht sind Familiennamen wie **Lamp(e), Lampl, Lembke, Lem(c)ke, Lemm(e)** entstanden.

Lamers: ▶ Lammers.

Lamm: 1. Berufsübername zu mhd. *lam(p)*, mnd. *lam* ›Lamm‹ für einen Schäfer oder Fleischer. 2. Übername nach einem bildlichen Vergleich für einen gutmütigen Menschen. 3. Aus einem Hausnamen hervorgegangener Familienname. ❖ Ein Mainzer Bürger *Godeboldus zum Lamme* ist i. J. 1305 überliefert.

Lämmchen: Ableitung von ▶ Lamm mit dem Suffix *-chen*.

Lammel, Lämmel: Ableitungen von ▶ Lamm mit *-l*-Suffix.

Lämmerhirt: Berufsname für einen Schäfer.

Lammers: patronymische Bildung (starker Genitiv) zu Lammert (▶ Lambrecht).

Lammert: durch Assimilation entstandene Form von Lambert (▶ Lambrecht).

Lämmerzahl: Übername zu mhd. *lam(p)* (Plural *lember*) ›Lamm‹ und mhd. *zagel* ›Schwanz‹, vielleicht für einen munteren, leicht erregbaren Menschen; vgl. die alte Redewendung: »Sein Herz hüpfte wie ein Lämmerschwanz.«

Lämmle: schwäbische Ableitung von ▶ Lamm.

Lämmlein: Ableitung von ▶ Lamm mit dem Suffix *-lein*.

Lamp: 1. Aus einer Kurzform von ▶ Lambrecht hervorgegangener Familienname. 2. ▶ Lampe (2.).

Lamparter: 1. Herkunftsname zu mhd. *Lampartenlant* ›Lombardei‹, *Lamparter* ›Lombarde, Italiener‹. 2. Übername für jemanden, der Beziehungen (z. B. Handelsbeziehungen) zur Lombardei hatte. 3. Berufsname zu fnhd. *lamparter* ›Geldwechsler‹. ❖ *Fritz Lamparter* ist a. 1392 in Nürnberg bezeugt.

Lampe: 1. ▶ Lamp (1.). 2. Berufsübername zu mhd. *lampe* ›Lampe‹ für den Lampengießer, der Lampen aus Zinn und anderen Metallen herstellte. ❖ *Herman Lampe* ist a. 1433 in Coesfeld bezeugt. ❖ Bekannte Namensträger: Friedo Lampe, deutscher Schriftsteller (19./20. Jh); Jutta Lampe, deutsche Schauspielerin (20./21. Jh.).

Lampert: ▶ Lambert.

Lamping: patronymische Bildung auf *-ing* zu ▶ Lamp (1.).

Lampl: aus einer mit *-l*-Suffix gebildeten Koseform von ▶ Lambrecht entstandener Familienname.

Lamprecht: ▶ Lambrecht. ❖ Bekannter Namensträger: Gerhard Lamprecht, deutscher Filmregisseur (19./20. Jh).

Land: 1. Wohnstättenname zu mnd. *lant* ›Land (im Gegensatz zur Stadt), Acker, Wiese, Grundstück‹, mhd. *lant* ›Land, Gebiet, Heimat‹, wohl im Sinne von ›Landbewohner/wohnhaft außerhalb des Stadtgebiets‹ aufzufassen. ❖ Die Entstehung des Familiennamens zeigt der aus Franken stammende Beleg *Peter vom Lande* (a. 1487). 2. ▶ Lande (1.).

Landau(er): Herkunftsnamen zu dem häufigen Ortsnamen Landau (Bayern, Rheinland-Pfalz, Hessen, Schlesien, bei Danzig, Ostpreußen, Elsass).

Lande: 1. Aus dem alten deutschen Rufnamen Lando *(lant)* gebildeter Familienname. 2. ▶ Land (1.).

Landeck: Herkunftsname zu dem gleichlautenden Ortsnamen (Rheinland-Pfalz, Baden-Württemberg, ehem. Brandenburg/jetzt Polen, Tirol).

Lander: 1. Wohnstättenname zu mhd. *lander* ›Stangenzaun‹. 2. Berufsübername zu obd. *Lander* ›große Schindel zum Dachdecken‹ für den Schindelmacher oder Dachdecker.

3. Aus dem alten deutschen Rufnamen Lanther *(lant + heri)* entstandener Familienname.

Landerer: 1. Ableitung auf *-er* zu ▶ Lander (1.), (3.). 2. Oberdeutscher Berufsname auf *-er* zu obd. *Lander* ›große Schindel zum Dachdecken‹ für den Schindler.

Landers: patronymische Bildung (starker Genitiv) zu ▶ Lander (3.).

Landes: patronymische Bildung (starker Genitiv) zu ▶ Lande (1.).

Landgraf, Landgrebe: 1. Übernamen zu mhd. *lantgrāve* ›königlicher Richter und Verwalter eines Landes, Landgraf‹ für jemanden, der von einem Landgrafen abhängig war oder in seinem Dienst stand. 2. Wohnstättennamen zu mnd. *lantgrave*, mhd. *lantgrabe*, Nebenform *landgrēve* ›Befestigungsgraben um ein Stück Land, Grenzgraben‹. ❖ Bekannte Namensträger: Erich Landgrebe, österreichischer Schriftsteller, Maler und Grafiker (20. Jh.); Gudrun Landgrebe, deutsche Schauspielerin (20./21. Jh.).

Landmann: Standesname oder Übername zu mhd., mnd. *lantman* ›Landsmann, Landbewohner, Bauer‹. ❖ Bekannte Namensträgerin: Salcia Landmann, schweizerische Schriftstellerin (20./21. Jh.).

Landolt: auf den gleichlautenden deutschen Rufnamen *(lant + walt)* zurückgehender Familienname.

Landschreiber: Amtsname zu mhd. *lantschrīber* ›Land-, Landgerichtsschreiber‹, fnhd. *lantschreiber* ›Gerichts-, Staatsschreiber, Kartograf, Syndikus‹.

Landsmann: ▶ Landmann.

Landt: ▶ Land.

Landwehr: 1. Wohnstättenname zu mhd. *lantwer*, mnd. *lantwere* ›Befestigung an der Landesgrenze, besonders die rings um eine Stadt gezogenen Gräben und Schranken‹. 2. Herkunftsname zu dem Ortsnamen Landwehr (Schleswig-Holstein, Niedersachsen, Nordrhein-Westfalen, Hessen, Brandenburg, ehem. Brandenburg/jetzt Polen, ehem. Pommern/jetzt Polen, Ostpreußen). 3. Amtsname zu mnd. *lantwere* ›Wächter der Befestigungsanlagen, Grenzwächter‹.

Lang: Übername zu mhd. *lanc*, mnd. *lank* ›lang‹ für einen großen Menschen. ❖ Bekannter Namensträger: Fritz Lang, österreichisch-amerikanischer Filmregisseur und Drehbuchautor (19./20. Jh.).

Langanke: Herkunftsname zu dem Ortsnamen Langanken (Ostpreußen).

Langbehn: niederdeutsche Form von ▶ Langbein.

Langbein: Übername für einen Menschen mit auffällig langen Beinen.

Lange: ▶ Lang. ❖ Bekannte Namensträger: Hartmut Lange, deutscher Schriftsteller (20./21. Jh.); Katja Lange-Müller, deutsche Schriftstellerin (20./21. Jh.).

Langelotz: aus dem Übernamen ▶ Lang und dem Rufnamen Lotz (▶ Lotz[e] [1.]) entstandener Familienname.

Langen: 1. Patronymische Bildung (schwacher Genitiv) zu ▶ Lang. 2. Herkunftsname zu dem Ortsnamen Langen (Niedersachsen, Hessen, Brandenburg, ehem. Pommern/jetzt Polen, Schlesien).

Langenbach(er): Herkunftsnamen zu dem Ortsnamen Langenbach (Nordrhein-Westfalen, Hessen, Rheinland-Pfalz, Baden-Württemberg, Bayern, Sachsen, Thüringen).

Langenberg(er): Herkunftsnamen zu dem Ortsnamen Langenberg (Schleswig-Holstein, Niedersachsen, Sachsen, Nordrhein-Westfalen, Hessen, Rheinland-Pfalz, Baden-Württemberg, Bayern, ehem. Pommern/jetzt Polen, Ostpreußen, Schweiz).

Langendorf(er): Herkunftsnamen zu dem Ortsnamen Langendorf (Niedersachsen, Nordrhein-Westfalen, Hessen, Bayern, Sachsen-Anhalt, Mecklenburg-Vorpommern, Schlesien, Ostpreußen).

Langenfeld(er): 1. Herkunftsnamen zu den Ortsnamen Langenfeld (Niedersachsen, Nordrhein-Westfalen, Rheinland-Pfalz, Thüringen, Bayern, Ostpreußen), Langenfelde (Hamburg, Niedersachsen, Mecklenburg-Vorpommern). 2. Wohnstättennamen: ›wohnhaft an einem langen Feld‹.

Langenscheid(t): Herkunftsnamen zu den Ortsnamen Langenscheid (Rheinland-Pfalz), Ober-, Unterlangenscheid (Westfalen). ❖ Bekannter Namensträger: Gustav Langenscheidt, deutscher Sprachlehrer und Verleger (19. Jh.).

Langer: stark flektierte Form oder patronymische Bildung auf *-er* zu ▶ Lang.

Langewiesche: Wohnstättenname zu mnd. *wisch, wische* ›Wiese‹ für jemanden, der an einer länglichen Wiese wohnte. ❖ Bekannte Namensträger: Wilhelm Langewiesche-Brandt, deutscher Schriftsteller und Verleger (19./20. Jh.); Marianne Langewiesche, deutsche Schriftstellerin (20. Jh.).

Langgässer, Langgassner, Langgaßner: 1. Wohnstättennamen zu mhd. *gazze*, mnd. *gasse* ›Gasse‹: ›wohnhaft an einer langen Gasse‹, auf dem Land auch ›wohnhaft an einem langen Weg zwischen zwei Zäunen‹, ›wohnhaft an einem Hohlweg‹. 2. Herkunftsnamen zu dem Ortsnamen Langgassen (Baden-Württemberg, Bayern). ❖ Bekannte Namensträgerin: Elisabeth Langgässer, deutsche Schriftstellerin (19./20. Jh.).

Langguth: 1. Übername nach einer Redewendung des ersten Namensträgers (»Das ist noch lange gut.«). 2. Vereinzelt Herkunftsname zu dem Ortsnamen Langgut (Baden-Württemberg, Ostpreußen).

Langhammer: 1. Berufsübername für einen Handwerker, der im Rahmen seiner Arbeit einen langen Hammer benutzte. 2. Aus ▶ Lang und ▶ Hammer zusammengewachsener Familienname. 3. In Bayern auch Herkunftsname zu dem Ortsnamen Langheim bei Griesbach (Bayern).

Langhans: aus dem Übernamen ▶ Lang und dem Rufnamen ▶ Hans zusammengewachsener Familienname. ❖ Bekannter Namensträger: Carl Gotthard Langhans, deutscher Baumeister (18./19. Jh.).

Langheinrich: aus dem Übernamen ▶ Lang und dem Rufnamen ▶ Heinrich zusammengewachsener Familienname. ❖ *Cuntz Langheinrich* ist a. 1429-1461 in Nürnberg bezeugt.

Langhof(er), Langhoff: 1. Herkunftsnamen zu Ortsnamen wie Langhof(f) (ehem. Brandenburg/jetzt Polen, Württemberg, Bayern). 2. Wohnstättennamen nach einem Hofnamen. ❖ Bekannte Namensträger: Wolfgang Langhoff, deutscher Schauspieler, Regisseur und Theaterleiter (20. Jh.); Matthias Langhoff, Thomas Langhoff, deutsche Schauspieler und Regisseure (20./21. Jh.).

Langhorst: Herkunftsname zu den Ortsnamen Langhorst (Niedersachsen, Schleswig-Holstein), Langenhorst (Schleswig-Holstein, Nordrhein-Westfalen, Niedersachsen).

Langlotz: ▶ Langelotz.

Langmaier: ▶ Langmayer.

Langmann: Übername zu mhd. *lancman* ›langer Mann‹ für einen großen Menschen. ❖ *Otto Langmann* ist a. 1304 in Nürnberg bezeugt.

Langmayer, Langmeier, Langmeyer: aus dem Übernamen ▶ Lang und dem Standesnamen Meier (▶ Meyer) zusammengewachsene Familiennamen.

Langner: Herkunftsname auf *-er* zu Ortsnamen wie Langen (▶ Langen [2.]), Langenau (Nordrhein-Westfalen, Hessen, Sachsen, Baden-Württemberg, Oberfranken, Schlesien, Ostpreußen), Langnau (Württemberg, Schweiz). ❖ Bekannte Namensträgerin: Ilse Langner, deutsche Schriftstellerin (19./20. Jh.).

Langnese: niederdeutscher Übername für jemanden mit einer langen Nase (mnd. *nese* ›Nase‹).

Langnickel: aus dem Übernamen ▶ Lang und dem Rufnamen ▶ Nickel (Nikolaus) zusammengewachsener Familienname.

Langohr: Übername für jemanden mit auffällig langen Ohren.

Lankes: auf den Bereich Mönchengladbach konzentrierter niederrheinischer Wohnstättenname, wohl zusammengezogen aus **to Landeken hūs* ›zum Haus des Landeke (Koseform mit *-k*-Suffix von Landolf [*lant + wolf*])‹.

Lanz: 1. Aus einer mit *z*-Suffix gebildeten Koseform von Rufnamen, die mit dem Namenwort *lant* gebildet sind (z. B. ▶ Lambrecht), entstandener Familienname. 2. Berufsübername zu mhd. *lanze* ›Lanze‹ für den Hersteller. 3. Herkunftsname zu den Ortsnamen Lanz (Brandenburg, ehem. Pommern/jetzt Polen, Bayern), Lanze (Niedersachsen, Schleswig-Holstein).

Lanzinger: Herkunftsname zu den Ortsnamen Lanzing (Bayern), Lanzingen, Ortsteil von Biebergemünd (Hessen).

Lapp(e): 1. Übernamen zu mnd. *lappe* ›Stück, Fetzen, Lappen‹ für einen armen oder unordentlich gekleideten Menschen. 2. Übernamen zu mnd. *lappe* ›Laffe, Narr‹.

Laqua(i), Laquay, Laque, Laqué: Berufsnamen zu franz. (16. Jh.) *laquais* ›Hilfssoldat‹. Das Wort bezeichnete zunächst einen einfachen Soldaten, später den livrierten herrschaftlichen Diener.

Larenz: ▶ Lorentz.

Larisch: auf eine im deutsch-slawischen Kontaktbereich (vor allem Oberschlesien) mit dem Suffix -*iš* (dt. > -*isch*) gebildete Ableitung von ▶ Lorentz zurückgehender Familienname.

Larius: aus einer verkürzten Form von Hilarius (▶ Glorius) entstandener Familienname.

Laroche, La Roche: französische Herkunftsnamen oder Wohnstättennamen zu dem häufigen Orts- bzw. Flurnamen *La Roche* (›der Fels‹). Laroche ist auch als Hugenottenname häufig belegt. ❖ Bekannte Namensträgerin: Marie Sophie von La Roche, deutsche Schriftstellerin (18./19. Jh.).

Larsen: patronymische Bildung auf -*sen* zu Lars, einer verkürzten Form von ▶ Lorentz.

Lasch: 1. Berufsübername zu mhd. *lasche* ›Tasche; Lappen, Fetzen‹ für den Taschenmacher oder Übername für einen schlecht oder unordentlich gekleideten Menschen. 2. Niederdeutscher Übername zu mnd. *las, lasch* ›müde, matt‹.

Laser: ▶ Lazar.

Laske: 1. Auf die eindeutschende Schreibung einer Ableitung mit dem Suffix -*ek* von poln. Władysław, tschech. Vladislav, Ladislav (urslaw. **vold-* ›herrschen‹ + urslaw. *slava ›Ruhm, Ehre‹) zurückgehender Familienname. 2. Herkunftsname zu dem Ortsnamen Laske (Sachsen, ehem. Brandenburg/jetzt Polen).

Laskowski: Herkunftsname zu polnischen Ortsnamen wie Laskowo, Laskownica, Laskowa, Laskowiec, Laskowice, Lasków.

Lass, Laß: 1. Auf eine durch Assimilation entstandene Form von Lars, einer verkürzten Form von ▶ Lorentz, zurückgehende Familiennamen. 2. Übernamen zu mnd. *las, lasch* ›müde, matt‹, mhd. *laz* ›matt, träge, saumselig‹, fnhd. *laß* ›nachlässig, müde‹.

Lassen: patronymische Bildung (schwacher Genitiv) zu ▶ Lass.

Lasser: Berufsname zu mhd. *lāʒer, læʒer* ›Aderlasser‹. Der Aderlass spielte eine wichtige Rolle in der mittelalterlichen Heilkunst. Aus dem 13. bzw. aus dem Beginn des 14. Jh. sind Vorschriften über die Durchführung des Aderlasses bekannt. Zu dieser Zeit wurden vier Aderlässe pro Jahr als Vorbeugungsmittel gegen Krankheiten empfohlen. Aderlässe, Schröpfen und andere Heilbehandlungen wurden oft in den Badestuben durchgeführt. ❖ *Walther Lasser* ist a. 1392 in Nürnberg bezeugt.

Lässig: 1. Übername zu mda. (Westerzgebirge, veraltet) *Lessig* ›Kirschkernbeißer‹ (ein Vogel), eine Entlehnung aus dem Slawischen (< urslaw. *dleskъ). 2. Herkunftsname zu dem gleichlautenden Ortsnamen (ehem. Brandenburg, jetzt Polen). 3. Übername zu mnd. *lasich* ›matt‹, mhd. *leʒʒic* ›müde, lässig‹.

Last: 1. Berufsübername zu mhd., mnd. *last* ›Last‹ für einen Lastenträger. 2. Übername im übertragenen Sinne für einen Menschen, der Belastungen, Beschwerden, Widerwärtigkeiten zu ertragen hatte.

Later: niederdeutscher Berufsname zu mnd. *later* ›Aderlasser‹, vgl. ▶ Lasser.

Latsch: Übername zu fnhd. *latsch* ›kraftloser, einfältiger Mensch, Tor, Narr‹.

Latz: 1. Übername zu mhd. *laz* ›Band, Fessel; Hosenlatz, Schnürstück am Gewand‹ nach einer Besonderheit der Kleidung. 2. Auf eine im deutsch-slawischen Kontaktbereich entstandene Ableitung von Ladislav (▶ Laske [1.]) zurückgehender Familienname.

Latzel: Ableitung von ▶ Latz mit -*l*-Suffix.

Lau: 1. Übername zu mhd. *lā, lāw* ›lau, milde‹, mnd. *lauw* ›lau‹ für einen milden oder schwachen Menschen. 2. ▶ Laue. 3. Gelegentlich oberdeutscher Wohnstättenname zu mhd. *lō* ›Gebüsch, Wald, Gehölz‹.

Laub: 1. ▶ Laube. 2. Herkunftsname zu dem Ortsnamen Laub (Bayern).

Laubach: Herkunftsname zu dem Ortsnamen Laubach (Niedersachsen, Nordrhein-Westfalen, Hessen, Sachsen, Baden-Württemberg).

Laube: 1. Wohnstättenname zu mhd. *loube* ›Laube, bedeckte Halle, Vorhalle; Speicher, Kornboden‹. 2. Herkunftsname zu Ortsnamen wie Lauba (Sachsen), Laube (Böhmen). ❖ Bekannter Namensträger: Heinrich Laube, deutscher Schriftsteller (19. Jh.).

Lauber: Ableitung auf -*er* von ▶ Laube, ▶ Laub (2.).

Lauch(e): 1. Berufsübernamen zu mhd. *louch* ›Lauch‹ für einen Bauern. 2. Herkunftsnamen zu dem Ortsnamen Laucha (Sachsen-Anhalt, Thüringen, Sachsen).

Lauck: 1. Aus einer verkürzten Form von ▶ Lukas gebildeter Familienname. 2. Aus einer Kurzform von ▶ Lauckhardt entstandener Familienname. 3. Herkunftsname zu dem gleichlautenden Ortsnamen (Ostpreußen).

Lauckhardt: aus dem im Mittelalter beliebten weiblichen Rufnamen Liutgart *(liut + gart)* hervorgegangener metronymischer Familienname. ❖ Hierzu gehören auch die Familiennamen **Leuckhardt, Luckardt** und z. T. **Lauck**.

Laue: 1. Übername zu mhd. *lauwe, louwe,* fnhd. *laue* ›Löwe‹ nach einem bildlichen Vergleich mit dem Tier. 2. ▶ Lau (1.). 3. Herkunftsname zu dem Ortsnamen Laue (Sachsen, Nordrhein-Westfalen). ❖ Bekannter Namensträger: Max von Laue, deutscher Physiker (19./20. Jh.).

Lauenstein: Herkunftsname zu dem gleichlautenden Ortsnamen (Niedersachsen, Sachsen, Oberfranken).

Lauer: 1. Übername zu mhd. *lūre* ›schlauer, hinterlistiger Mensch‹, fnhd. *lauer* ›Bösewicht‹. 2. Berufsübername zu mhd. *lūre* ›Nachwein, Tresterwein‹ für einen Winzer oder Weinhändler. 3. Berufsname zu mhd. *lōwer* ›Gerber‹, vgl. ▶ Gerber.

Laufenberg: Herkunftsname zu dem Ortsnamen Laufenburg (Baden-Württemberg, Aargau/Schweiz).

Laufer, Läufer, Lauffer: 1. Amtsnamen zu mhd. *loufære* ›Läufer, laufender Bote‹. 2. Herkunftsnamen zu den Ortsnamen Lauf (Franken, Oberpfalz, Baden), Laufen (Bayern, Baden-Württemberg, Österreich, Schweiz), Lauffen (Baden-Württemberg). ❖ *Karl Lauffer* ist a. 1355 in Regensburg bezeugt.

Lauinger: Herkunftsname zu dem Ortsnamen Lauingen (Bayern, Niedersachsen).

Laumann: Ableitung von ▶ Lau mit dem Suffix *-mann*.

Laumer: aus dem alten deutschen Rufnamen Liutmar *(liut + māri > Lautmar > Laumer)* hervorgegangener Familienname.

Laun: Herkunftsname zu den Ortsnamen Laun/Louny (Nordböhmen), Leun (Hessen).

Laurentius, Laurenz, Lauritz: ▶ Lorentz.

Laus: 1. Auf eine verkürzte Form von ▶ Nikolaus zurückgehender Familienname. 2. ▶ Lausch (3.).

Lausberg(er): Herkunftsnamen zu dem Ortsnamen Lausberg (Nordrhein-Westfalen, Ostpreußen).

Lausch: 1. Übername zu mhd. *lūsche* ›Lauscher‹. 2. Herkunftsname zu den Ortsnamen Lauscha (Thüringen), Lauschen (Schlesien). 3. Wohnstättenname zu mnd. *lūs, lūsch* ›Schilf, Schnittgras‹.

Lausen: patronymische Bildung auf *-sen* zu Lau(e), einer niederdeutschen (Schleswig) Ableitung von ▶ Lorentz. ❖ Im 18. Jh. ist z. B. *Lorenz Fabricius*, Pastor bei Apenrade, auch als *Laue Fabricius* bezeugt.

Lausser, Laußer: 1. Übernamen zu mhd. *lūʒen* ›sich versteckt halten, lauern‹ für jemanden, der dem Wild auflauert. 2. Vereinzelt Nebenformen von ▶ Lasser.

Lautenbach(er): Herkunftsnamen zu dem häufigen Ortsnamen Lautenbach (Hessen, Baden-Württemberg, Saarland, Elsass).

Lautensack: Berufsübername für einen Spielmann nach der Hülle, in der die Laute auf dem Rücken getragen wurde. ❖ Bekannter Namensträger: Hans Sebald Lautensack, deutscher Kupferstecher und Radierer (16. Jh.).

Lautenschlager, Lautenschläger: Berufsnamen zu mhd. *lūtenslāher* ›Lautenschläger, Lautenspieler‹. ❖ *paertl lawtenslaher* ist a. 1396 in München bezeugt.

Lauter: Herkunftsname zu den Ortsnamen Lauter (Bayern, Hessen, Sachsen), Lauta (Sachsen).

Lauterbach(er): Herkunftsname zu dem äußerst häufigen Ortsnamen Lauterbach (Bayern, Saarland, Mecklenburg-Vorpommern, Sachsen, Hessen, Baden-Württemberg, Thüringen, Schlesien, Ostpreußen, Elsass, Österreich).

Lauth: 1. Übername zu mhd. *lūt* ›hell tönend, laut‹ für einen lauten, lärmenden Menschen. 2. Aus einer diphthongierten Kurzform von ▶ Ludwig entstandener Familienname. 3. Herkunftsname zu dem gleichlautenden Ortsnamen (Ostpreußen).

Lautner: Herkunftsname zu den Ortsnamen Lauten bei Willich (Nordrhein-Westfalen), bei Lindenfels (Hessen).

Laux: auf eine verkürzte und diphthongierte Form von ▶ Lukas zurückgehender Familienname.

Law(e)renz: ▶ Lorentz.
Lay: 1. ▶ Ley. 2. Herkunftsname zu dem Ortsnamen Lay, Stadtteil von Koblenz (Rheinland-Pfalz) bzw. von Hilpoltstein (Oberfranken).
Layer: Ableitung auf *-er* von ▶ Lay (2.) oder ▶ Ley (3.), (6.).
Lazar: aus der latinisierten Form einer Verkürzung des hebräischen Rufnamens Eleasar (›dem Gott hilft‹) entstandener Familienname. Eine biblische Gestalt ist der arme Lazarus, der im Mittelalter als Patron der Bettler, Armen und Aussätzigen verehrt wurde. Eine andere biblische Gestalt ist der heilige Lazarus, Bruder von Maria und Martha, der von Jesus wieder zum Leben erweckt wurde. Nach der Legende soll Lazarus erster Bischof von Marseille geworden sein. ❖ Bei den Familiennamen **Leser** und **Lesser** handelt es sich z. T. um Varianten von Lazar.
-le: für das Schwäbische charakteristische Ableitungsendung, die auf eine Kombination der Suffixe *-l* und *-īn (-līn > -lī > -le)* zurückgeht. Bei der Bildung von Familiennamen dient das Suffix *-le* zum Ausdruck zusätzlicher Bedeutungsnuancen: Verkleinerung, Zuneigung und Wohlwollen, Geringschätzung und Spott sowie dem Ausdruck von Generationsunterschieden. Demnach lässt ein Familienname wie ▶ Schmidle mehrere Deutungen zu: a) Die Person, die ursprünglich diesen Namen vergab, drückte mit der Endung *-le* ihre Zuneigung, ihre freundliche Haltung gegenüber dem Benannten aus. b) Je nach den Umständen konnte der Namengeber mit diesem Suffix seine herablassende, spöttische, kritische Einstellung zum Namensträger zum Ausdruck bringen und den Sinn ›schlechter Schmied, wenig angesehener Schmied‹ beabsichtigen. c) Die verkleinernde Bedeutung dieses Suffixes konnte ferner für die Bezeichnung der kleinen Gestalt eines Schmiedes genutzt werden. d) Gelegentlich konnte die Endung *-le* die Aufgabe haben, auf das jugendliche Alter des Benannten (im Vergleich zu einem älteren Namensträger) anzuspielen. Bei heutigen Familiennamen auf *-le* lässt sich nicht mehr ermitteln, welche der oben dargestellten Deutungsmöglichkeiten ursprünglich ausschlaggebend war.

Leber: 1. Berufsübername zu mhd. *lëber(e)* ›Leber‹ für den Fleischer. 2. Übername zu mhd. *leber* ›Binse‹ nach einer bäuerlichen Abgabe bzw. Berufsübername für den Korbmacher. 3. Wohnstättenname mhd. *lëwer* ›Hügel‹.
Lebert: 1. Übername oder Hausname zu mhd. *lëbart* ›Leopard‹. Ein Haus *zume Lebarde* ist in Mainz (a. 1300) überliefert. 2. Gelegentlich Erweiterung von ▶ Leber mit sekundärem *-t*.
Leblanc: französischer Übername zu franz. *le blanc* ›der Weiße‹ nach der Haarfarbe. ❖ Leblanc ist auch als Hugenottenname belegt: *Pierre le Blanc* (Celle a. 1730–1758).
Lebrun: französischer Übername zu franz. *le brun* ›der Braune‹ nach der Haarfarbe. ❖ Lebrun ist auch als Hugenottenname bezeugt: *Gerard le Brun* (Emden a. 1743–1766).
Lechler: 1. Übername zu mhd. *lechelære* ›Lächler‹ für einen heiteren Menschen. 2. Gelegentlich oberdeutsche Ableitungen zu ▶ Lach (1.) und (3.).
Lechner: ▶ Lehner. ❖ Bekannter Namensträger: Leonhard Lechner, deutscher Komponist (16./17. Jh.).
Leder: Berufsübername zu mhd. *lëder* ›Leder‹ für den Gerber.
Lederer: Berufsname zu mhd. *lëderer* ›Gerber‹, ▶ Gerber. ❖ Im mittelalterlichen Regensburg ist *lederær* die häufigste Bezeichnung für den Gerber. *Wernel ledræer* ist dort a. 1339 bezeugt. ❖ Bekannter Namensträger: Jörg Lederer, deutscher Bildschnitzer (15./16. Jh.).
Lederle: schwäbische Ableitung von ▶ Leder.
Ledermann: Berufsname auf *-mann* zu mhd. *lëder* ›Leder‹ für den ▶ Gerber oder den Lederhändler.
Ledig: Übername zu mhd. *lëdec, lëdic* ›ledig, frei, ungehindert‹, mnd. *led(d)ich* ›ledig, frei; müßig, unbeschäftigt‹.
Lee: 1. Wohnstättenname zu mhd. *lē* ›Hügel‹ oder zu mnd. *lē* ›die Seite unter dem Wind, d. h., wo der Wind nicht herkommt‹. 2. Berufsübername zu mnd. *lē(he)* ›größere Sense‹ für den Hersteller oder den Benutzer. 3. Herkunftsname zu dem Ortsnamen Lehe bei Bremen, a. 1407 als *Lee* belegt. 4. Englischer Herkunftsname zu den häufigen Ortsnamen Lea, Lee, Leigh, Leighs oder Wohnstättenname für jemanden, der bei einem

Wald bzw. bei einer Lichtung (altengl. *lēah*) wohnte. 5. Englische Schreibweise des häufigsten chinesischen Familiennamens Li, dessen Etymologie umstritten ist: Herkunftsname zu einem ›Ort, wo Pflaumenbäume wachsen‹ (chinesisch *li*) oder ›Aufseher, Wärter‹ (chinesisch ebenfalls *li*).

Lefèvre: französischer Berufsname zu afrz. *le fèvre* (< lat. *faber*) ›der Schmied‹.

Leffler: ▶ Löffler.

Leger: Wohnstättenname oder Übername zu mhd. *lēger* ›Lager, Aufenthaltsort, Krankenlager, Grabstätte, Weinlager‹, mnd. *leger* ›der Ort, wo man sich niederlegt; Lager, Aufenthalt‹.

Legler: Berufsname zu mhd. *lāgel, legel* ›Fässchen‹ für den Hersteller. Dieser Handwerker verfertigte kleine Daubengefäße, z. B. Weinfässer mit zwei Böden, die zum Transport am Saumtiersattel befestigt werden konnten, und Weinkufen mit zwei Handhaben, die bei der Weinlese verwendet wurden. ❖ Ein früher Beleg stammt aus Freiburg i. Br. a. 1283: *H. dicto* [genannt] *lægiller*.

Lehmann: Standesname zu mhd. *lēhenman* ›Lehensmann; Inhaber eines bäuerlichen Lehngutes‹. ❖ Bekannter Namensträger: Wilhelm Lehmann, deutscher Dichter (19./20. Jh.).

Lehmbrock, Lehmbruck: Herkunftsnamen zu Ortsnamen wie Lehmbrock, Lehmbraken (Nordrhein-Westfalen), Lembruch (Niedersachsen), Lehmbruch (Ostpreußen). ❖ Bekannter Namensträger: Wilhelm Lehmbruck, deutscher Bildhauer und Grafiker (19./20. Jh.).

Lehmeier, Lehmeyer: Standesnamen, nähere Bestimmung eines Meiers (▶ Meyer) durch die Lage des Hofes (zu mhd. *lē* ›Hügel‹ oder zu mnd. *lē* ›die Seite unter dem Wind, d. h., wo der Wind nicht herkommt‹) bzw. durch die Art des Hofes (zu mhd. *lēhen* ›geliehenes Gut, Lehen‹).

Lehmkuhl: 1. Herkunftsname zu den Ortsnamen Lehmkuhl (Schleswig-Holstein, Niedersachsen, Nordrhein-Westfalen), Lehmkuhle (Niedersachsen, Nordrhein-Westfalen), Lehmkuhlen (Schleswig-Holstein, Niedersachsen, Mecklenburg-Vorpommern). 2. Wohnstättenname nach einem gleichlautenden Flurnamen (zu mnd. *lēm* ›Lehm, Ton‹ und mnd. *kule* ›Grube, Vertiefung, Loch‹).

Lehn(e): 1. Herkunftsnamen zu Ortsnamen wie Lehn (Nordrhein-Westfalen, Sachsen, Schweiz), Lehna (Thüringen), Lehen (Bayern, Nordrhein-Westfalen, Baden-Württemberg). 2. Wohnstättennamen für jemanden, der an einem Bergabhang wohnte (zu mhd. *lēne* ›Lehne‹). 3. Aus einer Kurzform von Lehnert, Lehnhardt (▶ Leonhard) entstandene Familiennamen.

Lehnen: metronymische Bildung (schwacher Genitiv) zu dem weiblichen Rufnamen Lene, einer verkürzten Form von Helene.

Lehner: 1. Standesname zu mhd. *lēhenære* ›Besitzer eines Lehn-, Bauerngutes‹. 2. Ableitung auf *-er* zu ▶ Lehn(e) (1.) oder (2.). ❖ Bekannter Namensträger: Fritz Lehner, österreichischer Fernsehregisseur (20./21. Jh.).

Lehnert, Lehnhardt: ▶ Leonhard.

Lehnhof(f): 1. Auf einen Hofnamen zurückgehende Familiennamen (mhd. *lēhen*, mnd. *lēn* ›geliehenes Gut, Lehen‹). 2. Herkunftsnamen zu Ortsnamen wie Lehnhof (Baden-Württemberg), Lehenhof (Baden-Württemberg, Bayern), Lehnenhof (Mecklenburg-Vorpommern).

Lehnick, Lehnig(k): Standesnamen zu nsorb., osorb. *lenik* ›Lehensmann, Lehngutsbesitzer‹.

Lehr: 1. Herkunftsname zu Ortsnamen wie Lehr (Baden-Württemberg), Lehre (Niedersachsen), Lehren (Baden-Württemberg). 2. Aus Löher (▶ Loher, Löher) zusammengezogener und entrundeter oberdeutscher Berufsname.

Lehrke: Übername zu mhd. *lērche, lērke* ›Lerche‹.

Lehrmann: 1. Berufsname zu mhd. *lēre* ›Lehre, Unterweisung, Unterricht‹ für den Lehrer; vgl. mhd. *lēr-vrouwe* ›Lehrerin‹. 2. In Norddeutschland auch Herkunftsname auf *-mann* zu den Ortsnamen Lehre (Niedersachsen).

Lehwald: Herkunftsname zu dem Ortsnamen Lehwald (Ostpreußen).

Leib: 1. Durch Entrundung aus dem alten deutschen Rufnamen Liubo *(liob)* hervorgegangener Familienname. 2. Übername zu mhd. *līp* ›Leben, Leib, Körper‹. 3. Berufsübername zu mhd. *leip* ›das geformte und ganze Brot, Brotlaib‹ für einen Bäcker.

Leibel, Leibl: Ableitungen auf *-l* zu ▶ Leib. ❖ Bekannter Namensträger: Wilhelm Leibl, deutscher Maler (19. Jh.).

Leibni(t)z: Herkunftsnamen zu den Ortsnamen Leipnitz (Schlesien), Leubnitz (Sachsen), Leibnitz (Österreich). ❖ Bekannter Namensträger: Gottfried Wilhelm Leibniz, deutscher Mathematiker und Philosoph (17./18. Jh.).

Leibold: auf eine entrundete Form von ▶ Leupold zurückgehender Familienname.

Leicher: 1. Berufsname zu mhd. *leichære* ›Spielmann‹. 2. Übername zu mhd. *leichære* ›Betrüger‹.

Leichsenring: Berufsübername zu fnhd. *leuxenring* ›Ring, der die Runge des Leiterwagens hält‹ für den Hersteller oder für den Bauern, der einen solchen Wagen benutzte.

Leicht: Übername zu mhd. *līht* ›leicht, leichtfertig, unbeständig‹.

Leichter: Berufsname zu mhd. *līhten* ›kastrieren‹ für den Viehverschneider.

Leid: Übername zu mhd. *leit* ›böse, widerwärtig, unlieb, verhasst‹.

Leidecker: ▶ Leiendecker.

Leidel: 1. Auf eine Koseform von Rufnamen wie ▶ Leidhold(t), ▶ Leidolf zurückgehender Familienname. 2. Ableitung von ▶ Leid mit *-l*-Suffix.

Leider: 1. Übername zu mnd. *leiden* ›leiten, führen‹, mnd. *leider* ›Führer‹. 2. Übername zu mhd. *līden* ›ertragen, erdulden, leiden‹. ❖ In München ist a. 1372 *Leyder sneider* bezeugt.

Leidhold(t): durch Entrundung entstandene Formen von ▶ Leuthold.

Leidig: Übername zu mhd. *leidec, leidic* ›betrübt, böse, unlieb, widerwärtig‹, zu mhd. *līdec, līdic* ›leidend, geduldig‹ oder zu fnhd. *leidig* ›betrübend, leidvoll, ängstlich‹.

Leiding(er): Herkunftsnamen zu den Ortsnamen Leiding bei Bücken (Niedersachsen), Leidingen (Saarland).

Leidner: Variante von ▶ Leider oder von ▶ Leitner.

Leidolf: durch Entrundung aus dem alten deutschen Rufnamen Liutolf (▶ Ludolf) entstandener Familienname.

Leiendecker: Berufsname zu mhd. *lei(e)* ›Schieferstein‹, fnhd. *leiendecker* ›Schieferdecker‹, vgl. ▶ Decker. ❖ *Bernt Leyendecker* ist a. 1545 in Coesfeld bezeugt.

Leier: 1. Berufsübername zu mhd. *līre* ›Leier‹ für einen Spielmann. 2. Ableitung auf *-er* von ▶ Ley (3.) und (6.). 3. Berufsübername zu fnhd. *leier* ›Nachwein, Tresterwein‹ für den Erzeuger oder Übername für den Liebhaber.

Leifeld: im Bereich Münster-Bielefeld häufiger Familienname, entstellt aus dem alten Rufnamen Livolt *(liob + walt)*. ❖ Ein *Leyvoldus* ist in Telgte a. 1350–94 bezeugt.

Leigeb: ▶ Leitgeb.

Leihkauf(f), Leikauf(f): 1. Übernamen zu mhd. *lītkouf* ›Gelöbnistrunk beim Abschluss eines Handels (zu mhd *līt* ›Obst-, Gewürzwein‹); der Betrag, der vom Käufer zusätzlich zum ausgemachten Preis gezahlt und dann zum gemeinsamen Trunk verwendet wird‹. Der Leitkauf geriet im Mittelalter zunehmend in Verruf, sodass der Übername jemandem gegeben sein kann, der auf diesem Brauch bestand. 2. *Lītcoufare* ist in einer Rechtsordnung für die Regensburger Kaufleute vom Jahr 1192 im Sinne von ›Unterhändler‹ verwendet, sodass es sich auch um Berufsübernamen handeln kann.

Leikeb, Leikep: ▶ Leitgeb.

Leimbach(er): Herkunftsnamen zu dem häufigen Ortsnamen Leimbach (Sachsen-Anhalt, Thüringen, Hessen, Nordrhein-Westfalen, Rheinland-Pfalz, Baden-Württemberg, Schweiz).

-lein: aus der Kombination der Suffixe *-il* und *-īn* (> ahd. *-ilīn* > mhd. *-elīn* > nhd. *-lein)* entstandene Endung zur Ableitung von Gattungs- und Personennamen. Bei der Bildung von Familiennamen dient das Suffix *-lein* zum Ausdruck zusätzlicher Bedeutungsnuancen: Verkleinerung, Zuneigung und Wohlwollen, Geringschätzung und Spott sowie dem Ausdruck von Generationsunterschieden. Bei heutigen Familiennamen wie ▶ Fischlein lässt sich nicht mehr ermitteln, ob der Namengeber ursprünglich einen kosenden oder spöttischen Sinn beabsichtigte.

Lein: 1. Berufsübername und Übername zu mhd. *līn* ›Lein, Flachs; Kleidungsstück aus Leinen‹. 2. Vereinzelt Wohnstättenname zu den Gewässernamen Lein, Leine oder Herkunftsname zu dem Ortsnamen Leina (Sachsen-Anhalt, Thüringen, Österreich).

Leinen: 1. Berufsübername zu mhd. *līnīn* ›aus Leinen‹ für den Leinweber. 2. Übername zu mhd. *līnīn* ›weich, schwächlich‹.

Leiner: 1. Berufsname zu mhd. *līner* ›Leinreiter‹, d. i. ›Reiter am Schiffszugspfad‹ (mhd.

līnpfat). 2. Herkunftsname zu den Ortsnamen Leina (Thüringen, Sachsen-Anhalt, Österreich), Leinau (Bayern, Ostpreußen). 3. Ableitung auf *-er* zu ▸ Lein (2.).

Leineweber: ▸ Leinweber.

Leininger: Herkunftsname zu dem Ortsnamen Leiningen (Thüringen, Rheinland-Pfalz).

Leins: vor allem im Raum Tübingen-Pforzheim häufiger Übername zu alemannisch *linse*, das mhd. *līse* ›auf leise, sanfte, langsame Weise‹ entspricht.

Leinweber: Berufsname zu mhd. *līnwëber* ›Leinweber‹. ❖ *Her(man) Leynweber* ist a. 1392 in Nürnberg bezeugt.

Leipold(t): auf eine entrundete Form von ▸ Leupold zurückgehende Familiennamen.

Leis(e): 1. Übernamen zu mhd. *līse* ›leise, geräuschlos, sanft‹. 2. Wohnstättennamen zu mhd. *leise* ›Spur, Geleis‹. 3. Dem Familiennamen Leis kann auch eine verkürzte Form von ▸ Nikolaus zugrunde liegen. ❖ *Dietel Leise* ist a. 1397 in Nürnberg bezeugt.

Leisegang: Übername zu mhd. *līse* ›leise, geräuschlos, sanft‹ und mhd. *ganc* ›Gang(art)‹.

Leiser: 1. Stark flektierte Form oder patronymische Bildung auf *-er* zu ▸ Leis(e) (1.). 2. Ableitung auf *-er* zu ▸ Leis(e) (2.). ❖ Bekannter Namensträger: Erwin Leiser, schwedischer Filmregisseur deutscher Herkunft (20./21. Jh.).

Leiß: ▸ Leis(e).

Leißner: 1. ▸ Leixner. 2. Herkunftsname zu den Ortsnamen Leissen (Ostpreußen), Leisenau (Sachsen).

Leist: 1. Berufsübername für den Schuster (zu mhd. *leist* ›Leisten des Schuhmachers‹). 2. Herkunftsname zu dem gleichlautenden Ortsnamen (Mecklenburg-Vorpommern).

Leisten: Herkunftsname zu dem gleichlautenden Ortsnamen (Niedersachsen, Mecklenburg-Vorpommern, Ostpreußen).

Leister: Berufsname auf *-er* zu mhd. *leist* ›Leisten des Schuhmachers‹ für den Hersteller.

Leistner: 1. ▸ Leister. 2. Ableitung auf *-er* von ▸ Leisten.

Leiter: 1. ▸ Leitner. 2. Übername zu mhd. *leitære* ›Leiter, Führer, Anführer‹. 3. Berufsübername zu mhd. *leiter* ›Leiter‹ nach einem Gegenstand der Arbeit.

Leitgeb: Berufsname zu mhd. *lītgëbe* ›Schankwirt‹ (vgl. mhd. *līt* ›Obst-, Gewürzwein‹). Während der ▸ Gastgeb eine Herberge betrieb, in der Gäste übernachten konnten, hatte der Leitgeb nur eine Schankwirtschaft. ❖ In Nürnberg ist a. 1396–1400 *Herman Leytgeb*, a. 1397 *Herman Leykeb* bezeugt.

Leithold: auf eine entrundete Form von ▸ Leuthold zurückgehender Familienname.

Leitl: auf eine entrundete Koseform von Rufnamen, die mit dem Namenwort *liut* gebildet sind (z. B. ▸ Leuthold), zurückgehender Familienname.

Leitner: 1. Wohnstättenname zu mhd. *līte* ›Bergabhang, Halde‹. 2. Herkunftsname zu den in Bayern und Österreich häufigen Ortsnamen Leiten, Leithen. ❖ Bekannter Namensträger: Ferdinand Leitner, deutscher Dirigent (20./21. Jh.).

Leitwein: durch Entrundung entstandene Form von ▸ Leutwein.

Leitz: aus einer entrundeten Form des alten deutschen Rufnamens Liuzo *(liut)* hervorgegangener Familienname.

Leixner: Berufsname auf *-er* zu mhd. *liuhse*, fnhd. *leuxe* ›Leuchse, Runge am Leiterwagen‹ für den Hersteller.

Lembcke: ▸ Lembke.

Lemberg(er): Herkunftsnamen zu dem Ortsnamen Lemberg (früher poln. Lwów, jetzt Lviv/Ukraine; darüber hinaus Ortsname in Rheinland-Pfalz, Bayern, Baden-Württemberg, Lothringen).

Lembert: aus einer Variante von ▸ Lambrecht entstandener Familienname.

Lembke, Lem(c)ke: aus einer niederdeutschen, mit *-k-*Suffix gebildeten Koseform von ▸ Lambrecht hervorgegangene Familiennamen. ❖ Bekannter Namensträger: Robert Lembke, deutscher Fernsehmoderator (20. Jh.).

Lemm(e): aus einer niederdeutschen Kurzform von ▸ Lambrecht entstandene Familiennamen.

Lemmel: ▸ Lammel, Lämmel.

Lemmen: patronymische Bildung (schwacher Genitiv) zu ▸ Lemm(e).

Lemmer(t): durch Assimilation entstandene Formen von Lempert (▸ Lambrecht).

Lempert: aus einer jüngeren Form von ▸ Lambrecht entstandener Familienname.

Lempertz: patronymische Bildung (starker Genitiv) zu ▸ Lempert.

Lengert: aus dem alten Rufnamen ▸ Leonhard gebildeter Familienname.

Lenhard(t), Lenhart: ▸ Leonhard.

Lenk(e): Übernamen zu mhd. *lenke* ›biegsam‹ oder zu mhd. *linc, lẽnc* ›link, unwissend‹.

Lenkeit: ursprünglich in Ostpreußen vorkommende patronymische Bildung auf *-eit* zu lit. *lenkas* ›Pole‹.

Lennartz: patronymische Bildung (starker Genitiv) zu ▸ Leonhard.

Lensch: auf eine verkürzte Form von ▸ Lorentz zurückgehender Familienname.

Lensing: patronymische Bildung auf *-ing* zu Lens, einer verkürzten Form von ▸ Lorentz.

Lentz, Lenz(e): 1. Auf eine verkürzte Form von ▸ Lorentz zurückgehende Familiennamen. 2. Übernamen zu mhd. *lenz* ›Lenz, Frühling‹ nach einem Zinstermin. 3. Herkunftsnamen zu dem häufigen Ortsnamen Lenz (Oberfranken, Sachsen, ehem. Pommern/jetzt Polen, Schweiz). ❖ Bekannte Namensträger: Jakob Michael Reinhold Lenz, deutscher Schriftsteller (18. Jh.); Siegfried Lenz, deutscher Schriftsteller (20./21. Jh.).

Lenzen: 1. Patronymische Bildung (schwacher Genitiv) zu ▸ Lentz (1.). 2. Herkunftsname zu dem häufigen Ortsnamen Lenzen (Niedersachsen, Mecklenburg, Brandenburg, Bayern, Schlesien, ehem. Pommern/jetzt Polen, Ostpreußen).

Leo: 1. Aus der Zeit des Humanismus stammende Latinisierung des deutschen Familiennamens ▸ Löw(e). 2. Auf Leo, einen Rufnamen lateinischen Ursprungs (›Löwe‹), zurückgehender Familienname. Leo fand im Mittelalter als Heiligen- und Papstname Verbreitung, vor allem als Name Papst Leos des Großen (5. Jh.).

Leonberger: Herkunftsname zu dem Ortsnamen Leonberg (Baden-Württemberg, Bayern).

Leonhard: aus dem gleichlautenden deutschen Rufnamen *(lewo + harti)* entstandener Familienname. Im Mittelalter fand Leonhard als Heiligenname Verbreitung. Der heilige Leonhard, ein fränkischer Einsiedler, soll im 6. Jh. ein Kloster in Saint-Léonard-de-Noblat bei Limoges gegründet und dort gelebt haben. Von dort drang sein Kult ins Rheingebiet und weiter nach Süddeutschland und Österreich. Er wurde u. a. als Patron der Gefangenen, der Wöchnerinnen und Kranken, auch des Viehs, vor allem der Pferde (daher Leonhardiritt) verehrt. ❖ Als Varianten von Leonhard begegnen uns u. a. die Familiennamen **Leonhar(d)t, Lenhard(t), Lenhart, Lehnhardt, Lehnert, Löhnert, Linhard(t), Linhart, Lienhard(t), Lienhart, Lienert.** ❖ Patronymische Bildungen zu Leonhard sind z. B. die Familiennamen **Leonhardi, Lennartz, Linnartz.**

Leonhardi: patronymische Bildung im Genitiv zu der latinisierten Form Leonhardus (▸ Leonhard).

Leonhardt, Leonhart: ▸ Leonhard.

Leopold: ▸ Leupold.

Lepper: Berufsname zu mhd. *lappen* ›flicken‹, mnd. *lepper* ›Altflicker, Flickschuster‹. ❖ Johan Steverling, geheten [genannt] Lepper ist a. 1452 in Coesfeld bezeugt.

Leppert: Erweiterung von ▸ Lepper mit sekundärem *-t.*

Leppi(n): Herkunftsnamen zu Ortsnamen wie Leppienen (Ostpreußen), Leppin (Sachsen-Anhalt, Mecklenburg-Vorpommern, ehem. Pommern/jetzt Polen).

-ler: an Bezeichnungen für den Träger einer Handlung (Nomina Agentis), die auf *-el* enden (z. B. mhd. *kõufel* ›Käufer, Händler‹), wurde gelegentlich zusätzlich die Endung *-ære, -er* (▸ -er [1.]) angefügt, wodurch sich die Bedeutung nicht änderte. Indem man nun das neue Wort *kõufelære* nicht auf *kõufel*, sondern auf *kouf* ›Kauf‹ bezog, verstand man die Endung *-lære, -ler* als neues Suffix, das denjenigen bezeichnet, der eine Tätigkeit ausübt. In ähnlicher Weise konnten auch Bildungen wie mhd. *scheffelære* ›Scheffler‹, das von mhd. *scheffel* ›kleines Schaff‹ abgeleitet ist, auf mhd. *schaf* ›Schaff, Gefäß für Flüssigkeiten‹ bezogen werden, woraus sich wiederum das Suffix *-lære, -ler* ergibt. Später konnte dieses dann auch frei zur Bildung weiterer Wörter und Namen in gleicher Bedeutung wie *-er* (1.) und (2.) verwendet werden, wie etwa bei ▸ Tischler, das älteres ▸ Tischer ablöst, oder bei ▸ Eichler.

Lerch(e): 1. Übernamen zu mhd. *lêrche, lërche* ›Lerche‹ für einen sangesfrohen Menschen oder Berufsübernamen für den Vogelfänger, -händler. 2. Herkunftsnamen zu Ortsnamen wie Lerch (Bayern, Tirol), Lercha bei Meißen (Sachsen), Lerche (Nordrhein-Westfalen, ehem. Pommern/jetzt Polen), Lerchen (Bayern). 3. Wohnstättennamen zu mhd. *larche, lerche* ›Lärche‹ für jemanden, der bei solchen Bäumen wohnte. ❖ *Ott Lerche* ist a. 1357 in Nürnberg bezeugt.

Lerch(n)er: Ableitungen auf *-(n)er* zu ▸ Lerch(e) (2.) oder (3.).

Lerner: Standesname oder Übername zu mhd. *lërnære* ›Schüler‹.

Leroi: ▸ Leroy.

Leroux: Übername zu franz. *le roux* ›der Rothaarige‹.

Leroy: Übername zu franz. *le roi* ›der König‹, vgl. ▸ König.

Lersch, Lerschmacher, Lersmacher: Berufsübername bzw. Berufsnamen zu mnd. *lërse* ›ledernes Beinkleid, weiter hoher Stiefel‹ für den Handwerker, der solche Stiefel herstellte. ❖ *Conzc Lersenmecher* ist a. 1477 in Grünberg in Hessen bezeugt. ❖ Bekannter Namensträger: Heinrich Lersch, deutscher Schriftsteller (19./20. Jh.).

Lesch: 1. Übername zu mhd. *leschen* ›löschen, auslöschen, stillen‹, vielleicht im Sinne von ›Feuerlöscher‹ bei den in den mittelalterlichen Städten häufig auftretenden Bränden. 2. Mittel- und oberdeutscher Berufsübername; entrundete Form von Lösch (▸ Losch, Lösch[e]). 3. Aus einer sorbischen oder polnischen Ableitung des Rufnamens Lelistryj u. Ä. (apoln. *lelejać* ›schütteln, hin und her bewegen‹, russ. *lelejat* ›hätscheln, verzärteln‹) entstandener Familienname. 4. Aus der eindeutschenden Schreibung einer Kurzform des tschechischen Rufnamens Aleš (▸ Alexander) hervorgegangener Familienname.

Leschke: 1. Eindeutschende Schreibung einer Ableitung von ▸ Lesch (3.) oder (4.). 2. Wohnstättenname zu sorb. *lěška* ›kleines Gartenbeet‹, nsorb. auch ›Ackerbeet‹.

Leser: 1. Berufsname zu mhd. *lësære* ›Lehrer, Vorleser; Weinleser; Eichelsammler‹. 2. Aus einer Nebenform von ▸ Lazar entstandener Familienname.

Leska, Leske: 1. Wohnstättennamen zu osorb. *lěsk* ›Haselnussstrauch‹, nsorb., osorb. *lěska* ›Haselgerte‹. 2. Dem Familiennamen Leske kann auch ein Übername zu mhd. *lesche, leske* ›Runzeln an Stirn, Händen und Füßen‹ zugrunde liegen. 3. Herkunftsnamen zu dem sorbischen Ortsnamen Lěska, dt. Lieske (Sachsen), zu dem Ortsnamen Leske (ehem. Westpreußen/jetzt Polen).

Lesser: 1. Berufsname zu fnhd. *lesser* ›Aderlasser‹, ▸ Lasser. 2. Auf eine Variante von ▸ Lazar zurückgehender Familienname.

Lessing: ▸ Lässig (1.) oder (3.). ❖ Bekannter Namensträger: Gotthold Ephraim Lessing, deutscher Schriftsteller und Kritiker (18. Jh.).

Lessmann, Leßmann: Herkunftsnamen auf *-mann* zu den Ortsnamen Lesse (Niedersachsen), Lessen (Thüringen, Ostpreußen).

Letsch: 1. Übername zu mhd. *lätsch, lötsch, lotze* ›ungeschickter, unbeholfener Mensch, Simpel‹. 2. Herkunftsname zu Ortsnamen wie Letsch bei Bensberg (Nordrhein-Westfalen), Letsche, mundartliche Form von Leitzkau bei Zerbst (Sachsen-Anhalt), Letschin (Brandenburg), Letschow (Mecklenburg-Vorpommern).

Lettau: Herkunftsname zu dem Ortsnamen Lettau (Ostpreußen). ❖ Bekannter Namensträger: Reinhard Lettau, deutscher Schriftsteller (20. Jh.).

Lettner: 1. Herkunftsname zu dem Ortsnamen Letten (Bayern, Baden-Württemberg, Schweiz). 2. Wohnstättenname zu mhd. *lette* ›Lehm‹.

Lettow: ▸ Lettau.

Letz: Übername zu mhd. *letz, lez* ›verkehrt, unrecht, schlecht‹.

Letzgus, Letzkus: aus ▸ Lexius (> *Lezjus*, durch Verhärtung > *Lezgus, Letzkus*) hervorgegangene Familiennamen. Diese Familiennamen zeigen eine besondere Konzentration in und um Rottenburg a. Neckar (Baden-Württemberg).

Leu: ▸ Löw(e). ❖ Bekannte Namensträger: Hans Leu d. J. und Hans Leu d. Ä., schweizerische Maler (15./16. Jh.).

Leubl: auf eine oberdeutsche Koseform von Rufnamen, die mit *liob* oder *liut* beginnen (z. B. ▸ Liebhart, ▸ Leupold/Leopold), zurückgehende Familienname.

Leuchsenring: ▸ Leichsenring.

Leucht: 1. ▸ Leuchte. 2. Durch Rundung entstandene Form von ▸ Leicht.

Leuchte: 1. Berufsübername zu mhd. *liuhe* ›Leuchte‹ für den Hersteller von Leuchten. 2. Herkunftsname zu den Ortsnamen

Leuchte (Niedersachsen, Nordrhein-Westfalen), **Leuchten** (Schlesien).

Leuckhardt: ▶ Lauckhardt.

Leue: ▶ Löw(e).

Leukel: aus einer mit *-l*-Suffix zu dem weiblichen Rufnamen Leukart (▶ Lauckhardt) gebildeten Koseform entstandener metronymischer Familienname.

Leupold: aus dem gleichlautenden Rufnamen *(liut + bald)* entstandener Familienname. ❖ Aus dem alten deutschen Rufnamen Liutbald sind neben Leupold auch die Familiennamen **Leibold, Leipold(t), Leopold, Lippold, Liebold, Liebelt** hervorgegangen.

Leuprecht: aus dem gleichlautenden oberdeutschen Rufnamen *(liut + beraht)* hervorgegangener Familienname. ❖ Die gleiche Herkunft haben die west- bzw. niederdeutschen Familiennamen **Löbbert, Lübbert, Luppert** mit den Ableitungen **Lübbe, Lübben, Lübbers, Lübcke, Lüpke, Lupp**. ❖ Bei dem Familiennamen **Lippert** kann es sich auch um eine Ableitung von ▶ Liebhard handeln.

Leuschner: vorwiegend ostmitteldeutscher Berufsname auf *-er* zu mhd. *liuhse* ›Stemmleiste, Stütze am hölzernen Heuwagen‹ für den Hersteller. ❖ Bekannter Namensträger: Wilhelm Leuschner, deutscher Gewerkschafter (19./20. Jh.).

Leuthold: aus dem alten deutschen Rufnamen Leutolt *(liut + walt)* durch Anlehnung an das Adjektiv »hold« entstandener Familienname. ❖ Als Varianten von Leuthold begegnen uns z. B. die Familiennamen **Leidhold(t)** und **Leithold**. ❖ Bekannter Namensträger: Heinrich Leuthold, schweizerischer Schriftsteller (19. Jh.).

Leutner: 1. Herkunftsname zu den Ortsnamen Leuten (Bayern), Leuthen (Bayern, Brandenburg, Schlesien). 2. Durch Rundung entstandene Form von ▶ Leitner.

Leutwein: aus dem gleichlautenden deutschen Rufnamen *(liut + wini)* entstandener Familienname. ❖ Hierzu gehört auch die entrundete Form **Leitwein**.

Leven: auf den Heiligennamen Lefwin *(lef + wini)*, flämisch Sint Lieven, zurückgehender Familienname. Dieser Heilige, der in Flandern sehr verehrt wurde, ist der Patron von Gent.

Leverenz: ▶ Lorentz.

Leverkuhn, Leverküh(e): aus mnd. *lēf* ›lieb‹ und Kuhn, Kühn, Kurzformen von ▶ Konrad, hervorgegangene Familiennamen.

Levermann: Übername, niederdeutsche Form von ▶ Liebermann (mnd. *lēf* ›lieb‹).

Levetzow: Herkunftsname zu den Ortsnamen Levetzow (Mecklenburg), Lewetzow (ehem. Pommern/jetzt Polen). ❖ Bekannte Namensträgerin: Ulrike Freiin von Levetzow, Freundin Goethes (19. Jh.).

Levin: ▶ Lewin.

Levy: auf den hebräischen Stammesnamen der Leviten (vgl. ▶ Cohn) bzw. auf den Rufnamen Levi zurückgehender Familienname. Nach der Bibel war Levi der Sohn Jakobs und Leas.

Lewald: ▶ Lehwald. ❖ Bekannte Namensträgerin: Fanny Lewald, deutsche Schriftstellerin (19. Jh.).

Lewandowski: 1. Herkunftsname zu polnischen Ortsnamen wie Lewandów, Lawendów, Lewandówka. 2. Mit dem Suffix *-ski* gebildeter Übername zu poln. *lawenda, lewanda* ›Lavendel‹.

Lewark: Übername zu mnd. *lēwer(i)ke* ›Lerche‹ für einen sangesfrohen Menschen oder Berufsübername für den Vogelfänger, -händler.

Lewe: 1. ▶ Löw(e). 2. Herkunftsname zu dem Ortsnamen Lewe bei Liebenburg (Niedersachsen).

Leweren(t)z: ▶ Lorentz.

Lewin: 1. Auf den gleichlautenden niederdeutschen Rufnamen *(liob + wini)* zurückgehender Familienname. 2. Herkunftsname zu den Ortsnamen Lewin (Schlesien), Levin (Mecklenburg-Vorpommern).

Lex: auf eine verkürzte Form von Alexius (▶ Alexi) oder ▶ Alexander zurückgehender Familienname. ❖ Bekannte Namensträgerin: Maja Lex, deutsche Tänzerin und Choreographin (20. Jh.).

Lexer: patronymische Bildung auf *-er* zu ▶ Lex.

Lexius: auf eine verkürzte Form von Alexius (▶ Alexi) zurückgehender Familienname.

Ley: 1. Aus einer verkürzten Form des Heiligennamens Eligius (▶ Eloy) entstandener Familienname. 2. Übername zu mhd. *leie* ›Nichtgeistlicher, Laie‹. 3. Wohnstättenname zu mhd. *lei(e)* ›Fels, Stein, Schieferstein; Steinweg‹. 4. Berufsübername für den Dachdecker, der die Dächer mit Schiefer deckte (vgl. ▶ Leiendecker). 5. Durch Entrundung aus mhd. *leu* ›Löwe‹ entstandener Familienname (▶ Löw[e]). 6. Herkunftsname zu den Ortsnamen Ley (Nordrhein-Westfalen), Leye (Niedersachsen, Nordrhein-Westfalen). 7. ▶ Lay (2.)

Leyendecker: ▶ Leiendecker.

Leyh: ▶ Ley.

-li: ▶ -lin.

Liborius: aus dem gleichlautenden Rufnamen lateinischen Ursprungs, dessen Bedeutung unklar ist, gebildeter Familienname. Namenspatron ist der heilige Liborius (4. Jh.), Bischof von Le Mans. Nachdem seine Gebeine im 9. Jh. nach Paderborn gelangten, wurde er auch in Deutschland verehrt. ❖ Aus verkürzten Formen von Liborius sind Familiennamen wie **Borges, Borjes, Börjes, Borries, Börries** entstanden.

Licht: 1. Übername zu mhd. *lieht* ›hell, strahlend‹. 2. Berufsübername zu mhd. *lieht* ›Kerze‹ für den Kerzenzieher, -verkäufer. 3. Übername zu mhd. *līht* ›leicht, leichtfertig, unbeständig‹, mnd. *licht* ›leichtsinnig, leichtfertig‹. 4. Wohnstättenname für jemanden, der an einer gerodeten Stelle, an einem gerodeten Waldstück (zu mhd. *lieht* ›hell‹) wohnte. 5. Herkunftsname zu Ortsnamen wie Lichta, Lichte (Thüringen), Licht (Rheinland-Pfalz).

Lichtblau: Übername zu mhd. *liehtblā* ›hellblau‹ nach der Augenfarbe des ersten Namensträgers.

Lichte: ▶ Licht.

Lichtenberg(er): Herkunftsnamen zu dem Ortsnamen Lichtenberg (Niedersachsen, Nordrhein-Westfalen, Hessen, Baden-Württemberg, Bayern, Brandenburg, ehem. Brandenburg/jetzt Polen, Thüringen, Sachsen, Mecklenburg-Vorpommern, Schlesien, Österreich, Böhmen, Elsass). ❖ Bekannter Namensträger: Georg Christoph Lichtenberg, deutscher Physiker und Schriftsteller (18. Jh.).

Lichtenstein: Herkunftsname zu dem häufigen Ortsnamen Lichtenstein (Niedersachsen, Sachsen, Baden-Württemberg, Bayern, Ostpreußen, Österreich) oder zum Fürstentum Liechtenstein. ❖ Bekannter Namensträger: Alfred Lichtenstein, deutscher Schriftsteller (19./20. Jh.).

Lichter: Ableitung auf *-er* von ▶ Licht.

Lichtner: 1. Herkunftsname zu Ortsnamen wie Lichten (ehem. Brandenburg/jetzt Polen, Schlesien), Lichtena (Brandenburg), Lichtenau (Baden-Württemberg, Bayern, Nordrhein-Westfalen, Thüringen, Sachsen, Brandenburg, Schlesien, Ostpreußen, Österreich), Hessisch Lichtenau (Hessen). 2. ▶ Lichter.

Lichtwark, Lichtwer: Berufsnamen zu mnd. *licht* ›Licht, Kerze‹ und mnd. *werken, warken* ›machen, verfertigen‹, mnd. *werke* ›Arbeiter‹ für den Lichtmacher, Kerzengießer, -zieher. ❖ *hans lichtwerk* ist a. 1448 in Barth (Mecklenburg-Vorpommern) erwähnt. ❖ Bekannter Namensträger: Alfred Lichtwark, deutscher Kunsthistoriker und Kunstpädagoge (19./20. Jh.).

Lidl: ▶ Liedl.

Lieb: 1. Übername zu mhd. *liep* ›lieb, angenehm‹. 2. Aus einer Kurzform von Rufnamen, die mit dem Namenwort *liob* gebildet sind (z. B. ▶ Liebhard), entstandener Familienname.

Liebau: Herkunftsname zu den Ortsnamen Liebau (Thüringen, Sachsen, Schlesien, Mähren), Libau (Lettland).

Liebchen: Ableitung von ▶ Lieb mit dem Suffix *-chen*.

Liebe: ▶ Lieb.

Liebel: Ableitung von ▶ Lieb mit *-l*-Suffix.

Liebelt: aus einer verschliffenen Form von ▶ Leupold hervorgegangener Familienname.

Liebenow: Herkunftsname zu den Ortsnamen Liebenow (ehem. Brandenburg/jetzt Polen, ehem. Pommern/jetzt Polen), Liebenau (Niedersachsen, Hessen, Sachsen, Bayern, Baden-Württemberg, ehem. Brandenburg/jetzt Polen, Schlesien, Ostpreußen, Österreich).

Lieber: 1. Stark flektierte Form oder patronymische Bildung auf *-er* zu ▶ Lieb. 2. Aus dem alten deutschen Rufnamen Liebher *(liob + heri)* entstandener Familienname.

Lieberenz: ▶ Lorentz.

Liebermann: Übername für einen lieben, angenehmen Menschen. ❖ Bekannte Namensträger: Max Liebermann, deutscher Maler und Grafiker (19./20. Jh.); Rolf Liebermann, schweizerischer Komponist und Intendant (20./21. Jh.).

Liebers: patronymische Bildung (starker Genitiv) zu ▶ Liebert oder ▶ Lieber (2.).

Liebert: aus einer jüngeren Form von ▶ Liebhard hervorgegangener Familienname.

Liebetrau: verschliffene Form von ▶ Liebetraut.

Liebetraut, Liebetrut(h): metronymische Familiennamen, die aus dem gleichlautenden deutschen Rufnamen *(liob + trūt)* hervorgegangen sind.

Liebhard, Liebhar(d)t: auf den gleichlautenden deutschen Rufnamen *(liob + harti)* zurückgehende Familiennamen. ❖ Aus dem Rufnamen Liebhard sind u. a. die Familiennamen **Liebert, Liebing, Lieb(e)l, Liebler** entstanden.

Liebich, Liebig: 1. Aus Kurzformen slawischer Rufnamen wie L'ubik, L'ubk, die auf urslaw. **l'jubъ-* ›lieb, angenehm‹ + *-ik*-Suffix zurückgehen, entstandene Familiennamen. 2. Gelegentlich abgeschwächte Formen von ▶ Liebing (1.). ❖ Bekannter Namensträger: Justus Freiherr von Liebig, deutscher Chemiker (19. Jh.).

Liebing: 1. Patronymische Bildung auf *-ing* zu ▶ Lieb (2.). 2. Im deutsch-slawischen Kontaktgebiet kann es sich um eine Variante von ▶ Liebich (1.) handeln.

Liebisch: aus einer Kurzform slawischer Rufnamen, die auf urslaw. **l'jubъ-* ›lieb, angenehm‹ + *-iš*-Suffix zurückgehen, entstandener Familienname.

Liebl: bairisch-österreichische Schreibweise von ▶ Liebel.

Liebler: patronymische Bildung auf *-er* zu ▶ Liebel.

Liebmann: Erweiterung von ▶ Lieb mit dem Suffix *-mann*.

Liebner: Herkunftsname zu den Ortsnamen Lieben (Bayern, ehem. Brandenburg/jetzt Polen), Lieben/Liben (Prag), Liebenau (Niedersachsen, Hessen, Sachsen, Bayern, Baden-Württemberg, ehem. Brandenburg/jetzt Polen, Schlesien, Ostpreußen, Österreich).

Liebold: aus einer Variante von ▶ Leupold entstandener Familienname.

Liebsch: ▶ Liebisch.

Liebscher: deutsche Ableitung auf *-er* von Liebsch (▶ Liebisch).

Lieder: 1. Durch Entrundung entstandene Form von ▶ Lüder. 2. Herkunftsname zu den Ortsnamen Liedern (Nordrhein-Westfalen), Groß Liedern, Klein Liedern (Niedersachsen).

Liedl: durch Entrundung aus Lüdel, einer Koseform von ▶ Ludwig, entstandener Familienname.

Liedtke: durch Entrundung entstandene Form von ▶ Lüddecke.

Liegl: Übername, Nomen Agentis auf *-l* zu mhd. *liegen* ›die Unwahrheit sagen, lügen‹: ›der Lügner‹.

Liehr: 1. Durch Entrundung entstandene Form von ▶ Lüer. 2. Vereinzelt Herkunftsname zu den Ortsnamen Liers (Rheinland-Pfalz), Lier (Belgien).

Lienau: Herkunftsname zu den Ortsnamen Linau (Schleswig-Holstein), Linow (Brandenburg, ehem. Brandenburg/jetzt Polen), Leinau (Ostpreußen), a. 1462 belegt als *Lynaw*.

Lienert: aus einer jüngeren Form von ▶ Lienhard hervorgegangener Familienname.

Lienhard, Lienhar(d)t: auf eine Nebenform von ▶ Leonhard zurückgehende Familiennamen.

Liepe: Herkunftsname zu dem gleichlautenden Ortsnamen (Niedersachsen, Brandenburg, Mecklenburg-Vorpommern).

Lier: ▶ Liehr.

Liermann: Ableitung auf *-mann* von Lier (▶ Liehr).

Liersch: aus der sorbischen Rufnamenform Liršь, vielleicht einer sorbischen Ableitung des deutschen Rufnamens ▶ Leonhard, entstandener Familienname.

Lies: ▶ Liese.

Liesack: Übername zu nsorb., osorb. *lizak* ›Leckermaul‹ oder zu nsorb., osorb. *lěsak* ›Waldbewohner‹.

Liese: Übername zu mnd. *līse* ›leise‹.

Liesegang: niederdeutsche Entsprechung von ▶ Leisegang. ❖ Bekannter Namensträger: Friedrich Paul Liesegang, deutscher Physiker (19./20. Jh.).

Liesenfeld(er): Herkunftsnamen zu dem Ortsnamen Liesenfeld (Rheinland-Pfalz).

Lieser: Herkunftsname zu dem gleichlautenden Ortsnamen (Rheinland-Pfalz).

Lieske: ▶ Lischka, Lischke, Liske.

Lietz: 1. Auf den alten deutschen Rufnamen Liuzo *(leut)* zurückgehender Familienname. 2. Vereinzelt Herkunftsname zu den Ortsnamen Lietzen (Brandenburg). ❖ Bekannter Namensträger: Hermann Lietz, deutscher Pädagoge (19./20. Jh.).

Lilie: 1. Übername zu mhd. *lilje* ›Lilie‹, dem Sinnbild der Reinheit. 2. Aus einem Hausnamen hervorgegangener Familienname.

Lilienfeld: 1. Herkunftsname zu den Ortsnamen Lilienfeld (Österreich), Lilienfelde (Ostpreußen). 2. Wegen des Wohlklangs gewählter jüdischer Familienname.

Lilienthal: Herkunftsname zu dem gleichlautenden Ortsnamen (Niedersachsen, Schleswig-Holstein, Baden-Württemberg, Schlesien, Ostpreußen). ❖ Bekannte Namensträger: Otto Lilienthal, deutscher Ingenieur (19. Jh.); Peter Lilienthal, deutscher Filmregisseur (20./21. Jh.).

Lill: ▶ Lilie.

Limbach(er): Herkunftsnamen zu dem äußerst häufigen Ortsnamen Limbach (Baden-Württemberg, Bayern, Saarland, Nordrhein-Westfalen, Rheinland-Pfalz, Hessen, Sachsen, Thüringen, ehem. Pommern/jetzt Polen, Österreich). ❖ Bekannte Namensträgerin: Jutta Limbach, deutsche Juristin (20./21. Jh.).

Limberg(er): Herkunftsnamen zu dem Ortsnamen Limberg (Baden-Württemberg, Bayern, Rheinland-Pfalz, Brandenburg, Österreich, Schweiz).

Limburg(er): Herkunftsnamen zu dem Ortsnamen Limburg (Hessen, Rheinland-Pfalz, Bayern, Schlesien, Elsass, Niederlande, Belgien).

Limmer: 1. Herkunftsname zu dem gleichlautenden Ortsnamen (Niedersachsen). 2. Übername zu mhd. *limmen* ›grimmig brüllen‹.

Limpert: auf eine Nebenform von ▶ Lambrecht zurückgehender Familienname.

-lin, auch **-li:** für das Alemannische charakteristische Ableitungsendungen, die auf eine Kombination der Suffixe *-l* und *-īn* (> *-lī[n]*) zurückgehen. Bei der Bildung von Familiennamen dient das Suffix *-li(n)* zum Ausdruck zusätzlicher Bedeutungsnuancen: Verkleinerung, Zuneigung und Wohlwollen, Geringschätzung und Spott sowie dem Ausdruck von Generationsunterschieden. Demnach lassen Familiennamen wie ▶ Schmidli(n) mehrere Deutungen zu: a) Die Person, die ursprünglich diesen Namen vergab, drückte mit der Endung *-li(n)* ihre Zuneigung, ihre freundliche Haltung gegenüber dem Benannten aus. b) Je nach den Umständen konnte der Namengeber mit diesem Suffix seine herablassende, spöttische, kritische Einstellung zum Namensträger zum Ausdruck bringen und den Sinn ›schlechter Schmied, wenig angesehener Schmied‹ beabsichtigen. c) Die verkleinernde Bedeutung dieses Suffixes konnte ferner für die Bezeichnung der kleinen Gestalt eines Schmiedes genutzt werden. d) Gelegentlich konnte die Endung *-li(n)* die Aufgabe haben, auf das jugendliche Alter des Benannten (im Vergleich zu einem älteren Namensträger) anzuspielen. Bei heutigen Familiennamen auf *-li(n)* lässt sich allerdings nicht mehr ermitteln, welche der oben dargestellten Deutungsmöglichkeiten ursprünglich ausschlaggebend war.

Linck(e): ▶ Link(e).

Lind: 1. Übername zu mhd. *linde, lint* ›lind, weich, sanft, zart, milde‹, mnd. *linde* ›weich‹ für einen sanftmütigen Menschen. 2. ▶ Linde (1.) oder (2.). 3. Herkunftsname zu dem Ortsnamen Lind (Nordrhein-Westfalen, Rheinland-Pfalz, Bayern, Österreich). ❖ Bekannter Namensträger: Jakov Lind, österreichischer Schriftsteller und Maler (20./21. Jh.).

Lindau(er): Herkunftsnamen zu dem Ortsnamen Lindau (Baden-Württemberg, Bayern, Niedersachsen, Schleswig-Holstein, Sachsen-Anhalt, Thüringen, Schlesien, Schweiz). ❖ Bekannter Namensträger: Paul Lindau, deutscher Theaterleiter und Schriftsteller (19./20. Jh.).

Linde: 1. Wohnstättenname zu mhd., mnd. *linde* ›Linde‹ für jemanden, der bei einer Linde bzw. bei der Dorflinde wohnte. 2. Gelegentlich kann diesem Familiennamen ein Hausname zugrunde liegen. Ein Haus *czu der gruenen lynden* ist z. B. in Halle (a. 1418) belegt. 3. ▶ Lind (1.). 4. Herkunftsname zu den Ortsnamen Linde (Nordrhein-Westfalen, Brandenburg, ehem. Brandenburg/jetzt Polen, ehem. Pommern/jetzt Polen, Ostpreußen), Linda (Thüringen, Sachsen, Sachsen-Anhalt). ❖ Bekannter Namensträger: Carl Paul Gottfried von Linde, deutscher Ingenieur und Unternehmer (19./20. Jh.).

Lindemann: Ableitung auf *-mann* von ▶ Linde.

Linden: 1. Herkunftsname zu dem gleichlautenden Ortsnamen (Niedersachsen, Schles-

Lins(e) L

wig-Holstein, Nordrhein-Westfalen, Hessen, Thüringen, Rheinland-Pfalz, Saarland, Baden-Württemberg, Bayern, Schlesien, Österreich, Böhmen). 2. Wohnstättenname für jemanden, der unter Linden wohnte. ❖ Die Entstehung des Familiennamens zeigt der Beleg aus Basel, a. 1299 *C. dictus* [genannt] *zer Linden*.

Lindenau(er): Herkunftsnamen zu dem Ortsnamen Lindenau (Hessen, Thüringen, Sachsen, Brandenburg, Schlesien, bei Danzig, Ostpreußen, Baden-Württemberg, Bayern, Böhmen).

Lindenberg(er): Herkunftsnamen zu dem Ortsnamen Lindenberg (Niedersachsen, Sachsen-Anhalt, Sachsen, Brandenburg, ehem. Brandenburg/jetzt Polen, Mecklenburg-Vorpommern, ehem. Pommern/jetzt Polen, Ostpreußen, Schlesien, Hessen, Nordrhein-Westfalen, Rheinland-Pfalz, Baden-Württemberg, Bayern, Österreich). ❖ Bekannter Namensträger: Udo Lindenberg, deutscher Rockmusiker und Grafiker (20./21. Jh.).

Lindenthal(er): Herkunftsnamen zu den Ortsnamen Lindental (Baden-Württemberg, Ostpreußen), Lindenthal (Nordrhein-Westfalen, Sachsen, Sachsen-Anhalt, Ostpreußen).

Linder: Ableitung auf *-(e)r* von ▸ Linde (1.), (2.) oder (4.) bzw. von ▸ Lind (3.).

Lindhorst: Herkunftsname zu dem gleichlautenden Ortsnamen (Niedersachsen, Sachsen-Anhalt, Brandenburg).

Lindig: 1. Wohnstättenname zu nhd. (dialektal) *Lindig* ›Lindengehölz‹ für jemanden, der neben einem derartigen Baumbestand wohnte. 2. Herkunftsname zu Ortsnamen wie Lindig (Thüringen, Bayern), Lindich (Baden-Württemberg), Lindigt (Sachsen).

Lindinger: Herkunftsname zu dem Ortsnamen Linding (Bayern).

Lindner: Ableitung auf *-(n)er* von ▸ Linde, ▸ Linden oder ▸ Lindenau.

Lindow: Herkunftsname zu dem gleichlautenden Ortsnamen (Brandenburg, ehem. Brandenburg/jetzt Polen, Mecklenburg-Vorpommern, ehem. Pommern/jetzt Polen).

Lindt: ▸ Lind.

-ling: bei der Endung *-ling* (z. B. in ▸ Dieterling) handelt es sich um eine erweiterte Form des Suffixes ▸ -ing.

Linge: 1. Wohnstättenname zu niederdt. mda. *Linge* ›schmaler Landstrich, Landzunge, Kanal‹. 2. Übername zu mhd. *linge* ›eilig‹. 3. Variante von ▸ Link(e).

Lingen: Herkunftsname zu den Ortsnamen Lingen (Niedersachsen, Ostpreußen), Linggen (Bayern). ❖ Bekannter Namensträger: Theo Lingen, deutsch-österreichischer Schauspieler (20. Jh.).

Lingnau: Herkunftsname zu dem Ortsnamen Lingenau (Sachsen-Anhalt, Österreich), gelegentlich kommt durch Übergang von *-nd-* zu *-ng-* eine Ableitung von ▸ Lindenau infrage.

Lingner: Ableitung auf *-er* von ▸ Lingen oder ▸ Lingnau.

Linhard, Linhar(d)t: auf eine Nebenform von ▸ Leonhard zurückgehende Familiennamen.

Link(e): Übernamen zu mnd. *link* ›link‹, mhd. *linc* ›link, linkisch, unwissend‹ für einen Linkshänder oder einen linkischen, ungeschickten Menschen. ❖ *Chunr. Linke* ist a. 1323 in Nürnberg überliefert. ❖ Bekannte Namensträgerin: Susanne Linke, deutsche Tänzerin und Choreografin (20./21. Jh.).

Linker: stark flektierte Form oder patronymische Bildung auf *-er* zu ▸ Link(e).

Linn: 1. Herkunftsname zu den gleichlautenden Ortsnamen (Nordrhein-Westfalen, Bayern, Österreich, Schweiz) oder zu Linne (Niedersachsen). 2. Vereinzelt Übername zu osorb., nsorb., poln. *lin* ›Schleie‹.

Linnartz: patronymische Bildung (starker Genitiv) zu Linhard (▸ Leonhard).

Linne: 1. Herkunftsname zu den Ortsnamen Linn (Nordrhein-Westfalen), Linne (Niedersachsen). 2. Durch Assimilation entstandene Form von ▸ Linde.

Linnemann: 1. Ableitung auf *-mann* von ▸ Linne. 2. Durch Assimilation entstandene Form von ▸ Lindemann.

Linner: 1. Durch Assimilation entstandene Form von ▸ Linder. 2. Ableitung auf *-er* von ▸ Linn (1.).

Lins(e): 1. Berufsübernamen zu mhd. *lins(e)* ›Linse‹ für den Linsenbauern oder Übernamen nach dem Lieblingsgericht. 2. Übernamen zu mhd. *linse*, Nebenform von mhd. *lîse* ›leise, geräuschlos, sanft‹. 3. Herkunftsnamen zu den Ortsnamen Linse (Niedersachsen), Linsen (Bayern, Schlesien).

Linz(er): Herkunftsnamen zu dem Ortsnamen Linz (Sachsen, Rheinland-Pfalz, Baden-Württemberg, ehem. Brandenburg/jetzt Polen, Schlesien, Österreich).

Lipfert: aus dem alten deutschen Rufnamen Liutfrid *(liut + fridu)* hervorgegangener Familienname.

Lipinski: Herkunftsname zu polnischen Ortsnamen wie Lipiny, Lipnica.

Lipka: 1. Wohnstättenname zu sorb. *lipka* ›kleine Linde‹. 2. Aus einer sorbischen Koseform mit dem Suffix *-ka* von ▸ Philipp hervorgegangener Familienname.

Lipke: 1. ▸ Lippke. 2. ▸ Lipka. 3. Herkunftsname zu dem gleichlautenden Ortsnamen (ehem. Brandenburg/jetzt Polen, Schlesien).

Lipp: 1. Aus einer verkürzten Form von ▸ Philipp gebildeter Familienname. 2. Herkunftsname zu dem Ortsnamen Lipp, Stadtteil von Bedburg (Nordrhein-Westfalen).

Lippe: 1. Herkunftsname bzw. Wohnstättenname zu dem gleichlautenden Orts-, Landschafts- und Gewässernamen. 2. ▸ Lipp (1.). 3. Übername zu md. *lippe,* mhd. *lëfse* ›Lippe‹ nach einem körperlichen Merkmal.

Lippert: auf eine durch Zusammenziehung entstandene Form von ▸ Liebhard oder Liutbert (▸ Leuprecht) zurückgehender Familienname.

Lippke: aus einer niederdeutschen Koseform von ▸ Lipp (1.) entstandener Familienname.

Lippl: aus einer mit *-l-*Suffix gebildeten Koseform von ▸ Lipp (1.) entstandener Familienname.

Lippmann: 1. Aus einer Erweiterung von ▸ Lipp (1.) mit dem Suffix *-mann* entstandener Familienname. 2. Herkunftsname auf *-mann* zu ▸ Lipp (2.) oder ▸ Lippe (1.).

Lippold: aus dem alten deutschen Rufnamen Liutbald (▸ Leupold) hervorgegangener Familienname.

Lipps, Lips: auf verkürzte Formen von ▸ Philipp zurückgehende Familiennamen.

Lipski: Herkunftsname zu den polnischen Ortsnamen Lipa, Lipe, Lipie, Lipsko.

Lis: Übername zu poln. *lis* ›Fuchs‹ für einen schlauen oder rothaarigen Menschen.

Lischka, Lischke, Liske: Übernamen zu nsorb., osorb., tschech. *liška* ›Fuchs‹, poln. (älter und mundartlich) *liszka* ›Füchsin‹ für einen schlauen oder rothaarigen Menschen.

Liss, Liß: 1. ▸ Lis. 2. Herkunftsnamen zu den Ortsnamen Ober-, Niederliss (Schweiz). ❖ Bekannter Namensträger: Johann Liss, deutscher Maler (16./17. Jh.).

Lisson: Übername zu nsorb., osorb., poln. *łysy* ›kahl‹ nach einem körperlichen Merkmal.

List: 1. Übername zu mhd. *list* ›Weisheit, Klugheit, Schlauheit; Kunst, Zauberkunst‹ für einen klugen oder schlauen Menschen. 2. Herkunftsname zu dem gleichlautenden Ortsnamen (Schleswig-Holstein, Niedersachsen, Schlesien). ❖ Bekannter Namensträger: Friedrich List, deutscher Volkswirtschaftler und Politiker (18./19. Jh.).

Listl: Ableitung von ▸ List (1.) mit *-l-*Suffix.

Litfaß: Berufsübername zu mhd. *lītvaʒ* ›Obstwein-, Gewürzweinfass‹ für den Erzeuger oder für den Wirt (vgl. ▸ Leitgeb), der *līt,* Obst- oder Gewürzwein, ausschenkte. ❖ Die Litfaßsäule heißt nach dem deutschen Drucker und Buchhändler Ernst Litfaß (19. Jh.), der i. J. 1855 die erste Plakatsäule aufstellte.

Littmann: wohl aus Schlesien stammender Familienname, der von slawischen, mit »L'ut-« (urslaw. **l'utъ* ›wild, grausam‹) beginnenden Rufnamen wie Litomir/L'utomir, Litobor/L'utobor mit dem Suffix *-mann* abgeleitet wurde. ❖ *Hannus Litman* ist a. 1427 in Liegnitz bezeugt.

Litz: ▸ Lietz.

Löb: ▸ Löw(e).

Löbbert: auf eine vor allem im Westen Deutschlands verbreitete Nebenform von Lübbert (▸ Leuprecht) zurückgehender Familienname.

Löbel: 1. Ableitung von Löb (▸ Löw[e]) mit *-l-*Suffix. 2. Auf eine Koseform von Rufnamen, die mit *liob* oder *liut* beginnen (z. B. ▸ Liebhard, ▸ Leupold/Leopold), zurückgehender Familienname.

Lober, Löber: Berufsnamen zu mhd. *lōwer* ›Gerber‹, vgl. ▸ Loher.

Loch: 1. Wohnstättenname zu mhd. *loch* ›Gefängnis, Versteck, Loch, Öffnung‹, auch ›Winkel‹ oder zu mhd. *lōch* ›Gebüsch, Wald, Gehölz‹. 2. Herkunftsname zu dem Ortsnamen Loch (Baden-Württemberg, Bayern). ❖ Die Entstehung des Familiennamens aus einem Wohnstättennamen zeigt der Beleg aus Basel, a. 1289 *Berhta zem Loche*.

Löchel: Ableitung von ▸ Loch (1.) mit *-l-*Suffix.

Locher: 1. Ableitung auf -er von ▶ Loch. 2. Herkunftsname zu dem Ortsnamen Locher (Baden-Württemberg, Bayern).

Lochmann: Ableitung auf -mann von ▶ Loch.

Lochner, Löchner: 1. Ableitungen auf -ner von ▶ Loch. 2. Herkunftsnamen zu dem in Süddeutschland mehrmals vorkommenden Ortsnamen Lochen. ❖ Bekannter Namensträger: Stephan Lochner, deutscher Maler (15. Jh.).

Lock: Übername zu mhd. *loc* ›Haarlocke‹ für einen Menschen mit lockigem Haar.

Loder: 1. Berufsname zu mhd. *lodære* ›Wollenweber, der Loden herstellt‹. Loden war das einfache, grobe und ungefärbte Tuch, das vor allem die bäuerliche Bevölkerung verwendete. ❖ *Symon Loder* ist a. 1299 in Nürnberg bezeugt. 2. Niederdeutscher Übername oder Berufsname zu mnd. *lod(d)er* ›lockerer Mensch, Taugenichts, Gaukler, Possenreißer‹.

Loeper: Amtsname zu mnd. *loper* ›Läufer, Bote‹. ❖ *Mester Johan Loper* ist a. 1493 in Coesfeld bezeugt.

Loer: ▶ Loher, Löher.

Loew(e): ▶ Löw(e). ❖ Bekannter Namensträger: Johann Carl Gottfried Loewe, deutscher Komponist (18./19. Jh.).

Löffel: Berufsübername zu mhd. *leffel* ›Löffel‹ für den Hersteller (▶ Löffler).

Löffler: Berufsname zu mhd. *leffeler* ›Löffelmacher‹, d. i. der Handwerker, der hölzerne Löffel herstellte. Zinnlöffel waren im Mittelalter noch selten. ❖ *Heinricus Loffeler* ist a. 1316 in Nürnberg bezeugt.

Loge: 1. Herkunftsname zu Ortsnamen wie Loga (Niedersachsen, Sachsen), Loge (Niedersachsen). 2. Wohnstättenname zu mnd. *lo, loch, loge* ›Gehölz, Busch; Waldwiese, Waldaue, niedriger Grasanger‹.

Logemann: Ableitung auf -mann von ▶ Loge.

Loges: aus Lodewiges > Lo(de)ges entstandene patronymische Bildung im Genitiv (▶ Ludwig).

Loh: 1. Herkunftsname zu dem gleichlautenden Ortsnamen (Niedersachsen, Nordrhein-Westfalen, Bayern). 2. Wohnstättenname zu mnd. *lo, loch, loge* ›Gehölz, Busch; Waldwiese, Waldaue, niedriger Grasanger‹, mhd. *lō, lōch* ›Gebüsch, Wald, Gehölz‹, mhd. *lō* ›zur Lohegewinnung angelegtes Gehölz‹.

Lohaus: 1. Wohnstättenname zu mnd. *lohūs* ›Gerberhaus, Verkaufsstelle der Lohgerber‹ oder zu mnd. *lo, loch, loge* ›Gehölz, Busch‹ und mnd. *hūs* ›Haus‹ (›wohnhaft in einem Haus am Gehölz/Busch‹). ❖ Vgl. die Coesfelder Belege *Evese van den Lohus* (a. 1353), *Lambertus thon Lohus* (a. 1360), *Heylike van dem groten Lohus* (a. 1367). 2. Herkunftsname zu den Ortsnamen Lohaus (Niedersachsen), Lohausen (Düsseldorf).

Lohe: 1. Herkunftsname zu dem gleichlautenden Ortsnamen (Schleswig-Holstein, Niedersachsen, Nordrhein-Westfalen, Baden-Württemberg, Bayern, Schlesien). 2. Berufsübername zu mhd. *lō, lōe, lōhe* ›Gerberlohe‹ für den Gerber. 3. ▶ Loh (2.).

Loher, Löher: 1. Berufsnamen für den Rotgerber, der, im Gegensatz zum ▶ Weißgerber, nicht Alaun, sondern Eichenlohe (mnd. *lo,* mhd. *lō(e)*) als Gerbstoff verwendete. Der Loher stellte aus den Häuten von Rindern, Kälbern und Pferden ein robustes Leder her, das von anderen Handwerkern zu Stiefeln, Riemen, Pferdegeschirren u. a. verarbeitet wurde (vgl. ▶ Gerber). 2. Vereinzelt Ableitungen auf -er von ▶ Loh, ▶ Lohe (1.), auch von den Ortsnamen Löh (Nordrhein-Westfalen), Löhe (Niedersachsen, Nordrhein-Westfalen, Rheinland-Pfalz). ❖ *Andre löher,* der a. 1397 in München bezeugt ist, war wohl Lohgerber.

Löhle(in): Ableitungen von ▶ Loh (2.) mit den Suffixen -le, -lein.

Lohmaier: ▶ Lohmayer.

Lohmann: Ableitung auf -mann von ▶ Loh, ▶ Lohe (1.).

Lohmar: Herkunftsname zu dem gleichlautenden Ortsnamen (Nordrhein-Westfalen).

Lohmayer, Lohmeier, Lohmeyer: Standesnamen, nähere Kennzeichnung eines Meiers (▶ Meyer) durch die Lage des Hofes (▶ Loh [2.]).

Lohmüller: 1. Berufsname zu mhd. *lōmüle* ›Stampfmühle für Lohrinde‹ für den Inhaber einer solchen Mühle. 2. Gelegentlich kann diesem Familiennamen die nähere Kennzeichnung eines Müllers (▶ Müller) durch die Lage der Mühle (▶ Loh [2.]) zugrunde liegen.

Lohner: 1. Berufsname zu mhd. *lōner* ›der um Lohn arbeitet, Tagelöhner‹. 2. Herkunftsname zu den Ortsnamen Lohen (Bayern), Lohn

(Nordrhein-Westfalen, Schweiz), Lohnau (Schlesien), Lohne (Niedersachsen, Nordrhein-Westfalen, Hessen, Sachsen-Anhalt), Lohner (Baden-Württemberg), Lonau (Niedersachsen). ❖ Bekannter Namensträger: Helmut Lohner, deutscher Film- und Bühnenschauspieler (20./21. Jh.).

Löhner: 1. ▸ Lohner. 2. Durch Rundung entstandene Form von ▸ Lehner. 3. Herkunftsname zu dem Ortsnamen Löhne (Nordrhein-Westfalen).

Löhnert: 1. Erweiterung von ▸ Löhner mit sekundärem -t. 2. Durch Rundung entstandene Form von Lehnert (▸ Leonhard).

Lohoff: 1. Herkunftsname zu den Ortsnamen Lohof (Niedersachsen, Nordrhein-Westfalen), Lohhof (Niedersachsen, Baden-Württemberg, Bayern). 2. Wohnstättenname nach einem gleichlautenden Hofnamen (zu ▸ Loh [2.]).

Lohr: 1. Herkunftsname zu den Ortsnamen Lohr (Bayern, Baden-Württemberg, Elsass), Lohra (Hessen, Thüringen). 2. Durch Zusammenziehung entstandene Form von ▸ Loher (1.). 3. Auf eine verkürzte Form von ▸ Lorentz zurückgehender Familienname.

Löhr: durch Zusammenziehung entstandene Form von Löher (▸ Loher [1.]).

Lohrenz: ▸ Lorentz.

Lohrer: 1. Ableitung auf -er von ▸ Lohr (1.). 2. Patronymische Bildung auf -er zu ▸ Loher (1.).

Lohrmann: auf eine Erweiterung von ▸ Lohr (3.) mit dem Suffix -mann zurückgehender Familienname.

Lohs(e): Eine sichere Abgrenzung der Familiennamenformen Lohs(e), Loos(e), Looss, Looß, Lose, Loss(e), Loß(e) lässt sich nicht durchführen. Als mögliche Ableitungen kommen infrage: 1. Übernamen zu mhd., mnd. *lōs* ›frei, ledig; mutwillig, fröhlich; leichtfertig, durchtrieben, verschlagen, betrügerisch, frech‹, mhd. *lōse* ›Leichtfertigkeit, Leichtsinn‹. 2. Gelegentlich Übernamen zu mhd. *lōse* ›Mutterschwein‹. 3. Herkunftsnamen zu Ortsnamen wie Lohsa (Sachsen), Loos (Schlesien), Loose (Schleswig-Holstein, Nordrhein-Westfalen), Lossa (Sachsen, Sachsen-Anhalt), Losse (Sachsen-Anhalt). 4. Aus verkürzten Formen von Niklos (▸ Nikolaus) hervorgegangene Familiennamen. 5. Aus einer Koseform von Lodewig (▸ Ludwig) entstandene Familiennamen.

Loibl: bairisch-österreichische Schreibweise von ▸ Leubl.

Lommatzsch: Herkunftsname zu dem gleichlautenden Ortsnamen in Sachsen.

Lönnies, Löns: aus verkürzten Formen von Apollonius (zum griechischen Götternamen *Apóllōn*) entstandene Familiennamen. Der heilige Märtyrer Apollonius (2. Jh.) war in Deutschland wenig bekannt, sodass vor allem mit Einfluss des im Mittelalter viel gelesenen Romans vom König Apollonius von Tyrus auf die Namengebung zu rechnen ist. ❖ Bekannter Namensträger: Hermann Löns, deutscher Schriftsteller (19./20. Jh.).

Loock, Look: Berufsübernamen zu mnd. *lōk* ›Lauch‹ für einen Bauern.

Loos(e): ▸ Lohs(e). ❖ Bekannter Namensträger: Adolf Loos, österreichischer Architekt und Designer (19./20. Jh.).

Loosen: 1. Patronymische Bildung (schwacher Genitiv) zu einer verkürzten Form von Nikolaus (▸ Lohs[e] [4.]). 2. Vereinzelt Herkunftsname zu dem Ortsnamen Loosen (Mecklenburg-Vorpommern, ehem. Brandenburg/ jetzt Polen).

Looss, Looß: ▸ Lohs(e).

Löper: ▸ Loeper.

Lopes: mit dem patronymischen Suffix -es gebildeter portugiesischer Familienname, ▸ López.

López: spanischer Familienname, mit dem Suffix -ez gebildete patronymische Form zu dem im Mittelalter auf der Iberischen Halbinsel verbreiteten Rufnamen Lope (›Sohn des Lope‹).

Lorbeer: Berufsübername zu mhd. *lōrber* ›Lorbeer‹ für den Gewürzhändler. ❖ H. *Lorber* ist a. 1363 in Nürnberg bezeugt.

Lorch: Herkunftsname zu dem gleichlautenden Ortsnamen (Hessen, Baden-Württemberg, Österreich).

Lörcher: Ableitung auf -er von ▸ Lorch.

Lorek: aus einer polnischen oder tschechischen, mit dem Suffix -ek gebildeten Ableitung von ▸ Lorentz entstandener Familienname.

Lorentz, Lorenz: auf Laurentius, einen Namen lateinischen Ursprungs (›der aus der Stadt Laurentum Stammende‹) zurückgehende

Familiennamen. Der heilige Laurentius, römischer Diakon und Märtyrer (3. Jh.), ist einer der am meisten gefeierten Heiligen der christlichen Liturgie. Nach der Legende wurde er auf einem glühenden Rost zu Tode gemartert. Die Beliebtheit des Namens wurde dadurch erhöht, dass man dem heiligen Laurentius den Sieg über die Ungarn auf dem Lechfeld zuschrieb. Die Ungarn wurden i. J. 955 am 10. August, dem Festtag des heiligen Laurentius, von Otto dem Großen entscheidend geschlagen. ❖ Als deutsche Formen von **Laurentius** begegnen uns u. a. die Familiennamen **Laurenz, Lohrenz, Larenz, Laberenz, Lafren(t)z, Law(e)renz, Leverenz, Lieberenz, Leweren(t)z, Lauritz, Loritz, Loris**. ❖ Auch bei **Lohr, Lor(t)z** und **Len(t)z** kann es sich um deutsche Ableitungen von Loren(t)z handeln. ❖ Patronymische Bildungen sind z. B. die Familiennamen **Lorenzen** und **Lorenzer**. ❖ Familiennamen wie **Frentz** und **Frenz** mit den patronymischen Bildungen **Frenzen** und **Frenssen** sind durch Wegfall des Anlauts aus Lafren(t)z hervorgegangen. ❖ Den Familiennamen **Renz, Rentz, Ren(t)sch, Rentzsch** liegt z. T. auch eine im Anlaut verkürzte Form von Loren(t)z zugrunde. ❖ Auf slawische Ableitungen von Laurentius gehen Familiennamen wie **Lorek, Wawra, Waurich, Waurick, Wawrzik, Webersinke** zurück. ❖ Bekannter Namensträger: Konrad Lorenz, österreichischer Verhaltensforscher (20. Jh.).

Lorenzen: patronymische Bildung (schwacher Genitiv oder -sen-Suffix) zu ▶ Lorentz. ❖ Bekannter Namensträger: Paul Lorenzen, deutscher Philosoph und Mathematiker (20. Jh.).

Lorenzer: 1. Patronymische Bildung auf -er zu ▶ Lorentz. 2. Herkunftsname zu den Ortsnamen Lorenzen (Elsass), St. Lorenzen (Österreich).

Loris, Loritz: auf verkürzte Formen von ▶ Lorentz zurückgehende Familiennamen.

Lortz: ▶ Lorz.

Lortzing: patronymische Bildung auf -ing zu Lortz, einer verkürzten Form von ▶ Lorentz. ❖ Bekannter Namensträger: Gustav Albert Lortzing, deutscher Komponist (19. Jh.).

Lorz: 1. Aus einer verkürzten Form von ▶ Lorentz entstandener Familienname. 2. Übername zu mhd. *lërz*, ndrh. *lorz, lurz* ›link‹ für einen linkischen, ungeschickten Menschen.

Losch, Lösch(e): Berufsübernamen zu mhd. *lösch(e)*, mnd. *losche* ›eine Art kostbaren Leders‹ für den Hersteller. Dieses Leder, das auf der einen Seite rot, auf der anderen weiß war, wurde vor allem für Bucheinbände verwendet.

Loscher, Löscher, Löschner: 1. Berufsnamen für den ▶ Gerber, der ein besonders feines Leder (▶ Losch) herstellte. 2. Herkunftsnamen zu den Ortsnamen Losch (Waldviertel/Österreich), Löschau (Sachsen), Löschen (Brandenburg). 3. Übernamen zu mhd. *leschen* ›[Feuer] löschen‹. Durch die vielen Holzbauten in den mittelalterlichen Städten waren Feuersbrünste keine Seltenheit. So gab es vielerorts Verordnungen über das abendliche Löschen von offenen Herdfeuern sowie über die Beteiligung der Bürger bei der Bekämpfung von Bränden.

Lose: ▶ Lohs(e).

Lösel: 1. Ableitung von ▶ Lohs(e) (1.) mit -l-Suffix. 2. Ableitung von ▶ Lohs(e) (4.) mit -l-Suffix.

Loser, Löser: 1. Übernamen zu mhd. *lôsære* ›Heuchler, Schmeichler‹, zu mhd. *lôsære* ›Horcher, Lauscher‹ oder zu mhd. *lœsære* ›Befreier, Erlöser, Heiland‹, mnd. *loser* ›Löser, Ablöser, Erlöser‹. 2. Herkunftsnamen zu Ortsnamen wie Lösau (Sachsen-Anhalt, Bayern), Losa (Sachsen), Losau (Bayern). 3. Bei dem Familiennamen Löser kann es sich gelegentlich um eine gerundete Form von ▶ Leser (2.) handeln.

Losert: Erweiterung von ▶ Loser mit sekundärem -t.

Loske: 1. Aus einer niederdeutschen, mit -k-Suffix gebildeten Koseform zu Lodewig (▶ Ludwig) entstandener Familienname. 2. Niederdeutscher Berufsübername mit -k-Suffix zu ▶ Losch für den Feingerber. 3. Herkunftsname zu dem Ortsnamen Losken (Schlesien).

Loss, Loß, Losse, Loße: ▶ Lohs(e).

Loth: 1. Übername zu mnd. *lōt* ›Blei; Bleikugel, Senkblei; ein am Gewicht und im Münze‹ oder zu mnd. *lot, lōt* ›Los; ein durch Los oder Teilung erhaltenes Stück Land‹. 2. Herkunftsname zu Ortsnamen wie Lothe (Westfalen), Lothen (Thüringen). 3. Aus einer Kurz-

Lother

form von Lodewig (▸ Ludwig) entstandener Familienname. ❖ Bekannter Namensträger: Johann Carl Loth, deutscher Maler (17. Jh.).

Lother: auf den gleichlautenden deutschen Rufnamen *(hlūt + heri)* zurückgehender Familienname.

Lott: ▸ Loth.

Lotter: 1. Berufsname oder Übername zu mhd. *lot(t)er* ›Taugenichts, Schelm, Gaukler, Possenreißer‹. Aus den Nürnberger Polizeiordnungen (13.–15. Jh.) geht hervor, dass bei Hochzeitsfeiern die »Lotter« zusammen mit anderen Spielleuten für die Unterhaltung der Gäste sorgten: *man sol ainicherlei spilleut oder lotter zu ainicher hōchzeit nit herein laden, ausgenomen die, die der stat schilt trügen* [man soll keinerlei Spielleute oder Gaukler zu einer Hochzeitsfeier einladen, ausgenommen diejenigen, die das Wappen der Stadt tragen]. 2. Herkunftsname zu Ortsnamen wie Lotte (Westfalen), Lotten (Niedersachsen). 3. ▸ Lother.

Lottes: patronymische Bildung (starker Genitiv) zu Lott, einer Kurzform von Lodewig (▸ Ludwig).

Lotz(e): 1. Aus einer mit -z-Suffix gebildeten Koseform von ▸ Ludwig entstandene Familiennamen. 2. Übernamen zu mhd. *lotze* ›ungeschickter, unbeholfener Mensch, Simpel‹. 3. Herkunftsnamen zu Ortsnamen wie Loitz (Mecklenburg-Vorpommern), Loitze (Niedersachsen), Lotzen (Sachsen, ehem. Brandenburg/jetzt Polen). ❖ Bekannter Namensträger: Rudolf Hermann Lotze, deutscher Philosoph (19. Jh.).

Louis: auf die französische Form von ▸ Ludwig zurückgehender Familienname.

Lowa(c)k: Übernamen; Weiterbildungen auf *-ak* von tschech. *lov* ›Fang, Jagd‹.

Löw(e), Löwen: 1. Übernamen zu mhd. *lëwe, löuwe, leu* ›Löwe‹ nach einem bildlichen Vergleich mit dem Tier. 2. Aus einem Hausnamen entstandene Familiennamen. So ist z. B. ein Haus *zu dem roten Löwen* i. J. 1322 in Zürich bezeugt. 3. Als jüdische Familiennamen gehen Löw(e) und andere Varianten auf Levi zurück. Levi war der Stammvater des israelitischen Stammes der Leviten, dessen Mitglieder, wie auch die Kohoniten (▸ Cohn), eine priesterliche Funktion im Tempel innehatten und -haben. Levi und Cohen wurden schon im Mittelalter als Beinamen getragen und wurden daher in der Neuzeit häufig zum Familiennamen gewählt. 4. Den Familiennamen Löw(e) kann auch eine Übersetzung des hebräischen Äquivalents für ›Löwe‹ zugrunde liegen, da die Tiernamen aus dem alttestamentlichen Jakobssegen (*Juda ist ein junger Löwe*, Gen. 49, 8) seit dem Mittelalter als jüdische Ruf- und Beinamen gegeben wurden.

Löwenstein: Herkunftsname zu dem gleichlautenden Ortsnamen (Schleswig-Holstein, Württemberg, Schlesien, Ostpreußen).

Löwer: Berufsname zu mhd. *lōwer* ›Rotgerber‹; ▸ Loher. ❖ *Dylin Lower ratman* ist a. 1334 in Friedberg (Hessen) bezeugt.

Lowka: Übername zu osorb. *hłowka* ›kleiner Kopf‹.

Loy: aus einer verkürzten Form des Heiligennamens Eligius (▸ Eloy) entstandener Familienname.

Lübbe: 1. Aus einer Koseform von ▸ Lübbert entstandener Familienname. 2. Herkunftsname zu dem Ortsnamen Lübbe (Westfalen).

Lübben: 1. Patronymische Bildung (schwacher Genitiv) zu ▸ Lübbe (1.). 2. Herkunftsname zu dem Ortsnamen Lübben, sorb. Lubin (Niederlausitz).

Lübbers: 1. Patronymische Bildung (starker Genitiv) zu ▸ Lübbert. 2. Herkunftsname zu dem Ortsnamen Lübars (Sachsen-Anhalt).

Lübbert: aus dem alten deutschen Rufnamen Liutbert (▸ Leuprecht) entstandener Familienname.

Lübcke: aus einer Erweiterung von ▸ Lübbe mit -k-Suffix entstandener Familienname.

Lübeck: Herkunftsname zu dem gleichlautenden Ortsnamen (Schleswig-Holstein).

Luber: vorwiegend in der Oberpfalz vertretener Familienname, wohl Übername zu mhd. *luben* ›geloben, versprechen‹.

Lubitz: Herkunftsname zu den Ortsnamen Lubitz (Mecklenburg-Vorpommern), Lübs, a. 1301 *Lubicz* (Sachsen-Anhalt), Lubice, Wüstung bei Querfurt (Sachsen-Anhalt).

Lübke: ▸ Lübcke. ❖ Bekannter Namensträger: Heinrich Lübke, deutscher Politiker (19./20. Jh.).

Lucas: ▸ Lukas.

Luchs: 1. Übername zu mhd. *luhs* ›Luchs‹ nach einem bildlichen Vergleich mit dem

Tier. 2. Aus einer verkürzten Form von ▶ Lukas entstandener Familienname.

Lucht: 1. Übername zu mittelniederdeutsch *lucht* ›links‹ für den Linkshänder. 2. Wohnstättenname zu mittelniederdeutsch *lucht* ›Fenster, Lichtöffnung; das obere Stockwerk eines Hauses, auf dem Korn, Holz gelagert sind, Boden‹. 3. ▶ Luchte.

Luchte: 1. Wohnstättenname zu mnd. *luchte* ›Leuchte, Laterne, Leuchtturm‹. 2. Berufsübername für den Hersteller von Leuchten, Laternen (mnd. *luchtenmaker*).

Luchterhand: 1. Übername zu mnd. *lucht* ›links‹ für den Linkshänder. 2. Niederdeutscher Wohnstättenname für jemanden, der auf der linken Seite wohnte.

Luck: 1. ▶ Lücke. 2. Auf eine verkürzte Form von ▶ Lukas zurückgehender Familienname. 3. Übername zu mnd. *lucke* ›Los, Schicksal, Glück‹.

Lück: 1. ▶ Lücke. 2. Herkunftsname zu dem Ortsnamen Lück (Nordrhein-Westfalen, Schleswig-Holstein).

Luckardt: ▶ Lauckhardt.

Luckas: ▶ Lukas.

Lucke: 1. ▶ Lücke, ▶ Luck (2.), (3.). 2. Herkunftsname zu den Ortsnamen Lucka (Thüringen), Luckau (Niedersachsen, Brandenburg, Ostpreußen).

Lücke: 1. Auf eine zusammengezogene Form von ▶ Lüddecke zurückgehender Familienname. 2. Wohnstättenname zu mhd. *lücke, lucke* ›Lücke, Loch‹ oder zu mnd. (Schleswig) *lücke* ›eingehegtes Stück Land‹. 3. Übername zu mhd. *lücke, lugge* ›locker‹ oder zu mhd. *lüge, lücke* ›lügnerisch‹.

Lücker: 1. Ableitung auf *-er* von ▶ Lück (2.) oder Lücke (2.). 2. Aus einer jüngeren Form von ▶ Ludger entstandener Familienname.

Lücking: patronymische Bildung auf *-ing* zu ▶ Lücke (1.).

Lucks: ▶ Lukas.

Luczak: auf eine polnische, mit dem Suffix *-ak* gebildete Ableitung von ▶ Lukas zurückgehender Familienname.

Lüdcke: ▶ Lüddecke. ❖ Bekannte Namensträgerin: Marianne Lüdcke, deutsche Fernsehregisseurin (20. Jh.).

Lüdde: aus einer Kurzform von ▶ Ludolf oder ▶ Ludwig entstandener Familienname.

Lüddecke: aus einer mit *k*-Suffix gebildeten Koseform von ▶ Ludolf oder ▶ Ludwig hervorgegangener Familienname.

Lüddemann: auf eine Erweiterung von ▶ Lüdde mit dem Suffix *-mann* zurückgehender Familienname.

Lüde: ▶ Lüdde.

Lüde(c)ke: ▶ Lüddecke.

Ludemann, Lüdemann: ▶ Lüddemann.

Lüder: 1. Auf eine niederdeutsche Form von ▶ Luther zurückgehender Familienname. 2. Herkunftsname zu dem gleichlautenden Ortsnamen (Niedersachsen, Hessen).

Lüderitz: Herkunftsname zu dem gleichlautenden Ortsnamen (Sachsen-Anhalt).

Lüders: patronymische Bildung (starker Genitiv) zu ▶ Lüder (1.).

Ludewig: ▶ Ludwig.

Ludger: auf den gleichlautenden deutschen Rufnamen *(liut + gēr)* zurückgehender Familienname.

Lüdicke, Lüdke: ▶ Lüddecke.

Ludolf, Ludolph: aus dem gleichlautenden Rufnamen *(liut + wolf)* entstandene Familiennamen. ❖ Den Familiennamen **Lüd(d)e, Lüddecke, Lüde(c)ke, Lüdicke, Lüdke, Lüth(je), Lüd(d)emann, Lucke, Lüke, Lüth(je)** können Koseformen von Ludolf oder ▶ Ludwig zugrunde liegen. ❖ Dem Familiennamen **Leidolf** liegt eine entrundete Form von Ludolf zugrunde.

Ludovici: patronymische Bildung im Genitiv zu Ludovicus, einer Latinisierung von ▶ Ludwig.

Lüdtke: ▶ Lüddecke.

Ludwig: aus dem gleichlautenden deutschen Rufnamen *(hlūt + wīg)* entstandener Familienname. ❖ Als Varianten von Ludwig begegnen uns u. a. die Familiennamen **Lad(e)wig** und **Ludewig**. ❖ Patronymische Bildungen im Genitiv sind z. B. die Familiennamen **Ludwigs** und **Ludovici**. ❖ Aus Koseformen von Ludwig sind Familiennamen wie **Lotz(e), Lutz(e), Lütz, Luz** entstanden. ❖ Den Familiennamen **Lüd(d)e, Lüddecke, Lüde(c)ke, Lüdicke, Lüdke, Lüdtke, Lüd(d)emann, Lucke, Lücke, Lüke, Lüth(je)** können Koseformen von Ludwig oder ▶ Ludolf zugrunde liegen. ❖ Dem Familiennamen **Louis** liegt die französische Form von Ludwig zugrunde. ❖ Bekannte Namensträger: Peter Ludwig, deutscher Fabrikant und

Kunstsammler (20. Jh.); Christa Ludwig, österreichische Sängerin (20./21. Jh.).

Ludwigs: patronymische Bildung (starker Genitiv) zu ▶ Ludwig.

Lueg: 1. Wohnstättenname zu mhd. *luoc* ›Lauerhöhle des Wildes, Schlupfwinkel, Versteck, Loch, Öffnung‹. 2. Herkunftsname zu dem Ortsnamen Lueg (Bayern, Österreich).

Lüer: auf eine durch Zusammenziehung entstandene Form von ▶ Lüder (1.) zurückgehender Familienname.

Lüers: patronymische Bildung (starker Genitiv) zu ▶ Lüer.

Luft: 1. Wohnstättenname zu mhd. *luft* ›Luft, Luftzug, Wind‹: ›wohnhaft an einer dem Wind ausgesetzten Stelle‹. 2. Im übertragenen Sinn Übername für einen leichtfertigen Menschen. ❖ *Luft weber* ist a. 1399 in München bezeugt.

Luger: 1. Übername zu mhd. *luogen*, md. *lūgen* ›aufmerksam aus dem Versteck sehen, schauen, lugen‹. 2. Ableitung auf *-er* zu ▶ Lueg. 3. Herkunftsname zu den Ortsnamen Lug (Bayern, Rheinland-Pfalz, Brandenburg, ehem. Brandenburg/jetzt Polen, Schlesien), Luga (Sachsen), Lugau (Sachsen, Brandenburg, ehem. Brandenburg/jetzt Polen).

Luhmann: 1. Wohnstättenname auf *-mann* zu dem Gewässernamen Luhe, linker Nebenfluss der Elbe in Nordniedersachsen. 2. Herkunftsname auf *-mann* zu dem Ortsnamen Luhme (Brandenburg). 3. Auf eine zusammengezogene Form von Ludemann (▶ Lüdemann) zurückgehender Familienname. ❖ Bekannter Namensträger: Niklas Luhmann, deutscher Rechts- und Sozialwissenschaftler (20. Jh.).

Lühmann: 1. Wohnstättenname auf *-mann* zu dem Gewässernamen Lühe, linker Nebenfluss der Unterelbe. 2. Herkunftsname auf *-mann* zu dem Ortsnamen Lühe (Niedersachsen, Sachsen-Anhalt). 3. Auf eine zusammengezogene Form von Lüdemann (▶ Lüdemann) zurückgehender Familienname.

Luhn: 1. Berufsübername zu mhd. *lun* ›Achsnagel, Lünse‹ für den Wagenbauer. 2. Herkunftsname zu Ortsnamen wie Lüne, Luhne (Niedersachsen), Lünen (Nordrhein-Westfalen). ❖ Aus Lünen nördlich von Dortmund kam wahrscheinlich *Hildebrandus de Lune*, Coesfeld a. 1320.

Lühr: auf eine durch Zusammenziehung entstandene Form von ▶ Lüder (1.) zurückgehender Familienname.

Lühring: patronymische Bildung auf *-ing* zu ▶ Lühr.

Lührs: patronymische Bildung (starker Genitiv) zu ▶ Lühr.

Luig: ▶ Lueg (1.).

Lukas: aus dem gleichlautenden Rufnamen lateinischen Ursprungs (Ableitung des römischen Vornamens Lucius mit dem Suffix *-ās*) entstandener Familienname. Lukas fand im Mittelalter als Name des Evangelisten Lukas Verbreitung. Der heilige Lukas war der Begleiter des Apostels Paulus. Nach der Legende malte er Christus- und Marienbilder. Deshalb wird er als Schutzheiliger der Maler verehrt. Da sein Symbol der Stier ist, ist er auch der Patron der Fleischer. ❖ Als Varianten von Lukas beggenen uns heute u. a. die deutschen Familiennamen **Lucas, Luckas, Luck(e), Lucks, Luchs, Lux, Lauck.** ❖ Aus slawischen Ableitungen von Lukas sind Familiennamen wie **Luczak, Lukaschek, Lukasczyk, Lukić** hervorgegangen.

Lukaschek: auf eine polnische oder tschechische, mit dem Suffix *-ek* gebildete Ableitung von ▶ Lukas zurückgehender Familienname.

Lukasczyk: auf eine polnische, mit dem Suffix *-ik* gebildete Ableitung von ▶ Lukas zurückgehender Familienname.

Lüke: auf eine zusammengezogene Form von ▶ Lüddecke zurückgehender Familienname.

Lüken: patronymische Bildung (schwacher Genitiv) zu ▶ Lüke.

Lukić: auf eine serbische, bosnische oder kroatische patronymische Ableitung von Luka (▶ Lukas) zurückgehender Familienname.

Luksch: auf eine ostmitteldeutsche oder slawische Ableitung von ▶ Lukas zurückgehender Familienname.

Lund(t): Herkunftsnamen zu den Ortsnamen Lund, Lunden (Schleswig-Holstein).

Lüneburg(er): Herkunftsnamen zu dem Ortsnamen Lüneburg in Niedersachsen.

Lüning: Berufsübername zu mnd. *lunink* ›Sperling‹ für den Vogelhändler oder Übername nach einem bildlichen Vergleich.

Lunz(er): 1. Übernamen zu mhd. *lunz* ›Schläfrigkeit‹, mhd. *lunzen* ›leicht schlummern‹.

2. Wohnstättennamen zu mhd. (Tirol) *lunze* ›Spalt, Öffnung‹.

Lüpertz: rheinländische patronymische Bildung (starker Genitiv) zu Lupert (▶ Luppert). ❖ Bekannter Namensträger: Markus Lüpertz, deutscher Maler (20./21. Jh.).

Lüpke: ▶ Lübcke.

Lupp: aus einer Kurzform von ▶ Luppert entstandener Familienname.

Luppert: aus dem alten deutschen Rufnamen Liutbert (▶ Leuprecht) hervorgegangener Familienname.

Lurz: Übername zu mhd. *lërz*, ndrh. *lurz, lorz* ›link‹.

Lust: 1. Übername zu mhd. *lust* ›Wohlgefallen, Freude, Vergnügen; Verlangen, Begierde‹ oder zu mhd. *luste* ›anmutig, lieblich, angenehm‹. 2. Herkunftsname zu dem häufigen Ortsnamen Lust (Niedersachsen, Sachsen-Anhalt, Westfalen, Schleswig-Holstein).

Lustig: Übername zu mhd. *lustic*, mnd. *lustich* ›angenehm, lustig, heiter, vergnügt‹.

Lüth: 1. ▶ Lüdde. 2. Herkunftsname zu dem Ortsnamen Lüth bei Krefeld-Uerdingen (Nordrhein-Westfalen).

Luthardt: aus dem gleichlautenden deutschen Rufnamen *(liut + harti)* entstandener Familienname.

Luther: aus den alten deutschen Rufnamen Liuther *(liut + heri)* oder Lothar *(hlūt + heri)* entstandener Familienname. ❖ Der Reformator Martin Luther (15./16. Jahrhundert) schrieb seinen Namen bis kurz vor dem Wittenberger Thesenanschlag ›Luder‹. Die zur damaligen Zeit keineswegs ungewöhnliche Änderung der Schreibweise geschah unter dem Einfluss von griech. *Eleutherios* ›der Freie‹ und ist im Zusammenhang mit dem für Luther so wichtigen theologischen Freiheitsbegriff zu sehen.

Lüthje, Lütje: 1. Aus niederdeutschen Koseformen von ▶ Ludolf oder ▶ Ludwig hervorgegangene Familiennamen. 2. Übernamen zu mittelniederdeutsch *luttik* ›klein, winzig, gering‹.

Lütke: ▶ Lüddecke.

Lutsch: 1. Aus dem alten deutschen Rufnamen Liuzo *(liut)* hervorgegangener Familienname. 2. Auf eine Koseform von ▶ Ludwig zurückgehender Familienname.

Lutter: 1. Herkunftsname zu den Ortsnamen Lutter (Niedersachsen, Thüringen), Luttern (Niedersachsen), Königslutter (Niedersachsen). 2. ▶ Luther.

Lüttich: 1. Herkunftsname zu dem Ortsnamen Lüttich (Belgien). 2. Übername zu mnd. *luttik* ›klein, gering, wenig‹.

Luttmann, Lüttmann: ▶ Lüddemann.

Lutz, Lütz, Lutze: aus einer mit *-z*-Suffix gebildeten Koseform von ▶ Ludwig entstandene Familiennamen.

Lutzenberger: Herkunftsname zu dem Ortsnamen Lutzenberg (Bayern, Baden-Württemberg, Schweiz).

Lützenkirchen: Herkunftsname zu dem gleichlautenden Ortsnamen (Nordrhein-Westfalen).

Lux: ▶ Luchs.

Luz: ▶ Lutz.

Lyss, Lyß: ▶ Lis.

m

-ma: friesische Endung zur Bildung patronymischer Familiennamen. So sind friesische Familiennamen wie ▸Meinema, ▸Reemtsma als ›Sohn, Enkel, Nachkomme des Meine bzw. Reemt‹ aufzufassen.

Maack, Maag, Maak: ▸Mack(e).

Maar: 1. Herkunftsname zu dem gleichlautenden Ortsnamen (Hessen). 2. ▸Mahr (1.), (2.). ❖ Bekannter Namensträger: Paul Maar, deutscher Jugendschriftsteller (20./21. Jh.).

Maas, Maass, Maaß: 1. Aus einer niederdeutschen verkürzten Form von ▸Thomas hervorgegangene Familiennamen. Nur ganz vereinzelt kommt eine Ableitung von ▸Matthias infrage. 2. Gelegentlich kann es sich um Wohnstättennamen zu dem Gewässernamen Maas handeln.

Maassen, Maaßen: patronymische Bildungen (schwacher Genitiv oder Ableitungen auf *-sen*) zu ▸Maas (1.).

Mach: 1. Übername zu mnd. *mâch* ›Blutsverwandter, Freund‹. 2. Aus einer slawischen Ableitung von Rufnamen, die mit »Ma-« beginnen, z. B. ▸Matthäus, ▸Matthias, ▸Markus, ▸Martin, auch slawischen Rufnamen wie Malomir (▸Mahlke [2.]), entstandener Familienname. ❖ Bekannter Namensträger: Ernst Mach, österreichischer Physiker und Philosoph (19./20. Jh.).

Macher: 1. Herkunftsname zu dem Ortsnamen Machern (Sachsen, Rheinland-Pfalz, ehem. Brandenburg/jetzt Polen). 2. Übername zu mhd. *macher* ›Bewirker, Schöpfer‹, mhd. *machen* ›machen, bewirken, bereiten, zuwege bringen‹.

Macht: 1. Aus einer Kurzform von Rufnamen, die mit dem Namenwort *maht* gebildet sind (z. B. ▸Machtolf), entstandener Familienname. 2. Übername zu mhd. *maht* ›Vermögen, Kraft, Körperkraft, Anstrengung, Gewalt‹.

Machtolf: aus dem gleichlautenden deutschen Rufnamen *(maht + wolf)* entstandener Familienname.

Maciejewski: 1. Herkunftsname zu den polnischen Ortsnamen Maciejowicy, Maciejowice, Maciejów. 2. Aus dem Rufnamen Maciej, einer polnischen Form von ▸Matthäus oder ▸Matthias, hervorgegangener Familienname.

Mack(e): 1. Aus einer Kurzform von ▸Markward(t) oder ▸Markhard(t) entstandene Familiennamen. 2. Übernamen zu mhd. *mâc, mâge* ›Blutsverwandter, Verwandter in der Seitenlinie‹. ❖ Bekannter Namensträger: August Macke, deutscher Maler (19./20. Jh.).

Mackenrode, Mackenrodt, Mackenroth: Herkunftsnamen zu den Ortsnamen Mackenrode (Niedersachsen, Thüringen), Mackenrodt (Rheinland-Pfalz).

Mackens: niederdeutsche patronymische Bildung auf *-ens* zu ▸Mack(e) (1.).

Mackensen: Herkunftsname zu dem gleichlautenden Ortsnamen (Niedersachsen, ehem. Pommern/jetzt Polen). ❖ Bekannter Namensträger: Fritz Mackensen, deutscher Maler (19./20. Jh.).

Mackert: aus einer jüngeren Form von ▸Markward(t) oder ▸Markhard(t) entstandener Familienname.

Mackowiak: aus einer polnischen Ableitung von ▸Matthäus oder ▸Matthias entstandener Familienname.

Mader, Mäder: Berufsnamen zu mhd. *mādære, mæder* ›Mäher, Mäder‹. ❖ *Wernlein Mader* ist a. 1370 in Nürnberg bezeugt.

Madler, Mädler: 1. Herkunftsnamen zu den Ortsnamen Madl, Madlau (Bayern), Madel (Sachsen-Anhalt), Magdala (Thüringen), a. 1248 als *Madala*, a. 1307 als *Madela* belegt. 2. Wohnstättennamen zu den oberdeutschen Flurnamen Madel, Mädle (zu mhd. *māt, -des* ›mähbare Wiese‹).

Maffei: ursprünglich italienischer patronymischer Familienname zu Matt(h)eo (▸Matthäus), der den italienischen Ersatz des neugriechischen Reibelautes *-th-* (griech. Theta) durch *-f-* aufweist.

Maffert: ▶ Meffert.

Mägdefessel: entstellte Form von ▶ Methfessel.

Mager: Übername zu mhd., mnd. *mager* ›mager‹ nach der Gestalt des ersten Namensträgers. ❖ *Mager der pfannensmit* ist a. 1343 in Nürnberg bezeugt.

Mägerle: schwäbische Ableitung von ▶ Mager.

Mägerlein: Ableitung von ▶ Mager mit dem Suffix *-lein*.

Mages: vorwiegend im Bereich Amberg-Regensburg häufiger Familienname, der aus einer Vermengung des alten deutschen Rufnamens Maganso (*magan/megin* + *-s*-Suffix) mit dem Heiligennamen ▶ Magnus hervorgegangen ist. ❖ *Magens Laxsperger* ist a. 1370 in Regensburg bezeugt.

Magg: ▶ Mack(e).

Magiera: wohl Übername zu poln. (älter) *magierka* ›Ungarnmütze‹ für einen Träger einer solchen Mütze.

Magin: aus einer französischen Koseform des Rufnamens Demange, einer Dialektform von Dominique (▶ Dominik), hervorgegangener Familienname.

Magirus: aus der Zeit des Humanismus stammende Übersetzung des deutschen Familiennamens ▶ Koch ins Griechische. ❖ Vgl. die Belege *Joh. Koch* aus Großbottwar (a. 1541) = *Joh. Magirus* (a. 1544).

Magnus: 1. Auf den gleichlautenden Rufnamen (lat. *māgnus* ›groß‹) zurückgehender Familienname. Für die Verbreitung des Namens in Deutschland gibt es unterschiedliche Anstöße. In Norddeutschland ist mit einem Einfluss aus Skandinavien zu rechnen. Dort geht der Name auf König Magnus I., den Guten, von Norwegen (11. Jh.) zurück. Sein Vater König Olaf der Heilige von Norwegen soll seinem Sohn aus Bewunderung für Karl den Großen (lat. Carolus Magnus) diesen Namen gegeben haben. Zwischen dem 11. und dem 14. Jh. trugen mehrere schwedische und norwegische Könige diesen Namen. Für den Norden ist ferner an eine Beeinflussung der Namengebung durch den heiligen Märtyrer Magnus (3. Jh.), der als Kirchenpatron in Münsterland und in Braunschweig bezeugt ist, zu denken. Wichtig für die süddeutsche Namengebung war der heilige Magnus, Glaubensbote im Allgäu (8. Jh.), der im Mittelalter sehr verehrt wurde. ❖ Als Ableitungen von Magnus begegnen uns im Norden die patronymischen Familiennamen **Magnussen** und **Magnusson**. ❖ Familiennamen wie **Mang, Meng(e)** sind aus verkürzten Formen von Magnus entstanden. 2. Aus der Zeit des Humanismus stammende Übersetzung deutscher Familiennamen wie ▶ Groß, ▶ Groot, ▶ Grote ins Lateinische. 3. Vereinzelt Wohnstättenname für jemanden, der in der Nähe einer Magnus-Kirche oder eines Magnus-Klosters wohnte.

Magnussen: patronymische Bildung auf *-sen* zu ▶ Magnus (1.).

Magnusson: patronymische Bildung auf *-son* zu ▶ Magnus (1.).

Magsam(en): Berufsübernamen zu mhd. *magesāme* ›Mohnsame, Mohn‹ für einen Bauern oder einen Ölmüller.

Mahl: 1. Wohnstättenname zu mhd., mnd. *māl* ›Grenzzeichen, Grenzstein‹. 2. Übername zu mhd., mnd. *māl* ›Zeichen, Fleck‹ (vgl. mnd. *māl up den ogen, in der hūt* ›Fleck auf den Augen, Hautfleck‹). 3. Herkunftsname zu den Ortsnamen Mahlen (Niedersachsen, Sachsen-Anhalt, Schlesien).

Mahlberg: Herkunftsname zu dem gleichlautenden Ortsnamen (Baden-Württemberg, Nordrhein-Westfalen).

Mahler, Mähler: Berufsnamen zu mhd. *mālære, mæler*, mnd. *maler, mēler* ›Maler‹. Die Berufsbezeichnung kann sich einerseits auf den einfachen Streicher beziehen, andererseits aber auch den Kunsthandwerker, der Wand- und Tafelmalerei betreibt, dem Glaser die Zeichnungen für Kirchenfenster besorgt und dem Schildmacher bei der Anfertigung von Prunkschilden mit bunt gefärbten Schnitzereien zur Seite steht, bezeichnen. ❖ Bei dem Beleg aus München a. 1368 *Chunrad Maler kürsner* ist »Maler« bereits fester Familienname. ❖ Bekannter Namensträger: Gustav Mahler, österreichischer Komponist und Dirigent (19./20. Jh.).

Mahlke: 1. Übername zu nsorb., osorb. *małki* ›sehr klein‹. 2. Aus der eindeutschenden Schreibung einer Ableitung von slawischen Rufnamen wie Malomir (urslaw. *malъ ›klein‹ + urslaw. *mirъ ›Friede‹) u. Ä. hervorgegangener Familienname.

Mahlknecht: Berufsname zu mhd. *maln, malen* ›mahlen‹ und mhd. *knëht* ›Lehrling, Geselle‹ für den Gehilfen des Müllers.

Mahlmann: 1. Amtsname zu mnd. *mālman* ›der im Gericht zu Stimme und Urteil befugt ist‹. 2. Berufsname auf *-mann* zu mhd. *maln, malen* ›mahlen‹ für den Gehilfen des Müllers, vgl. ▸ Mahlknecht.

Mahlo(w): Herkunftsnamen zu dem Ortsnamen Mahlow (Brandenburg).

Mahlstedt: Herkunftsname zu den Ortsnamen Mahlstedt (Niedersachsen), Mahlstetten (Baden-Württemberg).

Mahn: 1. Übername zu mnd. *mān* ›Mohn‹ oder zu mhd. *māne*, mnd. *mān* ›Mond‹. 2. Aus einer Kurzform von ▸ Mangold entstandener Familienname.

Mahnke: aus einer niederdeutschen Koseform von ▸ Mangold entstandener Familienname.

Mahnkopf, Mahnkopp: Berufsübernamen zu mhd. *mānkopf*, mnd. *mānkop* ›Mohnkopf‹ für den Mohngärtner bzw. -händler.

Mahr: 1. Wohnstättenname zu mnd. *mare* ›Graben, Abzugskanal‹ oder zu niederdeutsch mda. *Mahr, Maar* ›Sumpf, See‹ (vgl. mnd. *mer[e]* ›See‹). 2. Übername zu mhd. *mar(e)*, mnd. *mār(e)* ›quälendes Gespenst, Nachtmahr‹. 3. ▸ Maar (1.).

Mahrenhol(t)z: Herkunftsnamen zu dem Ortsnamen Mahrenholz (Niedersachsen).

Mai: 1. Übername zu mhd. *meie, meige* ›Mai‹, mnd. *mei, meig* ›Mai, Maifest‹, der in Zusammenhang mit einer bäuerlichen Abgabe (vgl. mhd. *meibëte*, mnd. *meibede* ›im Mai zu entrichtende Abgabe, Steuer‹, mhd. *meienhuon* ›im Mai abzulieferndes Zinshuhn‹) bzw. mit Festen und Bräuchen (vgl. mnd. *meien* ›den Eintritt des Sommers feiern‹) entstanden sein kann. 2. Wohnstättenname oder Hausname zu mhd. *meie, meige* ›Maibaum‹, mnd. *meige(n)* ›grüner Festzweig, Reis von Birken zum Schmuck der Kirchen und Häuser‹. ❖ *Seitz May* ist a. 1370 in Nürnberg bezeugt.

Maibaum: Wohnstättenname zu mnd. *meibōm* ›der zu Pfingsten aufgerichtete Festbaum‹: ›wohnhaft an/bei der Stelle, wo der Maibaum aufgestellt wurde‹. Der Maibaum, meist eine Birke, gilt als Sinnbild des Frühlings und als Sieg des Lichtes über die Finsternis. Die Ausschmückung mit Birkenzweigen ist bei Caesarius von Heisterbach (12./13. Jh.) für Aachen bereits i. J. 1225 erwähnt.

Maier: oberdeutsche Schreibvariante von ▸ Meyer.

Maierhof(er): 1. Herkunftsnamen zu den häufigen Ortsnamen Mairhof, Maierhof, Maierhofen, Mayerhofen (Bayern, Österreich). 2. Wohnstättennamen zu mhd. *meierhof* ›Meierhof‹ für den Bewohner oder Inhaber. ❖ Vgl. den Beleg *Berchtold ze dem Maierhof* (Tirol 1369).

Maierl: Ableitung von Maier (▸ Meyer) mit *-l-*Suffix.

Mailänder: 1. Wohnstättenname nach dem häufigen Flurnamen Mailand (vgl. mnd. *mēdelant* > **meilant* ›Mäh-, Heuland‹, mhd. *mæjen* ›mähen‹). 2. Herkunftsname zu dem Ortsnamen Mailand (Italien), vereinzelt auch Umdeutung des Ortsnamens Moyland (Nordrhein-Westfalen).

Maile: In Schwaben vorkommender Familienname. 1. Übername zu dem schwäbischen gleichlautenden Flurnamen. 2. Von Megilo, einer alten Koseform zu mit *magan/megin* gebildeten Rufnamen, abgeleiteter Familienname.

Mainka: aus einer mit dem Suffix *-ka* gebildeten Ableitung slawischer Rufnamen wie Manomir u. Ä. (▸ Manig[k]) hervorgegangener Familienname.

Mainz(er): Herkunftsnamen zu dem Ortsnamen Mainz (Rheinland-Pfalz, Bayern).

Mair: oberdeutsche Variante von Maier (▸ Meyer). ❖ *Perhtolt Mair am Puehel* ist a. 1338 in Regensburg bezeugt. ❖ Bekannter Namensträger: Hans Mair, deutscher Maler und Kupferstecher (15./16. Jh.).

Mais: 1. Wohnstättenname zu mhd. *meiz* ›Holzschlag, Holzabtrieb‹. 2. Herkunftsname zu dem Ortsnamen Mais (Bayern). 3. ▸ Meise.

Maisch: Berufsübername zu mhd. *meisch* ›Traubenmeische‹ für einen Winzer.

Maise: ▸ Meise.

Maisel: ▸ Meisel.

Maiwald: 1. Herkunftsname zu den Ortsnamen Maiwald, Maiwaldau (Schlesien). 2. Wohnstättenname nach einem Flurnamen.

Majer: Schreibvariante von Maier (▸ Meyer).

Majewski: 1. Herkunftsname zu dem polnischen Ortsnamen Majewo. 2. Übername zu poln. *maj* ›Mai‹.

Major: aus der Zeit des Humanismus stammende Übersetzung von ▸ Maier, ▸ Mayer, ▸ Meier, ▸ Meyer und anderen Varianten ins Lateinische (lat. *māior domūs* ›Vorsteher der Dienerschaft eines Hauses‹; daraus wurden ahd. *meior*, mhd. *meier* ›Meier‹ entlehnt).

Makler, Mäkler: Berufsnamen zu mnd. *mekeler, makeler* ›Unterkäufer, Mäkler‹.

Makowski: Herkunftsname zu polnischen Ortsnamen wie Maków, Makowa, Makowice.

Malcher: ▸ Melchior.

Malchow: Herkunftsname zu dem gleichlautenden Ortsnamen (Brandenburg, Mecklenburg-Vorpommern, ehem. Pommern/jetzt Polen).

Malek: 1. Auf eine tschechische oder polnische, mit dem Suffix *-ek* gebildete Ableitung von ▸ Maly zurückgehender Familienname. 2. Aus einer mit dem Suffix *-ek* gebildeten Ableitung slawischer Rufnamen wie Malomir u. Ä. (▸ Mahlke [2.]) hervorgegangener Familienname.

Maler: ▸ Mahler.

Malik: 1. Auf eine Ableitung von ▸ Maly mit dem Suffix *-ik* zurückgehender Familienname. 2. Aus einer mit dem Suffix *-ik* gebildeten Ableitung slawischer Rufnamen wie Malomir u. Ä. (▸ Mahlke [2.]) hervorgegangener Familienname. 3. Arabischer Name zu arab. *mālik* ›König‹ (eigentlich ›Besitzer‹).

Malina: Übername oder Wohnstättenname zu slaw. *malina* ›Himbeere, Himbeerstrauch‹.

Malinowski: Herkunftsname zu dem polnischen Ortsnamen Malinowka.

Mall: 1. Für den im Südwesten Deutschlands häufigen Familiennamen Mall kommt in der Regel eine Ableitung von mda. schwäb. *Mall* ›Kater‹ infrage. 2. Übername zu mnd. *mal* ›verrückt, seltsam, wunderlich‹, mda. (Holstein) ›übermütig‹, mda. (Franken) ›verdreht, verschroben‹.

Mallmann: ▸ Mahlmann.

Mallon: auf eine mit dem slawischen Suffix *-on* gebildete Ableitung von ▸ Maly zurückgehender Familienname.

Malpricht: aus dem alten deutschen Rufnamen Madalbrecht *(madal + beraht)* entstandener Familienname.

Malsch: 1. Übername zu mhd., mnd. *malsch* ›kühn, verwegen‹. 2. Herkunftsname zu dem Ortsnamen Malsch (Baden-Württemberg). 3. Vereinzelt aus der eindeutschenden Schreibung von Mališ, einer Ableitung von slawischen Rufnamen wie Malomir u. Ä. (▸ Mahlke [2.]), hervorgegangener Familienname.

Malter: 1. Berufsübername zu mhd. *malter* ›das Getreidemaß Malter (eigtl. was man auf einmal zum Mahlen gibt)‹ für den Hersteller oder für den Müller. 2. Gelegentlich Herkunftsname zu dem gleichlautenden Ortsnamen (Sachsen).

Maly: Übername zu nsorb., osorb., poln. *mały*, tschech. *malý* ›klein‹.

Malz: 1. Übername zu mhd. *malz* ›weich, sanft, schlaff‹. 2. Berufsübername zu mhd. *malz* ›Malz‹ für einen Bierbrauer oder Brauknecht, vgl. ▸ Malzer. 3. Vereinzelt Herkunftsname zu dem Ortsnamen Malz (Brandenburg).

Malzahn: ▸ Molzahn.

Malzer, Mälzer: Berufsnamen für den Bierbrauer oder Brauknecht (mhd. *malzer, melzer*), der für die Malzaufbereitung zuständig war. ❖ *Gozo Malzer in foro* [am Markt] ist a. 1303–07 in Nürnberg bezeugt.

Mandel: 1. Herkunftsname zu den Ortsnamen Mandel (Rheinland-Pfalz), Mandeln (Hessen, Ostpreußen). 2. Berufsübername zu mhd., mnd. *mandel* ›Mandel‹ für den Verkäufer oder Verarbeiter. 3. Berufsübername zu mnd. *mandel(e)* ›Haufe von 15 Getreidegarben‹ für einen Bauern. 4. Oberdeutscher Übername zu mhd. *mändel* ›Männchen, Zwerg‹ für einen kleinen Menschen. 5. Aus einer mit dem Gleitlaut *-d-* und *-l-*Suffix gebildeten Koseform von Rufnamen, die mit dem Namenwort *man* gebildet sind (z. B. ▸ Manhart, ▸ Hermann), hervorgegangener Familienname. 6. Als jüdischer Familienname geht Mandel auf eine Kurzform von Immanuel zurück. 7. ▸ Mantel (1.).

Mandl: bairisch-österreichische Schreibweise von ▸ Mandel (4.) oder (5.).

Mandler: Ableitung auf *-er* von ▸ Mandel (1.), (2.) oder (5.).

Mandt: auf eine Kurzform von heute nicht mehr gebräuchlichen Rufnamen wie Mantwic *(mant + wīg)*, Mantwin *(mant + wini)* zurückgehender Familienname.

Mang: aus einer verkürzten Form von ▶ Magnus (1.), gelegentlich auch von Magnus (3.) hervorgegangener Familienname.

Mangel: 1. Berufsübername zu mnd. *mangel* ›Glättwalze‹. Es handelte sich hierbei um eine große, schwere Rolle, die vor allem von Tuchmachern und Färbern zum Glätten ihrer Stoffe verwendet wurde. 2. Übername zu mnd. *mangel* ›Streit, Zwist‹ für einen streitsüchtigen Menschen. 3. Aus einer Erweiterung von Mang (▶ Magnus [1.]) mit *-l-*Suffix entstandener Familienname.

Mangels: 1. Patronymische Bildung (starker Genitiv) zu einer verschliffenen Form von ▶ Mangold. 2. Patronymische Bildung (starker Genitiv) zu ▶ Mangel (3.).

Mangelsdorf(f): Herkunftsnamen zu dem Ortsnamen Mangelsdorf (Bayern, Sachsen-Anhalt). ❖ Bekannte Namensträger: Albert Mangelsdorff, Emil Mangelsdorff, deutsche Jazzmusiker (20./21. Jh.).

Manger: Berufsname zu mhd. *mangære, mengære*, mnd. *manger* ›Händler‹. ❖ Bekannter Namensträger: Jürgen von Manger, deutscher Schauspieler und Kabarettist (20. Jh.).

Mangold: aus dem gleichlautenden deutschen Rufnamen *(manag + walt)* entstandener Familienname. ❖ *Daniel Manegoldus* ist a. 1240 in Halberstadt bezeugt. ❖ Bekannter Namensträger: Christoph Mangold, schweizerischer Schriftsteller (20./21. Jh.).

Manhart: aus dem gleichlautenden deutschen Rufnamen *(man + harti)* entstandener Familienname.

Manig(k): 1. Aus einer mit dem Suffix *-ik* gebildeten Ableitung slawischer Rufnamen wie Manomir (urslaw. *maniti, osorb., poln. manić ›locken, betrügen‹ + urslaw. *mirъ ›Friede‹) u. Ä. hervorgegangene Familiennamen. 2. Aus einer verschliffenen Form von Maning, einer patronymischen Bildung auf *-ing* zu einer Kurzform von ▶ Mangold, entstandener Familienname.

Mank(e): 1. Übernamen zu mnd. *mank* ›verstümmelt, lahm‹. 2. Aus einer mit *-k-*Suffix gebildeten Ableitung slawischer Rufnamen wie Manomir u. Ä. (▶ Manig[k]) entstandene Familiennamen. 3. ▶ Mahnke.

-mann: aus ahd., asächs., mhd., mnd. *man* ›Mann, Mensch‹ entstandenes Suffix, das vor allem zur Bildung von Herkunfts- und Wohnstättennamen, aber auch zur Bildung anderer Namenarten dient. 1. Herkunftsnamen: Neben den häufigen Bildungen vom Typ ▶ Münstermann, bei dem *-mann* an den unveränderten Ortsnamen tritt, kommen Klammerformen wie ▶ Sudermann zu Ortsnamen wie Suderburg, Suderode, Suderwick vor. Schließlich kann *-mann* auch an einen Herkunftsnamen auf *-er* treten wie bei ▶ Bonnermann. Neben dem am häufigsten vertretenen Typ, den Herkunftsnamen zu Ortsnamen, treten auch Herkunftsnamen auf *-mann* zu Volks- und Stammesnamen wie ▶ Prüssmann, zu Landschaftsnamen wie ▶ Harzmann, zu Bezeichnungen der Himmelsrichtung wie ▶ Ostermann, zu Flussnamen wie ▶ Wuppermann auf. Geografischer Schwerpunkt der Herkunftsnamen auf *-mann* ist der westniederdeutsche Bereich, doch treten sie auch im nördlichen Rheinland, im mecklenburgisch-pommerschen Gebiet und in Schlesien auf. 2. Wohnstättennamen: a) nach Lagebezeichnungen: ▶ Kuhlmann, ▶ Pöhlmann (< mhd. *bühel* ›Hügel‹), ▶ Bachmann, ▶ Lindemann, ▶ Angermann, ▶ Gassmann, b) nach einer Gebäudebezeichnung: ▶ Kothmann. Besonders zu bewerten sind c) Wohnstättennamen auf *-mann* nach einem Hof. Hier kann z. B. ein Hofname nach einem früheren Besitzer, etwa einem Mann namens Sander, als ▶ Sandermann zum Bei- und später Familiennamen eines weiteren Hofeigentümers werden. Derartige Bildungen sind besonders im Lippischen, aber auch in Tirol und in Niederösterreich bekannt, wo *-mann* mit *-meier* bei der Namenbildung abwechselt. Wohnstättennamen auf *-mann* kommen ebenfalls vorwiegend in Nordwestdeutschland vor, sind aber auch im übrigen deutschen Sprachgebiet bekannt. 3. Berufsnamen: Bei Familiennamen wie ▶ Aulmann oder ▶ Salzmann handelt es sich um Berufsnamen, die mit dem Suffix *-mann* von dem hergestellten Gegenstand bzw. dem Handelsgut abgeleitet sind. 4. Auch Übernamen können mit *-mann* gebildet werden: ▶ Klugmann, ▶ Kurzmann, doch sind manche Familiennamen auf *-mann* (z. B. ▶ Biedermann < mhd. *biderman* ›unbescholtener Mann, Ehrenmann‹) unverändert aus dem allgemeinen Wortschatz übernommen worden. 5. Wie schon seit alters, kann *-mann* an Rufnamen antreten. Hierbei hatte es ursprünglich eine kosende Funktion wie bei dem alten Rufnamen Karlmann oder bei den zum Familiennamen gewordenen ▶ Hinzmann oder ▶ Tillmann. Gelegentlich wurde -mann mit patronymischem Charakter an Rufnamen angefügt. Hiervon zu trennen sind Rufnamen wie ▶ Hartmann, ▶ Hermann, die das Namenwort *man* als zweiten Bestandteil enthalten.

Mann: 1. Übername oder Standesname zu mhd., mnd. *man* ›Mann; tüchtiger Mann, besonders tapferer Kriegsmann; Ehemann; Dienstmann, Lehensmann‹. 2. Vereinzelt aus dem alten deutschen Rufnamen Manno *(man)* hervorgegangener Familienname. ❖ Bekannte Namensträger: Thomas Mann, Heinrich Mann, deutsche Schriftsteller (19./20. Jh.).

Männel: Übername für einen kleinen Menschen (zu mhd. *mennelīn, mennel*).

Mannhard(t): ▶ Manhart.

Manns: patronymische Bildung (starker Genitiv) zu ▶ Mann.

Mansfeld: Herkunftsname zu den Ortsnamen Mansfeld (Sachsen-Anhalt, Brandenburg, bei Köln), Mansfelde (ehem. Brandenburg/jetzt Polen).

Manske, Manski, Mansky: Übernamen zu poln. *męski* ›männlich‹, wobei der polnische Nasalvokal -ę- durch -an- wiedergegeben ist.

Mante: ▶ Mandt.

Mantei: ▶ Manthei.

Mantel: 1. Berufsübername zu mhd., mnd. *mantel, mandel* ›Mantel als Kleidungsstück für Männer und Frauen‹ für einen Schneider oder Übername für den Träger eines auffälligen Mantels. 2. Herkunftsname zu dem gleichlautenden Ortsnamen (Bayern, ehem. Brandenburg/jetzt Polen). 3. Wohnstättenname zu mhd. *mantel* ›Föhre‹: ›wohnhaft an/bei einem Föhrenwald‹.

Manthe: ▶ Mandt.

Manthei, Manthey: noch nicht sicher zu erklärende Familiennamen; vielleicht Herkunftsnamen zu den Ortsnamen Mantau (Ostpreußen), Mantel (ehem. Brandenburg/jetzt Polen). ❖ Bekannter Namensträger: Jürgen Manthey, deutscher Schriftsteller (20./21. Jh.).

Mantke: auf eine Erweiterung von ▶ Mandt mit -*k*-Suffix zurückgehender Familienname.

Mantler, Mäntler: 1. Berufsnamen zu mhd. *manteler, menteler* ›Kleiderhändler, Trödler‹. 2. Ableitungen auf -*er* von ▶ Mantel (2.) oder (3.). ❖ In Regensburg ist a. 1325 *Heinr. der maentler* bezeugt.

Mantz, Manz: auf eine mit -*z*-Suffix gebildete Koseform von ▶ Mangold oder ▶ Manhart zurückgehende Familiennamen.

Manzke: auf eine Erweiterung von ▶ Mantz mit -*k*-Suffix zurückgehender Familienname.

Maraun: ▶ Maruhn.

Marbach(er): Herkunftsnamen zu dem Ortsnamen Marbach (Baden-Württemberg, Bayern, Hessen, Thüringen, Sachsen, Österreich, Elsass, Schweiz).

Marburg(er): Herkunftsnamen zu den Ortsnamen Marburg (Hessen), Marburg /Maribor (Slowenien).

Marchand: Berufsname zu afranz. *marchëant* ›Kaufmann, Handelsmann‹. ❖ Marchand ist auch als Hugenottenname bezeugt: *Marie Marchand* (Celle a. 1691).

Marciniak: aus einer polnischen Ableitung von ▶ Martin hervorgegangener Familienname.

Marcks: ▶ Marks. ❖ Bekannter Namensträger: Gerhard Marcks, deutscher Bildhauer und Grafiker (19./20. Jh.).

Marcus: ▶ Markus.

Marek: aus einer polnischen oder tschechischen, mit dem Suffix *ek* gebildeten Ableitung von ▶ Markus bzw. aus einer tschechischen Ableitung von ▶ Martin entstandener Familienname. ❖ Bekannter Namensträger: Kurt W. Marek war der eigentliche Name des deutschen Sachbuchautors C. W. Ceram (20. Jh.).

Maresch: aus der eindeutschenden Schreibung von Mareš, einer tschechischen Ableitung von ▶ Martin, hervorgegangener Familienname.

Marggraf, Margraf: ▶ Markgraf.

Marhold(t): aus dem alten deutschen Rufnamen Maroald *(māri + walt)* entstandene Familiennamen.

Marić: auf eine serbische, bosnische oder kroatische patronymische Ableitung von ▶ Markus zurückgehender Familienname.

Marien: 1. Herkunftsname zu dem Ortsnamen Marihn (Mecklenburg-Vorpommern). 2. Wohnstättenname für jemanden, der bei einer Marien-Kirche oder Kapelle wohnte.

3. Auf einen Hausnamen (nach einem Muttergottesbild) zurückgehender Familienname. Ein Haus *to der Merien* ist i. J. 1459 in Magdeburg überliefert. 4. Eine Ableitung von dem weiblichen Rufnamen Maria kommt kaum infrage. Zur Zeit der Familiennamenentstehung (12.–15. Jh.) wurde Maria aus ehrfürchtiger Scheu vor der Gottesmutter nur ganz vereinzelt als Rufname vergeben. Erst im 16. Jh. fand er weitere Verbreitung.

Marienfeld: Herkunftsname zu den häufigen Ortsnamen Marienfeld (Nordrhein-Westfalen, Schleswig-Holstein, Brandenburg, Schlesien), Marienfelde (Mecklenburg-Vorpommern, Schleswig-Holstein, ehem. Brandenburg/jetzt Polen, ehem. Pommern/jetzt Polen, Ostpreußen).

Marin: 1. Herkunftsname zu dem Ortsnamen Marihn (Mecklenburg-Vorpommern) 2. Französischer Familienname: a) Auf den gleichlautenden altfranzösischen Heiligennamen (vgl. ▶ Marino) zurückgehender Familienname. b) Berufsname zu afranz. *marin* ›Seemann‹. c) Herkunftsname zu den französischen Ortsnamen Marin, Saint-Marin. ❖ Marin ist auch als Hugenottenname bezeugt: *Pierre Marin* (Lüneburg a. 1695).

Marino: aus dem gleichlautenden italienischen oder spanischen Rufnamen hervorgegangener Familienname. Der Rufname geht auf den römischen Beinamen Marinus, eine Ableitung des aus dem Etruskischen stammenden Geschlechternamens Marius, zurück. Bereits in spätrömischer Zeit wurde dieser Name mit lat. *marīnus* ›am Meer lebend‹ in Verbindung gebracht. Zur Verbreitung des Rufnamens hat die Verehrung mehrerer gleichnamiger Heiliger beigetragen, darunter die des heiligen Marinus von Rimini (3./4. Jh.). Dieser aus Dalmatien stammende Heilige erbaute auf dem Monte Titano bei Rimini eine Zelle mit Kirche und lebte dort als Einsiedler. An dieser Stelle entstand später die Stadt, die nach ihm San Marino genannt wurde.

Mark: 1. Aus einer Kurzform von Rufnamen, die mit dem Namenwort *marcha* gebildet sind (z. B. ▶ Markward[t], ▶ Markhard[t]), entstandener Familienname. 2. Wohnstättenname zu mhd., mnd. *marke* ›Grenze, Grenzland, Landgebiet (einer Stadt), Gesamteigentum einer Gemeinde an Grund und Boden, bes. an Wald‹. 3. Herkunftsname zu dem häufigen Ortsnamen Mark (Niedersachsen, Nordrhein-Westfalen, Thüringen, Bayern, Ostpreußen) oder zu Landschaftsnamen wie Mark Brandenburg u. a.

Markard(t), Markart: auf eine jüngere Form von ▶ Markhard(t) oder ▶ Makward(t) zurückgehende Familiennamen.

Marke: ▶ Mark (1.) oder (2.).

Märker: 1. Wohnstättenname oder Standesname zu mhd. *merkære, merker* ›Bewohner der Marke (Grenzland), Berechtigter an einer Marke (Wald)‹, fnhd. *merker* ›Mark-, Dorfgenosse, Bauer‹. 2. ▶ Merker (1.).

Markert: aus einer jüngeren Form von ▶ Markward(t) oder ▶ Markhard(t) entstandener Familienname.

Markgraf: Übername zu mhd. *marcgrâve* ›königlicher Richter und Verwalter eines Grenzlandes, Markgraf‹, der auf Beziehungen zu einem Markgrafen (Dienst- bzw. Abhängigkeitsverhältnis) hindeutet oder aber eine Anspielung auf das stolze, angeberische Verhalten des ersten Namensträgers enthält.

Markhard(t): aus dem gleichlautenden deutschen Rufnamen *(marcha + harti)* entstandene Familiennamen. Vgl. auch ▶ Markward(t).

Markl, Märkl: aus einer mit -*l*-Suffix versehenen Koseform von Rufnamen, die mit dem Namenwort *marcha* gebildet sind (▶ Markward[t], ▶ Markhard[t]), entstandene Familiennamen.

Markloff: durch -*l*-Umsprung entstandene Form von ▶ Markolf.

Markmann: 1. Ableitung auf -*mann* von ▶ Mark. 2. Amtsname zu mhd. *marcman* ›Grenzhüter‹. ❖ *Hans Markmann* ist a. 1398 in Magdeburg bezeugt.

Marko: auf eine sorbische oder polnische Ableitung von ▶ Markus zurückgehender Familienname.

Markolf: auf den gleichlautenden deutschen Rufnamen *(marcha + wolf)* zurückgehender Familienname.

Marković: auf eine serbische, bosnische oder kroatische patronymische Ableitung von Marko (▶ Markus) zurückgehender Familienname.

Markowski: Herkunftsname zu polnischen Ortsnamen wie Markowice, Markowo u. Ä.

Marks: 1. ▶ Markus. 2. Patronymische Bildung zu ▶ Mark (1).

Markt: Wohnstättenname zu mhd. *mark(e)t, merket* ›Marktplatz, Markt‹ für jemanden, der am Markt lebte.

Markus: auf den gleichlautenden Rufnamen lateinischen Ursprungs (›dem Mars zugehörig, geweiht‹) zurückgehender Familienname. Der Rufname fand im Mittelalter als Name des Evangelisten Markus Verbreitung. ❖ Auf verkürzte Formen von Markus gehen die Familiennamen **Mar(c)ks, Marx** zurück. ❖ Als patronymische Bildung zu **Marx** begegnet uns der Familienname **Marxen.** ❖ Aus slawischen Ableitungen von Markus sind Familiennamen wie **Marek, Marko, Marić, Marković** hervorgegangen.

Markward(t), Markwart: auf die gleichlautenden deutschen Rufnamen (*marcha + wart*) zurückgehende Familiennamen. ❖ Als Varianten der Vollform begegnen uns z. B. die Familiennamen **Marquard(t)** und **Marquart.** ❖ Bei den Familiennamen **Markert** und **Mackert** kann es sich um jüngere Formen von Markward(t) oder Markhardt handeln. ❖ Dies trifft auch für die vielen aus Kurz- und Koseformen entstandenen Familiennamen zu: **Mark, Markmann, Markl, Märkl, Maa(c)k, Mack(e), Mer(c)k, Merk(e)l, Merkle, Merklin.**

Marohn, Maron: 1. Auf eine slawische Ableitung von ▶ Markus oder ▶ Martin zurückgehende Familiennamen. 2. Übernamen zu poln. *mara* ›Gespenst, geisterhafte Erscheinung‹. ❖ Bekannte Namensträgerin: Monika Maron, deutsche Schriftstellerin (20./21. Jh.).

Marquard(t), Marquart: ▶ Markward(t). ❖ Bekannter Namensträger: Fritz Marquardt, deutscher Regisseur (20./21. Jh.).

Marques: mit dem patronymischen Suffix *-es* gebildeter portugiesischer Familienname zu dem Rufnamen Marcos, ▶ Markus.

Marr: 1. Übername zu mittelniederdeutsch *marren, merren* ›aufhalten, hindern, zögern, säumen‹, fnhd. *marren* ›murren‹. 2. Aus einer Kurzform von Rufnamen, die mit dem Namenwort *māri* gebildet wurden (z. B. ▶ Marhold[t]), hervorgegangener Familienname.

Marsch: Wohnstättenname zu mnd. *marsch, mersch, masch* ›Marsch, fruchtbare Niederung am Flussufer oder am Meer, besonders als Weideland genutzt‹. Der Flurname Marsch kommt auch im mitteldeutschen Bereich vor.

Marschalk, Marschall: Standes- oder Amtsnamen zu mhd. *marschalc* ›Pferdeknecht, Marschall als Hof- oder städtischer Beamter‹. ❖ *Seyfr(idus) Marschalk* ist a. 1328 in Nürnberg bezeugt.

Marschand: eindeutschende Schreibung von ▶ Marchand.

Marschke: Ableitung von ▶ Marsch mit *-k-*Suffix.

Marschner: Ableitung auf *-ner* zu ▶ Marsch. ❖ Bekannter Namensträger: Heinrich August Marschner, deutscher Komponist (18./19. Jh.).

Marte: auf eine verkürzte Form von Marten (▶ Martin) zurückgehender Familienname.

Marten: ▶ Martin.

Martens, Märtens: patronymische Bildungen (starker Genitiv) zu ▶ Martin.

Martensen: patronymische Bildung auf *-sen* zu Marten (▶ Martin).

Marth: auf eine verkürzte Form von ▶ Martin zurückgehender Familienname.

Marti: auf eine verkürzte Form von ▶ Martin zurückgehender Familienname. ❖ Bekannter Namensträger: Kurt Marti, schweizerischer Schriftsteller (20./21. Jh.).

Martin: auf den gleichlautenden Rufnamen lateinischen Ursprungs (< *Martīnus*, zu lat. *Mārs, -tis*, dem Namen des Kriegsgottes) zurückgehender Familienname. Martin kam im Mittelalter in Deutschland als Name des heiligen Martin (4. Jh.) auf. Der heilige Martin, der die ersten abendländischen Klöster gründete, war Bischof von Tours und Schutzheiliger der Franken. ❖ Als Varianten von Martin begegnen uns die Familiennamen **Marte(n), Marti, Merten, Mertin.** ❖ Patronymische Bildungen zu Martin sind die Familiennamen **Martins, Martens, Märtens, Me(h)rtens, Mertes, Mertins, Martensen, Martini.** ❖ Die Familiennamen **Mert(e)l, Mört(e)l** gehen auf Koseformen von Martin zurück. ❖ Dem Familiennamen **Martínez** liegt eine spanische patronymische Bildung zu Martin zugrunde. ❖ Aus slawischen Ableitungen von Martin sind u.a. die Familiennamen **Marciniak, Martinec, Martinek, Martinetz, Maresch, Mirtschin** hervorgegangen. ❖ Bekannte Namensträger: Hansjörg Martin, deutscher Kriminalschriftsteller (20. Jh.); Gottfried Martin, Philosoph (20. Jh.).

Martinec: aus einer tschechischen Ableitung von ▶ Martin entstandener Familienname.

Martinek: auf eine polnische oder tschechische, mit dem Suffix -ek gebildete Ableitung von ▶ Martin zurückgehender Familienname.

Martinetz: eindeutschende Schreibung von ▶ Martinec.

Martínez: spanischer Familienname, mit dem Suffix -ez gebildete patronymische Form zu dem Rufnamen Martín (›Sohn des Martín‹), ▶ Martin.

Martini: patronymische Bildung (lateinischer Genitiv) zu Martinus (▶ Martin).

Martins: patronymische Bildung (starker Genitiv) zu ▶ Martin.

Martius: aus der Zeit des Humanismus stammende Latinisierung des deutschen Familiennamens ▶ März.

Maruhn: 1. Auf den bislang noch ungeklärten altpreußischen Rufnamen Marun zurückgehender Familienname. 2. Herkunftsname zu den ostpreußischen, diesen Personennamen enthaltenden Ortsnamen Maraunen, Maruhnen.

Marx: 1. ▶ Marks. 2. Variante von ▶ Marz (1.) oder ▶ Marsch. 3. Als jüdischer Name Ersatzname für den alttestamentlichen Namen Mordechai. ❖ Bekannter Namensträger: Karl Marx, deutscher Philosoph (19. Jh.).

Marxen: 1. Patronymische Bildung (schwacher Genitiv) zu ▶ Marx. 2. Herkunftsname zu dem Ortsnamen Marxen (Niedersachsen).

Marz: 1. Auf eine mit -z-Suffix gebildete Koseform von Rufnamen, die mit dem Namenwort *māri* gebildet sind (z.B. ▶ Marhold[t], ▶ Volkmar), zurückgehender Familienname. 2. Herkunftsname zu dem Ortsnamen Marz (Niedersachsen). 3. ▶ März.

März: Übername zu mhd. *merz(e)* ›März‹ nach einem Zins- oder Abgabetermin.

Masch(e): 1. Wohnstättennamen zu mnd. *marsch, masch* ›Marsch, fruchtbare Niederung am Flussufer oder am Meer‹. 2. Herkunftsnamen zu den Ortsnamen Masch (Niedersachsen, Nordrhein-Westfalen, Bayern), Maschen (Niedersachsen, Ostpreußen). 3. Berufsübernamen zu mnd. *masch* ›Maische, Biermalz‹ für einen Bierbrauer, zu mnd. *masche* ›Kasten, Schrein‹ für einen Tischler oder zu mhd., mnd. *masche* ›Masche eines Gewebes‹ für einen Textilhandwerker. 4. Auf eine slawische Ableitung von ▶ Thomas oder von Rufnamen, die mit »Ma-« beginnen, z.B. ▶ Matthäus, ▶ Matthias, ▶ Markus, ▶ Martin, auch slawische Rufnamen wie Malomir (▶ Mahlke [2.]), zurückgehende Familiennamen.

Maschke: aus einer slawischen Ableitung mit -k-Suffix von ▶ Thomas oder von Rufnamen, die mit »Ma-« beginnen, z.B. ▶ Matthäus, ▶ Matthias, ▶ Markus, ▶ Martin, auch slawische Rufnamen wie Malomir (▶ Mahlke [2.]), entstandener Familienname.

Maschmann: Wohnstättenname auf -mann, ▶ Marsch.

Maser: Berufsübername zu mhd. *maser* ›Maser, knorriger Auswuchs am Ahorn und anderen Bäumen; Becher aus Ahornholz‹, mnd. *maser* ›Ahorn, Knorren am Holz, Maser‹ für den Drechsler, der Ahornholz verarbeitete, oder Übername für einen knorrigen Menschen.

Masius: auf eine Verkürzung von Thomasius (▶ Thomas) zurückgehender Familienname.

Maske: ▶ Maschke. Das neuhochdeutsche Wort Maske kommt für die Ableitung des Familiennamens nicht in Betracht, da es erst im 17. Jh. aus dem Französischen (franz. *masque*) entlehnt wurde. ❖ Bekannter Namensträger: Henry Maske, deutscher Boxer (20./21. Jh.).

Mass, Maß: auf eine verkürzte Form von ▶ Thomas zurückgehende Familiennamen; eine Ableitung von ▶ Matthias kommt nur ganz vereinzelt infrage.

Maßmann: aus einer Erweiterung von ▶ Mass, Maß mit dem Suffix -mann hervorgegangener Familienname.

Mast: 1. Berufsübername zu mhd. *mast* ›Futter, Eichelmast‹, mnd. *mast* ›Mast, besonders Schweinemast in den Wäldern‹ für jemanden, der Schweine züchtete. 2. Übername zu mhd. *mast(ic)* ›fett, beleibt‹. ❖ *Hermen Mast* ist a. 1504 in Hannover bezeugt.

Masuch, Masuck: Übernamen zu osorb., poln. *mazać* ›schmieren‹.

Masuhr, Masur: ▶ Mazur. ❖ Bekannter Namensträger: Kurt Masur, deutscher Dirigent (20./21. Jh.).

Matern: aus einer verkürzten Form von Maternus, einem Heiligennamen lateinischen Ursprungs (›der Mütterliche‹), hervorgegangener Familienname. ❖ Als weitere Ableitungen von Maternus begegnen uns u. a. die Familiennamen **Materne, Mathern, Mattern(e), Terne(s)**. ❖ Slawischer Herkunft ist der Familienname ▶ Materna.

Materna: auf eine slawische Ableitung des Heiligennamens Maternus (▶ Matern) zurückgehender Familienname.

Materne: ▶ Matern.

Matheis: ▶ Mattheis.

Mathern: ▶ Matern.

Mathes: lautlich auf ein verkürzte Form von Matthias zurückgehender Familienname, in den Quellen tritt jedoch häufig eine Vermischung der Rufnamenformen ▶ Matthäus und ▶ Matthias zutage.

Mathesius: aus der Zeit des Humanismus stammende Latinisierung von ▶ Mathes.

Matheus: ▶ Matthäus.

Mathew(e)s: auf niederdeutsche, gedehnte Formen von ▶ Matthäus zurückgehende Familiennamen.

Mathias: ▶ Matthias.

Mathieu: auf die französische Form von ▶ Matthäus zurückgehender Familienname. ❖ Mathieu ist auch als Hugenottenname bezeugt: *Isabeau Mathieu*, Braunschweig a. 1711.

Mathis: lautlich auf eine verkürzte Form von ▶ Matthias zurückgehender Familienname, in den Quellen tritt jedoch häufig eine Vermischung der Rufnamenformen ▶ Matthäus und Matthias zutage. ❖ Bekannte Namensträgerin: Edith Mathis, schweizerische Sängerin (20./21. Jh.).

Matić: auf eine serbische, bosnische oder kroatische patronymische Ableitung von ▶ Matthäus oder ▶ Matthias zurückgehender Familienname.

Matschke: ▶ Maschke.

Matt(e): 1. Oberdeutsche Wohnstättennamen zu mhd. *mate, matte* ›Wiese‹; Matt kann auch Herkunftsname zu dem gleichlautenden schweizerischen Ortsnamen sein. 2. Berufsübernamen zu mhd. *matte* ›geronnene Milch, aus der Käse gemacht wird‹ für den Käsemacher oder -händler. 3. Berufsübernamen zu mhd., mnd. *matte* ›Matte, Decke aus Binsen- oder Strohgeflecht‹ für den Hersteller. 4. Niederdeutsche Berufsübernamen für den Müller (zu mnd. *matte* ›Metze, das Maß Getreide, welches der Müller für das Mahlen erhält‹). 5. Auf eine verkürzte Form von ▶ Matthäus bzw. ▶ Matthias zurückgehende Familiennamen.

Mattern(e): ▶ Matern.

Mattes: ▶ Mathes. ❖ Bekannte Namensträgerin Eva Mattes, deutsche Schauspielerin (20./21. Jh.).

Matthäi: patronymische Bildung (lateinischer Genitiv) zu ▶ Matthäus.

Matthäus: aus dem gleichlautenden Rufnamen, dem eine griechische/lateinische Form von Mattai, Kurzform von hebr. *mattanyāh* ›Gabe Jahwes‹, zugrunde liegt, entstandener Familienname. Matthäus fand als Name des Evangelisten Eingang in die deutsche Namengebung. ❖ In den Quellen tritt häufig eine Vermischung der Rufnamenformen Matthäus und ▶ Matthias zutage. In Regensburg z. B. ist *Matheus Arnolt* (a. 1359) urkundlich als *Matheys Ornolt* (a. 1359), *Mathesen des Arnoltz* (Genitiv; a. 1360) und *her Mathias der Arnolt* (a. 1361) bezeugt. ❖ Als Varianten von Matthäus begegnen uns u. a. die Familiennamen **Matheus, Mathew(e)s, Mat(t)hes, Mattes, Mothes**. ❖ Bei dem Familiennamen **Mathesius** handelt es sich um eine aus der Zeit des Humanismus stammende Latinisierung von Mathes. ❖ Bei **Matthäi** und **Matthei** liegen patronymische Bildungen (lateinischer Genitiv) vor. ❖ Im Anlaut verkürzte Formen von Matthäus sind u. a. in den Familiennamen **Deus, Dees, Thees** enthalten. Hierzu gehören patronymische Bildungen wie **Deussen, Deußen, Deusing, Deußing, Deessen, Theessen, Theeßen**. ❖ Im Anlaut verkürzte und gedehnte Formen von Matthäus liegen u. a. den Familiennamen **Debes, Debus, Dewes, Thebes, Thewes** zugrunde. ❖ Familiennamen wie **Matz, Matzel, Mätzel, Matzke** können aus Matthäus oder Matthias hervorgegangen sein. ❖ Dies trifft auch für Familiennamen slawischer Herkunft wie **Mattig, Mattik, Matusch(ek)**,

Ma(t)schke zu. ❖ Dem Familiennamen **Mathieu** liegt die französische Form von Matthäus zugrunde.

Matthei: ▸ Matthäi.

Mattheis: auf eine Variante von ▸ Matthias zurückgehender Familienname.

Matthes: ▸ Mathes.

Matthiä, Matthiae: patronymische Bildungen (lateinischer Genitiv) zu Matthia, einer Nebenform von ▸ Matthias.

Matthias: aus dem gleichlautenden Rufnamen entstandener Familienname. Matthias geht auf eine griechische Kurzform von Mattatías, zu hebr. *mattityāh* ›Gabe Jahwes‹, zurück. Matthias fand als Apostelname Eingang in die mittelalterliche Namengebung. Der heilige Matthias war einer der Jünger Jesu; er wurde durch das Los zum Ersatzapostel für Judas Ischariot bestimmt. Nach der Legende sollen seine Reliquien durch Kaiserin Helena nach Trier gekommen sein. In den Quellen tritt häufig eine Vermischung der Rufnamenformen Matthias und Matthäus zutage (vgl. ▸ Matthäus). ❖ Als Varianten von Matthias begegnen uns u. a. die Familiennamen **Mathias, Matthies, Mat(t)heis, Mathis**. ❖ Bei den Familiennamen **Matthiä, Matthiae, Matthiesen, Matthiessen** handelt es sich um patronymische Bildungen. ❖ Auf eine Verkürzung von Mat(t)heis gehen Familiennamen wie **Deis, Deiß, Deißmann, Theis(s), Theiß** mit den patronymischen Bildungen **Deising, Theis(s)en** zurück. ❖ Im Anlaut verkürzte Formen von Matthi(e)s sind z. B. die Familiennamen **Dies(s), Dieß, Diesel, Dießl, Diss, Diß, Thies(s)**. Hierzu gehören patronymische Bildungen wie **Dieser, Dieses, Diesing, Thies(s)en, Thießen, T(h)issen, Thyssen**. ❖ Durch eine weitere Verkürzung von Matthi(e)s sind Familiennamen wie **Hies, Hieß, Hiß, Hies(e)l, Hiessel** entstanden.

Matthies: aus einer Variante von ▸ Matthias gebildeter Familienname.

Matthiesen, Matthiessen: patronymische Bildungen (schwacher Genitiv bzw. Ableitung auf *-sen*) zu ▸ Matthies.

Mattig, Mattik: auf eine mit dem Suffix *-ik* gebildete sorbische bzw. tschechische Ableitung von ▸ Matthäus oder ▸ Matthias zurückgehende Familiennamen.

Mattner: Ableitung auf *-ner* von ▸ Matt(e) (1.).

Matusch(ek): auf polnische bzw. tschechische, mit den Suffixen *-uš* und *-ek* gebildete Ableitungen von ▸ Matthäus oder ▸ Matthias zurückgehende Familiennamen.

Matz: aus einer mit *-z*-Suffix gebildeten Kurzform von ▸ Matthäus oder ▸ Matthias hervorgegangener Familienname.

Matzel, Mätzel: aus einer Erweiterung von ▸ Matz mit *-l*-Suffix gebildete Familiennamen.

Matzen: 1. Patronymische Bildung (schwacher Genitiv) zu ▸ Matz. 2. Gelegentlich Herkunftsname zu dem Ortsnamen Matzen (Baden-Württemberg, Rheinland-Pfalz, Bayern, Österreich).

Matzke: 1. Aus einer Erweiterung von ▸ Matz mit *-k*-Suffix hervorgegangener Familienname. 2. Aus einer sorbischen oder polnischen Ableitung von ▸ Matthäus oder ▸ Matthias hervorgegangener Familienname.

Matzner: 1. Patronymische Bildung auf *-ner* zu ▸ Matz. 2. Schlesische Variante von ▸ Metzner (1.). 3. Ableitung auf *-er* von ▸ Matzen (2.).

Mau: 1. Übername zu mhd., mnd. *mouwe* ›Ärmel, bes. weiter Ärmel‹ nach einer Besonderheit der Kleidung. 2. Übername zu mhd. *müeje*, md. *müwe* ›Beschwerde, Mühe, Last, Not, Bekümmernis, Verdruss‹.

Mauch(er): 1. Herkunftsnamen zu den Ortsnamen Mauch (Rheinland-Pfalz), Mauchen (Baden-Württemberg). 2. Bei Mauch kann es sich auch um einen Übernamen zu mhd. *mouch, mauch* ›aufgeweichtes Brot‹ handeln.

Mauel: Herkunftsname zu dem gleichlautenden Ortsnamen (Nordrhein-Westfalen, Rheinland-Pfalz).

Mauer: 1. Wohnstättenname zu mhd. *müre*, mnd. *mure* ›Mauer‹: ›wohnhaft an der [Stadt]Mauer‹. 2. Vereinzelt Herkunftsname zu den Ortsnamen Mauer (Baden-Württemberg, Schlesien, Österreich, Schweiz), Mauern (Bayern, Südtirol, Ostpreußen).

Mauerer: 1. Ableitung auf *-er* zu ▸ Mauer. 2. ▸ Maurer.

Mauermann: 1. Berufsname zu mnd. *mūrman* ›Maurer‹. 2. Ableitung auf *-mann* von ▸ Mauer (1.).

Mauersberger: Herkunftsname zu dem Ortsnamen Mauersberg (Sachsen). ❖ Bekannter Namensträger: Rudolf Mauersberger, deutscher Chordirigent und Komponist (19./20. Jh.).

Maul: Übername zu mhd., mnd. *mūl* ›Maul, Mund‹ für einen geschwätzigen Menschen oder nach dem auffälligen Mund des ersten Namensträgers. ❖ Ein früher Beleg ist *Ruotpreht Mul* (Regensburg a. 1095/1143). *Hans Maul* ist a. 1369 in München bezeugt.

Mäule: auf eine schwäbische Ableitung von ▶ Maul zurückgehender Familienname.

Maurer: Berufsname zu mhd. *mūrære, mūrer* ›Maurer‹. Das Handwerk der Maurer geht auf den Bau von Kirchen, Burgen und Stadtmauern zurück. Seit dem Ende des 14. Jh. verbreitete sich der Bau von Steinhäusern in den Städten. ❖ *Hainr. maurer* ist a. 1370 in Regensburg bezeugt.

Mäurer: vorwiegend im mitteldeutschen Sprachgebiet von Suhl bis Kaiserslautern verbreiteter Berufsname zu mhd. *miuren* ›mauern‹ für den ▶ Maurer.

Mauritius: aus dem gleichlautenden Rufnamen lateinischen Ursprungs entstandener Familienname. Mauritius ist eine Weiterbildung von lat. Maurus (›der aus Mauretanien Stammende, Mohr‹). Mauritius fand im Mittelalter als Heiligenname Verbreitung, vor allem als Name des heiligen Mauritius, des Anführers der Thebäischen Legion. Der heilige Mauritius starb im 4. Jh. in der Schweiz bei Agaunum (heute St. Moritz) den Märtyrertod. ❖ Als deutsche Ableitungen von Mauritius begegnen uns heute u. a. die Familiennamen **Mauritz, Mori(t)z, Möritz, Moritzen**.

Mauritz: ▶ Mauritius.

Maurus: 1. Aus der Zeit des Humanismus stammende Latinisierung des deutschen Familiennamens ▶ Mohr. 2. Auf den gleichlautenden Rufnamen lateinischen Ursprungs (›der aus Mauretanien Stammende, Mohr‹) zurückgehender Familienname. Maurus fand im Mittelalter als Heiligenname Verbreitung, vor allem als Name des heiligen Maurus, des Schülers und Gehilfen des heiligen Benedikt (6. Jh.).

Maus: Übername zu mhd., mnd. *mūs* ›Maus‹. ❖ *Henricus dictus* [genannt] *Mus* ist a. 1341 in Halberstadt bezeugt.

Mäusel: Ableitung von ▶ Maus mit -*l*-Suffix. ❖ *Hainrich Mäusel* ist a. 1368 in München bezeugt.

Mauser: 1. Übername zu mhd. *mūsar, mūser* ›geringerer, von Mäusefang lebender Falke‹ oder zu mhd. *mūzære* ›Jagdvogel, der den Federwechsel überstanden hat, mindestens ein Jahr alt ist‹. 2. Übername zu mhd. *mūsen* ›listig sein, betrügen‹. 3. Berufsname zu mhd. *mūsen* ›Mäuse fangen‹ für einen von der Gemeinde eingesetzten Mäuse- und Maulwurffänger. ❖ Bei dem Beleg aus München a. 1400 *peter Mawser sneyder* handelt es sich bereits um einen festen Familiennamen.

Mäusezahl: Übername zu mhd. *mūs* ›Maus‹ und mhd. *zagel, zail* ›Schwanz‹.

Mäusle: schwäbische Ableitung von ▶ Maus.

Mausolf: aus mhd. *mūsen* ›listig sein, betrügen‹ und dem Namenbestandteil -*olf (wolf)* gebildeter Übername für einen listigen Menschen oder Betrüger.

Maute: 1. Vor allem im Südwesten Deutschlands verbreiteter Übername zu schwäb. *Maude* ›mürrischer Mensch‹. 2. Wohnstättenname zu mhd. *mūte* ›Maut, Zollstelle‹. 3. Vereinzelt kann diesem Familiennamen die Kurzform eines mit dem Namenwort *muot* gebildeten Rufnamens zugrunde liegen.

Mauter: Amtsname zu mhd. *mūtære* ›Zöllner, Mauteinnehmer‹.

Mauth(e): ▶ Maute.

Maut(h)ner: ▶ Mauter. ❖ Bekannter Namensträger: Fritz Mauthner, österreichischer Schriftsteller und Sprachphilosoph (19./20. Jh.).

Mauz: 1. Vor allem in Schwaben verbreiteter Übername für einen unzufriedenen, lamentierenden Menschen (zu schwäbisch *mau[n]zen*). 2. Aus einer Ableitung von ▶ Maute (3.) mit -*z*-Suffix hervorgegangener Familienname.

Max: 1. Aus einer verkürzten Form von Maximilian (< Maximilianus) entstandener Familienname. Bei Maximilianus handelt es sich um eine vulgärlateinische Form des römischen Beinamens Maximillianus, einer Bildung zu lat. *maximus* ›sehr groß, am größten‹. Wichtig für die Namengebung, vor allem in Bayern und Österreich, war der heilige Maximilian, Bischof im Pongau (südlich von Salzburg). Nach der legendarischen Vita aus dem 13. Jh. soll der heilige Maximilian im Ostalpenraum als Glaubensbote gewirkt haben und Bischof von Lorch in Oberösterreich gewesen sein. Seine Reliquien kamen im 10. Jh. nach Passau, wo er dann als Märtyrer und Schutzheiliger verehrt wurde. 2. Auf eine verschliffene Form von Marx (▶ Markus) zurückgehender Familienname.

May: ▶ Mai. ❖ Bekannter Namensträger: Karl May, deutscher Schriftsteller (19./20. Jh.).

Mayer: oberdeutsche Schreibvariante von ▶ Meyer.

Mayerhofer: ▶ Maierhof(er).

Mayr: ▶ oberdeutsche Schreibvariante von ▶ Meyer.

Mayrhofer: ▶ Maierhof(er).

Mazur: Herkunftsname zu poln. *Mazur* ›Masure, Einwohner von Masowien‹ oder Übername für jemanden, der Beziehungen zu diesem Gebiet hatte.

Mazurek: aus einer mit dem polnischen Suffix *-ek* gebildeten Ableitung von ▶ Mazur entstandener Familienname.

Mebes, Meb(i)us: auf verkürzte, durch Betonung der vorletzten Silbe entstandene Formen von ▶ Bartholomäus zurückgehende Familiennamen.

Mechler: Berufsname zu mhd. *mecheler* ›Unterkäufer, Mäkler‹.

Mechtold: metronymischer Familienname, der auf eine entstellte Form von Mechthild *(maht + hiltja)* zurückgeht. Zur Verbreitung des Rufnamens Mechthild/Mathilde im Mittelalter trug auch die Verehrung der heiligen Mathilde (9./10. Jh.) bei. Die heilige Mathilde, Gemahlin Heinrichs I. und Mutter Ottos des Großen, gründete mehrere Klöster und war eine Wohltäterin der Armen. ❖ Vgl. den Beleg *ver* [Frau] *Mechtold wedewe* [Witwe] *Henrikes van Hende* (Hildesheim 1350). Als Familienname ist *Mechthold* (a. 1589) neben *Mechteldt* (a. 1582) und *Mechtild* (a. 1606) in Quedlinburg bezeugt.

Mecke: auf eine Koseform von Rufnamen, die mit den Namenwörtern *marcha* oder *maht* gebildet sind (vgl. ▶ Markward[t], ▶ Machtolf, ▶ Mechtold), zurückgehender Familienname.

Meckel: 1. Aus einer Ableitung von ▶ Mecke mit *-l-*Suffix entstandener Familienname. Im mittelalterlichen Frankfurt ist Meckel als Koseform von Mechthild (▶ Mechtold) belegt. 2. Herkunftsname zu dem Ortsnamen Meckel (Rheinland-Pfalz). ❖ Bekannter Namensträger: Christoph Meckel, deutscher Schriftsteller und Grafiker (20./21. Jh.).

Mecklenburg: Herkunftsname zu dem gleichlautenden Orts- und Landesnamen.

Meder: 1. ▶ Mader, Mäder. 2. Auf eine verkürzte Form von Medardus zurückgehender Familienname. Bei Medardus handelt es sich wahrscheinlich um eine latinisierte Form von Machthard *(ma[c]ht + harti)*. Medardus fand im Mittelalter als Name des heiligen Medardus Verbreitung. Der heilige Medardus war im 6. Jh. Bischof von Noyon.

Mederer: patronymische Bildung auf *-er* zu ▶ Meder.

Medick(e): Berufsnamen für den studierten Arzt (lat. *medicus* ›Arzt‹) im Gegensatz zu dem ungelehrten ▶ Bader, vgl. auch ▶ Arzt.

Meding(er): 1. Herkunftsnamen zu dem Ortsnamen Medingen (Niedersachsen, Sachsen). 2. Für den Familiennamen Meding kann auch eine Ableitung von mnd. *mēdink* ›Mietling‹ infrage kommen.

Meer: 1. Wohnstättenname zu mnd. *mer(e)* ›See‹ für jemanden, der an einem See wohnte. 2. Aus einer Kurzform von Rufnamen, die mit dem Namenwort *māri* gebildet sind (vgl. ▶ Merbot[h]), entstandener Familienname. 3. Herkunftsname zu den Ortsnamen Meer, Mehr (Nordrhein-Westfalen).

Meerbote, Meerboth, Meerbott: ▶ Merbot(h).

Mees: auf eine verkürzte, durch Betonung der vorletzten Silbe entstandene Form von ▶ Bartholomäus zurückgehender Familienname.

Meffert: aus den alten deutschen Rufnamen Mahtfrid *(maht + fridu)* oder Maganfrid *(magan + fridu)* hervorgegangener Familienname.

Mehl: Berufsübername zu mhd. *mël* ›Mehl‹ für einen Müller, Mehlhändler oder Bäcker.

Mehler: Berufsname zu mnd. *mēler* ›Maler, Bildschnitzer‹, vgl. auch ▶ Mahler. 2. Herkunftsname zu den Ortsnamen Mehla (Thüringen), Mehle (Niedersachsen), Mehlen (Hessen, Rheinland-Pfalz, ehem. Brandenburg/jetzt Polen).

Mehlhar(d)t: aus dem alten deutschen Rufnamen Madalhart *(madal + harti)* entstandene Familiennamen.

Mehlhase: ▶ Mehlhose.

Mehlhorn: Berufsübername zu mhd. *mël* ›Mehl‹ und mhd. *horn* ›Horn‹ (wohl im Sinne von ›Mehlbehälter‹) für einen Müller, Mehlhändler oder Bäcker.

Mehlhose: Berufsübername zu mhd. *mël*, mnd. *mel* ›Mehl‹ und mhd., mnd. *hose*, mnd. *hase* ›Bekleidung der Beine, Strumpf, Hose‹ für einen Müller, Mehlhändler oder Bäcker.

Mehling: 1. Patronymische Bildung auf *-ing* zu einer Kurzform von Rufnamen, die mit dem Namenwort *madal* gebildet sind, vgl. ▶ Mehlhard(d)t. 2. Herkunftsname zu dem Ortsnamen Mehlingen (Rheinland-Pfalz).

Mehlmann: Berufsname auf *-mann* zu mhd. *mël* ›Mehl‹ für den Mehlhändler.

Mehner: 1. ▶ Meiner. 2. Berufsname zu mhd. *mener* ›Viehtreiber‹. 3. Herkunftsname zu dem Ortsnamen Mehna (Thüringen).

Mehnert: ▶ Meinert. ❖ Bekannter Namensträger: Klaus Mehnert, deutscher Politikwissenschaftler und Publizist (20. Jh.).

Mehr: 1. Herkunftsname zu den Ortsnamen Meer, Mehr (Nordrhein-Westfalen), Mehre (Niedersachsen). 2. ▶ Meer. 3. Übername zu mnd. *mère* ›Erzählung, Kunde, Bericht; Gerede, Gerücht‹. ❖ Im Braunschweiger Urkundenbuch sind im 14. Jh. *Sifridus mit der meren de Alvedessen* und als Gegensatz dazu *Hilbrand mit den waren worden* überliefert.

Mehring(er): Herkunftsnamen zu den Ortsnamen Mehring (Bayern, Rheinland-Pfalz), Mehringen (Niedersachsen), Nordrhein-Westfalen, Sachsen-Anhalt, Baden-Württemberg). ❖ Bekannte Namensträger: Franz Mehring, deutscher Schriftsteller und Politiker (19./20. Jh.); Walter Mehring, deutscher Schriftsteller (19./20. Jh.).

Mehrtens: ▶ Mertens.

Meibaum, Meibohm: ▶ Maibaum.

Meichsner: bairische, hyperkorrekte Schreibweise von ▶ Meissner. ❖ Bei dem Beleg aus München a. 1381 *Herman Meichsner pechrer* handelt es sich bereits um einen festen Familiennamen. ❖ Bekannter Namensträger: Dieter Meichsner, deutscher Schriftsteller (20./21. Jh.).

Meid(t): Übernamen zu mhd. *maget*, zusammengezogen *meit*, *meid* ›Jungfrau, Dienerin, Magd‹.

Meier: ▶ Meyer. ❖ Bekannter Namensträger: Julius Meier-Graefe, deutscher Kunsthistoriker und Schriftsteller (19./20. Jh.).

Meierhans: aus Meier (▶ Meyer) und dem Rufnamen ▶ Hans zusammengewachsener Familienname.

Meierhof(er): 1. Herkunftsnamen zu den häufigen Ortsnamen Meierhof, Meyerhof. 2. Wohnstättennamen zu mhd. *meierhof* ›Meierhof, Hof, den der Meier vom Grundherrn zur Benutzung hat‹.

Meierl: Ableitung von Meier mit *-l*-Suffix (▶ Meyer).

Meierott(e): aus Meier (▶ Meyer) und den Rufnamen Ott, Otte (▶ Otto) zusammengewachsene Familiennamen.

Meiers: patronymische Bildung (starker Genitiv) zu Meier (▶ Meyer).

Meifert, Meiffert: ▶ Meffert.

Meiler: 1. Berufsübername zu mhd. *meiler* ›Meiler, Holzstoß des Köhlers, woraus die Kohlen gewonnen werden‹. 2. Übername zu mhd. *meil(e)* ›befleckt, schlecht‹. 3. Herkunftsname zu den Ortsnamen Meila (Sachsen), Meile, Meilen (Schweiz).

Meiling(er): Herkunftsnamen zu den Ortsnamen Meiling, Meilingen (Bayern).

Mein: 1. ▶ Meine (1.). 2. Übername zu mhd. *mein* ›falsch, betrügerisch‹. 3. Herkunftsname zu dem Ortsnamen Meyn (Schleswig-Holstein).

Meincke: ▶ Meine(c)ke.

Meind(e)l: aus einer mit dem Gleitlaut *-d-* und *-l*-Suffix gebildeten Koseform von ▶ Meinhard(t) entstandene Familiennamen.

Meine: 1. Aus Meino, einer alten Koseform von ▶ Meinhard(t), hervorgegangener Familienname. 2. Herkunftsname zu dem Ortsnamen Meine (Niedersachsen).

Meinecke, Meineke: aus einer mit *-k*-Suffix gebildeten Koseform von ▶ Meinhard(t) entstandene Familiennamen.

Meinel: auf eine mit *-l*-Suffix gebildete Koseform von ▶ Meinhard(t) zurückgehender Familienname.

Meinelt: aus einer verschliffenen Form von Meinolt (▶ Meinhold) entstandener Familienname.

Meinema: friesische patronymische Bildung auf *-ma* zu ▶ Meine.

Meinen: patronymische Bildung (schwacher Genitiv) zu Meine (▶ Meinhard[t]).

Meiner: auf den alten deutschen Rufnamen Meinher *(magan/megin + heri)* oder auf eine verschliffene Form von ▸ Meinert zurückgehender Familienname.

Meiners: patronymische Bildung (starker Genitiv) zu ▸ Meiner oder ▸ Meinert.

Meinert: aus einer jüngeren Form von ▸ Meinhard(t) entstandener Familienname.

Meinerts, Meiner(t)z: patronymische Bildungen (starker Genitiv) zu ▸ Meinert.

Meinhard(t): auf den gleichlautenden deutschen Rufnamen *(magan/megin + harti)* zurückgehende Familienname. ❖ Als Varianten von Meinhard(t) begegnen uns beispielsweise die Familiennamen **Menhard(t), Menhart, Mehnert** sowie **Meinert** mit den patronymischen Formen **Meinerts** und **Meiner(t)z.** ❖ Aus Kurz- bzw. Koseformen von Rufnamen wie Meinhard(t), Meinhold, Meinrad u.a. sind Familiennamen wie **Mein(e), Meind(e)l, Mein(e)l, Mein(e)cke, Meinke, Menck(e), Menk(e), Menn(e), Mense** hervorgegangen. ❖ Patronymische Bildungen hierzu sind **Meins, Meinen, Mennen, Mensing** sowie die friesischen Formen **Meinema, Mennenga, Menninga.**

Meinhold: aus einer Umdeutung des alten deutschen Rufnamens Meinolt *(magan/megin + walt)* mit Anlehnung an das Adjektiv »hold« entstandener Familienname. ❖ Aus einer verschliffenen Form von Meinolt ist der Familienname **Meinelt** hervorgegangen.

Meininger: Herkunftsname zu dem Ortsnamen Meiningen (Thüringen).

Meinke: ▸ Meinecke.

Meinl: ▸ Meinel.

Meinolf: aus dem gleichlautenden deutschen Rufnamen *(magan/megin + wolf)* entstandener Familienname.

Meinrad, Meinrath: aus dem gleichlautenden deutschen Rufnamen *(magan/megin + rāt)* hervorgegangene Familiennamen. ❖ Bekannter Namensträger: Josef Meinrad, österreichischer Schauspieler (20. Jh.).

Meinrich: auf den gleichlautenden deutschen Rufnamen *(magan/megin + rīhhi)* zurückgehender Familienname.

Meins: patronymische Bildung (starker Genitiv) zu Mein (▸ Meinhard[t]).

Meints: patronymische Bildung (starker Genitiv) zu Meint, einer durch Zusammenziehung entstandenen Form von ▸ Meinhard(t).

Meinzer: ▸ Mainz(er).

Meir: ▸ Meyer.

Meis: 1. ▸ Meise. 2. ▸ Meiß. 3. Auf eine verkürzte Form von ▸ Bartholomäus, z.T. auch von ▸ Remigius, zurückgehender Familienname.

Meise: 1. Übername nach der Vogelbezeichnung (mhd. *meis[e], mais*) für einen sangesfrohen Menschen bzw. Berufsübername für den Vogelsteller, -händler. 2. Berufsübername zu mhd. *meise* ›Tragkorb, Tragreff, die darauf getragene Last‹, mnd. *mēse, meise* ›Maß für trockene Waren, Tonne, Fass‹ für den Hersteller oder den Benutzer.

Meisel: 1. Durch Entrundung entstandene Form von ▸ Mäusel. 2. Auf eine mit *-l*-Suffix gebildete Koseform von Meis (▸ Bartholomäus, ▸ Remigius) zurückgehender Familienname. 3. ▸ Meissel. 4. ▸ Meusel (2.). ❖ Bekannter Namensträger: Kurt Meisel, österreichischer Schauspieler, Regisseur und Intendant (20. Jh.).

Meisen: patronymische Bildung (schwacher Genitiv) zu ▸ Meis (3.).

Meiser: ▸ Meißer.

Meisinger: Herkunftsname zu dem Ortsnamen Meising (Bayern).

Meisner: ▸ Meissner.

Meiß: Wohnstättenname zu mhd. *meiʒ* ›Holzschlag, Holzabtrieb‹.

Meissel: 1. Berufsübername zu mhd. *meiʒel, meisel* ›Meißel, Instrument des Wundarztes zum Sondieren der Wunde‹ für einen Steinmetz oder einen Arzt, gelegentlich derber Übername zum gleichen Wort in der Bedeutung ›Penis‹. 2. Herkunftsname zu den österreichischen Ortsnamen Meiss(e)l, Meißl.

Meißer: 1. Ableitung auf *-er* von ▸ Meiß. 2. Übername zu mhd. *meiʒen* ›hauen‹.

Meissner, Meißner: 1. Herkunftsnamen zu dem Orts- und Lanschaftsnamen Meißen (Sachsen). 2. Berufsübernamen für einen Händler mit in Meißen hergestellten Tuchen.

Meister: Standesname, Amtsname oder Übername zu mhd. *meister* ›Lehrer, Gelehrter, Künstler, Handwerksmeister, Aufseher, Vorgesetzter, Bürgermeister‹.

Meixner: bairische, hyperkorrekte Schreibweise von ▸ Meissner, Meißner.

Mekler: ▶ Makler, Mäkler.

Melber: Berufsname zu mhd. *melbære, mēlwære* ›Mehlhändler‹. ❖ *Albr. der Melber* ist i. J. 1355 in Regensburg bezeugt.

Melcher: ▶ Melchior.

Melchers: patronymische Bildung (starker Genitiv) zu Melcher (▶ Melchior).

Melchert: aus einer Erweiterung von ▶ Melcher mit sekundärem *-t* entstandener Familienname.

Melchior: auf den gleichlautenden Rufnamen hebräischen Ursprungs (hebr. *Melki'or, zu hebr. *mäläk* ›König‹ und *'ōr* ›Licht‹, etwa ›König [Jahwe] ist Licht‹) zurückgehender Familienname. In Deutschland fand Melchior im Mittelalter als Name eines der Heiligen Drei Könige Eingang in die Namengebung. Die Legende, der Reliquienkult (in Köln seit 1164) und die Dreikönigsspiele trugen zur Verbreitung der Rufnamen Melchior, Kaspar und Balthasar (vgl. ▶ Balthasar, ▶ Kaspar) bei. ❖ Ableitungen von Melchior sind u. a. die Familiennamen **Melcher, Melchers, Melchert** und **Malcher.**

Melde: Übername zu mhd. *mëlde* ›Verrat, Verleumdung, Gerücht, allgemeines Gerede‹ für jemanden, der verleumdete, Gerüchte verbreitete. ❖ Ein früher Beleg stammt aus Regensburg: *Richper Melde* (a. 1095 bis 1143).

Melder: Übername zu mhd. *mëldære* ›Verräter, Angeber‹. ❖ *Albertus Meldær* ist a. 1287 in Regensburg bezeugt.

Melle: Herkunftsname zu dem Ortsnamen Melle (Niedersachsen), Mellen (Nordrhein-Westfalen, Brandenburg, ehem. Pommern/jetzt Polen).

Mellent(h)in: Herkunftsnamen zu den Ortsnamen Mellenthin (Mecklenburg-Vorpommern), Mellentin (ehem. Brandenburg/jetzt Polen).

Meller: Ableitung auf *-er* von ▶ Melle.

Mellmann: Ableitung auf *-mann* von ▶ Melle.

Meltzer, Melzer: ▶ Malzer, Mälzer. ❖ Bei dem Beleg aus München a. 1396 *Chunrad Melczer tagwercher* handelt es sich bereits um einen festen Familiennamen.

Memminger: Herkunftsname zu den Ortsnamen Memming, Memmingen (Bayern), Hohenmemmingen (Baden-Württemberg).

Menck(e): ▶ Meinecke.

Mende: 1. Wohnstättenname zu mhd. *(a)m ende* ›Ende‹ für jemanden, der am Ende des Ortes wohnte, vgl. ▶ Amend(e). 2. Herkunftsname zu dem Ortsnamen Menden (Nordrhein-Westfalen).

Mendel: 1. Auf eine Nebenform von ▶ Meind(e)l zurückgehender Familienname. 2. Aus einer mit dem Gleitlaut *-d-* und *-l-* Suffix gebildeten Koseform von Rufnamen, die das Namenwort *man* enthalten (z. B. ▶ Hermann, ▶ Manhart), hervorgegangener Familienname. 3. Oberdeutscher Übername zu mhd. *mändel* ›Männchen, Zwerg‹ für einen kleinen Menschen. 4. Als jüdischer Familienname geht Mendel auf eine Kurzform von Immanuel zurück.

Mendels(s)ohn: patronymische Bildungen auf *-sohn* zu ▶ Mendel (4.). ❖ Bekannter Namensträger: Felix Mendelssohn-Bartholdy, deutscher Komponist (19. Jh.).

Menden: Herkunftsname zu dem gleichlautenden Ortsnamen (Nordrhein-Westfalen).

Mendler: 1. Auf eine Variante von ▶ Mantler, Mäntler zurückgehender Familienname. 2. Patronymische Bildung auf *-er* zu ▶ Mendel (1.) und (2.).

Mendt: ▶ Mende (1.).

Meng(e): 1. Aus einer verkürzten Form von ▶ Magnus (1.) hervorgegangene Familiennamen. 2. Besonders bei hessischer Herkunft Berufsnamen zu hessisch *Menge* ›Kleinhändler, Krämer‹ (vgl. ▶ Manger). ❖ Bekannter Namensträger: Wolfgang Menge, deutscher Schriftsteller (20./21. Jh.).

Mengel: 1. Aus einer Erweiterung von ▶ Meng(e) mit *-l-*Suffix entstandener Familienname. 2. Auf eine Ableitung von ▶ Mangold zurückgehender Familienname. 3. Berufsübername zu mnd. *mengelen* ›Mengel, ein kleines Maß für Flüssigkeit, bes. für Wein‹ für den Hersteller oder den Benutzer. ❖ Am ehesten zu hessisch *Menge* ›Krämer‹ ist der Beleg aus Gießen a. 1502 *Mengel* zu stellen.

Menger: 1. ▶ Manger. 2. Übername zu mhd., mnd. *menger* ›Friedensstörer, Zwischenträchter, Unruhestifter‹. 3. Herkunftsname zu dem Ortsnamen Mengen (Baden-Württemberg).

Meng(e)s: 1. Auf eine verschliffene Form des alten deutschen Rufnamens Meingoz *(ma-*

gan/megin + *gōz̧*) zurückgehende Familiennamen. 2. Patronymische Bildungen (starker Genitiv) zu ▶ Meng(e). ❖ Bekannter Namensträger: Anton Raphael Mengs, deutscher Maler (18. Jh.).

Menhard(t), Menhart: ▶ Meinhard(t).

Menk(e): ▶ Meinecke.

Menn(e): aus einer Kurz- bzw. Koseform von Menhard(t) (▶ Meinhard[t]) entstandene Familiennamen.

Mennel: 1. Übername zu mhd. *mennelīn, mennel* ›Männchen‹ nach der Größe des ersten Namensträgers. 2. Auf eine Koseform mit -*l*-Suffix zu Rufnamen, die das Namenwort *man* enthalten (z. B. ▶ Manhart, ▶ Hermann), zurückgehender Familienname.

Mennen: patronymische Bildung (schwacher Genitiv) zu ▶ Menn(e).

Mennenga: friesische patronymische Bildung auf -*enga*, einer Schreibvariante des Suffixes -*inga*, zu ▶ Menn(e).

Menning: 1. Patronymische Bildung auf -*ing* zu ▶ Menn(e). 2. Herkunftsname zu den Ortsnamen Menning (Bayern), Menningen (Rheinland-Pfalz, Saarland, Baden-Württemberg), Meningen (Niedersachsen).

Menninga: friesische patronymische Ableitung mit dem Suffix -*inga* zu ▶ Menn(e).

Menninger: Ableitung auf -*er* zu ▶ Menning (2.).

Menrad, Menrath: ▶ Meinrad.

Mensch: 1. Übername oder Standesname zu mhd. *mensch* ›Mensch, dienender Mensch, Knecht‹. 2. Im niederdeutschen Bereich auch Nebenform von ▶ Mense.

Mensching: niederdeutsche patronymische Bildung auf -*ing* zu ▶ Mensch (2.).

Mense: aus einer niederdeutschen Koseform von Rufnamen, die mit dem Namenwort *magin/megin* gebildet sind (z. B. ▶ Meinhard[t]), hervorgegangener Familienname. ❖ Bekannter Namensträger: Carlo Mense, deutscher Maler und Grafiker (19./20. Jh.).

Mensing: niederdeutsche patronymische Bildung auf -*ing* zu ▶ Mense. ❖ *Bernhardus Mensing* ist a. 1370 in Coesfeld bezeugt.

Mentz(e): ▶ Menz(e).

Mentzel: ▶ Menzel.

Mentzen: ▶ Menzen.

Mentzer: ▶ Menzer.

Menz(e): 1. Auf eine mit *z*-Suffix gebildete Koseform von Rufnamen, die das Namenwort *magan/megin* enthalten (z. B. ▶ Meinhard[t]), zurückgehende Familiennamen. 2. Herkunftsnamen zu den Ortsnamen Menz (Sachsen-Anhalt, Brandenburg), Mentz (Wüstung bei Pömmelte, Sachsen-Anhalt), auch Mainz (Rheinland-Pfalz).

Menzel: 1. Aus einer mit -*z*- und -*l*-Suffix gebildeten Koseform von ▶ Hermann entstandener Familienname. ❖ Vgl. den Beleg *Joh. Hermenczel* (Liegnitz 1344). 2. Gelegentlich kann diesem Familiennamen auch eine Erweiterung von ▶ Mantz oder ▶ Menz(e) (1.) mit -*l*-Suffix zugrunde liegen. 3. Herkunftsname zu dem gleichlautenden Ortsnamen (Nordrhein-Westfalen). ❖ Bekannter Namensträger: Adolph von Menzel, deutscher Maler und Grafiker (19./20. Jh.).

Menzen: patronymische Bildung (schwacher Genitiv) zu ▶ Menz(e) (1.).

Menzer: Ableitung auf -*er* von ▶ Menz(e) (2.).

Menzinger: Herkunftsname zu den Ortsnamen Menzingen (Baden-Württemberg, Schweiz), Ober-, Untermenzing (Stadt München).

Meppen: Herkunftsname zu dem gleichlautenden Ortsnamen (Niedersachsen).

Merbot(h): aus dem gleichlautenden deutschen Rufnamen *(māri + bodo)* hervorgegangene Familiennamen.

Merbt: auf eine zusammengezogene Form von ▶ Merbot(h) zurückgehender Familienname.

Mercator: aus der Zeit des Humanismus stammende Übersetzung der deutschen Familiennamen ▶ Kaufmann, ▶ Kramer, ▶ Kremer ins Lateinische. ❖ Bekannter Namensträger: Gerhard Mercator, Geograf und Kartograf (16. Jh.).

Mercier: Berufsname zu altprovenzalisch *mercer, mercier* ›Kleinhändler, Hausierer‹. ❖ Mercier ist auch als Hugenottenname bezeugt: *Jacques Mercier* (Bückeburg a. 1698).

Merck: ▶ Merk. ❖ Bekannter Namensträger: Johann Heinrich Merck, deutscher Schriftsteller und Kritiker (18. Jh.).

Mergel: 1. Wohnstättenname zu mhd., mnd. *mergel* ›Mergel, eine fette Düngererde‹. 2. Berufsübername für einen Bauern, der mit Mergel düngte.

Mergenthaler: Herkunftsname zu den Ortsnamen Mergenthal (Sachsen, Böhmen), Mergental (Ostpreußen).

Mergner: vorwiegend im Vogtland häufig vorkommender Familienname, Nebenform von ▸ Morgner.

Merian: Herkunftsname zu dem Ortsnamen Muriaux (Schweiz). ❖ Bekannte Namensträger: Matthäus Merian, Kupferstecher und Verleger (16./17. Jh.); Maria Sibylla Merian, Malerin, Kupferstecherin und Naturforscherin (17./18. Jh.).

Merk: aus einer Kurzform von Rufnamen, die mit dem Namenwort *marcha* gebildet sind (▸ Markward[t], ▸ Markhard[t]), entstandener Familienname.

Merkel: aus einer mit *-l-* Suffix versehenen Koseform von Rufnamen, die mit dem Namenwort *marcha* gebildet sind (▸ Markward[t], ▸ Markhard[t]), entstandener Familienname.

Merker: 1. Amtsname zu mhd. *merkære, merker* ›Aufpasser, Aufseher; Beurteiler von Gedichten und Liedern beim Meistersang‹. 2. ▸ Märker (1.).

Merkert: Erweiterung von ▸ Merker mit sekundärem *-t*.

Merkl: bairisch-österreichische Schreibweise von ▸ Merkel.

Merkle: aus einer schwäbischen Koseform von Rufnamen, die mit dem Namenwort *marcha* gebildet sind (▸ Markward[t], ▸ Markhard[t]), entstandener Familienname.

Merklin: aus einer alemannischen Koseform von Rufnamen, die mit dem Namenwort *marcha* gebildet sind (▸ Markward[t], ▸ Markhard[t]), entstandener Familienname.

Merkt: ▸ Markt.

Merl: 1. Auf eine mit *-l-*Suffix gebildete Koseform von ▸ Merbot(h) zurückgehender Familienname. 2. ▸ Merle.

Merle: 1. Übername zu mhd. *merl(e)* ›Amsel‹, mnd. *merle, merlink* ›Goldammer, Amsel‹. 2. Wohnstättenname zu mnd. *merle* ›Wasserlinse, Maßholder‹.

Mersch: 1. Herkunftsname zu den Ortsnamen Mersch (Nordrhein-Westfalen, Niedersachsen), Mörsch (Rheinland-Pfalz), a. 792 als *Meresche* belegt. 2. ▸ Marsch.

Merschmann: westniederdeutscher Wohnstättenname auf *-mann* zu mnd. *mersch, marsch* (▸ Marsch) für jemanden, der an einer fruchtbaren Niederung am Flussufer wohnte. ❖ *Diderick Merschmann* ist a. 1454 in Coesfeld bezeugt.

Merschmeier, Merschmeyer: Standesnamen; nähere Kennzeichnung eines Meiers (▸ Meyer) durch die Lage des Hofes (▸ Marsch).

Mersmann: ▸ Merschmann.

Merte: aus einer verkürzten umgelauteten Form von ▸ Martin entstandener Familienname.

Mertel: auf eine mit *-l-*Suffix gebildete Koseform von ▸ Martin zurückgehender Familienname.

Merten: ▸ Martin.

Mertens: patronymische Bildung (starker Genitiv) zu ▸ Merten.

Mertes: patronymische Bildung (starker Genitiv) zu einer verkürzten Form von ▸ Martin.

Merth: auf eine verkürzte umgelautete Form von ▸ Martin zurückgehender Familienname.

Mertin: ▸ Martin.

Mertins: patronymische Bildung (starker Genitiv) zu Mertin (▸ Martin).

Mertl: ▸ Mertel.

Mertz: ▸ März und ▸ Merz.

Merx: auf eine Variante von ▸ Marx zurückgehender Familienname.

Merz: 1. ▸ März. 2. Herkunftsname zu den Ortsnamen Merz (Brandenburg, Österreich), Nieder-, Obermerz (Nordrhein-Westfalen).

Mesch: 1. Entrundete Form von ▸ Mösch. 2. Herkunftsname zu dem Ortsnamen Mesche (Schlesien). 3. Aus der Kurzform eines mit »Me-« anlautenden slawischen Rufnamens wie osorb. Měrćin (▸ Martin), Mětislav (▸ Metag) entstandener Familienname.

Meschede: Herkunftsname zu dem gleichlautenden Ortsnamen (Nordrhein-Westfalen).

Meschke: 1. Ableitung mit *-k-*Suffix von ▸ Mesch (3.). 2. Übername zu osorb. *měšak* ›Vermenger, Mischer‹, nsorb. ›Rührer‹.

Mesmer, Mesner: ▸ Messner. ❖ Bekannter Namensträger: Franz Anton Mesmer, deutscher Arzt und Hypnotiseur (18./19. Jh.), auf den das Phänomen des Mesmerismus zurückgeht.

Messer: Amtsname zu mhd. *mëzzer* ›(städtischer) Messer, Messbeamter‹. ❖ In München wurde der ▸ Kornmesser auch einfach »Messer« genannt: *Fricz Korenmesser* (a. 1369) erscheint a. 1368 als *Fridel Messer*.

Messerer: Berufsname zu mhd. *mezzerer* ›Messerschmied‹. ❖ *Ulr. mezzerær* ist i. J. 1312 in Regensburg bezeugt.

Messerschmidt: *Der mittelalterliche Messerschmied beim Verkauf seiner Ware*

Messerschmid(t), Messerschmitt: Berufsnamen zu mhd. *meʒʒersmit* ›Messerschmied‹. ❖ *Berhtolt Messersmit* ist a. 1357 in Nürnberg bezeugt. ❖ Bekannter Namensträger: Willy Messerschmitt, deutscher Flugzeugbauer (19./20. Jh.).

Messing: 1. Berufsübername zu mhd. *messinc* ›Messing‹ für den Kaltschmied (▶ Kaltschmidt), der dieses Metall verarbeitete. 2. Vereinzelt Herkunftsname zu den Ortsnamen Messingen (Niedersachsen), Mössingen (Baden-Württemberg).

Messmer, Meßmer: Nebenformen von ▶ Messner.

Messner, Meßner: Amtsnamen zu mhd. *mess(e)nære* ›Mesner, Küster‹, vgl. ▶ Küster. ❖ *Chunrad Mesener* ist a. 1304 in Nürnberg bezeugt. ❖ Bekannter Namensträger: Reinhold Messner, italienischer Bergsteiger (20./21.Jh.).

Mester: Standesname, Amtsname oder Übername zu mnd. *mêster* ›Meister, Vorsteher, Aufseher, Handwerksmeister, ehrenvoller Titel für Lehrer, Gelehrte, Ärzte‹. ❖ *Johannes Mester* ist a. 1313 im Raum Quedlinburg bezeugt.

Mestmacher: Berufsname zu mnd. *mestmaker* ›Messerschmied‹.

Metag: aus der eindeutschenden Schreibung einer Ableitung des slawischen Rufnamens Mětislav (urslaw. *mětati, *metati ›wirbeln, schleudern‹ + urslaw. *slava ›Ruhm, Ehre‹) entstandener Familienname.

Methfessel: Berufsübername zu mhd. *mët* ›Met, Honigwein‹ und mhd. *veʒʒelīn* ›Fässchen‹ für den Metsieder bzw. Metwirt oder Übername nach einer Vorliebe für das Getränk.

Methner: im deutsch-slawischen Kontaktgebiet entstandene patronymische Ableitung mit dem deutschen Suffix *-ner* zu einer Kurzform des slawischen Rufnamens Mětislav (▶ Metag).

Metka, Metko, Metschke: auf mit dem Suffix *-k* gebildete Ableitungen des slawischen Rufnamens Mětislav (▶ Metag) zurückgehende Familiennamen.

Mette: 1. Metronymischer Familienname, der auf eine Kurzform von Mechthild (▶ Metze) zurückgeht. 2. Berufsübername für den Müller (zu mnd. *matte, mette* ›Metze‹, das Maß Getreide, das der Müller für das Mahlen erhält).

Metternich: Herkunftsname zu dem gleichlautenden Ortsnamen (Rheinland-Pfalz, Nordrhein-Westfalen). ❖ Bekannter Namensträger: Klemens Wenzel Fürst von Metternich, österreichischer Staatsmann (18./19. Jh.).

Mettke: 1. Metronymischer Familienname, der auf eine mit -k-Suffix gebildete Koseform von Mechthild (▶ Metze) zurückgeht. 2. Aus der eindeutschenden Schreibung einer Ableitung des slawischen Rufnamens Mětislav (urslaw. *mětati, *metati ›wirbeln, schleudern‹ + urslaw. *slava ›Ruhm, Ehre‹) entstandener Familienname.

Mettler: 1. Herkunftsname zu dem Ortsnamen Mettlen (Schweiz). 2. Nebenform von ▶ Mittler.

Metz: 1. ▶ Metze (1.), (2.), (3.) oder (4.). 2. Herkunftsname zu dem Ortsnamen Metz (Lothringen).

Metzdorf: Herkunftsname zu dem gleichlautenden Ortsnamen (Rheinland-Pfalz, Brandenburg, Sachsen, Bayern, Baden-Württemberg).

Metze: 1. Metronymischer Familienname, der auf eine sehr häufige, mit -z-Suffix gebildete Koseform von Mechthild *(maht + hiltja)* zurückgeht. Zur Verbreitung der Rufnamen Mathilde/Mechthild im Mittelalter trug die Verehrung der heiligen Mathilde (9./10. Jh.) bei. Die heilige Mathilde, Gemahlin Heinrichs I. und Mutter Ottos des Großen, gründete mehrere Klöster und war eine Wohltäterin der Armen. 2. Vereinzelt kann diesem Familiennamen auch eine Koseform von ▸ Matthias oder ▸ Matthäus zugrunde liegen. 3. Berufsübername zu mhd. *metz(e)* ›Messer‹ für den Messerschmied. 4. Berufsübername zu mhd. *metze* ›kleineres Trocken- und Flüssigkeitsmaß, Metze‹ für den Hersteller oder den Benutzer. 5. Vereinzelt Herkunftsname zu dem Ortsnamen Metze (Hessen).

Metzelt(h)in: Herkunftsname zu dem Ortsnamen Metzelthin (Brandenburg).

Metzen: 1. Metronymische bzw. patronymische Bildung (schwacher Genitiv) zu ▸ Metze (1.) oder (2.). 2. Vereinzelt Herkunftsname zu dem Ortsnamen Metzen (Bayern).

Metzenmacher: Berufsname zu *metze* ›kleineres Trocken- und Flüssigkeitsmaß, Metze‹ für den Hersteller.

Metzger: Berufsname zu mhd. *metzjære, metzjer, metz(i)ger* ›Metzger‹, vgl. ▸ Fleisch, ▸ Fleischer. ❖ *Peter der metzger* ist a. 1327 in Esslingen bezeugt.

Metzinger: Herkunftsname zu den Ortsnamen Metzingen (Niedersachsen, Baden-Württemberg), Metzing (Österreich, Lothringen).

Metzler: Berufsname zu mhd. *metz(e)ler* ›Metzger‹, vgl. ▸ Fleisch, ▸ Fleischer. ❖ *Trutwin metzler* ist a. 1457 in Esslingen überliefert.

Metzner: 1. Berufsname zu mhd. *metze* ›kleines Trocken- und Flüssigkeitsmaß, Metze‹ für den Hersteller oder für den Müllergehilfen, der das Abmessen des Mahllohns mit der Metze besorgte. 2. Vereinzelt Herkunftsname zu dem Ortsnamen Metzen (Bayern).

Meuer: westmitteldeutscher, vor allem im Bereich Koblenz–Wiesbaden verbreiteter Wohnstättenname zu mhd. *miure* ›Mauer‹: ›wohnhaft an der [Stadt]Mauer‹ (vgl. die verbreitetere Form ▸ Mauer).

Meurer: ▸ Mäurer.

Meusel: 1. ▸ Mäusel. 2. Im deutsch-slawischen Kontaktbereich kann dieser Familienname auf eine Kurzform von slawischen Rufnamen wie Myslibor (zu urslaw. **mysliti* ›denken‹, **myslь* ›Gedanke‹ + urslaw. **borti* ›kämpfen‹) u. Ä. zurückgehen.

Meuser: 1. Übername zu fnhd. *meuser* ›Bussard‹. 2. Übername zu mnd. *mo(y)ser* ›Mörser‹. 3. Herkunftsname zu dem Ortsnamen Meusen (Sachsen).

Meuter: 1. ▸ Mauter. 2. Herkunftsname zu dem Ortsnamen Meudt (Rheinland-Pfalz).

Meves, Mewes, Mewis, Mews: auf verkürzte, durch Betonung der vorletzten Silbe entstandene Formen von ▸ Bartholomäus zurückgehende Familiennamen. ❖ Bekannte Namensträgerin: Christa Meves, deutsche Psychotherapeutin und Schriftstellerin (20./21. Jh.).

Mey: 1. ▸ Mai. 2. Herkunftsname zu dem Ortsnamen Mey (Lothringen). ❖ Bekannter Namensträger: Reinhard Mey, deutscher Chansonsänger (20./21. Jh.).

Meyer: 1. Standesname zu mhd. *mei(g)er* (< lat. *māior*, Komparativ von *māgnus* ›der Größere, Angesehenere, Höherstehende‹) ›Meier, Oberbauer, der im Auftrag des Grundherrn die Aufsicht über die Bewirtschaftung der Güter führt, in dessen Namen die niedere Gerichtsbarkeit ausübt‹, auch ›(Groß-)Bauer‹. Meyer steht in Deutschland an fünfter Stelle in der Ranghäufigkeit der Familiennamen, würde man jedoch die Schreibweisen Meyer, Meier, Mayer und Maier zusammenfassen, nähmen diese Namen zusammen die dritte Position ein. Im Norden und in der Mitte Deutschlands überwiegen die Schreibungen mit -e-, im Süden diejenigen mit -a-. ❖ Bedingt durch die große Anzahl der Meier tritt -meyer in zahlreichen Zusammensetzungen auf, die sich auf die Lage des Hofes (▸ Brinkmeier, Brinkmeyer), die wichtigsten Feldfrüchte (▸ Gerstenmaier), den Bewuchs (▸ Feichtmai[e]r), die Bodenbeschaffenheit (▸ Griesmai[e]r), Verpflichtungen und Abgaben (▸ Tegetmeier) und anderes beziehen können. Da Meyer in ländlichen Gebieten Westfalens, aber z. B. auch in Niederösterreich, bis gegen Ende des 17. Jh. teilweise noch nicht zum festen Familiennamen geworden war, sondern noch den Inhaber oder Besitzer eines Hofes, und zwar meist des ältesten oder größten Hofes im Dorf, bezeichnete, war -*meyer* noch bis ins 17. Jh. in diesen Gebieten mit -*mann* und (in Westfalen) mit -*schulte* austauschbar. 2. Im niederdeutschen Bereich gelegentlich Berufsname zu mnd. *meier, meiger* ›Mäher, Großknecht‹. 3. Als jüdischer Familienname Übername zu hebr. *meīr* ›erleuchtet‹. ❖ Bekannter Namensträger: Conrad Ferdinand Meyer, schweizerischer Dichter (19. Jh.).

Meyerhof(er), Meyerhoff: ▶ Meierhof(er).

Meyering: patronymische Bildung auf -*ing* zu ▶ Meyer.

Meyers: patronymische Bildung (starker Genitiv) zu ▶ Meyer.

Meyn: ▶ Mein.

Meysel: ▶ Meisel. ❖ Bekannte Namensträgerin: Inge Meysel, deutsche Schauspielerin (20./21. Jh.).

Mezger: ▶ Metzger. ❖ Bekannter Namensträger: Theo Mezger, deutscher Fernsehregisseur (20./21. Jh.).

Michael: auf den gleichlautenden Rufnamen hebräischen Ursprungs (hebr. *mīkā'ēl* ›Wer ist wie Gott?‹) zurückgehender Familienname. Michael fand im Mittelalter in der christlichen Welt als Name des Erzengels Michael Verbreitung. Zur Häufigkeit des Namens hat auch der Anklang an mhd. *michel* ›groß‹ beigetragen. Michael als siegreicher Heerführer der Engel im Kampf gegen den Satan wurde zum Beschützer der Kirche und des Heiligen Römischen Reiches und somit auch zum Schutzpatron Deutschlands. ❖ Aus Varianten von Michael sind die Familiennamen **Michel, Micheel** und **Michl** entstanden. ❖ Bei den Familiennamen **Michaelis, Michels, Michaelsen, Michelsen** handelt es sich um patronymische Bildungen. ❖ Slawischer Herkunft sind u. a. die Familiennamen **Michalak, Michalek, Michalik, Michalk(e), Michauk, Michalski**.

Michaelis: patronymische Bildung (lateinischer Genitiv) zu ▶ Michael.

Michaelsen: patronymische Bildung auf -*sen* zu ▶ Michael.

Michalak: auf eine polnische, mit dem Suffix -*ak* gebildete Ableitung von ▶ Michael zurückgehender Familienname.

Michalek: aus einer polnischen oder tschechischen, mit dem Suffix -*ek* gebildeten Ableitung von ▶ Michael entstandener Familienname.

Michalik: auf eine mit dem slawischen Suffix -*ik* gebildete Ableitung von ▶ Michael zurückgehender Familienname.

Michalk: auf eine sorbische Ableitung mit -*k*-Suffix von ▶ Michael zurückgehender Familienname.

Michalke: aus einer eindeutschenden Form von ▶ Michalk entstandener Familienname.

Michalski: 1. Aus einer polnischen Ableitung von ▶ Michael entstandener Familienname. 2. Herkunftsname zu polnischen Ortsnamen wie Michałowice, Michałów u. Ä.

Michauk: aus einer eindeutschenden Schreibung von ▶ Michalk entstandener Familienname.

Micheel, Michel: ▶ Michael.

Michels: patronymische Bildung (starker Genitiv) zu Michel (▶ Michael).

Michelsen: patronymische Bildung auf -*sen* zu Michel (▶ Michael).

Michl: im Süden des deutschen Sprachgebiets verbreitete Form von ▶ Michael.

Michler: 1. Patronymische Bildung auf -*er* zu ▶ Michl. 2. Herkunftsname auf -*er* zu den Ortsnamen Micheln (Sachsen-Anhalt, Ostpreußen), Michelau (Hessen, Bayern, Baden-Württemberg, Schlesien).

Mick: auf eine obersorbische oder tschechische Ableitung von ▶ Nikolaus zurückgehender Familienname.

Micklisch: aus der eindeutschenden Schreibung einer sorbischen oder tschechischen Ableitung von ▶ Nikolaus entstandener Familienname.

Middendorf: 1. Herkunftsname zu dem gleichlautenden Ortsnamen (Westfalen). 2. Wohnstättenname für jemanden, der »mitten im Dorf« wohnte. ❖ Bekannter Namensträger: Helmut Middendorf, deutscher Maler (20./21. Jh.).

Miebach: Herkunftsname zu dem gleichlautenden Ortsnamen (Nordrhein-Westfalen).

Miedl: bairisch-österreichischer Familienname unsicherer Herkunft. Folgende Deutungsmöglichkeiten bieten sich an: 1. Übername zu mhd. *miete, miet* ›Lohn, Belohnung‹, bair. *Miet* ›die Miet, das Gemiet, kleine Gabe von besserem Futter‹. 2. Übername zu mhd. *müeden* ›ermüden‹, bair. (älter) *Müeding* ›unglücklicher, elender, böser Mensch‹. 3. Übername zu bair. *müeten* ›bemühen, beunruhigen, plagen‹, bair. *Müeder* ›Quälgeist‹.

Miehe: niederdeutscher, vor allem im Gebiet Hannover–Braunschweig–Magdeburg häufiger metronymischer Familienname, der aus Mya, Mye, einer verkürzten Form des Heiligennamens Euphemia (▶ Offeney), hervorgegangen ist. ❖ Die Entstehung des Familiennamens geht hervor aus der Gleichung aus Hildesheim, a. 1301/02: *Johannes dictus de* [genannt von] *Sehusen et uxor ejus* [und seine Gattin] *Mya = Johannes dictus de Sehusen et uxor ejus Offemya*.

Miehle: 1. Aus einer schwäbischen Form von ▶ Mühlich entstandener Familienname. 2. Auf die eindeutschende Schreibung einer Ableitung von slawischen Rufnamen wie Milogost (urslaw. *milъ* ›lieb, teuer‹ + urslaw. *gostъ* ›Gast‹) u. Ä. zurückgehender Familienname. 3. Herkunftsname zu den Ortsnamen Miele (Niedersachsen), Miehlen (Rheinland-Pfalz).

Miehlich: 1. ▶ Mühlich. 2. ▶ Miehle (2.).

Mielisch, Mielke: ▶ Miehle (2.).

Miersch: im Bereich zwischen Dresden und Frankfurt/Oder, vor allem in der Lausitz häufiger Familienname, der auf die eindeutschende Schreibung einer Ableitung von slawischen Rufnamen wie Miroslav (urslaw. *mirъ* ›Frieden‹ + urslaw. *slava* ›Ruhm, Ehre‹) u. Ä. zurückgeht.

Mies: der Familienname ist einerseits im gesamten Rheinland, dann aber auch in einem kleinen Gebiet um Passau häufig. Er muss daher unterschiedlich erklärt werden: 1. Im Rheinland handelt es sich um eine verkürzte, durch Betonung der vorletzten Silbe entstandene Form von ▶ Bartholomäus. 2. Im bairischen Sprachraum liegt ein Wohnstättenname zu dem oberdeutschen Flurnamen Mies (›Moos‹) vor.

Mieth: vor allem im Bereich Dresden und in der Lausitz, dann aber auch – in geringerem Maß – in Aschaffenburg und Erfurt häufiger Familienname, der unterschiedlich erklärt werden muss: 1. In Dresden und in der Lausitz handelt es sich um einen Familiennamen, der auf eine Ableitung des slawischen Rufnamens Mětislav (▶ Metag) zurückgeht. 2. Bei Herkunft aus Bayern, Hessen, Thüringen wohl Übername zu mhd. *miete, miet* ›Lohn, Belohnung, Begabung‹.

Miethe: vor allem im Bereich zwischen Bautzen und Frankfurt/Oder häufiger Familienname, der aber auch im Münsterland auftritt und daher unterschiedlich erklärt werden muss: 1. Bei ostdeutscher Herkunft ▶ Mieth (1.). 2. Im Münsterland Übername zu mnd. *mite* ›Milbe; Gerstenkorn am Auge; eine kleine niederländische Münze; Bezeichnung des Allerkleinsten‹.

Miethke, Mietz(sch): auf Ableitungen des slawischen Rufnamens Mětislav (▶ Metag) zurückgehende Familiennamen.

Mietzner: am ehesten im deutsch-slawischen Kontaktbereich entstandene patronymische Bildung auf *-ner* zu Mietz, einer Ableitung des slawischen Rufnamens Mětislav (▶ Metag).

Mihm: 1. Im Norden des deutschen Sprachgebietes von dem alten Rufnamen Mimo, Mime abgeleiteter Familienname. Mime war der Name eines zwergenhaften Schmieds in der deutschen Heldensage. 2. Im Süden und in der Mitte des deutschen Sprachgebietes eher aus einer verkürzten Form des Heiligennamens Maximinus (< lat. *maximus* ›sehr groß, am größten‹) entstandener Familienname. Der heilige Maximinus war im 4. Jh. Bischof von Trier. ❖ *petrus myme* ist a. 1365 in Barth (Mecklenburg-Vorpommern) bezeugt.

Mika: aus einer tschechischen Ableitung von ▶ Nikolaus entstandener Familienname.

Mikolajczak, Mikolajczyk: aus polnischen Ableitungen von Mikolaj (▶ Nikolaus) entstandene Familiennamen.

Miksch: aus der eindeutschenden Schreibung einer slawischen Ableitung von ▶ Nikolaus entstandener Familienname.

Mikus(ch): aus der eindeutschenden Schreibung einer mit dem slawischen Suffix *-uš* gebildeten Ableitung von ▶ Nikolaus entstandene Familiennamen.

Mikut(t)a: aus einer tschechischen Ableitung von ▶ Nikolaus entstandene Familiennamen.

Milch: Berufsübername zu mhd. *milch, milich* ›Milch‹ für den Milchhändler bzw. Übername für jemanden, der gerne Milch trank.

Milcher: 1. Berufsname zu mhd. *milch, milich* ›Milch‹ für den Milchhändler. Diese Berufsbezeichnung ist in Frankfurt am Main seit 1324 bezeugt. 2. Auf eine Nebenform von ▶ Melchior zurückgehender Familienname. ❖ *Romung Milcher* ist a. 1363 in Nürnberg bezeugt.

Milchsack: 1. Berufsübername zu mhd. *milchsac* ›Hirtentasche‹ für einen Hirten. 2. Im älteren obersächsischen Dialekt bedeutete *Milchsack* das Euter der Kuh, sodass auch ein Berufsübername für den Melker vorliegen kann.

Milde: 1. Übername zu mhd. *milte, milde* ›freundlich, liebreich, gütig, geduldig, barmherzig, wohltätig, freigebig‹, mnd. *milde* ›freigebig, freundlich, barmherzig, fromm‹. 2. Herkunftsname zu dem Ortsnamen Milda (Thüringen). ❖ *Henricus Milte* ist a. 1321 in Nürnberg bezeugt.

Mildenberg(er): Herkunftsnamen zu den Ortsnamen Mildenberg in Brandenburg, Miltenberg, um 1250 *Mildenberg*, in Unterfranken.

Mildner: 1. Durch Entrundung entstandene Form von ▶ Müldner. 2. Herkunftsname zu den Ortsnamen Mildenau (Sachsen, Böhmen), Milden (Schweiz).

Milewski: Herkunftsname zu dem polnischen Ortsnamen Milewo.

Milke: aus einer mit -*k*-Suffix gebildeten Ableitung von ▶ Miehle (2.) hervorgegangener Familienname.

Mill: 1. Herkunftsname zu dem Ortsnamen Millen (Nordrhein-Westfalen) 2. Nebenform von ▶ Miehle (2.).

Miller: 1. Durch Entrundung entstandene Form von ▶ Müller. ❖ Im Jahre 1456 ist *wernher miller* in Esslingen überliefert. 2. Englischer Familienname mit der gleichen Bedeutung. ❖ Bekannter Namensträger: Johann Martin Miller, deutscher Schriftsteller (18./19. Jh.).

Milz: 1. Herkunftsname zu dem gleichlautenden Ortsnamen (Thüringen). 2. Wohnstättenname nach dem Gewässernamen Milz, Nebenfluss der Saale. 3. Übername zu mhd. *milz(e)* ›Milz‹. 4. Vereinzelt kann dieser Familienname aus dem alten deutschen Rufnamen Mildizo *(milte)* hervorgegangen sein.

Minde: ▶ Minden.

Mindemann: Ableitung auf -*mann* zu ▶ Minden.

Minden: Herkunftsname zu dem Ortsnamen Minden (Westfalen, Rheinland-Pfalz), durch Entrundung auch zu den Ortsnamen Münden (Hessen), Hann. Münden (Niedersachsen).

Mindermann: 1. Durch Entrundung entstandener Herkunftsname auf -*mann* zu dem Ortsnamen Bad Münder am Deister (Niedersachsen). 2. Entstellte Form von ▶ Mindemann. 3. Übername auf -*mann* zu mhd. *minner, minder* ›kleiner, geringer an Wert, Stand, Macht‹.

Mink: 1. Durch Entrundung entstandene Form von ▶ Münk. 2. Berufsname zu nsorb. *młynik*, osorb. *młynk* ›Müller‹.

Minner: 1. Übername zu mhd. *minner* ›Liebender, Liebhaber, unkeuscher Mensch, Buhler, Hurer‹, mnd. *minner* ›Liebhaber, Freund‹. 2. Übername zu mhd., mnd. *minner* ›kleiner, geringer an Wert, Stand, Macht, Ansehen‹. ❖ *Heinr. Minner* ist a. 1326 in Regensburg bezeugt.

Minnich: 1. Übername zu mnd. *minnich* ›verliebt‹, mhd. *minnec* ›Liebe hegend‹. 2. Durch Entrundung entstandene Form von ▶ Münch.

Minor: aus der Zeit des Humanismus stammende Latinisierung der deutschen Familiennamen ▶ Klein(er).

Minwegen: Übername nach einer Redensart (»meinetwegen«) des ersten Namensträgers.

Mirbach: Herkunftsname zu dem gleichlautenden Ortsnamen (Rheinland-Pfalz).

Mirtschin: auf die eindeutschende Schreibung einer sorbischen Ableitung von ▶ Martin zurückgehender Familienname.

Misch: 1. Aus der eindeutschenden Schreibung einer slawischen Ableitung von Rufnamen wie Miloslav (urslaw. **milъ* ›lieb, teuer‹ + urslaw. **slava* ›Ruhm, Ehre‹), Miroslav (urslaw. **mirъ* ›Friede‹ + urslaw. **slava* ›Ruhm, Ehre‹), Mikolaj (▶ Nikolaus), ▶ Michael hervorgegangener Familienname. 2. Herkunftsname, der auf die entrundete Form des Ortsnamens Müsch (Rheinland-Pfalz) zurückgeht.

Mische(c)k: aus einer polnischen oder tschechischen, mit dem Suffix -*ek* gebildeten Ableitung von ▶ Misch (1.) entstandene Familiennamen.

Mischke: 1. Aus der eindeutschenden Schreibung einer sorbischen Ableitung mit -*k*-Suffix von ▶ Misch (1.) hervorgegangener Familienname. 2. Herkunftsname zu dem gleich-

lautenden Ortsnamen (ehem. Brandenburg/ jetzt Polen).

Mitschke: aus der eindeutschenden Schreibung einer Ableitung des slawischen Rufnamens Mětislav (urslaw. *mětati, *metati ›wirbeln, schleudern‹ + urslaw. *slava ›Ruhm, Ehre‹) entstandener Familienname.

Mittag: 1. Wohnstättenname zu mhd. *mitte(n)tac* ›Mittag‹ für jemanden, der im Süden wohnte. 2. Gelegentlich Übername zu mhd. *mitache, mittach*, durch Zusammenziehung entstandene Formen von mhd. *mittewoche* ›Mittwoch‹, dessen Vergabe möglicherweise im Zusammenhang mit einem Zins- oder Dienstleistungstermin steht. ❖ *Michel Mittag* ist a. 1454 in Freiburg i. Br. bezeugt. 3. ▶ Metag.

Mittelbach: Herkunftsname zu dem gleichlautenden Ortsnamen (Sachsen, Mittelfranken, Baden-Württemberg, Rheinland-Pfalz, Westfalen).

Mittelstädt, Mittelstedt: 1. Wohnstättennamen für jemanden, der »mitten in der Stadt« wohnte (vgl. mhd. *mittel* ›in der Mitte‹). 2. Herkunftsnamen zu dem in Bayern mehrfach vorkommenden Ortsnamen Mittelstetten bzw. zu dem Ortsnamen Mittelstadt (Baden-Württemberg).

Mittendorf: 1. Wohnstättenname für jemanden, der »mitten im Dorf« wohnte. 2. Herkunftsname zu dem Ortsnamen Mittendorf (Baden).

Mitter(er): Wohnstättennamen zu mhd. *mitter* ›in der Mitte befindlich‹. ❖ Bekannte Namensträger: Erika Mitterer, österreichische Schriftstellerin (20./21. Jh.); Felix Mitterer, österreichischer Schriftsteller (20./21. Jh.).

Mittermaier, Mittermayer, Mittermeier, Mittermeyer: Standesnamen, nähere Kennzeichnung eines Meiers (▶ Meyer) durch die Lage des Hofes (zu mhd. *mitter* ›in der Mitte befindlich‹). ❖ Bekannte Namensträgerin: Rosi Mittermaier, deutsche Skirennfahrerin (20./21. Jh.).

Mittermüller: Berufsname, nähere Kennzeichnung eines Müllers (▶ Müller) durch die Lage der Mühle (zu mhd. *mitter* ›in der Mitte befindlich‹).

Mittler: 1. Wohnstättenname zu mhd. *mitteler* ›der in der Mitte ist, wohnt‹. 2. Übername zu mhd. *mittler* ›Mittler, Vermittler‹.

Mittmann: 1. Wohnstättenname auf -*mann* zu mhd. *mitte* ›in der Mitte‹ für jemanden, der in der Mitte [des Ortes] wohnte. 2. Berufsname zu mhd. *mietman* ›Tagelöhner‹.

Mix: 1. Verkürzung von ▶ Remigius. 2. Slawische Ableitung von ▶ Nikolaus.

Mlyne(c)k: Wohnstättenname oder Berufsübername zu poln. *młynek*, tschech. *mlýnek* ›kleine Mühle‹.

Möbes, Möbis, Möb(i)us: auf verkürzte, durch Betonung der vorletzten Silbe entstandene Formen von ▶ Bartholomäus zurückgehende Familiennamen.

Moch: 1. ▶ Mock. 2. Auf eine Ableitung von slawischen Rufnamen wie Mojmir (urslaw. *mojь ›mein‹ + urslaw. *mirъ ›Friede‹) u. Ä. zurückgehender Familienname.

Mock, Möck, Mocke: Übernamen zu mittelhochdeutsch *mocke*, frühneuhochdeutsch *moch* ›Klumpen, Brocken‹; bildlich ›plumper, ungebildeter Mensch‹. ❖ *Contz Mock* ist a. 1397 in Nürnberg bezeugt.

Mockel, Möckel: Ableitungen von ▶ Mock mit -*l*-Suffix.

Mockenhaupt: Übername für einen plumpen, ungebildeten Menschen, vgl. ▶ Mock.

Model: Berufsübername zu mhd. *model* ›Maß, Muster, Form‹, insbesondere ›Musterform der Ziegelbrenner‹.

Moder: 1. Übername zu mnd. *moder* ›Mutter‹. 2. Berufsübername zu mnd. *moder* ›Stute‹ für einen Bauern oder Pferdehändler. 3. Wohnstättenname zu mhd. *moder* ›Sumpfland, Moor‹. 4. Durch Verdumpfung des -*a*- zu -*o*- entstandene Form von ▶ Mader.

Modersohn: Übername zu mnd. *moderson* ›Muttersohn, unehelicher Sohn‹. ❖ Bekannte Namensträger: Paula Modersohn-Becker, deutsche Malerin (19./20. Jh.); Otto Modersohn, deutscher Maler (19./20. Jh.).

Modrach, Modra(c)k: Nebenformen von Mudra(c)k (▶ Mudra).

Modrow: Herkunftsname zu den Ortsnamen Moderow, Moddrow (ehem. Pommern/jetzt Polen).

Modschiedler: Herkunftsname zu dem Ortsnamen Modschiedel (Oberfranken).

Moeller: ▶ Möller.

Moers: Herkunftsname zu dem gleichlautenden Ortsnamen (Nordrhein-Westfalen).

423

Mögebier: Übername in Satzform zu mnd. *mogen* ›etwas gern haben‹ und mnd. *bēr* ›Bier‹ für jemanden, der Bier mochte, einen Biertrinker. ❖ Ein *Mogheber* ist a. 1416 in Hildesheim bezeugt.

Mohaupt: ▶ Mohnhaupt.

Möhle: 1. Wohnstättenname oder Berufsübername zu mnd. *mol(l)e* ›Mühle‹: ›wohnhaft oder tätig an der Mühle‹. 2. Herkunftsname zu Ortsnamen wie Möhla (Sachsen), Möhlau (Sachsen-Anhalt).

Möhler: 1. Oberdeutsche Variante von ▶ Mahler, Mähler. 2. Variante von ▶ Möller. 3. Herkunftsname zu den Ortsnamen Möhler (Nordrhein-Westfalen), Möhla (Sachsen), Möhlau (Sachsen-Anhalt).

Möhlhe(i)nrich: aus ▶ Möhle (1.) und dem Rufnamen He(i)nrich (▶ Heinrich) zusammengewachsene Familiennamen: ›der He(i)nrich aus der Mühle‹.

Möhlmann: Ableitung auf *-mann* von ▶ Möhle (1.).

Mohme: Übername zu mnd. *mome* ›Muhme, Mutter- oder Vatersschwester, jede weibliche Verwandte‹. ❖ *Hinrik Mome* ist a. 1411 in Hildesheim bezeugt.

Mohn: Übername zu mhd. *māge(n), māhen*, zusammengezogen *mān, mōn* ›Mohn‹ oder zu mhd. *mān(e), mōn(e)* ›Mond, Monat‹.

Mohnhaupt: 1. Berufsübername zu mhd. *māge(n), māhen*, zusammengezogen *mān, mōn* ›Mohn‹ und mhd. *houb(e)t* ›Kopf, Haupt‹: ›Mohnkopf‹, Bezeichnung der Mohnkapsel, für den Mohngärtner bzw. -händler; vgl. auch ▶ Mahnkopf. 2. Vereinzelt Standesname zu mhd. *manhoubet* ›Leibeigener‹.

Mohr: 1. Übername zu mhd. *mōr(e)* ›Mohr‹ nach der schwarzen Haarfarbe des ersten Namensträgers. 2. Niederdeutscher Wohnstättenname zu mhd. *mōr* ›Moor, feuchter, sumpfiger Landstrich‹: ›wohnhaft an/bei einer sumpfigen Stelle‹. 3. Auf den Hausnamen »Zum Mohren« (nach einem Bild oder Hauszeichen) zurückgehender Familienname. 4. Herkunftsname zu den Ortsnamen Mohr (Schleswig-Holstein), Moor (Schleswig-Holstein, Mecklenburg-Vorpommern, Brandenburg, Niedersachsen). 5. Selten Berufsübername zu mhd. *mōre* ›Sau, Zuchtsau‹ für einen Bauern, Schweinezüchter. ❖ *Wedekind Mor* ist a. 1340 in Braunschweig überliefert.

Mohren: patronymische Bildung (schwacher Genitiv) zu ▶ Mohr (1.).

Möhring(er): Herkunftsnamen zu den Ortsnamen Möhringen (Baden-Württemberg, Ostpreußen), Möringen (Sachsen-Anhalt, Nordrhein-Westfalen), zum Teil auch auf gerundete Formen zu den Ortsnamen Mehring (Bayern, Rheinland-Pfalz), Mehringen (Niedersachsen, Nordrhein-Westfalen, Sachsen-Anhalt) zurückgehende Familiennamen.

Möhrke: Ableitung von ▶ Mohr (1.) mit *-k-*Suffix.

Möhrle: schwäbische Ableitung von ▶ Mohr (1.).

Mohrmann: 1. Übername zu mhd. *mōrman* ›Mohr‹, ▶ Mohr (1.). 2. Ableitung auf *-mann* zu ▶ Mohr (2.) oder (4.).

Mohs: ▶ Moos.

Moldenhauer: Berufsname zu mnd. *moldenhauer* ›der Mulden »haut«, verfertigt‹, mnd. *molde* ›längliches, halbrundes, ausgehöhltes Holzgefäß‹.

Mölder: 1. Berufsname zu einer niederdeutschen Dialektform zu mnd. *molner, moller* ›Müller‹. 2. Berufsübername zu mnd. *molder* ›Malter; ein Getreidemaß‹.

Mölders: patronymische Bildung (starker Genitiv) zu ▶ Mölder.

Molitor: aus der Zeit des Humanismus stammende Übersetzung des deutschen Familiennamens ▶ Müller ins Lateinische.

Moll: 1. Übername zu mhd. *mol, molle* ›Eidechse, Molch‹ für einen dicken, unbeholfenen Menschen. 2. Im niederdeutschen Bereich Übername zu mnd. *mol* ›Maulwurf‹. ❖ Bekannter Namensträger: Kurt Moll, deutscher Sänger (20./21. Jh.).

Mollenhauer: ▶ Moldenhauer.

Möller: niederdeutsche Form von ▶ Müller.

Möllers: patronymische Bildung (starker Genitiv) zu ▶ Möller.

Möllmann: niederdeutscher Berufsname auf *-mann* für den Müller.

Molnar, Molnár: Berufsnamen zu ung. *molnár* ›Müller‹.

Molter: niederdeutscher Berufsname zu mnd. *molten* ›Malz bereiten zum Bierbrauen‹, vgl. ▶ Malzer, Mälzer.

Molz: 1. Herkunftsname zu Ortsnamen wie Molzen (Bayern, Niedersachsen), Mölz

(Sachsen-Anhalt). 2. Übername zu mhd. *malz* ›weich, sanft, schlaff‹, oberdt. *molzet* ›teigig, weich‹. 3. Durch Verdumpfung entstandener oberdeutscher Berufsübername für den Mälzer zu mhd. *malz* ›Malz‹.

Molzahn: Herkunftsname zu den Ortsnamen Groß Molzahn, Klein Molzahn, Moltzahn (Mecklenburg-Vorpommern).

Momber(t), Mommer(t): 1. Übernamen zu mhd., mnd. *muntbor*, Nebenformen *momper, mommer, mumber(t), mummer* ›Beschützer, Vormund‹. 2. Aus dem alten deutschen Rufnamen Munibert *(muni + beraht)* entstandene Familiennamen. ❖ Bekannter Namensträger: Alfred Mombert, deutscher Schriftsteller (19./20. Jh.).

Mommertz: patronymische Bildung (starker Genitiv) zu Mommert (▶ Momber[t] [2.]).

Mommsen: patronymische Bildung auf *-sen* zu Mommo, Momme, einer Koseform von Rufnamen, die mit dem Namenwort *muni* gebildet sind (z. B. ▶ Momber[t] [2.]). ❖ Bekannter Namensträger: Theodor Mommsen, deutscher Historiker (19./20. Jh.).

Momper: ▶ Momber(t).

Mönk, Mönig: ▶ Münch.

Monk, Mönk(e): niederdeutsche Übernamen zu mnd. *mon(n)ik, monk* ›Mönch‹; ▶ Münch. ❖ Bekannter Namensträger: Egon Monk, deutscher Regisseur (20./21. Jh.).

Mönkemeier, Mönkemeyer: Standesnamen, nähere Bestimmung eines Meiers (▶ Meyer) durch Nennung der Grundherrschaft (▶ Münch): ›der von den Mönchen bzw. von einem Kloster abhängige Meier‹. ❖ *Johanne dicto* [genannt] *Monnikemeyger* ist i. J. 1329 in Hildesheim belegt.

Mönkemöller: Berufsname, nähere Kennzeichnung eines Müllers (▶ Müller) durch Nennung der Grundherrschaft (▶ Münch): ›der von den Mönchen bzw. von einem Kloster abhängige Müller‹.

Mönnich: ▶ Münch.

Monsees: auf Bremerhaven und Bremen konzentrierter Familienname, der ohne urkundliche Belege nicht sicher zu deuten ist; vielleicht patronymischer Name (starker Genitiv) zu einer mit -s-Suffix gebildeten friesischen Koseform zu dem alten Rufnamen Manno *(man)*.

Montag: Übername nach dem Wochentag (mhd. *māntac, mōntac* ›Montag‹), dessen Vergabe möglicherweise im Zusammenhang mit einem Zins- oder Dienstleistungstermin steht.

Moog(k), Mook: 1. Durch Verdumpfung des -a- zu -o- entstandene Varianten von ▶ Mack(e) (2.). 2. ▶ Mock.

Moor: ▶ Mohr.

Moormann: ▶ Mohrmann.

Moos: 1. Wohnstättenname zu mhd. *mos* ›Moos, Sumpf, Moor‹: ›wohnhaft an/bei einer sumpfigen Stelle‹. 2. Herkunftsname zu dem gleichlautenden Ortsnamen (Baden-Württemberg, Bayern, Österreich, Schweiz).

Moosbauer: Standes- oder Berufsname, nähere Kennzeichnung eines Bauern (▶ Bauer) durch die Lage des Hofes (▶ Moos).

Mooser: Ableitung auf *-er* von ▶ Moos.

Moosmann: Ableitung von ▶ Moos mit dem Suffix *-mann*.

Morath: 1. Auf eine verschliffene Form von ▶ Morhard zurückgehender Familienname. 2. Berufsübername zu mhd. *môraʒ*, Nebenform *môrat* ›Maulbeerwein‹ für den Hersteller oder Übername für den Liebhaber dieser Weinsorte.

Morawietz: Herkunftsname zu poln. *morawiec* ›Einwohner Mährens, Zuzügler aus Mähren‹.

Morch(e): Berufsübernamen zu mhd. *morch(e), morhe* ›Möhre, Mohrrübe, Morchel‹ für den Bauern oder Gemüsehändler.

Mordhorst: Wohnstättenname zu mnd. *horst* ›wüster, wilder Ort‹, wobei das Bestimmungswort aus »Moor« entstellt ist.

Morell: auf eine verkürzte Form des Heiligennamens Maurelius zurückgehender Familienname.

Morf: durch Zusammenziehung entstandene Form von Morolf (▶ Morof[f]).

Morgen: 1. Übername zu mhd. *morgen* ›Morgen‹ für den Frühaufsteher oder zu mhd. *morgen* ›am folgenden Tag, morgen‹ für jemanden, der die Arbeit gerne auf den nächsten Tag verschob. 2. Berufsübername für einen Bauern (zu mhd. *morgen* ›ein Ackermaß, eigtl. das Stück Land, das an einem Vormittag mit einem Gespann gepflügt werden kann‹). 3. Wohnstättenname für jemanden, der im Osten eines Ortes ansässig war. 4. Herkunftsname zu dem gleichlautenden Ortsnamen (Bayern, Ostpreußen).

Morgenroth: 1. Übername zu mhd. *morgenrōt* ›Morgenrot‹ für einen Frühaufsteher. 2. Wohnstättenname für jemanden, der am Ostrand des Ortes siedelte. 3. Herkunftsname zu den Ortsnamen Morgenröthe (Sachsen), Morgenrot (Sachsen-Anhalt).

Morgenstern: 1. Übername zu mhd. *morgenstërn* ›Morgenstern‹. 2. Ein Berufsübername für den Hersteller oder Benutzer der gleichlautenden Waffe kommt erst ab dem 16. Jh. infrage. Es handelt sich um eine Entlehnung aus dem dänischen Wort *morgenstjerne*. Hierbei wurden die hervorstehenden Stacheln des Streitkolbens mit den Strahlen des Sterns verglichen. Die mittelhochdeutsche Bezeichnung für die Waffe lautet *nagelkolbe*. 3. Herkunftsname zu dem gleichlautenden Ortsnamen (Schleswig-Holstein, Nordrhein-Westfalen, ehem. Pommern/jetzt Polen, Schlesien). ❖ Ulrich Morgenstern ist a. 1370 in Nürnberg überliefert. ❖ Bekannter Namensträger: Christian Morgenstern, deutscher Schriftsteller (19./20. Jh.).

Morgenweck: ▶ Morneweg.

Morgner: 1. Ableitung auf *-er* von ▶ Morgen (3.) oder (4.). 2. Übername zu mhd. *morgenen* ›auf morgen verschieben‹ für einen wenig arbeitsamen Menschen. ❖ Bekannte Namensträgerin: Irmtraud Morgner, deutsche Schriftstellerin (20. Jh.).

Morhard, Morhar(d)t: auf den gleichlautenden deutschen Rufnamen *(mōr + harti)* zurückgehende Familiennamen. ❖ Cvnradus Morhart ist a. 1285–1355 in Nürnberg bezeugt.

Mörike: von einer mit *-k*-Suffix gebildeten Koseform von Rufnamen wie Morolf (▶ Morof[f]) oder ▶ Morhard abgeleiteter Familienname. ❖ Bekannter Namensträger: Eduard Mörike, deutscher Schriftsteller (19. Jh.).

Moritz, Möritz: 1. ▶ Mauritius. 2. Gelegentlich Herkunftsnamen zu den Ortsnamen Moritz (Sachsen-Anhalt, Bayern), St. Moritz (Schweiz). 3. Wegen des Anklangs an ▶ Moses begegnet Moritz auch als jüdischer Familienname. ❖ Bekannter Namensträger: Karl Philipp Moritz, deutscher Schriftsteller (18. Jh.).

Moritzen: patronymische Bildung (schwacher Genitiv) zu ▶ Moritz (1.).

Moriz: ▶ Moritz.

Morlock: 1. Aus dem gleichlautenden deutschen Rufnamen *(mōr + lach)* entstandener Familienname. 2. Übername zu mhd. *mōr* ›Maure, Afrikaner‹ und mhd. *loc* ›Haarlocke, Haar‹ für jemanden mit schwarzem Lockenhaar. ❖ Der Rufname *Morlog* ist a. 1057 am Niederrhein bezeugt. ❖ Bekannter Namensträger: Martin Morlock, deutscher Kabarettautor und Journalist (20. Jh.).

Morneweg, Mornhinweg: Übernamen, die einen unsteten Menschen bezeichnen konnten oder einem Handwerksgesellen bei der Gesellentaufe in Anspielung auf die Wanderschaft verliehen wurden (zu mhd. *morgen* ›morgen‹ und mhd. *hinwēc* ›hinweg, fort‹). ❖ Vgl. die Belege aus Esslingen *jerg mornenweg* (a. 1459) = *jerg mornhinweg* (a. 1460).

Morof(f): aus dem alten deutschen Rufnamen Morolf *(māri + wolf)* hervorgegangene Familiennamen. Zur Verbreitung des Rufnamens im Mittelalter trug das Spielmannsgedicht »Salman und Morolf« (um 1190) bei.

Mörs: Herkunftsname zu den Ortsnamen Moers (Nordrhein-Westfalen), Mörse, Mörsen (Niedersachsen).

Morsch: ▶ Marsch.

Mört(e)l: durch Rundung entstandene Formen von ▶ Mertel.

Mosbach(er): Herkunftsnamen zu den Ortsnamen Mosbach (Hessen, Thüringen, Baden-Württemberg, Bayern), Moosbach (Bayern, Baden-Württemberg, Österreich).

Mosch: 1. ▶ Mösch. 2. Auf die slawische Kurzform Moš zu Rufnamen wie Mojmir (▶ Moch [2.]) u. Ä. zurückgehender Familienname.

Mösch: 1. Berufsübername zu fnhd. *mösch* ›Messing‹ für den Messingschmied. 2. Berufsübername zu mda. *Mösch* ›geringes Pelzwerk‹ für den Kürschner bzw. Übername für den Träger eines solchen Pelzes. 3. Übername zu niederdeutsch mda. *Mösche* ›Sperling‹. ❖ *C. dictus* [genannt] *Moesch* ist a. 1315 in Freiburg i. Br. bezeugt.

Moschner: Herkunftsname zu Ortsnamen wie Moschen (Schlesien), Morschen (Hessen), Mörsch (Rheinland-Pfalz, Baden-Württemberg), Moschnen (Ostpreußen).

Mose: ▶ Moses.

Mosebach: Herkunftsname zu Ortsnamen wie Mosebeck (Nordrhein-Westfalen), Mosbach (Hessen, Thüringen, Baden-Württemberg, Bayern). ❖ Bekannter Namensträger: Martin Mosebach, deutscher Schriftsteller (20./21. Jh.).

Mosel: 1. Herkunftsname zu dem gleichlautenden Ortsnamen (Sachsen). 2. Herkunftsname oder Wohnstättenname zu dem gleichlautenden Gewässernamen.

Moser: vorwiegend oberdeutscher Familienname: 1. Wohnstättenname zu mhd. *mos* ›Moos, Sumpf, Moor‹: ›wohnhaft an/bei einer sumpfigen Stelle‹. 2. Herkunftsname zu den Ortsnamen Moos (Baden-Württemberg, Bayern, Österreich), Moser (Baden-Württemberg, Bayern), Möser (Sachsen-Anhalt). 3. Gelegentlich mittel- oder niederdeutscher Name; ▸ Möser. 4. Wegen des Anklangs an ▸ Moses begegnet Moser auch als jüdischer Familienname. ❖ Bekannte Namensträger: Lucas Moser, deutscher Maler (14./15. Jh.); Koloman Moser, österreichischer Maler und Grafiker (19./20. Jh.); Hans Moser, österreichischer Schauspieler (19./20. Jh.).

Möser: 1. Niederdeutscher Berufsname zu mnd. *mōs* ›Kohl, Gemüse‹ für den Gemüsehändler. 2. Übername oder Berufsübername zu mnd. *moser, moyser* ›Mörser‹. 3. Herkunftsname zu den Ortsnamen Möse, Moese (Nordrhein-Westfalen), Möser (Sachsen-Anhalt), Mösen (Schlesien, Ostpreußen). ❖ Bekannter Namensträger: Justus Möser, deutscher Staatsmann, Publizist und Geschichtsschreiber (18. Jh.).

Moses: aus dem gleichlautenden Rufnamen ägyptischen Ursprungs entstandener Familienname. Nach der Bibel war Moses der Führer der Israeliten aus der ägyptischen Unterdrückung und Mittler zwischen Jahwe und Israel. Der Name Moses fand Eingang in die jüdische wie christliche Namengebung.

Mosig: Wohnstättenname zu mhd. *mosec, mosic, mosig* ›mit Moos bewachsen; sumpfig, morastig‹.

Mosler: Ableitung auf *-er* von ▸ Mosel.

Mössner, Mößner: durch Rundung entstandene Formen von ▸ Messner, Meßner.

Most: Berufsübername zu mhd. *most* ›Weinmost, Obstwein‹ für den Winzer oder Übername für den Liebhaber des Getränks.

Möstel, Möstl: Ableitungen von ▸ Most mit *-l*-Suffix.

Mothes: durch Verdumpfung des *-a-* zu *-o-* entstandene Form von ▸ Mathes.

Motsch: vorwiegend saarländischer Übername zu *motzen, motschen* ›im Schlamm herumrühren‹ für einen unsauberen Arbeiter oder einen unordentlichen Menschen.

Motz: vorwiegend im alemannischen, aber auch im mitteldeutschen Bereich vertretener Übername zu alem. *motz* ›Schmutz, Schlamm‹ für einen unsauberen Arbeiter oder unordentlichen Menschen, im mitteldeutschen Bereich Übername zu *mutzen, motzen* ›verdrießlich sein‹.

Motzer: 1. Im bairischen Bereich Übername zu bair. *motzen* ›zögern, langsam, träge sein‹ für einen langsamen Menschen. 2. Ableitung auf *-er* zu ▸ Motz.

Mozart: alemannischer Übername zu alem. *motzen, motschen* ›im Schlamm herumrühren, unsauber arbeiten‹ und der aus dem Namenwort *harti* entstandenen Endung *-hard/-hart*. Mit dieser Endung wurden häufig Spottbezeichnungen gebildet, z. B. auch mhd. *nīthart* ›neidischer, missgünstiger Mensch; Teufel‹ (▸ Neidhard). ❖ Der Komponist Wolfgang Amadeus Mozart (18. Jh.) stammte aus Augsburg, wo der Name Mo(t)zhart schon seit dem 14. Jh. bezeugt ist: a. 1331 *Heinrich Motzhart*, a. 1551 *Stoffel Motzhart*.

Mros: Übername zu nsorb. *mroz*, osorb., poln. *mróz* ›Frost‹.

Mrosek: auf eine polnische, mit dem Suffix *-ek* gebildete Ableitung von ▸ Mros zurückgehender Familienname.

Mross, Mroß: ▸ Mros.

Mrozek: ▸ Mrosek.

Much: 1. Herkunftsname zu dem gleichlautenden Ortsnamen (Nordrhein-Westfalen). 2. ▸ Mucha.

Mucha, Muche: Übernamen zu nsorb., osorb., poln. *mucha*, tschech. *moucha*, auch *mucha* ›Fliege‹. ❖ Bekannter Namensträger: Georg Muche, deutscher Maler (19./20. Jh.).

Muchow: Herkunftsname zu dem gleichlautenden Ortsnamen (Mecklenburg-Vorpommern).

Muck(e): 1. ▸ Mück(e). 2. Übernamen zu mnd. *mucke* ›Anfall von übler Laune‹, mnd. *mucken* ›muckisch sein, den Mund kaum auftun und halblaut murren‹. 3. Berufsübernamen

Mück(e)

zu osorb., nsorb. *muka* ›Mehl‹ für einen Müller, Mehlhändler, Bäcker.

Mück(e): Übernamen zu mhd. *mucke, mücke, mügge* ›Mücke, Fliege‹, übertragen für einen unruhigen oder lästigen Menschen.

Mudra, Mudra(c)k: Übernamen zu nsorb., osorb. *mudry* ›weise‹.

Mueller: ▸ Müller. ❖ Bekannter Namensträger: Otto Mueller, deutscher Maler (19./20. Jh.).

Mues: 1. ▸ Muhs. 2. Auf eine verkürzte Form von ▸ Hieronymus oder ▸ Bartholomäus zurückgehender Familienname.

Mügge: ▸ Mück(e).

Mühe: Übername zu mhd. *müeje* ›Beschwerde, Mühe, Last, Not, Bekümmernis, Verdruss‹ als Anspielung auf die Lebensumstände des ersten Namensträgers.

Muhl: 1. ▸ Maul. 2. Herkunftsname zu dem Ortsnamen Muhl (Rheinland-Pfalz).

Mühl: ▸ Mühle.

Muhlack: ▸ Mulack.

Mühlbach: Herkunftsname zu dem sehr häufigen Ortsnamen Mühlbach.

Mühlbauer: Standes- oder Berufsname, nähere Kennzeichnung eines Bauern (▸ Bauer) durch die Lage des Hofes in der Nähe einer Mühle.

Mühlberg(er): Herkunftsnamen zu dem Ortsnamen Mühlberg (Sachsen-Anhalt, Thüringen, Sachsen, Brandenburg, ehem. Brandenburg/jetzt Polen, Bayern, Baden-Württemberg).

Mühle: 1. Wohnstättenname zu mhd. *mül(e)* ›Mühle‹. 2. Herkunftsname zu den häufigen Ortsnamen Mühl, Mühle, Mühlen.

Mühleisen: Berufsübername zu mhd. *mülīsen* ›die eiserne Achse, um die sich der obere Mühlstein dreht‹ für den Müller.

Mühlen: ▸ Mühle.

Mühlenberg: Herkunftsname zu dem gleichlautenden häufigen Ortsnamen (Schleswig-Holstein, Niedersachsen, Nordrhein-Westfalen, Hessen, Rheinland-Pfalz, Baden-Württemberg, Sachsen-Anhalt, ehem. Brandenburg/jetzt Polen, Schlesien, Schweiz).

Mühlhaus: 1. Wohnstättenname zu mhd. *mülhūs* ›Mühle‹. 2. ▸ Mühlhausen.

Mühlhausen: Herkunftsname zu dem äußerst häufigen, von Ostpreußen bis zum Elsass verbreiteten Ortsnamen Mühlhausen.

Mühlich, Mühlig: 1. Übernamen zu mhd. *müelich* ›beschwerlich, mühsam, lästig, schwer umgänglich‹. 2. Verschliffene Form von Mühling (▸ Mühling[er]).

Mühling(er): Herkunftsnamen zu den Ortsnamen Mühling (Ostpreußen), Mühlingen (Baden-Württemberg).

Mühlmann: Berufsname auf -mann zu mhd. *mül(e)* ›Mühle‹ für den Müller.

Muhr: 1. Wohnstättenname zu mhd. *muor* ›Sumpf, Morast, Moor‹. 2. Herkunftsname zu dem Ortsnamen Muhr a. See (Bayern). 3. Für den niederdeutschen Raum und für die Schweiz kommt auch ein Wohnstättenname zu mnd. *mure*, mhd. *mūr(e)* ›Mauer, insbes. die Stadtmauer‹ infrage. ❖ *Godeke van der muhre* ist i. J. 1268 in Magdeburg überliefert.

Muhs: 1. Übername zu mhd., mnd. *mūs* ›Maus‹. 2. Übername zu mhd. *muos* ›Essen, Mahlzeit; Speise, bes. breiartige Speise; Gemüse‹, mnd. *mōs* ›Kohl, Gemüse; breiartige Speise‹ nach der Lieblingsspeise.

Mulack: 1. Übername zu nsorb., osorb. *mula* ›Maul, Mund‹, einer Entlehnung aus dem Deutschen, für einen Menschen mit einem auffälligen Mund. 2. Herkunftsname zu dem Ortsnamen Muhlack (Ostpreußen).

Müldner: Berufsname zu mhd. *mulde* ›Mulde, halbrundes ausgehöltes Gefäß zum Reinigen des Getreides, Mehl-, Backtrog; auch Gefäß für Flüssigkeiten‹ für den Hersteller.

Mülich: ▸ Mühlich.

Mull: 1. Übername zu mnd. *mūl, mule* ›Maul‹ (vgl. ▸ Maul). 2. Herkunftsname zu dem Ortsnamen Mull bei Aschendorf/Emsland (Niedersachsen).

Müller: Berufsname zu mhd. *mülnære, müller* ›Müller‹. Müller ist der häufigste Familienname in Deutschland. Die große Verbreitung des Familiennamens Müller und seiner Varianten (Müllner, Möller, Miller u. a.) hängt damit zusammen, dass spätestens seit dem 12. Jh. fast jeder Ort eine oder mehrere Wassermühlen hatte. Neben Öl- und Getreidemühlen gab es noch Schneidemühlen für die Holzverarbeitung, Walkmühlen für die Tuchherstellung und Lohmühlen, die Eichenrinde (Lohe) für die Gerberei mahlten. ❖ Bedingt durch die große Anzahl der Müller tritt dieser Familienname in vielen Zusammensetzungen auf, die sich vor allem auf die Art der Mühle (▸ Lohmüller, ▸ Oelmüller, ▸ Windmüller) und deren Standort (▸ Angermüller, ▸ Bachmüller, ▸ Obermüller) beziehen. ❖ Bekannte Namensträger: Friedrich Müller, deutscher Maler und Schriftsteller (18./19. Jh.); Wilhelm Müller, deutscher Schriftsteller (18./19. Jh.); Heiner Müller, deutscher Schriftsteller (20. Jh.); Herta Müller, deutsche Schriftstellerin (20./21. Jh.).

Müllers: patronymische Bildung (starker Genitiv) zu ▸ Müller.

Müllner: ▸ Müller.

Mumm: 1. Übername zu mhd. *mumme* ›Larve, verhüllte Person‹. 2. Herkunftsname zu dem Ortsnamen Mumm bei Johannisberg/Rheingau.

Mumme: niederdeutscher, vor allem im Raum Hannover häufiger Familienname. 1. Übername oder Berufsübername zu mnd. *mumme* ›ein Braunschweiger Bier‹ für den Brauer, Schankwirt oder Biertrinker. 2. Von einer Koseform von Rufnamen, die mit dem Namenwort *muni* oder *munt* gebildet sind, abgeleiteter Familienname. 3. ▸ Mumm (1.).

Mummer(t): ▸ Momber, Mommer(t).

Münch: Übername zu mhd. *müneche, münich, münch* ›Mönch‹ für einen entlaufenen Mönch oder für jemanden, der Beziehungen zu einem Kloster hatte, möglich ist auch eine Anspielung auf die Lebensweise des ersten Namensträgers.

Münchow: Herkunftsname zu dem Ortsnamen Mönchow, jetzt Ortsteil von Usedom (Mecklenburg-Vorpommern).

Mund: Übername zu mhd., mnd. *munt* ›Mund‹ für einen Menschen mit einem auffälligen Mund. ❖ Ein früher Beleg stammt aus Köln: *Gerhardus Munt* (ca. 1135–80).

Mündel: 1. Übername zu mhd. *mündelīn, mündel* ›Mündchen‹. 2. Übername zu mhd. *mundelinc*, mnd. *mundele* ›Mündel; jemand, der der Vormundschaft eines anderen steht‹. ❖ *Hainrich Mündel* ist a. 1375 in München bezeugt.

Mundt: ▸ Mund. ❖ Bekannter Namensträger: Theodor Mundt, deutscher Schriftsteller (19. Jh.).

Munk: Übername zu fnhd. *munk* ›Murrkopf‹ oder zu fnhd. *munk* ›aufgetrieben, dick, breit‹.

Münk: 1. ▸ Münch. 2. Herkunftsname zu dem Ortsnamen Münk (Rheinland-Pfalz).

Munkel, Münkel: 1. Übernamen zu mnd. *munkelen* ›heimlich besprechen oder tun‹, mhd. *munkel* ›heimlicher Streich, vertrauliche Unterhaltung‹. 2. Übernamen zu mhd. *munkel* ›Mücke‹ für einen lästigen Menschen.

Munker, Münker: Übernamen zu fnhd. *munken* ›heimlich sprechen, verdrießlich tun‹.

Münnich: ▸ Münch.

Münster: 1. Herkunftsname zu dem häufigen Ortsnamen Münster (Nordrhein-Westfalen, Rheinland-Pfalz, Baden-Württemberg, Hessen, Bayern, Elsass, Schweiz) sowie zu zahlreichen mit »Münster-«/»-münster« zusammengesetzten Ortsnamen. 2. Wohnstättenname zu mhd. *münster, munster,* mnd. *munster* ›Kloster-, Stiftkirche, Dom, Münster‹.

Münstermann: 1. Ableitung auf *-mann* von ▸ Münster. 2. Höriger eines Klosters.

Munter, Münter: 1. Niederdeutsche Berufsnamen zu mnd. *munter* ›Münzer, Geldwechsler‹. 2. Übernamen zu mhd. *munder, munter* ›wach, wachsam, frisch, eifrig, lebhaft, aufgeweckt‹. 3. Herkunftsnamen zu dem Ortsnamen Münte (Nordrhein-Westfalen). ❖ Bekannte Namensträgerin: Gabriele Münter, deutsche Malerin (19./20. Jh.).

Müntzer: ▸ Munzer, Münzer. ❖ Bekannter Namensträger: Thomas Müntzer, deutscher Theologe und Revolutionär (15./16. Jh.).

Munz: auf eine mit *-z*-Suffix gebildete Koseform von Rufnamen, die mit dem Namenwort *munt* gebildet sind (z. B. ▸ Reimund), zurückgehender Familienname.

Münz: 1. ▸ Munz, ▸ Münze. 2. Gelegentlich Herkunftsname zu dem Ortsnamen Müntz (Nordrhein-Westfalen).

Münzberg(er): Herkunftsname zu dem Ortsnamen Münzberg bei Braunschweig (Niedersachsen).

Münze: Übername oder Wohnstättenname zu mhd. *münze* ›Münze, Münzstätte, Münzhaus‹.

Münzel: Ableitung von ▸ Munz oder ▸ Münze mit *-l*-Suffix.

Munzer, Münzer: Berufsnamen zu mhd. *münzære* ›Münzer, der Geld prägt oder das Recht hat, Geld zu prägen und zu wechseln‹.

Munzert: Erweiterung von ▸ Munzer mit sekundärem -*t*.

Münzner: ▸ Munzer, Münzer.

Murawski: Herkunftsname zu polnischen Ortsnamen wie Murawa, Murawy.

Murmann: ▸ Mauermann.

Murr: 1. Übername zu mhd. *murren* ›murren‹, mnd. *murren* ›summen, brummen, murren‹ für einen mürrischen Menschen. 2. Gelegentlich Herkunfts- oder Wohnstättenname zu dem Orts- und Gewässernamen Murr (Baden-Württemberg). ❖ *Ch. Murr diener* ist i. J. 1370 in Regensburg bezeugt.

Musch(e): 1. Übernamen zu mhd., mnd. *musche* ›Sperling‹. 2. Übernamen zu sorb., tschech. *muž* ›Mann, Ehemann‹. 3. Als jüdischer Familienname geht Musche auf ▸ Moses zurück.

Musil: Übername zu tschech. *musit* ›müssen‹: ›Er hat gemusst‹. Derartige Namen, die sich auf ein längst vergessenes Erlebnis des ersten Namensträgers beziehen, sind im Tschechischen häufig und vor allem für Mähren typisch. ❖ Bekannter Namensträger: Robert Musil, österreichischer Schriftsteller (19./20. Jh.).

Musiol: Übername, aus poln. *musieć* ›müssen‹ entstanden.

Müssig: Übername zu mhd. *müeȝec, müeȝic* ›unbeschäftigt, untätig, müßig‹.

Muth: Übername zu mhd. *muot* ›Sinn, Gesinnung, Übermut, Hochmut, trotziger Eigenwille, Entschlossenheit, Mut‹.

Mutschler: Berufsname zu mhd. *mutsche* ›mürbes Gebäck in dreieckiger oder Halbmondform‹, fnhd. *mutschel* ›[Weiß-]Brot‹ für einen Bäcker.

Mutter: 1. Amtsname zu mhd. *mutte* ›Scheffel‹, mhd. *mutter* ›Fruchtmesser‹, fnhd. *mutter* ›Messbeamter‹, vgl. auch mhd. *salzmütter* ›Salzmesser‹. 2. Übername zu mhd. *muoter* ›Mutter‹. ❖ Bekannte Namensträgerin: Anne-Sophie Mutter, deutsche Violinistin (20./21. Jh.).

Mutz: 1. Berufsübername zu mhd. *mutze, mutsche* ›mürbes Gebäck in dreieckiger oder Halbmondform‹ für den Bäcker. 2. ▸ Mütze. 3. Übername zu mhd. *mutze* ›kurzes Oberkleid‹. 4. Übername zu fnhd. *muz* ›kleiner Mensch, Dummkopf‹.

Mütze: Berufsübername zu mittelhochdeutsch *mütze, mutze* ›Mütze‹ für den Hersteller oder Übername für den Träger einer auffälligen Mütze.

Mylius: aus der Humanistenzeit stammende Gräzisierung des deutschen Familiennamens ▸ Müller.

Mysliwiec, Mysliwi(e)tz: Berufsnamen zu poln. *myśliwiec* ›Jäger‹.

n

Naab: 1. Herkunftsname zu dem gleichlautenden Orts- oder Flussnamen (Bayern). 2. Berufsübername zu mhd. *nabe* ›Nabe‹ für den Wagenbauer, vgl. ▸ Nabholz.

Naber: 1. Übername zu mnd. *naber*, verkürzt aus *nabūr* ›Nachbar‹. 2. Aus dem Heiligennamen Nabor hervorgegangener Familienname. Der heilige Nabor erlitt zusammen mit dem heiligen Felix zu Beginn des 4. Jh. den Märtyrertod in Mailand. Reliquien beider Heiliger befinden sich im Dreikönigsschrein in Köln. 3. Vereinzelt Herkunftsname zu den Ortsnamen Naber (Nordrhein-Westfalen), Nabern (Baden-Württemberg, ehem. Brandenburg/jetzt Polen).

Nabholz: Berufsübername zu mhd. *nabeholz* ›Holz zu einer Nabe‹ für den Wagenbauer (▸ Wagner). Die Nabe, d. i. die hohle, um die Achse laufende Walze im Rad, wurde aus sehr hartem Holz hergestellt.

Nachbar: Übername zu mhd. *nāchbūre* ›der in der Nähe Wohnende, Anwohner, Nachbar‹.

Nachtigal(l): Übernamen für einen sangesfrohen Menschen oder Berufsübernamen für den Vogelfänger. ❖ *Michel Nachtigal* ist a. 1370 in Nürnberg bezeugt. ❖ Bekannter Namensträger: Gustav Nachtigal, deutscher Afrikaforscher (19. Jh.).

Nachtmann: Amtsname auf *-mann* für den Nachtwächter (vgl. mhd. *nahthirte* ›Nachtwächter‹) oder für jemanden, der nachts den Kehricht beseitigte (vgl. mhd. *nahtmeister* ›Abtrittsräumer‹).

Nack(e): Übernamen zu mhd. *nac(ke)*, mnd. *nacke* ›Hinterhaupt, Nacken‹ nach einem auffälligen körperlichen Merkmal.

Nadler: Berufsname zu mhd. *nādelære* ›Nadelmacher‹. Außer Näh- und Stricknadeln verfertigten die Nadler Fischangeln, leichte Drahtgitter, Stifte, Hefteln u. Ä. ❖ *Ulreich der Nadlar* ist a. 1353 in Regensburg bezeugt.

Nadolny: Wohnstättenname zu poln. (älter) *nadolny* ›im Tal unten gelegen‹. ❖ Bekannte Namensträger: Isabella Nadolny, deutsche Schriftstellerin (20./21. Jh.); Sten Nadolny, deutscher Schriftsteller (20./21. Jh.).

Naef, Näf: ▸ Neff(e).

Nagel: 1. Berufsübername zu mhd. *nagel* ›Nagel‹ für den Nagelschmied. 2. Übername zu fnhd. *nagel* ›Dünkel‹ für einen überheblichen Menschen. 3. Vereinzelt Herkunftsname zu dem Ortsnamen Nagel (Oberfranken). ❖ Bekannter Namensträger: Ivan Nagel, deutscher Theaterkritiker und Intendant (20./21. Jh.).

Nägele, Nägeli: alemannische Ableitungen von ▸ Nagel (1.) oder (2.) mit den Suffixen *-le* bzw. *-li*. ❖ Bekannter Namensträger: Hans Georg Nägeli, schweizerischer Musikpädagoge und Komponist (18./19. Jh.).

Nagl: bairisch-österreichische Schreibweise von ▸ Nagel.

Nagler: Berufsname zu mhd. *nageler*, fnhd. *nagler* ›Nagelschmied‹. Zu seinen Erzeugnis-

Nadler: *Der mittelalterliche Nadler beim Verfertigen von Nadeln in seiner Werkstatt*

sen gehörten Nägel aus Metall oder Holz, gröbere Haken und Ösen sowie gelegentlich Nadeln. Sein Tätigkeitsbereich überschnitt sich z. T. mit dem des Nadelmachers (▶ Nadler). ❖ *Chunrad Nagler smid* ist a. 1397 in München bezeugt.

Nagorka: Wohnstättenname zu nsorb., poln. *na* ›auf, an‹ und nsorb., poln. *górka* ›Hügel, Anhöhe‹.

Nagy: 1. Übername zu ung. *nagy* ›groß‹. 2. Übername zu poln. *nagi* ›nackt, kahl‹.

Nähter: ▶ Nather, Näther (1.)

Najorka: ▶ Nagorka.

Nako(i)nz: Wohnstättennamen zu osorb. *kónc*, nsorb. *kóńc* ›Ende‹: ›wohnhaft am Ende [des Dorfes]‹.

Napp: Berufsübername zu mnd. *nap* ›Napf, Schüssel, Becher‹ für den Hersteller.

Narr: Übername zu mhd. *narre* ›Tor, Narr‹, zum Teil nach einer Narrenrolle. ❖ *Eberhard Narre* ist a. 1357 in Nürnberg bezeugt.

Nase: Übername zu mhd. *nase* ›Nase‹ nach einem auffälligen körperlichen Merkmal.

Nass, Naß: 1. Übernamen zu mhd. *naʒ* ›nass, durchnässt‹, fnhd. *naß* ›nass auch von innen, durch vieles Zechen; liederlich‹. 2. ▶ Nase. ❖ *Ull Nas pader* ist a. 1396 in München bezeugt.

Nast: Berufsübername zu fnhd. *nast* ›Ast‹ für den Holzfäller, Waldarbeiter.

Nather, Näther: 1. Berufsnamen zu mhd. *nātære* ›Näher, Schneider‹, vgl. ▶ Schneider. 2. Übernamen zu mhd. *nāter(e)* ›Natter‹.

Natschke: auf eine sorbische Ableitung mit *-k*-Suffix, am ehesten von ▶ Donat(h), zurückgehender Familienname.

Natter: ▶ Nather.

Natterer: patronymische Bildung auf *-er* zu Natter (▶ Nather [1.]).

Nattermann: Ableitung auf *-mann* zu Natter (▶ Nather [1.]).

Natusch: auf eine sorbische, mit dem Suffix *-uš* gebildete Ableitung, am ehesten von ▶ Donat(h), zurückgehender Familienname.

Nau: 1. Mitteldeutsche Form von ▶ Neu. 2. Berufsübername zu mhd. *nāwe, nau* ›kleineres Schiff, bes. Fährschiff‹ für einen Fährmann.

Nauber: mitteldeutsche verschliffene Form von ▶ Neubauer.

Naujock(s), Naujokat, Naujok(s): 1. Ursprünglich in Ostpreußen verbreitete Übernamen litauischen Ursprungs, die den Neuling, den Neuansiedler [im Dorf] bezeichneten (vgl. den deutschen Familiennamen ▶ Neumann). 2. Herkunftsnamen zu den Ortsnamen Naujock(en) in Ostpreußen.

Naumann: mitteldeutsche Form von ▶ Neumann. ❖ Bekannter Namensträger: Friedrich Naumann, deutscher Politiker (19./ 20. Jh.).

Naundorf: Herkunftsname zu dem gleichlautenden Ortsnamen (Brandenburg, ehem. Brandenburg/jetzt Polen, Sachsen, Sachsen-Anhalt, Thüringen).

Naupert: mitteldeutsche Form von ▶ Neubert.

Navrat: Übername zu tschech. *návrat* ›Rückgabe, Erstattung; Rückkehr, Wiederkehr‹.

Navratil: Übername zu einer Partizipform von tschech. *navrátit* ›zurückgeben‹ (›er hat zurückgegeben‹) oder von tschech. *navrátit se* ›zurückkehren‹ (›er ist zurückgekehrt‹). Derartige Namen, die sich auf ein längst vergessenes Erlebnis des ersten Namensträgers beziehen, sind im Tschechischen häufig und vor allem in Mähren bekannt.

Nawrat(h): Übernamen; eindeutschende Schreibungen des tschechischen Familiennamens Návrat (▶ Navrat).

Nawrot(h): Übernamen zu poln. *nawrót* ›Rückgabe, Rückkehr; Rückfall, Wendung, Umschlag (des Wetters, der Stimmung); Bekehrung‹.

Neander: aus der Zeit des Humanismus stammende Übersetzung der deutschen Familiennamen ▶ Neumann, ▶ Naumann ins Griechische. ❖ Bekannter Namensträger: Joachim Neander, deutscher Theologe und Kirchenlieddichter (17. Jh.).

Nebe: ▶ Neff(e).

Nebel: 1. Wohnstättenname zu mnd. *nevel*, mhd. *nëbel* ›Nebel, Dunkel‹: ›wohnhaft in einem nebligen, düsteren Gelände‹. 2. Herkunftsname zu dem gleichlautenden Ortsnamen (Schleswig-Holstein, Bayern). ❖ Bekannter Namensträger: Otto Nebel, deutscher Schriftsteller (19./20. Jh.).

Nebeling: 1. Variante von ▶ Nebelung. 2. ▶ Nebling (2.).

Nebelung: auf den aus der Heldensage bekannten Namen Nibelung (ahd. *nebul* ›Nebel‹ + Suffix -*ung*) zurückgehender Familienname. Der Rufname Nibelung war im 12./13. Jh. vor allem im Elsass, Breisgau und Worms verbreitet. ❖ Im 13. Jh. begegnet Nibelung auch als Beiname: *Heroldus Nibelungus* (Eberbach, a. 1221), *Heinricus dictus* [genannt] *Nibelung* (Elsass, a. 1298).

Nebling: 1. Variante von ▸ Nebelung. 2. Herkunftsname zu dem gleichlautenden Ortsnamen (Bayern).

Neblung: ▸ Nebelung.

Necker: Wohnstättenname zu dem Gewässernamen Neckar. Der Fluss ist im 14. Jh. als *Necarus, Nechra, Necker* belegt. ❖ Die Entstehung des Familiennamens wird aus dem Beleg *Heinrich am Neckar* (Esslingen 1329) deutlich.

Neckermann: Ableitung auf *-mann* von ▸ Necker.

Neeb, Neef: ▸ Neff(e).

Neels: aus einer durch Wegfall der anlautenden Silbe entstandenen Form von ▸ Cornelius hervorgegangener Familienname.

Nees(e): 1. Metronymische Familiennamen, die auf eine durch Wegfall der ersten Silbe entstandene Form von Agnes (▸ Agnesen[s]) zurückgehen. 2. Übernamen zu mnd. *nese* ›Nase‹ nach einem auffälligen Körperteil. 3. Herkunftsname zu dem Ortsnamen Neese (Mecklenburg-Vorpommern).

Neesen: 1. Metronymische Bildung (schwacher Genitiv) zu ▸ Nees(e) (1.). 2. Herkunftsname zu dem Ortsnamen Neesen (Nordrhein-Westfalen).

Neeser: Ableitung auf *-er* von ▸ Nees(e) (1.).

Neff(e): Übername zu mhd. *nêf, nëve*, md. *nëbe* ›Neffe, meistens der Schwestersohn; Mutterbruder, Oheim; Verwandter, Vetter‹. Zur Unterscheidung von anderen Familienmitgliedern konnte auch die Bezeichnung des Verwandtschaftsverhältnisses dienen und zum Familiennamen werden. ❖ *Conradus dictus* [genannt] *Neve de* [von] *Brucka* ist a. 1283 am Oberrhein bezeugt.

Negele: ▸ Nägele.

Neher: Berufsname, jüngere Nebenform von ▸ Nather, Näther. ❖ Bekannter Namensträger: Caspar Neher, deutscher Bühnenbildner (19./20. Jh.).

Nehl(s): auf verkürzte Formen von ▸ Cornelius, die durch Wegfall der ersten Silbe entstanden sind, zurückgehende Familiennamen.

Nehrig: Übername zu mnd. *nerich* ›auf seine Nahrung bedacht‹, übertragen ›sparsam, geizig‹.

Nehring: 1. Übername zu mnd. *neringe* ›Nahrung, Ernährung; Verdienst, Erwerb‹. 2. Vereinzelt Herkunftsname zu dem Ortsnamen Nehringen (Mecklenburg-Vorpommern) oder Wohnstättenname zu dem Flurnamen Nehring/Nehrung (›lange, schmale Landzunge‹).

Nehse: ▸ Nees(e).

Neidhard, Neidhar(d)t: 1. Auf den gleichlautenden deutschen Rufnamen *(nīd + harti)* zurückgehende Familiennamen. 2. Übernamen zu mhd. *nīthart* ›neidischer, missgünstiger Mensch; Teufel‹.

Neis: auf eine durch Wegfall der ersten Silbe entstandene Form von Dionys (▸ Denis) zurückgehender Familienname.

Neitzel, Neitzke: auf ostmitteldeutsche, slawisch beeinflusste Koseformen von ▸ Nikolaus zurückgehende Familiennamen.

Nelges: auf eine durch Wegfall der ersten Silbe entstandene Form von ▸ Cornelius zurückgehender Familienname.

Nelissen, Nelißen: patronymische Bildungen auf *-sen* zu einer verkürzten Form von ▸ Cornelius.

Nelius: auf eine durch Wegfall der ersten Silbe entstandene Form von ▸ Cornelius zurückgehender Familienname.

Nell: 1. Auf eine durch Wegfall der ersten Silbe entstandene Form von ▸ Cornelius zurückgehender Familienname. 2. Oberdeutscher Übername zu mhd. *nël(le)* ›Spitze, Scheitel, Kopf‹.

Nellen: patronymische Bildung (schwacher Genitiv) zu Nell (▸ Cornelius).

Nelles: ▸ Nell.

Nellessen, Nelleßen: patronymische Bildungen auf *-sen* zu einer verkürzten Form von ▸ Cornelius.

Nemet(h), Németh: 1. Herkunftsnamen zu ung. *német* ›deutsch, Deutscher‹. 2. Es kann sich hierbei auch um Übernamen handeln, die auf Beziehungen des ersten Namensträgers zu deutschstämmigen Personen hinweisen.

Nemetz: 1. Herkunftsname zu tschech. *Němec* ›Deutscher‹. 2. Es kann sich hierbei auch um einen Übernamen handeln, der auf Beziehungen des ersten Namensträgers zu deutschstämmigen Personen hinweist.

Nemitz: 1. ▸ Nemetz. 2. Herkunftsname zu dem gleichlautenden Ortsnamen (Niedersachsen, ehem. Pommern/jetzt Polen).

Nentwig: aus dem alten deutschen Rufnamen Nantwig *(nand + wīg)* hervorgegangener Familienname.

-ner: durch Verschiebung der Silbengrenze und Wegfall des unbetonten *-e-* ergab sich bei Wörtern, die auf *-en* enden, bei Hinzufügung der Endung ▸ *-er* das neue Suffix *-ner (wagen-er > Wagner)*. Es wird gelegentlich zur Bildung von Familiennamen, vor allem nach der Wohnstätte, verwendet (z. B. ▸ Bachner).

Nerger: heute vor allem in der Lausitz verbreiteter, ursprünglich schlesischer Übername auf *-er* zu mhd. *nerigen* ›erretten, am Leben erhalten‹, vgl. mhd. *nern* ›[u. a.] ernähren‹.

Nerlich: wie ▸ Nerger heute vorwiegend in der Lausitz, aber auch im Bereich Bamberg verbreiteter Übername. Mhd. *nærlich* bedeutet ›gering, notdürftig‹, doch ist der Name, der wohl größtenteils ebenfalls ursprünglich aus Schlesien kommt, im Zusammenhang mit Nerger zu sehen und zu mhd. *nerlich* ›sich rechtmäßig ernährend‹ zu stellen. ❖ *Hans Nerlich* ist a. 1576 in Liegnitz bezeugt.

Neser: ▸ Neeser.

Nesgen: aus einer mit dem Suffix *-gen* gebildeten Koseform von ▸ Nees(e) (1.) oder (2.) entstandener Familienname.

Neske: aus einer mit *-k-*Suffix gebildeten Koseform von ▸ Nees(e) (1.) hervorgegangener Familienname.

Nestler: Berufsname zu mhd. *nestel* ›Bandschleife, Schnürriemen‹ für den Lederhandwerker, der Beutel aus Lederstücken und -streifen herstellte (▸ Beutler), oder zu fnhd. *nestler* ›Hersteller von Bändern, Senkelknüpfer‹.

Nett: vorwiegend im Raum Bonn–Koblenz häufiger Familienname. 1. Übername zu fnhd. *net(t)* ›sauber, rein, lauter, unvermischt‹, das seit dem 15. Jh. aus dem Mittelniederländischen entlehnt wurde (< franz. *net*, *nette*). 2. Herkunftsname zu dem Ortsnamen Nette (Niedersachsen, Nordrhein-Westfalen). 3. Im niederdeutschen Bereich auch Berufsübername zu mnd. *nette* ›Netz‹ für den Hersteller oder Benutzer.

Nettelbeck: Herkunftsname zu dem gleichlautenden Ortsnamen (Brandenburg).

Netz: 1. Berufsübername zu mhd. *netze* ›Netz zum Fangen von Fischen oder Tieren‹ für den Hersteller oder Benutzer. 2. Herkunftsname zu den Ortsnamen Neetze (Niedersachsen), Netze (Niedersachsen, Hessen), Netzen (Brandenburg).

Netzband, Netzeband: Herkunftsnamen zu dem Ortsnamen Netzeband (Brandenburg, Mecklenburg-Vorpommern).

Netzel: Ableitung von ▸ Netz (1.) mit *-l-*Suffix.

Netzer: 1. Berufsname zu mhd. *netze* ›Netz‹ für den Netzstricker oder den Netzfischer. 2. Herkunftsname zu den Ortsnamen Neetze (Niedersachsen), Netze (Niedersachsen, Hessen), Netzen (Brandenburg). ❖ Bekannter Namensträger: Günter Netzer, deutscher Fußballspieler (20./21. Jh.).

Neu: Übername zu mhd. *niuwe* ›neu‹ für den Neusiedler.

Neubach(er): 1. Wohnstättennamen für jemanden, der an einem umgeleiteten (»neuen«) Bach wohnte. 2. Herkunftsnamen zu dem Ortsnamen Neubach (Österreich).

Neubauer: Standes- oder Berufsname für den neu angesiedelten Bauern.

Neuber: verschliffene Form von ▸ Neubauer. ❖ Bekannte Namensträgerin: Friederike Caroline Neuber, deutsche Schauspielerin und Theaterleiterin (17./18. Jh.).

Neuberg(er): Herkunftsnamen zu dem Ortsnamen Neuberg (Hessen, Bayern, Schlesien, Österreich, Schweiz), z. T. auch zu dem Ortsnamen Neuburg (▸ Neuburg[er]).

Neubert: Erweiterung von ▸ Neuber mit sekundärem *-t*.

Neuburg(er): 1. Herkunftsnamen zu den Ortsnamen Neuburg (Mecklenburg-Vorpommern, Niedersachsen, Rheinland-Pfalz, Baden-Württemberg, Bayern, Ostpreußen, Österreich, Elsass), Neuenburg (Niedersachsen, Baden-Württemberg). 2. Dem Familiennamen Neuburger kann auch ein Standesname zu mhd. *niuwe* ›neu‹ und mhd. *burgære* ›Bürger‹ für jemanden, der das Bürgerrecht in einer Stadt erworben hatte, zugrunde liegen.

Neudeck(er): Herkunftsnamen zu dem Ortsnamen Neudeck (Bayern, Baden-Württemberg, Brandenburg, Schlesien, Ostpreußen), Neudegg (Österreich).

Neudert: auf eine jüngere Form von Neuthard(t) (▸ Neidhard) zurückgehender Familienname.

Neuendorf(f): Herkunftsnamen zu den Ortsnamen Neuendorf (Schleswig-Holstein, Mecklenburg-Vorpommern, ehem. Pommern/jetzt Polen, Brandenburg, ehem. Brandenburg/jetzt Polen, Sachsen-Anhalt, Sachsen, Thüringen, Rheinland-Pfalz, Bayern, Ostpreußen), Hohen Neuendorf (Brandenburg), Neundorf (Sachsen, Sachsen-Anhalt, Thüringen, Bayern, Schlesien).

Neuer: stark flektierte Form oder patronymische Bildung auf -er zu ▸ Neu.

Neufeld(t): Herkunftsnamen zu den Ortsnamen Neufeld (Schleswig-Holstein, ehem. Pommern/jetzt Polen, Ostpreußen, Brandenburg, ehem. Brandenburg/jetzt Polen, Niedersachsen, Nordrhein-Westfalen, Hessen), Neufelde (Ostpreußen, Schlesien).

Neugebauer: Standes- oder Berufsname zu mhd. *niwe* ›neu‹ und mhd. *gebūr(e)* ›Miteinwohner, Mitbürger, Nachbar, Dorfgenosse, Bauer‹ für den neu zugezogenen Mitbürger/Dorfgenossen bzw. für den neu angesiedelten Bauern.

Neuhaus(er), Neuhäuser: 1. Herkunftsnamen zu den Ortsnamen Neuhaus (Schleswig-Holstein, Mecklenburg-Vorpommern, ehem. Pommern/jetzt Polen, Brandenburg, ehem. Brandenburg/jetzt Polen, Niedersachsen, Nordrhein-Westfalen, Rheinland-Pfalz, Hessen, Thüringen, Baden-Württemberg, Schlesien, Böhmen), Neuhausen (Niedersachsen, Brandenburg, Sachsen, Baden-Württemberg, Bayern, Ostpreußen), Neuhäuser (Baden-Württemberg, Bayern), Neuhauser (Baden-Württemberg). 2. Wohnstättennamen für jemanden, der in einem neuen Haus wohnte.

Neuhof, Neuhofer, Neuhöfer, Neuhoff: 1. Herkunftsnamen zu den Ortsnamen Neuhof (Schleswig-Holstein, Mecklenburg-Vorpommern, ehem. Pommern/jetzt Polen, Niedersachsen, ehem. Brandenburg/jetzt Polen, Nordrhein-Westfalen, Rheinland-Pfalz, Hessen, Sachsen, Sachsen-Anhalt, Thüringen, Bayern, Baden-Württemberg, Schlesien, Ostpreußen, Böhmen), Neuhöfe (Hessen, ehem. Brandenburg/jetzt Polen, ehem. Pommern/jetzt Polen), Neuhofen (Rheinland-Pfalz, Baden-Württemberg, Bayern), Neuhöfen (Ostpreußen). 2. Wohnstättennamen nach einem Hofnamen.

Neukam(m): ▸ Neukomm.

Neukirch(er): Herkunftsnamen zu dem Ortsnamen Neukirch (Sachsen, Rheinland-Pfalz, Baden-Württemberg, Schlesien, ehem. Westpreußen/jetzt Polen, Ostpreußen, Schweiz) ❖ Bekannter Namensträger: Benjamin Neukirch, deutscher Dichter (17./18. Jh.).

Neukirchen, Neukirchner: Herkunftsnamen zu dem Ortsnamen Neukirchen (Schleswig-Holstein, Mecklenburg-Vorpommern, ehem. Pommern/jetzt Polen, Nordrhein-Westfalen, Rheinland-Pfalz, Hessen, Sachsen-Anhalt, Sachsen, Thüringen, Bayern, Österreich).

Neukomm: Übername zu mhd. *niuwekomen* ›neu, eben angekommen‹ für jemanden, der neu in die Stadt bzw. in das Dorf zugezogen war. ❖ *Otto Neukum* ist a. 1302–1315 in Nürnberg bezeugt.

Neumaier, Neumair: ▸ Neumeyer.

Neumann: Übername zu mhd. *niuwe* ›neu‹ und mhd. *man* ›Mann‹ für den Neubürger, den Zugezogenen, den neuen Ansiedler. ❖ Bekannter Namensträger: Balthasar Neumann, deutscher Architekt (17./18. Jh.).

Neumayer, Neumeier: ▸ Neumeyer.

Neumeister: Standesname zu mhd. *niuwe* ›neu‹ und mhd. *meister* ›Handwerksmeister‹ für den neu in die Zunft aufgenommenen oder neu zugezogenen Handwerksmeister. ❖ *Hainr. der Neumaister* ist a. 1326 in Regensburg bezeugt.

Neumeyer: Standesname für den neu angesiedelten Meier (▸ Meyer).

Neumüller: Berufsname für den neu zugezogenen Müller bzw. für den Inhaber der »neuen« Mühle. ❖ *Ulr. Neunmüllner* ist a. 1349 in Regensburg bezeugt.

Neuner: 1. Übername zu mhd. *niun* ›neun‹ für ein Mitglied eines Ausschusses von neun Männern. So gab es z.B. beim Scheibenschießen meist neun Schiedsrichter. 2. Übername zu mhd. *niuner* ›Münze im Werte von neun Hellern‹.

Neuper: verschliffene Form von ▸ Neubauer.

Neupert: Erweiterung von ▸ Neuper mit sekundärem -t.

Neurohr: vorwiegend im Bereich Mainz–Saarbrücken–Kaiserslautern vertretener Familienname; wohl Wohnstättenname zu einem gleichlautenden Örtlichkeitsnamen.

Neus: ▸ Neuss.

Neuser: Herkunftsname zu den Ortsnamen Neuss, Neusen (Nordrhein-Westfalen).

Neuss, Neuß: Herkunftsnamen zu dem Ortsnamen Neuss (Nordrhein-Westfalen). ❖ Bekannter Namensträger: Wolfgang Neuss, deutscher Kabarettist und Schauspieler (20. Jh.).

Neuthard(t): durch Rundung entstandene Formen von ▸ Neidhard.

Neuwirth: Berufsname zu mhd. *niwe* ›neu‹ und mhd. *wirt* ›Gastwirt‹ für den neuen Inhaber eines Wirtshauses. ❖ *Ulreich der Newwirt* ist a. 1322 in Regensburg bezeugt.

Ney: 1. Durch Entrundung entstandene Form von ▸ Neu. 2. Herkunftsname zu dem gleichlautenden Ortsnamen (Rheinland-Pfalz). ❖ Bekannte Namensträgerin: Elly Ney, deutsche Pianistin (19./20. Jh.).

Nguyen: vietnamesischer Familienname, der sich auf den legendarischen Gründer der mit diesem Namen benannten Familie, der ein Gott oder mythischer Held ist, bezieht.

Nick: aus einem verkürzten Form von ▸ Nikolaus entstandener Familienname. ❖ Bekannter Namensträger: Edmund Josef Nick, deutscher Komponist und Musikkritiker (19./20. Jh.).

Nickel: aus einer mit *-l-*Suffix gebildeten Koseform von Nick (▸ Nikolaus) hervorgegangener Familienname.

Nickels: patronymische Bildung (starker Genitiv) zu Nickel (▸ Nikolaus).

Nickisch: aus einer sorbischen, mit dem Suffix *-iš* (dt. > *-isch*) gebildeten Ableitung von ▸ Nikolaus entstandener Familienname.

Nickl: ▸ Nickel.

Nicklas, Nicklaus: aus zusammengezogenen Formen von ▸ Nikolaus hervorgegangene Familiennamen.

Nicksch: aus der eindeutschenden Schreibung einer slawischen Ableitung von ▸ Nikolaus entstandener Familienname.

Nickusch: aus einer mit dem slawischen Suffix *-uš* (dt. > *-usch*) gebildeten Ableitung von ▸ Nikolaus hervorgegangener Familienname.

Niclas, Niclaus: aus zusammengezogenen Formen von ▸ Nikolaus entstandene Familiennamen.

Nicolai: ▸ Nikolai. ❖ Bekannte Namensträger: Christoph Friedrich Nicolai, deutscher Schriftsteller und Verleger (18./19. Jh.); Carl Otto Ehrenfried Nicolai, deutscher Komponist und Dirigent (19. Jh.).

Nicolaisen: patronymische Bildung auf *-sen* zu Nicolai (▸ Nikolaus).

Nicolaus: ▸ Nikolaus.

Nicolay: ▸ Nikolai.

Niebel: 1. Aus einer Kurzform von ▸ Niebling entstandener Familienname. 2. Herkunftsname zu dem Ortsnamen Niebel (Brandenburg).

Niebergall: verschliffene Form von ▸ Nievergelt. ❖ Bekannter Namensträger: Ernst Elias Niebergall, deutscher Schriftsteller (19. Jh.).

Niebler: Ableitung auf *-er* von ▸ Niebel.

Niebling: auf eine Variante von ▸ Nebelung zurückgehender Familienname.

Niebuhr: niederdeutsche Entsprechung von ▸ Neubauer. ❖ Ein früher Beleg stammt aus Hamburg: *Joh. dictus* [genannt] *Nyebur* (a. 1264). ❖ Bekannter Namensträger: Carsten Niebuhr, deutscher Forschungsreisender (18./19. Jh.).

Nied: Herkunftsname zu dem gleichlautenden Ortsnamen (Hessen).

Nieder: Wohnstättenname zu mhd. *nider(e)* ›unter, nieder, niedrig, tief‹ für jemanden, der unten wohnte.

Niederberger: 1. Herkunftsname zu dem Ortsnamen Niederberg (Nordrhein-Westfalen, Rheinland-Pfalz). 2. Wohnstättenname für jemanden, der auf oder an einem niedrigen Berg wohnte.

Niedermaier: ▸ Niedermayer.

Niedermann: Ableitung von ▸ Nieder mit dem Suffix *-mann*.

Niedermayer, Niedermeier, Niedermeyer: Standesnamen, nähere Kennzeichnung eines Meiers (▸ Meyer) durch die Lage des Hofes (zu mhd. *nider[e]* ›unter, nieder, niedrig, tief‹).

Niedt: ▸ Nied.

Niehaus: teilweise verhochdeutschte Form von ▸ Niehues, Niehus.

Niehoff: Wohnstättenname nach einem Hofnamen (zu mnd. *nie* ›neu‹ und mnd. *hof*

›Hof, der Raum neben oder um ein Gebäude herum; Bauernhof‹).

Niehues, Niehus: 1. Herkunftsnamen zu den Ortsnamen Niehues (Nordrhein-Westfalen), Niehuus (Schleswig-Holstein). 2. Wohnstättennamen zu mnd. *nie* ›neu‹ und mnd. *hus* ›Haus‹. ❖ *Lubbert Nyehus* ist i. J. 1395 in Coesfeld überliefert.

Nieland: Wohnstättenname zu mnd. *nie* ›neu‹ und mnd. *lant* ›Land, Acker, Boden, Grundstück‹ für jemanden, der auf einem neu erschlossenen Land siedelte. ❖ *Hinrick Nylandt* ist i. J. 1464 in Coesfeld belegt.

Niels: aus einer dänischen Form von ▸ Nikolaus entstandener Familienname.

Nielsen: patronymische Bildung (schwacher Genitiv oder Ableitung auf *-sen*) zu ▸ Niels.

Niemand: 1. Übername zu mhd. *nieman* ›niemand‹, vielleicht im Sinne von ›niemandem zugehörig‹ (z. B. für ein Findelkind). 2. Gelegentlich kann eine Umdeutung von ▸ Niemann vorliegen.

Niemann: niederdeutsche Form von ▸ Neumann (zu mnd. *nie* ›neu‹).

Niemeier: ▸ Niemeyer.

Niemetz: ▸ Niemietz.

Niemeyer: niederdeutsche Form von ▸ Neumeyer (zu mnd. *nie* ›neu‹).

Niemietz, Niemitz: 1. Herkunftsnamen zu poln. *niemiec* ›Deutscher‹. 2. Es kann sich hierbei auch um Übernamen handeln, die auf Beziehungen des ersten Namensträgers zu deutschstämmigen Personen hinweisen.

Niemz: 1. Herkunftsname zu osorb. *němc*, nsorb. *nimc* ›Deutscher‹. 2. Es kann sich hierbei auch um einen Übernamen handeln, der auf Beziehungen des ersten Namensträgers zu deutschstämmigen Personen hinweist.

Nienaber: Übername zu mnd. *nie* ›neu‹ und mnd. *naber* ›Nachbar‹.

Niendorf: Herkunftsname zu dem gleichlautenden Ortsnamen (Schleswig-Holstein, Mecklenburg-Vorpommern, Niedersachsen, Brandenburg, Sachsen-Anhalt).

Nienhaus: 1. Herkunftsname zu den Ortsnamen Nienhaus(en) (Niedersachsen). 2. Wohnstättennamen für jemanden, der in einem neuen Haus wohnte (zu mnd. *nie* ›neu‹).

Niepel(t): auf verschliffene Formen des alten deutschen Rufnamens Nitbold *(nīd + bald)* zurückgehende Familiennamen.

Nier: 1. Auf eine durch Zusammenziehung entstandene Form von ▸ Nieder zurückgehender Familienname. 2. Vereinzelt Übername zu mhd. *nier(e)* ›Niere, Lende‹.

Niermann: aus einer zusammengezogenen Form von ▸ Niedermann hervorgegangener Familienname.

Nies(e): auf Formen von Dionys (▸ Denis), die durch Wegfall der ersten Silbe entstanden sind, zurückgehende Familiennamen.

Niesel: aus einer Erweiterung von ▸ Nies(e) mit *-l*-Suffix entstandener Familienname.

Niesen: patronymische Bildung (schwacher Genitiv) zu ▸ Nies(e).

Niesl: bairisch-österreichische Schreibweise von ▸ Niesel.

Nieß: aus einer durch Wegfall der ersten Silbe entstandenen Form von Dionys (▸ Denis) hervorgegangener Familienname.

Niessen, Nießen: patronymische Bildungen (schwacher Genitiv oder Ableitung auf *-sen*) zu ▸ Nieß.

Nieswandt: Übername zu mnd. *nie* ›neu‹ und mnd. *want* ›Gewandstoff, wollenes Tuch, Gewand, Kleidung‹: ›neues Gewand‹.

Nieth: ▸ Nied.

Niethammer: vorwiegend im Raum Stuttgart–Pforzheim–Tübingen häufiger Berufsübername für verschiedene Handwerker nach einem Werkzeug (zu mhd. *nieten* ›mit Nägeln befestigen, nieten‹ und mhd. *hamer* ›Hammer‹).

Nietsch, Nietsche, Nietschke: auf ostmitteldeutsche, slawisch beeinflusste Koseformen von ▸ Nikolaus zurückgehende Familiennamen.

Nietschmann: aus einer Erweiterung von ▸ Nietsch mit dem Suffix *-mann* hervorgegangener Familienname.

Nietzsch(e): Schreibvarianten von ▸ Nietsch, Nietsche. ❖ Bekannter Namensträger: Friedrich Nietzsche, deutscher Philosoph (19./20. Jh.).

Nietzschmann: Schreibvariante von ▸ Nietschmann.

Nievergelt: Übername für den säumigen Zahler, für jemanden, der nie bezahlt (zu mhd. *vergëlten* ›bezahlen‹). ❖ Ein früher Beleg stammt aus Basel: *Wilhelmus dictus* [genannt] *Nievergalt* (um 1300).

Niewerth: niederdeutscher Berufsname zu mnd. *nie* ›neu‹ und mnd. *wert* ›Gastwirt‹ für den neuen Inhaber eines Wirtshauses.

Nigg: auf eine verkürzte Form von ▶ Nikolaus zurückgehender Familienname.

Niggel: aus einer mit *-l*-Suffix gebildeten Koseform von Nigg (▶ Nikolaus) entstandener Familienname.

Niggemann: niederdeutsche Form von ▶ Neumann (zu mnd. *nie, nigge* ›neu‹).

Niggemeier: niederdeutsche Form von ▶ Neumeyer (zu mnd. *nie, nigge* ›neu‹).

Niggl: bairisch-österreichische Schreibweise von ▶ Niggel.

Nikisch: ▶ Nickisch. ❖ Bekannter Namensträger: Arthur Nikisch, deutscher Dirigent (19./20. Jh.).

Niklas, Niklaus, Niklos: auf zusammengezogene Formen von ▶ Nikolaus zurückgehende Familiennamen.

Nikolai: patronymische Bildung (lateinischer Genitiv) zu ▶ Nikolaus.

Nikolaus: aus dem gleichlautenden Heiligennamen griechischen Ursprungs (griech. Nikólaos, zu griech. *níkē* ›Sieg‹ und *laós* ›Volk, Kriegsvolk‹) hervorgegangener Familienname. Der heilige Nikolaus war im 4. Jh. Bischof von Myra (Lykien). Um seine Person bildeten sich zahlreiche Legenden. Er wurde zunächst in der Ostkirche verehrt, dann breitete sich sein Kult auch im Abendland aus. Nikolaus gehörte im Mittelalter zu den beliebtesten Heiligennamen. Die Anzahl der heutigen Familiennamen, die sich von Nikolaus ableiten, ist so hoch, dass im Folgenden nur einige Beispiele aufgeführt werden können. ❖ Als Schreibvariante von Nikolaus begegnet uns der Familienname **Nicolaus**. ❖ Patronymische Bildungen zu Nikolaus sind Familiennamen wie **Nikolai, Nicolai, Nikolay, Nicolay, Nikoley, Nicolaisen**. ❖ Aus verkürzten Formen von Nikolaus sind die Familiennamen **Nick** und **Nigg** mit den Ableitungen **Nick(e)l** und **Nigg(e)l** entstanden. ❖ Auf zusammengezogene Formen von Nikolaus gehen u. a. die Familiennamen **Nicklas, Niclas, Niklas, Nicklaus, Niclaus, Niklaus, Niklos** zurück. ❖ Durch Wegfall der ersten Silbe von Niclas/Niklas sind Familiennamen wie **Claas(s), Claaß, Clas, Klaas, Klas(s), Klaß, Klaes, Klees**, z. T. auch **Glas** entstanden. ❖ Hierzu gehören patronymische Bildungen wie **Claassen, Claaßen, Clas(s)en, Claßen, Clasing, Klas(s)en, Klaßen, Klasing**. ❖ Durch Kürzung im Anlaut sind aus Niclaus/Niklaus u. a. die Familiennamen **Claus(s), Clauß, Klaus(s), Klauß** mit den Ableitungen **Claus(s)en, Claußen, Klausen, Clausing, Kläui, Kläusli, Klausmann** und der latinisierten Form **Clausius** hervorgegangen. ❖ Bei Familiennamen wie **Klawe(s), Clages, Klages** handelt es sich um gedehnte Formen von Klaus. ❖ Den Familiennamen **Kloos, Klos(e), Glos(e)** liegen verkürzte Formen von Niklos zugrunde. ❖ Wegfall der beiden ersten Silben von Nikolaus führte zu Familiennamen wie **Laas, Laus, Leis, Lohs(e), Loos(e), Lose**, für diese Familiennamen gibt es jedoch z. T. auch andere Ableitungsmöglichkeiten. ❖ Die Familiennamen **Niels** und **Nielsen** stammen aus dem norddeutschen Raum. ❖ Auf ostmitteldeutsche, slawisch beeinflusste Formen von Nikolaus gehen Familiennamen wie **Nietsch(e), Nietschke, Nietschmann, Nietzsche, Nietzschmann, Nitsch(e), Nitschke, Nitschmann, Nitz(sche), Nitzschke** zurück. ❖ Aus slawischen Ableitungen von Nikolaus sind u. a. die Familiennamen **Klaua, Klauck, Klauka, Klosa, Micklisch, Mikolajczak, Mikolajczyk, Miksch, Mikus(ch), Mikut(t)a, Nickisch, Nicksch, Nikusch, Nikolić** entstanden.

Nikolay, Nikoley: ▶ Nikolai.

Nikolić: auf eine serbische, bosnische oder kroatische patronymische Ableitung von ▶ Nikolaus zurückgehender Familienname.

Nilges, Nilius, Nill(es): aus Ableitungen von ▶ Cornelius, die durch Wegfall der ersten Silbe entstanden sind, hervorgegangene Familiennamen.

Nim(t)z: ▶ Niemz.

Nink: vor allem im Raum Koblenz–Wiesbaden häufig vorkommender, auf eine verkürzte Form des lateinischen Heiligennamens Benignus (›gütig‹) zurückgehender Familienname. Der heilige Märtyrer Benignus (3. Jh.) war der Apostel Burgunds. Seine Reliquien wurden von Erzbischof Anno von Köln nach Siegburg gebracht.

Nippold(t): auf den alten deutschen Rufnamen Nitbold *(nīd + bald)* zurückgehende Familiennamen.

Nirschl: durch Entrundung entstandene Form von ▶ Nürschel.

Niss, Niß, Nisse: aus verkürzten Formen von Dionysius (▶ Denis), die durch Wegfall der ersten Silbe entstanden sind, gebildete Familiennamen.

Nissen: patronymische Bildung (schwacher Genitiv oder Ableitung auf *-sen*) zu ▶ Niss. ❖ Bekannter Namensträger: Moritz Nissen, friesischer Schriftsteller (19./20. Jh.).

Nissle, Nißle, Nißlein: aus Koseformen von ▶ Niss hervorgegangene Familiennamen.

Nitsch, Nitsche, Nitschke: aus ostmitteldeutschen, slawisch beeinflussten Koseformen von ▶ Nikolaus hervorgegangene Familiennamen.

Nitschmann: aus einer Erweiterung von ▶ Nitsch mit dem Suffix *-mann* hervorgegangener Familienname.

Nitz(sche), Nitzschke: Varianten von ▶ Nitsch, Nitsche, Nitschke.

Nix: 1. Auf eine verkürzte Form von ▶ Nikolaus zurückgehender Familienname. 2. Übername zu mhd. *nickese, nixe* ›Nixe, Sirene‹, mhd. *nickes* ›Wassergeist‹.

Nixdorf: Herkunftsname zu dem gleichlautenden Ortsnamen in Böhmen.

Noack: ▶ Nowak. ❖ Bekannte Namensträgerin: Barbara Noack, deutsche Schriftstellerin (20./21. Jh.).

Nobis: 1. Übername nach einer Redensart des ersten Namensträgers (etwa »ora pro nobis« ›bete für uns‹ u. Ä.). 2. Aus fnhd. *nobiskrug* ›Hölle, abgelegene Schenke‹ verkürzter Wohnstättenname oder Übername. 3. Herkunftsname zu den Ortsnamen Nobitz (Thüringen), Nobiskrug (Ostfriesland).

Nock(e): 1. Aus einer Kurzform von ▶ Nocker (1.) entstandene Familiennamen. 2. Wohnstättennamen, denen eine oberdeutsche Bezeichnung für einen rundlichen Hügel zugrunde liegt (vgl. bair. *Nock, Nocken* ›Hügelchen, Fels, der aus dem Wasser hervorsteht‹). 3. Übernamen zu bair. *Nock* ›Kloß, Knödel‹. 4. Herkunftsnamen zu den Ortsnamen Nock (Bayern), Nocke (Niedersachsen).

Nocker, Nöcker: 1. Auf den alten deutschen Rufnamen Notker *(not + gēr)* zurückgehende Familienname. 2. Ableitung auf *-er* von Nock(e) (2.) oder (4.).

Noe: auf den biblischen Rufnamen Noah (wahrscheinlich Kurzform eines hebräischen Befehlsnamens, etwa: ›Beruhige dich [, Gott]‹) zurückgehender Familienname. Nach der Bibel ließ Gott Noah wegen seiner Frömmigkeit mit seiner Familie und zahlreichen Tierpaaren die Sintflut überleben.

Noelle: ▶ Noll(e), Nöll(e). ❖ Bekannte Namensträgerin: Elisabeth Noelle-Neumann, deutsche Journalistin und Meinungsforscherin (20./21. Jh.).

Noetzel: ▶ Nötzel.

Noffke: eindeutschende Form von ▶ Novak, ▶ Nowak.

Nohl: ▶ Noll(e). ❖ Bekannter Namensträger: Hermann Nohl, deutscher Erziehungswissenschaftler und Philosoph (19./20. Jh.).

Nohr: vorwiegend norddeutscher Familienname. 1. Aus einer verkürzten Form des Heiligennamens Apollinaris (zum griechischen Götternamen *Apóllōn*) hervorgegangener Familienname. Der heilige Apollinaris (wohl um a. 200) war der erste Bischof von Ravenna und wird als Märtyrer verehrt. 2. Herkunftsname zu dem Ortsnamen Noer (Schleswig-Holstein).

Nold(e): niederdeutsche Kurzformen von Arnold; ▶ Nolte.

Nöldeke: aus einer Koseform von Nolde (▶ Arnold) entstandener Familienname.

Nolden: patronymische Bildung (schwacher Genitiv) zu Nold(e) (▶ Arnold). ❖ *Johannes Nolden* ist i. J. 1564 in Egeln (Sachsen-Anhalt) belegt.

Nöldner: Berufsname zu mhd. *nēldener*, Nebenform von *nādelære* ›Nadelmacher‹, ▶ Nadler.

Nölke: aus ▶ Nöldeke durch Zusammenziehung und Verlust des unterbetonten *-de-* entstandener Familienname.

Noll(e), Nöll(e): 1. Auf Kurzformen von ▶ Arnold zurückgehende Familiennamen. 2. Wohnstättennamen zu mhd. *nol* ›rundliche Erhöhung‹, mhd. *nël(le)* ›Spitze, Scheitel, Kopf‹, mhd. *nulle* ›Hügel‹. 3. Für Noll kommt bei süddeutscher Herkunft auch ein Übername zu alemannisch *Noll* ›dicker, plumper, einfältiger Mensch‹, bair. *Nollen* ›kurzer, dicker Mensch‹ infrage. 4. Herkunftsnamen zu den Ortsnamen Noll (Rheinland-Pfalz), Nolle (Niedersachsen), Nöll (Rheinland-Pfalz), Noell (Nordrhein-Westfalen). ❖ Bekannte Namensträgerin: Ingrid Noll, deutsche Schriftstellerin (20./21. Jh.).

Noller: vorwiegend schwäbischer Übername zu mda. (schwäbisch) *nollen* ›saugen‹, verächtlich: ›trinken‹ oder Ableitung auf *-er* zu Noll(e) (2.) oder (4.).

Nöller: 1. Ableitung auf *-er* zu ▸ Noll(e), Nöll(e) (2.) und (4.). 2. Übername zu mda. (Südwestfalen) *nölen* ›zögern, zaudern‹. 3. ▸ Nöldner.

Nolte, Nölte: aus einer mit dem Ausgang des ersten Namenwortes *(-n)* und dem zweiten Namenbestandteil *(-olt)* gebildeten Kurzform von ▸ Arnold entstandene Familiennamen.

Nolting, Nölting: patronymische Bildungen auf *-ing* zu Nolte, Nölte (▸ Arnold).

Nonn(e): 1. Berufsübernamen zu mhd. *nunne, nonne* ›verschnittene Sau‹ für den Viehkastrator. 2. Übernamen zu mhd. *nunne, nonne* ›Nonne‹ für jemanden, der von einem Nonnenkloster abhängig war. 3. Aus dem alten deutschen Rufnamen Nonno *(nand)* hervorgegangene Familiennamen.

Nonnemann: 1. Berufsname auf *-mann* zu mhd. *nunne, nonne* ›verschnittene Sau‹ für den Viehkastrator. 2. Ableitung auf *-mann* von ▸ Nonn(e) (2.).

Nonnenmacher: Berufsname zu mhd. *nunnenmacher, nonnenmacher* ›Sauschneider‹.

Nonnenmann: ▸ Nonnemann. ❖ Bekannter Namensträger: Klaus Nonnenmann, deutscher Schriftsteller (20. Jh.).

Nonner: Berufsname zu mhd. *nunnen* ›ein weibliches Tier verschneiden‹ für den Viehkastrator.

Nonnsen: patronymische Bildung auf *-sen* zu ▸ Nonn(e) (3.).

Nopper: 1. Berufsname zu mhd. *noppen* ›das Tuch von Wollknötchen und -flocken reinigen‹ für einen Gehilfen des Tuchmachers. 2. Übername zu mda. (bairisch) *noppen* ›kurze, wiederholte Bewegungen auf- und niederwärts machen, hinkend auf und nieder hüpfen‹ oder zu mda. (schwäbisch) *noppen* ›stoßen, mit der Faust stoßen‹.

Norbert: aus den gleichlautenden Rufnamen *(nord + beraht)* entstandener Familienname.

Nord: 1. Wohnstättenname oder Herkunftsname zu mhd. *nort* ›Norden‹ für jemanden, der im Norden wohnte oder aus dem Norden kam. 2. Aus einer Kurzform von Rufnamen, die mit dem Namenwort *nord* gebildet sind (z. B. ▸ Norbert), entstandener Familienname.

Norden: 1. Herkunftsname zu dem gleichlautenden Ortsnamen (Niedersachsen, Schleswig-Holstein, Ostpreußen). 2. ▸ Nord (1.).

Nordmann: Ableitung auf *-mann* von ▸ Nord (1.).

Nordt: ▸ Nord.

Nörenberg: Herkunftsname zu dem Ortsnamen Nürnberg (Mittelfranken), z. T. auch zu dem Ortsnamen Nörenberg (ehem. Pommern/jetzt Polen).

Normann: 1. ▸ Nordmann. 2. Herkunftsname zu mnd. *norman* ›Nordländer, Norweger‹.

Nosek: ▸ Nossek.

Noske: Übername zu nsorb. *nos*, osorb. *nós* ›Nase‹, Verkleinerungsform *nósk*.

Nossa(c)k: Übernamen zu sorb. *nosak*, tschech. *nosák* ›der Großnasige‹. ❖ Bekannter Namensträger: Hans Erich Nossack, deutscher Schriftsteller (20. Jh.).

Nossek: Übername zu poln., tschech. *nosek* ›Näschen‹.

Noth, Nöth: 1. Übernamen zu mhd., mnd. *nōt* ›Drangsal, Mühe, Not, Bedrängnis‹. 2. Aus einer Kurzform von Rufnamen, die mit dem Namenwort *not* gebildet sind (vgl. ▸ Notz), entstandene Familiennamen.

Nothaft: Übername zu mhd. *nōthaft* ›Not habend, leidend, bedrängt, dürftig‹. ❖ *her Albrecht der Nothaft* ist a. 1311 in Regensburg bezeugt.

Nothdurft: Übername zu mhd. *nōtdurft* ›Notwendigkeit, Bedürfnis‹, mhd. *nōtdürfticheit* ›Hilfsbedürftigkeit, Not‹, mhd. *nōtdürftic* ›bedürftig‹.

Not(h)nagel: Übernamen zu mhd. *nōt* ›Drangsal, Mühe, Not; Kampf, Kampfnot‹ und mhd. *nagel* ›Nagel an Händen und Füßen; Nagel oder Schraube aus Holz oder Metall‹, der auf einen schmerzenden Finger- oder Zehennagel bzw. auf den Beruf des Hufschmieds, der neben dem Hufbeschlag auch die Behandlung kranker Pferde besorgte, anspielen könnte. Die Bedeutung ›Aushelfer im Verlegenheitsfall‹ kommt für die Ableitung des Familiennamens nicht in Betracht, da sie sich erst im 18. Jh. entwickelt hat. ❖ Ein früher Beleg stammt aus Augsburg: *her Chvnrat notnagel* (a. 1282).

Notz: aus einer mit -z-Suffix gebildeten Koseform von Rufnamen wie z. B. Notker *(not + gēr)* entstandener Familienname.

Nötzel: aus einer Erweiterung von ▸ Notz mit -*l*-Suffix hervorgegangener Familienname.

Nötzold(t): aus einer Erweiterung von ▸ Notz mit dem Suffix -*old* entstandene Familiennamen.

Novak: Übername zu tschech. *novák* ›Neuling‹ für den Neuhinzugekommenen, den Neuansiedler im Dorf, vgl. ▸ Neumann. ❖ Bekannte Namensträgerin: Helga M. Novak, deutsche Schriftstellerin (20./21. Jh.).

Novotny: Übername zu alttschech. *novotný* ›neu, neu zugezogen‹.

Nowack: eindeutschende Schreibung von ▸ Nowak.

Nowacki: auf eine polnische Ableitung von ▸ Nowak zurückgehender Familienname.

Nowag: ▸ Nowack.

Nowak: Übername zu sorb., poln. *nowak* ›Neuling‹ für den Neuhinzugekommenen, den Neuansiedler im Dorf, vgl. ▸ Neumann. ❖ Bekannter Namensträger: Herbert Nowak, sorbischer Schriftsteller (20./21. Jh.).

Nowakowski: 1. Auf eine polnische Ableitung von ▸ Nowak zurückgehender Familienname. 2. Herkunftsname zu polnischen Ortsnamen wie Nowakowo, Nowaki, Nowakówka.

Nowicki: 1. Herkunftsname zu polnischen Ortsnamen wie Nowica, Nowice, Nowiec. 2. Übername zu poln. *nowy* ›neu‹, ▸ Nowak.

Nowitzki: eindeutschende Schreibung von ▸ Nowicki.

Nowotni(c)k: Übernamen zu nsorb., osorb. *nowotnik* ›der neue Dorfbewohner, Neuling‹.

Nowotny: Übername zu osorb., poln. (älter) *nowotny* ›Neuankömmling‹.

Nowy: Übername zu sorb., poln. *nowy* ›neu‹ für den neuen Dorfbewohner.

Nübel: 1. Durch Rundung entstandene Form von ▸ Niebel. 2. Herkunftsname zu den Ortsnamen Nübel, Nübbel (Schleswig-Holstein).

Nuber: ▸ Nufer. ❖ *Hans Nuber*, Schultheiß zu Göppingen (a. 1394), ist i. J. 1400 als *Hans Nufer* überliefert.

Nuding: auf eine Variante des in der Heldensage (Nibelungenlied) vorkommenden Namens Nudung *(not +-ung/-ing)* zurückgehender Familienname.

Nufer: Übername zu fnhd. *nufer* ›munter‹.

Nuhn: im Bereich Kassel-Fulda häufiger vertretener Familienname; wohl Übername zu mhd. *niun, nūn* ›neun‹ für ein Mitglied eines Ausschusses von neun Männern (vgl. ▸ Neuner [1.]).

Nunnenmacher: ▸ Nonnenmacher.

Nunner: ▸ Nonner.

Nürnberg(er): Herkunftsname zu der Stadt Nürnberg in Mittelfranken.

Nürschel: Übername zu mhd. *norsch, nursch* ›schlegelartiges Werkzeug‹.

Nuss, Nuß: Übernamen zu mhd. *nuʒ* ›Schalenfrucht (Nuss, Mandel)‹; bildlich ›etwas Geringwertiges‹.

Nußbaum(er): 1. Herkunftsnamen zu den Ortsnamen Nußbaum (Rheinland-Pfalz, Baden-Württemberg, Bayern), Nussbaumen (Schweiz). 2. Wohnstättennamen für jemanden, der bei einem Nussbaum wohnte. Als Hausname ist Nußbaum in mehreren mittelalterlichen Städten (Köln, Basel, Wien, Zürich, Freiburg, Mainz) bezeugt. ❖ Vgl. den Baseler Beleg *Uolricus dictus* [genannt] *zim Nuzpoume* (a. 1281).

Nüssel: 1. Ableitung von ▸ Nuss mit -*l*-Suffix. 2. Durch Rundung des -*i*- entstandene Form von ▸ Niesel.

Nusser: Berufsname auf -*er* zu mhd. *nuʒ* ›Schalenfrucht (Nuss, Mandel)‹ für jemanden, der die Nüsse verarbeitete und/oder verkaufte. ❖ Vgl. den Beleg *umb Heinr. den Nusser dort Osten* (Regensburg a. 1339).

Nüßle, Nüßlein: 1. Ableitungen von ▸ Nuss mit den Suffixen -*le* bzw. -*lein*. 2. Durch Rundung des -*i*- entstandene Formen von ▸ Nissle, Nißle, Nißlein.

Nutz: 1. Nebenform von ▸ Notz. 2. Übername zu mhd. *nu(t)z* ›Nutzen, Vorteil, Ertrag‹. ❖ Vgl. die Nürnberger Belege *Bertholdus Nutze* (a. 1272), *Fridericus Nutzo* (a. 1286).

Nützel: Ableitung von ▸ Nutz mit -*l*-Suffix. ❖ Vgl. den Nürnberger Beleg *Wernherus dictus* [genannt] *Nützel* (a. 1290).

O

Oben: Wohnstättenname zu mhd. *oben(e)* ›oben‹ für jemanden, der an einer erhöhten Stelle wohnte.

Obenauf: 1. Wohnstättenname zu mhd. *oben(e)* ›oben‹ und mhd. *ûf* ›auf‹ nach der Lage der Siedlungsstelle. 2. Übername für jemanden, der immer lustig, »obenauf« war.

Obenaus: 1. Wohnstättenname zu mhd. *oben(e)* ›oben‹ und mhd. *ûʒ* ›aus, heraus, hinaus‹ nach der Lage der Siedlungsstelle. 2. Übername für jemanden, der aufsteigen wollte, der über sich hinausstrebte. ❖ Die Entstehung des Übernamens für jemanden, der »oben hinaus« will, zeigen die Belege aus Esslingen a. 1508 *petter obennhinus*, identisch mit *Peter obenauß* a. 1510.

Ober: 1. Wohnstättenname zu mhd. *ober* ›ober‹ nach der höheren Lage der Siedlungsstelle. 2. In Norddeutschland kann es sich hierbei gelegentlich um einen Wohnstättennamen zu mnd. *ōver* ›Ufer‹ handeln.

Oberbeck: 1. Herkunftsname zu den Ortsnamen Oberbeck, Oberbech, Overbeck (Nordrhein-Westfalen). 2. Wohnstättenname zu mnd. *over* ›über, jenseits‹ und mnd. *beke* ›Bach‹ für jemanden, der über dem Bach oder jenseits des Baches wohnte. ❖ Vgl. den Beleg *Hinrik over deme beke* (Offensen 1428/38).

Oberdorf, Oberdörfer: Herkunftsnamen zu dem Ortsnamen Oberdorf (ehem. Brandenburg/jetzt Polen, Nordrhein-Westfalen, Sachsen, Baden-Württemberg, Bayern, Schlesien, Elsass, Lothringen, Österreich, Schweiz).

Oberender: 1. Herkunftsname zu dem Ortsnamen Oberende (Niedersachsen). 2. Wohnstättenname für jemanden, der am oberen Ende eines Ortes wohnte.

Oberg: Herkunftsname zu dem gleichlautenden Ortsnamen in Niedersachsen. ❖ Nach diesem südlich von Peine gelegenen Ort heißt der mittelhochdeutsche Dichter Eilhart von Oberge (12. Jh.), der Verfasser eines Tristan-Epos.

Obergfäll, Obergfell, Obergföll: Wohnstättennamen zu mhd. *ober* ›ober‹ und mhd. *gevelle* ›Gegend, welche durch Baum- und Felsenstürze unwegsam ist, Abgrund, Schlucht‹.

Oberhaus(en), Oberhauser, Oberhäuser: Herkunftsnamen zu den Ortsnamen Oberhaus (Nordrhein-Westfalen, Bayern), Oberhausen (Niedersachsen, Nordrhein-Westfalen, Hessen, Rheinland-Pfalz, Baden-Württemberg, Bayern, Ostpreußen, Schweiz).

Oberhof(er), Oberhoff(er): 1. Herkunftsnamen zu den Ortsnamen Oberhof (Mecklenburg-Vorpommern, ehem. Pommern/jetzt Polen, ehem. Brandenburg/jetzt Polen, Hessen, Thüringen, Baden-Württemberg, Bayern, Schlesien, bei Danzig), Oberhofen (Rheinland-Pfalz, Baden-Württemberg, Bayern, Ostpreußen, Schweiz). 2. Wohnstättennamen nach einem Hofnamen. Als »Oberhof« wurde z. B. in Westfalen der reichste Hof in einer Gegend bezeichnet.

Oberland(er), Oberländer: Herkunftsnamen oder Wohnstättennamen zu mhd. *oberlant* ›oberes, höheres Land; Oberdeutschland, Oberbayern, Oberschwaben‹, mhd. *oberlender* ›Bewohner des Oberlandes‹. ❖ Bekannter Namensträger: Adolf Oberländer, deutscher Maler und Zeichner (19./20. Jh.).

Oberle, Oberlin: aus alemannischen Koseformen von ▶ Albrecht entstandene Familiennamen. ❖ *Oberlinus piscator* [Fischer] ist vor a. 1341 in Basel bezeugt. ❖ Bekannter Namensträger: Johann Friedrich Oberlin, Elsässer Pfarrer und Sozialpädagoge (18./19. Jh.).

Obermaier: ▶ Obermayer.

Obermann: 1. Amtsname zu mhd. *obe(r)man* ›Schiedsmann, -richter‹, mnd. *overman* ›Obmann, Herr, Schiedsrichter‹. 2. Ableitung auf -*mann* von ▶ Ober.

Obermayer, Obermeier, Obermeyer: Standesnamen, nähere Bestimmung eines Meiers (▶ Meyer) nach der Lage (▶ Ober) oder nach der Bezeichnung des Hofes (▶ Oberhof[er]).

Obermüller: Berufsname, nähere Bestimmung eines Müllers (▶ Müller) durch die Lage oder den Namen der Mühle. ❖ Vgl. den Beleg *Gert van der Overenmolen* (Hannover 1528).

Oberst: 1. Wohnstättenname zu mhd. *oberest, ob(e)rist* ›oberst, höchst‹ für jemanden, der zuoberst siedelte. 2. Als militärische Rangbezeichnung kommt Oberst erst ab dem 16. Jh. auf, also nach der eigentlichen Entstehungszeit der Familiennamen. ❖ *des Oberesten hus* ist a. 1353 in Freiburg i. Br. urkundlich erwähnt.

Obert: eindeutschende Schreibung des hugenottischen Familiennamens ▶ Aubert. ❖ *Isabeau Aubert* ist in Berlin i. J. 1704 bezeugt; 1731 wird dieser Name *Obert* geschrieben.

Obrecht: auf eine alemannische Form von ▶ Albrecht oder auf eine verschliffene Form von Otbrecht *(ōt + beraht)* zurückgehender Familienname.

Obrist: ▶ Oberst. ❖ Bekannter Namensträger: Hermann Obrist, schweizerischer Kunstgewerbler und Bildhauer (19./20. Jh.).

Obser: Berufsname zu mhd. *obeẓære* ›Obsthändler‹. ❖ *Fridericus Obser* ist a. 1317 in Regensburg bezeugt.

Obst: Berufsübername zu mhd. *obeẓ* ›Baumfrucht, Obst‹ für den Obsthändler.

Obster: ▶ Obser.

Ochmann: dieser Familienname kommt heutzutage in ganz Deutschland vor, war aber früher in Schlesien häufig. 1. Bei schlesischer oder oberdeutscher Herkunft liegt eine durch Verdumpfung des *A-* zu *O-* entstandene Variante von ▶ Achmann vor. 2. Ein weiterer Schwerpunkt der Verbreitung dieses Namens liegt im Raum Oberhausen. Bei Herkunft aus Nord- und Nordwestdeutschland handelt es sich um eine Wohnstättennamen auf *-mann* zu mnd. *och* ›Insel‹.

Ochs(e): 1. Berufsübernamen zu mhd. *ohse* ›Ochse‹ für einen mit Ochsen pflügenden Bauern bzw. für einen Viehhändler oder Übernamen nach einem bildlichen Vergleich für einen dummen oder groben Menschen. 2. Gelegentlich kann diesen Familiennamen auch ein Hausname zugrunde liegen. ❖ Vgl. den Beleg *Joh. zum Ochßen*, Bürgermeister zu Heidelberg (a. 1408).

Ochsenknecht: Berufsname für den Knecht, der die Ochsen hütete. ❖ Bekannter Namensträger: Uwe Ochsenknecht, deutscher Filmschauspieler (20./21. Jh.).

Ochsenreit(h)er: Herkunftsnamen bzw. Wohnstättennamen zu den oberdeutschen Orts- und Flurnamen Ochsenreut(e).

Öchsle: ▶ Oechsle.

Ochsner, Öchsner: ▶ Oechsner.

Ockert: 1. Aus einer mit sekundärem *-t* erweiterten Form des alten deutschen Rufnamens Otger *(ōt + gēr)* entstandener Familienname. 2. Metronymischer, aus dem alten Frauennamen Otgard *(ōt + gart)* entstandener Familienname.

Ode: aus dem alten deutschen Rufnamen Odo *(ōt)* hervorgegangener Familienname. ❖ Bekannter Namensträger: Erik Ode, deutscher Schauspieler (20. Jh.).

Odemann: aus einer Ableitung von ▶ Ode mit dem Suffix *-mann* entstandener Familienname.

Oden: patronymische Bildung (schwacher Genitiv) zu ▶ Ode.

Odendahl: Herkunftsname zu dem Ortsnamen Odendahl bei Solingen (Nordrhein-Westfalen).

Odenthal: Herkunftsname zu dem gleichlautenden Ortsnamen (Nordrhein-Westfalen).

Odenwald: Herkunftsname nach dem gleichnamigen Waldgebirge zwischen Neckar und Main.

Öder: ▶ Eder.

Odermann: Wohnstättenname auf *-mann* zu dem Gewässernamen Oder.

Oechsle: schwäbische Ableitung von ▶ Ochs(e). ❖ Bekannter Namensträger: Christian Ferdinand Oechsle, deutscher Goldschmied und Präzisionsinstrumentenbauer (18./19. Jh.), erfand die Mostwaage, womit der Zuckergehalt im Traubenmost in Oechslegraden gemessen wird.

Oechsner: 1. Berufsname zu mhd. *ohsenære* ›Ochsenhirt, Ochsenbauer‹. 2. Gelegentlich Herkunftsname zu dem Ortsnamen Bad Oexen (Nordrhein-Westfalen).

Oeder: ▶ Eder.

Oefele: schwäbische Ableitung von ▶ Ofen (1.).

Oeffner, Oefner: Berufsnamen zu mhd. *ovener* ›Ofenmacher‹, auch ›Bäcker‹.

Oehl: 1. Aus einer Kurzform von Oehlrich (▶ Ulrich) hervorgegangener Familienname. 2. Berufsübername zu mhd. *öl(e), ol(e), oli, olei*, mnd. *oli(e), oley, olige* ›Öl‹ für den Ölmüller oder -händler. Dieses Wort wurde aus mlat. *olium* entlehnt, das ursprünglich auch die Olive und den Ölbaum bezeichnete, sodass Öl zunächst ›Olivenöl‹ bedeutete. Olivenöl wurde vor allem für kirchliche Zwecke (Sakramente, ewige Lampe) aus dem Süden eingeführt. Seit dem 12. Jh. wurde Öl (Lein-, Mohn-, Nuss-, Rüböl) aus heimischen Pflanzen gewonnen.

Oehler: 1. Berufsname zu mhd. *öler* ›Ölmüller, -schläger‹, vgl. ▶ Oehl (2.). ❖ Ein früher Beleg aus Nürnberg ist *Chunradus dictus* [genannt] *Oeler* a. 1290. 2. Niederdeutscher, aus Oehlrich (▶ Ulrich) hervorgegangener Familienname.

Oehlert: Erweiterung von ▶ Oehler mit sekundärem *-t*.

Oehlmann: 1. Berufsname zu mhd. *oleiman* ›Ölhändler‹, fnhd. *oleman* ›Ölverkäufer‹, vgl. ▶ Oehl (2.). 2. Aus einer Erweiterung von ▶ Oehl (1.) mit dem Suffix *-mann* hervorgegangener Familienname.

Oehlrich: auf eine niederdeutsche Form von ▶ Ulrich zurückgehender Familienname.

Oehlschlaeger, Oehlschläger: ▶ Oelschläger.

Oehm(e): ▶ Ohm, Öhm, Ohme.

Oehmichen, Oehmig(en): vor allem im Raum Dresden–Leipzig–Chemnitz häufige Familiennamen, die auf (ost)mitteldeutsche Ableitungen von ▶ Ohm, Öhm, Ohme zurückgehen. ❖ Bekannter Namensträger: Walter Oehmichen, deutscher Puppenspieler (20. Jh.).

Oehmke: Ableitung von ▶ Ohm, Öhm, Ohme mit *-k*-Suffix.

Oel: ▶ Oehl.

Oelke: auf eine Koseform von Oelrich (▶ Ulrich) zurückgehender Familienname.

Oelker: auf eine durch *-r*-Umsprung aus dem niederdeutschen Rufnamen Oelrik (▶ Oehlrich) entstandene gleichlautende Rufnamenform zurückgehender Familienname.

Oelkers: patronymische Form (starker Genitiv) zu ▶ Oelker.

Oellers: vorwiegend niederrheinischer Familienname mit dem Schwerpunkt im Raum Mönchengladbach. 1. Aus einer patronymischen Form (starker Genitiv) zu einer Kurzform von ▶ Ulrich (vgl. Oehler [2.]) hervorgegangener Familienname. 2. Westniederdeutscher Wohnstättenname, verkürzt aus **to Oellers hus* [zu Oellers Haus].

Oellrich: ▶ Oehlrich.

Oelmann: ▶ Oehlmann.

Oelmüller: Berufsname für den Müller, der eine Ölmühle betrieb.

Oelrich: ▶ Oehlrich.

Oelsch: ▶ Oelschner.

Oelschlägel: ▶ Oelschlegel.

Oelschläger: Berufsname zu mhd. *ölslaher* ›Ölschläger, -müller‹. ❖ *Herman Oleysleger* ist a. 1473 in Gießen bezeugt.

Oelschlegel: Berufsübername zu mhd. *öl(e), ol(e), oli, olei* ›Öl‹ und mhd. *slegel* ›Werkzeug zum Schlagen: Schlegel, Keule, schwerer Hammer‹ für den Ölschläger, -müller.

Oelschner, Oelsner: 1. Herkunftsnamen zu Ortsnamen wie Oelsa (Sachsen), Oelschen (Schlesien), Oelsen (Sachsen, Sachsen-Anhalt, Brandenburg), Ölsen (Brandenburg, Thüringen), Oels(e) (Schlesien). 2. Wohnstättennamen zu Flurnamen slawischen Ursprungs (vgl. z. B. die vogtländischen Flurnamen Öls, Öl[t]sch, Elsch, ebenso wie die zuvor genannten Ortsnamen zu slaw. *ol'ša*, osorb. *wólša*, nsorb. *wolša*, poln. *olsza*, tschech. *olše* ›Erle‹).

Oelze: 1. Aus einer mit *-z*-Suffix gebildeten Koseform von Oehlrich (▶ Ulrich) entstandener Familienname. 2. Herkunftsname zu dem Ortsnamen Ölze (Thüringen). ❖ Bekannter Namensträger: Richard Oelze, deutscher Maler (20. Jh.).

Oepen: vor allem im Raum Aachen–Köln–Bonn häufig vorkommender Herkunftsname zu dem Ortsnamen Eupen (a. 1213 belegt als *Oipen*; jetzt Belgien).

Oertel, Oertl: aus einer Koseform von Rufnamen, die mit dem Namenwort *ort* gebildet sind (z. B. ▶ Ortlieb), entstandene Familiennamen.

Oeser: Übername zu mhd. *œsen, ōsen* ›leer machen‹, vermutlich für jemanden, der gern viel aß. ❖ Bekannter Namensträger: Adam Friedrich Oeser, deutscher Maler und Bildhauer (18. Jh.).

Oesterheld, Oesterhelt, Oesterhild: aus dem weiblichen Rufnamen Osterhild *(ōstar + hilt-*

444

ja) hervorgegangene metronymische Familiennamen.

Oesterle: schwäbische Ableitung von ▸ Oster.

Oesterreich, Oestreich(er): 1. Herkunftsnamen für jemanden, der aus Österreich stammte. 2. Übernamen für jemanden, der Beziehungen zu Österreich hatte.

Oetje: auf eine niederdeutsch-friesische Koseform von ▸ Otto zurückgehender Familienname.

Oetjen: patronymische Bildung (schwacher Genitiv) zu ▸ Oetje.

Oetke: im Bereich Oldenburg–Bremerhaven–Bremen häufiger, auf eine mit *-k*-Suffix gebildete Koseform von ▸ Otto zurückgehender Familienname.

Oetken: 1. patronymische Bildung (schwacher Genitiv) zu ▸ Oetke. 2. Koseform von ▸ Otto mit dem Suffix *-ken*.

Oetker: auf den alten deutschen Rufnamen Otger *(ōt + gēr)* zurückgehender Familienname. ❖ Bekannter Namensträger: August Oetker, deutscher Unternehmer (20./21. Jh.).

Oettel: auf eine mit *-l*-Suffix gebildete Koseform von ▸ Otto zurückgehender Familienname.

Oettinger: Herkunftsname zu den Ortsnamen (Alt-, Neu-)Ötting, Oettingen (Bayern).

Oettl: bairisch-österreichische Schreibweise von ▸ Oettel.

Oettle: auf eine schwäbische Koseform von ▸ Otto zurückgehender Familienname.

Oettlin: aus einer alemannischen Koseform von ▸ Otto hervorgegangener Familienname.

Oetzel: aus einer mit den Suffixen *-z* und *-l* gebildeten Koseform von ▸ Otto entstandener Familienname.

Öfele: ▸ Oefele.

Ofen: 1. Berufsübername zu mhd. *oven* ›Ofen‹ zum Backen, Schmelzen, Brennen, Heizen‹ für den Hersteller (▸ Oeffner) oder den Benutzer (Bäcker, Metallschmelzer u. a.). 2. Herkunftsname zu dem Ortsnamen Ofen (Bayern, Schlesien), gelegentlich zu Ofen (Ungarn). 3. Wohnstättenname zu bair. *Ofen* ›zerklüfteter Fels, Felsenhöhle, Felsenüberhang‹.

Ofenbach(er), Offenbach(er): Herkunftsnamen zu den Ortsnamen Ofenbach (Baden-Württemberg, Österreich), Offenbach (Rheinland-Pfalz, Hessen). ❖ Bekannter Namensträger: Jacques Offenbach (eigtl. Jacob Eberst), französischer Komponist deutscher Herkunft (19. Jh.).

Offenberg(er): Herkunftsnamen zu dem Ortsnamen Offenberg (Nordrhein-Westfalen, Bayern), z.T. zu dem Ortsnamen Offenburg (Baden, Österreich).

Offeney: aus dem weiblichen Rufnamen Euphemia (zu griech. *euphēmía* ›gute Benennung‹) hervorgegangener metronymischer Familienname. Euphemia fand im Mittelalter als Name der heiligen Märtyrerin Euphemia (3./4. Jh.) Eingang in die deutsche Namengebung.

Offergeld: Übername zu mnd. *offergelt* ›Opfergeld der Geistlichen, Geschenk an Kinder und Gesinde zu kirchlichen Festzeiten; überhaupt Geschenk, Trinkgeld‹, mhd. *opfergëlt* ›Opfergeld‹.

Offermann: vor allem im Nordwesten Deutschlands verbreitete Form von ▸ Oppermann. ❖ *Johan Offermann* ist a. 1587 in Coesfeld bezeugt.

Offermanns: patronymische Bildung (starker Genitiv) zu ▸ Offermann.

Öffner, Öfner: ▸ Oeffner, Oefner.

Ofterdinger: Herkunftsname zu dem Ortsnamen Ofterdingen (Baden-Württemberg).

Ohde: ▸ Ode.

Ohe: 1. Wohnstättenname zu mnd. *ō*, *oge* ›Insel‹ bzw. zu mhd. *ouw(e)*, *ow(e)* ›vom Wasser umflossenes Land; wasserreiches, grasiges, fruchtbares Land‹. 2. Herkunftsname zu den Ortsnamen Oha (Schleswig-Holstein), Ohe (Schleswig-Holstein, Niedersachsen, Nordrhein-Westfalen).

Oheim: Übername zu mhd. *œheim(e)* ›Mutterbruder, Oheim‹. Zur Unterscheidung von anderen Familienmitgliedern konnte auch die Bezeichnung des Verwandtschaftsverhältnisses dienen und zum Familiennamen werden.

Ohl: 1. Aus einer Kurzform von Ohlerich (▸ Ulrich) entstandener Familienname. 2. Auf eine gedehnte Form von mnd. *olt* ›alt‹ zurückgehender Übername. 3. Wohnstättenname für jemanden, der in einem wasserumoder -durchflossenen Wiesengelände (westniederdeutsch *Ohl*) wohnte. 4. Herkunftsname zu den Ortsnamen Ohl(e) (Nordrhein-Westfalen).

Ohlbrecht: ▸ Olbrecht.

Ohldag: durch Verdumpfung des *A*- zu *O*- entstandene Form von ▸ Aldach, Aldag.

Ohle: ▸ Ohl.

Ohlendorf: 1. Herkunftsname zu den Ortsnamen Ohlendorf (Niedersachsen), Oldendorf (Schleswig-Holstein, Mecklenburg-Vorpommern, Niedersachsen, Nordrhein-Westfalen), Stadtoldendorf (Niedersachsen) u.a. 2. Wohnstättenname zu dem niederdeutschen Flurnamen Ohlendorf, der die Stelle eines »alten« Dorfes, einer eingegangenen Siedlung bezeichnet.

Ohler, Öhler: ▸ Oehler.

Ohlerich: aus einer niederdeutschen Form von ▸ Ulrich entstandener Familienname.

Ohlhof(f): ▸ Olthof(f).

Ohlig: 1. Im deutschen Westen verbreiteter Berufsübername zu mnd. *olige* ›Öl‹ für den Ölmüller, -schläger, vgl. ▸ Oehl (2.). 2. Herkunftsname zu dem gleichlautenden Ortsnamen (Nordrhein-Westfalen).

Ohliger: 1. Berufsname auf *-er* zu mnd. *olige* ›Öl‹ für den Ölmüller, -schläger. 2. Herkunftsname auf *-er* zu Ohlig (2.).

Ohligschläger: im deutschen Westen verbreiteter Berufsname für den Ölmüller, -schläger (mnd. *oliesleger*). ❖ *Johan Oleysleger* ist a. 1416 in Coesfeld bezeugt.

Ohls: patronymische Bildung (starker Genitiv) zu ▸ Ohl (1.).

Ohlsen: patronymische Bildung auf *-sen* zu ▸ Ohl (1.).

Ohlwein: aus dem alten deutschen Rufnamen Odalwin *(uodal + wini)* entstandener Familienname.

Ohm, Öhm, Ohme: Übernamen zu mnd. *ōm* ›Oheim, Mutterbruder; Schwestersohn; Ehrenbenennung älterer Personen‹. Zur Unterscheidung von anderen Familienmitgliedern konnte auch die Bezeichnung des Verwandtschaftsverhältnisses dienen und zum Familiennamen werden. ❖ Ein früher Beleg stammt aus Köln: *Teodericus Ome* (ca. 1187–1200). ❖ Bekannter Namensträger: Georg Simon Ohm, deutscher Physiker (18./19. Jh.). Nach ihm heißt seit 1881 die Maßeinheit für den elektrischen Widerstand »Ohm«.

Ohmeis: durch Verdumpfung des *A*- zu *O*- entstandene Form von ▸ Ameis.

Ohmer: Amtsname zu mhd. *āme, ōme* ›Ohm, Maß‹, mhd. *āmen* ›visieren‹ für den *āmer*, den ›Visierer, Getränkemesser, Gefäßeicher‹, der vor allem den zum Verkauf bestimmten Wein messen musste. In manchen Städten, z.B. in München, musste er darüber hinaus bei jedem Brand mit seinen Zubern löschen helfen. ❖ *Hainrich Omer* ist a. 1368 in München bezeugt.

Ohms: patronymische Bildung (starker Genitiv) zu ▸ Ohm.

Ohnemus: auf eine verkürzte Form von ▸ Hieronymus zurückgehender Familienname.

Ohnesorg(e), Ohnsorg(e): Übernamen zu mhd. *āne* ›ohne‹ und mhd. *sorge* ›Sorge, Kummer, Furcht‹ für einen sorglosen, unbekümmerten Menschen. ❖ Bekannter Namensträger: Richard Ohnsorg, deutscher Schauspieler und Theaterleiter (19./20. Jh.).

Ohr: Übername nach einem körperlichen Merkmal.

Ohrt: 1. ▸ Ort. 2. Herkunftsname zu den Ortsnamen Ohrt(e) (Niedersachsen).

Ohrtmann: Ableitung auf *-mann* von ▸ Ohrt.

Olbert: auf eine durch Verdumpfung des *A*- zu *O*- entstandene Variante von Albert (▸ Albrecht) zurückgehender Familienname.

Olbertz: patronymische Bildung (starker Genitiv) zu ▸ Olbert.

Olboeter, Olböter: Berufsnamen zu mnd. *oltboter* ›Altflicker (Schuster, Schneider, Pelzer)‹.

Olbrecht, Olbrich(t): auf ostmitteldeutsche Formen von ▸ Albrecht zurückgehende Familiennamen. ❖ Bekannter Namensträger: Joseph Maria Olbrich, deutscher Architekt (19./20. Jh.).

-old: aus dem häufigen Namenwort *-old* (z.B. in ▸ Arnold, ▸ Berthold), das auf *-walt* zu ahd. *waltan* ›walten, herrschen‹ zurückgeht, entstandenes Suffix, vgl. ▸ Nötzold(t), ▸ Petzold.

Oldag: durch Verdumpfung des *A*- zu *O*- entstandene Form von ▸ Aldag.

Oldenburg(er): Herkunftsnamen zu dem Ortsnamen Oldenburg (Schleswig-Holstein, Mecklenburg-Vorpommern, Niedersachsen, Nordrhein-Westfalen).

Oldermann: Amtsname zu mnd. *olderman* ›Ältermann, Vorsteher einer Körperschaft‹.

Olesch: aus der eindeutschenden Schreibung einer polnischen Ableitung von ▸ Alexander entstandener Familienname.

Oliveira: portugiesischer oder galizischer (nordwestspanischer) Wohnstättenname zu port. *oliveira* ›Olivenbaum‹ für jemanden, der an einem Olivenhain wohnte.

Olk: vor allem im Bereich Trier häufiger Herkunftsname zu dem gleichlautenden Ortsnamen (Rheinland-Pfalz; nur gelegentlich zu Olk in Ostpreußen).

Ollrogge: ▸ Altrock, Altrogge.

Olscher: ▸ Oelschner.

Olschewski, Olszewski: Herkunftsnamen zu polnischen Ortsnamen wie Olszewice, Olszewo, Olszowka.

Ölsner: ▸ Oelschner.

Olthof(f): 1. Auf einen Hofnamen (mnd. *[de] olde hove* ›[der] alte Hof‹) zurückgehende Familiennamen. 2. Herkunftsnamen zu dem Ortsnamen Ohlhof (Niedersachsen).

Oltmann: 1. Übername zu mnd. *oltman* ›Greis‹. 2. Niederdeutsche Form des alten deutschen Rufnamens Altman (▸ Altmann [2.]).

Oltmanns: patronymische Bildung (starker Genitiv) zu ▸ Oltmann.

Olt(z)scher: ▸ Oelschner.

Oncken: ▸ Onken.

Ondra: auf eine tschechische Form von ▸ Andreas zurückgehender Familienname.

On(h)imus: ▸ Ohnemus.

Onken: patronymische Bildung (schwacher Genitiv) zu On(c)ke, einer mit -*k*-Suffix gebildeten Koseform des alten friesischen Rufnamens Onno (vgl. ahd. *unnan* ›[jemandem] etwas gewähren, gönnen‹).

Onnen: patronymische Bildung (schwacher Genitiv) zu dem alten friesischen Rufnamen Onno (▸ Onken).

Opel: 1. Aus einer durch Verdumpfung des *A*- zu *O*- entstandenen Form von Apel (▸ Albrecht) hervorgegangener Familienname. 2. Diesem Familiennamen kann auch eine Kurzform des alten deutschen Rufnamens Otbert (*ōt* + *beraht*) bzw. Otbald (*ōt* + *bald*) zugrunde liegen. ❖ Bekannter Namensträger: Adam Opel, deutscher Maschinenbauer und Unternehmer (19. Jh.).

Opelka: Berufsübername zu tschech. *opelka* ›Ölkuchen‹ für den Bäcker oder Übername nach dem Lieblingsgebäck.

Opfermann: vor allem in den Bereichen Göttingen und Kassel vorkommende verhochdeutschte oder hochdeutsche Form von ▸ Oppermann.

Opitz: 1. Aus einer durch Verdumpfung des *A*- zu *O*- entstandenen Form von Apetz, Apitz (▸ Albrecht), die vor allem in Schlesien, Böhmen und Sachsen verbreitet war, hervorgegangener Familienname. 2. Herkunftsname zu den Ortsnamen Oppitz, Oppitzsch (Sachsen). ❖ Bekannter Namensträger: Martin Opitz, deutscher Dichter (16./17. Jh.).

Oppel: 1. Vor allem fränkische Form von ▸ Opel. 2. Herkunftsname zu dem Ortsnamen Oppeln (Niedersachsen, Sachsen) bzw. Oppeln (poln. Opole) in Schlesien.

Oppelt: mit sekundärem -*t* erweiterte Form von ▸ Oppel.

Oppenheim(er): Herkunftsnamen zu dem Ortsnamen Oppenheim (Rheinland-Pfalz).

Opper: vor allem in dem Bereich zwischen Darmstadt und Kassel häufiger vorkommender Amtsname für den Kirchendiener zu md. *opper* = *offergelt* ›Opfergeld, Messopfer‹ (vgl. ▸ Oppermann).

Oppermann: Amtsname zu mnd., md. *opperman* ›Kirchendiener, der das Opfer einsammelt, Mesner, Küster‹, vgl. ▸ Kuster, Küster. ❖ *Johan Opperman* ist a. 1435 in Gießen bezeugt.

Oppitz: ▸ Opitz.

Orba(h)n, Orben: ▸ Urban(us).

Orgel: Berufsübername zu mhd. *orgel(e)* ›Orgel‹ für den Orgelbauer oder den Orgelspieler.

Orgelmacher: Berufsname zu mhd. *orgelmacher* ›Orgelbauer‹.

Orgler: Berufsname zu mhd. *orgeler* ›Orgelspieler‹.

Orglmeister: Berufsname für den Orgelbauer. ❖ In München ist a. 1395 der *Orgelmaister in domo ligsalz* [im Hause Ligsalz] bezeugt.

Orlamünde(r): Herkunftsnamen zu dem Ortsnamen Orlamünde (Thüringen).

Orlowski: Herkunftsname zu polnischen Ortsnamen wie Orłowo, Orłów.

Ort: 1. Wohnstättenname zu mhd., mnd. *ort* ›Ecke, Winkel, Zipfel, Spitze, Anfang, Ende‹. 2. Aus einer Kurzform von Rufnamen, die mit dem Namenwort *ort* gebildet sind (z. B. ▸ Ortlieb), hervorgegangener Familienname. 3. Herkunftsname zu den Ortsnamen Ort (Bayern, Österreich, Niedersachsen, Schleswig-Holstein), Orth (Schleswig-Holstein, ehem. Brandenburg/jetzt Polen, Niedersachsen, Nordrhein-Westfalen, Österreich).

Ortel, Örtel: ▸ Oertel.

Ortgies: auf den alten deutschen Rufnamen Ortgis *(ort + gīsal)* zurückgehender Familienname.

Orth: ▸ Ort.

Orthmann: ▸ Ortmann.

Ortlauf: durch Umdeutung in Anlehnung an das Substantiv »Lauf« entstandene Form von Ortloff (▸ Ortolf).

Ortleb, Ortlep(p): mittel- und niederdeutsche Varianten von ▸ Ortlieb.

Ortler: Ableitung auf *-ler* von ▸ Ort (1.) und (2.).

Ortlieb: auf den gleichlautenden deutschen Rufnamen *(ort + liob)* zurückgehender Familienname.

Ortloff: durch Umsprung des *-l-* entstandene Form von ▸ Ortolf.

Ortmann: 1. Ableitung von ▸ Ort mit dem Suffix *-mann*. 2. Gelegentlich Amtsname zu mhd. *ortman* ›Schiedsmann, dessen Stimme bei Stimmengleichheit entscheidet‹.

Ortner: Ableitung auf *-ner* von ▸ Ort (1.) und (3.).

Ortolf: auf den gleichlautenden deutschen Rufnamen *(ort + wolf)* zurückgehender Familienname.

Ortw(e)in: auf den gleichlautenden deutschen Rufnamen *(ort + wini)* zurückgehende Familiennamen.

Osann: 1. Auf den im Mittelalter verbreiteten, aus der kirchlichen Liturgie übernommenen Frauennamen Osann (zu hebr. *hosianna* ›Herr, hilf ihm‹ < lat. *hosanna*) zurückgehender Familienname. 2. Herkunftsname zu dem Ortsnamen Osann (Rheinland-Pfalz).

-osch: eindeutschende Schreibung des slawischen Suffixes *-oš*, vgl. ▸ Dlugosch.

Oschatz: Herkunftsname zu dem gleichlautenden Ortsnamen (Sachsen).

Oschmann: vorwiegend im Bereich Erfurt–Suhl vorkommende, dialektgefärbte Variante von ▸ Aschmann.

Oschwald: im deutschen Südwesten verbreitete Variante von ▸ Oswald. ❖ *Cuntz Oschwaldt* ist a. 1418 in Freiburg i. Br. bezeugt.

Öser: ▸ Oeser.

Osman: 1. ▸ Osmann. 2. Vorwiegend arabischer Name oder türkischer Familienname, der mit dem türkisch-arabischen Rufnamen Osman (türkische Form oder häufige europäische Schreibweise des arabischen Namens 'Uthman, < arab. *'uthmān* ›junge Trappe‹, eine Vogelart) identisch ist. Als Name des dritten Kalifen, der in zwei aufeinanderfolgenden Ehen mit Töchtern Mohammeds verheiratet war (6./7. Jh.), ist 'Uthman/Osman in der gesamten islamischen Welt beliebt. In der Türkei erinnert der Name darüber hinaus an Osman I. (13./14. Jh.), den Begründer des Osmanischen Reiches.

Osmann: 1. Aus dem alten deutschen Rufnamen Osman *(ōs + man)* entstandener Familienname. ❖ Ein *Osmannus* ist a. 1281 in Borken (Nordrhein-Westfalen) bezeugt. 2. Niederdeutscher Wohnstättenname auf *-mann* zu mnd. *ōst* ›Osten, im Osten‹ für jemanden, der im Osten des Dorfes oder östlich davon siedelte. ❖ Ein Geistlicher namens *Ostmannus* ist a. 1337 in Vreden (Nordrhein-Westfalen) bezeugt.

Osmer: aus dem alten deutschen Rufnamen Osmar *(ōs + māri)* entstandener Familienname.

Osmers: patronymische Bildung (starker Genitiv) zu ▸ Osmer.

Ossig: Herkunftsname zu dem gleichlautenden Ortsnamen (ehem. Brandenburg/jetzt Polen, Sachsen-Anhalt, Sachsen, Schlesien).

Ossowski: Herkunftsname zu polnischen Ortsnamen wie Osowo, Osów, Os(s)owa.

Osswald, Oßwald: ▸ Oswald.

Ost, Osten: 1. Wohnstättennamen für jemanden, der im Osten siedelte. 2. Herkunftsnamen zu dem Ortsnamen Osten (Niedersachsen, Bayern, Schlesien).

Ostendorf(f): Herkunftsnamen zu dem Ortsnamen Ostendorf (Niedersachsen, Nordrhein-Westfalen, Bayern).

Oster: Wohnstättenname zu mhd., mnd. *ōster* ›östlich‹ nach der Lage der Siedlungsstelle.

Osterberg(er): 1. Herkunftsnamen zu dem Ortsnamen Osterberg (Niedersachsen, Nordrhein-Westfalen, Bayern, Österreich). 2. Wohnstättennamen nach einem gleichlautenden Flurnamen.

Osterburg: Herkunftsname zu dem gleichlautenden Ortsnamen (Sachsen-Anhalt, ehem. Brandenburg/jetzt Polen).

Österheld: ▸ Oesterheld.

Osterkamp: 1. Wohnstättenname zu mnd. ōster ›östlich‹ und mnd. kamp ›eingezäuntes Feld, Ackerland, Weide, Wiese, Gehölz‹. 2. Herkunftsname zu dem gleichlautenden Ortsnamen (Schleswig-Holstein).

Osterloh: Herkunftsname zu dem gleichlautenden Ortsnamen (Niedersachsen, Nordrhein-Westfalen).

Ostermaier: ▶ Ostermay(e)r.

Ostermann: 1. Ableitung auf -mann von ▶ Oster. 2. Herkunftsname zu mhd. ōsterman ›Österreicher‹.

Ostermay(e)r, Ostermeier, Ostermeyer: Standesnamen, nähere Kennzeichnung eines Meiers (▶ Meyer) durch die östliche Lage des Hofes (▶ Oster).

Osterndorf(f): Herkunftsnamen zu dem Ortsnamen Osterndorf (Niedersachsen, Westfalen, Bayern).

Osterode, Osteroth: Herkunftsnamen zu den Ortsnamen Osteroda (Brandenburg), Osterode (Niedersachsen, Sachsen-Anhalt, Thüringen, Ostpreußen), Osteroden (Niedersachsen).

Ostertag: Übername zu mhd. ōstertac, mnd. ōsterdach ›Ostertag, -fest‹, der in Zusammenhang mit einem Abgabetermin entstanden sein kann. ❖ *Heinrich Ostertag* ist a. 1370 in Nürnberg bezeugt.

Osterwald(er): 1. Herkunftsnamen zu den Ortsnamen Osterwald (Niedersachsen, Nordrhein-Westfalen, Bayern), Osterwalde (ehem. Brandenburg/jetzt Polen). 2. Wohnstättenname für jemanden, der am östlich gelegenen Wald siedelte.

Ostheim(er): Herkunftsnamen zu dem Ortsnamen Ostheim (Hessen, Thüringen, Württemberg, Bayern, Ostpreußen, Elsass).

Osthof(f): Herkunftsnamen zu den Ortsnamen Osthof(f) (Niedersachsen, Westfalen), Osthofen (Rheinland-Pfalz).

Ostler: Ableitung auf -ler von ▶ Ost.

Ostmann: Ableitung auf -mann von ▶ Ost.

Ostrowski: Herkunftsname zu polnischen Ortsnamen wie Ostrów, Ostrowiec.

Ostwald: 1. Durch Umdeutung in Anlehnung an die Bezeichnung des Himmelsrichtung entstandene Form von ▶ Oswald. 2. Gelegentlich Herkunftsname zu dem Ortsnamen Ostwalde (Schlesien). ❖ Bekannter Namensträger: Wilhelm Ostwald, deutscher Chemiker und Philosoph (19./20. Jh.).

Oswald, Oswal(d)t: auf den gleichlautenden Rufnamen, eine altsächsische Nebenform von Answald *(ans + walt)*, zurückgehende Familiennamen. Oswald fand in Deutschland vor allem als Name des angelsächsischen Heiligen Oswald von Northumbrien Verbreitung. Der heilige Oswald (7. Jh.), König von Northumbrien, führte in seinem Land das Christentum ein. Er fiel im Kampf gegen den heidnischen König Penda von Mercien. Im Rahmen der Missionstätigkeit angelsächsischer und schottischer Mönche auf dem Festland fand sein Kult auch in Deutschland Verbreitung, vor allem im Alpenraum. ❖ Als Varianten von Oswald begegnen uns **Osswald, Oßwald, Ostwald,** im alemannischen Südwesten die Familiennamen **Asal** und **Oschwald,** daraus verkürzt **Schwald.**

Otremba: Übername zu poln. *otręby* (Plural) ›Kleie‹, wobei der polnische Nasalvokal ę durch -em- wiedergegeben ist.

Ott(e): ▶ Otto. ❖ Bekannter Namensträger: Hans Günther Franz Otte, deutscher Komponist und Pianist (20./21. Jh.)

Otten: patronymische Bildung (schwacher Genitiv) zu ▶ Otto. ❖ Bekannter Namensträger: Karl Otten, deutscher Schriftsteller (19./20. Jh.).

Ottenjann: aus ▶ Otto (Genitiv »Otten«) und Jann (▶ Johannes) zusammengesetzter Familienname: ›Jann, Sohn des Otto‹.

Ottens: patronymische Bildung auf -ens zu ▶ Otto.

Otter: Berufsübername zu mhd. otter ›Otter, Fischotter‹ für den Otterfänger, -jäger.

Otterbach: Herkunftsname zu dem gleichlautenden Ortsnamen (Hessen, Rheinland-Pfalz, Baden-Württemberg, Bayern, Österreich).

Ottersbach: im Bereich Bonn–Siegen häufiger vorkommender Herkunftsname, wohl zu Otterbach (Rheinland-Pfalz).

Ottilie, Ottilige: aus dem zur Zeit der Familiennamenentstehung (12.–15. Jh.) beliebten Frauennamen Ottilig, Otilg entstandene Familiennamen. Dieser Rufname geht auf ahd. Otila *(ōt)*, latinisiert Odilia zurück. Zur Verbreitung des Namens im Mittelalter trug die Verehrung der heiligen Odilia (7./8. Jh.) bei. Die heilige Odilia, Äbtissin des Klosters Odilienberg (Elsass), wurde nach der Legende blind geboren und erlangte bei der Taufe das Augenlicht. Sie ist Patronin der Augenkranken und Schutzheilige des Elsass. ❖ Aus verkürzten Formen von Ottilie sind mehrere Familiennamen hervorgegangen: **Dilg(e), Dilger, Dilcher(t), Tilg(e), Tilgen, Tilgner, Tillner,** z. T. auch **Ilg(e), Ilgner, Illgner.**

Ottinger: Herkunftsname zu den Ortsnamen Otting (Bayern), Ottingen (Niedersachsen). ❖ Bekannte Namensträgerin: Ulrike Ottinger, deutsche Filmregisseurin (20./21. Jh.).

Öttl: bairisch-österreichische Schreibweise von ▸ Oetell.

Öttle: ▸ Oettle.

Ottmann: aus dem gleichlautenden Rufnamen *(ōt + man)* hervorgegangener Familienname.

Otto: aus dem gleichlautenden Rufnamen, einer verselbstständigten Kurzform von Namen, die mit dem Namenwort ōt gebildet sind (vgl. ▸ Ottmann, ▸ Ottwein), hervorgegangener Familienname. Als Name deutscher Könige und Kaiser spielte Otto im Mittelalter eine bedeutende Rolle in der Namengebung. ❖ Neben den Varianten **Ott** und **Otte** begegnen uns die Ableitungen **Otten(s), Ottsen, Oetjen, Oetke(n), Oett(e)l, Öttl, Oettle, Öttle, Oettlin, Oetzel** unter den heutigen Familiennamen. ❖ Der deutsche Maschinenbauer und Unternehmer Nikolaus August Otto (19. Jh.) erfand den Ottomotor.

Ottsen: patronymische Bildung auf *-sen* zu ▸ Otto.

Ottwein: aus dem gleichlautenden deutschen Rufnamen *(ōt + wini)* entstandener Familienname.

Over: 1. Wohnstättenname zu mnd. ōver ›Ufer‹. ❖ Vgl. den Magdeburger Beleg *Jacob von dem over* (a. 1324). 2. Herkunftsname zu dem Ortsnamen Over (Niedersachsen, Rheinland-Pfalz).

Overbeck: ▸ Oberbeck. ❖ Bekannter Namensträger: Johann Friedrich Overbeck, deutscher Maler (18./19. Jh.).

Overmann: 1. Amtsname zu mnd. *overman* ›Obmann, Schiedsrichter‹. 2. Ableitung auf *-mann* von ▸ Over.

Overstolz: Übername zu mnd. *over* ›über das Gewöhnliche hinaus, sehr‹ und mnd. *stolt* ›stattlich, schön; stolz, hochmütig‹. ❖ Ein früher Beleg stammt aus Köln: *Godescalcus Ovirstolz* (ca. 1200).

Özcan: türkischer Familienname zu türk. *öz* ›echt‹ und türk. *can* ›Leben‹: ›echtes, reines Leben‹.

Özdemir: türkischer Familienname zu türk. *öz* ›echt‹ und türk. *demir* ›Eisen‹: ›reines Eisen‹.

Özer: türkischer Familienname zu türk. *öz* ›echt‹ und türk. *er* ›Mann‹: ›echter Mann‹.

Özkan: türkischer Familienname zu türk. *öz* ›echt, rein‹ und türk. *kan* ›Blut‹: ›reines Blut‹.

Öztürk: türkischer Familienname zu türk. *öz* ›echt, rein‹ und türk. *türk* ›Türke‹: ›reiner Türke‹.

P

Paap(e): ▶ Pape.

Paar: 1. Übername zu mhd., mnd. *pār* ›Paar, insbes. Eheleute‹. 2. Herkunftsname zu dem Ortsnamen Paar (Bayern).

Paas: im deutschen Westen verbreiteter Familienname, der auf den lateinischen Heiligennamen Beatus (›glücklich‹) zurückgeht. Als Vorbild für die Namengebung in diesem Gebiet kommt vor allem der heilige Einsiedler Beatus von Trier (7. Jh.), dessen Reliquien auf dem Beatenberg bei Koblenz ruhen, infrage.

Paasch(e): 1. Übernamen zu mnd. *pāsche*, mhd. *pasche* ›Ostern‹ nach einer zu diesem Zeitpunkt fälligen Abgabe oder Dienstleistung. 2. Nur selten kommen Ableitungen von den Heiligennamen Paschalis oder Paschasius infrage.

Pabel: auf eine Schreibvariante von ▶ Pavel oder ▶ Pawel zurückgehender Familienname.

Pabst: ▶ Papst. ❖ Bekannter Namensträger: G. W. Pabst, österreichischer Filmregisseur (19./20. Jh).

Pach: 1. Oberdeutsche Schreibweise von ▶ Bach. 2. Auf eine Kurzform slawischer Rufnamen wie Pakoslav (urslaw. **pakъ* ›stark, kräftig‹ + urslaw. **slava* ›Ruhm, Ehre‹) u. Ä. oder auf eine slawische Ableitung von ▶ Paul zurückgehender Familienname.

Pache: 1. Oberdeutsche Schreibweise von ▶ Bache. 2. ▶ Pach (2.).

Pachelbel: oberdeutscher, aus ▶ Pach (1.) und dem Rufnamen ▶ Elbel gebildeter Familienname: ›der Elbel am Bach‹. ❖ Bekannter Namensträger: Johann Pachelbel, deutscher Organist und Komponist (17./18. Jh.).

Pacher: oberdeutsche Schreibweise von ▶ Bacher. ❖ Bekannter Namensträger: Michael Pacher, Bildschnitzer (15. Jh.).

Pachmann: oberdeutsche Schreibweise von ▶ Bachmann.

Pachmay(e)r: oberdeutsche Schreibweisen von ▶ Bachmay(e)r.

Pacholek, Pacholik, Pacholle(c)k: Berufsnamen zu poln. *pachołek* ›Aufseher‹, tschech. *pacholek* ›Pferdeknecht‹.

Pacholski: Übername, Ableitung auf *-ski* zu poln. *pachoł* ›Knabe, junger Bursche‹.

Pack: 1. Übername zu mnd. *packe* ›Packen, Bündel‹. 2. Auf eine Kurzform slawischer Rufnamen wie Pakoslav u. Ä. (▶ Pach [2.]) zurückgehender Familienname.

Padberg: Herkunftsname zu den Ortsnamen Padberg (Nordrhein-Westfalen), Badberg (Bayern), Badbergen (Niedersachsen).

Pade: 1. Übername zu mnd. *pade* ›Pate, Taufkind‹. 2. Übername zu mnd. *padde* ›Frosch, Kröte‹.

Pader: oberdeutsche Schreibweise von ▶ Bader. ❖ *Ulrich pader* ist a. 1318 in Regensburg bezeugt.

Paech: ▶ Pech.

Paeschke: auf die eindeutschende Schreibung einer slawischen Ableitung von ▶ Peter zurückgehender Familienname.

Paetow: Herkunftsname zu dem Ortsnamen Pätow (Mecklenburg-Vorpommern).

Paetsch: ▶ Petsch.

Paetschke: ▶ Petschke.

Paetz: ▶ Petz.

Paetzold: ▶ Petzold(t).

Paff(e): ▶ Pfaff(e).

Paffen: patronymische Bildung (schwacher Genitiv) zu Paff(e) (▶ Pfaff[e]).

Paffrath: Herkunftsname zu dem gleichlautenden Ortsnamen (Nordrhein-Westfalen).

Page: niederdeutscher Berufsübername zu mnd. *page* ›Pferd (Reitpferd, Zugtier), Hengst‹ für den Pferdehändler. ❖ *Johannes Page* ist im 13. Jh. in Köln bezeugt.

Pagel: auf eine niederdeutsche, gedehnte Form von ▶ Paul zurückgehender Familienname. ❖ Die Entstehung des Namens, die auf dem niederdeutschen Wandel von *w* zu *g* beruht, zeigen die Belege aus Hildesheim a. 1655 *Hinrich Pagels*, identisch mit *Heinrich Pawel* a. 1635.

451

Pagels: patronymische Bildung (starker Genitiv) zu ▶ Pagel.

Pagenhardt: Berufsname für den Pferdehirten (zu mnd. *page* ›Pferd‹ und mnd. *herde* ›Hirt‹).

Pagenkopf: 1. Berufsübername zu mnd. *pagenkop* ›Pferdekopf‹ für den Pferdehändler oder Übername nach dem Aussehen des ersten Namensträgers. 2. Wohnstättenname nach einem gleichlautenden Flurnamen. 3. Herkunftsname zu dem Ortsnamen Pagenkopf (ehem. Pommern/jetzt Polen). ❖ *Hinrik Paghenkop* ist a. 1383 in Göttingen überliefert.

Pagenstecher: Berufsname für den Pferdeschlachter, Abdecker (zu mnd. *page* ›Pferd‹ und mnd. *steken* ›[er]stechen, durch einen Halsstich schlachten‹).

Pahl: 1. Aus einer zusammengezogenen Form von Pagel (▶ Paul) entstandener Familienname. 2. Niederdeutscher Wohnstättenname zu mnd. *pāl* ›Pfahl, bes. Grenzpfahl, Grenze‹.

Pahling: patronymische Bildung auf -*ing* zu ▶ Pahl (1.).

Pahlke: Ableitung von ▶ Pahl (1.) mit -*k*-Suffix.

Pahls: patronymische Bildung (starker Genitiv) zu ▶ Pahl (1.).

Pahn: Übername zu sorb. (älter), poln. *pan*, tschech. *pán* ›Herr‹.

Pahnke: Übername zu sorb. (älter) *pank* ›junger Herr, Herrchen‹.

Paintner: oberdeutsche Schreibweise von ▶ Baintner.

Palisch, Palitzsch: 1. Übernamen zu poln., osorb. *palić*, nsorb. *paliś* ›(ver)brennen, sengen, heizen‹. 2. Auf eine slawische Ableitung mit dem Suffix -*iš* (dt. > -*isch*) von ▶ Paul zurückgehende Familiennamen. ❖ Bekannter Namensträger: Peter Palitzsch, deutscher Theaterregisseur und -leiter (20./21. Jh.).

Pallauf: oberdeutsche, verschliffene Form von ▶ Baldauf. ❖ *Otte Paldauf* ist a. 1397 in Nürnberg bezeugt.

Palm(e): Wohnstättennamen oder Übernamen zu mhd. *palm(e), balm(e)*, mnd. *palme* ›Palmbaum, Palmzweig; Zweige der Palmweide (Salweide); Palmsonntag‹.

Palmer, Pallmer: 1. Ableitungen auf -*er* von ▶ Palm(e). 2. ▶ Balm(er) (1.) und (2.). 3. Gelegentlich aus einer verschliffenen Form des deutschen Rufnamens Baldemar *(bald + māri)* entstandene Familiennamen. ❖ Bekannte Namensträgerin: Lilli Palmer, deutsche Filmschauspielerin (20. Jh.).

Pamer: auf eine oberdeutsche Form von ▶ Baumer zurückgehender Familienname.

Pampel: Übername zu mnd. *pampelen* ›sich hin und her bewegen‹, fnhd. *pamplen* ›baumeln‹; Pampel und Nebenformen sind mundartlich weit verbreitet und bezeichnen im Allgemeinen einen trägen, schwerfälligen, ungeschickten, unbeholfenen Menschen.

Pangratz: ▶ Pankratz.

Panholzer: 1. Oberdeutsche Schreibweise von ▶ Bannholzer. 2. Herkunftsname zu dem Ortsnamen Panholz (Bayern).

Panitz(sch): 1. Herkunftsnamen zu den Ortsnamen Panitz(sch) (Sachsen). 2. Aus slawischen Ableitungen von sorb. (älter), poln., *pan*, tschech. *pán* ›Herr‹ entstandene Übernamen.

Pank(a), Panke: ▶ Pahnke.

Pankok(e): Berufsübernamen zu mnd. *pann(en)koke* ›Pfannkuchen‹ für den Bäcker oder Übernamen nach dem Lieblingsgebäck, vgl. ▶ Pfannkuch. ❖ *Bernt Pannekoke* ist a. 1595 in Coesfeld bezeugt. ❖ Bekannter Namensträger: Otto Pankok, deutscher Maler, Grafiker und Bildhauer (19./20. Jh.).

Pankow: Herkunftsname zu dem gleichlautenden Ortsnamen (Stadtbezirk von Berlin; ehem. Brandenburg/jetzt Polen).

Pankrath: ▶ Pankratz.

Pankratz, Pankraz: aus dem gleichlautenden Rufnamen griechischen Ursprungs (zu griech. *pān* ›all, ganz‹ und griech. *krátos* ›Kraft, Macht‹) hervorgegangene Familiennamen. Der Name fand in Deutschland als Name des heiligen Märtyrers Pankratius Verbreitung. Der heilige Pankratius, dessen Kult sich seit dem 5. Jh. ausbreitete, ist einer der vierzehn Nothelfer. ❖ Als Varianten von Pankratz begegnen uns u. a. die Familiennamen **Pangratz, Pankrath, Bangratz, Pongratz, Bongra(t)z**. ❖ Aus verkürzten Formen von Pankratz können Familiennamen wie **Kratz, Kratzel, Kratzer, Gradl, Gratz, Grätz** entstanden sein.

Panne: Berufsübername zu mnd. *panne* ›Pfanne, Ziegel‹ für den Pfannenschmied, den

Koch oder den Ziegelbrenner (▶ Pannenbecker).

Pannek: Übername zu poln. *panek*, tschech. (älter) *pánek* ›Herrchen‹.

Pannenbecker: Berufsname zu mnd. *panne* ›Ziegel‹, mnd. *pannebacker* ›Töpfer, Hersteller von Dachziegeln‹.

Panner, Pannier: oberdeutsche Schreibweisen von ▶ Banner, ▶ Bannier.

Pannwitz: Herkunftsname zu den Ortsnamen Pannwitz (Schlesien), Pannewitz (Sachsen), Panwitz (ehem. Brandenburg/jetzt Polen). ❖ Bekannter Namensträger: Rudolph Pannwitz, deutscher Schriftsteller, Kulturphilosoph und Pädagoge (19./20. Jh.).

Pantaleon: auf den gleichlautenden Rufnamen griechischen Ursprungs (›gänzlich ein Löwe‹), zurückgehender Familienname. Pantaleon fand als Name des heiligen Märtyrers Pantaleon von Nicomedia (3./4. Jh.), des Patrons der Ärzte und eines der vierzehn Nothelfer, Eingang in die deutsche Namengebung. Die aus diesem Heiligennamen hervorgegangenen Familiennamen sind im Rheinland und vor allem in Südwestdeutschland verbreitet. Die Kölner St.-Pantaleon-Kirche wurde im 10. Jh. geweiht, in der Gegend des Kaiserstuhles genoss der Heilige große Verehrung (Wallfahrtsort St. Pantlisquelle). ❖ Aus Pantaleon leiten sich z. B. die Familiennamen **Pantle, Pantle(o)n, Pantel, Pantelmann, Bantleon, Bantel, Bantele, Bantli(n), Bentele, Bentlin** ab.

Pantel: aus einer verkürzten Form von ▶ Pantaleon entstandener Familienname.

Pantelmann: auf eine mit dem Suffix *-mann* gebildete Erweiterung von ▶ Pantel zurückgehender Familienname.

Pantle, Pantle(o)n: ▶ Pantaleon.

Pantzer, Panzer: Berufsübernamen für den Panzerschmied oder Übernamen für den Träger eines Panzers. ❖ Ein früher Beleg aus Regensburg lautet *Elspetis uxor* [Ehefrau des] *Rudgeri dicti* [genannt] *Panzier* (a. 1262).

Papadopoulos: griechischer, mit der patronymischen Endung *-ópoulos* gebildeter Familienname zu neugriech. *papás* ›Priester‹: ›Sohn eines Priesters‹.

Pape: Übername zu mnd. *pape* ›Pfaffe, Weltgeistlicher‹, der auf Beziehungen des ersten Namensträgers zu einem Geistlichen oder zur Kirche zurückgeht (etwa ›entlaufener Priester‹, ›unehelicher Sohn eines Geistlichen‹, ›zinspflichtiger Bauer‹). Vor der Reformation hatte das Wort noch keinen abschätzigen Sinn. ❖ *Reynerus Pape* ist a. 1293 in Hannover bezeugt.

Papenberg: Herkunftsname zu dem gleichlautenden Ortsnamen (Nordrhein-Westfalen, Sachsen-Anhalt).

Papendick, Papendie(c)k: Herkunftsnamen oder Wohnstättennamen zu den gleichlautenden niederdeutschen Orts- und Flurnamen (zu mnd. *pape* ›Pfaffe‹ und mnd. *dīk* ›Teich‹: ›Pfaffenteich‹).

Papenfoth, Papenfuhs, Papenfuß: durch Umdeutung (in Anlehnung an mnd. *vōt* ›Fuß‹) aus mnd. *pape* ›Pfaffe, Weltgeistlicher‹ und mnd. *voget, voit* ›Amtmann‹ entstandene Familiennamen, die ursprünglich den Verwalter eines geistlichen Herrn bezeichneten.

Papenmeier, Papenmeyer: Standesnamen für einen Meier (▶ Meyer), der Kirchen- oder Klostergut bewirtschaftete (zu mhd. *pape* ›Pfaffe‹).

Papesch: Übername zu poln. *papież* bzw. *papež*, tschech. *papež* ›Papst‹, vgl. ▶ Papst.

Papke: Ableitung von ▶ Pape mit *-k-*Suffix.

Papp: Übername zu mhd. *pappe*, mnd. *pap* ›Kinderbrei‹.

Pappenheim: Herkunftsname zu dem gleichlautenden Ortsnamen (Mittelfranken). ❖ Bekannter Namensträger: Gottfried Heinrich Graf zu Pappenheim, kaiserlicher Feldmarschall (16./17. Jh.).

Pappenheimer: 1. Herkunftsname auf *-er* zu ▶ Pappenheim. 2. Oberdeutscher, insbesondere Nürnberger Berufsname zu mhd., fnhd. *pappenhamer, pappenheimer* ›Grubenreiniger‹. ❖ H. Pappenheimer ist a. 1358 in Nürnberg bezeugt.

Pappert: Übername zu mnd. *pappen* ›Brei zurechtmachen und damit füttern; sich voll stopfen‹, mhd. *pappen* ›pappen, essen‹.

Papst: Übername zu mhd. *bābes, bāb(e)st* ›Pabst‹, wohl als Anspielung auf das (würdevolle, anmaßende) Verhalten des ersten Namensträgers. ❖ *Fritz Pabst* ist a. 1370 in Nürnberg bezeugt.

Paradies: auf den gleichlautenden Orts-, Flur- oder Hausnamen zurückgehender Familienname.

Parchent: oberdeutscher Berufsübername zu mhd. *barchant* ›Barchent‹ für den Barchentweber. Das dicht gewirkte Mischgewebe aus Leinen und Baumwolle wurde durch die Araber in Europa verbreitet; auf sie geht auch das Wort (< arab. *barrakān*) zurück.

Pardon, Parduhn: ▶ Bardohn, Barduhn.

Paris: 1. Übername für jemanden, der in Paris gewesen war oder (Handels-)Beziehungen zu dieser Stadt hatte. 2. Gelegentlich literarischer Übername nach dem Namen des Entführers der Helena in der Trojasage. Abgesehen von dem »Trojanerkrieg« Konrads von Würzburg (13. Jh.) waren im Mittelalter mindestens zwölf verschiedene Troja-Romane bekannt.

Park: 1. Wohnstättenname zu mnd. *park, perk* ›eingehegter, abgepferchter Platz‹, mhd. *parc* ›eingehegter Ort, Umzäunung‹. 2. Park (auch Pak) ist auch ein häufiger koreanischer Familienname, der von dem chinesischen Familiennamen Pŏ, Pū (vielleicht ›einfach‹ oder ›aufrichtig‹ oder ›Kastanienbaum‹) abgeleitet ist.

Parmenter: Berufsname für den Pergamentmacher (mnd. *parmenter*). Mnd. *parment*, mhd. *pergamënte, berment* ›Pergament‹ wurden aus mlat. *pergamen(t)um* < lat. *(charta) Pergamēna* entlehnt. Der lateinischen Bezeichnung liegt der Name der kleinasiatischen Stadt *Pérgamon*, die eine große Bibliothek besaß und als der Erfindungsort des Pergaments angesehen wurde, zugrunde. Ursprünglich wurde das Pergament in den klösterlichen Werkstätten für den eigenen Bedarf hergestellt. Erst mit der Entfaltung des Urkunden- und Buchwesens in den mittelalterlichen Städten entwickelte sich ein selbstständiges Gewerbe. Zur Herstellung von Pergament verwendete man Tierhäute, die glatt gegerbt und geschabt wurden.

Parmentier: französischer Familienname, der auf den Beruf des Schneiders (afrz. *parementier*) zurückgeht.

Pärschke: ▶ Perschke.

Part(h): oberdeutsche Schreibweisen von ▶ Bart, Barth.

Parthon, Parthun: ▶ Bardohn, Barduhn.

Partsch: 1. ▶ Bartsch. 2. Herkunftsname zu dem Ortsnamen Partsch (Ostpreußen).

Partzsch: ▶ Bartzsch.

Parzer: 1. Herkunftsname zu dem Ortsnamen Parz (Österreich). 2. Wohnstättenname zu bair.-österr. *Parze* ›kleiner, steiniger Hügel, auf dem Heidelbeeren oder Erika wachsen‹.

Pasch: 1. ▶ Paasch(e). 2. Aus einer slawischen Ableitung von ▶ Paul gebildeter Familienname. 3. Aus einer Kurzform slawischer Rufnamen wie Pakoslav (urslaw. **pakъ* ›stark, kräftig‹ + urslaw. **slava* ›Ruhm, Ehre‹) u. Ä. hervorgegangener Familienname. 4. Auf einen rheinischen Flurnamen mit der Bedeutung ›mit Weidengebüsch bestandene Wiese‹ (zu lat. *pascuum* ›Weideplatz‹) zurückgehender Familienname.

Pasche: 1. ▶ Paasch(e). 2. ▶ Pasch (2.) oder (3.).

Paschedag: niederdeutscher Übername zu mnd. *pāschendach* ›Ostersonntag‹, vgl. ▶ Paasch(e) (1.).

Paschek: aus einer mit dem polnischen oder tschechischen Suffix *-ek* gebildeten Ableitung von ▶ Pasch (2.) oder (3.) entstandener Familienname.

Paschen: Übername zu mnd. *pāschen*, mhd. *paschen* ›Ostern‹, vgl. ▶ Paasch(e) (1.).

Pascher: 1. Ableitung auf *-er* von einer alemannischen verkürzten Form von ▶ Sebastian. 2. Ableitung auf *-er* von ▶ Pasch (4.).

Paschka: aus einer Ableitung von ▶ Pasch (2.) oder (3.) entstandener Familienname.

Paschke: 1. ▶ Paschka. 2. Herkunftsname zu dem gleichlautenden Ortsnamen (ehem. Pommern/jetzt Polen).

Paschmann: Ableitung auf *-mann* von ▶ Pasch (4.).

Paschold: aus slawisch beeinflussten Ableitungen von ▶ Paul, die sekundär mit dem deutschen Suffix *-old* erweitert wurden, hervorgegangener Familienname.

Pasenow: Herkunftsname zu dem gleichlautenden Ortsnamen (Mecklenburg-Vorpommern).

Pasold: ▶ Paschold.

Pass, Paß: 1. Vor allem im Westen und Norden Deutschlands vorkommende Wohnstättennamen für jemanden, der an einem Durchgang wohnte. Das Wort Pass wurde im Spätmittelalter aus franz. *pas* (< lat. *passus*) ›Schritt, Gang‹ in der Bedeutung ›Durchgang‹ entlehnt. ❖ Vgl. die Belege *Rütger in gen* [in dem] *Paß*, Bürger zu Wesel am Niederrhein (a. 1607), *Katharina Paß*, Neubür-

Patzsch(ke) P

gerin zu Hannover (a. 1581). 2. Gelegentlich kann es sich um Varianten von ▶ Paas (Beatus) handeln.

Päßler: ▶ Beseler.

Passmann, Paßmann: vor allem im deutschen Westen verbreitete Familiennamen, denen eine mit dem Suffix -mann gebildete Ableitung von ▶ Pass, Paß zugrunde liegt.

Passon: Übername; eindeutschende Schreibung der polnischen Familiennamen Pason, Pasoń zu poln. pas ›Gürtel‹.

Passow: Herkunftsname zu dem gleichlautenden Ortsnamen (Mecklenburg-Vorpommern, Brandenburg).

Pasterna(c)k: 1. Berufsübernamen für den Bauern, zu mhd. pasternacke, mnd. pasternake ›Pastinak‹, einer mohrrübenähnlichen Pflanze, die besonders als Futterpflanze verwendet wurde. 2. Diese Familiennamen können auch slawischer Herkunft sein, und zwar zu nsorb., poln. pasternak, tschech. pastrnák mit der gleichen Bedeutung gehören.

Patek: Übername zu tschech. pátek ›Freitag‹.

Pater: 1. Aus der Zeit des Humanismus stammende Übersetzung des deutschen Familiennamens ▶ Vater ins Lateinische. 2. Übername zu mhd. pater ›Geistlicher‹, vgl. ▶ Pfaff(e).

Paternoster: Berufsübername für den Hersteller von Betschnüren, Rosenkränzen (mhd. pāternosterer, mnd. paternostermaker), zunächst für den Gebrauch im Kloster, seit dem 15. Jh., als das Rosenkranzgebet volkstümlich wurde, für weitere Kreise (vgl. ▶ Rosenkranz). Bei mhd. pāternoster, mnd. paternoster ›Vaterunser‹ handelt es sich um Entlehnungen aus dem Lateinischen, die die Anfangsworte des Gebets enthalten. Da das Beten eines Vaterunsers die einzelnen Teile des Rosenkranzgebets abschließt, wurde diese Bezeichnung auf die Betschnur (mhd. paternostersnuor) übertragen. Rosenkränze wurden aus Holz, Horn, Elfenbein, Bernsteinkügelchen und anderen wertvollen Materialien hergestellt. ❖ Die Entstehung des Familiennamens wird aus den Breslauer Belegen *Mathias paternoster paternosterer* (a. 1392), *Sigmund paternoster paternosterer* (a. 1397) deutlich.

Pathe: 1. Übername zu mhd. pate ›Pate‹. 2. Niederdeutscher Übername zu mnd. pote, pate ›Setzling, junge Pflanze, Pflänzling, junger Zweig‹.

Pätsch: ▶ Petsch.

Patt: 1. Auf eine verkürzte Form des Heiligennamens Beatus (▶ Paas) zurückgehender Familienname. 2. Gelegentlich kann dieser Familienname auf eine Kurzform von Rufnamen, die mit dem Namenwort *badu* gebildet wurden, zurückgehen.

Patz: aus einer Kurz- bzw. Koseform entstandener Familienname. Als Grundlage für die Ableitung kommen u. a. der alte deutsche Rufname Pazzo *(badu)*, ▶ Bartholomäus, Beatus (▶ Patt [1.]), ▶ Paul, ▶ Peter, ▶ Patzlaff infrage.

Pätz: 1. ▶ Petz. 2. Herkunftsname zu dem Ortsnamen Pätz (Brandenburg).

Patzak: Übername zu tschech. pacati ›verpfuschen‹. ❖ Bekannter Namensträger: Julius Patzak, österreichischer Sänger (19./20. Jh.).

Patzelt: auf eine mundartliche (schlesische) Nebenform von Petzelt (▶ Petzold[t]) zurückgehender Familienname.

Patzer: 1. Patronymische Bildung auf *-er* zu ▶ Patz. 2. Herkunftsname zu dem Ortsnamen Patzau (Böhmen).

Pätzhold: auf eine Umdeutung von ▶ Petzold(t) in Anlehnung an das Adjektiv »hold« zurückgehender Familienname.

Patzig: 1. Herkunftsname zu dem gleichlautenden Ortsnamen (Mecklenburg-Vorpommern, ehem. Brandenburg/jetzt Polen). 2. Übername zu fnhd. batzig, patzig ›aufgeblasen, übermütig, grob, derb‹. 3. Aus einer Ableitung von ▶ Patz mit dem Suffix *-ing* (> *-ig*) entstandener Familienname. 4. Aus einer Ableitung des slawischen Rufnamens Pakoslav (▶ Pach [2.]) hervorgegangener Familienname.

Patzke: ▶ Patzsch(ke) (1.).

Patzlaff: aus der eingedeutschten Form von slawischen Rufnamen wie Pakoslav (urslaw. *pakъ ›stark, kräftig‹ + urslaw. *slava ›Ruhm, Ehre‹) u. Ä. entstandener Familienname.

Pätzold(t): ▶ Petzold(t).

Patzsch(ke): 1. Aus ostmitteldeutschen, slawisch beeinflussten Ableitungen von ▶ Patz hervorgegangene Familiennamen. ❖ Vgl. die Belege aus Halle: *Peter Paczk* (a. 1432) = *Peter Patzke* (a. 1434) = *Peter Patczsche* (a. 1435). 2. Bei dem Familiennamen Patzschke kann

P Pau

es sich im Einzelfall um einen Herkunftsnamen zu dem Ortsnamen Patschkau in Oberschlesien handeln.

Pau: Übername zu mnd. *pawe, pauwe* ›Pfau‹ für einen eitlen Menschen.

Pauel: ▸ Paul.

Pauels: patronymische Bildung (starker Genitiv) zu ▸ Pauel.

Pauer: bairisch-österreichische Schreibweise von ▸ Bauer. ❖ *Chunr. der Paur* ist a. 1326 in Regensburg bezeugt.

Pauker: Berufsname; der Paukenschläger (mhd. *pūkaere*) gehörte zur Zunft der Spielleute. ❖ *Michael paugger* ist a. 1382 in München bezeugt.

Paukert: Erweiterung von ▸ Pauker mit sekundärem -*t*.

Paul: aus dem gleichlautenden Rufnamen lateinischen Ursprungs (lat. *paul[l]us* ›klein‹) entstandener Familienname. Der Name fand im Mittelalter als Heiligenname Verbreitung, vor allem als Name des heiligen Apostels Paulus. Mit jüdischem Namen hieß der Apostel Saul, eigentlich ›der [von Gott] Erbetene‹. Den Namen Paulus, mit dem allein er sich in den Briefen nennt, hatte er wahrscheinlich schon bei der Geburt als Beinamen erhalten, denn er hatte von seinem Vater in Tarsus das römische Bürgerrecht geerbt. Paulus war bei den Römern Beiname. ❖ Als Varianten von Paul begegnen uns die Familiennamen **Pauel, Paule, Pawel, Pagel, Pahl**. ❖ Patronymische Bildungen zu Paul sind Familiennamen wie **Pauels, Pauls, Pawels, Pagels, Pahls, Pauls(s)en, Pauling, Pahling, Pauler**. ❖ Zu der lateinischen Form **Paulus** gehören die patronymischen Bildungen **Pauli** und **Pauly**. ❖ Aus Koseformen sind Familiennamen wie **Paulke, Pahlke, Paulmann** entstanden. ❖ Die Familiennamen **Paulat, Pauleit** und **Paulu(h)n** enthalten patronymische Suffixe litauischer Herkunft und waren früher in Ostpreußen verbreitet. ❖ Auf slawische Ableitungen von Paul gehen Familiennamen wie **Pauli(c)k, Paulig, Paulisch, Paulusch, Pawlak, Pawlik, Pawelke, Pavlović** zurück. ❖ Bekannter Namensträger: Bruno Paul, deutscher Architekt, Designer und Grafiker (19./20. Jh.).

Paulat: 1. Ursprünglich in Ostpreußen verbreitete, mit dem litauischen Suffix -*at* gebildete patronymische Form zu ▸ Paul. 2. Auf eine eindeutschende Schreibung des tschechischen Familiennamens Pavlát, einer Ableitung von dem Rufnamen Pavel (▸ Paul), zurückgehender Familienname.

Paule: ▸ Paul.

Pauleit: ursprünglich in Ostpreußen verbreitete, mit dem litauischen Suffix -*eit* gebildete patronymische Form zu ▸ Paul.

Pauler: patronymische Bildung auf -*er* zu ▸ Paul.

Pauli: patronymische Bildung (lateinischer Genitiv) zu ▸ Paul. ❖ Bekannter Namensträger: Wolfgang Pauli, schweizerisch-amerikanischer Physiker österreichischer Herkunft (20. Jh.).

Paulick, Paulig, Paulik: aus eindeutschenden Schreibungen einer slawischen, mit dem Suffix -*ik* gebildeten Ableitung von ▸ Paul hervorgegangene Familiennamen.

Paulin: aus dem Heiligennamen Paulinus (zu lat. *paul[l]us* ›klein‹) entstandener Familienname. Für die deutsche Namengebung waren der heilige Paulinus, Bischof von Trier (4. Jh.), und der heilige Paulinus von Nola (4./5. Jh.) von Bedeutung.

Pauling: patronymische Bildung auf -*ing* zu ▸ Paul.

Paulini: patronymische Bildung (lateinischer Genitiv) zu ▸ Paulin.

Paulisch: aus einer mit dem slawischen Suffix -*iš* (dt. > -*isch*) gebildeten Ableitung von ▸ Paul entstandener Familienname.

Paulke: aus einer mit -*k*-Suffix gebildeten Koseform von ▸ Paul entstandener Familienname.

Paulmann: aus einer Erweiterung von ▸ Paul mit dem Suffix -*mann* entstandener Familienname.

Pauls: patronymische Bildung (starker Genitiv) zu ▸ Paul.

Paulsen, Paulssen: patronymische Bildungen auf -*sen* zu ▸ Paul.

Paulu(h)n: ursprünglich in Ostpreußen verbreitete, mit dem litauischen Suffix -*u(h)n* gebildete patronymische Ableitungen von ▸ Paul.

Paulus: ▸ Paul. ❖ Bekannte Namensträgerin: Kätchen Paulus, Luftfahrtpionierin und Fallschirmspringerin (19./20. Jh.).

Paulusch: aus einer mit dem slawischen Suffix *-uš* (dt. > *-usch*) gebildeten Ableitung von ▶ Paul entstandener Familienname.

Pauly: ▶ Pauli.

Paumgartner: oberdeutsche Schreibweise von ▶ Baumgartner. ❖ *Heinricus Paumgartner* ist a. 1255 in Nürnberg bezeugt. ❖ Bekannter Namensträger: Bernhard Paumgartner, österreichischer Dirigent und Musikforscher (19./20. Jh.).

Paur: bairisch-österreichische Schreibweise von ▶ Pauer.

Paus: ▶ Paust.

Pausch: 1. Oberdeutsche Schreibweise von ▶ Bausch. 2. Herkunftsname zu dem Ortsnamen Pauscha (Sachsen-Anhalt).

Pause: 1. Herkunftsname zu dem Ortsnamen Pausa (Sachsen). 2. Übername zu mhd. *pūse* ›Pause, Rast‹.

Pauseback, Pausewang: Übernamen für jemanden mit dicken Wangen (zu mhd. *buʒen* ›aufschwellen‹). ❖ Bekannte Namensträgerin: Gudrun Pausewang, deutsche Schriftstellerin (20./21. Jh.).

Paust: Übername zu mnd. *paves, pawes*, später *pawest, pauwst* ›Papst‹, wohl als Anspielung auf das (würdevolle, anmaßende) Verhalten des ersten Namensträgers.

Paustian: auf eine vor allem in Schleswig-Holstein verbreitete, verkürzte Form von ▶ Sebastian zurückgehender Familienname.

Pavel: 1. ▶ Pawel (1.). 2. Aus der tschechischen Form von ▶ Paul hervorgegangener Familienname.

Pavlović: auf eine serbische, bosnische oder kroatische patronymische Form von ▶ Paul zurückgehender Familienname.

Pawel: 1. Aus einer durch Dehnung entstandenen niederdeutschen Form von ▶ Paul hervorgegangener Familienname. 2. Auf die polnische Form Paweł oder auf die ältere tschechische Schreibung Pawel zurückgehender Familienname.

Pawelke: 1. Aus der eindeutschenden Schreibung einer tschechischen Ableitung von ▶ Paul hervorgegangener Familienname. 2. Herkunftsname zu dem gleichlautenden Ortsnamen (ehem. Pommern/jetzt Polen).

Pawels: patronymische Bildung (starker Genitiv) zu Pawel (1.).

Pawlak: auf eine mit dem slawischen Suffix *-ak* gebildete Ableitung von ▶ Paul zurückgehender Familienname.

Pawlik: aus einer mit dem slawischen Suffix *-ik* gebildeten Ableitung von ▶ Paul hervorgegangener Familienname.

Pawlowski: Herkunftsname zu poln. Ortsnamen wie Pawłów, Pawłowo, Pawłowice.

Payr: bairisch-österreichische Schreibweise von ▶ Bayer.

Pech: 1. Berufsübername zu mhd. *bëch, pëch* ›Pech‹. Das Pech wurde im Mittelalter von dem Schustergewerbe verwendet, um die Schuhe wasserfest zu machen. Auch die aus Holz hergestellten Weinfässer wurden mit Pech abgedichtet. Daher kann dieser Übername nicht nur auf den Pechsammler bzw. den Pechbrenner bezogen werden, sondern auch auf den Schuster und den Böttcher (Küfer). 2. Auf die slawische Ableitung von ▶ Peter zurückgehender Familienname.

Pecher: Berufsname zu mhd. *bëcher* ›Pechsammler, Pechbrenner‹, vgl. ▶ Pech (1.).

Pechmann: Berufsname auf *-mann* zu mhd. *bëch, pëch* für den Pechsammler, Pechbrenner, vgl. ▶ Pech (1.).

Pechstein: ▶ Bechstein. ❖ Bekannter Namensträger: Max Pechstein, deutscher Maler und Grafiker (19./20. Jh.).

Peck: 1. Niederdeutscher Berufsübername zu mnd. *pek, pik* ›Pech‹, vgl. ▶ Pech. 2. Oberdeutsche Schreibweise von ▶ Beck(e) (1.).

Pedersen: ▶ Petersen.

Peek: Berufsübername zu mnd. *pēk* ›Langspieß, Lanze, Pike‹ für den Hersteller.

Peers: patronymische Bildung (starker Genitiv) zu Peer, einer durch Zusammenziehung entstandenen niederdeutsch-friesischen Form von ▶ Peter.

Peetz: ▶ Petz.

Peffer: vor allem im deutschen Westen verbreitete Form von ▶ Pfeffer.

Pegel: Berufsübername für einen amtlichen Getränkemesser/Gefäßeicher (zu mnd. *pegel* ›Marke/Zeichen in Gefäßen für Flüssigkeiten zur Bestimmung ihres Inhalts‹).

Peham: bairisch-österreichische Schreibweise von ▶ Beham, Beham, Beheim.

Pehl: 1. Von einer verkürzten Form des Heiligennamens Pelagius (▶ Bolai) abgeleiteter Familienname. 2. Aus Pehlgrim, einer Variante des alten Rufnamens Pilgrim (▶ Pilger, Pilgram, Pilgrim[m]), entstandener Familienname.

Peif(f)er: Berufsnamen zu mhd. *phīfer* ›Pfeifer, Spielmann‹ (vgl. ▶ Pfeif[f]er).

Peiker: durch Entrundung entstandene Form von Peuker(▶ Peucker).

Peikert: durch Entrundung entstandene Form von Peukert (▶ Peuckert).

Peil: Berufsübername zu mnd. *pīl* ›Pfeil‹ für den Bogenschützen oder den Pfeilmacher.

Pein(e): Herkunftsnamen zu den Ortsnamen Pein (Schleswig-Holstein), Peine (Niedersachsen).

Peinemann: Ableitung auf *-mann* von ▶ Pein(e).

Peintner: bairisch-österreichische Schreibweise von ▶ Baintner.

Peisker, Peissker, Peißker: Berufsübernamen zu nsorb., osorb. *piskoŕ* ›Peisker, Peitzker, Schlammbeißer‹ für den Fischer.

Peitz: Herkunftsname zu dem gleichlautenden Ortsnamen (Brandenburg).

Pekar: Berufsname zu tschech. *pekař*, slowak. *pekár* ›Bäcker‹.

Pekarek: auf eine Ableitung von ▶ Pekar mit dem Suffix *-ek* zurückgehender Familienname.

Pelikan: Übername oder Hausname zu mhd. *pellicān* ›Pelikan‹. Ein Haus *zum Pelikan* ist i. J. 1260 in Speyer belegt.

Pelka, Pelke, Pelkner: ursprünglich in Oberschlesien verbreitete Familiennamen, die auf eine Kurzform des slawischen Rufnamens Swentopelk (Swantopolk) zurückgehen. ❖ Vgl. die schlesischen Belege *Sue(n)topelc comes* [Graf] (a. 1279), *Pelka von Belczincz* (a. 1430), *Jenco Pelka* (a. 1316), *Krzysstek Pelka* (a. 1480).

Pelser, Pelster: ▶ Pelzer.

Peltz: ▶ Pelz.

Peltzer: ▶ Pelzer.

Pelz: Berufsübername zu mhd. *bellīz, belz, pelz* ›Pelz‹, mnd. *pels, peltz* ›Pelz, Pelzrock‹ für den Kürschner oder Übername für den Träger eines auffälligen Pelzes. ❖ Ein früher Beleg stammt aus Köln: *Burchardo qui cognominatur* [der genannt wird] *Pelz* (ca. 1170–1178).

Pelzer: Berufsname zu mhd. *belzer*, mnd. *pelser, peltzer, pelster* ›Kürschner‹. Im Unterschied zum ▶ Kürschner übernahm dieser Handwerker die Verarbeitung weniger kostbarer Felle (z. B. von Wolfs- oder Schaffellen).

Penner: 1. Niederdeutscher Berufsname zu mnd. *penner* ›Salzpfannenbesitzer‹ (vgl. mnd. *pannendēl* ›Anteil an dem Ertrag einer Salzpfanne in der Saline‹, mnd. *pannenrente* ›Salineneinkünfte‹). 2. Aus dem Rufnamen ▶ Bernhard abgeleiteter Familienname. 3. Herkunftsname zu dem Ortsnamen Penna (Sachsen).

Penning: Übername zu mnd. *pennink* ›Münzstück jeder Art; ein bestimmtes Münzstück von verschiedenem Wert, gewöhnlich der zwölfte Teil eines Schillings; Geld überhaupt‹, meist nach einer Zinsverpflichtung.

Penninger: Herkunftsname zu dem Ortsnamen Penning (Bayern, Österreich).

Pensel, Penseler: ▶ Bensel, ▶ Benseler.

Pensold: vor allem im Vogtland und im südlichen Thüringen verbreiteter Familienname, der auf eine Weiterbildung von ▶ Penzel mit dem Suffix *-old* zurückgeht. ❖ Vgl. die aus dem Vogtland stammenden Belege: *Hans Pentzel* (a. 1588) = *Hans Pensolt* (a. 1602).

Pentz: 1. ▶ Penz. 2. Herkunftsname zu dem Ortsnamen Pentz (Mecklenburg-Vorpommern).

Pentzi(e)n: ▶ Penzin.

Pentzlin: ▶ Penzlin.

Penz: aus einer mit *-z*-Suffix gebildeten Koseform von ▶ Berthold oder ▶ Bernhard entstandener Familienname.

Penzel: aus einer Erweiterung von ▶ Penz mit *-l*-Suffix hervorgegangener Familienname.

Penzin: Herkunftsname zu dem gleichlautenden Ortsnamen (Mecklenburg-Vorpommern).

Penzkofer: Herkunftsname zu dem Ortsnamen Penzkofen (Bayern).

Penzlin: Herkunftsname zu dem gleichlautenden Ortsnamen (Mecklenburg-Vorpommern, Brandenburg).

Penzold(t): ▶ Pensold. ❖ Bekannter Namensträger: Ernst Penzoldt, deutscher Schriftsteller, Grafiker und Bildhauer (19./20. Jh.).

Pep(p)er, Peperkorn: Berufsübernamen zu mnd. *pep(p)er* ›Pfeffer, gewürztes Gericht, Ragout‹, mnd. *peperkorn* ›Pfefferkorn‹ für den Pfefferhändler, Gewürzkrämer oder Koch bzw. Übernamen nach einer Vorliebe für das Gewürz, vgl. auch ▶ Pfeffer. ❖ *hermannus peperkorn* ist a. 1338 in Lübeck bezeugt.

Peppler: Übername zu mhd. *pepelen* ›füttern, mit jemandem zärtlich umgehen, ihn pflegen‹.

Perchtold: oberdeutsche Schreibwiese von ▶ Berthold.

Pereira: portugiesischer oder galizischer (nordwestspanischer) Wohnstättenname zu port. *pereira* ›Birnbaum‹: ›wohnhaft an einer Birnbaumpflanzung‹.

Pérez: spanischer Familienname, mit dem patronymischen Suffix *-ez* gebildeter Familienname zu Pero, einer altspanischen Form von ▶ Peter.

Perger: oberdeutsche Schreibwiese von ▶ Berger.

Perl(e): 1. Berufsübernamen zu mhd. *bërle, perle*, mnd. *parle, perle* ›Perle‹ für den Perlenverarbeiter, Perlensticker (vgl. mhd. *bërlen, përlen*, mnd. *parlen* ›mit Perlen verzieren‹, mnd. *parle-, perlesticker*). 2. Im oberdeutschen Raum kommt vereinzelt eine Ableitung von einer Koseform der Rufnamen Perwin (▶ Berwein), ▶ Berwig infrage. 3. Bei dem Familiennamen Perl kann es sich auch um einen Herkunftsnamen zu dem Ortsnamen Perl (Saarland) handeln.

Perner: 1. Oberdeutsche Schreibweise von ▶ Berner (1.). 2. Niederdeutscher Übername zu mnd. *perner, perrer* ›Pfarrer‹, der auf dienstliche oder andere Beziehungen des ersten Namensträgers zu einem Pfarrer zurückgeht. 3. Für den ostmitteldeutschen Bereich ist das Vorliegen eines Herkunftsnamens zu den Ortsnamen Perne, Pirna, Pyrna (Sachsen) möglich. ❖ Vgl. den Beleg *Andris von Perne* (Altenburg 1447).

Persch: aus einer im deutsch-tschechischen Kontaktbereich entstandenen Ableitung von Perthold (▶ Berthold) oder ▶ Peter hervorgegangener Familienname. ❖ Vgl. die Belege *Georg Persch* (Oberneugrün bei Elbogen/Loket, Westböhmen a. 1523), *Valentin Perš* (Eidlitz bei Komotau/Chomutov, Nordböhmen a. 1561).

Perschel: aus einer Erweiterung von ▶ Persch mit dem deutschen *-l*-Suffix entstandener Familienname.

Perschke: Übername zu nsorb. *peršk*, osorb. *pjersk* ›Barsch‹, osorb. auch ›kleiner, unansehnlicher Mensch‹.

Perseke, Persi(c)ke: Übernamen zu mnd. *persik* ›Pfirsich‹.

Perthel: oberdeutsche Schreibweise von ▶ Berthel.

Perthold: oberdeutsche Schreibweise von ▶ Berthold.

Pesch: 1. Auf einen rheinischen Flurnamen mit der Bedeutung ›mit Weidengebüsch bestandene Wiese‹ (< lat. *pascuum* ›Weideplatz‹) zurückgehender Familienname. 2. Herkunftsname zu dem gleichlautenden Ortsnamen (Nordrhein-Westfalen). 3. Aus der eindeutschenden Schreibung einer slawischen Ableitung von ▶ Peter entstandener Familienname.

Peschel: im deutsch-slawischen Kontaktbereich entstandener Familienname, Weiterbildung von ▶ Pesch (3.) mit dem deutschen *-l*-Suffix.

Peschk(a), Peschke, Peschko, Peske: aus slawischen Rufnamenformen wie Pešk (▶ Peter) hervorgegangene Familiennamen.

Pesold: vor allem in der Oberpfalz und Franken vorkommende Variante von ▶ Petzold(t).

Pestalozzi: italienischer Berufsübername zu italien. *pestare* ›stampfen, treten‹ und italien. mda. (Veltlin/Schweiz) *lozza* ›Stallmist‹ für einen Bauern. ❖ Bekannter Namensträger: Johann Heinrich Pestalozzi, schweizerischer Pädagoge, Schriftsteller und Sozialreformer (18./19. Jh.).

Pester: vor allem in dem Bereich Leipzig–Zwickau–Chemnitz häufiger Berufsname wohl für den nicht der Zunft angehörigen Handwerker zu mhd. *besten* ›binden, schnüren‹, mundartlich (oberdeutsch) ›kleine, nicht förmlich erlernte Handarbeit tun‹. Hans Sachs verwendet im 16. Jh. den Ausdruck *beßteln* für die Arbeit des Flickschusters; vgl. nhd. *basteln*.

Peter: aus dem gleichlautenden Rufnamen (< lat. Petrus) gebildeter Familienname. Der heilige Petrus hieß eigentlich Simon. Jesus gab ihm den aramäischen Beinamen *kyph'* (›Felsbrocken‹), in griechischer Umschrift als *Kēphás* wiedergegeben. Im Neuen Testament wurde dieser mit dem griechischen Namen Pétros, bezogen auf griech. *pétra* ›Fels‹, gleichgesetzt und als ›Petrus‹ ins Lateinische übernommen. Der Name des Apostels fand schon früh in der christlichen Welt Verbreitung. Petrus war der erste Bischof von Rom und erlitt in Rom den Märtyrertod. Über seinem Grab wurde die Peterskirche errichtet. ❖ Patronymische Bildungen zu Peter sind die Familiennamen **Peters, Petersen** und **Peterso(h)n**. ❖ Zu der lateinischen Form **Petrus** gehören die patronymischen Bildungen **Petri** und **Petry**. ❖ Auf Koseformen von Peter gehen Familiennamen wie **Peterke, Peterlein, Petermann** zurück. ❖ Die Familiennamen **Petereit** und **Petrat** enthalten patronymische Suffixe litauischer Herkunft und waren früher in Ostpreußen verbreitet. ❖ Im ostmitteldeutschen Raum gehen Familiennamen wie **Petz, Pätz, Pätzold(t), Pätzhold, Petzold(t), Petzel(t), Pezold** auf Ableitungen von Peter zurück. ❖ Aus eingedeutschten oder slawisch beeinflussten Ableitungen von Peter stammen viele für den schlesisch-ostmitteldeutschen Raum charakteristische Familiennamen wie **Pesch(el), Pet(z)sch, Petschler, Petschner, Pietsch, Pietzsch(ke), Pietschmann, Pietz(ke), Pietzker, Pietzner, Pitsch(mann), Pischel, Pischke**. ❖ Aus slawischen Ableitungen von Peter sind Familiennamen wie **Petrak, Petrasch, Petrich, Petri(c)k, Petrović, Peschk(a), Peschko, Piecha, Pioch** entstanden.

Petereit: ursprünglich in Ostpreußen verbreitete patronymische Bildung zu ▸ Peter mit dem litauischen Suffix *-eit*.

Peterke: aus einer niederdeutschen Koseform von ▸ Peter entstandener Familienname.

Peterlein: 1. Auf eine mit dem Suffix *-lein* gebildete Koseform von ▸ Peter zurückgehender Familienname. 2. Übername zu fnhd. *peterlein* ›Petersilie‹.

Petermann: aus einer Erweiterung von ▸ Peter mit dem Suffix *-mann* entstandener Familienname.

Peters: patronymische Bildung (starker Genitiv) zu ▸ Peter.

Petersen: patronymische Bildungen auf *-sen* zu ▸ Peter. ❖ Bekannter Namensträger: Wolfgang Petersen, deutscher Filmregisseur (20./21. Jh.).

Peterso(h)n: patronymische Bildungen auf *-so(h)n* zu ▸ Peter.

Petrak: aus einer mit dem slawischen Suffix *-ak* gebildeten Ableitung von ▸ Peter entstandener Familienname.

Petrasch: auf die eindeutschende Schreibung einer slawischen Ableitung mit dem Suffix *-aš* (> dt. *asch*) von ▸ Peter zurückgehender Familienname.

Petrat: ursprünglich in Ostpreußen verbreitete patronymische Bildung zu ▸ Peter mit dem litauischen Suffix *-at*.

Petri: patronymische Bildung (lateinischer Genitiv) zu ▸ Peter.

Petrich, Petri(c)k: auf eine sorbische oder tschechische, mit dem Suffix *-ik* gebildete Ableitung von ▸ Peter zurückgehende Familiennamen. ❖ Bekannter Namensträger: Wolfgang Petrick, deutscher Maler und Zeichner (20./21. Jh.).

Petrović: auf eine serbische, bosnische oder kroatische patronymische Ableitung von ▸ Peter zurückgehender Familienname.

Petrus: ▸ Peter.

Petry: ▸ Petri.

Petsch: 1. Aus einer sorbischen, polnischen oder ostmitteldeutschen Ableitung von ▸ Peter entstandener Familienname. ❖ Vgl. den Beleg *Martin Petzsch* (a. 1487) aus Altenburg (Thüringen). 2. Gelegentlich Herkunftsname zu dem Ortsnamen Peetsch (Mecklenburg-Vorpommern).

Petschel: aus einer Erweiterung von ▸ Petsch (1.) mit dem deutschen *-l*-Suffix hervorgegangener Familienname.

Petschke: aus der eindeutschenden Schreibung einer slawischen Ableitung von ▸ Peter entstandener Familienname.

Petschler: patronymische Bildung auf *-er* zu ▸ Petschel

Petschner: patronymische Bildung auf *-ner* zu ▸ Petsch.

Petter: 1. ▸ Peter. 2. Niederdeutscher Übername zu mnd. *pet(t)er* ›Gevatter, Taufpate, Taufkind‹.

Petz: 1. Aus einer mit -z-Suffix gebildeten Koseform von Perthold (▸ Berthold) oder ▸ Bernhard entstandener Familienname, vgl. auch ▸ Betz. 2. Auf eine ostmitteldeutsche Ableitung von ▸ Peter zurückgehender Familienname.

Petzel: aus einer Erweiterung von ▸ Petz mit -l-Suffix entstandener Familienname.

Petzelt: auf eine Nebenform von ▸ Petzold(t) zurückgehender Familienname.

Petzold(t): auf eine Weiterbildung von Petz mit dem Suffix *-old* zurückgehende Familiennamen. Für den fränkisch-oberpfälzischen Raum ist dabei mit einer Ableitung von Berthold (vgl. ▶ Betzold), für den ostmitteldeutsch-schlesischen Bereich mit einer Ableitung von ▶ Peter zu rechnen.

Petzsch: ▶ Petsch.

Peucker: 1. Ostmitteldeutsche Form von ▶ Pauker. 2. Herkunftsname zu dem schlesischen Ortsnamen Peucker.

Peuckert: Erweiterung von ▶ Peucker mit sekundärem -t.

Peuker: ▶ Peucker.

Peukert: ▶ Peuckert.

Peulen: vor allem im deutschen Westen verbreitete Form von ▶ Paulin.

Peuser: Übername zu mhd. *pūsen* ›sich aufhalten, rasten‹.

Pezold: ▶ Petzold(t). ❖ Bekannte Namensträgerin: Friederike Pezold, österreichische Künstlerin (20./21. Jh.).

Pfab(e): ▶ Pfau.

Pfaff(e): Übernamen zu mhd. *phaffe*, md. *paffe* ›Geistlicher, Weltgeistlicher, Priester‹, die auf Beziehungen des ersten Namensträgers zu einem Geistlichen oder zur Kirche zurückgehen (etwa ›entlaufener Priester‹, ›unehelicher Sohn eines Geistlichen‹, ›zinspflichtiger Bauer‹). Vor der Reformation hatte das Wort noch keinen abschätzigen Sinn.

Pfahl: 1. Wohnstättenname zu mhd. *phāl* ›Pfahl‹ für jemanden, der am Grenzpfahl, an der Dorfgrenze wohnte. 2. Übername nach einem bildlichen Vergleich für einen steifen Menschen. 3. Berufsübername für jemanden, der Pfähle (z. B. für die Weinberge) herstellte (vgl. ▶ Pfahler [2.]).

Pfahler, Pfähler: 1. Ableitungen auf -er von ▶ Pfahl (1.). 2. Berufsnamen auf -er zu mhd. *phælen* ›Pfähle machen‹, vgl. auch mhd. *phælen* ›das Pfahlstecken im Weingarten‹.

Pfaller: vor allem in Bayern verbreitete Form von ▶ Pfahler.

Pfalzer, Pfälzer: Herkunftsnamen: ›der aus der Pfalz‹.

Pfalzgraf: Übername zu mhd. *phalenzgrāve, phalzgrāve* ›Pfalzgraf, Richter an einem kaiserlichen Hof‹, meist nach einem Dienst- oder Abhängigkeitsverhältnis.

Pfander, Pfänder: Amtsnamen zu mittelhochdeutsch *phander, phender* ›obrigkeitlicher Pfänder‹. ❖ Bekannte Namensträgerin: Gertrud Pfander, schweizerische Lyrikerin (19. Jh.).

Pfandl: bairisch-österreichische Ableitung von ▶ Pfann(e) mit dem Gleitlaut -d- und -l-Suffix.

Pfann(e): 1. Berufsübernamen zu mhd. *phanne* ›Pfanne‹ für den Hersteller (▶ Pfannenschmidt, ▶ Pfanner) oder für den Benutzer (▶ Koch). 2. Wohnstättennamen: ›wohnhaft an einem pfannenartigen Gelände‹.

Pfannenschmidt: Berufsname zu mhd. *phannensmit* ›Pfannenschmied‹ für den Hersteller von Pfannen aus Kupfer und Eisen für den Haushalt, von Siedepfannen für die Salzgewinnung u. a. ❖ *Berchtold der pfannensmit* ist a. 1349 in Nürnberg bezeugt.

Pfannenstiel: 1. Berufsübername zu mhd. *phannenstil* ›Pfannenstiel‹ für den Pfannenschmied oder auch für den Koch. 2. Wohnstättenname für jemanden, der an einem lang gestreckten, schmalen Grundstück siedelte, das schmal »wie ein Pfannenstiel« war. 3. Herkunftsname zu den Ortsnamen Pfann(en)stiel (Bayern).

Pfanner: 1. Berufsname zu mhd. *phanne* ›Pfanne‹ für den Hersteller, vgl. ▶ Pfannenschmidt. 2. Ableitung auf -er von ▶ Pfann(e) (2.), (3.).

Pfannkuch: Berufsübername zu mhd. *phankuoche* ›Pfannkuchen‹ für den Bäcker, der solche flachen, fladenartigen Kuchen herstellte, bzw. Übername nach dem Lieblingsgebäck. ❖ Ein früher Beleg stammt aus Köln: *Henricus Pannekūche* (ca. 1197–1215).

Pfannschmidt: ▶ Pfannenschmidt.

Pfannstiel: ▶ Pfannenstiel.

Pfanzelt: in Bayern verbreiteter Berufsübername zu mhd. *phanzëlte* ›Pfannkuchen‹ für den Bäcker oder Übername nach dem Lieblingsgebäck, vgl. ▶ Pfannkuch.

Pfanzelter: in Bayern verbreiteter Berufsname zu mhd. *phanzëlte* ›Pfannkuchen‹ für den Hersteller, vgl. ▶ Pfannkuch.

Pfarr: 1. Übername zu mhd. *pharre* ›Pfarrer‹, der auf dienstliche oder andere Beziehungen des ersten Namensträgers zu einem Pfarrer zurückgeht. 2. Wohnstättenname zu mhd. *pharre* ›Pfarre, Pfarrkirche‹: ›wohnhaft in der Nähe einer Pfarrkirche‹.

Pfau(e): 1. Übername zu mhd. *phāwe, phā, phāb(e)* ›Pfau‹ für einen eitlen Menschen.

2. Im Westen Deutschlands können diese Familiennamen gelegentlich auch auf einen Hausnamen zurückgehen. ❖ *Hedwigis dicta* [genannt] *zem Phawen* ist a. 1275 in Basel belegt, *Conr. dictus* [genannt] *zuo dem Pfawen* a. 1302 in Straßburg.

Pfeffel: Ableitung von ▶ Pfaff(e) mit *-l-*Suffix. ❖ Bekannter Namensträger: Gottlieb Konrad Pfeffel, deutscher Schriftsteller (18./19. Jh.).

Pfeffer: 1. Berufsübername zu mhd. *phëffer* ›Pfeffer, Pfefferbrühe‹ für den Pfefferhändler, Gewürzkrämer oder Koch bzw. Übername nach einer Vorliebe für das Gewürz. Im Mittelalter spielte der Pfefferhandel eine wichtige Rolle. In der Speisezubereitung war Pfeffer ein verbreitetes und geschätztes Würzmittel. 2. Übername nach einem bildlichen Vergleich (etwa für einen Menschen mit einem bissigen Charakter).

Pfefferkorn: Berufsübername zu mhd. *phëfferkorn* ›Pfefferkorn‹ für den Pfefferhändler, Gewürzkrämer oder Koch.

Pfefferle: schwäbische Ableitung von ▶ Pfeffer.

Pfeif(f)er: Berufsnamen zu mhd. *phīfer* ›Pfeifer, Spielmann‹. Die Pfeifer gehörten im Spätmittelalter meist nicht (mehr) zu den Fahrenden, sondern erhielten als Stadtpfeifer festen Sold. Neben der Pfeife, einer Art kleiner Flöte, wussten sie auch verschiedene andere Instrumente zu spielen. ❖ *H. pfeiffer* ist a. 1339 in Regensburg bezeugt. ❖ Bekannte Namensträgerin: Ida Pfeiffer, österreichische Weltreisende und Schriftstellerin (18./19. Jh.).

Pfeil: 1. Berufsübername zu mhd. *phīle* ›Pfeil‹ für den Hersteller oder auch für den Bogenschützen. 2. Übername nach einem bildlichen Vergleich (etwa ›schnell wie ein Pfeil‹, ›scharf wie ein Pfeil‹). 3. Herkunftsname zu dem Ortsnamen Pfeil (Ostpreußen).

Pfeiler: Berufsname zu mhd. *phīle* ›Pfeil‹ für den Hersteller von Pfeilen.

Pfeilschifter: Berufsname für den Handwerker, der die Pfeile schäftete (zu mhd. *scheften, schiften* ›an einen Schaft befestigen, stecken‹).

Pfeilschmidt: Berufsname für den Schmied, der die Pfeilspitzen herstellte.

Pfeilsticker: ▶ Pielsticker.

Pfenni(n)g: Übernamen zu mhd. *phenning, phennic* ›Münze, Pfennig‹ nach einer bäuerlichen Abgabeverpflichtung (vgl. mhd. *phennincdienest* ›bares Geld, das statt Naturalabgaben entrichtet wird‹) oder Berufsübernamen für den Münzer. ❖ *Phenningk kürsner* ist a. 1368 in München bezeugt.

Pferdmenges: Niederrheinischer Familienname: 1. Aus einer patronymischen Form (starker Genitiv) zu mnd. *perdemenge* ›Pferdehändler‹ entstandener Familienname. 2. Wohnstättenname, verkürzt aus *(des) perdemenges hūs* [des Pferdehändlers Haus].

Pfeuf(f)er: durch Rundung entstandene Formen von ▶ Pfeif(f)er.

Pfingsten: Übername zu mhd. *phingeste* ›Pfingsten‹, wohl nach einem Zinstermin.

Pfir(r)mann: aus dem Heiligennamen Pirmin hervorgegangene Familiennamen. Der heilige Pirmin(ius) (8. Jh.) war der Gründer mehrerer Klöster (Reichenau im Bodensee, Murbach in den Südvogesen, Hornbach bei Zweibrücken).

Pfister: oberdeutscher Berufsname zu mhd. *phister* ›Bäcker‹, einer aus lat. *pīstor* entlehnten Bezeichnung. Pfister konnte sowohl einen Hof- bzw. Klosterbäcker als auch einen Feinbäcker bezeichnen. ❖ Ein früher Beleg stammt aus Ravensburg: *Burchart der Phister* (a. 1275).

Pfeifer: *Im Spätmittelalter standen die Pfeifer oft im Dienst der Städte.*

Pfisterer: patronymische Bildung auf *-er* zu ▶ Pfister.

Pfitz(n)er: entrundete Formen von ▶ Pfützner. ❖ Bekannter Namensträger: Hans Erich Pfitzner, deutscher Komponist (19./20. Jh.).

Pflanz(e): 1. Wohnstättennamen oder Berufsübernamen zu mhd. *phlanze* ›Pflanzung‹: ›wohnhaft bei einer Pflanzung‹ bzw. ›Besitzer einer Pflanzung‹. 2. Übernamen zu mhd. *phlanz* ›Wachstum, Gedeihen‹.

Pflanzer: 1. Berufsname zu mhd. *phlanzære* ›Veredler von Bäumen, Baumpfropfer‹. 2. Ableitung auf *-er* von ▶ Planz(e) (1.).

Pflaum: 1. Berufsübername zu mhd. *phlūme* ›Flaumfeder‹ für den Federhändler. 2. Berufsübername zu mhd. *phlūme* ›Pflaume‹ für den Obstgärtner, Obstverkäufer oder Übername nach einer Vorliebe für die Frucht. ❖ *Contz Pflum* ist a. 1340 in Ochsenfurt (Unterfranken) bezeugt.

Pflaumer: 1. Berufsname zu mhd. *phlūme* ›Flaumfeder‹ für den Federhändler oder Federbettenhersteller. 2. Berufsname zu mhd. *phlūme* ›Pflaume‹ für den Obstgärtner oder den Obstverkäufer.

Pfleger: Amtsname zu mhd. *phlëgære* ›Aufseher, Verwalter, Vormund‹.

Pflegha(a)r: Übernamen (Satznamen) zu mhd. *phlëgen* ›für etwas sorgen, pflegen‹ und mhd. *hār* ›Haar‹ für jemanden, der sein Haar in auffälliger Weise pflegte.

Pfleiderer: vor allem im deutschen Südwesten verbreiteter Übername, der auf mhd. *vlōudern* ›flattern‹ zurückgeht und ursprünglich einen unsteten, flatterhaften Menschen bezeichnete.

Pflieger: durch Entrundung entstandene Form von ▶ Pfluger, Pflüger.

Pfliegl: vor allem in Bayern verbreitete, durch Entrundung entstandene Form von ▶ Pflügl.

Pflug: Berufsübername zu mhd. *phluoc* ›Pflug‹ für den Hersteller oder für einen Bauern.

Pfluger, Pflüger, Pflügler: Berufsnamen zu mhd. *phluoger* ›Pflugmacher‹, fnhd. *pfluger* ›Pflugschmied‹, vereinzelt Berufsübernamen für einen pflügenden Bauern.

Pflügl: vor allem in Bayern verbreitete Ableitung von ▶ Pflug mit *-l-*Suffix.

Pflugmacher: Berufsname für den Pflugschmied.

Pflügner: ▶ Pfluger, Pflüger.

Pfnür: Übername zu mhd. *phnurren* ›brummen, schnauben‹ für einen brummigen Menschen.

Pfohl: durch Verdumpfung des *-a-* zu *-o-* entstandene Form von ▶ Pfahl.

Pfortner, Pförtner: Amtsnamen zu mhd. *phortenære* ›Pförtner, Türhüter‹.

Pfotenhauer: Berufsname für den Zimmermann (zu älterem nhd. *pfaden* ›oberer waagrechter Querbalken zur Verbindung der Stuhlsäulen des Daches‹), wohl entstellt in Anlehnung an nhd. »Pfoten« und »hauen«.

Pfragner: ▶ Fragner.

Pfretzschner: Berufsname zu mhd. *phretzner* ›Kleinhändler, Lebensmittelhändler‹.

Pfriem: Berufsübername zu mhd. *phriem(e)* ›Pfriem, Schusterahle‹ für den Schuster. ❖ Ein früher Beleg stammt aus Würzburg: *Waltherus cognomine* [mit dem Beinamen] *Pfrimo* (a. 1181).

Pfrogner: ▶ Fragner.

Pfromm, Pfrommer: ▶ Fromm, ▶ Frommer.

Pfrötzschner: durch Rundung entstandene Form von ▶ Pfretzschner.

Pfuhl: 1. Wohnstättenname zu mhd. *phuol* ›Pfuhl‹. 2. Herkunftsname zu dem gleichlautenden Ortsnamen (Rheinland-Pfalz, Bayern).

Pfuhler: Ableitung auf *-er* von ▶ Pfuhl.

Pfülb: Berufsübername zu mhd. *phulwe, phülwe, pfulb(e)* ›Federkissen, Pfühl‹ für den Polsterer oder den Kissenhersteller.

Pfund(t): Übernamen zu mhd. *phunt* ›Pfund (Gewicht, Geld)‹ nach einer Abgabeverpflichtung.

Pfützner: Wohnstättenname zu mhd. *phütze* ›Lache, Pfütze‹ für jemanden, der an einer Pfütze (Lache) siedelte. ❖ Die Entstehung dieses Familiennamens wird aus dem Breslauer Beleg *Heyne in der pfuczen* (a. 1359) deutlich.

Pham: vietnamesischer Familienname ungeklärter Herkunft.

Philipp: auf den gleichlautenden Rufnamen griechischen Ursprungs (zu griech. *phílos* ›Freund‹ und *híppos* ›Pferd‹, also etwa ›Pferdefreund‹) zurückgehender Familienname. Der Name gelangte mit anderen griechischen Namen in hellenistischer Zeit nach Palästina und fand in der christlichen Welt als Name des Apostels Philippus Verbreitung. Philipp ist bereits seit dem 12. Jh. in der deutschen Namengebung vertreten. ❖ Als patronymische Bildungen zu Philipp begegnen uns u. a. die Familiennamen **Philippi, Philipps, Philippsen**. ❖ Aus verkürzten Formen von Philipp sind Familiennamen wie **Lipp(e), Lippke, Lippl, Lippmann, Lip(p)s** hervorgegangen.

Philippi: patronymische Bildung (lateinischer Genitiv) zu ▶ Philipp.

Philipps: patronymische Bildung (starker Genitiv) zu ▶ Philipp.

Philippsen: patronymische Bildung auf *-sen* zu ▶ Philipp.

Piber: oberdeutsche Schreibweise von ▶ Biber.

Picard: französischer Herkunftsname: ›der aus der Picardie‹ (Landschaft in Nordfrankreich).

Pichl(er): 1. Oberdeutsche Schreibweisen von ▶ Bichel, Bich(e)ler. 2. Für den Familiennamen Pichler kann in Norddeutschland eine Ableitung von niederdt. (mda.) *picheln* ›trinken, zechen‹ infrage kommen. ❖ Bekannte Namensträgerin: Karoline Pichler, österreichische Schriftstellerin (18./19. Jh.).

Picht: Übername zu mhd. *picht(e)* ›Kampf, Streit‹ für einen streitlustigen Menschen.

Pick: 1. Oberdeutsche Schreibweise von ▶ Bick. 2. Niederdeutscher Berufsübername zu mnd. *pek, pik* ›Pech‹, vgl. ▶ Pech.

Pickel: oberdeutsche Schreibweise von ▶ Bickel.

Picker: oberdeutsche Schreibweise von ▶ Bicker.

Pickert: vor allem im Bereich Hof häufiger Berufsübername mit unorganischem *-t*, z. B. für einen Bergmann, zu mnd. *bicke* ›Spitzhacke‹, mnd. *bicken* ›mit einer Spitze klopfen, mit der »Bicke« behauen‹, mittelhochdeutsch *bicken, picken* ›stechen, picken‹. ❖ *der Pickert* ist a. 1574 im sächsischen Vogtland bezeugt.

Pickl: bairisch-österreichische Schreibweise von ▶ Bickel.

Piecha: auf eine polnische Ableitung von ▶ Peter zurückgehender Familienname.

Piehl: 1. ▶ Piel. 2. Oberdeutsche Schreibweise von ▶ Biehl(e) (1.), (2.).

Piehler: 1. Oberdeutsche Schreibweise von Biehler (▶ Biehl[e] [1.], [2.]). 2. ▶ Pieler.

Piel: 1. Niederdeutscher Berufsübername zu mnd. *pīl* ›Pfeil‹ für den Hersteller von Pfeilen. 2. Übername nach einem bildlichen Vergleich (etwa ›schnell wie ein Pfeil‹, ›scharf wie ein Pfeil‹).

Pieler: Berufsname zu mnd. *pīl* ›Pfeil‹ für den Hersteller von Pfeilen.

Pielka: ▶ Pelka.

Pielsticker: Berufsname zu mnd. *pīlsticker* ›Pfeilschäfter, der die Pfeilspitze an den Schaft steckte, befestigte‹.

Pieper: ▶ Piper.

Pies: vor allem im Bereich Mainz-Koblenz häufig vorkommender, aus dem lateinischen Heiligennamen Pius (›fromm, rechtschaffen, gottesfürchtig‹) hervorgegangener Familienname.

Pietsch: auf eine im deutsch-slawischen Kontaktbereich verbreitete, eindeutschende oder slawisch beeinflusste Ableitung von ▶ Peter zurückgehender Familienname.

Pietschmann: auf eine Erweiterung von ▶ Pietsch mit dem Suffix *-mann* zurückgehender Familienname.

Pietz(ke): 1. Auf eindeutschende oder slawisch beeinflusste Ableitungen von ▶ Peter zurückgehende Familiennamen. 2. Bei den Familiennamen Pietz kann es sich vereinzelt um einen Herkunftsnamen zu dem gleichlautenden Ortsnamen in Niedersachsen handeln.

Pietzker, Pietzner: patronymische Bildungen auf *-(n)er* zu ▶ Pietz(ke).

Pietzsch(ke): ▶ Pietsch.

Pilger, Pilgram, Pilgrim(m): 1. Übernamen zu mhd. *bilgerīm, pilgerīn* (< lat. *peregrīnus* ›fremd‹, mlat. *pelegrīnus* ›Fremder, Pilger‹) ›Pilger, Kreuzfahrer‹. 2. Aus dem gleichbedeutenden alten Rufnamen Pilgrim hervorgegangene Familiennamen. ❖ Bischof Pilgrim von Passau (10. Jh.) wurde als Heiliger verehrt und erscheint im Nibelungenlied als Onkel Kriemhilds.

Piller: 1. Oberdeutsche Schreibweise von ▶ Biller. 2. Herkunftsname zu dem Ortsnamen Pill (Österreich).

Pils: 1. Niederdeutscher Berufsübername zu mnd. *pels, pils* ›Pelz, Pelzrock‹ für den Kürschner oder Übername für den Träger eines auffälligen Pelzes. 2. Berufsübername zu mhd., mnd. *bilse* ›Tollkraut, Bilsenkraut‹, eine Heil- und Giftpflanze, für den Kräutersammler, Apotheker oder ▶ Arzt.

Pilz: 1. Berufsübername zu mhd. *bülz, bülez* ›Pilz‹ für den Pilzsammler, -verkäufer. 2. ▸ Pils (1.). 3. Herkunftsname zu dem Ortsnamen Pilz (Schlesien).

Pinder: oberdeutsche Schreibweise von ▸ Binder.

Pingel: Übername zu niederdt. (mda.) *Pingel* ›kleinlicher Mensch, quengelige Frau‹.

Pink, Pinkepank: Berufsübernamen für den Schmied nach einem Merkmal seiner Tätigkeit, dem metallischen Klang der Hammerschläge. ❖ *Martin Pinkenpank* ist i. J. 1491 in Erfurt bezeugt.

Pinker: Berufsübername für den Schmied (zu niederdt. [mda.] *pinken* ›hämmern, auf dem Amboss klopfen wie die Schmiede‹).

Pinkerneil, Pinkernell(e): Berufsübernamen für den Nagelschmied (zu niederdt. [mda.] *pinken* ›hämmern‹ und mnd. *nagel*, zusammengezogen *ne(i)l* ›Nagel‹). ❖ *Hinrich Pinkernel* ist i. J. 1362 in Coesfeld bezeugt.

Pinkert: 1. Erweiterung von ▸ Pinker mit sekundärem *-t*. 2. Berufsübername für den Vogelfänger zu *Pinkert* ›der als Lockvogel auf dem Vogelherd verwendete Fink‹.

Pinkpank: ▸ Pink, Pinkepank.

Pinnow: Herkunftsname zu dem gleichlautenden Ortsnamen (Brandenburg, ehem. Brandenburg/jetzt Polen, Mecklenburg-Vorpommern, ehem. Pommern/jetzt Polen).

Pinter: oberdeutsche Schreibweise von ▸ Binder.

Pinto: spanischer, portugiesischer und italienischer Übername (vgl. span. [älter] *pinto* ›mehrfarbig, bunt‹).

Pioch: auf eine polnische Ableitung von Piotr (▸ Peter) zurückgehender Familienname.

Piontek: Übername zu poln. *piątek* ›Freitag‹, wobei der polnische Nasalvokal *-ą-* durch *-on-* wiedergegeben ist. ❖ Bekannter Namensträger: Heinz Piontek, deutscher Dichter (20./21. Jh.).

Piotrowski: Herkunftsname zu einigen poln. Ortsnamen wie Piotrów, Piotrowo, Piotrowice.

Piper: Berufsname zu mnd. *piper* ›Pfeiffer, Spielmann‹ (vgl. ▸ Pfeif[f]er).

Pirch: oberdeutsche Schreibweise von ▸ Birch.

Pircher: oberdeutsche Schreibweise von ▸ Bircher.

Pirner: 1. Oberdeutsche Schreibweise von ▸ Birner (2.). 2. Herkunftsname zu dem Ortsnamen Pirna (Sachsen).

Piscator: aus der Zeit des Humanismus stammende Übersetzung des deutschen Familiennamens ▸ Fischer ins Lateinische. ❖ Bekannter Namensträger: Erwin Piscator, deutscher Regisseur (19./20. Jh.).

Pischel: auf eine Variante von ▸ Peschel zurückgehender Familienname.

Pischke, Piske: aus Varianten von Peschke, Peske (▸ Peschk[a]) hervorgegangene Familiennamen.

Pister: vor allem im deutschen Westen und Südwesten verbreitete Form von ▸ Pfister. Im mittelalterlichen Köln waren die *pistere* Klosterbäcker, für die anderen galt die Bezeichnung *beckere*.

Pisters: patronymische Bildung (starker Genitiv) zu ▸ Pister.

Pistor: aus der Zeit des Humanismus stammende Übersetzung der deutschen Familiennamen ▸ Beck(e) (1.), ▸ Becker, ▸ Pfister ins Lateinische.

Pistorius: auf eine Erweiterung von ▸ Pistor mit dem lateinischen Suffix *-ius* zurückgehender Familienname.

Pitsch: ▸ Pietsch.

Pitschmann: ▸ Pietschmann.

Pitterich: ▸ Bittrich.

Pitteroff: in Franken vorkommende Variante von ▸ Bitterolf.

Pittner: oberdeutsche Schreibweise von ▸ Bittner.

Pittrich: oberdeutsche Schreibweise von ▸ Bittrich.

Pittroff: oberdeutsche Variante von ▸ Bitterolf.

Pitz: der im Bereich Gießen, im Saarland und am Niederrhein, aber auch im Bereich Pforzheim–Heilbronn häufiger vorkommende Name muss unterschiedlich erklärt werden. 1. Bei hessischer wie niederrheinischer und saarländischer Herkunft handelt es sich um einen Wohnstättennamen, der aus entrundeten Formen zu md. *putze, pütte*, mnd. *putte* ›Lache, Pfütze‹ entstanden ist. ❖ In Gießen ist um 1600 *Pitz* überliefert. 2. Bei oberdeutscher Herkunft ▸ Bitz(er).

Pitzer: in den Bereichen Gießen und Mainz häufiger vorkommender Familienname; Wohnstättenname auf *-er* zu ▸ Pitz (1.). ❖

Der in Gießen a. 1609 überlieferte *Pitzer* ist vielleicht identisch mit dem unter ▶ Pitz (1.) erwähnten *Pitz*.

Placzek: ▶ Platzek.

Plagemann: durch Dehnung entstandene Form von ▶ Plaumann.

Plagge: Wohnstättenname oder Berufsübername für einen Bauern zu mnd. *plagge* ›flacher, dünner Rasen; Moor- oder Heidescholle, hauptsächlich zum Brennen oder Düngen gebraucht‹.

Plai(c)kner: bairisch-österreichische Wohnstättennamen: ›wohnhaft an einer »Plaike«, d. i. an einer durch Abrutschung unbewachsenen Geländestelle‹.

Plambeck: in Hamburg und Schleswig-Holstein häufiger vorkommender Herkunftsname zu einem gleichlautenden Ortsnamen oder Wohnstättenname zu einem niederdeutschen Bachnamen.

Planck: 1. ▶ Blanck(e). 2. Wohnstättenname zu mhd. *planke* ›Plankenzaun, Befestigung‹. ❖ Bekannter Namensträger: Max Planck, deutscher Physiker (19./20. Jh.).

Planer: Wohnstättenname zu mhd., mnd. *plān* ›freier, ebener Platz (in der Stadt), Ebene‹. 2. Herkunftsname zu dem Ortsnamen Plan (Böhmen).

Plangg, Plank: ▶ Planck.

Plapper(t): ▶ Blappert.

Plass, Plaß: 1. Auf eine verkürzte Form von ▶ Blasius zurückgehende Familiennamen. 2. Niederdeutsche Wohnstättennamen zu mnd. *plas* ›Platz, Stelle; öffentlicher Platz, Straße‹. 3. Niederdeutsche Übernamen zu mnd. *plas* ›Unruhe, Zank, Streit‹.

Plate: 1. Berufsübername zu mhd. *blate, plate*, mnd. *plate* ›Brustharnisch‹ für den Hersteller (▶ Plattner [1.]) oder Übername für den Träger. 2. Übername zu mhd. *blate, plate*, mnd. *platte* ›Tonsur der Geistlichen‹ als Anspielung auf einen Menschen mit einer Glatze. 3. Niederdeutscher Wohnstättenname zu mnd. *plate* ›Sandbank am Fluss oder am Meer‹. 4. Herkunftsname zu dem Ortsnamen Plate (Niedersachsen, Mecklenburg-Vorpommern). 5. ▶ Plath(e) (1.), ▶ Platte.

Platen: 1. Wohnstättenname nach einem Flurnamen zu mnd. *plate* ›Sandbank am Fluss oder am Meer‹. 2. Herkunftsname zu dem Ortsnamen Plat(h)en (Ostpreußen). ❖ Bekannter Namensträger: August Graf von Platen, deutscher Dichter (18./19. Jh.).

Plath(e): 1. Herkunftsnamen zu den Ortsnamen Plath (Mecklenburg-Vorpommern), Plathe (Sachsen-Anhalt, ehem. Pommern/ jetzt Polen). 2. ▶ Plate.

Plathen: ▶ Platen.

Plathner: ▶ Plattner.

Platt: 1. Übername oder Wohnstättenname zu mnd. *plat* ›platt, flach, nicht erhaben‹. 2. ▶ Plate, ▶ Platte.

Platte: 1. ▶ Plate (1.) oder (2.). 2. Wohnstättenname für jemanden, der auf einer Felsplatte siedelte. 3. Vereinzelt Herkunftsnamen zu Ortsnamen wie Platte (Niedersachsen, Hessen, Baden-Württemberg), Platten (Rheinland-Pfalz, Bayern). ❖ Bekannter Namensträger: Rudolf Platte, deutscher Schauspieler (20. Jh.).

Platter: 1. Ableitung auf *-er* von ▶ Platte (2.) oder (3.). 2. ▶ Plattner (1.). ❖ Bekannter Namensträger: Thomas Platter, schweizerischer Humanist (15./16. Jh.).

Plattner: 1. Berufsname für den Hersteller des Plattenpanzers (mhd. *blatner*, mnd. *platener*). Der Plattenpanzer löste um 1300 den Kettenpanzer in der ritterlichen Bewaffnung ab. ❖ In Regensburg ist *Hans plotner* i. J. 1346 bezeugt. 2. Ableitung auf *-(n)er* von ▶ Platte (2.) oder (3.).

Platz: 1. Wohnstättenname zu mhd. *pla(t)z* ›freier Raum, Platz‹, mnd. *plātse, plätze* ›Platz‹: ›wohnhaft auf dem (Dorf-, Markt-)Platz‹. 2. Herkunftsname zu dem in Deutschland und Österreich vorkommenden Ortsnamen Platz. 3. In Tirol ist Platz auch als Hofname bezeugt.

Platzek: Übername zu tschech. *plácat* ›patschen, klatschen, albernes Zeug reden‹ bzw. *placák* ›Stampfklotz für die Tenne‹.

Platzer: 1. Ableitung auf *-er* von ▶ Platz. 2. Gelegentlich Übername zu mhd. *blatzen, platzen* ›geräuschvoll auffallen‹ oder zu mhd. *platzer* ›Schwätzer‹. ❖ Bekannter Namensträger: Johann Georg Platzer, österreichischer Maler (18. Jh.).

Plaumann: Herkunftsname auf *-mann* zu Ortsnamen wie Plau am See (Mecklenburg-Vorpommern), Plau (ehem. Brandenburg/ jetzt Polen), Plaue (Brandenburg, Thüringen), Plauen (Sachsen, Ostpreußen).

Plein: Herkunftsname zu dem gleichlautenden Ortsnamen (Rheinland-Pfalz, Ostpreußen, Böhmen).

Pleines: auf eine verkürzte Form von Apollonius (▶ Lönnies) zurückgehender Familienname.

Pletz: ▶ Bletz.

Pleul: ▶ Bleu(e)l.

Plewa: Übername zu poln. *plewa*, tschech. *pleva* ›Spreu, Spelze‹.

Plewka: auf eine polnische Ableitung mit dem Suffix *-ka* von ▶ Plewa zurückgehender Familienname.

Pleyer: oberdeutsche Schreibweise von ▶ Bleier.

Plischke: Übername zu osorb. *pliška*, poln. *pliszka* ›Bachstelze‹.

Ploch: oberdeutsche Schreibweise von ▶ Bloch (1.).

Plöchl: bairisch-österreichische Ableitung von ▶ Ploch mit *-l*-Suffix.

Plock: ▶ Ploch.

Plöckl: ▶ Plöchl.

Plöger: niederdeutscher Berufsname zu mnd. *ploger* ›Pflüger‹.

Ploss, Ploß: 1. Oberdeutsche Schreibweisen von ▶ Bloß. 2. ▶ Plotz (1.).

Plotz: Berufsname zu mhd. *ploz, plotze*, mnd. *plotze, plosse, ploscze* ›Plötze, ein karpfenartiger Fisch‹ für einen Fischer.

Plötz: der Familienname ist einerseits im Bereich Oranienburg–Neubrandenburg–Rostock, andererseits im Raum München–Landshut–Ingolstadt häufiger anzutreffen. Entsprechend unterschiedlich muss er erklärt werden. 1. Bei nord(ost)deutscher Herkunft kann ein Übername wie bei ▶ Plotz oder Herkunftsname zu den Ortsnamen Plötz (Mecklenburg-Vorpommern, Sachsen-Anhalt) vorliegen. 2. Bei bayerischer Abstammung handelt es sich wohl um einen Übernamen zu mhd. *blez* ›Lappen, Flicken, Fetzen‹ oder um einen Wohnstättennamen zu einem auf mhd. *blez* ›Flecken‹ zurückgehenden Flur- oder Örtlichkeitsnamen, wobei gerundete Formen vorliegen. Auch ein Berufsübername zu mhd. *plotze*, bair. *Blötzen* ›Plötze, ein Fisch‹ für einen Fischer wäre möglich.

Pluhar: Berufsname zu tschech. *pluhař* ›Pflüger, Pflugmacher‹. ❖ Bekannte Namensträgerin: Erika Pluhar, österreichische Schauspielerin und Sängerin (20./21. Jh.).

Plum, Plümer: 1. Niederdeutsche Berufsübernamen zu mnd. *plume* ›Flaumfeder‹ für den Federhändler oder Federbettenhersteller. 2. Niederdeutsche Berufsübernamen zu mnd. *plume* ›Pflaume‹ für den Obstgärtner, Obstverkäufer oder Übernamen nach einer Vorliebe für die Frucht.

Pluta: Übername zu nsorb. (älter) *plut, pluta* ›Wasserflut, Wasserguss, Welle‹ oder zu poln. (älter) *pluta* ›regnerisches, nasses Wetter‹.

Pock: oberdeutsche Schreibweise von ▶ Bock.

Poerschke: ▶ Porschke, Pörschke.

Pogge: Übername zu mnd. *pogge* ›Frosch‹ nach einem bildlichen Vergleich mit dem Tier (hervortretende Augen, Gangart).

Pogner: oberdeutsche Schreibweise von ▶ Bogner.

Pohl: 1. Niederdeutscher Wohnstättenname zu mnd. *pōl, pūl* ›Pfuhl, wassergefüllte Vertiefung; stehendes, unreines Wasser; Schlamm‹. 2. Herkunftsname zu den Ortsnamen Pohl (Schleswig-Holstein, Niedersachsen, Nordrhein-Westfalen, Hessen, Rheinland-Pfalz), Pohla (Sachsen), Pohle (Niedersachsen). 3. Herkunftsname für jemanden, der aus Polen stammte, bzw. Übername für jemanden, der Beziehungen (Handel, Reise) zu Polen hatte. 4. Aus einer Nebenform von ▶ Paul hervorgegangener Familienname. ❖ Bekannter Namensträger: Klaus Pohl, deutscher Schriftsteller (20./21. Jh.).

Pöhl: 1. ▶ Pohl. 2. Im Vogtland und in Oberfranken Wohnstättenname zu mda. (Vogtland) *Böhl* ›Hügel‹ (< mhd. *bühel* ›Hügel‹).

Pohlan(d), Pöhland: Herkunftsnamen zu mhd. *Pōlān, Pœlān* ›der aus Polen‹ oder Übernamen für jemanden, der Beziehungen (Handel, Reise) zu Polen hatte. ❖ *Johan Polant* ist a. 1464 in Coesfeld bezeugt.

Pohle: ▶ Pohl.

Pohlenz: ▶ Polenz.

Pohler, Pöhler: Ableitungen auf *-er* von ▶ Pohl, ▶ Pöhl.

Pohlmann: Ableitung von ▶ Pohl mit dem Suffix *-mann*.

Pöhlmann: Ableitung von ▶ Pöhl mit dem Suffix *-mann*. ❖ Die Entstehung dieses Namens aus mhd. *bühel* ›Hügel‹ geht aus den Belegen *ein man, genant fricz pühelman* (Bayreuth a. 1421/24), *Nickel Poelmann* (Vogtland a. 1518) hervor.

Poiger: oberdeutsche Schreibweise von ▸ Boigner.

Pokorny: Übername zu poln. *pokorny*, tschech. *pokorný* ›demütig, untertänig, bescheiden‹.

Pola(c)k: 1. Herkunftsnamen zu osorb., poln. *Polak*, nsorb. *Pólak*, tschech. *Polák* ›Pole‹. 2. Wohnstättennamen zu poln., tschech. *pole*, nsorb. *pólo*, osorb. *polo* ›Feld‹, nsorb. *pólak* ›Feldmann, Ansiedler auf freiem Felde‹.

Polan: 1. Berufsname oder Wohnstättenname zu nsorb. (älter) *pólan*, osorb. *polan* ›Bewohner des Feldes, Feldmann‹, alttschech. *polan* ›Feldbebauer, Dorfbewohner‹. 2. ▸ Pohlan(d).

Polat: Nebenform von ▸ Pohlan(d). ❖ Der im sächsischen Vogtland a. 1536 überlieferte *Nickel Bolat* ist identisch mit *Nickel Polanndt* a. 1524.

Polenz: Herkunftsname zu dem gleichlautenden Ortsnamen (Sachsen), z. T. auch zu dem Ortsnamen Polenzko (Sachsen-Anhalt). ❖ Bekannter Namensträger: Wilhelm von Polenz, deutscher Schriftsteller (19./20. Jh.).

Polgar: Standesname zu ung. *polgár* ›Bürger‹. ❖ Bekannter Namensträger: Alfred Polgar, österreichischer Schriftsteller und Kritiker (19./20. Jh.).

Poll: 1. ▸ Pohl (1.), ▸ Boll. 2. Herkunftsname zu den Ortsnamen Poll (Nordrhein-Westfalen), Polle (Niedersachsen).

Pöll: ▸ Pöhl (2.), ▸ Böll.

Polla(c)k: ▸ Pola(c)k.

Poller: 1. Ableitung auf *-er* von ▸ Poll (2.). 2. ▸ Boller.

Polling(er): Herkunftsnamen zu dem Ortsnamen Polling (Bayern, Österreich).

Pollmann: ▸ Pohlmann, ▸ Bollmann.

Pöllmann: Ableitung von ▸ Pöll mit dem Suffix *-mann*.

Pollmeier, Pollmeyer: Standesnamen, nähere Bestimmung eines Meiers (▸ Meyer) durch die Lage des Hofes (▸ Pohl [1.]).

Pollok, Poloczek: ▸ Pola(c)k.

Polst: im deutsch-slawischen Kontaktgebiet entstandener Wohnstättenname zu slaw. *polst* ›Filz, Moorboden‹.

Polster: Berufsübername zu mhd. *bolster, polster* ›Polster‹ für den Polster- und Kissenmacher.

Polt, Pölt, Polte, Pöltl: auf verkürzte Formen des Heiligennamens Hippolyt (zu griech. *híppos* ›Pferd‹ + *lýō* ›lösen‹, also etwa ›der die Pferde loslässt‹; vgl. auch den Ortsnamen St. Pölten in Oberösterreich) zurückgehende Familiennamen. Vorbild für die Namengebung war der heilige Hippolyt, Kirchenschriftsteller und Gegenpapst (2./3. Jh.). ❖ Bekannter Namensträger: Gerhard Polt, deutscher Kabarettist und Schauspieler (20./21. Jh.).

Polz: 1. ▸ Boltz(e) (1.). 2. Herkunftsname zu dem Ortsnamen Polz (Mecklenburg-Vorpommern).

Polzer: 1. Oberdeutscher Berufsname für den Bolzendreher, den Hersteller von Bolzen (für die Armbrust). Im mittelalterlichen Frankfurt sind die Berufsbezeichnungen *bolzer, bolzmecher* bezeugt. 2. Ableitung auf *-er* von ▸ Polz (2.).

Polzi(e)n: Herkunftsnamen zu dem Ortsnamen Polzin (ehem. Pommern/jetzt Polen, ehem. Westpreußen/jetzt Polen).

Pommer: 1. Herkunftsname für jemanden, der aus Pommern stammte. 2. Übername für jemanden, der Beziehungen (z. B. Handel, Reise) zu Pommern hatte. 3. Vereinzelt Herkunftsname zu den Ortsnamen Pommer (Bayern), Pommern (Rheinland-Pfalz, Bayern) oder Übername zu mda. *Pommer* ›einfältiger Mensch; kleiner, dicker Junge‹. ❖ *Vrban Pommer* ist a. 1577 im sächsischen Vogtland bezeugt.

Pommerehne: aus mlat. *Pomeranus* ›der aus Pommern‹ entstandener Familienname, vgl. ▸ Pommer (1.) und (2.).

Pommerening: niederdeutsche Ableitung von ▸ Pommerehne mit dem Suffix *-ing*.

Pommerenke: niederdeutsche Ableitung von ▸ Pommerehne mit *-k*-Suffix.

Pongratz: bairisch-österreichische Form von ▸ Pankratz.

Pönisch: auf eine durch Rundung entstandene Form von ▸ Benisch zurückgehender Familienname.

Pönitzsch: 1. Gerundete Form von ▸ Benisch. 2. Vereinzelt Herkunftsname zu dem Ortsnamen Pönitz (Schleswig-Holstein, Sachsen).

Pooch, Poock, Pook: 1. Übernamen zu mnd. *põk* ›Geschwätz, Schnack, Scherz‹. 2. Übernamen zu niederdt. (mda.) *Põk* ›kleines Kind; im Wachstum zurückgebliebener kleiner Mensch‹. 3. Berufsübernamen zu mnd. *põk* ›Dolch(messer)‹ für den Hersteller. 4. Herkunftsnamen zu dem Ortsnamen Poock bei Stettin.

Popel, Popella: Übernamen zu sorb. *popjeł*, tschech. *popel* ›Asche‹.

Popelka: 1. Auf eine mit dem Suffix *-ka* gebildete Ableitung von sorb. *popjeł* ›Asche‹ zurückgehender Familienname. 2. Übername zu tschech. *popelka* ›Aschenbrödel‹.

Popke: auf eine mit *-k*-Suffix gebildete Koseform von ▶ Popp(e) (1.) zurückgehender Familienname.

Popken: vor allem im Bereich Emden–Oldenburg häufiger patronymischer Familienname (schwacher Genitiv) zu ▶ Popke.

Popović: serbische, bosnische oder kroatische patronymische Bildung: ›Sohn des Popen bzw. Priesters‹.

Popp(e): 1. Auf den alten Lallnamen Poppo zurückgehende Familiennamen. 2. Übernamen zu mhd. *poppe* ›Schwelger, Großsprecher‹. 3. Bei den Familiennamen Poppe kann es sich gelegentlich um einen Herkunftsnamen zu dem Ortsnamen Poppe (ehem. Brandenburg/jetzt Polen) handeln. ❖ Bekannte Namensträgerin: Lucia Popp, österreichische Sängerin (20. Jh.).

Pöppel: 1. Auf eine mit *-l*-Suffix gebildete Koseform von ▶ Popp(e) (1.) zurückgehender Familienname. 2. Wohnstättenname zu mnd. *poppele* ›Pappel‹.

Pöppelmann: Ableitung auf *-mann* zu ▶ Pöppel. ❖ Bekannter Namensträger: Matthäus Daniel Pöppelmann, deutscher Baumeister (17./18. Jh.).

Poppen: patronymische Bildung (schwacher Genitiv) zu ▶ Popp(e) (1.).

Porath: Übername zu poln., tschech. *porada* ›Rat, Beratung‹.

Porsch(e): 1. Wohnstättennamen oder Übernamen zu mnd. *pors* ›Porst, d. i. Sumpfporst oder wilder Rosmarin‹. Wegen seiner berauschenden Wirkung wurde Porst als Zusatz zum Bier oder auch als Tee genossen. 2. Aus der eindeutschenden Schreibung einer Ableitung von slawischen Rufnamen wie Borislav (urslaw. **borti* ›kämpfen‹ + urslaw. **slava* ›Ruhm, Ehre‹) u. Ä. entstandene Familiennamen. ❖ Bekannter Namensträger: Ferdinand Porsche, deutscher Automobilkonstrukteur (20. Jh.).

Porschke, Pörschke: auf Ableitungen mit *-k*-Suffix von ▶ Porsch(e) (2.) zurückgehende Familiennamen.

Porst: 1. Wohnstättenname oder Übername zu nhd. *Porst*, vgl. ▶ Porsch(e) (1.). 2. Herkunftsname zu dem gleichlautenden Ortsnamen (Sachsen-Anhalt, ehem. Pommern/jetzt Polen). 3. Übername zu mhd. *borst(e)* ›Borste‹ für einen borstigen Menschen.

Port(en): Wohnstättennamen zu mhd., mnd. *porte* ›Pforte, Tor, Stadttor‹. ❖ Die Entstehung des Familiennamens zeigt der Beleg *Johannes tor Porten* (Coesfeld 1357). ❖ Bekannte Namensträgerin: Henny Porten, deutsche Filmschauspielerin (19./20. Jh.).

Portmann: Wohnstättenname auf *-mann* zu mhd., mnd. *porte* ›Pforte, Tor, Stadttor‹.

Portner, Pörtner: 1. Amtsnamen zu mhd. *portenære*, mnd. *portener* ›Pförtner, Torhüter‹. 2. Ableitungen auf *-(n)er* von ▶ Port(en). ❖ Bekannter Namensträger: Rudolf Pörtner, deutscher Sachbuchautor (20./21. Jh.).

Posch: oberdeutsche Schreibweise von ▶ Bosch.

Pöschel, Pöschl: 1. Durch Rundung entstandene Formen von ▶ Peschel. 2. Ableitungen von ▶ Posch mit *-l*-Suffix.

Poschmann: oberdeutsche Schreibweise von ▶ Boschmann.

Poser: 1. Herkunftsname zu dem Ortsnamen Posa (Thüringen, Sachsen-Anhalt). 2. Übername zu mhd. *boʒer* ›Kegelspieler‹.

Pospiech: Übername zu poln. *pośpiech* ›Eile, Hast‹.

Pospischil: Übername zu einer Partizipform von tschech. *pospíšit* ›eilen‹: ›er ist geeilt‹. Derartige Namen, die sich auf ein längst vergessenes Erlebnis des ersten Namensträgers beziehen, sind im Tschechischen häufig und kommen vor allem in Mähren vor.

Posselt: aus einer Erweiterung von mhd. *bôʒe* ›lächerlicher oder verächtlicher Mensch, geringerer Knecht‹ mit dem Suffix *-olt/-old* hervorgegangener Übername oder Berufsname.

Postel: 1. Herkunftsname zu dem gleichlautenden Ortsnamen (Schlesien, Belgien).

2. Auf eine durch Anlautverhärtung und Verdumpfung des -a- zu -o- entstandene Variante von Bastel (▶ Sebastian) zurückgehender Familienname. ❖ *Johan Postell* ist a. 1526 in Coesfeld bezeugt.

Postler: vor allem im Bereich Bamberg–Ansbach häufiger, von mhd. *bôȝe* ›geringerer Knecht‹ abgeleiteter Berufsname, besonders für Bäcker- oder Müllergehilfen.

Potgeter, Potgieter: niederdeutsche Berufsnamen zu mnd. *potgeter* ›Hersteller von Töpfen aus Metall‹. ❖ *Paesschen Potgeiter* ist a. 1548 in Coesfeld bezeugt.

Poth(e): 1. Übernamen zu mnd. *pote* ›Setzling, junge Pflanze‹, übertragen ›junger Spross‹. 2. Übernamen zu mnd. *pote* ›Pfote, Tatze‹. 3. Wohnstättennamen zu niederdt. mda. (Westfalen) *Pōt* ›Pfütze‹. 4. ▶ Bote (2.). ❖ Bekannter Namensträger: Chlodwig Poth, deutscher Karikaturist und Publizist (20./21. Jh.).

Pothmann: Ableitung auf -*mann* zu ▶ Poth(e) (3.).

Potratz: Herkunftsname zu einem slawischen Ortsnamen.

Pötsch: auf die gerundete Form von ▶ Petsch zurückgehender Familienname.

Pötschke: aus der gerundeten Form von ▶ Petschke entstandener Familienname.

Pott: niederdeutscher Berufsübername zu mnd. *pot* ›irdener Topf‹ für den Töpfer.

Pottbacker, Pottbäcker, Pottbecker: niederdeutsche Berufsnamen zu mnd. *pot* ›irdener Topf‹ für den ▶ Töpfer.

Potter, Pötter: niederdeutsche Berufsnamen zu mnd. *potter* ›Töpfer‹, vgl. ▶ Töpfer. ❖ *Wyllem Potter* ist a. 1482 in Coesfeld bezeugt.

Pöttger: niederdeutscher Berufsname zu mnd. *potker* ›Töpfer‹, vgl. ▶ Töpfer.

Pottha(r)st: Berufsübernamen zu mnd. *pothar(s)t* ›Topfbraten, in kleine Stücke zerschnitten oder gehackt‹, mda. (Westfalen) *Pottharst* ›Stück Fleisch, Wurst, auch Pökelstücke vom Schwein‹ für den Koch oder Übername nach der Lieblingsspeise.

Potthoff: 1. Wohnstättenname nach einem Hofnamen (zu mnd. *pote, potte* ›junge Pflanze, Spross, junger Baum‹ und mnd. *hof* ›Hof, Bauerngut‹, etwa ›Pflanzhof, Baumhof‹). 2. Herkunftsname zu dem gleichlautenden Ortsnamen in Westfalen.

Pötzl: durch Rundung entstandene Form von ▶ Petzel.

Pötzsch: gerundete Form von Petzsch (▶ Petsch).

Pracher: oberdt. Schreibweise von ▶ Bracher.

Pracht: 1. Übername zu mhd. *braht* ›Lärm, Geschrei‹. 2. Herkunftsname zu dem gleichlautenden Ortsnamen (Rheinland-Pfalz, Bayern) bzw. zu dem in Nordwestdeutschland und Hessen häufigen Ortsnamen Bracht. 3. ▶ Bracht (3.).

Prack: ▶ Brack(e) (3.).

Prad(e)l, Pradler: Wohnstättennamen zu einem auf lat. *pratum* ›Wiese‹, lat. *pratellum* ›kleine Wiese‹ zurückgehenden Flurnamen.

Praetorius: aus der Zeit des Humanismus stammende Latinisierung deutscher Familiennamen wie ▶ Burggraf, ▶ Schultheis(s), ▶ Schultz(e), Schulz(e), ▶ Scholtz(e), Scholz(e), ▶ Richter, ▶ Vogt (zu lat. *praetor* ›Vorsteher, Vorgesetzter, Statthalter‹, mlat. *pretorius* ›Stadtmeister, Vogt, Schultheiß‹). ❖ Bekannter Namensträger: Michael Praetorius, deutscher Komponist (16./17. Jh.). Für seinen Vater sind die Namenformen *Schulteis, Schuldtheiß, Schultes, Schulze, Schultis, Schultz, Scholtz* überliefert.

Prag(er): 1. Herkunftsnamen für jemanden, der aus Prag stammte. 2. Übernamen für jemanden, der Beziehungen (z. B. Handel, Reise) zu Prag hatte. ❖ Ein früher Beleg ist *Otto Pragær* (Regensburg 1244).

Präger: 1. Berufsname für den Münzpräger, Münzer (mhd. *præcher, prëger*). 2. Vereinzelt Herkunftsname zu dem Ortsnamen Präg (Baden-Württemberg).

Prahl: Übername zu mnd. *prāl, pral* ›Prunk, Pracht, stolzes Gebaren‹, auch ›Schall, Lärm‹ oder zu mnd. *pral* ›schön, prächtig, stolz‹.

Prahm: Berufsübername zu mnd. *prām* ›flacher Kahn ohne Kiel, bes. zum Transport schwerer Güter auf Flüssen; Leichterschiff, Fährboot‹ für einen Schiffer.

Prandl, Prändl, Prandtl: bairisch-österreichische Formen von ▶ Brandel, Brändel. ❖ Bekannter Namensträger: Ludwig Prandtl, deutscher Physiker (19./20. Jh.).

Prang: 1. Übername zu mnd. *prank* ›Gepränge, Prunk‹, mhd. *branc, pranc* ›das Prangen,

Prunken, Prahlen‹. 2. Übername zu mnd. *prank* ›Kampf, Streit, Zank‹.

Prange: Wohnstättenname oder Übername zu mnd. *prange* ›Pfahl, Stange zum Hemmen, Fesseln, Klemmen; Mühlenfang‹.

Prantl: bairisch-österreichische Form von ▸ Brandel, Brändel. ❖ Bekannter Namensträger: Karl Prantl, österreichischer Bildhauer (20./21. Jh.).

Prasse: Übername zu mnd. *bras, pras* ›Lärm, Gepränge; Schmauserei, Prasserei‹.

Prasser, Praßer: Übernamen zu mnd. *brassen* ›lärmen, prassen‹, mnd. *prasser* ›Prasser, Schwelger‹.

Prassler, Praßler: Übernamen zu fnhd. *praßler* ›Schlemmer‹.

Prätorius: ▸ Praetorius.

Praun: oberdeutsche Schreibweise von ▸ Braun(e).

Praus(e), Prauser, Prauss, Prauß: 1. ▸ Preuss(e). 2. ▸ Braus(er). 3. Herkunftsnamen zu den Ortsnamen Prauß (Schlesien), Praußen (Ostpreußen), Prausitz (a. 1547 *Kleynen Prauss*, Sachsen).

Precht: oberdeutsche Schreibweise von ▸ Brecht.

Prechtel, Prechtl: auf eine mit *-l*-Suffix gebildete Koseform von ▸ Precht zurückgehende Familiennamen. ❖ Bekannter Namensträger: Michael Matthias Prechtl, deutscher Maler, Zeichner und Grafiker (20./21. Jh.).

Prediger: Übername oder Wohnstättenname zu mhd. *prediger*, mnd. *prediker* ›Prediger, Predigermönch, Mitglied des Dominikanerordens‹ für jemanden, der Beziehungen zu diesem Orden hatte oder in der Nähe eines Dominikanerklosters wohnte.

Pregler: Übername zu mhd. *brégler* ›Schwätzer‹.

Prehn: niederdeutscher Berufsübername zu mnd. *prēn(e)* ›Pfrieme, bes. Schusterahle‹ für den Schuster.

Preibisch: auf eine mit dem Suffix *-iš* (dt. > *-isch*) gebildete Ableitung slawischer Rufnamen wie Pribyslav u. Ä. (▸ Priebe) zurückgehender Familienname.

Preis: Übername zu mhd. *prīs* ›Lob, Ruhm, Preis‹ für einen lobenswerten, preiswürdigen Menschen.

Preisendanz: Übername in Satzform zu mhd. *prīsen* ›loben, rühmen‹ und mhd. *tanz* ›Tanz‹ (»[ich] preise den Tanz«) für den Reigenführer bzw. für einen leidenschaftlichen Tänzer.

Preiser: 1. Übername zu mhd. *prīsen* ›loben, rühmen; sich rühmen in Erwartung von etwas‹. 2. Berufsübername zu mhd. *brīsen, prīsen*, fnhd. *breisen* ›schnüren, säumen, schmücken‹ für den Hersteller von Schnüren, Bändchen, Borten u. Ä.

Preiss, Preiß: 1. Durch Entrundung entstandene Formen von ▸ Preuss(e). 2. ▸ Preis.

Preisser, Preißer, Preissler, Preißler: 1. Durch Entrundung entstandene Formen von Preusser, Preußer, Preussler, Preußler (▸ Preuss[e]). 2. ▸ Preiser.

Prell(e): Übernamen zu mhd. *prelle* ›Schreier‹ für einen lauten Menschen.

Preller: Übername zu mhd. *prellen* ›brüllen‹, mhd. *prellen* ›sich schnell fortbewegen, hervorstoßen‹.

Prem: 1. Oberdeutscher Übername zu mhd. *brem(e)* ›Bremse, Stechfliege‹ für einen unruhigen Menschen. 2. Wohnstättenname zu mhd. *breme* ›Dornstrauch‹. 3. Herkunftsname zu dem Ortsnamen Prem (Bayern).

Prenner: oberdeutsche Schreibweise von ▸ Brenner.

Prentl: oberdeutsche Schreibweise von Brändel (▸ Brandel, Brändel).

Prenzel: 1. Auf eine im deutsch-slawischen Kontaktbereich entstandene Ableitung von Prenzlaff, einer eingedeutschten Form des slawischen Rufnamens Primislav (urslaw. *perjęti ›übernehmen‹ + urslaw. *slava ›Ruhm, Ehre‹), zurückgehender Familienname. 2. Gelegentlich kann es sich um eine verkürzte Form des Ortsnamens Prenzlau (Brandenburg, Ostpreußen) handeln.

Prescher: Herkunftsname zu dem Ortsnamen Preschen (Brandenburg).

Presser: Berufsübername zu mhd. *pressen* ›pressen‹ für einen Winzer oder Ölmüller (vgl. mhd. *den wein pressen, die ölfruht drucken und pressen*), bildlich auch Übername im Sinne von ›Bedränger‹.

Pressler, Preßler: 1. Oberdeutsche Schreibweisen von ▸ Bressler, Breßler. 2. Herkunftsnamen zu dem Ortsnamen Pressel (Sachsen).

Prestel: 1. Oberdeutscher Übername, Ableitung mit *-l*-Suffix von mhd. *brëste* ›Gebre-

Pretor(ius)

chen‹ oder von mhd. *brast* ›Geprassel, Hochmut, Prunk‹. 2. Niederdeutscher Übername zu mnd. *pressel, prestel* ›Siegelband, schmaler Streifen von Pergament‹.

Pretor(ius): ▸ Praetorius.

Pretzel: 1. Im oberdeutschen Raum ist dieser Familienname die oberdeutsche Schreibweise von Brezel (▸ Bretz[el]). 2. Im deutsch-slawischen Kontaktbereich kann es sich um eine Kurzform von ▸ Pretzlaff handeln.

Pretzl: bairisch-österreichische Schreibweise von ▸ Pretzel (1.).

Pretzlaff: auf die eingedeutschte Form des slawischen Rufnamens Pribyslav (urslaw. **pribyti* ›zunehmen, dazukommen‹ + urslaw. **slava* ›Ruhm, Ehre‹) zurückgehender Familienname.

Pretzsch: Herkunftsname zu dem gleichlautenden Ortsnamen (Sachsen-Anhalt).

Preu: oberdeutsche Schreibweise von ▸ Bräu.

Preuss(e), Preuß(e), Preusser, Preußer: Herkunftsnamen zu mhd. *Priuʒ(e)*, md. *Prūʒe*, nd. *Prūsse, Prūtze* ›Preuße‹. 2. Übernamen für jemanden, der Beziehungen (Handel, Reise) zu Preußen hatte.

Preussler, Preußler: Ableitungen auf *-ler* zu ▸ Preuss(e). ❖ Bekannter Namensträger: Otfried Preußler, deutscher Jugendbuchautor (20./21. Jh.).

Preussner, Preußner: Ableitungen auf *-ner* zu ▸ Preuss(e).

Prey: durch Entrundung entstandene Form von Preu (▸ Bräu). ❖ Bekannter Namensträger: Hermann Prey, deutscher Sänger (20. Jh.).

Prick: 1. Berufsübername zu mnd. *pricke* ›Stechgabel (zum Aalfang)‹ für den Benutzer. 2. Übername für einen unfreundlichen, unumgänglichen Menschen (zu mnd. *pricke* ›Spitze, Stachel‹, mnd. *pricke* ›scharf‹, mnd. *pricken* ›stechen, stacheln‹).

Priebe: aus einer Kurzform slawischer Rufnamen wie Pribyslav (urslaw. **pribyti* ›zunehmen, dazukommen‹ + urslaw. **slava* ›Ruhm, Ehre‹) hervorgegangener Familienname.

Priehn: ▸ Prehn.

Priemer: Herkunftsname zu dem Ortsnamen Priemen (Mecklenburg-Vorpommern, Bayern).

Prien: 1. ▸ Prehn. 2. Vereinzelt Herkunftsname zu dem Ortsnamen Prien am Chiemsee (Bayern).

Pries(e), Priess, Prieß: 1. Herkunftsnamen zu den Ortsnamen Pries (Schleswig-Holstein), Priesa (Sachsen), Priesen (Sachsen, Sachsen-Anhalt), Großpriesen (Böhmen), Prießen (Brandenburg). 2. ▸ Preis.

Priessnitz, Prießnitz: Herkunftsnamen zu dem Ortsnamen Prießnitz (Sachsen, Sachsen-Anhalt). ❖ Bekannter Namensträger: Vincenz Prießnitz, deutscher Naturheilkundiger, Erfinder des Prießnitz-Umschlags (18./19. Jh.).

Priester: 1. Übername zu mhd. *priester* ›ordinierter Geistlicher, Priester‹ für jemanden, der Beziehungen zu einem Geistlichen oder zur Kirche hatte. 2. Herkunftsname zu dem gleichlautenden Ortsnamen (Sachsen, Sachsen-Anhalt).

Priewe: ▸ Priebe.

Prigge: Variante von ▸ Prick.

Prignitz: Herkunftsname nach der gleichnamigen Landschaft zwischen Elbe und Havel.

Prill(er): 1. Oberdeutsche Schreibweisen von ▸ Brill, ▸ Brühl(er). 2. Herkunftsnamen zu dem Ortsnamen Prüll (Bayern).

Prins, Prin(t)z: Übernamen zu mhd. *prinze*, mnd. *prince, prinse* ›Fürst‹, wohl als Anspielung auf das vornehme, großspurige Auftreten des ersten Namensträgers entstanden. ❖ Bekannte Namensträgerin: Birgit Prinz, deutsche Fußballerin (20./21. Jh.).

Prior: Übername zu mhd. *prīor* ›Prior eines Klosters‹ nach einem Dienst- oder Abhängigkeitsverhältnis.

Pritzel: ▸ Pretzel.

Pritzl: ▸ Pretzl.

Pritzlaff: ▸ Pretzlaff.

Probst: 1. Amtsname zu mhd. *brobest* ›Vorgesetzter, Aufseher, Propst‹, mnd. *provest, pravest* ›Vorgesetzter eines Domkapitels, eines Klosters‹. 2. Gelegentlich auch Übername, der auf Beziehungen (etwa ein Dienstverhältnis) des ersten Namensträgers zu einem Propst zurückgeht.

Proch: 1. Auf eine slawische Ableitung von ▸ Prokop(h) zurückgehender Familienname. 2. Übername zu poln. *proch* ›Pulver, Staub, Asche‹. 3. Herkunftsname zu dem gleichlautenden Ortsnamen (ehem. Brandenburg/jetzt Polen).

Prochaska, Prochazka: Übernamen zu tschech. *procházka* ›Spaziergang‹.

Prochnow: Herkunftsname nach dem gleichlautenden Ortsnamen (ehem. Brandenburg/jetzt Polen). ❖ Bekannter Namensträger: Jürgen Prochnow, deutscher Filmschauspieler (20./21. Jh.).

Prof(f)t: 1. Mit sekundärem -t erweiterte Herkunftsnamen zu dem Ortsnamen Profen (Schlesien, Sachsen-Anhalt). 2. Übernamen zu mhd., mnd. *prophēte* ›Prophet, Wahrsager‹.

Prohaska: ▶ Prochaska.

Prohl, Pröhl: 1. Wohnstättennamen zu mhd. *brüel* ›bewässerte, buschige Wiese, Aue, Brühl‹. 2. Vereinzelt Herkunftsnamen zu den Ortsnamen Prohlen (Ostpreußen), Prödel (Sachsen-Anhalt).

Prokisch: aus einer mit dem slawischen Suffix *-iš* (dt. > *-isch*) gebildeten Ableitung von ▶ Prokop(h) entstandener Familienname.

Prokop(h), Prokopp: vor allem aus Böhmen und Schlesien stammende Familiennamen, die auf den Heiligennamen Prokopius zurückgehen. Der heilige Prokopius (11. Jh.) war Böhmens erster Heiliger und Landespatron.

Proksch: aus der eindeutschenden Schreibung einer slawischen Ableitung von ▶ Prokop(h) entstandener Familienname.

Pröll: 1. ▶ Prohl, Pröhl. 2. Durch Rundung entstandene Form von ▶ Prell(e).

Pröpper: Berufsübername für den Bauern, Obstgärtner (zu mnd. *proppen* ›mit einem Pfropfer, Setzreis versehen‹).

Propst: ▶ Probst.

Prosch(e), Proschke, Proske: 1. Aus der eindeutschenden Schreibung einer slawischen Ableitung von ▶ Ambros(ius) entstandene Familiennamen. 2. Aus einer Ableitung slawischer Rufnamen wie Prosimir (urslaw. *prositi* ›bitten‹ + urslaw. *mirъ* ›Friede‹) hervorgegangene Familiennamen.

Pross, Proß: oberdeutsche Schreibweisen von ▶ Bross, Broß.

Prothmann: 1. Niederdeutscher Übername für einen geschwätzigen Menschen (zu mnd. *prōt* ›Rede, Geschwätz‹, mnd. *proten* ›reden, schwatzen‹ + -*mann*-Suffix). 2. Oberdeutsche Schreibweise von ▶ Brotmann.

Protz(e): 1. Auf eine slawische Ableitung von ▶ Prokop(h) zurückgehende Familiennamen. 2. Übernamen zu nsorb. *proca*, osorb. *próca* ›Mühe, Arbeit, Anstrengung, Gram, Kummer‹. 3. Übernamen zu bair. *Broz* ›Kröte‹, bair. *brotzen* ›schmollen‹, bair. *brozen* ›sich aufblähen, stolz tun‹, bair. *brotzig* ›aufgebläht, prahlerisch‹. Das Wort Protz (›Wichtigtuer‹) ist erst seit dem 19. Jh. bezeugt. Wahrscheinlich hat es sich aus dem Tiernamen entwickelt. 4. Vereinzelt Herkunftsnamen zu den Ortsnamen Protz (Luxemburg), Protzen (Brandenburg).

Prucker: oberdeutsche Schreibweise von ▶ Brucker.

Pruckner, Prückner: oberdeutsche Schreibweisen von ▶ Bruckner. ❖ Bekannter Namensträger: Thilo Prückner, deutscher Film- und Bühnenschauspieler (20./21. Jh.).

Prüfer: Amtsname zu mhd. *prüever* ›Prüfer, Untersucher, Aufpasser‹.

Prüfert: Erweiterung von ▶ Prüfer mit sekundärem -t.

Prunner: oberdeutsche Schreibweise von ▶ Brunner. ❖ Bekannter Namensträger: Johann Michael Prunner, österreichischer Baumeister (17./18. Jh.).

Pruss, Pruß, Prüss, Prüß: ▶ Preuss(e).

Prüssmann, Prüßmann: Ableitungen auf -*mann* von Prüss, Prüß (▶ Preuss[e]).

Przybilla, Przybilski, Przybyla, Przybylski: Familiennamen polnischen Ursprungs; von poln. *przybyć* ›ankommen‹, *przybyły* ›angekommen‹ abgeleitete Übernamen für einen Zuwanderer, für jemanden, der neu angekommen war.

Pscherer: ▶ Bscherer.

Pschorn, Pschorr: in Bayern und Österreich verbreitete Formen von ▶ Beschoren(er).

Ptak: Übername zu poln. *ptak*, tschech. *pták* ›Vogel‹.

Pucher: oberdeutsche Schreibweise von ▶ Bucher.

Puchta: oberdeutsche Schreibweise von ▶ Buchta.

Puck: 1. Niederdeutscher Übername zu mnd. *puck* ›Puff, Schlag‹. 2. Aus einer oberdeutschen Kurzform von ▶ Burkhard entstandener Familienname.

Puff: Übername zu mhd. *puf* ›Stoß, Schlag‹, fnhd. *puff* ›Stoß‹, vgl. ▶ Buff.

Puhl: 1. Wohnstättenname zu mnd. *pōl, pūl* ›Pfuhl, wassergefüllte Vertiefung; stehendes, unreines Wasser; Schlamm‹. 2. Herkunftsname zu dem gleichlautenden Ortsnamen (Nordrhein-Westfalen).

Puhlmann: Ableitung auf *-mann* von ▶ Puhl.

Puls: 1. Herkunftsname zu Ortsnamen wie Puls (Schleswig-Holstein), Pulsen, Pulsitz (Sachsen). 2. Berufsübername zu mnd. *puls*, md. *pulse*, mhd. *phulse* ›Stange mit einem Holzklotz, um Fische ins Netz zu treiben‹ für einen Fischer. 3. Berufsübername zu mnd. *puls* ›Aderschlag‹, übertragen ›das Anschlagen der Glocken; eine bestimmte Dauer des Geläutes‹ für einen Glöckner.

Pulver: Berufsübername zu mhd., mnd. *pulver* ›Staub, Asche, Pulver‹, seit dem 15. Jh. auch ›Schießpulver‹ für den Gewürzkrämer oder Apotheker, später für den Hersteller von Schießpulver. ❖ Bekannte Namensträgerin: Liselotte Pulver, schweizerische Theater- und Filmschauspielerin (20./21. Jh.).

Pulvermacher: Berufsname für den Hersteller von Schießpulver. ❖ *Curde Pulvermechere* ist i. J. 1427 in Halle belegt.

Pulvermüller: Berufsname für den Inhaber einer Pulvermühle (mhd. *pulvermül*) zur Herstellung von Schießpulver.

Pump(e): 1. Berufsübernamen zu mnd. *pumpe* ›Pumpe‹ für den Hersteller oder den Benutzer. 2. Herkunftsnamen zu dem Ortsnamen Pumpe (Nordrhein-Westfalen). 3. Wohnstättennamen zu niederdt. (mda.) *Pump* ›Wasserloch, Pfütze, Teich‹.

Puntschuh: oberdeutsche Schreibweise von ▶ Bundschuh.

Puppe: 1. Übername zu mhd. *puppe* ›Puppe‹, mnd. *poppe* ›Puppe, auch kosende Anrede‹, auch Berufsübername für den Puppenhersteller (mnd. *poppenmaker*) oder für den Puppenspieler. 2. Herkunftsname zu den Ortsnamen Puppe (ehem. Pommern/jetzt Polen), Puppen (Ostpreußen).

Purkhar(d)t: oberdeutsche Schreibweisen von ▶ Burkhard.

Pursch(e): ▶ Bursch(e).

Purschke: ▶ Porschke.

Pusch: 1. Oberdeutsche Schreibweise von ▶ Busch. 2. Herkunftsname zu dem gleichlautenden Ortsnamen (Schlesien).

Püschel: auf eine schlesische Ableitung von ▶ Peter zurückgehender Familienname. 2. ▶ Büschel (1.).

Puschmann, Püschmann: ▶ Buschmann.

Puschner, Püschner: 1. ▶ Buschner. 2. Möglich ist auch das Vorliegen eines Herkunftsnamens zu der Wüstung Puschenawe (Sachsen-Anhalt).

Pust: Berufsübername zu mnd. *pust* ›Polster, gepolstertes Lederkissen‹ für den Polstermacher.

Pustkuchen: Berufsübername in Satzform zu mhd. *pūsten* ›blasen, pusten‹ und mnd. *kuoche* ›Kuchen‹ (»[ich] puste [den] Kuchen«) für einen Bäcker. ❖ Bekannter Namensträger: Johann Friedrich Wilhelm Pustkuchen, deutscher Schriftsteller (18./19. Jh.).

Pütjer: niederdeutscher Berufsname zu mnd. *pot* ›irdener Topf‹, *potker* ›Töpfer‹ für den ▶ Töpfer.

Putlitz: Herkunftsname zu dem gleichlautenden Ortsnamen (Brandenburg).

Pütt: 1. Wohnstättenname zu mnd. *putte* ›Grube; bes. eine Grube, in der Wasser steht (Pfütze, Zisterne, Ziehbrunnen, Gosse in den Straßen)‹. 2. Herkunftsname zu den Ortsnamen Pütt (Nordrhein-Westfalen, ehem. Pommern/jetzt Polen), Pütte (Mecklenburg-Vorpommern).

Pütter: Ableitung auf *-er* von ▶ Pütt.

Püttmann: Ableitung auf *-mann* von ▶ Pütt.

Putz: 1. Auf eine mit *-z*-Suffix gebildete Koseform von ▶ Burkhard zurückgehender Familienname. 2. Übername zu mhd. *butze* ›Poltergeist, Schreckgestalt‹. 3. Übername zu mnd. *putz* ›Name des Teufels‹. 4. Aus dem gleichlautenden Flurnamen (zu md. *putze, pütte*, mnd. *putte* ›Lache, Pfütze‹) entstandener Familienname. 5. Aus dem gleichlautenden Ortsnamen bei Danzig hervorgegangener Familienname.

Püz: Vor allem im deutschen Westen verbreiteter Familienname: 1. Wohnstättenname nach einem gleichlautenden Flurnamen (zu md. *putze, pütte*, mnd. *putte* ›Lache, Pfütze‹). 2. Herkunftsname zu dem Ortsnamen Pütz (Nordrhein-Westfalen, Luxemburg).

Putzer: 1. Ableitung auf *-er* von ▶ Putz (4.) oder (5.). 2. Berufsname auf *-er* zu mhd. *butze, butsche* ›Gefäß, Salzfass‹ für den Hersteller.

Pützer: Ableitung auf *-er* von ▶ Pütz.

Putzke: Herkunftsname zu dem Ortsnamen Putzkau (Sachsen) oder zu den Ortsnamen Putzig (früher *Putzke*) bei Danzig, Putzig (ehem. Brandenburg/jetzt Polen).

Pyka: Übername zu tschech. (älter) *pykat* ›büßen‹.

q

Qua(a)s, Quaß: 1. Übername zu mnd. *quās* ›Fressen, Fresserei, Schwelgerei‹. 2. Übername zu poln. *kwas*, tschech. *kvas* ›erfrischendes, berauschendes, säuerliches Getränk‹, später auch ›Gastmahl‹, osorb. (älter) ›Hochzeitsschmaus‹.

Quack: 1. Übername zu mnd. *quaken* ›quaken, schwatzen‹ oder zu niederdt. (mda.) *Quack* ›schwacher Mensch‹. 2. Übername zu nsorb. *kwakaś* ›quaken, schnattern, schwatzen‹ oder zu nsorb. *kwak* (Nachahmung des Entenlauts).

Quäck: ▶ Queck.

Quade: 1. Übername zu mnd. *quāt* ›böse, schlecht; falsch, verräterisch; aufgebracht, zornig‹. 2. Wohnstättenname zu mnd. *quāt* ›Kot, Dreck, Unflat‹.

Quadflieg: vorwiegend niederrheinischer Übername zu mnd. *quāt* ›böse, schlecht‹ und mnd. *vlēge* ›Fliege‹: ›böse Fliege‹ für einen lästigen Menschen. ❖ Bekannter Namensträger: Will Quadflieg, deutscher Schauspieler und Regisseur (20./21. Jh.).

Quadt: ▶ Quade.

Quakatz: 1. Übername zu nsorb. *kwakac* ›Schnatterente, Quakfrosch‹, bildlich für einen schwatzhaften Menschen. 2. Übername zu mda. (Brandenburg, Niederlausitz) *Quakatz* ›Frosch‹.

Qualitz: Herkunftsname zu dem gleichlautenden Ortsnamen (Mecklenburg-Vorpommern).

Qualmann: Herkunftsname auf -*mann* zu dem Ortsnamen Quaal (Schleswig-Holstein, Mecklenburg-Vorpommern).

Quandt, Quante: Übernamen zu mnd. *quant* ›Tand; was nur zum Schein etwas ist‹, in übertragenem Sinn für einen Windbeutel.

Quapil: Übername; eindeutschende Schreibung des häufigen tschechischen Familiennamens Kvapil zu einer Partizipform von tschech. *kvapit* ›eilen, hasten‹: ›er ist geeilt‹. Derartige Namen, die sich auf ein längst vergessenes Erlebnis des ersten Namensträgers beziehen, sind im Tschechischen häufig und kommen vor allem in Mähren vor.

Quappe: Berufsübername zu mnd. *quappe* ›Aalquappe; Fisch mit breitem Kopf, Döbel; der junge Frosch‹ für einen Fischer oder Übername nach einem bildlichen Vergleich.

Quarch, Quarg: Berufsübernamen zu spätmhd. *twarc, quarc* ›Quarkkäse‹ (aus nsorb. *twarog* entlehnt) für den Käsehersteller, -händler oder Übernamen für den Käseliebhaber. ❖ Johannes Quarck ist i. J. 1404 in Halberstadt überliefert.

Quardt, Quart: Übernamen zu mhd. *quart(e)* ›der vierte Teil von etwas; ein Weinmaß; der vierte Teil der Einkünfte‹, vielleicht nach einer Abgabeverpflichtung des ersten Namensträgers.

Quarz: Übername zu mhd. *quarz* ›Quarz‹, wohl für einen Bergmann.

Quaschigroch: Übername zu poln. (mda.) *kwasigroch* ›Schwätzer‹, auch ›langsamer Mensch‹.

Quaschny: Übername zu poln. *kwaśny* ›sauer‹.

Quast: 1. Berufsübername für den Bader (zu mnd. *quast, badequast* ›aus [Birken-]Reisern gebundene Rute, die beim Bad zur Verhüllung der Scham bzw. zum Streichen/Peitschen verwendet wurde‹). 2. Herkunftsname zu dem Ortsnamen Quast (Sachsen-Anhalt, ehem. Brandenburg/jetzt Polen, ehem. Pommern/jetzt Polen). ❖ Bekannter Namensträger: Alexander Ferdinand von Quast, Architekt und Schriftsteller (19. Jh.).

Quatember: Übername zu mhd. *quatember* ›Vierteljahrsfasten, dann überhaupt Vierteljahr‹ nach einem Zinstermin.

Queck: 1. Übername zu mhd. *quëc, quick* ›lebendig, frisch; wohlgemut, munter; mutig‹. 2. Übername zu mnd. *quek* ›Vieh jeglicher Art, bes. Rindvieh‹ für einen Bauern oder Viehhändler. 3. Vereinzelt Herkunftsname zu dem Ortsnamen Queck (Hessen).

Quedenbaum: Wohnstättenname zu mnd. *quedenbōm* ›Quittenbaum‹.

Quednau, Quednow: Herkunftsnamen zu dem Ortsnamen Quednau (Ostpreußen).

Queitsch: Herkunftsname zu dem gleichlautenden Ortsnamen (Schlesien).

Quell(e): 1. Wohnstättennamen zu mhd. *quëlle* ›Quelle‹: ›wohnhaft bei einer Quelle‹. 2. Herkunftsnamen zu den Ortsnamen Quelle (Nordrhein-Westfalen), Quellen (Niedersachsen).

Quellhorst: Herkunftsname zu dem gleichlautenden Ortsnamen (Niedersachsen).

Quellmalz: Berufsübername in Satzform (»quelle [das] Malz«) zu mhd. *quellen* ›quellen‹ und mhd. *malz* ›Malz‹ für den Mälzer.

Quenstedt: Herkunftsname zu dem gleichlautenden Ortsnamen (Sachsen-Anhalt).

Quentel: Herkunftsname zu dem gleichlautenden Ortsnamen (Hessen).

Quentin: 1. Aus dem Heiligennamen Quintinus (Weiterbildung zu lat. *Quīntus* ›der Fünfte‹) hervorgegangener Familienname. Zur Verbreitung des Rufnamens im Mittelalter trug die Verehrung des heiligen Quintinus, Märtyrer in Amiens, bei. ❖ Als Ableitungen von Quintinus begegnen uns heute u. a. die Familiennamen **Quinting, Quindt, Quint, Quinten, Quintes.** 2. Gelegentlich Übername zu mhd. *quëntīn, quintīn,* mnd. *quentīn* ›Quäntchen‹.

Quenzel, Quenz(l)er: Übernamen zu mhd. *quenzel* ›ein Kartenspiel‹ für den Kartenspieler.

Querengässer: Wohnstättenname für jemanden, der an einer quer verlaufenden Gasse wohnte.

Querfeld: Wohnstättenname: ›wohnhaft an/ bei einem quer vor einem anderen Flurstück liegenden Feld‹.

Querfurt(h): Herkunftsnamen zu dem Ortsnamen Querfurt (Sachsen-Anhalt).

Querner: 1. Herkunftsname zu den Ortsnamen Quern (Schleswig-Holstein), Querum (nordöstlicher Vorort von Braunschweig, mda. *Queren*), zum Gewässernamen Querne (Sachsen-Anhalt). 2. Berufsname auf *-er* zu mnd. *quern(e)* ›Handmühle, bes. zur Grützebereitung‹ für einen Müller. ❖ Bekannter Namensträger: Kurt Querner, deutscher Maler (20. Jh.).

Querüber: auf die Lage des Hauses bzw. des Hofes hinweisender Wohnstättenname.

Quest(e): Berufsübernamen zu mhd. *queste* ›Badwedel, womit der Badende gestrichen, gepeitscht wurde‹ (vgl. ▶ Quast [1.]).

Quester: Berufsübername zu mhd. *questen* ›mit dem Badwedel streichen‹ für einen Bader.

Quick: ▶ Queck.

Quindt, Quint: 1. Herkunftsnamen zu dem Ortsnamen Quint (Rheinland-Pfalz). 2. Aus einer verkürzten Form von Quintinus (▶ Quentin [1.]) hervorgegangene Familiennamen.

Quinten: patronymische Bildung (schwacher Genitiv) zu einer verkürzten Form von Quintinus (▶ Quentin [1.]).

Quintern: Übername zu mhd. *quintërn(e)* ›Laute mit fünf Saiten‹ für den Spieler des Instruments. ❖ Diesen Beruf hatte z. B. *Henne Quinterner,* der a. 1403 in Friedberg (Hessen) erscheint.

Quintes: patronymische Bildung (starker Genitiv) zu einer verkürzten Form von Quintinus (▶ Quentin [1.]).

Quinting: durch Gutturalisierung des Auslauts entstandene Form von Quintinus (▶ Quentin [1.]).

Quirin: aus dem gleichlautenden Rufnamen, der auf den Namen eines alten römischen Gottes (lat. *Quirīnus*) zurückgeht, entstandener Familienname. Für die Verbreitung des Rufnamens im Mittelalter waren drei Heilige ausschlaggebend: der heilige Quirinus von Neuß (2. Jh.), Pestheiliger und Beschützer der Pferde; der heilige Märtyrer Quirinus von Tegernsee (3. Jh.), der in Bayern hoch verehrt wurde; der heilige Quirinus von Fulda, der i. J. 309 als Märtyrerbischof in Kroatien starb. ❖ Von Quirin(us) leiten sich u. a. die Familiennamen **Quiring, Grein, Krein(s), Krings** ab.

Quiring: durch Gutturalisierung des Auslauts entstandene Form von ▶ Quirin.

Quirrenbach: Herkunftsname zu dem gleichlautenden Ortsnamen (Nordrhein-Wesfalen).

Quisdorf, Quistorf(f), Quistorp: Herkunftsnamen zu dem Ortsnamen Quisdorf (Schleswig-Holstein). ❖ Bekannter Namensträger: Johann Theodor Quistorp, deutscher Schriftsteller (18. Jh.).

Quittenbaum: Wohnstättenname zu mhd. *quitenboum* ›Quittenbaum‹.

Quitzow: Herkunftsname zu dem gleichlautenden Ortsnamen (Brandenburg).

Quo(o)s: 1. ▶ Quaas. 2. Herkunftsnamen zu dem Ortsnamen Quoos (Sachsen).

Raab(e): ▸ Rabe. ❖ Bekannter Namensträger: Wilhelm Raabe, deutscher Schriftsteller (19./20. Jh.).
Raack(e): 1. ▸ Rack(e). 2. Herkunftsnamen zu dem Ortsnamen Raake (Schlesien).
Raasch: ▸ Rasch.
Raatz: ▸ Ratz.
Rab: ▸ Rabe.
Rabbe: aus einer zweistämmigen Kurzform von Rufnamen, die mit dem Namenwort *rāt* gebildet sind (vgl. ▸ Rabold), hervorgegangener Familienname.
Rabben: patronymische Bildung (schwacher Genitiv) zu ▸ Rabbe.
Rabe: 1. Übername zu mhd. *rabe(n), rab, rapp(e)*, mnd. *rave(n)* ›Rabe‹ nach einem bildlichen Vergleich, z. B. für einen schwarzhaarigen Menschen. 2. Auf einen Hausnamen zurückgehender Familienname. Ein Haus *zuom Rappen* ist i. J. 1384 in Worms bezeugt. 3. Aus einer Kurzform von Rufnamen, die mit dem Namenwort *hraban* gebildet sind (vgl. ▸ Rabenalt), entstandener Familienname.
Rabel: Ableitung von ▸ Rabe (1.) oder (3.) mit -*l*-Suffix.
Raben: 1. ▸ Rabe. 2. Herkunftsnamen zu dem gleichlautenden Ortsnamen (Brandenburg, Bayern, Schlesien).
Rabenalt: aus dem alten deutschen Rufnamen Hrabanwalt *(hraban + walt)* hervorgegangener Familienname.
Rabenau: Herkunftsname zu dem gleichlautenden Ortsnamen (Hessen, Sachsen, Schlesien).
Rabener: Herkunftsname auf -*er* zu den Ortsnamen Raben (Brandenburg, Bayern, Schlesien), Rabenau (Hessen, Sachsen, Schlesien). ❖ Bekannter Namensträger: Gottlieb Wilhelm Rabener, deutscher Schriftsteller (18. Jh.).
Rabenhold: aus einer Umdeutung von ▸ Rabenalt in Anlehnung an das Adjektiv »hold« entstandener Familienname.

Rabenhorst: Herkunftsname zu dem gleichlautenden Ortsnamen (Schleswig-Holstein, Mecklenburg-Vorpommern; ehem. Westpreußen/jetzt Polen).
Rabenstein(er): 1. Herkunftsnamen zu dem Ortsnamen Rabenstein (Sachsen, Hessen, Bayern, Österreich, Böhmen). 2. Wohnstättennamen nach dem Örtlichkeitsnamen Rabenstein, der die Richtstätte, den gemauerten Richtplatz unter dem Galgen, bezeichnete.
Raber: Berufsübername zu mhd. *rabe* ›Rübe‹ für einen Bauern, der Rüben anbaute.
Rabl: bairisch-österreichische Schreibweise von ▸ Rabel.
Rabold, Rabol(d)t: aus dem alten deutschen Rufnamen Ratbold *(rāt + bald)* entstandene Familiennamen.
Rabus: 1. Auf eine Latinisierung von ▸ Rabe zurückgehender Familienname. 2. Übername zu poln. *rabuś* ›Räuber‹.
Rach: 1. Übername zu mhd. *rach* ›rau, steif‹. 2. Aus einer Kurzform von slawischen Rufnamen wie Radomir (urslaw. **radъ* ›gern, froh‹ oder urslaw. **raditi* ›fügen, passend zurechtlegen‹ + urslaw. **mirъ* ›Friede‹) u. Ä. hervorgegangener Familienname.
Rachow: Herkunftsname zu dem gleichlautenden Ortsnamen (Mecklenburg-Vorpommern).
Rack(e): 1. Übernamen zu mhd. *rac* ›straff, gespannt, steif; rege, beweglich, los, frei‹. 2. Übernamen zu mnd. *rak, rek(en)* ›von rechter Beschaffenheit, in Ordnung, ordentlich, genau‹ oder niederdt. mda. *Rak* (Mandelkrähe). 3. Berufsübernamen zu mnd. *rake* ›Ofenkrücke, Harke, Rechen‹ für den Benutzer. 4. Aus dem alten deutschen Rufnamen Racco bzw. aus der niederdeutschen Koseform Radeke *(rāt)* entstandene Familiennamen. 5. Dem Familiennamen Rack kann auch ein Übername zu nsorb., osorb., poln., tschech. *rak* ›Krebs‹ zugrunde liegen.

Rackl: in Bayern verbreiteter Familienname, Ableitung mit -*l*-Suffix von ▶ Rack(e) (1.) oder (4.).

Rackow: Herkunftsname zu den Ortsnamen Rackow (ehem. Brandenburg/jetzt Polen), ▶ Rakow.

Rackwitz: Herkunftsname zu dem gleichlautenden Ortsnamen (Sachsen-Anhalt, Schlesien).

Radach, Radack: 1. Aus einer mit dem Suffix -*ak* gebildeten Ableitung von slawischen Rufnamen wie Radomir (▶ Rach [2.]) entstandene Familiennamen. 2. Herkunftsnamen zu den Ortsnamen Radach (ehem. Brandenburg/jetzt Polen), Raddack (ehem. Pommern/jetzt Polen).

Radatz: ▶ Raddatz.

Radau: Herkunftsname zu dem gleichlautenden Ortsnamen (Niedersachsen, Schlesien, Ostpreußen).

Raddatz: 1. Herkunftsname zu dem gleichlautenden Ortsnamen (ehem. Brandenburg/ jetzt Polen). 2. Aus einer niedersorbischen, mit dem Suffix -*ac* (> dt. -*atz*) gebildeten Ableitung von Radomir u. Ä. (▶ Rach [2.]) entstandener Familienname. ❖ Bekannter Namensträger: Carl Raddatz, deutscher Schauspieler (20./21. Jh.).

Radde: aus einer Kurzform von Rufnamen, die mit dem Namenwort *rāt* gebildet sind (vgl. ▶ Radloff), entstandener Familienname.

Radebold(t): ▶ Rabold.

Radeck: eindeutschende Schreibung von ▶ Radek.

Radecke: 1. Aus einer mit -*k*-Suffix gebildeten Koseform von Rufnamen, die das Namenwort *rāt* enthalten (vgl. ▶ Radloff), hervorgegangener Familienname. 2. Eindeutschende Schreibung von ▶ Radek.

Radecker: 1. Berufsname zu mnd. *radeker* ›Radmacher, Wagner‹. 2. Herkunftsname zu dem Ortsnamen Radeck (Bayern); bei Herkunft aus Sachsen zu dem Ortsnamen Randeck südlich von Freiberg.

Radegast: Herkunftsname zu dem gleichlautenden Ortsnamen (Mecklenburg-Vorpommern, Niedersachsen, Sachsen-Anhalt, Sachsen).

Radek: aus einer mit dem Suffix -*ek* gebildeten Ableitung von slawischen Rufnamen wie Radomir (▶ Rach [2.]) entstandener Familienname.

Radeke: ▶ Radecke.

Radeloff: ▶ Radloff.

Rademacher, Rademaker: Berufsnamen zu mnd. *rademaker*, mhd. *rademacher, -mecher* ›Rademacher, Stellmacher, Wagner‹.

Rader, Räder: 1. Berufsnamen zu mhd. *rat* ›Wagenrad‹, vgl. ▶ Rademacher. 2. Herkunftsnamen zu den Ortsnamen Rade (Schleswig-Holstein, Niedersachsen, Sachsen-Anhalt), Radevormwald (Nordrhein-Westfalen). 3. Übernamen zu mnd. *rader* ›Berater‹. 4. ▶ Reder.

Radermacher: ▶ Rademacher.

Radetzki, Radetzky: 1. Herkunftsnamen zu den polnischen Ortsnamen Radcza, Radcze, Radecznica, Redecz oder tschechischen Ortsnamen wie Hradec. 2. Polnische Ableitung auf -*ski* zu einer Kurzform von Radomir (▶ Rach [2.])

Radewahn: ▶ Radvan.

Radke: 1. Aus einer mit -*k*-Suffix gebildeten Koseform von Rufnamen, die das Namenwort *rāt* enthalten (vgl. ▶ Radloff), hervorgegangener Familienname. 2. Gelegentlich eindeutschende Schreibung von ▶ Radek.

Radler: 1. Berufsname auf -*ler* zu mhd. *rat* ›Wagenrad‹ für den Hersteller. 2. Herkunftsname zu Ortsnamen wie Radl (Bayern, Österreich), Radel (Österreich), Radelau, Radlau (Schlesien). 3. Wie die Belege *Ulrich pader vom Raedl, Ulrich pader auf dem Rädel* (München, a. 1392, 1394) zeigen, kann es sich auch um einen Wohnstättennamen für jemanden, der an einem Wasserrad wohnte, handeln.

Radloff: aus dem alten deutschen Rufnamen Radolf (*rāt* + *wolf*), der in den Quellen oft mit dem Rufnamen Radelef (*rāt* + *leva*) vermischt auftritt, entstandener Familienname. ❖ Als Variante von Radloff begegnet uns z. B. der Familienname **Radeloff.** ❖ Die Familiennamen **Rahlf(f), Ralf** mit den patronymischen Bildungen **Rahlfs** und **Ralfs** gehen auf zusammengezogene Formen von Radloff zurück. ❖ Bei Familiennamen wie **Rade(c)ke, Rad(t)ke, Rathje, Rathke, Rattke** kann es sich um Koseformen von Radloff handeln.

Radmacher: ▶ Rademacher.

Radmer: ▶ Rathmer.

Radtke: ▶ Radke.

Radvan: auf einen slawischen Rufnamen (zu urslaw. **radovati* ›erfreuen‹, **radovanъ* ›erfreut‹) zurückgehender Familienname.

Raeder: ▶ Rader, Räder.

Raff: ▶ Raffer.

Raffael: ▶ Raphael.

Raffauf: Übername in Satzform (»raffe [es] auf«) zu mhd. *raffen* ›raffen, an sich reißen‹ für einen geizigen, habgierigen Menschen. ❖ Vgl. die Belege *Rafsuf* (Breslau 1379), *N. Raffauff* (Olmütz 1407).

Raffel: Übername zu mhd. *raffel* ›Getöse, Lärm‹, mhd. *raffeln* ›lärmen, klappern, schelten‹.

Raffer: Übername zu mhd. *raffen* ›raffen, eilig an sich reißen‹ für einen habgierigen Menschen.

Rahe: 1. Herkunftsname zu dem Ortsnamen Rahe (Niedersachsen, Nordrhein-Westfalen). 2. Wohnstättenname nach einem Flurnamen zu mnd. *roden, raden* ›roden, urbar machen‹. Vgl. die Flurnamen *im Rahplan* (südwestlich von Lüneburg), *Rahland* (Hann. Wendland).

Rahlf(f): auf eine durch Zusammenziehung entstandene Form von Radolf (▶ Radloff) zurückgehende Familiennamen.

Rahlfs: patronymische Bildung (starker Genitiv) zu ▶ Rahlf(f).

Rahm: 1. Berufsübername zu mhd. *ram(e)*, mnd. *rame* ›Rahmen zum Sticken, Weben, Bortenwirken‹, für den Hersteller oder Benutzer (Weber, Bortenwirker). 2. Berufsübername zu mhd., mnd. *rām* ›Ruß, Metallstaub‹ für einen Köhler oder Schmied bzw. Übername für einen schwarzhaarigen Menschen. 3. Berufsübername zu mhd. *roum, rām*, mnd. *rōm* ›Milchrahm‹ für den Käsemacher. 4. Herkunftsname zu dem Ortsnamen Rahm (Nordrhein-Westfalen, Bayern).

Rahn(e): 1. Übernamen zu mhd., fnhd. *rān* ›schlank, schmächtig‹. 2. Berufsübernamen zu nhd. *Rahne* ›rote, längliche [Futter-]Rübe‹ für einen Bauern. 3. Wohnstättenname zu nhd. *Rahne* ›Windbruch in einem Gehölz‹. ❖ *Hainrich ran vineator* [Winzer] ist a. 1376 in Esslingen bezeugt.

Rahner: 1. Herkunftsname zu den Ortsnamen Rahn (Oberpfalz), Rahna (Sachsen-Anhalt), Rahnau, Rahnen (Ostpreußen). 2. Berufsübername auf *-er* zu ▶ Rahn(e) (2.). 3. Wohnstättenname auf *-er* zu ▶ Rahn(e) (3.).

Raiber: durch Entrundung entstandene Form von ▶ Rauber.

Raible: im deutschen Südwesten verbreiteter Übername, durch Entrundung entstandene Ableitung von mhd. *roup, roub* ›Beute, Raub, Räuberei, Plünderung‹ mit dem Suffix *-le* für einen diebischen Menschen; gelegentlich kann auch eine Ableitung von mhd. *rouw(e)*, *rou, rō* ›roh‹ oder mhd. *riuwe* ›Betrübnis, Schmerz, Kummer‹ infrage kommen.

Raichle: im deutschen Südwesten verbreiteter Übername, durch Entrundung entstandene Form von ▶ Räuchle.

Raimund: ▶ Reimund.

Rainer: 1. Wohnstättenname auf *-er* zu mittelhochdeutsch *rein* ›begrenzende Bodenerhöhung, Rain‹. 2. Herkunftsname zu dem Ortsnamen Rain (Baden-Württemberg, Bayern, Österreich, Schweiz). 3. ▶ Reiner. ❖ Bekannter Namensträger: Arnulf Rainer, österreichischer Maler und Zeichner (20./21. Jh.).

Raisch: ▶ Reisch.

Raiser: ▶ Reiser.

Raith: schwäbisch-bairischer Familienname. 1. In Schwaben Übername zu mhd. *reit* ›gedreht, gekräuselt, lockig‹. ❖ *Heinrich der Raide Heinrich Raiden sel. sun* [Sohn] ist a. 1346 in Esslingen bezeugt. 2. In Bayern eher Wohnstättenname, der auf die entrundete Form von mhd. *riute* ›gerodetes Land‹ zurückgeht.

Raithel: 1. ▶ Reitel. 2. Ableitung von ▶ Raith mit *-l*-Suffix.

Rakow: Herkunftsname zu den Ortsnamen Rakow (Mecklenburg-Vorpommern), Raakow (Brandenburg).

Rakowski: Herkunftsname zu polnischen Ortsnamen wie Raków, Rakowa, Rakowce, Rakowiec, Rakowice.

Ralf: auf eine durch Zusammenziehung entstandene Form von Radolf (▶ Radloff) zurückgehender Familienname.

Ralfs: patronymische Bildung (starker Genitiv) zu ▶ Ralf.

Rall(e): vorwiegend südwestdeutsche, gelegentlich aber auch niederdeutsche Übernamen für einen unruhigen, lauten Menschen zu schwäbisch *rallen* ›herumlaufen‹, mnd.

rallen ›lärmend schwatzen (wie die Kinder beim Spielen)‹.

Rambow: Herkunftsname zu dem gleichlautenden Ortsnamen (Mecklenburg-Vorpommern, Brandenburg, ehem. Pommern/jetzt Polen).

Ramcke: aus einer mit *-k*-Suffix gebildeten Koseform von Rufnamen, die das Namenwort *hraban* enthalten (vgl. ▶ Rammelt), entstandener Familienname.

Ramin: Herkunftsname zu dem gleichlautenden Ortsnamen (Mecklenburg-Vorpommern).

Ramler: 1. Berufsname für denjenigen, der nach dem Weben das fast fertige Tuch auf die *rame*, den Rahmen zog, um es vor dem Färben zu spannen. 2. ▶ Rammler. ❖ Bekannter Namensträger: Karl Wilhelm Ramler, deutscher Dichter (18. Jh.).

Ramm: 1. Übername zu mhd. *ram* ›Widder, Schafsbock‹. 2. Herkunftsname zu dem gleichlautenden Ortsnamen (Mecklenburg-Vorpommern, bei Danzig).

Rammelt: aus einer verschliffenen Form des alten deutschen Rufnamens Rambold *(hraban + walt)* entstandener Familienname.

Ramming: auf eine durch das Suffix *-ing* erweiterte Kurzform von Rufnamen, die mit *hraban* beginnen (z. B. Rambold; ▶ Rammelt), zurückgehender Familienname.

Rammler: 1. Berufsübername für den Schäfer oder Übername zu mhd. *rammeler* ›Widder während der Brunstzeit‹. 2. Übername zu fnhd. *ramlen* ›schäkern, tanzen, sich balgen‹.

Ramsauer: Herkunftsname zu dem Ortsnamen Ramsau (Bayern, Ostpreußen, Österreich).

Randolf(f), Randolph: auf den gleichlautenden Rufnamen *(rant + wolf)* zurückgehende Familienname.

Ranft: 1. Übername zu mhd. *ranft, ramft* ›Rand, Brotrinde‹ für jemanden, der in dürftigen Verhältnissen lebte. 2. Herkunftsname zu den Ortsnamen Ranft (Bayern, Schweiz), Altranft (Brandenburg).

Rang: 1. Wohnstättenname zu mhd. *ranc, range* ›Rand, abschüssiger Rand eines Grabens‹ für jemanden, der am Rande einer Siedlung oder an einer abschüssigen Stelle wohnte. 2. Übername zu mhd. *ranc* ›schnelle Bewegung‹ für einen wendigen Menschen. 3. ▶ Range, ▶ Rank.

Range: 1. Übername zu mhd., mnd. *range* ›böser, wilder Junge‹, fnhd. *range* ›Schurke‹. 2. Vereinzelt niederdeutscher Übername zu mnd. *range* ›wilde Sau‹.

Ranisch: 1. Aus einer mit dem Suffix *-iš* (dt. > *-isch*) gebildeten Ableitung des slawischen Rufnamens Ranimir (urslaw. **ranъ* ›früh‹ + urslaw. **mirъ* ›Friede‹) u. Ä. hervorgegangener Familienname. 2. Herkunftsname zu dem Ortsnamen Ranisch (Schlesien).

Rank: 1. Niederdeutscher Übername zu mnd. *rank* ›lang und dünn, schlank‹. 2. Übername zu fnhd. *rank* ›Wendung, Ausflucht, List‹. 3. Wohnstättenname zu dem oberdeutschen Flurnamen Rank (›Biegung, Wegkrümmung‹). 4. Herkunftsname zu dem Ortsnamen Rank (Baden-Württemberg).

Ranke: 1. Niederdeutscher Übername zu mnd. *ranke* ›Ranke, schwacher Schössling‹. 2. ▶ Rank (1.). 3. Herkunftsname zu dem Ortsnamen Rankau (Schlesien, Böhmen). ❖ Bekannter Namensträger: Leopold von Ranke, deutscher Historiker (18./19. Jh.).

Ranzinger: Herkunftsname zu dem Ortsnamen Ranzing (Bayern).

Raphael: aus dem gleichlautenden Rufnamen hebräischen Ursprungs (›Gott heilt‹) entstandener Familienname. Raphael fand im Mittelalter in der christlichen Welt als Name des Erzengels Verbreitung.

Rapp(e): 1. ▶ Rabe (1.) oder (2.). 2. Aus einer Kurzform von ▶ Rappold entstandene Familiennamen. 3. Niederdeutsche Übernamen zu mnd. *rap* ›schnell, ungestüm‹. 4. Die Bezeichnung *Rappe* für ein schwarzes Pferd ist erst seit dem 16. Jh. belegt, sie kommt daher für die Familiennamenbildung kaum infrage. ❖ *Lyenhart Rapp* ist a. 1388 in München bezeugt.

Rappel, Rappl: Ableitungen von Rapp(e) (1.) oder (2.) mit *-l*-Suffix.

Rappelt: auf eine verschliffene Form von ▶ Rappold zurückgehender Familienname.

Rappert: aus einer verschliffenen Form des alten deutschen Rufnamens Ratbert *(rāt + beraht)* entstandener Familienname.

Rappold, Rappol(d)t: aus dem alten deutschen Rufnamen Ratbold *(rāt + bald)* entstandene Familiennamen. ❖ Aus einer verschliffenen

Form von Rappold ist der Familienname **Rappelt** hervorgegangen. ❖ Den Familiennamen **Rapp(e), Rapp(e)l** liegen z. T. Ableitungen von Rappold zugrunde.

Rappsilber: Übername in Satzform (»[ich] raffe Silber«) zu mnd. *rapen* ›raffen, eilig an sich reißen‹ und mnd. *sulver* ›Silber‹ für einen habsüchtigen, raffgierigen Menschen. ❖ In Lüneburg ist *Anna Rapesulver* i. J. 1301 belegt, aus dem 15. Jh. stammt der Beleg *Jorden Rapegold*.

Rasch: 1. Übername zu mhd., mnd. *rasch* ›schnell, hurtig, gewandt, kräftig‹. 2. Vereinzelt Berufsübername zu fnhd. *rasch* ›leichtes Wollgewebe‹ für den Hersteller. 3. Aus der eindeutschenden Schreibung einer Ableitung des slawischen Rufnamens Radomir (▸ Rach [2.]) hervorgegangener Familienname.

Rasche: ▸ Rasch (1.) oder (3.).

Rascher: 1. Herkunftsname zu den Ortsnamen Rasch (Bayern), Rascha (Sachsen), Raschau (Bayern, Sachsen, Schlesien). 2. Stark flektierte Form oder patronymische Bildung auf -*er* zu ▸ Rasch (1.).

Raschick: aus einer mit dem Suffix -*ik* gebildeten Ableitung des slawischen Rufnamens Radomir (▸ Rach [2.]) entstandener Familienname.

Raschke: aus der eindeutschenden Schreibung einer Ableitung mit -*k*-Suffix des slawischen Rufnamens Radomir (▸ Rach [2.]) hervorgegangener Familienname.

Rasem: auf eine verkürzte Form von ▸ Erasmus zurückgehender Familienname.

Rasmus: auf eine verkürzte Form von ▸ Erasmus zurückgehender Familienname.

Rasmussen: patronymische Bildung (schwacher Genitiv oder Ableitung auf -*sen*) zu ▸ Rasmus.

Rasp(e), Rasper: 1. Übernamen zu mhd. *raspen* ›zusammenraffen‹, mhd. *rasper* ›Zusammenraffer‹ für einen habgierigen Menschen. 2. Gelegentlich Berufsübernamen zu fnhd. *raspe* ›Feile, Kratzer‹ (seit dem 16. Jh. belegt) für den Hersteller oder denjenigen, der beruflich damit umging. ❖ Adliger Beiname im Sinne von ›Raffer‹ ist Raspe bei Heinrich Raspe, Landgraf von Thüringen und deutscher Gegenkönig (13. Jh.). In Nürnberg ist a. 1392 *Domus Raspen*, das Haus des Rasp, belegt. ❖ Bekannter Namensträger: Fritz Heinrich Rasp, deutscher Schauspieler (19./20. Jh.).

Räß: Übername zu mhd. *ræze* ›scharf, herb, ätzend; bissig, wild, wütend; heftig, keck‹ nach dem Verhalten des ersten Namensträgers.

Rasser: 1. Übername zu mhd. *razzen* ›toben, rasseln‹. 2. Herkunftsname zu dem Ortsnamen Rassau (Niedersachsen).

Rassmann, Raßmann: auf eine mit dem Suffix -*mann* gebildeten Koseform von ▸ Erasmus zurückgehende Familiennamen.

Rast: 1. Herkunftsname zu dem Ortsnamen Rast (Baden-Württemberg, Bayern). 2. Übername zu mhd., mnd. *rast(e)* ›Ruhe, Rast; ein Längenmaß‹, auch Wohnstättenname für jemanden, der neben einem Rastplatz wohnte.

Rat: ▸ Rath.

Ratai, Rataj: Berufsnamen bzw. Standesnamen zu nsorb., poln., tschech. *rataj* ›Pflüger, Ackermann‹, nsorb. (mda.) auch ›erster Knecht, Ochsenknecht‹, poln. auch ›Ackerknecht‹.

Ratajczak: aus einer polnischen Ableitung von Rataj (▸ Ratai) entstandener Familienname.

Ratay: ▸ Ratai.

Ratgeb: ▸ Rathgeb. ❖ Bekannter Namensträger: Jörg Ratgeb, deutscher Maler (15./16. Jh.).

Ratgeber: ▸ Rathgeber.

Rath: 1. Aus einer Kurzform von Rufnamen, die das Namenwort *rāt* enthalten (vgl. ▸ Radloff), hervorgegangener Familienname. 2. Übername zu mhd., mnd. *rāt* ›Rat, Ratschlag‹, mhd. auch ›Ratgeber‹ (vgl. ▸ Rathgeb). 3. Herkunftsname zu dem Ortsnamen Rath (Nordrhein-Westfalen). 4. Wohnstättenname zu mnd. *rot*, mda. (Niederrhein) *rāt* ›Rodeland‹.

Rathert: aus einer verschliffenen Form des alten deutschen Rufnamens Rathard *(rāt + harti)* entstandener Familienname.

Rathgeb: Übername zu mhd. *rātgëbe*, mnd. *rātgeve* ›Ratgeber‹, auch als Bezeichnung für städtische Ratsmitglieder. ❖ *Ratgeb carnifex* [Fleischer] ist a. 1369 in München bezeugt.

Rathgeber: Übername zu mhd. *rātgëber*, mnd. *rātgever* ›Ratgeber‹, auch als Bezeichnung für den Ratsherrn. ❖ Bekannter Namensträger: Johann Valentin Rathgeber, deutscher Komponist (17./18. Jh.).

Rathje: aus einer mit dem Suffix *-je* gebildeten niederdeutsch-friesischen Koseform von Rufnamen, die das Namenwort *rāt* enthalten (vgl. ▶ Radloff), hervorgegangener Familienname.

Rathjen: patronymische Bildung (schwacher Genitiv) zu ▶ Rathje.

Rathke: 1. ▶ Radke. 2. Gelegentlich aus der eindeutschenden Schreibung einer Ableitung mit -*k*-Suffix von slawischen Rufnamen wie Ratislav (▶ Ratzlaff) u. Ä. hervorgegangener Familienname.

Rathmann: 1. Übername zu mhd. *rātman* ›Ratgeber‹. 2. Amtsname zu mnd., mhd. *rātman* ›Ratsherr‹. 3. Vereinzelt aus einer mit dem Suffix *-mann* gebildeten Koseform von Rufnamen, die das Namenwort *rāt* enthalten (vgl. ▶ Radloff), hervorgegangener Familienname. 4. Ableitung auf *-mann* von ▶ Rath (3.) oder (4.).

Rathmer: aus dem alten deutschen Rufnamen Ratmar *(rāt + māri)* hervorgegangener Familienname.

Raths: patronymische Bildung (starker Genitiv) zu ▶ Rath (1.) oder (2.).

Ratje: ▶ Rathje.

Ratjen: ▶ Rathjen.

Ratke: ▶ Rathke.

Ratmann: ▶ Rathmann.

Ratmer: ▶ Rathmer.

Rattay: 1. ▶ Ratai. 2. ▶ Rattey.

Rattenberger: Herkunftsname zu dem Ortsnamen Rattenberg (Bayern, Rheinland-Pfalz).

Rattey: 1. ▶ Ratai. 2. Herkunftsname zu dem gleichlautenden Ortsnamen (Mecklenburg-Vorpommern, ehem. Posen, Mähren, Böhmen).

Rattke: ▶ Rathke.

Ratz: 1. Aus einer Koseform mit *-z*-Suffix von Rufnamen, die mit dem Namenwort *rāt* gebildet sind (vgl. ▶ Radloff, ▶ Rathmer), entstandener Familienname. 2. Übername zu mhd. *ratz(e)* ›Ratte‹, auch ›große Haselmaus, Iltis‹, übertragen wohl für einen diebischen Menschen (vgl. die Redewendung ›stehlen wie ein Ratz‹). ❖ In München ist a. 1368 *Racz zimmerman* bezeugt.

Rätz: 1. ▶ Reetz. 2. ▶ Ratz (1.).

Ratzinger: Herkunftsname zu dem in Bayern mehrmals vorkommenden Ortsnamen Ratzing. ❖ Bekannter Namensträger: Der katholische Theologe und Kurienkardinal Joseph Ratzinger (20./21. Jh.) wählte als Papst den Namen Benedikt XVI.

Ratzlaff: auf die eindeutschende Schreibung der slawischen Rufnamen Radoslav (urslaw. **radъ* ›gern, froh‹ + urslaw. **slava* ›Ruhm, Ehre‹) oder Ratislav (urslaw. **ratiti sę* ›kämpfen‹ + urslaw. **slava* ›Ruhm, Ehre‹) zurückgehender Familienname.

Rau: Übername zu mhd. *rūch, rū(he), rouch*, mnd. *rū, rūch, rūw* ›haarig, struppig, zottig; rau‹, auch ›unwirsch, ungebildet, ungestüm‹ nach dem Aussehen oder dem Verhalten des ersten Namensträgers. ❖ Bekannter Namensträger: Johannes Rau, deutscher Politiker (20./21. Jh.).

Rauber, Räuber: Übernamen zu mhd. *roubære, röubære* ›Räuber‹. 2. In Bayern auch Berufsübernamen für den Bauern zu bair. *Raub* ›Fruchtbestand eines Ackerfelds, der darauf eingeerntet werden kann‹.

Rauch: 1. ▶ Rau. 2. Berufsübername zu mhd. *rouch* ›Dampf, Rauch; Herd‹ für jemanden, der am oder mit Feuer arbeitete (etwa der Koch, der Schmied). 3. Übername nach der für den häuslichen Herd zu leistenden steuerlichen Abgabe (mhd. *rouch*). ❖ Bekannter Namensträger: Christian Daniel Rauch, deutscher Bildhauer (18./19. Jh.).

Rauchfuß: Übername zu mhd. *rūch, rū(he), rouch* ›haarig, rau‹ und mhd. *vuoȝ* ›Fuß‹ für einen Menschen mit haarigen Beinen oder übertragen für einen groben Menschen, ein ›Raubein‹.

Räuchle: schwäbische Ableitung von ▶ Rauch.

Raue: ▶ Rau.

Rauen: patronymische Bildung (schwacher Genitiv) zu ▶ Rau.

Rauer: stark flektierte Form oder patronymische Bildung auf *-er* zu ▶ Rau.

Rauert: Erweiterung von ▶ Rauer mit sekundärem *-t*.

Rauh(e): ▶ Rau.

Rauhut: Übername zu mhd. *rūch, rū(he), rouch* ›haarig‹ und mhd. *huot* ›Hut‹ für den Träger eines mit Pelz besetzten Hutes bzw. Berufsübername für den Hutmacher oder den Kürschner.

Raulf: auf eine zusammengezogene Form von ▶ Rudolf zurückgehender Familienname.

Raulfs: patronymische Bildung (starker Genitiv) zu ▸ Raulf.

Raum: 1. Ostmitteldeutscher und oberdeutscher Wohnstättenname nach einem Flurnamen (›von Buschwerk, Baumstümpfen, Steinen und Ähnlichem gereinigtes Landstück, zum Heumachen benutzte Waldwiese‹). 2. Übername zu mhd. *roum* ›Milchrahm‹, auch ›Schimmer, irreführendes, täuschendes Bild‹.

Raumschüssel: ▸ Reumschüssel.

Rauner: 1. Übername zu mhd. *rūnen* ›heimlich und leise reden, flüstern, raunen‹. 2. Herkunftsname zu dem Ortsnamen Raun (sächsisches Vogtland).

Raupach: 1. Herkunftsname zu dem Ortsnamen Raubach (Hessen, Rheinland-Pfalz). 2. Berufsname, eindeutschende Schreibung von tschech. *rupak* ›Steinmetz, Bildhauer‹. ❖ Bekannter Namensträger: Ernst Raupach, deutscher Schriftsteller (18./19. Jh.).

Rausch: Übername zu mhd. *rūsch* ›rauschende Bewegung, Anlauf, Angriff‹, auch ›Teil des Helmschmuckes, des Kopfputzes, benannt nach dem rauschenden Ton beim Bewegen des Kopfes‹. Die heutige Bedeutung ›Trunkenheit‹ hat sich erst im 16. Jh. entwickelt und kommt als Motiv für die Entstehung des Familiennamens kaum noch infrage.

Rauschel, Räuschel: Ableitungen von ▸ Rausch mit -*l*-Suffix.

Rauschenbach: Herkunftsname zu dem gleichlautenden Ortsnamen (Sachsen, Schlesien, Böhmen, Ungarn).

Rauschenberg(er): Herkunftsnamen zu dem Ortsnamen Rauschenberg (Hessen, Bayern).

Rauscher: 1. Übername zu mhd. *rūschen* ›Geräusch machen, rauschen, brausen, prasseln; sich eilig und mit Geräusch bewegen‹ für einen lauten Menschen. 2. Herkunftsname zu den Ortsnamen Rausch (Bayern), Rauscha (Schlesien), Rauschen (Ostpreußen). ❖ *Ber[tolt] Rauscher* ist a. 1357 in Nürnberg bezeugt.

Rauschert: 1. Erweiterung von ▸ Rauscher mit sekundärem -*t*. 2. Übername zu mhd. *ruschart* ›uneheliches Kind‹.

Rauser: Übername zu mhd. *rūzen* ›ein Geräusch machen, rauschen; eilig und mit Geräusch sich bewegen, stürmen‹, auch ›schnarchen‹ für einen lauten Menschen bzw. für den Schnarcher.

Rautenberg: Herkunftsname zu dem gleichlautenden Ortsnamen (Niedersachsen, Thüringen, Ostpreußen).

Rave(n): 1. Niederdeutsche Übernamen zu mnd. *rave(n)* ›Rabe‹; vgl. ▸ Rabe (1.), (2.). 2. Aus einer niederdeutschen Kurzform von Rufnamen, die mit dem Namenwort *hraban* gebildet sind (z. B. Hrabanwalt, ▸ Rabenalt), entstandene Familiennamen. 3. Bei dem Familiennamen Raven kann es sich gelegentlich um einen Herkunftsnamen zu dem gleichlautenden Ortsnamen in Niedersachsen handeln. ❖ *Frederick Raven* ist a. 1418 in Coesfeld bezeugt.

Rebbert: ▸ Reppert.

Rebel: am häufigsten ist dieser Familienname in den Bereichen Aschaffenburg und Pforzheim. 1. Berufsübername für den Weingärtner oder Wohnstättenname für jemanden, der bei einem Weingarten wohnte (zu mhd. *rēbe* ›Rebe, Weingarten‹ + -*l*-Suffix). 2. Ableitung von ▸ Rabe mit -*l*-Suffix.

Reber: 1. Berufsname zu mhd. *rēbe* ›Rebe, Weingarten‹ für den Weingärtner, Weinbauern. 2. Berufsübername zu mhd. *rabe* ›Rübe‹ für einen Bauern, der Rüben anbaute. 3. Vereinzelt auf eine verschliffene Form von Reuber (▸ Rauber, Räuber) zurückgehender Familienname. ❖ Vgl. die Belege *Pawll Rehber, Stephan Reber* (sächsisches Vogtland, a. 1506).

Rebhan: ▸ Rebhuhn.

Rebholz: Berufsübername für den Weingärtner, Weinbauern.

Rebhuhn: 1. Berufsübername zu mhd. *rēphuon* ›Rebhuhn‹ für einen Jäger. Rebhühner waren ein beliebtes Vogelwild. So sorgte der Nürnberger Rat im 15. Jh. mit entsprechenden Bestimmungen dafür, dass zu bestimmten Zeiten keine Rebhühner und Wachteln gefangen wurden, damit *die rephuner und wachteln sich meren und zunemen und also nit unnutzlich verslissen und abgethan werden* [die Rebhühner und Wachteln sich vermehren und zunehmen und somit nicht unnützerweise vergeudet und vertan werden]. 2. Auf einen Hausnamen zurückgehender Familienname. Ein Haus *zum Rebhun* ist i. J. 1480 in Freiburg belegt.

Rebmann: *Der mittelalterliche Rebmann bei der Arbeit im Weinberg*

Rebmann: Berufsname zu mhd. *rëbman* ›Weinbauer‹. ❖ Der Basler Bürger, später Ratsherr *H. Rebmannus civis Basiliensis* ist a. 1256 bezeugt.

Rebsamen: Berufsübername für einen Bauern zu mhd. *ruobesām(e)* ›Rübensamen‹; daraus seit dem 14. Jh. ›Rübsam, Rübsen (eine Ölpflanze)‹.

Rebschläger: ▶ Repschläger.

Rebstock: 1. Berufsübername für den Weinbauern. 2. Auf einen Hausnamen zurückgehender Familienname. ❖ *Heinrich dictus [genannt] zume Rebestocke* ist i. J. 1310 in Mainz belegt.

Rech: 1. Berufsübername zu mhd. *rē(ch)* ›Reh‹ für einen Jäger. 2. Übername nach einem bildlichen Vergleich für einen schlanken, zierlichen oder beweglichen Menschen. 3. Herkunftsname zu dem gleichlautenden Ortsnamen (Rheinland-Pfalz, Saarland).

Rechenberg(er): Herkunftsnamen zu dem Ortsnamen Rechenberg (Baden-Württemberg, Sachsen, Schlesien, Ostpreußen).

Rechenmacher: Berufsname für den Hersteller von Rechen (mhd. *rëche*).

Rechlin: 1. Herkunftsname zu dem gleichlautenden Ortsnamen (Mecklenburg-Vorpommern). 2. Im alemannischen Raum liegt diesem Familiennamen eine Ableitung von ▶ Rech mit dem Suffix *-lin* zugrunde.

Rechner: 1. Amtsname zu mhd. *rechenære* ›Rechner, [amtlicher] Berechner, Fürsorger‹. 2. Herkunftsname zu den Ortsnamen Rechen (Baden-Württemberg, Bayern), Rechenau (Bayern).

Recht: Übername zu mhd. *reht*, mnd. *recht* ›gerade, aufrecht; rechtmäßig, gerecht, wahrhaft‹.

Reck: 1. Übername zu mhd. *recke* ›Verfolgter, Verbannter, Fremdling; Krieger, Held‹, mnd. *recke* ›Recke, Held; Riese‹, später auch ›ungeschlachter (junger) Mann‹. 2 Aus einer Kurzform von Rufnamen, die mit dem Namenwort *rīki* gebildet sind (vgl. ▶ Reckert), hervorgegangener Familienname.

Recke: 1. ▶ Reck. 2. Auf eine zusammengezogene Form von ▶ Redecke zurückgehender Familienname. 3. Wohnstättenname zu mnd. *recke* ›Strecke; Hecke‹. 4. Herkunftsname zu dem Ortsnamen Recke (Nordrhein-Westfalen). ❖ *Heinr[icus] Recke* ist a. 1279 in Nürnberg bezeugt.

Recker: 1. Auf eine verschliffene Form von Rikhart (▶ Reckert) oder Rikher *(rīk + heri)* zurückgehender Familienname. 2. Übername zu mhd., mnd. *recken* ›recken, ausdehnen, ausstrecken‹ für einen Folterknecht. 3. In der Schweiz Berufsname zu schwzdt. *recken* ›ein Schiff schleppen‹ für den Schiffzieher.

Reckers: patronymische Bildung (starker Genitiv) zu ▶ Recker (1.).

Reckert: auf eine verschliffene Form von ▶ Reckhard(t) zurückgehender Familienname. ❖ Als Rufname eines Coesfelder Bürgers ist *Reckert* i. J. 1382 bezeugt.

Reckhard(t): aus dem deutschen Rufnamen Rikhart *(rīk + hard)* entstandene Familiennamen.

Reckmann: Ableitung auf *-mann* von ▶ Reck (2.) bzw. ▶ Recke (3.) oder (4.).

Recknagel: Übername in Satzform (»recke [den] Nagel!«) zu mhd. *recken* ›in die Höhe bringen, erheben; erregen; ausstrecken, ausdehnen‹ und mhd. *nagel* ›Nagel‹ für den Nagelschmied oder derber Übername in übertragener Bedeutung.

Recktenwald: vor allem im Saarland häufiger Familienname bisher ungeklärten Ursprungs. ❖ *Adam Recktenwald* ist a. 1743 in Marpingen (Saarland) belegt.

Reckwerth: aus dem alten deutschen Rufnamen Rikwart *(rīk + wart)* hervorgegangener Familienname.

Reckzeh: 1. Übername in Satzform (»recke [den] Zeh!«) zu mhd. *recken* ›in die Höhe bringen, erheben; erregen; ausstrecken, ausdehnen‹ und mhd. *zē(he)* ›Zehe, Kralle‹, wohl für einen Folterknecht; vielleicht auch derber Übername als Umdeutung von mhd. *zein* ›männliches Glied‹. 2. Vereinzelt Wohnstättenname zu dem Örtlichkeitsnamen Recksee bei Strasburg (Mecklenburg-Vorpommern).

Reckziegel, Reckzügel: Übernamen in Satzform zu mhd. *recken* ›in die Höhe bringen, erheben; erregen; ausstrecken, ausdehnen‹ und mhd. *zügel* ›Zügel‹ (»zieh [den] Zügel [an]!«) für den Reiter.

Reddig: 1. Berufsübername zu mnd. *redik, redich* ›Rettich‹ für einen Bauern oder Gemüsehändler. 2. Auf eine verschliffene Form von ▸ Redding zurückgehender Familienname.

Redding: 1. Herkunftsname zu dem Ortsnamen Reddingen (Niedersachsen). 2. Aus dem alten deutschen Rufnamen Reding *(rāt + -ing*-Suffix) entstandener Familienname.

Redecke: 1. Auf eine mit *-k*-Suffix gebildete Koseform von Rufnamen, die mit dem Namenwort *rāt* gebildet sind (vgl. ▸ Radloff), zurückgehender Familienname. 2. Herkunftsname zu dem Ortsnamen Redecke (Niedersachsen).

Redecker, Redeker: 1. Berufsnamen zu mnd. *redeker* ›Rademacher, Wagner‹. 2. Herkunftsname auf *-er* zu ▸ Redecke (2.). ❖ *Johan Redeker* ist a. 1470 in Coesfeld bezeugt.

Redegeld: Berufsübername zu mnd. *rēde gelt* ›bares Geld‹ für den Münzer bzw. den Geldwechsler oder Übername für einen reichen Menschen.

Redel: 1. Berufsübername zu mhd. *redel, redelīn* ›Rädchen‹ für einen Drechsler oder Metallarbeiter, der Rädchen herstellte. 2. Wohnstättenname für jemanden, der bei einem Wasserrad wohnte, vgl. ▸ Radler (3.).

3. Aus einer mit *-l*-Suffix gebildeten Koseform von Rufnamen, die das Namenwort *rāt* enthalten (vgl. Ratbold [▸ Rabold], ▸ Konrad), entstandener Familienname. 4. Auf eine österreichische Ableitung von ▸ Andreas zurückgehender Familienname. 5. Herkunftsname zu den Ortsnamen Redel (ehem. Pommern/jetzt Polen, Österreich), Redl (Bayern, Österreich).

Redemann: 1. Ableitung auf *-mann* von ▸ Reden (1.). 2. Amtsname zu mhd. *redeman* ›Rechtsanwalt‹.

Reden: 1. Herkunftsname zu den Ortsnamen Reden (Niedersachsen, Saarland), Rehden (Niedersachsen, ehem. Posen), Rheden (Niedersachsen), Rethen (Niedersachsen, Ostpreußen). 2. Patronymischer Familienname (schwacher Genitiv) zu einem mit dem Namenwort *rāt* beginnenden Rufnamen, z. B. Ratheri (▸ Reder [1.]).

Redepenning: Berufsübername zu mnd. *rēde* ›bar‹ und mnd. *pennink* ›Münzstück; Geld überhaupt‹ für den Münzer bzw. den Geldwechsler oder Übername für einen reichen Menschen.

Reder: 1. Aus einer verschliffenen Form der alten deutschen Rufnamen Ratheri/Retheri *(rāt + heri)* entstandener Familienname. ❖ Vgl. den Beleg *Rederus de* [von] *Berchdorpe* (Lüneburg 1292). 2. Berufsname zu mhd. *rēder* ›Mehlsieber, Mühlknecht‹. 3. Niederdeutscher Berufsname zu mnd. *reder* ›Ausrüster, Reeder‹. 4. Übername oder Amtsname zu mhd. *redære, redenære* ›Redner, Schwätzer; Anwalt vor Gericht, Verteidiger‹. 5. ▸ Rader, Räder (1.). ❖ *Cvnradus Reder* ist a. 1296 in Nürnberg bezeugt.

Reders: patronymische Bildung (starker Genitiv) zu ▸ Reder (1.).

Reding: aus dem alten deutschen Rufnamen Reding *(rāt + -ing*-Suffix) entstandener Familienname. ❖ Bekannter Namensträger: Josef Reding, deutscher Schriftsteller (20./21. Jh.).

Redinger: Herkunftsname zu den Ortsnamen Reding (Bayern), Redingen (Lothringen).

Redl: bairisch-österreichische Form von ▸ Redel.

Redlefsen: patronymische Bildung auf *-sen* zu dem niederdeutschen Rufnamen Redlef *(rāt + leva)*.

Redlich: Übername zu mhd. *red(e)lich* ›beredt, vernünftig, verständig, rechtschaffen, wacker, tapfer‹.

Redlin: 1. Herkunftsname zu dem gleichlautenden Ortsnamen (Mecklenburg-Vorpommern, ehem. Pommern/jetzt Polen, Brandenburg). 2. Gelegentlich alemannische Form von ▸ Redel (1.), (2.) oder (3.).

Redmann: 1. ▸ Redemann. 2. Wohnstättenname auf *-mann* zu mnd. *rēt* ›Schilfrohr‹.

Reeb: Berufsübername für den Weingärtner oder Wohnstättenname für jemanden, der bei einem Weingarten wohnte (zu mhd. *rëbe* ›Rebe, Weingarten‹).

Reeber: ▸ Reber.

Reefschläger: ▸ Repschläger.

Reeg: Herkunftsname zu dem gleichlautenden Ortsnamen (Rheinland-Pfalz).

Reeh: ▸ Reh.

Reemer: ▸ Rehmer.

Reemts: patronymische Bildung (starker Genitiv) zu Reemt, einer friesischen, durch Zusammenziehung entstandenen Form von Rembert (▸ Reinbrecht).

Reemtsma: patronymische Bildung auf *-ma* zu Reemt, einer friesischen, durch Zusammenziehung entstandenen Form von Rembert (▸ Reinbrecht).

Reepschläger: ▸ Repschläger.

Rees: 1. Auf eine verkürzte Form von ▸ Andreas zurückgehender Familienname. 2. Herkunftsname zu dem gleichlautenden Ortsnamen (Nordrhein-Westfalen). ❖ Um einen Herkunftsnamen handelt es sich bei *Johan van Rees,* der a. 1431 in Coesfeld bezeugt ist.

Reese: 1. Übername zu mnd. *rēse* ›Riese; Recke, Held‹. 2. Auf einen Hausnamen zurückgehender Familienname. Ein Hausname »zum Riesen« ist im mittelalterlichen Deutschland mehrmals nachzuweisen, u. a. in Lübeck (a. 1465).

Reetz: Herkunftsname zu den Ortsnamen Reetz (Mecklenburg-Vorpommern, ehem. Pommern/jetzt Polen, Brandenburg, ehem. Brandenburg/jetzt Polen, Nordrhein-Westfalen, ehem. Westpreußen/jetzt Polen), Reez (Mecklenburg-Vorpommern).

Reetze: Herkunftsname zu dem gleichlautenden Ortsnamen (Niedersachsen).

Reff: Berufsübername zu mhd. *rëf,* mnd. *ref* ›Gestell zum Tragen von Waren auf dem Rücken‹ für den Hersteller oder den Benutzer.

Reffler: Berufsname zu mhd. *rëveler* ›Schuhflicker‹.

Regel: 1. Übername zu mhd. *rëgel,* Nebenform von mhd. *reiger, reigel* ›Reiher‹. 2. Übername zu mhd. *rëgel(e)* ›Regel, bes. die Ordensregel‹; vielleicht aus mhd. *rëgelgelt, rëgelphenninc* ›Geldabgabe an die Mönche‹ verkürzter Übername. 3. Berufsübername zu mnd. *regel* ›Riegel; Querbalken in Fachwerkmauern; Querstange, Latte zu Geländern‹ für einen Zimmermann. 4. Vereinzelt aus dem alten deutschen Rufnamen Ragilo *(ragin)* hervorgegangener Familienname.

Regenbrecht: aus dem alten deutschen Rufnamen Reginber(h)t *(ragin + beraht)* entstandener Familienname.

Regendantz: Übername in Satzform (»[ich] beginne/rege den Tanz an«) zu mhd. *regen* ›in Bewegung setzen, anregen‹ und mhd. *tanz* ›Tanz‹ für den Reigenführer bzw. den leidenschaftlichen Tänzer.

Regener: 1. Herkunftsname bzw. Wohnstättenname zu dem Orts- und Gewässernamen Regen (Bayern). 2. Aus dem alten deutschen Rufnamen Raginher (▸ Reiner) hervorgegangener Familienname.

Regenfuss, Regenfuß: Übernamen in Satzform (»bewege den Fuß«) zu mhd. *regen* ›in Bewegung setzen, bewegen‹ und mhd. *vuoʒ* ›Fuß‹ für einen flinken Menschen oder guten Tänzer bzw. einen Vortänzer. ❖ In Nürnberg ist a. 1397 *Fritz Regenfuoss* bezeugt.

Regenhard(t): durch Dehnung und Umdeutung in Anlehnung an das Verb »regen« entstandene Nebenformen zu ▸ Reinhard.

Regenold: durch Dehnung und Umdeutung in Anlehnung an das Verb »regen« entstandene Nebenformen zu ▸ Reinold.

Regensburg(er): Herkunftsnamen zu dem Ortsnamen Regensburg (Bayern). ❖ In München erscheint a. 1368 der *Regenspurger messrer.*

Reger: 1. Übername zu mhd. *regen* ›in Bewegung setzen, bewegen; anregen; sich regen‹ für einen flinken, lebhaften Menschen. 2. Berufsübername für den Jäger oder Hausname zu mhd. *rëger,* mnd. *rēger* ›Reiher‹ (vgl. ▸ Reiger, Reiher). ❖ Bekannter Namensträger: Max Reger, deutscher Komponist (19./20. Jh.).

Regler: 1. Übername zu mhd. *regelære, regler* ›Mönch, bes. ein Chorherr, der nach der Regel des heiligen Augustinus lebt‹. Dieser Übername kann auf Beziehungen des ersten Namensträgers zu einem Kloster bzw. zu einem Chorherrn zurückgehen. 2. Niederdeutscher Berufsübername zu mnd. *regelen* ›mit Riegelholz abstützen‹ für einen Zimmermann.

Regner: ▶ Regener.

Reh: 1. Berufsübername zu mhd. *rē(ch)*, mnd. *rē* ›Reh‹ für einen Jäger. 2. Übername nach einem bildlichen Vergleich für einen schlanken, zierlichen oder beweglichen Menschen.

Rehbehn: niederdeutscher Übername zu mnd. *rē* ›Reh‹ und mnd. *bēn* ›Bein‹, ▶ Rehbein.

Rehbein: Übername zu mhd. *rē(ch)* ›Reh‹ und mhd. *bein* ›Bein‹ für einen schlanken, zierlichen oder flinken Menschen.

Rehberg(er): Herkunftsnamen zu dem Ortsnamen Rehberg (Schleswig-Holstein, Mecklenburg-Vorpommern, ehem. Pommern/jetzt Polen, ehem. Brandenburg/jetzt Polen, Sachsen-Anhalt, Bayern, Schlesien, ehem. Westpreußen/jetzt Polen, Ostpreußen, Österreich). ❖ Bekannter Namensträger: Hans Rehberg, deutscher Schriftsteller (20. Jh.).

Rehbock: Übername zu mhd. *rēchboc* ›Rehbock‹ für einen Jäger.

Rehdanz, Rehtanz: durch Verschleifung entstandene Formen von ▶ Regendantz.

Rehder: 1. Herkunftsname zu dem Ortsnamen Rehden (Niedersachsen, ehem. Westpreußen/jetzt Polen). 2. ▶ Reder.

Rehders: ▶ Reders.

Reher: 1. Herkunftsname zu dem gleichlautenden Ortsnamen (Schleswig-Holstein, Niedersachsen). 2. Aus ▶ Reder (1.), (2.) oder (3.) zusammengezogener niederdeutscher Familienname.

Rehfeld(t): Herkunftsnamen zu den Ortsnamen Rehfeld (Brandenburg, ehem. Brandenburg/jetzt Polen, Ostpreußen), Rehfelde (Brandenburg, ehem. Brandenburg/jetzt Polen, Ostpreußen, Schlesien).

Rehfuss, Rehfuß: 1. Übernamen zu mhd. *rē(ch)* ›Reh‹ und mhd. *vuoz* ›Fuß‹ für einen flinken, beweglichen Menschen. 2. Durch Verschleifung entstandene Formen von ▶ Regenfuss, Regenfuß.

Rehkopf, Rehkopp: Berufsübernamen zu mhd. *rē(ch)*, mnd. *rē* ›Reh‹ und mhd. *kopf*, mnd. *kop* ›Kopf‹ für einen Jäger, vgl. ▶ Reh, ▶ Rehbock.

Rehlein: Ableitung von ▶ Reh mit dem Suffix *-lein*.

Rehling(er): Herkunftsnamen zu den Ortsnamen Rehling (Bayern), Rehlingen (Niedersachsen, Rheinland-Pfalz, Saarland, Bayern).

Rehm: 1. Auf eine Kurzform von Rufnamen, die mit dem Namenwort *ragin* gebildet sind (vgl. Rembert [▶ Reinbrecht]), zurückgehender Familienname. 2. Berufsübername zu mhd. *ram, reme* ›Stütze, Gestell; Rahmen zum Sticken, Weben, Bortenwirken‹ für den Seidensticker, Weber, Bortenwirker, darüber hinaus Gestell für verschiedenste Handwerker: für Zimmerleute, Pergamenthersteller, Buchdrucker, Nadler. 3. Niederdeutscher Berufsübername zu mnd. *rēme* ›Riemen, Band‹ für den Riemenschneider. 4. Niederdeutscher Wohnstättenname für jemanden, der an einer streifenförmigen Fläche siedelte. 5. Herkunftsname zu den Ortsnamen Rehm (Schleswig-Holstein), Rehme (Nordrhein-Westfalen), Rehm (Thüringen). ❖ *Fritz Rem* ist a. 1329 in Nürnberg bezeugt.

Rehmann: Ableitung auf *-mann* von ▶ Rehm (1.), (4.) oder (5.). ❖ Bekannte Namensträgerin: Ruth Rehmann, deutsche Schriftstellerin (20./21. Jh.).

Rehme: ▶ Rehm.

Rehmer: 1. Berufsname zu mnd. *rēme* ›Riemen‹ für den Riemenschneider. 2. Aus dem alten deutschen Rufnamen Raginmar *(ragin + māri)* hervorgegangener Familienname. 3. Berufsname; Ableitung auf *-er* von ▶ Rehm (2.). 4. Wohnstättenname oder Herkunftsname auf *-er* zu ▶ Rehm (4.) oder (5.).

Rehmers: patronymische Bildung (starker Genitiv) zu ▶ Rehmer.

Rehmert: aus einer verschliffenen Form von Rembert (▶ Reinbrecht) hervorgegangener Familienname.

Rehn: 1. ▶ Rein (1.). 2. Herkunftsname zu den Ortsnamen Rehne (Brandenburg), Rehna (Mecklenburg-Vorpommern). ❖ Bekannter Namensträger: Jens Rehn, deutscher Schriftsteller (20. Jh.).

Rehnen: ▶ Reinen.

Rehner: auf eine jüngere Form von ▸ Reiner zurückgehender Familienname.

Rehnert: auf eine jüngere Form von ▸ Reinhard zurückgehender Familienname.

Rehpenning: zusammengezogene Form von ▸ Redepenning.

Rehse: ▸ Reese.

Rehwald: 1. Herkunftsname zu den Ortsnamen Rehwald (Schlesien), Rehwalde (Schlesien, Ostpreußen, bei Danzig). 2. Gelegentlich aus einer Umdeutung des alten deutschen Rufnamens Richwald *(rīhhi + walt)* hervorgegangener Familienname.

Rehwinkel: Herkunftsname zu den Ortsnamen Rehwinkel (Niedersachsen, ehem. Brandenburg/jetzt Polen, Schlesien, Ostpreußen), Rehwinkl (Bayern).

Reibenspies(s), Reibenspieß: Übernamen in Satzform (»drehe den [Brat-]Spieß«) für den Koch (zu mhd. *rīben* ›drehen‹ und mhd. *spiez* ›Spieß‹).

Reiber: 1. Berufsname oder Übername zu mhd. *rīber* ›Reiber, Badeknecht‹, später ›Bube, schlechter Kerl‹. 2. Durch Entrundung entstandene Form von ▸ Rauber, Räuber.

Reibetanz: Übername in Satzform für einen leidenschaftlichen Tänzer (etwa »dreh [dich im] Tanz!«) oder auch für einen Geiger (»geige [zum] Tanz!«) zu mhd. *rīben* ›reiben; tanzen, sich drehen, wenden; mit dem Fidelbogen streichen, geigen‹ und mhd. *tanz* ›Tanz; Gesang, Spiel zum Tanze‹.

Reibstein: Übername zu mhd. *rībstein* ›Reibstein, Stein zum Reiben, Glätten‹ für den Benutzer (z. B. den Steinschleifer).

Reich: 1. Übername zu mhd. *rīche* ›von hoher Abkunft, vornehm, edel, mächtig, reich‹, meist als Anspielung auf den Reichtum des ersten Namensträgers. ❖ So gehörte *Gotfrit Reich* (Regensburg, 14. Jh.) zur reichsten Patrizierfamilie der Donaustadt. 2. Diesem Familiennamen kann auch eine Kurzform von Rufnamen, die mit dem Namenwort *rīhhi* gebildet sind (vgl. ▸ Richard), zugrunde liegen. ❖ Bekannter Namensträger: Marcel Reich-Ranicki, Literaturkritiker (20./21. Jh.).

Reichard, Reichar(d)t: diphthongierte Formen von ▸ Richard. ❖ Bekannter Namensträger: Johann Friedrich Reichardt, deutscher Komponist und Musikschriftsteller (18./19. Jh.).

Reiche: ▸ Reich.

Reichel: 1. Aus einer mit -*l*-Suffix gebildeten Koseform von Rufnamen, die das Namenwort *rīhhi* enthalten (vgl. ▸ Reichard, ▸ Richard), entstandener Familienname. 2. Auf eine abgeschwächte Form von ▸ Reichelt (1.) zurückgehender Familienname.

Reichelmann: aus einer Erweiterung von ▸ Reichel mit dem Suffix -*mann* entstandener Familienname.

Reichelt: 1. Aus einer verschliffenen Form von ▸ Reichold entstandener Familienname. 2. Aus einer Erweiterung von ▸ Reichel (1.) mit sekundärem -*t* hervorgegangener Familienname.

Reichenau(er): Herkunftsnamen zu den Ortsnamen Reichenau (Bayern, Baden-Württemberg, Sachsen, Schlesien, Ostpreußen).

Reichenbach(er): Herkunftsnamen zu dem Ortsnamen Reichenbach (Hessen, Thüringen, Sachsen, Rheinland-Pfalz, Baden-Württemberg, Bayern, ehem. Pommern/jetzt Polen, Schlesien, Ostpreußen, Österreich, Schweiz).

Reichenberg(er): Herkunftsnamen zu dem Ortsnamen Reichenberg (Brandenburg, Sachsen, Hessen, Rheinland-Pfalz, Baden-Württemberg, Bayern, ehem. Westpreußen/jetzt Polen, Ostpreußen, Österreich, Böhmen, Elsass).

Reicher: 1. Aus dem alten deutschen Rufnamen Richher *(rīhhi + heri)* hervorgegangener Familienname. 2. Stark flektierte Form oder patronymische Bildung auf -*er* zu ▸ Reich (1.).

Reichert: aus einer jüngeren Form von Reichhardt (▸ Richard), bei der das Rufnamenglied -*hart* in abgeschwächter Form als -*ert* erscheint, entstandener Familienname.

Reichhardt: ▸ Richard.

Reichhelm: aus dem gleichlautenden deutschen Rufnamen *(rīhhi + helm)* entstandener Familienname.

Reichhold: aus einer Umdeutung von ▸ Reichold in Anlehnung an das Adjektiv »hold« entstandener Familienname.

Reichl: bairisch-österreichische Form von ▸ Reichel.

Reichle: aus einer schwäbischen Koseform von Rufnamen, die das Namenwort *rīhhi* enthalten (vgl. ▸ Reichard, ▸ Richard), entstandener Familienname.

Reichler: patronymische Bildung auf -er zu ▶ Reichel (1.).

Reichling: 1. Aus einem mit dem Namenwort rīhhi + (l)ing-Suffix gebildeten Rufnamen entstandener Familienname. 2. Herkunftsname zu dem gleichlautenden Ortsnamen (Bayern).

Reichmann: 1. Aus dem gleichlautenden deutschen Rufnamen (rīhhi + man) entstandener Familienname. 2. Übername für einen reichen Menschen. 3. Standesname zu mhd. rīchman ›Höriger des Landesherrn‹.

Reichmuth: 1. Aus dem gleichlautenden deutschen Rufnamen (rīhhi + muot) entstandener Familienname. 2. Übername zu mhd. rīche ›vornehm, edel‹ + mhd. muot ›Sinn, Geist, Gemüt, Gesinnung‹.

Reichold: aus dem alten deutschen Rufnamen Richolt (rīhhi + walt) hervorgegangener Familienname.

Reichow: Herkunftsname zu den Ortsnamen Reichow (ehem. Pommern/jetzt Polen), Reicho (Sachsen-Anhalt).

Reichpietsch: aus dem Adjektiv »reich« (▶ Reich [1.]) und dem Rufnamen ▶ Pietsch (Peter) zusammengesetzter Familienname.

Reichstein: Herkunftsname zu den Ortsnamen Reichstein (Sachsen), Reichenstein (Schlesien, Ostpreußen).

Reichwald: Herkunftsname zu den Ortsnamen Reichwald (Schlesien, Bayern), Reichwalde (Brandenburg, Sachsen-Anhalt, Ostpreußen).

Reichwein: aus dem alten deutschen Rufnamen Richwin (rīhhi + wini) entstandener Familienname. ❖ Bekannter Namensträger: Adolf Reichwein, deutscher Kulturpolitiker und Pädagoge (19./20. Jh.).

Reidel: ▶ Reitel.

Reidemeister: Amtsname zu mhd. reiten ›rechnen‹, mhd. reitemeister ›Vorsteher des Rechenamtes, Stadtrechner‹, fnhd. reidemeister ›Rentmeister‹. ❖ Bekannte Namensträgerin: Helga Reidemeister, deutsche Filmregisseurin (20./21. Jh.).

Reidenbach: Herkunftsname zu dem gleichlautenden Ortsnamen (Rheinland-Pfalz).

Reif: 1. Berufsübername zu mhd. reif ›Seil, Band, Reif‹ für den Hersteller von Seilen oder Fassreifen bzw. für den Weinschenk, der einen Reifen zum Zeichen des Ausschanks aushängt. 2. Möglich ist auch das Vorliegen eines Berufsübernamens für den Leinwandmesser (zu mhd. reif ›Längenmaß, bes. für Leinwand‹, vgl. ▶ Reifer (4.). 3. Auf einen Hausnamen zurückgehender Familienname. Ein Haus zu dem Reyfe ist i. J. 1325 in Worms belegt. 4. Übername zu mhd. rīf(e) ›reif‹. 5. Übername zu mhd. rīf(e) ›gefrorener Tau, Reif‹ für einen kalten, gefühlsarmen Menschen.

Reifart(h): ▶ Reifert(h).

Reifenberg(er): Herkunftsnamen zu dem gleichlautenden Ortsnamen (Hessen, Rheinland-Pfalz, Bayern).

Reifenrath: Herkunftsname zu dem gleichlautenden Ortsnamen bei Wissen/Kreis Altenkirchen (Rheinland-Pfalz).

Reifenstein: Herkunftsname zu den Ortsnamen Reifenstein (Thüringen, Österreich), Reiffenstein (Burgruine in Sterzing/Südtirol).

Reifer: 1. Berufsname zu mhd. reif ›Seil‹, mnd. rēp ›Seil, Tau‹ für den Seiler (vgl. ▶ Reifschläger, ▶ Repschläger). 2. Berufsname zu mhd. reif ›Reif‹ für den Hersteller von Fassreifen. 3. Berufsname zu mhd. reifer ›Weinschenk‹. 4. Berufsname für den Leinwandmesser (gekürzt aus mhd. līnwātreifer). 5. Oberdeutscher Wohnstättenname zu mhd. rīf ›Ufer; Platz am Ufer, wo das getriftete Holz aufgeschichtet wird‹.

Reifert(h): auf eine durch -r-Umsprung entstandene Form von ▶ Reinfried oder Reichfrid (rīhhi + fridu) zurückgehende Familiennamen.

Reiff: ▶ Reif.

Reiffenstein: ▶ Reifenstein.

Reifschläger: hochdeutsche Form von ▶ Repschläger.

Reig(e): Übernamen zu mhd. reie, reige ›eine Art Tanz, Reigen, bes. der Frühlings- und Sommertanz, wobei man in langer Reihe hintereinander übers Feld zog‹ für den Reigenführer bzw. für einen leidenschaftlichen Tänzer.

Reigel: ▶ Reiger (1.).

Reiger, Reiher: 1. Berufsübernamen zu mhd. reigel, reiger, reiher ›Reiher‹ für den Jäger. Das Fleisch des Reihers galt im Mittelalter als vornehme Speise. Daneben kann auch ein Hausname vorliegen. 2. Niederdeutsche Übernamen zu mnd. *reiger, reiher* ›Stange‹ für einen langen, steifen Menschen. 3. Vereinzelt niederdeutsche Übernamen zu niederdt. mda. (Südhannover) *Reier, Reer* ›Herumläufer‹.

Reihs: ▶ Reis.

Reil: 1. Auf eine zusammengezogene Form des alten deutschen Rufnamens Ragilo *(ragin)* zurückgehender Familienname. 2. Durch Entrundung entstandene Form von ▶ Reul. 3. Herkunftsname zu dem Ortsnamen Reil (Rheinland-Pfalz).

Reiling: 1. Herkunftsname zu dem gleichlautenden Ortsnamen (Baden-Württemberg). 2. Auf eine Erweiterung von ▶ Reil (1.) mit dem Suffix *-ing* zurückgehender Familienname.

Reim: aus Reimo, einer Koseform von Rufnamen wie Raginmar (▶ Reimar), Raginmund (▶ Reimund) u. a., hervorgegangener Familienname.

Reimann: 1. Aus dem gleichlautenden deutschen Rufnamen *(ragin + man)* entstandener Familienname. 2. Herkunftsname auf *-mann* zu dem Gewässernamen Rhein (mhd. *Rīn*). 3. Wohnstättenname auf *-mann* zu mhd. *rein* ›begrenzende Bodenerhöhung, Rain‹, mnd. *rein* ›Grenze, Rain‹. ❖ Bekannter Namensträger: Aribert Reimann, deutscher Komponist und Pianist (20./21. Jh.).

Reimar: aus dem alten deutschen Rufnamen Raginmar *(ragin + māri)* entstandener Familienname. ❖ Aus Varianten von Reimar sind die Familiennamen **Reimer** und **Reimers**, z. T. auch **Remer** und **Remers** entstanden.

Reimbold: ▶ Reinbold.

Reime: ▶ Reim.

Reimelt: auf eine verschliffene Form von Reimbold (▶ Reinbold) zurückgehender Familienname.

Reimer: 1. ▶ Reimar. 2. Berufsname zu mhd. *rīmen* ›reimen, in Verse bringen‹ für den Reimsprecher, den Redekünstler.

Reimers: patronymische Bildung (starker Genitiv) zu ▶ Reimer (1.).

Reimert: auf eine verschliffene Form von Reimbert (▶ Reinbrecht) zurückgehender Familienname.

Reimertz: patronymische Bildung (starker Genitiv) zu ▶ Reimert.

Reimpell: auf eine Kurzform von Reimbold (▶ Reinbold) oder Reimprecht (▶ Reinbrecht) zurückgehender Familienname.

Reimprecht: ▶ Reinbrecht.

Reimschüssel: durch Entrundung entstandene Form von ▶ Reumschüssel.

Reimund: aus dem alten deutschen Rufnamen Raginmund *(ragin + munt)* hervorgegangener Familienname. ❖ Eine Variante von Reimund ist der Familienname **Raimund**.

Rein: 1. Auf Reino, eine Koseform von Rufnamen, die mit dem Namenwort *ragin* gebildet sind (z. B. ▶ Reinhard, ▶ Reinold), zurückgehender Familienname. 2. Übername zu mhd., mnd. *rein* ›rein, klar‹; übertragen ›ohne Makel oder Sünde, herrlich, vollkommen, gut, keusch‹. 3. Wohnstättenname oder Herkunftsname zu dem Flussnamen Rhein. 4. Wohnstättenname zu mhd. *rein* ›begrenzende Bodenerhöhung, Rain‹, mnd. *rein* ›Grenze, Rain‹.

Reinartz: patronymische Bildung (starker Genitiv) zu ▶ Reinhard.

Reinbold: aus dem alten deutschen Rufnamen Raginbald *(ragin + bald)* entstandener Familienname. ❖ Als Varianten von Reinbold begegnen uns u. a. die Familiennamen **Reimbold, Rembold(t), Reimelt**.

Reinboth, Reinbott: aus dem alten deutschen Rufnamen Raginbod *(ragin + bodo)* hervorgegangene Familiennamen.

Reinbrecht: aus dem alten deutschen Rufnamen Raginber[h]t *(ragin + beraht)* entstandener Familienname. ❖ Aus Varianten von Reinbrecht sind u. a. die Familiennamen **Reimprecht, Reinprecht, Reiprich, Rembert, Reimert** mit der patronymischen Form **Reimertz** hervorgegangen.

Reincke: ▶ Reine(c)ke.

Reindel: auf eine mit dem Gleitlaut *-d-* und *-l*-Suffix gebildete Koseform von Rufnamen, die das Namenwort *ragin* enthalten (z. B. ▶ Reinhard, ▶ Reinold), zurückgehender Familienname.

Reinders: ▶ Reiners.

Reindl: bairisch-österreichische Form von ▶ Reindel.

Reine: ▶ Rein (1.) oder (2.).

Reinecke, Reineke: auf eine mit *-k*-Suffix gebildete Koseform von Rufnamen, die das Namenwort *ragin* enthalten (z. B. ▶ Reinhard, ▶ Reinold), zurückgehende Familiennamen.

Reineking: patronymische Bildung auf *-ing* zu ▶ Reine(c)ke.

Reinel: auf eine mit -*l*-Suffix gebildete Koseform von Rufnamen, die das Namenwort *ragin* enthalten (z. B. ▶ Reinhard, ▶ Reinold), zurückgehender Familienname.

Reinelt: 1. Aus einer verschliffenen Form von ▶ Reinold entstandener Familienname. 2. Erweiterung von ▶ Reinel mit sekundärem -*t*.

Reinemann: ▶ Reimann.

Reinen: patronymische Bildung (schwacher Genitiv) zu ▶ Rein (1.) oder (2.).

Reiner: aus dem alten deutschen Rufnamen Raginher *(ragin + heri)* entstandener Familienname. ❖ Bei dem Familiennamen **Rainer** handelt es sich z. T. um eine Variante von Reiner. ❖ Die patronymische Bildung **Reiners** kann zu Reiner oder Reinert (▶ Reinhard) gehören.

Reiners: patronymische Bildung (starker Genitiv) zu ▶ Reiner oder ▶ Reinert.

Reinert: aus einer verschliffenen Form von ▶ Reinhard hervorgegangener Familienname.

Reinerts, Reinertz: patronymische Bildungen (starker Genitiv) zu ▶ Reinert.

Reinfried: aus dem gleichlautenden deutschen Rufnamen *(ragin + fridu)* entstandener Familienname. ❖ Aus verschliffenen Formen von Reinfried oder Reichfrit sind Familiennamen wie **Reifart(h)** und **Reifert(h)** hervorgegangen.

Reinger: aus dem alten deutschen Rufnamen Raginger *(ragin + gēr)* hervorgegangener Familienname.

Reinhard, Reinhar(d)t: aus dem gleichlautenden deutschen Rufnamen *(ragin + harti)* entstandene Familiennamen. ❖ Aus Varianten von Reinhard sind u. a. die Familiennamen **Reinert** (mit den patronymischen Bildungen **Reinerts, Reinertz, Reints**), z. T. auch **Rennert** (mit der patronymischen Ableitung **Rennertz**) hervorgegangen. ❖ Die aus Koseformen entstandenen Familiennamen **Rein(c)ke, Reine(c)ke, Reinicke, Reind(e)l, Reinl** können zu Reinhard, Reinold oder einem anderen mit dem Namenwort *ragin* gebildeten Rufnamen gehören. ❖ Dies trifft auch für patronymischen Bildungen wie **Reining, Rein(e)king** zu. ❖ Bekannter Namensträger: Max Reinhardt, deutscher Schauspieler, Regisseur und Theaterleiter (19./20. Jh.).

Reinheimer: Herkunftsname zu den Ortsnamen Reinheim (Hessen, Saarland), Rheinheim (Baden-Württemberg).

Reinhold: aus einer Umdeutung von ▶ Reinold in Anlehnung an das Adjektiv »hold« hervorgegangener Familienname.

Reinholz: aus einer Umdeutung von Reinolds, einer patronymischen Bildung zu ▶ Reinold, in Anlehnung an das Wort »Holz« entstandener Familienname.

Reinicke: ▶ Reine(c)ke.

Reinig: 1. Übername zu mhd. *reinec, reinic* ›rein‹. 2. Herkunftsname zu dem Ortsnamen Reinig (Rheinland-Pfalz). 3. ▶ Reining (1.). ❖ Bekannte Namensträgerin: Christa Reinig, deutsche Schriftstellerin (20./ 21. Jh.).

Reiniger: 1. ▶ Reinger. 2. Ableitung auf -*er* von ▶ Reinig (2.).

Reining: 1. Patronymische Bildung auf -*ing* zu ▶ Rein (1.). 2. Herkunftsname zu dem Ortsnamen Reiningen (Niedersachsen, Nordrhein-Westfalen).

Reininger: Ableitung auf -*er* von ▶ Reining (2.).

Reinisch: 1. Aus einer ostmitteldeutschen oder slawischen Ableitung von ▶ Reinhard, ▶ Reinold u. a. hervorgegangener Familienname. 2. Übername zu mhd. *reinisch* ›brünstig, froh, stolzgemut‹.

Reinke: ▶ Reine(c)ke.

Reinking: ▶ Reineking.

Reinknecht: Berufsname für einen Pferdeknecht (zu mhd. *rein[e]* ›Hengst‹). ❖ Vgl. die Belege *Henne Reinknecht* (Ingelheim 1381), *Gregor Reinknecht* (Klipphausen/Sachsen 1591).

Reinl: bairisch-österreichische Form von ▶ Reinel. ❖ Bekannter Namensträger: Harald Reinl, österreichischer Regisseur (20. Jh.).

Reinmann: ▶ Reimann.

Reinold: aus dem gleichlautenden deutschen Rufnamen *(ragin + walt)* entstandener Familienname. ❖ Als Variante von Reinold begegnet uns der Familienname **Reinwald**. ❖ Bei dem Familiennamen **Reinelt** handelt es sich um eine verschliffene Form von Reinold. ❖ Den Familiennamen **Reinhold** und **Reinholz** liegen Umdeutungen von Reinold zugrunde. ❖ Die aus Koseformen entstandenen Familiennamen **Rein(c)ke, Reine(c)ke, Reinicke, Reind(e)l, Reinl** können zu Reinold, Reinhard oder einem anderen mit dem Namenwort *ragin* gebildeten Rufnamen gehören. ❖ Dies trifft auch für patronymische Bildungen wie **Reining, Rein(e)king** zu.

Reinprecht: ▶ Reinbrecht.

Reinsch: ▶ Reinisch (1.).

Reintanz: auf eine durch Zusammenziehung entstandene Form von ▶ Regendantz zurückgehender Familienname.

Reints: durch Zusammenziehung entstandene, friesische Form von ▶ Reinerts.

Reint(z)sch: auf ostmitteldeutsche Ableitungen von ▶ Reinhard, ▶ Reinold u. a. zurückgehende Familiennamen.

Reinwald: ▶ Reinold.

Reinwart(h): auf den alten deutschen Rufnamen Raginwart *(ragin + wart)* zurückgehende Familiennamen.

Reiprich: auf eine schlesische Form von Reimprecht (▶ Reinbrecht) zurückgehender Familienname.

Reipschläger: ▶ Repschläger.

Reis: 1. Wohnstättenname zu mhd., mnd. *rīs* ›Reis, Zweig; Reisig; Gebüsch, Gesträuch‹. 2. Übername zu mhd., mnd. *reise* ›Aufbruch, Zug, Reise, Kriegszug‹. 3. Berufsübername zu mhd. *rīse* ›herabfallender Schleier‹ für den Hersteller (▶ Reissenweber). 4. Auf eine verkürzte Form von ▶ Zacharias zurückgehender Familienname. 5. Gelegentlich aus dem alten deutschen Rufnamen Regizo *(ragin)* hervorgegangener Familienname. ❖ Bekannter Namensträger: Johann Philipp Reis, deutscher Physiker (19. Jh.).

Reisach(er): 1. Herkunftsnamen zu dem Ortsnamen Reisach (Bayern, Baden-Württemberg, Österreich). 2. Wohnstättennamen zu mhd. *rīsach* ›Reis, Zweig, Rute; Gebüsch‹.

Reisch(er): 1. Herkunftsnamen zu dem Ortsnamen Reisch (Bayern, Mähren). 2. Wohnstättennamen nach einem Flurnamen »Im Reisch« (zu mhd. *rusch[e]* ›Binse‹).

Reischl: durch Entrundung entstandene oberdeutsche Form von Räuschel (▶ Rauschel).

Reise: ▶ Reis (2.), (3.) oder (4.).

Reiser: 1. Berufsname oder Übername zu mhd. *reisære* ›der eine Reise, einen Feldzug macht; Krieger‹, mnd. *reisenēre, reiser* ›Reisiger, Kriegsgerüsteter, bes. zu Pferde; Reisender‹. 2. Berufsname auf *-er* für den Hersteller von *rīsen*, einer Art herabfallender Schleier (vgl. ▶ Reis [3.]). 3. Berufsübername zu mhd. *rīzen* ›einritzen, schreiben, zeichnen‹ für den Haubenreißer, Holzschneider oder Zeichner. 4. Übername zu mhd. *rīzen* ›mit Heftigkeit, lärmend sich bewegen‹. 5. Wohnstättenname zu mhd. *rīse*, schweizerdeutsch *Risi* ›Wasser-, Stein- oder Holzrinne an einem Berg‹ für jemanden, der an einer solchen Rinne wohnte. 6. Herkunftsname zu den Ortsnamen Reiser (Thüringen), Reisern (Schlesien). ❖ *Hans Reiser* ist a. 1370 in Nürnberg bezeugt.

Reisig: 1. Berufsname oder Übername zu mhd. *reisec, reisic* ›zu Kriegszügen dienend, gerüstet, beritten‹, mhd. *die reisigen* ›die Krieger, die Reiter‹. 2. Übername zu mhd. *reiẓec* ›verlangend, gierig‹.

Reising: 1. Berufsname zu mhd. *reisinc* ›Reisiger, Kriegsknecht‹. 2. Herkunftsname zu den Ortsnamen Reising (Bayern, Österreich), Reißing (Bayern).

Reisinger: Ableitung auf *-er* von ▶ Reising (2.).

Reismann: Berufsname zu mhd. *reisman* ›Kriegsmann, reitender Bote‹.

Reisner: 1. ▶ Reiser. 2. Herkunftsname zu den Ortsnamen Reisen (Hessen, Bayern), Reisern (Schlesien).

Reiss, Reiß: 1. ▶ Reis. 2. Durch Entrundung entstandene Form von ▶ Reuss.

Reissenweber, Reißenweber: Berufsnamen für den Weber, der Schleier herstellte (zu mhd. *rīse* ›herabfallender Schleier‹).

Reisser, Reißer: ▶ Reiser.

Reissig, Reißig: ▶ Reisig.

Reissing, Reißing: ▶ Reising.

Reissinger, Reißinger: ▶ Reisinger.

Reissmann, Reißmann: ▶ Reismann.

Reissner, Reißner: ▶ Reisner.

Reit: 1. Oberdeutscher Wohnstättenname zu mhd. *riute* ›Rodung‹. 2. Niederdeutscher Wohnstättenname zu mnd. *rēt*, mda. auch *reit* ›Schilfrohr, Röhricht‹. 3. Herkunftsname zu den Ortsnamen Reit (Bayern, Österreich), Reith (Niedersachsen, Bayern, Österreich).

Reitberger: Herkunftsname zu dem Ortsnamen Reitberg (Bayern).

Reitel: Übername zu mhd. *reitel* ›Drehstange, kurze, dicke Stange, Prügel, Knüttel‹, fnhd. *reidel* ›(Zaun-)Stecken‹, übertragen für einen groben Menschen. ❖ *Ludwig Rayttl* ist a. 1591 im sächsischen Vogtland bezeugt.

Reitemeier, Reitemeyer: ▶ Reitmai(e)r.

Reiter: 1. Standesname zu mhd. *rītære* ›Reiter, Streiter zu Pferde, Ritter‹. 2. Ableitung auf *-er* zu ▶ Reit. 3. Berufsübername zu mhd. *rīter*, fnhd. *reiter* ›Reiter, Sieb‹ für den Hersteller oder den Benutzer. 4. Amtsname zu mhd. *reiten* ›zählen, rechnen, berechnen, abrechnen‹, vgl. ▶ Reitmeister.

Reiterer: 1. Herkunftsname zu den Ortsnamen Reiter (Bayern), Reitern (Bayern, Österreich). 2. Berufsname zu mhd. *rīter*, fnhd. *reiter* ›Reiter, grobes Sieb‹ für den Hersteller. ❖ *Heinrich Reiterer* ist a. 1316 in Nürnberg bezeugt.

Reither: 1. Ableitung auf *-er* von ▶ Reit. 2. Schreibvariante von ▶ Reiter. 3. Herkunftsname zu den Ortsnamen Reiter (Bayern), Reitern (Bayern, Österreich).

Reith: ▶ Reit.

Reithmaier, Reithmayer, Reithmeier, Reithmeyer: ▶ Reitmai(e)r.

Reitinger: Herkunftsname zu dem Ortsnamen Reiting (Bayern, Österreich).

Reitmai(e)r, Reitmayer, Reitmeier, Reitmeyer: Standesnamen, nähere Bestimmung eines Meiers (▶ Meyer) durch die Lage des Hofes. Ist der Familienname im oberdeutschen Raum entstanden, so leitet sich das Bestimmungswort von mhd. *riute* ›Rodung‹ ab: ›der an einer gerodeten Stelle siedelnde Meier‹. Im niederdeutschen Gebiet liegt dem Bestimmungswort mnd. *rēt*, mda. auch *reit* ›Schilfrohr, Röhricht‹ zugrunde: ›der bei einem Röhricht siedelnde Meier‹.

Reitmeister: Amtsname zu mhd. *reitemeister* ›Vorsteher des Rechenamtes, Stadtrechner‹, fnhd. *reitemeister* ›Rechenmeister‹.

Reitter: ▶ Reiter.

Reitz: 1. Aus einer mit *-z*-Suffix gebildeten Koseform von Rufnamen, die die Namenwörter *rīhhi* (z. B. ▶ Richard, ▶ Heinrich) bzw. *ragin* (z. B. ▶ Reinhard, ▶ Reinold) enthalten, hervorgegangener Familienname. 2. Herkunftsname zu dem Ortsnamen Reitz (ehem. Pommern/jetzt Polen). ❖ Bekannter Namensträger: *Edgar Reitz*, deutscher Filmregisseur (20./21. Jh.).

Reker: ▶ Recker.

Rembert: ▶ Reinbrecht.

Rembold(t): ▶ Reinbold.

Remer: 1. Niederdeutscher Berufsname für den ▶ Riemer, ▶ Riemenschneider (vgl. mnd. *remen* ›mit Riemen versehen‹). 2. ▶ Reimar. 3. Herkunftsname zu den Ortsnamen Rehm (Schleswig-Holstein), Rehme (Nordrhein-Westfalen), Rehmen (Thüringen).

Remers: patronymische Bildung (starker Genitiv) zu ▶ Remer (1.) oder (2.).

Remigius: aus dem gleichlautenden Rufnamen lateinischen Ursprungs (zu lat. *rēmex* ›Ruderer‹) hervorgegangener Familienname. Die Verbreitung des Rufnamens Remigius im Mittelalter geht auf die Verehrung des heiligen Bischofs von Reims (5./6. Jh.) zurück. Der heilige Remigius taufte um 498 König Chlodwig I. und begann die Mission unter den Franken. ❖ Als Ableitungen von Remigius begegnen uns heute u. a. die Familiennamen **Romeike, Romeis, Remus, Rem(m)y, Mix.**

Remke: auf eine mit *-k*-Suffix gebildete Koseform von Rufnamen, die das Namenwort *ragin* enthalten (vgl. ▶ Rembert, ▶ Reinbrecht, ▶ Rembold[t], ▶ Reinbold), zurückgehender Familienname.

Remme: auf eine Kurzform von Rufnamen, die das Namenwort *ragin* enthalten (vgl. ▶ Reimar, ▶ Reinbrecht, ▶ Reinbold) zurückgehender Familienname.

Remmel(e): auf Koseformen von Rufnamen wie ▶ Reimar, Rembert (▶ Reinbrecht) oder ▶ Reinbold zurückgehende Familiennamen.

Remmers: patronymische Bildung (starker Genitiv) zu ▶ Remmert.

Remmert: auf eine verschliffene Form von Rembert (▶ Reinbrecht) zurückgehender Familienname.

Remmler: Berufsübername für den Hirten oder Übername zu mhd. *remler*, *rammeler* ›brünstiger Widder‹.

Remmy: ▶ Remy.

Rempe: aus einer Koseform von Rembert (▶ Reinbrecht) hervorgegangener Familienname.

Rempel: aus einer Erweiterung von ▶ Rempe mit *-l*-Suffix entstandener Familienname.

Remus: aus einer verkürzten Form von ▶ Remigius hervorgegangener Familienname.

Remy: auf eine verkürzte Form von ▶ Remigius zurückgehender Familienname.

Renger: 1. ▶ Reinger. 2. Übername zu mnd. *rengen* ›mutwillig werden‹. 3. Herkunftsname zu den Ortsnamen Rengen (Rheinland-Pfalz), Rengers (Baden-Württemberg).

Renk(e): ▶ Reine(c)ke.

Renken: patronymische Bildung (schwacher Genitiv) zu Renk(e) (▶ Reine[c]ke).

Renn: auf eine Kurzform von ▶ Rennert (2.) zurückgehender Familienname. ❖ Bekannter Namensträger: Ludwig Renn, deutscher Schriftsteller (19./20. Jh.).

Renne: 1. ▶ Renn. 2. Wohnstättenname zu mnd. *renne* ›Rinne, Röhre, Dachtraufe, Gosse, Rinnstein‹. 3. Herkunftsname zu dem gleichlautenden Ortsnamen (Nordrhein-Westfalen).

Renneberg: 1. Herkunftsname zu dem gleichlautenden Ortsnamen (ehem. Westpreußen/jetzt Polen). 2. Wohnstättenname zu einem gleichlautenden niederdeutschen Flurnamen.

Rennen: patronymische Bildung (schwacher Genitiv) zu ▶ Renn (1.).

Renner: 1. Standesname oder Amtsname zu mhd. *rennære* ›Reit-, Stallknecht; reitender Bote‹, mnd. *renner* ›leicht bewaffneter Reiter‹. 2. Übername zu mhd. *rennære* ›der viel beschäftigt ist, hin und her rennt‹. ❖ *Renner karrenkneht* ist a. 1290 in Nürnberg bezeugt.

Rennert: 1. Erweiterung von ▶ Renner mit sekundärem *-t*. 2. Auf eine verschliffene Form von ▶ Reinhard zurückgehender Familienname. ❖ Bekannter Namensträger: Günther Rennert, deutscher Opern- und Schauspielregisseur (20. Jh.).

Rennertz: patronymische Bildung (starker Genitiv) zu ▶ Rennert (2.).

Rensch, Rentsch: ostmitteldeutsche Varianten von ▶ Renz (1.) oder (2.).

Rentschler: patronymische Bildung auf *-er* zu ▶ Rensch.

Rentz: ▶ Renz.

Rentzsch: ostmitteldeutsche Variante von ▶ Renz (1.) oder (2.).

Renz: 1. Auf eine mit *-z*-Suffix gebildete Koseform von Rufnamen, die das Namenwort *ragin* enthalten (z. B. ▶ Reinhard, ▶ Reinold), zurückgehender Familienname. 2. Aus einer im Anlaut verkürzten Form von ▶ Lorentz hervorgegangener Familienname. 3. Herkunftsname zu den Ortsnamen Renz (Mecklenburg-Vorpommern), Rentz (ehem. Pommern/jetzt Polen, Ostpreußen), Rehnitz (ehem. Brandenburg/jetzt Polen), 1337 als *Rentze* belegt. ❖ In Esslingen ist a. 1339 *Renz der Suter* [Schuster] bezeugt. ❖ Bekannter Namensträger: Ernst Jakob Renz, deutscher Zirkusdirektor (19. Jh.).

Repka: Berufsübername zu nsorb., osorb. *rěpka* ›kleine Rübe, Raps‹ für einen Bauern.

Repke: 1. Herkunftsname zu den Ortsnamen Repke (Niedersachsen, Nordrhein-Westfalen), Repkow (ehem. Pommern/jetzt Polen). 2. ▶ Repka.

Repp: 1. Aus einer Kurzform von ▶ Reppert entstandener Familienname. 2. Übername zu mhd. *reppen* ›sich bewegen‹, mnd. *reppen* ›sich fortmachen, eilen‹. 3. Niederdeutscher Berufsübername zu mnd. *rep(p)e* ›Riffel, großer eiserner Kamm mit langen Zähnen, um dem Flachs die Samenknoten abzustreifen‹ für den Flachsbereiter.

Reppert: aus einer verschliffenen Form des alten deutschen Rufnamens Radobert *(rāt + beraht)* entstandener Familienname.

Repschläger: Berufsname für den Seiler, der die großen, geteerten Schiffstaue herstellte (mnd. *rēpsleger*).

Resag: 1. Wohnstättenname oder Berufsübername für den Sägemüller zu nsorb., osorb. *rěak* ›Sägemühle‹. 2. Berufsübername zu osorb. *rězak* ›Schlachtmesser‹ für den Fleischer.

Resch: 1. Übername zu mhd. *resch(e)* ›schnell, behände, munter, rührig, lebhaft‹. 2. Wohnstättenname zu niederdt. mda. (Ostfalen) *Resch* ›Gefälle‹, niederdeutsch mda. (Südhannover) ›Abhang, wo Kalk zutage tritt, abbröckelt und herabrieselt; Sandabhang‹. ❖ Nur die erste Erklärung kommt infrage für den a. 1371 in München bezeugten *Aindel Resch*.

Reschke: 1. Übername zu nsorb. *rešk* ›kleine Spitzmaus, Zaungrasmücke‹, mda. ›Rotschwänzchen‹. 2. Auf eine sorbische Ableitung der deutschen Rufnamen ▶ Reinhard, ▶ Reinold zurückgehender Familienname. 3. Herkunftsname zu dem Ortsnamen Reschke (ehem. Westpreußen/jetzt Polen). ❖ Bekannte Namensträgerin: Karin Reschke, deutsche Schriftstellerin (20./21. Jh.).

Reske: ▶ Reschke (1.) oder (2.).

Respondek: Übername zu poln. *rozp ad* ›Anlauf, Schwung‹ + Suffix *-ek*, wobei der polnische Nasalvokal *-ą-* durch *-on-* wiedergegeben ist.

Ressel: 1. Übername zu mhd. *rösselīn*, Verkleinerungsform zu mhd. *ros* ›Ross, Streitross, Reit- und Wagenpferd‹ für den Reiter, Rosshändler, Fuhrmann, Pferdeknecht. 2. Übername zu niederdt. *Ressel* ›Flöhkraut, Wasserpfeffer, Bitterling‹.

Rest: Übername oder Wohnstättenname zu mhd. *rest(e)* ›Ruhe, Rast, Sicherheit; sicherer Platz, Ruhestätte, Grab‹.

Rettberg: Herkunftsname zu dem Ortsnamen Rethberg (Nordrhein-Westfalen).

Rettich, Rettig: 1. Berufsübernamen zu mhd. *retich*, mnd. *redik, redich* ›Rettich‹ für einen Bauern oder Gemüsehändler bzw. Übername für jemanden, der gerne Rettich aß. 2. Vereinzelt Herkunftsname zu dem Ortsnamen Rettig (Sachsen-Anhalt, Elsass).

Rettinger: Herkunftsname zu den Ortsnamen Retting, Rettingen (Bayern).

Retzer: 1. Herkunftsname zu den Ortsnamen Rötz (Bayern, Österreich), Retz (Österreich), Retzen (Niedersachsen, Nordrhein-Westfalen). 2. Entrundete Form von ▸ Rötzer (2.) oder (3.).

Retzlaff: auf die eindeutschende Schreibung der slawischen Rufnamen Radoslav (urslaw. *radъ* ›gern, froh‹ + urslaw. *slava* ›Ruhm, Ehre‹) oder Ratislav (altslaw. *ratiti sę* ›kämpfen‹ + urslaw. *slava* ›Ruhm, Ehre‹) zurückgehender Familienname.

Reuber: ▸ Rauber, Räuber.

Reuchlin: schwäbische Ableitung von ▸ Rauch. ❖ Bekannter Namensträger: Johannes Reuchlin, deutscher Humanist (15./16. Jh.).

Reul: vor allem in den Bereichen Frankfurt-Aschaffenburg und Hof häufiger Familienname, der auf eine Koseform von Rufnamen, die mit dem Namenwort *hruod* gebildet sind (z. B. ▸ Rudolf), zurückgeht.

Reumschüssel: Übername in Satzform (»[ich] räume die [Ess-]Schüssel«) zu mhd. *rūmen*, mnd. *rumen* ›freien Raum schaffen, räumen‹ und mhd. *schüẓẓel*, mnd. *schottel* ›Schüssel‹ für einen starken Esser. ❖ Vgl. die Belege *Johannes Rumescotele* (Hannover 1241), *Johann Rumeschottel* (Stadthagen 1414), *Brixius Rumschussel* (Altenburg 1494).

Reus: Berufsübername zu mhd. *riuse* ›Fischreuse‹ für den Fischer oder den Hersteller von Fischreusen (mhd. *riusenmacher*).

Reusch: 1. Berufsübername zu mhd. *riusche*, Nebenform zu mhd. *riuse* ›Fischreuse‹; vgl. ▸ Reus. 2. Wohnstättennamen nach einem Flurnamen »Im Reusch« (zu mhd. *rusch[e]* ›Binse‹). ❖ *Heinrich Reusch* ist a. 1400 in Nürnberg bezeugt.

Reuschel: 1. ▸ Rauschel, Räuschel. 2. Ableitung mit -*l*-Suffix zu ▸ Reusch.

Reuss, Reuß: 1. Berufsnamen zu mhd. *riuẓe* ›Schuhflicker‹. 2. Gelegentlich Übernamen zu mhd. *Riuẓe* ›Russe‹ für jemanden, der in Russland war oder Handelsbeziehungen dorthin hatte. ❖ *Otto Reuzse* ist a. 1330 in Nürnberg bezeugt.

Reuter, Reuther: 1. Berufsnamen zu mhd. *riutære* ›der ausreutet, urbar macht; Bauer‹. 2. Standesnamen zu mhd. *rītære* ›Reiter, Streiter zu Pferde, Ritter‹, fnhd. *reuter* ›Reiter‹. 3. Wohnstättennamen zu mhd. *riute* ›Stück Land, das durch Rodung urbar gemacht wurde‹. 4. Herkunftsnamen zu häufigen Ortsnamen wie Reut(e), Reuth, Reuter. ❖ Bekannter Namensträger: Fritz Reuter, niederdeutscher Schriftsteller (19. Jh.).

Reutner: 1. Herkunftsname zu den Ortsnamen Reuten (Bayern), Reuthen (Bayern, Schleswig-Holstein, Brandenburg). 2. ▸ Reuter.

Reutter: ▸ Reuter.

Rex: 1. Aus der Zeit des Humanismus stammende Übersetzung des deutschen Familiennamens ▸ König ins Lateinische. 2. Herkunftsname zu dem Ortsnamen Rex, Ortsteil von Fulda (Hessen).

Rey: 1. ▸ Reig(e). 2. Herkunftsname zu dem gleichlautenden Ortsnamen (Mecklenburg-Vorpommern). 3. Spanischer Übername zu span. *rey* ›König‹.

Reyer: ▸ Reiger, Reiher.

Reymann: ▸ Reimann.

Rhein: 1. Wohnstättenname bzw. Herkunftsname zu dem Flussnamen Rhein. 2. Gelegentlich Schreibvariante von ▸ Rein (1.), (2.) oder (4.). 3. Herkunftsname zu den Ortsnamen Altenrhein (Schweiz), Rhein (Ostpreußen).

Rheinfrank: Herkunfts- oder Wohnstättenname: ›am Rhein wohnender Franke‹ (vgl. ▸ Saalfrank).

Rhode: 1. Herkunftsname zu den Ortsnamen Rhode (Niedersachsen, Nordrhein-Westfalen), Rhoden (Hessen, Sachsen-Anhalt, Schlesien), Rhoda (Thüringen, Hessen). 2. ▶ Rode.

Ribback: ▶ Rybak.

Richard: aus dem gleichlautenden deutschen Rufnamen *(rīhhi + harti)* entstandener Familienname. ❖ Als Varianten von Richard begegnen uns die Familiennamen **Richardt, Richart, Richert, Riechert**. ❖ Bei den Familiennamen **Reichard, Reichar(d)t, Reichhardt, Reichert** handelt es sich um diphthongierte Formen von Richard. ❖ Patronymische Bildungen zu Richard sind z. B. die Familiennamen **Richardsen** und **Richar(t)z**. ❖ Bei Familiennamen wie **Reichel, Reichl, Reichle, Reichelmann, Reichler** handelt es sich meist um Ableitungen von Richard. ❖ Aus einer Rufnamenform, die das gleichbedeutende altsächsische Namenwort *rīki* enthält, ist der vor allem im norddeutschen Raum verbreitete Familienname **Rickert** hervorgegangen. ❖ Hierzu gehören die patronymischen Bildungen **Rickerts** und **Rickertsen**. ❖ Weitere Ableitungen von Rickert liegen den Familiennamen **Rick(e), Ricken, Rick(e)s, Rieck(e), Riecken** zugrunde.

Richardsen: patronymische Bildung auf *-sen* zu ▶ Richard.

Richardt, Richart: ▶ Richard.

Richartz, Richarz: patronymische Bildungen (starker Genitiv) zu ▶ Richard.

Richer: aus dem gleichlautenden deutschen Rufnamen *(rīhhi + heri)* entstandener Familienname.

Richers: patronymische Bildung (starker Genitiv) zu ▶ Richer oder ▶ Richert.

Richert: aus einer jüngeren Form von ▶ Richard entstandener Familienname.

Richmann: aus dem gleichlautenden deutschen Rufnamen *(rīhhi + man)* entstandener Familienname.

Richter: Amtsname zu mhd. *rihtære* ›Lenker, Ordner, Oberherr, Richter‹. Die Häufigkeit dieses Familiennamens – er nimmt in Deutschland die 14. Stelle ein – hängt damit zusammen, dass Richter in manchen Gegenden (Schlesien, Böhmen, Mähren, Oberlausitz, Sachsen) den Orts-, Gemeindevorsteher bezeichnete. ❖ *Fritz Richter* ist a. 1388 im sächsischen Vogtland bezeugt. ❖ Bekannte Namensträger: Johannes Paul Friedrich Richter war der eigentliche Name des Dichters Jean Paul (18./19. Jh.); Ludwig Richter, deutscher Maler und Zeichner (19. Jh.); Hans Werner Richter, deutscher Schriftsteller (20. Jh.).

Richters: patronymische Bildung (starker Genitiv) zu ▶ Richter.

Rick(e): 1. Aus einer Kurz- bzw. Koseform von ▶ Rickert entstandene Familiennamen. 2. Wohnstättennamen zu mnd. *ri(c)k* ›lange Stange, Querstange zum Aufhängen von Kleidern, Gestell, Gehege, Zaun‹ oder zu mnd. *reke* ›Reihe, länglicher Waldstreifen; (Dorn)hecke im freien Feld‹. ❖ Vgl. den Beleg *Hinrick tor Ryck* (Coesfeld 1576).

Ricken: patronymische Bildung (schwacher Genitiv) zu ▶ Rick(e) (1.).

Ricker: aus dem alten niederdeutschen Rufnamen Rickher *(rīki + heri)* oder aus einer verschliffenen Form von ▶ Rickert entstandener Familienname.

Rickers: patronymische Bildung (starker Genitiv) zu ▶ Ricker.

Rickert: aus einer jüngeren Form des niederdeutschen Rufnamens Rikhart *(rīki + harti)* entstandener Familienname. ❖ Bekannter Namensträger: Heinrich Rickert, deutscher Philosoph (19./20. Jh.).

Rickerts: patronymische Bildung (starker Genitiv) zu ▶ Rickert.

Rickertsen: patronymische Bildung auf *-sen* zu ▶ Rickert.

Rickes: patronymische Bildung (starker Genitiv) zu ▶ Rick(e) (1.).

Rickmann: aus dem gleichlautenden niederdeutschen Rufnamen *(rīki + man)* hervorgegangener Familienname.

Rickmers: patronymische Bildung (starker Genitiv) zu dem alten niederdeutschen Rufnamen Rikmar *(rīki + māri)*.

Ricks: ▶ Rickes.

Ridder: Standesname oder Übername zu mnd. *ridder* ›Ritter‹, der auf Beziehungen (Dienstverhältnis, uneheliche Herkunft) des ersten Namensträgers zu einem Ritter hinweist.

Ridderbusch: niederdeutsche Form von ▶ Ritterbusch. ❖ Bekannter Namensträger: Karl Ridderbusch, deutscher Sänger (20. Jh.).

Riebe: 1. Auf eine Kurzform von ▶ Riebold(t) zurückgehender Familienname. 2. Übername zu mnd. *ribbe* ›Rippe‹; bildlich ›Körper, Familie, Geschlecht‹. 3. Wohnstättenname zu mnd. *ribbe* ›erhabener Streifen auf einer Fläche‹ für jemanden, der auf einem Landrücken, auf einem erhabenen Flurstreifen ansässig war. 4. Eindeutschende Schreibung eines Berufsübernamens zu nsorb., osorb., poln., tschech. *ryba* ›Fisch‹ für einen Fischer.

Riebel: auf eine Koseform von ▶ Riebold(t) zurückgehender Familienname.

Rieber: durch Entrundung entstandene Form von ▶ Rüber.

Riebisch: mit dem Suffix *-iš* (dt. > *-isch*) gebildeter Übername zu nsorb., osorb., poln., tschech. *ryba* ›Fisch‹.

Riebold(t): auf den gleichlautenden deutschen Rufnamen *(rīki + bald)* zurückgehende Familiennamen.

Riechers: ▶ Richers.
Riechert: ▶ Richert.
Riechmann: ▶ Richmann.

Rieck(e): 1. ▶ Rick(e) (1.). 2. Übernamen zu mnd. *rīk* ›reich, mächtig‹. 3. ▶ Riegg.

Riecken: patronymische Bildung (schwacher Genitiv) zu ▶ Rieck(e) (1.) oder (2.).

Rieckmann: 1. ▶ Rickmann. 2. Ableitung auf *-mann* von ▶ Rieck(e) (2.).

Ried: 1. Herkunftsname zu dem gleichlautenden Ortsnamen (Hessen, Baden-Württemberg, Bayern, Österreich, Schweiz). 2. Wohnstättenname zu mhd. *riet* ›Schilfrohr, Sumpf-, Riedgras, damit bewachsener Grund‹ oder zu mhd. *riet* ›ausgereuteter Grund, Ansiedlung darauf‹. Im Jerichower Land (Sachsen-Anhalt) bezeichnet der Flurname Ried feuchte Wiesenstellen.

Riede: 1. Herkunftsname zu den Ortsnamen Riede (Niedersachsen, Hessen), Rieda (Niedersachsen, Sachsen-Anhalt), Rieden (Niedersachsen, Rheinland-Pfalz, Baden-Württemberg, Bayern, Österreich, Schweiz). 2. Wohnstättenname zu mnd. *ride, rīe, rige* ›Bach, kleiner Wasserlauf, Graben‹.

Riedel: 1. Auf eine durch Entrundung entstandene Form von ▶ Rüdel zurückgehender Familienname. 2. Ableitung von ▶ Ried (2.) mit *-l*-Suffix.

Riedemann: 1. Ableitung auf *-mann* von ▶ Ried oder ▶ Riede. 2. Berufsname zu mnd. *rideman* ›der zu Pferde dienende Söldner‹.

Rieder: 1. Ableitung auf *-er* von ▶ Ried oder ▶ Riede. 2. Herkunftsname zu dem Ortsnamen Rieder (Bayern, Sachsen-Anhalt).

Riederer: 1. Herkunftsname zu dem Ortsnamen Riedern (Baden-Württemberg, Bayern, Schweiz). 2. Ableitung auf *-er* von ▶ Rieder (2.). 3. Übername zu mhd. *rideren* ›zittern‹.

Riedesel: Übername zu mhd. *rīten, rīden* ›reiten‹ und mhd. *esel* ›Esel‹: ›Reitesel‹. ❖ *Wigandus Ridesel* ist a. 1318 im Urkundenbuch zur Geschichte der Herzöge von Braunschweig und Lüneburg bezeugt.

Riedhammer: Herkunftsname zu den Ortsnamen Riedham (Bayern), Riedheim (Bayern, Baden-Württemberg, Elsass).

Riediger: durch Entrundung entstandene Form von Rüdiger (▶ Rudiger).

Riedinger: Herkunftsname zu dem Ortsnamen Rieding (Bayern).

Riedl: 1. Bairisch-österreichische Schreibweise von ▶ Riedel. 2. Herkunftsname zu dem Ortsnamen Riedl (Bayern, Österreich). ❖ Bekannter Namensträger: Josef Riedl, deutscher Komponist (20./21. Jh.).

Riedle: 1. Durch Entrundung aus ▶ Rüdel, einer Koseform von ▶ Rudolf oder ▶ Rudiger, entstandener Familienname. 2. Herkunftsname zu dem Ortsnamen Riedle (Baden-Württemberg, Bayern).

Riedling(er): Herkunftsnamen zu den Ortsnamen Riedling (Bayern), Riedlingen (Baden-Württemberg, Bayern).

Riedmaier: vor allem in Bayern verbreiteter Standesname, nähere Bestimmung eines Meiers (▶ Meyer) durch die Lage des Hofes (▶ Ried [2.]).

Riedmann: ▶ Riedemann (1.).
Riedmeier: ▶ Riedmaier.

Riedmiller: oberdeutsche Form von ▶ Riedmüller.

Riedmüller: Berufsname, nähere Bestimmung eines Müllers (▶ Müller) durch die Lage bzw. den Namen der Mühle (▶ Ried [2.]).

Rief: durch Entrundung entstandene Form von ▶ Rueff.

Riefenstahl: Berufsübername in Satzform zu mnd. *riven* ›reiben‹ und mnd. *stāl* ›Stahl‹ für einen Schmied. ❖ Bekannte Namensträgerin: Leni Riefenstahl, deutsche Tänzerin, Filmschauspielerin und -regisseurin (20./21. Jh.).

Riegel: 1. Herkunftsname zu dem gleichlautenden Ortsnamen (Baden-Württemberg, Sachsen, ehem. Brandenburg/jetzt Polen,

Schlesien). 2. Wohnstättenname zu mhd. *rigel* ›Riegel; Querstange zum Sperren einer Straße; kleine Anhöhe oder steiler Absatz eines Berges‹.

Rieger: 1. Durch Entrundung entstandene Form von ▶ Rüger. 2. Gelegentlich Herkunftsname zu dem Ortsnamen Riege (Niedersachsen, Nordrhein-Westfalen, ehem. Brandenburg/jetzt Polen, ehem. Westpreußen/jetzt Polen), vereinzelt auch zu dem Ortsnamen Riga (Lettland). ❖ Bekannter Namensträger: Fritz Rieger, deutscher Dirigent (20. Jh.).

Riegg: durch Entrundung entstandene Form von ▶ Rüegg.

Riegger: ▶ Rieger (1.).

Riegler: 1. Ableitung auf *-er* von ▶ Riegel. 2. Berufsname zu mhd. *rigeler* ›Riegelschlosser‹. ❖ Ein früher Beleg ist *Heinrich der rigeler,* Sargans (Schweiz) a. 1288.

Riehl: 1. Herkunftsname zu dem gleichlautenden Ortsnamen (Stadtteil von Köln). 2. Durch Entrundung entstandene Form von Rühl (▶ Ruhle [1.]). ❖ Vgl. den Beleg *Heidenrich de Rile,* Bürger zu Köln (a. 1135). ❖ Bekannter Namensträger: Wilhelm Heinrich Riehl, deutscher Kulturhistoriker und Schriftsteller (19. Jh.).

Riehle: entrundete Form von ▶ Rühle.

Riehm: 1. Berufsübername zu mhd. *rieme* ›Band, schmaler Streifen, Riemen, Gürtel‹ für den Lederhandwerker, der Riemen und Gürtel herstellte, vgl. ▶ Riemenschneider, ▶ Riemer. 2. Gelegentlich Wohnstättenname nach der lang gestreckten Form des Grundstücks.

Riek(e): ▶ Rick(e) (1.), ▶ Rieck(e) (2.).

Rieken: patronymische Bildung (schwacher Genitiv) zu ▶ Riek(e).

Rieker: 1. Aus dem alten niederdeutschen Rufnamen Rikher *(rīki + heri)* entstandener Familienname. 2. Übername zu mnd. *rīk* ›reich, mächtig‹ und mnd. *here* ›Herr‹ für einen reichen bzw. mächtigen Menschen.

Riemann: 1. Aus einer niederdeutschen Form von ▶ Reimann (1.) oder (2.) entstandener Familienname. 2. Durch Zusammenziehung entstandene Ableitung auf *-mann* zu dem Ortsnamen Riege (Niedersachsen, Nordrhein-Westfalen, ehem. Brandenburg/jetzt Polen, ehem. Westpreußen/jetzt Polen), vereinzelt auch zu dem Ortsnamen Riga (Lettland). 3. Auf eine verschliffene Form von ▶ Richmann zurückgehender Familienname. 4. Wohnstättenname zu mnd. *ride, rīe* ›Bach, kleiner Wasserlauf, Graben‹. ❖ Bekannte Namensträger: Georg Friedrich Bernhard Riemann, deutscher Mathematiker (19. Jh.); Karl Wilhelm Julius Hugo Riemann, deutscher Musikwissenschaftler (19./20. Jh.); Katja Riemann, deutsche Filmschauspielerin (20./21. Jh.).

Riemenschneider: Berufsname zu mhd. *riemensnīder* ›Riemenschneider, Riemenmacher‹. ❖ Bekannter Namensträger: Tilman Riemenschneider, deutscher Bildhauer und Bildschnitzer (15./16. Jh.).

Riemer: 1. Berufsname zu mhd. *riemer* ›Riemenschneider, Riemenmacher‹. 2. Bei bayerischer Herkunft gelegentlich Herkunftsname zu dem Ortsnamen Riem (Bayern). ❖ Bei dem a. 1326 in Regensburg bezeugten *Heinr. riemer* handelt es sich um eine Berufsbezeichnung, bei dem a. 1395 in München nachweisbaren *Dietel schneider von ryem* um die Angabe der Herkunft.

Riepe: 1. Herkunftsname zu den Ortsnamen Riepe, Riepen (Niedersachsen). 2. Übername zu mnd. *ripe* ›reif‹.

Rieper: Herkunftsname zu den Ortsnamen Riep (Schleswig-Holstein, Niedersachsen), Riepe(n) (Niedersachsen).

Riepl: durch Entrundung entstandene, bairisch-österreichische Form von Rüpel (▶ Ruppel, Rüppel).

Ries: 1. ▶ Riese (1.) oder (2.). 2. Herkunftsname zu den Ortsnamen Ries, Rieß (Bayern, Österreich), oder zu dem Landschaftsnamen Ries (zwischen Schwäbischer und Fränkischer Alb, Bayern/Baden-Württemberg). 3. Wohnstättenname zu mhd. *rīs* ›Zweig, Reisig, Gebüsch, Gesträuch‹ oder zu mhd. *rise* ›Wasser-, Stein-, Holzrinne an einem Berg‹. ❖ Bekannter Namensträger: Adam Ries (»Riese«), deutscher Rechenmeister (15./16. Jh.).

Riese: 1. Übername zu mhd. *rise* ›Riese‹ für einen großen Menschen. 2. Auf einen Hausnamen zurückgehender Familienname. ❖ Vgl. den Beleg *H. zem Risen* (Basel, 13. Jh.). 3. Herkunftsname zu dem Ortsnamen Riesa (Sachsen).

Riesener: 1. Herkunftsname zu dem Ortsnamen Riesen (Baden-Württemberg, Bayern, Österreich). 2. Berufsname zu mhd. rīse, mnd. rise ›eine Art Schleier um Wangen und Kinn‹, mhd. rīsenære ›Hersteller solcher Schleier‹. *Die Risenweverschen* [Weberinnen] *haben Risenwerk zu machen*, heißt es in einer Verordnung aus Duderstadt (a. 1434). 3. ▶ Rieser (2.) oder (3.).

Rieser: 1. Herkunftsname zu den Ortsnamen Ries (Bayern, Österreich), Riesa (Sachsen) oder zu dem Landschaftsnamen Ries (zwischen Schwäbischer und Fränkischer Alb, Bayern/Baden-Württemberg). 2. Wohnstättenname zu mhd. rīs ›Zweig, Reisig, Gebüsch, Gesträuch‹ oder zu mhd. rise ›Wasser-, Stein-, Holzrinne an einem Berg‹. 3. Niederdeutscher Wohnstättenname zu mnd. rise ›Bodenerhebung‹.

Riesner: ▶ Riesener.

Riess, Rieß: 1. ▶ Riese, ▶ Ries (2.) oder (3.). 2. Herkunftsnamen zu den Ortsnamen Rieß, Ries (Bayern, Österreich). 3. Übernamen zu nsorb., tschech. *rys*, poln. *ryś* ›Luchs‹.

Riester: 1. Berufsübername zu mhd. *riester* ›Pflugsterze, Streichbrett am Pflug‹ für den Pflugmacher bzw. für einen Bauern. 2. Berufsübername zu dem seit dem 17. Jh. belegten Wort *Riester* ›aufgesetzter Fleck, bes. am Schuh‹ für den Flickschuster. Das Wort *Riester* hat eine begrenzte landschaftliche Verbreitung (etwa vom Elsass, der Schweiz bis Köln, Hessen, Franken).

Riesterer: Berufsname auf *-er* zu ▶ Riester (2.) für den Flickschuster.

Rieth: 1. Herkunftsname zu den Ortsnamen Riet (Baden-Württemberg), Rieth (Mecklenburg-Vorpommern, Nordrhein-Westfalen, Thüringen, Bayern). 2. Wohnstättenname zu mhd. *riet* ›Schilfrohr, Sumpf- und Riedgras, damit bewachsener Grund‹ oder zu mhd. *riet* ›ausgerodeter Grund, Ansiedlung darauf‹.

Riethmüller: Berufsname, nähere Kennzeichnung eines Müllers (▶ Müller) durch die Lage bzw. den Namen der Mühle (▶ Rieth [2.]).

Rietschel: auf eine durch Entrundung entstandene Koseform von Rufnamen, die mit dem Namenwort *hruod* gebildet sind (z. B. ▶ Rudolf), zurückgehender Familienname.

Rietz: der Familienname ist einerseits in Brandenburg, andererseits im Raum Trier häufig. Er ist entsprechend unterschiedlicher Herkunft: 1. Herkunftsname zu dem gleichlautenden Ortsnamen (Brandenburg). 2. Bei Herkunft aus dem Raum Trier geht der Name auf eine mit *-z*-Suffix gebildete Koseform von Rufnamen, die das Namenwort *rīhhi* (▶ Richard, ▶ Heinrich) oder *hruod* (▶ Rudolf) enthalten, zurück.

Rietzschel: ▶ Rietschel.

Riewe: auf eine Kurzform von Riewert (▶ Riewerts) zurückgehender Familienname.

Riewerts: patronymische Bildung (starker Genitiv) zu Riewert < Rikward *(rīki + wart)*.

Riffel: Berufsübername zu mhd. *rifel*, fnhd. *riffel* ›Flachskamm zum Abreißen der Samenkapseln des Flachses‹ für den Hersteller oder den Benutzer.

Riffelmacher: Berufsname für den Hersteller von Flachskämmen; vgl. ▶ Riffel.

Rihm: ▶ Riehm. ❖ Bekannter Namensträger: Wolfgang Michael Rihm, deutscher Komponist (20./21. Jh.).

Rilke: durch Entrundung entstandene Form von ▶ Rülke. ❖ Bekannter Namensträger: Rainer Maria Rilke, österreichischer Schriftsteller (19./20. Jh.).

Rill: 1. Am häufigsten ist dieser Familienname im Bereich Ulm. Hierbei handelt es sich um einen aus Rudilo, einer Koseform von Rufnamen, die mit dem Namenwort *hruod* gebildet sind (z. B. ▶ Rudolf), entstandenen Familiennamen. 2. In Nordwestdeutschland gelegentlich Herkunftsname zu dem gleichlautenden Ortsnamen (Nordrhein-Westfalen).

Rilling: vor allem im Bereich Tübingen anzutreffender Familienname; patronymische Bildung auf *-ing* zu ▶ Rill (1.).

Rimbach: Herkunftsname zu den Ortsnamen Rimbach (Hessen, Rheinland-Pfalz, Bayern), Ober-, Niederrimbach (Baden-Württemberg).

Rimkus: Übername zu lit. *rimti* ›sich beruhigen‹.

Rinck: ▶ Ring oder ▶ Rink(e).

Rindfleisch: 1. Berufsübername zu mhd. *rintvleisch* ›Rindfleisch‹, auch ›ausgewachsenes Rind‹ für einen Fleischer. 2. Gelegentlich Übername nach der Lieblingsspeise. ❖ Um einen eindeutigen Berufsübernamen für einen Metzger handelt es sich bei dem a.

1395 in München bezeugten *Ulrich rintflaysch carnifex* [Metzger].

Ring: 1. Berufsübername zu mhd. *rinc, ring* ›Ring, Fingerring‹ für den Ringmacher bzw. Übername für den Träger eines auffälligen Rings. 2. Übername zu mhd. *ring(e)* ›leicht und schnell bereit, behände‹, aber auch ›klein, unbedeutend, gering‹. 3. Wohnstättenname für jemanden, der an einem Platz, an einer kreisförmigen Stelle wohnte. 4. ▶ Rink(e). ❖ *Henrich ringk* ist a. 1474 in Gießen bezeugt.

Ringe: 1. Übername zu mnd. *ringe* ›wertlos, unbedeutend, klein; leichtsinnig‹. 2. Herkunftsname zu den Ortsnamen Ringe (Niedersachsen, Nordrhein-Westfalen), Ringen (Rheinland-Pfalz, Ostpreußen). 3. ▶ Rink(e).

Ringel: 1. Berufsübername zu mhd. *ringel(īn)*, Verkleinerungsform von mhd. *rinc* ›Ring, Fingerring‹ für den Ringmacher, den Hersteller von Ringen aus Gold, Silber, Horn, Knochen, Elfenbein, oder Übername für den Träger eines auffälligen Rings. 2. Niederdeutscher Berufsübername zu mnd. *ringel* ›Zuber‹ für den Hersteller oder den Benutzer. 3. Gelegentlich Wohnstättenname oder Übername zu mhd., mnd. *ringele* ›Ringel-, Sonnenblume‹. 4. Herkunftsname zu dem gleichlautenden Ortsnamen (Nordrhein-Westfalen).

Ringer: 1. Berufsname zu mhd. *ringer* ›Ringer, Kämpfer‹. 2. Ableitung auf *-er* von ▶ Ring (3.). 3. ▶ Rinker.

Ringleb: Herkunftsname zu dem Ortsnamen Ringleben (Thüringen; auch Wüstung bei Halle/Sachsen-Anhalt).

Ringler: Berufsname für den Verfertiger von Ringlein und Schnallen aus Messing oder Eisendraht für die Gürtel- und Riemenhersteller, vgl. ▶ Rinkel, ▶ Rinker. ❖ In München ist a. 1369 *iunior* [der jüngere] *Ringler* bezeugt.

Rings: im Bereich Bonn-Trier häufiger, auf eine verkürzte Form des Heiligennamens ▶ Severin zurückgehender Familienname.

Ringwald: Herkunftsname zu den Ortsnamen Ringwalde (Schlesien), Ringenwalde (Brandenburg, ehem. Brandenburg/jetzt Polen).

Rink(e): 1. Berufsübernamen zu mhd. *rinke, ringge* ›Spange, Schnalle am Gürtel, am Schuh‹ für den Hersteller (▶ Rinker). 2. ▶ Ring, ▶ Ringe.

Rinkel: Berufsübername zu mhd. *rinkel*, Verkleinerungsform von mhd. *rinke* ›Spange, Schnalle am Gürtel, am Schuh‹ für den Hersteller (▶ Rinker).

Rinker: Berufsübername zu mhd. *rinke, ringge*, mnd. *rinke* ›Spange, Schnalle am Gürtel, Schuh‹ für den Spangenmacher (vgl. mhd. *rinkelmacher* ›Verfertiger von Ringlein oder Schnallen aus Messing für die Gürtler‹).

Rinn(e): Wohnstättennamen zu mhd. *rinn(e)* ›Wasserfluss, Quelle; Dachtraufe; Wasserleitung, Wasserrinne, Wasserröhre; Dachrinne‹.

Rinser: oberdeutscher Wohnstättenname auf *-er* zu mhd. *runse* ›Rinnsal, Bach, Wassergraben‹. Der Familienname ist durch Entrundung aus *Rünser entstanden. ❖ Bekannte Namensträgerin: Luise Rinser, deutsche Schriftstellerin (20./21. Jh.).

Ripke: auf eine mit *-k*-Suffix gebildete Koseform von Rufnamen wie ▶ Rippert zurückgehender Familienname.

Rippe: aus einer Koseform von Rufnamen wie ▶ Rippert hervorgegangener Familienname.

Rippel: 1. Aus einer Koseform von ▶ Rippert entstandener Familienname. 2. Durch Entrundung entstandene Form von Rüppel (▶ Ruppel).

Rippert: aus dem gleichlautenden deutschen Rufnamen *(rīki + beraht)* entstandener Familienname.

Risch: 1. Übername zu mhd. *risch* ›hurtig, schnell, frisch, keck‹, mnd. *risch* ›aufgerichtet, gerade, schlank; rasch, schnell‹. 2. Wohnstättenname zu mnd. *risch* ›Schilf, Sumpfbinse‹.

Rischbi(e)ter: niederdeutsche Übernamen zu mnd. *rīsebīter* ›etwa einjähriges Rind, das im Wald schon die Reiser abbeißen kann‹.

Riske: Herkunftsname zu den Ortsnamen Risk bei Diesdorf (Sachsen-Anhalt), Riskau (Niedersachsen).

Risse: 1. Herkunftsname zu dem Ortsnamen Rissen (Hamburg, ehem. Brandenburg/jetzt Polen). 2. Aus Rishart, einer durch Sibilierung des *-k-* entstandenen Kurzform von Rikhard (▶ Richard), gebildeter Familienname.

Rißmann: Erweiterung auf *-mann* zu ▶ Risse.

Rist: 1. Vor allem im Bereich Tübingen-Freiburg-Friedrichshafen häufiger Wohnstättenname, der auf eine entrundete Form von Rüst(er) (▶ Rust [1.]) zurückgeht. 2. Übername zu mhd. *rist* ›Hand-, Fußgelenk‹, mnd. *wrist* ›Handwurzel‹ nach einer körperlichen Eigenheit. ❖ *Marcwardus ame Rueste* ist a. 1240 in Colmar (Elsass) bezeugt. ❖ Bekannter Namensträger: Johann von Rist, deutscher Schriftsteller (17. Jh.).

Ristau, Ristow: Herkunftsnamen zu dem Ortsnamen Ristow (ehem. Pommern/jetzt Polen).

Ritschel: ▶ Rietschel.

Ritscher: 1. Auf niederdeutsch-friesische Rufnamen wie Ritzher (< [sibilierte Form von] *rīki* + *heri*) oder Ritzert *(rīki + harti)* zurückgehender Familienname. 2. Übername zu osorb. *ryćer* ›Ritter‹, älter ›Held‹.

Ritter: Standesname bzw. Übername zu mhd. *rītære, riter* ›Ritter‹. Da im Spätmittelalter nicht wenige Ritter in die Städte zogen, kann es sich beim ersten Namensträger durchaus um einen Ritter gehandelt haben, es kann aber auch ein Übername, der auf Beziehungen (Dienstverhältnis, uneheliche Herkunft) des ersten Namensträgers zu einem Ritter hinweist, vorliegen. ❖ Bekannter Namensträger: Carl Ritter, deutscher Geograf (18./19. Jh.).

Ritterbusch: wohl Übername für den Strauchritter, den Wegelagerer: ›Ritter aus dem Busch‹.

Rittmann: einerseits im Bereich Oberhausen, andererseits im Raum Pforzheim häufig vorkommender Familienname. 1. Im niederdeutschen Bereich Berufs- bzw. Standesname zu mnd. *rideman* ›Reiter, berittener Mann‹. 2. Im oberdeutschen Bereich a) Wohnstättenname zu mhd. *riet* ›Schilfrohr, Sumpfgras‹ für jemanden, der an einem Ried, einer mit Schilfgras bewachsenen Stelle, wohnte, b) Wohnstättenname zu mhd. *riet* ›gerodeter Grund, die Siedlung darauf‹.

Rittner: 1. Vor allem im Bereich Amberg häufiger Wohnstättenname zu mhd. *riutine* ›Stück Land, das durch Roden urbar gemacht wurde‹. 2. In Norddeutschland Berufsname zu mnd. *ridenēr* ›Berittener, Reisiger‹.

Ritz: 1. Aus einer mit -z-Suffix gebildeten Koseform von Rufnamen, die das Namenwort *rīhhi* (▶ Richard, ▶ Heinrich) oder *hruod* (▶ Rudolf) enthalten, entstandener Familienname. 2. Aus einer verkürzten Form von Moritz (▶ Mauritius) hervorgegangener Familienname.

Ritzer: Ableitung auf -er zu ▶ Ritz.

Ritzmann: Ableitung auf -mann von ▶ Ritz.

Rix: Variante von Ricks (▶ Rickes).

Rixen: 1. Patronymische Bildung auf -sen zu Rick (▶ Rick[e]). 2. Gelegentlich Herkunftsname zu dem gleichlautenden Ortsnamen (Nordrhein-Westfalen).

Rizzo: italienischer Familienname, der aus der Endung eines Rufnamens wie Maurizio (▶ Moritz) oder eines auf »-rico« endenden Rufnamens germanischer Herkunft wie Federico, Enrico oder Udalrico hervorgegangen ist; vgl. *Dorizzo* < *Udalrico* (▶ Ulrich).

Robbe: aus einer Koseform von ▶ Robert entstandener Familienname.

Robben: vor allem im Bereich Oldenburg-Osnabrück häufige patronymische Bildung (schwacher Genitiv) zu Robbe (▶ Robert).

Robbert: ▶ Robert.

Robel: 1. Durch Verdumpfung des *-a-* zu *-o-* entstandene Form von ▶ Rabel. 2. Übername zu poln. *wróbel*, nsorb. *wrobel*, osorb. *wrobl* ›Sperling‹.

Röben: im Bereich Oldenburg häufiger patronymischer Familienname zu dem niederdeutsch-friesischen Rufnamen Röbe, einer Koseform zu ▶ Robert.

Röber: ▶ Röver.

Robert: aus dem gleichlautenden Rufnamen *(hrōth + beraht)* entstandener Familienname, vgl. ▶ Rupprecht.

Robertz: patronymische Bildung (starker Genitiv) zu ▶ Robert.

Robl: bairisch-österreichische Schreibweise von ▶ Robel (1.).

Robot(t)a: Übernamen zu poln. *robota* ›Arbeit‹.

Roch: 1. Auf eine verkürzte Form des Heiligennamens ▶ Rochus zurückgehender Familienname. 2. Aus einer Kurzform des alten deutschen Rufnamens ▶ Rochold hervorgegangener Familienname. 3. Übername zu mhd. *rou*, Nebenform *rōch* ›roh‹ für einen unfertigen, unreifen Menschen. 4. Übername zu mhd., mnd. *roch* ›Turm im Schachspiel‹ für einen leidenschaftlichen Schachspieler. 5. Aus einer Ableitung von slawischen Rufnamen wie Rodoslav (urslaw.

rodъ ›Geschlecht, Geburt, Abstammung‹ + urslaw. *slava* ›Ruhm, Ehre‹) oder Rostislav (urslaw. *orsti* ›wachsen‹ + urslaw. *slava* ›Ruhm, Ehre‹) entstandener Familienname.

Rochelt: auf eine verschliffene Form von ▶ Rochold zurückgehender Familienname.

Rochholz: ▶ Rocholz.

Rochlitz(er): Herkunftsnamen zu dem Ortsnamen Rochlitz (Sachsen).

Rochold: auf den gleichlautenden deutschen Rufnamen *(rōhon + walt)* zurückgehender Familienname.

Rocholl: auf eine verschliffene Form von ▶ Rochold zurückgehender Familienname.

Rocholz: aus der Umdeutung einer patronymischen Bildung (starker Genitiv) zu ▶ Rochold in Anlehnung an das Wort »Holz« hervorgegangener Familienname.

Rochow: Herkunftsname zu dem gleichlautenden Ortsnamen (ehem. Pommern/jetzt Polen).

Rochus: auf den gleichlautenden Rufnamen, eine latinisierte Form des alten deutschen Rufnamens Roho (▶ Rochold), zurückgehender Familienname. Rochus fand im Mittelalter als Heiligenname Verbreitung. Der heilige Rochus (13./14. Jh.) war der Schutzheilige gegen die Pest. ❖ Der Familienname **Roch** kann aus einer verkürzten Form von Rochus entstanden sein. ❖ Dem Familiennamen **Rox** liegt entweder eine zusammengezogene Form von Rochus oder eine patronymische Form von Roch zugrunde.

Rock: 1. Berufsübername zu mhd. *roc*, mnd. *rok* ›Rock, Oberkleid‹ für den Schneider oder Übername für den Träger eines auffälligen Rocks. 2. Vereinzelt kommt eine Ableitung von einer mit den Namenwörtern *rohōn* bzw. *hrōth* gebildeten Kurzform (vgl. z. B. ▶ Rochold, ▶ Rudiger) infrage.

Röck(e): 1. ▶ Rock (2.). 2. Für den Familiennamen Röcke kommt auch eine Ableitung von dem gleichlautenden Ortsnamen (Niedersachsen) infrage.

Rockel: 1. Ableitung von ▶ Rock mit -*l*-Suffix. 2. Herkunftsname zu den Ortsnamen Rockel (Nordrhein-Westfalen), Rockeln (Ostpreußen).

Röckel: 1. ▶ Rockel (1.). 2. Berufsübername zu mhd. *röckel* ›aus Roggen- und Weizenmehl gemischtes Brötchen‹ für den Bäcker.

Röcker: aus einer patronymischen Ableitung auf -*er* zu einem mit den Namenwörtern *rohōn* bzw. *hrōth* gebildeten Kurzform (vgl. z. B. ▶ Rochold, ▶ Rudiger) entstandener Familienname. Sein Hauptverbreitungsgebiet ist der Raum Tübingen–Pforzheim.

Röckl: bairisch-österreichische Schreibweise von ▶ Röckel.

Rockstroh: Übername zu mhd. *rocke, rogge* ›Roggen‹ und mhd. *strō* ›Stroh‹ für den Bauern, der Roggen anbaute.

Rocktäschel: ▶ Rucktäschel.

Rode: 1. Niederdeutscher Wohnstättenname nach einem Flurnamen für eine Rodung (zu mnd. *roden* ›roden, urbar machen‹). Einen Flurnamen *in den Roden* gab es z. B. bei Stolzenau/Weser (a. 1583). 2. Herkunftsname zu Ortsnamen wie Roda (Sachsen-Anhalt, Sachsen, Thüringen), Rhoda (Thüringen), Rhode (Niedersachsen, Nordrhein-Westfalen) u. a. 3. Übername zu mhd. *rode* ›rot‹ für einen Rothaarigen. 4. Übername zu mhd. *rod(d)e* ›großer Hund, Rüde‹.

Rodekurth: aus dem Übernamen Rode (▶ Rode [3.]) und dem Rufnamen ▶ Kurth zusammengewachsener Familienname: ›der rothaarige Kurt‹.

Rödel: 1. Aus einer mit -*l*-Suffix gebildeten Koseform von Rufnamen, die mit den Namenwort *hruod/hrōth* gebildet sind, entstandener Familienname. 2. Berufsübername zu mhd. *rodel* ›beschriebene Papierrolle, Liste, Register, Urkunde‹ für den Schreiber.

Rodemann: Ableitung auf -*mann* zu Rode (1.), (2.) oder (3.).

Roden: 1. ▶ Rode (1.). 2. Patronymische Bildung (schwacher Genitiv) zu ▶ Rode (3.). 3. Herkunftsname zu dem gleichlautenden Ortsnamen (Nordrhein-Westfalen, Saarland, Bayern, ehem. Pommern/jetzt Polen, Schlesien).

Rodenberg(er): Herkunftsnamen zu dem Ortsnamen Rodenberg (Mecklenburg-Vorpommern, Niedersachsen, Nordrhein-Westfalen, Hessen, Lothringen). ❖ Bekannter Namensträger: Julius Rodenberg, deutscher Schriftsteller und Journalist (19./20. Jh.).

Roder, Röder: 1. Ableitungen auf -*er* von ▶ Rode (1.) oder (2.). 2. Herkunftsnamen zu Ortsnamen wie Roder (Nordrhein-Westfalen), Rödern (Sachsen, Hessen, Rheinland-Pfalz,

Bayern, Elsass). 3. Berufsübernamen zu mnd. *roden* ›roden, urbar machen‹ für einen Bauern. 4. Berufsnamen zu mnd. *rodere* ›Rotmaler‹. Bei dieser auch im oberdeutschen Bereich vorkommenden Berufsbezeichnung ist wohl am ehesten an den Rot- und Buntfärber bei der Textilherstellung zu denken. 5. Aus dem alten deutschen Rufnamen Rother *(hrōth + heri)* hervorgegangene Familienname.

Roderich: auf den gleichlautenden deutschen Rufnamen *(hrōth/hruod + rīhhi)* zurückgehender Familienname.

Rodewald: Herkunftsname zu den Ortsnamen Rodewald (Niedersachsen), Rodewalde (Schlesien).

Rodewig: aus dem gleichlautenden deutschen Rufnamen *(hrōth/hruod + wīg)* entstandener Familienname.

Rodig: 1. ▶ Röding. 2. Aus der eindeutschenden Schreibung einer Ableitung des slawischen Rufnamens Rodoslav (urslaw. **rodъ* ›Geschlecht, Geburt, Abstammung‹ + urslaw. **slava* ›Ruhm, Ehre‹) entstandener Familienname.

Rödig: ▶ Röding.

Rödiger: ▶ Rudiger.

Röding: aus einer patronymischen Bildung auf *-ing* zu einer Kurzform von Rufnamen, die mit dem Namenwort *hrōth/hruod* gebildet sind (z. B. ▶ Rudiger), hervorgegangener Familienname. ❖ Vgl. die Belege *Joh. filius Rodingus* [Sohn des Roding(us)] (Hamburg 1300), Peter Röding (Halle 1391).

Rodinger: 1. Herkunftsname zu dem Ortsnamen Roding (Bayern, Schlesien). 2. Auf eine Nebenform von Rodiger (▶ Rudiger) zurückgehender Familienname. ❖ *Rodegerus plebanus Goslariensis* [Pfarrer aus Goslar] (a. 1245) ist in den Quellen auch als *Rothengerus* (a. 1253) und *Rodingerus* belegt.

Rödl: bairisch-österreichische Schreibweise von ▶ Rödel. ❖ Bekannter Namensträger: Josef Rödl, deutscher Filmregisseur (20./21. Jh.).

Rodrigues: mit dem patronymischen Suffix *-es* gebildeter portugiesischer Familienname, ▶ Rodríguez.

Rodríguez: spanischer Familienname; mit dem Suffix *-ez* gebildete patronymische Form zu dem im Mittelalter auf der Iberischen Halbinsel verbreiteten Rufnamen Rodrigo, der dem deutschen Namen ▶ Roderich entspricht.

Roeder: ▶ Roder, Röder.

Roemer: ▶ Romer, Römer.

Rogal(l), Rogalla: Übernamen zu poln. *rogal* ›(Bast-)Hirsch‹, auch ›Hahnrei, betrogener Ehemann‹.

Rogalski: 1. Ableitung auf *-ski* von ▶ Rogal(l). 2. Herkunftsname zu polnischen Ortsnamen wie Rogale.

Roger: 1. Auf eine durch Zusammenziehung entstandene Form von Rodiger (▶ Rudiger) zurückgehender Familienname. 2. Amtsname zu mnd. *(w)roger* ›Rüger, Ankläger; Beamter, der polizeiliche Aufsicht führt‹. 3. Übername zu mnd. *(w)roger* ›Verräter, Verleumder‹.

Röger: auf eine durch Zusammenziehung entstandene Form von Rödiger (▶ Rudiger) zurückgehender Familienname.

Rogg(e): Berufsübernamen zu mhd. *rocke, rogge*, mnd. *rogge* ›Roggen‹ für den Bauern, der Roggen anbaute, oder für den Bäcker von Roggenbrot, vgl. ▶ Rogner, Rögner.

Roggenbuck: niederdeutscher Berufsübername zu mhd. *rogge* ›Roggen‹ und mnd. *būk* ›Bauch‹, ▶ Rogg(e).

Roggendorf: Herkunftsname zu dem gleichlautenden Ortsnamen (Mecklenburg-Vorpommern, Nordrhein-Westfalen, Bayern, Schlesien).

Rogler: Übername, der aus der flektierten Form von mhd. *rogel* ›locker, lose‹ entstanden ist.

Rogner, Rögner: Berufsnamen zu mhd. *rockener* ›der Roggenbrot bäckt‹.

Rogowski: Herkunftsname zu polnischen Ortsnamen wie Rogów, Rogow, Rogowo.

Rohde: ▶ Rode.

Rohe: 1. Durch Zusammenziehung entstandene Form von ▶ Rode. 2. Übername, der aus der flektierten Form von mhd. *rou, rō*, mnd. *rō* ›roh‹, auch im übertragenen Sinn, entstanden ist.

Röhl: 1. Aus einer Kurzform von Rufnamen, die mit dem Namenwort *hruod* gebildet sind (z. B. ▶ Rudolf, ▶ Roland), entstandener Familienname. 2. Herkunftsname zu dem gleichlautenden Ortsnamen (Rheinland-Pfalz).

Rohland: ▶ Roland.

Rohleder: Berufsübername für den Gerber, der »rohes Leder« gar machte, gerbte. ❖ Ein *Roledder* ist a. 1546 in Gießen bezeugt.

Rohlf: auf eine durch Zusammenziehung entstandene Form von ▶ Rudolf zurückgehender Familienname.

Rohlfing: patronymische Bildung auf -*ing* zu ▶ Rohlf.

Rohlfs: patronymische Bildung (starker Genitiv) zu ▶ Rohlf. ❖ Bekannter Namensträger: Christian Rohlfs, deutscher Maler und Grafiker (19./20. Jh.).

Röhling: 1. Patronymische Bildung auf -*ing* zu ▶ Röhl (1.). 2. Herkunftsname zu dem Ortsnamen Röhlingen (Baden-Württemberg).

Rohloff: ▶ Roloff.

Rohm: 1. Aus einer Kurzform von Rufnamen, die mit dem Namenwort *hruom* gebildet sind (z. B. ▶ Rumold), entstandener Familienname. 2. Übername zu mhd. *rōm* ›Ruhm, Prahlerei; Pracht, Glanz, Überfluss‹. 3. Auf den Namen der Stadt Rom zurückgehender Übername für einen ehemaligen Rompilger.

Röhm: ▶ Rohm (1.) oder (2.).

Rohmann: 1. Auf eine durch Zusammenziehung entstandene Form von ▶ Rodemann zurückgehender Familienname. 2. ▶ Roman (1.) oder (3.).

Rohn: ▶ Rohne (1.) oder (2.).

Röhn: Herkunftsname zu dem gleichlautenden Ortsnamen (Nordrhein-Westfalen) oder zu der Rhön, Mittelgebirge in Hessen, Bayern und Thüringen zwischen der Werra, der Fränkischen Saale und der Haune (a. 1331 *Röen*).

Rohne: 1. Übername zu mhd. *ron(e)* ›umgefallener Baumstamm‹, mnd. *rone* ›abgehauener Baumstamm, Klotz, Knüppel‹ für einen groben, rohen Menschen. 2. Wohnstättenname zu mhd. *ron(e)* ›umgefallener Baumstamm‹, mnd. *rone* ›abgehauener Baumstamm‹ nach einem Merkmal der Siedlungsstelle. 3. Herkunftsname zu Ortsnamen wie Rohna (Thüringen), Rohne (Sachsen), Rohnau (Schlesien).

Rohner: Ableitung auf -*er* zu ▶ Rohne (2.) oder (3.).

Röhner: Ableitung auf -*er* zu ▶ Röhn.

Rohr: 1. Herkunftsname zu dem gleichlautenden Ortsnamen (Nordrhein-Westfalen, Thüringen, Baden-Württemberg, Bayern, ehem. Pommern/jetzt Polen, Österreich, Schweiz). 2. Wohnstättenname zu mhd., mnd. *rōr* ›Rohr, Schilf, Röhricht‹.

Röhr: 1. ▶ Rohr (2.). 2. Durch Zusammenziehung entstandene Form von Röder (▶ Roder).

Rohrbach(er): Herkunftsnamen zu dem Ortsnamen Rohrbach (Nordrhein-Westfalen, Hessen, Sachsen, Thüringen, Rheinland-Pfalz, Saarland, Baden-Württemberg, Bayern, Österreich, Schweiz).

Rohrbeck: 1. Herkunftsname zu dem gleichlautenden Ortsnamen (Brandenburg, ehem. Brandenburg/jetzt Polen, Sachsen-Anhalt). 2. Herkunftsname auf -*beck* zu dem Ortsnamen Rohrbach (Bayern, Österreich).

Rohrer: Ableitung auf -*er* von ▶ Rohr.

Röhrich, Röhrig: 1. Wohnstättennamen zu mhd. *rōrach, rœrach, rōrich* ›Röhricht‹, mnd. *rorich* ›voll Rohr‹. 2. Im niederdeutschen Bereich können diese Familiennamen auch auf eine zusammengezogene Form von ▶ Roderich zurückgehen.

Röhricht: ▶ Röhrich, Röhrig (1.).

Röhrl: vor allem in Bayern verbreitete Ableitung von ▶ Rohr (2.) mit -*l*-Suffix.

Röhrle: schwäbische Ableitung von ▶ Rohr (2.).

Rohrmann: Ableitung von ▶ Rohr mit dem Suffix -*mann*.

Rohrmoser: Herkunftsname zu dem Ortsnamen Rohrmoos (Baden-Württemberg, Bayern).

Röhrs: patronymische Bildung (starker Genitiv) zu ▶ Röhr.

Rohwed(d)er: Übernamen zu mnd. *ro(u)w* ›roh, rau‹ und mnd. *wed(d)er* ›Wetter‹, übertragen für einen übellaunigen Menschen.

Rohwer: auf eine verschliffene Form von ▶ Rohwed(d)er zurückgehender Familienname. Der Familienname ist vor allem im Bereich Kiel–Elmshorn häufig.

Roick: aus der eindeutschenden Schreibung einer Ableitung von ▶ Roj entstandener Familienname.

Roisch, Roit(z)sch: 1. Übernamen zu nsorb. *rojś se*, osorb. *rojić so* ›in Schwärmen fliegen; sich drängen‹. 2. Herkunftsnamen zu dem Ortsnamen Roitzsch (Sachsen, Sachsen-Anhalt).

Roj: Übername zu nsorb., tschech. *roj*, osorb., poln. *rój* ›(Bienen-)Schwarm‹.

Rojahn: niederdeutscher, aus einem Übernamen zu mnd. *rode* ›rot‹ und dem Rufnamen Jahn (▶ Johannes) zusammengewachsener Familienname: ›der rothaarige Ja(h)n‹.

Rokit(t)a: Wohnstättennamen zu nsorb., poln. *rokita*, tschech. *rokyta* ›Rohrweide, Bachweide‹.

Roland: 1. Aus dem gleichlautenden Rufnamen *(hrōth + lant)* entstandener Familienname. 2. Niederdeutscher Wohnstättenname, durch Zusammenziehung entstandene Form von mnd. *rodelant* ›gerodetes Land‹. 3. Herkunftsname zu dem Ortsnamen Rohland (Nordrhein-Westfalen). ❖ Bekannter Namensträger: Jürgen Roland, deutscher Filmregisseur (20./21. Jh.).

Rolf: auf eine durch Zusammenziehung entstandene Form von ▶ Rudolf zurückgehender Familienname.

Rolfes: patronymische Bildung (starker Genitiv) zu ▶ Rolf.

Rolff: ▶ Rolf.

Rolffs: ▶ Rolfes.

Rolfing: patronymische Bildung auf *-ing* zu ▶ Rolf.

Rolfs: ▶ Rolfes.

Rol(c)ke, Röl(c)ke: 1. Auf eine mit *-k*-Suffix gebildete Koseform von ▶ Rudolf, ▶ Roland oder anderen mit dem Namenwort *hruod/hrōth* gebildeten Rufnamen zurückgehende Familiennamen. 2. Gelegentlich Wohnstättennamen zu nsorb., osorb. *rola* ›Acker(land)‹. 3. Vereinzelt Herkunftsnamen zu dem Ortsnamen Rolika (Thüringen). ❖ Auf einen Rufnamen geht der Beiname von *Herman Roleke*, Coesfeld a. 1452, zurück.

Roll, Röll, Rolle: 1. Aus Rollo, einer Kurzform eines mit *hruod-* beginnenden Rufnamens (vor allem ▶ Rudolf, aber auch ▶ Robert), entstandene Familiennamen. 2. Übernamen oder Berufsübernamen zu mhd. *rolle, rulle* ›Verzeichnis, Liste, etwas Auf-, Zusammengerolltes‹, vielleicht für einen Schreiber.

Rollenhagen: Herkunftsname zu dem gleichlautenden Ortsnamen (Mecklenburg-Vorpommern). ❖ Bekannter Namensträger: Georg Rollenhagen, deutscher Schriftsteller (16./17. Jh.).

Roller: am häufigsten ist dieser Familienname im Bereich Pforzheim. 1. In Schwaben vorwiegend Übername zu schwäbisch *Roller* ›Kater‹. 2. Berufsname zu fnhd. *roller* ›Fuhrmann‹. ❖ Bekannter Namensträger: Alfred Roller, österreichischer Maler und Bühnenbildner (19./20. Jh.).

Rollmann: Erweiterung auf *-mann* zu ▶ Roll (1.).

Rollwage(n): Berufsübernamen zu mhd. *rollewage* ›Fuhrwerk mit Rollen‹, fnhd. *rolwagen* ›Reise-, Frachtwagen‹ für einen Fuhrmann.

Roloff: aus einer durch *-l*-Umsprung entstandenen Form von ▶ Rudolf hervorgegangener Familienname.

Roman: 1. Aus dem gleichlautenden Rufnamen lateinischen Ursprungs (lat. *Rōmānus* ›Römer‹) entstandener Familienname. Roman fand im Mittelalter als Name mehrerer Heiliger Verbreitung. 2. Hierzu gehören auch der spanische Familienname Román sowie der italienische Familienname Roman, eine Nebenform von ▶ Romano. 3. Herkunftsname zu Ortsnamen wie Rohmanen (Ostpreußen), Roman (ehem. Pommern/jetzt Polen).

Romahn: ▶ Roman (1.) oder (3.).

Romano: 1. Aus dem gleichlautenden italienischen Rufnamen entstandener Familienname (vgl. ▶ Roman [1.]). 2. Italienischer Herkunftsname: ›der Römer‹.

Romanowski: Herkunftsname zu polnischen Ortsnamen wie Romanów, Romanowo u. Ä.

Rombach: Herkunftsname zu den Ortsnamen Rombach (Bayern, Elsass), Oberrombach (Hessen, Baden-Württemberg). ❖ Bekannter Namensträger: Otto Rombach, deutscher Schriftsteller (20. Jh.).

Romberg(er): Herkunftsnamen zu den Ortsnamen Romberg (Niedersachsen, Nordrhein-Westfalen, Schlesien, ehem. Westpreußen/jetzt Polen).

Romeike: 1. Herkunftsname zu dem Ortsnamen Romeiken (Ostpreußen). 2. Aus einer Ableitung des Heiligennamens ▶ Remigius entstandener Familienname.

Romeis: aus einer Ableitung des Heiligennamens ▶ Remigius hervorgegangener Familienname.

Romer, Römer: 1. Übernamen für den Rompilger, gelegentlich auch für den Fernkaufmann, der Handel mit Italien trieb. 2. Herkunftsnamen zu dem Ortsnamen Rom (Mecklenburg-Vorpommern, Nordrhein-Westfalen, Rheinland-Pfalz, ehem. Pommern/jetzt Polen). 3. Übernamen zu mnd.

romer ›Rühmer, Prahler‹. 4. Vereinzelt aus einem Hausnamen hervorgegangene Familiennamen. ❖ Vgl. den Beleg *Cunr. dictus* [genannt] *zume Romir* (Mainz 1315).

Römheld: 1. Auf eine verschliffene Form von Römhold (▶ Rumold) zurückgehender Familienname. 2. ▶ Römhild (1.).

Römhild: 1. Herkunftsname zu dem gleichlautenden Ortsnamen (Thüringen). 2. ▶ Römheld (1.).

Römhold: aus einer Umdeutung des alten deutschen Rufnamens Romold (▶ Rumold) in Anlehnung an das Adjektiv »hold« hervorgegangener Familienname.

Rommel: vorwiegend schwäbischer, aber auch in Hessen und Thüringen recht häufig vorkommender Familienname, der aus einer Kurzform von Rufnamen, die mit dem Namenwort *hruom* gebildet sind (vgl. ▶ Rumold), entstanden ist.

Ronge: ▶ Runge.

Rönsch: gerundete Form von ▶ Rensch, Rentsch.

Roolf: ▶ Rolf.

Roolfs: patronymische Bildung (starker Genitiv) zu ▶ Roolf.

Roos(e): ▶ Rose.

Roosen: ▶ Rosen.

Röper: 1. Niederdeutscher Amtsname zu mnd. *ropen* ›ausrufen, verkündigen‹ für den Ausrufer, Herold, Nachtwächter. 2. Niederdeutscher Übername zu mnd. *ropen* ›schreien‹ für einen Schreihals. 3. Niederdeutscher Übername zu mnd. *ropen* ›rupfen, raufen, zausen‹ für einen Raufbold.

Röpke: 1. Niederdeutsch-friesischer, auf eine mit -*k*-Suffix gebildete Koseform von ▶ Robert zurückgehender Familienname. ❖ *Robeke* ist als Bürger von Ahlen/Münsterland a. 1389 bezeugt. 2. Gerundete Form von ▶ Repke (1.). ❖ Bekannter Namensträger: Wilhelm Röpke, deutscher Volkswirtschaftler und Sozialphilosoph (19./20. Jh.).

Roppelt: auf eine verschliffene Form von Roppold (▶ Rappold) zurückgehender Familienname.

Rörig: ▶ Röhrich, Röhrig.

Rosa: 1. Herkunftsname zu dem gleichlautenden Ortsnamen (Thüringen). 2. Italienischer oder spanischer Übername nach der Blumenbezeichnung.

Rosch: 1. Übername zu mhd. *rosch, rösch(e)* ›schnell, behände, munter, frisch, wacker, tapfer, aufbrausend, heftig‹. 2. Wohnstättenname zu mhd. *rosche* ›jäher Bergabhang, Fels‹. 3. Niederdeutscher Wohnstättenname zu mnd. *rosch* ›Binse‹. 4. Berufsübername zu mhd. *rōsch*, Nebenform von *rōst*, fnhd. *rosch* ›Rost‹, vgl. ▶ Rost (1.). 5. Aus einer Ableitung des slawischen Rufnamens Rodoslav (▶ Rodig [2.]) hervorgegangener Familienname.

Rösch: ▶ Rosch (1.).

Rosche: 1. ▶ Rosch (1.), (2.) oder (5.). 2. Herkunftsname zu den Ortsnamen Rosche (Niedersachsen), Roschau (Bayern, ehem. Westpreußen/jetzt Polen).

Roscher: 1. Durch Verdumpfung des -*a*- zu -*o*- entstandene Form von ▶ Rascher. 2. Ableitung auf -*er* von ▶ Rosche.

Roschig: aus der eindeutschenden Schreibung einer Ableitung des slawischen Rufnamens Rodoslav (▶ Rodig [2.]) hervorgegangener Familienname.

Roschke: 1. Aus der eindeutschenden Schreibung einer Ableitung des slawischen Rufnamens Rodoslav (▶ Rodig [2.]) hervorgegangener Familienname. 2. Wohnstättenname zu nsorb. *rožk*, osorb. *rόžk* ›Eckchen, Zipfelchen‹. 3. Herkunftsname zu dem Ortsnamen Roschkau (Schlesien).

Röschke: 1. ▶ Roschke. 2. ▶ Reschke.

Rose: 1. Übername nach der Blumenbezeichnung (z. B. für den Rosenliebhaber, -züchter). ❖ Vgl. den Beleg *Heinrich mit der rosen* (Breslau 1396). 2. Herkunftsname zu Ortsnamen wie Rose, Rosa, Rosau. 3. Auf einen Hausnamen zurückgehender Familienname. ❖ *Burchardus ad Rosam civis Basiliensis* [zur Rose, Bürger von Basel] (a. 1261) ist a. 1289 auch als *Burckart zem Rosen* belegt. 4. Niederdeutscher Berufsübername zu mnd. *rose, kalkrose* ›Kalkröste‹ für den Kalkbrenner. 5. Vereinzelt kommt eine Ableitung von dem alten deutschen Rufnamen Rozo (*hruod*) infrage. ❖ Bekannter Namensträger: Jürgen Rose, deutscher Bühnen- und Kostümbildner (20./21. Jh.).

Röse: 1. ▶ Rose. 2. Herkunftsname zu dem Ortsnamen Rösa (Sachsen-Anhalt).

Rosebrock: 1. Herkunftsname zu dem Ortsnamen Rosebruch (Niedersachsen). 2. Wohnstättenname zu mnd. *rose* ›Rose‹ und mnd. *brōk* ›Bruch, eine tief liegende, von Wasser durchbrochene, mit Gehölz bestandene Ebene‹.

Rösel: Ableitung von ▶ Rose (1.) oder (3.) mit -*l*-Suffix. ❖ *Rösel smidchnecht* ist i. J. 1397 in München überliefert.

Röseler: 1. Berufsname auf -*er* zu ▶ Rose (1.) für den Rosenzüchter oder -händler. 2. Gelegentlich Ableitung auf -*ler* zu ▶ Rose (2.) oder (3.). ❖ *H. Röseler* ist a. 1330 in Nürnberg bezeugt.

Rosemann: einerseits im Raum Osnabrück, andererseits im Bereich Gera häufiger Familienname; Ableitung auf -*mann* zu ▶ Rose (1.), (2.), (4.) oder (5.).

Rosemeier, Rosemeyer: Standesnamen; nähere Bestimmung eines Meiers (▶ Meyer) durch ein persönliches Merkmal (etwa ›Rosenliebhaber‹, vgl. ▶ Rose [1.]) oder durch ein Kennzeichen des Hofes (etwa ›umgeben von Rosensträuchern‹). ❖ Ein früher Beleg stammt aus München: *Rosenmair cum uxore* [mit Ehefrau] (a. 1383). Im Jahre 1557 ist *Ludeke Rosenmeiger* in Hannover bezeugt. ❖ Bekannter Namensträger: Bernd Rosemeyer, deutscher Autorennfahrer (20. Jh.).

Rosen: 1. Herkunftsname zu dem gleichlautenden Ortsnamen (Nordrhein-Westfalen, Schlesien, Ostpreußen). 2. Flektierte Form von ▶ Rose.

Rosenau: 1. Herkunftsname zu dem gleichlautenden Ortsnamen (Baden-Württemberg, Bayern, Schlesien, Ostpreußen, ehem. Westpreußen, ehem. Posen, Österreich, Ostslowakei, Nordmähren, Elsass) oder zum Ortsnamen Rosenow (Mecklenburg-Vorpommern, ehem. Pommern/jetzt Polen, Brandenburg). 2. Wohnstättenname zu dem häufig vorkommenden gleichlautenden Flurnamen.

Rosenbauer: Standes- oder Berufsname, nähere Kennzeichnung eines Bauern (▶ Bauer) durch ein persönliches Merkmal (etwa ›Rosenliebhaber‹, vgl. ▶ Rose [1.]) oder durch ein Kennzeichen des Hofes (etwa ›umgeben von Rosensträuchern‹).

Rosenbaum: 1. Wohnstättenname zu mnd. *rōsenboum* ›Rosenstock‹ für jemanden, neben dessen Haus ein Rosenstock stand. Auch als Hausname ist »Rosenbaum« belegt: *Her Ulrich zum rōsenbaume* (Mainz a. 1300). 2. Als jüdischer Familienname oft wegen des Wohlklangs gewählt. ❖ Bekannte Namensträgerin: Marianne S. W. Rosenbaum, deutsche Filmregisseurin (20. Jh.).

Rosenberg(er): Herkunftsnamen zu dem Ortsnamen Rosenberg (Mecklenburg-Vorpommern, ehem. Pommern/jetzt Polen, Niedersachsen, Baden-Württemberg, Bayern, Schlesien, Ostpreußen, Österreich, Südböhmen, Mittelslowakei).

Rosenboom: niederdeutsche Form von ▶ Rosenbaum.

Rosenbusch: Wohnstättenname für jemanden, neben dessen Haus ein Rosenbusch stand.

Rosendahl: Herkunftsname zu dem gleichlautenden Ortsnamen (Schleswig-Holstein, Nordrhein-Westfalen). ❖ Bekannte Namensträgerin: Heide Rosendahl, deutsche Leichtathletin (20./21. Jh.).

Rösener: 1. Ableitung auf -*ner* von ▶ Rose (1.), gelegentlich von ▶ Rose (2.) oder (3.). ❖ In Nürnberg tritt Rösener im Wechsel mit ▶ Röseler auf, vgl. die Belege *C. Rosler* a. 1370–88, identisch mit *C. Rösner Sneyder*. 2. Herkunftsname zu dem Ortsnamen Rosen (Nordrhein-Westfalen, Schlesien, Ostpreußen).

Rosenfeld(er): Herkunftsnamen zu den Ortsnamen Rosenfeld (Schleswig-Holstein, ehem. Brandenburg/jetzt Polen, Sachsen, Baden-Württemberg), Rosenfelde (ehem. Brandenburg/jetzt Polen, ehem. Pommern/jetzt Polen, Ostpreußen).

Rosenheim(er): Herkunftsname zu dem Ortsnamen Rosenheim (Bayern, Rheinland-Pfalz).

Rosenhagen: Herkunftsname zu dem Ortsnamen (Schleswig-Holstein, Mecklenburg-Vorpommern, Brandenburg, Nordrhein-Westfalen); auch Name mehrerer Wüstungen (Sachsen-Anhalt, Thüringen).

Rosenkranz: 1. Zunächst Übername zu mnd. *rosenkrans*, mhd. *rōsenkranz* für jemanden, der (beim Tanz, auf einem Fest) einen auffälligen Kranz aus Rosen trug. 2. Erst seit dem 15. Jh. wurde die als »Rosenkranz« bezeichnete Betschnur (fnhd. *rosenkranz* ›Rosenkranz‹ < lat. *rosarium*) in Deutschland volkstümlich, doch kann im Einzelfall noch ein Berufsübername für den Rosenkranzmacher vorliegen. 3. Herkunftsname zu dem gleichlautenden Ortsnamen (Schleswig-Holstein, ehem. Westpreußen/jetzt Polen, Ostpreußen). 4. Aus einem gleichlautenden Haus- oder Flurnamen entstandener Familienname. ❖ Der in Nürnberg a. 1392 bezeugte *H. Rosenkrantz* trägt noch einen Übernamen nach einem Kranz von Rosen.

Rosenlacher, Rosenlecher: 1. Übernamen zu mhd. *rōsenlachende* ›wie Rosen lachend, blühend‹. 2. ▶ Rosenlöcher (1.). ❖ Ein *Rosenlacher* ist a. 1307 in Nürnberg bezeugt.

Rosenlöcher: 1. Wohnstättenname zu mhd. *rōse* ›Rose‹ und mhd *lōch* ›Gebüsch‹ für jemanden, der neben einem Rosengebüsch wohnte. 2. ▶ Rosenlacher (1.). ❖ Bekannter Namensträger: Thomas Rosenlöcher, deutscher Schriftsteller (20./21. Jh.).

Rosenmayer, Rosenmeier, Rosenmeyer: ▶ Rosemeier.

Rosenow: Herkunftsname zu dem gleichlautenden Ortsnamen (Mecklenburg-Vorpommern, ehem. Pommern/jetzt Polen, Brandenburg).

Rosenthal(er): Herkunftsnamen zu dem Ortsnamen Rosenthal (Bayern, Hessen, Thüringen, Niedersachsen, Nordrhein-Westfalen, Sachsen, Brandenburg, ehem. Brandenburg/jetzt Polen, Mecklenburg-Vorpommern, ehem. Westpreußen/jetzt Polen, Schlesien, Ostpreußen, Böhmen, Österreich, Schweiz).

Rosentreter, Rosentritt: 1. Übernamen zu mhd. *rōse*, mnd. *rose* ›Rose‹ und mhd. *trēten*, mnd. *treden* ›treten, tanzen‹ bzw. mhd. *trit*, mnd. *trede* ›Tritt, Schritt; Tanz‹, denen eine Anspielung auf den Tänzer eines besonderen Tanzes bzw. auf den Rosenzüchter, -liebhaber zugrunde liegen könnte. 2. Möglich sind auch Wohnstättennamen für jemanden, der an einem ›Rosenweg‹ wohnte (zu mhd. *trit*, mnd. *trede* ›Weg‹). ❖ Vgl. die Belege *Ecbert Rosentrede* (Hamburg a. 1262), *Heincze Rosintrith* (Neumarkt/Schlesien a. 1305), *Petir Rosentret* (Liegnitz a. 1372), *Diderike Rosentredere* (Hildesheim a. 1412).

Rosenzweig: auf ein Hauszeichen bzw. einen Hausnamen zurückgehender Familienname. Ein Hausname *zum Rosenzweig* ist in Freiburg i. Br. i. J. 1495 überliefert.

Roser, Röser: Ableitungen auf *-er* zu ▶ Rose (1., 2., 3., 4.).

Rosien, Rosin: 1. Herkunftsnamen zu den Ortsnamen Rosien (Niedersachsen), Rosin (Mecklenburg-Vorpommern). 2. Berufsübernamen zu mhd., mnd. *rosīne* ›Rosine‹ für den Rosinenhändler.

Rosinski, Rosinsky: Herkunftsnamen zu polnischen Ortsnamen wie Rosiniec u. Ä.

Röske: auf eine niederdeutsche Koseform mit *-k*-Suffix zu mit *hruod/hrōth* gebildeten Rufnamen, vor allem ▶ Rudolf, zurückgehender Familienname.

Rösler: ▶ Röseler.

Rosner, Rösner: ▶ Rösener.

Ross, Roß: 1. Berufsübernamen zu mhd. *ros* ›Ross, Streitross, Reit- und Wagenpferd‹ für den Reiter, Rosshändler, Fuhrmann, Pferdeknecht. 2. Diesen Familiennamen kann auch ein Hausname zugrunde liegen. ❖ *Rudolfus dictus* [genannt] *zem Rosse* ist a. 1283 in Basel bezeugt. Ein Haus *tu dem witten rosse* [zum weißen Ross] ist a. 1396 in Halle überliefert.

Rossa: Herkunftsname zu dem Ortsnamen Rossa (Ostpreußen).

Rossbach(er), Roßbach(er): Herkunftsnamen zu dem Ortsnamen Roßbach (Bayern, Baden-Württemberg, Hessen, Rheinland-Pfalz, Sachsen-Anhalt, Schlesien, Österreich, Böhmen).

Roßberg(er): Herkunftsnamen zu dem Ortsnamen Roßberg (Bayern, Baden-Württemberg, Hessen, Rheinland-Pfalz, Schlesien, Ostpreußen, Österreich, Schweiz).

Rossdeutscher, Roßdeutscher: durch Umdeutung in Anlehnung an das Wort »Deutscher« entstandene Formen von ▶ Rossteuscher.

Rossel, Rössel: 1. Ableitungen von ▶ Ross mit *-l*-Suffix. 2. Vereinzelt Herkunftsnamen zu den Ortsnamen Rossel (Nordrhein-Westfalen), Rössel (Ostpreußen).

Rossi: 1. Ostfälischer Herkunftsname (▶ Rössing), bei dem das Suffix *-ing* verkürzt wurde. 2. Italienischer, mit der Endung *-i* (lat. Genitiv oder italien. Plural) gebildeter Übername zu italien. *rosso* ›rot‹ (< lat. *russus* ›rot‹) für einen rothaarigen Menschen.

Rössing, Rößing: Herkunftsnamen zu dem Ortsnamen Rössing (Niedersachsen).

Rossignol: Übername zu franz. *rossignol* ›Nachtigall‹.

Rossipa(u)l: eindeutschende Schreibungen von ▶ Rozsypal.

Roßkopf: 1. Übername (›Pferdekopf‹) nach einem bildlichen Vergleich. 2. Wohnstättenname zu dem gleichlautenden Bergnamen. 3. Auf einen Hausnamen zurückgehender Familienname.

Rössle, Rößle: schwäbische Ableitungen von ▶ Ross, Roß.

Rossler, Roßler, Rössler, Rößler: 1. Berufsnamen zu mhd. *rösselīn* ›Rösslein‹ für jemanden, der mit Pferden zu tun hatte, also für einen Pferdehändler, -züchter, Pferdeknecht oder auch Fuhrmann. 2. Berufsnamen für den Rössler, eine Art Weißgerber. 3. Gelegentlich Herkunftsnamen zu den Ortsnamen Rößler (Baden-Württemberg), Röslau (Oberfranken), Roßla, Roßlau (Sachsen-Anhalt), Niederroßla (Thüringen). 4. Gelegentlich auch Rösler (▶ Röseler).

Rossmann, Roßmann: 1. Berufsnamen auf *-mann* zu mhd. *ros* ›Ross, Streitross, Wagenpferd‹ für den Pferdehändler oder -züchter. 2. Vereinzelt Ableitungen auf *-mann* von ▶ Ross, Roß (2.).

Rossner, Roßner, Rössner, Rößner: 1. Ableitungen auf *-ner* zu ▶ Ross, Roß; oft im Wechsel mit ▶ Rossler, Roßler, Rössler, Rößler (1.). 2. Gelegentlich auch Rösner (▶ Rösener).

Rossow: Herkunftsname zu den gleichlautenden Ortsnamen (Mecklenburg-Vorpommern, Brandenburg, ehem. Pommern/jetzt Polen).

Rossteuscher, Roßteuscher, Rossteutscher, Roßteutscher: Berufsnamen zu mhd., mnd. *rostūscher* ›Rosstauscher, Pferdehändler‹, fnhd. *roßdeuscher* ›Tauschhändler mit Pferden‹. ❖ *Hartneit Rostauscher* ist i. J. 1336 in Regensburg bezeugt.

Rost: 1. Berufsübername zu mhd. *rōst*, mnd. *rōste* ›Rost; Glut, Feuer‹ für einen Schmied oder Koch. 2. Übername zu mhd., mnd. *rost* ›Rost‹ nach der Haarfarbe des ersten Namensträgers oder Berufsübername für einen Metallhandwerker (z. B. für einen Schwertfeger). 3. Wohnstättenname zu mhd. *rōst*, mnd. *rōste* ›eisernes Gitterwerk, z. B. über einer Grube vor Kirchhöfen zur Abhaltung des Viehs‹. 4. Auf einen Hausnamen zurückgehender Familienname. In Freiburg i. Br. sind ein Haus *zum großen Rost* sowie ein Haus *zum kleinen Rost* i. J. 1460 überliefert. 5. Herkunftsname zu dem gleichlautenden Ortsnamen (Luxemburg). 6. Vereinzelt aus einer Ableitung des slawischen Rufnamens Rostislav (urslaw. **orsti* ›wachsen‹ + urslaw. **slava* ›Ruhm, Ehre‹) hervorgegangener Familienname.

Roste(c)k: 1. Herkunftsnamen zu dem Ortsnamen Rostek in Ostpreußen. 2. Übernamen zu poln. *rostek* ›Keim, Spross, Schössling‹ oder zu apoln. *rost* ›Rost‹. 3. Aus einer mit dem Suffix *-ek* gebildeten Ableitung des slawischen Rufnamens Rostislav (▶ Rost [6.]) hervorgegangene Familiennamen.

Rostig: Übername zu mhd. *rostec, rostic* ›rostig‹, vgl. ▶ Rost (2.).

Rostock: Herkunftsname zu dem gleichlautenden Ortsnamen (Mecklenburg-Vorpommern, Steiermark) bzw. zu einer Wüstung bei Mellin (Sachsen-Anhalt) oder zu dem Ortsnamen Rostig (Sachsen), 1350 *Rostok*.

Rot: ▶ Roth.

Rotärmel: ▶ Rothermel.

Rotenberg(er): ▶ Rothenberg(er).

Roter: ▶ Rother.

Rotermel: ▶ Rothermel.

Rotermund: ▶ Rothmund.

Roters: patronymische Bildung (starker Genitiv) zu Roter (▶ Rother [1.]).

Rotfuchs: ▶ Rothfuchs.

Rotfus, Rotfuß: ▶ Rothfuß.

Roth: 1. Übername zu mhd. *rōt* ›rot, rothaarig‹; bildlich ›falsch, listig‹ nach dem Aussehen bzw. dem Verhalten des ersten Namensträgers. 2. Herkunftsname zu den äußerst häufigen Ortsnamen Rot(h). 3. Niederdeutscher Wohnstättenname zu mnd. *rot* ›zur Ausrodung bestimmtes oder bereits gerodetes Waldland‹. ❖ Bekannte Namensträger: Joseph Roth, österreichischer Schriftsteller (19./20. Jh); Eugen Roth, deutscher Schriftsteller (19./20. Jh.); Gerhard Roth, österreichischer Schriftsteller (20./21. Jh.); Friederike Roth, deutsche Schriftstellerin (20./21. Jh.).

Röth: 1. Herkunftsname zu Ortsnamen wie Röt, Röth, im Bereich Darmstadt auch für Zuwanderer aus dem Rodgau. 2. Gelegentlich Wohnstättenname zu mnd. *rote* ›Teich oder Wasserloch zum Flachsrotten‹.

Rothaar: Übername für einen rothaarigen Menschen.

Rothardt: aus dem gleichlautenden deutschen Rufnamen *(hrōth/hruod + harti)* hervorgegangener Familienname.

Rothärmel: ▶ Rothermel.

Rothbart(h): Übernamen für einen Menschen mit einem rötlichen Bart.

Rothe: 1. ▶ Roth (1.). 2. Gelegentlich Herkunftsname zu den Ortsnamen Rotha (Sachsen-Anhalt), Rothe (Nordrhein-Westfalen).

Rothenberg(er): Herkunftsnamen zu den Ortsnamen Rothenberg (Nordrhein-Westfalen, Hessen, Rheinland-Pfalz, Bayern), Rothenberga (Thüringen), Rothenbergen (Hessen), Rotenberg (Baden-Württemberg). ❖ Bekannte Namensträgerin: Anneliese Rothenberger, deutsche Sängerin (20./21. Jh.).

Rother, Röther: 1. Auf den alten deutschen Rufnamen Rother/Ruother *(hrōth/hruod + heri)* zurückgehende Familiennamen. 2. Stark flektierte Formen oder patronymische Bildungen auf *-er* zu ▶ Roth (1.). 3. Herkunftsnamen auf *-er* zu Ortsnamen wie Rot(h), Rodt, Rotha, Rothe, Rötha u. a.

Rothermel: Übername zu mhd. *rōt* ›rot‹ und mhd. *ermel* ›Ärmel‹ nach einer Besonderheit der Kleidung. ❖ Ein früher Beleg stammt aus Freiburg: *Cuonr. Rotermelli* (a. 1283).

Rothfuchs: Übername nach der Tierbezeichnung; ▶ Fuchs. ❖ *Ulrich Rotfuchs* ist a. 1369 in München bezeugt.

Rothfuß: 1. Übername zu mhd. *rōt* ›rot‹ und mhd. *vuoʒ* ›Fuß‹ als Anspielung auf den Träger von Schuhen aus rötlichem Leder, vgl. auch ▶ Rothschuh. 2. ▶ Rothfuchs.

Rothgerber: Berufsname zu mhd. *rōtgerwer* ›Rotgerber‹, vgl. ▶ Gerber.

Röthig: am häufigsten ist dieser Name im Bereich Bautzen–Dresden. 1. Aus einer Ableitung von slawischen Rufnamen wie Rodoslav (urslaw. **rodъ* ›Geschlecht, Geburt, Abstammung‹ + urslaw. **slava* ›Ruhm, Ehre‹) o. Ä. entstandener Familienname. 2. Aus einer verschliffenen Form von ▶ Röthing hervorgegangener Familienname.

Röthing: aus einer patronymischen Bildung auf *-ing* zu einer Kurzform eines mit dem Namenwort *hruod* beginnenden Namens (z. B. ▶ Rudolf, ▶ Rudiger) entstandener Familienname.

Rothkegel, Rothkögel: Übernamen zu mhd. *rōt* ›rot‹ und mhd. *kogel* ›Kapuze‹ nach einer Besonderheit der Kleidung.

Rothmaler: Berufsname für den Künstler, der in Handschriften die Initialen ausmalte.

Rothmann: 1. Aus dem alten Rufnamen Rotmann *(hruod + man)* entstandener Familienname. 2. Ableitung auf *-mann* zu ▶ Roth.

Rothmund: 1. Übername nach der Lippenfarbe. 2. Eine Ableitung von dem alten deutschen Rufnamen Ruodmunt *(hruod + munt)* kommt nur äußerst selten infrage.

Rothschild: auf einen Hausnamen zurückgehender Familienname. ❖ Vgl. den Beleg *Hartmut von deme roten Schilde*, Bürger zu Speyer (a. 1296).

Rothschmitt: Berufsname zu mhd. *rōtsmit* ›Rot- oder Gelbgießer, Kupferschmied‹. ❖ Vgl. den Beleg *Ulrici dicti* [genannt] *Rotsmit* (Regensburg 1332).

Rothschuh: Übername für den Träger von Schuhen aus rötlichem Leder.

Rothut: Übername für den Träger eines roten Huts.

Rothweiler(er): Herkunftsnamen zu dem Ortsnamen Rottweil (Baden-Württemberg).

Rotkegel: ▶ Rothkegel.

Rotmann: ▶ Rothmann.

Rott: Herkunftsname zu den äußerst häufigen Ortsnamen Rott, Rot(h), gelegentlich auch Wohnstättenname zu dem Flussnamen Rott (Bayern).

Rotter: 1. Herkunftsname auf *-er* zu ▶ Rott. 2. Berufsname zu mhd. *rotte, rote* ›ein harfenartiges Saiteninstrument; Drehleier‹ für den Musikanten. 3. Ostschwäbischer Berufsname für ein Mitglied der Rottzunft, die für den Transport von Packgütern zuständig war, oder für den Inhaber eines Rottfuhrwerks. 4. Amtsname zu mhd. *rote, rotte* ›Schar, Abteilung von 4, 10 oder mehr Mann‹ für den Rottenführer, auch für den ›Vorsteher einer Gemeinde, einer Marktgenossenschaft‹.

Röttgen: Herkunftsname zu dem gleichlautenden Ortsnamen (Nordrhein-Westfalen, Rheinland-Pfalz).

Röttger: aus dem gleichlautenden deutschen Rufnamen *(hrōth + gēr)* entstandener Familienname, vgl. ▶ Rudiger.

Röttgers: patronymische Bildung (starker Genitiv) zu Röttger (▶ Rudiger).

Rottler: 1. ▶ Rotter. 2. Gelegentlich als Weiterentwicklung von ▶ Rotter (4.) auch ›Büttel‹.

Rottmann: 1. Ableitung auf -*mann* von ▸ Rott. 2. ▸ Rotter (4.). ❖ Bekannter Namensträger: Carl Anton Joseph Rottmann, deutscher Maler (18./19. Jh.).

Rötzer: 1. Herkunftsname zu dem Ortsnamen Rötz (Bayern, Österreich). 2. Berufsname zu mhd. *ræʒe* ›Flachs-, Hanfröste‹ für jemanden, der das Flachsstroh in dem Flachsteich (Röste) zum Faulen brachte. 3. Wohnstättenname: ›wohnhaft bei einer Flachsröste‹.

Roux: Übername zu franz. *roux* ›rothaarig‹. ❖ Roux ist auch als Hugenottenname bezeugt: *Marie Roux* (Hameln a. 1694).

Röver, Röwer: niederdeutsche Übernamen zu mnd. *rover* ›Räuber‹.

Rowohlt, Rowold(t), Rowolt: Herkunftsnamen zu dem Ortsnamen Rodewald (Niedersachsen). ❖ Die Entstehung dieses durch niederdeutschen Ausfall des *d* zwischen Vokalen zustande gekommenen Familiennamens verdeutlicht der Beleg aus Goslar a. 1621 *Margarete Rohewolts*.

Rox: auf eine patronymische Bildung (starker Genitiv) zu ▸ Roch (1.) bzw. (2.) oder auf eine durch Zusammenziehung entstandene Form von ▸ Rochus zurückgehender Familienname.

Roy: 1. Herkunftsname zu den Ortsnamen Roy, Royn (Schlesien), Royen (Ostpreußen), Royum (Schleswig-Holstein). 2. Indischer Übername in der Bedeutung ›wohlhabend; Prinz, König‹ zu sanskrit *rāya* ›wohlhabend‹. 3. Französischer und englischer Übername zu altfranz. *roi* ›König‹. ❖ Roy ist auch als Hugenottenname bezeugt: *David Roy* (Emden a. 1705).

Roye: ▸ Roy (1.).

Rozsypal: Übername zu einer Partizipform von tschech. *rozsypat* ›verstreuen‹ (›er hat verstreut‹). Derartige Namen, die sich auf ein längst vergessenes Erlebnis des ersten Namensträgers beziehen, sind im Tschechischen häufig und kommen vor allem in Mähren vor.

Rüb(e): Berufsübernamen zu mhd. *ruobe, rüebe* ›Rübe‹ für einen Bauern oder Übernamen nach einem bildlichen Vergleich bzw. nach dem Bestandteil der Ernährung. Rüben und Kohl waren im Mittelalter die Hauptnahrungsmittel der armen Leute.

Rubel: Übername zu poln. *wróbel*, osorb. (mda.) *róbl* ›Sperling‹.

Rüber: 1. Berufsübername zu mhd. *ruobe, rüebe* ›Rübe‹ für den Bauern, der Rüben anbaute. 2. Herkunftsname zu dem gleichlautenden Ortsnamen (Rheinland-Pfalz).

Rübesam(e), Rübesamen: ▸ Rübsam.

Rubin: Berufsübername zu mhd. *rubīn* ›Rubin‹ für einen Goldschmied bzw. Übername für den Träger eines mit dem roten Edelstein besetzten Rings. ❖ Vgl. den Beleg *Nic. Rubein* (Brünn 1343).

Rubinstein: als jüdischer Familienname wegen des Wohlklangs gewählt.

Rublack: aus der eindeutschenden Schreibung eines polnischen oder obersorbischen Übernamens (zu poln. *wróbel*, osorb. mda. *róbl* ›Sperling‹ + *-ak*-Suffix) hervorgegangener Familienname.

Rubner: ▸ Rüber (1.).

Rübsam: Berufsübername zu mhd. *ruobsām(e)* ›Rübensame(n), Rübsen‹ für den Bauern, der Rübsame(n) zur Ölgewinnung anbaute.

Ruch: Übername zu mhd., mnd. *rūch* ›haarig, struppig, zottig; rau‹, auch ›ungebildet, ungestüm‹ nach dem Aussehen oder dem Verhalten des ersten Namensträgers.

Ruck, Rück: 1. Übernamen zu mhd. *rück(e), rucke* ›Rücken‹ nach einem körperlichen Merkmal. 2. Wohnstättennamen nach der Form des Siedlungsgeländes. 3. Aus einer Kurzform von Rucker, Rücker (▸ Rudiger) hervorgegangene Familiennamen.

Ruckdäschel, Ruckdeschel: ▸ Rucktäschel.

Rucker, Rücker: 1. ▸ Rudiger. 2. Gelegentlich Übernamen zu mhd. *rücken, rucken* ›schiebend an einen anderen Ort bringen, rücken, zücken‹. 3. Stammt der Familienname Rucker aus dem niederdeutschen Raum, dann kann es sich um einen Übernamen zu mnd. *rucker* ›Räuber, Raffer, Habsüchtiger‹ handeln.

Rückert: aus einer Erweiterung von ▸ Rucker, Rücker mit sekundärem *-t* entstandener Familienname. ❖ Bekannter Namensträger: Friedrich Rückert, deutscher Dichter und Orientalist (18./19. Jh.). Seine Vorfahren schrieben sich noch im 16. Jh. Rucker.

Ruckes: 1. Patronymische Bildung (starker Genitiv) zu ▸ Ruck (3.). 2. Herkunftsname zu dem gleichlautenden Ortsnamen (Nordrhein-Westfalen).

Rucktäschel: Übername in Satzform (»rücke/bewege das Täschchen«) zu mhd. *rucken* ›fortbewegen, rücken‹ und mhd. *teschelīn* ›Täschchen‹, der ursprünglich wohl einem wandernden Handwerksgesellen verliehen wurde. ❖ Vgl. den Beleg *Hans Rucketasche* (Braunschweig 1603).

Rudat: Übername zu lit. *rùdas* ›rotbraun‹.

Rude: 1. ▶ Rüde (1.), (2.). 2. Herkunftsname zu den Ortsnamen Ruda (Schlesien), Rudau (Ostpreußen).

Rüde: 1. Aus einer Koseform von Rufnamen, die mit dem Namenwort *hruod* gebildet sind (z. B. ▶ Rudolf, ▶ Rudiger), entstandener Familienname. 2. Übername zu mhd. *rüde, rüede, rude* ›großer Hetzhund‹. 3. Herkunftsname zu den Ortsnamen Rüde (Schleswig-Holstein), Groß- und Kleinrhüden (Niedersachsen).

Rudel: 1. Aus einer mit *-l*-Suffix gebildeten Koseform von Rufnamen, die das Namenwort *hruod* enthalten (z. B. ▶ Rudolf, ▶ Rudiger), entstandener Familienname. 2. Gelegentlich Berufsübername zu mhd. *ruodel* ›Ruder‹ für einen Schiffer.

Rüdel: ▶ Rudel (1.).

Ruder: 1. Berufsübername zu mhd. *ruoder* ›Ruder‹ für einen Schiffer. 2. Gelegentlich aus einer verschliffenen Form von Ruodher *(hruod + heri)* oder Ruodger (▶ Rudiger) hervorgegangener Familienname. ❖ Der Reutlinger Bürger *Ruder dictus* [genannt] *Bondorffer* (a. 1284) ist i. J. 1312 als *Ruodger der Bondorffer* belegt.

Rudert: aus dem alten deutschen Rufnamen Rudhart *(hruod + harti)* hervorgegangener Familienname.

Rüdger: ▶ Rudiger.

Rudi: 1. Im alemannischen Bereich aus einer Koseform von Rufnamen, die das Namenwort *hruod* enthalten (z. B. ▶ Rudolf, ▶ Rudiger), entstandener Familienname. 2. In Niedersachsen aus Ruding, einer patronymischen Form mit *-ing*-Suffix zu Rufnamen, die das Namenwort *hruod* enthalten (z. B. ▶ Rudolf, ▶ Rudiger), entstandener Familienname, wobei das Suffix *-ing* verkürzt wurde.

Rudiger, Rüdiger: auf den gleichlautenden Rufnamen zurückgehende Familiennamen. ❖ Aus der Vollform *(hruod/hrōth + gēr)* sind Familiennamen wie **Riediger, Rüdger, Rüttger, Rödiger, Röttger** hervorgegangen. ❖ Hierzu gehören patronymische Bildungen wie **Rüttgers** und **Röttgers.** ❖ Bei den Familiennamen **Rüger, Rieger, Rucker, Rücker** handelt es sich meist um zusammengezogene Formen von Rudiger. ❖ Als Kurzformen von Rüger begegnen uns z. B. die Familiennamen **Rüegg** und **Riegg,** z. T. auch **Ruck** und **Rück.** ❖ Familiennamen wie **Rude, Rüde, Rudel, Rüdel, Riedel** u. a. können aus Rudiger oder aus einem anderen mit dem Namenwort *hruod* gebildeten Rufnamen entstanden sein.

Rudloff: durch *-l-*Umsprung entstandene Variante von ▶ Rudolf.

Rudni(c)k: 1. Berufsnamen zu osorb., poln. *rudnik* ›Bergmann‹. 2. Wohnstättennamen zu nsorb. *rudnik* ›Wiese mit Sumpferz‹, poln. ›Bergwerk, Grube‹. 3. Übernamen zu osorb. *rudny* ›rotbraun‹. ❖ Bekannte Namensträgerin: Barbara Rudnik, deutsche Filmschauspielerin (20./21. Jh.).

Rudnicki: Herkunftsname zu polnischen Ortsnamen wie Rudnik, Rudniki, Rudnica.

Rudnitzki: eindeutschende Schreibung von ▶ Rudnicki.

Rudolf, Rudolph: auf den gleichlautenden Rufnamen zurückgehende Familiennamen. ❖ Aus der Vollform *(hruod/hrōth + wolf)* sind u. a. die Familiennamen **Rudloff, Rohloff, Roloff, Ruloff** hervorgegangen. ❖ Bei **Rudolphi** handelt es sich um eine patronymische Bildung im Genitiv zu der latinisierten Form Rudolphus. ❖ Aus zusammengezogenen Formen von Rudolf sind Familiennamen wie **Raulf, Rohlf, Rolf(f), Roolf, Rulf** entstanden. ❖ Hierzu gehören patronymische Bildungen wie **Ro(h)lfing, Raulfs, Rohlfs, Rolf(e)s, Rolffs, Roolfs, Rulfs.** ❖ Bei den Familiennamen **Ruf(f), Rueff, Ruoff** handelt es sich ebenfalls um zusammengezogene Formen von Rudolf. ❖ Familiennamen wie **Rude, Rüde, Rüdt, Rudel, Rüdel, Riedel** u. a. können aus Rudolf oder aus einem anderen mit dem Namenwort *hruod* gebildeten Rufnamen entstanden sein.

Rudolphi: patronymische Bildung (Genitiv der latinisierten Form Rudolphus) zu ▶ Rudolf.

Rüdt: ▶ Rüth, ▶ Rüde (2.).

Rueff: auf eine durch Zusammenziehung entstandene Form von ▶ Rudolf zurückgehender Familienname.

Rüegg: auf eine Kurzform von Rüger (▶ Rudiger) zurückgehender Familienname.

Rueß: ▶ Russ, Ruß.

Ruf: auf eine durch Zusammenziehung entstandene Form von ▶ Rudolf zurückgehender Familienname. ❖ Bekannter Namensträger: Sep Ruf, deutscher Architekt (20. Jh.).

Rufer, Rüfer: 1. Amtsnamen zu mhd. *ruofære, rüefære* ›Rufer, Ausrufer‹. 2. Niederdeutsche Übernamen zu mnd. *ruffer* ›der unkeusch lebt; Kuppler, Hurenwirt‹.

Ruff: ▶ Ruf.

Ruffer, Rüffer: ▶ Rufer, Rüfer.

Ruffing: patronymische Bildung auf *-ing* zu dem alten Rufnamen Ruffo, der durch Zusammenziehung aus ▶ Rudolf entstanden ist.

Ruge: 1. Durch Wandel von *-w-* zu *-g-* entstandener niederdeutscher Übername zu mnd. *rū, rūw* ›rau, haarig, zottig‹ nach dem Aussehen oder dem Verhalten des ersten Namensträgers. 2. Übername zu mhd. *ruowe, rūge,* fnhd. *ruge* ›Ruhe‹. 3. Im oberdeutschen Raum kann diesem Familiennamen eine Kurzform von Rüger (▶ Rudiger, Rüdiger) zugrunde liegen. ❖ Bekannte Namensträgerin: Nina Ruge, deutsche Fernsehmoderatorin und Journalistin (20./21. Jh.).

Rüger: 1. Auf eine durch Zusammenziehung entstandene Form von ▶ Rudiger zurückgehender Familienname. 2. Amtsname zu mhd. *rüegære* ›Ankläger beim Rügegericht‹.

Ruh: vor allem im Südwesten des deutschen Sprachgebiets verbreiteter Übername, dem eine nicht diphthongierte Form von ▶ Rau zugrunde liegt.

Ruhe: vor allem im nördlichen Teil des deutschen Sprachgebiets verbreiteter Übername, dem eine nicht diphthongierte Form von Raue (▶ Rau) zugrunde liegt.

Ruhl: ▶ Ruhle.

Rühl: ▶ Rühle.

Ruhland: 1. Aus dem gleichlautenden deutschen Rufnamen *(hruod + lant)* entstandener Familienname. 2. Herkunftsname zu den Ortsnamen Ruhland (Brandenburg), Ruhlands (Bayern).

Ruhle: 1. Aus einer Koseform von Rufnamen, die mit dem Namenwort *hruod* gebildet sind (z. B. ▶ Rudolf), entstandener Familienname. 2. Vereinzelt Herkunftsname zu dem Ortsnamen Ruhla (Thüringen).

Rühle: 1. ▶ Ruhle (1.). 2. Herkunftsname zu dem gleichlautenden Ortsnamen (Niedersachsen).

Rühlemann: Ableitung von ▶ Rühle mit dem Suffix *-mann*.

Rühling: patronymische Bildung auf *-ing* zu Rühl (▶ Rühle).

Rühlmann: ▶ Rühlemann.

Ruhmann: 1. Ableitung auf *-mann* zu Rude (▶ Rüde [1.]). 2. Übername auf *-mann* zu mnd. *rūge, rūwe* ›rau‹ (vgl. ▶ Ruge [1.]): ›der raue Mann‹.

Rühmann: Ableitung auf *-mann* zu ▶ Rüde (1.) und (3.). ❖ Bekannter Namensträger: Heinz Rühmann, deutscher Schauspieler (20. Jh.).

Ruhmer, Rühmer: Übernamen zu mhd. *rüemære, ruomære* ›Rühmer, Prahler‹.

Rühmkorf(f): niederdeutsche Übernamen in Satzform (»räume [den] Korb [leer]«) für den Habgierigen zu mnd. *rumen* ›räumen, leeren‹ und mnd. *korf* ›Korb‹. ❖ Bekannter Namensträger: Peter Rühmkorf, deutscher Schriftsteller (20./21. Jh.).

Ruhnau: Herkunftsname zu den Ortsnamen Runau (ehem. Brandenburg/jetzt Polen), Ruhnow (ehem. Pommern/jetzt Polen), Runow (Mecklenburg-Vorpommern).

Ruhnke: nordostdeutscher Familienname; vielleicht Herkunftsname zu dem Ortsnamen Rumbke (ehem. Pommern/jetzt Polen) oder zu einem der unter ▶ Ruhnau erwähnten Ortsnamen.

Ruick: ▶ Roick.

Ruland: ▶ Ruhland.

Rulf: aus einer durch Zusammenziehung entstandenen Form von ▶ Rudolf hervorgegangener Familienname.

Rulfs: patronymische Bildung (starker Genitiv) zu ▶ Rulf.

Rülke: aus einer Koseform von Rufnamen, die mit dem Namenwort *hruod* gebildet sind (z. B. ▶ Rudolf, ▶ Rudiger), entstandener Familienname.

Ruloff: durch *-l-*Umsprung entstandene Variante von ▶ Rudolf.

Ruloffs: patronymische Bildung (starker Genitiv) zu Ruloff (▶ Rudolf).

Rummel: aus einer Kurzform von Rufnamen, die mit dem Namenwort *hruom* gebildet sind (vgl. ▶ Rumold), entstandener Familienname. ❖ *der alt rumel* ist a. 1350 in Esslingen bezeugt.

Rummler, Rümmler: 1. Übernamen zu mhd. *rummeln* ›lärmen, poltern‹. 2. Patronymische Bildung auf *-er* zu ▸ Rummel.

Rumold: aus dem gleichlautenden deutschen Rufnamen *(hruom + walt)* entstandener Familienname.

Rump: 1. Auf eine Kurzform von ▸ Rumpold zurückgehender Familienname. 2. Übername oder Berufsübername zu mnd. *rump* ›Rumpf, Leib; längliches bauchiges Gefäß; Salzmaß in der Saline; Bienenkorb; der hölzerne Trichter in der Mühle; als Kleidungsstück: Leibchen‹.

Rumpel: ▸ Rumpelt oder ▸ Rumpler.

Rumpelt: aus einer verschliffenen Form von ▸ Rumpold entstandener Familienname.

Rumpf(f): Übernamen zu mhd. *rumph* ›Rumpf, Leib‹; auch ›große hölzerne Schüssel‹ oder zu mhd. *rumph* ›gebogen, gekrümmt‹.

Rumpler, Rümpler: Übernamen zu mhd. *rumpeln* ›geräuschvoll sich bewegen, lärmen, poltern‹.

Rumpold: aus dem gleichlautenden deutschen Rufnamen *(hruom + bald)* entstandener Familienname.

Runde: Übername, der aus der flektierten Form von mhd., mnd. *runt* ›rund‹ entstanden ist, vielleicht nach der Gesichtsform.

Runge: Berufsübername zu mhd., mnd. *runge* ›Stange, Stemmleiste an einem Wagen‹ für den Wagner oder Stellmacher. ❖ Bekannter Namensträger: Philipp Otto Runge, deutscher Maler (18./19. Jh.).

Runkel: Herkunftsname zu dem gleichlautenden Ortsnamen (Hessen).

Runte: vor allem in Westfalen verbreiteter Familienname, der auf einen Flurnamen bzw. auf den Ortsnamen Rünthe bei Hamm (Westfalen) zurückgeht.

Ruoff: auf eine durch Zusammenziehung entstandene Form von ▸ Rudolf zurückgehender Familienname.

Ruperti: patronymische Bildung im Genitiv zu der latinisierten Form Rupertus (▸ Rupprecht).

Rupp: aus einer Kurzform von ▸ Rupprecht entstandener Familienname.

Ruppel, Rüppel: aus einer mit *-l*-Suffix gebildeten Koseform von ▸ Rupprecht entstandene Familiennamen.

Ruppelt: aus einer verschliffenen Form des alten deutschen Rufnamens Ruppold *(hruod + bald)* entstandener Familienname.

Ruppenthal: Herkunftsname zu einem gleichlautenden Ortsnamen.

Ruppert: ▸ Rupprecht.

Ruppertz: patronymische Bildung (starker Genitiv) zu Ruppert (▸ Rupprecht).

Rupprecht: aus dem gleichlautenden deutschen Rufnamen *(hruod + beraht)* entstandener Familienname. Der Rufname Ruppert/Rup(p)recht fand im Mittelalter als Name des Apostels Bayerns und ersten Bischofs von Salzburg (7./8. Jh.), große Verbreitung im Süden des deutschen Sprachgebiets. ❖ Als Varianten von Rupprecht begegnen uns u. a. die Familiennamen **Ruprecht** und **Ruppert** sowie die in Schlesien entstandene Form **Rupprich**. ❖ Bei dem Familiennamen **Ruperti** handelt es sich um eine patronymische Bildung im Genitiv zu der latinisierten Form Rupertus. ❖ Aus Kurz- und Koseformen sind Familiennamen wie **Rupp, Ruppel, Rüppel** entstanden. ❖ Gleichbedeutend mit Rupprecht ist der im Nordwesten und Norden Deutschlands heimische Familienname **Robert** *(hröth + beraht)*. ❖ Hiervon leitet sich die patronymische Bildung **Robertz** ab. ❖ Aus Koseformen von Robert sind Familiennamen wie **Robbe** (mit der patronymischen Form **Robben**) und **Röpke** hervorgegangen.

Rupprich: auf eine schlesische Form von ▸ Rupprecht zurückgehender Familienname.

Ruprecht: ▸ Rupprecht.

Rusch, Rüsch, Rusche: 1. Wohnstättennamen zu mnd., mhd. *rusch, rusche* ›Binse, Schilfrohr‹ für jemanden, der bei einem mit Binsen bewachsenen Gelände wohnte. Ein solches Gelände wurde auch oft ›der Rusch‹ genannt. 2. Übernamen zu mhd. *rusch* ›rasch, schnell‹ für einen hurtigen Menschen. 3. Aus Koseformen von Rufnamen, die mit dem Namenwort *hruod* gebildet sind (z. B. ▸ Rudolf, ▸ Rudiger), entstandene Familiennamen. 4. Herkunftsnamen zu den Ortsnamen Rusch (Schleswig-Holstein, Mecklenburg-Vorpommern, Nordrhein-Westfalen, Bayern), Rüsch (Schleswig-Holstein).

Ruschitzka: eindeutschende Schreibung von ▸ Ruzicka.

Ruschke: 1. Niederdeutscher, aus einer mit -k-Suffix gebildeten Koseform von Rufnamen, die mit dem Namenwort *hruod* gebildet sind (z. B. ▶ Rudolf, ▶ Rudiger), entstandener Familienname. 2. Im deutsch-slawischen Kontaktgebiet aus einem urslaw. **rusъ* ›rot‹ oder urslaw. **rušiti* ›stören‹ enthaltenden Rufnamen mit -k-Suffix gebildeter Familienname.

Rüsing: vor allem im Bereich Bielefeld häufig vorkommende patronymische Bildung auf -ing, vielleicht zu einem Übernamen zu mnd. *ruse* ›Rose‹, auch ›Kalkröse‹, d. i. der zum Brennen aufgeschichtete Kalkhaufen, oder zu mnd. *ruse* ›Fischreuse‹.

Russ, Ruß: 1. Berufsübernamen für einen Schmied oder Köhler bzw. Übernamen für einen schmutzigen Menschen (zu mhd. *ruoʒ* ›Ruß, Schmutz‹). 2. Aus einer mit -z-Suffix gebildeten Koseform von Rufnamen, die das Namenwort *hruod* enthalten, hervorgegangene Familiennamen.

Russek: 1. Herkunftsname zu poln. (volkssprachlich) *Rusek* ›Russe‹. 2. Übername; mit dem Suffix -ek gebildete Ableitung von poln. *rusy* ›rot(haarig)‹, tschech. *rusý* ›rötlich blond‹.

Russo: italienischer Übername zu italien. (älter) *russo* ›rot‹ (< lat. *russus* ›rot‹) für einen rothaarigen Menschen.

Rust: 1. Wohnstättenname zu fnhd. *rust(baum)* ›Rüster‹. Da diese Ulmenart ein sehr gutes Holz (z. B. für den Wagenbau) liefert, könnte es sich hierbei um einen Berufsübernamen für den Wagner oder einen anderen Holzhandwerker handeln. 2. Wohnstättenname zu mnd. *rust(e)* ›Ruhe, Rast; als Längenmaß: eine Strecke Weges‹. 3. Übername zu mnd. *rust* ›Rost‹ nach der Haarfarbe des ersten Namensträgers oder Berufsübername für einen Metallhandwerker (z. B. für einen Schwertfeger). 4. Berufsübernamen zu fnhd. (md.) *rust* ›Ruß‹ für einen Schmied oder einen Köhler. 5. Aus dem seltenen Rufnamen Rusto (zu ahd. [h]*rustan* ›rüsten‹) hervorgegangener Familienname. ❖ Vgl. den Beleg *Růst Schrodere* (Halle 1308/69). 6. Herkunftsname zu dem gleichlautenden Ortsnamen (Baden-Württemberg, Österreich, Böhmen). ❖ Bekannter Namensträger: Friedrich Wilhelm Rust, deutscher Violinist und Komponist (18. Jh.).

Rüst: 1. ▶ Rust (1.), (5.). 2. Herkunftsname zu dem Ortsnamen Ruest (Mecklenburg-Vorpommern), zu der Wüstung Ruest zwischen Dessau und Mosigkau (Sachsen-Anhalt).

Rüter: 1. Vorwiegend niederdeutscher Berufsname zu mnd. *ruter* ›Söldner, Landsknecht, berittener Krieger‹, auch ›Wegelagerer, (ritterlicher) Straßenräuber‹. 2. Berufsname zu mhd. *riutære* ›der ein Stück Land rodet, urbar macht‹. ❖ *Johannis de Rutere* ist a. 1383 in Coesfeld bezeugt.

Ruth: in den Bereichen Aschaffenburg, Saarbrücken und Freiburg i. Br. häufig vorkommender Familienname, der aus Ruodo, einer Koseform von ▶ Rudolf oder anderen Rufnamen, die mit dem Namenwort *hruod* gebildet sind, hervorgegangen ist. ❖ *Jörg Rutt* ist a. 1460 in Freiburg i. Br. bezeugt.

Rüth: einerseits in den Bereichen Köln, Hagen, Koblenz, andererseits in Mainfranken häufiger vorkommender Familienname. 1. Im Rheinland Herkunftsname zu dem gleichlautenden Ortsnamen bei Euskirchen (Nordrhein-Westfalen). 2. Sonst aus Ruodi, einer Koseform von ▶ Rudolf oder anderen Rufnamen, die mit dem Namenwort *hruod* gebildet sind, hervorgegangener Familienname. 3. ▶ Rüde (2.).

Rüther: ▶ Rüter.

Rutkowski: Herkunftsname zu polnischen Ortsnamen wie Rutka, Rutki, Rudki, Rutkowo.

Rutsch, Rütsch: 1. Aus einer Koseform von ▶ Rudolf oder anderen Rufnamen, die mit dem Namenwort *hruod* gebildet sind, entstandene Familiennamen. 2. Wohnstättennamen zu mhd. *rutsche, rütsche* ›jäher Bergabhang, Fels‹.

Rütt: ▶ Rüth (2.).

Rütten: patronymische Bildung (schwacher Genitiv) zu ▶ Rütt.

Rüttger: ▶ Rudiger.

Rüttgers: patronymische Bildung (starker Genitiv) zu Rüttger (▶ Rudiger).

Rutz, Rütz: 1. Aus einer mit -z-Suffix gebildeten Koseform von ▶ Rudolf oder anderen Rufnamen, die mit dem Namenwort *hruod* gebildet sind, entstandene Familiennamen. 2. Berufsnamen zu mnd. *rūtze* ›Schuhflicker‹.

Rützel: aus einer Erweiterung von ▶ Rutz (1.) mit -l-Suffix hervorgegangener Familienname.

Rux: 1. ▶ Ruckes. 2. Herkunftsname zu dem gleichlautenden Ortsnamen (Schlesien).

Ruzicka: Übername zu tschech. *růžička* ›Röschen‹.

Rybak: Berufsname zu nsorb., osorb., poln. *rybak*, tschech. *rybák* ›Fischer‹.

Rybarsch: Berufsname zu poln. (älter) *rybarz*, tschech. *rybář* ›Fischer‹.

Ryll: aus Rudilo, einer Koseform von Rufnamen, die mit dem Namenwort *hruod* gebildet sind (z. B. ▶ Rudolf), entstandener Familienname.

Rzehak: aus einer tschechischen, mit dem Suffix -ak gebildeten Ableitung von ˇRehoˇr (▶ Gregor) gebildeter Familienname.

Rzepka: Übername zu poln. *rzepka* ›kleine Rübe‹.

S

-s: 1. Endung des starken Genitivs. Bei Familiennamen auf *-s/-z* handelt es sich meist um ursprünglich patronymische Bildungen, die vor allem im Nordwesten und Norden des deutschen Sprachgebiets heimisch sind. So sind Familiennamen wie ▶ Friedrichs, ▶ Schmitz als ›Sohn des Friedrich‹ bzw. ›des Schmieds‹ zu verstehen. 2. Am Niederrhein findet sich das *-s* oft bei Wohnstättennamen auf *-hus*, vgl. ▶ Lankes *(< to Landeken hūs).*

Saager: 1. Niederdt. Berufsname zu mnd. *sager* ›Holz-, Steinsäger‹. 2. Herkunftsname zu den Ortsnamen Saag (Bayern), Saagen (ehem. Pommern/jetzt Polen, Ostpreußen).

Saal: 1. Herkunftsname zu dem gleichlautenden Ortsnamen (Mecklenburg-Vorpommern, Nordrhein-Westfalen, Saarland, Bayern). 2. Herkunftsname bzw. Wohnstättenname zu dem Flussnamen Saale.

Saalfeld: Herkunftsname zu den Ortsnamen Saalfeld (Sachsen-Anhalt, Thüringen, Ostpreußen), Saalfelden (Österreich).

Saalfrank: vor allem im Raum Hof (Oberfranken) häufig vorkommender Herkunfts- oder Wohnstättenname: ›an der Saale wohnender Franke‹ (vgl. ▶ Rheinfrank).

Saam: 1. Berufsübername zu mhd. *sāme*, *sām* ›Same, Samenkorn‹, auch ›Saatfeld‹ für den Samenhändler, Gärtner oder Landwirt. 2. Gelegentlich Herkunftsname zu den Ortsnamen Saam (Bayern), Saamen (Baden-Württemberg). ❖ Einen Berufsübernamen trug wohl Hanse Same, Nürnberg a. 1370.

Saar: 1. Herkunftsname zu dem gleichlautenden Ortsnamen (Schleswig-Holstein, Böhmen, Mähren). 2. Herkunftsname bzw. Wohnstättenname zu dem Flussnamen Saar. 3. Wohnstättenname zu mhd. *saher, sār* ›Sumpfgras, Schilf‹ für jemanden, der an einer mit Sumpfgras bewachsenen Stelle wohnte.

Saat: 1. Wohnstättenname zu mnd. *sate, sāt* ›Niederlassung, Hufe‹. 2. Herkunftsname zu dem gleichlautenden Ortsnamen (Nordrhein-Westfalen).

Saathoff: auf einen Hofnamen zurückgehender Familienname, Erweiterung von ▶ Saat (1.) mit dem Grundwort »-hof«.

Sabel: 1. Vor allem im Bereich Wiesbaden-Koblenz häufiger Familienname, hier am ehesten Übername zu fnhd. *sabel* ›Säbel‹, das allerdings erst im 15. Jh. aus dem Ungarischen entlehnt wurde, für einen Säbelträger. 2. Im niederdeutschen Bereich Übername oder Berufsübername zu mnd. *sabel, zabil* ›Zobelfell, -pelz‹ für den Träger oder für einen Kürschner. 3. Herkunftsname zu dem gleichlautenden Ortsnamen (Mecklenburg-Vorpommern, Schlesien).

Sabottka: ▶ Sobotta.

Sacher: 1. Aus einer verkürzten Form von ▶ Zacharias hervorgegangener Familienname. 2. Übername zu mhd. *sacher* ›Prozessbeteiligter (Kläger oder Angeklagter), Urheber, Anstifter‹. 3. Wohnstättenname zu mhd. *saher, sacher* ›Sumpfgras, Schilf‹. 4. Herkunftsname zu Ortsnamen wie Sachern (Schlesien), Sachau (Niedersachsen, Sachsen-Anhalt). 5. Der jüdische Familienname Sacher leitet sich von hebr. *sochēr* ›Wanderhändler‹ ab. ❖ Der Wiener Konditormeister Franz Sacher (19./20. Jh.) erfand die Sachertorte.

Sachs(e), Sachsse, Sachße: 1. Herkunftsnamen zum Volksstamm der (Nieder-)Sachsen (mhd. *Sachse*, mnd. *Sasse*). 2. Übernamen für jemanden, der Beziehungen zu (Nieder-)Sachsen hatte. 3. Vereinzelt aus dem gleichlautenden Rufnamen hervorgegangener Familienname. ❖ Bekannte Namensträger: Hans Sachs, deutscher Meistersinger und Dichter (15./16. Jh.); Nelly Sachs, deutsche Lyrikerin (19./20. Jh.); Gunter Sachs, deutscher Kunstsammler, Fotograf und Schriftsteller (20./21. Jh.).

Sacht: Übername zu mnd. *sacht* ›sanft, angenehm, bequem, leicht‹.

Sachtleben: Übername zu mnd. *sacht* ›sanft, angenehm, bequem, leicht‹ und mnd. *leven(t)* ›Leben‹ als Anspielung auf die Lebensumstände oder die Lebensweise des ersten Namensträgers.

Sack: 1. Berufsübername zu mhd. *sac* ›Sack, Tasche‹ für den Hersteller oder auch für den Sackträger. 2. Übername zu mhd. *sac* ›Magensack, Bauch, der ganze Körper‹, vgl. auch die mhd. Schelte: *du alter pœser sack*. 3. Herkunftsname zu dem gleichlautenden Ortsnamen (Niedersachsen, ehem. Pommern/jetzt Polen, Bayern). 4. Wohnstättenname zu einem gleichlautenden Straßennamen bzw. Flurnamen.

Sackmann: 1. Standesname zu mhd. *sacman*, fnhd. *sackman* ›Trossknecht‹. 2. Übername zu mhd. *sacman*, fnhd. *sackman* ›Räuber, Plünderer‹. 3. Gelegentlich Ableitung von Sack (3.) oder (4.) mit dem Suffix *-mann*.

Sadler: Berufsname zu mnd. *sadeler* ›Sattler‹, vgl. ▸ Sattler.

Sadowski: Herkunftsname zu polnischen Ortsnamen wie Sadowie, Sadów, Sadowo, Sady.

Saf(f)ran: Berufsübername zu mhd. *saf(f)rān* ›Safran‹ für den Safranhändler oder auch für den Kuchenbäcker, der dieses im Mittelalter sehr beliebte Gewürz verwendete. Der Ravensburger Großkaufmann Jos. Humpiß hatte i. J. 1430 einen Umsatz von 34 000 Pfund Safran.

Safranski: ▸ Szafranski. ❖ Bekannter Namensträger: Rüdiger Safranski, deutscher Schriftsteller (20./21. Jh.).

Sage: 1. Berufsübername zu mhd. *sege, sage*, mnd. *sage* ›Säge‹ für den Hersteller oder den Benutzer. 2. Niederdeutscher Übername zu mnd. *sage* ›feige, kleinmütig; Feigling; schlechter Mensch; Schelm‹. 3. Vereinzelt Herkunftsname zu dem Ortsnamen Sage (Niedersachsen, Schweiz).

Sägebarth: aus einer entstellten Form des alten deutschen Rufnamens ▸ Siegbert in Anlehnung an die Wörter »Säge« und »Bart« entstandener Familienname.

Sägebrecht: aus einer entstellten Form des alten deutschen Rufnamens ▸ Siegbert in Anlehnung an das Wort »Säge« entstandener Familienname.

Sager, Säger: 1. Berufsnamen zu mhd. *segen, sagen* ›sägen‹, mhd. *seger* ›Sägemüller‹, mnd. *sager* ›Holz-, Steinsäger‹. 2. Gelegentlich Berufsnamen oder Übernamen zu mhd. *sager*, md. *seger* ›Erzähler; der Gedichte vorträgt; Ankläger; Schwätzer‹. ❖ *Rudgerus Sagaer* ist a. 1276 in Regensburg bezeugt.

Şahin: türkischer Familienname zu türk. *şahin* ›Falke‹.

Sahlmann: ▸ Salmann.

Sahm: dieser Familienname ist vor allem im Westen Deutschlands, in dem Bereich zwischen Koblenz-Siegen-Aschaffenburg häufiger anzutreffen. Er kann als Berufsübername für einen Gärtner oder Samenhändler zu mhd. *sāme, sām* erklärt werden. Da mhd. *sām(e)* auch ›Saatfeld, Feld‹ bedeutet, kann auch ein Berufsübername für einen Bauern oder ein Wohnstättenname vorliegen.

Saile: ▸ Seil(e).

Sailer: ▸ Seiler. ❖ Bekannter Namensträger: Toni Sailer, österreichischer Skiläufer (20./21. Jh.).

Sakowski, Sakowsky: 1. Übernamen zu poln. *żak* ›Schüler, Student‹. 2. Herkunftsnamen zu dem polnischen Ortsnamen Saki.

Saladin: Übername, vielleicht für jemanden, der an einem Kreuzzug teilgenommen hatte, nach dem Namen von Sultan Salah ad-Din (arab. ›Rechtschaffenheit des Glaubens‹) (12. Jh), der als siegreicher Gegner der Christen während der Kreuzzüge geachtet und gefürchtet war. ❖ Ein Mann *dictus* [genannt] *Salathin de Machstadt* [aus Magstadt/Baden-Württemberg] ist a. 1297 bezeugt.

Salamon: ▸ Salomon.

Salewski: Herkunftsname zu polnischen Ortsnamen wie Zalew, Zalewo.

Saller: 1. Wohnstättenname zu mhd. *salhe* ›Salweide‹. ❖ In München ist *Albrecht salcher zimmermann* a. 1387 identisch mit *Aelbel Saler carpentarius* [Zimmermann] a. 1397. 2. Herkunftsname zu dem Ortsnamen Sallern (Bayern).

Sallwerk: Berufsname zu mhd. *salwërke, sarwërke* ›der Rüstungen, Panzer oder Teile dazu verfertigt‹. ❖ Bei dem Beleg aus München a. 1377 *Pauls Salbürch institor* [Krämer] handelt es sich bereits um einen festen Familiennamen.

Salm: 1. Berufsübername zu mhd., mnd. *salm(e)* ›Salm, Lachs‹ für einen Fischer oder Übername nach der Lieblingsspeise. 2. Auf einen Hausnamen zurückgehender Familienname. ❖ Vgl. den Beleg *Dietherus zem Salmen* (Basel, 13. Jh.). 3. Herkunftsname zu dem gleichlautenden Ortsnamen (Rheinland-Pfalz, ehem. Brandenburg/jetzt Polen, Elsass).

Salmann: 1. Standes- bzw. Amtsname zu mhd., mnd. *salman* ›Mittels- und Gewährsmann bei einer rechtlichen Übergabe, Testamentsvollstrecker; Vormund; Schutzherr‹. 2. Aus dem Rufnamen Salman entstandener Familienname. Der alte deutsche Rufname Salman *(sal + man)* vermischte sich später mit dem alttestamentlichen Rufnamen ▶ Salomon. ❖ *Haincz Salman sneyder* ist a. 1397 in München bezeugt.

Salmen: 1. Abgeschwächte Form von ▶ Salmann. 2. Patronymischer Familienname (schwacher Genitiv) zu ▶ Salm (1.). 3. Aus einem Hausnamen (erstarrte Dativform) hervorgegangener Familienname, vgl. ▶ Salm (2.). ❖ In Darmstadt ist a. 1377 *Henne Salmen* bezeugt.

Salomon: aus dem gleichlautenden Rufnamen hebräischen Ursprungs (hebr. *šelōmō* wohl zu hebr. *šālōm* ›Glück, Wohlergehen, Friede‹) entstandener Familienname. Salomon war als Sohn Davids dessen Nachfolger und König von Juda, Israel und Jerusalem (965 bis 926 v. Chr.). Unter seiner Herrschaft gelangte sein Reich zu wirtschaftlicher und kultureller Blüte (Tempel von Jerusalem). Die biblischen Erzählungen vom »salomonischen Urteil« und vom Besuch der Königin von Saba verherrlichen Salomons Weisheit, die weit über die Grenzen seines Reiches hinaus berühmt gewesen sein soll. Im Mittelalter fand Salomon Eingang in die jüdische sowie christliche Namengebung. ❖ Als Varianten von Salomon begegnen uns u. a. die Familiennamen **Salamon**, z. T. auch **Salmann, Salmen.** ❖ Bekannter Namensträger: Ernst von Salomon, deutscher Schriftsteller (20. Jh.).

Salz: 1. Berufsübername für den Salzsieder, Salzhändler. 2. Herkunftsname zu dem gleichlautenden Ortsnamen (Hessen, Rheinland-Pfalz, Bayern).

Salzer, Sälzer: 1. Berufsnamen zu mhd. *salzer*, *selzer* ›Salzverkäufer‹, fnhd. *salzer*, *selzer* ›Salzhändler, Händler mit Salzfleisch und eingesalzten Fischen‹. 2. Herkunftsnamen auf *-er* zu den Ortsnamen Salz (▶ Salz [2.]), Bad Langensalza (Thüringen). ❖ *Hertel Saltzer* ist zwischen 1370 und 1388 in Nürnberg bezeugt.

Salzmann: Berufsname auf *-mann* zu mhd. *salz* ›Salz‹ für den Salzhändler. ❖ Ein früher Beleg stammt aus Regensburg: *Dietmarus Salzman* (ca. 1190). ❖ Bekannter Namensträger: Christian Gotthilf Salzmann, deutscher Pädagoge und Philanthrop (18./19. Jh.).

Salzsieder: Berufsname für denjenigen, der die Salzsole einkochte, für den Salzbereiter.

Salzwedel: Herkunftsname zu dem gleichlautenden Ortsnamen (Sachsen-Anhalt, Ostpreußen).

Sämann: Berufsübername zu mhd. *sæjeman* ›Sämann‹ für einen Bauern. ❖ Frühe Belege sind *Fridericus Sēman* (Regensburg a. 1228), *H. Seman* (Nürnberg a. 1301).

Samer: bairisch-österreichischer Berufsname zu bair. *Sammer* (< mhd. *soumære*) ›Säumer, Führer von Saumtieren oder Frachtwagen‹.

Sammereier, Sammereyer: Herkunftsnamen zu dem Ortsnamen Sammarei (Bayern).

Samm(e)t: Berufsübername zu mhd. *samīt*, *samāt*, mnd. *sammit*, *sammet* ›Samt‹ für den Hersteller des Stoffes.

Sammtleben: ▶ Samtleben.

Samson: 1. Aus dem gleichlautenden Rufnamen hebräischen Ursprungs (hebr. *šimšōn* ›Sonnenmann?‹) entstandener Familienname. Nach der Bibel verfügte Samson über ungewöhnliche Kräfte. Seine Geliebte Delila entlockte ihm das Geheimnis seiner Kraft, schnitt ihm heimlich das Haupthaar ab und lieferte ihn den Philistern aus. Dieser Rufname fand Eingang in die jüdische sowie christliche Namengebung. ❖ Vgl. die Belege *Samson ... sacerdos* [Priester] (Halberstadt 1199), *Sampsonem et Moysen filium ipsius judeos* [Sampson und dessen Sohn Moyse, Juden] (Goslar 1312). 2. Auf einen Hausnamen nach einer bildlichen Darstellung der biblischen Gestalt zurückgehender Familienname. Ein solcher Hausname ist mehrfach belegt: Straßburg (a. 1330), Trier (a. 1497), Freiburg i. Br. (a. 1565).

Samstag: Übername nach dem Wochentag (mhd. *sam[e]z̧tac* ›Samstag‹, das über lat.-griech. *sabbatum/sábbaton* aus hebr. *schabbāt* ›Sabbat, Ruhetag‹ schon in althochdeutscher

Zeit entlehnt wurde). Während die Wochentagsbezeichnung »Samstag« heute in ganz Süddeutschland und im Rheinland gegenüber dem mittel- und norddeutschen »Sonnabend« gilt, tritt der Familienname Samstag vor allem im Bereich Darmstadt und den angrenzenden Gebieten auf (vgl. ▶ Sonnabend). Die Vergabe dieses Namens steht möglicherweise im Zusammenhang mit einem Zins- oder Dienstleistungstermin. ❖ Bei Bayreuth ist a. 1421/24 ein Bauer *hans sambstag* bezeugt.

Samtleben: Herkunftsname zu dem Ortsnamen Sambleben (Niedersachsen).

Samuel: aus dem gleichlautenden Rufnamen hebräischen Ursprungs, dessen Bedeutung nicht sicher ist (vielleicht ›Gott ist El‹, ›Gott ist erhaben‹ oder ›Sein Name ist El‹), entstandener Familienname. Nach der Bibel war Samuel der letzte Richter Israels. Er salbte David zum König. Dieser Rufname fand Eingang in die jüdische sowie christliche Namengebung.

Sánchez: spanischer Familienname, mit dem Suffix -*ez* gebildete patronymische Form zu dem Rufnamen Sancho (< lat. *sānctus* ›heilig, ehrwürdig, erhaben‹).

Sand: 1. Wohnstättenname zu mhd., mnd. *sant* ›Sand, Strand, Ufer, sandige Fläche‹ oder zu dem häufigen gleichlautenden Flurnamen. 2. Herkunftsname zu dem häufigen Ortsnamen Sand.

Sander: 1. Aus einer durch eine Verkürzung im Anlaut entgegangenen Form von ▶ Alexander hervorgegangener Familienname. 2. Wohnstätten- oder Herkunftsname auf -*er* zu ▶ Sand. 3. Berufsname zu mhd. *sant* ›Sand‹ für jemanden, der Scheuer- oder Fegsand verkaufte. ❖ *Fridrich Sander* ist a. 1369 in München bezeugt. ❖ Bekannter Namensträger: August Sander, deutscher Fotograf (19./20. Jh.).

Sandermann: aus einer Erweiterung von ▶ Sander (1.) mit dem Suffix -*mann* entstandener Familienname.

Sanders: patronymische Bildung (starker Genitiv) zu ▶ Sander (1.).

Sandig: Wohnstättenname zu mhd. *sandec, sandic* ›sandig‹ nach der Bodenbeschaffenheit der Siedlungsstelle.

Sandmann: 1. Ableitung von ▶ Sand mit dem Suffix -*mann*. 2. Berufsname auf -*mann* für den Sandverkäufer (vgl. ▶ Sander [3.]). 3. In Schleswig war der *santman* auch der ›aus den freien Landeigentümern gewählte Geschworene oder Richter‹ (< dänisch *sandemand*).

Sandner: 1. Herkunftsname zu dem Ortsnamen Sanden (Schleswig-Holstein, Schlesien, Ostpreußen). 2. ▶ Sander (2.), (3.).

Sandor: auf Sándor, eine ungarische Ableitung von ▶ Alexander, zurückgehender Familienname.

Sandow: Herkunftsname zu dem gleichlautenden Ortsnamen (ehem. Brandenburg/jetzt Polen, ehem. Pommern/jetzt Polen).

Sandrock: am häufigsten ist dieser Familienname in den Bereichen Göttingen–Kassel–Fulda; wohl Übername, entstellt aus mhd. *samīt* ›Samt‹ + mhd. *roc* ›Rock‹: ›Samtrock‹ nach einem auffälligen Kleidungsstück. ❖ Bekannte Namensträgerin: Adele Sandrock, deutsche Film- und Bühnenschauspielerin (20. Jh.).

Sandt: ▶ Sand.

Sandtner: ▶ Sandner.

Sanftleben: Übername zu mhd. *sanft, senfte* ›leicht, bequem, angenehm‹ und mhd. *lëben* ›Leben‹ als Anspielung auf die günstigen Lebensumstände des ersten Namensträgers. ❖ *Ulricus Sanftleben* ist a. 1287 in Regensburg bezeugt.

Sänger: 1. Berufsname zu mhd. *senger* ›Sänger, Kantor‹. 2. Vereinzelt auch Berufsname zu mhd. *sengen* ›sengen, brennen‹ für jemanden, der mit Feuer rodete. 3. Wohnstättenname zu dem häufigen Flurnamen *(A)sang*, der ein durch Brandrodung gewonnenes Flurstück bezeichnet. 4. Herkunftsname zu den Ortsnamen Sang(e) (Nordrhein-Westfalen).

Santos: portugiesischer und spanischer Familienname, der von dem Festtag port. *Todos os Santos* bzw. span. *Todos los Santos* ›Allerheiligen‹ abgeleitet ist.

Sapp(e)l, Sapper: Übernamen zu mhd. *sappen* ›plump und schwerfällig einhergehen‹ nach der Gangart des ersten Namensträgers. ❖ Ein *Sapper* ist a. 1383 in München bezeugt.

Sarı: türkischer Familienname zu türk. *sarı* ›gelb; Goldstück‹.

Sarodnik: Berufsname zu osorb. *zahrodnik* ›Gärtner, Häusler‹.

Sarrazin: Übername zu dem Volksnamen mhd. *Sarrazīn* (< arab. *sharqī* ›östlich‹) ›Sarazene‹, wohl für jemanden, der an einer Pilgerfahrt ins Heilige Land oder an einem Kreuzzug teilgenommen hatte. ❖ *Rodolfus sacerdos de Mulhusehen dictus Sarracin* [Rudolf der Priester aus Mühlhausen, genannt S.] ist a. 1246 in Mühlhausen/Elsass überliefert.

Sartor: aus der Zeit des Humanismus stammende Übersetzung der deutschen Familiennamen ▸ Schneider, ▸ Schröder ins Lateinische.

Sartorius: Erweiterung von ▸ Sartor mit dem lateinischen Suffix *-ius*.

Sass(e), Saß(e): 1. Niederdeutsche Formen von ▸ Sachs(e). 2. Wohnstättennamen zu mhd. *saʒe* ›Sitz, Wohnsitz, Rastort‹.

Sassen: 1. Patronymische Bildung (schwacher Genitiv) zu ▸ Sass(e) (1.). 2. Herkunftsname zu dem gleichlautenden Ortsnamen (Mecklenburg-Vorpommern, Hessen, Rheinland-Pfalz, Baden-Württemberg, Ostpreußen).

Saßmannshausen: Herkunftsname zu dem gleichlautenden Ortsnamen (Nordrhein-Westfalen).

Sattel: Berufsübername zu mhd. *satel* ›Sattel‹ für den Hersteller, ▸ Sattler.

Sättele: schwäbische Ableitung von ▸ Sattel.

Sattler: Berufsname zu mhd. *sateler* ›Sattler‹. Nach der Regensburger Ordnung für das Sattlerhandwerk (a. 1478) waren die Sättel meist aus Buchsbaumholz. Das Sattelholz wurde mit Leder überzogen. Zwischen Holz und Leder, wohl innen an den Sattelbögen, wurden die Sättel mit Wulsten versehen, die wahrscheinlich aus Leder waren. ❖ *Wernel satler* ist i. J. 1342 in Regensburg belegt.

Säuberlich: Übername zu mhd. *sūberlich, siuberlich* ›sauber, rein, schön; artig, züchtig, anständig‹, mnd. *suverlik* ›säuberlich, fein, zierlich, schön; bedeutend, ansehnlich‹.

Sauer: Übername zu mhd. *sūr* ›sauer, herb, bitter; böse, schlimm, grimmig‹ nach der Wesensart des ersten Namensträgers.

Sauerbier: Berufsübername zu mhd. *sūr* ›bitter; grimmig‹ und mhd. *bier* ›Bier‹ für den Brauer, der das haltbare Bitterbier herstellte, bzw. für einen grimmigen, unfreundlichen Bierwirt. ❖ Ein früher Beleg stammt aus Köln: *Winandum, qui dicitur* [genannt] *Surbier* (ca. 1178–1183).

Sauerborn: Wohnstättenname: ›wohnhaft an/bei einem Brunnen mit säuerlich schmeckendem Wasser‹ bzw. ›wohnhaft an einem südlich gelegenen Brunnen‹ (zu mnd. *sūr* < *suder* ›südlich‹). ❖ *Konrad Sauerborn* ist a. 1339 in Limburg a. d. Lahn bezeugt.

Sauerbrei, Sauerbrey: Berufsnamen zu mhd. *sūr* ›sauer‹ und mhd. *briuwe* ›Brauer‹ für den Essigbrauer (vgl. mnd. *sūrbrouwer* ›Essigbrauer‹).

Saueressig, Sauereßig: Berufsübernamen für den Essigbrauer, -händler.

Sauerhering: Berufsübername für den Heringshändler oder Übername nach der Lieblingsspeise.

Sauerland: Herkunftsname zu dem gleichlautenden Landschaftsnamen zwischen Sieg und Ruhr.

Sauermann: 1. Ableitung von ▸ Sauer mit dem Suffix *-mann*. 2. Wohnstättenname auf *-mann* für jemanden, der in südlicher Lage siedelte (zu mnd. *sūr* < *suder* ›südlich‹).

Sauermilch: Berufsübername zu mhd. *sūrmilch* ›saure Milch‹ für einen Bauern oder Milchhändler.

Sauerteig: Berufsübername für einen Bäcker.

Sattler: *Der mittelalterliche Sattler beim Verfertigen eines Sattels in seiner Werkstatt*

Sauerwald: 1. Wohnstättenname für jemanden, der an einem südlich gelegenen oder trockenen Wald siedelte (zu mnd. *sūr* < *suder* ›südlich‹ bzw. mnd. *sōr* ›trocken, dürr‹). 2. Herkunftsname zu dem Ortsnamen Sauerwalde (Ostpreußen).

Sauerwein: Berufsübername für einen Winzer oder einen Wirt.

Saufaus: Übername in Satzform (»sauf aus!«) für einen Zecher. ❖ *Hans von Bacharach gen. Suffuße* ist a. 1478 in Frankfurt a. M. bezeugt.

Saul: aus dem gleichlautenden Rufnamen hebräischen Ursprungs (›der [von Gott] Erbetene‹) entstandener Familienname. Nach der Bibel war Saul der erste König von Israel (um 1000 v. Chr.). Saul war auch der jüdische Name des heiligen Apostels Paulus.

Säume: ▸ Seume.

Saumer: Berufsname zu mhd. *sŏumer, som(m)er, sōmer* ›Führer von Saumtieren oder Frachtwagen‹. ❖ *Fridericus Saumer* ist a. 1318 in Regensburg belegt.

Saup(p)e: 1. Amtsnamen zu mhd. *sūpan* ›slawischer Edelmann, Fürst; Verwalter eines Gutes‹, einem Lehnwort slawischer Herkunft, vgl. auch ▸ Schuppan. 2. Bei süddeutscher Herkunft Wohnstättennamen zu schwäbisch *Soppe, Saupe* ›Sumpfboden‹. ❖ In Altenburg (Thüringen) begegnen uns u. a. *Petrus Supan* (a. 1274) und *Thomas Saupan* (a. 1467), *Conradt Saupe* ist i. J. 1487 in Schmölln (Thüringen) belegt.

Saur: ▸ Sauer.

Saut(t)er: Berufsnamen zu mhd. *sūter* ›Näher, Schneider, Schuster‹. Diese Form des von lat. *sūtor* ›Flickschuster‹ abgeleiteten Berufsnamens ist im Südwesten des deutschen Sprachgebiets heimisch; im Bereich Friedrichshafen steht »Sauter« an neunter Stelle in der Ranghäufigkeit. ❖ Der Beleg vom Jahr 1282 aus Esslingen *sutoris sun* zeigt neben dem deutschen *sun* [Sohn] noch die lateinische Berufsbezeichnung.

Savigny: Herkunftsname zu dem gleichlautenden französischen Ortsnamen. ❖ Bekannter Namensträger: Friedrich Carl von Savigny, preußischer Staatsminister und Rechtsgelehrter (18./19. Jh.).

Sawade: ▸ Zawada.

Sawall: 1. Herkunftsname zu dem gleichlautenden Ortsnamen (Brandenburg). 2. Auf eine sorbische Ableitung von ▸ Saul zurückgehender Familienname.

Sawatzki: ▸ Zawadski.

Sawitzki, Sawitzky: 1. Herkunftsnamen zu polnischen Ortsnamen wie Sawice u. Ä. 2. Aus einer Ableitung des polnischen Rufnamens Sawa hervorgegangene Familiennamen.

Sax: ▸ Sachs(e).

Schaab: ▸ Schab.

Schaade: ▸ Schad(e).

Schaaf: ▸ Schaf. ❖ Bekannter Namensträger: Johannes Schaaf, deutscher Regisseur (20./21. Jh.).

Schaak: ▸ Schack.

Schaal: 1. Wohnstättenname zu mhd. *schāl, schāle* ›Steinplatte; Einfassung von Brettern, Verschalung‹, auch ›Fleischbank‹. 2. Übername oder Berufsübername zu mhd. *schāl, schāle*, mnd. *schale* ›Schale, Trinkschale, Waagschale‹ für den Hersteller oder Benutzer. 3. Übername zu mhd., mnd. *schal* ›schal, trübe‹ (auf die Augen bezogen). 4. Niederdeutscher Berufsname zu mnd. *schale* ›herumstreifender Possenreißer‹.

Schaar: 1. Berufsübername zu mhd. *schar* ›schneidendes Eisen, Pflugschar; Schere‹ für den Hersteller (▸ Schaarschmidt) oder den Benutzer. 2. Übername zu mhd. *schar* ›Dienst-, Fronarbeit, Scharwerk‹. 3. Wohnstättenname zu mhd. *schar* ›steil, schroff‹: ›wohnhaft an einer steilen Stelle‹.

Schaarschmidt: Berufsname zu mhd. *schar* ›schneidendes Eisen, Pflugschar; Schere‹ und mhd. *smit* ›Schmied‹.

Schab: 1. Berufsübername zu mhd. *schabe* ›Schabeisen, Hobel‹ für jemanden, der damit arbeitete. 2. Übername zu mhd. *schabe* ›Schababfall, Spreu; Motte, Schabe‹. 3. Herkunftsname zu dem Ortsnamen Schaab (Böhmen).

Schabel: vorwiegend schwäbischer Familienname; ▸ Schaber. ❖ Die Esslinger Belege *bur schabels* und *burklin schabels huser* a. 1422 und *pur schauber* a. 1455, *bur schaber* a. 1460 zeigen, dass »Schabel« und »Schaber« nebeneinander verwendet wurden.

Schaber: Berufsübername zu mhd. *schaben* ›kratzen, radieren, scharren, glatt schaben, polieren‹, der sich auf mehrere berufliche Tätigkeiten beziehen kann: auf den Bartscherer, den Messingschaber oder Kupferstecher, den Tuchschaber.

Schabert: Erweiterung von ▸ Schaber mit sekundärem *-t*.

Schach: vor allem im Bereich Tübingen häufig vorkommender Wohnstättenname zu mhd. *schache* ›einzeln stehendes Waldstück‹, auch ›Vorsaum eines Waldes‹, ›Schachen‹.

Schachner: 1. Wohnstättenname auf *-er* zu oberdeutsch *Schachen* (< mhd. *schache*) ›einzeln stehendes Waldstück, Waldrest‹ für jemanden, der am Rand eines derartigen Gehölzes wohnte. 2. Herkunftsname auf *-er* zu einem der zahlreichen Ortsnamen Schachen (Bayern, Baden-Württemberg, Hessen, Österreich).

Schacht: 1. Niederdeutscher Berufsübername zu mnd. *schacht* ›Schaft; gerade runde Stange; Lanzen-, Speerschaft‹ für den Drechsler, den Stangenschneider, den Hersteller von Lanzen- und Speerschäften. 2. Im oberdeutschen Bereich ▸ Schach.

Schachtner: bairisch-österreichischer Wohnstättenname; ▸ Schachner.

Schack: 1. Aus dem alten niederdeutschen Rufnamen Scakko (zu asächs. *skakan* ›schütteln‹) entstandener Familienname. ❖ Vgl. die Belege *Scakko de Luneborch* (a. 1289), *Scacke de Arendorpe* (Lüneburg 1353), *H. Scacko* (Ostfalen 1236). 2. Gelegentlich Übername zu poln. *żak*, tschech. *žák* ›Schüler‹. ❖ Bekannter Namensträger: Adolf Friedrich Graf von Schack, deutscher Schriftsteller und Kunstsammler (19. Jh.).

Schacke: 1. ▸ Schack. 2. Gelegentlich Herkunftsname zu Ortsnamen wie Schackau (Hessen), Schacken (Ostpreußen). 3. Übername zu niederdeutsch mda. (Südhannover) *Schacke* ›Misteldrossel, Ziemer‹.

Schad(e): Übernamen zu mhd. *schade* ›Schädiger, schadender Feind‹, mhd. *schade* ›schädlich, verderblich‹, mhd. *schade* ›Schaden, Verlust, Nachteil, Verderben, Böses‹. ❖ Vgl. die Belege *Henr. Schad* (Köln 1241–63), *Contze Zcade* (Limburg a. d. Lahn a. 1381). ❖ Bekannter Namensträger: Christian Schad, deutscher Maler (19./20. Jh.).

Schädel: 1. Ableitung auf *-el* von ▸ Schad(e). 2. Berufsübername zu mhd. *schedel* ›ein Trockenmaß‹, mnd. *schedel* ›Büchse, Dose‹ für den Hersteller. 3. Übername zu mhd. *schedel* ›Schädel‹ nach einer auffälligen Kopfform oder für den Dickkopf. Auch ein alter Mann konnte als *schedel* bezeichnet werden.

Schadewald(t): Herkunftsnamen zu dem Ortsnamen Schadewalde (Sachsen-Anhalt, Schlesien).

Schädler: Berufsname auf *-er* zu mhd. *schedel* ›ein Trockenmaß‹, mnd. *schedel* ›Büchse, Dose‹ für den Hersteller. Im Alemannischen ist der Schädler der ▸ Küfer. ❖ Ein früher Beleg ist *C. Schedeler* (Basel a. 1288).

Schädlich: Übername zu mhd. *schadelich, schedelich* ›Schaden bringend, schädlich; der das Land unsicher macht, Missetäter‹. ❖ Bekannter Namensträger: Hans Joachim Schädlich, deutscher Schriftsteller (20./21. Jh.).

Schadow: Herkunftsname zu dem gleichlautenden Ortsnamen (Brandenburg). ❖ Bekannter Namensträger: Johann Gottfried Schadow, deutscher Bildhauer und Grafiker (18./19. Jh.).

Schadt: ▸ Schad(e).

Schaefer: ▸ Schäfer. ❖ Bekannte Namensträgerin: Oda Schaefer, deutsche Schriftstellerin (20. Jh.).

Schaeffer: ▸ Schäffer.

Schaf: Berufsübername zu mhd. *schāf*, mnd. *schāp* ›Schaf‹ für einen Schäfer oder Übername nach einem bildlichen Vergleich. ❖ Frühe Belege sind *Bertolf Scaf* (Köln ca. 1135–1180), *Conradus Scap* (Magdeburg 1185).

Schafberg(er): Herkunftsnamen zu dem Ortsnamen Schafberg (Nordrhein-Westfalen, Baden-Württemberg, Bayern, Österreich).

Schaff: ▸ Schaf.

Schäfer: allein in der Schreibweise »Schäfer« steht dieser Berufsname (zu mhd. *schæfære* ›Schäfer‹) an der 11. Stelle in der Ranghäufigkeit der deutschen Familiennamen und zeugt somit für die Wichtigkeit dieses alten Berufs. Nicht nur auf dem Land gab es Schäfer, sondern auch in den mittelalterlichen Städten. Da jeder Bürger sich nach Belieben Vieh halten konnte, wurden Hirten und Schäfer gelegentlich vom Rat der Stadt angestellt, so z. B. in München (▸ Schafhirt). ❖ Bekannter Namensträger: Wilhelm Schäfer, deutscher Schriftsteller (19./20. Jh.).

Schäfers: patronymische Bildung (starker Genitiv) zu ▸ Schäfer.

Schaffer: Amtsname zu mhd. *schaffære* ›Anordner, Aufseher, der für das Hauswesen sorgende Verwalter‹. Ihm war das Dienstpersonal in Klöstern, Kirchen, Herrenhäusern unterstellt. ❖ Ein früher Beleg aus Nürnberg ist *Chvnradus dictus* [genannt] *Schaffer* (a. 1295).

Schäffer: 1. ▸ Schaffer. 2. Gelegentlich Schreibvariante von ▸ Schäfer.

Schaffers: patronymische Bildung (starker Genitiv) zu ▸ Schaffer.

Schaffert: Erweiterung von ▸ Schaffer mit sekundärem -t.

Schäffler: oberdeutscher Berufsname zu mhd. *scheffelære* ›Schäffler, Fassbinder‹, vgl. ▸ Böttcher. ❖ *Fridrich Schaeffler* ist a. 1381 in München bezeugt.

Schaffner, Schäffner: Amtsnamen zu mhd. *schaffenære* ›Anordner, Aufseher, Verwalter, Schaffner‹. ❖ *Schaffner Hermann* ist a. 1394 in München bezeugt.

Schaffrat(h): Übernamen in Satzform (»[ich] schaffe Rat«) für jemanden, der immer Rat wusste, der gerne Ratschläge erteilte.

Schafhirt: Berufsname für den ▸ Schäfer. ❖ Ein Beleg für einen Schafhirten in städtischen Diensten stammt aus München: *Nigl schefhiert* (a. 1393).

Schaible: durch Entrundung entstandene Form von ▸ Schäuble.

Schaich: Übername zu mhd. *schiuch, schiech, scheuch* ›scheu, verzagt; abschreckend, scheußlich‹.

Schalk: 1. Standesname zu mhd. *schalc* ›Leibeigener, Knecht, Diener, Mensch von niedrigem Stand‹. 2. Übername zu mhd. *schalc* ›böser, ungetreuer, arglistiger, hinterlistiger, loser Mensch‹. ❖ *Her[man] Schalk* ist a. 1363 in Nürnberg bezeugt. ❖ Bekannter Namensträger: Franz Schalk, österreichischer Dirigent (19./20. Jh.).

Schall: Übername zu mhd. *schal* ›Schall, lauter Ton, Geräusch; Freudenlärm, übermütiges Lautwerden, Prahlerei, Übermut‹.

Schallenberg(er): Herkunftsnamen zu dem Ortsnamen Schallenberg (Baden-Württemberg).

Schaller: 1. Übername zu mhd. *schallære* ›Schwätzer, Prahler‹, mnd. *schallen* ›lärmen, schreien, laut seine Freude zeigen‹. 2. Berufsname für einen Ausrufer. In Nürnberg ist z. B. a. 1357 ein »Weinrufer« *Herman Schaller* belegt, der den Preis des Weins öffentlich auszurufen hatte. ❖ Ein Bauer *dictus* [genannt] *Schaller* ist i. J. 1299 im Elsass überliefert.

Schamberg(er): Herkunftsnamen oder Wohnstättennamen zu dem in Deutschland und Österreich vorkommenden Orts- und Flurnamen Schamberg.

Schamel: 1. Übername zu mhd. *schamel* ›schamhaft‹, mnd. *schamel* ›schamhaft; schüchtern; bescheiden, ehrbar‹. 2. Berufsübername zu mhd. *schamel, schemel* ›Schemel, Fußbank‹ für den Hersteller. ❖ *Ott schamel* ist a. 1421/1424 bei Bayreuth bezeugt.

Schan: 1. Auf eine eindeutschende Schreibung von Jean, der französischen Form von ▸ Johannes, zurückgehender Familienname. 2. Herkunftsname zu dem gleichlautenden Ortsnamen (Schweiz).

Schang: auf eine eindeutschende Schreibung von Jean, der französischen Form von ▸ Johannes, zurückgehender Familienname.

Schank: Berufsübername zu mhd. *schanc* ›Gefäß, aus welchem eingeschenkt wird‹ für den Hersteller solcher Gefäße oder für einen Wirt.

Schanz: 1. Berufsübername zu mhd. *schanz* ›grobes Kleid, Arbeits-, Bauernkittel‹ für den Hersteller oder Übername für den Träger. ❖ Am Oberrhein ist i. J. 1289 ein Bauer namens *Hen. dictus* [genannt] *Schanz* belegt. 2. Herkunftsname zu dem gleichlautenden Ortsnamen (Bayern, Schlesien). 3. ▸ Schanze (1.), (3.).

Schanze: 1. Wohnstättenname zu mhd. *schanze* ›Schutzbefestigung, Schanze, Schranke‹, mnd. *schantze* ›trockenes Reisigbündel, Schanze, Wall‹. 2. Herkunftsname zu dem gleichlautenden Ortsnamen (Schleswig-Holstein, Niedersachsen, Nordrhein-Westfalen, Hessen, ehem. Brandenburg/jetzt Polen). 3. Übername zu mhd. *schanz(e)*, mnd. *schantze* ›Glückswurf, Glücksfall‹. ❖ Bekannter Namensträger: Michael Schanze, deutscher Fernsehmoderator (20./21. Jh.).

Schaper, Schäper: niederdeutsche Berufsnamen zu mnd. *schaper* ›Schäfer‹. ❖ Bekannter Namensträger: Edzard Schaper, deutscher Schriftsteller (20. Jh.).

Schappeler: Berufsname auf -er zu mhd. *scháp(p)ël* ›Laub- oder Blumenkranz als

Kopfschmuck‹, fnhd. *schapel* ›Kranz, Kopfputz‹, mhd. *schapēlære*, fnhd. *schapeler* ›Kopfputzmacher‹ für den Hersteller, gelegentlich auch Übername für den Träger. Ein festlicher Kopfschmuck wurde von Frauen und auch von Männern getragen. Oft bestand der Kopfschmuck aus einem Band, einer Schnur oder einem Goldreif, kranzartig um die Stirn oder kreuzweise verschlungen um den Kopf angelegt und mit Perlen besetzt. ❖ *Cunrad Schappeler* ist a. 1328 in Nürnberg bezeugt.

Schardt: 1. Übername zu mhd., mnd. *schart* ›Scharte, Wunde‹, mhd. *schart* ›zerhauen, schartig, verletzt, verwundet‹. 2. Wohnstättenname zu mhd., mnd. *schart* ›Riss, Spalte, Einschnitt im Gelände‹. 3. Berufsübername zu mhd., mnd. *schart* ›Pfanne, Röstpfanne, -tiegel‹ für den Hersteller oder Benutzer. ❖ Ein früher Beleg ist *Theodericum Schart* (Köln ca. 1197–1215).

Scharf(e): Übernamen zu mhd. *scharpf, scharf, scherpf, scherf* ›schneidend, scharf, rau‹, von Personen ›verletzend, beißend, grimmig‹.

Scharfenberg: Herkunftsname zu dem gleichlautenden Ortsnamen (Nordrhein-Westfalen, Sachsen, Schlesien, bei Danzig).

Scharff: ▶ Scharf(e).

Scharl: bairisch-österreichischer Familienname; Ableitung auf -*l* zu mhd. *schar* (▶ Schaar [1.], [2.]).

Scharmacher: Berufsname für den Hersteller von Pflugscharen, vgl. ▶ Schaarschmidt.

Scharmann: 1. Amtsname auf -*mann* zu mhd. *schar* ›Schar‹, in vielen mittelalterlichen Städten Bezeichnung der öffentlichen Wache, also ›Mitglied der Wache‹ (▶ Scharwächter). 2. Im niederdeutschen Bereich Amtsname zu mnd. *scharman* ›Aufseher über die Hutung, Vorsteher der Waldmark‹.

Scharnag(e)l: Berufsübernamen zu mhd. *scharnagel* ›Nagel zur Befestigung von Schindeln‹ für den Hersteller oder den Benutzer. ❖ *Heinr. Scharnagel* ist i. J. 1359 in Regensburg bezeugt.

Scharnhorst: Herkunftsname zu dem gleichlautenden Ortsnamen (Niedersachsen, Nordrhein-Westfalen, ehem. Brandenburg/jetzt Polen, ehem. Pommern/jetzt Polen).

Scharp: Übername zu mnd. *scharp* ›scharf, spitz‹, übertragen ›heftig, streng, scharfsinnig‹.

Scharpf: ▶ Scharf.

Scharping: patronymische Ableitung auf -*ing* zu ▶ Scharp.

Scharrer: 1. Berufsübername zu mhd. *scharren* ›scharren, kratzen‹; im mittelalterlichen Nürnberg z. B. galt diese Bezeichnung dem Pechsammler. 2. Im übertragenen Sinn kann es sich um einen Übernamen für einen raffgierigen, geizigen Menschen handeln. 3. Herkunftsname zu Ortsnamen wie Scharr (Oberpfalz), Scharrau (Rheinland-Pfalz), Scharre (Sachsen). 4. Auf den Namen eines Hofes *(die Scharr)* in der Fränkischen Alb zurückgehender Familienname. Als erster Inhaber dieses Hofes ist a. 1318 *Heinrich Scharrer* überliefert.

Scharschmidt: ▶ Schaarschmidt.

Schart: ▶ Schardt.

Scharwächter: Amtsname zu mhd. *scharwahter, scharwehter* für den Angehörigen einer Schar, die in den mittelalterlichen Städten den Wachdienst versah. ❖ *Henchen der scharwechter* ist a. 1499 in Grünberg (Oberhessen) bezeugt.

Schatz: Übername zu mhd. *scha(t)z* ›Reichtum, Schatz, Vermögen; Auflage, Steuer; Anrede an den Geliebten‹ für einen reichen, gelegentlich auch für einen liebenswürdigen Menschen. ❖ Im Jahre 1329 ist *Poppo Schatz* in Nürnberg belegt.

Schätz: 1. Bairischer Amtsname zu mhd. *schetzen* ›Geld sammeln, besteuern‹ für den Steuereinnehmer oder Schätzer von Preisen (vgl. ▶ Schätzer). 2. Herkunftsname zu dem gleichlautenden Ortsnamen (Schlesien).

Schätzel: Ableitung von ▶ Schatz mit -*l*-Suffix. ❖ *Schaeczzl mercator* [Kaufmann] ist a. 1379 in München bezeugt.

Schätzer: 1. Amtsname zu mhd. *schatzære, schetzære* ›Schatz-, Geldsammler; Schätzer‹ für den Steuereinnehmer oder den amtlichen Schätzer von Preisen. 2. Gelegentlich Ableitung auf -*er* zu ▶ Schätz (2.).

Schätzle: auf eine schwäbische Ableitung von ▶ Schatz zurückgehender Familienname.

Schau: 1. Übername zu mhd. *schou(we)* ›suchendes, prüfendes Schauen, Blick; amtliche Besichtigung, Prüfung (von handwerklichen Erzeugnissen, Lebensmitteln); Aussehen, Gestalt‹ wohl für einen amtlichen Prüfer (vgl.

▶ Schauer). 2. Vereinzelt ▶ Schaub (3.). 3. Für den niederdeutschen Raum kommt ein Berufsübername zu niederdt. *Schau* ›Schuh‹ für den Schuhmacher bzw. ein Übername für den Träger auffälliger Schuhe infrage.

Schaub: 1. Berufsübername zu mhd. *schoup*, mnd. *schôf* ›Gebund, Bündel, Strohbund, Strohwisch‹ für den Schaubendecker, den Hersteller von Strohdächern. 2. Im übertragenen Sinn Übername für einen mageren, dürren Menschen. 3. Berufsübername zu mhd. *schoube, schübe, schüwe* ›langes und weites Überkleid‹ für den Hersteller oder Übername für den Träger. Die Nürnberger Polizeiordnungen (15. Jh.) sahen vor, dass *die schaube ... mit futter* nicht *über 18 guldîn* kosten durfte.

Schäuble: schwäbische Ableitung von ▶ Schaub.

Schauer: Amtsname zu mhd. *schouwære* ›der Schauende, Besichtiger, Beschauer, der auf obrigkeitliches Geheiß etwas besichtigt, prüft‹. Die Schauer oder Schaumeister wurden aus denjenigen Zünften, deren Erzeugnisse allgemein einer Prüfung (›Schau‹) unterlagen, auf bestimmte Zeit gewählt, um für gutes Material und für sorgfältige Ausführung die amtliche Gewähr zu übernehmen. ❖ Frühe Belege stammen aus Regensburg: *Marquardus Schoer* (a. 1213), *Ditricus dictus* [genannt] *Schâwær* (a. 1276).

Schauerte: im Raum Siegen–Hagen–Arnsberg-Hamm häufig vorkommender Übername zu mhd. *schürtac* ›Aschermittwoch‹, der in Zusammenhang mit einem Abgabetermin entstanden sein kann.

Schauf: vor allem niederrheinische Form von ▶ Schaub.

Schäufelin, Schäuffele: oberdeutsche Berufsübernamen zu mhd. *schüvel* ›Schaufel‹ für jemanden, der sie als Hauptarbeitsgerät benutzte (vgl. mhd. *schüvel-werc* ›Arbeit mit der Schaufel im Weingarten‹). ❖ Ein Beleg aus Nürnberg (a. 1419-31) ist *Erhart Scheufelein*. ❖ Bekannter Namensträger: Hans Leonhard Schäufelein, deutscher Maler und Zeichner (15./16. Jh.).

Schaufler, Schäufler: 1. Berufsnamen zu mhd. *schüveln* ›schaufeln‹ für jemanden, der die Schaufel als Hauptarbeitsgerät benutzte. 2. Berufsnamen für den Hersteller von Schaufeln. 3. Schwäbisch ist der Schaufler auch der Fruchthändler. ❖ Für die Bedeutung ›Weingärtner‹ (vgl. ▶ Schäufelin) scheint der Beleg aus Esslingen (a. 1349) *des schufelers wingarte* zu sprechen.

Schaum: 1. Berufsübername zu mhd., mnd. *schûm* ›Schaum, Metallschlacke‹ für einen Koch oder einen Metallschmelzer. 2. Im übertragenen Sinn Übername für einen ›Schaumschläger‹, einen Schwätzer.

Schaumäker: Berufsname zu mnd. *schomaker, schomeker* ›Schuhmacher‹.

Schaumann: dieser Familienname ist einerseits im Siegerland, andererseits im Raum Konstanz besonders häufig. Entsprechend unterschiedlich muss er erklärt werden: 1. Im niederdeutschen Bereich Berufsname auf -mann zu mnd. *scho* ›Schuh‹ für den Schuhmacher. 2. Im oberdeutschen Sprachgebiet Berufsname auf -mann mit gleicher Bedeutung wie ▶ Schauer zu mhd. *schouwen* ›schauen; besichtigen, von obrigkeitlicher Seite aus prüfen‹. ❖ Bekannte Namensträgerin: Ruth Schaumann, deutsche Schriftstellerin, Bildhauerin und Grafikerin (19./20. Jh.).

Schaumburg: Herkunftsname zu dem gleichlautenden Ortsnamen (Niedersachsen, Rheinland-Pfalz, ehem. Brandenburg/jetzt Polen).

Schaumkell(e): Berufsübernamen nach dem Arbeitsgerät zu mhd., mnd. *schûm* ›Schaum, Metallschlacke‹ und mhd., mnd. *kelle* ›Kelle‹ für einen Koch oder einen Metallschmelzer, vielleicht auch für einen Brauer.

Schaumkessel, Schaumkeßel: Berufsübernamen für einen Metallschmelzer, Brauer oder Sieder (vgl. ▶ Schaumkell[e]).

Schaumlöffel: ▶ Schaumkell(e).

Schaupp: ▶ Schaub.

Scheck: Übername oder Berufsübername zu mhd. *schëcke* ›eng anliegender, gestreifter oder gesteppter Leibrock‹ für den Träger oder den Hersteller. ❖ Bei Bayreuth ist a. 1421/1424 *[E]werlein schek* bezeugt.

Schedel: vorwiegend in Schwaben sowie im Bereich Bamberg-Würzburg verbreitete Schreibweise von ▶ Schädel. ❖ Bekannter Namensträger: Hartmann Schedel, deutscher Arzt und Humanist (15./16. Jh.).

Schedlbauer: bairischer Standesname, nähere Kennzeichnung eines Bauern (▶ Bauer), entweder durch mhd. *schëdel* ›ein Trockenmaß‹

oder durch mhd. *schĕdel* ›Schädel‹ nach einer auffälligen Kopfform oder für den Dickkopf. Auch ein alter Mann konnte als *schĕdel* bezeichnet werden.

Schedler: vor allem im Allgäu häufig vorkommende Schreibweise von ▸ Schädler.

Scheel: 1. Übername zu mnd. *schēl(e)* ›schielend‹. 2. Vereinzelt Herkunftsname zu dem gleichlautenden Ortsnamen (Nordrhein-Westfalen). ❖ Vgl. den Beleg *Scele Jan* (Braunschweig 1335). ❖ Bekannter Namensträger: Walter Scheel, deutscher Politiker (20./21. Jh.).

Scheele: ▸ Scheel (1.).

Scheer: 1. Berufsname zu mhd. *schĕr* ›Scherer‹, vgl. ▸ Scherer (1.). 2. Herkunftsname zu dem gleichlautenden Ortsnamen (Baden-Württemberg).

Scheerbart(h): Berufsübernamen in Satzform (»[ich] schere [den] Bart«) zu mhd. *schĕrn* ›scheren‹ und mhd. *bart* ›Bart‹ für den Barbier. ❖ Bekannter Namensträger: Paul Scheerbart, deutscher Schriftsteller (19./ 20. Jh.).

Scheerbaum: ▸ Scherbaum.

Scheerer: ▸ Scherer.

Scheffel: 1. Berufsübername zu mhd. *scheffel* ›Scheffel‹, ein Hohlmaß für Getreide und Salz, für den Hersteller oder den Benutzer. 2. Amtsname zu mhd. *scheffel* ›Schöffe‹. ❖ Bekannter Namensträger: Joseph Victor von Scheffel, deutscher Schriftsteller (19. Jh.).

Scheffer: ▸ Schäffer.

Scheffler: 1. ▸ Schäffler. 2. Amtsname zu fnhd. *scheffeler* ›Schaffner‹ (▸ Schaffner). ❖ Bekannter Namensträger: Johann Scheffler war der eigentliche Name des geistlichen Dichters Angelus Silesius (17. Jh.).

Scheffold: auf den alten deutschen Rufnamen Scaftolt (ahd. *scaft* ›Schaft, Speer‹ + *walt*) zurückgehender Familienname. Dieser Rufname ist z.B. in dem Ortsnamen Schäffolsheim, früher *Skaftolteshaim*, im Elsass enthalten.

Scheib(e): 1. Wohnstättennamen zu einem gleichlautenden Flurnamen für eine runde Fläche. 2. Herkunftsnamen zu Ortsnamen wie Scheibe (Bayern, Sachsen, Thüringen, Schlesien), Scheiben (Baden-Württemberg, Bayern, Böhmen, Österreich). 3. Berufsübernamen für verschiedene Berufe (vor allem für den Töpfer und den Tischler) oder Übernamen zu mhd. *schībe* ›Kugel, Scheibe, Kreis, Rad, Walze; Töpferscheibe; Glasscheibe; Wachsscheibe; Teller, Platte; Tischplatte‹. ❖ Bekannter Namensträger: Richard Scheibe, deutscher Bildhauer (19./ 20. Jh.).

Scheibel: Ableitung von ▸ Scheib(e) (1.) oder (3.) mit -l-Suffix.

Scheibenpflug: entstellte Form von ▸ Scheuchenpflug.

Scheiber: 1. Ableitung auf -er von ▸ Scheib(e) (1.) oder (2.). 2. Übername zu mhd. *schīber* ›Kegelschieber‹.

Scheible: 1. Durch Entrundung entstandene Form von ▸ Schäuble. 2. Schwäbische Ableitung von ▸ Scheib(e) (1.) oder (3.).

Scheibner: ▸ Scheiber.

Scheid(e): 1. Wohnstättennamen zu mhd. *scheide*, mnd. *schēde* ›Grenzscheide, Grenze‹: ›wohnhaft an der Grenze‹. 2. Herkunftsnamen zu Ortsnamen wie Scheid (Nordrhein-Westfalen, Rheinland-Pfalz, Hessen), Scheidt (Nordrhein-Westfalen, Rheinland-Pfalz, Saarland), Scheiden (Saarland, Ostpreußen). 3. Berufsübernamen zu mhd. *scheide*, mnd. *schēde* ›Schwertscheide‹ für den Hersteller.

Scheidel: 1. Ableitung von ▸ Scheid(e) (1.) oder (3.) mit -l-Suffix. 2. Herkunftsname zu dem gleichlautenden Ortsnamen in Luxemburg.

Scheidemandel: ▸ Scheidemantel.

Scheidemann: Amtsname zu mhd. *scheideman* ›Schiedsrichter‹. ❖ Bekannter Namensträger: Philipp Scheidemann, deutscher Politiker (19./20. Jh.).

Scheidemantel: Wohnstättenname zu mhd. *scheide* ›Grenzscheide, Grenze‹ und mhd. *mantel* ›Föhre‹: ›Grenzföhre‹; ursprünglich ein Forstname. ❖ Cuntz Schaidenmantel ist a. 1370 in Nürnberg bezeugt.

Scheider: 1. Amtsname zu mhd. *scheidære* ›Scheider, Entscheider, Vermittler, Schiedsrichter‹. 2. Ableitung auf -er von ▸ Scheid(e) (1.) oder (2.). 3. Berufsname auf -er zu mhd. *scheide*, mnd. *schēde* ›Schwertscheide‹ für den Scheidenmacher.

Scheidhauer: ▸ Scheithauer.

Scheidler: 1. Ableitung von ▸ Scheid(e) (1.). 2. Ableitung auf -er von ▸ Scheidel.

Scheidmantel: ▸ Scheidemantel.

Scheidt: ▸ Scheid(e). ❖ Bekannter Namensträger: Samuel Scheidt, deutscher Komponist und Organist (16./17. Jh.).

Scheil: 1. ▶ Scheel. 2. Gelegentlich Berufsübername für den Fleischer zu niederdeutsch mda. *Scheil, Slachtescheil* ›mehrscheidiger, hölzerner Köcher, in dem der Schlachter seine Messer und Gabeln aufbewahrt‹.

Schein: 1. Übername zu mhd. *schīn* ›Schein, Strahl, Glanz‹, mhd. *schīn* ›hell, strahlend, leuchtend‹. 2. Berufsübername zu mhd. *schīn* ›schriftliche Urkunde, Ausweis, Zeugnis, Beweis‹ für den Urkundenschreiber. ❖ Bekannter Namensträger: Johann Hermann Schein, deutscher Komponist (16./17. Jh.).

Scheiner: am häufigsten ist dieser Familienname im Bereich Würzburg; wohl Amtsname zu mhd. *schīn* ›schriftliche Urkunde, Zeugnis, Beweis‹ für den ›Scheinboten‹, einen mit einer Vollmacht versehenen Stellvertreter vor Gericht. ❖ *Hanse Scheiner* ist a. 1363 in Nürnberg bezeugt.

Scheinpflug: durch Entrundung entstandene Form von ▶ Scheuchenpflug, Scheuenpflug.

Scheiter: Berufsname zu mhd. *schīten* ›spalten, hauen‹ für den Holzhauer, vgl. ▶ Scheithauer.

Scheithauer: Berufsname für den Holzhacker (zu mhd. *schīt* ›abgespaltenes Holzstück, Scheit‹).

Scheld: im Raum Siegen-Gießen-Frankfurt a. M. häufig vorkommender Herkunftsname zu dem Ortsnamen Scheld bei Dillenburg (Hessen). ❖ *Contze Scheld* ist a. 1476 in Grünberg (Oberhessen) bezeugt.

Scheler: am häufigsten ist dieser Familienname in Bamberg, danach im westlichen Thüringen; Berufsname zu mhd. *scheln* ›abstreifen, schälen‹, wohl für einen Rindenschäler (zur Gewinnung von Gerberlohe). ❖ Bekannter Namensträger: Max Scheler, deutscher Philosoph (19./20. Jh.).

Schelhaas: ▶ Schellhaas.
Schelhorn: ▶ Schellhorn.

Schell(e): 1. Übernamen zu mhd. *schël, schëllic* ›aufspringend, auffahrend, aufgeregt, wild; lärmend, toll‹. 2. Übernamen oder Berufsübernamen zu mhd. *schëlle* ›Schelle, Glöckchen‹ für jemanden, der diese an der Kleidung trug, oder für den Hersteller. 3. Übernamen zu mhd. *schël* ›Schelm, Betrüger‹. ❖ In Nürnberg ist *Her[man] Schelle* a. 1357 identisch mit *Her[man] Schell* a. 1363. ❖ Bekannte Namensträger: Maria Schell, schweizerische Schauspielerin (20./21. Jh.); Maximilian Schell, schweizerischer Schauspieler und Regisseur (20./21. Jh.).

Schellenberg(er): Herkunftsnamen oder Wohnstättennamen zu dem häufigen Orts- und Flurnamen Schellenberg.

Scheller: Amtsname oder Übername auf *-er* zu mhd. *schellen* ›schallen, ertönen lassen‹ für den »Ausscheller«, der die behördlichen Anordnungen ausrief, oder für einen lauten Menschen.

Schellhaas: Übername zu mhd. *schël, schëllic* ›aufspringend, auffahrend‹ und mhd. *hase* ›Hase‹ für einen schreckhaften Menschen.

Schellhammer: Berufsübername zu mhd. *schëlhammer* ›großer Hammer zum Zerschlagen der Steine (in den Steinbrüchen)‹ für den Hersteller oder den Benutzer.

Schellhase: ▶ Schellhaas.

Schellhorn: 1. Berufsübername in Satzform zu mhd. *schellen* ›schallen, ertönen lassen‹ und mhd. *horn* ›Horn‹ (»schelle [das] Horn, lasse das Horn ertönen!«) für einen Hornbläser. 2. In Norddeutschland auch Herkunftsname zu dem gleichlautenden Ortsnamen (Schleswig-Holstein). ❖ *Hans Schellhorn* ist a. 1370 in Nürnberg bezeugt.

Schelling: der Familienname ist vor allem schwäbisch, hat aber ein zweites Verbreitungsgebiet im Bereich Oldenburg: 1. Nebenform von ▶ Schell(e) (1.). 2. Variante von ▶ Schilling. 3. Herkunftsname zu dem Ortsnamen Schöllang (bayerisch Schwaben). 4. Im niederdeutschen Bereich auch Übername oder Wohnstättenname zu mnd. *schelinge* ›Zwietracht, Streit‹, auch ›Grenzlinie‹. ❖ Aus einer schwäbischen Pfarrersfamilie stammt der Philosoph Friedrich Wilhelm Joseph von Schelling (18./19. Jh.).

Schelm: Übername zu mhd. *schëlm* ›Bösewicht‹. ❖ *H. Schelm* ist i. J. 1363 in Nürnberg belegt.

Schels: bairischer Übername zu mhd. *schëlhes, schelchs*, Adverb zu *schëlch* ›schielend‹.

Schemel: 1. Berufsübername zu mhd. *schamel, schemel* ›Schemel, Fußbank‹ für den Hersteller oder Übername für einen Krüppel, der sich mithilfe eines Schemels fortbewegte. 2. Wohnstättenname zu mhd., mnd. *schemel* ›Erdabsatz‹ für jemanden, der an einem derartigen Absatz wohnte. 3. Übername zu mnd. *schemel* ›schamhaft, schändlich‹.

Schemm: Übername zu mhd. *schēme, schēm* ›Larve, Maske‹; auch ›ein Augenübel‹.

Schemmel: 1. ▶ Schemel. 2. Ableitung auf *-el* zu ▶ Schemm.

Schempp: schwäbischer Übername zu mhd. *schimph* ›Scherz, Kurzweil, Spiel‹.

Schenck: ▶ Schenk(e).

Schendel: Übername zu mhd. *schende* ›Schmach, Schändung‹. Dieser Name begegnet auch als Teufelsname in einem Fastnachtspiel (15. Jh.).

Schenk(e): Berufsnamen zu mhd. *schenke* ›einschenkender Diener, Mundschenk‹. Nahm der Schenk in diesem Sinne noch ein altes Hofamt wahr – vgl. die vielen adligen Geschlechtsnamen Schenk, Schenck –, so erweiterte sich die Bedeutung bald zu ›Wein, Bier ausschenkender Wirt‹ und wurde zum bürgerlichen Familiennamen. ❖ Eine *Schenchin witib* [Witwe des Schench] ist a. 1350 in Regensburg bezeugt. ❖ Bekannte Namensträger: Klaus Graf Schenk von Stauffenberg, deutscher Widerstandskämpfer (20. Jh.); Otto Schenk, österreichischer Schauspieler und Regisseur (20./21. Jh.).

Schenkel: Übername zu mhd. *schenkel* ›Schenkel‹ nach einer Besonderheit des Körperteils. ❖ *Eberhart Schenkel* ist i. J. 1370 in Nürnberg belegt.

Schenker: Berufsname für den Schenkwirt.

Scheper: vor allem in dem Bereich Bremerhaven–Oldenburg–Osnabrück verbreiteter Familienname: 1. Berufsname zu mnd. *schēper* ›Schäfer‹ (vgl. ▶ Schaper). 2. Berufsname zu mnd. *scheper* ›Schiffer‹.

Schepers: patronymische Bildung (starker Genitiv) zu ▶ Scheper.

Schepp: im Raum Gießen-Siegen häufig vorkommender Übername zu md. *schepp* ›schief‹. ❖ *Heyntz Schepp* ist a. 1513 in Gießen bezeugt.

Scheppan: auf Štepan, eine slawische Form von ▶ Stephan, zurückgehender Familienname.

Scheppe: Amtsname zu mnd. *schepen(e)* ›Schöffe, urteilfindender Beisitzer des Gerichts‹. ❖ Vgl. den Beleg *Siffert Scheppe* (Kassel a. 1479).

Scherb: Berufsübername zu mhd. *schirbe, schërbe* ›Scherbe; Topf‹ für den Töpfer.

Scherbart(h): ▶ Scheerbart(h).

Scherbaum: 1. Wohnstättenname zu mhd. *schirm, schërm* ›was zur Deckung, zum Schutz dient‹ und mhd. *boum* ›Baum‹. Scher(m)baum, auch Scharbaum, ist in Süddeutschland und Österreich die Bezeichnung für einen Baum, der beim Holzschlagen zur Besamung des Gebiets (als ›Schutz‹) stehen gelassen wird. Der Wohnstättenname kann also jemanden bezeichnen, der bei einem vereinzelt stehenden Baum wohnte. 2. Gelegentlich Berufsübername zu mhd. *Scherbaum* ›Teil des Webstuhls‹ für den Weber.

Scherer: 1. Berufsname zu mhd. *schërære*, mnd. *scherer* ›Tuchscherer‹ oder ›Barbier, Wundarzt‹. Haar- und Bartscherer waren vor allem in den zahlreichen Bädern tätig; zu ihren Aufgaben gehörte auch das Schröpfen. 2. Herkunftsname zu Ortsnamen wie Scheer (Baden-Württemberg), Scheerau (Sachsen). ❖ In Regensburg ist a. 1326 *Ottel der scherær vor pruk* bezeugt.

Scherf(f): 1. Übernamen zu mhd. *schërpf*, mnd. *scherf* ›Scherflein, kleinste Münze‹, vielleicht als Anspielung auf die Armut des ersten Namensträgers. 2. ▶ Scharf(e). ❖ Ein *Scherf* ist a. 1335 in Barth (Mecklenburg-Vorpommern) bezeugt.

Scherg: Amtsname zu mhd. *scherge* ›Gerichtsdiener, -bote, Büttel, Scherge‹.

Schergel: Ableitung von ▶ Scherg mit *-l*-Suffix.

Schering: 1. Patronymische Ableitung auf *-ing* zu ▶ Scheer (1.). 2. Niederdeutscher Wohnstättenname zu mnd. *scheringe* ›Verteilung; Weide‹. 3. Herkunftsname zu den Ortsnamen Schering (Bayern), Scheringen (Baden-Württemberg), Schieringen (Niedersachsen). ❖ In Coesfeld ist a. 1353 *Hinricus Scherinch* bezeugt.

Scherm: bairisch-österreichische Form von ▶ Schirm.

Schermer: 1. Berufsname zu mnd. *schermer* ›Fechter; Spielmann‹. 2. ▶ Schirmer (1.).

Scherner: 1. Berufsname für den Knochenhauer, Fleischhauer (mnd. *schernere*), der seine Ware auf einer *scharne* (›Fleischbank‹) feilbietet. 2. Herkunftsname zum Ortsnamen Schernau (Bayern).

Schernikau: Herkunftsname zu dem gleichlautenden Ortsnamen (Sachsen-Anhalt).

Scherr: ▶ Scheer (1.).

Scherrer: ▶ Scherer (1.).

Schertel: Ableitung auf *-el* zu ▶ Schardt.

Scherz: Übername zu mhd. *schërz* ›Scherz, Vergnügen, Spiel‹.

Scherzer: Übername zu mhd. *scherzen* ›fröhlich springen, hüpfen, sich vergnügen, scherzen‹, fnhd. *scherzer* ›Spaßmacher‹. ❖ *Hanns Scherczer* ist a. 1467 im sächsischen Vogtland bezeugt.

Scherzinger: Herkunftsname zu dem Ortsnamen Scherzingen (Baden-Württemberg).

Schettler: am häufigsten ist dieser Familienname im Bereich Zwickau, danach im Raum Erfurt: 1. Berufsname auf *-ler* zu mhd. *scheite* ›Holzspan, Schindel‹ bzw. mhd. *schît* ›abgespaltenes Holzstück, Scheit‹ für denjenigen, der Holz, wohl für Schindeln, spaltet. 2. Entrundete Form von ▶ Schöttler.

Schetz: ▶ Schätz (1.).

Scheu(ch): Übernamen zu mhd. *schiech, schiuch, schiuhe* ›scheu, verzagt‹ für einen schüchternen Menschen. ❖ *Hans Scheuh* ist a. 1429–1461 in Nürnberg bezeugt.

Scheuchenpflug, Scheuenpflug: Berufsübernamen in Satzform (»[ich] meide [den] Pflug«) zu mhd. *schiuhen* ›scheuen, meiden‹ und mhd. *phluoc* ›Pflug‹ für einen wenig arbeitsamen, untüchtigen Bauern. ❖ *Cunrad Schiuhenphluck* ist i. J. 1299 in Augsburg belegt, *Herman Scheuhenpflug* i. J. 1363 in Nürnberg.

Scheuer: 1. Wohnstättenname zu mhd. *schiure* ›Scheuer, Scheune‹: ›wohnhaft an/bei einer Scheune‹. 2. Berufsübername zu mhd. *schiure* ›Becher, Pokal‹ für den Hersteller. In einer Nürnberger Hochzeitsordnung ist von *vergüldten Scheuern oder anderen Cleinaten* [von vergoldeten Bechern/Pokalen oder anderen Kleinodien] die Rede. 3. Herkunftsname zu Ortsnamen wie Scheuer (Nordrhein-Westfalen, Bayern), Scheuern (Rheinland-Pfalz, Saarland, Bayern).

Scheuerer: Ableitung auf *-er* von ▶ Scheuer.

Scheuermann: 1. Amtsname auf *-mann* zu mhd. *schiure* ›Scheuer, Scheune‹ für den Verwalter der herrschaftlichen Scheuer. 2. Gelegentlich Ableitung auf *-mann* von ▶ Scheuer (1.) oder (3.).

Scheufler: ▶ Schaufler, Schäufler.

Scheumann: 1. Zusammengezogene Form von ▶ Scheunemann. 2. Mit *-mann* gebildeter Übername zu mhd. *schiech, schiuch, schiuhe* ›scheu, verzagt‹ bzw. mnd. *schuw(e)* ›scheu, furchtsam‹ für einen schüchternen Menschen. 3. Herkunftsname auf *-mann* zu dem Ortsnamen Scheuen, Stadt Celle (Niedersachsen).

Scheunemann: Berufsname auf *-mann* zu mnd. *schunen* ›in die Scheune bringen‹ bzw. zu mhd. *schiune* ›Scheune‹ für den Einscheuner, der die Ernte in die Scheune bringt, oder für den Verwalter einer herrschaftlichen Scheune. 2. Herkunftsname auf *-mann* zu dem Ortsnamen Scheune (ehem. Pommern/ jetzt Polen).

Scheuner: Berufsname auf *-er* zu mhd. *schiune* ›Scheune‹ bzw. mnd. *schunen* ›in die Scheune bringen‹; ▶ Scheunemann (1.).

Scheunert: Erweiterung von ▶ Scheuner mit sekundärem *-t*.

Scheurer: ▶ Scheuerer.

Scheurich: im Raum Würzburg-Aschaffenburg häufig vorkommender Familienname: 1. Wohl Berufsname zu mhd. *schuochrichter* ›Schuhmacher‹. 2. Nebenform zu ▶ Scheuring (2.). ❖ Bekannter Namensträger: Paul Scheurich, deutscher Bildhauer, Maler und Grafiker (19./20. Jh.).

Scheuring: um den Bereich Würzburg konzentrierter Familienname: 1. ▶ Scheurich (1.). 2. Möglicherweise Übername zu mhd. *schiurunge* ›Schutz‹. 3. Herkunftsname zu dem gleichlautenden Ortsnamen (Bayern).

Scheve, Schewe: 1. Übernamen zu mnd. *schêf* ›schief, schräg‹, übertragen ›verkehrt, unrecht, schlecht‹, vom Magen: ›leer‹. 2. Berufsnamen für den Flachsbrecher oder -hechler bzw. Übernamen zu mnd. *scheve* ›Schäbe, die beim Brechen und Hecheln abfallenden Splitter des Flachses‹, übertragen ›etwas sehr Geringes‹. ❖ *Herman Scheve* ist i. J. 1364 in Hannover belegt.

Schicht: Übername oder Berufsübername für den Bergmann (in Norddeutschland auch allgemein für den Arbeiter) zu mhd. *schiht* ›Ereignis, Begebenheit, Geschichte; Ordnung, Anordnung, Einteilung; Schicht; bestimmte bergmännische Arbeitszeit‹ (*die kurze schicht ist 8 stundt lang, die lange ... ist 12 stund lang*, heißt es in einem in München aufbewahrten Dokument), mnd. *schicht(e)* ›Ereignis, Begebenheit, Vorfall; Zwist, Aufruhr, Aufstand; Ordnung, Reihe, Schicht, bestimmte Anzahl Arbeiter, bestimmte Arbeitszeit‹.

Schick(e): 1. Übernamen zu mnd. *schik* ›Gestalt, Bildung, Form, richtige Gestalt, richtiger Zustand‹, mhd. *schicken* ›schaffen, tun, bewirken, ausrichten, gestalten, ordnen‹, mnd. *schicken* ›ordnen, einrichten, fügen‹. 2. ▶ Schieck. ❖ Ein früher Beleg stammt aus Köln: *Albret Schiko* (ca. 1135–80). ❖ Bekannter Namensträger: Christian Gottlieb Schick, deutscher Maler (18./19. Jh.).

Schickedanz: Übername in Satzform für den Tanzordner bzw. den leidenschaftlichen Tänzer (zu mhd. *schicken* ›ausrichten, gestalten, ordnen‹: »richte [den] Tanz aus!«). ❖ Ein Nürnberger Beleg ist *Hans Schickentanz* (a. 1370). ❖ Bekannte Namensträger: Gustav und Grete Schickedanz, deutsche Unternehmer (20. Jh.).

Schicker: Übername zu mhd. *schicken* ›schaffen, tun, bewirken, ausrichten, gestalten, ordnen‹, mnd. *schicker* ›Ordner‹.

Schicketanz: ▶ Schickedanz.

Schieback: Übername zu nsorb. *šybak* ›Galgenstrick, Schalk, Schlauberger‹, osorb. (älter) *šibak* ›Schalk, Schelm‹ bzw. zu poln. (älter) *szybać* ›schlagen, stoßen‹, tschech. *šibat* ›mit Ruten streichen‹.

Schiebel: durch Entrundung entstandene Form von ▶ Schübel.

Schieber: 1. Berufsname für jemanden, der bei seiner Arbeit schiebt, bei den Drahtziehern der Arbeiter, der den groben Draht von der Schiebebank zieht. 2. Übername zu mhd. *schieben* ›schieben, stoßen; aufschieben, verschieben; jemanden heimlich begünstigen‹. ❖ *Heintz Schieber* ist a. 1363 in Nürnberg bezeugt.

Schieck: Übername zu mhd. *schiec* ›schief, verkehrt‹ nach der Gestalt oder der Gangart des ersten Namensträgers. ❖ *Heinricus Schieko* ist i. J. 1288 in Nürnberg belegt.

Schieder: am häufigsten ist dieser Familienname im Bereich Nürnberg-Amberg: 1. Herkunftsname zu den Ortsnamen Schieda (Oberfranken), Schied (Österreich); bei nordwestdeutscher Herkunft auch zu Schieder (Nordrhein-Westfalen). 2. Standesname zu mhd. *schid, schit* ›richterliche oder schiedsrichterliche Entscheidung‹ für einen Schiedsmann, einen Schlichter.

Schiefelbein: ▶ Schievelbein.

Schiefer: Berufsübername zu mhd. *schiver(e)* ›Stein-, Holzsplitter‹, mnd. *schiver* ›Schiefer, Schindel‹ für den Schieferdecker.

Schieferdecker: Berufsname zu mhd. **schiverdecker*, mnd. *scheverdecker* ›Schieferdecker, Dachdecker‹. Die Verwendung von Schiefer anstelle von Stroh zum Decken des Daches setzte um 1300 ein.

Schiek: ▶ Schieck.

Schiel: Übername zu mhd. *schël, schiel*, mnd. *schël* ›schielend‹ für jemanden, der schielte.

Schiele: der Name ist vor allem im Südwesten des deutschen Sprachgebiets, daneben auch im Bereich Halle/S. häufig: 1. In Süddeutschland durch Entrundung entstandene Form von Schüle (▶ Schühle). 2. Im Südwesten auch Herkunftsname zu dem Ortsnamen Schiele (Baden-Württemberg), im Bereich Halle Herkunftsname zu dem Ortsnamen Schielo (Sachsen-Anhalt), mundartl. *Schile*. 3. ▶ Schiel. ❖ Bekannter Namensträger: Egon Schiele, österreichischer Maler (19./20. Jh.).

Schielke: 1. Ableitung von ▶ Schiel mit *-k*-Suffix. ❖ *Johannes Repchowe dictus* [genannt] *Scieleke* ist a. 1331 in Akten (Sachsen-Anhalt) bezeugt. 2. ▶ Schilla(c)k.

Schiemann: 1. Berufsname zu mnd. *schipman, schimman* ›Schiffsmann, Matrose; Schiemann‹. 2. Übername, aus einer Ableitung von mnd. *schide* ›gescheit‹ mit dem Suffix *-mann* hervorgegangener Familienname. 3. Auf eine ostdeutsche, slawisch beeinflusste Form von ▶ Simon zurückgehender Familienname (vgl. ▶ Schimang).

Schiemenz: auf eine sorbische Ableitung von ▶ Simon zurückgehender Familienname.

Schier: 1. Übername zu mhd., mnd. *schīr* ›lauter, rein, glänzend‹ oder zu mhd. *schier* ›schnell‹. 2. Wohnstättenname zu einem gleichlautenden niederdeutschen Flurnamen. 3. Herkunftsname zu Ortsnamen wie Schier (Niedersachsen, Nordrhein-Westfalen), Schieren (Schleswig-Holstein, Niedersachsen), Schierau (Sachsen-Anhalt).

Schierz: vor allem im Bereich Dresden-Bautzen häufiger Familienname: 1. Übername zu nsorb. *šery*, osorb. *šěry* ›grau‹. 2. Herkunftsname zu den Ortsnamen Schieritz (Sachsen).

531

Schiessel: durch Entrundung entstandene Form von ▶ Schüssel.

Schiesser, Schießer: 1. Übernamen zu mhd. *schiezen* ›werfen, schießen, stoßen, schleudern; sich schnell bewegen‹. 2. Berufsnamen für einen Schützen.

Schießl: bairisch-österreichische Schreibweise von ▶ Schiessel.

Schiessler, Schießler: entrundete Formen von ▶ Schüssler, Schüßler.

Schiest(e)l, Schiesterl: oberdeutsche, aus einer entrundeten Ableitung von ▶ Schuster mit -l-Suffix hervorgegangene Familiennamen.

Schievelbein: 1. Übername zu mnd. *schivelbēn* (< mnd. *schivelen* ›schwanken‹) ›eine Fußkrankheit der Pferde‹, hier wohl auf ein menschliches Gebrechen übertragen. 2. Herkunftsname zu dem Ortsnamen Schievelbein (ehem. Pommern/jetzt Polen). ❖ *Cord Schivelbeyn* ist i. J. 1410 in Halle belegt.

Schiewe: ▶ Scheve, Schewe.

Schiffer: Berufsname zu mhd. *schiffer* ›Schiffer‹. ❖ Bekannte Namensträgerin: Claudia Schiffer, deutsches Topmodel (20./21. Jh.).

Schiffers: patronymische Bildung (starker Genitiv) zu ▶ Schiffer.

Schiffler: 1. Besonders im Raum Aachen häufiger Berufsname zu rheinisch *schiffeln*, womit das Verbrennen von Soden oder Ginster und Heidekraut, um mit ihrer Asche das Feld zu düngen, bezeichnet wurde. 2. Im oberdeutschen Bereich Nebenform von ▶ Schäffler.

Schiffmann: Berufsname zu mhd. *schifman* für den Schiffseigentümer oder einen Schiffssteuermann. ❖ *Ch. Schifman* ist a. 1319 in Nürnberg bezeugt.

Schiffner: Berufsname auf *-er* zu mhd. *schiffen* ›zur See fahren, mit einem Schiff fahren‹; vgl. ▶ Schiffer.

Schikora, Schikore, Schikorra: ▶ Sikora.

Schilcher: ▶ Schiller (1.).

Schild: 1. Berufsübername zu mhd. *schilt* ›Schild; Wappenschild, Wappen‹ für den Schildmacher, Schildmaler oder Wappenmaler. Der Schutzschild war aus Holz und wurde mit Leder überzogen. Oft wurde der Schild mit Metallbeschlägen versehen und mit Bemalung verziert. 2. Wohnstättenname nach der Form des Grundstücks. 3. Auf einen häufigen Hausnamen zurückgehender Familienname. Im mittelalterlichen Halle ist ein Haus, das *genant ist czum roten schilde*, bezeugt. Ein Haus *zum Schilte* begegnet i. J. 1379 in Würzburg.

Schilder: 1. Berufsname zu mhd. *schiltære* ›Schildmacher, Hersteller des Schutzschildes‹ (▶ Schild), später galt diese Bezeichnung auch für den Wappenmaler und den Maler als Kunsthandwerker. ❖ *Hainrich der schilter* ist i. J. 1275 in Konstanz belegt. 2. Gelegentlich Herkunftsname zu Ortsnamen wie Schilda (Brandenburg), Schildau (Sachsen-Anhalt, Schlesien), Schilde (Brandenburg, ehem. Pommern/jetzt Polen, Schlesien).

Schildhauer: 1. Berufsname für den Hersteller des Schutzschildes (vgl. ▶ Schilder [1.]). 2. Gelegentlich Herkunftsname zu dem Ortsnamen Schildau (Sachsen-Anhalt, Schlesien).

Schildmacher: Berufsname für den Hersteller des Schutzschildes (▶ Schilder [1.]).

Schildt: ▶ Schild.

Schildwächter: Amtsname zu mhd. *schiltwahter*, mnd. *schiltwachter* ›Schildwächter, Wächter in voller Rüstung‹. ❖ *Brant Sciltwechter* ist i. J. 1414 in Wernigerode belegt.

Schilf(f): Wohnstättennamen zu mhd. *schilf* ›Schilf‹.

Schilke: 1. Herkunftsname zu Ortsnamen wie Schilk (Nordrhein-Westfalen), Schilkensee (Schleswig-Holstein). 2. Wohnstättenname nach der Form des Grundstücks (zu mnd. *schilt* ›Schild, Schutzschild‹ + -k-Suffix). 3. ▶ Schilla(c)k.

Schill: 1. Übername zu mhd. *schiel, schël* ›schief, krumm, schielend‹. 2. Herkunftsname zu dem gleichlautenden Ortsnamen (Schlesien).

Schilla(c)k: Übernamen zu nsorb. *žiła*, osorb. *žyła*, poln. *żyła*, tschech. *žíla* ›Ader, Sehne‹.

Schiller: 1. Übername zu mhd. *schilhen, schillen* ›schielen‹, mhd. *schilher* ›Schieler‹. 2. Im niederdeutschen Raum kann Schiller auf eine verschliffene Form von mnd. *schilder* ›Schildmacher, Wappenmaler, Maler‹ zurückgehen. In Goslar ist i. J. 1310 eine *Schilderstrate* belegt, die i. J. 1710 als *Schiller Straaße an der Schildwache* Erwähnung findet. ❖ Um einen Übernamen zu mhd. *schilher* ›Schieler‹ wie bei dem Beleg aus Esslingen vom Jahr 1386 *Wernher gen[annt] Schilher* handelt es sich auch bei dem Namen des deutschen Dichters Friedrich von Schiller (18./19. Jh.).

Schilling: 1. Übername zu mhd. *schillinc*, mnd. *schillink* ›Schilling‹ nach einer Abgabe (vgl. ▶ Fünfschilling). 2. Herkunftsname zu den Ortsnamen Schilling (Bayern), Schillingen (Rheinland-Pfalz, Ostpreußen). ❖ Ein früher Beleg ist *Wilhelmus Sciling* (Halberstadt a. 1178). ❖ Bekannter Namensträger: Niklaus Schilling, schweizerischer Filmregisseur (20./21. Jh.).

Schillinger: Ableitung auf *-er* zu ▶ Schilling (2.).

Schillings: 1. Patronymische Bildung (starker Genitiv) zu ▶ Schilling. 2. Gelegentlich Herkunftsname zu dem gleichlautenden Ortsnamen (Ostpreußen). ❖ Bekannter Namensträger: Max von Schillings, deutscher Komponist (19./20. Jh.).

Schimang, Schimank(e): auf sorbische Ableitungen von ▶ Simon zurückgehende Familiennamen.

Schimanski, Schimansky: 1. Aus polnischen Ableitungen von ▶ Simon entstandene Familiennamen. 2. Herkunftsnamen zu polnischen Ortsnamen wie Szymańce, Szymany bzw. Szymanowice.

Schimke, Schimko: auf slawische Ableitungen von ▶ Simon zurückgehende Familiennamen.

Schimmang, Schimmank: ▶ Schimang. ❖ Bekannter Namensträger: Jochen Schimmang, deutscher Schriftsteller (20./21. Jh.).

Schimmel: 1. Übername zu mhd. *schimel*, mnd. *schimmel* ›Schimmel‹ bzw. ›weißes Pferd, Schimmel‹ nach der grauen oder weißen Haarfarbe des ersten Namensträgers. 2. Herkunftsname zu dem gleichlautenden Ortsnamen (Sachsen-Anhalt). ❖ Um einen Übernamen handelt es sich bei *Martein Schimmel*, der in München a. 1368 bezeugt ist.

Schimmelfennig, Schimmelpfeng, Schimmelpfennig: Übernamen in Satzform (»[ich lasse den] Pfennig schimmeln«) für einen sparsamen oder geizigen Menschen. ❖ Ein Geistlicher namens *Conradus Scimmelpenningh* ist i. J. 1347 in Lüneburg belegt.

Schimmer: oberdeutscher Übername zu mhd. *schime* ›Schatten, Schattenbild‹ bzw. mhd. *schēme, schēm* ›Larve, Maske‹; auch ›ein Augenübel‹.

Schimming: Übername zu mnd. *schimmink* ›weißes Pferd, Schimmel‹ nach der Haarfarbe des ersten Namensträgers. ❖ Vgl. den Beleg *Albertus Schimminch* (Hannover 1303).

Schimpf: Übername zu mhd. *schimph, schimpf* ›Scherz, Kurzweil, Spiel, bes. das ritterliche Kampfspiel‹, erst später ›Spott, Verhöhnung‹.

Schinag(e)l: 1. Berufsübernamen für den Nagelschmied oder den Wagner nach einem starken Nagel zum Befestigen der Schiene am Rad. 2. Standes- oder Berufsnamen zu bair. *Schinnagel* ›geringer Knecht in einem Bauernhof (Pinzgau), Salinenarbeiter, der das Fuhrwerk besorgt (Hallein)‹, bair. *Schinaglin* ›Dienstperson, die nach Bedarf zu jeder Arbeit verwendet wird‹. ❖ *Heintz Schinnagel* ist i. J. 1370 in Nürnberg bezeugt.

Schindel: 1. Berufsübername zu mhd. *schindel* ›Schindel, Holzziegel‹ für den Schindelmacher, -decker (▶ Schindelhauer, ▶ Schindler). 2. Gelegentlich aus einem gleichlautenden Flurnamen (›Wald, wo Schindelholz gehauen werden darf‹) hervorgegangener Wohnstättenname. ❖ Vgl. den Beleg *Fridericus dictus [genannt] zuo der schindeln* (Straßburg 1303).

Schindelar: ▶ Sindelar.

Schindele: auf eine schwäbische Ableitung von ▶ Schindel zurückgehender Familienname.

Schindelhauer: Berufsname zu mhd. *schindel* ›Schindel, Holzziegel‹ für den Handwerker, der die Schindeln vom Stamm bzw. vom Klotz abspaltet. Zur Herstellung von Dachschindeln verwendete man Lärchen- und Fichtenholz.

Schindewolf: Übername in Satzform (»[ich] schinde [den] Wolf«, etwa ›ich besiege den Wolf und ziehe ihm die Haut über die Ohren‹), vielleicht für einen Jäger oder einen Draufgänger (vgl. ▶ Dempewolf[f]).

Schindlbeck: Herkunftsname auf *-beck* zu dem Ortsnamen Schindlbach (Bayern).

Schindler: Berufsname zu mhd. *schindeler* ›Schindelmacher‹, fnhd. *schinteler* ›Schindeldecker‹.

Schinhärl: in Bayern verbreitete, durch Entrundung entstandene Form von ▶ Schönhärl.

Schink(e): 1. Übernamen zu mhd., mnd. *schinke* ›Schenkel‹ nach einem körperlichen Merkmal. 2. Berufsübernamen zu mhd., mnd. *schinke* ›Schinken‹ für den Fleischer oder Übernamen nach der Lieblingsspeise.

Schinkel: 1. Übername zu mhd., mnd. *schinkel* ›Schenkel‹ nach einem körperlichen Merkmal. 2. Herkunftsname zu dem gleichlautenden Ortsnamen (Schleswig-Holstein, Niedersachsen). ❖ Bekannter Namensträger: Karl Friedrich Schinkel, deutscher Architekt und Maler (18./19. Jh.).

Schinnagel: ▸ Schinag(e)l.

Schinner: 1. Durch Assimilation aus mhd. *schinder* ›Rindenschäler; Schlächter; Abdecker‹ entstandener Berufsname. 2. Herkunftsname zu den Ortsnamen Schinna (Niedersachsen), Schinne (Sachsen-Anhalt).

Schinzel: oberdeutscher Familienname, wohl Berufsübername mit *-l*-Suffix für den Weber zu bair. *schintz* ›die zum Gewebe aufgezogenen Fäden, wenn sie eine Öffnung bildeten, durch die der Schütze geworfen wurde; die Kette‹.

Schipper: Berufsname zu mnd. *schipper* ›Schiffer, Seemann‹.

Schippers: patronymische Bildung (starker Genitiv) zu ▸ Schipper.

Schippmann: Berufsname zu mnd. *schipman* ›Schiffsmann, Matrose, Schiffer eines kleinen Fahrzeuges‹.

Schirm: vieldeutiger Familienname zu mhd. *schirm, schërm* ›was zur Deckung, zum Schutze dient‹: 1. Berufsübername für den Schildmacher oder den Fechter (▸ Schirmer[1.]). 2. Amtsname für den ›Beschirmer‹, den Vormund. 3. Wohnstättenname zu ›Schirm-, Schutzdach‹.

Schirmacher: ▸ Schirrmacher.

Schirmer: 1. Berufsname zu mhd. *schirmen, schërmen* ›mit dem Schild Hiebe auffangen, fechten‹ für einen herumziehenden Schaufechter. 2. Vereinzelt Herkunftsname zu dem Ortsnamen (Groß-, Klein-)Schirma (Sachsen). ❖ Bekannter Namensträger: Johann Wilhelm Schirmer, deutscher Maler und Grafiker (19. Jh.).

Schirra: vor allem im Saarland verbreiteter Familienname, der auf Gérard, die französische Form von ▸ Gerhard zurückgeht.

Schirrmacher: Berufsname zu mhd. *geschirre* ›Geschirr, Gerät, Werkzeug‹ und mhd. *macher* ›Macher, Bewirker‹ für den Hersteller von Geschirren.

Schirrmeister: 1. Amtsname zu mhd. **(ge)schirremeister* für jemanden, der auf Gütern die Aufsicht über das Geschirr und Fahrgerät hatte. 2. Berufsname zu mhd. *schirmmeister* ›Fechtmeister‹, fnhd. *schirmeister* ›berufsmäßiger Fechter, Fechtlehrer, Gaukler‹.

Schittenhelm: durch Entrundung entstandene Form von ▸ Schüttenhelm.

Schiwe(c)k: mit dem Suffix *-ek* gebildete Übernamen zu poln. *żywy*, tschech. *živý* ›lebendig, lebhaft‹.

Schlaak: vor allem in Mecklenburg-Vorpommern häufiger, aus Slaweke, polabisch Slavek, einer mit *-k*-Suffix gebildeten Kurzform zu slawischen Rufnamen wie Slavomir (urslaw. **slava* ›Ruhm, Ehre‹ + urslaw. **mirъ* ›Friede‹), durch Zusammenziehung entstandener Familienname.

Schlachter, Schlächter: 1. Berufsnamen zu mhd. *slahtære*, mnd. *slachter, slechter* ›Schlachter‹, vgl. ▸ Fleischer. 2. Oberdeutsche Wohnstättennamen zu obd. *die Schlacht* ›Uferbefestigung aus Holz, Weidendamm‹ (< mhd. *slaht* ›Befestigung‹). 3. Gelegentlich Herkunftsnamen zu dem Ortsnamen Schlacht (Bayern). ❖ *Jordan Slechtere* ist i. J. 1352 in Hannover belegt.

Schlaf: 1. Übername zu mhd. *sláf* ›Schlaf‹ für einen Langschläfer oder schläfrigen Menschen. 2. ▸ Schlaff. ❖ Bekannter Namensträger: Johannes Schlaf, deutscher Schriftsteller (19./20. Jh.).

Schlaff: Übername zu mhd *slaf* ›schlaff, welk‹.

Schlag: Wohnstättenname zu mhd. *slac* ›zum Holzschlag bestimmte oder durch Holzfällen gelichtete, urbar gemachte Waldstelle; Schlagbaum, Schranke‹, mnd. *slach* ›Abteilung des Ackers, der Wiese, des Waldes; Schlagbaum, Sperrbaum‹.

Schlägel: ▸ Schlegel.

Schlagenhauf(f): Übernamen in Satzform (»schlage in [den] Hauf[en]!«) für einen Draufgänger, Raufbold (zu mhd. *hûfe* ›Haufe, auch von Menschen, bes. von bewaffneten Kriegern‹). ❖ Aus den Nürnberger Belegen *Ch. Sla in den Haufen* (a. 1320), *Herman Slaheinhaufen* (a. 1337) wird die Entstehung des Familiennamens deutlich.

Schlager: 1. Ableitung auf *-er* von ▸ Schlag. 2. Herkunftsname zu dem Ortsnamen Schlag (Bayern, Österreich, Böhmen). 3. ▸ Schläger (1.).

Schläger: 1. Berufsübername zu mhd. *slahen* ›schlagen; schlachten; schlagend gestalten, schmieden‹, der sich auf mehrere Handwerker beziehen kann: z. B. Wollschläger, Kupferschläger, Ölschläger, Holzschläger. 2. Übername zu mnd. *sleger* ›Schläger, Raufbold‹.

Schlageter: Herkunftsname zu dem Ortsnamen Schlageten (Baden-Württemberg).

Schlaich: Berufsübername zu mhd. *sleich* ›Tausch‹ für einen Händler.

Schlamp(p): Übernamen zu mhd. *slamp* ›Gelage‹, mhd. *slampieren* ›unmäßig essen‹.

Schlange: Übername zu mhd., mnd. *slange* ›Schlange, Drache‹, bildl. auch ›Teufel‹.

Schlatt(er): 1. Wohnstättenname zu mhd. *slate* ›Schilfrohr‹ bzw. zu dem davon abgeleiteten oberdeutschen Flurnamen *Schlatt* ›feuchte, sumpfige Wiese‹. 2. Herkunftsnamen zu den Ortsnamen Schlat (Baden-Württemberg), Schlatt (Baden-Württemberg, Bayern, Österreich, Schweiz).

Schlayer: ▶ Schleier.

Schlecht: Übername zu mhd. *slëht* ›schlicht, gerade, eben, glatt‹; bildl. ›einfältig, aufrichtig, einfach, ungekünstelt, gewöhnlich‹.

Schlechter: ▶ Schlachter, Schlächter.

Schlee: 1. Wohnstättenname zu mhd. *slehe*, mnd. *slē* ›Schlehe‹: ›wohnhaft an einer Stelle mit Schlehengebüsch‹. 2. Übername zu mda. *Schlehe*, Bezeichnung für die kleinen Pflaumen, übertragen ›etwas Kleines, Geringwertiges‹. 3. Übername zu mhd. *slē* ›stumpf, matt, kraftlos, träge‹, mnd. *slē* ›stumpf‹.

Schleef: 1. Berufsübername zu mnd. *slēf* ›ein großer Kochlöffel, meist aus Holz‹ für den Löffelmacher oder den Koch. 2. Übername für einen dummen, ungeschliffenen Menschen (mnd. *slēf, slefl*). ❖ Bekannter Namensträger: Einar Schleef, deutscher Schriftsteller (20./21. Jh.).

Schleehauf: durch Zusammenziehung und Entstellung entstandene Form von ▶ Schlagenhauf(f). ❖ Vgl. die Belege *Georg Schlaginhauffen* (Baiersdorf a. 1541) = *G. Schlainhaufen* (a. 1545); *Sebastian Schlahenhauf* (Stuttgart a. 1601) = *Sebei Schleehauf* (a. 1613).

Schleemann: Ableitung von ▶ Schlee (1.) mit dem Suffix *-mann*.

Schleemilch: durch Zusammenziehung entstandene Form von ▶ Schlegelmilch.

Schlegel: 1. Berufsübername zu mhd. *slegel* ›Werkzeug zum Schlagen, Schlägel, Keule, Flegel, schwerer Hammer‹. 2. Im übertragenen Sinn Übername für einen groben, ungeschlachten Menschen. 3. Wohnstättenname zu mhd. *slegel* ›Ort, wo geschlagen, geschlachtet wird (Schmiede, Schlachthaus)‹. 4. Aus einem Hausnamen entstandener Familienname. Ein Haus *ze dem Slegel* ist i. J. 1331 in Worms überliefert. 5. Herkunftsname zu dem gleichlautenden Ortsnamen (Sachsen, Thüringen, Bayern, Schlesien). ❖ Ein früher Beleg stammt aus Köln: *Wolbero Slegel* (a. 1149). ❖ Bekannte Namensträger: August Wilhelm von Schlegel, deutscher Dichter, Übersetzer und Philologe (18./19. Jh.); Friedrich von Schlegel, deutscher Kulturphilosoph und Dichter (18./19. Jh.).

Schlegelmilch: Berufsübername zu mhd. *slegelmilch, slēmilch* ›Buttermilch‹ für den Milchhändler oder Übername nach dem Lieblingsgetränk.

Schlegl: bairisch-österreichische Schreibweise von ▶ Schlegel.

Schleh: ▶ Schlee.

Schlei: Berufsübername zu mhd. *slīe, schlīe, slīg, slīhe* ›Schleie‹ für einen Fischer oder Fischhändler.

Schleich: 1. ▶ Schleicher. 2. Wohnstättenname zu mhd. *slīch* ›Schlick, Schlamm‹ nach der Bodenbeschaffenheit der Siedlungsstelle. 3. Herkunftsname zu dem gleichlautenden Ortsnamen (Rheinland-Pfalz). 4. Gelegentlich ▶ Schlei, ▶ Schlaich.

Schleicher: 1. Übername zu mhd. *slīchen* ›leise gleitend gehen, schleichen‹, fnhd. *schleichen* ›gemächlich schlendern‹, mhd. *slīcher* ›der einen Schleichweg wandelt, Schleicher‹. 2. Ableitung auf *-er* von ▶ Schleich (2.) oder (3.). ❖ Ein früher Beleg stammt aus Bamberg: *Herman Slicher* (a. 1147).

Schleier: Berufsübername zu mhd. *slogier, sloier, sleiger, slei(e)r* ›Schleier, Kopftuch‹ für den Schleierweber, -macher.

Schleiermacher: Berufsname für den Weber, der Schleier und Kopftücher herstellte. ❖ Bekannter Namensträger: Friedrich Daniel Ernst Schleiermacher, deutscher evangelischer Theologe und Philosoph (18./19. Jh.).

Schleif: 1. ▶ Schleef. 2. Wohnstättenname zu mhd. *slīfe* ›Schleifmühle‹. 3. Übername zu

535

mhd. *sleif* ›glatt, schlüpfrig‹. 4. Berufsübername zu mhd. *sleife* ›Schlitten‹ für den Hersteller. 5. ▶ Schleifer (2.).

Schleifer: 1. Berufsname zu mhd. *slīfære* ›Schleifer‹ für den Messer-, Scherenschleifer, Glasschleifer. 2. Herkunftsname auf *-er* zu den Ortsnamen Schleif (Bayern, Luxemburg), Schleife (Sachsen).

Schleiff: ▶ Schleif.

Schleinitz: Herkunftsname zu dem gleichlautenden Ortsnamen (Sachsen, Sachsen-Anhalt, ehem. Posen, Österreich).

Schleitzer, Schleizer: Herkunftsnamen zu dem Ortsnamen Schleiz (Thüringen).

Schlemmer: Übername zu mhd. *slemmen* ›prassen, schlemmen‹. ❖ Bekannter Namensträger: Oskar Schlemmer, deutscher Maler, Bildhauer und Bühnenbildner (19./20. Jh.).

Schlender: Übername zu mnd. *slinderen* ›sich winden‹, niederdeutsch mda. (Südhannover) *slenderen* ›müßig und gemächlich herumgehen‹. ❖ Die Belege *Werner Slenter to Dedeleve* (a. 1452), *Otto Schlender* (a. 1585) stammen aus Ostfalen.

Schlenker: 1. Übername zu mhd. *slenke(r)n* ›schwingen‹ nach der Gangart des ersten Namensträgers. 2. Gelegentlich Berufsübername zu mhd. *slenker*, *slenger* ›Schleuder, Wurfmaschine‹ für den Hersteller oder für die Person, die eine solche Maschine bediente.

Schlenz: 1. Herkunftsname zu dem gleichlautenden Ortsnamen (Schlesien). 2. Übername zu schwäb. *schlenze(n)* ›schlendern, faulenzen‹ (vgl. mhd. *slenzic* ›müßig, träge‹) für einen Faulenzer. ❖ Vgl. die Esslinger Belege *Wernher Slentz* (a. 1356) = *wernher slientz* (a. 1383).

Schlenzig: 1. Herkunftsname zu dem gleichlautenden Ortsnamen (ehem. Pommern/jetzt Polen). 2. Übername zu mhd. *slenzic* ›müßig, träge‹.

Schlereth: Herkunftsname zu dem Ortsnamen Schleerieth (Bayern).

Schlesier, Schlesiger, Schlesing(er): 1. Herkunftsnamen: ›der aus Schlesien‹. 2. Übernamen für jemanden, der Beziehungen (Handel, Aufenthalt) zu Schlesien hatte. ❖ *Frantz Schlesier* ist a. 1546 in Gießen bezeugt. ❖ Bekannter Namensträger: Klaus Schlesinger, deutscher Schriftsteller (20./21. Jh.).

Schley: ▶ Schlei.

Schleyer: ▶ Schleier.

Schlich: 1. Wohnstättenname zu mhd. *slich* ›Schlick, Schlamm‹ nach der Bodenbeschaffenheit der Siedlungsstelle. 2. Herkunftsname zu dem gleichlautenden Ortsnamen (Nordrhein-Westfalen). 3. Übername zu mhd. *slich* ›leise gleitender Gang, Schleichweg‹, bildl. ›List‹.

Schlicht(e): 1. Übernamen zu mhd. *slëht*, *sliht*, mnd. *slicht*, *slecht* ›schlicht, gerade, eben, glatt‹; bildl. ›einfältig, aufrichtig, einfach, ungekünstelt, gewöhnlich‹. 2. Wohnstättennamen zu mhd. *slihte* ›Ebene‹. 3. Herkunftsnamen zu den Ortsnamen Schlicht (Bayern, Mecklenburg-Vorpommern), Schlichte (Baden-Württemberg).

Schlichter: 1. Berufsübername zu mhd. *slihten* ›glätten, schärfen‹, der sich auf mehrere Handwerker beziehen kann (Tuchmacher, Messerschmied u. a.). 2. Übername zu mhd. *slihten* ›schlichten, beilegen, ausgleichen, beruhigen‹ für jemanden, der Streitigkeiten schlichtete, beilegte. 3. Ableitung auf *-er* von ▶ Schlicht(e) (2.) oder (3.). ❖ Bekannter Namensträger: Rudolf Schlichter, deutscher Maler und Grafiker (19./20. Jh.).

Schlichting: 1. Übername zu mhd. *slihtinc* ›der einen Streit (unberufen) schlichten will‹. 2. Herkunftsname zu den Ortsnamen Schlichting (Schleswig-Holstein, Bayern), Schlichtingen (Ostpreußen).

Schlick: 1. Wohnstättenname zu mnd. *slik*, *slīk* ›Schlick, Schlamm, Uferschlamm‹ nach der Bodenbeschaffenheit der Siedlungsstelle. 2. Herkunftsname zu dem gleichlautenden Ortsnamen (Nordrhein-Westfalen, Ostpreußen). 3. Übername zu mhd. *slic* ›Bissen, Trunk, Schluck; Fresser‹. ❖ Bekannter Namensträger: Moritz von Schlick, österreichischer Philosoph (19./20. Jh.).

Schlicker: 1. Übername zu mhd. *slicken* ›schlingen, schlucken‹ für jemanden, der unmäßig isst. 2. Ableitung auf *-er* von ▶ Schlick (1.). 3. Herkunftsname zu den Ortsnamen Schlick (Nordrhein-Westfalen, Ostpreußen), Schlieckau, Schliekum (Niedersachsen), Schlicken (Ostpreußen).

Schlie: Berufsübername zu mnd. *slī* ›Schleie‹ für einen Fischer oder Fischhändler.

Schliecker, Schlieker: ▶ Schlicker (2.) oder (3.).

Schliemann: 1. Ableitung auf *-mann* von ▶ Schlie. 2. Herkunftsname auf *-mann* zu dem Ortsnamen Schlieme (Niedersachsen). ❖ Bekannter Namensträger: Heinrich Schliemann, deutscher Kaufmann und Altertumsforscher (19. Jh.).

Schlienz: ▶ Schlenz (2.).

Schlieper: niederdeutscher Berufsname zu mnd. *sliper* ›Messer-, Scherenschleifer‹.

Schliesser, Schließer: Amtsnamen zu mhd. *sliezen* ›schließen, verschließen‹ für einen Kellermeister, Verwalter der Vorräte, Torwächter, Gefängniswärter, vgl. niederdt. ▶ Schlüt(t)er.

Schlimm: Übername zu mhd. *slim(p)* ›schief, schräg, verkehrt‹, mnd. *slim* ›schief, krumm; niedrig, moralisch schlecht‹.

Schlindwein: Übername in Satzform (»[ich] schlucke den Wein«) für den Weintrinker (zu mhd. *slinden* ›schlucken, verschlingen‹). ❖ Vgl. den Augsburger Beleg *Ulrich Slintenwein* (a. 1313).

Schling(e): Wohnstättennamen zu mnd. *slink* ›Rand, Einfassung, Schlagbaum, Gatter; Pfahlrost‹, auch als Straßenname (z.B. in Magdeburg, Hameln, Quedlinburg, Goslar) und Flurname (z.B. in Niedersachsen) belegt. ❖ Vgl. den Beleg *Sifridus oppeme [auf dem] Slinghe* (Quedlinburg, 14. Jh.).

Schlingmann: Ableitung auf *-mann* von ▶ Schling(e).

Schlink(e): ▶ Schling(e). ❖ Bekannter Namensträger: Bernhard Schlink, deutscher Schriftsteller (20./21. Jh.).

Schlipf: 1. Wohnstättenname zu mhd. *slipfe* ›Erdrutsch‹. 2. Herkunftsname zu der gleichnamigen Landschaft im Kanton Zürich.

Schlitt: 1. Berufsübername zu mhd. *slite* ›Schlitten‹ für den Hersteller. 2. Herkunftsname zu dem gleichlautenden Ortsnamen (Ostpreußen).

Schlitz: 1. Wohnstättenname zu mhd. *sli(t)z* ›Schlitz, Spalte‹. 2. Herkunftsname zu dem gleichlautenden Ortsnamen (Hessen).

Schlög(e)l: oberdeutsche, durch Rundung entstandene Formen von ▶ Schlegel.

Schlömer: niederdeutscher Übername zu mnd. *slömer* ›Schlemmer, Verschwender‹.

Schlör: 1. ▶ Schleier. 2. Übername zu mnd. *slōr* ›langsamer, träger Gang‹, mnd. *de olde slōr* ›der Schlendrian‹.

Schlösinger: durch Rundung entstandene Form von Schlesinger (▶ Schlesier).

Schlosser, Schlösser: Berufsnamen zu mhd. *slozzer* ›Schlosser‹. ❖ Bekannter Namensträger: Johann Georg Schlosser, deutscher Jurist und Schriftsteller (18. Jh.).

Schlotmann: ▶ Schlottmann.

Schlott: 1. Wohnstättenname zu mhd. *slōte* ›Schlamm, Lehm‹ oder zu mnd. *slōt* ›tiefer Graben, Sumpf‹. 2. Niederdeutscher Berufsübername zu mnd. *slot* ›Schloss‹ für den Schlosser. 3. Durch Verdumpfung des *-a-* zu *-o-* entstandene Form von Schlatt (▶ Schlatt[er]).

Schlotter: 1. Übername zu mhd. *sloten* ›zittern‹ oder *slotern, slottern* ›schwatzen‹. 2. Niederdeutscher Berufsname für den ▶ Schlosser. 3. Durch Verdumpfung des *-a-* zu *-o-* entstandene Variante von ▶ Schlatt(er). 4. Herkunftsname auf *-er* zu dem Ortsnamen Schlott (Bayern). ❖ Bekannter Namensträger: Eberhard Schlotter, deutscher Grafiker und Maler (20./21. Jh.).

Schlotterbeck: Berufsübername für den unordentlichen Bäcker zu fnhd. *slüderer* ›nachlässiger Arbeiter, Pfuscher‹ (< fnhd. *slüdern* ›schlenkern‹) + mhd. *becke* ›Bäcker‹ oder für den Bäcker, der mit saurer Milch (alem. *Schlotter*) bäckt.

Schlotterer: Übername zu mhd. *sloterære* ›Schwätzer, Klatscher‹.

Schlottmann: Wohnstättenname auf *-mann* zu mnd. *slōt* ›(tiefer) Graben, Sumpf‹.

Schluchter: 1. Wohnstättenname zu mhd. *(wazzer-)sluoht* ›tiefer (Wasser-)Graben‹. 2. Herkunftsname zu den Ortsnamen Schlucht (Bayern, Schweiz), Schluchtern (Baden-Württemberg), Schlüchtern (Hessen).

Schluck: Übername zu mhd. *slucken* ›schlingen, schlucken‹ für einen Schlemmer, Vielfraß.

Schluckebier: Übername in Satzform (»[ich] schlucke Bier«) für einen starken Biertrinker.

Schlumpp: alemannischer Übername zu mhd. *slump* ›schlaff herabhängend‹, auf die Kleidung oder die Gestalt bezogen; vgl. auch schweizerdeutsch *Schlumpf* ›kleines Quantum, eine Handvoll‹.

Schlund: 1. Übername zu mhd. *slunt* ›Schlinger, Schwelger, Schlemmer‹. 2. Wohnstät-

Schlüt(t)er tenname zu mhd. *slunt* ›Schlund, Kluft, Abgrund‹.

Schlüt(t)er: Amtsnamen zu mnd. *sluter* ›Schließer, Torwächter, Gefängniswärter, Kastellan, Schaffner, Kellermeister, Kirchspielvorstand‹. ❖ *Johannes Slutere* ist i. J. 1299 in Goslar überliefert. ❖ Bekannter Namensträger: Andreas Schlüter, deutscher Bildhauer und Baumeister (17./18. Jh.).

Schmahl, Schmal(e): Übernamen zu mhd., mnd. *smal* ›schmal, dünn, schlank, schmächtig, klein, gering, kärglich‹.

Schmalenbach: Herkunftsname zu dem gleichlautenden Ortsnamen (Nordrhein-Westfalen, Baden-Württemberg, Bayern).

Schmalfuß: Übername zu mhd. *smal* ›schmal, klein‹ und mhd. *vuoʒ* ›Fuß‹ nach einem körperlichen Merkmal.

Schmaljohann: aus dem Übernamen Schmal (▶ Schmahl) und dem Rufnamen Johann (▶ Johannes) zusammengewachsener Familienname.

Schmalstieg: Wohnstättenname zu mhd., mnd. *smal* ›schmal‹ und mhd. *stīc*, mnd. *stīch* ›Steig, Fußweg, Pfad‹: ›wohnhaft an einem schmalen Weg‹.

Schmaltz, Schmalz: Berufsübernamen zu mhd. *smalz* ›ausgelassenes Fett zum Kochen, Schmalz, Butter‹ für den Schmalzhändler oder Übernamen für jemanden, der fette, üppige Speisen liebte. ❖ *C. Smaltz* ist i. J. 1363 in Nürnberg belegt.

Schmalzhaf: Berufsübername oder Übername zu mhd. *smalz* ›Schmalz‹ und mhd. *haven* ›Topf‹, vgl. ▶ Schmaltz. ❖ *Heinrich Smaltzhafen* ist i. J. 1370 in Nürnberg belegt.

Schmalzl: Ableitung von ▶ Schmaltz mit -*l*-Suffix.

Schmälzle: schwäbische Ableitung von ▶ Schmaltz.

Schmand(t): Berufsübernamen zu mhd., mnd. *smant* ›Milchrahm‹ für den Milchhändler.

Schmauder: schwäbischer Übername, wohl zu bair. *schmaudeln* ›schmeicheln‹, nhd. ›schmunzeln‹.

Schmaus: Übername für den Esser. Das nhd. Wort *Schmaus* bekam seine heutige Bedeutung erst in der Studentensprache des 16. Jh.; ursprünglich bezeichnete es ein unsauberes Essen. Je nachdem, wann der Familienname geprägt wurde, kann er also den ›Fresser‹ oder den ›genießenden Esser‹ bezeichnet haben. ❖ Ein recht früher Beleg für diesen Namen ist *Haller dictus* [genannt] *Smauz*, Nürnberg a. 1332.

Schmeck: Übername zu mhd. *smecken* ›schmecken, kosten, versuchen, genießen‹ für einen Feinschmecker, einen Genießer. ❖ Vgl. den Beleg *Conr. dictus* [genannt] *Smecke* (Grünberg/Hessen a. 1311).

Schmeckebier: Übername in Satzform (»[ich] schmecke/genieße [das] Bier«) für den Bierliebhaber, vielleicht auch Berufsübername für einen amtlichen Prüfer der Bierqualität. ❖ *Hinric Smeckebyr* ist a. 1411 in Halle überliefert.

Schmedes: patronymische Bildung (starker Genitiv) zu ▶ Schmedt.

Schmedt: Berufsname zu mnd. *smet* ›Schmied‹, vgl. ▶ Schmidt.

Schmeer: Berufsübername zu mhd. *smēr*, mnd. *smer*, *smēr* ›Fett, Schmer‹ für den Händler, der Speck, Schmalz und andere Fettwaren verkaufte. ❖ Vgl. den Beleg *Hensel Smer* (Iglau a. 1378).

Schmeil: ▶ Schmiel(e).

Schmeißer: 1. Berufsname zu mhd. *smīʒen* ›streichen, schmieren; schlagen‹ für den Arbeiter, der die Hauswände mit Lehm oder Putz bewarf und diesen anschließend verstrich, oder für einen Hauer im Bergwerk. 2. Übername zu mhd. *smīʒen* ›streichen, schmieren; schlagen‹, mhd. *smeiʒen* ›schmeißen, beschmutzen‹, ostmd. ›werfen‹, obd. ›schlagen‹ für einen Raufbold oder Beschmutzer. 3. Berufsname für einen Schaukämpfer.

Schmeling: Ableitung von ▶ Schmahl mit -*ing*-Suffix. ❖ *uxor* [die Ehefrau] *Engelberti Smelinges* ist a. 1364 in Coesfeld bezeugt. ❖ Bekannter Namensträger: Max Schmeling, deutsches Boxidol (20./21. Jh.).

Schmeller: Wohnstättenname zu mhd. *smelehe*, *smelle* ›Schmiele, eine Grasart‹ nach einem Merkmal der Siedlungsstelle. ❖ Bekannter Namensträger: Johann Andreas Schmeller, deutscher Germanist (18./19. Jh.).

Schmelter: vor allem im Bereich Bielefeld-Hamm-Siegen häufiger Berufsname zu mnd. *smelten* ›schmelzen‹ für den Metallschmelzer.

Schmeltzer: ▶ Schmelzer.

Schmelz: 1. Berufsname für den Metallschmelzer (< ahd. *smelzo* ›Schmelzer‹; vgl. mhd. *goltsmelz*). 2. Herkunftsname zu den Ortsnamen Schmelz (Hessen, Rheinland-Pfalz, Saarland, Bayern, Österreich, Ostpreußen), Schmelze (Nordrhein-Westfalen, Baden-Württemberg), Schmölz (Bayern).

Schmelzeisen: Berufsübername in Satzform (»schmelze [das] Eisen«) für einen Schmied. ❖ Ein Beleg aus Freiburg i. Ü. (a. 1390) lautet *Petrus Smeltzīsen, faber* [Schmied].

Schmelzer: 1. Berufsname zu mhd. *smelzer* ›Schmelzer‹ für den Metallschmelzer. ❖ Vgl. den Beleg *umb den Smeltzer* (Regensburg a. 1326). 2. Ableitung auf *-er* von ▶ Schmelz (2.). ❖ Bekannter Namensträger: Johann Heinrich Schmelzer, österreichischer Komponist und Violinist (17. Jh.).

Schmelzle: ▶ Schmälzle.

Schmer: ▶ Schmeer.

Schmerber: Berufsname auf *-er* zu mhd. *smer*, Genitiv *smerwes* ›Fett, Schmer‹ für den Händler, der Speck, Schmalz und andere Fettwaren verkaufte. ❖ Vgl. den Beleg *Wernhers pruder dez smerbers* (Regensburg 1339).

Schmerl: 1. Berufsübername zu mhd. *smerl(e)* ›Schmerling, Gründling‹ für einen Fischer. 2. Berufsübername zu mhd. *smerle, smirl(e)* ›eine kleine Falkenart, Lerchenfalke, Zwergfalke‹ für den Falkner. 3. Übername zu mnd. *smerle* ›Goldammer‹. 4. Oberdeutsche Ableitung auf *-l* zu ▶ Schmer.

Schmerschneider: Berufsname zu mnd. *smersnider* ›Fettverkäufer, -händler‹. ❖ Vgl. den Beleg *Johanne Smersnidere* (Braunschweig 1321).

Schmetzer: Übername zu mhd. *smetzer* ›Schwätzer, Verleumder‹.

Schmickler: vorwiegend im Bereich Köln-Bonn anzutreffender Berufsname auf *-ler* zu mnd. *smicke* ›Peitsche‹ für den Hersteller oder den Fuhrmann.

Schmid: vor allem im Süden des deutschen Sprachgebiets verbreitete Variante von ▶ Schmidt. Diese Form nimmt gegenwärtig die 31. Position in der Häufigkeitsrangfolge der deutschen Familiennamen ein. ❖ Bekannter Namensträger: Carlo Schmid, deutscher Völkerrechtler und Politiker (20. Jh.).

Schmidbauer: aus Schmid (▶ Schmidt) und ▶ Bauer zusammengewachsener Familienname für jemanden, der gleichzeitig Schmied und Bauer war.

Schmidberger: Herkunftsname zu den Ortsnamen Schmidberg (Bayern, Schweiz), Schmiedeberg (Nordrhein-Westfalen, Brandenburg, Sachsen, Schlesien).

Schmider: ▶ Schmieder.

Schmidgen: im westmitteldeutschen Raum verbreitete Ableitung von Schmid (▶ Schmidt) mit dem Suffix *-gen*.

Schmidhuber: Standesname für den Inhaber einer Hube (vgl. ▶ Huber), der neben der landwirtschaftlichen Tätigkeit auch das Schmiedehandwerk (vgl. ▶ Schmidt) ausübte.

Schmidkunz: aus Schmid (▶ Schmidt) und dem Rufnamen ▶ Kunz zusammengesetzter Familienname.

Schmidl: Ableitung von Schmid (▶ Schmidt) mit *-l*-Suffix. ❖ Bekannter Namensträger: Ulrich (Utz) Schmidl, deutscher Amerikareisender (16. Jh.).

Schmidle: schwäbische Ableitung von Schmid (▶ Schmidt) mit dem Suffix *-le*.

Schmidli(n): alemannische Ableitungen von Schmid (▶ Schmidt) mit den Suffixen *-li* bzw. *-lin*.

Schmidpeter: aus Schmid (▶ Schmidt) und dem Rufnamen ▶ Peter zusammengesetzter Familienname.

Schmidt: Berufsname zu mhd. *smit*, mnd. *smit, smet* ›Schmied‹. Diese Form ist zurzeit der zweithäufigste Familienname in Deutschland. Der Familienname Schmidt einschließlich seiner Varianten (**Schmid, Schmitt, Schmied, Schmedt** u. a.) und Ableitungen (**Schmitz, Schmidl, Schmidtke** u. a.) ist deshalb so häufig, weil das Gewerbe auch in kleinen Orten auf dem Land betrieben wurde. ❖ In den spätmittelalterlichen Städten spezialisierte sich das Metallhandwerk in zahlreiche Zweige; dies wird noch heute an den vielen Zusammensetzungen mit dem Grundwort »-schmidt« sichtbar: **Blechschmidt** (▶ Blecher), **Eisenschmid(t), Goldschmidt, Kupferschmidt, Stahlschmidt** nach dem verarbeiteten Material, **Beilschmidt, Büchsenschmidt, Drahtschmid(t), Hackenschmid(t), Helmschmidt, Klingenschmidt, Messerschmid(t), Pfannenschmidt, Sensenschmidt, Waffenschmidt** nach den hergestellten Produkten. ❖ Familiennamen wie **Bachschmid(t), Waldschmidt** enthalten einen Hinweis auf den Standort der Schmiede. ❖ Bei Familiennamen wie **Schmitz, Schmedes** handelt es sich um patronymische Bildungen im Genitiv. ❖ Bei Familiennamen wie **Schmidtchen, Schmidgen, Schmidtke, Schmidl, Schmidli(n)** lässt sich heute nicht mehr ermitteln, ob solche Suffixableitungen ursprünglich einen schlechten, wenig angesehenen Schmied, einen kleinen Schmied oder einen jungen Schmied (im Vergleich zu einem älteren Namensträger) meinten. ❖ Bekannte Namensträger: Karl Schmidt-Rottluff, deutscher Maler und Grafiker (19./20. Jh.); Arno Schmidt, deutscher Schriftsteller (20. Jh.); Helmut Schmidt, deutscher Politiker (20./21. Jh.).

Schmidtchen: Ableitung von ▸ Schmidt mit dem Suffix *-chen*.

Schmidtke: Ableitung von ▸ Schmidt mit dem Suffix *-ke*.

Schmidtmann: Ableitung von ▸ Schmidt mit dem Suffix *-mann*.

Schmidtner: ▸ Schmittner.

Schmied: ▸ Schmidt.

Schmiedel: Ableitung von Schmied (▸ Schmidt) mit *-l*-Suffix.

Schmieder: 1. Berufsname zu mhd. *smiden* ›schmieden‹ für den Schmied (vgl. ▸ Schmidt). 2. Wohnstättenname auf *-er* für jemanden, der bei einer Schmiede wohnte.

Schmieding: patronymische Bildung auf *-ing* zu Schmied (▸ Schmidt).

Schmiedl: bairisch-österreichische Schreibweise von ▸ Schmiedel.

Schmiel(e): 1. Wohnstättennamen zu mhd. *smelehe, smēle, smeil* ›Schmiele, ein dünnes langhalmiges Gras‹. 2. Auf einen slawischen Rufnamen zu urslaw. *sъmilъ ›sehr lieb‹ zurückgehende Familiennamen.

Schmitt: ▸ Schmidt. Diese Form nimmt gegenwärtig die 27. Position in der Häufigkeitsrangfolge der deutschen Familiennamen ein.

Schmittat: ursprünglich in Ostpreußen verbreitete patronymische Ableitung von Schmitt (▸ Schmidt) mit dem litauischen Suffix *-at*.

Schmitte: Wohnstättenname zu mhd. *smitte* ›Schmiede‹: ›wohnhaft bei der Schmiede‹.

Schmitter: Ableitung auf *-er* von ▸ Schmitte.

Schmittgen: im westmitteldeutschen Raum verbreitete Ableitung von Schmitt (▸ Schmidt) mit dem Suffix *-gen*.

Schmitting: patronymische Bildung auf *-ing* zu Schmitt (▸ Schmidt).

Schmittke: Ableitung von Schmitt (▸ Schmidt) mit dem Suffix *-ke*.

Schmittner: 1. Herkunftsname zu Ortsnamen wie Schmitte, Schmitten. 2. Wohnstättenname zu mhd. *smitte* ›Schmiede‹.

Schmitz: patronymische Bildung (starker Genitiv) zu ▸ Schmidt. Dieser Familienname, der die 24. Position in der Häufigkeitsrangfolge der deutschen Familiennamen einnimmt, ist für das Rheinland charakteristisch.

Schmohl: dieser Familienname kommt einerseits im Bereich Frankfurt/Oder, andererseits in Württemberg (Göppingen) häufiger vor. Entsprechend unterschiedlich ist er zu erklären: 1. Im oberdeutschen Bereich Nebenform von ▸ Schmoll (1.), (2.). 2. Im deutsch-slawischen Kontaktgebiet Übername zu osorb., poln. *smola* ›Pech, Teer‹. 3. Als jüdischer Familienname Ableitung des Rufnamens ▸ Samuel.

Schmolke: Übername zu poln. *smola, smolka* ›Pech, Teer‹.

Schmoll: am häufigsten ist dieser Familienname in den Bereichen Kassel, Koblenz, Hagen, Ansbach, Heilbronn: 1. Übername zu mhd. *smollen* ›lächeln‹, aber auch ›schmollen‹. 2. Im oberdeutschen Bereich auch Übername für einen dicken Menschen nach einer oberdeutschen Bezeichnung für Fettklumpen (vgl. auch fnhd. *schmolle* ›das Weiche im Brot‹). 3. In der Lausitz Übername zu osorb. *mol* ›Klumpen‹. ❖ *Martin Schmoll von Bernhawsen* ist a. 1497 als Neubürger in Esslingen verzeichnet.

Schmoller: Übername zu mhd. *smollen* ›lächeln‹, aber auch ›aus Unwillen schweigen; schmarotzen, gieren‹, fnhd. *schmollen* ›das Gesicht verziehen, lächeln‹.

Schmölz: 1. Oberdeutsche, gerundete Form von ▸ Schmelz (1.). 2. Herkunftsname zu den Ortsnamen Schmölz (Bayern), Schmelz (Bayern, Österreich).

Schmuck: 1. Niederdeutscher Übername zu mnd. *smuk* ›geschmeidig, biegsam; schmuck, schön, zierlich‹. 2. Ober- und mitteldeutscher Übername zu mhd. *smuc* ›das Anschmiegen‹, das sich auf das Tragen eng anliegender Kleidung beziehen kann, auch ›Schmuck‹.

Schmucker, Schmücker: vieldeutige Übernamen zu mhd. *smucken, smücken* ›an sich drücken, schmiegen; sich zusammenducken, sich zurückziehen; bekleiden; schmücken‹.

Schmutz: 1. Übername zu mhd. *smuz* ›Kuss‹. 2. Wohnstättenname zu mhd. *smuz* ›Schmutz‹.

Schmutzler: Übername zu mhd. *smutzeln* ›lächeln, schmunzeln‹.

Schnab(e)l: 1. Übernamen zu mhd. *snabel*, mnd. *snavel* ›Schnabel‹, übertragen für einen geschwätzigen Menschen. 2. Übernamen zu mhd. *snabel*, mnd. *snavel* ›lange und aufgekrümmte Schuhspitze‹ für den Träger solcher Schuhe. Ende des 14. Jh. berichtet der Nürnberger Patrizier Ulrich Stromer über die Träger solcher Schuhe: *do waren vil tummer leut in der werlt, die trugen schuch an mit langen snebeln; etlich waren ein spann lang, etlich lenger, etlich kurzer* [es waren viele törichte Menschen auf der Welt, die Schuhe trugen mit langen Schnäbeln, manche waren eine Spanne lang, manche länger, manche kürzer]. 3. Gelegentlich Wohnstättennamen nach der Form der Siedlungsstelle. ❖ Frühe Belege sind *Adalhart Snabal* (Regensburg a. 1135), *Emelricus Snavel* (Köln a. 1163–67). ❖ Bekannter Namensträger: Johann Gottfried Schnabel, deutscher Schriftsteller (17./18. Jh.).

Schnack: Übername zu mnd. *snacken* ›sprechen, reden, schwatzen‹, mnd. *snacker*, mhd. *snacke* ›Schwätzer‹.

Schnackenberg: 1. Wohnstättenname zu einem gleichlautenden Flurnamen (z. B. in Niedersachsen). 2. ▶ Schnackenburg.

Schnackenburg: Herkunftsname zu den Ortsnamen Schnackenburg (Niedersachsen), ehem. Pommern/jetzt Polen, Schnakenburg (bei Danzig).

Schnaidt, Schnaiter: ▶ Schneid(t).

Schnakenberg: ▶ Schnackenberg.

Schnapp(er): 1. Übernamen zu mhd. *snappen* ›plaudern, schwatzen‹, mhd. *snap* ›Geschwätz‹, mnd. *snappen* ›eilfertig reden‹, mnd. *snapper* ›Schwätzer‹. 2. Übernamen zu mhd. *snappen* ›schnappen, Straßenraub treiben‹, mnd. *snappen* ›erschnappen, greifen‹ für einen raffgierigen Menschen.

Schnarr: Übername zu mhd. *snarren* ›schnarren, schmettern; schwatzen‹, mnd. *snarren* ›schnarren, ein schnarrendes Geräusch machen; schwatzen; murren, brummen‹.

Schneck: 1. Übername zu mhd. *snecke* ›Schnecke‹ für einen langsamen Menschen. 2. Auf ein Merkmal des Wohnhauses (mhd. *snecke* ›Wendeltreppe‹) oder auf ein Hauszeichen mit der Darstellung einer Schnecke zurückgehender Familienname. ❖ *Ulrich Sneck* ist i. J. 1370 in Nürnberg belegt.

Schnee: 1. Übername zu mhd. *snē*, Genitiv *snēwes* ›Schnee‹ für einen weißhaarigen Menschen. 2. Herkunftsname zu den Ortsnamen Schnee (Nordrhein-Westfalen, Niedersachsen), Groß Schneen (Niedersachsen). 3. Niederdeutscher Wohnstättenname zu mnd. *snēde* ›Grenze, Grenzlinie, Grenzzeichen‹.

Schneebeli: alemannische Ableitung von ▶ Schnee (1.). ❖ *Johans Sneweli* ist a. 1305 in Zürich bezeugt.

Schneeberg(er): Herkunftsnamen zu dem Ortsnamen Schneeberg (Brandenburg, Bayern, Schlesien, Böhmen, Österreich).

Schneegans: Übername zu *snēgans* ›Schneegans‹, einer wandernden Wildgans, für einen alten Menschen (vgl. die Redewendung: »Alt wie eine Schneegans«).

Schneemann: Ableitung auf *-mann* zu ▶ Schnee (2.) oder (3.).

Schneeweiß: Übername zu mhd. *snēwīz* ›schneeweiß, rein, glänzend‹ für einen weißhaarigen Menschen.

Schneid(t): 1. Wohnstättennamen zu mhd. *sneite* ›durch den Wald gehauener Weg‹. 2. Herkunftsnamen zu den Ortsnamen Schnaid (Bayern), Schnaidt, Schnait (Baden-Württemberg, Bayern), Schneit (Schweiz).

Schneider: Berufsname zu mhd. *snīdære* ›Schneider‹. Gegenwärtig nimmt Schneider die dritte Stelle in der Häufigkeitsrangfolge der deutschen Familiennamen ein. Ursprünglich besorgte der Tuchhändler beim Verkauf den Zuschnitt des Gewandes. Die Näharbeit wurde vom **Nähter** (▶ Nather) übernommen oder im eigenen Haushalt ausgeführt. Mit der Verfeinerung der Kleidermoden entwickelte sich der Beruf des

Schneiders, der für das Zuschneiden und Nähen der Kleidung zuständig war. Der Beruf war allgemein verbreitet, blühte aber vor allem in den großen mittelalterlichen Städten. So war z. B. im spätmittelalterlichen Frankfurt der Schneiderberuf das am stärksten vertretene Gewerbe. ❖ Im größten Teil Brandenburgs, in Schleswig-Holstein, in Niedersachsen nördlich von Hannover und im anschließenden Teil Westfalens überwiegt **Schröder**, die Variante **Schrader** begegnet vor allem im Raum Hannover, Braunschweig, Magdeburg, Celle, im übrigen deutschen Sprachgebiet ist Schneider vorherrschend. ❖ Ein früher Beleg stammt aus Salzburg: *Rudel der snidær* (a. 1281). ❖ Bekannte Namensträgerin: Romy Schneider (eigtl. Rosemarie Albach-Retty), deutsche Schauspielerin (20. Jh.).

Schneidereit: ursprünglich in Ostpreußen verbreitete patronymische Bildung zu ▶ Schneider mit dem litauischen Suffix *-eit*.

Schneiderheinze: aus dem Berufsnamen ▶ Schneider und dem Rufnamen Heinze (▶ Heinrich) zusammengesetzter Familienname.

Schneiders: patronymische Bildung (starker Genitiv) zu ▶ Schneider.

Schneidewind: Übername in Satzform zu mhd. *snīden* ›schneiden‹ und mhd. *wint* ›Wind‹ (»schneide den Wind!«) für einen Fahrenden. ❖ Ein früher Beleg aus Hamburg aus dem Jahr 1248 lautet *Johs Snidhewint*, in Lübeck ist a. 1329 *wernerus snidewind* bezeugt.

Schnell: Übername zu mhd. *snël* ›schnell, rasch, behände, frisch, munter, gewandt, kräftig, tapfer‹, mnd. *snel* ›schnell‹. ❖ *Heinrich snell peck* [Bäcker] ist a. 1393 in München bezeugt.

Schnellbögl, Schnellbügel: Berufsübernamen in Satzform (»schnelle den Bogen!«) zu mhd. *snellen* ›schnellen‹ + mhd. *boge* ›Bogen‹ + *-l*-Suffix für den Bogenschützen.

Schnelle: ▶ Schnell.

Schneller: 1. Berufsname zu mhd. *sneller* ›Läufer‹ oder zu fnhd. *sneller* ›Bogenschütze, Artillerist; Auf- und Ablader; Gaukler‹. 2. Übername, stark flektierte Form oder patronymische Bildung auf *-er* zu ▶ Schnell. 3. Übername zu mhd. *snellen* ›schnalzen; schnellen; sich rasch bewegen, eilen‹, fnhd. *snellen* ›betrügen, vorschnell sein‹ oder mhd. *sneller* ›Penis‹. 4. Wohnstättenname zu mhd. *sneller* ›Gatter, Fallgatter, bewegliche Schranke, Schlagbaum‹.

Schnellert: 1. Aus einer jüngeren Form von ▶ Schnellhardt hervorgegangener Familienname. 2. Erweiterung von ▶ Schneller mit sekundärem *-t*.

Schnellhardt: 1. Aus dem gleichlautenden deutschen Rufnamen *(snel + harti)* entstandener Familienname. 2. Übername, Ableitung von ▶ Schnell mit dem Suffix *-hard*.

Schnepel: Übername zu mnd. *snepel* ›Schnäpel‹, einem Fisch mit einem schnabelartig vorragenden, kegelförmigen Maul. ❖ *Albert Snepel* ist a. 1357 in Hildesheim belegt.

Schnepf, Schneppe: Übernamen zu mhd. *snëpfe* bzw. mnd. *sneppe* ›Schnepfe‹, vielleicht für einen Menschen mit vorstehendem Mund nach dem langen Schnabel des Vogels. Da die Schnepfe ein beliebtes Vogelwildbret war, kann es sich hierbei auch um Berufsübernamen für den Schnepfenfänger bzw. um Übernamen nach dem Lieblingsgericht handeln.

Schnerr(er): Übernamen zu mhd. *sneren* ›schwatzen, plappern‹, mhd. *snerren* ›das Schwatzen‹. ❖ *C. Snerrlein* ist a. 1363 in Nürnberg bezeugt.

Schnetzer: ▶ Schnitzer.

Schnider, Schnieder: 1. Niederdeutsche Berufsnamen zu mnd. *snider* ›jeder, der schneidet: Schnitter, Schnitzer, Bildhauer, Tuchhändler‹, selten ›Schneider‹. 2. Alemannische, undiphthongierte Formen von ▶ Schneider.

Schnieders: patronymische Bildung (starker Genitiv) zu ▶ Schnieder (1.).

Schnier: niederdeutsche, durch Zusammenziehung entstandene Form von ▶ Schnider, Schnieder (1.).

Schnitker, Schnittger, Schnittker: niederdeutsche Berufsnamen zu mnd. *sniddeker, snitker* ›(Holz-)Schnitzer, Bildner, Tischler‹. ❖ *Merten Snytker* ist a. 1407 in Hildesheim bezeugt.

Schnitzer: Berufsname zu mhd. *snitzære* ›Schnitzer, Bildschnitzer; Armbrustmacher‹. ❖ *H. Snytzer* ist a. 1392 in Nürnberg bezeugt.

Schnitzler: Berufsname zu mhd. *snitzeler* ›Schnitzer, Bildschnitzer‹. ❖ Bekannter Namensträger: Arthur Schnitzler, österreichischer Schriftsteller (19./20. Jh.).

Schnöd(e), Schnödt: Übernamen zu mhd. *snæde* ›ärmlich, erbärmlich, schlecht, gering‹. ❖ *Cunradus Snöd de Aurbach* ist a. 1329 in Nürnberg bezeugt.

Schnoor: Berufsübername zu mnd. *snōr* ›Schnur, Riemen, Haarband‹, etwa für den Seiler oder den Hersteller von Haarbändern. ❖ *Hans Snor* ist a. 1522 in Hannover bezeugt.

Schnorr: ▸ Schnurr(e). ❖ Bekannter Namensträger: Julius Schnorr von Carolsfeld, deutscher Maler und Zeichner (18./19. Jh.).

Schnur: Berufsübername zu mhd. *snuor* ›Schnur, Band, Seil‹ für den ▸ Schnürer oder den ▸ Seiler.

Schnürer: Berufsname zu mhd. *snüerer* ›Schnürer, der Gürtel anfertigt, Borten und Bänder wirkt‹. ❖ *Hanns snurer* ist a. 1387 in München bezeugt.

Schnurr(e): Übernamen zu mhd. *snurren, snorren* ›rauschen, sausen; mit Schnauben auf der Fährte des Wildes spüren (vom Jagdhund)‹, mnd. *snurren* ›ein schnarrendes Geräusch machen‹, mhd. *snurre* ›das Schnurren, Summen‹, fnhd. *schnurren* ›poltern, schelten‹. ❖ Bekannter Namensträger: Wolfdietrich Schnurre, deutscher Schriftsteller (20. Jh.).

Schnurrer: 1. Berufsname zu mhd. *snurræere* ›Possenreißer‹. 2. Ableitung auf *-er* zu ▸ Schnurr(e).

Schnute: niederdeutscher Übername zu mnd. *snūte* ›Schnauze‹.

Schnyder: undiphthongierte Form von ▸ Schneider.

Schöbel: aus mhd. *schoup* ›Gebund, Bündel, Strohbund, Strohwisch‹ + *-l-*Suffix entstandener Berufsübername für den Schaubendecker, den Hersteller von Strohdächern; im übertragenen Sinn kann es sich auch um einen Übernamen für einen mageren, dürren Menschen handeln.

Schober: Berufsübername zu mhd. *schober* ›Schober, Haufen‹, bes. ›Heu-, Stroh-, Getreidehaufe‹, für einen Bauern. ❖ *Praun Schober* ist a. 1370 in Nürnberg bezeugt.

Schöberl: Ableitung von ▸ Schober mit *-l-*Suffix.

Schobert(h): 1. Erweiterungen von ▸ Schober mit sekundärem *-t*. 2. ▸ Schubert.

Schoch: Berufsübername zu mhd. *schoche* ›aufgeschichteter Heuhaufen‹ für einen Bauern. ❖ Im Jahre 1446 ist *berchtold schoch* in Esslingen überliefert.

Schock: Übername zu mhd. *schoc(k)* ›Haufe, Büschel, Schopf; Anzahl von 60 Stück‹, vielleicht nach einer bäuerlichen Abgabepflicht. ❖ Bekannter Namensträger: Rudolf Schock, deutscher Sänger (20. Jh.).

Schöck: durch Rundung entstandene Form von ▸ Scheck.

Schödel: 1. In Franken, wo der Familienname am häufigsten vorkommt, und im mitteldeutschen Bereich Berufsübername; ▸ Schottel, Schöttel. ❖ Im sächsischen Vogtland ist *Erhard Schödel* (a. 1591) identisch mit *Erhard Schöttel* (a. 1599). 2. Im bairischen Sprachraum durch Rundung entstandene Form von Schedel (▸ Schädel).

Schoder: oberdeutscher Familienname; wohl Übername zu mhd. *schuder* ›Pferdedecke‹.

Schödl: bairisch-österreichische Schreibweise von ▸ Schödel (2.).

Schoen: ▸ Schön.

Schöfer: durch Rundung entstandene Form von ▸ Schäfer.

Schöffel: durch Rundung entstandene Form von ▸ Scheffel.

Schöffler: durch Rundung entstandene Form von ▸ Scheffler.

Schöler: 1. Standesname oder Übername zu mnd. *scholer* ›Schüler, bes. der zum geistlichen Stande bestimmte; junger Geistlicher; Kleriker, der auch als Schreiber tätig ist‹. 2. Übername zu mhd. *scholære* ›Schuldner, Schuldiger‹. 3. Herkunftsname zu dem Ortsnamen Schölen (Ostpreußen).

Scholl: 1. Berufsübername zu mhd. *scholle* ›Scholle‹, mnd. *scholle, schulle* ›Rasenstück, Erdscholle, -klumpen‹ für einen Bauern, übertragen Übername für einen plumpen Menschen. 2. Übername zu mhd. *schol* ›schuldig‹, mhd. *schol* ›Schuldner, Urheber, Anstifter‹. ❖ Vgl. die Esslinger Belege *aubelin scholle* (a. 1397) = *aubrecht scholl* (a. 1402). ❖ Bekannte Namensträger: Hans und Sophie Scholl, deutsche Widerstandskämpfer (20. Jh.).

Schöll: durch Rundung entstandene Form von ▸ Schell(e).

Scholle: ▸ Scholl.

Schöller: 1. Durch Rundung entstandene Form von ▶ Scheller. 2. ▶ Schöler. 3. Durch Zusammenziehung aus mnd. *schotteler* ›Schüsselmacher‹ entstandener Familienname. ❖ Vgl. die Belege *Joh. Schötteler = Joh. Schöller* (Münster a. 1626). 4. Herkunftsname zu dem gleichlautenden Ortsnamen (Nordrhein-Westfalen).

Schöllhorn: durch Rundung entstandene Form von ▶ Schellhorn.

Schollmaier, Schollmayer, Schollmeier, Schollmeyer: Standesnamen, nähere Kennzeichnung eines Meiers (▶ Meyer), im mittel- und oberdeutschen Bereich durch mhd. *scholle* ›Erdscholle‹, im niederdeutschen Sprachgebiet durch mnd. *schulle, scholle* ›Rasenstück, Erdscholle‹ oder durch mnd. *scholke* ›Sumpf, Tümpel‹ nach der Lage des Hofes.

Scholta: Amtsname zu osorb., nsorb. *šolta* ›Schulze, Dorfrichter‹.

Scholte: heute vor allem im Bereich Oberhausen-Duisburg vorkommende Nebenform von ▶ Schulte. ❖ *Tepel Scholte* ist a. 1398 in Hildesheim überliefert.

Scholten: patronymische Bildung (schwacher Genitiv) zu ▶ Scholte.

Scholtes: vorwiegend westmitteldeutsche, durch Zusammenziehung entstandene Form zu mhd. *scholtheiẓe* ›Schultheiß‹; vgl. ▶ Schultheis(s), Schultheiß.

Scholtka: auf eine mit dem Suffix *-ka* gebildete Ableitung von ▶ Scholta zurückgehender Familienname.

Scholtyssek: aus einer polnischen Ableitung von poln. *szołtys* ›Schulze, Dorfrichter‹ mit dem Suffix *-ek* entstandener Familienname.

Scholtz(e), Scholz(e): ostmitteldeutsche Formen von ▶ Schultz(e).

Schölzel: Ableitung von Scholz (▶ Scholtz[e]) mit *-l*-Suffix.

Schomaker: niederdeutscher Berufsname zu mnd. *schomaker* ›Schuhmacher‹.

Schomann: niederdeutscher, vor allem in den Bereichen Schwerin und Hamburg häufig vorkommender Berufsname auf *-mann* zu mnd. *scho* ›Schuh‹ für den Schuhmacher.

Schomburg(k): da diese Familiennamen am häufigsten in Niedersachsen vorkommen, handelt es sich eher um Herkunftsnamen zu dem niedersächsischen Orts- und Grafschaftsnamen Schaumburg als zu dem Ortsnamen Schomburg im Allgäu (Baden-Württemberg). ❖ Bekannter Namensträger: Hans Schomburgk, deutscher Afrikareisender und Reiseschriftsteller (19./20. Jh.).

Schomerus: aus der Zeit des Humanismus stammender Familienname, Übersetzung der deutschen Familiennamen ▶ Küster, ▶ Köster mit hebr. *schomēr* ›Wächter‹ + lat. Endung *-us*.

Schommer: Herkunftsname zu dem Ortsnamen Schomm (Nordrhein-Westfalen).

Schon: ▶ Schön.

Schön: Übername zu mhd. *schœne*, md. *schōn(e)*, mnd. *schōne* ›schön, herrlich, glänzend, hell, weiß, fein‹. ❖ *Ulrich der Schön Kramer* ist a. 1377 in München bezeugt. ❖ Bekannter Namensträger: Helmut Schön, deutscher Fußballtrainer (20. Jh.).

Schönau(er): Herkunftsname zu dem Ortsnamen Schönau (Schleswig-Holstein, Niedersachsen, ehem. Brandenburg/jetzt Polen, Nordrhein-Westfalen, Rheinland-Pfalz, Hessen, Sachsen, Thüringen, Baden-Württemberg, Bayern, Schlesien, bei Danzig, Ostpreußen, Österreich, ▶ Schweiz).

Schönbach: Herkunftsname zu dem gleichlautenden Ortsnamen (Hessen, Rheinland-Pfalz, Sachsen, Thüringen, Bayern, Schlesien, Böhmen).

Schönbeck: 1. Herkunftsname zu dem gleichlautenden Ortsnamen (Schleswig-Holstein, Mecklenburg-Vorpommern, bei Danzig). 2. Herkunftsname auf *-beck* zu dem in Bayern und Österreich mehrfach vorkommenden Ortsnamen Schönbach.

Schönberg(er): Herkunftsnamen zu dem Ortsnamen Schönberg (Schleswig-Holstein, Mecklenburg-Vorpommern, Brandenburg, ehem. Brandenburg/jetzt Polen, Sachsen-Anhalt, Sachsen, Hessen, Rheinland-Pfalz, Baden-Württemberg, Bayern, Elsass, Schlesien, Österreich, Ostpreußen), vgl. auch ▶ Schöneberg(er). ❖ Bekannter Namensträger: Arnold Schönberg, österreichischer Komponist (19./20. Jh.).

Schönborn: Herkunftsname zu dem gleichlautenden Ortsnamen (Brandenburg, ehem. Brandenburg/jetzt Polen, Sachsen, Thüringen, Hessen, Rheinland-Pfalz, Baden-Württtemberg, Schlesien, Ostpreußen, Böhmen, Österreich).

Schönbrod(t): Berufsübernamen zu mhd. *schœnez brōt* ›Weißbrot‹, mnd. *schōnebrōt* ›dreieckiges Brot aus feinem Roggenmehl‹ für einen Bäcker oder Übernamen nach der Lieblingsspeise. ❖ *Burcart Scœnebrot* ist a. 1272 am Oberrhein bezeugt.

Schöne: 1. ▸ Schön. 2. Herkunftsname zu Ortsnamen wie Schöna (Brandenburg, Sachsen, Thüringen), Schönau (Schleswig-Holstein, Niedersachsen, ehem. Brandenburg/jetzt Polen, Nordrhein-Westfalen, Rheinland-Pfalz, Hessen, Sachsen, Thüringen, Baden-Württemberg, Bayern, Schlesien, bei Danzig, Ostpreußen, Österreich, Schweiz).

Schönebeck: 1. Herkunftsname zu den Ortsnamen Schönebeck (Hamburg, Nordrhein-Westfalen, Brandenburg, Sachsen-Anhalt, ehem. Pommern/jetzt Polen), Schönbeck (Schleswig-Holstein, Mecklenburg-Vorpommern, bei Danzig). 2. Herkunftsname auf *-beck* zu dem bayerischen Ortsnamen Schönebach.

Schöneberg(er): Herkunftsnamen zu dem Ortsnamen Schöneberg (Bayern, Rheinland-Pfalz, Hessen, Berlin, Brandenburg, ehem. Brandenburg/jetzt Polen, ehem. Pommern/jetzt Polen, bei Danzig, Ostpreußen), vgl. auch ▸ Schönberg(er).

Schöneck(er): 1. Herkunftsnamen zu dem Ortsnamen Schöneck (Hessen, Sachsen, Baden-Württemberg, Bayern, Ostpreußen, ehem. Westpreußen/jetzt Polen). 2. Gelegentlich kommt auch eine Ableitung von einem Hausnamen infrage. Ein Haus »Zur schönen Ecke« ist z. B. in Magdeburg, Braunschweig und Goslar überliefert.

Schönefeld(t): Herkunftsnamen zum Ortsnamen Schönefeld (Brandenburg), vgl. auch ▸ Schönfeld(er).

Schöneich: Herkunftsname zu den Ortsnamen Schöneich (Schlesien, ehem. Westpreußen/jetzt Polen), Schöneiche (Brandenburg, ehem. Brandenburg/jetzt Polen, ehem. Pommern/jetzt Polen, Schlesien), Schöneichen (ehem. Pommern/jetzt Polen).

Schönemann: Übername zu mhd. *schœn*, mnd. *schōne* ›schön, herrlich, glänzend, hell, weiß, fein‹ und mhd., mnd. *man* ›Mann, Mensch‹. ❖ Ein früher Beleg ist *Godefridus Sconeman* (Köln ca. 1170–1190). *Alexander Sconeman* ist a. 1266/1325 in Halle/S. überliefert. ❖ Bekannte Namensträgerin: Lili (eigtl. Anna Elisabeth) Schönemann, Verlobte Goethes (18./19. Jh.).

Schönenberg: Herkunftsname zu dem gleichlautenden Ortsnamen (Nordrhein-Westfalen, Rheinland-Pfalz, Baden-Württemberg, Bayern, ehem. Pommern/jetzt Polen, Schweiz).

Schöner: 1. Stark flektierte Form oder patronymische Bildung auf *-er* zu ▸ Schön. 2. Herkunftsname auf *-er* zu Ortsnamen wie Schöna (Brandenburg, Sachsen, Thüringen), Schönau (Schleswig-Holstein, Niedersachsen, ehem. Brandenburg/jetzt Polen, Nordrhein-Westfalen, Rheinland-Pfalz, Hessen, Sachsen, Thüringen, Baden-Württemberg, Bayern, Schlesien, bei Danzig, Ostpreußen, Österreich, Schweiz).

Schönert: Erweiterung von ▸ Schöner mit sekundärem *-t*.

Schönfeld(er), Schönfeldt: Herkunftsnamen zu den Ortsnamen Schönfeld (Mecklenburg-Vorpommern, ehem. Pommern/jetzt Polen, Brandenburg, ehem. Brandenburg/jetzt Polen, Sachsen-Anhalt, Sachsen, Thüringen, Nordrhein-Westfalen, Hessen, Rheinland-Pfalz, Baden-Württemberg, Bayern, Schlesien, bei Danzig, Ostpreußen, Österreich), Schönfelde (Brandenburg, ehem. Brandenburg/jetzt Polen, ehem. Pommern/jetzt Polen, Ostpreußen), vgl. auch ▸ Schönefeld(t). ❖ Bekannter Namensträger: Johann Heinrich Schönfeld, deutscher Maler und Radierer (17. Jh.).

Schönfuß: Übername nach einem körperlichen Merkmal, vgl. ▸ Schönhaar, ▸ Schönhals, ▸ Schönkopf.

Schönhaar: Übername für einen Menschen mit auffallend schönem Haar.

Schönhals: Übername für einen Menschen mit einem auffallend schönen Hals. ❖ *Herman Sconehals* ist a. 1297 in Hildesheim bezeugt.

Schönhärl: Ableitung von ▸ Schönhaar mit *-l*-Suffix.

Schönheit: 1. Herkunftsname zu dem Ortsnamen Schönheide (Brandenburg, Sachsen, Schlesien, Ostpreußen). 2. Übername zu mhd. *schœnheit* ›Schönheit, Herrlichkeit, Pracht‹.

Schönherr: Übername zu mhd. *schœn* ›schön, herrlich, glänzend, hell, weiß, fein‹ und mhd. *hērre* ›Herr‹. ❖ Frühe Belege sind *Gerhardus dictus* [genannt] *Schoneheirre* (Köln a. 1291), *her Burchard der Schoneherre* (Freiburg a. 1292). ❖ Bekannter Namensträger: Karl Schönherr, österreichischer Schriftsteller (19./20. Jh.).

Schönhof(er), Schönhoff: Herkunftsnamen zu häufigen Ortsnamen wie Schönhof, Schönhofen.

Schönian: aus dem Übernamen ▸ Schön und dem Rufnamen Jan (▸ Johannes) entstandener Familienname. ❖ *Hanß Schoneiahn* ist a. 1641 in Hildesheim bezeugt.

Schönig: verschliffene Form von ▸ Schöning(h).

Schöniger: verschliffene Form von ▸ Schöninger.

Schöning(h): 1. Herkunftsnamen zu den Ortsnamen Schöning (Nordrhein-Westfalen, Schlesien), Schöningen (Niedersachsen, ehem. Pommern/jetzt Polen). 2. Ableitungen auf *-ing* von ▸ Schön.

Schöninger: Ableitung auf *-er* von ▸ Schöning(h) (1.).

Schönknecht: Übername zu mhd. *schœn*, mnd. *schōne* ›schön‹ und mhd. *knëht*, mnd. *knecht* ›Knabe, Jüngling, Knappe, Edelknecht, Diener‹. ❖ *Hermannus dictus* [genannt] *Schoneknecht* ist a. 1372 in Hildesheim bezeugt.

Schönkopf: Übername für einen Menschen mit einem auffallend schönen Kopf. ❖ Bekannte Namensträgerin: Anna Katharina (»Käthchen«) Schönkopf, Jugendfreundin Goethes (18./19. Jh.).

Schönleben, Schönleber: Übernamen für einen Menschen, der ein schönes, angenehmes Leben führte. ❖ *C. Schönsleben* ist a. 1392 in Nürnberg bezeugt.

Schönlein: Ableitung von ▸ Schön mit dem Suffix *-lein*.

Schönrock: 1. Niederdeutscher Berufsübername zu mnd. *schōnerogge* ›dreieckiges Brot aus feinem Roggenmehl‹ für einen Bäcker oder Übername nach der Lieblingsspeise. 2. Gelegentlich Berufsübername für den Schneider oder Übername für den Träger eines schönen Rocks (mhd. *roc* ›Rock‹). ❖ *Hyncze Sconnerok* ist in Calbe (Sachsen-Anhalt) i. J. 1419 bezeugt.

Schönwald, Schönwälder: Herkunftsnamen zu den Ortsnamen Schönwald (Baden-Württemberg, Bayern, Schlesien, Böhmen, Mähren), Schönwalde (Schleswig-Holstein, Mecklenburg-Vorpommern, ehem. Pommern/jetzt Polen, Brandenburg, ehem. Brandenburg/jetzt Polen, Schlesien, Ostpreußen).

Schönwetter: Übername für einen stets heiteren, optimistischen Menschen. ❖ Ein früher Beleg ist *Hermannus Sconewedir* (Köln ca. 1187–1200). *Hinrik Schoneweder* ist a. 1383 in Göttingen bezeugt.

Schoof: niederdeutscher Berufsübername oder Übername zu mnd. *schōf* ›Strohbund, Strohwisch‹, vgl. ▸ Schaub (1.) oder (2.). ❖ *Arnoldo Schof* ist a. 1331 in Braunschweig überliefert. ❖ Bekannter Namensträger: Manfred Schoof, deutscher Jazzmusiker (20./21. Jh.).

Schoofs: patronymische Bildung (starker Genitiv) zu ▸ Schoof.

Schoon: niederdeutsche Variante von ▸ Schön.

Schoop: 1. Berufsübername zu mnd. *schōpe* ›Schöpfkelle, z. B. der Maurer, bes. die große Füllkelle der Brauer‹ für den Hersteller (vgl. ▸ Schopenhauer) oder den Benutzer. 2. Auf einen Hausnamen zurückgehender Familienname. Ein Haus »Zur goldenen Schope« ist in Magdeburg bezeugt. ❖ *Kuntze Schop* ist a. 1355 in Halle/S. bezeugt.

Schöpe: auf die eindeutschende Schreibung einer slawischen Ableitung von ▸ Stephan zurückgehender Familienname.

Schopenhauer: Berufsname zu mnd. *schōpe* ›Schöpfkelle, z. B. der Maurer, bes. die große Füllkelle der Brauer‹ und mnd. *houwer* ›Hauer‹ für den Holzhandwerker, der diese Gegenstände verfertigte. ❖ Bekannter Namensträger: Arthur Schopenhauer, deutscher Philosoph (18./19. Jh.).

Schopf: 1. Übername zu mhd. *schopf* ›Haar auf dem Kopf, Haarschopf, Haarbüschel, Vorderkopf‹. 2. Wohnstättenname zu mhd. *schopf(e)* ›Gebäude ohne Vorderwand als Scheune, Vorhalle‹.

Schöpf: oberdeutscher Amtsname zu mhd. *scheffe, schepfe* ›beisitzender Urteilssprecher, Schöffe‹, fnhd. *schöpf* ›Schöffe‹. ❖ Bekannter Namensträger: Josef Schöpf, österreichischer Maler (18./19. Jh.).

Schöpke: aus der eindeutschenden Schreibung einer slawischen Ableitung von ▶ Stephan entstandener Familienname.

Schopp: einerseits im Raum Aachen-Bonn, andererseits in Baden häufiger vorkommender Familienname, der entsprechend unterschiedlich zu erklären ist: 1. Im westniederdeutschen Bereich ▶ Schoppe. 2. Im alemannischen Bereich Nebenform von ▶ Schaub. 3. Gelegentlich Herkunftsname zu dem Ortsnamen Schopp (Rheinland-Pfalz).

Schoppe: 1. Niederdeutscher Wohnstättenname zu mnd. *schoppe* ›Schuppen, Scheune‹. 2. Übername oder Berufsübername zu mnd. *jop(p)e, schop(p)e* ›Jacke, Wams‹, einer Bezeichnung, die seit dem 13. Jh. aus italien. *giubba* (< arab. *dschubba*) entlehnt wurde, für den Träger oder den Hersteller. ❖ Bekannte Namensträgerin: Amalie Emma Sophia Katharina Schoppe, deutsche Schriftstellerin (18./19. Jh.).

Schöpp: vorwiegend westmitteldeutscher Amtsname zu mhd. *scheffe, schepfe* ›beisitzender Urteilssprecher, Schöffe‹, fnhd. *schöpf* ›Schöffe‹.

Schöppe: vorwiegend ostmitteldeutsche Form von ▶ Schöpp.

Schöppner: 1. Berufsname auf *-er* zu ▶ Schoppe (2.). 2. Herkunftsname zu den Ortsnamen Schoppen (Nordrhein-Westfalen), Schoppen bei Malmedy (Belgien).

Schöps: 1. Berufsübername zu mhd. *schopẓ, schöpẓ* ›Schöps, Hammel‹, einer Entlehnung aus tschech. *skopec* ›verschnittener Schafbock‹, für den Schafzüchter oder den Fleischer; übertragen Übername für einen dummen Menschen. 2. Herkunftsname zu dem gleichlautenden Ortsnamen (Sachsen, Thüringen, Schlesien).

Schorer: im Bereich Friedrichshafen–Kempten–Augsburg–Garmisch–Partenkirchen häufiger vorkommender Familienname: 1. Berufsübername zu mhd. *schorn* ›mit der Schaufel arbeiten, zusammenscharren, kehren, zusammenschieben‹, vor allem für den Bauern. 2. Berufsname zu mhd. *schorer* ›Tuchscherer‹. 3. Wohnstättenname auf *-er* zu mhd. *schor, schorre* ›schroffer Fels, Felszacke; hohes felsiges Ufer‹.

Schork: durch Zusammenziehung entstandener Berufsname zu mhd. *schuohwürke*, md. *schūworche* ›Schuhmacher‹. ❖ Vgl. den Beleg *Schuorg Hans* (Darmstadt a. 1534).

Schorlem(m)er: Herkunftsnamen zu einem a. 1294 als Schorlimere bezeugten untergegangenen Ort bei Sendenhorst in Westfalen.

Schormann: vor allem im Raum Göttingen-Herford vorkommender Familienname: 1. Wohnstättenname auf *-mann* zu mnd. *schōre* ›Gestade, Küste, Vorland‹. 2. Übername auf *-mann* für einen Geschorenen, vor allem für einen entlaufenen Mönch mit auffälliger Tonsur (zu mhd. *beschorn* ›kahl geschoren‹; vgl. ▶ Beschoren[er], Beschorn[er]).

Schorn: dieser Familienname findet sich einerseits im Rheinland, andererseits im Raum Bamberg: 1. Übername zu mhd. *beschorn* ›kahl geschoren‹ für einen Geschorenen, vor allem für einen entlaufenen Mönch mit auffälliger Tonsur, vgl. ▶ Beschoren(er), Beschorn(er). 2. Wohnstättenname zu dem Flurnamen Schorn (›Erdscholle, leichter, lockerer Ackerboden‹). 3. Gelegentlich Herkunftsname zu dem gleichlautenden Ortsnamen (Bayern). ❖ *Eberlein der Schorn* ist a. 1339 in Nürnberg bezeugt.

Schornstein: Wohnstättenname zu mhd. *schorstein, schorenstein* ›Schornstein‹ nach einem besonderen Merkmal des Hauses oder Berufsübername für den Schornsteinfeger. ❖ Ein früher Beleg stammt aus Köln: *Godefridi Scorensten* (Köln ca. 1149–1159).

Schorp(p): Übernamen zu mhd. *schorpe* ›Skorpion; Schildkröte‹. ❖ *Jo. schorpe* ist a. 1296 in Basel bezeugt.

Schorr: Wohnstättenname zu mhd. *schor, schorre* ›schroffer Fels, Felszacke; hohes felsiges Ufer‹.

Schorsch: ▶ Georg.

Schott(e): 1. Herkunftsnamen zu mhd., mnd. *Schotte* ›Schotte, Irländer; herumziehender Krämer, Hausierer‹. 2. Berufsübernamen zu mhd. *schotte* ›Quark von süßen Molken‹ für den Hersteller oder Übernamen nach der Lieblingsspeise. 3. In Norddeutschland kann es sich bei dem Familiennamen Schott um einen Wohnstättenname zu mhd. *schot* ›Riegel, Verschluss, Falltür, Schiebetür, Holzwand, Absperrvorrichtung‹ handeln. ❖ *Conrat Schotte* ist zwischen 1251 und 1254 in Nürnberg bezeugt, *Henneke Schotte* a. 1373 in Lüneburg. ❖ Bekannter Namensträger: Friedrich Otto Schott, deutscher Chemiker und Glastechniker (19./20. Jh.).

Schottel, Schöttel: 1. Ableitungen von ▸Schott(e) (1.) oder (2.) mit -*l*-Suffix. 2. Berufsübernamen zu mnd. *schottel(e)* ›Schüssel‹ für den Hersteller. ❖ Bekannter Namensträger: Justus Georg Schottel, deutscher Sprachwissenschaftler und Schriftsteller (17. Jh.).

Schottelius: in der Zeit des Humanismus aufgekommene Latinisierung von ▸Schottel.

Schöttle: schwäbische Ableitung von ▸Schott(e) (1.) oder (2.).

Schöttler: 1. Vor allem niederdeutscher Berufsname zu mnd. *schotteler* ›Schüsselmacher‹ (▸Schüssler). 2. Gelegentlich oberdeutscher Übername zu mhd. *schotelen* ›sich schütteln, erschüttert werden, zittern‹. ❖ Letztere Bedeutung steht hinter dem Beleg aus München a. 1399 *Chunrad Schotler nagler*.

Schötz: dieser Familienname kommt einerseits in Bayern, andererseits in der Lausitz vor: 1. In Bayern handelt es sich um die gerundete Form von Schetz (▸Schätz). 2. In der Lausitz Berufsname zu nsorb. *šejc*, osorb. *šewc* ›Schuster, Schuhmacher‹.

Schrade: 1. In Schwaben, wo dieser Familienname am häufigsten ist, und im übrigen Süd- und Mitteldeutschland Übername zu mhd. *schrat(e)* ›Waldteufel, Kobold‹ oder zu mhd. *schrāt, schrōt* ›Prügel, Klotz‹. 2. Im niederdeutschen Bereich Übername zu mnd. *schrade* ›dürr, mager, kümmerlich; dürftig, schlecht‹.

Schrader, Schräder: 1. Niederdeutsche Berufsnamen zu mnd. *schräder, schröder* ›Schneider‹, auch ›Wein-, Bierschröter‹, vgl. ▸Schneider, ▸Schröder. 2. Vereinzelt Herkunftsnamen zu den Ortsnamen Schraden (Brandenburg, Bayern). ❖ *Henning Scradere* ist a. 1320/33 in Braunschweig bezeugt.

Schrage: 1. Berufsübername zu mhd., mnd. *schrage* ›kreuzweis stehende Holzfüße als Untergestell eines Tisches (z. B. eines Verkaufstisches) für einen Tischler oder Händler. 2. Wohnstättenname zu mhd. *schrage* ›Zaun aus schrägen oder kreuzweise eingefügten Pfählen‹: ›wohnhaft an einem derartigen Zaun‹. 3. Niederdeutscher Übername zu

mnd. *schrage* ›dürr, mager, kümmerlich; dürftig, schlecht‹.

Schraml: Ableitung von ▸Schram(m) mit -*l*-Suffix.

Schram(m): 1. Übernamen zu mhd. *schram, schramme* ›Schramme, Schwertwunde‹, mnd. *schramme* ›Hautritzung, Streifwunde‹ für einen Menschen mit einer auffälligen Narbe. ❖ Vgl. den Beleg *Hansen Breitbecken mit der schrammen* (Stolberg 1459). 2. Wohnstättennamen zu mhd. *schram* ›Felsspalt, Loch‹.

Schramme: ▸Schram(m) (1.).

Schrammel: 1. Ableitung von ▸Schram(m) mit -*l*-Suffix. 2. Herkunftsname zu dem gleichlautenden Ortsnamen (Österreich). ❖ Auf die Wiener Musiker Johann und Josef Schrammel (19. Jh.) geht die Schrammelmusik zurück.

Schrank: Wohnstättenname zu mhd. *schranc, schranke* ›Schranke, Gitter, Einfriedung‹, mnd. *schrank(e)* ›Gitter, Zaun‹: ›wohnhaft an einer Schranke/an einem Zaun‹. ❖ Vgl. den Beleg *Hildebrandus dictus* [genannt] *de Schranke* (Braunschweig a. 1330).

Schranner: Wohnstättenname auf -*er* zu mhd. *schranne* ›Fleischbank, Brotbank; Gerichtsbank, Gericht; Schranke, mit Schranken abgeschlossener Raum‹.

Schranz: 1. Wohnstättenname zu mhd. *schranz* ›Riss, (Fels-)Spalt, Loch‹. 2. Übername zu mhd. *schranz* auch ›Gewand mit Schlitzen‹. Hieraus entwickelten sich die späteren Bedeutungen ›junger, geputzter Mann, der ein geschlitztes Gewand trägt; Geck, Schranze‹.

Schratz: Übername zu mhd. *schrat(e), schraz* ›Waldteufel, Kobold‹.

Schreber: ▸Schreiber. ❖ Zu Ehren des deutschen Arztes Daniel Gottlob Moritz Schreber (19. Jh.) wurden die Schrebergärten benannt.

Schreck: 1. Übername zu mhd. *schrëcke* ›Schrecken‹ für einen Menschen, der Schrecken einjagte, oder zu mhd. *schrecken* ›erschrecken‹ für einen schreckhaften Menschen. 2. Berufsname zu mhd. *schrëcken* ›springen, hüpfen, tanzen‹, mhd. *schrëcke* ›Springer, Hüpfer‹ für einen Gaukler. ❖ *Heinrich Schrek* ist a. 1394 im sächsischen Vogtland bezeugt.

Schreiber: Amts- und Berufsname zu mhd. *schrībære* ›Schreiber‹. Seit dem 13. Jh. begegnet uns der Beruf des Schreibers in den Städten. Zuvor war das Schreiben vor allem eine von Mönchen in den Klöstern ausgeübte Tätigkeit. In den großen mittelalterlichen Städten gab es selbstständige Schreiber sowie Schreiber im Dienste der Stadt, einer Zunft, eines Großkaufmanns oder Patriziers. ❖ *Heinrich Schreiber* ist a. 1287 in Regensburg bezeugt.

Schreier: 1. Amtsname zu mhd. *schrīer* ›Ausrufer, Herold‹. 2. Übername zu mhd. *schrīen* ›schreien‹ für einen lauten Menschen. ❖ *Fridrich Schreyer* ist a. 1315 in Nürnberg bezeugt. ❖ Bekannter Namensträger: Peter Schreier, deutscher Sänger und Dirigent (20./21. Jh.).

Schreiner: oberdeutscher Berufsname zu mhd. *schrīnære* ›Schreiner‹, vgl. auch ▸ Tischler. Diesem Berufsnamen liegt mhd. *schrīn* (< lat. *scrīnium* ›rundes Behältnis‹) zugrunde, das zunächst für kostbare kirchliche Behälter galt, später auch für weltliche Möbelstücke wie Kästen und Truhen zur Aufbewahrung von Kleidung, Geld und anderen wertvollen Sachen. ❖ *Albr. der schreiner* ist a. 1326 in Regensburg bezeugt. Nach den Regensburger Schreinerordnungen (a. 1443, a. 1472) mussten die Schreiner als Meisterstücke eine Truhe, einen Tisch, einen Schreibtisch und ein Spielbrett anfertigen.

Schreinert: Erweiterung von ▸ Schreiner mit sekundärem *-t*.

Schreiter: Übername zu mhd. *schrīten* ›schreiten‹ nach der Gangart des ersten Namensträgers. ❖ *Petter Schreytter* ist a. 1467 im sächsischen Vogtland überliefert.

Schreivog(e)l: Übernamen zu mhd. *schrei* ›Schrei‹ und mhd. *vogel* ›Vogel‹ für jemanden mit einer lauten, schrillen Stimme. ❖ Ein früher Beleg stammt aus Regensburg um a. 1100: *Werinheri Screiuogel*.

Schremmer: 1. Wohnstättenname auf *-er* zu mhd. *schrem* ›ein Streifen Land‹. 2. Berufsübername zu mhd. *schræmen* ›schräg machen, krümmen, biegen‹, z. B. für einen Drechsler.

Schrenk: Übername zu mhd. *schrenken* ›kreuz und quer, schräg setzen‹, vielleicht nach der Gangart.

Schrewe: vorwiegend westfälischer Familienname: 1. Herkunftsname zu dem gleichlautenden Ortsnamen (Westfalen). 2. Übername zu mnd. *schreve* ›(eine mit Kreide gezogene) Linie; Linie, die angibt, wie weit man gehen darf‹.

Schrey: Übername zu mhd. *schrī, schrei* ›Ruf, Schrei, Geschrei, Gerücht‹, mnd. *schrie* ›Geschrei‹ für einen lauten Menschen.

Schreyer: ▸ Schreier.

Schreyvog(e)l: ▸ Schreivog(e)l. ❖ Bekannter Namensträger: Joseph Schreyvogel, österreichischer Schriftsteller (18./19. Jh.).

Schrick: Übername zu mhd. *schrick* ›Sprung, plötzliches Auffahren, Erschrecken, Schreck‹ für einen leicht erregbaren oder schreckhaften Menschen.

Schrickel: Ableitung von ▸ Schrick mit *-l*-Suffix.

Schrieber, Schriefer, Schriever, Schriewer: Berufsnamen zu mnd. *schriver(e)* ›Schreiber‹, vgl. ▸ Schreiber.

Schrimpf: Übername zu mhd. *schrimpf* ›Schramme, kleine Wunde‹. ❖ *Berhtoldus Schrimphe* ist a. 1307 in Nürnberg bezeugt. ❖ Bekannter Namensträger: Georg Schrimpf, deutscher Maler (19./20. Jh.).

Schröck: 1. Durch Rundung entstandene Form von ▸ Schreck. 2. Herkunftsname zu dem gleichlautenden Ortsnamen (Hessen, Bayern).

Schrödel: vorwiegend mittel- und oberfränkischer Familienname: 1. Ableitung mit *-l*-Suffix von ▸ Schroth. 2. Berufsname: Nomen Agentis mit dem Suffix *-(e)l* zu mhd. *schröten* ›Wein- und Bierfässer auf- und abladen‹; vgl. ▸ Schröter (1.).

Schröder: dieser Berufsname steht in Deutschland an 16. Stelle in der Häufigkeitsrangfolge. Er ist häufiger in Nord- als in Süddeutschland. Im Norden überwiegt er im größten Teil Brandenburgs, in Schleswig-Holstein, in Niedersachsen nördlich von Hannover und im anschließenden Teil Westfalens. 1. In Norddeutschland geht dieser Familienname auf mnd. *schröder, schräder* zurück und meint hauptsächlich den Schneider (vgl. ▸ Schneider), daneben auch den Wein- und Bierverlader. 2. Im südlichen Teil des deutschen Sprachgebiets ist Schröder eine Schreibvariante von ▸ Schröter. ❖ Bekannte Namensträger:

Rudolf Alexander Schröder, deutscher Schriftsteller (19./20. Jh.); Gerhard Schröder, deutscher Politiker (20./21. Jh.).
Schrödl: bairisch-österreichische Form von ▶ Schrödel.
Schrodt: ▶ Schroth.
Schrödter: 1. ▶ Schröter (1.). 2. ▶ Schröder (1.).
Schroeder: 1. ▶ Schröder (1.). 2. ▶ Schröter (1.).
Schroer, Schröer: durch Zusammenziehung entstandene Form von ▶ Schroeder (1.).
Schroers: patronymische Bildung (starker Genitiv) zu ▶ Schroer.
Schroeter: 1. ▶ Schröter (1.). 2. ▶ Schröder (1.). ❖ Bekannter Namensträger: Werner Schroeter, deutscher Filmregisseur (20./21. Jh.).
Schroff: Wohnstättenname zu mhd. *schroffe* ›spitzer Stein, zerklüfteter Fels, Felsklippe, Steinwand‹.
Schroll: Übername zu mhd. *scholle* ›Klumpen, Scholle‹ für einen plumpen, vierschrötigen Menschen. ❖ *Cuntz Schroll* ist a. 1370 in Nürnberg bezeugt.
Schröpfer: Berufsname zu mhd. *schrepfer* ›Schröpfer, Aderlasser‹.
Schropp: vorwiegend bairisch-schwäbischer Berufsübername oder Übername zu mhd. *schrapfen* ›striegeln‹, bair. *Schropp* ›eine Art Besen‹.
Schröter: 1. Oberdeutscher Berufsname zu mhd. *schrōtære* ›der Wein- und Bierfässer auf- und ablädt, sie in den Keller und aus demselben bringt‹. 2. ▶ Schröder (1.). ❖ *Chunr. schroter* ist a. 1370 in Regensburg bezeugt, *Cuntz schröter* a. 1397–1400 in Nürnberg.
Schroth: Übername zu mhd. *schrōt* ›Hieb, Stich, Wunde; Stück eines Baumstammes, Holzprügel, Klotz‹, übertragen für einen grobschlächtigen, plumpen Menschen. ❖ Im Jahre 1381 ist *cunrat schrot* in Esslingen überliefert. ❖ Der österreichische Landwirt und Naturheilkundige Johann Schroth (19. Jh.) ist der Erfinder der Schrothkur. Bekannte Namensträger: Carl Heinz Schroth, deutscher Schauspieler (20. Jh.); Hannelore Schroth, deutsche Schauspielerin (20. Jh.).
Schrott: ▶ Schroth. ❖ Bekannter Namensträger: Raoul Schrott, österreichischer Schriftsteller (20./21. Jh.).
Schrötter: 1. Schröter (1.). 2. ▶ Schröder (1.).
Schrumpf: vor allem im Raum Fulda–Suhl–Erfurt häufiger vorkommender Übername zu mhd. *schrimpfen* ›in Falten, Runzeln zusammenziehen, krümmen, rümpfen‹ für einen kleinen oder faltigen Menschen.
Schu: ▶ Schuch.
Schubart(h): Berufsnamen zu mhd. *schuochwürhte, schuochworhte, schūchwarte* ›Schuhmacher‹. ❖ Bekannter Namensträger: Christian Friedrich Daniel Schubart, deutscher Schriftsteller und Musiker (18. Jh.).
Schübel: Übername zu mhd. *schübel* ›Büschel (z. B. aus Heu), womit eine Öffnung verstopft wird; was vorgeschoben wird, Riegel; Haufen, Menge‹, mda. ›einfältiger, tölpelhafter Mensch‹. ❖ *Heinrich Schübel* ist i. J. 1370 in Nürnberg belegt.
Schubert: dieser Berufsname zu mhd. *schuochwürhte, schuochworhte, schūchwarte* ›Schuhmacher‹ nimmt in Deutschland die 54. Stelle in der Häufigkeitsrangfolge ein. Am häufigsten ist er im ost(mittel)deutschen Bereich; in Chemnitz steht er an sechster, in Zwickau an achter Stelle. ❖ Bekannter Namensträger: Franz Schubert, österreichischer Komponist (18./19. Jh.).
Schuberth: ▶ Schubert.
Schuch: Berufsübername zu mhd. *schuoch* ›Schuh‹ für den Schuhmacher bzw. Übername für den Träger auffälliger Schuhe. ❖ *Peter Schuch* ist a. 1532 in Darmstadt bezeugt. ❖ Bekannter Namensträger: Carl Schuch, österreichischer Maler (19./20. Jh.).
Schuchard, Schuchar(d)t, Schuchert: Berufsnamen zu mhd. *schuochwürhte, schuochworhte, schūchwarte* ›Schuhmacher‹. Von diesen Formen kommt Schuchardt am häufigsten vor; sein Hauptverbreitungsgebiet erstreckt sich von Halle über Gera bis Fulda, Kassel, Göttingen.
Schuchmann: Berufsname zu mhd. *schuochman* ›Schuster‹.
Schuck: 1. ▶ Schuch. 2. Übername zu mnd. *schugge, schuck* ›Scheu, Angst‹. 3. Übername zu osorb., tschech. *žuk*, poln. *žuk* ›Käfer‹.
Schuff: Berufsübername zu mhd. *schuofe* ›Gefäß zum Schöpfen, Wassereimer‹ für den Hersteller oder für den Wasserträger.
Schug(k): ▶ Schuck.
Schuh: ▶ Schuch. ❖ Bekannter Namensträger: Oscar Fritz Schuh, deutscher Regisseur und Theaterleiter (20. Jh.).
Schuhardt: ▶ Schuchard.

Schuhbauer: aus einer Zusammensetzung aus Schuh (▶ Schuch) und ▶ Bauer, vielleicht nach einem Nebenerwerb als Schuster, hervorgegangener Familienname.

Schühle: aus einer Ableitung von Schuh (▶ Schuch) mit dem Suffix *-le* entstandener Familienname.

Schühlein: aus einer Ableitung von Schuh (▶ Schuch) mit dem Suffix *-lein* hervorgegangener Familienname. ❖ *Cunradus Schuhlein de Rat[ispona]* [aus Regensburg] ist a. 1327 in Nürnberg bezeugt.

Schuhmacher: Berufsname zu mhd. *schuochmacher* ›Schuhmacher, Schuster‹.

Schuhmann: ▶ Schuchmann.

Schuld(t): 1. Übernamen zu mhd., mnd. *schulde, schult* ›Anschuldigung, Klage, Schuldsumme; Abgabeverpflichtung, Buße, Strafe‹. 2. ▶ Schulte. 3. Herkunftsnamen zu dem Ortsnamen Schuld (Rheinland-Pfalz).

Schüle: ▶ Schühle.

Schulenburg: Herkunftsname zu dem gleichlautenden Ortsnamen (Schleswig-Holstein, Niedersachsen, Schlesien).

Schuler, Schüler: Standesnamen oder Übernamen zu mhd. *schuolære, schüelære* ›Schüler, Student‹. ❖ *Chvnrad Schülir* ist a. 1304 in Nürnberg bezeugt.

Schülke: aus Schulteke, einer mit *-k*-Suffix gebildeten Ableitung von ▶ Schulte, entstandener Familienname.

Schüll: Übername zu mhd. *schülle* ›grober Mensch‹. ❖ *Schüll Stainprüggel* [doppelter Beiname] ist a. 1383 in München bezeugt.

Schuller, Schüller: 1. ▶ Schuler, Schüler. 2. Herkunftsnamen zu den Ortsnamen Schüller (Rheinland-Pfalz), Schüllar (Nordrhein-Westfalen), Schöller (Nordrhein-Westfalen).

Schult: 1. ▶ Schuld(t) (1.), (3.). 2. ▶ Schulte.

Schulte: niederdeutscher Amtsname zu mnd. *schulthête, schulte* ›der Verpflichtungen befiehlt, Schultheiß, Schulze‹, vgl. ▶ Schultheis(s). In Westfalen bezeichnet Schulte (wie auch ▶ Meyer) einen Großbauern, den Besitzer eines großen Hofes.

Schulten: patronymische Bildung (schwacher Genitiv) zu ▶ Schulte.

Schultes: auf fnhd. *schultes*, eine durch Zusammenziehung entstandene Form von ▶ Schultheis(s), zurückgehender Familienname.

Schultheis(s), Schultheiß: Amtsnamen zu mhd. *schultheize* ›der Verpflichtungen befiehlt, Richter, Schultheiß‹. Später entwickelte sich die Bedeutung ›Dorfvorsteher‹. Er war für das Einfordern der Abgaben der Dorfbewohner an den Grundherrn zuständig.

Schultis: auf eine zusammengezogene Form von ▶ Schultheis(s) zurückgehender Familienname.

Schultka: Amtsname, mit dem Suffix *-ka* gebildete Ableitung von nsorb. *šulta* ›Schulze, Dorfrichter‹.

Schultke: 1. Ableitung von ▶ Schulte mit *-k*-Suffix. 2. Eindeutschende Schreibung von ▶ Schultka.

Schultz(e), Schulz(e): Amtsnamen zu mhd. *schultz*, einer zusammengezogenen Form von mhd. *schultheize* ›der Verpflichtungen befiehlt, Richter, Schultheiß‹, vgl. ▶ Schultheis(s). ❖ Bekannte Namensträger: Johann Abraham Peter Schulz, deutscher Komponist (18. Jh.); Hermann Schulze-Delitzsch, deutscher Genossenschaftsführer (19. Jh.); Ingo Schulze, deutscher Schriftsteller (20./21. Jh.).

Schulzki: mit dem Suffix *-ski* gebildete Ableitung von poln. *Szulc* (< dt. Schulz, ▶ Schultz[e]).

Schumacher: ▶ Schuhmacher. ❖ Bekannte Namensträger: Kurt Schumacher, deutscher Politiker (19./20. Jh.); Michael Schumacher, deutscher Automobilrennfahrer (20./21. Jh.).

Schumann: ▶ Schuchmann. ❖ Bekannte Namensträger: Robert Schumann, deutscher Komponist (19. Jh.); Clara Schumann, deutsche Pianistin (19. Jh.).

Schümann: 1. Durch Zusammenziehung entstandene Form von ▶ Schünemann. 2. Gerundete Form von Schumann (▶ Schuchmann).

Schumm: 1. Übername oder Berufsübername zu mhd., mnd. *schūm* ›Schaum, Metallschlacke‹, vielleicht für einen Koch oder Metallschmelzer. 2. Herkunftsname zu dem gleichlautenden Ortsnamen (Schlesien).

Schunck: ▶ Schunk(e).

Schünemann: Wohnstättenname bzw. Berufsname auf *-mann* zu mnd. *schune* ›Scheune‹ für jemanden, der an der Scheune wohnte oder dort arbeitete. ❖ *Cord Schuneman* ist a. 1350 in Goslar bezeugt.

Schunk(e), Schünke: 1. Übernamen zu mundartlichen Formen von mhd., mnd. *schinke* ›Schenkel‹ nach einem körperlichen Merkmal. 2. Berufsübernamen zu mhd., mnd. *schinke* ›Schinken‹ für den Fleischer oder Übernamen nach der Lieblingsspeise.

Schupp: Berufsübername zu mhd. *schuop(e)* ›(Fisch-)Schuppe‹ für den Fischer.

Schuppan: Amtsname zu nsorb. (älter) *župan* ›Vorsteher der Bienenzüchter‹, altsorb., tschech. *župan* ›Gaugraf, Gauvorsteher‹.

Schuppe: 1. ▶ Schupp. 2. Niederdeutscher Berufsübername zu mnd. *schuppe* ›Schaufel, Schöpfschaufel; Grabscheit‹, z. B. für einen Gärtner.

Schur: einerseits zwischen Bautzen und Schwerin, andererseits im Raum Tübingen häufig vorkommender Familienname: 1. Im deutsch-slawischen Kontaktgebiet Übername zu sorb. *žur* ›Sauerteig‹, nsorb. auch ›Getränk aus Hanfsamen; mühselige Arbeit‹, poln. *żur* ›saure Mehlsuppe‹. 2. Niederdeutscher Wohnstättenname bzw. Übername; ▶ Schüring (2.). Im alemannischen Bereich ▶ Schurr.

Schürer: 1. Berufsname zu mhd. *schürn* ›entzünden, das Feuer unterhalten‹ für einen Heizer. 2. Niederdeutscher Berufsname zu mnd. *schurer* ›Schwertfeger‹, später ›Schmelzer in der Glashütte‹. 3. Wohnstättenname bzw. Berufsname auf *-er* zu mhd. *schiure, schüre* ›Scheuer, Scheune‹ für jemanden, der an der Scheune wohnte oder dort arbeitete.

Schürholz: Herkunftsname zu den Ortsnamen Schürholz (Nordrhein-Westfalen), Schierholz (Niedersachsen, Nordrhein-Westfalen).

Schuricht: ostmitteldeutscher, vor allem im Bereich Leipzig-Dresden-Chemnitz häufig vorkommender Berufsname zu mhd. *schuo(ch)würhte* ›Schuhmacher‹. ❖ Bekannter Namensträger: Carl Schuricht, deutscher Dirigent (19./20. Jh.).

Schurig: vor allem in Sachsen häufiger Familienname: 1. ▶ Schuricht. 2. Aus einer Ableitung von ▶ Schur (1.) entstandener Übername.

Schüring: westfälischer, in dem Bereich zwischen Herford und Oberhausen häufiger vorkommender Familienname: 1. Wohnstättenname zu mnd. *schuringe* ›Schutz, Schirm; Scheuer, Schuppen‹. 2. Ableitung auf *-ing* a) zu mnd. *schure* ›Scheuer, Scheune‹ für jemanden, der an der Scheune wohnte oder dort arbeitete (bzw. für dessen Sohn), b) zu mnd. *schūr* ›listig, schlau‹, c) zu mnd. *schūr* ›Regen-, Hagelschauer‹ für einen aufbrausenden Menschen. ❖ *Hinricus Schurinc* ist a. 1367 in Coesfeld bezeugt.

Schürmann: 1. Meist Wohnstättenname bzw. Berufsname auf *-mann* zu mnd. *schure* ›Scheuer‹ für jemanden, der an der Scheune wohnte oder dort arbeitete. 2. Herkunftsname zu dem Ortsnamen Schüren (Nordrhein-Westfalen, Saarland). 3. Übername bzw. Wohnstättenname auf *-mann* zu mnd. *schūr* ›Schutz, Schirm; Scheuer, Schuppen‹. 4. Übername auf *-mann* zu den unter ▶ Schüring (2., b und c) aufgeführten Möglichkeiten. ❖ Bekannte Namensträgerin: Petra Schürmann, deutsche Fernsehmoderatorin (20./21. Jh.).

Schurr: vorwiegend schwäbischer Übername zu obd. *schurr* ›hitziger, übereilter Mensch‹, obd. *schur* ›Zank‹.

Schüssel, Schüssl, Schüßl: Berufsübernamen zu mhd. *schüȥȥel* ›Schüssel‹ für den Hersteller (▶ Schüssler).

Schüssler, Schüßler: Berufsnamen zu mhd. *schüȥȥeler* ›Schüsseldreher‹ für den Feindrechsler, der hölzerne Schüsseln und Schalen drechselte. ❖ *Der Scuozzeler* ist a. 1335 in Nürnberg bezeugt.

Schuster: dieser Berufsname nimmt den 67. Platz unter den Familiennamen in Deutschland ein. Er ist insgesamt etwas häufiger im Süden und Südosten bis einschließlich Sachsen. Zugrunde liegt ihm mhd. *schuoster* ›Schuhmacher, Schuster‹, das aus dem Lehnwort *sū(s)ter, sūter* (< lat. *sūtor* ›Flickschuster‹) und dem zur Verdeutlichung vorangestellten Wort *schuoch* ›Schuh‹ zusammengezogen ist. Dieses Wort hat, vom Süden ausgehend, im appellativischen Wortschatz ältere Bezeichnungen für dieses Handwerk weitgehend verdrängt. ❖ Als Familiennamen sind noch vorhanden **Schomaker, Schu(h)macher**, weiterhin **Schomann, Schuchmann, Schu(h)mann**. ❖ Die mhd. Bezeichnung *schuochwürhte*, eigentlich ›Schuhwerker‹, ergab **Schubart(h), Schubert(h)** sowie **Schuchard, Schuchar(d)t** und **Schuchert**. ❖ Auf lat. *sūtor* ›Flickschuster‹, das früher als mhd. Lehnwort *sūter* in Süddeutschland verbreitet war und neben dem Schuster auch den Näher und Schneider bezeichnen konnte, gehen die Familiennamen **Suter, Sutor, Sutter** mit der alemannischen Verkleinerung **Sütterlin** sowie die diphthongierten Formen **Saut(t)er** zurück. ❖ Aus Bezeichnungen für den Beruf des Schuhflickers sind Familiennamen wie **Lepper, Reuss/Reuß** hervorgegangen. ❖ *Hertweich der schuhster* ist a. 1319 in Regensburg bezeugt.

Schütt(e): 1. Niederdeutsche Berufsnamen zu mnd. *schutte* ›Schütze‹. 2. Niederdeutsche Wohnstättennamen zu mnd. *schutte* ›Vorrichtung zum Stauen oder Abhalten des Wassers, Schott‹. 3. In Ober- und Mitteldeutschland Wohnstättennamen zu mhd. *schüt(e)* ›Anschwemmung, die dadurch gebildete Insel‹.

Schüttenhelm: Übername in Satzform zu mhd. *schüt(t)en* ›erschüttern‹, auch ›die Rüstung an- oder ablegen‹ (»erschüttere den Helm [des Gegners]!«) oder (»lege den Helm an!«). ❖ *Hainrich Schütenhelm* ist a. 1379 in München bezeugt.

Schütter: 1. Wohnstättenname zu mhd. *schüt(e)* ›Anschwemmung, die dadurch gebildete Insel‹. 2. Berufsname zu mhd. *schüt(t)er* ›der die Eicheln von den Bäumen schüttelt, Eichelsammler‹. 3. Niederdeutscher Amtsname zu mnd. *schutter* ›der das Vieh schützt bzw. fremdes Vieh, das Schaden tut, einsperrt; Polizeidiener‹.

Schüttler: Berufsname oder Übername zu mhd. *schüttel(e)n* ›schütteln‹: ›der etwas schüttelt‹, vgl. ▸ Schütter (2.).

Schütz(e): Berufsnamen oder Amtsnamen zu mhd. *schütze* ›Schütze, Armbrustschütze, Büchsenschütze‹, auch ›Wächter, Flur-, Waldschütze, der die Feldflur und den Forst bewacht‹. ❖ *H. Schützs* ist a. 1363 in Nürnberg bezeugt. ❖ Bekannter Namensträger: Heinrich Schütz, deutscher Komponist (16./17. Jh.).

Schützeichel: 1. Berufsübername in Satzform für den Bauern zu mnd. *schudden* ›schütteln‹ + mhd. *sichel* ›Sichel‹ (»schüttle [die] Sichel!«), wobei das *-ei-* sich durch Diphthongierung nach vorhergehender Dehnung des *-i-* erklärt. 2. Wohnstättenname zu dem gleichlautenden Flurnamen, der wohl auf den Namen eines Besitzers zurückgeht. ❖ *Johan van Schuddesichel* ist a. 1420 in Köln bezeugt.

Schwa(a)b, Schwabe: 1. Herkunftsnamen (Stammesnamen) zu mhd. *Swāp, Swāb(e)* ›Schwabe‹. 2. Übernamen für jemanden, der Beziehungen (z. B. Handelsbeziehungen) zu Schwaben hatte. ❖ *Gotz Swab* ist a. 1316 in Nürnberg bezeugt. ❖ Bekannter Namensträger: Gustav Schwab, deutscher Schriftsteller (18./19. Jh.).

Schwager: Übername zu mhd. *swāger*, mnd. *swager* ›Schwager, Schwiegervater, Schwiegersohn‹. Zur Unterscheidung von anderen Familienmitgliedern konnte auch die Bezeichnung des Verwandtschaftsverhältnisses dienen und zum Familiennamen werden. ❖ Im Jahre 1385 ist *haintz swager* in Esslingen überliefert.

Schwägerl: Ableitung von ▸ Schwager mit *-l*-Suffix.

Schwahn: ▸ Schwan.

Schwaiger: 1. Oberdeutscher Standesname für den Bewirtschafter einer Schwaige (mhd. *sweige*), d. h. eines Hofes, der ausschließlich der Viehzucht und Milchwirtschaft diente. 2. Herkunftsname zu dem in Bayern und Österreich sehr häufigen Ortsnamen Schwaig. ❖ *Ott Swaiger* ist a. 1368 in München bezeugt. ❖ Bekannte Namensträgerin: Brigitte Schwaiger, österreichische Schriftstellerin (20./21. Jh.).

Schwalb: ▸ Schwalbe. ❖ *Jost Schwalb* ist a. 1576 in Gießen bezeugt.

Schwalbach: Herkunftsname zu dem gleichlautenden Ortsnamen (Hessen, Saarland).

Schwalbe: Übername zu mhd. *swalwe, swalbe* ›Schwalbe‹. ❖ *H. Swalb* ist a. 1363 in Nürnberg bezeugt.

Schwald: im Raum Freiburg-Konstanz häufiger vorkommender Familienname, der auf eine verkürzte Form des Heiligennamens ▸ Oswald, in alemannischer Aussprache ▸ Oschwald, zurückgeht.

Schwalm: 1. Herkunftsname zum Landschafts- und Gewässernamen Schwalm (Hessen) oder zum Gewässernamen

Schwalm, rechter Nebenfluss der Maas. 2. Berufsübername zu mhd., mnd. *swalm* ›Bienenschwarm‹ für einen Imker.

Schwamborn: Herkunftsname zu dem gleichlautenden Ortsnamen im Rheinland.

Schwan: 1. Auf den beliebten Hausnamen »Zum Schwan« (mhd. *swan[e]* ›Schwan‹) zurückgehender Familienname. 2. Übername nach einem bildlichen Vergleich. 3. Herkunftsname zu den Ortsnamen Schwaan (Mecklenburg-Vorpommern), Schwan (Sachsen, Böhmen). 4. Vereinzelt auf einen mit dem Namenwort *swan* gebildeten Rufnamen zurückgehender Familienname. ❖ Vgl. den Beleg *ick Swan von Steinberg* (Bad Salzdetfurth/Niedersachsen a. 1567).

Schwand: 1. Herkunftsname zu dem häufigen Ortsnamen Schwand. 2. Wohnstättenname zu mhd. *swant* ›Ausroden des Waldes, gerodete Stelle‹.

Schwandner: 1. Herkunftsname zu dem Ortsnamen Schwanden (Rheinland-Pfalz, Baden-Württemberg, Bayern, Schweiz). 2. Ableitung auf *-ner* von ▶ Schwand.

Schwandt: ▶ Schwand.

Schwanecke: aus einer Koseform mit *-k*-Suffix von dem männlichen Rufnamen Swan (▶ Schwan [4.]) oder von dem weiblichen Rufnamen Swanhilt *(swan + hiltja)* hervorgegangener Familienname. ❖ *Tile Schwanneke* ist a. 1536 in Braunschweig bezeugt.

Schwanewede: Herkunftsname zu dem gleichlautenden Ortsnamen (Niedersachsen).

Schwanitz: Herkunftsname, vielleicht zu dem Ortsnamen Schwanis (Ostpreußen) mit Angleichung der Endung an die häufigen Ortsnamen auf *-itz*.

Schwank: 1. Übername zu mhd. *swanc* ›biegsam, schlank, dünn, schmächtig‹, mnd. *swank* ›leicht beweglich, fein, zart‹. 2. Übername zu mhd. *swanc* ›lustiger oder neckischer Einfall‹, mnd. *swank* ›Einfall, Scherz, Narrheit, lächerliche Sitte‹.

Schwanke: ▶ Schwanecke.

Schwankl: Ableitung von ▶ Schwank mit *-l*-Suffix.

Schwanz: 1. Übername zu mhd. *swanz* ›schwenkende, tanzartige Bewegung; Schleppe eines Kleides; Schmuck, Zierde, Glanz; stutzerhaftes Gepränge‹ für einen Stutzer oder auch für einen flotten Tänzer. 2. Wohnstättenname für jemanden, der auf einem langen, schmalen Grundstück siedelte (zu mhd. *swanz* ›Schwanz‹). ❖ *Cuntz Swantz* ist a. 1397 in Nürnberg bezeugt.

Schwark: Übername zu mnd. *swerk, swark* ›finsteres, dunkles Gewölk‹, bildl. ›Leid, Kummer‹.

Schwart: niederdeutscher Übername zu mnd. *swart* ›schwarz‹ für einen schwarzhaarigen Menschen.

Schwartau: Herkunftsname zu den Ortsnamen Schwartau (Schleswig-Holstein), Schwartow (Mecklenburg-Vorpommern, ehem. Pommern/jetzt Polen, ehem. Brandenburg/jetzt Polen).

Schwarte: 1. ▶ Schwart. 2. ▶ Schwartau.

Schwarting: patronymische Bildung auf *-ing* zu ▶ Schwart.

Schwartz, Schwarz: 1. Übernamen zu mhd. *swarz* ›schwarz, dunkelfarbig‹ als Anspielung auf die Haarfarbe des ersten Namensträgers. ❖ *Burcardus dictus* [genannt] *Swarce* ist a. 1279 am Oberrhein überliefert. 2. Gelegentlich Herkunftsnamen zu dem Ortsnamen Schwarz (Mecklenburg-Vorpommern, Sachsen-Anhalt, Hessen, Bayern), ferner zu der Wüstung Schwartz bei Brachwitz (Sachsen-Anhalt). ❖ Der deutsche Mönch Berthold Schwarz (14. Jh.) soll das Schwarzpulver erfunden haben.

Schwarzbach: Herkunftsname zu dem gleichlautenden Ortsnamen (Nordrhein-Westfalen, Brandenburg, Sachsen, Thüringen, Hessen, Rheinland-Pfalz, Bayern, Schlesien).

Schwarze: 1. ▶ Schwartz, Schwarz (1.). 2. Gelegentlich Herkunftsname zu dem Ortsnamen Schwarza (Thüringen, Österreich).

Schwarzenberg(er): Herkunftsnamen zu den Ortsnamen Schwarzenberg (Niedersachsen, Nordrhein-Westfalen, Sachsen, Hessen, Baden-Württemberg, Bayern, Ostpreußen, Österreich, Schweiz), Schwarzenberge (Ostpreußen). ❖ Bekannter Namensträger: Xaver Schwarzenberger, deutscher Filmregisseur (20./21. Jh.).

Schwarzenegger: 1. Bairisch-österreichischer Wohnstättenname für jemanden, der an einem mit Nadelbäumen bewachsenen (»schwarzen«) Geländevorsprung (»Eck«) wohnte. 2. Herkunftsname zu dem Ortsnamen Schwarzeneck (Bayern). ❖ Bekannter

Namensträger: Arnold Schwarzenegger, amerikanischer Filmschauspieler und Politiker österreichischer Herkunft (20./21. Jh.).

Schwarzer: 1. Übername, stark flektierte Form oder patronymische Bildung auf *-er* zu ▶ Schwartz, Schwarz (1.). 2. Herkunftsname, Ableitung auf *-er* von ▶ Schwartz, Schwarz (2.) oder ▶ Schwarze (2.). ❖ Den Wechsel von unflektierter und flektierter Form des noch unfesten Beinamens im Mittelalter zeigen die Münchner Belege *Ulrich Swarczzer* a. 1379 und *Swarcz Ull* a. 1381 für dieselbe Person. ❖ Bekannte Namensträgerin: Alice Schwarzer, deutsche Journalistin und Feministin (20./21. Jh.).

Schwärzer: Berufsname zu mhd. *swerzer* ›Schwarzfärber‹, vgl. ▶ Färber. ❖ *Ulrich Swertzer* ist a. 1343 in Nürnberg bezeugt.

Schwarzfischer: aus dem Übernamen Schwarz (▶ Schwartz [1.]) und dem Berufsnamen ▶ Fischer zusammengewachsener Familienname.

Schwarzhaupt: Übername für einen schwarzhaarigen Menschen.

Schwarzkopf: Übername für einen schwarzhaarigen Menschen. ❖ *C. Swartzkopf* ist a. 1328 in Nürnberg bezeugt. ❖ Bekannte Namenstägerin: Elisabeth Schwarzkopf, deutsche Sängerin (20./21. Jh.).

Schwarzmann: Ableitung auf *-mann* von ▶ Schwartz, Schwarz.

Schwarzmeier: Standesname, nähere Kennzeichnung eines Meiers (▶ Meyer) durch die Haarfarbe (vgl. ▶ Schwartz, Schwarz [1.]).

Schwarzwälder: Herkunftsname zu dem Landschaftsnamen Schwarzwald.

Schwätzer: Übername zu mhd. *swetzer* ›Schwätzer‹. ❖ Ein *Swätzzer* ist a. 1370 in Esslingen bezeugt.

Schweda: Herkunftsname oder Übername zu sorb. *Švejda*, tschech. *Švéd* ›Schwede‹.

Schwed(e): 1. Herkunftsnamen: ›der aus Schweden‹. 2. Übernamen für jemanden, der Beziehungen (z. B. Handelsbeziehungen) zu Schweden hatte. 3. Bei dem Familiennamen Schwede kann es sich vereinzelt um einen Herkunftsnamen zu dem Ortsnamen Schwede (Niedersachsen) handeln.

Schweder: auf den alten niederdeutschen Rufnamen Sweder/Swider *(swind + heri)* zurückgehender Familienname.

Schwedes: patronymische Bildung (starker Genitiv) zu dem alten Rufnamen Schwede, einer Kurzform von ▶ Schweder.

Schwedler: Berufsübername zu mnd. *sweideler, swēdeler* ›Tasche, lederner Beutel, Mantelsack, besonders um Speisen und andere Reisebedürfnisse darin aufzubewahren‹ für den Hersteller oder Übername für jemanden, der eine solche Tasche oft benutzte.

Schwedt: Herkunftsname zu dem gleichlautenden Ortsnamen (Brandenburg, ehem. Pommern/jetzt Polen).

Schweer: 1. Auf eine durch Zusammenziehung entstandene Form von ▶ Schweder zurückgehender Familienname. 2. Übername zu mnd. *swar, swer* ›schwer, gewichtig; beschwerlich, lästig; schwierig, gefährlich, kummervoll, bedrückt; schwerfällig, unbeholfen; widerwillig‹. 3. ▶ Schwer (1.). ❖ Dass dieser Name sowohl Ruf- wie Beiname sein konnte, zeigt der Beleg aus Hannover a. 1636 *Schwer Schwer*.

Schweers: patronymische Bildung (starker Genitiv) zu ▶ Schweer (1.).

Schwegler: Berufsname zu mhd. *swëgel(e)* ›eine Art Flöte‹ für den Spieler des Instruments.

Schweickert: ▶ Schweigert.

Schweidler: ▶ Schwedler.

Schweiger: 1. ▶ Schwaiger (1.). 2. ▶ Schweiker. 3. Übername zu mhd. *swīgære* ›der Schweiger, der Stumme; der zum Schweigen bringt‹. ❖ Bekannter Namensträger: Til Schweiger, deutscher Filmschauspieler (20./21. Jh.).

Schweigert: ▶ Schweikert.

Schweighard, Schweighar(d)t, Schweikart: aus einer Umdeutung von ▶ Schweikert in Anlehnung an das häufige Namenwort »-hard« entstandene Familiennamen. ❖ Bekannter Namensträger: Hans Schweikart, deutscher Schauspieler und Regisseur (19./20. Jh.).

Schweiker: von dem alten deutschen Rufnamen Swindger *(swind + gēr)* abgeleiteter Familienname. ❖ Hierzu gehören u. a. die Familiennamen **Schweiger, Schweigert, Schweighard, Schweighar(d)t, Schweikart, Schweikert, Schwickert, Schwieger**. ❖ *Ulrich Sweiker* ist a. 1370 in Nürnberg überliefert.

Schweikert: aus einer Erweiterung von ▶ Schweiker mit sekundärem -t hervorgegangener Familienname.

Schwein: Berufsübername zu mhd. *swīn* ›Schwein‹ für den Schweinehirten, -züchter, -händler oder auch für einen Fleischer.

Schweindl: oberdeutsche Ableitung von ▶ Schwein mit -l-Suffix. ❖ Der Münchner Beleg *Ditel Sweindel carnifex* [Metzger] a. 1368 zeigt die Entstehung dieses Familiennamens aus einem Berufsübernamen.

Schweinfurt(h), Schweinfurt(h)er: Herkunftsnamen zu dem Ortsnamen Schweinfurt (Unterfranken). ❖ Bekannter Namensträger: Georg Schweinfurth, deutscher Afrikaforscher (19./20. Jh.).

Schweinsberg(er): Herkunftsnamen zu dem Ortsnamen Schweinsberg (Nordrhein-Westfalen, Hessen, Bayern).

Schweitzer, Schweizer: Herkunftsnamen auf -er: ›der aus der Schweiz‹. ❖ *Dere Swytzer* ist a. 1475 in Grünberg (Hessen) bezeugt. ❖ Bekannter Namensträger: Albert Schweitzer, elsässischer Theologe, Musiker und Arzt (19./20. Jh.).

Schweller: Übername zu mhd. *swëlher* ›Schlucker, Säufer‹. ❖ *Rüger der Swellær* ist a. 1378 in Regensburg bezeugt.

Schwemmer: 1. Herkunftsname zu den Ortsnamen Schwemm (Bayern, Österreich), Schwemme (Niedersachsen, Baden-Württemberg), zu dem Wüstungsnamen Schwemmer (bei Atzendorf südlich von Magdeburg). 2. Berufsname für jemanden, der Holz schwemmte. 3. Wohnstättenname auf -er zu mnd. *swemme* ›Schwemme‹. 4. Übername zu mnd. *swemmer* ›Schwimmer‹. 5. Übername zu mhd. *swemmer* ›Mausadler‹. ❖ *Swemmer mercator* [Kaufmann] ist a. 1377 in München bezeugt.

Schwend(e): 1. Wohnstättennamen zu mhd. *swende* ›ein durch Rodung des Waldes gewonnenes Stück Weide oder Ackerland‹. 2. Herkunftsnamen zu häufigen Ortsnamen wie Schwend(t), Schwende.

Schwendemann: Ableitung auf -mann von ▶ Schwend(e).

Schwender: 1. Ableitung auf -er von ▶ Schwend(e). 2. Berufsname zu fnhd. *schwend(en)er* ›Holzfäller‹. 3. Übername zu fnhd. *schwend(en)er* ›Verschwender‹.

Schwendler: Übername zu mhd. *swendeler* ›Verschwender‹.

Schwendner: 1. Ableitung auf -ner zu ▶ Schwend(e). 2. ▶ Schwender (2.) oder (3.). 3. Herkunftsname zu dem häufigen Ortsnamen Schwenden.

Schwenger: 1. Vor allem im deutschen Südwesten verbreiteter Familienname, der auf den alten deutschen Rufnamen Swaneger/Sweneger *(swan + gēr)* zurückgeht. 2. Im niederdeutschen Raum handelt es sich um einen Übernamen zu mnd. *swengen* ›sich schwingen, sich schwengen, sich drehen‹.

Schwenk: 1. Übername zu mhd. *swenke* ›sich schwingen‹, mhd. *swenken* ›hin und her schwingen, in schwankender Bewegung sein‹, wohl als Anspielung auf die Gangart des ersten Namensträgers. 2. ▶ Schwenke (2.).

Schwenke: 1. ▶ Schwenk (1.). 2. Im niederdeutschen Bereich kann dieser Familienname auf eine mit -k-Suffix gebildete Koseform des weiblichen Rufnamens Swanhild *(swan + hiltja)* zurückgehen (metronymischer Familienname). 3. Herkunftsname zu dem gleichlautenden Ortsnamen (Nordrhein-Westfalen). ❖ Die Rufnamenform *Svenehilt* ist a. 1167 in Hildesheim bezeugt. Die Koseform erscheint z. B. in einem Beleg aus Halle/S. (a. 1266/1325): *Ludeke von Grevendorp unde Sweneke sin husvrowe* [seine Ehefrau]. Die Entstehung des Familiennamens wird aus dem Hildesheimer Beleg *Johannes domine* [von der Frau] *Sweneken* (a. 1310) deutlich.

Schwenzer: 1. Herkunftsname zu dem Ortsnamen Schwenz (ehem. Pommern/jetzt Polen, Schlesien) bzw. Wüstungsnamen (bei Zörbig/Sachsen-Anhalt). 2. Übername zu mhd. *swenzen* ›putzen, zieren‹ für einen putzsüchtigen Menschen.

Schweppe: am häufigsten ist dieser Familienname im Bereich Herford. Es handelt sich um einen Berufsübernamen zu mnd. *swep(p)e* ›Peitsche‹ für den Peitschenmacher oder den Fuhrmann.

Schwer: 1. Übername zu mhd. *swëher*, zusammengezogen *swēr* ›Schwiegervater‹. Zur Unterscheidung von anderen Familienmitgliedern konnte auch die Bezeichnung des Verwandtschaftsverhältnisses dienen und zum Familiennamen werden. 2. Übername zu mhd. *swær* ›schmerzlich, unangenehm, lästig, beschwerlich, widerwärtig; bekümmert, betrübt; gewichtig, schwer‹. 3. ▶ Schweer (1.).

Schwerdt: Berufsübername zu mhd. *swërt* ›Schwert‹ für den Schwertfeger, den Waffenschmied. ❖ *Hans swert* ist a. 1365 in Esslingen bezeugt.

Schwerdtfeger: ▶ Schwertfeger.

Schwerdtner: ▶ Schwerter.

Schwerin: Herkunftsname zu dem gleichlautenden Ortsnamen (Mecklenburg-Vorpommern, ehem. Pommern/jetzt Polen, Brandenburg, ehem. Brandenburg/jetzt Polen).

Schwering: 1. Durch Zusammenziehung entstandene patronymische Bildung auf -ing zu ▶ Schweder. 2. Vereinzelt Herkunftsname zu dem Ortsnamen Schweringen (Niedersachsen).

Schwermer: Übername zu mhd. *swarmen*, *swermen* ›schwärmen (von den Bienen)‹, mnd. *swarmen* ›schwärmen; ungeordneten Vergnügungen nachgehen; verworrene Vorstellungen nähren‹.

Schwers: ▶ Schweers.

Schwerter: 1. Herkunftsname zu den Ortsnamen Schwerta (Schlesien), Schwerte (Nordrhein-Westfalen). 2. Berufsname zu mhd. *swërt* ›Schwert‹ für den Schwertschmied. ❖ *Wencz. ds. Swerter* ist a. 1366 in Brünn bezeugt.

Schwertfeger: Berufsname zu mhd. *swërtveger* ›Schwertfeger, Waffenschmied‹, mhd. *vëgen* ›fegen, reinigen, scheuern‹. Der Schwertfeger war ein Handwerker, der das Schleifen und Polieren der roh geschmiedeten Schwerter und Klingen übernahm. ❖ *Wolflein der swertfeger* ist a. 1349 in Nürnberg bezeugt.

Schwertfirm: in Bayern verbreiteter Familienname, der aus einer Entstellung von mhd. *swërtvürbe* ›Schwertfeger, Schwertschmied‹ hervorgegangen ist, vgl. ▶ Schwertfeger. Die vorliegende Form ist darauf zurückzuführen, dass das Grundwort *vürbe* zu mhd. *vürben* ›reinigen, säubern, fegen, putzen‹ nicht mehr verstanden wurde. ❖ *Im Jahre 1370 ist Wernl der swertvürb in Regensburg bezeugt.*

Schwertner: ▶ Schwerter.

Schwichtenberg: Herkunftsname zu dem gleichlautenden Ortsnamen (Mecklenburg-Vorpommern).

Schwickert: ▶ Schweikert.

Schwieder: auf den alten niederdeutschen Rufnamen Swider *(swind + heri)* zurückgehender Familienname. ❖ Hierzu gehören u. a. die Familiennamen **Schweder, Schweer, Schwe(e)rs, Schwering, Schwier, Schwiering, Schwiers, Schwietering, Schwieters, Schwitters**.

Schwieger: 1. Übername zu mhd. *swiger*, fnhd. *schwieger* ›Schwiegermutter‹. 2. Durch Zusammenziehung aus dem alten Rufnamen Swideger (▶ Schweiker) hervorgegangener Familienname.

Schwier: durch Zusammenziehung entstandene Form von ▶ Schwieder.

Schwiering: patronymische Bildung auf -ing zu ▶ Schwier.

Schwiers: patronymische Bildung (starker Genitiv) zu ▶ Schwier.

Schwietering: patronymische Bildung auf -ing zu ▶ Schwieder.

Schwieters: patronymische Bildung (starker Genitiv) zu ▶ Schwieder.

Schwind(t): Übernamen zu mhd. *swinde, swint* ›gewaltig, stark, heftig, ungestüm, rasch, gewandt, schnell; grimmig, böse, schlimm, gefährlich‹, mnd. *swinde* ›ungestüm, heftig, stark, aufbrausend; rasch begreifend, listig‹. ❖ *Hainr. Swinde de Vorchaim* [aus Forchheim] ist a. 1302 in Nürnberg bezeugt. ❖ Bekannter Namensträger: Moritz von Schwind, österreichisch-deutscher Maler (19. Jh.).

Schwing(e): 1. Berufsübernamen zu mhd. *swinge* ›Flachs-, Hanfschwinge, Getreideschwinge, Futterschwinge‹, mnd. *swinge* ›Bleuel oder Brett, um den Flachs weich zu klopfen‹ für einen Bauern oder Flachsbereiter. 2. Herkunftsnamen zu dem Ortsnamen Schwinge (Niedersachsen, Mecklenburg-Vorpommern).

Schwinghammer: Berufsübername in Satzform (»[ich] schwinge [den] Hammer«) für einen Schmied.

Schwinn: verschliffene Form von ▶ Schwind(t).

Schwippert: aus dem alten Rufnamen Swi(nd)bert *(swind + beraht)* entstandener Familienname.

Schwitalla: Übername zu poln. *świtać* ›hell werden, tagen, dämmern‹.

Schwitters: patronymische Bildung (starker Genitiv) zu dem alten niederdeutschen Personennamen Swider (▶ Schwieder). ❖ Bekannter Namensträger: Kurt Schwitters, deutscher Künstler und Dichter (19./20. Jh.).

Schwob: durch Verdumpfung des *-a-* zu *-o-* entstandene Form von ▶ Schwa(a)b.

Schwöbel: Ableitung von ▶ Schwob mit *-l-*Suffix.

Schwörer: am häufigsten ist dieser Familienname in Baden-Württemberg: 1. Amtsname zu mhd. *swern* ›schwören, eidlich für wahr erklären‹, mhd. *swerer* ›Schwörer‹, ein städtischer Beamter der Rechtspflege oder Verwaltung. 2. Patronymische Bildung auf *-er* zu mhd. *swēher, swēger,* zusammengezogen *swēr* ›Schwiegervater‹. ❖ *Ruedi der Sweger* ist a. 1304 in Freiburg i. Br. bezeugt.

Schwuchow: Herkunftsname zu dem gleichlautenden Ortsnamen (ehem. Pommern/ jetzt Polen).

Sebald: auf den gleichlautenden deutschen Rufnamen *(sigu + bald)* zurückgehender Familienname (vgl. auch ▶ Siebold). Zur Verbreitung des Rufnamens trug die Verehrung des heiligen Sebald, des Stadtpatrons von Nürnberg, bei. ❖ *Joh[annes] Sebolt* ist i. J. 1392 in Nürnberg bezeugt.

Sebastian: auf den gleichlautenden Rufnamen (zu griech. *sebastós* ›erhaben‹ oder *Sebastianós* ›Mann aus Sebaste‹, Name mehrerer Städte im Orient) zurückgehender Familienname. Der hl. Märtyrer Sebastian, der wegen seines christlichen Glaubens auf Befehl Kaiser Diokletians mit Pfeilen durchbohrt wurde, genoss als Schutzheiliger gegen die Pest besondere Verehrung. Der Rufname Sebastian wurde in Deutschland im späten Mittelalter beliebt. ❖ Bei der Eindeutschung von Sebastian sind verkürzte Formen wie **Seebaß, Basten, Bastian, Bastion, Baustian, Paustian, Bestian** entstanden. ❖ Auf Ableitungen der weiter verkürzten Form **Bast** gehen u. a. die Familiennamen **Bastke** in Norddeutschland, **Bastl** und **Wastl** in Bayern und Österreich zurück. ❖ Von der verkürzten Form **Best(e)** leiten sich z. B. der in Süddeutschland verbreitete Familienname **Bestel** und der rheinländische Familienname **Bestgen** ab. ❖ Die Familiennamen **Bäsch(e)** und **Bösch** sind im alemannischen Raum heimisch.

Seck: 1. Berufsübername zu mnd. *sek* ›Pflugmesser‹ für den Pflugmacher. 2. Herkunftsname zu dem gleichlautenden Ortsnamen (Rheinland-Pfalz).

Sedelmaier, Sedelmay(e)r, Sedelmeier: bairische Standesnamen für den Pächter auf einem Sedelhof, dem Hof eines adligen Grundeigentümers. ❖ Bei dem Münchner Beleg a. 1396 *Claus sedelmair fragner* [Kleinhändler] handelt es sich bereits um einen festen Familiennamen.

Sedler: niederdeutscher Berufsname zu mnd. *sedelēre* ›Sattler‹. ❖ *Johannes Sedelere* ist a. 1320 in Coesfeld bezeugt.

Sedlmai(e)r, Sedlmay(e)r, Sedlmei(e)r, Sedlmey(e)r: bairisch-österreichische Schreibweisen für ▶ Sedelmaier.

See: 1. Wohnstättenname zu mhd., mnd. *sē, -wes* ›See, Landsee, Meer‹. 2. Herkunftsname zu dem häufigen gleichlautenden Ortsnamen.

Seebach(er): Herkunftsnamen zu dem Ortsnamen Seebach (Thüringen, Rheinland-Pfalz, Baden-Württemberg, Bayern, Elsass, Österreich, Schweiz, Ostpreußen).

Seebass, Seebaß: aus einer verkürzten Form von ▶ Sebastian entstandene Familiennamen.

Seebauer: nähere Kennzeichnung eines Bauern (▶ Bauer) durch den Namen bzw. die Lage des Hofes (▶ See [1.]).

Seeber: 1. Wohnstättenname auf *-er* zu ▶ See (1.). 2. Herkunftsname zu den Ortsnamen Seeb (Bayern), Seeba (Thüringen), Seeben (Sachsen-Anhalt, Ostpreußen, Österreich).

Seeberg(er): Herkunftsnamen zu den Ortsnamen Seeberg (Schleswig-Holstein, Brandenburg, ehem. Pommern/jetzt Polen, Nordrhein-Westfalen, Bayern, Ostpreußen, Böhmen, Schweiz).

Seebode, Seeboth: durch Umdeutung in Anlehnung an das Wort »See« aus dem alten Rufnamen Segebode *(sigu + bodo)* entstandene Familiennamen (vgl. ▶ Sieboth).

Seedorf: Herkunftsname zu dem gleichlautenden Ortsnamen (Schleswig-Holstein, Mecklenburg-Vorpommern, Brandenburg, ehem. Brandenburg/jetzt Polen, Sachsen-Anhalt, Niedersachsen, Baden-Württemberg, Bayern, Schlesien, Ostpreußen, Schweiz).

Seefeld(er), Seefeldt: Herkunftsnamen zu den Ortsnamen Seefeld (Schleswig-Holstein, Mecklenburg-Vorpommern, ehem. Pommern/jetzt Polen, Brandenburg, ehem. Brandenburg/jetzt Polen, Niedersachsen, Baden-Württemberg, Bayern, Ostpreußen, Österreich, Schweiz), Seefelde (ehem. Brandenburg/jetzt Polen).

Seefried: durch Umdeutung in Anlehnung an das Wort »See« aus dem alten deutschen Rufnamen Seifrit *(sigu + fridu)* entstandener Familienname. ❖ Bekannte Namensträgerin: Irmgard Seefried, österreichische Sängerin (20. Jh.).

Seeger: 1. ▶ Seger. 2. Herkunftsname zu den Ortsnamen Seeg (Bayern), Seega (Thüringen), Seeger (ehem. Pommern/jetzt Polen).

Seegers: patronymische Bildung (starker Genitiv) zu ▶ Seeger (1.).

Seel: 1. Berufsübername zu mnd. *sēl*, mhd. *sil(e), sel(e)* ›Seil, Strick‹ für den Seiler. 2. Übername zu mhd. *sēle*, mnd. *sēle* ›Seele‹, vielleicht als Teil einer Redensart des ersten Namensträgers. 3. Herkunftsname zu dem Ortsnamen Sehl bei Kochem (Rheinland-Pfalz).

Seelbach: Herkunftsname zu dem gleichlautenden Ortsnamen (Nordrhein-Westfalen, Hessen, Rheinland-Pfalz, Saarland, Baden-Württemberg).

Seele: 1. ▶ Seel. 2. Niederdeutscher Wohnstättenname zu mnd. *sele, seile* ›Niederung, Wiese‹.

Seeler: 1. Niederdeutscher Berufsname zu mnd. *sēl* ›Seil, Strick‹ für den ▶ Seiler. 2. Herkunftsname zu den Ortsnamen Sehlen (Mecklenburg-Vorpommern, Hessen), Sehlem (Niedersachsen, Rheinland-Pfalz), Seelen, Sehl (Rheinland-Pfalz). ❖ Bekannter Namensträger: Uwe Seeler, deutscher Fußballspieler (20./21. Jh.).

Seelig: 1. ▶ Selig. 2. Vereinzelt Herkunftsname zu dem gleichlautenden Ortsnamen (Bayern).

Seeliger: ▶ Seliger.

Seeling: ▶ Seling.

Seelmann: 1. Nebenform zu ▶ Salmann (1.). 2. Im niederdeutschen Bereich Berufsübername auf *-mann* zu mnd. *sēl* ›Seil, Strick‹ für den ▶ Seiler. 3. Niederdeutscher Wohnstättenname auf *-mann* zu mnd. *sele, seile* ›Niederung, Wiese‹. 4. Herkunftsname auf *-mann* zu den unter ▶ Seeler (2.) genannten Ortsnamen.

Seelos: Übername zu mhd. *sēlelos* ›ohne Seele, leblos, ungeistlich‹.

Seemann: 1. Niederdeutscher Berufsname zu mnd. *sēman* ›Seemann, Seefahrer‹. 2. Wohnstättenname oder Herkunftsname auf *-mann* zu ▶ See.

Seewald: 1. Herkunftsname zu den Ortsnamen Seewald (Baden-Württemberg), Seewalde (Mecklenburg-Vorpommern, Ostpreußen). 2. Durch Umdeutung in Anlehnung an die Wörter »See« und »Wald« aus dem Rufnamen ▶ Sebald hervorgegangener Familienname. ❖ Bekannter Namensträger: Richard Josef Michael Seewald, schweizerischer Maler und Schriftsteller deutscher Herkunft (19./20. Jh.).

Sef(f)rin: ▶ Severin.

Seger: 1. ▶ Sager, Säger. 2. Niederdeutscher Berufsname zu mnd. *sēger* ›Sämann‹. 3. Aus dem alten deutschen Rufnamen Segher/Sigiher *(sigu + heri)* entstandener Familienname. 4. Berufsübername zu mnd. *sēger* ›Uhr‹ für den Uhrmacher.

Seher: 1. Wohnstättenname oder Herkunftsname auf *-er* zu ▶ See; vgl. die Herkunftsnamen ▶ Eichenseer, Eichenseher zu dem Ortsnamen Eichensee. 2. Türkischer Familienname zu türk. *seher* ›Morgendämmerung‹.

Sehr: ▶ Seher (1.).

Seib: auf eine Kurzform von mit dem Namenwort *sigu* gebildeten Rufnamen, deren zweiter Bestandteil mit *-b-* anlautet (z. B. ▶ Seibold, ▶ Seibert, ▶ Seiboth), zurückgehender Familienname.

Seibel: aus einer Erweiterung von ▶ Seib mit *-l-*Suffix hervorgegangener Familienname.

Seibelt: auf eine verschliffene Form von Seibold (▶ Siebold) zurückgehender Familienname.

Seibert: aus einer jüngeren Form von ▶ Siegbert entstandener Familienname.

Seibicke: aus einer Erweiterung von ▶ Seib mit *-k-*Suffix hervorgegangener Familienname.

Seibold: aus dem alten deutschen Rufnamen Sigibald *(sigu + bald)* entstandener Familienname (vgl. ▶ Siebold).

Seiboth: aus dem alten deutschen Rufnamen Sigbodo *(sigu + bodo)* hervorgegangener Familienname (vgl. ▶ Siebboth). ❖ Berhtold Seibot ist a. 1332 in Nürnberg überliefert.

Seibt: auf eine durch Zusammenziehung entstandene Form von ▸ Seiboth zurückgehender Familienname.

Seichter: Wohnstättenname auf *-er* zu mhd. *sīhte* ›wo das Wasser abgelaufen oder in den Boden gesunken ist; seicht, nicht tief‹ für jemanden, der an einer feuchten Stelle siedelte.

Seide: 1. Berufsübername zu mhd. *sīde* ›Seide, seidenes Gewand‹ für den Seidenhersteller, -händler oder -verarbeiter bzw. Übername nach der Kleidung. 2. Gelegentlich Herkunftsname zu den Ortsnamen Seyde (Sachsen), Seyda (Sachsen-Anhalt).

Seidel: 1. Aus einer mit *l*-Suffix gebildeten Koseform von Rufnamen, die das Namenwort *sigu* enthalten (i. A. ▸ Siegfried), entstandener Familienname. 2. Berufsübername zu mhd. *sīdel* ›Seidel, ein hölzernes Trinkgefäß, insbesondere für Wein; Flüssigkeitsmaß‹ für den Hersteller. ❖ Bekannte Namensträgerin: Ina Seidel, deutsche Schriftstellerin (19./20. Jh.).

Seidemann: Berufsname auf *-mann* zu mhd. *sīde* für den Seidenhersteller oder -händler.

Seidenfad(en): Berufsübernamen zu mhd. *sīdenvadem* ›Seidenfaden‹ für den Seidensticker. ❖ *Hærtel Seidenvadem* ist a. 1338 in Regensburg bezeugt.

Seidenschwanz: Übername zu mhd. *sīdenswanz* ›der in Seidenkleidern einherstolziert‹. ❖ *Herman Seydenschwantz* ist a. 1341 in Nürnberg bezeugt.

Seidensticker: Berufsname für den Handwerker, der mit Seide stickte (mhd. *sīdensticker*). Die Kunststickerei begegnet uns in den Städten seit dem 13. Jh. Die Seidensticker führten Prunkstickereien für den Adel und das reiche Bürgertum aus. Kostbare Gewänder, Umhänge und Wappen wurden mit Seidenstickereien verziert.

Seidenzahl: Übername zu mhd. *sīde* ›Seide‹ und mhd. *zagel* ›Schwanz‹, ▸ Seidenschwanz.

Seider: 1. Berufsname auf *-er* zu mhd. *sīde* ›Seide‹ für den Seidenhersteller oder -händler. 2. Gelegentlich Herkunftsname zu den Ortsnamen Seyde (Sachsen), Seyda (Sachsen-Anhalt).

Seidl: bairisch-österreichische Schreibweise von ▸ Seidel.

Seidensticker: *Der mittelalterliche Seidensticker in seiner Werkstatt*

Seidler: 1. Patronymische Bildung auf *-er* zu ▸ Seidel (1.). 2. Berufsname zu mhd. *sīdel* ›ein hölzernes Trinkgefäß, insbesondere für Wein; Flüssigkeitsmaß‹ für den Hersteller.

Seidlitz: Herkunftsname zu dem gleichlautenden Ortsnamen (ehem. Brandenburg/jetzt Polen, Schlesien).

Seif: 1. Aus einer Kurzform von Seifried (▸ Siegfried) entstandener Familienname. 2. Berufsübername zu hd. *Seife* ›Seife‹ für den Seifensieder. 3. Wohnstättenname zu mhd. *sīfe* ›Bächlein, von einem Bächlein durchzogene Bergschlucht; Ort, wo sich Waschmetall findet‹.

Seifarth, Seifert(h), Seiffert: durch *r*-Umsprung aus ▸ Seifried entstandene Familiennamen.

Seifried: aus einer jüngeren Form von ▸ Siegfried entstandener Familienname. ❖ *Hans Seifrid* ist a. 1370 in Nürnberg bezeugt.

Seiger: Berufsübername zu mhd. *seigære* ›Waage, bes. die Waage zur Prüfung des Wertes der Münzsorten; Uhr‹, mnd. *seiger* ›Wasser- oder Sanduhr, dann jede Uhr, Sonnenuhr; Glocke‹ für den Münzprüfer oder den Uhrmacher.

Seiler: *Der mittelalterliche Seiler stellte Tauwerk und Stricke her*

Seigerschmidt: Berufsname zu mhd. *seigære,* mnd. *seiger* ›Uhr‹ für den Uhrmacher.

Seil(e): Berufsübernamen zu mhd. *seil* ›Schnur, Seil, Strick‹ für den Hersteller, ▸ Seiler.

Seiler: Berufsname zu mhd. *seiler* ›Seiler‹. Dieser Handwerker stellte leichtes, ungeteertes Tauwerk sowie Stricke und Garne her. ❖ Ein früher Beleg ist *Conrad seyler* (Plauen a. 1274).

Seim: 1. Übername zu mhd. *seim(e), seine* ›langsam, träge‹. 2. Berufsübername zu mhd. *seim* ›Honigseim‹ für einen Imker oder einen Honigverkäufer. ❖ *Petrus dictus* [genannt] *Seime* ist a. 1296 am Oberrhein bezeugt.

Seip: ▸ Seib.

Seipel: ▸ Seibel.

Seipelt: auf eine verschliffene Form von Seipold/Seipolt (▸ Seibold) zurückgehender Familienname.

Seipold, Seipolt: ▸ Seibold.

Seipp: ▸ Seib.

Seiter: im deutschen Südwesten häufig vorkommender Familienname: 1. Wohnstättenname auf *-er* zu mhd. *sîte* ›Seite‹, meist im Sinne von ›Hang‹, nach der Lage der Siedlungsstelle. 2. Durch Entrundung der umgelauteten Form Seuter (▸ Saut[t]er) entstandener Berufsname. 3. Berufsname zu mhd. *seite* ›Saite‹ für den Saitenmacher. ❖ *Berchtoldus Seiter* ist a. 1295 am Oberrhein bezeugt, *hans seyther* a. 1512 in Esslingen.

Seitner: ▸ Seiter (1.).

Seitz: aus einer mit *-z*-Suffix gebildeten Koseform von Seifrit (▸ Siegfried) entstandener Familienname. ❖ Bekannter Namensträger: Gustav Seitz, deutscher Bildhauer und Zeichner (20. Jh.).

Seiwert: aus einer jüngeren Form des deutschen Rufnamens Sigiwart (*sigu* + *wart*) hervorgegangener Familienname.

Seiz: ▸ Seitz.

Selbach: Herkunftsname zu dem gleichlautenden Ortsnamen (Nordrhein-Westfalen, Hessen, Rheinland-Pfalz, Saarland, Baden-Württemberg).

Selbherr: Standesname zu mhd. *sëlphërre* ›eigener Herr, der selbst Lehen zu vergeben hat‹ bzw. Übername zu mhd. *sëlphër, sëlphërre* ›der sein eigener Herr sein will, eigenmächtig, eigenwillig‹. ❖ *Mertein Selbherr* ist zwischen 1462 und 1496 in Nürnberg bezeugt.

Selbmann: Übername auf *-mann* zu mhd. *sëlp, sëlb* ›selbst‹ für jemanden, der einen selbstständigen, eigenwilligen Charakter hatte. ❖ *Heinrich Selbmann* ist zwischen 1302 und 1315 in Nürnberg bezeugt.

Seldner: Standesname zu mhd. *seld(e)ner* ›Bewohner oder Besitzer einer Selden, eines einfachen Hauses auf einem Gut; Häusler‹.

Selent: 1. Übername zu mhd. *sallant, sellant,* mnd. *sel(l)ant* ›Land, das sich der Grundherr zum Eigenbau vorbehält, Herrengut‹. 2. Herkunftsname zu dem gleichlautenden Ortsnamen (Schleswig-Holstein).

Selig: 1. Übername zu mhd. *sælec, sælic,* mnd. *sêlich, sâlich* ›gut, glücklich, beglückt, Glück bringend, gesegnet, fromm, heilig‹ für jemanden, der Glück hatte oder für einen guten, wohlgearteten Menschen. 2. Als jüdischer Familienname Übersetzung des hebräischen Namens Baruch (›der Gesegnete‹). ❖ *Albertus Selighe* ist a. 1320 in Coesfeld bezeugt.

Seliger: Übername, stark flektierte Form oder patronymische Bildung auf *-er* zu ▸ Selig. ❖ *Gotz Seliger* ist a. 1312 in Nürnberg bezeugt.

Seligmann: Ableitung von ▶ Selig mit dem Suffix *-mann*.

Seling: 1. Unter dem Einfluss des häufigen Suffixes *-ing* entstandene Variante von ▶ Selig. 2. Vereinzelt Herkunftsname zu dem Ortsnamen Sehlingen (Niedersachsen).

Selinger: Ableitung auf *-er* zu ▶ Seling.

Selke: 1. Herkunftsname zu den Ortsnamen Selk (Schleswig-Holstein), Selka (Thüringen). 2. Aus Saleke, einer mit *-k*-Suffix zu Namen wie Salman *(sal + man)* gebildeten niederdeutschen Koseform, hervorgegangener Familienname.

Sell: 1. Im oberdeutschen Bereich ▶ Selle (1.). 2. Berufsübername für den Seiler zu mhd. *sel*, einer Nebenform von mhd. *sil* (▶ Sill).

Selle: 1. Übername bzw. Berufsname zu mhd., mnd. *selle* ›Geselle, Gefährte, Freund‹, auch ›Kaplan, Unterlehrer‹. 2. Herkunftsname zu den Ortsnamen Selle, Sellen (Nordrhein-Westfalen, ehem. Pommern/jetzt Polen), Sella (Brandenburg). ❖ *Gobel Selle* ist a. 1433 in Limburg a. d. Lahn bezeugt.

Selleng: Übername zu nsorb. *zeleny* ›grün; blasse Gesichtsfarbe‹, nsorb. *zeleńk* ›Grünling, grünlicher Pilz‹.

Seller: 1. Niederdeutscher Berufsname für den Kleinhändler, Trödler zu mnd. *sellen* ›verkaufen, vor allem einzeln, in kleinen Partien‹. 2. Ableitung auf *-er* zu ▶ Selle (2.).

Sellin: Herkunftsname zu den Ortsnamen Sellin (Schleswig-Holstein, Mecklenburg-Vorpommern, ehem. Pommern/jetzt Polen, ehem. Brandenburg/jetzt Polen), Sellien (Niedersachsen).

Sellmann: 1. Verschliffene Form von ▶ Selbmann. 2. Verschliffene Form von ▶ Seltmann.

Sellner: verschliffene Form von ▶ Seldner.

Seltenreich: wörtlich zu verstehender Übername für jemanden, der selten Geld hatte, oder entstellt aus mhd. *sældenrīche* ›reich an Glück, glückselig‹.

Selter: ▶ Solter, Sölter.

Seltmann: Standesname zu mhd. *selman, seldenman* ›Bewohner oder Besitzer einer Selden, eines einfachen Hauses auf einem Gut; Häusler, Mieter, Tagelöhner‹.

Seltsam: Übername zu mhd. *sëltsæne, sëltsæme, sëltsām* ›seltsam, fremdartig‹.

Seltz, Selz: Herkunftsnamen zu den Ortsnamen Seltz (Mecklenburg-Vorpommern), Selz (Elsass, Böhmen), Selzen (Rheinland-Pfalz, Baden-Württemberg).

Selzer: 1. ▶ Salzer, Sälzer. 2. Ableitung auf *-er* von ▶ Seltz, Selz.

Semmel: Berufsübername zu mhd. *sëmele* ›feines Weizenmehl, Weizenbrot, Semmel‹ für einen Bäcker, vgl. ▶ Sem(m)ler. ❖ *F. Semel*, im spätmittelalterlichen Regensburg (a. 1348) bezeugt, war ein Bäckergeselle.

Sem(m)ler: Berufsnamen zu mhd. *sëmeler* ›Weißbrotbäcker‹. ❖ *Diethart der semeler* ist a. 1289 in Würzburg belegt.

Semrau: Herkunftsname zu den Ortsnamen Semerow, Semmerow (ehem. Pommern/jetzt Polen).

Şen: türkischer Familienname zu türk. *şen* ›fröhlich; fröhliche Stimmung‹.

Sender: 1. Herkunftsname zu den Ortsnamen Sende (Nordrhein-Westfalen), Senden (Nordrhein-Westfalen, Bayern), Sehnde, a. 1210 *Senede* (Niedersachsen). 2. Berufsname zu mhd. *senden* ›schicken, senden‹, mhd. *sender* ›der etwas sendet, Auftraggeber‹ für einen Fuhrunternehmer. So sind z. B. aus München die Salzsender (a. 1371 *Salczsentter*) bekannt.

Senf(f): Berufsübernamen zu mhd. *sënef, sënf* ›Senf‹ für den Senfhersteller, -händler.

Senft: 1. Übername zu mhd. *senfte* ›leicht, bequem, zart, sanftmütig, milde, angenehm, freundlich‹. ❖ *Chunr. Senft* ist a. 1349 in Regensburg bezeugt. 2. Gelegentlich Erweiterung von ▶ Senf(f) mit sekundärem *-t*.

Senftleben: ▶ Sanftleben.

Seng: Berufsübername für einen Bauern (zu mhd. *senge* ›schnittreif‹, auf das Getreide bezogen).

Sengebusch: Übername in Satzform (»[ich] senge [den] Busch«) zu mhd. *sengen* ›sengen, brennen‹ und mhd. *busch* ›Busch, Gesträuch, Gehölz, Wald‹ für jemanden, der mit Feuer rodete, vgl. ▶ Sengewald.

Senger: 1. Berufsname oder Übername zu mhd. *senger* ›Sänger, Dichter, Kantor‹. ❖ Vgl. den Beleg *Egen comes de* [Graf von] *Friburg dictus* [genannt] *Senger* (Anfang des 13. Jh.). 2. Vereinzelt auch Berufsname zu mhd. *sengen* ›sengen, brennen‹ für jemanden, der mit Feuer rodete. 3. Wohnstättenname zu dem häufigen Flurnamen *(A)sang*, der ein durch Brandrodung gewonnenes Flurstück bezeichnet. 4. Herkunftsname zu den Ortsnamen Sang(e) (Nordrhein-Westfalen).

Sengewald: Übername in Satzform (»[ich] senge [den] Wald«) für jemanden, der mit Feuer rodete. ❖ *Heintz Sengenwalt* ist a. 1400 in Nürnberg überliefert.

Senn: 1. Berufsname zu mhd. *senne* ›Hirt, Senner, Alpenhirt‹. 2. Wohnstättenname zu mhd. *senne* ›Weide, Alpenweide‹.

Senne: 1. Niederdeutscher Übername zu mnd. *senne* ›Sehne‹. 2. Herkunftsname zu dem gleichlautenden Ortsnamen (Nordrhein-Westfalen).

Senner: 1. Berufsname zu mhd. *sennære* ›Hirt, Senner, Alpenhirt‹. 2. Ableitung auf *-er* von ▶ Senn (2.) oder von ▶ Senne (2.).

Sens: 1. Berufsübername zu mhd. *sënse* ›Sense‹ für den Mäher oder den Sensenschmied. 2. Auf eine verkürzte Form von ▶ Vincent zurückgehender Familienname.

Sensenschmidt: Berufsname zu mhd. *së(ge)nse* ›Sense‹, mhd. *sëgenssmit, sensensmit* ›Sensenschmied‹.

Senst: Herkunftsname zu dem gleichlautenden Ortsnamen (Sachsen-Anhalt).

Serafin, Seraphim, Seraphin: 1. Aus dem gleichlautenden Rufnamen hervorgegangene Familiennamen, die auf die kirchenlateinische Mehrzahlform Seraphin (hebräisch *śerāpīm* zu hebr. *śarap* ›brennen‹) zurückgehen, mit der in der Bibel (beim Propheten Jesaja) die sechsflügeligen Engelsgestalten an Gottes Thron bezeichnet werden. 2. Übernamen nach einer Rolle in einem Mysterienspiel. ❖ *Richardus dictus* [genannt] *Seraphin* ist a. 1288 in Basel bezeugt.

Serva(e)s: vor allem im Westen Deutschlands verbreitete, aus einer verkürzten Form von ▶ Servatius hervorgegangene Familiennamen.

Servatius: auf den gleichlautenden Rufnamen lateinischen Ursprungs (lat. *servātus* ›gerettet‹) zurückgehender Familienname. Zu der früheren Verbreitung des Rufnamens in Nordwestdeutschland hat die Verehrung des heiligen Servatius beigetragen. Der heilige Servatius war im 4. Jh. Bischof von Tongern. Er ist der Patron der Stadt Maastricht. Die heiligen Servatius, Pankratius und Bonifatius sind als die »Gestrengen Herren« oder »Eisheiligen« bekannt. ❖ Aus verkürzten Formen von Servatius sind u. a. die Familiennamen **Serva(e)s, Zervas, Zerfass, Zerfaß** hervorgegangen. ❖ Durch Kürzung im Anlaut sind Familiennamen wie **Faas, Faasen, Faatz, Fahs, Vaas, Vaasen, Vahs** entstanden.

Sessler, Seßler: Berufsnamen zu mhd. *sëzzel* ›Sessel‹, fnhd. *seßler* ›Stuhlbauer‹. ❖ *Ott sezzler* ist a. 1387 in München bezeugt, *Jürgen Seßler* a. 1686 in Goslar.

Settele: ▶ Sättele.

Setzepfand(t): Übernamen in Satzform (»setze [das] Pfand [ein]!«) zu mhd. *setzen* ›einsetzen‹ und mhd. *phant* ›Pfand‹ oder zu mhd. *setzphant* ›eingesetztes Pfand‹ für jemanden, der leichtfertig mit seinem Geld/Besitz umging. ❖ Vgl. den Beleg *Conrad Setzpfand von Linden, Ritter* (Gießen a. 1322).

Setzer: Amtsname zu mhd. *setzer* ›Setzer, Aufsteller, Taxator‹ für den amtlichen Schätzer von Steuerpflichten und Preisen, besonders im Handel mit Lebensmitteln (z. B. Wein, Brot, Bier, Fleisch). ❖ *Ortlibus Setzær* ist i. J. 1287 in Regensburg belegt.

Seubert: auf eine durch Rundung entstandene Form von ▶ Seibert zurückgehender Familienname.

Seufert: auf eine durch Rundung entstandene Form von Seifert (▶ Siegfried) zurückgehender Familienname.

Seume: Übername zu mhd. *sūmen, soumen* ›zögern, säumen, sich verspäten‹, mhd. *sūmic* ›säumig‹ für den Langsamen, Trägen. ❖ *Chunradus Seume* ist a. 1302–1315 in Nürnberg bezeugt. ❖ Bekannter Namensträger: Johann Gottfried Seume, deutscher Schriftsteller (18./19. Jh.).

Seumenicht: Übername in Satzform: »Sei nicht säumig!«.

Seut(t)er: umgelautete Formen von ▶ Saut(t)er.

Severin: aus dem Rufnamen Severinus, einer Weiterbildung des römischen Beinamens Severus (zu lat. *sevērus* ›streng, ernst‹), hervorgegangener Familienname. ❖ Der Rufname Severin war früher vor allem im Westen und Nordwesten Deutschlands verbreitet, wo der heilige Severin, Bischof von Köln (4./5. Jh.), verehrt wurde. Hier konzentrieren sich heute die meisten von Severin abgeleiteten Familiennamen. ❖ Im Südosten hat die Verehrung des heiligen Severins

(5. Jh.), des Apostels des Norikums (heutiges Bayern und Österreich zwischen Inn und Donau), keine starken Spuren im Familiennamenschatz hinterlassen. ❖ Als Varianten von Severin begegnen uns z. B. die Familiennamen **Sef(f)rin** und **Siffrin**. ❖ Durch Kürzung im Anlaut der rheinischen Mundartform **Severing** sind Familiennamen wie **Frin(g)s, Brings, Rings** entstanden. ❖ Bei dem vor allem in Schleswig-Holstein verbreiteten Familiennamen **Sörensen** handelt es sich um eine patronymische Bildung auf *-sen* zu Sören < Søren, der dänischen Form von Severin.

Severing: auf eine rheinische Mundartform von ▸ Severin (vgl. rhein. *Wing* für hd. *Wein*) zurückgehender Familienname.

Severins: verkürzte Form von Severinus oder patronymische Bildung (starker Genitiv) zu ▸ Severin.

Sewald: aus dem alten deutschen Rufnamen Sigibald (▸ Siebold) entstandener Familienname.

Seybold: ▸ Seibold.

Seydel: ▸ Seidel.

Seyer: 1. Berufsübername zu mnd. *seien* ›säen‹, mnd. *seier* ›Sämann‹ für einen Bauern. 2. Berufsübername zu mnd. *seier, seiger* ›Wasser- oder Sanduhr, dann jede Uhr, Sonnenuhr‹ für den Uhrmacher. 3. Berufsübername zu mnd. *sier* ›Senknetz, Binsenreuse‹ für einen Fischer.

Seyfarth, Seyf(f)ert: ▸ Seifarth. ❖ Bekannter Namensträger: Dietmar Seyffert, deutscher Tänzer und Choreograph (20./21. Jh.).

Seyfried: ▸ Seifried.

Seyler: ▸ Seiler.

Sick: einerseits in Schleswig-Holstein, andererseits in Baden-Württemberg häufig vorkommender, aus dem alten Rufnamen Sicco *(sigu)* hervorgegangener Familienname.

Sickert: ▸ Siegert.

Sicking: patronymische Bildung auf *-ing* zu ▸ Sick.

Sickinger: Herkunftsnamen zu den Ortsnamen Sicking (Bayern), Sickingen (Baden-Württemberg).

Sickora: ▸ Sikora.

Sidow: ▸ Sydow.

Sieb: 1. Auf eine Kurzform von ▸ Siebert(h), ▸ Siebold oder ▸ Sieboth zurückgehender Familienname. 2. Berufsübername zu mhd. *sip, sib* ›Sieb‹ für den Siebmacher. 3. Herkunftsname zu dem gleichlautenden Ortsnamen (Nordrhein-Westfalen, Brandenburg, ehem. Brandenburg/jetzt Polen). 4. Wohnstättenname zu mhd. *sīp, sipe* ›kleines Flüsschen, Bächlein‹.

Siebecke: aus einer Erweiterung von ▸ Sieb (1.) mit *-k*-Suffix hervorgegangener Familienname.

Siebel: durch Ausfall des auslautenden *-t* entstandene Form von ▸ Siebelt.

Siebels: patronymische Bildung (starker Genitiv) zu Siebel(t) (▸ Siebold).

Siebelt: auf eine verschliffene Form von ▸ Siebold zurückgehender Familienname.

Sieben: 1. Patronymische Bildung (schwacher Genitiv) zu ▸ Sieb (1.). 2. Gelegentlich kann es sich hierbei um eine verkürzte Form von einem der zahlreichen mit »Sieben-« gebildeten Familiennamen handeln.

Siebenbrodt: Übername nach einer Abgabeverpflichtung oder Berufsübername für einen Bäcker. ❖ In Braunschweig ist a. 1268 ein *Sevenbrot* bezeugt.

Siebeneicher: 1. Herkunftsname zu den Ortsnamen Siebeneich (Baden-Württemberg), Siebeneichen (Schleswig-Holstein, Mecklenburg-Vorpommern, Bayern, Schlesien, Österreich, Schweiz). 2. Wohnstättenname nach einem häufigen Flurnamen. Bereits i. J. 1014 begegnet uns der Flurname *Seveneke* in der Grenzbeschreibung der Diözese Halberstadt.

Siebenhaar: Übername zu mhd. *siben* ›sieben‹ und mhd. *hār* ›Haar‹ für einen Menschen mit spärlichem Haarwuchs. ❖ *Salman Sibenhar* ist a. 1397 in Nürnberg belegt.

Siebenhärl, Siebenhörl: Ableitungen von ▸ Siebenhaar mit *-l*-Suffix. ❖ *Sibenhaerl calcifex* [Schuhmacher] ist a. 1377 in München bezeugt.

Siebenhühner, Siebenhüner: Übernamen zu mhd. *siben* ›sieben‹ und mhd. *huon*, Plural *hüener* ›Hühner‹, nach einer Abgabeverpflichtung (vgl. mhd. *hüenergëlt* ›Hühnerzins‹) oder Berufsübernamen für den Geflügelzüchter, -händler.

Siebenkäs: Übername zu mhd. *siben* ›sieben‹ und mhd. *kæse* ›Käse‹ nach einer Abgabepflichtung (vgl. mhd. *kæsegëlt* ›Zins an Käsen‹) oder Berufsübername für den Käsemacher, -händler.

Siebenlist: Übername für einen besonders schlauen oder klugen Menschen (zu mhd. *siben* ›sieben‹ und mhd. *list* ›Weisheit, Klugheit, Schlauheit‹; hierbei hat das Bestimmungswort »sieben« eine verstärkende Bedeutung, etwa ›viel, sehr‹).

Siebenpfeiffer: Berufsübername für den Stadtpfeifer, ▶ Pfeif(f)er.

Siebenrock: Berufsübername für einen Schneider (zu mhd. *roc*, mnd. *rok* ›Rock, Oberkleid‹).

Siebenschuh: Berufsübername für einen Schuster.

Siebenso(h)n: Übernamen für einen kinderreichen Menschen, wobei das Bestimmungswort »sieben« eine verstärkende Bedeutung (etwa ›viel, sehr‹) hat.

Siebentritt: Übername zu mhd. *siben* ›sieben‹ und mhd. *trit* ›Tritt, Schritt, Tanz‹ für jemanden, der gerne tanzte.

Siebenweiber: Übername für einen Schürzenjäger, wobei das Bestimmungswort »sieben« eine verstärkende Bedeutung (etwa ›viel, sehr‹) hat. ❖ Vgl. die Nürnberger Belege *Gotz Sibenweip* (a. 1333), *der Siebenweiber* (a. 1351).

Siebenwirth: Berufsübername zu mhd. *siben* ›sieben‹ und mhd. *wirt* ›Gastwirt‹. ❖ Vgl. die Belege *Sybenwirt* (Iglau a. 1359), *Jutt Siebenwirtin* (Vogtland a. 1388).

Siebenwurst: Übername nach einer Abgabeverpflichtung oder Berufsübername für den Fleischer, Wurstmacher.

Sieber: 1. Berufsname zu mhd. *sip, sib* ›Sieb‹, fnhd. *sib(l)er* ›Siebmacher‹. ❖ Vgl. die Belege *umb Ulr. den Syber* (Regensburg a. 1326), *R. Siber* (Nürnberg a. 1363). 2. Herkunftsname zu dem gleichlautenden Ortsnamen (Niedersachsen). 3. Gelegentlich verschliffene Form von Siebert (▶ Siegbert).

Siebers: patronymische Bildung (starker Genitiv) zu ▶ Sieber (3.).

Siebert(h): aus einer jüngeren Form von ▶ Siegbert entstandene Familiennamen.

Siebertz, Sieberz: patronymische Bildungen (starker Genitiv) zu ▶ Siebert(h).

Siebler: ▶ Sieber.

Siebold: aus dem alten deutschen Rufnamen Sigibald *(sigu + bald)* entstandener Familien-

Sieber: *Der mittelalterliche Sieber beim Verfertigen seiner Ware in der Werkstatt*

name. ❖ Von diesem Rufnamen leiten sich u. a. die Familiennamen **Sebald, Sewald, Siboldt, Seybold, Seipold, Seipolt, Seibelt, Seipelt, Siebel(t)** ab. ❖ Bei Familiennamen wie **Seib, Seibel, Seibicke, Seip(p), Seipel, Sipp(e)l, Sieb, Siebecke, Siebs** kommt auch eine Ableitung von Rufnamen wie ▶ Siegbert, ▶ Sieboth infrage.

Sieboth: aus dem alten deutschen Rufnamen Sigiboto *(sigu + boto)* hervorgegangener Familienname. ❖ Von diesem Rufnamen leiten sich u. a. die Familiennamen **Seiboth, Seebode, Seeboth** ab. ❖ Bei Familiennamen wie **Seib, Seibel, Seibicke, Seip(p), Seipel, Sipp(e)l, Sieb, Siebecke, Siebs** kommt auch eine Ableitung von Rufnamen wie ▶ Siebold, ▶ Siegbert infrage.

Siebrand: aus dem alten deutschen Rufnamen Sigibrand *(sigu + brand)* hervorgegangener Familienname.

Siebrands: patronymische Bildung (starker Genitiv) zu ▶ Siebrand.

Siebrandt: ▶ Siebrand.

Siebrecht: ▶ Siegbert.

Siebs: patronymische Bildung (starker Genitiv) zu ▶ Sieb (1.). ❖ Bekannter Namensträger: Theodor Siebs, deutscher Germanist (19./20. Jh.).

Siebzehnrübl: Berufsübername zu mhd. *sibenzëhen* ›siebzehn‹, mhd. *ruobe, rüebe* ›Rübe‹ + *-l*-Suffix für den Bauern, der Rüben anbaute; vielleicht auch Übername nach einer Abgabeverpflichtung (vgl. mhd. *ruobengëlt* ›Rübenzins‹, mhd. *ruobenzëhende* ›Rübenzehnt‹).

Siedentopf, Siedentopp: niederdeutsche Übernamen zu mnd. *siden* ›aus Seide, seiden‹ und mnd. *top* ›Spitze, Zopf, Schopf, Kopf‹ für einen Menschen mit weichem, seidigem Haar. ❖ *Henning Sydentop* ist a. 1404 in Hildesheim überliefert.

Siedler: 1. Berufsname auf *-er* zu mhd. *sidel(e)* ›Sitz, Sessel, Bank mit Polstern‹ für den Hersteller. 2. Standesname für jemanden, der ein *gesidele*, eine Wohnstätte (errichtet) hatte. 3. Herkunftsname zu dem Ortsnamen Siedel (Schlesien). ❖ *Cunrat der Sideler* ist a. 1277 in Freiburg i. Br. bezeugt.

Siefert: durch *r*-Umsprung aus dem Rufnamen ▸ Siegfried entstandener Familienname.

Sieg: 1. Im niederdeutschen Bereich, wo der Familienname am häufigsten ist, Wohnstättenname zu mnd. *sīk* ›sumpfige Niederung, Tümpel‹. 2. Herkunftsname zu dem gleichlautenden Ortsnamen (Nordrhein-Westfalen). 3. Wohnstättenname zu dem Gewässernamen Sieg, rechter Nebenfluss des Rheins (Nordrhein-Westfalen), für jemanden, der an diesem Fluss wohnte. 4. Im oberdeutschen Bereich von einer mit einer Kurzform eines mit dem Namenwort *sigu* (z. B. ▸ Siegfried oder ▸ Sieghar[d]t) gebildeten Rufnamens abgeleiteter Familienname.

Siegbert: aus dem gleichlautenden deutschen Rufnamen *(sigu + beraht)* entstandener Familienname. ❖ Als Varianten von Siegbert begegnen uns u. a. die Familiennamen **Seibert, Seubert, Siebert(h), Siebrecht.** ❖ Bei den Familiennamen **Siebers, Siebertz, Sieberz** handelt es sich um patronymische Bildungen im Genitiv. ❖ Bei Familiennamen wie **Seib, Seibel, Seibicke, Seip(p), Seipel, Sipp(e)l, Sieb, Siebecke, Siebs** kommt auch eine Ableitung von Rufnamen wie ▸ Siebold, ▸ Sieboth infrage.

Siegel: 1. Aus einer mit *-l*-Suffix gebildeten Koseform von Rufnamen, die das Namenwort *sigu* enthalten (z. B. ▸ Siegfried, ▸ Sieghar[d]t), entstandener Familienname. 2. Berufsübername zu mhd. *sigel* ›Siegel, Stempel‹ für den Siegelhersteller oder für den Siegler von Urkunden, Waren usw.

Siegemund: ▸ Siegmund.

Sieger: 1. Aus dem alten deutschen Rufnamen Sigiher *(sigu + heri)* hervorgegangener Familienname. 2. Herkunftsname oder Wohnstättenname auf *-er* zu ▸ Sieg (2.) oder (3.).

Siegerist: ▸ Sigrist.

Siegert: aus einer jüngeren Form von ▸ Sieghar(d)t hervorgegangener Familienname.

Siegfried: aus dem gleichlautenden deutschen Rufnamen *(sigu + fridu)* entstandener Familienname. Der Name Siegfried war im ganzen Mittelalter beliebt, vor allem im Anschluss an die Heldengestalt des Drachentöters Siegfried in der Nibelungensage. Auch in anderen Sagen kommt der Name vor (Pfalzgraf Siegfried in der Genovevasage, König Siegfried von Morland in der Gudrunsage). ❖ Als Varianten von Siegfried begegnen uns u. a. die Familiennamen **Seifried, Seyfried, Seefried, Seifarth, Seyfarth, Seifert(h), Seiffert, Seyf(f)ert, Seufert, Siefert, Sievert, Siewert.** ❖ Bei den Familiennamen **Sievers, Sieverts, Siewerts, Siewer(t)z, Sievertsen, Sieverding** handelt es sich um patronymische Bildungen. ❖ Den Familiennamen **Seif, Sieveke, Sieveking** liegen Ableitungen von Siegfried zugrunde. ❖ Bei Familiennamen wie **Sieg, Sieg(e)l, Siegle, Sick, Sigg, Seid(e)l, Seidler, Sei(t)z** kommt meist eine Ableitung von Siegfried infrage, doch können sie auch zu einem anderen mit dem Namenwort *sigu* gebildeten Rufnamen gehören.

Sieghar(d)t: aus dem gleichlautenden deutschen Rufnamen *(sigu + harti)* entstandene Familiennamen. ❖ Aus jüngeren Formen von Sieghar(d)t sind u. a. die Familiennamen **Sickert, Siegert** hervorgegangen. ❖ Aus Kurz- und Koseformen entstandene Familiennamen wie **Sieg, Sieg(e)l, Siegle, Sick, Sigg** können zu Sieghar(d)t oder einem anderen mit dem Namenwort *sigu* gebildeten Rufnamen gehören.

Siegl: bairisch-österreichische Schreibweise von ▸ Siegel.

Siegle: schwäbische Ableitung von ▸ Sieg (4.).

Siegler: Berufsname oder Amtsname zu mhd. *sigeler* ›Siegler‹ für den Siegelhersteller oder für den Siegler von Urkunden, Waren usw. ❖ *Tetmar Sigeler* ist a. 1263 in Stettin bezeugt.

Siegmann: dieser Familienname ist einerseits in Norddeutschland, andererseits besonders in Schwaben häufig: 1. In Norddeutschland ▸ Siekmann. 2. In Süddeutschland aus dem alten deutschen Rufnamen Sigiman *(sigu + man)* entstandener Familienname. ❖ Dem Familiennamen **Siemann** liegt eine zusammengezogene Form von Siegmann zugrunde. ❖ Aus Kurz- und Koseformen entstandene Familiennamen wie **Sieg, Sieg(e)l, Siegle, Sick, Sigg** können zu Siegmann oder einem anderen mit dem Namenwort *sigu* gebildeten Rufnamen gehören. ❖ Bei dem Familiennamen **Siem** mit den patronymischen Bildungen **Siems** und **Siemsen** kann es sich auch um Ableitungen von ▸ Siegmar oder ▸ Siegmund handeln.

Siegmar: aus dem gleichlautenden Rufnamen *(sigu + māri)* hervorgegangener Familienname. ❖ Dem Familiennamen **Siemer** mit der patronymischen Bildung **Siemers** liegt eine zusammengezogene Form von Siegmar zugrunde. ❖ Aus Kurz- und Koseformen entstandene Familiennamen wie **Sieg, Sieg(e)l, Siegle, Sick, Sigg** können zu Siegmar oder einem anderen mit dem Namenwort *sigu* gebildeten Rufnamen gehören. ❖ Bei dem Familiennamen **Siem** mit den patronymischen Bildungen **Siems** und **Siemsen** kann es sich auch um Ableitungen von ▸ Siegmund oder ▸ Siegmann (2.) handeln.

Siegmund: aus dem gleichlautenden deutschen Rufnamen *(sigu + munt)* entstandener Familienname. ❖ Als Varianten von Siegmund begegnen uns z. B. die Familiennamen **Siegemund, Sigmund**. ❖ Aus Kurz- und Koseformen entstandene Familiennamen wie **Sieg, Sieg(e)l, Siegle, Sick, Sigg** können zu Siegmund oder einem anderen mit dem Namenwort *sigu* gebildeten Rufnamen gehören. ❖ Bei dem Familiennamen **Siem** mit den patronymischen Bildungen **Siems** und **Siemsen** kann es sich auch um Ableitungen von ▸ Siegmar oder ▸ Siegmann (2.) handeln.

Siegrist: ▸ Sigrist.

Siegwar(d)t: auf den gleichlautenden Rufnamen *(sigu + wart)* zurückgehende Familiennamen.

Sieker: im Raum Herford-Bielefeld-Osnabrück häufig vorkommender Familienname: 1. Wohnstättenname auf *-er* zu mnd. *sīk* ›sumpfige Niederung, Tümpel‹. 2. Herkunftsname zu den Ortsnamen Siek (Nordrhein-Westfalen, Niedersachsen, Schleswig-Holstein), Sieker (Nordrhein-Westfalen).

Siekmann: 1. Wohnstättenname auf *-mann* zu mnd. *sīk* ›sumpfige Niederung, Tümpel‹. 2. Herkunftsname auf *-mann* zu dem Ortsnamen Siek (Nordrhein-Westfalen, Niedersachsen, Schleswig-Holstein).

Sielaff: niederdeutscher, am häufigsten in den Bereichen Lübeck und Osnabrück vorkommender Familienname, der auf den alten Rufnamen Sigiwolf *(sigu + wolf)* zurückgeht.

Sielemann: 1. Wohnstättenname auf *-mann* zu mnd. *sīl* ›Siel; Entwässerungsgraben; offener oder bedeckter Unratskanal‹. 2. Herkunftsname zu den Ortsnamen Siel, Siele (Nordrhein-Westfalen).

Sieler: 1. Berufsname auf *-er* zu mhd. *sil(e)* ›Geschirrseil, das Riemenwerk für das Zugvieh‹ für den Hersteller. 2. Niederdeutscher Amtsname zu mnd. *sīl* ›Siel, Entwässerungsgraben‹ für jemanden, der die Siele beaufsichtigte; Schleusenwärter‹. 3. Herkunftsname auf *-er* zu den Ortsnamen Siel, Siele (Nordrhein-Westfalen).

Sieling: patronymische Bildung auf *-ing* zu dem alten Rufnamen Sigilo *(sigu)*.

Sielmann: ▸ Sielemann. ❖ Bekannter Namensträger: Heinz Sielmann, deutscher Buch- und Fernsehautor (20./21. Jh.).

Siem: 1. Aus einer verkürzten Form von ▸ Simon entstandener Familienname. 2. Auf eine Kurzform von Rufnamen, die dem Namenwort *sigu* und einem mit *-m-* anlautenden Namenwort gebildet sind (vgl. ▸ Siegmar, ▸ Siegmund), zurückgehender Familienname.

Siemann: vor allem im Bereich Braunschweig häufiger vorkommender Familienname: 1. Aus einer durch Zusammenziehung entstandenen Form des alten Rufnamens Sigiman *(sigu + man)* hervorgegangener Familienname. 2. ▸ Simon.

Siemens: patronymische Bildung (starker Genitiv) zu Si(e)men, einer Nebenform von ▸ Simon. ❖ Bekannter Namensträger: Werner von Siemens, deutscher Erfinder und Unternehmer, Mitbegründer der Elektrotechnik (19. Jh.).

Siemer: aus einer durch Zusammenziehung entstandenen Form von ▸ Siegmar hervorgegangener Familienname.

Siemers: patronymische Bildung (starker Genitiv) zu ▸ Siemer.

Siemes: ▸ Siems.

Siemon: ▸ Simon.

Siems: patronymische Bildung (starker Genitiv) zu ▸ Siem.

Siemsen: patronymische Bildung auf -sen zu ▸ Siem.

Siepmann: vor allem in Nordwestdeutschland verbreiteter Familienname: 1. Wohnstättenname auf -mann zu mnd. *sīp, sipe* ›kleines Flüsschen, Bächlein‹ bzw. zu mnd. *sipe* ›feuchtes Land, Niederung, Wiese‹. 2. Herkunftsname auf -mann zu dem in Nordrhein-Westfalen häufigen Ortsnamen Siepen bzw. zu dem Ortsnamen Siepe (Schleswig-Holstein).

Siering: patronymische Bildung auf -ing zu einer zusammengezogenen Form des alten Rufnamens Sigiher *(sigu + heri).*

Sieveke: aus einer niederdeutschen, mit -*k*-Suffix gebildeten Koseform von ▸ Sievert entstandener Familienname.

Sieveking: patronymische Bildung auf -ing zu ▸ Sieveke. ❖ Bekannte Namensträgerin: Amalie Sieveking, Krankenpflegerin (18./19. Jh.).

Sieverding: 1. Patronymische Bildung auf -ing zu ▸ Sievert. 2. Herkunftsname zu dem Ortsnamen Sieverdingen (Niedersachsen). ❖ Bekannte Namensträgerin: Katharina Sieverding, deutsche Künstlerin (20./21. Jh.).

Sievers: ▸ Sieverts.

Sievert: durch *r*-Umsprung aus dem Rufnamen ▸ Siegfried entstandener niederdeutscher Familienname.

Sieverts: patronymische Bildung (starker Genitiv) zu ▸ Sievert.

Sievertsen: patronymische Bildung auf -sen zu ▸ Sievert.

Siewert: 1. Meist Schreibvariante von ▸ Sievert. 2. Aus einer jüngeren Form von ▸ Siegwar(d)t entstandener Familienname.

Siewerts, Siewer(t)z: patronymische Bildungen (starker Genitiv) zu ▸ Siewert.

Siffrin: vor allem im Saarland verbreitete Form von ▸ Severin.

Sigel: ▸ Siegel.

Sigg: vor allem im Raum Offenburg–Freiburg–Konstanz häufig vorkommender, aus der alten Koseform Sicco *(sigu)* hervorgegangener Familienname. ❖ *Heinrich Sigge* ist a. 1301 in Freiburg i. Br. bezeugt.

Sigl: bairisch-österreichische Schreibweise von ▸ Siegel.

Sigmund: ▸ Siegmund.

Sigrist: im deutschen Südwesten und in der Schweiz heimischer Amtsname zu mhd. *sigrist(e)* (< mlat. *sacrista* ›Kirchendiener‹) ›Küster‹, vgl. ▸ Kuster, Küster. ❖ *Berthold der Sigeriste* ist a. 1296 in Freiburg i. Br. bezeugt.

Sikora: Übername zu poln. *sikora*, nsorb. *osorb. sykora*, tschech. *sýkora* ›Meise‹.

Sikorski: 1. Herkunftsname zu polnischen Ortsnamen wie Sikora, Sikory, Sikorze, Sikorzyce. 2. Ableitung von ▸ Sikora mit dem Suffix -*ski*.

Silber: Berufsübername für den Silberschmied, Silberhändler oder den Bergmann, der Silber förderte. ❖ *Fritz Silber* ist a. 1433 in Nürnberg bezeugt.

Silberhorn: Übername, vielleicht nach einem Helmschmuck aus Silber, vgl. Konrad von Würzburg (13. Jh.): *sīn helm war mit zwein hornen gezieret.*

Silbermann: Berufsname auf -*mann* für den Silberhändler. ❖ Bekannte Namensträger: Andreas, Gottfried und Johann Andreas Silbermann, deutsche Orgelbauer und Instrumentenmacher (17./18. Jh.).

Sill: 1. Niederdeutscher Wohnstättenname zu mda. *Süll, Sill* ›Schwelle‹. 2. Berufsübername zu mhd. *sil(e)* ›Geschirrseil, das Riemenwerk für das Zugvieh‹ für den Hersteller oder für jemanden, der damit umging. 3. Oberdeutscher Wohnstättenname zu mhd. *sūl, sol* ›Salzwasser, -brühe‹, auf feuchte Stellen, wo sich das Vieh suhlte, bezogen.

Siller: 1. Berufsname auf -*er* zu mhd. *sil(e)* ›Geschirrseil, das Riemenwerk für das Zugvieh‹ für den Hersteller. 2. Aus einem Wohnstätten- oder Hofnamen auf -*er* zu Sill (3.) hervorgegangener Familienname.

Silva: vorwiegend portugiesischer, seltener spanischer Wohnstättenname zu lat. *silva* ›Wald‹.

Silvester: aus dem gleichlautenden Rufnamen lateinischen Ursprungs (lat. *silvester* ›zum Wald gehörend, im Wald lebend; waldig‹) entstandener Familienname. Als Rufname schließt Silvester gewöhnlich an die Verehrung des heiligen Papstes Silvester I. (3./4. Jh.) an. Dieser Papst stand in Verbindung mit Kaiser Konstantin dem Großen, der als erster römischer Kaiser die christliche Religion anerkannte. Sein Namenstag ist als letzter Tag des Jahres besonders bekannt. ❖ Als Variante von Silvester begegnet uns der Familienname **Sylvester**. ❖ Durch Kürzung im Anlaut sind Familiennamen wie **Fester** und **Vester** mit den patronymischen Bildungen **Festerling, Vesterling, Festersen** entstanden.

Simen: abgeschwächte Form von ▶ Simon.

Simić: serbische, bosnische oder kroatische patronymische Bildung zu ▶ Simon.

Simm: aus einer verkürzten Form von ▶ Simon hervorgegangener Familienname.

Simmel: 1. Ableitung mit *-l*-Suffix zu ▶ Simm. 2. Berufsübername für den Bäcker zu mhd. *simel(e), sĕmel(e)* ›feines Weizenmehl, Weizenbrot, Semmel‹. ❖ Bekannter Namensträger: Johannes Mario Simmel, österreichischer Schriftsteller (20./21. Jh.).

Simmer: 1. Berufsübername zu mhd. *sumber, sümmer* ›Geflecht, Korb; Getreidemaß, Scheffel‹ für den Hersteller oder den Benutzer. 2. Aus einer zusammengezogenen Form von ▶ Siegmar entstandener Familienname. 3. Herkunftsname zu dem Ortsnamen Simmern (Rheinland-Pfalz).

Simmler: Berufsname auf *-er* zu mhd. *simel(e), sĕmel(e)* ›feines Weizenmehl, Weizenbrot, Semmel‹ für den Weißbrotbäcker (vgl. ▶ Sem[m]ler). ❖ *der Simler* ist a. 1308 in Freiburg i. Br. bezeugt.

Simmon: ▶ Simon.

Simon: aus dem gleichlautenden Rufnamen entstandener Familienname. Als griechischer Name geht Simon auf griech. *simós* ›stumpf, plattnasig‹ zurück, als jüdischer Name dagegen auf eine griechisch beeinflusste Schreibung von Simeon (hebr. *šim'ōn*, in der Bibel volksetymologisch erklärt als Ausspruch Leas ›weil der Herr hörte [, dass ich gehasst werde]‹). Der Name kommt in der Bibel sehr häufig vor, u. a. als ursprünglicher Name des Apostels Petrus und als Name des Apostels Simon Zelotes (= des Eiferers). ❖ In dem Regensburger Beleg *der Symon Symon* (a. 1351) begegnet uns Simon gleichzeitig als Ruf- und Familienname. ❖ Varianten von Simon sind u. a. die Familiennamen **Simen, Siemon, Simmon**. ❖ Patronymische Bildungen zu Simon sind die Familiennamen **Simons, Siemens, Simonsen, Simonides, Simonis**. ❖ Den Familiennamen **Siem, Siems, Siemsen** liegt meist eine verkürzte Form von Simon zugrunde. ❖ Bei dem Familiennamen **Simoneit** handelt es sich um eine ursprünglich in Ostpreußen verbreitete, mit dem litauischen Suffix *-eit* gebildete patronymische Bildung zu Simon. ❖ Aus slawischen Ableitungen von Simon sind u. a. die Familiennamen **Schim(m)ang, Schim(m)ank(e), Symank, Schimanski, Schimansky, Symanski, Szymanski, Schimke, Schimko** hervorgegangen.

Simoneit: ursprünglich in Ostpreußen verbreitete, mit der litauischen Endung *-eit* gebildete patronymische Form zu ▶ Simon.

Simonides: patronymische Bildung zu ▶ Simon mit der griechischen Endung *-ides*.

Simonis: patronymische Bildung (lateinischer Genitiv) zü ▶ Simon.

Simons: patronymische Bildung (starker Genitiv) zu ▶ Simon.

Simonsen: patronymische Bildung auf *-sen* zu ▶ Simon.

Simrock: verschliffen aus ▶ Siebenrock, einem Berufsübernamen für den Schneider. ❖ Bekannter Namensträger: Karl Simrock, deutscher Germanist und Schriftsteller (19. Jh.).

Şimşek: türkischer Familienname zu türk. *şimşek* ›Blitz‹.

Simson: ▶ Samson.

Sindelar: Berufsname zu tschech. *šindelář* ›Schindelmacher‹.

Sinderhauf: 1. ▶ Sinterhauf. 2. Herkunftsname zu dem gleichlautenden Ortsnamen (Nordrhein-Westfalen).

Sindermann: 1. Aus dem alten deutschen Rufnamen ▶ Sindram in Anlehnung an die Namen auf *-mann* umgedeuteter Familienname. 2. Berufsübername auf *-mann* zu mhd.

sinder, sinter ›Hammerschlag, Metallschlacke‹ für jemanden, der mit der Metallherstellung zu tun hatte. ❖ *Bernd Sinderman* ist a. 1485 in Hildesheim bezeugt.

Sindram: aus dem alten deutschen Rufnamen Sindram *(sind + hraban)* gebildeter Familienname. ❖ *Conrad Sindram* ist a. 1372 in Göttingen bezeugt.

Sing: im Raum Göppingen-Ulm häufiger vorkommender Familienname: 1. Nebenform von ▸ Seng. 2. Wohnstättenname zu einem von mhd. *sengen* ›sengen, brennen‹ abgeleiteten gleichlautenden Flurnamen.

Singer: 1. Berufsname oder Übername zu mhd. *singære* ›Sänger, lyrischer Dichter, Kantor, Domherr‹. 2. Herkunftsname auf *-er* zu dem Ortsnamen Singen (Baden-Württemberg, Thüringen). ❖ *Hans Singer* ist a. 1419–1431 in Nürnberg überliefert.

Singh: indischer Name zu Sanskrit *simha* ›Löwe‹. Singh ist eigentlich ein Namenszusatz oder Titel, den männliche Sikhs vor ihrem Familiennamen tragen.

Sinn: 1. Herkunftsname zu den Ortsnamen Sinn (Hessen), Burgsinn (Bayern). 2. Übername zu mhd., mnd. *sin* ›innerer Sinn, Denken, Verstand, Weisheit, Kunst‹.

Sinner: 1. Amtsname zu mhd. *sinnen* ›eichen, visieren‹ für einen Eichmeister, einen amtlichen Prüfer. 2. Übername zu mhd. *sinnen* ›sinnen, denken; jemanden um etwas angehen‹. ❖ *Hans Sinner* ist a. 1462–1496 in Nürnberg überliefert. 3. Herkunftsname auf *-er* zu Sinn (1.).

Sinnig: Übername zu mhd. *sinnec, sinnic* ›bei Verstand; besonnen, bedächtig, verständig, weise, klug‹, mnd. *sinnich* ›verständig, bei Sinnen; bedachtsam; still, leise‹. ❖ *Arneke Sinnich* ist a. 1335 in Lüneburg bezeugt, *Sinnig Herman* a. 1363 in Nürnberg.

Sinning(er): Herkunftsnamen zu den Ortsnamen Sinning (Bayern), Sinningen (Nordrhein-Westfalen, Baden-Württemberg).

Sintenis: auf eine niederrheinische Bildung zu dem Heiligennamen Dionysius (▸ Denis) zurückgehender Familienname: *Sinte Denis* ›Heiliger Dionys‹.

Sinterhauf: Wohnstättenname zu mhd. *sinder, sinter* ›Hammerschlag, Metallschlacke‹ und mhd. *hûfe, houfe* ›Haufen‹ für jemanden, der neben einer Schlackenhalde wohnte. ❖ *Nickel Sinterhauff* ist a. 1393 im sächsischen Vogtland bezeugt.

Sinz: 1. Aus einer mit *-z-*Suffix gebildeten Koseform von Rufnamen, die mit dem Namenwort *sind* gebildet sind (vgl. ▸ Sindram), hervorgegangener Familienname. 2. Herkunftsname zu dem gleichlautenden Ortsnamen (Saarland).

Sipp(e)l: aus einer mit *-l-*Suffix gebildeten Koseform von Rufnamen, die mit dem Namenwort *sigu* und einem mit *b-* anlautenden Namenwort gebildet sind (vgl. z. B. ▸ Siebert, ▸ Siebold), hervorgegangene Familiennamen. ❖ *Ein Sypel*, Schöffe zu Camberg, ist a. 1368 in Limburg a. d. Lahn bezeugt.

Sirch: Berufsübername zu mhd. *surch* ›Mohrenhirse, Sürch‹, einer früher angebauten Hirseart, für einen Bauern.

Sittard: Herkunftsname zu dem gleichlautenden Ortsnamen (Nordrhein-Westfalen).

Sittauer: Herkunftsname auf *-er* zu dem Ortsnamen Zittau (Sachsen). ❖ *Im Jahre 1312 ist her Chunrat der Sitower* in Regensburg bezeugt.

Sitte: 1. Aus Sitto, einer durch Zusammenziehung entstandenen Kurzform von Rufnamen, die das Namenwort *sind* enthalten (vgl. ▸ Sindram), hervorgegangener Familienname. 2. Herkunftsname zu dem Ortsnamen Sitten (Sachsen, Schlesien, Schweiz). ❖ Bekannter Namensträger: Willi Sitte, deutscher Maler (20./21. Jh.).

Sitter: 1. Ableitung auf *-er* von ▸ Sitte. 2. Aus dem alten deutschen Rufnamen Sindher *(sind + heri)* hervorgegangener Familienname. 3. Im oberdeutschen Bereich auch entrundete Form von Sütter (▸ Suter). ❖ *Heinrich der Sitter* ist a. 1302 in Schorndorf (Baden-Württemberg) bezeugt.

Sittig: 1. Übername zu mhd. *sitec, sitic* ›sittig, bescheiden, anständig‹. 2. Übername oder Hausname zu mhd. *sitich, sitech* ›Papagei‹.

Sitz: aus Sizzo, einer mit *-z-*Suffix gebildeten Koseform von Rufnamen, die mit dem Namenwort *sigu* gebildet sind (i. A. ▸ Siegfried), hervorgegangener Familienname.

Sitzmann: aus einer Erweiterung von ▸ Sitz mit dem Suffix *-mann* hervorgegangener Familienname.

Six: aus einer verkürzten Form von ▸ Sixt(us) entstandener Familienname.

Sixt(us): auf den gleichlautenden Rufnamen zurückgehende Familiennamen. Sixtus ist eine Umbildung des aus dem Griechischen stammenden männlichen Beinamens Xystós (griech. *xystós* ›geglättet‹ zu *xýein* ›schaben, abreiben, glätten‹; ein Zusammenhang mit dem altrömischen Vornamen Sextus, der auf die Geburt im sechsten Monat des römischen Kalenders [ursprünglich Sextilis, später Augustus] anspielte, besteht nicht). Zur Verbreitung des Rufnamens hat die Verehrung der heiligen Päpste Sixtus I. (2. Jh.) und Sixtus II. (3. Jh.) beigetragen.

Skala: Wohnstättenname oder Übername zu nsorb., osorb., poln. *skała*, tschech. *skála* ›Felsen, Gestein‹.

-ski: das slawische Suffix *-ski* kann die Zugehörigkeit zu einem Ort oder zu einer Person bzw. ein Besitzverhältnis zum Ausdruck bringen. Sorbische Familiennamen auf *-ski* sind selten. Herkunftsnamen auf *-ský* kommen im Tschechischen vor (vgl. Dubský [▸ Dubsky] ›der aus Dub, Dubá, Duby‹). Im Polnischen diente das Suffix *-ski* ursprünglich zur Bildung von adligen Familiennamen nach der Herkunft bzw. nach dem Besitz. Wegen des ihm anhaftenden Prestiges wurde *-ski* später zunehmend zur Ableitung bürgerlicher Familiennamen verwendet und entwickelte sich zu einem typischen Bildungselement polnischer Familiennamen. Dem polnischen Familiennamen Bogusławski (▸ Boguslawski) kann eine patronymische Bildung zu Bogusław oder ein Herkunftsname zu polnischen Ortsnamen wie Bogusławice, Bogusławki zugrunde liegen.

Skib(b)a, Skibbe: Übernamen zu poln. *skiba* ›Scholle, flacher Erdklumpen‹, nsorb., osorb. *skiba* ›Scheibe, Stück Brot‹.

Skibinski: 1. Herkunftsname auf *-ski* zu dem polnischen Ortsnamen Skibin. 2. Polnischer Übername, Ableitung auf *-ski* von ▸ Skib(b)a.

Skoda: Übername zu tschech. *škoda* ›Schaden‹. ❖ Bekannter Namensträger: Albin Skoda, österreichischer Schauspieler (20. Jh.).

Skora: Übername zu nsorb. *škóra*, osorb. *skora* ›Rinde, Kruste‹, nsorb. (mda.) auch ›Haut‹, poln. *skóra* ›Haut‹.

Skorup(p)a: Übernamen zu poln. *skorupa* ›Kruste, Rinde, Schale‹.

Skowron(n)ek: Berufsübernamen zu poln. *skowronek* ›Lerche‹ für einen Vogelsteller oder Übernamen für einen sangesfrohen Menschen.

Skupin: Übername oder Berufsname zu poln. *skupień* ›Aufkäufer‹.

-sky: 1. Schreibvariante des polnischen Suffixes ▸ -ski. 2. Eindeutschende Schreibung des tschechischen Suffixes *-ský* (▸ -ski).

Slaby: Übername zu sorb., poln. *słaby*, tschech. *slabý* ›schwach‹.

Sladek: Berufsname zu tschech. *sládek* ›Mälzer, Brauer‹.

Slavik, Slawik: 1. Aus einer Ableitung von slawischen Rufnamen wie Slavomir (urslaw. **slava* ›Ruhm, Ehre‹ + urslaw. **mirъ* ›Friede‹) hervorgegangene Familiennamen. 2. Übernamen zu tschech. *slavík* ›Nachtigall‹ für einen sangesfrohen Menschen.

Slomka: auf eine Ableitung von ▸ Slomma mit dem Suffix *-ka* zurückgehender Familienname.

Slomma: Übername zu nsorb., osorb., poln. *słoma* ›Stroh‹.

Slotta: Übername zu poln. *słota* ›schlechtes, regnerisches Wetter, Matschwetter‹ oder zu poln. *złoto* ›Gold‹.

Slowick, Slowig, Slowik: Übernamen zu *słowik* ›Nachtigall‹ für einen sangesfrohen Menschen.

Slowikowski: Herkunftsname zu polnischen Ortsnamen wie Słowikowo, Słowików, Słowikowa.

Smetan(a), Smettan: Übernamen zu nsorb. *śmetana*, tschech. *smetana* ›Sahne, Rahm‹.

Smietana: Übername zu osorb. *smjetana*, poln. *śmietana* ›Sahne, Rahm‹.

Smi(d)t: niederdeutsche Formen von ▸ Schmidt.

Smith: englischer Berufsname zu mengl. *smith* ›Schmied‹.

Smolik: Übername; mit dem Suffix *-ik* gebildete Ableitung von osorb., poln. *smoła*, nsorb. *smóła*, tschech. *smola* ›Pech, Holzteer‹.

Smolinski: Herkunftsname zu polnischen Ortsnamen wie Smoleń, Smolino, Smolin, Smolna, Smolno bzw. zu tschechischen Ortsnamen wie Smolín, Smolina.

Smolka: Übername; mit dem Suffix *-ka* gebildete Ableitung von osorb., poln. *smoła*, nsorb. *smóła*, tschech. *smola* ›Pech, Holzteer‹.

Sobe: aus einer Ableitung von slawischen Rufnamen wie Sobeslav (urslaw. *sobě/*sebě, poln. sobie, tschech. sobě ›sich‹ + urslaw. *slava ›Ruhm, Ehre‹) entstandener Familienname.

Sobek: aus einer polnischen oder tschechischen, mit dem Suffix -ek gebildeten Ableitung von ▶ Sobe hervorgegangener Familienname; auch Übername für einen eigennützigen, selbstsüchtigen Menschen.

Sobotta, Sobottka: Übernamen zu nsorb., osorb., poln., tschech. sobota ›Sonnabend‹.

Sock(e): 1. Berufsübernamen zu mhd. soc(ke), mnd. socke ›Socke, Filzschuh‹ für den Hersteller bzw. Übernamen für den Träger. 2. Übernamen zu nsorb., osorb. sok ›Linse‹.

Soder, Söder: 1. Herkunftsnamen zu den Ortsnamen Sood (Baden-Württemberg), Söder (Niedersachsen), Soden (Hessen, Bayern), Bad Sooden-Allendorf (Hessen), Bad Soden-Salmünster (Hessen), Bad Soden am Taunus (Hessen). 2. Wohnstättennamen zu mnd. sōt, sodes (Gen.) ›Quelle; Ziehbrunnen; Salzquelle‹, mhd. sōt, sōdes (Gen.) ›Brunnen, Ziehbrunnen‹.

Soest: Herkunftsname zu dem gleichlautenden Ortsnamen (Nordrhein-Westfalen).

Sohn: Übername zu mhd. sun, suon, md. son, mnd. sone ›Sohn‹. ❖ Anno Sone ist a. 1258 in Halberstadt bezeugt. ❖ Bekannter Namensträger: Alfred Sohn-Rethel, deutscher Sozialwissenschaftler und Philosoph (19/20. Jh.).

Söhnchen: Ableitung von ▶ Sohn mit dem Suffix -chen.

Söhnel: Ableitung von ▶ Sohn mit -l-Suffix.

Söhngen: Ableitung von ▶ Sohn mit dem Suffix -gen.

Söhnle: schwäbische Ableitung von ▶ Sohn.

Söhnlein: Ableitung von ▶ Sohn mit dem Suffix -lein.

Sohns: patronymische Bildung (starker Genitiv) zu ▶ Sohn.

Sohr: 1. Übername zu mnd. sōr ›trocken, dürr‹; übertragen ›kraftlos‹. 2. Wohnstättenname zu mhd., mnd. sōr ›trocken, dürr‹ für jemanden, der auf einem trockenen Gelände siedelte.

Sohst: Schreibvariante von ▶ Soest.

Soika, Sojka: Übernamen zu poln. sójka, tschech. sojka ›(Eichel-)Häher‹.

Sokoll: Übername zu sorb. sokoł, poln. sokół, tschech. sokol ›Falke‹.

Sokolowski: Herkunftsname zu polnischen Ortsnamen wie Sokołowo, Sokołów, Sokole.

Solbach: Herkunftsname zu den Ortsnamen Solbach (Baden-Württemberg), Sollbach (Bayern), Sohlbach (Nordrhein-Westfalen).

Soldan: 1. Standesname zu mhd. soldān ›der um Sold dient, Soldkrieger, Söldner‹, vgl. ▶ Söldner (1.). 2. Übername zu mhd. soldān ›Sultan‹.

Soldat: 1. Standesname zu mnd. soldate ›Söldner‹. 2. Übername zu mhd. soldāt ›Sold, Lohn‹.

Soldner: ▶ Söldner (1.).

Söldner: 1. Standesname zu mhd. soldenære, mnd. soldenēr ›der um Sold dient, Soldkrieger, Söldner‹. Die mittelalterlichen Städte hielten geworbene Mannschaften im Dienst, die auch zu polizeilichen Zwecken eingesetzt wurden. 2. Durch Rundung entstandene Form von ▶ Seldner. 3. Herkunftsname zu dem Ortsnamen Sölden (Baden-Württemberg, Bayern, Österreich).

Solf: aus einer verschliffenen Form des alten deutschen Rufnamens Sigiwolf (sigu + wolf) entstandener Familienname.

Söll: 1. Durch Rundung und Wegfall des unbetonten -e entstandene Form von ▶ Selle (1.). 2. Herkunftsname zu dem gleichlautenden Ortsnamen (Bayern).

Soller: 1. Wohnstättenname zu mhd. sölre, solre, soller ›Söller, Boden über einem Gemach oder Haus, Vorplatz, Flur im ersten Stockwerk, Laube‹ nach einem Merkmal des Hauses. 2. Wohnstättenname auf -er zu mhd. sol, söl ›Wildsuhle‹, mhd. sol ›mit stehendem Wasser angefüllte Niederung, Teich‹. 3. Herkunftsname zu den Ortsnamen Soller (Nordrhein-Westfalen), Solla (Bayern).

Sollfrank: ▶ Saalfrank.

Söllner: 1. Durch Assimilation entstandene Form von ▶ Söldner. 2. Gelegentlich Herkunftsname auf -ner zu dem Ortsnamen Söll (Bayern) bzw. auf -er zu den Ortsnamen Solln (Stadt München), Söllen (Ostpreußen).

Solms: Herkunftsname zu dem gleichlautenden Ortsnamen (Hessen).

Soltau: Herkunftsname zu dem gleichlautenden Ortsnamen (Niedersachsen).

Solter, Sölter: Berufsname zu mnd. solter ›Salzsieder, Salzverkäufer‹. ❖ Hermannus Soltere ist a. 1300/1340 in Goslar bezeugt.

Soltwedel: Herkunftsname zu dem Ortsnamen Salzwedel (Sachsen-Anhalt). ❖ *Reynekinus de Soltwedele* ist a. 1238 in Magdeburg bezeugt, *Johannes Soltwedel* a. 1293 in Lüneburg.

Sommer: 1. Übername zu mhd. *sumer*, mnd. *som(m)er* ›Sommer‹ nach einem Zinstermin oder einer Arbeitsverpflichtung. 2. Wohnstättenname für jemanden, der an der Sonnenseite siedelte. 3. Berufsübername oder Berufsname zu mhd. *soumære, sommer*, mnd. *somer(e)* ›Saumtier, Führer von Saumtieren‹. 4. Berufsübername zu mhd. *sumber, sommer* ›Geflecht, Korb; Getreidemaß, Scheffel; Handtrommel, Pauke‹ für einen Korbflechter, Hersteller/Benutzer von Scheffeln oder Musikanten. 5. Niederdeutscher Übername zu mnd. *somer* ›ein langer, schlanker, gerader Pfahl oder Baum‹. 6. Herkunftsname zu dem gleichlautenden Ortsnamen (Österreich). ❖ *Johannes Somer* ist a. 1299 im Raum Goslar überliefert. ❖ Bekannte Namensträgerin: Elke Sommer, deutsche Filmschauspielerin (20./21. Jh.).

Sommerer: 1. Herkunftsname zu dem Ortsnamen Sommerau (Rheinland-Pfalz, Baden-Württemberg, Bayern, Ostpreußen, Österreich). 2. Ableitung auf *-er* von ▶ Sommer (1.), (2.), (6.). 3. Berufsname zu mhd. *sumberer, sumerer* ›Trommel-, Paukenschläger‹.

Sommerfeld(t): 1. Herkunftsnamen zu den Ortsnamen Sommerfeld (Mecklenburg-Vorpommern, Brandenburg, ehem. Brandenburg/jetzt Polen, Ostpreußen), Sommerfelde (Brandenburg). 2. Wohnstättenname nach einem Flurnamen, einem Feld, das im Sommer bestellt wird.

Sommerlad(e), Sommerlatt(e): Übernamen zu mnd. *somerlade*, mhd. *sumerlate* ›diesjähriger, in einem Sommer gewachsener Schössling‹, übertragen für einen schnell aufgeschossenen, großen Menschen.

Sommermeier, Sommermeyer: Standesnamen, nähere Kennzeichnung eines Meiers (▶ Meyer) durch die Lage des Hofes an der Sonnenseite (▶ Sommer [2.]). ❖ *Heinrich Sommermeiger*, Bürger zu Hameln, ist a. 1585 bezeugt.

Sondermann: vorwiegend westfälischer Familienname: 1. Herkunftsname zu dem Ortsnamen Sondern (Nordrhein-Westfalen). 2. Standesname für den Leibeigenen, Einzahl zu mnd. *sunderlude* ›Leibeigene‹.

Sönke: 1. Niederdeutsche Ableitung von ▶ Sohn mit *-k*-Suffix. 2. Mit dem gleichlautenden friesischen Rufnamen, der ebenfalls auf die Koseform von ▶ Sohn zurückgeht, gebildeter Familienname.

Sönksen: patronymische Ableitung auf *-sen* von ▶ Sönke.

Sönmez: türkischer Familienname; verneinte Partizipform zu türk. *sönmek* ›erlöschen‹: ›der nicht erlischt‹.

Sonnabend: Übername nach dem Wochentag, meist nach einem regelmäßig an diesem Tag zu leistenden Dienst.

Sonne: 1. Auf den beliebten Hausnamen »Zur Sonne« zurückgehender Familienname. ❖ Vgl. den Beleg *Hug zer Sunnen* (Basel 1293). 2. Wohnstättenname für jemanden, der an der Sonnenseite siedelte. 3. Herkunftsname zu dem gleichlautenden Ortsnamen (Nordrhein-Westfalen, Baden-Württemberg).

Sonneberg(er): Herkunftsnamen zu dem Ortsnamen Sonneberg (Sachsen, Thüringen), z. T. auch ▶ Sonnenberg(er).

Sönnecken: 1. Mit dem niederdeutschen Suffix *-ken* von ▶ Sohn abgeleiteter Familienname (vgl. ▶ Sönke). 2. Patronymische Ableitung (schwacher Genitiv) von ▶ Sönke.

Sonnemann: 1. Ableitung auf *-mann* von ▶ Sonne. 2. Niederdeutscher Amtsname zu mnd. *sōneman* ›Sühnemann, Schiedsrichter‹.

Sonnen: 1. Schwach flektierte Form von ▶ Sonne (1.) oder (2.). 2. Vereinzelt Herkunftsname zu dem gleichlautenden Ortsnamen (Bayern).

Sonnenberg(er): Herkunftsnamen zu dem Ortsnamen Sonnenberg (Schleswig-Holstein, Mecklenburg-Vorpommern, Brandenburg, Niedersachsen, Sachsen, Nordrhein-Westfalen, Rheinland-Pfalz, Saarland, Baden-Württemberg, Bayern, Schlesien, Ostpreußen, Böhmen, Österreich, Schweiz), z. T. auch ▶ Sonneberg(er), ▶ Sonnenburg.

Sonnenburg: Herkunftsname zu dem gleichlautenden Ortsnamen (Brandenburg, ehem. Brandenburg/jetzt Polen, Sachsen-Anhalt, Ostpreußen, Österreich), z. T. auch ▶ Sonnenberg(er).

Sonnenschein: 1. Übername zu mhd. *sunnenschīn* ›Sonnenschein‹ für einen heiteren Menschen. 2. Auf einen gleichlautenden Haus- oder Flurnamen zurückgehender Familienname. 3. Herkunftsname zu dem Ortsnamen Sonnenschein (Nordrhein-Westfalen). ❖ *Clas Sunnenschein* ist a. 1370–1383 in Nürnberg bezeugt.

Sönnichsen: patronymische Bildung auf *-sen* zu Sönnike, einer niederdeutschen Nebenform von ▸ Sönke.

Sonnleitner: 1. Wohnstättenname für jemanden, der an einem sonnigen Hang wohnte (zu mhd. *līte* ›Bergabhang, Halde‹). 2. Herkunftsname zu den Ortsnamen Sonnleit(h)en (Bayern, Österreich).

Sonntag: Übername nach dem Wochentag. Nach Freitag ist Sonntag der zweithäufigste Familienname nach einem Wochentag. Im Volksglauben gilt der Sonntag als Glück bringender Tag. ❖ *Nitschco Suntag* ist a. 1372 in Liegnitz bezeugt.

Sontheim(er): Herkunftsnamen zu dem Ortsnamen Sontheim (Baden-Württemberg, Bayern).

Sörensen: patronymische Bildung auf *-sen* zu Sören < Søren, der dänischen Form von ▸ Severin.

Sorg: ▸ Sorge (1.).

Sorge: 1. Übername zu mhd. *sorge* ›Sorge, Besorgnis, Kummer, Furcht‹ für einen mit Sorgen beladenen Menschen. ❖ *Ottel dictus* [genannt] *Sorge* ist a. 1314 in Nürnberg bezeugt. 2. Vereinzelt Herkunftsname zu den Ortsnamen Sorga (Sachsen, Thüringen, Hessen), Sorge (Sachsen-Anhalt, Schlesien). ❖ Bekannter Namensträger: Reinhard Johannes Sorge, deutscher Schriftsteller (19./20. Jh.).

Sörgel: Ableitung von ▸ Sorg, ▸ Sorge mit *-(e)l*-Suffix oder Nomen Agentis auf *-el* zu mhd. *sorgen* ›besorgt, bekümmert sein‹.

Sorgenfrei: Übername für einen unbekümmerten Menschen, der frei von Sorgen lebte, vgl. ▸ Ohnesorg(e). ❖ *Cünne Sorgenvry* ist im 14. Jh. in Quedlinburg überliefert.

Sorger: 1. Übername zu mhd. *sorgære*, meist ›der in Sorgen ist, der Kummervolle, Unglückliche‹, vereinzelt auch ›der für etwas sorgt, etwas besorgt‹. 2. Gelegentlich Herkunftsname auf *-er* zu den unter Sorge (2.) genannten Ortsnamen.

Sörnsen: ▸ Sörensen.

Sörries: aus dem Heiligennamen Sergius, der auf einen altrömischen Geschlechternamen zurückgeht, hervorgegangener Familienname. Als Vorbild für die Rufnamengebung kommen der heilige Märtyrer Sergius (3./4. Jh.) und der heilige Papst Sergius I. (7./8. Jh.) infrage. Dieser Familienname ist vor allem am Niederrhein und in Westfalen verbreitet.

Sosna: 1. Wohnstättenname zu poln. *sosna* ›Kiefer‹, tschech. *sosna* ›Kiefer, Föhre‹. 2. In übertragener Bedeutung Übername für einen großen Menschen.

Soukup: Berufsname zu tschech. *soukup* ›[Ver]käufer, Unterhändler, Gewährsmann‹.

Sowa: Übername zu nsorb., osorb., poln. *sowa*, tschech. *sova* ›Eule‹.

Spahn: 1. Berufsübername zu mhd. *spān* ›Span, bes. dünner Holzspan, auch zum Leuchten‹ für einen Holzarbeiter oder Lichtspanmacher. 2. Übername nach einem bildlichen Vergleich für einen dünnen Menschen. ❖ *Hans Span von Kadoltzpurg* ist a. 1332 in Nürnberg überliefert.

Spahr: Übername zu mhd. *spar* ›Sperling‹, übertragen für einen kleinen oder flinken Menschen.

Spallek: Wohnstättenname zu poln. *spalić* ›abbrennen, versengen‹ für jemanden, der an einer Brandstätte wohnte.

Spang(e): 1. Berufsübernamen zu mhd. *spange* ›alles, was zum Zusammenhalten dient: Balken, Riegel, Band, Spange (zum Heften eines Kleids oder als Schmuck)‹, mnd. *spange* ›Spange zum Hefteln der Kleider‹ für den Spangenmacher. 2. Vereinzelt Herkunftsname zu den Ortsnamen Spang (Schleswig-Holstein, Rheinland-Pfalz), Spange (Niedersachsen).

Spangenberg: Herkunftsname zu dem gleichlautenden Ortsnamen (Hessen, Rheinland-Pfalz, Schlesien).

Spanier: Herkunftsname oder Übername zu dem gleichlautenden Völkernamen. Spanier ist die jüngere Form; die ältere Form lautet ▸ Spaniol.

Spaniol: im Saarland häufig vorkommender Familienname: 1. Herkunftsname zu mhd. *Spanjol* (span. *español*) ›Spanier‹. 2. Übername für jemanden, der irgendwelche Beziehungen zu Spanien hatte.

Spannagel: Berufsübername zu mhd., mnd. *spannagel* ›Spannagel, Deichselnagel, der an Wagen und Pflug die Teile zusammenhält‹ für den Nagelschmied oder den Wagenbauer. ❖ Im Jahre 1326 ist *dez Spanagels freunt* in Regensburg bezeugt.

Spanner: Berufsname zu mhd. *spanner* ›Ballenbinder und Wagenlader‹.

Sparbier: Berufsübername (Spottname: »[ich] spare [das] Bier«) zu mhd. *sparn* ›sparen, schonen, erhalten‹ für den Schankwirt.

Sparbrod(t), Sparbrot(h): 1. Übernamen (»[ich] spare [das/am] Brot«) zu mhd. *sparn* ›sparen, schonen, erhalten‹ für einen Hungerleider oder Berufsübernamen (Spottnamen) für einen Bäcker. 2. Gelegentlich Herkunftsnamen zu dem Ortsnamen Sparbrod (Hessen).

Sparschuh: Übername (»[ich] schone den Schuh«) zu mhd. *sparn* ›sparen, schonen, erhalten‹ für einen Barfüßigen oder Berufsübername (Spottname) für den Schuster. ❖ Bekannter Namensträger: Jens Sparschuh, deutscher Schriftsteller (20./21. Jh.).

Spath, Späth: Übernamen zu mhd. *spæte* (Adjektiv), mhd. *spāt(e)* (Adverb) ›spät‹ für einen Spätaufsteher bzw. für jemanden, der langsam war oder immer zu spät kam. ❖ *Spaet weber* ist a. 1368 in München bezeugt. ❖ Bekannter Namensträger: Gerold Späth, schweizerischer Schriftsteller (20./21. Jh.).

Spatz: Übername zu mhd. *spaz, spatze* ›Sperling‹, übertragen für einen kleinen oder flinken Menschen. ❖ *Barthelmes Spatz* ist a. 1462–1496 in Nürnberg bezeugt.

Spazierer: Übername zu mhd. *spa(t)zieren* ›spazieren‹ (< italien. *spaziare* ›umherschweifen‹) nach einer Gewohnheit des ersten Namensträgers. ❖ In Esslingen ist *spacierer crämer* i. J. 1382 bezeugt.

Specht: Übername zu mhd. *spëht*, mnd. *specht* ›Specht‹ oder zu mhd. *speht* ›Schwätzer‹. ❖ *Herman Specht* ist a. 1387 in Coesfeld bezeugt.

Speck: 1. Berufsübername zu mhd. *spëc*, mnd. *spek* ›Speck‹ für einen Fleischer. 2. Übername für einen beleibten Menschen oder auch für jemanden, der gerne Speck aß. 3. Wohnstättenname zu mhd. *spëcke*, mnd. *specke* ›Knüppelbrücke, -damm‹. 4. Herkunftsname zu dem Ortsnamen Speck (Mecklenburg-Vorpommern, ehem. Pommern/jetzt Polen, Nordrhein-Westfalen, Baden-Württemberg, Bayern), Specke (Bayern), Specken (Niedersachsen, Nordrhein-Westfalen), Spöck (Baden-Württemberg, Bayern). ❖ *Mette Speke* ist a. 1383 in Coesfeld belegt.

Specker: Ableitung auf *-er* zu ▶ Speck (3.) oder (4.).

Specketer: niederdeutscher Übername für jemanden, der gerne Speck aß (zu mnd. *eten* ›essen‹). ❖ Im Jahre 1404 ist *her Herman Specketer* in Quedlinburg überliefert.

Speckmann: Ableitung auf *-mann* zu ▶ Speck (3.) oder (4.).

Speckner: Ableitung auf *-(n)er* zu ▶ Speck (3.) oder (4.).

Speer: Berufsübername oder Übername zu mhd. *spër* ›Speer‹ für den Hersteller bzw. den Träger der Waffe.

Speerschneider: Berufsname zu mhd. *spër* ›Speer‹ und mhd. *snīdære* ›Schneider‹ für den Handwerker, der die Speerschäfte zuschneidet.

Speicher: 1. Wohnstättenname zu mhd. *spīcher* ›Kornboden, Speicher‹. 2. Herkunftsname zu dem gleichlautenden Ortsnamen (Rheinland-Pfalz, Schweiz).

Speidel: vor allem im deutschen Südwesten verbreiteter Familienname: 1. Übername zu schwäb. *Speidel* ›Keil, bes. zum Spalten grober Klötze, überhaupt ein großes Stück, etwa ein Speidel Brot‹, übertragen für einen groben Menschen. ❖ Vgl. die Esslinger Belege *Cunrat spidel* (a. 1370), *hanns speidel* (a. 1512). 2. In Norddeutschland kommt eine Ableitung von niederdt. (mda.) *Speidel* ›Bratspieß, Angelrute‹ infrage. ❖ Bekannte Namensträgerin: Jutta Speidel, deutsche Filmschauspielerin (20./21. Jh.).

Speier: 1. ▶ Speyer. 2. Übername zu mhd. *spīre* ›Spier-, Turmschwalbe‹.

Speiser: Amts- oder Standesname zu mhd. *spīsære* ›der Speisen verabreicht oder austeilt, Speise-, Proviantmeister, Truchsess; der Speise empfängt, Pfründner‹, mnd. *spiser* ›Speisemeister‹. ❖ Vgl. die Belege *Chūnrat der Spiser* (Rheinfelden a. 1295), *Radeko Spisere* (Lüneburg a. 1307).

Spengler: Berufsname zu mhd. *speng(e)ler* ›Blechschmied, Spengler‹. Der Spengler war ein Metallhandwerker, der Spangen für Schuhe, Kleider und Gürtel sowie Schild- und Helmbeschläge aus Messing oder verzinntem Weißblech herstellte. ❖ Vgl. die Belege *H. Spengeler* (Basel a. 1291), *märclin spengler* (Esslingen a. 1396). ❖ Bekannter Namensträger: Oswald Spengler, deutscher Geschichtsphilosoph (19./20. Jh.).

Sperber: Übername oder Berufsübername zu mhd. *sperwære, sperber*, mnd. *sperwer* ›Sperber‹, einer von Sperlingen lebenden Falkenart, für einen Jäger bzw. für jemanden, der Sperber fing und für Jagdzwecke abrichtete. Bei der Jagd wurde der Sperber gern von Frauen benutzt, da er kleiner und leichter zu handhaben war als andere Falkenarten. ❖ Ein früher Beleg stammt aus Köln: *Richolff cognomento* [mit dem Beinamen] *Sparwer* (a. 1147). ❖ Bekannter Namensträger: Manès Sperber, französischer Schriftsteller österreichischer Herkunft (20. Jh.).

Sperl: 1. Übername zu mhd. *spar* ›Sperling‹ + *-l*-Suffix, übertragen für einen kleinen oder einen flinken Menschen. 2. Berufsübername zu bairisch-österreichisch *Sperl* ›Stecknadel‹ für den Hersteller. 3. Durch Entrundung entstandene Form von ▶ Spörl.

Sperlich: 1. Verschliffene Form von ▶ Sperling (1.). 2. Übername zu fnhd. *sperlich* ›sparsam‹.

Sperling: 1. Übername zu mhd. *sperlinc*, mnd. *sperlink* ›Sperling‹, übertragen für einen kleinen oder einen flinken Menschen. 2. Vereinzelt Herkunftsname zu dem gleichlautenden Ortsnamen (Sachsen-Anhalt, Ostpreußen). ❖ *Heitenricus Sperlinc* ist i. J. 1272 in Göttingen belegt.

Sperschneider: Berufsname für den Handwerker, der Speerschäfte zuschnitt.

Speth: 1. Niederdeutscher Berufsübername oder Übername zu mnd. *spēt* ›Spieß (als Waffe)‹ für den Hersteller bzw. für den Träger. 2. Im oberdeutschen Raum handelt es sich hierbei um eine Schreibvariante von ▶ Spath, Späth.

Speyer: 1. Herkunftsname zu dem gleichlautenden Ortsnamen (Rheinland-Pfalz). 2. Übername zu mhd. *spīre* ›Spier-, Turmschwalbe‹.

Spi(e)cker: 1. Niederdeutsche Wohnstättennamen zu mnd. *spiker* ›Speicher, Lagerhaus (für Korn, Salz usw.); Lagerboden, Vorratskammer‹. 2. Berufsübernamen zu mnd. *spiker* ›eiserner Nagel oder Bolzen‹ für den Nagelschmied. 3. Herkunftsnamen zu dem Ortsnamen Spieckern (Nordrhein-Westfalen). ❖ *Hille, echte wiff* [Ehefrau] *Johan Spikers* ist a. 1441 in Coesfeld bezeugt.

Spieckermann: Ableitung auf *-mann* von ▶ Spie(c)ker.

Spiegel: 1. Berufsübername zu mhd. *spiegel* ›Spiegel aus Glas oder Metall; Brille‹ für den Spiegelmacher oder Brillenhersteller. 2. Übername zu mhd. *spiegel* ›Vorbild‹. 3. Aus einem Hausnamen entstandener Familienname. ❖ Vgl. den Beleg *Petrus zem Spiegel* (Basel 1281). 4. Auf einen Örtlichkeitsnamen (›Wachtturm, Warte im Vorfeld einer Stadt‹) zurückgehender Familienname. 5. Herkunftsname zu den Ortsnamen Spiegel (ehem. Brandenburg/jetzt Polen, Bayern), Spiegels (Ostpreußen).

Spiegelberg(er): Herkunftsnamen oder Wohnstättennamen zu dem häufigen Orts- und Flurnamen Spiegelberg.

Spiegl: bairisch-österreichische Schreibweise von ▶ Spiegel.

Spiegler: 1. Berufsname für den Spiegelmacher (mhd. *spiegelære*). 2. Ableitung auf *-er* von ▶ Spiegel (4.) oder (5.). ❖ *R. Spigler* ist a. 1363 in Nürnberg bezeugt.

Spiegler: *Der mittelalterliche Spiegler beim Verkauf seiner Ware*

Spieker: ▶ Spi(e)cker.
Spiekermann: ▶ Spieckermann.
Spiel: 1. Übername zu mhd. *spil* ›Spiel, Zeitvertreib, Vergnügen; Saitenspiel, Musik; Spiel mit Karten oder Würfeln‹ für einen leidenschaftlichen Spieler oder für einen Musikanten. ❖ In München ist a. 1383 *Spil ull* bezeugt. 2. Gelegentlich zusammengezogene Form von ▶ Spiegel. 3. Herkunftsname zu dem gleichlautenden Ortsnamen (Nordrhein-Westfalen). ❖ Bekannte Namensträgerin: Hilde Spiel, österreichische Schriftstellerin (20. Jh.).
Spielberg(er): Herkunftsnamen zu dem Ortsnamen Spielberg (Nordrhein-Westfalen, Hessen, Sachsen-Anhalt, Baden-Württemberg, Bayern, Österreich, Mähren).
Spieler: 1. Berufsname zu mhd. *spilære* für einen Musikanten, vgl. ▶ Spielmann. 2. Übername zu mhd. *spilære* ›Spieler, Würfelspieler‹. 3. Gelegentlich durch Zusammenziehung entstandene Form von ▶ Spiegler.
Spielhagen: Herkunftsname zu dem Ortsnamen Spiegelhagen (Brandenburg). ❖ Bekannter Namensträger: Friedrich Spielhagen, deutscher Schriftsteller (19./20. Jh.).
Spielmann: Berufsname zu mhd. *spilman* ›Spielmann, fahrender Sänger, Musikant, Gaukler‹. ❖ *Abelin spilman* ist a. 1372 in Esslingen überliefert.
Spielvogel: Übername zu mhd. *spilvogel* ›Vogel, mit dem man spielt‹; bildl. ›Geliebter, Liebling‹; so schreibt Hugo von Langenstein (13. Jh.): *diu zarten kint, diu spilvogel ir muoter sint* [die zarten Kinder, die Lieblinge ihrer Mutter sind]; vgl. auch mhd. *der liute spilvogel* ›Zielscheibe des Witzes‹, mhd. *einen für einen spilvogel ūz lesen* ›sich ihm gegenüber Scherze und Ausflüchte erlauben‹.
Spier: 1. Herkunftsname zu dem Ortsnamen Speyer (Rheinland-Pfalz), der im 15. Jh. als *Spier* überliefert ist. 2. Niederdeutscher Übername zu mnd. *spīr* ›jede kleine Spitze, bes. Gras- und Kornspitze; ein wenig, eine Kleinigkeit‹, übertragen für einen kleinen Menschen. 3. Übername zu mhd. *spīre* ›Spier-, Turmschwalbe‹.
Spiering: niederdeutscher Berufsübername zu mnd. *spirink* ›ein kleiner Fisch‹ für einen Fischer. ❖ Ein früher Beleg stammt aus Hildesheim: *Gerungus Spirinch* (a. 1213).

Spies(s), Spieß: Berufsübernamen, Standesnamen oder Übernamen zu mhd. *spieȝ* ›Spieß, sowohl Kampf- als auch Jagdspieß; mit einem Spieß bewaffneter Krieger, Spießträger‹. ❖ Im Jahre 1390 ist *fridl spies* in München bezeugt. ❖ Bekannter Namensträger: Christian Heinrich Spieß, deutscher Schriftsteller (18. Jh.).
Spieth: vor allem im deutschen Südwesten verbreiteter Familienname: 1. Übername zu mhd. *spuot* ›glückliches Gelingen, Schnelligkeit, Beschleunigung‹, mhd. *spuot* ›vonstattengehend, leicht, erfolgreich‹, schwäb. (veraltet) *spütig* ›hurtig, wem alles rasch und gut gelingt‹. Vgl. die Esslinger Belege: *spüte* (a. 1409) = *Spüte* (a. 1411), *spiet tucher* (a. 1433), *ruff spiet von ober esselingen* (a. 1439). 2. In Norddeutschland handelt es sich hierbei um einen Berufsübernamen zu mnd. *spit* ›Bratspieß; Stange oder Stock, woran Fleisch, Fische und andere Waren hängen‹ oder zu mnd. *spit* ›Spatenstich, was man auf einmal mit einem Spaten aufwerfen kann; Torfstich auf dem Moor‹.
Spilker: niederdeutscher Berufsname für den Spindelmacher, vgl. ▶ Spiller (1.). ❖ *Warner Spillicker*, Bürgermeister von Hameln, ist a. 1553 bezeugt.
Spiller: 1. Berufsname auf -er zu mnd. *spille*, mhd. *spille*, Nebenform von *spinnel, spindel* ›Spindel‹ für den Spindelmacher, vgl. ▶ Spindler. ❖ Ein früher Beleg ist *Hŭg der spiller* (Straßburg a. 1294). 2. Niederdeutscher Übername zu mnd. *spilden, spillen* ›verschwenden‹, mhd. *spilder* ›Verschwender‹. 3. Vereinzelt Herkunftsname zu dem gleichlautenden Ortsnamen (Schlesien).
Spillner: ▶ Spiller (1.).
Spindler: Berufsname zu mhd. *spinel, spindel* ›Spindel‹, mhd. *spinneler* ›Spindelmacher‹. Die zur Garngewinnung benötigten Spindeln waren aus Holz. Sie wurden von dem Spindeldrechsler (Spindler) auf der Drehbank hergestellt. ❖ Vgl. die Nürnberger Belege *Vlr. Spinler* (a. 1363), *Heinr. spindler* (a. 1370). ❖ Bekannte Namensträger: Heinrich Wilhelm und Johann Friedrich Spindler, deutsche Kunsttischler (18. Jh.).
Spinner: Berufsname zu mhd. *spinnen* ›spinnen‹ für den Woll- oder Seidenspinner.
Spinnler: ▶ Spindler.

Spitz: 1. Wohnstättenname für jemanden, der auf einem spitz zulaufenden Gelände siedelte (zu mhd. *spitze* ›Spitze, spitzes Ende, Landspitze‹). 2. Herkunftsname zu dem gleichlautenden Ortsnamen (Bayern, Österreich). 3. Übername zu mhd. *spitz(e), spiz* ›spitz, spitzig‹ nach einem äußerlichen Merkmal (z. B. Kopfform, spitze Nase) oder nach dem Verhalten (fnhd. *spiz* ›spitzfindig‹) des ersten Namensträgers.

Spitzer: 1. Ableitung auf *-er* von ▶ Spitz. 2. In Weinbaugebieten Berufsname zu mhd. *spitzer* ›der die Weinbergpfähle zuspitzt‹, sonst Berufsübername für jemanden, der etwas spitzt, zuspitzt (z. B. für den Pfeilspitzer).

Spitzner: Ableitung auf *-ner* zu ▶ Spitz (1.).

Spitzweck: Berufsübername für den Bäcker, der Spitzwecken, längliche, spitzförmige Semmeln bäckt, oder Übername nach der Lieblingsspeise.

Spitzweg: aus einer Umdeutung von ▶ Spitzweck in Anlehnung an das Wort »Weg« entstandener Familienname. ❖ Bekannter Namensträger: Franz Carl Spitzweg, deutscher Maler (19. Jh.).

Splettstößer, Splittstößer: teilweise verhochdeutschte Berufsnamen zu mnd. *splete* ›Spliss‹, niederdt. *Splitt* ›Holzspan, Schindel, Splitter‹ und mnd. *stoter* ›der etwas (ab)stößt‹ für jemanden, der Holz spaltete, für den Hersteller und Verkäufer von Schindeln, Holzspänen und Brennholz.

Spöck: durch Rundung entstandene Form von ▶ Speck.

Spoerl: ▶ Spörl. ❖ Bekannte Namensträger: Heinrich Spoerl, deutscher Schriftsteller (19./20. Jh.); Alexander Spoerl, deutscher Schriftsteller (20. Jh.).

Spohn: 1. Niederdeutscher Berufsübername zu mnd. *spōn* ›Span, dünne Scheibe Holz, wie sie beim Holzhauen abfällt‹ für einen Holzarbeiter, -hauer. 2. Durch Verdumpfung des *-a-* zu *-o-* entstandene Form von ▶ Spahn.

Spohr: Berufsübername zu mhd. *spor(e)*, mnd. *spore* ›Sporn‹ für den Sporenmacher (vgl. ▶ Sporer) oder Übername für den Benutzer. ❖ Bekannter Namensträger: Louis Spohr, deutscher Komponist (18./19. Jh.).

Sporer: Berufsname zu mhd. *sporære* ›Sporenmacher‹. Der Sporer war ein Metallhandwerker, der neben Sporen auch Steigbügel, Pferdehalfter u. a. herstellte. ❖ *Lvdewich der sporer* ist a. 1298 in Straßburg bezeugt.

Spörl: 1. Ableitung von ▶ Spohr mit -l-Suffix. 2. Durch Rundung entstandene Form von ▶ Sperl (1.) oder (2.). ❖ *Herman Spörl* ist a. 1370 in Nürnberg bezeugt.

Sporrer: Nebenform von ▶ Sporer.

Spranger: 1. Berufsname zu mhd. *sprangen* ›springen, aufspringen‹ für einen Gaukler, Springer, Seiltänzer oder Übername nach einer Gewohnheit des ersten Namensträgers. 2. Wohnstättenname zu dem Flurnamen Sprang (›Ursprung eines Baches‹). ❖ Bekannter Namensträger: Eduard Spranger, deutscher Philosoph, Psychologe, Kulturpädagoge und Bildungspolitiker (19./20. Jh.).

Spranz: Übername zu mhd. *spranz* ›Geck, Stutzer‹.

Sprecher: 1. Berufsname für einen Spielmann (zu mhd. *sprëcher* ›Lied- und Spruchsprecher; der Gedichte anderer oder eigene aus dem Stegreif hersagt‹). 2. Übername zu mhd. *sprëcher* ›Schwätzer‹.

Spreitzer: Übername zu mhd. *spriuzen* ›spreizen‹ für jemanden, der beim Gehen die Beine spreizte.

Sporer: *Der mittelalterliche Sporer stellte Sporen, Steigbügel und Halfter her*

Spreng: oberdeutscher, vor allem in den Bereichen Ingolstadt und Mannheim anzutreffender Familienname: 1. In Bayern z. T. Wohnstättenname zu bair. *Spreng* ›das Äußerste, der Rand eines Abgrunds, steiler Abfall einer Straße‹. 2. Übername (Nomen Agentis) zu mhd. *sprengen* ›das Ross springen lassen, galoppieren‹ für einen kühnen Reiter. ❖ *Ornolt Spreng carnifex* [Metzger] ist a. 1400 in München bezeugt.

Sprengel: 1. Übername zu mnd. *sprengel* ›Heuschrecke‹. 2. Berufsübername zu mhd., mnd. *sprengel* ›Weihwedel‹ für den Hersteller. 3. Wohnstättenname zu mnd. *sprengel* ›Sprengel, Bezirk, so weit das von einem Bischof geweihte Wasser versandt wird‹. 4. Herkunftsname zu dem gleichlautenden Ortsnamen (Schleswig-Holstein, Niedersachsen). ❖ Bekannter Namensträger: Bernhard Sprengel, deutscher Industrieller und Kunstsammler (19./20. Jh.).

Sprenger: 1. Niederdeutscher Berufsübername zu mnd. *sprenger* ›Heuschrecke‹ für einen Tänzer, Springer, Gaukler. 2. Übername zu mhd. *sprengen* ›das Ross springen lassen, galoppieren‹ für einen kühnen Reiter. 3. Herkunftsname zu den Ortsnamen Spreng (Hessen), Sprenge (Schleswig-Holstein, Niedersachsen).

Sprick: Übername zu mnd. *sprik* ›dürres, leicht zerbrechliches Reis, vom Baum abgebrochen‹, übertragen für einen dürren Menschen. ❖ Ein früher Beleg stammt aus Hildesheim: *Bertrammus Spric* (a. 1286).

Spring: Wohnstättenname zu mhd. *sprinc*, mnd. *sprink* ›Quelle‹: ›wohnhaft an/bei einer Quelle‹.

Springer: 1. Berufsname zu mhd. *springer* ›Springer, Tänzer, Gaukler, Seiltänzer‹. 2. Wohnstättenname, Ableitung auf *-er* von ▶ Spring. 3. Herkunftsname auf *-er* zu häufigen Ortsnamen wie Spring, Springe(n). ❖ *Ulrich der Springer* ist a. 1339 in Regensburg bezeugt. ❖ Bekannter Namensträger: Axel Caesar Springer, deutscher Verleger (20. Jh.).

Springinklee: Übername in Satzform (»[ich] springe in [den] Klee«) für einen unsteten, leichtfüßigen, unbekümmerten Menschen. ❖ *Heinrich Springinklee* ist a. 1370 in Nürnberg überliefert. ❖ Bekannter Namensträger: Hans Springinklee, deutscher Maler und Zeichner (15./16. Jh.).

Springinsfeld: Übername in Satzform (»[ich] springe ins Feld«) für einen unsteten, leichtfüßigen, unbekümmerten Menschen. ❖ Im Jahre 1548 ist *Valten Springinsfeldt* im sächsischen Vogtland bezeugt.

Springmann: Ableitung von ▶ Spring mit dem Suffix *-mann*.

Sprung: 1. Wohnstättenname zu mhd. *sprunc*, mnd. *sprunk* ›Quelle‹. 2. Übername zu mhd. *sprunc* ›Sprung‹, mnd. *sprunk* ›Sprung, Tanz‹.

Spyra: 1. Wohl Übername zu poln. *Spyrka* ›Speck‹. 2. Zur Zeit des Humanismus entstandene Latinisierung von ▶ Speyer.

Sroka: Übername zu nsorb., osorb., poln. *sroka* ›Elster‹.

Staab: 1. ▶ Stab. 2. Herkunftsname zu dem gleichlautenden Ortsnamen (Böhmen).

Staack, Staak(e): 1. Berufsübernamen zu mnd. *stake* ›Stange, z. B. Zaunstange, Fahnenstange, Schiebstange der Schiffer‹ für einen Zimmermann oder Schiffer, übertragen Übernamen für einen langen, dürren oder auch für einen groben, ungehobelten Menschen. 2. Vereinzelt Herkunftsnamen zu dem Ortsnamen Staaken (Stadtteil von Berlin). ❖ *Johannes Stacke* ist a. 1320 in Coesfeld bezeugt.

Staats, Staatz: 1. Auf eine verkürzte, niederdeutsche Form des Heiligennamens Eustachius (▶ Stach) zurückgehende Familiennamen. 2. Gelegentlich Herkunftsnamen zu den Ortsnamen Staats (Sachsen-Anhalt), Staatz (Österreich).

Stab: Übername zu mhd. *stap, stab* ›Stab, Stock zum Schlagen, Stock zum Gehen, Pilgerstab, Hirtenstab, Bischofsstab, Herrscherstab, Stab als Zeichen einer amtlichen Gewalt (bes. des Richters)‹, bildlich auch ›Stütze‹.

Stabel: Ableitung von ▶ Stab mit *-l*-Suffix.

Stabenow: Herkunftsname zu dem gleichlautenden Ortsnamen (ehem. Pommern/jetzt Polen).

Stäble: schwäbische Ableitung von ▶ Stab.

Stäbler: Amtsname zu mhd. *stebelære* ›stabtragender Beamter oder Diener‹. ❖ Im Jahre 1356 ist *der Stæblær* in Regensburg bezeugt.

Stach: 1. Auf eine verkürzte Form des Heiligennamens Eustachius (wohl aus Eustathios zu griech. *eustáthios* ›wohlgebaut‹ entstanden)

579

zurückgehender Familienname. Der heilige Eustachius war nach der Legende ein römischer Heerführer unter Kaiser Hadrian (1./2. Jh.), der sich zum Christentum bekehrte. Nach vielen Missgeschicken wurde er mit seiner Familie auf Befehl des Kaisers hingerichtet. Er ist neben Hubertus Patron der Jäger. 2. Aus einer Ableitung von ▶ Stanislav entstandener Familienname. 3. Niederdeutscher Berufsübername zu mnd. *stach* ›Stag, ein dickes Tau zur Befestigung der Masten‹ für den Hersteller oder auch für einen Schiffer.

Stache: 1. ▶ Stach (1.) oder (2.). 2. Herkunftsname zu Ortsnamen wie Stacha (Sachsen), Stachau (Schlesien).

Stachowiak: auf eine polnische Ableitung von Stanisław (▶ Stanislav) zurückgehender Familienname.

Stade: 1. Wohnstättenname zu mhd., mnd. *stade* ›Ufer, Gestade‹ für jemanden, der an einem Ufer wohnte. 2. Herkunftsname zu dem Ortsnamen Stade (Niedersachsen, Nordrhein-Westfalen, ehem. Pommern/jetzt Polen).

Stadel: 1. Wohnstättenname zu mhd. *stadel* ›Scheune, scheunenartiges Gebäude; Herberge‹. 2. Herkunftsname zu den Ortsnamen Stadel (Baden-Württemberg, Bayern, Schweiz), Stadl (Bayern, Österreich).

Stadelmaier: Standesname; nähere Kennzeichnung eines Meiers (▶ Meyer) durch ein Merkmal des Hofes, eine auffällige Scheune (▶ Stadel [1.]).

Stadelmann: Ableitung auf *-mann* von ▶ Stadel.

Stadelmeier, Stadelmeyer: ▶ Stadelmaier.

Stader: 1. Wohnstättenname auf *-er* zu ▶ Stade (1.). 2. Herkunftsname zu den Ortsnamen Staad, Stad (Schweiz), Staadt (Rheinland-Pfalz, Nordrhein-Westfalen), Stade (Niedersachsen, Nordrhein-Westfalen, ehem. Pommern/jetzt Polen). ❖ Bekannte Namensträgerin: Maria Stader, schweizerische Sängerin (20./21. Jh.).

Stadie: Ableitung auf *-ing* (verschliffen zu *-ie*) von ▶ Stade.

Städing: Herkunftsname zu dem Landschaftsnamen Stedingen/Stedinger Land, Marschgebiet zwischen Hunte und Weser unterhalb von Bremen. ❖ Vgl. die Hildesheimer Belege *Hinrich Steding* (a. 1662) = *Hinrich Städing* (a. 1690).

Stadler: 1. Amtsname oder Standesname zu mhd. *stadelære* ›Aufseher über den Stadel, Inhaber eines Stadelhofs‹, d. i. eines Herrenhofs, -stalls. 2. Standesname zu fnhd. *stadler* ›Speicherknecht‹, bairisch-österreichisch ›Knecht, der den Heuboden in Ordnung hält‹. 3. Herkunftsname zu den Ortsnamen Stadel (Baden-Württemberg, Bayern, Schweiz), Stadl (Bayern, Österreich). ❖ *Nicklas Stadler* ist a. 1368 in München bezeugt. ❖ Bekannter Namensträger: Ernst Stadler, deutscher Schriftsteller (19./20. Jh.).

Stadlmai(e)r, Stadlmayer: ▶ Stadelmaier.

Städtler: ▶ Stadler.

Stadtmüller: Berufsname für den Betreiber einer städtischen Mühle. ❖ *Rudel Statmulner* ist i. J. 1348 in Regensburg bezeugt.

Staff(h)orst: Herkunftsnamen zu dem Ortsnamen Staffhorst (Niedersachsen).

Stäheli(n): alemannische Ableitungen von ▶ Stahl. ❖ *Bentz Stähelin* ist a. 1378 in Esslingen überliefert.

Stahl: 1. Berufsübername zu mhd. *stahel, stāl,* mnd. *stāl* ›Stahl, stählerne Rüstung, Stahlbogen der Armbrust‹ für einen Schmied, z. T. Übername für den Träger einer Rüstung aus Stahl, bildlich Übername für einen harten, unnachgiebigen Menschen. ❖ *Dietericus dict. Stahel, faber* [genannt Stahl, Schmied] ist i. J. 1301 in Straßburg überliefert. 2. Vereinzelt Herkunftsname zu den Ortsnamen Stahl (Rheinland-Pfalz), Stahle (Nordrhein-Westfalen). ❖ Bekannter Namensträger: Armin Mueller-Stahl, deutscher Filmschauspieler (20./21. Jh.).

Stahlberg(er): Herkunftsnamen zu den Ortsnamen Stahlberg (Rheinland-Pfalz, Nordrhein-Westfalen), Stolberg, a. 1118 *Stalburg,* a. 1422 *Staelberg,* a. 1651 *Stolberg* (Nordrhein-Westfalen), Stolberg, a. 1210 *Stalberg, Stahelberg* (Sachsen-Anhalt).

Stähle: schwäbische Ableitung von ▶ Stahl.

Stahler, Stähler: 1. Berufsnamen auf *-er* zu mhd. *stahel, stāl* ›Stahl‹ für den Stahlschmied. ❖ *C. Stahler* ist a. 1392 in Nürnberg bezeugt. 2. Niederdeutscher Amtsname zu mnd. *staler* ›Tuchprüfer‹.

Stahlhut: Berufsübername zu mhd. *stahelhuot* ›Stahlhelm‹ für den Helmschmied oder Übername für den Träger.

Stähli(n): ▶ Stäheli(n).

Stähling: 1. Berufsübername oder Übername zu ▶ Stahl (1.) mit dem Suffix *-ing*, wohl in Analogie zu den patronymischen Bildungen auf *-ing*. 2. Gelegentlich Herkunftsname auf *-ing* zu dem Ortsnamen Stahle (Nordrhein-Westfalen).

Stahlmann: Berufsname auf *-mann* für den Stahlhändler. ❖ *Fridrich Stahelman* ist a. 1370 in Nürnberg bezeugt.

Stahlschmidt: Berufsname zu mhd. *stahelsmit* ›Stahlschmied‹.

Stahmer: ▶ Stamer.

Stahn: auf die eindeutschende Schreibung einer Ableitung von ▶ Stanislav zurückgehender Familienname.

Stahnke: aus der eindeutschenden Schreibung einer mit dem slawischen Suffix *-ka* gebildeten Ableitung von ▶ Stanislav entstandener Familienname.

Stahr: 1. Berufsübername zu mhd. *star*, mnd. *star(e)* ›Star‹ (Vogelart) für den Vogelfänger oder Übername für einen lustigen, redseligen oder flinken Menschen. 2. Übername zu mhd., mnd. *star* ›Star, krankhafte Verdunkelung der Augen‹.

Staib: durch Entrundung entstandene Form von ▶ Steub.

Staiber: durch Entrundung entstandene Form von ▶ Steuber.

Staiger: 1. Wohnstättenname auf *-er* zu mhd. *steige* ›steile Straße, steile Anhöhe‹. 2. Herkunftsname auf *-er* zu dem Ortsnamen Staig (Baden-Württemberg, Bayern). ❖ *Leupolt Staiger* ist a. 1370 in Nürnberg bezeugt. ❖ Bekannter Namensträger: Emil Staiger, schweizerischer Literaturwissenschaftler (20. Jh.).

Stake: ▶ Staack.

Stalder: 1. Wohnstättenname auf *-er* zu alemannisch *Stalde* ›Abhang‹ (< mhd. *stalde* ›steiler Weg‹). 2. Herkunftsname zu dem Ortsnamen Stalden (Schweiz). ❖ Bekannter Namensträger: Heinz Stalder, schweizerischer Schriftsteller (20./21. Jh.).

Stallmann: 1. Standesname zu mnd. *stalman* ›Stallknecht‹; vielleicht auch Amtsname, gleichbedeutend mit mnd. *stalhēre* ›Stallherr, Ratsherr, unter dem der Marstall steht‹. 2. Wohnstättenname auf *-mann* zu mnd. *stal* ›Stall‹.

Stamer: Übername zu mnd. *stamer* ›stammelnd, stotternd‹. ❖ *Arnoldus Stamer* ist a. 1250 in Quedlinburg überliefert.

Stamm: Übername zu mhd., mnd. *stam* ›Stamm, Baumstamm; Geschlecht, Abstammung‹, mhd. auch ›Sprössling eines Geschlechts‹ für einen groben, ungehobelten Menschen bzw. für den Stammhalter einer Familie.

Stammer: ▶ Stamer.

Stammler: Übername zu mhd. *stameler*, *stammeler* ›Stammler‹ bzw. zu mnd. *stamer* ›stammelnd, stotternd‹. ❖ *Bertholdus dictus [genannt] Stamler* ist a. 1287 in Nürnberg bezeugt.

Stampf(f): 1. Berufsübernamen zu mhd. *stampf* ›Werkzeug zum Stampfen, Stampfmaschine; Werkzeug zum Stempeln‹ für den Betreiber einer Walk- oder Ölmühle bzw. für den Münzer. 2. Übernamen zu mhd. *stampf* ›Klotz, grober Kerl‹.

Stampfer: Berufsname auf *-er* zu ▶ Stampf(f) (1.).

Ständer: ▶ Stender.

Standke: ▶ Stahnke.

Stanek: aus einer polnischen oder tschechischen, mit dem Suffix *-ek* gebildeten Ableitung von ▶ Stanislav hervorgegangener Familienname.

Stang(e): 1. Übernamen zu mhd. *stange* ›Stange‹, übertragen für einen langen, hageren Menschen. 2. Berufsübernamen zu mhd. *stange* ›Stange, Fahnenstange; Stahlstange; Stange vor einem Keller mit einem daran hängenden Fassreif als Zeichen, dass dort Wein ausgeschenkt wird; Stange zum Absperren einer Straße‹ für jemanden, der Stangen herstellte oder damit umging. 3. Auf den gleichlautenden Flur- oder Hofnamen zurückgehende Familiennamen. ❖ *Peter stang* ist a. 1357 in Esslingen bezeugt.

Stangenberg: auf einen gleichlautenden Orts- oder Flurnamen zurückgehender Familienname.

Stanger: 1. Berufsname auf *-er* für den Hersteller von Holz- oder Stahlstangen. 2. Herkunftsname auf *-er* zu dem Ortsnamen Stang (Österreich). 3. Wohnstättenname, Ableitung auf *-er* von ▶ Stang(e) (3.).

Stangl: Ableitung von ▶ Stang(e) (1.) mit *-l*-Suffix.

Stani(c)k: aus einer mit dem Suffix -*ik* gebildeten Ableitung von ▶ Stanislav entstandene Familiennamen.

Stanislav, Stanisław: auf den tschechischen Rufnamen Stanislav bzw. auf den polnischen Rufnamen Stanisław (zu urslaw. *stati ›werden‹, *stanъ* ›Festigkeit, Härte‹ + urslaw. *slava ›Ruhm, Ehre‹) zurückgehende Familiennamen. Der heilige Stanislaus, Bischof von Krakau (11. Jh.), ist der Schutzpatron von Polen.

Stanka, Stanke: aus einer mit dem slawischen Suffix -*ka* gebildeten Ableitung von ▶ Stanislav entstandene Familiennamen.

Stanković: serbische, bosnische oder kroatische patronymische Bildung zum Rufnamen Stanko, einer Kurzform von ▶ Stanislav.

Stanzel: auf eine im deutsch-slawischen Kontaktgebiet mit dem deutschen Suffix -*el* gebildete Ableitung von ▶ Stanislav zurückgehender Familienname.

Stapel: 1. Wohnstättenname zu mnd. *stapel* ›Säule, Grenzpfahl; Gerichtsstätte; aufgeschichteter Haufe von Holz oder Waren; Verkaufsstelle, Stapelplatz‹. 2. Herkunftsname zu dem gleichlautenden Ortsnamen (Niedersachsen, Sachsen-Anhalt). ❖ *Johannes Stapel* ist a. 1253 im Raum Braunschweig überliefert.

Stapelfeld(t): Herkunftsnamen zu dem Ortsnamen Stapelfeld (Schleswig-Holstein, Niedersachsen).

Stapf: Wohnstättenname zu mhd. *stapfe* ›Stufe, Vorrichtung zum Übersteigen des Dorfzauns‹. ❖ *Gotz Stapf* ist a. 1370–1388 in Nürnberg bezeugt.

Starck: ▶ Stark.

Stargard(t): Herkunftsnamen zu den Ortsnamen Stargard (ehem. Pommern/jetzt Polen), Stargardt (ehem. Brandenburg/jetzt Polen, ehem. Pommern/jetzt Polen).

Stark, Stärk, Starke: Übernamen zu mhd. *starc* ›stark, gewaltig, kräftig, schlimm, böse‹, mnd. *stark, sterk* ›stark, kräftig, gewaltig‹. ❖ Aus dem Esslinger Beleg *der stark haintz* (a. 1377) wird die Entstehung des Familiennamens deutlich.

Starost(a), Staroste: Amtsnamen zu osorb., poln., tschech. *starosta* ›Dorfältester, Gemeinde-, Dorfvorsteher‹.

Stasch(e): auf eindeutschende Schreibungen slawischer Ableitungen von ▶ Stanislav zurückgehende Familiennamen.

Staub: 1. Berufsübername zu mhd. *stoup, stoub* ›Staub; Staubmehl, Mehlstaub‹ für einen Müller oder Bäcker. 2. Wohnstättenname zu bair. *Staub* ›Wasserfall oder Bach, bes. im Gebirge, dessen Wasser vom Herabstürzen aus der Höhe in Staub zerstiebt‹.

Staubach: Wohnstättenname zu bair. *Staubbach* ›Wasserfall oder Bach, bes. im Gebirge, dessen Wasser vom Herabstürzen aus der Höhe in Staub zerstiebt‹.

Stauber, Stäuber: 1. Übernamen zu mhd. *stouben, stöuben* ›Staub erregen, Staub aufwirbeln‹ für einen unruhigen Menschen oder Berufsübernamen für den Müller, der Mehlstaub aufwirbelt. 2. Übernamen zu mhd. *stöuber* ›aufstöbernder Jagdhund‹. 3. Ableitungen auf -*er* von ▶ Staub (2.).

Stauch: Berufsübername zu mhd. *stüche* ›Kopftuch, Schleier‹ für den Hersteller oder Übername zu mhd. *stüche* ›weite, herabhängende Ärmel‹ nach einer Besonderheit der Kleidung.

Staudach(er): 1. Wohnstättenname zu mhd. *stūdach* ›Gesträuch, Gebüsch‹. 2. Herkunftsnamen zu dem Ortsnamen Staudach (Baden-Württemberg, Bayern, Österreich).

Staude: 1. Wohnstättenname zu mhd. *stūde* ›Staude, Strauch, Busch‹. 2. Herkunftsname zu den Ortsnamen Staude (Schlesien), Stauda (Sachsen), Stauden (Baden-Württemberg, Bayern, Schweiz).

Staudenmaier, Staudenmayer, Staudenmeyer: Standesnamen, nähere Kennzeichnung eines Meiers (▶ Meyer) durch die Lage des Hofes (▶ Staude [1.]).

Stauder: Ableitung auf -*er* von ▶ Staude. ❖ *H. Stauder* ist a. 1363 in Nürnberg bezeugt.

Staudig(e)l: oberdeutsche Übernamen zu mhd. *stūdigel* ›Staudenigel‹ für einen dem Charakter oder dem Aussehen (Haarschnitt!) nach »stachligen« Menschen. Im 15. Jh. erscheint *bruder staudigel* auch als Spottname eines Mönchs. ❖ In Nürnberg sind die Staudigel ein ehrbares und gerichtsfähiges Geschlecht, die seit Beginn des 13. Jh. urkundlich bezeugt sind: *Hein[ricus] Studigil* (a. 1200).

Staudinger: oberdeutscher Wohnstättenname auf -*ing* + -*er* zu mhd. *stūdach* ›Gesträuch, Gebüsch‹.

Staudt: 1. ▶ Staude. 2. Herkunftsname zu dem gleichlautenden Ortsnamen (Rheinland-Pfalz).

Staudte: ▸ Staude. ❖ Bekannter Namensträger: Wolfgang Staudte, deutscher Filmregisseur (20. Jh.).

Staufenberg: Herkunftsname zu dem gleichlautenden Ortsnamen (Niedersachsen, Hessen, Baden-Württemberg).

Stauf(f)er: 1. Wohnstättennamen auf -*er* zu mhd. *stouf* ›hochragender Felsen‹. 2. Herkunftsnamen zu den Ortsnamen Stauf (Bayern, Österreich), (Hohen-)Staufen (Baden-Württemberg, Bayern, Schweiz). ❖ Bekannter Namensträger: Karl Stauffer-Bern, schweizerischer Maler und Radierer (19. Jh.).

Stauß: Übername zu mhd. *stouʒ, stiuʒ* ›Steiß‹.

Stavenhagen: Herkunftsname zu dem gleichlautenden Ortsnamen (Mecklenburg-Vorpommern). ❖ Bekannter Namensträger: Fritz Stavenhagen, niederdeutscher Schriftsteller (19./20. Jh.).

Stecher: 1. Berufsname für jemanden, der gegen Bezahlung in Zweikämpfen focht oder als Schaufechter auf den Jahrmärkten auftrat (zu mhd. *stēchære* ›Stecher, gedungener Mörder, Turnierer‹). 2. Berufsname zu mhd. *stēchen* ›stechen, schlachten‹ für einen Viehkastrator oder einen Fleischer. 3. Vereinzelt Herkunftsname zu den Ortsnamen Stechau, Stechow (Brandenburg). ❖ Bei dem Regensburger Beleg *her Heinr. der Stechær* (a. 1340) handelt es sich um einen Pfarrer, der bereits einen festen Familiennamen führte.

Steck: 1. Übername zu mhd. *stëcke* ›Stecken, Prügel, Pfahl, Pflock‹, übertragen für einen steifen oder groben Menschen. 2. Wohnstättenname zu einem gleichlautenden Flurnamen (›abgesteckter Weidebezirk‹). ❖ *Cuntz Steck* ist a. 1363 in Nürnberg bezeugt.

Steckel: 1. Ableitung von ▸ Steck mit -*l*-Suffix. 2. Niederdeutscher Übername zu mnd. *stekel* ›leicht verletzt, leicht beleidigt‹ oder zu mnd. *stekel* ›betagt‹.

Stecker: 1. Niederdeutsche Entsprechung des hochdeutschen Familiennamens ▸ Stecher (1.) oder (2.). 2. Ableitung auf -*er* von ▸ Steck (2.).

Steding: ▸ Städing.

Steeb: schwäbische, entrundete Form von ▸ Stöb.

Steeg: ▸ Steg(e).

Steeger: ▸ Steger.

Steen: niederdeutsche Entsprechung des hochdeutschen Familiennamens ▸ Stein.

Steenken: 1. Niederdeutsche Entsprechung des hochdeutschen Familiennamens ▸ Steinchen. 2. Patronymische niederdeutsche Form (schwacher Genitiv) zu einer mit -*k*-Suffix gebildeten Koseform von Rufnamen, die das Namenwort *stein*/mnd. *stēn* enthalten (vgl. ▸ Steinhard).

Steer: 1. Übername oder Hausname zu mhd. *stēr(e)*, Nebenform *sterre* ›Widder, Schafbock‹. 2. Niederdeutsche Entsprechung (mnd. *stēr*) des hochdeutschen Familiennamens ▸ Stier.

Stefan: ▸ Stephan. ❖ Bekannte Namensträgerin: Verena Stefan, schweizerische Schriftstellerin (20./21. Jh.).

Steff: aus einer verkürzten Form von Steffan (▸ Stephan) hervorgegangener Familienname.

Steffan: ▸ Stephan.

Steffel: auf eine mit -*l*-Suffix gebildete Koseform von ▸ Stephan zurückgehender Familienname.

Steffen: ▸ Stephan.

Steffens: patronymische Bildung (starker Genitiv) zu Steffen (▸ Stephan).

Steffensen: patronymische Bildung auf -*sen* zu Steffen (▸ Stephan).

Steffes: patronymische Bildung (starker Genitiv) zu Steff (▸ Stephan).

Steg(e): 1. Wohnstättennamen zu mhd. *stëc*, mnd. *stech* ›schmale Brücke, Steg, schmaler Weg‹. 2. Wohnstättennamen zu mhd. *stëge* ›Treppe‹, mnd. *stege* ›Stufe, Treppe‹. 3. Wohnstättennamen zu mnd. *stēge* ›steiler Weg, Anhöhe‹, mhd. *steige* ›steile Straße, steile Anhöhe‹. 4. Niederdeutsche Wohnstättennamen zu mnd. *stege* ›Pferch, bes. für die Schweine‹. 5. Herkunftsnamen zu häufigen Ortsnamen wie Steg(e), Steeg.

Stegel: Ableitung mit -*l*-Suffix zu ▸ Steg(e) (1.), (2.).

Stegemann: Ableitung auf -*mann* von ▸ Steg(e), z. T. auch von ▸ Stegen.

Stegen: 1. Herkunftsname zu den Ortsnamen Stegen (Schleswig-Holstein, Baden-Württemberg, Bayern, Österreich, Luxemburg), Steegen (Baden-Württemberg, Bayern, Mecklenburg-Vorpommern). 2. ▸ Steg(e).

Steger: Ableitung auf -*er* von ▸ Steg(e).

Steglich: vor allem im Bereich Bautzen–Dresden häufiger vorkommender, bislang nicht gedeuteter Familienname.

Stegmaier: ▶ Stegmayer.

Stegmann: ▶ Stegemann.

Stegmayer, Stegmeier, Stegmeyer: Standesnamen, nähere Bestimmung eines Meiers (▶ Meyer) durch die Lage des Hofes (▶ Steg[e] [1.]).

Stegmüller: 1. Berufsname, nähere Kennzeichnung eines Müllers (▶ Müller) durch die Lage der Mühle (▶ Steg[e] [1.]). 2. Gelegentlich Herkunftsname zu den Ortsnamen Stegmühl (Bayern), Stegmühle (Baden-Württemberg, Bayern). ❖ Bekannter Namensträger: Wolfgang Stegmüller, österreichischer Philosoph (20. Jh.).

Stegner: Ableitung auf *-er* von ▶ Stegen bzw. auf *-ner* von ▶ Steg(e).

Stehle: 1. ▶ Stähle. 2. Herkunftsname zu den Ortsnamen Stehle (Baden-Württemberg), Stehla (Sachsen), Stehlen (Niedersachsen).

Stehling: ▶ Stähling (1.).

Stehr: ▶ Steer. ❖ Bekannter Namensträger: Hermann Stehr, deutscher Schriftsteller (19./20. Jh.).

Steib: durch Entrundung entstandene Form von ▶ Steub.

Steiber: durch Entrundung entstandene Form von ▶ Steuber.

Steid(e)l: durch Entrundung entstandene Formen von ▶ Steudel.

Steidle: durch Entrundung entstandene Form von ▶ Steudle.

Steier: 1. Mitteldeutsche Form von ▶ Steiger (1.), (2.). 2. Entrundete Form von ▶ Steuer (1.). 3. Herkunftsname: ›der aus der Steiermark‹ oder zu dem Ortsnamen Steir (Österreich).

Steiert: Erweiterung von ▶ Steier (1.) mit sekundärem *-t*.

Steif(f): Übernamen zu mhd. *stīf* ›starr, fest; aufrecht; wacker, stattlich‹.

Steiger: 1. Berufsname zu mhd. *stīger* ›Steiger, aufsichtsführender Bergmann‹. Der Steiger beaufsichtigte ursprünglich die Anlagen zum Einsteigen in die Grube. 2. Berufsname für einen Seiltänzer, einen Fahrenden. 3. Wohnstättenname auf *-er* zu mhd. *stīc, stīge* ›Steig, Pfad‹ für jemanden, der an einer steilen Straße oder an einem schmalen Pfad wohnte. 4. Herkunftsname zu den Ortsnamen Steig (Bayern, Baden-Württemberg), Steige (Elsass).

Steigerwald: Herkunftsname zu dem gleichlautenden Waldgebirge in Franken.

Steil: 1. Wohnstättenname zu mnd. *steil*, mhd. *steigel*, zusammengezogen *steil* ›steil‹: ›wohnhaft an einer steilen Stelle‹. 2. Übername zu mnd. *steil* ›trotzig, stolz‹.

Steimel: 1. Aus einer mit *-l*-Suffix gebildeten Koseform von ▶ Steinmar entstandener Familienname. 2. Herkunftsname zu dem gleichlautenden Ortsnamen (Nordrhein-Westfalen, Rheinland-Pfalz).

Steimer: aus einer jüngeren Form von ▶ Steinmar hervorgegangener Familienname.

Steimle: auf eine mit dem schwäbischen Suffix *-le* gebildete Koseform von ▶ Steinmar zurückgehender Familienname.

Stein: 1. Wohnstättenname zu mhd. *stein* ›Fels, Stein‹ nach einem besonderen Merkmal der Siedlungsstelle. 2. Herkunftsname zu dem gleichlautenden Ortsnamen (Schleswig-Holstein, Sachsen, Nordrhein-Westfalen, Hessen, Rheinland-Pfalz, Baden-Württemberg, Bayern, Österreich, Schweiz, Schlesien, Ostpreußen). 3. Gelegentlich aus einer Kurzform von Rufnamen, die das Namenwort *stein* enthalten (vgl. ▶ Steinhard), hervorgegangener Familienname. ❖ Bekannte Namensträger: Charlotte von Stein, Goethes Freundin (18./19. Jh.); Heinrich Friedrich Karl Freiherr vom und zum Stein, deutscher Politiker (18./19. Jh.); Edith Stein, deutsche Theologin und Philosophin (19./20. Jh.); Peter Stein, deutscher Regisseur (20./21. Jh.).

Steinacher: Herkunftsname zu dem Ortsnamen Steinach (Baden-Württemberg, Bayern, Thüringen).

Steinacker: 1. Wohnstättenname zu dem gleichlautenden Flurnamen, der ein steiniges Feld bezeichnet. 2. Herkunftsname zu dem Ortsnamen Steinacker (Nordrhein-Westfalen, Hessen, Baden-Württemberg, Bayern, Ostpreußen, Schweiz).

Steinbach(er): Herkunftsnamen zu dem sehr häufigen Ortsnamen Steinbach.

Steinbauer: Berufsname, nähere Kennzeichnung eines Bauern (▶ Bauer) durch die Lage oder ein bauliches Merkmal des Hofes (▶ Stein [1.]).

Steinbeck: 1. Herkunftsname zu den Ortsnamen Steinbeck (Mecklenburg-Vorpommern, Brandenburg, ehem. Brandenburg/jetzt Polen, Niedersachsen, Nordrhein-Westfalen, Ostpreußen), Steinbek (Schleswig-Holstein). 2. Bairisch-österreichischer Herkunftsname auf -beck zu dem Ortsnamen Steinbach (▸ Steinbach[er]).

Steinberg(er): 1. Herkunftsnamen zu dem sehr häufigen Ortsnamen Steinberg. 2. Wohnstättennamen zu dem verbreiteten Flurnamen Steinberg, der einen felsigen Berg bezeichnet. ❖ Bekannter Namensträger: Emil Steinberger, schweizerischer Kabarettist und Schauspieler (20./21. Jh.).

Steinbicker: niederdeutscher Berufsname zu mnd. *stēnbicker* ›Steinhauer‹. ❖ *Teodericus Stenbickere* ist a. 1320 in Coesfeld bezeugt.

Steinbock: 1. Übername zu mhd. *steinboc* ›Steinbock‹. 2. Auf einen Hausnamen zurückgehender Familienname.

Steinböck: durch Rundung entstandene Form von ▸ Steinbeck (2.).

Steinborn: 1. Herkunftsname zu dem gleichlautenden Ortsnamen (Niedersachsen, Rheinland-Pfalz, ehem. Brandenburg/jetzt Polen, Schlesien). 2. Wohnstättenname zu mhd. *stein* ›Stein‹ und mhd. *burne*, md. *born*, mnd. *borne* ›Brunnen‹, mnd. auch ›frisches Wasser‹ für jemanden, der an einem steinernen Brunnen bzw. bei einer Felsenquelle siedelte.

Steinbrech(er): Berufsnamen zu mhd. *steinbrěcher* ›Steinbrecher‹ für einen Steinbrucharbeiter. ❖ Die Berufsbezeichnungen ›Steinbrech‹ und ›Steinbrecher‹ treten z. B. in Esslingen nebeneinander auf: a. 1377 *haintz im gässlin stainbrecher*, a. 1401 *stainbrech weber*.

Steinbrenner: Berufsname für den Kalkbrenner.

Steinbrink: 1. Herkunftsname zu dem gleichlautenden Ortsnamen (Mecklenburg-Vorpommern, ehem. Pommern/jetzt Polen, Niedersachsen, Nordrhein-Westfalen). 2. Wohnstättenname zu dem Flurnamen Steinbrink (›steiniger Hügel‹).

Steinbrück: 1. Herkunftsname zu häufigen Ortsnamen wie Steinbruck, Steinbrück(en), Steinebrück, Steinenbruck, Steinenbrück. 2. Wohnstättenname: ›wohnhaft bei einer steinernen Brücke‹.

Steinchen: 1. Ableitung mit dem Suffix *-chen* von ▸ Stein (1.). 2. Aus einer mit dem Suffix *-chen* gebildeten Koseform von Rufnamen, die das Namenwort *stein* enthalten (vgl. ▸ Steinhard), hervorgegangener Familienname.

Steindecker: Berufsname für den Dachdecker, der Ziegelsteine oder Schiefer zum Dachdecken verwendete (mhd. *steindecker*). ❖ Ein *Steindecker* ist a. 1461 in Gießen bezeugt.

Steindl: 1. Ableitung mit *-l*-Suffix und dem Gleitlaut *-d-* von ▸ Stein (1.). 2. Aus einer mit *-l*-Suffix und dem Gleitlaut *-d-* gebildeten Koseform von Rufnamen, die das Namenwort *stein* enthalten (vgl. ▸ Steinhard), hervorgegangener Familienname.

Steinebach: Herkunftsname zu dem gleichlautenden Ortsnamen (Baden-Württemberg, Bayern, Rheinland-Pfalz).

Steinecke: aus einer mit *-k*-Suffix gebildeten Koseform von Rufnamen, die das Namenwort *stein* enthalten (vgl. ▸ Steinhard), hervorgegangener Familienname.

Steinel: 1. Ableitung mit *-l*-Suffix von ▸ Stein (1.). 2. Aus einer mit *-l*-Suffix gebildeten Koseform von Rufnamen, die das Namenwort *stein* enthalten (z. B. ▸ Steinhard), entstandener Familienname.

Steiner: 1. Ableitung auf *-er* von ▸ Stein. 2. Berufsübername zu mhd. *steinen* ›mit Steinen, bes. mit Edelsteinen, versehen, besetzen; Marksteine setzen, mit Marksteinen versehen, abgrenzen‹ für einen Goldschmied, Straßenpflasterer oder Feldmesser. 3. Vereinzelt aus dem alten deutschen Rufnamen Steinher *(stein + heri)* entstandener Familienname. ❖ Einen Wohnstättennamen trägt *Hermannus* senior [der ältere] *Steiner* (Nürnberg a. 1285–1335), der im gleichen Zeitraum auch als *Hermannus de Lapide* [vom Stein] bezeugt ist. ❖ Bekannter Namensträger: Rudolf Steiner, Philosoph, Pädagoge und Naturwissenschaftler, Begründer der Anthroposophie (19./20. Jh.).

Steinert: Erweiterung von ▸ Steiner mit sekundärem *-t*.

Steinfeld(er), Steinfeldt: 1. Herkunftsnamen zu den Ortsnamen Steinfeld (Schleswig-Holstein, Mecklenburg-Vorpommern, Brandenburg, ehem. Brandenburg/jetzt Polen, Niedersachsen, Nordrhein-Westfalen, Rheinland-Pfalz, Sachsen, Thüringen, Bayern), Steinfelde (Sachsen-Anhalt, ehem. Brandenburg/jetzt Polen, Ostpreußen). 2. Wohnstättennamen zu dem Flurnamen ›Steinfeld‹ für eine steinige, unfruchtbare Geländestelle.

Steingräber: 1. Berufsname zu mhd. *stein* ›Fels, Stein‹ und mhd. *grabære* ›Gräber, Graveur‹ für den Steinbrucharbeiter (▸ Steinbrech[er]), den Steinmetzen (▸ Steinmetz) oder den Gemmenschneider. 2. Wohnstättenname für jemanden, der an einem steinigen Graben wohnte. 3. Herkunftsname zu dem Ortsnamen Steingraben (Bayern).

Steinhagen: Herkunftsname zu dem gleichlautenden Ortsnamen (Mecklenburg-Vorpommern, Nordrhein-Westfalen, Ostpreußen).

Steinhard, Steinhar(d)t: 1. Auf den gleichlautenden deutschen Rufnamen *(stein + harti)* zurückgehende Familiennamen. 2. Herkunftsnamen zu den Ortsnamen Steinhardt (Rheinland-Pfalz), Steinhart (Bayern). 3. Übernamen zu mhd. *steinherte* ›steinhart, hart wie Stein‹ nach dem Charakter bzw. dem Verhalten des ersten Namensträgers.

Steinhauer: Berufsname zu mhd. *steinhouwer* ›Steinmetz, Steinhauer, Steinbrecher‹.

Steinhaus: 1. Herkunftsname zu dem gleichlautenden Ortsnamen (Nordrhein-Westfalen, Hessen, Baden-Württemberg, Bayern, Schlesien, Österreich, Schweiz). 2. Wohnstättenname für jemanden, der in einem Haus aus Stein wohnte (mhd. *steinhūs* ›Steinhaus, Herrenhaus, Schloss‹). Zur Zeit der Familiennamenentstehung (12.–15. Jh.) waren Steinhäuser eine Besonderheit. Nur reiche Stadtbürger konnten sich ein Steinhaus leisten. Dieses Merkmal der Wohnstätte wurde daher häufig für die Beinamenbildung herangezogen. ❖ Vgl. den Beleg *Ludewicus dictus* [genannt] *im Stainhuse* (Esslingen 1283).

Steinhausen: 1. Herkunftsname zu dem gleichlautenden Ortsnamen (Mecklenburg-Vorpommern, Niedersachsen, Nordrhein-Westfalen, Baden-Württemberg, Bayern, Schweiz). 2. Gelegentlich flektierte Form von ▸ Steinhaus (2.).

Steinhauser, Steinhäuser: Ableitungen auf -er von ▸ Steinhaus, ▸ Steinhausen.

Steinheimer: Herkunftsname zu dem Ortsnamen Steinheim (Nordrhein-Westfalen, Hessen, Baden-Württemberg, Bayern, Österreich, Luxemburg).

Steinheis(s)er, Steinheißer: durch Entrundung entstandene Formen von Steinhäuser (▸ Steinhauser).

Steinhilber: Herkunftsname zu dem Ortsnamen Steinhilben (Baden-Württemberg).

Steinhof(er), Steinhoff: 1. Herkunftsnamen zu dem häufigen Ortsnamen Steinhof. 2. Auf den Hofnamen »Steinhof« zurückgehende Familiennamen.

Steinicke: ▸ Steinecke.

Steinig: Wohnstättenname zu mhd. *steinec, steinic* ›steinig‹ für jemanden, der an einer steinigen Stelle siedelte.

Steiniger, Steininger: Herkunftsnamen zu den Ortsnamen Steining (Bayern), Steiningen (Rheinland-Pfalz).

Steinkamp: 1. Herkunftsname zu dem gleichlautenden Ortsnamen (Schleswig-Holstein, Niedersachsen, Nordrhein-Westfalen). 2. Wohnstättenname für jemanden, der an/bei einem steinigen Feld wohnte (zu mnd. *kamp* ›Feld‹).

Steinke: ▸ Steinecke.

Steinle: 1. Schwäbische Ableitung mit dem Suffix -*le* von ▸ Stein (1.). 2. Auf eine mit dem Suffix -*le* gebildete Koseform von Rufnamen, die das Namenwort *stein* enthalten (z. B. ▸ Steinhard), zurückgehender Familienname.

Steinlein: 1. Ableitung mit dem Suffix -*lein* von ▸ Stein (1.). 2. Auf eine mit dem Suffix -*lein* gebildete Koseform von Rufnamen, die das Namenwort *stein* enthalten (z. B. ▸ Steinhard), zurückgehender Familienname.

Steinmaier: ▸ Steinmayer.

Steinmann: Berufsname zu mhd. *steinman* ›Steinmetz‹.

Steinmar: auf den gleichlautenden deutschen Rufnamen *(stein + māri)* zurückgehender Familienname.

Steinmayer, Steinmeier: Standesnamen, nähere Kennzeichnung eines Meiers (▸ Meyer) durch die Lage (▸ Stein [1.]) bzw. den Namen des Hofes (▸ Steinhof[er] [2.]).

Steinmetz: Berufsname zu mhd. *steinmetze* ›Steinmetz‹. ❖ Im Jahre 1361 ist *meister Herman steinmetzz* in Regensburg bezeugt.

Steinmeyer: ▸ Steinmayer.

Steinmüller: 1. Berufsname für den Inhaber der Steinmühle. 2. Herkunftsname zu dem häufigen Ortsnamen Steinmühle.

Steinruck, Steinrück: 1. Wohnstättennamen: ›wohnhaft an einem Höhenrücken mit steinigem Boden‹. 2. Herkunftsnamen zu den Ortsnamen Steinrück (Schlesien), Steinrücken (Hessen, Baden-Württemberg).

Steins: 1. Herkunftsname zu dem gleichlautenden Ortsnamen (Sachsen). 2. Patronymische Bildung (starker Genitiv) zu ▶ Stein (3.).

Steinwedel: Herkunftsname zu dem gleichlautenden Ortsnamen (Niedersachsen).

Steinweg: 1. Wohnstättenname zu mnd. *steinwëc* ›gepflasterter Weg‹. 2. Herkunftsname zu dem mehrfach vorkommenden Ortsnamen Steinweg. ❖ Der Name der bekannten amerikanischen Pianofortefabrik Steinway ist eine Anglisierung des Familiennamens des Firmengründers, Heinrich Steinweg (18./19. Jh.), der aus Wolfshagen im Harz stammte.

Steitz: vor allem im Gebiet zwischen Gießen, Mainz und Darmstadt häufiger Berufsname für den Tuchwalker zu mhd. *stiezen* ›stoßen‹. ❖ Ein *Steitz* ist a. 1568 in Gießen bezeugt.

Steller: 1. Herkunftsname zu dem Ortsnamen Stelle (Schleswig-Holstein, Niedersachsen, Nordrhein-Westfalen, Baden-Württemberg). 2. Wohnstättenname zu dem Flurnamen *Stelle*, der den Weideplatz des Viehs bezeichnet. 3. Berufsübername zu mhd. *stel(le)* ›Falle‹ für den Fallenmacher oder -steller.

Stelling: 1. Herkunftsname zu den Ortsnamen Stellingen (Hamburg), Stelingen (Niedersachsen). 2. Berufsübername zu mnd. *stellinge* ›Stellung, Lagerung; Bestellung des Ackers; Versetzung des Bieres in Gärung; Stallung; Gestell, Baugerüst‹ für verschiedene Berufe.

Stelljes: im Bereich Bremen-Bremerhaven häufig vorkommender patronymischer Familienname (starker Genitiv), der wohl auf den alten deutschen Rufnamen Stallo (< ahd. *stallo* ›Gefährte‹) + *-k*-Suffix zurückgeht. Stalliko oder Stallikin konnten wegen des *i*-haltigen Suffixes umgelautet werden; das *-k*-Suffix wurde im Friesischen zu *-(t)je*.

Stellmach: ▶ Stellmacher. Die Form ohne *-er* kam wohl in Anlehnung an parallele Namenpaare wie Becker – Beck zustande; im deutsch-polnischen Kontaktgebiet liegt poln. *stelmach* (< dt. *Stellmacher*) zugrunde.

Stellmacher: Berufsname zu mnd. **stellemaker(e)*, mhd., md. *stellemacher* ›Stellmacher, Wagner‹, vgl. ▶ Wagner. ❖ *Fridericus Stellemekere*, Bürger zu Quedlinburg, ist a. 1318 bezeugt.

Stelter: niederdeutsche Entsprechung des hochdeutschen Familiennamens ▶ Stelzer.

Stelzer: 1. Übername zu mhd. *stelze* ›Stelze, Stelzbein, Krücke, Schemel, auf dem sich ein Krüppel fortbewegt‹, mhd. *stelzære* ›der auf Stelzen, mit einer Krücke, mit einem Stelzfuß geht‹ nach einem Gebrechen des ersten Namensträgers. ❖ Die Entstehung des Übernamens zeigt der Regensburger Beleg *Heinzil uf der Steltzen* (nach 1334). 2. Wohnstättenname zu mhd. *stelze* ›der schmal auslaufende Teil eines Ackers oder einer Wiese von der Stelle an, wo das Grundstück von der regelmäßigen Gestalt eines Vierecks abweicht‹. 3. Herkunftsname zu Ortsnamen wie Stelz (Schweiz), Stelza (Bayern), Stelzen (Thüringen).

Stelzl: entrundete Form von ▶ Stölzel.

Stelzner: ▶ Stelzer.

Stemmer: 1. Umgelautete Form von Stammer (▶ Stamer). 2. Herkunftsname zu dem gleichlautenden Ortsnamen (Nordrhein-Westfalen). 3. Herkunftsname auf *-er* zu dem Ortsnamen Stemmen (Niedersachsen, Nordrhein-Westfalen).

Stemmler: umgelautete Form von ▶ Stammler.

Stempfle: 1. Schwäbischer Berufsübername zu mhd. *stempfel* ›Stempel, Stößel; Grabstichel; Münzstempel; Siegelstock, Petschaft‹ für verschiedene Berufe: für den Hersteller dieser Gegenstände oder für den Münzpräger bzw. den Graveur. 2. Schwäbische Ableitung auf *-le* zu ▶ Stampf(f).

Stendal: Herkunftsname zu dem gleichlautenden Ortsnamen (Sachsen-Anhalt). ❖ Der französische Dichter Stendhal (18./19. Jh.) hieß eigentlich Henri Beyle. Er wählte sein Pseudonym nach der Geburtsstadt des deutschen Archäologen und Kunstgelehrten Johann Joachim Winckelmann (18. Jh.).

Stendel: sein Vorkommen in Sachsen-Anhalt, Niedersachsen, Brandenburg und Mecklenburg-Vorpommern erweist diesen Familiennamen als Herkunftsnamen zu dem Ortsnamen ▶ Stendal. ❖ Die Herkunft des Familiennamens wird deutlich aus folgender Belegreihe aus Neuhaldensleben/Sachsen-Anhalt: *Ludemans Steyndals* (Beleg im Genitiv; *Steindal* ist die verhochdeutschte Form von Stendal) a. 1330/49 = *Ludeman Steyndels* a. 1330/49 = *Ludeman Stendel* a. 1366.

Stender: 1. Berufsübername zu mnd. *stender* ›Pfosten, Pfahl, der trägt‹ für einen Zimmermann. 2. Gelegentlich Herkunftsname zu dem Ortsnamen Stendern (Niedersachsen). ❖ *Thidericus Stendere* ist a. 1340 in Hannover bezeugt.

Stengel: Übername zu mhd. *stengel, stingel*, mnd. *stengel* ›Stängel der Pflanzen‹, übertragen für einen langen, dünnen Menschen. ❖ *Henricus Stengel* ist a. 1293 in Hannover bezeugt.

Stenger: umgelautete Form von ▶ Stanger.

Stengl: bairisch-österreichische Schreibweise von ▶ Stengel.

Stenglein: Erweiterung von ▶ Stengel mit dem Suffix *-lein*.

Stenner: verschliffene niederdt. Form von ▶ Stender.

Stenz: auf eine umgelautete Kurzform von Stanislaw (▶ Stanislav) zurückgehender Familienname.

Stenzel: umgelautete Form von ▶ Stanzel.

Stepan: auf den tschechischen Rufnamen Štěpán (▶ Stephan) zurückgehender Familienname.

Stephan: auf den gleichlautenden Rufnamen griechischen Ursprungs (griech. *stéphanos* ›Kranz, Krone‹) zurückgehender Familienname. Zur Verbreitung des Namens im Mittelalter trug vor allem die Verehrung des ersten Märtyrers der Urgemeinde bei, des heiligen Stephanus, der vor den Toren Jerusalems gesteinigt wurde. ❖ Als Varianten von Stephan begegnen u. a. die Familiennamen **Stef(f)an, Steffen, Steven**. ❖ Patronymische Bildungen zu Stephan sind Familiennamen wie **Steffens, Steffensen, Stevens, Stephani**. ❖ Aus verkürzten Formen von Stephan sind u. a. die Familiennamen **Steff, Steffel** hervorgegangen. ❖ Slawische Ableitungen von Stephan liegen z. B. den Familiennamen **Scheppan, Szczepanski, Stepan** und **Steppan** zugrunde. ❖ Bei dem Familiennamen **Steppuhn** handelt es sich um eine mit dem litauischen Suffix *-uhn* gebildete patronymische Bildung zu Stephan. Sie war ursprünglich in Ostpreußen verbreitet.

Stephani: patronymische Bildung (lateinischer Genitiv) zu Stephanus (▶ Stephan).

Steppan: ▶ Stepan.

Stepper: Berufsname zu mhd. *steppen* ›reihenweise nähen, durchnähen, sticken‹ für einen Näher.

Steppuhn: ursprünglich in Ostpreußen verbreitete, mit dem litauischen Suffix *-uhn* gebildete patronymische Bildung zu ▶ Stephan.

Sterk: 1. Vor allem im Raum Konstanz-Friedrichshafen häufiger vorkommende, umgelautete Form von ▶ Stark. 2. Niederdeutscher Übername zu mnd. *sterk* ›stark‹.

Stern: 1. Auf den beliebten Hausnamen »Zum Stern« (zu mhd. *stërn, stërre* ›Stern‹) zurückgehender Familienname. ❖ Vgl. den Beleg *Waltherus zem Sternen* (Basel 1290). 2. Herkunftsname zu dem häufigen Ortsnamen Stern. 3. Gelegentlich Vermischung mit ▶ Steer (1.). 4. Wegen des Wohlklangs gewählter jüdischer Familienname. ❖ Bekannter Namensträger: Horst Stern, deutscher Journalist und Schriftsteller (20./21. Jh.).

Sternberg: 1. Herkunftsname zu dem gleichlautenden Ortsnamen (Mecklenburg-Vorpommern, ehem. Brandenburg/jetzt Polen, Niedersachsen, Nordrhein-Westfalen, Bayern, Schlesien, Ostpreußen, Österreich, Böhmen, Mähren). 2. Wegen des Wohlklangs gewählter jüdischer Familienname. ❖ Bekannter Namensträger: Josef von Sternberg, amerikanischer Filmregisseur österreichischer Herkunft (19./20. Jh.).

Sternberger: Ableitung auf *-er* von ▶ Sternberg. ❖ Bekannter Namensträger: Dolf Sternberger, deutscher Publizist und Politikwissenschaftler (20. Jh.).

Sterner: Ableitung auf *-er* von ▶ Stern.

Sterr: 1. ▶ Stern (1.). 2. ▶ Steer (1.). 3. Übername zu mhd. *sterre* ›starr, steif‹.

Sterz: 1. Übername zu mhd. *stërz* ›Schweif; Stängel, Stiel‹. 2. Berufsübername zu mhd. *stërz* ›Pflugsterz‹ für einen Bauern. ❖ *Hainrich Stercz* ist a. 1368 in München bezeugt.

Stetter, Stettner: Herkunftsnamen zu dem häufigen Ortsnamen Stetten (Baden-Würt-

temberg, Bayern, Österreich, Schweiz, Elsass).
Steub: Übername zu mhd. *stöuben* ›Staub aufwirbeln‹; vgl. ▸ Staub.
Steuber: 1. Übername auf *-er* zu mhd. *stöuben* ›Staub erregen, Staub aufwirbeln‹ für einen unruhigen Menschen. 2. Berufsübername zu mhd. *stöuben* ›Staub aufwirbeln‹ für den Müller, der Mehlstaub aufwirbelt. 3. Übername zu mhd. *stöuber* ›aufstöbernder Jagdhund‹. 4. Wohnstättenname auf *-er* zu ▸ Staub (2.).
Steubesand(t): hochdeutsche Entsprechungen von niederdt. ▸ Stövesand(t).
Steudel: Ableitung von ▸ Staude (1.) mit *-l-*Suffix.
Steudle: schwäbische Ableitung von Staude (1.).
Steuer: 1. Amtsname zu mhd. *stiure* ›Beistand des Anwalts‹. 2. Berufsname zu mhd. *stiure* ›Steuermann‹.
Steuernagel: Berufsübername zu mhd. *stiurruodernagel* ›Griff des Steuerruders, auf Flößen das hintere Steuerruder‹ für einen Steuermann oder Flößer.
Steurer: 1. Amtsname zu mhd. *stiurære* ›Steuereinnehmer; Beistand bei Gericht‹. 2. Berufsname zu mhd. *stiurære* ›Steuermann‹.
Steven: auf eine vor allem im deutschen Westen verbreitete Form von ▸ Stephan zurückgehender Familienname.
Stevens: 1. Patronymische Bildung (starker Genitiv) zu Steven (▸ Stephan). 2. Englischer Familienname mit der gleichen Bildungsweise.
Steyer: ▸ Steier.
Stich: 1. Berufsübername zu mhd. *stich* ›Stich‹ für einen Schneider. ❖ In Zürich ist a. 1453 *Ulrich Stich dor Schneider* bezeugt. 2. Gelegentlich Wohnstättenname zu mhd. *stich* ›abschüssige Stelle, steile Anhöhe‹. 3. Niederdeutscher Wohnstättenname zu mhd. *stĭch* ›Steig, Fußweg‹. 4. Herkunftsname zu dem gleichlautenden Ortsnamen (Nordrhein-Westfalen, Baden-Württemberg, Bayern). ❖ Bekannter Namensträger: Michael Stich, deutscher Tennisspieler (20./21. Jh.).
Stichnot(h), Stichnot(h)e: Standesnamen zu mnd. *stichtenote* ›Stiftsgenosse‹.
Sticht: 1. Am häufigsten ist dieser Familienname im Bereich Hof; er ist hier Berufsübername zu fränkisch *Sticht* ›hohe Tonne, Zuber, z.B. für Sauerkraut oder eingesalzenes Fleisch‹ für den Hersteller. 2. Im niederdeutschen Bereich Übername oder Wohnstättenname zu mnd. *sticht(e)* ›Stift, Bistum, Abtei‹. 3. Gelegentlich Herkunftsname zu dem gleichlautenden Ortsnamen (Niedersachsen, Nordrhein-Westfalen).
Stickel: 1. Übername zu mhd. *stickel* ›spitzer Pfahl‹, bildlich für einen groben Menschen. 2. Wohnstättenname zu mhd. *stickel* ›steiler Weg‹. 3. Wohnstättenname zu mhd *stickel* ›Anhöhe‹. ❖ An einer Anhöhe wohnte z.B. *Otte an der stickel*, bezeugt in Stubenberg/Österreich a. 1390.
Stickelmaier, Stickelmayer, Stickelmeier: Standesnamen, nähere Kennzeichnung eines Meiers (▸ Meyer) durch die Lage des Hofes (▸ Stickel [2.], [3.]).
Stieber: Übername auf *-er* zu mhd. *stieben* ›stieben, Staub von sich geben; schnell laufen, rennen‹ für einen unruhigen, hastigen Menschen. ❖ *Hans Stieber* ist a. 1363 in Nürnberg bezeugt.
Stief: 1. Im ober- und mitteldeutschen Bereich meist Übername zu der entrundeten Form von mhd. *stüef* ›gerade, fest, stark, wacker, tapfer‹. 2. Gelegentlich oberdeutscher Wohnstättenname zu mhd. *stief* ›steil‹ für jemanden, der an einer steilen Stelle wohnte. 3. Im niederdeutschen Bereich Übername zu mnd. *stīf* ›steif; fest, unbeugsam, hartnäckig‹.
Stiefel: 1. Berufsübername für den Stiefelmacher zu mhd. *stibel, stival, stivel,* mnd. *stevel* ›Schuh, Stiefel‹, das seit dem 13. Jh. aus italien. *stivale* oder afranz. *estival* ›leichter Sommerschuh‹ entlehnt wurde. 2. Berufsübername zu mhd. *stivel,* mnd. *stivele* ›(hölzerne) Stütze, Stange für den Weinstock‹ für einen Winzer oder Übername für einen lang aufgeschossenen Menschen.
Stiegelmai(e)r, Stiegelmay(e)r, Stiegelmeier, Stiegelmey(e)r: Standesnamen, nähere Kennzeichnung eines Meiers (▸ Meyer) durch die Lage des Hofes an einem »Stiegel« (zu mhd. *stigel[e]* ›Treppchen zum Übersteigen eines Zaunes, einer Hecke‹).
Stieger: dieser Familienname kommt sowohl in Nord- wie auch in Mittel- und Süddeutschland vor und muss entsprechend unter-

schiedlich erklärt werden: 1. Ober- und mitteldeutscher Wohnstättenname zu mhd. *stiege, stieg* ›Treppe, steil aufwärtsführender Fußpfad‹. 2. Bei niederdeutscher Herkunft Berufsübername auf *-er* zu mnd. *stigen* ›Kornstiegen (= 20 Garben) machen oder aufstellen‹. 3. Niederdeutscher Übername zu mnd. *stigen* ›steigen, sich erheben‹. 4. Herkunftsname auf *-er* zu den Ortsnamen Stieg (Baden-Württemberg, Nordrhein-Westfalen), Stiege (Sachsen-Anhalt). ❖ *Hainrich Stieger* ist a. 1379 in München bezeugt.

Stiegler: Wohnstättenname zu mhd. *stigel(e)* ›Treppchen zum Übersteigen eines Zaunes, einer Hecke‹ für jemanden, der an einer solchen Vorrichtung wohnte.

Stieglitz: 1. Berufsübername oder Übername zu mhd. *stigeliz, stigliz, stiglitze* ›Stieglitz‹, einer Entlehnung aus dem Slawischen, für den Vogelhändler oder einen fröhlichen, auch einen bunt gekleideten Menschen. 2. Herkunftsname zu dem gleichlautenden Ortsnamen (ehem. Brandenburg/jetzt Polen). ❖ Ein *Stiglitz messrer* ist a. 1381 in München bezeugt.

Stiehl: ▶ Stiel.

Stiehler: ▶ Stieler.

Stiel: Berufsübername zu mhd. *stil* ›Stiel, Handgriff; Griffel‹, mnd. *stil* ›Stiel‹ für verschiedene Berufe (vgl. ▶ Pfannenstiel, ▶ Hammerstiel für den Hersteller dieser Geräte) oder Übername für einen großen, schlanken Menschen.

Stieler: durch Entrundung aus mhd. *stüeler* ›Stuhlflechter, -hersteller‹ entstandener Berufsname. ❖ Bekannter Namensträger: Caspar von Stieler, deutscher Dichter und Sprachforscher (17./18. Jh.).

Stier: Berufsübername zu mhd. *stier* ›Stier‹ für einen Bauern, übertragen Übername für einen dummen oder groben Menschen.

Stierle: schwäbische Ableitung von ▶ Stier.

Stiewe: niederdeutscher Übername zu mnd. *stîf* ›steif, fest, unbeugsam, hartnäckig‹: ›der Steife, Unbeugsame‹.

Stifter: Übername bzw. Standesname zu mhd. *stifter* ›Stifter, Gründer; Belehner eines Gutes; derjenige, der den Pächter eines Gutshofs einsetzt‹. ❖ Bekannter Namensträger: Adalbert Stifter, österreichischer Schriftsteller (19. Jh.).

Still(e): Übernamen zu mhd. *stille* ›still, heimlich, ruhig, schweigend‹, mnd. *stille* ›still‹ für einen ruhigen, schweigsamen Menschen. ❖ *Bernd Stille* ist a. 1404 in Hannover bezeugt.

Stiller: 1. Stark flektierte Form oder patronymische Bildung auf *-er* zu ▶ Still(e). 2. Herkunftsname auf *-er* zu den Ortsnamen Still (Österreich, Elsass), Stillau (Baden-Württemberg).

Stingl: bairisch-österreichischer Übername zu mhd. *stengel, stingel* ›Stängel der Pflanzen‹, übertragen für einen langen, dünnen Menschen.

Stings: aus einer rheinischen Mundartform von Augustinus (▶ Augustin) (vgl. rhein. *Wing* für hd. *Wein*) hervorgegangener Familienname.

Stinnes: auf eine im Anlaut verkürzte Form von Augustinus (▶ Augustin) zurückgehender Familienname.

Stirner: 1. Herkunftsname zu dem Ortsnamen Stirn (Mittelfranken). 2. Übername für jemanden mit einer hohen Stirn. 3. Übername zu mhd. *stirner, stirn(en)stœzel* ›Landstreicher‹. ❖ Bekannter Namensträger: Max Stirner, Schriftstellername des deutschen philosophischen Schriftstellers Johann Kaspar Schmidt (19. Jh.).

Stitz: vor allem im Raum Göttingen häufiger anzutreffender Berufsübername zu mnd. *stitze* ›junge Kuh, die erst einmal gekalbt hat‹ für einen Bauern, vielleicht auch Übername für einen jungen Menschen.

Stöb: bairische Form von ▶ Steub.

Stobbe: niederdeutscher Übername zu niederdt. *Stobben* ›Baumstumpf‹, vgl. ▶ Stubbe.

Stober: vor allem im Raum Karlsruhe anzutreffender Berufsübername zu mhd. *stöuber* ›aufstöbernder Jagdhund‹ für einen Jäger oder Übername für einen unruhigen, vielleicht auch neugierigen Menschen.

Stöber: 1. ▶ Stober. 2. Im niederdeutschen Bereich Stöver (▶ Stover).

Stock: 1. Wohnstättenname nach einem Flurnamen (zu mhd. *stoc* ›Stock; Baumstamm, Baumstumpf‹). 2. Übername für einen steifen Menschen. 3. Herkunftsname zu den Ortsnamen Stock (Bayern, Nordrhein-Westfalen, Schweiz), Stöck (Baden-Württemberg).

Stöckel: Ableitung von ▶ Stock (1.) und (2.) mit -l-Suffix. ❖ *Ucz Stöchkel weber* ist a. 1371 in München bezeugt.

Stocker, Stöcker: Amtsnamen zu mhd. *stocker* ›Stock-‹, d. h. ›Gefängniswärter‹.

Stockfisch: Berufsübername zu mhd. *stocvisch*, mnd. *stokvisch* ›Stockfisch‹ für den Fischhändler oder Übername nach der Lieblingsspeise. ❖ *Heinricus Stocvisch* ist a. 1255 in Magdeburg bezeugt.

Stockhausen: Herkunftsname zu dem gleichlautenden Ortsnamen (Niedersachsen, Sachsen-Anhalt, Sachsen, Thüringen, Hessen, Nordrhein-Westfalen, Rheinland-Pfalz, Baden-Württemberg, Bayern, Ostpreußen). ❖ Bekannter Namensträger: Karlheinz Stockhausen, deutscher Komponist (20./21. Jh.).

Stockinger: Herkunftsname auf -er zu dem Ortsnamen Stocking (Bayern, Österreich).

Stöckl: bairisch-österreichische Schreibweise von ▶ Stöckel. ❖ Bekannte Namensträgerin: Ula Stöckl, deutsche Filmregisseurin (20./21. Jh.).

Stöckle: schwäbische Ableitung von ▶ Stock.

Stöcklein: Ableitung von ▶ Stock mit dem Suffix -lein.

Stockmann, Stöckmann: 1. Wohnstättennamen auf -mann zu mhd. *stoc* ›Baumstamm, Baumstumpf; Gefängnis‹, mnd. *stok* ›Baumstumpf; Brunnen, Pumpe; Gefängnis‹ für jemanden, der bei einem dieser Gegenstände oder Gebäude wohnte. 2. Herkunftsnamen auf -mann zu Ortsnamen wie Stock (Nordrhein-Westfalen, Bayern, Schweiz), oder Stockem (Nordrhein-Westfalen, Rheinland-Pfalz), Stockum (Nordrhein-Westfalen, Niedersachsen), Stockheim (Nordrhein-Westfalen, Baden-Württemberg, Ostpreußen), Stöckheim (Niedersachsen). ❖ Vgl. die Belege aus Braunschweig *Henningus dictus* [genannt] *Stockeman* a. 1325 = *Hennighe van Stockeme* a. 1329. 3. Amtsnamen, identisch mit ▶ Stocker, Stöcker.

Stoffel, Stöffel: aus Koseformen mit -l-Suffix zu einer verkürzten Form von ▶ Christoph entstandene Familiennamen.

Stoffels: patronymische Bildung (starker Genitiv) zu ▶ Stoffel.

Stoffer: aus einer im Anlaut verkürzten Form von Christophorus (▶ Christoph) hervorgegangener Familienname.

Stoffers: patronymische Bildung (starker Genitiv) zu ▶ Stoffer.

Stoffregen: Übername zu mnd. *stofregen* ›Staubregen‹, vielleicht für einen zu Zornausbrüchen neigenden Menschen.

Stöger: durch Rundung entstandene bairische Form von ▶ Steger.

Stöhr: 1. Berufsname bzw. Übername zu fnhd. *stör* ›Ausübung eines Gewerbes im Hause des Bestellers‹ bzw. mhd. *storære* ›der unbefugt ein Gewerbe treibt; Handwerker, der in fremden Häusern gegen Kost und Tagelohn arbeitet‹. 2. Berufsübername zu mhd. *stör*, mnd. *stor(e)* ›Stöhr‹ für einen Fischer. ❖ *Chunrad Stör de* [aus] *Bilnrevt* ist um 1300 in Nürnberg bezeugt.

Stoiber: bairische Schreibweise von ▶ Steuber.

Stojanović: serbische, bosnische oder kroatische patronymische Bildung zum Rufnamen Stojan, einer Kurzform von Rufnamen wie Stojislav (urslaw. **stojati* ›stehen‹ + urslaw. **slava* ›Ruhm, Ehre‹).

Stolberg(er): Herkunftsnamen zu dem Ortsnamen Stolberg (Sachsen-Anhalt, Nordrhein-Westfalen, ehem. Brandenburg/jetzt Polen, Ostpreußen), vgl. auch ▶ Stollberg(er).

Stoldt: ▶ Stolt(e).

Stoll: ▶ Stolle.

Stollberg(er): Herkunftsnamen zu dem Ortsnamen Stollberg (Schleswig-Holstein, Sachsen, Nordrhein-Westfalen, Bayern), vgl. auch ▶ Stolberg(er).

Stolle: 1. Berufsübername zu mhd. *stolle* ›Stütze, Gestell, Pfosten‹, mhd., mnd. *stolle* ›Stollen im Bergwerk‹ für einen Zimmermann oder Bergwerkarbeiter. 2. In übertragener Bedeutung Übername für einen stämmigen, vierschrötigen oder unbeholfenen Menschen. 3. Wohnstättenname zu mhd. *stolle* ›hervorragender Teil, Spitze, Zacke‹. 4. Herkunftsname zu dem Ortsnamen Stollen (Baden-Württemberg, Bayern, Ostpreußen).

Stollenwerk: vor allem im Bereich Aachen–Köln häufig vorkommender Familienname: 1. Berufsname zu mhd. *stolle* ›Stütze, Gestell‹ + mhd. *würhte* ›Hersteller von etwas‹ für den Schreiner, den Zimmermann. 2. Berufsübername zu mhd. *stolle* ›Stollen im Bergwerk‹ + mhd. *würhte* ›Hersteller von etwas‹ für den Bergmann. 3. Berufsübername zu mnd. *stōlwerk* ›eine Art Kürschnerarbeit‹ für den Kürschner.

Stollwer(c)k: ▶ Stollenwerk.

Stolp: Herkunftsname zu dem gleichlautenden Ortsnamen (ehem. Pommern/jetzt Polen).

Stolpe: Herkunftsname zu dem gleichlautenden Ortsnamen (Schleswig-Holstein, Mecklenburg-Vorpommern, Brandenburg).

Stolper: 1. Ableitung auf *-er* von ▶ Stolp oder ▶ Stolpe. 2. Übername zu fnhd. *stolpen* ›stolpern‹.

Stolt(e): Übernamen zu mnd. *stolt* ›stattlich, ansehnlich, schön; stolz, hochmütig‹.

Stoltenberg: Herkunftsname zu dem gleichlautenden Ortsnamen (Schleswig-Holstein).

Stölting: Übername zu mnd. *stoltink* ›(stolzer) Held‹ oder patronymische Ableitung von ▶ Stolt(e) mit dem Suffix *-ing*.

Stoltz(e), Stolz(e): Übernamen zu mhd. *stolz* ›töricht, übermütig; stattlich, prächtig, herrlich‹. ❖ Bekannter Namensträger: Robert Stolz, österreichischer Komponist (19./20. Jh.).

Stölzel: Ableitung von Stolz (▶ Stoltz[e]) mit *-l*-Suffix.

Stolzenberg(er): Herkunftsnamen zu dem Ortsnamen Stolzenberg (Nordrhein-Westfalen, Thüringen, Bayern, ehem. Brandenburg/jetzt Polen, ehem. Pommern/jetzt Polen, bei Danzig, Ostpreußen, Schlesien).

Stolzenburg: Herkunftsname zu dem gleichlautenden Ortsnamen (Mecklenburg-Vorpommern, ehem. Pommern/jetzt Polen).

Stölzl: ▶ Stölzel.

Stölzle: schwäbische Ableitung von Stolz (▶ Stoltz[e]).

Stommel: im Raum Köln-Bonn häufiger Übername zu mndl. *stommel*, mnd. *stumpel* ›Stumpf, Stummel‹ für einen kleinen, untersetzten Menschen.

Stopfkuchen: Berufsübername zu nhd. (veraltet) *Stopfkuchen* ›Reststück von Kuchenteig, in das die übrig gebliebenen Rosinen, Butter- und Zuckermengen hineingestopft werden‹ für einen Bäcker oder Übername für einen Kuchenesser.

Stopp: 1. Am häufigsten ist dieser Familienname in Südsachsen, es handelt sich daher am ehesten um einen Übernamen zu fnhd. (ostmd.) *stoppen* ›stupfen‹. 2. Sonst auch Übername zu mhd. *stupfe*, mnd. *stoppe* ›Stoppel‹ für einen kleinen Menschen. 3. Berufsübername zu mnd. *stōp* ›Becher‹ für den Hersteller.

Stoppel: Übername zu mnd. *stoppel* ›Stachel‹ für einen Stoppelbärtigen oder einen Stoppelhaarigen.

Stör: ▶ Stöhr.

Storbeck: Herkunftsname zu dem gleichlautenden Ortsnamen (Sachsen-Anhalt, Brandenburg).

Storch: 1. Übername zu mhd. *storch(e), storc, storke*, mnd. *stork* ›Storch‹, bildlich für einen Menschen mit langen bzw. dünnen Beinen oder einer steifen Gangart. 2. Auf einen Hausnamen zurückgehender Familienname.

Storck: 1. ▶ Storch. 2. ▶ Stork (3.).

Störer: Standesname zu mhd. *stœrære* ›der unbefugt ein Handwerk treibt; Handwerker, der in fremden Häusern gegen Kost und Tagelohn arbeitet‹.

Stork: 1. ▶ Storch. 2. Herkunftsname zu dem gleichlautenden Ortsnamen (Hessen). 3. Durch Verdumpfung des *-a-* zu *-o-* entstandene mundartliche Variante von ▶ Starck, Stark(e).

Storm: Übername zu mnd. *storm* ›Sturm, Sturmwind, Unwetter; Ungestüm, Getobe; heftiger Angriff‹ für einen Menschen von heftiger Gemütsart. ❖ Bekannter Namensträger: Theodor Storm, deutscher Schriftsteller (19. Jh.).

Störmer: Übername zu mnd. *stormere* ›Stürmer, Polterer, Schreier, Angreifer, Bedränger‹.

Störte(n)be(c)ker: Übernamen in Satzform (»[ich] stürze den Becher«) zu mnd. *storten* ›stürzen‹ und mnd. *beker* ›Becher‹ für einen Trinker. ❖ Der Wismarer Seeräuber Klaus Störtebeker wurde i. J. 1401 in Hamburg hingerichtet.

Storz: vor allem im Raum Konstanz häufiger Übername zu alem. *Storz* ›Strunk‹ für einen kleinen, gedrungenen Menschen.

Stoss, Stoß: 1. Übernamen zu mhd. *stōʒ* ›Stich, Stoß; Streit, Zank, Hader‹ für einen streitsüchtigen Menschen. 2. Wohnstättennamen zu mhd. *stōʒ* oder zu fnhd. *stoß* ›strittiger Ort, Grenze‹. ❖ Bekannter Namensträger: Veit Stoß, deutscher Bildhauer, Kupferstecher und Maler (15./16. Jh.).

Stößel: 1. Berufsübername zu mhd. *stœʒel* ›Werkzeug zum Stoßen‹ für verschiedene Berufe. 2. Berufsname zu mhd. *stæʒel* ›der Stößer, der mit dem Stößel den Pflasterern nachstößt‹. 3. ▸ Stösser, Stößer. ❖ *Fridel Stœssel* ist a. 1345 in Regensburg bezeugt.

Stösser, Stößer: 1. Berufsnamen zu mhd. *stœʒer, stōʒer* ›der das Salz in die Kufen stößt‹, auch ›Salzkleinhändler‹ (vgl. bair. *Stosser, Salzstosser, Salzstössel* ›Bürger, der das Recht hatte, das Salz, das in großen Scheiben gehandelt wurde, zu zerstoßen und im Kleinen zu verkaufen‹). 2. In Weinbaugebieten Berufsnamen für den Weinbergarbeiter, der die Pfähle in den Boden stößt. ❖ *H. Stozzer* ist um 1298 in Nürnberg bezeugt.

Stößlein: Erweiterung von ▸ Stoss, Stoß mit dem Suffix *-lein*.

Stöter: niederdeutsche Entsprechung von ▸ Stösser (1.). ❖ *Clawes Stœter* ist a. 1398 in Halle bezeugt.

Stotz: Übername zu mhd. *stotze* ›Stamm, Klotz‹, bildlich für einen vierschrötigen Menschen.

Stötzel: Ableitung von ▸ Stotz mit *-l*-Suffix.

Stötzer: 1. Berufsname zu mhd. *stutze* ›Trinkbecher, Stutzglas; Gefäß von Böttcherarbeit in Form eines abgestuzten Kegels‹, fnhd. *stoz* ›hölzernes (Milch-)Gefäß‹ für den Hersteller. 2. Wohnstättenname für jemanden, der am Stotz (›Steilhang‹) siedelte. 3. Herkunftsname zu dem Ortsnamen Stoetze (Niedersachsen).

Stover, Stöver: Berufsnamen zu mnd. *stover* ›Bader‹, vgl. ▸ Bader.

Stövesand(t): niederdeutsche Übernamen in Satzform zu mnd. *stōven* ›stäuben, aufwirbeln‹ und mnd. *sant* ›Sand‹ (»wirble den Sand auf!«) für einen Eilfertigen. ❖ *Peter Stovesandt* ist a. 1564 als Name eines Bürgers von Hagen/Kreis Celle überliefert.

Stowasser: Wohnstättenname zu einem Örtlichkeitsnamen zu mnd. *stōven*, mhd. *stiuben* ›stäuben‹ bzw. mnd. *stouwen, stowen* ›aufstauen, abdämmen‹ + mhd. *waʒʒer* ›Wasser‹ für jemanden, der an einem Wasserfall oder an einem aufgestauten Gewässer wohnte. ❖ Der österreichische Maler Friedensreich Hundertwasser (20./21. Jh.) hieß eigentlich Friedrich Stowasser. Er setzte zur Bildung seines Künstlernamens Sto- mit slawisch *sto* ›hundert‹ gleich.

Stoy(a), Stoye: aus Ableitungen von slawischen Rufnamen wie Stojislav (▸ Stojanović) hervorgegangene Familiennamen.

Strack(e): Übernamen zu mhd. *strac(k)* ›gerade, straff, ausgestreckt‹, mnd. *strak* ›gerade emporgerichtet, steif, straff, stark‹; bildl. ›gerade, fest, streng‹. ❖ Bekannter Namensträger: Günther Strack, deutscher Film- und Bühnenschauspieler (20. Jh.).

Strahl: 1. Berufsübername zu mhd. *strāl*, mnd. *strale* ›Pfeil‹ für den Hersteller. 2. Übername zu mhd. *strāl* ›Wetterstrahl, Blitz‹, mnd. *strale* ›Sonnen-, Wetter-, Lichtstrahl; Stachel der Biene‹. 3. Aus einem Hausnamen hervorgegangener Familienname. Ein Haus *genant der Stral* ist a. 1350 in Regensburg bezeugt. 4. Auf einen Flurnamen für ein langes, schmales Geländestück zurückgehender Familienname.

Strähl: Berufsübername zu mhd. *strœl* ›Kamm‹ für den Kammmacher.

Strähle: 1. ▸ Strähl. 2. Übername zu schwäb. *Strähle* ›zu Streichen aufgelegter Mensch‹.

Strähler: Berufsname zu mhd. *strœlære* ›Kammmacher‹.

Straka: Übername zu tschech. *straka* ›Elster‹.

Stramm: niederdeutscher Übername zu mnd. *stram* ›steif, straff‹ nach dem Charakter oder der Haltung des ersten Namensträgers. ❖ Bekannter Namensträger: August Stramm, deutscher Schriftsteller (19./20. Jh.).

Stransky: Herkunftsname zu tschechischen Ortsnamen wie Stráň, Strana, Stránka.

Stran(t)z: 1. Übernamen zu mhd. *stranzen* ›müßig umherlaufen, großtun‹, vgl. fnhd. *strenzer* ›Faulenzer‹. ❖ *Chunradus Stranz* ist a. 1302–1315 in Nürnberg belegt. 2. Herkunftsnamen zu dem Ortsnamen Stranz (ehem. Brandenburg/jetzt Polen).

Strasburg(er): ▸ Straßburg(er).

Strass, Straß: 1. Herkunftsnamen zu dem Ortsnamen Straß (Nordrhein-Westfalen, Baden-Württemberg, Bayern, Österreich). 2. ▸ Strasse, Straße.

Straßburg(er): Herkunftsnamen zu den Ortsnamen Straßburg (Elsass, ehem. Brandenburg/jetzt Polen; Österreich), Strasburg (Mecklenburg-Vorpommern, ehem. Westpreußen).

Strasse, Straße: 1. Herkunftsnamen zu dem Ortsnamen Straße (Niedersachsen, Nordrhein-Westfalen, Brandenburg). 2. Wohnstättennamen zu mhd. *strāʒe* ›Straße‹: ›wohnhaft an der Straße‹.

Strasser, Straßer: Ableitungen auf *-er* von ▸ Strass, Straß oder ▸ Strasse, Straße. ❖ *Heinrich Strasser* ist a. 1370 in Nürnberg bezeugt. ❖ Bekannter Namensträger: Hugo Strasser, deutscher Komponist und Orchesterleiter (20./21. Jh.).

Strassmann, Straßmann: Ableitungen auf *-mann* von ▸ Strass, Straß oder ▸ Strasse, Straße.

Strate: niederdeutscher Wohnstättenname zu mnd. *strate* ›Straße‹: ›wohnhaft an der Straße‹. ❖ *Johan van der strate* ist a. 1384 in Lüneburg bezeugt.

Strater, Sträter: Ableitungen auf *-er* von ▸ Strate.

Strat(h)mann: Ableitungen auf *-mann* von ▸ Strate. ❖ *Arndt Strateman* ist a. 1543 in Hildesheim bezeugt. ❖ Bekannter Namensträger: Carl Strathmann, deutscher Maler und Grafiker (19./20. Jh.).

Straub(e): Übernamen zu mhd. *strūbe* ›starrend, rau emporstehend (Haare), struppig‹. ❖ Bekannter Namensträger: Johann Baptist Straub, deutscher Bildhauer (18. Jh.).

Straubel, Sträubel: Ableitungen von ▸ Straub(e) mit *-l*-Suffix.

Straubing(er): Herkunftsnamen zu dem Ortsnamen Straubing (Bayern).

Strauch: 1. Wohnstättenname zu mhd. *strūch* ›Strauch, Gesträuch‹. 2. Herkunftsname zu dem gleichlautenden Ortsnamen (Nordrhein-Westfalen, Hessen, Sachsen).

Strauss, Strauß: 1. Übernamen zu mhd. *strūʒ*, mnd. *strūs* ›der Vogel Strauß‹, nach einer Straußenfeder im Helmschmuck oder als Anspielung auf die Augen/den Blick des ersten Namensträgers. So heißt es im jungen Titurel (um 1270) *dīn ougen sullen dem strouʒe gelīchen* [deine Augen sollen dem Strauß gleichen]. ❖ Ein früher Beleg stammt aus Magdeburg: *Heinric Struz* (a. 1162). 2. Auf einen Hausnamen zurückgehende Familiennamen. ❖ *Heyne vamm Strause* ist a. 1428/38 als Bürger von Eschede (Niedersachsen) überliefert. 3. Übernamen zu mhd. *strūʒ* ›Widerstand, Zwist, Streit, Gefecht‹ für einen streitlustigen Menschen. 4. Wohnstättennamen zu mhd. *strūʒ* ›Strauch, Büschel‹. ❖ Bekannte Namensträger: Johann Strauß, Vater und Sohn, österreichische Komponisten (19. Jh.); Richard Strauss, deutscher Komponist (19./20. Jh.); Lulu von Strauß und Torney, deutsche Dichterin (19./20. Jh.); Botho Strauß, deutscher Schriftsteller (20./21. Jh.).

Streb(el), Streber: Übernamen zu mhd. *strëben* ›Widerstand leisten; sich abmühen; sich nach einem Ziele bewegen, vorwärts dringen, eilen‹ für einen widerspenstigen bzw. für einen strebsamen Menschen. ❖ Vgl. die Nürnberger Belege *Niclas Streber* (a. 1431–1443), *Hans Strebel* (a. 1462).

Streck(e): Wohnstättennamen zu mnd. *stre(c)ke* ›Strich Landes, Gebiet, Strecke‹.

Strecker: 1. Berufsname zu mhd. *strecken* ›gerade machen, ausdehnen, spannen, strecken; foltern‹ für einen Handwerker, der das Strecken, Spannen (z. B. bei den Schuh- und Handschuhmachern) besorgte, oder für einen Folterknecht. 2. Ableitung auf *-er* von ▸ Streck(e). 3. Herkunftsname zu dem Ortsnamen Streckau (Sachsen-Anhalt).

Streckert: Erweiterung von ▸ Strecker mit sekundärem *-t*.

Strehl: 1. ▸ Strähl. 2. ▸ Strehle (2.).

Strehlau: 1. Herkunftsname zu dem Ortsnamen Strelau (Schlesien). 2. ▸ Strelow.

Strehle: 1. Herkunftsname zu den Ortsnamen Strehla (Sachsen), Strehlen (Brandenburg, Schlesien). 2. Übername zu nsorb. *stśěla*, tschech. *střela* ›Pfeil‹. 3. ▸ Strähle.

Strehlow: ▸ Strelow.

Streich: Übername zu mhd. *strīch* ›Streich, Schlag‹. ❖ Bekannte Namensträgerin: Rita Streich, deutsche Sängerin (20. Jh.).

Streicher: 1. Amtsname zu mhd. *strīchen* ›streichend bewegen, streichend messen‹ für einen amtlichen Prüfer oder Messer, z. B. für den ▸ Kornmesser, der das Getreidemaß mit dem *strīchholz* glatt strich. In Frankfurt a. M. war der Streicher ein geschworener Beamter, der dafür zuständig war, die auf der Messe in ganzen Stücken verkauften Tuche mit der Schnur zu messen. 2. Berufsübername für den Wollkämmer, der die Wolle mit dem *strīchkamp* (›Wollkamm‹) bearbeitete, oder für einen Musikanten, der ein Streichinstrument spielte. 3. Übername zu mhd. *strīchen* ›sich rasch bewegen, herumstreifen, eilen‹. ❖ *Ruger der Straichar* ist i. J. 1340 in Regensburg bezeugt.

Streit: 1. Übername zu mhd. *strīt* ›Streit (mit Worten oder mit Waffen)‹ für einen streitlustigen Menschen. 2. Herkunftsname zu dem Ortsnamen Streit (Bayern, Österreich, Schlesien). 3. Wohnstättenname nach einem gleichlautenden Flurnamen für ein Gelände, dessen Besitz umstritten war oder auf dem ein Streit (Gefecht) stattgefunden hatte. ❖ *Hans Streit, weinknecht* ist a. 1419–1431 in Nürnberg bezeugt.

Streiter: 1. Übername zu mhd. *strīten* ›streiten‹ für einen streitsüchtigen Menschen. 2. Standesname zu mhd. *strīter* ›Streiter, Kämpfer‹. 3. Ableitung auf *-er* von ▸ Streit (2.) oder (3.). ❖ *Marquart der Streyter* ist a. 1325 in Regensburg bezeugt.

Strelow: Herkunftsname zu den Ortsnamen Strelow (Mecklenburg-Vorpommern), Strehlow (Mecklenburg-Vorpommern, Brandenburg).

Strempel, Strempfl: Berufsübernamen bzw. Übernamen zu mhd. *strempfel* ›Stößel‹, fnhd. *strempfel* ›Stange‹.

Streng(e): Übernamen zu mhd. *strenge* ›stark, gewaltig, tapfer; hart, unfreundlich, herb, unerbittlich‹, mnd. *strenge* ›hart, herb, streng; tapfer, tüchtig, energisch‹. ❖ *Hinrik Strenghe* ist a. 1416 in Hildesheim bezeugt.

Streubel: ▸ Straubel, Sträubel.

Streun: Übername zu mhd. *striunen* ›schnuppernd umherstreifen, auf neugierige oder verdächtige Weise nach etwas forschen‹ für einen neugierigen Menschen. ❖ *Streun rostauscher* [Übername + Berufsname ›Rosstauscher, Pferdehändler‹] ist a. 1345 in Regensburg bezeugt.

Strey: 1. Herkunftsname; entrundete Form zu dem Ortsnamen Streu (Mecklenburg-Vorpommern, Bayern). 2. Aus einer Kurzform von slawischen Rufnamen wie Stregoslav (urslaw. *strěšti* ›bewahren, hüten‹ + urslaw. *slava* ›Ruhm, Ehre‹) u. Ä. entstandener Familienname. 3. Übername zu poln. *stryj* ›Onkel‹.

Stricker: Berufsname zu mhd. *stricker* ›Seiler; Schlingenleger (für Wild und Vögel); Strumpfstricker‹.

Strickert: Erweiterung von ▸ Stricker mit sekundärem *-t*.

Striegel: Berufsübername zu mhd. *strigel* ›Striegel‹ für einen Pferde-, Stallknecht oder Übername für einen rauen, kratzbürstigen Menschen. ❖ *Hilprant Strigel* ist a. 1392 in Nürnberg bezeugt.

Strietzel: durch Entrundung aus mhd. *strützel* ›längliches Brot von feinem Mehl, Stolle‹ entstandener Berufsübername für einen Bäcker oder Übername nach der Lieblingsspeise. ❖ Bekannter Namensträger: Achim Strietzel, deutscher Schauspieler und Kabarettist (20. Jh.).

Strittmatter: Herkunftsname zu dem Ortsnamen Strittmatt (Baden-Württemberg). ❖ Bekannter Namensträger: Erwin Strittmatter, deutscher Schriftsteller (20. Jh.).

Strobach: ▸ Strohbach.

Strobel, Ströbel: Übernamen zu mhd. *strobel* ›struppig‹ für jemanden mit struppigem Haar, vgl. mhd. *strobelhār* ›struppiges Haar‹. ❖ Ein früher Beleg aus Nürnberg ist *Her[mannus] Strobel* a. 1279.

Ströbele: schwäbische Ableitung von ▸ Strobel.

Strobl: bairisch-österreichische Schreibweise von ▸ Strobel.

Stroh: Berufsübername zu mhd. *strō* für den Bauern, den Händler mit Stroh oder den Strohschneider. ❖ *Jost Stro* ist a. 1577 in Gießen bezeugt.

Strohbach: Herkunftsname zu dem Ortsnamen Strohbach (Baden-Württemberg) oder verhochdeutschte Form von dem Ortsnamen Ströbeck (Sachsen-Anhalt).

Ströhlein: Ableitung von ▸ Stroh mit dem Suffix *-lein*. ❖ Ein *Strölin* ist a. 1319 in Nürnberg bezeugt.

Strohm: südwestdeutscher Wohnstättenname zu mhd. *strām* ›Strom, Strömung‹, auch ›Streifen‹, daher hier wohl in dem Sinne von ›Landstreifen‹.

Strohmaier, Strohmay(e)r, Strohmeier, Strohmeyer: Amtsnamen zu mhd. *strōmeier* ›Unterbediener der Kammerverwaltung, dem die Aufsicht über die Erhebung des Zehnten hinsichtlich des Strohs zugewiesen war‹. ❖ *Heinric[us] cognomine* [mit Beinamen] *Stromair* ist a. 1234 in Nürnberg bezeugt.

Strohschein: Wohnstättenname bzw. Berufsübername zu mhd. *strō* + mhd. *schīn*

›Schein; die Art, wie sich etwas zeigt‹, also etwa ›wo Stroh erscheint‹, z. B. als Kennzeichen einer »Strohwirtschaft«, eines Ausschanks.

Stromberg: Herkunftsname zu dem gleichlautenden Ortsnamen (Nordrhein-Westfalen, Rheinland-Pfalz).

Strot(h)mann: 1. Wohnstättennamen auf -mann zu mnd. *strōt* ›Gebüsch, Dickicht‹. 2. Herkunftsnamen auf -mann zu den Ortsnamen Stroth(e) (Niedersachsen).

Strube: 1. Übername zu mhd. *strūbe* ›starrend, rau emporstehend (von Haaren)‹ für einen Menschen mit struppigem Haar. 2. ▶ Struve.

Strubel: 1. Erweiterung von ▶ Strube (1.) mit -l-Suffix. 2. Nebenform von ▶ Strobel.

Strübing: auf eine niederdeutsche patronymische Ableitung mit dem Suffix -ing von ▶ Struve (1.) zurückgehender Familienname.

Struck: 1. Wohnstättenname zu mnd. *strūk* ›Staude, Busch; Gesträuch, Gebüsch‹. 2. Herkunftsname zu dem gleichlautenden Ortsnamen (Nordrhein-Westfalen, Brandenburg). ❖ *Elerus Struc* ist a. 1288 in Lüneburg bezeugt. ❖ Bekannte Namensträgerin: Karin Struck, deutsche Schriftstellerin (20./21. Jh.).

Struckmann: 1. Ableitung auf -mann von ▶ Struck (1.). 2. Herkunftsname auf -mann zu den Ortsnamen Struck (Nordrhein-Westfalen, Brandenburg), Struckhausen (Niedersachsen). ❖ *hinrik Struckman* ist a. 1446 in Bremen bezeugt.

Struckmeier: Standesname, nähere Kennzeichnung eines Meiers (▶ Meyer) durch ein Merkmal des Hofes (▶ Struck [1.]).

Strun(c)k: Übernamen zu mhd. *strunc*, mnd. *strunk* ›Stängel, Strunk‹ für einen kleinen, gedrungenen Menschen.

Strunz: Übername zu mhd. *strunze* ›Stumpf‹, bildl. ›grober Kerl‹.

Strupp: Übername zu mhd. *strūbe, strūp* ›starrend, rau emporstehend (von Haaren)‹ für einen Menschen mit struppigem Haar.

Struß: auf mnd. *strūs* ›der Vogel Strauß‹ zurückgehende Form von ▶ Strauss, Strauß.

Strutz: vor allem im Raum Braunschweig–Magdeburg häufiger vorkommende Variante von ▶ Struß.

Struve, Struwe: 1. Übernamen zu mnd. *strūf* ›emporstarrend; rau; streng, kurz angebunden‹ für jemanden mit struppigem Haar oder strengem, kurz angebundenem Wesen. 2. Gelegentlich niederdeutsche Berufsübernamen für einen Bäcker zu mnd. *struve* ›dünnes, krauses Backwerk, Zuckerstraube‹. ❖ *Teodericus Struve* ist a. 1320 in Coesfeld bezeugt.

Stubbe: 1. Niederdeutscher Übername zu mnd. *stubbe* ›Baumstumpf‹ in übertragener Bedeutung für einen kleinen, untersetzten Menschen. 2. Herkunftsname zu den Ortsnamen Stubbe (Schleswig-Holstein), Stubben (Schleswig-Holstein, Niedersachsen).

Stüben: vor allem zwischen Hamburg und Flensburg häufig vorkommende Variante von ▶ Stüven.

Stubenrauch: Berufsübername, vielleicht für den Bader in der dampferfüllten Badestube oder für den Stubenheizer (mhd. *stubenheizer*).

Stuber, Stüber, Stubner, Stübner: 1. Berufsnamen zu mhd. *stubener* ›Bader, Inhaber einer Badestube‹ (vgl. ▶ Bader). 2. Wohnstättennamen zu mhd. *stube* ›Badestube, Trinkstube einer Zunft, Zunftstube‹ für jemanden, der in deren Nähe wohnte. 3. Herkunftsnamen zu Ortsnamen wie Stuben, Stüben.

Stuck(e), Stück(e): 1. Wohnstättennamen zu mhd. *stuck(e), stück(e)*, mnd. *stucke* ›Teil eines Ganzen, Stück Landes‹. 2. Wohnstättennamen zu mnd. *stuke* ›Baumstumpf‹ für jemanden, der an einer Stelle mit Baumstümpfen siedelte, in übertragener Bedeutung Übername für einen kleinen, untersetzten Menschen. 3. Berufsübernamen zu mhd. *stuck(e), stück(e)*, mnd. *stucke* ›ein Stück Leinwand, Tuch, Kleiderstoff‹ für den Tuchhändler oder Schneider bzw. zu mnd. *stucke* ›Geschütz‹ für den Hersteller. ❖ Bekannter Namensträger: Franz von Stuck, deutscher Maler, Grafiker und Bildhauer (19./20. Jh.).

Stuckmann: Ableitung auf -mann von ▶ Stuck(e) (1.) oder (2.).

Stüdemann: 1. Wohnstättenname auf -mann zu mnd. *stude* ›Staudicht, Gesträuch, Gebüsch‹. 2. Herkunftsname auf -mann zu dem Ortsnamen Stüde (Niedersachsen).

Studer: 1. Wohnstättenname auf -er zu mhd. *stūde* ›Staude, Strauch, Busch‹. 2. Herkunftsname zu dem Ortsnamen Studen (Schweiz).

Studt: 1. Übername zu mnd. *stūt* ›Oberschenkel, Steiß‹ nach einem körperlichen Merkmal oder zu mhd. *stud* ›Stütze, Pfosten, Säule‹, übertragen für einen hilfsbereiten, zuverlässigen Menschen. 2. Berufsübername zu mhd. *stuot* ›Herde von Zuchtpferden, Gestüt; Stute‹ für einen Pferdezüchter.

Stuhldreher, Stuhldreier: Berufsnamen für den Stuhldrechsler (zu mhd. *dræhen, dræjen* ›drehen, drechseln‹, mnd. *stōldreier* ›Stuhldrechsler‹).

Stuhler, Stühler: Berufsnamen zu mhd. *stuoler* ›Stuhlflechter, -hersteller‹.

Stuhlmacher: Berufsname für den Hersteller von Stühlen (mhd. *stuolmacher*, mnd. *stōlmaker*). ❖ *Hans Stolmeker* ist a. 1407 in Hildesheim bezeugt.

Stuhr: 1. Übername zu mnd. *stūr* ›steif, streng, ernst; störrisch, widerspenstig, lästig; grimmig, wild, zornig; unfreundlich‹. 2. Herkunftsname zu dem gleichlautenden Ortsnamen (Niedersachsen).

Stuke: Übername zu mnd. *stuke* ›Baumstumpf, kleiner Haufe (z. B. von Flachs, Torf)‹, übertragen für einen gedrungenen, kleinen Menschen.

Stumm(e): Übername zu mhd. *stumme* ›der Stumme‹, mhd., mnd. *stum, -mes* ›stumm‹. ❖ Vgl. den Beleg *dictus* [genannt] *Stumme* (Goslar a. 1300–1340).

Stummer: 1. Stark flektierte Form von ▶ Stumm(e). 2. Gelegentlich durch Assimilation entstandene Form von Stubner (▶ Stuber).

Stump: 1. Übername zu mhd. *stump*, mhd. *stump(e)* ›Baumstumpf‹ für einen kurzen, untersetzten Menschen. 2. Wohnstättenname zu dem vor allem in Württemberg häufig vorkommenden Flurnamen Stump(en). 3. Übername zu mnd., mhd. *stump* ›(geistig oder von Sinnen) stumpf; unerfahren‹. 4. ▶ Stumpp (3.).

Stumpe: ▶ Stump (1.), (2.), (3.).

Stumpf: 1. Übername zu mhd. *stumpf* ›Stumpf, Stummel, Baumstumpf‹ für einen kurzen, untersetzten Menschen. 2. Übername zu mhd. *stumpf* ›verstümmelt; schwach (von Sinnen)‹. ❖ Bekannter Namensträger: Carl Stumpf, deutscher Philosoph und Psychologe (19./20. Jh.).

Stumpp: 1. Vorwiegend alemannischer Übername zu mhd. *stumpf, stump, stumpe* ›Stumpf, Stummel, Baumstumpf‹ für einen kurzen, untersetzten Menschen. 2. ▶ Stump (2.). 3. Auch alemannischer Übername zu mhd. *stumpf* ›verstümmelt; schwach (von Sinnen)‹. 4. Übername zu mhd. *stum, stump* ›stumm‹ für einen Stummen. 5. Im niederdeutschen Bereich ▶ Stump (1.).

Stünkel: vor allem im Raum Celle-Hannover vorkommender Familienname, wohl gerundete Form zu einem mit mnd. *stinken* ›stinken‹ gebildeten Übernamen.

Stuntz, Stunz: 1. Berufsübernamen zu mnd. *stuns, stuntze* ›Kübel, Zuber‹, mhd. *stunze* ›kleiner Zuber‹ für den Hersteller. 2. Übernamen zu mhd. *stunz* ›stumpf, abgestumpft, kurz‹.

Sturm: Übername zu mhd. *sturm* ›Sturm, Unwetter; Unruhe, Lärm; Kampf; heftige Gemütsbewegung‹ für einen heftigen Menschen. ❖ Bekannter Namensträger: Anton Sturm, deutscher Bildhauer (17./18. Jh.).

Stürmer: Standesname oder Übername zu mhd. *stürmære* ›Kämpfer‹.

Stute: vor allem im Raum Hagen-Hamm-Bielefeld-Herford verbreiteter Berufsübername zu mnd. *stute* ›schenkelförmiges Weißbrot‹, später ›jedes feinere Weißbrot‹ für einen Bäcker oder Übername nach der Lieblingsspeise.

Stutz: 1. Übername zu mhd. *stuz, stutz* ›Anstoß, Anprall‹ für einen Raufbold. 2. Wohnstättenname zu dem Flurnamen Stutz (›Steilhang‹). 3. Berufsübername zu mhd. *stutze* ›Trinkbecher, Stutzglas; Gefäß von Böttcherarbeit in Form eines abgestutzten Kegels‹ für den Hersteller.

Stütz: 1. Umgelautete Form von ▶ Stutz. 2. Übername zu mhd. *stütze* ›Stütze‹, übertragen für einen hilfsbereiten, zuverlässigen Menschen.

Stützer: 1. Ableitung auf *-er* zu Stutz (2.). 2. Berufsname auf *-er* zu mhd. *stutze* ›Trinkbecher, Stutzglas; Gefäß von Böttcherarbeit in Form eines abgestutzten Kegels‹ für den Hersteller. 3. Übername zu mhd. *stützen* ›stützen‹, vgl. ▶ Stütz (2.).

Stüve: Übername zu mnd. *stuve* ›Stumpf, Rest‹, übertragen für einen kleinen, dicken Menschen. ❖ *Johannes Stuve* ist a. 1296 in Hildesheim bezeugt.

Stüven: patronymische Bildung (schwacher Genitiv) zu ▶ Stüve.

Stüwe: ▶ Stüve.

Suchan: Übername zu nsorb. *suchan*, tschech. *suchán* ›dürrer, magerer Mensch‹.

Suchanek: auf eine mit dem Suffix *-ek* gebildete Ableitung von tschech. *suchán* ›dürrer, magerer Mensch‹ zurückgehender Familienname.

Suchy: Übername oder Wohnstättenname zu osorb. *suchi*, nsorb., poln. *suchy*, tschech. *suchý* ›dürr, trocken‹.

Suck: 1. Berufsübername zu mda. *Sucke* ›Mutterschwein‹ für den Schweinezüchter. 2. Wohnstättenname zu mnd. *sucke* ›eine Art Pumpe‹. 3. Übername zu nsorb., tschech. *suk* ›Knorren, Knoten‹ für einen kleinen, untersetzten, stämmigen Menschen. 4. Übername zu osorb., tschech. *žuk*, poln. *żuk* ›Käfer‹.

Sucker: 1. Herkunftsname zu Ortsnamen wie Suckau (Schlesien), Suckow (Mecklenburg-Vorpommern, ehem. Pommern/jetzt Polen, Brandenburg), Sukow (Mecklenburg-Vorpommern, ehem. Pommern/jetzt Polen). 2. Übername zu mnd. *sucker* ›Zucker‹ für den Zuckermacher oder -händler bzw. Übername für den Liebhaber von Süßigkeiten.

Suckow: Herkunftsname zu den Ortsnamen Suckow (Mecklenburg-Vorpommern, ehem. Pommern/jetzt Polen, Brandenburg), Sukow (Mecklenburg-Vorpommern, ehem. Pommern/jetzt Polen).

Sudermann: 1. Niederdeutscher Wohnstättenname auf *-mann* zu mnd. *suder* ›südlich‹ für jemanden, der am Südende des Dorfes wohnte. 2. Gelegentlich Herkunftsname auf *-mann* zu Ortsnamen wie Suderburg (Niedersachsen), Suderode (Sachsen-Anhalt), Suderwick (Nordrhein-Westfalen). ❖ Bekannter Namensträger: Hermann Sudermann, deutscher Schriftsteller (19./20. Jh.).

Sudrich: Berufsname zu mhd. *sudrich* ›Garkoch‹.

Suess, Sueß: ▶ Süss, Süß. ❖ Bekannter Namensträger: Hans Suess. war der eigentliche Name des Malers Hans von Kulmbach (15./16. Jh.).

Suffrian: auf eine entstellte Form von ▶ Cyprian(us) zurückgehender Familienname.

Suhr: niederdeutscher Übername zu mnd. *sūr* ›sauer‹; bildl. ›unangenehm, widerwärtig‹ nach der Wesensart des ersten Namensträgers.

Suhrbier: niederdeutsche Entsprechung von ▶ Sauerbier.

Suhrkamp: niederdeutscher Wohnstättenname zu mnd. *sūr*, zusammengezogen aus *suder* ›südlich‹ und mnd. *kamp* ›eingezäuntes Feld, Weide, Wiese‹ für jemanden, der an einem südlich gelegenen Feld wohnte. ❖ Bekannter Namensträger: Peter Suhrkamp, deutscher Verleger (19./20. Jh.).

Sulzer: 1. Berufsname zu mhd. *sulze*, *sülze* ›Salzwasser‹ für einen Salinenarbeiter. 2. Berufsname zu mhd. *sulzen*, *sülzen* ›einsülzen‹ für einen Sülzehersteller. 3. Wohnstättenname zu dem häufigen Flurnamen *Sulz(e)* ›Salzlache, Wildlache‹. 4. Berufsname zu mhd. *sulzer* ›Gefängniswärter‹. 5. Herkunftsname zu den Ortsnamen Sulz (Bayern, Baden-Württemberg, Österreich, Schweiz), (Ober-)Sulz (Elsass), Sulza (Thüringen). ❖ Die Grundlage eines Herkunftsnamens ist in dem Beleg aus Esslingen a. 1388 *Walter von sultz sutor* [Schuster] zu erkennen, während es sich bei dem ebenfalls in Esslingen bezeugten *Hans Sultzer* (a. 1359) um einen Berufsnamen handeln könnte. ❖ Bekannter Namensträger: Johann Georg Sulzer, deutscher Philosoph und Pädagoge (18. Jh.).

Sülzer: 1. ▶ Sulzer (1.), (2.). 2. Herkunftsname zu den Ortsnamen Sülze (Nordrhein-Westfalen, Niedersachsen), Bad Sülze (Mecklenburg-Vorpommern).

Sünderhauf: ▶ Sinterhauf.

Sundermann, Sündermann: 1. Wohnstättennamen auf *-mann* zu mnd. *sunder(e)* ›die als Sondereigen aus der Mark ausgeschiedene Waldung‹. 2. Wohnstättennamen auf *-mann* zu mhd. *sunder* ›abgesondert, allein stehend, einsam‹ oder mhd. *sunder* ›südlich‹ für jemanden, der an einer abgelegenen oder südlichen Stelle siedelte. 3. Herkunftsname auf *-mann* zu dem Ortsnamen Sundern (Niedersachsen, Nordrhein-Westfalen). 4. Standesnamen, Einzahl von mnd. *sunderlude* ›Leibeigene‹, mhd. *sunderliute* ›Hörige‹.

Sundmaker: niederdeutscher Berufsname zu mnd. *suntmaker* ›Gesundmacher, Heiler‹ für den Arzt.

Surmann: 1. Übername auf *-mann* zu mhd. *sūr* ›sauer, herb, bitter; böse, schlimm, grimmig‹, mnd. *sūr* ›sauer, unangenehm, widerwärtig‹ nach der Wesensart des ersten Namensträgers. 2. Wohnstättenname auf -mann zu mnd. sūr, zusammengezogen aus suder ›südlich‹.

Suschke: auf eine Ableitung von slawischen Rufnamen wie Sulimir (urslaw. *sulijь ›besser, stärker‹ + urslaw. *mirъ ›Friede‹) zurückgehender Familienname.

Süskind: ▶ Süsskind. ❖ Bekannter Namensträger: Patrick Süskind, deutscher Schriftsteller (20./21. Jh.).

Süss, Süß: Übernamen zu mhd. süeʒe ›angenehm, freundlich‹ für einen Menschen mit angenehmem Charakter. ❖ Süß war im Mittelalter christlicher und jüdischer Name. So sind in Regensburg zwischen 1355 und 1362 Alhart, Heinrich, Ann und Margret Suezz neben dem Juden meister Suzzlein und seinem Sohn Joseph überliefert.

Süsskind, Süßkind: mit dem als Kosesuffix verwendeten Namenbestandteil -kind gebildete Übernamen zu ▶ Süss, Süß.

Süßmann: Ableitung auf -mann zu ▶ Süss, Süß.

Suter: undiphthongierte Form von ▶ Saut(t)er.

Sutor: aus der Zeit des Humanismus stammende Rückführung von Familiennamen wie ▶ Saut(t)er, ▶ Suter u. a. auf die ihnen ursprünglich zugrunde liegende lateinische Berufsbezeichnung sūtor ›Flickschuster‹.

Sutorius: Erweiterung von ▶ Sutor mit dem lateinischen Suffix -ius.

Sutter, Sütter: ▶ Suter.

Sütterlin: alemannische Ableitung von Sutter, Sütter (▶ Suter). ❖ Der deutsche Grafiker und Lehrer Ludwig Sütterlin (19./20. Jh.) entwarf die Sütterlinschrift.

Suttner: 1. Wohnstättenname zu mhd. sute, sutte ›Lache, Pfütze‹. 2. Herkunftsname zu dem Ortsnamen Sutten (Bayern). ❖ Heinrich Suttener ist a. 1312 in Nürnberg bezeugt. ❖ Bekannte Namensträgerin: Bertha Freifrau von Suttner, österreichische Pazifistin und Schriftstellerin (19./20. Jh.).

Suttor: ▶ Sutor.

Süverkrübbe, Süverkrüp(p): niederdeutsche Übernamen zu mnd. suver ›sauber‹ und mnd. krubbe, kribbe ›Krippe‹. ❖ Bekannter Namensträger: Dieter Süverkrüp, deutscher Liedermacher und Gitarrist (20./21. Jh.).

Svoboda: 1. Übername zu tschech. svoboda ›Freiheit‹. 2. Standesname zu alttschech. svoboda ›Freigelassener‹.

Swart: Übername zu mnd. swart ›schwarz‹.

Swital(l)a: Übernamen zu poln. mda. świtać ›mit den Füßen schlagen‹.

Swoboda: Übername zu nsorb., osorb., poln. swoboda ›Freiheit‹, poln. auch ›Freizügigkeit, Ungezwungenheit‹.

Sybel: ▶ Siebel. ❖ Bekannter Namensträger: Heinrich von Sybel, deutscher Historiker (19. Jh.).

Sydow: Herkunftsname zu dem gleichlautenden Ortsnamen (Sachsen-Anhalt, ehem. Pommern/jetzt Polen). ❖ Bekannter Namensträger: Emil von Sydow, deutscher Geograf und Kartograf (19. Jh.).

Sykora: ▶ Sikora.

Sylvester: ▶ Silvester.

Symank: auf eine obersorbische Ableitung von ▶ Simon zurückgehender Familienname.

Symanski: ▶ Szymanski.

Syring: 1. ▶ Siering. 2. Herkunftsname zu dem Ortsnamen Syringe (ehem. Brandenburg/jetzt Polen).

Szabó, Szabo: Berufsnamen zu ung. szabó ›Schneider‹.

Szafranski: auf eine polnische, mit dem Suffix -ski gebildete Ableitung eines Übernamens zu poln. szafran ›Safran‹ zurückgehender Familienname.

Szameitat: mit dem litauischen patronymischen Suffix -at gebildeter Herkunftsname zu lit. Žemaĩt ›Bewohner des Zemaitenlandes (Niederlitauen)‹.

Szczepanski: 1. Auf eine polnische, mit dem Suffix -ski gebildete Ableitung von Szczepan (▶ Stephan) zurückgehender Familienname. 2. Herkunftsname zu polnischen Ortsnamen wie Szczepanki, Szczepani.

Szymanski: 1. Auf eine polnische, mit dem Suffix -ski gebildete Ableitung von Szyman, einer alten Form von Szymon (▶ Simon), zurückgehender Familienname. 2. Herkunftsname zu polnischen Ortsnamen wie Szymańce, Szymany, Szymanowice.

-t: Erweiterung der Endung *-er* mit einem sekundären/unorganischen, d. h. etymologisch nicht begründeten *-t:* a) bei auf *-er* auslautenden Rufnamen: ▶ Hilgert < Hilger *(hiltja + gēr)*, b) bei Herkunfts- und Wohnstättennamen: z. B. ▶ Steinert (< Steiner, zu den häufigen Orts- und Flurnamen Stein[e], Steinau), c) bei Berufsnamen: z. B. ▶ Beckert (< Becker); d) bei Übernamen: ▶ Kleinert (< Kleiner). Familiennamen auf *-ert* sind vor allem charakteristisch für Schlesien und den ostmitteldeutschen Raum.

Tabbert: 1. Aus dem friesischen Rufnamen Tjabbert *(thiad + beraht)* entstandener Familienname. 2. ▶ Tappert.

Tack: 1. ▶ Tacke. 2. Herkunftsname zu dem gleichlautenden Ortsnamen (Nordrhein-Westfalen).

Tacke: 1. Übername zu mnd. *tacke* ›Ast, Zweig, Zacke‹, bildl. ›ein tüchtiger Kerl‹, auch in ironischem Sinn. 2. Durch Zusammenziehung aus der friesischen Koseform Tjadeke *(thiad)* entstandener Familienname. Tacke war noch im 17. Jh. auf der Insel Sylt als Rufname im Gebrauch: *Tacke Blecken* (a. 1658).

Taddey: ▶ Thaddey.

Tafel: 1. Berufsübername zu mhd. *tavel(e),* mnd. *tafele, taffel* ›Tafel, Gemälde, bes. Altargemälde, geschnitzte Tafel, Schnitzwerk; Tisch, Speisetisch, Schreibtafel, Glastafel‹ für den Hersteller. 2. Wohnstättenname zu dem Flurnamen Tafel (›etwas erhöht liegende, ebene Stelle‹).

Taf(f)erner: Berufsnamen zu mhd. *tavërnære* ›Schenkwirt‹. ❖ *Heinrich Taferner* ist i. J. 1370 in Nürnberg bezeugt.

Taler: ▶ Thaler.

Tamm: 1. Aus einer Kurzform von Dankmar (▶ Dankmer) entstandener Familienname. 2. Herkunftsname zu den Ortsnamen Tamm (Baden-Württemberg), Damm (▶ Damm [1.]). 3. Wohnstättenname zu mhd. *tam* ›Damm, Deich‹.

Tammen: patronymische Bildung (schwacher Genitiv) zu ▶ Tamm (1.).

Tandler, Tändler: Berufsnamen zu mhd. *tendeler* ›Trödler‹. Im Jahre 1343 erscheinen die Tändler in Brünn/Mähren als *emptores et venditores vestium antiquarum et aliarum diversarum rerum in foro,* also als Käufer und Verkäufer von alter Kleidung und verschiedener anderer Sachen auf dem Markt. ❖ In einem Regensburger Einwohnerverzeichnis (a. 1370) ist *Chuntz tændler* überliefert.

Tank: aus einer Kurzform von Rufnamen, die mit dem Namenwort *thank* gebildet sind (z. B. ▶ Dankward[t]), entstandener Familienname.

Tanne(n)berg, Tanne(n)berger: Herkunftsnamen zu den Ortsnamen Tannenberg (Bayern, Sachsen, Ostpreußen, Schlesien, Österreich), Tanneberg (Brandenburg, Sachsen), Dannenberg (Brandenburg, Niedersachsen, Nordrhein-Westfalen).

Tanner: 1. Oberdeutscher Wohnstättenname zu mhd. *tan* ›Wald, Tannenwald‹ für jemanden, der an einem solchen Wald wohnte. 2. Herkunftsname zu häufigen Ortsnamen wie Tann (Hessen, Bayern), Thann (Bayern, Österreich, Elsass), Tanna (Thüringen), Tanne (Sachsen-Anhalt, Bayern, Ostpreußen, Schweiz), Tannen (Baden-Württemberg, Bayern, Schweiz), Thannen (Bayern).

Tannert: Erweiterung von ▶ Tanner mit sekundärem *-t.*

Tannhäuser: ▶ Thannhäuser.

Tantz, Tanz: 1. Im gesamten deutschen Sprachgebiet verbreitete Übernamen zu mhd. *tanz* ›Tanz, Gesang, Spiel zum Tanz‹ nach der Lieblingsbeschäftigung, auch für den Reigenführer bei Volkstänzen oder für den Spielmann. 2. Ein Haus »Zum Tanz« gab es im Mittelalter in Straßburg, Basel, Freiburg i. Br. und in anderen Städten. 3. Herkunftsnamen zu dem Ortsnamen Tanz (Schlesien). ❖ *Herman Tantz* ist zwischen 1381 und 1397 in Nürnberg bezeugt.

Tanzer, Tänzer: Übernamen zu mhd. *tanzer, tenzer* ›Tänzer‹ nach der Lieblingsbeschäftigung. ❖ *Conrad Tenczer* ist a. 1438 im Vogtland bezeugt.

Tänzler: Übername zu mhd. *tenzeler* ›Tänzer‹.

Tappe: 1. Berufsübername zu mnd. *tappe* ›Zapfen, Hahn zum Ausschenken, Flaschenpfropf‹ für einen Schankwirt. 2. Übername zu mnd. *tappe* ›Zapfen, Stöpsel in einem Fass‹, übertragen für einen kleinen Menschen. 3. Übername zu mhd. *tappe* ›ungeschickter, täppischer Mensch‹. ❖ *Hans Tappe* ist a. 1381 in Hildesheim bezeugt.

Tappert: 1. Berufsübername zu mhd. *taphart, daphart* (< franz. *tabard* < mlat. *tabardum*) ›eine Art Mantel, wahrscheinlich ein rund geschnittener langer Überwurf, von dem hinten ein langer Streif zur Erde fiel‹ für einen Schneider oder Übername für den Träger. 2. Übername zu mda. *Tappert* ›täppischer Mensch‹. ❖ Vgl. die Belege *F. Tapphart* (Nürnberg a. 1392), *Jürgen Tappert* (Goslar a. 1656). ❖ Bekannter Namensträger: Horst Tappert, deutscher Schauspieler (20./21. Jh.).

Tarnow: Herkunftsname zu dem gleichlautenden Ortsnamen (Mecklenburg-Vorpommern).

Tartsch: Übername zu mhd. *tar(t)sche* ›kleinerer, länglich runder Schild‹ für den Hersteller oder den Träger. ❖ Die Entstehung des Familiennamens zeigt der Frankfurter Beleg *Henne mit der darschen* (a. 1351).

Taş: türkischer Familienname zu türk. *taş* ›Stein‹.

Tasch(e): 1. Berufsübernamen zu mhd. *tasche, tesche* ›Tasche‹ für den Hersteller oder Übernamen für den Träger einer auffälligen Tasche. Hierbei handelte es sich vor allem um steife Ledertaschen, die am Gürtel befestigt wurden. 2. Gelegentlich Wohnstättennamen zu den Flurnamen Tasche (›Winkel, Einbuchtung‹). ❖ *Heinrich tasche* ist a. 1298 in Fulda bezeugt.

Tascher, Taschler: Berufsnamen für den Taschenmacher, vgl. ▸Taschner.

Taschner, Täschner: Berufsnamen zu mhd. *tasch(e)ner* ›Taschenmacher‹ (vgl. ▸Tasch[e]). ❖ Vgl. die Belege *Johans der tescher* (Basel a. 1293), *her Heinrich tescheler* (Zürich a. 1256), *Perhtolt der taschner* (Regensburg a. 1343).

Taube: 1. Übername zu mhd. *toup, toub(e)* ›nicht hörend, taub; nichts empfindend oder denkend, stumpfsinnig; unsinnig, närrisch, toll‹. 2. Berufsübername zu mhd. *tûbe* ›Taube‹ für den Taubenzüchter oder auch Übername für einen sanftmütigen Menschen. 3. Auf einen Hausnamen zurückgehender Familienname. ❖ Nach seinem Haus ist *Bernhohus zer Tuben* [zur Taube] benannt, der a. 1290 in Speyer überliefert ist.

Tauber, Täuber: 1. Berufsübernamen zu mhd. *tiuber, tûber* ›Täuber, Täuberich‹ für den Taubenzüchter, -händler. 2. Berufsnamen zu mhd. *tôuber* ›ein blasender Musikant‹. ❖ Bekannter Namensträger: Richard Tauber, österreichischer Sänger (19./20. Jh.).

Taubert: Erweiterung von ▸Tauber mit sekundärem *-t*.

Täubler: Berufsname für den Taubenhändler (mhd. *tübelære*).

Taubmann: Ableitung auf *-mann* von ▸Taube (1.) oder (2.).

Taucher: 1. Herkunftsname zu den Ortsnamen Taucha (Sachsen, Sachsen-Anhalt), Tauche (Brandenburg). 2. Übername zu mhd. *tûcher* ›Tauchente‹. ❖ *H. Taucher* ist i. J. 1342 in Regensburg bezeugt.

Tauchert: Erweiterung von ▸Taucher mit sekundärem *-t*.

Tauer: Herkunftsname zu den Ortsnamen Tauer (Brandenburg, Sachsen, Schlesien), Thauer (Schlesien).

Tausch: 1. Übername zu mhd. *tûsch* ›Täuschung, Betrug; Schelmerei, Gespött, Spaß‹. 2. Berufsübername zu mhd. *tûsch* ›Tausch‹ für einen Händler.

Tauscher: 1. Berufsübername zu mhd., mnd. *tûschen* ›tauschen‹ für einen Händler. 2. Übername zu mhd. *tiuscher*, mnd. *tûscher* ›Täuscher, Betrüger‹. 3. Herkunftsname zu dem Ortsnamen Tauscha (Sachsen).

Tausend: Übername zu mhd. *tûsent* ›tausend‹, meist verkürzt aus ▸Tausendfreund oder ▸Tausendpfund. ❖ Ein früher Beleg stammt aus dem Schwarzwald: *Heinricus Tusant* (a. 1262).

Tausendfreund: Übername für einen umgänglichen, kontaktfreudigen Menschen.

Tausendpfund: Übername für einen reichen Menschen oder auch für jemanden, der so tat, als ob er vermögend wäre.

Taut: von Tuto, einer alten Lallform eines mit *thiot* gebildeten Namens (z. B. Theudebert < *thiot* + *beraht*), abgeleiteter Familienname. ❖ *Nickel Thawth* ist a. 1458 im sächsischen Vogtland bezeugt. ❖ Bekannte Namensträger: Bruno Taut, deutscher Architekt (19./20. Jh.); Max Taut, deutscher Architekt (19./20. Jh.).

Tautz: 1. Patronymische Bildung (starker Genitiv) zu ▶Taut. 2. Herkunftsname zu dem Ortsnamen Daubitz (Sachsen).

Taylor: englischer Familienname zu mengl. *tailor* (< altfranz. *tailleor, tailleur*) ›Schneider‹.

Tebbe: aus einer niederdeutsch-friesischen Kurzform von Detbert (▶ Debbert) hervorgegangener Familienname.

Techtmeyer: ▶Tegetmeier.

Teegler, Tegeler: Berufsnamen zu mnd. *tegelēre* ›Ziegler‹.

Tegelmann: Berufsname auf *-mann* zu mnd. *tegel* ›Ziegel‹ für den Ziegler. ❖ *Herman Tegelman* ist a. 1320 in Coesfeld bezeugt.

Tegethoff: Wohnstättenname zu mnd. *tegethof* ›Zehnthof‹, d. i. der Hof, auf dem der »Zehnte« (Abgabe) gesammelt wurde und der selbst frei vom Zehnten war.

Tegetmeier, Tegetmeyer: Amts- oder Standesnamen zu mnd. **tegtmeiger* ›Zehntmeier‹, wohl meist für den auf dem Zehnthof (vgl. ▶Tegethoff) sitzenden Meier, bei dem die Abgaben der zehntpflichtigen Meier gesammelt und an den Grundherrn abgeführt wurden, aber auch für den zinspflichtigen Meier. ❖ Vgl. den Beleg *Hermen Teghetmeyger* (Goslar a. 1395).

Tegler: ▶Teegler.

Tegtmeier, Tegtmeyer: ▶Tegetmeier.

Teich: 1. Wohnstättenname zu mhd. *tīch* ›Deich, Damm, Teich, Fischteich‹. 2. Vereinzelt Herkunftsname zu dem häufigen Ortsnamen Teich.

Teicher: 1. Ableitung auf *-er* von ▶Teich. 2. Herkunftsname zu den Ortsnamen Teicha (Sachsen, Sachsen-Anhalt), Teichau (Schlesien). 3. Übername zu mhd. *tīchen* ›schleichen, lauern‹, fnhd. *teichen* ›heimlich wohin schleichen‹.

Teichert: Erweiterung von ▶Teicher mit sekundärem *-t*.

Teichmann: 1. Ableitung auf *-mann* von ▶Teich. 2. Berufsname auf *-mann* zu mhd. *tīch* ›Fischteich‹ für jemanden, der diesen in Ordnung hielt.

Teichmüller: 1. Berufsname, nähere Kennzeichnung eines Müllers (▶Müller) durch die Lage der Mühle (▶Teich [1.]). 2. Herkunftsname zu dem häufigen Ortsnamen Teichmühle.

Teifel: durch Entrundung entstandene Form von ▶Teufel.

Teigeler: Berufsname zu mnd. *tegelēre* ›Ziegler‹. ❖ *Tyleke Teygheler* ist a. 1387 in Hildesheim bezeugt.

Tekin: türkischer Familienname, der auf die alte gleichlautende türkische Bezeichnung für einen Prinzen zurückgeht.

Tekloth: westfälischer Wohnstättenname zu mnd. *te* ›zu‹ und mnd. *klōt* ›Klumpen, Haufen‹ für jemanden, der neben einem Erdhaufen wohnte. ❖ Ein früher Beleg für diesen Namen stammt aus Brecht (Flandern/Belgien): a. 1359 *te Clo(e)te*.

Telemann: auf eine Nebenform von ▶Thielmann zurückgehender Familienname. ❖ Bekannter Namensträger: Georg Philipp Telemann, deutscher Komponist (17./18. Jh.).

Teller: 1. Wohnstättenname auf *-er* zu mhd. *telle* ›Schlucht‹. 2. Berufsübername zu mhd., mnd. *teller* ›Teller‹ für den Hersteller. 3. Niederdeutscher Übername zu mnd. *teler, teller* ›Erzeuger, Vater‹. 4. Niederdeutscher Berufsname zu mnd. *teler, teller* ›(Land-)Bebauer‹.

Temme: auf eine Kurzform von Detmer *(thiad + māri)* zurückgehender Familienname. ❖ *Bernt Themme* ist a. 1460 in Coesfeld bezeugt.

Temmler: ▶Demmler.

Tempel: 1. Herkunftsname zu dem gleichlautenden Ortsnamen (Mecklenburg-Vorpommern, ehem. Brandenburg/jetzt Polen, Niedersachsen). 2. Wohnstättenname zu mhd., mnd. *tempel* ›Tempel‹ für jemanden, der neben der Kirche oder auf einer Anhöhe wohnte (Tempel als Flurname bezeichnet einen erhöhten Platz).

Templin: Herkunftsname zu dem gleichlautenden Ortsnamen (Brandenburg).

Tenbrin(c)k: vor allem in Westfalen vorkommende Wohnstättennamen zu mnd. *ten* < *tom* ›zum‹ und mnd. *brink* ›Hügel, Abhang; auch Rand, Rain, Grasanger, Weide‹.

Tenbrock: vor allem in Westfalen vorkommender Wohnstättenname zu mnd. *ten* < *tom* ›zum‹ und mnd. *brōk* ›Bruch, eine tief liegende, von Wasser durchbrochene, mit Gehölz bestandene Ebene‹.

Tendahl: vor allem in Westfalen vorkommender Wohnstättenname zu mnd. *ten* < *tom* ›zum‹ und mnd. *dāl* ›Tal‹.

Tendam: vor allem in Westfalen vorkommender Wohnstättenname zu mnd. *ten* < *tom* ›zum‹ und mnd. *dam* ›Damm‹.

Tendler: ▶ Tandler, Tändler.

Tendyck: vor allem am Niederrhein vorkommender Wohnstättenname zu mnd. *ten* < *tom* ›zum‹ und mnd. *dīk* ›Deich, Teich‹.

Tenk: Übername zu mhd. *tenk* ›link(s)‹ für den Linkshänder. ❖ *Herman Tengk* ist a. 1383 in München bezeugt.

Tenner: 1. Umgelautete Form von ▶ Tanner. 2. Wohnstättenname zu mhd. *tenne* ›Tenne‹.

Tennstädt, Tennstedt: Herkunftsnamen zu den Ortsnamen Tenstedt (Niedersachsen), Bad Tennstedt, Denstedt (Thüringen). ❖ Bekannter Namensträger: Klaus Tennstedt, deutscher Dirigent (20. Jh.).

Tentz, Tenz: 1. Aus einer mit -z-Suffix gebildeten Koseform von ▶ Degenhard entstandene Familiennamen. 2. Umgelautete Formen von ▶ Tantz, Tanz. 3. Für den Nordosten Deutschlands ist eine Ableitung von dem Ortsnamen Tenze (Mecklenburg-Vorpommern) vereinzelt möglich.

Tenzler: ▶ Tänzler.

Tepe: 1. Auf eine niederdeutsch-friesische Kurzform von Rufnamen wie Detbolt, der niederdeutschen Form von ▶ Diebald, zurückgehender Familienname. 2. Türkischer Familienname zu türk. *tepe* ›Berggipfel, Hügel‹.

Tepper: 1. Niederdeutscher Berufsname zu mnd. *tepper* ›Schankwirt‹. 2. Schlesische Form von ▶ Töpfer. ❖ Vgl. die schlesischen Belege *Lemmel Teppher an syme hawse in der Tepphergassen* (Glatz a. 1428), *Hans Seydel täpper* (Görlitz a. 1529).

Teppich: Berufsübername zu mhd. *tep(p)ich*, *tep(p)ech* ›Teppich‹ für den Hersteller.

Terboven: ▶ Darboven.

Terhorst: Wohnstättenname zu mnd. *to der horst* ›zum niedrigen Gestrüpp/zur wilden Stelle‹. ❖ *Gherke tor Horst* aus Becklingen/Niedersachsen ist i. J. 1438 bezeugt.

Termühlen: westniederdeutscher Wohnstättenname zu mnd. *to der molen* ›zur Mühle‹, wobei der Name teilweise verhochdeutscht wurde.

Terne(s): auf verkürzte Formen von Maternus (▶ Matern) zurückgehende Familiennamen.

Tersteeg, Tersteegen, Terstege, Terstegen: westniederdeutsche bzw. niederländische Wohnstättennamen zu mnd. *to der stege(n)* ›zur Stufe, zur Treppe, zum Steg; zum (steilen) Weg‹. ❖ Die Entstehung des Familiennamens zeigt der Beleg aus Coesfeld a. 1359 *Hermannus tor Steghe molendinarius* [Müller]. ❖ Bekannter Namensträger: Gerhard Tersteegen, deutscher Dichter und evangelischer Mystiker (17./18. Jh.).

Terveen: westniederdeutscher Wohnstättenname zu mnd. *to der vēn* ›zum Sumpfland, zum Torfmoor‹.

Tesch(e): 1. ▶ Tasch(e). 2. Auf die eindeutschende Schreibung einer Ableitung von slawischen Rufnamen wie Těšislav u. Ä. (▶ Tetzlaff) zurückgehende Familiennamen.

Teschke: aus der eindeutschenden Schreibung einer Ableitung mit -k-Suffix von slawischen Rufnamen wie Těšislav u. Ä. (▶ Tetzlaff) zurückgehender Familienname.

Teschner: ▶ Taschner, Täschner.

Teske: ▶ Teschke.

Tessmann, Teßmann: aus einer Ableitung des slawischen Rufnamens Těšimir (urslaw. *těšiti ›erfreuen‹ + urslaw. *mirъ ›Friede‹), wobei -mir zu -mann umgedeutet wurde, hervorgegangene Familiennamen.

Tessmer: aus einer Ableitung des slawischen Rufnamens Těšimir (urslaw. *těšiti ›erfreuen‹ + urslaw. *mirъ ›Friede‹) entstandener Familienname.

Tettenborn: Herkunftsname zu dem gleichlautenden Ortsnamen (Niedersachsen).

Tetzlaff: 1. Auf eine eindeutschende Form des slawischen Rufnamens Těšislav (urslaw. *těšiti ›erfreuen‹ + urslaw. *slava ›Ruhm, Ehre‹) zurückgehender Familienname. 2. Herkunftsname zu dem gleichlautenden Ortsnamen (ehem. Pommern/jetzt Polen).

Tetzner: zu mhd. *taz* ›Abgabe, Aufschlag‹ mit dem Suffix *-ner* gebildeter und umgelauteter Amtsname für einen Steuereinnehmer. ❖ Bekannte Namensträgerin: Lisa Tetzner, deutsche Jugendschriftstellerin (19./20. Jh.).

Teubel: Übername oder Hausname zu mhd. *tiuvel* ›Teufel‹ (vgl. ▸ Teufel).

Teuber: ▸ Tauber, Täuber.

Teubert: ▸ Taubert.

Teubler: ▸ Täubler.

Teubner: 1. Zu mhd. *tūbe* ›Taube‹ mit dem Suffix *-ner* gebildeter und umgelauteter Berufsname für den Taubenzüchter, -händler. 2. Herkunftsname zu dem Ortsnamen Deuben (Sachsen, Sachsen-Anhalt).

Teuchert: mit sekundärem *-t* gebildeter Herkunftsname zu den Ortsnamen Teuchern (Sachsen-Anhalt) oder Taucha (Sachsen, Sachsen-Anhalt).

Teufel: 1. Übername zu mhd. *tiuvel* ›Teufel‹ nach dem Charakter bzw. dem Verhalten des ersten Namensträgers. Gelegentlich kann dieser Übername auch auf eine Spielrolle in einem Volksschauspiel oder Mysterienspiel zurückgehen. 2. Vereinzelt kann diesem Familiennamen ein Hausname zugrunde liegen. ❖ So ist z. B. *Joh. dictus zum Tuvel* i. J. 1277 in Basel belegt.

Teuscher: ▸ Tauscher.

Teutsch: ▸ Deutsch.

Tew(e)s: lautlich auf eine durch Wegfall der ersten Silbe entstandene Form von ▸ Matthäus zurückgehende Familiennamen. In den Quellen tritt jedoch häufig eine Vermischung der Rufnamenformen Matthäus und ▸ Matthias zutage.

Textor: aus der Zeit des Humanismus stammende Übersetzung des deutschen Familiennamens ▸ Weber ins Lateinische. ❖ Bekannter Namensträger: Johann Wolfgang Textor, Großvater Goethes (17./18. Jh.).

Thaddey: patronymische Bildung (lateinischer Genitiv) zu Thaddäus, dem Beinamen des heiligen Apostels Judas Thaddäus.

Thade: auf eine friesische Koseform von Rufnamen, die das Namenwort *thiad* enthalten (i. A. ▸ Dietrich), zurückgehender Familienname.

Thaden: 1. Patronymische Bildung (schwacher Genitiv) zu ▸ Thade. 2. Herkunftsname zu dem gleichlautenden Ortsnamen (Schleswig-Holstein).

Thal: 1. Wohnstättenname zu mhd. *tal* ›Tal‹ für jemanden, der in einem Tal wohnte. 2. Herkunftsname zu dem häufigen Ortsnamen Thal. ❖ Ein früher Beleg aus dem Schwarzwald ist *Chůnradus dictus* [genannt] *ime Tal* (a. 1287).

Thaler: Ableitung auf *-er* von ▸ Thal.

Thalhammer: Herkunftsname zu den Ortsnamen Thalhamm (Bayern), ▸ Thalheim.

Thalheim: Herkunftsname zu den Ortsnamen Thalheim (Sachsen-Anhalt, Sachsen, Hessen, Baden-Württemberg, Bayern, Ostpreußen, Österreich, Schweiz), Talheim (Baden-Württemberg, Schlesien, Ostpreußen).

Thaller: 1. ▸ Thaler. 2. Herkunftsname zu dem Ortsnamen Thallern (Bayern, Österreich).

Thalmann: 1. Ableitung auf *-mann* von ▸ Thal. 2. Herkunftsname zu dem gleichlautenden Ortsnamen (Bayern).

Thamm: ▸ Tamm.

Thanner: ▸ Tanner.

Thannhäuser: Herkunftsname zu Ortsnamen wie Tannhausen (Baden-Württemberg, Schlesien), Than(n)hausen (Bayern), Dannhausen (Niedersachsen, Bayern).

Thasler, Thäsler: 1. Herkunftsnamen, Ableitungen auf *-er* zu ▸ Dassel. 2. Übernamen zu mhd. *taselen* ›schäkern‹.

Thater: Herkunftsname zu dem Ortsnamen Tatern (Niedersachsen).

Thebes: lautlich auf eine verkürzte Form von ▸ Matthäus zurückgehende Familiennamen, in den Quellen tritt jedoch häufig eine Vermischung der Rufnamenformen Matthäus und ▸ Matthias zutage.

Thede, Theede: aus einer niederdeutschen Koseform von Rufnamen, die mit dem Namenwort *thiad* gebildet sind (i. A. ▸ Dietrich), entstandene Familiennamen.

Thees: lautlich auf eine verkürzte Form von ▸ Matthäus zurückgehender Familienname, in den Quellen tritt jedoch häufig eine Vermischung der Rufnamenformen Matthäus und ▸ Matthias zutage.

Theessen, Theeßen: patronymische Bildungen (schwacher Genitiv oder Ableitungen auf *-sen*) zu ▸ Thees.

Theil(e): aus einer Kurzform von Rufnamen, die das Namenwort *thiot* enthalten (i. A. ▸ Dietrich), hervorgegangene Familiennamen.

Theilen: patronymische Bildung (schwacher Genitiv) zu ▸ Theil(e).

Theimer: 1. Aus dem deutschen Rufnamen Dietmar *(thiot + māri)* hervorgegangener Fa-

Thielemann

milienname. ❖ Die Rufnamenform *Deimarus* ist i. J. 1136 in Halberstadt überliefert. 2. Herkunftsname zu dem Ortsnamen Theuma (südöstlich von Plauen/Vogtland). ❖ Vgl. folgende Belege aus dem sächsischen Vogtland: *Albrecht von Theyme* (a. 1388), *Petrus Theyme* (a. 1521).

Thein: 1. Aus einer Kurzform von Deinhard (▸ Degenhard) hervorgegangener Familienname. 2. Herkunftsname zu dem Ortsnamen Thein (Böhmen, Mähren).

Theis: lautlich auf eine verkürzte Form von ▸ Matthäus zurückgehender Familienname, in den Quellen tritt jedoch häufig eine Vermischung der Rufnamenformen ▸ Matthäus und Matthias zutage.

Theisen: patronymische Bildung (schwacher Genitiv oder Ableitung auf *-sen*) zu ▸ Theis.

Theiss, Theiß: 1. ▸ Theis. 2. Gelegentlich Herkunftsnamen oder Wohnstättennamen zu dem Orts- und Flussnamen Theiß (Österreich).

Theissen, Theißen: ▸ Theisen.

Thelen: auf eine Nebenform von ▸ Thielen zurückgehender Familienname. ❖ Bekannter Namensträger: Albert Vigoleis Thelen, deutscher Schriftsteller (20. Jh.).

Themann: aus einer Variante von Thomann (▸ Thomas) entstandener Familienname.

Themel: entrundete Form von ▸ Thömel.

Then: 1. Auf eine entrundete Form von Thön (▸ Anton) zurückgehender Familienname. 2. Oberdeutscher Wohnstättenname zu mhd. *tenne* ›Tenne‹. ❖ Vgl. den Beleg *Nicklas Ten tagwerker* (München a. 1375). 3. Niederdeutscher Berufsübername zu mnd. *tēn(e)* ›Zein, Münzmetall in Stabform, aus dem die Münzen mit dem Hammer geschlagen wurden, Eisenstange zum Nagelschmieden; hölzerner Pfeilschaft‹ für den Münzer, den Nagelschmied oder den Hersteller von Pfeilschäften. ❖ Vgl. die Belege *Kyde Tene* (Aken/Sachsen-Anhalt a. 1266), *Cord Tene* (Hildesheim a. 1380).

Theobald: auf eine latinisierte Form des deutschen Rufnamens Dietbald *(thiot + bald)* zurückgehender Familienname. Der heilige Theobald von Provins in der Champagne (11. Jh.) wurde im Mittelalter besonders in Südwestdeutschland und im Elsass verehrt.

Theobaldy: patronymische Bildung (lateinischer Genitiv) zu Theobaldus (▸ Theobald). ❖ Bekannter Namensträger: Jürgen Theobaldy, deutscher Schriftsteller (20./21. Jh.).

Thesing: patronymische Bildung auf *-ing* zu Thes, einer verkürzten Form von ▸ Matthäus, in den Quellen tritt jedoch häufig eine Vermischung der Rufnamenformen Matthäus und ▸ Matthias zutage.

Theuer: 1. Übername zu mhd. *tiur(e)* ›von hohem Wert, wertvoll, kostbar, teuer, bedeutend; herrlich, ausgezeichnet, vornehm‹. 2. Herkunftsname zu dem Ortsnamen Theuern (Thüringen, Bayern, Schlesien).

Theuerkauf(f): Berufsübernamen zu mhd. *tiur(e)* ›teuer‹ und mhd. *kouf* ›Geschäft, Handel, Tausch, Verkauf; Kaufpreis‹ für den Händler, der seine Kunden überforderte.

Theuerkorn: Berufsübername zu mhd. *tiur(e)* ›teuer‹ und mhd. *korn* ›Fruchtkorn, bes. vom Getreide‹ für den Getreidehändler, der seine Kunden überforderte.

Theunissen, Theunißen: patronymische Bildungen zu Theunis, einer verkürzten Form von Antonius (▸ Anton).

Theurer: 1. Amtsname zu mhd. *tiuren* ›schätzen‹ für einen Schätzer. 2. Herkunftsname zu den Ortsnamen Theuern (Thüringen, Bayern, Schlesien), Thauer (Schlesien). ❖ *Andre tewrer* ist a. 1393 in München bezeugt.

Thewes: lautlich auf eine verkürzte und gedehnte Form von ▸ Matthäus zurückgehender Familienname, in den Quellen tritt jedoch häufig eine Vermischung der Rufnamenformen Matthäus und ▸ Matthias zutage.

Thiede: aus einer niederdeutschen Koseform von Rufnamen, die das Namenwort *thiad* enthalten (i. A. ▸ Dietrich), entstandener Familienname.

Thiedemann: aus einer Erweiterung von ▸ Thiede mit dem Suffix *-mann* hervorgegangener Familienname.

Thiedke: aus einer Erweiterung von ▸ Thiede mit *-k*-Suffix entstandener Familienname.

Thiel(e): aus Thia(di)lo, Thilo, Koseformen von Rufnamen, die das Namenwort *thiad/ diot* enthalten (i. A. ▸ Dietrich), hervorgegangene Familiennamen.

Thielecke: auf eine Erweiterung von ▸ Thiel(e) mit *-k*-Suffix zurückgehender Familienname.

Thielemann: ▸ Thielmann.

605

Thielen: patronymische Bildung (schwacher Genitiv) zu ▶ Thiel(e).

Thielke: ▶ Thielecke.

Thielmann: aus einer Erweiterung von ▶ Thiel(e) mit dem Suffix *-mann* hervorgegangener Familienname.

Thielsch: auf eine ostmitteldeutsche Ableitung von ▶ Thiel(e) zurückgehender Familienname.

Thiem: ▶ Thieme.

Thiemann: 1. Durch Zusammenziehung entstandene Form von ▶ Thiedemann. 2. Niederdeutscher Wohnstättenname zu mnd. *tī, tig* ›öffentlicher Sammelplatz eines Dorfes, zu ernsten wie zu heiteren Zwecken, in der Regel erhöht und mit einigen Bäumen (Linden) besetzt, an der Seite große Steine, die als Bänke dienen‹. 3. Herkunftsname auf *-mann* zu dem Ortsnamen Thie (Westfalen, Niedersachsen, Sachsen-Anhalt). ❖ Vgl. die Belege *Grete vamm Tye* (Hildesheim a. 1277), *Ludeke Tieman = Ludeke Tigman* (Hildesheim a. 1406).

Thieme: aus einer Kurzform von Thiedmar (▶ Dietmar) hervorgegangener Familienname.

Thiemig: 1. Herkunftsname zu dem Ortsnamen Großthiemig (Brandenburg). 2. Patronymische Bildung auf *-ing* (> *-ig*) zu ▶ Thieme.

Thiemt: Erweiterung von Thiem (▶ Thieme) mit sekundärem *-t*.

Thien(e): 1. Herkunftsnamen zu den Ortsnamen Thiene (Niedersachsen), Thien (Steiermark). 2. Aus einer Kurzform von Rufnamen, die das Namenwort *degan* enthalten (z. B. ▶ Degenhard), entstandene Familiennamen.

Thienel: aus einer Weiterbildung von ▶ Thien(e) mit *-l*-Suffix hervorgegangener Familienname.

Thiepold: ▶ Tiepold.

Thier: 1. Übername zu mhd. *tier* ›Tier, bes. wildes Tier; Reh, Damwild, Hinde‹. 2. Herkunftsname zu dem gleichlautenden Ortsnamen (Nordrhein-Westfalen). 3. Durch Entrundung entstandene Form von ▶ Dürr.

Thierbach: Herkunftsname zu dem gleichlautenden Ortsnamen (Sachsen-Anhalt, Sachsen, Thüringen, Bayern, Ostpreußen, Tirol, Böhmen).

Thierfelder: Herkunftsname zu dem Ortsnamen Thierfeld (Sachsen).

Thiering(er): 1. Herkunftsnamen zu dem Ortsnamen Tieringen (Baden-Württemberg). 2. Durch Entrundung entstandene Formen von ▶ Thüring, ▶ Thüringer.

Thierolf: aus dem alten deutschen Rufnamen *(tiuri + wolf)* entstandener Familienname. ❖ Als Rufname ist *Tirolf* i. J. 1223 in Bamberg überliefert. Als Belege für den Familiennamen lassen sich u. a. *Cunrad Tirolf* (Neuses bei Kronach a. 1328), *Hanse Tyrolf* (Plauen/Vogtland a. 1388), *Eberhart Tyerolf* (Nürnberg a. 1400) anführen. ❖ Hierzu gehören auch die Familiennamen **Dierolf, Dierauf(f), Thürauf.**

Thierry: auf eine französische Form von ▶ Dietrich zurückgehender Familienname.

Thies: lautlich auf eine verkürzte Form von ▶ Matthias zurückgehender Familienname, in den Quellen tritt jedoch häufig eine Vermischung der Rufnamenformen ▶ Matthäus und Matthias zutage.

Thiesen: patronymische Bildung (schwacher Genitiv oder Ableitung auf *-sen*) zu ▶ Thies.

Thiess, Thieß: ▶ Thies. ❖ Bekannter Namensträger: Frank Thiess, deutscher Schriftsteller (19./20. Jh.).

Thiessen, Thießen: ▶ Thiesen.

Thimm: ▶ Thieme.

Thissen: ▶ Thiesen.

Thobe: 1. Aus einer verkürzten Form von ▶ Tobias entstandener Familienname. 2. Auf eine friesische Kurzform von ▶ Theobald zurückgehender Familienname.

Thoben: patronymische Bildung (schwacher Genitiv) zu ▶ Thobe. ❖ Vgl. die Belege aus Halle/S. *Thobyas Lange* (a. 1355/1383) = *Thoben Langen hove* (a. 1366).

Thode: aus Todo, einer Lallform von Rufnamen, die mit dem Namenwort *thiad* gebildet sind (i. A. ▶ Dietrich), hervorgegangener Familienname.

Thoden: patronymische Bildung (schwacher Genitiv) zu ▶ Thode.

Thole: 1. Aus einer friesischen Ableitung von ▶ Bartholomäus oder aus einer Nebenform von Thele (▶ Thiele, vgl. auch ▶ Thode) hervorgegangener Familienname. 2. Wohnstättenname zu mhd. *tole* ›Abzugsgraben‹.

Thöl(e): ▶ Thole (1.).

Tholen: patronymische Bildung (schwacher Genitiv) zu ▶ Thole (1.).

Thom: auf eine verkürzte Form von ▶ Thomas zurückgehender Familienname.

Thoma: Nebenform von ▶ Thomas. ❖ Bekannte Namensträger: Hans Thoma, deutscher Maler (19./20. Jh.), Ludwig Thoma, deutscher Schriftsteller (19./20. Jh.).

Thomä: patronymische Bildung (lateinischer Genitiv) zu ▶ Thomas.

Thomae: ▶ Thomä.

Thomala, Thomalla: auf eine polnische, mit dem Suffix *-ala*, eingedeutscht *-alla*, gebildete Ableitung von ▶ Thomas zurückgehende Familiennamen. ❖ Bekannter Namensträger: Georg Thomalla, deutscher Schauspieler und Kabarettist (20. Jh.).

Thomanek: auf eine polnische oder tschechische, mit dem Suffix *-ek* gebildete Ableitung von ▶ Thomas zurückgehender Familienname.

Thomann: Nebenform von ▶ Thomas.

Thomas: aus dem gleichlautenden Rufnamen, der auf einen Beinamen aramäischen Ursprungs (*te'omā* ›Zwilling‹) zurückgeht, entstandener Familienname. Der Name Thomas war im Mittelalter weit verbreitet, besonders unter dem Einfluss der Verehrung des heiligen Apostels Thomas. Dieser Apostel wird »der ungläubige Thomas« genannt, weil er an der Auferstehung Jesu zweifelte und erst glaubte, als er die Wundmale des Auferstandenen berühren durfte. Seit dem 14. Jh. wirkte auch die Verehrung des heiligen Thomas von Aquin (13. Jh.) auf die Namengebung ein. Dieser war der bedeutendste Philosoph und Theologe des Mittelalters. ❖ Als Varianten von Thomas begegnen uns z. B. die Familiennamen **Thoma, Thomann, Domann, Thumann, Duman.** ❖ Patronymische Bildungen (lateinischer Genitiv) sind die Familiennamen **Thomae, Thomä, Thome.** ❖ Bei dem Familiennamen **Thomasius** handelt es sich um eine Erweiterung von Thomas mit der lateinischen Endung *-ius*. ❖ Durch Kürzung im Auslaut sind Familiennamen wie **Thom** und **Dohm** entstanden. ❖ Patronymische Bildungen hierzu sind Familiennamen wie **Thoms, Dohms, Thomsen.** ❖ Aus Koseformen zu solchen verkürzten Formen von Thomas sind u. a. die Familiennamen **Thömel, Döhmel, Dehmel, Domke, Demke, Dumke** hervorgegangen. ❖ Der Wegfall des Anlauts führte zu Familiennamen wie **Maas, Maass, Maaß, Mass, Maß** mit den Ableitungen **Maassen, Maaßen, Maßmann, Masius.** ❖ Auf slawische Ableitungen von Thomas gehen u. a. die Familiennamen **Thomal(l)a, Tomal(l)a, T(h)omanek, Tomczak, Tomczyk, Tomić** zurück.

Thomasius: auf eine Erweiterung von ▶ Thomas mit dem lateinischen Suffix *-ius* zurückgehender Familienname. ❖ Bekannter Namensträger: Christian Thomasius, deutscher Jurist und Philosoph (17./18. Jh.).

Thome: ▶ Thomä.

Thömel: aus einer mit *-l*-Suffix gebildeten Koseform von ▶ Thomas entstandener Familienname.

Thoms: 1. Patronymische Bildung (starker Genitiv) zu Thom (▶ Thomas). 2. Durch Zusammenziehung entstandene Form von ▶ Thomas.

Thomsen: patronymische Bildung auf *-sen* zu Thom (▶ Thomas).

Thon: 1. ▶ Thön(e). 2. Herkunftsname zu dem Ortsnamen Thon (Bayern, Belgien).

Thön, Thöne: aus verkürzten Formen von ▶ Anton entstandene Familiennamen.

Thönissen, Thönißen: patronymische Bildungen (schwacher Genitiv) zu Thönis, einer verkürzten Form von Antonius (▶ Anton).

Thönnes: ▶ Tönnes.

Thorbeck(e): ▶ Torbeck(e).

Thormählen: niederdeutscher Wohnstättenname zu mnd. *to der molen* ›zur Mühle‹. ❖ *Werner tor Molen* ist a. 1493 in Magdeburg bezeugt.

Thormann: Wohnstättenname auf *-mann*: ›wohnhaft am Tor‹.

Thorn: 1. Niederdeutscher Wohnstättenname zu mnd. *tor(e)n, torn(e), tarn* ›Turm‹. 2. Niederdeutscher Übername zu mnd. *torn(e), tarn* ›Zorn, Unwille‹ für einen zornigen Menschen. 3. Herkunftsname zu dem gleichlautenden Ortsnamen (ehem. Westpreußen/jetzt Polen).

Thorwart(h): Amtsnamen zu mhd. *torwart(e)* ›Torwächter, -hüter‹. ❖ *Frid. Torwart* ist a. 1309 in Nürnberg bezeugt.

Thorwest(en): Wohnstättennamen für jemanden, der im Westen des Ortes wohnte (zu mnd. *to der west*). ❖ *Drewes Thorwest* ist a. 1509 in Magdeburg bezeugt.

Thoß: aus dem alten Lallnamen Tosso (am ehesten zu einem mit dem Namenwort *thiot* beginnenden Rufnamen) entstandener Familienname. ❖ *Erberh. Tosso* ist a. 1298 in Eger überliefert.

Thrun: 1. Herkunftsname zu dem Ortsnamen Thron (Hessen, Bayern). 2. Übername zu mhd., mnd. *t(h)rōn* ›Thron‹. 3. Übername zu mnd. *trōn, tronie* ›Gesicht, Gesichtsbildung‹. 4. Übername zu mnd. *tronen* ›gierig sein, betteln; betrügen, beschwindeln‹.

Thull: 1. Übername zu mhd. *tul* ›grob‹. 2. Wohnstättenname zu mhd. *tülle, tulle* ›Bretterwand, -zaun, Pfahlwerk; Vorstadt, die außerhalb der Mauer hinter Pfahlwerk liegt‹.

Thum: 1. Wohnstättenname zu mhd. *tuom*, md. *tūm* ›Bischofskirche, Stiftskirche, Dom‹. ❖ Vgl. die Magdeburger Belege *Thyle zum Thume* (a. 1426) = *Thile vom Dome* (a. 1427). 2. Herkunftsname zu dem gleichlautenden Ortsnamen (Sachsen, Nordrhein-Westfalen). 3. ▶ Thumm.

Thumann: durch Verdumpfung des *-o-* zu *-u-* entstandene Variante von Thomann (▶ Thomas). ❖ Im Jahre 1456 ist *tuman großclas* in Esslingen bezeugt.

Thumm: Übername zu mhd. *tump, tumb, tum* ›schwach von Sinnen oder Verstand, dumm, töricht, unbesonnen, einfältig, unklug; unerfahren, jung; ungelehrt; stumm‹. ❖ Ein früher Beleg ist *Henricus dictus Tumbe* (Basel a. 1291).

Thümmel: Übername zu mhd. *tumel* ›betäubender Schall, Lärm‹, mnd. *tummel* ›lärmende Bewegung, Getümmel, Lärm‹ für einen lauten Menschen.

Thümmler: 1. Übername; Ableitung auf *-er* zu ▶ Thümmel. 2. Übername zu mhd. *tüemen* ›ehren, rühmen; prahlen‹ für einen Prahlhans. 3. Berufsname zu mnd. *tumeler* ›Seiltänzer, Springer‹.

Thun: 1. Wohnstättenname zu mhd. *tūn* ›Geflecht aus (Hage-)Dorn, Weiden oder anderen Gesträuchen, bes. als Einfriedung des Eigentums, Hecke der Gärten; Zaun als Befestigung von Schlössern, Dörfern, Städten usw., auch aus Planken und Palisaden; das von einem Zaun umschlossene Gelände, Garten, Gehege‹. 2. Herkunftsname zu den Ortsnamen Thune (Niedersachsen, Nordrhein-Westfalen), Thun (Schweiz). ❖ *Henricus bi deme thune* ist i. J. 1320 in Braunschweig bezeugt.

Thurau: Herkunftsname zu dem gleichlautenden Ortsnamen (Niedersachsen, Sachsen-Anhalt, Bayern, Ostpreußen, Schweiz) oder zu dem Ortsnamen Thurow (Mecklenburg-Vorpommern, ehem. Brandenburg/jetzt Polen).

Thürauf: durch Umdeutung des alten deutschen Rufnamens ▶ Thierolf in Anlehnung an die Wörter »Tür« und »auf« entstandener Familienname.

Thüring: 1. Herkunftsname für jemanden, der aus Thüringen stammte. 2. Übername für jemanden, der Beziehungen (z. B. Handelsbeziehungen) zu Thüringen hatte. 3. Vereinzelt aus dem gleichlautenden, den Stammesnamen enthaltenden Rufnamen hervorgegangener Familienname. ❖ Der Rufname *Thuring(us)* ist z. B. i. J. 989 in Magdeburg überliefert. *Hanse Düring* ist i. J. 1363 in Nürnberg bezeugt.

Thüringer: Ableitung auf *-er* von ▶ Thüring (1.), (2.).

Thurm: 1. Wohnstättenname zu mhd. *turn* ›Turm‹ für jemanden, der an oder bei einem Turm wohnte. 2. Herkunftsname zu den Ortsnamen Thurm (Nordrhein-Westfalen, Sachsen), Turm (Baden-Württemberg), Thurn (▶ Thurn [2]).

Thürmer: ▶ Thurner.

Thurn: 1. ▶ Thurm (1.). 2. Herkunftsname zu den Ortsnamen Thurn (Bayern, Österreich, Böhmen), T(h)urm (▶ Thurm [2.])

Thurner: 1. Berufsname zu mhd. *turner, türner* ›Türmer, Turmwächter‹. 2. Herkunftsname zu den Ortsnamen Thurn (Bayern, Österreich, Böhmen), Dürn (Bayern).

Thurow: Herkunftsname zu dem gleichlautenden Ortsnamen (Mecklenburg-Vorpommern, ehem. Brandenburg/jetzt Polen).

Thyssen: ▶ Thiesen. ❖ Bekannte Namensträger: August Thyssen, deutscher Unternehmer (19./20. Jh.); Hans Heinrich Thyssen-Bornemisza, deutscher Kunstsammler (20. Jh.).

Tiburtius: auf den gleichlautenden Rufnamen lateinischen Ursprungs zurückgehender Familienname. Der heilige Tiburtius, der mit seinem Bruder Valerian, dem Bräutigam der heiligen Cäcilia, im 3. Jh. den Märtyrertod erlitt, wurde gelegentlich als Namenspatron gewählt.

Tichy: Übername zu tschech. *tichý* ›still, ruhig, leise‹.

Tieck: durch Zusammenziehung aus Tiedecke, einer Koseform von Rufnamen, die mit dem Namenwort *thiad* gebildet sind (i. A. ▶ Dietrich), entstandener Familienname. ❖ Bekannter Namensträger: Johann Ludwig Tieck, deutscher Schriftsteller und Philologe (18./19. Jh.).

Tiede: ▶ Thiede.

Tiedemann: ▶ Thiedemann.

Tiedt: aus einer Kurzform von Rufnamen, die mit dem Namenwort *thiot* gebildet sind (i. A. ▶ Dietrich), hervorgegangener Familienname.

Tiedtke: ▶ Thiedke.

Tiefenbach: Herkunftsname zu dem gleichlautenden Ortsnamen (Nordrhein-Westfalen, Sachsen, Hessen, Rheinland-Pfalz, Baden-Württemberg, Bayern, Schlesien, Österreich).

Tiele: ▶ Thiel(e).

Tiemann: ▶ Thiemann.

Tiepold, Tiepol(d)t: ▶ Diebald.

Tietje: aus einer niederdeutsch-friesischen, mit dem Suffix *-je* gebildeten Koseform von Rufnamen, die mit dem Namenwort *thiad/thiot* gebildet sind (i. A. ▶ Dietrich), entstandener Familienname.

Tietjen: patronymische Bildung (schwacher Genitiv) zu ▶ Tietje.

Tietz(e): aus einer mit -z-Suffix gebildeten Koseform von Rufnamen, die mit dem Namenwort *thiot* gebildet sind (i. A. ▶ Dietrich), entstandene Familiennamen.

Tigges: lautlich auf eine im Anlaut verkürzte und dann gedehnte Form von ▶ Matthias zurückgehender Familienname, in den Quellen tritt jedoch häufig eine Vermischung der Rufnamenformen ▶ Matthäus und Matthias zutage.

Tilch, Tilg(e): aus verkürzten Formen von ▶ Ottilie entstandene metronymische Familiennamen. ❖ *Bartusch Tilge* ist a. 1436/1437 in Görlitz belegt.

Tilgen: metronymische Bildung (schwacher Genitiv) zu Tilg(e) (▶ Tilch).

Tilgner: metronymischer Familienname, Ableitung auf *-ner* von Tilg(e) (▶ Tilch). ❖ *Petir Tylgener* ist a. 1409 in Liegnitz/Schlesien überliefert.

Till: ▶ Tille.

Tillack: auf eine sorbische Ableitung des deutschen Rufnamens Thilo (▶ Dietrich) zurückgehender Familienname.

Tille: aus Thilo, einer Koseform von Rufnamen, die das Namenwort *thiad/thiot* enthalten (i. A. ▶ Dietrich), entstandener Familienname.

Tilling: patronymische Bildung auf *-ing* zu ▶ Till.

Tillmann: aus dem alten Rufnamen Til(l)mann, einer Erweiterung von ▶ Till mit dem Suffix *-mann*, entstandener Familienname.

Tillmanns: patronymische Bildung (starker Genitiv) zu ▶ Tillmann.

Tillner: verschliffene Form von ▶ Tilgner.

Tilly: aus einer verkürzten Form von ▶ Tilling entstandener Familienname. ❖ Bekannter Namensträger: Johann Tserclaes Graf von Tilly, kaiserlicher Feldherr im Dreißigjährigen Krieg (16./17. Jh.).

Timm: aus einer Kurzform von T(h)iedmar (▶ Dietmar) hervorgegangener Familienname.

Timmann: aus einer Erweiterung von ▶ Timm mit dem Suffix *-mann* entstandener Familienname.

Timme: ▶ Timm.

Timmer: 1. Niederdeutscher Berufsübername zu mnd. *timber, timmer* ›Bauholz, Baumaterial, Bauwerk aus Holz‹ für den Zimmermann. 2. Gelegentlich Herkunftsname zu dem Ortsnamen Timmern (Niedersachsen).

Timmermann: niederdeutscher Berufsname zu mnd. *timberman, timmerman* ›Zimmermann‹, vgl. ▶ Zimmermann. ❖ Vgl. die Belege *Henning Tymberman* (Braunschweig 1320/1330), *Ghert Tymmerman, Herman Tymmermans sonne* [Sohn] (Coesfeld a. 1453).

Timmler: entrundete Form von Tümmler (▶ Thümmler [1.], [2.]).

Timpe: 1. Übername zu mnd. *timpe* ›das in eine Spitze auslaufende Ende eines Dings, Zipfel, bes. von Kleidungsstücken‹, auch ›Kapuze‹ nach einer Besonderheit der Kleidung. 2. Wohnstättenname nach der Form der Siedlungsstelle.

Tippmann: aus einer Erweiterung von Tibbe, einer niederdeutsch-friesischen Kurzform von Namen wie Dietbald *(thiot/thiad + bald)*, mit dem Suffix *-mann* entstandener Familienname.

Tischbein: Berufsübername für den Tischler. ❖ Bekannter Namensträger: Johann Heinrich Wilhelm Tischbein, deutscher Maler (18./19. Jh.).

Tischendorf: Herkunftsname zu dem gleichlautenden Ortsnamen (Thüringen).

Tischer: Berufsname; mit dem Suffix *-er* gebildete ältere Form von ▶ Tischler.

Tischler: mit dem Suffix *-ler* gebildeter Berufsname für den Holzhandwerker, der feinere Möbel (z. B. Tische, Truhen) herstellte. Das Wort »Tisch«, das der Berufsbezeichnung zugrunde liegt, wurde aus lat. *discus* ›Scheibe, Platte, Schüssel‹ entlehnt und bezeichnete ursprünglich kleinere Holzplatten mit einer Vertiefung in der Mitte, die vor jeden Einzelnen gestellt wurden und gleichermaßen die Funktion von Tisch und Schüssel erfüllten. Die Berufsbezeichnung Tischer begegnet z. B. in Breslau seit dem ausgehenden 14. Jh. ❖ Entstehungsgebiet der Familiennamen Tischer/Tischler ist vor allem der ostmitteldeutsche und niederdeutsche Raum. ❖ Im oberdeutschen Raum hieß der Möbelhersteller **Schreiner**. Diesem Berufsnamen liegt mhd. *schrīn* (< lat. *scrīnium* ›rundes Behältnis‹) zugrunde, das zunächst für kostbare kirchliche Behälter galt, später auch für weltliche Möbelstücke wie Kästen und Truhen zur Aufbewahrung von Kleidung, Geld und anderen wertvollen Sachen. ❖ Weitere Familiennamen aus dem Bereich der Möbelherstellung sind **Kister, Kistler, Kistner, Kistenmacher**. Sie leiten sich von mhd. *kiste* ab, ebenfalls ein Lehnwort aus dem Lateinischen (lat. *cista* ›Kasten‹). Unter »Kiste« verstand man im Mittelalter einen Kasten, in dem vor allem Kleidung aufbewahrt wurde.

Tischner: Berufsname, Variante von ▶ Tischler.

Tissen: ▶ Thiesen.

Tittel: ▶ Dietel.

Tittmann: ▶ Dittmann.

Titz(e): ▶ Tietz(e). ❖ Bekannte Namensträgerin: Marion Titze, deutsche Schriftstellerin (20./21. Jh.).

Tjarks: patronymische Bildung (starker Genitiv) zu Tjark, einer friesischen Kurzform ▶ von Dietrich.

Tobel: 1. Wohnstättenname zu mhd. *tobel* ›Waldtal, Schlucht‹. 2. Herkunftsname zu dem Ortsnamen Tobel (Baden-Württemberg, Bayern, Österreich, Schweiz).

Toben: ▶ Thoben.

Tober: 1. Übername zu mhd. *toben* ›nicht bei Verstand sein, unsinnig reden, toben, rasen‹. 2. Herkunftsname zu den Ortsnamen Toba (Thüringen), Tober (Steiermark).

Tobey, Tobi: aus verkürzten Formen von ▶ Tobias hervorgegangene Familiennamen.

Tobias: zwar war der Name des biblischen Tobias (hebr. ›Jahwe ist gütig‹), der mit dem Engel Raphael als unerkanntem Begleiter eine gefährliche Reise besteht und seinen blinden Vater heilt, zur Zeit der Entstehung der Familiennamen (12.–15. Jh) nicht allzu häufig, doch mag gerade die Auffällige dieses Namens ihn gelegentlich zum Familiennamen geeignet gemacht haben. ❖ Als Ableitungen von Tobias begegnen uns u. a. die Familiennamen **Tobey, Thobe(n), Tobi(e), Tobi(e)s, Tobisch, Topsch.**

Tobie: patronymische Bildung (lateinischer Genitiv, dreisilbig gesprochen) zu ▶ Tobias.

Tobies, Tobis: aus verkürzten Formen von ▶ Tobias entstandene Familiennamen.

Tobisch: aus einer mit dem slawischen Suffix *-iš* (dt. > *-isch*) gebildeten Ableitung von ▶ Tobias entstandener Familienname.

Tobler: Ableitung auf *-er* zu ▶ Tobel.

Tochtermann: Übername zu mhd. *tohterman* ›Schwiegersohn‹.

Todt: ▶ Tot(h) (1.), (2.), (3.).

Tödter: 1. Patronymische Ableitung auf *-er* zu Todt (▶ Tot[h] [1.]). 2. Übername zu mhd. *todern* ›undeutlich reden, stottern‹.

Toffel: aus einer verkürzten Form von ▶ Christoph entstandener Familienname.

Tögel: 1. Durch Rundung aus mhd. *tëgel, tigel* ›Tiegel‹ entstandener Berufsübername für einen Metallschmelzer. 2. Berufsübername zu mnd. *togel* ›Zügel‹ für den Fuhrmann.

Told(e): aus einer mit dem Ausgang des ersten Namenwortes und dem zweiten Namenbestandteil gebildeten Kurzform von ▶ Berthold entstandene Familiennamen.

Tölke: Berufsname zu mhd. *tolc, tolke,* mnd. *tolk, tollik* ›Dolmetscher‹.

Tolkemitt, Tolkmitt: Herkunftsnamen zu den Ortsnamen Tolkemit, Tolkemüth (Ostpreußen).

Tolksdorf: Herkunftsname zu dem gleichlautenden Ortsnamen (Ostpreußen).

Toll(e), Tölle: 1. Übernamen zu mhd. *tol, dol* ›töricht, unsinnig‹, aber auch ›von stattlicher Schönheit, ansehnlich‹. ❖ Vgl. den Salzburger Beleg *Pertold der toll* (a. 1419). 2. Wohnstättennamen für jemanden, der an einem Abzugsgraben, Kanal (mhd. *tole* ›Abzugsgraben‹) wohnte. ❖ Vgl. den Beleg aus Villingen *Peter uf der Tölen* (a. 1380). 3. Gelegentlich auf eine verschliffene Form von ▸Told(e) zurückgehende Familiennamen.

Töller: 1. Berufsnamen zu mnd. *toller* ›Zollerheber‹. 2. Ableitung auf *-er* zu ▸Toll(e), Tölle.

Töllner: Berufsname zu mnd. *tollener* ›Zollerheber‹.

Tomal(l)a: ▸Thomala.

Tomanek: ▸Thomanek.

Tomaschewski, Tomaszewski: 1. Herkunftsnamen zu polnischen Ortsnamen wie Tomaszowice, Tomaszow, Tomaszowce. 2. Aus einer polnischen Ableitung von ▸Thomas entstandene Familiennamen.

Tomberg: Wohnstättenname zu mnd. *tom* ›zum‹ und mnd. *berch* ›Berg‹.

Tombrin(c)k: Wohnstättennamen zu mnd. *tom* ›zum‹ und mnd. *brink* ›Hügel, Abhang; auch Rand, Rain, Grasanger, Weide‹. ❖ *Hinrick thom brincke,* Bürger zu Hildesheim, ist a. 1532 bezeugt.

Tombrock: Wohnstättenname zu mnd. *tom* ›zum‹ und mnd. *brök* ›Bruch, eine tief liegende, von Wasser durchbrochene, mit Gehölz bestandene Ebene‹.

Tomczak: auf eine polnische Ableitung von ▸Thomas zurückgehender Familienname.

Tomczyk: aus einer polnischen Ableitung von ▸Thomas entstandener Familienname.

Tomforde: Wohnstättenname zu mnd. *tom* ›zum‹ und mnd. *vorde* ›Furt‹.

Tomić: auf eine serbische, bosnische oder kroatische patronymische Ableitung von ▸Thomas zurückgehender Familienname.

Tönjes: im Raum Bremen–Oldenburg–Osnabrück häufig vorkommender, auf eine verkürzte Form von Antonius (▸Anton) zurückgehender Familienname.

Tonn(e): 1. Berufsübernamen zu mhd., mnd. *tunne, tonne* ›Tonne‹ für den Tonnenmacher. 2. Übernamen für eine beleibte Person.

Tonnemacher: Berufsname für den Hersteller von Tonnen.

Tönnes: auf eine verkürzte Form von Antonius (▸Anton) zurückgehender Familienname.

Tönnies: vorwiegend im Raum Oldenburg–Osnabrück–Hannover häufiger vorkommender, auf eine verkürzte Form von Antonius (▸Anton) zurückgehender Familienname. ❖ Bekannter Namensträger: Ferdinand Tönnies, deutscher Soziologe (19./20. Jh.).

Töns: aus einer verkürzten Form von Antonius (▸Anton) entstandener Familienname.

Tönsen: patronymische Bildung (schwacher Genitiv) zu ▸Töns.

Tönsing: patronymische Bildung auf *-ing* zu ▸Töns.

Topf: Berufsübername zu mhd. *topf* ›Topf‹ für den Töpfer.

Töpfer, Töpfner: Berufsnamen für den Hersteller von Tongefäßen (mhd. *töpfer, topfer*). ❖ Die Bezeichnungen »Topf« und »Töpfer« verdrängen erst seit dem 13. Jh. im ostmitteldeutschen Bereich älteres »Grope« und »Groper«, »Gräper«. Auch von diesen alten, früher in ganz Nord- und Mitteldeutschland üblichen Bezeichnungen sind noch Familiennamen abgeleitet worden: **Grop(p)er, Gröp(p)er, Graper, Gräper, Grapner** und die Latinisierung **Gropius**. ❖ Auch die von lat. *olla* ›Topf‹ entlehnten, im westmitteldeutschen Gebiet üblichen Begriffe »Aul« und »Aulner« konnten sich weder im Dialekt noch in der Hochsprache halten, wurden aber zur Grundlage der Familiennamen **Auler, Eul(n)er, Eiler, Ullner, Aulmann, Eilenbecker.** ❖ Im Niederdeutschen wurden die alten Bezeichnungen seit dem 12. Jh. durch die aus dem Französischen entlehnten Wörter »Pott« und »Potter« verdrängt. Hieraus entstanden die Familiennamen **Pott, Potter, Pötter, Pöttger, Pütjer, Pottbecker.** ❖ Im Westmitteldeutschen kam seit Ende des 12./Anfang des 13. Jh. »Düppen« als Bezeichnung für das irdene Gefäß auf und bildete die Grundlage für die Familiennamen **Düpper, Dipper, Düppenbecker.** ❖ Die gleichzeitig entstehenden ostmitteldeutschen Wörter »Topf« und »Töpfer« sollten später hochsprachlich werden und lieferten die Familiennamen **Töpfer, Töpfner, Dopfer, Döpfner**. ❖ Stabiler zeigen sich die Verhältnisse im Süden Deutschlands, wo es seit alters »Hafen« und »Hafner« heißt. Hier sind die Familiennamen **Haf(f)ner, Häf(f)ner, Hef(f)ner, Häfele, Hefele** heimisch.

Topler, Töpler: Übernamen zu mhd. *topelære* ›Würfelspieler‹.

Topp: 1. ▶Topf. 2. Niederdeutscher Übername zu mnd. *top* ›Zopf; Schopf, Büschel‹ nach der Haartracht. 3. Niederdeutscher Wohnstättenname zu mnd. *top* ›Spitze, das Höchste von etwas‹ nach der Lage des Hauses.

Toppel: 1. Übername zu mhd. *topel, toppel* ›Würfelspiel; Einlage bei einem Spiel, bes. bei einem Wettschießen, sowie der dabei ausgesetzte Preis‹. 2. Herkunftsname zu dem gleichlautenden Ortsnamen (Sachsen-Anhalt). ❖ *Conr. Topel* ist a. 1392 in Nürnberg bezeugt.

Töpper: ▶Töpfer.

Topsch: auf die eindeutschende Schreibung einer slawischen Ableitung von ▶Tobias zurückgehender Familienname.

Torbeck(e): 1. Im niederdeutschen Bereich aus *to der beke* ›am Bach‹ (zu mnd. *beke* ›Bach‹) zusammengezogene Wohnstättennamen. 2. Im ober- und mitteldeutschen Bereich genauere Bezeichnungen eines Bäckers (▶Beck[e]) nach der Wohnstätte am Tor.

Torbrügge: Wohnstättenname zu mnd. *to der brugge* ›an der Brücke‹.

Tornow: Herkunftsname zu dem gleichlautenden Ortsnamen (Brandenburg, ehem. Brandenburg/jetzt Polen, ehem. Pommern/jetzt Polen).

Tost: 1. Herkunftsname zu dem gleichlautenden Ortsnamen (Schlesien). 2. ▶Dost.

Tot(h): 1. Aus Todo, einer Lallform von Rufnamen, die mit dem Namenwort *thiad* gebildet sind (i. A. ▶Dietrich), hervorgegangene Familiennamen. 2. Übernamen zu mhd. *tôt* ›Tod, der Tote, Leichnam‹, wohl nach dem leichenblassen Aussehen des ersten Namensträgers. 3. Im oberdeutschen Bereich Übernamen zu mhd. *tote, totte* ›Pate; Patenkind‹, auch ›Förderer, Beschützer‹. ❖ *Hainrich tod* ist a. 1394 in München bezeugt.

4. Herkunftsnamen (Stammesnamen) zu ung. *Tót* ›Slawe‹.

Toussaint: französischer Familienname, der von dem Festtag franz. *Toussaint* ›Allerheiligen‹ abgeleitet ist.

Tovote: niederdeutscher Übername zu mnd. *to vote* ›zu Fuß‹.

Töws: gerundete Form von ▶Tew(e)s.

Trabant: Berufsname zu dem im 15. Jh. aus dem Tschechischen entlehnten Wort *drabant* ›Fußsoldat, Leibwache‹.

Traber: Übername zu mhd. *draben, traben* ›in gleichmäßiger Beeilung gehen oder reiten, traben‹ nach der Gangart des ersten Namensträgers.

Trabert: Erweiterung von ▶Traber mit sekundärem *-t*.

Trabold: aus dem alten deutschen Rufnamen Tragbold *(thrag + bald)* entstandener Familienname.

Trager, Träger: 1. Berufsnamen zu mhd. *trager, treger* ›Träger‹ für einen Lastenträger. In den Handelsstädten an der See und im Binnenland war das Tragen von Lasten ein wichtiges Gewerbe. In manchen Städten bezeichnete Träger auch einen städtischen Aufsichtsbeamten, der z. B. an der Stadtwaage Güte und Gewicht der Waren kontrollierte. 2. Standesnamen oder Übernamen zu mhd. *trager, treger* ›Vertreter, Gewährleister, Treuhänder, Vertrauensmann‹. ❖ *Berengerus dictus* [genannt] *Trager* ist a. 1285 in Nürnberg belegt.

Trageser: Herkunftsname auf *-er* zu den Ortsnamen Trages (Sachsen), Tragöß (Österreich).

Trainer: Herkunftsname auf *-er* zu dem Ortsnamen Train (Bayern).

Tralau: Herkunftsname zu dem gleichlautenden Ortsnamen (Schleswig-Holstein).

Tramm: 1. Herkunftsname zu dem gleichlautenden Ortsnamen (Schleswig-Holstein, Mecklenburg-Vorpommern, Niedersachsen). 2. Berufsübername zu mnd. *trame* ›Querstab, Sprosse einer Leiter, einer Treppe, eines Stuhles‹, mhd. *drām(e), trām(e)* ›Balken, Riegel‹, fnhd. *tram* ›Balken‹ für einen Zimmermann, in übertragener Bedeutung Übername für einen langen, steifen Menschen.

Tramp(e): 1. Herkunftsnamen zu dem Ortsnamen Trampe (Brandenburg). 2. Übernamen zu mnd. *trampen* ›mit den Füßen stampfen‹ für einen schwerfälligen Menschen.

Trampel: Übername für einen ungeschlachten, ungeschickten, schwerfälligen Menschen (zu mhd. *trampeln* ›derb auftretend sich bewegen‹). ❖ Die Belege *Trampel* (a. 1488), *Phillip Trampell* (a. 1506) stammen aus dem sächsischen Vogtland.

Trampenau: Herkunftsname zu dem gleichlautenden Ortsnamen (Ostpreußen).

Trampler: Übername zu mhd. *trampeln* ›derb auftretend sich bewegen‹ für einen ungeschlachten, ungeschickten, schwerfälligen Menschen. ❖ *Hans Trampler* ist a. 1529 im sächsischen Vogtland bezeugt.

Trampnau: ▶ Trampenau.

Tran: Übername zu mhd. *trahen*, zusammengezogen *trān*, mnd. *trān* ›Träne, Tropfen‹ für einen weinerlichen Menschen.

Tränk(e)l: Übername für einen trinkfreudigen Menschen (zu mittelhochdeutsch *tranc* ›Trank, Getränk; Trinkgelage‹ + Suffix -*[e]l*).

Tränkle: schwäbische Form von ▶ Tränk(e)l.

Tränkner: Wohnstättenname zu mhd. *trenke* ›Tränke‹ für jemanden, der bei einer Viehtränke wohnte.

Trapp(e): 1. Übernamen zu mhd. *trappe* ›einfältiger Mensch, Tropf‹. 2. Wohnstättennamen zu mhd. *trappe, treppe*, mnd. *trappe* ›Treppe‹. 3. Übernamen zu der Vogelbezeichnung mnd. *trappe* ›Trappe‹, mhd. *trappe* ›Trappe, Trappgans‹.

Tratz: Übername zu mhd. *tra(t)z* ›Widersetzlichkeit, Feindseligkeit, Trotz‹, mhd. *traz* ›trotzig‹. ❖ *Sifr. Tratz* ist a. 1312 in Nürnberg überliefert.

Traub(e): 1. Auf einen Hausnamen »Zur Traube« (mhd. *trūbe* ›Traube‹) zurückgehende Familiennamen. 2. Berufsübernamen für einen Weinbauern.

Träubel: 1. Auf einen Hausnamen »Zur Traube« (mhd. *triubel* ›Traube‹) zurückgehender Familienname. 2. Berufsübername für einen Weinbauern. 3. Übername für einen Menschen mit lockigem Haar (mhd. *triubel*). ❖ *Albrecht Trœubel* ist a. 1372 in Regensburg bezeugt.

Träuble: Ableitung von ▶ Traub(e) mit dem schwäbischen Suffix -*le*.

Trauernicht: vor allem in Ostfriesland verbreiteter Übername in Satzform (»[Ich] trauere nicht«) zu mnd. *troren* ›trauern‹ und mnd. *nit* ›nicht‹ für jemanden, der nicht trauerte, stets vergnügt war. ❖ *Johannes Trorenicht* ist a. 1295 in Lüneburg überliefert.

Traurig: Übername zu mhd. *trūrec, trūric* ›traurig‹.

Traut(h): 1. Übernamen zu mhd., mnd. *trūt* ›traut, lieb; Liebling, Geliebter‹. 2. Aus einer Kurzform von Rufnamen, die mit dem Namenwort *trūt* gebildet sind (z. B. ▶ Trautwein), entstandene Familiennamen.

Trautmann: 1. Aus dem gleichlautenden deutschen Rufnamen *(trūt + man)* hervorgegangener Familienname. 2. Übername, Ableitung von ▶ Traut(h) (1.) mit dem Suffix -*mann*.

Trautner: Herkunftsname zu dem Ortsnamen Trautenau (Ostpreußen, Böhmen).

Trautvetter: Übername zu mhd. *trūt* ›traut, lieb‹ und mhd. *veter(e)* ›Vatersbruder, Vetter, Brudersohn‹.

Trautwein: aus dem gleichlautenden deutschen Rufnamen *(trūt + wini)* entstandener Familienname.

Traxel: bairisch-österreichische Schreibweise von ▶ Drachsel.

Traxler: bairisch-österreichische Schreibweise von ▶ Drachsler. ❖ Bekannter Namensträger: Hans Traxler, deutscher Karikaturist (20./21. Jh.).

Trede: 1. Wohnstättenname zu mnd. *trede* ›Tritt, Stufe, Ausgang des Hauses, Weg‹. 2. Übername zu mnd. *trede* ›Tritt, Schritt, Tanzschritt‹ für einen Menschen mit einer auffälligen Gangart oder für einen leidenschaftlichen Tänzer.

Treder: 1. Wohnstättenname, Ableitung auf -*er* von ▶ Trede (1.). 2. Übername zu mnd. *treden* ›treten, gehen, schreiten‹, *den reien treden* ›den Reigen tanzen‹, vgl. ▶ Trede (2.). 3. Berufsname zu mnd. *treder* ›Bälgetreter (bei der Orgel)‹. ❖ *Heyne Treder* ist a. 1436 in Duderstadt/Niedersachsen bezeugt.

Treiber: Berufsname zu mhd. *trīber* ›Treiber‹ für den Viehtreiber. ❖ Vgl. den Esslinger Beleg *haintz triber von küngspach* (a. 1387).

Treichel: 1. Berufsübername für einen Jäger, Fallensteller (zu mhd. *drūch* ›Falle, um wilde Tiere zu fangen‹ + -*l*-Suffix: > *Drāuchel/ *Träuchel, entrundet > Treichel). 2. Berufsübername zu schwzdt. *Treichle* ›große Kuh-

Treml

schelle‹ für den Hersteller. ❖ Bekannter Namensträger: Hans-Ulrich Treichel, deutscher Schriftsteller (20./21. Jh.).

Treml, Tremmel: Übernamen zu mhd. *drĕmel* ›Balken, Riegel‹, fnhd. *trem(el)* ›Balken, Stock‹, übertragen ›ungeschlachter Kerl‹. ❖ *Johel Tremel* ist a. 1385 in Budweis bezeugt, *Tremel tucher* a. 1447–1460 in Esslingen.

Trenkle: ► Tränkle.

Trenkner: ► Tränkner.

Trenz: aus Sankt Laurentius (► Lorentz) durch Zusammenziehung und falsche Abtrennung des *-t* von »Sankt« entstandener Familienname. ❖ Vgl. die Belege aus Marmagen (Nordrhein-Westfalen) *Laurentus Raw* (a. 1660) = *Raw Trentz* (a. 1661).

Trepte: abgeschwächte Form von ► Treptow.

Treptow: Herkunftsname zu dem gleichlautenden Ortsnamen (ehem. Pommern/jetzt Polen).

Trescher: durch Anlautverhärtung entstandene Form von ► Drescher.

Tretter: 1. Übername zu mhd. *trēten, trĕtten* ›treten, tanzen‹ für jemanden, der gerne tanzte. 2. Berufsname zu mhd. *trēter* ›Tänzer, Gaukler‹. ❖ *Heinrich Treter* ist a. 1370 in Nürnberg bezeugt.

Trettin: Herkunftsname zu dem gleichlautenden Ortsnamen (ehem. Brandenburg/jetzt Polen).

Treu: Übername zu mhd. *triuwe* ›treu, getreu, wohlmeinend‹.

Treubel: ► Träubel.

Trexler: ► Drechsler.

Trieb(e): 1. Herkunftsnamen zu den Ortsnamen Trieb (Sachsen), Trieb (Oberfranken), a. 1249 belegt als *Triebe*. 2. Durch Entrundung entstandene Formen von ► Trüb(e).

Triebel: 1. Vorwiegend in Thüringen vorkommender Berufsübername vor allem für den Böttcher zu mhd. *tribel* ›Treibel, Schlägel‹, besonders der hölzerne Böttcherhammer, mit dem die Reifen angetrieben werden; vgl. mhd *tribelslage* ›Reiftreibel des Böttchers‹. 2. Herkunftsname zu dem gleichlautenden Ortsnamen (Sachsen, ehem. Brandenburg/jetzt Polen).

Triendl: metronymischer Familienname, der auf eine mit *-l*-Suffix und Gleitlaut *-d-* gebildete Koseform von Katharina (► Kathrein[er] [1.]) zurückgeht.

Trienen: metronymischer Familienname (schwacher Genitiv) zu Triene, einer verkürzten Form von Katharina (► Kathrein[er] [1.]).

Trienke: metronymischer Familienname, der auf eine mit *-k*-Suffix gebildete Koseform von Katharina (► Kathrein[er] [1.]) zurückgeht.

Trier: Herkunftsname zu dem gleichlautenden Ortsnamen (Rheinland-Pfalz).

Triller: 1. Berufsname zu mhd. *trüller* ›Gaukler, Spielmann‹. 2. Übername zu mhd. *trüllen* ›betrügen‹ für einen betrügerischen, unehrlichen Menschen. 3. Übername zu mhd. *trüllen, trollen* ›sich in kurzen Schritten laufend fortbewegen‹ nach der Gangart des ersten Namensträgers. 4. Berufsname zu fnhd. *drillen* ›drehen, drechseln‹ für den Drechsler. 5. Niederdeutscher Übername zu mnd. *drillen* ›umhertreiben‹ für einen ruhelosen Menschen. ❖ *Nickel Triller* ist a. 1576 im sächsischen Vogtland bezeugt, *Michael Triller* a. 1656 in Uelzen/Niedersachsen.

Trimborn: Herkunftsname zu dem gleichlautenden Ortsnamen in der Eifel.

Trinkaus: Übername in Satzform (»[ich] trinke aus«) zu mhd. *trinken* ›trinken‹ und mhd. *uʒ* ›aus‹ für einen Zecher. ❖ *Laurencze Trynkuz* ist a. 1427 in Halle bezeugt.

Trinkhaus: aus einer Umdeutung von ► Trinkaus in Anlehnung an das Wort »Haus« hervorgegangener Familienname.

Trinkl: Übername zu mhd. *trinken* ›trinken‹ für einen trinkfreudigen Menschen.

Trinks: aus einer verschliffenen Form von ► Trinkaus entstandener Familienname.

Tripmacher, Tripma(c)ker: Berufsnamen zu mnd. *trippe* ›Pantoffel mit hölzerner Sohle und ohne Hackenleder‹ für den Hersteller. ❖ *Heinrich Trippenmeker*, Bürger zu Stadthagen, ist a. 1427 bezeugt.

Tripp: Berufsübername zu mnd. *trippe* ›Pantoffel mit hölzerner Sohle und ohne Hackenleder‹ für den Hersteller oder Übername für den Träger, vgl. auch mnd. *trippentreder* ›Pantoffelträger; Spottname für Feiglinge, die sich zu Hause halten‹. ❖ *Hans Trippe* ist a. 1383/1385 in Braunschweig überliefert.

Tristram: von dem gleichlautenden Rufnamen abgeleiteter Familienname. Tristram war die volkstümliche Form von Tristan (< kelt. *Drystan* zu kelt. *drest, drust* ›[Waffen-] Lärm‹, umgestaltet in Anlehnung an afranz. *triste*

Truchseß

›traurig‹), dessen tragische Liebe zu Isolde durch die Dichtungen Eilharts von Oberge (»Tristrant und Isalde«, ca. 1170) und Gottfrieds von Straßburg (»Tristan und Isolt«, 1210) weithin bekannt wurde.

Tritschler: am häufigsten ist dieser Familienname in Freiburg i. Br.: 1. Aus einer alemannischen Koseform zu Rufnamen wie Trutwin, Trudbert *(trūt + wini, trūt + beraht)* mit dem Suffix *-ler* gebildeter patronymischer Familienname. 2. Übername zu mhd. *tritscheler* ›Schwätzer‹.

Trobisch: Übername zu nsorb. *drobiś* ›bröckeln‹, *drobjeńca* ›Brocken‹, poln. *drobny* ›klein, fein‹.

Troger, Tröger: 1. Oberdeutsche Wohnstättennamen zu mhd. *troc* ›Trog, Brunnentrog‹ für jemanden, der neben einem öffentlichen Brunnentrog wohnte, gelegentlich Wohnstättennamen nach der trogähnlichen Form des Siedlungsgeländes. 2. Berufsnamen zu mhd. *troc* ›Trog, Teigtrog‹ für den Holzhandwerker, der hölzerne Gefäße durch Aushöhlen von Holzstämmen herstellte. 3. Gelegentlich Herkunftsnamen zu den Ortsnamen Trog (Österreich), Trogau (Böhmen), Trogen (Bayern, Sachsen, Schweiz), Trögen (Niedersachsen). ❖ Der Beleg *Agnesa dicta* [genannt] *zem Troge* (a. 1290) stammt vom Oberrhein, *Hans Troger* ist a. 1382 im sächsischen Vogtland überliefert. ❖ Bekannter Namensträger: Paul Troger, österreichischer Maler (17./18. Jh.).

Troja(h)n: 1. Herkunftsnamen zu den Ortsnamen Trojahn (Ostpreußen), Trojan (Böhmen), Troja (Mecklenburg, Böhmen). 2. Auf den slawischen Rufnamen Trojan, dem der römische Kaisername Trajanus zugrunde liegt, zurückgehende Familiennamen. ❖ *Motl Trojan* ist a. 1467 in Kaaden a. d. Eger bezeugt. ❖ Bekannter Namensträger: Manfred Trojahn, deutscher Komponist (20./21. Jh.).

Troll: Übername zu mhd. *trolle* ›Gespenst, Unhold; ungeschlachter Mensch, Tölpel‹. ❖ *Nickel Trolle* ist a. 1438 im sächsischen Vogtland überliefert. ❖ Bekannter Namensträger: Thaddäus Troll, deutscher Schriftsteller (20. Jh.).

Trommer: ▶ Trummer.

Trommler: 1. Berufsname auf *-er* zu mhd. *trumbel, trumel* ›Trommel‹ für den Trommelschläger. 2. Übername zu mhd. *trumbel, trumel* ›Lärm‹ für einen lauten Menschen. ❖ Bekannte Namensträgerin: Birgitta Trommler, deutsche Tänzerin und Choreografin (20./21. Jh.).

Tröndle: mit dem Suffix *-le* gebildeter Übername zu mhd. *trahen, trän* ›Träne‹ für einen weinerlichen Menschen. ❖ Durch das Suffix *-lin* ist bei dem Beleg *Wer. dictus* [genannt] *Trehenlin* (Basel a. 1244) das *-a-* zu *-e-* umgelautet worden. Dieses *-e-* wurde später zu *-ö-* gerundet, aus *-lin* wurde alemannisch *-li* und *-le;* vgl. den Beleg *Werni Trönli* (Brunnadern/Baden-Württemberg a. 1436).

Tropf, Tropp: Übernamen zu mhd. *tropfe, trophe, trop,* mnd. *trop(pe)* ›Tropf, armseliger oder dummer Mensch‹. ❖ *Michl Trop* ist a. 1384 in Iglau überliefert.

Tropper: Herkunftsname zu dem Ortsnamen Troppau (Mähren). ❖ Vgl. den Beleg *Petrus Tropper* (Olmütz 1413–1420).

Tröscher: gerundete Form von ▶ Trescher.

Trost: Übername zu mhd. *trōst* ›freudige Zuversicht, Vertrauen, Mut; Trost, Schutz, Hilfe‹, auf Personen übertragen ›Helfer‹.

Tröster: Übername zu mhd. *træstære* ›Tröster, Helfer; Gewährleister, Bürge‹.

Tröstl: Ableitung von ▶ Trost mit *-l-*Suffix.

Trott: 1. Wohnstättenname zu mhd. *trote, trotte* ›Weinpresse, Kelter‹. 2. Berufsübername für einen Winzer.

Trotter: 1. Ableitung auf *-er* von ▶ Trott (1.). 2. Übername zu mhd. *troten, trotten* ›mit kurzen Schritten laufen, traben‹ nach der Gangart des ersten Namensträgers.

Trotz: Übername zu mhd. *trotz* ›Widersetzlichkeit, Feindseligkeit, Trotz‹ für einen trotzigen Menschen.

Trüb(e): Übernamen zu mhd. *trüebe* ›düster, trüb, finster; traurig, betrübt‹ nach dem Charakter des ersten Namensträgers.

Trübner: Herkunftsname zu dem Ortsnamen Trüben (Sachsen-Anhalt). ❖ Bekannter Namensträger: Wilhelm Trübner, deutscher Maler (19./20. Jh.).

Trübswetter: Übername zu mhd. *trübe* ›düster, trüb, finster‹ und mhd. *wëtter* ›Wetter‹ für einen schwermütigen Menschen, vgl. ▶ Schönwetter.

Truchsess, Truchseß: Amtsnamen zu mhd. *truhsæze* ›Truchsess‹, ein Hofbeamter, der Speisen auftrug.

Truckenbrod(t): Übernamen zu mhd. *trucken* ›trocken‹ und mhd. *brōt* ›Brot‹ für einen bedürftigen Menschen.

Trummer: Berufsname zu fnhd. *drummer* ›Trommler‹.

Trümper: Berufsname zu mnd. *trumper* ›Trompeter, Lautenschläger‹ oder zu mhd. *trumpen* ›trompeten, trommeln‹ für einen Trompeter oder Trommler. ❖ Der Göttinger Bürger *Hans Trumper* ist a. 1383 bezeugt.

Trunk: Übername zu mhd. *trunc* ›was man mit einem Mal trinkt, Trunk‹ für einen trinkfreudigen Menschen. ❖ *Fritz Trunk* ist i. J. 1397 in Nürnberg bezeugt.

Trunz: 1. Übername zu mhd. *trunze* ›abgebrochenes Speerstück, Splitter‹. 2. Herkunftsname zu dem gleichlautenden Ortsnamen (Ostpreußen).

Trutz: Übername zu mhd. *trutz* ›Widersetzlichkeit, Feindseligkeit, Trotz‹ für einen trotzigen Menschen.

Tschann: auf eine eingedeutschte Form von Jean, der französischen Form von ▶ Johannes, zurückgehender Familienname.

Tschech: 1. Herkunftsname zu osorb., poln., tschech. *Čech* ›Tscheche‹. 2. Übername für jemanden, der Beziehungen (z. B. Handel) zu Tschechen hatte. 3. Aus der Kurzform von slawischen Rufnamen wie Česlav (urslaw. *čbstь ›Ehre‹ + urslaw. *slava ›Ruhm, Ehre‹) hervorgegangener Familienname.

Tschernik, Tscherny: Übernamen zu osorb. (alt) *černy*, tschech. *černý* ›schwarz‹.

Tschirner: Herkunftsname zu dem Ortsnamen Tschirn (Bayern).

Tschöpe: ursprünglich in Schlesien verbreiteter, auf eine slawische Form von ▶ Stephan zurückgehender Familienname. ❖ Vgl. den Beleg *Anthonius Czepe* (Freystadt/Schlesien a. 1465).

Tschorn: Übername zu osorb. *čorny* ›schwarz‹.

Tubbe: niederdeutscher Berufsübername zu mnd. *tubbe* ›Kübel, Bütte‹ für den Hersteller.

Tübbecke, Tübke: niederdeutsche Berufsübernamen zu mnd. *tubbeke(n)* ›kleiner Kübel, kleine Bütte‹ für den Kleinböttcher. ❖ Bekannter Namensträger: Werner Tübke, deutscher Maler (20./21. Jh.).

Tucher: Berufsname zu mhd. *tuocher* ›Tuchmacher, Tuchhändler‹. Der Tuchhandel war im Mittelalter besonders gewinnbringend, die Tuchhändler gehörten oft zu den angesehensten Familien in den Städten. Bekannt ist das Nürnberger Patriziergeschlecht der Tucher.

Tuchmacher: Berufsname zu mhd. *tuochmacher, -mecher* ›Tuchweber‹. ❖ *Symon Tuchmacher* ist a. 1413 im sächsischen Vogtland bezeugt.

Tucholski, Tucholsky: Herkunftsnamen zu dem polnischen Ortsnamen Tuchola. ❖ Bekannter Namensträger: Kurt Tucholsky, deutscher Schriftsteller und Journalist (19./20. Jh.).

Tuchscherer: Berufsname zu mhd. *tuochschĕrer* ›Tuchscherer‹. Zu den Aufgaben des Tuchscherers gehörte das gleichmäßige Scheren des gewebten Wollstoffes nach dem Färben. Die Stoffe wurden dann von dem Tuchscherer gedehnt und gepresst, damit sie den gewünschten Glanz erhielten. ❖ *Nycel der tuchscherær* ist a. 1326 in Regensburg bezeugt.

Tuchtfeld(t): Herkunftsnamen zu dem Ortsnamen Tuchtfeld (Niedersachsen).

Tumler, Tümmler: ▶ Thümmler. ❖ Bekannter Namensträger: Franz Tumler, österreichischer Schriftsteller (20./21. Jh.).

Tunger: Wohnstättenname zu mhd. *tunc, tung* ›unterirdisches (mit Dünger bedecktes) Gemach zur Winterwohnung, zum Weben, zur Aufbewahrung der Feldfrüchte; Gang unter der Erde; unterirdische Höhle; Abgrund‹, fnhd. *tunk* ›Weberwerkstatt‹. ❖ *Erhardus Tunger* ist a. 1476 im sächsischen Vogtland bezeugt.

Turan: türkischer Familienname zu dem geografischen Namen Turan, einem Tiefland zwischen den westlichen Randgebirgen Mittelasiens und dem Kaspischen Meer, ungefähr dem heutigen Turkestan entsprechend.

Türck(e): ▶ Türk (1.) und (2.).

Turek: Übername zu poln., tschech. *Turek* ›Türke‹; ▶ Türk (1.).

Türk: 1. Übername zum Volksnamen mhd. *Turc, Türke, Turke* ›Türke‹, z. B. für jemanden, der in die Türkei gekommen war oder auch an einem Türkenfeldzug teilgenommen hatte. Auch ein Hausname »Zum Türken« kann diesem Familiennamen zugrunde liegen. ❖ *Mattheyss durck* ist a. 1482 in Esslingen bezeugt. 2. Gelegentlich Herkunftsname zu den Ortsnamen Thürk (Schleswig-

Holstein), Türkheim (Baden-Württemberg, Bayern). 3. Türkischer Familienname zu türk. *Türk* ›Türke‹.

Türke: ▶ Türk (1.) und (2.).

Turner: 1. ▶ Thurner. 2. Englischer Berufsname zu mengl. *turner* (< altfranz. *tornour, tourneour*) ›Dreher, Drechsler‹ (vgl. ▶ Drechsel).

Türner: ▶ Thurner.

Turowski: Herkunftsname zu dem polnischen Ortsnamen Turowo.

Tusche: am häufigsten ist dieser Familienname in der Lausitz: 1. Aus einer Kurzform eines mit slawisch *tucha* ›Mut‹ gebildeten Rufnamens (z. B. Tuchomir) entstandener Familienname. 2. Sonst Übername zu mnd. *tūsche* ›Täuschung, Betrug‹.

Twent(e): Herkunftsnamen zu dem Landschaftsnamen Twente (Overijssel/Niederlande). ❖ *Johan Twent* ist a. 1464 in Coesfeld bezeugt.

Twiefel: niederdeutscher Übername zu mnd. *twivel* ›Zweifel; Unentschlossenheit, Säumen, Zögern‹ für einen unentschlossenen, zögerlichen Menschen. ❖ *Joachim Twyvel* ist a. 1537 in Coesfeld bezeugt.

Twiehaus: Herkunftsname zu dem Ortsnamen Twiehausen (Nordrhein-Westfalen).

Twietmeyer: Standesname, nähere Kennzeichnung eines Meiers (▶ Meyer) durch die Lage des Hofes (zu mnd. *twite* ›ein schmaler Gang, eine enge Straße oder Gasse‹).

Twist: 1. Niederdeutscher Übername zu mittelniederdeutsch *twist* ›Zwist‹ für einen streitlustigen Menschen. 2. Herkunftsname zu dem gleichlautenden Ortsnamen (Niedersachsen).

Twiste: Herkunftsname zu dem gleichlautenden Ortsnamen (Hessen).

Tyll: ▶ Till.

Tyssen: ▶ Thyssen.

-tz: Variante des -z-Suffixes (▶ -z [1.]).

U

Ubach: Herkunftsname zu dem gleichlautenden Ortsnamen (Nordrhein-Westfalen).

Ubben: patronymische Bildung (schwacher Genitiv) zu Ubbo, einer Koseform von Udalbert (▶ Ulbrecht [1.]).

Übel: ▶ Uebel.

Übelacker: Übername für einen Bauern mit einem schlechten Acker. ❖ *Otto et* [und] *Eberhardus Ubelacker* sind a. 1231 in Neunstetten (Mittelfranken) bezeugt.

Übelher(r): Übernamen zu mittelhochdeutsch *übel(e)* ›übel, böse, bösartig, boshaft, grimmig, schlecht‹ und mittelhochdeutsch *hēr(re), hĕr(re)* ›Herr‹.

Übelhör: durch Rundung entstandene Form von ▶ Übelher(r).

Übermut: Übername zu mhd. *übermuot* ›stolz, übermütig‹.

Üblacker: ▶ Übelacker.

Übler: Übername zu mhd. *übelære* ›Übel-, Gewalttäter‹.

Uçar: türkischer Familienname zu türk. *uçar* ›fliegend; fliegender Vogel‹.

Uckermann,Ückermann: ▶ Ueckermann.

Ude: aus einer Nebenform von ▶ Ode oder aus einer Koseform von Rufnamen, die mit dem Namenwort *uodal* (z. B. ▶ Ulrich) gebildet sind, entstandener Familienname.

Udolph: aus dem gleichlautenden Rufnamen (*ôt + wolf*) hervorgegangener Familienname.

Uebel: Übername zu mhd. *übel(e)* ›übel, böse, bösartig, boshaft, grimmig, schlecht‹. ❖ In Nürnberg ist *Albrecht Übel* a. 1302–1315 belegt.

Uebelacker: ▶ Übelacker.

Ueber: Wohnstättenname zu mhd. *über* ›über‹ nach der Lage der Siedlungsstelle (etwa ›gegenüberliegend‹, ›höher gelegen‹).

Uebermut: ▶ Übermut.

Uecker: 1. Wohnstättenname zu dem gleichlautenden Gewässernamen (Brandenburg, Mecklenburg-Vorpommern). 2. Herkunftsname zu dem Landschaftsnamen Uckermark im Norden von Brandenburg, beiderseits der oberen und mittleren Uecker. ❖ Bekannter Namensträger: Günther Uecker, deutscher Maler und Objektkünstler (20./21. Jh.).

Ueckermann: Ableitung auf *-mann* von ▶ Uecker.

Uelzen: Herkunftsname zu dem gleichlautenden Ortsnamen (Niedersachsen).

Uetz: ▶ Utz.

Uetzmann: ▶ Utzmann.

Ufer: 1. Wohnstättenname zu mhd. *uover* ›Ufer‹: ›wohnhaft am Ufer‹. 2. Herkunftsname zu dem gleichlautenden Ortsnamen (Nordrhein-Westfalen, Österreich).

Uhde: ▶ Ude. ❖ Bekannter Namensträger: Fritz von Uhde, deutscher Maler (19./20. Jh.).

Uhl: ▶ Uhle (1.).

Uhland: aus dem alten deutschen Rufnamen Uolant (›Nachfolger, Neuer aus einem fremden Land‹) hervorgegangener Familienname. ❖ Bekannter Namensträger: Johann Ludwig Uhland, deutscher Schriftsteller und Germanist (18./19. Jh.).

Uhle: 1. Aus einer Kurzform von ▶ Ulrich entstandener Familienname. 2. Übername zu mnd. *ule* ›Eule‹.

Uhlemann: aus einer Erweiterung von ▶ Uhl (1.) mit dem Suffix *-mann* entstandener Familienname.

Uhlenbrock: 1. Herkunftsname zu Ortsnamen wie Uhlenbrock (Nordrhein-Westfalen), Uhlenbrok (Niedersachsen), Uhlenbrook (Mecklenburg-Vorpommern). 2. Wohnstättenname zu dem gleichlautenden niederdeutschen Flurnamen. Eine Örtlichkeit *in dem Ulenbrouke* bei Oschersleben/Sachsen-Anhalt ist i. J. 1572 urkundlich bezeugt. ❖ Vgl. auch die Belege *Hennigh Ulenbrok* (Hildesheim a. 1386), *Jutte Ulenbroeckes* (Coesfeld a. 1407).

Uhlich, Uhlig: auf eine ostmitteldeutsche, durch *-ing*-Suffix erweiterte Kurzform von ▶ Ulrich zurückgehende Familiennamen (im Raum Chemnitz liegt Uhlig an 5. Stelle in der Ranghäufigkeit). ❖ *Hans Ulich* ist a. 1547

U

Unbeschei(en)

in Dahlen (Sachsen), *Caspar Ulich tischer* a. 1559 in Görlitz bezeugt.

Uhlisch: auf eine ostmitteldeutsche Ableitung von ▶ Ulrich zurückgehender Familienname.

Uhlmann: ▶ Uhlemann.

Uhlrich: ▶ Ulrich.

-uhn: bei Familiennamen, die aus Ostpreußen stammen, beruht die Endung *-uhn* auf dem litauischen patronymischen Suffix *-ūn(a)s*. Die Familiennamen ▶ Jankuhn und ▶ Steppuhn bedeuten also ursprünglich ›Sohn des Johannes‹ bzw. ›Sohn des Stephan‹.

Uhr: 1. Übername zu mhd. *ūr(e)* ›Auerochse‹. 2. Berufsübername für den Uhrmacher zu mnd. *ūr(e)*, spätmhd. *ur* ›Stunde‹, später ›Uhr‹. ❖ Der Beruf des Uhrmachers ist im ausgehenden 15. Jh. in Regensburg bezeugt (vgl. den Beleg *Hanns urmacher*, a. 1471).

Uhrich, Uhrig: auf verschliffene Formen von ▶ Ulrich zurückgehende Familiennamen.

Ulbert: ▶ Ulbrecht.

Ulbrecht: 1. Aus dem gleichlautenden deutschen Rufnamen *(uodal + beraht)* entstandener Familienname. 2. Auf eine durch Verdumpfung über ▶ Olbrecht entstandene Mundartform von ▶ Albrecht zurückgehender Familienname.

Ulbrich(t), Ulbrig: ▶ Ulbrecht (2.).

Ulisch: ▶ Uhlisch.

Ulle: 1. Aus einer Kurzform von ▶ Ulrich hervorgegangener Familienname. 2. Herkunftsname zu dem Ortsnamen Ulla (Thüringen).

Ullerich: ▶ Ulrich.

Ullmann: auf eine mit dem Suffix *-mann* gebildete Koseform von ▶ Ulrich zurückgehender Familienname.

Ullner: Berufsname zu mhd. *ūlner* ›Töpfer‹, vgl. ▶ Töpfer.

Ullrich: ▶ Ulrich. ❖ Bekannte Namensträgerin: Luise Ullrich, deutsche Schauspielerin (20. Jh.).

Ulm(er): Herkunftsnamen zu den Ortsnamen Ulm (Hessen, Baden-Württemberg), Ulmen (Rheinland-Pfalz), Ober-Olm, Nieder-Olm (Rheinland-Pfalz).

Ulreich: ▶ Ulrich.

Ulrich: aus dem gleichlautenden deutschen Rufnamen *(uodal + rīhhi)* entstandener Familienname. Zur Verbreitung des Rufnamens Ulrich im Mittelalter trug auch die Verehrung des heiligen Ulrich, Bischofs von Augsburg (9./10. Jh.), bei. ❖ Als Varianten von Ulrich begegnen uns heute u. a. die Familiennamen **Uhlrich, Ullerich, Ullrich, Ulreich, U(h)rich, U(h)rig, Ohlerich, Oe(h)lrich, Oellrich**. ❖ Bei den Familiennamen **Ulrichs** und **Ulrici** handelt es sich um patronymische Bildungen. ❖ Aus Kurz- und Koseformen von Ulrich sind z. B. die Familiennamen **Uhl(e), Ulle, Ohl(e)** (mit der patronymischen Form **Ohlsen**), **Oelke, Uhl(e)mann, Ullmann, Uhlich, Uhlig, U(h)lisch, Utsch, Utz, Uetz, Utzmann, Uetzmann** entstanden. ❖ Bekannter Namensträger: Jochen Ulrich, deutscher Choreograf (20./ 21. Jh.).

Ulrichs: patronymische Bildung (starker Genitiv) zu ▶ Ulrich.

Ulrici: patronymische Bildung (Genitiv der latinisierten Form Ulricus) zu ▶ Ulrich.

Umbach: Herkunftsname zu den Ortsnamen Unterumbach (Bayern), Umbach (Österreich).

Umbreit: durch Assimilation des *-n-* an das *-b-* entstandene Form von ▶ Unbereit.

Umgelter: ▶ Ungelter. ❖ Bekannter Namensträger: Fritz Umgelter, deutscher Film- und Fernsehregisseur (20. Jh.).

Umlauf: 1. Übername zu mhd. *umbelouf* ›das Laufen im Kreise‹ für eine umtriebigen Menschen oder Berufsübername für einen Boten oder einen Wächter. 2. Wohnstättenname zu mhd. *umbelouf* ›ringsum führender Gang, Galerie‹, auch alter Sraßenname.

Ünal: türkischer Familienname; Imperativname zu türk. *ünal* »nimm Ruhm!«.

Unbehaun: Übername zu mhd. *unbehouwen* ›ungeschliffen, grob, unhöflich‹. ❖ *Ullein der Unbehawenn* ist a. 1352 in Nürnberg bezeugt.

Unbehend: Übername zu mhd., mnd. *unbehende* ›unpassend, unbequem, ungeschickt, unverständig, unangenehm, grob‹.

Unbekant: Übername zu mhd. *unbekant* ›unbekannt‹, vielleicht für ein Findelkind.

Unbereit: Übername zu mhd. *unbereit* ›nicht bereitwillig, nicht zugänglich; ungeschickt, nicht fähig; nicht fertig‹ für einen unzugänglichen, einen ungeschickten oder einen unreifen Menschen.

Unbeschei(en): Übernamen zu mhd. *unbescheiden*, mnd. *unbeschēden, unbescheiden* ›maßlos; ungebührlich, unverständig, ungezogen, rücksichtslos, ruchlos‹.

Underberg: 1. Wohnstättenname für jemanden, der unterhalb eines Berges siedelte. 2. Herkunftsname zu dem Ortsnamen Unterberg (Nordrhein-Westfalen).

Undeutsch: 1. Übername für einen Zugewanderten nicht deutscher Herkunft. 2. Übername zu fnhd. *undeudsch* ›undeutlich‹. ❖ *Petter Vndeutzsch* ist a. 1539 im sächsischen Vogtland bezeugt.

Unfried: Übername zu mhd. *unvride* ›Unfriede, Unsicherheit, Unruhe‹ für einen Störenfried bzw. für einen unruhigen Menschen. ❖ *Klaus Unfried* ist a. 1389 in Esslingen überliefert.

Unfug: Übername zu mhd. *unvuoc* ›Unziemlichkeit, Anstandslosigkeit, Rohheit, Frevel‹, mhd. *unvuoc* ›unpassend, ungeschickt‹.

-ung: Nebenform von ▶ -ing.

Ungar: ▶ Unger.

Ungefug: Übername zu mhd. *ungevüege, ungevuoge* ›unartig, unhöflich, unfreundlich, unbeholfen, ungestüm‹, mnd. *ungevoge* ›Unziemlichkeit, unangemessenes Betragen‹. ❖ *Ch. Vngefuge* ist a. 1309 in Nürnberg bezeugt.

Ungeheuer: Übername zu mhd. *ungehiure* ›unlieblich, unheimlich, schrecklich‹, mhd. *ungehure* ›unfreundlich, unlieblich; unbändig, ungestüm, wild‹ oder zu mhd. *ungehiure* ›Ungeheuer; Heide; Drache; gespenstisches Wesen; Alb‹.

Ungelenk: Übername zu mhd. *ungelenke* ›ungelenk, unbiegsam‹. ❖ *Mathes Vngelenke* ist a. 1376 in Iglau bezeugt.

Ungelter: Amtsname zu mhd. *ungëlt* ›Verbrauchssteuer für Lebensmittel‹, später ›Getränkesteuer für Bier und Wein‹ für den Beamten, der diese Steuer erhob. ❖ Ein früher Beleg aus Nürnberg ist *Cunradus Vngelter* (a. 1253).

Ungemach: Übername zu mhd. *ungemach* ›ungestüm; unfreundlich; unbequem, unangenehm, lästig, störend‹. ❖ *Chunrad Ungemach* ist a. 1368 in München bezeugt.

Unger: 1. Herkunftsname zu mhd. *Unger* ›Ungar‹. 2. Übername für jemanden, der Handels- oder andere Beziehungen zu Ungarn hatte. ❖ *Ott Unger* ist a. 1326 in Regensburg bezeugt.

Ungerath(en): Übernamen zu mhd. *ungerāten* ›ungeraten, schlecht, verschwenderisch‹.

Ungerecht: Übername zu mhd. *ungerëht* ›nicht gehörig, schlecht, ungerecht, ungerechtfertigt, schuldig‹.

Ungereit: Übername zu mhd. *ungereite* ›nicht bereit, ungerüstet; machtlos, unfähig‹.

Ungerer: Herkunftsname oder Übername zu mhd. *Ungerære* ›Ungar‹, vgl. ▶ Unger.

Ungericht: Übername zu mhd. *ungeriht(e)* ›Unrichtigkeit, Fehler, Unrecht, Vergehen, Verbrechen‹. ❖ Im Jahre 1458 ist *hans vngericht* in Esslingen bezeugt.

Ungermann: Ableitung von ▶ Unger mit dem Suffix -mann.

Ungewiss, Ungewiß: Übernamen zu mhd. *ungewis* ›unwissend, unklug, unsicher, ungewiss, unzuverlässig‹, mhd. *ungewizzen* ›unvernünftig, unverständig, unbesonnen‹, mnd. *ungewis* ›ungewiss, zweifelhaft, unzuverlässig, unberechenbar‹.

Ungewitter: Übername zu mhd. *ungewiter(e), ungewitter* ›schlechtes Wetter, Ungewitter, Sturm‹ für einen leicht aufbrausenden Menschen. ❖ *Johans Ungewitter* ist a. 1343 in Esslingen bezeugt.

Unglaub: Übername zu mhd. *ungeloube* ›Unglaube, Ketzerei, Aberglaube‹, mhd. *ungeloube* ›nicht glaubend, ungläubig‹, wohl für einen misstrauischen oder abergläubischen Menschen. ❖ Ein früher Beleg ist *Cunr. Ungeloube* (Mainz a. 1209).

Ungnad(e): 1. Übernamen zu mhd. *ungenāde, ungnāde*, mnd. *ungenade, ungnade* ›Unruhe, Mühsal; Ungunst, Ungnade; trostloser Zustand‹. 2. Herkunftsnamen zu dem Ortsnamen Ungnade (Mecklenburg-Vorpommern).

Unhoch: Übername zu mhd. *unhōch* ›nicht hoch, niedrig‹ für einen kleinen Menschen.

Unkauf: Berufsübername zu mhd. *unkouf* ›unerlaubter, widerrechtlicher Kauf und Verkauf‹ für einen unredlichen Händler.

Unkel: Herkunftsname zu dem gleichlautenden Ortsnamen (Rheinland-Pfalz).

Unkelbach: Herkunftsname zu dem gleichlautenden Ortsnamen (Rheinland-Pfalz).

Unkraut: Übername zu mhd., mnd. *unkrūt* ›Unkraut‹, mnd. bildlich auch ›schädlicher Mensch‹.

Unland: Wohnstättenname zu mnd. *unlant* ›schlechtes, unbebautes Land‹. ❖ Im Jahre 1364 ist *Hinrich Unlant* in Coesfeld bezeugt.

Unmacht: Übername zu mhd. *unmacht* ›Machtlosigkeit, Kraftlosigkeit, Schwäche, Erschöpfung der Kraft, Besinnungslosigkeit, Ohnmacht‹.

Unmüssig, Unmüßig: Übernamen zu mhd. *unmüeȝec* ›unruhig, geschäftig; fleißig, beschäftigt, unausgesetzt tätig‹.

Unmuth: Übername zu mhd. *unmuot* ›Missmut, Missstimmung, Aufgebrachtheit, Zorn‹.

Unrath: 1. Übername zu mhd. *unrāt* ›schlechter Rat; Hilflosigkeit; Unheil, Nachteil‹, mnd. *unrāt* ›unglücklicher Zufall, unbeabsichtigter Schaden; Aufwand, Verschwendung; Widrigkeit, Nachteil‹ für einen ratlosen, hilflosen Menschen bzw. für jemanden, der Unheil stiftete. 2. Berufsübername zu mhd., mnd. *unrāt* ›eine Art Gebäck‹ für den Bäcker oder Übername für den Liebhaber. ❖ In Nürnberg ist a. 1370 der Schneider *Cuntz Unrat* bezeugt.

Unrecht: Übername zu mhd. *unrëht* ›unrecht, unrichtig, ungerecht, ungebührlich; übertrieben; falsch‹.

Unrein: Übername zu mhd. *unrein* ›nicht rein; böse, unrecht; treulos, unkeusch‹.

Unruh: Übername zu mhd. *unruowe, unruo* ›Unruhe, Beunruhigung‹, mnd. *unro(u)we* ›Unruhe, Lärm‹ für einen unruhigen, ruhelosen Menschen. ❖ *Jacob Vnruo* ist a. 1392 in Nürnberg bezeugt. ❖ Bekannter Namensträger: Fritz von Unruh, deutscher Schriftsteller (19./20. Jh.).

Unseld, Unselt: 1. Übernamen zu mhd. *unsælde* ›Unglück, Unheil‹. 2. Berufsübernamen zu mhd. *unselt* ›Unschlitt, Fett, Innereien‹, mhd. *unslit, unslet, unselt* ›Unschlitt, Talg‹ für einen Fleischer, Kerzenmacher oder Seifensieder.

Unser: Übername zu mhd. *sēr* ›wund, verwundet, verletzt‹, wobei die Vorsilbe *un-* entweder die Verneinung oder auch die Verstärkung eines negativen Begriffs bezeichnen kann, also ›unverletzt‹ oder ›sehr verwundet‹.

Unsinn: Übername zu mhd. *unsin* ›Unverstand, Torheit, Raserei‹, mhd. *unsinne* ›Torheit, Verrücktheit, Wahnsinn‹.

Unsöld: durch Rundung entstandene Form von ▶ Unseld.

Unterberg: 1. Herkunftsname zu den Ortsnamen Unterberg (Nordrhein-Westfalen, Baden-Württemberg, Bayern, ehem. Pommern/jetzt Polen, Ostpreußen, Österreich, Elsass), Unterberge (Niedersachsen), Unterbergen (Bayern). 2. Wohnstättenname nach der Lage der Siedlungsstelle unterhalb eines Berges. ❖ Vgl. den Beleg *Chunr. under dem Perge* (Neuburg a. d. Donau a. 1293).

Unterer: 1. Oberdeutscher Wohnstättenname zu mhd. *under* ›unter‹ für jemanden, der im Dorf unterhalb der anderen wohnte. 2. Wohnstättenname für jemanden, der an der Unter, der Mittagsweide (zu mhd. *undern, untern* ›Mittag‹) wohnte.

Unterhauser: Herkunftsname zu den Ortsnamen Unterhausen (Hessen, Baden-Württemberg, Bayern).

Untermann: Wohnstättenname auf *-mann* zu mhd. *under* ›unten‹ für jemanden, der im Dorf unterhalb der anderen wohnte.

Unteutsch: ▶ Undeutsch.

Unthan: durch Zusammenziehung aus mhd. *ungetān* ›ungetan, nicht schön, missgestaltet, hässlich, ungeschlacht‹ entstandener Übername.

Untie(d)t: niederdeutsche Übernamen zu mnd. *untīt* ›Unzeit, unpassende Zeit; Last, Beschwerde‹.

Untucht: Übername zu mnd. *untucht* ›Unzucht, d. h. Mangel an Zucht, an anständigem Benehmen; Ungezogenheit, Ungebühr‹.

Unverdorben: Übername zu mhd. *unverdorben* ›unverdorben‹. ❖ *Cuncz Vnverdorben* ist a. 1387 in Iglau bezeugt.

Unverdross, Unverdroß: Übernamen zu mhd. *unverdrozzen* ›unverdrossen, unermüdlich‹. ❖ Im Jahre 1379 ist *vlr. vnverdrossen* in Esslingen überliefert.

Unverfehrt, Unverfert(h): niederdeutsche Übernamen zu mnd. *unvorvēr(e)t* ›uneingeschüchtert, unerschrocken‹. ❖ *Heyne Unvorfert*, Bürger zu Jüterbog/Brandenburg, ist a. 1432 bezeugt.

Unverhau: Übername zu mhd. *unverhouwen* ›unverletzt, ungehindert‹.

Unverricht: Übername zu mhd. *unverriht(et)* ›nicht gehörig bestellt, ungeordnet‹ für einen unordentlichen Menschen.

Unversucht: Übername zu mhd. *unversuochet* ›unerfahren‹.

Unverzagt: Übername zu mhd. *unverzaget* ›unverzagt‹ für einen mutigen, ausdauernden Menschen.

Unwerth: Übername zu mhd. *unwērt* ›nicht geachtet, nicht geschätzt, verachtet, unlieb, unangenehm‹.

Uphoff: Herkunftsname zu dem Ortsnamen Uphof (Nordrhein-Westfalen).

Upleger: niederdeutscher Berufsname zu mnd. *upleggen* ›auflegen‹ für den Auflader von Waren, vgl. ▸ Aufleger.

Uppenbrink: niederdeutscher Wohnstättenname zu mnd. *up* ›auf‹ und mnd. *brink* ›Hügel, Abhang; auch Rand, Rain, Grasanger, Weide‹.

Uppenkamp: niederdeutscher Wohnstättenname zu mnd. *up* ›auf‹ und mnd. *kamp* ›eingezäuntes Feld, Ackerland, Weide, Wiese, Gehölz‹.

Upplegger: ▸ Upleger.

Urbach: Herkunftsname zu dem gleichlautenden Ortsnamen (Nordrhein-Westfalen, Rheinland-Pfalz, Baden-Württemberg, Thüringen, Lothringen).

Urbahn: aus einer Schreibvariante von ▸ Urban hervorgegangener Familienname.

Urban: aus dem gleichlautenden Rufnamen lateinischen Ursprungs, der auf einen römischen Beinamen (lat. *urbānus* ›zur Stadt [Rom] gehörend; fein gebildet; weltmännisch; Städter‹) zurückgeht, entstandener Familienname. Den Namen Urban(us) trugen mehrere Päpste. Für die Ausbreitung des Namens im Mittelalter war vor allem die Verehrung des heiligen Papstes Urban I. (3. Jh.) entscheidend, der besonders in Süddeutschland und Tirol als Patron des Weinbaus bekannt ist. ❖ Als Varianten von Urban begegnen uns u. a. die Familiennamen **Urbahn, Orba(h)n, Orben**. ❖ Bei dem Familiennamen **Urbani** handelt es sich um eine patronymische Bildung im Genitiv zu der lateinischen Form Urbanus. ❖ Für die Familiennamen **Bohn(e), Bohnen, Bohnke, Böhning** kommt z. T. auch eine Ableitung von Urban infrage. ❖ Aus slawischen Ableitungen von Urban sind Familiennamen wie **Urbane(c)k, Urbaniak, Urbanik, Urbanski** entstanden.

Urbane(c)k: auf eine polnische oder tschechische, mit dem Suffix *-ek* gebildete Ableitung von ▸ Urban zurückgehende Familiennamen.

Urbani: patronymische Bildung (lateinischer Genitiv) zu Urbanus (▸ Urban).

Urbaniak: aus einer polnischen, mit dem Suffix *-ak* gebildeten Ableitung von ▸ Urban entstandener Familienname.

Urbanik: aus einer slawischen, mit dem Suffix *-ik* gebildeten Ableitung von ▸ Urban hervorgegangener Familienname.

Urbanski, Urbansky: 1. Herkunftsnamen zu dem polnischen Ortsnamen Urbanowo. 2. Aus einer polnischen Ableitung von ▸ Urban entstandene Familiennamen.

Urbanus: ▸ Urban.

Urff: Herkunftsname zu den Ortsnamen Ober-, Niederurff (Hessen).

Urhahn: Übername zu mhd. *urhan, ūrhan* ›Auerhahn‹, mnd. *ūrhane* ›Auerhahn, Birkhuhn‹.

Urich, Urig: auf verschliffene Formen von ▸ Ulrich zurückgehende Familiennamen.

Urland: Übername zu mhd. *urlende* ›der außerhalb des Landes ist‹.

Urlaub: Übername zu mhd. *urloup* ›Erlaubnis, bes. die Erlaubnis zu gehen; Verabschiedung, Abschied‹. Die Bedeutung ›zeitweilige Freistellung vom Dienst oder von der Arbeit, Ferien‹ hat sich erst in der Neuzeit entwickelt.

Urmetzer, Urmitzer: Herkunftsnamen zu dem Ortsnamen Urmitz (Rheinland-Pfalz).

Urnau(er): Herkunftsnamen zu dem Ortsnamen Urnau (Baden-Württemberg).

Ursprung: 1. Wohnstättenname zu mhd. *ursprunc* ›Quelle‹: ›wohnhaft bei einer Quelle‹. 2. Herkunftsname zu dem gleichlautenden Ortsnamen (Sachsen, Baden-Württemberg, Bayern).

-usch: eindeutschende Schreibung des slawischen Suffixes *-uš*, vgl. ▸ Bartusch.

Usinger: Herkunftsname zu dem Ortsnamen Usingen (Hessen).

Uslar: Herkunftsname zu dem gleichlautenden Ortsnamen (Niedersachsen).

Utecht: Herkunftsname zu dem gleichlautenden Ortsnamen (Mecklenburg-Vorpommern).

Utermark: Niederdeutscher Wohnstättenname zu mnd. *ūt der mark* ›aus der Mark (Landgebiet)‹. ❖ *Heyno uth der Marcke* ist a. 1513 in Hildesheim bezeugt.

Utermöhlen: niederdeutscher Wohnstättenname zu mnd. *ūt der molen* ›aus der Mühle‹. ❖ *Hannes ut der Molen* ist a. 1363 in Hildesheim überliefert.

Uthmann, Utmann: Übernamen zu mnd. *ūtman* ›Fremder‹.

Utsch: dieser Familienname ist auf den Raum Siegen konzentriert, wo er die 42. Stelle in der Ranghäufigkeit einnimmt. Es handelt sich um einen aus einer mit -z-Suffix gebildeten Koseform von ▶ Ulrich entstandenen Familiennamen. Das -z-Suffix entwickelte sich in manchen Gegenden zu -tsch.

Utz: vorwiegend oberdeutscher, aus einer mit -z-Suffix gebildeten Koseform von ▶ Ulrich entstandener Familienname.

Utzmann: aus einer Erweiterung von ▶ Utz mit dem Suffix -*mann* hervorgegangener Familienname.

Uzun: türkischer Übername zu türk. *uzun* ›lang‹.

V

Vaas: 1. Im deutschen Südwesten und in der Schweiz geht dieser Familienname auf eine verkürzte Form von Gervasius (▶ Gervasi) zurück. 2. Für den Niederrhein und den norddeutschen Raum kommt eine Ableitung von ▶ Servatius infrage.

Vaasen: patronymische Bildung (schwacher Genitiv) zu ▶ Vaas (2.).

Vach: ▶ Fach(e).

Vack: ▶ Fack.

Vader: niederdeutscher Übername zu mnd. *vader* ›Vater‹. Zur Unterscheidung von anderen Familienmitgliedern konnte auch die Bezeichnung des Verwandtschaftsverhältnisses dienen und zum Familiennamen werden. »Vader« war aber auch vertrauliche Anrede älterer Personen. ❖ *Tile Vader* ist a. 1340 in Braunschweig bezeugt.

Vagt: niederdeutscher Amtsname zu mittelniederdeutsch *vaget*, einer Nebenform von *voget* ›Fürsprecher, Beschützer, Schirmherr; Bezeichnung für verschiedene Beamte, besonders Vorsitzender im Gericht, Amtmann, Dorfvorstand‹.

Vahl: ▶ Fahl.

Vahland: ▶ Fahland.

Vahlberg: Herkunftsname zu den Ortsnamen Vahlberg, Mönchevahlberg (Niedersachsen).

Vahlbruch: Herkunftsname zu dem gleichlautenden Ortsnamen (Niedersachsen).

Vahle: ▶ Fahl.

Vahs: ▶ Faas.

Vaigle: ▶ Faigl(e).

Vaihinger: Herkunftsname zu dem Ortsnamen Vaihingen (Baden-Württemberg). ❖ Bekannter Namensträger: Hans Vaihinger, deutscher Philosoph (19./20. Jh.).

Vaillant: 1. Französischer Übername zu afranz. *vaillant* ›sehr wertvoll, sehr verdienstvoll‹, auch ›kräftig‹. 2. Herkunftsname zu dem französischen Ortsnamen Vaillant.

Vaith: ▶ Veit(h) (1.).

Vaitl: aus einer mit *-l*-Suffix gebildeten Koseform von Vait (▶ Veit[h] [1.]) entstandener Familienname.

Valentin: aus dem gleichlautenden Rufnamen lateinischen Ursprungs, der auf Valentinus, eine Ableitung des römischen Beinamens Valens (zu lat. *valēns* ›kräftig, stark, gesund, mächtig‹) zurückgeht, hervorgegangener Familienname. Zur Verbreitung des Rufnamens in Deutschland trug vor allem die Verehrung des heiligen Bischofs Valentin (5. Jh.) bei. Durch volksetymologische Verbindung mit »fallende Sucht« mit dem Namen Valentin wurde dieser Heilige als Schutzheiliger bei Epilepsie angerufen. Ein anderer Heiliger gleichen Namens ist der römische Märtyrer Valentin (3. Jh.). Dieser Heilige gilt u. a. als Patron der Liebenden. ❖ Aus verkürzten Formen von Valentin sind Familiennamen wie **Valten, Faltin, Valtin, Felten, Velte(n), Foltin, Voltin** entstanden. ❖ Bekannter Namensträger: Karl Valentin (eigentlich Valentin Ludwig Fey), deutscher Komiker und Schriftsteller (19./20. Jh.).

Vallender: Herkunftsname zu dem Ortsnamen Vallendar (Rheinland-Pfalz).

Vallentin: ▶ Valentin.

Valten, Valtin: aus verkürzten Formen von ▶ Valentin entstandene Familiennamen.

Vanselow: Herkunftsname zu dem gleichlautenden Ortsnamen (Mecklenburg-Vorpommern).

Varga: Berufsname zu ung. *varga* ›Hersteller von Stiefeln‹.

Vasel: ▶ Fasel.

Vasold: ▶ Fasold(t).

Vassmer, Vaßmer: ▶ Faßmer, Fassmer.

Vassold: ▶ Fasold(t).

Vater: Übername zu mhd. *vater* ›Vater‹. Zur Unterscheidung von anderen Familienmitgliedern konnte auch die Bezeichnung des Verwandtschaftsverhältnisses dienen und zum Familiennamen werden. »Vater« war aber auch vertrauliche Anrede älterer Personen. ❖ *Cunrat Vater* ist a. 1363 in Nürnberg belegt.

Väth: ▶ Fath.

Vatter: ▶ Vater.

Vaupel: aus einer früher in Hessen verbreiteten Form von Volkbert (▶ Vollbrecht) entstandener, noch heute besonders in Hessen vorkommender Familienname.

Vauth: Amtsname zu mhd. *vout*, einer Nebenform von *voget*, ▶ Vogt.

Vedder: niederdeutscher Übername zu mnd. *vedder(e), veder(e)* ›Vetter, Vaterbruder, Brudersohn, Vaterschwester, Brudertochter‹. Zur Unterscheidung von anderen Familienmitgliedern konnte auch die Bezeichnung des Verwandtschaftsverhältnisses dienen und zum Familiennamen werden.

Vegesack: Herkunftsname zu dem gleichlautenden Ortsnamen (Niedersachsen, Bremen). ❖ Bekannter Namensträger: Siegfried von Vegesack, deutscher Schriftsteller (19./20. Jh.).

Vehlow: Herkunftsname zu dem gleichlautenden Ortsnamen (Brandenburg).

Vehreke: ▶ Fehrecke.

Vehring: ▶ Fehring.

Vehrs: ▶ Fehrs.

Vehse: ▶ Fehse.

Veichtlbauer: ▶ Feichtlbauer.

Veigel: Übername zu mhd. *vīol, veigel* ›Veilchen‹.

Veit(h): 1. Aus dem gleichlautenden Rufnamen, dessen Verbreitung seit dem Mittelalter auf die Verehrung des heiligen Märtyrers Vitus (3./4. Jh.) zurückgeht, hervorgegangene Familiennamen. Die Etymologie des Namens Vitus konnte bislang nicht sicher geklärt werden (vielleicht zu thrakisch *bītus* ›aus Bithynien‹; ein Zusammenhang mit lat. *vīta* ›Leben‹ wird abgelehnt). Der heilige Vitus, der nach der Legende um 300 in Sizilien den Martertod erlitten haben soll, gehört zu den 14 Nothelfern und wird u. a. als Helfer gegen Krämpfe, Fallsucht, Blindheit angerufen. Nach ihm heißen verschiedene mit Muskelzuckungen verbundene Krankheitsformen »Veitstanz«. ❖ Aus Varianten und Ableitungen von Veith sind, soweit sie nicht zu Veith (2.) gehören, u. a. die Familiennamen **Vaith, Vaitl, Fait(h), Fei(d)t, Feix** entstanden. ❖ Familiennamen wie **Vitt, Vieth, Fieth(e), Vieten, Fiethen** sind niederdeutscher Herkunft. 2. Amtsnamen zu mhd. *voit* ›Rechtsbeistand, Verteidiger, beaufsichtigender Beamter, höherer weltlicher Richter, Gerichtsbeamter‹.

Velden: ▶ Felden.

Vell: ▶ Fell.

Velte: ▶ Velten.

Velten: 1. Aus einer verkürzten Form von ▶ Valentin entstandener Familienname. 2. Herkunftsname zu dem gleichlautenden Ortsnamen (Brandenburg).

Venator: aus der Zeit des Humanismus stammende Übersetzung der deutschen Familiennamen ▶ Jager, Jäger, ▶ Jaeger ins Lateinische.

Venn(e): 1. Niederdeutsche Wohnstättennamen zu mnd. *ven* ›Sumpfland, Torfmoor‹ bzw. mnd. *venne* ›moorige, marschige Weide‹. 2. Herkunftsnamen zu den Ortsnamen Venn (Nordrhein-Westfalen), Venne (Nordrhein-Westfalen, Niedersachsen) oder zu einem anderen mit »Venn(e)-« beginnenden Ortsnamen.

Vennedey: von dem alten Rufnamen Winand (*wīg + nand*) durch Anfügung der ursprünglich niederländischen Koseendung *-ey* (< franz. *-ooi*) gebildeter Familienname. ❖ Vgl. den Beleg *Coin Vynendeye*, Bürger zu Erkelenz (a. 1506).

Vennekohl, Vennekold: niederdeutsche Übernamen zu mnd. *vennekol* ›Fenchel‹, vgl. ▶ Fench(e)l.

Vennemann: 1. Wohnstättenname auf *-mann* zu ▶ Venn(e) (1.). Auch ein »Vennhof« kann dem Familiennamen zugrunde liegen. 2. Herkunftsname auf *-mann* zu ▶ Venn(e) (2.).

Venner: ▶ Fenner.

Ventz(ke): aus Ableitungen von ▶ Wentzlaff oder ▶ Vincent gebildete Familiennamen.

Venus: 1. Übername, der sich auf die Fenesleute, »Venusmännlein« genannt, bezieht. Dies waren koboldartige Geister, sodass der Übername auf die kleine Gestalt des ersten Namensträgers zielen könnte. 2. Berufsübername für den Bauern, der Kolbenhirse (mhd. *phenich, venich*) anbaute.

Venzke: ▶ Ventz(ke).

Venzlaff: ▶ Wentzlaff.

Verfort(h), Verfürth: vor allem am Niederrhein vorkommende Wohnstättennamen, zusammengezogen aus *van der vorde* ›von der Furt‹.

Verheyen: vor allem am Niederrhein vorkommender Wohnstättenname, zusammengezogen aus *van der heiden* ›von der Heide‹. ❖ *Deswalt Verheyden* ist a. 1536 in Coesfeld bezeugt.

Verhoeven: vor allem am Niederrhein vorkommender Wohnstättenname, zusammengezogen aus *van der hoeven* ›vom Bauernhof‹. ❖ Bekannte Namensträger: Paul Verhoeven, deutscher Schauspieler und Regisseur (20. Jh.); Michael Verhoeven, deutscher Filmregisseur (20./21. Jh.).

Verkerk: vor allem am Niederrhein vorkommender Wohnstättenname, zusammengezogen aus *van der kerke* ›von der Kirche‹.

Vermöhlen: vor allem am Niederrhein vorkommender Wohnstättenname, zusammengezogen aus *van der molen* ›von der Mühle‹.

Vernaleken: niederdeutscher metronymischer Familienname, verkürzt aus mnd. *vern* (< *vrowen*) *Aleken sone*: ›der Sohn der Frau Aleke (Koseform mit -*k*-Suffix von Adelheid; ▸Alheith)‹.

Versen: Herkunftsname zu den Ortsnamen Versen, Veerßen (Niedersachsen).

Verwohlt, Verwold: vor allem in Westfalen vorkommende Wohnstättennamen, zusammengezogen aus *van der wolt* ›vom Wald‹.

Verworn(er): Übernamen zu mhd. *verworren* ›verwirrt, wirr‹.

Veser: ▸ Fehser.

Vesper: Übername zu mhd. *vësper* ›die Zeit um sechs Uhr abends‹, auch ›kleine Zwischenmahlzeit‹.

Vespermann: 1. Ableitung von ▸Vesper mit dem Suffix -*mann*. 2. Herkunftsname auf -*mann* zu der Wüstung Vesper(d)e bei Lügde (Nordrhein-Westfalen).

Vester: auf eine im Anlaut verkürzte Form von ▸Silvester zurückgehender Familienname.

Vesterling: patronymische Bildung auf -*ing* zu ▸Vester.

Vette: ▸ Feth, Fett(e).

Vetter: Übername zu mhd. *veter(e)* ›Vatersbruder, Vetter‹. Zur Unterscheidung von anderen Familienmitgliedern konnte auch die Bezeichnung des Verwandtschaftsverhältnisses dienen und zum Familiennamen werden. ❖ *Ortel Veter* ist a. 1370 in Regensburg bezeugt.

Vetterer: patronymische Bildung auf -*er* zu ▸Vetter.

Vetterle: Ableitung von ▸Vetter mit dem schwäbischen Suffix -*le*.

Vetterlein: Ableitung von ▸Vetter mit dem Suffix -*lein*.

Vettermann: Ableitung von ▸Vetter mit dem Suffix -*mann*.

Vetters: patronymische Bildung (starker Genitiv) zu ▸Vetter.

Vettin: Herkunftsname zu dem gleichlautenden Ortsnamen (Brandenburg).

Vey: ▸ Fey(e).

Vick: ▸ Fick.

Victor: ▸ Viktor.

Viebig: ▸ Vieweg. ❖ Bekannte Namensträgerin: Clara Viebig, deutsche Schriftstellerin (19./20. Jh.).

Viehauser: Herkunftsname zu den in Bayern mehrmals vorkommenden Ortsnamen Viehhausen, Niederviehhausen, Oberviehhausen.

Viehbeck: bairischer Herkunftsname auf -*beck* zu den Ortsnamen Viehbach, Niederviehbach, Oberviehbach (Bayern).

Viehmann: Berufsname auf -*mann* für den Viehhändler.

Viehmeier, Viehmeyer: Standesnamen, nähere Kennzeichnung eines Meiers (▸Meyer), der sich vornehmlich der Viehzucht widmete.

Viehweg: ▸ Vieweg.

Viereck, Vieregge: 1. Übernamen zu mhd. *vierecke* ›viereckig‹, fnhd. *vierecket* ›vierschrötig, klotzig‹. 2. Wohnstättennamen nach der Form des Grundstücks. 3. Herkunftsnamen zu den Ortsnamen Viereck, Vieregge (Mecklenburg-Vorpommern).

Vierling: 1. Übername zu mhd. *vierdelinc, vierlinc* ›Viertel eines Maßes‹ nach einer Abgabeverpflichtung. 2. Herkunftsname zu den gleichlautenden Ortsnamen (Bayern, Österreich). ❖ *Fritz Vierling* ist zwischen 1381 und 1397 in Nürnberg bezeugt.

Vierow: Herkunftsname zu dem gleichlautenden Ortsnamen (Mecklenburg-Vorpommern).

Viertel: Übername zu mhd. *vierteil, viertel* ›Viertel; Bruchteil, auch als Trocken- und Flüssigkeitsmaß sowie als Flächenmaß‹, wohl nach einer Abgabeverpflichtung oder für den Besitzer einer kleinen Fläche.

Viesel: ▶ Fiesel.

Vieten: patronymische Bildung (schwacher Genitiv) zu Viet (▶ Veit[h] [1.]).

Vieth: 1. Niederdeutsche Form von ▶ Veit(h) (1.). 2. Herkunftsname zum Ortsnamen Vieth (Bayern).

Vietor, Viëtor: aus der Zeit des Humanismus stammende Übersetzungen von ▶ Faßbaender, Faßbinder ins Lateinische.

Vietz: 1. Patronymische Bildung (starker Genitiv) zu Vieth (▶ Veit[h] [1.]). 2. Auf eine in Schlesien verbreitete, verkürzte Form von ▶ Vincent zurückgehender Familienname. 3. Herkunftsname zu den Ortsnamen Vietz (ehem. Brandenburg/jetzt Polen), Viez (Mecklenburg-Vorpommern).

Vietze: 1. ▶ Vietz (2.). 2. Herkunftsname zu den Ortsnamen Vietze (Niedersachsen), Vietzen (Mecklenburg-Vorpommern, Sachsen-Anhalt), Viezen (Mecklenburg-Vorpommern).

Vieweg: Wohnstättenname zu mhd. vihewëc ›Viehweg‹, dem Weg, auf dem das Vieh zur Weide getrieben wurde. ❖ Die Entstehung dieses Familiennamens geht hervor aus dem Beleg *Petir by dem vywege*, Sorau/Schlesien 1381.

Vigelius: 1. Auf eine Nebenform des Heiligennamens Vigilius (zu lat. *vigil* ›wach, munter, wachsam‹) zurückgehender Familienname. Der heilige Vigilius (4./5. Jh.) war Bischof von Trient. 2. Aus der Zeit des Humanismus stammende Latinisierung von ▶ Weigel.

Viktor: aus dem gleichlautenden Rufnamen lateinischen Ursprungs (lat. *victor* ›Sieger‹, auch Beiname des Herkules und des Göttervaters Jupiter) hervorgegangener Familienname. Der Name Victor wurde vielen christlichen Märtyrern als Ehrenname beigelegt. Von den zahlreichen Heiligen dieses Namens waren die heiligen Märtyrer Viktor von Xanten (3. Jh.) und Viktor von Solothurn (3./4. Jh.) für die deutsche Rufnamengebung von Bedeutung.

Villain: 1. Französischer Familienname zu afranz. *villain* ›Bauer, Person niedrigen Standes‹. 2. Französischer Übername zu afranz. *villain* ›gemein, schlecht, ungezogen‹.

Villinger: Herkunftsname zu dem Ortsnamen Villingen (Baden-Württemberg, Hessen).

Villnow: Herkunftsname zu dem gleichlautenden Ortsnamen (ehem. Brandenburg/jetzt Polen).

Villwock: vielleicht Übername zu mnd. *vil* ›viel, sehr‹ und mnd. *wōch* ›verwegen, übermütig, frech‹: ›sehr verwegen‹.

Vilser: 1. Herkunftsname zu den Ortsnamen Vils oder Vilser (Bayern). 2. Wohnstättenname auf *-er* zu dem Gewässernamen Vils (Nebenfluss der Donau beziehungsweise der Naab).

Vilter: ▶ Filter.

Vincent: aus dem gleichlautenden Rufnamen lateinischen Ursprungs (lat. Vincentius, Weiterbildung von lat. *vincēns* ›siegend‹) hervorgegangener Familienname. Zu der Verbreitung des Rufnamens im Mittelalter trug vor allem die Verehrung des heiligen Vinzenz von Saragossa (3./4. Jh.) bei, der in der diokletianischen Verfolgung den Martertod erlitt. ❖ Als Varianten von Vincent begegnen uns u. a. die Familiennamen **Vinzens, Vinzent, Vinzenz**. ❖ Durch Kürzung im Anlaut sind Familiennamen wie **Sens, Zens, Zenz** entstanden. ❖ Aus verkürzten Formen von Vincent sind die Familiennamen **Finz** und **Finzel** entstanden. ❖ Die Familiennamen **Fen(t)z, Fenz(e)l, Ventz(ke), Fietz(e), Vietz(e)** gehen z. T. auf zusammengezogene Formen von Vincent zurück.

Vink(e): ▶ Fink.

Vinz: aus einer verkürzten Form von ▶ Vincent hervorgegangener Familienname.

Vinzens, Vinzent, Vinzenz: ▶ Vincent.

Viohl, Viol(e): Übernamen zu mhd. *vīol* ›Veilchen‹.

Virchow: Herkunftsname zu dem gleichlautenden Ortsnamen (ehem. Brandenburg/jetzt Polen).

Virnich: Herkunftsname zu dem gleichlautenden Ortsnamen (Nordrhein-Westfalen).

Vischer: ▶ Fischer. ❖ Bekannte Namensträger: Peter Vischer d. Ä., deutscher Erzgießer (15./16. Jh.); Peter Vischer d. J., deutscher Kleinplastiker (15./16. Jh.); Friedrich Theodor von Vischer, deutscher Schriftsteller und Philosoph (19. Jh.).

Visser: 1. Auf eine mundartlich friesische Form von ▶ Fischer zurückgehender Familienname. 2. Niederländischer Berufsname zu ndl. *visser* ›Fischer‹.

Vitense: Herkunftsname zu dem gleichlautenden Ortsnamen (Mecklenburg-Vorpommern).

Vitt: 1. Herkunftsname zu den Ortsnamen Vitt (Schleswig-Holstein, Mecklenburg-Vorpommern), Vitte (Mecklenburg-Vorpommern, ehem. Pommern/jetzt Polen). 2. ▶ Veit(h) (1.).

Vitzthum: 1. Amtsname zu mhd. *viztuom* ›Statthalter, Verwalter‹. 2. Übername zu mhd. *viztuom* ›eine Speise‹, vgl. mhd. *vitztum von gersten und arbesz* [aus Gerste und Erbsen]. ❖ *Vitzdum dechær* [Decker] ist a. 1348 in Regensburg bezeugt.

Vix: aus dem Heiligennamen Vitus (▶ Veit[h] [1.]) hervorgegangener Familienname.

Vock(e): aus einer durch Assimilation entstandenen Kurzform von Rufnamen, die mit dem Namenwort *folc* gebildet sind (z. B. ▶ Volkmar, ▶ Volker), hervorgegangene Familiennamen.

Vockerodt, Vockeroth: Herkunftsnamen zu den Ortsnamen Vockerode (Sachsen-Anhalt, Hessen), Vockenrod (Hessen), Vockenroth (Bayern).

Vockinger: Herkunftsname zu dem Ortsnamen Vocking (Bayern).

Vocks: patronymische Bildung (starker Genitiv) zu Vock (▶ Vock[e]).

Voelsch: ▶ Völsch.

Voerster: ▶ Forster, Förster.

Vöge: Übername zu mnd. *voge* ›passend, schicklich, geschickt; klug, listig‹, auch ›klein, geringfügig‹. ❖ Ein früher Beleg ist *Gerh. Voge*, Rostock a. 1293.

Vogel: 1. Übername zu mhd. *vogel* ›Vogel‹ für einen fröhlichen, sorgenfreien Menschen. 2. Berufsübername für den Vogelsteller. 3. Gelegentlich auf einen Hausnamen zurückgehender Familienname. ❖ *Seitz Vogel et* [und] *H. Vogel* sind a. 1304 in Nürnberg bezeugt.

Vogelbein: Übername nach einem körperlichen Merkmal.

Vögele: schwäbische Ableitung von ▶ Vogel.

Vogeler: ▶ Vogler.

Vogelgesang: 1. Wohnstättenname zu dem häufigen gleichlautenden Flurnamen. 2. Herkunftsname zu dem gleichlautenden Ortsnamen (Thüringen, Sachsen, Schlesien). ❖ Bekannter Namensträger: Klaus Vogelgesang, deutscher Maler und Zeichner (20./21. Jh.).

Vogelmann: 1. Berufsname auf *-mann* für den Vogelsteller; vgl. ▶ Vogler. 2. Wohnstätten- oder Herkunftsname, verkürzt aus *Vogelsangmann* (▶ Vogelsang).

Vogelpohl: 1. Wohnstättenname zu dem Flurnamen Vogelpohl (zu mnd. *pōl* ›Pfuhl‹). 2. Herkunftsname zu dem Ortsnamen Vogelpohl (Niedersachsen).

Vogelsang: 1. Wohnstättenname zu dem häufigen gleichlautenden Flurnamen. 2. Herkunftsname zu dem gleichlautenden Ortsnamen (Schleswig-Holstein, Mecklenburg-Vorpommern, ehem. Pommern/jetzt Polen, Brandenburg, Sachsen-Anhalt, Niedersachsen, Nordrhein-Westfalen, Baden-Württemberg, Bayern, Schlesien, bei Danzig, Ostpreußen). ❖ Ein Höriger *Ulricus de Vogelsange* aus dem Schwarzwald ist a. 1296 bezeugt.

Vogelsberg(er): Herkunftsnamen zu dem häufigen Ortsnamen Vogelsberg.

Voges: niederdeutscher, vor allem im Raum Braunschweig-Hannover häufig vorkommender patronymischer Übername (starker Genitiv) zu mnd. *voget* ›Fürsprecher, Beschützer, Schirmherr; Vorsitzender im Gericht, Stadthauptmann, Amtmann, Dorfvorstand‹, der nach Verlust des unbetonten *-de-* aus mnd. *vogedes* entstanden ist. ❖ Vgl. die Belege *Henrik des Voghedes*, Hameln a. 1382, *Hinrik Voges*, Hannover a. 1486.

Vogg: aus einer durch Assimilation entstandenen schwäbischen Kurzform von Rufnamen, die mit dem Namenwort *folc* gebildet sind (z. B. ▶ Volkmar), hervorgegangener Familienname.

Vogl: vorwiegend oberdeutsche Schreibweise von ▶ Vogel.

Vogler: Berufsname zu mhd. *vogeler, vogelære* ›Vogelfänger, Vogelsteller; Geflügelhändler‹. ❖ *Lüdel der Vogler* ist a. 1345 in Regensburg bezeugt.

Vogt: Amtsname zu mhd. *voget, vogt, voit* ›Rechtsbeistand, Verteidiger, beaufsichtigender Beamter, höherer weltlicher Richter, Gerichtsbeamter‹. ❖ Ein früher Beleg aus Nürnberg ist *Friderich der vogt* (a. 1292).

Vögtel: Ableitung von ▶ Vogt mit *-l-*Suffix.

Vogtland, Vogtländer: Herkunftsnamen zu dem Landschaftsnamen Vogtland zwischen Frankenwald, Fichtelgebirge und Erzgebirge (Sachsen, Thüringen, Bayern).

Vögtle: Ableitung von ▶Vogt mit dem Suffix -le.

Vögtlin: Ableitung von ▶Vogt mit dem Suffix -lin.

Vogtmann: Standesname zu mhd. *vogetman* ›der einem Vogt unterstellt ist, Eigen- oder Zinsmann einer Vogtei‹.

Vogts: patronymische Bildung (starker Genitiv) zu ▶Vogt. ❖ Bekannter Namensträger: Hans-Hubert (»Berti«) Vogts, deutscher Fußballtrainer (20./21. Jh.).

Vohburger: Herkunftsname zu dem Ortsnamen Vohburg (Bayern).

Vöhl: Herkunftsname zu dem gleichlautenden Ortsnamen (Hessen).

Vöhringer: Herkunftsname zu dem Ortsnamen Vöhringen (Bayern, Baden-Württemberg).

Vohwinkel: Herkunftsname zu dem gleichlautenden Ortsnamen (Nordrhein-Westfalen).

Voidel: ▶Voitel.

Voigt: ▶Vogt. ❖ Bekannter Namensträger: Wilhelm Voigt (19./20. Jh.), Schuster und als »Hauptmann von Köpenick« bekannt geworden.

Voigtland, Voigtländer: ▶Vogtland.

Voigtmann: ▶Vogtmann.

Voigts: patronymische Bildung (starker Genitiv) zu Voigt (▶Vogt).

Voit: Amtsname zu mhd. *voit,* Nebenform von mhd. *vog(e)t* ›Rechtsbeistand, Verteidiger, beaufsichtigender Beamter, höherer weltlicher Richter, Gerichtsbeamter‹. ❖ *Heinrich der Voyt* ist a. 1342 in Regensburg bezeugt.

Voitel, Voitl: Ableitungen von ▶Voit mit -l-Suffix.

Voland(t): ▶Volland.

Volber: aus einer verschliffenen Form von Volbert (▶Vollbrecht) hervorgegangener Familienname.

Volbers: patronymische Bildung (starker Genitiv) zu ▶Volber.

Volbert, Volbrecht: ▶Vollbrecht.

Volck: ▶Volk.

Volckmann: ▶Volkmann.

Volckmar, Volckmer: ▶Volkmar.

Volgmann: ▶Volkmann.

Volk, Völk, Volke, Völke: aus Kurzformen von Rufnamen, die mit dem Namenwort *folc* gebildet sind (z. B. ▶Volker, ▶Volkmar), hervorgegangene Familiennamen.

Volkar(d)t: aus jüngeren Formen von ▶Volkhardt entstandene Familiennamen.

Völkel: aus einer Ableitung von ▶Volk mit -l-Suffix entstandener Familienname.

Volkelt: aus dem alten deutschen Rufnamen Volkolt *(folc + walt)* hervorgegangener Familienname.

Volkenand(t), Volken(n)ant: ▶Volknandt.

Volker, Völker: aus dem gleichlautenden deutschen Rufnamen *(folc + heri)* entstandene Familiennamen. ❖ Als patronymische Bildungen zu Volker begegnen uns die Familiennamen **Volkers** und **Folkers.** ❖ Aus Kurz- und Koseformen entstandene Familiennamen wie **Volk, Völk, Volke, Völke, Völk(e)l, Völkle, Völklein, Voll, Völl, Folk, Fölkel, Föll, Völsch, Fölsch, Vol(t)z, Völ(t)z, Folz, Völzel, Völzmann, Vock(e), Fock(e), Focken, Fokken** können zu Volker oder zu einem anderen mit dem Namenwort *folc* gebildeten Rufnamen gehören.

Volkers, Völkers: 1. Patronymische Bildungen (starker Genitiv) zu ▶Volker, Völker. 2. Gelegentlich verschliffene Formen von ▶Volkerts.

Volkert: aus einer jüngeren Form von ▶Volkhardt entstandener Familienname.

Volkerts: patronymische Bildung (starker Genitiv) zu ▶Volkert.

Volkgenannt: aus ▶Volkenan(d)t entstellter Familienname.

Volkhardt: aus dem gleichlautenden deutschen Rufnamen *(folc + harti)* entstandener Familienname. ❖ Bei den Familiennamen **Volkar(d)t** und **Volkert** handelt es sich um jüngere Formen von Volkhardt. ❖ Patronymische Bildungen zu Volkert sind die Familiennamen **Volkerts** und **Folkerts.** ❖ Der Familienname **Vollert** ist durch Assimilation aus Volkert entstanden.

Volkholz: aus einer Umdeutung des alten deutschen Rufnamens Volkholt *(folc + walt)* in Anlehnung an das Wort »Holz« entstandener Familienname.

Völkl: ▶Völkel.

Volkland(t): durch Dissimilation entstandene Formen von ▶Volknandt.

Völkle: auf eine schwäbische Ableitung von ▶ Volk zurückgehender Familienname.

Völklein: auf eine Ableitung von ▶ Volk mit dem Suffix -lein zurückgehender Familienname.

Volkmann: aus dem gleichlautenden deutschen Rufnamen *(folc + man)* hervorgegangener Familienname; gelegentlich ist eine Vermischung mit ▶ Volkmar möglich. ❖ Schreibvarianten von Volkmann sind die Familiennamen **Volckmann, Folgmann, Volgmann**. ❖ Durch Assimilation sind die Familiennamen **Vollmann** und **Follmann** entstanden.

Volkmar: aus dem gleichlautenden deutschen Rufnamen *(folc + māri)* entstandener Familienname. ❖ Als Varianten von Volkmar begegnen uns die Familiennamen **Volckmar, Volckmer, Volkmer, Folkmar, Folkmer**. ❖ Durch Assimilation sind die Familiennamen **Vollmar, Vollmer** entstanden. ❖ Aus Kurz- und Koseformen entstandene Familiennamen wie **Volk, Völk, Volke, Völke, Völk(e)l, Völkle, Völklein, Voll, Völl, Folk, Fölkel, Föll, Völsch, Fölsch, Vol(t)z, Völ(t)z, Folz, Völzel, Völzmann, Vock(e), Fock(e), Focken, Fokken** können zu Volkmar oder zu einem anderen mit dem Namenwort *folc* gebildeten Rufnamen gehören.

Volkmer: ▶ Volkmar.

Volkmuth: aus dem gleichlautenden deutschen Rufnamen *(folc + muot)* entstandener Familienname. ❖ Die Familiennamenform **Vollmuth** ist durch Assimilation entstanden.

Volknandt, Volknant: auf den gleichlautenden deutschen Rufnamen *(folc + nand)* zurückgehende Familiennamen. ❖ Varianten von Volknandt sind die Familiennamen **Folgnand(t), Volkenand(t), Volken(n)ant, Volkgenannt, Volland, Vollath**. ❖ Durch Dissimilation sind die Familiennamen **Volkland(t)** entstanden.

Völkner: aus einer Erweiterung der patronymischen Form Volken (▶ Volk) mit dem Suffix -er hervorgegangener Familienname.

Volks: patronymische Bildung (starker Genitiv) zu ▶ Volk.

Volkwardt: aus dem gleichlautenden deutschen Rufnamen *(folc + wart)* entstandener Familienname. ❖ Von der niederdeutschen Form Volquard leiten sich patronymische Familiennamen wie **Volquards, Volquartz, Volquardsen** ab.

Volkwein: aus dem gleichlautenden deutschen Rufnamen *(folc + wini)* entstandener Familienname.

Voll, Völl: durch Assimilation entstandene Formen von ▶ Volk.

Volland: 1. Aus ▶ Volknandt (> Vollnand > Volland) entstandener Familienname. 2. Übername zu mhd., mnd. *vālant, volant* ›Teufel, Satan‹.

Vollath: durch Zusammenziehung aus ▶ Volland (1.) entstandener Familienname. ❖ Vgl. die Belege *Johan Vollant* aus Leonberg (a. 1479) = *J. Vollat* (a. 1480).

Vollbehr: durch Assimilation aus dem alten deutschen Rufnamen Volkbero *(folc + bero)* entstandener Familienname.

Vollbracht: aus einer Nebenform von ▶ Vollbrecht entstandener Familienname.

Vollbrandt: durch Assimilation aus dem alten deutschen Rufnamen Volkbrand *(folc + brant)* entstandener Familienname.

Vollbrecht: durch Assimilation aus dem alten deutschen Rufnamen Volkbrecht *(folc + beraht)* entstandener Familienname. ❖ Als Varianten von Vollbrecht begegnen uns z. B. die Familiennamen **Vollbracht, Volber(t), Volpert, Volbrecht, Vol(l)precht**. ❖ Aus Ableitungen von Vollbrecht sind u. a. die Familiennamen **Fobbe, Vopel, Vöpel, Vopelius, Vaupel, Faupel** hervorgegangen.

Voller, Völler: durch Assimilation entstandene Formen von ▶ Volker, Völker.

Vollers, Völlers: durch Assimilation entstandene Formen von ▶ Volkers.

Vollert: durch Assimilation entstandene Form von ▶ Volkert.

Vollertsen: patronymische Bildung auf -sen zu ▶ Vollert.

Vollgold: aus einer Umdeutung des alten deutschen Rufnamens Volkolt *(folc + walt)* in Anlehnung an die Wörter »voll« und »Gold« hervorgegangener Familienname.

Volling, Völling: patronymische Bildungen auf -ing zu ▶ Voll, Völl.

Vollmai(e)r: ▶ Vollmeier.

Vollmann: durch Assimilation entstandene Form von ▶ Volkmann.

Vollmar: durch Assimilation entstandene Form von ▶ Volkmar.

Vollmayer: ▶ Vollmeier.

Völlmecke: auf eine mit -k-Suffix gebildete Koseform von Vollmar/Vollmer (▸ Volkmar) zurückgehender Familienname.

Vollmeier: Standesname, nähere Kennzeichnung eines Meiers (▸ Meyer), der im Gegensatz zum ▸ Halbmai(e)r einen ganzen Hof bewirtschaftete. ❖ *Ruger der Volmair* ist a. 1363 in Regensburg bezeugt.

Vollmer: 1. ▸ Vollmar. 2. Verschliffene Form von ▸ Vollmeier.

Vollmeyer: ▸ Vollmeier.

Vollmuth: durch Assimilation entstandene Form von ▸ Volkmuth.

Vollprecht: ▸ Vollbrecht.

Vollrath: durch Assimilation aus dem alten deutschen Rufnamen Volkrat *(folc + rāt)* entstandener Familienname.

Vollsen: patronymische Bildung auf *-sen* zu ▸ Voll.

Volmer: ▸ Vollmer.

Völmle: auf eine schwäbische Koseform von Vollmar/Vollmer (▸ Volkmar) zurückgehender Familienname.

Volpert, Volprecht: ▸ Vollbrecht.

Volquards: patronymische Bildung (starker Genitiv) zu Volquard, einer niederdeutschen Form von ▸ Volkwardt.

Volquardsen: patronymische Bildung auf *-sen* zu Volquard, einer niederdeutschen Form von ▸ Volkwardt.

Volquartz: ▸ Volquards.

Völsch: aus einer niederdeutsch-friesischen und alemannischen Koseform von Rufnamen, die mit dem Namenwort *folc* gebildet sind (z. B. ▸ Volker, ▸ Volkmar), entstandener Familienname.

Voltin: auf eine verkürzte Form von ▸ Valentin zurückgehender Familienname.

Voltz, Völtz: aus einer mit -z-Suffix gebildeten Koseform von Rufnamen, die das Namenwort *folc* enthalten (z. B. ▸ Volker, ▸ Volkmar), entstandene Familiennamen.

Volz, Völz: ▸ Voltz, Völtz.

Völzel: aus einer Erweiterung von Volz/Völz (▸ Voltz) mit -l-Suffix hervorgegangener Familienname.

Volzer: patronymische Bildung auf *-er* zu Volz (▸ Voltz).

Völzmann: aus einer Erweiterung von Völz (▸ Voltz) mit dem Suffix *-mann* entstandener Familienname.

Vomhof: ▸ Vonhof(f).

Vonderau: Wohnstättenname: ›von der Aue‹.

Vonderlind: Wohnstättenname: ›von der Linde‹. ❖ Die Entstehung des Familiennamens zeigt der Braunschweiger Beleg *Berte van der Linden* (a. 1313).

Vonderstrass, Vonderstraß: Wohnstättennamen: ›von der Straße‹.

Vonhof(f): Wohnstättennamen: ›von [dem] Hof‹.

Vopel, Vöpel: aus einer Kurzform des alten deutschen Rufnamens Volkbert (▸ Vollbrecht) entstandene Familiennamen.

Vopelius: aus der Zeit des Humanismus stammende Latinisierung von ▸ Vopel.

Vorbeck: 1. Herkunftsname zu dem gleichlautenden Ortsnamen (Mecklenburg-Vorpommern). 2. Herkunftsname auf *-beck* zu dem Ortsnamen Vorbach (Bayern).

Vorberg: 1. Herkunftsname zu den Ortsnamen Vorberg (Niedersachsen), Baden-Württemberg, Oberbayern), Forberge (Sachsen). 2. ▸ Vorwerk.

Vorbrodt: Berufsübername zu mhd. *vorbrōt* ›Kuchen, Pastete‹ für einen Bäcker oder Übername nach der Lieblingsspeise.

Vordermaier, Vordermayer, Vordermeier: Standesname, nähere Kennzeichnung eines Meiers (▸ Meyer) zu mhd. *vorder* ›voranstehend, -gehend‹ durch die Lage des Hofes vor den anderen Höfen im Dorf.

Vorkauf: Berufsname für den Kleinhändler, der das Recht hatte, nicht abgesetzte Waren nach Beendigung des Marktes aufzukaufen, um sie auf dem nächsten Markt mit Gewinn wieder zu verkaufen (zu mhd. *vürkoufe, vürkoufer*).

Vorkoeper, Vorköper: niederdeutsche Berufsnamen zu mnd. *vorkoper* ›Aufkäufer‹, vgl. ▸ Vorkauf.

Vorlaender, Vorländer: 1. Wohnstättennamen auf *-er* zu mnd. *vorlant* ›vorspringendes Land, Vorgebirge; Sandbank oder Klippe vor dem Land‹ oder zu mhd. *vorlant* ›Acker, auf welchen der Bebauer eines Lehngutes besondere Rechte hat‹. 2. Herkunftsnamen auf *-er* zu dem Ortsnamen Vorland (Mecklenburg-Vorpommern).

Vormann: niederdeutscher Berufsname zu mnd. *vōrman* ›Fuhrmann‹. ❖ *Johannes Vorman* ist in Halle (a. 1266/1325) bezeugt.

Vorndran: Wohnstättenname für jemanden, der am Anfang des Dorfes (»vorn dran«) wohnte.

Vornehm: Übername zu mhd. *vürnæme*, md. *vornēme* ›vorzüglich, ausgezeichnet, vornehm‹.

Vornfett: niederdeutscher Übername zu mnd. *vorne* ›vorne‹ und mnd. *vet* ›fett‹ (hochdeutsch galt früher *veiz[e]t*) für einen Menschen mit einem dicken Bauch. ❖ *Johan Vornfett* ist a. 1453 in Duderstadt/Niedersachsen überliefert.

Vornkahl: Übername für einen Glatzkopf, für jemanden, der »vorn« kahl war. ❖ *Henning Vornekal* ist a. 1520 in Hildesheim bezeugt.

Vorpahl: niederdeutscher Wohnstättenname zu mnd. *vorpāl* ›Grenzpfahl‹.

Vorrath: niederdeutscher Amtsname zu mnd. *vorrāt* ›Berater, Vormund‹. ❖ *Theodericus cognominatus* [genannt] *Vorrat* ist a. 1292 in Hildesheim bezeugt.

Vorster, Vörster: ▶ Forster, Förster.

Vorstner, Vörstner: ▶ Forstner, Förstner.

Vortanz: Übername zu mhd. *vortanz* ›Vortanz‹ für einen leidenschaftlichen Tänzer.

Vorwerk: 1. Wohnstättenname zu mhd. *vorwërc* ›vor der Stadt gelegenes Gehöft, Landgut; äußeres Festungswerk, Bollwerk‹. 2. Herkunftsname zu dem gleichlautenden Ortsnamen (Schleswig-Holstein, Mecklenburg-Vorpommern, ehem. Pommern/jetzt Polen, Brandenburg, ehem. Brandenburg/jetzt Polen, Niedersachsen, Sachsen, Sachsen-Anhalt, Nordrhein-Westfalen, Hessen, Schlesien, Ostpreußen).

Vos: ▶ Voss.

Vösgen: Ableitung von Vos (▶ Voss) mit dem Suffix *-gen*.

Vöske: Ableitung von Vos (▶ Voss) mit *-k*-Suffix.

Voss, Voß: niederdeutsche, auf mnd. *vos* ›Fuchs; Fuchspelz; schlauer Mensch‹ zurückgehende Familiennamen, vgl. ▶ Fuchs. ❖ *Richardus Vos* ist i. J. 1264 in Hannover bezeugt. ❖ Bekannter Namensträger: Johann Heinrich Voß, deutscher Schriftsteller (18./19. Jh.).

Vossen: patronymische Bildung (schwacher Genitiv) zu ▶ Voss.

Vössing, Vößing: patronymische Bildungen auf *-ing* zu ▶ Voss, Voß.

Voth: ▶ Foth.

Vötter: durch Rundung entstandene Form von ▶ Vetter.

Vries: ▶ Fries(e).

Vulpius: aus der Zeit des Humanismus stammende Bildung zu lat. *vulpēs, vulpis* ›Fuchs‹ (vgl. ▶ Fuchs). ❖ Bekannte Namensträgerin: Christiane Vulpius, Ehefrau Goethes (18./19. Jh.).

W

Waack: ▶ Wack.

Waalkes: patronymische Bildung (starker Genitiv) zu der niederdeutsch-friesischen Koseform Waleko zu Rufnamen wie Walchardus *(walah + harti)* oder Walcherus *(walah + heri)*. ❖ Bekannter Namensträger: Otto Waalkes, deutscher Komiker (20./ 21. Jh.).

Waas: Wohnstättenname zu mhd. *wase* ›Wasen, Rasen‹ für jemanden, der auf einem grasbedeckten Stück Land wohnte, vgl. ▶ Waser.

Waber: auf eine schlesische Mundartform von ▶ Weber zurückgehender Familienname.

Wach: 1. Auf den alten deutschen Rufnamen Wahho (zu ahd. *wachar, wakar* ›wach, wachsam‹) zurückgehender Familienname. 2. Übername zu mhd. *wache* ›das Wachen, die Wache‹.

Wachholz: Herkunftsname zu dem gleichlautenden Ortsnamen (Niedersachsen).

Wachs: Berufsübername zu mhd. *wahs* ›Wachs‹ für den Wachsgießer, -händler.

Wachsmann: 1. Berufsname auf *-mann* zu mhd. *wahs* ›Wachs‹ für den Wachsgießer, -händler. 2. Umgedeutete Form von ▶ Wassmann, Waßmann (vgl. ▶ Wachsmuth).

Wachsmuth: aus dem alten niederdeutschen Rufnamen ▶ Wassmuth entstandener Familienname, wobei der erste Namenbestandteil im Sinne von „wachsen" umgedeutet wurde.

Wachtel: Berufsübername zu mhd. *wahtel* ›Wachtel‹ für den Wachtelfänger. Bis in die neuere Zeit waren Wachteln und Rebhühner ein beliebtes Vogelwild. So sorgte der Nürnberger Rat im 15. Jh. mit entsprechenden Bestimmungen dafür, dass zu bestimmten Zeiten keine Rebhühner und Wachteln gefangen wurden, damit *die rephuner und wachteln sich meren und zunemen und also nit unnutzlich verslissen und abgethan werden* [die Rebhühner und Wachteln sich vermehren und zunehmen und somit nicht unnützerweise vergeudet und vertan werden].

Wachtendon(c)k: Herkunftsnamen zu dem Ortsnamen Wachtendonk (Nordrhein-Westfalen).

Wachter, Wächter: Amtsnamen zu mhd. *wahtære, wehtære*, mnd. *wachter* ›Wächter‹. ❖ Bei dem Regensburger Beleg *Hans der Wachter ein messerer* [Messerschmied] (a. 1343) handelt es sich bereits um einen Familiennamen.

Wächtler: Berufsname zu mhd. *wahtel* ›Wachtel‹, fnhd. *wechteler* ›Wachtelfänger‹, vgl. ▶ Wachtel.

Wack: auf den alten deutschen Rufnamen Wacko (zu ahd. *wachar, wakar* ›wach, wachsam‹) zurückgehender Familienname. ❖ *Johan Wack* ist a. 1558 in Gießen bezeugt.

Wackenroder: Herkunftsname zu dem Wüstungsnamen Wackenrode (Niedersachsen, Sachsen-Anhalt) oder zu dem Ortsnamen Wackerade (Schleswig-Holstein). ❖ Bekannter Namensträger: Wilhelm Heinrich Wackenroder, deutscher Schriftsteller (18. Jh.).

Wacker: Übername zu mhd. *wacker* ›wach, wachsam; munter, frisch, tüchtig, tapfer‹. ❖ Im Jahre 1312 ist *her Chunrat der Wakcher* in Regensburg bezeugt.

Wackerl: Ableitung von ▶ Wacker mit *-l*-Suffix.

Wäckerle: Ableitung von ▶ Wacker mit dem Suffix *-le*.

Wackermann: Ableitung von ▶ Wacker mit dem Suffix *-mann*.

Wackernagel: derber Übername zu mhd. *wacker* ›wach, wachsam; munter, frisch, tüchtig, tapfer‹ und mhd. *nagel* ›Nagel‹ im Sinne von ›Penis‹. ❖ *Peter Wackernagel*, Bürger zu Beyendorf (Sachsen-Anhalt), ist a. 1635 bezeugt.

Wadewitz: Herkunftsname zu dem gleichlautenden Ortsnamen (Sachsen).

Wadsack: Übername zu mhd. *wātsac*, mnd. *wātsak* ›Reisetasche, Gewand-, Mantelsack‹.

Waechter: ▶ Wachter, Wächter. ❖ Bekannter Namensträger: Friedrich Karl Waechter, deutscher Karikaturist und Schriftsteller (20./21. Jh.).

Waffenschmidt: Berufsname für den Schmied, der Waffen und Rüstungen herstellte (zu mhd. *wāfen, wāpen* ›Waffe, Rüstung‹).
❖ *Stoffel Waffenschmid* ist a. 1471 in Freiburg i. Br. bezeugt.

Wagemann: 1. Amtsname zu mhd. *wāge* ›Waage; öffentliche, städtische Waage‹ für jemanden, der für die Stadtwaage zuständig war. 2. Gelegentlich Wohnstättenname auf *-mann* für jemanden, der bei der Stadtwaage wohnte. 3. ▶ Wagenmann.

Wagenbreth: Berufsübername zu mnd. *wagenbret* ›Wagendiele‹ für den Wagner.

Wagener, Wägener: ▶ Wagner, Wägner.

Wagenführ(er): Berufsnamen zu mhd. *wagenvüerer* ›Fuhrmann‹.

Wagenhals: Übername in Satzform („[ich] wage den Hals") für einen Draufgänger, einen waghalsigen Menschen. ❖ Ein *wagenhals metzger* ist a. 1387 in Esslingen bezeugt.

Wagenitz: Herkunftsname zu dem gleichlautenden Ortsnamen (Brandenburg).

Wagenknecht: 1. Berufsname zu mhd. *wagenknëht* ›Fuhrknecht‹. 2. Gelegentlich Berufsname zu fnhd. *wagenknecht* ›Gehilfe des Waagemeisters an der Stadtwaage‹.

Wagenmann: Berufsname zu mhd. *wagenman* ›Fuhrmann‹. ❖ *Dietmar der Wagenman vor sand Georien* ist i. J. 1325 in Regensburg belegt.

Wagenseil: Berufsübername zu mhd. *wagen* ›Wagen‹ und mhd. *sil* ›Seil‹ für den Fuhrmann. ❖ Bekannter Namensträger: Georg Christoph Wagenseil, österreichischer Komponist (18. Jh.).

Wager, Wäger: Amtsnamen zu mhd. *wæger, wāger, wëger* ›Wäger, Waagmeister an der Stadtwaage‹. ❖ Bei dem Nürnberger Beleg von a. 1316 *Chunradus Wager aurifaber* [Goldschmied] handelt es sich bereits um einen Familiennamen.

Waghals: ▶ Wagenhals.

Wagner, Wägner: Berufsnamen zu mhd. *wagener* ›Wagner, Wagenmacher‹. Wagner, ursprünglich eine oberdeutsche Form, nimmt gegenwärtig die 7. Position in der Häufigkeitsrangfolge der deutschen Familiennamen ein. ❖ Die Familiennamen **Wegener** und **Wegner** sind vor allem im niederdeutschen Raum verbreitet. ❖ Die Varianten

Wagner: *Der mittelalterliche Wagner in seiner Werkstatt*

Wahner, Wähner, Wehner, Weiner sind durch Zusammenziehung entstanden. ❖ Spezielle Bezeichnungen für den Wagenbauer haben u. a. die Familiennamen **Rademacher, Rademaker** im Nordwesten, **Stellmacher** im Nordosten, **Ass(en)macher** (zu mnd. *asse* ›Achse‹) im Rheinland gestiftet. ❖ Bekannter Namensträger: Richard Wagner, deutscher Komponist (19. Jh.).

Wagnitz: ▶ Wagenitz.

Wagschal: Berufsübername zu mhd. *wāgeschale*, mnd. *wachtschale* ›Waagschale‹ für den Wäger, Waagmeister.

Wahl: 1. ▶ Walch. 2. Herkunftsname zu dem gleichlautenden Ortsnamen (Rheinland-Pfalz, Bayern, Sachsen-Anhalt).

Wahle: 1. ▶ Walch. 2. Herkunftsname zu dem gleichlautenden Ortsnamen (Niedersachsen).

Wahlen: Herkunftsname zu dem gleichlautenden Ortsnamen (Nordrhein-Westfalen, Hessen, Saarland).

Wahler: 1. Herkunftsname auf *-er* zu den Ortsnamen Wahl (▶ Wahl [2.]), Wahle (▶ Wahle [2.]). 2. Auf eine zusammengezogene Form

Waldherr

von ▶ Walther, vgl. auch ▶ Wohler, zurückgehender Familienname.

Wahlers: patronymische Form (starker Genitiv) zu ▶ Wahler (2.).

Wahner, Wähner: durch Zusammenziehung entstandene Formen von ▶ Wagner, Wägner.

Wähnert: Erweiterung von Wähner (▶ Wahner) mit sekundärem -t.

Wahnschaff(e): Übernamen zu mnd. *wanschapen*, mhd. *wānschaffen* ›fehlgestaltet, unförmig, hässlich‹. ❖ *Stephan Wanschape*, Bürger zu Seehausen/Sachsen-Anhalt, ist a. 1553 bezeugt.

Wahrendorf(f): Herkunftsnamen zu den Ortsnamen Wahrendorf (Schleswig-Holstein, Ostpreußen), Warendorf (Nordrhein-Westfalen).

Wahrmund: aus dem gleichlautenden deutschen Rufnamen *(war + munt)* entstandener Familienname.

Waibel: Amtsname zu mhd. *weibel* ›Gerichtsbote, -diener‹. ❖ *Cuni Weibel* ist a. 1361 in Freiburg i. Br. bezeugt.

Waiblinger: Herkunftsname zu den Ortsnamen Waibling (Bayern), Waiblingen (Baden-Württemberg).

Waidelich: ▶ Weidlich.

Waidhas: ▶ Weidhaas.

Walbeck: Herkunftsname zu den Ortsnamen Walbeck (Nordrhein-Westfalen, Sachsen-Anhalt), Walbecke (Nordrhein-Westfalen).

Walber: aus einer verschliffenen Form von ▶ Walbert entstandener Familienname.

Walberer: patronymische Bildung auf *-er* zu ▶ Walber.

Walbert, Walbrecht: aus jüngeren Formen des alten deutschen Rufnamens Waldebert *(walt + beraht)* entstandene Familiennamen. ❖ Hierzu gehören u. a. die Familiennamen **Wallbrecht, Walpert, Wolbert, Wolpert, Walber, Wolber, Wolper**. ❖ Bei den Familiennamen **Walberer, Wolbers, Wolpers, Wolperding** handelt es sich um patronymische Bildungen.

Walch: 1. Herkunftsname (Stammesname) zu mhd. *Walch, Walhe* ›Romane: Italiener oder Franzose‹ oder Übername für jemanden, der Beziehungen zu Italien oder Frankreich hatte. 2. Gelegentlich aus dem alten deutschen Rufnamen Walcho *(walah)* entstandener Familienname. ❖ In München ist a. 1392 *Hans Walch* bezeugt.

Walcher: ▶ Walker. ❖ Vgl. den Regensburger Beleg *umb F. den walcher dort Westen* (a. 1340).

Walczak: auf eine polnische, mit dem Suffix *-ak* gebildete Ableitung von dem Heiligennamen ▶ Valentin zurückgehender Familienname.

Wald: 1. Wohnstättenname zu mhd., mnd. *walt* ›Wald‹ für jemanden, der an oder in einem Wald wohnte. 2. Herkunftsname zu dem häufigen Ortsnamen Wald. 3. Gelegentlich aus dem alten deutschen Rufnamen Waldo *(walt)* hervorgegangener Familienname. ❖ Einen Herkunftsnamen trägt der a. 1378 in München bezeugte *Ull von Wald*.

Walde: 1. ▶ Wald. 2. Herkunftsname zu den Ortsnamen Walda (Sachsen, Bayern, Schlesien), Walde (Nordrhein-Westfalen, Schlesien, Schweiz).

Waldeck: Herkunftsname zu den Ortsnamen Waldeck (Mecklenburg-Vorpommern, Hessen, Thüringen, Baden-Württemberg, Bayern, Schlesien), Waldegg (Österreich).

Waldemar: aus dem gleichlautenden deutschen Rufnamen *(walt + māri)* entstandener Familienname.

Walden: 1. Patronymische Form (schwacher Genitiv) zu ▶ Wald (3.). 2. Herkunftsname zu dem gleichlautenden Ortsnamen (Ostpreußen, Schweiz).

Walder, Wälder: 1. Wohnstättennamen auf *-er* zu mhd. *walt* ›Wald‹ für jemanden, der an oder in einem Wald wohnte. 2. Herkunftsnamen zu dem häufigen Ortsnamen Wald bzw. zu den unter ▶ Walde (2.) genannten Orten. ❖ Ein *Walder* ist a. 1368 in München bezeugt.

Waldhauser: 1. Aus einer Umdeutung des Rufnamens ▶ Balthasar in Anlehnung an die Wörter »Wald« und »Haus« bzw. die häufigen Ortsnamen Waldhaus(en) entstandener Familienname. 2. Herkunftsname zu den häufigen Ortsnamen Waldhaus, Waldhausen.

Waldheim: Herkunftsname zu dem häufigen gleichlautenden Ortsnamen (Niedersachsen, Sachsen, Bayern, Schlesien, Ostpreußen, Böhmen).

Waldhelm: ▶ Walthelm.

Waldherr: 1. Amtsname zu mhd. *walthërre* für den Waldaufseher oder Standesname für den Waldbesitzer. 2. Aus einer Umdeutung von ▶Walther in Anlehnung an die Wörter »Wald« und »Herr« hervorgegangener Familienname.

Waldhof: 1. Herkunftsname zu dem häufigen Ortsnamen Waldhof. 2. Wohnstättenname nach dem gleichlautenden Hofnamen.

Waldmann: 1. Wohnstättenname zu mhd. *waltman* ›Waldbewohner‹. 2. Amtsname zu mhd. *waltman* ›Waldhüter‹. 3. Vereinzelt ▶Waltmann. ❖ *Eberhart Waltman* ist a. 1302–1315 in Nürnberg bezeugt.

Waldmüller: 1. Berufsname; nähere Bestimmung eines Müllers (▶Müller) durch die Lage der Mühle am Wald. 2. Herkunftsname zu den Ortsnamen Waldmühle (Niedersachsen, Nordrhein-Westfalen, Hessen, Baden-Württemberg, Bayern), Waldmühlen (Rheinland-Pfalz). ❖ Bekannter Namensträger: Ferdinand Georg Waldmüller, österreichischer Maler (18./19. Jh.).

Waldner: 1. Amtsname zu mhd. *waldenære, waldnære* ›Waldaufseher‹. 2. Wohnstättenname zu mhd. *waldenære, waldnære* ›Waldbewohner‹. 3. Ableitung auf *-ner* zu ▶Wald (1.) oder (2.). 4. Gelegentlich Herkunftsname auf *-er* zu dem Ortsnamen Walden (Ostpreußen, Schweiz). ❖ *Rudolf Waldner* ist a. 1336 in Nürnberg bezeugt.

Waldorf: Herkunftsname zu den Ortsnamen Waldorf (Nordrhein-Westfalen, Rheinland-Pfalz), Walldorf (Hessen, Thüringen, Baden-Württemberg, Schlesien, bei Danzig).

Waldow: Herkunftsname zu dem gleichlautenden Ortsnamen (Brandenburg, ehem. Pommern/jetzt Polen).

Waldrich: aus dem gleichlautenden deutschen Rufnamen *(walt + rīhhi)* entstandener Familienname.

Waldschmidt: Berufsname zu mhd. *waltsmit* ›Bergmann, der das gewonnene Eisen selbst schmilzt und verarbeitet‹.

Waldvogel: Übername zu mhd. *waltvogel* ›Vogel des Waldes‹ für einen sorglosen Menschen.

Walgenbach: Herkunftsname zu dem gleichlautenden Ortsnamen (Rheinland-Pfalz).

Walk(e): Wohnstättennamen zu mhd. *walc, walke* ›Walke, Walkmühle‹.

Walkenhorst: vor allem im Raum Bielefeld–Herford–Osnabrück häufig vorkommender Herkunftsname. Da ein gleichlautender Ortsname nicht nachweisbar ist, dürfte der Familienname aus Falkenhorst (Schleswig-Holstein, Schlesien, Ostpreußen) o. Ä. entstellt sein.

Walker: Berufsname zu mhd., mnd. *walker, welker* ›Walker‹. Der Walker übernahm bei der Tuchherstellung die Behandlung der Tuche mit Seifenwasser unter Hämmern oder schweren Rollen. ❖ *Eberlein Walker* ist a. 1392 in Nürnberg bezeugt.

Walkowiak: auf eine polnische Ableitung von dem Heiligennamen ▶Valentin zurückgehender Familienname.

Wall: 1. Wohnstättenname zu mhd. *wal* ›Wall, Ringmauer‹, mhd. *wal(e)* ›Schlachtfeld‹, später ›freies Feld, Aue‹, mnd. *wal* ›Erddamm, Festungswall‹. 2. Herkunftsname zu dem gleichlautenden Ortsnamen (Nordrhein-Westfalen, Brandenburg, Bayern, Böhmen). ❖ *Henninghe van dem Walle* ist a. 1395 in Hildesheim bezeugt.

Walla: aus einer slawischen Ableitung von dem Heiligennamen ▶Valentin entstandener Familienname.

Wallat: auf eine mit dem litauischen patronymischen Suffix *-at* gebildete Ableitung von dem Heiligennamen ▶Valentin zurückgehender Familienname.

Wallbaum: 1. Wohnstättenname zu mittelniederdeutsch *walbōm* ›Walnussbaum‹. 2. Herkunftsname zu dem gleichlautenden Ortsnamen (Nordrhein-Westfalen). ❖ *Wichman Wallebom* ist a. 1393 in Hannover überliefert.

Wallbott: aus dem alten deutschen Rufnamen Waltbot *(walt + bodo)* entstandener Familienname.

Wallbrecht: ▶Walbert, Walbrecht.

Waller, Wäller: 1. Standesnamen oder Übernamen zu mhd. *wallære, wellēre* ›Fahrender, Wanderer, Pilger, Wallfahrer‹, mnd. *wallen* ›wandern, umherschweifen, wallfahrten‹. 2. Ableitungen auf *-er* von ▶Wall. 3. Gelegentlich verschliffene Formen von ▶Walder, Wälder.

Wallis: 1. ▶Wallisch, wobei der slawische Buchstabe *-š* als *-s* wiedergegeben ist. 2. Niederdeutscher Herkunftsname (Stammesname) zu mnd. *Walsch, Wallesch* ›Romane: Italiener oder Franzose‹. 3. Übername für jemanden, der Beziehungen zu Italien oder

Walther

Frankreich hatte. 4. Gelegentlich Herkunftsname zu dem Namen des Kantons Wallis (Schweiz).

Wallisch: 1. Aus einer slawischen Ableitung mit dem Suffix -iš (dt. > -isch) von dem Heiligennamen ▸ Valentin entstandener Familienname. 2. Herkunftsname (Stammesname) zu mhd. *walhisch, walsch* ›welsch: italienisch, französisch, romanisch‹. 3. Übername für jemanden, der Beziehungen zu Italien oder Frankreich hatte.

Wallmann: 1. Ableitung von ▸ Wall mit dem Suffix -*mann*. 2. Verschliffene Form von ▸ Waldmann. ❖ *Hans Walman* ist a. 1403 in Hannover überliefert.

Wallner: 1. Herkunftsname zu den Ortsnamen Walln(er) (Bayern), Wallen (Schleswig-Holstein, Niedersachsen, Nordrhein-Westfalen, Rheinland-Pfalz, Ostpreußen), Wallnau (Schleswig-Holstein). 2. Verschliffene Form von ▸ Waldner.

Wallrab(e), Wallraf(f), Wallram, Wallrap(p): aus dem alten deutschen Rufnamen Walraban *(wal + hraban)* entstandene Familiennamen. ❖ Die Entstehung der unterschiedlichen Namensformen zeigen die beiden Belege aus dem Münsterland: *Walravenus* (a. 1205) und *Walramus* (a. 1283). ❖ Bekannter Namensträger: Günter Wallraff, deutscher Schriftsteller (20./21. Jh.).

Wallrath: Herkunftsname zu dem gleichlautenden Ortsnamen (Nordrhein-Westfalen).

Wallrich: durch Assimilation entstandene Form von ▸ Waldrich.

Wallroth: Herkunftsname zu Ortsnamen wie Wallroth (Hessen, Rheinland-Pfalz), Wallrode (Thüringen), Wallroda (Sachsen, Sachsen-Anhalt).

Wallstab: 1. Übername zu mhd. *wallestab, walstab* ›Pilgerstab‹. 2. Herkunftsname zu dem Ortsnamen Wallstawe (Sachsen-Anhalt).

Wallum: Herkunftsname zu dem gleichlautenden Ortsnamen (Niedersachsen).

Wallwitz: Herkunftsname zu dem gleichlautenden Ortsnamen (Sachsen-Anhalt).

Walpert: ▸ Walbert.

Walpurgis: auf den gleichlautenden Rufnamen, eine Latinisierung des deutschen Frauennamens Walburg/Walpurg *(walt + burg)*, zurückgehender metronymischer Familienname. Zu der großen Verbreitung des Rufnamens im Mittelalter trug vor allem die Verehrung der heiligen Walpurga bei. Die heilige Walpurga (8. Jh.) war eine angelsächsische Missionarin und Äbtissin in Heidenheim bei Gunzenhausen. ❖ Zur Entstehung des Familiennamens vgl. die Braunschweiger Belege *Henricus Walburgis* (a. 1253) = *Henricus filius* [Sohn der] *Walburgis* (a. 1254).

Walrab, Walraf(f), Walraven: ▸ Wallrab(e).

Walser: durch Zusammenziehung entstandener Herkunftsname auf -*er* zu dem Namen des Kantons Wallis (Schweiz); im oberschwäbischen Raum ist eine Ableitung von dem Ortsnamen Waldsee (im 12. Jh. als *Wahlse, Walse* überliefert) möglich. ❖ Bekannte Namensträger: Robert Walser, schweizerischer Schriftsteller (19./20. Jh.); Martin Walser, deutscher Schriftsteller (20./21. Jh.).

Waltemath(e): Übernamen zu mnd. *woltomate* ›in richtigem Maß, in gehöriger Menge; gemäßigt, Maß haltend‹. ❖ Vgl. die Belege *Henneke Waltomate to Oldendorpe* (a. 1460), *Hanse Woltemathe* (Hildesheim 1521).

Walter: ▸ Walther. ❖ Bekannte Namensträger: Bruno Walter (eigtl. Bruno Walter Schlesinger), amerikanischer Dirigent deutscher Herkunft (19./20. Jh.); Fritz Walter, Ehrenspielführer der deutschen Fußballnationalmannschaft (20./21. Jh.).

Waltereit: ursprünglich in Ostpreußen verbreitete, mit dem litauischen Suffix -*eit* gebildete patronymische Bildung zu Walter (▸ Walther).

Waltering: patronymische Bildung auf -*ing* zu Walter (▸ Walther).

Walters: patronymische Bildung (starker Genitiv) zu Walter (▸ Walther).

Waltert: aus einer jüngeren Form von ▸ Walthart entstandener Familienname.

Walthart: aus dem gleichlautenden deutschen Rufnamen *(walt + harti)* hervorgegangener Familienname.

Walthelm: aus dem gleichlautenden deutschen Rufnamen *(walt + helm)* entstandener Familienname.

Walther: aus dem gleichlautenden deutschen Rufnamen *(walt + heri)* entstandener Familienname. ❖ Als Varianten von Walther begegnen uns die Familiennamen **Walter, Walthier, Welter, Wolter, Wöhler**. ❖ Patronymische Formen hierzu sind z. B. die Familiennamen **Walters, Wolters, Wohlers, Welters, Waltering, Woltering**. ❖ Bei dem Familiennamen **Waltereit** handelt es um eine ursprünglich in Ostpreußen verbreitete patronymische Bildung zu Walther mit dem litauischen Suffix *-eit*. ❖ Aus Koseformen von Walther sind u. a. die Familiennamen **Wälti, Welte, Welti, Wal(t)z, Weltz, Welz, Wolz, Waltke, Walzel, Woelk(e)** hervorgegangen.

Walthier: ▶ Walther.

Wälti: aus einer alemannischen Koseform von ▶ Walther entstandener Familienname.

Waltke: aus einer mit -*k*-Suffix gebildeten Koseform von ▶ Walther entstandener Familienname.

Waltmann: auf den gleichlautenden deutschen Rufnamen *(walt + man)* zurückgehender Familienname.

Waltz, Walz: aus einer mit -*z*-Suffix gebildeten Koseform von ▶ Walther entstandene Familiennamen.

Walzel: aus einer Erweiterung von ▶ Waltz, Walz mit -*l*-Suffix hervorgegangener Familienname.

Walzer: patronymische Bildung auf -*er* zu ▶ Waltz, Walz.

Wambach: Herkunftsname zu den Ortsnamen Wambach (Hessen, Baden-Württemberg, Bayern, Österreich), Ober-, Niederwambach (Rheinland-Pfalz), Wampach (Luxemburg).

Wamser, Wamsler: Berufsnamen auf -*er* bzw. -*ler* zu mhd. *wambeis, wammes, wams* ›Bekleidung des Rumpfes unter dem Panzer, Wams‹, mhd. *wambeiser, wammeiser* ›Verfertiger von Wamsen‹. Unter Wams verstand man zunächst eine unter dem Panzer getragene Jacke aus derbem Stoff. Sie war meist mit Baumwollwatte gepolstert und abgesteppt. Bauern und andere einfache Leute trugen das Wams als schützendes Obergewand, wobei sie an den gefährdetsten Stellen Schienen aus Eisen oder Leder anbrachten und es dadurch verstärkten. Seit dem 14. Jh. begegnet Wams als ein Teil der bürgerlichen Kleidung. Es bezeichnete einen engen Rock mit kurzen Schößen, der vorne zugeknöpft wurde. ❖ Vgl. den Regensburger Beleg *umb Hainrich den Wameisser* (a. 1348).

Wand: 1. Wohnstättenname zu mhd., mnd. *want* ›Wand; Scheidewand‹, mhd. auch ›Felswand, steiler Abhang‹. 2. Berufsübernahme zu mhd., mnd. *want* ›Gewandstoff, insbes. wollenes Tuch‹ für den Hersteller oder Händler. ❖ *Hanse by der want* ist a. 1397 in Braunschweig bezeugt.

Wandel: 1. Aus einer Kurzform von männlichen oder weiblichen Rufnamen, die mit dem Namenwort *wandal* gebildet sind (z. B. Wandelbert *[wandal + beraht]* oder Wandelgard *[wandal + gart]*), entstandener Familienname. 2. Übername zu mhd. *wandel* ›Änderung, Tausch, Wechsel; Gebrechen, Makel, Fehler, Tadelnswertes, Tadel; Ersatz eines Schadens, Vergütung eines Unrechts, Strafgeld; Handel und Wandel, Umgang, Verkehr; Gangart; Lebenswandel‹.

Wandelt: aus einer Erweiterung von ▶ Wandel (1.) mit sekundärem -*t* hervorgegangener Familienname, vgl. z. B. ▶ Weigelt (2.).

Wanders: vorwiegend im Bereich Oberhausen–Duisburg häufiger vorkommender, patronymischer Familienname (starker Genitiv) zu dem alten deutschen Rufnamen Wanther *(wand + heri)*.

Wandmacher, Wandmaker: Berufsnamen zu mnd. *wantmaker, wantmeker* ›Tuch-, Wollenweber‹. ❖ *Hermen Wantmeker* ist a. 1506 in Hildesheim bezeugt.

Wandscher: Berufsname zu mnd. *wantscherer* ›Tuchscherer, Tuchbereiter‹. ❖ Vgl. die Belege *Hinrick Wantscherer* (Halle a. 1355/1383), *Jacob Wanttscherer* (Hildesheim a. 1544) = *Jacob Wantscher* (Hildesheim a. 1547/1548).

Wandschneider: Berufsname zu mnd. *wantsnider* ›Tuchhändler, der Gewand im Ausschnitt verkauft‹.

Wandt: ▶ Wand.

Wang: 1. Herkunftsname zu den Ortsnamen Wang (Bayern), Ober-, Niederwang (Österreich). 2. Wohnstättenname zu dem gleichlautenden oberdeutschen Flurnamen, der einen grasbewachsenen Hang bezeichnet. 3. ▶ Wange. 4. Chinesischer Familienname zu chinesisch *wáng* ›König, Prinz‹.

Wange: Übername zu mhd., mnd. *wange* ›Wange, Backe‹ nach einem körperlichen Merkmal.

Wangelin: Herkunftsname zu dem gleichlautenden Ortsnamen (Mecklenburg-Vorpommern).

Wanger: 1. Auf eine oberdeutsche, durch Umstellung der Lautfolge *-gn-* entstandene Form von ▸ Wagner zurückgehender Familienname. 2. Herkunftsname zu Ortsnamen wie Wang (Bayern), Ober-, Niederwang (Österreich), Wangen (Sachsen-Anhalt, Baden-Württemberg, Bayern, Schweiz, Elsass). 3. Wohnstättenname, Ableitung auf *-er* von ▸ Wang (2.).

Wangerin: Herkunftsname zu dem gleichlautenden Ortsnamen (ehem. Pommern/jetzt Polen, ehem. Westpreußen/jetzt Polen).

Wangler: Variante auf *-ler* von ▸ Wanger (2.) und (3.).

Wank: 1. Übername zu mhd. *wanc* ›schwankend, unbeständig‹ für einen wankelmütigen Menschen. 2. Herkunftsname zu dem gleichlautenden Ortsnamen (Bayern). 3. Wohnstättenname zu mhd. *wanc* ›Seitenweg‹. 4. Aus einer sorbischen Ableitung von dem Heiligennamen ▸ Johannes entstandener Familienname. 5. Auf eine Ableitung von ▸ Wentzlaff zurückgehender Familienname.

Wanka: ▸ Wank (4.) oder (5.).

Wanke: ▸ Wank (1.), (4.) oder (5.).

Wankel: Übername zu mhd. *wankel* ›schwankend, unbeständig‹ für einen wankelmütigen Menschen. ❖ Bekannter Namensträger: Felix Wankel, deutscher Ingenieur (20. Jh.), Erfinder des Wankelmotors.

Wanne(n)macher: Berufsnamen zu mhd. *wanne* für den Hersteller von Getreide-, Futterschwingen, Wasch- und Badewannen.

Wanner: 1. Berufsname zu mhd. *wanne* ›Getreide-, Futterschwinge, Wasch- und Badewanne‹ für den Hersteller. 2. Wohnstättenname nach der Form des Siedlungsgeländes: ›wohnhaft in einer Mulde‹. 3. Herkunftsname zu den Ortsnamen Wanna (Niedersachsen), Wanne (Nordrhein-Westfalen, Baden-Württemberg). ❖ *Chunrat der Wanner* ist a. 1357 in Regensburg bezeugt.

Wanninger: Herkunftsname zu dem Ortsnamen Wanning (Bayern).

Wappler: 1. Durch Dissimilation aus mhd. *wāpenære, wæpenare, wæpener* ›Gewaffneter, Fußsoldat, Waffenträger, Schildknappe‹ entstandener Standesname. 2. Übername zu mhd. *wapeler* ›eine Art Keule‹.

Warkentin: Herkunftsname zu einem slawischen Ortsnamen.

Warmbier: Berufsübername zu mnd. *warmbēr* ›Warmbier, Biersuppe‹ für den Brauer oder Übername nach dem Lieblingsgericht.

Warmbold(t): aus dem Rufnamen Werinbold *(warin/werin + bald)* hervorgegangene Familiennamen.

Warmuth: auf den gleichlautenden deutschen Rufnamen *(war + muot)* zurückgehender Familienname. ❖ *Hans Warmut* ist a. 1392 in Nürnberg bezeugt.

Warnatsch, Warnatz: Übernamen zu nsorb. *warnowaś*, osorb. *warnować* ›warnen, hüten‹.

Warncke: ▸ Warnecke.

Warnebold(t): ▸ Warmbold(t).

Warnecke, Warneke: aus einer niederdeutschen, durch Übergang von *-er-* zu *-ar-* entstandenen Variante von ▸ Wernecke, Werneke hervorgegangene Familiennamen.

Warner: auf eine niederdeutsche, durch Übergang von *-er-* zu *-ar-* entstandene Variante von ▸ Werner zurückgehender Familienname.

Warnick: 1. Übername zu poln. *warnik* ›Kochapparat, (Siede-)Kessel‹. 2. Berufsname zu osorb. *warnik* ›Garkoch‹. 3. Herkunftsname zu dem gleichlautenden Ortsnamen (ehem. Brandenburg/jetzt Polen).

Warning: patronymische Bildung auf *-ing* zu einer Kurzform von Warner (▸ Werner).

Warnke: ▸ Warnecke.

Warnken: patronymische Bildung (schwacher Genitiv) zu Warnke (▸ Warnecke).

Warsow: Herkunftsname zu dem gleichlautenden Ortsnamen (Mecklenburg-Vorpommern, Brandenburg).

Wartenberg(er): Herkunftsnamen zu den Ortsnamen Wartenberg (Sachsen-Anhalt, Hessen, Rheinland-Pfalz, Baden-Württemberg, Bayern, ehem. Brandenburg/jetzt Polen, ehem. Pommern/jetzt Polen, Österreich), Deutsch-, Polnisch-Wartenberg (Schlesien).

Warth: 1. Herkunftsname zu den Ortsnamen Warth (Nordrhein-Westfalen, Bayern, Österreich, Schweiz), Wart (Baden-Württemberg). 2. Wohnstättenname zu mhd. *warte* ›Platz oder Gebäude, von dem aus gespäht, gelauert wird‹.

Wartmann: 1. Amtsname zu mhd. *wartman* ›Wächter, Späher, Vorposten‹. 2. Ableitung auf *-mann* von ▸ Warth.

Warzecha: Übername zu poln. *warzęcha* ›Kochlöffel; Löffelkraut; Löffelreiher‹.

Wäsch(e): ▶ Wesch, Wesche.

Wascher, Wäscher: 1. Berufsnamen zu mhd. *waschen, weschen*, mnd. *waschen* ›waschen, spülen‹ für den Tuchwäscher, Erzwäscher. 2. Übernamen zu mhd. *waschen, weschen*, mnd. *waschen* ›schwatzen‹.

Waschke: 1. Auf eine niederdeutsche, mit -k-Suffix gebildete Koseform von ▶ Wassmuth zurückgehender Familienname. 2. Aus der eindeutschenden Schreibung einer mit dem Suffix -ka gebildeten Ableitung slawischer Rufnamen wie Vadislav (urslaw. *vada* ›Streit‹ + urslaw. *slava* ›Ruhm, Ehre‹) entstandener Familienname. 3. Im deutsch-tschechischen Kontaktgebiet eindeutschende Schreibung der tschechischen Rufnamen Vašek, Vaška (< Václav, ▶ Wentzlaff).

Waser: 1. Wohnstättenname zu mhd. *wase* ›Wasen, Rasen‹ für jemanden, der auf oder an einem grasbedeckten Stück Land wohnte. 2. Herkunftsname zu dem Ortsnamen Wasen (Bayern, Baden-Württemberg, Schweiz, Österreich). ❖ *Burcart an dem Wasen* ist a. 1301 in Freiburg i. Br. bezeugt. ❖ Bekannte Namensträgerin: Maria Waser, schweizerische Schriftstellerin (19./20. Jh.).

Wasewitz: Herkunftsname zu dem gleichlautenden Ortsnamen (Sachsen).

Wasmuth: ▶ Wassmut(h).

Wasner: mit dem Suffix -ner gebildete Nebenform von ▶ Waser.

Wasser: Wohnstättenname zu mhd. *wazzer* für jemanden, der am Wasser wohnte.

Wassermann: 1. Berufsname zu mhd. *wazzerman* für einen Wasserträger, einen Schiffer bzw. für jemanden, der mit der Wiesenbewässerung beauftragt oder für die städtische Wasserversorgung mitverantwortlich war. 2. Ableitung auf -mann von ▶ Wasser. ❖ *Vllein der Wazzerman* ist a. 1348 in Nürnberg bezeugt. ❖ Bekannter Namensträger: Jakob Wassermann, deutscher Schriftsteller (19./20. Jh.).

Wasserburger: Herkunftsname zu dem Ortsnamen Wasserburg (Bayern, Österreich, Ostpreußen, Elsass).

Wasserfuhr, Wasserführer: 1. Berufsnamen für den Wasserträger, für jemanden, der das Wasser vom Brunnen oder Fluss herbeischaffte (zu mhd. *wazzer* ›Wasser‹ und mhd. *vüeren* ›führen, bringen‹). 2. Herkunftsnamen zu dem Ortsnamen Wasserfuhr (Nordrhein-Westfalen).

Wasserkampf: Wohnstättenname, verhochdeutschte Form des niederdeutschen Flurnamens Waterkamp (›am Wasser gelegenes oder nasses Flurstück‹).

Wasserzieher, Wasserzier: Berufsnamen für den Wasserschöpfer, insbesondere für den Knecht der Badestuben, der das Wasser vom Brunnen holen musste. ❖ *Hannus Wassirczier* ist a. 1397 in Liegnitz bezeugt.

Wassing: patronymische Bildung auf -ing zu einer Kurzform von ▶ Wassmuth.

Wassmann, Waßmann: 1. Auf eine mit dem Suffix -mann gebildete Koseform von ▶ Wassmuth zurückgehende Familiennamen. 2. ▶ Wachsmann (1.).

Wassmuth, Waßmuth: aus dem gleichlautenden niederdeutschen Rufnamen (*hwass* + *mut*) entstandene Familiennamen.

Wastl: auf eine Variante von Bastl, einer bairisch-österreichischen Form von ▶ Sebastian, zurückgehender Familienname.

Watermann: niederdeutsche Form von ▶ Wassermann. ❖ *Hans Waterman* ist a. 1433 als Bürgermeister von Quedlinburg (Sachsen-Anhalt) überliefert.

Waterstraat, Waterstra(d)t: niederdeutsche Wohnstättennamen zu mnd. *water* ›Wasser‹ und mnd. *strate* ›Straße‹ für jemanden, der an einer Straße am Wasser wohnte. Ein solcher Straßenname ist z.B. in Stralsund, Rostock und Bremen urkundlich belegt.

Wathling: Herkunftsname zu dem Ortsnamen Wathlingen (Niedersachsen).

Watsack: ▶ Wadsack.

Watzke: aus der eindeutschenden Schreibung einer mit dem Suffix -ka gebildeten Ableitung von ▶ Watzlaw hervorgegangener Familienname.

Watzlaw: auf die eindeutschende Schreibung von poln. Wacław oder tschech. Václav (▶ Wentzlaff) zurückgehender Familienname.

Wauer: aus der eindeutschenden Schreibung von Wawra, einer slawischen Ableitung von ▶ Lorentz, entstandener Familienname.

Waurich, Waurick, Waurig: aus eindeutschenden Schreibungen einer slawischen, mit

Wedemann

dem Suffix *-ik* gebildeten Ableitung von ▶ Lorentz entstandene Familiennamen.

Wawra: aus einer slawischen Ableitung von ▶ Lorentz hervorgegangener Familienname.

Wawrzik: aus einer polnischen Ableitung von ▶ Lorentz entstandener Familienname.

Wawrzyniak: auf eine polnische Ableitung von ▶ Lorentz zurückgehender Familienname.

Webel: aus einer jüngeren Form von ▶ Waibel entstandener Familienname.

Weber: Berufsname zu mhd. *wëbære* ›Weber‹ für den Wollen-, Leinen- und Barchentweber. Weber nimmt gegenwärtig die 6. Position in der Häufigkeitsrangfolge der deutschen Familiennamen ein. ❖ *Albr. der webær an dem Steg* ist a. 1325 in Regensburg bezeugt. ❖ Bekannte Namensträger: Carl Maria von Weber, deutscher Komponist (18./19. Jh.); Max Weber, deutscher Soziologe, Volkswirtschaftler und Wirtschaftshistoriker (19./20. Jh.).

Webermann: Erweiterung von ▶ Weber mit dem Suffix *-mann*.

Webers: patronymische Bildung (starker Genitiv) zu ▶ Weber.

Webersinke: aus der eindeutschenden Schreibung einer tschechischen Ableitung von ▶ Lorentz, z. B. Vavřínek, entstandener Familienname.

Webert: Erweiterung von ▶ Weber mit sekundärem *-t*.

Webler: Übername zu mhd. *wëbelen* ›hin und her schwanken‹.

Wechsler: Berufsname zu mhd. *wëhselære* ›Geldwechsler‹. ❖ *Vllein wehsler* ist a. 1363 in Nürnberg bezeugt.

Weck(e): 1. Berufsübernamen zu mhd. *wecke* ›keilförmiges Gebäck‹ für einen Bäcker oder Übernamen für jemanden, der gerne Wecken aß. 2. Aus einer zusammengezogenen Form von Wedecke (*widu* + *-k*-Suffix) entstandene Familiennamen. 3. Niederdeutsche Übernamen zu mnd. *wek* ›wach, munter‹ oder zu mnd. *wēk* ›weich, zart, nachgiebig‹. ❖ Auf den Firmengründer Johann Weck (19./20. Jh.) geht die Konservierungsmethode des Einweckens in Weckgläsern zurück.

Wecker: 1. Aus einer umgelauteten Form von ▶ Wacker entstandener Familienname. 2. Berufsname auf *-er* zu mhd. *wecke* ›keilförmiges Gebäck‹ für den Weckenbäcker. 3. Amtsname zu mnd. *weker* ›(Nacht)wächter‹. ❖ Bekannter Namensträger: Konstantin Wecker, deutscher Liedermacher und Lyriker (20./21. Jh.).

Weckerle: schwäbische Ableitung von ▶ Wacker.

Weckesser: Berufsübername für den Bäcker oder Übername für jemanden, der gerne Wecken aß (vgl. Weck[e] [1.]).

Weckler: Berufsname auf *-ler* für den Weckenbäcker (▶ Weck[e] [1.]).

Weckmann: 1. Berufsname auf *-mann* für den Weckenbäcker, -verkäufer (▶ Weck[e] [1.]). 2. Ableitung auf *-mann* von ▶ Weck(e) (2.).

Wedde: 1. Aus einer niederdeutschen Kurzform von Rufnamen, die das Namenwort *widu* enthalten (z. B. ▶ Wedekind), entstandener Familienname. 2. Wohnstättenname zu dem Gewässernamen Wedde, linker Nebenfluss der Oker (Niedersachsen). 3. ▶ Wede.

Wedderwille: Übername zu mnd. *wedderwille* ›Widersetzlichkeit, Widerwilligkeit, Widerstand, Anfeindung, Unwillen, Ärger, Verdruss‹.

Wedding: 1. Herkunftsname zu den Ortsnamen Wedding (Berlin), Weddingen (Niedersachsen), Alten-, Langen-, Osterweddingen (Sachsen-Anhalt). 2. Patronymische Bildung auf *-ing* zu ▶ Wedde.

Wede: 1. Wohnstättenname zu mnd. *wede* ›Wald, Hölzung, Holz‹. ❖ *Heyne van dem Wede* ist a. 1376 in Lüneburg bezeugt. 2. ▶ Wedde (1.).

Wedekind: aus dem gleichlautenden deutschen Rufnamen (*widu* + *kind* als Kosesuffix) entstandener Familienname. ❖ Als Varianten von Wedekind beggenen uns u. a. die Familiennamen **Wiedekind** und **Wittekind**. ❖ *Henningh Wittekin* ist a. 1370 in Goslar bezeugt. ❖ Bekannter Namensträger: Frank Wedekind, deutscher Schriftsteller (19./20. Jh.).

Wedel: 1. Herkunftsname zu den Ortsnamen Wedel (Schleswig-Holstein, Niedersachsen), Wedell (ehem. Brandenburg/jetzt Polen). 2. Berufsübername oder Übername zu mhd. *wadel, wedel* ›Pinsel, Weihwedel, Büschel von Federn als Schmuck, Büschel von Reisern zum Streichen und Peitschen im Bad‹.

Wedemann: 1. Ableitung auf *-mann* von ▶ Wede. 2. Standesname für einen Bauern, der kirchliches Gut bewirtschaftete (mnd. *wedeme* ›kirchlicher Grund und Boden‹).

Wedemeier, Wedemeyer: Standesnamen, nähere Bestimmung eines Meiers (▶ Meyer) durch die Angabe seiner Abhängigkeit von einem kirchlichen Grundherrn (mnd. *wedeme* ›kirchlicher Grund und Boden‹) bzw. durch die Lage des Hofes (zu mnd. *wede* ›Wald‹).

Weder: 1. Übername, gelegentlich auch Hausname zu mnd. *weder, wedder* ›Widder, Schafbock, Hammel‹. 2. Herkunftsname zu den Ortsnamen Weede (Schleswig-Holstein), Wedern (Saarland), Werderthau (Sachsen-Anhalt), a. 1156 als *Wetherte*, a. 1400 als *Wederede* belegt, Wederde(n), einer Wüstung bei Köthen (Sachsen-Anhalt).

Wedler: 1. Herkunftsname auf -er zu dem Ortsnamen Wedel (Schleswig-Holstein, Niedersachsen). 2. Berufsname zu fnhd. *wedeler* ›Weihwedelmacher‹. In Frankfurt a. M. ist die Berufsbezeichnung *wedelmecher* im 14. Jh. bezeugt. 3. Übername zu mhd. *wadelen, wedelen* ›schwanken, flattern; mit dem Wedel streichen, peitschen‹. ❖ *Nicolaus Wedeler* ist a. 1417 in Halle bezeugt.

Weeber: ▶ Weber.

Weers: im Bereich Oldenburg-Bremerhaven häufiger vorkommender patronymischer Familienname (starker Genitiv) zu dem friesischen Rufnamen Weerd (< Wi-j-[h]ard < Wighard, *wīg + hard*; vgl. ▶ Wieghardt).

Wefer: niederdeutscher Berufsname zu mnd. *wever* ›Weber‹.

Weferling: Herkunftsname zu dem Ortsnamen Weferlingen (Niedersachsen, Sachsen-Anhalt).

Wefers: patronymische Bildung (starker Genitiv) zu ▶ Wefer.

Wege: 1. Berufsübername zu mnd. *wege, wēge*, mhd. *wage, wege* ›Wiege‹ für den Hersteller. 2. Auf einen Haus- oder Örtlichkeitsnamen zurückgehender Familienname. ❖ Vgl. die Belege *Peter Wege* (Halle a. 1441), *Hinrik van der Wege* (Hildesheim a. 1486).

Wegehaupt: Übername in Satzform zu mhd. *wegen* ›wiegen, schütteln‹ und mhd. *houbet* ›Haupt, Kopf‹ („bewege [das] Haupt") für jemanden, der mit dem Kopf schüttelte.

Wegener: Berufsname zu mnd. *wegener*, mhd. *wagner, wegener* ›Wagner‹, vgl. ▶ Wagner. ❖ Bekannter Namensträger: Alfred Wegener, deutscher Geophysiker und Meteorologe (19./20. Jh.).

Weger: 1. ▶ Wager, Wäger. 2. Herkunftsname zu den Ortsnamen Weg (Bayern, Österreich), Wega (Hessen).

Wegert: Erweiterung von ▶ Weger mit sekundärem -t.

Wegmann: 1. Übername zu mhd. *wëgeman* ›Reisender, Wanderer‹. 2. Wohnstättenname auf -mann zu mhd. *wëc* ›Weg, Straße‹: ›wohnhaft am Weg/an der Straße‹. 3. Berufsname auf -mann zu mhd. *wëc* ›Weg, Straße‹ für einen Straßenarbeiter.

Wegner: ▶ Wegener. ❖ Bekannte Namensträgerin: Bettina Wegner, deutsche Liedermacherin und Chansonsängerin (20./21. Jh.).

Weh: Übername zu mhd. *wæhe*, md. *wēhe* ›glänzend, schön, fein, kunstreich, zierlich, kostbar, stattlich; gut, angemessen, wert, lieb‹.

Wehde: 1. Wohnstättenname zu mnd. *wede* ›Wald‹. 2. Herkunftsname zu den Ortsnamen Wehdem (Nordrhein-Westfalen), Wehden (Niedersachsen).

Wehe: 1. Durch Zusammenziehung entstandene Form von ▶ Wehde. 2. Herkunftsname zu dem Ortsnamen Wehe (Niedersachsen, Nordrhein-Westfalen). 3. ▶ Weh.

Wehl: 1. Herkunftsname zu dem gleichlautenden Ortsnamen (Niedersachsen, Nordrhein-Westfalen). 2. Wohnstättenname zu mnd. *wēl* ›tiefes Wasserloch, das sich die Fluten nach Durchbrechung des Deiches gewühlt haben‹.

Wehle: dieser Familienname kommt einerseits im Bereich Bautzen, andererseits im Raum Tübingen besonders häufig vor. Entsprechend unterschiedlich muss er erklärt werden: 1. In der Lausitz auf eine sorbische Kurzform von Rufnamen wie Velislav (urslaw. *velьjь* ›groß‹ + urslaw. *slava* ›Ruhm, Ehre‹) zurückgehender Familienname. 2. In Südwestdeutschland aus einer schwäbischen Koseform zu dem alten deutschen Rufnamen Wahho (zu ahd. *wachar, wakar* ›wach, wachsam‹) entstandener Familienname. 3. Sonst Herkunftsname zu den Ortsnamen Wehle (Niedersachsen), Wehlen (Niedersachsen, Rheinland-Pfalz), Wehlau (Sachsen-Anhalt, Ostpreußen).

Wehler: Ableitung auf -er von ▶ Wehl oder ▶ Wehle (3.).

Wehlert: Erweiterung von ▸ Wehler mit sekundärem -t.

Wehling: 1. Wohnstättenname zu mnd. *wēlinge* ›Strudel, Wirbel im Wasser‹. 2. Übername zu mnd. *welinge* ›das Welken, Dorren‹. 3. Übername zu mnd. *welich* ›wohlig, munter, üppig, mutwillig, ausgelassen‹.

Wehmann: durch Zusammenziehung entstandene Form von ▸ Wedemann.

Wehmeier, Wehmeyer: durch Zusammenziehung entstandene Formen von ▸ Wedemeier, Wedemeyer.

Wehner: durch Zusammenziehung entstandene Nebenform von ▸ Wegner. ❖ *Konrad Wener* ist a. 1351 in Friedberg (Hessen) bezeugt.

Wehnert: Erweiterung von ▸ Wehner mit sekundärem -t.

Wehr: 1. Wohnstättenname zu mhd. *wer(e)* ›Befestigung, Wehr in einem Fluss‹, mnd. *wer(e)* ›Festungswerke, Stauwerk im Wasser, Fischwehr‹. 2. Herkunftsname zu den Ortsnamen Wehr (Nordrhein-Westfalen, Rheinland-Pfalz, Baden-Württemberg), Wehre (Niedersachsen), Wehren (Schleswig-Holstein, Nordrhein-Westfalen, Hessen). 3. Übername zu mhd. *wēre* ›wahrhaft, sicher, zuverlässig, treu‹.

Wehrenbrecht: aus einer gedehnten Form des alten deutschen Rufnamens Werinbrecht *(warin/werin + beraht)* hervorgegangener Familienname.

Wehrend(t): auf eine niederdeutsche, durch Dehnung des kurzen -e- und Zusammenziehung entstandene Form von ▸ Wernhard zurückgehende Familiennamen.

Wehrenpfennig: Übername in Satzform (»[ich] schütze den Pfennig«) zu mhd. *weren* ›schützen, verteidigen‹ und mhd. *phennic* ›Pfennig‹ für einen Geizhals.

Wehrfritz: patronymische Bildung (starker Genitiv) zu dem alten deutschen Rufnamen Warfried *(war + fridu)*, umgedeutet in Anlehnung an das Wort »Wehr« und den häufigen Rufnamen »Fritz«.

Wehrhahn: 1. Auf einen Hausnamen zu mnd. *wederhane* ›Wetterhahn‹ zurückgehender Familienname. Ein Hausname »Zum Wetterhahn« ist im 12. Jh. in Köln, im 14. Jh. in Mainz überliefert. 2. Übername für einen launischen, wetterwendischen Menschen. ❖ Vgl. die Belege *Hans Wederhane*, Bürger zu Wernigerode (a. 1482), *Arndt Werhaen*, Bürger zu Hildesheim (a. 1572).

Wehrl: auf eine mit -l-Suffix gebildete Koseform von ▸ Werner zurückgehender Familienname.

Wehrle: aus einer mit dem Suffix -le gebildeten Koseform von ▸ Werner entstandener Familienname.

Wehrlein: aus einer mit dem Suffix -lein gebildeten Koseform von ▸ Werner hervorgegangener Familienname.

Wehrlin: auf eine mit dem Suffix -lin gebildeten Koseform von ▸ Werner zurückgehender Familienname.

Wehrmann: 1. Ableitung auf -mann von ▸ Wehr. 2. Übername zu mhd. *wērman* ›Bürge, Gewährsmann‹. 3. Vereinzelt aus Wernmann, einer Koseform von ▸ Werner, hervorgegangener Familienname.

Weibert, Weibrecht: aus dem alten deutschen Rufnamen Wigbert *(wīg + beraht)* entstandene Familiennamen. ❖ Von diesem Rufnamen leiten sich u. a. die Familiennamen **Weippert, Weiprecht, Wiepert, Wieprecht, Wippert, Wipprecht** ab. ❖ Bei dem Familiennamen **Wieber** handelt es sich um eine verschliffene Form von Wi(e)gbert. Hierzu gehören die patronymische Bildung **Wiebers** und die Kurzform **Wiebe**.

Weich: 1. Aus einer diphthongierten Kurzform von Rufnamen, die mit dem Namenwort *wīg* gebildet sind (vgl. ▸ Wieghardt), entstandener Familienname. 2. Übername zu mhd. *weich* ›weich, nachgiebig, zart, furchtsam‹.

Weichard, Weichar(d)t: ▸ Weichhar(d)t.

Weichelt: auf eine jüngere Form von ▸ Weichold zurückgehender Familienname.

Weichert: aus einer jüngeren Form von ▸ Weichhar(d)t entstandener Familienname.

Weichhar(d)t: aus einer diphthongierten Form von ▸ Wieghardt entstandene Familiennamen.

Weichmann: aus einer diphthongierten Form von ▸ Wiegmann entstandener Familienname.

Weichold: aus einer diphthongierten Form von ▸ Wiegold hervorgegangener Familienname.

Weichsel: 1. Wohnstättenname zu mhd. *wīhsel* ›Weichselkirsche, Sauerkirsche‹, vgl. ▸ Weichselbaum(er) (1.). 2. Herkunftsname zu dem gleichlautenden Ortsnamen (Schlesien). 3. Wohnstättenname zu dem Flussnamen Weichsel.

Weichselbaum(er): 1. Wohnstättennamen für jemanden, der an einer Stelle mit Weichselbäumen, Sauerkirschbäumen wohnte. 2. Herkunftsnamen zu dem Ortsnamen Weichselbaum (Bayern).

Weicht: 1. Auf eine durch Zusammenziehung entstandene Kurzform von Rufnamen, die das Namenwort *wīg* und ein mit *-t* auslautendes Namenwort enthalten (z. B. ▸ Weichhar[d]t), zurückgehender Familienname. 2. Herkunftsname zu dem Ortsnamen Weicht (Bayern).

Weick: aus einer diphthongierten Kurzform von Rufnamen, die das Namenwort *wīg* enthalten (z. B. ▸ Weickhardt), entstandener Familienname.

Weickar(d)t: aus einer jüngeren Form von ▸ Weickhardt hervorgegangene Familiennamen.

Weickel: auf eine Erweiterung von ▸ Weick mit *-l*-Suffix zurückgehender Familienname.

Weicker: 1. Aus einer diphthongierten Form der alten Rufnamen Wigheri *(wīg + heri)* oder ▸ Wigger *(wīg + gēr)* entstandener Familienname. 2. Verschliffene Form von ▸ Weikert.

Weickert: ▸ Weickar(d)t.

Weickgenannt: auf eine Entstellung von Weicknand, einer diphthongierten Form des alten deutschen Rufnamens Wignand *(wīg + nand)*, zurückgehender Familienname, vgl. ▸ Wienand.

Weickhardt: aus einer diphthongierten Form von ▸ Wieghardt entstandener Familienname.

Weickmann: aus einer diphthongierten Form von ▸ Wiegmann entstandener Familienname.

Weidauer: im Raum Zwickau-Chemnitz häufiger Herkunftsname zu dem Ortsnamen Weida (Thüringen).

Weide: 1. Wohnstättenname zu mhd. *wīde*, mnd. *wide* ›Weide‹ für jemanden, der an Weidenbäumen wohnte. 2. Wohnstättenname zu mhd. *weide* ›Weide, Weideplatz‹. 3. Herkunftsname zu dem häufigen Ortsnamen Weide.

Weidehaas: ▸ Weidhaas.

Weidemann: ▸ Weidmann.

Weiden: 1. Wohnstättenname für jemanden, der an Weidenbäumen wohnte, vgl. ▸ Weide (1.). 2. Herkunftsname zu dem häufigen Ortsnamen Weiden.

Weidenbach: Herkunftsname zu dem gleichlautenden Ortsnamen (Rheinland-Pfalz, Baden-Württemberg, Bayern, Thüringen, Schlesien).

Weidenmüller: Berufsname, nähere Kennzeichnung eines Müllers (▸ Müller) durch die Lage (▸ Weide [1.]) oder den Namen der Mühle.

Weidhaas, Weidhas(e): Berufsübernamen zu mhd. *weide* ›Futter; Weide, Weideplatz; Jagd‹ und mhd. *has(e)* ›Hase‹ (etwa ›Jagdhase‹ als Gegensatz zu Stallhase) für einen Jäger.

Weidig: Wohnstättennamen zu mhd. *wīdach*, fnhd. *weidicht* ›Weidengebüsch‹.

Weidinger: Herkunftsname zu den Ortsnamen Weiding (Bayern), Weidingen (Rheinland-Pfalz).

Weidl: Ableitung von ▸ Weide (1.) oder (2.) mit *-l*-Suffix.

Weidler: Ableitung auf *-ler* von ▸ Weide (1.), (2.).

Weidlich: Übername zu mhd. *weide(n)lich* ›weidgerecht; frisch, keck, tüchtig, ausgezeichnet, stattlich, schön‹.

Weidmann: 1. Berufsname zu mhd. *weideman* ›Jäger, Fischer‹. 2. Ableitung von ▸ Weide mit dem Suffix *-mann*.

Weidner: 1. Berufsname zu mhd. *weidenære* ›Jäger‹. 2. Ableitung auf *-er* von ▸ Weiden.

Weier: ▸ Weiher.

Weigand(t): aus einer diphthongierten Form von ▸ Wiegand(t) entstandene Familiennamen. ❖ *F. Weygant* ist a. 1397 in Nürnberg bezeugt.

Weigang: aus ▸ Weigand(t) mit Gutturalisierung des Auslauts hervorgegangener Familienname.

Weigel: aus einer mit *-l*-Suffix gebildeten Koseform von Rufnamen, die das Namenwort *wīg* enthalten (vgl. ▸ Weigand[t], ▸ Weigold, ▸ Weighardt), hervorgegangener Familienname. ❖ *Conradus Weygel* ist a. 1291 in Nürnberg überliefert. ❖ Bekannte Namensträgerin: Helene Weigel, Schauspielerin und Theaterleiterin österreichischer Herkunft (20. Jh.).

Weigelt: 1. Aus einer jüngeren Form von ▸ Weigold entstandener Familienname. 2. Aus ei-

Weidmann: *Der mittelalterliche Weidmann auf der Jagd*

ner Erweiterung von ▶ Weigel mit sekundärem -t hervorgegangener Familienname.

Weigend: aus einer jüngeren Form von ▶ Weigand(t) entstandener Familienname.

Weigert: aus einer jüngeren Form ▶ Weighardt entstandener Familienname.

Weighardt: aus einer diphthongierten Form von ▶ Wieghardt entstandener Familienname.

Weigl: bairisch-österreichische Schreibweise von ▶ Weigel.

Weigmann: auf eine diphthongierte Form von ▶ Wiegmann zurückgehender Familienname.

Weigold(t): aus einer diphthongierten Form von ▶ Wiegold entstandene Familiennamen.

Weigt: auf eine durch Zusammenziehung entstandene Kurzform von Rufnamen, die das Namenwort *wīg* und ein mit -t auslautendes Namenwort enthalten (z. B. ▶ Weigand[t]), zurückgehender Familienname.

Weih(e): 1. Herkunftsnamen zu den Ortsnamen Weihe (Niedersachsen, Nordrhein-Westfalen), Weyhe (Niedersachsen). 2. Übernamen oder Berufsübernamen zu mhd. *wīe* ›Weihe (ein Greifvogel)‹ für einen Jäger bzw. für jemanden, der Weihen fing. ❖ Vgl. die Nürnberger Belege *H. Weihe* (a. 1363) = *H. Weih* (a. 1370).

Weiher: 1. Wohnstättenname zu mhd. *wīwære, wīwer, wīher* ›Weiher‹. 2. Herkunftsname zu den häufigen Ortsnamen Weiher, Weier, Weyer. 3. Ableitung auf *-er* von ▶ Weih(e) (1.).

Weihnacht: Übername, der sich meist auf eine zu Weihnachten fällige Zinsleistung bezieht.

Weihrauch: Berufsübername zu mhd. *wīrouch* ›Weihrauch‹ für den Weihrauchhändler oder den Gewürzkrämer. Im Mittelalter fand Weihrauch nicht nur in der Kirche Verwendung, sondern auch im weltlichen Bereich als Heil- und Räucherungsmittel.

Weihs: Schreibvariante von Weiß (▶ Weiss), die auf dem Missverständnis ß = hs beruht.

Weik: ▶ Weick.

Weikert: ▶ Weickar(d)t.

Weikl: ▶ Weickel. ❖ Bekannter Namensträger: Bernd Weikl, deutscher Sänger (20./21. Jh.).

Weil: 1. Herkunftsname zu dem Ortsnamen Weil (Baden-Württemberg, Bayern). 2. Als jüdischer Name auch Anagramm (durch Umstellung der Buchstaben gebildete Form) von Levi (▶ Levy).

Weiland(t): auf eine diphthongierte Form von ▶ Wieland zurückgehende Familiennamen.

Weiler: 1. Herkunftsname zu dem gleichlautenden Ortsnamen (Nordrhein-Westfalen, Rheinland-Pfalz, Saarland, Baden-Württemberg, Bayern, Elsass). 2. Ableitung auf *-er* von ▶ Weil (1.). 3. Wohnstättenname zu mhd. *wīler* ›Weiler, einzelnes Gehöft, kleineres Dorf‹.

Weill: ▶ Weil. ❖ Bekannter Namensträger: Kurt Weill, deutscher Komponist (20. Jh.).

Weimann: 1. Durch Assimilation entstandene Form von ▶ Weinmann. 2. Gelegentlich durch Wegfall des *-g-* entstandene Form von ▶ Weigmann.

Weimar, Weimer: 1. Herkunftsnamen zu dem Ortsnamen Weimar (Thüringen, Hessen). 2. Durch Zusammenziehung aus den alten deutschen Rufnamen Winmar (*wini + māri*) oder Wigmar (*wīg + māri*) hervorgegangene Familiennamen.

Wein: 1. Berufsübername zu mhd. *wīn* ›Wein‹ für einen Weinbauern, Weinhändler oder Weinschenk bzw. Übername nach dem Lieblingsgetränk. 2. Vereinzelt auf eine Kurzform von Rufnamen, die mit »Wein-« anlauten (z. B. ▶ Weinhardt, ▶ Weinhold), zurückgehender Familienname.

Weinacht: ▶ Weihnacht.

Weinand(t): aus einer diphthongierten Form von ▶ Wienand entstandene Familiennamen.

Weinberg(er): 1. Herkunftsnamen zu dem häufigen Ortsnamen Weinberg. 2. Wohnstättennamen zu mhd. *wīnbërc* ›Weinberg‹: ›wohnhaft an/bei einem Weinberg‹.

Weinbrenner: Berufsname für den Branntweinbrenner (mhd. *wīnbrenner*).

Weindl: aus einer mit *-l*-Suffix und Gleitlaut *-d*- gebildeten Koseform von Rufnamen, die mit »Wein-« anlauten (z. B. ▶ Weinhar[d]t, ▶ Weinhold), entstandener Familienname. ❖ *Hans Weindel* ist a. 1370 in Nürnberg bezeugt.

Weiner: durch Zusammenziehung entstandene Form von ▶ Wagner.

Weinert: 1. Erweiterung von ▶ Weiner mit sekundärem *-t*. 2. Aus einer jüngeren Form von ▶ Weinhar(d)t hervorgegangener Familienname. ❖ Bekannter Namensträger: Erich Weinert, deutscher Schriftsteller (19./20. Jh.).

Weinfurt(n)er: Herkunftsnamen zu dem Ortsnamen Weinfurth (Bayern).

Weingart(en): 1. Wohnstättennamen zu mhd. *wīngart(e)* ›Weingarten, Weinberg‹. 2. Herkunftsnamen zu dem Ortsnamen Weingarten (Baden-Württemberg, Bayern, Rheinland-Pfalz, Thüringen, Österreich, Schweiz).

Weingartner, Weingärtner: 1. Berufsname zu mhd. *wīngartener, -gertener* ›Winzer‹. 2. Ableitung auf *-ner* (bzw. *-er*) von ▶ Weingart(en).

Weinhar(d)t: aus dem gleichlautenden deutschen Rufnamen *(wini + harti)* entstandene Familiennamen.

Weinhold: 1. Aus einer Umdeutung des deutschen Rufnamens Weinold (▶ Wienold) in Anlehnung an das Adjekiv »hold« entstandener Familienname. 2. Auf eine durch Dissimilation und Umdeutung entstandene Form von Wignand *(wīg + nand, > Weinand > Weinald > Weinold > Weinhold)* zurückgehender Familienname.

Weinholtz, Weinholz: unter dem Einfluss der hochdeutschen Sprache in Norddeutschland seit dem 16. Jh. entstandene Formen des niederdeutschen Familiennamens ▶ Wienholt. ❖ *Christian Weinholtz* ist a. 1689 in Hannover bezeugt.

Weinkauf: 1. Berufsübername zu mhd. *wīnkouf* ›Weinkauf, Weinpreis‹ für den Weinhändler. 2. Übername zu mhd. *wīnkouf* ›Trunk beim Abschluss eines Handels‹.

Weinmann: Berufsname zu mhd. *wīnman* ›Weinbauer, Winzer, Weinhändler, Weinschenk‹, mnd. auch ›Ratskellermeister, Verwalter des städtischen Weinbergs‹. ❖ Ein früher Beleg ist *Pilegrimus Winman* (Köln a. 1198–1206).

Weinrebe: 1. Berufsübername zu mhd. *wīnrëbe* ›Weinrebe‹ für den Weinbauern, Weinhändler, Weinschenk. 2. Auf einen Hausnamen zurückgehender Familienname.

Weinreich, Weinrich: diphthongierte Formen von ▶ Wienrich.

Weinriefer: durch Entrundung aus mhd. *weinrüefer* ›Ausrufer des zu verkaufenden Weins‹ entstandener Berufsname.

Weinschenk: Berufsname zu mhd. *wīnschenke* ›Weinschenk‹ für den Wirt, der Wein ausschenkte. ❖ *Lautel weinschench* ist a. 1325 in Regensburg bezeugt.

Weinstock: 1. Berufsübername zu mhd. *wīnstock*, mnd. *wīnstok* ›Weinstock‹ für den Weinbauern, Weinhändler, Weinschenk. 2. Auf einen Hausnamen zurückgehender Familienname.

Weintraut: aus dem alten deutschen Rufnamen Winitrud *(wini + trūt)* hervorgegangener metronymischer Familienname. ❖ Zur Entstehung des Familiennamens vgl. den Frankfurter Beleg *Hermannus gener* [Schwiegersohn der] *Wintrudis* (a. 1317).

Weinzierl: 1. Berufsname zu mhd. *wīnzürl(e)* ›Winzer‹. 2. Herkunftsname zu dem gleichlautenden Ortsnamen (Österreich). ❖ *Chunradus Weinzurl* ist a. 1320 in Nürnberg bezeugt.

Weippert, Weiprecht: ▶ Weibert, Weibrecht.

Weirauch: ▶ Weihrauch.

Weirich: 1. Auf den alten deutschen Rufnamen Wigrich *(wīg + rīhhi)* zurückgehender Familienname. 2. Berufsübername zu mnd. *wīrōk, wīrik*, mhd. *wīrouch* ›Weihrauch‹, vgl. ▶ Weihrauch.

Weis: 1. ▶ Weise. 2. ▶ Weiss.

Weisbrod: Berufsübername zu mhd. *wīzbrōt* ›Weißbrot‹ für den Bäcker oder Übername nach der Lieblingsspeise.

Weise: 1. Übername zu mhd. *wīs, wīse*, mnd. *wīs* ›verständig, erfahren, klug, kundig, weise‹. 2. ▶ Weiss, ▶ Weisse. 3. Übername zu mhd. *weise*, mnd. *wēse, weise* ›Waise, Waisenkind‹. ❖ Bekannter Namensträger: Christian Weise, deutscher Dichter (17./18. Jh.).

Weisel: 1. Übername zu mhd. *wīsel* ›Führer, Anführer, Oberhaupt‹. 2. Berufsübername zu mhd. *wīsel* ›Weisel, Bienenkönigin‹ für den Imker. 3. Übername zu fnhd. *weisel* ›Waisenkind‹. 4. Wohnstättenname zu mhd. *wīhsel, wīsel* ›Weichselkirche, Sauerkirsche‹, vgl. ▶ Weichselbaum(er) (1.). 5. Herkunftsname zu dem gleichlautenden Ortsnamen (Rheinland-Pfalz, Baden-Württemberg).

Weisenborn: ▶ Weißenborn. ❖ Bekannter Namensträger: Günther Weisenborn, deutscher Schriftsteller (20. Jh.).

Weiser: 1. Stark flektierte Form oder patronymische Bildung auf *-er* zu ▶ Weise (1.). 2. Übername zu mhd. *wīsen* ›weisen, lenken, führen‹. 3. ▶ Weisser. ❖ Bekannte Namensträgerin: Grethe Weiser, deutsche Schauspielerin und Kabarettistin (20. Jh.).

Weisgerber: ▶ Weißgerber. ❖ Bekannter Namensträger: Leo Weisgerber, deutscher Sprachwissenschaftler (19./20. Jh.).

Weishäupl: aus einer verschliffenen Form von ▶ Weisshaupt + *-l*-Suffix hervorgegangener Familienname.

Weishaupt: ▶ Weisshaupt.

Weisheit: 1. Übername zu mhd. *wīsheit* ›Verständigkeit, Erfahrung, Wissen, Gelehrsamkeit, Weisheit‹ für einen erfahrenen, weisen Menschen. 2. Gelegentlich kann es sich bei diesem Familiennamen um eine durch Umdeutung entstandene Form von ▶ Weisshaupt handeln.

Weiske: am häufigsten ist dieser Familienname im Raum Leipzig: 1. Herkunftsname zu dem Ortsnamen Weißig (Sachsen, Thüringen, Schlesien). 2. Ableitung von ▶ Weise (1.) oder (3.) mit *-k-*Suffix.

Weiskopf: ▶ Weisskopf.

Weiss, Weiß: 1. Übernamen zu mhd. *wīʒ* ›weiß‹ nach der Haar- oder Hautfarbe des ersten Namensträgers. 2. ▶ Weise. ❖ *Eberl Weizz* ist a. 1369 in München bezeugt. ❖ Bekannter Namensträger: Peter Weiss, deutscher Schriftsteller (20. Jh.).

Weißbach(er): Herkunftsnamen zu dem Ortsnamen Weißbach (Hessen, Rheinland-Pfalz, Baden-Württemberg, Bayern, Österreich, Schweiz).

Weissbart(h), Weißbart(h): Übernamen zu mhd. *wīʒ* ›weiß‹ und mhd. *bart* ›Bart‹ für einen Weißbärtigen.

Weissbeck, Weißbeck: Berufsnamen zu mhd. *weiʒbecke* ›Bäcker von Weizenbrot‹. ❖ *Ott Weispech* ist a. 1342 in Regensburg überliefert.

Weissbrod(t), Weißbrod(t): ▶ Weisbrod.

Weisse, Weiße: 1. ▶ Weiss. 2. ▶ Weise. ❖ Bekannter Namensträger: Christian Felix Weiße, deutscher Schriftsteller (18./19. Jh.).

Weißenberg(er): Herkunftsnamen zu dem Ortsnamen Weißenberg (Niedersachsen, Sachsen, ehem. Pommern/jetzt Polen, Nordrhein-Westfalen, Rheinland-Pfalz, Bayern, Ostpreußen, Österreich, Schweiz).

Weißenborn: Herkunftsname zu dem gleichlautenden Ortsnamen (Niedersachsen, Hessen, Thüringen, Sachsen-Anhalt, Sachsen).

Weißenfels: Herkunftsname zu dem gleichlautenden Ortsnamen (Sachsen-Anhalt, Rheinland-Pfalz).

Weisser, Weißer: 1. Stark flektierte Formen oder patronymische Bildungen auf *-er* zu ▶ Weiss, Weiß. 2. Berufsnamen für den Tüncher zu mhd. *wīʒen* ›weißen, tünchen‹. 3. Übernamen zu mhd. *wīʒære* ›Tadler, Strafer, Peiniger‹. 4. ▶ Weiser.

Weißflog: 1. Berufsübername zu mhd. *wīʒ* ›weiß‹ und mhd. *vloc, vlocke* ›Flocke, Schneeflocke; Flaum, Flockwolle‹ für einen Wollkämmer oder Tuchscherer. 2. Übername für einen weißhaarigen Menschen. ❖ Bekannter Namensträger: Jens Weißflog, deutscher Skispringer (20./21. Jh.).

Weissgerber, Weißgerber: Berufsnamen zu mhd. *wīʒgerwer, -gerber* ›Weißgerber‹, vgl. ▶ Gerber. Der Weißgerber verwendete Alaun als Gerbstoff und gewann aus Schaf- und Ziegenhäuten feines, weißes Leder, das zur Herstellung von Handschuhen, Taschen und Beuteln diente. ❖ Im Jahre 1341 ist *Burkard der wissegaerber* in Esslingen überliefert.

Weisshaar, Weißhaar: Übernamen zu mhd. *wīʒ* ›weiß‹ und mhd. *hār* ›Haar‹ für einen weißhaarigen Menschen. ❖ *Albreht Wishar* ist a. 1344 in Freiburg i. Br. bezeugt.

Weisshaupt, Weißhaupt: Übernamen zu mhd. *wîz* ›weiß‹ und mhd. *houbet* ›Kopf, Haupt‹ für einen weißhaarigen Menschen. ❖ Vgl. den Nürnberger Beleg *Dictus* [genannt] *Weizhaupt* (a. 1331).

Weissig, Weißig: Herkunftsnamen zu dem Ortsnamen Weißig (Sachsen, Thüringen, Schlesien).

Weissinger, Weißinger: Herkunftsnamen zu den Ortsnamen Weißingen, Weisingen (Bayern).

Weisskopf, Weißkopf: Übernamen zu mhd. *wîz* ›weiß‹ und mhd. *kopf* ›Kopf‹ für einen weißhaarigen Menschen. ❖ *Heinrich Weisskopf* ist a. 1370 in Nürnberg bezeugt.

Weissleder, Weißleder: Berufsübernamen für den Hersteller von weißem Leder, vgl. ▶ Weissgerber, Weißgerber.

Weissmann, Weißmann: Ableitungen auf *-mann* von ▶ Weiss, Weiß.

Weissmantel, Weißmantel: Übernamen zu mhd. *wîz* ›weiß‹ und mhd. *mantel* ›Mantel‹ nach einer Besonderheit der Kleidung.

Weissmüller, Weißmüller: Berufsnamen zu mhd. *weiz(e), weizze, weitze* ›Weizen‹ und mhd. *mülnære, müller* ›Müller‹ für einen Weizenmüller. ❖ *Conrad Weissenmolner* ist a. 1438 im sächsischen Vogtland bezeugt, *Heinrich Weißmuller* a. 1609 in Hildesheim. ❖ Bekannter Namensträger: Johnny Weissmüller, amerikanischer Filmschauspieler deutscher Herkunft (20. Jh.).

Weisspfennig, Weißpfennig: Übernamen zu mhd. *wîzphenninc* ›eine Silbermünze‹, die auf eine Abgabeverpflichtung oder auch auf die Geldgier bzw. Sparsamkeit des ersten Namensträgers anspielen können.

Weist: 1. Wohl Übername zu mhd. *wîsôt, wîset* ›Geschenk oder Abgabe (besonders in Naturalien) zu Festzeiten an Braut, Kirche oder Herrn‹ nach einer Abgabeverpflichtung. 2. Gelegentlich Wohnstättenname zu dem in Sachsen-Anhalt vorkommenden Flurnamen Weist, Weidest, Weiditz (wohl zu *Weidicht* ›Grundstück, wo viele Weiden stehen‹).

Weiter: 1. Berufsname zu mhd. *weitære* ›Blaufärber‹ (< mhd. *weit, weid* ›Waid, die Färberpflanze‹). ❖ Hierzu gehört der Regensburger Beleg *herr Liupolt Waitær* (a. 1278). Im spätmittelalterlichen Regensburg waren die Waiter ein bedeutendes Patriziergeschlecht. 2. Berufsname zu mhd. *weit* ›eine Art Netz‹ für den Fischer, der damit arbeitete.

Weithaas, Weithas(e): ▶ Weidhaas, Weidhas(e).

Weitkamp: niederdeutscher Wohnstättenname zu mnd. *wête* ›Weizen‹ und mnd. *kamp* ›Feld‹ für jemanden, der bei einem Weizenfeld siedelte.

Weitz: Berufsname zu mhd. *weiz(e), weizze, weitze* ›Weizen‹ für einen Bauern oder Getreidehändler.

Weitzel: 1. Ableitung auf *-el* von ▶ Weitz. 2. Berufsübername bzw. Übername zu mhd. *weizel*, einer Nebenform von *meizel*; ▶ Meissel (1.).

Weiz(s)äcker: 1. Berufsübernamen zu mhd. *weiz(e), weizze, weitze* ›Weizen‹ und mhd. *acker* ›Acker‹ für den Bauern, der Weizen anbaute oder dessen Hof neben einem Weizenacker lag. 2. Berufsnamen auf *-er* zu mhd. *wât-sac* ›Reisetasche, Mantelsack‹ für den Hersteller. ❖ Ein Beleg für die Berufsbezeichnung ist *Vlrich der watsacher pvrger von Wilheim* [Weilheim in Oberbayern] a. 1282. ❖ Bekannte Namensträger: Carl Friedrich Freiherr von Weizsäcker, deutscher Physiker und Philosoph (20./21. Jh.); Richard Freiherr von Weizsäcker, deutscher Politiker (20./21. Jh.).

Welk(e): 1. Übernamen zu mnd. *welk* ›welk, dürr‹, mhd. *wëlc* ›feucht; lau, mild; welk‹. 2. Vereinzelt auf den alten deutschen Rufnamen Walko (*walah*) zurückgehende Familiennamen. 3. Im deutsch-slawischen Kontaktbereich kann Welk(e) aus einer Ableitung von slawischen Rufnamen wie Velislav (urslaw. *velьjь* ›groß‹ + urslaw. *slava* ›Ruhm, Ehre‹) entstanden sein. 4. Übername zu sorb. *wjelk* ›Wolf‹. ❖ Bekannter Namensträger: Ehm Welk, deutscher Schriftsteller (19./20. Jh.).

Welker: ▶ Walker.

Wellbrock: Wohnstättenname zu einem gleichlautenden niederdeutschen Flurnamen (etwa ›Bruch mit Quellen‹, zu nd. *Welle* ›brodelnde Flüssigkeit, Quelle‹ und mnd. *brôk* ›Bruch‹).

Welle: 1. Berufsübername zu mhd. *wëlle*, mnd. *welle* ›Walze, Wellbaum; walzenförmig zusammengebundenes oder gerolltes Stroh-, Reisigbündel; Tuch-, Leinwandballen‹, der durch verschiedene berufliche Tätigkeiten motiviert sein kann. 2. Niederdeutscher Wohnstättenname zu nd. *Welle* ›brodelnde Flüssigkeit, Quelle‹. 3. Herkunftsname zu den Ortsnamen Welle (Niedersachsen, Sachsen-Anhalt), Wellen (Niedersachsen, Sachsen-Anhalt, Hessen, Rheinland-Pfalz).

Wellem: auf eine niederdeutsche Form von ▶ Wilhelm zurückgehender Familienname.

Wellems: patronymische Bildung (starker Genitiv) zu ▶ Wellem.

Weller: 1. Ableitung auf *-er* von ▶ Welle (2.) oder (3.). 2. ▶ Waller, Wäller. 3. Berufsname zu mhd., mnd. *wellen* ›zum Sieden oder Schmelzen bringen‹ für einen Salzsieder oder Metallschmelzer. 4. Berufsname auf *-er* zu mhd. *wëllen* ›runden, rollen, wälzen; streichen, schmieren‹, mnd. *welleren* ›mit Holzstäben, Rohr oder Strohbüscheln, die mit Lehm beschmiert oder getränkt sind, eine Balkenlage überziehen, ein Fachwerk ausfüllen‹ für einen Bauhandwerker, der Lehmwände (mnd. *wellerwant*) herstellte. 5. Vereinzelt ▶ Willer.

Wellert: 1. Erweiterung von ▶ Weller mit sekundärem *-t*. 2. Gelegentlich ▶ Willert.

Wellhausen: am häufigsten ist dieser Familienname im Bereich Hannover-Göttingen, sodass es sich größtenteils um einen Herkunftsnamen zu dem in Niedersachsen öfters vorkommenden Ortsnamen Welliehausen handeln wird. Gelegentlich Herkunftsname zu dem gleichlautenden Ortsnamen (Ostpreußen, Schweiz).

Welling: 1. Patronymische Bildung auf *-ing* zu einer Kurzform von ▶ Wellem. 2. Herkunftsname zu den Ortsnamen Welling (Rheinland-Pfalz, Bayern), Wellingen (Niedersachsen, Baden-Württemberg, Saarland).

Wellm: auf eine durch Zusammenziehung entstandene Kurzform von ▶ Wellem zurückgehender Familienname.

Wellmann: 1. Ableitung auf *-mann* von ▶ Welle (2.) oder (3.). 2. Vereinzelt ▶ Willmann.

Wellner: 1. Ableitung auf *-ner* von ▶ Welle (2.). 2. Herkunftsname zu den Ortsnamen Wellen (Niedersachsen, Sachsen-Anhalt, Hessen, Rheinland-Pfalz). 3. Entrundete Form von Wöllner (▶ Wollner).

Wellnitz: Herkunftsname zu dem gleichlautenden Ortsnamen (ehem. Brandenburg/ jetzt Polen).

Welp: niederdeutscher Übername zu mnd. *welp* ›Jungtier (Hund, Wolf)‹.

Wels: 1. Berufsübername zu mhd., mnd. *wels* ›Wels‹ für einen Fischer. 2. Gelegentlich Herkunftsname zu dem Ortsnamen Wels (Oberösterreich).

Welsch: 1. Übername zu mhd. *walhisch, welhisch, walsch, welsch* ›welsch: italienisch, französisch, romanisch‹, der durch Handelsbeziehungen oder einen Aufenthalt in Italien oder Frankreich motiviert sein kann. Nur selten dürfte dem Familiennamen ein Herkunftsname für einen Franzosen oder Italiener zugrunde liegen. 2. Im deutsch-slawischen Kontaktgebiet kann es sich bei Welsch gelegentlich um eine Ableitung von slawischen Rufnamen wie Velislav (▶ Welk[e] [3.]) handeln.

Welser: Herkunftsname zu dem Ortsnamen Wels (Oberösterreich). ❖ Bekannte Namensträger: Anton Welser d. Ä. und Bartholomäus Welser, Augsburger Handelsherren (15./16. Jh.).

Welte: 1. Auf eine Koseform von ▶ Walther zurückgehender Familienname. 2. In Norddeutschland Herkunftsname zu den Ortsnamen Welt (Schleswig-Holstein), Welte (Nordrhein-Westfalen).

Welter: 1. Auf eine Variante von ▶ Walther zurückgehender Familienname. 2. Herkunftsname zu den Ortsnamen Welt (Schleswig-Holstein), Welte (Nordrhein-Westfalen).

Welters: patronymische Bildung (starker Genitiv) zu ▶ Welter (1.).

Welti: aus einer alemannischen Koseform von ▶ Walther entstandener Familienname. ❖ Bekannter Namensträger: Albert Jakob Welti, schweizerischer Schriftsteller und Maler (19./20. Jh.).

Weltz, Welz: 1. Auf eine mit *z*-Suffix gebildete Koseform von ▶ Walther zurückgehende Familiennamen. 2. Herkunftsnamen zu dem Ortsnamen Welz (Nordrhein-Westfalen). 3. Im deutsch-slawischen Kontaktgebiet kann diesen Familiennamen eine Ableitung von slawischen Rufnamen wie Velislav (▶ Welk[e] [3.]) zugrunde liegen.

Welzel: aus einer Erweiterung von ▶ Weltz, Welz (1.) mit *-l*-Suffix hervorgegangener Familienname.

Wencke: ▶ Wenk(e).

Wende: 1. Herkunftsname (Stammesname) zu mnd. *Went* ›Wende, Slawe‹. 2. Übername für jemanden, der Beziehungen zu den slawischen Gebieten hatte.

Wendel: aus einer Kurzform von männlichen oder weiblichen Rufnamen, die mit dem Namenwort *wandal* gebildet sind (z. B. Wandelbert *[wandal + beraht]* oder Wandelgard *[wandal + gart]*), entstandener Familienname.

Wendelin: aus einer mit dem Suffix *-lin* gebildeten Koseform von ▸Wendel entstandener Familienname. Zur Verbreitung des Rufnamens Wendelin trug die Verehrung des gleichnamigen Heiligen bei. Der heilige Wendelin (6./7. Jh.) lebte als Hirte und Einsiedler im Saarland (Grab im Wallfahrtsort St. Wendel).

Wendelmuth: Übername zu mhd. *wandelmuot, wendelmuot* ›unbeständiger Sinn, Wankelmut, Untreue‹.

Wendelstein: 1. Herkunftsname zu dem gleichlautenden Ortsnamen (Bayern, Sachsen-Anhalt), vor allem zu Wendelstein/Mittelfranken. 2. Wohnstättenname zu mhd. *wendelstein* ›Wendeltreppe‹ für jemanden, der in einem Haus mit einer auffälligen Wendeltreppe wohnte.

Wender: 1. Aus dem alten deutschen Rufnamen Wanther *(wand + heri)* entstandener Familienname. 2. Herkunftsname auf *-er* zu dem Ortsnamen Wenden (Niedersachsen, Nordrhein-Westfalen, Baden-Württemberg, Ostpreußen). 3. Übername zu mhd. *wenden* ›umwenden, rückgängig machen, abwenden, hindern, verhindern‹.

Wenderoth: Herkunftsname zu dem gleichlautenden Ortsnamen in Ostpreußen bzw. zu mehreren Wüstungen (bei Lindau/Eichsfeld, bei Goslar u. a.).

Wenders: patronymische Bildung (starker Genitiv) zu ▸Wender (1.). ❖ Bekannter Namensträger: Wim Wenders, deutscher Filmregisseur (20./21. Jh.).

Wendl: bairisch-österreichische Schreibweise von ▸Wendel.

Wendland(t): Herkunftsnamen zu dem Landschaftsnamen Wendland (auch Hannoversches Wendland) links der Elbe im Nordosten Niedersachsens.

Wendler: Übername zu mhd. *wandeler, wendeler* ›Wanderer‹, mnd. *wendeler* ›Wanderer, Reisender, Pilger, Landstreicher‹.

Wendling(er): 1. Herkunftsnamen zu den Ortsnamen Wendling (Bayern, Österreich), Wendlingen (Baden-Württemberg, Rheinland-Pfalz). 2. Bei dem Familiennamen Wendling kann es sich gelegentlich um eine patronymische Bildung auf *-ing* zu ▸Wendel oder um eine Nebenform von Wendelin handeln.

Wendorf(f): Herkunftsnamen zu dem Ortsnamen Wendorf (Mecklenburg-Vorpommern, ehem. Pommern/jetzt Polen) oder zu gleichlautenden Wüstungen (Sachsen-Anhalt, Niedersachsen).

Wendrich: 1. Aus einer mit W- anlautenden Nebenform von Jindřich, der tschechischen Form von ▸Heinrich, entstandener Familienname. 2. Aus einer mit W- anlautenden Nebenform von Jędrych, einer polnischen Form von ▸Andreas, hervorgegangener Familienname.

Wendt: ▸Wende.

Weng: 1. Wohnstättenname zu dem gleichlautenden oberdeutschen Flurnamen, der einen grasbewachsenen Hang bezeichnet. 2. Herkunftsname zu den Ortsnamen Weng (Bayern, Österreich), Wenige (Nordrhein-Westfalen).

Wengenroth: Herkunftsname zu dem gleichlautenden Ortsnamen (Rheinland-Pfalz).

Wenger: 1. Ableitung auf *-er* zu ▸Wang (2.) oder ▸Weng (1.). 2. Herkunftsname auf *-er* zu den Ortsnamen Weng (Bayern, Österreich), Wenge (Nordrhein-Westfalen), Wengen (Baden-Württemberg, Bayern, Österreich, Schweiz), Wang (Bayern), Wangen (Baden-Württemberg, Bayern). 3. Auf durch Umstellung der Lautfolge *-gn-* entstandene Form von Wegner (▸Wegener) zurückgehender Familienname.

Wengert: 1. Vor allem in Südwestdeutschland verbreiteter Familienname, der auf eine verkürzte Form von ▸Wengerter zurückgeht. 2. Gelegentlich Erweiterung von ▸Wenger (3.) mit sekundärem *-t*.

Wengerter: vor allem im Raum Aschaffenburg vorkommende, undiphthongierte Form von ▸Weingartner, Weingärtner.

Wengler: 1. Herkunftsname zu Ortsnamen wie Wengeln (Schlesien, Ostpreußen). 2. ▸Wenger (1.), (2.).

Wenig: Übername zu mhd. *wēnec, wēnic*, mnd. *weinich, wēnich* ›weinend, klagend, erbarmenswert; klein, gering, schwach, unbedeu-

Werkmeister

tend‹. ❖ *C. Wenig* ist a. 1363 in Nürnberg bezeugt.

Weniger: stark flektierte Form oder patronymische Bildung auf *-er* zu ▶ Wenig. ❖ *Hainr. der Weniger* ist a. 1326 in Regensburg bezeugt.

Wenisch: 1. Aus einer slawischen Ableitung auf *-isch* von ▶ Wentzlaff oder ▶ Wenzel hervorgegangener Familienname. 2. Auf bairisch-österreichischen Ersatz des *B*- durch *W*- zurückgehende Eindeutschung der tschechischen Form des Heiligennamens ▶ Benedikt, Beneš.

Wenk(e): 1. Aus einer mit *-k*-Suffix gebildeten Koseform von Rufnamen, die das Namenwort *wini* enthalten (vgl. ▶ Wennemar), hervorgegangene Familiennamen. 2. Niederdeutsche Berufsübernamen zu mnd. *wenneke, wenke* ›weites, grobes Kleidungsstück für Männer und Frauen‹ für den Hersteller. 3. Wohnstättennamen zu mhd. *wenke* ›Wendung, Biegung‹: ›wohnhaft an einer Biegung der Straße/des Flusses‹. 4. Übernamen zu mhd. *wenken* ›wanken, schwanken‹ für einen wankelmütigen Menschen‹. ❖ *Eckebertus Wencke* ist a. 1337 im Raum Duderstadt (Niedersachsen) bezeugt.

Wenn: aus einer niederdeutschen Kurzform von Rufnamen, die das Namenwort *wini* enthalten (▶ Wennemar), entstandener Familienname.

Wennemar, Wennemer: vor allem in Westfalen vorkommende, auf den Rufnamen Winemar/Wenemar *(wini + māri)* zurückgehende Familiennamen.

Wenner: umgelautete Nebenform von ▶ Wanner.

Wenning: patronymische Bildung auf *-ing* zu ▶ Wenn.

Wenninger: 1. Aus der stark gebeugten Form des mhd. Eigenschaftsworts *wēnec, wēnic*, nasaliert *wēninc, wēning* ›weinend, klagend, erbarmenswert; klein, gering, schwach‹ entstandener Übername. 2. Herkunftsname zu Ortsnamen wie Wehningen, Weningen, Wenningen. ❖ Eine Frau namens *Weningerinne* ist a. 1339 in Regensburg bezeugt.

Wensing: im Bereich Oberhausen-Münster häufiger vorkommende patronymische Bildung auf *-ing* zu einer Koseform von ▶ Werner. ❖ *Ghert Wensinck* ist a. 1569 in Coesfeld bezeugt.

Wenske: auf eine Ableitung von ▶ Wentzlaff zurückgehender Familienname.

Wentzel: ▶ Wenzel.

Wentzlaff: auf die eindeutigende Schreibung eines mit den Namenwörtern urslaw. **vętje* ›mehr‹ + urslaw. **slava* ›Ruhm, Ehre‹ gebildeten Rufnamens (nsorb. Wěcsław, poln. Więcław, Wacław, alttschech. Venceslav, tschech. Václav) zurückgehender Familienname.

Wenz: 1. Auf eine mit *-z*-Suffix gebildete Koseform von ▶ Werner zurückgehender Familienname. 2. Aus einer Kurzform von ▶ Wentzlaff entstandener Familienname.

Wenzel, Wenzl: 1. Auf die eindeutigende Form des alttschechischen Rufnamens Venceslav (▶ Wentzlaff) zurückgehende Familiennamen. Der Name Wenzel war durch den heiligen Wenzel, Herzog von Böhmen (10. Jh.), den tschechischen Nationalheiligen, und durch den deutschen König und Böhmenkönig Wenzel IV., den Sohn Kaiser Karls IV. (14./15. Jh.), bekannt. 2. Aus einer Erweiterung von ▶ Wenz (1.) mit *-l*-Suffix entstandene Familiennamen.

Wenzlaff: ▶ Wentzlaff.

Wenzler: patronymische Bildung auf *-er* zu ▶ Wenzel, Wenzl.

Werder: 1. Herkunftsname zu Ortsnamen wie Werd, Wert(h), Wört(h), Werda, Werder. Auch Zusammensetzungen wie Donauwörth (Bayern) kommen als Herkunftsorte infrage. 2. Wohnstättenname zu mhd. *werder* ›Insel‹, mnd. *werder* ›Werder, Insel, Halbinsel‹.

Werfel: durch Entrundung entstandene Form von ▶ Wörfel. ❖ Bekannter Namensträger: Franz Werfel, österreichischer Schriftsteller (19./20. Jh.).

Werk: Berufsübername für verschiedene Berufe zu mhd. *wërc, wërch*, mnd. *werk* ›Werk, Tat, Handlung, Geschäft, Arbeit; vollendete Hand- oder Kunstarbeit; Arbeitsmaterial, Maschine, bes. Belagerungs-, Wurfmaschine, grobes Geschütz‹.

Werkmeister: Berufs- oder Amtsname zu mhd. *wërcmeister* ›Schöpfer, Werkmeister, Baumeister, Maschinenmeister, Künstler, Handwerker; Vorsteher des Stadtrates‹, mnd. *werkmēster* ›Innungsvorsteher, Ältermann; Zeugmeister; Kirchenvorsteher‹. ❖

Engelmar werichmeister ist a. 1351 in Regensburg bezeugt.

Werle: 1. Aus einer mit dem Suffix -*le* gebildeten Koseform von ▶ Werner hervorgegangener Familienname. 2. Herkunftsname zu den Ortsnamen Werle (Mecklenburg-Vorpommern), Werlau (Rheinland-Pfalz).

Werling: aus Werlin, einer Koseform von ▶ Werner, hervorgegangener Familienname.

Wermer: auf die alten deutschen Rufnamen Warinmar *(warin/werin + mãri)* oder Wermar *(war + mãri)* zurückgehender Familienname.

Wermers: patronymische Bildung (starker Genitiv) zu ▶ Wermer.

Wermke: aus einer niederdeutschen, mit -*k*-Suffix gebildeten Koseform von ▶ Wermer hervorgegangener Familienname.

Wern: ▶ Werne (1.).

Wernard: ▶ Wernhard.

Werndl: aus einer bairisch-österreichischen, mit dem Gleitlaut -*d*- und -*l*-Suffix gebildeten Koseform von ▶ Werner hervorgegangener Familienname.

Werndt: 1. Auf eine durch Zusammenziehung entstandene Kurzform von ▶ Wernhard zurückgehender Familienname. 2. Aus dem alten Rufnamen Wernt, einer Nebenform von Wirnt (< ahd. *wisunt, wirunt* ›Wisent‹), hervorgegangener Familienname.

Werne: 1. Aus Werno, einer alten Koseform von ▶ Werner, entstandener Familienname. 2. Herkunftsname zu dem Ortsnamen Werne (Nordrhein-Westfalen).

Wernecke, Werneke: aus einer niederdeutschen, mit -*k*-Suffix gebildeten Koseform von ▶ Werner entstandene Familiennamen.

Werner: aus dem gleichlautenden Rufnamen, einer jüngeren Form des alten deutschen Rufnamens Warinheri/Werinher *(warin/werin + heri)*, hervorgegangener Familienname. Der Rufname Wern(h)er war im Mittelalter weit verbreitet. Die lokale Verehrung des heiligen Werner von Oberwesel (13. Jh., Wernerkapelle in Bacharach) hat daran nur wenig Anteil. ❖ Als Varianten von Werner begegnen uns u.a. die Familiennamen **Wernher, Warner, Wirner, Wirnhier, Wörner, Wörnhör** und die latinisierte Form **Wernerus**. ❖ Bei dem Familiennamen **Werners** handelt es sich um eine patronymische Bildung im Genitiv. ❖ Sehr zahlreich sind die aus Kurz- und Koseformen von Werner hervorgegangenen Familiennamen, sodass hier nur eine Auswahl aufgeführt werden kann: **Wern(e), Wörn(e); Werne(c)ke, Wernicke, Warn(c)ke, Warne(c)ke** mit den patronymischen Bildungen **Warnken, Werning, Warning; Werndl, Wörndl; Wehrl, We(h)rle, Wehrlein, Wehrlin, Wöhrl, Wö(h)rle, Wöhrlin; Werz, Wörz; We(t)zel, Wötzel; Wessel** mit den patronymischen Bildungen **Wessels, Wessling, Weßling;** z.T. auch **Wenz, Wenz(e)l** mit der patronymischen Ableitung **Wenzler**. ❖ Bekannter Namensträger: Friedrich Ludwig Zacharias Werner, deutscher Schriftsteller (18./19. Jh).

Werners: patronymische Bildung (starker Genitiv) zu ▶ Werner.

Wernert: aus einer jüngeren Form von ▶ Wernhard hervorgegangener Familienname.

Wernerus: aus einer latinisierten Form von ▶ Werner entstandener Familienname.

Wernet(h): vor allem in Baden und im Saarland vorkommende, auf eine durch Zusammenziehung entstandene Form von ▶ Wernert zurückgehender Familienname.

Wernhard, Wernhar(d)t: aus dem gleichlautenden Rufnamen *(warin/werin + harti)* entstandene Familiennamen. ❖ Hierzu gehören u.a. die Familiennamen **Wernard, Wernert, Wernet(h), Wehrend(t), Werndt, Werntgen.**

Wernher: ▶ Werner.

Wernicke: ▶ Werne(c)ke.

Werning: patronymische Bildung auf -*ing* zu ▶ Werner.

Werntgen: aus einer Erweiterung von ▶ Werndt mit dem Suffix -*gen* hervorgegangener Familienname.

Werny: 1. Aus einer alemannischen Koseform von ▶ Werner entstandener Familienname. 2. Auf eine verschliffene Form von ▶ Werning zurückgehender Familienname.

Werth: 1. Wohnstättenname zu mhd. *wert* ›Insel, Halbinsel, erhöhtes wasserfreies Land zwischen Sümpfen‹. 2. Herkunftsname zu Ortsnamen wie Werd, Wert(h), Wört(h), auch zu Zusammensetzungen wie Donauwörth (Bayern). 3. Niederdeutscher Berufsname zu mnd. *wert* ›Gastwirt‹. 4. Niederdeutscher Übername zu mnd. *wert* ›Ehemann, Hausherr‹.

Westfal

Wertheim(er): Herkunftsnamen zu dem Ortsnamen Wertheim (Baden-Württemberg, Niedersachsen, ehem. Westpreußen/jetzt Polen) bzw. zu gleichlautenden Wüstungen bei Gatersleben und Ermsleben (Sachsen-Anhalt).

Werther: Ableitung auf *-er* von ▶ Werth (1.) oder (2.). 2. Herkunftsname zu dem Ortsnamen Werther (Nordrhein-Westfalen, Thüringen) oder zu dem gleichlautenden Wüstungsnamen bei Parchau (Sachsen-Anhalt).

Werthmann: Ableitung auf *-mann* von ▶ Werth (1.) oder (2.).

Werz: aus einer mit *-z*-Suffix gebildeten Koseform von ▶ Werner hervorgegangener Familienname.

Wesch: vor allem im Bereich Mannheim-Heidelberg häufiger Berufsname zu mhd. *wesche* ›Tuchwalker‹ (vgl. ▶ Walker).

Wesche: 1. Vorwiegend niederdeutscher, aus Wesse(ke), einer Koseform von ▶ Wassmuth, hervorgegangener Familienname. ❖ Vgl. die Belege *Wesche Koler*, Bürger zu Ingeleben/Niedersachsen (a. 1480), *Jasper Wessche* (Magdeburg a. 1523). 2. Im mittel- und oberdeutschen Bereich ▶ Wesch.

Weseman: Wohnstättenname auf *-mann* zu mnd. *wese* ›Wiese‹: ›wohnhaft an, bei einer Wiese‹. ❖ *Curd Weseman* ist a. 1401 in Duderstadt (Niedersachsen) überliefert.

Wesendon(c)k: niederdeutsche Wohnstättennamen zu mnd. *wese* ›Wiese‹ und mnd. *dunk* ›Erhebung im Sumpf‹ für jemanden, der auf solch einer Erhebung in einer sumpfigen Wiese wohnte. ❖ Bekannte Namensträgerin: Mathilde Wesendonck, deutsche Schriftstellerin (19./20. Jh.), der Richard Wagner seine »Wesendoncklieder« widmete.

Weser: Herkunftsname oder Wohnstättenname zu dem gleichlautenden Flussnamen. ❖ *Ludeke van der Wesere* ist a. 1336 in Braunschweig bezeugt.

Wesner: 1. Herkunftsname zu den Ortsnamen Weesen (Niedersachsen), Wesen (Schweiz). 2. Wohnstättenname zu mnd. *wese* ›Wiese‹. ❖ Vgl. die Belege *Berchtold Wesner* (Rottweil a. 1441), *Olrick Wesner* (Hannover a. 1497).

Wessel: 1. Auf eine niederdeutsch-friesische Koseform von ▶ Werner zurückgehender Familienname. 2. Herkunftsname zu den Ortsnamen Wessel (Nordrhein-Westfalen, Sachsen), Wesseln (Schleswig-Holstein, Niedersachsen). 3. Berufsübername zu mnd. *wessele* ›Wechsel, Tausch, Handel‹ für einen Händler. ❖ *Hans Wessel* ist a. 1424 in Hildesheim bezeugt.

Wesseler: 1. Berufsname zu mnd. *wesselēre*, *weslēre* ›Geldwechsler, Münzer‹. 2. Ableitung auf *-er* von ▶ Wessel (2.). ❖ *Wernherus Weslere*, Bürger zu Lübeck, ist a. 1361 bezeugt.

Wesselmann: Ableitung auf *-mann* zu ▶ Wessel (1.) oder (2.).

Wessels: patronymische Bildung (starker Genitiv) zu ▶ Wessel (1.).

Wessely: Übername zu osorb. (älter) *wjesely*, tschech. *veselý* ›froh, lustig‹. ❖ Bekannte Namensträgerin: Paula Wessely, österreichische Schauspielerin (20./21. Jh.).

Wessendorf: Herkunftsname zu dem gleichlautenden Ortsnamen (Nordrhein-Westfalen).

Wessling, Weßling: 1. Patronymische Bildungen auf *-ing* zu ▶ Wessel (1.). 2. Herkunftsnamen zu den Ortsnamen Wesseling (Nordrhein-Westfalen), Weßling (Bayern). 3. Standesnamen zu mnd. *wesselink* ›Leibeigener, der gegen einen anderen ausgetauscht wird, diesen vertritt‹. ❖ *Henning Wesseling* ist a. 1590 in Hannover bezeugt.

West: Wohnstättenname für jemanden, der im Westen/im westlichen Teil des Ortes wohnte (zu mhd. *wēst*, mnd. *west* ›Westen‹).

Westenberger: Herkunftsname zu dem Ortsnamen Westenberg (Niedersachsen).

Westendorf: Herkunftsname zu dem gleichlautenden Ortsnamen (Niedersachsen, Nordrhein-Westfalen, Bayern, Tirol).

Wester: Wohnstättenname zu mhd. *wester* ›westlich‹: ›wohnhaft im Westen/im westlichen Teil des Ortes‹.

Westerhoff: 1. Auf einen gleichlautenden Hofnamen zurückgehender Familienname. 2. Herkunftsname zu Ortsnamen wie Westerhof, Westerhofen.

Westermaier, Westermayer: ▶ Westermeier, Westermeyer.

Westermann: Ableitung auf *-mann* von ▶ Wester.

Westermeier, Westermeyer: Standesnamen, nähere Kennzeichnung eines Meiers (▶ Meyer) durch die westliche Lage des Hofes (▶ Wester).

Westfahl, Westfal: ▶ Westphal.

Westhoff: 1. Auf einen gleichlautenden Hofnamen zurückgehender Familienname. 2. Herkunftsname zu Ortsnamen wie Westhof, Westhofen.

Westphal: 1. Herkunftsname für jemanden, der aus Westfalen stammte (zu mhd. *Westvāl[e]*, mnd. *Westvāl* ›Westfale‹). 2. Übername für jemanden, der Beziehungen (z. B. Handelsbeziehungen) zu Westfalen hatte. ❖ *Thidericus Westfal* ist a. 1308 in Hannover bezeugt. ❖ Bekannter Namensträger: Gert Westphal, deutscher Schauspieler und Regisseur (20./21. Jh.).

Westphalen: ▸ Westphal. ❖ Bekannter Namensträger: Joseph von Westphalen, deutscher Schriftsteller (20./21. Jh.).

Westphäling: patronymische Bildung auf *-ing* zu ▸ Westphal. ❖ *Johans Westveling* ist a. 1444 in Hildesheim bezeugt.

Westrich: 1. Vor allem im Raum Saarbrücken-Kaiserslautern häufiger vorkommender Wohnstättenname zu dem rheinfränkischen Flurnamen Westrich (< ahd. *westar* ›westlich‹ + ahd. *rīhhi* ›Reich; Gebietsteil, Landstrich, Landschaft‹: ›westlicher Landstrich‹). 2. Herkunftsname zu dem gleichlautenden Ortsnamen (Nordrhein-Westfalen).

Weth: dieser Familienname kommt häufiger im Raum Würzburg-Suhl, aber auch im Bereich Siegen vor: 1. Für den fränkisch-thüringischen Bereich könnte es sich um einen Übernamen zu mhd. *wette, wete, wet* ›Wette, Pfandvertrag, Geldbuße, Versäumnisstrafe‹ handeln. 2. Im Siegerland kommt ein Berufsübername für den Bauern oder Getreidehändler zu mnd. *wēte* ›Weizen‹ infrage. 3. Herkunftsname zu dem Ortsnamen Wethe (Niedersachsen). 4. Auf eine Kurzform zu einem Rufnamen, der das Namenwort *widu* enthält (vgl. ▸ Wedekind), zurückgehender Familienname.

Wetter: 1. Herkunftsname zu dem gleichlautenden Ortsnamen (Niedersachsen, Nordrhein-Westfalen, Hessen). 2. Übername zu mhd. *wët(t)er* ›Wetter, Gewitter, Ungewitter‹ für einen leicht aufbrausenden Menschen. 3. Übername zu mhd. *wetten* ›wetten‹ für jemanden, der gerne Wetten abschloss. ❖ *Cunradus cognomento* [mit dem Beinamen] *Wettere* ist a. 1244 in Basel bezeugt.

Wettig: auf eine verschliffene Form von Wetting, einer patronymischen Bildung auf *-ing* von Rufnamen, die das Namenwort *widu* enthalten (vgl. ▸ Wedekind), zurückgehender Familienname.

Wetzel: auf eine mit *-z-* und *-l-*Suffix gebildete Koseform von ▸ Werner zurückgehender Familienname.

Wetzig: aus der eindeutschenden Schreibung einer Ableitung des niedersorbischen Rufnamens Wěcsław, osorb. Wjecsław (▸ Wentzlaff) entstandener Familienname.

Wetzstein: 1. Berufsübername zu mhd. *wetz(e)stein* ›Wetz-, Schleifstein‹ für den Benutzer. 2. Vereinzelt Herkunftsname zu dem gleichlautenden Ortsnamen (Bayern). ❖ Ein früher Beleg stammt aus Köln: *Rabodo Wezestein* (ca. 1135–1180).

Wever, Wewer: 1. Berufsnamen zu mnd. *wever* ›Weber‹. 2. Herkunftsnamen zu dem Ortsnamen Wewer (Nordrhein-Westfalen), a. 1420 *Wever*. ❖ *Bernt Wever* ist a. 1532 in Coesfeld bezeugt.

Weyand: auf eine durch Zusammenziehung entstandene Form von ▸ Weigand(t) zurückgehender Familienname.

Weyer: ▸ Weiher.

Weyers: 1. Patronymische Bildung (starker Genitiv) zu Weyer (▸ Weiher). 2. Herkunftsname zu den Ortsnamen Weihers (Baden-Württemberg, Bayern), Weyhers (Hessen).

Weygand(t): ▸ Weigand(t).
Weygold(t): ▸ Weigold.

Weyh: Übername oder Berufsübername zu mhd. *wîe* ›Weihe (ein Greifvogel)‹ für einen Jäger bzw. für jemanden, der Weihen fing.

Weyhe: 1. Herkunftsname zu dem gleichlautenden Ortsnamen (Niedersachsen). 2. ▸ Weyh.

Weyland: ▸ Weiland(t).
Weymann: ▸ Weimann.
Weymar: ▸ Weimar.

Weyrauch: ▸ Weihrauch. ❖ Bekannter Namensträger: Wolfgang Weyrauch, deutscher Schriftsteller (20. Jh.).

Weyrich: ▸ Weirich.

Wezel: ▸ Wetzel. ❖ Bekannter Namensträger: Johann Carl Wezel, deutscher Schriftsteller (18./19. Jh.).

White: englischer Übername zu altengl. *hwīt* ›weiß‹ nach der Haar- oder Hautfarbe des ersten Namensträgers.

Wiarda: mit der friesischen Endung -a, die auf einen altfriesischen Genitiv Plural zurückgeht, gebildete patronymische Ableitung zu dem friesischen Rufnamen Wiard (< Wij[h]ard < Wighard, *wīg* + *hard*): ›einer der Wiards‹; vgl. ▸ Wieghardt.

Wibbelt: aus einer jüngeren Form von ▸ Wickbold(t) entstandener Familienname.

Wich: aus Wicho, einer Koseform von Rufnamen, die das Namenwort *wīg* enthalten (vgl. ▸ Wichard[t]), entstandener Familienname.

Wichard(t): auf eine Variante von ▸ Wieghardt zurückgehende Familiennamen.

Wichartz, Wicharz: patronymische Bildungen (starker Genitiv) zu ▸ Wichard(t). ❖ *Hinrick Wichardes* ist a. 1437 in Coesfeld bezeugt.

Wiche: ▸ Wich. ❖ *Georg Wiche* ist a. 1498 im sächsischen Vogtland überliefert.

Wicher: aus dem alten deutschen Rufnamen Wigher *(wīg + heri)* oder aus einer verschliffenen Form von ▸ Wichert hervorgegangener Familienname.

Wichers: patronymische Bildung (starker Genitiv) zu ▸ Wicher.

Wichert: aus einer jüngeren Form von ▸ Wichard(t) entstandener Familienname.

Wichmann: auf eine Variante von ▸ Wiegmann zurückgehender Familienname. ❖ *Johannes Wichmann* ist a. 1352 in Hannover bezeugt.

Wicht: 1. Übername zu mhd. *wiht* ›Geschöpf, Wicht, Kobold, Zwerg‹. 2. Herkunftsname zu dem Ortsnamen Wichte (Niedersachsen, Hessen).

Wick: 1. Aus einer Kurzform von Rufnamen, die das Namenwort *wīg* enthalten (vgl. ▸ Wickardt, ▸ Wickbold[t]), entstandener Familienname. 2. Herkunftsname zu Ortsnamen wie Wick (Westfalen), Wieck (Nordrhein-Westfalen, Mecklenburg-Vorpommern, ehem. Pommern/jetzt Polen, Ostpreußen), Wiek (Mecklenburg-Vorpommern).

Wickardt: auf eine Variante von ▸ Wieghardt zurückgehender Familienname.

Wickbold(t): aus dem alten deutschen Rufnamen Wigbold *(wīg + bald)* hervorgegangene Familiennamen.

Wicke: 1. Aus Wicko, einer Koseform von Rufnamen, die das Namenwort *wīg* enthalten (vgl. ▸ Wickardt, ▸ Wickbold[t]), hervorgegangener Familienname. 2. Wohnstättenname zu mhd., mnd. *wicke* ›Wicke‹ nach einem Merkmal der Siedlungsstelle.

Wickel: 1. Ableitung von ▸ Wick (1.) mit -*l*-Suffix. 2. Dieser Familienname kommt vor allem im Raum Siegen häufiger vor; er ist hier annähernd ebenso zahlreich vertreten wie der Familienname ▸ Wicker, sodass es sich hier um eine durch ungenaues Hören entstandene Variante zu diesem Namen handeln kann.

Wicker: vor allem im Bereich Siegen und um Friedrichshafen häufiger Familienname: 1. Aus den alten deutschen Rufnamen Wigher *(wīg + heri)* oder ▸ Wigger hervorgegangener Familienname. 2. Übername oder Berufsname zu mhd., mnd. *wicker* ›Wahrsager, Beschwörer, Gaukler‹. 3. Herkunftsname zu dem gleichlautenden Ortsnamen (Hessen).

Wickers: patronymische Bildung (starker Genitiv) zu ▸ Wicker (1.).

Wickert: aus einer jüngeren Form von ▸ Wickardt entstandener Familienname. ❖ Bekannter Namensträger: Ulrich Wickert, deutscher Fernsehmoderator und Journalist (20./21. Jh.).

Wicki: aus einer alemannischen Koseform von ▸ Wick (1.) entstandener Familienname. ❖ Bekannter Namensträger: Bernhard Wicki, schweizerischer Schauspieler und Regisseur (20./21. Jh.).

Wicklein: Ableitung von ▸ Wick (1.) mit dem Suffix -*lein*.

Wickmann: 1. Auf eine Variante von ▸ Wiegmann zurückgehender Familienname. 2. Herkunftsname auf -*mann* zu ▸ Wick (2.).

Widder: auf den häufigen Hausnamen »Zum Widder« (zu mhd. *wider* ›Widder, Schafbock‹) zurückgehender Familienname. ❖ Ein Mainzer Bürger *Cunzo dictus* [genannt] *zum Wider* ist a. 1348 bezeugt.

Widera: 1. Aus einer polnischen Ableitung zu urslaw. **vyderti*, poln. *wydrzeć* ›ausreißen‹ entstandener Familienname. 2. Übername zu urslaw. **vydra* ›Fischotter‹.

Widerspan: ▸ Wiederspahn.

Widmaier: oberdeutscher, vor allem in Schwaben verbreiteter Standesname für einen Meier (▶ Meyer), der auf einem *widem* (▶ Wimmer [1.]) sitzt.

Widmann: oberdeutscher Standesname; Bildung auf *-mann* zu mhd. *wideme* (▶ Wimmer [1.]). ❖ Bereits um einen festen Familiennamen handelt es sich bei *Hainrich Witmann smit*, München a. 1400.

Widmer: oberdeutscher, vor allem in Stuttgart und im Raum Friedrichshafen auftretender Standesname zu mhd. *widemer*, ▶ Wimmer (1.). ❖ Bekannter Namensträger: Urs Widmer, schweizerischer Schriftsteller (20./21. Jh.).

Wiebe: auf eine Kurzform von ▶ Wieber (1.) oder ▶ Wiebold zurückgehender Familienname.

Wiebelt: aus einer jüngeren Form von ▶ Wiebold entstandener Familienname.

Wieber: 1. Aus einer verschliffenen Form von Wiegbert (▶ Weibert) entstandener Familienname. 2. Auf eine südwestdeutsche Nebenform von ▶ Weber zurückgehender Familienname.

Wiebers: patronymische Bildung (starker Genitiv) zu ▶ Wieber (1.).

Wiebke: aus einer Erweiterung von ▶ Wiebe mit *-k-*Suffix hervorgegangener Familienname.

Wiebold: durch Zusammenziehung aus dem alten deutschen Rufnamen Wiegbald *(wīg + bald)* entstandener Familienname.

Wiebusch: 1. Durch Zusammenziehung entstandener Wohnstättenname zu mnd. *wide* ›Weide‹ und mnd. *busch* ›Busch, Gebüsch‹: ›wohnhaft am Weidengebüsch‹. 2. Herkunftsname zu dem gleichlautenden Ortsnamen (Niedersachsen, Nordrhein-Westfalen).

Wiechard(t): ▶ Wichard(t).

Wiecher: ▶ Wicher.

Wiechers: ▶ Wichers.

Wiechert: ▶ Wichert. ❖ Bekannter Namensträger: Ernst Wiechert, deutscher Schriftsteller (19./20. Jh.).

Wiechmann: ▶ Wichmann.

Wieck: 1. Herkunftsname zu den Ortsnamen Wieck (Nordrhein-Westfalen, Mecklenburg-Vorpommern, ehem. Pommern/jetzt Polen, Ostpreußen), Wiek (Mecklenburg-Vorpommern), Wick (Westfalen). 2. Gelegentlich Variante von ▶ Wick (1.). ❖ Bekannte Namensträgerin: Clara Wieck war der Geburtsname der Pianistin und Komponistin Clara Schumann (19. Jh.).

Wieczor(r)ek: Übernamen zu poln. *wieczór* ›Abend‹ + *-ek*-Suffix oder zu poln. (mda.) *wieczorek* ›Fledermaus‹.

Wied: dieser Familienname tritt einerseits im Bereich Siegen, andererseits im Raum Stuttgart häufiger auf: 1. Von Wido, einer alten Koseform von einem mit dem Namenwort *widu* gebildeten Rufnamen (vgl. ▶ Wedekind), abgeleiteter Familienname. 2. Im Bereich Siegen zum Teil Herkunftsname zu der ehemaligen Grafschaft Wied (Rheinland-Pfalz).

Wiedekind: ▶ Wedekind.

Wiedemann, Wiedenmann: 1. ▶ Widmann. ❖ Bereits um einen festen Familiennamen handelt es sich bei *Hainrich wydenmann wagner* (München a. 1382). 2. Niederdeutsche Wohnstättennamen zu mnd. *wide* ›Weide‹: ›wohnhaft am Weidengebüsch‹. 3. Herkunftsnamen auf *-mann* zu Ortsnamen wie Wiede (Schleswig-Holstein), Wieda (Niedersachsen). ❖ *Heneke Wydeman* ist a. 1404 in Hildesheim bezeugt.

Wieder: Herkunftsnamen auf *-er* zu der ehemaligen Grafschaft Wied (Rheinland-Pfalz) oder zu den Ortsnamen Wieda (Niedersachsen), Wiede (Schleswig-Holstein). ❖ Bekannte Namensträgerin: Hanne Wieder, deutsche Schauspielerin, Kabarettistin und Chansonsängerin (20. Jh.).

Wiederanders, Wiederänders: Übernamen zu mhd. *wider* ›wieder‹ und mhd. *anders* ›anders‹ für einen unbeständigen Menschen.

Wiederhold, Wiederholt, Wiederholz: aus Umdeutungen des alten deutschen Rufnamens Widerolt *(widar + walt)* in Anlehnung an die Wörter »wieder« und »hold« bzw. »Holz« (mhd. *holt*) hervorgegangene Familiennamen. ❖ Vgl. die Belege *Bertolt Wederolt* (Goslar a. 1362), *Heiso Wederholdt* (Duderstadt/Niedersachsen a. 1369), *Maria Liesebeth Wiederholtz* (Hannover a. 1689).

Wiederkehr: Übername zu mhd. *widerkēr* ›Rückkehr, Heimkehr; Umkehr, Sinnesänderung; Rückerstattung, Ersatz, Entschädigung‹.

Wiedermann: Übername zu mnd. *wedderman* ›Gegner‹.

Wiedersatz: Übername zu mhd. *widersaz* ›Widerstand, Widerstreben, Hindernis, Widersetzlichkeit, Feindseligkeit, Falschheit‹, auch ›Gegner, Feind‹.

Wiederspahn, Wiederspan, Wiederspohn: Übernamen zu mhd. *widerspān* ›Streit, Streitigkeit, Zank‹ für einen streitsüchtigen Menschen.

Wiedmann: ▶ Wiedemann.

Wiedner: 1. Herkunftsname zu dem Ortsnamen Wieden (Baden-Württemberg, Bayern, Österreich, Schweiz). 2. Wohnstättenname zu mnd. *wide* ›Weide, Weidenbaum‹ für jemanden, der bei einem Weidengebüsch/bei den Weidenbäumen siedelte.

Wieduwilt: Übername in Satzform (»wie du willst«), der am ehesten auf eine Redensart des ersten Namensträgers anspielt.

Wiegand(t): aus dem gleichlautenden deutschen Rufnamen (zu ahd. *wīgant*, 1. Mittelwort zu *wīgan* ›kämpfen‹, also ›der Kämpfende‹) hervorgegangene Familiennamen. ❖ Als Varianten von Wiegand(t) begegnen uns die Familiennamen **Weigand(t), Weygand(t), Weigend, Weyand, Wigand**. ❖ Der Familienname **Weigang** ist durch Gutturalisierung des Auslauts aus Weigand(t) entstanden.

Wiegard: ▶ Wieghardt.

Wiegel: 1. Aus einer mit *-l*-Suffix gebildeten Koseform von Rufnamen, die das Namenwort *wīg* enthalten (z. B. ▶ Wieghardt), entstandener Familienname. 2. Aus einer verschliffenen Form von Wiegelt, einer jüngeren Form von ▶ Wiegold, hervorgegangener Familienname. ❖ Vgl. die patronymische Bildung Henneke *Wigeldes*, Bürger zu Rönne/Niedersachsen (a. 1450/51) sowie die Belege *Hans Wighel* (a. 1473) = *Hans Wigel* (a. 1483), Bürger zu Neuhaldensleben (heute Haldensleben/Sachsen-Anhalt).

Wiegelmann: aus einer Erweiterung von ▶ Wiegel (1.) mit dem Suffix *-mann* hervorgegangener Familienname.

Wiegels: patronymische Bildung (starker Genitiv) zu ▶ Wiegel.

Wieger: 1. ▶ Wigger. 2. Amtsname zu mhd. *wiger* ›Wäger‹.

Wiegers: patronymische Bildung (starker Genitiv) zu ▶ Wieger.

Wiegert: aus einer jüngeren Form von ▶ Wieghardt entstandener Familienname.

Wieghardt: aus dem gleichlautenden deutschen Rufnamen (*wīg + harti*) hervorgegangener Familienname. ❖ Als Varianten von Wieghardt begegnen uns u. a. die Familiennamen **Weichhar(d)t, Weichard, Weichar(d)t, Weichert, Weickhardt, Weickar(d)t, Wei(c)kert, Weighardt, Weigert, Wichard(t), Wichert, Wickardt, Wickert, Wiechard(t), Wiechert, Wiegard, Wiegert**. ❖ Patronymische Bildungen hierzu sind z. B. die Familiennamen **Wichartz, Wicharz**, z. T. auch **Wichers, Wiechers**. ❖ Aus Kurz- und Koseformen entstandene Familiennamen wie **Weich, Wei(c)k, Weickel, Weig(e)l, Weikl, Wich(e), Wick(e), Wickel, Wicki, Wiegel** können zu Wieghardt oder zu einem anderen mit dem Namenwort *wīg* gebildeten Rufnamen gehören. ❖ Friesischer Herkunft sind die patronymischen Bildungen **Weers** und **Wiarda**.

Wiegleb: Herkunftsname zu dem Ortsnamen Wiegleben (Thüringen).

Wiegmann: aus dem gleichlautenden deutschen Rufnamen (*wīg + man*) entstandener Familienname. ❖ Als Varianten von Wiegmann begegnen uns u. a. die Familiennamen **Weichmann, Weickmann, Weigmann, Wichmann, Wiechmann, Wickmann, Wigmann**.

Wiegner: 1. ▶ Wieger. 2. Übername zu mnd. *wigen* ›streiten, kämpfen‹ für einen streitsüchtigen Menschen. 3. Berufsname auf *-ner* zu mhd. *wige, wiege* ›Wiege‹ für den Hersteller. 4. Herkunftsname auf *-er* zu dem Ortsnamen Wiegen (Nordrhein-Westfalen). ❖ *Symon Wigener* ist a. 1456 in Altenburg (Thüringen) bezeugt.

Wiegold: aus dem gleichlautenden deutschen Rufnamen (*wīg + walt*) entstandener Familienname. ❖ Hierzu gehören u. a. die Familiennamen **Weichold, Weichelt, Weigold, Weigold(t), Weigelt**.

Wiehe: 1. Herkunftsname zu dem gleichlautenden Ortsnamen (Niedersachsen, Nordrhein-Westfalen, Thüringen). 2. Übername oder Berufsübername zu mnd. *wīe* ›Weihe (ein Greifvogel)‹ für einen Jäger bzw. für jemanden, der Weihen fing.

Wiehl: dieser Familienname ist am häufigsten im Bereich Konstanz, außerdem kommt er im Würzburger Raum häufiger vor: 1. Im Südwesten Wohnstättennamen zu einer entrundeten Form von ▶ Wühle. 2. Im Raum Konstanz und in der Schweiz auch Herkunftsname zu den Ortsnamen Wiehl, Wihl (Schweiz, Baden), Wil (Schweiz). 3. In Franken aus einer gedehnten Form von ▸ Will entstandener Familienname. 4. Sonst auch Herkunftsname zu dem Ortsnamen Wiehl (Nordrhein-Westfalen).

Wieland: aus dem gleichlautenden deutschen Rufnamen *(wēla + nand)* entstandener Familienname. Unter dem Einfluss der alten Sage von Wieland dem Schmied fand der Name Eingang in die mittelalterliche Rufnamengebung. ❖ Als Varianten von Wieland begegnen uns z. B. die Familiennamen **Weiland(t)**, **Weyland.** ❖ *Ber(tolt) Wilant* ist a. 1370 in Nürnberg bezeugt. ❖ Bekannter Namensträger: Christoph Martin Wieland, deutscher Schriftsteller (18./19. Jh.).

Wiele: vor allem im Raum Herford/Westfalen häufiger vorkommender Familienname: 1. Herkunftsname zu dem Ortsnamen Wiehl (Nordrhein-Westfalen). 2. Aus einer gedehnten Form von ▸ Will entstandener Familienname. 3. In Südwestdeutschland durch Entrundung aus ▸ Wühle entstandener Familienname.

Wiemann: 1. Durch Zusammenziehung entstandene Form von ▸ Wiedemann (2.) oder (3.). 2. Durch Zusammenziehung entstandener niederdeutscher Berufs- oder Amtsname zu mnd. *wīnman* ›Winzer, Weinhändler, Weinschenk; Verwalter des städtischen Weinberges‹. ❖ *Wernerus Wiman* ist a. 1269 in Goslar bezeugt.

Wiemar, Wiemer: durch Zusammenziehung aus den alten deutschen Rufnamen Winmar *(wini + māri)* oder Wigmar *(wīg + māri)* hervorgegangene Familiennamen.

Wiemers: patronymische Bildung (starker Genitiv) zu Wiemer (▸ Wiemar).

Wiemken: aus einer mit dem Suffix *-ken* gebildeten Koseform von ▸ Wiemar hervorgegangener Familienname.

Wien: 1. Herkunftsname nach der österreichischen Hauptstadt. 2. Aus einer Kurzform von ▸ Wienand oder von Rufnamen, die das Namenwort *wini* enthalten (z. B. ▸ Wienert), hervorgegangener Familienname.

Wienand: aus dem alten deutschen Rufnamen Wignand *(wīg + nand)* entstandener Familienname. ❖ Als Ableitungen von Wignand begegnen uns z. B. die Familiennamen **Weickgenannt, Weinand(t).** ❖ Der Familienname **Weinhold** geht z. T. auf eine durch Dissimilation und Umdeutung entstandene Form von Wignand (> Weinand > Weinald > Weinold > Weinhold) zurück.

Wienands: patronymische Bildung (starker Genitiv) zu ▸ Wienand.

Wiencke, Wienecke, Wieneke: 1. Aus einer mit -*k*-Suffix gebildeten Koseform von Rufnamen, die das Namenwort *wini* enthalten (vgl. ▸ Wienert), entstandene Familiennamen. 2. Auf eine mit -*k*-Suffix gebildete Koseform von ▸ Wienand zurückgehende Familiennamen.

Wienen: patronymische Bildung (schwacher Genitiv) zu ▸ Wien (2.).

Wiener: 1. Herkunftsname auf *-er* nach der österreichischen Hauptstadt. 2. Aus dem alten deutschen Rufnamen Winiher *(wini + heri)* entstandener Familienname. ❖ Bekannter Namensträger: Oswald Wiener, österreichischer Schriftsteller (20./21. Jh.).

Wieners: patronymische Bildung (starker Genitiv) zu ▸ Wiener (2.) oder ▸ Wienert.

Wienert: aus einer jüngeren Form des alten deutschen Rufnamens Wienhard *(wini + harti)* entstandener Familienname.

Wienhold: aus einer Umdeutung von ▸ Wienold in Anlehnung an das Adjektiv »hold« hervorgegangener Familienname.

Wienholt: aus einer Umdeutung von ▸ Wienold in Anlehnung an mnd. *holt* ›Holz‹ entstandener Familienname. ❖ *Tileke Winholt de* [von] *Stendale* ist a. 1334 in Braunschweig bezeugt.

Wienke: ▸ Wiencke.

Wienko(o)p: Berufsübernamen zu mnd. *wīnkōp* ›Weinkauf‹, d. i. der Trunk, mit dem ein Vertrag oder Geschäft bekräftigt wurde, später die Provision für einen Kaufmann. ❖ *Hinrik Winkop* ist a. 1404 in Hildesheim bezeugt.

Wienold: aus dem alten deutschen Rufnamen Winold *(wini + walt)* entstandener Familienname. ❖ *Fritz Wynold* ist a. 1391 in Göttingen bezeugt.

Wienrich: auf den gleichlautenden deutschen Rufnamen *(wini + rīhhi)* zurückgehender Familienname. ❖ Varianten von Wienrich sind die Familiennamen **Weinreich, Weinrich, Winrich.**

Wilden

Wiens: patronymische Bildung (starker Genitiv) zu ▶ Wien (2.).

Wientapper: niederdeutscher Berufsname zu mnd. *wīntappere* ›Weinzapfer, Weinschenk‹.

Wiepcke: ▶ Wiebke.

Wiepert, Wieprecht: ▶ Weibert, Weibrecht.

Wies(e): 1. Wohnstättennamen zu mhd. *wise* ›Wiese‹: ›wohnhaft an einer Wiese‹. 2. Herkunftsnamen zu mehrfach vorkommenden Ortsnamen wie Wies, Wiesa, Wiese.

Wiesel: Übername zu mhd. *wisel(e)* ›Wiesel‹ für einen flinken, behänden Menschen.

Wiesemann: Ableitung von ▶ Wies(e) mit dem Suffix *-mann*.

Wiesen: 1. Wohnstättenname im Dativ, verkürzt aus ›an der Wiesen‹ (▶ Wies[e] [1.]). 2. Herkunftsname zu dem häufigen Ortsnamen Wiesen.

Wiesener: Ableitung auf *-er* von ▶ Wiesen.

Wiesent: 1. Übername zu mhd. *wisent* ›Wisent, Bison‹. 2. Herkunftsname zu dem gleichlautenden Ortsnamen (Bayern).

Wieser: Ableitung auf *-er* von ▶ Wies(e).

Wiesinger: Herkunftsname zu dem häufigen oberdeutschen und österreichischen Ortsnamen Wiesing.

Wiesler: vor allem im Raum Freiburg häufiger Familienname, Ableitung auf *-ler* von ▶ Wies(e) (1.).

Wiesmann: ▶ Wiesemann.

Wiesner, Wießner: ▶ Wiesener.

Wiest: im alemannischen Bereich, vor allem im Raum Friedrichshafen, häufige, durch Entrundung entstandene Form von Wüst (▶ Wust).

Wiethoff: westfälischer, vor allem im Bereich Bielefeld häufiger Wohnstättenname zu einem gleichlautenden Hofnamen (wohl zu mnd. *wīt* ›weit, geräumig, von großer Ausdehnung‹ und mnd. *hof* ›Bauernhof‹ als Bezeichnung für einen weiten, geräumigen Hof).

Wieting: vor allem im Raum Oldenburg–Bremerhaven–Bremen häufig vorkommende patronymische Bildung auf *-ing* zu einem mit dem Namenwort *widu* gebildeten Rufnamen (vgl. ▶ Wedekind).

Wiezor(r)ek: ▶ Wieczor(r)ek.

Wigand: ▶ Wiegand(t).

Wigger: aus dem gleichlautenden deutschen Rufnamen (*wīg* + *gēr*) entstandener Familienname.

Wiggers: patronymische Bildung (starker Genitiv) zu ▶ Wigger.

Wigmann: ▶ Wiegmann. ❖ Bekannte Namensträgerin: Mary Wigmann, deutsche Tänzerin und Choreographin (19./20. Jh.).

Wilberding: patronymische Bildung auf *-ing* zu ▶ Wilbert.

Wilbers: ▶ Wilberts.

Wilbert: auf den gleichlautenden deutschen Rufnamen *(willio + beraht)* zurückgehender Familienname. ❖ Als Varianten von Wilbert begegnen uns z. B. die Familiennamen **Wilbrecht** und **Wilpert**. ❖ Patronymische Bildungen hierzu sind die Familiennamen **Wilberding, Wilber(t)s** und **Wilbertz**. ❖ Bei dem Familiennamen **Wildbrett** handelt es sich z. T. um eine Umdeutung von Wilbert in Anlehnung an das Wort »Wildbret«.

Wilberts, Wilbertz: patronymische Bildungen (starker Genitiv) zu ▶ Wilbert.

Wilbrecht: ▶ Wilbert.

Wilcke: ▶ Wilke.

Wilczek: Übername zu poln. *wilczek* ›Wolfsjunges, junger Wolf‹.

Wild: 1. Übername zu mhd. *wilde, wilt* ›ungezähmt, wild, untreu, sittenlos, fremd, ungewohnt, fremdartig, seltsam, unheimlich‹, mhd. *wilde* ›Wildheit, Heftigkeit, wildes Wesen‹ nach dem Aussehen oder dem Verhalten des ersten Namensträgers. 2. Vereinzelt Wohnstättenname zu mhd. *wilde* ›Wildnis‹, mhd. *wilde, wilt* ›wild, unbewohnt, wüst‹: ›wohnhaft in einer wilden, einsamen Gegend‹. ❖ *Jeorg Wilde* ist a. 1312 in Regensburg bezeugt.

Wildbrett: 1. Berufsübername zu mhd. *wiltbrāt, wiltbræte* ›zum Braten bestimmtes oder gebratenes Wild, Wildbret‹ für den Wildbrethändler. 2. Aus einer Umdeutung von ▶ Wilbert in Anlehnung an das Wort »Wildbret« hervorgegangener Familienname.

Wilde: ▶ Wild.

Wildemann: 1. Ableitung von Wilde (▶ Wild) mit dem Suffix *-mann*. 2. Herkunftsname zu dem gleichlautenden Ortsnamen (Niedersachsen).

Wilden: 1. Patronymische Bildung (schwacher Genitiv) zu ▶ Wild (1.). 2. Herkunftsname zu dem gleichlautenden Ortsnamen (Nordrhein-Westfalen).

Wilder: 1. Stark flektierte Form oder patronymische Bildung auf *-er* zu ▶ Wild (1.). 2. Ableitung auf *-er* von ▶ Wild (2.).

Wildermuth: Übername zu mhd. *wilde, wilt* ›ungezähmt, wild‹ und mhd. *muot* ›Gemüt, Mut‹ für einen ungestümen Menschen. ❖ Bekannte Namensträgerin: Ottilie Wildermuth, deutsche Schriftstellerin (19. Jh.).

Wildgans: Berufsübername nach der Vogelbezeichnung für einen Jäger.

Wildner: 1. Berufsname zu mhd. *wildenære* ›Jäger, Wildbrethändler‹. 2. Herkunftsname zu den Ortsnamen Wilden (Nordrhein-Westfalen), Wildenau (Brandenburg, Sachsen, Bayern, Ostpreußen, Österreich).

Wildschütz: 1. Amtsname zu mhd. *wiltschütze*, mnd. *wiltschütte* ›Jäger, Förster‹. Die Bedeutung ›Wilddieb‹ begegnet erst seit dem 17. Jh., sodass sie keinen Einfluss auf die Familiennamenbildung gehabt hat. 2. Herkunftsname zu dem gleichlautenden Ortsnamen (Sachsen-Anhalt).

Wildt: ▶ Wild.

Wilfert: 1. Durch Entrundung entstandene Form von Wülfert (▶ Wulfert). 2. Durch *-r*-Umsprung aus dem Rufnamen Wilfried *(willio + fridu)* entstandener Familienname.

Wilhelm: aus dem gleichlautenden deutschen Rufnamen *(willio + helm)* entstandener Familienname. Der Name Wilhelm war im Mittelalter, beinflusst durch die Gestalt des Sagenhelden Wilhelm von Orange, in ganz Europa beliebt. Dieser Held, der nach der Sage zur Zeit Kaiser Ludwigs des Frommen (9. Jh.) gegen die Sarazenen kämpfte, trägt viele Wesenszüge des heiligen Wilhelm von Aquitanien (8./9. Jh.), eines Heerführers unter Karl dem Großen, der als Benediktinermönch starb. ❖ Patronymische Formen zu Wilhelm sind die Familiennamen **Wilhelms, Wilhelmsen, Wilhelmi, Wilhelmy**. ❖ Auf zusammengezogene Formen von Wilhelm gehen Familiennamen wie **Willem, Willm, Wilm, Wellem, Wellm** zurück. ❖ Patronymische Bildungen hierzu sind u. a. die Familiennamen **Willems, Willemsen, Wellems, Willmes, Willmes, Wilmes, Wilms, Wilmsen**. ❖ Aus Kurz- und Koseformen entstandene Familiennamen wie **Will(e), Wil(c)ke, Wilken, Wille(c)ke** können zu Wilhelm oder zu einem anderen mit dem Namenwort *willio* gebildeten Rufnamen gehören. ❖ Hiervon leiten sich u. a. patronymische Bildungen wie **Wilkes, Wilkens, Willing, Wilkening** ab. ❖ Bei Familiennamen wie **Helm, Helme(c)ke, Helmke** und den patronymischen Formen **Helmes, Helms** kann es sich um Ableitungen von Wilhelm oder einem anderen mit dem Namenwort *helm* gebildeten Rufnamen handeln. ❖ Französischer Herkunft ist der Familienname **Guillaume**. ❖ Der Familienname **Williams** stammt aus dem Englischen.

Wilhelmi: patronymische Bildung im Genitiv zu der latinisierten Form Wilhelmus (▶ Wilhelm).

Wilhelms: patronymische Bildung (starker Genitiv) zu ▶ Wilhelm.

Wilhelmsen: patronymische Bildung auf *-sen* zu ▶ Wilhelm.

Wilhelmy: ▶ Wilhelmi.

Wilk: 1. ▶ Wilke. 2. Übername zu nsorb., osorb. *wjelk*, nsorb. (älter) und poln. *wilk* ›Wolf‹.

Wilke: aus einer mit *-k-*Suffix gebildeten Koseform von Rufnamen, die das Namenwort *willio* enthalten (i. A. ▶ Wilhelm), entstandener Familienname.

Wilken: auf eine mit dem Suffix *-ken* gebildete Koseform von Rufnamen, die das Namenwort *willio* enthalten (i. A. ▶ Wilhelm), zurückgehender Familienname.

Wilkening: patronymische Bildung auf *-ing* zu ▶ Wilke.

Wilkens: patronymische Bildung (starker Genitiv) zu ▶ Wilken.

Wilkes: patronymische Bildung (starker Genitiv) zu ▶ Wilke.

Will: aus einer Kurzform von Rufnamen, die mit dem Namenwort *willio* gebildet sind (i. A. ▶ Wilhelm), entstandener Familienname.

Willard(t): ▶ Willhardt.

Willbold: ▶ Willibald.

Willbrand(t): auf den gleichlautenden deutschen Rufnamen *(willio + brant)* zurückgehende Familiennamen.

Wille: ▶ Will.

Willecke, Willeke: ▶ Wilke.

Willeitner: Herkunftsname auf *-er* zu dem Ortsnamen Willeithen (Bayern).

Willem: auf eine zusammengezogene Form von ▶ Wilhelm zurückgehender Familienname.

Wimmer

Willems: patronymische Bildung (starker Genitiv) zu ▶ Willem.

Willemsen: patronymische Bildung auf *-sen* zu ▶ Willem.

Willer: 1. Aus dem alten deutschen Rufnamen Willher *(willi + heri)* entstandener Familienname. 2. Patronymische Bildung auf *-er* zu ▶ Will.

Willerding: patronymische Bildung auf *-ing* zu ▶ Willert.

Willers: patronymische Bildung (starker Genitiv) zu ▶ Willer (1.) oder zu ▶ Willert. ❖ Grete *Willers* ist a. 1450 in Coesfeld bezeugt.

Willershausen: Herkunftsname zu den gleichlautenden Ortsnamen (Hessen, Niedersachsen).

Willert: aus einer jüngeren Form von ▶ Willhardt hervorgegangener Familienname.

Willhardt: aus dem gleichlautenden deutschen Rufnamen *(willio + harti)* entstandener Familienname. ❖ Von Willhardt leiten sich z. B. die Familiennamen **Willard(t), Willert** sowie die patronymischen Bildungen **Willerding, Wilts** und z. T. auch **Willers** ab.

Willi: 1. Auf eine alemannische Koseform von ▶ Will zurückgehender Familienname. 2. Aus einer verschliffenen Form von ▶ Willing (1.) hervorgegangener Familienname.

Williams: englischer Familienname, patronymische Bildung im Genitiv zu William, der englischen Form von ▶ Wilhelm.

Willibald: aus dem gleichlautenden deutschen Rufnamen *(willio + bald)* entstandener Familienname. An der Verbreitung des Namens im Mittelalter hat die Verehrung des heiligen Willibald (8. Jh.) Anteil. Der heilige Willibald war ein angelsächsischer Missionar, der im Auftrag des heiligen Bonifatius in Bayern predigte und Bischof von Eichstätt wurde. ❖ Als Variante von Willibald begegnet uns z. B. der Familienname **Willbold**.

Willich: 1. Herkunftsname zu dem gleichlautenden Ortsnamen (Nordrhein-Westfalen). 2. ▶ Willig.

Willig: 1. Aus einer verschliffenen Form von ▶ Willing (1.) hervorgegangener Familienname. 2. Übername zu mhd. *willec, willic,* mnd. *willich* ›bereitwillig, willig, freundlich, geneigt‹.

Willing: 1. Patronymische Bildung auf *-ing* zu ▶ Will. 2. Herkunftsname zu den Ortsnamen Willing (Bayern), Willingen (Niedersachsen, Hessen, Rheinland-Pfalz, Lothringen).

Willkomm: Übername zu mhd. *willekome* ›nach Willen, nach Wunsch gekommen, willkommen‹ für einen willkommenen, gern gesehenen Menschen.

Willmann: aus dem gleichlautenden deutschen Rufnamen *(willio + man)* entstandener Familienname.

Willm: ▶ Wilm.

Willmer: aus dem alten deutschen Rufnamen Willmar *(willio + māri)* entstandener Familienname.

Willmes, Willms: ▶ Wilmes, Wilms.

Willner: durch Assimilation entstandene Form von ▶ Wildner.

Willrich: aus dem gleichlautenden deutschen Rufnamen *(willio + rīhhi)* hervorgegangener Familienname.

Wilm: auf eine durch Zusammenziehung entstandene Form von ▶ Wilhelm zurückgehender Familienname.

Wilmes, Wilms: patronymische Bildungen (starker Genitiv) zu ▶ Wilm.

Wilmsen: patronymische Bildung auf *-sen* zu ▶ Wilm.

Wilpert: ▶ Wilbert.

Wilson: 1. Patronymische Bildung auf *-son* zu einer Kurzform von ▶ Wilhelm. 2. Englischer Familienname, patronymische Bildung auf *-son* zu einer Kurzform von William (▶ Williams).

Wilts: vor allem in Ostfriesland verbreitete patronymische Bildung (starker Genitiv) zu Wilt, einer durch Zusammenziehung entstandenen Form von ▶ Willhardt.

Wimbauer: bairisch-österreichischer Standesname zu mhd. *wideme, widem* ›Brautgabe, Wittum‹, dann vor allem ›das der Kirche gestiftete Land‹ (vgl. ▶ Wimmer [1.]) für einen Bauern, der auf einem der Kirche gehörigen Hof wirtschaftete.

Wimmer: 1. Vorwiegend bairisch-österreichischer Standesname zu mhd. *wideme, widem* ›Brautgabe, Wittum‹, dann vor allem ›das der Kirche gestiftete Land, die zu einer Pfarrkirche gestifteten nutzbaren Gründe‹. Der *widemer* ist somit der Bauer, der den zur Kirche gehörigen Hof als Pächter oder unter ähnlichen Lehnsbedingungen innehatte. 2. In Weinbaugebieten Berufsname

661

zu mhd. *windemer, wimmer* ›Weinleser‹. 3. Übername zu mhd. *wimmer* ›knorriger Auswuchs an einem Baumstamm; Warze‹, fnhd. *wimmer* ›Astknorren, Knäuel, Flegel‹, übertragen für einen groben Menschen. 4. Herkunftsname zu den Ortsnamen Wimmer (Niedersachsen), Wimmern (Bayern). 5. Aus dem alten deutschen Rufnamen Winimar *(wini + māri)* hervorgegangener Familienname.

Wimmers: patronymische Bildung (starker Genitiv) zu ▸ Wimmer (5.).

Wimschneider: aus mhd. *widemer* (▸ Wimmer [1.]) und ▸ Schneider zusammengewachsener Familienname. ❖ Die Entstehung des Familiennamens zeigt der Beleg aus München a. 1387 *Hanns wimer sneider*. ❖ Bekannte Namensträgerin: Anna Wimschneider, bayerische Schriftstellerin (20. Jh.).

Winckelmann: ▸ Winkelmann. ❖ Bekannter Namensträger: Johann Joachim Winckelmann, deutscher Archäologe und Kunstgelehrter (18. Jh.).

Winckler: ▸ Winkler.

Wind: 1. Herkunftsname (Stammesname) zu mhd. *Wint, Winde* ›Wende, Slawe‹. 2. Übername für jemanden, der Beziehungen zu slawischen Gebieten hatte. 3. Wohnstättenname zu mhd., mnd. *wint* ›Wind‹: ›wohnhaft an einer dem Wind besonders ausgesetzten Stelle‹. 4. Übername zu mhd., mnd. *wint* ›Wind; etwas Nichtiges, das ohne Wirkung bleibt; Windhund‹, übertragen für einen unbedeutenden oder leichtsinnigen Menschen. 5. Herkunftsname zu dem gleichlautenden Ortsnamen (Bayern). ❖ *Heinrich Wind* ist a. 1400 in Nürnberg bezeugt.

Windhorst: Herkunftsname zu dem gleichlautenden Ortsnamen (Niedersachsen).

Windisch: 1. Herkunftsname (Stammesname) zu mhd. *windisch* ›windisch, wendisch, slawisch‹. 2. Übername für jemanden, der Beziehungen zu slawischen Gebieten hatte. ❖ *Hanse Wyndisch* ist a. 1388 im sächsischen Vogtland bezeugt.

Windmöller, Windmüller: Berufsnamen für den an einer Windmühle tätigen Müller zu mnd. *wintmole*, mhd. *wintmül* ›Windmühle‹. ❖ *Ebelingh Windmoller* ist a. 1421 in Hannover bezeugt.

Windt: ▸ Wind.

Wingert: 1. Aus einer oberdeutschen und westmitteldeutschen Form von ▸ Weingart(en) entstandener Familienname. 2. Herkunftsname zu dem gleichlautenden Ortsnamen (Rheinland-Pfalz).

Wink(e): ▸ Wiencke. ❖ *Valentin Winke*, Bürger zu Hoym (Sachsen-Anhalt), ist a. 1456 bezeugt.

Winkel: 1. Wohnstättenname zu mhd., mnd. *winkel* ›Winkel, Ecke; abseits gelegener, verborgener Raum‹. 2. Herkunftsname zu den häufigen Ortsnamen Wink(e)l, Winkeln. ❖ *Hans Wynckel* ist a. 1355/1383 in Halle/S. bezeugt.

Winkelmann: 1. Ableitung auf *-mann* von ▸ Winkel. 2. Übername zu mhd. *winkelman* ›lichtscheuer, dummer und abergläubischer Mensch‹, fnhd. *winkelman* ›Sonderbündler, Obskurant‹. ❖ *Nickel Winkelman* ist a. 1335 im sächsischen Vogtland überliefert.

Winkels: patronymische Bildung (starker Genitiv) zu ▸ Winkel.

Winken: 1. Aus einer mit dem Suffix *-ken* gebildeten Koseform von Rufnamen, die das Namenwort *wini* enthalten (vgl. ▸ Wienert), entstandener Familienname. 2. Auf eine mit dem Suffix *-ken* gebildete Koseform von ▸ Wienand zurückgehender Familienname.

Winkens: patronymische Bildung (starker Genitiv) zu ▸ Winken. ❖ *Anna Winekens* ist a. 1594 in Coesfeld bezeugt.

Winkler: 1. Ableitung auf *-er* von ▸ Winkel. 2. Niederdeutscher Berufsname für den Kleinhändler, den Inhaber eines Kramladens (aus mnd. *winkel* ›Winkel, [Haus-]Ecke‹ entwickelte sich die Bedeutung ›Kramladen‹). ❖ *Hans Winkler* ist a. 1370 in Nürnberg bezeugt.

Winne: 1. Aus einer Kurzform von Rufnamen, die das Namenwort *wini* enthalten (vgl. ▸ Wienert, ▸ Wienrich), entstandener Familienname. 2. Herkunftsname zu dem gleichlautenden Ortsnamen (Sachsen-Anhalt).

Winnen: 1. Patronymische Bildung (schwacher Genitiv) zu ▸ Winne (1.). 2. Herkunftsname zu dem gleichlautenden Ortsnamen (Hessen, Rheinland-Pfalz).

Winner: 1. Übername zu mhd. *winnen* ›sich abarbeiten; wüten, toben, rasen, streiten‹, mnd. *winnen* ›gewinnen, gut fortkommen, zum Ziel gelangen‹, mhd. *(ge)winner*, mnd. *winner* ›Gewinner‹. 2. Niederdeutscher Standesname zu mnd. *winner* ›Arbeiter (im Bergwerk), der im Dienste eines anderen steht‹. 3. Ableitung auf *-er* von ▸ Winne (2.). 4. ▸ Wiener (2.). 5. Oberdeutscher, durch Entrundung entstandener Wohnstättenname auf *-er* zu mhd. *wünne* ›Wiesenland‹.

Winning: 1. Patronymische Bildung auf *-ing* zu ▸ Winne (1.). 2. Herkunftsname zu den Ortsnamen Winning (Schleswig-Holstein, Bayern), Winningen (Sachsen-Anhalt, Rheinland-Pfalz).

Winrich: ▸ Wienrich.

Winter: 1. Bauernübername nach einer zu der Jahreszeit fälligen Abgabe oder Dienstleistung. 2. Wohnstättenname zu einem gleichlautenden Flurnamen, der ein an der Nordseite gelegenes Gelände bezeichnet. 3. Vereinzelt kommt eine Ableitung von dem seltenen deutschen Rufnamen Winther *(winid + heri)* infrage, der bis zum 15. Jh. im Gebrauch war. Vgl. den Beleg *frater* [Bruder] *Wintherus in Volkerode* (bei Göttingen) aus dem Jahre 1424. ❖ Ein früher Beleg für diesen Familiennamen stammt aus Zürich: *Burkardus dictus* [genannt] *Winter* (a. 1287). ❖ Bekannter Namensträger: Fritz Winter, deutscher Maler (20. Jh.).

Winterberg: Herkunftsname zu dem gleichlautenden Ortsnamen (Nordrhein-Westfalen, Baden-Württemberg, Ostpreußen, Böhmen, Schweiz).

Winterfeld: 1. Herkunftsname zu dem gleichlautenden Ortsnamen (Schleswig-Holstein, Sachsen-Anhalt, Schlesien). 2. Wohnstättenname zu einem gleichlautenden Flurnamen zu mhd. *wintervëlt* ›mit Wintersaat bestelltes Feld‹.

Winterhalder, Winterhalter: 1. Herkunftsname auf *-er* zu den Ortsnamen Winterhalde(n) (Baden-Württemberg), Winterhalten (Bayern). 2. Wohnstättennamen auf *-er* zu mhd. *winter* ›Winter‹ und mhd. *halte* ›Weideplatz für das Vieh‹ für jemanden, der bei einer Winterweide siedelte.

Winterhoff: Herkunftsname zu den mehrfach vorkommenden Ortsnamen Winterhof(f).

Winterling: 1. Wohnstättenname zu mhd. *winterlinc* ›wilder Weinstock‹ nach einem Merkmal der Siedlungsstelle. 2. Herkunftsname zu dem Ortsnamen Winterlingen (Baden-Württemberg, Schweiz).

Wintermantel: Übername für einen kältescheuen Menschen bzw. für den Träger eines auffälligen Wintermantels.

Winters: patronymische Bildung (starker Genitiv) zu ▸ Winter.

Winterstein: Herkunftsname zu dem gleichlautenden Ortsnamen (Thüringen, Bayern).

Winther: ▸ Winter.

Winz: aus einer mit *-z-*Suffix gebildeten Koseform von Rufnamen, die das Namenwort *wini* enthalten (vgl. ▸ Wienert, ▸ Wienrich), hervorgegangener Familienname.

Winzen: 1. Patronymische Bildung (schwacher Genitiv) zu ▸ Winz. 2. Herkunftsname zu dem Ortsnamen Wintzen (Nordrhein-Westfalen).

Winzer: 1. Berufsname zu mhd. *wīnzer* ›Winzer‹. 2. Herkunftsname zu dem gleichlautenden Ortsnamen (Bayern).

Winzig: 1. Übername zu mhd. *winzic* ›überaus klein‹ für einen sehr kleinen Menschen. 2. Herkunftsname zu dem gleichlautenden Ortsnamen (Schlesien).

Wipfler: 1. Berufsübername zu mhd. *wipfeln* ›Baumwipfel kappen‹ für einen Gärtner. 2. Herkunftsname auf *-er* zu dem Ortsnamen Wipfel (Bayern).

Wipperfürth: Herkunftsname zu dem gleichlautenden Ortsnamen (Nordrhein-Westfalen).

Wippermann: Herkunftsname oder Wohnstättenname auf *-mann* zu den Gewässernamen Wipper (linker Nebenfluss der Saale, linker Nebenfluss der Unstrut), Wipper/poln. Wieprza (zur Ostsee bei Rügenwalde, ehem. Pommern/jetzt Polen), Wupper (rechter Nebenfluss des Niederrheins; a. 973/974 *Wippera*, a. 1295 *Wippere*, a. 1390 *up der Wupperen*). ❖ Hildebrand Wipperman ist a. 1650 in Hildesheim bezeugt.

Wippert: aus dem alten deutschen Rufnamen Wigbert *(wīg + beraht)* durch Assimilation des *-g-* an das *-b-* entstandener Familienname, vgl. ▸ Weibert.

Wippich: Herkunftsname zu dem gleichlautenden Ortsnamen bei Danzig.

Wipprecht: ▸ Wippert.

Wirfler: durch Entrundung entstandene Form von ▸ Würfler.

Wirges: Herkunftsname zu dem gleichlautenden Ortsnamen (Rheinland-Pfalz).

Wirner, Wirnhier: auf Nebenformen von ▸ Werner zurückgehende Familiennamen.

Wirsching, Wirsich, Wirsig, Wirsing: Übernamen zu mhd. *wirsic* ›schlimm, übel‹. ❖ Ein früher Beleg (12. Jh.) stammt aus Regensburg: *Perhtolt de colle* [von dem Hügel] *qui Wirsinch dictus est* [der Wirsinch genannt wird]. Die Kohlart Wirsing spielt noch keine Rolle bei der Familiennamenbildung. Sie ist erst seit dem 17. Jh. als *Wersig, Wersich* bezeugt, die heutige Form ist eine spätere Umbildung. Der Gemüsebezeichnung liegt ein romanisches Wort zugrunde, das sich von lat. *viridia* ›Gemüse‹ (eigtl. ›Grünzeug‹ zu lat. *viridis* ›grün‹) ableitet.

Wirth: 1. Berufsname zu mhd. *wirt* ›Inhaber eines Wirtshauses, Gastwirt‹. 2. Übername zu mhd. *wirt* ›Ehemann, Hausherr‹. ❖ *Ch. Wirt* ist a. 1370 in Regensburg bezeugt.

Wirths, Wir(t)z: patronymische Bildungen (starker Genitiv) zu ▸ Wirth.

Wisch: 1. Niederdeutscher Wohnstättenname zu mnd. *wisch* ›Wiese‹. 2. Herkunftsname zu dem gleichlautenden Ortsnamen (Schleswig-Holstein, Mecklenburg-Vorpommern, Niedersachsen).

Wischer: 1. Ableitung auf *-er* von ▸ Wisch. 2. Herkunftsname zu dem gleichlautenden Ortsnamen (Sachsen-Anhalt). 3. Übername auf *-er* zu mhd. *wischen* ›sich leicht und schnell wohin bewegen‹.

Wischmann: Ableitung auf *-mann* von ▸ Wisch.

Wischnewski, Wischnowski: Herkunftsnamen zu polnischen Ortsnamen wie Wiśniewo, Wiśniów, Wisznia.

Wismar, Wismer: Herkunftsnamen zu dem Ortsnamen Wismar (Mecklenburg-Vorpommern, Brandenburg).

Wisnewski, Wisniewski: ▸ Wischnewski.

Wissel: 1. Herkunftsname zu dem gleichlautenden Ortsnamen (Nordrhein-Westfalen). 2. Auf eine Nebenform von ▸ Wessel zurückgehender Familienname. ❖ Vgl. die Belege *Wissel Wissels* (Hildesheim a. 1478), *Jurgen Wißel* (Hannover a. 1538).

Wisser: 1. Herkunftsname zu dem gleichlautenden Ortsnamen (Rheinland-Pfalz, Nordrhein-Westfalen). 2. ▸ Wieser. 3. Berufsname für den Tüncher zu mhd. *wīʒen* ›weißen, tünchen‹.

Wissing: 1. Vor allem im Bereich Oberhausen-Münster häufiger vorkommende patronymische Bildung auf *-ing* zu dem alten Rufnamen Wizo, einer mit *-z*-Suffix gebildeten Koseform, der mehrere Namenwörter *(warin/ werin, wīg, widu)* zugrunde liegen können. 2. Vereinzelt Herkunftsname zu den Ortsnamen Wissing (Bayern), Wissingen (Niedersachsen). ❖ *Alheydis Wissinc* ist a. 1362 in Coesfeld bezeugt.

Wissmann, Wißmann: 1. Übername auf *-mann* zu mhd. *(ge)wis*, mnd. *wis* ›gewiss, sicher, zuverlässig‹. 2. Variante von Wischmann (▸ Wisch). 3. ▸ Weissmann, Weißmann.

Wiszniewski: ▸ Wischnewski.

Witek: ▸ Wittek.

Witkowski: Herkunftsname zu polnischen Ortsnamen wie Witkowice, Witkowo, Witków.

Witschas: Standesname zu osorb. (älter) *wićaz* ›Freibauer, Lehnbauer, Lehngutsbesitzer‹.

Witschel, Witzschel: auf eine ostmitteldeutsche Variante von Wetzel, Witzel (▸ Werner) zurückgehende Familiennamen. ❖ *Volkmar Witzschel*, Bürger zu Jena (a. 1537), ist auch unter dem Familiennamen *Wetzel* bezeugt.

Witt: 1. Niederdeutscher Übername; ▸ Witte. 2. Gelegentlich (in Oberdeutschland immer) aus einer Kurzform von Rufnamen, die das Namenwort *widu* enthalten (vgl. ▸ Witter [1.]), entstandener Familienname. ❖ Bekannte Namensträgerin: Katarina Witt, deutsche Eiskunstläuferin (20./21. Jh.).

Witte: 1. Übername zu mnd. *wit* ›weiß‹ nach der Haar- oder Hautfarbe des ersten Namensträgers. 2. Gelegentlich ▸ Witt (2.). ❖ *Borchardus Witte* ist a. 1309 in Hannover überliefert.

Wittek: 1. Auf eine Ableitung von slawischen Rufnamen wie Vitoslav (zu urslaw. **vitъ* ›Herr, mächtig‹ oder urslaw. **vitati* ›wohnen, einkehren‹ + urslaw. **slava* ›Ruhm, Ehre‹) zurückgehender Familienname. 2. Aus einer polnischen oder tschechischen Form des Heiligennamens Vitus (▸ Veit[h]) entstandener Familienname.

Wittekind: ▸ Wedekind.

Wittel: 1. Aus einer mit *-l*-Suffix gebildeten Koseform von Rufnamen, die das Namenwort *widu* enthalten (vgl. ▸ Witter [1.]), entstande-

Wittmer

ner Familienname. 2. Herkunftsname zu dem gleichlautenden Ortsnamen (Westfalen).
Wittemann: am häufigsten ist dieser Familienname im Bereich Kaiserslautern–Mannheim–Karlsruhe: 1. Übername zu mhd. *witman* ›Witwer‹. 2. Nebenform von ▶ Wittmann (3.). 3. In Norddeutschland Herkunftsname auf *-mann* zu dem Ortsnamen Witten (Nordrhein-Westfalen, ehem. Brandenburg/jetzt Polen).
Witten: 1. Patronymische Bildung (schwacher Genitiv) zu ▶ Witt oder ▶ Witte. 2. Herkunftsname zu dem gleichlautenden Ortsnamen (Nordrhein-Westfalen, ehem. Brandenburg/jetzt Polen).
Wittenberg: Herkunftsname zu dem gleichlautenden Ortsnamen (Schleswig-Holstein, Niedersachsen, Sachsen-Anhalt, Baden-Württemberg, ehem. Pommern/jetzt Polen, Ostpreußen). 2. ▶ Wittenburg.
Wittenburg: 1. Herkunftsname zu dem gleichlautenden Ortsnamen (Niedersachsen, Mecklenburg-Vorpommern, ehem. Brandenburg/jetzt Polen). 2. ▶ Wittenberg.
Witter: 1. Aus dem alten deutschen Rufnamen Widher/Wither *(widu + heri)* entstandener Familienname. 2. Berufsname zu mhd. *witten* ›weiß machen, tünchen‹ für den Tüncher. 3. Berufsübername zu mhd. *witten* ›weiß sieden, den Feingehalt von Gold und Silber bestimmen‹ für den Münzer. ❖ Bekannter Namensträger: Ben Witter, deutscher Schriftsteller (20. Jh.).
Wittgenstein: Herkunftsname zu der historischen Grafschaft Wittgenstein (Westfalen). ❖ Bekannter Namensträger: Ludwig Wittgenstein, österreichisch-britischer Philosoph (19./20. Jh.).
Witthöft: niederdeutscher Übername zu mhd. *wit* ›weiß‹ und mhd. *hovet, höft* ›Haupt, Kopf‹ für einen weißhaarigen Menschen. ❖ *Heyno Withovet* ist a. 1346 in Lüneburg überliefert.
Wittich, Wittig: 1. Auf den alten deutschen Rufnamen Witticho *(widu)* zurückgehende Familiennamen. Im Mittelalter war Wittich als Name einer Gestalt aus der Dietrichsage allgemein bekannt. 2. Übernamen zu mhd. *wittich* ›klug, verständig, weise, gelehrt‹. ❖ *Nickel Wittich* ist a. 1455 in Halle/S. bezeugt.

Witting: 1. Herkunftsname zu den Ortsnamen Witting (Bayern), Wittingen (Niedersachsen, Ostpreußen). 2. Patronymische Bildung auf *-ing* zu ▶ Witt (2.). ❖ Vgl. die Belege *Albertus de* [von] *Witinge* (Lüneburg a. 1285), *dictus* [genannt] *Witting* (Goslar a. 1300/40).
Wittkamp: 1. Niederdeutscher Wohnstättenname zu mhd. *wit* ›weiß‹ und mhd. *kamp* ›eingezäuntes Feld, Ackerland, Weide, Wiese, Gehölz‹. 2. Herkunftsname zu dem Ortsnamen Wittkampen (Ostpreußen).
Wittke: 1. Ableitung von ▶ Witt mit *-k-*Suffix. 2. Nebenform von ▶ Wittich. 3. Eindeutschende Form von ▶ Wittek.
Wittkopf: niederdeutscher Übername zu mhd. *wit* ›weiß‹ und mhd. *kop* ›Kopf‹ für einen weißhaarigen Menschen. ❖ *Heine Witkop* ist a. 1420 in Magdeburg bezeugt.
Wittkowski, Wittkowsky: ▶ Witkowski.
Wittleder: niederdeutscher Berufsübername zu mhd. *wit* ›weiß‹ und mhd. *ledder* für den Hersteller von weißem Leder, vgl. ▶ Weissgerber. ❖ *Hans Witledder* ist a. 1600 in Hannover bezeugt.
Wittler: 1. Niederdeutscher Berufsübername zu mhd. *wit* ›weiß‹ und mhd. *leer,* der zusammengezogenen Form von mhd. *ledder* ›Leder‹ für den Hersteller von weißem Leder, vgl. ▶ Wittleder. 2. Ableitung auf *-er* zu ▶ Wittel (2.). 3. Patronymische Bildung auf *-er* zu ▶ Wittel (1.).
Wittmann: vorwiegend oberdeutscher, aber auch im niederdeutschen Gebiet vorkommender Familienname. Entsprechend unterschiedlich muss er erklärt werden: 1. Im oberdeutschen Raum vor allem Nebenform von ▶ Widmann. 2. Hier und im westlichen Mitteldeutschen auch Übername zu mhd. *witman* ›Witwer‹. 3. Im gesamten deutschen Sprachgebiet ist eine Ableitung aus einer mit dem Suffix *-mann* gebildeten Koseform von Rufnamen, die das Namenwort *widu* enthalten (vgl. ▶ Witter [1.]), möglich. 4. Niederdeutscher Übername auf *-mann* zu mhd. *wit* ›weiß‹ für einen weißhaarigen Menschen. 5. Niederdeutscher Amtsname zu mhd. *witman* ›Mitglied des Bürgerausschusses‹.
Wittmer: 1. Berufsname zu mhd. *widemer,* ▶ Wimmer (1.). 2. Aus einer verschliffenen Form von ▶ Widmaier hervorgegangener Familienname.

665

Wittner: Herkunftsname zu den Ortsnamen Witten (Nordrhein-Westfalen, ehem. Brandenburg/jetzt Polen), Wittenau (Schlesien).

Wittrock: niederdeutscher Übername zu mnd. *wit* ›weiß‹ und mnd. *rok* ›Oberkleid, Rock‹ nach einer Besonderheit der Kleidung. ❖ *Luder Witterok* ist a. 1381 in Hildesheim überliefert.

Wittstock: Herkunftsname zu dem gleichlautenden Ortsnamen (ehem. Pommern/jetzt Polen, Brandenburg, ehem. Brandenburg/jetzt Polen).

Wittwer: Übername zu mhd. *witewære, witwer* ›Witwer‹.

Witz: 1. Aus einer mit -z-Suffix gebildeten Ableitung von Rufnamen, die das Namenwort *wīg* (vgl. ▶ Wiegand[t]) oder *widu* (vgl. ▶ Witter [1.]) enthalten, entstandener Familienname. 2. Übername zu mhd. *witz* ›Wissen, Verstand, Besinnung, Einsicht, Klugheit, Weisheit‹. ❖ Bekannter Namensträger: Konrad Witz, deutscher Maler (15. Jh.).

Witzel: 1. Aus einer Erweiterung von ▶ Witz (1.) mit -l-Suffix hervorgegangener Familienname. 2. Variante von ▶ Wetzel.

Witzke: 1. Erweiterung von ▶ Witz (1.) mit -k-Suffix. 2. Herkunftsname zu dem gleichlautenden Ortsnamen (Brandenburg).

Witzleben: Herkunftsname zu dem gleichlautenden Ortsnamen (Thüringen).

Witzmann: Erweiterung auf -mann zu ▶ Witz (1.).

Wobbe: auf eine Koseform von männlichen oder weiblichen Rufnamen, die mit dem Namenwort *walt* und einem mit *b-* anlautenden Namenbestandteil gebildet sind (z. B. ▶ Wolbert, ▶ Walpurgis), zurückgehender Familienname.

Wod(t)ke: Übernamen zu sorb., poln. *wódka*, tschech. *vodka* ›Branntwein‹.

Woelk(e): aus einer mit -k-Suffix gebildeten Koseform von ▶ Wolter entstandene Familiennamen. ❖ Bekannter Namensträger: Ulrich Woelk, deutscher Schriftsteller (20./21. Jh.).

Woger: durch Verdumpfung des -*a*- zu -*o*- entstandene Variante von ▶ Wager, Wäger. ❖ Im Jahre 1321 ist *her Chünrat der Woger* in Regensburg bezeugt.

Wöhler: auf eine durch Zusammenziehung entstandene und umgelautete Form von ▶ Wolter zurückgehender Familienname.

Wohler: aus einer durch Zusammenziehung entstandenen Form von ▶ Wolter hervorgegangener Familienname.

Wohlers: patronymische Bildung (starker Genitiv) zu ▶ Wohler.

Wohlert: auf eine durch Zusammenziehung entstandene Form von Wolthard (*walt + harti*) zurückgehender Familienname.

Wohlfa(h)rt, Wohlfarth: auf in Anlehnung an das nhd. Wort »Wohlfahrt« umgedeutete Formen von ▶ Wolfhard zurückgehende Familiennamen.

Wohlfeil: Berufsübername zu mhd., mnd. *wolveile* ›wohlfeil, billig‹ für einen Krämer oder Kaufmann.

Wohlfrom(m): aus einer Umdeutung von ▶ Wolfram in Anlehnung an die Wörter »wohl« und »fromm« entstandene Familiennamen.

Wohlgemut(h): Übername zu mhd. *wolgemuot* ›wohlgemut, hochsinnig, edel‹. ❖ Im Jahre 1360 ist *Conrat Wolgmut* in Nürnberg bezeugt.

Wohlgezogen: Übername zu mhd. *wol* ›gut, wohl‹ und mhd. *gezogen* ›erzogen‹ für einen fein gesitteten Menschen.

Wohlleben: Übername zu mhd. *wol* ›gut, wohl‹ und mhd. *lëben* ›Leben‹ für einen Menschen, der ein gutes, angenehmes Leben führte.

Wohlrab, Wohlrap(p): aus einer verdumpften Form von ▶ Wallrab(e) hervorgegangene Familiennamen.

Wöhner: durch Rundung entstandene Form von ▶ Wehner.

Wöhr: 1. Wohnstättenname zu mhd. *wert, wer(e)* ›Insel, Halbinsel, erhöhtes wasserfreies Land zwischen Sümpfen‹. 2. Herkunftsname zu dem gleichlautenden Ortsnamen (Bayern).

Wöhrl: durch Rundung entstandene Form von ▶ Wehrl.

Wöhrle: durch Rundung entstandene Form von ▶ Wehrle.

Wöhrlin: durch Rundung entstandene Form von ▶ Wehrlin.

Wöhrmann: 1. Durch Zusammenziehung entstandene Form von ▶ Wördemann. 2. Herkunftsname auf -mann zu dem Ortsnamen Wöhren (Niedersachsen, Nordrhein-Westfalen).

Woi(g)k: aus einer Ableitung von slawischen Rufnamen wie Vojslav (urslaw. *vojь, voi*

Wolfhard

›Krieger‹ + urslaw. **slava* ›Ruhm, Ehre‹) entstandene Familiennamen.

Woit: Amtsname, eindeutschende Schreibung von poln. *wójt* ›Dorfvogt, Dorfschulze‹.

Woita, Woite: aus der eindeutschenden Schreibung einer Ableitung auf *-a* von poln. *wójt* ›Dorfvogt, Dorfschulze‹ hervorgegangene Familiennamen.

Woitsche(c)k: aus eindeutschenden Schreibungen einer Ableitung von poln. *wójt* ›Dorfvogt, Dorfschulze‹ entstandene Familiennamen.

Woitzik: eindeutschende Schreibung von ▶ Wojcik.

Wojciechowski: 1. Herkunftsname zu polnischen Ortsnamen wie Wojciechowice, Vojciechów. 2. Aus einer Ableitung auf *-ski* von dem Rufnamen Wojciech (▶ Wojtech) hervorgegangener Familienname.

Wojcik: auf eine Ableitung von poln. *wójt* ›Dorfvogt, Dorfschulze‹ zurückgehender Familienname.

Wojtech: aus dem polnischen Rufnamen Wojtek oder dem tschechischen Rufnamen Vojtěch (urslaw. **vojь* ›Krieger‹ + altkirchenslaw. *potěcha, utěcha* ›Trost, Freude, Lust‹) hervorgegangener Familienname.

Wolber: aus einer verschliffenen Form von ▶ Wolbert entstandener Familienname.

Wolbers: patronymische Bildung (starker Genitiv) zu ▶ Wolber.

Wolbert: aus einer verdumpften Form von ▶ Walbert hervorgegangener Familienname.

Woldt: 1. Niederdeutscher Wohnstättenname zu mnd. *wolt, walt* ›Wald‹. ❖ Vgl. den Beleg *Henningus van dem Wolde* (Goslar a. 1300/1340). 2. Sonst aus einer verdumpften Form von ▶ Wald hervorgegangener Familienname.

Wolf: 1. Übername zu mhd. *wolf* ›Wolf‹, übertragen für einen wilden, gefährlichen, grimmigen Menschen. 2. Aus einer Kurzform von Rufnamen, die mit dem Namenwort *wolf* gebildet sind (z. B. ▶ Wolfgang), hervorgegangener Familienname. 3. Vereinzelt kommt eine Ableitung von einem Hausnamen infrage. ❖ Im 13. Jh. ist *Heinricus faber apud domum que dicitur zem Wolve* [Heinrich Schmied in dem Haus, das man zum Wolf nennt] am Oberrhein überliefert. 4. Als jüdischer Familienname geht Wolf auch auf den Jakobssegen zurück, dessen Tiervergleiche seit dem Mittelalter gern als Ruf- und später als Familiennamen gewählt wurden; vgl. Gen. 49, 27: *Benjamin ist ein reißender Wolf ...* ❖ Ein früher Beleg stammt aus Köln: *Nivelung Wolf* (ca. 1135–1180). ❖ Bekannte Namensträger: Hugo Wolf, österreichischer Komponist (19./20. Jh.); Christa Wolf, deutsche Schriftstellerin (20./21. Jh.).

Wolfangel: Berufsübername zu mhd. *wolfangel* ›Wolfseisen, Wolfsfalle‹ für einen Jäger.

Wolfart(h): ▶ Wohlfa(h)rt.

Wölfel: Ableitung von ▶ Wolf (1.) oder (2.) mit *-l-*Suffix.

Wolfer, Wölfer: 1. Aus dem alten deutschen Rufnamen Wolfher (*wolf* + *heri*) entstandene Familiennamen. 2. Herkunftsnamen auf *-er* zu dem Ortsnamen Wolf (Hessen, Rheinland-Pfalz, Baden-Württemberg).

Wolfert: aus einer jüngeren Form von ▶ Wolfhard entstandener Familienname.

Wolferts, Wolfertz: patronymische Bildungen (starker Genitiv) zu ▶ Wolfert.

Wolff: ▶ Wolf. ❖ Bekannter Namensträger: Christian Freiherr von Wolff, deutscher Philosoph (17./18. Jh.).

Wolfgang: aus dem gleichlautenden Rufnamen (*wolf* + *ganc*) entstandener Familienname. Der Name Wolfgang war im Mittelalter besonders in Süddeutschland und Österreich durch die Verehrung des heiligen Wolfgang verbreitet. Der heilige Wolfgang wurde als Benediktinermönch im 10. Jh. Bischof von Regensburg und war der Erzieher Kaiser Heinrichs II. Nach späterer Legende soll er zeitweise am Abersee (St.-Wolfgang-See) im Salzkammergut als Einsiedler gelebt haben. Er gehört als Patron der Hirten und Zimmerleute und als Wetterheiliger zu den vierzehn Nothelfern. ❖ Aus Kurz- und Koseformen hervorgegangene Familiennamen wie **Wolf(f), Wulf(f), Wölf(e)l, Wölfle, Wölfli** können zu Wolfgang oder zu einem anderen mit dem Namenwort *wolf* gebildeten Rufnamen gehören.

Wolfgram(m): ▶ Wolfram.

Wolfhard: aus dem gleichlautenden Rufnamen (*wolf* + *harti*) entstandener Familienname. ❖ Hierzu gehören u. a. die Familiennamen **Wolfert, Wulfert, Wülfert, Wilfert** sowie die patronymischen Bildungen **Wolferts** und **Wolfertz.** ❖ Den Familiennamen **Wohl-**

fa(h)rt, Wohlfarth, Wolfart(h) liegen umgedeutete Formen von Wolfhard zugrunde. ❖ Aus Kurz- und Koseformen hervorgegangene Familiennamen wie **Wolf(f), Wulf(f), Wölf(e)l, Wölfle, Wölfli** können zu Wolfhard oder zu einem anderen mit dem Namenwort *wolf* gebildeten Rufnamen gehören.

Wölfl: ▸ Wölfel.

Wölfle: schwäbische Ableitung von ▸ Wolf (1.) oder (2.) mit dem Suffix *-le*.

Wölfli: alemannische Ableitung von ▸ Wolf (1.) oder (2.) mit dem Suffix *-li*. ❖ Bekannter Namensträger: Adolf Wölfli, schweizerischer Zeichner (19./20. Jh.).

Wolfram: aus dem gleichlautenden Rufnamen (*wolf* + *hraban*) entstandener Familienname. Zur Verbreitung des Namens im Mittelalter trug auch die Verehrung des heiligen Wulfram (7. Jh.) bei. Der heilige Wulfram war Erzbischof von Sens (Frankreich) und Missionar in Friesland. ❖ Aus dem Rufnamen sind u.a. die Familiennamen **Wolframm, Wohlfrom(m), Wolfgram(m), Wolfrum, Wulfram, Wulfgramm** entstanden. ❖ Aus Kurz- und Koseformen hervorgegangene Familiennamen wie **Wolf(f), Wulf(f), Wölf(e)l, Wölfle, Wölfli** können zu Wolfram oder zu einem anderen mit dem Namenwort *wolf* gebildeten Rufnamen gehören. ❖ *Herman Wolfram* ist a. 1370 in Nürnberg bezeugt.

Wolframm: ▸ Wolfram.

Wolfrum: aus ▸ Wolfram durch Verdumpfung des -*a*- zu -*o*- mit darauf folgendem Wandel des -*o*- zu -*u*- entstandener Familienname.

Wolfs: patronymische Bildung (starker Genitiv) zu ▸ Wolf (1.) oder (2.).

Wolfskehl: Übername zu mhd. **wolves-kēl* ›Wolf-Schlund‹ für einen gierigen Menschen; vgl. das mittelalterliche Sprichwort: *swaʒ* [was] *dem wolf kumt in die kel, daʒ ist alleʒ gar verlorn*. ❖ Ein früher Beleg stammt aus Köln: *Gerardus Wolveskele* (ca. 1159–1169). ❖ Bekannter Namensträger: Karl Wolfskehl, deutscher Schriftsteller (19./20. Jh.).

Wolgast: Herkunftsname zu dem gleichlautenden Ortsnamen (Mecklenburg-Vorpommern, ehem. Brandenburg/jetzt Polen).

Wolgemut(h): ▸ Wohlgemut(h). ❖ Bekannter Namensträger: Michael Wolgemut, deutscher Maler und Zeichner (15./16. Jh.).

Wolk(e), Wölk(e): ▸ Woelk(e).

Woll(e): 1. Durch Assimilation entstandene Formen von Wolk(e) (▸ Woelk[e]). 2. Berufsübernamen zu mhd. *wolle* ›Wolle‹ für den Hersteller oder Händler.

Wollenberg: Herkunftsname zu dem gleichlautenden Ortsnamen (Nordrhein-Westfalen, Hessen, Baden-Württemberg, Brandenburg).

Wollenhaupt: Übername zu mhd. *wolle* ›Wolle‹ und mhd. *houbet* ›Haupt, Kopf‹ für einen Menschen mit wollig gelocktem Haar.

Wollensack: Berufsübername zu mhd. *wolle* und mhd. *sac* ›Sack‹ für den Wollhändler, Wollbereiter. ❖ *Wollensagk, cramer* ist a. 1381–1397 in Nürnberg bezeugt.

Wollenweber: Berufsname zu mhd. *wollenwēber* ›Wollenweber‹.

Woller: Berufsname zu mhd. *wollære* ›Wollenschläger, -weber‹. ❖ *Ulrich Woller* ist a. 1260 in Regensburg bezeugt.

Wollmann: Berufsname zu mhd. *wolleman, wollman* ›Wollbereiter, Wollarbeiter, Wollhändler‹.

Wollner, Wöllner: Berufsnamen zu mhd. *wollener* ›Wollenschläger‹, vgl. ▸ Wollschläger. ❖ *H. Wollner* ist a. 1396–1397 in Nürnberg bezeugt.

Wollny: ▸ Wolny.

Wollschläger: Berufsname für den Handwerker, der die Wolle vor dem Verspinnen durch Schlagen auflockerte und reinigte (mhd. *woll[e]nslaher, wollesleher*). ❖ *Wernher der wollesleher* ist a. 1298 in Straßburg überliefert. ❖ Bekannter Namensträger: Hans Wollschläger, deutscher Schriftsteller und Übersetzer (20./21. Jh.).

Wollweber: ▸ Wollenweber.

Wolny: Übername zu sorb. *wólny*, poln. *wolny*, tschech. *volný* ›frei‹, sorb. und tschech. auch ›willig, ausgelassen‹.

Wolper: aus einer verschliffenen Form von ▸ Wolpert entstandener Familienname.

Wolperding: patronymische Bildung auf -*ing* zu ▸ Wolpert.

Wolpers: patronymische Bildung (starker Genitiv) zu ▸ Wolpert.

Wolpert: durch Verdumpfung entstandene Form von ▸ Walbert.

Wolrab: durch Verdumpfung entstandene Form ▸ Wallrab(e).

Wolski: Herkunftsname zu polnischen Ortsnamen wie Wola, Wola Daleszowska, Wola Ducka.

Wolter: auf eine niederdeutsche Form von ▶Walther zurückgehender Familienname.

Woltering: patronymische Bildung auf -ing zu ▶Wolter.

Wolters: patronymische Bildung (starker Genitiv) zu ▶Wolter.

Woltmann: 1. Wohnstättenname auf -mann zu mnd. wolt ›Wald‹: ›wohnhaft in/bei einem Wald‹. 2. Berufsname zu mnd. woltmann ›Waldarbeiter, Forstmann‹. 3. ▶Waltmann. ❖ Waremannus Woltman ist a. 1310 im Raum Hannover bezeugt.

Wolz: durch Verdumpfung des -a- zu -o- entstandene Form von ▶Waltz, Walz.

Wondra: auf eine tschechische Ableitung von ▶Andreas zurückgehender Familienname.

Wondrak: aus einer Erweiterung von ▶Wondra mit -k-Suffix hervorgegangener Familienname.

Wondratschek: auf die eindeutschende Schreibung einer tschechischen Ableitung von ▶Andreas zurückgehender Familienname. ❖ Bekannter Namensträger: Wolf Wondratschek, deutscher Schriftsteller (20./21. Jh.).

Wonneberger: Herkunftsname zu dem Ortsnamen Wonneberg (Bayern, Ostpreußen, ehem. Westpreußen/jetzt Polen).

Worbs: Herkunftsname zu den Ortsnamen Wurbis (Sachsen), Worbis (Thüringen).

Worch: Übername zu nsorb. wórjech, osorb. worjech ›Nuss‹.

Wördemann: 1. Wohnstättenname auf -mann zu mnd. wort ›Boden, erhöhtes und eingehegtes Grundstück, Haus-, Hofstätte, Garten, Feldstück, Waldmark‹. 2. Herkunftsname auf -mann zu Ortsnamen wie Wörde (Nordrhein-Westfalen), Wöhrden (Schleswig-Holstein, Niedersachsen).

Wörfel: ▶Würf(f)el.

Wörle: ▶Wöhrle.

Worm: Übername zu mnd. worm ›jedes kriechende Geschöpf: Wurm, Insekt, Käfer; Schlange, Drache‹. ❖ Heynricus Worm ist a. 1259 in Hannover bezeugt.

Wörmann: ▶Wöhrmann.

Worms(er): Herkunftsnamen zu dem Ortsnamen Worms (Rheinland-Pfalz).

Wörn: durch Rundung entstandene Form von Wern (▶Werne).

Wörndl: durch Rundung entstandene Form von ▶Werndl.

Wörne: durch Rundung entstandene Form von ▶Werne.

Wörner: durch Rundung entstandene Form von ▶Werner.

Wörnhör: durch Rundung entstandene Form von Wernher (▶Werner).

Worth: 1. Wohnstättenname zu mnd. wort ›Boden, erhöhtes und eingehegtes Grundstück, Haus-, Hofstätte, Garten, Feldstück, Waldmark‹. 2. Herkunftsname zu dem gleichlautenden Ortsnamen (Schleswig-Holstein, Niedersachsen, Nordrhein-Westfalen). ❖ Vgl. die Belege Cune Wort, Bürger zu Calbe/Sachsen-Anhalt (a. 1383/1403), Albertt upp der Wortt (Hannover a. 1554).

Worthmann, Wortmann: Ableitungen von ▶Worth mit dem Suffix -mann.

Wörz: durch Rundung entstandene Form von ▶Werz.

Wosnitza: Berufsname zu poln. woźnica ›Fuhrmann, Kutscher‹.

Wössner: vor allem im Bereich Stuttgart–Tübingen–Konstanz vorkommender Herkunftsname, der auf die gerundete Form des Herkunftsnamens ▶Wesner zurückgeht. (Hier spielt allerdings nur der schweizerische Ort eine Rolle.)

Wotruba: Übername zu tschech. votruba ›Eingeweide‹. ❖ Bekannter Namensträger: Fritz Wotruba, österreichischer Bildhauer (20. Jh.).

Wötzel: durch Rundung entstandene Form von ▶Wetzel.

Woyk(e): ▶Woi(g)k.

Wozniak: 1. Amtsname zu poln. woźny ›(Amts-)Bote, Gerichtsdiener, Schuldiener‹. 2. Übername zu poln. woźniak ›Wagen-, Zugpferd‹.

Wrage: Übername zu mnd. wrak ›beschädigt, verdorben, untauglich‹. ❖ Gregorius Wrage, Bürger zu Calbe (Sachsen-Anhalt), ist a. 1383/1403 überliefert.

Wrede: Übername zu mnd. wrēt ›wild, grimmig, grausam, böse; heftig, streng; stark, kräftig, tüchtig‹. ❖ Johan Wrede ist a. 1352 in Hannover bezeugt.

Wriedt: niederdeutscher Wohnstättenname zu mnd. *wrīt* ›dichter, krauser Busch oder Baum‹, vgl. auch mnd. *ēkwride* ›Eichengestrüpp‹.

Wrobel: Übername zu poln. *wróbel*, nsorb. *(w)robel*, osorb. *wrobl* ›Sperling‹.

Wroblewski: Herkunftsname zu polnischen Ortsnamen wie Wróblewo, Wróblowice.

Wruck: niederdeutscher Übername zu mnd. *wrok, wruk* ›Hass, Feindschaft, Zwietracht, Streit‹ für einen streitsüchtigen Menschen.

Wucherer: Übername zu mhd. *wuocherære* ›Wucherer‹.

Wucherpfennig: Übername zu mhd. *wuocher* ›Ertrag, Gewinn, Profit, Wucher‹ und mhd. *phenni(n)c* ›Pfennig‹ für jemanden, der mit dem Pfennig, mit seinem Geld umzugehen verstand. ❖ *Hans Wuecherpfennig*, Bürger zu Waake (Niedersachsen), ist i. J. 1585 bezeugt.

Wühle: Wohnstättenname zu mhd. *wuol(lache)* ›Suhllache der Schweine‹.

Wuhrer: vorwiegend im alemannischen Bereich vorkommender Wohnstättenname zu mhd. *wuor(e)* (▶ Wührer).

Wührer: bairisch-österreichischer Wohnstättenname auf *-er* zu mhd. *wuor(e), wüer(e)* ›Wehr zum Abhalten oder Ableiten des Wassers‹ für jemanden, der neben einem solchen Wehr wohnte.

Wulf: 1. Übername zu mnd. *wulf* ›Wolf‹, bildl. ›gieriger, grausamer Mensch‹. 2. Auf eine Nebenform von ▶ Wolf (2.) zurückgehender Familienname. ❖ *Conradus Vulf* ist a. 1304 in Hannover bezeugt, *Johan Wulf* a. 1387 in Coesfeld.

Wulfert, Wülfert: Varianten von ▶ Wolfert.

Wulff: ▶ Wulf.

Wülfing: patronymische Bildung auf *-ing* zu ▶ Wulf. ❖ Im Jahre 1254 sind *Ludolfus, Johannes, Tidericus fratres cognomine* [Brüder mit dem Beinamen] *Wulvinge* in Hildesheim bezeugt.

Wulfgramm: niederdeutsche Form von Wolfgram(m) (▶ Wolfram).

Wulfram: niederdeutsche Form von ▶ Wolfram. ❖ *Arndt Wulvram* ist a. 1431 in Magdeburg überliefert.

Wüllner: 1. Berufsname zu mnd. *wullener* ›Wollbereiter, Wollenweber‹. 2. Herkunftsname zu dem Ortsnamen Wüllen (Nordrhein-Westfalen).

Wunder: Übername zu mhd. *wunder* ›Verwunderung, Gegenstand der Verwunderung, Neuigkeit‹, mhd. *mich ist, hât, nimt wunder* ›ich bin neugierig‹ für einen neugierigen Menschen, einen Neuigkeitskrämer. ❖ *Walther Wunder* ist a. 1392 in Nürnberg bezeugt.

Wunderle: Ableitung von ▶ Wunder mit dem Suffix *-le*.

Wunderlich: Übername zu mhd. *wunderlich* ›seltsam; reizbar, launisch‹. ❖ Bekannter Namensträger: Fritz Wunderlich, deutscher Sänger (20. Jh.).

Wundrack: ▶ Wondrak.

Wunsch: 1. Herkunftsname zu den Ortsnamen Wunsch (Österreich), Wuncha (Schlesien), Wünsch (Sachsen-Anhalt, Österreich). 2. Übername zu mhd. *wunsch* ›Vermögen etwas Außergewöhnliches zu schaffen; Wunsch, Verlangen; Glückwunsch, Segen; Inbegriff des Besten, Schönsten, Vollkommensten‹, mnd. *wunsch* ›Wunsch, Verlangen, Vollkommenheit, Ideal‹.

Wünsch: 1. Durch Zusammenziehung und Rundung entstandene Form von ▶ Windisch. 2. ▶ Wunsch (1.).

Wünsche: ▶ Wünsch (1.).

Wünschmann: Erweiterung von ▶ Wünsch (1.) mit dem Suffix *-mann*.

Wuppermann: Wohnstättenname oder Herkunftsname auf *-mann* zu dem Flussnamen Wupper (Nordrhein-Westfalen).

Würf(f)el, Würfl: Berufsübernamen zu mhd. *würfel*, md. *worfel, wurfel* ›Würfel‹ für den Würfelmacher oder Übernamen für den Würfelspieler, vgl. ▶ Würfler. ❖ *Herman Würfel* ist a. 1311 in Nürnberg bezeugt.

Würfler: 1. Berufsname zu mhd. *würfelære* ›Würfelmacher‹. Die Würfel wurden aus Knochen, Elfenbein oder auch aus Metall hergestellt. 2. Übername zu mhd. *würfelære* ›Würfelspieler‹. Der berühmte Franziskanerprediger Berthold von Regensburg (13. Jh.) macht den Würfelhersteller für die bösen Folgen des Würfelspiels verantwortlich: *wan ez geschiht manic tūsent sünde von würfelspil, die sus niemer geschæhen: manic tūsent līp unde sēle werdent verlorn, die sus niemer würden verlorn, der niht würfel machte. Dâ kumt von mort unde diepstâl, nīt, zorn unde haz unde trâkheit an gotes dienste* [...] *Nū sich, würfeler, wie vil unsælden von dīnem verfluochten amte kümmt!*

[denn es geschehen viele Tausend Sünden von dem Würfelspiel, die sonst nicht geschehen würden: Viele Tausend Leiber und Seelen werden verloren, die nicht verloren wären, wenn er keine Würfel machte. Davon kommt Mord und Diebstahl, Neid, Zorn und Hass und Trägheit an Gottes Verehrung [...] Nun sieh, Würfler, wie viel Unglück von deinem verfluchten Beruf kommt!]. ❖ *Hans würfler* ist a. 1370 in Esslingen bezeugt.

Würker: Berufsname zu mhd. *wirker, würker* ›der etwas ins Werk setzt, schafft, arbeitet, bearbeitet‹ für einen Handwerker, bes. im Bereich des Textilgewerbes (vgl. mhd. *wirken, würken* ›nähend, stickend, webend verfertigen‹).

Würkert: Erweiterung von ▶ Würker mit sekundärem -t.

Wurlitzer: Herkunftsname auf -er zu dem Ortsnamen Wurlitz (Oberfranken). ❖ *Wenzel Wurlitzer* ist a. 1481 im sächsischen Vogtland bezeugt.

Wurm: Übername zu mhd. *wurm* ›Wurm, Insekt, Natter, Schlange, Drache‹. ❖ Ein früher Beleg stammt aus Regensburg: *Wolframmus Würm* (a. 1213).

Wurst: Berufsübername zu mhd. *wurst* ›Wurst‹ für den Wurstmacher, Fleischer oder Übername nach der Lieblingsspeise. ❖ Bei *H. Wurst*, a. 1363 in Nürnberg überliefert, handelt es sich um einen Fleischer.

Wurster: Berufsname zu mhd. *wurster* ›Wurstmacher, Fleischer‹.

Würstl: Ableitung von ▶ Wurst mit -l-Suffix.

Würstle: Ableitung von ▶ Wurst mit dem Suffix -le.

Wurth: Wohnstättenname zu mnd. *wurt, wort* ›Boden, erhöhtes und eingehegtes Grundstück, Haus-, Hofstätte, Garten, Feldstück, Waldmark‹.

Würth: vorwiegend in Oberdeutschland verbreitete, durch Rundung entstandene Form von ▶ Wirth.

Würtz, Würz: Berufsübernamen zu mhd. *würz(e), wurz(e)* ›Pflanze, Kraut; Gewürzkraut, Gewürz‹ für den Gewürzkrämer bzw. für jemanden, der Gemüse und Gewürzkräuter anbaute und verkaufte.

Wurzel: Berufsübername zu mhd. *wurzel* ›Wurzel‹ für jemanden, der Wurzeln und Kräuter sammelte (vgl. mhd. *wurzeler* ›Kräutersammler‹).

Wurzer: 1. Berufsname auf -er zu mhd. *würz(e), wurz(e)* ›Pflanze, Kraut; Gewürzkraut, Gewürz‹ für den Gewürzkrämer bzw. für jemanden, der Gemüse und Gewürzkräuter anbaute und verkaufte (vgl. mhd. *wurzerin* ›Gemüseverkäuferin‹). ❖ Im Jahre 1392 ist ein *wurczer chauffel* [Kleinhändler] in München überliefert. 2. Herkunftsname zu dem Ortsnamen Wurz (Bayern, Österreich).

Wust, Wüst: 1. Wohnstättennamen zu mhd. *wüeste, wuoste* ›öde Gegend, Wildnis‹. 2. Übernamen zu mhd. *wüeste, wuoste* ›unschön, hässlich; verschwenderisch‹ nach dem Aussehen oder dem Verhalten des ersten Namensträgers. ❖ Vgl. die Nürnberger Belege *Albr. Wüst* (a. 1392), *F. Wust* (a. 1399).

Wüstefeld: 1. Wohnstättenname zu mhd. *wüeste, wuoste*, mnd. *wōste, wūste* ›wüst, öde, einsam‹ und mhd., mnd. *velt* ›Feld, Boden, Fläche, Ebene oder an einem solchen Feld wohnte. 2. Herkunftsname zu dem gleichlautenden Ortsnamen (Hessen, Schlesien).

Wüstenberg: 1. Wohnstättenname zu mhd. *wüeste, wuoste*, mnd. *wōste, wūste* ›wüst, öde, einsam‹ und mhd. *bërc*, mnd. *berch* ›Berg‹ für jemanden, der an oder auf einem wüsten, öden Berg wohnte. 2. Herkunftsname zu dem gleichlautenden Ortsnamen (Württemberg, Bayern).

Wüstner: 1. Herkunftsname zu den Ortsnamen Wüsten (Nordrhein-Westfalen), Wüstenau (Baden-Württemberg). 2. Ableitung auf -ner von Wust, Wüst (1.).

Wüt(h)erich: Übernamen zu mhd. *wüeterich* ›Wüterich‹ nach dem Charakter des ersten Namensträgers.

Wuttig: 1. Variante von ▶ Wuttke. 2. Berufsübername zu nsorb. (mda.) *wutk* ›Einschlag, Einschuss ins Gewebe (beim Webstuhl), Einschussgarn‹, osorb. *wutk* ›Einschussgarn‹ für den Weber.

Wuttke: Übername zu poln. *wódka* ›Branntwein‹.

Wutz: bairischer Übername zu bair. *wuzeln* ›kleine, schnelle Bewegungen im Gehen oder mit den Fingern machen‹; vgl. bair. *der Wuzel* ›Person, die wuselt‹.

Wycisk: Übername zu poln. *wycisk* ›Abdruck, Auspressen; Verprügeln, Zunder‹.

Wygoda: Übername zu poln. *wygoda* ›Bequemlichkeit, Behaglichkeit‹ für einen auffallend bequemen, geruhsamen Menschen.

Wyss: vorwiegend alemannische Form von ▶ Weiss. ❖ Bekannte Namensträger: Johann David Wyss und Johann Rudolf Wyss d. J., schweizerische Schriftsteller (18./19. Jh.).

Xander: aus einer durch Kürzung im Anlaut entstandenen Form von ▸ Alexander hervorgegangener Familienname.

Xanten: Herkunftsname zu dem gleichlautenden Ortsnamen (Nordrhein-Westfalen).

Xaver: auf den als Rufnamen verwendeten Beinamen des heiligen Franz Xaver (Franciscus Xaverius) zurückgehender Familienname. Der heilige Franz Xaver (16.Jh.) heißt nach seinem Geburtsort, dem Schloss Xavier (heute: Javier) in Navarra (Spanien). Er gehört zu den Gründern des Jesuitenordens und wirkte als Apostel in Indien und Japan.

Xeller: oberdeutsche Schreibvariante von Gseller (▸ Gesell[e]).

Xylander: aus der Zeit des Humanismus stammende Übersetzung des deutschen Familiennamens ▸ Holzmann ins Griechische (zu griech. *xýlon* ›Holz‹ und griech. *anḗr, andrós* ›Mann‹).

Xyländer: aus einer Umdeutung von ▸ Xylander in Anlehnung an die Pluralform »Länder« entstandener Familienname.

-y: Schreibvariante von ▸ -i.
Yablonski: ▸ Jablonski.
Yalçın: türkischer Familienname zu dem gleichlautenden türkischen Rufnamen.
Yaman: türkischer Familienname zu türk. *yaman* ›heftig, wunderbar, überwältigend‹ bzw. zu dem gleichlautenden türkischen Rufnamen.
Yaşar: türkischer Familienname zu der türkischen Partizipialbildung *yaşar* ›lebend‹.
Yavuz: türkischer Familienname zu türk. *yavuz* ›der Gestrenge‹. ❖ Yavuz war der Beiname von Sultan Selim I. (15./16. Jh.).
Yblagger: bairisch-österreichische Schreibweise von ▸ Übelacker.
Yelin: aus einer alemannischen Koseform von Ulrich (vgl. ▸ Jehle) hervorgegangener Familienname.
Yiğit: türkischer Familienname zu türk. *yiğit* ›kräftig und beherzt, mutig; Jüngling‹.

Yıldırım: türkischer Familienname zu türk. *yıldırım* ›Blitz‹. ❖ Yıldırım war auch der Beiname von Sultan Bayazid I. (14./15. Jh.).
Yıldız: türkischer Familienname zu türk. *yıldız* ›Stern, Glücksstern; Glück‹.
Yılmaz: türkischer Familienname zu türk. *yılmaz* ›der sich nicht fürchtet‹. Yılmaz ist der häufigste türkische Familienname in Deutschland und somit wohl auch in der Türkei.
Ysop: Berufsübername nach einer Bezeichnung für Bohnen-, Pfefferkraut (mhd. *isōpe*) für den Kräutersammler.
Yüksel: türkischer Familienname zu türk. *yüksel* ›sich erhebend‹.
Yzer: vor allem in Ostfriesland vorkommender Familienname, dem ein Berufsübername für den Schmied oder Eisenhändler zugrunde liegt (vgl. mittelniederländisch *iser*, niederländisch *ijzer* ›Eisen‹).

-z: 1. Bei den Endungen *-z(e)* bzw. *-tz(e)* (< ahd. *-[i]zo*) handelt es sich um früher häufig verwendete Suffixe zur Bildung von Koseformen von Rufnamen (▶ Fritz[e], ▶ Kuntz[e], ▶ Lutz, ▶ Matz, ▶ Seitz). 2. Schreibvariante der Endung *-s* des starken Genitivs (▶ -s).

Zabel: 1. Übername zu mhd. *zabel* ›Spielbrett, Brettspiel‹ für einen leidenschaftlichen Spieler. 2. Übername zu mhd. *zobel, zabel,* mnd. *sabel, zabil* ›Zobelfell, -pelz‹ für den Träger. 3. Berufsübername für einen Kürschner. ❖ Bekannter Namensträger: Erik Zabel, deutscher Radrennfahrer (20./21. Jh.).

Zabler: 1. Berufsname auf *-er* zu mhd. *zabel* ›Spielbrett‹ für den Hersteller. 2. Übername für jemanden, der gern Brettspiele spielte (vgl. ▶ Zabel [1.]). ❖ In München ist a. 1372 *Hainrich Zabler sartor* [Schneider] bezeugt.

Zach: 1. Aus einer verkürzten Form von ▶ Zacharias entstandener Familienname. 2. Übername zu mhd. *zāch, zǣhe, zǣch* ›zäh‹, wohl für einen ausdauernden Menschen.

Zachariä, Zachariae: patronymische Bildungen (lateinischer Genitiv) zu ▶ Zacharias. ❖ Bekannter Namensträger: Justus Friedrich Wilhelm Zachariae, deutscher Schriftsteller (18. Jh.).

Zacharias: aus dem gleichlautenden Rufnamen (griechische Form von hebr. *secharyāh* ›Jahwe hat sich erinnert‹) hervorgegangener Familienname. Der Rufname Zacharias geht zurück auf den Vater Johannes' des Täufers und Gemahl der biblischen heiligen Elisabeth. Nach dem Neuen Testament wurde Zacharias wegen seines Zweifels an der Engelsbotschaft, die ihm die Geburt eines Sohnes ankündigte, mit Stummheit bestraft und gewann erst nach der Geburt des Johannes die Sprache wieder. ❖ Als patronymische Bildungen zu Zacharias begegnen uns die Familiennamen **Zachariä** und **Zachariae**. ❖ Aus verkürzten Formen von Zacharias sind u. a. die Familiennamen **Zach, Zacher, Zacherl, Zachert, Zachmann, Zachr(i)es, Zarges, Zechel** hervorgegangen.

Zachäus: aus dem gleichlautenden Rufnamen (griech. Form von aram. *sakkaj* ›der Reine‹) entstandener Familienname. Zachäus war ein Oberzöllner in Jericho, in dessen Haus Jesus einkehrte.

Zacher: aus einer verkürzten Form von ▶ Zacharias entstandener Familienname. ❖ *Cyriacus Zacher* ist a. 1428 in Aken (Sachsen-Anhalt) bezeugt.

Zacherl: auf eine Erweiterung von ▶ Zacher mit *-l*-Suffix zurückgehender Familienname.

Zachert: Erweiterung von ▶ Zacher mit sekundärem *-t*.

Zacheus: ▶ Zachäus.

Zachmann: aus einer Erweiterung von ▶ Zach (1.) mit dem Suffix *-mann* entstandener Familienname.

Zachow: Herkunftsname zu dem gleichlautenden Ortsnamen (Mecklenburg-Vorpommern, Brandenburg, ehem. Brandenburg/jetzt Polen, ehem. Pommern/jetzt Polen).

Zachri(e)s: aus verkürzten Formen von ▶ Zacharias hervorgegangene Familiennamen.

Zagel: 1. Übername zu mhd. *zagel* ›Schwanz, Schweif; männliches Glied‹. 2. Wohnstättenname nach einem gleichlautenden Flurnamen für ein schmales Geländestück bzw. für das Ende eines Landstriches.

Zagler: 1. Ableitung auf *-er* von ▶ Zagel (2.). 2. Herkunftsname zu dem Ortsnamen Zagl (Bayern, Österreich). ❖ *Albrecht Zagler* ist a. 1370 in Nürnberg bezeugt.

Zäh: Übername zu mhd. *zǣhe* ›zäh‹, wohl für einen ausdauernden Menschen.

Zahl: durch Zusammenziehung entstandene Form von ▶ Zagel.

Zahler: 1. Ableitung auf *-er* von ▶ Zahl. 2. Übername zu mhd. *zaler* ›Schuldner‹.

Zahn: Übername zu mhd. *zant, zan* ›Zahn‹ nach einem auffälligen Zahn des ersten Namenschträgers. ❖ Ein früher Beleg ist *Chunrad der Zant* (Regensburg a. 1290).

Zahnbrecher: Berufsname zu mhd. *zant, zan* ›Zahn‹ und mhd. *brĕchen* ›brechen, reißen‹ für den Zahnzieher. ❖ In Esslingen (a. 1365) wird eine *zanbrecherin* beim Badepersonal genannt.

Zahner: 1. Auf fränkische Dialektformen von ▶ Zeiner zurückgehender Berufsname. 2. Herkunftsname zu den Ortsnamen Zahna (Sachsen-Anhalt), Zahn (Schlesien, ehem. Westpreußen/jetzt Polen).

Zahnow: ▶ Zanow.

Zähringer: Herkunftsname zu dem Ortsnamen Zähringen (Baden-Württemberg).

Zaiser: ▶ Zeiser.

Zajac: Übername zu poln. *zając* ›Hase‹.

Zakrzewski: Herkunftsname zu polnischen Ortsnamen wie Zakrzew, Zakrzewo, Zakrzów, Zakrzowce.

Zander: 1. Aus einer durch Kürzung im Anlaut entstandenen Form von ▶ Alexander hervorgegangener Familienname. 2. Da das gleichlautende Wort für den Flussfisch sich erst seit dem 16. Jh. verbreitete, kommt es für die Entstehung des Familiennamens kaum mehr infrage. ❖ *Christianus zander* ist a. 1393 in Bonn bezeugt.

Zanders: patronymische Bildung (starker Genitiv) zu ▶ Zander (1.).

Zandt: 1. ▶ Zahn. 2. Herkunftsname zu dem gleichlautenden Ortsnamen (Bayern).

Zang: Berufsübername zu mhd. *zange* ›Zange‹ für einen Schmied.

Zanger: 1. Übername zu mhd. *zanger, zenger* ›beißend, scharf; munter, lebhaft‹. 2. Berufsname auf *-er* zu mhd. *zange* für den Zangenschmied. ❖ Vgl. die Belege *umb den Egprehtt den Zanger* (Regensburg a. 1339), *H. Zenger* (Nürnberg 1397–1400).

Zank: 1. Wohnstättenname zu mhd. *zanke* ›Zacken, Spitze‹ nach einem Merkmal der Siedlungsstelle. 2. Übername zu fnhd. *zangk* ›Streit‹ für einen streitsüchtigen Menschen. ❖ *Heincz Czank* ist a. 1458 im sächsischen Vogtland bezeugt.

Zankel, Zänkel: Übernamen; Ableitungen (Nomina Agentis) auf *-el* von mhd. *zanken* ›zanken, streiten‹ für einen streitsüchtigen Menschen. ❖ *Chunrat der Zænkel* ist a. 1330 in Regensburg bezeugt.

Zanker, Zänker: Übernamen zu mhd. *zanken* ›zanken, streiten‹ für einen streitsüchtigen Menschen.

Zankl: bairisch-österreichische Schreibweise von ▶ Zankel.

Zanner: Übername zu mhd. *zannen* ›knurren, heulen, weinen‹. ❖ *Gebhart Zanner* ist a. 1363 in Nürnberg bezeugt.

Zanow: Herkunftsname zu dem gleichlautenden Ortsnamen (ehem. Pommern/jetzt Polen).

Zapf(e): 1. Berufsübernamen zu mhd. *zapfe* ›Zapfen zum Ablassen einer Flüssigkeit, besonders Bier oder Wein‹ für den Schankwirt. 2. Übernamen für einen Trinker. ❖ Ein früher Beleg aus Raitenhaslach (Oberbayern) ist *Albrecht der zapff*, a. 1286.

Zäpfel, Zapfl: Ableitungen von ▶ Zapf(e) mit *-l*-Suffix.

Zapp(e): mitteldeutsche Formen von ▶ Zapf(e). ❖ *Niclas czappe* ist a. 1438 in Liegnitz bezeugt.

Zaremba: 1. Wohnstättenname zu poln. *zaręba* ›Einschnitt, Kerbe‹, wobei der polnische Nasalvokal *-ę-* durch *-em-* wiedergegeben ist. 2. Herkunftsname zu dem polnischen Ortsnamen Zaręba.

Zarges: aus einer verkürzten Form von ▶ Zacharias entstandener Familienname.

Zarnekow, Zarnikow: Herkunftsnamen zu den Ortsnamen Zarnekow (Mecklenburg-Vorpommern, ehem. Pommern/jetzt Polen), Zarnikow (ehem. Pommern/jetzt Polen).

Zart(h): Übernamen zu mhd. *zart* ›lieb, geliebt, teuer; lieblich, schön, fein, stattlich; zart, schwächlich‹, mhd. *zart* ›Liebling, Geliebter‹.

Zartmann: Ableitung von ▶ Zart(h) mit dem Suffix *-mann*. ❖ *Herman Zartman* ist a. 1375 in München bezeugt.

Zastrow: Herkunftsname zu einem gleichlautenden slawischen Ortsnamen.

Zaumseil: Berufsübername zu mhd. *zoum* ›Zaum, Zügel‹ und mhd. *seil* ›Seil‹ für einen Zaummacher, Seiler oder Bauern. ❖ *Kuntz und Hans Zaumseil* sind a. 1499 in Pausa (Sächsisches Vogtland) bezeugt.

Zaun: 1. Wohnstättenname zu mhd. *zūn* ›Hecke, Gehege, Zaun, Umzäunung‹: ›wohnhaft am Dorfzaun oder an einem umzäunten Grundstück‹. 2. Gelegentlich Herkunftsname zu dem gleichlautenden Ortsnamen

(Nordrhein-Westfalen, Brandenburg, Baden-Württemberg, Bayern, Österreich).

Zauner, Zäuner: 1. Berufsnamen auf *-er* zu mhd. *zūn* ›Zaun‹ für den Zaunmacher. 2. Ableitungen auf *-er* von ▶ Zaun.

Zawada: Übername zu poln. *zawada* ›Hindernis, Schwierigkeit, Widerstand‹, tschech. *závada* auch ›Mangel, Fehler, Schaden, Gebrechen‹.

Zawadski, Zawadzki: Herkunftsnamen zu polnischen Ortsnamen wie Zawada, Zawady.

-ze: ▶ -z (1.).

Zech: 1. Übername zu mhd. *zæhe, zæch* ›zäh‹, wohl für einen ausdauernden Menschen. 2. Übername zu mhd. *zēch(e)* ›Verrichtung, die in einer bestimmten Reihenfolge umgeht (z. B. Wachtdienst), Vereinigung mehrerer Personen zu gemeinsamen Zwecken (Zunft, Bruderschaft u. a.); Geldbeitrag zur gemeinsamen Zehrung; Gelage; gemeinsamer Schmaus einer Gesellschaft; Wirtsrechnung für Gelage und Schmaus‹. 3. ▶ Tschech. ❖ Bekannter Namensträger: Paul Zech, deutscher Schriftsteller (19./20. Jh.).

Zechel: 1. Aus einer mit *-l*-Suffix gebildeten Koseform zu dem Heiligennamen ▶ Zacharias entstandener Familienname. 2. Ableitung von ▶ Zech mit *-l*-Suffix.

Zechlin: Herkunftsname zu dem gleichlautenden Ortsnamen (ehem. Pommern/jetzt Polen, Brandenburg).

Zechmeister: Amtsname zu mhd. *zēchmeister* ›Vorstand, Verwalter einer *zeche*, d. h. einer Zunft oder Bruderschaft; gelegentlich auch Vermögensverwalter einer Kirchengemeinde, einer Bergwerksgenossenschaft oder der Gemeindekasse‹.

Zeck: Übername zu mhd. *zecke* ›Holzblock‹, übertragen für einen derben, plumpen Menschen.

Zedler: 1. Berufsname zu mhd. *zēdelen* ›eine Urkunde abfassen und schreiben‹ für einen Urkundenschreiber. 2. In Schlesien auch Nebenform von ▶ Zeidler.

Zedlitz: Herkunftsname zu dem gleichlautenden Ortsnamen (Thüringen, Sachsen, Schlesien, Böhmen).

Zednik: Berufsname zu tschech. *zedník* ›Maurer‹.

Zeeb: Übername zu einer Nebenform von ▶ Zeh(e) (1.).

Zeh(e): 1. Übernamen zu mhd. *zēhe* ›Zehe‹ nach einer auffallenden Zehe des ersten Namensträgers. 2. Übernamen zu mhd. *zæhe* ›zäh‹ wohl für einen ausdauernden Menschen. ❖ Her[man] Zeh ist a. 1392 in Nürnberg bezeugt.

Zehend(n)er: ▶ Zehnder.

Zehentbauer: bairisch-österreichischer Standesname für einen zehntpflichtigen Bauern (zu mhd. *zēhent* ›der zehnte Teil, bes. als Abgabe von Vieh, Getreide, Früchten‹).

Zehentmai(e)r, Zehentmeier: bairisch-österreichische Standesnamen für einen Meier (▶ Meyer), der als Pächter auf einem »Zehnthof« die Aufgabe hatte, von den umliegenden Höfen den Zehnten (›der zehnte Teil, bes. als Abgabe von Vieh, Getreide, Früchten‹) für den Grundherrn einzusammeln und zu lagern. ❖ In München ist a. 1383 *Ulrich zehentmair von Hegling* bezeugt.

Zehetbauer: ▶ Zehentbauer.

Zehetmai(e)r, Zehetmay(e)r, Zehetmeier: ▶ Zehentmai(e)r.

Zehetner: bairisch-österreichische Form von ▶ Zehnder.

Zehnder: Standesname zu mhd. *zēhendenære, zēhentnære, zēhendære* ›Zehntpflichtiger‹ oder Amtsname für den Zehnteinnehmer. ❖ *Rychwin Zehender* ist a. 1437 in Limburg/Lahn bezeugt.

Zehner: 1. ▶ Zehnder. 2. Gelegentlich Übername für ein Mitglied einer Körperschaft von zehn Männern.

Zehnpfennig, Zehnpfund: Übernamen nach einer Zins- oder Abgabeverpflichtung.

Zehntner: ▶ Zehnder.

Zehrer: Übername zu mhd. *zerer* ›der großen Aufwand macht; Zecher‹, fnhd. *zerer* ›Prasser‹. ❖ *Heinrich Zerer* ist a. 1315 in Nürnberg bezeugt.

Zeidler: 1. Berufsname zu mhd. *zīdelære, zīdler* ›der zur Nutzung der Waldbienen Berechtigte‹. 2. Gelegentlich Herkunftsname auf *-er* zu dem Ortsnamen Zeidel (Schlesien).

Zeiger: 1. Berufsübername zu mhd. *zeiger* ›Aushängeschild eines Wirtshauses‹ für einen Gastwirt. 2. Amtsname oder Übername zu mhd. *zeiger* ›Zeiger, Anzeiger, Vorzeiger‹.

Zeiher: Übername zu mhd. *zīher* ›Lästermaul‹.

Zeiler

Zeiler: 1. Wohnstättenname auf *-er* zu mhd. *zīl* ›Dornbusch, Hecke‹ oder zu mhd. *zīle* ›Reihe, Linie, Gasse‹. 2. Herkunftsname auf *-er* zu dem Ortsnamen Zeil (Baden-Württemberg, Bayern, Österreich).

Zeilinger: Herkunftsname zu dem Ortsnamen Zeiling (Bayern).

Zeilmann: 1. Wohnstättenname auf *-mann* zu mhd. *zīl* ›Dornbusch, Hecke‹ oder zu mhd. *zīle* ›Reihe, Linie, Gasse‹. 2. Herkunftsname auf *-mann* zu dem Ortsnamen Zeil (Baden-Württemberg, Bayern, Österreich).

Zeiner: 1. Berufsname zu mhd. *zeinen* ›schmieden‹ für den Schmied, der Stabeisen (mhd. *zein*) herstellte, das zu Nägeln, Draht u. a. weiterverarbeitet wurde. 2. Berufsname zu mhd. *zeinen* ›flechten‹, mhd. *zeine* ›Korb‹ für den Korbflechter.

Zeise, Zeisel: Berufsübernamen zu mhd. *zīse, zīsel* ›Zeisig‹ für den Vogelsteller, -händler oder Übernamen nach einem bildlichen Vergleich für einen munteren, auch lockeren Menschen. ❖ *H. Zeise* ist i. J. 1363 in Nürnberg bezeugt.

Zeiser: 1. Berufsübername zu mhd. *zeisen* ›zausen, zupfen, bes. Wolle‹ für den Wollzupfer, Wollkämmer. 2. Übername zu mhd. *zeisen* ›in Streit geraten‹ für einen streitsüchtigen Menschen.

Zeisig: Berufsübername oder Übername zu mhd. *zīsec, zīsic* ›Zeisig‹, vgl. ▸ Zeise. ❖ *Symon Zeysig* ist i. J. 1485 in Altenburg/Thüringen bezeugt.

Zeising: auf eine ostmitteldeutsche Nebenform von Zeisig (▸ Zeise) zurückgehender Familienname.

Zeisler: 1. ▸ Zeissler, Zeißler. 2. Variante auf *-ler* von ▸ Zeiser.

Zeiss, Zeiß: Übernamen zu mhd. *zeiz* ›zart, anmutig, angenehm, lieb‹. ❖ Bekannter Namensträger: Carl Zeiss, deutscher Mechaniker und Unternehmer (19. Jh.).

Zeissig, Zeißig: 1. Herkunftsnamen zu dem Ortsnamen Zeißig (Sachsen). 2. ▸ Zeisig.

Zeissler, Zeißler: Berufsnamen auf *-er* zu mhd. *zīsel, zeisel, zeyssel* ›Zeisig‹ für den Zeisigfänger, den Vogelsteller. Der Zeisig war ein beliebter Stubenvogel. ❖ *Chunr. Zeissler* ist a. 1338 in Regensburg bezeugt.

Zeitler: ▸ Zeidler.

Zeitvogel: Übername zu mhd. *zītvogel* ›Vogel, der flügge wird‹, übertragen für einen unerfahrenen, unreifen Menschen.

Zeitz: Herkunftsname zu dem gleichlautenden Ortsnamen (Sachsen-Anhalt).

Zeitzsmann: Ableitung auf *-mann* von ▸ Zeitz.

Zelesny: Übername zu tschech. *železný* ›eisern‹.

Zelger: Wohnstättenname auf *-er* zu mhd. *zelge* ›bestelltes Feld, besonders als dritter Teil der Gesamtflur bei der Dreifelderwirtschaft‹.

Zell(e): 1. Herkunftsnamen zu mehrfach vorkommenden Ortsnamen wie Zell, Zella, Zelle, Celle. 2. Wohnstättenname zu mhd. *zëlle, cëlle* ›Wohngemach, Kammer, Zelle; kleines Nebenkloster, Klostergut‹.

Zeller: Ableitung auf *-er* von ▸ Zell(e). ❖ Bekannter Namensträger: Carl Zeller, österreichischer Operettenkomponist (19. Jh.).

Zellin: Herkunftsname zu dem gleichlautenden Ortsnamen (ehem. Brandenburg/jetzt Polen, Schlesien).

Zellmann: Ableitung von ▸ Zell(e) mit dem Suffix *-mann*.

Zellmer: Standesname; nähere Kennzeichnung eines Meiers (▸ Meyer; hier verschliffen zu ›-mer‹) durch die Lage oder die Art des Hofes (▸ Zell[e] [2.]).

Zellner: 1. Ableitung auf *-ner* von ▸ Zell(e). 2. Entrundete Form von ▸ Zöllner.

Zelt(n)er: Berufsnamen zu mhd. *zëlte* ›flaches Backwerk, Kuchen, Fladen‹ für den Kuchen-, Fladenbäcker, vgl. ▸ Beck(e) (1.), ▸ Flad(e). Neben den Lebzelten, unseren Lebkuchen, gab es z. B. im spätmittelalterlichen Nürnberg Pfann- und Pfefferzelten, Hutzel-, Zwetschgen- und Ofenzelten, Fladen mit Fisch oder Fleisch. ❖ *Heinr. Zelter* ist i. J. 1312 in Nürnberg bezeugt. ❖ Bekannter Namensträger: Carl Friedrich Zelter, deutscher Komponist (18./19. Jh.).

Zeman: Standesname zu tschech. *zeman* ›Landedelmann‹.

Zemke: aus der eindeutschenden Schreibung einer Ableitung von slawischen Rufnamen wie Semislav (urslaw. **sěmb* ›Person, Persönlichkeit‹ + urslaw. **slava* ›Ruhm, Ehre‹) entstandener Familienname.

Zender: 1. ▸ Zehnder. 2. Umgelautete Form von ▸ Zander. ❖ Bekannter Namensträger:

Hans Zender, deutscher Komponist und Dirigent (20./21. Jh.).

Zenger: umgelautete Form von ▸Zanger. ❖ *H. Zenger* ist a. 1397–1400 in Nürnberg bezeugt.

Zenk: im deutsch-slawischen Kontaktgebiet aus einem slawischen Rufnamen wie tschech. Czenko (vgl. tschech. *cenek* ›der Werte‹) entstandener Familienname.

Zenker: ▸Zanker, Zänker.

Zenner: 1. Übername zu mhd. *zannen* ›knurren, heulen, weinen‹ oder zu mhd. *zen(n)en* ›reizen, locken‹. ❖ *Cunr. dictus* [genannt] *Cenner* ist i. J. 1276 als Bürger von Speyer überliefert. 2. Herkunftsname zu den Ortsnamen Obern-, Unternzenn, Langenzenn (Mittelfranken), Zennern (Hessen). ❖ Vgl. die Nürnberger Belege *Chunr. de* [aus] *Zenna* (a. 1305) = *Ch. Zenner* (a. 1312) = *Ch. de* [aus] *Zenne* (a. 1314), *Fricz Zenner* (a. 1371) = *Fritz von Zenn* (nach 1388).

Zens: 1. Auf eine durch Kürzung im Anlaut entstandene Form von Vinzens (▸Vincent) zurückgehender Familienname. 2. Herkunftsname zu dem gleichlautenden Ortsnamen (Sachsen-Anhalt).

Zensen: patronymische Bildung (schwacher Genitiv) zu ▸Zens (1.).

Zentgraf: Amtsname zu mhd. *zentgrāve*, Nebenform *zingrēve* ›Vorsitzender der Zent‹, d. h. eines Gerichtsbezirks, der ursprünglich hundert Dörfer umfasste, seit dem 14. Jh. auch ›Dorfvorstand‹. ❖ *Alheyd des Zentgrafen Tochter von Bamberg* ist a. 1347 in Nürnberg bezeugt.

Zentmaier, Zentmayer: ▸Zehentmai(e)r.

Zentner: 1. Amtsname zu mhd. *zëntner* ›Zentrichter‹, vgl. ▸Zentgraf. 2. ▸Zehnder.

Zentz, Zenz: auf eine durch Kürzung im Anlaut entstandene Form von Vinzenz (▸Vincent) zurückgehende Familiennamen.

Zepernick: Herkunftsname zu dem gleichlautenden Ortsnamen (Brandenburg), vgl. auch ▸Zeppernick.

Zepf: umgelautete Form von ▸Zapf.

Zeppelin: Herkunftsname zu dem Ortsnamen Zepelin (Mecklenburg-Vorpommern). ❖ Bekannter Namensträger: Ferdinand Graf von Zeppelin, Begründer des Starrluftschiffbaus (19./20. Jh.).

Zeppenfeld: Herkunftsname zu dem gleichlautenden Ortsnamen (Nordrhein-Westfalen).

Zeppernick: Herkunftsname zu dem gleichlautenden Ortsnamen (Sachsen-Anhalt), vgl. auch ▸Zepernick.

Zerbe: Herkunftsname zu Ortsnamen wie Zerben (Sachsen-Anhalt), Zerbau (Schlesien).

Zerbst: Herkunftsname zu dem gleichlautenden Ortsnamen (Sachsen-Anhalt).

Zerfass, Zerfaß: auf entstellte Formen von ▸Servatius zurückgehende Familiennamen.

Zergiebel: ▸Zirngibl.

Zerna: Herkunftsname zu Ortsnamen wie Zerna (Sachsen).

Zerni(c)kow: Herkunftsnamen zu den Ortsnamen Zernickow (Brandenburg, ehem. Brandenburg/jetzt Polen), Zernikow (Brandenburg).

Zernitz: Herkunftsname zu dem gleichlautenden Ortsnamen (Brandenburg, Sachsen-Anhalt).

Zerr: 1. ▸Zerrer. 2. Auf eine verkürzte Form von ▸Servatius zurückgehender Familienname. 3. Aus einer verkürzten und umgelauteten Form des Heiligennamens Nazarius (›der Nazarener‹) entstandener Familienname. Der heilige Nazarius (3./4. Jh.) soll als Prediger nach Gallien und bis nach Trier gekommen sein und unter Kaiser Diokletian das Martyrium erlitten haben. Er wurde frühzeitig in Frankreich und Westdeutschland verehrt.

Zerrenner: 1. Übername zu mhd. *zerrennen* ›zerrinnen machen‹ für einen verschwenderischen Menschen. 2. Berufsname für den Hüttenarbeiter, der das Eisen zerrinnen lässt.

Zerrer: Übername zu mhd. *zerren* ›zerren, zerreißen, spalten; streiten, zanken‹ für einen zänkischen Menschen, einen Raufbold. ❖ Ein früher Beleg stammt aus Regensburg: *Chunrat der Zerrǣr* (a. 1177/1201).

Zervas, Zerwas: ▸Zerfass.

Zesch: 1. Aus einer Ableitung von slawischen Rufnamen wie Česlav (urslaw. *čьstь ›Ehre‹ + urslaw. *slava ›Ruhm, Ehre‹) hervorgegangener Familienname. 2. Herkunftsname zu dem gleichlautenden Ortsnamen (Brandenburg).

Zeschke: aus der eindeutschenden Schreibung einer mit dem Suffix -ka gebildeten Ableitung von slawischen Rufnamen wie Česlav (▶ Zesch (1.)) entstandener Familienname.

Zett(e)l: 1. Berufsübernamen zu mhd. *zēdel(e)*, *zēt(t)el* ›beschriebenes oder zu beschreibendes Blatt, Zettel, Urkunde‹ für einen Schreiber. 2. Berufsübernamen zu mhd. *zettel* ›Aufzug oder Kette eines Gewebes‹ für einen Weber.

Zettler: 1. Berufsübername zu mhd. *zetteln* ›eine Urkunde anfertigen‹ für einen Schreiber. 2. Berufsübername zu mhd. *zetteln* ›das Garn auf dem Webstuhl zurichten‹ für einen Weber.

Zetzsche: 1. ▶ Zesch (1.). 2. Herkunftsname zu Ortsnamen wie Zetzscha (Thüringen), Zschetzsch (Sachsen-Anhalt).

Zeuch, Zeug: Übernamen zu mhd. *ziuc*, *ziug* ›Handwerkszeug, Gerät; Rüstung und Waffen aller Art; Stoff, Material‹, auch ›Zeugnis, Beweis, Zeuge‹.

Zeulner: Herkunftsname auf *-er* zu dem Ortsnamen Marktzeuln (Oberfranken).

Zeuner: ▶ Zauner, Zäuner. ❖ *Zeuner Hen von Benstadt* ist in der Wetterau (Hessen) a. 1531 bezeugt.

Zeunert: Erweiterung von ▶ Zeuner mit sekundärem *-t*.

Zibell: ▶ Zieboll.

Zibold: ▶ Ziebold.

Zibul(l)a: ▶ Cybul(l)a.

Zick: 1. Übername zu mhd. *zic* ›leichte Berührung, leichter Stoß oder Druck; Neckerei; Fehler, Makel, unredliche Handlung‹. 2. ▶ Sick. ❖ Bekannte Namensträger: Januarius und Johann Zick, deutsche Maler (18. Jh.).

Zickendraht: Berufsübername in Satzform (»ziehe den Draht!«) zu mhd. *ziehen* ›ziehen‹ und mhd. *drāt* ›Draht‹ für den Drahtschmied, den Drahtzieher.

Zickler: Berufsname auf *-er* zu mhd. *sickel* ›ein Hohlmaß‹, fnhd. (bairisch-österreichisch) *zickel* ›Schöpfeimer‹ für den Hersteller.

Ziebarth: aus einer entstellten Form von ▶ Siebert(h) hervorgegangener Familienname.

Ziebell: ▶ Zieboll.

Ziebold: auf eine Variante von ▶ Siebold zurückgehender Familienname.

Zieboll: Berufsübername zu mhd. *zwibolle*, *zibolle*, *zibel* ›Zwiebel‹ für einen Bauern oder Übername nach der Lieblingsspeise.

Ziebula: ▶ Cybul(l)a.

Ziech(n)aus: Übernamen in Satzform (»[ich] ziehe hinaus«) zu mhd. *ziehen* ›ziehen‹ für einen unsteten Menschen bzw. für einen wandernden Handwerksgesellen.

Ziechner: Berufsname zu mhd. *ziechener* für den Weber, der Bettüberzüge *(ziechen)* herstellte. ❖ *Marquardus dictus* [genannt] *Zichner* ist a. 1282 in Nürnberg bezeugt.

Ziegaus: ▶ Ziech(n)aus.

Ziegel: Berufsübernamen zu mhd. *ziegel* ›Ziegel, Dach- und Mauerziegel‹ für den Ziegelbrenner (vgl. ▶ Ziegler) oder den Dachdecker (vgl. ▶ Ziegeldecker).

Ziegeldecker: Berufsname für den Dachdecker, der mit Ziegeln deckte (mhd. *ziegeldecker*).

Ziegele: Ableitung von ▶ Ziegel mit dem Suffix *-le*.

Ziegeler: ▶ Ziegler.

Ziegelhöfer: Herkunftsname auf *-er* zu dem häufigen Ortsnamen Ziegelhof.

Ziegelin: Ableitung von ▶ Ziegel mit dem Suffix *-lin*.

Ziegenaus: ▶ Ziech(n)aus.

Ziegenbein: Übername nach einem körperlichen Merkmal für einen Menschen mit dünnen Beinen.

Ziegenberg: Herkunftsname zu dem gleichlautenden Ortsnamen (Niedersachsen, Hessen, ehem. Pommern/jetzt Polen, Österreich).

Ziegengeist: vor allem im Raum Gera vorkommender Berufsübername für den Ziegenhirten (zu mhd. *zige* ›Ziege‹ und mhd. *geiz* ›Ziege‹ mit Umdeutung des zweiten Namenbestandteils in Anlehnung an das Wort »Geist«). ❖ *Nikel Zigengeist* ist a. 1388 im sächsischen Vogtland bezeugt.

Ziegenhagen: Herkunftsname zu dem gleichlautenden Ortsnamen (Hessen, Sachsen-Anhalt, ehem. Pommern/jetzt Polen).

Ziegenhals: 1. Übername nach einem körperlichen Merkmal für einen Menschen mit dünnen Hals. 2. Herkunftsname zu dem gleichlautenden Ortsnamen (Schlesien).

Ziegenhirt: Berufsname zu mhd. *zigenhirte* ›Ziegenhirt‹.

Ziegenrücker: Herkunftsname auf *-er* zu den Ortsnamen Ziegenrück (Thüringen), Alt-,

Ziegler: *Der mittelalterliche Ziegler bei der Herstellung seiner Ware*

Neuziegenrück (Mittelfranken). ❖ *Hans Zigenruk* ist a. 1363 in Nürnberg bezeugt.

Zieger: Berufsübername zu mhd. *ziger* ›Quark‹ für den Quarkhersteller. ❖ Bei dem Esslinger Beleg *hans ziger spengler* (a. 1460) handelt es sich bereits um einen Familiennamen.

Ziegerer: Berufsname auf *-er* zu mhd. *ziger* ›Quark‹ für den Quarkhersteller.

Ziegert: 1. Erweiterung von ▸ Zieger mit sekundärem *-t*. 2. ▸ Siegert.

Ziegler: Berufsname zu mhd. *zieg(e)ler* ›Ziegelbrenner‹. Der Ziegler formte aus einer mit Stroh vermischten Lehmmasse die Ziegel, trocknete sie an der Luft und ließ sie am Feuer härten. ❖ In Nürnberg ist a. 1302 *Vlricus Ziegler de [aus] Movrolfstein* bezeugt.

Ziegner: 1. ▸ Zieger. 2. ▸ Ziechner.

Ziegra: Herkunftsname zu dem gleichlautenden Ortsnamen (Sachsen).

Ziehm: ▸ Ziem.

Ziehr: ▸ Zier.

Ziehrer: ▸ Zierer. ❖ Bekannter Namensträger: Carl Michael Ziehrer, österreichischer Komponist (19./20. Jh.).

Zielinski: 1. Herkunftsname zu polnischen Ortsnamen wie Zieleniec, Zielenice, Zielina, Zielińce. 2. Übername zu poln. *zieleń* ›grün‹, *ziele* ›Kraut‹.

Zielke: niederdeutscher, aus der Erweiterung einer Kurzform des Heiligennamens ▸ Cyliax mit *-k*-Suffix hervorgegangener Familienname.

Zielonka: Herkunftsname zu dem gleichlautenden Ortsnamen (Ostpreußen).

Ziem: aus einer niederdeutsch-friesischen Kurzform des Rufnamens Siegmar *(sigu + māri)* entstandener Familienname, wobei *Z-* für *S-* eingetreten ist.

Ziemann: auf die niederdeutsch-friesische Form von ▸ Siemann, wobei *Z-* für *S-* eingetreten ist, zurückgehender Familienname.

Ziemens: aus einer niederdeutsch-friesischen Form von ▸ Siemens, wobei *Z-* für *S-* eingetreten ist, entstandener Familienname.

Ziemer: 1. Aus einer niederdeutsch-friesischen Form von ▸ Siemer, wobei *Z-* für *S-* eingetreten ist, hervorgegangener Familienname. 2. Berufsübername zu mhd. *ziemer* ›Krammetsvogel‹ für einen Vogelsteller.

Ziemke: aus einer Erweiterung von ▸ Ziem mit *-k*-Suffix hervorgegangener Familienname.

Ziems: patronymische Bildung (starker Genitiv) zu ▸ Ziem.

Zier: Übername zu mhd. *ziere, zier* ›prächtig, kostbar, herrlich, schön, schmuck‹ für einen Prunk liebenden oder schönen Menschen.

Zierau: Herkunftsname zu dem gleichlautenden Ortsnamen (Sachsen-Anhalt), z. T. auch ▸ Zierow.

Zierenberg: Herkunftsname zu dem gleichlautenden Ortsnamen (Hessen).

Zierer: Übername auf *-er* zu mhd. *zieren* ›zieren, putzen, schmücken, verherrlichen‹ für jemanden, der sich gerne schmückte.

Zierfuß: Übername zu mhd. *ziere, zier* ›prächtig, kostbar, herrlich, schön, schmuck‹ und mhd. *vuoz* ›Fuß‹, vgl. ▸ Zier.

Ziergiebel: ▸ Zirngibl.

Zierhold: auf eine Umdeutung von ▸ Zierold in Anlehnung an das Adjektiv »hold« zurückgehender Familienname.

Zierhol(t)z: aus einer Umdeutung von ▸ Zierold in Anlehnung an das Wort »Holz« hervorgegangene Familienname.

Zierhut: Berufsübername zu mhd. *ziere, zier* ›prächtig, kostbar, herrlich, schön, schmuck‹ und mhd. *huot* ›Hut‹ für den Hutmacher oder Übername nach einem besonderen Merkmal der Kleidung.

Zieringer: Herkunftsname zu dem Ortsnamen Ziering (Bayern).

Zierl: Ableitung von ▶ Zier mit *-l*-Suffix.

Zierlein: Ableitung von ▶ Zier mit dem Suffix *-lein*.

Ziernhöld: durch Zusammenziehung und Rundung aus mhd. *zierenhëlt* ›der sich ziert, spröde tut‹ entstandener Übername.

Zierold: aus einer Ableitung von ▶ Zier mit dem Suffix *-old* entstandener Übername.

Zierow: Herkunftsname zu dem gleichlautenden Ortsnamen (Mecklenburg-Vorpommern).

Ziervogel: Übername zu mhd. *ziere, zier* ›prächtig, kostbar, herrlich, schön, schmuck‹ und mhd. *vogel* ›Vogel‹ für einen Prunk liebenden Menschen.

Zieschang, Zieschank: auf eindeutschende Schreibungen von osorb. Křižank, nsorb. Kśižank (▶ Christian) zurückgehende Familiennamen.

Ziesche: Übername zu nsorb. *cyž*, osorb. *čižik* ›Zeisig‹

Ziese: 1. Berufsübername zu mhd. *zise* ›Accise, eine Verbrauchssteuer‹ für den Steuereinnehmer. 2. Berufsübername zu mhd. *zīse* ›Zeisig‹ für einen Vogelfänger.

Ziethen: Herkunftsname zu dem gleichlautenden Ortsnamen (Brandenburg, Schleswig-Holstein, Mecklenburg-Vorpommern, Schlesien).

Ziethmann: Ableitung von ▶ Ziethen mit dem Suffix *-mann*.

Zietz: Herkunftsname zu den Ortsnamen Zeitz (Sachsen-Anhalt), Zitz (Brandenburg), Zietzen (ehem. Pommern/jetzt Polen).

Ziga(h)n: ▶ Cygan.

Zigldrum: Berufsübername zu mhd. *ziegel* ›Ziegel, Dach- und Mauerziegel‹ und mhd. *drum* ›Stück, Splitter‹ für den Ziegelbrenner (vgl. ▶ Ziegler) oder den Dachdecker (vgl. ▶ Ziegeldecker).

Zilch: vorwiegend im Bereich Fulda–Aschaffenburg sowie in der Oberpfalz häufiger vorkommender Familienname; Variante von ▶ Zilg.

Zilg: 1. Aus dem Heiligennamen ▶ Cilliax entstandener Familienname. 2. Auf Cecilg, eine verkürzte Form des Heiligennamens Cäcilie zurückgehender metronymischer Familienname. Die heilige Cäcilie (3. Jh.) wird seit dem 15. Jh. als Schutzheilige der Musik verehrt.

Zilger: 1. Patronymische Bildung auf *-er* zu ▶ Zilg (1.). 2. Metronymische Bildung auf *-er* zu ▶ Zilg (2.).

Ziliax: ▶ Zilliax.

Zilius: aus der mit dem Suffix *-ius* gebildeten Latinisierung einer verkürzten Form von Ziliax (▶ Zilliax) hervorgegangener Familienname.

Zill: 1. Aus einer verkürzten Form des Heiligennamens ▶ Zilliax hervorgegangener Familienname. 2. Wohnstättenname zu mhd. *zil* ›Ziel; Ende (z. B. eines Tales), Grenze‹. 3. ▶ Zille (1.). 4. Herkunftsname zu dem gleichlautenden Ortsnamen (Bayern, Österreich).

Zille: 1. Berufsübername zu mhd. *zülle, zille* ›Flussnachen, Flussschiff‹ für einen Schiffer. 2. ▶ Zill (1.). ❖ Bekannter Namensträger: Rudolf Heinrich Zille, deutscher Grafiker, Zeichner, Maler und Fotograf (19./20. Jh.).

Ziller: 1. Berufsname auf *-er* zu mhd. *zülle, zille* ›Flussnachen, Flussschiff‹ für einen Schiffer. 2. Ableitung auf *-er* von ▶ Zill (2.) und (4.). ❖ Bei dem Beleg *Ziller sneyter* (Regensburg a. 1348) handelt es sich bereits um einen festen Familiennamen.

Zilles: aus einer verschliffenen Form von ▶ Zilliax entstandener Familienname.

Zillessen, Zilleßen: patronymische Bildungen (schwacher Genitiv oder Ableitung auf *-sen*) zu ▶ Zilles.

Zilliax: aus einer durch Dissimilation entstandenen Form von Cyriacus (▶ Cyliax) hervorgegangener Familienname.

Zillies: auf eine verschliffene Form von ▶ Zilliax zurückgehender Familienname.

Zillig: 1. Übername zu mhd. *zilic* ›schmächtig, klein‹ nach dem Aussehen des ersten Namensträgers. 2. Aus einer verkürzten Form von ▶ Zilliax entstandener Familienname. ❖ Bekannter Namensträger: Winfried Zillig, deutscher Komponist und Dirigent (20. Jh.).

Zilliken: auf eine mit dem Suffix *-ken* gebildete Koseform zu einer verkürzten Form von ▶ Zilliax zurückgehender Familienname.

Zillikens: patronymische Bildung (starker Genitiv) zu ▶ Zilliken.

Zillke: aus einer mit *k*-Suffix gebildeten Koseform von ▸ Zill (1.) entstandener Familienname.

Zillken: ▸ Zilliken.

Zillmann: 1. Ableitung auf *-mann* zu ▸ Zill (1.), (2.) oder zu ▸ Zille (1.). 2. Herkunftsname auf *-mann* zu dem Ortsnamen Zilly (Sachsen-Anhalt).

Zillmer: aus einer Ableitung des slawischen Rufnamens Sulimir (urslaw. **sulijь* ›besser, stärker‹ + urslaw. **mirъ* ›Friede‹) entstandener Familienname.

Zimmer: 1. Berufsübername zu mhd. *zimber, zimmer* ›Bauholz; Gebäude aus Holz‹ für den Zimmermann. 2. Herkunftsname zu dem häufigen Ortsnamen Zimmern (Baden-Württemberg, Bayern, Thüringen) oder zu Ortsnamen wie Herrenzimmern, Frauenzimmern, Rotenzimmern, Marschalkenzimmern (Baden-Württemberg), Dürrenzimmern (Baden-Württemberg, Bayern). ❖ *Nickel Czymer* ist a. 1407 in Altenburg (Thüringen) bezeugt. ❖ Bekannter Namensträger: Dieter Zimmer, deutscher Schriftsteller und Journalist (20./21. Jh.).

Zimmerer: 1. ▸ Zimmermann. 2. Ableitung auf *-er* von ▸ Zimmer (2.). ❖ *Herman der zimerer* ist a. 1291 in Pfullingen (Baden-Württemberg) bezeugt.

Zimmerle: Ableitung von ▸ Zimmer (1.) mit dem Suffix *-le*.

Zimmerlin: Ableitung von ▸ Zimmer (1.) mit dem Suffix *-lin*.

Zimmerling: Berufsname für den Zimmermann, besonders den Zimmersteiger, der im Bergwerk Zimmermannsarbeiten verrichtete.

Zimmermann: Berufsname zu mhd. *zimberman* ›Zimmermann‹. Der Zimmermann war ein wichtiger Bauhandwerker, da die Bauten in den mittelalterlichen Städten vielfach Holz- und Fachwerkbauten waren. Auf dem Lande, wo die Häuser oft im Eigenbau errichtet wurden, übernahm der Zimmermann die Herstellung der Dachstühle. Heute nimmt Zimmermann die 20. Position in der Häufigkeitsrangfolge der Familiennamen in Deutschland ein. ❖ Ein früher Beleg stammt aus Konstanz: *meister Berchtold der cinberman von Kostenze* (a. 1251–1254). ❖ Bekannte Namensträger: Johann Baptist Zimmermann, deutscher Stuckateur und Maler (17./18. Jh.); Dominikus Zimmermann, deutscher Architekt (17. /18. Jh.); Bernd Alois Zimmermann, deutscher Komponist (20. Jh.).

Zimmet: Berufsübername zu mhd. *zinemīn, zimet* ›Zimt‹ für den Gewürzkrämer.

Zimpel: 1. Berufsübername zu mhd. *zimbel* ›kleinere (mit einem Hammer geschlagene) Glocke, Schelle‹ bzw. mhd. *zimbele* ›Becken als Musikinstrument‹ für einen Musikanten. 2. Herkunftsname zu dem gleichlautenden Ortsnamen (Schlesien).

Zindel: 1. Berufsübername zu mhd. *zindāl, zindel, zindāt* ›Zindel, eine Art Seidenstoff, Taft‹, mnd. *sindal, sindel* ›(leichterer) Seidenstoff‹ für den Hersteller oder den Händler. Der Stoff wurde ursprünglich aus Byzanz und Italien bezogen, seit dem 12. Jh. auch in Deutschland hergestellt. 2. Herkunftsname zu dem Ortsnamen Zindel (Schlesien). ❖ *Al der zindel (zvmphmaister)* ist a. 1297 in Reutlingen belegt.

Zindler: 1. Berufsname für den Zindelweber, -händler, ▸ Zindel. ❖ Vgl. die Kölner Belege *Servatius Cindere* (a. 1262), *Gerlacus Zindetere* (13. Jh.). 2. Herkunftsname auf *-er* zu dem Ortsnamen Zindel (Schlesien).

Zingel: Wohnstättenname zu mhd. *zingel* ›äußere Verschanzungsmauer einer Stadt‹.

Zingler: Ableitung auf *-er* von ▸ Zingel.

Zink(e): 1. Übernamen zu mhd. *zinke* ›Zacken, Spitze; Blasinstrument aus Holz oder lederüberzogenem Holz‹, fnhd. *zinke* ›Blasinstrument; große Nase‹ für einen Menschen mit einer auffälligen Nase oder für den Spieler dieses Blasinstruments. Der Zinken wurde vor allem von den Stadtpfeifern gespielt, sodass es sich auch um Berufsübernamen handeln kann. 2. Vereinzelt können auch Übernamen zu mhd. *zinke* ›die Fünf auf dem Würfel‹ für den Würfelspieler vorliegen. 3. Wohnstättennamen nach der Lage oder Form der Siedlungsstelle. ❖ *bentz zincg d. alt* ist i. J. 1401 in Esslingen bezeugt.

Zinn: Berufsübername zu mhd. *zin, cin* ›Zinn‹ für den Zinngießer (vgl. ▸ Zinner).

Zinner: Berufsname für mhd. *ziner* ›Zinngießer‹. Seit ab der Mitte des 13. Jahrhunderts die Zinnvorkommen im nördlichen Böhmen sowie in der Grafschaft Wolkenstein abgebaut wurden, gewann Zinn als wichtigstes Metall für Haushaltsgefäße schnell an Bedeutung. Der Zinngießer versorgte die spätmittelalterlichen Haushalte mit Kannen, Bechern, Krügen und Schüsseln. ❖ Der Flaschen- und Haubenschmied *C. Ziner* ist zwischen 1370 und 1388 in Nürnberg bezeugt.

Zinngrebe: auf mhd. *zingrēve*, eine Nebenform von mhd. *zëntgrāve* (▶ Zentgraf), zurückgehender Familienname.

Zinnkann: Berufsübername zu mhd. *zin* ›Zinn‹ und mhd. *kanne* ›Kanne‹ für den Zinngießer, den Hersteller von Zinnkannen.

Zins: 1. Übername zu mhd. *zins* ›Abgabe, Zins‹ für einen zinspflichtigen Bauern. 2. Auf eine verkürzte Form von Vincens (▶ Vincent) zurückgehender Familienname.

Zinser: Amtsname oder Standesname zu mhd. *zinsære* ›Zinseinnehmer, Zinspflichtiger‹. ❖ Im Jahre 1440 ist *conrade zinser* in Esslingen bezeugt.

Zinsmaier, Zinsmayer: Amtsnamen zu mhd. *zinsmeier* ›Meier, der für den Herrn den Zins einnimmt oder einfordert‹.

Zinsmeister: Amtsname zu mhd. *zinsmeister* ›Zinseinnehmer, Zinseinforderer‹.

Zintgraf: ▶ Zentgraf.

Zintl: 1. Bairisch-österreichische Schreibweise von ▶ Zindel. 2. Bairisch-österreichischer Wohnstättenname zu einem gleichlautenden Flurnamen, der auf einer Umdeutung von *Sinter* ›Schlacke‹ beruht und auf die Wohnlage bei einem Bergwerk oder bei einer Schmiede hindeutet.

Zipf: 1. Übername zu mhd. *zipf* ›spitzes Ende, Zipfel‹ nach einer Besonderheit der Kleidung (z. B. Kapuzenzipfel). 2. Wohnstättenname nach der Lage oder Form der Siedlungsstelle. 3. Herkunftsname zu den Ortsnamen Zipf (Bayern, Österreich), Zipfen (Hessen).

Zipfel: 1. Übername zu mhd. *zipfel* ›spitzes Ende, Zipfel‹ nach einer Besonderheit der Kleidung (z. B. Kapuzenzipfel). 2. Wohnstättenname zu mhd. *zipfel* ›anhängendes oder zwischeneingehendes Land-, Waldstück‹.

Zipp: westmitteldeutsche Form von ▶ Zipf.

Zippel: 1. Mitteldeutsche Form von ▶ Zipfel. 2. Berufsübername zu fnhd. *zippel* ›Zwiebel‹ für einen Bauern oder Gärtner bzw. Übername nach der Lieblingsspeise.

Zips: Herkunftsname zu dem gleichlautenden Ortsnamen (Schlesien, Oberfranken) bzw. zu der in der Slowakei gelegenen gleichnamigen Landschaft.

Zipser: Ableitung auf *-er* zu ▶ Zips.

Zirkel: 1. Wohnstättenname zu mhd. *zirkel* ›Kreis‹. 2. Berufsübername für einen Zirkelschmied. 3. Berufsübername zu mhd. *zirkeln* ›die Runde machen, patrouillieren‹ für einen Wächter. 4. Herkunftsname zu dem gleichlautenden Ortsnamen (Thüringen).

Zirker, Zirkler: Amtsnamen zu mhd. *zirkære, zirkeler* ›der die Runde macht‹ für einen Wächter. ❖ *Perndel der Zirkker* ist a. 1344 in Regensburg bezeugt.

Zirngibl: oberdeutscher Übername in Satzform (»[ich] spalte [den] Schädel«) für einen Raufbold (zu mhd. *zerren* ›zerren, reißen, zerspalten‹ und mhd. *gëbel* ›Schädel, Kopf‹). ❖ Die Entstehung dieses im gesamten oberdeutschen Bereich häufigen Übernamens wird deutlich in dem Beleg *Cuntz Zerrengibel* (Nürnberg a. 1370).

Zischka, Zischke: Übernamen zu nsorb. *cyž* osorb. *čižik* ›Zeisig‹.

Zitzelsberger: Herkunftsname oder Wohnstättenname auf *-er* zu einem Orts- oder Flurnamen Zitzelsberg.

Zitzewitz: Herkunftsname zu dem gleichlautenden Ortsnamen (ehem. Pommern/jetzt Polen).

Zitzmann: auf eine Erweiterung von Zizo, einer Kurzform von ▶ Siegfried, mit dem Suffix *-mann* zurückgehender Familienname.

Zobel: 1. Berufsübername zu mhd. *zobel*, mnd. *sabel, zabil* ›Zobelfell, Zobelpelz‹ für einen Kürschner oder Übername für den Träger eines Zobelpelzes. 2. Gelegentlich Herkunftsname zu dem gleichlautenden Ortsnamen (Schlesien). ❖ *Hans Zobel* ist a. 1358 in Regensburg bezeugt.

Zoch: Übername zu mhd. *zoche* ›Knüttel, Prügel‹, übertragen für einen Grobian.

Zocher: 1. Übername zu mhd. *zocken, zochen* ›ziehen, zerren, reißen; locken, reizen‹. 2. Übername zu bair. *zochen* ›langsam oder schleppend einhergehen‹. 3. Herkunftsname zu den Ortsnamen Zochau, Zwochau (Sachsen).

Zöckler: Berufsname auf *-er* zu mhd. *zockel* ›Holzschuh‹ für den Hersteller.

Zogel: durch Verdumpfung des *-a-* zu *-o-* entstandene Form von ▸ Zagel.

Zoll: 1. Wohnstättenname zu mhd. *zol* ›Zoll, Zollamt, Zollstelle‹: ›wohnhaft bei der Zollstelle/beim Zollhaus‹. 2. Übername zu mhd. *zol* ›Baumklotz, Baumstamm, Knebel‹, übertragen für einen groben Menschen.

Zoller, Zöller: Amtsnamen zu mhd. *zolnære, zoller* ›Zolleinnehmer, Zöllner‹. Waren die mittelalterlichen Zöllner zunächst Beamte im Dienst des Kaisers, der Klöster und anderer Lehnsherren, so gab es im Spätmittelalter zahlreiche Zöllner als städtische Angestellte. Sie erhoben z. B. Brücken- und Wegezoll. ❖ Der a. 1250 in Regensburg bezeugte *Fridr. zollner uf der prukk* erhob wahrscheinlich den Brückenzoll.

Zollinger: Herkunftsname zu den Ortsnamen Zolling (Bayern), Zollikon (Schweiz).

Zollmann: 1. Amtsname auf *-mann* zu mhd. *zol* ›Zoll‹ für den Zolleinnehmer, vgl. ▸ Zoller. 2. Ableitung auf *-mann* von Zoll (1.).

Zollner, Zöllner: ▸ Zoller, Zöller.

Zons: Herkunftsname zu dem gleichlautenden Ortsnamen (Nordrhein-Westfalen).

Zopf: 1. Übername zu mhd. *zoph, zopf,* md. *zop* ›Zopf‹ nach der Haartracht. Im Mittelalter haben auch Männer Zöpfe getragen. Ein Bildnis Herzog Albrechts mit dem Zopf von Österreich († 1395) zeigt ihn mit einem langen, bis auf die Hüften reichenden Doppelzopf. ❖ Die Entstehung des Übernamens geht aus den Belegen *H. mit dem Zoppf* (Nürnberg a. 1392), *Peter mit dem czoppe* (Breslau a. 1394) deutlich hervor. 2. Berufsübername zu mhd. *zoph, zopf* ›zopfförmig geflochtenes Backwerk‹ für einen Bäcker. 3. Wohnstättenname zu mhd. *zoph, zopf* ›hinterstes Ende, Zipfel‹ nach der Lage oder Form der Siedlungsstelle.

Zöpfel: Ableitung von ▸ Zopf mit *-l-*Suffix.

Zöpfgen: Ableitung von ▸ Zopf mit dem Suffix *-gen.*

Zöpfl: ▸ Zöpfel.

Zopp: 1. Mitteldeutsche Form von ▸ Zopf. 2. Herkunftsname zu dem gleichlautenden Ortsnamen (Nordrhein-Westfalen). 3. Übername zu mhd. *zoppen* ›ein Springtanz‹ für einen Liebhaber des Tanzes oder für einen Menschen mit einem springenden Gang.

Zorn: Übername zu mhd. *zorn* ›Heftigkeit, Zorn, Wut, heftiger Wortwechsel, Streit‹, mhd. *zorn(e)* ›zornig, erzürnt, aufgebracht‹ nach einem Charaktermerkmal des ersten Namensträgers. ❖ *Niclaus der junge Zorn* ist a. 1281 als Bürgermeister von Straßburg bezeugt.

Zörner: Übername zu mhd. *zürner, zörner* ›der zürnt, Zornmütiger‹.

Zörrer: durch Rundung entstandene Form von ▸ Zerrer.

Zott: 1. Übername zu mhd. *zot(t)e* ›Zotte‹ für einen Menschen mit zottigem Haar. 2. Berufsübername zu mhd. *zot(t)e* ›Zotte, Flausch‹ (vgl. mhd. *ein kotze* [grober Wollstoff] *recht dick von zotten*) für einen Wollweber. 3. Übername zu mhd. *zoten* ›langsam gehen, schlendern‹. ❖ *des zoten hus* ist a. 1341 in Esslingen erwähnt.

Zrenner: oberdeutsche Schreibweise von ▸ Zerrenner.

Zschach: 1. Herkunftsname zu dem Ortsnamen Zschochau (Sachsen), a. 1477 *Czschachaw.* 2. Wohnstättenname zu mhd. *schache* ›einzeln stehendes Waldstück, Vorsaum eines Waldes‹. 3. Aus der eindeutschenden Schreibung von Čach, einer Kurzform des slawischen Rufnamens Čajbor (urslaw. *čajati* ›hoffen, erwarten‹ + urslaw. *borti* ›kämpfen‹), hervorgegangener Familienname.

Zschech: 1. Herkunftsname zu osorb., poln., tschech. *Čech* ›Tscheche‹. 2. Übername für jemanden, der Beziehungen (z. B. Handel) zu Tschechen hatte. 3. Aus der Kurzform von slawischen Rufnamen wie Česlav (urslaw. **čьstь* ›Ehre‹ + urslaw. **slava* ›Ruhm, Ehre‹) hervorgegangener Familienname.

Zschieschang: ▸ Zieschang.

Zschiesche: ▸ Ziesche.

Zschocke, Zschokke: 1. Herkunftsnamen zu den Ortsnamen Zschochau, Zschockau (Sachsen), Tschocke (Schlesien). 2. Im Elsass hat sich der Familienname Zschocke unter französischem Einfluss aus Jocki, Jocke (▸ Jakob) entwickelt. ❖ Bekannter Namensträger: Johann Heinrich Daniel Zschokke, schweizerischer Schriftsteller deutscher Herkunft (18./19. Jh.).

Zschunke: Übername zu nsorb. *tśunk* ›Lockruf für Schweine zum Fressen‹, tschech. *čuně, čuník* ›Ferkel‹.

Zuber: 1. Berufsübername zu mhd. *zūber, zuber, zuober* ›Holzgefäß mit zwei Handhaben, Zuber‹ für den Hersteller. 2. Herkunftsname auf *-er* zu dem Ortsnamen Zuben (Baden-Württemberg, Schweiz). 3. Wohnstättenname auf *-er* zu dem alemannischen Flurnamen Zube (›laufender Brunnen, der vom Berg sein Wasser erhält‹).

Zucker: 1. Berufsübername zu mhd. *zuc(k)er* ›Zucker‹ für den Zuckermacher oder -händler bzw. Übername für den Liebhaber von Süßigkeiten. 2. Übername zu mhd. *zucker, zücker* ›Räuber‹ (< mhd. *zücken, zucken* ›schnell ergreifen, an sich reißen, rauben‹).

Zuckermann: Berufsname auf *-mann* zu mhd. *zuc(k)er* ›Zucker‹ für den Zuckermacher oder -händler.

Zuckmantel, Zückmantel: 1. Übernamen (Satznamen): »[ich] raube [den] Mantel« zu mhd. *zücken, zucken* ›schnell ergreifen, an sich reißen, rauben‹ + mhd. *mantel* ›Mantel‹ für einen Räuber. 2. Wohnstättennamen für jemanden, der an einer Straßenkreuzung wohnte. Zuckmantel wurde eine Kiefer genannt, die durch Beschneiden zu einem einfachen Wegweiser zugerichtet wurde. 3. Herkunftsnamen zu dem gleichlautenden Ortsnamen (Schlesien). ❖ *Fritz Zukmantel* ist a. 1384 in Nürnberg bezeugt.

Zuckmayer, Zuckmeyer: ▶Zugmaier. ❖ Bekannter Namensträger: Carl Zuckmayer, deutscher Schriftsteller (19./20. Jh.).

Zuckri(e)gl: Übernamen in Satzform (»[ich] ziehe schnell [den] Riegel [zurück]«) zu mhd. *zücken, zucken* ›schnell und mit Gewalt ziehen‹ und mhd. *rigel* ›Riegel‹ für einen Dieb. ❖ *Hans zuckenriegel von Ulm* ist a. 1471 als Esslinger Neubürger erwähnt.

Zuckschwer(d)t: Übernamen in Satzform (»[ich] ziehe [das] Schwert«) zu mhd. *zucken, zücken* ›schnell und mit Gewalt ziehen‹ und mhd. *swërt* ›Schwert‹ für einen Raufbold. ❖ Vgl. die Belege *Conradus Tuckeswert* (Hamburg a. 1248), *Zuxswert* (München a. 1358), *Herman Zuckswert* (Nürnberg a. 1400).

Zufall: Übername zu mhd. *zuoval* ›was einem als Abgabe oder Einnahme zufällt, Nebeneinkünfte‹.

Zugmaier, Zugmayer: Standesnamen, nähere Kennzeichnungen eines Meiers (▶Meyer) nach einem Flurnamen zu mhd. *zuc* ›Zug; Bereich, Landstrich, Gegend‹ durch die Lage des Hofes. Auch eine Stelle, an der man Fische fängt, kann *Zug* genannt werden (vgl. nhd. *Fischzug*).

Zühlke: auf eine Ableitung von slawischen Rufnamen wie Sulimir (urslaw. **sulijь* ›besser, stärker‹ + urslaw. **mirъ* ›Friede‹) zurückgehender Familienname.

Zuleger: Übername zu mhd. *zuoleger* ›jemand, der Beistand leistet, Helfer, Parteigänger‹.

Zülow: Herkunftsname zu dem gleichlautenden Ortsnamen (Mecklenburg-Vorpommern).

Zumbach: Wohnstättenname zu mnd. *bach* ›Bach‹: ›wohnhaft an einem Bach‹.

Zumbrink: niederrheinisch-westfälischer Wohnstättenname zu mnd. *brink* ›Hügel, Abhang; auch Rand, Rain, Grasanger, Weide‹.

Zumbrock: Wohnstättenname zu mnd. *brōk* ›Bruch, eine tief liegende, von Wasser durchbrochene, mit Gehölz bestandene Ebene‹.

Zumbroich: niederrheinische mundartliche Form von ▶Zumbrock.

Zumbruch: Wohnstättenname zu mhd. *bruoch* ›Moorboden, Sumpf‹ für jemanden, der an einem Sumpf wohnte.

Zumbühl: oberdeutscher Wohnstättenname zu mhd. *bühel* ›Hügel‹: ›wohnhaft an einem Hügel‹.

Zumbusch: Wohnstättenname zu mhd. *busch, bosch*, mnd. *busch, busk* ›Busch, Gesträuch‹: ›wohnhaft an einem Busch, einem Gesträuch‹. ❖ Bekannter Namensträger: Kaspar Clemens Eduard Ritter von Zumbusch, Bildhauer (19./20. Jh.).

Zumdick, Zumdie(c)k: niederrheinisch-westfälische Wohnstättennamen zu mnd. *dīk* ›Deich, Teich‹: ›wohnhaft an einem Damm oder an einem Teich‹.

Zumholte, Zumholz: Wohnstättennamen zu mnd. *holt* ›Gehölz‹, mhd. *holz* ›Wald, Gehölz‹: ›wohnhaft bei/in einem Wald‹.

Zumkeller: oberdeutscher Wohnstättenname zu mhd. *këller* ›Keller, Kaufladen‹ für jemanden, der über einem auffälligen Kellergewölbe oder in einem Haus mit einem Kaufladen wohnte.

Zumkley: niederrheinisch-westfälischer Wohnstättenname zu mnd. *klei* ›die schwere, fette Erde der Marschen‹ nach der Bodenbeschaffenheit der Siedlungsstelle.

Zumpe, Zumpf: Übernamen zu mhd. *zumpf, zumpe* ›das männliche Glied‹ oder zu bair. *Zumpel* ›dummer Kerl‹. ❖ *Henni Zumpp* ist a. 1390 in Freiburg i. Br. bezeugt.

Zumsande: Wohnstättenname zu mhd., mnd. *sant* ›Sand, Strand, Ufer, sandige Fläche‹: ›wohnhaft am Ufer bzw. an einer sandigen Stelle‹.

Zumsteeg, Zumsteg: Wohnstättennamen zu mhd. *stĕc, stĕg* ›Steg, schmale Brücke, schmaler Weg‹: ›wohnhaft an einem Steg‹. ❖ Bekannter Namensträger: Johann Rudolf Zumsteeg, deutscher Komponist (18./19. Jh.).

Zumstein: Wohnstättenname zu mhd. *stein* ›Fels, Stein‹, mnd. *stēn* ›Stein‹: ›wohnhaft bei einem Felsen, bei einem auffälligen Stein‹.

Zumstrull: Wohnstättenname zu mnd. *strulle* ›Wasserröhre, durch die das Wasser mit Geräusch sprudelt‹: ›wohnhaft an einem Röhrenbrunnen oder an einer Quelle‹.

Zumwinkel: Wohnstättenname zu mhd., mnd. *winkel* ›Winkel, Ecke‹: ›wohnhaft an einem Winkel, an einer Ecke‹.

Zundel, Zunder: Berufsübernamen zu mhd. *zunder, zundel* ›Feuerschwamm, Zunder‹ für den Sammler oder den zur Herstellung von Zunder benötigten Baumpilz, für den Hersteller oder Händler. ❖ *Balthasar Zunder* ist a. 1596 in Gießen bezeugt.

Zündorf: Herkunftsname zu dem gleichlautenden Ortsnamen (Nordrhein-Westfalen).

Zunftmeister: Amtsname zu mhd. *zunftmeister* für den Vorsteher einer Zunft. ❖ In München ist a. 1392 *Heinrich zumpftmeister sailer* bezeugt.

Zunker: wohl Wohnstättenname zu bair. *Zuenken* ›Zinken, Zacken‹ nach der Form eines Flurstücks.

Zurek: Übername zu poln. *żurek* ›saure Mehlsuppe‹.

Zürn: Übername zu mhd. *zurn, zorn* ›Heftigkeit, Zorn‹ für einen zornigen Menschen. ❖ Bekannte Namensträger: Jörg Zürn, Martin Zürn, Michael Zürn d. Ä., deutsche Bildhauer (16./17. Jh.); Unica Zürn, deutsche Schriftstellerin (20. Jh.).

Zürner: Übername zu mhd. *zürner* ›der zürnt, Zornmütiger‹. ❖ *Heinr. Zvrner* ist a. 1307 in Nürnberg bezeugt.

Zwanzig(er): Übernamen zu mhd. *zweinzĕc* ›zwanzig‹ für ein Mitglied einer Körperschaft von zwanzig Männern.

Zweck: Berufsübername zu mhd. *zwĕc* ›Nagel aus Holz oder Eisen, Bolzen‹ für verschiedene Berufe, vor allem für den Nagelschmied; vgl. auch ▶ Zwicker (1.).

Zweifel: Übername zu mhd. *zwīfel* ›Zweifel, Ungewissheit, Besorglichkeit, Misstrauen, Wankelmut‹ nach dem Charakter des ersten Namensträgers. ❖ *Hans Zweifel* ist a. 1370 in Nürnberg überliefert.

Zweig: Übername zu mhd. *zwīc* ›(der junge) Zweig, Pfropfreis, Setzling‹ für einen »Sprössling«, einen Nachkommen oder Berufsübername für einen Gärtner. ❖ Bekannte Namensträger: Arnold Zweig, deutscher Schriftsteller (19./20. Jh.); Stefan Zweig, österreichischer Schriftsteller (19./20. Jh.).

Zweigle: Ableitung von ▶ Zweig mit dem Suffix *-le*.

Zweipfennig: Übername nach einer Zins- oder Abgabeverpflichtung.

Zwerg: 1. Übername zu mhd. *twĕrc, zwĕrc* ›Zwerg‹ für einen kleinen Menschen. 2. Wohnstättenname zu mhd. *twĕrch* ›schräg, quer‹ nach der Lage der Siedlungsstelle.

Zwick: 1. Berufsübername zu mhd. *zwic* ›Nagel, Bolzen‹, auch ›Zwicken mit der Zange‹ für verschiedene Berufe, vor allem für den Nagelschmied; vgl. auch ▶ Zwicker (1.). 2. Wohnstättenname zu oberdeutsch *Zwicke* ›keilförmiges Geländestück‹.

Zwickel: Wohnstättenname zu mhd. *zwickel* ›keilförmiges Geländestück‹ für jemanden, der auf oder an einem solchen Gelände wohnte. ❖ *Seicz Zwickel* ist a. 1368 in München bezeugt.

Zwicker: 1. Berufsübername zu mhd. *zwicken* ›(wie) mit Nägeln befestigen, einklemmen, einkeilen; zwicken, zupfen, rupfen; fälteln‹ für verschiedene Berufe. So wurden in Nürnberg und Regensburg die Arbeiter »Zwicker« genannt, die an den Salzfässern die Reifen und Bodenstücke befestigten. Auch für Schuster, Dachdecker oder für im Textilgewerbe und im Bergbau Tätige wurde dieser Berufsübername verwendet. Schließlich für den Henker wurde dieser Berufsübername verwendet. 2. Herkunftsname zu dem Ortsnamen Zwickau (Sachsen). ❖ *Hans*

Zwicknag(e)l

Zwicker, deckermeister, ist zwischen 1464 und 1475 in Nürnberg bezeugt.

Zwicknag(e)l: Berufsübernamen zu mhd. *zwic* ›Nagel‹ und mhd. *nagel* ›Nagel‹ oder Satznamen (»befestige [den] Nagel«, zu mhd. *zwicken* ›befestigen‹) für den Nagelschmied.

Zwiebel: Berufsübername zu mhd. *zwibolle,* fnhd. *zwifel* ›Zwiebel‹ für den Zwiebelanbauer oder -händler.

Zwiebler: Berufsname auf *-er* zu mhd. *zwibolle,* fnhd. *zwifel* ›Zwiebel‹ für den Zwiebelanbauer oder -händler.

Zwiener: Berufsübername für einen Obstgärtner zu mhd. *zwīen* ›pfropfen‹.

Zwilling: Übername zu mhd. *zwinelinc, zwillinc* ›Zwilling‹.

Zwingel: ▶ Zwinger (1.).

Zwinger: 1. Wohnstättenname zu mhd. *twinger, zwinger, zwingel* ›Zwinger, Raum zwischen einer Stadt oder Schlossmauer und dem Graben‹. 2. Übername zu mhd. *twingen, zwingen* ›zwängen, bedrängen, plagen‹ für jemanden, der seine Mitmenschen plagte und bedrängte. ❖ Vgl. die Nürnberger Belege *Hans Zwingel* (a. 1370), *Heinrich Zwinger* (a. 1449– 1450).

Zwingli: vorwiegend schweizerischer, mit dem Suffix *-li* gebildeter Übername zu mhd. *twingen, zwingen* ›zwängen, bedrängen, plagen‹ für jemanden, der seine Mitmenschen plagte und bedrängte. ❖ Bekannter Namensträger: Ulrich Zwingli, schweizerischer Reformator (15./16. Jh.).

Zwingmann: 1. Standesname auf *-mann* zu mhd. *twing, zwinc* ›Gerichtsbezirk‹ für jemanden, der einem bestimmten Gerichtsbezirk angehörte; vgl. auch mhd. *twinchof* ›Herrenhof, der hörige Güter unter sich hat‹, sodass der »Zwingmann« auch zu einem solchen Hof gehören könnte. 2. Herkunftsname auf *-mann* zu dem Ortsnamen Zwinge (Thüringen, Niedersachsen).

Zwinscher, Zwintscher, Zwin(t)zscher: Übernamen zu mhd. *zwinzen* ›blinzeln‹ nach einem körperlichen Merkmal. ❖ Ein *Zwinczzerl* ist a. 1368 in München bezeugt.

Zwirn: Berufsübername zu mhd. *zwirn* ›Zwirn, zweidrähtiger Faden‹ für den Hersteller, vgl. ▶ Zwirner.

Zwirner: Berufsname auf *-er* zu mhd. *zwirn* ›Zwirn, zweidrähtiger Faden‹ für den Hersteller. Zwirn wurde aus Flachs, Hanf oder Seide gedreht.

Zwirnlein: Ableitung von ▶ Zwirn mit dem Suffix *-lein.*

Zwölfer: Übername zu mhd. *zwelf* ›zwölf‹ für ein Mitglied einer Körperschaft von zwölf Männern.

Zylstra: friesischer Wohnstättenname, der mit dem friesischen Suffix *-stra* (ursprünglich Genitiv Plural zu altfries. *sitter* bzw. *sēta, sāta* ›Bewohner‹) zu mndl. *sijl, zijl,* mnd. *sīl* ›Siel, Entwässerungsgraben, Wasserlauf, Schleuse‹ gebildet ist.

Zyprian: ▶ Cyprian(us).

Verzeichnis der Fachausdrücke

Adjektiv: Eigenschaftswort
adjektivisch: als Eigenschaftswort verwendet
Adverb: Umstandswort
alemannisch: zusammenfassende Bezeichnung für die im Südwesten Deutschlands, im Elsass und in der Schweiz gesprochene oberdeutsche Mundart
Amtsname: auf das Amt des ersten Namensträgers zurückgehender Familienname (z. B. *Küster, Richter, Vogt*)
Anlautverhärtung: Verhärtung von am Anfang des Wortes stehenden Mitlauten (z. B. *b > p, g > k*).
Appellativ: Gattungsname, der im Gegensatz zum Eigennamen, der etwas als Einzelerscheinung benennt, eine Klasse bezeichnet (z. B. *Tisch, Stuhl, Buch*)
Assimilation: Angleichung eines Sprachlauts an einen benachbarten Laut (z. B. *Vollmann < Volkmann*)
bairisch, bairisch-österreichisch: zusammenfassende Bezeichnungen für die in Bayern östlich des Lechs (außer Franken), in Österreich (außer Vorarlberg) und in Südtirol gesprochene oberdeutsche Mundart
Beiname: individueller charakterisierender Zusatz zum Rufnamen, der oft die Vorstufe eines erblichen Familiennamens darstellt
Berufsname: auf die berufliche Tätigkeit des ersten Namensträgers zurückgehender Familienname (z. B. *Fischer, Müller, Schneider, Weber*)
Berufsübername: auf ein Merkmal der beruflichen Tätigkeit des ersten Namensträgers zurückgehender Familienname (z. B. *Stahl* für einen Schmied)
Dativ: dritter Fall
Dialekt: Mundart
Diphthong: Zwielaut, Doppellaut aus zwei Vokalen (z. B. *ei, au*)
diphthongiert: zwiegelautet (z. B. mhd. *hūs* > nhd. *Haus*, mhd. *rīche* > nhd. *reich*)
Dissimilation: Differenzierung von zwei ähnlichen Lauten, um

eine größere Deutlichkeit zu erreichen (z. B. wird _b_ zu _t_ bei dem Wandel von _B_uch_b_ach über _B_uch_b_a zu _B_uch_t_a)

Eigenname: Bezeichnung eines Objekts (Lebewesen, Gegenstand usw.) als Einzelerscheinung im Gegensatz zum Gattungsnamen, der ein Objekt als Mitglied einer Klasse bezeichnet (z. B. *Hans, Thomas, Bettina Müller, Berlin, Zugspitze, Die Zauberflöte*)

Entrundung: Lautwandel, bei dem die Aufhebung einer durch Vorstülpung der Lippen erzielten Rundung bewirkt wird (z. B. *ü > i; eu, äu > ei; ö > e*)

entstellte Form: durch nachlässige Aussprache, oft in Angleichung an ein sprachlich nicht verwandtes Wort entstandene Form, bei der die Ausgangsform nicht mehr ohne Weiteres erkennbar ist (z. B. *Sägebarth < Siegbert*)

Etymologie: sprachliche Herkunft und Grundbedeutung eines Wortes

Familienname: zum individuellen Vornamen hinzutretender erblicher Name, der den Namensträger als Mitglied einer bestimmten Familie kennzeichnet

flektiert: gebeugt

Flurname: Name für Örtlichkeiten, die keine Siedlungen sind (z. B. Äcker, Wiesen, Wälder, Hügel, Teiche, Wege u. a.)

Genitiv: zweiter Fall

Gutturalisierung (genauer: Velarisierung): Entwicklung eines mithilfe von Zunge und Gaumensegel (Velum) gebildeten Mitlauts (*g, ch, k*; z. B. *Weigang < Weigan_d_*).

Hausname: 1. Name eines Gebäudes, im Allgemeinen des Wohnhauses. 2. Auf den Namen des Wohnhauses zurückgehender Familienname (z. B. *Adler* < ›wohnhaft im Haus »Zum Adler«‹)

Herkunftsname: auf den Herkunftsort des ersten Namensträgers zurückgehender Familienname (z. B. *Hamburg[er], Nürnberg[er]*)

Hofname: 1. Name eines Hofes. 2. Auf einen Hofnamen zurückgehender Familienname

hyperkorrekt: übertriebene Anpassung an die Aussprache oder Rechtschreibung der Hochsprache

Kasus: Fall

Konsonant: Mitlaut

Koseform: mithilfe von Ableitungsendungen (Suffixen) gebildete Namensform, die Zärtlichkeit, Zuneigung, Wohlwollen zum Ausdruck bringt (z. B. *Hansel, Hänsel < Hans + -l-*Suffix)

Kurzform: 1. Einstämmige Kurzform: durch Wegfall des ersten oder zweiten Bestandteils einer Vollform entstandene Rufnamenform (z. B. *Brand* < *Hildebrand*, *Wolf* < *Wolfhard*). 2. Zweistämmige Kurzform: aus dem Auslaut des ersten Namenbestandteils und dem zweiten Namenbestandteil (z. B. *Dold* < *Berchtold*) bzw. aus dem ersten Bestandteil und dem Anlaut des zweiten Bestandteils (z. B. *Diem* < *Dietmar*) gebildete Rufnamenform

l-Umsprung: Umsprung, d. h. Stellungswechsel, des -*l*- innerhalb eines Wortes bzw. Namens, wobei das -*l*- von seiner Stellung hinter einem Vokal vor diesen springt oder umgekehrt (z. B. *Rudloff* < *Rudolff*)

Lallform: aus der Kindersprache stammende Rufnamenform, wobei bestimmte Konsonanten wiederholt und Laute wie *r* oder *l* vermieden werden (z. B. *Dode, Dude* < *Ludolf, Dietrich*)

Metronymikon, Metronymika: Muttername(n), Familienname(n), der (die) auf den Rufnamen der Mutter zurückgeht/-gehen (z. B. *Ottilie/Ottilige*)

metronymische Bildung: aus dem mütterlichen Rufnamen und einer Ableitungsendung bestehender Familienname (z. B. *Dilger* < *Dilg* [< Ottilie] + -*er*-Suffix, *Tilgen* < *Tilg* [< Ottilie] + -*en* [Endung des schwachen Genitivs])

mitteldeutsch: Mundartgruppe zwischen dem Niederdeutschen und dem Oberdeutschen, zu der das Pfälzische, das Hessische, das Thüringische, das Obersächsische und das Schlesische gehören

niederdeutsch: Mundartgruppe, die im Norden des deutschen Sprachgebiets gesprochen wird und zu der das Westfälische, das Niedersächsische, das Ostfälische und die in Mecklenburg-Vorpommern, in Brandenburg und früher in Pommern und im nördlichen Teil von Ostpreußen gesprochenen Mundarten gehören

Nomen (Plural: **Nomina**) **Agentis:** Bezeichnung(en) für die Person, die eine Handlung ausführt

Nominativ: erster Fall

oberdeutsch: die im Süden des deutschen Sprachgebiets gesprochenen Mundarten (alemannisch, bairisch, ostfränkisch)

Ortsname: Name einer Siedlung (Stadt, Dorf, Weiler), einer Landschaft, eines Gebirges, eines Flusses

Partizip: Mittelwort

Patronymikon, Patronymika: Vatersname(n), Familienname(n), der (die) auf den Rufnamen des Vaters zurückgeht/-gehen (z. B. *Albert, Hans, Werner, Wilhelm*)

patronymische Bildung: aus dem väterlichen Rufnamen und einer Ableitungsendung bestehender Familienname (z. B. *Alberding* < *Albert* + *-ing*-Suffix, *Wilhelms* < *Wilhelm* + *-s* [Endung des starken Genitivs])

Plural: Mehrzahl

r-Umsprung: Umsprung, d. h. Stellungswechsel, des *-r-* innerhalb eines Wortes bzw. Namens, wobei das *-r-* von seiner Stellung hinter einem Vokal vor diesen springt oder umgekehrt (z. B. *Seifert* < *Seifried*)

Rufname: individueller Name einer Person vor dem Aufkommen und Festwerden der Familiennamen; später »Vorname«

Rundung: durch Vorstülpung (Rundung) der Lippen entstandener Lautwandel (mhd. *leffel* > nhd. *Löffel*)

Satzname: Familienname in Form eines meist verkürzten Satzes (z. B. *Scheerbarth* < »[ich] schere [den] Bart«)

schwäbisch: alemannische Mundart, die im östlichen Baden-Württemberg und im westlichen Bayern gesprochen wird

sekundäres -t: etymologisch nicht begründetes *-t*, das an das Ende eines Namens tritt, im Allgemeinen nach *-r* (z. B. *Kleinert* < *Kleiner*, *Schreinert* < *Schreiner*)

Sibilierung: Umwandlung eines Lautes in einen Zischlaut (z. B. $k > s$)

Singular: Einzahl

Stammesname: 1. Der Name eines Stammes. 2. Auf den Namen eines Stammes zurückgehender Familienname (z. B. *Fries[e]*, *Schwab[e]*)

Standesname: auf die gesellschaftliche Stellung des ersten Namensträgers zurückgehender Familienname (z. B. *Bauer, Freimann*)

Substantiv: Hauptwort

Suffix: Ableitungsendung (z. B. *-er, -el, -ing, -mann*)

Synonym: gleichbedeutender Ausdruck

Übername: auf ein individuelles Merkmal des ersten Namensträgers (etwa Aussehen, Kleidung, Charakter, Verhaltensweise, Gewohnheiten u. a.) zurückgehender Familienname (z. B. *Fröhlich, Jung*)

Umdeutung, umgedeutete Form: Namensform, die an ein sprachlich mit der ursprünglichen Form nicht zusammenhängendes Wort angeglichen wird (z. B. *Wohlfahrt* < *Wolfhart*)

umgelautete Form: Namensform, in der ein früher vorhandenes *a, o, u* oder *au* sich zu *ä/e, ö, ü* oder *äu/eu* gewandelt hat

unorganisches -t: ▸ sekundäres -t

Verb: Tätigkeitswort

Verdumpfung: Wandel eines helleren in einen dunkleren Vokal (z. B. *a > o*)

verschliffene Form: durch nachlässige Aussprache entstandene Namensform, bei der Laute aneinander angeglichen oder zusammengezogen sind (z. B. *Einert < Einhart*)

Vokal: Selbstlaut

Vollform: aus zwei Namenwörtern gebildeter deutscher Rufname (z. B. *Albrecht < adal + beraht*)

Vorname: der vor dem ererbten Familiennamen stehende individuelle Name einer Person

Wohnstättenname: von einem Merkmal des Wohnsitzes abgeleiteter Familienname (z. B. *Bach, Bacher* ›wohnhaft an einem Bach‹)

zusammengezogene Form, Zusammenziehung: durch schnelle Aussprache entstandene Namensform, bei der im Namensinneren enthaltene Laute entfallen (z. B. *Walser < Walliser, Wilm < Wilhelm*)

In den Familiennamen aus Rufnamen enthaltene Namenwörter

adal: ahd. *adal* ›edel, vornehm; Abstammung, [edles] Geschlecht‹
agi, agil, agin: german. **agi-* ›Schrecken‹, später überlagert von ahd. *ekka* ›[Schwert-]Schneide, Spitze‹
alb: ahd. *alb* ›Elf, Naturgeist‹
alja: german. **alja* ›anders, fremd‹
alt: ahd. *alt* ›alt, erfahren‹
amal: Der Namenbestandteil »Amal-« ist kennzeichnend für die Namen des ostgotischen Königsgeschlechts der Amaler oder Amelungen; vgl. got. **amals* ›tüchtig, tapfer‹.
angil: Diesem Namenwort liegt ursprünglich der Stammesname der Angeln, die von Schleswig aus England besiedelten, zugrunde. Es wurde aber seit der Christianisierung der Germanen zunehmend als »Engel« aus griech./lat. *angelus* verstanden.
ans: german. **ans* ›Gottheit‹
arbeo: ahd. *arbeo* ›der Erbe‹
arn: ahd. *arn* ›Adler‹
ask: ahd. *ask* ›Speer [aus Eschenholz]‹
aval: asächs. *aval* ›Kraft‹
badu: asächs. *badu* ›Streit‹
bald: ahd. *bald* ›kühn‹
beraht: ahd. *beraht* ›glänzend‹
ber(a)nu: german. **ber(a)nu-* ›Bär‹
bero: ahd. *bero* ›Bär‹
billi: ahd. *billi* ›Schwert, Streitaxt‹
blīd: ahd. *blīdi* ›froh, heiter‹
bodo: asächs. *bodo* ›Gebieter‹, später umgedeutet zu ahd. *boto* ›Bote‹
boio: asächs. *boio* ›Bewohner‹
boto: ahd. *boto* ›Bote‹, umgedeutet aus einem älteren, zu ahd. *biotan* ›gebieten‹ gehörigen Wort
brant: ahd. *brant* ›Brand‹, dichterische Umschreibung für das Schwert
brīd: vielleicht zu ahd. *brīdil* ›Zügel‹

brūn: ahd. *brūn* ›braun‹
burg: ahd. *burg* ›Burg‹
daga: german. **daga-* ›Tag, helle Zeit‹
degan: ahd. *thegan, degan* ›[junger] Held, Krieger‹
ebur: ahd. *ebur* ›Eber‹
ein: ahd. *ein* ›ein, einzig, allein‹
ekka: ahd. *ekka* ›[Schwert-]Schneide, Spitze‹
ellan: ahd. *ellan* ›Mut, Kraft, Stärke‹
ēra, ērin: ahd. *ēra* ›Ehre‹
erchan: ahd. *erchan* ›fest, vornehm, hervorragend‹
erda: ahd. *erda* ›Erde‹
erl: asächs. *erl* ›edler, vornehmer, freier Mann‹
erm/irm, ermen/irmin: german. **ermana, *irmina* ›allumfassend, groß‹, später Namenglied mit verstärkender Bedeutung
ēwa: ahd. *ēwa* ›Gesetz, Recht, Ordnung‹
falco: ahd. *falco* ›Falke‹
far: wahrscheinlich zu ahd. *faran* ›fahren, reisen, ziehen‹
fart: ahd. *fart* ›Fahrt, Reise, Zug‹
fast: ahd. *fasti* ›fest, sicher, unerschütterlich‹
filu: ahd. *filu* ›viel, groß‹
folc: ahd. *folc* ›Haufe, Kriegsschar, Volk‹
fridu: ahd. *fridu* ›Schutz vor Waffengewalt, Friede‹
frōt: ahd. *frōt, fruot* ›klug, weise, erfahren‹
fruma: ahd. *fruma* ›Nutzen, Vorteil, Segen, Heil‹
ganc: ahd. *ganc* ›Gang‹
gart: german. **gardaz* ›Zaun, Einfriedung‹, vgl. ahd. *garto* ›Garten‹
gast: ahd. *gast* ›Fremdling; Gast‹
gawi: got. **gawi* ›Gau‹
geba: ahd. *geba* ›Gabe‹
geil: ahd. *geil* ›übermütig; überheblich‹
gelt: ahd. *gelt* ›Entgelt, Lohn; Opfer‹
gēr: ahd. *gēr* ›Speer‹
gīsal: ahd. *gīsal* ›Geisel; Bürge, Unterpfand‹
gold: ahd. *gold* ›Gold‹
got: ahd. *got*, asächs. *god* ›Gott‹
gōʒ: german. **gauta* ›Gote‹
grīm: german. **grīm-an* ›Maske; Helm‹
gund: ahd. *gund* ›Kampf‹
hadu: ahd. *hadu* ›Kampf‹
hag, hagan: ahd. *hag, hagan* ›Einhegung, Hag‹

ham: wohl zu asächs. *hamo* ›Kleid‹; vgl. ahd. *guðhamo* ›Kampfkleid, Rüstung‹
hard: asächs. *hard* ›hart, kühn‹
harti: ahd. *harti, herti* ›hart, kräftig, stark‹
heidan: ahd. *heidan* ›Heide‹
heil: ahd. *heil* ›gesund, unversehrt, heil‹
heim: ahd. *heim* ›Haus‹
heit: ahd. *heit*, dem german. **haidu-* ›Art und Weise, Gestalt‹ zugrunde liegt
helf: ahd. *helfa* ›Hilfe, Beistand‹
helm: ahd. *helm* ›Helm‹
heri: ahd. *heri* ›Kriegsschar, Heer‹
hiltja: ahd. *hiltja* ›Kampf‹
hlūt: ahd. *hlūt* ›laut, berühmt‹
hōh: ahd. *hōh* ›hoch‹
hraban: ahd. *hraban* ›Rabe‹
hrōth: asächs. *hrōth* ›Ruhm‹
hruod: ahd. *hruod* ›Ruhm‹
hruom: ahd. *[h]ruom* ›Ruhm, Ehre, Auszeichnung‹
hugu: ahd. *hugu* ›Gedanke, Verstand, Geist, Sinn‹
hun: wahrscheinlich zu german. *hun ›Tier, besonders Bärenjunges‹
hūs: ahd. *hūs* ›Haus‹
hwass: asächs. *hwass* ›scharf, rau‹
ing: ahd. *Ing[wio]* – Name einer Gottheit
īsan: ahd. *īsan* ›Eisen‹
īwa: ahd. *īwa* ›Eibe‹
karl: ahd. *kar[a]l* ›Mann, Ehrenmann‹
kunni: ahd. *kunni* ›Geschlecht, Sippe‹
kuoni: ahd. *kuoni* ›kühn‹
lach: entweder zu got. *laiks* ›[Kampf-]Spiel‹ oder zu asächs. *lāk* ›Grenzzeichen‹
lant: ahd. *lant* ›Land‹
lef: asächs. *liof* ›lieb, wert, freundlich‹
leiba: ahd. *leiba* ›Nachkomme, Sohn‹
leva: asächs. *leva* ›Erbe, Nachlass, Sohn, Tochter‹
lewo: ahd. *lewo* ›Löwe‹, entlehnt aus lat. *leo, leōnis* ›Löwe‹
liob: ahd. *liob* ›lieb, teuer‹
liut: ahd. *liut* ›Volk‹
madal: got. *mapl* ›festes Wort, Verhandlung, Versammlung‹
magan/megin: ahd. *magan/megin* ›Kraft, Stärke, Macht‹

maht: ahd. *ma(c)ht* ›Macht, Kraft‹
man: ahd. *man* ›Mann, Kriegsmann‹
manag: ahd., asächs. *manag* ›viel‹
mant: ahd. *mandjan* ›sich freuen‹
marcha: ahd. *marcha* ›Grenze‹
māri: ahd. *māri* ›bekannt, berühmt, angesehen‹
mōr: ahd. *mōr* ›Maure, Afrikaner‹
muni: german. **muni* ›Geist, Gedanke; Wille‹, vgl. mhd. *mun* ›Gedanke; Absicht‹
munt: ahd. *munt* ›Schutz, Schützer‹
muot: ahd. *muot* ›Sinn, Gemüt, Geist‹
nand: ahd. *nand* [nur noch in Namen belegt] ›kühn, wagemutig‹, vgl. ahd. *nenden* ›wagen‹
nīd: ahd. *nīd* ›[Kampfes]groll, feindselige Gesinnung‹
nord: ahd. *nord* ›Norden‹
not: zu altwestnord. *hnióda* ›stoßen, schlagen‹ gehörendes Namenglied mit der Bedeutung ›Kampf‹
ort: ahd. *ort* ›Spitze einer Waffe‹
ōs: asächs. *ōs* ›Gott‹
ōstar: ahd. *ōstar* ›östlich, im Osten‹
ōt: ahd. *ōt* ›Besitz, Reichtum‹
ragin: german. **ragina-* ›Rat, Beschluss [der Götter], Schicksal‹
rant: ahd. *rant* ›Schild‹
rīhhi: ahd. *rīhhi* ›Herrschaft, Herrscher, Macht; reich, mächtig, hoch‹
rīki: asächs. *rīki* ›mächtig, reich‹
rohōn: ahd. *rohōn* ›[in der Schlacht] brüllen‹
sal: ahd. *salo* ›dunkel‹
scalc: ahd. *scalc* ›Knecht, Diener‹
sigu: ahd. *sigu* ›Sieg‹
sind: ahd. *sind* ›Weg‹
snel: ahd. *snel* ›schnell, behände, tapfer‹
stein: ahd. *stein* ›Stein‹
swan: ahd., asächs. *swan* ›Schwan‹
swind: got. *swinþs* ›stark, heftig, ungestüm‹, asächs. *swīth* ›stark, recht‹
thank: ahd. *thank* ›Denken; Gedanke; Erinnerung; Dank‹
thiad: asächs. *thiad* ›Volk‹
thiot: ahd. *thiot* ›Volk‹
thrag: wohl zu got. *thragjan* ›laufen‹, angelsächsisch *thrac* ›Kraft, Tapferkeit‹

tiuri: ahd. *tiuri* ›teuer, wertvoll; hoch geschätzt‹
trūt: german. **prūpi* ›Kraft, Stärke‹, in althochdeutscher Zeit umgedeutet zu *trūt* ›vertraut, lieb‹
uodal: ahd. *uodal* ›Erbgut, Heimat‹
wal: ahd. *wal* ›Kampfplatz, Walstatt‹
walah: ahd. *walah* ›der Welsche‹
walt: ahd. *walt* zu *waltan* ›walten, herrschen‹
wand: got. *wandjan* ›wenden‹
wandal: Dieses Namenwort gehört zum germanischen Stammesnamen der Vandalen.
war: got. *warjan* ›wehren‹
warin/werin: In diesem Namenwort hat sich der Volksname der germanischen Warnen mit german. **warō* ›Aufmerksamkeit‹ (vgl. altengl. *waru* ›Schutz‹, ahd. *warnōn* ›warnen‹) vermischt.
wart: ahd. *wart* ›Hüter, Schützer‹
wēla: ahd. **wēla* ›[Kampf-]Gewoge‹
widar: ahd. *widar* ›wider, gegen‹
widu: ahd., asächs. *witu* ›Wald, Holz‹
wīg: ahd., asächs. *wīg* ›Kampf, Krieg‹
wini: ahd. *wini* ›Freund‹
winid: Dieses Namenwort gehört zum Stammesnamen der Wenden.
wolf: ahd. *wolf* ›Wolf‹

Literaturverzeichnis

Das Literaturverzeichnis enthält eine Auswahl wichtiger Werke zur Erforschung von Familiennamen. Es ist in folgende Teile untergliedert:

1 Handbücher, Einführungen
2 Deutschsprachige Familiennamenlexika und -repertorien
3 Fremdsprachige Familiennamenlexika und -repertorien, Untersuchungen zu fremdsprachigen Familiennamen
4 Regionale und lokale Familiennamenuntersuchungen
5 Spezielle Familiennamenuntersuchungen
6 Untersuchungen zu Rufnamen
7 Wörterbücher
8 Ortsverzeichnisse

Zeitschriftenartikel und Beiträge zu Sammelbänden sind nur dann in das Literaturverzeichnis aufgenommen worden, wenn sie zur Abfassung dieses Buches berücksichtigt wurden. Um das Literaturverzeichnis nicht zu sehr anschwellen zu lassen, ist auf eine Zusammenstellung der weiteren herangezogenen Literatur (geschichtliche Abhandlungen, Urkundenbücher und andere Quellen, historische Untersuchungen zu Ortsnamen und Flurnamen) verzichtet worden.

1 Handbücher, Einführungen

BACH, A.: *Deutsche Namenkunde*. Bd. I, 1 u. 2: *Die deutschen Personennamen*. 3. Auflage. Heidelberg 1978.
BAUER, G.: *Deutsche Namenkunde*. 2., überarbeitete Auflage. Berlin 1998.
FLEISCHER, W.: *Die deutschen Personennamen. Geschichte, Bildung und Bedeutung*. 2., durchgesehene und ergänzte Auflage. (= Wissenschaftliche Taschenbücher, Bd. 20.) Berlin 1968.
KOSS, G.: *Personennamen*. In: W. FLEISCHER, G. HELBIG, G. LERCHNER (Hrsg.): *Kleine Enzyklopädie Deutsche Sprache*.

Frankfurt am Main, Berlin, Bern, Bruxelles, New York, Wien 2001, S. 663–684.

Koss, G.: *Namenforschung. Eine Einführung in die Onomastik.* 3., aktualisierte Auflage. (= Germanistische Arbeitshefte 34.) Tübingen 2002.

Kunze, K.: *dtv-Atlas Namenkunde. Vor- und Familiennamen im deutschen Sprachgebiet.* 4., überarbeitete und erweiterte Auflage. (= dtv 3266.) München 2003.

Namenforschung. Ein internationales Handbuch zur Onomastik. Hrsg. von E. Eichler, G. Hilty, H. Löffler, H. Steger, L. Zgusta. (= Handbücher zur Sprach- und Kommunikationswissenschaft, Bd. 11.1. und 11.2.) Berlin, New York 1995–1996.

Naumann, H.: *Deutsche Familiennamen. Eine Einführung.* Neustadt a. d. Aisch 1993.

Schwarz, E.: *Deutsche Namenforschung. I. Ruf- und Familiennamen.* Göttingen 1949.

Seibicke, W.: *Die Personennamen im Deutschen.* (= Sammlung Göschen 2218.) Berlin, New York 1982.

Wenzel, W.: *Familiennamen.* In: A. Brendler, S. Brendler (Hrsg.): *Namenarten und ihre Erforschung. Ein Lehrbuch für das Studium der Onomastik.* Hamburg 2004, S. 705–742.

2 Deutschsprachige Familiennamenlexika und -repertorien

Bahlow, H.: *Deutsches Namenlexikon. Familien- und Vornamen nach Ursprung und Sinn erklärt.* 5. Auflage. (= suhrkamp taschenbuch 65.) Frankfurt a. M. 1980.

Brechenmacher, J. K.: *Etymologisches Wörterbuch der deutschen Familiennamen.* 2 Bde. Limburg/Lahn 1957–1963.

Familiennamenbuch der Schweiz. 3 Bde. 3. Auflage. Zürich 1989.

Gottschald, M.: *Deutsche Namenkunde.* 5., verbesserte Auflage mit einer Einführung in die Familiennamenkunde von R. Schützeichel. Berlin 1982.

Heintze, A.; Cascorbi, P.: *Die deutschen Familiennamen geschichtlich, geographisch, sprachlich.* 7. Auflage. Halle 1933. Nachdruck: Hildesheim 1999.

Hornung, M.: *Lexikon österreichischer Familiennamen.* Wien 2002.

Linnartz, K.: *Unsere Familiennamen.* Bd. I.: *Zehntausend Be-*

rufsnamen im Abc erklärt. Bd. II: *Aus deutschen und fremden Vornamen im Abc erklärt.* 3. Auflage. Bonn 1958.

MAAS, H.: *Von Abel bis Zwicknagel. Lexikon deutscher Familiennamen.* (= dtv 225.) München 1964.

NAUMANN, H.: *Das große Buch der Familiennamen. Alter, Herkunft, Bedeutung.* Niedernhausen/Ts. 1994.

OETTLI, P.: *Deutschschweizerische Geschlechtsnamen.* Erlenbach [1935].

3 Fremdsprachige Familiennamenlexika und -repertorien, Untersuchungen zu fremdsprachigen Familiennamen

BERGERHOFF, H.: *Humanistische Einflüsse in den deutschen Familiennamen.* Phil. Diss. Freiburg i. Br. 1918.

BENEŠ, J.: *O českých příjmeních* [Über tschechische Familiennamen]. Praha 1962.

BENEŠ, J.: *Německá příjmení u Čechů* [Deutsche Familiennamen bei den Tschechen]. 2 Bde. Ústí n. Labem 1998.

DAUZAT, A.: *Dictionnaire étymologique des noms de famille et prénoms de France.* Édition revue et augmentée par M.-T. MORLET. Paris 1980.

DEBRABANDERE, F.: *Woordenboek van de familienamen in België en Noord-Frankrijk.* Amsterdam, Antwerpen 2003.

DE FELICE, E.: *Dizionario dei cognomi italiani.* Milano 1978.

EBELING, R. A.: *Voor- en familienamen in Nederland. Geschiedenis, verspreiding, vorm en gebruik.* 's Gravenhage 1993.

FAURE, R.; RIBES, M. A.; GARCÍA, A.: *Diccionario de apellidos españoles.* Madrid 2001.

FEDOSJUK, J. R.: *Russkie familii* [Russische Familiennamen]. 4. Auflage. Moskva 2002.

GANŽINA, I. M.: *Slovar' sovremennych russkich familij* [Wörterbuch der modernen russischen Familiennamen]. Moskva 2001.

HANKS, P.: *Dictionary of American Family Names.* 3 Bde. Oxford 2003.

HANKS, P.; HODGES, F.; MILLS, A. D.; ROOM, A.: *The Oxford Names Companion.* Oxford, New York 2002.

HERBILLON, J.; GERMAIN, J.: *Dictionnaire des noms de famille en Belgique romane et dans les régions limitrophes (Flandre, France du nord, Luxembourg).* 2 Bde. Bruxelles 1996.

HERZ, L.: *Dictionnaire étymologique de noms de famille français d'origine étrangère et régionale*. Paris, Montréal 1997.

JACHNOW, H.: *Die slawischen Personennamen in Berlin bis zur tschechischen Einwanderung im 18. Jahrhundert*. Berlin 1970.

JASTROW, O.: *Die Familiennamen der Türkischen Republik. Bildungsweise und Bedeutung*. In: *Erlanger Familiennamen-Colloquium*. Hrsg. von R. SCHÜTZEICHEL und A. WENDEHORST. Neustadt an der Aisch 1985, S. 101–109.

JONES, R.: *Chinese Names. The Use and Meanings of Chinese Surnames in Singapore and Malaysia*. Petaling Jaya, Durul Ehsan 1989.

KALETA, Z.: *The Surname as a Cultural Value and an Ethnic Heritage. Tracing your Polish Roots*. Warszawa 1997.

KÁLMÁN, B.: *The World of Names. A Study in Hungarian Onomatology*. Budapest 1978.

KNAPPOVÁ, M.: *Příjmení v současné češtině* [Tschechische Familiennamen der Gegenwart]. Liberec 1992.

LEITE DE VASCONCELLOS, J.: *Antroponimia portuguesa*. Lisboa 1928.

MACLYSAGHT, E.: *The Surnames of Ireland*. 6. Auflage. Dublin 1985.

MOLDANOVÁ, D.: *Naše příjmení* [Unsere Familiennamen]. Praha 1983.

MOLL, F.: *Els llinatges catalans*. 2. Auflage. Palma de Mallorca 1982.

MORLET, M.-T.: *Dictionnaire étymologique des noms de famille*. Paris 1997.

Nederlands Repertorium van Familienamen. Uitgeven door de Commissie voor Naamkunde en Nederzettingsgeschiedenis van de Koninklijke Nederlandse Akademie van Wetenschappen onder redactie van P. J. MEERTENS en H. BUITENHUIS. Bd. I–XIV. Assen, Amsterdam 1963–1988.

NEUMANN, J.: *Tschechische Familiennamen in Wien. Eine namenkundliche Dokumentation*. 3. Auflage. Wien 1977.

NIKONOV, V. A.: *Slovar' russkich familij* [Wörterbuch der russischen Familiennamen]. Moskva 2003.

PAIKKALA, S.: *Finnische Familiennamen auf -(i)nen*. In: Studia Anthroponymica Scandinavica 6 (1988) S. 27–69.

PUTANEC, V.; ŠIMUNOVIĆ, P.; u. a.: *Leksik Prezimena Socijalističke Republike Hrvatske* [Lexikon der Familiennamen der Sozialistischen Republik Kroatien]. Zagreb 1976.

Rapelli, G.: *I cognomi di Verona e del Veronese. Panorama etimologico-storico*. Vago di Lavagno-Verona 1995.

Reaney, P. H.: *A Dictionary of English Surnames*. 3. Auflage mit Korrekturen und Ergänzungen von R. M. Wilson. Oxford, New York 1997.

Red'ko, J. K.: *Dovidnyk ukrajins'kych prizvyšč* [Wegweiser zu den ukrainischen Familiennamen]. Kijiv 1969.

Rospond, S.: *Słownik nazwisk śląskich* [Wörterbuch der schlesischen Familiennamen]. Teil I. Wrocław, Warszawa, Kraków 1967. Teil II. Wrocław, Warszawa, Kraków, Gdańsk 1973.

Rymut, K.: *Nazwiska Polaków. Słownik historyczno-etymologiczny* [Die Familiennamen der Polen. Historisch-etymologisches Wörterbuch]. Bd. I–II. Kraków 1999–2001.

Rymut, K.: *Słownik nazwisk współcześnie w Polsce używanych* [Wörterbuch der in Polen gebräuchlichen Familiennamen]. Bd. I–X. Kraków 1992–1994.

Rymut, K.: *Słownik nazwisk używanych w Polsce na początku XXI wieku* [Wörterbuch der in Polen gebrauchten Familiennamen zu Beginn des 21. Jahrhunderts]. CD-ROM, bearbeitet im Institut für Polnische Sprache der Polnischen Akademie der Wissenschaften. Kraków o. J.

Schimmel, A.: *Von Ali bis Zahra. Namen und Namengebung in der islamischen Welt*. (= Diederichs Gelbe Reihe 102.) München 1993.

Schlyter, K.: *Les noms de famille en Suède*. In: Onomastik. Akten des 18. Internationalen Kongresses für Namenforschung, Band III. Tübingen 1999, S. 83–91.

Søndergaard, G.: *Danske For- og Efternavne*. O. O. 2000.

Svoboda, J.: *Staročeská osobní jména a naše příjmení* [Die alttschechischen Personennamen und unsere heutigen Familiennamen]. Praha 1964.

Tibón, G.: *Diccionario etimológico comparado de los apellidos españoles, hispanoamericanos y filipinos*. México, D. F. 1988.

Tressel, A.: *Ungarische Familiennamen im deutschen Sprachgebiet*. Saarbrücken 2002.

Unbegaun, B. O.: *Russian Surnames*. Oxford 1972.

Veka, O.: *Norsk etternamnleksikon. Norske slektsnamn – utbreiing, tyding og opphav*. Oslo 2000.

Vroonen, E.: *Les noms des personnes dans le monde. Anthroponymie universelle comparée*. Bruxelles 1967.

Vroonen, E.: *Encyclopédie des noms des personnes. Étude par groupes linguistiques*. Paris 1973.

WASMANNSDORFF, E.: *Kleines Lexikon fremdländischer Familiennamen. (Gräzisierte und latinisierte Sippennamen mit biographischen und genealogischen Nachweisen).* Neustadt a. d. Aisch 1957.

WENZEL, W.: *Studien zu sorbischen Personennamen.* I: *Systematische Darstellung.* II: *Historisch-etymologisches Wörterbuch.* III: *Namenatlas und Beiträge zur Siedlungsgeschichte.* Bautzen 1987, 1991/92, 1994.

WENZEL, W.: *Lausitzer Familiennamen slawischen Ursprungs.* Bautzen 1999.

WENZEL, W.: *Niedersorbische Personennamen aus Kirchenbüchern des 16. bis 18. Jahrhunderts.* Bautzen 2004.

WINKLER, J.: *De Nederlandse Geslachtsnamen in Oorsprong, Geschiedenis en Betekenis.* Haarlem 1885. Nachdruck: Neerijnen o. J.

ZAMORA, J.: *Hugenottische Familiennamen in Deutschland.* Heidelberg 1992.

4 Regionale und lokale Familiennamenuntersuchungen

AREND, M.: *Die Personennamen des Friedberger Urkundenbuches 1216–1410.* Bottrop 1934.

ARNETH, K.: *Die Familiennamen des ehemaligen Hochstifts Bamberg.* In: Jahrbuch für fränkische Landesforschung 16 (1956) S. 134–454.

BAHLOW, H.: *Mecklenburgisches Namenbüchlein. Ein Führer durch Mecklenburgs Familiennamen.* Rostock 1932.

BAHLOW, H.: *Schlesisches Namenbuch.* Kitzingen/Main 1953.

BAHLOW, H.: *Niederdeutsches Namenbuch.* Walluf 1972.

BAHLOW, H.: *Mittelhochdeutsches Namenbuch nach schlesischen Quellen.* Neustadt a. d. Aisch 1975.

BAHLOW, H.: *Liegnitzer Namenbuch. Familiennamen, gedeutet aus den Quellen des Mittelalters.* Lorch 1975.

BAHLOW, H.: *Pommersche Familiennamen. Ihr Geschichts- und Heimatwert.* Neustadt a. d. Aisch 1982.

BAUMGARTNER, X.: *Namengebung im mittelalterlichen Zürich. Die alt- und mittelhochdeutschen Personennamen der Zürcher Überlieferung vom Jahr 1000 bis zum Jahr 1254.* Arbon 1983.

BERGAUER, H.: *Niederösterreichische Familiennamen. Die Hausbesitzer im Gerichtsbezirk Laa/Thaya nach der Josephinischen Fassion von 1786/1787.* Rum 1979.

BERGER, F.: *Die Familiennamen der Reichsstadt Schwäbisch Hall im Mittelalter*. Diss. (masch.) Tübingen 1927.

BERGER, F.; ETTER, O. R.: *Die Familiennamen der Reichsstadt Esslingen im Mittelalter*. Stuttgart 1961.

BICKEL, H.: *Beinamen und Familiennamen des 12. bis 16. Jahrhunderts im Bonner Raum*. Bonn 1978.

BOHN, K.: *Untersuchungen zu Personennamen der Werdener Urbare*. Diss. Greifswald 1931.

BRAUN, L.: *Studien über die Verbreitung von Familiennamen in den ländlichen Bezirken der Oberpfalz. Bearbeitet nach den Kontrollisten der Volkszählung vom 1. Dezember 1905 unter Berücksichtigung sämtlicher Gemeinden der Oberpfalz bis 1000 Einwohner*. Diss. München 1911.

BROCKMÜLLER, H.: *Die Rostocker Personennamen bis 1304*. Diss. Rostock 1933.

CARSTENS, K.: *Beiträge zur Geschichte der bremischen Familiennamen*. Phil. Diss. Marburg 1906.

DEGEN, W.: *Über den Ursprung von Geschlechtsnamen des Baselgebietes*. Basel 1945.

DIEHL, I.: *Die Wormser Familiennamen bis zum Jahre 1500*. Diss. (masch.) Mainz 1949.

DZIUBA, B.: *Familiennamen nach Freiburger Quellen des 12.–15. Jahrhunderts*. Freiburg i. Br. 1966.

EBELING, R. A.: *Familiennamen im Landkreis Leer um 1940. Teil I: Namenverzeichnis. Teil II: Namenlandschaft*. Aurich 1979–1984.

EITLER, E.: *Münchner Familiennamen im 14. Jahrhundert*. Diss. (masch.) München 1956.

ERBE, K.: *Die Ludwigsburger Familien-Namen. Eine sprachlich-geschichtliche Untersuchung*. Ludwigsburg 1901.

ERNST-ZYMA, G.: *Familiennamen aus Österreich. Gesammelt, belegt und erläutert anhand ihres Vorkommens in Münichsthal und Wolkersdorf im Weinviertel, Niederösterreich*. 3 Bde. Wien 1995.

ESSER, T. R.: *Die Personennamen des Heisterbacher Urkundenbuches bis zum Jahre 1500. Ein Beitrag zur Geschichte der Namengebung im Rheinland*. Diss. (masch.) Bonn o. J.

FAILING, A.: *Die Familiennamen von Uelversheim in Rheinhessen*. Gießen 1939. Nachdruck: Amsterdam 1968.

FEYERABEND, L.: *Die Rigaer und Revaler Familiennamen des 14. und 15. Jahrhunderts. Unter besonderer Berücksichtigung der Herkunft der Bürger*. Köln, Wien 1985.

FINSTERWALDER, K.: *Tiroler Familiennamenkunde. Sprach- und*

Kulturgeschichte von Personen-, Familien- und Hofnamen. Mit einem Namenlexikon. Innsbruck 1990, Nachdruck 1994.

GLÖEL, H.: *Die Familiennamen Wesels. Beitrag zur Namenkunde des Niederrheins.* Wesel 1901.

GÖTZE, A.: *Familiennamen im badischen Oberland.* In: Neujahrsblätter der Badischen Historischen Kommission, Neue Folge 18. Heidelberg 1918.

GRÜNERT, H.: *Die altenburgischen Personennamen. Ein Beitrag zur mitteldeutschen Namenforschung.* Tübingen 1958.

HAGSTRÖM, S.: *Kölner Beinamen des 12. und 13. Jahrhunderts.* 2 Bde. Uppsala 1949, 1980.

HAHN, W. VON: *Darmstädter Familiennamen bis Ende des 16. Jahrhunderts.* Gießen 1939. Nachdruck: Amsterdam 1968.

HEGEL, H.: *Die Personennamen der Freien Reichsstadt Wetzlar bis zur Mitte des 14. Jahrhunderts.* Diss. (masch.) Erlangen 1947.

HEINZ, G.: *Familiennamen des Raumes Pforzheim. Eine genealogische, sprach- und kulturgeschichtliche Darstellung.* Pforzheim, Büchenbronn 1985.

HELLFRITZSCH, V.: *Vogtländische Personennamen. Untersuchungen am Material der Kreise Plauen und Oelsnitz.* Berlin 1969.

HELLFRITZSCH, V.: *Familiennamenbuch des sächsischen Vogtlandes.* Berlin 1992.

HUBER, K.: *Rätisches Namenbuch. Band III: Die Personennamen Graubündens mit Ausblicken auf Nachbargebiete. Teil 1: Von Rufnamen abgeleitete Familiennamen. Teil 2: Von Übernamen abgeleitete Familiennamen.* Bern 1986.

JACOB, L.: *Die Personennamen in den Urkunden der Stadt Halle von den Anfängen der Überlieferung bis zum Jahre 1350.* Phil. Diss. (masch.) Leipzig 1991.

JANSEN, E.: *Die Bei- und Familiennamen nach dem Beruf in der Aachener Überlieferung des 13. und 14. Jahrhunderts.* Phil. Diss. Bonn 1940.

JEANBLANC, H.: *Untersuchung einer westfälisch-märkischen Namenlandschaft.* Diss. Bochum 1980.

KAPFF, R.: *Schwäbische Geschlechtsnamen. Geschichtlich und sprachlich erläutert.* Stuttgart 1927.

KEINTZEL-SCHÖN, F.: *Die siebenbürgisch-sächsischen Familiennamen.* Köln, Wien 1976.

KEWITZ, B.: *Coesfelder Beinamen und Familiennamen vom 14. bis 16. Jahrhundert.* Heidelberg 1999.

KLUMPP, H.: *Beutelsbacher Namenbuch. Die Vor- und Familiennamen 1380 bis 1700.* Stuttgart 1938.

KNAUSS, O.: *Die Entstehung der Grünberger Familiennamen.* Gießen 1940. Nachdruck: Amsterdam 1968.

KOBERNE, J.: *Die Familiennamen von Burkheim am Kaiserstuhl sprachgeschichtlich untersucht.* Diss. Freiburg i. Br. 1927.

KOHLHEIM, R.: *Regensburger Beinamen des 12. bis 14. Jahrhunderts. Beinamen aus Berufs-, Amts- und Standesbezeichnungen.* Hamburg 1990.

KOHLHEIM, R.: *Bei- und Familiennamen im ersten Bayreuther Stadtbuch (1430–1463).* In: R. HARNISCH, D. WAGNER (Hrsg.): *800 Jahre Sprache in Bayreuth.* Bayreuth 1994, S. 75–88.

LEISS, L.: *Bayerische Familiennamen und Rechtsgeschichte.* Hirschenhausen/Post Jetzendorf 1934.

LERCH, F.: *Die Gießener Familiennamen bis zum Beginn des 17. Jahrhunderts.* Diss. (masch.) Marburg 1948.

LINNARTZ, F.: *Rheinische Personen- und Familiennamen des 15. Jahrhunderts, untersucht auf Grund der Fehde- und Geleitregister der Stadt Köln von 1408 bis 1480.* Phil. Diss. Köln 1930.

LÖSCH, H.: *Die bäuerlichen Familiennamen des Habsburgischen Urbars.* Gießen 1936.

LOY, K.: *Bayerisches Zunamenbuch.* Manuskript ca. 1965. 7 Bde. mit ca. 63 000 Familiennamen. Exemplare in der Staatsbibliothek München und den Universitätsbibliotheken Erlangen und Würzburg.

MAHNKEN, G.: *Die Hamburgischen niederdeutschen Personennamen des 13. Jahrhunderts.* Dortmund 1925.

MOSER, T.: *Unsere Familiennamen. Kurzgefaßte elsässische Namenkunde mit besonderer Berücksichtigung der Zaberner Gegend.* Saverne 1950.

MULCH, R.: *Arnsburger Personennamen. Untersuchungen zum Namenmaterial aus Arnsburger Urkunden vom 13.–16. Jahrhundert.* Darmstadt, Marburg 1974.

MÜLLER, E.: *Personennamen auf dem Eichsfeld.* Heiligenstadt 1938.

MÜLLER, K.: *Barther Familiennamen im Spätmittelalter.* Greifswald 1933.

NAUMANN, H.: *Die Personennamen der Stadt Grimma/Sachsen.* Berlin 2003.

NAUMANN, H.; HUBER, K.: *Die Maulbronner Musterungslisten aus namenkundlicher Sicht.* In: *Die Musterungslisten des württembergischen Amtes Maulbronn 1526–1608. Edition mit Beiträgen zur Namenkunde, Militär- und Regionalgeschichte.* Hrsg.

von K. Huber und J. H. Staps. Pforzheim 1999, S. 163–227.

Neumann, I.: *Obersächsische Familiennamen. I: Die bäuerlichen Familiennamen des Landkreises Oschatz. II: Die Familiennamen der Stadtbewohner in den Kreisen Oschatz, Riesa und Grossenhain bis 1600.* Berlin 1970, 1981.

Nied, E.: *Familiennamenbuch für Freiburg, Karlsruhe und Mannheim.* Freiburg i. Br. 1924.

Nied, E.: *Fränkische Familiennamen urkundlich gesammelt und sprachlich gedeutet.* Heidelberg 1933.

Nied, E.: *Südwestdeutsche Familiennamen mit Tausenden von sippengeschichtlichen Nachweisungen.* Freiburg i. Br. 1938.

Nüske, H.: *Die Greifswalder Familiennamen des 13. und 14. Jahrhunderts (1250–1400).* Phil. Diss. Greifswald 1929.

Opper, O.: *Die Rumpenheimer Familiennamen.* Gießen 1941. Nachdruck: Amsterdam 1968.

Orthner, W.: *Ostmärkische Sippennamen.* Görlitz 1941.

Osygus, K.: *Die Personennamen des Wetzlarer Urkundenbuches.* Diss. (masch.) Bonn 1949.

Pagenstert, C.: *Lohner Familiennamen. Ein Beitrag zur Heimatkunde.* 2. Auflage. Dinklage 1975.

Paulus, M.: *Die alten Lahrer Familiennamen sprachgeschichtlich untersucht.* Gießen 1928. Nachdruck: Amsterdam 1968.

Pongratz, W.: *Die ältesten Waldviertler Familiennamen.* 2. Auflage. Krems a. d. Donau 1986.

Reichert, H.: *Die deutschen Familiennamen nach Breslauer Quellen des 13. und 14. Jahrhunderts.* Breslau 1908.

Reimpell, A.: *Die Lübecker Personennamen unter besonderer Berücksichtigung der Familiennamen bis zur Mitte des 14. Jahrhunderts.* Phil. Diss. Hamburg 1928.

Rieckmann, G.: *Die Personennamen der Kirchspiele Hanstedt, Pattensen und Ramelsloh im Landkreise Harburg, mit Berücksichtigung der Hofnamen.* Diss. (masch.) Hamburg 1954.

Rösel, H.: *Die Familiennamen von Rettendorf.* Münster 1995.

Sauer, R.: *Die Bei- und Familiennamengebung in der Stadt Ravensburg im 14. und 15. Jahrhundert.* Diss. (masch.) Tübingen 1956.

Schäfer, G.: *Ansbacher Namenbuch mit einer Sammlung der ältesten Personennamen bis 1500 und einer Untersuchung nach ihrer Entstehung und Bedeutung.* Diss. (masch.) Erlangen 1952.

Scharf, W.: *Personennamen nach Braunschweiger Quellen des*

14. Jahrhunderts. Die Neubürger-, Verfestungs- und Vehmgerichtslisten bis zum Jahre 1402. Diss. Freiburg i. Br. 1960.

SCHEFFLER-ERHARD, C.: *Alt-Nürnberger Namenbuch.* Nürnberg 1959.

SCHOBINGER, V.; EGLI, A.; KLÄUI, H.: *Zürcher Familiennamen.* Zürich 1994.

SCHÖFFL, S. A.: *Die Limburger Familiennamen von 1200–1500.* Frankfurt, Berlin 1993.

SCHULZE, O.: *Die Familiennamen der Bürgermatrikel der Immediatstadt Haldensleben.* Neuhaldensleben 1926.

SCHWAB, L.: *Die Beinamen im Urkundenbuch der Stadt Straßburg.* Straßburg i. E. 1912.

SCHWARZ, E.: *Sudetendeutsche Familiennamen aus vorhussitischer Zeit.* Köln, Graz 1957.

SCHWARZ, E.: *Sudetendeutsche Familiennamen des 15. und 16. Jahrhunderts.* München 1973.

SEE, G.: *Familiennamen in der Landgrafschaft Hessen-Homburg und einigen angrenzenden Orten.* Neustadt a. d. Aisch 1980.

SOCIN, A.: *Mittelhochdeutsches Namenbuch nach oberrheinischen Quellen des zwölften und dreizehnten Jahrhunderts.* Basel 1903. Nachdruck: Hildesheim 1966.

SOLLUNTSCH, M.: *Bei- und Familiennamen der Stadt Leipzig von den Anfängen bis 1500.* Diss. (masch.) Leipzig 1991.

STUDERUS, G.: *Die alten deutschen Familiennamen von Freiburg im Uechtland.* Phil. Diss. Freiburg (Schweiz) 1926.

SURLÄULY, K.: *Zur Geschichte der deutschen Personennamen nach Badener Quellen des 13., 14. und 15. Jahrhunderts.* Aarau 1928.

TRUPP, H.: *Die Personennamen des Gladbacher Urkundenbuches bis zum Jahre 1600.* Essen 1936.

WEIFERT, L.: *Weißkirchner Familiennamen.* 2. Auflage. Bela Crkva (Weißkirchen) im Banat 1928.

WENNERS, P.: *Die Probsteier Familiennamen vom 14. bis 19. Jahrhundert. Mit einem Überblick über die Vornamen.* Neumünster 1988.

ZILLER, L.: *Aberseer Namenbuch. Die Flur-, Haus- und Familiennamen des Gerichtsbezirkes St. Gilgen.* St. Gilgen, Fuschl und Strobl 1977.

ZILLER, L.: *Die Salzburger Familiennamen.* Salzburg 1986.

ZODER, R.: *Familiennamen in Ostfalen.* 2 Bde. Hildesheim 1968.

5 Spezielle Familiennamenuntersuchungen

BELLMANN, G.: *Zur Deutung und Verbreitung des Familiennamens Bellmann und seiner Varianten.* In: Beiträge zur Namenforschung, Neue Folge 7 (1972) S. 147–158.

BERING, D.: *Der Name als Stigma. Antisemitismus im deutschen Alltag 1812–1933.* 2. Auflage. Stuttgart 1988.

DEUSCH, U.: *Münstermann. Zu einem Familiennamentyp.* In: Beiträge zur Namenforschung, Neue Folge 29/30 (1994/95) S. 371–445.

DIEDERICHSEN, U.: *Namensrecht, Namenspolitik.* In: Namenforschung. Ein internationales Handbuch zur Onomastik. Hrsg. von E. EICHLER, G. HILTY, H. LÖFFLER, H. STEGER, L. ZGUSTA (= Handbücher zur Sprach- und Kommunikationswissenschaft, Bd. 11.2.) Berlin, New York 1996, S. 1762–1780.

DITTMAIER, H.: *Ursprung und Geschichte der deutschen Satznamen.* In: Rheinisches Jahrbuch für Volkskunde 7 (1956) S. 7–94.

DREIFUSS, E. M.: *Die Familiennamen der Juden unter besonderer Berücksichtigung der Verhältnisse in Baden zu Anfang des 19. Jahrhunderts. Ein Beitrag zur Geschichte der Emanzipation.* Frankfurt a. M. 1927.

FREY, J.: *Heiligenverehrung und Familiennamen in Rheinhessen.* Gießen 1938. Nachdruck: Amsterdam 1968.

GEISSENDÖRFER, P.: *Geißendörfer – ein fränkischer Familienname.* Weißenburg 1978.

GROHNE, E.: *Die Hausnamen und Hauszeichen, ihre Geschichte, Verbreitung und Einwirkung auf die Bildung der Familiennamen und Gassennamen.* Göttingen 1912.

GUGGENHEIMER, H. W.; GUGGENHEIMER, E. H.: *Jewish Family Names and Their Origins. An Etymological Dictionary.* Hoboken 1992.

HOFFRICHTER, K.: *Echonamen.* Heidelberg 1992.

KOHLHEIM, R.: *Zur Festigkeit der Doppelnamigkeit in Regensburg im ausgehenden 14. Jahrhundert.* In: Proceedings of the XVIIth International Congress of Onomastic Sciences. Volume 2. Helsinki 1991, S. 22–29.

KOHLHEIM, R.: *Zur Motivik und Aussagekraft berufsbezogener Bei- und Familiennamen.* In: Wort und Name im deutsch-slawischen Sprachkontakt. Ernst Eichler von seinen Schülern und Freunden. Köln, Weimar, Wien 1997, S. 235–243.

KOHLHEIM, R.: *Übernamen als Spiegel spätmittelalterlicher Mentalität.* In: *Proceedings of the XIXth International Congress of Onomastic Sciences.* Volume 3. Aberdeen 1998, S. 237–243.

KOHLHEIM, R.: *Mittelbare Berufsnamen im spätmittelalterlichen Regensburg.* In: *Akten des 18. Internationalen Kongresses für Namenforschung,* Bd. III, Tübingen 1999, S. 227–237.

KOHLHEIM, R.; KOHLHEIM, V.: *Spätmittelalterliche Stadt-Umland-Beziehungen bei Personennamen. Untersuchungen anhand des Bayreuther Landbuchs B von 1421/24.* In: *Nominum gratia. Namen in Bayern und Nachbarländern. Festgabe für W.-A. Frh. von Reitzenstein.* München 2000, S. 193–208.

KOHLHEIM, R.; KOHLHEIM, V.: *Von Hartmann bis Janzen. Die Patronymika unter den 1000 häufigsten Familiennamen in Deutschland.* In: *Beiträge zu Linguistik und Phonetik. Festschrift für Joachim Göschel zum 70. Geburtstag.* Stuttgart 2001, S. 283–307.

KOHLHEIM, R.; KOHLHEIM, V.: *Personennamen im mittelalterlichen Regensburg.* In: *Regensburger Deutsch. Zwölfhundert Jahre Deutschsprachigkeit in Regensburg.* Hrsg. von S. NÄSSL. Frankfurt am Main u. a. 2002, S. 81–125.

KUNZE, K.: *Zur Verbreitung der häufigsten deutschen Familiennamen.* In: *Name und Gesellschaft. Soziale und historische Aspekte der Namengebung und Namenentwicklung.* Hrsg. von J. EICHHOFF, W. SEIBICKE, M. WOLFFSOHN. Mannheim 2001, S. 170–208.

KUNZE, K.; KUNZE, R.: *Computergestützte Familiennamengeographie. Kleiner Atlas zur Verbreitung der Apokope.* In: Beiträge zur Namenforschung, Neue Folge 38 (2003) S. 121–134.

LAABS, K. M.: *Kolping. Ein rheinischer Familienname wallonischer Herkunft.* In: Beiträge zur Namenforschung, Neue Folge 27 (1992) S. 311–315.

LAUR, W.: *Patronymika und Familiennamen in Schleswig-Holstein.* In: Beiträge zur Namenforschung, Neue Folge 18 (1983) S. 22–35.

MÜLLER, G.: *Schulte und Meier in Westfalen.* In: *Gedenkschrift für Heinrich Wesche.* Neumünster 1979, S. 143–164; auch in F. DEBUS, W. SEIBICKE (Hrsg.): *Reader zur Namenkunde II. Anthroponymie.* Germanistische Linguistik 115–118 (1993) S. 351–372.

NIED, E.: *Heiligenverehrung und Namengebung. Sprach- und kulturgeschichtlich, mit Berücksichtigung der Familiennamen.* Freiburg i. Br. 1924.

NÖLLE-HORNKAMP, I.: *Mittelalterliches Handwerk im Spiegel oberdeutscher Personennamen. Eine namenkundliche Untersuchung zu den Handwerkerbezeichnungen als Beinamen im »Corpus der altdeutschen Originalurkunden«.* Frankfurt a. M., Berlin, Bern, New York, Paris, Wien 1992.

SCHIFF, A.: *Die Namen der Frankfurter Juden zu Anfang des 19. Jahrhunderts.* Diss. Freiburg i. Br. 1917.

SCHÜTZEICHEL, R.: *Shakespeare und Verwandtes.* In: Schriftenreihe der westfälischen Wilhelms-Universität Münster. Heft 7. Münster 1983, S. 103–126; auch in F. DEBUS, W. SEIBICKE (Hrsg.): *Reader zur Namenkunde II. Anthroponymie.* Germanistische Linguistik 115–118 (1993) S. 373–396.

SCHWENZER, I.; MENNE, M.: *Rechtliche Regelung der Familiennamen/Pseudonyme, Künstler- und Aliasnamen.* In: *Namenforschung. Ein internationales Handbuch zur Onomastik.* Hrsg. von E. EICHLER, G. HILTY, H. LÖFFLER, H. STEGER, L. ZGUSTA (= Handbücher zur Sprach- und Kommunikationswissenschaft, Bd. 11.2.) Berlin, New York 1996, S. 1780–1790.

TIEFENBACH, H.: *-CHEN und -LEIN. Überlegungen zu Problemen des sprachgeographischen Befundes und seiner sprachhistorischen Deutung.* In: Zeitschrift für Dialektologie und Linguistik 54 (1987) S. 2–27.

VENNEDEY, H.: *Die Herkunft des Familiennamens Ven(n)edey.* In: Beiträge zur Namenforschung, Neue Folge 24 (1989) S. 348–357.

WAGNER, N.: *Schäftlarn und das Suffix -ler.* In: Beiträge zur Namenforschung, Neue Folge 25 (1990) S. 163–168.

WENDEHORST, A.; RECHTER, G.: *Berufsbezeichnungen als Grundlage von Familiennamen in Franken.* In: R. SCHÜTZEICHEL, A. WENDEHORST (Hrsg.): *Erlanger Familiennamen-Colloquium.* Neustadt/Aisch 1985, S. 1–17.

ZUNZ, L.: *Namen der Juden. Eine geschichtliche Untersuchung.* Leipzig 1837. Nachdruck: Hildesheim 1971.

6 Untersuchungen zu Rufnamen

The Anchor Bible Dictionary. Hrsg. von D. N. FREEDMAN. 6 Bde. New York, London, Toronto, Sydney, Auckland 1992.

FÖRSTEMANN, E.: *Altdeutsches Namenbuch*, Bd. 1: *Personen-*

namen. 2. Auflage. Bonn 1900. Nachdruck: München, Hildesheim 1966.
HARTIG, J.: *Die münsterländischen Rufnamen im späten Mittelalter.* Köln, Graz 1967.
KAUFMANN, H.: *Ergänzungsband zu Ernst Förstemann, Altdeutsche Personennamen.* München, Hildesheim 1968.
KOHLHEIM R.; KOHLHEIM, V.: *Duden: Lexikon der Vornamen. Herkunft, Bedeutung und Gebrauch von über 6000 Vornamen.* 4., völlig neu bearbeitete Auflage. Mannheim 2004.
KOHLHEIM, V.: *Regensburger Rufnamen des 13. und 14. Jahrhunderts. Linguistische und sozio-onomastische Untersuchungen zu Struktur und Motivik spätmittelalterlicher Anthroponymie.* Wiesbaden 1977.
LITTGER, K. W.: *Studien zum Auftreten der Heiligennamen im Rheinland.* München 1975.
MÜLLER, G.: *Studien zu den theriophoren Personennamen der Germanen.* Köln 1970.
Neues Bibel-Lexikon. Hrsg. von M. GÖRG und B. LANG. Zürich 1991 ff.
SCHLAUG: *Die altsächsischen Personennamen vor dem Jahre 1000.* Lund 1962.
SCHMOLDT, H.: *Kleines Lexikon der biblischen Eigennamen.* (= Reclams Universal-Bibliothek 8632.) Stuttgart 1990.
SCHRAMM, G.: *Namenschatz und Dichtersprache. Studien zu den zweigliedrigen Personennamen der Germanen.* Göttingen 1957.
SEIBICKE, W.: *Historisches deutsches Vornamenbuch.* Band 1–4. Berlin, New York 1996–2003.
WIMMER, O.; MELZER, H.: *Lexikon der Namen und Heiligen.* Bearbeitet und ergänzt von J. GELMI. 6. Auflage. Innsbruck, Wien 1988.

7 Wörterbücher

Alt-, Mittel-, Frühneuhochdeutsche, Mittelniederdeutsche Wörterbücher

ANDERSON, R. R.; GOEBEL, U.; REICHMANN, O. (Hrsg.): *Frühneuhochdeutsches Wörterbuch.* Berlin, New York 1989.
GÖTZE, A.: *Frühneuhochdeutsches Glossar.* 7. Auflage. Berlin 1967.
LASCH, A.; BORCHLING, C.: *Mittelniederdeutsches Handwör-*

terbuch. Fortgeführt von G. CORDES. Bd. I ff. Neumünster 1956 ff.

LEXER, M.: *Mittelhochdeutsches Handwörterbuch*. Bd. I–III. Leipzig 1872–1878. Nachdruck: Stuttgart 1979.

LÜBBEN, A.: *Mittelniederdeutsches Handwörterbuch*. Vollendet von C. WALTHER. Norden, Leipzig 1888. Nachdruck: Darmstadt 1995.

SCHILLER, K.; LÜBBEN, A.: *Mittelniederdeutsches Wörterbuch*. Bd. I–VI. Bremen 1875–1881. Nachdruck: Schaan 1983.

SCHÜTZEICHEL, R.: *Althochdeutsches Wörterbuch*. 5., überarbeitete und erweiterte Auflage. Tübingen 1995.

STARCK, T.; WELLS, J. C.: *Althochdeutsches Glossenwörterbuch*. Heidelberg 1990.

Wörterbuch der mittelhochdeutschen Urkundensprache. Auf der Grundlage des Corpus der altdeutschen Originalurkunden bis zum Jahre 1300. Bd. I ff. Berlin 1986 ff.

Etymologische Wörterbücher

Duden 7, Das Herkunftswörterbuch. Etymologie der deutschen Sprache. 3., völlig neu bearbeitete und erweiterte Auflage. Mannheim 2001.

GRIMM, J.; GRIMM, W.: *Deutsches Wörterbuch*. Bd. I–XVI. Leipzig 1854–1960. Quellenverzeichnis 1971. Nachdruck: München 1984. Neubearbeitung: Bd. I ff. Leipzig 1965 ff.

KLUGE, F.: *Etymologisches Wörterbuch der deutschen Sprache*. Bearbeitet von E. SEEBOLD. 24. Auflage. Berlin, New York 2002.

PFEIFER, W.: *Etymologisches Wörterbuch des Deutschen*. 2. Auflage. Berlin 1993.

Dialektwörterbücher

Badisches Wörterbuch. Bearbeitet von E. OCHS, K. F. MÜLLER und G. W. BAUER. Bd. 1 ff. Lahr 1925 ff.

Bayerisches Wörterbuch. Herausgegeben von der Kommission für Mundartforschung, Bayerische Akademie der Wissenschaften. Bd. I ff. München 1995 ff.

Brandenburg-Berlinisches Wörterbuch. Bearbeitet unter der Leitung von G. ISING und J. WIESE. Bd. I ff. Berlin, Neumünster 1976 ff.

BRAUN, H.: *Großes Wörterbuch der Mundarten des Sechsämter-, Stift- und Egerlandes.* Marktredwitz 1981–2001.

Hessen-Nassauisches Volkswörterbuch. Bearbeitet von L. BERTHOLD und H. FRIEBERTSHÄUSER. Marburg 1943 ff.

Luxemburger Wörterbuch. Bd. I–V. Luxemburg 1950–1977.

Mecklenburgisches Wörterbuch. Bd. I ff. Berlin, Neumünster 1942 ff.

Mittelelbisches Wörterbuch. Hrsg. von G. KETTMANN. Berlin 2002 ff.

MITZKA, W.: *Schlesisches Wörterbuch.* Bd. I–III. Berlin 1963–1965.

MÜLLER-FRAUREUTH, K.: *Wörterbuch der obersächsischen und erzgebirgischen Mundarten.* Bd. I–II. Dresden 1911–1914. Nachdruck: Leipzig 1968.

Niedersächsisches Wörterbuch. Herausgegeben von W. JUNGANDREAS, H. WESCHE u. a. Band I ff. Neumünster 1965 ff.

Pfälzisches Wörterbuch. Begründet von E. CHRISTMANN. Bearbeitet von J. KRÄMER und R. POST. Bd. 1 ff. Wiesbaden 1968 ff.

Preußisches Wörterbuch. Deutsche Mundarten Ost- und Westpreußens. Begründet und herausgegeben von E. RIEMANN. Bd. I ff. Neumünster 1974 ff.

Rheinisches Wörterbuch. Bearbeitet und herausgeben von J. MÜLLER u. a. Bd. I–IX. Bonn, Berlin 1928–1971.

SCHATZ, J.: *Wörterbuch der Tiroler Mundarten.* Für den Druck vorber. v. K. FINSTERWALDER (Schlern-Schriften 119, 120). Innsbruck 1955, 1956.

Schleswig-Holsteinisches Wörterbuch (Volksausgabe). Hrsg. von O. MENSING. Bd. I–V. Neumünster 1927–1935.

SCHMELLER, J. A.: *Bayerisches Wörterbuch.* 2. Auflage, bearbeitet von G. K. FROMMANN. 2 Bde. München 1872–1877. Nachdruck: Aalen 1973.

Schwäbisches Wörterbuch auf Grund der von A. VON KELLER begonnenen Sammlungen [...] bearb. von H. FISCHER, zu Ende geführt von W. PFLEIDERER. Bd. 1–6. Tübingen 1904–1936.

Schweizerisches Idiotikon. Wörterbuch der schweizerdeutschen Sprache. Bearb. von F. STAUB, L. TOBLER u. a. Bd. I ff. Frauenfeld 1881 ff.

Sudetendeutsches Wörterbuch. Wörterbuch der deutschen Mundarten in Böhmen und Mähren-Schlesien. Hrsg. von H. ENGELS. Bd. I ff. München 1988 ff.

Südhessisches Wörterbuch. Begründet von F. MAURER, bearb. von R. MULCH. Bd. I ff. Marburg 1965 ff.
Thüringisches Wörterbuch. Bearb. unter der Leitung von K. SPANGENBERG. Bd. IV ff. Berlin 1966 ff.
Westfälisches Wörterbuch. Hrsg. von J. GOOSSENS. Bd. I ff. Neumünster 1969 ff.
WOESTE, F.: *Wörterbuch der Westfälischen Mundart.* Neu bearb. und hrsg. von E. NÖRRENBERG. Norden 1930. Nachdruck: Wiesbaden 1966.
Wörterbuch der bairischen Mundarten in Österreich. Bearb. von V. DOLLMAYR, E. KRANZMAYER u. a. Bd. I ff. Wien 1970 ff.
Wörterbuch der elsässischen Mundart. Bearb. von E. MARTIN und H. LIENHART. Bd. I–II. Straßburg 1899–1907. Nachdruck: Berlin, New York 1974.
Wörterbuch der obersächsischen Mundarten. 4 Bde. Berlin 1994–2003.

Sonstige Wörterbücher

Deutsches Rechtswörterbuch. Wörterbuch der älteren deutschen Rechtssprache. Bd. I ff. Weimar 1914 ff.
Duden 6, Das Aussprachewörterbuch. Wörterbuch der deutschen Standardaussprache. 4., neu bearbeitete und aktualisierte Auflage. Mannheim 2000.
Handwörterbuch des deutschen Aberglaubens. Hrsg. von H. BÄCHTOLD-STÄUBLI. Bd. I–X. Berlin, Leipzig 1927–1942. Nachdruck: Berlin, New York 1987.
Handwörterbuch zur deutschen Rechtsgeschichte. Hrsg. von A. ERLER und E. KAUFMANN unter philologischer Mitarbeit von R. SCHMIDT-WIEGAND. Bd. I ff. Berlin 1971 ff.
LEWINSKY, T.: *Geflügelte Namen. Das Lexikon unbekannter Bekannter von Achilles bis Graf Zeppelin.* Zürich 1998.

8 Ortsverzeichnisse

Amtliches Gemeindeverzeichnis für die Bundesrepublik Deutschland. Stuttgart 1987.
BERGER, D.: *Geographische Namen in Deutschland. Herkunft und Bedeutung der Namen von Ländern, Städten, Bergen und Gewässern.* (= Duden Taschenbücher, Bd. 25.) Mannheim, Leipzig, Wien, Zürich 1993.

Das Postleitzahlenbuch. Deutsche Bundespost 1993.

JACOT, A.: *Schweizerisches Ortslexikon.* 22. Auflage. Luzern 1969.

Müllers Großes Deutsches Ortsbuch. Bundesrepublik Deutschland. 27., überarbeitete und erweiterte Auflage. Bearb. von D. HALBACH. Wuppertal 1999.

OESTERLEY, H.: *Historisch-geographisches Wörterbuch des deutschen Mittelalters.* Gotha 1883. Nachdruck: Aalen 1962.

Ortsnamenverzeichnis der Ortschaften jenseits von Oder und Neiße. Bearb. von M. KAEMMERER. 3., erweiterte Auflage. Leer 1988.

Ortsverzeichnis von Österreich. Hrsg. vom Österreichischen Statistischen Zentralamt. Wien 1965.

SCHÜTZEICHEL, R.: *Bibliographie der Ortsnamenbücher des deutschen Sprachgebiets in Mitteleuropa.* Unter Mitwirkung von J. ZAMORA. Heidelberg 1988.

STURM, H.: *Ortslexikon der Böhmischen Länder 1910–1965.* 2., durchgesehene Auflage. München, Wien 1995.